- "十三五"国家重点出版物出版规划项目
- 国家社科基金重大项目"敦煌遗书数据库建设"（12&ZD141）子项目
- 敦煌研究院院级课题

ECANG DUNHUANG WENXIAN XULU

俄藏敦煌文献叙录

邰惠莉 主编

马德 郭俊叶 黄京
赵晓星 余燕 编

CATALOGUE OF DUNHUANG
MANUSCRIPTS IN
RUSSIAN COLLECTIONS

读者出版传媒股份有限公司
甘肃教育出版社

图书在版编目（CIP）数据

俄藏敦煌文献叙录 / 邰惠莉主编；马德等编 --
兰州：甘肃教育出版社，2017.12
　　ISBN 978-7-5423-4320-8

Ⅰ．①俄… Ⅱ．①邰… ②马… Ⅲ．①敦煌学－文献
－目录 Ⅳ．①K870.61

中国版本图书馆CIP数据核字(2017)第306436号

俄藏敦煌文献叙录

邰惠莉　主编
马　德　郭俊叶　黄　京　赵晓星　余　燕　编

出 版 人　马建东
责任编辑　白　鑫　王露莹
装帧设计　魏　婕
封面设计　纸尚平面设计中心

出　　版　甘肃教育出版社
社　　址　兰州市读者大道568号　730030
网　　址　www.gseph.cn　　E—mail　gseph@duzhe.cn
电　　话　0931-8773145（编辑部）　0931-8435009（发行部）
传　　真　0931-8773056
淘宝官方旗舰店　http://shop111038270.taobao.com

发　　行　甘肃教育出版社　　印　刷　兰州新华印刷厂
开　　本　889毫米×1194毫米　1/16　印　张70.5　插　页6　字　数1715千
版　　次　2019年1月第1版
印　　次　2019年1月第1次印刷
印　　数　1~3 000
书　　号　ISBN 978-7-5423-4320-8　　定　价　288.00元

图书若有破损、缺页可随时与印厂联系:0931-8793917
本书所有内容经作者同意授权，并许可使用
未经同意，不得以任何形式复制转载

序

马 德

经过十多年的不懈努力,《俄藏敦煌文献叙录》(以下简称《叙录》)即将付梓,这是继《敦煌遗书总目索引新编》《甘肃藏敦煌藏文文献叙录》之后,由敦煌研究院文献研究所诸位同仁通力合作,奉献给敦煌学界和广大读者的又一项基础性研究成果。

1900年敦煌莫高窟藏经洞开启后,出土了数以万计的古代写本、印本、绘画及各类工艺品,接着便是令人痛心的文物流失。目前除百余家公、私零星机构有少量收藏,敦煌文献绝大部分集中于英国大英图书馆和大英博物馆、法国国家图书馆和吉美博物馆、中国国家图书馆、俄罗斯科学院东方研究所圣彼得堡分所。

对国内外各机构收藏敦煌遗书的调查、搜集、整理和编辑目录,一直是敦煌研究院文献研究所的最基本工作。这项工作的肇始实际上是与敦煌研究院的成立同步的,即1944年原国立敦煌艺术研究所成立之初就对新发现的莫高窟土地庙遗书进行了整理和刊布。1977年《文物参考资料》第一辑刊出了敦煌文献研究所首任所长施萍婷先生等人编纂的《敦煌文物研究所藏敦煌遗书目录》,创立了我们后来一直在使用的"叙录"格式。其剔除了目录编写中许多烦琐程序,让读者一眼就可以了解所叙文书的全貌。之后由文献研究所整理、编辑的敦煌藏文遗书目录以及协助其他收藏单位编纂并发表的部分,都使用了这种体例。但以往的搜集、整理和编辑工作,只是着眼于国内外的零星收藏,而《俄藏敦煌文献叙录》是对四大收藏地之一的俄罗斯的大批藏品的整理与编辑、研究,称得上是敦煌文献基础研究史上重要的成就之一。本《叙录》的出版可大大方便学界使用俄藏敦煌文献,整体提升敦煌文献的研究价值。

俄藏敦煌文献,为1914年沙皇俄国皇家科学院奥登堡考察队在敦煌通过搜集和发掘得到的,计19000多件,但大多数是残片。孟列夫、丘古耶夫斯基等人曾公布过收藏数量和部分藏品目录,但因文献数量巨大和研究人员缺乏,俄罗斯方面一直没能公布出完整的目录。这项工作一直到《俄藏敦煌文献》图录出版之后才有条件进行。

《俄罗斯科学院东方研究所圣彼得堡分所藏敦煌文献》(以下简称《俄藏敦煌文献》)图录共17册,由俄罗斯科学院东方研究所圣彼得堡分所、俄罗斯科学出版社东方文学部、上海古籍出版社联合编纂,1992—2001年,上海古籍出版社陆续出版。

《俄藏敦煌文献》图录出版时,仅前10册所收有名称,部分残片未定名;后7册碎片以序号列出图片,没有定名。2002年,"俄藏敦煌写经残片叙录"被列为敦煌研究院院级课题,主要内容为对《俄藏敦煌文献》第一至十册中未定名佛经残片及第十一、十六、十七册佛经残片的定名,于2010年完成。由于之前承担第十二至十五册佛经残片定名工作的合作单位因故放弃,故"俄藏敦煌写经残片叙录"重新立为院级项目,更改课题负责人为邰惠莉,成员马德、郭俊叶、黄京、余燕,起止时间为2011—2014年。

2012年10月,由我作为首席专家竞标获批的国家社科基金重大项目"敦煌遗书数据库建设"(12&ZD141)立项,《俄藏敦煌文献》作为数据库的重要组成部分列入其中。为了配合数据库元数据的细化要求,也为了叙录的完整与统一,我们开始对前10册简目进行二次编目。在此期间,上海古籍出版社提供了当年在俄罗斯拍摄照片时对第一至五册所做的工作卡片,由邰惠莉根据工作卡片结合图录完成叙录,加上之前由马德完成的第六至十册未定名佛经,两次共计完成叙录约40万字。到2014年底,课题组完成了预期任务,最终形式为"俄藏敦煌写经残片叙录"及索引。由于此仅是对佛经编写的叙录,不能完整反映俄藏文献全貌,随后由邰惠莉对非佛经部分进行了编目,最终成果即现在正式出版的《俄藏敦煌文献叙录》,《叙录》按《俄藏敦煌文献》全书17册,以收藏号 Ф.001-Ф.366、Дx.00001-Дx.19092 为顺序分册编写,总计约170万字,包括叙录150万字,索引等20万字。

本《叙录》各位编者工作完成情况如下:第一至十册(Ф.001-Ф.366、Дx.00001-Дx.03600)由马德、邰惠莉共同完成。马德对未定名佛经残片新定名236件;邰惠莉在原书简目基础上补充内容、统一格式,约40万字。第十一册(Дx.03601-Дx.05000)由马德、余燕共同完成。马德承担Дx.03601-Дx.04500,约10万字;余燕承担Дx.04501-Дx.05000,约8万字。第十二册(Дx.05001-Дx.06100)由黄京完成,约10万字。第十三册(Дx.0610-Дx.7900)由赵晓星、邰惠莉共同完成。赵晓星承担Дx.06101-Дx.06533,约8万字;邰惠莉承担Дx.06534-Дx.07900,约13万字。第十四册(Дx.07901-Дx.10700)由郭俊叶完成,约20万字。第十五、十六、十七册(Дx.10701-Дx.19092)由邰惠莉完成,约42万字。书稿完成后,由邰惠莉统稿并编制索引。

《俄藏敦煌文献叙录》主要成果体现在以下几个方面:

第一,完整的俄藏敦煌文献目录,可直观反映文献检索的基本体例。包括:编号、名称、现状、题记、本文、说明、定名依据等项。

第二,展示已有的相关研究成果。如部分经卷的缀合等。

第三,俄藏独有佛经的揭示。此类佛经不见于敦煌文献其他收藏地,约有130号,极大地丰富了敦煌佛教文献的种类。

第四,俄藏敦煌文献与其他收藏地敦煌文献的缀合。敦煌文献大都源出藏经洞,但被人为分割,同一经卷分存多地的情况不少,本《叙录》可将部分散藏于各地的同卷文献实现形式上的合璧。

第五,对此前未能定名或定名不准的残片通过新资料、新方法的比对得以准确定名。此类情况有200多号。

第六,配合国家社科基金重大项目"敦煌遗书数据库建设"(12&ZD141),为其提供详细、准确的元数据信息。

　　同以往任何一件集体成果的形成过程一样，《叙录》在整理和编纂中，得到各方面的大力支持和帮助。敦煌研究院从21世纪初将其立为院级项目，并给予10多年的不断支持，配备研究人员和专项研究经费，保证了编纂工作的正常进行。上海古籍出版社府宪展等多位先生对图录的拍摄和编辑出版倾注了大量心血，为《叙录》的编纂奠定了基础并一直大力支持与帮助，提供了许多第一手的数据与信息，在《叙录》编纂过程中又不断提出有益的修改意见和建议。

　　本《叙录》主编邰惠莉研究员，从20世纪80年代起就跟随施萍婷先生从事敦煌遗书的调查、搜集、整理、编目和研究工作，同时掌握了数据库软件及检索工具，对敦煌遗书目录的编辑得心应手；特别是她主持《叙录》编纂工作以来，承担了近万件残片的考订工作，夜以继日，埋头苦干，克服重重困难，保质保量地完成了如此浩大的工程，同时也培养了青年学者对敦煌遗书整理工作的兴趣和能力，实现了科研成果与人才建设双丰收。

　　《俄藏敦煌文献叙录》的出版，完成了国内外几代敦煌学者的心愿。作为编者之一，我为自己参与了这项工程而感到自豪！虽然我已经从工作岗位上退休，但仍然希望和诸位同仁一道，继续为敦煌研究的基础建设发挥余热；同时也希望更多的专家学者，特别是年轻的学人都能够投身进来，共同做好各方面的工作。

目　　录

凡例 ··· 001
俄藏敦煌文献第一册叙录　　Ф.001–Ф.042 ··· 001
俄藏敦煌文献第二册叙录　　Ф.043–Ф.085 ··· 008
俄藏敦煌文献第三册叙录　　Ф.086–Ф.149 ··· 015
俄藏敦煌文献第四册叙录　　Ф.150–Ф.250 ··· 024
俄藏敦煌文献第五册叙录　　Ф.251–Ф.366 ··· 038
俄藏敦煌文献第六册叙录　　Дх.00001–Дх.00600 ······························ 053
俄藏敦煌文献第七册叙录　　Дх.00601–Дх.01184 ······························ 096
俄藏敦煌文献第八册叙录　　Дх.01185–Дх.02000 ······························ 135
俄藏敦煌文献第九册叙录　　Дх.02001–Дх.02700 ······························ 184
俄藏敦煌文献第十册叙录　　Дх.02701–Дх.03600 ······························ 227
俄藏敦煌文献第十一册叙录　Дх.03601–Дх.05000 ······························ 281
俄藏敦煌文献第十二册叙录　Дх.05001–Дх.06100 ······························ 372
俄藏敦煌文献第十三册叙录　Дх.06101–Дх.07900 ······························ 443
俄藏敦煌文献第十四册叙录　Дх.07901–Дх.10700 ······························ 553
俄藏敦煌文献第十五册叙录　Дх.10701–Дх.11900 ······························ 692
俄藏敦煌文献第十六册叙录　Дх.11901–Дх.16700 ······························ 770
俄藏敦煌文献第十七册叙录　Дх.16701–Дх.19092 ······························ 899
索引检字表 ·· 985
索引 ·· 987
后记 ··· 1119

凡 例

一、本叙录所收为俄罗斯科学院东方研究所圣彼得堡分所藏敦煌文献，依上海古籍出版社1992—2001年出版的《俄藏敦煌文献》图录，共计17册，按序号依次编目。

二、本叙录第一至五册，为弗路格目录，编号用弗路格名字的缩写字母 Ф 表示，编号Ф.001-Ф.366。第六册开始用敦煌二字俄文音译的缩写字母 Дx 表示，编号Дx.00001-Дx.19092。

三、本叙录第一至五册，采用了上海古籍出版社在俄罗斯拍摄时所测量的原始数据，对经卷的卷长、卷高、卷心高、单纸长、天头、地脚，共几纸、总多少行、行多少字等数据均有尽详叙述。自第六册起，因无此部分详细资料，故缺失。

四、俄藏文献残卷颇多，在本叙录中，相对完整者，录出了首题、品题、尾题；残者在叙录中仅说明存几行，行多少字以示残缺状况，不特别标明"残片"或"残卷"。

五、本叙录著录的大项有：序号、名称、题记、录文、说明。"序号"即卷号，依照《俄藏敦煌文献》。上海古籍出版社当年拍摄时对同经残片合为一件的，本叙录只在拼合号下有具体内容，其余号依次排序，只注"见Дx.xxxxx"，不再重复内容。我们编目时对可缀合的经卷，在叙录中说明此号缀合情况。同号多项内容者，在卷号后加英文字母A、B、C单独编目，背面内容单独成号的，在卷号后加英文字母"V"表示。凡文献本身有标题者，依原卷定名。佛经残片定名以《大正藏》为依据，对应至册、页、栏、行。社会文书和经济文书依内容定名。"题记"内容直接录自经卷，绝大部分为卷尾的写经题识、发愿文、受持者及打油诗等。"录文"指对原卷的照录，可直观反映经卷的原始状态。"说明"是对经卷进一步阐释，如经卷与现刊本的同异、多个经卷的缀合情况、经卷自身的特点、研究现状等都可入此项，但在叙述中不出现"说明"字样。

六、本叙录中"▭"表示残缺，"□"表示缺少、看不清或不可辨识的一个字，"/"为分行符号。

俄藏敦煌文献第一册叙录

Ф.001 大般若波罗蜜多经卷第三百七十三

卷长781厘米,卷高26.5厘米。单纸长46.5厘米,卷心高20.5至21厘米。共17纸,总470行,行17字。楷体。首题、尾题:"大般若波罗蜜多经卷第三百七十三",品题:"初分三渐次品第六十五之二三藏法师玄奘奉诏译、初分无相无得品第六十六"。唐玄奘译。经文见《大正藏》第6册,第922页B栏第1行至第927页C栏第12行。包首:"三卅八。"第88行天头有"兑"字,此行第5字"为"下用红笔标点。有异文。

Ф.002 大般若波罗蜜多经卷第五百六十八

卷长813厘米,卷高25.8厘米。单纸长45.5至47厘米,卷心高20厘米左右。天头3厘米,地脚2.8厘米。共18纸,总467行,行17字。楷体。首题、尾题:"大般若波罗蜜多经卷第五百六十八",品题:"第六分法界品第四之二三藏法师玄奘奉诏译、第六分念住品第五"。唐玄奘译。经文见《大正藏》第7册,第931页A栏第23行至第936页B栏第28行。包首:"大般若波罗蜜多经卷第五百六十八五十七。"有异文。有校勘添补字,尾有木轴,有红色系带。

Ф.003 大般若波罗蜜多经卷第一百一十一

卷长754厘米,卷高24.5厘米。单纸长46.5厘米,卷心高20.2厘米。天头2.7厘米,地脚1.5厘米。共16纸,总437行,行17字。楷体。首题、尾题:"大般若波罗蜜多经卷第一百一十一",品题:"初分校量功德品第卅之九三藏法师玄奘奉□□"。题记:"法达写。"唐玄奘译。经文见《大正藏》第5册,第610页B栏第1行至第615页B栏第9行。包首:"大般若波罗蜜多经卷第一百一十一。"卷首前3行下部残1至2字,尾部轴处有一破洞。有木轴。

Ф.004 大般若波罗蜜多经卷第五百一十二

卷长46.5厘米,卷高26厘米。卷心高20厘米。天头3.4厘米,地脚3.1厘米。共一纸,总26行,行17字。乌丝栏,楷体。首题:"大般若波罗蜜多经卷第五百一十二",品题:"第三分善友品第十八三藏法师玄奘奉诏",讫:"内空乃至。"唐玄奘译。经文见《大正藏》第7册,第613页A栏第4行至B栏第5行。

Ф.004V 杂写

录文:"辛酉年八月十七日。"

Ф.005 大般若波罗蜜多经卷第五百七十四

卷长718厘米,卷高25.5厘米。天头2.8厘米,地脚3.3厘米。单纸长46厘米,卷心高19.6厘米。共16纸,总436行,行17字。乌丝栏。楷体。首题、尾题:"大般若波罗蜜多经卷第五百七十四",品题:"第七曼殊室利分之一三藏法师玄奘奉诏译"。唐玄奘译。经文见《大正藏》第7册,第964页A栏第19行至第969页A栏第23行。有异文。尾有原木轴。

Ф.006 大般若波罗蜜多经卷第四百二十一

卷长805厘米,卷高25厘米。单纸长47厘米,卷心高20.5厘米。天头2.3厘米,地脚2.2厘米。共18纸,总464行,行17字。乌丝栏,楷体。首题、尾题:"大般若波罗蜜多经卷第四百廿一",品题:"第二分无边际品第廿三之二三藏法师玄奘奉诏译"。唐玄奘译。经文见《大正藏》第7册,第113页A栏第1行至第118页A栏第27行。包首:"五十九。"有异文。尾有原木轴。

Ф.007 大般若波罗蜜多经卷第五百八十二

卷长827厘米,卷高26.5厘米。单纸长46厘米,卷心高20厘米。天头3.3厘米,地脚3.1厘米。共18纸,总499行,行17字。乌丝栏,楷体。首题、尾题:"大般若波罗蜜多经第五百八十二",品题:"第十一布施波罗蜜多分之四三藏法师玄奘奉诏译"。唐玄奘译。经文见《大正藏》第7册,第1008页B栏第1行至第1014页A栏第9行。有异文。

Ф.007V 卷帙号

存1行。录文:"二五九。"

Ф.008 大般若波罗蜜多经卷第三百二十二

卷长856厘米,卷高24.7厘米。单纸长47厘米,卷心高19.8厘米。天头2.6厘米,地脚2.2厘米。共18纸,总493行,行17字。乌丝栏,楷体。首题、尾题:"大般若波罗蜜多经卷第三百廿二",品题:"初分真如品第卌七之五三藏法师玄奘奉诏译"。唐玄奘译。经文见《大正藏》第6册,第642页C栏第6行至第648页B栏第6行。包首:"大般若波罗蜜多经卷第三百廿二卌二□□。"有异文。背有卷帙号:"卌二五分。"尾有木轴。

Ф.009 大般若波罗蜜多经卷第四百四十一

卷长748厘米,卷高25.6厘米。单纸长45厘米,卷心高20.3厘米。天头2.9厘米,地脚2.7厘米。共17纸,总457行,行17字。乌丝栏,楷体。首题、尾题:"大般若波罗蜜多经卷第四百卌一",品题:"第二分不和合品第卌五之二三藏法师玄奘奉诏译"。唐玄奘译。经文见《大正藏》第7册,第221页A栏第1行至第226页A栏第24行。首题下方存半边朱印:"藏经印。"尾题下方朱印:"报恩寺藏经印。"经中有添加字。有异文。尾有原木轴。

Ф.010 大般若波罗蜜多经卷第二百七十

卷长733厘米,卷高25.7厘米。单纸长45.5厘米,卷心高20.3厘米。天头2.2厘米,地脚3.2厘米。共16纸,总449行,行17字。首12行下部残2至6字。乌丝栏,楷体。首题、尾题:"大般若波罗蜜多经卷第二百七十",品题:"初分难信解品第卅四之六十九三藏法□□□"。唐玄奘译。经文见《大正藏》第6册,第366页B栏第1行至第371页B栏第14行。

Ф.011 大般若波罗蜜多经卷第二百六十一

卷长754厘米,卷高26.7厘米。单纸长46厘米,卷心高20.2厘米。共16纸,总440行,行17字。乌丝栏,行楷。首题、尾题:"大般若波罗蜜多经卷第二百六十一",品题:"初分难信解品第卅四之八十三藏法师玄奘奉诏译"。唐玄奘译。经文见《大正藏》第6册,第319页C栏第5行至第324页C栏第13行。有异文。尾有原木轴。

Ф.012 大般若波罗蜜多经卷第五百九十二

卷长762厘米,卷高26.5厘米。单纸长47厘米,卷心高20厘米左右。天头3.2厘米,地脚3.3厘米。共17纸,总428行,行17字。乌丝栏,楷体。首题、尾题:"大般若波罗蜜多经卷第五百九十二",品题:"第十五静虑波罗蜜多分之二三藏法师玄奘奉诏译"。唐玄奘译。经文见《大正藏》第7册,第1060页B栏第14行至第1065页B栏第13行。包首:"大般若波罗蜜多经卷第五百九十二六十。"上部左半边残,残存"大般若波罗蜜多经卷"右半边字。尾有原木轴。

Ф.013 大般若波罗蜜多经卷第四百一十九

卷长803厘米,卷高27厘米。单纸长45.5厘米,卷心高20.3厘米。天头2.7厘米,地脚3.2厘米。共18纸,总480行,行17字。乌丝栏,楷体。首题、尾题:"大般若波罗蜜多经卷第四白一十九",品题:"第二分无所有品第二十之二三藏法师玄奘奉诏译"。题记:"翟文才。"唐玄奘译。经文见《大正藏》第7册,第101页C栏第17行至第107页A栏第15行。有异文。第4纸上部有"兑"字。校对时发现漏一"受"字,此张纸亦成"兑"纸,即废纸,但并未真正废弃重抄,只是在天头标注。第5纸中有5素行,但经文不缺。

Ф.013V 卷帙号

存1行。录文:"九册二。"

Ф.014 大般若波罗蜜多经卷第四百八十八

卷长849厘米,卷高25.5厘米。单纸长46厘米,卷心高20.3厘米。天头2.5厘米,地脚2.6厘米。共19纸,总511行,行17字。乌丝栏,楷体。首题、尾题:"大般若波罗蜜多经卷第四百八十八",品题:"第三分善现品第三之七三藏法师玄奘奉诏译"。唐玄奘译。经文见《大正藏》第7册,第477页C栏第15行至第483页C栏第6行,有异文。

Ф.015 Дх.03182 大般若波罗蜜多经卷第三百六十八

卷长764厘米,卷高26.1厘米。单纸长47厘米,卷心高20厘米。天头3.2厘米,地脚2.3厘米。共17纸,总446行,行17字。前6行下部残6字左右,首题不缺,品题后译者残缺。乌丝栏,楷体。首题、尾题:"大般若波罗蜜多经卷第三百六十八",品题:"初分遍学道品第六十四之三"。唐玄奘译。经文见《大正藏》第6册,第895页B栏第14行至第900页B栏第28行。包首:"大般若波罗蜜多经卷第五百五十三恩。"另倒书"自揕"2字,意义不明。原拍摄者注背有淡墨书写"三百六十八""廿七帙""卅七"等字。

Ф.016 大般若波罗蜜多经卷第五百五十三

卷长858厘米,卷高25.5厘米。单纸长48厘米,卷心高19.5厘米。天头3厘米,地脚3.1厘米。共19纸,总483行,行17字。乌丝栏,楷体。首题、尾题:"大般若波罗蜜多经卷第五百五十三",品题:"第四分那迅速品第廿五之二三藏法师玄奘奉诏译、第四分坚固品第廿七"。唐玄奘译。经文见《大正藏》第7册,第847页B栏第7行至第852页C栏第29行。有异文。尾题下有"恩"字。有原木轴。第474行背书"十八里",不明其义。

Ф.017 大般若波罗蜜多经卷第四百八十一

卷长784厘米,卷高26.5厘米。卷心高20厘米。天头3.1厘米,地脚3.5厘米。共17纸,总451行,行17字。乌丝栏,楷体。首题、尾题:"大般若波罗蜜多经卷第四百八十一",品题:"第三分舍利子品第二之三三藏法师玄奘奉诏译"。唐玄奘译。经文见《大正藏》第7册,第438页B栏第4行至第443页B栏第24行。有异文。经中有添加字。

Ф.017VA 卷帙号

存1行。录文:"卌九一。"

Ф.017VB 杂写

能识别者仅一"后"字。第11纸与第12纸接缝处正倒各抄写一"后"字。

Ф.018 大般若波罗蜜多经卷第四百一十二

卷长862厘米,卷高26厘米。单纸长47厘米,卷心高20厘米。天头2.8厘米,地脚3.1厘米。共19纸,总490行,行17字。乌丝栏,楷体。首题、尾题:"大般若波罗蜜多经卷第四百一十二",品题:"第二分六到彼岸品第十三之二三藏法师玄奘奉诏译、第二分乘大乘品第十四"。唐玄奘译。经文见《大正藏》第7册,第62页C栏第5行至第68页B栏第5行。包首:"大般若波罗蜜多经卷第四百一十二册二。"有异文。有原木轴。有籖条及系带。

Ф.019 大般若波罗蜜多经卷第五百三十六

卷长749厘米,卷高25.5厘米。单纸长47厘米,卷心高19.8厘米。天头3.1厘米,地脚3.1厘米。共17纸,总435行,行17字。前2行下部残。乌丝栏,楷体。起:"赞彼彼",品题:"第三分宣化品第卅一",尾题:"大般若波罗蜜多经卷第五百卅六"。唐玄奘译。经文见《大正藏》第7册,第751页A栏第23行至第756页A栏第25行。包首:"九册九。"有异文。尾有原木轴。

Φ.020 大般若波罗蜜多经卷第四百八十九

卷长794厘米,卷高26.5厘米。单纸长46.5厘米,卷心高20厘米。天头3.4厘米,地脚3.3厘米。共17纸,总473行,行17字。乌丝栏,楷体。首题、尾题:"大般若波罗蜜多经卷第四百八十九",品题:"第三分善现品第三之八三藏法师玄奘奉诏译"。唐玄奘译。经文见《大正藏》第7册,第483页C栏第7行至第489页A栏第20行。有异文。经中有添加字。

Φ.021 大般若波罗蜜多经卷第一百八十八

卷长728厘米,卷高25.6厘米。单纸长46厘米,卷心高20厘米。天头2.7厘米,地脚3.2厘米。共16纸,总434行,行17字。前14行下部残。乌丝栏,楷体。起:"五力七等觉",尾题:"大般若波罗蜜多经卷第一百八十八"。唐玄奘译。经文见《大正藏》第5册,第1009页A栏第21行至第1014页A栏第21行。有异文。

Φ.022 大般若波罗蜜多经卷第三百一十七

卷长783厘米,卷高25.8厘米。单纸长46厘米,卷心高20.2厘米。天头2.7厘米,地脚3厘米。共17纸,总463行,行17字。乌丝栏,楷体。首题、尾题:"大般若波罗蜜多经卷第三百一十七",品题:"初分趣智品第卅六之二三藏法师玄奘奉诏译"。唐玄奘译。经文见《大正藏》第6册,第615页B栏第20行至第620页C栏第18行。尾有原木轴,两端黑漆,尾纸不剪角。

Φ.023 大般若波罗蜜多经卷第四百六十四

卷长810厘米,卷高25.5厘米。单纸长47.5厘米,卷心高19.9厘米。天头2.8厘米,地脚2.8厘米。共18纸,总471行,行17字。乌丝栏,楷体。首题、尾题:"大般若波罗蜜多经卷第四百六十四",品题:"第二分菩萨行品第七十三藏法师玄奘奉诏译、第二分亲近品第七十一、第二分遍学品第七十二"。唐玄奘译。经文见《大正藏》第7册,第343页B栏第16行至第348页C栏第24行。经中有添加字。首题下朱印"报恩寺藏经印"仅存左半边"藏经印"3字。尾有墨印"三界寺藏经"印一枚、有朱印"报恩寺藏经印"一枚。包首:"大般若波罗蜜多经卷第五百六十四。"有簽条,上有系带。

Φ.024 大般若波罗蜜多经卷第五百九十四

卷长843厘米,卷高25.5厘米。单纸长46.5厘米,卷心高20.5厘米。天头3.1厘米,地脚2厘米。共18纸,总471行,行17字。乌丝栏,楷体。首题、尾题:"大般若波罗蜜多经卷第五百九十四",品题:"第十六般若波罗蜜多分之二三藏法师玄奘奉诏译"。唐玄奘译。经文见《大正藏》第7册,第1071页A栏第21行至第1076页C栏第15行。有异文。尾题有墨印"三界寺藏经"印一枚。背有卷帙号"六十""界"。有原木轴,绿灰色系带。

Φ.025 大般若波罗蜜多经卷第一百四十二

卷长100厘米,卷高25.5厘米。卷心高19.9厘米。天头3.1厘米,地脚3厘米。纸幅不一。共3纸,总54行。乌丝栏,楷体。首题:"大般若波罗蜜多经卷第一百册二",品题:"初分校量功德品第卅之册三藏法师玄奘奉诏译",讫:"忍波罗蜜多"。唐玄奘译。经文见《大正藏》第5册,第768页A栏第4行至C栏第5行。经文多处残缺。包首:"十五永/报回/大般若波罗蜜多经卷第册二/大般若波罗蜜多经卷第一百册二十五永。"有异文。

Φ.026 大般若波罗蜜多经卷第一百三十七

卷长709厘米,卷高25.5厘米。单纸长48厘米,卷心高19.9厘米。天头2.9厘米,地脚2.6厘米。共15纸,总398行,行17字。乌丝栏,楷体。起:"四念",

尾题："大般若波罗蜜多经卷第一百卅七"。唐玄奘译。经文见《大正藏》第5册，第734页C栏第26行至第748页B栏第15行。包首："十四帙□/一百三十七。"有异文。

Ф.027 大般若波罗蜜多经卷第四百五十二

卷长806厘米，卷高25.5厘米。单纸长48.5厘米，卷心高20.2厘米。天头2.1厘米，地脚2.3厘米。共18纸，总451行，行17字。首题、尾题："大般若波罗蜜多经卷第四百五十二"，品题："第二分习近品第五十九二藏法师玄奘奉诏译、第□分增上慢品第六十"。唐玄奘译。经文见《大正藏》第7册，第279页B栏第7行至第284页B栏第28行。包首："大般若波罗蜜多经卷第四百五十二册六□。"有异文。有一小段蓝色系带。

Ф.028 大般若波罗蜜多经卷第二百一十七

前段长578厘米，卷高25.5厘米。卷心高19.9厘米。天头2.7厘米，地脚3.3厘米。共12纸，总334行，行17字。首题、尾题："大般若波罗蜜多经卷第二百一十七"，品题："初分难信解品第卅四之卅六三藏法师玄奘奉诏译"。唐玄奘译。经文见《大正藏》第6册，第85页C栏第16行至第89页C栏第10行。有异文。后段卷长402厘米，卷高25.5厘米。天头3厘米，地脚2.9厘米。卷心高20.1厘米。单纸长48厘米。共9纸，总249行，行17字。经文见《大正藏》第6册，第88页A栏第13行至第91页A栏第3行。尾有原木轴。前后抄经者非同一人，字体大小、界栏、版心都有差异。

Ф.029 大般若波罗蜜多经卷第三百六十四

卷长715厘米，卷高27厘米。单纸长45厘米，卷心高20.1厘米。天头3.2厘米，地脚3.2厘米。共16纸，总443行，行17字。首题、尾题："大般若波罗蜜多经卷第三百六十四"，品题："初分实说品第六十二之二三藏法师玄奘奉诏译"。唐玄奘译。经文见《大正藏》第6册，第875页A栏第1行至第880页A栏第14行。有异文。

Ф.030 大般若波罗蜜多经卷第十三

卷长850厘米，卷高27.5厘米。单纸长48厘米，卷心高20厘米。共18纸，总476行，行17字。乌丝栏，楷体。起："若我□□□□应观"，尾题："大般若波罗蜜多经卷第十三"。唐玄奘译。经文见《大正藏》第5册，第68页A栏第6行至第73页B栏第19行。有异文。天头有添加校改字，第122行天头有"性"字，乃行中改字；第201行有"若世"2字；第396行有"不不"2字。原拍摄者注明尾题字后有褐色笔书大字："勘了卷中头纸儿。"

Ф.030V 卷帙号及杂写

存3行。录文："灵图/灵图寺藏经/第二帙卷三。"

Ф.031 大般若波罗蜜多经卷第五百六十八

卷长844厘米，卷高27厘米。单纸长46厘米，卷心高20.6厘米。共18纸半，总507行，行17字。乌丝栏，行楷。首题、尾题："大般若波罗蜜多经卷第五百六十八"，品题："第六分法界品第四之二三藏法师玄奘奉诏译、第六分念住品第五"。唐玄奘译。经文见《大正藏》第7册，第931页A栏第23行至第936页B栏第28行。有异文。前43行天头有"兑"字。后44行开始重抄首题和品题。在第2、20、40、69、74行上方均有"兑"字。第68行至第69行间写"欠一十六字"，第74行至第75行间写"欠十八字"。此经似为习抄。尾有原木轴。

Ф.032A 大般若波罗蜜多经卷第四百四十七

卷长770厘米，卷高27.5厘米。单纸长45.5厘米，卷心高20.2厘米。天头3.8厘米，地脚3.4厘米。共17纸，总462行，行17字。楷体。首题、尾题："大般若波罗蜜多经卷第四百卅七"，品题："第二分真如品第五十二之二三藏法师玄奘奉诏译"。唐玄奘译。经文见《大正藏》第7册，第253页A栏第20行至第258页B栏第28行。有异文。第5纸至第7纸之间脱落，似为补纸。包首左下角有"卅五"2字。尾部有一"化"字。

Ф.032B 敦煌王曹某与济北郡夫人氾氏捐经题记

卷长17.3厘米，卷高30厘米。卷心高29.5厘米。存4行，行15至19字。行书。录文："施主燉煌王曹厶与济北郡夫人氾氏同发信/心先命当府匠人编造帙子后请手笔漆/写新旧经律论等通共成满报恩寺藏/教讫者维大宋咸平五年壬寅岁七月十五日记。"

Ф.032C 敦煌王曹宗寿与济北郡夫人氾氏捐经题记

卷长16厘米，卷高30厘米，卷心高29.5厘米。存4行。第2行至第3行间添加"及添写卷轴"5字。录文："施主燉煌王曹宗寿与济北郡夫人氾氏同/发信心命当府匠人编造帙子及添写卷轴入报恩寺/藏讫维大宋咸平五年壬寅岁五月/十王日记。"尾有长方形"报恩寺藏经印"一枚，印下有篆书"藏"字。

Ф.033 大般若波罗蜜多经卷第一百五十八

卷长691厘米，卷高27.3厘米。单纸长46厘米，卷心高20.3厘米。天头3.9厘米，地脚3.3厘米。乌丝栏。共15纸，总415行，行17字。首题、尾题："大般若波罗蜜多经卷第一百五十八"，品题："初分校量功德品第卅之五十六三藏法师玄奘奉诏译"。唐玄奘译。经文见《大正藏》第5册，第850页C栏第3行至第855页B栏第15行。包首："十六帙卷八。"有异文。经中"正"用武周新字。

Ф.034 大般若波罗蜜多经卷第一百八十四

卷长673厘米，卷高26.5厘米。单纸长47厘米，卷心高19.2厘米。天头3.5厘米，地脚3.6厘米。共14纸半，总396行，行17字。首题："大般若波罗蜜多经卷第一百八十四"，品题："初分难信解品第卅四之二三藏法师玄奘奉诏译"，尾题："一百八十四/大般若波罗蜜多经卷第一百八十四"。唐玄奘译。经文见《大正藏》第5册，第989页A栏第1行至第993页B栏第23行。包首："大般若经第（下字被裱纸遮盖）第九帙。"有异文。

Ф.035 大般若波罗蜜多经卷第二百七十四

卷长506厘米，卷高25.8厘米。单纸长47至48厘米，卷心高19.7厘米。天头3.2厘米，地脚2.9厘米。共11纸，总282行，行17字。楷体。起："何以故若一切"，尾题："大般若波罗蜜多经卷第二百七十四"。唐玄奘译。经文见《大正藏》第6册，第388页C栏第9行至第391页C栏第26行。包首："二百七十四廿八。"有异文。经过校勘，中有添加字多处。背面第198行书写"是夜"2字。尾有原木轴。

Ф.036 大般若波罗蜜多经卷第二百五十八

卷长750厘米，卷高25.5厘米。单纸长45厘米，卷心高19.9厘米。天头3.1厘米，地脚2.7厘米。共17纸，总451行，行17字。楷体。首题、尾题："大般若波罗蜜多经卷第二百五十八"，品题："初分难信解品第卅四之七十七三藏法师玄奘奉诏译"。唐玄奘译。经文见《大正藏》第6册，第304页A栏第18行至第39页B栏第7行。包首："廿六。"有异文。尾有原木轴。

Ф.037 大般若波罗蜜多经卷第一百三

卷长670厘米，卷高25.7厘米。单纸长45.5厘米，卷心高19.9厘米。天头3.2厘米，地脚2.6厘米。共14纸半，总412行，行17字。乌丝栏。起："慈大悲大喜"，尾题："大般若波罗蜜多经卷第一百三"。唐玄奘译。经文见《大正藏》第5册，第569页C栏第3行至第574页B栏第12行。有异文。经校勘，中有添加字。尾有原木轴。

Ф.038 大般若波罗蜜多经卷第一百一十一

卷长741厘米，卷高25.6厘米。单纸长45.5厘米，卷心高19.8厘米。天头3.3厘米，地脚2.5厘米。共16纸，总436行，行17字。乌丝栏，楷体。首题、尾题："大般若波罗蜜多经卷第一百一十一"，品题："初分校量功德品第卅之九三藏法师玄奘奉诏译"。唐玄奘译。经文见《大正藏》第5册，第610页B栏第1行至第615页B栏第9行。包首："大般若波罗蜜多经卷第一百一十一。"有异文。

Ф.039 大般若波罗蜜多经卷第五百一

卷长880厘米,卷高27.3厘米。单纸长47厘米,卷心高20.5厘米。天头3厘米,地脚3.8厘米。共19纸,总511行,行17字。楷体。首题、尾题:"大般若波罗蜜多经卷五百一三藏法师奘玄奉诏译("奘玄"2字旁有颠倒符)",品题:"第二分窣堵波品第五之二"。唐玄奘译。经文见《大正藏》第7册,第549页A栏第1行至第554页B栏第2行。包首仅书"一"字。卷中有素行,第14纸有5素行、第17纸有4素行。第307行至第329行和第355行至第381行均未抄完,其经文在下一张纸中完整无误地抄写一遍。有异文。尾有原木轴。

Φ.040 大般若波罗蜜多经卷第二百二十一

卷长45.5厘米,卷高26.6厘米。卷心高20厘米。天头3.4厘米,地脚3.2厘米。共1纸,存27行,行17字。乌丝栏,楷体。首题:"大般若波罗蜜多经卷第二百廿一",品题:"初分难信解品第卅四之卅三藏法师玄奘奉诏译",讫:"为缘所生"。唐玄奘译。经文见《大正藏》第6册,第107页B栏第1行至C栏第2行。有异文。

Φ.040V 杂写

存"大"字1行7个,另有"清净"2字。

Φ.041 大般若波罗蜜多经卷第四百二十

卷长780厘米,卷高25.5厘米。单纸长44厘米,卷心高20.3厘米。天头2.1厘米,地脚3.1厘米。共18纸,总480行,行17字。楷体。首题、尾题:"大般若波罗蜜多经卷第四百二十",品题:"第二分无所有品第二十一之三三藏法师玄奘奉诏译、第二分随顺品第二十二、第二分无边际品第二十三"。题记:"僧善诚写。"唐玄奘译。经文见《大正藏》第7册,第107页A栏第16行至第112页C栏第8行。有异文。尾有原木轴,两端稍大,刷红漆,用轻质木材。

Φ.042 大般若波罗蜜多经卷第四百四十四

卷长866厘米,卷高27.5厘米。单纸长45.5厘米,卷心高20.1厘米。天头3.7厘米,地脚3.4厘米。共19纸,总513行,行17字。楷体。首题、尾题:"大般若波罗蜜多经卷第四百卌四",品题:"第二分成辨品第卌八三藏法师玄奘奉诏译"。唐玄奘译。经文见《大正藏》第7册,第237页B栏第1行至第242页C栏第7行。包首:"卌五。"第4纸有8素行,天头有"兑"字。第10纸有5素行,天头有"兑"字。此二纸应为抄废的经纸。有异文。

俄藏敦煌文献第二册叙录

Ф.043 妙法莲华经卷第三药草喻品第五至化城喻品第七

卷长832厘米，卷高26.5厘米。单纸长43厘米，卷心高20.2厘米。天头3厘米，地脚3.2厘米。共19纸，总530行，行17字，乌丝栏，楷体。起："观是众"，品题："妙法莲华经授记品第六妙法莲华经化城喻品第七"，尾题："妙法莲华经卷第三"。后秦鸠摩罗什译。经文见《大正藏》第9册，第19页B栏第17行至第27页B栏第9行。

Ф.044 妙法莲华经卷第一序品第一至方便品第二

卷长760厘米，卷高25.5厘米。单纸长47厘米，卷心高19.6厘米。天头2.8厘米，地脚3.1厘米。共17纸，总450行，行17字。乌丝栏，楷体。起："萨/后以佛"，品题："妙法莲华经方便品第二"，尾题："妙法莲华经卷第一"。后秦鸠摩罗什译。经文见《大正藏》第9册，第2页B栏第23行至第10页B栏第21行。首行残存1字，首2纸中有破洞。第157行与第158行中漏写1行偈语，用小字添加。

Ф.045 妙法莲华经卷第二譬喻品第三至信解品第四

卷长948厘米，卷高26.3厘米。单纸长48.5厘米，卷心高21.9厘米。天头2厘米，地脚2.4厘米。共20纸，总513行，行17字。乌丝栏，楷体。起："华光佛住世"，品题："妙法莲华经信解品第四"，尾题："妙法莲华经卷第二"。后秦鸠摩罗什译。经文见《大正藏》第9册，第11页C栏第27行至第19页A栏第12行。有多处异文。

Ф.046 妙法莲华经卷第六如来寿量品第十六至法师功德品第十九

卷长866厘米，卷高25.3厘米。单纸长40.1厘米，卷心高20.1厘米。天头2.7厘米，地脚2.6厘米。共22纸，总512行，行17字。起："众汝等/信解如来"，品题："妙法莲华经分别功德品第十七、妙法莲华经随喜功德品第十八、妙法莲华经法师功德品第十九"，尾题："妙法莲华经卷第六"。后秦鸠摩罗什译。经文见《大正藏》第9册，第42页B栏第2行至第50页B栏第22行。首有破损，尾有木轴。

Ф.047 妙法莲华经度量天地品第二十九至马明菩萨品第三十

卷长1366厘米，卷高25.5厘米。单纸长48厘米（中有二纸长42.5厘米），卷心高20.2厘米。天头2.6厘米，地脚2.8厘米。共29纸，总732行，行17至19字。乌丝栏，楷体。首3行下部残缺1至4字，首纸废，抄写24行后空1行开始重抄。首题："妙法莲华经度量天地品第廿九"，品题："妙法莲华经度量天地品第廿九卷八、妙法莲华经马明菩萨品第三十"，尾题："妙法莲华经卷第八"。品二十九现刊本《大正藏》采用的是S.1298，多有残缺，而俄藏此件完整，正可补足。经文见《大正藏》第85册，第1355页C栏第10行至第1356页A栏第11行。品三十现刊本《大正藏》采用的是S.2734。经文见《大正藏》第85册，第1426页A栏第12行至第1431页B栏第24行。有异文。背有纸序号，在第20纸至第21纸接缝处书"十九"2字。尾有木轴。

Φ.048　妙法莲华经卷第七

卷长69厘米，卷高27.4厘米。单纸长47.5厘米，卷心高21.2至23.8厘米。天头3厘米，地脚3.2厘米。共3纸，总35行，行17字。乌丝栏。起：'就不可"，尾题："妙法莲华经卷第七"。后秦鸠摩罗什译。经文见《大正藏》第9册，第61页C栏第18行至第62页B栏第1行。

Φ.049　妙法莲华经卷第一序品第一至方便品第二

卷长886厘米，卷高27厘米。单纸长47厘米，卷心高19.2厘米。总19纸，共509行，行17字。缺序品品题及首行11字，其余经文完整。起："耆阇崛山"，品题："妙法莲华经方便品第二"，尾题："妙法莲华经卷第一"。后秦鸠摩罗什译。经文见《大正藏》第9册，第1页C栏第19行至第10页B栏第21行。包首："妙法莲华经第二。"

Φ.050　妙法莲华经卷第一方便品第二

卷长247厘米，卷高24.3厘米。单纸长41.5厘米，卷心高22.7厘米。天头0.9厘米，地脚0.7厘米。共6纸，总134行，行19至20字。起："重悭贪嫉"，尾题："妙法第一卷"。后秦鸠摩罗什译。经文见《大正藏》第9册，第7页B栏第25行至第10页B栏。有异文。

Φ.051　妙法莲华经卷第五安乐行品第十四至分别功德品第十七

卷长1110厘米，卷高26.3厘米。单纸长49.5厘米，卷心高20厘米。天头3.8厘米，地脚2.8厘米。共23纸，总622行，行17字。首11行下部残缺1至7字。首题："妙法莲华经安乐行品第□□□"，品题："妙法莲华经从地踊出品第十五、妙法莲华经如来寿量品第十六、妙法莲华经分别功德品第十七"，尾题："妙法莲华经卷第五"。后秦鸠摩罗什译。经文见《大正藏》第9册，第37页A栏第9行至第46页B栏第14行。

Φ.052　妙法莲华经卷第四

卷长1138厘米，卷高25.5厘米。单纸长48厘米，卷心高20.6厘米。天头2.9厘米，地脚3.1厘米。共29纸，总629行，行17字。乌丝栏，栏宽1.6至1.7厘米。后秦鸠摩罗什译。首题："妙法莲华经五百弟子受记品第八"，品题："妙法莲华经授学无学人记品第九、妙法莲华经法师品第十、妙法莲华经见宝塔品第十一、妙法莲华经提婆达多品第十二、妙法莲华经持品第十三"，尾题："妙法莲华经卷第四"。经文见《大正藏》第9册，第27页B栏第16行至第37页A栏第2行。包首："妙法莲华经卷第四。"有异文。卷首籤条为细麦草秆。尾有原木轴。

Φ.053　妙法莲华经卷第六

卷长902厘米，卷高25厘米。单纸长46.7厘米，卷心高19.9厘米。天头2.6厘米，地脚2.7厘米。共20纸，总523行，行17字。乌丝栏，栏宽1.7厘米。首题："妙法莲华经法师功德品第十九"，品题："妙法莲华经常不轻菩萨品第二十、妙法莲华经如来神力品第二十一、妙法莲华经嘱累品第二十二、妙法莲华经药王菩萨本事品第二十三"，尾题："妙法莲华经卷第六"。后秦鸠摩罗什译。经文见《大正藏》第9册，第47页C栏第2行至第55页A栏第9行。

Φ.054　妙法莲华经卷第四

卷长864厘米，卷高25厘米。单纸长47.5至48厘米，卷心高19.7厘米。共19纸，总505行，行17字。乌丝栏。起："而说偈言"，品题："妙法莲华经法师品第十、妙法莲华经见宝塔品第十一、妙法莲华经提婆达多品第十二、妙法莲华经持品第十三"，尾题："妙法莲华经卷第四"。后秦鸠摩罗什译。经文见《大正藏》第9册，第29页C栏第17行至第37页A栏第2行。有异文。首附字条上书"妙法莲华经"为收藏者所写。

Ф.055　妙法莲华经卷第七

卷长652厘米，卷高27厘米。单纸长43厘米，卷心高21.6厘米。天头2.4厘米，地脚3厘米。共16纸，总371行，行17字。首6行下部残缺1至7字。乌丝栏。首题："妙法莲华经观世音菩萨"，品题："妙法莲华经陀罗尼品第二十六、妙法莲华经妙庄严王本事品第二十七"，尾题："妙法莲华经卷第七"。后秦鸠摩罗什译。经文见《大正藏》第9册，第56页A栏第2行至第62页A栏第1行。有轴。

Ф.056　妙法莲华经卷第六

卷长1082厘米，卷高26.5厘米。单纸长51.5至52厘米，卷心高21厘米。天头2.5厘米，地脚2.5厘米。共23纸，总599行，行17字。乌丝栏。首题："妙法莲华经随喜功德品第十八"，品题："妙法莲华经法师功德品第十九、妙法莲华经常不轻菩萨品第二十、妙法莲华经如来神力品第二十一、妙法莲华经嘱累品第二十二、妙法莲华经药王菩萨本事品第二十三"，尾题："妙法莲华经卷第六"。后秦鸠摩罗什译。经文见《大正藏》第9册，第46页B栏第21行至第55页A栏第9行。

Ф.057　妙法莲华经卷第四

卷长1037厘米，卷高26厘米。单纸长47.5厘米，卷心高20厘米。天头3厘米，地脚3厘米。共22纸，总604行，行17字。首4行及中均有破洞，缺经文多处。乌丝栏。起："勤修所行"，品题："妙法莲华经授学无学人记品第九、妙法莲华经法师品第十、妙法莲华经见宝塔品第十一、妙法莲华经提婆达多品第十二、妙法莲华经持品第十三"，尾题："妙法莲华经卷第四"。题记："菩萨戒弟子萧大严敬造第八百七十九部。"后秦鸠摩罗什译。经文见《大正藏》第9册，第28页A栏第24行至第37页A栏第2行。有轴。

Ф.058　妙法莲华经卷第三

卷长848厘米，卷高25.5厘米。单纸长49至49.5厘米，卷心高19.9厘米。天头3.1厘米，地脚2.9厘米。总17纸又尾纸1纸，总475行，行17字。乌丝栏，栏宽1.7厘米。起："求世尊处"，品题："妙法莲华经授记品第六、妙法莲华经化城喻品第七"，尾题："妙法莲华经卷第三"。后秦鸠摩罗什译。经文见《大正藏》第9册，第20页A栏第26行至第27页B栏第9行。背有"三欠三张"4字。

Ф.059　妙法莲华经卷第五

卷长1132厘米，卷高26.7厘米。单纸长50.5厘米，卷心高20.9厘米。天头2.7厘米，地脚3.2厘米。共23纸，总596行，行17字。乌丝栏，楷体。首题："（前缺）经安乐行品第十四（首行）"，品题："妙法莲华经从地踊出品第十五、妙法莲华经如来寿量品第十六、妙法莲华经分别功德品第十七"，尾题："妙法莲华经卷第五"。后秦鸠摩罗什译。经文见《大正藏》第9册，第37页A栏第9行至第46页B栏第14行。有异文。有轴。

Ф.060　妙法莲华经卷第一

卷长754厘米，卷高25.5厘米。单纸长40厘米，卷心高19.7厘米。天头2.6厘米，地脚3.1厘米。共19纸，总425行，行17字。乌丝栏，楷体。起："若有佛子"，品题："妙法莲华经方便品第二"，尾题："妙法莲华经卷第一"。后秦鸠摩罗什译。经文见《大正藏》第9册，第3页A栏第3行至第10页B栏第21行。有异文。有轴。

Ф.061　Ф.175　妙法莲华经卷第七观世音菩萨普门品第二十五

卷长162厘米，卷高15厘米。单纸长41.5厘米，卷心高14.7至15.3厘米。共4纸，总110行，行9至13字。无界栏，楷体。字拙。首题："妙法莲华经观世音菩萨普门品第廿五"，讫："观世音菩萨成就"。后秦鸠摩罗什译。经文见《大正藏》第9册，第56页C栏第2行至第57页B栏第20行。有异文。

Φ.062　妙法莲华经卷第三

卷长248厘米，卷高26.5厘米。单纸长48厘米，卷心高19.8厘米。天头3.3厘米，地脚3.2厘米。共6纸，总142行，行17字。乌丝栏，楷体。后秦鸠摩罗什译。起："无/皆以童子"，尾题："妙法莲华经卷第三"。经文见《大正藏》第9册，第25页A栏第17行至第27页B栏第9行。有异文。

Φ.063　妙法莲华经卷第七

卷长119厘米，卷高27.3厘米。单纸长45厘米，卷心高21.5厘米。天头2.4厘米，地脚3.4厘米。共3纸，总73行，行17字。乌丝栏。起："延坚固之身"，品题："妙法莲华经观世音菩萨普门品第二十五"，讫："观世音菩"。后秦鸠摩罗什译。经文见《大正藏》第9册，第55页C栏第14行至第56页C栏第4行。有异文。

Φ.064　妙法莲华经卷第一

卷长710厘米，卷高25.5厘米。单纸长51.5厘米，卷心高20.1厘米。天头2.8厘米，地脚2.7厘米。共14纸，总382行，行17字。乌丝栏，楷体。起："众生咸/斯瑞诸善男子"，品题："妙法莲华经方便品第二"，尾题："妙法莲华经卷第一"。后秦鸠摩罗什译。经文见《大正藏》第9册，第3页C栏第16行至第10页B栏第21行。有轴。

Φ.065　妙法莲华经卷第五

卷长1000厘米，卷高27厘米。单纸长47.5厘米，卷心高20.5厘米。天头3.2厘米，地脚3.2厘米。共21纸，总559行，行17字。前3行下部残。乌丝栏，楷体。起："妄仕初法"，品题："妙法莲华经从地踊出品第十五、妙法莲华经如来寿量品第十六、妙法莲华经分别功德品第十七"，尾题："妙法莲华经卷第五"。后秦鸠摩罗什译。经文见《大正藏》第9册，第37页C栏第27行至第46页B栏第14行。有异文。有轴。

Φ.066　大宝积经卷第七十七富楼那会第十七之一

卷长85厘米，卷高25厘米。单纸长44.5厘米，卷心高21.5厘米。天头2.3厘米，下残。共3纸，总45行，行16字。乌丝栏，隶楷体。首题："佛说菩萨藏经一名富楼那"，品题："菩萨行品第一"，讫："我当为求之"。后秦鸠摩罗什译。经文见《大正藏》第11册，第434页B栏第8行至第435页A栏第14行。

Φ.067　金刚般若波罗蜜经

卷长98厘米，卷高27.5厘米。单纸长49厘米，卷心高19.9厘米。天头3.5厘米，地脚4.2厘米。共2纸，总55行，行17字。乌丝栏，楷体。起："所/如来不不也"，讫："何以故庄严□□□庄严"。后秦鸠摩罗什译。经文见《大正藏》第8册，第749页A栏第20行至C栏第20行。有异文。中有多处破洞。

Φ.068　维摩诘经疏卷第三观众生品第七至佛道品第八

卷长823厘米，卷高28.5厘米。卷心高25厘米。天头1.8厘米，地脚1.1厘米。共19纸，总501行，行22至26字。无界栏，行书。起："也既逮於"，品题："佛道品第八"，尾题："维摩疏卷第三"。题记："仪凤三年八月十二日令狐思约勘定。"所释经文见《大正藏》第14册，第547页C栏第11行至第550页B栏第27行。疏文见《大正藏》第38册，第967页A栏第19行至第975页A栏第23行。有异文。

Φ.069A　大般涅槃经卷第三十一

卷长954厘米，卷高24.5厘米。单纸长51厘米，卷心高18.6厘米。天头3.2厘米，地脚3厘米。共19纸，总532行，行17字。乌丝栏，楷体。起："修慧者"，讫："世尊如佛所"。北凉昙无谶译。经文见《大正藏》第12册，第552页B栏第16行至第557页B栏第7行。有异文。

Φ.069B　大般涅槃经卷第三十六

卷长227厘米，卷高25厘米。单纸长51厘米，卷心高18.6厘米。共5纸，总110行，行17字。后有题记7行。起："沙门名沙门"，尾题："大般涅槃经

卷第卅六"。题记:"大业四年二月十五日比丘慧
恢知五众之易迁晓二/字之难遇谨割衣资敬造此
经一部愿乘兹胜福/三业清净四实圆明戒慧日增
惑累消灭现在尊卑恒招福/庆七世久远永绝尘劳
普被含生遍沾有谨同发菩提趣/萨婆□/清信佛弟
子尹嘉礼受持/开九开十开十一年各一遍。"北凉
昙无谶译。经文见《大正藏》第12册,第579页B栏
第22行至第580页C栏第16行。有异文。

Ф.070　瑜伽师地论卷第四十二

卷长535厘米,卷高26.5厘米。单纸长45.5厘米,卷心高20.1厘米。天头3厘米,地脚3.5厘米。共12纸,总320行,行24字。乌丝栏,行书。首题:"瑜伽师地论卷第卅二弥勒菩萨说沙门玄奘奉诏译",品题:"本地分中菩萨地第十五初持瑜伽处戒品第十之三",尾题:"瑜伽师地论卷第卅二"。题记:"寅年闰正月廿二日龙兴寺沙门明照随听写/大中十二年二月廿五日(下模糊)。"弥勒菩萨说、唐玄奘译。经文见《大正藏》第30册,第521页C栏第23行至第527页B栏第7行。有朱笔标记符号多种。背有杂写,模糊不清。

Ф.071　瑜伽师地论卷第三

卷长64厘米,卷高27.5厘米。单纸长44.5厘米,卷心高19.9厘米。天头3.9厘米,地脚4厘米。共2纸,总33行,行17字。乌丝栏,楷体。首题:"瑜伽师地论卷第三弥勒菩萨说沙门玄奘奉诏译",品题:"本地分中意地第二之三",讫:"事谓地水火"。弥勒菩萨说、唐玄奘译。经文见《大正藏》第30册,第289页C栏第23行至第290页B栏第6行。中有朱笔符号多种。

Ф.072　瑜伽师地论卷第六

卷长739厘米,卷高25.4厘米。单纸长47厘米,卷心高19.8厘米。天头2.1厘米,地脚3.6厘米。共16纸,总423行,行17字。乌丝栏,楷体。首题:"瑜伽师地论卷第六弥勒菩萨说沙普兰店玄奘奉诏译",品题:"本地分中有寻有伺等三地之三",尾题:"瑜伽师地论卷第六"。弥勒菩萨说、唐玄奘译。经文见《大正藏》第30册,第303页B栏第20行至第308页C栏第8行。包首:"瑜伽师地论卷第六一界(朱笔)。"中有朱笔校改,前2纸有朱笔圈点,背为杂写,字迹模糊,无法辨识。有轴。有红色系带,长57厘米。

Ф.073　瑜伽师地论卷第八

卷长680厘米,卷高25.5厘米。单纸长47厘米,卷心高20.4厘米。天头2.9厘米,地脚2.8厘米。共15纸,总390行,行17字。乌丝栏,楷体。首题:"瑜伽师地论卷第八弥勒菩萨说沙门玄奘奉诏译",品题:"本地分中有寻有伺等三地之五",尾题:"瑜伽师地论卷第八"。弥勒菩萨说、唐玄奘译。经文见《大正藏》第30册,第313页A栏第14行至第317页C栏第24行。包首:"瑜伽师地论卷第八一界(朱笔)。"文中有修改添补字。有原木轴。有红色系带,长56厘米。

Ф.074　大般涅槃经卷第八如来性品第四之五

卷长930厘米,卷高25.6厘米。单纸长47厘米,卷心高20.2厘米。天头2.7厘米,地脚2.7厘米。共20纸,总543行,行17字。乌丝栏,楷体。从第524行起,经文用另一种字体书写。首题、尾题:"大般涅槃经卷第八。"北凉昙无谶译。经文见《大正藏》第12册,第409页A栏第15行至第416页A栏第11行。有异文。

Ф.075　大般涅槃经后分卷上

卷长1050厘米,卷高25.5厘米。单纸长48.5厘米,卷心高20.2厘米。天头3.1厘米,地脚2.2厘米。共20纸,总585行,行17字。乌丝栏,楷体。首题:"大般涅槃经憍陈如品之三卅一",品题:"大般涅槃经遗教品、大般涅槃经应尽还源品",尾题:"大般涅槃经卷第卅一"。唐若那跋陀罗译。经文见《大正藏》第12册,第900页A栏第3行至第906页C栏第10行。包首:"大般涅槃经卷第卅一四。"多处有异文。与《大正藏》中的"大般涅槃经后分卷上"

相一致。有轴。

Ф.076　大般涅槃经卷第十如来性品第四之七至一切大众所问品第五

卷长588厘米，卷高25厘米。单纸长46厘米，卷心高19.4厘米。天头2.8厘米，地脚2.8厘米。共14纸，总347行，行17字。乌丝栏，楷体。起："如来所说"，品题："大般涅槃经一切大众所问品第五"，尾题："大般涅槃经卷第十"。北凉昙无谶译。经文见《大正藏》第12册，第423页C栏第21行至第428页D栏第13行。多处有异文。前2行上下均残缺。卷中有朱笔圈点标注。在第17、39、148、149、289、339行另一部分经文开始处有提行符，天头标有相应的数字"五十一、廿九、廿七、十四、七"，行与行之间的地脚有"已上"2字。有原木轴。

Ф.077　大般涅槃经卷第十八

卷长961厘米，卷高24厘米。单纸长50厘米，卷心高20.3厘米。天头1.5厘米，地脚2.6厘米。共19纸，总518行，行17字。乌丝栏，楷体。首题、尾题："大般涅槃经卷第十八"。北凉昙无谶译。经文见《大正藏》第12册，第468页C栏第26行至第474页C栏第26行。包首："大般涅槃经卷第十八二。"尾有轴。籤条中部有黄色系带一条，长57厘米。

Ф.078　大般涅槃经卷第十八梵行品第八之四

卷长684厘米，卷高26厘米。单纸长51厘米，卷心高18.3厘米。天头4.4厘米，地脚3.5厘米。共14纸，总412行，行17字。乌丝栏，楷体。起："处常乐我"，尾题："大般涅槃经卷第十八"。北凉昙无谶译。经文见《大正藏》第12册，第470页A栏第18行至第474页B栏第26行。有异文。卷首"妙华经卷"为收藏者题。尾有轴。

Ф.079　大般涅槃经卷第三十三迦叶菩萨品第十二之一

卷长311厘米，卷高26.2厘米。单纸长40.5厘米，卷心高19.3厘米。共8纸，总173行，行17字。乌丝栏。起："有三种"，尾题："大般涅槃经卷第卅三"。北凉昙无谶译。经文见《大正藏》第12册，第560页C栏第20行至第562页C栏第20行。有异文。尾有轴。

Ф.080　大般涅槃经卷第十五梵行品第八

卷长916厘米，卷高25.5厘米。单纸长50厘米，卷心高21.5厘米。共19纸，总503行，行17字。楷体。首题："大般涅槃经梵行品第八十五"，尾题："大涅槃经卷第十五"（原卷缺"般"字）。北凉昙无谶译。经文见《大正藏》第12册，第451页B栏第9行至第157页B栏第19行。

Ф.081　大般涅槃经卷第二十七师子吼菩萨品第十一之一

卷长201厘米，卷高25.3厘米。单纸长45厘米，卷心高19.5厘米。天头3.4厘米，地脚2.4厘米。共5纸，总108行，行17字。首12行下部残存6至16字。乌丝栏，楷体。起："之少欲者谓"，尾题："大般涅槃经卷第二十七"。北凉昙无谶译。经文见《大正藏》第12册，第526页C栏第11行至第528页A栏第4行。尾有轴，带轴头。

Ф.082　大般涅槃经卷第八如来性品第四之五

卷长925厘米，卷高26.5厘米。单纸长47厘米，卷心高19.2厘米。天头3.6厘米，地脚3.8厘米。共20纸，总539行，行17字。乌丝栏，楷体。首题、尾题："大般涅槃经卷第八"。北凉昙无谶译。经文见《大正藏》第12册，第411页A栏第7行至第417页C栏第1行。有朱笔校改处。中有残缺。尾有轴。

Ф.083　大般涅槃经卷第三十一师子吼菩萨品第十一之五

卷长417厘米，卷高26.2厘米。单纸长42厘米，卷心高20.5厘米。天头3.1厘米，地脚2.6厘米。共10纸，总243行，行17字。乌丝栏，楷体。北凉昙无谶译。起："兼复贫穷"，尾题："大般涅槃经卷第三十一"。题记："勘了。"经文见《大正藏》第12册，第551页A栏第12行至第553页C栏第26行。第78行上方有"痴愚"2字。

Φ.084　大般涅槃经卷第三十一师子吼菩萨品第十一之五

卷长841厘米，卷高24.6厘米。单纸长50厘米，卷心高19.9厘米。天头2.8厘米，地脚1.9厘米。共17纸，总445行，行17字。乌丝栏，楷体。首题："大般涅槃经师子吼菩萨品三十一"，尾题："大般涅槃经卷第三十一"。题记："僧广真校定。"北凉昙无谶译。经文见《大正藏》第12册，第546页C栏第29行至第552页A栏第20行。包首："大般涅槃经卷第卅一。"有异文。经中有添加字。

Φ.085　大般涅槃经卷第十如来性品第四之七至一切大众所问品第五

卷长796厘米，卷高26.7厘米。单纸长50.5厘米，卷心高19厘米。天头3.9厘米，地脚3.8厘米。共17纸，总450行，行17字。乌丝栏，楷体。起："白佛言世尊"，品题："大般涅槃经一切大众所问品第五"，尾题："大般涅槃经卷第十"。北凉昙无谶译。经文见《大正藏》第12册，第422页C栏第6行至第428页B栏第13行。有异文。首缺"如来性品第四之七"品题及首行"尔时文殊师利"6字。卷首纸经修复，裱纸上书"大般涅槃经卷第十一切大众所问品第五"，字极拙劣。

俄藏敦煌文献第三册叙录

Ф.086　佛说无量寿宗要经

卷长169厘米，卷高31.6厘米。单纸长42厘米，卷心高28.5厘米。天头1.5厘米，地脚1.6厘米。共4纸，总102行，行35至38字。首题："大乘无量寿经"，尾题："佛说无量寿宗要经"。经文见《大正藏》第19册，第82页A栏第3行至第84页C栏第29行。

Ф.087　佛说无量寿宗要经

卷长65厘米，卷高31厘米。单纸长44厘米，卷心高27.4厘米。天头1.7厘米，地脚1.8厘米。共1纸半，总43行，行32至33字。起："如是我闻"，讫："阿波唎蜜"。经文见《大正藏》第19册，第82页A栏第5行至第83页B栏第12行。

Ф.088　佛说无量寿宗要经

卷长192厘米，卷高31.2厘米。单纸长46厘米，卷心高31.2厘米。天头1.6厘米，地脚1.2厘米。共5纸，总123行，行31至35字。首题："大乘无量寿经"，尾题："佛说无量寿宗要经"。经文见《大正藏》第19册，第82页A栏第3行至第84页C栏第29行。

Ф.089　大佛顶如来密因修证了义诸菩萨万行首楞严经卷第九

卷长859厘米，卷高26厘米。单纸长49.5厘米，卷心高20.7厘米。共17纸，总439行，行17至18字。有朱笔校改。首题："大佛顶如来密因修证了义诸菩萨万行首楞严经九/一名中印度那阑陀大道场经於灌顶部录出别行"，尾题："大佛顶万行首楞严经卷第九"。唐般剌蜜帝译。经文见《大正藏》第19册，第146页A栏第7行至第151页B栏第16行。包首："大佛顶经卷第九 九。"有彩色系带，长39厘米。

Ф.090　大佛顶如来密因修证了义诸菩萨万行首楞严经卷第二

卷长775厘米，卷高25.7厘米。单纸长49.5厘米，卷心高21.5厘米。天头2.2厘米，地脚2厘米。共15纸，总366行，行16至18字。有朱笔校改。首题："大佛顶如来密因修证了义诸菩萨万行首楞严经第二 九/一名中印度那阑陀大道场经於灌顶部录出别行"，尾题："大佛顶万行首楞严经卷第二"。唐般剌蜜帝译。经文见《大正藏》第19册，第110页A栏第11行至第114页C栏第13行。包首："大佛顶经卷第二 土二。"尾有墨印"净土寺藏经"印。有轴。有彩色系带。

Ф.091　大佛顶如来密因修证了义诸菩萨万行首楞严经卷第九

卷长845厘米，卷高26厘米。单纸长48.5厘米，卷心高20.1厘米。天头2.9厘米，地脚3.2厘米。共17纸，总466行，行17字。首题："大佛顶如来密因修证了义诸菩萨万行首楞严经第九/一名中印度那阑陀大道场经於灌顶部录出别行",尾题:"大佛顶万行首楞严经卷第九"。背有题记:"金光明寺僧祝阁梨集经供养记。"唐般剌蜜帝译。经文见《大正藏》第19册,第146页A栏第7行至第151页B栏第16行。包首:"大佛顶经卷第九。"尾有轴。有蓝色系带。

Ф.092　大佛顶如来密因修证了义诸菩萨万行首楞严经卷第七

卷长848厘米,卷高25.5厘米。单纸长48厘米,卷心高19.6厘米。天头3.1厘米,地脚3.1厘米。共18纸,总462行,行16至19字,尾纸无字。首题:"大佛顶如来密因修证了义诸菩萨万行首楞严经第七/一名中印度那兰陀大道场经於灌顶部录出别行",尾题:"大佛顶卷第七"。唐般剌蜜帝译。经文见《大正藏》第19册,第133页A栏第1行至第139页A栏第13行。包首:"大佛顶经卷第□。"尾有轴。有蓝色系带。

Ф.093　大佛顶如来密因修证了义诸菩萨万行首楞严经卷第八

卷长675厘米,卷高25.5厘米。单纸长49.5厘米,卷心高20.5厘米。天头、地脚2.5厘米。共14纸,总386行,行17字。首题:"大佛顶如来密因修证了义诸菩萨万行首楞严经第八/一名中印度那兰陀大道场经於灌顶部录出别行",尾题:"大佛顶万行首楞严经卷第七"。唐般剌蜜帝译。经文见《大正藏》第19册,第141页B栏第17行至第146页A栏第4行。尾有轴。

Ф.094　大方便佛报恩经卷第四恶友品第六

卷长865厘米,卷高26.8厘米。单纸长49.5厘米,卷心高22.8厘米。天头2.2厘米,地脚1.8厘米。共17纸,总443行,行20字。首题:"大方便佛报恩经恶友品第六卷第四",尾题:"报恩经卷第四"。失译。经文见《大正藏》第3册,第142页B栏第19行至第148页C栏第4行。包首:"大方便佛报恩经卷第四。"有异文。尾有轴。有淡朱笔圈点。

Ф.095　妙法莲华经卷第一序品第一

卷长98厘米,卷高25.8厘米。单纸长49厘米,卷心高20厘米。天头2.5厘米,地脚3.2厘米。共2纸,总60行,行17字。起:"与其眷属",讫:"为说缘觉"。后秦鸠摩罗什译。经文见《大正藏》第9册,第2页A栏第18行至第3页A栏第3行。有异文。

Ф.096　双恩记卷第三、第七、第十一,报恩经卷第十一

卷长447厘米,卷高27.5厘米。单纸长28厘米,卷心高22.8至23.7厘米。天头2.4厘米,地脚2.5厘米。共49纸,总686行,行字数不一。前4纸有界栏,后无。首题:"双恩记第三",品题:"双恩记卷第七、双恩记卷第十一",尾题:"报恩经第十一"。参见《敦煌变文集补编》,北京大学出版社,1989年,第1页至30页。中有朱笔字,卷中有双行夹注。为佛报恩讲经文,由三件组合而成。

Ф.097　佛说佛名经

卷长823厘米,卷高25.5厘米。单纸长51厘米,卷心高18.3厘米。天头、地脚3.8厘米。共17纸,总469行,行10至24字。起:"佛南无明了佛",品题:"佛说六佛经、百五十佛礼文",讫:"如来一心归命"。未检出。

Ф.098　维摩诘所说经卷上

卷长872厘米,卷高27厘米。单纸长48.5厘米,卷心高19.6厘米。天头4厘米,地脚3.4厘米。共19纸,总448行,行17字。起:"尔时长者子",品题:"方便品第二、弟子品第三、菩萨品第四"。题记:"□阳□七□不德□将□□□。"后秦鸠摩罗什译。经文见《大正藏》第14册,第538页A栏第15行至第544页A栏第19行。有异文。有轴。

Ф.099　维摩诘所说经卷中

卷长1052厘米,卷高25.5厘米。单纸长49厘米,卷心高19.8厘米。天头2.6厘米,地脚2.9厘米。共22纸,总584行,行17至19字。首题:"维摩诘所

说经卷中文殊师利问疾品第五"，品题："不思议品第六、观众生品第七、佛道品第八、入不二法门品第九"，尾题："维摩诘经卷中"。后秦鸠摩罗什译。经文见《大正藏》第14册，第544页A栏第20行至第551页C栏第27行。多处有异文。有轴。

Φ.100　维摩诘所说经卷中文殊师利问疾品第五

卷长196厘米，卷高26厘米。单纸长47厘米，卷心高19.3厘米。天头3.5厘米，地脚3.2厘米。共4纸（首纸残），总111行，行17字。首题："维摩诘所说经义殊师利问□□□"，讫："涅槃不永灭"。后秦鸠摩罗什译。经文见《大正藏》第14册，第544页A栏第20行至第545页B栏第28行。有异文。有朱笔校改一处。

Φ.101　维摩碎金

卷长517厘米，卷高28.5厘米。单纸长30.5厘米，卷心高28.5厘米。共19纸，总272行，行18至22字。起："白玉共争光"，尾题："维摩碎金一卷"。题记："灵州龙兴寺讲经沙门□记/被原宋坚来尤渥累日写尽/文书缘是僧家不欲奉阻/朔方释□□。"参见《敦煌变文集补编·维摩碎金》，北京大学出版社，1989年，第70页至第82页。

Φ.102　维摩经义疏

卷长434厘米，卷高27厘米。单纸长36.5厘米，卷心高36.5厘米。共12纸，总253行，行32至34字。起："随其心净"，讫："经卷下卷末"。经文见《大正藏》第38册《维摩义记》，第437页C栏第16行起。但大多经文见S.2732《维摩经义记卷第四》。参见《大正藏》第85册，第339页至第354页相关内容。又见《敦煌石室经卷中未入藏经论著述目录》第1页。卷中有折行，有朱笔标记，朱笔大写"方便"2字。第十品题前有朱笔莲花。有颠倒符。

Φ.103　妙法莲华经卷第七观世音菩萨普门品第二十五

卷长62厘米，卷高25厘米。单纸长40厘米，卷心高24厘米。共2纸，总27行，行20至21字。起："能灭诸有苦"，尾题："佛说观音经一卷"。题记："保瑞。"后秦鸠摩罗什译。经文见《大正藏》第9册，第57页C栏第16行至第58页B栏第7行。另倒写"千字文敕员外"1行。背有杂写"周兴嗣"3字及一行藏文。

Φ.104　佛说阿弥陀经

卷长182厘米，卷高25.5厘米。单纸长47厘米，卷心高20厘米。天头3厘米，地脚2.7厘米。共4纸，每纸书28行，总86行，行16至17字。起："六时出和雅音"，尾题："阿弥陀经"。后秦鸠摩罗什译。经文见《大正藏》第12册，第347页A栏第14行至第348页A栏第29行。有异文。

Φ.105　般若波罗蜜多心经、梁朝傅大士颂金刚经

卷长63厘米，卷高25.5厘米。卷心高19.9厘米。天头3厘米，地脚2.6厘米。共2纸，总26行。前18行，首题："般若波罗蜜多心经（后又抄"般若"2字）"，尾题："佛说多心经一卷（后又多抄一"第"字）"。唐玄奘译。经文见《大正藏》第8册，第848页C栏第1行至第20行。后8行为《梁朝傅大士颂金刚经》，起："心者说诸法"，讫："菩萨所作福德"。经文见《大正藏》第85册，第8页A栏第2行至第9行。有异文。尾有轴。背有藏文题记："佛陀、巴王德珍（金）、安贤、大吉和卡尔达□□□。"

Φ.106　般若波罗蜜多心经

卷长95厘米，卷高26厘米。单纸长48厘米，卷心高20厘米左右。天头、地脚3.2厘米。共2纸，总39行，行14至17字。首题："般若波罗蜜多心经"，尾题："般若波罗蜜多心经一卷"。抄两遍。唐玄奘译。经文见《大正藏》第8册，第848页C栏第1行至第20行。有异文。尾有轴。

Φ.107　般若波罗蜜多心经

卷长44.3厘米，卷高31.3厘米。卷心高19.8厘米。天头5.5厘米，地脚5.8厘米。共1纸，总19行，行16至18字。首题："般若波罗蜜多心经"，尾题："般若波罗蜜多心经一卷"。唐玄奘译。经文见《大正藏》第8册,第848页C栏第1行至第20行。抄两遍。背面杂写"杂法华经一部"6字。

Φ.108　般若波罗蜜多心经

卷长46厘米,卷高26.5厘米。卷心高20厘米。天头3.5厘米,地脚3.5厘米。共1纸,总19行,行17至18字,首3行下部各残缺3字。首题:"般若波罗蜜多心经",尾题:"般若波罗蜜多心经一卷"。唐玄奘译。经文见《大正藏》第8册,第848页C栏第1行至第20行。抄两遍。有异文。有轴。

Φ.109　押座文等

卷长442厘米,卷高28.3厘米。单纸长49.5厘米左右,卷心高26厘米。天头1.5厘米,地脚1.8厘米。共9纸,总239行,行25至27字。此卷分三部分:押座文、八关斋戒文、发愿文。第一部分"押座文"存14行,首题:"押座文",讫:"念观世音菩萨三说此下受斋戒"。第二部分"八关斋戒文"存219行,首题:"八关斋戒文於八关斋戒经略出",尾题:"大乘八关斋戒文卷"。最后6行为"发愿文"。

Φ.110　大乘入楞伽经卷第七偈颂品第十之二

卷长29厘米,卷高25.3厘米。卷心高21厘米,天头2厘米,地脚2.3厘米。共半纸,总6行,行20字。首题:"大乘入楞伽经偈颂品第十之二卷七三藏沙门实叉难陀奉制译",讫:"不思想饮食"。唐实叉难陀译。经文见《大正藏》第16册,第631页A栏第1行至第13行。

Φ.111　佛说仁王般若波罗蜜经卷下

卷长690厘米,卷高26.1厘米。单纸长52厘米,卷心高19.1厘米。天头3.3厘米,地脚3.7厘米。共12纸,总319行,行17字。起:"难亦当谦",品题:"般若波罗蜜散华品第六、般若波罗蜜受持品第七、般若波罗蜜嘱累品第八",尾题:"佛说仁王般若波罗蜜经卷上下"。后秦鸠摩罗什译。经文见《大正藏》第8册,第830页A栏第13行至第834页A栏第8行。有异文。

Φ.112A　佛说月上女经

卷长502厘米,卷高26.5厘米。单纸长47.5厘米,卷心高22.2厘米。天头2.6厘米,地脚2.1厘米。存371行,行27至29字。起:"诣维车之家",中有经名:"月上女经卷上、月上女经卷下",尾题:"月上女经卷下"。隋阇那崛多译。经文见《大正藏》第14册,第616页B栏第14行至第623页C栏第29行。

Φ.112B　佛说诸福田经

卷长128厘米,卷高26.5厘米。卷心高22.1厘米。天头2.7厘米,地脚2.1厘米。存94行,行28至34字。首题:"佛说诸福田经一云诸德福晋世法炬法立等译",尾题:"佛说诸福田经一卷"。法炬共法立译。经文见《大正藏》第16册,第777页A栏第1行至第778页C栏第21行。

Φ.112C　大宝积经卷第一百一十二普明菩萨会第四十三

卷长470厘米,卷高27厘米。卷心高22.1厘米。天头2.7厘米,地脚2.2厘米。共10纸,总315行,行29至34字。首题、尾题:"大宝积经"。失译。经文见《大正藏》第11册,第631页C栏第12行至第638页C栏第3行。后有墨印"净土寺藏经"印。行有添加字。有异文。

Φ.113　大智度论卷第六十四释叹净品第四十二之余

卷长900厘米,卷高25.6厘米。单纸长52.5厘米,卷心高18.3厘米。天头3.6厘米,地脚3.7厘米。共18纸,总474行,行17字。起:"法/八圣道分相取",品题:"大智度第卅二品释论",尾题:"卷第六十四"。龙树菩萨造、后秦鸠摩罗什译。经文见《大正藏》第25册,第509页A栏第19行至第514页C栏第23行。中有添加行。

Φ.114　大乘入楞伽经卷第七偈颂品第十之二

卷长737厘米,卷高25.5厘米。单纸长44至46厘米,卷心高19.9厘米。天头3.2厘米,地脚2.8厘米。共17纸,总425行,行20字。首题:"大乘入楞伽经偈颂品第十之二卷七三藏沙门实叉难陀奉制译",尾题:"大乘入楞伽心经卷第七"。唐实叉难陀译。经文见《大正藏》第16册,第631页A栏第1行至第640页C栏第2行。尾有轴。

Ф.115 四分比丘尼戒本

卷长639厘米,卷高27.5厘米。单纸长49厘米,卷心高23.2厘米。天头、天脚2.3厘米。共12纸,总296行,行21至24字。起:"若比丘尼",尾题:"四分尼戒本"。后秦佛陀耶舍译。经文见《大正藏》第22册,第1036页C栏第24行至第1041页A栏第18行。中有添加行。有异文,原卷有小字"一百""一百三十""一百四十""一百五十"等。尾题后2行偈语:"诵戒竟云,诸佛出世第一快,闻法奉行欢喜快,大众和合寂灭快,众生离苦安乐快。"现刊本无。

Ф.116 诸星母陀罗尼经

卷长179厘米,卷高25.5厘米。单纸长42厘米,卷心高20厘米。天头3.2厘米,地脚2.7厘米。共4纸,总97行,行17字。首题:"诸星母陀罗尼经沙门法成於甘州修多寺译",尾题:"诸星母陀罗尼经一卷"。唐法成译。经文见《大正藏》第21册,第420页A栏第3行至第421页A栏第14行。尾有经音字。

Ф.117 大般若波罗蜜多经卷第二百初分难信解品第三十四之十九

卷长89厘米,卷高25.7厘米。单纸长45厘米,卷心高20.4厘米。天头3厘米,地脚2.4厘米。共2纸,总54行,行17字。首26行下部残。首题:"大般若波罗蜜多经(下残)",品题:"初分难信解品第",讫:"善现受者清"。唐玄奘译。经文见《大正藏》第5册,第1070页A栏第11行至C栏第10行。卷背经帙号:"二百廿帙一。"

Ф.118 维摩诘所说经卷下

卷长783厘米,卷高26.3厘米。单纸长57厘米,卷心高20.4厘米。天头2.5厘米,地脚3.4厘米。共14纸,行17字。品题:"香积佛品第十(首行)、菩萨行品第十一、见阿閦佛品第十二、法供养品第十三、嘱累品第十四",尾题:"维摩诘经卷第三"。后秦鸠摩罗什译。经文见《大正藏》第14册,第552页A栏第3行至第557页B栏第26行。有异文。

Ф.119 妙法莲华经卷第一

卷长422厘米,卷高26厘米。单纸长49.5厘米,卷心高20.2厘米。天头3.2厘米,地脚2.7厘米。共9纸,总232行,行17字。起:"不退诸菩萨",尾题:"妙法莲华经卷第一"。后秦鸠摩罗什译。经文见《大正藏》第9册,第6页A栏第16行至第10页A栏第21行。有异文。尾有轴。

Ф.120 大通方广忏悔灭罪庄严成佛经

起:"惠光佛",讫:"南无金炎光明佛"。经文见《大正藏》第85册,第1342页A栏第9行至B栏第6行。多处异文。相同部分经文亦见于《佛说佛名经》中。

Ф.121 佛说佛名经

卷长877厘米,卷高25.5厘米。单纸长50厘米,卷心高20.4厘米。天头2.9厘米,地脚2.7厘米。共18纸,总486行,行17字。前126行,起:"南无/南无离(忧)恼佛",讫:"发修行佛"。经文见《大正藏》第14册,第283页A栏第23行至第284页B栏第8行。有异文。之后70行,为《佛说佛名经卷第二十六》,起:"南无无边华佛",讫:"南无不离二佛"。经文见《大正藏》第14册,第285页B栏第6行至第286页A栏第4行。其后"次礼十二部尊经大藏经法轮"13行,所存给名和次序均与现刊本不同。随后为"次礼十方诸大菩萨"25行,现刊本无相对经文。再后8行为"次礼声闻缘觉一切贤圣",起:"南无优波罗辟支佛",讫:"南无最后身辟支佛"。经文见《大正藏》第14册,第225页A栏第29行至B栏第6行。现刊本缺首行"南无优波罗辟支佛南无波头辟支佛"。再后67行为忏悔文,起:"礼三宝已次复忏悔",讫:"至心归命常住三宝"(此句现刊本无)。经文见《大正藏》第14册,第198页A栏第15

行至C栏第21行。有异文。后接《佛说罪业报应教化地狱经》，存14行，起："复有众生吃□哑口不能言"，讫："令苦故获斯罪"。经文见《大正藏》第14册，第302页B栏第2行至第14行。刊本经题下尚多36行经文。后163行为《佛说佛名经卷第十一》，起："南无论佛"，讫："南无无匆成就佛"。经文见《大正藏》第14册，第177页A栏第29行至第178页C栏第22行。有异文。与现刊本分卷不同，后19行现刊本为卷十二。尾有轴。

Φ.122　菩萨处胎经卷第二三世等品第五

卷长45厘米，卷高25.5厘米。卷心高20.1厘米。存1纸，总25行，行17字。首题："菩萨处胎经三世等品第五卷第二"，讫："过去缘缘"。后秦竺佛念译。经文见《大正藏》第12册，第1023页A栏第28行至B栏第23行。有异文。

Φ.123A　版画护法神王像、增壹阿含经卷第六利养品第十三

刻本。卷首版画，右下角缺，存护法神王一尊。榜题："护法神王。"经存5行。首题："增壹阿含经利养品第十三卷六斯/东晋罽宾三藏瞿昙僧伽提婆译"，讫："处所以然"。僧伽提婆译。经文见《大正藏》第2册，第571页A栏第21行至第29行。

Φ.123B　妙法莲华经卷第六如来神力品第二十一

卷长36.5厘米。卷心高20.8厘米。天头2.7厘米，地脚3.4厘米。存23行，行17字。首题："妙法莲华经如来神力品第二十一"，讫："恭敬围绕释"。后秦鸠摩罗什译。经文见《大正藏》第9册，第51页C栏第8行至第52页A栏第1行。地脚有"兑"字，此乃废经。卷中有回鹘文。

Φ.123C　妙法莲华经卷第七普贤菩萨劝发品第二十八

卷长18厘米，卷高17厘米。天头缺失，地脚2.5厘米。存10行，行6至12字。起："萨若有善男子"，讫："若毗舍阇若"。后秦鸠摩罗什译。经文见《大正藏》第9册，第61页A栏第17行至第27行。有异文。

Φ.123D　残片

数十片残经及残版画。不可定名。

Φ.124　大宝积经卷第一百五

卷长64厘米，卷高25.7厘米。卷心高19.9厘米。天头3厘米，地脚2.8厘米。共1纸，总26行，行17字。首题："善住意天子问经第四"，品题："破二乘相品第七之二"，讫："分别说也"。隋达磨笈多译。经文见《大正藏》第11册，第587页A栏第18行至B栏第16行。包首："善住意天子问经卷第四融恩。"

Φ.125　大宝积经卷第九十三善臂菩萨第二十六之一

卷长547厘米，卷高26.5厘米。单纸长45.5厘米，卷心高20.3厘米。天头3.3厘米，地脚3.1厘米。共12纸，总326行，行17字。前7行下部残缺4至9字。首题："善臂菩萨经卷下"，尾题："善臂菩萨所问六波罗蜜经卷下"。后秦鸠摩罗什译。经文见《大正藏》第11册，第532页C栏第24行至第536页C栏第17行。包首："善臂菩萨经卷下。"有异文。尾题、卷背及第1至2、3至4、5至6、7、8、9至10、11至12纸之间均有骑缝印"瓜沙州大王印"，共8枚。尾有轴。

Φ.125V　瓜沙州大王印

存"瓜沙州大王印"一枚。

Φ.126　无常经

卷长67厘米，卷高26.8厘米。单纸长44.5厘米，卷心高20.2厘米。天头3.1厘米，地脚3.5厘米。共3纸，总41行，行19至21字。起："共捨无常处"，尾题："无常经一卷"。唐义净译。经文见《大正藏》第17册，第745页C栏第12行至第746页B栏第8行。尾题下有杂写"四田□用"，尾题后又写1行"无常经一卷"，后又淡墨写"佛说八阳□□经无常经"，卷天头有"常"字。

Φ.126V　习字

习写"递廻迎运造""调调""进通""□□子通子""通子""不可爱"等。

Ф.127 大方广佛华严经摘抄

卷长282厘米，卷高27.5厘米。单纸长50厘米，卷心高22.7厘米。天头2.2厘米，地脚2.1厘米。共6纸，总220行，行26字。行中有添加经文。首题："大方广佛华严经卷第十三菩萨问明品第十"，品题："大方广佛华严经第十七梵行品第十六、大方广佛华严经初发心功德品第十七、大方广佛华严经卷第三十四十地品、大方广佛华严经卷第卅五十地品第廿六之二"，讫："但口言而可清净"。唐实叉难陀译。经文见《大正藏》第10册。卷第十三见第68页A栏第11行至B栏第7行；卷第十七见第88页B栏第1行至第89页B栏第29行，有异文；卷第三十四见第183页A栏第29行至B栏第28行；卷第三十五见第185页A栏第14行至第188页A栏第13行。有异文。有轴。

Ф.128 金光明最胜王经卷第七

卷长600厘米，卷高26.5厘米。单纸长47.5厘米，卷心高19.5厘米。天头4厘米，地脚3.5厘米。共13纸，总342行，行17字。后有2行经音字。起："女人得闻"，品题："金光明最胜王经大辩才天女品第十五"，尾题："金光明经卷第七"。唐义净译。经文见《大正藏》第16册，第433页B栏第16行至第437页C栏第13行。有异文。

Ф.129 金光明最胜王经卷第八

卷长567厘米，卷高25.5厘米。单纸长45厘米，卷心高19.5厘米。天头3厘米，地脚3.4厘米。共13纸，总350行，行17字。首题："金光明最胜王经大吉祥天女品第十六"，品题："金光明最胜王经大吉祥天女增长财物品第十七、金光明最胜王经坚牢地神品第十八、金光明最胜王经僧慎尔耶药叉大将品第十九、金光明最胜王经王法正论品第廿"，尾题："金光明经卷第八"。唐义净译。经文见《大正藏》第16册，第438页C栏第24行至第444页A栏第9行。尾题后有1行2个经音字。有异文。

Ф.130 五蕴论

卷长327厘米，卷高27厘米。单纸长47.5厘米，卷心高20.2厘米。天头3.6厘米，地脚3.4厘米。共7纸，总187行，行17字。起："身根色"，尾题："五蕴论一卷"。题记："已写。"世亲菩萨造、唐玄奘译。经文见《大正藏》第31册，第848页B栏第12行至第850页C栏第10行。

Ф.131 金光明最胜王经卷第三

卷长375厘米，卷高25.1厘米。单纸长41.5厘米，卷心高19.4厘米。天头2.2厘米，地脚3.5厘米。共10纸，总236行，行17字。起："三者随喜"，尾题："金光明经卷第三"。唐义净译。经文见《大正藏》第16册，第415页A栏第1行至第417页C栏第16行。包首："金光明最胜王经卷第十。"后有1行经字音。有异文。

Ф.132 金光明最胜王经卷第十

卷长710厘米，卷高26.4厘米。单纸长46厘米，卷心高20.2厘米。天头3.5厘米，地脚2.7厘米。共15纸，总413行，行16至17字。首题："金光明最胜王经舍身品第廿六十三藏法师义净奉制译"，品题："金光明最胜王经十方菩萨赞叹品第廿七、金光明最胜王经妙幢菩萨赞叹品第廿八、金光明最胜王经菩提树神赞叹品第廿九、金光明最胜王经大辩才天女赞叹品第卅、金光明最胜王经付嘱品第卅一"，尾题："金光明最胜王经卷第十"。唐义净译。经文见《大正藏》第16册，第450页C栏第16行至第456页C栏第19行。卷背有"界"字，乃三界寺藏经。后有1行经音字。有轴。

Ф.133 金光明最胜王经卷第二

卷长705厘米，卷高26厘米。单纸长46厘米，卷心高19.9厘米。天头3.1厘米，地脚3.1厘米。共16纸，总409行，行17字。首题："金光明最胜王经分别三身第三二三藏法师义净奉制译"，品题："金光明最胜王经梦见忏悔品第四"，尾题："金光明最胜王经卷第二"。尾题后有1行经音字。唐义净译。经文见《大正藏》第16册,第408页B栏第1行至第413页C栏第6行。有异文。中有颠倒符。

Φ.134　金光明最胜王经卷第九

卷长622厘米,卷高27.3厘米。单纸长47厘米,卷心高20.4厘米。天头3.6厘米,地脚3.3厘米。共14纸,总364行,行17字。起:"用心世尊",品题:"金光明最胜王经授记品第廿三、金光明最胜王经除病品第廿四、金光明最胜王经长者子流水品第廿五",尾题:"金光明最胜王经卷第九"。唐义净译。经文见《大正藏》第16册,第445页A栏第6行至第450页C栏第15行。后有1行经音字。有异文。有轴。

Φ.135　佛说救疾经

卷长115厘米,卷高26.8厘米。单纸长40厘米,卷心高19.5厘米。天头3.5厘米,地脚3.8厘米。共4纸,总66行,行17字。起:"防三宝使众",尾题:"救疾经一卷"。经文见《大正藏》第85册,第1361页C栏第27行至第1362页C栏第10行。

Φ.136　大方广十轮经卷第一序品第一

卷长714厘米,卷高26.5厘米。单纸长52厘米,卷心高19.4厘米。天头3.7厘米,地脚3.4厘米。共14纸,总358行,行17字。起:"身故皆得",尾题:"十轮经卷第一喜根菩萨"。失译。经文见《大正藏》第13册,第681页B栏第3行至第686页A栏第2行。有轴。

Φ.137　大智度论卷第八初品中放光释论卷第十三

卷长48厘米,卷高26.1厘米。卷心高19厘米。天头3.4厘米,地脚3.7厘米。存13行,行17字。首题:"大智度初品中释论卷第十三",讫:"欲今世诸结"。龙树菩萨造、后秦鸠摩罗什译。经文见《大正藏》第25册,第118页C栏第8行至第21行。包首:"大智度论卷第十三。"分卷与现刊本不同。

Φ.138　大佛顶如来密因修证了义诸菩萨万行首楞严经卷第一

卷长40厘米,卷高29.4厘米。卷心高23.6厘米。天头3.1厘米,地脚2.7厘米。存37行,行33字。中有朱笔标点及校改字。首题:"大佛顶如来密因修证了义诸菩萨万行首楞严经第一/一名中印度那兰陀大道场经灌顶部录出别行",讫:"世尊此大讲堂"。唐般剌蜜帝译。经文见《大正藏》第19册,第106页B栏第1行至第107页A栏第21行。

Φ.139　佛说佛名经卷第二十

卷长47厘米,卷高24.6厘米。卷心高20厘米。天头2.6厘米,地脚2厘米。存20行,行17字。起:"住一切劫净",尾题:"佛说佛名经卷第廿"。前3行起:"住一切劫净",讫:"菩萨令诸"。未检出。第4行至第19行为《大乘莲华宝达菩萨问答报应沙门经》,与现刊本《佛说佛名经卷第十五》内容大致相同。经文见《大正藏》第14册,第245页B栏第9行至第25行。

Φ.140　佛说无量寿宗要经

卷长185厘米,卷高31.5厘米。单纸长46.5厘米,卷心高27.3厘米。天头2厘米,地脚2.2厘米。共4纸,总109行,行40字。全卷基本完整,仅缺首题及首行前几个字。起:"给孤独园",尾题:"佛说无量寿宗要经"。经文见《大正藏》第19册,第82页A栏第5行至第84页C栏第29行。

Φ.141　大乘起信论

卷长653厘米,卷高29.1厘米。单纸长42厘米,卷心高25厘米。天头、地脚2厘米。共16纸,总364行,行17字。起:"菩萨境界",尾题:"大乘起信论一卷"。马鸣菩萨造、真谛译。经文见《大正藏》第32册,第577页C栏第29行至第583页B栏第17行。

Φ.142　佛说杂宝藏论

卷长158厘米,卷高25.8厘米。单纸长42厘米,卷心高18.8厘米。天头3.9厘米,地脚3厘米。共5纸,总53行,行17字。起:"复有一鬼",尾题:

"佛说杂宝藏经一卷"。东晋法显译。自经始至"受如此罪"。经文见《大正藏》第17册，第557页C栏第15行至第558页C栏第4行。后1行"此是华报果在地狱"句现刊本无。分卷与现刊本不同。

Φ.143　佛说无量寿宗要经

卷长172厘米，卷高30.5厘米。单纸长43厘米，卷心高27.3厘米。天头3.9厘米，地脚3厘米。共4纸，总112行，行35至36字。全卷基本完整，仅缺首题及首行前几个字。起："伽梵在舍"，尾题："佛说无量寿宗要经"。经文见《大正藏》第19册，第82页A栏第5行至第84页C栏第29行。

Φ.144　佛说无量寿宗要经

卷长180厘米，卷高30.8厘米。单纸长46厘米，卷心高27.3厘米。天头1.2厘米，地脚1.5厘米。共4纸，总117行，行40字。全卷基本完整，仅缺首题及首3行前几个字。起："舍卫国祇树"，尾题："佛说无量寿宗要经"。经文见《大正藏》第19册，第82页A栏第5行至第84页C栏第29行。

Φ.145　佛说无量寿宗要经

卷长105厘米，卷高31.4厘米。单纸长42厘米，卷心高27.9厘米。天头1.7厘米，地脚1.8厘米。共3纸，总72行，行36至40字。起："诃娜耶"，尾题："佛说无量寿宗要经"。经文见《大正藏》第19册，第82页C栏第13行至第84页C栏第29行。

Φ.146　佛说无量寿宗要经

卷长72厘米，卷高30.9厘米。单纸长46厘米，卷心高27.6厘米。天头1.5厘米，地脚1.8厘米。共2纸，总49行，行32至35字。起："萨婆桑悉迦"，尾题："佛说无量寿宗要经"。题记："谈义勘了（朱笔）李曙本写。"经文见《大正藏》第19册，第82页B栏第6行至第84页C栏第29行。

Φ.147　佛说无量寿宗要经

卷长127厘米，卷高31.3厘米。单纸长45厘米，卷心高27.8厘米。天头1.7厘米，地脚1.8厘米。共3纸，总86行，行30至36字。起："悉迦罗"，尾题："佛说无量寿宗要经"。经文见《大正藏》第19册，第82页C栏第13行至第84页C栏第29行。

Φ.148　大般涅槃经卷第三十九

卷长827厘米，卷高27.3厘米。单纸长44.5厘米，卷心高22.1厘米。天头2.4厘米，地脚2.8厘米。共18纸，总455行，行21字左右。首题："大般涅槃经憍陈如品第十三"，尾题："大般涅槃经卷第三十九"。北凉昙无谶译。经文见《大正藏》第12册，第590页C栏第1行至第597页C栏第15行。包首："大般涅槃经卷第卅九。"有异文。分卷与现刊本不同。

Φ.149　大方广佛华严经卷第八

卷长773厘米，卷高26厘米。单纸长48厘米，卷心高18.6厘米。天头4厘米，地脚4.1厘米。共17纸，总402行，行17字。起："普应一切世"，品题："大方广佛华严经明法品第十四"，尾题："大方广佛华严经卷第八"。东晋佛驮跋陀罗译。经文见《大正藏》第9册，第454页第C栏第10行至第461页B栏第19行。有异文。与现刊本分卷不同。

俄藏敦煌文献第四册叙录

Ф.150 四分律比丘戒本

卷长763厘米,卷高27厘米。单纸长48厘米,卷心高23.7厘米。天头1.7厘米,地脚1.6厘米。共16纸,总465行,行字数不等。起:"贼汝痴",尾题:"四分戒一本"。后秦佛陀耶舍译。经文见《大正藏》第22册,第1015页C栏第11行至第1023页A栏第11行。背杂写"戒经""观"。有轴。

Ф.151 思益梵天所问经卷第三

卷长948厘米,卷高26.5厘米。单纸长48.5厘米,卷心高21.5厘米。天头2.7厘米,地脚2.6厘米。共19纸半,总532行,行17字。首题:"思益梵天所问经卷第三",尾题:"思益经卷第三"。后秦鸠摩罗什译。经文见《大正藏》第15册,第47页A栏第20行至第54页B栏第24行。有异文。有轴。

Ф.152 佛说观佛三昧海经卷第一

卷长730厘米,卷高27.1厘米。单纸长42.6厘米,卷心高19.4厘米。天头3.7厘米,地脚4厘米。共17纸,总397行,行17字。起:"茎枝叶如阎浮提",品题:"序观地品第二、观相品第三",尾题:"观佛三昧海经卷第一"。东晋佛驮跋陀罗译。经文见《大正藏》第15册,第646页A栏第23行至第650页C栏第22行。

Ф.153 集诸经礼忏仪卷上

卷长48.8厘米,卷高26.2厘米。卷心高20.2厘米。天头3厘米,地脚3.4厘米。共1纸,总22行,行17至19字。起:"切众生供养",尾题:"七阶佛名经"。唐智昇撰。经文见《大正藏》47册,第465页B栏第13行至C栏第8行。有异文。

Ф.154 佛说佛名经卷第九

卷长1312厘米,卷高31.5厘米。单纸长45.5厘米,卷心高27厘米。共29纸,总574行。首题:"佛说佛名经卷第九",尾题:"佛名经卷第九"。现刊本为卷第六、卷第七。首行"南无梵照世界虚空广眼月佛"至第53行"南无如是等诸佛如来",经文见《大正藏》第14册,第148页C栏第7行第149页B栏第1行。中间缺11佛名。自第54行"南无不动智佛"起至第196行"南无顶藏一切法光明轮佛",经文见《大正藏》第14册,第149页B栏第6行至第150页C栏第13行。有异文多处,如经文"南无微眼佛",现刊本为"南无微妙眼佛"。佛名亦有次序不同者多处,缺佛名多处。经文中有颠倒符。第197行至第233行"次礼十二部尊经大藏法轮""次礼十方诸大菩萨""次礼声闻缘觉一切贤圣"在现刊本中未查到相应内容。第234行"礼三宝已次复忏悔"至第284行"自在我",经文见《大正藏》第14册,204页C栏第10行至第205页B栏第8行。有异文。第285行"南无然法轮威德佛"接第196行"南无顶藏一切法光明轮佛"至第478行"应当敬礼如是等",

经文见《大正藏》第14册，第150页C栏第13行至第153页A栏第23行。第479行至第518行"次礼十二部尊经大藏法轮""次礼十方诸大菩萨摩诃萨""次礼声闻缘觉一切贤圣"现刊本无相应内容。中有"从此以上七千五百佛十二部经一切贤圣""从此以上七千六百佛十二部经一切贤圣""从此以上七千七百佛十二部经一切贤圣"等。第519行"礼三宝已次复忏悔"至第574行"闻名听声恐怖悉除至心归命常住三宝"为卷五。经文见《大正藏》第14册，第208页B栏第20行至第209页B栏第3行。包首："佛说佛名经卷第九。"有异文。背有藏文。

Φ.155 思益梵天所问经卷第二

卷长922厘米，卷高25.5厘米。单纸长48.4厘米，卷心高21厘米。天头2.3厘米，地脚2.2厘米。共19纸半，每纸书27行，总525行，行16至17字。首题、尾题："思益梵天所问经卷第二"。后秦鸠摩罗什译。经文见《大正藏》第15册，第40页B栏第21行至第47页A栏第1行。有轴。上有一条微黄色系带。

Φ.156 四分比丘尼戒本

卷长376厘米，卷高27.8厘米。单纸长48厘米，卷心高23.5厘米。天头1.8厘米，地脚2.2厘米。共8纸，总209行，行23至25字。起："后瞋恚作是"，讫："持诤事搥胸"。后秦佛陀耶舍译。经文见《大正藏》第22册，第1033页B栏第14行至第1036页C栏第24行。有朱笔校改多处。有轴。

Φ.157 思益梵天所问经卷第一

卷长887厘米，卷高25.5厘米。单纸长49.5厘米，卷心高20厘米。天头2.8厘米，地脚2.9厘米。共18纸，总489行，行17至19字。起："乃敢"，尾题："思益经卷第一"。后秦鸠摩罗什译。经文见《大正藏》第15册，第33页B栏第23行至第40页B栏第20行。不分品。有异文。有轴。

Φ.158 大般涅槃经卷第十六梵行品第八之二

卷长63厘米，卷高25.5厘米。单纸长41.2厘米，卷心高20厘米。天头2.7厘米，地脚2.8厘米。共1纸，总24行，行17字。起："忏悔发露"，尾题："大般涅槃经卷第十六"。北凉昙无谶译。经文见《大正藏》第12册，第462页B栏第20行至C栏第15行。有异文。尾有回鹘文2行。

Φ.159 大般若波罗蜜多经卷第二百七十九初分难信解品第三十四之九十八

卷长700厘米，卷高25.5厘米。单纸长47.8厘米，卷心高19.8厘米。天头3厘米，地脚2.8厘米。共15纸，总402行，行17字。首题："大般若波罗蜜多经二百七十九"，品题："初分难信解品第卅四之九十八三藏法师玄奘奉诏译"，尾题："大般若波罗蜜多经卷第二百七十九"。题记："灵寂。"唐玄奘译。经文见《大正藏》第6册，第414页A栏第22行至第418页C栏第25行。有长方形"三界寺藏经"墨印，篆书"报恩寺藏经印"朱印，卷首印存半边，卷尾印完整。

Φ.160 金刚般若波罗蜜经

卷长580厘米，卷高25.8厘米。单纸长50厘米，卷心高20.5厘米。天头2.3厘米，地脚3.1厘米。共12纸，总313行，行17至18字。首题、尾题："金刚般若波罗蜜经"。后秦鸠摩罗什译。经文见《大正藏》第8册，第748页C栏第18行至第752页C栏第2行。包首："金刚经一卷。"有异文。有轴。

Φ.161 金刚般若波罗蜜经

卷长511厘米，卷高25厘米。单纸长42厘米，卷心高19.5厘米。天头3.1厘米，地脚2.4厘米。共12纸半，总308行，行17字。起："时著衣持钵"，尾题："金刚般若波罗蜜经"。后秦鸠摩罗什译。经文见《大正藏》第8册，第748页C栏第20行至第752页C栏第12行。有异文。

Φ.162 金刚般若波罗蜜经

卷长112厘米，卷高25.4厘米。单纸长51.7厘米，卷心高20厘米。天头2.4厘米，地脚3厘米。共2纸，总56行，行17字。起："山王如是"，尾题："金刚般若波罗蜜经"。后秦鸠摩罗什译。经文见《大正藏》第8册，第751页C栏第29行至第752页C栏第3行。有异文。

Ф.163 Ф.169 金刚般若波罗蜜经

此二号可缀合。Ф.169内容在前，首尾缺。卷长53厘米，卷高25.5厘米。单纸长42厘米，卷心高20.7厘米。天头2.1厘米，地脚2.5厘米。总31行，行17字。起："我得阿那"，讫："读诵须菩提"。Ф.163。卷长360厘米，卷高25.5厘米。单纸长42厘米，卷心高20.7厘米。天头2.1厘米，地脚2.5厘米。共9纸，总238行，行17字。起："当知是人"，尾题："金刚般若波罗蜜经"。后秦鸠摩罗什译。经文见《大正藏》第8册，第749页C栏第4行至第752页C栏第3行。有异文。

Ф.164 金刚般若波罗蜜经

卷长458厘米，卷高25.7厘米。单纸长47厘米，卷心高21厘米。天头2.6厘米，地脚2.1厘米。共11纸，总268行，行17字。起："福德何以故"，尾题："金刚般若波罗蜜经"。后秦鸠摩罗什译。经文见《大正藏》第8册，第749页B栏第4行至第752页C栏第3行。首有一段裱帖红纸，上书"大般若金刚经"6字乃后人所加。

Ф.165 净名经关中释批

卷长1375厘米，卷高34厘米。单纸长40.5厘米，卷心高23.7厘米。共34纸，总883行，行字数不一。首题："净名关中释批卷上净名经关中释批卷下沙门道液述"，品题："弟子品、菩萨品、文殊问疾品、不思议品、观众生品、入不二法门品、香积佛品、菩萨行品、见阿閦佛品、法供养品、嘱累品"，尾题："净名经关中抄第二"。题记："卯年十月月生三日比丘一真写记。"唐道液集。经文见《大正藏》第85册，第447页至第501页。中有添加行，有朱笔校改添补符号等。现刊本所收为道液集本亦即敦煌写本，与这件经文差异较大。

Ф.165V 杂写

存2行。录文："初果八万斯六万觉一万可知□心向大/坚。"

Ф.166A 发愿文

存4行。录文："稽首三界尊十方无量佛我今发弘愿/□此金刚经□□四重恩下济三涂苦/□□□归者悉发菩提心书此□□□/同生极乐果。"

Ф.166B 金刚般若波罗蜜经

卷长525厘米，卷高25.3厘米。单纸长50.5厘米，卷心高20.2厘米。天头2.2厘米，地脚2.5厘米。共14纸，总303行，行17字。首题、尾题："金刚般若波罗蜜经。"后秦鸠摩罗什译。经文见《大正藏》第8册，第748页C栏第17行至第752页C栏第3行。有轴。

Ф.167 金刚般若波罗蜜经疏卷第二

卷长1588厘米，卷高27.7厘米。单纸长38厘米，卷心高23厘米。共42纸，总749行，行19至23字。墨印"净土寺藏经"印。起："一切心生故名"，尾题："金刚般若经义疏卷第二"。"菩萨""涅槃"简写。有朱笔、橙黄、黄色、墨笔标记及批改。有提行符。字体不一，有行书亦有楷书。尾有"淡泊"释音。后另书1行："淡泊清净论义□□宽广。"有轴。

Ф.168 金刚般若波罗蜜经赞述卷第四

卷长846厘米，卷高28厘米。单纸长42厘米，卷心高23.8厘米。共19纸，总368行，行字数不一。起："叶莲花非二"，尾题："金刚般若赞述经卷第四"。题记："长爪曰一切论可坏一切法可破我一切法此义云/何若有言论即当可坏若无言语即助成不受/言与无言皆堕于过如来曰是见汝受不此/云何汝若受不受之□即言重负汝先/言一切论坏故汝所云者亦即不坏如其是/坏不履受见汝若不受令见即返心负一切/论不可坏故如其可坏即应受如其不受应不言/坏云何汝不受不受之见汝本立宗拟坏他虽今/言不立岂不□心□不能立与众人何异。"中有朱笔标记多处。与现刊本同名经赞内容多有不同之处。

Ф.168VA 四分律删繁补阙行事抄卷中

卷长132厘米，卷高27厘米。卷心高24厘米。共4纸，总68行，行22至24字。首题："四分律删繁补阙行事钞卷之第二（作者非无/据名□别）京兆崇义寺沙门释道宣撰"，品题："受戒缘集第八（舍戒六/念法附）、师资相摄第九、说戒正议第十、安居集修第十一、自恣宗要第十二（受功德/依法附）"（品题不在经中，而是集中抄写在前2行，再接抄品八）。唐道宣撰述。经文见《大正藏》第40册，第24页B栏第16行至第25页B栏第20行。

Ф.168VB 四部律并论要用抄

卷长626厘米，卷高27厘米。卷心高25厘米。共15纸，总486行。首题："四部律并论要用抄一卷十七门辩释"，后接抄："稽首过现未，正觉诸道师。离惚清净法，一切应真僧。毗尼法宝藏，圣贤所称誉。我今说分之，诸贤一心听。毗尼之法经，连持功德铠。毗尼之法持，道诸求道者。毗尼之法铠，能防生死敌。毗尼之法地，能生禅定牙。毗尼深要义，劫奇说不尽。今如是略说，为乐持戒人。为令法久住，自利利群生。凡愚乐知见，我悔自欺彼。不恨毗尼法，是名灭法人。若人不护戒，放恣身口意。现世恶名流，何况生善道。若有明惠人，欲作世依救。当护持佛戒，如天奉帝释。十七门辩。明戒律缘起第一、明受戒法第二、明结界法第三、明羯磨法第四、明说戒法第五、明安居及受日法第六、明自恣法第七、明衣法第八、明功德衣法第九、明净地赞净法第十、明任究僧徒同住法众法第十一、明三宝惚法第十二、明亡比丘轻重物看嘱授法第十三、明五篇七聚持犯轻重第十四、明除罪忏悔法第十五、明会通诸违负第十六、明诸部杂戒仪第十七"，品题："戒律缘起第一、四部律及论明受戒法第二、四部律及论明结界法第三、四部律及论明羯磨法第四、说戒法第五、四分律明安居及受日法第六、自恣法第七、四部律及论明衣法第八、功德衣第九、四部律及论明净地护净方法第十"，讫："恐增佛患在祇"。经文见《大正藏》第85册，第691页A栏第1行至第701页C栏第22行。现刊本所收为P.2100、S.2050。卷前偈语部分仅残存后1句。此卷首全尾缺，可补《大正藏》所缺。折行，经文单行大字，释双行小字。有朱笔改字。文中有添改多处。

Ф.169 金刚般若波罗蜜经

见Ф.163。

Ф.170 金光明最胜王经卷第六四天王护国品第二十

卷长49.5厘米，卷高29厘米。卷心高22厘米。天头3.1厘米，地脚3.8厘米。共1纸，总28行，行17至18字。起："是因缘得服"，讫："受持者"。唐义净译。经文见《大正藏》第16册，第430页B栏第7行至C栏第8行。

Ф.170V 回鹘文题记

存4行。

Ф.171 南宗赞

卷长32厘米，卷高30厘米。卷心高26厘米。天头1.8厘米，地脚2.2厘米。共1纸，总17行，行16至19字。首题："南宗赞一本"，讫："一言诠"。参见《敦煌掇琐》第185页至第186页。有异文。

Ф.171V 勘经记

存1行。录文："大宗法。"

Ф.172 大般若波罗蜜多经卷第三百七十四初分无相无得品第六十六之二

卷长44.4厘米，卷高27厘米。卷心高20.5厘米。天头3.5厘米，地脚3厘米。共1纸，总25行，行17字。起："大舍而行"，讫："舍性而修"。唐玄奘译。经文见《大正藏》第6册，第930页A栏第10行至B栏第8行。

Ф.172VA 大般若波罗蜜多经卷第三百七十三

存5行。首题："大般若波罗蜜多经卷第三百七十三"，讫："摩诃萨应生"。未检出。

Ф.172VB 佛说佛名经卷第一

存6行。首题：" 佛说佛名经卷第一"，讫："无胜竟"。未检出。

Φ.173　Φ.182　金光明最胜王经陀罗尼抄

卷长174厘米，卷高26.5厘米。单纸长44.5厘米，卷心高20.7厘米。天头2.8至3厘米，地脚3.1至3.3厘米。共4纸，总109行，每行字数不等。第1行天头有朱笔题"第六"，第43行天头有朱笔题"第七"。起："南谟第薛室"，讫："吒伐底（十里）"。此为摘抄卷第六和卷第七之四天王护国品第十二、无染著陀罗尼品第十三、如意宝珠品第十四、大辩才天女品第十五之一中的陀罗尼。唐义净译。经文见《大正藏》第16册，第430页C栏第10行至第436页B栏第10行中之陀罗尼。

Φ.174　妙法莲华经卷第七观世音菩萨普门品第二十五

卷高14.8厘米。单纸长23.8厘米，卷心高20.7厘米。天头1.7厘米，地脚1.72厘米。共8纸，总123行，行16至17字。首题："妙法莲华经观世音菩萨普门品第廿五"，尾题："佛说观音经一卷"。后秦鸠摩罗什译。经文见《大正藏》第9册，第56页C栏第2行至第58页B栏第17行。

Φ.175　妙法莲华经卷第七观世音菩萨普门品第二十五

见Φ.061。

Φ.176A　地藏菩萨本愿经卷上分身集会品第二

ABC三号合计卷长69厘米，卷高25.3厘米。单纸长48厘米，卷心高19.5厘米。天头2.9厘米，地脚2.9厘米。共2纸，行17字。前纸13行为是经。起："勤苦度如是"，讫："吾助汝喜汝"。唐实叉难陀译。经文见《大正藏》第13册，第779页B栏第26行至C栏第12行。有异文。前纸有大书"兑"字。

Φ.176B　尊胜佛顶修瑜伽本尊真言品第六

存13行。起："安坛中上"，讫："水中更不泛溢"。唐善无畏译。经文见《大正藏》第19册，第375页B栏第21行至C栏第4行。有中1行半重复抄写，旁有删字符。有异文。

Φ.176C　佛顶尊胜洗骨变胜灵验别行法

存12行。起："卅五法洗骨"，尾题："佛顶尊胜洗骨变胜灵验别行法一卷"。未检出。

Φ.176VA　金刚五礼

存14行。首题："金刚五礼"，讫："般若波罗蜜甚深法藏竟"。经文见《藏外佛教文献》第7册，第61页A栏第1行至第62页A栏第6行。有异文。

Φ.176VB　涅槃赞

存14行。首题："涅槃赞"，讫："慈悲也竟"。南岳沙门法照撰。经文见《大正藏》第85册，《净土五会念佛诵经观行仪卷中涅槃赞》，第1246页A栏第14行至B栏第1行。有异文。经文"外道魔王烈（裂）面哭，僧尼二众行两边"，现刊本无；经文"佛母哀哀绕棺哭"，现刊本为"佛母绕棺哀哀哭"；经文"一切百鸟助悲哀"，现刊本为"百鸟来者助心悲"；经文"如来棺中闻母哭"，现刊本为"金棺银椁忽然开"；经文"共娘暂别一小劫，愿娘努力舍慈悲"，现刊本为"暂别慈新一小劫，愿母努莫力悲哀"；经文"生离干肠寸雨断，死去一别永长分。诸行无常第一义，是生灭法入真门。生灭灭已三乘教，寂灭为染不思议。江河由自有枯竭。树林摧折亦如斯，思爱之情不思议。重合有一别离竟"，现刊本无；经文"他道生离胜死别，我道死别胜生离"次序与现刊本不同。

Φ.176VC　出家赞

存5行。首题："出家赞"，讫："唯有覆□□"。经文见《大正藏》第85册，第1267页B栏第18行至第25行。与现刊本文字多有不同。现刊本所录为S.2143。

Φ.177　佛说天地八阳神咒经

卷长27厘米，卷高26.5厘米。卷心高22.5厘米。天头1.9厘米，地脚1.9厘米。共2纸，总15行，行17至18字。起："方形消影"，讫："经殿七遍忍/□□□菩提"。唐义净译。经文见《大正藏》第85册，第

1423页A栏第4行至第19行。有异文。

Ф.178 大般若波罗蜜多经卷第五百一第三分现窣堵波品第五之二

卷长44厘米，卷高27.3厘米。卷心高19.9厘米。天头3.8厘米，地脚3.6厘米。共1纸，总25行，行17字。起："典速能成"，讫："于僧无疑"。唐玄奘译。经文见《大正藏》第7册，第552页C栏第13行至第553页A栏第15行。有异文。天头有"兑"字。

Ф.179 藏经目录

卷长45厘米，卷高30.7厘米。共1纸，总20行。顶格书写。

Ф.180 佛经论释

卷长537厘米，卷高28厘米。单纸长40.5厘米，卷心高23.7厘米。天头2.1厘米，地脚2.4厘米。共38纸，总326行，行26至32字。起："次广辨经教"，品题："广辨经教、经义、经住义、菩萨义、十地义、释论、三宝义、四摄义、佛十义、四谛义、八解脱义"，讫："五曰无边"。第5纸"解经义"一段，为《金刚般若义记一卷上》，S.1037内容相同，参见《大正藏》第85册，第138页。第11纸为四谛义，传世诸本不见。解释名词有：三时经教、五时经教、四初、四时等。所涉经典有《十地经》《法华经》《般若经》《净名经》《涅槃经》《大品经》等。有轴。

Ф.180V 佛经论释

存14行。

Ф.181 太平兴国六年法进於澄净师受戒文

卷长711.2厘米，卷高30.5厘米。共5纸半，总197行。首题："真定府大悲寺比丘僧澄净"，讫："真伪矣"。所涉内容部分见于《法苑珠林》。有轴。

Ф.182 金光明最胜王经陀罗尼抄

见Ф.173

Ф.183 馆藏缺

Ф.184 大般涅槃经卷第三名字功德品第三

卷长21.5厘米，卷高253.9厘米。卷心高20.7厘米。天头2.8厘米，地脚2.9厘米。共1纸，总13行，行17字。首题："一善男"，讫："无明所覆"。北凉昙无谶译。经文见《大正藏》第12册，第385页A栏第22行至B栏第5行。

Ф.185 金光明最胜王经卷第六

卷长44.5厘米，卷高25.5厘米。卷心高22.9厘米。天头1.1厘米，地脚1.5厘米。共1纸，总17行。首题："金光明最胜王经四天王赞叹品第十二六三藏法师义净奉诏译"，讫："右膝着地"。唐义净译。经文见《大正藏》第16册，第427页B栏第14行至C栏第7行。包首："金光明最胜王经卷第六。"

Ф.186 律疏

卷长242厘米，卷高26.7厘米。单纸长39.5厘米，卷心高24.4厘米。天头0.7厘米，地脚1.6厘米。共7纸，总139行，行23字。起："止恶为戒"，讫："全图律教/矣"。所抄内容分别为：《毗尼心》，经文见《大正藏》第85册，第659页A栏第17行始；《律杂抄中》，经文见《大正藏》第85册，第659页A栏第17行始，现刊本所收为P.2064；《南海寄归内法传第二十六客旧相遇》，经文见《大正藏》第54册，第223页A栏第8行始。

Ф.187 妙法莲华经卷第一

卷长62厘米，卷高26厘米。卷心高21.2厘米。天头2.5厘米，地脚2.3厘米。共2纸，总32行，行25字。起："疾入於"，讫："自知当作佛"。后秦鸠摩罗什译。经文见《大正藏》第9册，第9页C栏第16行至第10页B栏第20行。

Ф.188 佛顶尊胜陀罗尼经

卷长100厘米，卷高27.5厘米。卷心高20.1厘米。天头3.6厘米，地脚4.1厘米。共2纸，总55行，行17字。第13行至第55行，起："佛告帝释"，讫："所有罪业"。唐佛陀波利译。经文见《大正藏》第19册，第351页A栏第1行至B栏第14行。有异文。前12行为咒语，起："婆伐啰拏"，讫："莎婆引诃"。与唐地婆诃罗译《最胜佛顶陀罗尼净除业障咒经》中之一段咒语相同。经文见《大正藏》第19册，第359

页B栏第18行至C栏第2行。

Ф.189A 药师琉璃光如来本愿功德经

卷长35厘米，卷高27厘米。卷心高21.2厘米。共1纸，总16行，行18至20字。起："如是我闻"，讫："正等觉明行"。唐玄奘译。经文见《大正藏》第14册，第404页C栏第9行至第405页A栏第3行。有异文。

Ф.189B 大般若波罗蜜多经卷第三百三十九初分巧便学品第五十五之三

卷长31厘米，卷高27厘米。卷心高19.9厘米。天头3.6厘米，地脚3.5厘米。共1纸，总19行，行17字。起："生诸受离故"，讫："不也世尊不"。唐玄奘译。经文见《大正藏》第6册，第742页A栏第17行至B栏第7行。

Ф.190 大般若波罗蜜多经卷第九十五初分求般若品第二十七之七

卷长47.5厘米，卷高25.7厘米。卷心高20.2厘米。天头2.8厘米，地脚2.7厘米。共1纸，总25行，行17字。起："相□□菩萨摩诃萨"，讫："识界及鼻触"。题记："王文字。"唐玄奘译。经文见《大正藏》第5册，第528页B栏第12行至第529页A栏第2行。有异文。卷首天头有"王文字"3字。天头有"兑"字。

Ф.191 生死轮颂

卷长130厘米，卷高26.2厘米。卷心高25厘米。天头1.4厘米，地脚1.4厘米。共3纸，总107行，每行字数不等。首题："生死轮颂于阗□□尸罗摩"，讫："得无碍无向"。

Ф.192 四分比丘尼戒本

卷长62厘米，卷高26.2厘米。单纸长46.1厘米，卷心高23.2厘米。天头1.3厘米，地脚1.7厘米。共2纸，总45行，行22至24字。起："姊我今欲"，讫："伽婆尸沙"。后秦佛陀耶舍译。经文见《大正藏》第22册，第1031页B栏第4行至第1032页A栏第11行。

Ф.193 大般若波罗蜜多经卷第八十九初分求般若品第二十七之一

卷长25厘米，卷高25.8厘米。卷心高19.7厘米。天头3厘米，地脚3.1厘米。共1纸，总16行，行17字。首题："初分求般若品"，讫："法性如来可得"。唐玄奘译。经文见《大正藏》第5册，第497页B栏第29行至C栏第13行。有异文。

Ф.194 法门名义集

卷长131厘米，卷高29.5厘米。单纸长44厘米，卷心高28.2厘米。天头0.5厘米，地脚0.8厘米。共3纸，总84行，行35至40字。起："一者须陀洹"，品题："四果品法门名义第六、世界品法门名义第七"，讫："寿千岁无"。唐李师政撰。经文见《大正藏》第54册，文字多有不同。

Ф.195 金光明最胜王经卷第八大辩才天女品第十五之二

卷长72厘米，卷高25.7厘米。单纸长44.5厘米，卷心高19.5厘米。天头3.1厘米，地脚3.3厘米。共1纸又前后两个半张纸，总45行，行17字。起："仙妙辩才"，讫："速趣菩提"。唐义净译。经文见《大正藏》第16册，第438页A栏第10行至C栏第23行。

Ф.196 金光明最胜王经卷第五莲华喻赞品第七

卷长66厘米，卷高27.2厘米。单纸长41厘米，卷心高21厘米。天头2.9厘米，地脚3.3厘米。共2纸，总48行，行16字。起："面貌圆明"，讫："超越"。唐义净译。经文见《大正藏》第16册，第422页C栏第24行至第423页B栏第13行。有异文。

Ф.197 四分比丘尼戒本

卷长113厘米，卷高27厘米。单纸长42.5厘米，卷心高24.4厘米。天头1.9厘米，地脚0.7厘米。共3纸，总77行，行17字。起："如是十七僧"，讫："坚持不"。后秦佛陀耶舍译。经文见《大正藏》第22册，第1032页A栏第7行至C栏第2行。

Ф.198 大般若波罗蜜多经卷第三百六十初分多闻

不二品第六十一之十

卷长179厘米，卷高26.5厘米。单纸长45.3厘米，卷心高19.2厘米。天头4厘米，地脚3.3厘米。共4纸，总107行，行17字。起："学亦应於"，讫："何应求无"。唐玄奘译。经文见《大正藏》第6册，第855页A栏第24行至第856页B栏第13行。有异文。

Φ.199　律抄

卷长48厘米，卷高28.9厘米。卷心高25.2厘米。天头2厘米，地脚1.7厘米。共1纸，总29行，行24字。注双行小字。起："问比丘有几种"，讫："故知也"。经文见《大正藏》第85册，第653页A栏至第654页A栏。现刊本收录为P.2064，区别较大。

Φ.200　佛说灌顶拔除过罪生死得度经卷第十二

卷长67厘米，卷高27.4厘米。单纸长43.7厘米，卷心高19.7厘米。天头3.5厘米，地脚4.2厘米。共3纸，总34行，行16字。起："逆下贱之"，讫："药师琉璃光"。东晋帛尸梨蜜多罗译。经文见《大正藏》第21册，第534页C栏第19行至第535页A栏第25行。

Φ.201　大般若波罗蜜多经卷第二百四初分难信解品第三十四之二十三

卷长48厘米，卷高27.5厘米。单纸长48.7厘米，卷心高20.3厘米。天头4厘米，地脚3.2厘米。共1纸，总25行，行17字。起："二无二分"，讫："八胜处清"。唐玄奘译。经文见《大正藏》第6册，第19页B栏第28行至C栏第23行。有异文。最后1行书"六十""廿九""五十""五十一""七""一""二""十""卅""卅七""六""廿一""廿二""六十"等数字，不明何意。

Φ.202　妙法莲华经卷第七观世音菩萨普门品第二十五

卷长35厘米，卷高25.2厘米。卷心高19.6厘米。天头2.8厘米，地脚2.8厘米。存1纸，总23行，行17字。起："若有众生"，讫："菩萨即现/即"。后秦鸠摩罗什译。经文见《大正藏》第9册，第57页A栏第1行至第25行。

Φ.202V　杂写

存1行。录文："正法念处经卷正法念处经卷正法念。"

Φ.203　金光明最胜王经卷第六四天王护国品第十二

卷长28厘米，卷高24.5厘米。卷心高20厘米。天头2.2厘米，地脚2.8厘米。存18行，行17字。起："胜五通仙"，讫："尽未来际"。唐义净译。经文见《大正藏》第16册，第430页B栏第14行至C栏第4行。有异文。

Φ.204A　增壹阿含经卷第四十二结禁品第四十六

刻本。首题："增壹阿含经结禁品第四"，讫："得尽有漏"。僧伽提婆译。经文见《大正藏》第2册，第775页C栏第1行至第12行。

Φ.204B　大般涅槃经卷第八鸟喻品第十四

存5行，行8至9字。首题："大般涅槃经鸟喻品第□"，讫："世尊云何是"。北凉昙无谶译。经文见《大正藏》第12册，第655页B栏第12行至第17行。

Φ.204C　大方广佛华严经卷第十六金刚幢菩萨十回向品第二十一之三

卷长17厘米，卷高18厘米。存8行。起："池能与众"，讫："功德之藏宝"。东晋佛驮跋陀罗译。经文见《大正藏》第9册，第503页C栏第25行至第504页A栏第3行。

Φ.205　妙法莲华经卷第七观世音菩萨普门品第二十五

卷长13.5厘米，卷高25厘米。卷心高23.5厘米。天头0.7厘米，地脚0.8厘米。存8行，行20字。起："摩睺罗伽"，讫："心念不空过"。后秦鸠摩罗什译。经文见《大正藏》第9册，第57页C栏第3行至第16行。

Φ.206　药师琉璃光如来本愿功德经

卷长42.8厘米，卷高25.4厘米。单纸长42.8厘米，卷心高20.9厘米。天头1.9厘米，地脚2.6厘米。

存24行，行17字。起："卧在本处"，讫："所持复次"。唐玄奘译。经文见《大正藏》第14册，第407页B栏第15行至C栏第13行。有异文。

Φ.207 金有陀罗尼经

卷长47.3厘米，卷高27.9厘米。单纸长47.3厘米，卷心高23.6厘米。天头2.1厘米，地脚2.2厘米。存1纸，总11行，行18至19字。起："取塚间土咒"，尾题："金有陀罗尼经一卷"。题记："沙门月光奉资圣神赞普及法界苍生一心受持/戊午年后十一月比丘谈建於瓜州龙泉寺写记。"经文见《大正藏》第85册，第1456页C栏第2行至第10行。

Φ.208 金光明最胜王经卷第六四天王护国品第十二

卷长73厘米，卷高28.3厘米。卷心高22.3厘米。天头、地脚各3厘米。共2纸，总45行，行20字。起："子汝当坐於"，讫："典故世尊"。唐义净译。经文见《大正藏》第16册，第429页B栏第26行至第430页A栏第23行。有异文。

Φ.209 圣地游记述

卷长94.5厘米，卷高28.3厘米。单纸长40.4厘米，卷心高20厘米。天头4.1厘米，地脚4.2厘米。共2纸半，总46行。起："丈室行迄"，讫："行迄七月"。

Φ.210 大般若波罗蜜多经卷第三百七十八初分无相无得品第六十六之六

卷长50.5厘米，卷高25.8厘米。单纸长50.5厘米，卷心高19.9厘米。天头2.9厘米，地脚3厘米。共1纸，总28行，行17字。起："诃萨发起"，讫："习气相续故"。唐玄奘译。经文见《大正藏》第6册，第954页A栏第25行至B栏第23行。

Φ.211 律疏

卷长25厘米，卷高23.5厘米。卷心高19.9厘米。天头2.2厘米，地脚1.4厘米。起："叵应说净戒"，讫："用不答得"。

Φ.212 残佛经

卷长45.6厘米，卷高25.5厘米。单纸长45.6厘米，卷心高20.1厘米。天头3厘米，地脚2.8厘米。共1纸，总28行，行17字。起："入僧堂塔寺"，讫："令□在此住"。未检出。

Φ.213 大般若经四处十六会

卷长44.2厘米，卷高30厘米。共1纸，总23行，行24至30字。起："明处会若依"，讫："当赞释"。

Φ.214 亲诵仪

卷长157厘米，卷高23.8厘米。单纸长51.7厘米，卷心高21.5厘米。天头0.8厘米，地脚0.5厘米。起："亲诵仪"，讫："此亲诵仪已竟"。题记："天庆丙辰三年十二月廿五日与勘了。"

Φ.215 新菩萨经

卷长24厘米，卷高26.8厘米。卷心高23.2厘米。天头3厘米，地脚0.6厘米。共1纸，总8行，行26字。首题："新菩萨经一卷"，讫："众生令载饶患"。题记："乙未年二月七日佛弟子赵什德谨依原本写愿合家大小永保平安无诸灾障。"经文见《大正藏》第85册，第1462页A栏第24行至B栏第8行。有异文。

Φ.216 四分比丘尼戒本

卷长48厘米，卷高29厘米。卷心高25.5厘米。天头2厘米，地脚2.5厘米。共2纸，总33行，行24字。起："止宿明日不辞"，讫："与受具足戒者"。后秦佛陀耶舍译。经文见《大正藏》第22册，第1037页B栏第16行第1038页A栏第3行。

Φ.217 妙法莲华经卷第一方便品第二

卷长76厘米，卷高26.7厘米。单纸长49.7厘米，卷心高22.9厘米。天头1.7厘米，地脚2.1厘米。共3纸，总64行，行27字。起："难可测亦无能问者"，讫："当得成佛道"。后秦鸠摩罗什译。经文见《大正藏》第9册，第6页B栏第18行至第8页A栏第3行。有异文。

Φ.218 妙法莲华经卷第四五百弟子受记品第八

卷长48.3厘米，卷高25.4厘米。卷心高19.4厘米。天头2.8厘米，地脚2.2厘米。首题："妙法莲华",讫:"变於未来"。后秦鸠摩罗什译。经文见《大正藏》第9册,第27页B栏第10行至C栏第15行。

Φ.219 摩诃般若波罗蜜经卷第二十二道树品第七十一

卷长35厘米,卷高25.5厘米。卷心高19.4厘米。天头3厘米,地脚3.1厘米。共1纸,总20行,行17字。起:"诃萨若布施",讫:"若波罗蜜"。后秦鸠摩罗什译。经文见《大正藏》第8册,第378页B栏第26行至C栏第18行。有异文。

Φ.220 大般涅槃经卷第三十二师子吼菩萨品第十一之六至卷第三十三迦叶菩萨品第十二之一

卷长109厘米,卷高25.1厘米。单纸长41.2厘米,卷心高19.5厘米。天头2.9厘米,地脚2.7厘米。共4纸,总65行,行17字。起:"如来不受化",品题:"大般涅槃经迦叶菩萨品第十二",讫:"提如十二部"。北凉昙无谶译。经文见《大正藏》第12册,第559页C栏第18行至第560页B栏第29行。分卷与现刊本不同。有异文。

Φ.221 Φ.228 Φ.266 大乘入藏录

卷长248厘米,卷高24.6厘米。卷心高21.9厘米。天头1.4厘米,地脚2.3厘米。共5纸,总93行。首题:"大乘入藏录",讫:"卅三纸"。

Φ.221VA Φ.228VA Φ.266VA 八种粗重犯堕

卷长107厘米,卷高25厘米。卷心高21.9厘米。天头1.4厘米,地脚2.3厘米。总72行,行18字左右。首题:"八种粗重犯堕,马鸣菩萨造",讫:"方可灭罪了毕"。经文见《藏外佛教文献》第1册,第60页A栏第19行至第63页A栏第21行。

Φ.221VB Φ.228VB Φ.266VB 常所作仪轨八种不共

卷长25厘米。首题:"常所作仪轨八种不共",讫:"是八种不共根一本了"。

Φ.221VC Φ.228VC Φ.266VC 大乘秘密起发

存69行。首题:"大乘秘密起发",讫:"外道破邪"。

Φ.221VD Φ.228VD Φ.266VD 惜财者像及偈

白描画像及偈语4行。

Φ.222 多闻天陀罗尼仪轨

卷长95厘米,卷高26厘米。单纸长59厘米,卷心高23.5厘米。天头2.1厘米,地脚1.2厘米。共2纸,总52行,行26至29字。起:"夫修习人",品题:"多闻天王施食仪轨、天王烧事仪轨",讫:"三种烦恼故"。

Φ.223 十吉祥

单纸长70厘米,卷心高27.5厘米。天头2厘米,地脚1.5厘米。共4纸,总94行,行15至19字。起:"文殊师利",讫:"所以名为妙吉祥"。卷长268厘米,卷高31厘米。有朱笔圈点及标记。包首:"十吉祥。"

Φ.224 般若波罗蜜多心经

卷长51厘米,卷高28.5厘米。卷心高26.1厘米。天头1.4厘米,地脚1.3厘米。共1纸,总20行,行15至17字。首题:"□若波罗蜜多心经",尾题:"多心经一卷"。题记:"二月二十六日多心经张若城书记之也。"唐玄奘译。经文见《大正藏》第8册,第848页C栏第4行至第24行。

Φ.224V 社司转帖

存4行,中有社司转帖2行。

Φ.225 金刚般若波罗蜜经

卷长59厘米,卷高24.2厘米。卷心高20厘米。天头、地脚各2.1厘米。共1纸半,总36行,行17字。起:"若波/不须菩提",讫:"味触法生心"。后秦鸠摩罗什译。经文见《大正藏》第8册,第750页A栏第14行至B栏第23行。有异文。

Φ.226 佛说佛名经卷第一

卷长36厘米,卷高25.7厘米。卷心高19.7厘米。天头3.1厘米,地脚2.7厘米。共1纸,总21行。起:"南无常",讫:"南无光作佛"。北魏菩提流支译。经文见《大正藏》第14册,第118页B栏第23行至C栏第11行。

Φ.226V 祈神偈

存6行。起:"过之人木",讫:"二地摄南方"。

Φ.227 佛说无量寿宗要经

卷长80厘米,卷高30.8厘米。卷心高27.7厘米。天头1.3厘米,地脚1.8厘米。共2纸,总58行,行33至38字。起:"蜜哆/输底",尾题:"佛说无量寿宗要经"。题记:"张略没写。"经文见《大正藏》第19册,第84页A栏第26行至C栏第29行。

Φ.228 大乘入藏录

见Φ.221。

Φ.228VA 八种粗重犯堕

见Φ.221VA。

Φ.228VB 常所作仪轨八种不共

见Φ.221VB。

Φ.228VC 大乘秘密起发

见Φ.221VC。

Φ.228VD 惜财者像及偈

见Φ.221VD。

Φ.229 Φ.241 大般若波罗蜜多经卷第一百九十二初分难信解品第三十四之十一

卷长619厘米,卷高25.5厘米。单纸长45厘米,卷心高20厘米。共17纸,总362行,行17字。起:"育者清净",讫:"特伽罗清净"。唐玄奘译。经文见《大正藏》第5册,第1028页C栏第11行至第1033页A栏第18行。有异文。有轴。

Φ.229VA Φ.241VA 景德传灯录卷第十一

卷长525厘米,卷高25.5厘米。存271行。起:"还得否上",尾题:"景德传灯录卷第十一"。经文见《大正藏》第51册,第282页C栏第7行至第289页A栏第13行。

Φ.229VB Φ241VB 大悲心陀罗尼启请

卷长91厘米,卷高25.5厘米。存59行。陀罗尼部分与《十一面观自在菩萨心密言念诵仪轨经》陀罗尼同。首题:"大悲心陀罗尼启请",讫:"郢馨"。不空译。经文见《大正藏》第20册,第140页C栏。

Φ.230 一切经音义卷第二大般涅槃经卷第十至第四十

卷长565厘米,卷高27厘米。共16纸,总290行。起:"第十",尾题:"一切经音义卷第二"。唐玄应撰。经文见《中华藏》第56册。顺序有异。

Φ.230VA 杂写

Φ.230VB 藏文残片

Φ.230VC 黄子霞施小麦疏

存4行。录文:"小麦一石施入大众/右弟子所施意者□九十染时患不得痊损恐/有怨家致使病苦唯愿慈悲广为忏念/二月十七日弟子黄小霞疏。"

Φ.231 大般若波罗蜜多经卷第二十初分教诫教授品第七之十

卷长48厘米,卷高27厘米。卷心高19.9厘米。天头3.7厘米,地脚3.4厘米。共1纸,总29行。起:"世尊即其",讫:"菩萨摩诃萨"。唐玄奘译。经文见《大正藏》第5册,第110页A栏第16行至B栏第17行。

Φ.232 悲华经卷第二大施品第三之一

卷长373厘米,卷高26.8厘米。单纸长50厘米。卷心高21.1厘米。天头3厘米,地脚2.9厘米。共8纸,总192行,行16字。起:"灾或有/竟有如是",尾题:"悲华经百弟子第二"。题记:"廿二张。"北凉昙无谶译。经文见《大正藏》第3册,第179页A栏第13行至第181页B栏第18行。有异文。

Φ.233 释迦文佛所说经神通菩萨品第二十二

卷长306厘米,卷高26.7厘米。单纸长49厘米。卷心高22.5厘米。天头2.1厘米,地脚2.3厘米。共7纸,总167行,行16字。首题:"释迦文佛所说经神通菩萨品第廿二",讫:"用度众生"。未检出。

Φ.234 多闻天陀罗尼仪轨

卷长95厘米,卷高23.5厘米。卷心高22厘米。

天头0.7厘米,地脚1厘米。共3纸,总42行。起:"敬礼出有坏",讫:"面如是者"。未检出。

Ф.235A 最胜问菩萨十住除垢断结经

存28行,行22至26字。起:"无泥洹之道",尾题:"十住断结经卷第九第十"。后秦竺佛念译。经文见《大正藏》第10册,第1038页至第1039页。

Ф.235B 出曜经卷第十六忿怒品第十五

存28行,行28字。起:"不怒而兴怒",讫:"受大苦恼"。经文见《大正藏》第4册,第693页至第695页。有异文多处,似为别译本。

Ф.235C 菩萨处胎经卷第七八贤圣斋品第二十八

存9行,行25至39字。首题:"菩萨处胎经"。后秦竺佛念译。经文见《大正藏》第12册,第1050页。有异文多处,似为别译本。

Ф.235D 佛说弥勒大成佛经

存15行,行32至40字。首题:"勒成佛经",讫:"出家学佛道"。后秦鸠摩罗什译。经文见《大正藏》第14册,432页至第433页。

Ф.235E 根本说一切有部尼陀那卷第五

存10行,行20至40字。原题:"根本说一切有部尼陀那目得迦",讫:"即不应取"。唐义净译。经文见《大正藏》第24册,第432页B栏第17行。

Ф.235F 大宝积经卷第一百六大乘方便会第三十八之一

存178行。首题:"佛说大乘方便经卷上",尾题:"大乘方便经卷上"。卷背有题记:"天宝十载七月九日郭岩隐在家写了愿后学早日成佛。"唐菩提流志译。经文见《大正藏》第11册,第594页至第598页。

Ф.235G 说无垢称经摘抄

存5行,行36至41字。首题:"无垢称经",讫:"器仗军众"。唐玄奘译。经文见《大正藏》第14册,第572页B栏始。

Ф.235H 菩萨处胎经卷第七摘抄

存6行。起:"见异学梵志",讫:"寿转减"。后秦竺佛念译。经文见《大正藏》第12册,第1044页。

Ф.235V 天宝十二载十一月二十四日题款

存1行。录文:"天宝十二载十一月廿四日。"

Ф.236 大般若波罗蜜多经卷第二百二十三初分难信解品第三十四之四十二

卷长136厘米,卷高25.9厘米。单纸长49厘米,卷心高20.1厘米。天头3厘米,地脚2.9厘米。共4纸,总78行,行17字。起:"若一/善现",讫:"别无断故"。唐玄奘译。经文见《大正藏》第6册,第118页C栏第18行至第119页C栏第10行。有异文。

Ф.237 大般若波罗蜜多经卷第二十九初分教诫教授品第七之十九

卷长55.5厘米,卷高26.5厘米。卷心高20.4厘米。天头3.3厘米,地脚2.8厘米。共2纸,总35行。起:"尚毕竟不可得",讫:"毕竟"。唐玄奘译。经文见《大正藏》第5册,第161页A栏第18行至B栏第24行。

Ф.237V 杂写

杂写"第一"2字。

Ф.238 忏悔文

卷长46厘米,卷高27.6厘米。卷心高25.1厘米。天头1厘米,地脚0.9厘米。共1纸,总28行,行26字。起:"敬礼过现来",讫:"各举(记)六念"。经文见《大正藏》第85册,第1304页A栏第10行至B栏第11行。

Ф.239 妙法莲华经卷第七妙音菩萨品第二十四

卷长38厘米,卷高26厘米。卷心高19.3厘米。天头3.7厘米,地脚3.8厘米。共1纸,总22行,行17字。起:"各众生能降",讫:"天身或现"。后秦鸠摩罗什译。经文见《大正藏》第9册,第55页C栏第23行至第56页A栏第17行。有异文。

Ф.240 金刚般若波罗蜜经

卷长55厘米,卷高27.5厘米。卷心高20厘米。天头3.4厘米,地脚4.2厘米。起:"是名庄严",讫:"不不也世"。后秦鸠摩罗什译。经文见《大正藏》

第8册，第749页C栏第20行至第750页A栏第21行。有异文。

Ф.241 大般若波罗蜜多经卷第一百九十二初分难信解品第三十四之十一

见Ф.229。

Ф.241VA 景德传灯录卷第十一

见Ф.229VA。

Ф.241VB 大悲心陀罗尼启请

见Ф.229VB。

Ф.242 文选

卷长368厘米，卷高28厘米。单纸长41厘米，卷心高21.6厘米。天头3厘米，地脚3.5厘米。共9纸，总185行，行13字。注双行小字。为《文选》卷第十九至第二十。文见《四部备要》第258册，第199页第12行至第203页第25行。有异文。

Ф.242V 金刚般若波罗蜜经赞述卷第二

共9纸，总207行，行25至28字。起："经如是至乃"，讫："天亲就遣疑"。经文见《大正藏》第85册。差异较大。

Ф.243 妙法莲华经卷第四

卷长175厘米，卷高26.4厘米。单纸长46.5厘米，卷心高20.2厘米。天头3.2厘米，地脚3厘米。共4纸，总100行，行17字。起："头目/惜躯命"，讫："嘿然信受"。后秦鸠摩罗什译。经文见《大正藏》第9册，第34页B栏第28行至C栏第26行。有异文。

Ф.244 大般若波罗蜜多经卷第二百七十七初分难信解品第三十四之九十六

卷长274厘米，卷高26.2厘米。单纸长47厘米，卷心高20.2厘米。天头2.9厘米，地脚3.1厘米。共6纸，总156行，行17字。起："大舍清净"，尾题："大般若波罗蜜多经卷第二百七十七"。题记："曹日新写第一校第二校法缘第三□□勘了。"唐玄奘译。经文见《大正藏》第6册，第407页A栏第15行至第408页B栏第27行。有异文。

Ф.245 陀罗尼

卷长12.5厘米，卷高19.8厘米。卷心高18.3厘米。天头0.8厘米，地脚0.7厘米。共1纸，总7行。起："萨罗嚩恒"，讫："嚩哩底捺罗"。

Ф.246 正法华方等经，察合台文附言等

卷长82.5厘米，卷高24厘米。卷心高22.8厘米。共3纸，总52行，行19字。起："首归"，品题："政法华方等经想持品第廿四"，讫："於意云何"。西晋竺法护译。经文见《大正藏》第9册，第129页B栏第5行至第130页A栏第4行。有异文。

Ф.247 百行章

卷长42.6厘米，卷高28.8厘米。卷心高26.5厘米。天头1.8厘米。共1纸，总24行。起："不读福智"，讫："生人隍成智"。

Ф.247 Дх.01368 百行章

卷长16.5厘米，卷高14厘米。总8行。起："无远虑必有"，讫："周公曰知善不"。经文有朱笔标记。

Ф.247 Дх.02197 百行章

卷长25.3厘米，卷高15.3厘米。存13行。起："通成则圣"，讫："有功者怨"。

Ф.247 Дх.02197V 索净增善神护位题记

倒书1行。录文："索净增善神护位。"

Ф.247 Дх.02752 Дх.02842 百行章

存21行。起："风折木"，讫："天下无怨恶"。

Ф.247 Дх.02752V 离别词

存2行。录文："□说通路遥远山川阻隔不回/安于□□执盈离别□□。"

Ф.247 Дх.02863 Дх.03076 百行章

卷长13.5厘米，卷高21厘米。首题："百行章一百弟子"，讫："则须尽"。

Ф.247V 儿郎伟、驱傩文及符

存1行。录文："儿郎伟驱傩之法自古近新□大逆□舍莫□然后国界。"

Ф.248 阿毗昙毗婆沙论卷第五十三智犍度他心智品第二之五

卷长41.5厘米，卷高26厘米。卷心高20.5厘

米。天头2.7厘米,地脚2.8厘米。共1纸,总25行,行18字。起:"能知过去",讫:"为现神变"。迦旃延子造、五百罗汉释、北凉浮陀跋摩共道泰等译。经文见《大正藏》第28册,第383页B栏至C栏。

Φ.249 Φ.327 金刚亥母修习仪

卷长46.5厘米,卷高13.4厘米。卷心高10.9厘米。天头1.1厘米,地脚1.3厘米。共2纸,总36行,行17字。首题:"金刚亥母修习仪、敬礼金刚空行母",尾题:"金刚亥母修习仪意"。

Φ.249V Φ.327V 杂写

存"顶""非""塞"3字。

Φ.250 添品妙法莲华经卷第六随喜功德品第十七

卷长37厘米,卷高24.7厘米。卷心高22.3厘米。天头0.9厘米,地脚1.5厘米。共1纸,总10行,行17字。首题:"妙法莲华经随喜功德品第十七",讫:"智识随力"。隋阇那崛多共笈多译。经文见《大正藏》第9册,第180页B栏第1行至第13行。包首:"妙法莲华经卷第八。"有异文。

俄藏敦煌文献第五册叙录

Ф.251 思益梵天所问经卷第三

卷长66厘米,卷高26厘米。卷心高19.8厘米。天头3.6厘米,地脚2.6厘米。共2纸,总37行,行17字。起:"提/不须动世尊",讫:"天言云何"。后秦鸠摩罗什译。经文见《大正藏》第15册,第47页A栏第9行至第28行。有异文。

Ф.252 维摩诘所说经讲经文

卷长326.5厘米,卷高27厘米。单纸长31厘米。共11纸,总178行,每行字数不一。起:"经佛告长者子",讫:"唱将来写卷"。

Ф.252VA 杂写

存"羊角哀"3字。

Ф.252VB 大乘百法名门论开宗义记

存经题1行。录文:"大乘百法名门论开案义记。"

Ф.252VC 义理虽玄妙偈

存2行。录文:"义理虽玄妙安□次第□/□□□故末方得□人怀。"

Ф.253 金刚般若波罗蜜经

卷长10.4厘米,卷高26.2厘米。卷心高19.8厘米。天头2.9厘米,地脚3.5厘米。存6行,行17字。起:"是不名菩萨",讫:"如来有天眼"。后秦鸠摩罗什译。经文见《大正藏》第8册,第751页B栏第9行至第15行。

Ф.254 妙法莲华经卷第六常不轻菩萨品第二十

卷长13.7厘米,卷高26.5厘米。卷心高20.4厘米。天头3厘米,地脚3.1厘米。起:"此会菩萨",讫:"疾成佛道"。后秦鸠摩罗什译。经文见《大正藏》第9册,第51页B栏第27行至C栏第7行。

Ф.255 药师琉璃光如来本愿功德经

卷长31.8厘米,卷高27厘米。卷心高21.1厘米。天头、地脚各3厘米。共1纸,总15行,行22字。起:"无救无归",讫:"爱持我当先"。唐玄奘译。经文见《大正藏》第14册,第405页B栏第1行至第20行。有异文。

Ф.256 Дх.00485 Дх.01349 王梵志诗

卷长177厘米,卷高28厘米。卷心高27.5厘米。天头0.7厘米,地脚0.5厘米。共3纸,总44行,行26字。起:"我今一身内修",讫:"从头少一□"。题记:"大历六年五月日抄王梵志诗一百一十首沙门法惠/写了记义忍法光写讫。"

Ф.257 阿毗达磨俱舍释论卷第四

卷长46.5厘米,卷高26.7厘米。卷心高20.3厘米。天头3.6厘米,地脚2.9厘米。存28行,行17字。天头有"兑了"。起:"为因亦是",讫:"四色定三"。婆薮盘豆造、真谛译。经文见《大正藏》第29册,第189页B栏第28行至C栏第25行。

Ф.258A 戒本

卷长96厘米,卷高27厘米。共3纸,总47行,行21字。起:"不戒药食",讫:"体形俱故尔"。部分内容见《四分律删繁补阙行事钞》。

Φ.258B 藏文残片

Φ.259 大般涅槃经佛母品

卷长56厘米,卷高22.2厘米。卷心高20.2厘米。天头1.2厘米,地脚0.8厘米。共2纸,总31行,行17字。起:"诸大众吾",尾题:"佛母经一卷"。经文见《大正藏》第85册,第1463页A栏第14行至B栏第22行。

Φ.260A 金光明经忏悔灭罪传

卷长61厘米。存45行,行30至32字。首题:"忏悔灭罪金光明经传",讫:"明当诫之"。经文见《大正藏》第16册,第358页B栏第1行至第359页B栏第1行。有异文。

Φ.260B 金光明经

卷长1181厘米。共27纸,总853行。首题:"金光明经序品第一",品题:"金光明经寿量品第二、金光明经忏悔品第三、金光明经赞叹品第四、金光明经空品第五、金光明经卷第一、金光明经四天王品第六卷二、金光明经大辩神品第七、金光明经功德天品第八、金光明经坚牢地神品第九、金光明经卷第三、金光明经舍身品第十七、金光明经赞佛品第十八、金光明经嘱累品第十九",尾题:"金光明经卷第四"。北凉昙无谶译。经文见《大正藏》第16册,第335页B栏第1行至第358页A栏第29行。有异文。

Φ.260C 金光明最胜王经卷第三

卷长240厘米。总181行。首题:"金光明最胜王经灭业障品第五卷三",品题:"金光明经卷第三、金光明经流水长者子品第十六卷四"。唐义净译。经见《大正藏》第16册,第413页C栏第7行至第417页C栏第16行。有异文。

Φ.261 历代法宝记

卷长115.5厘米,卷高28厘米。单纸长38.5厘米,卷心高23.9厘米。天头2厘米,地脚2.3厘米。共3纸,总59行,行28至30字。起:"名脱年开释",讫:"北齐朝第二祖"。

Φ.262 大般若波罗蜜多经第一百八十九初分难信解品第三十四之八

卷长47厘米,卷高25.8厘米。卷心高20.1厘米。共1纸,总28行,行17字。起:"是作者清净",讫:"清净无二无二"。唐玄奘译。经文见《大正藏》第5册,第1016页C栏第16行至第1017页A栏第15行。有异文。

Φ.263A Φ.326A 散经文

卷长91厘米,卷高30.2厘米。存16行,行24字左右。前4行,起:"功德/解澄心",讫:"生彼□□"。不知名。后16行,首题:"散经文",讫:"咸登□道摩诃"。

Φ.263B Φ.326B 转经文

存36行,行24字左右。首题:"转经文",讫:"於地户摩"。

Φ.263C Φ.326C 四门转经文

存19行,行20字。首题:"四门转经文",讫:"摩诃般若"。

Φ.263D Φ.326D 入宅文

存8行,行20字左右。首题:"入宅文",讫:"梁飞新吹"。

Φ.263E Φ.326E 燃灯文

存17行,行24字左右。首题:"然灯文。"

Φ.263F Φ.326F 社文

存16行,行19字左右。首题:"社文",讫:"摩诃□般若"。

Φ.263G Φ.326G 临圹文

存15行,行22字左右。首题:"临圹文",讫:"圆满摩诃□"。

Φ.263H Φ.326H 二月八日文

存8行,行20字左右。首题:"二月八日文",讫:"天八部"。

Φ.263I　Φ.326I　亡僧尼舍施文

存34行，行24字左右。首题："亡僧尼舍施文"，讫："果摩诃□若"。

Φ.263J　Φ.326J　亡考文

存17行，行22字左右。首题："亡考文"。

Φ.263K　Φ.326K　难目文

存16行。首题："难目文"，讫："摩诃般若"。

Φ.263L　Φ.326L　脱服文

存22行。首题："脱服文"。

Φ.263M　Φ.326M　十恩德

存26行，行20字左右。首题："十恩德"，讫："阿耶孃"。

Φ.263N　Φ.326N　劝善文

存32行，行26字左右。首题："劝善文"。

Φ.263V　Φ.326V　释门文范

存349行。另倒书7行。

Φ.264　大方广佛华严经卷第四十一离世间品第三十三之六

卷长72厘米，卷高25.8厘米。单纸长35厘米，卷心高18.8厘米。天头3.4厘米，地脚3.7厘米。共3纸，总49行，行17字。起："故略说贪意"，讫："鼻若菩"。东晋佛驮跋陀罗译。经文见《大正藏》第9册，第657页B栏第22行至第658页A栏第4行。有异文。

Φ.265　摩诃般若波罗蜜经卷第五问乘品第十八

卷长54厘米，卷高26.9厘米。卷心高19.5厘米。天头3.8厘米，地脚3.7厘米。共1纸，总33行，行17字。起："灭故何以故"，讫："果法界意识"。后秦鸠摩罗什译。经文见《大正藏》第8册，第250页B栏第17行至C栏第17行。有异文。

Φ.266　大乘入藏录

见Φ.221。

Φ.266VA　八种粗重犯堕

见Φ.221VA。

Φ.266VB　常所作仪轨八种不共

见Φ.221VB。

Φ.266VC　大乘秘密起发

见Φ.221VC。

Φ.266VD　惜财者像及偈

见Φ.221VD。

Φ.267　无常经疏

卷长210厘米，卷高27.4厘米。单纸长42厘米，卷心高24.4厘米。天头1.6厘米，地脚1.5厘米。共5纸，总131行，行22至25字。起："言一一类"，讫："四魔具六功"。凡佛经摘录为"经云"，注释标"颂云"，梵文译文标"唐云"。有朱笔标记及批改。

Φ.268　菩萨本行经卷下

卷长47厘米，卷高26.4厘米。卷心高22厘米。天头、地脚各2.2厘米。共1纸，存32行，行18字。起："有慈心残害"，讫："殿欲诸之□"。经文见《大正藏》第3册，第123页B栏第8行至C栏第15行。

Φ.268V　金刚般若波罗蜜经

存22行，行20至24字。起："是法应舍"，讫："须菩提言"。北魏菩提流支译。经文见《大正藏》第8册，第753页B栏第15行至C栏第13行。

Φ.269A　华严经问答

卷长90厘米，卷高28.5厘米。单纸长35厘米，卷心高24.8厘米。天头1.6厘米，地脚1.7厘米。存52行，行18字左右。起："□若也还夷"，讫："此事复奚疑"。

Φ.269B　杂法事

卷长245厘米。总131行。首题："杂法事一卷""大乘布萨文""罗仲法师集"，讫："诵戒讫一如是"。

Φ.269C　花严三昧

卷长465厘米。总263行，行20字。首题："花严三昧"，品题："发心第一、蓢教第二，显过第三、表德第四、理事无碍观第三、十六心观、理事俱融门第一、理法隐显门第三（二）、事法存泯门第三、事事相在门第四"，讫："故是则一缘有力"。唐法成译。经文见《大正藏》第45册，第651页A栏第10行至第655页A栏第3行。

Ф.270 大般涅槃经卷第十题签

卷长23厘米，卷高25厘米。卷背书："永本同。"

Ф.271A 菩萨地持经卷第四摘抄

存8行，行60字左右。起："第四卷、如是菩萨住律仪"，讫："本戒不名新得"。北凉昙无谶译。经文见《大正藏》第30册，第913页B栏第1行至第27行。

Ф.271B 佛说华手经卷第一不信品第五

存2行，行50字左右。起："何等名为称赞"，讫："从法化生"。后秦鸠摩罗什译。经文见《大正藏》第16册，第133页B栏第1行至第5行。

Ф.271C 大般涅槃经卷第三十二师子吼菩萨品第十一之六

存3行，行60字左右。首题："涅槃经卅二卷"，讫："一阐提也"。北凉昙无谶译。经文见《大正藏》第12册，第554页B栏第12行至第18行。

Ф.271D 大方等大集经摘抄

卷第二十二，存9行，行60字左右。起："尔时世尊观四众"，讫："即能得之"。北凉昙无谶译。经文见《大正藏》第13册，第157页B栏第13行至C栏第8行。卷第三十，存2行。起："云何为法谓无"，讫："是名非法"。经文见《大正藏》第13册，第208页A栏第25行至第29行。

Ф.271E 集一切福德三昧经卷第三

存3行。起："离魔菩萨言"，讫："应遍学故"。后秦鸠摩罗什译。经文见《大正藏》第12册，第1000页A栏第21行至第25行。

Ф.271F 佛说华手经卷第六

卷第六求法品第二十，起："复次舍利弗"，讫："故名菩萨"。后秦鸠摩罗什译。经文见《大正藏》第16册，第171页B栏第27行至C栏第16行。卷第九不退转品第三十，起："舍利弗如来"，讫："无所罣礙"。经文见《大正藏》第16册，第192页A栏第1行至第4行。

Ф.271VA 优婆塞戒经卷第七羼提婆罗蜜品第二十五

卷长48.5厘米，卷高33厘米。存1行。录文："有智之人若遇恶骂当作是念是骂"。北凉昙无谶译。经文见《大正藏》第24册，第1073页A栏第16行至第17行。

Ф.271VB 大般涅槃经卷第三十至卷第四十摘抄

存11行，行40字。北凉昙无谶译。经文见《大正藏》第12册，第546页C栏至第603页C栏。分卷与现刊本不同。

Ф.271VC 菩萨地持经卷第一方便处真实义品第四之一摘抄

存5行，行35字左右。首题："菩萨地持论第一卷"，讫："三藐三菩提"。北凉昙无谶译。经文见《大正藏》第30册，第893页A栏第18行至第29行。

Ф.272 佛说佛名经卷第八

卷长45厘米，卷高25.4厘米。卷心高19.7厘米。天头2.8厘米，地脚2.9厘米。存28行，行17字。起："南无同名迦叶佛"，讫："至心若比丘"。北魏菩提流支译。经文见《大正藏》第14册，第158页C栏第13行至第159页A栏第12行。

Ф.273 佛说天地八阳神咒经

卷长36厘米，卷高24.8厘米。卷心高19.9厘米。天头2.5厘米，地脚2.4厘米。存21行，行17字。前11行倒书，起："大地土善男子"，讫："菩萨漏尽和"。唐义净译。经文见《大正藏》第85册，第1424页A栏第18行至B栏第2行。后10行，起："佛言善哉善哉"，讫："此义而说偈言"。经文见《大正藏》第85册，第1423页C栏第5行至第27行。

Ф.274 金有陀罗尼经

卷长84厘米，卷高26.3厘米。单纸长44.7厘米。卷心高20.3厘米。天头2.8厘米，地脚3.2厘米。共2纸，总55行，行16至18字。首题："金有陀罗尼经"，讫："彼之处所惕"。经文见《大正藏》第85册，第1455页C栏第16行至第1456页B栏第18行。

Ф.275A 大方便佛报恩经卷第二至第三摘抄

卷第二对治品第三，卷长435厘米，卷高20.5厘米。单纸长65厘米，卷心高19.7厘米。天头0.7厘米，地脚0.6厘米。共8纸，总316行，行19至22字。起："即请入宫"，讫："喜而去"。经文见《大正藏》第3册，第133页B栏第21行至第135页B栏第1行。有墨笔标记。有异文。卷第三论议品第五，卷长49厘米。存61行，行21字。首题："佛告弥勒菩萨录出第七纸"，讫："孝养父母"。经文见《大正藏》第3册，第137页C栏第18行至第138页C栏第12行。有异文。

Ф.275B 经律异相卷第十

卷长49厘米。存40行，行21字。另有序1行。录文："能仁为淫女身转作国王舍饴鸟兽出经律异相第十丙字号。"梁宝唱等集。经文见《大正藏》第53册，第49页C栏第16行至第17行。品题："能仁为淫女身转身作国王舍饴鸟兽、释迦为萨婆达王身割肉贸鹰三、一切妙见为盲父母子遇王猎所射。"经文见《大正藏》第53册，第50页B栏第2行至第52页C栏第16行。品二至品五全。

Ф.276 贤愚经卷第九摩诃令奴缘品第四十八

卷长100厘米，卷高26.5厘米。单纸长48.5厘米，卷心高22厘米。天头2.2厘米，地脚2.4厘米。共3纸，总54行，行16字。起："量不/王名曰令"，讫："不断绝即以"。北魏慧觉等译。经文见《大正藏》第4册，第415页B栏第22行至第416页A栏第19行。

Ф.277 思益梵天所问经

卷长44厘米，卷高23.5厘米。卷心高21.5厘米。天头1.2厘米，地脚1.4厘米。存26行，行18字。起："日月北斗"，讫："子息菩萨不生"。未检出。

Ф.278 大宝积经卷第七十九富楼那会第十七之三大悲品第六

卷长23厘米，卷高26.4厘米。卷心高23.2厘米。天头2厘米，地脚1.5厘米。存16行。起："间已语应死者"，讫："闻此"。后秦鸠摩罗什译。经文见《大正藏》第11册，第454页A栏第13行至第28行。

Ф.279 卜葬书

卷长41.7厘米，卷高29.4厘米。卷心高26.5厘米。天头2.9厘米。存13行。

Ф.280A 四分律比丘戒本

卷长855厘米，卷高24.8厘米。单纸长40.8厘米，卷心高19.8厘米。天头0.8厘米，地脚4.2厘米。共24纸，总503行，行17至22字。起："中来"，尾题："四分比丘戒本"。后秦佛陀耶舍译。经文见《大正藏》第22册，第1015页C栏第4行至第1023页A栏第11行。有朱笔标点。有异文。

Ф.280B 契据

卷长30厘米，卷高12.8厘米。存5行。

Ф.280C 书仪

Ф.281A 服药咒

卷长249厘米，卷高28.8厘米。单纸长35厘米，卷心高24.2厘米。天头2.3厘米，地脚2.4厘米。共7纸，总125行，行16至24字。起："坛中书一"，讫："说此仙法矣"。

Ф.281B 五戒非俗土诗

录文："五戒非俗土，居簪不出家。时年总过尽，何处觅荣华。"

Ф.282 维摩诘所说经卷上佛国品第一

卷长46厘米，卷高25.3厘米。卷心高20厘米。天头3.1厘米，地脚2.2厘米。存28行，行17字。起："净随其心净"，讫："佛摄神足"。后秦鸠摩罗什译。经文见《大正藏》第14册，第538页C栏第3行至第539页A栏第3行。

Ф.283 大般若波罗蜜多经卷第十七初分教诫教授品第七之七

卷长30厘米，卷高27.5厘米。卷心高19.4厘米。天头3.5厘米，地脚3.6厘米。存16行，行17字。起："菩萨摩诃萨"，讫："菩萨摩诃萨"。唐玄奘译。经文见《大正藏》第5册，第94页C栏第11行至第

26行。

Ф.284 妙法莲华经卷第三化城喻品第七

卷长37厘米，卷高25.5厘米。卷心高19.5厘米。天头3.1厘米，地脚3.5厘米。存20行，行17字。起："至梵宫六种"，讫："偈颂曰"。后秦鸠摩罗什译。经文见《大正藏》第9册，第157页C栏第14行至第158页A栏第6行。有异文。

Ф.285 妙法莲华经卷第四五百弟子受记品第八

卷长47.2厘米，卷高24.7厘米。单纸长43.7厘米，卷心高19.3厘米。天头2.6厘米，地脚2.8厘米。存28行，行17字。起："大艰难若"，讫："身心遍欢喜"。后秦鸠摩罗什译。经文见《大正藏》第9册，第29页A栏第9行至B栏第21行。有异文。

Ф.286 大般涅槃经卷第三十六迦叶菩萨品第十二之四

卷长46厘米，卷高27.9厘米。卷心高22.4厘米。天头2.8厘米，地脚2.7厘米。存23行，行3至17字。首题："大般涅槃经卷第卅六"，讫："一阐提"。北凉昙无谶译。经文见《大正藏》第12册，第574页B栏第8行至C栏第6行。有异文。

Ф.287 妙法莲华经卷第四五百弟子受记品第八

卷长64厘米，卷高27.1厘米。卷心高23.8厘米。天头1.8厘米，地脚1.5厘米。共2纸，总39行，行17字。起："众令住大乘"，讫："应得如来"。后秦鸠摩罗什译。经文见《大正藏》第9册，第28页B栏第2行至第29页A栏第5行。有异文。

Ф.288 大般涅槃经题签

录文："大般涅经卷第卅八□□显。"

Ф.289 妙法莲华经卷第一方便品第二

卷长33厘米，卷高26.4厘米。卷心高21.5厘米。天头、地脚各2.5厘米。存20行，行3至20字。起："於道场知已"，讫："说三乘"。后秦鸠摩罗什译。经文见《大正藏》第9册，第9页B栏第11行至C栏第18行。有异文。

Ф.290 四分律删繁补阙行事钞卷中

卷长147厘米，卷高28.5厘米。共4纸，总86行，行24至26字。起："前非盗境"，讫："亦同犯重欲"。唐道宣撰述。经文见《大正藏》第40册，第55页A栏第28行至第60页C栏第15行。有异文。

Ф.291 大般涅槃经卷第十六梵行品第八之二

卷长35厘米，卷高25厘米。卷心高19.9厘米。天头2.5厘米，地脚2.6厘米。存20行，行17字。起："诸水庄严"，讫："我于是女"。北凉昙无谶译。经文见《大正藏》第12册，第457页C栏第24行至第458页A栏第16行。

Ф.292 维摩诘所说经卷上佛国品第一

卷长46厘米，卷高25厘米。卷心高19.5厘米。天头3.8厘米，地脚3.5厘米。存14行，行3至14字。起："斯则神"，讫："有如空无所"。后秦鸠摩罗什译。经文见《大正藏》第14册，第538页A栏第1行至第14行。有异文。

Ф.293 妙法莲华经卷第一方便品第二

卷长13厘米，卷高27.7厘米。卷心高24.9厘米。天头1.5厘米，地脚1.3厘米。存8行，行3至20字。起："持读诵"，讫："真实"。后秦鸠摩罗什译。经文见《大正藏》第9册，第7页C栏第6行至第18行。有异文。

Ф.294 大般涅槃经卷第三十七迦叶菩萨品第十二之五

卷长88厘米，卷高28.1厘米。卷心高22.3厘米。天头3厘米，地脚2.8厘米。单纸长50厘米。共4纸，总51行，行17字。起："病者自知"，讫："我於"。北凉昙无谶译。经文见《大正藏》第12册，第582页C栏第9行至第583页B栏第2行。有异文。

Ф.295 妙法莲华经卷第三化城喻品第七

卷长51.5厘米，卷高25.9厘米。卷心高20.1厘米。天头、地脚各2.9厘米。存28行，行17字。起："及余一切众"，讫："无量千万亿"。后秦鸠摩罗什译。经文见《大正藏》第9册，第24页C栏第18行至第25页A栏第22行。有异文。

Φ.296 **瑜伽师地论卷第三十一本地分中声闻地第十三第三瑜伽处之二**

卷长78厘米，卷高30厘米。卷心高26.9厘米。天头、地脚各1.9厘米。共2纸，总57行，行29字。起："敬听闻勤"，讫："如理作意数"。弥勒菩萨说、唐玄奘译。经文见《大正藏》第30册，第457页C栏第11行至第458页C栏第18行。

Φ.297 **大般若波罗蜜多经卷第五百六十四第五分根栽品第二十二之一**

卷长20.7厘米，卷高26.3厘米。卷心高20.1厘米。天头、地脚各3.1厘米。存12行，行17字。起："其退转大菩萨"，讫："所福尔时佛"。唐玄奘译。经文见《大正藏》第7册，第914页B栏第21行至C栏第5行。有异文。天头有"兑"字。

Φ.298 **维摩诘所说经卷中佛道品第八**

卷长47厘米，卷高27.1厘米。卷心高19.2厘米。天头3.9厘米，地脚4.1厘米。存44行，行20字。全部为偈语。起："富有七财宝"，讫："以祐利众生"。后秦鸠摩罗什译。经文见《大正藏》第14册，第549页C栏第18行至第550页B栏第9行。第21行与第22行之间补抄漏写的一行。有异文。天头有"兑"字。

Φ.298VA **勘经记**

存3行。录文："廿一廿二廿三廿四廿五/廿六廿七廿八廿九三十/了。"

Φ.298VB **正月三日官酒记**

存1行。录文："正月三日官酒记□□寿昌川勿□。"

Φ.299 **净名经集解关中疏卷上佛国品第一**

卷长48厘米，卷高27.3厘米。卷心高23.3厘米。天头1.9厘米，地脚2.5厘米。存34行，行23至24字。起："寂灭处尽根"，讫："二喻况说"。唐道液集。经文见《大正藏》第85册，第442页B栏第19行至第443页A栏第19行。有朱笔标记。地脚处侧写2行经释。

Φ.300 **维摩诘所说经卷下法供养品第十三**

卷长72厘米，卷高25厘米。单纸长49.5厘米，卷心高20厘米。天头、地脚各2.8厘米。共2纸，总41行，行17字。起："过去劫已告"，讫："如来所转法"。后秦鸠摩罗什译。经文见《大正藏》第14册，第556页B栏第10行至C栏第24行。有异文。

Φ.301 **妙法莲华经卷第五分别功德品第十七**

卷长27.1厘米，卷高25.6厘米。卷心高20.5厘米。天头、地脚各2.6厘米。共2个半张纸，总15行，行9至17字。起："男子善女人"，讫："供养於我断"。后秦鸠摩罗什译。经文见《大正藏》第9册，第45页B栏第24行至C栏第12行。有异文。

Φ.302 **妙法莲华经卷第七妙音菩萨品第二十四**

卷长66厘米，卷高27.5厘米。单纸长46厘米，卷心高20.5厘米。天头3厘米，地脚3.8厘米。共2纸，总40行，行17字。起："见是菩萨"，讫："种种身处为"。后秦鸠摩罗什译。经文见《大正藏》第9册，第55页C栏第3行至第56页A栏第15行。有异文。

Φ.303 **妙法莲华经卷第一方便品第二**

卷长135厘米，卷高17厘米。单纸长45.5厘米。残卷存上半段，天头2.4厘米。共3纸，总84行。起："尔时佛告舍利弗"，讫："痴爱故生恼以"。后秦鸠摩罗什译。经文见《大正藏》第9册，第7页A栏第12行至第8页B栏第12行。有异文。

Φ.304 **金刚般若波罗蜜经**

卷长149厘米，卷高24.4厘米。单纸长50厘米，卷心高19.8厘米。天头2.4厘米，地脚2.2厘米。共3纸，总84行，行17字。起："河所有沙"，讫："欢喜信受奉持"。后秦鸠摩罗什译。经文见《大正藏》第8册，第751页B栏第23行至第752页C栏第2行。有异文。

Φ.305 **大智度论卷第七初中品中佛土愿释论第十三**

卷长17厘米，卷高24.5厘米。卷心高22.6厘米。天头1厘米，地脚0.9厘米。存12行，行19至23

字。起："是佛生处游行"，讫："故以恒河沙"。龙树菩萨造、后秦鸠摩罗什译。经文见《大正藏》第25册，第114页A栏第13行至第28行。

Φ.306 妙法莲华经卷第四五百弟子受记品第八

二残片。其一，卷长41.5厘米，卷高27.9厘米。卷心高24.1厘米。天头1.8厘米，地脚2厘米。存24行，行3至17字。起："生无有"，讫："如是义教诸"。后秦鸠摩罗什译。经文见《大正藏》第9册，第27页C栏第25行至第28页A栏第2行。有异文。其二，卷长28厘米，卷高23.5厘米。存16行。起："自以小"，讫："汝谓为曹"。经文见《大正藏》第9册，第29页A栏第5行至第22行。有异文。

Φ.307 大智度论卷第八初中品放光释论第十四

卷长41厘米，卷高12.2厘米。共2个半张纸，总25行，行5至10字。起："跌直身系"，讫："入三昧故"。龙树菩萨造、后秦鸠摩罗什译。经文见《大正藏》第25册，第111页A栏第23行至B栏第28行。

Φ.308A 版画护法天王

Φ.308B 妙法莲华经卷第一方便品第二

卷长16厘米，卷高20厘米。存4行，行4至5字。起："喻言辞而"，讫："众生故"。后秦鸠摩罗什译。经文见《大正藏》第9册，第7页B栏第13行至第17行。

Φ.308C 于阗文残片

Φ.309 大乘百法明门论开宗义记选录

卷长33.5厘米，卷高29厘米。天头1.5厘米，地脚2厘米。存7行，行3至31字。起："七年"，讫："识非恒非审"。唐昙旷撰。经文见《大正藏》第85册，第1075页A栏。

Φ.310 金光明最胜王经卷第八坚牢地神品第十八

卷长48.5厘米，卷高25.7厘米。卷心高20.6厘米。天头2.3厘米，地脚2.8厘米。存26行，行20字。全部为偈语。起："其子以妙"，讫："恶当相亲附"。唐义净译。经文见《大正藏》第16册，第442页B栏第3行至C栏第27行。有异文。

Φ.310V 勘经记

存2行。录文："第一尾缺乘纸□第五尾□□/终□缠帙。"

Φ.311 亲集耳传观音供养赞叹

卷长923厘米，卷高19.5厘米。单纸长48.5厘米，卷心高15.8厘米。天头2.3厘米，地脚1.8厘米。共22纸，总491行，每行字数不一。起："□你你未帝"，尾题："亲集耳传观音供养赞叹毕"。题记："皇建元年十二月十五日门资宗密沙门本明/依师剂门释校中集毕/皇建二年六月二十五日重依观行对勘定毕/承为真本。"

Φ.312A 雕版佛像

卷长26.5厘米，卷高26.5厘米。存11幅，其中完整者9幅。佛结跏趺坐莲台，结说法印。背光、头光点缀卷草纹。身后两侧各有出水莲花。与Дх.11579、龙谷大学所藏者为同版。

Φ.312B 阿毗昙八犍度论卷第三十阿毗昙见犍度见跋渠第五

卷长24.5厘米，卷高22厘米。天头1.1厘米，地脚残。存12行，行3至17字。起："游此耶"，讫："余处断坏"。迦旃延子造、僧伽提婆共竺佛念译。经文见《大正藏》第26册，第913页A栏第20行至B栏第3行。

Φ.313 妙法莲华经卷第三药草喻品第五

卷长88厘米，卷高25.5厘米。单纸长50.5厘米，卷心高20厘米。天头2.4厘米，地脚3厘米。存2纸，总50行，行17字。起："如来是诸法"，讫："令众悦豫"。后秦鸠摩罗什译。经文见《大正藏》第9册，第19页A栏第20行至C栏第17行。有异文。

Φ.314 大般涅槃经卷第三十八迦叶菩萨品第十二之六

卷长27.5厘米，卷高22厘米。天头1.5厘米，地脚2厘米。存13行，行14至17字。起："或不具足"，讫："菩萨摩诃萨"。北凉昙无谶译。经文见《大正藏》第12册，第588页B栏第1行至第13行。

Ф.315 黑色天母求修次第仪

卷长45.5厘米,卷高22.5厘米。天头0.8厘米,地脚1厘米。存28行,行24至28字。首题:"黑色□天母求修次第仪",讫:"诸魔法师"。

Ф.316 佛说无量寿宗要陀罗尼经

卷长214.5厘米,卷高31厘米。单纸长42.5厘米,卷心高28.6厘米。天头1.4厘米,地脚1.3厘米。共6纸,总141行,行29至36字。起:"花鬘璎珞涂香",尾题:"佛说大乘无量寿宗要陀罗尼经一卷"。经文见《大正藏》第19册,第82页A栏第14行至第84页C栏第29行。

Ф.317A 佛说长阿含经卷第五第一分典尊经第三

刻本。卷长49厘米,卷高26.4厘米。卷心高21.5厘米。天头3.5厘米,地脚4厘米。起:"天欢",讫:"众时忉利"。经文见《大正藏》第1册,第30页C栏第13行至第31页A栏第11行。

Ф.317B 妙法莲华经卷第六如来神力品第二十一

卷长54厘米,卷高25.8厘米。单纸长42.5厘米,卷心高19.9厘米。天头2.8厘米,地脚3厘米。共3纸,总29行,行17字。起:"佛共多宝如来",讫:"而说偈言"。后秦鸠摩罗什译。经文见《大正藏》第9册,第51页C栏第28行至第52页A栏第28行。

Ф.317C 中阿含经卷第二十六因品第四优昙婆逻经第八

二残片。其一,卷长23.5厘米,卷高25.5厘米。卷心高19.4厘米。天头、地脚各3.1厘米。存13行,行4至17字。起:"敬重供养",讫:"言何为敬"。僧伽提婆译。经文见《大正藏》第1册,第593页A栏第5行至第11行。其二,卷长5.7厘米,卷高25.5厘米。卷心高19.4厘米。天头、地脚各3.1厘米。存3行,行17字。起:"患或有一",讫:"懈怠无正"。经文见《大正藏》第1册,第593页B栏第13行至第16行。

Ф.317CV 勘经记

存2行。录文:"五卷/阿含一卷五。"

Ф.317D 大般涅槃经

存十几块残片。稍大者五六块。其一,存2行。录文:"名苦圣谛若人不/圣谛苦。"为《大般涅槃经卷第七如来性品第四之四》。北凉昙无谶译。经文见《大正藏》第12册,第406页B栏第26行至第27行。其二,存4行,行4至9字。起:"和合然后",讫:"我是作者是"。为《大般涅槃经卷第三十九》。经文见《大正藏》第12册,第595页A栏第13行至第16行。

Ф.317E 合部金光明经卷第五四天王品第十

存3行,行1至5字。录文:"无有怨贼/王如是人王/及。"北凉昙无谶译、隋释宝贵合。经文见《大正藏》第16册,第383页C栏第9行至第12行。

Ф.318 十诵律卷第六明三十尼萨耆法之二

卷长35.5厘米,卷高26.5厘米。卷心高23.8厘米。天头1.5厘米,地脚1.8厘米。存23行,行2至19字。起:"若打/皆尼萨",讫:"出家尼"。后秦弗若多罗共罗什译。经文见《大正藏》第23册,第43页C栏第3行至第44页A栏第14行。有异文。

Ф.319 Ф.342 Ф.361 十二时普劝四众依教修行

二残片。其一,卷长110厘米,卷高29.5厘米。卷心高27.9厘米。天头0.8厘米,地脚1厘米。共3纸,总74行,行19至22字。起:"日拟离",讫:"行散纯陀"。其二,起:"阎心敗转",讫:"卧黄泉下"。题记:"辛亥年正月八日学郎米定子自写之耳也。"

Ф.320 大方等无想经卷第六大云初分增长犍度第三十七之余

卷长53.5厘米,卷高27厘米。卷心高24.1厘米。天头、地脚各1.5厘米。存20行,行9至17字。起:"者呵啧毁辱",尾题:"方等无想大云经第"。题记:"缘禾三年岁次甲戌九月五日于毗城北刘居祠写此尊愿持此功德/施与一切众生皆得总超八法城获无生忍成无上道/比丘法融所供养经拙字□□也。"北凉昙无谶译。经文见《大正藏》第12册,第1107页A栏第21行至B栏第12行。有异文。

Φ.321　毗尼心

卷长670.5厘米,卷高28.5厘米。天头、地脚各2厘米。共17纸,总590行,行27至41字。起:"又问木为防",品题:"师徒法第二、众僧法第三、行道忏悔灭恶法第四、行道修善法第五、发道资录法第六",讫:"五谛曲足六不"。经文见《大正藏》第85册,第661页B栏第18行至第670页B栏第21行。

Φ.322A　愿文

卷长68.5厘米,卷高29.8厘米。单纸长40厘米。共3纸,总31行,行3至19字。起:"夫欲归依三宝",讫:"惟疆场/建"。

Φ.322B　杂写

存1行。录文:"友□长年。"

Φ.323　金刚般若波罗蜜经赞集卷第一

卷长102厘米,卷高28.7厘米。单纸长72厘米,卷心高26.6厘米。天头1.1厘米,地脚1厘米。共2纸,总75行,行29至30字。起:"难转坚牢",讫:"真妄坦然平"。经文见《藏外佛教文献》第9册,第59页A栏第5行至第69页A栏第25行。文中有朱笔校勘。

Φ.324　十诵比丘波罗提木叉戒本

卷长63.5厘米,卷高24.5厘米。单纸长41.3厘米,卷心高18.5厘米。天头2.1厘米,地脚1至3厘米。共17纸,总358行,行19至24字。起:"是比丘应",讫:"心得布萨"。后秦鸠摩罗什译。经文见《大正藏》第23册,第472页B栏第8行至第488页B栏第20行。有异文。

Φ.325　尼律藏第二分卷第四

卷长825.5厘米,卷高26.5厘米。单纸长37.3厘米。天头3厘米,地脚3.5厘米。共23纸,总478行,行17字。起:"比丘云何汝等",尾题:"尼律藏第二分卷第四"。题记:"用纸卅五张。"现刊本为后秦佛陀耶舍共竺佛念等译《四分律卷第二十六一百七十八单提法之三》,经文见《大正藏》第22册,第743页C栏第8行至第749页B栏第16行。有异文。

Φ.326A　散经文

见Φ.263A。

Φ.326B　转经文

见Φ.263B。

Φ.326C　四门转经文

见Φ.263C。

Φ.326D　入宅文

见Φ.263D。

Φ.326E　燃灯文

见Φ.263E。

Φ.326F　社文

见Φ.263F。

Φ.326G　临圹文

见Φ.263G。

Φ.326H　二月八日文

见Φ.263H。

Φ.326I　亡僧尼舍施文

见Φ.263I。

Φ.326J　亡考文

见Φ.263J。

Φ.326K　难月文

见Φ.263K。

Φ.326L　脱服文

见Φ.263L。

Φ.326M　十恩德

见Φ.263M。

Φ.326N　劝善文

见Φ.263N。

Φ.326V　释门文范

见Φ.263V。

Φ.327　金刚亥母修习仪

见Φ.249。

Φ.327V　杂写

见Φ.249V。

Φ.328　残佛经

卷长24.2厘米,卷高26.9厘米。卷心高20.2厘米。天头3.3厘米,地脚3.4厘米。共1纸,存13行,行17字。起:"为僧宝此",讫:"令诸众生"。未检出。

Ф.329 妙法莲华经卷第三药草喻品第五

卷长115厘米,卷高26.5厘米。单纸长46.5厘米,卷心高19.5厘米。天头3.4厘米,地脚3.6厘米。共3纸,总69行,行16字。起:"种智其有",讫:"悉当成佛"。后秦鸠摩罗什译。经文见《大正藏》第9册,第19页B栏第24行至第20页B栏第24行。

Ф.330 瑜伽师地论前二十卷随听手记

卷长288厘米,卷高30厘米。单纸长40.7厘米,卷心高27.5厘米。天头1.3厘米,地脚1.4厘米。共7纸,总229行,行27至28行。起:"后人/中不得解脱",尾题:"瑜伽论前廿卷随听手记"。题记:"沙门谈述福慧。"卷背接纸处有两处写"福慧"。中有朱笔校勘,墨笔小字批校。有轴。

Ф.331 藏经目录

卷长250厘米,卷高30厘米。单纸长42.5厘米,卷心高29厘米。共6纸,总128行,行16至28字。起:"菩萨璎珞经十三卷"。

Ф.331VA 藏经目录

存2行。接抄正面。

Ф.331VB 佛经论释

共6纸,总119行,行17至19字。首题:"玄游观无漏答",讫:"言惟者也为"。

Ф.332 大般若波罗蜜多经卷第一百一十一初分较量功德品第三十之九

卷长51厘米,卷高25.7厘米。单纸长41厘米,卷心高19.3厘米。天头3.3厘米,地脚3.1厘米。共1纸半,总30行,行17字。起:"得为方便",讫:"大舍十八佛不"。唐玄奘译。经文见《大正藏》第5册,第610页B栏第20行至C栏第22行。

Ф.333 残佛经

卷长117.5厘米,卷高26.5厘米。单纸长49.3厘米,卷心高22.2厘米。天头2厘米,地脚2.3厘米。共4纸,总66行,行16字。中有添加字。起:"求见佛相",讫:"王欢喜即"。未检出。

Ф.334 佛经论释

卷长1117厘米,卷高28厘米。单纸长42厘米,卷心高25.5厘米。共25纸,总699行,行30至35字。起:"弁无二於中有三",讫:"三由此差别"。

Ф.334V 金刚般若波罗蜜经旨赞卷下

共25纸,总686行。经文见《大正藏》第85册,第89页A栏第10行至第99页C栏第27行。起:"前说此经",讫:"如来有不"。现刊本所收为S.2437和S.0721。此卷前4行虽缺下部亦可补现刊本之缺字。

Ф.335 金光明最胜王经卷第九善生王品第二十一

卷长19.2厘米,卷高16.3厘米。存11行,行7至9字。起:"合掌一心",讫:"释迦牟尼是"。唐义净译。经文见《大正藏》第16册,第444页C栏第1行至第11行。

Ф.336 妙法莲华经卷第七陀罗尼品第二十六

卷长89.5厘米,卷高25.5厘米。单纸长51.5厘米,卷心高20厘米。天头2.8厘米,地脚2.7厘米。共2纸,总50行,行3至17字。起:"陀罗尼",讫:"我等亦当"。后秦鸠摩罗什译。经文见《大正藏》第9册,第58页C栏第8行至B栏第8行。

Ф.337 佛说竺兰陀心文经

卷长123厘米,卷高26厘米。单纸长42.5厘米,卷心高21.6厘米。首题、尾题:"佛说竺兰陀心文经"。题记:"竺兰陀心文经大藏所无有也元丰二年太/常少卿薛公仲孺死之三年以地狱之苦不/能往生依陕西都运学士破公公弼之女求/是经以解冤结公哀许之大索关中获古本於/民间饭僧诵之一日薛卿复附语以谢曰赖公/之赐获生天矣公诘以特索是经之意云佛书/几万卷冥间视此经犹今之时文方所信重故/一切苦恼悉能解脱予是以获其祐也今三秦/士民竟传诵之/卫内管内僧判兼表白仁化寺净土院讲唯识因明论僧贤惠校勘/卫州营内副正仁化寺净土院主讲华严经传法界马僧贤照校勘/承议郎杨康国男大名府乡贡进士据璞琯环琚/瑂□（王寿）女四娘五娘奉为/亡妣金华县君石氏小祥谨镂版印施/竺兰陀心文经五百卷庶缘/胜利用浸广於善因追荐/慈灵愿早/登於净土/元丰六年三月 日施。"

Ф.338 佛说长阿含经卷第十六第三分坚固经第五

卷长77厘米，卷高26.3厘米。单纸长48.5厘米，卷心高21.6厘米。天头2厘米，地脚2.3厘米。共3纸，总39行，行17字。起："若有功德"，讫："智慧波天/兜率"。后秦佛陀耶舍共竺佛念译。经文见《大正藏》第1册，第102页A栏第9行至B栏第6行。

Ф.339 大般涅槃经卷第二十九师子吼菩萨品第十一之三

卷长64厘米，卷高28.2厘米。单纸长49.5厘米，卷心高23.4厘米。天头、地脚各2.9厘米。共1纸半，总33行，行2至17字。起："有尽/乡者云"，讫："中皆悉如"。北凉昙无谶译。经文见《大正藏》第12册，第539页A栏第17行至B栏第21行。

Ф.340 妙法莲华经卷第二譬喻品第三

卷长87.5厘米，卷高24.9厘米。单纸长41.5厘米，卷心高22.3厘米。天头1.4厘米，地脚1.2厘米。共3纸，总72行，行4至18字。起："国名离垢"，讫："有所识恋"。后秦鸠摩罗什译。经文见《大正藏》第9册，第11页B栏第20行至第12页B栏第26行。

Ф.341 佛说长阿含经卷第十五第三分究竟檀头经第四

卷长65.5厘米，卷高26.8厘米。单纸长48.5厘米，卷心高22厘米。天头、地脚各2.4厘米。共3纸（前后两个半纸），总33行，行17字。起："为道成"，讫："又沙门瞿昙"。后秦佛陀耶舍共竺佛念译。经文见《大正藏》第1册，第97页C栏第9行至第98页A栏第16行。

Ф.342 十二时普劝四众依教修行

见Ф.319。

Ф.342V 书仪

卷长173厘米，卷高30厘米。单纸长43厘米。共4纸，总77行。起："皇帝四夷奉命"，讫："于是位陪"。

Ф.343 大般涅槃经卷第三十五迦叶菩萨品第十二之三

卷长72厘米，卷高18厘米。存42行，行2至12字。起："是人能断"，讫："应得一人/故烦"。北凉昙无谶译。经文见《大正藏》第12册，第569页C栏第29行至第570页B栏第12行。

Ф.344 中本起经卷下

卷长245厘米，卷高26.4厘米。单纸长48.3厘米，卷心高23.6厘米，天头、地脚各1.4厘米。共6纸，总135行，行2至18字。起："徒跣"，品题："无常品第十"，讫："不解"。后汉昙果共康孟详译。经文见《大正藏》第4册，第158页B栏第21行至第160页A栏第22行。有异文。现刊本为"度波斯匿王品第十"。

Ф.345 妙法莲华经卷第七观世音菩萨普门品第二十五至陀罗尼品第二十六

卷高26.2厘米。单纸长41厘米，卷心高19.4厘米。天头3.6厘米，地脚3.2厘米。共3纸，总66行，行3至17字。起："摩睺罗"，品题："妙法莲华经陀罗尼品第二十六"，讫："当具说法"。后秦鸠摩罗什译。经文见《大正藏》第9册，第57页B栏第16行至第58页B栏第18行。

Ф.346 大智度论卷第四十五释摩诃萨品第十三

卷长60厘米，卷高26厘米。单纸长49厘米，卷心高22厘米。共1纸半，总33行，行16字。起："凡夫人虽"，讫："当知诸法"。龙树菩萨造、后秦鸠摩罗什译。经文见《大正藏》第25册，第383页B栏第15行至第19行。

Φ.347 四分律删繁补阙行事钞卷上

卷长1123厘米，卷高28.8厘米。单纸长41.2厘米，卷心高26.6厘米。天头、地脚各1.1厘米。共26纸，总888行，行23字左右。起："与出家若"，品题："师资相摄篇第九、说戒正仪篇第十、安居策修篇第十一"，讫："外为檀越"。唐道宣撰述。经文见《大正藏》第40册，第27页C栏第22行至第41页A栏第24行。注双行小字，经中有添加行、补加字。

Φ.348 大般涅槃经卷第二十六遍照高贵德王菩萨品第十之六

卷长61.5厘米，卷高28.1厘米。卷心高22.7厘米。天头2.8厘米，地脚2.6厘米。共2纸，总35行，行3至17字。起："就第五具足"，讫："何如来"。北凉昙无谶译。经文见《大正藏》第12册，第520页B栏第10行至C栏第17行。

Φ.349 妙法莲华经卷第四五百弟子受记品第八

卷长45.5厘米，卷高24.7厘米。卷心高19.1厘米。天头2.5厘米，地脚3.1厘米。起："众乐小法"，讫："行亿佛然"。后秦鸠摩罗什译。经文见《大正藏》第9册，第28页A栏第11行至第29行。

Φ.350 佛说无量大慈教经

卷长80.5厘米，卷高19.9厘米。天头2.5厘米。共2纸，总50行，行4至13字。起："欢喜作礼"，讫："则无见者"。自第11行"有尔时阿难"起，经文见《大正藏》第85册，第1445页A栏第12行至B栏第18行。前10行内容多于现刊本所收S.1627，可补此经前部所缺内容。

Φ.351 佛说净度经卷第三

卷长111.5厘米，卷高25.7厘米。单纸长34.3厘米，卷心高18.8厘米。天头3.2厘米，地脚3.7厘米。共4纸，总73行，行3至17字。起："门何以不"，讫："不能离欲"。经文见《藏外佛教文献》第7册，第296页A栏第9行至第302页A栏第8行。

Φ.352 大般涅槃经卷第十三师子吼菩萨品第十一之六

卷长92厘米，卷高28.2厘米。单纸长49.5厘米，卷心高22.2厘米。天头3厘米，地脚3.1厘米。共3纸，总58行，行3至17字。起："集净戒"，讫："日过"。北凉昙无谶译。经文见《大正藏》第12册，第554页C栏第9行至第555页B栏第1行。

Φ.353 大方广佛华严经卷第二世间净眼品第一之二

卷长150.7厘米，卷高25.6厘米。单纸长36.2厘米，卷心高18.7厘米。天头3.5厘米，地脚3.4厘米。共5纸，总89行，行17字。起："普於众生"，讫："法门而得"。东晋佛驮跋陀罗译。经文见《大正藏》第9册，第402页A栏第1行至第403页A栏第6行。

Φ.354 大般涅槃经卷第三十九憍陈如品第十三之一

卷长90厘米，卷高28.1厘米。卷心高22.4厘米。天头、地脚各2.9厘米。共2纸，总51行，行17字。起："为乐常我乐"，讫："常无常亦"。北凉昙无谶译。经文见《大正藏》第12册，第596页A栏第21行至C栏第16行。

Φ.355A 佛说天地八阳神咒经

卷长43厘米，卷高26.8厘米。卷心高22厘米。天头2.8厘米，地脚2.3厘米。共2纸，总22行，行15字。起："说天演"，讫："摩诃萨若有"。唐义净译。经文见《大正藏》第85册，第1424页C栏第7行至第1425页A栏第13行。

Φ.355B 契约

存2行。录文："己巳年三月十九日阿父□纳海/六斗六升□张将头黄麻□。"

Φ.355C 雕版佛像、佛说佛名经

《佛说佛名经》上方绘禅定佛三身。经名仅存"南无"2字。

Φ.355D 布历

存2行。录文："紫昌褐二丈二尺/褐一丈三尺。"

Φ.356A 药方

卷长21.8厘米，卷高28厘米。存8行。首题："钟乳散方。"

Φ.356B　春秋左氏传解第四

倒书1行。录文："春秋左氏传解第四闵公/王氏。"

Φ.356VA　除咳逆短气方

存6行。

Φ.356VB　春秋左氏传

仅存题1行："闵公左氏传解第四。"

Φ.357　馆藏缺

Φ.358　佛经论释

卷长65.5厘米，卷高23.3厘米。单纸长35厘米。共3纸，总38行，行18至24字。另有三块残片。

Φ.359　法华经疏

卷长1453厘米，卷高28厘米。单纸长42.5厘米，卷心高26厘米。共34纸，约850行，行28字。起："喜初开两义"，讫："多坚固"。经中有朱笔补校多处。

Φ.360　版画释迦牟尼佛说法图

卷长14.3厘米，卷高25.5厘米。

Φ.361　十二时普劝四众依教修行

见Φ.319。

Φ.362A1　星占流年

卷长30.5厘米，卷高20.3厘米。存10行。起："一论流运者"，讫："本位以此"。

Φ.362A2　大一切成就母永修仪经题

Φ.362A3　师资相录仪

卷长48厘米，卷高23.5厘米。存26行。起："梵云"，讫："过及骂"。

Φ.362B　月旬纪事残片

存11行。

Φ.362C　法界观题款

藏文残片上大书"法界观"3字。

Φ.362CV　书信残片

Φ.363　佛说观佛三昧海经本行品第八

卷长81厘米，卷高26.1厘米。单纸长42.4厘米，卷心高19.7厘米。天头3.4厘米，地脚3厘米。共2纸，总46行，行18字。起："翠孔雀"，讫："盆骨两手两"。经文见《藏外佛教文献》第3册，第406页A栏第1行至第410页A栏第9行。经中"二称南无阿弥陀佛"，现刊本为"三念佛"。

Φ.364　大般若波罗蜜多经卷第三百八十三初分诸功德相品第六十八之五

卷长19.1厘米，卷高21.4厘米。存12行，行2至16字。起："界/法界真如"，讫："与法界"。唐玄奘译。经文见《大正藏》第6册，第977页C栏第7行至第18行。

Φ.365　妙法莲华经讲经文

卷长603厘米，卷高27.8厘米。单纸长31.5厘米。共19纸，总210行，行18字。起："经云诸宝台上"，讫："注中蜡烛"。

Φ.365V　妙法莲华经讲经文

存231行。起："恰似炉中糊饼"，讫："四时凋变"。

Φ.366　大乘起信论略述卷下

卷长603厘米，卷高27.8厘米。单纸长31.5厘米。首行"不起念自不驰散"至尾题"大乘起信论略述卷下"，共224行，后有1行题记："宝应二年十一月三日同法乳人翟□写。"经文见《大正藏》第85册，第1118页A栏第12行至第1121页C栏第12行。自"业障故故顺"起，至"进止诸尘相"讫，存174行。经文见《大正藏》第85册，第1114页B栏第23行至第1117页B栏第17行。自"不断共同一味"起，至"前答三问即"讫，存259行。经文见《大正藏》第85册，第1108页C栏第15行至第1113页B栏第6行。自"论是近远二"起，至"法力自然修也"讫，存26行。经文见《大正藏》第85册，第1107页C栏第15行至第1108页A栏第24行。自"然也过恒沙等上烦恼"起，至"无量行缘缘众生外"讫，存38行。经文见《大正藏》第85册，第1107页A栏第7行至C栏第8行。同经断片,拍摄时前后排序有误。

Φ.366V 寿昌县户籍

存293行。由三部分组成,内容互不相属,是敦煌县编制的正式官文书,按户籍登录土地的面积及起止。

俄藏敦煌文献第六册叙录

Дх.00001 Дх.02778 **大方等大集经菩萨念佛三昧分卷第一不空见本愿品第二之一**

存24行，行17字。起："何事"，讫："成有七重其"。隋达磨笈多译。经文见《大正藏》第13册，第833页A栏第2行至第27行。

Дх.00002 **佛本行集经卷第四十七跋陀罗夫妇因缘品第四十八**

存24行，行17字。起："教令出家"，讫："如来能断"。隋阇那崛多译。经文见《大正藏》第3册，第871页A栏第28行至B栏第23行。地脚杂写"大""诸"等字。

Дх.00002V **杂写**

抄写"佛本行集经大迦叶品第三卷之""大般涅槃"及多个"之"字。另有大字"南无不动佛""南无"等。似为学童习字。

Дх.00003 Дх.00026 **礼忏文**

二残片。其一，存22行。起："不生"，讫："无救无归无济度"。其二，存22行。起："皆由不闻其实法"，讫："愿施众生共回向"。

Дх.00004 Дх.01744 **佛说无量寿宗要经**

存91行，行24字左右。全卷上部皆残。缺首题，首行上部约残12字。起："国祇树给"，讫："陀罗尼曰"。经文见《大正藏》第19册，第82页A栏第5行至第84页A栏第26行。

Дх.00005 **大般若波罗蜜多经卷第三百六十五初分实说品第六十二之三**

存23行。整卷下部残缺。起："圣谛成熟"，讫："情严净佛"。唐玄奘译。经文见《大正藏》第6册，第880页B栏第23行至C栏第16行。

Дх.00006 Дх.01607 **金刚般若波罗蜜经**

存46行，行17字，尾3行上下残。断为两段。其一，起："以恒河沙等身"，讫："须菩提"。后秦鸠摩罗什译。经文见《大正藏》第8册，第750页C栏第8行至第751页A栏第15行。其二，存11行。起："罗三藐三"，讫："当得作佛"。经文见《大正藏》第8册，第750页A栏第16行至第26行。中有添加字。两段同经，不可直接缀合。

Дх.00007 **金刚般若波罗蜜经**

存20行，行6至18字。起："功德世尊"，讫："香味触法"。后秦鸠摩罗什译。经文见《大正藏》第8册，第750页B栏第2行至C栏第22行。

Дх.00008 Дх.02048 Дх.02188 Дх.02738 Дх.02794 **小道地经**

断为二段。其一，存31行，行17字。起："若身臃肿"，讫："有福念有罪"。经文见《大正藏》第15册，第237页A栏第6行至B栏第7行。其二，存56行，行17字。起："自家居自守"，尾题："小道地经"。经文见《大正藏》第15册，第237页B栏第18行至C栏

053

第13行。两段之间缺10行，恰为Дх.06192之10行。与Дх.10303、Дх.06192为同经残片，可缀合。顺序为 Дх.10303 +（Дх.00008 +Дх.02048 +Дх.02188 + Дх.02738+Дх.02794）前半段+Дх.06192+（Дх.00008 +Дх.02048 +Дх.02188 +Дх.02738+Дх.02794）后半段。

Дх.00009　Дх.02804　Дх.10544　妙法莲华经卷第四提婆达多品第十二

三残片。其一，存28行，行7至17字。起："通道力成"，讫："不可称言非"。后秦鸠摩罗什译。经文见《大正藏》第9册，第34页C栏第29行至第35页A栏第29行。经卷有脱字。"不可称计"，脱"计"字。其二，存7行，行7至8字。起："妙法莲华经提婆达"，讫："命时世人民"。经文见《大正藏》第9册，第34页B栏第23行至第29行。其三，存5行，行1至20字。起："情存妙法故"，讫："仙人者今/善"。经文见《大正藏》第9册，第34页C栏第20行至第26行。三片不可直接缀合，大致顺序为第二片、第三片、第一片。

Дх.00010　大般涅槃经佛母品

存23行，行17字。首题："大般涅槃经佛母品第"，讫："林间正见如"。经文见《藏外佛教文献》第1册，第382页A栏第5行至第383页A栏第10行。

Дх.00011A　天请问经

存37行，行5至9字，下部全残。起："何人名得利"，尾题："天请问经"。唐玄奘译。经文见《大正藏》第15册，第124页B栏第25行至第125页A栏第7行。

Дх.00011B　便麦麻历

存9行。录文："便麦一石八十至/便麦一石八十至秋/便麦一石/麻二十至秋/□得二十至秋/黄麻二十至秋四十/秋/黄麻二十至秋四/□便黄麻。"

Дх.00011C　契约

存9行。录文："月廿五日莫/罗住子万禹/子与徐家造/夫忽若两面三刀家有此之□/仰任罪家佑/□仰住子自/法不悔如先悔必/□契田为后/父罗。"

Дх.00012A　妙法莲华经卷第七观世音菩萨普门品第二十五

存17行，行2至12字。起："执刀杖寻"，讫："菩萨便得离/菩萨"。后秦鸠摩罗什译。经文见《大正藏》第9册，第56页C栏第17行至第57页A栏第2行。

Дх.00012B　请地状

三残片。其一，录文："道又场东畔边/发宁□家□。"其二，录文："道北至曹宁又北/地壹畦拾贰亩东。"其三，存1字，不清。

Дх.00012BV　请地状

三残片。字迹不清。

Дх.00013A　四分律卷第二十七

存10行，行2至22字。起："僧听我某"，讫："是持"。后秦佛陀耶舍共竺佛念等译。经文见《大正藏》第22册，第755页C栏第9行至第11页第23行。有异文。

Дх.00013B　四分律删补随机羯磨卷上

存3行。起："正授具戒"，讫："大戒"。唐道宣集。经文见《大正藏》第40册，第499页B栏第19行至C栏第1行。仅有律无释。

Дх.00014　佛说灌顶拔除过罪生死得度经卷第十二

存21行，行2至18字。起："世界"，讫："饥火所恼"。东晋帛尸梨蜜多罗译。经文见《大正藏》第21册，第532页C栏第13行至第533页A栏第5行。

Дх.00015　Дх.01597　Дх.02464　咒食施一切面燃饿鬼饮食水法

存47行。起："咒食施一切"，讫："哦哆野怛"。不空译。经文见《大正藏》第21册，第466页C栏第4行至第467页B栏第10行。有异文。

Дх.00015V　Дх.01597V　Дх.02464V　佛说观经

存42行，行15至16字。起："身明净及水"，品题："修白骨观法"，讫："不令散乱"。经文见《大正藏》第85册，第1460页B栏第29行至第1461页A栏第8行。现刊本所收为P.2585。

Дx.00016　净名经集解关中疏卷上弟子品第三

存10行，行17至19字。起："而碍疾"，讫："声闻入定不"。唐道液集。经文见《大正藏》第85册，第454页C栏第29行至第455页A栏第20行。现刊本所收为P.2188。

Дx.00017　大般若波罗蜜多经卷第三百六十六初分巧便行品第六十三之二

存6行，行15字，经卷上部残缺2字。起："果无性自性"，尾题："若波罗蜜多经卷第三百六十六"。唐玄奘译。经文见《大正藏》第6册，第890页A栏第22行至第27行。卷中有添加字。

Дx.00018　大宝积经卷第一百一十三比丘品第二

存13行，行4至13字，卷下部残缺。起："足虽多学"，讫："甘露药迦"。北凉道龚译。经文见《大正藏》第11册，第641页A栏第8行至第21行。有异文。

Дx.00019　过去庄严劫千佛名经

存6行，行3至16字。起："恶道报"，讫："知识营功"。经文见《大正藏》第14册，第370页A栏第7行至第12行。

Дx.00020　Дx.04285　Дx.04308　Дx.10513　Дx.10520　妙法莲华经卷第七观世音菩萨普门品第二十五

七残片。其一，存卷上部4行，行6至8字。起："菩萨善男子"，讫："观世音菩"。后秦鸠摩罗译。经文见《大正藏》第9册，第56页C栏第5行至第8行。其二，存卷上部12行，行3至11字。起："堕罗刹"，讫："诸善男"。经文见《大正藏》第9册，第56页C栏第13行至第25行。其三，存卷下部14行，行3至7字。起："言世尊观世音"，讫："应以小王"。经文见《大正藏》第9册，第57页A栏第20行至B栏第5行。其四，存17行，行7至13字。起："当得解脱"，讫："尽意"。经文见《大正藏》第9册，第56页C栏第27行至第57页A栏第12行。其五、六、七，虽断但经文连接。存40行。起："等故"，尾题："观音一卷"。经文见《大正藏》第9册，第57页B栏第28行至第58页B栏第7行。尾有题记："三界寺法□□□/□□□□卯岁十月十五日清信佛弟子/王集庆先奉为先亡父母神生净/土识座莲台次为己身保愿平安/无诸灾障谨写此经持念供养/比丘僧罗□供□。"

Дx.00020V　Дx.04285V　Дx.04308V　Дx.10513V　Дx.10520V　三界寺僧名

存1行，录文："三界寺法□法行法保法道法。"

Дx.00021　维摩诘经疏

存16行，行10至30字。中有品题："见阿閦佛品。"

Дx.00022　Дx.00932　Дx.00933　Дx.01768　Дx.02080　Дx.02081　Дx.02082　Дx.02083　Дx.02086　梁朝傅大士颂金刚经

册页装。起："於法实无所得"，品题："无为福胜分第十一、持经功德分第十五、能净业障分第十六、究竟无我分第十七、福智无比分第二十四、化无所化分第二十五、法身非相分第二十六、□□□灭分第二十七、不受不贪分第二十八、威仪寂静分第二十九、一合相理分第三十、知见不生分第三十一"，讫："知见不生分第三十一"。只有经文无弥勒颂。经文见《大正藏》第85册，第3页C栏第15行至第8页B栏第1行。经文有颠倒错乱缺失，文中亦有多处修改添补增行等。

Дx.00023　大般若波罗蜜多经题签

录文："大般若波罗蜜多经卷第三百一十七。"

Дx.00024　大般涅槃经卷第三十一迦叶菩萨品第二十四之一

存14行，行3至17字，中间亦有残破处。起："诸比丘犯"，讫："此经说"。北凉昙无谶译。经文见《大正藏》第12册，第568页C栏第2行至第15行。

Дx.00025　大般若波罗蜜多经题签

录文："大般若波罗蜜多经卷第三百九卅一永。"

Дx.00026 礼忏文

见Дx.00003。

Дx.00027 金光明最胜王经卷第六四天王护国品第十二

存9行，上部全残，仅存下部2至3字。起："养尊重"，讫："利汝"。唐义净译。经文见《大正藏》第16册，第427页B栏第22行至C栏第2行。

Дx.00028 金刚般若波罗蜜经

存7行，行1至3字。起："有沙有"，讫："三"。后秦鸠摩罗什译。经文见《大正藏》第8册，第751页B栏第22行至第29行。

Дx.00029 四分律卷第四十九比丘尼犍度第十七之下

五残片，内容不相连。其一，录文："言大德忏悔女人/难之称亦如是言/衣持钵至王舍。"后秦佛陀耶舍共竺佛念等译。经文见《大正藏》第22册，第930页B栏第10行至第12行。其二，录文："尼言汝云何乃唾/便呵嗔已告诸比/唤一比丘尼唤二比丘尼。"经文见《大正藏》第22册，第930页B栏第17行至第21行。其三，录文："所犹不免年少耶/俱不善闭诸根/修遍至诸家但/丘不知足偷。"经文见《大正藏》第22册，第930页B栏第1行至第5行。其四，录文："如嚮孔看如似贼/言比丘尼/尊在王舍城。"经文见《大正藏》第22册，第930页A栏第22行至第25行。其五，录文："比丘有疑不敢/比丘尼结跏/间乞食时虫/白佛。"经文见《大正藏》第22册，第930页A栏第14行至第17行。拍摄时排序有误，按经文顺序应为第五片、第四片、第三片、第一片、第二片。中有添加字。

Дx.00030 Дx.00115 妙法莲华经卷第六常不轻菩萨品第二十

存20行，行3至15字。起："不敢轻"，讫："功德成就"。后秦鸠摩罗什译。经文见《大正藏》第9册，第51页A栏第1行至第20行。

Дx.00031 妙法莲华经卷第二譬喻品第三

存8行，行1至7字。起："初/佛以种种缘"，讫："网故谓是"。后秦鸠摩罗什译。经文见《大正藏》第9册，第11页A栏第20行至B栏第3行。

Дx.00032 大般若波罗蜜多经题签

录文："大般若波罗蜜多经卷第二百▢▢▢。"

Дx.00033 现在十方千五百佛名并杂佛同号

存9行，行2至16字。起："龙尊"，讫："莲华善住"。经文见《大正藏》第85册，第1447页A栏第27行至B栏第10行。

Дx.00034 维摩诘所说经卷上佛国品第一

存11行，行11至16字。起："土严净舍利"，讫："漏净意解"。后秦鸠摩罗什译。经文见《大正藏》第14册，第538页C栏第23行至第539页A栏第6行。

Дx.00035 Дx.02676 大般若波罗蜜多经卷第五百三十九第四分妙行品第一之二

存28行，行17字。起："迦诸菩萨"，讫："蜜前中后"。唐玄奘译。经文见《大正藏》第7册，第771页C栏第18行至第772页A栏第18行。

Дx.00036 诸法无行经卷上

存17行，行5至20字。起："诸法无有"，讫："空无无相"。后秦鸠摩罗什译。经文见《大正藏》第15册，第750页A栏第24行至B栏第26行。

Дx.00037 佛说佛名经卷第四

存14行，行11至15字。起："池浴生荡"，品题："在乘莲华宝达菩萨问答报应沙"，讫："地狱其地"。失译。经文见《大正藏》第14册，第205页A栏第27行至B栏第11行。有异文。

Дx.00038 大方广佛华严经卷第三十八离世间品第三十三之三

存11行，行6至17字。起："众生善根"，讫："菩萨大众诸"。东晋佛驮跋陀罗译。经文见《大正藏》第9册，第643页C栏第6行至第16行。

Дx.00039 妙法莲华经卷第五安乐行品第十四

首题:"行品第十四",讫:"何名菩萨"。后秦鸠摩罗什译。经文见《大正藏》第9册,第37页A栏第9行至第17行。

Дх.00040 四分律比丘含注戒本下

二残片。其一,存5行。起:"衣舍居士讥",讫:"义迦罗尼"。唐道宣述。经文见《大正藏》第40册,第456页C栏第13行至第17行。朱黑双墨抄写。其二,存5行,行12字左右。起:"吉罗乃至",讫:"不犯者肩臂"。经文见《大正藏》第40册,第456页B栏第27行至C栏第10行。两片前后顺序颠倒。或为四分律摘抄。

Дх.00041 Дх.00068 Дх.01479 Дх.01480 四分比丘尼戒本

三残片。其一,存21行,行3至17字。起:"住今正",讫:"有恚有怖有"。后秦佛陀耶舍译。经文见《大正藏》第22册,第1033页A栏第22行至B栏第16行。其二,存25行,行17字。起:"若比丘尼",讫:"草若教人"。经文见《大正藏》第22册,第1034页C栏第18行至第1035页A栏第20行。其三,残存下段7行,行1至4字。存经文"波逸提""共尼"等,未检出。

Дх.00042 金刚般若波罗蜜经

下部全残,存10行,行14字。起:"佛三四五佛",讫:"何况非法"。后秦鸠摩罗什译。经文见《大正藏》第8册,第749页B栏第1行至第11行。

Дх.00043 Дх.01106 大方广佛华严经卷第三十四宝王如来性起品第三十二之二

二残片。其一,存10行,首行8字,其余行均17字。起:"雨为得记",讫:"佛子如来"。东晋佛驮跋陀罗译。经文见《大正藏》第9册,第621页A栏第10行至第20行。其二,存27行,尾4行,行7字,其余行均17字。起:"上至六天",讫:"或有众生"。经文见《大正藏》第9册,第620页B栏第18行至C栏第19行。

Дх.00044 Дх.00139 Дх.00140 Дх.02909 佛说父母恩重经

四残片。前三片,存21行,行5至17字。经文相连,起:"论母恩吴",讫:"新好绵帛"。经文见《大正藏》第85册,第1403页C栏第5行至第26行。其四,存7行,行17字。起:"寒苦辛厄难",讫:"长但吾生"。经文见《大正藏》第85册,第1404页A栏第2行至第9行。

Дх.00045 Дх.00156 佛说佛名经卷第四

存33行。起:"南无上幢佛",讫:"南无行威仪"。北魏菩提流支译。经文见《大正藏》第14册,第136页A栏第28行至B栏第23行。

Дх.00046 白描画

白描龙。

Дх.00046V 白描画

白描马。

Дх.00047 金刚般若波罗蜜经

存6行,行12至17字。起:"德我若具",讫:"发阿耨"。后秦鸠摩罗什译。经文见《大正藏》第8册,第751页A栏第5行至第11行。

Дх.00048 佛经论释

存23行,行8至22字。未检出。

Дх.00049 大般若波罗蜜多经卷第五百四十八第四分譬喻品第十四

存25行,行2至17字。起:"正等菩提",讫:"摩诃/无上"。唐玄奘译。经文见《大正藏》第7册,第821页B栏第6行至C栏第1行。

Дх.00050 Дх.00949 Дх.00951 Дх.01583 讲经文

二残片。其一,存18行。其二,存24行。

Дх.00051 妙法莲华经卷第三药草喻品第五

存18行,行16字。起:"一□□分大小",讫:"住於诸池"。后秦鸠摩罗什译。经文见《大正藏》第9册,第19页C栏第27行至第20页A栏第22行。

Дх.00052 Дх.00054 佛说天地八阳神咒经

二残片。其一,存2行,录文:"求难/若唯愿世尊为诸邪见众。"唐义净译。经文见《大正藏》第85

册，第1422页C栏第27行至第29行。其二，存5行，行9至14字。起："少求神通"，讫："浊滥者多囗"。经文见《大正藏》第85册，第1422页B栏第21行至第25行。多有异文。

Дх.00053 大般若波罗蜜多经卷第五百九十第十四精进波罗蜜多分

存7行，行6至9字。起："怠菩萨若"，讫："量精进有"。唐玄奘译。经文见《大正藏》第7册，第1054页A栏第25行至B栏第2行。

Дх.00054 佛说天地八阳神咒经

见Дх.00052。

Дх.00055 妙法莲华经卷第五安乐行品第十四

存15行，行2至17字。起："塞优"，讫："如是法"。后秦鸠摩罗什译。经文见《大正藏》第9册，第37页A栏第29行至B栏第16行。

Дх.00056 Дх.04275 佛说佛名经卷第十

全卷下部残，存21行。起："南无不退眼佛"，讫："南无波数"。北魏菩提流支译。经文见《大正藏》第14册，第149页B栏第14行至第29行。

Дх.00057 妙法莲华经卷第五从地踊出品第十三

存24行，行2至17字。起："如是诸"，讫："实语智慧"。后秦鸠摩罗什译。经文见《大正藏》第9册，第40页C栏第22行至第41页A栏第25行。

Дх.00058 妙法莲华经卷第四劝持品第十三

存13行，行13至17字。起："丘尼六千"，讫："是念世尊"。后秦鸠摩罗什译。经文见《大正藏》第9册，第36页A栏第13行至第25行。

Дх.00059 佛教仪文

存24行，行6至20字。起："龙衣囗水鹤"，讫："就涅槃堂而有"。

Дх.00060 佛说仁王般若波罗蜜经卷上

存25行，行4至17字。起："亦乐亦然"，品题："般若波罗观空品第二"，讫："六十二见亦名"。后秦鸠摩罗什译。经文见《大正藏》第8册，第825页C栏第8行至第826页A栏第3行。

Дх.00061 Дх.02387 妙法莲华经卷第六药王菩萨本事品第二十三

二残片。其一，存10行。起："德佛"，讫："而各默然/尽一"。后秦鸠摩罗什译。经文见《大正藏》第9册，第53页B栏第8行至第18行。其二，存18行，行3至12字。起："有八十亿"，讫："旃檀满虚/之香"。经文见《大正藏》第9册，第53页A栏第14行至B栏第2行。第二片佛经内容在前。

Дх.00062 四部律并论要用抄卷上

存22行，行5至24字。起："根在不净地"，讫："田诸比丘"。经文见《大正藏》第85册，第700页C栏第14行至第701页A栏第20行。现刊本所收为P.2100。

Дх.00063 梵网经序及梵网经卢舍那佛说菩萨心地戒品第十卷下

共19行，行2至17字。序存6行，起："余部/三百人等一时"，讫："劫不绝共"。经文见《大正藏》第24册，第997页A栏第10行至第16行。经题："卢舍那佛说菩萨心地品第十卷下"，讫："藏世界百"。后秦鸠摩罗什译。经文见《大正藏》第24册，第997页B栏第8行至第24行。

Дх.00064 菩萨地持经卷第二方便处真实义品之余

存24行，行10至17字。起："想是名差别"，讫："求如实知"。北凉昙无谶译。经文见《大正藏》第30册，第895页C栏第1行至第896页A栏第2行。

Дх.00065 Дх.00070 佛说无量寿经卷下

存69行，行3至13字。起："此诸众/而坐须臾"，讫："亦为难名"。曹魏康僧铠译。经文见《大正藏》第12册，第278页B栏第1行至第279页A栏第16行。

Дх.00066 合部金光明经卷第八舍身品第二十二

存36行，行20字。起："诸眷属悉"，讫："当度众生"。北凉昙无谶译、隋释宝贵合。经文见《大正藏》第16册，第398页C栏第17行至第399页B栏第7行。

Дx.00067 **藏文空心字**

Дx.00068 **四分比丘尼戒本**

见Дx.00041。

Дx.00069 **维摩诘所说经卷中观众生品第七**

存23行，行2至17字。起："利弗/之天曰"，讫："为何志求"。后秦鸠摩罗什译。经文见《大正藏》第14册，第547页C栏第27行至第548页A栏第22行。

Дx.00070 **佛说无量寿经卷下**

见Дx.00065。

Дx.00071 **金光明最胜王经卷第四最净地陀罗尼品第六**

存24行，行17字。起："觉正观是"，讫："随处庄严"。唐义净译。经文见《大正藏》第16册，第419页A栏第23行至B栏第21行。

Дx.00072 **大方广佛华严经卷第四十三离世间品第三十三之八**

存18行，行10至16字。起："师子王最胜行"，讫："如来故现"。东晋佛驮跋陀罗译。经文见《大正藏》第9册，第667页B栏第18行至C栏第7行。

Дx.00073 **佛经论释**

存8行，行4至13字。未检出。

Дx.00074 **金刚般若波罗蜜经**

存7行，行3至8字。起："如是不可"，讫："说章句"。后秦鸠摩罗什译。经文见《大正藏》第8册，第749页A栏第19行至第27行。

Дx.00075 Дx.00077 **妙法莲华经卷第七观世音菩萨普门品第二十五**

存17行，行7至17字。起："蛇蝎气毒"，讫："三菩提心"。后秦鸠摩罗什译。经文见《大正藏》第9册，第58页A栏第8行至B栏第7行。

Дx.00076 **金光明最胜王经卷第六四天王护国品第十二**

存17行，行2至8字。起："宝丰足受"，讫："正等"。唐义净译。经文见《大正藏》第16册，第428页A栏第9行至第25行。

Дx.00077 **妙法莲华经卷第七观世音菩萨普门品第二十五**

见Дx.00075。

Дx.00078 **四分律疏**

存11行，行11至21字。前8行半，起："三人聚落"，讫："不嘱而去"。未检出。后2行半，起："过量床戒"，讫："自作使人五"。沙门慧述。经文见《卍新续藏》第41册，第674页C栏第20行至第24行。

Дx.00079 **佛顶尊胜陀罗尼经序**

存15行，行4至7字。起："礼礼已举头"，讫："过还西"。经文见《大正藏》第19册，第349页B栏第10行至第23行。

Дx.00080 **妙法莲华经卷第七观世音菩萨普门品第二十五**

存7行，行6至16字。起："地狱鬼畜"，讫："苦恼死厄"。后秦鸠摩罗什译。经文见《大正藏》第9册，第58页B栏第16行至第29行。

Дx.00081 **大般若波罗蜜多经卷第五百八十三第十一布施波罗蜜多分之五**

存14行，行8至17字。起："宣说声香"，讫："士夫补特伽"。唐玄奘译。经文见《大正藏》第7册，第1018页C栏第14行至第28行。

Дx.00082 **大般涅槃经卷第二十梵行品第八之六**

存9行，行2至17字。起："根利根/人后世则"，讫："不看日时"。北凉昙无谶译。经文见《大正藏》第12册，第482页B栏第11行至第19行。

Дx.00083 **妙法莲华经卷第二譬喻品第三**

存12行，行4至7字。上残。起："国人民寿"，讫："皆已悉具足"。后秦鸠摩罗什译。经文见《大正藏》第9册，第11页C栏第5行至第22行。

Дx.00084 **通颊百姓吴员宗等换地契**

存16行。录文："月一日通颊百姓吴员/贰拾亩佃种不穗/性别□□哺有此/□不论远近遂便/□自辨人户知时两家/四至在于户内者取/不得说近道远道/□须各忍佃种若后/□悔者先悔人罚生绢/人无信弃三□议为/为后凭/□地人员宗十/□地人易章六十/□地人易保存德十/□人押衙吴保住/□人三界寺僧法松。"

Дx.00085 大般若波罗蜜多经卷第三百九十二初分成熟有情品第七十一之三

存27行，行17字。起："恚当修安"，讫："修习菩萨"。唐玄奘译。经文见《大正藏》第6册，第1029页B栏第27行至C栏第23行。

Дx.00086 金刚般若波罗蜜经

存35行，行3至17字。起："余涅槃"，讫："而有差别"。后秦鸠摩罗什译。经文见《大正藏》第8册，第749页A栏第8行至B栏第17行。

Дx.00087 法门名义集贤圣品法门名义第五

存10行，行30字左右。起："戒波罗蜜"，讫："世间道故名"。唐李师政撰。经文见《大正藏》第54册，第202页B栏第1行至第16行。

Дx00087V 小乘十八部略说

存3行空心字。

Дx.00088 Дx.00099 Дx.06254 Дx.11040 妙法莲华经卷第五安乐行品第十四

六残片。其一，存7行，行8字。起："又见诸佛"，讫："合掌听法"。后秦鸠摩罗什译。经文见《大正藏》第9册，第39页B栏第24行至C栏第3行。其二，存14行，行10至17字。起："说偈言"，讫："众生所乐见"。经文见《大正藏》第9册，第40页B栏第11行至第28行。其三，存7行，行10字。起："一一诸菩萨"，讫："一千及一百"。经文见《大正藏》第9册，第40页B栏第29行至C栏第12行。其四，存7行，行10字。起："单色无眷属"，讫："未曾见是众"。经文见《大正藏》第9册，第40页C栏第14行至第24行。其五，存7行，行17至20字。起："念阿逸多"，讫："依止是世界"。经文见《大正藏》第9册，第41页B栏第6行至第15行。其六，存7行，行20字。起："佛昔从释种"，讫："举世所不信"。经文见《大正藏》第9册，第42页A栏第1行至第14行。

Дx.00088V Дx.00099V Дx.06254V Дx.11040V 梁朝傅大士颂金刚经

册页装。起："持用布施若人"，品题："化无所化分第二十五、法身非相分第二十六、无断无灭分第二十七、不受不贪分第二十八、威仪寂静分第二十九、知见不生分第三十一、应化非真分第三十二、大身真言"，讫："娑婆诃"。经文见《大正藏》第85册，第7页B栏第26行至第8页C栏第15行。

Дx.00089 佛说阿弥陀经

存13行，行7至13字。起："有众苦但"，讫："供养他方"。后秦鸠摩罗什译。经文见《大正藏》第12册，第346页C栏第13行至第347页A栏第9行。

Дx.00090 妙法莲华经卷第四授学无学人记品第九

存6行，行2至17字。起："前头"，讫："尔时学"。后秦鸠摩罗什译。经文见《大正藏》第9册，第29页B栏第25行至C栏第1行。

Дx.00091 Дx.00097 梁朝傅大士颂金刚经

册页装。存47行，行3至17字。起："庄严"，品题："无为福胜分第十一、尊重正教分第十二、如法受持分第十三、离相寂灭分第十四"，讫："离相寂灭分第十"。经文见《大正藏》第85册，第3页C栏第23行至第4页C栏第11行。只有经文无弥勒颂。

Дx.00092 恶观

存4行，行2至9字。录文："恶观一卷/依大善知识故信行禅/太岁在庚戌正月内在/□□□启请。"《三阶教文献综述》中收此卷。

Дx.00093 金刚般若波罗蜜经

存18行，行6至9字。起："须菩提言"，讫："如来不不也"。后秦鸠摩罗什译。经文见《大正藏》第8册，第750页A栏第2行至第21行。

Дx.00094 Дx.02391 四分律比丘含注戒本上

存13行，行8至19字。起："此事故乃至"，讫："德莫向我"。唐道宣述。经文见《大正藏》第40册，第435页C栏第23行至第436页A栏第16行。经大字,注双行小字。

Дx.00095 中阿含经卷第十五王相应品转轮王经第六

存7行,行17字。起:"比丘人寿",讫:"业道者欲"。僧伽提婆译。经文见《大正藏》第1册,第523页A栏第12行至第20行。

Дx.00096 妙法莲华经卷第四提婆达多品第十二

存14行,行5至10字。起:"千岁为於",讫:"因提婆达"。后秦鸠摩罗什译。经文见《大正藏》第9册,第34页C栏第7行至第35页A栏第1行。

Дx.00097 梁朝傅大士颂金刚经

见Дx.00091。

Дx.00098 太公家教

存10行,行3至11字。

Дx.00098V 嫁娶图法

存3行,行4至8字。录文:"嫁娶图法/生夫妇大吉发财多/□夫是□□□。"

Дx.00099 妙法莲华经卷第五安乐行品第十四

见Дx.00088。

Дx.00099V 梁朝傅大士颂金刚经

见Дx.00088V。

Дx.00100 金光明经卷第四流水长者子品第十六

存24行,行6至7字。起:"之世当施",讫:"思惟我等"。北凉昙无谶译。经文见《大正藏》第16册,第353页A栏第18行至B栏第11行。

Дx.00101 妙法莲华经卷第三药草喻品第五

存8行,行6至7字。起:"斯要不务",讫:"大小诸树"。后秦鸠摩罗什译。经文见《大正藏》第9册,第19页C栏第12行至第21行。

Дx.00102 佛说佛名经卷第二十一

存6行,行1至7字。起:"佛说佛名经",讫:"南"。失译。经文见《大正藏》第14册,第270页C栏第28行至第271页A栏第1行。有异文。

Дx.00103 妙法莲华经卷第三药草喻品第五

存19行,行10至20字。起:"如说修行",讫:"今众悦豫"。后秦鸠摩罗什译。经文见《大正藏》第9册,第19页B栏第26行至C栏第17行。

Дx.00104 梵网经菩萨戒序

存8行,行5至17字。首题:"梵网经卢舍那佛说菩萨心地戒品",讫:"今正是时众"。后秦鸠摩罗什译。经文见《大正藏》第24册,第1003页A栏第19行至第27行。经文最后一行"今正是时众",现刊本无。

Дx.00105 Дx.10299 僧志贞法舟五言诗二首

存8行,行3至16字。录文:"僧志贞/高倚马前/园妙理光含秀/中居上首叶里坐青莲/前 僧志舟/□□良牧申三请灵山湧法泉眷光寒尚/在溪柳怆含烟诸子三车引迟前驷/为宣故来闻奥义从些悟心猿。"

Дx.00106 妙法莲华经题签

录文:"妙法莲华经卷第四。"

Дx.00107 Дx.03448 大方广佛华严经卷第二十一金刚幢菩萨十回向品第十一之七

二残片。其一,存24行,行5至17字。起:"一切智永离",讫:"尔回向常见"。东晋佛驮跋陀罗译。经文见《大正藏》第9册,第526页C栏第22行至第527页A栏第16行。其二,存17行,行4至17字。起:"见诸如来",讫:"清净"。经文见《大正藏》第9册,第526页C栏第3行至第20行。

Дx.00108 妙法莲华经卷第一序品第一

存13行,行8至20字。起:"同昇人乎",讫:"万八千"。后秦鸠摩罗什译。经文见《大正藏》第9册,第4页B栏第15行至C栏第6行。

Дx.00109 出家赞

存13行,行24字。

Дx.00110 太玄真一本际妙经譬喻品第七

存27行,行1至16字。首题:"□玄真一本际妙经譬喻品第七",讫:"由於身/福"。

Дx.00110V 大乘百法明门论开宗义决

二残片。其一，存12行，行3至16字。起："□□□/理故无胜"，讫："繁不叙"。唐昙旷撰。经文见《大正藏》第85册，第1068页B栏第28行至C栏第10行。其二，存12行，行14至16字。起："□地前位"，讫："功能择灭者"。题记："玄照等□子"。经文见《大正藏》第85册，第1068页B栏第14行至第27行。前后次序颠倒。

Дx.00111 大方广佛华严经经名杂写

存1行。录文："大方广佛花严经我有弥多多多有有有。"

Дx.00112 大般若波罗蜜多经卷第三初分学观品第二之一

存9行，行9至11字。首题："大般若波罗蜜多经卷/初分学观品第二之一"，讫："即从座起前"。唐玄奘译。经文见《大正藏》第5册，第11页C栏第1行至第12行。

Дx.00113 Дx.02198 Дx.02641 Дx.02646 维摩诘所说经卷上佛国品第一

存46行，行3至17字。起："即於佛"，讫："何国入佛"。后秦鸠摩罗什译。经文见《大正藏》第14册，第537页C栏第7行至第538页A栏第24行。

Дx.00113V Дx.02198V Дx.02641V Дx.02646V 佛经论释

裱补纸上存2行，行3至4字。录文："□苦□/故知不即。"

Дx.00114 佛经论释

存12行，行16字左右。起："法谓执持"，讫："此是定力"。现刊本未找到相应经文，部分经句见于《大乘百法明门论开宗义记》。

Дx.00115 妙法莲华经卷第六常不轻菩萨品第二十

见Дx.00030。

Дx.00116 大般涅槃经卷第六常不经菩萨品第二十

存17行，行3至17字。起："我是故"，讫："非是正法"。北凉昙无谶译。经文见《大正藏》第12册，第445页A栏第10行至第27行。

Дx.00117 大般涅槃经卷第二寿命品第一之二

存13行，行3至6字。起："於我欲求"，讫："身法身常"。北凉昙无谶译。经文见《大正藏》第12册，第372页A栏第5行至第18行。

Дx.00118 妙法莲华经卷第三药草喻品第五

存5行，行5至13字。起："能得涅槃"，讫："是名小树"。后秦鸠摩罗什译。经文见《大正藏》第9册，第20页A栏第24行至第29行。

Дx.00119 大般若波罗蜜多经卷名杂写

存3行，行10至14字。录文："大般若波罗蜜多经卷第一百卅八/大般若波罗蜜多经卷第一百八十/□请□法身同名律迦尸。"

Дx.00120 梁朝大士颂金刚经序

正背各存4行。起："此经究竟到彼岸"，讫："金刚经序"。经文见《大正藏》第85册，相关内容见第1页B栏第6行至第19行。存发愿文与奉请八大金刚。有异文。次序与现刊本不一样。奉请八大金刚在前，发愿文在后。

Дx.00121 金光明最胜王经卷第六四天王护国品第十二

存19行，行4至8字。起："有人王恭敬"，讫："守护令诸"。唐义净译。经文见《大正藏》第16册，第427页B栏第26行至C栏第16行。

Дx.00122 Дx.01802 佛经论释

存29行，行3至26字。起："有三种一者摄律"，讫："神通定者/故言"。未检出。

Дx.00123 劝文

起："□劝文壹本"，讫："无慧眼真"。

Дx.00123V 诗

存4行。录文："昔时英雄/贞踏红门碎/代闻名不见形/道士骋神通□言。"

Дx.00124 维摩诘所说经卷中文殊师利问疾品第五

存14行，行11至15字。首题："文殊师利问疾品第五",讫:"以疾而卧文"。后秦鸠摩罗什译。经文见《大正藏》第14册,第544页A栏第25行至B栏第11行。

Дx.00125 梵网经卢舍那佛说菩萨心地戒品第十卷下

存22行,行8至17字。起:"萨持经律卷",讫:"善人法师师"。后秦鸠摩罗什译。经文见《大正藏》第24册,第1005页C栏第1行至第1006页A栏第3行。

Дx.00126 Дx.00127 金刚般若波罗蜜经

存25行,行4至17字。起:"如来作是",讫:"说义何以故"。后秦鸠摩罗什译。经文见《大正藏》第8册,第752页A栏第5行至B栏第4行。

Дx.00127 金刚般若波罗蜜经

见Дx.00126。

Дx.00128 佛教文献

存6行,行6至9字。未检出。

Дx.00129 佛说无量寿宗要经

存11行,行6至15字。起:"阿波唎蜜",讫:"莎诃十五"。经文见《大正藏》第19册,第83页B栏第12行至第24行。

Дx.00130 金光明最胜王经卷第八王法正论品第二十

存42行,行8至17字。起:"王法正论",讫:"法人苦楚"。唐义净译。经文见《大正藏》第16册,第442页A栏第26行至第443页A栏第16行。

Дx.00131 大般若波罗蜜多经卷第三百一十初分不思议品第四十二之三

存28行,行17字。起:"自性中净",讫:"五根五力七"。唐玄奘译。经文见《大正藏》第6册,第579页B栏第3行至C栏第1行。包首:"三百一十。"

Дx.00132 大般涅槃经卷第八如来性品第四之五

存23行,行2至17字。起:"我智者应",讫:"经典"。北凉昙无谶译。经文见《大正藏》第12册,第410页C栏第15行至第411页A栏第8行。

Дx.00133 妙法莲华经卷第四五百弟子受记品第八

存15行,行12至17字。首题:"□□莲华经五百弟子受记品第八",讫:"其言论之辩"。后秦鸠摩罗什译。经文见《大正藏》第9册,第27页B栏第16行至C栏第2行。

Дx.00134 Дx.00136 妙法莲华经卷第六随喜功德品第十八

存22行,行3至16字。起:"生宣",讫:"闻是人功"。后秦鸠摩罗什译。经文见《大正藏》第9册,第46页C栏第16行至第47页A栏第10行。

Дx.00135 妙法莲华经卷第一序品第一

存8行,行3至12字。起:"娑婆世",讫:"百千眷属俱有"。后秦鸠摩罗什译。经文见《大正藏》第9册,第2页A栏第19行至第26行。

Дx.00136 妙法莲华经卷第六随喜功德品第十八

见Дx.00134。

Дx.00137 佛说天地八阳神咒经

存28行,行4至10字。起:"和轮调普萨漏尽",讫:"涅槃经阿赖"。唐义净译。经文见《大正藏》第85册,第1424页B栏第4行至C栏第7行。

Дx.00138 持诵金刚经灵验功德记

存8行,行7至11字。起:"刚能除一切",讫:"一切众生智"。经文见《大正藏》第85册,第159页C栏第15行至第27行。

Дx.00139 Дx.00140 佛说父母恩重经

见Дx.00044。

Дx.00141 太玄真一本际妙经譬喻品第七

存28行,行17字。起:"心惊体惧",讫:"宁知方寸心"。天头有杂写。

Дx.00141V 文范

存19行。

Дx.00142 佛教文献

Дx.00143 阎罗王授记经

正背共存9行,行14字。起:"者在生之日",尾题："佛说阎罗王受记经"。未检出。

Дx.00144　发愿文

存11行，行5至14字。起："无始时来难"，讫："授作佛之记"。

Дx.00145　大般若波罗蜜多经卷第五百二十八第三分妙相品第二十八之一

存32行，行17字。第1行至第7行，起："智见满清净"，讫："无自性故"。唐玄奘译。经文见《大正藏》第7册，第710页A栏第3行至第10行。第8行天头书"复次善现/欠十五行"。第8行至第32行。起："善现当知"，讫："如来十力"。经文见《大正藏》第7册，第710页A栏第23行至B栏第18行。

Дx.00146　大般若波罗蜜多经卷第三百一十五初分真善友品第四十五之三

存13行，行5至15字。首题："大般若波罗蜜多经卷第"，品题："初分真善友品第卌五之"，讫："此是色界乃"。唐玄奘译。经文见《大正藏》第6册，第605页A栏第22行至B栏第8行。包首："三百一十五。"

Дx.00147　佛菩萨名号

存4行。录文："南无东北方无忧佛/南无无量寿佛/南无观世音菩萨/南无通智胜如来。"

Дx.00147V　猫儿题

存8行。首题："猫儿题。"

Дx.00148　诸星母陀罗尼咒

首题："星母陀罗尼咒"，讫："叭叭莎诃"。

Дx.00149　般若波罗蜜多心经注

起："此/见五蕴皆空"，讫："空空不异"。经文单行大字，注双行小字。经文见《大正藏》第8册，第848页。

Дx.00150　佛说佛名经卷第一

存11行，行3至13字。起："满足/大无畏佛"，讫："佛南无自"。失译。经文见《大正藏》第14册，第118页C栏第2行至第10行。有异文。

Дx.00151　妙法莲华经卷第二譬喻品第三

存25行，行5至20字。起："喜即/佛言今从世尊"，讫："今闻佛音"。后秦鸠摩罗什译。经文见《大正藏》第9册，第10页B栏第29行至第11页A栏第8行。

Дx.00152　十金刚心真言

存13行，行6至22字。首题："十金刚心真言"，讫："诵七遍观一切"。

Дx.00153　诗三首

存14行。录文："同前/义井尘芙草嘉□满一州白花呈瑞色渌水/傍根流露滴华□润霜飞叶带秋暂来观八同里恋此遂忘忧/同前/寒泉深数丈忍草生半空不近往来所常/居汲引中青青纯一色霭霭茂三冬勿改灭□□/无窥桃李红有时润甘露□夕闻香□/莲花德非求兰蕙□□迁根临定水布叶垂/龙宫岂惮严霜拂依依□井□/同前□□□/玉井休□忍草生金园祥瑞觉花荣诘旦浮云千里/盖薄暮焱光一郡明青藻孤标隐檽池白茅独/□临水湄三春绿色何□□九月□□□/□□□五常徐步向□□□。"

Дx.00153V　书仪

存14行。

Дx.00154　大般若波罗蜜多经卷第三百九十二初分成熟有情品第七十一之三

存24行，行14至17字。起："声香味浊"，讫："典法为可"。唐玄奘译。经文见《大正藏》第6册，第1030页A栏第25行至B栏第20行。天头有"兑"字，乃废经。

Дx.00155　勘经记

存3行。录文："第一帙欠第六第七，第二帙欠第十三第十六，第三帙欠/第一第三，第一帙欠卌欠卌一/第一帙第八不好，第二帙十四十七不好，第四帙三十一，三十五，三十六精，三十七不好，三十八精。"

Дx.00155V　杂写

存1行。录文："取趣见恶见净严我今。"

Дх.00156　**佛说佛名经卷第四**

见Дх.00045。

Дх.00157　**金刚般若波罗蜜经**

存15行，行2至17字。起："提若/句偈等为"，讫："世尊须菩"。后秦鸠摩罗什译。经文见《大正藏》第8册，第750页A栏第3行至第18行。

Дх.00158　**太上洞玄灵宝金录简文三元威仪自然真经**

存28行，行4至9字。上半部残缺。起："府□□方"，讫："官司枳品"。

Дх.00159　**索庭兴题记**

存人名"索庭兴"。

Дх.00160　Дх.00687　**妙法莲华经卷第七**

存47行，行7至9字。下半部缺。起："天上是时"，尾题："妙法莲华经卷第七"。尾写经题记下段残，仅存上部。录文："上元/用/装/初/再/三/详阅/详/详/详。"后秦鸠摩罗什译。经文见《大正藏》第9册，第61页C栏第5行至第62页B栏第1行。

Дх.00161　**大般涅槃经卷第四如来性品第四之一**

存31行，行3至17字。起："名四恶/其迟速"，讫："何缘当班"。北凉昙无谶译。经文见《大正藏》第12册，第386页C栏第20行至第387页A栏第21行。另有二残片，其一，存2行，行3至4字。经文残缺。其二，存2行，行2字。录文："会及/摩诃。"经文见《大正藏》第12册，第371页B栏第15行至第16行。

Дх.00162　**十地经论远行地卷第七之九**

存30行，行17字。第2行至第4行上部残缺1至4字。起："如经金刚"，讫："彼贪心故"。天亲菩萨造、北魏菩提流支译。经文见《大正藏》第26册，第177页C栏第17行至第178页A栏第19行。

Дх00163　Дх.00650　Дх.10625　**妙法莲华经卷第一**

存64行，首28行存下半段12字，其余行存20字。起："供养若使"，尾题："妙法莲华经卷第一"。后秦鸠摩罗什译。经文见《大正藏》第9册，第9页A栏第11行至第10页B栏第21行。

Дх.00164　Дх.00165　**金刚般若波罗蜜经**

存96行，行10至17字。起："微尘如来"，讫："即非一切"。后秦鸠摩罗什译。经文见《大正藏》第8册，第750页A栏第19行至第751页B栏第3行。

Дх.00166　**金刚般若波罗蜜经**

存28行，行9至12字。起："宝以用布施"，讫："菩提於意云"。后秦鸠摩罗什译。经文见《大正藏》第8册，第749页B栏第19行至C栏第18行。

Дх.00167　**维摩诘所说经卷中文殊帅利问疾品第五**

存13行，行16字。起："利与□□□即以神力"，讫："离病者则"。中有缺失。后秦鸠摩罗什译。经文见《大正藏》第14册，第544页B栏第10行至第24行。

Дх.00168　**妙法莲华经卷第五如来寿量品第十六**

存23行，行17字。起："以种种/便说微妙法"，讫："比丘当知诸"。后秦鸠摩罗什译。经文见《大正藏》第9册，第42页C栏第4行至第29行。

Дх.00169　Дх.00170　Дх.02632　**无上秘要**

二残片。其一，存26行，行7至17字。起："混合变为一"，品题："洞真太上素灵大有妙法"，讫："为洞房宫"。其二，存15行，行6至15字。起："鼻孔神字通虚"，讫："师雷公霹雳"。

Дх.00169V　Дх.00170V　Дх.02632V　**书仪**

二残页。分别存25行和13行。

Дх.00171　**金刚般若波罗蜜经**

存27行，行6至17字。起："住是故佛"，讫："皆应恭敬作"。后秦鸠摩罗什译。经文见《大正藏》第8册，第750页B栏第24行至C栏第22行。

Дх.00172　**妙法莲华经卷第一序品第一**

存16行，行8至17字。起："学无学二"，讫："天子俱自在"。后秦鸠摩罗什译。经文见《大正藏》第9册，第1页C栏第28行至第2页A栏第17行。

Дх.00173　Дх.00174　**金光明最胜王经卷第三灭业障品第五**

存18行，行10至17字。起："当得作佛号"，讫："微妙经典"。唐义净译。经文见《大正藏》第16册，第417页A栏第15行至B栏第1行。

Дx.00175 妙法莲华经卷第二譬喻品第二

存13行，行12至20字。起："佛口生从法"，讫："为失为不失"。后秦鸠摩罗什译。经文见《大正藏》第9册，第10页C栏第13行至第11页A栏第5行。

Дx.00176 大般若波罗蜜多经卷第二百二十七初分难信解品第三十四之四十六

首题："第二百廿七"，品题："之卅六三藏法师玄奘奉诏译"，讫："无断故八胜/波罗"。唐玄奘译。经文见《大正藏》第6册，第139页A栏第13行至第24行。

Дx.00177 佛说救疾经

存15行，行8至17字。起："钱粟绢帛"，讫："能使人病"。经文见《大正藏》第85册，第1362页A栏第21行至B栏第6行。

Дx.00178 馆藏缺

Дx.00179 大般涅槃经卷第三十四至卷第三十五

存11行，行7至17字。起："有佛性或说"，讫："云何执著佛"。北凉昙无谶译。经文见《大正藏》第12册，第569页A栏第8行至第26行。与现刊本分卷不同。

Дx.00180 Дx.01180 Дx.02597 Дx.02980 大通方广经卷中

三残片。其一，存10行，行10至15字。起："安隐处於后"，讫："说是以获得"。经文见《大正藏》第85册，第1347页B栏第28行至C栏第9行。其二，存16行，行5至17字。起："说卅二相"，讫："庄严修善法"。经文见《大正藏》第85册，第1347页C栏第11行至第26行。其三，存37行，行6至17字。起："敬示现功德"，尾题："大通方广经卷中"。题记："伏惟经戒大业七年八月八日正信仏弟子/□妇女赵仰为亡女写大通方广经一卷/共翟恩子二卷合成一部又愿亡者不逐/地狱饿鬼等苦复愿写经功德施无/边法界众生同沾□福成无上道。"经文见《大正藏》第85册，第1348页C栏第4行至第1349页A栏第12行。敦煌本。《大正藏》所选为大谷大学藏卷。

Дx.00181 残佛经

存17行，行8至17字。起："失不净尔时"，讫："知於众生中"。未检出。

Дx.00182 Дx.00183 大智度论卷第八十九释四摄品第七十八之余

存15行，行5至17字。起："行如云何知"，讫："法性乃至"。龙树菩萨造、后秦鸠摩罗什译。经文见《大正藏》第25册，第689页B栏第1行至第16行。

Дx.00184 Дx.00185 Дx.00188 悲华经卷第五诸菩萨本授记品第四之三

三残片。其一，存13行，行3至16字。起："取庄严净"，讫："记汝等"。北凉昙无谶译。经文见《大正藏》第3册，第196页C栏第11行至第24行。其二，存6行，行2至16字。起："众生"，讫："钵罗华此"。经文见《大正藏》第3册，第197页A栏第10行至第15行。其三，存6行，行2至15字。起："微妙伎"，讫："必大欢喜/听法"。经文见《大正藏》第3册，第197页A栏第24行至B栏第2行。

Дx.00186 合部金光明经卷第二忏悔品第四

存8行，行4至9字。起："是故今我"，讫："琉璃净无"。北凉昙无谶译、隋释宝贵合。经文见《大正藏》第16册，第366页C栏第24行至第367页A栏第4行。有异文。

Дx.00187 妙法莲华经卷第六如来神力品第二十一

存15行，行14至20字。起："我大神通"，讫："灭众生暗"。后秦鸠摩罗什译。经文见《大正藏》第9册，第52页A栏第29行至B栏第27行。

Дx.00188 悲华经卷第五诸菩萨本授记品第四之三

见Дx.00184。

Дx.00189 大方等陀罗尼经卷第二

存27行，行4至17字。起："地狱欲求大"，尾题："大方等陀罗尼经卷第二"。经文见《大正藏》第21册，第651页C栏第1行至第29行。

Дx.00190　Дx.00245　Дx.00246　添品妙法莲华经卷第六

存39行，行3至16字。起："无所畏"，品题："品第十九"，讫："骂詈不生"。隋阇那崛多共笈多译。经文见《大正藏》第19册，第184页B栏第27行至第185页A栏第8行。

Дx.00191　妙法莲华经卷第七观世音菩萨普门品第二十五

存7行，行2至18字。起："不无尽意"，讫："其事/土众"。后秦鸠摩罗什译。经文见《大正藏》第9册，第57页A栏第15行至第23行。

Дx.00192　妙法莲华经卷第六随喜功德品第十八

存10行，行3至19字。起："功德"，讫："亦不竆"。后秦鸠摩罗什译。经文见《大正藏》第9册，第47页A栏第7行至第17行。

Дx.00193A　Дx.00271　妙法莲华经卷第四见宝塔品第十一、卷第五如来寿量品第十六

二残片。其一，存13行，行2至17字。起："使还告□父己"，讫"：说比分"。后秦鸠摩罗什译。经文见《大正藏》第9册，第43页A栏第28行至B栏第17行。其二，存10行，行2至13字。起："由旬亦以"，讫："隣陀山"。经文见《大正藏》第9册，第33页A栏第17行至第27行。

Дx.00193B　佛说维摩诘经卷中观人物品第七

存8行，行5至10字。起："化而问曰"，讫："曰佛化所"。吴支谦译。经文见《大正藏》第14册，第529页A栏第20行至第29行。

Дx.00194　Дx.00195　Дx.00196　大般涅槃经卷第三十五迦叶菩萨品第十二之三

存39行，行6至16字。起："者犹能"，讫："自思惟无"。北凉昙无谶译。经文见《大正藏》第12册，第569页A栏第24行至C栏第5行。

Дx.00197　Дx.00198　Дx.00199　摩诃僧祇律卷第三明四波罗夷法之三

三残片。其一，存24行，行6至27字。起："诸生酥净湎"，讫："中口物云何"。东晋佛驮跋陀罗译。经文见《大正藏》第22册，第244页C栏第23行至第245页B栏第2行。其二，存8行，行19至23字。起："起悔心畏"，讫："比□罪水"。经文见《大正藏》第22册，第245页C栏第9行至第19行。其三，存24行，行23字。起："地金矿银"，讫："数止者口"。经文见《大正藏》第22册，第245页B栏第2行至C栏第6行。

Дx.00200　佛说仁王般若波罗蜜经卷上

存2行。录文："一切行如光读/经若味句百佛千。"后秦鸠摩罗什译。经文见《大正藏》第8册，第826页A栏第23行至第24行。

Дx.00200V　回鹘文残片

Дx.00201A　梁朝傅大士颂金刚经

存13行，行3至9字。起："尸罗得清净"，讫："乃见我人"。经文见《大正藏》第85册，第2页A栏第8行至B栏第1行。

Дx.00201B　妙法莲华经卷第四五百弟子受记品第八

存3行，行13字。起："便故示涅槃"，讫："欢喜得未"。后秦鸠摩罗什译。经文见《大正藏》第9册，第29页A栏第21行至第24行。

Дx.00202　大智度论卷第七十五释梦中入三昧品第五十八

存6行，行2至7字。起："故有"，讫："相无因缘"。龙树菩萨造、后秦鸠摩罗什译。经文见《大正藏》第25册，第588页B栏第19行至第24行。

Дx.00203　Дx.00204　Дx.00205　Дx.00206　Дx.00207　大般涅槃经私记

存72行，行15字左右。起："诸学法多"，尾题："大涅槃私记一卷第四书廿六卷/校竟"。

Дx.00208　放光般若经卷第十五摩诃般若波罗蜜嘱累品第六十七

存7行，行6至17字。起："甚多世尊"，讫："提□阿难"。西晋无罗叉译。经文见《大正藏》第8册，第105页B栏第12行至第19行。

Дx.00209 Дx.00210 Дx.00411 **一切经音义卷第三光赞般若经卷第一至第五**

二残片。其一，存16行，行10至18字。起："放光经作四结犹"，讫："第七卷"。唐玄应撰。经文见《中华藏经》第56册，第858页C栏第9行至第859页A栏第5行。其二，存2行，录文："眼乱也/颔。"经文见《中华藏经》第56册，第858页C栏。

Дx.00211 Дx.00255 **一切经音义卷第三放光般若经卷第二十三至第二十九**

存25行，行7至17字。起："轻易以鼓"，讫："鸟出蔓联"。唐玄应撰。经文见《中华藏经》第56册，第857页B栏第17行至第858页A栏第4行。

Дx.00212 Дx.00219 **大般若波罗蜜多经题签**

录文："大般若波罗蜜多经卷第四百四十四王□□□五。"

Дx.00213A Дx.00227A Дx.00323A Дx.00336A Дx.01509A Дx.01615A Дx.02384A **妙法莲华经卷第七观世音菩萨普门品第二十五**

存45行，行5至12字。起："念彼观音力"，尾题："观音品经一卷"。后秦鸠摩罗什译。经文见《大正藏》第9册，第57页C栏第22行至第58页B栏第7行。

Дx.00213B Дx.00227B Дx.00323B Дx.00336B Дx.01509B Дx.01615B Дx.02384B **佛说摩利支天经**

存9行，行5至15字。首题："佛说摩利支天经"，讫："某甲知摩利天"。唐不空译。经文见《大正藏》第21册，第260页B栏第1行至第18行。

Дx.00214A **大方广佛华严经题签**

录文："□□经卷第卌三梨□□。"

Дx.00214B **礼忏文**

存5行，行4至17字。起："归命礼三宝"，讫："等皆随喜"。经文见《大正藏》第85册，第1304页A栏第26行至B栏第3行。

Дx.00215 **诵香真言**

存10行，行6字。

Дx.00216 Дx.00218 Дx.01845 Дx.04332 Дx.04339 **金光明最胜王经卷第一序品第一**

二残片。其一，存12行，行3至15字。起："学地如"，讫："盖成就大"。唐义净译。经文见《大正藏》第16册，第403页A栏第18行至第29行。其二，存42行，行2至12字。起："云持菩萨"，讫："顶礼佛足"。经文见《大正藏》第16册，第403页B栏第17行至第404页A栏第2行。

Дx.00217 Дx.01784 Дx.01830 Дx.01855 **大般若波罗蜜多经卷第五百七十七第九能断金刚分**

二残片。其一，存6行，行8至17字。起："多罗三藐"，讫："佛言善现如"。唐玄奘译。经文见《大正藏》第7册，第984页A栏第4行至第12行。其二，存11行，行14至17字。起："少法名菩萨"，讫："如来等现"。经文见《大正藏》第7册，第984页A栏第15行至第26行。

Дx.00218 **金光明最胜王经卷第一序品第一**

见Дx.00216。

Дx.00219 **大般若波罗蜜多经题签**

见Дx.00212。

Дx.00220 **妙法莲华经卷第七观世音菩萨普门品第二十五**

存16行，行7至10字。起："众生被困厄"，尾题："观世音经"。后秦鸠摩罗什译。经文见《大正藏》第9册，第58页A栏第12行至B栏第7行。

Дx.00221 **菩萨本生鬘论卷第三开示少施正因功能缘起第九**

存5行，行2至6字。起："之或"，讫："数里海神"。圣勇菩萨造、德慧询等译。经文见《大正藏》第3册，第340页B栏第25行至第29行。

Дх.00222　大般若波罗蜜多经题签

录文："大般若波罗蜜多经。"

Дх.00223　Дх.00341　Дх.00377　Дх.01889　礼忏文

存10行，行2至15字。起："学三乘人具"，讫："说寅朝清净偈/衣食"。经文见《大正藏》第85册，第1304页B栏第2行至第11行。

Дх.00224　佛说佛名经卷第四

存9行，行3至7字。起："不动/南无能觉王"，讫："南无智慧足"。北魏菩提流支译。经文见《大正藏》第14册，第132页B栏第24行至第29行。

Дх.00225　Дх.00226　Дх.01846　金光明最胜王经卷第二分别三身品第三

存22行，行5至14字。起："肩右膝着地"，讫："此第三身"。唐义净译。经文见《大正藏》第16册，408页B栏第7行至第29行。

Дх.00227A　妙法莲华经卷第七观世音菩萨普门品第二十五

见Дх.00213A。

Дх.00227B　佛说摩利支天经

见Дх.00213B。

Дх.00228　般若波罗蜜多心经

存6行，行3至12字。起："依般若波罗蜜"，尾题："多心经"。唐玄奘译。经文见《大正藏》第8册，第848页C栏第17行至第24行。

Дх.00229　Дх.01231　佛说佛名经卷第一

存17行，行7至16字。首题："□说佛名经卷第一"，讫："南无□□华佛"。北魏菩提流支译。经文见《大正藏》第14册，第114页A栏第1行至第20行。

Дх.00230　佛说天地八阳神咒经

存15行，行2至11字。起："无有休自"，讫："利门"。唐义净译。经文见《大正藏》第85册，第1422页C栏第21行至第1423页A栏第7行。

Дх.00230V　杂写

存1行。录文："五常君人□子章家。"

Дх.00231　贤愚经卷第二降六师品第十四

存7行，行2至16字。起："敌退乃遇"，讫："杌莫"。北魏慧觉译。经文见《大正藏》第4册，第364页C栏第15行至第21行。

Дх.00232　Дх.00233　Дх.00321　Дх.00387　阿毗昙毗婆沙论卷第四十六智犍度八道品第一

三残片。其一，存22行，行2至11字。起："义是成就义"，讫："作与胜"。迦旃延子造、五百罗汉释、北凉浮陀跋摩共道泰等译。经文见《大正藏》第28册，第353页A栏第26行至B栏第20行。其二，存10行，行3至16字。起："如器杖"，讫："果初者依"。经文见《大正藏》第28册，第353页B栏第21行至C栏第3行。其三，存15行，行3至19字。起："三昧者是"，讫："八未来成就/已"。经文见《大正藏》第28册，第353页B栏第27行至C栏第13行。

Дх.00234　圣地游记述

存7行，行4至11字。

Дх.00235　Дх.00239　Дх.03070　医书

Дх.00236　史书

Дх.00236V　寂调音所问经

存3行，行6至17字。起："萨不舍菩提"，讫："菩萨舍戒"。宋法海译。经文见《大正藏》第24册，第1085页A栏第28行至B栏第1行。

Дх.00237　馆藏缺

Дх.00238　增壹阿含经卷第十一善知识品第二十

存7行，行3至18字。起："手执朱"，讫："作是念令我"。僧伽提婆译。经文见《大正藏》第2册，第601页B栏第3行至第11行。

Дх.00239　医书

见Дх.00235。

Дх.00240　Дх.01622　Дх.01870　太上洞玄灵宝空洞灵章

Дх.00241　大智度论卷第三初品中四众义释论第七

存7行，行2至6字。起："千阿"，讫："第一大如"。龙树菩萨造、后秦鸠摩罗什译。经文见《大正藏》第25册，第84页B栏第12行至第19行。

Дx.00242 妙法莲华经卷第一序品第一

存9行，行2至8字。起："皆悉能忍"，讫："种种"。后秦鸠摩罗什译。经文见《大正藏》第9册，第3页B栏第5行至第14行。

Дx.00243 佛说佛名经卷第四

存8行，行1至7字。起："佛/生威德佛"，讫："难佛/饰"。北魏菩提流支译。经文见《大正藏》第14册，第133页B栏第18行至第23行。

Дx.00244 合部金光明经卷第四依空满愿品第九

存6行，行2至5字。起："见离於二"，讫："得生"。真谛译、隋释宝贵合。经文见《大正藏》第16册，第380页B栏第1行至第6行。

Дx.00245 Дx.00246 添品妙法莲华经卷第六

见Дx.00190。

Дx.00247 妙法莲华经卷第三授记品第六

存33行，行2至20字。中添加1行。起："世尊"，讫："处宝台珍"。后秦鸠摩罗什译。经文见《大正藏》第9册，第20页C栏第9行至第21页A栏第24行。

Дx.00248 妙法莲华经卷第七观世音菩萨普门品第二十五

存11行，行7至17字。起："夫身而为"，讫："优婆塞优"。后秦鸠摩罗什译。经文见《大正藏》第9册，第57页B栏第1行至第11行。

Дx.00249 金光明最胜王经卷第九长者子流水品第二十五

存15行，行3至17字。起："四大增"，品题："金光明最胜王经长者子流水品第廿五"，讫："树神善女天"。唐义净译。经文见《大正藏》第16册，第448页C栏第8行至第23行。

Дx.00250 妙法莲华经卷第四授学无学人记品第九

存14行，行10至20字。起："诸有能受持"，讫："可说经典"。后秦鸠摩罗什译。经文见《大正藏》第9册，第31页A栏第19行至B栏第16行。有异文。

Дx.00251 佛说广博严净不退转轮经卷第六

存12行，行1至11字。起："有增减如"，讫："世尊/者"。宋智严译。经文见《大正藏》第9册，第281页A栏第3行至第16行。

Дx.00252 过去现在因果经卷第三

二残片。其一，存2行，录文："神咒/政此法。"未检出。其二，为是经，存2行，录文："丑形或复有为/杀者或复为人。"宋求那跋陀罗译。经文见《大正藏》第3册，第641页B栏第25行至第26行。

Дx.00253 梁朝傅大士颂金刚经序

存8行，行1至11字。起："请/奉请四菩萨"，讫："何因缘"。经文见《大正藏》第85册，第1页B栏第3行至第19行。经文顺序颠倒。

Дx.00253V 杂写

存1行，总4字。录文："未知□了。"

Дx.00254 金光明最胜王经卷第四最净地陀罗尼品第六

二残片。存6行，行1至4字。其一，起："怛/摩哩你迦"，尾极残，不可辨识。唐义净译。经文见《大正藏》第16册，第420页C栏第21行始。其二，起："陀罗尼"，讫："毗木底"。经文见《大正藏》第16册，第421页B栏第10行至第16行。

Дx.00255 一切经音义卷第三放光般若经卷第二十三至第二十九

见Дx.00211。

Дx.00256 一切经音义卷第一法炬陀罗尼经卷第一至第二

存12行，行2至8字。起："筋吹或作葰"，讫："米□（祟又）"。唐玄应撰。经文见《中华藏》第56册，第825页B栏第10行至C栏第8行。

Дx.00257 妙法莲华经卷第一序品第一

存5行，行4至9字。起："舍王位亦"，讫："三昧身心不"。后秦鸠摩罗什译。经文见《大正藏》第9册，第4页A栏第6行至第11行。

Дx.00258 妙法莲华经卷第一序品第一

存7行,行3至10字。起:"意是八",讫:"坐入於无"。后秦鸠摩罗什译。经文见《大正藏》第9册,第4页A栏第4行至第11行。

Дx.00259 佛说灌顶拔除过罪生死得度经卷第十二

存4行,行3至8字。起:"中彩女若",讫:"天下太平"。东晋帛尸梨蜜多罗译。唐圆晖述。经文见《大正藏》第21册,第535页B栏第19行至第22行。

Дx.00260 大般涅槃经卷第三十四迦叶菩萨品第十二之二

存8行,行3至16字。起:"众生佛性",讫:"说犯四"。北凉昙无谶译。经文见《大正藏》第12册,第568页C栏第18行至第25行。

Дx.00261 Дx.00262 Дx.00417 Дx.00418 Дx.01545 俱舍论颂疏论本卷第二

三残片。其一,存12行,行5至19字。起:"惚成九界",讫:"一分也十"。论双行小字。唐圆晖述。经文见《大正藏》第41册,第828页C栏第4行至第29行。其二,存14行,行2至12字。起:"多宗/言生相者",讫:"成就识/未"。经文见《大正藏》第41册,第829页C栏第22行至第830页A栏第20行。其三,存11行,行5至9字。起:"得眼言",讫:"除前相从"。经文见《大正藏》第41册,第830页A栏第5行至第27行。

Дx.00263 服药符篆仪轨

存21块残片。

Дx.00264 三劫三千佛缘起

存5行,行2至4字。从中断裂。起:"南无人慧",讫:"无大通"。宋罝良耶舍译。经文见《大正藏》第14册,第365页A栏第11行至第16行。

Дx.00265 佛说浴像功德经

存12行,行3至8字。起:"利此二",讫:"清净是"。唐宝思惟译。经文见《大正藏》第16册,第798页C栏第13行至第25行。

Дx.00266 妙法莲华经卷第七观世音菩萨普门品第二十五

存6行,行3至4字。起:"袒右肩合",讫:"火火不"。后秦鸠摩罗什译。经文见《大正藏》第9册,第56页C栏第3行至第9行。

Дx.00267 妙法莲华经卷第三授记品第六

存6行,行3至7字。起:"香末香",讫:"颇梨为地宝"。后秦鸠摩罗什译。经文见《大正藏》第9册,第21页B栏第22行至第27行。

Дx.00268 道经疏释

存11行。

Дx.00269 千字文

存2行。录文:"恭惟鞠养岂/男劾才。"

Дx.00270 Дx.00443 大般涅槃经卷第三

断为三片。其一,录文:"难得况复生酥/以水以水多故乳酪。"北凉昙无谶译。经文见《大正藏》第12册,第382页A栏第9行至第10行。其二,录文:"诸/是戒定智慧无有方/不能获得常戒常。"经文见《大正藏》第12册,第382页A栏第13行至第15行。其三,录文:"群贼/养此牛不期乳酪但/何方。"经文见《大正藏》第12册,第382页A栏第4行至第6行。

Дx.00271 妙法莲华经卷第四见宝塔品第十一、卷第五来寿量品第十六

见Дx.00193A。

Дx.00272 Дx.01841 药师琉璃光如来本愿功德经

存18行,行4至17字。中有几处破洞。起:"诸恶事悉",讫:"诸净信善"。唐玄奘译。经文见《大正藏》第14册,第406页B栏第2行至第23行。

Дx.00273 成实论卷第十三

存22行,行17字,后2行上部残。起:"喜心多散乱",品题:"四禅品第一百六十八",讫:"若"。诃梨跋摩造、后秦鸠摩罗什译。经文见《大正藏》第32册,第342页B栏第12行至C栏第8行。

Дx.00274 大般若波罗蜜多经卷第二百二十八初分难信解品第三十四之四十七

存28行，行17字，前7行下部残。首题："大般若波罗蜜多经卷第二百廿"，品题："初分难信解品第卅四之卅七"，讫："无断故十"。唐玄奘译。经文见《大正藏》第6册，第144页C栏第4行至第145页A栏第8行。

Дх.00274V 卷帙号

存2行。录文："卅廿五十八十五/一小。"

Дх.00275 Дх.01907 Дх.01908 妙法莲华经卷第二譬喻品第二

存27行，行7至20字。起："浅识闻之"，讫："而复增剧"。后秦鸠摩罗什译。经文见《大正藏》第9册，第15页B栏第15行至C栏第15行。

Дх.00276 般若波罗蜜多心经

存22行，行13至14字。首题："般若波罗蜜多心经"，讫："菩提萨婆诃"。唐玄奘译。经文见《大正藏》第8册，第848页C栏第4行至第23行。

Дх.00276V 杂写

存2行。录文："姜连阿师子经无人崔咸者/不是姜连阿师子"。写后又用笔涂去。另有一"我"字。

Дх.00277 佛说地藏菩萨经

存14行，行6至23字。起："藏菩萨住在"，尾题："□□□藏菩萨经一卷/净法身□灵者"。经文见《大正藏》第85册，第1455页B栏第23行至第12行。

Дх.00277V 鉴惠题记

存1行。录文："己卯六月十六日龙兴寺学侍郎鉴惠。"

Дх.00278 佛说佛名经卷第五、卷第七

存50行。前25行为卷第五，行2至7字。起："触向馘辄"，讫："智达燎佛"。失译。经文见《大正藏》第14册，第304页C栏第15行至第305页A栏第8行。后25行为卷第七。起："如是声德佛示"，讫："住持智达燎佛"。北魏菩提流支译。经文见《大正藏》第14册，第151页B栏第20行至C栏第12行。有异文。

Дх.00278VA 乐住山

存2行。录文："未得成佛不归/还乐住山。"

Дх.00278VB 长安词

存20行。录文："长安词/天长地阙/要难□□/中国众尘/不可闻长/安帝得/丞见报/万国归顺/拜圣君漠/家法用/礼游心四方/取即五草/吟文章□/洛如留水/白马驮经/即自林故/来行□远/□求谁八胃明君不/暂留诉身/不达□山。"

Дх.00278VC 好住娘

存16行。录文："好住娘且须师/僧戒伴好住娘/舍却金盘银/盏好住娘且/钵盂昔杖/好住娘/曹头/龙马娘住娘/且须虎狼师/子金却治毡锦褥好/住且须乱单/一束好住娘/佛道不远/回心至好住/今身努力孟/绝看好住娘。"

Дх.00278VD 入山赞文、五台山赞文

存17行。录文："入山赞文/五台山赞文/佛子道场屈请□/时间至心听赞/五台山独龙/己际为天海/文殊振押不能/翻佛子大圣/文殊师利菩萨/佛子大州东北/有五台山其/山高广己天连/东台望见瑠璃/国西台还见级/抓国佛子大圣/文殊师利菩/萨。"

Дх.00279 佛说佛名经卷第五

存11行，行2至12字。首题："佛说佛名经卷第五"，讫："南无"。北魏菩提流支译。经文见《大正藏》第14册，第138页C栏第12行至第19行。

Дх.00280 大般若波罗蜜多经卷第二百八十四初分难信解品第三十四之一百三

存20行，行1至10字。起："现一切智"，讫："行清净无/智"。唐玄奘译。经文见《大正藏》第6行，第442页C栏第6行至第24行。

Дх.00281 十诵比丘波罗提木叉戒本

存10行，行17字。起："提若比丘未受"，讫："波罗提木叉"。后秦鸠摩罗什译。经文见《大正藏》第23册，第474页A栏第24行至B栏第4行。

Дх.00282 弥勒下生成佛经

存15行，行1至20字。起："郭/富盛多威力"，讫："大慈辉"。唐义净译。经文见《大正藏》第14册，第426页B栏第21行至C栏第22行。

Дх.00283 **大乘起信论广释卷第三**

存24行，行3至27字。起："对染同本"，讫："者非□性"。经文见《大正藏》第85册，第1126页B栏第3行至C栏第13行。

Дх.00284 **销释金刚科仪要偈三十二分**

存13行，行16字。起："明人妄分三教"，尾题："销释金刚科仪要偈三十二分"。后有四句偈语。经文见《藏外佛教文献》第6册。经文大不相同，或为异译本。

Дх.00285 Дх.02150 Дх.02167 Дх.02960 Дх.03020
Дх.03123 **须大拏太子变文**

二残片，分别存30行和48行。

Дх.00285VA Дх.02150VA Дх.02167VA Дх.02960VA
Дх.03020VA Дх.03123VA **须大拏太子变文**

存6行。

Дх.00285VB Дх.02150VB Дх.02167VB Дх.02960VB
Дх.03020VB Дх.03123VB **祭慈母文**

存12行。

Дх.00285VC Дх.02150VC Дх.02167VC Дх.02960VC
Дх.03020VC Дх.03123VC **破历**

存59行。

Дх.00286 **馆藏缺**

Дх.00287 **合部金光明经卷第七流水长者子品第二十一**

存25行，行17字。起："十二因缘"，讫："还白其父"。北凉昙无谶译。经文见《大正藏》第16册，第396页B栏第14行至C栏第11行。

Дх.00288 **妙法莲华经卷第七观世音菩萨普门品第二十五**

存36行，行1至17字。起："礼/设欲"，讫："婆阿修罗"。后秦鸠摩罗什译。经文见《大正藏》第9册，第57页A栏第7行至B栏第16行。

Дх.00289 **佛说阿弥陀经**

存27行，行2至16字。起："舍利/香光佛"，讫："说此/阿修"。后秦鸠摩罗什译。经文见《大正藏》第12册，第347页C栏第16行至348页A栏第27行。

Дх.00290 Дх.00385 Дх.01183 **佛教问答**

二残片。分别存73行和13行。

Дх.00291 **妙法莲华经卷第七观世音菩萨普门品第二十五**

存37行，行8至20字。起："是璎珞即"，尾题："观世音经"。后秦鸠摩罗什译。经文见《大正藏》第9册，第57页C栏第3行至第58页A栏第7行。

Дх.00292 **般若波多蜜多心经**

存经16行，题记4行。起："萨行深般若"，尾题："般若多心经一卷"。题记："若有人诵此经破十恶五逆九十五种邪道若欲供养十方诸/佛郭十方诸佛恩诵观自在般若百遍千遍灭罪不虚尽/夜常诵无愿不过/清信佛弟子唐氏一心供养。"缺首题，前部残缺。经文见《大正藏》第8册，第848页C栏第7行至第24行。

Дх.00293 **大唐龙兴三藏圣教序**

存29行，行17字。起："航唯"，讫："扬辉澄柱"。唐中宗制。

Дх.00294 **太玄真一本际妙经最胜品第八**

存20行，行5至17字。起："尔时太微帝君"，尾题："太玄真一本际妙经最胜品第八"。

ДХ.00295 **礼忏文**

存16行。录文："□恭敬顶礼上住三宝一切普诵/如来妙色身 世间无意等无彼不/是故今顶礼如来色□尽智慧法/一切法常住如□我俱依顶礼/一切恭敬为天龙八部诸善神王敬礼/为亡者上品王生敬礼常住三宝/为斋主福惠庄严敬礼常住三宝/为国土安宁法轮常转菩萨声闻圆/时食咒愿/施者受者俱行五常法戒众生普□/□供/余食时/如是戒时虚空如莲花覆着水心清净□/常尊/一切恭敬顶礼常住三宝为设供已后□/敬礼常住三宝为六道众生□□解脱□。"题记:"天复十年庚午岁□□月十五日尹□□。"现刊本无完全相同者。

Дx.00295V 开元寺粮油入破历

存20行。

Дx.00296 持诵金刚经灵验功德记

存22行,行28字。首题、尾题:"金刚经赞一本。"经文见《大正藏》第85册,第159页A栏第28行至C栏第9行。

Дx.00297 般若波罗蜜多心经

存18行,行18字。首题:"般若多心经",尾题:"般若多心经一卷"。唐玄奘译。经文《大正藏》第8册,第848页C栏第4行至第24行。

Дx.00298 妙法莲华经卷第四

存41行,行17字。起:"觉三十二相",品题:"妙法莲华经劝持品第十三",讫:"摩诃波阇"。后秦鸠摩罗什译。经文见《大正藏》第9册,第35页C栏第18行至第36页B栏第2行。

Дx.00299 新菩萨经

存11行。行22字。首题、尾题:"新菩萨经一卷。"题记:"贞元拾玖年正月八日记。"经文见《大正藏》第85册,第1462页A栏第24行至B栏第8行。

Дx.00300 大方广十轮经卷第四刹利旃陀罗现智相品第六

存32行,行3至20字。起:"杖谪罚逼",讫:"人肉美"。失译。经文见《大正藏》第13册,第698页A栏第25行至C栏第4行。

Дx.00301 大般若波罗蜜多经卷第二百三十一初分难信解品第三十四之五十

存15行,行5至17字。首题:"大般若波罗蜜多经卷第二百卅一",品题:"初分难信解品第卅四之五十三藏法师玄奘奉",讫:"若八圣道支"。唐玄奘译。经文见《大正藏》第6册,第161页A栏第8行至第27行。

Дx.00301V 大般若波罗蜜多经题签

录文:"大般若波罗蜜多经卷第二百卅。"

Дx.00302 Дx.00494 大乘稻芉经随听手镜记

存22行,行12至19字。首题:"大乘稻芉经随听手镜记",讫:"故名发起序"。经文见《大正藏》第85册,第545页C栏第21行至第546页A栏第24行。

Дx.00302V Дx.00494V 张盈润题记

存2行。录文:"张盈润/戊子年十一月。"

Дx.00303 诸星母陀罗尼咒

存19行,行24字。首题:"星母陀罗尼咒",尾题:"星母陀罗尼咒一本"。唐法成译。经文见《大正藏》第21册,第420页B栏第16行至第421页A栏第4行之咒语部分。

Дx.00304 佛说父母恩重经

存13行,行6至16字。起:"能为父母受持",尾题:"佛说父母恩重经一卷"。经文见《大正藏》第85册,第1404页A栏第11行至第23行。

Дx.00305 般若波罗蜜多心经

存17行,行18字。首题、尾题:"般若波罗蜜多心经。"唐玄奘译。经文见《大正藏》第8册,第848页C栏第4行至第24行。包首书"心经"2字。

Дx.00306 Дx.00316 妙法莲华经卷第七观世音菩萨普门品第二十五

存21行,行8至13字。起:"之力其事",讫:"童女身得"。后秦鸠摩罗什译。经文见《大正藏》第9册,第57页A栏第22行至B栏第14行。

Дx.00307 妙法莲华经卷第四五百弟子受记品第八

存18行,行2至20字。起:"度大神通",讫:"弟子"。后秦鸠摩罗什译。经文见《大正藏》第9册,第28页A栏第29行至B栏第28行。

Дx.00308 宝云经卷第四

存24行,行3至17字。起:"具此十事是名",讫:"中别见"。梁曼陀罗仙译。经文见《大正藏》第16册,第228页C栏第23行至第229页A栏第17行。

Дx.00309　Дx.01581　妙法莲华经卷第三药草喻品第五

存13行，行17字。起："小根小茎"，讫："尔时无数千"。后秦鸠摩罗什译。经文见《大正藏》第9册，第19页B栏第2行至第16行。

Дx.00310A　妙法莲华经卷第四五百弟子受记品第八

存3行，行3至4字。录文："告摩诃/现前次第/此众中我。"后秦鸠摩罗什译。经文见《大正藏》第9册，第28页B栏第26行至第28行。

Дx.00310B　千手千眼观世音菩萨广大圆满无碍大悲心陀罗尼经

存19行，行3至19字。起："无央数"，讫："十大宝山"。唐伽梵达摩译。经文见《大正藏》第20册，第106页A栏第12行至B栏第3行。

Дx.00311　妙法莲华经卷第七观世音菩萨普门品第二十五

存8行，行15字。起："法施珍宝"，讫："佛一分奉"。后秦鸠摩罗什译。经文见《大正藏》第9册，第57页B栏第27行至C栏第6行。

Дx.00312　大乘无量寿经

存22行，行4至18字。起："莎诃"，讫："莎诃十五"。经文见《大正藏》第19册，第83页B栏第9行至C栏第4行。

Дx.00313　妙法莲华经卷第五如来寿量品第十六

存44行，行13至20字。起："种善/灭度"，讫："众生见劫尽"。后秦鸠摩罗什译。经文见《大正藏》第9册，第43页A栏第5行至C栏第6行。

Дx.00314　妙法莲华经卷第七观世音菩萨普门品第二十五

存38行，行18字。起："睒罗伽人"，尾题："观世音经一卷"。后秦鸠摩罗什译。经文见《大正藏》第9册，第57页C栏第3行至第58页B栏第7行。中有破洞。

Дx.00315　金光明最胜王经卷第三

存3行，行1至12字。起："正/广宣流布"，尾题："金光明经卷第三"。唐义净译。经文见《大正藏》第16册，第417页C栏第12行至第16行。

Дx.00316　妙法莲华经卷第七观世音菩萨普门品第二十五

见Дx.00306。

Дx.00317　金光明最胜王经卷第五莲华喻赞品第七

存5行，行5至12字。首题："□□明最胜王经莲花喻赞品第七"，讫："龙主常以莲"。唐义净译。经文见《大正藏》第16册，第422页B栏第22行至C栏第3行。

Дx.00318　金光明最胜王经卷第一如来寿量品第二

存13行，行4至7字。起："心听善男"，讫："智故名为涅"。唐义净译。经文见《大正藏》第16册，第407页A栏第3行至第16行。

Дx.00319　金刚般若波罗蜜经旨赞

存14行，行5至29字。起："曾闻说四谛"，讫："有五一解金"。经文见《大正藏》第85册，第68页A栏第29行至B栏第25行。

Дx.00319V　华严经探玄记卷第十四

存14行，行2至19字。起："顺行分中更"，讫："涅槃/人二"。法藏述。经文见《大正藏》第35册，第360页C栏第27行至第361页A栏第13行。

Дx.00320　Дx.00386　一切经音义卷第二十二瑜伽师地论卷第四十二至第四十四

存17行，行2至19字。起："齿也礼记"，品题："第卅四卷"，讫："不用也说/□□也"。唐玄应撰。经文见《中华藏》第57册，第87页B栏第17行至C栏第20行。

Дx.00321　阿毗昙婆沙论卷第四十六智犍度八道品第一

见Дx.00232。

Дx.00322　大般若波罗蜜多经题签

录文："大般若波罗蜜多经卷第三百七十八。"

Дx.00323A　妙法莲华经卷第七观世音菩萨普门品第二十五

见Дx.00213A。

Дx.00323B 佛说摩利支天经

见Дx.00213B。

Дx.00324 佛说天地八阳神咒经

存19行,行1至7字。起:"世俗浅薄",讫:"倒见即/□□□□神"。唐义净译。经文见《大正藏》第85册,第1422页B栏第26行至C栏第20行。中有缺行,有异文。

Дx.00325 金光明经卷第二四天王品第六

存4行,行3至6字。起:"世尊若有",讫:"若有四"。北凉昙无谶译。经文见《大正藏》第16册,第341页A栏第18行至第22行。

Дx.00326 馆藏缺

Дx.00327 Дx.00360 Дx.01452 Дx.02978 劝善经

存18行,行4至7字。首题:"劝善经一卷",讫:"流传/□见"。经文见《大正藏》第85册,第1462页A栏第3行至第19行。

Дx.00328 残牒

存2行。录文:"空闲无人□料使□/汞为□□。"

Дx.00329 梁朝傅大士颂金刚经

经折装。存16面,每面7至9行,总128行,行16字左右。起:"佛告须菩提",品题:"录行无住分第四、如理实见分第五、正信希有分第六、能净业障分第十六、究竟无我分第十七、一体同观分第十八",讫:"世尊如来有佛"。后秦鸠摩罗什译。经文见《大正藏》第85册,第1页C栏第14行至第6页C栏第19行。中有缺页,无弥勒颂部分。

Дx.00330 Дx.00935 经律字音杂抄

首4行,杂写。录文:"佛说天请问经/如是我闻一时佛/予迷□㲸/在廿七卷菩萨分法。"第5行至第13行为《大方等大集经卷第十二》,起:"四念处中法",讫:"那名之为顶"。经文见《大正藏》第13册,第80页C栏第26行至第81页A栏第1行。其后2行"於诸佛所说空/如是莫能见法人中亦最第一又"未检出。第16行至第19行为《大集经》难字。原题:"大集经廿四,般涅经第八卷。"第20行至第29行附东晋录为《沙弥十戒法并威仪一卷》(原题),讫:"沙弥戒尽形寿"。失译。经文见《大正藏》第24册,第926页B栏第2行至第16行。后依卷次杂录"大集经廿四"校勘字及经音字。最后4行为杂写。

Дx.00331 大般若波罗蜜多经题签

录文:"大般若波罗蜜多经卷第四百八十八□卅九。"

Дx.00332 Дx.02456 般若波罗蜜多心经

经折装。存6面,每面7行,总42行,行11至14字。首题:"佛说般若波罗蜜多心经",讫:"阿苏罗乾闼婆"。唐法成译。经文见《大正藏》第8册,第850页B栏第20行至C栏第28行。

Дx.00333 大般若波罗蜜多经题签

录文:"大般若波罗蜜多经卷第一百七十一。"

Дx.00334 佛说佛名经卷第十三

存4行,行17字。起:"法之根",尾题:"佛说佛名经卷第十三"。未检出。

Дx.00335 佛说佛名经卷第十

存11行,行4至6字。起:"佛南无",讫:"思惟胜义佛"。北魏菩提流支译。经文见《大正藏》第14册,第172页A栏第26行至B栏第4行。

Дx.00336A 妙法莲华经卷第七观世音菩萨普门品第二十五

见Дx.00213A。

Дx.00336B 佛说摩利支天经

见Дx.00213B。

Дx.00337 妙法莲华经卷第七观世音菩萨普门品第二十五

存7行,行9字。起:"菩萨名者",讫:"名号是菩萨"。后秦鸠摩罗什译。经文见《大正藏》第9册,第56页C栏第19行至第26行。

Дx.00338 大般涅槃经卷第二十七师子吼菩萨品第十一之一

存5行，行2至10字。起："则为知来"，讫："观如"。北凉昙无谶译。经文见《大正藏》第12册，第528页A栏第17行至第21行。

Дх.00339　Дх.01006　Дх.01569　Дх.03873　Дх.04834
Дх.04867　**金刚般若波罗蜜经**

经折装。存16面，每面7至8行，总116行，行13至15字。起："大乘正宗分第三"，品题："妙行无住分第四、如理实见分第五、正信希有分第六、无得无说分第七、法身非我分第二十六、无断无灭分第二十七、有受不贪分第二十八、威仪寂静分第二十九、一合相理分第三十、知见不生分第三十一"，讫："是人不解"。经文见《大正藏》第85册，第1页C栏第13行至第8页B栏第4行。无弥勒颂。

Дх.00340　**大佛顶如来密因修证了义诸菩萨万行首楞严经卷第三**

存6行，行3至6字。起："缘非自然"，讫："亦如是"。唐般刺蜜帝译。经文见《大正藏》第19册，第115页C栏第2行至第9行。

Дх.00341　**礼忏文**

见Дх.00223。

Дх.00342　**佛说佛名经卷第十二**

存7行。起："南无众自在佛"，讫："南无乐说声佛"。北魏菩提流支译。经文见《大正藏》第14册，第178页C栏第24行至第179页A栏第1行。

Дх.00342V　**卷帙号**

存1行，总3字。录文："□十二。"

Дх.00343　Дх.01490　Дх.03810　Дх.03845　Дх.03909　**大般若波罗蜜多经卷第二十三初分教诫教授品第七之十三**

存55行。行4至14字。起："苦增语此"，讫："增语此"。唐玄奘译。经文见《大正藏》第5册，第129页C栏第11行至第130页B栏第8行。

Дх.00344　**妙法莲华经卷第七观世音菩萨普门品第二十五**

存13行，行3至9字。起："何是善"，讫："而为说法"。后秦鸠摩罗什译。经文见《大正藏》第9册，第57页A栏第14行至第28行。

Дх.00345　**不思议光菩萨所说经**

存10行，行3至13字。起："菩萨佛成满"，讫："成就舍离"。后秦鸠摩罗什译。经文见《大正藏》第14册，第670页C栏第23行至第671页A栏第7行。

Дх.00345V　**现在贤劫千佛名经**

存10行，行3至8字。起："佛南无次第行佛"，讫："道佛南"。失译。经文见《大正藏》第14册，第382页A栏第25行至B栏第7行。

Дх.00346　**妙法莲华经卷第六法师功德品第十九**

存11行，行10至20字。起："中而娱乐"，讫："经者先得"。后秦鸠摩罗什译。经文见《大正藏》第9册，第49页A栏第23行至B栏第14行。

Дх.00347　Дх.01568　**金光明经卷第二四天王品第六**

存13行，行1至14字。起："此/若此国土有"，讫："所安我等四"。北凉昙无谶译。经文见《大正藏》第16册，第341页A栏第8行至第20行。

Дх.00348　**大般涅槃经卷第二十八师子吼菩萨品第十一之二**

存12行，行8至17字。起："罗三藐三"，讫："不尔要待"。北凉昙无谶译。经文见《大正藏》第12册，第532页C栏第17行至第29行。

Дх.00349　**妙法莲华经序品第一**

存8行，行9至16字。首题："妙法莲华经序品第一"，讫："婆提离婆多"。后秦鸠摩罗什译。经文见《大正藏》第9册，第1页C栏第14行至第25行。

Дх.00350　Дх.00728　Дх.00989А　**燃灯文**

断为二段。前段，存22行。录文："而成胜报五百王子承善/克果向应相酬诏哉妙/所申意奉为三长邑义/合□诸公等并是流沙望/于乡间意气起于群党/云皆空叹百年之酒奥念/礼已各各率心敬设清斋/月面启金函转大乘敷锦席/土之香幡花散满于庭中钟/以兹设斋功德回向福因先/愿身如玉树恒净恒明体若/莫绝善根此生他生道涯转成/休宜远近亲姻咸蒙吉庆/大众虔诚一切普诵/诸佛为此剜身菩萨以之烧/状若定里而分皇直似天/贤圣遥盼乘空而还/斯光照是以万亿/金施主访千贤/体惟愿/帝释下/障不侵。"后段，存8行。录文："辟遂使千灯普/边而布月龙先/集铁围山内赖此灯明/佛同号然灯三千定光/之胜迹摸万德回向福/悟衣中之无价识额上之□梵王乘/长年算然后四方晏净吾稼/功德圆满摩诃般若科乐无边。"可以缀合。经文参见黄征、吴伟《敦煌愿文集》第37页。

Дx.00351 大乘入楞伽经题签

录文："大乘入楞伽经卷第七。"

Дx.00352 Дx.00463 Дx.00464 Дx.00466 维摩诘经疏

二残片，存38行。起："受□□/见清净无"，讫："信受其难非"。经文见《大正藏》第85册，第420页。多异文。

Дx.00352V Дx.00463V Дx.00464V Дx.00466V 骑缝押

Дx.00353 妙法莲华经题签

录文："□□莲华经卷第四。"

Дx.00354A Дx.01253A 阿毗达磨俱舍论第一帙

存3行。录文："阿□/品类□了/达磨论第一帙十卷玄遵。"

Дx.00354B Дx.01253B 给马牒

存8行。录文："□一件□如二日又拾柒/言给马使杨福/□件拾如二日□/十一月/裝主□□/今遣给马发遣梁/元贞等贰人孔目司/□不言给马发遣。"

Дx.00354C Дx.01253C 节度使牒

存6行。极残，不易辨识。录文："□可擘给理宜等司/相□□□□级/（上残）节度使/牒被节度使存含□□□报/准廿帖虞候追送□□失向俱□/□王者就禄身在。"

Дx.00354D Дx.01253D 开元九年文书

存4行。录文："依利□□□/十四日/开元九年十一月十四/□曹参军衣利。"

Дx.00354E Дx.01253E 付长行坊牒

存6行。录文："长行坊派上/营田典孟素/□奉大使桃子给予□□典马一疋/已给讫今将桃子呈检谨/件派如前谨/开。"

Дx.00354EV Дx.01253EV 付长行坊牒

存3行。录文："于案□如前法十一□□□□/□通□/付长行坊凭信/马相十二日。"

Дx.00355 大般若波罗蜜多经题签

录文："大般若波罗蜜多经卷第三百卅一。"

Дx.00356 妙法莲华经卷第四见宝塔品第十一

存4行，行10至13字。起："尔时东方"，讫："四万亿那由"。后秦鸠摩罗什译。经文见《大正藏》第9册，第33页B栏第12行至第16行。

Дx.00357 Дx.02420 佛藏经卷上诸法实相品第一

存24行，行2至27字。起："所说一切"，讫："为希有"。经文见《大正藏》第15册，第783页A栏第12行至B栏第15行。前4行经文与后面重复。起："所说一切"，讫："希有舍利并臂"。后秦鸠摩罗什译。经文见《大正藏》第15册，第783页A栏第27行至B栏第3行。中有破洞。

Дx.00358 金光明最胜王经卷第十舍身品第二十六

存9行，行2至6字。首题："藏法师义净奉诏译"，讫："陀汝"。唐义净译。经文见《大正藏》第16册，第450页C栏第20行至第451页A栏第1行。

Дx.00359 大般若波罗蜜多经题签

录文："大般若波罗蜜多经卷第一百册一十五坚修。"

Дx.00360 劝善经

见Дx.00327。

Дx.00361 普贤菩萨行愿王经

存4行，行4至12字。起："得一切皆"，尾题：

"佛说普贤菩萨行愿王经一卷"。经文见《大正藏》第85册,第1454页A栏第3行至第9行。

Дх.00362 Дх.01252 Дх.01263 Дх.01463 Дх.02975 春秋左氏传僖公二十一、二十二年

Дх.00362V Дх.01252V Дх.01263V Дх.01463V

Дх.02975V 佛教传帖

三残段。待考。

Дх.00363 妙法莲华经卷第四

起:"国土庄严",品题:"妙法莲华经法师品第十",讫:"求声闻者"。后秦鸠摩罗什译。经文见《大正藏》第9册,第30页B栏第11行至C栏第3行。

Дх.00364 Дх.03837 Дх.03913 礼忏文

存14行,行4至14字。起:"十方佛名",讫:"施佛敬"。与现刊本《佛说佛名经》《集诸经礼忏仪》均不同。

Дх.00365 Дх.01851 妙法莲华经卷第五安乐行品第十四

二残片。其一,存14行,行5至9字。起:"长不亲近诸",讫:"佛若为女人说"。后秦鸠摩罗什译。经文见《大正藏》第9册,第37页A栏第22行至B栏第7行。其二,存5行,行4至6字。起:"乃至为法犹不",讫:"退不转如"。经文见《大正藏》第9册,第37页B栏第8行至第13行。

Дх.00366 Дх.00367A Дх.05601 金光明最胜王经卷第一

二残片。其一,存4行,另尾题后有2行经音字,行5至12字。起:"品时无量无数",尾题:"王经卷第一"。题记:"□安三年岁次癸卯十月□□/长安西明。"唐义净译。经文见《大正藏》第16册,第408页A栏第24行至第28行。其二,为9行翻经题记:"□经沙门大福先寺上座波崙笔受/经沙门清禅寺寺主德感证义/门大周西寺仁亮证义/沙门大总持上坐大仪证义/翻经沙门大固西寺寺主法藏证义/翻经沙门佛授记寺都维那惠表笔受/翻经沙门大福先寺胜庄证义/翻经沙门大福先寺都维那慈训证义/请翻经沙门天宫寺明晓。"

Дх.00367B 金光明最胜王经卷第四最净地陀罗尼品第六

存5行,行5至8字。起:"说心亦不可",讫:"诸法"。唐义净译。经文见《大正藏》第16册,第418页A栏第6行至第10行。

Дх.00368 Дх.01663 妙法莲华经卷第四五百弟子受记品第八

存12行,行2至11字。起:"士故常勤",讫:"法喜"。后秦鸠摩罗什译。经文见《大正藏》第9册,第27页C栏第17行至第28行。

Дх.00369 大般涅槃经卷第一

存29行,行1至17字。起:"方/菩萨所持供养",尾题:"大般涅槃经卷第一"。北凉昙无谶译。经文见《大正藏》第12册,第371页B栏第9行至C栏第8行。

Дх.00370 妙法莲华经卷第四五百弟子受记品第八

存11行,行11至15字。首题:"华经五百弟子受记品第八",讫:"第一亦常叹"。后秦鸠摩罗什译。经文见《大正藏》第9册,第27页B栏第16行至第27行。

Дх.00370V 杂写

存1行。录文:"□□□华经黄写。"

Дх.00371 维摩诘所说经卷上

存13行,行8至12字。起:"复如故求声闻",品题:"维摩诘经方便品第二",讫:"清净摄"。后秦鸠摩罗什译。经文见《大正藏》第14册,第539页A栏第3行至第17行。

Дх.00372 中阿含经卷第十三中阿含王相应品乌鸟喻经第一

存7行,行33至35字。起:"之肉死马",讫:"有何义邪"。僧伽提婆译。经文见《大正藏》第1册,第506页C栏第20行至第508页A栏第3行。

Дх.00372V 中阿含经卷第十八中阿含长寿王品婆

鸡帝三族姓子经第六

存7行，行33至35字。起："处命终彼"，讫："比丘必得"。僧伽提婆译。经文见《大正藏》第1册，第545页B栏第26行至C栏第12行。

Дx.00373　大般若波罗蜜多经题签

录文："大般若波罗蜜多经卷第四百廿七。"

Дx.00374　Дx.01577　Дx.01579　大乘无量寿经

存19行，行2至38字。起："须弥以用布施"，尾题："□□□□□要经"。题记："法□。"经文见《大正藏》第19册，第84页B栏第21行至C栏第29行。

Дx.00375　妙法莲华经卷第六药王菩萨本事品第二十三

存18行，行3至9字。起："迦油灯"，讫："一切世间天"。后秦鸠摩罗什译。经文见《大正藏》第9册，第54页B栏第24行至C栏第14行。

Дx.00376　馆藏缺

Дx.00377　礼忏文

见Дx.00223。

Дx.00378　十诵律卷第四十八

存11行，行7至17字。首题："十诵第一卷中文"，品题："摩诃僧祇律第卅一卷中明嘱授文"，讫："是病比丘存"。前2至6行，起："有居士儿出家"，讫："白衣应随意取"。后秦弗若多罗共鸠摩罗什译。后5行为《四部律并论要用抄卷下》，经文见《大正藏》第23册，第351页B栏第4行至第9行。

Дx.00379　大般若波罗蜜多经题签

录文："大般若波罗蜜多经卷第二百□。"

Дx.00379V　大般若波罗蜜多经卷帙号

存半边字。

Дx.00380　金刚般若波罗蜜经

存5行，行2至6字。起："罗三"，讫："千大千"。后秦鸠摩罗什译。经文见《大正藏》第8册，第749页B栏第14行至第18行。

Дx.00381　金光明最胜王经卷第八大辩才天女品第十五之二

存6行，行5至9字。起："於诸女中若山峰"，讫："河津险难贼盗"。唐义净译。经文见《大正藏》第16册，第437页B栏第11行至第16行。

Дx.00382　集诸经礼忏仪卷上叹佛咒愿

存4行。录文："东方/拘那提/无释迦牟/东方。"唐智昇撰。经文见《大正藏》第47册，第456页C栏第1行至第4行。

Дx.00383　大宝积经卷第四第二无边庄严会无上陀罗尼品第一之一

存8行，行17字。起："因尽故无离"，讫："色等法非共"。唐菩提流志译。经文见《大正藏》第11册，第24页B栏第28行至C栏第7行。

Дx.00383V　杂写

反书二字。不清。

Дx.00384　大乘百法明门论开宗义记

存11行，行3至11字。起："云然诸"，讫："广辨法相"。唐昙旷撰。经文见《大正藏》第85册，第1050页A栏第28行至B栏第17行。

Дx.00384V　佛经论释

存2行。未检出。

Дx.00385　佛教问答

见Дx.00290。

Дx.00386　一切经音义卷第二十二瑜伽师地论卷第四十二至第四十四

见Дx.00320。

Дx.00387　阿毗昙婆沙论卷第四十六智犍度八道品第一

见Дx.00232。

Дx.00388　入如来德智不思议经题签

录文："入如来德智不思议经卷下。"

Дx.00389　佛说盂兰盆经

存6行，行10字。起："念念心中"，尾题："佛说盂兰盆经一卷"。经文见《大正藏》第16册，第779页C栏第16行至第23行。

Дх.00390 **大般涅槃经卷第三金刚身品第三**

存14行,行5至10字。起:"既收果实众",讫:"是故名为"。北凉昙无谶译。经文见《大正藏》第12册,第385页A栏第14行至第28行。

Дх.00391 **大般若波罗蜜多经题签**

录文:"大般若波罗蜜多经卷第一册八十五。"

Дх.00392 **礼忏文**

存3行,行13至21字。起:"敬礼十方三世",讫:"所有忏悔"。未检出。

Дх.00392V **杂写**

存2行。录文:"慈□□□也也/慈廿近也曾无令。"

Дх.00393 Дх.00394 **佛经论释**

存25行,行6至16字。起:"故穿之即",讫:"境界□皆"。未检出。

Дх.00395 Дх.00698 Дх.00723 Дх.00999 **大乘百法明门论开宗义决**

四残片。其一,存13行,行5至30字。起:"作等者彼见",讫:"非世间物"。经文见《大正藏》第85册,第1069页C栏第27行至1070页A栏第21行。其二,存12行,行18至34字。自第4行起:"求此果时唯取此因",讫:"果但从缘显不应"。经文见《大正藏》第85册,第1069页A栏第25行至B栏第19行。前3行未找到出处。其三,存3行,行6至28字。起:"在天为世间",讫:"於彼祀中咒术□□先害诸"。经文见《大正藏》第85册,第1070页A栏第21行至第27行。其四,起:"能祠者若胃",讫:"耶若尢因者"。存18行,行7至33字。经文见《大正藏》第85册,第1070页A栏第27行至C栏第5行。

Дх.00396 **尼羯磨卷上结界篇第二**

存13行,行1至9字。起:"戒/戒末(余尼答言)",讫:"故是"。唐怀素集。经文见《大正藏》第40册,第543页B栏第1行至第15行。

Дх.00397A Дх.01235A Дх.02025A **般若波罗蜜多心经**

存24行,行12字。首题:"□□□□蜜多心经一卷",尾题:"般若波罗蜜多心经一卷"。唐玄奘译。经文见《大正藏》第8册,第848页C栏第4行至24行。

Дх.00397B Дх.01235B Дх.02025B **佛说地藏菩萨经**

存25行,行10字。首题、尾题:"佛说地藏菩萨经一卷。"经文见《大正藏》第85册,第1455页B栏第23行至C栏第12行。

Дх.00397V Дх.01235V Дх.02025V **杂写**

存1行。录文:"男子采龙世世界。"

Дх.00398 **大般若波罗蜜多经卷第二百六十二初分难信解品第三十四之八十一**

存14行,行2至10字。首题:"大般若波罗蜜",讫:"第宅"。唐玄奘译。经文见《大正藏》第6册,第324页C栏第16行至第325页C栏第3行。

Дх.00399 **文范**

二残片。存9行,行3至23字。

Дх.00400 **金刚般若波罗蜜经序分第一**

存9行,行2至8字。首题:"金刚般若波罗蜜经",讫:"念不动尔时诸/三匝"。北魏菩提流支译。经文见《大正藏》第8册,第752页C栏第10行至第19行。

Дх.00401 **妙法莲华经卷第四五百弟子受记品第八**

存13行,行4至17字。首题:"记品第八",讫:"助宣我法"。后秦鸠摩罗什译。经文见《大正藏》第9册,第27页B栏第16行至第29行。

Дх.00402 **妙法莲华经卷第四提婆达多品第十二**

存11行,行9至11字。起:"行具修诸度",讫:"娑婆世界菩"。后秦鸠摩罗什译。经文见《大正藏》第9册,第35页C栏第9行至第20行。

Дх.00403 **大般若波罗蜜多经卷第一百九初分校量功德品第三十之七**

存12行，行7至16字。起："性自性"，讫："无性自性空"。唐玄奘译。经文见《大正藏》第5册，第600页C栏第24行至第601页A栏第6行。

Дx.00404 金刚般若波罗蜜经

存15行，行4至16字。起："三菩提法"，讫："众生寿者世"。后秦鸠摩罗什译。经文见《大正藏》第8册，第749页B栏第24行至C栏第10行。

Дx.00405 妙法莲华经卷第六药王菩萨本事品第二十三

存16行，行1至15字。起："菩萨闻而坐"，讫："迦沉水膠/油"。后秦鸠摩罗什译。经文见《大正藏》第9册，第53页A栏第20行至B栏第3行。

Дx.00406 佛说佛名经卷第十六

存8行，行5至16字。起："罪或因五悭"，讫："行造一切罪"。经文见《大正藏》第14册，第249页C栏第10行至第17行。

Дx.00407 Дx.00408 Дx.00516 妙法莲华经卷第七观世音菩萨普门品第二十五

存42行，行8至20字。起："婆夷身而"，讫："地狱鬼畜"。后秦鸠摩罗什译。经文见《大正藏》第9册，第57页B栏第12行至第58页A栏第16行。

Дx.00409 赞文

存4行。极残。待考。

Дx.00410 变文

存9行。首尾俱残。待考。

Дx.00411 一切经音义卷第三摩诃般若波罗蜜经卷第一

见Дx.00209。

Дx.00412 合部金光明经卷第三陀罗尼最净地品第六

存2行。录文："生死涅槃不厌/大智慧行。"真谛译、隋释宝贵合。经文见《大正藏》第16册，第373页C栏第25行至第26行。

Дx.00413 大般涅槃经卷第三十二师子吼菩萨品第十一之六

存6行，行4字。起："我已得见"，讫："不说为"。北凉昙无谶译。经文见《大正藏》第12册，第556页A栏第13行至第18行。

Дx.00414 金刚般若波罗蜜经

存6行，行2至9字。起："量不"，讫："供养"。后秦鸠摩罗什译。经文见《大正藏》第8册，第750页C栏第16行至第22行。

Дx.00415 大庄严论经卷第十三

存3行。录文："敷荣解明/者有未开/汝先欲。"马鸣菩萨造、后秦鸠摩罗什译。经文见《大正藏》第4册，第331页A栏第1行至第3行。

Дx.00416 大般若波罗蜜多经

存8行，行5至8字。起："智□□无二"，讫："清净无二无"。唐玄奘译。相同经文所存甚多，未查明具体卷品。

Дx.00417 Дx.00418 俱舍论颂疏论本卷第二

见Дx.00261。

Дx.00419 阿毗达磨俱舍释论卷第二十一分别三摩跋提品第八

存3行。录文："者谓次第/流无流/顺。"婆薮盘豆造、真谛译。经文见《大正藏》第29册，第300页B栏第11行至第14行。

Дx.00420 Дx.00421 大般涅槃经卷第三十九憍陈如品第十三之一

存11行，行3至6字。起："我净若"，讫："乐出家"。北凉昙无谶译。经文见《大正藏》第12册，第596页A栏第27行至B栏第9行。

Дx.00422 金光明最胜王经卷第二分别三身品第三

存6行，行3至8字。起："依空出电"，讫："男子善"。唐义净译。经文见《大正藏》第16册，第410页B栏第9行至第14行。

Дx.00423 大般若波罗蜜多经卷第三百一十三初分众喻品第四十四之三

存3行，行4至8字。起："执由此净戒"，讫："慢修精进"。唐玄奘译。经文见《大正藏》第6册,第594页C栏第25行至第27行。

Дх.00424 妙法莲华经卷第七观世音菩萨普门品第二十五

存6行,行4至13字。起:"念观音",讫:"念彼"。后秦鸠摩罗什译。经文见《大正藏》第9册,第57页C栏第22行至第58页第2行。

Дх.00425 Дх.03298 阿毗昙八犍度论卷第八阿毗昙结使犍度十门跋渠第四

二残片。其一,存10行,行4至12字。起:"使中贪欲",讫:"阿罗汉果九"。迦旃延子造、僧伽提婆共竺佛念译。经文见《大正藏》第26册,第811页B栏第12行至第22行。后2行文字模糊,未查清出处。其二,存10行,行10至13字。起:"尽作证",讫:"恚身缚□□"。经文见《大正藏》第26册,第811页C栏第11行至第812页A栏第14行。有异文。

Дх.00426 大般若波罗蜜多经卷第五百八十六第十二净戒波罗蜜多分之三

存3行,行6至7字。起:"缘所缘缘",讫:"菩萨如实"。唐玄奘译。经文见《大正藏》第7册,第1030页A栏第5行至第7行。

Дх.00427 妙法莲华经卷第五分别功德品第十七

存4行,行4字。起:"崛山共大",讫:"萨众在处"。后秦鸠摩罗什译。经文见《大正藏》第9册,第45页B栏第18行至第21行。

Дх.00428 大般涅槃经卷第三十七迦叶菩萨品第十二之五

存5行,行2至8字。起:"而生因缘",讫:"无常"。北凉昙无谶译。经文见《大正藏》第12册,第584页A栏第7行至第11行。

Дх.00429 劝入佛道文

存13行。具体内容待考。

Дх.00430 馆藏缺

Дх.00431 妙法莲华经卷第六药王菩萨本事品第二十三

存3行,行2至8字。起:"愿少",讫:"诸来"。后秦鸠摩罗什译。经文见《大正藏》第9册,第53页A栏第8行至第10行。

Дх.00432 阿毗达磨俱舍论本颂分别根品第二

存9行,行3至11字。起:"九得边",讫:"诸行相或得"。世亲菩萨造、唐玄奘译。经文见《大正藏》第29册,第312页B栏第9行至第23行。现刊本无品题"分别根品第二之二"。

Дх.00433A 大方广佛华严经卷第二十七十回向品第二十五之五

存6行,行5字。起:"量诸菩萨等",讫:"为究竟一切"。唐实叉难陀译。经文见《大正藏》第10册,第144页C栏第6行至第11行。

Дх.00433B 大般涅槃经卷第十五梵行品第八之一

存5行,行2至3字。起:"天所",讫:"饥馑丰"。北凉昙无谶译。经文见《大正藏》第12册,第454页C栏第9行至第13行。

Дх.00434 陀罗尼

存17行。未检出。

Дх.00435 金光明经卷第二坚牢地神品第九

二残片。其一,存2行,行4字。未检出。其二,存5行,行2至10字。起:"隐蔽",讫:"之故"。北凉昙无谶译。经文见《大正藏》第16册,第345页C栏第13行至第17行。

Дх.00436 佛说灌顶梵天神策经卷第十

存4行,行2至4字。起:"汝家",讫:"今日虽"。东晋帛尸梨蜜多罗译。经文见《大正藏》第21册,第525页C栏第19行至第25行。

Дх.00437 佛说阿弥陀经

存3行,行6至7字。起:"婆国土五浊",讫:"一切世间难"。后秦鸠摩罗什译。经文见《大正藏》第12册,第348页A栏第21行至第23行。

Дх.00438 大般涅槃经卷第二十四光明遍照高贵德王菩萨品第十之四

存9行，行2至3字。起："菩萨"，讫："闻二禅"。北凉昙无谶译。经文见《大正藏》第12册，第504页C栏第9行至第18行。

Дx.00439　Дx.01519　Дx.01526　Дx.01559　佛说佛名经卷第二

存10行，行6至14字。起："南无光明遍照十方燃灯佛"，讫："南无无垢德佛"。北魏菩提流支译。经文见《大正藏》第14册，第120页B栏第2行至第15行。

Дx.00440　维摩义记卷第四

存11行，行2至28字。起："第三"，讫："而分布正明说"。隋慧远撰。经文见《大正藏》第38册，第517页A栏第15行至B栏第6行。

Дx.00440V　舜子变文

存9行。录文："明已生舜/没慢纯者怨家得/□怨家同师入学我夫回/□□小儿见我儿憎纯□/□□被薄贱/聪明兼耶地下亡人亦当忆念思惟语讫/舜卖却耶店□菌牛羊六畜契/□□钱拟自□/□用待火/来日即拟推舜/行舜。"

Дx.00441　妙法莲华经卷第七观世音菩萨普门品第二十五

存4行，行11至13字。起："脱众商人"，讫："便得离欲"。后秦鸠摩罗什译。经文见《大正藏》第9册，第56页C栏第28行至第57页A栏第2行。

Дx.00442　大般涅槃经后分卷上大般涅槃经遗教品第一

存3行，行4至7字。起："问佛涅槃"，讫："后以何为"。唐若那跋陀罗译。经文见《大正藏》第12册，第901页A栏第17行至第19行。

Дx.00443　大般涅槃经卷第三

见Дx.00270。

Дx.00444　Дx.00445　史书

存11行。录文："豆卢内史/轻用闻　而检/义朱南并是前车亲/人龟镜非遥希容改/□恨于汪汪实于□/倾覆汪家但以　在□/翻得加阶奉告交阻/改过克遂　□情公□/□无心□公汪恐终/□□勿弃□乌尧转/□□□□极□。"

Дx.00446　残佛经

存2行。录文："□者登彼岸之乘/生获无□法忍又愿舍身。"未检出。

Дx.00447　放光般若经卷第九摩诃般若波罗蜜无作品第四十四

存8行，行2至10字。起："辟支"，讫："法亦"。西晋无罗叉译。经文见《大正藏》第8册，第67页B栏第17行至第25行。

Дx.00448　Дx.00449　Дx.00450　Дx.00451　妙法莲华经卷第二譬喻品第三

三残片。其一，存23行，行1至3字。起："欲/大车"，讫："受是语"。后秦鸠摩罗什译。经文见《大正藏》第9册，第14页C栏第6行至第15页A栏第6行。其二，存9行，行1至3字。起："得"，讫："严"。极残。其三，存4行。录文："闻众/方谛求/诸人等/苦所烧。"经文见《大正藏》第9册，第15页A栏第13行至第17行。

Дx.00448V　Дx.00449V　Дx.00450V　Дx.00451V　藏文残片

Дx.00452　Дx.00453　Дx.00454A　大般涅槃经卷第十八梵行品第八之四

存12行，行2至12字。起："议菩"，讫："声闻或为"。北凉昙无谶译。经文见《大正藏》第12册，第471页A栏第23行至B栏第5行。

Дx.00454B　梵网经卢舍那佛说菩萨心地戒品第十卷下

存3行，行5至6字。起："戒除国王"，讫："道邪见人"。后秦鸠摩罗什译。经文见《大正藏》第24册，第1009页A栏第8行至第10行。

Дx.00455　妙法莲华经卷第一方便品第二

存5行，行10至14字。起："积功德"，讫："乃至一"。后秦鸠摩罗什译。经文见《大正藏》第9册，第9页A栏第7行至第16行。

Дх.00456 **大般涅槃经卷第二十五光明遍照高贵德王菩萨品第十之五**

存5行，行1至4字。起："疲厌"，讫："义故/说"。北凉昙无谶译。经文见《大正藏》第12册，第510页C栏第22行至第27行。

Дх.00457 **大般若波罗蜜多经卷第一百六十八初分校量功德品第三十之六十六**

存10行，行6至15字。起："等教中千界"，讫："教化三千大千"。唐玄奘译。经文见《大正藏》第5册，第902页B栏第12行至第21行。

Дх.00458 **十方佛名**

存12行，行1至10字。起："水利安佛"，讫："光佛"。见《房山石经》第28册，部分佛名相近。

Дх.00459 **妙法莲华经卷第一方便品第二**

存5行，行2至6字。起："性以"，讫："见浊命浊"。后秦鸠摩罗什译。经文见《大正藏》第9册，第7页B栏第20行至第24行。

Дх.00460 **妙法莲华经卷第四见宝塔品第十一**

存3行，行6至7字。起："与欲开此"，讫："之重皆闻"。后秦鸠摩罗什译。经文见《大正藏》第9册，第33页B栏第22行至第24行。

Дх.00461 **大方广佛华严经卷第三十一佛不思议法品第二十八之二**

存8行，行4至8字。起："坏实际"，讫："悉无有余"。东晋佛驮跋陀罗译。经文见《大正藏》第9册，第597页C栏第11行至第17行。

Дх.00462 **般若波罗蜜多心经**

存18行，行8至17字。首题、尾题："般若波罗蜜多心经。"唐玄奘译。经文见《大正藏》第8册，第848页C栏第4行至第24行。

Дх.00463 Дх.00464 **维摩诘经疏**

见Дх.00352。

Дх.00463V Дх.00464V **骑缝押**

见Дх.00352V。

Дх.00465 **般若波罗蜜多心经**

存19行，行4至8字。首题、尾题："般若多心经。"唐玄奘译。经文见《大正藏》第8册，第848页C栏第4行至第24行。

Дх.00466 **维摩诘经疏**

见Дх.00352。

Дх.00466V **骑缝押**

见Дх.00352V。

Дх.00467 **般若波罗蜜多心经**

存18行，行17字。首题："般若波罗蜜多心经"，尾题："佛说多心经一卷"。唐玄奘译。经文见《大正藏》第8册，第848页C栏第4行至第24行。

Дх.00468A **般若波罗蜜多心经题签**

录文："般若波罗蜜多心经。"

Дх.00468B **般若波罗蜜多心经**

存18行，行16至19字。首题、尾题："般若波罗蜜多心经。"唐玄奘译。经文见《大正藏》第8册，第848页C栏第4行至第24行。

Дх.00469 **妙法莲华经卷第一序品第一**

存8行，行17字。首题："妙法莲华经序品第一"，讫："罗难陀孙"。后秦鸠摩罗什译。经文见《大正藏》第9册，第1页C栏第14行至第26行。

Дх.00470 **大般若波罗蜜多经卷第二百六十初分难信解品第三十四之七十九**

存28行，行17字。起："离生性清净"，讫："清净若离生"。唐玄奘译。经文见《大正藏》第6册，第316页A栏第25行至C栏第25行。

Дх.00471 Дх.00472 **金光明最胜王经卷第三灭业障品第五**

存27行，行8至17字。首题："第五卷三三藏法师义净奉制译"，讫："真实慧以真"。唐义净译。经文见《大正藏》第16册，第413页C栏第12行至第414页A栏第11行。

Дх.00471V Дх.00472V **经名杂写**

存"金光"2字。

Дх.00473 Дх.00477 **金刚坛陀罗尼经**

存19行，行1至17字。起："萨当欲分别"，讫："萨乐舍/痴"。未检出。

Дx.00474　金刚般若波罗蜜经

存28行，行2至17字。起："尊何以故是福德"，讫："萨应"。后秦鸠摩罗什译。经文见《大正藏》第8册，第749页B栏第20行至C栏第21行。

Дx.00475　维摩诘所说经卷中文殊师利问疾品第五

存32行，行7至17字。起："菩萨菩提若"，讫："贤圣行是菩"。后秦鸠摩罗什译。经文见《大正藏》第14册，第545页A栏第23行至B栏第29行。

Дx.00476　Дx.05937　Дx.06058　宅经

三残片。

Дx.00476VA　Дx.05937VA　Дx.06058VA　唐开元五年沙州敦煌县龙勒乡籍

Дx.00476VB　Дx.05937VB　Дx.006058VB　便粟麦历

Дx.00477　金刚坛陀罗尼经

见Дx.00473。

Дx.00478　金光明最胜王经卷第二分别三身品第三

存5行，行5至8字。起："身影以愿力"，讫："为二身故"。唐义净译。经文见《大正藏》第16册，408页C栏第29行至第409页A栏第5行。

Дx.00479　大乘无量寿经

存14行，行1至24字。首题："（上残）经"，讫："萨婆毗"。经文见《大正藏》第19册，第82页A栏第3行至B栏第6行。

Дx.00480　佛经论释

存11行。录文："小乘三□□三宝□有/几三宝□□一体三宝/法身□有□觉名/为佛宝法身体有/□宝为法□法□/体□□□建□/为僧□二别相/三宝□□化身次为/佛宝所说言□/次为法宝大乘十信/已□□小乘初果。"未检出。

Дx.00480V　残字

Дx.00481　妙法莲华经卷第三药草喻品第五

存9行，行3至17字。首题："妙法莲华经药草喻品第五"，讫："心所行"。后秦鸠摩罗什译。经文见《大正藏》第9册，第19页A栏第13行至第26行。

Дx.00482　佛说天地八阳神咒经

存7行，行2至7字。首题："善男子佛即"，讫："无"。唐义净译。经文见《大正藏》第85册，第1424页C栏第8行至第1425页A栏第1行。

Дx.00483　Дx.00490A　Дx.00497　Дx.00498　Дx.00991　Дx.01876　Дx.02055　Дx.02123　Дx.02128　Дx.02131　Дx.02141　Дx.03827B　Дx.03840　Дx.03852　Дx.03868　Дx.03869　Дx.03882　胜天王般若波罗蜜经卷第四现相品第七

九残片。其一，存31行，行4至28行。起："众宝合"，讫："口同声赞言"。月婆首那译。经文见《大正藏》第8册，第709页B栏第11行至第710页A栏第3行。其二，存22行，行2至13字。起："是深问如"，讫："般若力/般若"。经文见《大正藏》第8册，第715页A栏第5行至B栏第10行。其三，存4行，行第3至8字。起："王闻佛"，讫："欢喜"。经文见《大正藏》第8册，第715页B栏第11行至第16行。其四，存27行，行2至29字。起："故即/舍利弗菩萨"，讫："神之力何"。经文见《大正藏》第8册，第710页A栏第9行至B栏第23行。其五，存16行，行2至21字。起："故是可求"，讫："天王言"。经文见《大正藏》第8册，第711页C栏第18行至第712页A栏第16行。其六，存14行，行3至11字。起："波罗蜜如是修行远离"，讫："能速成就阿"。经文见《大正藏》第8册，第712页C栏第17行至第713页A栏第11行。其七，存6行，行3至15字。起："於一切处而得"，讫："就大悲"。经文见《大正藏》第8册，第714页A栏第15行至第24行。其八，存8行，行9至22字。起："离重担超出"，讫："善男子善女人"。经文见《大正藏》第8册，第712页B栏第1行至第14行。其九，存12行，行4至23字。起："人是法器"，讫："善男子善"。经文见《大正藏》第8册,第712页B栏第16行至C栏第6行。

Дх.00484　Дх.03859　**合部金光明经卷第七流水长者子品第二十一**

存20行,行4至16字。起:"如是言我为",讫:"家中可食"。北凉昙无谶译、隋释宝贵合。经文见《大正藏》第16册,第395页C栏第24行至第396页A栏第15行。

Дх.00485　**王梵志诗**

见Ф.256。

Дх.00486　**佛说佛名经卷第四**

存15行,行1至12字。起:"南无佛光佛",讫:"脱佛"。北魏菩提流支译。经文见《大正藏》第14册,第136页C栏第18行至第29行。

Дх.00487A　Дх.00829A　Дх.02771A　**论刚柔性情**

存18行。首尾俱残。

Дх.00487B　Дх.00829B　Дх.02771B　**类书**

存52行。首尾俱残。

Дх.00488　Дх.00491　**大乘无量寿经**

存4行,行4至8字。起:"南谟薄伽",讫:"俱留孙佛"。经文见《大正藏》第19册,第84页B栏第5行至第10行。

Дх.00489　Дх.02119　**金光明最胜王经卷第四最净地陀罗尼品第六**

存22行,行1至10字。起:"尽无减无边",讫:"亦令听众安/馑/人"。唐义净译。经文见《大正藏》第16册,第422页A栏第22行至B栏第15行。

Дх.00490A　**胜天王般若波罗蜜经卷第四现相品第七**

见Дх.00483。

Дх.00490B　**妙法莲华经卷第七观世音菩萨普门品第二十五**

存7行,行5至12字。起:"音菩萨便得",讫:"是故众生"。后秦鸠摩罗什译。经文见《大正藏》第9册,第57页A栏第3行至第11行。

Дх.00491　**大乘无量寿经**

见Дх.00488。

Дх.00492　**佛说楞经禅门悉谈章并序**

存11行。前6行,行4至9字。起:"常觉悟一念",讫:"即初学生心"。经文见《大正藏》第85册,第536页B栏第29行至C栏第4行。第7行至第11行,起:"都跋陀三藏法师",讫:"识揽悬"。经文见《大正藏》第85册,第536页A栏第8行至第10行。

Дх.00492V　**残佛经**

存3行。未检出。

Дх.00493　Дх.03003　Дх.03886　**妙法莲华经卷第七观世音菩萨普门品第二十五**

三残片。其一,存6行,行2至8字。起:"天龙",讫:"菩萨摩诃萨於"。后秦鸠摩罗什译。经文见《大正藏》第9册,第56页B栏第16行至第22行。其二,存8行,行4至12字。起:"非人等受",讫:"略说闻"。经文见《大正藏》第9册,第57页C栏第4行至第15行。其三,存23行,行4至10字。起:"或遭王难苦",尾题:"观世音经"。经文见《大正藏》第9册,第57页C栏第27行至第58页B栏第7行。

Дх.00494　**大乘稻芊经随听手镜记**

见Дх.00302。

Дх.00494V　**张盈润题记**

见Дх.00302V。

Дх.00495　Дх.02252　**佛说现报当受经**

存23行,行8至17字。起:"欢喜嫌人还",讫:"女人又复端"。《大正藏》所收为S.2076,经文多不相同,或为异译本。

Дх.00496　**大乘无量寿经**

存9行,行13至17字。全部为陀罗尼。经文见《大正藏》第19册,第82页。

Дх.00497　Дх.00498　**胜天王般若波罗蜜经卷第四现相品第七**

见Дх.00483。

Дх.00499　Дх.00539　**金刚般若波罗蜜经**

二残片。其一，存6行，行3至8字。首题："金刚般若波罗蜜经"，讫："座而坐时"。后秦鸠摩罗什译。经文见《大正藏》第8册，第748页C栏第17行至第24行。其二，存11行，行9至17字。起："阿罗汉道"，讫："诸菩萨摩"。经文见《大正藏》第8册，第749页C栏第9行至第21行。

Дх.00500　Дх.02127　**金刚般若波罗蜜经**

存19行，行7至10字。起："须菩提於"，讫："须菩提於意"。后秦鸠摩罗什译。经文见《大正藏》第8册，第749页B栏第26行至C栏第16行。

Дх.00501　**佛说预修十王生七经**

存6行，行2至6字。起："生习"，讫："之日煞父"。藏川述。经文见《卍新续藏》第1册，第408页B栏第5行至第17行。

Дх.00502　Дх.01799　Дх.01955　**佛说天地八阳神咒经**

三残片。其一，存3行，行8字。起："地狱作饿鬼畜生"，讫："土善男子"。唐义净译。经文见《大正藏》第85册，第1424页A栏第18行至第20行。其二，存3行，行10至11字。起："读经即殡葬"，讫："得阿耨多罗"。经文见《大正藏》第85册，第1424页A栏第2行至第5行。其三，存6行，行10至17字。起："无碍菩萨"，讫："火阳男阴女"。经文见《大正藏》第85册，第1424页A栏第6行至第12行。有异文。

Дх.00503　Дх.00504　**梵网经卢舍那佛说菩萨心地戒品第十卷下**

其一，存11行，行1至8字。起："说/一戒光"，讫："一时成"。后秦鸠摩罗什译。经文见《大正藏》第24册，第1003页C栏第21行至第1004页A栏第3行。其二，存9行，行9至20字。起："本源/我今卢舍那"，讫："佛法中戒藏"。经文见《大正藏》第24册，第1003页C栏第28行至第1004页A栏第15行。

Дх.00503V　Дх.00504V　**契据**

六残片。文字不清。

Дх.00505　**佛说无量寿宗要经**

存27行，行基本完整。起："是经少分"，尾题："佛说无量寿宗要经"。题记："卢淡。"经文见《大正藏》第19册，第84页A栏第25行至C栏第29行。

Дх.00506　**十二月壬气**

存16行。节元大字，注双行小字。

Дх.00506V　**驱祟方**

存16行。

Дх.00507　Дх.01345　Дх.03115　Дх.03120

Дх.03124　**大乘百法明门论开宗义决**

四残片。其一，存23行，行4至30字。起："未决定怖畏"，讫："修习真梵行"。唐昙旷撰。经文见《大正藏》第85册，第1070页B栏第19行至第1071页A栏第9行。其二，存7行，行3至22字。起："法空知果"，讫："果故三者"。经文见《大正藏》第85册，第1075页C栏第10行至第22行。其三，存8行，行10至16字。起："谓并见黄"，讫："身今举蕴"。经文见《大正藏》第85册，第1075页B栏第23行至C栏第11行。其三，存11行，行3至13字。起："见者意显眼识"，讫："生相缚等/相续"。经文见《大正藏》第85册，第1075页B栏第23行至C栏第9行。其四，存5行，行3至17字。起："七八总有"，讫："识必有眼"。经文见《大正藏》第85册，第1075页B栏第13行至第23行。

Дх.00507V　Дх.01345V　Дх.03115V　Дх.03120V

Дх.03124V　**佛经论释**

存1行。无法辨识。

Дх.00508　**地藏菩萨本愿经分身集会品第二**

存6行，行17字。起："遍满百千"，讫："喜汝成就"。唐实叉难陀译。经文见《大正藏》第13册，第779页C栏第4行至第12行。

Дх.00508V　**莲中法性流偈**

存6行。

Дх.00509　**佛说天地八阳神咒经**

存24行，行7至12字。起："葬之后日读"，讫："草木生焉日月"。唐义净译。经文见《大正藏》第

85册，第1423页C栏第21行至第1424页A栏第13行。

Дx.00510 Дx.02383 礼忏文

存7行，行5至12字。录文："是诸尊众□/花如法供养愿此香/十方男供养一切佛化佛并菩/萨无数声闻众受此香花云/以为光明台广意无边男无边/无量作佛事/供养已恭敬一切普诵。"

Дx.00511 维摩诘所说经卷上佛国品第一

存7行，行17至28行。起："起法忍已"，讫："五道以现"。后秦鸠摩罗什译。经文见《大正藏》第14册，第537页A栏第15行至第26行。

Дx.00512 大佛顶经卷第一难字表

存8行，行2至7字。首题："饷饳大佛顶经第一卷"，讫："晃鐷"。

Дx.00512V 大佛顶经卷第二难字表

存19行。行8字。

Дx.00513 太公家教

存17行。录文："□□求财/祥何为七奴太公曰跣脚/着鞋上床三奴起□/露形洗浴六奴口面不净/念念为一贱跣脚立尿□/四贱唾涕污地五贱杂/不择地八贱武王曰何/□求财不足二愚好/愚好说他人五愚悭/行恶不虑八愚被辱□/下于上一狂说他密事/道业四狂见善不习五/行善□狂同类相欺八狂/十狂礼云君子君子不失/一此养汝令汝□保汝/子亦知之□□□报是/□□□□武王。"

Дx.00514 持诵金刚经灵验功德记

存13行，行2至17字。起："家/即为出勒国"，讫："读金刚般若"。经义见《大正藏》第85册，第157页C栏第3行至第19行。

Дx.00515 Дx.02930 沙州长史注般若波罗蜜多心经

存31行。注双行小字。首题："波罗蜜多心经沙州长史"，讫："故名持咒"。唐玄奘译。经文见《大正藏》第8册，第848页C栏第4行至第24行。

Дx.00516 妙法莲华经卷第七观世音菩萨普门品第二十五

见Дx.00407。

Дx.00517 太上洞玄灵宝升玄内教经

存29行，行8至16字。起："以位相尊"，讫："解其深义。"

Дx.00518 妙法莲华经卷第四五百弟子受记品第八

存11行，行4至20字。起："是故诸菩"，讫："而身净佛土"。后秦鸠摩罗什译。经文见《大正藏》第9册，第28页A栏第12行至B栏第3行。

Дx.00519 舍头谏太子二十八宿经

存17行，行7至9字。起："两目为日月"，讫："行无所乏"。西晋竺法护译。经文见《大正藏》第21册，第419页B栏第14行至C栏第3行。

Дx.00520 Дx.00995 七佛八菩萨说大陀罗尼神咒经卷第一

二残片。其一，存30行，行字数不一。品题："第三随业佛所说、第四拘留秦佛所说、第五拘那含牟尼佛所说、第六迦叶佛所说、第七释迦牟尼佛所说。"其二，存27行。品题："第四救脱菩萨所说、第五我跋陀和菩萨所说、第六我大势志菩萨所说、第七我得大众菩萨所说、第八我坚勇菩萨所说。"失译。经文见《大正藏》第21册，第536页C栏至第541页A栏。经文与现刊本有较大区别。

Дx.00521 大般若波罗蜜多经卷第五百九十七第十六般若波罗蜜多分之五

存12行，行17字。起："不於中行"，讫："分别及异"。唐玄奘译。经文见《大正藏》第7册，第1092页A栏第7行至第21行。

Дx.00522 金刚般若波罗蜜经

存10行，行9至20字。起："生已而无有"，讫："得作佛号"。后秦鸠摩罗什译。经文见《大正藏》第8册，第751页A栏第12行至第24行。

Дx.00523 妙法莲华经卷第五从地踊出品第十五

存48行，行20字。起："或有大菩萨"，讫："依止是世界"。后秦鸠摩罗什译。经文见《大正藏》第9册，第40页C栏第2行至B栏第41行。

Дх.00524 大般涅槃经卷第三十二师子吼菩萨品第十一之六

存20行,行17字。起:"波罗蜜时",讫:"着心不"。北凉昙无谶译。经文见《大正藏》第12册,第558页A栏第22行至B栏第14行。

Дх.00525 金刚般若波罗蜜经

存28行,行9至17字。起:"莫作是说",讫:"能作是念我"。后秦鸠摩罗什译。经文见《大正藏》第8册,第749页A栏第27行至B栏第26行。

Дх.00526 大智度论卷第八初品中放光释论第十四之余

存14行,行4至17字。起:"来熟智心",讫:"般若波罗蜜"。龙树菩萨造、后秦鸠摩罗什译。经文见《大正藏》第25册,第117页C栏第7行至第21行。

Дх.00527 法苑珠林卷第九十四便利部第四

存11行,行6至21字。起:"恨云何佛听此",讫:"出家得道"。唐道世撰。经文见《大正藏》第53册,第982页B栏第13行至第26行。

Дх.00527V 胜鬘经义记卷上

存10行,行6至23字。起:"者标举其人",讫:"舍离世间无常"。慧远撰。经文见《卍续藏》第19册,第878页A栏第9行至第20行。

Дх.00528A 沙州敦煌县神沙乡籍

Дх.00528AV 习字

存8行。习写"之""当"。

Дх.00528B 习字

存10行。习写"至""少""和"。

Дх.00528BV 杂写

四残片。前习写"和"字。后为《千字文》1行。录文:"命临深履薄夙兴/朝。"

Дх.00528C 咸亨元年杂写

存3行。录文:"初二日今日廿五/咸亨元/银青光禄大夫。"

Дх.00529 大悲启请千手千眼观世音菩萨广大圆满无障碍大悲心陀罗尼神妙章句

存27行,行16字。起:"唵七吽",讫:"娑婆诃终必"。题记:"僧悟宝显德元年甲寅之岁二月丙午写。"经文见《大正藏》第85册,第1295页C栏第28行至第1296页A栏第28行。有异文。

Дх.00530 馆藏缺

Дх.00531 佛说高王观世音经

存11行,行10至16字。首题:"佛说观世音经一卷",讫:"华王佛北方月"。经文见《大正藏》第85册,第1425页B栏第6行至第20行。

Дх.00532 大智度论卷第一初序品中缘起义释论第一

存13行,行2至7字。起:"愿诸",讫:"足放金色"。龙树菩萨造、后秦鸠摩罗什译。经文见《大正藏》第25册,第57页C栏第22行至第58页A栏第6行。

Дх.00533 法门名义集

存21行,行33字左右。未检出。

Дх.00534 残佛经

存22行,行4至36字。起:"切损者",讫:"咀嚼羔子"。未检出。

Дх.00535 大智度论卷第七十四释灯炷品第五十七

存33行,行8至17字。起:"是实相不生",尾题:"衍经卷第七十四"。龙树菩萨造、后秦鸠摩罗什译。经文见《大正藏》第25册,第584页A栏第29行至C栏第5行。

Дх.00536 妙法莲华经卷第七观世音菩萨普门品第二十五

存13行,行9至18字。起:"善男子勿",讫:"无尽意观世"。后秦鸠摩罗什译。经文见《大正藏》第9册,第56页C栏第26行至第57页A栏第10行。

Дх.00537 大乘无量寿经

存12行,行7至21字。起:"输毗",讫:"波唎"。经文见《大正藏》第19册,第82页B栏。

Дх.00538 佛说无常经经名和兰亭集序杂写

存4行。录文："佛说无常经经名/大□□常/大大大/永和九年岁癸丑暮春之初会子会稽。"

Дх.00538V 佛名和藏文杂写

其中汉字2行。录文："大力子/大光明佛。"

Дх.00539 金刚般若波罗蜜经

见Дх.00499。

Дх.00540 大般涅槃经卷第二十梵行品第八之六

存14行，行13至17字。起："死尸如"，讫："枯树或与"。北凉昙无谶译。经文见《大正藏》第12册，第481页B栏第17行至C栏第1行。

Дх.00541 太玄真一本际妙经卷第二

存14行，行10至17字。起："不能将节"，讫："亦略亦广"。

Дх.00542 Дх.00656 佛说阿弥陀经

存36行，行3至10字。起："命及其"，讫："世界说"。后秦鸠摩罗什译。经文见《大正藏》第12册，第347页A栏第27行至C栏第9行。

Дх.00543 Дх.00544 佛垂般涅槃略说教诫经

存46行，行3至9字。起："双树"，讫："不出而"。后秦鸠摩罗什译。经文见《大正藏》第12册，第1110页C栏第19行至第1111页B栏第5行。

Дх.00545 Дх.00546 Дх.00757 妙法莲华经卷第四提婆达多品第十二

存31行，行2至17字。起："多是/六波罗蜜"，讫："无量不可称"。后秦鸠摩罗什译。经文见《大正藏》第9册，第34页C栏第26行至第35页A栏第29行。

Дх.00547 Дх.01095 大般涅槃经卷第三十七迦叶菩萨品第十二之五

二残片。其一，存10行，行8至17字。起："才是内无明"，讫："烦恼何因"。北凉昙无谶译。经文见《大正藏》第12册，第583页A栏第18行至第28行。其二，存17行，行2至17字。起："经文见为因因受"，讫："因缘生知因/色亦"。经文见《大正藏》第12册，第584页A栏第28行至B栏第15行。

Дх.00548 梵网经卢舍那佛说菩萨心地戒品第十卷下

存20行，行4至17字。起："即一人诵"，讫："斋会求福行"。后秦鸠摩罗什译。经文见《大正藏》第24册，第1008页A栏第22行至B栏第14行。

Дх.00548V 杂写

存"若佛子"3字。

Дх.00549 大般涅槃经卷第二十四光明遍照高贵德王菩萨品第十之四

存22行，行16字。起："到菩萨能"，讫："大千世界云"。北凉昙无谶译。经文见《大正藏》第12册，第504页B栏第12行至C栏第4行。

Дх.00550 梵网经卢舍那佛说菩萨心地戒品第十卷下

存17行，行4至17字。起："若故"，讫："犯轻垢罪"。后秦鸠摩罗什译。经文见《大正藏》第24册，第1005页C栏第22行至第1006页A栏第15行。

Дх.00551 佛顶尊胜陀罗尼经

存20行，行9至18字。起："除一切生死"，讫："他唵"。唐佛陀波利译。经文见《大正藏》第19册，第350页B栏第4行至第24行。

Дх.00552 金光明最胜王经卷第四最净地陀罗尼品第六

起："之心昔所未"，讫："前无明此二"。存25行，行5至16字。唐义净译。经文见《大正藏》第16册，第419页C栏第5行至第420页A栏第2行。

Дх.00553 金刚般若波罗蜜经

存10行，行3至17字。起："阿僧祇"，尾题："佛说金刚般若波罗蜜经"。后秦鸠摩罗什译。经文见《大正藏》第8册，第752页B栏第24行至C栏第3行。

Дх.00554 金光明最胜王经卷第六四天王护国品第十二

存19行，行17字。后另有2行经音字。起："於此世界"，尾题："金光明最胜王经卷第六"。唐义净译。经文见《大正藏》第16册，第432页B栏第20行至C栏第10行。

Дx.00555　Дx.01741　杂阿含经

存38行，行2至17字。前18行为《杂阿含经卷第二十五》。起："尔时世尊"，品题："杂阿含经卷第廿五、杂阿含经卷第廿六、杂阿含经卷第卅八"，讫："佛唯/起"。宋求那跋陀罗译。第1行至第6行，经文见《大正藏》第2册，第176页B栏第20行至第26行。第7行至第18行，经文见《大正藏》第2册，第178页B栏第10行至第22行。第19至行29行，为《杂阿含经卷第二十六》，经文见《大正藏》第2册，第190页A栏第9行至第18行。第30行至第38行为《杂阿含经卷第三十八》，经文见《大正藏》第2册，第276页A栏第22行至B栏第1行。

Дx.00556　太上洞玄灵宝赤书玉诀

存13行。起："第二者常行"，讫："无害无恶"。

Дx.00556V　佛经三分科判

存9行。

Дx.00557　大方广佛华严经卷第三十二实王如来性起品第三十二之一

存37行，行3至20字。起："所希奇"，讫："恭敬供"。东晋佛驮跋陀罗译。经文见《大正藏》第9册，第612页A栏第7行至C栏第6行。

Дx.00558　Дx.00570　阿毗昙毗婆沙论卷第五十二智犍度他心智品第二之四

存41行，行4至17字。起："杂犍度问"，尾题："毗昙毗婆沙卷第五十六"。迦旃延子造、五百罗汉释、北凉浮陀跋摩共道泰等译。经文见《大正藏》第28册，第382页B栏第2行至C栏第14行。与现刊本分卷不同。

Дx.00559　大智度论卷第九十四释毕定品第八十三之余

存23行，行8至17字。起："共法命何以"，讫："名有不"。龙树菩萨造、后秦鸠摩罗什译。经文见《大正藏》第25册，第716页C栏第6行至第29行。

有添加字，有重字符。

Дx.00560　长阿含经卷第十二清净经

存19行，行4至17字。起："忧佛"，讫："神通下是"。后秦佛陀耶舍共竺佛念译。经文见《大正藏》第1册，第73页B栏第23行至C栏第14行。

Дx.00561　贤愚经卷第八大施抒海品第三十五

存22行，行10至16字。首题："大施抒海摩诃令廿"，讫："直照西壁"。北魏慧觉等译。经文见《大正藏》第4册，第404页B栏第17行至C栏第9行。

Дx.00562　妙法莲华经卷第二譬喻品第三

存20行，行3至20字。起："於虚空"，讫："以譬喻"。后秦鸠摩罗什译。经文见《大正藏》第9册，第12页A栏第14行至B栏第12行。

Дx.00563　大般涅槃经卷第二寿命品第一之二

存37行，行6至17字。起："人为惭愧故"，讫："像凡夫少"。北凉昙无谶译。经文见《大正藏》第12册，第374页B栏第21行至C栏第29行。

Дx.00564　大方广佛华严经卷第五十四入法界品第三十四之十一

存34行，行4至17字。起："现明净智"，讫："来归命赞"。东晋佛驮跋陀罗译。经文见《大正藏》第9册，第743页A栏第18行至B栏第24行。

Дx.00565　大般涅槃经卷第三十八迦叶菩萨品第十二之六

存21行，行6至18字。起："无常亦尔"，讫："苦果无共"。北凉昙无谶译。经文见《大正藏》第12册，第588页C栏第14行至第589页A栏第6行。

Дx.00566　大佛顶如来放光悉怛多大神力都摄一切咒王陀罗尼经

存36行，行60字左右。首题："大佛顶如来放光悉怛多大神力都摄一切咒王陀罗尼经大威德最胜金轮三昧神咒品"，讫："娑嚩诃"。题记："天复二年壬戌岁正月廿三日归义军节度使张公发心敬写为城隍禳灾贮入□中供养。"未检出。

Дx.00567　馆藏缺

Дх.00568 小品般若波罗蜜经卷第三摩诃般若波罗蜜经回向品第七

存21行，行2至17字。起："阿耨多罗三"，品题："摩诃般若波罗蜜回向品第七"，讫："颠倒"。后秦鸠摩罗什译。经文见《大正藏》第8册，第547页C栏第11行至第548页A栏第2行。

Дх.00569 金光明经卷第二四天王品第六

存22行，行9至17字。起："诸人王应得"，讫："多作利益於"。北凉昙无谶译。经文见《大正藏》第16册，第342页A栏第4行至第27行。

Дх.00570 阿毗昙毗婆沙论卷第五十二智犍度他心智品第二之四

见Дх.00558。

Дх.00571 大般涅槃经卷第二十九师子吼菩萨品第十一之五

存18行，行6至17字。起："所生之本"，讫："乐狱卒女亦"。北凉昙无谶译。经文见《大正藏》第12册，第553页A栏第8行至第25行。

Дх.00572 大智度论卷第一百释昙无竭品第八十九

存26行，行8至17字。起："力无众生"，讫："散乱故智"。龙树菩萨造、后秦鸠摩罗什译。经文见《大正藏》第25册，第753页A栏第20行至B栏第20行。

Дх.00573 妙法莲华经卷第四见宝塔品第十一

存27行，行2至17字。起："前全身"，讫："宝树"。后秦鸠摩罗什译。经文见《大正藏》第9册，第32页C栏第18行至第33页A栏第15行。

Дх.00574 妙法莲华经卷第一方便品第二

存10行，行6至20字。起："法王无上尊"，讫："唯垂分明说"。后秦鸠摩罗什译。经文见《大正藏》第9册，第6页C栏第14行至第27行。

Дх.00575 修行道地经卷第一阴成败品第五

存22行，行2至20字。起："譬如"，讫："求之"。西晋竺法护译。经文见《大正藏》第15册，第187页B栏第2行至C栏第1行。

Дх.00576 妙法莲华经卷第六常不轻菩萨品第二十

存25行，行3至18字。起："灯明於其"，讫："重宣此义而"。后秦鸠摩罗什译。经文见《大正藏》第9册，第51页A栏第13行至B栏第9行。

Дх.00577 贤愚经卷第九善事太子入海品第三十七

存22行，行3至18字。起："如是我闻"，讫："即向求哀"。北魏慧觉等译。经文见《大正藏》第4册，第410页A栏第11行至B栏第7行。

Дх.00578 菩萨善戒经卷第三菩萨地菩提力性品第九

存14行，行10至15字。起："得五力因五力"，讫："辟支佛善提得"。宋求那跋摩译。经文见《大正藏》第30册，第977页C栏第10行至第26行。

Дх.00579 佛说佛名经卷第五

存16行。起："南无金刚光佛"，讫："南无龙吼佛"。北魏菩提流支译。经文见《大正藏》第14册，第140页A栏第19行至B栏第1行。

Дх.00580 Дх.00582 Дх.00584 佛说佛名经卷第六

存50行。原缀合图版前后颠倒。正确顺序：第二页，起："南无业"，讫："南无味光明"。北魏菩提流支译。经文见《大正藏》第14册，第144页B栏第12行至C栏第5行。第一页，起："南无事光"，讫："南不动佛/南无"。经文见《大正藏》第14册，第144页C栏第9行至第16行。中有缺行。

Дх.00580V 回鹘文残片

Дх.00581 金光明最胜王经卷六四天王护国品第十二

存13行，行2至10字。起："众生乐受持"，讫："啰末拏天"。唐义净译。经文见《大正藏》第16册，第430页C栏第6行至第21行。

Дх.00581V 回鹘文残片

Дх.00582 佛说佛名经卷第六

见Дх.00580。

Дх.00583 一切经音义卷第四十二大威德陀罗尼

经卷第十六至卷第十七

存7行,行4至19字。首题:"第十六卷",尾题:"第十七卷"。唐玄应撰。经文见《大正藏》第54册,第583页A栏第22行至B栏第3行。

Дx.00583V 四分律卷第二十七等

Дx.00584 佛说佛名经卷第六

见Дx.00580。

Дx.00585 Дx.00586A 一切经音义卷第九放光般若经

二残片。其一,存23行。起:"阿须伦又作",讫:"珠玑"。唐玄应撰。经文见《大正藏》第54册,第356页C栏第15行至第357页A栏第1行。其二,存15行。起:"不□侧买子",讫:"史说五步"。经文见《大正藏》第54册,第357页A栏第17行至B栏第4行。有异文。

Дx.00586B 金光明经卷第三散脂鬼神品第十

存2行。录文:"能为众生广说是/所种诸善。"北凉昙无谶译。经文见《大正藏》第16册,第346页C栏第10行至第12行。

Дx.00586C 一切经音义卷第九放光般若经

存4行。录文:"第十八卷/狡戏古卯友/第十九卷/和夷罗洹阅叉。"唐玄应撰。经文见《大正藏》第54册,第358页A栏第14行至第17行。

Дx.00587 大爱道比丘尼经卷上

存24行,行2至19字。起:"要能如是",讫:"俱行"。经文见《大正藏》第24册,第946页B栏第24行至第947页A栏。异译本,差别较大。

Дx.00588 Дx.00589 大般涅槃经卷第三十一师子吼菩萨品第十一之五

存84行,行2至17字。起:"阿耨/世尊如经中",讫:"百千"。北凉昙无谶译。经文见《大正藏》第12册,第549页C栏第1行至第550页B栏第27行。

Дx.00590 优婆塞戒经卷第七禅波罗蜜品第二十七

存18行,行4至18字。起:"二者亲三",讫:"如是慈悲"。北凉昙无谶译。经文见《大正藏》第24册,第1074页C栏第10行至第28行。

Дx.00591 众生心法图

Дx.00592 大般涅槃经卷第三十五迦叶菩萨品第十二之三

存15行,行6至17字。起:"定答是一切",讫:"诸三昧门"。北凉昙无谶译。经文见《大正藏》第12册,第571页A栏第10行至第24行。

Дx.00593 Дx.00594 佛说天地八阳神咒经

存66行,行2至20字。起:"是声声即是",讫:"迎之"。唐义净译。经文见《大正藏》第85册,第1423页B栏第8行至第1424页A栏第23行。

Дx.00595 妙法莲华经卷第七观世音菩萨普门品第二十五

存26行,行5至12字。起:"无说意是",讫:"妙相尊偈答"。后秦鸠摩罗什译。经文见《大正藏》第9册,第57页B栏第19行至C栏第11行。

Дx.00596 净名经集解关中疏卷下文殊师利问疾品第五

存28行,行5至23字。起:"正宣",讫:"佛土以"。唐道液述。经文见《大正藏》第85册,第474页A栏第4行至B栏第24行。

Дx.00597 Дx.01030 四分律删繁补阙行事钞卷上

存40行,行10至27行。起:"况得功德",讫:"高广大床"。唐道宣撰述。经文见《大正藏》第40册,第5页B栏。与现刊本经文差别较大,或为异译本。

Дx.00598 Дx.02395 大乘起信论广释卷第五

二残片。其一,存25行,行9至27字。起:"入十住故",讫:"种种姓中"。昙旷撰。经文见《大正藏》第85册,第1157页A栏第21行至C栏第2行。其二,存3行,行10至12字。起:"者故本业经",讫:"名为信相"。经文见《大正藏》第85册,第1147页C栏第2行至第6行。

Дx.00599 大顺四年灵图寺僧慈光问法师帖

存14行。起:"不同法师所谈",讫:"中如何

□"。题记:"大顺四年癸丑正月廿八日灵图寺僧慈光写记。"

Дx.00599V 好住道场赞

存5行。首题:"好住道场赞",讫:"道场"。

Дx.00600 和菩萨戒文

存18行。起:"愿垂广说",讫:"稽首礼无止尊"。前12行经文见《大正藏》第85册,第1300页C栏第16行至第23行。后6行未检出。

俄藏敦煌文献第七册叙录

Дх.00601　佛说大辩邪正经

存26行。前8行，行26字。起："林中若有一比丘"，讫："不可言不可谓"。未检出。后18行是《佛说大辩邪正经》，行29字左右。起："流浪生死"，品题："释迦牟尼佛为初心菩萨断六种见趣品第四"，讫："始可归依"。经文见《大正藏》第85册，第1411页A栏第16行至B栏第13行。

Дх.00602　四分律比丘戒本

存20行，行1至13字。起："不得为覆"，讫："不得/不"。后秦佛陀耶舍译。经文见《大正藏》第22册，第1021页B栏第21行至C栏第15行。

Дх.00603　大乘无量寿经

存24行，行3至35字。起："大限/法要若有众"，讫："呵十五"。经文见《大正藏》第19册，第82页A栏第11行至B栏第23行。

Дх.00604　大般涅槃经卷第三十师子吼菩萨品第十一之四

存11行，行6至17字。起："观察外身"，讫："却坐一面我时"。北凉昙无谶译。经文见《大正藏》第12册，第542页B栏第11行至第21行。

Дх.00605　金刚般若波罗蜜经

存17行，行6至17字。起："佛说如来"，讫："不可思量不"。后秦鸠摩罗什译。经文见《大正藏》第8册，第748页C栏第29行至第749页A栏第18行。

Дх.00606　摩诃般若波罗蜜经卷第二十三六喻品第七十七

存18行，行1至17字。起："骂我/者谁割"，讫："佛住是/种"。后秦鸠摩罗什译。经文见《大正藏》第8册，第390页C栏第18行至第391页A栏第7行。

Дх.00607　千眼千臂观世音菩萨陀罗尼神咒经卷上

存11行，行4至10字。起："尔时观世音"，讫："之所烧害"。唐智通译。经文见《大正藏》第20册，第83页C栏第19行至第84页A栏第4行。

Дх.00607V　杂写

存"尚未"2字。

Дх.00608　Дх.02710　金刚般若波罗蜜经

存45行，行4至14字。起："闻是章句"，讫："摩诃萨应如"。后秦鸠摩罗什译。经文见《大正藏》第8册，第749页B栏第2行至C栏第21行。

Дх.00609　妙法莲华经卷第七妙庄严王本事品第二十七

存24行，行3至17字。起："父故踊"，讫："华三昧"。后秦鸠摩罗什译。经文见《大正藏》第9册，第60页A栏第5行至B栏第5行。

Дх.00610　妙法莲华经卷第七妙音菩萨品第二十四

存8行，行7至17字。起："华德菩萨"，讫："雷音王佛所"。后秦鸠摩罗什译。经文见《大正藏》第9册，第56页A栏第2行至第10行。

Дx.00611 大般若波罗蜜多经卷第五百五十五第四分随顺品第二十九

存19行，行11至16字。起："上缘无边际"，讫："眼界如大海耳"。唐玄奘译。经文见《大正藏》第7册，第861页B栏第9行至第29行。

Дx.00612 四分律比丘戒本

存17行，行9至21字。起："若比丘与"，讫："受请已前后"。后秦佛陀耶舍译。经文见《大正藏》第22册，第1018页C栏第20行至第1019页A栏第25行。

Дx.00613 黄帝内经素问经卷六

存29行。起："在太阳"，讫："三部者各有天地人故以"。

Дx.00614 大乘无量寿经

存11行，行1至21字。起："啰佐耶"，讫："尔"。经文见《大正藏》第19册，第82页C栏第12行至第83页A栏第2行。

Дx.00615 妙法莲华经卷第四法师功德品第十

存14行，行8至11字。起："持读诵解说"，讫："其罪甚重"。后秦鸠摩罗什译。经文见《大正藏》第9册，第30页C栏第18行至第31页A栏第3行。

Дx.00616 大般若波罗蜜多经卷第四百四十三第二分示相品第四十七之二

存16行，行8至18字。起："相多毒害"，讫："是九次第"。唐玄奘译。经文见《大正藏》第7册，231页C栏第14行至第232页A栏第1行。

Дx.00617 药师琉璃光如来本愿功德经

存36行，行2至17字。起："兽所"，尾题："药师琉璃光如来本愿功德经"。唐玄奘译。经文见《大正藏》第14册，第408页A栏第14行至B栏第25行。

Дx.00618 妙法莲华经卷第七观世音菩萨普门品第二十五

存11行，行17字。起："所执刀杖"，讫："解脱众商人"。后秦鸠摩罗什译。经文见《大正藏》第9册，第56页C栏第17行至第28行。

Дx.00619 大方便佛报恩经卷第一序品第一

存21行，行3至8字。起："陀典历"，讫："从其面门"。失译。经文见《大正藏》第3册，第124页B栏第26行至C栏第19行。

Дx.00620 Дx.00869 大般涅槃经卷第三十四迦叶菩萨品第十二之二至卷第三十五迦叶菩萨品第十二之三

存30行，行3至17字。起："摄佛性亦"，讫："执着"。北凉昙无谶译。经文见《大正藏》第12册，568页C栏第20行至第569页A栏第29行。与现刊本分卷不同。

Дx.00621 Дx.01160 药师琉璃光如来本愿功德经

存18行，行4至18字。起："养彼世尊"，讫："年终不能"。唐玄奘译。经文见《大正藏》第14册，第407页C栏第18行至第408页A栏第9行。

Дx.00622 维摩诘所说经卷中不思议品第六

存14行，行3至17字。起："时彼佛"，讫："坐师子座"。后秦鸠摩罗什译。经文见《大正藏》第14册，第546页B栏第5行至第20行。

Дx.00623 Дx.00624 大方广佛华严经卷第二十金刚幢菩萨十回向品第二十一之七

二残片。其一，存6行，行6至11字。起："贤菩萨所行"，讫："如普贤以此无"。经文见《大正藏》第9册，第528页C栏第27行至第529页A栏第4行。其二，存17行，行5至17字。起："辩净地而不"，讫："无余方便"。经文见《大正藏》第9册，第529页A栏第5行至第22行。

Дx.00625 Дx.00848 妙法莲华经卷第一序品第一

存14行，行2至11字。起："转轮圣王"，讫："此言"。后秦鸠摩罗什译。经文见《大正藏》第9册，第4页A栏第16行至B栏第1行。

Дx.00626 妙法莲华经卷第四提婆达多品第十二至劝持品第十三

存29行，行2至17字。起："眼经无量"，品题："妙法莲华经劝持品第十三"，讫："我等"。后秦鸠摩罗什译。经文见《大正藏》第9册，第35页C栏第8行至第36页A栏第9行。

Дx.00627 金光明最胜王经卷第四最净地陀罗尼品第六

存16行，行3至17字。起："甚深之"，讫："而得生起"。唐义净译。经文见《大正藏》第16册，第418页A栏第2行至第19行。

Дx.00628 佛说天地八阳神咒经

存24行，行6至13字。起："狼屏迹不敢"，讫："如来意思想"。唐义净译。经文见《大正藏》第85册，第1423页A栏第13行至B栏第13行。有异文。

Дx.00629 金刚般若波罗蜜经

存18行，行9至17字。起："如是不可思议"，讫："比丘如我"。后秦鸠摩罗什译。经文见《大正藏》第8册，第749页A栏第19行至B栏第10行。

Дx.00630 Дx.02129 式叉摩那戒法

存21行，行7至20字。起："此汝多念"，讫："弟子结戒已宁"。与现刊本无相同者。

Дx.00630V Дx.02129V 杂写

存2行。杂写"南"字。

Дx.00631 金光明最胜王经卷第四最净地陀罗尼品第六

存21行，行3至17字。起："得声闻声闻"，讫："群生故是"。唐义净译。经文见《大正藏》第16册，第418页A栏第14行至B栏第7行。

Дx.00632 妙法莲华经卷第五安乐行品第十四

存3行，行4至7字。首题："妙法莲华经安乐"，讫："是诸菩萨"。后秦鸠摩罗什译。经文见《大正藏》第9册，第37页A栏第9行至第11行。

Дx.00633 金刚般若波罗蜜经论卷上

存10行，其中完整者2行，行2至17字。起："根熟菩萨说"，讫："应知"。天亲菩萨造、北魏菩提流支译。经文见《大正藏》第25册，第781页B栏第23行至C栏第4行。

Дx.00634 菩萨璎珞经题签

录文："璎珞经卷上。"

Дx.00635 大般若波罗蜜多经卷第六十八初分无所得品第十八之八

存27行，行1至15字。起："舍利子布施"，讫："复次舍利/法"。唐玄奘译。经文见《大正藏》第5册，第382页B栏第12行至C栏第2行。

Дx.00636 大方便佛报恩经卷第一序品第一

存14行，行8至9字。起："欲令众生"，讫："乐成就法"。失译。经文见《大正藏》第3册，第125页A栏第22行至B栏第5行。

Дx.00637 Дx.04909 金刚般若波罗蜜经

存18行，行3至13字。起："我相无"，讫："闻此经典/写受"。后秦鸠摩罗什译。经文见《大正藏》第8册，第750页B栏第19行至C栏第11行。

Дx.00638 Дx.00874 妙法莲华经卷第七观世音菩萨普门品第二十五

存38行，行2至15字。起："睐罗"，尾题："观世音经"。后秦鸠摩罗什译。经文见《大正藏》第9册，第57页C栏第3行至第58页B栏第7行。

Дx.00638V Дx.00874V 杂写

存2行。录文："造大王/奉敕修。"

Дx.00639 Дx.00641 妙法莲华经卷第五安乐行品第十四

存29行，行7至17字。起："无有常住"，讫："无上道教"。后秦鸠摩罗什译。经文见《大正藏》第9册，第37页C栏第14行至第38页A栏第19行。

Дx.00640 妙法莲华经卷第一序品第一

存13行，行6至10字。起："倍复加精进"，讫："合掌一"。后秦鸠摩罗什译。经文见《大正藏》第9册，第5页A栏第24行至B栏第20行。

Дx.00641 妙法莲华经卷第五安乐行品第十四

见Дx.00639。

Дx.00642 佛说除恐灾患经

存23行，行3至17字。起："疫疾威"，讫："畜生之苦令成"。西秦圣坚译。经文见《大正藏》第17

册，第552页A栏第8行至B栏第2行。

Дх.00643　大比丘三千威仪

存6行，行2至17字。起："给与"，讫："十一者"。后汉安世高译。经文见《大正藏》第24册，第920页B栏第16行至第21行。有异文。经文"是为依师法"，现刊本为"是为依止阿阇梨法"。

Дх.00644　Дх.01178　Дх.01179　金刚般若波罗蜜经

存56行。起："□言其多"，讫："以故如来"。后秦鸠摩罗什译。经文见《大正藏》第8册，第749页B栏第20行至第750页A栏第22行。

Дх.00645　妙法莲华经卷第六随喜功德品第十八

存10行，行2至17字。起："偈言/灭度后"，讫："我今说之"。后秦鸠摩罗什译。经文见《大正藏》第9册，第46页B栏第24行至C栏第6行。

Дх.00646　Дх.01608　Дх.01974　妙法莲华经卷第七观世音菩萨普门品第二十五

二残页。其一，存10行，行5至17字。起："神而为说法"，讫："受此璎珞尔"。后秦鸠摩罗什译。经文见《大正藏》第9册，第57页B栏第17行至C栏第1行。其二，存28行，行8至13字。起："佛告观世意（音）"，讫："悲观及"。经文见《大正藏》第9册，第57页C栏第3行至第58页A栏第18行。

Дх.00647　大般若波罗蜜多经卷第二百三十五初分难信解品第三十四之五十四

存16行，行10至17字。起："故一切智智"，讫："智智清净何"。唐玄奘译。经文见《大正藏》第6册，第183页B栏第26行至C栏第14行。

Дх.00648　维摩诘所说经卷上佛国品第一

存29行，行2至17字。起："辩积菩萨"，讫："尊神宫悉/亦现"。后秦鸠摩罗什译。经文见《大正藏》第14册，第537页B栏第4行至C栏第5行。

Дх.00649　尊凡起圣悞脱宗修心成佛要论

存36行，行22字。起："行者"，讫："之言"。背题："尊凡起圣悞脱宗修心成佛要论蕲州恩禅师译。"未检出。

Дх.00649V　尊凡起圣悞脱宗修心成佛要论

存1行。录文："尊凡起圣悞脱宗修心成佛要论荆州恩禅师译一。"未检出。

Дх.00650　妙法莲华经卷第一

见Дх.00163。

Дх.00651　大般若波罗蜜多经卷四百一第二分缘起品第一

存26行，行8至17字。首题："大般若波罗蜜多经卷第四百一"，品题："第二分缘起品第一三藏法师玄奘奉"，讫："持正念常能"。唐玄奘译。经文见《大正藏》第7册，第1页B栏第1行至第29行。

Дх.00652　Дх.00653　妙法莲华经卷第七观世音菩萨普门品第二十五

存46行，行2至17字。起："若有众生"，讫："者即"。后秦鸠摩罗什译。经文见《大正藏》第9册，第57页A栏第1行至B栏第18行。

Дх.00654　大般涅槃经卷第十三圣行品第七之三至卷第十四圣行品第七之四

存26行，行3至17字。起："正命自活"，讫："相非无"。北凉昙无谶译。经文见《大正藏》第12册，第445页A栏第27行至C栏第2行。

Дх.00655　妙法莲华经卷第四法师功德品第十

存41行，行8至20字。起："经乃至一句"，讫："已说今说"。后秦鸠摩罗什译。经文见《大正藏》第9册，第30页C栏第18行至B栏第17行。

Дх.00656　佛说阿弥陀经

见Дх.00542。

Дх.00657　妙法莲华经卷第六随喜功德品第十八

存19行，行8至13字。起："若长若幼"，讫："诸有漏於"。后秦鸠摩罗什译。经文见《大正藏》第9册，第46页B栏第29行至C栏第18行。

Дх.00658　金刚般若波罗蜜经

存12行，行5字。起："想若非有想"，讫："不可思量"。后秦鸠摩罗什译。经文见《大正藏》第8册，第749页A栏第8行至第19行。

Дx.00659 大般若波罗蜜多经题签

录文："大般若波罗蜜多经卷第四百九十三五十莲。"

Дx.00660 佛说护身命经

存3行，行4至7字。录文："句一偈流泪/广令流布阿难复/佛足一心奉行。"比丘道真译。经文见《大正藏》第85册，第1326页A栏第14行至第16行。

Дx.00661 大般若波罗蜜多经题签

录文："大般若波罗蜜多经卷第三百九十六莲正固。"

Дx.00662 大般若波罗蜜多经题签

录文："大般若波罗蜜多经卷第四百九十四。"

Дx.00663 佛本行经题签

录文："佛本行经卷第五十。"

Дx.00664 大般若波罗蜜多经题签

录文："大般若波罗蜜多经卷第三百七卅一龙。"

Дx.00665 Дx.02462 行路难

存24行，行7至20字。起："非长虚诳"，讫："无利无功德"。

Дx.00666 妙好宝车经

存18行，行3至13字。起："入水海"，讫："琢斫却"。经文见《大正藏》第85册，第1334页C栏第18行至第1335页A栏第6行。

Дx.00667 金刚般若波罗蜜经

存7行，行7至8字。起："世尊如来"，讫："得未来心"。后秦鸠摩罗什译。经文见《大正藏》第8册，第751页B栏第21行至第28行。

Дx.00668 七阶佛名

存21行，行3至20字。起："清净偈"，尾题："七阶佛名一卷"。题记："比丘昙真写记。"经文见于《大正藏》多处。如《文殊师利菩萨无相十礼》《礼忏文》《集诸经礼忏仪》等。

Дx.00669 妙法莲华经卷第二信解品第四

存14行，行3至9字。起："欣此遇"，讫："中舍吾逃"。后秦鸠摩罗什译。经文见《大正藏》第9册，第17页A栏第26行至B栏第11行。

Дx.00670 大般若波罗蜜多经卷第五百四十第四分供养窣堵波品第三之二

存26行，行11至13字。首题："大般若波罗蜜多经卷第五百册"，品题："第四分供养窣堵波品第三之二"，讫："若善男子"。唐玄奘译。经文见《大正藏》第7册，第774页A栏第1行至B栏第1行。

Дx.00671 妙法莲华经卷第七观世音菩萨普门品第二十五

存19行，行7至20字。起："智力疾无边方"，尾题："观音经一卷"。中有添加行。后秦鸠摩罗什译。经文见《大正藏》第9册，第58页A栏第6行至B栏第8行。

Дx.00672 金刚般若波罗蜜经

存25行，行6至13字。起："那行者以"，讫："此经我等"。后秦鸠摩罗什译。经文见《大正藏》第8册，第749页C栏第14行至第750页A栏第12行。

Дx.00673 大般涅槃经题签

录文："大般涅槃经卷第十三恩。"

Дx.00674 大般若波罗蜜多经题签

录文："大般若波罗蜜多经卷第四百卅二册五。"

Дx.00675 大般若波罗蜜多经题签

录文："大般若波罗蜜多经卷第三百七十二册八。"

Дx.00676 金光明最胜王经题签

录文："金光明最胜王经卷五。"

Дx.00676V 金刚般若波罗蜜经题签

录文："金刚般若波罗蜜经。"

Дx.00677 大般若波罗蜜多经题签

录文："大般若波罗蜜多经卷第四百五十二。"

Дx.00678 大般涅槃经卷第十七梵行品第八之三

存14行，行3至17字。起："复如是"，讫："名无所"。北凉昙无谶译。经文见《大正藏》第12册，第464页A栏第14行至第28行。

Дx.00679　佛说字经抄

存7行，行3至10字。起："解善"，讫："戾主自种之"。吴支谦译。经文见《大正藏》第17册，第734页A栏第5行至第12行。

Дx.00680　Дx.01175　大般涅槃经卷第三十师子吼菩萨品第十一之四

二残页。其一，存11行，行3至17字。起："能庄严"，讫："善男子一切"。北凉昙无谶译。经文见《大正藏》第12册，第545页C栏第19行至第546页A栏第1行。其二，存41行，行2至17字。起："又无住者"，讫："比丘"。经文见《大正藏》第12册，第546页A栏第23行至C栏第6行。

Дx.00681　妙法莲华经卷第七妙音菩萨品第二十四

存21行，行4至17字。起："法应以佛形"，讫："生法忍"。后秦鸠摩罗什译。经文见《大正藏》第9册，第56页B栏第5行至第29行。

Дx.00682　大般涅槃经卷第十四圣行品第七之四

存8行，行6至18字。起："时闻是事"，讫："善男子我於尔"。北凉昙无谶译。经文见《大正藏》第12册，第450页C栏第25行至第451页A栏第4行。

Дx.00683　维摩诘所说经卷上

存15行，行6至13字。起："昧多闻智慧"，品题："弟子品第三"，讫："来谓我言"。后秦鸠摩罗什译。经文见《大正藏》第14册，第539页C栏第4行至第19行。

Дx.00684A　阿弥陀经通赞疏卷上

前5行，行4至21字。起："是说在有三疑"，讫："结集之缘如藏章记"。为唐基撰《阿弥陀经通赞疏卷上》。经文见《大正藏》第37册，第332页A栏第20行至第25行。后5行，起："注法花云"，讫："第一句如"。为唐基撰《阿弥陀菩萨上生兜率天经题序》。经文见《大正藏》第38册，第279页B栏第25行至C栏第1行。或为《说无垢称经疏第一》之末，经文见《大正藏》第38册，第1003页B栏第9行至第15行。

Дx.00684B　妙法莲华经玄赞卷第一

存15行，完整者3行。起："本教所传不异"，讫："我者主宰"。唐基撰。经文见《大正藏》第34册，第663页A栏第19行至B栏第8行。

Дx.00685　金光明最胜王经卷第二分别三身品第三

存6行，行4至16字。起："分别非常"，讫："遂得金"。唐义净译。经文见《大正藏》第16册，第409页C栏第23行至第29行。

Дx.00686　金刚般若波罗蜜经

存16行，行4至17字。起："种善根已"，讫："而有差别"。后秦鸠摩罗什译。经文见《大正藏》第8册，第749页B栏第1行至第18行。

Дx.00687　妙法莲华经卷第七

见Дx.00160。

Дx.00688　摩诃般若波罗蜜经卷第二十累教品第六十六

存5行，行9字。起："为随顺法"，讫："因须菩提"。后秦鸠摩罗什译。经文见《大正藏》第8册，第362页A栏第12行至第16行。

Дx.00689　般若波罗蜜多心经

存9行，行1至11字。起："无/罗蜜多"，尾题："佛说多心经一卷"。唐玄奘译。经文见《大正藏》第8册，第848页C栏第17行至第24行。

Дx.00690　慈悲水忏法卷中

二残片。其一，存1行，总4字。录文："德以无所"。未检出。其二，存9行，行10字左右。起："[生]报灶[者]"，讫："为善之者"。经文见《大正藏》第45册，第972页B栏第22行至C栏第1行。

Дx.00691　Дx.00692　大般若波罗蜜多经卷第六十七初分无所得品第十八之七

存18行，行3至11字。起："萨但有假名"，讫

"假施设"。唐玄奘译。经文见《大正藏》第5册,第378页A栏第6行至第24行。

Дх.00693 **大般涅槃经卷第三十二师子吼菩萨品第十一之六**

存6行,行3至7字。起:"劫中受大苦恼",讫:"为法因[缘]"。北凉昙无谶译。经文见《大正藏》第12册,第557页C栏第3行至第10行。

Дх.00694 **四分律删繁补阙行事钞卷下尼众别行篇第二十九**

存4行,行4字。起:"学六法为",讫:"羯磨/六法"。唐道宣撰述。经文见《大正藏》第40册,第155页A栏第14行至第18行。有异文。

Дх.00695 **大般若波罗蜜多经卷第五百八十四**

存2行,行8字。录文:"波罗蜜多尔时尔/忍精进静虑般若波。"唐玄奘译。经文见《大正藏》第7册,第1022页C栏第26行至第27行。相同经文甚多,不可确指具体卷品。

Дх.00696 **圆明论**

存54行,行3至27字。起:"此实时",品题:"辩明修释因果品第三、辩明三乘逆顺观品第四",讫:"善根惠"。

Дх.00697 **佛经论释**

存30行。未检出。

Дх.00698 **大乘百法明门论开宗义决**

见Дх.00395。

Дх.00699 **蒙书**

存47行。起:"尅荒榛躯",讫:"蛤霍鹘吱"。

Дх.00700 **金刚般若波罗蜜经开玄钞卷第一**

存5行。首题:"金刚般若经开玄钞卷第一/□郡沙门公哲述东京天清寺赐紫沙门志蕴后重删补",讫:"今叙两"。未检出。

Дх.00701 **般若波罗蜜多心经**

存6行,行17字。首题:"般若波罗蜜多心经",讫:"无色无受想"。后几行为杂写。唐玄奘译。经文见《大正藏》第8册,第848页C栏第4行至第11行。

Дх.00701V **结磨阿阇梨偈**

存2行。录文:"结磨阿阇梨忏悔转法轮/不不。"

Дх.00702 **大乘二十二问本**

存15行,行21字左右。起:"第五问云",讫:"可言具四"。经文见《大正藏》第85册,第1185页A栏第19行至B栏第18行。有异文。

Дх.00702V **受戒忏文**

存5行,行19至23字。录文:"应护持无有毁犯受戒疏了法事已毕发愿回向/弟子角等惟愿以□□净戒功德尽将回施法界□/共回向无上菩提弟子等世生世生常见诸佛亲近供养/生□杨闻六闸常与众生作善知识尽未来际行菩萨行教/诸众生同生西方极乐世界福德福慧二经庄严早得。"卷中"菩提""菩萨"用合体字。

Дх.00703 **根本说一切有部毗奈耶杂事卷第三十四**

存18行,行3至4字。起:"谓我先来",讫:"用如世"。唐义净译。经文见《大正藏》第24册,第374页B栏第20行至C栏第12行。

Дх.00704 **大般若波罗蜜多经卷第五百一十一第三分不思议品第十六**

存22行,行2至18字。起:"尔时/罗蜜多",讫:"诸如来应"。唐玄奘译。经文见《大正藏》第7册,第607页A栏第25行至B栏第18行。

Дх.00705 **九品往生**

存9行。用图表形式展示,文字上下颠倒。

Дх.00706 **馆藏缺**

Дх.00707 **大方便佛报恩经卷第三论议品第五**

存26行,行17字。首题:"大方便佛报恩经论议品第五三",讫:"而依阎浮"。失译。经文见《大正藏》第3册,第136页B栏第17行至C栏第15行。

Дх.00708 **小乘三科**

存20行,行14字左右。起:"问三宝有",讫:"髓津润安"。部分内容见于《法门名义集》。

Дх.00709 Дх.01010 Дх.01224 **妙法莲华经卷第**

七观世音菩萨普门品第二十五

存40行。行5至15字。起："作是言世尊",讫："菩萨便得"。后秦鸠摩罗什译。经文见《大正藏》第9册,第56页C栏第4行至第57页A栏第3行。前后笔迹不一,行数字数亦不一致。

Дx.00710　Дx.00940　无常偈文

存29行,行10字左右。起："一恭敬自归",讫："朝礼忏悔"。经文见《大正藏》第85册,第1303页C栏。文字有较大出入。

Дx.00711　维摩诘所说经卷上弟子品第三

存16行,行4至13字。起："取食若须",讫："所以者何一"。后秦鸠摩罗什译。经文见《大正藏》第14册,第540页B栏第29行至C栏第17行。

Дx.00712　比丘尼八波罗夷篇

存22行,行7至30字。首题："比丘尼入波罗夷篇",讫："想取已有想"。未检出。

Дx.00713　金光明最胜王经卷第九善生王品第二十一至诸天药叉护持品第二十二

存34行,行7至15字。起："复有十方",品题："胜王经诸天药叉护持品第廿三",讫："犹如大龙坐"。唐义净译。经文见《大正藏》第16册,第444页B栏第20行至第445页B栏第4行。

Дx.00714　金光明最胜王经卷第二分别三身品第三

存11行,行6至7字。起："种种身是",讫："分别智一切"。唐义净译。经文见《大正藏》第16册,第408页B栏第20行至C栏第2行。

Дx.00715　妙法莲华经卷第六随喜功德品第十八

存11行,行7至11字。首题："莲华经随喜功",讫："诸等闻已"。后秦鸠摩罗什译。经文见《大正藏》第9册,第46页B栏第21行至C栏第3行。

Дx.00716　Дx.01065　大乘无量寿经

存25行,行10至33字。起："薄伽勃底",尾题："佛说无量寿宗要经"。经文见《大正藏》第19册,第84页B栏第24行至C栏第29行。

Дx.00717　Дx.01033　大般若波罗蜜多经卷第二初分缘起品第一之二

存31行,行10至15字。起："说大般若波罗",讫："最后世界"。唐玄奘译。经文见《大正藏》第5册,第5页C栏第12行至第6页A栏第13行。

Дx.00718A　金光明最胜王经卷第二分别三身品第三

存3行,行4至7字。起："修行满",讫："应时"。唐义净译。经文见《大正藏》第16册,第408页B栏第16行至第19行。

Дx.00718B　大般若波罗蜜多经卷第四百六十七第二分无相品第七十四之二

存5行,行3至15字。起："有情速能",讫："多亦能圆"。唐玄奘译。经文见《大正藏》第7册,第361页B栏第19行至第24行。

Дx.00719　大般若波罗蜜多经卷第一百九十三

存26行,行8至17字。首题："大般若波罗蜜多经卷第一百九十三",品题："初分难信解品第卅四之十二三藏法师玄奘",讫："清净即耳界"。唐玄奘译。经文见《大正藏》第5册,第1033页B栏第13行至C栏第13行。

Дx.00720　大宝积经卷第四十六菩萨藏会第十二之十二毗利耶波罗蜜多品第九之二

存24行,行5至14字。起："觉了知是",讫："众生忧毒箭"。唐玄奘译。经文见《大正藏》第11册,第270页C栏第26行至第271页A栏第20行。

Дx.00720V　杂写

存14行。为习字和抄写的经句。

Дx.00721　结坛散食回向发愿文

存9行。录文："大圣等右弟子/先奉为国安仁奉/昌五稼丰盈三农/亡魂识不值八难/过往尊亲无历三/苦次奉为弟子厶甲/寿灾殃下侵于巳/昌口祸无来/长幼。"

Дx.00722　金刚般若波罗蜜经

存3行。录文："福德亦复/所教住/不不了。"

后秦鸠摩罗什译。经文见《大正藏》第8册，第749页A栏第19行至第22行。

Дx.00723 **大乘百法明门论开宗义决**

见Дx.00395。

Дx.00724 **维摩诘所说经卷上佛国品第一**

存15行，行7至17字。起："作是念若"，讫："譬如宝庄"。后秦鸠摩罗什译。经文见《大正藏》第14册，第538页C栏第6行至第21行。

Дx.00725 **妙法莲华经卷第七观世音菩萨普门品第二十五**

存4行，行9至12字。起："无尽意菩萨"，讫："法应以辟"。后秦鸠摩罗什译。经文见《大正藏》第9册，第57页A栏第20行至第24行。

Дx.00726 **金光明最胜王经卷第八大辩才天女品第十五之二**

存9行，行2至8字。起："四天下能"，讫："辩才"。唐义净译。经文见《大正藏》第16册，第438页A栏第2行至第10行。

Дx.00727 Дx.02766 Дx.04315B **大般若波罗蜜多经卷第三百四初分魔事品第四十之二**

存23行，行5至17字。起："能圆满佛"，讫："一切智道相"。唐玄奘译。经文见《大正藏》第6册，第552页A栏第25行至B栏第20行。

Дx.00728 **燃灯文**

见Дx.00350。

Дx.00729 Дx.00730 **妙法莲华经卷第四五百弟子受记品第八**

存29行，行5至17字。首题："妙法莲华经卷五百弟子受记品第八四"，讫："令立阿耨"。后秦鸠摩罗什译。经文见《大正藏》第9册，第27页B栏16行至C栏第16行。

Дx.00731 **大般若波罗蜜多经卷第四百八十四第三分善现品第三之三**

存10行，行9至16字。起："复次善现"，讫："摩诃萨能学"。唐玄奘译。经文见《大正藏》第7册，457页A栏第10行至第19行。

Дx.00732 **大般若波罗蜜多经卷第四百三第二分观照品第三之二**

存26行，行15至17字。首题："大般若波罗蜜多经卷第四百三"，品题："第二分观照品第三之二三藏法师玄奘奉"，讫："六法当证"。经文见《大正藏》第7册，第12页B栏第16行至C栏第20行。

Дx.00732V **荣照题名**

存"荣照"2字。

Дx.00733 **大佛顶如来密因修证了义诸菩萨万行首楞严经卷第六**

存9行，行2至16字。起："令其/胜妙现"，讫："自在游行十"。唐般刺蜜帝译。经义见《大正藏》第19册，第128页C栏第2行至第11行。

Дx.00734 **妙法莲华经卷第三化城喻品第七**

存12行，行1至17字。起："六入缘触"，讫："诸漏心得/量"。后秦鸠摩罗什译。经文见《大正藏》第9册，第25页A栏第6行至第17行。

Дx.00735 **六门陀罗尼经**

存19行，行22字左右。首题、尾题："六门陀罗尼经。"唐玄奘译。经文见《大正藏》第2册，第878页A栏第3行至第28行。

Дx.00736 **大般若波罗蜜多经卷第四百四第二分观照品第三之三**

存11行，行9至11字。起："界不生无色"，讫："无量无数"。唐玄奘译。经文见《大正藏》第7册，第19页A栏第18行至第28行。

Дx.00737 **般若波罗蜜多心经**

存14行，行4至16字。起："不灭不垢"，尾题："般若波罗蜜多心经"。唐玄奘译。经文见《大正藏》第8册，第848页C栏第10行至第24行。

Дx.00738 **金光明最胜王经卷第二分别三身品第三**

存23行，行7至10字。起："故说常非是"，讫："缘境界处所"。唐义净译。经文见《大正藏》第16

册，第409页B栏第6行至C栏第3行。

Дх.00739 金刚般若波罗蜜经

存22行，行3至9字。起："女人发阿"，讫："须菩提"。后秦鸠摩罗什译。经文见《大正藏》第8册，第749页A栏第2行至第26行。

Дх.00740 Дх.00745 Дх.00984 妙法莲华经卷第六常不轻菩萨品第二十

存28行，行4至15字。起："作佛而是"，讫："作佛得大"。后秦鸠摩罗什译。经文见《大正藏》第9册，第50页C栏第20行至第51页A栏第21行。

Дх.00741 Дх.00742 入楞伽经卷第二集一切佛法品第三之一

存27行，行4至17字。起："是故不异"，讫："复次"。北魏菩提流支译。经文见《大正藏》第16册，第522页A栏第15行至B栏第15行。

Дх.00743 Дх.00909 妙法莲华经卷第二譬喻品第三

存14行，行5至14字。起："次当作佛号"，讫："三十二小劫"。后秦鸠摩罗什译。经文见《大正藏》第9册，第11页C栏第8行至第12页A栏第1行。

Дх.00744 大方等大集经卷第七不眴菩萨品第四

存17行，行2至14字。起："多/天龙神"，讫："不见"。北凉昙无谶译。经文见《大正藏》第13册，第45页B栏第27行至C栏第14行。

Дх.00745 妙法莲华经卷第六常不轻菩萨品第二十

见Дх.00740。

Дх.00746 金光明最胜王经卷第二分别三身品第三

存13行，行17字。起："故法如如"，讫："譬如如来"。唐义净译。经文见《大正藏》第16册，第408页C栏第4行至第17行。包首："金光明最胜王经分别三身品第三/最胜王经卷第二。"

Дх.00747 Дх.01104 大般若波罗蜜多经卷第五百五十二第四分无杂无异品第二十四

二残片。其一，存12行，行4至17字。起："若菩萨摩"，讫："菩萨摩诃萨"。唐玄奘译。经文见《大正藏》第7册，第844页A栏第16行至第27行。其二，存6行，行6至16字。起："诃萨不"，讫："相毁蔑斗"。经文见《大正藏》第7册，第845页A栏第17行至第22行。

Дх.00748 金光明最胜王经卷第五莲华喻赞品第七

存8行，行10至12字。起："面貌圆明"，讫："善逝慈"。唐义净译。经文见《大正藏》第16册，第422页C栏第24行至第423页A栏第2行。

Дх.00749 妙法莲华经卷第一序品第一

存15行，行3至17字。起："如来於"，讫："汝身是也"。后秦鸠摩罗什译。经文见《大正藏》第9册，第4页B栏第1行至第16行。

Дх.00750 太玄真一本际妙经卷第十

存16行，行3至17字。起："本通微"，讫："开通童子"。

Дх.00750V 辩中边论卷中辩真实品第三

存19行，行1至24字。起："依根本三真"，讫："真实/摄"。唐玄奘译。经文见《大正藏》第31册，第469页C栏第23行至第470页A栏第21行。

Дх.00751 Дх.00761A 维摩诘所说经卷上佛国品第一

存16行，行2至16字。起："一盖☐☐世界"，讫："是首此法王"。后秦鸠摩罗什译。经文见《大正藏》第14册，第537页B栏第28行至C栏第14行。

Дх.00752 佛说佛名经卷第十九

存7行，行5至17字。起："彼处大圣"，讫："舍利弗大众"。经文见《大正藏》第14册，第261页A栏第6行至第13行。

Дх.00753 妙法莲华经卷第七观世音菩萨普门品第二十五

存6行，行10至17字。起："为说法应以"，讫："一心供养"。后秦鸠摩罗什译。经文见《大正藏》第9册，第57页B栏第15行至第21行。

Дх.00754 大般涅槃经卷第三十二师子吼菩萨品第十一之六

存20行，行5至15字。起："乐於惠施"，讫："众生悉有佛"。北凉昙无谶译。经文见《大正藏》第12册，第555页A栏第17行至B栏第7行。

Дx.00755　Дx.00756　金刚般若波罗蜜经

存19行，行2至13字。起："则是非相"，讫："应住"。后秦鸠摩罗什译。经文见《大正藏》第8册，第750页B栏第3行至第22行。

Дx.00757　妙法莲华经卷第四提婆达多品第十二

见Дx.00545。

Дx.00758　大方广佛华严经卷第十八入不思议解脱境界普贤行愿品

存9行，完整者4行，行7至17字。起："迁超过生"，讫："众生众苦热"。唐般若译。经文见《大正藏》第10册，第742页A栏第25行至B栏第5行。

Дx.00759　Дx.00761B　妙法莲华经卷第七妙音菩萨品第二十四

存17行，行6至15字。起："尼佛语多宝"，讫："经典或见"。后秦鸠摩罗什译。经文见《大正藏》第9册，第55页C栏第27行至第56页A栏第16行。

Дx.00760　妙法莲华经卷第七观世音菩萨普门品第二十五

存14行，行17至20字。起："种种诸恶趣"，尾题："观世音经一卷"。后秦鸠摩罗什译。经文见《大正藏》第9册，第58页A栏第16行至B栏第7行。

Дx.00761A　维摩诘所说经卷上佛国品第一

见Дx.00751。

Дx.00761B　妙法莲华经卷第七妙音菩萨品第二十四

见Дx.00759。

Дx.00762　妙法莲华经卷第四五百弟子受记品第八

存28行，行12至20字。起："为求无上"，讫："成等正觉"。后秦鸠摩罗什译。经文见《大正藏》第9册，第28页A栏第25行至C栏第9行。

Дx.00763　金光明最胜王经卷第七如意宝珠品第十四

存25行，行14至17字。起："尔时世尊"，讫："即说咒曰"。唐义净译。经文见《大正藏》第16册，第433页B栏第6行至C栏第2行。

Дx.00764　大般若波罗蜜多经卷第五百四十四第四分随喜回向品第六之二

存19行，行1至8字。起："具经如"，讫："无上/正"。唐玄奘译。经文见《大正藏》第7册，第796页B栏第5行至第29行。

Дx.00765　佛说阿弥陀经

存6行，行7至14字。首题："佛说阿弥陀经"，讫："难陀阿难"。后秦鸠摩罗什译。经文见《大正藏》第12册，第346页B栏第25行至C栏第3行。

Дx.00766　大般涅槃经卷第一寿命品第一

存17行，行17字。起："告曰汝等"，讫："咒者无恶"。北凉昙无谶译。经文见《大正藏》第12册，第370页A栏第10行至第27行。

Дx.00767　Дx.01925　妙法莲华经卷第七观世音菩萨普门品第二十五

存21行，行2至17字。起："刹之难以"，讫："威神"。后秦鸠摩罗什译。经文见《大正藏》第9册，第56页C栏第15行至第57页A栏第6行。

Дx.00768　佛教文献

存8行，行11字左右。起："即也既到彼岸"，讫："灭缘"。未检出。

Дx.00769　七佛八菩萨所说大陀罗尼神咒经卷第一

存9行，行3字左右。起："不登能"，讫："陀摩［帝那］"。失译。经文见《大正藏》第21册，第536页B栏第26行至C栏第5行。或为《陀罗尼杂集卷第一七佛所说大陀罗尼神咒（并八菩萨所说神咒合十五首）》。经文见《大正藏》第21册，第581页A栏第5行至第14行。

Дx.00770　大般若波罗蜜多经卷第四百八十八第三分善现品第三之七

存19行，行4至12字。首题："大般若波罗"，品题:"第三分",讫:"乃至十八佛"。唐玄奘译。经文见《大正藏》第7册,第477页C栏第15行至第478页A栏第9行。

Дх.00771 **大唐龙兴三藏圣教序**

存36行,行17字。起:"至王城",讫:"聊题庁云"。唐中宗制。

Дх.00772 Дх.05926 **金刚般若波罗蜜经**

存35行,行2至10字。起:"作是念",讫:"奉行"。后秦鸠摩罗什译。经文见《大正藏》第8册,第752页A栏第23行至C栏第2行。

Дх.00773 **金刚般若波罗蜜经**

存17行,行5至9字。起:"提心应云何",讫:"云何东方虚"。后秦鸠摩罗什译。经文见《大正藏》第8册,第748页C栏第28行至第749页A栏第16行。

Дх.00774 Дх.01199 Дх.02902 Дх.03010 Дх.03077
大般若波罗蜜多经卷第一百一十三初分校量功德品第三十之十一

三残片。其一,存9行,行2至12字。首题:"大般若波罗蜜多经卷第一百",品题:"初分校量功德品第卅之十一",讫:"由一切智"。唐玄奘译。经文见《大正藏》第5册,第620页C栏第1行至第13行。其二,存11行,行3至12字。起:"方便无所得",讫:"为方便"。经文见《大正藏》第5册,第592页C栏。其三,存9行,行3至17字。起:"菩萨",讫:"诃萨行"。经文见《大正藏》第5册,第623页B栏第15行至第25行。

Дх.00775 **大般若波罗蜜多经卷第四百八十七第三分善现品第三之六**

存26行,行10至17字。首题:"大般若波罗蜜多经卷第四百",品题:"第三分善现品第三之六",讫:"令诸恶戒不"。唐玄奘译。经文见《大正藏》第7册,第472页A栏第9行至B栏第11行。

Дх.00776 **大般涅槃经卷第三十二师子吼菩萨品第十一之六**

存17行,行6至17字。起:"有断者为",讫:"鸟身为诸"。北凉昙无谶译。经文见《大正藏》第12册,第557页C栏第8行至第25行。

Дх.00777 **金刚般若波罗蜜经**

存27行,行2至17字。起:"说菩",讫:"若有此经"。后秦鸠摩罗什译。经文见《大正藏》第8册,第750页B栏第24行至C栏第21行。

Дх.00778 **妙法莲华经卷第一方便品第二**

存25行,行4至20字。起:"夜灭度",品题:"妙法莲华经方便品第二",讫:"见波罗蜜"。后秦鸠摩罗什译。经文见《大正藏》第9册,第5页A栏第21行至C栏第5行。

Дх.00779 **大般若波罗蜜多经卷第五百二十六第三分方便善巧品第二十六之四**

存13行,行5至9字。起:"义无我义亦",讫:"不应行贪欲"。唐玄奘译。后秦佛陀耶舍译。经文见《大正藏》第7册,第696页B栏第18行至C栏第1行。

Дх.00780 **四分律比丘戒本**

存14行,行8至25字。起:"半月半月说戒经",讫:"若比丘若城邑□□"。后秦佛陀耶舍译。经文见《大正藏》第22册,第1017页A栏第20行至B栏第17行。

Дх.00781 **妙法莲华经卷第六药王菩萨本事品第二十三**

存12行,行17字。起:"大王今当知",讫:"涅槃时到"。后秦鸠摩罗什译。经文见《大正藏》第9册,第53页B栏第22行至C栏第9行。

Дх.00782 **梵网经卢舍那佛说菩萨心地戒品第十卷下**

存15行,行5至20字。起:"皆有佛性",讫:"皆应摄佛戒"。后秦鸠摩罗什译。经文见《大正藏》第24册,第1003页C栏第23行至第1004页A栏第19行。

Дх.00783 **大般若波罗蜜多经卷第四百五十第二分甚深义品第五十五之二**

存8行，行3至17字。起："提心及善根"，讫："等菩提"。唐玄奘译。经文见《大正藏》第7册，第272页A栏第28行至B栏第6行。

Дх.00784 药师琉璃光如来本愿功德经

存24行，行17字。首题："药师琉璃光如来本愿功德经沙门玄奘奉诏译"，讫："无数无边世"。经文见《大正藏》第14册，第404页C栏第12行至第405页A栏第8行。

Дх.00785 金有陀罗尼经

存26行，行16字。起："咒一切诸药"，尾题："金有陀罗尼经一卷"。经文见《大正藏》第85册，第1456页B栏第14行至C栏第10行。尾有藏文写经题记。

Дх.00786 妙法莲华经卷第二信解品第四

存12行，行12至17字。起："欢喜自以足"，讫："经中唯说"。后秦鸠摩罗什译。经文见《大正藏》第9册，第17页B栏第23行至C栏第6行。

Дх.00787 Дх.00884 金光明最胜王经卷第一

存64行，行3至17字。起："晡时往诣佛"，品题："金光明最胜王经如来寿量品第二"，讫："世尊所"。唐义净译。经文见《大正藏》第16册，第403页C栏第5行至第404页C栏第9行。

Дх.00787V Дх.00884V 杂写

存3行。录文："□吟/盛戴黄同男/夏□大恩接头□通。"字拙，辨识不易。

Дх.00788 五台山诗

存14行。前后残。

Дх.00788V 修道歌

存2行。录文："修道莫悠悠园中果熟盛堪收只为□明花/晚发未待圆满早逢秋。"

Дх.00789 金刚般若波罗蜜经

存54行，行3至17字。起："佛在舍"，讫："多不须菩"。后秦鸠摩罗什译。经文见《大正藏》第8册，第748页C栏第20行至第749页B栏第20行。

Дх.00790 Дх.01630B Дх.02305 大般涅槃经卷第

十四圣行品第七之四

二残片。其一，存39行，行3至17字。起："佛性诸/过去佛"，讫："便动转如"。北凉昙无谶译。经文见《大正藏》第12册，第449页B栏第7行至C栏第22行。其二，存35行，行3至17字。起："复如是善"，讫："声闻缘觉所"。经文见《大正藏》第12册，第447页B栏第2行至C栏第9行。

Дх.00791 优婆塞五戒威仪经

存25行，行3至7字。起："狼恶毒"，讫："此言愿去我身"。宋求那跋摩译。经文见《大正藏》第24册，第1120页B栏第5行至第29行。

Дх.00792 大方等陀罗尼经卷第二授记分第二

存35行，行4至17字。起："佛法式一"，讫："得大丑弊"。北凉法众译。经文见《大正藏》第21册，第651页A栏第21行至B栏第27行。

Дх.00793 佛说观无量寿佛经

存24行，行6至17字。起："提希汝及"，讫："除八十亿"。宋畺良耶舍译。经文见《大正藏》第12册，第341页C栏第28行至第342页A栏第28行。

Дх.00794 大般涅槃经卷第二十八师子吼菩萨品第十一之二

存32行，行3至17字。起："空一切"，讫："他善男子"。北凉昙无谶译。经文见《大正藏》第12册，第531页B栏第4行至C栏第8行。

Дх.00795 大般若波罗蜜多经卷第一百一十九初分校量功德品第三十之十七

存28行，行6至17字。起："萨摩诃萨"，讫："智智修"。唐玄奘译。经文见《大正藏》第5册，第651页C栏第12行至第652页A栏第12行。中有"兑"字。

Дх.00796 Дх.01343 Дх.01347 Дх.01395 燕子赋

存54行。首尾俱残。

Дх.00796V Дх.01343V Дх.01347V Дх.01395V 杂写

四残片。录文："令/文记本文记文/维/维/维大唐维/孔子/维/尼女□/张张张/廿日龙兴寺学郎石庆通周安儿朱□/□王双。"

Дx.00797 金光明最胜王经卷第七如意宝珠品第十四

存13行，行17字。起："怛姪他"，讫："达剌你计"。唐义净译。经文见《大正藏》第16册，第434页A栏第7行至第21行。

Дx.00798 大般若波罗蜜多经卷第五百五第三分随喜回向品第九之二

存23行，行10至17字。起："萨摩诃萨"，讫："便摄诸功"。唐玄奘译。经文见《大正藏》第7册，第572页A栏第7行至第29行。

Дx.00798V 大般若波罗蜜多经卷五百五

存"五百五"3字。

Дx.00799 Дx.00800 维摩诘所说经卷上菩萨品第四

存13行，行6至18字。起："尽随所说法"，讫："法施之会法"。后秦鸠摩罗什译。经文见《大正藏》第14册，第543页B栏第22行至C栏第8行。

Дx.00801 大般若波罗蜜多经卷第五百八十三第十一布施波罗蜜多分之五

存26行，行12至17字。首题："大般若波罗蜜多经卷第五百"，品题："第十一布施波罗蜜多分之五三藏法师玄奘奉诏译"，讫："胜后心义"。唐玄奘译。藏川述.经文见《大正藏》第7册，第1014页A栏第12行至B栏第11行。

Дx.00802 维摩诘所说经上佛国品第一

存19行，行17字。起："菩萨室利"，讫："诸来大众"。后秦鸠摩罗什译。经文见《大正藏》第14册，第537页B栏第5行至第24行。

Дx.00803 佛说预修十王生七经

存9行，行4字。起："宝财物并"，尾题："佛说阎罗"。藏川述。经文见《卍新续藏》第1册，第410页A栏第2行至第20行。有异文。

Дx.00804 佛说佛名经卷第六

存5行，行13字。起："罗等报所"，尾题："佛名经卷第六"。失译。经文见《大正藏》第14册，第232页C栏第15行至第19行。现刊本为卷第十二。

Дx.00805 妙法莲华经卷第三药草喻品第五至授记品第六

存9行，行3至20字。起："而得"，品题："法莲华经授记品第六"，讫："诃迦叶"。后秦鸠摩罗什译。经文见《大正藏》第9册，第20页B栏第17行至第27行。

Дx.00806 佛说观佛三昧海经卷第五观佛心品第四

存8行，行17字。起："受诸苦恼"，讫："令被恶人发"。东晋佛驮跋陀罗译。经文见《大正藏》第15册，第669页C栏第20行至第29行。

Дx.00807 佛说佛名经卷第五

存5行，行6至21字。起："南无住持"，讫："功德憧王佛"。北魏菩提流支译。经文见《大正藏》第14册，第141页C栏第3行至第8行。

Дx.00808 Дx.01051 佛说佛名经卷第二十三

存23行，每行字数不一。起："南无胜慧佛"，讫："南无龙光佛/妙佛"。失译。经文见《大正藏》第14册，第278页A栏第2行至第18行。

Дx.00809 佛说佛名经卷第九

存17行，每行字数不一。起："南无佛宝憧佛"，讫："畏差别"。北魏菩提流支译。经文见《大正藏》第14册，第163页B栏第20行至C栏第3行。现刊本缺"从此以上八千九百佛十二部经一切贤圣"。

Дx.00810 Дx.02217 佛说佛名经卷第二

二残片。其一，存13行，行4至9字。起："菩萨阿耨多罗"，讫："阿耨多罗"。北魏菩提流支译。经文见《大正藏》第14册，第122页C栏第2行至第20行。其二，存8行，每行字数不一。起："南无"，讫："宝轮威德上胜佛"。经文见《大正藏》第14册，第121页C栏第25行至第122页A栏第3行。

Дx.00811 百法明门释

存12行，行14至15字。起："句身中迹"，讫："非是常无"。

Дx.00812 本师释迦牟尼佛真言

存19行，行19字。首题："本师释迦牟尼佛真言"，讫："莎诃"。

Дx.00813 正授戒体请师法

首题："正授戒体请师法"，讫："徒众僧乞"。

Дx.00814 集诸经礼忏仪卷上

存18行，每行字数不一。起："南无优昙钵罗华殊胜王佛"，讫："南无光德佛"。唐智昇撰。经文见《大正藏》第47册，第463页B栏第3行至第464页A栏第25行。

Дx.00815 Дx.00819 梵网经卢舍那佛说菩萨心地戒品第十卷下

存24行，行1至18字。起："若佛/具及恶"，讫："教化二乘声"。后秦鸠摩罗什译。经文见《大正藏》第24册，第1005页C栏第14行至第1006页A栏第14行。

Дx.00816 维摩诘所说经卷上弟子品第三

存15行，行4至15字。起："知此者是"，讫："德不得出"。后秦鸠摩罗什译。经文见《大正藏》第14册，第541页B栏第28行至C栏第25行。

Дx.00817 摩诃般若波罗蜜经卷第十七坚固品第五十六

存12行，行8至22字。起："有胜有负"，讫："当知是为阿"。后秦鸠摩罗什译。经文见《大正藏》第8册，第342页C栏第1行至第21行。

Дx.00818 大乘无量寿经

存28行，行34字左右。首题：大乘无量寿经，讫："萨婆桑悉迦"。经文见《大正藏》第19册，第82页A栏第1行至B栏第28行。

Дx.00819 梵网经卢舍那佛说菩萨心地戒品第十卷下

见Дx.00815。

Дx.00820 杂写

存4行。杂抄佛经及习写"见"字。

Дx.00821 Дx.00822 陀罗尼

存28行。全部为陀罗尼。

Дx00823 观弥勒上生兜率天经赞卷下

存8行。起："初明行因后明"，讫："余万里行资此五"。唐基撰。经文见《大正藏》第38册，第287页B栏第14行至第22行。有异文。

Дx.00824 起信论疏卷下

存8行。起："段别苦/熏习者"，讫"无明即灭以下"。经文见《大正藏》第44册，第217页B栏第29行至C栏第11行。

Дx.00825 大般涅槃经佛母品

存12行，行9至18字。首题："大般涅槃经佛母品"，讫："自然流世二者"。经文见《藏外佛教文献》第1册，第382页A栏第5行至第15行。

Дx.00826 大乘无量寿经

存22行。起："若有众生"，讫："怛他羯他耶六"。经文见《大正藏》第19册，第82页A栏第16行至B栏第27行。

Дx.00827 释五辛

存29行。起："辛/者戒之于香男香女"，讫："五种外五辛"。

Дx.00828A 布萨文

存12行。首缺上部残。起："中间能口耶"，讫："三学口舞"。

Дx.00828B 散花乐赞文

存4行。起："散华乐"，讫："满道场"。

Дx.00829A 论刚柔性情

见Дx.00487A。

Дx.00829B 类书

见Дx.00487B。

Дx.00830 妙法莲华经卷第三授记品第六

存32行，行7至24字。起："神通变化"，讫："如恒河沙"。后秦鸠摩罗什译。经文见《大正藏》第9

册，第21页B栏第13行至第22页A栏第10行。

Дх.00831 净土问答

存6行，行40字左右。起："凡夫未断"，讫："净秽同一处"。中有添加行。

Дх.00832 注维摩诘经弟子品第三

存11行，行10至28字。起："道法照俗"，讫："涅槃"。与现刊本不同。

Дх.00833 中阿含经卷第五十二

存2行。第1行，录文："彼不敬师不见法不护戒彼不敬师不见法不护戒已便於众中起是净。"僧伽提婆译。经文见《大正藏》第1册，第753页C栏第16行至第18行。第2行，录文："不语结慳恨谄诳无惭无愧恶欲邪见恶性不可制。"经文见《大正藏》第1册，第754页A栏第3行至第5行。

Дх.00834 大佛顶如来密因修证了义诸菩萨万行首楞严经卷第八

存13行，行8至26字。起："除奢摩他"，讫："行仙坚固"。唐般剌蜜帝译。经文见《大正藏》第19册，第145页B栏第15行至C栏第5行。

Дх.00835 Дх.01370 Дх.01371 Дх.01373 Дх.02152 Дх.02557 Дх.03090 四分律摘抄

六残片。其一，存80行。摘抄从卷一到卷三十四的经文。经文见《大正藏》第22册，第465页至第811页。其二，存25行。摘抄卷一至卷三的经文。经文见《大正藏》第22册，第567页至第582页。其三，存22行。摘抄卷四经文。其四，存41行。摘抄卷四至卷十一的内容。其五，存37行。摘抄卷二至卷四经文。其六，存9行，行2至11字。某经疏，未检出。

Дх.00835V Дх.01370V Дх.01371V Дх.01373V Дх.02152V Дх.02557V Дх.03090V 四分律摘抄

五残片。其一，首8行为《四分律卷第三十八》。起："彼复□□□住见何事为"，讫："若以余事遮应如"。经文见《大正藏》第22册，第840页A栏第1行至第19行。中7行为《四分律删繁补缺行事钞卷三》摘抄。经文见《大正藏》第40册，第129页至第136行多处。后11行为《四分律卷一》。起："时须提那子"，讫："我能为之时"。经文见《大正藏》第22册，第572页A栏第1行至第22行。文中"正"用武周新字。其二，存31行。为《四分律》摘抄。经文见《大正藏》第22册，第788页至第836页多处。其中"正"用武周新字。其三，存18行，行11至30字。摘抄《四分律》卷一至卷三十八多处。经文见《大正藏》第22册，第570页C栏第17行至第839页C栏多处。其四，存5行。为《四分律删繁补缺行事钞卷第一》。起："要斋修出离"，讫："此虽相显遇无知者"。经文见《大正藏》第40册，第42页B栏第14行至第21行。其五，存18行。前2行为《四分律》。第3行至第15行为《大方等大集经卷第十五》。起："善男子行相者"，讫："能知如如"。经文见《大正藏》第13册，第102页B栏第6行至第22行。后3行亦是同经同卷，起："皆知是佛法"，讫："故知诸佛界"。经文见《大正藏》第13册，第104页C栏第3行至第7行。最后1行"一切外道办已成就如是等二十四办"。经文见《大正藏》第13册，第105页B栏第5行。

Дх.00836 大乘百法明门论开宗义决

存21行，行17至29字。起："总缘诸行"，讫："我理边执"。唐昙旷撰。经文见《大正藏》第85册，第1083页B栏第4行至C栏第12行。

Дх.00837 如来成道经

存36行，行18字。首题："如来成道经"，讫："教人读"。未检出。

Дх.00838 孝经

存31行。内容从广至德章十三至事君章十七。起："者/子悦敬其"，讫："毁不灭性此圣/食"。中有品题："章十四、章十五、章十七。"

Дх.00839 金刚般若波罗蜜经

存28行，行7至11字。起："也世尊须菩提"，讫："布施是人所"。后秦鸠摩罗什译。经文见《大正藏》第8册，第749页A栏第18行至B栏第18行。

Дх.00840 妙法莲华经卷第四五百弟子受记品

第八

存5行，行4至11字。起："世间若干"，讫："其於说法"。后秦鸠摩罗什译。经文见《大正藏》第9册，第27页B栏第23行至第27行。

Дх.00841　Дх.00943　宝云经卷第四

两纸。存12行，行8至13字。起："菩萨复有"，讫："是故我应"。梁曼陀罗仙译。经文见《大正藏》第16册，第228页C栏第6行至第22行。

Дх.00842　金光明最胜王经卷第十舍身品第二十六

存16行，行5至19字。起："三人同出游"，讫："两乳忽流出"。唐义净译。经文见《大正藏》第16册，第543页A栏第18行至B栏第18行。

Дх.00843　金光明最胜王经卷第五金胜陀罗尼品第八

存19行，行3至20字。起："佛/南谟南方宝"，讫："陀罗尼曰"。唐义净译。经文见《大正藏》第16册，第423页C栏第7行至第23行。

Дх.00844　大般若波罗蜜多经卷第三百六十三初分多问不二品第六十一之十三

存20行，行3至17字。起："摩诃萨"，讫："相能表诸"。唐玄奘译。经文见《大正藏》第6册，第871页C栏第11行至第872页A栏第3行。

Дх.00845　大般若波罗蜜多经卷第四百四十五第二分示相品第四十七之二

存3行，行10至11字。起："行相如来"，讫："是处相如"。唐玄奘译。经文见《大正藏》第7册，第231页C栏第11行至第14行。

Дх.00846　妙法莲华经卷第二譬喻品第三

存20行，行5至20字。起："久殖德本於"，讫："寿命八小劫"。后秦鸠摩罗什译。经文见《大正藏》第9册，第11页C栏第1行至第28行。

Дх.00847　大佛顶如来密因修证了义诸菩萨万行首楞严经卷第七

存20行，行4至9字。起："四事若不"，讫："慰令其开悟"。题签："□□经卷第□。"唐般剌蜜帝译。经文见《大正藏》第19册，第133页A栏第10行至第29行。

Дх.00848　妙法莲华经卷第一序品第一

见Дх.00625。

Дх00849　大乘入楞伽经卷第六变化品第七

存5行，行4至17字。首题："佛说大乘入楞伽经变化品第七六"，讫："从初得"。唐实叉难陀译。经文见《大正藏》第16册，第622页B栏第3行至第12行。

Дх.00850　金刚般若波罗蜜经

存24行，行10至18字。起："善男子善女人"，讫："阿修罗闻佛"。后秦鸠摩罗什译。经文见《大正藏》第8册，第752页B栏第6行至C栏第1行。

Дх.00851　Дх.10799　维摩诘所说经卷上弟子品第三至菩萨品第四

二残页。其一，存43行，行3至17字。起："使人闻"，品题："□□□□卷四"，讫："灭故智是"。后秦鸠摩罗什译。经文见《大正藏》第14册，第542页A栏第15行至C栏第1行。其二，存27行，行2至17字。起："恼我/亦不得去"，讫："於其道意亦"。经文见《大正藏》第14册，第543页A栏第22行至B栏第22行。

Дх.00852　Дх.01772　Дх.01773　妙法莲华经卷第二信解品第四

存31行，行3至20字。起："净佛国土"，尾题："妙法莲华经卷第二"。后秦鸠摩罗什译。经文见《大正藏》第9册，第18页B栏第26行至第19页A栏第12行。

Дх.00853A　大般若波罗蜜多经卷第二初分缘起品第一之二

存3行。录文："尊从此北/曰最胜/善逝。"唐玄奘译。唐玄奘译。经文见《大正藏》第5册，第6页A栏第12行至第14行。

Дх.00853B　金光明最胜王经卷第二分别三身品

第三

存19行,行3至17字。起:"譬如无量",讫:"离三身"。唐义净译。经文见《大正藏》第16册,第408页C栏第27行至第409页A栏第17行。

Дх.00853V 杂写

存1行。录文:"□瑞如来。"

Дх.00854 金刚般若波罗蜜经

存16行,行7字。起:"是人悉见",讫:"应供养当"。后秦鸠摩罗什译。经文见《大正藏》第8册,第750页C栏第5行至第22行。

Дх.00855 大般若波罗蜜多经题签

录文:"大般若波罗蜜多经卷第五百七十五。"

Дх.00856 佛说佛名经卷第十九

存4行,行13至17字。起:"所赞叹人",讫:"归依十方"。经文见《大正藏》第14册,第264页C栏第13行至第16行。

Дх.00857 佛说佛名经卷第四

存17行,行1至10字。起:"佛/南无西方",讫:"行业月无"。经文见《大正藏》第14册,第205页A栏第5行至第20行。

Дх.00858 金刚般若波罗蜜经

存9行,行3至8字。起:"三菩提心",讫:"非菩萨"。后秦鸠摩罗什译。经文见《大正藏》第8册,第749页A栏第3行至第11行。

Дх.00859 维摩诘所说经卷中文殊师利问疾品第五

存20行,行2至8字。起:"生死有疲",讫:"复观"。后秦鸠摩罗什译。经文见《大正藏》第14册,第545页A栏第29行至B栏第21行。

Дх.00860 佛说佛名经卷第五

存26行。起:"无信众佛",讫:"南无智味佛"。北魏菩提流支译。经文见《大正藏》第14册,第137页B栏第17行至C栏第7行。

Дх.00861 妙法莲华经卷第七妙音菩萨品第二十四

存28行,行17字。起:"妙音菩萨",讫:"树诸菩萨"。后秦鸠摩罗什译。经文见《大正藏》第9册,第55页B栏第14行至C栏第15行。

Дх.00861V 杂写

存2字,无法辨识。

Дх.00862 药师琉璃光如来本愿功德经

存25行,行17字。起:"外明彻净",讫:"无上菩提"。唐玄奘译。经文见《大正藏》第14册,第405页A栏第12行至B栏第8行。

Дх.00863 妙法莲华经卷第二譬喻品第三

存28行,行17字。起:"於无数佛所",讫:"教化言我"。后秦鸠摩罗什译。经文见《大正藏》第9册,第11页C栏第23行至B栏第4行。

Дх.00864 大般若波罗蜜多经卷五百八十二第十一布施波罗蜜多分之四

存13行,行4至11字。起:"舍利子过",讫:"菩萨斩自身"。唐玄奘译。经文见《大正藏》第7册,第1008页B栏第18行至C栏第1行。

Дх.00865 佛教名义

Дх.00866 Дх.01134 Дх.01135 佛说佛名经卷第四

存19行,每行字数不一。起:"南无□□□佛",讫:"降伏称佛"。北魏菩提流支译。经文见《大正藏》第14册,第136页B栏第8行至第22行。

Дх.00867 大般若波罗蜜多经卷第三百三十九初分巧便学品第五十五之三

存15行,行17字。起:"菩萨摩",讫:"乃至十八"。唐玄奘译。经文见《大正藏》第6册,第738页B栏第14行至C栏第6行。

Дх.00868 佛经论释

存31行,行2至24字。未检出。

Дх.00869 大般涅槃经卷第三十四迦叶菩萨品第十二之二至卷第三十五迦叶菩萨品第十二之三

见Дх.00620。

Дх.00870 成实论卷第八

存24行,行10至17字。起:"善故问曰",讫:

"能消恶业"。诃梨跋摩造、后秦鸠摩罗什译。经文见《大正藏》第32册,第305页C栏第14行至第306页A栏第10行。

Дx.00871 佛顶尊胜陀罗尼经序

存10行,行8至16字。起:"傅汉土即",讫:"泣奏曰贫"。经文见《大正藏》第19册,第349页B栏第18行至第28行。

Дx.00872 妙法莲华经卷第一序品第一

存17行,行7至14字。起:"罗如是众",讫:"万天子俱"。后秦鸠摩罗什译。经文见《大正藏》第9册,第1页C栏第27行至第2页A栏第15行。

Дx.00873 Дx.10561 Дx.10562 妙法莲华经卷第四五百弟子受记品第八

存39行,行3至20字。起:"佛世尊",讫:"心大"。后秦鸠摩罗什译。经文见《大正藏》第9册,第28页C栏第2行至B栏第12行。

Дx.00874 妙法莲华经卷第七观世音菩萨普门品第二十五

见Дx.00638。

Дx.00874V 杂写

见Дx.00638V。

Дx.00875 妙法莲华经卷第五安乐行品第十四

存13行,行4至17字。起:"所行而观",讫:"不应於女"。后秦鸠摩罗什译。经文见《大正藏》第9册,第37页A栏第19行至B栏第3行。

Дx.00876 金光明最胜王经卷第五莲华喻赞品第七

存19行,行7字。起:"右□□色",讫:"等金山"。唐义净译。经文见《大正藏》第16册,第422页C栏第14行至第423页A栏第2行。

Дx.00877 金刚般若波罗蜜经

存5行,行1至20字。起:"如来须菩提",讫:"是念如来/不"。后秦鸠摩罗什译。经文见《大正藏》第8册,第752页A栏第15行至第21行。

Дx.00878 佛说阿弥陀经

存11行,行7至17字。起:"池八功德水",讫:"舍利弗极乐国"。后秦鸠摩罗什译。经文见《大正藏》第12册,第346页C栏第16行至第347页A栏第11行。

Дx.00879 Дx.00880 维摩诘所说经卷下菩萨行品第十一

存14行,行7至11字。起:"常念顺行",讫:"众生永使"。后秦鸠摩罗什译。经文见《大正藏》第14册,第554页B栏第8行至第22行。

Дx.00881 妙法莲华经卷第七观世音菩萨普门品第二十五

存42行,行1至20字。起:"罗紧",讫:"烦恼炎"。后秦鸠摩罗什译。经文见《大正藏》第9册,第57页B栏第16行至第58页A栏第23行。

Дx.00882 般若波罗蜜多心经

存17行,行18字。首题:"佛说般若波罗蜜多心经",尾题:"蜜多心经一卷"。唐玄奘译。经文见《大正藏》第8册,第848页C栏第4行至第24行。

Дx.00883A 发愿文

存5行。录文:"庄粉终身几六愿素□□/欲舍悭贪九愿众生敬三宝/同发愿十二愿过往坐花台/向佛前期十五愿西方生净土/宝恒存立三愿风雨顺时行。"

Дx.00883AV 杂写

存1行。录文:"□妹妹。"

Дx.00883B 施物疏

存6行。录文:"皂绫七条袈裟覆膊头巾一对赤黄/细布裎衫壹赤黄绫□裆一坐具/一施入合城大众/右所施意□为六姊师舍/化已来不□神识落在何/道谨将上件□□受。"

Дx.00883C 付披子疏

存1行。录文:"泥罗披子一黄罗披子一青运罗披子一四成付□。"

Дx.00883CV 藏文残片

Дx.00884 金光明最胜王经卷第一

见Дx.00787。

Дx.00884V 杂写

见Дx.00787V。

Дx.00885 佛说佛名经卷第十九

存10行,行2至18字。起:"百岁",讫:"罗诃三藐三"。失译。经文见《大正藏》第14册,第261页C栏第21行至第262页A栏第1行。

Дx.00886 大般若波罗蜜多经卷第八十七初分学般若品第二十六之三

存13行,行9字。起:"能於四静虑",讫:"故能於无"。唐玄奘译。经文见《大正藏》第5册,第484页A栏第7行至第20行。

Дx.00887 释摩诃衍论卷第五

存17行,行7至18字。起:"依缘者妄",讫:"此妄境界"。龙树菩萨造、后秦筏提摩多译。经文见《大正藏》第32册,第632页B栏第12行至第633页C栏第8行。

Дx.00888 金刚般若波罗蜜经

存10行,行8至13字。起:"菩提白佛",讫:"有人持用"。后秦鸠摩罗什译。经文见《大正藏》第8册,第751页C栏第20行至第752页A栏第1行。

Дx.00889 Дx.02558 王梵志诗

存39行。起:"财亦须觅天雨",讫:"皆有灭有始"。

Дx.00889V Дx.02558V 杂写

存1行,总4字。字迹不清。

Дx.00890 Дx.00891 王梵志诗

存25行,行3至18字。起:"毁其口/见恒山",讫:"饮不问"。

Дx.00892 Дx.00893 Дx.01621 Дx.02304 Дx.03149 Дx.03150 金刚般若波罗蜜经

三残片。其一,存36行,行5至8字。起:"者/我人众□□者",讫:"不作是念我"。后秦鸠摩罗什译。经文见《大正藏》第8册,第749页B栏第8行至C栏第12行。其二,存7行,行4至8字。起:"相得见如来",讫:"於此章句"。经文见《大正藏》第8册,第749页A栏第22行至第29行。其三,存4行,行4至5字。起:"故若菩",讫:"不不也"。经文见《大正藏》第8册,第749页A栏第15行至第18行。

Дx.00894A 佛说佛名经卷第四

存12行。起:"南无常释智慧佛",讫:"南无"。北魏菩提流支译。经文见《大正藏》第14册,第135页B栏第29行至C栏第5行。

Дx.00894AV 佛教文献

三残片。只1片有字,字迹不清。

Дx.00894B Дx.04734 转帖

存8行。录文:"全不来/递相分付不得□/周却□□本司□□/□□十八日辰/者罚全不来/□□才不/□/下弟子□。"

Дx.00894C 丁卯年八月十七日钱某文书

存4行。

Дx.00895 Дx.01442 Дx.02655 开蒙要训

二残片。其一,存9行,行6至8字。下端残缺。起:"华霍泰恒",讫:"伯叔姊妹"。其二,存10行,行6至11字。起:"病患疾疹",讫:"密稠"。定名参考张新朋《敦煌写本〈开蒙要训〉叙录续补》,《敦煌研究》2008年第1期,第98页至第101页。

Дx.00895V Дx.01442V Дx.02655V 千字文

存5行。录文:"老差着/敕员外散骑郎周兴/开蒙要训一卷□/保保(倒书)/大歌王。"

Дx.00896 佛说佛名经卷第九

存14行。起:"佛南",讫:"日月光明佛"。北魏菩提流支译。经文见《大正藏》第14册,第163页C栏第5行至第16行。

Дx.00897 Дx.02452 和菩萨戒文

二残片。其一,存5行,行8字。起:"莫忘语忘语",讫:"师僧及母父若"。其二,存12行,行1至8字。起:"盗/被毛戴",讫:"菩提心佛子诸"。经文见《大正藏》第85册,第1300页B栏第10行至第18行。第二片内容在前。经文与现刊本所收英藏本有较大区别。

Дx.00898 妙法莲华经卷第四法师功德品第十

存14行，行13至20字。起："吾灭后恶世"，讫："之所守护"。后秦鸠摩罗什译。经文见《大正藏》第9册，第31页A栏第25行至B栏第19行。

Дx.00899 妙法莲华经度量天地品第二十九

存26行，行9至17字。起："自然其中"，讫："忉利天此天"。《大正藏》所收亦为敦煌本，均为残本，与此号内容不重合。

Дx.00900 金刚般若波罗蜜经

存15行，行2至15字。起："若见诸相晨"，讫："我说"。后秦鸠摩罗什译。经文见《大正藏》第8册，第749页A栏第24行至B栏第11行。

Дx.00901 太上洞玄灵宝升玄内教经

存23行，行12至17字。起："道贵人贱义"，讫："所念答曰不念"。

Дx.00902 大宝积经卷第四十六菩萨藏会第十二之十二毗利耶波罗蜜多品第九之二

存8行，行7至17字。起："子假使"，讫："系属一生"。唐玄奘译，经文见《大正藏》第11册，第273页A栏第9行至第16行。

Дx.00903 药师琉璃光如来本愿功德经

存11行，行3至9字。起："逼恼/已一切皆得"，讫："威德神力"。唐玄奘译。经文见《大正藏》第14册，第405页B栏第6行至第16行。

Дx.00904 Дx.02089 Дx.02241 Дx.04023 四分比丘尼戒本

存36行，行9至19字。起："污他家行"，讫："比丘应三谏"。后秦佛陀耶舍译。经文见《大正藏》第22册，第1032页C栏第17行至第1033页A栏第26行。

Дx.00905 摩诃摩耶经卷上

存13行，行4至8字。起："并以此偈向"，讫："而往白之"。南齐昙景译。经文见《大正藏》第12册，第1005页A栏第21行至B栏第4行。

Дx.00906 Дx.04342 妙法莲华经卷第一序品第一

存40行，行4至14字。起："妙光有八百"，讫："由佛光照"。后秦鸠摩罗什译。经文见《大正藏》第9册，第4页A栏第23行至C栏第21行。

Дx.00907 妙法莲华经卷第六随喜功德品第十八

存6行，行8至9字。起："不缺坏亦不"，讫："汝且观是"。后秦鸠摩罗什译。经文见《大正藏》第9册，第47页A栏第15行至第21行。

Дx.00908 妙法莲华经卷第一序品第一

存6行，行4至11字。首题："妙法莲华经序品第一"，讫："叶伽耶迦"。后秦鸠摩罗什译。经文见《大正藏》第9册，第1页C栏第14行至第23行。

Дx.00909 妙法莲华经卷第二譬喻品第三

见Дx.00743。

Дx.00910 大方广佛华严经卷第十夜摩天宫菩萨说偈品第十六

存11行，行2至12字。起："坐充满十方"，讫："各从"。东晋佛驮跋陀罗译。经文见《大正藏》第9册，第453页C栏第5行至第20行。

Дx.00911 般若波罗蜜多心经

存13行，行2至10字。起："垢不"，讫："波罗僧"。唐玄奘译。经文见《大正藏》第8册，第848页C栏第10行至第22行。背有题签："般罗蜜。"

Дx.00912 维摩诘所说经卷中文殊师利问疾品第五

存21行，行4至7字。起："主身亦无"，讫："无断老病"。后秦鸠摩罗什译。经文见《大正藏》第14册，第545页A栏第1行至第23行。

Дx.00913 佛说灌顶拔除过罪生死得度经卷第十二

存10行，行6至17字。起："琉璃光佛至真"，讫："不遭枉横"。东晋帛尸梨蜜多罗译。经文见《大正藏》第21册，第534页B栏第29行至C栏第9行。

Дx.00914 摩诃摩耶经卷下

存14行，行4至9字。起："马鸣善说"，讫："从於□五日布"。南齐昙景译。经文见《大正藏》第12册，第1013页C栏第7行至第21行。

Дx.00915　吉凶书仪

存24行。

Дx.00915V　杂写

存"符木"2字。

Дx.00916　维摩诘所说经卷中入不二法门品第九

存7行，行3至10字。起："智慧为二布"，讫："入不二"。后秦鸠摩罗什译。经文见《大正藏》第14册，第551页B栏第2行至第10行。

Дx.00917　佛说甚深大回向经

存11行，行7至12字。起："汝已曾於过去"，讫："当来今瑞诸"。失译。经文见《大正藏》第17册，第867页B栏第3行至第15行。

Дx.00918　Дx.00921　大通方广忏悔灭罪庄严成佛经卷上

存27行，行2至11字。起："南无海德菩萨"，讫："总菩萨/菩萨"。经文见《大正藏》第85册，第1344页B栏第19行至C栏第9行。

Дx.00919　般若波罗蜜多心经

存7行，行8至12字。起："舍利子菩萨"，尾题："佛说具足多心经一卷"。唐法成译。经文见《大正藏》第8册，第850页C栏第22行至第851页A栏第1行。

Дx.00920　金刚般若波罗蜜经

存4行，行8字。起："度之如是"，讫："菩萨於"。后秦鸠摩罗什译。经文见《大正藏》第8册，第749页A栏第9行至第12行。

Дx.00921　大通方广忏悔灭罪庄严成佛经卷上

见Дx.00918。

Дx.00922　Дx.02137　Дx.03132　十空赞

存15行，行14至21字。首题："十空赞"，讫："犹如花在淤泥中"。未检出。

Дx.00923　大般涅槃经卷第二十梵行品第八之六

存4行，行8字。起："言世尊知我"，尾题："大般涅槃经卷第廿"。北凉昙无谶译。经文见《大正藏》第12册，第486页A栏第9行至第13行。

Дx.00924　妇科验方

存20行，行3至11字。妇科验方。

Дx.00925　晏子赋

存4行。录文："晏子使于梁田国为/谁左右对曰使者晏子极甚丑陋/唇不附齿/刘王曰。"

Дx.00925V　习字

存8行。习写"之""言""念""实""糯""平""阳"等字。

Дx.00926　佛说解百宛经

存20行，行11字。首题："佛说解百宛经"，尾题："佛说解百宛结经一卷"。题记："自惭薄福镌深边祸福相依非/愚然不负神名无恶意施经/之后望周旋"。经文见《嘉兴藏》第19册，第142页A栏第14行至B栏第4行。

Дx.00927A　大佛顶如来顶髻白盖陀罗尼神咒经

存18行，行13字左右。起："□吒娑婆诃"，尾题："大佛顶如来顶髻白盖陀罗尼神咒经"。未检出。

Дx.00927B　吉祥偈

存12行，行9字左右。起："如意缘满"，讫："为我愿吉祥"。

Дx.00927C　杂写

存10行。录文："佛说大众咒子/孟都显孟□姜/孟阇梨孟□奴/大吉孟员昌/徐再兴孟员昌二人胡定/□□半一□之社/佛奴□□□经□□/陆再兴□徐再兴/妙法边华经/妙法莲华经。"

Дx.00927D　佛说摩利支天陀罗尼咒经

存35行，行10字。首题："佛说摩利支天经"，尾题："佛说摩利支天经一卷"。失译。经文见《大正藏》第21册，第261页B栏第23行至第262页A栏第15行。有异文。

Дx.00927E　佛说父母恩重经

存11行，行10字左右。首题："佛说父母恩重经"，讫："母胎怀身十月"。经文见《大正藏》第85册，第1403页B栏第21行至第28行。

Дx.00927F 般若波罗蜜多心经

存11行，行10字左右。首题："佛说般若波罗蜜多经"，讫："无色无受"。唐玄奘译。经文见《大正藏》第8册，第848页C栏第4行至第11行。

Дx.00927G 佛说续命经

存9行，行9字。首题："佛说续命经"，讫："菩萨有能"。经文见《大正藏》第85册，第1405页A栏第1行至第9行。

Дx.00928A 大方广华严十恶品经

存5行，行25字左右。起："听食肉迦业"，尾题："大方广华严十恶业经"。经文见《藏外佛教文献》第1册，第368页A栏第5行至第11行。

Дx.00928B 佛为首迦长者说业报差别经

存7行，行23字左右。首题："大方广华严十恶业经"，讫："或有业能"。隋法智译。经文见《大正藏》第1册，第891页A栏第17行至B栏第2行。

Дx.00929 Дx.00930 Дx.02510B Дx.11030 妙法莲华经卷第七观世音菩萨普门品第二十五

存84行，行10字。经折装。起："以天龙夜叉"，讫："普门品时"。后秦鸠摩罗什译。经文见《大正藏》第9册，第57页B栏第15行至第58页B栏第6行。

Дx.00931 阎罗王经

存11行，行10字。起："十斋具足"，尾题："阎罗王经一卷"。经文见《卍新续藏》第1册，第409页C栏第20行至第410页A栏第10行。

Дx.00932 Дx.00933 梁朝傅大士颂金刚经

见Дx.00022。

Дx.00934 忏悔文

存23行，行12字。起："微尘诸犯累及千生"，讫："布施欢喜"。

Дx.00935 经律字音杂抄

见Дx.00330。

Дx.00936 金光明最胜王经卷第四最净地陀罗尼品第六

存2行，行10至12字。起："怛侄他"，讫："何婆婆萨底"。唐义净译。经文见《大正藏》第16册，第420页B栏第1行至第2行。

Дx.00937 集诸经礼忏仪卷上

存10行，行13字。起："一切恭敬敬礼"，讫："一切法常住"。唐智昇撰。经文见《大正藏》第47册，第456页B栏第1行至第17行。

Дx.00937VA 杂阿含经杂写

存4行。录文："杂阿含经卷第卅宋世三藏求那跋/如是我闻一时佛/如是我闻一时佛住崩伽兰崩/伽卷林中尔时世尊为诸比。"其后还有4个杂写字。

Дx.00937VB 社司转帖

存3行。录文："社司转帖右缘年支/春座局席次至/社司转帖右缘年支。"

Дx.00938 大佛顶如来放光悉怛多大神力都摄一切咒王陀罗尼经

正反两面存9行，行14至22字。首题："大佛顶如来放光悉怛多大神力都摄一切咒王陀罗尼经大威德最胜金轮三昧咒品卷上"，讫："今宣当说大神咒"。未检出。

Дx.00939 金刚般若波罗蜜经

存5行，行15字。起："第一是第一离欲"，讫："乐那兰那行"。后秦鸠摩罗什译。经文见《大正藏》第8册，第749页C栏第11行至第15行。

Дx.00940 无常偈

见Дx.00710。

Дx.00941 字书

存2行。

Дx.00941V 字书

存2字。

Дx.00942 佛教问答

存11行，行4至8字。起："名之为空"，讫："是无念是"。

Дx.00943　宝云经卷第四

见Дx.00841。

Дx.00944　Дx.02764　Дx.04315A　大般若波罗蜜多经卷第二百二十四初分难信解品第三十四之四十三

存23行，行3至17字。起："灭圣谛清净"，讫："一切智智清"。唐玄奘译。经文见《大正藏》第6册，第123页C栏第21行至第124页A栏第18行。

Дx.00945　残佛经

存2行，行6字。录文："而如来身实不/□□第九复次。"未检出。

Дx.00946　吉凶签

存2行。

Дx.00947　习字、杂写

存4行。习写"之""除""孔""阴""子"等字。"杂写"大云经"。

Дx.00948　大宝积经卷第一百一十一弥勒菩萨所问会第四十二

存16行，行19至30字。起："我今归命礼"，讫："安住於十地"。唐菩提流志译。经文见《大正藏》第11册，第630页A栏第16行至C栏第5行。

Дx.00949　讲经文

见Дx.00050。

Дx.00950　四分律比丘戒本

存15行，行3至10字。起："识者当取"，讫："病自手"。后秦佛陀耶舍译。经文见《大正藏》第22册，第1020页B栏第6行至第29行。

Дx.00950V　杂写

存"神又"2字。

Дx.00951　讲经文

见Дx.00050。

Дx.0952　Дx.01029　Дx.02020　大乘无量寿经

存35行，行4至36字。起："摩诃娜"，讫："萨婆桑悉迦啰"。经文见《大正藏》第19册，第82页A栏第27行至第83页A栏第20行。

Дx.00953　论语子路第十三

存22行。首题："论语子路第十三卷第七"，讫："王者必卅年"。正文大字，注双行小字。"民"字避讳缺笔。

Дx.00953V　杂写

杂写"维岁次状/尚想黄/经"等。

Дx.00954　诗

存4行。录文："金/所患何时得□夫怜我愿/非时为莹□遂将归家□/成人毋想命终家中。"

Дx.00955　Дx.04272　敬礼三宝文

存20行，行3至14字。起："敬礼东方善德"，讫："住三宝"。经文见《大正藏》第85册，第1304页A栏第8行始。有异文。

Дx.00956　四分戒本疏卷第二

存13行，行2至24字。起："欲想出/衣而失若欲"，品题："摩触女人戒第二"，讫："阙二缘"。沙门慧述。经文见《大正藏》第85册，第572页B栏17行至C栏第9行。有异文。

Дx.00957　Дx.00958B　佛经论释

存26行，行3至24字。起："能鬼神有愿行力"，讫："众生尽即佛"。

Дx.00958A　佛经论释

二残片。其一，存3行，行4至8字。其二，存22行，行12至30字。起："名无有对"，讫："中初约无"。

Дx.00958B　佛经论释

见Дx.00957。

Дx.00959　往生礼赞偈

存17行，行10至20字。起："必随曲"，讫："惭愧忏悔心"。沙门善导集记。经文见《大正藏》第47册，第439页B栏第6行至第24行。

Дx.00960　妙法莲华经卷第七观世音菩萨普门品第二十五

存13行，行4至7字。起："若复有人"，讫："菩萨摩诃萨"。后秦鸠摩罗什译。经文见《大正藏》第

9册，第56页C栏第16行至第28行。

Дх.00961　Дх.02104　佛说无量寿宗要经

存19行，行38字。起："南谟薄伽"，尾题："佛说无量寿宗要经"。题记："张要要写。"经文见《大正藏》第19册，第84页C栏第2行至第29行。

Дх.00962　妙法莲华经卷第七观世音菩萨普门品第二十五

存8行，行11字。起："身得度者"，讫："现执金刚身"。后秦鸠摩罗什译。经文见《大正藏》第9册，第57页B栏第13行至第18行。

Дх.00963　法门名义集

存22行，行16至22字。起："若犯戒者"，品题："理教品法门名义第四"，讫："不相违返维"。唐李师政撰。经文见《大正藏》第54册，第199页A栏第22行至B栏第27行。有异文。

Дх.00964　大般若波罗蜜多经卷第一百三十七初分校量功德品第三十之三十五

存3行，行9至11字。录文："大般若波罗蜜多经一百卅/初分校量品第卅之卅五/复次憍尸迦若善男子。"唐玄奘译。经文见《大正藏》第5册，第743页B栏第17行至第23行。

Дх.00965　一切经音义卷第二大般涅般经卷第一

存14行，行20字。起："摩经宝经同帙"，品题："一切经音义卷第二翻经沙门玄应撰"，讫："大宝积经一卷共了"。前5行为唐玄应撰。经文见《中华藏》第56册，第830页B栏第1行至第6行。后7行为经目。

Дх.00966　救诸众生一切苦难经

存4行，行20字。起："门至心赞诵"，尾题："救众生苦难经一卷"。经文见《大正藏》第85册，第1461页C栏第18行至第24行。此卷所存经文可补现刊本缺文。

Дх.00967　合部金光明经卷第七授记品第十九

存8行，行2至6字。起："光明"，讫："已欢喜生"。北凉昙无谶译、隋释宝贵合。经文见《大正藏》第16册，第394页A栏第25行至B栏第2行。

Дх.00968　金光明最胜王经卷第四最净地陀罗尼品第六

存13行，行5至10字。首题："陀罗尼品第六四三藏法师义净制"，讫："无事业一"。唐义净译。经文见《大正藏》第16册，第417页C栏第22行至第418页A栏第7行。

Дх.00969　礼忏文

存17行，行25字左右。起："身常不入恶道"，讫："各记六念"。前11行为《礼忏文》。经文见《大正藏》第85册，第1304页A栏第25行至B栏第12行。后6行"六念"现刊本无。

Дх.00970　Дх.06116　类林

存51行，行22至28字。起："田真京兆人"，讫："视宝而去晋人"。

Дх.00971　佛教问答

存11行，行5至30字。未检出。

Дх.00972　妙法莲华经卷第二譬喻品第三

存13行，行2至11字。首题："喻品第"，讫："证世尊我/责"。后秦鸠摩罗什译。经文见《大正藏》第9册，第10页B栏第28行至C栏第11行。

Дх.00973　妙法莲华经卷第二譬喻品第三

存11行，行6至11字。首题："妙法莲华经譬喻品第三"，起："方便随宜"。后秦鸠摩罗什译。经文见《大正藏》第9册，第10页B栏第28行至C栏第10行。

Дх.00974　残佛经

存7行，行3至9字。起："颇有能"，讫："若比丘"。未检出。

Дх.00975　佛说父母恩重经

存14行，行3至11字。起："唤九违"，讫："如雨五体投"。经文见《大正藏》第85册，第1404页A栏第7行至第21行。

Дх.00976　Дх.00989C　金光明最胜王经卷第十舍身品第二十六

存8行,行3至8字。起:"时阿难",讫:"菩萨善德相应慧"。唐义净译。经文见《大正藏》第16册,第451页A栏第10行至第18行。

Дх.00977 Дх.02117 **诸经要集**

存11行,行6至24字。起:"自然有摩",讫:"帝释"。经文见《大正藏》第54册,第35页B栏第12行始。有异文。

Дх.00978 **金刚般若波罗蜜经**

存7行,行11字。起:"人则为第一希有",讫:"说第一波罗蜜"。后秦鸠摩罗什译。经文见《大正藏》第8册,第750页B栏第6行至第13行。

Дх.00979 **妙法莲华经卷第七观世音菩萨普门品第二十五**

存10行,行4至10字。起:"主将",讫:"饶益是故众"。后秦鸠摩罗什译。经文见《大正藏》第9册,第56页C栏第23行至第57页A栏第6行。

Дх.00980 **四分律删繁补阙行事钞卷中**

存17行,行3至12字。起:"界中界上卧不",讫:"毗尼母衣著"。唐道宣撰述。经文见《大正藏》第40册,第66页B栏第12行至C栏第14行。有异文。

Дх.00981 Дх.01311 Дх.05741 Дх.05808 **亥年某寺破用历**

存23行。

Дх.00981VA Дх.01311VA Дх.05741VA Дх.05808VA **满月文**

存14行,行14至26字。首题:"满月文一本/满月文",讫:"斋主一切普诵"。题记:"曹□堆。"

Дх.00981VB Дх.01311VB Дх.05741VB Дх.05808VB **愿文**

存8行,行17至25字。首题:"愿文",讫:"除罪垢观"。

Дх.00982 **天请问经**

存23行,行11至18字。起:"林给孤独园",讫:"示增有顶礼"。唐玄奘译。经文见《大正藏》第15册,第124页B栏第16行至第125页A栏第6行。

Дх.00983 **大乘无量寿经**

存12行,行3至9字。起:"给孤独园",讫:"或自书"。经文见《大正藏》第19册,第82页A栏第5行至第21行。

Дх.00983V **杂写**

存"乘"字。

Дх.00984 **妙法莲华经卷第六常不轻菩萨品第二十**

见Дх.00740。

Дх.00985 **佛经论释**

存4行,行8至16字。未检出。

Дх.00985V **愿文**

存4行,行6至17字。录文:"恒赖此时□斋灯觉道/永谢有为生死火宅燃但世界无常光阴千/相奔流明暗交驰晨昏递谢入梯之而断/若祇园之叶落。"

Дх.00986 **佛说佛名经卷第一**

存16行,行3至18字。起:"离生死",讫:"如来同为/相与耽染"。失译。经文见《大正藏》第14册,第188页B栏第3行至第25行。

Дх.00987 **佛经论释**

存15行,行3至16字。起:"乳中",讫:"虽同元始"。未检出。

Дх.00987V **杂写**

存1行。录文:"南无东方阿弥。"

Дх.00988 **护身命经**

存12行,行2至17字。起:"白言",讫:"今已后"。经文见《大正藏》第85册,第1326页C栏第8行至第18行。

Дх.00989A **燃灯文**

见Дх.00350。

Дх.00989B **忏悔文**

存4行。录文:"德□□念念/家大小俱崇/净摩诃般若/持愿罪消持。"

Дx.00989C 金光明最胜王经卷第十舍身品第二十六

见Дx.00976。

Дx.00990A 大乘寺题名

存"大乘寺"3字。

Дx.00990B 集诸经礼忏仪卷上

存7行，行3至7字。起："光宝香供养"，讫："有净□□□识"。唐智昇撰。经文见《大正藏》第47册，第457页A栏。有异文。

Дx.00991 胜天王般若波罗蜜经卷第四现相品第七

见Дx.00483。

Дx.00992 Дx.02315 Дx.02322 妙法莲华经卷第七普贤菩萨劝发品第二十八

二残片。其一，存3行，行3至12字。起："其有受持"，讫："罗等诸"。后秦鸠摩罗什译。经文见《大正藏》第9册，第61页A栏第23行至第28行。其二，存13行，行2至14字。起："瞋恚诸恶"，品题："经普贤菩萨劝发品第二十八"，讫："来所经诸"。经文见《大正藏》第9册，第60页C栏第23行至第61页A栏第8行。

Дx.00993 集诸经礼忏仪卷上

存10行，行2至9字。起："南无毫"，讫："众罪"。唐智昇撰。经文见《大正藏》第47册，第457页A栏第2行至第15行。经文多处与现刊本不一。

Дx.00994 四分戒本疏卷第三

存11行，行21至28字。起："正食犯二提罪"，讫："故曰别众食戒"。沙门慧述。经文见《大正藏》第85册，第607页A栏第21行至B栏第9行。

Дx.00995 七佛八菩萨说大陀罗尼神咒经卷第一

见Дx.00520。

Дx.00996 四分比丘尼戒本

存11行，行22字左右。起："应舍僧伽"，讫："食者及食"。后秦佛陀耶舍译。经文见《大正藏》第22册，第1032页A栏第23行至B栏第5行。

Дx.00997 声闻文

首题："声闻文"，讫："愿上中下座各"。经文散见于《四分律删繁补缺行事钞》。经文见《大正藏》第40册，第35页C栏第14行至第36页A栏第15行。

Дx.00997V 瑜伽师地论经题杂写

存2行。录文："伽师地／瑜伽师地论。"

Дx.00998 五尼寺名籍

存15行。有尼名40个左右。

Дx.00999 大乘百法明门论开宗义决

见Дx.00395。

Дx.01000 大般若波罗蜜多经卷第九十初分求般若品第二十七之二

存23行，行8至15字。起："界及耳触"，讫："耳界中如"。唐玄奘译。经文见《大正藏》第5册，第499页B栏第18行至C栏第15行。

Дx.01001 妙法莲华经卷第六如来神力品第二十一

存8行，行3至13字。首题："妙法莲华经如来神力品第"，讫："旧住婆"。后秦鸠摩罗什译。经文见《大正藏》第9册，第51页C栏第8行至第15行。

Дx.01002 大般涅槃经卷第二十五光明遍照高贵德王菩萨品第十之五

存21行，行1至17字。起："还／者喻诸"，讫"相"。北凉昙无谶译。经文见《大正藏》第12册，第517页A栏第15行至B栏第12行。

Дx.01003 金刚般若波罗蜜经

存22行，行4至17字。起："如来是真"，讫："世天人阿"。后秦鸠摩罗什译。经文见《大正藏》第8册，第750页B栏第27行至C栏第21行。

Дx.01004 大般若波罗蜜多经卷第六十初分赞大乘品第十六之五

存29行，行5至17字。起："现在四正断"，讫："四正断乃至"。唐玄奘译。经文见《大正藏》第5册，第338页B栏第3行至C栏第1行。

Дx.01005 诸星母陀罗尼经

存25行,行3至17字。起:"龙药叉",讫:"星嗔怒破"。唐法成译。经文见《大正藏》第21册,第420页A栏第7行至B栏第2行。

Дх.01006　金刚般若波罗蜜经

见Дх.00339。

Дх.01007　梁朝傅大士颂金刚经

经折装。存4页,共30行,行10字。起:"提若",品题:"一合相理分第三十、知见不生分第三十一、应化非真分第三十二",讫:"须菩提若有人"。后秦鸠摩罗什译。经文见《大正藏》第8册,第8页A栏第12行至B栏第12行。

Дх.01008　启建道场疏

经折装。存16页。

Дх.01009A　祈祷文

存8行,行6至11字。起:"主奉为病患",讫:"佛说三尊□□"。

Дх.01009B　释门文范

存19行,行6至12字。起:"次资焚香舍施功德",讫:"虎惊忙而骧步"。

Дх.01009C　佛说续命经

存20行,行10字左右。首题:"佛说续命",尾题:"佛说续命经一卷"。经文见《大正藏》第85册,第1405页A栏第1行至第15行。

Дх.01009D　佛说天地八阳神咒经

存20行,行约12字。首题:"佛说八阳神咒经",讫:"见众生问"。唐义净译。经文见《大正藏》第85册,第1422页B栏第11行至C栏第3行。

Дх.01009E　变文

存21行,行10字左右。起:"即司一千",讫:"口称观世音"。题记:"巳彦季三月廿八日(金光明寺□/龙兴寺僧)巳彦季二月廿八日灵图/僧惠深书手记师父/律灵图寺僧惠深供养。"

Дх.01009F　五台山赞文

存19行,行10字左右。首题:"五台山赞文",讫:"行照了灵山"。

Дх.01010　妙法莲华经卷第七观世音菩萨普门品第二十五

见Дх.00709。

Дх.01011　大般若波罗蜜多经题签

录文:"波罗蜜多经卷第五百七十二五十八。"

Дх.01012　妙法莲华经题签

录文:"妙法莲花经第四。"

Дх.01013　大般若波罗蜜多经题签

录文:"大般若波罗蜜多经卷第二百七。"

Дх.01014　大般涅槃经题签

录文:"大般涅槃经卷第廿七。"

Дх.01015　大般若波罗蜜多经题签

录文:"大般若波罗蜜多经卷第四百二。"

Дх.01016　大般若波罗蜜多经题签

录文:"大般若波罗蜜多经卷第五百卌。"

Дх.01017　妙法莲华经题签

录文:"妙法莲华经从第一至第四。"

Дх.01018　大般若波罗蜜多经题签

录文:"波罗蜜多经卷第三百二卌一莲。"

Дх.01019　大般若波罗蜜多经题签

录文:"若波罗蜜多经卷第一百九十八/第十帙/若波罗蜜多经卷每百九十一廿。"

Дх.01020　佛说无量寿宗要经

存尾2行。录文:"婆闻等/佛说无量寿宗要经。"经文见《大正藏》第19册,第84页C栏第28行至第29行。

Дх.01021　残佛经

存3行。录文:"是用/是□□不相离若能/即名得见。"未检出。

Дх.01022　大般若波罗蜜多经题签

录文:"大般若波罗蜜多经卷第一百七十九十八。"

Дх.01023　大般若波罗蜜多经题签

录文:"大般若波罗蜜多经。"

Дх.01024　普遍智藏般若波罗蜜多心经

存1行，总5字。录文："揭谛菩提莎。"法月重译。经文见《大正藏》第8册，第849页B栏第14行至第15行。

Дx.01025 **大般若波罗蜜多经题签**

录文："大般若经卷第卅三。"

Дx.01026 **大般若波罗蜜多经题签**

录文："大般若波罗蜜多经卷第一百五十六。"

Дx.01027 **大乘入楞伽经卷第五刹那品第六**

存5行，行19至35字。起："信受大慧真实"，讫："谓地被烧"。唐实叉难陀译。经文见《大正藏》第16册，第621页A栏第9行至第19行。

Дx.01028 Дx.02751 **安伞文**

存16行，行6至25字。首题："安伞文"，讫："围城作镇摩诃"。

Дx.01029 **大乘无量寿经**

见Дx.00952。

Дx.01030 **四分律删繁补阙行事钞卷上**

见 Дx.00597。

Дx.01031 **大般若波罗蜜多经卷第三百五十四初分多问不二品第六十一之四**

存11行，行1至12字。起："罗蜜多"，讫："亦不能摄受／十"。唐玄奘译。经文见《大正藏》第7册，第820页A栏第16行至第24行。

Дx.01032 **金刚般若波罗蜜经**

存13行，行4至17字。起："人相众生"，讫："暗则无所"。后秦鸠摩罗什译。经文见《大正藏》第8册，第750页B栏第17行至C栏第1行。

Дx.01033 **大般若波罗蜜多经卷第二初分缘起品第一之二**

见Дx.00717。

Дx.01034 Дx.10558 **妙法莲华经卷第一方便品第二**

存33行，行4至10字。起："无数诸法"，讫："曾从诸佛"。后秦鸠摩罗什译。经文见《大正藏》第9册，第9页B栏第7行至第10页A栏第13行。

Дx.01035 **大般若波罗蜜多经卷第五百六十九第六分法性品第六**

存12行，行4至12字。起："故不从十"，讫："显现天王"。唐玄奘译。经文见《大正藏》第7册，第936页C栏第19行至第937页A栏第2行。

Дx.01035V **卷帙号**

存2行。录文："五百六十九／第九（倒书）。"

Дx.01036 **金刚般若波罗蜜经**

存6行，行4至8字。起："万亿劫以"，讫："人悉见是"。后秦鸠摩罗什译。经文见《大正藏》第8册，第750页C栏第10行至第15行。

Дx.01037 Дx.02615 **金刚般若波罗蜜经**

存25行，行4至17字。起："无边功德"，讫："佛功德"。后秦鸠摩罗什译。经文见《大正藏》第8册，第750页C栏第6行至第751页A栏第2行。

Дx.01038 **大般若波罗蜜多经卷第三十初分教诫教授品第七之廿一**

存26行，行9至17字。首题："大般若波罗蜜经卷第卅"，品题："初分教诫教授品第七之廿"，讫："世尊若四念"。唐玄奘译。经文见《大正藏》第5册，第165页A栏第5行至B栏第5行。

Дx.01038V **卷帙号**

存"第三十"3字。

Дx.01039 **妙法莲华经卷第四法师品第十**

存3行，行7至9字。起："骂佛获无量"，讫："以无数偈赞"。后秦鸠摩罗什译。经文见《大正藏》第9册，第31页B栏第3行至第7行。

Дx.01040 **归依文**

存7行，行5至6字。起："稽首归依妙法"，讫："始从鹿苑至双"。

Дx.01041 **佛说佛名经卷第十一**

存13行。起："无无边功德胜"，讫："南无胜"。北魏菩提流支译。经文见《大正藏》第14册，第175页C栏第5行至第16行。

Дx.01042 **佛说佛名经卷第八**

存13行,行3至10字。首题:"卷第八",讫:"诸佛菩萨前"。北魏菩提流支译。经文见《大正藏》第14册,第144页A栏第3行至第13行。与现刊本分卷不同,现刊本为卷六。

Дx.01043　佛说佛名经卷第十

存17行,行3至18字。首题:"佛说佛名经卷十",讫:"摩胜佛"。北魏菩提流支译。经文见《大正藏》第14册,第153页B栏第2行至第18行。与现刊本分卷不同,现刊本为卷七。

Дx.01044　劝众偈

存8行,行4至8字。起:"汝等勿抱嗅尸卧",讫:"诸众等勤"。

Дx.01045　金刚般若波罗蜜经

存6行,行17字。首题:"金刚般若波罗蜜经",讫:"座而坐"。后秦鸠摩罗什译。经文见《大正藏》第8册,第748页C栏第17行至第24行。

Дx.01046　佛顶尊胜陀罗尼经

存10行,行7至12字。首题:"佛顶尊胜陀罗尼神",讫:"末你摩"。唐佛陀波利译。经文见《大正藏》第19册,第352页A栏第25行始。有异文。

Дx.01047　净土法身赞

存12行,行16至26字。首题:"净土法身赞",讫:"灵虚过急修"。

Дx.01047V　人名录

存1行。录文:"李富全李升德祝唱张叶。"

Дx.01048　Дx.01233　礼忏文

存27行,行3至11字。前24行为《礼忏文》。起:"一万五佛佛",讫:"归命礼三宝"。经文见《大正藏》第85册,第1303页C栏第7行至第23行。后3行为《集诸经礼忏仪一切普诵》,起:"一切普诵处世界",讫:"稽首礼无上尊"。经文见《大正藏》第47册,第457页A栏第28行至B栏第3行。

Дx.01048V　杂写

存1行。录文:"普光如来五十万元里佛等一切。"

Дx.01049　儿郎伟

存13行,行2至6字。起:"盖闻",讫:"三宝寿命"。

Дx.01050　Дx.01599　Дx.01632　佛说佛名经卷第十

存39行。起:"南无大庄严佛",讫:"无量佛"。北魏菩提流支译。经文见《大正藏》第14册,第168页B栏第17行至C栏第21行。

Дx.01051　佛说佛名经卷第二十三

见Дx.00808。

Дx.01052　金刚般若波罗蜜经

存25行,行13字。起:"须菩提於意",讫:"阿兰那行"。后秦鸠摩罗什译。经文见《大正藏》第8册,第749页B栏第26行至C栏第15行。

Дx.01053　Дx.01069　般若波罗蜜多心经

存15行,行3至12字。起:"多时照见",讫:"菩提僧婆诃"。唐玄奘译。经文见《大正藏》第8册,第848页C栏第7行至第23行。

Дx.01054　忏悔文

存7行,行5至6字。起:"此修行",讫:"於三宝所起"。

Дx.01055　书仪

存7行,行2至9字。起:"为高",中题:"书议第三",讫:"诸疾少理愿劳厚。"

Дx.01056　妙法莲华经卷第七普贤菩萨劝发品第二十八

存11行,行2至17字。起:"受持者读诵",讫:"帝三檀陀/陀隶"。后秦鸠摩罗什译。经文见《大正藏》第9册,第61页B栏第10行至第20行。

Дx.01057　佛说天地八阳神咒经

存10行,行7至12字。起:"物人者真也",讫:"魑魅魍魉鸟鸣"。唐义净译。经文见《大正藏》第85册,第1422页C栏第7行至第20行。

Дx.01058　藏经帙子点检历

存15行。录文:"十轮经竹□子/日藏分紫深凌帙子三口/十住经非绵绅帙子壹个,度世经非/

子壹个本行集经竹帙子陆个摩诃□/口绫帙子肆个大集譬喻王经绯绵绸帙子壹个/帙子壹个最胜王经紫绵绫帙子壹个入□/绯绸帙子壹个维摩诘经绯绵绸帙子壹个/绢织帙子壹个法集经竹帙子壹个/轮经竹帙子壹个等集众德经无/遮女乾子经绯绵绸帙子壹个大法炬陁罗/口□大方等大云经竹帙子壹个菩萨璎珞/子壹个第二无帙子菩萨善戒/恩经绯绵绸帙子壹个大树/帙子壹个观佛三昧海经竹帙/经绯绵绸帙子壹个般若道/个解节经无帙子五千五。"

Дx.01059　结坛散食发愿文

存10行，行3至7字。起："萨菩又"，讫："沙门分断俱"。

Дx.01059V　杂写

存1行。录文："□神经右缘□。"

Дx.01060　妙法莲华经玄赞

存15行，行5至25字。起："者天授品云"，讫："故为往时常"。唐基撰。经文见《大正藏》第34册，第651页C栏第4行至第27行。

Дx.01060V　白描画

画面残。

Дx.01061　佛教文献

存11字。起："说是无"，讫："常无常"。

Дx.01062　妙法莲华经卷第六法师功德品第十九

存17行，行3至13字。起："念不谬尔时世"，讫："地中众"。后秦鸠摩罗什译。经文见《大正藏》第9册，第48页第11行至第49页A栏第14行。

Дx.01062V　卷帙号

存"第七"2字。

Дx.01063　大方等大集经卷第六宝女品第三之二

存15行，行5至10字。起："奉施故得"，讫："白豪相供"。北凉昙无谶译。经文见《大正藏》第13册，第37页B栏第18行至C栏第4行。

Дx.01064A　Дx.01699A　Дx.01700A　Дx.01701A
Дx.01702A　Дx.01703A　Дx.01704A　杂写

存2行。录文："□爱者□/处诸。"

Дx.01064B　Дx.01699B　Дx.01700B　Дx.01701B
Дx.01702B　Дx.01703B　Дx.01704B　礼佛文

存6行，行3至12字。起："作净缘"，讫："得故亲言谢"。题记："会兴题。"

Дx.01064C　Дx.01699C　Дx.01700C　Дx.01701C
Дx.01702C　Дx.01703C　Дx.01704C　故圆鉴大师二十四孝押座文

存6行，行2至14字。起："佛道孝为成佛本"，讫："十日"。

Дx.01064D　Дx.01699D　Дx.01700D　Дx.01701D
Дx.01702D　Дx.01703D　Дx.01704D　洗头择吉日法

存26行，行2至14字。起："廿日"，讫："洗头"。

Дx.01064E　Дx.01699E　Дx.01700E　Дx.01701E
Дx.01702E　Дx.01703E　Дx.01704E　讲经文

存58行，行2至15字。起："准杂宝藏经中说仙人"，讫："皆香□香□"。

Дx.01065　大乘无量寿经

见Дx.00716。

Дx.01066　杂写

存1行。录文："不要□□□□年二月。"

Дx.01067　妙法莲华经卷第五如来寿量品第十六

存6行，行2至6字。起："身或示已身或"，讫："诸众"。后秦鸠摩罗什译。经文见《大正藏》第9册，第42页C栏第11行至第16行。

Дx.01067V　卷帙号

存"第六"2字。

Дx.01068　诗经小雅鹿鸣

存3行。经大字，注双行小字。

Дx.01069　般若波罗蜜多心经

见Дx.01053。

Дx.01070　大通方广忏悔灭罪庄严成佛经卷下

存9行，行1至3字。起："万亿/过上所"，讫："铁/万"。经文见《大正藏》第85册，第1353页C栏第20行至第28行。

Дx.01071 **大般若波罗蜜多经题签**

录文："大般若波罗蜜多经卷第一百册八。"

Дx.01072 **佛说太子慕魄经**

存8行，行1至17字。起："弃不宜复还也"，讫："[当学道]耳"。后汉安世高译。经文见《大正藏》第3册，第409页A栏第6行至第12行。

Дx.01073　Дx.02169　**贫穷缘去**

存20行。首题："贫穷缘去"，讫："众僧"。

Дx.01074 **妙法莲华经卷第七观世音菩萨普门品第二十五**

存18行，行4至17字。起："堕罗刹界"，讫："得离欲若"。后秦鸠摩罗什译。经文见《大正藏》第9册，第56页C栏第13行至第57页A栏第3行。

Дx.01075 **妙法莲华经卷第六随喜功德品第十八**

存11行，行4至17字。起："边若是施主"，讫："经故往诣"。后秦鸠摩罗什译。经文见《大正藏》第9册，第46页C栏第21行至第47页A栏第3行。

Дx.01076A　Дx.01077A **十住毗婆沙论卷第二净地品第四**

存14行，行4至14字。起："[菩萨]在初地"，讫："故名为菩提萨埵"。龙树菩萨造、后秦鸠摩罗什译。经文见《大正藏》第26册，第30页A栏第21行至B栏第6行。

Дx.01076B　Дx.01077B **十住毗婆沙论卷第二释愿品第五**

存14行，行4至14字。起："释愿品第五"，讫："十方三世"。龙树菩萨造、后秦鸠摩罗什译。经文见《大正藏》第26册，第30页B栏第10行至第24行。内容与上件相连接。

Дx.01078 **金刚般若波罗蜜经**

存18行，行9至12字。起："持读诵则"，讫："以诸华香"。后秦鸠摩罗什译。经文见《大正藏》第8册，第750页C栏第4行至第23行。

Дx.01079 **四分律删补随机羯磨序**

存4行，行3至14字。起："白四各有成济"，讫："明恒务也"。题记："□几□。"唐道宣集。经文见《大正藏》第40册，第492页B栏第5行至第9行。

Дx.01080 **金光明最胜王经卷第九善生王品第二十一**

存7行，行4字。起："众咸欢喜"，讫："养彼高座"。唐义净译，经文见《大正藏》第16册，第444页B栏第13行至第19行。

Дx.01081 **金光明最胜王经卷第十舍身品第二十六**

存6行，行5至7字。起："等乐见世尊"，讫："即开开户"。唐义净译。经文见《大正藏》第16册，第451页A栏第5行至第11行。

Дx.01082 **菩萨地持经卷第十毕竟方便处建立品第五**

存5行，行1至12字。起："毫/种好者"，讫："廿种好也"。北凉昙无谶译。经文见《大正藏》第30册，第955页A栏第24行至B栏第1行。

Дx.01083 **大般若波罗蜜多经卷第十二初分教诫教授品第七之二**

存7行，行2至5字。起："应求四"，讫："男子/求四"。唐玄奘译。经文见《大正藏》第5册，第759页C栏第4行至第10行。

Дx.01084 **金刚般若波罗蜜经**

存9行，行2至10字。起："福德"，讫："相观如来"。后秦鸠摩罗什译。经文见《大正藏》第8册，第752页A栏第4行至第12行。

Дx.01085 **大智度论卷第八十五释道树品第七十一**

存4行，行5至8字。起："一段经文"，讫："世尊譬如人"。龙树菩萨造、后秦鸠摩罗什译。经文见《大正藏》第25册，第651页C栏第10行至第13行。

Дx.01086　Дx.06180　Дx.10941 **金刚般若波罗蜜经**

二残片。其一，存37行，行5至15字。起："过去於五百"，讫："可思议功"。后秦鸠摩罗什译。经文见《大正藏》第8册，第750页B栏第18行至C栏第17行。其二，存10行，行3至9字。起："提善男子"，讫："善女人於后"。经文见《大正藏》第8册，第750页C栏第24行至第751页A栏第4行。

Дх.01087　Дх.01968　妙法莲华经卷第三药草喻品第五

存24行，行7至17字。起："音声普遍世界"，讫："法所谓解"。后秦鸠摩罗什译。经文见《大正藏》第9册，第19页B栏第8行至C栏第4行。

Дх.01088　大般若波罗蜜多经卷第二百一十七初分难信解品第三十四之三十六

存22行，行6至13字。起："何以故若"，讫："清净无二无"。唐玄奘译。经文见《大正藏》第6册，第86页A栏第24行至B栏第16行。

Дх.01089　妙法莲华经卷第五安乐行品第十四

存15行，行10至17字。起："摩诃萨不"，讫："犹不亲厚"。后秦鸠摩罗什译。经文见《大正藏》第9册，第37页A栏第21行至B栏第8行。

Дх.01089V　勘经记

存1行。录文："第五欠一张。"

Дх.01090　大般涅槃经卷第三十七迦叶菩萨品第十二之五

存18行，行8至17字。起："有为烦恼是名"，讫："虚空者即是"。北凉昙无谶译。经文见《大正藏》第12册，第581页A栏第20行至B栏第9行。

Дх.01091　妙法莲华经卷第六随喜功德品第十八

存20行，行8至10字。起："后若比丘"，讫："於深禅定"。后秦鸠摩罗什译。经文见《大正藏》第9册，第46页B栏第25行至C栏第19行。

Дх.01092　大智度论卷第八初品中放光释论第十四之余

存6行，行10至17字。起："或有人有"，讫："作大白象"。龙树菩萨造、后秦鸠摩罗什译。经见《大正藏》第25册，第119页B栏第14行至第20行。

Дх.01093　妙法莲华经卷第五安乐行品第十四

存9行，行6至17字。起："住忍辱地"，讫："畋猎渔捕"。后秦鸠摩罗什译。经文见《大正藏》第9册，第37页A栏第18行至第26行。

Дх.01094　维摩诘所说经卷上佛国品第一

存10行，行7字。首题："维摩诘所说经"，品题："佛国品第一"，讫："定智惠及"。后秦鸠摩罗什译。经文见《大正藏》第14册，第537页A栏第1行至第14行。

Дх.01095　大般涅槃经卷第三十七迦叶菩萨品第十二之五

见Дх.00547。

Дх.01096　维摩诘所说经卷中文殊师利问疾品第五

存38行，行4至17字。起："行於平等"，讫："方便有复观"。后秦鸠摩罗什译。经文见《大正藏》第14册，第545页A栏第9行至B栏第21行。

Дх.01097　佛说五无返复经

存15行，行4至17字。起："志语日是"，讫："入山斫木缚"。宋沮渠京声译。经文见《大正藏》第17册，第573页A栏第11行至第25行。

Дх.01098　Дх.02573　辩中边论卷上辩障品第二

存50行，行10至23字。起："灭名无障"，讫："行义有通达"。世亲菩萨造、唐玄奘译。经文见《大正藏》第31册，第467页A栏第18行至第468页A栏第18行。

Дх.01099　大方等陀罗尼经卷第二授记分第二

存10行，行13至15字。起："分足不下至"，讫："如上所说"。北凉法众译。经文见《大正藏》第21册，第651页C栏第13行至第24行。

Дх.01100　金刚般若波罗蜜经

存5行，行9至11字。起："得阿耨多罗"，讫："受持□诵"。后秦鸠摩罗什译。经文见《大正藏》第8册，第751页C栏第26行至第752页A栏第2行。

Дх.01101　金刚般若波罗蜜经

存14行，行1至12字。起："须菩"，讫："意云可如/三"。后秦鸠摩罗什译。经文见《大正藏》第8册，第751页A栏第4行至第17行。

Дх.01102　妙法莲华经卷第七观世音菩萨普门品

第二十五

存31行。起："者方所"，讫："一卷"。后秦鸠摩罗什译。经文见《大正藏》第9册，第57页C栏第12行至第58页B栏第7行。

Дх.01103 妙法莲华经卷第六药王菩萨本事品第二十三

存21行，行4至17字。起："中王山"，讫："香幡盖衣服"。后秦鸠摩罗什译。经文见《大正藏》第9册，第54页B栏第1行至第23行。

Дх.01104 大般若波罗蜜多经卷第五百五十二第四分无杂无异品第二十四

见Дх.00747。

Дх.01105 妙法莲华经卷第四授学无学人记品第九至法师品第十

存25行，行6至17字。起："实相如来应供"，品题："妙法莲华经法师品第十"，讫："涂香烧香缯盖"。后秦鸠摩罗什译。经文见《大正藏》第9册，第30页B栏第9行至C栏第12行。

Дх.01106 大方广佛华严经卷第三十四宝王如来性起品第三十二之二

见Дх.00043。

Дх.01107 大般涅槃经卷第二十九师子吼菩萨品第十一之三

存11行，行4至17字。起："得辟支佛"，讫："王子不由师"。北凉昙无谶译。经文见《大正藏》第12册，第540页A栏第2行至第12行。

Дх.01108 妙法莲华经卷第一序品第一

存24行，行17字。起："土靡不周遍"，讫："尔时妙光普"。后秦鸠摩罗什译。经文见《大正藏》第9册，第4页A栏第19行至B栏第15行。

Дх.01109 佛说法王经

存15行，行1至14字。起："白/法觉而"，讫："灭眼色与"。经文见《大正藏》第85册，第1386页C栏第28行至第1387页A栏第13行。

Дх.01110 大般若波罗蜜多经卷第三十七初分无住品第九之二

存17行，行8至17字。起："菩萨摩诃萨"，讫："真如法界法"。唐玄奘译。经文见《大正藏》第5册，第204页C栏第26行至第205页A栏第14行。

Дх.01110V 卷帙号

存"卅七"2字。

Дх.01111 Дх.01113 道德经

存29行，行17字。起："恢恢疎而不失"，讫："不相往来"。

Дх.01111V Дх.01113V 凉州都督府之印

存方印："凉州都督府之印。"

Дх.01112 维摩诘所说经卷下香积佛品第十

存18行，行6至17字。起："维摩诘舍见其"，讫："坐香树下"。后秦鸠摩罗什译。经文见《大正藏》第14册，第552页C栏第6行至第24行。

Дх.01113 道德经

见Дх.01111。

Дх.01113V 凉州都督府之印

见Дх.01111V。

Дх.01114 大般若波罗蜜多经卷第二十七初分教诫教授品第七之十七

存26行，行4至17字。首题："卷第廿七"，品题："十七三藏法师玄奘奉诏译"，讫："摩诃萨即"。唐玄奘译。经文见《大正藏》第5册，第148页B栏第1行至第29行。

Дх.01115 摩诃般若波罗蜜经卷第四句义品第十二

存37行，行5字。起："诃三藐三"，讫："义无所有"。后秦鸠摩罗什译。经文见《大正藏》第8册，第242页A栏第5行至B栏第15行。

Дх.01116 Дх.01117 Дх.01831 妙法莲华经卷第七观世音菩萨普门品第二十五

存33行，行4至17字。起："得度者即"，讫："世界尔时"。后秦鸠摩罗什译。经文见《大正藏》第9册，第57页B栏第1行至C栏第7行。

Дx.01118 **大般若波罗蜜多经卷第三十初分教诫教授品第七之二十**

存22行，行2至17字。起："谛若/集灭道圣"，讫："摩诃萨耶世尊"。唐玄奘译。经文见《大正藏》第5册，第165页C栏第14行至第166页A栏第6行。

Дx.01119 **大般涅槃经卷第十二圣行品第七之二**

存8行，行4至8字。起："间所须能"，讫："乃能如是"。北凉昙无谶译。经文见《大正藏》第12册，第440页A栏第4行至第11行。

Дx.01120 **大般涅槃经卷第七如来性品第四之四**

存11行，行4至12字。起："成是"，讫："言谓得罗汉"。北凉昙无谶译。经文见《大正藏》第12册，第404页B栏第5行至第15行。

Дx.01121 **忏悔文**

存21行。第1行至第14行，起："南无妙身佛"，讫："愿以此功德普及於一切"。为《忏悔文》。经文见《大正藏》第85册，第1303页C栏第8行至第24行。有异文。第15行至第18行，起："一切恭敬"，讫："一切贤圣"。为《持斋念佛忏悔礼文》。经文见《大正藏》第85册，第1267页B栏第6行至第10行。第19行至第21行，起："白众等听说黄昏偈"，讫："强健有力时"。为《集诸经礼忏仪》。经文见《大正藏》第85册，第468页B栏第20行至第24行。尾题："七阶佛名一卷。"

Дx.01122A **摩诃般若波罗蜜经卷第十二叹净品第四十二**

存26行，行2至16字。起："三菩提自无"，讫："思议佛言如"。后秦鸠摩罗什译。经文见《大正藏》第8册，第308页A栏第13行至B栏第10行。

Дx.01122B **大智度论卷第六十四释叹净品第四十二之余**

存30行，行2至16字。起："所言是般若波"，讫："故微"。龙树菩萨造、后秦鸠摩罗什译。经文见《大正藏》第25册，第509页C栏第2行至第510页A栏第4行。

Дx.01123 **佛说大乘稻芉经**

存18行，行3至22字。起："为忧具"，讫："互相为缘非"。经文见《大正藏》第16册，第825页A栏第8行至B栏第4行。

Дx.01124 **佛说无常经**

存10行，行2至12字。起："真圣"，讫："七罗"。经文见《大正藏》第85册，第1458页B栏第3行至第13行。

Дx.01125 **大般若波罗蜜多经卷第四百五十二第二分增上慢品第六十之一**

存17行，行3至17字。起："照耀"，讫："若梦若觉"。唐玄奘译。经文见《大正藏》第7册，第283页B栏第7行至第24行。

Дx.01126 **金刚般若波罗蜜经**

存13行，行2至11字。起："佛告"，讫："法尚应舍何"。后秦鸠摩罗什译。经文见《大正藏》第8册，第749页A栏第27行至B栏第11行。

Дx.01127 **妙法莲华经卷第二譬喻品第三**

存11行，行9至20字。起："无伪/舍利弗华光佛"，讫："证於无上道"。后秦鸠摩罗什译。经文见《大正藏》第9册，第11页C栏第3行至第16行。

Дx.01128 Дx.01129 Дx.04394 Дx.10506 **妙法莲华经卷第七观世音菩萨普门品第二十五**

三残片。其一，存26行，行3至13字。起："方便之力"，讫："即现妇"。后秦鸠摩罗什译。经文见《大正藏》第9册，第57页A栏第21行至B栏第14行。其二，存30行，行6至14字。起："菩萨当愍此无尽意"，讫："念彼观"。经文见《大正藏》第9册，第57页C栏第1行至第58页A栏第9行。其三，存9行，行2至11字。起："恭敬/损是故"，讫："菩萨号得如"。经文见《大正藏》第9册，第57页A栏第10行至第19行。

Дx.01130 **大般若波罗蜜多经卷第二百一十一初分难信解品第三十四之三十**

存7行，行1至8字。起："足五根五力七等"，讫："解脱/清"。唐玄奘译。经文见《大正藏》第6册，第53页C栏第15行至第20行。

Дх.01131　Дх.01139B　Дх.01149　**瑜伽师地论卷第五十本地分中菩萨地第十五第三持究竟瑜伽处建立品第五之二**

存33行，行15至33字。起："是名如来十力"，讫："聚法非能"。弥勒菩萨说、唐玄奘译。经文见《大正藏》第30册，第573页B栏第18行至第574页A栏第26行。

Дх.01131VA　Дх.01139BVA　Дх.01149VA　**蒙书**

Дх.01131VB　Дх.01139BVB　Дх.01149VB　**礼忏文**

Дх.01132　**残片**

不可定名。

Дх.01132V　**残片**

不可定名。

Дх.01133　**金光明最胜王经卷第九长者子流水品第二十五**

存4行，行5至14字。起："复作是念众"，讫："言汝取一"。唐义净译。经文见《大正藏》第16册，第449页B栏第14行至第17行。

Дх.01134　Дх.01135　**佛说佛名经卷第四**

见Дх.00866。

Дх.01136　**普遍智藏般若波罗蜜多心经**

存10行，行2至5字。起："死/无得"，讫："菩提萨婆诃"。法月重译。经文见《大正藏》第8册，第849页B栏第6行至第15行。

Дх.01137　Дх.02228　**维摩诘所说经卷中文殊师利问疾品第五**

二残片。其一，存31行，行3至17字。起："无罪而"，讫："为勇如是"。后秦鸠摩罗什译。经文见《大正藏》第14册，第544页C栏第21行至第545页A栏第24行。其二，存15行，行7至17字。起："士此室何"，讫："病答曰是"。经文见《大正藏》第14册，第544页B栏第29行至C栏第15行。

Дх.01138　Дх.01144　**金光明最胜王经卷第一如来寿量品第二**

存37行，行9至18字。起："尊今从如来"，讫："有舍利方"。唐义净译。经文见《大正藏》第16册，第406页A栏第12行至C栏第11行。

Дх.01139A　**维摩诘所说经卷上佛国品第一**

存15行，行3至15字。首题："说经一名不可思议解说佛国品第一"，讫："於众言音"。后秦鸠摩罗什译。经文见《大正藏》第14册，第537页A栏第6行至第20行。

Дх.01139B　**瑜伽师地论卷第五十本地分中菩萨地第十五第三持究竟瑜伽处建立品第五之二**

见Дх.01131。

Дх.01139BVA　**蒙书**

见Дх.01131VA。

Дх.01139BVB　**礼忏文**

见Дх.01131VB。

Дх.01140　**佛说父母恩重经**

存11行，行7至11字。起："分解说父母"，讫："欢儿见母"。经文见《大正藏》第85册，第1403页C栏第8行至第19行。

Дх.01141　Дх.01800　**般若波罗蜜多心经**

二残片。其一，存12行，行6至9字。起："一切苦厄"，讫："切苦真实"。唐玄奘译。经文见《大正藏》第8册，第848页C栏第8行至第20行。其二，存5行，行4至8字。起："菩提萨埵"，讫："是无上咒是"。经文见《大正藏》第8册，第848页C栏第15行至第19行。

Дх.01142　**佛说观佛三昧海经卷第五观佛心品第四**

存16行，行7至15字。起："地狱十"，讫："如刀山舌如"。东晋佛驮跋陀罗译。经文见《大正藏》第15册，第668页B栏第22行至C栏第9行。

Дх.01143　**妙法莲华经卷第五安乐行品第十四**

存22行，行2至10字。起："刀杖/智者如是"，讫："云汝不得佛"。后秦鸠摩罗什译。经文见《大正藏》第9册，第38页A栏第27行至B栏第24行。

Дх.01144 金光明最胜王经卷第一如来寿量品第二

见Дх.01138。

Дх.01145 妙法莲华经卷第一序品第一

存13行，行4至17字。起："月灯明又同"，讫："珠沙华摩"。后秦鸠摩罗什译。经文见《大正藏》第9册，第3页C栏第28行至第4页A栏第12行。

Дх.01146 妙法莲华经卷第三药草喻品第五

存18行，行14至17字。起："者何唯有"，讫："令众悦豫"。后秦鸠摩罗什译。经文见《大正藏》第9册，第19页B栏第26行至C栏第17行。

Дх.01147 残片

不可定名。

Дх.01148 妙法莲华经卷第一序品第一

存10行，行5至8字。起："致演大法"，讫："度生老病"。后秦鸠摩罗什译。经文见《大正藏》第9册，第3页C栏第13行至第23行。

Дх.01149 瑜伽师地论卷第五十本地分中菩萨地第十五第三持究竟瑜伽处建立品第五之二

见Дх.01131。

Дх.01149VA 蒙书

见Дх.01131VA。

Дх.01149VB 礼忏文

见Дх.01131VB。

Дх.01150 般若波罗蜜多心经

存13行，行3至20字。起："识无眼"，尾题："般若波罗蜜多心经"。唐玄奘译。经文见《大正藏》第8册，第848页C栏第11行至第24行。

Дх.01151 大般涅槃经卷第三十一师子吼菩萨品第十一之五

存14行，行2至8字。起："者名不修心"，讫："若不[慎护]"。北凉昙无谶译。经文见《大正藏》第12册，第552页B栏第12行至第25行。

Дх.01152 瑜伽师地论卷第四十本地分中菩萨地第十五初持瑜伽处戒品第十之一

存14行，行4至25字。起："当知是名"，讫："饶益一切有"。弥勒菩萨说、唐玄奘译。经文见《大正藏》第30册，第510页C栏第16行至第511页A栏第8行。

Дх.01153 金刚般若波罗蜜经

存18行，行5至10字。起："座而坐时"，讫："布施不住声"。后秦鸠摩罗什译。经文见《大正藏》第8册，第748页C栏第24行至第749页A栏第13行。

Дх.01154 金刚般若波罗蜜经

存23行，行6至17字。起："如来得阿耨"，讫："於意云何"。后秦鸠摩罗什译。经文见《大正藏》第8册，第751页A栏第27行至B栏第22行。

Дх.01155 Дх.01156 大般若波罗蜜多经卷第二百八十七初分赞清净品第三十五之三

存26行，行10至17字。首题："大般若波罗蜜多经卷第二百八十七"，品题："初分赞清净品第卅五之三三藏法师玄奘奉"，讫："清净故一切□净"。唐玄奘译。经文见《大正藏》第6册，第458页B栏第5行至C栏第7行。

Дх.01157 Дх.01158 金刚般若波罗蜜经

存27行，行4至17字。首题："金刚般若波罗蜜经"，讫："於意云何"。后秦鸠摩罗什译。经文见《大正藏》第8册，第748页C栏第17行至第749页A栏第16行。

Дх.01159 大通方广忏悔灭罪庄严成佛经卷上

存17行，行5至17字。起："能师子吼"，讫："尽有佛性其"。经文见《大正藏》第85册，第1338页C栏第29行至第1339页A栏第18行。

Дх.01160 药师琉璃光如来本愿功德经

见Дх.00621。

Дх.01161 Дх.01167B 妙法莲华经卷第一序品第一

存13行，行4至17字。起："难陀孙"，讫："菩萨勇施菩"。后秦鸠摩罗什译。经文见《大正藏》第9

册,第1页C栏第26行至第2页A栏第10行。

Дх.01162 Дх.01506 Дх.03087 佛说佛名经

起:"王佛",讫:"十三佛"。每佛上都有一尊禅定佛,残存上半部。部分经名见《集诸经礼忏仪》

Дх.01163 妙法莲华经卷第六随喜功德品第十八

存11行,行5至17字。起:"阿僧祇世界",讫:"训□□□集此"。后秦鸠摩罗什译。经文见《大正藏》第9册,第46页C栏第6行至第16行。

Дх.01164 Дх.01165 大般若波罗蜜多经卷第三百九初分不思议等品第四十二之二

存26行,行11至15字。首题:"般若波罗蜜多经卷第三百九",品题:"分不思议等品第卌二之二",讫:"思议不可称"。唐玄奘译。经文见《大正藏》第6册,第573页C栏第1行至第574页A栏第4行。

Дх.01166 佛说善恶因果经

存32行,行2至16字。起:"有发/慈心养命有",讫:"从学问"。经文见《大正藏》第85册,第1380页C栏第9行至第1381页A栏第10行。

Дх.01167A 维摩诘所说经卷中不思议品第六

存21行,行1至17字。起:"舍利弗",讫:"服饮食/以"。后秦鸠摩罗什译。经文见《大正藏》第14册,第547页A栏第1行至第22行。

Дх.01167B 妙法莲华经卷第一序品第一

见Дх.01161。

Дх.01168 大般若波罗蜜多经卷第七十二初分观行品第十九之二

存26行,行12至17字。首题:"大般若波罗蜜多经卷第七十二",品题:"初分观行品第十九之三三藏法师玄奘奉诏译",讫:"寂静不寂静"。唐玄奘译。经文见《大正藏》第5册,第405页B栏第13行至C栏第11行。

Дх.01169 妙法莲华经卷第二譬喻品第三

存23行,行2至17字。起:"枕驾/行步平正",讫:"益一切而"。后秦鸠摩罗什译。经文见《大正藏》第9册,第12页C栏第22行至第13页A栏第16行。

Дх.01170 佛顶尊胜陀罗尼经

存17行,行3至17字。起:"蚊虻龟/一切蠢动",讫:"诸苦悉皆"。唐佛陀波利译。经文见《大正藏》第19册,第351页A栏第20行至B栏第7行。

Дх.01171 般若波罗蜜多心经

存14行,行3至17字。起:"是色受",讫:"菩提娑婆诃"。唐玄奘译。经文见《大正藏》第8册,第848页C栏第10行至第23行。

Дх.01172 Дх.01221 般若波罗蜜多心经

存32行,行4至8字。起:"行识亦复",尾题:"般若波罗蜜多心经一卷"。唐玄奘译。经文见《大正藏》第8册,第848页C栏第9行至第24行。

Дх.01173 佛说无量寿宗要经

存28行,行9至29字。抄写两遍,存第一遍后半及第二遍前部。其一,起:"陀罗尼曰",尾题:"佛说无量寿宗要经"。经文见《大正藏》第19册,第84页C栏第1行至第29行。其二,首题:"大乘无量寿宗要经",讫:"有得闻者"。经文见《大正藏》第19册,第82页A栏第1行至第21行。

Дх.01174 佛顶尊胜陀罗尼经

存17行。首题:"尊胜陀罗尼神咒",讫:"恒莎诃"。唐佛陀波利译。经文见《大正藏》第19册,第352页A栏至B栏。有异文。

Дх.01175 大般涅槃经卷第三十师子吼菩萨品第十一之四

见Дх.00680。

Дх.01176 妙法莲华经卷第四五百弟子受记品第八

存24行,行6至20字。起:"三菩提记於",讫:"有人至亲"。后秦鸠摩罗什译。经文见《大正藏》第9册,第28页B栏第27行至第29页A栏第6行。

Дх.01177 佛顶尊胜陀罗尼经

存17行,行5至17字。起:"唯愿如来为",讫:

"以土一把"。唐佛陀波利译。经文见《大正藏》第19册,第351页C栏第3行至第19行。

Дx.01178 Дx.01179 金刚般若波罗蜜经

见Дx.00644。

Дx.01180 大通方广经卷中

见Дx.00180。

Дx.01181 大般若波罗蜜多经卷第二百二十

存28行,行17字。首题:"大般若波罗蜜多经卷第二百二十",品题:"初分难信解品第卅四之卅九三藏法师玄奘奉诏译",讫:"受清净故一切"。唐玄奘译。经文见《大正藏》第6册,第102页B栏第1行至C栏第4行。

Дx.01182 妙法莲华经卷第七观世音菩萨普门品第二十五

存7行,行2至7字。起:"释然得解脱",讫:"观音"。后秦鸠摩罗什译。经文见《大正藏》第9册,第58页A栏第1行至第11行。

Дx.01183 佛教问答

见Дx.00290。

Дx.01184 合部金光明经卷第一三身分别品第三

存5行,行1至6字。录文:"者／如虚空是故／更无胜智离／如如[智]是二种／故灭。"北凉昙无谶译、隋释宝贵合。经文见《大正藏》第16册,第363页C栏第12行至第16行。

俄藏敦煌文献第八册叙录

Дx.01185　大方等大集经卷第二十七无尽意菩萨品第十二之一

存23行，行7至17字。起："行无尽菩萨"，讫："能到过心"。宋智严共宝云译。经文见《大正藏》第13册，第188页B栏第21至C栏第15行。

Дx.01186　菩萨璎珞本业经贤圣学观品第三

存44行，行4至17字。起："菩萨为眷属"，讫："变化生一切"。后秦竺佛念译。经文见《大正藏》第24册，第1016页B栏第13行至C栏第28行。

Дx.01187　妙法莲华经卷第六法师功德品第十九至常不轻菩萨品第二十

存15行，行4至20字。起："说尔时世尊"，品题："妙法莲华经常不"，讫："比丘比丘"。后秦鸠摩罗什译。经文见《大正藏》第9册，第50页A栏第29行至B栏第25行。

Дx.01188　佛说阿弥陀经

存4行，行1至13字。起："说欢喜信受"，讫："诃上"。后秦鸠摩罗什译。经文见《大正藏》第12册，第348页A栏第27行至第28行。另存咒语见《大正藏》第12册，第352页A栏第25行至第27行。选取相关的经文和咒语写于一纸，注重佛教活动的应用性，这是敦煌地方写经的特点之一。

Дx.01189　大般若波罗蜜多经卷第三百三十六初分断分别品第五十四之二

存3行，行7至13字。起："般若波罗蜜"，讫："住实际虚"。唐玄奘译。经文见《大正藏》第6册，第725页B栏第2至第5行。

Дx.01190　金光明最胜王经卷第九长者子流水品第二十五

存16行，行5至17字。起："摩你你莎诃"，讫："还家是长"。唐义净译。经文见《大正藏》第16册，第450页A栏第3行至第22行。

Дx.01191　大般若波罗蜜多经卷第一百一十六初分校量功德品第三十之十四

存7行，行7至12字。首题："大般若波罗蜜多经卷第一百"，品题："初分校量功德品第卅之十四"，讫："何以"。唐玄奘译。经文见《大正藏》第5册，第636页A栏第1行至第11行。

Дx.01192　Дx.01193　梵网经卢舍那佛说菩萨心地戒品第十卷下

存28行，行17字。起："说大乘经律"，讫："三世千佛须"。后秦鸠摩罗什译。经文见《大正藏》第24册，第1008页B栏第13行至C栏第15行。有异文。

Дx.01194　金刚般若波罗蜜经

存21行，行17字。尾行有缺文。起："度者如来"，讫："若来若"。后秦鸠摩罗什译。经文见《大正藏》第8册，第752页A栏第7行至B栏第3行。

Дx.01195 大般涅槃经卷第二十六光明遍照高贵德王菩萨品第十之六

存23行，行5至17字。起："槃亦空是"，讫："以金易鍮"。北凉昙无谶译。经文见《大正藏》第12册，第521页B栏第19行至C栏第12行。

Дx.01196 胜思惟梵天所问经卷第一序品第一

存11行，其中完整者9行，行4至17字。起："行慈为最胜"，讫："虚空藏"。此写经与后秦鸠摩罗什译《思益梵天所问经卷第一序品第一》，或北魏菩提流支译《胜思惟梵天所问经卷第一》内容相近。经文见《大正藏》第15册，第34页C栏第19行至第35页A栏第5行；或同册，第64页B栏第2行至第16行。经文与现刊本出入较大。

Дx.01197 大般涅槃经卷第二十九师子吼菩萨品第十一之三

存17行，行9至17字。起："悉来集于"，讫："何修定能"。北凉昙无谶译。经文见《大正藏》第12册，第538页A栏第29行至B栏第18行。

Дx.01198 Дx.01209 Дx.01210 增壹阿含经卷第三十二力品第三十八之二

二残片。其一，存15行，行6至17字。起："会因缘所谓"，讫："出外游观"。僧伽提婆译。经文见《大正藏》第2册，第724页B栏第15行至C栏第1行。其二，存19行，行5至17字。起："如来是时"，讫："往此王境"。经文见《大正藏》第2册，第724页C栏第14行至第725页A栏第4行。

Дx.01199 大般若波罗蜜多经卷第一百一十三初分校量功德品第三十之十一

见Дx.00774。

Дx.01200 释门文范

存16行，行4至14字。起："碎明珠霜"，讫："正见若怀常"。文中"菩萨"用合体字。

Дx.01200V 僧名录

书于补纸上。存4行，录文："□阇如法汪林光相装/性空志清普现保得/佛□□/法林（倒书）。"

Дx.01201A 大般若波罗蜜多经卷第十七初分教诫教授品第七之七

存9行，行6至10字。起："眼处清净"，讫："耳鼻舌身"。唐玄奘译。经文见《大正藏》第5册，第94页C栏第1行至第9行。

Дx.01201B Дx.01201C 大般若波罗蜜多经卷第四十五初分譬喻品第十一之四

存7行，行6至14字。起："方便说色"，讫："得为方便"。唐玄奘译。经文见《大正藏》第5册，第251页B栏第14行至第20行。

Дx.01201BV Дx.01201CV 卷帙号

存"□五"2字。

Дx.01202 金光明经卷第四流水长者子品第十六

存6行，行11至12字。起："是数已倍复"，讫："池土与作荫"。北凉昙无谶译。经文见《大正藏》第16册，第352页C栏第7行至第13行。

Дx.01203 佛说天地八阳神咒经

存14行，行4至16字。起："佛说此经"，讫："一部其功"。唐义净译。经文见《大正藏》第85册，第1424页C栏第11行至1425页A栏第10行。

Дx.01204 Дx.10580 妙法莲华经卷第七普贤菩萨劝发品第二十八

存32行，行3至16字。起："弥勒菩"，讫："此人现世"。后秦鸠摩罗什译。经文见《大正藏》第9册，第61页C栏第10行至第62页A栏第20行。

Дx.01205 佛说观无量寿佛经

存13行，行13至17字。起："为汝广说"，讫："西方极乐"。宋畺良耶舍译。经文见《大正藏》第12册，第341页C栏第6行至第20行。

Дx.01206 Дx.01207 妙法莲华经卷第七观世音菩萨普门品第二十五

存28行，行11至17字。起："闻俱发声"，讫："身得度者"。后秦鸠摩罗什译。经文见《大正藏》第9册，第56页C栏第28行至第57页A栏第27行。

Дx.01208 大般涅槃经卷第十九梵行品第八之五

存15行，行8至17字。起："愁悴颜容"，讫："黑白业报无"。北凉昙无谶译。经文见《大正藏》第12册，第474页B栏第9行至第23行。

Дх.01209 Дх.01210 增壹阿含经卷第三十二力品第三十八之二

见Дх.01198。

Дх.01211A 弥沙塞五分戒本

存10行，行17字。起："佛□说教戒"，讫："嘿然故是事"。宋佛陀什译。经文见《大正藏》第22册，第194页C栏第18行至第29行。最后2行"如是持菩萨/摩诃萨一心修行六波罗蜜□法二□□无差别"，现刊本无。

Дх.01211B 梵网经卢舍那佛说菩萨心地戒品第十卷下

存44行，行16至17字。首题："梵网经卢舍那佛说菩萨心地法门戒品"，讫："此大众重"。后秦鸠摩罗什译。经文见《大正藏》第24册，第1003页B栏第6行至C栏第27行。

Дх.01212 维摩诘所说经卷上佛国品第一

存8行，行3至7字。起："苦"，讫："菩萨山"。后秦鸠摩罗什译。经文见《大正藏》第14册，第537页B栏第5行至第11行。

Дх.01213 大方广佛华严经卷第十九金刚幢菩萨十回向品第二十一之六

存11行，行2至15字。起："仆皆"，讫："摩诃萨"。东晋佛驮跋陀罗译。经文见《大正藏》第9册，第521页B栏第18行至第28行。

Дх.01214 佛说灌顶随愿往生十方净土经卷第十一

存13行，行5至13字。起："佛号曰入精"，讫："随愿往生"。东晋帛尸蜜多罗译。经文见《大正藏》第21册，第529页A栏第12行至第26行。

Дх.01215 大般若波罗蜜多经卷第四十五初分譬喻品第十一之四

存23行，行5至17字。起："有愿相可"，讫："触法处常"。唐玄奘译。经文见《大正藏》第5册，第251页B栏第21行至C栏第14行。

Дх.01216 藏经点检历

存6行。录文："显□圣教论二十卷两帙瑜伽师地论/释等十卷同帙大乘阿毗达磨杂集论一部十六卷中/论四卷等两帙般若□论释十五卷十二门论（内欠十□□未□□不□□）上五论等/两帙大乘庄论一帙（十三卷）大乘庄严论等一帙/顺中论等一帙摄大乘论释一帙摄大乘论等一帙/摄大乘论释一帙摄大乘释论一帙。"括号内为原卷行间添加字。

Дх.01216V 藏经点检历

存3行。录文："（力佛性论等帙忠辩中边论等帙在张孔目）摄大乘论释一帙因明正理论等一帙成唯识论／一帙大丈夫论等帙大乘起信论等一帙／回诤论等一帙。"

Дх.01217 和菩萨戒文

存24行，行9字。起："来灌口足"，讫："知厌足当来"。经文见《大正藏》第85册，第1300页B栏第20行至C栏第3行。

Дх.01218 陀罗尼

存18行，行22字左右。起："南无罗耶怛哗夜耶"，讫："哆陀啰陀"。

Дх.01219 Дх.01220 大般若真言

存20行。起："咀侄他何虎"，讫："细莎诃"。包首："愿进谦□大般若真言。"

Дх.01221 般若波罗蜜多心经

见Дх.01172。

Дх.01222 Дх.01223 佛说佛名经卷第十

存28行。起："南无功德智佛"，讫："南无撰择摄取佛"。北魏菩提流支译。经文见《大正藏》第14册，第171页C栏第14行至第172页A栏第6行。

Дх.01224 妙法莲华经卷第七观世音菩萨普门品第二十五

见Дх.00709。

Дх.01225 太子成道变文

存4行，行8至9字。起："后因甚处烧香求愿"，讫："彩女前生有"。

Дx.01226 佛说佛名经卷第十二

存9行。首题："佛名经卷第十六"，讫："乐说"。北魏菩提流支译。经文见《大正藏》第14册，第178页C栏第24行至第179页A栏第1行。与现刊本分卷不同，现刊本为卷第十二。

Дx.01227 梵网经记卷上

存18行，行3至14字。起："门傅述奥"，讫："十住处所"。北京石壁寺沙门傅奥述。经文见《卍新续藏》第38册，第242页B栏第5行至C栏第2行。

Дx.01227V 经名杂写

存4行。录文："梵/楚/梵网经卷十并/村。"

Дx.01228 二月八日文

存22行。起："王降诞为"，讫："普天安乐"。

Дx.01229 净名经集解关中疏卷上并序

存12行，行10至26字。首题："净名经集解关中疏卷上并序中京资圣寺沙门道液集"，讫："道场夏再治定庶法"。唐道液集。经文见《大正藏》第85册，第440页A栏第12行至第29行。

Дx.01229V 释僧肇作题记

裱纸内侧写"释僧肇作"4字。

Дx.01230 佛名恶略忏悔文

存9行，行21字。首题："佛名恶略忏悔文一卷"，讫："能障圣道"。现刊本为《大佛略忏一百弟子》。经文见《大正藏》第85册，第1293页C栏第22行至第1294页A栏第5行。

Дx.01230V 太子赞

存8行，行19字。首题："太子赞"，讫："圣□□"。

Дx.01231 佛说佛名经卷第一

见Дx.00229。

Дx.01232 金光明最胜王经卷第六四天王护国品第十二

存4行，行7至14字。起："佛面犹如"，讫："告功德满"。唐义净译。经文见《大正藏》第16册，第432页A栏第11行至第18行。

Дx.01233 礼忏文

见Дx.01048。

Дx.01234 金光明最胜王经卷第二分别三身品第三

存6行，行7至8字。起："为令解了生死"，讫："具诸善法"。唐义净译。经文见《大正藏》第16册，第408页B栏第22行至第28行。

Дx.01235A 般若波罗蜜多心经

见Дx.00397A。

Дx.01235B 佛说地藏菩萨经

见Дx.00397B。

Дx.01235V 杂写

见Дx.00397V。

Дx.01236 占卜书

前部图表。存占书8行。首题："推神龟走失法第二"，讫："推仙人逐盗法□□"。

Дx.01237 药师琉璃光如来本愿功德经

存28行，行1至17字。起："故身/佛告曼殊"，讫："具足形色端"。唐玄奘译。经文见《大正藏》第14册，第406页C栏第6行至第407页A栏第15行。

Дx.01238 妙法莲华经卷第二譬喻品第三

存22行，行7至20字。起："中以菩萨"，讫："出家成佛道"。后秦鸠摩罗什译。经文见《大正藏》第9册，第11页B栏第27行至C栏第26行。

Дx.01239 Дx.01240 金刚般若波罗蜜经

存45行，行17字。起："如是等洹河"，讫："不能见如来"。后秦鸠摩罗什译。经文见《大正藏》第8册，第751页B栏第22行至第752页A栏第18行。

Дx.01241 Дx.01242 维摩诘所说经卷下香积佛品第十

存19行，行6至17字。起："佛唯有清净"，讫："其言维摩诘"。后秦鸠摩罗什译。经文见《大正藏》第14册，第552页A栏第14行至B栏第4行。

Дx.01243 佛说观普贤菩萨行法经

存6行，行9至17字。起："一实道知佛"，讫："欢喜奉行"。宋县无蜜多译。经文见《大正藏》第9册，第394页B栏第5行至第10行。

Дx.01244 **大般涅槃经后分卷下圣躯廓润品第四**

存9行，行6至8字。起："后围绕向荼毗"，尾题："大般涅槃经分卷下"。唐若那跋陀罗译。经文见《大正藏》12册，第910页C栏第18行至第26行。

Дx.01245 **金光明最胜王经卷第十舍身品第二十六**

存8行，行7至17字。起："可同捐命"，讫："时大地动"。唐义净译。经文见《大正藏》第16册，第452页B栏第4行至第11行。

Дx.01246 **劝善经**

存16行，行10至16字。首题："劝善经一卷"，讫："见太平时"。经文见《大正藏》第85册，第1462页A栏第1行至第19行。

Дx.01247 **妙法莲华经卷第四五百弟子受记品第八**

存9行，行8至17字。起："千万亿"，讫："而畏於"。后秦鸠摩罗什译。经文见《大正藏》第9册，第28页A栏第1行至第11行。

Дx.01248 Дx.01470 **金刚般若波罗蜜经**

存21行，行4至9字。起："佛三四五佛"，讫："此经中受"。后秦鸠摩罗什译。经文见《大正藏》第8册，第749页B栏第1行至第22行。

Дx.01248V Дx.01470V **骑缝押**

Дx.01249 **斋文号头**

存6行，行20字。起："夫以三皇"，讫："离之恼者厥名"。

Дx.01250 **陀罗尼**

存1行。另有藏文字母。

Дx.01251A Дx.01464A **救诸众生一切苦难经**

存9行，行6至10字。起："天台山中"，讫："能慎此是"。经文见《大正藏》第85册，第1461页C栏第8行至第23行。

Дx.01251B Дx.01464B **新菩萨经**

存8行，行约15字。首题："□□□□一卷"，讫："盛中时雷鸣"。经文见《大正藏》第85册，第1462页A栏第21行至B栏第6行。

Дx.01252 **春秋左氏传僖公二十一年至二十二年**

见Дx.00362。

Дx.01252V **佛教传帖**

见Дx.00362V。

Дx.01253A **阿毗达磨论第一帙**

见Дx.00354A。

Дx.01253B **给马牒**

见Дx.00354B。

Дx.01253C **节度使牒**

见Дx.00354C。

Дx.01253D **开元九年文书**

见Дx.00354D。

Дx.01253E **付长行坊牒**

见Дx.00354E。

Дx.01253EV **付长行坊牒**

见Дx.00354EV。

Дx.01254 **河西节度使司徒愿文**

录文："是福次用庄严我河/西节度使司徒贵住/伏愿膺乾偹德宝位/次五岳而齐坚坤□位/治民宠帙并三台而永固公/主桂娥宝朗夫人转桃/李之容郎君孝佐不。"

Дx.01254V **河西节度使司徒愿文**

录文："亏小娘子居园花色/倾城官吏各尽节於/辕门阖城孩童并输/忠而辅国又持胜福次用/庄严持炉内臣都头以诸/官寮等伏愿明才胜善/随四序而增禁宠时新/拳帝王之耳目。"

Дx.01255 Дx.01885 Дx.01886 **愿文**

存10行，行2至14字。起："崇法社而成生胜报"，讫："一普"。

Дx.01256 **礼忏文**

存6行，行4至15字。起："后廿五月"，讫："六十日满即"。

Дx.01256V **新集诸家九族尊卑书仪**

存5行。起："丈人丈母座前"，讫："状通 厶郎左右"。

Дх.01257 Дх.02968 太平广记卷第九

存21行。

Дх.01258 Дх.01259 Дх.01289 Дх.02977 Дх.03162 Дх.03165 Дх.03829 天窣鬼镜图并推得病日法

册页装。共14页，总84行。首题："天窣鬼镜图并推得日法/张师天撰。"

Дх.01260 请法师文

存8行，行2至13字。

Дх.01260V 斋文

存6行，行8至14字。

Дх.01261 巳年正月三日录事马桢文书

存3行。录文："巳年正月三日录事马桢/除富弟王保员/保。"

Дх.01262 于阗坎城百姓勿悉门捺牒

存3行。录文："牒勿悉门捺身是坎城百姓/年生得二男一男身死一男身在/却其妻翁提牛四头□留妻。"

Дх.01263 春秋左氏传僖公二十一年至二十二年

见Дх.00362。

Дх.01263V 佛教传帖

见Дх.00362V。

Дх.01264 大乘入道次第

存8行，行6至18字。起："计心境皆空"，讫："此时即证"。草书。唐智周撰。经文见《大正藏》第45册，第461页B栏第14行至第28行。

Дх.01265 Дх.01457 沙州某人上于阗押衙张郎等状

存11行，行3至14字。录文："孟冬渐寒伏惟/于阗押押张郎及兵/居万福即日/沙州丈母及妻男□迁物/忧夏精望也 昨者□□/绯绵绫壹疋紫绵绫壹疋某张/得有毛勿是回□□□字切是□□/永铜鍮食珠子紫车□□其□□/其押牙□伏使郡项□交/今因人往远近马使/不□谨。"

Дх.01266 杂写

存5行。字大小不一，杂写大字，诗小字。录文："日□□/准雨泪/周公诗/右少师有不昧/□之是有六法。"

Дх.01266V 药王菩萨祈祷文

存4行。录文："伏愿药王菩萨悲愍有/情大力鬼神毒气家家断时□□无/之难□加佛之恩时唱兴歌□/城欢喜。"

Дх.01267 Дх.03109 刊谬补缺切韵

正背各存2行。

Дх.01268 第二团僧名录

存2行。录文："第二团张僧正大马法师安法律/藏惠愿昌法戒会志戒□。"

Дх.01269 Дх.02155 Дх.02156 某弟身故纳历

存35行。

Дх.01269V Дх.02155V Дх.02156V 付饼粟历

存3行。

Дх.01270 索奴奴便物契

存7行。录文："已了便须还纳如若/又书内西防便充物谷/凭无番悔恐人无信故立/后凭/四月四日便物人索奴奴/便物人妻李氏/见人索怀义。"

Дх.01271A 维摩诘所说经卷下

存10行。前3行未定出。第4行至第10行为《维摩诘所说经》。起："事善法诸余"，讫："是为十"。后秦鸠摩罗什译。经文见《大正藏》第14册，第553页A栏第22行至第28行。

Дх.01271B 大般涅槃经卷第十七梵行品第八之三

存4行，行9至11字。起："名方等经"，讫："为虚空世间"。北凉昙无谶译。经文见《大正藏》第12册，第464页B栏第11行至第15行。

Дх.01271V 书信

存9行。录文："无宁得三月十八日书具委平/娘尊体起居动止万福/福即日蒙恩且得平安/奉芝动告到即拟去今/未得奉芝不沾咨未可去/他惟听恶□娘年迈□等不/令娘苦恼智福至秋未还/□拜香出赊惮憎驰告今日/在诸□审并。"

Дх.01272 陀罗尼

存9行。行11至16字。未检出。

Дх.01273 四分律删补随机羯磨诸戒受法篇第三

存5行,行3至19字。起:"大德僧听",讫:"厶甲求受"。京兆崇义寺沙门道宣集。经文见《大正藏》第40册,第497页C栏第2行至第8行。

Дх.01274 Дх.03029 占卜书

存16行,行2至10字。

Дх.01274V Дх.03029V 书信

存3行,行2至4字。极残。

Дх.01275 归义军军资库司纸破历

存10行。录文:"天使祭拜壹帖付白流子一日奉判支都衙王文通等/故□□壹束同日支□□司空两帖付张谏全同日/准旧例支衙前虞侯壹帖付火□头□□支业司壹□/帖付押衙龙彩思□日□馆捉道□贰拾张付押衙康清奴二日/奉□□押衙王南山身故助葬叁帖五□甘州何宰相信/纸两帖付押衙曹润成六日楼上伍□□□□九日楼上□/阇梨十日楼上□打戏壹帖付□马使令狐佛德同/□孟怀金同日比符庄鲍壁庄□□麦共肆□/都头阴庆子身故助葬柒□□日准旧例/两帖。"

Дх.01275V 勅字押

存一"勅"字。

Дх.01276 阿毗达磨俱舍论本颂分别世界品第三

存8行,行10至24行。起:"曰此已下"。讫:"傍生极一中"。自第2行"赡部洲人量"至卷尾为是经。世亲菩萨造、唐玄奘译。经文见《大正藏》第29册,第315页B栏第13行至第28行。

Дх.01277 报慈母十恩德

存35行,行9字。起:"阿娘",讫:"未出到门前"。

Дх.01277V 宋丑子等油面历

存10行。分三栏记账:人名、饼粟、帛。卷中另有倒写侧书杂账年代多处,另画有白描画。

Дх.01278 辛亥年五月董押衙等便粟历

存9行。录文:"辛年五/辛亥年五月日名目/董押衙便粟两石至秋三石/卢友信便粟两石秋三石/宋进成便粟一石秋一石五斗/汜社官便粟一石秋一石五升/王押衙白强四钱断麦/粟八斗索保子□乘一个/断麦粟一石五升。"

Дх.01278V 菜田历

存2行。录文:"苟奴奴菜一步/汜社这菜一步董押衙菜一步。"

Дх.01279 大乘四法经论释

存10行,行33字。起:"持释此四法经",讫:"信受奉信"。未检出。

Дх.01280 书信

存9行。上下前后俱残。

Дх.01281 摩诃般若波罗蜜经卷第三十二

存2行。录文:"得即是得以是故得无所提/摩诃般若波罗蜜经遍学品第七十三卅二。"后秦鸠摩罗什译。经文见《大正藏》第8册,第376页C栏第23行至第377页A栏第5行。

Дх.01282 Дх.03127 佚书

二残片。其一,存14行,行13至17字。中有品题:"解执篇第四。"其二,存11行,行10至16字。待考。

Дх.01282V Дх.03127V 沙州诸乡纳草人名录

二残片。存14行。列诸乡人名,中有"计草一千五□□"字样。

Дх.01283 四月初四日千佛洞众经士请某师庆祝圣诞帖

存7行。录文:"师进近法体康泰来字无别/首日□□事至今经书不□/□□□以阙奉请/法驾/贵体早动仙步急来千佛古洞庆祝/圣诞此事要紧千千万万□□物物/四月初四日千佛洞众经士稽首。"

Дх.01284 羊抄

存7行。录文:"□得大白羯九口儿羔子一口大白母/并□四口羔子一口大古/年白羔子五十四口尔一口古羔子七口/门大白. 羯三十二口二上五口（四口）/白母六十三口二上五/白口十六欠十一口/大口口二上四口。"文中"五口"圈掉后旁写"四口"。

Дx.01285　Дx.02172　大乘无量寿经

存39行，行34字。起："如是我闻"，讫："无量寿经陀罗经"。经文见《大正藏》第19册，第82页A栏第1行至第83页A栏第3行。

Дx.01285V　Дx.02172V　释门文范

存23行。

Дx.01286　Дx.03424　社司转帖

存8行。录文："□□□告报利人窦集□□/社官李卿卿录事齐丰晟晟/朱满连僧张申政父子□□/张智兴郭定金□□/□□以后俭色赠物忽须□纳若/不送纳衣永调罚周康子/阴。"

Дx.01287　Дx.01324　中和四年四月灵图寺方等道场司智藏等牒

存8行。录文："灵图寺方等道场状上/方场忏涤沙弥庆林等自进香坛阳鸟/屡变倾心恳节靡暇连霄故得异瑞/外呈期习内尅或亲承信服涤爱莲/池或削谓洗肠浴身翠沼频呈奇状/斋锐殊功辄敢申陈伏垂处分/牒件状如前谨牒/中和四年甲辰岁四月日道场司智藏等牒。"

Дx.01288　地亩历

存7行。

Дx.01288V　都头绍清等分书

存8行。后2行倒书。

Дx.01289　天穿鬼镜图并推得病日法

见Дx.01258。

Дx.01290　妙法莲华经卷第三药草喻品第五

存3行，行11字。起："摩诃迦叶"，讫："等若於无"。后秦鸠摩罗什译。经文见《大正藏》第9册，第19页A栏第19行至第22行。

Дx.01290V　勅归义军节度使题款

存2行。录文："弟子敕归义军节度使/节度使银青光禄。"前还有1行小字，不清。

Дx.01291A　Дx.01298A　昨来唯命归黄砂诗

存3行。录文："昨来唯命归黄砂/鸿恩却存流草命□谐都头/与妇儿且仿作□劝相道。"

Дx.01291B　Дx.01298B　善谘阿耶与妇儿诗

存5行。录文："善谘阿耶与妇儿□□□众实/慈悲衣裳破碎长受饥/鸿恩安委却交活纵门来入无妻子/申辅胡圣/取□□老母苦安累眼□。"

Дx.01291C　Дx.01298C　某甲奉牒补充节度押衙兼龙勒乡务上大王谢恩启

存7行。

Дx.01292　书信

存1行。录文："季冬极寒伏惟。"

Дx.01293　法师问难

存3行。

Дx.01294　Дx.01297　大方等大集经菩萨念佛三昧分卷第十说修习三昧品之余

存17行，行4至8字。起："渠真株如"，讫："圆满知无"。隋达磨笈多译。经文见《大正藏》第13册，第870页B栏第4行至第21行。

Дx.01294V　Дx.01297V　经名杂写

正倒书"金光明最胜王经第""最胜王经卷"6行。

Дx.01295A　Дx.02976A　Дx.03515A　医书

存5行。

Дx.01295B　Дx.02976B　Дx.03515B　具注历

存7行。

Дx.01296　佛说观弥勒菩萨上生兜率天经

册页装。存12行，行12字。起："坐如入灭定"，讫："五十六亿万"。宋沮渠京声译。经文见《大正藏》第14册，第419页C栏第16行至第420页A栏第7行。

Дx.01297　大方等大集经菩萨念佛三昧分卷第十说修习三昧品之余

见Дx.01294。

Дx.01297V 经名杂写

见Дx.01294V。

Дx.01298A 昨来唯命归黄砂诗

见Дx.01291A。

Дx.01298B 善咨阿耶与妇儿诗

见Дx.01291B。

Дx.01298C 某甲奉牒补充节度押衙兼龙勒乡务上大王谢恩启

见Дx.01291C。

Дx.01299 等爱寺新上差科

存7行。录文："等爱寺状上/差科/右当寺贫虚众人/具委地田复少奴婢/不多僧徒绝粮已/经累岁宗人□食/糊口露□地田出。"

Дx.01300 Дx.03134 Дx.03137 Дx.03139 Дx.05233 Дx.05760 金刚般若波罗蜜经

册页装。共12面，每面7至8行，总89行。起："胎生若湿生"，品题："妙行无住分第四、如理实见分第五、正信希有分第六、依法出生分第八、一切无相分第九、无为无福分第十一"，讫："善男子善女人以七宝"。后秦鸠摩罗什译。经文见《大正藏》第85册，第1页C栏第15行至第4页A栏第16行。

Дx.01301 人数记录

存1行。录文："孔目四人押衙三人王僧正会员押牙徐法律以押牙揭通引写经十七人兰解四人大孔法律宅亥造食三人。"

Дx.01302 米豆破历

存4行。录义："付盈同日楼上香客油/十四日支李家娘子粳米壹/升草豆壹升付/□粳米壹升。"

Дx.01303 Дx.06708 己卯年五月九日马军某男海宜贷绢契

断为二段。存7行。

Дx.01304 变文

存6行。

Дx.01304V 愿文

存4行。录文："三者论藏/父得名宝法/法是大良药良/福田亦名宝。"另杂写"般若般若般"几字。

Дx.01305 Дx.02154 Дx.03026 施绅绢历

三残片。存22行。

Дx.01306 董惠明等人名录

存10行。行3个人名。

Дx.01307 吉凶书仪

存8行。

Дx.01307V 施舍疏

存5行。

Дx.01308 大般若波罗蜜多经卷第二十四初分教诫教授品第七之十四

存8行，行6至8字。起："净尚"，讫："增语非菩"。唐玄奘译。经文见《大正藏》第5册，第133页A栏第24行至B栏第2行。

Дx.01308V 画线垫纸墨痕

Дx.01309 Дx.01310 Дx.01316 Дx.02969 Дx.03024 Дx.03153 Дx.03159 书仪

八残片。存99行。

Дx.01311 亥年某寺破用历

见Дx.00981。

Дx.1311VA 满月文

见Дx.00981VA。

Дx.1311VB 愿文

见Дx.00981VB。

Дx.01312 勅归义军节度使牒

存2行。录文："敕归义军节度使/右改补充押衙。"

Дx.01313 壬申年十月二十七日以褐填还驴价契

存9行。完整。

Дx.01314 中阿含经卷第三十六

存9行，行17字左右。起："故摩竭大臣"，讫："瞿昙不称说"。僧伽提婆译。经文见《大正藏》第1册，第655页B栏第20行至第27行。

Дх.01314V 杂写

"敕"字和中阿含经经名等杂写。

Дх.01315　Дх.01392　阿毗昙毗婆沙论卷第十二杂犍度智品之八

存31行,其中完整者21行,行4至17字。起:"果所以者",迄:"不生非无"。迦旃延子造、五百罗汉释、北凉浮陀跋摩共道泰等译。经文见《大正藏》第28册,第86页B栏第14行至C栏第12行。有异文。

Дх.01315V　Дх.01392V　大乘二十二问本

存29行,行4至30字。草书。起:"得了人法空故",迄:"耳鼻舌"。经文见《大正藏》第85册,第1184页A栏第26行至C栏第18行。

Дх.01316　书仪

见Дх.01309。

Дх.01317　二月六日衙前第一队转帖

存8行。完整。

Дх.01318　孝经

存12行。起:"不肃而成长",中题:"孝治章第八、圣治章第九",迄:"无以加于孝乎子"。

Дх.01319　太玄真一本际妙经卷第五

存23行,行8至17字。

Дх.01319V　诗

诗3行,题记1行。录文:"今日好风光花开作建亭绕伴宜游胜园苑/好□芳尘驰堂□味香似树争娇/鸟戏蝶近新庄/申年十一月十八日丝绵部落百姓。"杂写3行。录文:"敕敕敕/千字文敕敕/力力力(倒书)。"又正写"维摩"2字。

Дх.01320　便麦历

存7行,录文:"陈家七娘子粅麦壹叁斤当/□粅麦壹斤陈家李家/头日麦壹斤高家玖日麦叁斤/阎法律大娘子□一十/乃所陈家/陈家七娘子头醋伍升又长会/师子一盛子阎律贰两盛子。"另有杂写2行。

Дх.01320V　经名杂写

存8行。字有大有小。杂写"杂阿含经卷第卌一""妙法莲华经观世音菩萨普门""阎押和经一卷""阴田犍经一卷""阴丑"等。

Дх.01321　五言诗

存6行,行1至7字。

Дх.01321V　七言呈上马孔目诗

存小行。

Дх.01322　孔安信借毯契

存18行,行2至13字。

Дх.01323　Дх.05942　押衙刘某使当王牧羊契

存10行,行2至14字。

Дх.01324　中和四年四月灵图寺方等道场司智藏等牒

见Дх.01287。

Дх.01325　佛经论释

存14行,行2至17字。起:"照其□彼",迄:"背摄"。未检出。

Дх.01325V　医书

存9行,行2至16字。

Дх.01326　大中七年二月僧王伽儿等牒

存14行。完整。

Дх.01327　Дх.02844A　解梦书

二残片。其一,存10行。其二,存22行。首题:"解梦书一卷。"

Дх.01327V　Дх.02844AV　褾纸

内侧仅能辨识"冀"字。

Дх.01328　建中三年三月二十七日授百姓部田春苗历

存8行,行2至18字。

Дх.01328V　建中二年十一月王嘉玉马牒

存7行。

Дх.01329A　释门文范

存15行,行4至10字。

Дх.01329AV　书信草稿

存8行。

Дx.01329B　Дx.02151　道场司状

　　存22行。

Дx.01329BV　Дx.02151V　寺院破历

　　存19行。

Дx.01330　申年三月直岁昙空等牒

　　存7行。上下残。

Дx.01330V　陀罗尼

　　存10行。

Дx.01331　回向疏

　　存3行。

Дx.01332　佛说天地八阳神咒经

　　存19行，行2至15字。起："安立/厨舍客"，讫："法悟无生忍"。唐义净译。经文见《大正藏》第85册，第1422页C栏第28行至第1423页A栏第21行。

Дx.01332V　张庆题名

　　存"张庆"2字。

Дx.01333　摹王羲之状

Дx.01334　陀罗尼

　　存10行。

Дx.01335　奉判令追勘押衙康文达牒

　　存21行。首尾完整，下部残。

Дx.01336　TK140　佛说三十五佛名经

　　存55行，行15字。刻本。卷首存一幅版画。首题："佛说三十五佛名经出大宝积经优婆离会第二十四唐菩提流志译"，讫："作随喜十不"。存佛名35个，上方刻千佛。现刊本为《大宝积经卷第九十优婆离会第二十四》。经文见《大正藏》第11册，第315页C栏第18行至第316页A栏第18行。

Дx.01337　丁巳年粟酒破历

　　存5行。录文："丁巳年十朋五日程乞头/粟肆硕伍斗又昌褐/硕壹斗又还程阁/故酒粟壹斗粟/十一月廿三日。"

Дx.01338　至沙州营守府钟驿邮封套

　　存2行。录文："沙州营守府钟/速。"

Дx.01339　至正二年量谷历

　　存6行，行6至24字。

Дx.01339V　宣光二年六月呈文

　　存3行。录文："又谨具/呈/宣光二年六月。"

Дx.01340　雕版佛像

　　二残片。完整者4尊。说法图。佛结跏趺坐仰莲座，上有华盖。

Дx.01341　Дx.03126　佛经论释

　　存10行。草书。未检出。

Дx.01342　妙法莲华经卷第七观世音菩萨普门品第二十五

　　存15行，行2至6字。起："称名观世"，讫："者皆"。后秦鸠摩罗什译。经文见《大正藏》第9册，第56页C栏第7行至第22行。

Дx.01343　燕子赋

　　见Дx.00796。

Дx.01343V　杂写

　　见Дx.00796V。

Дx.01344　辛亥年二月九日张再佳等便黄麻历

　　存7行。

Дx.01345　大乘百法明门论开宗义决

　　见Дx.00507。

Дx.01345V　佛经论释

　　见Дx.00507V。

Дx.01346　社司转帖

　　存6行，行3至10字。

Дx.01347　燕子赋

　　见Дx.00796。

Дx.01347V　杂写

　　见Дx.00796V。

Дx.01348　买婢契

　　存5行，行9至17字。

Дx.01349　王梵志诗

　　见Ф.256。

Дx.01350　Дx.01351　四分律删补随机羯磨卷下

　　二残片。其一，卷二，存3行，行18字。起："依羯磨云",讫:"谨慎莫放逸"。经文见《大正藏》第40册,第505页B栏第2行至第3行。其二,卷一,存4行,行19字。起:"自恣时尼",讫:"慎如法自恣"。唐道宣集。经文见《大正藏》第40册,第43页C栏第4行至第8行。有异文。

Дх.01352 归义军节度使牒

存6行,行1至6字。

Дх.01353 残佛经

存7行。未检出。

Дх.01353V 杂写

存"廿九日天"4字。

Дх.01354 某人种田契

存5行。

Дх.01355 Дх.03130 洛晟晟买园舍契

存13行。后7行倒书。

Дх.01356 Дх.02451 孔子项讬相问书

册页装。存55行。

Дх.01357 西夏文契约

存4行。

Дх.01358A 五台山赞

存6行,行11至13字。尾题:"五台山赞一本。"

Дх.01358B 十空赞

存17行,行8至14字。首题:"十空赞壹本。"

Дх.01358V 十空赞

Дх.01359 Дх.03114 己卯年六月牧羊人康定奴状

存3行。

Дх.01359V Дх.03114V 社司转帖

存7行。

Дх.01360 Дх.02974 敦煌马太守后亭歌等诗

二残片。存12行。

Дх.01361 Дх.03151 法镜经

册子本。四残页。其一,存10行,行14至30字。起:"者自归于",讫"为如是也"。后汉安玄译。经文见《大正藏》第12册,第16页A栏第12行至第28行。其二,存10行,行31字。起:"无相无为",讫:"五阴降伏"。后秦鸠摩罗什译《佛藏经卷上(奉入龙华经一名选择诸法)诸法实相品第一》。经文见《大正藏》第15册,第783页B栏第16行至C栏第6行。其三,存5行,行3至5字。未检出。其四,存5行,行3至5字。未检出。

Дх.01362 太平兴国三年志忍等施写大宝积经题记

录文:"当寺僧上伴志忍一人新戒释门法律法寿法律戒慈/法律戒昌法律庆因法律义勋法律戒忍法律戒论/法师戒护律师保戒弥道行造食女人阴氏/壹拾贰人等同发无上胜心敬写大宝积经壹部施/入永安寺者愿国安人泰社稷恒昌佛日重明/法轮常转已躬清吉保百载之延长合寺康强/契迁年之快乐永安塞表八方伏叹四野饮风/而仰化复愿先亡远代七世灵魂承斯功德之/因连遇龙华之会然后十类四生之辈含灵/无蠢动之徒赖此胜缘咸登觉道太平兴国/三年戊寅岁次三月十五日下手比至六月/十五日毕功断手题记。"

Дх.01363 残牒

存2行。录文:"牒奉/牒奉。"

Дх.01364 瓜州庐流奴填还龙佛德羊只判文

存4行。录文:"切嘱瓜州庐流奴其□□□□丝价欠羊两口其文字/好生便与龙家佛德□□□□□□麦两石/史却其丝价羊文字到□□日与之不填还佛德者若不/卢流奴不与羊者一仰佛德劫夺家资者。"

Дх.01365 癸未年七月十九日净土寺周僧正还王都料锁价绢历

存2行。录文:"癸未年七月十九日净土寺周僧正绢七疋还王都料王都料生铁/锁价用。"

Дх.01365V 什物分付历

存2行。录文:"法律将取陈都衙记六月十二日赤充珠□/□□一个又□一个又牙抱锑刀一个付田法律等。"

Дх.01366 毛诗音

存17行。

Дx.01366V　立像西秦五州占第二十二
　　　存31行。

Дx.01367　春秋左传杜注桓公二年
　　　存5行。正文大字，注双行小字。

Дx.01368　百行章
　　　见Ф.247。

Дx.01369　文德元年十月十日僧善惠覆函
　　　存10行。

Дx.01370　Дx.01371　四分律摘抄
　　　见Дx.00835。

Дx.01370V　Дx.01371V　四分律摘抄
　　　见Дx.00835V。

Дx.01372　Дx.03703　切韵

Дx.01373　四分律摘抄
　　　见Дx.00835。

Дx.01373V　四分律摘抄
　　　见Дx.00835V。

Дx.01374　游意奴便麦契
　　　存9行。基本完整，上部残。

Дx.01375A　Дx.03019A　发愿文
　　　存11行。首缺尾全。

Дx.01375B　Дx.03019B　无常偈文
　　　存4行。首题："无常偈文。"

Дx.01375C　Дx.03019C　西方阿弥陀礼文
　　　存4行。首题："西方阿弥陀礼文。"

Дx.01376　沙州住莲台寺律僧应保状
　　　存3行应保状。另有4行发愿文。

Дx.01377　乙酉年五月莫高乡张保全贷绢契
　　　存3行，行34至44字。

Дx.01377V　乙酉年五月莫高乡张保全贷绢契
　　　存1行。

Дx.01378　社司转帖
　　　存8行。完整。

Дx.01379　大般若波罗蜜多经题签
　　　仅存"十九"2字。经名用墨笔涂黑。

Дx.01379V　天宝年间敦煌县受田簿
　　　存6行。录文："户张女女载五十六安/受田于一亩/户邓仙严载廿一中女/受田二十亩/户石玉树载四十九/受田二十六亩。"

Дx.01380　上大王书
　　　存10行。录文："摄护是所望也昨者/知宰相好犍兼献信来/大王/今□□□足小□□夫人楼□/不□□大王/左右/□空/七月廿八日/大王信楼机绫未□/夫人信楼绫壹疋。"

Дx.01380V　人名录
　　　存7行，行5个人名。

Дx.01381　发露忏悔文
　　　存20行，行8字左右。题记："乙巳年六月金光明寺/僧比丘鹭荣之记。"

Дx.01381V　河西节度使呈文
　　　存15行。

Дx.01382　应管壹拾陆寺僧尼籍题签
　　　存1行。录文："应管壹拾陆寺僧尼籍。"

Дx.01383　壬戌年十月翟法律领粟麦契
　　　存3行。录文："壬戌年十□□于令狐兵马使手上领得粟贰拾壹/硕伍斗领得马攞真边麦肆硕伍升为记/领物人翟法律。"

Дx.01384　押牙李文继书状
　　　存15行。录文："孟春犹寒伏惟某/官尊体起居万福/即日厶乙蒙恩不审迎/尊体何以伏惟以时/善加保重远情望也/某官忧愁不可多久往/昨者人往般次到日来/门问迅逍安落立□善故/在喜悦得田壮舍/屋厶乙亦有多女欢悦走/马使般次王保山手/上空府舟书道上怕/恐贼徒使名疾出/安排不到聊无舟/信到望收纳/押牙李文继曹自手记。"

Дx.01385　信力律师借炭启
　　　存6行。录文："冬□寒伏惟/信力律师道力律师冬寒冷冷白雪加/凌冻邀同学时年朋了信性净智德照律师/等少日增寒被短衣单不徒诸事且徒团/圆借与一炉炭火为是冬天谨上/信力律师。"

Дx.01386　张住盈上张僧统书

　　存4行。录文："孟冬渐寒 伏惟/张僧统和尚尊体法慈万福即日第住蒙见/不寄近日/尊体何像伏惟已时善加。"

Дx.01387A　某年三月二十日骨子等便黄麻青麦历

　　存3行。

Дx.01387B　书信草稿

　　存5行。

Дx.01388　请赠人名目录

　　存10行左右人名。

Дx.01388V　残字

　　存字不清楚。

Дx.01389　大般若波罗蜜多经题签

　　录文："大般若波罗蜜多经卷廿界界二。"

Дx.01389V　法舍利真言木印

　　藏汉双语。

Дx.01390　大威德炽盛光消灾吉祥陀罗尼、版画

　　上图下文。

Дx.01391　唐永徽名例律

　　存13行，行4至19字。

Дx.01392　阿毗昙毗婆沙论卷第十二杂揵度智品之八

　　见Дx.01315。

Дx.01392V　大乘二十二问本

　　见Дx.01315V。

Дx.01393　Дx.01465　十住毗婆沙论卷第十七赞戒品第七

　　存29行，行24字左右。起："以尸罗为本"，讫："犹如大海有"。龙树菩萨造、后秦鸠摩罗什译。经文见《大正藏》第26册，第120页B栏第4行至第120页C栏第27行。

Дx.01393V　Дx.01465V　佃种土地人名录

　　存10行，行2至9字。

Дx.01394　残佛经

　　存10行，行2至9字。起："用庄严"，讫："成乐"。未检出。

Дx.01394V　户籍

　　存4行。录文："房主/小麦三石糜四石草十石/户麹义尚老男敏子品子男嘉敏武士宅一所围一亩王□□二/小麦四石聚□石□五石。"

Дx.01395　燕子赋

　　见Дx.00796。

Дx.01395V　杂写

　　见Дx.00796V。

Дx.01396　Дx.01404　Дx.01407　宅经

　　存23行，行4至27字。后附阴宅图，图上题"阴宅图"。

Дx.01396V　Дx.01404V　Дx.01407V　阴阳书

　　存33行，行3至25字。

Дx.01397　佛经论释

　　存9行，行1至10字。起："阿/识钝相人"，讫："阿磨罗识大圆"。

Дx.01398A　人名录

　　存人名1行。录文："车头善牛宝贤福高索怀索佛奴定空。"

Дx.01398B　习字

　　习写"宠""笼""垄""耷""墩"等字。

Дx.01399　Дx.02844B　论语集解乡党第十

　　存14行。论语单行大字，集解双行小字。

Дx.01399V　Дx.02844BV　玉篇

　　存22行。

Дx.01400A　Дx.02148A　Дx.06069A　某年九月新妇小娘子阴氏上某公主状

　　存18行。

Дx.01400B　Дx.02148B　Дx.06069B　天寿二年九月弱婢员孃祐定牒

　　存20行。

Дx.01400C　Дx.02148C　Дx.06069C　天寿二年九月右马步都押衙张保勋牒

　　存7行。

Дх.01400V　Дх.02148V　Дх.06069V　**礼忏文**

存52行，行17字左右。起："礼忏请佛"，讫："念诵回施"。内容大部见现刊本《集诸经礼忏仪卷上》。经文见《大正藏》第47册，第456页B栏至第457页C栏。

Дх.01401　**辛未年二月六日社司转帖**

存8行。完整。

Дх.01402　**杂写**

存8行。杂字及习字。

Дх.01403　**皇庆元年刑房大赦令**

存9行。

Дх.01404　**宅经**

见Дх.01396。

Дх.01404V　**阴阳书**

见Дх.01396V。

Дх.01405　Дх.01406　**布头索留信等官布籍**

二残片。其一，存6行，行3至21字。其二，存14行，上下俱残。

Дх.01407　**宅经**

见Дх.01396。

Дх.01407V　**阴阳书**

见Дх.01396V。

Дх.01408　**效谷乡百姓康满奴等多浓地沙地历**

存5行。录文："效谷乡百姓康满奴多浓地肆拾亩户郑荀子多浓地贰拾亩/户史惠惠多浓拾伍亩户李志平多浓贰拾亩户吴小和/多浓地肆拾亩户支海成多浓地贰拾亩户陈粪粪拾/伍亩户王张六多浓贰拾亩户孙骨心南沙地拾伍亩/都计地贰顷伍亩。"

Дх.01408V　**效谷乡请付粟子黄麻糜等历**

存3行。录文："效谷乡请粟子壹硕叁斗六升两抄黄麻糜贰色各请/壹驮半六斗叁升壹抄计肆驮半伍升叁胜一抄/付马佛奴糜子六斗七升。"

Дх.01409　**贞明陆年十一月二十四日典物契**

存13行。录文："贞明陆年岁在庚辰拾壹月贰拾肆/家中阙少极多无处方始今将/押衙康富子面上典生绢/充还债主比至奴子力办还/胡儿衣不算雇价但办得绢/归家其胡儿自典已后/不令东西南北同主人意佣/具畜乘笼具不得倍劈/故后无凭用为后记/典人辛/领都/见人/见人。"

Дх.01410　**庚戌年闰四月社司转帖**

存10行。完整。

Дх.01411　**戊午年十二月二十一日氾福盈祭丈人文**

存7行。后缺。

Дх.01412　**黄麻粟布等历**

存13行。

Дх.01412V　**杂写**

存"欠王卷"3字。

Дх.01413　**某年七月十九日女人社社条**

存11行。录文："记一还本/款律单女一娘子/侯潘布新妇索二娘子齐/虞员通新妇一娘子巡孝顺/子新妇四娘子康康三新/亲族牙相劝勉总要眷属丰化礼仪切/□□侍不令怠慢如有骄远不听上下/□来者录□不准别格事须重罚如/上人逐情放却罚人不存条案者更须重/也代不停劫有不坏用留后凭/七月十九日立条。"

Дх.01414　**天复陆年押衙刘石庆换房契**

存15行。录文："天复陆年丙寅岁拾壹月/閧减房厨独房难为/下东房壹口并屋木又/并檐下地将上件东房/房子壹口东边厨舍/并是两自稳便回机/自所居永代子孙便/恩敕不在翻悔论理/罚小麦捌拾硕恐/为验/□真门道院/博换舍兄押衙刘石庆/见人同院弟刘三奴/见人康育三/见人兵马使尚延祚。"后4行倒书。

Дх.01415　**版画大圣文殊师利菩萨**

仅存下部发愿文。

Дх.01416　Дх.03025　**甲寅、乙卯年大乘寺百姓李恒子等便麦契**

存11行。录文："□罗行者□/恒子便粟壹/五升法承妻高氏（押）知见/□年得油一斗折粟三石□/甲寅年六月□日大乘寺百姓李恒子便/捌斗秋□□□陆硕贰斗（押）承人大阿/知见人押□□□进通（押）同年九十一□□/十九日常□□惠力粟柒硕秋拾硕伍斗又集粟壹□/乙卯年四月一日吕什德便壹硕秋壹硕五斗/九月义□便粟壹硕秋壹硕伍斗（押）/十四日运通便粟壹硕伍斗秋两硕贰伍升。"

Дx.01417 丙子年十二月四日杨某领得地价物抄

存5行。录文："丙子年十二月四日杨□□/□领得地价物抄生绢壹/疋长叁丈柒尺叁寸准折湿物贰拾伍硕白斜/褐叁段计肆拾捌尺准折物玖硕陆斗算官物两硕（押）又/领得麦肆石昌褐贰丈又斜褐一段丈五又出褐丈肆/已前褐准尺数析物捌石（押）。"

Дx.01418 吴留德等便豆历

存8行。录文："吴德留便豆壹/龙张政子便豆壹硕/祥严便豆两硕秋叁/神沙石庆子便豆两硕/龙安善通便豆两硕/翟马步官健翟庆德/玉开烧再定便豆两硕秋/莫高王紧胡便豆壹。"

Дx.01419 壬戌年麦粟入历

存9行。后残缺。

Дx.01419V 内法寺麦粟破历

存9行。首残缺。

Дx.01420 百喻经卷第二

"为妇贸鼻喻"，存23行。首尾全。首题："为妇贸鼻喻"，讫："亦复如是"。僧伽斯那撰、萧齐求那毗地译。经文见《大正藏》第4册，第547页A栏第23行至B栏第6行。"水火喻"，存13行，行9字。首尾全。起："水火喻"，讫："之人亦复如是"。经文见《大正藏》第4册，第546页C栏第20行至第27行。

Дx.01420V 百喻经卷第二

存35行，行7至8字。首尾全。首题：牧羊人喻"，讫："亦复如是"。僧伽斯那撰、萧齐求那毗地译。经文见《大正藏》第4册，第547页B栏第23行至C栏第9行。

Дx.01421 某年三月四日安国地阇梨法律分付牧羊人羊抄

录文："年三月四日安国寺阇法律□/□□□安国寺阇梨法律从众就平河口拔毛现遇白/□□落悉元羔子贰拾只分付牧羊。"前杂写"拔毛污污污"5字。

Дx.01422 桃板等什物历

录文："挑板拾伍片长玖寸桃棒□壹尺壹寸瓦器五事并五谷/箭伍双刀壹口镜壹面香炉并□经巾香壹两乾鱼鹿脯/果食叁条子米饭壹条子手巾布壹条长玖尺神席壹领/朱冷麝香壹钱纸拾伍张小豆大豆各一升青米一升白米一升/蚕沙一升鹿角一具羊骨一具羊骨一具。"

Дx.01423 领粟凭

录文："□□□索元富□□龙/大和尚粟伍拾壹硕壹斗/□□□六日索元富团于龙法□/肆硕□□得得粟肆陆拾玖硕盈/及曲物都计陆拾柒硕壹斗/于龙法律手见领得粟五石贰。"

Дx.01424 庚申年十一月二十三日正道深分付牧羊人王拙罗寁鸡羊抄

录文："庚申年十一月廿三僧正道深见分付常住牧羊人/王拙罗寁鸡白羊羖羊大小抄、谨具如后/见行大白羊羯陆口贰齿白羊羯肆口大白母/壹拾捌口白羊见落悉无柒口白羊女落悉无/伍口已上通计肆拾口一一并分付牧羊人王拙/罗寁鸡后算为凭/牧羊人王拙罗寁鸡/牧羊人弟王悉罗。"

Дx.01425 Дx.11192 Дx.11223 辛酉年吊仪用布历

存22行。前有另件文书的文字3行。

Дx.01426 便粮油酒历

存9行。首下部残。

Дx.01427 癸亥年四月六日官役付粟历

存3行。完整。

Дx.01428 布破历

存11行。前后缺。

Дx.01428V　布入历

存1行。录文："僧人贷褐疋内□所娘子亡入布三疋。"

Дx.01429　礼忏文

存12行。起："敬礼东北方"，讫："至心忏悔"。

Дx.01430　戒律

存18行。未检出。

Дx.01430V　杂写

存3行。录文："不洁重者众生身心具佛性故/□起凡随至起或竖指□是/天生智子。"

Дx.01431　便粮历

存2行。录文："八百三十八石又郭家二十石刘僧正六十石邓家二百/四十石破得九十石准案一千四百六十二石粟五十三石。"

Дx.01432　Дx.03110　衍讷等便麦历

存6行。录文："衍讷壹石黑眼子壹石□□□子略壹石仍善子壹石杜悉吉子壹石承人杜合丹/□□□□子壹石承人李住儿王不勿子壹石承人杜师王黑眼子壹石承人何神奴/□石承人高憨子程愿富壹石承人程富奴仍神奴壹石/石痴面壹石承人承女三娘子曹住子壹石（押）已上是地子仓麦（押）/□残小麦子壹石李丑奴壹石胡丝德壹石。"

Дx.01432V　Дx.03110V　鸟形画押

Дx.01433　某寺麦粟布入历

存16行。录文："账新/拾壹硕贰斗麦/肆拾壹硕麦斗中间八□/诸家散施入玖硕叁斗/八年中间本工析利入/肆拾陆硕柒斗粟/叁拾陆硕壹斗八□中/间诸家散施入壹硕陆/斗本工析利入/肆伯陆拾陆尺布/肆拾尺安连连社施入/壹拾玖尺吴铁子车头施入/捌拾尺当寺贴兰若修/造入贰拾尺马良信押/衙车头施入贰拾肆尺西/□□车头和入捌尺西□。"

Дx.01434　便麦粟历

录文："硕又粟/麦粟/麦粟壹/析物肆硕又/析物伍硕柒斗。"

Дx.01435　乾宁二年十月归义军节度副使李弘愿牒

前残。录文："牒/乾宁二年十月十日牒/副使兼次史大夫李弘愿。"上钤"归义节度使印"。

Дx.01436　释门文范

存14行。首残尾缺。

Дx.01437　请得二人交勘经诗偈

录文："请得二人交勘经都来不肯意为精来时趁食着行坐吃/了身心乱东西卖价青鼠肢裘充价直贾付绿疋分割停/今生欢喜同受用他时必恐□渥犁。"

Дx.01438　沙州住莲台寺律僧应宝状

录文："沙州住莲台寺律僧宝应右厶盖为/当州藏内即有兑落经本遂发志愿游步□□/上都求十信之坛那添三乘之欠数教虑□/之中国之开律口铺不隔边地之行化乡。"

Дx.01438V　沙州住莲台寺律僧应宝状

录文："人所到经过不练于由请放□□/听公凭为放过伏专缧处分。"

Дx.01439　丙戌年九月十九日亲情社转帖

存12行。完整。

Дx.01439V　梁真状

存4行。

Дx.01440　乙巳年九月十五日社司转帖

存10行。完整。

Дx.01441　书仪

存9行。行8至18字。

Дx.01441V　施舍疏

存6行。前缺残。

ДV01442　开蒙要训

见Дx.00895。

Дx.01442V　千字文等杂写

见Дx.00895V。

Дx.01443　龙兴寺僧智惠弁常秘等状

存9行。完整。

Дx.01443V　乌丝栏

Дх.01444 释门文范
存11行。

Дх.01444V 杂写
存2行。录文："宝济宝济/伍陆柒捌玖拾。"

Дх.01445 礼佛文
存11行，行3至10字。起："大藏经"，讫："皆共成"。

Дх.01446 梁朝傅大士颂金刚经
存24行，行19字左右。起："妄识施命"，品题："能净业障分第十六"，讫："究竟无我分第十七"。经文见《大正藏》第85册，第5页C栏第18行至第6页A栏第26行。

Дх.01447 金光明最胜王经卷第九善生品第二十一
存11行，行6至7字。起："王既得闻"，讫："过去善生王"。唐义净译。经文见《大正藏》第16册，第444页C栏第1行至第11行。

Дх.01448 戊辰年四月十六日都料董保德麦历
录文："戊辰年四月十六日都料董保德硙净麦两车干麦十石粟十石胡□麦两车。"

Дх.01449 某月十八日法律出便历
录文："月十八王法律小有斛斗出便人名目/保全便粟肆石至秋伍石贰斗承男□/员昌便粟两石至秋两石陆斗承弟善。"中间夹写"其物更由书"5字。

Дх.01450 佛经论释
存12行。草书。未检出。

Дх.01451 癸酉至己卯年曹亦胡等还便黄麻历
录文："癸酉年九月十九日曹亦胡还得黄麻两硕贰斗/甲戌年十月三日还麻壹硕伍升/戊寅年三月七日韩定昌便黄麻陆斗秋柒斗捌升/同日韩再延便黄麻叁斗秋叁斗玖升/同日翟家黄麻肆斗秋伍升贰升/□□宝王保达便黄麻贰斗秋贰斗陆升 □□□/□□镇使便黄麻壹石秋壹石叁斗付安老/己卯年三月廿六日翟家便黄麻肆斗至秋伍斗贰升。"

Дх.01452 劝善经
见Дх.00327。

Дх.01453 丙寅年八月二十四日开仓见纳地子历
录文："丙寅年八月廿四日开仓见纳地子史堆子纳麦一石九斗四升麻□/□□姚清子纳麦两石八斗麻三斗二升刘丑儿纳麦两/斗二升麻三斗四升半李定住纳麦三石六斗四升麻四斗五升□/弟康幸深纳麦一石二升高住儿纳麦两石二升/□纳麦四石陆斗樊安信纳麦两石八斗□升麻三斗三升/□□纳麦一石八斗□麦一石八斗□□马善友麦一石一斗六升麻一斗/□□丑□纳麦一石三斗六升康愿昌麦一石一十二升史□友/□□□麻五升□□石通子纳麦三石二斗麻四升李/□一石载斗四升（下缺）。"

Дх.01453V 丙寅年八月二十四日开仓见纳地子历
正书、倒书各6行。

Дх.01454 Дх.02418 书仪镜
存46行。首尾缺。

Дх.01454V Дх.02418V 具注历
存61行。

Дх.01455 咒愿
存13行。

Дх.01456 春秋左氏传昭公十三年
存7行。

Дх.01457 沙州某人上于阗押衙张郎等状
见Дх.01265。

Дх.01458 Дх.01467 Дх.03814 Дх.03849 Дх.03870 Дх.03875 Дх.03902 Дх.03905 Дх.03917 书仪
册页装。共23页，总139行。

Дх.01459 第一判诸寺尼名录
存4行。

Дх.01460 论语卷第一
存2行。尾题："论语卷第一。"注双行小字。

Дх.01461 便麦羊等历

存1行。录文:"屡悉遗面两硕伍斗羊两□面十□青稞面一廿日宿二百伍十□。"

Дx.01461V 于阗文残片

Дx.01462 大蕃沙州行人三部落兼防御兵马及行营留后某功德记

存31行。首题:"大蕃沙州行人三部落兼防御兵马及行营",讫:"而扬村"。

Дx.01462V 杂写

杂写"钟""时"2字。

Дx.01463 春秋左氏传僖公二十一年至二十二

见Дx.00362。

Дx.01463V 佛教传帖

见Дx.00362V。

Дx.01464A 救诸众生一切苦难经

见Дx.01251A。

Дx.01464B 新菩萨经

见Дx.01251B。

Дx.01465 十住毗婆沙论卷第十七赞戒品第七

见Дx.01393。

Дx.01465V 佃种土地人名录

见Дx.01393V。

Дx.01466 唐韵

Дx.01467 书仪

见Дx.01458。

Дx.01468 曲子还京洛

Дx.01469A 金光明最胜王经卷第二分别三身品第三

存14行,行7至10字。起:"尔时虚空藏",讫:"应时相应行"。唐义净译。经文见《大正藏》第16册,第408页B栏第6行至第20行。

Дx.01469B 梵网经卢舍那佛说菩萨心地戒品第十卷下

存7行,行4至8字。起:"菩萨在家菩",讫:"而菩萨常应带一"。后秦鸠摩罗什译。经文见《大正藏》第24册,第1004页C栏第13行至第21行。有异文。

Дx.01470 金刚般若波罗蜜经

见Дx.01248。

Дx.01470V 骑缝押

见Дx.01248V。

Дx.01471 Дx.01472 Дx.01801 Дx.02051 金刚般若波罗蜜经

存33行,行4至17字。起:"得成於忍",尾题:"金刚般若波罗蜜经"。后秦鸠摩罗什译。经文见《大正藏》第8册,第752页A栏第27行至C栏第3行。

Дx.01473 般若波罗蜜多心经

存17行,行10字。起:"皆空度一切",讫:"依般若波罗蜜多"。唐玄奘译。经文见《大正藏》第8册,第848页C栏第8行至第17行。

Дx.01474 金刚般若波罗蜜经

存10行,行4至17字。起:"取非法以",讫:"为多不须菩"。后秦鸠摩罗什译。经文见《大正藏》第8册,第749页B栏第9行至第20行。

Дx.01475 Дx.01476 妙法莲华经卷第三药草喻品第五

存14行,行7至9字。起:"根小茎小枝",讫:"来至佛所"。后秦鸠摩罗什译。经文见《大正藏》第9册,第19页B栏第2行至第16行。

Дx.01477 大般若波罗蜜多经卷第四十四初分譬喻品第十一之三

存10行,行3至17字。起:"相有相相不",讫:"善友之"。唐玄奘译。经文见《大正藏》第5册,第245页B栏第6行至第17行。

Дx.01478 大佛顶如来密因修正了义诸菩萨万行首楞严经卷第一

存19行,行3至18字。首有题记:"神龙元年中天竺沙门般剌蜜帝於广州制止。"首题:"大佛顶如来密因修证了义诸菩萨万行首/一名中印度那兰陀大",讫:"门严整"。唐般剌蜜帝译。经文见

《大正藏》第19册，第106页B栏第1行至C栏第7行。

Дх.01479　Дх.01480　四分比丘尼戒本

见Дх.00041。

Дх.01481　Дх.10584　Дх.10606　妙法莲华经卷第三药草喻品第五

存43行，行1至20字。起："界/草小根"，讫："如可承揽"。后秦鸠摩罗什译。经文见《大正藏》第9册，第19页B栏第1行至C栏第19行。

Дх.01482　金光明最胜王经卷第一如来寿量品第二

存11行，行3至12字。起："忍及果"，讫："求绝追求无追"。唐义净译。经文见《大正藏》第16册，第407页B栏第17行至第27行。

Дх.01483　羯磨题签

存"磨卷下"3字。

Дх.01484　佛说天地八阳神咒经

存9行，行9字。起："而证菩提"，讫："菩萨诸梵天"。唐义净译。经文见《大正藏》第85册，第1423页A栏第21行至B栏第1行。

Дх.01485　残佛经

存15行，行6至16字。起："现□无别心无"，讫："有以有为"。未检出。

Дх.01486　Дх.01487　戒律

存17行，行3至27字。起："住者众"，品题："盗戒第二、煞戒第三、□语戒第四"，讫："中不□死"。未检出。

Дх.01488　Дх.01489　佛说佛名经卷第十二

存11行。起："南无发觉净心"，讫："南无□波罗菩"。北魏菩提流支译。经文见《大正藏》第14册，第182页C栏第7行至第13行。有异文。

Дх.01490　大般若波罗蜜多经卷第二十三初分教诫教授品第七之十三

见Дх.00343。

Дх.01491　大般若波罗蜜多经卷第五百五十五第四分随顺品第二十九

存24行，行7至14字。起："受如声无边际"，讫："边际耳鼻舌身"。唐玄奘译。经文见《大正藏》第7册，第862页B栏第2行至第29行。

Дх.01491V　卷帙号

存"第六帙"3字。

Дх.01492　大般若波罗蜜多经卷第八十九初分求般若品第二十七之一

存6行，行3至17字。起："为缘所"，讫："所生诸受法"。唐玄奘译。经文见《大正藏》第5册，第499页A栏第20行至第26行。

Дх.01493　大般若波罗蜜多经卷第五百二十七第三分慧到彼岸品第二十七

存4行，行8至12字。起："智道想智"，讫："一切菩萨摩"。唐玄奘译。经文见《大正藏》第7册，第707页B栏第18行至第22行。

Дх.01494　妙法莲华经卷第三化城喻品第七

存18行，行3至8字。起："明了心"，尾题："妙法莲华经卷第三"。后秦鸠摩罗什译。经文见《大正藏》第9册，第27页A栏第5行至B栏第9行。

Дх.01495　习字

存12行。习写"陵""磨""摩""锋""霄"等字。

Дх.01495V　卷帙号

存"第十四帙"4字。

Дх.01496　妙法莲华经卷第七妙音菩萨品第二十四

存29行，行2至17字。起："而/旬汝身第"，讫："德炽"。后秦鸠摩罗什译。经文见《大正藏》第9册，第55页B栏第11行至C栏第13行。

Дх.01497　Дх.10621　妙法莲华经卷第一方便品第二

存48行，行8至20字。起："护惜其瑕疵"，讫："砖瓦泥土等"。后秦鸠摩罗什译。经文见《大正藏》第9册，第7页C栏第15行至第8页C栏第22行。

Дх.01498　Дх.01499　Дх.01859　妙法莲华经卷第一序品第一

存13行，行15至17字。起："震动尔"，讫："是时众中"。后秦鸠摩罗什译。经文见《大正藏》第9

册，第4页A栏第13行至第27行。

Дх.01500 佛说灌顶拔除过罪生死得度经卷第十二

存21行，行6至17字。起："与善知识共相值"，讫："本愿功德"。东晋尸梨蜜多罗译。经文见《大正藏》第21册，第533页B栏第20行至C栏第10行。有异文。

Дх.01501 金刚般若波罗蜜经

存28行，行17字。起："见人见众生"，讫："世尊如我解"。后秦鸠摩罗什译。经文见《大正藏》第8册，第750页C栏第18行至第751页A栏第18行。

Дх.01502 文选吴都赋

存23行。起："波而振缗"，讫："风异兴感"。

Дх.01502V 阿閦佛心陀罗尼神咒

存15行，行17字左右。首题："囗閦佛心陀罗尼神咒"，讫："功行无尽"。

Дх.01503 大般若波罗蜜多经题签

录文："大般若波罗蜜多经卷第二百六十。"

Дх.01504 妙法莲华经卷第六常不轻菩萨品第二十

存7行，行4至13字。起："中为天人"，讫："微尘其佛饶"。后秦鸠摩罗什译。经文见《大正藏》第9册，第50页C栏第3行至第10行。

Дх.01504V 回鹘文残片

Дх.01505 佛说观无量寿佛经

存5行，行3至6字。录文："量诸天/色相皆于中/冠其天冠中/音菩萨面/色流出无数百。"宋畺良耶舍译。经文见《大正藏》第12册，第343页C栏第16行至第21行。

Дх.01506 佛说佛名经

见Дх.01162。

Дх.01507 佛说佛名经题签

录文："佛说佛名经某卷第。"

Дх.01508 大般涅槃经题签

录文："大般涅槃经卷第十三。"

Дх.01509A 妙法莲华经卷第七观世音菩萨普门品第二十五

见Дх.00213A。

Дх.01509B 佛说摩利支天经

见Дх.00213B。

Дх.01510 大般若波罗蜜多经题签

录文："大般若波罗蜜多经卷第五百九十一。"前杂写"大般若波罗"5字。

Дх.01510V 习字

习写"大""夫"等字。

Дх.01511 佛教文献

存9行。

Дх.01511V 偈语

存9行。

Дх.01512 大般涅槃经卷第三十七迦叶菩萨品十二之五

存3行，行4至7字。录文："观想因已次观果/生人天中受/是想断因。"北凉昙无谶译。经文见《大正藏》第12册，第584页C栏第29行至A栏第2行。

Дх.01513 Дх.01514 佛经论释

存6行。未检出。

Дх.01513V Дх.01514V 佛经论释

存8行。未检出。

Дх.01515 大般涅槃经卷第六如来性品第四之三

存3行。录文："子譬如/其勇健/学稍。"北凉昙无谶译。经文见《大正藏》第12册，第397页B栏第27行至第28行。

Дх.01516 书信

存6行。

Дх.01517 妙法莲华经卷第七观世音菩萨普门品第二十五

存10行，行5至8字。起："者即现波罗"，讫："观世音菩"。后秦鸠摩罗什译。经文见《大正藏》第9册，第57页B栏第10行至第19行。

Дх.01518 大唐内典录卷第八

存5行。录文："所欲致患经一/阿难七梦经一/妇人遇牵经一/当来变经一卷/出家缘经一卷。"

Дх.01519 佛说佛名经卷第二

见Дх.00439。

Дх.01520 菩萨璎珞经卷第四成道品第十三

存2行。录文："道品第十三/名无畏曾。"后秦竺佛念译。经文见《大正藏》第16册，第39页B栏第18行至第19行。

Дх.01521 摩诃般若波罗蜜经卷第十八梦誓品第六十一

存6行，行2至9字。起："罗蜜及方便力"，讫："力故"。后秦鸠摩罗什译。经文见《大正藏》第8册，第352页B栏第12行至第17行。

Дх.01522 放光般若经卷第十三摩诃般若波罗蜜坚固品第五十七

存3行。起："弟子所说"，讫："三耶三菩"。西晋无罗叉译。经文见《大正藏》第8册，第89页B栏第3行至第6行。

Дх.01523 西州志

存3行。录文："岩高□□涧流清丛林蓊郁/西边□丁谷寺伴一院□/□傅闻多出□名宿德所。"

Дх.01524 大般涅槃经卷第十如来性品第四之七

存5行，行7至9字。起："眼是人乃至"，讫："说法彼彼"。北凉昙无谶译。经文见《大正藏》第12册，第423页C栏第8行至第12行。

Дх.01525 残佛经

存6行，行4至9字。起："□人如随影形"，讫："至到明日"。未检出。

Дх.01525V 残佛经

存6行，行5至10字。起："复□日庭对"，讫："当神足汝"。未检出。

Дх.01526 佛说佛名经卷第二

见Дх.00439。

Дх.01527 大般涅槃经卷第十五梵行品第八之一

存2行。录文："中人於亲人/尔时菩萨摩。"北凉昙无谶译。经文见《大正藏》第12册，第453页C栏第11行至第12行。

Дх.01528 金光明经卷第四舍身品第十七

存11行，行2至11字。起："而见如是"，讫："即便"。北凉昙无谶译。经文见《大正藏》第16册，第356页A栏第2行至第16行。

Дх.01528V 添品妙法莲华经卷第五注疏

存10行。起："自下"，讫："二□诵"。中有"种种兵者""踊出品第十四""说法华人梦人所作"等句。

Дх.01529 宗镜录卷第九十六

存3行，行2至7字。录文："文殊师利言一/独坐道场何以故/云何。"经文见《大正藏》第48册，第936页A栏第11行至第13行。

Дх.01529V 残字

不可辨识。

Дх.01530 佛说佛名经

存5行残佛名。起："南无"，讫："南无庄严"。未检出。

Дх.01531 大智度论卷第四十八释四念处品十九

存4行，行1至9字。起："无漏慧解"，讫："次"。龙树菩萨造、后秦鸠摩罗什译。经文见《大正藏》第25册，第407页A栏第23行至第26行。或后秦鸠摩罗什译《摩诃般若波罗蜜经卷第五广乘品第十九》。经文见《大正藏》第8册，第255页B栏第20行至第23行。

Дх.01532 妙法莲华经卷第二信解品第四

存4行。录文："乐为鄙/往到子所/涂足油/勤作。"后秦鸠摩罗什译。经文见《大正藏》第9册，第18页A栏第21行至第25行。

Дх.01533 大方广佛华严经卷第二十九心王菩萨问阿僧祇品第二十五

存3行，行4字。录文："足而庄严/弥亦如是/净诸佛刹。"东晋佛驮跋陀罗译。经文见《大正藏》第9册，第587页B栏第2行至第4行。

Дx.01534A 妙法莲华经卷第六随喜功德品第十八

存3行，行2至9字。录文："功德/而于大众为人分/尊欲重宣此义而说偈。"后秦鸠摩罗什译。经文见《大正藏》第9册，第47页A栏第21行至第23行。

Дx.01534B Дx.01560B 大方广佛华严经卷第九华藏世界品第五之二

存5行，行1至6字。录文："刹微尘数世界/碍智日眼此上/庄严金刚/微尘数/明。"唐实叉难陀译。经文见《大正藏》第10册，第45页B栏第25行至第29行。

Дx.01535 大般若波罗蜜多经卷第五百四十四第四分随喜回向品第六之二

存4行，行4至7字。录文："事复持如是随/情平等共有回向/是菩萨随喜回/以有所得。"唐玄奘译。经文见《大正藏》第7册，第797页B栏第11行至第14行；或同页C栏第4行至第7行；或同册，第798页A栏第21行至第24行；或同册，第798页B栏第14至第18行；或同册，第798页C栏第8行至第11行。

Дx.01536 残片

三残片。其一，般若波罗蜜经残片。其二，残存"情""上""纪"3字。其三，残存"得""蜜"2字。

Дx.01537A 妙法莲华经卷第二信解品第四

存3行，行4字。录文："执作家事/皆使令知/我无此物。"后秦鸠摩罗什译。经文见《大正藏》第9册，第18页A栏第27行至B栏第1行。

Дx.01537B Дx.01538 菩萨善戒经卷第一菩萨地序品第一

存6行，行3至16字。起："萨至心"，讫："云何菩萨"。宋求那跋摩译。经文见《大正藏》第30册，第967页A栏第8行至第14行。

Дx.01539 佛经论释

存3行。录文："经是大品/八部经文省要/故心经体印。"未检出。

Дx.01540 杂宝藏经卷第五（五四）天女本以燃灯供养生天缘

存5行，行2至12字。起："偈问言"，讫："明灯灯"。北魏吉迦夜共昙曜译。经文见《大正藏》第4册，第472页C栏第3行至第10行。

Дx.01541 金光明经卷第二四天王品第六

存9行，行3至9字。起："身力心"，讫："诸恶事已备"。北凉昙无谶译。经文见《大正藏》第16册，第341页B栏第19行至第28行。

Дx.01542 杂宝藏经卷第五（五四）天女本以燃灯供养生天缘

存6行，行3至5字。起："真实生"，讫："边闻法"。北魏吉迦夜共昙曜译。经文见《大正藏》第4册，第472页C栏第11行至第17行。

Дx.01543 大般若波罗蜜多经卷第五百八十八第十二净戒波罗蜜多分之五

存3行，行8至10字。起："是念以何"，讫："起纯净心"。唐玄奘译。经文见《大正藏》第7册，第1041页B栏第10行至第12行。

Дx.01544 妙法莲华经卷第五如来寿量品第十六

存4行，行4至9字。起："可得思忖"，讫："能思惟"。后秦鸠摩罗什译。经文见《大正藏》第9册，第42页B栏第17行至第20行。

Дx.01545 俱舍论颂疏论本卷第二

见Дx.00261。

Дx.01546 维摩诘所说经卷上菩萨品第四

存4行，行1至4字。录文："矣汝便/诸女问维/言诸/者。"后秦鸠摩罗什译。经文见《大正藏》第14册，第543页B栏第16行至第19行。

Дx.01547 Дx.01548 佛说观佛三昧海经卷第三观相品第三

存13行，行2至9字。起："邪观/毛端开"，讫："光团圆犹如"。东晋佛驮跋陀罗译。经文见《大正藏》第15册，第657页A栏第4行至第16行。

Дx.01549 大般涅槃经卷第三十五憍陈如品第二十五之一

存4行,行4至5字。起:"业所作佛",讫:"亦作法与非"。宋慧严等依泥洹经加之。经文见《大正藏》第12册,第842页B栏第24行至第27行。

Дх.01550 **大般涅槃经卷第十二圣行品第七之二**

存6行,行5至11字。起:"善法未得苦",讫:"受乐受不苦不"。北凉昙无谶译。经文见《大正藏》第12册,第439页B栏第3行至第9行。

Дх.01551 **文选李善注卷第三十五**

存3行。

Дх.01551V **残佛经**

存2行。录文:"摄资/起偏袒右。"未检出。

Дх.01552 **大宝积经卷第四十七菩萨藏会第十二之十三毗梨耶波罗蜜多品第九之三**

存3行,行3至5字。录文:"行啮害舍利/岂复求此/世尊不。"唐玄奘译。经文见《大正藏》第11册,第275页A栏第25行至第28行。

Дх.01553 **涅槃义记第三**

存5行,行6至8字。起:"之灭智惠",讫:"是是魔所"。隋慧远述。经文见《大正藏》第37册,第687页C栏第28行至第688页A栏第5行。此写本书法早于隋。待考。

Дх.01554 **佛说佛名经**

存4行。录文:"经/心经/经/经。"未检出。

Дх.01555 **妙法莲华经卷第五安乐行品第十四**

存7行,行2至8字。起:"座/净衣内外俱净",讫:"说法"。后秦鸠摩罗什译。经文见《大正藏》第9册,第38页A栏第10行至第18行。

Дх.01556 **妙法莲华经卷第七观世音菩萨普门品第二十五注疏**

存11行,行5至23字。起:"得有道",讫:"日时见□音"。未检出。

Дх.01557 **妙法莲华经卷第六随喜功德品第十九**

存9行,行1至10字。起:"者/界中禽兽",讫:"三千大"。后秦鸠摩罗什译。经文见《大正藏》第9册,第48页A栏第23行至B栏第10行。

Дх.01558 **金刚般若波罗蜜经**

存4行,行3至5字。录文:"是舍恒沙/他劫以身布/谤其福胜彼/育修行。"北魏菩提流支译。经文见《大正藏》第8册,第754页C栏第26行至第755页A栏第1行。

Дх.01559 **佛说佛名经卷第二**

见Дх.00439。

Дх.01560A **大方广佛华严经卷第三十三普贤菩萨行品第三十一**

存13行,行4至14字。起:"萨摩诃萨",讫:"得一切智"。东晋佛驮跋陀罗译。经文见《大正藏》第9册,第607页C栏第4行至第17行。

Дх.01560B **大方广佛华严经卷第九华藏世界品第五之二**

见Дх.01534B。

Дх.01561 Дх.01606 **金光明最胜王经卷第四最净地陀罗尼品第六**

存19行,行4至17字。起:"名第六智",讫:"恶道开善"。唐义净译。经文见《大正藏》第16册,第418页B栏第1行至第20行。

Дх.01562 **妙法莲华经卷第四五百弟子受记品第八**

存10行,行4至15字。起:"智众乐小",讫:"智诸根利"。后秦鸠摩罗什译。经文见《大正藏》第9册,第28页A栏第11行至B栏第1行。

Дх.01563A Дх.02067A **阿弥陀念佛赞**

存17行,行17字。起:"生来持诵念金刚",尾题:"阿弥陀念佛赞"。未检出。

Дх.01563B Дх.02067B **西方十五愿赞**

存3行,行3至12字。起:"二愿一切",讫:"勤念佛"。现刊本收录在法照撰《净土五会念佛诵经观行仪卷中西方十五愿赞》。经文见《大正藏》第85册,第1206页B栏第26行至C栏第2行。

Дх.01563V Дх.02067V **百岁篇**

存22行,行2至14字。

Дх.01564 **大般若波罗蜜多经题签**

录文："大般若波罗蜜多经卷二百七十三。"

Дх.01565　Дх.01567　**金光明最胜王经卷第八大辩才天女品第十五之一**

二残片。其一，存6行。起："三谜"，讫："莎诃"。唐义净译。经文见《大正藏》第16册，第435页B栏第24行至第28行。其二，存10行。起："馨遇隶名具"，讫："阿钵唎/南"。经文见《大正藏》第16册，第436页A栏第13行至第20行。

Дх.01566　Дх.02087　**妙法莲华经卷第三授记品第六**

存8行，行2至7字。起："佛音声"，讫："无土"。后秦鸠摩罗什译。经文见《大正藏》第9册，第21页A栏第11行至第20行。

Дх.01567　**金光明最胜王经卷第八大辩才天女品第十五之一**

见Дх.01565。

Дх.01568　**金光明经卷第二四天王品第六**

见Дх.00347。

Дх.01569　**金刚般若波罗蜜经**

见Дх.00339。

Дх.01570　**金光明最胜王经卷第七如意宝珠品第十五至卷第八大辩才天女品第十五之一**

存16行，行4至14字。起："诸恐怖苦恼"，品题："王经大辩才天女品第十五"，讫："众论及"。唐义净译。经文见《大正藏》第16册，第434页B栏第18行至C栏第6行。

Дх.01571　**佛经论释**

存7行，行2至25字。起："之道小过"，讫："号净"。未检出。

Дх.01572　**辩中边论卷下辩无上乘品第七**

存6行，行31字。起："变二无颠倒"，讫："菩萨於此六"。中有添加字。世亲菩萨造、唐玄奘译。经文见《大正藏》第31册，第474页C栏第11行至第23行。

Дх.01572V　**大乘大集地藏十轮经卷第五有依行品第四之一**

存6行，行32字。起："诸恶行如来"，讫："坏见不坏者"。唐玄奘译。经文见《大正藏》第13册，第749页A栏第21行至B栏第4行。

Дх.01573　**佛说回向轮经**

存4行，行4至5字。起："大供养云华"，讫："奉施一切"。唐尸罗达摩译。经文见《大正藏》第19册，第578页A栏第3行至第7行。

Дх.01574A　**妙法莲华经卷第五安乐行品第十四**

存11行，行2至9字。首题："妙法莲华经安乐行品"，讫："相亦"。后秦鸠摩罗什译。经文见《大正藏》第9册，第37页A栏第9行至第19行。

Дх.01574B　Дх.01838　**救诸众生一切苦难经**

存7行，行3至15字。起："九百岁正月"，讫："三月四"。经文见《大正藏》第85册，第146页C栏第8行至第14行。

Дх.01575　**金刚般若波罗蜜经**

存8行，行17字。起："胜大不须"，讫："正遍觉知须"。后秦鸠摩罗什译。经文见《大正藏》第8册，第758页B栏第24行至C栏第4行。

Дх.01576　**大般若波罗蜜多经题签**

录文："大般若波罗蜜多经卷第四百卌五。"

Дх.01577　**大乘无量寿经**

见Дх.00374。

Дх.01578　**大般若波罗蜜多经卷第五百二十六第三分方便善巧品第二十六之四**

存2行。录文："深般若波罗蜜多/大般若波罗蜜多经卷第五。"唐玄奘译。经文见《大正藏》第7册，第702页A栏第4行至第5行。

Дх.01579　**大乘无量寿经**

见Дх.00374。

Дх.01580　**妙法莲华经卷第七观世音菩萨普门品第二十五**

存40行，行12至16字。起："睺罗伽人非人"，尾题："观世音经"。后秦鸠摩罗什译。经文见《大正藏》第9册，第57页C栏第3行至B栏第7行。

Дx.01581 妙法莲华经卷第三药草喻品第五

见Дx.00309。

Дx.01582 经名杂写

存3行。录文:"大般/大般若波罗/大般若波罗(倒书)。"

Дx.01582V 经名杂写

存"大般"2字。

Дx.01583 讲经文

见Дx.00050。

Дx.01584 大智度释论经题签

录文:"大智度释论经。"未检出。

Дx.01585 般若波罗蜜多心经

存18行,行11至17字。首题:"若波罗蜜多心经",尾题:"般若波罗蜜多心经"。唐玄奘译。经文见《大正藏》第8册,第848页C栏第4行至第24行。

Дx.01586A 佛说天地八阳神咒经

存29行,行10至14字。起:"无上菩提心",尾题:"佛说八阳神咒经"。唐义净译。经文见《大正藏》第85册,第1424页C栏第14行至第1425页B栏第3行。有异文。

Дx.01586B 惠通下康法师等名录

存3行。录文:"惠通下康法师荆阎□信寂文信潢流义深/灵信善才法行善□□德海补/道□法净庆递禅善人照□贺晟金□□。"

Дx.01586C 文书

录文:"勘□十五折四月二日/□□。"

Дx.01587 大般若波罗蜜多经题签

录文:"大般若波罗蜜多经卷二百卌九。"

Дx.01588 佛说无量大慈教经

存4行,行5至8字。起:"因缘共同",尾题:"无量大慈教经一卷"。经文见《大正藏》第85册,第1445页C栏第27行至第1446页A栏第1行。

Дx.01589 妙法莲华经卷第六法师功德品第十九至常不轻菩萨品第二十

存28行,行17字。起:"复次常精进",品题:"妙法莲华经常不轻菩萨品第二十",讫:"清净得大"。后秦鸠摩罗什译。经文见《大正藏》第9册,第50页A栏第18行至第28行。

Дx.01590 Дx.03096 Дx.03101 大方便佛报恩经卷第一

二残片。其一,存5行,行4至17字。起:"一切众生",尾题:"大方便佛报恩经卷第一"。失译。经文见《大正藏》第3册,第130页B栏第1行至第4行。其二,存10行,行3至17字。起:"难舍能",讫:"佛告阿难尔时"。经文见《大正藏》第3册,第130页A栏第7行至第17行。

Дx.01591A 般若波罗蜜多心经

起:"波罗蜜多",尾题:"般若波罗蜜多心经一卷"。唐般若共利言等译。经文见《大正藏》第8册,第849页C栏第24行至第850页A栏第2行。

Дx.01591B 佛说救苦观世音经

存7行,字数不一。首题:"佛说救苦观世音经",尾题:"救苦观世音经一卷"。未检出。

Дx.01591C 佛说续命经

存12行,行16至26字。首题:"佛说续命经一卷",尾题:"佛说续命经一卷"。经文见《大正藏》第85册,第1405页A栏第3行至第19行。

Дx.01592 佛说高王观世音经

存16行,行3至17字。首题:"经一卷",尾题:"高王观世音经"。经文见《大正藏》第85册,第1425页B栏第6行至第26行。有异文。

Дx.01593 般若波罗蜜多心经

存18行,行14至17字。首题:"心经",尾题:"般若波罗蜜多心经一卷"。唐玄奘译。经文见《大正藏》第8册,第848页C栏第4行至第24行。

Дx.01594 大般若波罗蜜多经卷第三百八十一初分诸功德相品第八十八之三

存7行,行11至15字。起:"亦无所得",尾题:"罗蜜多经卷第三百八十一"。唐玄奘译。经文见《大正藏》第6册,第971页C栏第28行至第972页A

栏第5行。

Дх.01595　佛说父母恩重经

存30行，行3至17字。起："有慈/得好衣覆盖"，尾题："佛说父母恩重经"。经文见《大正藏》第85册，第1403页C栏第24行至第1404页A栏第23行。

Дх.01596　般若波罗蜜多心经

存18行，行14至17字。起："空不异色"，尾题："般若波罗蜜多心经一卷"。唐玄奘译。经文见《大正藏》第8册，第848页C栏第8行至第24行。

Дх.01597　咒食施一切面燃饿鬼饮食水法

见Дх.00015。

Дх.01597V　佛说观经

见Дх.00015V。

Дх.01598　佛说佛名经卷第五

存28行。起："南无虎王佛"，讫："南无星宿称佛"。北魏菩提流支译。经文见《大正藏》第14册，第140页A栏第20行至B栏第9行。

Дх.01599　佛说佛名经卷第十三

见Дх.01050。

Дх.01600　金光明最胜王经卷第四最净地陀罗尼品第六

二残片。其一，存5行。起："怛侄他脯"，讫："钵唎诃□"。唐义净译。经文见《大正藏》第16册，第420页B栏第1行至第4行。其二，存6行。起："矩噜莎诃"，讫："怛侄他室"。经文见《大正藏》第16册，第421页B栏。

Дх.01601　金刚般若波罗蜜经

存14行，行3至9字。起："有相若非"，讫："可以身相得见"。后秦鸠摩罗什译。经文见《大正藏》第8册，第749页A栏第8行至第22行。

Дх.01602　佛说长者女菴提遮师子吼了义经

存5行，行17字。首题："佛说长者女菴提遮师子吼了义经"，讫："名婆私腻迦"。失译。经文见《大正藏》第14册，第962页C栏第18行至第25行。

Дх.01603　金光明最胜王经题签

录文："金光明最胜王经卷五恩梁法律经。"

Дх.01604　大般涅槃经卷第三名字功德品第三

存7行，行2至6字。起："槃者"，尾题："涅槃经卷第三"。题记："建德二年岁次癸巳正月十五日清信弟子大/吐知勤明发心普为法界众生过去七世父母/灵属眷遂及亡儿亡女并现在妻息亲戚知/敬造大涅槃大品并杂经等流通供养愿弟/生生世世值弘闻法恒念菩提心之不断又愿/一切众生同厌四流早成正觉。"北凉昙无谶译。经文见《大正藏》第12册，第385页A栏第29行至B栏第6行。

Дх.01605　Дх.01960　Дх.01986　Дх.02003　Дх.02038　Дх.02039　Дх.02113　Дх.02432　梵网经卢舍那佛说菩萨心地戒品第十卷下

存66行，行25字。起："自赞毁"，讫："为利养故"。后秦鸠摩罗什译。经文见《大正藏》第24册，第1004页C栏第19行至第1006页A栏第22行。

Дх.01606　金光明最胜王经卷第四最净地陀罗尼品第六

见Дх.01561。

Дх.01607　金刚般若波罗蜜经

见Дх.00006。

Дх.01608　妙法莲华经卷第七观世音菩萨普门品第二十五

见Дх.00646。

Дх.01609A　Дх.02035A　救诸众生一切苦难经

起："天神悲哭"，尾题："救诸众生苦难经一卷"。经文见《大正藏》第85册，第1461页C栏第9行至第24行。文字比现刊本所收多。

Дх.01609B　Дх.02035B　新菩萨经

首题："新菩萨经一卷"，尾题："新菩萨经一卷"。题记："乾符六年岁次己亥五月十三日吕惠。"经文见《大正藏》第85册，第1462页A栏第24行至B栏第8行。

Дх.01610　瑜伽师地论卷第三十五本地分中独觉

地第十四

存15行，行5至11字。起："依初独觉道"，讫："心诽谤者生归"。题记："大中十一年九月七日比丘张明照随听写记。"弥勒菩萨说、唐玄奘译。经文见《大正藏》第30册，第478页A栏第6行至第27行。

Дx.01611 **大般若波罗蜜多经卷第一百六十初分校量功德品第三十之五十八**

存9行。首题："蜜多经卷第一百六十/第卅之五十八三藏法师玄奘奉诏译"，讫："非自性若非自"。唐玄奘译。经文见《大正藏》第5册，第860页C栏第19行至第861页A栏第1行。

Дx.01612 **金刚般若波罗蜜经**

存12行，行1至6字。起："何以故实"，讫："土不/严是"。后秦鸠摩罗什译。经文见《大正藏》第8册，第749页C栏第8行至第20行。

Дx.01613 **摩诃般若波罗蜜经卷第二十五实际品第八十**

存8行，行4至6字。起："受想行识若"，讫："提白佛言"。后秦鸠摩罗什译。经文见《大正藏》第8册，第403页B栏第19行至第26行。

Дx.01614 **大乘无量寿经**

存5行，行4至22字。起："量是无量"，讫："薄伽勒底阿"。经文见《大正藏》第19册，第84页B栏第22行至C栏第2行。

Дx.01615A **妙法莲华经卷第七观世音菩萨普门品第二十五**

见Дx.00213A。

Дx.01615B **佛说摩利支天经**

见Дx.00213B。

Дx.01616 Дx.02093 Дx.02519 Дx.03158 **妙法莲华经卷第七观世音菩萨普门品第二十五**

册页装。共12面，总68行。起："善男子勿得"，尾题："观音经一卷"。后秦鸠摩罗什译。经文见《大正藏》第9册，第56页C栏第25行至第58页B栏第7行。

Дx.01617 **大般若波罗蜜多经题签**

录文："大般若波罗蜜多经卷第一百□□。"

Дx.01618 **大智度论卷第十三释初品中尸罗波罗蜜义第二十一**

存5行，行7至13字。起："恶子噉肉饮血"，讫："恶日因缘故"。龙树菩萨造、后秦鸠摩罗什译。经文见《大正藏》第25册，第160页B栏第18行至第22行。

Дx.01619 **佛说敬福经**

存18行，行3至9字。起："劫写般"，尾题："佛说敬福经一卷"。经文见《藏外佛教文献》第4册，第383页A栏第8行至第834页A栏第10行。

Дx.01620 **大般若波罗蜜多经题签**

录文："大般若波罗蜜多经卷第四百一十八卅二。"

Дx.01621 **金刚般若波罗蜜经**

见Дx.00892。

Дx.01622 **太上洞玄灵宝空洞灵章**

见Дx.00240。

Дx.01623 **大智度论卷第一初序品中缘起义释论第一**

存21行，行3至8字。起："等世界示现大"，讫："念本所"。龙树菩萨造、后秦鸠摩罗什译。经文见《大正藏》第25册，第58页A栏第7行至第29行。

Дx.01624 Дx.02435 **金刚般若波罗蜜经**

存18行，行6至17字。起："敬作礼围绕"，讫："三菩提者"。后秦鸠摩罗什译。经文见《大正藏》第8册，第750页C栏第22行至第751页A栏第11行。

Дx.01625 **大般若波罗蜜多经题签**

录文："大般若波罗蜜多经卷第四百九十三。"

Дx.01626 Дx.01819 Дx.01861 **注维摩诘经卷第三弟子品**

存26行。注双行小字。起："者物或"，讫："怒痴"。后秦释僧肇选。经文见《大正藏》第38册,第349页C栏第25行至第350页A栏第24行。

Дx.01627 贤愚经卷第一(五)海神难问船人品第五

存4行,行3至6字。起:"神复更",讫:"复剧耶贤者答"。北魏慧觉等译。经文见《大正藏》第4册,第354页C栏第12行至第15行。有异文。

Дx.01628 Дx.02015 药师琉璃光如来本愿功德经

二残片。其一,存10行,行2至10字。起:"求皆/第一大愿",讫:"三大愿愿我"。唐玄奘译。经文见《大正藏》第14册,第405页A栏第6行至第15行。其二,存6行,行3至5字。起:"闻解",讫:"庄严其身"。经文见《大正藏》第14册,第405页A栏第3行至第10行。同一佛经二残片,其一在上其二在下。

Дx.01629 乐入山、乐住山

《乐入山》,存17行,行10字。首题:"赞一本",尾题:"乐入山"。《乐住山》,存5行,行10字左右。首题:"乐住山",尾题:"乐住山"。

Дx.01629V 杂写

杂写"人问之"3字。

Дx.01630A 四分律卷第四十三僧残法之三

存5行,行17字。起:"尸沙式叉摩",尾题:"四分律藏卷第三(初分律/卷第三)"。首行为添行。现刊本为《四分律卷第四》。后秦佛陀耶舍共竺佛念等译。经文见《大正藏》第22册,第589页B栏第6行至第10行。

Дx.01630B 大般涅槃经卷第十四圣行品第七之四

见Дx.00790。

Дx.01630C 妙法莲华经卷第七观世音菩萨普门品第二十五

存10行。起:"我为汝略说",讫:"毒龙诸鬼"。后秦鸠摩罗什译。经文见《大正藏》第9册,第57页C栏第15行至第58页A栏第4行。

Дx.01630D 道经

存20行,行2至12字。待考。

Дx.01630E Дx.01825 Дx.01860 妙法莲华经卷第一序品第一

存18行,行6至17字。起:"如是众",讫:"俱娑婆世"。后秦鸠摩罗什译。经文见《大正藏》第9册,第1页C栏第28行至第2页A栏第18行。

Дx.01630F 摩诃般若波罗蜜经卷第二十累教品第六十六

存18行,行3至17字。起:"四念处",讫:"算数譬喻"。后秦鸠摩罗什译。经文见《大正藏》第8册,第362页A栏第20行至B栏第8行。

Дx.01631 妙法莲华经卷第四提婆达多品第十二

存9行,行1至13字。起:"言/功累德求",讫:"菩提唯佛"。后秦鸠摩罗什译。经文见《大正藏》第9册,第35页B栏第21行至C栏第4行。

Дx.01632 佛说佛名经卷第十三

见Дx.01050。

Дx.01633A 佛为首迦长者说业报差别经

存16行,行17字。首题:"佛为首伽长者说业报差别经",讫:"正智报或"。隋法智译。经文见《大正藏》第1册,第897页A栏第14行至B栏第10行。

Дx.01633AV 菩萨五法忏悔文

存29行,行21字左右。起:"悔文十方三世",讫:"洗心作礼"。经文见《大正藏》第24册,第1121页B栏第20行至第1122页A栏第3行。

Дx.01633B 大般涅槃经卷第三十四迦叶菩萨品第十二之二

存12行,行2至14字。起:"入涅槃时",讫:"欲害其父/过去"。北凉昙无谶译。经文见《大正藏》第12册,第565页A栏第24行至B栏第6行。

Дx.01634 法门名义集因果品法门名义第六至世界品法门名义第七

存30行,行7至25字。起:"强名为增上用",品题:"世界品法门名义第七",讫:"间国土山"。唐李师政撰。经文见《大正藏》第54册,第203页B栏第15行至第204页A栏第3行。

Дх.01635 大般若波罗蜜多经题签

录文："大般若经卷第五百九。"

Дх.01636 Дх.01637 维摩诘所说经卷下香积佛品第十

存12行，行17字。首题："维摩诘经香积佛品第十"，讫："共坐"。后秦鸠摩罗什译。经文见《大正藏》第14册，第552页A栏第5行至第17行。

Дх.01638 Дх.02474 Дх.06211 Дх.06247 金刚般若波罗蜜经

二残片。其一，存38行，行6至17字。起："是经信心"，讫："言之是经"。后秦鸠摩罗什译。经文见《大正藏》第8册，第750页B栏第1行至C栏第11行。其二，存7行，行6至17字。起："般若波罗"，讫："相见如来不"。经文见《大正藏》第8册，第750页A栏第14行至第21行。

Дх.01639 小品般若波罗蜜经深功德品第十七

存11行，行4至17字。起："学如般若"，讫："菩萨一日"。后秦鸠摩罗什译。经文见《大正藏》第8册，第566页A栏第21行至B栏第3行。

Дх.01640 毛诗周南关雎诂训传卷第一

存7行，行3至7字。起："义发乎"，讫："鹊巢□虞"。

Дх.01641 维摩诘所说经卷下香积佛品第十

存14行，行5至17字。起："严国诸菩萨"，讫："恶口报"。后秦鸠摩罗什译。经文见《大正藏》第14册，第552页C栏第19行至第553页A栏第4行。

Дх.01641V 杂写

存"大""肉"2字。

Дх.01642 经名杂写

"金刚般若波罗蜜经"抄3遍，"般若多心经"抄1遍。

Дх.01643 妙法莲华经卷第一序品第一

存10行，行2至12字。起："明佛/为说涅槃"，讫："布施回向"。后秦鸠摩罗什译。经文见《大正藏》第9册，第2页C栏第23行至第3页A栏第10行。

Дх.01644 Дх.01645 维摩诘所说经卷中文殊师利问疾品第五

存22行，行6至12字。起："菩萨大弟子"，讫："答曰以"。后秦鸠摩罗什译。经文见《大正藏》第14册，第544页B栏第7行至C栏第1行。

Дх.01646 金光明最胜王经卷第六四天王护国品第十二

存12行，行9至17字。起："落乃至怨贼"，讫："应施具十善"。唐义净译。经文见《大正藏》第16册，第428页A栏第4行至第16行。

Дх.01647 Дх.01649 残佛经

存11行，行3至7字。甚残，未检出。

Дх.01648 大乘无量寿经

存19行，行9至34字。起："百八万名号"，讫："怛侄他唵"。经文见《大正藏》第19册，第82页A栏第17行至C栏第6行。

Дх.01649 残佛经

见Дх.01647。

Дх.01650 大般涅槃经卷第三寿命品第一之三

存6行，行4至8字。首题："大般涅槃经卷第三"，讫："疑者今可"。北凉昙无谶译。经文见《大正藏》第12册，第379页A栏第9行至第17行。

Дх.01651 梵网经卢舍那佛说菩萨心地戒品第十卷下

存19行，行4至14字。起："更起一切"，讫："法毁他业"。后秦鸠摩罗什译。经文见《大正藏》第24册，第1004页B栏第29行至C栏第20行。

Дх.01652 妙法莲华经卷第七观世音菩萨普门品第二十五

存41行，行7至20字。起："世音菩萨言"，尾题："观音经"。后秦鸠摩罗什译。经文见《大正藏》第9册，第57页B栏第27行至第58页B栏第7行。

Дх.01653 佛说普门品经

存8行，行6至17字。起："真何谓菩萨"，讫：

"是为等观游"。西晋竺法护译。经文见《大正藏》第11册,第778页A栏第3行至第11行。

Дx.01654 佛经论释

存12行,行2至20字。未检出。

Дx.01655 Дx.01656 陀罗尼

存40行,行5至40字。起:"伽罗荼罗",讫:"夜迦"。未检出。

Дx.01657 残佛经

存12行,行9至17字。起:"言譬如两病人",讫:"缕下之一人"。未检出。

Дx.01658 佛教问答

存28行,行16至28字。起:"入恶道名为恶",讫:"禅中何故不"。部分经句见《大智度论》及《大乘义章》,现刊本无完全相同者。

Дx.01659 Дx.01660 佛说佛名经卷第十五

存16行,行5至15字。起:"分舍利形像",讫:"无量怖畏无"。失译。经文见《大正藏》第14册,第244页C栏第8行至第245页A栏第3行。

Дx.01661 金刚般若波罗蜜经疏

存7行,行5至18字。起:"如露亦如电",尾题:"刚般若疏一卷"。题记:"用纸卅三曹沙□□。"

Дx.01662 Дx.02287 药师琉璃光如来本愿功德经

存16行,行2至14字。起:"世得菩提",讫:"我名"。唐玄奘译。经文见《大正藏》第14册,第405页A栏第29行至B栏第16行。

Дx.01663 妙法莲华经卷第四五百弟子受记品第八

见Дx.00368。

Дx.01664 妙法莲华经卷第六如来神力品第二十一

存28行,行4至17字。起:"子座又见",讫:"尔时世尊"。后秦鸠摩罗什译。经文见《大正藏》第9册,第52页A栏第29行至B栏第28行。

Дx.01665 妙法莲华经卷第三药草喻品第五

存28行,行4至17字。首题:"妙法莲华经药草喻品第五三",讫:"是众生诸"。后秦鸠摩罗什译。经文见《大正藏》第9册,第19页A栏第18行至B栏第17行。

Дx.01666 妙法莲华经卷第七观世音菩萨普门品第二十五

存19行,行4至17字。起:"诤讼官",尾题:"妙法莲华经观世音菩萨一卷"。后秦鸠摩罗什译。经文见《大正藏》第9册,第58页A栏第24行至B栏第7行。

Дx.01667 Дx.02446 Дx.02491 Дx.02508 维摩诘所说经卷上佛国品第一至方便品第二

存38行,行17字。起:"也世尊是",讫:"以禅悦为/道不毁"。后秦鸠摩罗什译。经文见《大正藏》第14册,第538页C栏第10行至第539页A栏第23行。

Дx.01667V Дx.02446V Дx.02491V Дx.02508V 残字

存"自""一""日"等字。

Дx.01668 妙法莲华经卷第七观世音菩萨普门品第二十五

存18行,行8至20字。起:"咒咀诸毒药",讫:"通力者当知"。后秦鸠摩罗什译。经文见《大正藏》第9册,第58页A栏第2行至B栏第5行。

Дx.01669A 妙法莲华经卷第三授记品第六

存11行,行8字。起:"等所行",讫:"绳以界道"。后秦鸠摩罗什译。经文见《大正藏》第9册,第20页B栏第23行至C栏第7行。

Дx.01669B 妙法莲华经卷第七观世音菩萨普门品第二十五

存6行,行1至5字。录文:"等/火然/爪可怖/雹澍大雨/无量苦逼身/广修智方。"后秦鸠摩罗什译。经文见《大正藏》第9册,第58页A栏第4行至第14行。

Дx.01670 妙法莲华经卷第一序品第一

存15行,行1至12字。起:"无/六千",讫:"天子俱复有"。后秦鸠摩罗什译。经文见《大正藏》第9册,第1页C栏第28行至第2页A栏第16行。

Дx.01671 佛说佛名经卷第一

存25行，行1至6字。起："从/等种"，讫："益且复人"。失译。经文见《大正藏》第14册，第188页C栏第13行至第189页A栏第8行。

Дx.01672　Дx.01680　黄仕强传

存16行，行6至17字。起："去永徽三年"，讫："犯文书人报云"。

Дx.01673　妙法莲华经卷第一序品第一

存21行，行4至8字。起："教照无数众生"，讫："大法义诸"。后秦鸠摩罗什译。经文见《大正藏》第9册，第3页B栏第16行至C栏第14行。

Дx.01674　大般若波罗蜜多经卷第二百八十五初分赞清净品第三十五之一

存17行，行4至17字。起："故说是清净"，讫："十地毕"。唐玄奘译。经文见《大正藏》第6册，第448页B栏第28行至C栏第15行。

Дx.01675　佛说灌顶拔除过罪生死得度经卷第十二

存15行，行4至10字。起："令得种种"，讫："亦当愿生"。东晋帛尸梨蜜多罗译。经文见《大正藏》第21册，第533页A栏第6行至第20行。

Дx.01676　大般若波罗蜜多经卷第八初分转生品第四之二

存7行，行3至7字。起："第超越"，讫："阿罗汉果若"。唐玄奘译。经文见《大正藏》第5册，第39页C栏第14行至第21行。

Дx.01677　大般若波罗蜜多经卷第一百九初分校量功德品第三十之七

存20行，行7至17字。起："爱取有生老死愁"，讫："无性空自"。唐玄奘译。经文见《大正藏》第5册，第600页C栏第16行至第601页A栏第6行。

Дx.01677V　卷帙号

存"一百九/竟"。

Дx.01678　Дx.02658　妙法莲华经卷第一方便品第二

存16行，行5至17字。起："弗诸佛出於五"，讫："而说偈言"。后秦鸠摩罗什译。经文见《大正藏》第9册，第7页B栏第23行至C栏第10行。

Дx.01679　大般若波罗蜜多经卷第三百五十四初分多问不二品第六十一之四

存22行，行5至17字。起："设云何得"，讫："乃至无性自"。唐玄奘译。经文见《大正藏》第6册，第821页A栏第20行至B栏第13行。

Дx.01680　黄仕强传

见Дx.01672。

Дx.01681　大般若波罗蜜多经卷第二百一十七初分难信解品第三十四之三十六

存8行，行17字。起："净故菩萨十地"，讫："故一切智"。唐玄奘译。经文见《大正藏》第6册，第86页C栏第5行至第13行。

Дx.01681V　卷帙号

存"二百一十四"。

Дx.01682　金刚般若波罗蜜经

存21行，行13至17字。起："语者不诳语者"，讫："世间天人阿"。后秦鸠摩罗什译。经文见《大正藏》第8册，第750页B栏第28行至C栏第21行。

Дx.01683　大般若波罗蜜多经卷第二百六十三初分难信解品第三十四之八十二

存26行，行8至17字。首题："大般若波罗蜜多经卷"，品题："初分难信解品第卅四之八"，讫："一切智智清"。唐玄奘译。经文见《大正藏》第6册，第329页C栏第10行至第330页A栏第11行。

Дx.01684　大般若波罗蜜多经卷第二百五十初分难信解品第三十四之六十九

存14行，行5至8字。起："清净若大"，讫："识界清净"。唐玄奘译。经文见《大正藏》第6册，第261页B栏第28行至C栏第12行。

Дx.01685　大般若波罗蜜多经卷第四十一初分般若行相品第十之四

存15行，行3至9字。起："无相有相"，讫："进静虑"。唐玄奘译。经文见《大正藏》第5册，第228页A栏第8行至第23行。

Дx.01686　Дx.02652　妙法莲华经卷第七观世音菩萨普门品第二十五

存17行，行1至5字。起："菩/是观世音"，讫："观世音菩萨有"。后秦鸠摩罗什译。经文见《大正藏》第9册，第57页B栏第19行至C栏第6行。

Дx.01687　摩诃般若波罗蜜经卷第五问乘品第十八

存20行，行5至17字。起："三昧一行三"，讫："能观诸三昧"。后秦鸠摩罗什译。经文见《大正藏》第8册，第238页A栏第15行至B栏第23行。

Дx.01688　大佛顶如来密因修证了义诸菩萨万行首楞严经卷第五

存12行，行2至17字。起："言我/曰空王"，讫："马我皆平填"。唐般剌蜜帝译。经文见《大正藏》第19册，第127页A栏第27行至B栏第9行。

Дx.01689　佛说父母恩重经

存10行，行6至11字。起："非母不知"，讫："寄止他舍"。经文见《大正藏》第85册，第1403页C栏第20行至第1404页A栏第2行。

Дx.01690　大般若波罗蜜多经卷第四百二十六第二分散花品第二十七之二

存26行，行3至17字。首题："大般若波罗蜜多"，品题："第二分散花品第廿"，讫："色广说"。唐玄奘译。经文见《大正藏》第7册，第144页B栏第14行至C栏第9行。

Дx.01691　Дx.01692　Дx.01693　大般若波罗蜜多经卷第五百二第三分现窣堵波品第五之三

存55行，行8至15字。首题："（前缺）多经卷第五百二"，品题："（前缺）品第五之三唐玄奘译"，讫："有尽写众"。唐玄奘译。经文见《大正藏》第7册，第554页B栏第5行至C栏第18行。

Дx.01694　金光明最胜王经卷第一序品第一

存26行，行17字。首题："金光明最胜王经序品第一"，讫："大师教能敷"。唐义净译。经文见《大正藏》第16册，第403页A栏第3行至B栏第5行。

Дx.01695　佛说天地八阳神咒经

存15行，行2至7字。起："国号"，讫："鼻无间地狱上"。唐义净译。经文见《大正藏》第85册，第1424页C栏第16行至第1425页A栏第17行。有异文。

Дx.01696　释八苦五乘

存9行，行8至31字。

Дx.01697　习字

习写"佛""是"2字。

Дx.01698　书仪

存33行。原题："贺文""谢酒饭状"。

Дx.01699A　Дx.01700A　Дx.01701A　Дx.01702A　Дx.01703A　Дx.01704A　杂写

见Дx.01064A。

Дx.01699B　Дx.01700B　Дx.01701B　Дx.01702B　Дx.01703B　Дx.01704B　会兴题礼佛文

见Дx.01064B。

Дx.01699C　Дx.01700C　Дx.01701C　Дx.01701C　Дx.01702C　Дx.01703C　Дx.01704C　故圆鉴大师二十四孝押座文

见Дx.01064C。

Дx.01699D　Дx.01700D　Дx.01701D　Дx.01702D　Дx.01703D　Дx.01704D　洗头择吉日法

见Дx.01064D。

Дx.01699E　Дx.01700E　Дx.01701E　Дx.01702E　Дx.01703E　Дx.01704E　讲经文

见Дx.01064E。

Дx.01705　金光明最胜王经卷第十舍身品第二十六

存9行，行4至10字。首题："（前缺）卷第十三藏法师义净译"，讫："遍布其处"。唐义净译。经文见《大正藏》第16册，第450页C栏第21行至第29行。

Дx.01706　大乘无量寿经

存20行，行4至20字。起："利婆"，讫："其便"。经文见《大正藏》第19册，第83页A栏第22行至C栏第6行。

Дх.01707 维摩诘所说经卷上佛国品第一

起："无/身/於空也"，讫："净土菩萨"。后秦鸠摩罗什译。经文见《大正藏》第14册，第538页A栏第27行至B栏第21行。

Дх.01708A Дх.02399A 救诸众生一切苦难经

存6行，行3至11字。起："苦难经"，讫："人能慎此事"。经文见《大正藏》第85册，第1461页C栏第6行至第23行。

Дх.01708B Дх.02399B 新菩萨经

存7行，行15至17字。起："州众生每"，讫："今戴饶患"。题记："伍年岁次丁卯七月廿一日因为疾病□□。"经文见《大正藏》第85册，第1462页A栏第26行至B栏第7行。

Дх.01709 维摩诘所说经卷上方便品第二

存11行，行4至17字。起："淫舍示欲"，讫："其疾故国王"。后秦鸠摩罗什译。经文见《大正藏》第14册，第539页A栏第28行至B栏第10行。

Дх.01710 Дх.01711 妙法莲华经卷第六法师功德品第十九

存28行，行5至20字。起："此义而说偈言"，讫："一切於中现"。后秦鸠摩罗什译。经文见《大正藏》第9册，第49页C栏第4行至第50页A栏第18行。

Дх.01712 春秋左氏传昭公七年

存70行。

Дх.01713 大乘密严经入密严微妙身生品之余

存15行，行5至20字。起："若离阿赖"，讫："至微尘求觉"。唐地婆诃罗译。经文见《大正藏》第16册，第731页B栏第8行至C栏第8行。有异文。

Дх.01714 Дх.02965 妙法莲华经卷第一序品第一

存18行，行4至17字。起："阿罗汉菩"，讫："俱娑婆世"。后秦鸠摩罗什译。经文见《大正藏》第9册，第1页C栏第28行至第2页A栏第18行。

Дх.01715 Дх.01716 胜天王般若波罗蜜经卷第五无所得品第八

存26行，行3至17字。起："受记又"，讫："问执何为本/虚妄分"。月婆首那译。经文见《大正藏》第8册，第711页C栏第4行至第712页A栏第2行。

Дх.01717 妙法莲华经卷第一序品第一

存12行，行4至14字。起："宾那憍梵"，讫："众生其名"。后秦鸠摩罗什译。经文见《大正藏》第9册，第1页C栏第25行至第2页A栏第8行。

Дх.01718 Дх.01719 金刚般若波罗蜜经

存32行，行11至17字。起："复有人得闻"，讫："智慧悉知是"。后秦鸠摩罗什译。经文见《大正藏》第8册，第750页B栏第1行至C栏第5行。

Дх.01720 馆藏缺

Дх.01721 过去现在因果经卷第二

存26行，行17字。起："太子前现神通"，讫："流泪不许还"。宋求那跋陀罗译。经文见《大正藏》第3册，第631页C栏第19行至第632页A栏第28行。

Дх.01722 Дх.01735 Дх.02203 大乘起信论略述卷上

存72行，行16至19字。起："性差别既"，讫："第三依名"。唐昙旷撰。经文见《大正藏》第85册，第1092页A栏第9行至第1093页A栏第20行。

Дх.01723 佛经论释

存19行，行9至21字。起："非是不思议七日"，讫："明诚诸菩萨"。未检出。

Дх.01724 佛说佛名经卷第十六

存3行。起："灯迅师子佛"，尾题："佛说佛名经卷第六"。失译。经文见《大正藏》第14册，第245页C栏第14行至第15行。

Дх.01725 妙法莲华经卷第三药草喻品五

存11行，行3至20字。起："尊随宣"，讫："大小诸树"。后秦鸠摩罗什译。经文见《大正藏》第9册，第19页C栏第8行至第21行。

Дx.01726 **大方广佛华严经卷第四十八入法界品第三十四之五**

存14行,行4至17字。起:"切诸趣於",讫:"优婆夷时有人"。东晋佛驮跋陀罗译。经文见《大正藏》第9册,第705页A栏第4行至第19行。

Дx.01727 **妙法莲华经卷第六法师功德品第十九**

存21行,行10至20字。起:"是人鼻清净",讫:"来往行坐卧"。后秦鸠摩罗什译。经文见《大正藏》第9册,第48页C栏第13行至第49页A栏第25行。

Дx.01728 **楞伽师资记序**

存10行,行9至13字。起:"去有因今",讫:"承事两京来"。经文见《大正藏》第85册,第1283页A栏第5行至第8行。现刊本所收为S.2054,此经比现刊本多7行序,可补现刊本。所存同现刊本相同者3行。

Дx.01729 **摩诃般若波罗蜜经卷第二十摄五品第六十八**

存9行,行4至16字。起:"波罗蜜中",讫:"共之回向"。后秦鸠摩罗什译。经文见《大正藏》第8册,第367页A栏第8行至第17行。

Дx.01730 **梵网经疏**

存15行,行7至22字。起:"此品第十",讫:"因缘二释"。

Дx.01731 Дx.01732 Дx.01733 **佛经论释**

未检出。

Дx.01734 **佛教赞义**

存14行。未检出。

Дx.01735 **大乘起信论略述卷上**

见Дx.01722。

Дx.01736 Дx.01737 **妙法莲华经卷第一方便品第二**

存14行,行5至12字。起:"亦复不能知",讫:"世尊何因"。后秦鸠摩罗什译。经文见《大正藏》第9册,第6页A栏第17行至B栏第8行。

Дx.01738 **大通方广忏悔灭罪庄严成佛经卷下**

存19行,行3至9字。起:"吼菩萨",讫:"佛说及我"。经文见《大正藏》第85册,第1349页B栏第22行至C栏第10行。

Дx.01739 **大方广佛华严经卷第二十四十地品第二十二之二**

存4行,行5至9字。起:"中尚从天而自投下",讫:"能正观是菩萨"。东晋佛驮跋陀罗译。经文见《大正藏》第9册,第551页C栏第20行至第24行。

Дx.01740 **维摩诘所说经卷下香积佛品第十**

存10行,行3至12字。起:"为第一彼",讫:"言勿经"。后秦鸠摩罗什译。经文见《大正藏》第14册,第552页A栏第13行至第22行。

Дx.01741 **杂阿含经**

见Дx.00555。

Дx.01742 **妙法莲华经题签**

录文:"妙法莲华经卷第五。"

Дx.01743 **大般若波罗蜜多经卷第五十五初分辩大乘品第十五之五**

存13行,行17字。起:"空故善现",讫:"住何以故"。唐玄奘译。经文见《大正藏》第5册,第310页C栏第27行至第311页A栏第5行。

Дx.01744 **佛说无量寿宗要经**

见Дx.00004。

Дx.01745A **金光明最胜王经卷第六四天王护国品第十二**

存10行,行5至8字。起:"土诸恶灾变悉",讫:"是王亦有"。唐义净译。经文见《大正藏》第16册,第429页C栏第23行至第430页A栏第4行。

Дx.01745B **佛说延寿命经**

存尾题1行。录文:"佛说延寿命经尾题。"未检出。

Дx.01746 Дx.05360 **藏经点检历**

存11行。

Дх.01747 佛说天地八阳神咒经

存3行。录文："欢喜踊/见无/佛说八阳神咒。"唐义净译。经文见《大正藏》第85册，第1425页A栏第29行至B栏第3行。另有杂写2行。

Дх.01747V 十字押

存一"十"字。

Дх.01748 般若波罗蜜多心经

存11行，行10字。起："度一切苦厄"，讫："死尽无苦"。唐玄奘译。经文见《大正藏》第9册，第848页C栏第8行至第14行。

Дх.01749 金光明最胜王经卷第九善生品第二十一

存9行，行2至4字。起："金光明"，讫："来集"。唐义净译。经文见《大正藏》第16册，第444页B栏第12行至第20行。

Дх.01750 大乘密严经题签

录文："□□蜜严经卷上。"

Дх.01751 Дх.10536 妙法莲华经卷第五安乐行品第十四

存26行，行4至17字。起："文殊菩萨"，讫："於三界而诸"。后秦鸠摩罗什译。经文见《大正藏》第9册，第38页C栏第4行至第39页A栏第2行。

Дх.01752 佛说无量寿宗要经

存9行，行9至22字。经文见《大正藏》第19册，第82页。全部为陀罗尼。

Дх.01753 大般若波罗蜜多经题签

录文："大般若波罗蜜多经卷第二百廿四廿三。"

Дх.01754 普贤菩萨说证明经

存7行，行1至8字。起："苦行"，讫："亦得见弥勒"。经文见《大正藏》第85册，第1363页A栏第5行至第11行。

Дх.01755 Дх.10955 Дх.10959 金刚般若波罗蜜经

存21行，行5至10字。起："可称量无边"，讫："具说者或有"。后秦鸠摩罗什译。经文见《大正藏》第8册，第750页C栏第13行至第751页A栏第6行。

Дх.01756 大般若波罗蜜多经卷第二十七

存6行，行10至12字。首题："大般若波罗蜜多经卷第廿七"，品题："初分校诫教授品第七之十七"，讫："风空识界净"。唐玄奘译。经文见《大正藏》第5册，第148页B栏第1行至第9行。

Дх.01757 大般若波罗蜜多经卷第一百六十三初分校量功德品第三十之六十一

存23行，行4至13字。起："我何以故身"，讫："憍尸迦是善"。唐玄奘译。经文见《大正藏》第5册，第876页B栏第12行至C栏第5行。

Дх.01758 金刚般若波罗蜜经题签

录文："金刚般若波罗蜜经一卷。"

Дх.01759 大般涅槃经卷第十一现病品第六

存5行，行7至9字。起："尊如来已免"，讫："哆嗑小便"。北凉昙无谶译。经文见《大正藏》第12册，第428页B栏第20行至第25行。

Дх.01760 大般若波罗蜜多经题签

录文："大般若波罗蜜多经卷五。"

Дх.01761 大方等陀罗尼经卷第二初分余卷第二

存16行，行2至17字。起："此人应答"，讫："作沙弥或/若"。北凉法众译。经文见《大正藏》第21册，第650页B栏第8行至第23行。

Дх.01762 十大弟子榜题底稿

存5行。录文："富楼那说法第一舍利弗/大目乾连/须菩提解空第一/大迦叶头陀/阿难。"

Дх.01762V 杂写

存6行。录文："楼那说法/第二/罗/比丘罗汉/僧说法第一/第一。"

Дх.01763 大般涅槃经后分遗教品第一

存18行，行2至17字。起："校靡不周遍"，讫："裁尔"。唐若那跋陀罗译。经文见《大正藏》第12册，第903页B栏第4行至第21行。

Дх.01764 大般若波罗蜜多经题签

录文："大般若波罗蜜多经卷第四百册六册五龙。"

Дx.01765A 般若波罗蜜多心经

册页装。首题："般若波罗蜜多心经"，尾题："般若多心经一卷"。唐玄奘译。经文见《大正藏》第8册，第848页C栏第4行至第24行。

Дx.01765B 散施偈

存10行，行4至5字。

Дx.01765C 杂写

存3行。录文："菩萨南无/南无观世音/麦少麦壹升。"

Дx.01766 大般若波罗蜜多经卷第四百八十六

存11行，行8至14字。首题："大般若波罗蜜多经卷第四百八十六"，品题："第三分善现品第三之五三藏法师玄"，讫："所有菩萨"。唐玄奘译。经文见《大正藏》第7册，第466页B栏第10行至第23行。

Дx.01767 大般若波罗蜜多经卷第五百二十五第三分方便善巧品第二十六之三

存7行，行9至17字。首题："大般若波罗蜜多经卷第"，品题："第三分方便善巧品第廿六"，讫："勤修学若"。唐玄奘译。经文见《大正藏》第7册，第689页C栏第12行至第21行。

Дx.01768 梁朝傅大士颂金刚经

见Дx.00022。

Дx.01769 金刚般若波罗蜜经

存7行，行6至10字。首题："金刚般若波罗蜜经"，讫："右膝著地"。后秦鸠摩罗什译。经义见《大正藏》第8册，第748页C栏第17行至第25行。

Дx.01770 金光明最胜王经题签

录文："金光明最胜王经卷九。"

Дx.01771 大般若波罗蜜多经卷第四百七十

尾题："大般若波罗蜜多经卷第四百七十。"有"三界寺藏经"印一枚，"报恩寺藏经印"半枚。

Дx.01772 Дx.01773 妙法莲华经卷第二信解品第四

见Дx.00852。

Дx.01774 大般若波罗蜜多经卷第十六初分教诫教授品第七之六

存26行，行6至17字。起："菩萨离受"，讫："如中有菩"。唐玄奘译。经文见《大正藏》第5册，第86页A栏第11行至B栏第6行。

Дx.01775 集诸经礼忏仪

存25行，行3至11字。起："依合掌礼"，尾题："佛名经"。部分内容见于《集诸经礼忏仪》。唐智昇撰。经文见《大正藏》第47册。

Дx.01776 大般若波罗蜜多经题签

录文："大般若波罗蜜多经卷第三百廿八卅三界。"

Дx.01777 仁王般若实相论卷第二嘱累品

存21行，行6至26字。起："持正法分"，讫："非是外道"。经文见《大正藏》第85册，第165页B栏第2行至C栏第4行。

Дx.01778 大方广佛华严卷第四十一离世间品第三十三之六

存14行，行11至17字。起："如幻故一切"，讫："积集无上"。东晋佛驮跋陀罗译。经文见《大正藏》第9册，第660页A栏第23行至B栏第8行。

Дx.01779 妙法莲华经卷第七妙音菩萨品第二十四

存9行，行17字。起："当为汝等而"，讫："树诸菩萨"。后秦鸠摩罗什译。经文见《大正藏》第9册，第55页C栏第6行至第15行。

Дx.01780 Дx.02365 妙法莲华经卷第七妙音菩萨品第二十四

存11行，行3至13字。起："光庄严"，讫："文殊师利法"。后秦鸠摩罗什译。经文见《大正藏》第9册，第55页A栏第23行至B栏第6行。

Дx.01781 妙法莲华经卷第三化城喻品第七

存15行，行17字。起："中有一大"，讫："以偈颂曰"。后秦鸠摩罗什译。经文见《大正藏》第9册，第23页A栏第21行至B栏第8行。

Дx.01782 **金光明最胜王经题签**
录文："金光明最胜王经☐。"

Дx.01783 **大般涅槃经卷第十四圣行品第七之四**
存13行，行4至17字。起："自在力随"，讫："着地长跪"。北凉昙无谶译。经文见《大正藏》第12册，第448页C栏第13行至第26行。

Дx.01784 **大般若波罗蜜多经卷第五百七十七第九能断金刚分**
见Дx.00217。

Дx.01785 **般若波罗蜜多心经**
存7行，行17字。首题："般若波罗蜜多心经"，讫："法无眼界"。唐玄奘译。经文见《大正藏》第8册，第848页C栏第4行至第12行。

Дx.01785V **摩诃般若经胜天王般若经勘经记**
存2行。录文："摩诃般若经/胜天王般若□五卷。"

Дx.01786 **劝善经**
存6行，行2至10字。首题："劝善经一卷"，讫："病死"。经文见《大正藏》第85册，第1462页A栏第3行至第9行。

Дx.01787 **大般涅槃经题签**
录文："大般涅槃经卷四十。"

Дx.01788 **妙法莲华经卷第七观世音菩萨普门品第二十五**
存9行，行3至6字。起："若有罪"，讫："无尽意观世"。后秦鸠摩罗什译。经文见《大正藏》第9册，第56页C栏第21行至第29行。

Дx.01789 Дx.02864 **梵网经卢舍那佛说菩萨心地戒品第十卷下**
存16行，行7至10字。起："若有犯者"，讫："饮酒过失"。后秦鸠摩罗什译。经文见《大正藏》第24册，第1005页A栏第18行至B栏第6行。

Дx.01790A **妙法莲华经卷第二信解品第四**
存10行，行3至9字。起："惜即遣"，讫："至贫里"。后秦鸠摩罗什译。经文见《大正藏》第9册，第16页C栏第25行至第174页A栏第6行。

Дx.01790B Дx.01794 Дx.01796 **金刚般若波罗蜜经**
存20行，行2至11字。起："及诸佛阿"，讫："须菩"。后秦鸠摩罗什译。经文见《大正藏》第8册，第749页B栏第23行至C栏第14行。

Дx.01791 **妙法莲华经题签**
录文："妙法莲华经卷第二。"

Дx.01792 **妙法莲华经卷第二譬喻品第三**
存11行，行2至11字。起："法住"，讫："正法"。后秦鸠摩罗什译。经文见《大正藏》第9册，第11页C栏第11行至第29行。

Дx.01793 **大般若波罗蜜多经卷第二百八十九初分著不著相品第三十六之三**
存6行，行6至9字。起："行眼处若"，讫："况有眼处"。唐玄奘译。经文见《大正藏》第6册，第468页C栏第11行至第16行。

Дx.01793V **卷帙号**
存"廿九帙第九"。

Дx.01794 **金刚般若波罗蜜经**
见Дx.01790B。

Дx.01795 **妙法莲华经卷第一序品第一**
存12行，行5至7字。起："比丘尼"，讫："是菩萨摩"。后秦鸠摩罗什译。经文见《大正藏》第9册，第2页A栏第1行至第12行。

Дx.01796 **金刚般若波罗蜜经**
见Дx.01790B。

Дx.01797 **佛说佛名经卷第一**
存11行，行9至14字。起："诸大众汝当"，讫："南无大胜佛南无"。北魏菩提流支译。经文见《大正藏》第14册，第114页A栏第10行至第19行。

Дx.01798 **妙法莲华经卷第四五百弟子受记品第八**
存5行，行1至10字。起："已度大神通"，讫："说法无所畏/持"。后秦鸠摩罗什译。经文见《大正藏》第9册，第28页A栏第29行至B栏第8行。

Дx.01799 **佛说天地八阳神咒经**

见Дх.00502。

Дх.01800 般若波罗蜜多心经

见Дх.01141。

Дх.01801 金刚般若波罗蜜经

见Дх.01471。

Дх.01802 佛经论释

见Дх.00122。

Дх.01803 Дх.01804 Дх.01805 大智度论卷第五初品中菩萨功德释论第十

存22行，行11至17字。起："中无明"，讫："苦和合乘"。龙树菩萨造、后秦鸠摩罗什译。经文见《大正藏》第25册，第100页B栏第14行至C栏第8行。

Дх.01806 大般若波罗蜜多经卷第二百六初分难信解品第三十四之二十五

存20行，行1至11字。起："所/精进"，讫："罗蜜多清净"。唐玄奘译。经文见《大正藏》第6册，第27页A栏第5行至第24行。

Дх.01807 大智度论卷第八初品中放光释论第十四之余

存12行，行2至11字。起："尔时世尊"，讫："众生"。龙树菩萨造、后秦鸠摩罗什译。经文见《大正藏》第25册，第114页C栏第11行至第25行。

Дх.01808 大佛顶经题签

录文："大佛顶经卷第二。"

Дх.01809A Дх.02118 佛说天地八阳神咒经

存11行，行8至13字。起："多念"，讫："左□右"。唐义净译。经文见《大正藏》第85册，1422页B栏第21行至C栏第8行。

Дх.01809B 残片

存3行，行6字。草书。待定名。

Дх.01810 妙法莲华经卷第七观世音菩萨普门品第二十五

存23行，行7至13字。首题："妙法莲华经观世音菩萨普"，讫："得离欲若"。后秦鸠摩罗什译。经文见《大正藏》第9册，第56页C栏第2行至第57页A栏第3行。

Дх.01811 药师经疏

存13行，行6至19字。起："菩萨摩诃萨"，讫："能化恶有善"。经文见《大正藏》第85册，第311页C栏第15行至第29行。

Дх.01812 维摩诘所说经卷中观众生品第七

存15行，行7至17字。首题："观众生品"，讫："作是观已自"。后秦鸠摩罗什译。经文见《大正藏》第14册，第547页A栏第28行至B栏第14行。

Дх.01813 对根起行法

存12行，行7至11字。起："为根本亦名"，讫："解者有二种一於"。《藏外佛教文献》第9册所收即此号。

Дх.01814 Дх.02121 金光明最胜王经卷第六四天王护国品第十二

存14行，行5至10字。起："有人王欲"，讫："喻何以故"。唐义净译。经文见《大正藏》第16册，第430页A栏第15行至第29行。

Дх.01815 金刚般若波罗蜜经疏

存12行，行6至10字。起："者如来说"，讫："如者不□□□"。大部经文见《大正藏》第33册，第250页C栏。

Дх.01816 Дх.01817 大般涅槃经卷第四如来性品摘抄

存16行，行4至10字。起："说者是"，讫："如来名常住"。北凉昙无谶译。经文见《大正藏》第12册，第406页C栏至第407页A栏。

Дх.01818 Дх.01820 Дх.01998 Дх.02001 Дх.02445 鼻奈耶卷第一

存28行，行7至34字。起："丘向官谗言"，讫："来至佛所头"。后秦竺佛念译。经文见《大正藏》第24册，第856页B栏第14行至第857页A栏第21行。

Дх.01819 注维摩诘经卷第三弟子品

见Дх.01626。

Дх.01820 **鼻奈耶卷第一**

见Дх.01818。

Дх.01821 **妙法莲华经题签**

录文："妙法莲华经卷第。"

Дх.01822 Дх.01862 Дх.01863 Дх.01903 **净名经集解关中疏卷上佛国品第一**

存6行，行20至30字。起："此初也肇曰"，讫："有目之谁"。唐道液集。经文见《大正藏》第85册，第441页C栏第20至第442页A栏第3行。

Дх.01823 Дх.01824 **妙法莲华经卷第六随喜功德品第十八**

存17行，字3至15字。起："亿阿僧"，讫："我今分别语"。后秦鸠摩罗什译。经文见《大正藏》第9册，第46页C栏第6行至第23行。

Дх.01825 **妙法莲华经卷第一序品第一**

见Дх.01630E。

Дх.01826 **大般若波罗蜜多经卷第一百一十九初分校量功德品第三十之十七**

存13行，行4至7字。起："我尼门一切"，讫："为方便为"。唐玄奘译。经文见《大正藏》第5册，第651页B栏第13行至第28行。

Дх.01827 Дх.01839 **和菩萨戒文**

存6行，行5至10字。起："长入波吒"，讫："血肉如流水"。经文见《大正藏》第85册，第1300页B栏第24行至第29行。

Дх.01827V Дх.01839V **杂写**

杂写"张"字。

Дх.01828 Дх.01840 **注维摩诘经卷第一**

存7行。注双行小字。起："方便无碍"，讫："何德不"。后秦释僧肇选。经文见《大正藏》第38册，第336页A栏第27行至B栏第12行。

Дх.01829 **妙法莲华经卷第一序品第一**

存15行，行8至17字。起："无学二千人"，讫："天子宝光天"。后秦鸠摩罗什译。经文见《大正藏》第9册，第1页C栏第28行至第2页A栏第16行。

Дх.01830 **大般若波罗蜜多经卷第五百七十七第九能断金刚分**

见Дх.00217。

Дх.01831 **妙法莲华经卷第七观世音菩萨普门品第二十五**

见Дх.01116。

Дх.01832 **佛说像法决疑经**

存8行，行2至3字。起："得四"，尾题："佛说像"。经文见《大正藏》第85册，第1338页C栏第11行至第18行。与Дх.06746同卷，可缀合。

Дх.01833 **金刚般若波罗蜜经**

存6行，行3至9字。起："世界是名"，讫："我所说"。后秦鸠摩罗什译。经文见《大正藏》第8册，第752页B栏第11行至第16行。

Дх.01834 **妙法莲华经卷第一序品第一**

存8行，行4至8字。起："劫宾那憍"，讫："说辩才"。后秦鸠摩罗什译。经文见《大正藏》第9册，第1页C栏第24行至第2页A栏第4行。

Дх.01835 **大般若波罗蜜多经题签**

录文："大般若波罗蜜多经卷第三百册九。"

Дх.01836 Дх.02714 **金刚般若波罗蜜经**

存31行，行6至12字。起："河沙数三千"，讫："信解受持"。后秦鸠摩罗什译。经文见《大正藏》第8册，第750页A栏第1行至B栏第6行。

Дх.01837 Дх.02102 **佛说佛名经卷第三**

存18行。起："寂佛"，讫："南无坚固众生佛"。北魏菩提流支译。经文见《大正藏》第14册，第128页A栏第19行至B栏第2行。

Дх.01838 **救诸众生一切苦难经**

见Дх.01574B。

Дх.01839 **和菩萨戒文**

见Дх.01827。

Дх.01839V **杂写**

见Дх.1827V。

Дx.01840 注维摩诘经卷第一

见Дx.01828。

Дx.01841 药师琉璃光如来本愿功德经

见Дx.00272。

Дx.01842 金刚般若波罗蜜经

存6行,行3至10字。首题:"金刚般若波罗蜜经",讫:"须菩提"。后秦鸠摩罗什译。经文见《大正藏》第8册,第748页C栏第17行至第24行。

Дx.01843 金光明最胜王经卷第三灭业障品第五

存3行,行4至7字。起:"为无量无",讫:"荣励昼夜"。唐义净译。经文见《大正藏》第16册,第414页A栏第1行至第3行。

Дx.01844 阿毗达磨顺正理论卷第五十一辩随眠品第五之七

存7行,行12至15字。起:"此为证非",讫:"决定实有"。尊者众贤造、唐玄奘译。经文见《大正藏》第29册,第630页B栏第8行至第14行。有异文。

Дx.01845 金光明最胜王经卷第一序品第一

见Дx.00216。

Дx.01846 金光明最胜王经卷第二分别三身品第三

见Дx.00225。

Дx.01847 四分律比丘含注戒本卷下

正背各5行,行18字。起:"云何僧",讫:"不说戒初夜"。唐道宣述。经文见《大正藏》第40册,第461页C栏第2行至第25行。

Дx.01848 Дx.01905 佛说佛名经卷第八

存13行,行2至8字。起:"中微/数不舍利弗",讫:"名尸弃佛同"。北魏菩提流支译。经文见《大正藏》第14册,第158页B栏第27行至C栏第11行。

Дx.01849 大般若波罗蜜多经题签

录文:"大般若波罗蜜多经卷第四。"

Дx.01850 大般涅槃经题签

录文:"大般涅槃经卷第/大般涅槃经卷第三十一。"

Дx.01851 妙法莲华经卷第五安乐行品第十四

见Дx.00365。

Дx.01852 杂写

抄佛名8行,麦历1行。

Дx.01852V 顶真体偈

存1行。录文:"见性不惟惟字逍坏坏。"

Дx.01853 Дx.01854 Дx.01878 Дx.01957B 佛说像法决疑经

存36行,行6至13字。起:"以故一切众生",讫:"积聚不修"。经文见《大正藏》第85册,第1336页A栏第4行至B栏第10行。系敦煌独存之写本。

Дx.01855 大般若波罗蜜多经卷第五百七十七第九能断金刚分

见Дx.00217。

Дx.01856 佛说灌顶拔除过罪生死得度经卷第十二

存10行,行4至18字。起:"毁后得恶报",讫:"最多应代"。与现刊本多有不同。

Дx.01856V 胜鬘经义记卷上

起:"实际离妄分别",讫:"其所知五"。沙门释慧远撰。经文见《卍新续藏》第19册,第877页B栏第18行至C栏第5行。

Дx.01857 Дx.01858 金光明最胜王经卷第三灭业障品第五

存8行,行8至10字。起:"我之业障",讫:"夜乃至名"。唐义净译。经文见《大正藏》第16册,第414页B栏第9行至第16行。

Дx.01859 妙法莲华经卷第一序品第一

见Дx.01498。

Дx.01860 妙法莲华经卷第一序品第一

见Дx.01630E。

Дx.01861 注维摩诘经卷第三弟子品

见Дx.01626。

Дx.01862 Дx.01863 净名经集解关中疏佛国品第一

见Дx.01822。

Дx.01864　金刚般若波罗蜜经

存14行，行4至8字。起："用布施是"，讫："须菩提於意"。后秦鸠摩罗什译。经文见《大正藏》第8册，第749页B栏第19行至C栏第3行。

Дx.01864V　残字

Дx.01865　Дx.02805　金刚般若波罗蜜经

存22行，行6至10字。起："座而坐时"，讫："菩提南西北方"。后秦鸠摩罗什译。经文见《大正藏》第8册，第748页C栏第24行至第749页A栏第17行。

Дx.01865V　Дx.02805V　印契三界尊偈

存2行。录文："界契三界尊十方无量／若□有见闻者□□。"

Дx.01866　大般若波罗蜜多经卷第三百五十初分相引摄品第六十之二

存8行，行7至9字。起："得是菩萨"，讫："虚诳语亦"。唐玄奘译。经文见《大正藏》第6册，第799页C栏第2行至第9行。

Дx.01867　佛说佛名经卷第七

存5行。首题："佛说佛名经卷第七"，讫："南无妙意佛"。北魏菩提流支译。经文见《大正藏》第14册，第140页A栏第8行至第10行。现刊本为卷五。有异文。

Дx.01868　妙法莲华经卷第七观世音菩萨普门品第二十五

存4行，行2至6字。起："或遭"，讫："或遇"。后秦鸠摩罗什译。经文见《大正藏》第9册，第57页C栏第27行至第58页A栏第4行。

Дx.01869　Дx.02133　Дx.02866　Дx.02868　佛说天地八阳神咒经

存12行，行5至12字。起："名八阳八"，讫："是法法即"。唐义净译。经文见《大正藏》第85册，第1424页B栏第22行至C栏第9行。有异文。

Дx.01870　太上洞玄灵宝空洞灵章

见Дx.00240。

Дx.01871　大般涅槃经卷第三十二师子吼菩萨品第十一之六

存15行，行5至11字。起："骨连现如"，讫："三菩提善男子"。北凉昙无谶译。经文见《大正藏》第12册，第557页B栏第22行至C栏第8行。

Дx.01872　注维摩诘经序

存17行，行6至27字。首题："经序释僧肇作"，讫："於长安大"。经文见《大正藏》第38册，第327页A栏第11行至B栏第11行。

Дx.01872V　卷帙号

存"五十九帙"。

Дx.01873　药师琉璃光如来本愿功德经

存15行，行5至12字。起："厌媚虫道咒"，讫："人间或为轮"。唐玄奘译。经文见《大正藏》第14册，第406页A栏第29行至B栏第16行。

Дx.01874　妙法莲华经卷第六药王菩萨本事品第二十三

存4行，行3至5字。起："葡诸华"，讫："善男子"。后秦鸠摩罗什译。经文见《大正藏》第9册，第53页B栏第7行至第11行。

Дx.01875　Дx.02032　大乘无量寿经

存10行，行14至31字。首题："大乘无量寿经"，讫："指陀四啰"。经文见《大正藏》第19册，第82页A栏第3行至第24行。

Дx.01876　胜天王般若波罗蜜经卷第四现相品第七

见Дx.00483。

Дx.01877　四分律删补随机羯磨卷上诸戒受法篇第三

存8行，行2至8字。起："言能"，讫："室两房一户／法"。唐道宣集。经文见《大正藏》第40册，第498页B栏第21行至C栏第2行。

Дx.01878　佛说像法决疑经

见Дx.01853。

Дx.01879　四分律比丘戒本

存7行，行4至15字。起："击攊者波逸"，讫：

"具针筒若"。后秦佛陀耶舍译。经文见《大正藏》第22册,第1019页B栏第16行至第24行。

Дx.01880 四分比丘尼戒本

存3行。起:"若问若不欲",讫:"不应共住"。后秦佛陀耶舍译。经文见《大正藏》第22册,第1031页B栏第27行至C栏第1行。

Дx.01881 Дx.01917 大般若波罗蜜多经卷第一百六十六初分校量功德品第三十之六十四

存9行,行4至9字。起:"复次憍尸迦",讫:"来善男子"。唐玄奘译。经文见《大正藏》第5册,第891页C栏第9行至第17行。

Дx.01882 Дx.02134 大智度论卷第三十六释习相应品第三之余

存6行,行7至15字。首行题"摩诃般若波罗蜜"与下文无关。正文,起:"舍利弗白佛言",讫:"净佛道问"。龙树菩萨造、后秦鸠摩罗什译。经文见《大正藏》第25册,第322页C栏第7行至第12行。

Дx.01883 对根起行法

存5行,行2至4字。起:"即舍有",讫:"得知"。参见《藏外佛教文献》第8册,第372页A栏第3行至第9行。

Дx.01884 大般若波罗蜜多经卷第四百八十三第三分善现品第三之二

存4行。录文:"大般若波罗蜜多经卷第卷第四百八十/三藏法师玄奘/修行般若波罗/觉名假法假。"唐玄奘译。经文见《大正藏》第7册,第449页A栏第10行至第17行。

Дx.01885 Дx.01886 愿文

见Дx.01255。

Дx.01887 Дx.01900 大般若波罗蜜多经卷第一百九十七初分难信解品第三十四之十六

存16行,行4至11字。起:"空一切法",讫:"清净无二"。唐玄奘译。经文见《大正藏》第5册,第1054页A栏第29行至B栏第16行。

Дx.01888 太上洞玄灵宝升玄内教经

此依叶贵良定名。见《浙江与敦煌学——常书鸿先生诞辰一百周年纪念论文集》,浙江古籍出版社,2004年,第356页至第370页。

Дx.01889 礼忏文

见Дx.00223。

Дx.01890 般若波罗蜜多心经

存5行,行2至3字。起:"灭道无",讫:"般若"。唐玄奘译。经文见《大正藏》第8册,第848页C栏第14行至第18行。

Дx.01891 Дx.02642 Дx.02918 佛经论释

存39行。未检出。

Дx.01891V Дx.02642V Дx.02918V 诗文残片

Дx.01892 Дx.01894 佛说天地八阳神咒经

存20行,行6至17字。起:"行在阎浮提",讫:"深解真理"。唐义净译。经文见《大正藏》第85册,第1423页A栏第29行至B栏第22行。

Дx.01893 太上洞玄灵宝五篇真文赤书

Дx.01894 佛说天地八阳神咒经

见Дx.01892。

Дx.01895 妙法莲华经卷第七观世音菩萨普门品第二十五

存5行,行2至8字。起:"言南无",讫:"便得"。后秦鸠摩罗什译。经文见《大正藏》第9册,第56页C栏第28行至第57页A栏第3行。

Дx.01896 习字

正背习写"彼""短""尅""念"等字。

Дx.01897 大般若波罗蜜多经题签

录文:"大般若波罗蜜多经卷第一百一十七。"

Дx.01898 Дx.10241 勘经录

二残片。其一,存6行。录文:"大般若经六百卷/槃经卌卷四帙大方/蜜经卌卷四欠一卷大法/卷三帙菩萨见/住十三卷一帙大宝积/菩□□□一卷一帙。"其二,存7行。录文:"华严经八十卷八帙大四卷大般涅/八卷五帙摩诃般若波罗/经廿八卷三帙大菩萨藏经/□一帙佛名经十二卷一帙贤劫/十二帙/□一帙大灌顶十二卷一帙/□八卷一帙。"

Дх.01898V　Дх.10241V　藏文残片

Дх.01899　大般若波罗蜜多经题签

录文："蜜多经卷五百卅九九十四。"

Дх.01900　大般若波罗蜜多经卷第一百九十七初分难信解品第三十四之十六

见Дх.01887。

Дх.01901　大般若波罗蜜多经卷第二百八十一初分难信解品第三十四之一百

存4行，行5至6字。起："一切智智清净"，讫："净故一切"。唐玄奘译。经文见《大正藏》第6册，第424页B栏第17行至第20行。

Дх.01902　Дх.02470　金光明最胜王经卷第十

存19行，行7至12字。起："犹如黑蜂集妙花"，品题："提树神赞叹品第廿九"，讫："释种明逾日/生"。唐义净译。经文见《大正藏》第16册，第455页A栏第9行至第28行。

Дх.01903　净名经集解关中疏佛国品第一

见Дх.01822。

Дх.01904　大般若波罗蜜多经第五百六十四第五分修学品第二十一

存8行，行5至18字。起："若波罗蜜多"，讫："疑惑犹豫"。唐玄奘译。经文见《大正藏》第7册，第912页B栏第23行至C栏第1行。

Дх.01905　佛说佛名经卷第八

见Дх.01848。

Дх.01906　太玄真一本际妙经卷第八

存5行，行8字。起："无始天尊"，讫："是破坏相"。

Дх.01906V　便麦契

存3行。字迹模糊。

Дх.01907　Дх.01908　妙法莲华经卷第二譬喻品第二

见Дх.00275。

Дх.01909　大般若波罗蜜多经卷第一百九十四

存4行。起："断故受者"，讫："净与触界"。唐玄奘译。经文见《大正藏》第5册，第1040页A栏第27行至B栏第1行。

Дх.01910　Дх.01911　金光明最胜王经卷第八大辩才天女品第十五之二

存11行，行2至6字。起："王经/尔时憍陈如"，讫："实语者悉"。唐义净译。经文见《大正藏》第16册，第437页C栏第19行至第438页A栏第1行。

Дх.01912　Дх.01930　Дх.01977　般若波罗蜜多心经

存18行，行2至17字。首题："般若"，尾题："佛说多心经"。唐玄奘译。经文见《大正藏》第8册，第848页C栏第4行至第24行。

Дх.01913　大般若波罗蜜多经卷第六十四初分无所得品第十八之四

存8行，行2至9字。起："有不"，讫："为缘所生"。唐玄奘译。经文见《大正藏》第5册，第359页B栏第9行至第16行。

Дх.01914　Дх.01915　Дх.01916A　Дх.03154　礼西方阿弥陀佛文

存21行，行2至23字。起："从他鞭打身"，讫："已来"。经文分别见于《持斋念佛忏悔礼文》《净土五会念佛诵经》。

Дх.01916B　Дх.03116　Дх.03155　唐名例律卷第一

存5行。

Дх.01916BV　Дх.03116V　Дх.03155V　唐沙州□元暕请地辞

存2行。

Дх.01917　大般若波罗蜜多经卷第一百六十六初分校量功德品第三十之六十四

见Дх.01881。

Дх.01918　Дх.01928B　大般若波罗蜜多经卷第五百九十九第十六般若波罗蜜多分之七

存13行，行3至10字。起："明及解脱"，讫："得无执"。唐玄奘译。经文见《大正藏》第7册，第1102

页C栏第14行至第26行。

Дx.01919 大般若波罗蜜多经题签

录文:"大般若波罗蜜多经卷三百廿一。"

Дx.01920 Дx.01921 佛教问答

存12行,行3至8字。起:"空必有堕",讫:"故深远若"。

Дx.01922 Дx.01923 维摩诘所说经卷上佛国品第一

存12行,行4至11字。起:"舍利弗",讫:"决定大乘"。后秦鸠摩罗什译。经文见《大正藏》第14册,第538页C栏第24行至第539页A栏第13行。

Дx.01924 Дx.01988 文殊师利佛土严净经

二残片。其一,存9行,行2至5字。起:"持功/於百千亿劫",讫:"常与意无量/痴"。西晋竺法护译。经文见《大正藏》第11册,第891页A栏第24行至B栏第13行。其二,存4行,行8字。起:"不可尽缘从",讫:"处实速究竟"。经文见《大正藏》第11册,第891页B栏第3行至第10行。两片可上下缀合。

Дx.01925 妙法莲华经卷第七观世音菩萨普门品第二十五

见Дx.00767。

Дx.01926 Дx.01927 维摩诘所说经卷下菩萨行品第十一

存8行,行2至13字。起:"菩萨大士",讫:"香若此"。后秦鸠摩罗什译。经文见《大正藏》第14册,第553页B栏第26行至C栏第5行。

Дx.01928A 妙法莲华经卷第四五百弟子受记品第八

存12行,行7至13字。起:"富楼那但能护持",讫:"第一而皆"。后秦鸠摩罗什译。经文见《大正藏》第9册,第27页C栏第2行至第13行。

Дx.01928B 大般若波罗蜜多经卷第五百九十九第十六般若波罗蜜多分之七

见Дx.01918。

Дx.01929 金光明最胜王经卷第六四天王护国品第十二

存7行,行11至13字。首题:"金光明最胜王经四天王护国品第",讫:"因缘能令"。唐义净译。经文见《大正藏》第16册,第427页B栏第19行至第25行。

Дx.01930 般若波罗蜜多心经

见Дx.01912。

Дx.01931 大乘无量寿经

存7行,行11字。首题:"乘无量寿经",讫:"复得延年"。经文见《大正藏》第19册,第82页A栏第3行至第16行。

Дx.01931V 梵网经卢舍那佛说菩萨心地戒品第十卷下

存5行,行6至9字。起:"一切菩萨",讫:"常住慈悲心孝"。后秦鸠摩罗什译。经文见《大正藏》第24册,第1004页B栏第13行至第19行。

Дx.01932 Дx.01933 Дx.01956 金刚般若波罗蜜经

存10行,行9至17字。首题:"金刚般若波罗蜜经",讫:"言善哉善"。后秦鸠摩罗什译。经文见《大正藏》第8册,第748页C栏第17行至第29行。

Дx.01934 维摩诘所说经题签

录文:"维摩经卷中。"

Дx.01935 大般涅槃经卷第十二圣行品第七之二

存10行,行2至15字。起:"迦叶",讫:"水灾三禅"。北凉昙无谶译。经文见《大正藏》第12册,第437页A栏第22行至B栏第3行。

Дx.01936 大般若波罗蜜多经卷第一百九十八初分难信解品第三十四之十七

存5行,行5字。起:"断四神足",讫:"无别无断故"。唐玄奘译。经文见《大正藏》第5册,第1059页B栏第29行至C栏第5行。

Дx.01937 佛说天地八阳神咒经

存4行,行3至9字。起:"法器亦",讫:"男子读诵"。唐义净译。经文见《大正藏》第85册,第1423页B栏第18行至第21行。有异文。

Дх.01938　Дх.01978　大般涅槃经卷第三长寿品第四

存10行，行2至11字。起："舍买如来世尊"，讫："见坏"。宋慧严等依泥洹经加之。经文见《大正藏》第12册，第620页C栏第2行至第12行。

Дх.01939　大般涅槃经佛母品

二残片。其一，存4行，行1至4字。录文："证阿/罗/天未至天/天地/切。"其二，存5行，行1至2字。录文："中高/莲华/诸行/闻是/尔。"经文见《藏外佛教文献》第1册，第381页A栏。有异文。

Дх.01940　Дх.01944　Дх.02041　Дх.02068　Дх.02070　Дх.02097　妙法莲华经卷第二譬喻品第三

存24行，行4至16字。起："有所言说"，讫："恭敬无有"。后秦鸠摩罗什译。经文见《大正藏》第9册，第15页C栏第17行至第16页A栏第16行。

Дх.01941　Дх.02037　大般若波罗蜜多经卷第四百四十一第二分不和合品第四十五之二

存8行，行6至17字。首题："大般若波罗蜜多经卷第四百卌一"，品题："第二分不各合品第卌五之二三藏法师玄奘奉诏"，讫："说空无边处"。唐玄奘译。经文见《大正藏》第7册，第221页A栏第1行至第12行。

Дх.01942　Дх.02054　占察善恶业报经卷下（出六根聚经中）

存5行，行17字。起："说言心外"，讫："悉名为心"。隋菩提灯译。经文见《大正藏》第17册，第907页B栏第20行至第25行。或为《宗镜录卷第八十四》。经文见《大正藏》第48册，第881页A栏第16行至第20行。

Дх.01943　佛说佛名经题签

录文："佛名经卷。"

Дх.01943V　杂写

杂写"杨家"2字。

Дх.01944　妙法莲华经卷第二譬喻品第三

见Дх.01940。

Дх.01945　妙法莲华经卷第六随喜功德品第十八

存15行，行4至8字。起："阿僧祇世界"，讫："多无量无"。后秦鸠摩罗什译。经文见《大正藏》第9册，第46页C栏第6行至第21行。

Дх.01946　Дх.01979　太上洞玄灵宝无量度人上品妙经

存20行。行5至12字。

Дх.01947　Дх.02044　维摩诘所说经卷中文殊师利问疾品第五

存16行，行11至17字。起："受见心庄严"，讫："此二法是"。后秦鸠摩罗什译。经文见《大正藏》第14册，第545页B栏第11行至第27行。

Дх.01948　Дх.02064　妙法莲华经卷第六药王菩萨本事品第二十三

存12行，行2至17字。起："火不能烧"，讫："恶魔魔"。后秦鸠摩罗什译。经文见《大正藏》第9册，第54页C栏第10行至第23行。

Дх.01949　妙法莲华经卷第六随喜功德品第十八

存6行，行3至9字。起："时皆得须陀洹"，讫："何况令"。后秦鸠摩罗什译。经文见《大正藏》第9册，第46页C栏第17行至第22行。

Дх.01950　金刚般若波罗蜜经

存5行，行3至7字。起："故说不"，讫："须菩得"。后秦鸠摩罗什译。经文见《大正藏》第8册，第752页B栏第1行至第6行。

Дх.01951　般若波罗蜜多心经

存10行，行17字。起："亦无无老死"，尾题："般若波罗蜜多心经一卷"。唐玄奘译。经文见《大正藏》第8册，第848页C栏第14行至第24行。

Дх.01952　金刚般若波罗蜜经

存9行，行5至8字。起："洹名为入流"，讫："言不也世尊"。后秦鸠摩罗什译。经文见《大正藏》第8册，第749页B栏第28行至C栏第8行。

Дх.01953　大佛顶如来密因修正了义诸菩萨万行首楞严经卷第三

存7行,行6至20字。首题:"大佛顶如来密因修正了义诸菩萨万行首楞严经",讫:"名为见/阿"。唐般剌蜜帝译。经文见《大正藏》第19册,第114页C栏第16行至第24行。

Дx.01954 胜天王般若波罗蜜经卷第六述德品第十

存5行,行3至13字。首题:"胜天王般若波罗蜜经述德品第十",讫:"蜜供养"。月婆首那译。经文见《大正藏》第8册,第716页C栏第5行至第9行。

Дx.01955 佛说天地八阳神咒经

见Дx.00502。

Дx.01956 金刚般若波罗蜜经

见Дx.01932。

Дx.01957A 大般若波罗蜜多经题签

录文:"大般若波罗蜜多经卷第四百九十。"

Дx.01957B 佛说像法决疑经

见Дx.01853。

Дx.01958 Дx.02568 佛说天地八阳神咒经

存29行,行5至17字。起:"无所得又云",讫:"吉利获福无"。唐义净译。经文见《大正藏》第85册,第1424页B栏第21行至第1425页A栏第7行。有异文。

Дx.01958V Дx.02568V 杂写

似无字。

Дx.01959 Дx.05248 金刚般若波罗蜜经

存11行,行2至7字。起:"刚般若",讫:"二相"。后秦鸠摩罗什译。经文见《大正藏》第8册,第750页A栏第12行至第23行。

Дx.01960 梵网经卢舍那佛说菩萨心地戒品第十卷下

见Дx.01605。

Дx.01961 大般若波罗蜜多经题签

录文:"大般若波罗蜜多经卷第二百五廿一永。"

Дx.01962 Дx.02052 上清金真玉光八景飞经

存9行,行4至17字。起:"其道高妙",讫:"命计以回"。

Дx.01963 大方广佛华严经入法界品第三十四

存18行,行3至9字。起:"光明宝树光明",讫:"无上悲"。东晋佛驮跋陀罗译。经文见《大正藏》第9册,第731页B栏第18行至C栏第24行。与现刊本分卷不同,现刊本为"卷五十二入法界品第三十四之九至卷五十三入法界品第三十四之十"。

Дx.01964 大宝积经题签

录文:"宝积经卷第三十九四。"

Дx.01965 大般若波罗蜜多经题签

录文:"□□□波罗蜜多经卷第二百。"

Дx.01966 金刚般若波罗蜜经

存35行,行3至17字。起:"人满三千大千",讫:"身是名大身"。后秦鸠摩罗什译。经文见《大正藏》第8册,第749页B栏第18行至C栏第25行。

Дx.01967 大般若波罗蜜多经题签

录文:"大般若波罗蜜多经卷第二百六十二。"

Дx.01968 妙法莲华经卷第三药草喻品第五

见Дx.01087。

Дx.01969 大般若波罗蜜多经题签

录文:"大般若波罗蜜多经第一百四十四。"

Дx.01970 礼忏文

存10行,行4至8字。起:"礼东方善德佛",讫:"敬礼常住三宝"。经文见《大正藏》第85册,第1304页A栏第5行至第14行。

Дx.01971 妙法莲华经卷第二譬喻品第三

存5行,行4全6字。起:"从佛闻所",讫:"我闻是法音涅"。后秦鸠摩罗什译。经文见《大正藏》第9册,第10页C栏第12行至第16行。

Дx.01972 金光明最胜王经卷第六四天王护国品第十二

存26行,行6至17字。首题:四天王护国品第十二六三藏法师义净奉制",讫:"尊敬是故"。唐义净译。经文见《大正藏》第16册,第427页B栏第

12行至C栏第16行。

Дx.01973 Дx.02018 Дx.02107 Дx.02110 Дx.02388 金刚般若波罗蜜经

存22行，行3至10字。起："菩提菩"，讫："所说法耶"。后秦鸠摩罗什译。经文见《大正藏》第8册，第749页A栏第18行至B栏第13行。

Дx.01974 妙法莲华经卷第七观世音菩萨普门品第二十五

见Дx.00646。

Дx.01975 佛本行集经题签

录文："佛本行集经卷第卅。"

Дx.01976 Дx.02741 金刚般若波罗蜜经

存64行，行16字左右。首题："金刚般若波罗蜜经后秦罗什法师译"，品题："法会因由分第一、善现起请分第二、大乘正宗分第三、妙行无住分第四、庄严净土分第十、无为福胜分第十一、尊重正教分第十二"，讫："经典所在之"。后秦鸠摩罗什译。经文见《大正藏》第85册，第1页B栏第21行至第4页A栏第25行。无弥勒颂。中缺九品。

Дx.01977 般若波罗蜜多心经

见Дx.01912。

Дx.01978 大般涅槃经卷第一之三长寿品第四

见Дx.01938。

Дx.01979 太上洞玄灵宝无量度人上品妙经

见Дx.01946。

Дx.01980 金有陀罗尼经

存10行，行5至18字。起："遍已作七结"，尾题："金有陀罗尼经一卷"。经文见《大正藏》第85册，第1456页C栏第1行至第10行。

Дx01981 药师琉璃光如来本愿功德经题签

录文："药师琉璃光。"

Дx.01982 Дx.01989 佛说父母恩重经

存16行，行13字。起："人能为父母"，尾题："佛说父母恩重经一卷"。经文见《大正藏》第85册，第1404页A栏第10行至第23行。

Дx.01983 佛说佛名经题签

录文："佛说佛名经卷。"

Дx.01984 六门陀罗尼经

存12行，行2至17字。起："陀罗/忏谜忏"，尾题："六门陀罗尼经"。唐玄奘译。经文见《大正藏》第21册，第878页A栏第17行至第28行。

Дx.01985 大般若波罗蜜多经题签

录文："大般若波罗蜜多经卷第二百八十九廿九莲。"后杂写"卷三百三廿三"6字。

Дx.01986 梵网经卢舍那佛说菩萨心地戒品第十卷下

见Дx.01605。

Дx.01987 妙法莲华经卷第五安乐行品第十四

存15行，行6至41字。起："我得阿耨"，讫："说之文殊"。后秦鸠摩罗什译。经文见《大正藏》第9册，第38页C栏第9行至第39页A栏第15行。

Дx.01988 文殊师利佛土严净经

见Дx.01924。

Дx.01989 佛说父母恩重经

见Дx.01982。

Дx.01990 大般涅槃经题签

录文："大般涅槃经卷第廿三。"

Дx.01991 佛经论释

存12行。起："起先知教"，讫："四分律"。未检出。

Дx.01992 Дx.02036 大般若波罗蜜多经卷第四百六十四第二分亲近品第七十一

存8行，行8至11字。起："诸法相知"，讫："摩诃萨/波"。唐玄奘译。经文见《大正藏》第7册，第346页C栏第8行至第16行。

Дx.01993 妙法莲华经题签

录文："妙法莲华经卷第五。"

Дx.01994 妙法莲华经卷第五安乐行品第十四

存8行，行2至11字。首题："经安乐"，讫："文殊师利云"。后秦鸠摩罗什译。经文见《大正藏》第9册，第37页A栏第9行至第17行。

Дx.01995 大乘经纂要义

存7行,行6至11字。起:"于八难"。讫:"具足三种名"。经文见《大正藏》第85册,第1183页A栏第9行至第17行。有异文。

Дx.01996A Дx.02006A 金刚般若波罗蜜经

存19行,行4至9字。起:"则为消灭",讫:"然灯佛所有"。后秦鸠摩罗什译。经文见《大正藏》第8册,第750页C栏第26行至第751页A栏第17行。

Дx.01996B Дx.02006B 佛经论释

二残片。存7行,行2至6字。未检出。

Дx.01996C 藏文残片

Дx.01997 大般若波罗蜜多经题签

录文:"大般若波罗蜜多经卷第五百九十四。"

Дx.01998 鼻奈耶卷第一

见Дx.01818。

Дx.01999 金光明最胜王经卷第一序品第一

存5行,行2至8字。起:"星光",讫:"大云破医菩"。唐义净译。经文见《大正藏》第16册,第403页B栏第21行至第25行。

Дx.02000 大乘无量寿经

存23行,行2至16字。起:"四啰佐耶",讫:"迦底"。经文见《大正藏》第19册,第82页C栏第26行至第83页A栏第29行。

Дx.02000V 杂写

杂写"已殿槃抄"4字。

俄藏敦煌文献第九册叙录

Дх.02001 鼻奈耶卷第一
　　见Дх.01818。

Дх.02002 妙法莲华经卷第四见宝塔品第十一
　　存8行，行3至12字。起："五百由"，讫："阿修罗迦楼"。后秦鸠摩罗什译。经文见《大正藏》第9册，第32页B栏第17行至第25行。

Дх.02003 梵网经卢舍那佛说菩萨心地戒品第十卷下
　　见Дх.01605。

Дх.02004 大般若波罗蜜多经题签
　　录文："大般若波罗蜜多经卷第五百□。"

Дх.02005 大般若波罗蜜多经卷第四百五十七第二分坚非坚品第六十四之二
　　存3行。录文："大般若波罗蜜多经卷第四百五十七/第二分坚非坚品第六十四之二三藏法师玄奘奉诏译/布施波。"唐玄奘译。经文见《大正藏》第7册，第306页A栏第4行至第9行。

Дх.02005V 卷帙号
　　存"卷帙号七册六"。

Дх.02006A 金刚般若波罗蜜经
　　见Дх.01996A。

Дх.02006B 佛经论释
　　见Дх.01996B。

Дх.02007 大般若波罗蜜多经卷第四百八十六第三分善现品第三之五
　　存7行，行10至14字。首题："大般若波罗蜜多经卷第四百八十六"，品题："第三分善现品第三之五三藏法师"，讫："无鸟迹菩萨"。唐玄奘译。经文见《大正藏》第7册，第466页B栏第10行至第19行。

Дх.02008 Дх.02063 Дх.03889 太上洞玄灵宝升玄内教经
　　二残片。其一，存3行。起："其世也当"，讫："珠"。其二，存15行。起："敬道"，讫："善人宜"。此依叶贵良定名，见《浙江与敦煌学——常书鸿先生诞辰一百周年纪念论文集》，浙江古籍出版社，2004年，第356页至第370页。

Дх.02009 Дх.02132 金光明最胜王经卷第一如来寿量品第二
　　存7行，行8至9字。起："一切诸法皆"，讫："空非有空"。唐义净译。经文见《大正藏》第16册，第407页B栏第24行至C栏第2行。

Дх.02010 妙法莲华经题签
　　录文："妙法莲华经卷第三。"

Дх.02011 佛说佛名经卷第六
　　存15行，行2至16字。起："覆上猛火"，讫："法坐"。经文见《大正藏》第14册，第213页A栏第1行至第15行。

Дх.02012 **大般若波罗蜜多经卷第一百八十四初分难信解品第三十四之三**

存4行,行2至7字。起:"无断故行识",讫:"故是"。唐玄奘译。经文见《大正藏》第5册,第988页A栏第5行至第8行。

Дх.02013 Дх.02014 **大般涅槃经卷第二十八师子吼菩萨品第十一之二**

存17行,行5至16字。起:"人生缘因",讫:"是故若言"。北凉昙无谶译。经文见《大正藏》第12册,第530页C栏第17行至第531页A栏第7行。

Дх.02015 **药师琉璃光如来本愿功德经**

见Дх.01628。

Дх.02016 Дх.02034 Дх.02294 Дх.03724 **佛说灌顶拔除过罪生死得度经卷第十二**

三残片。其一,存9行,行7至17字。起:"宝欢诈妄语",讫:"之事不信用"。东晋帛尸梨蜜多罗译。经文见《大正藏》第21册,第534页B栏第14行至第23行。其二,存5行,行3至17字。起:"作佛人居",讫:"恶人侵"。经文见《大正藏》第21册,第534页A栏第1行至第5行。其三,存21行,行6至17字。起:"唯化自当",讫:"四十九灯应"。经文见《大正藏》第21册,第535页A栏第23行至B栏第16行。

Дх.02017 **佛经论释**

存6行,行4至7字。起:"而立其名子",讫:"常遍摄诸法"。未检出。

Дх.02018 **金刚般若波罗蜜经**

见Дх.01973。

Дх.02019 Дх.02021 Дх.02046 **摩诃般若波罗蜜经卷第四句义品第十二**

存16行,行6至17字。起:"行般若波",讫:"须菩提"。后秦鸠摩罗什译。经文见《大正藏》第8册,第242页A栏第8行至第22行。

Дх.02020 **大乘无量寿经**

见Дх.00952。

Дх.02021 **摩诃般若波罗蜜经卷第四八句义品第十二**

见Дх.02019。

Дх.02022 **戒律**

存12行,行3至33字。起:"丘名字",讫:"非人界"。题记:"尼八波罗夷略本。"未检出。

Дх.02023 **大般若波罗蜜多经卷第一百一十四初分校量功德品第三十之十二**

存7行,行9字。起:"向一切智智",讫:"遍处无二无二"。唐玄奘译。经文见《大正藏》第5册,第678页B栏第13行至第19行。

Дх.02024 Дх.02069 **妙法莲华经卷第六常不轻菩萨品第二十**

存19行,行2至10字。起:"塞优婆夷",讫:"中增"。后秦鸠摩罗什译。经文见《大正藏》第9册,第50页B栏第25行至C栏第15行。

Дх.02025A **般若波罗蜜多心经**

见Дх.00397A。

Дх.02025B **佛说地藏菩萨经**

见Дх.00397B。

Дх.02025V **杂写**

见Дх.00397V。

Дх.02026 **妙法莲华经卷第三药草喻品第五**

存8行,行2至7字。起:"川溪",讫:"当知如来"。后秦鸠摩罗什译。经文见《大正藏》第9册,第19页A栏第28行至B栏第7行。

Дх.02027 **大般若波罗蜜多经题签**

录文:"大般若波罗蜜多经卷第四百七十二图册八。"有"瓜沙州大王印",仅存半枚。

Дх.02028 **金刚般若波罗蜜经**

存14行,行7至15字。起:"佛告须菩提",讫:"须菩提菩萨无"。后秦鸠摩罗什译。经文见《大正藏》第8册,第749页A栏第5行至第18行。

Дх.02029 Дх.03822 Дх.03827A Дх.03831 Дх.03841 Дх.03846 Дх.03884 Дх.03891 Дх.03892 Дх.03893A

Дx.04252 维摩诘所说经卷上佛国品第一

存21行，行1至16字。起："丘众八"，讫："菩萨摩诃萨"。后秦鸠摩罗什译。经文见《大正藏》第14册，第537页A栏第8行至B栏第3行。

Дx.02030 Дx.02075 金光明最胜王经卷第六四天王护国品第十二

二残片。其一，存3行，行7字。起："见有读诵"，讫："千药叉众"。唐义净译。经文见《大正藏》第16册，第432页B栏第17行至第19行。其二，存8行，行7至9字。起："所有向义"，尾题："金光明最胜王经卷第六"。经文见《大正藏》第16册，第432页C栏第2行至第10行。

Дx.02031 Дx.02206 佛说观佛三昧海经卷第四

二残页。其一，存24行，行7至17字。起："如来八十好"，讫："流出有百"。东晋佛驮跋陀罗译。经文见《大正藏》第15册，第663页B栏第3行至第27行。其二，存5行，行5至17字。起："能如是观真"，讫："名为耶观"。经文见《大正藏》第15册，第663页C栏第1行至第5行。

Дx.02032 大乘无量寿经

见Дx.01875。

Дx.02033 Дx.02095 佛说孛经抄

存56行。行2至17字。起："有罪/魂神随行"，尾题："佛说孛经一卷"。吴支谦译。经文见《大正藏》第17册，第735页B栏第13行至第736页B栏第1行。

Дx.02034 佛说灌顶拔除过罪生死得度经卷第十二

见Дx.02016。

Дx.02035A 救诸众生一切苦难经

见Дx.01609A。

Дx.02035B 新菩萨经

见Дx.01609B。

Дx.02036 大般若波罗蜜多经卷第四百六十四第二分亲近品第七十一

见Дx.01992。

Дx.02037 大般若波罗蜜多经卷第四百四十一第二分不和合品第四十五之二

见Дx.01941。

Дx.02038 Дx.02039 梵网经卢舍那佛说菩萨心地戒品第十卷下

见Дx.01605。

Дx.02040 大般若波罗蜜多经题签

录文："大般若波罗蜜多经卷第一百六十九十七莲。"

Дx.02041 妙法莲华经卷第二譬喻品第三

见Дx.01940。

Дx.02042 Дx.02922 佛说佛名经卷第十九

存15行，行4至8字。起："若干世界微"，讫："言不也世"。失译。经文见《大正藏》第14册，第260页B栏。有异文。

Дx.02043 大般若波罗蜜多经卷第八十九初分学般若品第二十六之五

存5行，行2至14字。起："学无所成"，讫："生若"。唐玄奘译。经文见《大正藏》第5册，第494页C栏第10行至第13行。

Дx.02044 维摩诘所说经卷中文殊师利问疾品第五

见Дx.01947。

Дx.02045 大般涅槃经卷第九如来性品第四之六

存17行，行3至10字。起："典悉是天魔"，讫："复如是"。北凉昙无谶译。经文见《大正藏》第12册，第419页A栏第24行至B栏第10行。

Дx.02046 摩诃般若波罗蜜经卷第四句义品第十二

见Дx.02019。

Дx.02047 Дx.02101 大般涅槃经佛母品

存16行，行5至16字。起："七岁逾城出家"，尾题："佛母经一卷"。经文见《藏外佛教文献》第1册，第381页A栏第6行至第22行。

Дx.02048 小道地经

见 Дx.00008。

Дx.02049 金光明最胜王经卷第二分别三身品第三

存2行。录文："金光明最胜王经分别三身/尔时虚空藏菩萨摩。"唐义净译。经文见《大正藏》第16册,第408页B栏第5行至第6行。

Дx.02050 维摩诘所说经卷上菩萨品第四

存13行,行2至17字。起："以者",讫："一切法亦"。后秦鸠摩罗什译。经文见《大正藏》第14册,第542页A栏第29行至B栏第12行。

Дx.02051 金刚般若波罗蜜经

见Дx.01471。

Дx.02052 上清金真玉光八景飞经

见 Дx.01962。

Дx.02053 维摩诘所说经卷下香积佛品第十

存3行,行7至11字。起："舍利弗心念",讫："闻法乎若"。后秦鸠摩罗什译。经文见《大正藏》第14册,第532页A栏第4行至第6行。

Дx.02054 占察善恶业报经卷下(出六根聚经中)

见Дx.01942。

Дx.02055 胜天王般若波罗蜜经卷第四现相品第七

见Дx.00483。

Дx.02056 大唐三藏圣教序

存8行,行3至7字。起："还福湿火",讫："冀兹经流"。唐太宗制。

Дx.02057A 救诸众生一切苦难经

存7行,行8至25字。起："地上",讫："佛道一时行"。经文见《大正藏》第85册,第1461页C栏第13行至第24行。

Дx.02057B 新菩萨经

存8行,行12至25字。首题："新菩萨经一卷",讫："两片即见"。经文见《大正藏》第85册,第1462页A栏第24行至B栏第8行。

Дx.02058 妙法莲华经卷第五如来寿量品第十六

存5行,行1至17字。首题："妙法莲华经如来寿量品第十六",讫："众汝等当/为"。后秦鸠摩罗什译。经文见《大正藏》第9册,第42页A栏第29行至B栏第5行。

Дx.02059 昙无德律部杂羯磨受戒法第二

存8行,行3至16字。起："五钱若",讫："所有自称言"。曹魏康僧铠译。经文见《大正藏》第22册,第1048页B栏第16行至第27行。

Дx.02060 金刚经道场前仪

存8行,行28行。起："唵修喇修",尾题："发愿文"。见于《梁朝傅大士颂金刚经》中。经文见《大正藏》第85册,第1页B栏第1行至第19行。

Дx.02061 Дx.03832 Дx.03889 大般涅槃经后分卷下机感荼毗品第三

起："音乐哽咽",讫："幡花缨"。唐若那跋陀罗译。经文见《大正藏》第12册,第908页A栏第12行至第19行。

Дx.02062 光赞经卷第八摩诃般若罗蜜衍与空等品第二十一

存6行,行17字。首题："光赞摩诃般若波罗蜜衍与空等品第廿一之下十三",讫："及人一切诸"。西晋竺法护译。经文见《大正藏》第8册,第203页A栏第16行至第21行。

Дx.02063 太上洞玄灵宝升玄内教经

见Дx.02008。

Дx.02064 妙法莲华经卷第六药王菩萨本事品第二十三

见Дx.01948。

Дx.02065 Дx.02330B 金光明最胜王经卷第六四天王护国品第十二

存11行,行4至6字。起："四天王恭敬",讫："能除众苦"。唐义净译。经文见《大正藏》第16册,第427页B栏第19行至C栏第3行。

Дx.02065V Дx.02330BV 残佛经

裱纸。

Дx.02066 维摩诘所说经卷下香积佛品第十

存6行，行5至14字。起："当令汝得"，讫："其界一切"。后秦鸠摩罗什译。经文见《大正藏》第14册，第552页A栏第10行至第15行。

Дх.02067A **阿弥陀念佛赞**

见Дх.01563A。

Дх.02067B **西方十五愿赞**

见Дх.01563B。

Дх.02067V **百岁篇**

见Дх.01563V。

Дх.02068 **妙法莲华经卷第二譬喻品第三**

见Дх.01940。

Дх.02069 **妙法莲华经卷第六常不轻菩萨品第二十**

见Дх.02024。

Дх.02070 **妙法莲华经卷第二譬喻品第三**

见Дх.01940。

Дх.02071 **妙法莲华经卷第四法师品第十**

存3行。起："来肩所荷"，讫："幢幡衣服者"。后秦鸠摩罗什译。经文见《大正藏》第9册，第31页A栏第5行至第7行。

Дх.02072 **大般涅槃经卷第十八**

存28行，行4至17字。起："闻智人说"，尾题："大般涅槃经卷第十八"。题记："灵昙□/僧建。"北凉昙无谶译。经文见《大正藏》第12册，第474页C栏第4行至第475页B栏第26行。

Дх.02073 **妙法莲华经卷第六常不轻菩萨品第二十**

残片。存6行，行3至5字。起："不敢轻於"，讫："清净得"。后秦鸠摩罗什译。经文见《大正藏》第9册，第51页A栏第1行至第6行。

Дх.02074 **金光明经卷第二四天王品第六**

存13行，行7至17字。起："吒天王毗留勒叉"，讫："四天王"。北凉昙无谶译。经文见《大正藏》第16册，第340页C栏第17行至第341页A栏第1行。

Дх.02074V **卷帙号**

Дх.02075 **金光明最胜王经卷第六四天王护国品第十二**

见Дх.02030。

Дх.02076 **大般若波罗蜜多经题签**

录文："大般若波罗蜜多经卷第四百九十八五十。"

Дх.02077 **四分律藏题签**

录文："四分律藏卷第三十八四。"

Дх.02078 **佛教问答**

存7行，行2至11字。起："答僧"，讫："名别相"。未检出。《法门名义集》中仅有几句。

Дх.02079 **般若波罗蜜多心经**

存8行，行14字。首题："般若波罗蜜多心经"，讫："香味触法"。唐玄奘译。经文见《大正藏》第8册，第848页C栏第4行至第12行。

Дх.02080 Дх.02081 Дх.02082 Дх.02083 **梁朝傅大士颂金刚经**

见Дх.00022。

Дх.02084 **大般涅槃经卷第二十五光明遍照高德王菩萨品第十之五**

存6行，行7至11字。起："善般涅言"，讫："乃名涅槃"。北凉昙无谶译。经文见《大正藏》第12册，第514页C栏第15行至第20行。

Дх.02085 **黄昏礼忏文**

首题："礼忏一本"，讫："开方莲华佛"。经文见《大正藏》第85册，第1303页B栏第17行至C栏第8行。

Дх.02085V **佛教文献**

正书4行，行8至10字。倒书3行，行12字左右。大字书"南无清净"4字。未检出。

Дх.02086 **梁朝傅大士颂金刚经**

见Дх.00022。

Дх.02087 **妙法莲华经卷第三授记品第六**

见Дх.01566。

Дх.02088 **大般若波罗蜜多经卷第一百九十二初分难信解品第三十四之十一**

存16行，行4至7字。起："者清净何"，讫："二分无别"。唐玄奘译。经文见《大正藏》第5册，第1028页C栏第16行至1029页A栏第4行。

Дx.02089　四分比丘尼戒本

见Дx.00904。

Дx.02090　妙法莲华经卷第五分别功德品第十七

存11行，行5至20字。起："得无量功德"，尾题："莲华经卷第五"。后秦鸠摩罗什译。经文见《大正藏》第9册，第46页A栏第25行至B栏第14行。

Дx.02091　护诸童子经

存28行，行19字。起："神名字使人"，尾题："护诸童子经一卷"。北魏菩提流支译。经文见《大正藏》第19册，第742页A栏第29行至C栏第6行。

Дx.02092　大般若波罗蜜多经题签

录文："大般若波罗蜜多经卷第五百八十七。"

Дx.02093　妙法莲华经卷第七观世音菩萨普门品第二十五

见Дx.01616。

Дx.02094　大般若波罗蜜多经题签

录文："大般若波罗蜜多经卷第五百一十五。"

Дx.02095　佛说亐经抄

见Дx.02033。

Дx.02096　大般若波罗蜜多经题签

录文："大般若波罗蜜多经卷六十八七界。"

Дx.02097　妙法莲华经卷第二譬喻品第三

见Дx.01940。

Дx.02098　大般若波罗蜜多经题签

录文："大般若波罗蜜多经卷十四二。"

Дx.02099　金光明最胜王经题签

录文："金光明最胜王经卷三。"

Дx.02100　金光明最胜王经卷第六四天王护国品第十二

存8行，行16字。起："厄事者世尊"，讫："憍慢端心正"。唐义净译。经文见《大正藏》第16册，第428页B栏第9行至第17行。

Дx.02101　大般涅槃经佛母品

见Дx.02047。

Дx.02102　佛说佛名经卷第三

见Дx.01837。

Дx.02103　金光明最胜王经题签

录文："王经四天王护国品第十二六。"

Дx.02104　佛说无量寿宗要经

见Дx.00961。

Дx.02105　四分律比丘含注戒本下

存3行，行2至8字。录文："作灭/共止宿者/言我今不学此戒当。"唐道宣述。经文见《大正藏》第40册，第453页A栏第2行至第9行。有异文。

Дx.02106　变文

存18行。起："环□伤诸虫蚁"，讫："不知庆足"。

Дx.02107　金刚般若波罗蜜经

见Дx.01973。

Дx.02108　妙法莲华经卷第一序品第一

存7行，行17字。起："众生又见"，讫："世尊入于三"。后秦摩罗什译。经文见《大正藏》第9册，第2页B栏第19行至第26行。

Дx.02109　金刚般若波罗蜜经

存22行，行17字。起："世界则非"，尾题："金刚般若波罗蜜经"。后秦鸠摩罗什译。经文见《大正藏》第8册，第752页B栏第11行至C栏第2行。

Дx.02110　金刚般若波罗蜜经

见Дx.01973。

Дx.02111　佛说维摩诘经卷中诸法言品第五

存16行，行6至17字。起："菩萨行"，讫："非有色痛想"。吴支谦译。经文见《大正藏》第14册，第526页C栏第9行至第25行。

Дx.02112　馆藏缺

Дx.02113　梵网经卢舍那佛说菩萨心地戒品第十卷下

见Дx.01605。

Дx.02114　太子成道变文

存21行。起："上从兜率降人间"，讫："千遍校□施□"。吟词见《敦煌变文集·太子成道经》，人民文学出版社，1957年，第286页至第287页。

Дx.02115　大般若波罗蜜多经题签

录文："大般若波罗蜜多经卷第六十六。"

Дx.02116　大唐后三藏圣教序

存11行。起："三圣年将七十"，讫："部帙条流列之"。武则天制。另存经题："大乘密严经密严会品第一。"

Дx.02117　诸经要集

见Дx.00977。

Дx.02118　佛说天地八阳神咒经

见Дx.01809A。

Дx.02119　金光明最胜王经卷第四最净地陀罗尼品第六

见Дx.00489。

Дx.02120　一切佛菩萨名集卷第十四

存9行。首题："佛说佛名经卷第"，讫："南无梵声佛"。经文见《房山石经》第28册，第412页B栏第24行至C栏第2行。

Дx.02120V　习字

习写"卷""第""第""卷"等字。

Дx.02121　金光明最胜王经卷第六四天王护国品第十二

见Дx.01814。

Дx.02122　大般若波罗蜜多经题签

录文："大般若波罗蜜多经卷第三百八十六。"

Дx.02123　胜天王般若波罗蜜经卷第四现相品第七

见Дx.00483。

Дx.02124　Дx.03879　妙法莲华经卷第六随喜功德品第十八

存28行，行9至15字。起："不弥勒向"，讫："观是劝於"。后秦鸠摩罗什译。经文见《大正藏》第9册，第46页C栏第20行至第47页A栏第21行。

Дx.02125　大般若波罗蜜多经题签

录文："大般若波罗蜜多经卷第卅一。"

Дx.02126　卷帙号

存"五修五十二"5字。

Дx.02127　金刚般若波罗蜜经

见Дx.00500。

Дx.02128　胜天王般若波罗蜜经卷第四现相品第七

见Дx.00483。

Дx.02129　式叉摩那戒法

见Дx.00630。

Дx.02129V　杂写

见Дx.00630V。

Дx.02130　天请问经

存4行，行13字。起："尔时彼天"，讫："佛说天请问经一卷"。唐玄奘译。经文见《大正藏》第15册，第125页A栏第5行至第7行。

Дx.02130V　杂写

存"般若"2字。

Дx.02131　胜天王般若波罗蜜经卷第四现相品第七

见Дx.00483。

Дx.02132　金光明最胜王经卷第一如来寿量品第二

见Дx.02009。

Дx.02133　佛说天地八阳神咒经

见Дx.01869。

Дx.02134　大智度论卷第三十六释习相应品第三之余

见Дx.01882。

Дx.02135　残佛经

存5行。起："婆罗门发"，讫："办具饮食"。未检出。

Дx.02136　妙法莲华经卷第七观世音菩萨普门品第二十五

存8行，行4至9字。起："若三千大千"，讫："一人作是"。后秦鸠摩罗什译。经文见《大正藏》第9

册,第56页C栏第18行至第24行。

Дх.02137 十空赞
　　见Дх.00922。

Дх.02138 道经
　　存5行。待考。

Дх.02138V 藏经点检历
　　存2行。录文:"四卷/□经论音。"

Дх.02139 发愿文
　　存5行,行11至14字。起:"破忍饥寒",讫:"化佛自□君"。

Дх.02140 金刚般若波罗蜜经题签
　　录文:"金刚般若波罗蜜经。"

Дх.02141 胜天王般若波罗蜜经卷第四现相品第七
　　见Дх.00483。

Дх.02142 Дх.03815 残佛经
　　存18行。未检出。

Дх.02143 乙未年六月索胜全换马契
　　存13行。完整。

Дх.02144 论语子罕第九、乡党第十
　　存27行。起:"言能鱼从乎",讫:"裘黄衣狐"。

Дх.02144V 杂写
　　存"龙□□"3字。

Дх.02145 礼忏文
　　存22行。起:"是诸/如法供养",讫:"宝莲坚"。

Дх.02145VA 乘法口诀
　　存7行。

Дх.02145VB 诗义
　　存3行。

Дх.02146 请柬名录
　　存14行,行3至20字。

Дх.02147A 五更歌

Дх.02147B 岁甲歌

Дх.02148A 某年九月新妇小娘子阴氏上某公主状
　　见Дх.01400A。

Дх.02148B 天寿二年九月弱婢员孃祐定牒
　　见Дх.01400B。

Дх.02148C 天寿二年九月右马步都押衙张保勋牒
　　见Дх.01400C。

Дх.02148V 礼忏文
　　见Дх.01400V。

Дх.02149 欠物历
　　存16行。

Дх.02149V 戊午年四月二十五日寒食座设付酒历
　　存9行。后缺。

Дх.02150 须大拏太子变文
　　见Дх.00285。

Дх.02150VA 须大拏太子变文
　　见Дх.00285VA。

Дх.02150VB 祭慈母文
　　见Дх.00285VB。

Дх.02150VC 破历
　　见Дх.00285VC。

Дх.02151 道场司状
　　见Дх.01329。

Дх.02151V 寺院破历
　　见Дх.01329BV。

Дх.02152 四分律摘抄
　　见Дх.00835。

Дх.02152V 四分律摘抄
　　见Дх.00835V。

Дх.02153 新集文词九经抄
　　存21行。起:"善於礼移风易俗",讫:"有经书"。

Дх.02153VA 七言诗
　　录文:"君臣道泰须时清八方投□□龙城兵戈甲马尽闲亭尚还/绝来各断行踪上苍争得无神□□千年奉阙欹勉起其/时旧贾回时玉殿里戏诗书/曲子浪涛沙一队风来一队香谁家士女出闱堂。"

Дх.02153VB 曲子浪淘沙

Дх.02154 施绅绢历

见Дх.01305。

Дх.02155 Дх.02156 某弟身故纳历

见Дх.01269。

Дх.02155V Дх.02156V 付饼粟历

见Дх.01269V。

Дх.02157 手印

存19行。

Дх.02157V 便衫契

存9行。首残尾全。

Дх.02158 至正二十四年支麦及买肉等呈文

存12行。此乃黑水城文书。科兹洛夫收集品。

Дх.02158V 宣光二年铺马驼只案牍

存3行。

Дх.02159 Дх.03113 Дх.03119 摩诃般若波罗蜜经卷第二十一三慧品第七十

二残片。其一，存26行，行4至18字。起："实以是义"，讫："须菩提无"。后秦鸠摩罗什译。经文见《大正藏》第8册，第376页B栏第2行至第9行。其二，存19行，行4至9字。起："波罗蜜能"，讫："神智须菩提无。"经文见《大正藏》第8册，第376页B栏第9行至第25行。

Дх.02159V Дх.03113V Дх.03119V 敦煌寿昌县田契

存8行。字迹模糊难以辨识。

Дх.02160 佛经论释

存15行。未检出。

Дх.02160VA 给马驴草料历

存8行。

Дх.02160VB 下沙庭等州状

存8行。

Дх.02161 佛教名词解释

存14行。

Дх.02161V 大般若波罗蜜多经勘经记

存11行。

Дх.02162 社司转帖

Дх.02163 大中六年十一月百姓杜福胜授田牒状

Дх.02163V 大中六年十一月女户宋氏汉授田牒状

Дх.02164 金光明寺僧造食用麦油等历

Дх.02165 沙州乾宁使牒

Дх.02166 官吏住宿破用历

Дх.02167 须大拏太子变文

见Дх.00285。

Дх.02167VA 须大拏太子变文

见Дх.00285VA。

Дх.02167VB 祭慈母文

见Дх.00285VB。

Дх.02167VC 破历

见Дх.00285VC。

Дх.02168 庚子年至辛丑年孟受康章六等纳蓝历

存19行。录文："庚子年六月庚子年六月辛丑年五月孟受康章六苨田蓝壹斗萨曹久苨田蓝陆升孔残儿粟田蓝伍/升閆丑奴粟田蓝伍升索愿成苨田蓝壹斗三界寺贺师苨田蓝陆/升张住盈粟田蓝叁升令狐佰丑粟田蓝叁升氾善长粟田蓝贰升氾/愿清粟田蓝贰升索长田蓝叁升令狐住子粟田蓝肆升邓善盈粟/田蓝肆升王通显粟田蓝肆升翟愿盈粟田蓝叁升张保氾富粟田蓝肆/张残子粟田蓝肆升令狐愿兴粟田蓝壹升程长友粟田蓝叁升令狐/再（称？）友苨田蓝捌升张氾三蓝叁升贡友长粟田蓝伍升韩长儿粟/田蓝贰升翟章三粟田蓝壹升翟通顺粟田蓝伍升令狐善清粟田/蓝叁升平留盈粟田蓝贰升僧王住盈苨田蓝壹斗严定兴苨田/蓝伍升氾万成粟田蓝方陆升双水李丑奴粟田蓝肆升索保盈粟/田蓝叁升僧赵不勿苨田蓝壹斗张员昌粟田蓝叁升润渠崔伯/成粟田蓝伍升孔友成粟田蓝伍升尹□□粟田蓝伍升王能友/粟田蓝贰升赵定安粟田蓝贰升宋渠张万长粟田蓝叁升申/□德粟田蓝贰升张愿德粟田蓝叁升张安三粟田蓝叁升张/憨子粟田蓝叁升都乡西池邓员会粟田蓝伍升张憨儿粟田蓝叁/升西八尺张会子粟田蓝叁升张达怛粟田蓝贰升王流安粟田蓝/叁升阴安宋三奴粟田蓝叁升平□定粟田蓝贰升康再昌/粟田蓝叁升氾友德粟田蓝贰升□□□粟田蓝贰升龙愿盈粟田蓝/叁升曹长兴粟田蓝贰升□□□/□□□□□叁升张永。"

Дx.02168V 杂写

存3行。录文："南无/谨请请（倒书）/贷今月廿六日。"

Дx.02169 贫穷缘去

见Дx.01073。

Дx.02170 沙州遗失经律论卷帙数录

Дx.02171 祈愿文

存20行。此为曹议金夫人结坛新愿文。

Дx.02172 大乘无量寿经

见Дx.01285。

Дx.02172V 释门文范

见Дx.01285V。

Дx.02173 梁吴均五言诗

Дx.02173V 礼记曲礼上第一

Дx.02174 论语摘抄

Дx.02175 佛母赞

存16行。首题："佛母赞。"

Дx.02175V 南宗定邪赞

存12行。尾题："南宗定邪赞一本。"

Дx.02176 Дx.05152 金刚般若波罗蜜经

存30行，行1至19字。起："食/次第乞"，讫："不佛须菩"。后秦鸠摩罗什译。经文见《大正藏》第8册，第748页C栏第22行至第749页A栏第27行。

Дx.02177 维摩诘所说经注疏佛国品第一

存64行。经文见《大正藏》第85册，第901页A栏有异文。

Дx.02177V 金刚般若波罗蜜经旨赞

存12行。

Дx.02178 胜天王般若波罗蜜经卷第四现相品第七

存28行，行17字。起："皆承如来"，讫："智心不自"。月婆首那译。经文见《大正藏》第8册，第710页B栏第23行至C栏第23行。

Дx.02179 大般涅槃经卷第十五梵行品第八之一

存29行，行17字。起："名为善其"，讫："名无量"。北凉昙无谶译。经文见《大正藏》第12册，第452页B栏第17行至C栏第18行。

Дx.02180 维摩诘所说经卷上弟子品第三

存50行，行3至17字。起："生根原无得发"，讫："是净优"。后秦鸠摩罗什译。经文见《大正藏》第14册，第540页C栏第29行至第541页B栏第25行。

Дx.02181 妙法莲华经卷第七观世音菩萨普门品第二十五

存35行，行6至20字。起："现执金刚身"，讫："火坑遍成池"。后秦鸠摩罗什译。经文见《大正藏》第9册，第57页B栏第18行至第58页A栏第13行。

Дx.02182 Дx.02571 四分律比丘戒本

存49行，行21字。起："臭气来入"，讫："诸世尊能"。后秦佛陀耶舍译。经文见《大正藏》第22册，第1021页C栏第12行至第1022页C栏第17行。

Дx.02183 佛为首迦长者说业报差别经

存31行，行1至13字。起："为十一者"，讫："安乐报"。隋法智译。经文见《大正藏》第1册，第895页A栏第12行至B栏第18行。多异义，疑为别译本。

Дx.02184 妙法莲华经卷第一序品第一

存40行，行4至23字。起："放一净光"，讫："是人亦以"。后秦鸠摩罗什译。经文见《大正藏》第9册，第3页C栏第2行至第4页B栏第13行。

Дx.02185 无所有菩萨经卷第三

存26行，行10至17字。起："当速成两足"，讫：

"诸菩萨恭"。题记："勘。"隋阇那崛多等译。经文见《大正藏》第14册，第688页C栏第2行至第29行。

Дх.02186 大般涅槃经卷第三十一师子吼菩萨品第十一之五

存29行，行6至17字。起："利花瞻婆花"，讫："心果心聚心"。北凉昙无谶译。经文见《大正藏》第12册，第552页C栏第27行至第553页B栏第7行。

Дх.02187 Дх.02518 维摩诘所说经卷中不思议品第六。

存49行，行4至17字。起："量千万亿阿僧祇"，讫："奉一枣"。后秦鸠摩罗什译。经文见《大正藏》第14册，第546页A栏第29行至C栏第22行。

Дх.02188 小道地经

见Дх.00008。

Дх.02189 大般若波罗蜜多经卷第五百二十第三分巧便品第二十三之四

存38行，行17字。首题："□□□波罗蜜多经卷第五百廿"，品题："第三分巧便品第廿三之三三藏法师玄奘奉诏译"，讫："为恶魔之"。唐玄奘译。经文见《大正藏》第7册，第659页B栏第6行至C栏第24行。

Дх.02190 妙法莲华经卷第六随喜功德品第十八

存26行，行3至20字。起："人言有经名"，讫："分别说"。后秦鸠摩罗什译。经文见《大正藏》第9册，第47页A栏第9行至B栏第16行。

Дх.02191 诸星母陀罗尼经

存37行，行6至13字。首题："尼经沙门法成於甘州修多寺译"，讫："如来应供"。唐法成译。经文见《大正藏》第21册，第420页A栏第3行至B栏第12行。

Дх.02192 妙法莲华经卷第三药草喻品第五

存28行，行20字。起："其雨普等"，讫："是上药草"。后秦鸠摩罗什译。经文见《大正藏》第9册，第19页C栏第19行至第20页A栏第27行。

Дх.02193 和菩萨戒文

存24行，行12字左右。起："诸菩萨莫"，讫："遐长不知得"。经文见《大正藏》第85册，第1300页B栏第27行至C栏第15行。有异文。

Дх.02194 佛顶尊胜陀罗尼咒

存20行。首题："胜陀罗尼咒"，讫："摩诃某地莎诃"。未检出。

Дх.02195 大方广佛华严经卷第十华藏世界品第五之三

存24行，行3至17字。起："次有香"，讫："有香水海"。唐实叉难陀译。经文见《大正藏》第10册，第49页B栏第19行至C栏第13行。

Дх.02196 佛说阿弥陀经

存24行，行2至17行。起："舍利/诃迦旃延"，讫："食经行舍"。后秦鸠摩罗什译。经文见《大正藏》第12册，第346页C栏第1行至第347页A栏第11行。

Дх.02197 百行章

见Ф.247。

Дх02197V 索净增善神护位题记

见Ф.247。

Дх.02198 维摩诘所说经卷上佛国品第一

见Дх.00113。

Дх.02198V 佛经论释

见Дх.00113V。

Дх.02199 妙法莲华经卷第一序品第一

存15行，行17字。起："大威德迦"，讫："阿迦尼吒天於"。后秦鸠摩罗什译。经文见《大正藏》第9册，第2页B栏第2行至第18行。

Дх.02200 金光明最胜王经卷第六四天王护国品第十二

存18行，行4至11字。起："受是妙经"，讫："当生恭敬至"。唐义净译。经文见《大正藏》第16册，第428页A栏第21行至B栏第10行

Дх.02201 Дх.02204 Дх.02507 习字

存45行。习写"的""历""围""莽""柚""条""枇""杷""脱""翠""梧""桐""凋""陈""根""委""医""落""叶""飘""遥""游""鹋""独"等,每字各写2行。

Дх.02201V Дх.02204V Дх.02507V 杂写

存4行。录文:"出了□为须宋其身/□家亲君不见/郎君须立身莫叹/白玉无宝□□义。"

Дх.02202 妙法莲华经卷第四五百弟子受记品第八

存18行,行5至9字。起:"中亦复第一",讫:"皆得具足六"。后秦鸠摩罗什译。经文见《大正藏》第9册,第27页C栏第14行至第28页A栏第3行。

Дх.02203 大乘起信论略述卷上

见Дх.01722。

Дх.02204 习字

见Дх.02201。

Дх.02204V 杂写

见Дх.02201V。

Дх.02205 佛顶尊胜陀罗尼经

前8行为陀罗尼,文字与《法界圣凡水陆大斋法轮宝忏水陆道场法轮宝忏卷第九》相同。行7至19字。起:"末祢二十一",讫:"莎婆诃三十四"。经文见《卍新续藏》第74册,第1022页A栏第12行至第18行。后8行,为《佛顶尊胜陀罗尼经》。行16至19字。起:"佛告帝释言",讫:"赡部洲住持"。唐佛陀波利译。经文见《大正藏》第19册,第351页A栏第1行至第9行。

Дх.02206 佛说观佛三昧海经卷第四

见Дх.02031。

Дх.02207 佛说普广菩萨随愿往生经

存20行,行11字。首题:"佛说普菩/佛说普广菩萨随愿往生经",讫:"得眼清净"。唐菩提流志译。经文见《大正藏》第11册,第181页B栏第6行至第27行。现刊本为《大宝积经卷第三十三出现光明会第十一之四》。

Дх.02208 Дх.02213 金光明最胜王经卷第四最净地陀罗尼品第六

存38行,行2至17字。起:"心者/众生",讫:"五者一切"。唐义净译。经文见《大正藏》第16册,第418页A栏第11行至B栏第21行。

Дх.02209 礼忏文

存29行,行10字左右。起:"一切恭敬常住三宝",讫:"有情礼佛"。

Дх.02209V 杂写

杂写3字。不可辨识。

Дх.02210 大方广佛华严经卷第五十一如来出现品第三十七之二

存9行,行4至15字。首题:"五十一卷",讫:"舍生广果天"。唐实叉难陀译。经文见《大正藏》第10册,第268页B栏第6行至第17行。写本文字稍简略,有较多异文。

Дх.02211 Дх.02958 大乘无量寿经

存17行,行7至38字。起:"尔时复有",讫:"阿波唎蜜"。经文见《大正藏》第19册,第82页C栏第16行至第83页A栏第26行。

Дх.02212 妙法莲华经卷第七观世音菩萨普门品第二十五

存18行,行4至12字。起:"为观世音",讫:"无刹不现身"。后秦鸠摩罗什译。经文见《大正藏》第9册,第57页C栏第10行至第58页A栏第15行。

Дх.02213 金光明最胜王经卷第四最净地陀罗尼品第六

见Дх.02208。

Дх.02214 成实论卷第八十不善道品第一百一十六

存15行,行7至17字。起:"他有方便",讫:"不善道是三"。诃梨跋摩造、后秦鸠摩罗什译。经文见《大正藏》第32册,第305页B栏第28行至C栏第13行。

Дх.02215 金光明最胜王经卷第三灭业障品第五

存20行，行15至17字。起："提尔时天帝"，讫："诸功德者"。唐义净译。经文见《大正藏》第16册，第415页A栏第3行至第24行。

Дx.02216　Дx.03406　**金刚般若波罗蜜经**

存23行，行6至12字。起："须菩提若善男子"，讫："是经深解义"。后秦鸠摩罗什译。经文见《大正藏》第8册，第750页A栏第3行至第27行。

Дx.02217　**佛说佛名经卷第二**

见Дx.00810。

Дx.02218　**妙法莲华经卷第二譬喻品第三**

存21行，行8至20字。起："魔作佛恼乱"，讫："正清净严"。后秦鸠摩罗什译。经文见《大正藏》第9册，第11页A栏第21行至B栏第21行。

Дx.02219　**大般若波罗蜜多经卷第三百六十七初分遍学道品第六十四之二**

存23行，行2至17字。起："意触/为缘所生诸受"，讫："摩诃萨观无"。唐玄奘译。经文见《大正藏》第6册，第891页C栏第6行至第892页A栏第10行。天头有"兑"字。

Дx.02220　**妙法莲华经卷第七观世音菩萨普门品第二十五**

存16行，行4至15字。起："澍大雨念"，讫："多罗三藐"。后秦鸠摩罗什译。经文见《大正藏》第9册，第58页A栏第10行至B栏第7行。

Дx.02221　**大般涅槃经卷第三十二迦叶菩萨品之二**

存11行，行2至10字。起："二者灭已名"，讫："善知识者"。宋慧严等依泥洹经加之。经文见《大正藏》第12册，第816页C栏第27行至第817页A栏第10行。

Дx.02222　**大宝积经卷第四十四菩萨藏会第十二之十尸罗波罗蜜品第七之三**

存18行，行4至15字。起："恋身尸罗"，讫："所能摧屈"。唐玄奘译。经文见《大正藏》第11册，第261页A栏第27行至B栏第15行。

Дx.02223　**大唐龙兴三藏圣教序**

存20行，行11至18字。起："膺期乘乾握纪绍"，讫："总四海事殷爱"。唐中宗制。

Дx.02224　**净名经集解关中疏卷下见阿閦佛品第十二**

存19行，行32字左右。起："此下别拣自非意"，讫："无边非不"。唐道液述。经文见《大正藏》第85册，第495页A栏第12行至B栏第24行。

Дx.02224V　**杂写**

存"四月"2字。

Дx.02225　**佛经论释**

存8行。起："浅对浅义"，讫："因缘生有□"。

Дx.02226　Дx.02938　**太玄真一本际妙经卷第三**

存28行。起："严道慧资"，讫："此世界复以为米"。

Дx.02227　**大般若波罗蜜多经第四百六十九第二分众德相品第七十六之二**

存14行，行8至18字。起："知说名菩萨"，讫："解脱门八解脱"。唐玄奘译。经文见《大正藏》第7册，第374页B栏第29行至C栏第13行。

Дx.02228　**维摩诘所说经卷中文殊师利问疾品第五**

见Дx.01137。

Дx.02229　**大方等大集经菩萨念佛三昧分卷第一不空见本事品第二**

存24行，行9至17字。起："乃至种种诸"，讫："微妙音令"。隋达磨笈多译。经文见《大正藏》第13册，第833页B栏第9行至C栏第4行。

Дx.02230　**妙法莲华经卷第七观世音菩萨普门品第二十五**

存23行，行11字左右。起："为说法应以说"，讫："观世音"。后秦鸠摩罗什译。经文见《大正藏》第9册，第57页B栏第17行至C栏第6行。

Дx.02231　**妙法莲华经卷第七观世音菩萨普门品第二十五**

存20行，行4至16字。起："乐时无尽"，讫："扭械枷锁检"。后秦鸠摩罗什译。经文见《大正藏》第9册,第56页C栏第3行至第21行。

Дx.02232A 四分僧戒本

存10行,行25字。起:"稽首礼诸佛",讫:"半月半月说"。后秦佛陀耶舍译。经文见《大正藏》第22册,第1023页A栏第18行至B栏第12行。

Дx.02232B 四分比丘尼羯磨法

存17行,行27字左右。起:"次说六法",讫:"受食与他"。宋求那跋摩译。经文见《大正藏》第22册,第1066页B栏第1行至第29行。有异文。

Дx.02233 金光明最胜王经卷第四最净地陀罗尼品第六

存9行,行4至16字。起:"独虎独虎",讫:"陀弭帝莎诃"。唐义净译。经文见《大正藏》第16册,第420页B栏第1行至C栏第3行。仅抄陀罗尼,无经文。

Дx.02233V 金光明最胜王杂写

存"社司"2字。

Дx.02234 Дx.03418 妙法莲华经卷第七观世音菩萨普门品第二十五

存27行,行6至17字。起:"佛身而为说法",讫:"宰官婆罗门"。后秦鸠摩罗什译。经文见《大正藏》第9册,第57页A栏第24行至B栏第19行。

Дx.02235 四分比丘尼戒本

存22行,行5至26字。起:"罗夷法谤",讫:"比丘尼犯"。后秦佛陀耶舍译。经文见《大正藏》第22册,第1032页A栏第17行至C栏第4行。

Дx.02235V 儿郎伟、驱傩文等杂写

Дx.02236 妙法莲华经卷第七陀罗尼品第二十六

存15行,行13至17字。起:"侵毁此法",讫:"吉遮若人"。后秦鸠摩罗什译。经文见《大正藏》第9册,第59页A栏第21行至B栏第8行。

Дx.02237 大般若波罗蜜多经卷第四百一十九第二分无所有品第二十一之二

存21行,行4至17字。起:"无所有故",讫:"当知种姓法亦"。唐玄奘译。经文见《大正藏》第7册,第101页C栏第27行至第102页A栏第18行。

Дx.02238 妙法莲华经卷第一序品第一

存29行,行1至17字。起:"大/尽无复",讫:"陀龙王婆/王阿那"。后秦鸠摩罗什译。经文见《大正藏》第9册,第1页C栏第20行至第2页A栏第22行。

Дx.02239 Дx.02439 Дx.02513B 妙法莲华经卷第七观世音菩萨普门品第二十五

存28行,行14至20字。起:"诸四众及於",讫:"是故须常念"。后秦鸠摩罗什译。经文见《大正藏》第9册,第57页C栏第4行至第58页A栏第27行。

Дx.02240 四分律删补随机羯磨卷上诸戒受法篇第三

存9行,行16至23字。起:"汝非煞母",讫:"大戒和上尼"。唐道宣集。经文见《大正藏》第40册,第497页C栏第14行至第498页A栏第3行。

Дx.02241 四分比丘尼戒本

见Дx.00904。

Дx.02242 Дx.02498 陀罗尼

存23行。

Дx.02243 佛说要行舍身经

存22行,行2至11字。起:"而为",讫:"是人命欲终时"。经文见《大正藏》第85册,第1414页C栏第26行至第1415页A栏第20行。

Дx.02244 佛说灌顶梵天神策经卷第十

存12行,行4至20字。起:"前行作五逆",讫:"欲相夭伤"。东晋帛尸梨蜜多罗译。经文见《大正藏》第21册,第526页C栏第16行至第527页A栏第9行。

Дx.02245 贤愚经卷第九善事太子入海品第三十七

存17行,行7至17字。起:"临危险十月",讫:"何异事王"。北魏慧觉等译。经文见《大正藏》第

4册，第410页B栏第18行至C栏第6行。

Дx.02246 大般涅槃经卷第二十四光明遍照高贵德王菩萨品第十之四

存27行，行3至17字。起："心次第至"，讫："善根本"。北凉昙无谶译。经文见《大正藏》第12册，第506页A栏第4行至B栏第2行。

Дx.02247 金刚般若波罗蜜经

存32行，行3至17字。起："何三千，须菩提"，讫："是故须菩提"。后秦鸠摩罗什译。经文见《大正藏》第8册，第750页A栏第17行至B栏第20行。

Дx.02248 金刚坛陀罗尼经

存19行，行2至17字。起："三昧入三"，讫："门经"。未检出。

Дx.02249 佛顶尊胜陀罗尼经序

存15行。起："佛顶尊胜"，讫："不以财宝为"。经文见《大正藏》第19册，第349册B栏第14行至第29行。

Дx.02249V 杂写

存"陀罗"2字。

Дx.02250 妙法莲华经卷第二譬喻品第三

存21行，行10至20字。起："金色三十"，讫："化诸菩萨"。后秦鸠摩罗什译。经文见《大正藏》第9册，第10页C栏第26行至第11页B栏第8行。

Дx.02251 金刚般若波罗蜜经

存20行，行4至11字。起："肩右膝着"，讫："虚空可思"。后秦鸠摩罗什译。经文见《大正藏》第8册，第748页C栏第25行至第749页A栏第16行。

Дx.02252 佛说现报当受经

见Дx.00495。

Дx.02253 佛顶尊胜陀罗尼咒

存23行，每行字数不一。起："悉帝利路迦"，讫："恒娑诃"。未检出。

Дx.02254 金光明最胜王经卷第三灭业障品第五

存20行，行6字。起："是事实不"，讫："三者依於山"。唐义净译。经文见《大正藏》第16册，第417页B栏第10行至C栏第2行。

Дx.02255 金刚般若波罗蜜经

存21行，行2至12字。起："须菩"，讫："大千世界"。后秦鸠摩罗什译。经文见《大正藏》第8册，第749页C栏第24行至第750页A栏第17行。

Дx.02256 社司转帖

存6行。

Дx.02257 Дx.02284 般若波罗蜜多心经

存20行，行2至14字。首题："般若"，尾题："般若多心经"。唐玄奘译。经文见《大正藏》第8册，第848页C栏第4行至第24行。

Дx.02258 大般若波罗蜜多经卷第三百六十六初分巧便行品第六十三之二

存12行，行3至16字。起："陀罗尼门"，讫："萨摩诃"。唐玄奘译。经文见《大正藏》第6册，第886页A栏第8行至第19行。

Дx.02259 妙法莲华经卷第七妙音菩萨品第二十四

存14行，行9至17字。首题："妙法莲华经妙音菩萨品第二十四七"，讫："三昧慧炬"。后秦鸠摩罗什译。经文见《大正藏》第9册，第55页A栏第16行至B栏第1行。

Дx.02260 金刚般若波罗蜜经

存18行，行8至12字。起："我今实言"，讫："微尘如来"。后秦鸠摩罗什译。经文见《大正藏》第8册，第749页C栏第29行至第750页A栏第18行。

Дx.02261 佛说阿弥陀经

存31行，行5至18字。首题："佛说阿弥陀经"，讫："法其土众生"。后秦鸠摩罗什译。经文见《大正藏》第12册，第346页B栏第25行至第347页A栏第16行。

Дx.02262 金刚般若波罗蜜经

存17行，行4至17字。起："世尊则不记"，讫："三千大千世界"。后秦鸠摩罗什译。经文见《大正藏》第8册，第753页C栏第21行至第754页A栏第13行。有异文。

Дх.02263 妙法莲华经卷第七观世音菩萨普门品第二十五

存13行，行9至16字。起："即现梵王身"，讫："尼优婆塞"。后秦鸠摩罗什译。经文见《大正藏》第9册，第57页A栏第27行至B栏第11行。

Дх.02264　Дх.08786　押衙朗神达牒

Дх.02265　Дх.04298　金刚般若波罗蜜经

存23行，行5至17字。起："提法皆从"，讫："所得须菩提"。后秦鸠摩罗什译。经文见《大正藏》第8册，第749页B栏第24行至C栏第18行。

Дх.02266　佛说天地八阳神咒经

存26行，行1至12字。起："佛/世生死为"，讫："甚大吉利"。唐义净译。经文见《大正藏》第85册，第1423页B栏第28行至C栏第26行。

Дх.02267　大般涅槃经佛母品

存23行，行10至13字。起："殡殓已讫"，尾题："佛母经一卷"。经文见《藏外佛教文献》第1册，第383页A栏第11行至第385页A栏第6行。

Дх.02268　大般涅槃经卷第四如来性品第四之一

存10行，行3至17字。起："诃萨住"，讫："返之想唯"。北凉昙无谶译。经文见《大正藏》第12册，第388页B栏第5行至第14行。

Дх.02269　律疏

存24行。未检出。

Дх.02270　僧羯磨卷上授戒篇第三

存15行，行5至28字。注双行小字。起："长老忍僧与"，讫："问遮难法"。唐怀素集。经文见《大正藏》第40册，第514页B栏第13行至C栏第12行。

Дх.02271　Дх.02280　妙法莲华经卷第四提婆达多品第十二

存13行，行10至12字。起："国位委政"，讫："吾当为汝说"。后秦鸠摩罗什译。经文见《大正藏》第9册，第34页C栏第1行至第16行。

Дх.02272A　Дх.02275　金光明经卷第四舍身品第十七

存14行，行7至10字。起："我今愁怖"，讫："我子形色"。北凉昙无谶译。经文见《大正藏》第16册，第355页C栏第12行至第29行。

Дх.02272B　Дх.02281　Дх.02316　Дх.02444　金刚般若波罗蜜经疏

存13行。疏双行小字。

Дх.02273　Дх.02283　大般若波罗蜜多经卷第三百八十一初分诸功德品第六十八之三

存8行，行4至13字。起："法为无字法"，讫："萨摩诃萨"。唐玄奘译。经文见《大正藏》第6册，第969页C栏第3行至第11行。

Дх.02274　大乘无量寿经

存11行，行6至29字。起："万四千一切经典"，讫："勃底一阿波"。经文见《大正藏》第19册，第83页B栏第3行至第20行。

Дх.02275　金光明经卷第四舍身品第十七

见Дх.02272A。

Дх.02276　占察善恶业报经卷下（出六根聚经中）

存12行，行5至10字。起："见所缘一切"，讫："经文见无量无边不"。隋菩提灯译。经文见《大正藏》第17册，第907页B栏第28行至C栏第10行。

Дх.02277　佛说佛名经卷第一

存4行，行2至15字。起："栏第南无"，讫："威德光明佛"。失译。经文见《大正藏》第14册，第196页A栏第7行至第10行。

Дх.02278　金光明最胜王经卷第八大辩才天女品第十五之二

存16行，行3至10字。起："报恩语"，讫："婆罗门言善哉"。唐义净译。经文见《大正藏》第16册，第43页B栏第12行至C栏第12行。

Дх.02279　大般若波罗蜜多经题签

录文："大般若波罗蜜多经卷第四百一十□。"

Дх.02280　妙法莲华经卷第四提婆达多品第十二

见Дх.02271。

Дх.02281　金刚般若波罗蜜经疏

见Дх.02272B。

Дх.02282　Дх.02292　金光明最胜王经卷第二分别三身品第三

存14行，行4至10字。起："善男子譬如"，讫："涅槃依此经"。唐义净译。经文见《大正藏》第16册，第408页C栏第17行至第409页A栏第3行。

Дх.02283　大般若波罗蜜多经卷第三百八十一初分诸功德品第六十八之三

见Дх.02273。

Дх.02284　般若波罗蜜多心经

见Дх.02257。

Дх.02285　金光明最胜王经卷第六四天王护国品第十二

存8行，行1至4字。起："莫诃提"，讫："瞿"。唐义净译。经文见《大正藏》第16册，第431页B栏第24行至C栏第1行。

Дх.02286　妙法莲华经卷第七观世音菩萨普门品第二十五

存8行，行1至9字。起："为/罗紧那"，讫："此娑"。后秦鸠摩罗什译。经文见《大正藏》第9册，第57页B栏第15行至第23行。

Дх.02287　药师琉璃光如来本愿功德经

见Дх.01662。

Дх.02288　般若波罗蜜多心经

存11行，行3至12字。首题："多心经"，讫："故无"。唐玄奘译。经文见《大正藏》第8册，第848页C栏第4行至第17行。

Дх.02289　维摩诘所说经卷下见阿閦佛品第十二

存9行，行6至10字。起："如来为以"，讫："不永灭不"。后秦鸠摩罗什译。经文见《大正藏》第14册，第554页C栏第28行至第555页A栏第9行。

Дх.02290　药师琉璃光如来本愿功德经

存13行，行2至12字。起："作使及来乞者"，讫："魔伴"。唐玄奘译。经文见《大正藏》第14册，第405页C栏第17行至第406页A栏第2行。

Дх.02291　维摩诘所说经卷中文殊师利问疾品第五

存10行，行4至16字。起："问诸佛解脱"，讫："亦复如"。后秦鸠摩罗什译。经文见《大正藏》第14册，第544页C栏第6行至第16行。

Дх.02292　金光明最胜王经卷第二分别三身品第三

见Дх.02282。

Дх.02293　大般涅槃经卷第十三圣行品第七之三

存10行，行5至9字。起："男子云何如"，讫："所不便食而强"。北凉昙无谶译。经文见《大正藏》第12册，第440页C栏第3行至第12行。

Дх.02294　佛说灌顶拔除过罪生死得度经卷第十二

见Дх.02016。

Дх.02295　般若波罗蜜多心经

存12行，行6至12字。起："舌身意无"，尾题："若波罗蜜多心经"。唐玄奘译。经文见《大正藏》第8册，第848页C栏第12行至第24行。

Дх.02296　金刚般若波罗蜜经

存15行，行4至17字。起："即着我"，讫："至四句偈"。后秦鸠摩罗什译。经文见《大正藏》第8册，第749页B栏第7行至第22行。

Дх.02297　Дх.02307　金刚般若波罗蜜经

存12行，行4至17字。起："诸须弥山"，讫："不须菩提"。后秦鸠摩罗什译。经文见《大正藏》第8册，第751页C栏第29行至第752页A栏第12行。

Дх.02298　残佛经

存5行。未检出。

Дх.02299　佛说要行舍身经

存7行，行3至9字。起："是等人"，讫："佛言世尊当"。经文见《大正藏》第85册，第1415页C栏第10行至第16行。

Дх.02300　妙法莲华经卷第六法师功德品第十九

存8行，行4至20字。起："父母所生耳"，讫："而不坏耳根"。后秦鸠摩罗什译。经文见《大正藏》第9册，第48页A栏第9行至第24行。

Дх.02301　诗二首

Дх.02302A 妙法莲华经卷第四五百弟子受记品第八

存5行，行3至6字。首题："妙法莲"，讫："力得未曾"。后秦鸠摩罗什译。经文见《大正藏》第9册，第27页B栏第16行至第20行。

Дх.02302B 藏文残片

Дх.02303 妙法莲华经卷第七观世音菩萨普门品第二十五

存5行，行2至16字。起："即现梵王"，讫："大将"。后秦鸠摩罗什译。经文见《大正藏》第9册，第57页A栏第27行到B栏第3行。

Дх.02304 金刚般若波罗蜜经

见Дх.00892。

Дх.02302 大般涅槃经卷第十四圣行品第七之四

见Дх.00790。

Дх.02306 大方广佛华严经卷第十七金刚幢菩萨十回向品第二十一之四

存6行，行17字。起："刚庄严心离"，讫："庄严心坐菩"。东晋佛驮跋陀罗译。经文见《大正藏》第9册，第510页C栏第17行至第23行。

Дх.02307 金刚般若波罗蜜经

见Дх.02297。

Дх.02308 佛经论释

存24行。未检出。

Дх.02309 四分律删补随机羯磨卷上诸戒受法篇第三

存11行，行4至8字。起："比丘依"，讫："一切如法"。唐道宣集。经文见《大正藏》第40册，第498页C栏第1行至第11行。

Дх.02310 大方广佛华严经卷第五十二入法界品第三十四之九

存6行，行3至12字。起："令一切众生"，讫："碍山力"。东晋佛驮跋陀罗译。经文见《大正藏》第9册，第725页A栏第11行至第17行。

Дх.02311 维摩诘所说经卷上弟子品第三

存4行，行8至13行。起："中月如镜"，讫："未有声闻"。后秦鸠摩罗什译。经文见《大正藏》第14册，第541页B栏第27行至C栏第2行。

Дх.02312 金光明最胜王经卷第五莲花喻赞品第七至金胜陀罗尼品第八

存9行，行3至16字。起："皆得速"，品题："金胜陀罗尼品第八"，讫："经文见故此陀罗"。唐义净译。经文见《大正藏》第16册，第423页B栏第16行至第27行。

Дх.02313 大般若波罗蜜多经题签

录文："大般若波罗蜜多经卷第三百六。"

Дх.02314 佛经论释

存5行。未检出。

Дх.02315 妙法莲华经卷第七普贤菩萨劝发品第二十八

见Дх.00992。

Дх.02316 金刚般若波罗蜜经疏

见Дх.02272B。

Дх.02317 Дх.02319 妙法莲华经卷第七观世音菩萨普门品第二十五

存9行，行1至14行。起："等/萨能以无畏"，讫："痴无尽意"。后秦鸠摩罗什译。经文见《大正藏》第9册，第56页C栏第25行至第57页A栏第5行。

Дх.02318 大佛顶如来密因修证了义诸菩萨万行首楞严经卷第六

存5行，行11至15字。起："成一界梵呗"，讫："五行谁当其"。唐般剌蜜帝译。经文见《大正藏》第19册，第130页A栏第8行至第13行。

Дх.02319 妙法莲华经卷第七观世音菩萨普门品第二十五

见Дх.02317。

Дх.02320 Дх.02321 张良变文

存21行，行6至10字。

Дх.02322 妙法莲华经卷第七普贤菩萨劝发品第

二十八

见Дx.00992。

Дx.02323 昙无德律部杂羯磨

存11行，行3至17字。起："故还此"，讫："居竟比丘"。前6行为"安居法第六"。曹魏康僧铠译。经文见《大正藏》第22册，第1045页B栏。后5行为"自恣法第六"。经文见《大正藏》第22册，第1051页A栏第18行至第27行。有异文。

Дx.02324 佛顶尊胜陀罗尼咒

存16行，行4至18字。起："南无悉帝"，讫："萨婆合"。未检出。

Дx.02324V 杂写

无字。

Дx.02325 金光明经忏悔灭罪传

存13行，行10至16字。起："故不绝自当"，讫："不止一家"。经文见《大正藏》第16册，第359页A栏第4行至第18行。

Дx.02326 Дx.10636 妙法莲华经卷第一序品第一

存13行，行1至10字。起："此□"，讫："无量诸佛"。后秦鸠摩罗什译。经文见《大正藏》第9册，第2页B栏第10行至第29行。

Дx.02327 妙法莲华经卷第一序品第一

存14行，行3至17字。起："殊师利"，讫："六种震动"。后秦鸠摩罗什译。经文见《大正藏》第9册，第2页B栏第28行至C栏第12行。

Дx.02327V 勘经记

存1行。录文："法华经第一欠纸五张。"

Дx.02328 十诵比丘波罗提木叉戒本

存22行，行4至17字。起："舍是事故"，讫："若自藏若"。后秦鸠摩罗什译。经文见《大正藏》第23册，第475页B栏第24行至C栏第21行。有异文。

Дx.02329 妙法莲华经卷第七观世音菩萨普门品第二十五

存15行，行5至17字。起："袒右肩合"，讫："欲来恼人"。后秦鸠摩罗什译。经文见《大正藏》第9册，第56页C栏第3行至第18行。

Дx.02330A 佛说天地八阳神咒经

存15行，行8至14字。起："佛合为一"，讫："等即成圣"。唐义净译。经文见《大正藏》第85册，第1424页C栏第9行至第1425页A栏第12行。

Дx.02330B 金光明最胜王经卷第六四天王护国品第十二

见Дx.02065。

Дx.02330BV 残佛经

见Дx.02065V。

Дx.02331 四分律比丘含注戒本序

存11行，行1至29字。起："序/本者盖开万行"，讫："有深会未"。唐道宣述。经文见《大正藏》第40册，第429页A栏第3行至第21行。

Дx.02332 大般涅槃经卷第十八梵行品第八之四

存12行，行2至17字。起："复名不可"，讫："沙高山/时"。北凉昙无谶译。经文见《大正藏》第12册，第471页B栏第25行至C栏第8行。

Дx.02333A 五台山赞文

存47行。

Дx.02333B 父母遗书一道范文

存33行。

Дx.02334 金刚般若波罗蜜经

二残片。其一，存10行，行4至8字。起："道即为著"，讫："世尊何以故"。后秦鸠摩罗什译。经文见《大正藏》第8册，第749页C栏第10行至第19行。其二，存18行，行8至10字。起："夫之人贪著"，尾题："金刚般若波罗蜜经"。经文见《大正藏》第8册，第752页B栏第14行至C栏第2行。

Дx.02335 大般若波罗蜜多经卷第四百八十七第三分善现品第三之六

存19行，行4至17字。起："是为菩萨"，讫："而为方便与"。唐玄奘译。经文见《大正藏》第7册，第473页B栏第12行至C栏第1行。

Дx.02336 解深密经卷第四地波罗蜜多品第七

存5行,行4至31字。起:"观自在菩萨",讫:"无自性性"。唐玄奘译。经文见《大正藏》第16册,第707页B栏第18行至第26行。

Дx.02337 光赞经卷第一摩诃般若波罗蜜行空品第三之一

存18行,行3至17字。起:"不见/也行般若",讫:"摩诃萨应行"。西晋竺法护译。经文见《大正藏》第8册,第155页B栏第17行至C栏第6行。

Дx.02338 Дx.02354 佛说佛名经卷第一

存32行。起:"南无师子",讫:"南无善臂佛"。北魏菩提流支译。经文见《大正藏》第14册,第114页A栏第24行至B栏第22行。

Дx.02339A 佛说甚深大回向经

存5行,行6至8字。起:"丘众八千",讫:"告明天菩"。失译。经文见《大正藏》第17册,第867页A栏第23行至第27行。

Дx.02339B 妙法莲华经卷第四见宝塔品第十一

七残片。每片存2至3行,行3至4字。后秦鸠摩罗什译。经文见《大正藏》第9册,第33页C栏至第34页A栏。

Дx.02340 Дx.02341 文殊师利所说摩诃般若波罗蜜经卷上

存12行,行4至17字。起:"到此住处",讫:"向於涅槃"。梁曼陀罗仙译。经文见《大正藏》第8册,第726页B栏第15行至第26行。

Дx.02342 药师琉璃光如来本愿功德经

存6行,行3至6字。起:"有虽",讫:"有法不堕"。唐玄奘译。经文见《大正藏》第14册,第405页C栏第29行至第406页A栏第5行。

Дx.02343 妙法莲华经卷第七陀罗尼品第二十六

存11行。起:"帝(九)目帝",讫:"阿摩若"。后秦鸠摩罗什译。经文见《大正藏》第9册,第58页B栏第23行至C栏第2行。

Дx.02344 大般若波罗蜜多经卷第五百三十八第四分妙行品第一之一

存9行,行2至10字。起:"伽梵",讫:"真学以无"。唐玄奘译。经文见《大正藏》第7册,第765页B栏第26行至C栏第5行。

Дx.02345 Дx.02353A 佛经目录

存8行。录文:"中/右四经八卷/大方广如来性起微密/超日月三昧经/七佛神咒经四/广如来□密藏经/右□□□帙/佛要集经二卷。"

Дx.02346 大般若波罗蜜多经卷第一百四十初分校量功德品第三十之三十八

存7行,行8至15字。起:"若常若无",讫:"虑若常若"。唐玄奘译。经文见《大正藏》第5册,第759页C栏第3行至第9行。

Дx.02347 甲戌年造轮便历

存6行。录文:"次甲戌/造轮壹所/壹条至秋哲/行至秋哲粟/行上秋哲粟冬/接伍行。"

Дx.02348 佛说天地八阳神咒经

存8行,行9至10字。起:"边一切人",讫:"写一卷者"。唐义净译。经文见《大正藏》第85册,第1425页A栏第1行至第10行。有异文。

Дx.02349 佛说无常经

存8行,行5至10字。起:"假使妙高山",讫:"是故劝诸子"。唐义静译。经文见《大正藏》第17册,第745页B栏第26行至C栏第11行。亦名《三启经》。有异文。

Дx.02350A 四分律卷第六十毗尼增一之四

存4行。录文:"于善法若/彼人彼有罪/舍不善住/恼于彼无。"后秦佛陀耶舍共竺佛念等译。经文见《大正藏》第22册,第1013页C栏第6行至第10行。

Дx.02350B Дx.02998 Дx.10808 维摩诘所说经卷上

三残片。其一,存7行,行8至17字。起:"在婆罗门",讫:"方便饶益"。后秦鸠摩罗什译。经文见《大正藏》第14册,第539页B栏第3行至第9行。其二,存7行,行10至17字。起:"当发阿耨多罗",品题:"弟子品第三",讫:"汝行诣维"。经文见《大正藏》第14册，第539页C栏第10行至第17行。其三，存15行，行7至17字。起："香与风等"，讫："以者何忆"。经文见《大正藏》第14册，第540页B栏第4行至第20行。

Дx.02351A **大般若波罗蜜多经卷第一百一十六初分校量功德品第三十之十四**

存7行，行3至11字。起："及鼻"，讫："修习一"。唐玄奘译。经文见《大正藏》第5册，第636页C栏第14行至第19行。

Дx.02351B **大般若波罗蜜多经卷第五百五十六第五分善现品第一**

存4行。起："色界故"，讫："故眼识界"。唐玄奘译。经文见《大正藏》第7册，第457页B栏第22行至第28行。或为是经，所存极少，无法确切定名。

Дx.02351BV **杂写**

存"无无"2字。

Дx.02351C　Дx.02353B **金刚般若波罗蜜经**

存4行，行2至17字。起："虚空"，讫："应如所作"。后秦鸠摩罗什译。经文见《大正藏》第8册，第749页A栏第16行至第20行。

Дx.02352 **孔子项讬相问书**

存17行。起："好□忘读诗书"，讫："长松竹"。

Дx.02353A **佛经目录**

见Дx.02345。

Дx.02353B **金刚般若波罗蜜经**

见Дx.02351C。

Дx.02354 **佛说佛名经卷第一**

见Дx.02338。

Дx.02355 **文范**

存8行，行7至9字。起："忏者万劫"，讫："救生怀悲拔"。

Дx.02355V **请马便麦历**

Дx.02356 **梵网经卢舍那佛说菩萨心地戒品第十卷下**

存10行，行6至19字。起："切有命者"，讫："淫法淫业乃"。后秦鸠摩罗什译。经文见《大正藏》第24册，第1004页B栏第18行至第27行。

Дx.02357　Дx.02366B **金光明最胜王经卷第二分别三身品第三**

存11行，行1至9字。起："而/身依"，讫："如意实珠"。唐义净译。经文见《大正藏》第16册，第409页C栏第9行至第19行。

Дx.02358 **版画大圣文殊师利菩萨**

上图残缺。仅存4行发愿文。

Дx.02359 **佛说阿弥陀经**

存8行，行5至8字。起："舌相遍覆三"，讫："诸佛所护"。后秦鸠摩罗什译。经文见《大正藏》第12册，第347页C栏第8行至第15行。

Дx.02360 **大般涅槃经题签**

录文："大般涅槃经卷第□。"

Дx.02361 **佛说天地八阳神咒经**

存5行，行3至5字。起："重生不择"，讫："除其颠倒"。唐义净译。经文见《大正藏》第85册，第1423页B栏第29行至C栏第4行。

Дx.02361V **杂写**

杂写"经留□"3字。

Дx.02362　Дx.02370 **大般若波罗蜜多经卷第二百八十三初分难信解品第三十四之一百二**

存9行，行4至8字。起："无二无二"，讫："无别无断故"。唐玄奘译。经文见《大正藏》第6册，第436页B栏第6行至第14行。

Дx.02363 **被子历**

存4行。残损严重。

Дx.02364 **金刚般若波罗蜜经**

存15行，行2至5字。起："无所有相皆"，讫："不应/说"。后秦鸠摩罗什译。经文见《大正藏》第8册，第749页A栏第23行至B栏第10行。

Дx.02365 **妙法莲华经卷第七妙音菩萨品第二十四**

见Дх.01780。

Дх.02366A 妙法莲华经卷第七观世音菩萨普门品第二十五

存8行，行7至13字。起："现帝释身"，讫："以居士身"。后秦鸠摩罗什译。经文见《大正藏》第9册，第57页A栏第28行至B栏第7行。

Дх.02366B 金光明最胜王经卷第二分别三身品第三

见Дх.02357。

Дх.02366C 大方等陀罗尼经卷第二初分余卷第二

存3行，行3字。录文："咒诅令/人先世/身诸根。"北凉法众译。经文见《大正藏》第21册，第651页C栏第20行至第23行。

Дх.02367 佛经论释

存4行。

Дх.02368 大般若波罗蜜多经卷第二十七初分教诫教授品第七之十七

存8行，行2至10字。起："善现"，讫："空识界"。唐玄奘译。经文见《大正藏》第5册，第148页B栏第6行至第13行。

Дх.02369 金刚般若波罗蜜经

存9行，行5至9字。起："有/世尊须菩"，讫："佛言希有世"。后秦鸠摩罗什译。经文见《大正藏》第8册，第750页A栏第17行至第28行。

Дх.02370 大般若波罗蜜多经卷第二百八十三初分难信解品第三十四之一百二

见Дх.02362。

Дх.02371 Дх.02377 亡妣文

残片，上下皆残。存8行，行5字左右。

Дх.02372 Дх.03847 Дх.03924 维摩诘所说经卷上佛国品第一

存9行，行11至18字。起："俱菩"，讫："所畏□德智"。后秦鸠摩罗什译。经文见《大正藏》第14册，第537页A栏第8行至第17行。

Дх.02373 Дх.10529 妙法莲华经卷第七观世音菩萨普门品第二十五

存38行，行4至16字。起："受持观世音"，讫："两金而以"。后秦鸠摩罗什译。经文见《大正藏》第9册，第57页A栏第18行至B栏第26行。

Дх.02374 贤愚经卷第二（一四）降六师品第十四

存9行，行3至12字。起："佛波罗奈人"，讫："斯匿具自"。北魏慧觉等译。经文见《大正藏》第4册，第362页A栏第17行至第27行。

Дх.02375 五行王相囚死休

存8行。

Дх.02375V 占卜书

存3行。

Дх.02376 妙法莲华经卷第七观世音菩萨普门品第二十五

存7行，行2至6字。起："婆夷"，讫："金刚神"。后秦鸠摩罗什译。经文见《大正藏》第9册，第57页B栏第12行至第19行。

Дх.02377 亡妣文

见Дх.02371。

Дх.02378 妙法莲华经卷第一序品第一

存7行，行3至16字。起："住王舍城者"，讫："毕陵伽"。后秦鸠摩罗什译。经文见《大正藏》第9册，第1页C栏第19行至第25行。

Дх.02379 金刚般若波罗蜜经

存4行，行2至4字。录文："信者/是无/人相众生/故是诸。"后秦鸠摩罗什译。经文见《大正藏》第8册，第749页B栏第3行至第6行。

Дх.02380 维摩诘所说经卷上佛国品第一

存12行，行4至10字。起："一深入缘"，讫："光严菩萨"。后秦鸠摩罗什译。经文见《大正藏》第14册，第537页A栏第20行至B栏第4行。

Дх.02381 金光明经卷第二四天王品第六

存22行，行7至11字。起："微妙经典"，讫："得胜利汝"。北凉昙无谶译。经文见《大正藏》第16册，第341页A栏第16行至B栏第10行。

Дх.02382 大乘无量寿经

存3行。录文:"迦底/宝等於须弥以用布/罗尼曰南谟。"经文见《大正藏》第19册,第84页B栏第18行至第24行。

Дх.02383 礼忏文

见Дх.00510。

Дх.02384A 妙法莲华经卷第七观世音菩萨普门品第二十五

见Дх.00213A。

Дх.02384B 佛说摩利支天经

见Дх.00213B。

Дх.02385 如来在金棺嘱累清净庄严敬福经

二残片。其一,存4行,行2至4字。录文:"善哉有理/写经造/防有虚/在定。"经文见《藏外佛教文献》第4册,第383页A栏第2行至第4行。其二,存3行,行2至3字。录文:"恶人/置券/凡夫。"经文见《藏外佛教文献》第4册,第383页A栏第2行至第4行。

Дх.02386 Дх.02397 妙法莲华经卷第一方便品第二

存10行,行5至8字。起:"弗当知我",讫:"能信是法"。后秦鸠摩罗什译。经文见《大正藏》第9册,第9页C栏第28行至第10页A栏第13行。

Дх.02387 妙法莲华经卷第六药王菩萨本事品第二十三

见Дх.00061。

Дх.02388 金刚般若波罗蜜经

见Дх.01973。

Дх.02389 Дх.02394 四分僧戒本

存9行,行3至5字。起:"作大房/处所者僧",讫:"同知是异分"。后秦佛陀耶舍译。经文见《大正藏》第22册,第1024页A栏第12行至第20行。

Дх.02390 Дх.03407 妙法莲华经卷第六法师功德品第十九

存5行,行2至17字。起:"拘鞞陀罗树",讫:"法堂"。后秦鸠摩罗什译。经文见《大正藏》第9册,第48页B栏第28行至C栏第5行。

Дх.02391 四分律比丘含注戒本上

见Дх.00094。

Дх.02391A 字书

存5行。

Дх.02392 大般涅槃经义记

存2行,行17字。起:"得卅二相",讫:"上来四段"。隋慧远述。经文见《大正藏》第37册,第639页A栏第17行至第20行。

Дх.02393 人名录

存3行。录文:"年五十妻/戒戒年廿五/娘年十五。"

Дх.02394 四分僧戒本

见Дх.02389。

Дх.02395 大乘起信论广释卷第五

见Дх.00598。

Дх.02396 Дх.02514 金光明最胜王经卷第七无染著陀罗尼品第十三

存17行,行3至17字。首题:"最胜王经无染著陀罗经品第十",讫:"依自性辩"。唐义净译。经文见《大正藏》第16册,第432页C栏第13行至第433页A栏第5行。

Дх.02397 妙法莲华经卷第一方便品第二

见Дх.02386。

Дх.02398 Дх.02502 大乘百法明门论开宗义记

存14行,行4至15字。起:"严体义支",讫:"三有财释"。唐昙旷撰。经文见《大正藏》第85册,第1048页B栏第18行至C栏第12行。

Дх.02399A 救诸众生一切苦难经

见Дх.01708A。

Дх.02399B 新菩萨经

见Дх.01708B。

Дх.02400 妙法莲华经卷第七观世音菩萨普门品第二十五

存2行。录文:"生多於淫欲常/欲。"后秦鸠摩罗什译。经文见《大正藏》第9册，第57页A栏第1行至第2行。

Дx.02401　某经题签

存半行。录文："☐卷第二。"

Дx.02402　大般若波罗蜜多经题签

录文："大般若波罗蜜多经卷第二百廿六廿三龙。"

Дx.02403　Дx.02404　Дx.02754　Дx.03419　大般涅槃经卷第九如来性品第四之六

三残片。其一，存12行，行3至9字。起："复次善"，讫："大涅"。北凉昙无谶译。经文见《大正藏》第12册，第418页B栏第9行至第20行。其二，存12行，行2至14字。起："白佛/不见善不作"，讫："者谓"。经文见《大正藏》第12册，第418页B栏第24行至C栏第8行。其三，存13行，行3至17字。起："谓一阐"，讫："一阐提辈虽复毁"。经文见《大正藏》第12册，第418页C栏第16行至第28行。

Дx.02405A　Дx.02506A　Дx.02540A　佛说佛名经卷第十六

存19行。起："炬照佛"，讫："南无宝莲华善住娑罗树王佛"。失译。经文见《大正藏》第14册，第247页B栏第12行至C栏第18行。

Дx.02405B　Дx.02506B　Дx.02540B　集诸经礼忏仪卷上叹佛咒愿

存8行。起："南无东方阿閦如来"，讫："南无法光明清净开敷莲华佛"。唐智昇撰。经文见《大正藏》第47册，第456页C栏第4行至第26行。有异文。

Дx.02405C　Дx.02506C　Дx.02540C　王梵志诗

存6行，行1至24字。起："若/善劝诸贵等"，讫："眠析"。诗文见《大正藏》第85册，第1324页A栏第9行起。此号文字比现刊本所选S.0778多30余字。

Дx.02406　大方等无想经卷第六大云初分增长犍度第三十七之余

存9行，行1至16字。起："宝"，讫："如来常恒不"。北凉昙无谶译。经文见《大正藏》第12册，第1105页C栏第9行至第16行。

Дx.02407　大方广十轮经卷第三灌顶喻品第四

存10行，行5至17字。起："邪见因缘业"，讫："以此三种"。失译。经文见《大正藏》第13册，第691页C栏第22行至第692页A栏第2行。

Дx.02408A　妙法莲华经卷第六常不轻菩萨品第二十

存5行，行5字。起："像法中增上"，讫："者何汝等皆"。后秦鸠摩罗什译。经文见《大正藏》第9册，第50页C栏第15行至第20行。

Дx.02408B　大般涅槃经后分卷上遗教品第一

存6行，行4至6字。起："间化缘击"，讫："金棺既出"。唐若那跋陀罗译。经文见《大正藏》第12册，第902页C栏第4行至第9行。

Дx.02408C　妙法莲华经卷第七观世音菩萨普门品第二十五

存8行，行2至8字。起："长者居士"，讫："种种☐☐诸"。后秦鸠摩罗什译。经文见《大正藏》第9册，第57页B栏第13行至第20行。

Дx.02409A　广博严净不退转轮经卷第三

存5行，行4至16字。起："名阿罗汉"，讫："处不生瞋"。宋智严译。经文见《大正藏》第9册，第266页C栏第27行至第267页A栏第5行。

Дx.02409B　金光明经卷第三除病品第十五

存6行，行3至8字。起："六时三"，讫："秋则发动"。北凉昙无谶译。经文见《大正藏》第16册，第352页A栏第3行至第10行。

Дx.02409C　阿弥陀经义述

存5行（第1行被涂），行7至12字。起："一怖魔二"，讫："消所修已"。慧净述。经文见《大正藏》第37册，第308页B栏第4行至第9行。

Дx.02410A　僧伽吒经卷第四

存13行，行2至8字。首题："僧伽吒经卷第四"，讫："经文见佛言"。月婆首那译。经文见《大正藏》第13册，第972页B栏第19行至C栏第4行。

Дx.02410B 妙法莲华经卷第三化城喻品第七

存7行，行2至10字。起："过於成千"，讫："天王"。后秦鸠摩罗什译。经文见《大正藏》第9册，第24页A栏第10行至第17行。

Дx.02411 大般涅槃经卷第十五梵行品第八之一

存8行，行5至8字。起："王名曰蠰佉"，讫："问以他心"。北凉昙无谶译。经文见《大正藏》第12册，第451页C栏第7行至第16行。

Дx.02412A 大智度论卷第二十九初品中回向释论第四十五

存7行，行2至6字。起："在耳香"，讫："阿罗汉"。龙树菩萨造、后秦鸠摩罗什译。经文见《大正藏》第25册，第271页C栏第1行至第7行。

Дx.02412B 大般涅槃经卷第十如来性品第四之七

正文存1行，仅"彼病人"3字。北凉昙无谶译。经文见《大正藏》第12册，第428页B栏第12行。或为宋慧严等依泥洹经加之《大般涅槃经卷第十一一切大众所问品第十七》。经文见《大正藏》第12册，第669页C栏第16行。另有杂记1行。录文："稽首归命十万诸。"

Дx.02413 妙法莲华经卷第三化城喻品第七

存9行，行10至19字。起："后得道"，讫："所度诸众生"。后秦鸠摩罗什译。经文见《大正藏》第9册，第26页B栏第29行至C栏第17行。

Дx.02414 和菩萨戒文

存11行，行10至12字。起："闻父母三宝"，讫："布施欢喜"。经文见《大正藏》第85册，第1300页C栏第5行至第24行。有异文。

Дx.02415 大般若波罗蜜多经卷第四十七初分摩诃萨品第十三之一

存14行，行3至16字。起："善现以"，讫："我当通达"。唐玄奘译。经文见《大正藏》第5册，第263页A栏第25行至B栏第10行。

Дx.02416 金刚般若波罗蜜经

存16行，行2至6字。起："说身"，讫："说法如筏喻"。后秦鸠摩罗什译。经文见《大正藏》第8册，第749页A栏第23行至B栏第11行。

Дx.02417 妙法莲华经卷第一序品第一

存12行，行8至17字。起："养恭敬尊重"，讫："彼土六趣"。后秦鸠摩罗什译。经文见《大正藏》第9册，第2页B栏第7行至第19行。

Дx.02418 书仪镜

见Дx.01454。

Дx.02418V 具注历日

见Дx.01454V。

Дx.02419 四分律比丘戒本

存12行，行19字。起："至三问忆"，讫："叹誉死快"。后秦佛陀耶舍译。经文见《大正藏》第22册，第1015页B栏第26行至C栏第14行。

Дx.02420 佛藏经卷上诸法实相品第一

见Дx.00357。

Дx.02421 妙法莲华经卷第七观世音菩萨普门品第二十五

存20行，行4至12字。起："为众生"，讫："非人等身得"。后秦鸠摩罗什译。经文见《大正藏》第9册，第57页A栏第21行至B栏第17行。

Дx.02422 大般涅槃经卷第九如来性品第四之六

存13行，行2至12字。起："为菩得"，讫："内之"。北凉昙无谶译。经文见《大正藏》第12册，第420页B栏第5行至第17行。

Дx.02423 大乘无量寿经

存15行，行9至34字。首题："大乘无量寿经"，讫："怛侄他唵"。经文见《大正藏》第19册，第82页A栏第3行至B栏第6行。

Дx.02424 大般若波罗蜜多经卷第五百二第三分现窣堵波品第五之三

存8行，行7至8字。起："高大一踰"，讫："等於诸如"。唐玄奘译。经文见《大正藏》第7册，第554页B栏第19行至第27行。

Дх.02425 **梵网经卢舍那佛说菩萨心地戒品第十卷下**

存17行,行6至12字。起:"不见身心",讫:"事令他人受"。后秦鸠摩罗什译。经文见《大正藏》第24册,第1004页C栏第5行至第22行。

Дх.02426 **维摩诘所说经卷上佛国品第一**

存19行,行5至8字。起:"香象菩萨",讫:"山目真隣陀"。后秦鸠摩罗什译。经文见《大正藏》第14册,第537页B栏第12行至C栏第1行。

Дх.02427 **佛经论释**

存9行。未检出。

Дх.02428 **金刚般若波罗蜜经**

存17行,行4至13字。起:"眼须菩提",讫:"於意云何"。后秦鸠摩罗什译。经文见《大正藏》第8册,第751页B栏第20行至C栏第8行。

Дх.02429 **大乘无量寿经**

存13行,行6至35字。起:"无量寿宗",讫:"婆婆毗输"。经文见《大正藏》第19册,第82页C栏第2行至第29行。

Дх.02430 **出家赞**

存11行。首题:"出家赞。"

Дх.02430V **自从君去后诗**

Дх.02431 **便麦粟历**

存9行。

Дх.02432 **梵网经卢舍那佛说菩萨心地戒品第十卷下**

见Дх.01605。

Дх.02433 **维摩诘所说经卷中文殊师利问疾品第五**

存16行,行3至10字。起:"欢喜文",讫:"平等无有余"。后秦鸠摩罗什译。经文见《大正藏》第14册,第544页C栏第26行至第545页A栏第13行。

Дх.02434A **金刚般若波罗蜜经**

存17行,行3至17字。起:"无住",讫:"义故如来"。后秦鸠摩罗什译。经文见《大正藏》第8册,第749页A栏第18行至B栏第10行。

Дх.02434B Дх.02472 Дх.03040 **金刚般若波罗蜜经**

存23行,行1至5字。起:"之知/生得灭",讫:"乃至一念/众生"。后秦鸠摩罗什译。经文见《大正藏》第8册,第749页A栏第9行至B栏第4行。

Дх.02435 **金刚般若波罗蜜经**

见Дх.01624。

Дх.02436 **大般若波罗蜜多经卷第三十二初分教诫教授品第七之二十二**

存14行,行3至16字。起:"语是菩萨",讫:"净增语"。唐玄奘译。经文见《大正藏》第5册,第176页A栏第13行至第27行。

Дх.02437 Дх.03878 Дх.06092 **金刚般若波罗蜜经**

存39行,行4至17字。起:"说法即为",讫:"如来若来"。后秦鸠摩罗什译。经文见《大正藏》第8册,第751页C栏第13行至第752页B栏第3行。

Дх.02438 Дх.02516 **陀罗尼**

存18行,行6至29字。

Дх.02439 **妙法莲华经卷第七观世音菩萨普门品第二十五**

见Дх.02239。

Дх.02440 **佛说佛名经卷第二十**

存13行。起:"南无师子",讫:"来为上首"。失译。经文见《大正藏》第14册,第266页B栏第24行至C栏第1行。

Дх.02441 **佛说善恶因果经**

存10行。起:"听法乱语",讫:"如树提伽"。经文见《大正藏》第85册,第1381页B栏第15行至第24行。

Дх.02442 **四分比丘尼戒本**

存10行,行22字。起:"胜一切忧",讫:"皆共成佛道"。后秦佛陀耶舍译。经文见《大正藏》第22册,第1040页C栏第24行至第1041页A栏第17行。

Дх.02442V **残字**

存一"十"字。

Дх.02443 **造像酒食历**

存2行。录文:"廿一日造大悲塑匠贰口珠员人勾当壹口口口/升。"

Дx.02444 金刚般若波罗蜜经疏

见Дx.02272B。

Дx.02445 鼻奈耶卷第一

见Дx.01818。

Дx.02446 维摩诘所说经卷上佛国品第一至方便品第二

见Дx.01667。

Дx.02446V 残字

见Дx.01667V。

Дx.02447 金光明最胜王经卷第三灭业障品第五

存14行,行2至14字。起:"彼未/等见者即",讫:"四王药叉"。唐义净译。经文见《大正藏》第16册,第417页A栏第23行至B栏第9行。

Дx.02448 大般若波罗蜜多经卷第五百九第三分魔事品第十四

存6行,行12至14字。起:"辛不肯共往",讫:"后忧悔时"。唐玄奘译。经文见《大正藏》第7册,第600页A栏第19行至第24行。

Дx.02448V 毗沙门天王经序等杂写

存5行。录文:"毗沙门天王经序/毗沙门天王北方大/毗沙门天王经序/毗沙/善慈手书无。"

Дx.02449A 呈文

存3行。

Дx.02449B 社司转帖

存6行。

Дx.02449C 牒状

存8行。

Дx.02449V 杂写

录文:"五月五日。"

Дx.02450 妙法莲华经卷第七普贤菩萨劝发品第二十八

存12行,行2至13字。起:"安隐",讫:"三昧及陀罗"。后秦鸠摩罗什译。经文见《大正藏》第9册,第61页A栏第24行至B栏第7行。

Дx.02451 孔子项讬相问书

见Дx.01356。

Дx.02452 和菩萨戒文

见Дx.00897。

Дx.02453 金刚般若波罗蜜经

存6行,行8至9字。起:"意云何",讫:"以身相得"。后秦鸠摩罗什译。经文见《大正藏》第8册,第749页A栏第16行至第22行。

Дx.02454 大般涅槃经卷第九如来性品第四之六

存6行,行17字。起:"复如是所至",讫:"梦中梦"。北凉昙无谶译。经文见《大正藏》第12册,第419页C栏第9行至第15行。

Дx.02454V 百论经卷下

存2行。录文:"百论卷下竟/百论破情品第五卷下。"

Дx.02455 妙法莲华经卷第六法师功德品第十九

存7行,行4至20字。起:"至有顶天",讫:"上至有顶"。后秦鸠摩罗什译。经文见《大正藏》第9册,第48页A栏第28行至B栏第11行。

Дx.02456 般若波罗蜜多心经

见Дx.00332。

Дx.02457 Дx.02484 佛说佛名经卷第四

存13行。起:"乐佛南无",讫:"南无日月佛"。北魏菩提流支译。经文见《大正藏》第14册,第136页A栏第26行至B栏第6行。

Дx.02458 大般若波罗蜜多经卷第四百一十一第二分譬喻品第十一

存11行,行9至10字。起:"无所有菩萨",讫:"现当知如"。唐玄奘译。经文见《大正藏》第7册,第466页C栏第2行至第10行。

Дx.02459 Дx.02469 金刚般若波罗蜜经

存20行,行2至17字。起:"栏第可称无有",讫:"经文见思议"。后秦鸠摩罗什译。经文见《大正藏》第8册,第750页C栏第16行至第751页A栏第7行。

Дx.02460 金刚般若波罗蜜经

存19行,行2至9字。起:"五佛而种善根",讫:"提言"。后秦鸠摩罗什译。经文见《大正藏》第8册,第749页B栏第1行至第20行。

Дx.02461 Дx.02564 Дx.03410 佛说佛名经卷第一

存28行,行4至17字。起:"开若不",讫:"是等无罪无量"。失译。经文见《大正藏》第14册,第189页A栏第14行至B栏第13行。有异文。

Дx.02462 行路难

见Дx.00665。

Дx.02463 妙法莲华经卷第四五百弟子受记品第八

存9行,行6至11字。起:"希有随顺世间",讫:"富楼那"。后秦鸠摩罗什译。经文见《大正藏》第9册,第27页B栏第24行至C栏第3行。

Дx.02464 咒食施一切面燃饿鬼饮食水法

见Дx.00015。

Дx.02464V 佛说观经

见Дx.00015V。

Дx.02465 Дx.02468 集诸经礼忏信仪

存19行,行1至10字。未检出。

Дx.02465V Дx.02468V 残字

存一"耶"字。

Дx.02466 Дx.02911 Дx.02919 Дx.11181 妙法莲华经卷第七妙音菩萨品第二十四

存30行,行2至12字。起:"一切",讫:"大神通力行"。后秦鸠摩罗什译。经文见《大正藏》第9册,第55页A栏第28行至C栏第4行。

Дx.02467 金光明最胜王经卷第七无染著陀罗尼品第十二

存11行,行2至10字。起:"佛言",讫:"尊唯愿善"。唐义净译。经文见《大正藏》第16册,第432页C栏第20行至第433页A栏第3行。

Дx.02468 集诸经礼忏仪

见Дx.02465。

Дx.02468V 残字

见Дx.02465V。

Дx.02469 金刚般若波罗蜜经

见Дx.02459。

Дx.02470 金光明最胜王经卷第十

见Дx.01902。

Дx.02471 佛说佛名经卷第二十七

存9行。起:"南无云妙声王佛",讫:"南无普然灯佛"。失译。经文见《大正藏》第14册,第289页A栏第23行至第29行。

Дx.02472 金刚般若波罗蜜经

见Дx.02434B。

Дx.02473 大乘百法明门论开宗义决

存16行,行8至22字。起:"道中由见道",讫:"凡愚於邪"。唐昙旷撰。经文见《大正藏》第85册,第1068页B栏第18行至C栏第12行。

Дx.02474 金刚般若波罗蜜经

见Дx.01638。

Дx.02475 优婆塞优婆夷八功德

存19行,行9字。起:"优婆塞优婆夷八功德",讫:"无有出期"。

Дx.02475V 杂写

存一"签"字。

Дx.02476 妙法莲华经卷第六如来神力品第二十一

存12行,行8至9字。起:"旧住娑婆世界",讫:"见此娑婆世"。后秦鸠摩罗什译。经文见《大正藏》第9册,第51页C栏第15行至第26行。

Дx.02477 比丘尼八婆罗夷

存9行,行4至20字。起:"作□成就",讫:"亲厚意取□□□煞亦"。

Дx.02478 四分律比丘戒本

存6行,行8字左右。起:"不净行乃至",讫:"死快劝死咄"。后秦佛陀耶舍译。经文见《大正藏》第22册,第1015页C栏第7行至第14行。

Дx.02479 温室启请

存10行，行22字。

Дx.02480 金光明最胜王经卷第一序品第一

存3行，行16字。首题："金光明最胜王经序品第一三藏法"，讫："经文见九万八千人皆"。唐义净译。经文见《大正藏》第16册，第403页A栏第3行至第9行。

Дx.02481 大般若波罗蜜多经卷名习字

存5行。从"大般若波罗蜜多经卷第三百六十一"抄写到"第三百六十六"。

Дx.02482 习字

二残片。存8行。习写"绎""霄""耽""易""辐""攸"等字。

Дx.02482V 杂写

存"论第"2字。

Дx.02483 梵网经卢舍那佛说菩萨心地戒品第十卷下

存14行，行7字左右。起："如是九戒"，讫："者闻佛自"。后秦鸠摩罗什译。经文见《大正藏》第24册，第1009页B栏第24行至C栏第7行。

Дx.02484 佛说佛名经卷第四

见Дx.02457。

Дx.02485A 妇人名录

存2行。录文："小小娘子孔郎宋家孔姬/新妇杨家阿舅员信新妇。"

Дx.02485B 记事文

存5行，行2至5字。

Дx.02485BV 开蒙要训

存2行。录文："袍被裙究/缣织幅。"定名参考张新朋《敦煌写本〈开蒙要训〉叙录续补》，《敦煌研究》2008年第1期，第98页至第101页。

Дx.02486 Дx.02515 佛经论释

存26行，起："定门足般"，讫："法界即众"。未检出。

Дx.02486V Дx.02515V 佛经论释补记

存1行。字不清。

Дx.02487 佛经论释

存9行，行3至11字。起："反堕恶取意"，讫："罗门法"。唐昙旷撰。经文见《大正藏》第85册，第1070页A栏第14行至第26行。

Дx.02487V 习字

存4行。录文："后/今褕/平平阳家/昔言念褕今。"

Дx.02488 Дx.02505 Дx.05382 梁朝傅大士颂金刚经

册页装。前70行为品七至品十经文。起："乃至一念"，品题："依法出生品第八、一相无相分第九、庄严净土分第十"，讫："故须"。经文见《大正藏》第85册，第2页C栏第10行至第3页C栏第24行。后18行为品十四经文。起："生心不应住"，讫："悉知是人悉见是人皆"。经文见《大正藏》第85册，第5页B栏第8行至C栏第1行。

Дx.02489 般若波罗蜜多心经

存9行，行3至7字。起："若集灭"，讫："菩提娑婆诃"。唐玄奘译。经文见《大正藏》第8册，第848页C栏第14行至第22行。

Дx.02490 佛说陀罗尼集经卷第十（诸天卷上）佛说摩利支天经

存10行，行2至5字。起："北帝"，讫："奉行"。唐阿地瞿多译。经文见《大正藏》第18册，第874页B栏第17行至第23行。

Дx.02491 维摩诘所说经卷上佛国品第一至方便品第二

见Дx.01667。

Дx.02491V 残字

见Дx.01667V。

Дx.02492 金刚般若波罗蜜经

存14行，行2至9字。起："触法生心"，讫："善女"。后秦鸠摩罗什译。经文见《大正藏》第8册，第750页B栏第22行至C栏第7行。

Дx.02493 Дx.02555 残佛经

存30行，行3至16字。起："苦善男"，讫："十二观门"。未检出。

Дx.02494 佛说仁王般若波罗蜜经卷下护国经受持品第七

存9行，行9至17字。起："四雷屯吼"，讫："受持般若波"。后秦鸠摩罗什译。经文见《大正藏》第8册，第833页A栏第13行至第22行。

Дx.02495 Дx.02501 四分律比丘戒本

存20行，行5至10字。起："若比丘知诤事"，讫："畜养共止"。后秦鸠摩罗什译。经文见《大正藏》第22册，第1019页C栏第10行至第1020页A栏第5行。

Дx.02496 佛说佛名经卷第九

存13行，行3至17字。起："舍利弗若有"，讫："诸佛"。失译。经文见《大正藏》第14册，第271页B栏第22行至C栏第6行。

Дx.02497 天请问经

存13行，行2至20字。起："诸欲爱非宜"，讫："除断"。唐玄奘译。经文见《大正藏》第15册，第124页C栏第14行至第125页A栏第1行。

Дx.02498 陀罗尼

见Дx.02242。

Дx.02499 佛说要行舍身经

存11行，行7至9字。起："法我以佛"，讫："水中一分"。经文见《大正藏》第85册，第1415页A栏第9行至第20行。

Дx.02500 维摩诘所说经卷下见阿閦佛品第十二

存4行，行5至8字。起："之众城邑"，讫："为敬礼无"。后秦鸠摩罗什译。经文见《大正藏》第14册，第555页B栏第21行至第24行。

Дx.02501 四分律比丘戒本

见Дx.02495。

Дx.02502 大乘百法明门论开宗义记

见Дx.02398。

Дx.02503 三劫三千佛缘起

存9行。未检出。

Дx.02504 永安藏经勘经笺条

录文："永安藏经兑南无清净法身毗卢遮那佛。"

Дx.02505 梁朝傅大士颂金刚经

见Дx.02488。

Дx.02506A 佛说佛名经卷第十六

见Дx.02405A。

Дx.02506B 集诸经礼忏仪叹佛咒愿

见Дx.02405B。

Дx.02506C 王梵志诗

见Дx.02405C。

Дx.02507 习字

见Дx.02201。

Дx.02507V 杂写

见Дx.02201V。

Дx.02508 维摩诘所说经卷上佛国品第一至方便品第二

见Дx.01667。

Дx.02508V 残字

见Дx.01667V。

Дx.02509A 妙法莲华经卷第七普贤菩萨劝发品第二十八

存13行，行2至9字。起："后五"，讫："以见我故"。后秦鸠摩罗什译。经文见《大正藏》第9册，第61页A栏第24行至B栏第7行。

Дx.02509B 金光明最胜王经卷第四最净地陀罗尼品第六

存12行，行4至8字。起："佛足以种"，讫："证皆平等"。唐义净译。经文见《大正藏》第16册，第417页C栏第25行至第418页A栏第8行。

Дx.02510A1 妙法莲华经卷第七观世音菩萨普门品第二十五

存3行，行11字。起："众中八万"，首题："佛说观音经一卷"。后秦鸠摩罗什译。经文见《大正藏》

第9册,第58页B栏第6行至第7行。

Дх.02510A2 **如来成道经**

存9行,行12字。首题:"如来成道经",讫:"求死不生"。现刊本《大正藏》所收为S.1032,为此经的后半部,两者无重叠内容,经文可互补。

Дх.02510B **妙法莲华经卷第七观世音菩萨普门品第二十五**

见Дх.00929。

Дх.02511 Дх.05750 **金刚般若波罗蜜经**

存9行,行3至16字。起:"应云何住",讫:"非无想"。后秦鸠摩罗什译。经文见《大正藏》第8册,第748页C栏第28行至第749页A栏第8行。

Дх.02512 **残佛经**

存33行。行4至16字。未检出。

Дх.02513A **大般涅槃经题签**

录文:"大般涅槃经卷第十。"

Дх.02513B **妙法莲华经卷第七观世音菩萨普门品第二十五**

见Дх.02239。

Дх.02514 **金光明最胜王经卷第七无染著陀罗尼品第十三**

见Дх.02396。

Дх.02515 **佛经论释**

见Дх.02486。

Дх.02515V **佛经论释补记**

见Дх.02486V。

Дх.02516 **陀罗尼**

见Дх.02438。

Дх.02517 Дх.02647 **金光明最胜王经卷第六四天王护国品第十二**

存33行,行4至9字。起:"尔时世尊",讫:"兵发向彼"。唐义净译。经文见《大正藏》第16册,第427页B栏第20行至C栏第24行。

Дх.02518 **维摩诘所说经卷中不思议品第六**

见Дх.02187。

Дх.02519 **妙法莲华经卷第七观世音菩萨普门品第二十五**

见Дх.01616。

Дх.02520 **梁朝傅大士颂金刚经**

存30行,行9字。首题:"金光般若波罗蜜经·后秦罗什法师翻译本",品题:"法会因由分第一、善现起请分第二",讫:"大乘正宗分第三"。经文见《大正藏》第85册,第1页B栏第21行至C栏第13行。首5行为序,与现刊本亦不同。

Дх.02521 Дх.10539 Дх.10540 **妙法莲华经卷第三药草喻品第五**

存36行,行4至11字。起:"究竟涅槃",讫:"钝根等雨"。后秦鸠摩罗什译。经文见《大正藏》第9册,第19页C栏第4行至第20页A栏第20行。

Дх.02522 **妙法莲华经卷第一序品第一**

存18行,行2至7字。起:"拘罗",讫:"天子俱复有"。后秦鸠摩罗什译。经文见《大正藏》第9册,第1页C栏第26行至第2页A栏第16行。

Дх.02523 **妙法莲华经卷第一方便品第二**

存17行,行5至10字。起:"无数□无量",讫:"尽作佛像"。后秦鸠摩罗什译。经文见《大正藏》第9册,第8页C栏第2行至第9页A栏第6行。

Дх.02524 **佛说灌顶拔除过罪生死得度经卷第十二**

存18行,行9至15字。起:"十住菩萨",讫:"虽有眼耳"。东晋帛尸梨蜜多罗译。经文见《大正藏》第21册,第534页B栏第22行至C栏第15行。

Дх.02525 **妙法莲华经卷第二譬喻品第三**

存13行,行4至17字。起:"缘譬喻言",讫:"不觉不知"。后秦鸠摩罗什译。经文见《大正藏》第9册,第12页B栏第10行至第22行。

Дх.02526 **佛说佛名经卷第九**

存6行,行4至17字。起:"集妙",讫:"那由他佛无量"。北魏菩提流支译。经文见《大正藏》第14册,第167页C栏第3行至第8行。

Дx.02527 妙法莲华经卷第一方便品第二

存12行,行10至20字。起:"佛知彼心行",讫:"尽教以佛道"。后秦鸠摩罗什译。经文见《大正藏》第9册,第8页A栏第14行至B栏第8行。

Дx.02528 大般涅槃经卷第五如来性品第四之二

存9行,行2至11字。起:"实如竹苇",讫:"是如"。北凉昙无谶译。经文见《大正藏》第12册,第394页C栏第28行至第395页A栏第7行。

Дx.02529A 菩萨善戒经卷第五菩萨地忍品第十二

存7行,行2至10字。起:"寒热风雨恶",讫:"耨多"。宋求那跋摩译。经文见《大正藏》第30册,第986页C栏第17行至第27行。

Дx.02529B 妙法莲华经卷第二信解品第四

存4行,行1至5字。录文:"从座起/合掌曲躬恭/僧之首年/复。"后秦鸠摩罗什译。经文见《大正藏》第9册,第16页B栏第11行至第14行。

Дx.02530 俱舍论注疏分别世品第三之一

存12行,行12至21字。起:"取十识往有",讫:"乃至"。

Дx.02531 Дx.04163 大般若波罗蜜多经卷第二百二十六初分难信解品第三十四之四十五

存18行,行5至9字。起:"善现四无",讫:"力智智清净"。唐玄奘译。经文见《大正藏》第6册,第134页C栏第23行至第135页A栏第11行。

Дx.02532 大般涅槃经卷第十一现病品第六

存6行,行2至5字。起:"命谄媚诈",讫:"根暗"。北凉昙无谶译。经义见《大正藏》第12册,第428页C栏第17行至第22行。

Дx.02533 佛说仁王般若波罗蜜经卷上护国经菩萨教化品第三

存3行,行4至12字。起:"菩萨不由",讫:"法门信忍"。后秦鸠摩罗什译。经文见《大正藏》第8册,第828页B栏第16行至第19行。

Дx.02534 大般涅槃经卷第二十八师子吼菩萨品第十一之二

存7行,行4至10字。起:"令得丰足",讫:"昧门十二"。北凉昙无谶译。经文见《大正藏》第12册,第534页A栏第13行至第19行。

Дx.02535 维摩诘所说经卷中文殊师利问疾品第五

存4行,行6至16字。起:"不得入降伏",讫:"文殊师利"。后秦鸠摩罗什译。经文见《大正藏》第14册,第544页A栏第29行至B栏第4行。

Дx.02536 妙法莲华经卷第三化城喻品第七

存12行,行8至14字。起:"南方乃至",讫:"宫殿愿垂纳"。后秦鸠摩罗什译。经文见《大正藏》第9册,第24页B栏第9行至第29行。

Дx.02537 Дx.03784 大般涅槃经后分卷上憍陈如品余

存5行,行10字。起:"诸方哀悯",讫:"郎主恩爱"。唐若那跋陀罗译。经文见《大正藏》第12册,第900页B栏第11行至第15行。

Дx.02538 佛说观药王药上二菩萨经

存20行,行3至17字。起:"明此诸",讫:"水行者即"。宋畺良耶舍译。经文见《大正藏》第20册,第662页C栏第17行至第663页A栏第7行。

Дx.02539 大宝积经卷第九十八妙慧童女会第三十

存14行,行29字。首题:"大宝积经妙慧童女会第三十大唐三藏菩提流志奉诏译卷九十八",讫:"妙慧菩萨成"。唐菩提流志译。经文见《大正藏》第11册,第547页B栏第12行至C栏第12行。经义多有不同,或为异译本。

Дx.02539V 大宝积经卷第三十三出现光明会第十一之四

存5行,行21字左右。首题:"大宝积经出现光明会第十一之四大唐三藏菩提流志译",讫:"悭嫉诳贡高"。经文见《大正藏》第11册,第181页B栏第5行至第13行。后有一句杂写。

Дx.02540A 佛说佛名经卷第十六

见Дx.02405A。

Дx.02540B 集诸经礼忏仪卷上叹佛咒愿

见Дx.02405B。

Дx.02540C 王梵志诗

见Дx.02405C。

Дx.02541 妙法莲华经卷第二譬喻品第三

存13行，行4至16字。起："增益瞋恚"，讫："质直柔软"。后秦鸠摩罗什译。经文见《大正藏》第9册，第16页A栏第6行至第22行。

Дx.02542 妙法莲华经卷第七观世音菩萨普门品第二十五

存13行，行11至17字。起："河沙菩萨"，讫："身得度者"。后秦鸠摩罗什译。经文见《大正藏》第9册，第57页A栏第13行至第27行。

Дx.02543 大般若波罗蜜多经卷第二百八初分难信解品第三十四之二十七

存21行，行6至17字。起："耳识界及耳"，讫："善现内空"。唐玄奘译。经文见《大正藏》第6册，第37页C栏第20行至第38页A栏第12行。

Дx.02544 梁朝傅大士颂金刚经

存39行，行13字。起："耨多罗三藐"，品题："一体同观分第十八"，讫："宁为多不甚"。经文见《大正藏》第85册，第6页B栏第15行至C栏第28行。

Дx.02545 大方广佛华严经卷第十六升须弥山顶品第十三

存11行。起："迦叶如来"，讫："处最吉祥"。唐实叉难陀译。经文见《大正藏》第10册，第80页C栏第26行至第81页A栏第16行。经文相同，顺序不同。

Дx.02546 大般若波罗蜜多经卷第五百一十五第三分不退相品第二十之二

存15行，行17字。起："闻独觉地"，讫："无上大菩"。唐玄奘译。经文见《大正藏》第7册，第633页B栏第29行至第634页A栏第14行。

Дx.02547 妙法莲华经卷第三药草喻品第五

存23行，行4至17字。起："万亿种众"，讫："出现世间"。后秦鸠摩罗什译。经文见《大正藏》第9册，第19页B栏第16行至C栏第10行。

Дx.02548 百法问答抄

存21行，行11至14字。起："言三性者，"讫："何送名难"。

Дx.02549 摩诃般若波罗蜜经卷第二十六七譬品第八十五

存25行，行10至17字。起："地狱乃至"，讫："幻有修道"。后秦鸠摩罗什译。经文见《大正藏》第8册，第413页A栏第25行至B栏第23行。

Дx.02550 妙法莲华经卷第三化城喻品第七

存24行，行11至17字。起："华共诣西方"，讫："光明昔未有"。后秦鸠摩罗什译。经文见《大正藏》第9册，第23页A栏第28行至B栏第28行。

Дx.02551 佛说观无量寿佛经

存18行，行3至17字。起："如天宝憧不"，讫："一一业间有"。宋畺良耶舍译。经文见《大正藏》第12册，第342页C栏第8至第28行。

Дx.02552 梵网经菩萨戒序

存27行，行12字左右。起："诸大德优"，讫："是人马调"。前13行内容为《梵网经菩萨戒序》，经文见《大正藏》第24册，第1003页A栏第19行至B栏第3行。经文更多见于《梵网菩萨戒经义疏发隐》，参见《卍新续藏》第38册，第154页A栏至B栏。

Дx.02553 大般若波罗蜜多经卷第五百一十二第三分善友品第十八

存24行，行7至18字。首题："大般若波罗蜜经卷第五百一十二"，品题："第三分善友品第十八三藏法师玄奘奉诏译"，讫："无上正等"。唐玄奘译。经文见《大正藏》第7册，第613页A栏第6行至B栏第2行。

Дx.02553V 藏经点检历

存1行。录文:"利金□明经。"

Дx.02554A 佛说阿弥陀经

存14行,行2至17字。起:"当发",讫:"作礼而去"。后秦鸠摩罗什译。经文见《大正藏》第12册,第348页A栏第17行至第28行。

Дx.02554B 阿弥陀佛所说咒

首题:"阿弥陀佛所说咒",讫:"羯三藐"。

Дx.02555 残佛经

见Дx.02493。

Дx.02556 金有陀罗尼经

存28行,行9至17行。起:"满怛啰",讫:"亦非莫呼"。经文见《大正藏》第85册,第1456页A栏第12行至B栏第13行。

Дx.02557 四分律摘抄

见Дx.00835。

Дx.02557V 四分律摘抄

见Дx.00835V。

Дx.02558 王梵志诗

见Дx.00889。

Дx.02558V 杂写

见Дx.00889V。

Дx.02559 大般若波罗蜜多经卷第四百一十第二分行相品第九之二

存28行,行5至17字。起:"处执着有性",讫:"所得为方便"。唐玄奘译。经文见《大正藏》第7册,第52页C栏第15行至第53页A栏第13行。

Дx.02560 金刚般若波罗蜜经

存27行,行1至17字。起:"因/说得福德",讫:"是念何"。后秦鸠摩罗什译。经文见《大正藏》第8册,第751页C栏第2行至第752页A栏第6行。

Дx.02561 大般涅槃经卷第十五梵行品第八之一

存30行,行3至17字。起:"者不名为善",讫:"一不应"。北凉昙无谶译。经文见《大正藏》第12册,第452页B栏第17行至C栏第19行。

Дx.02562 妙法莲华经卷第一序品第一

存29行,行1至17字。起:"住/人俱皆是",讫:"自在天子"。后秦鸠摩罗什译。经文见《大正藏》第9册,第1页C栏第19行至第2页A栏第17行。

Дx.02563 妙法莲华经卷第二譬喻品第三

存17行,行17字。起:"饰之宝绳",讫:"以长者自"。后秦鸠摩罗什译。经文见《大正藏》第9册,第12页C栏第20行至第13页A栏第9行。

Дx.02564 佛说佛名经卷第一

见Дx.02461。

Дx.02565 思益梵天所问经卷第二难问品第五

存21行,行4至31字。起:"切道非道",讫:"舍利弗言佛"。后秦鸠摩罗什译。经文见《大正藏》第15册,第42页B栏第27行至第43页A栏第7行。

Дx.02566 陀罗尼

存22行。未检出。

Дx.02567 大般若波罗蜜多经卷第一百八十二初分难信解品第三十四之一

存25行,行17字。起:"空识界前际",讫:"无所有性"。唐玄奘译。经文见《大正藏》第5册,第981页A栏第9行至B栏第6行。天头有"兑"字。

Дx.02567V 僧名

正倒各写"法擦"2字。

Дx.02568 佛说天地八阳神咒经

见Дx.01958。

Дx.02568V 杂写

见Дx.01958V。

Дx.02569 金光明经卷第一忏悔品第三

存18行,行2至14字。起:"我本/不识诸佛",讫:"我今供养"。北凉昙无谶译。经文见《大正藏》第16册,第337页A栏第4行至第25行。

Дx.02570 妙法莲华经卷第七观世音菩萨普门品第二十五

存19行,行6至17字。起:"现声闻身而",讫:"楼罗紧那罗"。后秦鸠摩罗什译。经文见《大正藏》第9册,第57页A栏第26行至B栏第16行。

Дх.02571　四分律比丘戒本

见Дх.02182。

Дх.02572　大乘起信论广释卷第五

存25行，行11至26字。起："识三宝圣人"，讫："若不尔者常"。唐昙旷撰。经文见《大正藏》第85册，第1157页C栏第3行至第1158页A栏第12行。

Дх.02573　辩中边论卷上辩障品第二

见Дх.01098。

Дх.02574　太玄真一本际妙经卷第八

存9行，行4至9字。起："满究竟果"，讫："天尊亦还"。

Дх.02575　妙法莲华经卷第四五百弟子受记品第八

存17行，行1至14字。起："闻/菩提记复闻"，讫："法人中亦/通达"。后秦鸠摩罗什译。经文见《大正藏》第9册，第27页B栏第18行至C栏第5行。

Дх.02576　佛说观无量寿佛经

存10行，行2至8字。起："色中"，讫："如天璎珞"。宋畺良耶舍译。经文见《大正藏》第12册，第342页B栏第5行至第16行。

Дх.02577　金光明最胜王经卷第九善生王品第二十一

存25行，行3至7字。起："最第一"，讫："发愿咸为诸众生"。唐义净译。经文见《大正藏》第16册，第444页B栏第9行至C栏第4行。

Дх.02578　梁朝傅大士颂金刚经

存33行，行15字左右。起："应如是住如是"，品题："大乘正宗分第三、妙行无住分第四、如理实见分第五"，讫："无复我相人相"。经文见《大正藏》第85册，第1页C栏第11行至第2页C栏第17行。无弥勒颂。经文到品六，缺"正信希有分第六"品题。

Дх.02579　四分律摘抄

存16行，行2至17字。起："起击"，讫："菩提树下"。

Дх.02579V　四分律卷第六十（第四分之十一）

存24行，行1至20字。前部分暂不可考。从尾4行残文"白衣有八法应与作/乱比丘在比丘前/白衣作损减/有是"等语看，疑为后秦佛陀耶舍共竺佛念等译《四分律卷第六十（第四分之十一）毗尼增一之四》后半段。前半段为佛答衣食住等事。经文见《大正藏》第22册，第1009页B栏第19行至第24行。

Дх.02580　Дх.02582　大般若波罗蜜多经卷第二百一十三初分难信解品第三十四之三十二

存27行，行5至12字。起："住实际虚空"，讫："九次第/清净"。唐玄奘译。经文见《大正藏》第6册，第65页C栏第19行至第66页A栏第16行。

Дх.02581　妙法莲华经卷第三授记品第六

存14行，行2至7行。起："世尊知"，讫："义而"。后秦鸠摩罗什译。经文见《大正藏》第9册，第21页A栏第16行至第27行。

Дх.02581V　残片

似无字。

Дх.02582　大般若波罗蜜多经卷第二百一十三初分难信解品第三十四之三十二

见Дх.02580。

Дх.02583　药师琉璃光如来本愿功德经

存13行，行2至14字。起："反乱忆念恭敬"，讫："汝为"。唐玄奘译。经文见《大正藏》第14册，第407页A栏第6行至第19行。

Дх.02584　Дх.02585　阿育王传阿育王现报因缘第四

存20行，行3至13字。起："入界/王闻是语"，讫："我后却"。西晋安法钦译。经文见《大正藏》第50册，第128页C栏第22行至第129页A栏第14行。

Дх.02586A1　救诸众生一切苦难经

存3行。起："期见此经"，讫："佛道一时行"。经文见《大正藏》第85册，第1461页C栏第18行至第23行。

Дх.02586А2　新菩萨经

存8行，行8至15字。起："众生每日"，讫："报诸众生"。经文见《大正藏》第85册，第1462页A栏第26行至B栏第7行。

Дх.02586В　僧名录

存2行。录文："□官惠索法律在得座场汜法师武法律二人西州/为孔目男二法律索法律写经录。"

Дх.02587　Дх.02657　大般若波罗蜜多经卷第一百九十二初分难信解品第三十四之十一

存13行，行6至16字。起："夫清净何以故"，讫："故士夫清净即"。唐玄奘译。经文见《大正藏》第5册，第1029页A栏第14行至第25行。

Дх.02588　佛说天地八阳神咒经

存6行，行5至12字。首题："佛说八阳神咒经"，讫："少贫贱者"。唐义净译。经文见《大正藏》第85册，第1422页B栏第14行至第25行。

Дх.02589　金光明最胜王经卷第一序品第一

存17行，行4至7字。起："频螺迦摄伽耶"，讫："敷演秘密之"。唐义净译。经文见《大正藏》第16册，第403页A栏第16行至B栏第5行。

Дх.02590　藏经点检历

存3行。录文："两卷佛顶尊胜经一/身命经一无常经一/经一卷。"

Дх.02591　大般涅槃经卷第二十一光明遍照高贵德王菩萨品第十之一

存5行，行6至7字。起："萨修集"，讫："事谓菩提"。北凉昙无谶译。经义见《大正藏》第12册，第515页A栏第25行至第29行。

Дх.02592　大般若波罗蜜多经卷第五百六十二第五分如来品第十五之二

存4行，行2至9字。起："大般若波罗蜜多"，讫："是般"。唐玄奘译。经文见《大正藏》第7册，第900页A栏第2行至第8行。

Дх.02593　金光明最胜王经题签

录文："金光明最胜王经卷第十。"

Дх.02594　金光明最胜王经卷第八大辩才天女品第十五之二

存11行，行2至6字。起："意成就无疑"，讫："皆得"。唐义净译。经文见《大正藏》第16册，第437页C栏第24行至第438页A栏第6行。

Дх.02595　大般若波罗蜜多经卷第二百七十四初分难信解品第三十四之九十三

存15行，行3至17字。起："无/色六处触受"，讫："净内空"。唐玄奘译。经文见《大正藏》第5册，第386页C栏第24行至第387页A栏第10行。

Дх.02596　金刚般若波罗蜜经

存19行，行13至17字。首题："金刚般若波罗蜜经"，讫："无相我皆令"。后秦鸠摩罗什译。经文见《大正藏》第8册，第748页C栏第17行至第749页A栏第8行。

Дх.02596V　残片

似无字。

Дх.02597　大通方广经卷中

见Дх.00180。

Дх.02598　金刚般若波罗蜜经

存27行，行7至13字。起："能解我所说"，讫："我是人行"。后秦鸠摩罗什译。经文见《大正藏》第8册，第751页C栏第14行至第752页A栏第18行。

Дх.02599　Дх.02604　Дх.02719　大乘无量寿经

存75行，行4至35字。起："毗尔悉指"，讫："信受奉行"。经义见《大正藏》第19册，第83页A栏第12行至第84页C栏第28行。

Дх.02600　大般若波罗蜜多经卷第三百七十七初分无相无得品第六十六之五

存12行，行8至17字。首题："大般若波罗蜜多经卷第三百"，品题："初分无相无得品第六十六之五三藏法师玄奘奉诏译"，讫："世界复以种种"。唐玄奘译。经文见《大正藏》第6册，第945页

B栏第11行至第26行。

Дx.02601 梵网经卢舍那佛说菩萨心地戒品第十卷下

存19行,行3至15字。起:"父母兄弟",讫:"前受戒"。后秦鸠摩罗什译。经文见《大正藏》第24册,第1006页B栏第22行至C栏第11行。

Дx.02602 Дx.03813 Дx.03910 Дx.03915 摩诃僧祇律卷第五明僧残戒之一

三残片。其一,存17行,行9至17字。起:"向余面余",讫:"誉毁女人八处若"。东晋佛驮跋陀罗译。经文见《大正藏》第22册,第269页A栏第8行至第29行。其二,存9行,行7至17字。起:"衣食作如是",讫:"欲向余而"。经文见《大正藏》第22册,第268页C栏第21行至第269页A栏第7行。其三,存3行,行2字。不可定名。

Дx.02602V Дx.03813V Дx.03910V Дx.03915V 集诸经礼忏仪卷上叹佛咒愿

存22行,行3至15字。唐智昇撰。经文见《大正藏》第47册,第456页B栏至C栏。部分经文与现刊本顺序不同。

Дx.02603 药师琉璃光如来本愿功德经

存18行,行10至16字。起:"大愿殊胜功德",讫:"时身如琉璃"。唐玄奘译。经文见《大正藏》第14册,第404页C栏第23行至第405页A栏第11行。

Дx.02604 大乘无量寿经

见Дx.02599。

Дx.02605 金刚般若波罗蜜经

存12行,行10至17字。起:"庄严是故",讫:"须菩提言"。后秦鸠摩罗什译。经文见《大正藏》第8册,第749页C栏第20行至第750页A栏第2行。

Дx.02606 Дx.02900 王文宪集序

存30行。

Дx.02606V Дx.02900V 孝事父母文范

存28行。

Дx.02607 金刚般若波罗蜜经

存18行,行2至16字。起:"碎为/多世尊",讫:"萨心者持"。后秦鸠摩罗什译。经文见《大正藏》第8册,第752页B栏第7行至第25行。

Дx.02608 Дx.03914 大般若波罗蜜多经卷第三百八十一初分诸功德相品第六十八之三

其一,存5行,行3至16字。起:"身容敦肃",讫:"二十世尊"。唐玄奘译。经文见《大正藏》第6册,第968页A栏第26行至B栏第1行。其二,存23行,行2至17字。起:"六十三世尊",讫:"若作"。经文见《大正藏》第6册,第968页C栏第15行至969页A栏第9行。

Дx.02609 妙法莲华经卷第一譬喻品第二

存14行,行1至15字。起:"未曾/乃知真是",讫:"称赞诸菩萨"。后秦鸠摩罗什译。经文见《大正藏》第9册,第10页C栏第12行至第11页A栏第6行。

Дx.02610 金光明最胜王经卷第十付嘱品第三十一

存7行,行6至17字。起:"众中有六十",讫:"说伽他曰"。唐义净译。经文见《大正藏》第16册,第455页C栏第20行至第26行。

Дx.02611 Дx.02644 梵网经卢舍那佛说菩萨心地戒品第十卷下

存16行,行4至11字。起:"比丘比丘尼",讫:"若佛子护持"。后秦鸠摩罗什译。经文见《大正藏》第24册,第1007页B栏第6行至第21行。

Дx.02612 大般若波罗蜜多经卷第一百三十六初分校量功德品第三十之三十四

存8行,行6至17字。起:"名为行有所",讫:"若我然无若"。唐玄奘译。经文见《大正藏》第5册,第738页C栏第13行至第20行。

Дx.02613 佛说佛名经卷第九

存16行,行3至10字。起:"南无火光",讫:"南无坚奋"。北魏菩提流支译。经文见《大正藏》第14册,第163页B栏第26行至C栏第8行。

Дx.02613V 杂写

存"第十二"3字。

Дx.02614 **妙法莲华经卷第七观世音菩萨普门品第二十五**

存15行,行4至6字。首题:"门品第廿五",讫:"得解脱罗"。后秦鸠摩罗什译。经文见《大正藏》第9册,第56页C栏第2行至第15行。

Дx.02615 **金刚般若波罗蜜经**

见Дx.01037。

Дx.02616 **维摩诘所说经卷上佛国品第一**

存5行,行8至12字。起:"山金山黑山",讫:"舍长者子"。后秦鸠摩罗什译。经文见《大正藏》第14册,第537页C栏第2行至第7行。

Дx.02617 **金刚般若波罗蜜经**

存7行,行9字。首题:"金刚般若波罗蜜经",讫:"长老须菩提"。后秦鸠摩罗什译。经文见《大正藏》第8册,第748页C栏第17行至第24行。

Дx.02618 **梵网经卢舍那佛说菩萨心地戒品第十卷下**

存5行,行8至10字。起:"栏第见好相若",讫:"而教戒师於"。后秦鸠摩罗什译。经文见《大正藏》第24册,第1008页C栏第15行至第21行。

Дx.02619 **妙法莲华经卷第五安乐行品第十四**

存8行,行5至18字。起:"若口宣说",讫:"油涂"。后秦鸠摩罗什译。经文见《大正藏》第9册,第38页A栏第1行至第10行。

Дx.02620 **大般若波罗蜜多经卷第十二初分教诫教授品第七之二**

存7行,行3至10字。起:"观等无",讫:"因缘若善"。唐玄奘译。经文见《大正藏》第5册,第62页B栏第10行至第15行。

Дx.02621 **妙法莲华经卷第五安乐行品第十四**

存7行,行2至11字。起:"诸法",讫:"又不亲"。后秦鸠摩罗什译。经文见《大正藏》第9册,第37页A栏第19行至第25行。

Дx.02622 **大般涅槃经卷第二寿命品第一之二**

存8行,行7至20字。起:"苦应生踊跃",讫:"一切皆迁动寿命"。北凉昙无谶译。经文见《大正藏》第12册,第373页A栏第22行至B栏第3行。

Дx.02623 **金刚般若波罗蜜经**

存8行,行5至17字。起:"恒沙河等身",讫:"受持读诵"。后秦鸠摩罗什译。经文见《大正藏》第8册,第750页C栏第8行至第15行。

Дx.02624 **金有陀罗尼经**

存17行,行6至20字。起:"消灭一切秘咒",讫:"若持明"。经文见《大正藏》第85册,第1456页A栏第28行至B栏第22行。

Дx.02625 **千手千眼观世音菩萨广大圆满无碍大悲心陀罗尼经**

存15行,行6至17字。起:"僧阿穆佉耶",讫:"陀罗尼未曾闻"。唐伽梵达摩译。经文见《大正藏》第20册,第107页C栏第18行至第108页A栏第6行。

Дx.02625V **杂写**

存"不可说"3字。

Дx.02626 **佛说天地八阳神咒经**

存15行,行17字。起:"福无量善男子",讫:"而证菩提"。唐义净译。经文见《大正藏》第85册,第1423页A栏第5行至第21行。有异文。如经文"而证菩提",现刊本为"而成佛道"。

Дx.02627 **妙法莲华经卷第六常不轻菩萨品第二十**

存18行,行2至17字。起:"号日月灯明",讫:"菩提得大势"。后秦鸠摩罗什译。经文见《大正藏》第9册,第51页A栏第13行至B栏第1行。

Дx.02628 **中阿含经卷第八未曾有法品未曾有法经第一**

存16行,行3至17字。起:"至一婆",讫:"世尊未曾有"。僧伽提婆译。经文见《大正藏》第1册,第471页A栏第20行至B栏第8行。

Дx.02629 **妙法莲华经卷第五安乐行品第十四**

存14行,行6至16字。起:"应生慈悲",讫:"安隐演说"。后秦鸠摩罗什译。经文见《大正藏》第9

册,第39页A栏第24行至B栏第13行。

Дх.02630 妙法莲华经卷第七观世音菩萨普门品第二十五

存12行,行10至12字。起:"胜彼世间音",迄:"妙法莲华经卷陀罗尼"。题记:"西沙州三界寺僧。"后秦鸠摩罗什译。经文见《大正藏》第9册,第58页A栏第27行至B栏第8行。

Дх.02631 金光明最胜王经卷第八大辩才天女品第十五之二

存21行,行9至15字。起:"是舌相愿我",迄:"天女妙辩才"。唐义净译。经文见《大正藏》第16册,第438页A栏第5行至B栏第2行。

Дх.02632 无上秘要

见Дх.00169。

Дх.02632V 书仪

见Дх.00169V。

Дх.02633 Дх.03047 金刚般若波罗蜜经

存34行,行2至17字。起:"三藐三菩提",迄:"多罗"。后秦鸠摩罗什译。经文见《大正藏》第8册,第750页B栏第21行至C栏第27行。

Дх.02634 大哀经卷第六十八不共法品第二十一之余

存21行,行3至14字。起:"师业清净",迄:"心念多"。西晋竺法护译。经文见《大正藏》第13册,第438页B栏第2行至第26行。

Дх.02635 大般若波罗蜜多经卷第三十初分教诫教授品第七之二十

存25行,行3至14字。起:"非菩萨摩诃萨",迄:"谛有罪无罪"。唐玄奘译。经文见《大正藏》第5册,第166页B栏第30行至C栏第25行。

Дх.02636 地藏菩萨经

存11行,行3至16字。起:"一外别床",尾题:"地藏菩萨经一卷"。题记:"开宝九年岁次丙子三月廿二日弟子辛婆姑/先奉为亡夫都□张进成神生净土勿落三/涂见在诸罗永充除念/刘长

□拜。"经文见《大正藏》第85册,第1455页C栏第1行至第12行。

Дх.02636V 钞经杂写

存3行。录文:"在此人后称往生西方极乐世界此人□命之/长康□在/愿长康长。"

Дх.02637 占卜书

存13行。

Дх.02638 妙法莲华经卷第七观世音菩萨普门品第二十五

存19行,行4至10字。起:"欲求男礼拜",迄:"身而为说"。后秦鸠摩罗什译。经文见《大正藏》第9册,第57页A栏第7行至第25行。

Дх.02639 大般若波罗蜜多经卷第一百五初分校量功德品第三十之三

存26行,行11字左右。首题:"大般若波罗蜜多经卷第一百",品题:"初分校量功德品第卅之三",迄:"大仙当知"。唐玄奘译。经文见《大正藏》第5册,第579页B栏第12行至C栏第10行。

Дх.02640 妙法莲华经卷第五如来寿量品第十六

存26行,行17字。起:"复有中千界",迄:"而说偈言"。后秦鸠摩罗什译。经文见《大正藏》第9册,第44页B栏第18行至C栏第29行。

Дх.02641 维摩诘所说经卷上佛国品第一

见Дх.00113。

Дх.02641V 佛经论释

见Дх.00113V。

Дх.02642 佛经论释

见Дх.01891。

Дх.02642V 诗文残片

见Дх.01891V。

Дх.02643 佛说佛名经卷第十三

存3行。起:"宝间错庄严佛",迄:"清净佛"。失译。经文见《大正藏》第14册,第233页B栏第2行至第4行。

Дх.02644 梵网经卢舍那佛说菩萨心地戒品第十

卷下

见Дx.02611。

Дx.02645　维摩诘所说经卷下香积佛品第十

存10行，行6至17字。起："不可尽於"，讫："问维摩诘"。后秦鸠摩罗什译。经文见《大正藏》第14册，第552页C栏第17行至第26行。

Дx.02646　维摩诘所说经卷上佛国品第一

见Дx.00113。

Дx.02646V　佛经论释

见Дx.00113V。

Дx.02647　金光明最胜王经卷第六四天王护国品第十二

见Дx.02517。

Дx.02648A　大宝积经卷第一百一十二普明菩萨会第四十三

存2行，行10字。起："慧随所住"，讫："菩萨亦尔善"。失译。经文见《大正藏》第11册，第633页B栏第3行至第5行。

Дx.02648B　佛为首迦长者说业报差别经

存2行，行12字。起："自不造业"，讫："所劝欢喜"。隋法智译。经文见《大正藏》第1册，第893页C栏第20行至第22行。

Дx.02649　金刚般若波罗蜜经

存8行，行7至9字。起："须菩提若"，讫："一合相"。后秦鸠摩罗什译。经文见《大正藏》第8册，第752页B栏第6行至第13行。

Дx.02650　Дx.10514　Дx.11035　妙法莲华经卷第七观世音菩萨普门品第二十五

存102行。起："罗迦楼罗"，讫："者即现帝"。后秦鸠摩罗什译。经文见《大正藏》第9册，第57页至第58页。拍摄时顺序有误。

Дx.02651　佛说灌顶拔除过罪生死得度经卷第十二

存8行，行3至8字。起："色广大"，讫："界行者"。东晋帛尸梨蜜多罗译。经文见《大正藏》第21册，第532页C栏第8行至第14行。

Дx.02652　妙法莲华经卷第七观世音菩萨普门品第二十五

见Дx.01686。

Дx.02653　妙法莲华经卷第一序品第一

存12行，行2至9字。起："佛所"，讫："彼诸比"，后秦鸠摩罗什译。经文见《大正藏》第9册，第2页B栏第8行至第20行。

Дx.02654A　下女夫词

存5行，行1至6字。

Дx.02654B　开蒙要训

存6行，行2至8字。定名参考张新朋《敦煌写本〈开蒙要训〉叙录续补》，《敦煌研究》2008年第1期，第98页至第101页。

Дx.02655　开蒙要训

见Дx.00895。

Дx.02655V　千字文等杂写

见Дx.00895V。

Дx.02656　金刚般若波罗蜜经

存7行，行8字。首题："金刚般若波罗蜜经"，讫："右肩右膝着"。后秦鸠摩罗什译。经文见《大正藏》第8册，第748页C栏第17行至第25行。

Дx.02656V　杂写

杂写"裙两根"3字。

Дx.02657　大般若波罗蜜多经卷第一百九十二初分难信解品第三十四之十一

见Дx.02587。

Дx.02658　妙法莲华经卷第一方便品第二

见Дx.01678。

Дx.02659　妙法莲华经卷第七陀罗尼品第二十六

存11行，行7至10字。起："尔时药王"，讫："摩袮"。后秦鸠摩罗什译。经文见《大正藏》第9册，第58页B栏第9行至第19行。

Дx.02660　妙法莲华经卷第七观世音菩萨普门品第二十五

存10行，行7字左右。起："言世尊观"，讫："等宝入於"。后秦鸠摩罗什译。经文见《大正藏》第9册，第56页C栏第4行至第12行。

Дx.02661　妙法莲华经卷第七观世音菩萨普门品第二十五

二残片。其一，存3行，行10字。起："复加害设"，讫："菩萨名者皆"。后秦鸠摩罗什译。经文见《大正藏》第9册，第56页C栏第20行至第22行。其二，存3行，行10字。起："满中夜叉"，讫："恶眼视之"。经文见《大正藏》第9册，第56页C栏第18行至第20行。同经残片，可缀合，第二片在前。

Дx.02662　妙法莲华经题签

录文："妙法莲华经卷第八。"

Дx.02663　Дx.02724　Дx.05341　Дx.05784　春秋后语

此依陆庆夫、陆离《俄藏敦煌写本〈春秋后语〉残卷再探——对俄Дx.11638号与Дx.02663、Дx.02724、Дx.05341、Дx.05784号文书的缀合研究》定名。见《敦煌学辑刊》2004年第1期，第1页至第12页。

Дx.02664　祈愿文

存6行，行3至13字。

Дx.02664V　杂写

存"一佛"2字。

Дx.02665　佛说犯戒罪报轻重经

存10行。首题："佛说犯戒罪报轻重经一卷"，尾题："佛说罪报经一卷"。后汉安世高译。经文见《大正藏》第24册，第911页A栏第6行至B栏第5行。

Дx.02666　论语卫灵公第十五

存9行。

Дx.02667　金光明最胜王经卷第九善生王品第二十一

存8行，行4至7行。起："往昔奉法"，讫："际咸归伏"。唐义净译。经文见《大正藏》第16册，第444页A栏第17行至第25行。

Дx.02668　残佛经

存6行，行9字。未检出。

Дx.02669　大般若波罗蜜多经卷第二百六十九初分难信解品第三十四之八十八

存13行，行12字。起："四正断"，讫："八解脱清"。唐玄奘译。经文见《大正藏》第6册，第362页A栏第14行至第27行。

ДV02670　史记李斯列传

存6行，行3至5字。

Дx.02670V　揖王入高昌城事

存7行。卷中有"揖王入高昌城"句。

Дx.02671　说无垢称经卷第一显不思议方便善巧品第二

存4行，行2至9字。起："杨显说释"，讫："忍摄益瞋恨"。唐玄奘译。经文见《大正藏》第14册，第560页B栏第13行至第17行。

Дx.02672　大方广佛华严经卷第四十六入法界品第三十四之三

存2行。录文："言唯然善男子右不深植善/菩提心得普。"东晋佛驮跋陀罗译。经文见《大正藏》第9册，第690页C栏第12行至第13行。

Дx.02673　佛说仁王般若波罗蜜经卷下护国品第五

存6行，行3至8字。起："罗国王"，讫："其班足"。后秦鸠摩罗什译。经文见《大正藏》第8册，第830页A栏第24行至B栏第1行。

Дx.02674　金刚般若波罗蜜经

存7行，行2至8字。首题："金刚般若波罗蜜经"，讫："偏袒"。后秦鸠摩罗什译。经文见《大正藏》第8册，第748页C栏第17行至第25行。

Дx.02675　佛说解百生怨家陀罗尼经

存9行，行16字。首题："佛说解百生怨家陀罗经"，讫："普光菩萨摩"。经文见《嘉兴藏·诸经日诵集要》第19册，第142页A栏第14行至第20行。

Дx.02675V　佛说解百生怨家经

存4行。正倒方向抄写。

Дx.02676 　大般若波罗蜜多经卷第五百三十九第四分妙行品第一之二

见Дx.00035。

Дx.02677 　妙法莲华经卷第五安乐行品第十四

存7行，行3至14字。起："所悕求"，讫："畜年少弟"。后秦鸠摩罗什译。经文见《大正藏》第9册，第37页B栏第2行至第9行。

Дx.02678 　妙法莲华经卷第七普贤菩萨劝发品第二十八

存7行，行5至12字。起："耨多罗"，讫："佛手摩其"。后秦鸠摩罗什译。经文见《大正藏》第9册，第61页C栏第19行至第62页A栏第2行。

Дx.02679　Дx.03190 　大般若波罗蜜多经卷第一百三十九初分校量功德品第三十之三十七

存22行，行2至9字。起："门若/若乐若苦"，讫："罗蜜多憍尸"。唐玄奘译。经文见《大正藏》第5册，第753页C栏第11行至第754页A栏第2行。

Дx.02680 　劝诫文

存6行，行5至13字。

Дx.02681 　亡阇梨文

存5行，行8字。

Дx.02681V 　杂写

存"甲子押牙"4字。不可定名。

Дx.02682 　金光明最胜王经卷第三灭业障品第五

存10行，行2至12字。起："行人心生悔"，讫："菩萨"。唐义净译。经文见《大正藏》第16册，第414页A栏第24行至B栏第5行。

Дx.02683　Дx.11074 　黄帝内经素问

二残片。存23行。

Дx.02683V　Дx.11074V 　地亩历

Дx.02684 　金光明最胜王经卷第六四天王护国品第十二

存3行，行9至13字。起："忆念不忘"，讫："不速隐没"。唐义净译。经文见《大正藏》第16册，第432页C栏第3行至第5行。

Дx.02685 　妙法莲华经卷第三化城喻品第七

存16行，行8至28字。起："知尔时转轮"，讫："东南方二佛"。后秦鸠摩罗什译。经文见《大正藏》第9册，第25页A栏第25行至B栏第26行。

Дx.02686 　妙法莲华经卷第六法师功德品第十九

存16行，行2至7字。起："庄严故"，讫："要言之/示"。后秦鸠摩罗什译。经文见《大正藏》第9册，第47页C栏第16行至第48页A栏第5行。

Дx.02687 　金刚般若波罗蜜经

存10行，行7至17字。起："见众生见寿者"，讫："四千万亿那"。后秦鸠摩罗什译。经文见《大正藏》第8册，第750页C栏第19行至第29行。

Дx.02688 　妙法莲华经卷第七观世音菩萨普门品第二十五

存13行，行8至12字。起："真观清净观"，尾题："观世音经"。后秦鸠摩罗什译。经文见《大正藏》第9册，第58页A栏第18行至B栏第7行。

Дx.02689 　妙法莲华经卷第二譬喻品第三

存10行，行4至11字。起："而说偈言"，讫："正法住於世"。后秦鸠摩罗什译。经文见《大正藏》第9册，第11页C栏第12行至第29行。

Дx.02690 　大般涅槃经卷第十如来性品第四之七

存2行。起："尔时文殊"，讫："断佛言善"。北凉昙无谶译。经文见《大正藏》第12册，第422页C栏第6行至第8行。

Дx.02691 　文殊师利所说摩诃般若波罗蜜经卷上

存10行，行3至7字。起："法可得"，讫："复次"。梁曼陀罗仙译。经义见《大正藏》第8册，第727页A栏第22行至B栏第3行。

Дx.02692 　金刚般若波罗蜜经

存9行，行6至11字。起："须菩提於意云"，讫："阿罗汉作是"。后秦鸠摩罗什译。经文见《大正藏》第8册，第749页B栏第29行至C栏第7行。

Дx.02693 　杂阿毗昙心论卷第一界品第一

存7行，行2至8字。起："如业"，讫："触入处触"。宋僧伽跋摩等译。经文见《大正藏》第28册，第873页A栏第2行至第10行。

Дx.02694 妙法莲华经卷第二譬喻品第三

存10行，行4至7字。起："于法自在"，讫："并诸菩萨"。后秦鸠摩罗什译。经文见《大正藏》第9册，第15页B栏第5行至第14行。此是经疏，疏双行小字。

Дx.02695 Дx.04119 佛说观药王药上二菩萨经

存10行，行5至14字。起："萨说是咒"，讫："千大千世界"。宋畺良耶舍译。经文见《大正藏》第20册，第661页C栏第20行至第29行。

Дx.02696 合部金光明经卷第六大辩天品第十二

存11字，行3至8字。起："说法庄严"，讫："丘受持"。北凉昙无谶译、隋释宝贵合。经文见《大正藏》第16册，第386页B栏第25行至C栏第7行。

Дx.02697 妙法莲华经卷第二譬喻品第三

存7行，行3至4字。起："斗诤之声"，讫："蓬乱残"。后秦鸠摩罗什译。经文见《大正藏》第9册，第14页A栏第7行至第15行。

Дx.02698 大般涅槃经卷第三十师子吼菩萨品第十一之四

存5行，行3至6字。起："虽生在"，讫："自迷耽荒"。北凉昙无谶译。经文见《大正藏》第12册，第542页C栏第12行至第16行。

Дx.02699 大般涅槃经卷第十如来性品第四之七

存5行，行2至9字。起："脚支节亦复"，讫："异类"。北凉昙无谶译。经文见《大正藏》第12册，第423页C栏第8行至第12行。

Дx.02700 Дx.03308 Дx.03692 羯磨自恣法第六

存9行，行4至14字。起："□十髙"，讫："现前僧"。曹魏昙谛译。经文见《大正藏》第22册，第1058页A栏第1行至第12行。有异文。

俄藏敦煌文献第十册叙录

Дх.02701 十方千五百佛名经

存4行，行3至6字。起："佛王中□佛"，讫："香华佛"。经文见《大正藏》第14册。所存佛名现刊本无完全相同者。定名存疑。

Дх.02702 Дх.10521 Дх.10522 Дх.10927 妙法莲华经卷第七观世音菩萨普门品第二十五

存30行，行5至18字。起："具我今重问彼"，讫："皆发无等守"。后秦鸠摩罗什译。经文见《大正藏》第8册，第57页C栏第9行至第58页B栏第7行。

Дх.02703 Дх.02704 金刚般若波罗蜜经

存35行，行1至14字。起："若/时须菩提"，讫："相何以故我於"。后秦鸠摩罗什译。经文见《大正藏》第8册，第750页A栏第10行至B栏第16行。

Дх.02705 妙法莲华经卷第七观世音菩萨普门品第二十五

存19行，行5至17字。起："若有百千万"，讫："萨威神之力"。后秦鸠摩罗什译。经文见《大正藏》第9册，第56页C栏第11行至第57页A栏第1行。

Дх.02706 Дх.02744B 金光明最胜王经卷第一序品第一

存25行，行2至9字。起："云集咸"，讫："於供"。唐义净译。经文见《大正藏》第16册，第404页A栏第1行至B栏第12行。另有二残片，未检出。

Дх.02707 法苑珠林卷第十三

存4行，行29行。起："十方佛"，讫："一切贤圣僧"。失译。经文见《大正藏》第53册，第382页B栏第26行至C栏第2行。有异文。

Дх.02707V 佛说佛名经卷第一

存2行。起："又复无始"，讫："造一切罪"。经文见《大正藏》第14册，第189页C栏第10行至第11行。

Дх.02708 Дх.03014 Дх.10543 妙法莲华经卷第三药草喻品第五至授记品第六

存47行，行3至14字。起："等所行"，品题："妙法莲华经授记品第六"，讫："清净其土"。后秦鸠摩罗什译。经文见《大正藏》第9册，第20页B栏第23行至第21页A栏第24行。

Дх.02709 菩提资粮论卷第二

存16行，行3至14字。起："应舍答"，讫："福胜者"。龙树菩萨造、比丘自在释、隋达磨笈多译。经文见《大正藏》第32册，第526页B栏第10行至第29行。

Дх.02710 金刚般若波罗蜜经

见Дх.00608。

Дх.02711 Дх.02712 佛说救疾经

存28行,行2至17字。起:"侵犯者",讫:"属此三病人"。经文见《大正藏》第85册,第1362页A栏第12行至B栏第12行。

Дx.02713 **金刚般若波罗蜜经**

存15行,行8至17字。起:"相寿者相应",讫:"若有善男"。后秦鸠摩罗什译。经文见《大正藏》第8册,第750页B栏第18行至C栏第4行。

Дx.02714 **金刚般若波罗蜜经**

见Дx.01836。

Дx.02715 **妙法莲华经卷第四五百弟子受记品第八**

存16行,行3至17字。首题:"妙法莲华经五百弟子受记品第八",讫:"护持助"。后秦鸠摩罗什译。经文见《大正藏》第9册,第27页B栏第16行至C栏第3行。

Дx.02716 **佛说阿弥陀经**

存23行,行3至17字。起:"色白光",讫:"为阿弥陀"。后秦鸠摩罗什译。经文见《大正藏》第12册,第347页A栏第5行至第27行。

Дx.02717 **妙法莲华经卷第二譬喻品第三**

存13行,行5至20字。起:"是於日夜",讫:"非是魔作佛"。后秦鸠摩罗什译。经文见《大正藏》第9册,第11页A栏第7行至B栏第2行。

Дx.02718 Дx.02720 **金光明最胜王经卷第一如来寿量品第二**

存39行,行3至12字。起:"盈便於",讫:"婆罗门姓憍"。唐义净译。经文见《大正藏》第16册,第405页B栏第17行至第406页A栏第1行。

Дx.02719 **大乘无量寿经**

见Дx.02599。

Дx.02720 **金光明最胜王经卷第一如来寿量品第二**

见Дx.02718。

Дx.02721 **礼忏文**

存13行,行3至16字。起:"照世间",讫:"善根与众"。部分经文与现刊本《集诸经礼忏仪卷上》同。见《大正藏》第47册。

Дx.02722 **大般若波罗蜜多经卷第五百七十三第六分观劝诫品第十四之二**

存10行,行2至17字。起:"林等中无间",讫:"害尔"。唐玄奘译。经文见《大正藏》第7册,第958页C栏第2行至第12行。

Дx.02723 **佛说无量大慈教经**

存7行,行6至8字。首题:"佛说无量大慈教",讫:"知识勉"。或为异译本。

Дx.02724 **春秋后语**

见Дx.02663。

Дx.02725 **大般涅槃经卷第五如来性品第四之二**

存10行,行4至10字。起:"譬如不",讫:"解脱"。北凉昙无谶译。经文见《大正藏》第12册,第392页A栏第17行至第27行。

Дx.02726 Дx.03097 **金刚般若波罗蜜经**

存11行,行5至12字。起:"一切相发阿",讫:"日光明照见"。后秦鸠摩罗什译。经文见《大正藏》第8册,第750页B栏第21行至C栏第3行。

Дx.02727 **大般若波罗蜜多经卷第三百五十四初分多问不二品第六十一之四**

首题:"大般若波罗蜜多经卷第",品题:"初分多问不二品第六十一之四",讫:"无际空散空"。唐玄奘译。经文见《大正藏》第6册,第820页A栏第9行至第18行。

Дx.02728 **摩诃僧祇律卷第十六**

存24行,行9至21字。起:"三秽污足者",讫:"波夜提"。东晋佛驮跋陀罗共法显译。经文见《大正藏》第22册,第355页A栏第8行至第369页B栏第23行。经为节抄本。

Дx.02729 **金光明经卷第四舍身品第十七**

存24行,行3至11字。起:"所食何",讫:"休息无诸尘"。北凉昙无谶译。经文见《大正藏》第16册,第354页B栏第6行至C栏第1行。

Дx.02730 **药师琉璃光如来本愿功德经**

存9行,行1至10字。起:"耳/丰足乃证得",

讫："正等菩提"。唐玄奘译。经文见《大正藏》第14册，第405页B栏第2行至第12行。

Дх.02731 大乘入楞伽经卷第六断食肉品第八

存21行，行7至14字。起："不知如是"，讫："如来听许食"。唐实叉难陀译。经文见《大正藏》第16册，第624页A栏第8行至B栏第2行。

Дх.02732A 大般若波罗蜜多经卷第一百九十一初分难信解品第三十四之十

存11行，行11至15字。首题："大般若波罗蜜多经卷第一百九十一"，品题："初分难信解品第卅四之十三藏法师玄奘"，讫："断故清净"。唐玄奘译。经文见《大正藏》第5册，第1023页B栏第21行至C栏第6行。

Дх.02732B 佛说阿弥陀经

存3行，行8至17字。首题："佛说阿弥陀经"，讫："丘众千二百"。后秦鸠摩罗什译。经文见《大正藏》第12册，第346页B栏第25行至第29行。

Дх.02733 Дх.04335 妙法莲华经卷第七药王菩萨本事品第二十三

存33行，行4至17字。起："所得功德"，讫："瞻萄油"。后秦鸠摩罗什译。经文见《大正藏》第9册，第54页A栏第18行至B栏第23行。

Дх.02734 佛说阿弥陀经

存14行，行6至17字。起："诸圣众现在"，讫："说诚实言"。后秦鸠摩罗什译。经文见《大正藏》第12册，第347页B栏第13行至第27行。

Дх.02735 妙法莲华经卷第二譬喻品第三

存16行，行2至20字。起："智尊号名曰华光"，讫："梵天"。后秦鸠摩罗什译。经文见《大正藏》第9册，第11页C栏第13行至第12页A栏第11行。

Дх.02736 金光明最胜王经卷第六四天王护国品第十二

存24行，行4至7字。起："香光明非但"，讫："佛刹土彼"。唐义净译。经文见《大正藏》第16册，第429页A栏第23行至B栏第19行。

Дх.02737 妙法莲华经卷第五安乐行品第十四

存9行，行17字。起："成就此第四"，讫："读诵文殊师"。后秦鸠摩罗什译。经文见《大正藏》第9册，第38页C栏第12行至第21行。

Дх.02738 小道地经

见Дх.00008。

Дх.02739 金光明最胜王经卷第七无染著陀罗尼品第十三

存17行，行7至17字。首题："金光明最胜王经无染著陀"，讫："所依自性"。唐义净译。经文见《大正藏》第16册，第432页C栏第16行至第433页A栏第5行。

Дх.02739V 卷帙号

Дх.02740 佛说阿弥陀经

总27行，行17字。起："时还到本国"，讫："彼国所以者"。后秦鸠摩罗什译。经文见《大正藏》第12册，第347页A栏第10行至B栏第8行。

Дх.02741 金刚般若波罗蜜经

见Дх.01976。

Дх.02742 大般涅槃经卷第二十六光明遍照高贵德王菩萨品第十之六

存8行，行17字。起："斯下之人"，讫："如草系比"。北凉昙无谶译。经文见《大正藏》第12册，第520页A栏第18行至第26行。

Дх.02743 大般若波罗蜜多经卷第五百五十二第四分善友品第二十二之二

存26行，行3至17字。起："日下也世"，讫："受记佛告善现"。唐玄奘译。经文见《大正藏》第7册，第842页B栏第1行至第25行。

Дх.02744A 大般涅槃经后分卷上憍陈如品余

存14行，行3至13字。起："生不起不尽不灭"，讫："无解脱"。唐若那跋陀罗译。经文见《大正藏》第12册，第904页B栏第24行至C栏第9行。

Дх.02744B 金光明最胜王经卷第一序品第一

见Дх.02706。

Дх.02745　Дх.03068　大乘无量寿经

存9行，行11至37字。起："书写教人"，讫："达磨底"。经文见《大正藏》第19册，第82页B栏第1行至第7行。

Дх.02746　佛说佛名经卷第十一

存11行。起："南无虚空"，讫："南无阿僧祇"。北魏菩提流支译。经文见《大正藏》第14册，第177页C栏第9行至第18行。

Дх.02747　金刚般若波罗蜜经

存3行，行2至10字。起："来得阿耨多罗"，讫："罗三"。后秦鸠摩罗什译。经文见《大正藏》第8册，第751页A栏第22行至第24行。

Дх.02748　大般若波罗蜜多经卷第五百五十六大般若经第五会序

存6行，行4至9字。首题："大般若经第五会"，讫："良由心涂"。唐玄则撰。经文见《大正藏》第7册，第865页B栏第1行至第9行。

Дх.02749　佛说天地八阳神咒经

存3行。录文："或在山/护成无/於妄语。"唐义净译。经文见《大正藏》第85册，第1423页A栏第12行至第15行。

Дх.02750　Дх.02834　Дх.02852　Дх.03085　佛说天地八阳神咒经

存20行，行2至18字。起："尾五土地神"，讫："养得"。唐义净译。经文见《大正藏》第85册，第1423页A栏第2行至第25行。

Дх.02751　安伞文

见Дх.01028。

Дх.02752　百行章

见Ф.247。

Дх.02752V　离别词

见Ф.247。

Дх.02753　Дх.03079　Дх.03080　劝善经

存13行，行4至19字。起："第一虐病死"，讫："佛不久见太平"。经文见《大正藏》第85册，第1462页A栏第7行至第19行。

Дх.02754　大般涅槃经卷第九如来性品第四之六

见Дх.02403。

Дх.02755　Дх.02867　Дх.03093　大乘无量寿经

存23行，行6至31字。起："阿波唎蜜哆"，讫："婆婆毗输底"。经文见《大正藏》第19册，第82页B栏第4行至C栏第22行。

Дх.02756　梁朝傅大士颂金刚经

存22行，行4至6字。起："伏其/善哉须菩"，品题："大乘正宗"，讫："寿者相即"。经文见《大正藏》第85册，第1页C栏第8行至第20行。

Дх.02757　Дх.02893　维摩诘所说经卷上佛国品第一

存21行，行3至10字。起："菩萨光严"，讫："者子俱"。后秦鸠摩罗什译。经文见《大正藏》第14册，第537页B栏第4行至第26行。

Дх.02758　金刚般若波罗蜜经

存14行，行3至14字。起："算数譬喻所"，讫："於意云"。后秦鸠摩罗什译。经文见《大正藏》第8册，第751页A栏第3行至第16行。

Дх.02759　妙法莲华经卷第七陀罗尼品第二十六

存4行，行2至13字。起："遮梨"，讫："陀罗尼二十一"。后秦鸠摩罗什译。经文见《大正藏》第9册，第58页B栏第19行至第23行。

Дх.02760　大方便佛报恩经卷第一序品第一

存11行，行3至13字。起："若不合者"，讫："舍身体"。失译。经文见《大正藏》第3册，第129页C栏第24行至第130页A栏第7行。有异文。

Дх.02761　道德经序诀

存5行。起："人教以"，讫："传也"。

Дх.02762　佛经偈语

存14行，行30字。起："佛海广供养"，讫："我所此回向"。未检出。

Дх.02763　云笈七签卷第九十七

存7行。起："不生摄亦俱然"，讫："斯谓"。

Дх.02763V　文范

存10行。

Дx.02764　大般若波罗蜜多经卷第二百二十四初分难信解品第三十四之四十三

见Дx.00944。

Дx.02765　金刚般若波罗蜜经

存5行，行4至8字。起："罗三藐三"，讫："阿耨多罗三"。后秦鸠摩罗什译。经文见《大正藏》第8册，第755页B栏第9行至第13行。

Дx.02766　大般若波罗蜜多经卷三百四初分魔事品第四十之二

见Дx.00727。

Дx.02767　太玄真一本际妙经卷第二

存9行，行7至17字。起："吾若诸大众"，讫："唯愿弘慈"。

Дx.02768　太上洞玄灵宝升玄内教经

存10行，行6至9字。起："方天尊之所"，讫："即成就大"。

Дx.02769　般若波罗蜜多心经

存16行，行7字左右。起："中无色无受想"，讫："究竟涅槃三世"。唐玄奘译。经文见《大正藏》第8册，第848页C栏第11行至第17行。

Дx.02770　妙法莲华经卷第四法师品第十

存7行，行2至7字。起："经当知是"，讫："华经敬"。后秦鸠摩罗什译。经文见《大正藏》第9册，第31页C栏第15行至第19行。

Дx.02771　妙法莲华经卷第六法师功德品第十九

存7行，行3至13字。起："说偈言"，讫："命命等"。后秦鸠摩罗什译。经文见《大正藏》第9册，第48页A栏第8行至第18行。

Дx.02771A　论刚柔性情

见Дx.00487A。

Дx.02771B　类书

见Дx.00487B。

Дx.02772　金刚般若波罗蜜经

存33行，行4至7字。起："是不可思"，讫："即非佛法"。后秦鸠摩罗什译。经文见《大正藏》第8册，第749页A栏第19行至B栏第25行。

Дx.02773　妙法莲华经卷第七观世音菩萨普门品第二十五

存23行，行2至9字。起："为说法应以帝"，讫："萨於"。后秦鸠摩罗什译。经文见《大正藏》第9册，第57页A栏第27行至B栏第22行。

Дx.02774A　某经题签

录文："□藏经卷第一。"

Дx.02774B　Дx.02796B　新菩萨经

存7行，行1至10字。起："死/五产生死"，讫："石下大/患"。经文见《大正藏》第85册，第1462页A栏第29行至B栏第7行。

Дx.02775　维摩诘所说经卷下菩萨行品第十一

存26行，行7至17字。起："以佛光明而作"，讫："百千劫尽力"。后秦鸠摩罗什译。经文见《大正藏》第14册，第553页C栏第17行至第554页A栏第26行。

Дx.02776　押座文

存12行。起："润下驰"，讫："用敬韵"。

Дx.02776V　签押账

Дx.02777　Дx.02820　Дx.02936　Дx.02940　妙法莲华经卷第七观世音菩萨普门品第二十五

存32行，行8至11字。首题："妙法莲华经观世音菩萨普门"，讫："若多瞋恚常"。后秦鸠摩罗什译。经文见《大正藏》第9册，第56页C栏第2行至第57页A栏第3行。

Дx.02778　大方等大集经菩萨念佛三昧分卷第一不空见本愿品第二之一

见Дx.00001。

Дx.02779　大般若波罗蜜多经卷第八十九初分学般若品第二十六之五

存13行，行3至9字。起："染若净"，讫："若净不见舌"。唐玄奘译。经文见《大正藏》第5册，第494页A栏第26行至B栏第9行。

Дх.02780　Дх.02788　Дх.02939B　大般若波罗蜜多经卷第三百一十八初分趣智品第四十六之三

存11行，行7至11字。起："性空若现"，讫："行九次第定"。唐玄奘译。经文见《大正藏》第6册，第621页C栏第6行至第17行。

Дх.02781　大乘无量寿经

存4行，行6至14字。起："十四波唎婆"，讫："渐最能入"。经文见《大正藏》第19册，第84页C栏第14行至第20行。

Дх.02782　妙法莲华经卷第三药草喻品第五

存9行，行1至5字。起："随力"，讫："所说法"。后秦鸠摩罗什译。经文见《大正藏》第9册，第20页B栏第7行至第18行。

Дх.02783　妙法莲华经卷第四劝持品第十三

存7行，行2至8字。起："尔时摩"，讫："阿惟"。后秦鸠摩罗什译。经文见《大正藏》第9册，第36页B栏第2行至第10行。

Дх.02784　孝经圣治章第九

存2行。双行小字注。

Дх.02784V　残字

字不清。

Дх.02785　大般涅槃经卷第一寿命品第一

存6行，行2至10字。起："大忧"，讫："至如来所头面"。北凉昙无谶译。经文见《大正藏》第12册，第365页C栏第18行至第23行。

Дх.02786　妙法莲华经卷第四五百弟子受记品第八

存5行，行3至7字。起："示教利喜"，讫："法人中"。后秦鸠摩罗什译。经文见《大正藏》第9册，第27页B栏第29行至C栏第4行。

Дх.02787　妙法莲华经卷第七陀罗尼品第二十六

存8行，行3至7字。起："有能受"，讫："陀罗尼"。后秦鸠摩罗什译。经文见《大正藏》第9册，第58页B栏第10行至第18行。

Дх.02788　大般若波罗蜜多经卷第三百一十八初分趣智品第四十六之三

见Дх.02780。

Дх.02789　维摩诘所说经卷上弟子品第三

存13行，行5至17字。起："行诣维摩诘"，讫："多翅舍钦婆"。后秦鸠摩罗什译。经文见《大正藏》第14册，第540页B栏第18行至C栏第2行。

Дх.02789V　维摩诘经题签

录文："维摩诘经卷上。"

Дх.02790　大乘无量寿经

存16行，行7至16字。起："种花鬘璎珞"，讫："须毗尔悉指"。经文见《大正藏》第19册，第82页A栏第14行至第20行。

Дх.02791　佛说灌顶拔除过罪生死得度经卷第十二

存14行，行4至15字。起："痴迷或信邪"，讫："其精神还"。东晋帛尸利蜜多罗译。经文见《大正藏》第21册，第535页C栏第15行至第536页A栏第2行。

Дх.02792　Дх.02982　妙法莲华经卷第四法师品第十

存19行，行3至18字。起："如是若未闻"，讫："顺不□□□者"。后秦鸠摩罗什译。经文见《大正藏》第9册，第31页C栏第12行至第32页A栏第2行。

Дх.02793　说无垢称经卷第一序品第一

存8行，行3至5字。起："遍覆三千大"，讫："尊颜目"。唐玄奘译。经文见《大正藏》第14册，第558页B栏第10行至第20行。

Дх.02794　小道地经

见Дх.00008。

Дх.02795　金光明最胜王经卷第六四天王护国品第十二

存4行，行8至10字。起："迦牟尼如"，讫："尊我于今日"。唐义净译。经文见《大正藏》第16册，第428页C栏第14行至第19行。

Дх.02796A　Дх.02801　Дх.02807B　大乘大集经贤护分卷第四称赞功德品第八

存23行，行3至14字。起："现前即获"，讫："宿殃不"。隋阇那崛多译。经文见《大正藏》第13册，第886页B栏第9行至C栏第2行。

Дx.02796B 新菩萨经

见Дx.02774B。

Дx.02797A Дx.02798B 金光明最胜王经卷第一序品第一至如来寿量品第二

存14行，行3至9字。起："当於无量"，品题："金光明最胜王经如来寿"，讫："寿命长"。唐义净译。经文见《大正藏》第16册，第404页B栏第13行至C栏第4行。

Дx.02797B 维摩诘所说经卷中文殊师利问疾品第五

存4行，行5至8字。起："长者唯有"，讫："何所因报"。后秦鸠摩罗什译。经文见《大正藏》第14册，第544页B栏第24行至第28行。

Дx.02798A 维摩诘所说经卷上佛国品第一

存9行，行4至16字。起："世尊在其"，讫："稽首住於"。后秦鸠摩罗什译。经文见《大正藏》第14册，第538页A栏第1行至第9行。

Дx.02798B 金光明最胜王经卷第一序品第一至如来寿量品第二

见Дx.02797A。

Дx.02799 维摩诘所说经卷上佛国品第一

存6行，行5至15字。起："宝山铁山"，讫："前以偈颂"。后秦鸠摩罗什译。经文见《大正藏》第14册，第519页C栏第5行至第11行。

Дx.02800 Дx.03183 医卜书

存25行。

Дx.02800V Дx.03183V 公文底稿

存11行。

Дx.02801 大乘大集经贤护分卷第四称赞功德品第八

见Дx.02796A。

Дx.02802 维摩诘所说经卷上佛国品第一

存11行，行3至7字。起："能为"，讫："国者非"。后秦鸠摩罗什译。经文见《大正藏》第14册，第538页A栏第18行至第29行。

Дx.02803 Дx.02806 Дx.02807A 维摩诘所说经卷中文殊师利问疾品第五

存25行，行5至7字。起："师利与大众"，讫："当於一切众"。后秦鸠摩罗什译。经文见《大正藏》第14册，第544页B栏第9行至C栏第7行。

Дx.02804 妙法莲华经卷第四提婆达多品第十二

见Дx.00009。

Дx.02805 金刚般若波罗蜜经

见Дx.01865。

Дx.02805V 印契三界尊偈

见Дx.01865V。

Дx.02806 Дx.02807A 维摩诘所说经卷中文殊师利问疾品第五

见Дx.02803。

Дx.02807B 大乘大集经贤护分卷第四称赞功德品第八

见Дx.02796A。

Дx.02808 维摩诘所说经卷下菩萨行品第十一

存13行，行10至12字。起："渊尚可测量"，讫："终不厌倦"。后秦鸠摩罗什译。经文见《大正藏》第14册，第554页A栏第23行至B栏第8行。

Дx.02809 Дx.02810 净名经集解关中疏卷第二

存17行，行14字左右。注双行小字。起："品中文分有四"，讫："戒为"。部分经文同《净名经集解关中疏卷第二》，多有异文。

Дx.02811 大般若波罗蜜多经卷第一百九十九初分难信解品第三十四之十八

存4行，行10字。首题："大般若波罗蜜多经"，品题："初分难信解品第卅四之"，讫："何以故若"。唐玄奘译。经文见《大正藏》第5册，第1064页C栏第5行至第14行。

Дx.02812 和菩萨戒文

存12行，行10字左右。起："加嘉嗔铜开铁"，讫："布施欢喜"。经文见《大正藏》第85册，第1300页C栏第9行至第23行。

Дx.02813　佛本行集经难字表

存10行。

Дx.02814　礼忏文

存27行，行5至8字。起："摩琉璃光宝"，讫："敬礼毗卢遮那"。应为敦煌地方佛教活动文献。经文见《大正藏》第85册，第1303页C栏第10行至第1304页A栏第4行。有异文。内容前后顺序亦不尽一致。

Дx.02815　金光明最胜王经卷第六四天王护国品第十二

存4行，行3至7字。起："兵发向彼国"，讫："戈相罚"。唐义净译。经文见《大正藏》第16册，第427页C栏第24行至第27行。

Дx.02816　维摩诘所说经卷中文殊师利问疾品第五

存13行，行7至14字。起："虽行六通"，讫："不舍佛法"。后秦鸠摩罗什译。经文见《大正藏》第14册，第545页C栏第11行至第25行。

Дx.02817　大乘无量寿经

存12行，行5至40字。起："波唎输底"，讫："莎诃十五"。经文见《大正藏》第19册，第84页B栏第17行至C栏第14行。

Дx.02818　大般涅槃经佛母品

存4行，行4字。录文："还归本天/鸣呼大哭/皆作哭声/入般涅槃。"经文见《大正藏》第85册，第1463页B栏第18行至第21行。第4行"入般涅槃"之"入""槃"2字可补《大正藏》所收录S.2084之缺。

Дx.02819　妙法莲华经卷第七

存10行，行2至8字。起："熟如此诸"，品题："□第二十八"，讫："乾闼婆阿修"。后秦鸠摩罗什译。经文见《大正藏》第9册，第60页C栏第28行至第61页A栏第10行。

Дx.02820　妙法莲华经卷第七观世音菩萨普门品第二十五

见Дx.02777。

Дx.02821　合部金光明经卷第一寿量品第二

存17行，行7至8字。起："中彼於彼处"，讫："一面已信"。北凉昙无谶译、隋释宝贵合。经文见《大正藏》第16册，第361页A栏第16行至B栏第3行。

Дx.02822　蒙书

存259行，行10至12字。品题："番姓名第二、衣物部第三、斛升部第四、果子部第五、农田部第六、诸匠部第七、身体部第八、音乐部第九、药物部第十、器用物部第十一、屋舍部第十二、论语部第十三、禽兽部第十四、礼乐部第十五、颜色部第十六、官位部第十七、司分部十八、地分部第十九、亲戚长幼二十。"

Дx.02823　佛教问答

袖珍册子本。存27面，每面3行，行4字。内容当为《法门名义集》选辑选录本。经文参见《大正藏》第54册，第199页B栏至C栏。

Дx.02824A　般若波罗蜜多心经

册页装。存50行，行6字左右。首题："佛说般若波罗蜜多心经"，尾题："佛说波罗蜜多心经"。唐玄奘译。经文见《大正藏》第8册，第848页C栏第4行至第24行。

Дx.02824B　佛说延寿命经

存40行，行6字左右。首题："佛说延命经"，讫："受持者其人获无量福"。现刊本《大正藏》所收为S.2428，与此卷经文完全不同。或为异译本。

Дx.02824C　白描画

白描佛像。榜题："佛说延寿命经一卷。"

Дx.02824D　杂写

未检出。

Дx.02825　妙法莲华经卷第五安乐行品第十四

存7行，行16字。起："衣服卧具"，讫："千万亿劫"。后秦鸠摩罗什译。经文见《大正藏》第9册,第38页A栏第21行至B栏第1行。

Дх.02826 **开元某年牒状**

录文:"作人兴胡/牒被问得牒称/答其胡不是细/于此市用小练肆/亦不是恶人及□/虚妄请求受重罪谨/被问依实谨牒/开元。"

Дх.02827 **星命占术**

存23行,行2至20字。

Дх.02827V **裱纸**

一小块裱纸,上有数字,不清楚。

Дх.02828 **乾祐二年材植交纳账册**

有签押。多笔账目。

Дх.02829 **癸卯年三月七日准经录抄记**

录文:"癸卯年三月七日准经录抄记□于请处觅得及新写逐帙数/目四谛论四卷有分别功德四卷写诸佛因缘论二卷写十八部/论一卷写部执异论一卷写异部宗论一卷写已以共一帙/般若经论有第一第三第七第八欠第二第四第五第六第九第十第十一第十二/第十三第十四第十五卷十二门论一卷十八□论一卷已上共一□写。"

Дх.02830 **四分律疏**

存5行,行4至17字。起:"截衣有其二种",讫:"法中者是"。经文见《卍新续藏》第41册,第526页至第527页。差别较大,仅部分经文相同。

Дх.02831 Дх.03089 **般若波罗蜜多心经**

存9行,行5至10字。起:"若波罗蜜多故心",尾题:"般若波罗蜜多心经"。唐玄奘译。经文见《大正藏》第8册,第848页C栏第15行至第24行。

Дх.02832 Дх.02840 Дх.03066 **悼亡文范**

存21行。中题:"亡兄弟、亡新妇。"

Дх.02833 **佛说无常经**

存14行,行4至12字。起:"泽是不可念",讫:"随业下意"。唐义静译。经文见《大正藏》第85册,第1458页C栏第2行至第16行。亦名《三启经》。

Дх.02834 **佛说天地八阳神咒经**

见Дх.02750。

Дх.02835 Дх.02873 **大般若波罗蜜多经卷第一百八初分校量功德品第三十之六**

存27行,行6至16字。起:"定十遍处以",讫:"鼻触鼻触"。唐玄奘译。经文见《大正藏》第5册,第594页A栏第3行至第13行。

Дх.02835V Дх.02873V **卷帙号**

存"一十八"3字。

Дх.02836 Дх.02859 **妙法莲华经卷第五从地踊出品第十五**

存10行,行4至20字。起:"世间法",讫:"演说令开"。后秦鸠摩罗什译。经文见《大正藏》第9册,第42页A栏第5行至第24行。

Дх.02837 Дх.02848 **大般涅槃经卷第十一现病品第六**

存36行,行5至18字。起:"如来常",讫:"成就神通无上仙人"。北凉昙无谶译。经文见《大正藏》第12册,第429页A栏第20行至B栏第25行。

Дх.02838 **佛说佛名经卷第九**

存8行,行5至12字。起:"无精进",讫:"称佛南无"。北魏菩提流支译。经文见《大正藏》第14册,第163页C栏第16行至第22行。

Дх.02839 **礼忏文**

存9行。

Дх.02840 **悼亡文范**

见Дх.02832。

Дх.02841 **大般涅槃经卷第三十一师子吼菩萨品第十一之四之五**

存9行,行5至8字。起:"摩他何等",讫:"云何而言"。北凉昙无谶译。经文见《大正藏》第12册,第547页C栏第5行至第21行。与现刊本分卷不同。

Дх.02842 **百行章**

见Ф.247。

Дх.02843 **大般涅槃经卷第四如来性品第四之一**

存18行，行4至17字。起："寻灭莫知"，讫："烦恼炽"。北凉昙无谶译。经文见《大正藏》第12册，第387页C栏第13行至第388页A栏第2行。

Дx.02844A 解梦书

见 Дx.01327。

Дx.02844AV 裱纸

见Дx.01327V。

Дx.02844B 论语集解乡党第十

见Дx.01399。

Дx.02844BV 玉篇

见Дx.01399V。

Дx.02845 佛说无常经

存24行，行5至20字。起："云法雨润群生"，讫："病死世间"。经文见《大正藏》第85册，第1458页B栏第1行至第28行。亦名《三启经》。

Дx.02846 Дx.03062 Дx.03086 金刚般若波罗蜜经

存22行，行7至17字。起："佛可说义"，讫："故实无有"。后秦鸠摩罗什译。经文见《大正藏》第8册，第749页B栏第14行至C栏第8行。

Дx.02847 大般若波罗蜜多经卷第七十八初分天帝品第二十二之二

存18行，行2至15字。起："迦是为菩萨摩"，讫："忧恼如箭思/苦"。唐玄奘译。经文见《大正藏》第5册，第437页A栏第11行至第29行。

Дx.02847V 卷帙号

存2行。录文："十八/第八。"

Дx.02848 大般涅槃经卷第十一现病品第六

见Дx.02837。

Дx.02849 大般涅槃经后分卷上应尽还源品第二

存20行，行2至16字。起："第四种"，讫："一禅即"。唐若那跋陀罗译。经文见《大正藏》第12册，第904页C栏第5行至第25行。

Дx.02850 太上洞玄灵宝三元品诫经

存26行。

Дx.02851 四分律比丘戒本

存9行，行4至7字。起："死时怀恐惧"，讫："於众中乃"。经文见《大正藏》第22册，第1015页B栏第7行至第26行。

Дx.02851V 杂写

存一"音"字。

Дx.02852 佛说天地八阳神咒经

见Дx.02750。

Дx.02853 Дx.03104 金光明最胜王经卷第九善生王品第二十一

存24行，行5至7字。起："修罗紧那罗"，讫："主善生王"。唐义净译。经文见《大正藏》第16册，第444页B栏第18行至C栏第12行。

Дx.02854 馆藏缺

Дx.02855 妙法莲华经卷第二譬喻品第三

存6行，行4至10字。首题："妙法莲华经譬喻品第三"，讫："如来无量"。后秦鸠摩罗什译。经文见《大正藏》第9册，第10页B栏第28行至C栏第4行。

Дx.02856 Дx.03046 Дx.10590 妙法莲华经卷第五安乐行品第十四

存29行，行4至19字。起："以大方便"，讫："是人得大利如"。后秦鸠摩罗什译。经文见《大正藏》第9册，第39页B栏第7行至C栏第17行。

Дx.02857 四分律卷第四十八比丘尼犍度第十七

存5行，行4至9字。起："若堕"，讫："得上人法"。后秦佛陀耶舍共竺佛念等译。经文见《大正藏》第22册，第924页B栏第18行至第23行。或为唐道宣集《四分律删补随机羯磨卷上诸戒受法篇第三》。经文见《大正藏》第40册，第499页A栏第24行至第28行。

Дx.02858 Дx.03702 妙法莲华经卷第七观世音菩萨普门品第二十五

存14行，行3至11字。起："即现声"，讫："度者即现比丘"。后秦鸠摩罗什译。经文见《大正藏》第9册，第57页A栏第26行至B栏第12行。

Дx.02859 **妙法莲华经卷第五从地踊出品第十五**

见Дx.02836。

Дx.02860 **四分律比丘戒本**

存2行。录文："不舍者波逸提/又未作法如是耶见而不舍供给所。"后秦佛陀耶舍译。经文见《大正藏》第22册，第1019页C栏第19行至第22行。

Дx.02861 **维摩诘所说经卷中众生品第七**

存8行，行4至11字。起："有难得之"，讫："为变"。后秦鸠摩罗什译。经文见《大正藏》第14册，第548页B栏第20行至第28行。

Дx.02862　Дx.02871 **大乘无量寿经**

存17行，行5至25字。起："善男子若有"，讫："薄伽勃底"。经文见《大正藏》第19册，第83页A栏第16行至B栏第12行。

Дx.02863 **百行章**

见Φ.247。

Дx.02864 **梵网经卢舍那佛说菩萨心地戒品第十卷下**

见Дx.01789。

Дx.02865 **金刚般若波罗蜜经**

存8行，行9至11字。起："劫以身布施"，讫："三藐三菩"。后秦鸠摩罗什译。经文见《大正藏》第8册，第750页C栏第10行至第18行。

Дx.02866 **佛说天地八阳神咒经**

见Дx.01869。

Дx.02867 **大乘无量寿经**

见Дx.02755。

Дx.02868 **佛说天地八阳神咒经**

见Дx.01869。

Дx.02869A **医书**

存12行。

Дx.02869B **寺院账册**

存1行。录文："福真四升金刚五升又案。"

Дx.02869BV **己巳年五月十日等杂账**

录文："己巳年五月十日。"

Дx.02870 **大般若波罗蜜多经卷第二百八十二初分难信解品第三十四之一百**

存4行。录文："二无/陀罗/智智/门清净。"唐玄奘译。经文见《大正藏》第6册，第424页B栏第15行至第20行。残存文字极少，或为同经他品。

Дx.02871 **大乘无量寿经**

见Дx.02862。

Дx.02872 **摩诃般若波罗蜜经卷第二十六毕定品第八十三**

存7行，行2至17字。起："须菩提菩萨"，讫："天眼"。后秦鸠摩罗什译。经文见《大正藏》第8册，第410页C栏第20行至第27行。

Дx.02873 **大般若波罗蜜多经卷第一百八初分校量功德品第三十之六**

见Дx.02835。

Дx.02873V **卷帙号**

见Дx.02835V。

Дx.02874 **馆藏缺**

Дx.02875 **残佛经**

刻本。存5行，行9字。起："一切无知"，讫："更知生从"。未检出。

Дx.02876 **阿毗达磨俱舍释论卷第二十二破说我品第九**

刻本残片。存5行，行9字。起："一切无如此"，讫："更知生从"。婆薮盘豆造、真谛译。经文见《大正藏》第29册，第308页A栏第26行至B栏第1行。

Дx.02876V **偈语**

录文："今我所修如果说/殊胜无比□沙门/是法自性因缘灭/一切诸法从缘生。"

Дx.02877 **雕版西方三圣**

存5幅，2幅完整。单幅宽6厘米，高6厘米。阿弥陀佛结跏趺坐莲台，着右袒袈裟，结说法印。右胁侍观音菩萨、头戴化佛冠，桃形头光，裸上身斜披帛巾。左手擎莲华，右手方跨上。左胁侍大势至菩萨,体态娴娜如观音,左手自然下垂,右手于胸前结印。此图与P.t.255,P.4028.P.4728等同版。

Дх.02878 版画天曹地府说法图

残缺,图不清。仅存榜题:"为天曹地府说法之。"

Дх.02879 使沓蜜施合将军封套

存1行。

Дх.02880 具注历

Дх.02881 Дх.02882 开元二十九年二月九日授得菩萨戒牒

Дх.02883 Дх.02884 尚书洪范

Дх.02885 满道场赞

存2行。录文:"於雪山求□法昔□□/□躯命舍金身满道伤。"

Дх.02886 发愿文

存16行。题记:"于时太平兴国六年岁次辛巳五月一日/□记耳。"

Дх.02887 牛犊驴出入历

Дх.02888 周德十七年二月一日女弟子深性於沙州灵图寺授菩萨戒牒

Дх.02889 乾德二年五月八日南赡部洲娑诃世界沙州三界寺授千佛戒牒

Дх.02890 大乘净土赞

存20行。首题:"大乘净土赞一本",讫:"子父莫交傅"。题记:"此赞只用阿一心□/诵者不得乱人传读者。"经文见《大正藏》第85册,第1266页A栏第13行至B栏第12行。尾倒书1行,录文:"又三家□□内□□半句□。"不明其义。

Дх.02891 大般涅槃经卷第十五梵行品第八之一

存26行,行9至17字。起:"一切众生",讫:"复次善男子菩"。北凉昙无谶译。经文见《大正藏》第12册,第455页C栏第14行至第456页A栏第12行。

Дх.02892 大般涅槃经卷第三十七迦叶菩萨品第十二之五

存17行,行5至17字。起:"是三世所摄",讫:"故虚空名之"。北凉昙无谶译。经文见《大正藏》第12册,第581页B栏第6行至第22行。

Дх.02893 维摩诘所说经卷上佛国品第一

见Дх.02757。

Дх.02894 金刚般若波罗蜜经

存13行,行4至10字。起:"罗三藐三菩",讫:"如来度者若"。后秦鸠摩罗什译。经文见《大正藏》第8册,第751页C栏第20行至第752页A栏第7行。

Дх.02895 法句经卷下述佛品

存12行,行7至12字。起:"谛以有點",讫:"众聚和快"。法救撰、吴维祇难等译。经文见《大正藏》第4册,第567页A栏第29行至B栏第15行。

Дх.02896 胜鬘师子吼一乘大方便方广经如来真实义功德章第一一乘章第五

存7行,行4至16字。起:"量功德言得涅槃者",讫:"得般涅槃"。宋求那跋陀罗译。经见《大正藏》第12册,第219页C栏第9行至第16行。

Дх.02897 佛说天地八阳神咒经

存8行,行2至7字。起:"栏第地神青龙白虎",讫:"生忽"。唐义净译。经文见《大正藏》第85册,第1423页A栏第2行至第9行。

Дх.02898 干支五行

存2行。录文:"所□/丑金丙寅丁卯火戊辰己巳。"

Дх.02899 佛说阿弥陀经

存10行,行1至4字。起:"比丘",讫:"尔时"。后秦鸠摩罗什译。经文见《大正藏》第12册,第346页B栏第29行至C栏第10行。

Дх.02900 王文宪集序

见Дх.02606。

Дх.02900V 孝事父母文范

见Дх.02606V。

Дх.02901 Дх.02987 大般若波罗蜜多经卷第三百九十三初分成熟有情品第七十一之四

存10行，行9至12字。首题："大般若波罗蜜多经卷第三百"，品题："初分成熟有情品第七十一之四"，讫："令汝长夜"。唐玄奘译。经文见《大正藏》第6册，第1031页A栏第16行至第28行。

Дx.02902　大般若波罗蜜多经卷第一百一十三初分校量功德品第三十之十一

见Дx.00774。

Дx.02903　大乘无量寿经

存10行，行6至25字。起："输底儿"，讫："伽迦娜十一莎"。经文见《大正藏》第19册，第82页B栏第28行至C栏第14行。

Дx.02904　九九歌

存4行。录文："三五如□/十二二四如八 一四/二二如四一二如二/称意源成。"

Дx.02904V　正月十二日诚上纳磊文题记及残画像

残画一幅。榜题杂写："正月十二日诚上纳磊文记。"

Дx.02905　大般若波罗蜜多经卷第二百八十初分难信解品第三十四之九十九

存12行，行1至9字。起："道相智清净"，讫："空无/性"。唐玄奘译。经文见《大正藏》第6册，第420页B栏第8行至第18行。

Дx.02906　大般若波罗蜜多经卷第五百七十七第六分劝诫品第十四之二

存15行，行5至15字。首题："五百七十三"，讫："男子善女"。唐玄奘译。经文见《大正藏》第7册，第958页B栏第1行至第19行。

Дx.02907А　Дx.02916　金刚般若波罗蜜经

存14行，行7至14字。起："相寿者相"，讫："多不须菩"。后秦鸠摩罗什译。经文见《大正藏》第8册，第749页B栏第5行至第20行。

Дx.02907B　Дx.02924　大般若波罗蜜多经卷第一百六初分校量功德品第三十之四

存21行，行7至10字。起："与布施净戒"，讫："我但广称赞"。唐玄奘译。经文见《大正藏》第5册，第689页A栏第10行至B栏第1行。

Дx.02907BV　Дx.02924V　卷帙号

存"廿六"2字。

Дx.02908　大般若波罗蜜多经题签

录文："大般若波罗蜜多经卷第三百卅四永。"

Дx.02909　佛说父母恩重经

见Дx.00044。

Дx.02910　Дx.02912　金刚般若波罗蜜经

存9行，行3至8字。起："福德胜前福德"，讫："者何须菩"。后秦鸠摩罗什译。经文见《大正藏》第8册，第750页A栏第4行至第14行。

Дx.02911　妙法莲华经卷第七妙音菩萨品第二十四

见Дx.02466。

Дx.02912　金刚般若波罗蜜经

见Дx.02910。

Дx.02913　Дx.02932　金刚般若波罗蜜经

存17行，行12至17字。起："能生信心"，讫："而有差别"。后秦鸠摩罗什译。经文见《大正藏》第8册，第749页A栏第29行至B栏第18行。

Дx.02914　众经目录

存4行。录文："佛/云母经/处三观给/总持经。"

Дx.02915　金光明最胜王经卷第三灭业障品第五

存14行，行4至6字。起："何为四者"，讫："未来一切众"。唐义净译。经文见《大正藏》第16册，第414页C栏第28行至第415页A栏第12行。

Дx.02916　金刚般若波罗蜜经

见Дx.02907А。

Дx.02917　金光明最胜王经卷第三灭业障品第五

存11行，行4至7字。起："现在初行菩萨"，讫："是诸功德"。唐义净译。经文见《大正藏》第16册，第415页A栏第13行至第24行。

Дx.02918　佛经论释

见Дx.01891。

Дx.02918V　诗文残片

见Дx.01891V。

Дx.02919 **妙法莲华经卷第七妙音菩萨品第二十四**

见Дx.02466。

Дx.02920 **百鸟文**

存2行。录文:"百鸟名后属义仗是时二月词尽纵始三眷百鸟林中而弄翼鱼跃习水而跃鳞花照/百初。"

Дx.02920V **百鸟文**

存4行。录文:"百鸟名后属义仗是时二月月何尽纵始三眷百鸟林中而弄翼鱼跃/句色审鲜花初发而□日业/父子数人恶相敌/奢擘手□乱宣拳交横秃剔。"

Дx.02921 **妙法莲华经卷第二譬喻品第三**

存8行,行3至9字。首题:"妙法莲华经譬喻品第三",讫:"如来以小"。后秦鸠摩罗什译。经文见《大正藏》第9册,第10页B栏第28行至C栏第6行。

Дx.02922 **佛说佛名经卷第十九**

见Дx.02042。

Дx.02923 **大般若波罗蜜多经卷第二百三十八初分难信解品第三十四之五十七**

存27行,行1至6字。起:"栏第行识清净",讫:"无忘失法清"。唐玄奘译。经文见《大正藏》第6册,第119页A栏第21行至B栏第18行。

Дx.02924 **大般若波罗蜜多经卷第一百六初分校量功德品第三十之四**

见Дx.02907B。

Дx.02924V **卷帙号**

见Дx.02907BV。

Дx.02925 **维摩诘所说经卷中文殊师利问疾品第五**

存9行,行8至17字。起:"栏第久如当云",讫:"言居士此室"。后秦鸠摩罗什译。经文见《大正藏》第14册,第544页B栏第20行至第29行。

Дx.02926 **妙法莲华经卷第二譬喻品第三**

存11行,行8至17字。起:"曰华光如来",讫:"此诸菩萨非"。后秦鸠摩罗什译。经文见《大正藏》第9册,第11页B栏第19行至第29行。

Дx.02927 **佛说阿弥陀三耶三佛萨楼佛檀过度人道经卷上**

存11行,行2至17字。起:"已过去",讫:"尔时世有/开"。吴支谦译。经文见《大正藏》第12册,第300页C栏第11行至第20行。

Дx.02927V **经卷名**

存"经卷下"3字。

Дx.02928 **大般若波罗蜜多经卷第三百一十三初分众喻品第四十四之三**

存18行,行4至17字。起:"岸是布施",讫:"为空无为空"。唐玄奘译。经文见《大正藏》第6册,第596页B栏第27行至C栏第15行。

Дx.02928V **冗经所笔题记**

题记:"冗经所笔/乙酉年十二月一日打猎/队藉造笔□□。"

Дx.02929 **妙法莲华经卷第七观世音菩萨普门品第二十五**

存17行,行4至17字。首题:"莲华经观世音菩萨普门品第二十五",讫:"夜叉罗刹"。后秦鸠摩罗什译。经文见《大正藏》第9册,第56页C栏第2行至第18行。

Дx.02930 **沙州长史注般若波罗蜜多心经**

见Дx.00515。

Дx.02931 **大智度论卷第十九释初品中三十七品义第三十一**

存23行,行4至12字。起:"是小乐亦",讫:"道恶山间"。龙树菩萨造、后秦鸠摩罗什译。经文见《大正藏》第25册,第199页B栏第21行至C栏第19行。

Дx.02932 **金刚般若波罗蜜经**

见Дx.02913。

Дx.02933 **般若波罗蜜多心经**

存18行,行8至13字。首题、尾题:"般若波罗蜜多心经。"唐玄奘译。经文见《大正藏》第8册,第848页C栏第4行至第24行。

Дx.02934 Дx.02990 妙法莲华经卷第四法师品第十

存17行,行7至16字。起:"灭度后愍众生",讫:"受持是经"。后秦鸠摩罗什译。经文见《大正藏》第9册,第30页C栏第25行至第31页A栏第16行。

Дx.02935 大般若波罗蜜多经卷第三百七十九初分无杂法义品第六十七之二

存13行,行3至11字。起:"无行无",讫:"愁叹苦忧恼"。唐玄奘译。经文见《大正藏》第6册,第956页A栏第14行至第26行。

Дx.02936 妙法莲华经卷第七观世音菩萨普门品第二十五

见Дx.02777。

Дx.02937 妙法莲华经卷第七观世音菩萨普门品第二十五

存14行,行13字。起:"度者即现长者",讫:"人非人等身"。后秦鸠摩罗什译。经文见《大正藏》第9册,第57页B栏第6行至第17行。

Дx.02938 太玄真一本际妙经卷第三

见Дx.02226。

Дx.02939A 大方便佛报因经卷第二对治品第三

存15行,行2至10字。起:"远照",讫:"阿耨多罗"。失译。经文见《大正藏》第3册,第130页C栏第12行至第26行。

Дx.02939B 大般若波罗蜜多经卷第三百一十八初分趣智品第四十六之三

见Дx.02780。

Дx.02940 妙法莲华经卷第七观世音菩萨普门品第二十五

见Дx.02777。

Дx.02941 僧伽吒经卷第四

存13行,行2至6字。起:"告年少此是",讫:"复有"。月婆首那译。经文见《大正藏》第13册,第974页C栏第3行至第15行。

Дx.02942 萨婆多毗尼毗婆沙卷第九第四事

存19行,行4至17字。起:"轻重有五",讫:"廿七事一一心"。失译。经文见《大正藏》第23册,第561页C栏第22行至第562页A栏第12行。

Дx.02943 十诵律卷第四十六百六十七八单提法之三

存13行,行12至20字。起:"不实者当言不实",讫:"某甲谁诸长"。后秦弗若多罗共罗什译。经文见《大正藏》第23册,第333页A栏第13行至B栏第4行。

Дx.02944 金刚般若波罗蜜经

存14行,行9字。起:"世尊善男子",讫:"然灯佛则不"。后秦鸠摩罗什译。经文见《大正藏》第8册,第751页A栏第8行至第22行。

Дx.02945 金刚般若波罗蜜经

存8行,行3至17字。起:"含名一名往来",讫:"得阿耨"。后秦鸠摩罗什译。经文见《大正藏》第8册,第749页C栏第2行至第9行。

Дx.02946 金刚般若波罗蜜经

存14行,行2至12字。起:"於意/以用布施",讫:"如来有所"。后秦鸠摩罗什译。经文见《大正藏》第8册,第751页B栏第29行至C栏第14行。

Дx.02947 中书侍郎韦谭等五言诗三首

存9行。

Дx.02947V 前秦建元十四年七月八日买田契

存4行。

Дx.02948 馆藏缺

Дx.02949 曹法姿写经题记

存题记6行。录文:"岁次壬午清信曹法姿写此经愿使流布令一切众生受持诵习善根□此功德使现在亲/□□□疾令解脱有视□听虚语□□□狗□/者得丰足三途地狱饿鬼寄生□□受乐/发菩提心愿三界五道一切有形之□悉成无/上道。"另存经1行。

Дx.02950 藏经点检历

存6行。

Дх.02951 佛说长阿含经卷第十五（二二）第三分种德经第三

存8行，其中完整者4行，行9至17字。起："百婆罗门"，讫："成就此法"。后秦佛陀耶舍共竺佛念等译。经文见《大正藏》第1册，第94页C栏第19行至第27行。

Дх.02952 维摩诘所说经卷中不二法门品第九

存8行，行2至7字。起："於一切法无言"，讫："法忍"。题记："□了。"后秦鸠摩罗什译。经文见《大正藏》第14册，第551页C栏第18行至第26行。

Дх.02952V 书仪

存6行。

Дх.02953 丙戌年正月马大师书怀

存5行。

Дх.02954 广顺二年壬子岁正月一日百姓索庆奴受田契

Дх.02954V 令狐眼全造笔壹管牒

Дх.02955 杂写

前4行残，行约4字。意义不明。后有杂抄。录文："到耻不求人／且作五言书手若笔。"不可定名。

Дх.02955V 抄经题记

杂写4行。录文："□□后有残纸不可别将归虽□□□／□□□若笔恶多有阙错□□见去／□□□作书纵恶墨由满可苍往□／□□□勿新学苦死未曾书虽。"题记："庚午年十月日学生吕惠达书写。"

Дх.02956 甲申年二月四日诸家上欠便勿名目

存14行。

Дх.02957 Дх.10280 光定十三年十月初四日杀了人口状

Дх.02958 大乘无量寿经

见Дх.02211。

Дх.02959 寺卿陈荣□牒

Дх.02960 须大拏太子变文

见Дх.00285。

Дх.02960VA 须大拏太子变文

见Дх.00285VA。

Дх.02960VB 祭慈母文

见Дх.00285VB。

Дх.02960VC 破历

见Дх.00285VC。

Дх.02961 佛经论释

存5行。未检出。

Дх.02961V 杂写

杂写"法谈文"3字。

Дх.02962 孔子传

存1行。录文："春秋述易道乃。"

Дх.02963 残佛经

存2行，行4字。未检出。

Дх.02964 残佛经

碎片。无法辨识。

Дх.02965 妙法莲华经卷第一序品第一

见Дх.01714。

Дх.02966 好住娘

存9行。起："好住娘"，讫："钵于诸"。

Дх.02966V 辛巳年正月二十二日僧虔祐书写诸杂赞文题记

存4行。录文："辛巳年正月廿二日／僧虔祐书写／诸杂赞文一本／不得人错认者。"

Дх.02967 文范

Дх.02968 太平广记卷第九

见Дх.01257。

Дх.02969 书仪

见Дх.01309。

Дх.02970 Дх.03023 Дх.03028 Дх.03112 Дх.03125 版画大圣文殊师利菩萨

同纸二幅。仅残存下段发愿文。

Дх.02971 康愿德等粮食账册

Дх.02972 杂写

　　杂写"牒字"2字。

Дх.02973 残佛经

　　存3行,行1至2字。甚残,不可定名。

Дх.02974 敦煌马太守后亭歌等诗

　　见Дх.01360。

Дх.02975 春秋左氏传僖公二十一年至二十二年

　　见Дх.00362。

Дх.02975V 佛教传贴

　　见Дх.00362V。

Дх.02976A 医书

　　见Дх.01295A。

Дх.02976B 具注历

　　见Дх.01295B。

Дх.02977 天窐鬼镜图并推得病日法

　　见Дх.01258。

Дх.02978 劝善经

　　见Дх.00327。

Дх.02979 孝经圣治章第九

　　存8行。

Дх.02979V 勘经记

　　存2行。可见"壹/勘"等字。

Дх.02980 大通方广经卷中

　　见Дх.00180。

Дх.02981 残佛经

　　存5行,行4至21字。行书,似为金刚经释。

Дх.02982 妙法莲华经卷第四法师品第十

　　见Дх.02792。

Дх.02983 维摩诘所说经卷中不思议品第六

　　存8行,行3至10字。起:"菩萨以",讫:"迫示诸"。后秦鸠摩罗什译。经文见《大正藏》第14册,第547页A栏第17行至第24行。

Дх.02984 十地经论远行地卷第七之九

　　存17行,行12至17字。起:"经曰诸佛子",讫:"实际行而不证"。天亲菩萨造、北魏菩提流支译。经文见《大正藏》第26册,第177页B栏第27行至C栏第15行。

Дх.02985 Дх.02994 大般涅槃经卷第十五梵行品第八之一

　　存28行,行5至9字。起:"罪若无我者",讫:"大王何故忧"。北凉昙无谶译。经文见《大正藏》第12册,第476页B栏第6行至C栏第7行。

Дх.02986 夹注本般若波罗蜜多心经

　　存14行。注双行小字。前6行为经序。现刊本《大正藏》未收。

Дх.02987 大般若波罗蜜多经卷第三百九十三初分成熟有情品第七十一之四

　　见Дх.02901。

Дх.02988 Дх.03059 维摩诘所说经卷中文殊师利问疾品第五

　　存13行,行3至12字。起:"毗耶离",讫:"爱则我"。后秦鸠摩罗什译。经文见《大正藏》第14册,第544页B栏第8行至第21行。

Дх.02989 佛说灌顶随愿往生十方净土经卷第十一

　　存8行,行1至6字。起:"普广菩萨",讫:"彼"。东晋帛尸梨蜜多罗译。经文见《大正藏》第21册,第529页B栏第2行至第13行。

Дх.02990 妙法莲华经卷第四法师品第十

　　见Дх.02934。

Дх.02991 和菩萨戒文

　　存5行,行6至8字。起:"入黄泉佛子",讫:"三百具长钉"。经文见《大正藏》第85册,第1300页C栏第3行至第8行。

Дх.02992A 妙法莲华经卷第四提婆达多品第十二

　　存2行。录文:"全身舍利起七宝/诸天人民悉以杂。"后秦鸠摩罗什译。经文见《大正藏》第9册,第35页A栏第9行至第10行。

Дх.02992B 金刚般若波罗蜜经

　　存2行。录文:"菩提言不也世/汉世尊若阿。"

后秦鸠摩罗什译。经文见《大正藏》第8册，第749页C栏第8行至第9行。

Дх.02993 **佛说净饭王般涅槃经**

存20行，行8至14字。首题："佛说净饭王般涅槃经"，讫："年虽幼稚神"。宋沮渠京声译。经文见《大正藏》第14册，第781页A栏第23行至B栏第17行。

Дх.02994 **大般涅槃经卷第十五梵行品第八之一**

见Дх.02985。

Дх.02995 **大智度论卷第十一释初品中舍利弗因缘第十六**

存20行，行5至17字。起："智量过人虽"，讫："二人以疏验"。龙树菩萨造、后秦鸠摩罗什。经文见《大正藏》第25册，第136页A栏第26行至B栏第18行。

Дх.02996 **妙法莲华经卷第五如来寿量品第十六**

存12行，行4至17字。起："信解如来谛"，讫："万亿那由他"。后秦鸠摩罗什译。经文见《大正藏》第9册，第42页B栏第3行至第15行。

Дх.02997 **般若波罗蜜多心经**

存6行，行4至10字。起："舍利子"，讫："乃至无意"。唐玄奘译。经文见《大正藏》第8册，第848页C栏第8行至第13行。

Дх.02998 **维摩诘所说经卷上**

见Дх.02350B。

Дх.02999 Дх.03058 **医方**

存7行。

Дх.02999V Дх.03058V **李峤杂咏**

存9行。定名依徐俊《敦煌写本诗歌续考》，《敦煌研究》，2002年第5期。

Дх.03000A **佛说解百生怨家经**

存9行，行9字。起："夜结净斋戒"，尾题："佛说解百生怨家经一卷"。经文见《嘉兴藏》第19册，第142页A栏第19行至B栏第4行。

Дх.03000B **佛说地藏菩萨经**

存15行，行9字。首题："佛说地藏菩萨经"，讫："罪不凭心二"。题记："戊子年三月廿一日张法律诸/杂经一本为空。"经文见《大正藏》第85册，第1455页B栏第23行至C栏第2行。题记在首题后。

Дх.03001 **金刚般若波罗蜜经**

存14行，行9至17字。起："相寿者相"，讫："三藐三菩提"。后秦鸠摩罗什译。经文见《大正藏》第8册，第751页A栏第14行至第29行。

Дх.03002 **丁巳年十一月十七日亲情□□放书**

存10行。

Дх.03002V **残字**

存"卷第归"3字。

Дх.03003 **妙法莲华经卷第七观世音菩萨普门品第二十五**

见Дх.00493。

Дх.03004 **佛说佛名经卷第四**

存12行，每行字数不一。首题："佛说佛名经卷第四"，讫："不可量世"。失译。经文见《大正藏》第14册，第203页B栏第8行至第15行。

Дх.03005 **四分律删补随机羯磨卷上诸戒受法篇第三**

存6行，行4至10字。起："是犯此波罗夷"，讫："有所失自今已"。唐道宣集。失译。经文见《大正藏》第40册，第498页B栏第13行至第18行。

Дх.03006 **维摩诘所说经卷上菩萨品第四**

存7行，行7至11字。起："尔时天女"，讫："孤独乞人期"。后秦鸠摩罗什译。经文见《大正藏》第14册，第543页B栏第26行至C栏第5行。

Дх.03007 **大般涅槃经题签**

录文："大般涅槃经卷第五。"

Дх.03008 **残佛经**

二残片。各4字。未检出。

Дх.03009 **大般若波罗蜜多经卷第六十初分赞大乘品第十六之五**

存8行,行4至8字。品题:"三藏法师玄奘奉诏译",讫:"多空现在"。唐玄奘译。经文见《大正藏》第5册,第337页B栏第9行至第18行。

Дx.03010 大般若波罗蜜多经卷第一百一十三初分校量功德品第三十之十一

见Дx.00774。

Дx.03011 妙法莲华经卷第六随喜功德品第十八

存9行,行3至10字。起:"劝於一人令往",讫:"当疾生"。后秦鸠摩罗什译。经文见《大正藏》第9册,第47页A栏第21行至B栏第6行。

Дx.03012 大乘无量寿经

存8行,行3至16字。起:"国祇树给孤独园",讫:"曼殊若"。经文见《大正藏》第19册,第82页A栏第3行至第19行。

Дx.03013 佛说佛名经卷第十五

存8行。起:"经卷第十五",讫:"南无称名亲佛南"。经文见《大正藏》第14册,第283页A栏第18行至第23行。

Дx.03014 妙法莲华经卷第三药草喻品第五至授记品第六

见Дx.02708。

Дx.03015 Дx.03156 广顺三年公牒封套

Дx.03016 礼记

存2行。录文:"度/乐丰□。"

Дx.03016V 史书

存2行,行3字。

Дx.03017 残字

存"□□岭更"4字。

Дx.03018 九想观

存6行。

Дx.03019A 发愿文

见Дx.01375A。

Дx.03019B 无常偈文

见Дx.01375B。

Дx.03019C 西方阿弥陀礼文

见Дx.01375C。

Дx.03020 须大拏太子变文

见Дx.00285。

Дx.03020VA 须大拏太子变文

见Дx.00285VA。

Дx.03020VB 祭慈母文

见Дx.00285VB。

Дx.03020VC 破历

见Дx.00285VC。

Дx.03021 藏经印

存"莲藏经"3字。

Дx.03022 戒本

Дx.03023 版画大圣文殊师利菩萨

见Дx.02970。

Дx.03024 书仪

见Дx.01309。

Дx.03025 甲寅、乙卯年大乘寺百姓李恒子等便麦契

见Дx.01416。

Дx.03026 施绅绢历

见Дx.01305。

Дx.03027 残佛经

存6行。未检出。

Дx.03027V 便麦黄麻历

存4行。

Дx.03028 版画大圣文殊师利菩萨

见Дx.02970。

Дx.03029 占卜书

见Дx.01274。

Дx.03029V 书信

见Дx.01274V。

Дx.03030 询起居函

存4行。录文:"起居万福即日都头残/时倍加/者人使到团具知/在此。"

Дx.03031 陀罗尼

存4行。

Дx.03032 发愿文

录文："既蒙贤圣遥赴道/民归命敬礼常住三。"

Дx.03033 Дx.03129 发愿文

二残片。各存3行。

Дx.03034 版画文殊师利菩萨

仅存发愿文。

Дx.03035 发愿文

存4行，行12字。

Дx.03036 般若波罗蜜多心经

存8行，行6至15字。首题："波罗蜜多心经"，讫："无无明亦无"。唐玄奘译。经文见《大正藏》第8册，第848页C栏第4行至第13行。

Дx.03037 佛说佛名经

存7行，行1至7字。起："无大目犍"，讫："轻重诸罪"。与现刊本《佛说佛名经》无完全相同者。

Дx.03038 大般若波罗蜜多经题签

录文："大般若波罗蜜多经卷第四百卅四。"

Дx.03039 妙法莲华经卷第七观世音菩萨普门品第二十五

首题："妙法莲华经普门品第廿五"，讫"：即得浅处若"。后秦鸠摩罗什译。经文见《大正藏》第9册，第56页C栏第2行至第11行。

Дx.03040 金刚般若波罗蜜经

见Дx.02434B。

Дx.03041 金刚般若波罗蜜经

存11行，行7至17字。起："心不逆其"，讫："塔皆应恭"。后秦鸠摩罗什译。经文见《大正藏》第8册，第750页C栏第11行至第22行。

Дx.03042 菩萨地持经卷第十菩萨地持毕竟方便处建立品第五

存4行，行6至13字。起："道果一切种"，讫："婆罗门于菩"。北凉昙无谶译。经文见《大正藏》第30册，第959页A栏第29行至B栏第4行。

Дx.03043 大般若波罗蜜多经题签

录文："大般若经卷第二十六三恩。"

Дx.03044 大般若波罗蜜多经卷第一百四十六初分校量功德品第三十之四十四

存13行，行5至8字。起："空受想行识"，讫："波罗蜜多色"。唐玄奘译。经文见《大正藏》第5册，第789页B栏第3行至第15行。另有二残片。录文："之是经""三永"。未检出。

Дx.03045 妙法莲华经卷第七观世音菩萨普门品第二十五

存30行，行10字。起："中若有乃至一人"，讫："观世音菩"。后秦鸠摩罗什译。经文见《大正藏》第9册，第56页C栏第13行至A栏第5行。

Дx.03046 妙法莲华经卷第五安乐行品第十四

见Дx.02856。

Дx.03047 金刚般若波罗蜜经

见Дx.02633。

Дx.03048 佛说净度经卷第三

存22行，行10至17字。起："人从三恶"，讫："小休息耳"。经文见《藏外佛教文献》第7册，第295页A栏第4行至第297页A栏第12行。

Дx.03049 妙法莲华经卷第四五百弟子受记品第八

存18行，行6至17字。起："不能宣唯佛"，讫："亦於未来"。后秦鸠摩罗什译。经文见《大正藏》第9册，第27页B栏第25行至C栏第15行。

Дx.03050 大乘无量寿经

存21行，行3至38字。起："书写教人书写"，讫："十五"。经文见《大正藏》第19册，第83页C栏第5行至第84页A栏第17行。

Дx.03051 妙法莲华经卷第四法师品第十

存30行，行2至17字。起："此法/是诸佛秘要"，讫："菩萨闻是"。后秦鸠摩罗什译。经文见《大正藏》第9册，第31页B栏第17行至C栏第19行。

Дx.03052 金刚般若波罗蜜经

存5行,行3至4字。起:"给孤独园",讫:"中即从"。后秦鸠摩罗什译。经文见《大正藏》第8册,第748页C栏第20行至第25行。

Дx.03053 陀罗尼

存2行,行7字。

Дx.03054 佛说佛名经卷第十七

存1行,总7字。录文:"过是世界若着微。"失译。经文见《大正藏》第14册,第252页A栏第8行。

Дx.03055 维摩诘所说经卷中文殊师利问疾品第五

存3行,行4至6字。起:"落城邑妻",讫:"者多是住"。后秦鸠摩罗什译。经文见《大正藏》第14册,第547页A栏第19行至第21行。

Дx.03056 Дx.03092 大般若波罗蜜多经卷第九十八初分叹众德品第二十八之一

二残片。其一,存11行,行3至7字。起:"无上正",讫:"波罗蜜多亦无"。唐玄奘译。经文见《大正藏》第5册,第542页C栏第19行至第29行。其二,存7行,行3至4字。起:"独觉□提诸",讫:"行般若波"。经文见《大正藏》第5册,第542页C栏第17行至第24行。同经碎片。

Дx.03057 妙法莲华经卷第七观世音菩萨普门品第二十五

存3行,行3至11字。起:"音菩萨",讫:"称观世音"。后秦鸠摩罗什译。经文见《大正藏》第9册,第56页C栏第14行至第16行。

Дx.03058 医方

见Дx.02999。

Дx.03058V 李峤杂咏

见Дx.02999V。

Дx.03059 维摩诘所说经卷中文殊师利问疾品第五

见Дx.02988。

Дx.03060 佛经论释

存14行。

Дx.03060V 杂写

存2行。录文:"□/山岳于。"

Дx.03061 Дx.03074 金刚般若波罗蜜经

存19行,行4至11字。起:"能生信心",讫:"是人所得"。后秦鸠摩罗什译。经文见《大正藏》第8册,第749页A栏第29行至B栏第19行。

Дx.03062 金刚般若波罗密经

见Дx.02846。

Дx.03063 金刚般若波罗蜜经

存6行,行4至9字。起:"得阿耨",讫:"须菩提如来"。后秦鸠摩罗什译。经文见《大正藏》第8册,第751页A栏第24行至第29行。

Дx.03064 金有陀罗尼经

存5行,行8至18字。起:"而斗战时",讫:"实以明咒"。经文见《大正藏》第85册,第1455页C栏第22行至第26行。

Дx.03065 金光明最胜王经卷第二分别三身品第三

存17行,行3至9字。起:"种事业",讫:"念生灭□□住"。唐义净译。经文见《大正藏》第16册,第408页C栏第18行至第409页A栏第7行。

Дx.03066 悼亡文范

见Дx.02832。

Дx.03067 Дx.04261 金光明最胜王经卷第六四天王护国品第十二

存20行,行3至12字。起:"瞿粟拏",讫:"为降灾厄"。唐义净译。经文见《大正藏》第16册,第431页C栏第1行至第432页A栏第1行。

Дx.03068 大乘无量寿经

见Дx.02745。

Дx.03069 Дx.03071 金刚般若波罗蜜经

存11行,行3至8字。起:"若化",讫:"南西北方"。后秦鸠摩罗什译。经文见《大正藏》第8册,第749页A栏第7行至第17行。

Дx.03070　医书

　　见Дx.00235。

Дx.03071　金刚般若波罗蜜经

　　见Дx.03069。

Дx.03072　昙无德律部杂羯磨受戒法第二

　　存2行。注双行小字。录文："（是初羯摩第二/第三亦如是说）僧/是事如是。"曹魏康僧铠译。经文见《大正藏》第22册，第1042页C栏第23行至第25行。

Дx.03073　金光明最胜王经卷第一

　　存4行，行1至5字。起："常於我所"，讫："如来无有/常"。唐义净译。经文见《大正藏》第16册，第407页C栏第29行至第408页A栏第4行。

Дx.03074　金刚般若波罗蜜经

　　见Дx.03061。

Дx.03075　Дx.03084　佛说父母恩重经

　　册页装。存3面，共18行。首题："佛说父母恩重"，讫："父母书写此经"。经文见《大正藏》第85册，第1403页B栏第21行至C栏第6行。

Дx.03076　百行章

　　见Ф.247。

Дx.03077　大般若波罗蜜多经卷第一百一十三初分校量功德品第三十之十一

　　见Дx.00774。

Дx.03078　四分比丘尼羯磨法

　　存11行，行2至16字。起："摩那/禅得解"，讫："具学三法一"。宋求那跋摩译。经文见《大正藏》第22册，第1066页B栏第17行至第27行。

Дx.03079　Дx.03080　劝善经

　　见Дx.02753。

Дx.03081　药师琉璃光如来本愿功德经

　　存13行，行4至13字。起："言世尊惟"，讫："药师瑠璃"。唐玄奘译。经文见《大正藏》第14册，第404页C栏第22行至第405页A栏第5行。

Дx.03082　金刚般若波罗蜜经

　　存15行，行4至13字。起："相众生"，讫："宁为多不须"。后秦鸠摩罗什译。经文见《大正藏》第8册，第749页B栏第5行至第19行。

Дx.03083　三界寺僧名

　　见Дx.00020V。

Дx.03084　佛说父母恩重经

　　见Дx.03075。

Дx.03085　佛说天地八阳神咒经

　　见Дx.02750。

Дx.03086　金刚般若波罗蜜经

　　见Дx.02846。

Дx.03087　佛说佛名经

　　见Дx.01162。

Дx.03088　大般涅槃经卷第三十五迦叶菩萨品第十二之三

　　存7行，行4至11字。起："恼等故而"，讫："复骂辱拷"。北凉昙无谶译。经文见《大正藏》第12册，第570页B栏第12行至第18行。

Дx.03089　般若波罗蜜多心经

　　见Дx.02831。

Дx.03090　四分律摘抄

　　见Дx.00835。

Дx.03090V　四分律摘抄

　　见Дx.00835V。

Дx.03091　止观辅行传弘决卷第三之二

　　存9行，行10至11字。首行至第2行有"禅定如大海多闻我若广/可穷尽"句，出处不详。下接"佛靠阿难我忆往"至"汝于此义"一段，为唐毗陵沙门湛然述《止观辅行传弘决卷第三之二》。经文见《大正藏》第46册，第231页A栏第15行至第22行。异文较多。

Дx.03092　大般若波罗蜜多经卷第九十八初分叹众德品第二十八之一

　　见Дx.03056。

Дx.03093　大乘无量寿经

见Дx.02755。

Дx.03094 大方广佛华严经卷第十四兜率天宫菩萨云集赞佛品第二十

存5行,行2至7字。起:"昧见",讫:"自在于甚深智"。东晋佛驮跋陀罗译。经文见《大正藏》第9册,第485页B栏第16行至第21行。

Дx.03095A 习字

存3行。习写"渠""河"2字。

Дx.03095B 习字

二残片。存7行。习写"字""千""凌""绎"等字。

Дx.03096 大方便佛报恩经卷第一

见Дx.01590。

Дx.03097 金刚般若波罗蜜经

见Дx.02726。

Дx.03098 妙法莲华经卷第六随喜功德品第十八

存9行,行5至9字。首题:"妙法莲华经随喜功德品第",讫:"处若在僧坊"。后秦鸠摩罗什译。经文见《大正藏》第9册,第46页B栏第21行至C栏第1行。

Дx.03099 金光明最胜王经卷第一如来寿量品第二

存5行,行1至3字。录文:"妙/上/上/严饰量/东。"唐义净译。经文见《大正藏》第16册,第404页C栏第11行至第15行。

Дx.03100A 如来成道经

存13行,行4至13字。起:"挂肉观三世",尾题:"如来成道经"。经文见《大正藏》第85册,第1405页B栏第11行至第25行。

Дx.03100B 大威仪经请问

存5行,行2至4字。首题:"大威仪经请问",尾题:"佛说大威"。经文见《大正藏》第85册,第1390页A栏第22行至第27行。

Дx.03101 大方便佛报恩经卷第一

见Дx.01590。

Дx.03102A 金光明最胜王经卷第一如来寿量品第二

存7行,行7字。起:"行乞食是",讫:"此类有情"。唐义净译。经文见《大正藏》第16册,第407页C栏第21行至第28行。

Дx.03102B Дx.04312B 佛说天地八阳神咒经

存9行,行7至12字。起:"时有优婆塞",讫:"善女人等"。唐义净译。经文见《大正藏》第85册,第1423页A栏第22行至B栏第3行。

Дx.03103 大般涅槃经卷第八如来性品第四之五

存3行,行12至14字。起:"行无所利益",讫:"常见若言苦"。北凉昙无谶译。经文见《大正藏》第12册,第410页B栏第18行至第21行。

Дx.03104 金光明最胜王经卷第九善生王品第二十一

见Дx.02853。

Дx.03105 妙法莲华经卷第六常不轻菩萨品第二十

存9行,行3至8字。起:"鼻舌身",讫:"耨多罗三"。后秦鸠摩罗什译。经文见《大正藏》第9册,第50页B栏第27行至C栏第6行。

Дx.03106 金刚般若波罗蜜经

存23行,行7至11字。起:"信须菩提",讫:"如来所得阿"。后秦鸠摩罗什译。经文见《大正藏》第8册,第751页A栏第6行至第29行。

Дx.03107 佛说佛名经卷第一

存24行。起:"佛南无宝法上决定佛",讫:"上佛"。经文见《大正藏》第14册,第187页A栏第13行至B栏第5行。

Дx.03108 杂写

存1行,总13字。无意义。

Дx.03109 刊谬补缺切韵

见Дx.01267。

Дx.03110 衍讷等便麦历

见Дx.01432。

Дx.03110V 鸟形画押

Дх.03111 劝诫文

存4行。录文:"治国信谗心煞忠/别异居夫妇信/天雨五谷□辣□/如法□。"

Дх.03111V 藏文残片

Дх.03112 版画大圣文殊师利菩萨

见Дх.02970。

Дх.03113 摩诃般若波罗蜜经卷第二十一三慧品第七十

见Дх.02159。

Дх.03113V 敦煌寿昌县田契

见Дх.02159V。

Дх.03114 己卯年六月牧羊人康定奴状

见Дх.01359。

Дх.03114V 转贴

见Дх.01359V。

Дх.03115 大乘百法明门论开宗义决

见Дх.00507。

Дх.03115V 佛经论释

见Дх.00507V。

Дх.03116 唐名例律卷第一

见Дх.01916B。

Дх.03116V 唐沙州□元暕请地辞

见Дх.01916BV。

Дх.03117 最上乘论

存3行。起:"即虚凝淡泊",讫:"乐此是磨"。第五祖弘忍禅师述。经文见《大正藏》第48册,第379页A栏第13行至第20行。

Дх.03118 Дх.03422 摩诃般若波罗蜜经卷第二十二遍学品第七十四

存8行,行3至20字。起:"若诸法相貌",讫:"知应部"。后秦鸠摩罗什译。经文见《大正藏》第8册,第381页C栏第6行至第15行。

Дх.03119 摩诃般若波罗蜜经卷第二十一三慧品第七十

见Дх.02159。

Дх.03119V 敦煌寿昌县田契

见Дх.02159V。

Дх.03120 大乘百法明门论开宗义决

见Дх.00507。

Дх.03120V 佛经论释

见Дх.00507V。

Дх.03121 杂写

存2行,行2至4字。

Дх.03122 杂写

存2行,行1至2字。

Дх.03123 须大拏太子变文

见Дх.00285。

Дх.03123VA 须大拏太子变文

见Дх.00285V。

Дх.03123VB 祭慈母文

见Дх.00285VB。

Дх.03123VC 破历

见Дх.00285VC。

Дх.03124 大乘百法明门论开宗义决

见Дх.00507。

Дх.03124V 佛经论释

见Дх.00507V。

Дх.03125 版画大圣文殊师利菩萨

见Дх.02970。

Дх.03126 佛经论释

见Дх.01341。

Дх.03127 佚书

见Дх.01282。

Дх.03127V 沙州诸乡纳草人名录

见Дх.01282V。

Дх.03128 支出历

残片。存4行。

Дх.03128V 佛说地藏菩萨经经名

录文:"佛说地藏菩萨。"

Дх.03129　发愿文

　　见Дх.03033。

Дх.03130　洛晟晟买园舍契

　　见Дх.01355。

Дх.03131　汉书天文志

　　存7行。

Дх.03131V　杂写

　　存3行，行13字左右。待考。

Дх.03132　十空赞

　　见Дх.00922。

Дх.03133　妙法莲华经卷第七观世音菩萨普门品第二十五

　　存6行，行4至8字。起："尔时无尽意"，讫："有持是观世音"。后秦鸠摩罗什译。经文见《大正藏》第9册，第56页C栏第3行至第8行。

Дх.03134　金刚般若波罗蜜经

　　见Дх.01300。

Дх.03135　Дх.03138　变文

　　存4行。行11至13字。

Дх.03136　二月三日酒壹瓮付僧子历

　　存4行。录文："二月三日酒壹瓮付僧子/博士用十一日□流庆家/瓮付僧皆屈常乐/造门博士。"

Дх.03137　金刚般若波罗蜜经

　　见Дх.01300。

Дх.03138　变文

　　见Дх.03135。

Дх.03139　金刚般若波罗蜜经

　　见Дх.01300。

Дх.03140　卷帙号

　　录文："大般若经第四帙。"

Дх.03141　Дх.03142　Дх.03157　Дх.03178　版画大圣文殊师利菩萨

　　存3幅，均残。缺下部发愿文。

Дх.03143　版画佛本行集经说法图

Дх.03144　版画大圣文殊师利菩萨

　　仅存下部发愿文7行。

Дх.03145　比丘慈光记戒律

　　存5行。录文："永洗内身菩萨所见/执处境无不得外永洗/永洗内身比丘慈光记/者□不如是如是/三者僧赞。"

Дх.03146　大般若波罗蜜多经题签

　　录文："大般若波罗蜜多经卷第二百九十八。"

Дх.03147　佛说父母恩重经

　　存1行，总9字。录文："重莫复二岁三岁弄意。"经文见《大正藏》第85册，第1403页C栏第20行。

Дх.03148　残佛经

　　存2行，行4字。录文："者阿名无言/包含之第。"未检出。

Дх.03149　Дх.03150　金刚般若波罗蜜经

　　见Дх.00892。

Дх.03151　法镜经

　　见Дх.01361。

Дх.03152　馆藏缺

Дх.03153　书仪

　　见Дх.01309。

Дх.03154　礼西方阿弥陀佛文

　　见Дх.01914。

Дх.03155　唐名例律卷第一

　　见Дх.01916B。

Дх.03155V　唐沙州□元暕请地辞

　　见Дх.01916BV。

Дх.03156　广顺三年公牒封套

　　见Дх.03015。

Дх.03157　版画大圣文殊师利菩萨

　　见Дх.03141。

Дх.03158　妙法莲华经卷第七观世音菩萨普门品第二十五

　　见Дх.01616。

Дx.03159　书仪

见Дx.01309。

Дx.03160　大乘起信论略述卷下

存5行。起："门故述曰此后总"，讫："此初也谓"。建康沙门昙旷撰。经文见《大正藏》第85册，第1111页B栏第16行至第21行。

Дx.03160V　张崇进等受田历

存2行。录文："张崇进/受田一十六亩。"

Дx.03161　杂写

存7行。待考。

Дx.03162　天穿鬼镜图并推得病日法

见Дx.01258。

Дx.03163　金光明最胜王经卷第一序品第一

存4行。起："三匝退坐"，讫："伽梵於日"。唐义净译。经文见《大正藏》第16册，第404页A栏第3行至第6行。

Дx.03164　四月十九日到西州文

存2行。录文："□□四月十九日□/□盈到西州□。"

Дx.03165　天穿鬼镜图并推得病日法

见Дx.01258。

Дx.03166　罗汉圣僧集

存8行，行5至15字。起："罗汉圣僧集"，讫："一切普通"。

Дx.03167　思益梵天所问经卷第三问谈品第六

存10行，行6至12字。首题："思益梵天问经卷第三"，讫："观作与"。后秦鸠摩罗什译。经文见《大正藏》第15册，第47页A栏第1行至第10行。分卷与现刊本不同。

Дx.03168　开元寺下硙受除粟麦历

存8行。录文："税两石/下硙一石四升/律氾愿长入□了（以墨笔画去）除硙免外/合受麦五十三石粟二十一石/二升其粟油免主持□□氾愿长领/人算了戊寅年管硙二十七轮/内矜开元寺下硙麦一石粟四升/外□管人麦五十三石。"

Дx.03168V　习字

习写"之""及""人""见""为"等字。

Дx.03169　四分律比丘戒本

存7行，行2至8字。起："若比丘实"，讫："大德"。后秦佛陀耶舍译。经文见《大正藏》第22册，第1015页C栏第17行至第1016页A栏第3行。

Дx.03170　佛说阿弥陀经

存4行，行7字。起："难佛说此经"，尾题："阿弥陀经"。题记："清信弟。"后秦鸠摩罗什译。经文见《大正藏》第12册，第348页A栏第26行至第29行。

Дx.03171　维摩诘所说经卷上佛国品第一

存9行，行1至7字。起："大圣法王"，讫："或生厌/稽"。后秦鸠摩罗什译。经文见《大正藏》第14册，第537页C栏第29行至第538页A栏第8行。

Дx.03172　佛说天地八阳神咒经

存15行。起："登位之日"，讫："无知无见不"。唐义净译。经文见《大正藏》第85册，第1425页A栏第6行至第30行。

Дx.03173　妙法莲华经卷第四见宝塔品第十一

存17行，行4至14字。起："法者则为供养"，讫："为人演说"。后秦鸠摩罗什译。经文见《大正藏》第9册，第34页A栏第10行至B栏第3行。

Дx.03174　行都录事麹再诚牒

存5行。录文："行都录事麹再诚/可正十将/监兼/水硙/□。"

Дx.03175　菩萨地持经卷第四菩萨地持方便处施品第九

存8行，行3至10字。起："量诸众生时"，讫："为舍身"。北凉昙无谶译。经文见《大正藏》第30册，第906页B栏第15行至第23行。

Дx.03176　金刚般若波罗蜜经

刻本。存15行，行6至17字。起："来若去若"，讫："是微尘众"。后秦鸠摩罗什译。经文见《大正藏》第8册，第752页B栏第3行至第7行。

Дх.03177 Дх.03187 和菩萨戒文

存17行,行4至8字。起:"诸菩萨莫",讫:"天掌道佛子"。经文见《大正藏》第85册,第1300页B栏第27行至C栏第10行。

Дх.03178 版画大圣文殊师利菩萨

见Дх.03141。

Дх.03179 大智度论卷第二十一释初品中八背舍义第三十四

存10行,行5至17字。起:"内坏色相",讫:"次次离色界"。龙树菩萨造、后秦鸠摩罗什译。经文见《大正藏》第25册,第215页A栏第20行至B栏第1行。

Дх.03179V 摩诃衍经题签

录文:"摩诃衍经第廿一。"

Дх.03180 金刚般若波罗蜜经

存6行,行4至17字。起:"妄若见诸",讫:"净信者须"。后秦鸠摩罗什译。经文见《大正藏》第8册,第749页A栏第24行至B栏第3行。

Дх.03181 大般若波罗蜜多经卷第三百七十八初分无杂法义品第六十七之一

存6行,行3至12字。起:"如梦如",讫:"进故引"。唐玄奘译。经文见《大正藏》第6册,第954页A栏第21行至第26行。

Дх.03182 大般若波罗蜜多经卷第三百六十八

见Ф.015。

Дх.03183 医卜书

见Дх.02800。

Дх.03183V 公文底稿

见Дх.02800V。

Дх.03184 净名经集解关中疏卷上

存7行,行2至13字。起:"资圣寺沙门道液集",讫:"道液不揆庸浅"。唐道液集。经文见《大正藏》第85册,第440页A栏第14行至第25行。

Дх.03185 佛经论释

存8行,行15字左右。起:"不可得思量",讫:"有智者应可□详"。未检出。

Дх.03186 观音菩萨供养文

七残片,共27行。中有"供养偈""观音供养赞叹"子目。

Дх.03187 和菩萨戒文

见Дх.03177。

Дх.03188 佛经论释

存12行,行5至15字。起:"离恶不善法",讫:"寸中圣所说"。未检出。

Дх.03188V 裱纸杂写

杂写"陇/南"2字。

Дх.03189 丙戌年五月九日开元寺僧孟员昌朝清净偈

存7行。录文:"朝清净偈上中下坐各证六念/第一给佛愿得佛身第二念法法之轮常/转第三念僧着呢陀苦行第四念施/施心不绝第五念两两根清净 第六念/天得大涅槃常乐我净/丙戌年五月九日开元寺僧孟员昌/第一念知日月。"

Дх.03190 大般若波罗蜜多经卷第一百三十九初分校量功德品第三十之三十七

见Дх.02679。

Дх.03191 大般若波罗蜜多经卷第三百六十九初分遍学道品第六十四之四

存4行,行3至5字。录文:"深般若/可戏弄故/无常不可红/苦不可戏论。"唐玄奘译。经文见《大正藏》第6册,第900页C栏第26行至第901页A栏第1行。

Дх.03192A 佛本行集经卷第五贤劫王种品下

存6行,行4至7字。起:"仙时诸弟子/乞",讫:"焚烧王尸"。隋阇那崛多译。经文见《大正藏》第3册,第674页B栏第11行至第16行。

Дх.03192B 佛顶尊胜陀罗尼经

存4行。录文:"上贵/得清净天帝乃/罗尼功德/佛顶尊。"唐佛陀波利译。经文见《大正藏》第19册,第351页A栏第25行至第28行。

Дx.03192C Дx.03239 Дx.03520 Дx.03526 Дx.03603
Дx.03771 **大般涅槃经卷第三寿命品第一之三**

十六残片。其一，存18行，行2至8字。起："深隐/众生修平等心"，讫："舍恶"。北凉昙无谶译。经文见《大正藏》第12册，第380页C栏第4行至第23行。其二，存4行，行2至5字。录文："若治/譬如国王/聪明黠慧若/为我教。"经文见《大正藏》第12册，第381页A栏第18行至第22行。其三，存4行。录文："者大/及四部众当/及四部众尚/是。"经文见《大正藏》第12册，第381页B栏第3行至第6行。其四，存6行，行2至8字。起："是良"，讫："想世"。经文见《大正藏》第12册，第381页B栏第15行至第20行。其五，存5行，行3至10字。经文见《大正藏》第12册，第381页B栏第22行至第27行。其六，存5行，行2至10字。起："中天"，讫："第一迦叶"。经文见《大正藏》第12册，第381页C栏第1行至第5行。其七，存6行，行3至10字。起："今不应"，讫："意神"。经文见《大正藏》第12册，第381页C栏第10行至第16行。其八，存6行，行2至9字。起："是义"，讫："出世之"。经文见《大正藏》第12册，第381页C栏第18行至第23行。其九，存6行，行2至8字。起："无有"，讫："已自食"。经文见《大正藏》第12册，第381页C栏第25行至第382页A栏第2行。其十，存6行，行3至10字。起："尔时群"，讫："贼以提"。经文见《大正藏》第12册，第382页A栏第4行至第9行。其十一，存6行，行3至9字。起："何故以"，讫："之以水"。经文见《大正藏》第12册，第382页A栏第11行至第17行。其十二，存6行，行1至9字。起："慧"，讫："知故说"。经文见《大正藏》第12册，第382页A栏第18行至第24行。其十三，存6行，行3至10字。起："来是常"，讫："处善"。经文见《大正藏》第12册，第382页B栏第6行至第11行。其十四，存6行，行2至10字。起："即是"，讫："是义佛"。经文见《大正藏》第12册，第382页B栏第13行至第20行。其十五，存6行，行3至10字。起："云何而住"，讫："义亦非"。经文见《大正藏》第12册，第382页B栏第23行至第29行。其十六，存6行，行3至11字。起："想是"，讫："法故则"。经文见《大正藏》第12册，第382页C栏第2行至第8行。

Дx.03193 **佛藏经卷下了戒品第九**

存5行，行3至10字。起："非说我"，讫："在内说有我者"。后秦鸠摩罗什译。经文见《大正藏》第15册，第801页A栏第15行至第19行。

Дx.03194 **大般涅槃经卷第三十二师子吼菩萨品第十一之六**

存3行。起："如虚空於"，讫："财在异方"。北凉昙无谶译。经文见《大正藏》第12册，第555页B栏第21行至第23行。

Дx.03195 **妙法莲华经卷第六法师功德品第十九**

存6行，行2至8字。起："摩罗跋"，讫："虽住"。后秦鸠摩罗什译。经文见《大正藏》第9册，第48页B栏第22行至第27行。

Дx.03196 **大般涅槃经卷第十六梵行品之三**

存8行，行4至6字。起："之所不知"，讫："堕于地狱"。宋慧严等依泥洹经加之。经文见《大正藏》第12册，第710页A栏第20行至第28行。

Дx.03197 **大般若波罗蜜多经卷第三百初分难闻功德品第三十九之四**

四残片。每片存3至4行，行1至2字。唐玄奘译。经文见《大正藏》第6册，第528页C栏。

Дx.03198 **放光般若经卷第十三摩诃般若波罗蜜坚固品第五十七**

存3行，行4字，录文："空观则已/蜜则受无/菩提白佛。"西晋无罗叉译。经文见《大正藏》第8册，第90页C栏第13行至第15行。

Дx.03198V **回鹘文残片**

Дx.03199 **大般涅槃经卷第三十师子吼菩萨品第十一之四**

存6行，行2至5字。起："诣我所"，讫："亏盈"。

北凉昙无谶译。经文见《大正藏》第12册，第545页A栏第17行至第22行。

Дx.03200 请观世音菩萨消伏毒害陀罗尼咒经

存3行，行2至3字。录文："礼白言/利云/云何。"东晋竺难提晋言法喜译。经文见《大正藏》第20册，第36页C栏第29行至第37页A栏第2行。

Дx.03201 大般涅槃经卷第十三圣行品第七之三

存4行，行4至5字。起："有法有名"，讫："炎干闼婆城"。北凉昙无谶译。经义见《大正藏》第12册，第443页A栏第19行至第22行。

Дx.03202 妙法莲华经卷第六药王菩萨本事品第二十三

存6行，行1至5字。起："佛"，讫："之香如是等"。后秦鸠摩罗什译。经文见《大正藏》第9册，第53页B栏第8行至第13行。

Дx.03203 大般泥洹经卷第二

存10行，行3至12字。起："栏第能解者"，品题："法受持品第七"，讫："生生不堕"。东晋法显译。经文见《大正藏》第12册，第867页C栏第4行至第14行。

Дx.03204 大般涅槃经卷第十四圣行品第七之四

存8行，行8至17字。起："无常虚空无"，讫："以是故无常"。北凉昙无谶译。经文见《大正藏》第12册，第445页C栏第12行至第20行。

Дx.03205 大智度论卷第九十六释涅槃如化品第八十七

存4行，行6至11字。起："故问佛何等法"，讫："涅槃是法无"。龙树菩萨造、后秦鸠摩罗什译。经文见《大正藏》第25册，第730页B栏第18行至第21行。

Дx.03206 雕版佛像

存捺印禅定佛一尊，经文存"南无"2字。

Дx.03207 新华严经论卷第四

存6行，行6至11字。起："界之报唯"，讫："圣已上而"。长者李通玄撰。经文见《大正藏》第36册，第743页C栏第6行至第13行。有异文。

Дx.03208 虚空藏菩萨神咒经

存16行，行2至12字。起："见如"，讫："空心得自/染"。与《大正藏》中《虚空藏菩萨神咒经》仅部分经文相同，或为别经。存疑。

Дx.03209 大般涅槃经卷第三十二师子吼菩萨品第十一之六

存6行，行3至5字。起："何以故"，讫："能具足"。北凉昙无谶译。经文见《大正藏》第12册，第556页C栏第19行至第24行。

Дx.03210 佛说观佛三昧海经卷第九本行品第八

存8行，行3至17字。起："念佛三昧"，讫："本国"。东晋佛驮跋陀罗译。经文见《大正藏》第15册，第689页A栏第6行至第15行。

Дx.03211 妙法莲华经卷第四五百弟子受记品第八

存7行，行4至10字。起："迦叶那"，讫："常说无上道"。后秦鸠摩罗什译。经文见《大正藏》第9册，第28页C栏第3行至第12行。

Дx.03212 大乘大集地藏十轮经卷第十福田相品第七之二

存6行，行4至7字。起："见余相菩"，讫："见他身同于"。唐玄奘译。经文见《大正藏》第13册，第775页C栏第18行至第23行。

Дx.03213A Дx.03539 金光明经卷第二四天王品第六

存20行，行2至17字。起："战斗时汝等"，讫："尔时"。北凉昙无谶译。经文见《大正藏》第16册，第341页B栏第9行至第29行。

Дx.03213B 摩诃般若波罗蜜经卷第四辩才品第十五

存3行。起："波罗蜜"，讫："波罗蜜相当知"。后秦鸠摩罗什译。经文见《大正藏》第8册，第245页B栏第5行至第8行。

Дx.03214 佛说佛名经卷第一

存6行，行1至6字。起："南无卢"，讫："南无远离佛/南"。北魏菩提流支译。经文见《大正藏》第

14册，第116页A栏第20行至第24行。

Дx.03215 大般涅槃经卷第十二圣行品之二

存9行，其中完整者6行，行2至17字。起："受觉相是"，讫："善男子如是等"。北凉昙无谶译。经文见《大正藏》第12册，第442页C栏第8行至第15行。

Дx.03216 金光明经卷第三鬼神品第十三

存13行，行4至10字。起："地神大力"，讫："分陀利华"。北凉昙无谶译。经文见《大正藏》第16册，第350页B栏第26行至C栏第13行。

Дx.03217 Дx.03521 阿毗达磨顺正理论卷第五十四辩随眠品第五之十

存14行，行2至17字。起："永断时亦能资"，讫："者痴"。尊者众贤造、唐玄奘译。经文见《大正藏》第29册，第644页B栏第3行至第18行。

Дx.03218 Дx.04104 Дx.04235 妙法莲华经卷第七观世音菩萨普门品第二十五

三残片。其一，存15行，行4至9字。起："力其事云"，讫："以宰官身"。后秦鸠摩罗什译。经文见《大正藏》第9册，第57页A栏第22行至B栏第8行。其二，存5行，行8至9字。起："门妇女身"，讫："而为说法应"。经文见《大正藏》第9册，第57页B栏第13行至第18行。其三，存2行。录文："现宰官身/罗。"经文见《大正藏》第9册，第57页B栏第8行至第9行。

Дx.03219 大般若波罗蜜多经卷第一百九十九初分难信解品第三十四之十六

存11行，行10字左右。起："者清净若无相"，讫："何以故若生"。唐玄奘译。经文见《大正藏》第5册，第1054页C栏第19行至第29行。

Дx.03220A 佛说法句经普光庄严菩萨等证信品第八

存9行，行4至13字。起："匝合掌作礼"，讫："功德是故"。经文见《大正藏》第85册，第1434页B栏第7行至第15行。

Дx.03220B 妙法莲华经卷第七妙庄严王本事品第二十七

存6行，行4至7字。起："蜜廲"，讫："亦悉"。后秦鸠摩罗什译。经文见《大正藏》第9册，第59页C栏第7行至第12行。

Дx.03221 大宝积经卷第二十不动如来会第六之二往生因缘品第六

存6行，行1至4字。起："彼佛刹是"，讫："摩睺罗/行"。唐菩提流志译。经文见《大正藏》第11册，第112页C栏第6行至第11行。

Дx.03222A Дx.04181 妙法莲华经卷第二譬喻品第三

存11行，行3至15字。起："等功德"，讫："彼即是汝身"。后秦鸠摩罗什译。经文见《大正藏》第9册，第11页C栏第16行至A栏第6行。

Дx.03222B 大智度论卷第三十七释习相应品第三之余

存6行，行3至6字。起："故不破"，讫："摩诃萨"。龙树菩萨造、后秦鸠摩罗什译。经文见《大正藏》第25册，第336页A栏第17行至第23行。

Дx.03223 佛说灌顶拔除过罪生死得度经卷第十二

存14行，行7至9字。起："此药现琉璃光"，讫："畜生中闻我说"。东晋帛尸梨蜜多罗译。经文见《大正藏》第21册，第533页A栏第15行至B栏第2行。中有一幅彩绘插图。

Дx.03223V 回鹘文残片

Дx.03224 妙法莲华经卷第七妙庄严王本事品第二十七

存13行，行9至10字。起："虚空中化城"，讫："虚空高七多罗"。后秦鸠摩罗什译。经文见《大正藏》第9册，第60页B栏第16行至第29行。

Дx.03224V 回鹘文残片

Дx.03225 妙法莲华经卷第六法师功德品第十九

存9行，行7至17字。起："根闻于三千大千"，讫："持是经者"。后秦鸠摩罗什译。经文见《大正藏》第9册，第48页B栏第18行至第27行。

Дx.03225V　回鹘文残片

Дx.03226　放光般若经卷第十二摩诃般若波罗蜜随真知识品第五十三

存14行，行8至9字。起："三菩提以者何"，讫："阿耨多罗三耶"。西晋无罗叉译。经文见《大正藏》第8册，第81页C栏第8行至第22行。

Дx.03226V　回鹘文残片

Дx.03227　妙法莲华经卷第四法师品第十

存7行，行3至9字。起："分别说"，讫："为之作卫护"。后秦鸠摩罗什译。经文见《大正藏》第9册，第32页A栏第20行至B栏第3行。

Дx.03228　大般涅槃经卷第十五梵行品第八之一

存8行，至4至14字。起："以献如来"，讫："了知十二部"。北凉昙无谶译。经文见《大正藏》第12册，第452页A栏第11行至第17行。

Дx.03229　金光明经卷第二四天王品第六

存9行，行1至5字。起："乐"，讫："亦复如是"。北凉昙无谶译。经文见《大正藏》第16册，第344页B栏第17行至第27行。

Дx.03230　妙法莲华经卷第五从地踊出品第十五

存7行，行2至9字。起："乐少病"，讫："化度"。后秦鸠摩罗什译。经文见《大正藏》第9册，第40页B栏第5行至第13行。

Дx.03231　佛说佛名经

存5行。录文："德佛/佛德明/佛须弥/佛宝龙/上。"未检出。

Дx.03232　摩诃般若波罗蜜经

存4行。录文："阿那含/罗三/应/摩诃。"

Дx.03233　四分律题签

录文："四分律卷第卅七。"

Дx.03234　Дx.03240　金光明经卷第二坚牢地神品第九

存9行，行2至12字。起："世尊随是经典"，讫："命色"。北凉昙无谶译。经文见《大正藏》第16册，第345页C栏第11行至第19行。

Дx.03235　大庄严法门经卷下

存7行，行5至11字。起："已礼文殊师利"，讫："出家勤断众生"。隋那连提耶舍译，亦名《文殊师利神通力经亦名胜金色光明德女经》。经文见《大正藏》第17册，第830页B栏第14行至第20行。

Дx.03236　大通方广忏悔灭罪庄严成佛经卷下

存8行，行5至6字。起："世尊是陀罗"，讫："读诵经念不"。经文见《大正藏》第85册，第1350页A栏第2行至第9行。

Дx.03237　残佛经

存6行，行2至6字。起："首□"，讫："第一受□"。未检出。

Дx.03237V　迦丁比丘说当来变经

存7行，行2至8字。起："毒治"，讫："哒倈则竞净之"。失译。经文见《大正藏》第49册，第8页A栏第11行至第19行。

Дx.03238　妙法莲华经卷第七

存8行，行3至11字。起："华油灯"，品题："本事品第二十二"，讫："陀国名"。后秦鸠摩罗什译。经文见《大正藏》第9册，第59页B栏第24行至C栏第2行。

Дx.03239　大般涅槃经卷第三寿命品第一之三

见Дx.03192C。

Дx.03240　金光明经卷第二坚牢地神品第九

见Дx.03234。

Дx.03241　残佛经

存2行，行1字。不可定名。

Дx.03242　大般涅槃经卷第二寿命品第一之二

存11行，行3至4字。起："已得阿"，讫："无边之身"。北凉昙无谶译。经文见《大正藏》第12册，第372页A栏第8行至第18行。

Дx.03243　残佛经

二残片。存6行，行1至2字。不可定名。

Дx.03244　金刚般若波罗蜜经

存4行，行3至6字。起："菩提我今实"，讫："须菩提"。后秦鸠摩罗什译。经文见《大正藏》第8册，第749页C栏第28行至第750页A栏第3行。

Дх.03245 **大般涅槃经卷第十八梵行品第八之四**

存4行，行4至5字。录文："如是何以/不同利钝（根）差/重说善男子/热病听服。"北凉昙无谶译。经文见《大正藏》第12册，第473页B栏第9行至第12行。

Дх.03246 **残佛经**

存6行，行3至5字。起："迦罗富"，讫："□子乃至象"。未检出。

Дх.03247 **大般涅槃经卷第三十二师子吼菩萨品第十一之六**

存6行，行7至13字。起："故身力大"，讫："大故还出"。北凉昙无谶译。经文见《大正藏》第12册，第554页B栏第2行至第6行。

Дх.03248 **佛说观佛三昧海经卷第一六譬品第一**

存8行，行4至9字。起："二百卌万"，讫："八千岁其"。东晋佛驮跋陀罗译。经文见《大正藏》第15册，第646页C栏第11行至第18行。

Дх.03249 **佛说长阿含经卷第十八四分世记经阎浮损州品第一**

木刻残片。存2行，行4字。录文："有转轮圣/重墙七重。"后秦佛陀耶舍共竺佛念译。经文见《大正藏》第1册，第116页B栏第23行至第24行。

Дх.03249V **回鹘文残片**

Дх.03250 **大方广佛华严经卷第十四兜率天宫菩萨云集赞佛品第二十**

存5行，行2至7字。起："昧见"，讫："甚深智究"。东晋佛驮跋陀罗译。经文见《大正藏》第9册，第485页B栏第16行至第21行。

Дх.03251 **金刚般若波罗蜜经**

存6行，行2至5字。起："说非"，讫："世界以"。后秦鸠摩罗什译。经文见《大正藏》第8册，第749页C栏第26行至第750页A栏第1行。

Дх.03252 Дх.03769 Дх.04208 **摩诃般若波罗蜜经卷第九大明品第三十二**

二残片。其一，存6行，行3至9字。起："养其福"，讫："亦恭敬"。后秦鸠摩罗什译。经文见《大正藏》第8册，第285页C栏第24行至第29行。其二，存7行，行2至10字。起："人书持是般"，讫："波罗"。经文见《大正藏》第8册，第285页C栏第10行至第16行。

Дх.03253 **摩诃般若波罗蜜经**

存5行，行5字。全部为"般若波罗蜜"。未检出。

Дх.03254 **大智度论卷第六十五释诸波罗蜜品第四十四**

存5行。录文："蜜/意足波/足不可得/蜜佛言五/若波罗。"龙树菩萨造、后秦鸠摩罗什译。经文见《大正藏》第25册，第520页C栏第16行至第21行。或后秦鸠摩罗什译《摩诃般若波罗蜜经卷第十二遍叹品第四十四》。经文见《大正藏》第8册，第312页C栏第22行至第26行。

Дх.03255 **大般涅槃经卷第十二圣行品第七之二**

存3行，行9至12字。起："盛阴如是"，讫："问若于下"。北凉昙无谶译。经文见《大正藏》第12册，第439页B栏第29行至C栏第3行。

Дх.03256 **妙法莲华经卷第一方便品第二**

存6行，行3至5字。起："如是力如是"，讫："见难可"。后秦鸠摩罗什译。经文见《大正藏》第9册，第5页C栏第12行至第20行。

Дх.03257 **大般涅槃经卷第三寿命品第一之三**

存5行。录文："人我/尽汝等宜可/亦复如是尔/多罗聚落人/以佛神力。"北凉昙无谶译。经文见《大正藏》第12册，第379页B栏第24行至第28行。

Дх.03258 **大般涅槃经卷第十九梵行品第八之五**

存4行，行2至15字。起："定当堕阿鼻"，讫："名为"。北凉昙无谶译。经文见《大正藏》第12册，第475页A栏第16行至第20行。

Дx.03259 佛说阿弥陀经

存6行，行3至4字。起："所障"，讫："弗彼佛国"。后秦鸠摩罗什译。经文见《大正藏》第12册，第347页A栏第26行至B栏第3行。

Дx.03260 大方广佛华严经卷第五十二如来出现品第三十七之三

存3行，行7字。起："如干草积"，讫："有药名善见"。唐实叉难陀译。经文见《大正藏》第10册，第278页A栏第12行至第14行。

Дx.03261 妙法莲华经卷第六随喜功德品第十八

存6行，行2至8字。起："说偈"，讫："若在僧坊若空"。后秦鸠摩罗什译。经文见《大正藏》第9册，第46页B栏第24行至C栏第1行。

Дx.03262 大般涅槃经卷第十一现病品第六

存8行，行4至11字。起："一切"，讫："耶命谄媚诈现"。北凉昙无谶译。经文见《大正藏》第12册，第428页C栏第10行至第17行。

Дx.03263 妙法莲华经卷第六如来神力品第二十一

存4行，行8至11字。起："身放无数光"，讫："无量劫"。后秦鸠摩罗什译。经文见《大正藏》第9册，第52页B栏第2行至第9行。

Дx.03264 妙法莲华经卷第五安乐行品第十四

存4行，行15至17字。起："三界如斯之事"，讫："如此我成佛已"。后秦鸠摩罗什译。经文见《大正藏》第9册，第42页C栏第15行至第20行。

Дx.03265 放光般若经卷第四摩诃般若波罗蜜问摩诃衍品第十九

存9行，行9至17字。起："复有不动三昧住"，讫："有金刚三"。西晋无罗叉译。经文见《大正藏》第8册，第24页A栏第3行至第12行。

Дx.03266 维摩诘经疏

存7行，行13至25字。起："於身不"，讫："大士观癥爱世"。未检出。

Дx.03267 妙法莲华经卷第五安乐行品第十四

存14行，行2至12字。起："人来"，讫："於三界而"。后秦鸠摩罗什译。经文见《大正藏》第9册，第38页C栏第17行至第39页A栏第2行。

Дx.03268 佛说仁王般若波罗蜜经卷下护国经受持品第七

存8行，行1至10字。起："诸菩萨亦复如是"，讫："人知"。后秦鸠摩罗什译。经文见《大正藏》第8册，第831页B栏第8行至第16行。

Дx.03269 大宝积经卷第二十不动如来会第六之二菩萨众品第四

存6行，其中完整者4行，行6至17字。起："人天嬉戏"。讫："及百千数"。唐菩提流志译。经文见《大正藏》第11册，第109页B栏第1行至第6行。

Дx.03270 Дx.03604 摩诃般若波罗蜜经卷第二十六七譬品第八十五

存19行，行3至17字。起："痴故"，讫："故起业业因"。后秦鸠摩罗什译。经文见《大正藏》第9册，第412页C栏第8行至第27行。

Дx.03271 大般涅槃经卷第三寿命品第一之三

存12行，行5至6字。起："其人言"。讫："我等智"。北凉昙无谶译。经文见《大正藏》第12册，379页B栏第8行至第19行。

Дx.03272 金刚般若波罗蜜经

存20行，行3字。起："说三千"，讫："阿修罗"。后秦鸠摩罗什译。经文见《大正藏》第8册，第752页B栏第10行至C栏第1行。

Дx.03273 太子须大拏经

存5行，行6至13字。起："言我数见数罗门"，讫："从得止是婆罗"。西秦圣坚译。经文见《大正藏》第3册，第422页A栏第18行至第23行。

Дx.03274 佛本行集经卷第十七舍宫出家品下

存10行，行2至7字。起："马臣如"，讫："行集"。隋阇那崛多译。经文见《大正藏》第3册，第733页B栏第13行至第23行。残片最末一行为"佛本行集经剃发染衣品第二十二上"品题。

Дх.03275　佛说佛名经卷第十六

存6行。起："南无多摩罗"，讫："南□□佛"。失译。经文见《大正藏》第14册，第247页B栏第9行至第14行。

Дх.03276A　佛本行集经卷第二十一王使往还品下

存6行，行6至9字。起："定我等恋慕之心"，讫："四人隐身随菩萨后"。隋阇那崛多译。经文见《大正藏》第3册，第751页B栏第21行至第25行。

Дх.03276B　佛说灌顶拔除过罪生死得度经卷第十二

存5行，行2至5字。起："口为言"，讫："次佛说"。东晋帛尸梨蜜多罗译。经文见《大正藏》第21册，第534页C栏第24行至第27行。

Дх.03277　残佛经

存2行。录文："菩提/十八。"未检出。

Дх.03278A　佛说灌顶拔除过罪生死得度经卷第十二

存9行，行8至10字。起："佛言若复有人"，讫："有人好自称"。东晋帛尸梨蜜多罗译。经文见《大正藏》第21册，第533页B栏第6行至第14行。

Дх.03278B　妙法莲华经卷第二譬喻品第三

存5行，行2至10字。首题："妙法莲华经譬喻品第三"，讫："菩萨"。后秦鸠摩罗什译。经文见《大正藏》第9册，第10页B栏第28行至C栏第3行。

Дх.03279　大般若波罗蜜多经卷第二百三初分难信解品第三十四之二十二

存9行，行2至8字。起："若触"，讫："界乃至意"。唐玄奘译。经文见《大正藏》第6册，第12页B栏第4行至第11行。

Дх.03280　大般涅槃经卷第二十梵行品第八之六

存5行，行4至10字。起："当得"，讫："尔时世尊"。北凉昙无谶译。经文见《大正藏》第12册，485页A栏第24行至B栏第3行。

Дх.03281　大般涅槃经卷第三十二师子吼菩萨品第十一之六

存4行，行10至11字。起："善男子菩萨"，讫："不可思议复"。北凉昙无谶译。经文见《大正藏》第12册，第558页A栏第2行至B栏第2行。

Дх.03282　佛藏经卷下净见品第八

存5行，行7字。起："利弗破戒比丘"，讫："世利者贪着"。后秦鸠摩罗什译。经文见《大正藏》第15册，第800页B栏第4行至第8行。

Дх.03283　佛说观无量寿佛经

存6行，行7至10字。起："时即得无"，讫："见阿弥陀佛"。宋畺良耶舍译。经文见《大正藏》第12册，第341页C栏第22行至第27行。

Дх.03284　佛本行集经卷第五贤劫王种品下

存13行，行1至2字。起："大名"，讫："圣"。隋阇那崛多译。经文见《大正藏》第3册，第674页A栏第17行至B栏第4行。

Дх.03285　大般涅槃经卷第三十九憍陈如品第十三之一

存5行，行3至4字。录文："若是异者/身命皆从/如是梵/缘佛言梵/梵志言。"北凉昙无谶译。经文见《大正藏》第12册，第596页B栏第14行至第18行。

Дх.03286　金刚般若波罗蜜经

存5行，行2至6字。起："门中乃"，讫："我从"。后秦鸠摩罗什译。经文见《大正藏》第8册，第754页B栏第10行至第14行。

Дх.03287　妙法莲华经卷第二信解品第四

存3行。录文："除粪其父见子愍/中遥见子身羸/即脱璎珞。"后秦鸠摩罗什译。经文见《大正藏》第9册，第17页A栏第13行至第15行。

Дх.03288　光赞经卷第四摩诃般若波罗蜜行品第九

存6行，行2至4字。录文："作是/蜜乎佛言/舍利弗/得吾我亦/竟本末普/竟如。"西晋竺法护译。经文见《大正藏》第8册，第173页B栏第15行至第21行。

Дх.03289　维摩诘所说经卷中佛道品第八

存10行，行2至14字。起："无价宝珠如是"，讫："诸度"。后秦鸠摩罗什译。经文见《大正藏》第14册，第549页B栏第14行至C栏第8行。

Дx.03290 维摩诘所说经卷中入不二法门品第九

存5行，行2至7字。起："德藏"，讫："亦复如是於其"。后秦鸠摩罗什译。经文见《大正藏》第14册，第551页B栏第28行至C栏第3行。

Дx.03291 佛说灌顶随愿往生十方净土经卷第十一

存6行，行2至4字。起："佛告"，讫："佛告普广"。东晋帛尸梨蜜多罗译。经文见《大正藏》第21册，第529页A栏。相同经文所存多处。

Дx.03292 大般涅槃经卷第二十九师子吼菩萨品第十一之三

存7行，行3至5字。起："至中路"，讫："六师外道"。北凉昙无谶译。经文见《大正藏》第12册，第540页B栏第16行至第23行。

Дx.03293 放光般若经卷第十九摩诃般若波罗蜜无形品第八十一

存5行，行4至6字。起："逮得三乘"，讫："得以见众"。西晋无罗叉译。经文见《大正藏》第8册，第133页C栏第15行至第19行。

Дx.03294A 妙法莲华经卷第五如来寿量品第十六

存4行，总11字。录文："方求好/与子令/悉具足/子中。"后秦鸠摩罗什译。经文见《大正藏》第9册，第43页A栏第15行至第18行。

Дx.03294B 大般若波罗蜜多经卷第五十四初分辩大乘品第十五之四

存6行，行3至10字。起："二者应远离"，讫："七远行"。唐玄奘译。经文见《大正藏》第5册，第303页C栏第29行至第304页A栏第5行。

Дx.03295 佛本行集经卷第五贤劫王种品下

存3行，总6字。录文："衣王/具足/消背。"隋阇那崛多译。经文见《大正藏》第3册，第674页B栏第6行至第8行。或为释道世撰《法苑珠林卷第八千佛篇第五种姓部第三》。经文见《大正藏》第53册，第338页A栏第7行至第10行。

Дx.03296 大般涅槃经后分卷上遗教品第一

存2行，行3字。录文："毗法则/之后经。"唐若那跋陀罗译。经文见《大正藏》第12册，第902页A栏第24行至第25行。

Дx.03297 摩诃般若波罗蜜经卷第六胜出品第二十

存4行，行2字。录文："不颠/能胜/以眼/合名。"后秦鸠摩罗什译。经文见《大正藏》第8册，第261页B栏第29行至C栏第3行。

Дx.03298 阿毗昙八犍度论卷第八阿毗昙结使犍度十门跋渠第四

见Дx.00425。

Дx.03299 大智度论卷第二十四初品十力释论第三十九

存2行，行6至9字。录文："以故先说九相/六波罗蜜是菩萨所应。"龙树菩萨造、后秦鸠摩罗什译。经文见《大正藏》第25册，第235页B栏第2行至第3行。

Дx.03300 佛说仁王般若波罗蜜经卷下护国经嘱累品第八

存6行，行3至7字。起："法得大罪过正"，讫："报亦复"。后秦鸠摩罗什译。经文见《大正藏》第8册，第833页C栏第7行至第12行。

Дx.03301 摩诃般若波罗蜜经卷第十七梦行品第五十八

存2行，行6至7字。录文："答者我不见是/者亦不见受记处。"后秦鸠摩罗什译。经文见《大正藏》第8册，第347页B栏第7行至第9行。

Дx.03302 大智度论卷第四十九释发趣品第二十

存3行，行2至7字。录文："须菩/中远离十二事复/地中当具足。"龙树菩萨造、后秦鸠摩罗什译。经文见《大正藏》第25册，第410页B栏第5行至第7行。

Дx.03303A 大方广佛华严经卷第五十二如来出现

品第三十七之三

存3行，行4至8字。录文："别身云雨成下正觉/如来言语声/如来神力。"唐实叉难陀译。经文见《大正藏》第10册，第278页A栏第24行至第27行。

Дx.03303B 大般涅槃经卷第六如来性品第四之三

存5行，行2至5字。起："力伺"，讫："罗王知"。北凉昙无谶译。经文见《大正藏》第12册，第400页A栏第7行至第11行。

Дx.03303C 大通方广经卷中

存5行，行2至5字。起："有受持"，讫："界满"。经文见《大正藏》第85册，第1345页C栏第22行至第26行。

Дx.03304 佛说灌顶拔除过罪生死得度经卷第十二

存3行，行4至6字。录文："佛言世间有人/恶道中后还/其力负重。"东晋帛尸梨蜜多罗译。经文见《大正藏》第21册，第533页B栏第14行至第16行。

Дx.03305 十诵律卷第二十八（第四诵之八）七法中衣法第七之下

存3行，行4至8字。录文："何以不相/兄弟若不相看谁当/丘已告诸比丘。"后秦弗若多罗共罗什译。经文见《大正藏》第23册，第205页B栏第28行至C栏第1行。

Дx.03306 佛说佛名经卷第十六

存3行。录文："山海慧自在通三佛/金刚不坏身供/精进喜佛。"失译。经文见《大正藏》第14册，第247页C栏第3行至第6行。

Дx.03307 妙法莲华经卷第六法师功德品第十九

存4行。录文："而说法闻/面修行闻/持经者光/善女人。"后秦鸠摩罗什译。经文见《大正藏》第9册，第49页B栏第10行至第15行。

Дx.03308 羯磨自恣法第六

见Дx.02700。

Дx.03309 大般涅槃经卷第二十一光明遍照高贵德王菩萨品第十之一

存5行，行1至3字。录文："故/无/转是名/离故/亦名为。"北凉昙无谶译。经文见《大正藏》第12册，第491页C栏第4行至第8行。

Дx.03310 妙法莲华经卷第七陀罗尼品第二十六

存2行，行4字。录文："离诸衰患/哉汝等但。"后秦鸠摩罗什译。经文见《大正藏》第9册，第59页B栏第19行至第20行。

Дx.03311 妙法莲华经卷第四提婆达多品第十二

存3行。录文："佛告诸/劫中求法/王发愿求。"后秦鸠摩罗什译。经文见《大正藏》第9册，第34页B栏第24行至第26行。

Дx.03312 残佛经

存3行，行8至13字。未检出。

Дx.03313 大般若波罗蜜多经卷第五百四十八第四分譬喻品第十四

存3行。录文："无上正/法令速趣入如是涅槃是/作洲渚。"唐玄奘译。经文见《大正藏》第7册，第821页B栏第27行至第29行。

Дx.03314 妙法莲华经卷第三药草喻品第五

存4行。录文："出现於世/人阿修罗/大众中而/行是善逝。"后秦鸠摩罗什译。经文见《大正藏》第9册，第19页B栏第7行至第10行。

Дx.03315 妙法莲华经卷第六常不轻菩萨品第二十

存4行，行1至5字。录文："常/凡有所/悉礼拜赞烃/慢所以者何。"后秦鸠摩罗什译。经文见《大正藏》第9册，第50页C栏第16行至第20行。

Дx.03316 佛说佛名经卷第十

仅存"那罗延步佛"5字。北魏菩提流支译。经文见《大正藏》第14册，第172页A栏第20行。

Дx.03317 大般涅槃经卷第二十四光明遍照高贵德王菩萨品第十之四

存3行，行4至6字。录文："有人在大海/之水菩萨摩诃/昧当知已。"北凉昙无谶译。经文见《大正藏》第12册,第509页B栏第26行至第29行。

Дх.03318 残佛经

存2行。录文:"生入/众。"甚残,不可定名。

Дх.03319 金光明最胜王经卷第九善生王品第二十一

存2行,行4字。录文:"深佛行处/王最第一。"唐义净译。经文见《大正藏》第16册,第444页B栏第8行至第9行。

Дх.03320 大智度论卷第六十三释信谤品第四十一之余

存3行,行3至7字。录文:"无明十/是是故色等无明/故诸菩萨所行。"龙树菩萨造、后秦鸠摩罗什译。经文见《大正藏》第25册,第505页C栏第10行至第13行。

Дх.03321 大般涅槃经卷第三十五迦叶菩萨品第十二之三

存6行,行3至5字。起:"如是无",讫:"子善有"。北凉昙无谶译。经文见《大正藏》第12册,第570页C栏第16行至第21行。

Дх.03322 残佛经

存3行,行2至12字。似为仪轨之类。

Дх.03323 妙法莲华经卷第二信解品第四

存2行。录文:"见必豪贵尊/自怪何故。"后秦鸠摩罗什译。经文见《大正藏》第9册,第18页A栏第6行至第7行。

Дх.03324 大般若波罗蜜多经卷第五百一十八第三分巧便品第二十三之二

存5行,行1至3字。录文:"父/为师为/智为慧/为趣为/气与者。"唐玄奘译。经文见《大正藏》第7册,第652页C栏第27行至第653页A栏第2行。有异文。

Дх.03325 佛说观无量寿佛经

存4行。起:"聪明多智及",讫:"今於此"。宋畺良耶舍译。经文见《大正藏》第12册,第341页A栏第21行至第25行。

Дх.03326 金刚般若波罗蜜经

存4行,行3至6字。起:"座起偏",讫:"三藐三"。后秦鸠摩罗什译。经文见《大正藏》第8册,第748页C栏第25行至第28行。

Дх.03327 金刚般若波罗蜜经

存4行。起:"云何何时",讫:"来可以"。后秦鸠摩罗什译。经文见《大正藏》第8册,第751页C栏第5行至第8行。

Дх.03328 大方等无想经卷第四大云初分如来涅槃犍度第三十六

存4行,行5至7字。起:"如是大诸佛名",讫:"流布正法欲"。北凉昙无谶译。经文见《大正藏》第12册,第1098页B栏第18行至第21行。

Дх.03329 金刚般若波罗蜜经

存4行,行2至7字。起:"於法",讫:"是"。后秦鸠摩罗什译。经文见《大正藏》第8册,第749页C栏第17行至第21行。

Дх.03330 妙法莲华经卷第一方便品第二

存3行。录文:"者四/世尊何故/时舍利弗。"后秦鸠摩罗什译。经文见《大正藏》第9册,第6页B栏第10行至第12行。

Дх.03331 Дх.04142 Дх.04724 金刚般若波罗蜜经

存11行,行4至15字。起:"须菩提言不也",讫:"须菩提白佛言"。后秦鸠摩罗什译。经文见《大正藏》第8册,第753页A栏第14行至第24行。

Дх.03332 残佛经

存2行。未检出。

Дх.03333 大智度论卷第四初品中菩萨释论第八

存5行,行1至8字。起:"不知取者",讫:"满"。龙树菩萨造、后秦鸠摩罗什译。经文见《大正藏》第25册,第92页C栏第23行至第28行。

Дх.03334 道德经卷上

存4行。录文:"实其腹/知者不/挫其锐/吾不知谁。"

Дх.03335 残佛经

存2行。录文："之时现於/至十五日。"未检出。

Дx.03336 妙法莲华经卷第七妙庄严王本事品第二十七

存7行，行3至4字。起："方便力善"，讫："直百千"。后秦鸠摩罗什译。经文见《大正藏》第9册，第60页B栏第9行至第16行。

Дx.03337 十方千五百佛名经

存4行。录文："无着佛/金刚藏/月像佛/具足光明佛。"经文见《大正藏》第14册，第317页C栏第13行至第16行。

Дx.03338 妙法莲华经卷第六随喜功德品第十八

存3行，行2至3字。录文："帐覆/宝为台/宝树皆。"后秦鸠摩罗什译。经文见《大正藏》第9册，第53页A栏第18行至第20行。

Дx.03339 大方广十轮经卷第三灌顶喻品第四

存4行，行2至6字。录文："惟为除一切/刹利大王以华/夜叉乾/伽皆。"失译。经文见《大正藏》第13册，第692页A栏第12行至第16行。

Дx.03340 大般若波罗蜜经

存1行。录文："萨行般若波罗蜜。"

Дx.03341 卷帙号

存"廿四"2字。

Дx.03342 金光明经卷第四舍身品第十七

存5行，行3至6字。起："尔时"，讫："此处起七"。北凉昙无谶译。经文见《大正藏》第16册，第356页C栏第10行至第15行。

Дx.03343 妙法莲华经卷第七观世音菩萨普门品第二十五

存4行。录文："子若有/菩萨即现/即现辟/即现声。"后秦鸠摩罗什译。经文见《大正藏》第9册，第57页A栏第23行至第26行。

Дx.03344A 金刚般若波罗蜜经

存6行，行2至4字。起："末世"，讫："须菩"。后秦鸠摩罗什译。经文见《大正藏》第8册，第751页A栏第1行至第6行。

Дx.03344B 金光明最胜王经卷第八大吉祥天女增长财物品第十七

存5行，行2至7字。起："支戒于晨朝时先"，讫："养置"。唐义净译。经文见《大正藏》第16册，第439页C栏第17行至第22行。

Дx.03345 妙法莲华经卷第七普贤菩萨劝发品第二十八

存5行。录文："岁若得/此人不/三藐三/当坐天/世受。"后秦鸠摩罗什译。经文见《大正藏》第9册，第62页A栏第9行至第14行。

Дx.03346 大般涅槃经卷第十三圣行品第七之三

存4行，行3至4字。录文："精进则得/说言观身/处则得成/言正定。"北凉昙无谶译。经文见《大正藏》第12册，第441页B栏第11行至第14行。

Дx.03347 妙法莲华经卷第二譬喻品第三

存1行，总4字。录文："库藏众多。"后秦鸠摩罗什译。经文见《大正藏》第9册，第14页C栏第7行。

Дx.03348 妙法莲华经卷第四见宝塔品第十一

存4行，行2至6字。起："栏楯大愿"，讫："诸世界"。后秦鸠摩罗什译。经文见《大正藏》第9册，第34页A栏第9行至第13行。

Дx.03349 佛顶尊胜陀罗尼经

存3行，行2至7字。录文："之法/尊知帝释意心之/说咒。"唐佛陀波利译。经文见《大正藏》第19册，第350页B栏第22行至第24行。

Дx.03350 金光明最胜王经卷第一如来寿量品第二

存5行，行3至4字。起："舍利方便"，讫："而说颂"。唐义净译。经文见《大正藏》第16册，第406页C栏第11行至第17行。

Дx.03351 妙法莲华经卷第六如来神力品第二十一

存3行。录文："养释/掌向娑婆/南无释。"后秦鸠摩罗什译。经文见《大正藏》第9册，第52页A栏第7行至第9行。

Дx.03352 十方千五百佛名经

存4行。录文："见佛/眼佛/一切世界佛/佛。"经文见《大正藏》第14册，第314页C栏第22行至第25行。

Дx.03353 佛经论释

存5行。

Дx.03354A 摩诃般若波罗蜜经卷第十四佛母品第四十八

存4行，行3至5字。录文："蜜何以故是/诸佛一切智/佛眼视是/生禅波。"后秦鸠摩罗什译。经文见《大正藏》第8册，第323页B栏第3行至第6行。

Дx.03354B 佛说仁王般若波罗蜜经卷下护国经嘱累品第八

存3行。录文："大/王太子王/三宝如师子身。"后秦鸠摩罗什译。经文见《大正藏》第8册，第833页C栏第3行至第6行。

Дx.03355A 残佛经

存2行。录文："分别/诸佛。"不可定名。

Дx.03355B 妙法莲华经卷第六法师功德品第十九

存2行。录文："香童女香/香悉皆得。"后秦鸠摩罗什译。经文见《大正藏》第9册，第48页B栏第25行至第26行。

Дx.03356 佛说佛名经卷第九

存1行。录文："虚空智鸡兜幢王佛。"北魏菩提流支译。经文见《大正藏》第14册，第164页B栏第22行至第23行。

Дx.03357 大般若波罗蜜多经卷第二百初分观行品第十九之五

存5行，行2至5字。起："即是四念"，讫："道支"。唐玄奘译。经文见《大正藏》第5册，第417页B栏第4行至第8行。

Дx.03358 大智度论卷第三十九释往生品第四之中

存2行，行5字。录文："智能非虚妄/慧眼何以故。"龙树菩萨造、后秦鸠摩罗什译。经文见《大正藏》第25册，第348页A栏第10行至第11行。与Дx.03359同卷，可上下缀合，中缺约2字。

Дx.03359 大智度论卷第三十九释往生品第四之中

存2行，行2至3字。录文："坏故是/应慧。"龙树菩萨造、后秦鸠摩罗什译。经文见《大正藏》第25册，第348页A栏第9行至第10行。与Дx.03358同经同品，可上下缀合，中缺约2字。

Дx.03360 大般涅槃经卷第三十八迦叶菩萨品第十二之六

存6行，行2至13字。起："想四者厌"，讫："丘义"。北凉昙无谶译。经文见《大正藏》第12册，第588页A栏第10行至第16行。

Дx.03361 佛说佛名经卷第十五

存6行，行1至16字。起："从/兰遮偷兰"，讫："或复信受"。失译。经文见《大正藏》第14册，第245页A栏第16行至第21行。

Дx.03362 光赞经卷第七摩诃般若波罗蜜十住品第十八

存6行，行2至9字。起："萨行第一道"，讫："蜜慕"。西晋竺法护译。经文见《大正藏》第8册，第196页B栏第21行至第25行。

Дx.03363 妙法莲华经卷第一序品第一

存5行，行3至4字。起："界尽见彼"，讫："萨道复"。后秦鸠摩罗什译。经文见《大正藏》第9册，第2页B栏第18行至第23行。

Дx.03364 佛说观无量寿佛经

存10行，行7至10字。起："陀佛即遣化佛"，讫："闻僧名闻三"。宋畺良耶舍译。经文见《大正藏》第12册，第345页C栏第15行至第26行。

Дx.03365 妙法莲华经卷第七观世音菩萨普门品第二十五

存10行，行1至8字。起："检/坏即得"，讫："若有众生"。后秦鸠摩罗什译。经文见《大正藏》第9册，第56页C栏第21行至第57页A栏第1行。

Дx.03366 大方广佛华严经卷第十六金刚幢菩萨十回向品第二十一之三

存5行，行7至11字。起："足大施无所"，讫："一切众生"。东晋佛驮跋陀罗译。经文见《大正藏》第9册，第502页C栏第15行至第21行。

Дx.03367 Дx.04137 金刚般若波罗蜜经

二残片。其一，存4行。起："然灯佛所"，讫："菩提佛言"。后秦鸠摩罗什译。经文见《大正藏》第8册，第751页A栏第16行至第19行。其二，存4行。起："三藐"，讫："生众生所"。经文见《大正藏》第8册，第752页C栏第29行至第753页A栏第2行。

Дx.03368 金光明经尾题

存"金光明经"4字。

Дx.03369 大般涅槃经卷第六如来性品第四之二

存5行，行4至8字。首题："大般涅槃经卷第六"，讫："善男子善"。北凉昙无谶译。经文见《大正藏》第12册，第396页C栏第6行至第9行。其与现刊本分卷不同，现刊本为卷第五。

Дx.03370 十地经论义记卷第二本

存5行，行4至13字。起："难见十地"，讫："喻广合於中"。隋慧远撰。经文见《卍新续藏》第45册，第62页A栏第10行至第16行。

Дx.03371 大般涅槃经卷第十一圣行品第七之一

存3行，行5至7字。起："糜粟稻麻生"，讫："饮酒五辛能"。北凉昙无谶译。经文见《大正藏》第12册，第432页C栏第25行至第28行。

Дx.03372 佛说阿弥陀经

存7行，行4至9字。起："摩诃迦叶"，讫："土七重栏"。后秦鸠摩罗什译。经文见《大正藏》第12册，第346页C栏第2行至第14行。

Дx.03373 大方广佛华严经卷第二世主妙严品第一之二

存2行。录文："光天众而说颂/承事供养无边佛。"唐实叉难陀译。经文见《大正藏》第10册，第7页A栏第14行至第15行。

Дx.03373V 残佛经

存2行。录文："恶是非之记持即八/业种□□复有之。"未检出。

Дx.03374A 妙法莲华经卷第六随喜功德品第十八

存4行，行2至9字。起："意云"，讫："罗汉果佛告"。后秦鸠摩罗什译。经文见《大正藏》第9册，第46页C栏第19行至第23行。

Дx.03374B 佛说灌顶拔除过罪生死得度经卷第十二

存6行，行2至5字。起："施以"，讫："离光佛"。东晋帛尸梨蜜多罗译。经文见《大正藏》第21册，第533页A栏第9行至第14行。

Дx.03375 佛说无量寿经卷上

存4行，行4至8字。起："扬演说一切经"，讫："入众言音"。曹魏康僧铠译。经文见《大正藏》第12册，第266页B栏第13行至第16行。

Дx.03376 残佛经

存3行。录文："悲心不/上菩提生/减不汝能。"未检出。

Дx.03377 金刚般若波罗蜜经

存5行，行2至5字。起："栏第网民如来佛言"，讫："若以色见"。北魏菩提流支译。经文见《大正藏》第8册，第756页B栏第17行至第20行。

Дx.03378 佛说决罪福经卷上

存2行，行9至11字。起："法白化佛"，讫："鬼神乱四"。经文见《大正藏》第85册，第1328页C栏第18行至第20行。有异文。

Дx.03379 妙法莲华经卷第一序品第一

存5行，行4至8字。起："观诸法性"，讫："五千由"。后秦鸠摩罗什译。经文见《大正藏》第9册，第3页B栏第17行至第22行。

Дx.03380 大般涅槃经卷第一序品第一

存4行，行4字。起："摩睺罗伽"，讫："等四火海"。北凉昙无谶译。经文见《大正藏》第12册，

369页B栏第11行至第14行。

Дх.03381 **妙法莲华经卷第七普贤菩萨劝发品第二十八**

存7行,行3至6字。起:"复贪着",讫:"百岁若有"。后秦鸠摩罗什译。经文见《大正藏》第9册,第62页A栏第3行至第9行。

Дх.03382 **佛说灌顶随愿往生十方净土经卷第十一**

存8行,行3至7字。起:"等临终之时",讫:"佛告普"。东晋帛尸梨蜜多罗译。经文见《大正藏》第21册,第529页B栏第3行至第10行。

Дх.03383 **摩诃般若波罗蜜经卷第九劝持品第三十四**

存7行,行3至9字。起:"当得今世后",讫:"事起是"。后秦鸠摩罗什译。经文见《大正藏》第8册,第286页C栏第25行至第287页A栏第3行。

Дх.03384 **大般涅槃经卷第二十五光明遍照高贵德王菩萨品之五**

存14行,行4至17字。起:"菩萨信",讫:"贪者今云"。北凉昙无谶译。经文见《大正藏》第12册,第515页B栏第12行至第27行。

Дх.03385 **摩诃般若波罗蜜经卷第十九净愿品第六十四**

存9行,行4至17字。起:"三菩提阿耨",讫:"名般若波"。后秦鸠摩罗什译。经文见《大正藏》第8册,第359页B栏第5行至第14行。

Дх.03386 **四分律卷第四十九法犍度第十八**

存8行,行17字。起:"是诸比丘",讫:"处坐或共"。后秦佛陀耶舍共竺佛念等译。经文见《大正藏》第22册,第935页C栏第11行至第20行。

Дх.03387 **大般涅槃经卷第十八梵行品第八之四**

存9行,行4至17字。起:"灭复有二种",讫:"说方等经典"。北凉昙无谶译。经文见《大正藏》第12册,第472页A栏第29行至B栏第9行。

Дх.03388 Дх.04202 **十地经论义记卷第二本**

存9行,行11至20字。起:"众请中义亦同",讫:"举数下别释之"。隋慧远撰。经文见《卍新续藏》第45册,第63页A栏第8行至第29行。

Дх.03389 **维摩诘所说经卷中佛道品第八**

存6行,行5至12字。起:"亦有妻妾",讫:"问文殊师利"。后秦鸠摩罗什译。经文见《大正藏》第14册,第549页A栏第22行至第28行。

Дх.03390 **合部金光明经卷第二业障灭品第五**

存10行,行4至8字。起:"成就人身难得",讫:"业鄣灭品"。真谛译、隋释宝贵合。经文见《大正藏》第16册,第371页A栏第24行至B栏第4行。

Дх.03391 **大般涅槃经卷第三十八迦叶菩萨品第十二之六**

存5行,行9至11字。起:"假日月无常",讫:"藂林树木果"。北凉昙无谶译。经文见《大正藏》第12册,第588页B栏第5行至第10行。

Дх.03392 **佛说华手经卷第三总相品第十四**

存8行,行3至8字。起:"上说东方去此过二",讫:"为宝牟"。后秦鸠摩罗什译。经文见《大正藏》第16册,第145页B栏第23行至C栏第2行。

Дх.03393 **维摩诘所说经卷上弟子品第三至菩萨品第四**

存7行,行4至11字。起:"斯法度脱众生",品题:"菩萨品第四",讫:"白佛言"。后秦鸠摩罗什译。经文见《大正藏》第14册,第542页A栏第21行至第28行。

Дх.03394 **金光明最胜王经卷第五金胜陀罗尼品第八**

存7行,行2至5字。起:"光佛",讫:"明王佛"。唐义净译。经文见《大正藏》第16册,第423页C栏第10行至第15行。

Дх.03395 **大般涅槃经卷第九如来性品第四之六**

存7行,行3至7字。起:"界或阎",讫:"初月想见"。北凉昙无谶译。经文见《大正藏》第12册,第416页A栏第23行至第29行。

Дх.03396　妙法莲华经卷第一方便品第二

存7行,行4至9字。起:"法生死苦永尽",讫:"千二百罗汉"。后秦鸠摩罗什译。经文见《大正藏》第9册,第10页A栏第8行至第21行。

Дх.03397　佛说佛名经卷第十二

存经文14行,经文上方有禅定佛8尊。起:"智上",讫:"南无"。北魏菩提流支译。经文见《大正藏》第14册,第179页C栏第25行至第180页A栏第5行。

Дх.03398　大方等大集经卷第十八不可说菩萨品第七

存7行,行2至4字。起:"陀还",讫:"示勇"。北凉昙无谶译。经文见《大正藏》第13册,第86页A栏第23行至第29行。

Дх.03399　史书

存2行。注双行小字。待考。

Дх.03400　大般涅槃经卷第二十五光明遍照高贵德王菩萨品第十之五

存5行,行2字。录文:"说法/萨名/大般/般涅/根故。"北凉昙无谶译。经文见《大正藏》第12册,第511页C栏第27行至第512页A栏第2行。

Дх.03401　大般涅槃经卷第二十八师子吼菩萨品第十一之二

存9行,行1至11字。起:"其/子中",讫:"而成若本"。北凉昙无谶译。经文见《大正藏》第12册,第531页A栏第14行至第22行。

Дх.03402　中论卷第三观有无品第十五

存6行,行4至9字。起:"何咎答曰",讫:"是事不然"。龙树菩萨造、梵志青目释、后秦鸠摩罗什译。经文见《大正藏》第30册,第26页C栏第13行至第20行。

Дх.03403　太子须大拏经

存13行,行10至13字。起:"不肯死何",讫:"波国王宫门"。西秦圣坚译。经文见《大正藏》第3册,第421页B栏第29行至C栏第13行。

Дх.03404　金光明经卷第四流水长者子品第十六

存3行。录文:"取缘有/善女天尔/是法已即共。"北凉昙无谶译。经文见《大正藏》第16册,第353页B栏第6行至第8行。

Дх.03405　Дх.03417　佛经论释

二残片。存14行。部分经文与《净名经关中释抄》相同。

Дх.03406　金刚般若波罗蜜经

见Дх.02216。

Дх.03407　妙法莲华经卷第六法师功德品第十九

见Дх.02390。

Дх.03408　摩诃僧祇律卷第五明僧残戒之一

存4行。起:"曾从事人若",讫:"曾从事"。东晋佛驮跋陀罗共法显译。经文见《大正藏》第22册,第268页C栏第16行至第20行。

Дх.03408V　礼忏文

存2行。录文:"敬礼常住三宝/时香花。"经文见《大正藏》第85册,第1303页B栏第19行至第20行。

Дх.03409　妙法莲华经卷第六法师功德品第十九

存3行。录文:"女香童子香童/远所有诸香/虽住於此亦闻。"后秦鸠摩罗什译。经文见《大正藏》第9册,第48页A栏第25行至第28行。

Дх.03410　佛说佛名经卷第一

见Дх.02461。

Дх.03411　金刚般若波罗蜜经

存4行,行2至9字。起:"众生若干种",讫:"云何"。后秦鸠摩罗什译。经文见《大正藏》第8册,第751页B栏第25行至第29行。

Дх.03412　Дх.03415　悬泉镇使牒

存8行,行2至7字。

Дх.03413　大般涅槃经卷第三十五迦叶菩萨品第十二之三

存3行,行5至7字。起:"故眼见众生",讫:"一者未生"。北凉昙无谶译。经文见《大正藏》第12

册,第570页A栏第6行至第8行。

Дx.03414 妙法莲华经卷第六法师功德品第十九

存4行。录文:"出之香/在胜殿上五欲娱乐嬉/上为忉利天/香及。"后秦鸠摩罗什译。经文见《大正藏》第9册,第48页C栏第3行至第6行。

Дx.03415 悬泉镇使牒

见Дx.03412。

Дx.03416 字书

存4行。

Дx.03417 佛经论释

见Дx.03405。

Дx.03418 妙法莲华经卷第七观世音菩萨普门品第二十五

见Дx.02234。

Дx.03419 大般涅槃经卷第九如来性品第四之六

见Дx.02403。

Дx.03420 维摩诘所说经卷中文殊师利问疾品第五

存5行。录文:"萨能以/声闻身/或现/下音/我之。"后秦鸠摩罗什译。经文见《大正藏》第14册,第547页C栏第25行至第29行。

Дx.03421 文字音义

Дx.03422 摩诃般若波罗蜜经卷第二十二遍学品第七十四

见Дx.03118。

Дx.03423 残佛经

存3行。未检出。

Дx.03423V 杂写

Дx.03424 社司转帖

见Дx.01286。

Дx.03425 大般涅槃经卷第六如来性品第四之三

存11行,行6至11字。起:"为重说重",讫:"不应依止"。北凉昙无谶译。经文见《大正藏》第12册,第402页B栏第23行至C栏第4行。

Дx.03426 维摩诘所说经卷上菩萨品第四

存4行,行5至13字。起:"离大城时",讫:"故发行"。后秦鸠摩罗什译。经文见《大正藏》第14册,第542页C栏第12行至第15行。

Дx.03427 佛说佛名经

存3行。录文:"无/南无/南无。"未检出。

Дx.03428 妙法莲华经卷第六随喜功德品第十八

存3行,行1至8字。录文:"华经随喜者得/若能随喜者为得几/逸。"后秦鸠摩罗什译。经文见《大正藏》第9册,第46页B栏第23行至第27行。

Дx.03429 菩萨善戒经卷第八如法住生菩提地品第四

存4行。录文:"求知故永/更不复生何/生因故现在/实。"宋求那跋摩译。经文见《大正藏》第30册,第1006页B栏第8行至第11行。

Дx.03430 金光明最胜王经卷第二分别三身品第三

存7行,行2至9字。起:"於自他利益",讫:"就是"。唐义净译。经文见《大正藏》第16册,第408页C栏第7行至第13行。

Дx.03431 四分律卷第四十九比丘尼犍度之下

存5行,行5至11字。起:"尼曾乞解不礼",讫:"尼僧乞解不"。后秦佛陀耶舍共竺佛念等译。经文见《大正藏》第22册,第929页B栏第19行至第24行。

Дx.03432 佛说七千佛神符经

存10行,行9字。起:"我五丝衣",讫:"当符前死"。经文见《大正藏》第85册,第1446页B栏第14行至第24行。

Дx.03433 妙法莲华经卷第四法师品第十

存3行,行2至11字。起:"惟当知此人等",讫:"空为从处此"。后秦鸠摩罗什译。经文见《大正藏》第9册,第32页A栏第16行至第22行。

Дx.03434 Дx.03605 大般涅槃经卷第五如来性品第四之二

二残片。其一,存4行。起:"无有生",讫:"而生其性"。北凉昙无谶译。经文见《大正藏》第12册，第392页A栏第15行至第17行。其二，存20行，行5至15字。起："无二无别辟"，讫："如是功德云"。经文见《大正藏》第12册，第392页A栏第20行至B栏第11行。

Дх.03435 残佛经

存2行。录文："孤独园／何所。"未检出。

Дх.03436 妙法莲华经卷第六嘱累品第二十二

存5行，行3至6字。起："诃萨闻佛作是"，讫："行叭然"。后秦鸠摩罗什译。经文见《大正藏》第9册，第52页C栏第21行至第25行。

Дх.03437 残佛经

存3行。录文："菩萨摩诃／一切众生／众生善。"未检出。

Дх.03438 佛说广博严净不退转轮经卷第三

存2行。录文："说是五／不生亦不灭无处非常。"宋智严译。经文见《大正藏》第9册，第270页A栏第2行至第3行。

Дх.03439 妙法莲华经卷第二譬喻品第三

存9行，行5至9字。起："令汝忆念本愿"，讫："黄金为绳以"。后秦鸠摩罗什译。经文见《大正藏》第9册，第11页B栏第14行至第22行。

Дх.03440 佛说灌顶拔除过罪生死得度经卷第十二

存7行，行6至7字。起："功德者不"，讫："治人病除"。东晋帛尸梨蜜多罗译。经文见《大正藏》第21册，第534页C栏第13行至第20行。

Дх.03441 大悲经卷第二罗睺罗品第四

存4行，行8至9字。起："佛言世尊"，讫："罗言罗睺"。齐那连提那舍译。经文见《大正藏》第12册，第952页A栏第27行至B栏第1行。

Дх.03442 佛说佛名经卷第十二

存4行。录文："妙色佛／胜步行佛／降伏怨佛／喜庄严。"北魏菩提流支译。经文见《大正藏》第14册，第179页B栏第12行至第15行。

Дх.03443 大般涅槃经卷第三十五迦叶菩萨品第十二之三

存4行，行4或5字。起："耶是不善"，讫："男子夫不疑"。北凉昙无谶译。经文见《大正藏》第12册，第569页A栏第29行至B栏第3行。

Дх.03444A 妙法莲华经卷第四提婆达多品第十二

存5行，行5字。起："世间所希有"，讫："勤求获此法"。后秦鸠摩罗什译。经文见《大正藏》第9册，第34页C栏第15行至第21行。

Дх.03444B 妙法莲华经卷第七观世音菩萨普门品第二十五

存13行，行2至7字。起："婆阿"，讫："受此璎珞尔"。后秦鸠摩罗什译。经文见《大正藏》第9册，第57页B栏第16行至C栏第1行。

Дх.03445 金刚般若波罗蜜经

存5行，行4至10字。起："少法如来得"，讫："三藐三菩"。后秦鸠摩罗什译。经文见《大正藏》第8册，第756页A栏第22行至第26行。

Дх.03446 四分律卷第四十衣犍度之二

存5行，行5至7字。起："有比丘"，讫："二重僧伽"。后秦佛陀耶舍共竺佛念等译。经文见《大正藏》第22册，第857页B栏第5行至第9行。

Дх.03447 金刚般若波罗蜜经

存8行，行3至9字。起："祇树给孤独园"，讫："罗三藐"。后秦鸠摩罗什译。经文见《大正藏》第8册，第748页C栏第20行至第28行。

Дх.03448 大方广佛华严经卷第二十一金刚幢菩萨十回向品第十一之七

见Дх.00107。

Дх.03449 维摩诘所说经卷中不思议品第六

存9行，行2至17字。起："空无"，讫："败种一切声"。后秦鸠摩罗什译。经文见《大正藏》第14册，第546页C栏第29行至第547页A栏第9行。

Дх.03450 大般涅槃经卷第二寿命品第一之二

存5行，行4至8字。起："大仙入涅"，讫："我等於今"。北凉昙无谶译。经文见《大正藏》第12册，第375页C栏第18行至第26行。

Дх.03451 大方广佛华严经卷第二世间净眼品第一之二

存5行,行3至7字。起:"门而得",讫:"一切众"。东晋佛驮跋陀罗译。经文见《大正藏》第9册,第402页B栏第23行至第27行。

Дх.03452 仪礼

存1行。录文:"失令正赤未服寸七。"

Дх.03452V 公文残片

存"以下空"3字。

Дх.03453 大般涅槃经卷第十三圣行品第七之三

存5行,行2至8字。起:"亦不",讫:"非诸声闻缘"。北凉昙无谶译。经文见《大正藏》第12册,第442页C栏第5行至第9行。

Дх.03454 妙法莲华经卷第七陀罗尼品第二十六

存4行,行3字。起:"华经者",讫:"婆三"。后秦鸠摩罗什译。经文见《大正藏》第9册,第59页A栏第16行至第23行。

Дх.03455 妙法莲华经卷第六药王菩萨本事品第二十三

存4行。录文:"香璎/此岸旃檀/假使/第一。"后秦鸠摩罗什译。经文见《大正藏》第9册,第53页B栏第12行至第15行。

Дх.03456 Дх.03471 Дх.03475 Дх.03500 成实论卷第六

四残片。其一,存5行,行2至7字。起:"定禅",品题:"喜品第八十八",讫:"从善是名"。诃梨跋摩造、后秦鸠摩罗什译。经文见《大正藏》第32册,第287页C栏第21行至第26行。其二,存2行。录文:"却是名贪/生性烦。"经文见《大正藏》第32册,第287页C栏第22行至第25行。为第一片下部残片,不可直接缀合。其三,存8行,行1至8字。起:"是/相答曰",讫:"实谛不虚/如病"。为"信品第八十九"内容。经文见《大正藏》第32册,第288页A栏第7行至第15行。其四,存6行,行1至3字。

录文:"从/令身/舍若/乐任放/舍离喜/舍如是。"为"余心数品九十三"内容。经文见《大正藏》第32册,第289页A栏第5行至第11行。

Дх.03457 佛说父母恩重经讲经文

存6行,行5至12字。起:"为男女允",讫:"德多少以"。

Дх.03458 金光明最胜王经卷第九养生王品第二十一

存6行,行4至12字。起:"劫为帝释",讫:"流通不绝"。唐义净译。经文见《大正藏》第16册,第444页C栏第21行至第26行。

Дх.03459 光赞经卷第五摩诃般若波罗蜜大乘品第十三

存3行,行3至7字。起:"有诸漏",讫:"僧那铠"。西晋竺法护译。经文见《大正藏》第8册,第183页A栏第7行至第10行。

Дх.03460 大般涅槃经卷第二十九师子吼菩萨品第十一之三

存3行。录文:"提已/迦叶氏/是人。"北凉昙无谶译。经文见《大正藏》第12册,第540页A栏第26行至第28行。

Дх.03461 杂宝藏经卷第三(二九)龙王偈缘

存5行,行3至7字。起:"默然乐",讫:"谄伪诈幻惑"。北魏吉迦夜共昙曜译。经文见《大正藏》第4册,第462页B栏第24行至第28行。

Дх.03462 Дх.03578 大宝积经卷第八十七大神变会第二十二之二

存13行,行5至15字。起:"无愿想于",讫:"得广大心"。唐菩提流志译。经文见《大正藏》第11册,第497页B栏第13行至第27行。

Дх.03463 大智度论卷第七十二释大如品第五十四

存9行,行7至15字。起:"不以色等如",讫:"不得毕竟"。龙树菩萨造、后秦鸠摩罗什译。经文见《大正藏》第25册,第566页A栏第9行至第19行。

Дx.03464　Дx.03551　Дx.03559　佛说灌顶拔除过罪生死得度经卷第十二

三残片。其一，存7行，行1至8字。起："七日七"，讫："若欲上生/离"。东晋帛尸梨蜜多罗译。经文见《大正藏》第21册，第534页A栏第4行至第10行。其二，存6行，行1至12字。起："是/巍巍难可"，讫："佛说是药师"。经文见《大正藏》第21册，第534页C栏第27行至535页A栏第3行。其三，存15行，行2至13字。起："慧寿命得"，讫："孤疑"。经文见《大正藏》第21册，第534页C栏第9行至第23行。

Дx.03465　阿弥陀经疏

存4行，行4至7字。起："法随顺彼"，讫："约此处及"。唐基撰。经文见《大正藏》第37册，第322页A栏第10行至第15行。有异文。

Дx.03466　金刚般若波罗蜜经

存3行。录文："施是/世尊何以/如来说福德多。"后秦鸠摩罗什译。经文见《大正藏》第8册，第749页B栏第19行至第21行。

Дx.03467　妙法莲华经卷第七观世音菩萨普门品第二十五

存4行。录文："雷震慈/官处怖畏/世音梵音/生疑观世。"后秦鸠摩罗什译。经文见《大正藏》第9册，第58页A栏第22行至第28行。

Дx.03468　增壹阿含经卷第四十三善恶品第四十七

存4行，行2至7字。录文："佛在舍卫国祇树/丘各集普会/食难得非/食此。"僧伽提婆译。经文见《大正藏》第2册，第782页A栏第26行至第29行。

Дx.03469　佛说灌顶拔除过罪生死得度经卷第十二

存4行，行4或5字。起："破众魔来"，讫："人不解罪"。东晋帛尸梨蜜多罗译。经文见《大正藏》第21册，第533页A栏第23行至第26行。

Дx.03470　妙法莲华经卷第七陀罗尼品第二十六

存2行。录文："亿那由他/掌白佛言。"后秦鸠摩罗什译。经文见《大正藏》第9册，第59页A栏第14行至第15行。

Дx.03471　成实论卷第六

见Дx.03456。

Дx.03472　金光明经卷第三除病品第十五

存3行，行2至4字。录文："和顺/持水善知/损善。"北凉昙无谶译。经文见《大正藏》第16册，第351页C栏第2行至第4行。

Дx.03473　大般涅槃经卷第三十九憍陈如品第十三之一

存2行，行5字。录文："夫离内外入/昙如无我者。"北凉昙无谶译。经文见《大正藏》第12册，第595页C栏第29行至第596页A栏第1行。

Дx.03474　妙法莲华经卷第六随喜功德品第十八

存2行，行2至3字。录文："人说/诵此经。"后秦鸠摩罗什译。经文见《大正藏》第9册，第51页A栏第23行至第25行。

Дx.03475　成实论卷第六

见Дx.03456。

Дx.03476　四分律卷第三十八自恣犍度之二

存8行。录文："众多/斗/日自恣/自恣减作/若闻已至/如是方便得/自恣如是/到。"后秦佛陀耶舍共竺佛念等译。经文见《大正藏》第22册，第850页B栏第17行至第28行。

Дx.03477　大般涅槃经卷第二十九师子吼菩萨品第十一之三

存5行，行2至5字。起："有能"，讫："佛性亦"。北凉昙无谶译。经文见《大正藏》第12册，第539页A栏第24行至第28行。

Дx.03478　大般涅槃经卷第十六梵行品第八之二

存6行。录文："况婆/无量寿/摩诃萨/善男子/波罗/善男子。"北凉昙无谶译。经文见《大正藏》第12册，第459页C栏第4行至第9行。

Дx.03479　大般涅槃经卷第十三圣行品第七之三

存6行，行2至17字。起："不名"，讫："诸入者名"。北凉昙无谶译。经文见《大正藏》第12册，第442页B栏第22行至第27行。

Дx.03480 摩诃般若波罗蜜经卷第十九净愿品第六十四

存5行，行2至4字。录文："若有/足佛/者令具/罗三/还我一不。"后秦鸠摩罗什译。经文见《大正藏》第8册，第358页B栏第27行至C栏第2行。

Дx.03481 妙法莲华经卷第六随喜功德品第十八

存2行。录文："劝令坐听若分座令坐是/释坐处若梵王坐处若转。"后秦鸠摩罗什译。经文见《大正藏》第9册，第47页A栏第6行至第8行。

Дx.03482 残佛经

存3行，行10字左右。未检出。

Дx.03483 大般涅槃经卷第十七梵行品之第四

存3行。录文："名之/为无盐/水亦如少水亦名。"宋慧严依泥洹经加之。经文见《大正藏》第12册，第718页A栏第11行至第14行。

Дx.03484 千眼千臂观世音菩萨陀罗尼神咒经卷下

存4行，行2至6字。录文："界随/在住处以手/四方四角/诸鬼众邪恶魍。"唐智通译。经文见《大正藏》第20册，第87页C栏第25行至第28行。或为唐智通译《千眼千臂观世音菩萨陀罗尼神咒经卷下辩才无碍印咒第十三》。经文见《大正藏》第20册，第94页B栏第19行至第22行。或为唐菩提流志译《千手千眼观世音菩萨姥陀罗尼身经千手千眼观世音菩萨辩才印第十三》。经文见《大正藏》第20册，第101页C栏第19行至第22行。

Дx.03485 菩萨善戒经卷第八如法住生菩提地品第四

存3行。录文："无何以故/若是有物/烦恼。"宋求那跋摩译。经文见《大正藏》第30册，第1006页B栏第1行至第4行。

Дx.03486 十方千五百佛名经

存3行，行7至10字。起："尊树德佛"，讫："威德"。经文见《大正藏》第14册，第316页B栏第18行至第21行。

Дx.03487 大般涅槃经卷第九如来性品第四之六

存4行。录文："书写受持/摩诃萨复次/提辈亦复/闻所以者。"北凉昙无谶译。经文见《大正藏》第12册，第420页B栏第10行至第13行。

Дx.03488 佛说灌顶拔除过罪生死得度经卷第十二

存6行，行2至6字。起："愿者我不"，讫："若欲"。东晋帛尸梨蜜多罗译。经文见《大正藏》第21册，第534页A栏第5行至第10行。

Дx.03489 维摩诘所说经卷中文殊师利问疾品第五

存4行。录文："既入/维摩/相而/来若。"后秦鸠摩罗什译。经文见《大正藏》第14册，第544页B栏第11行至第15行。

Дx.03490 妙法莲华经卷第六嘱累品第二十二

存3行。录文："佛之/一切众生/生悭。"后秦鸠摩罗什译。经文见《大正藏》第9册，第52页C栏第14行至第16行。

Дx.03491 残佛经

存2行。录文："佛名/现世中。"未检出。

Дx.03492 摩诃般若波罗蜜经卷第二十七常啼品第八十八

存6行，行5至8字。起："八名阿惟"，讫："白弥覆水"。后秦鸠摩罗什译。经文见《大正藏》第8册，第417页B栏第10行至第15行。

Дx.03493 金刚般若波罗蜜经

存3行。录文："菩提如汝所说/诸菩萨汝今谛/阿耨多罗三。"后秦鸠摩罗什译。经文见《大正藏》第8册，第748页C栏第29行至第749页A栏第3行。

Дx.03494 大般涅槃经卷第二十四光明遍照高贵德王菩萨品第十之四

存4行。录文："果报受者持/报是名施主不/俱净施者/施及施。"北凉昙无谶译。经文见《大正藏》第12册，第506页C栏第26行至第507页A栏第1行。

Дx.03495 大般涅槃经卷第八如来性品第四之五

存4行，行3至5字。起："不变若言有"，讫："解如来"。北凉昙无谶译。经文见《大正藏》第12册，第410页C栏第6行至第9行。

Дx.03496　Дx.03533　佛说仁王般若波罗蜜经卷下护国经嘱累品第八

二残片。其一，存3行。录文："僧典/僧兵奴之法当/国王四部子弟。"后秦鸠摩罗什译。经文见《大正藏》第8册，第833页C栏第16行至第19行。其二，存7行，行4至9字。起："名利於国王"，讫："佛语不制四"。经文见《大正藏》第8册，第833页C栏第22行至第29行。两片之间缺2行。

Дx.03497　妙法莲华经卷第七陀罗尼品第二十六

存4行，行3字。录文："尼咒以/摩祢四/履冈雉反/履十一。"后秦鸠摩罗什译。经文见《大正藏》第9册，第58页B栏第18行至第21行。

Дx.03498　残佛经

存"善德比丘"4字。未检出。

Дx.03499　金光明经卷第二四天王品第六

存6行，行3至8字。起："各各自足"，讫："此阎浮"。北凉昙无谶译。经文见《大正藏》第16册，第341页C栏第13行至第19行。

Дx.03500　成实论卷第六

见Дx.03456。

Дx.03501　放光般若经卷第二本无品第十一

存3行，行6字。起："妙无与等"，讫："云何意广大"。西晋无罗叉译。经文见《大正藏》第8册，第13页B栏第25行至第27行。

Дx.03502　大智度论卷第二十九初品中布施随喜心过上释论第四十四之余

存4行，行3至4字。起："时须蔓在"，讫："菩萨亦"。龙树菩萨造、后秦鸠摩罗什译。经文见《大正藏》第25册，第271页C栏第1行至第4行。

Дx.03503　大宝积经卷第二十往生因缘品第六

存2行，行4至8字。录文："界及他方刹土在菩/若有善男。"唐菩提流志译。经文见《大正藏》第11册，第111页A栏第5行至第6行。

Дx.03504　佛说佛名经

存2行。录文："功/无众。"极残，未检出。

Дx.03505　金刚般若波罗蜜经

存4行。录文："说是经/婆塞优婆夷/阿修罗乾闼/奉行。"北魏菩提流支译。经文见《大正藏》第8册，第757页A栏第9行至第12行。

Дx.03506　请观世音菩萨消伏毒害陀罗尼咒经

存3行，行4至6字。录文："龙伊罗钵/如护眼目爱已/我敕阎婆罗刹。"东晋竺难提晋言法喜译。经文见《大正藏》第20册，第37页B栏第10行至第12行。

Дx.03507　妙法莲华经卷第七妙庄严王本事品第二十七

存6行，行3至5字。起："阿耨多"，讫："以功德"。后秦鸠摩罗什译。经文见《大正藏》第9册，第60页C栏第10行至第15行。

Дx.03508　佛顶尊胜陀罗尼经

存12行，行7至17字。起："菩萨同会"，讫："乘斯善净"。唐佛陀波利译。经文见《大正藏》第19册，第351页A栏第23行至B栏第5行。

Дx.03509　佛藏经卷中净戒品之余

存16行，行5至12字。起："不喜相见"，讫："此事者相"。后秦鸠摩罗什译。经文见《大正藏》第15册，第790页A栏第25行至B栏第14行。

Дx.03510　大方等大集经卷第七不眴菩萨品第四

存8行，行3至9字。起："一切（法同）一"，讫："颠倒一切法"。北凉昙无谶译。经文见《大正藏》第13册，第41页B栏第17行至第25行。

Дx.03511　Дx.03518　大般涅槃经卷第四如来性品第四之一

存9行，行5至17字。起："袈裟"，讫："子善男子尔"。北凉昙无谶译。经文见《大正藏》第12册，第386页B栏第18行至第27行。

Дx.03512　华严经论卷第十如来光明觉品第五

存7行，行2至7字。起："方刹"，讫："经说尔时"。后魏释灵辨造。经文见《卍新续藏》第3册,第5页A栏第9行至第14行。经文同,无偈语。

Дx.03513 大智度论释初品中羼提波罗蜜法忍义第二十五

存5行,行3至5字。起:"一者常无",讫:"贵贱之异"。龙树菩萨造、后秦鸠摩罗什译。经文见《大正藏》第25册,第171页B栏第25行至C栏第1行。

Дx.03514 妙法莲华经卷七观世音菩萨普门品第二十五

存3行。录文:"无尽意菩萨白佛/界云/佛告。"后秦鸠摩罗什译。经文见《大正藏》第9册,第57页A栏第20行至第22行。

Дx.03515A 医书

见Дx.01295A。

Дx.03515B 具注历

见Дx.01295B。

Дx.03515V 金刚般若波罗蜜经

存19行,行5至8字。起:"有世尊如来",讫:"不也世尊"。后秦鸠摩罗什译。经文见《大正藏》第8册,第748页C栏第26行至第749页A栏第17行。

Дx.03516 金刚般若波罗蜜经

存7行,行5至7字。首题:"般若波罗蜜经",讫:"时诸比丘"。北魏留支三藏译。经文见《大正藏》第8册,第757页A栏第22行至B栏第2行。

Дx.03517 妙法莲华经卷第五分别功德品第十七

存3行。录文:"多其有众/能生一念信解/子善女人为。"后秦鸠摩罗什译。经文见《大正藏》第9册,第44页C栏第19行至第22行。

Дx.03518 大般涅槃经卷第四如来性品第四之一

见Дx.03511。

Дx.03519 妙法莲华经卷第四五百弟子受记品第八

存9行,行1至4字。起:"亲友",讫:"可"。后秦鸠摩罗什译。经文见《大正藏》第9册,第29页A栏第6行至第15行。

Дx.03520 大般涅槃经卷第三寿命品第一之三

见Дx.03192C。

Дx.03521 阿毗达磨顺正理论卷第五十四辩随眠品第五之十

见Дx.03217。

Дx.03522 Дx.04160 摩诃般若波罗蜜经卷第二十三一念品第七十六

存11行,行2至11字。起:"念中具足行",讫:"提若"。后秦鸠摩罗什译。经文见《大正藏》第8册,第387页A栏第8行至第18行。

Дx.03523 四分律卷第十七(初分之十七)九十单提法之七

存5行,行4至7字。起:"时耶报言",讫:"尔所岁也"。后秦佛陀耶舍共竺佛念等译。经文见《大正藏》第22册,第678页A栏第29行至B栏第3行。

Дx.03524 残佛经

存2行,行2字。未检出。

Дx.03525 六念议

存10行,行7字左右。起:"尽未来祭如",讫:"三有中诸天是"。未检出。

Дx.03526 大般涅槃经卷第三寿命品第一之三

见Дx.03192C。

Дx.03527 四分比丘尼羯磨法受戒法第二

行3至5字。录文:"依乞食出/若得长利僧/初日食。"宋求那跋摩译。经文见《大正藏》第22册,第1068页A栏第25行至第29行。或为曹魏昙谛译《羯磨一卷(出昙无德律)》。经文见《大正藏》第22册,第1062页C栏第3行至第6行。或为唐怀素集《僧羯磨卷上并序(出四分律)授戒篇第三》。经文见《大正藏》第40册,第517页A栏第4行至第7行。

Дx.03528 残佛经

存4行,行2字。未检出。

Дx.03529 大般若波罗蜜多经卷第三百一初分难闻功德品第三十九之五

存9行，行4至10字。起："香界鼻识"，讫："为缘所生"。唐玄奘译。经文见《大正藏》第6册，第534页C栏第12行至第20行。

Дx.03530 妙法莲华经卷第六随喜功德品第十八

存10行，行2至11字。起："银琉"，讫："所得功德"。后秦鸠摩罗什译。经文见《大正藏》第9册，第46页C栏第11行至第20行。

Дx.03531 佛说灌顶冢墓因缘四方神咒经卷第六

存8行，行6至8字。起："令四方人民见"，讫："我自国土"。东晋帛尸梨蜜多罗译。经文见《大正藏》第21册，第512页A栏第25行至B栏第3行。

Дx.03532 合部金光明经卷第二业障灭品第五

存7行，行4至12字。起："相具足福"，讫："业郭云何忏悔"。真谛译、隋释宝贵合。经文见《大正藏》第16册，第368页A栏第25行至B栏第3行。

Дx.03533 佛说仁王般若波罗蜜经卷下护国经嘱累品第八

见Дx.03496。

Дx.03534 合部金光明经卷第五四天王品第十

存7行，行3至9字。起："端严第"，讫："阿耨"。北凉昙无谶译、隋释宝贵合。经文见《大正藏》第16册，第383页B栏第26行至C栏第3行。

Дx.03535 合部金光明经卷第三陀罗尼最净地品第六

存9行，行2至17字。起："呼弟"，讫："名陀罗尼"。真谛译、隋释宝贵合。经文见《大正藏》第16册，第375页B栏第2行至第10行。

Дx.03536 佛顶尊胜陀罗尼经

存9行，行2至9字。起："尔时护世"，讫："尽此一/佛"。唐佛陀波利译。经文见《大正藏》第19册，第351页C栏第2行至第11行。

Дx.03537 佛说观药王药上二菩萨经

存5行，行2至14字。起："佛前而说"，讫："婆"。宋畺良耶舍译。经文见《大正藏》第20册，第661页C栏第2行至第6行。

Дx.03538 妙法莲华经卷第二譬喻品第三

存7行，行2至16字。起："魍魉"，讫："夜叉饿鬼"。后秦鸠摩罗什译。经文见《大正藏》第9册，第14页A栏第3行至第16行。

Дx.03539 金光明经卷第二四天王品第六

见Дx.03213A。

Дx.03540 佛经论释

存11行，行6至19字。或为《药王药上经论释》。

Дx.03541 小品般若波罗蜜经卷第三摩诃般若波罗蜜佐助品第六

存10行，行2至13字。起："佛言如"，讫："三菩"。后秦鸠摩罗什译。经文见《大正藏》第8册，第547页B栏第28行至C栏第9行。

Дx.03542 妙法莲华经卷第七观世音菩萨普门品第二十五

存6行，行2至6字。起："说法应"，讫："说法"。后秦鸠摩罗什译。经文见《大正藏》第9册，第57页B栏第7行至第12行。

Дx.03543 大般若波罗蜜多经卷第一百九十七初分难信解品第三十四之十六

存16行，行3至17字。起："清净故"，讫："切智智"。唐玄奘译。经文见《大正藏》第5册，第1058页B栏第18行至C栏第4行。

Дx.03544 Дx.03584 佛说观无量寿佛经

存13行，行3至7字。起："名无边"，讫："观若"。宋畺良耶舍译。经文见《大正藏》第12册，第344页A栏第23行至B栏第8行。有异文。

Дx.03545 馆藏缺

Дx.03546 十方千五百佛名经

存10行，行1至5字。起："佛"，讫："上众佛"。经文见《大正藏》第14册，第312页。其顺序与现刊本不完全相同。

Дx.03547 佛说佛名经

存5行。录文："胎佛/弗沙佛无进□严佛/德佛方无忧德佛/吼王佛八臂胜雷佛/智称。"未检出。

Дх.03548 十方千五百佛名经

存5行。起："佛/远摩佛"，讫："无量光明最胜佛"。经文见《大正藏》第14册，第317页B栏第11行至第16行。

Дх.03549 大严法门经卷下

存9行，行8至15字。起："贪欲何故"。讫："烦恼恶法"。隋那连提耶舍译。经文见《大正藏》第17册，第830页C栏第26行至第831页A栏第6行。亦名《文殊师利神通力经亦名胜金色光明德女经》。

Дх.03550 大方广佛华严经卷第四十八入法界品第三十四之五

三残片。其一，存2行，行4字。录文："缘觉此如/知普令众。"东晋佛驮跋陀罗译。经文见《大正藏》第9册，第704页C栏第9行至第10行。其二，存2行，行4字。录文："及於其宫/行业所造。"经文见《大正藏》第9册，第705页A栏第25行至第26行。其三，存2行，行3至4字。录文："疾病中毒/大小城。"经文见《大正藏》第9册，第704页C栏第5行至第6行。

Дх.03551 佛说灌顶拔除过罪生死得度经卷第十二

见Дх.03464。

Дх.03552 大般涅槃经卷第二十三光明遍照高贵德王菩萨品第十之三

存4行，行2字。录文："毒一/亦复/齿为/萨摩。"北凉昙无谶译。经文见《大正藏》第12册，第499页B栏第20行至第23行。

Дх.03553 大般若波罗蜜多经卷第五十四初分辩大乘品第十五之四

存7行，行6至15字。起："满净戒波罗蜜"，讫："诳善现菩萨"。唐玄奘译。经文见《大正藏》第5册，第303页C栏第25行至第304页A栏第3行。

Дх.03554 大般涅槃经卷第六如来性品第四之三

存8行，行3至7字。起："为欲建立"，讫："婆罗门"。北凉昙无谶译。经文见《大正藏》第12册，第400页A栏第2行至第10行。

Дх.03555 妙法莲华经卷第四五百弟子受记品第八

存6行，行3至4字。起："犹在不"，讫："曾有尔时"。后秦鸠摩罗什译。经文见《大正藏》第9册，第29页A栏第19行至第24行。

Дх.03556 僧伽吒经卷第四

存7行，行2至13字。起："怖畏"，讫："流转诸"。月婆首那译。经文见《大正藏》第13册，第975页B栏第29行至C栏第6行。

Дх.03557 大般涅槃经卷第二十五光明遍照高贵德王菩萨品第十之五

存9行，行2至8字。起："十五"，讫："大涅槃甚"。北凉昙无谶译。经文见《大正藏》第12册，第511页B栏第1行至第9行。

Дх.03558 道教文献

Дх.03559 佛说灌顶拔除过罪生死得度经卷第十二

见Дх.03464。

Дх.03560 妙法莲华经卷第六药王菩萨本事品第二十三

存10行，行3至8字。起："如是於诸"，讫："凡夫人"。后秦鸠摩罗什译。经文见《大正藏》第9册，第54页A栏第20行至B栏第4行。

Дх.03561 佛说仁王般若波蜜经卷上序品第一

存7行，行3至4字。起："世尊前已"，讫："百人复"。后秦鸠摩罗什译。经文见《大正藏》第8册，第825页B栏第20行至第27行。

Дх.03562 十方千五百佛名经

存9行。起："佛须"，讫："婆隣陀"。经文见《大正藏》第14册，第316页C栏第22行至第317页A栏第2行。

Дх.03563 大般涅槃经卷第三十六师子吼菩萨品第十一之四

存6行，行5至17字。起："不入涅槃我"，讫："持读诵十二部"。北凉昙无谶译。经文见《大正藏》第12册，第545页B栏第9行至第15行。

Дx.03564 妙法莲华经卷第四提婆达多品第十二

存6行，行3至8字。起："於此当"，讫："时会人天说"。后秦鸠摩罗什译。经文见《大正藏》第9册，第35页C栏第16行至第21行。

Дx.03565 妙法莲华经卷第二譬喻品第三

存6行，行7至13字。起："地狱如游"，讫："谤斯经故获"。后秦鸠摩罗什译。经文见《大正藏》第9册，第15页C栏第29行至第16页A栏第7行。

Дx.03566 杂阿含经卷第四十一

存7行，行5至9字。首题："杂阿含经卷第卌一"，讫："不得於神"。宋求那跋陀罗译。经文见《大正藏》第2册，第297页B栏第16行至第24行。

Дx.03567 妙法莲华经卷第二譬喻品第三

存11行，行4至8字。起："此人罪报"，讫："认此死已"。后秦鸠摩罗什译。经文见《大正藏》第9册，第15页B栏第28行至C栏第11行。

Дx.03568 佛说天地八阳神咒经

存18行，行9字左右。起："亲所愿成就"，讫："善男子善女人"。唐义净译。经文见《大正藏》第85册，第1423页A栏第9行至B栏第3行。

Дx.03569 佛本行集经卷第五贤劫王种品下

存21行，行2至9字。起："大光王子名大"，讫："远行"。隋阇那崛多译。经文见《大正藏》第3册，第674页A栏第16行至B栏第8行。

Дx.03570 维摩诘所说经卷中观众生品第七

存13行，行6至17字。起："假故行"，讫："灭答曰不善"。后秦鸠摩罗什译。经文见《大正藏》第14册，第547页C栏第1行至第16行。

Дx.03571 妙法莲华经卷第五从地踊出品第十五

存5行，行2至6字。起："筹数"，讫："是事"。后秦鸠摩罗什译。经文见《大正藏》第9册，第40页C栏第16行至第24行。

Дx.03572 Дx.03674 佛说佛名经

存8行，行1至6字。起："德明"，讫："金刚"。部分经文与《十方千五百佛名经》相同。

Дx.03573 大乘唯识论

存4行，行4至15字。起："入此阿含非因"，讫："生复次佛"。天亲菩萨造、真谛译。经文见《大正藏》第31册，第71页C栏第9行至第13行。

Дx.03574 妙法莲华经卷第六药王菩萨本事品第二十三

存9行，行2至3字。起："萨是也"，讫："川流"。后秦鸠摩罗什译。经文见《大正藏》第9册，第54页A栏第11行至第19行。

Дx.03575 大智度论卷第七十一释大事起品第五十

存7行，行4至6字。起："学空复次有"，讫："过五波罗蜜"。龙树菩萨造、后秦鸠摩罗什译。经文见《大正藏》第25册，第557页C栏第28行至第558页A栏第6行。

Дx.03576 妙法莲华经卷第七观世音菩萨普门品第二十五

存13行，行3至10字。起："发大清净愿"，讫："燃念彼观音"。后秦鸠摩罗什译。经文见《大正藏》第9册，第57页C栏第14行至第58页A栏第9行。

Дx.03577 大般涅槃经卷第九如来性品第四之六

存6行，行4至9字。起："大云雨注於"，讫："终不生牙"。北凉昙无谶译。经文见《大正藏》第12册，第417页C栏第29行至第418页A栏第5行。

Дx.03578 大宝积经卷第八十七大神变会第二十二之二

见Дx.03462。

Дx.03579 金光明经卷第二四天王品第六

存4行，行3至8字。起："持是经典"，讫："我等"。北凉昙无谶译。经文见《大正藏》第16册，第342页C栏第4行至第8行。

Дx.03580 大智度论卷第五十释发趣品第二十之余

存7行，行1至7字。起："边世界"，讫："故"。龙树菩萨造、后秦鸠摩罗什译。经文见《大正藏》第

25册,第418页C栏第18行至第24行。

Дx.03581 光赞经卷第七摩诃般若波罗蜜十住品第十八

存7行,行3至15字。起:"不得众生行布",讫:"摩诃萨行"。西晋竺法护译。经文见《大正藏》第8册,第196页B栏第16行至第22行。

Дx.03582 大般涅槃经卷第三十九憍陈如品第十三之一

存6行,行1至8字。起:"瞿",讫:"何来汝等各各"。北凉昙无谶译。经文见《大正藏》第12册,第591页C栏第14行至第19行。

Дx.03583 大般涅槃经卷第三十五迦叶菩萨品第十二之三

存8行,行3至10字。起:"非过去",讫:"佛性亦"。北凉昙无谶译。经文见《大正藏》第12册,第570页C栏第27行至第571页A栏第4行。

Дx.03584 佛说观无量寿佛经

见Дx.03544。

Дx.03585 残佛经

存4行,行5至12字。起:"本为本何",讫:"烦恼而得道"。未检出。

Дx.03586 大般若波罗蜜多经卷第五百九十八第十六般若波罗蜜多分之六

存7行,行3至5字。起:"故善勇",讫:"萨能如是"。唐玄奘译。经文见《大正藏》第7册,第1094页A栏第9行至第15行。

Дx.03587 妙法莲华经卷第七观世音菩萨普门品第二十五

存7行,行5至10字。起:"无尽意菩萨",讫:"叉乾闼婆阿修"。后秦鸠摩罗什译。经文见《大正藏》第9册,第57页B栏第24行至C栏第2行。

Дx.03588 妙法莲华经卷第一序品第一

存10行,行5至13字。起:"众普佛世界",讫:"八百弟子是"。后秦鸠摩罗什译。经文见《大正藏》第9册,第4页A栏第13行至第23行。

Дx.03589 大宝积经卷第一百一十六文殊师利说般若会第四十六之二

存6行,行4至7字。起:"胜法何以",讫:"如是说者"。梁曼陀罗仙译。经文见《大正藏》第11册,第656页B栏第4行至第9行。

Дx.3590A 大通方广忏悔灭罪庄严成佛经卷上

存3行,行3至5字。录文:"那由他/过去无量/地狱苦是故今。"经文见《大正藏》第85册,第1342页B栏第18行至第20行。

Дx.03590B 佛说观药王药上二菩萨经

存4行,行1至5字。录文:"咒我今深/已各脱宝璎/弥山住/住。"宋畺良耶舍译。经文见《大正藏》第20册,第661页C栏第23行至第26行。

Дx.03591 金刚般若波罗蜜经

存3行,行2至5字。录文:"菩提心/法生心应生/菩萨。"后秦鸠摩罗什译。经文见《大正藏》第8册,第750页B栏第21行至第24行。

Дx.03592 注维摩诘经卷第九菩萨行品第十一

存6行,行2至9字。起:"悉除因净则",讫:"荷负"。后秦释僧肇选。经文见《大正藏》第38册,第407页C栏第22行至第408页A栏第6行。

Дx.03593 大方广佛华严经卷第三十五宝王如来性起品第三十二之三

存9行,行3至12字。起:"故佛子",讫:"熟者如来"。东晋佛驮跋陀罗译。经文见《大正藏》第9册,第626页A栏第27行至B栏第7行。

Дx.03594 大般若波罗蜜多经卷第一百四十初分校量功德品第三十之三十八

存5行,行4至6字。起:"应求外空",讫:"若常若无"。唐玄奘译。经文见《大正藏》第5册,第758页C栏第19行至第23行。

Дx.03595 南本大般涅槃经会疏卷第七

存2行,行4至5字。录文:"以诸华鬘用/不问辄取。"北凉昙无谶译,晋慧严、慧观、谢灵运重治。经文见《卍新续藏》第36册,第439页A栏第14

行至第15行。

Дx.03596 妙法莲华经卷第七普贤菩萨劝发品第二十八

存1行，总10字。录文："法於如来灭后必得是经。"后秦鸠摩罗什译。经文见《大正藏》第9册，第61页A栏第21行至第22行。

Дx.03597 大哀经卷第二无盖法门品第三

存6行，行1至4字。录文："典/之慧/无有不可/常以了了/不计有人/而自庄严。"西晋竺法护译。经文见《大正藏》第13册，第419页A栏第7行至第13行。

Дx.03598 大般若波罗蜜多经卷第五百四十四第四分随喜回向品第六之二

存7行，行3至6字。起："无上正等菩提"，讫："如真解"。唐玄奘译。经文见《大正藏》第7册，第796页C栏第23行至第29行。

Дx.03599 妙法莲华经卷第一序品第一

存7行，行2至7字。起："殊妙"，讫："此非小"。后秦鸠摩罗什译。经文见《大正藏》第9册，第3页C栏第1行至第9行。

Дx.03600 妙法莲华经卷第七观世音菩萨普门品第二十五

存5行，行3至7字。起："十/偏袒右肩"，讫："观其音"。后秦鸠摩罗什译。经文见《大正藏》第9册，第56页C栏第3行至第8行。

俄藏敦煌文献第十一册叙录

Дx.03601 **大般涅槃经卷第五如来性品第四之二**
　　存9行,行2至14字。起:"今者乃说",讫:"诸佛"。北凉昙无谶译。经文见《大正藏》第12册,第391页A栏第22行至B栏第1行。

Дx.03602 **残佛经**
　　存27行,行1至2字。极残,不可定名。

Дx.03603 **大般涅槃经卷第三寿命品第一之三**
　　见Дx.03192C。

Дx.03604 **摩诃般若波罗蜜经卷第二十六七譬品第八十五**
　　见Дx.03270。

Дx.03605 **大般涅槃经卷第五如来性品第四之二**
　　见Дx.03434。

Дx.03606 **僧羯磨卷上自恣篇第八**
　　存17行。律单行大字,释双行小字。参见《大正藏》第40册,第519页A栏。与现刊本均不同。

Дx.03607 **大般涅槃经卷第二寿命品第一之二**
　　存6行,行3至7字。起:"先受施者",讫:"具足檀"。北凉昙无谶译。经文见《大正藏》第12册,第372页A栏第16行至第19行。

Дx.03608 **合部金光明经卷第七鬼神品第十八**
　　存8行,行1至3字。起:"恶事",讫:"果实"。北凉昙无谶译、隋释宝贵合。经文见《大正藏》第16册,第393页C栏第6行至第15行。

Дx.03609 **斋文**
　　存5行,行4至7字。起:"诸佛□□□□应其",讫:"为作斋者七分功"。

Дx.03610 **妙法莲华经卷第五从地踊出品第十五**
　　存5行,行4至5字。起:"是诸菩萨等",讫:"结跏趺坐"。后秦鸠摩罗什译。经文见《大正藏》第9册,第41页A栏第1行至第6行。

Дx.03611 **残佛经**
　　存4行。未检出。

Дx.03612 **妙法莲华经卷第四五百弟子受记品第八**
　　存4行,行7至10字。起:"通力菩萨",讫:"受记已欢"。后秦鸠摩罗什译。经文见《大正藏》第9册,第28页C栏第24行至第28行。

Дx.03613 **四分律卷第四十九比丘尼犍度之下**
　　存5行,行6字。起:"见尼在白衣",讫:"在白衣男"。后秦佛陀耶舍共竺佛念等译。经文见《大正藏》第22册,第928页B栏第22行至第27行。

Дx.03614 **合部金光明经卷第三陀罗尼最净地品第六**
　　存3行,行3至5字。起:"见陀弥柅",讫:"诸佛为救"。真谛译、隋释宝贵合。经文见《大正藏》第16册,第375页B栏第20行至第23行。

Дx.03615 Дx.03621A **金刚般若波罗蜜经**
　　存5行,行6至13字。起:"见我相即",讫:"说第一波罗蜜"。后秦鸠摩罗什译。经文见《大正藏》第8册，第750页B栏第7行至第12行。

Дx.03616 妙法莲华经卷第二譬喻品第三

存7行，行1至4字。起："开/具足"，讫："无量亿千"。后秦鸠摩罗什译。经文见《大正藏》第9册，第15页A栏第2行至第10行。

Дx.03617 金光明经卷第一忏悔品第三

存2行，行6至7字。录文："一佛五佛十佛/於无量百千万亿。"北凉昙无谶译。经文见《大正藏》第16册，第339页A栏第3行至第5行。

Дx.03618 大般若波罗蜜多经卷第十二初分教诫教授品第七之二

存3行，行1至5字。录文："无色定若我/四无量四/我。"唐玄奘译。经文见《大正藏》第5册，第65页B栏第22行至第24行。所存甚多，或为别卷。

Дx.03619 妙法莲华经卷第七妙音菩萨品第二十四

存3行，行1至3字。录文："能/品时与/现一切。"后秦鸠摩罗什译。经文见《大正藏》第9册，第56页B栏第16行至第18行。

Дx.03620 大方广佛华严经卷第二十二金刚幢菩萨十回向品第二十一之九

存3行，行4至9字。起："普雨无量"，讫："无量阿僧祇"。东晋佛驮跋陀罗译。经文见《大正藏》第9册，第537页C栏第13行至第16行。

Дx.03621A 金刚般若波罗蜜经

见Дx.03615。

Дx.03621B 金刚般若波罗蜜经

存2行，行4字。录文："此经中受/胜彼何以。"后秦鸠摩罗什译。经文见《大正藏》第8册，第749页B栏第22行至第23行。

Дx.03622 悲华经卷第五诸菩萨本授记品第四之三

存8行，行8至13字。起："是偈已心大"，讫："等阿僧祇"。北凉昙无谶译。经文见《大正藏》第3册，第196页B栏第5行至第13行。

Дx.03623 佛说佛名经卷第一

存12行，行3至5字。起："普照眼见佛"，讫："声佛"。北魏菩提流支译。经文见《大正藏》第14册，第114页B栏第7行至第16行。

Дx.03624 威远将军墓志

存4行，行3至6字。

Дx.03625 Дx.03635 摩诃般若波罗蜜经卷第一序品第一

存9行，行2至4字。起："门若天若"，讫："足尸"。后秦鸠摩罗什译。经文见《大正藏》第8册，第218页C栏第15行至第24行。

Дx.03626 佛说阿弥陀经

存3行，行4至6字。录文："之所能知/成就如是功德/舍利弗极。"后秦鸠摩罗什译。经文见《大正藏》第12册，第347页B栏第2行至第4行。

Дx.03627 金刚般若波罗蜜经

存4行，行2至4字。录文："若尊/名此法/法门名为/奉持何以。"北魏菩提流支译。经文见《大正藏》第8册，第754页A栏第23行至第27行。

Дx.03628 残佛经

存2行。录文："为/者是金。"不可定名。

Дx.03629 残佛经

存2行。录文："中初/生常。"不可定名。

Дx.03630 摩诃般若波罗蜜经卷第十八梦誓品第六十一

存2行，行3至5字。录文："菩萨作/得用是空誓。"后秦鸠摩罗什译。经文见《大正藏》第8册，第352页B栏第19行至第20行。

Дx.03631 妙法莲华经卷第二信解品第四

存9行，行3至6字。起："尔时慧"，讫："佛国土成"。后秦鸠摩罗什译。经文见《大正藏》第9册，第16页B栏第8行至第17行。

Дx.03632 佛说佛名经卷第八

存3行，行2至3字。录文："舍利/彼处有/男子善。"北魏菩提流支译。经文见《大正藏》第14册，第160页A栏第26行至第28行。

Дх.03633 **摩诃般若波罗蜜经卷第二十二遍学品第七十四**

存3行，行4至8字。录文："动乃至八圣道分性/悲性中不动/善提以无。"后秦鸠摩罗什译。经文见《大正藏》第8册，第380页C栏第3行至第6行。

Дх.03634 **残佛经**

存2行。录文："□/复如是。"未检出。

Дх.03635 **摩诃般若波罗蜜经卷第一序品第一**

见Дх.03625。

Дх.03636 **妙法莲华经卷第七观世音菩萨普门品第二十五**

存4行，行1至3字。录文："况复/设复有/□□/若。"后秦鸠摩罗什译。经文见《大正藏》第9册，第56页C栏第20行至第22行。

Дх.03637 **太上洞玄灵宝长夜之府九幽玉匮明真科**

存10行，行1至11字。起："微/盈亿动不"，讫："明真科曰生世念"。

Дх.03638 **大庄严论选辑**

存5行，行6至10字。马鸣菩萨造、后秦鸠摩罗什译。所存经句散见于《大正藏》第4册数页，"意汝先死我果"句见《大正藏》第4册，第320页C栏第9行。"不作毁缺行不遇如是""是则名为难为鹅身受苦"两句见《大正藏》第4册，第321页A栏第13行至第14行。"彼为贼所劫惭愧为草系""犹如鹦鹉翅不如祠天"两句见《大正藏》第4册，第269页B栏第14行至第15行。

Дх.03639 **大方广佛华严经卷第十六十住品第十五**

存4行，行2至7字。起："为十所谓"，讫："无疑"。唐实叉难陀译。经文见《大正藏》第10册，第85页B栏第4行至第7行。

Дх.03640 **妙法莲华经卷第六随喜功德品第十八**

存4行，行3至5字。录文："随其所欲娱/浮提金/弥宝及象/施主如。"后秦鸠摩罗什译。经文见《大正藏》第9册，第46页C栏第6行至第9行。

Дх.03641 **金光明经卷第二四天王品第六**

存4行，行2至5字。录文："念恭/是王/若有比丘比/诸人王有。"北凉昙无谶译。经文见《大正藏》第16册，第341页A栏第16行至第20行。

Дх.03642 **大般涅槃经卷第二十二光明遍照高贵德王菩萨品第十之二**

存3行，行2字。录文："闻唯/声闻/於此。"北凉昙无谶译。经文见《大正藏》第12册，第493页B栏第15行至第17行。

Дх.03643 **佛说仁王般若波罗蜜经卷第下护国经受持品第七**

存5行，行3至5字。起："倒及我"，讫："法无生无住"。后秦鸠摩罗什译。经文见《大正藏》第8册，第831页B栏第16行至第21行。

Дх.03644 **妙法莲华经卷第二譬喻品第三**

存8行，行5至11字。起："饶益诸子"，讫："阿耨多罗三"。后秦鸠摩罗什译。经文见《大正藏》第9册，第13页A栏第9行至第16行。

Дх.03645 **馆藏缺**

Дх.03646 **残佛经**

存2行。录文："卷第卅四/具足知。"未检出。

Дх.03647 **佛说佛名经**

存2行。录文："佛/在佛。"不可定名。

Дх.03648 **大般涅槃经卷第九如来性品第四之六**

存5行，行2至3字。起："如人知"，讫："百千万"。北凉昙无谶译。经文见《大正藏》第12册，第417页A栏第2行至第6行。

Дх.03649A **佛说灌顶拔除过罪生死得度经卷第十二**

存8行，行1至8字。起："当/得其福天下太"，讫："闻世㭊说有诸横㓚"。东晋帛尸梨蜜多罗译。经文见《大正藏》第21册，第535页B栏第21行至第28行。有异文。

Дх.03649B **太上洞玄灵宝无量度人上品妙经**

存6行。录文:"妖精三官/普告无/清/元洞玉历龙/无复色下无/无幽无冥。"

Дx.03650　佛说道神足无极变化经卷第四

存6行,行2至18字。起:"五百太子",讫:"着等"。西晋安法钦译。经文见《大正藏》第17册,第813页C栏第2行至第6行。

Дx.03650V　民族文字残片

Дx.03651　妙法莲华经卷第五安乐行品第十四

存8行,行3至8字。起:"明珠赐之",讫:"求佛道"。后秦鸠摩罗什译。经文见《大正藏》第9册,第39页B栏第3行至第12行。

Дx.03651V　民族文字残片

Дx.03652　大般涅槃经卷第十三圣行品第七之三

存3行,行2至17字。起:"是身念处",讫:"正定"。北凉昙无谶译。经文见《大正藏》第12册,第441页B栏第13行至第15行。

Дx.03652V　民族文字残片

Дx.03653　大智度论卷第九十九释昙无竭品第八十九

存8行,行2至17字。起:"佛所则无",讫:"五众"。龙树菩萨造、后秦鸠摩罗什译。经文见《大正藏》第25册,第746页B栏第11行至第19行。

Дx.03654　放光般若经卷第四摩诃般若波罗蜜陀隣尼品第二十

存8行,行7至17字。起:"流互相浇灒",讫:"无所贪猗若"。西晋无罗叉译。经文见《大正藏》第8册,第25页A栏第22行至B栏第1行。

Дx.03654V　回鹘文及汉文杂写

存回鹘文5行。汉文杂写:"弟子善法奴尸罗万帝来者□□也□□。"

Дx.03655　大般涅槃经卷第一寿命品第一

存8行,行11至16字。起:"二十恒河沙",讫:"罗刹可畏"。北凉昙无谶译。经文见《大正藏》第12册,第368页C栏第20行至第28行。

Дx.03655V　民族文字残片

Дx.03656　妙法莲华经卷第七普贤菩萨劝发品第二十八

存21行,行2至8字。起:"众俱",讫:"萨婆"。后秦鸠摩罗什译。经文见《大正藏》第9册,第61页B栏第1行至第21行。

Дx.03657　大般涅槃经卷第四十憍陈如品第十三之二

存10行,行3至13字。起:"十二部",讫:"事我来"。北凉昙无谶译。经文见《大正藏》第12册,第601页C栏第3行至第13行。

Дx.03658　大般涅槃经卷第十四圣行品第七之四

存8行,行4至14字。起:"是半偈义",讫:"我今力能飞"。北凉昙无谶译。经文见《大正藏》第12册,第450页B栏第15行至第23行。最后1行有添加字"今力"。

Дx.03659　大方广十轮经卷第三灌顶喻品第四

存5行,行4至16字。起:"神通令诸",讫:"及诸魔梵"。失译。经文见《大正藏》第13册,第692页A栏第3行至第8行。

Дx.03660　妙法莲华经卷第二譬喻品第三

存5行,行4至12字。起:"汝当听说",讫:"从地狱"。全部为偈语。后秦鸠摩罗什译。经文见《大正藏》第9册,第15页B栏第24行至C栏第1行。

Дx.03661　维摩诘所说经卷上菩萨品第四

存5行,行4至11字。起:"心是道□无",讫:"不懈怠故禅"。后秦鸠摩罗什译。经文见《大正藏》第14册,第542页C栏第15行至第19行。

Дx.03662　大般涅槃经卷第十七梵行品第八之三

存10行,行3至6字。起:"破坏四魔言",讫:"食身者"。北凉昙无谶译。经文见《大正藏》第12册,第465页A栏第9行至第19行。

Дx.03663　金刚般若波罗蜜经

存4行,行3至4字。录文:"能见如来/相故得/是念如/三菩提。"后秦鸠摩罗什译。经文见《大正藏》第8册,第752页A栏第18行至第22行。

Дх.03664 **大般涅槃经卷第十八梵行品第八之四**

存7行，行1至6字。起："佛时有是"，讫："众生多诸/根"。北凉昙无谶译。经文见《大正藏》第12册，第472页B栏第26行至C栏第3行。

Дх.03665 **佛说方等般泥洹经卷下度地狱品第五**

存3行，行6至8字。起："利天上时佛"，讫："令其生苦痛中"。西晋竺法护译。经文见《大正藏》第12册，第923页B栏第7行至第10行。

Дх.03666 Дх.03667 **大般涅槃经卷第二十二光明遍照高贵德王菩萨品第十之二**

三残片。其一，存5行，行2至6字。起："子一切见"，讫："之想"。北凉昙无谶译。经文见《大正藏》第12册，第494页A栏第16行至第20行。其二，存6行，行1至6字。起："示现倚卧"，讫："七宝为/端"。《大正藏》第12册，第494页B栏第11行至第15行。其三，存5行，行2至6字。起："摩诃萨见"，讫："不定"。经文见《大正藏》第12册，第494页A栏第28行至B栏第3行。

Дх.03668 **佛经论释**

存5行。注双行小字。未检出。

Дх.03668V **残佛经**

存9行。未检出。

Дх.03669 **妙法莲华经马明菩萨品第三十**

存6行，行8至11字。起："名浮提广"，讫："木龙王降"。经文见《大正藏》第85册，第1427页B栏第26行至C栏第3行。

Дх.03670 **大方等大集经卷第三十无尽意菩萨品第十二之四**

存4行，行3至4字。录文："弗是名/持禁戒/说法二/别法四者。"宋智严共宝云译。经文见《大正藏》第13册，第206页C栏第5行至第8行。

Дх.03671 **阿弥陀经义述**

存4行，行4至12字。起："然圣人道"，讫："比丘果地"。慧净述。经文见《大正藏》第37册，第308页B栏第8行至第14行。

Дх.03672 **大方广佛华严经卷第五十三离世间品第三十八之一**

二残片。其一，存3行，行2字。录文："波罗/退转/实观。"唐实叉难陀译。经文见《大正藏》第10册，第282页C栏第2行至第4行。其二，存3行，行2字。录文："故大/以普/萨有。"经文见《大正藏》第10册，第282页B栏第27行至第29行。

Дх.03673 **大智度论卷第十九释初品中三十七品义第三十一**

存2行，行7至9字。录文："缘尽是果非有果/有果虚空非数缘尽是。"龙树菩萨造、后秦鸠摩罗什译。经文见《大正藏》第25册，第201页C栏第18行至第20行。

Дх.03673V **民族文字残片**

Дх.03674 **佛说佛名经**

见Дх.03572。

Дх.03675 **残佛经**

存6行。未检出。

Дх.03676 **白描画及杂写**

存残画2幅，杂写2行。

Дх.03676V **户籍**

Дх.03677 **摩诃般若波罗蜜经卷第九大明品第三十二**

存7行，行3至9字。起："至伎乐"，讫："中众生一"。后秦鸠摩罗什译。经文见《大正藏》第8册，第285页B栏第27行至C栏第5行。

Дх.03678 **佛说观无量寿佛经**

存6行，行6至8字。起："闭置深宫"，讫："末举头顶"。宋畺良耶舍译。经文见《大正藏》第12册，第341页B栏第1行至第7行。

Дх.03679 **佛本行集经卷第五贤劫王种品下**

存5行，行3字。录文："王子名/名为胎/方主方/善意善/喜欢喜。"隋阇那崛多译。经文见《大正藏》第3册，第674页A栏第11行至第15行。

Дх.03680 **佛说佛名经卷第五**

存7行，行2至6字。起："灭诸"，讫："无西"。北魏菩提流支译。经文见《大正藏》第14册，第208页C栏第12行至第15行。

Дх.03681 大般涅槃经卷第二七师子吼菩萨品第十一之一

存6行，行1至12字。起："等/了见佛以"，讫："至能知十"。北凉昙无谶译。经文见《大正藏》第12册，第523页A栏第7行至第13行。

Дх.03682 摩诃般若波罗蜜经卷第十一随喜品第三十九

存5行，行4至9字。起："无所有"，讫："菩提□若"。后秦鸠摩罗什译。经文见《大正藏》第8册，第305页C栏第28行至第306页A栏第4行。

Дх.03683 大般涅槃经卷第十五梵行品第八之一

存9行，行1至3字。录文："之/以是义/属见/不住法/如是/者见/行之人/无量/无量者。"北凉昙无谶译。经文见《大正藏》第12册，第452页C栏第10行至第18行。

Дх.03684 残佛经

存3行，行6至8字。起："嫉妬五欲"，讫："学门□亿"。未检出。

Дх.03685 十方千五百佛名经

存3行，行2至4字。录文："明音相佛/净无垢佛/眼佛。"经文见《大正藏》第14册，第316页A栏第23行至第27行。

Дх.03686 残佛经

存6行。未检出。

Дх.03687 金刚般若波罗蜜经

存5行，行1至2字。录文："说/何/七/须菩/德性。"后秦鸠摩罗什译。经文见《大正藏》第8册，第749页B栏第16行至第21行。

Дх.03688 佛说观药王药上二菩萨经

存11行，行3至17字。起："大众见电光"，讫："言我等"。宋畺良耶舍译。经文见《大正藏》第20册，第665页C栏第1行至第12行。

Дх.03689 妙法莲华经卷第四五百弟子受记品第八

存5行，行2至5字。起："也汝今"，讫："愿犹"。后秦鸠摩罗什译。经文见《大正藏》第9册，第29页A栏第14行至第19行。

Дх.03690 大般涅槃经卷第二十二光明遍照高贵德王菩萨品第十之二

存3行，行2至4字。录文："汝我/见答吾有/两卿若能。"北凉昙无谶译。经文见《大正藏》第12册，第497页A栏第28行至B栏第1行。

Дх.03691 放光般若经卷第二十摩诃般若波罗蜜诸法等品第八十六

存3行，行4至7字。录文："是则为佛/间之福田善男子/国土而来。"西晋无罗叉译。经文见《大正藏》第8册，第145页B栏第16行至第18行。

Дх.03692 羯磨自恣法第六

见Дх.02700。

Дх.03693 妙法莲华经卷第一序品第一

存7行，行4至8字。起："示诸佛土"，讫："即说大法是故当"。后秦鸠摩罗什译。经文见《大正藏》第9册，第3页C栏第8行至第15行。

Дх.03694 四分律注

存5行。律大字，注双行小字。经文见《大正藏》第40册，第459页B栏。与现刊本差别较大。

Дх.03695 大方广佛华严经卷第五如来光明觉品第五

存3行，行2至5字。录文："同彼形/偈说/普行诸法界。"仅"普行诸法界"句见东晋佛驮跋陀罗译，《大方广佛华严经卷第五》。经文见《大正藏》第9册，第426页B栏。其余两句未检出。

Дх.03696 金刚般若波罗蜜经

存3行，行4至7字。录文："不可思议不可称/发大乘者说/受持读诵。"后秦鸠摩罗什译。经文见《大正藏》第8册，第750页C栏第12行至第15行。

Дх.03697 妙法莲华经卷第五如来寿量品第十六

存4行，行2至11字。起："祇国乃下"，讫："无边"。后秦鸠摩罗什译。经文见《大正藏》第9册，第42页B栏第15行至第19行。

Дx.03698 残佛经

存"如当修行"4字。

Дx.03699 大般涅槃经卷第二十四光明遍照高贵德王菩萨品第十之四

存6行，行2至4字。起："戒多"，讫："是者"。北凉昙无谶译。经文见《大正藏》第12册，第506页C栏第26行至第507页A栏第4行。

Дx.03700 金刚般若波罗蜜经

存7行，行1至3字。起："食/提在大"，讫："如来善"。后秦鸠摩罗什译。经文见《大正藏》第8册，第748页C栏第22行至第749页A栏第1行。

Дx.03701 妙法莲华经卷第七观世音菩萨普门品第二十五

存6行，行4至10字。起："念若有女人"，讫："受持六十"。后秦鸠摩罗什译。经文见《大正藏》第9册，第57页A栏第6行至第13行。

Дx.03701V 杂写

存"高群"2字。

Дx.03702 妙法莲华经卷第七观世音菩萨普门品第二十五

见Дx.02858。

Дx.03703 切韵

见Дx.01372。

Дx.03704 大般涅槃经卷第十一现病品第六

存5行，行3至6字。起："一白象"，讫："十人中"。北凉昙无谶译。经文见《大正藏》第12册，第429页B栏第10行至第14行。

Дx.03705 集诸经礼忏仪卷上

存4行，行2至7字。起："切恭敬敬礼"，讫："遍满"。唐智昇撰。经文见《大正藏》第47册，第456页B栏第6行至第8行。

Дx.03706 大哀经卷第六十八不共法品第二十一之余

存3行，行4至6字。录文："追推过事/重念其慧如/废而为说法是。"西晋竺法护译。经文见《大正藏》第13册，第438页B栏第28行至C栏第2行。

Дx.03707 大般涅槃经卷第三十五迦叶菩萨品第十二之三

存7行，行2至12字。起："缘得何故"，讫："见如"。北凉昙无谶译。经文见《大正藏》第12册，第570页C栏第9行至第16行。

Дx.03708 大般涅槃经卷第二十八师子吼菩萨品第十一之二

存6行，行3至7字。起："摩诃萨亲近"，讫："非福田"。北凉昙无谶译。经文见《大正藏》第12册，第535页A栏第13行至第18行。

Дx.03709 妙法莲华经卷第一方便品第二

存5行，行6字。起："性先世善"，讫："是说涅槃"。后秦鸠摩罗什译。经文见《大正藏》第9册，第7页C栏第22行至第8页A栏第1行。

Дx.03710 大般涅槃经卷第二十七师子吼菩萨品第十一之一

存2行，行6字。录文："来世尊无量百/子吼十住菩萨。"北凉昙无谶译。经文见《大正藏》第12册，第522页C栏第25行至第27行。

Дx.03711 十方千五百佛名经

存9行，行5至12字。起："提头赖吒王佛"，讫："善男子善女人闻"。经文见《大正藏》第14册，第317页A栏第25行至B栏第6行。佛名次序略有不同。

Дx.03712 大般涅槃经卷第二十四光明遍照高贵德王菩萨品第十之四

存9行，行7至9字。起："田何以故以"，讫："不净施主破"。北凉昙无谶译。经文见《大正藏》第12册，第506页C栏第16行至第25行。

Дx.03713 维摩诘所说经卷上弟子品第三

存9行，行3至11字。起："此人心"，讫："自识宿命曾"。后秦鸠摩罗什译。经文见《大正藏》第14册，第540页C栏第26行至第541页A栏第6行。

Дx.03714 增壹阿含经卷第三十四七日品第四十之一(六)

存4行，行2至5字。起："其闻法"，讫："漏而"。僧伽提婆译。经文见《大正藏》第2册，第740页B栏第7行至第11行。

Дx.03714V 杂写

存"比比"2字。

Дx.03715 大般涅槃经卷第七如来性品第四之四

存9行，行5至6字。起："修道如是经"，讫："说言佛在舍"。北凉昙无谶译。经文见《大正藏》第12册，第403页B栏第6行至第15行。

Дx.03716 道行般若经卷第六摩诃般若波罗蜜恒竭优婆夷品第十八

存4行，行6至7字。起："出彼上若"，讫："教其功德"。后汉支娄迦谶译。经文见《大正藏》第8册，第456页B栏第18行至第22行。

Дx.03717 杂写

存"佛本行"3字。

Дx.03717V 雕版佛像

存2尊。

Дx.03718 愿文

存6行。录文："何图叶运/千变难怨时运/思抚护之恩劳/拔唯凭福/道场/庄。"

Дx.03718V 杂写

存"七九"2字。

Дx.03719 龙树菩萨传

存2行。录文："龙树菩萨传究摩罗什出/出南天竺梵。"后秦鸠摩罗什译。经文见《大正藏》第50册，第184页A栏第19行至第20行。

Дx.03720 Дx.06008 金刚般若波罗蜜经

二碎片，其一，存8行。首题："金刚般若波罗蜜经"，讫："如来善护念"。后秦鸠摩罗什译。经文见《大正藏》第8册，第748页C栏第17行至第26行。其二，存2行，行4字。录文："给孤独园/时世尊食。"经文见《大正藏》第8册，第748页C栏第20行至第21行。

Дx.03721 大般涅槃经卷第三十二师子吼菩萨品第十一之六

存3行，行3至6字。起："退菩提"，讫："大涅槃有大"。北凉昙无谶译。经文见《大正藏》第12册，第558页A栏第27行至第29行。

Дx.03722 妙法莲华经卷第七观世音菩萨普门品第二十五

存6行，行6至7字。起："尊佛言若复有"，讫："众生说法方便"。后秦鸠摩罗什译。经文见《大正藏》第9册，第57页A栏第16行至第22行。

Дx.03723 佛说灌顶拔除过罪生死得度经卷第十二

存7行，行2至8字。起："佛说"，讫："法众生宣"。东晋帛尸梨蜜多罗译。经文见《大正藏》第21册，第532页B栏第7行至第16行。

Дx.03724 佛说灌顶拔除过罪生死得度经卷第十二

见Дx.02016。

Дx.03725 药师琉璃光如来本愿功德经

存7行，行3至5字。起："有虽不毁正"，讫："诸善法"。唐玄奘译。经文见《大正藏》第14册，第405页C栏第28行至第406页A栏第5行。

Дx.03726 诗

存1行。录文："字字堪专戏玉黄。"另下部倒书3字仅存半边，无法辨识。

Дx.03727 药师琉璃光如来本愿功德经

存1行，总7字。录文："贪悋不知布施及。"唐玄奘译。经文见《大正藏》第14册，第405页C栏第12行至第13行。

Дx.03728 大般涅槃经卷第十六梵行品第八之二

存3行，行4至5字。录文："业因堕於/煞上煞者/名为上以是。"北凉昙无谶译。经文见《大正藏》第12册，第460页B栏第12行至第14行。

Дx.03729 妙法莲华经卷第一方便品第二

存2行，行4至5字。录文："随其本性以/为说法舍。"后秦鸠摩罗什译。经文见《大正藏》第9册，第7页B栏第19行至第20行。

Дx.03730 阿毗昙毗婆沙论卷第五十八智犍度相应品第四之二

存3行，行2至6字。录文："心智相应道/应以是他聚故/无愿。"迦旃延子造、五百罗汉释、北凉浮陀跋摩共道泰等译。经文见《大正藏》第28册，第402页C栏第11行至第13行。

Дx.03731 妙法莲华经卷第一序品第一

存6行，行1至5字。起："诸比丘比"，讫："勒菩萨/因"。后秦鸠摩罗什译。经文见《大正藏》第9册，第2页B栏第20行至第25行。

Дx.03732 佛经论释

存4行，行3至10字。未检出。

Дx.03733 大智度论卷第四十四释句义品第十二

存2行，行4字。录文："等世间法/八无记四。"龙树菩萨造、后秦鸠摩罗什译。经文见《大正藏》第25册，第381页C栏第28行至第382页A栏第1行。

Дx.03734 放光般若经卷第十二摩诃般若波罗蜜随真知识品第五十二

存6行，行2至6字。起："佛"，讫："德得阿"。西晋无罗叉译。经文见《大正藏》第8册，第81页B栏第18行至第23行。

Дx.03735 大般若波罗蜜多经卷第一百六十八初分校量功德品第三十之六十六

存9行，行6至9字。起："痛切故复次憍"，讫："无量法门功妙"。唐玄奘译。经文见《大正藏》第5册，第903页B栏第4行至第13行。

Дx.03736 现在十方千五百佛名经并杂佛同号

存4行，行4至7字。起："百千亿那"，讫："刹微尘数"。经文见《大正藏》第85册，第1448页C栏第15行至第19行。

Дx.03737 大智度论卷第二初品总说如是我闻释论第三

存4行，行8字。起："空吉罪忏悔"，讫："结集毗尼"。龙树菩萨造、后秦鸠摩罗什译。经文见《大正藏》第25册，第68页B栏第15行至第18行。

Дx.03738 佛说观佛三昧海经卷第一观相品第三之一

存5行，行5至7字。起："门施关犍开"，讫："恐殿有声无缘"。东晋佛驮跋陀罗译。经文见《大正藏》第15册，第650页A栏第11行至第15行。

Дx.03739 妙法莲华经卷第二信解品第四

存4行，行1至5字。起："力/有地衣食易"，讫："子便识心"。后秦鸠摩罗什译。经文见《大正藏》第9册，第16页C栏第19行至第22行。

Дx.03740 大般涅槃经卷第九如来性品第四之六

存5行，行3至6字。起："方药我"，讫："以是义"。北凉昙无谶译。经文见《大正藏》第12册，第419页C栏第19行至第23行。

Дx.03741 四分律卷第四十九比丘尼犍度之下

存5行，行2至9字。起："今从比丘"，讫："今为"。后秦佛陀耶舍共竺佛念等译。经文见《大正藏》第22册，第929页B栏第23行至第28行。

Дx.03742 大般涅槃经卷第十一一切大众所问品第五

存11行，行2至9字。起："神力悉皆"，讫："诃萨"。北凉昙无谶译。经文见《大正藏》第12册，第425页A栏第5行至第15行。

Дx.03743 大方等大集经菩萨念佛三昧分赞如来功德品第六

存8行，行3至5字。起："泽众生"，讫："佛世尊"。隋达磨笈多译。经文见《大正藏》第13册，第849页C栏第21行至第850页A栏第1行。

Дx.03744 大般涅槃经卷第二十七师子吼菩萨品第十一之一

存6行，行4至8字。起："知是则能"，讫："以何义故意名为"。北凉昙无谶译。经文见《大正藏》第12册，第522页C栏第27行至第523页A栏第4行。

Дx.03745 大般若波罗蜜多经卷第一百九十九初分难信解品第三十四之十八

存7行，行3字。起："童清净"，讫："智清净"。唐玄奘译。经文见《大正藏》第5册，第1066页A栏第3行至第9行。

Дx.03746 佛说观佛三昧海经卷第六观四无量心品第五

存3行，行5至6字。录文："西北方花德佛/东北方三乘/下方明德佛。"东晋佛驮跋陀罗译。经文见《大正藏》第15册，第678页A栏第17行至第19行。另唐道世集《诸经要集念十方佛缘第二》亦有相同经文。经文见《大正藏》第54册，第2页A栏第5行至第6行。

Дx.03747 金刚般若波罗蜜经论卷下

存5行，行5至6字。起："汝若作是念"，讫："於法不说断"。无著菩萨造、隋达摩笈多译。经文见《大正藏》第25册，第779页B栏第8行至第12行。

Дx03748 阿弥陀经疏

存12行，行3至12字。起："趣身欲令持戒"，讫："地藏虚空藏诸难/云诸法"。唐基撰。经文见《大正藏》第37册，第322页A栏第16行至B栏第2行。

Дx.03749 金刚般若波罗蜜经

存10行，行3至9字。起："时世尊"，讫："发阿耨多罗"。北魏菩提流支译。经文见《大正藏》第8册，第756页B栏第19行至第29行。

Дx.03750 妙法莲华经卷第四提婆达多品第十二

存6行，行2至8行。起："莲华大如车"，讫："数几"。后秦鸠摩罗什译。经文见《大正藏》第9册，第35页B栏第22行至第27行。

Дx.03751 金光明经卷第三正论品第十一

存4行，行3至4字。录文："诸天之众/应为恶/人受乐/严其身。"北凉昙无谶译。经文见《大正藏》第16册，第348页A栏第15行至第19行。

Дx.03752 佛经论释

存6行，行2至11字。未检出。

Дx.03753 妙法莲华经卷第四五百弟子受记品第八

存5行，行12至15字。起："与珠之亲友"，讫："得佛无上"。后秦鸠摩罗什译。经文见《大正藏》第9册，第29页B栏第10行至第19行。

Дx.03754 大楼炭经卷第四忉利天品第九

存5行，行5至6字。起："泽处雨是"，讫："三事失雨"。西晋沙门法立共法炬译。经文见《大正藏》第1册，第300页A栏第11行至第16行。

Дx.03755 十方千五百佛名经

存4行，行4至7字。起："无惊怖佛"，讫："佛相王佛"。经文见《大正藏》第14册，第316页C栏第23行至第27行。

Дx.03756 思益梵天所问经卷第三谈论品第七

存6行，行4至13字。起："说故得有"，讫："言不也文"。后秦鸠摩罗什译。经文见《大正藏》第15册，第50页A栏第27行至B栏第4行。

Дx.03757 大方广佛华严经卷第五四谛品第四之二

存5行，行3至6字。起："时光明"，讫："斋不可"。东晋佛驮跋陀罗译。经文见《大正藏》第9册，第426页B栏第5行至第9行。

Дx.03758 摩诃般若波罗蜜经卷第十二遍叹品第四十四

存6行，行4至11字。起："佛言水流"，讫："故世尊"。后秦鸠摩罗什译。经文见《大正藏》第8册，第312页A栏第15行至第23行。

Дx.03759 杂宝藏经卷第四长者子客作设会获现报缘

存4行，行3至5字。起："饱到"，讫："食僧不"。北魏吉迦夜共昙曜译。经文见《大正藏》第4册，第469页B栏第24行至第27行。

Дx.03760 妙法莲华经卷第四五百弟子受记品第八

存5行，行3至4字。起："净佛土"，讫："萨众甚多"。后秦鸠摩罗什译。经文见《大正藏》第9册，第28页B栏第3行至第11行。

Дx.03761 菩萨善戒经卷第八如法住生菩提地品

第四

存6行，行3至5字。起："令众生"，讫："住远行"。宋求那跋摩译。经文见《大正藏》第30册，第1006页A栏第18行至第24行。

Дх.03762　Дх.04094　**礼忏文**

二残片。其一，存4行。录文："敬礼/大菩萨度/部诸善神/□为道。"其二，存2行。录文："礼释迦牟尼/北东南方。"

Дх.03762V　Дх.04094V　**户籍**

二残片。其一，存4行。录文："田城西肆里/步居住园宅/年叁拾壹岁白丁本/拾伍。"其二，存1行。录文："段贰亩永业常田。"

Дх.03763　**大方等大集经卷第五十一月藏分第十四诸恶鬼神得敬信品第八十二**

存3行，行4至9字。起："实可得若"，讫："其众生体"。高齐那连提耶舍译。经文见《大正藏》第13册，第339页B栏第5行至第7行。

Дх.03764　**佛说仁王般若波罗蜜经卷上护国经观空品第二**

存7行，行5至6字。起："有果空因"，讫："若十力十"。后秦鸠摩罗什译。经文见《大正藏》第8册，第826页B栏第10行至第16行。

Дх.03765　**大般涅槃经卷第三十九憍陈如品第十三之一**

存4行，行3至7字。起："憍陈如"，讫："脱常"。北凉昙无谶译。经文见《大正藏》第12册，第590页C栏第5行至第8行。

Дх.03766　**菩萨善戒经卷第一菩萨地序品第一**

存6行，行2至9字。起："调诸众"，讫："我能"。宋求那跋摩译。经文见《大正藏》第30册，第960页B栏第18行至第23行。

Дх.03767　**妙法莲华经卷第一方便品第二**

存6行，行5至11字。起："除佛灭度后"，讫："而说偈言"。后秦鸠摩罗什译。经文见《大正藏》第9册，第7页C栏第5行至第10行。

Дх.03768　**摩诃般若波罗蜜经卷第二十六净土品第八十二**

存10行，行1至5字。起："无/中不"，讫："中众生无/漏"。后秦鸠摩罗什译。经文见《大正藏》第8册，第409页A栏第29行至B栏第10行。

Дх.03769　**摩诃般若波罗蜜经卷第九大明品第三十二**

见Дх.03252。

Дх.03770　**佛说灌顶拔除过罪生死得度经卷第十二**

存4行，行1至5字。录文："得/作佛时自身/而自庄严/璃。"东晋帛尸梨蜜多罗译。经文见《大正藏》第21册，第532页C栏第2行至第6行。

Дх.03771　**大般涅槃经卷第三寿命品第一之三**

见Дх.03192C。

Дх.03772　**大般若波罗蜜多经卷第九十八初分求般若品第二十七之十**

存11行，行2至12字。起："后际"，讫："虚空"。唐玄奘译。经文见《大正藏》第5册，第544页C栏第12行至第20行。

Дх.03773　**大般若波罗蜜多经卷第一百六十八初分校量功德品第三十之六十六**

存2行，行9至10字。录文："度一切复以般若波罗/文义为其广说宣示开演。"唐玄奘译。经见《大正藏》第5册，第903页A栏第4行至第5行。

Дх.03774　**大般涅槃经佛母品**

存4行，行5字。起："我来告诸"，讫："见如来在"。经文见《藏外佛教文献》第1册，第383页A栏第7行至第10行。

Дх.03775　**妙法莲华经卷第六药王菩萨本事品第二十三**

存3行，行6至8字。起："光明照十方"，讫："故在世尔时日"。后秦鸠摩罗什译。经文见《大正藏》第9册，第53页C栏第4行至第7行。

Дх.03776　**佛经论释**

存3行。未检出。

Дх.03777 金刚般若波罗蜜经

存7行，行7至8字。起："汝等勿谓"，讫："菩提言如是"。后秦鸠摩罗什译。经文见《大正藏》第8册，第752页A栏第5行至第11行。

Дх.03778 佛说仁王般若波罗蜜经卷下护国品第五

存8行，行2至7字。起："十六大国"，讫："三地"。后秦鸠摩罗什译。经文见《大正藏》第8册，第830页B栏第29行至C栏第8行。

Дх.03779 维摩诘所说经卷上菩萨品第四

存4行，行6至7字。起："心是道场"，讫："心调柔故智"。后秦鸠摩罗什译。经文见《大正藏》第14册，第542页C栏第16行至第20行。

Дх.03780 现在十方千五百佛名并杂佛同号

存3行，行4至7字。录文："现在十方/十方名有百千亿/十方各有八千不。"经文见《大正藏》第85册，第1448页C栏第13行至第15行。经文"现在十方"，现刊本做"碍眼十方"。

Дх.03781 残佛经

存3行。极残，未检出。

Дх.03782 毗尼心一卷学戒法第一

存6行，行2至10字。起："昙摩留支"，讫："到秦"。仅存于敦煌文献中。经文参见《大正藏》第85册，第659页B栏第8行至第16行。

Дх.03783 佛说佛名经

存3行。录文："南无/南无降伏/无。"未检出。

Дх.03784 大般涅槃经后分卷上憍陈如品余

见Дх.02537。

Дх.03785 佛说仁王般若波罗蜜经卷上教论品第三

存11行，行6至7字。起："过二乘一切"，讫："是菩萨十坚"。后秦鸠摩罗什译。经文见《大正藏》第8册，第826页B栏第29行至C栏第10行。

Дх.03786 妙法莲华经卷第三药草喻品第五

存4行，行8至10字。起："相究竟至"，讫："修何事云"。后秦鸠摩罗什译。经文见《大正藏》第9册，第19页B栏第24行至第28行。

Дх.03787 菩萨善戒经卷第五菩萨地精进品第十三

存4行，行3至5字。起："磨善法者"，讫："善人精"。宋求那跋摩译。经文见《大正藏》第30册，第987页B栏第9行至第12行。

Дх.03787V 佛经论释

存4行。未检出。

Дх.03788 金光明经卷第二四天王品第六

存6行，行2至7字。起："别演"，讫："得坐於道"。北凉昙无谶译。经文见《大正藏》第16册，第343页A栏第11行至第16行。

Дх.03789 佛经论释

存4行。录文："种/方便经/若煞□子/子师。"

Дх.03790 残佛经

存4行。

Дх.03791 合部金光明经卷第四依空满愿品第九

存8行，行4至6字。起："四王及夜"，讫："者我亦当"。北凉昙无谶译、隋释宝贵合。经文见《大正藏》第16册，第381页C栏第21行至第29行。

Дх.03792 金光明经卷第二四天王品第六

存5行，行2至7字。起："为不少况"，讫："沙等"。北凉昙无谶译。经文见《大正藏》第16册，第343页A栏第7行至第14行。

Дх.03793 大智度论卷第二十五释初品中四无畏义第四十

存16行，行1至12字。起："菩/一切语"，讫："二万一千愚"。龙树菩萨造、后秦鸠摩罗什译。经文见《大正藏》第25册，第246页C栏第21行至第247页A栏第7行。

Дх.03794 金光明经卷第二四天王品第六

存9行，行2至5字。起："如宝"，讫："无量诸苦"。北凉昙无谶译。经文见《大正藏》第16册，第344页B栏第1行至第14行。

Дх.03795 妙法莲华经卷第六如来神力品第二十一

存4行，行2至5字。起："灭度"，讫："名字及言辞"。后秦鸠摩罗什译。经文见《大正藏》第9册，

52页B栏第16行至第22行。

Дx.03796 妙法莲华经卷第七观世音菩萨普门品第二十五

存7行，行1至5字。前5行每行均为"念彼观音力"，后2行下部残。后秦鸠摩罗什译。经文见《大正藏》第9册，第57页C栏。

Дx.03797 Дx.03808 阿毗昙八犍度论卷第十三智犍度智相应跋渠第五之一

存7行，行3至12字。起："根为摄无"，讫："无愿"。迦旃延子造、僧伽提婆共竺佛念译。经文见《大正藏》第26册，第835页C栏第28行至第836页A栏第10行。

Дx.03797V Дx.03808V 阿毗昙八犍度论卷第十四智犍度中相应跋渠第五之余

存7行，行2至12字。起："应法"，讫："是谓□□非"。迦旃延子造、僧伽提婆共竺佛念译。经文见《大正藏》第26册，第836页B栏第23行至C栏第11行。

Дx.03798 菩萨璎珞本业经卷上贤圣学观品第三

存11行，行2至11字。起："界报"，讫："亦现一切"。后秦竺佛念译。经文见《大正藏》第24册，第1016页C栏第9行至第20行。

Дx.03799 大方广佛华严经卷第十八金刚幢菩萨十回向品第二十一之五

存7行，行4至11字。起："得法力身"，讫："时作如是"。东晋佛驮跋陀罗译。经文见《大正藏》第9册，第515页A栏第26行至B栏第3行。

Дx.03800 合部金光明经卷第二业障灭品第五

存4行，行2至8字。起："经之"，讫："何以故"。北凉昙无谶译、隋释宝贵合。经文见《大正藏》第16册，第371页B栏第4行至第7行。

Дx.03801 妙法莲华经卷第四五百弟子受记品第八

存5行，行2至7字。起："法而"，讫："诸佛所"。后秦鸠摩罗什译。经文见《大正藏》第9册，第27页C栏第1行至第5行。

Дx.03802 优婆塞戒经卷第三受戒品第十四

存8行，行6至17字。起："今身中将"，讫："妹作非法"。北凉昙无谶译。经文见《大正藏》第24册，第1047页C栏第18行至第25行。

Дx.03803 大般若波罗蜜多经卷第九十八初分叹众德品第二十八之一

存3行，行3至5字。录文："行般若/缘故我作是说/波国罗蜜多。"唐玄奘译。经文见《大正藏》第5册，第544页C栏第12行至第14行。

Дx.03804 大般若波罗蜜多经

存4行，行2至4字。录文："罗尼门/为方便回/舍性世尊/生为。"唐玄奘译。所存甚残，无法确指具体卷品。

Дx.03805 大般若波罗蜜多经卷第四百一十九第二分无所有品第二十一之二

存2行，行6至7字。录文："去亦无所住善现/所去亦无所住。"唐玄奘译。经文见《大正藏》第7册，第103页A栏。此两句在A栏所存甚多。

Дx.03806 佛说仁王般若波罗蜜经卷下护国经受持品第七

存4行，行6至12字。起："十惠观灭"，讫："波罗蜜念念不"。后秦鸠摩罗什译。经文见《大正藏》第8册，第831页B栏第16行至第19行。

Дx.03807 菩萨善戒经卷第九毕竟地住品第六

存11行，行2至9字。起："上是名"，讫："何而"。宋求那跋摩译。经文见《大正藏》第30册，第1012页B栏第2行至第12行。

Дx.03807V 杂阿毗昙心论卷十一择品下

存12行，行1至11字。起："道/颇有有漏受"，讫："卒令富"。全部是摘录经文中的偈语。宋僧伽跋摩等译。经文见《大正藏》第28册，第965页A栏第2行至C栏第6行。

Дx.03808 阿毗昙八犍度论卷第十三智犍度智相应跋渠第五之一

见Дx.03797。

Дх.03808V **阿毗昙八犍度论卷第十四智犍度中相应跋渠第五之余**

见Дх.03797V。

Дх.03809 **十诵比丘波罗提木叉戒本**

存9行，行7至16字。起："波夜提若比丘"，讫："是事好若"。后秦鸠摩罗什译。经文见《大正藏》第23册，第475页B栏第14行至第24行。

Дх.03810 **大般若波罗蜜多经卷第二十三初分教诫教授品第七之十三**

见Дх.00343。

Дх.03811 **大般若波罗蜜多经题签**

录文："大般若波罗蜜多经卷第四百八十四四十九□。"

Дх.03812 **佛说佛名经卷第一**

存9行，行2至6字。起："闵婆阿修"，讫："光佛"。北魏菩提流支译。经文见《大正藏》第14册，第114页A栏第8行至第16行。

Дх.03813 **摩诃僧祇律卷第五明僧残戒之一**

见Дх.02602。

Дх.03813V **集诸经礼忏仪**

见Дх.02602V。

Дх.03814 **书仪**

见Дх.01458。

Дх.03815 **残佛经**

见Дх.02142。

Дх.03816 **大智度论卷第八初品中放光释论第十四之余**

存2行，行5至13字。录文："天不生色界/佛欲度此众生令得道证无色界。"龙树菩萨造、后秦鸠摩罗什译。经文见《大正藏》第25册，第117页C栏第11行至第12行。

Дх.03817 Дх.03836 Дх.03866 Дх.03881 **金刚般若波罗蜜经**

存19行，行7至17字。起："提在在处处"，讫："能受持读诵"。后秦鸠摩罗什译。经文见《大正藏》第8册，第750页C栏第20行至第751页A栏第11行。

Дх.03818 **大般若波罗蜜多经卷第二百二十九初分难信解品第三十四之四十八**

存7行，行6至17字。起："智智清净"，讫："法界乃至"。唐玄奘译。经文见《大正藏》第6册，第154页C栏第5行至第12行。

Дх.03819 **佛说佛名经卷第二十九**

存4行，行4至5字。起："南无示义佛"，讫："南无不可坏佛"。失译。经文见《大正藏》第14册，第295页B栏第4行至第6行。卷中有两尊雕版赋彩千佛像。

Дх.03820 Дх.03851 Дх.11068 **佛说随求即得大自在陀罗尼神咒经**

存34行，行2至20字。唐宝思惟译。经文参见《大正藏》第20册，第643页。异抄本。

Дх.03820V Дх.03851V Дх.11068V **户籍**

二残片。其一，存13行。录文："东保/南贰里东周长达西石碛南渠/分城南贰拾里东坑几十个韩西周长达南沙/亩勋田城北壹佰里东曹致失□ 西退地南/□勋田城东南捌拾里东鲁主西马继文 南/亩居住园宅/张掖县□□乡开元廿三年籍/拾捌岁老男勋官上护军（长安二年十二月□日□□□/义感□□□）柴拾岁妻空/伍拾伍岁勋官轻车都尉开元十二/肆拾伍岁勋官妻空/容年贰拾壹岁中女空/壹拾捌岁中女空/中男开元廿二年授后死。"其二，存7行。录文："甘州张掖县□□乡开元廿三年籍/城西柒拾里东都谷涧西渠南相奉节 北郑/里东□□□西吴神威南道/城西陆拾里东魏法岁砲西故戍南山北都谷/南肆拾里东孙仁𢘉 西杨修庆处南渠北/□□□东贺周都西乱塚南史雄泰北/□□□东马元谨西二龙渠北□□。"

Дх.03821 **集诸经礼忏仪卷上**

存6行，行16字左右。起："南无东方须弥"，讫："佛等一切诸佛"。唐智昇撰。经文见《大正藏》第47册，第456页B栏第26行至C栏第3行。

Дх.03821V　礼忏文

存5行，行6至13字。起："不思议是故"，讫："共成佛道"。隋信行撰。经文见《大正藏》第85册，第1303页B栏第24行至第28行。

Дх.03822　维摩诘所说经卷上佛国品第一

见Дх.02029。

Дх.03823　药方

存2行。录文："后二足/赤耳。"

Дх.03824　馆藏缺

Дх.03825　杂写

存3行。

Дх.03826　Дх.03854　佛说长阿含经卷第五第一分典尊经第三

存24行，行5至20字。起："即命典尊"，讫："尔时七国王"。后秦佛陀耶舍共竺佛念等译。经文见《大正藏》第1册，第33页A栏第13行至B栏第17行。

Дх.03827A　维摩诘所说经卷上佛国品第一

见Дх.02029。

Дх.03827B　胜天王般若波罗蜜经卷第四现相品第七

见Дх.00483。

Дх.03828　Дх.06728　药方

存3行。录文："后二足□贡/白耳□中/白。"极残。

Дх.03828V　Дх.06728V　便粮历

存6行。录文："升□□/五升又麦二五/子又粟六十/六升/□升麦壹硕/升麦。"

Дх.03829　天穹鬼镜图并推得病日法

见Дх.01258。

Дх.03830　佛说睒子经

存5行。录文："惊言我子有何等罪过而/慈孝蹈地常恐地痛我子/畦无过怜我我自射鹿误中/不复依仰我亦□□死耳/死一处王便牵盲父母将尸□。"与现刊本《菩萨睒子经》《睒子经》《佛说睒子经》均不完全相同，或为异译本。参见西秦圣坚译《佛说睒子经》。经文见《大正藏》第3册，第441页B栏第13行至第24行。

Дх.03830V　佛说分别善恶所起经

存5行，行10字。起："怀恨与忿怒"，讫："口四为不善"。后汉安世高译。经文见《大正藏》第17册，第521页A栏第6行至第12行。

Дх.03831　维摩诘所说经卷上佛国品第一

见Дх.02029。

Дх.03832　大般涅槃经后分机感荼毗品第三

见Дх.02061。

Дх.03833　大般若波罗蜜多经题签

录文："大般若波罗蜜。"

Дх.03834　大般若波罗蜜多经题签

录文："大般若经第卅六帙。"

Дх.03835　太玄真一本际妙经题签

录文："太玄真一本际妙经卷第七。"

Дх.03836　金刚般若波罗蜜经

见Дх.03817。

Дх.03837　礼忏文

见Дх.00364。

Дх.03838　药师琉璃光如来本愿功德经

存4行，行3至7字。起："至尽形归佛"，讫："光如来"。唐玄奘译。经文见《大正藏》第14册，第408页B栏第6行至第8行。

Дх.03839　馆藏缺

Дх.03840　胜天王般若波罗蜜经卷第四现相品第七

见Дх.00483。

Дх.03841　维摩诘所说经卷上佛国品第一

见Дх.02029。

Дх.03842　佛说灌顶拔除过罪生死得度经卷第十二

存5行，行7至11字。起："是药师琉璃光佛"，讫："发道意今复"。东晋帛尸梨蜜多罗译。经文见《大正藏》第21册，第535页A栏第7行至第11行。

Дх.03843 金刚般若波罗蜜经

存6行，行1至6字。起："修罗所应供养"，讫："世人轻贱故/罗"。后秦鸠摩罗什译。经文见《大正藏》第8册，第750页C栏第22行至第27行。

Дх.03844 Дх.03864 Дх.03919 金光明最胜王经卷第一序品第一

存14行，行2至12字。起："诸/比是"，讫："名称普闻众所"。唐义净译。经文见《大正藏》第16册，第403页A栏第8行至第22行。

Дх.03845 大般若波罗蜜多经卷第二十三初分教诫教授品第七之十三

见Дх.00343。

Дх.03846 维摩诘所说经卷上佛国品第一

见Дх.02029。

Дх.03847 维摩诘所说经卷上佛国品第一

见Дх.02372。

Дх.03848 优婆塞戒经卷第五净三归品第二十二

存6行，行6至12字。起："受故是故应当"，讫："如比丘在尼优"。北凉昙无谶译。经文见《大正藏》第24册，第1061页B栏第13行至第19行。

Дх.03849 书仪

见Дх.01458。

Дх.03850 胜鬘师子吼一乘大方便方广经胜鬘章第十五

存8行，行5至17字。起："女人听受读"，讫："善思念"。宋求那跋陀罗译。经文见《大正藏》第12册，第223页A栏第18行至第26行。

Дх.03851 佛说随求即得大自在陀罗尼神咒经

见Дх.03820。

Дх.03851V 户籍残片

见Дх.03820V。

Дх.03852 胜天王般若波罗蜜经卷第四现相品第七

见Дх.00483。

Дх.03853 金刚般若波罗蜜经

存41行，行4至17字。起："舍卫"，讫："寿者若取"。后秦鸠摩罗什译。经文见《大正藏》第8册，第748页C栏第20行至第749页B栏第7行。

Дх.03854 佛说长阿含经卷第五第一分典尊经第三

见Дх.03826。

Дх.03855 释摩诃衍论卷第八

存48行，行17至20字。行皆完整。起："五者集散"，讫："诽谤或有"。龙树菩萨造、后秦筏提摩多译。经文见《大正藏》第32册，第653页至第657页。经文的次序与现刊本差别较大。经文经过校勘，中有多处添加字。

Дх.03856 Дх.03920 佛经论释

存24行。未检出。

Дх.03857 大般涅槃经卷第二十九师子吼菩萨品第十一之三

存23行，行19字。起："何以故可"，讫："道是少分"。北凉昙无谶译。经文见《大正藏》第12册，第539页A栏第7行至B栏第4行。

Дх.03858 太公家教

存16行，行6至10字。起："序竟慎口言"，讫："白玉投泥"。

Дх.03858V 上都僧统牒

存11行。上下均残。

Дх.03859 合部金光明经卷第七流水长者子品第二十一

见Дх.00484。

Дх.03860 下女夫词

存9行。

Дх.03860V 下女夫词

存9行。

Дх.03861 Дх.03872 Дх.03874 Дх.03927A 瑶池新咏

存67行。天头残缺。

Дх.03862 阎罗王授记经

此依党燕妮《〈俄藏敦煌文献〉中〈阎罗王授记经〉缀合研究》定名，《敦煌研究》2007年第2期，第104页至第109页。

Дx.03863　醒世诗

存7行。录文："越他事莫知他贫莫笑/莫侵他强莫触他□莫欺/弓折马死常他无疑/败身必须戒之色能致害/赞之见人恶事必须奋之怜/斗打即须谏之意欲去/是时流即须避之。"

Дx.03863V　契约

存7行。录文："有人识忍□□/其舍并物当日交□/捌硕更取八岁黄骏驼一头/百姓宋文子断作价直/百姓李文文奉差入京为少/南至李家北至宋家时乾/升平巷西壁上好舍一院子。"

Дx.03864　金光明最胜王经卷第一序品第一

见Дx.3844。

Дx03865　白居易、李季兰、岑参诗词五首

存5首,总38行。《盐商妇》缺诗名及首1行。李季兰诗一首,存题《李季兰诗》。白居易诗,存题《叹旅雁》《江线毯》。岑参词一首,存题《招北客词岑参》。

Дx.03866　金刚般若波罗蜜经

见Дx.03817。

Дx.03867　孝经注疏卷第五、卷第六

Дx.03867V　令狐明信等贺状

存3行。录文："□三年十一月八日学子/进令狐明信程贺/李贤书□□。"

Дx.03868　Дx.03869　胜天王般若波罗蜜经卷第四现相品第七

见Дx.00483。

Дx.03870　书仪

见Дx.01458。

Дx.03871　诗歌残句

存25行。赵郎中诗、落花篇诗等。

Дx.03872　瑶池新咏

见Дx.03861。

Дx.03873　金刚般若波罗蜜经

见Дx.00339。

Дx.03874　瑶池新咏

见Дx.03861。

Дx.03875　书仪

见Дx.01458。

Дx.03876　占卜书

此依黄正建《关于〈俄藏敦煌文献〉第11至第17册中占卜文书的缀合与定名等问题》,《敦煌研究》2002年第2期,第47页至第50页。

Дx.03877　字书

存21行。同部首或同类字抄写在一起。

Дx.03878　金刚般若波罗蜜经

见Дx.02437。

Дx.03879　妙法莲华经卷第六随喜功德品第十八

见Дx.02124。

Дx.03880　大乘无量寿经

存18行,行2至30字。经文见《大正藏》第19册,第84页A栏。全部为咒。

Дx.03881　金刚般若波罗蜜经

见Дx.03817。

Дx.03882　胜天王般若波罗蜜经卷第四现相品第七

见Дx.00483。

Дx.03883　Дx.03890　Дx.03893B　维摩诘所说经卷上佛国品第一

存11行,行1至7字。起:"来生其国",讫:"净"。后秦鸠摩罗什译。经文见《大正藏》第14册,第538页B栏第26行至C栏第8行。

Дx.03884　维摩诘所说经卷上佛国品第一

见Дx.02029。

Дx.03885A　下女夫词标题

存标题1行。录文："下女夫词一本。"

Дx.03885B　杂写

存"成就"2字。

Дx.03886　妙法莲华经卷第七观世音菩萨普门品第二十五

见Дx.00493。

Дх.03887 佛为首迦长者说业报差别经

存2行，行10字。起："能少行惠施"，讫："有众生近"。隋法智译。经文见《大正藏》第1册，第893页C栏第29行至第894页A栏第2行。

Дх.03887V 大宝积经卷第一百一十二普明菩萨会第四十三

存3行，行9至10字。第1、3行为半边字。起："界菩萨方便"，讫："增长迦叶臂"。失译。经文见《大正藏》第11册，第633页A栏第25行至第28行。

Дх.03888 摩诃般若波罗蜜经卷第二十七常啼品第八十八

存7行，行2至5字。起："供养/实故以深"，讫："无有"。后秦鸠摩罗什译。经文见《大正藏》第8册，第418页C栏第21行至第28行。

Дх.03889 太上洞玄灵宝升玄内教经

见Дх.02008。

Дх.03890 维摩诘所说经卷上佛国品第一

见Дх.03883。

Дх.03891 Дх.03892 维摩诘所说经卷上佛国品第一

见Дх.02029。

Дх.03893A 维摩诘所说经卷上佛国品第一

见Дх.02029。

Дх.03893B 维摩诘所说经卷上佛国品第一

见Дх.03883。

Дх.03894 杂写

Дх.03895 Дх.03901 西夏科举论稿

存《读孝经一卷足以立身治国论》二件。其一，存8行。其二，存7行。两者内容基本相同，字句略有不同。另存《立心以忠信不欺为主本论》一件。存7行。此依金滢坤《〈俄藏敦煌文献〉中的西夏科举"论"稿考——兼论唐宋西夏的科举试论》，日本京都大学人文研究所《敦煌写本研究年报》2010年，总4期，第101页至第118页。

Дх.03896 四分律比丘戒本

存30行。行基本完整。起："平钵受食应当学"，讫："树枝得应当学"。后秦佛陀耶舍译。经文见《大正藏》第22册，第1021页A栏第23行至C栏第22行。

Дх.03897 维摩诘所说经卷下香积佛品第十

存30行。行2至17字。起："扬我名并赞"，讫："日勿以声/海有"。后秦鸠摩罗什译。经文见《大正藏》第14册，第552页B栏第15行至C栏第14行。

Дх.03898 大乘密严经卷下自识境界品第七

存25行，行11至17字。起："恶兽名为能"，讫："入密严佛土"。唐地婆诃罗译。经文见《大正藏》第16册，第738页C栏第26行至第739页A栏第21行。

Дх.03899 大宝积经卷第七十七富楼那会第十七之一不退品第三

存14行，行3至20字。起："我所求财"，讫："故尔以一切"。后秦鸠摩罗什译。经文见《大正藏》第11册，第438页A栏第9行至B栏第1行。

Дх.03900 戌年上都督牒状

存6行。录文："所有少多头数文书尽补计/状望诉见付四女人不闲公道无委/都督仁慈照察请问邻里见/活路广济孤贫请乞/牒状如前谨牒/戌年八月。"

Дх.03900V 白描画

草绘花朵。

Дх.03901 西夏科举论稿

见Дх.03895。

Дх.03902 书仪

见Дх.01458。

Дх.03903 算经乘除法

存8行。录文："六人分之人得四百八十六/五人分之人得四百五/人得三百卅四/人得二百卅三/分之人得一百六十二/八十一十六九人分人得一百七千四百/八人分之人得五百一十二/人分之人得四百卅八。"此依施萍婷先生定名，见《俄藏敦煌文献经眼录》（二），《敦煌吐鲁番研究》第二卷，北京大学出版社,1996年。

Дх.03903V　好住娘

存4行。

Дх.03904　佛说陀罗尼集经卷第二药师琉璃光佛印咒第二十五

存9行,行5至13字。起:"横苦常得安",讫:"毗舍是毗舍"。唐阿地瞿多译。经文见《大正藏》第18册,第799页B栏第14行至第22行。

Дх.03904V　杂写

杂写"法"字。

Дх.03905　书仪

见Дх.01458。

Дх.03906　佛说预修十王生七经

存15行,行6至10字。首题:"佛说阎罗王受",讫:"不入地狱"。藏川述。经文见《卍新续藏》第1册,第408页A栏第9行至B栏第14行。抄本无偈赞。党燕妮《〈俄藏敦煌文献〉中〈阎罗王授记经〉缀合研究》定名为《阎罗王授记经》,《敦煌研究》2007年第2期,第104页至第109页。

Дх.03907　妙法莲华经马明菩萨品第三十

存20行。起:"阿鼻/故名无间",讫:"名风灾也"。另有题记1行。录文:"□月廿五日比丘僧宾陀师写。"经文见《大正藏》第85册,第1430页C栏第19行至第1431页B栏第1行。

Дх.03908　大方等大集经卷第二陀罗尼自在王菩萨品第二

存29行。行4至17字。起:"悲有十六事何等",讫:"悲因缘故"。北凉昙无谶译。经文见《大正藏》第13册,第10页A栏第3行至B栏第2行。

Дх.03909　大般若波罗蜜多经卷第二十三初分教诫教授品第七之十三

见Дх.00343。

Дх.03910　摩诃僧祇律卷第五明僧残戒之一

见Дх.02602。

Дх.03910V　集诸经礼忏仪

见Дх.02602V。

Дх.03911　大般涅槃经卷第九如来生品第四之六

存8行,行9至10字。起:"谓真阿罗汉",讫:"当知大乘"。北凉昙无谶译。经文见《大正藏》第12册,第419页A栏第21行至第28行。

Дх.03912　Дх.05503　金刚般若波罗蜜经

存16行,行3至12字。起:"功德百分不",讫:"罗三藐"。后秦鸠摩罗什译。经文见《大正藏》第8册,第751页A栏第2行至第17行。

Дх.03913　礼忏文

见Дх.00364。

Дх.03914　大般若波罗蜜多经卷第三百八十一初分诸功德相品第六十八之三

见Дх.02608。

Дх.03915　摩诃僧祇律卷第五明僧残戒之一

见Дх.02602。

Дх.03915V　集诸经礼忏仪

见Дх.02602V。

Дх.03916　诗

存3行。录文:"黑城黄沙碛上断人行/由差吹送将军天眼/宝做流星。"

Дх.03917　书仪

见Дх.01458。

Дх.03918　残佛经

存20行,行3字。未检出。

Дх.03919　金光明最胜王经卷第一序品第一

见Дх.03844。

Дх.03920　佛经论释

见Дх.03856。

Дх.03921　金光明最胜王经卷第七大辩才天女品第十五之一

存4行,行7字。起:"若於战阵",讫:"注心不移"。唐义净译。经文见《大正藏》第16册,第437页B栏第15行至第18行。

Дх.03922　维摩诘所说经卷上佛国品第一

存5行，行4至7字。起："济群众"，讫："世尊此微盖"。后秦鸠摩罗什译。经文见《大正藏》第14册，第537页C栏第21行至第25行。

Дx.03923 某经题签

存1行。录文："七五十四水。"

Дx.03924 维摩诘所说经卷上佛国品第一

见Дx.02372。

Дx.03925 金光明最胜王经卷第一序品第一

存4行，行6至11字。起："大光童子"，讫："安住无上"。唐义净译。经文见《大正藏》第16册，第403页C栏第1行至第4行。

Дx.03926 大方广佛华严经卷第四十一十定品第二十七之二

存2行，行23至48字。起："化作不可说"，讫："种种音乐"。唐实叉难陀译。经文见《大正藏》第10册，第218页B栏第15行至第19行。

Дx.03927A 瑶池新咏

见Дx.03861。

Дx.03927B 杂写

不可定名。

Дx.03928 Дx.03930 Дx.03934 Дx.03942 Дx.03976 Дx.03978 Дx.04036A Дx.04039 Дx.04043 Дx.04051 Дx.04053 Дx.04057 十诵律卷第二十一七法中受具足戒法第一

存55行，行4至18字。起："阿竭阿罗"，讫："功德文宝海"。后秦弗若多罗译。经文见《大正藏》第23册，第157页A栏至C栏。与现刊本相校，异文较多。

Дx.03929 Дx.03932 妙法莲华经卷第三授记品第六

三残片。其一，存4行，行6至13字。起："於诸佛所"，讫："号多摩罗㫋檀"。后秦鸠摩罗什译。经文见《大正藏》第9册，第22页A栏第3行至第8行。其二，存8行，行4字。起："於意/其佛寿命"，讫："吾今当说"。经文见《大正藏》第9册，第22页A栏第7行至第17行。其三，尾题："第三卷。"

Дx.03930 十诵律卷第二十一七法中受具足戒法第一

见Дx.03928。

Дx.03931 Дx.03940 Дx.03985 Дx.03986 佛藏经卷下净见品第八

存102行，行7至16字。起："见见见日月星宿"，讫："不如法习效和"。后秦鸠摩罗什译。经文见《大正藏》第15册，第800页B栏第24行至第801页C栏第7行。

Дx.03932 妙法莲华经卷第三授记品第六

见Дx.03929。

Дx.03933 Дx.03935 Дx.03979 正法华经卷第十净复净王品第二十五

二残页。其一，存13行，行3至15字。起："人师为何时世尊"，讫："民班宣分"。西晋竺法护译。经文见《大正藏》第9册，第131页A栏第4行至第15行。其二，存9行，行4至17字。起："垢三昧定矣"，讫："所以者何今日如来"。经文见《大正藏》第9册，第131页A栏第12行至第20行。

Дx.03933V Дx.03935V Дx.03979V 大方广佛华严经卷第四十六入法界品第三十四之三卷第四十七入法界品第三十四之四

二残片。其一，存6行，行7至14字。起："佛住而於巳身"，讫："故辞退南"。为卷四十六内容。东晋佛驮跋陀罗译。经文见《大正藏》第9册，第695页A栏第22行。最后一行"惟解脱长者教念"在卷第四十七《入法界品第三十四之四》。经文见《大正藏》第9册，第695页B栏第12行。其二，存10行，行8至15字。起："童子头面"，讫："皆大欢喜充满"。经文见《大正藏》第9册，第695页A栏第26行至B栏第27行。两片可缀合。

Дx.03934 十诵律卷第二十一七法中受具足戒法第一

见Дx.03928。

Дх.03935　正法华经卷第十净复净王品第二十五

见Дх.03933。

Дх.03935V　大方广佛华严经卷第四十六入法界品第三十四之三卷第四十七入法界品第三十四之四

见Дх.03933V。

Дх.03936　淮南子时则训

存6行。录文："其/味酸其臭膻/始华（□阳/华也）田鼠/(出华而为驾/驾主母鸟也)虹始见萍始/天子衣青衣乘青龙/青旗食麦与羊服八。"圆括号内为双行小字注释。

Дх.03936V　寂调音所问经

存6行。行4至13字。起："世尊今此大众"，讫："生瞋恚故"。宋法海译。经文见《大正藏》第24册，第1081页C栏第13行至第19行。

Дх.03937　佛说阿弥陀经卷下

存3行，行17字。起："越致菩萨"，讫："数不可复"。吴支谦译。经文见《大正藏》第12册，第317页A栏第9行至第12行。

Дх.03938　摩诃僧祇律卷第七明僧残戒之余

存30行，行10至22字。起："是故痴野干"，讫："泥犁中长夜受"。东晋佛驮跋陀罗译。经文见《大正藏》第22册，第282页C栏第8行至第283页A栏第17行。

Дх.03939　贤愚经卷一

存16行。行1至15字。首题："譬喻经第一"，首题下有品题："梵天请法六事一、摩诃萨身□□□、海神难问质四、二梵志受斋五、恒施六"，讫："王号修楼/万"。元魏慧觉等译。经文见《大正藏》第4册，第349页A栏第7行至第20行。经名异并有异文，品题顺序亦有异。贤愚经品题为"梵天请法六事品第一、摩诃萨埵以身施虎品第二、二梵志受斋品第三、波罗奈人贫身供养品第四、海神难问般人品第五、恒伽达品第六"。或为别译本。

Дх.03940　佛藏经卷下净见品第八

见Дх.03931。

Дх.03941　阿毗昙毗婆沙论卷第五十三智揵度他心智品第二之五

存29行。行7至20字。起："物今在门外"，讫："像狸猫形来者"。迦旃延子造、五百罗汉释、北凉浮陀跋摩共道泰等译。经文见《大正藏》第28册，第384页B栏第11行至C栏第20行。后另有一碎片，存"知此非"3字，亦为同经中部碎片。经文见《大正藏》第28册，第384页B栏第26行。

Дх.03942　十诵律卷第二十一七法中受具足戒法第一

见Дх.03928。

Дх.03943　金刚般若波罗蜜经

存7行，行5至7字。起："所以者何"，讫："波罗蜜何"。后秦鸠摩罗什译。经文见《大正藏》第8册，第750页B栏第7行至第14行。

Дх.03943V　金刚般若波罗蜜经

存7行，行6至7字。起："利王割截"，讫："三菩提心"。后秦鸠摩罗什译。经文见《大正藏》第8册，第750页B栏第15行至第21行。

Дх.03944　诗

存7行，行4至6字。上部残，待定名。

Дх.03945　Дх.03956　Дх.03966　梵网经卢舍那佛说菩萨心地戒品第十卷下

存5行，行10至12字。起："缘酤酒法"，讫："说佛法中"。后秦鸠摩罗什译。经文见《大正藏》第24册，第1004页C栏第8行至第16行。

Дх.03946　阎章六等人请地状

存6行。此卷唐耕耦、陆宏基先生定名为《年代不详请地状》。见《敦煌社会经济文献真迹释录》第二辑，全国图书馆文献缩微复制中心，1990年，第478页。施萍婷先生定名为《地亩四至》，见《俄藏敦煌文献经眼录》（二），《敦煌吐鲁番研究》第二卷，北京大学出版社，1996年。

Дх.03946V　吴文子等欠粟麦历

存3行。录文："升贺住住/吴文子欠粟八斗□婆欠/西便住□麦阴□□欠麦。"

Дx.03947　Дx.03952　Дx.03967　佛说天地八阳神咒经

存10行，行5至16字。起："贵子孙兴盛"，讫："菩萨俱白佛"。唐义净译。经文见《大正藏》第85册，第1424页A栏第24行至B栏第5行。

Дx.03948　佛说天地八阳神咒经

存3行，行5至6字。起："即是空空即"，讫："男子观六根"。唐义净译。经文见《大正藏》第85册，第1423页B栏第12行至第15行。

Дx.03949　佛说佛名经卷第十一

存2行，行3至4字。录文："覆其上/八万四千。"北魏菩提流支译。经文见《大正藏》第14册，第229页A栏第1行至第2行。经句还见于《大般若波罗蜜多经卷》《大宝积经》等。

Дx.03950　大般若波罗蜜多经卷第四百八十八第三分善现品第三之七

存2行，行5字。录文："见者毕竟不/化事寻香城。"唐玄奘译。经文见《大正藏》第7册，第478页B栏第9行至第10行。

Дx.03951　佛说天地八阳神咒经

存2行，行5字。录文："尽知那罗达/深菩萨漏尽和。"唐义净译。经文见《大正藏》第85册，第1424页B栏第2行至第3行。

Дx.03952　佛说天地八阳神咒经

见Дx.03947。

Дx.03953　大般涅槃经卷第十四圣行品第七之四

存7行，行6至10字。起："法炬由我爱惜"，讫："三藐三菩萨善"。北凉昙无谶译。经文见《大正藏》第12册，第451页A栏第24行至B栏第1行。

Дx.03954　Дx.03960A　转帖

二残片。其一，存3行。录文："转所有差科户/尽了昨日将/放取近渠。"其二，存6行。录文："灭威亡/管行人/去/程/并下胆/八日开口。"后4行倒书。

Дx.03955　大般若波罗蜜多经卷第四百五十五第二分同学品第六十一之二

存4行，行4至12字。起："不应生麁语"，讫："利益安乐何"。唐玄奘译。经文见《大正藏》第7册，第297页C栏第1行至第5行。

Дx.03956　梵网经卢舍那佛说菩萨心地戒品第十卷下

见Дx.03945。

Дx.03957　妙法莲华经要解从地踊出品第十五

存3行，行2至3字。录文："於佛/佛嘿然/佛神。"北宋戒环撰。经文参见《永乐北藏》第185册，第3页B栏第6行至第8行。

Дx.03958　妙法莲华经卷第六随喜功德品第十八

存4行，行1至4字。录文："说是诸人/亦随喜转/第五十/汝。"后秦鸠摩罗什译。经文见《大正藏》第9册，第46页C栏第3行至第6行。

Дx.03959　金刚般若波罗蜜经

存5行，行3至4字。起："世尊食"，讫："白佛言希"。后秦鸠摩罗什译。经文见《大正藏》第8册，第748页C栏第21行至第26行。

Дx.03960A　转帖

见Дx.03954。

Дx.03960B　金刚般若波罗蜜经

存4行，行3至4字。起："愿乐欲"，讫："若有想若"。后秦鸠摩罗什译。经文见《大正藏》第8册，第749页A栏第4行至第8行。

Дx.03961　修习止观坐禅法要

存8行，行6至9字。起："然后开之"，讫："息心方法以从"。前5行，经文见《大正藏》第46册，第466页B栏第22行至第26行。后3行，未检出。

Дx.03962　金光明经卷第二四天王品第六

存7行，行4至6字。起："隐形随其"，讫："护助令彼怨敌"。北凉昙无谶译。经文见《大正藏》第16册，第341页B栏第20行至C栏第1行。

Дx.03963　残片

存4行,行4字。不可定名。

Дх.03964 **诸星母陀罗尼经**

存5行,行2至3字。录文:"落中诸/罗紧/星余/众等/严师。"唐法成译。经文见《大正藏》第21册,第420页A栏第6行至第10行。

Дх.03965 Дх.03972 Дх.04007 **大乘无量寿经**

存11行,行5至14字。全部为咒语。经文见《大正藏》第19册,第82页C栏。

Дх.03966 **梵网经卢舍那佛说菩萨心地戒品第十卷下**

见Дх.03945。

Дх.03967 **佛说天地八阳神咒经**

见Дх.03947。

Дх.03968 Дх.03989 **佛说法王经**

二残片。其一,存4行,行3至10字。起:"尊如来",讫:"广义意"。经文见《大正藏》第85册,第1384页C栏第7行至第11行。其二,存3行,行6字。未检出。

Дх.03969 **大般若波罗蜜多经题签**

存1行。录文:"大般若波罗蜜。"

Дх.03970 **大乘无量寿经**

存2行,行13至16字。全部为陀罗尼。经文见《大正藏》第19册,第82页A栏。

Дх.03971 **金刚般若波罗蜜经**

存4行,行1至2字。录文:"施/须/若菩/於。"后秦鸠摩罗什译。经文见《大正藏》第8册,第749页A栏第13行至第16行。

Дх.03972 **大乘无量寿经**

见Дх.03965。

Дх.03973 Дх.03990 **佛说长阿含经卷第十二第二分清净经第十三**

二残片。其一,存3行,行1至4字。未检出。其二,存2行,行3字。录文:"何为八/解脱净。"后秦佛陀耶舍共竺佛念译。经文见《大正藏》第1册,第76页B栏第12行至第14行。

Дх.03974A **金光明最胜王经卷第七无染著陀罗尼品第十三**

存4行,行1至4字。录文:"罗/非方处作/利子汝於/乘如汝所。"唐义净译。经文见《大正藏》第16册,第432页C栏第20行至第24行。

Дх.03974B **添品妙法莲华经卷第四见宝塔品第十一**

存2行,行7至8字。录文:"文殊师利坐千叶莲/亦坐宝华从於大。"隋阇那崛多共笈多译。经文见《大正藏》第9册,第169页B栏第29行至C栏第1行。

Дх.03975 **大般涅槃经卷第三十师子吼菩萨品第十一之四**

存3行,行3至13字。起:"不受生不",讫:"佛言"。北凉昙无谶译。经文见《大正藏》第12册,第546页C栏第17行至第19行。

Дх.03976 **十诵律卷第二十一七法中受具足戒法第一**

见Дх.03928。

Дх.03977 **贤愚经卷第一梵天请法六事品第一**

存5行,行6至7字。起:"千亿聚落",讫:"求坚实法财普"。北魏慧觉等译。经文见《大正藏》第4册,第349页A栏第22行至第27行。

Дх.03978 **十诵律卷第二十一七法中受具足戒法第一**

见Дх.03928。

Дх.03979 **正法华经卷第十净复净王品第二十五**

见Дх.03933。

Дх.03979V **大方广佛华严经卷第四十六入法界品第三十四之三卷第四十七入法界品第三十四之四**

见Дх.03933V。

Дх.03980A **正法华经卷第十净复净王品第二十五**

存2行,行1至8字。录文:"雷/逝世间解无上士道。"西晋竺法护译。经文见《大正藏》第9册,第

131页A栏第2行至第4行。或为唐不空译《大圣文殊师利菩萨佛刹功德庄严卷中》。经文见《大正藏》第11册，第912页B栏第15行至第16行。或为北凉法众译《大方等陀罗尼经初分余卷第二》。经文见《大正藏》第21册，第648页B栏第1行至第3行。

Дх.03980B 残片

存1行。录文："门皆悉聪慧。"未检出。

Дх.03981 残佛经

存3行。缺字甚多，未检出。

Дх.03982 残文书

Дх.03983 摩诃僧祇律卷第十九明单提九十二事法之八

存15行，行3至9字。起："余衣佛知而故问"，讫："三衣数今受"。东晋佛驮跋陀罗共法显译。经文见《大正藏》第22册，第379页A栏第3行至第16行。

Дх.03984 大般涅槃经卷第二十五光明遍照高贵德王菩萨品第十之五

存14行，行11至17字。起："善知识故因"，讫："烦恼要以系"。北凉昙无谶译。经文见《大正藏》第12册，第511页A栏第12行至第26行。

Дх.03985 Дх.03986 佛藏经卷下净见品第八

见Дх.03931。

Дх.03987 妙法莲华经卷第六常不轻菩萨品第二十

存25行，存17字。起："不敢轻於汝"，讫："劫常不值佛"。后秦鸠摩罗什译。经文见《大正藏》第9册，第51页A栏第1行至第28行。

Дх.03988 发愿文

存3行。中有"都衙娘子等"语。

Дх.03989 佛说法王经

见Дх.03968。

Дх.03990 佛说长阿含经卷第十二第二分清净经第十三

见Дх.03973。

Дх.03991 开蒙要训

存2行，行3至4字。录文："揩桉锞锹/钻楼犁。"定名参考张新朋《敦煌写本〈开蒙要训〉叙录续补》，《敦煌研究》2008年第1期，第98页至第101页。

Дх.03992 金刚般若波罗蜜经

存3行，行5字。起："想若无想若"，讫："众生实无众"。后秦鸠摩罗什译。经文见《大正藏》第8册，第749页A栏第7行至第10行。

Дх.03993 妙法莲华经卷第四法师品第十

存3行，行3字。录文："今佛教/萨闻是/菩萨若。"后秦鸠摩罗什译。经文见《大正藏》第9册，第31页C栏第18行至第20行。

Дх.03994A 维摩诘所说经卷上佛国品第一

存3行，行4至8字。录文："护法城受/不请友而安之绍隆/怨制诸外。"后秦鸠摩罗什译。经文见《大正藏》第14册，第537页A栏第10行至第12行。

Дх.03994B 金刚般若波罗蜜经

存5行，行5至8字。起："应无所住"，讫："不也世尊须"。后秦鸠摩罗什译。经文见《大正藏》第8册，第749页A栏第12行至第17行。

Дх.03995 字书

存3行。录文："晒罗作袴/录录/元明经枇杷。"

Дх.03996 僧愿发等欠麦粟历

存3行。

Дх.03997A 佛说长阿含经卷第十二第二分清净经第十三

存三片。其一，存3行，行2至6字。录文："修行有八解脱/有色想外观/灭有。"后秦佛陀耶舍共竺佛念译。经文见《大正藏》第1册，第76页B栏第12行至第14行。其二，存5行，行1至6字。起："解/解舍空处住"，讫："偏袒右臂"。经文见《大正藏》第1册，第76页B栏第14行至第18行。

Дх.03997B 阿毗昙毗婆沙论卷第二十五使犍度不

善品第一之一

存3行，行2至6字。起："资产"，讫："说十三清"。迦旃延子造、五百罗汉释、北凉浮陀跋摩共道泰等译。经文见《大正藏》第28册，第184页B栏第5行至第7行。

Дx.03998　**佛说长阿含经卷第十四第三分梵动经第二**

存3行，行4至7字。起："梦书或相手面"，讫："法邪"。后秦佛陀耶舍共竺佛念译。经文见《大正藏》第1册，第89页C栏第9行至第11行。

Дx.03999　**小品般若波罗蜜经卷第六大如品第十五**

存4行，行2至5字。起："菩萨不受"，讫："护故"。后秦鸠摩罗什译。经文见《大正藏》第8册，第562页C栏第30行至第563页A栏第3行。

Дx.04000　**残佛经**

存4行，行1至5字。极残，不可定名。

Дx.04001　**佛藏经卷下了戒品第九**

存5行，行1至4字。起："盲人心倒"，讫："无有不/人"。后秦鸠摩罗什译。经文见《大正藏》第15册，第800页B栏第28行至C栏第3行。

Дx.04002　**大方广佛华严经卷第三十八离世间品第三十三之三**

存4行，行3至9字。起："慧观察一切"，讫："观察十"。东晋佛驮跋陀罗译。经文见《大正藏》第9册，第641页A栏第14行至第17行。

Дx.04003　**愿文**

存3行。录文："崇汉帝于蓬莱/堙没赞普于逻些/□列。"

Дx.04003V　**愿文**

存2行。录文："发始于□法终粤/观世音菩萨。"

Дx.04004　**大般若波罗蜜多经卷第五百六十八初六分法界品第四之二**

存7行，行4至8字。起："魔及诸外"，讫："轮复有天人"。唐玄奘译。经文见《大正藏》第7册，第931页B栏第29行至C栏第8行。

Дx.04005　**维摩诘所说经卷上佛国品第一**

存14行，行3至11字。起："意云何"，讫："宝莲华化"。后秦鸠摩罗什译。经文见《大正藏》第14册，第538页C栏第9行至第23行。

Дx.04006　**妙法莲华经卷第五安乐行品第十四**

存4行，行4至6字。起："比丘尼优婆"，讫："不应於女"。后秦鸠摩罗什译。经文见《大正藏》第9册，第37页A栏第28行至B栏第3行。

Дx.04007　**大乘无量寿经**

见Дx.03965。

Дx.04008　**残佛经**

存1行，总8字。字迹模糊，未检出。

Дx.04009　Дx.04033　Дx.10517　**妙法莲华经卷第七观世音菩萨普门品第二十五**

存25行，行4至11字。起："大将军身"，讫："愍我等欲"。后秦鸠摩罗什译。经文见《大正藏》第9册，第56页A栏第17行至B栏第27行。

Дx.04010　**妙法莲华经卷第七观世音菩萨普门品第二十五**

存3行，行8至10字。起："彼观音力"，讫："应时得消散"。后秦鸠摩罗什译。经文见《大正藏》第9册，第58页A栏第7行至第11行。

Дx.04011　**佛说天地八阳神咒经**

存4行，行2至8字。起："无尽"，讫："根显现人"。唐义净译。经文见《大正藏》第85册，第1423页B栏第8行至第15行。

Дx.04012　**维摩诘所说经卷上佛国品第一至方便品第二**

存2行，行9至14字。起："尔时一切"，讫："长者子宝"。后秦鸠摩罗什译。经文见《大正藏》第14册，第537页C栏第5行至第7行。

Дx.04013A　**戒本**

存27行，行5至18字。未检出。

Дx.04013B　**妙法莲华经卷第六随喜功德品第十八**

存20行,行5至17字。起:"比丘比丘尼",讫:"功德宁为多"。后秦鸠摩罗什译。经文见《大正藏》第9册,第46页B栏第28行至C栏第20行。

Дx.04014　悼文

Дx.04015　妙法莲华经卷第七观世音菩萨普门品第二十五

存8行。起:"行以渐悉令灭",讫:"是故应顶礼"。后秦鸠摩罗什译。经文见《大正藏》第9册,第58页A栏第17行至B栏第2行。

Дx.04016　最胜佛顶陀罗尼净除业障咒经

存3行,行7至10字。起:"□唎输提",讫:"帝摩诃慕"。唐地婆诃罗译。经文见《大正藏》第19册,第359页B栏第26行至C栏第2行。

Дx.04017　大乘稻芉经随听疏

存3行,行6至11字。起:"时而问不失所",讫:"法性顺流"。唐法成集。经文见《大正藏》第85册,第546页A栏第24行至第27行。

Дx.04017V　杂写

存1行。录文:"十乘见□无明行篡。"

Дx.04018　佛说斋法清净经

存3行。录文:"董右烧荆仓/斋法清净经一卷/来成道经一卷。"未检出。

Дx.04018V　□来成道经

存6行,行4至9字。首题:"□来成道经",讫:"死生廿来"。疑为伪经,作者不详。未检出。

Дx.04019　Дx.04021　大般涅槃经卷第二十九师子吼菩萨品第十一之三

存26行。行6至17字。起:"舍利弗大目犍",讫:"意不了当共"。北凉昙无谶译。经文见《大正藏》第12册,第541页A栏第3行至第29行。

Дx.04020　大般涅槃经卷第二十五光明遍照高贵德王菩萨品第十之五

存8行,行4至9字。起:"定相何以",讫:"无差别耳"。北凉昙无谶译。经文见《大正藏》第12册,第513页C栏第16行至第23行。

Дx.04020V　户籍

存4行。录文:"年捌拾伍岁职/男法奭年伍拾玖岁/奭妻赵年叁拾贰岁/奭男大一谏年贰拾。"

Дx.04021　大般涅槃经卷第二十九师子吼菩萨品第十一之三

见Дx.04019。

Дx.04022　道场祈福文

存19行,行3至10字。似硬笔书写。卷中"菩提"用合体字。

Дx.04023　四分比丘尼戒本

见Дx.00904。

Дx.04024　宝云经卷第五

存9行,行5至16字。起:"不受酥油",讫:"不肥不瘦"。梁曼陀罗仙译。经文见《大正藏》第16册,第231页C栏第21行至第232页A栏第1行。

Дx.04025　Дx.04029A　妙法莲华经卷第三药草喻品第五

二残片。其一,存8行,行4至12字。起:"华果光色",讫:"及涅槃乐"。后秦鸠摩罗什译。经文见《大正藏》第9册,第19页C栏第27行至第20页A栏第7行。其二,存11行,行2至8字。起:"之心",讫:"行精进定"。经文见《大正藏》第9册,第20页A栏第14行至第27行。

Дx.04026　Дx.04031　妙法莲华经卷第三药草喻品第五

二残片。其一,存8行,行8至14字。起:"复有□□□阿僧祇",讫:"及诸药草种"。后秦鸠摩罗什译。经文见《大正藏》第9册,第19页A栏第21行至第29行。其二,存2行,行3至4字。录文:"世界山/诸药草种。"经文见《大正藏》第9册,第19页A栏第28行至第29行。

Дx.04027　佛说阿难陀目佉尼呵离陀隣尼经

存25行,行1至17字。起:"种/得无上平等",讫:"颇遮泥(无动)阿兰"。北魏佛驮扇多译。经文见《大正藏》第19册,第692页B栏第14行至C栏第

16行。

Дx.04028 摩诃般若波罗蜜经卷第二十五实际品第八十

存21行，行2至17字。起："二入十八"，讫："希有"。后秦鸠摩罗什译。经文见《大正藏》第8册，第403页A栏第9行至B栏第1行。

Дx.04029A 妙法莲华经卷第三药草喻品第五

见Дx.04025。

Дx.04029B 妙法莲华经卷第三药草喻品第五

存11行，行2至8字。起："之心"，讫："行精进定"。后秦鸠摩罗什译。经文见《大正藏》第9册，第20页A栏第14行至第27行。

Дx.04030 佛说无量寿经卷上

存11行，行5至17字。起："是名曰安乐"，讫："国土无须弥山"。曹魏康僧铠译。经文见《大正藏》第12册，第270页A栏第5行至第16行。

Дx.04031 妙法莲华经卷第三药草喻品第五

见Дx.04026。

Дx.04032 社司转帖

存9行。上部及后段残。

Дx.04033 妙法莲华经卷第七观世音菩萨普门品第二十五

见Дx.04009。

Дx.04034 念佛写经感应记

大小字各抄写一遍。大字存7行，行1至10字。小字存4行，行16字左右。起："阿弥陀佛"，讫："作两片即"。

Дx.04035 大威德陀罗尼经卷第十一

存5行，行4至7字。起："作如是敬重"，讫："痴人不"。隋阇那崛多译。经文见《大正藏》第21册，第803页C栏第18行至第22行。

Дx.04036A 十诵律卷第二十一七法中受具足戒法第一

见Дx.03928。

Дx.04036B 大智度论卷第三初品中住王舍城释论第五

存4行，行3至9字。起："善根未"，讫："恩故□□众生"。龙树菩萨造、后秦鸠摩罗什译。经文见《大正藏》第25册，第77页B栏第16行至第23行。

Дx.04037 摩诃僧祇律卷第七明僧残戒之余

存3行，行4至8字。起："水唯野于主"，讫："此偈自"。东晋佛陀跋陀罗共法显译。经文见《大正藏》第22册，第282页C栏第2行至第5行。

Дx.04038 大智度论卷第三十一释初品中十八空义第四十八

二残片。其一，存9行，行1至16字。起："实如"，讫："法中破若"。龙树菩萨造、后秦鸠摩罗什译。经文见《大正藏》第25册，第294页C栏第22行至第29行。其二，《大智度论卷第八十六释遍学品第七十四》。存3行，行5至7字。起："辟支何时世尊若"，讫："亦无是处作"。经文见《大正藏》第25册，第659页B栏第20行至第23行。

Дx.04039 十诵律卷第二十一七法中受具足戒法第一

见Дx.03928。

Дx.04040 Дx.04044 Дx.04060 阿毗昙心论卷第一界品第一

二残片。其一，存4行，行1至11字。起："自在为眠"，讫："如此欲界/答"。尊者法胜造、僧伽提婆共惠远译。经文见《大正藏》第28册，第811页A栏第19行至第23行。其二，存12行，行5至18字。起："说眠名灭心"，讫："以说心数法由"。经文见《大正藏》第28册，第811页A栏第19行至B栏第4行。两片可以缀合。

Дx.04041 贤愚经卷第二降六师品第十四

存6行，行3至16行。起："乃堪任领受"，讫："惮情"。北魏慧觉等译。经文见《大正藏》第4册，第364页A栏第2行至第8行。

Дx.04042 佛说阿阇世王经卷上

存20行，行3至12字。起："行求索钵"，讫："足皆言"。后汉支娄迦谶译。经文见《大正藏》第15册,第393页A栏第16行至B栏第6行。

Дx.04043 十诵律卷第二十一七法中受具足戒法第一

见Дx.03928。

Дx.04044 阿毗昙心论卷第一界品第一

见Дx.04040。

Дx.04045 杂阿毗昙心论卷第七定品第七

存3行,行5至14字。起:"八九及与十",讫:"在於初二禅"。宋僧伽跋摩等译。经见《大正藏》第28册,第927页C栏。偈语摘抄。

Дx.04045V 大智度论卷第二十论释初品中三三昧义第三十二

存3行。经文行体抄写,文字有残缺,正面经文墨迹亦透背,不易辨识。经文"谓非次第亦非次第""次第亦次第"等句,与龙树菩萨造、后秦鸠摩罗什译《大智度论卷第二十论释初品中三三昧义第三十二》同,或为是经。经文见《大正藏》第25册,第208页A栏。

Дx.04046 添品妙法莲华经卷第四授学无学人记品第九

存4行,行17字。起:"经当知是",讫:"门示真实"。隋阇那崛多共笈多译。经文见《大正藏》第9册,第166页A栏第26行至B栏第1行。

Дx.04047 Дx.04064 说无垢称经卷第四观有情品第七

存7行,行2至6字。起:"坏慈/金刚故修",讫:"性故修菩提慈等"。唐玄奘译。经文见《大正藏》第14册,第573页A栏第4行至第10行。

Дx.04048 譬喻经题签

录文:"譬喻经卷第一。"

Дx.04049 大般若波罗蜜多经卷第五百第三分现窣堵波品第五之一

存5行,行2至7字。起:"如来十力",讫:"居士"。唐玄奘译。经文见《大正藏》第7册,第547页B栏第8行至第12行。

Дx.04050 Дx.04059 阿閦佛国经卷上弟子学成品第三

存18行,行6至20字。起:"有於是天上",讫:"无有作是"。后汉支娄迦谶译。经文见《大正藏》第11册,第757页B栏第8行至C栏第3行。经卷经过校勘,全卷有添加字,校补字多处。

Дx.4050V Дx.04059V 残佛经

存20行。未检出。

Дx.04051 十诵律卷第二十一七法中受具足戒法第一

见Дx.03928。

Дx.04052 Дx.04066 中本起经卷上(次名四部僧出长阿含)转法轮品第一

存7行,行6至12字。起:"对吾面称",讫:"众智六通无"。后汉西域沙门昙果共康孟详译。经文见《大正藏》第4册,第148页A栏第26行至B栏第5行。有异文。

Дx.04053 十诵律卷第二十一七法中受具足戒法第一

见 Дx.03928。

Дx.04054 大沙门百一羯磨法

存10行,行2至12字。前4行为《与看病人衣物》。经文见《大正藏》第23册,第494页A栏第3行至第8行。第5至6行未检出。第7行为《十诵律》。录文:"今日布萨如是一比丘作布萨竟。"经文见《大正藏》第23册,第160页A栏第15行至第16行。第8至9行为《羯磨为僧作自恣人》。经文见《大正藏》第23册,第495页B栏第1行至第3行。

Дx.04055 西行记

存8行,行6至10字。

Дx.04056 辩意长者子经

存7行,行3至8字。起:"有贼人应为",讫:"周气"。后魏法场译。经文见《大正藏》第14册,第839页C栏第5行至第13行。有异文。

Дх.04057 十诵律卷第二十一七法中受具足戒法第一

见Дх.03928。

Дх.04058 佛说长阿含经卷第二十第四分世记经忉利天品第八

存11行，行3至12字。起："月八日"，讫："闻已/不"。后秦佛陀耶舍共竺佛念译。经文见《大正藏》第1册，第134页B栏第16行至第26行。

Дх.04059 阿閦佛国经卷上弟子学成品第三

见Дх.04050。

Дх.04059V 残佛经

见Дх.04050V。

Дх.04060 阿毗昙心论卷第一界品第一

见Дх.04040。

Дх.04061 Дх.04071 阿毗昙八犍度论卷第九智犍度第三

存13行，行1至20字。起："乃至等念"，讫："定理摄成就/义"。迦旃延子造、僧伽提婆共竺佛念译。经文见《大正藏》第26册，第812页B栏第22行至C栏第7行。

Дх.04062 妙法莲华经卷第六常不轻菩萨品第二十

存14行，行6至18字。起："音王如来"，讫："如此经历"。后秦鸠摩罗什译。经文见《大正藏》第9册，第50页C栏第11行至第27行。

Дх.04063 佛说长阿含经卷第十三第三分阿摩昼经第一

存7行，行4至15字。起："针灸药石"，讫："如余沙门婆"。后秦佛陀耶舍共竺佛念译。经文见《大正藏》第1册，第84页B栏第27行至C栏第5行。

Дх.04064 说无垢称经卷第四观有情品第七

见Дх.04047。

Дх.04065 大般涅槃经卷第三十五迦叶菩萨品第十二之三

存3行，行7至10字。起："尊是人先"，讫："故我言不了"。北凉昙无谶译。经文见《大正藏》第12册，第569页B栏第26行至第28行。

Дх.04066 中本起经卷上（次名四部僧出长阿含）转法轮品第一

见Дх.04052。

Дх.04067 大宝积经卷第三十八菩萨藏会第十二之四如来不思议性品第四之二

存3行，行3至4字。录文："有情随/此知此因/於过去世。"唐玄奘译。经文见《大正藏》第11册，第221页C栏第7行至第9行。

Дх.04068 佛说华手经卷第七毁坏品第二十六

存2行，行3至4字。录文："世中无/利弗我诣。"后秦鸠摩罗什译。经文见《大正藏》第16册，第186页C栏第4行至第6行。

Дх.04069 妙法莲华经卷第四法师品第十

存4行，行3至5字。起："男子善"，讫："说斯经如来"。后秦鸠摩罗什译。经文见《大正藏》第9册，第31页C栏第22行至第25行。

Дх.04070 佛说佛名经

存2行，行4至5字。录文："佛南无净/音□佛南无。"甚残，未检出。

Дх.04071 阿毗昙八犍度论卷第九智犍度第三

见Дх.04061。

Дх.04072 根本说一切有部目得迦卷第七

存6行，行2至8字。起："时彼见行美"，讫："彼便"。唐义净译。经文见《大正藏》第24册，第443页A栏第28行至B栏第4行。

Дх.04073 Дх.04078 大智度论卷第三十九释往生品第四之中

存7行，行2至15字。起："辟支佛心是"，讫："故舍"。龙树菩萨造、后秦鸠摩罗什译。经文见《大正藏》第25册，第345页B栏第25行至C栏第1行。

Дх.04074 大宝积经卷第三十八菩萨藏会第十二之四如来不思议性品第四之二

存3行，行5至6字。录文："终生彼彼处/若他并诸形相/登记册而并。"唐玄奘译。经文见《大正藏》第11册，第221页C栏第4行至第6行。

Дx.04075　残佛经

存1行。录文："无量无边众。"不可定名。

Дx.04075V　残佛经

存"无□众"3字。不可定名。

Дx.04076　残佛经

刻本。存1片。录文："如前具有"，"道迳诣"。不可定名。

Дx.04077　大宝积经卷第一百二第三十六善住意天子会缘起品第一

存1行。录文："从何所来去何。"隋达磨笈多译。经文见《大正藏》第11册，第575页B栏第1行。

Дx.04078　大智度论卷第三十九释往生品第四之中

见Дx.04073。

Дx.04079　小品般若波罗蜜经卷第六大如品第十五

存3行，行4至5字。录文："不也世尊/近死苦何以/成就故舍利。"后秦鸠摩罗什译。经文见《大正藏》第8册，第563页A栏第11行至第13行。

Дx.04080　大般涅槃经卷第三十五迦叶菩萨品第十二之三

存3行，行2至4字。录文："苦恼事不/意若谓是/不然。"北凉昙无谶译。经文见《大正藏》第12册，第569页B栏第22行至第24行。

Дx.04081　大般涅槃经卷第十如来性品第四之七

存2行，行3字。录文："女人必/文殊师。"北凉昙无谶译。经文见《大正藏》第12册，第426页A栏第14行至第16行。

Дx.04082　残佛经

存"深般"2字。

Дx.04083　放光般若经卷第六摩诃般若波罗蜜无住品第二十八

存3行，行2至5字。录文："故般/般若波罗蜜/阴如亦非般。"西晋无罗叉译。经文见《大正藏》第8册，第42页B栏第6行至第8行。

Дx.04084　大梵天王问佛决疑经卷上辨邪正□品第十

存4行，行2至3字。录文："说世间/华鬘治/戏笑/捉持。"经文见《卍新续藏》第1册，第422页C栏第1行至第4行。

Дx.04085　大般涅槃经卷第三十六迦叶菩萨品第十二之四

存4行，行2至5字。录文："二者/进定二者不/生有二种/有作。"北凉昙无谶译。经文见《大正藏》第12册，第578页B栏第18行至第21行。

Дx.04086　大般涅槃经卷第三十二师子吼菩萨品第十一之六

存2行，行3至5字。录文："作父业/若无父母云。"北凉昙无谶译。经文见《大正藏》第12册，第559页C栏第7行至第8行。

Дx.04087　妙法莲华经卷第六随喜功德品第十八

存3行，行2至5字。录文："何是大施主/世尊是人/生人。"后秦鸠摩罗什译。经文见《大正藏》第9册，第46页C栏第19行至第22行。

Дx.04088　金光明最胜王经卷第五依空满愿品第十

存3行，行2至3字。录文："能解/是如意/深义佛。"唐义净译。经文见《大正藏》第16册，第426页A栏第25行至第27行。

Дx.04089　佛说观无量寿佛经

存2行，行2至5字。录文："盛诸光明普/无有。"宋畺良耶舍译。经文见《大正藏》第12册，第344页A栏第29行至B栏第1行。

Дx.04090　合部金光明经卷第一寿量品第二

存3行，行7至10字。起："是时王子"，讫："难思难解。"北凉昙无谶译、隋释宝贵合。经文见《大正藏》第16册，第361页C栏第14行至第17行。

Дx.04091　佛说观药王药上二菩萨经

存2行，行2至8字。录文："佛言世尊我今於如/尼此。"宋畺良耶舍译。经文见《大正藏》第20

册,第661页C栏第7行至第8行。

Дx.04092 妙法莲华经卷第七陀罗尼品第二十六

存3行,行4字。录文:"气是十罗/诣佛所同/诵受持法。"后秦鸠摩罗什译。经文见《大正藏》第9册,第59页A栏第25行至第28行。

Дx.04093 Дx.04136 摩诃般若波罗蜜经卷第九遣异品第三十五

存8行,行3至7字。起:"尸迦诸",讫:"是恶魔化"。后秦鸠摩罗什译。经文见《大正藏》第8册,第287页B栏。有异文。

Дx.04094 礼忏文

见Дx.03762。

Дx.04094V 户籍

见Дx.03762V。

Дx.04095 残佛经

存4行。未检出。

Дx.04096 金光明经卷第二四天王品第六

存5行,行3至15字。起:"应着白",讫:"百千亿那由他诸"。北凉昙无谶译。经文见《大正藏》第16册,第342页A栏第28行至B栏第3行。

Дx.04097 大智度论卷第二十五释初品中四无畏义第四十

存5行,行3至8字。起:"实毕是真",讫:"舍皆为"。龙树菩萨造、后秦鸠摩罗什译。经文见《大正藏》第25册,第246页C栏第24行至第28行。

Дx.04098 妙法莲华经卷第一方便品第二

存3行,行2至4字。录文:"见浊/垢重悭贪/力於一。"后秦鸠摩罗什译。经文见《大正藏》第9册,第7页B栏第24行至第26行。

Дx.04099 摩诃般若波罗蜜经卷第十六大如品第五十四

存3行,行1至4字。录文:"空/沙等菩/提何。"后秦鸠摩罗什译。经文见《大正藏》第8册,第337页B栏第8行至10行。

Дx.04100 宗镜录卷第三十五

存4行,行7至10字。经文见《大正藏》第48册,第618页A栏。有异文。

Дx.04101 大方广佛华严经卷第六十入法界品第三十四之十七

存8行,行4至20字。起:"虽近而不见",讫:"妙乐严净刹"。东晋佛驮跋陀罗译。经文见《大正藏》第9册,第786页A栏第29行至B栏第14行。

Дx.04102 残佛经

存17行。极残,不可定名。

Дx.04103 优婆塞戒经卷第三摄取品第十三

存10行,行2至17字。起:"愍诸众生",讫:"分汝"。北凉昙无谶译。经文见《大正藏》第24册,第1049页A栏第16行至第26行。

Дx.04104 妙法莲华经卷第七观世音菩萨普门品第二十五

见Дx.03218。

Дx.04105 妙法莲华经卷第六如来神力品第二十一

存4行,行2至4字。录文:"中若於/若在殿堂/所以者何/阿耨。"后秦鸠摩罗什译。经文见《大正藏》第9册,第52页A栏第23行至第26行。

Дx.04106 光赞经卷第七摩诃般若波罗蜜十住品第十八

存3行,行2至4字。录文:"勤於大哀/波罗/摩诃。"西晋竺法护译。经文见《大正藏》第8册,第196页B栏第24行至第26行。

Дx.04107 放光般若经卷第二摩诃般若波罗蜜授决品第六

存8行,行2至11字。起:"阿耨多岁",讫:"之威"。西晋无罗叉译。经文见《大正藏》第8册,第10页B栏第2行至第9行。

Дx.04108 大般涅槃经卷第八如来性品第四之五

存7行,行3至7字。起:"说正法令",讫:"顺世间"。北凉昙无谶译。经文见《大正藏》第12册,第414页A栏第12行至第19行。另有一碎片"彼佛/又比"。未检出。

Дx.04109 **大般涅槃经卷第二十九师子吼菩萨品第十一之三**

存5行，行2至5字。起："子在"，讫："民或"。北凉昙无谶译。经文见《大正藏》第12册，第540页A栏第27行至B栏第2行。

Дx.04110 **四分律卷第四十三药犍度之二**

存5行，行2至6字。起："故听"，讫："比丘以木"。后秦佛陀耶舍共竺佛念等译。经文见《大正藏》第22册，第876页C栏第19行至第24行。

Дx.04111 **阿毗昙毗婆沙论卷第五十八智犍度相应品第四之二**

存3行，行3至6字。录文："愿不相/智俱聚中他/众故不与他心。"五百罗汉释、北凉浮陀跋摩共道泰等译。经文见《大正藏》第28册，第402页C栏第21行至第23行。

Дx.04112 **妙法莲华经卷第四见宝塔品第十一**

存2行，行3至5字。录文："五百由旬枝/有师子。"后秦鸠摩罗什译。经文见《大正藏》第9册，第33页A栏第16行至第17行，或第25行至第26行。

Дx.04113 **十方千五百佛名经**

存10行，起："王佛转女相严佛"，讫："五百日尊"。经文见《大正藏》第14册，第316页C栏第24行至第317页A栏第7行。

Дx.04114 **妙法莲华经卷第二信解品第四**

存6行，行2至5字。起："佛法中勤"，讫："来智"。后秦鸠摩罗什译。经文见《大正藏》第9册，第17页B栏第24行至第29行。

Дx.04115 **四分比丘尼戒本**

存6行，行2至8字。起："尸沙"，讫："婆尸沙"。后秦佛陀耶舍译。经文见《大正藏》第22册，第1032页B栏第1行至第6行。

Дx.04116 **思益梵天所问经卷第二谈论品第七**

存3行，行6至7字。起："菩萨言若"，讫："众生见者即"。后秦鸠摩罗什译。经文见《大正藏》第15册，第48页B栏第28行至C栏第1行。

Дx.04117 **大般涅槃经卷第十一一切大众所问品第五**

存4行，行3至8字。起："娆害能留难"，讫："诸天供"。北凉昙无谶译。经文见《大正藏》第12册，第424页C栏第22行至第25行。

Дx.04118 **注维摩诘经卷第六不思议品第六**

存3行，行1至3字。录文："肇/向闻/者非心。"后秦僧肇撰。经文见《大正藏》第38册，第388页A栏第10行至第11行。

Дx.04119 **佛说药王药上二菩萨经**

见Дx.02695。

Дx.04119A Дx.04121 **摩诃般若波罗蜜经卷第六大如品第五十四**

存3行，行2至4字。录文："须菩/复次如来/相亦不。"后秦鸠摩罗什译。经文见《大正藏》第8册，第335页C栏第9行至第12行。

Дx.04120 **佛说佛名经**

存4行，行2字。录文："佛火/佛□/佛灯/佛坚。"未检出。

Дx.04121 **摩诃般若波罗蜜经卷第六大如品第五十四**

见Дx.04119A。

Дx.04122 **妙法莲华经卷第三化城喻品第七**

存9行，行7至10字。起："正觉尔时闻法者"，讫："如何欲退还而扔"。后秦鸠摩罗什译。经文见《大正藏》第9册，第26页C栏第22行至第27页A栏第9行。

Дx.04123 **大般涅槃经卷第十一现病品第六**

存4行，行2至10字。起："耨多"，讫："如是或值"。北凉昙无谶译。经文见《大正藏》第12册，第431页C栏第5行至第8行。

Дx.04124 **金刚般若波罗蜜经**

存4行，行4至11字。起："者相是故"，讫："则为非住是故"。后秦鸠摩罗什译。经文见《大正藏》第8册，第750页B栏第20行至第24行。

Дx.04125 **妙法莲华经卷第七观世音菩萨普门品**

第二十五

存2行，行3至4字。录文："弘誓深如/我为汝。"后秦鸠摩罗什译。经文见《大正藏》第9册，第57页C栏第13行至第15行。

Дх.04126 某人夏季致惠严禅师书状

存3行，行3至17字。

Дх.04126V 杂写、习字

存3行。杂抄佛经及习写"女""人"等字。

Дх.04127 妙法莲华经卷第六药王菩萨本事品第二十三

存6行，行3至10字。起："所恼亦复不"，讫："是经为"。后秦鸠摩罗什译。经文见《大正藏》第9册，第54页C栏第4行至第9行。

Дх.04128 佛说大辩邪正经

存2行，行5字。录文："真皆当归一/以故梵而求。"经文见《大正藏》第85册，第1412页B栏第5行至第7行。

Дх.04129 大般涅槃经卷第九如来性品第四之六

存6行，行6至12字。起："渐长□□□念"，讫："恩色□□□供养"。北凉昙无谶译。经文见《大正藏》第12册，第419页C栏第18行至第24行。

Дх.04130A 阿毗达磨顺正理论卷第五十一辩随眠品第五之七

二残片。其一，存8行，行2至12字。起："又彼/此释"，讫："而可说是/体亦"。尊者众贤造、唐玄奘译。经文见《大正藏》第29册，第630页B栏第5行至第12行。其二，存5行，行4至5字。起："言诸行无常"，讫："挈契经说"。经文见《大正藏》第29册，第630页B栏第9行至第14行。

Дх.04130B 大般涅槃经卷第二十二光明遍照高贵德王菩萨品第十之二

存2行，行2至5字。录文："离若须衣时/憍慢。"北凉昙无谶译。经文见《大正藏》第12册，第498页A栏第5行至第6行。

Дх.04131 妙法莲华经卷第七普贤菩萨劝发品第二十八

存4行，行4至7字。起："灭后后五"，讫："法鼓吹法。"后秦鸠摩罗什译。经文见《大正藏》第9册，第62页A栏第9行至第12行。

Дх.04132 金刚般若波罗蜜经

存5行，行2至4字。起："如来"，讫："三菩"。后秦鸠摩罗什译。经文见《大正藏》第8册，第752页A栏第19行至第23行。

Дх.04133 妙法莲华经卷第六药王菩萨本事品第二十三

存3行，行1至6字。录文："尼/王花汝成/如此之事利法。"后秦鸠摩罗什译。经文见《大正藏》第9册，第55页A栏第5行至第7行。

Дх.04134 起世经卷第四地狱品第四之三

存2行，录文："如是等/摩王。"隋阇那崛多等译。经文见《大正藏》第1册，第330页C栏第18行至第19行。

Дх.04135 妙法莲华经卷第二信解品第四

存5行，行5至6字。起："延摩诃迦叶摩"，讫："白佛言我"。后秦鸠摩罗什译。经文见《大正藏》第9册，第16页B栏第8行至第13行。

Дх.04136 摩诃般若波罗蜜经卷第九遣异品第三十五

见Дх.04093。

Дх.04137 金刚般若波罗蜜经

见Дх.03367。

Дх.04138 说无垢称经卷第一显不思议方便善巧品第二

存3行，行6字。起："心慧海诸佛"，讫："城具无尽财"。唐玄奘译。经文见《大正藏》第14册，第560页B栏第13行至第15行。

Дх.04139 妙法莲华经卷第七观世音菩萨普门品第二十五

存4行，行4字。起："菩萨善男"，讫："性名者设"。后秦鸠摩罗什译。经文见《大正藏》第9册，第

56页C栏第5行至第9行。

Дx.04140　大般涅槃经卷第二寿命品第一之二

存5行,行2至5字。起:"诸见",讫:"日堕"。北凉昙无谶译,经文见《大正藏》第12册,第375页C栏第11行至第18行。

Дx.04141　金刚般若波罗蜜经

存3行,行3至4字。录文:"云何可以／如是以卅／卅二相。"后秦鸠摩罗什译。经文见《大正藏》第8册,第750页A栏第20行至第22行。

Дx.04142　金刚般若波罗蜜经

见Дx.03331。

Дx.04143　大智度论卷第三十七释习相应品第三之余

存6行,行1至3字。起:"十力乃",讫:"婆"。龙树菩萨造、后秦鸠摩罗什译。经文见《大正藏》第25册,第330页C栏第1行至第6行。

Дx.04144　佛经论释

存4行,行5字。未检出。

Дx.04145　金光明最胜王经卷第五最胜陀罗尼品第八

存3行,行3至5字。录文:"君睇君／壹窒哩蜜窒／佛告善住菩萨。"唐义净译。经文见《大正藏》第16册,第423页C栏第24行至第26行。

Дx.04146　金刚般若波罗蜜经

存13行,行1至3字。起:"布施",讫:"言"。后秦鸠摩罗什译。经文见《大正藏》第8册,第749页A栏第13行至第26行。

Дx.04147　佛说观无量寿佛经

存7行,行5至16字。起:"莲华合想",讫:"行人之所佛"。宋畺良耶舍译。经文见《大正藏》第12册,第344页B栏第16行至第23行。

Дx.04148　残佛经

存7行。未检出。

Дx.04149　妙法莲华经卷第四提婆达多品第十二

存6行,行1至9字。首题:"妙法莲华经",讫:"是"。后秦鸠摩罗什译。经文见《大正藏》第9册,第34页B栏第23行至第28行。

Дx.04150　成实论卷第六余心数品第九十三

存4行,行4至7字。起:"明有人说",讫:"安静除灭粗重"。诃梨跋摩造、后秦鸠摩罗什译。经文见《大正藏》第32册,第289页A栏第3行至第7行。

Дx.04151　大般涅槃经卷第十四圣行品第七之四

二残片。其一,存5行,行6至11字。起:"云何知耶以因",讫:"非无相非有"。北凉昙无谶译。经文见《大正藏》第12册,第445页B栏第27行至C栏第3行。其二,存2行,行1至2字。录文:"行／法从。"未检出。

Дx.04152　大方广佛华严经卷第三十六十地品第二十六之三第五地

存4行,行4至7字。起:"十波罗蜜中",讫:"自在摧"。唐实叉难陀译。经文见《大正藏》第10册,第192页C栏第9行至第13行。

Дx.04153　金刚般若波罗蜜经

存5行,行2至10字。起:"合相如来",讫:"云何"。北魏菩提流支译。经文见《大正藏》第8册,第756页C栏第18行至第23行。

Дx.04154　金刚般若波罗蜜经

存2行,行5字。录文:"发阿耨多罗／伏其心佛告。"后秦鸠摩罗什译。经文见《大正藏》第8册,第748页C栏第27行至第29行。

Дx.04155　道行般若经卷第四摩诃般若波罗蜜持品第八

存12行,行3至6字。经大字,注双行小字。起:"何",讫:"时在"。后汉支娄迦谶译。经文见《大正藏》第8册,第446页C栏第15行至第26行。

Дx.04156　佛说仁王般若波罗蜜经卷上护国经二谛品第四

存9行,行5至9字。起:"大王一切",讫:"大众□□□解说"。后秦鸠摩罗什译。经文见《大正藏》第8册,第829页B栏第27行至C栏第2行。

Дx.04157 **妙法莲华经卷第五安乐行品第十四**

存3行，行3至6字。录文："众说无上法/欢喜而为供养/入佛道。"后秦鸠摩罗什译。经文见《大正藏》第9册，第39页B栏第26行至第29行。

Дx.04158 Дx.04161 **医方**

Дx.04159 **大智度论卷第二十五释初品中四无畏议第四十**

存6行，行3至9字。起："行步坐"，讫："阴愚"。龙树菩萨造、后秦鸠摩罗什译。经文见《大正藏》第25册，第243页A栏第15行至第21行。

Дx.04160 **摩诃般若波罗蜜经卷第二十三一念品第七十六**

见Дx.03522。

Дx.04161 **医方**

见Дx.04158。

Дx.04162 **妙法莲华经卷第四提婆达多品第十二**

存7行，行8至12字。起："世国王不贪五欲乐"，讫："勤求获此法"。后秦鸠摩罗什译。经文见《大正藏》第9册，第34页C栏第11行至第23行。

Дx.04163 **大般若波罗蜜多经卷第二百二十六初分难信解品第三十四之四十五**

见Дx.02531。

Дx.04164 **大般涅槃经卷第二十二光明遍照高贵德王菩萨品第十之二**

存2行，行2至5字。录文："离若须衣时/憍慢。"北凉昙无谶译。经文见《大正藏》第12册，第498页A栏第5行至第6行。

Дx.04165 **大方等大集经卷第二十宝幢分第九三昧神足品第四**

存6行，行3至5字。起："问生姓经"，讫："昧与五"。北凉昙无谶译。经文见《大正藏》第13册，第138页B栏第29行至C栏第5行。

Дx.04166 **妙法莲华经卷第一方便品第二**

存3行，行4字。录文："今正是其/人大乘为/无量诸佛。"后秦鸠摩罗什译。经文见《大正藏》第9册，第8页A栏第5行至第9行。

Дx.04167 **佛说首楞严三昧经卷下**

存4行，行2至5字。录文："尊我念/百六十亿世/一切众会/死相。"后秦鸠摩罗什译。经文见《大正藏》第15册，第642页A栏第29行至B栏第3行。

Дx.04168 **佛说仁王般若波罗蜜经卷下护国经受持品第七**

存3行，行3至5字。录文："我人知/法不可得/亦常行百万。"后秦鸠摩罗什译。经文见《大正藏》第8册，第831页B栏第17行至第19行。

Дx.04169 **太上洞玄灵宝无量度人上品妙经**

存4行。起："公受命"，讫："风火无停"。

Дx.04170 **妙法莲华经卷第六法师功德品第十九**

存4行，行4至8字。起："若善男子"，讫："甘露无不美"。后秦鸠摩罗什译。经文见《大正藏》第9册，第49页B栏第15行至第18行。

Дx.04171 **佛经论释**

存2行。未检出。

Дx.04172 **佛说天地八阳神咒经**

存5行，行1至5字。录文："拥/使一切/即於佛前/尼阿毗罗曼/来恼。"唐义净译。经文见《大正藏》第85册，第1424页B栏第6行至第12行。

Дx.04172V **残片**

字模糊不清。

Дx.04173 **佛顶尊胜陀罗尼经**

二残片。其一，存3行，录文："增益寿命/尔时世尊/是陀。"唐佛陀波利译。经文见《大正藏》第19册，第350页B栏第22行至第24行。其二，存4行，行1至3字。未检出。

Дx.04174 **残佛经**

存4行。未检出。

Дx.04175 **大方广佛华严经卷第九初发心菩萨功德品第十三**

存5行，行3至5字。起："大光明"，讫："尘数如来"。东晋佛驮跋陀罗译。经文见《大正藏》第9册，第452页C栏第20行至第25行。

Дх.04176　Дх.04199　阿毗昙八犍度论卷第八阿毗昙结使犍度十门跋渠第四

存9行,行1至12字。起:"禅/智结使不",讫:"疑见"。迦旃延子造、僧伽提婆共竺佛念译。经文见《大正藏》第26册,第809页C栏第8行至第810页A栏第1行。经过校勘,中有添加行。

Дх.04176V　Дх.04199V　阿毗昙八犍度论卷第八阿毗昙结使犍度十门跋渠第四

存8行,行1至11字。起:"眼根如□□舌身",讫:"疑见"。迦旃延子造、僧伽提婆共竺佛念译。经文见《大正藏》第26册,第809页B栏第9行至C栏。有异文。尾行兑不出具体行数。

Дх.04177　大般涅槃经后分卷上憍陈如品余

存3行,行5至6字。录文:"我自何能与此/自速灭唯愿世/说是语已悲。"唐若那跋陀罗译。经文见《大正藏》第12册,第900页B栏第3行至第6行。

Дх.04178　妙法莲华经马明菩萨品第三十

存3行,行6至9字。起:"王宫一日",讫:"得生其中"。经文见《大正藏》第85册,第1428页A栏第17行至第19行。

Дх.04179　大般涅槃经卷第十二圣行品第七之二

存3行,行4至5字。录文:"慈因是得/乐无着阿/岸所作众事。"北凉昙无谶译。经文见《大正藏》第12册,第439页B栏第17行至第22行。

Дх.04180　金光明经卷第一赞叹品第四

存6行,行4至11字。起:"尚可一毛",讫:"见妙金鼓"。北凉昙无谶译。经文见《大正藏》第16册,第339页B栏第23行至C栏第1行。

Дх.04181　妙法莲华经卷第二譬喻品第三

见Дх.03222A。

Дх.04182　大般若波罗蜜多经卷第一百八十二初分难信品第三十四之一

存3行,行3至10字。起:"所生诸",讫:"生诸受中"。唐玄奘译。经文见《大正藏》第5册,第983页C栏。

Дх.04183　妙法莲华经卷第二信解品第四

存8行,行2至9字。起:"我等从",讫:"经中"。后秦鸠摩罗什译。经文见《大正藏》第9册,第17页B栏第27行至C栏第5行。

Дх.04184　佛说灌顶随愿往生十方净土经卷第十一

存3行,行2至5字。录文:"终时/得值佛千/得脱亦复当。"东晋帛尸梨蜜多罗译。经文见《大正藏》第21册,第531页C栏第1行至第3行。

Дх.04185　佛说佛名经卷第三

存6行,行2至4字。起:"智慧",讫:"无量乐"。北魏菩提流支译。经文见《大正藏》第14册,第133页C栏第3行至第6行。

Дх.04186　妙法莲华经卷第一方便品第二

存7行,行3至17字。起:"度后现前无",讫:"尼有怀"。后秦鸠摩罗什译。经文见《大正藏》第9册,第7页C栏第5行至第11行。

Дх.04187　大般涅槃经卷第三十二师子吼菩萨品第十一之六

存4行,行5至8字。起:"有能受持读",讫:"四念处四"。北凉昙无谶译。经文见《大正藏》第12册,第559页A栏第25行至第28行。

Дх.04188　金刚般若波罗蜜经

存6行,行4至10字。起:"取福德",讫:"三千大千"。北魏菩提流支译。经文见《大正藏》第8册,第756页C栏第4行至第9行。

Дх.04189　大般涅槃经后分卷下圣躯廓润品第四

存8行,行2至17字。起:"乐即礼舍利",讫:"涅槃"。唐若那跋陀罗译。经文见《大正藏》第12册,第911页C栏第15行至第22行。

Дх.04190　大般涅槃经卷第三十七迦叶菩萨品第十二之五

存4行,行6至13字。起:"坏器则易",讫:"是善男子智者"。北凉昙无谶译。经文见《大正藏》第

12册,第585页C栏第28行至第586页A栏第2行。

Дх.04191　残佛经

字迹模糊,无法辨识。

Дх.04192　金刚般若波罗蜜经

存6行,行4至8字。起:"尊如来说",讫:"严佛土"。后秦鸠摩罗什译。经文见《大正藏》第8册,第751页B栏第4行至第9行。

Дх.04193　大方广十轮经卷第三灌顶喻品第四

存3行,行2至9字。录文:"说法三者知他/诸众生安置世间出世/得解。"失译。经文见《大正藏》第13册,第692页A栏第2行至第4行。

Дх.04194　大般涅槃经卷第三十八迦叶菩萨品第十二之六

存4行,行4至5字。起:"我今唯以一",尾题:"大般涅槃经"。北凉昙无谶译。经文见《大正藏》第12册,第591页B栏第23行至第26行。

Дх.04195　金刚般若波罗蜜经

存4行,行3至4字。录文:"我见众/读诵修/在在处处/所应供养。"北魏菩提流支译。经文见《大正藏》第8册,第755页A栏第9行至第13行。

Дх.04196　摩诃般若波罗蜜经卷第二十五实际品第八十

存4行,行1至6字。录文:"告须菩/以方便力故建/施先后际相/中。"后秦鸠摩罗什译。经文见《大正藏》第8册,第401页A栏第13行至第16行。

Дх.04197　大方广佛华严经卷第二世主妙严品第一之二

存4行,行4至5字。起:"寂静乐而能",讫:"普使成往"。唐实叉难陀译。经文见《大正藏》第10册,第6页C栏第29行至第7页A栏第3行。

Дх.04197V　僧传

Дх.04198　杂阿毗昙心论卷第六智品第六

存3行,行6至7字。录文:"道比智是修道/法智何故不修答/说无间等中若欲。"宋僧伽跋摩等译。经文见《大正藏》第28册,第919页A栏第20行至第23行。

Дх.04199　阿毗昙八犍度论卷第八阿毗昙结使犍度十门跋渠第四

见Дх.04176。

Дх.04199V　阿毗昙八犍度论卷第八阿毗昙结使犍度十门跋渠第四

见Дх.04176V。

Дх.04200　戒律

Дх.04201　四分律卷第四十八比丘尼犍度第十七

存4行,行4至5字。起:"善女人",讫:"若得长利"。后秦佛陀耶舍共竺佛念等译。经文见《大正藏》第22册,第926页A栏第5行至第9行。

Дх.04202　十地经论义记卷第二本

见Дх.03388。

Дх.04203　大般涅槃经卷第三金刚身品第二

存2行,行4至5字。录文:"大般涅槃/尔时世尊复。"北凉昙无谶译。经文见《大正藏》第12册,第382页C栏第27行至第28行。

Дх.04204　大宝积经卷第一百一十三宝梁聚会第四十四比丘品第二

存3行,行3至5字。录文:"叶是名身多/他请我如/我细妙。"北梁释道龚译。经文见《大正藏》第11册,第641页A栏第21行至第23行。

Дх.04205　佛经论释

存4行。

Дх.04206　大般涅槃经卷第十二圣行品第七之二

存6行,行4至6字。起:"成云何而得坐",讫:"或能是我"。北凉昙无谶译。经文见《大正藏》第12册,第434页A栏第24行至第28行。

Дх.04207　残佛经

存4行。极残,不可定名。

Дх.04208　摩诃般若波罗蜜经卷第九大明品第三十二

见Дх.03252。

Дх.04209　佛说仁王般若波罗蜜经卷下护国经受

持品第七

存3行，行4至5字。录文："父母也亦/如亦名护/王佛告大王。"后秦鸠摩罗什译。经文见《大正藏》第8册，第832页C栏第24行至第26行。

Дх.04210 妙法莲华经卷第六药王菩萨本事品第二十三

存6行，行8至13字。起："而坐其下"，讫："三昧得此"。后秦鸠摩罗什译。经文见《大正藏》第9册，第53页A栏第20行至第26行。

Дх.04211 大般涅槃经卷第三十五迦叶菩萨品第十二之三

存7行，行2至7字。起："佛言善男子"，讫："遍三"。北凉昙无谶译。经文见《大正藏》第12册，第570页C栏第20行至第26行。

Дх.04212 大般涅槃经卷第二十二光明遍照高贵德王菩萨品第十之二

存4行，行2字。录文："一切/定相/相善/之为。"北凉昙无谶译。经文见《大正藏》第12册，第494页A栏第16行至第19行。

Дх.04213 十方千五百佛名经

存3行，行2至5字。录文："明轮佛/自在王佛自/觉华。"经文见《大正藏》第14册，第314页C栏第7行至第9行。

Дх.04214 大般涅槃经卷第二十一光明遍照高贵德王菩萨品第十之一

存2行，行1至3字。录文："门/分别十。"北凉昙无谶译。经文见《大正藏》第12册，第487页B栏第25行至第26行。

Дх.04215 大般涅槃经卷第二十五光明遍照高贵德王菩萨品第十之五

存5行，行2至6字。起："次善"，讫："提以是义故"。北凉昙无谶译。经文见《大正藏》第12册，第510页C栏第27行至第511页A栏第2行。

Дх.04216 净名经关中释抄卷上

存16行，行2至19字。起："色无昼夜殊"，讫："随侯"。唐道液述。经文见《大正藏》第85册，第513页A栏第19行至第514页A栏第23行。

Дх.04217A 妙法莲华经卷第六随喜功德品第十八

存4行，行3字。录文："衰老年/佛法而/利喜一/道阿罗。"后秦鸠摩罗什译。经文见《大正藏》第9册，第46页C栏第15行至第18行。

Дх.04217B 杂阿毗昙心论卷第六智品第六

存4行，行5至6字。起："分耶答彼初"，讫："道三心无间"。宋僧伽跋摩等译。经文见《大正藏》第28册，第919页A栏第6行至第11行。

Дх.04218 妙法莲华经卷第一序品第一

存6行，行3至6字。起："百千诸"，讫："萨药王"。后秦鸠摩罗什译。经文见《大正藏》第9册，第2页A栏第4行至第10行。

Дх.04219 佛说法句经普光庄严菩萨等证信品第八

存7行，行1至4字。录文："光/世尊常命/量於是众/言诸善男/白文/知/我。"经文见《大正藏》第85册，第1434页B栏第9行至第15行。

Дх.04220 妙法莲华经卷第一序品第一

存1行，总8字。录文："解无上士调御丈夫。"后秦鸠摩罗什译。经文见《大正藏》第9册，第3页C栏。此句所存甚多。

Дх.04221 摩诃般若波罗蜜经卷第十三闻持品第四十五

存5行，行2至5字。起："波罗"，讫："憍尸迦是名"。后秦鸠摩罗什译。经文见《大正藏》第8册，第314页A栏第16行至第21行。

Дх.04222 大智论卷第六初品中十喻释论第十一

存6行，行4至9字。起："生酪若乳"，讫："缘生是法性"。龙树菩萨造、后秦鸠摩罗什译。经文见《大正藏》第25册，第104页C栏第28行至第105页A栏第5行。

Дх.04223 净名经集解关中疏卷上

存4行，行3至8字。起："自见坐花可解"，讫："会不见"。唐道液集。经文见《大正藏》第85册，

451页A栏第4行至第11行。

Дх.04224　妙法莲华经卷第七普贤菩萨劝发品第二十八

存4行，行2至4字。录文："为千佛/率天上弥/菩萨众/中牛。"后秦鸠摩罗什译。经文见《大正藏》第9册，第61页C栏第9行至第12行。

Дх.04225　残佛经

存6行。未检出。

Дх.04226　大般涅槃经卷第二十三光明遍照高贵德王菩萨品第十之三

存3行，行3至5字。录文："波罗蜜乃能/何亦复如/至十住。"北凉昙无谶译。经文见《大正藏》第12册，第501页C栏第11行至第14行。

Дх.04227　佛说护身命经

存4行，行5于7字。起："为福天"，尾题："佛说救护身命"。比丘道真译。经文见《大正藏》第85册，第1326页A栏第19行至第27行。

Дх.04228A　正法念处经卷第五十六观天品之三十五

存5行，行3至7字。起："食须陀"，讫："其一尔时天"。北魏瞿昙般若流支译。经文见《大正藏》第17册，第329页B栏第1行至第5行。

Дх.04228B　大般若波罗蜜多经卷第一百四十五初分校量功德品第三十之四十三

存6行，行3至7字。起："法行布施"，讫："八解脱"。唐玄奘译。经文见《大正藏》第5册，第784页C栏第6行至第11行。顺序颠倒。

Дх.04229　残片

三残片。其一，咒语残字。其二，经题与文首残字。录文："卷卅/仑菩萨。"其三，《金光明经三身分别品第三》，存2行。录文："随众/不待时。"真谛译。经文见《大正藏》第16册，第362页C栏第22行至第23行。

Дх.04230　三劫三千佛缘起

存5行，行5至7字。起："南无观世灯佛"，讫："南无大通光佛"。宋置良耶舍译。经文见《大正藏》第14册，第365页A栏第11行至第17行。最后1行未检出。

Дх.04231　金光明经卷第二四天王品第六

存6行，行1至4字。起："缺灭足"，讫；"月无/佛"。北凉昙无谶译。经文见《大正藏》第16册，第344页A栏第28行至B栏第6行。

Дх.04232　大智度论卷第七十二释大如品第五十四

存3行，行1至4字。录文："乘/中有如可/有若。"龙树菩萨造、后秦鸠摩罗什译。经文见《大正藏》第25册，第567页B栏第5行至第7行。

Дх.04233　佛垂般涅槃略说教诫经

存3行，行1至4字。录文："等/石若行者/息虽欲得。"后秦鸠摩罗什译。经文见《大正藏》第12册，第1111页C栏第17行至第19行。亦名《佛遗教经》。

Дх.04234　大般涅槃经卷第四十憍陈如品第十三之二

存2行，行3至5字。录文："受二者/往三者听我。"北凉昙无谶译。经文见《大正藏》第12册，第601页B栏第12行至第13行。

Дх.04235　妙法莲华经卷第七观世音菩萨普门品第二十五

见Дх.03218。

Дх.04236　佛说灌顶拔除过罪生死得度经卷第十二

存4行，行1至5字。录文："邪/璃光佛若/璃光佛若入/龙蚖蛇蝮蝎。"东晋帛尸梨蜜多罗译。经文见《大正藏》第21册，第534页A栏第15行至第19行。

Дх.04237　佛本行集经卷第二十三劝受世利品中

存4行，行3至5字。录文："频头婆/出宫门外/乃至犹如夜/摩尼宝。"隋阇那崛多译。经文见《大正藏》第3册，第759页B栏第5行至第8行。

Дx.04238 妙法莲华经卷第七观世音菩萨普门品第二十五

存2行，行2至3字。录文："常念/作依怙。"后秦鸠摩罗什译。经文见《大正藏》第9册，第58页A栏第27行至第29行。

Дx.04239 阿毗昙毗婆沙论卷第五十八智犍度相应品第四之二

存4行，行4至6字。起："愿应於他"，讫："大地及心"。五百罗汉释、北凉浮陀跋摩共道泰等译。经文见《大正藏》第28册，第402页C栏第13行至第16行。

Дx.04240A 金刚般若波罗蜜经

存2行，行3字。录文："念我得/以故实。"后秦摩罗什译。经文见《大正藏》第8册，第749页C栏第7行至第8行。

Дx.04240B 妙法莲华经卷第二譬喻品第三

存3行，行4字。录文："谓是魔所/法我心大/为天下所。"后秦鸠摩罗什译。经文见《大正藏》第9册，第11页B栏第3行至第7行。

Дx.04241 妙法莲华经卷第七陀罗尼品第二十六

存2行，行4字。录文："犯此法师/诸罗刹女。"后秦鸠摩罗什译。经文见《大正藏》第9册，第59页B栏第16行至第17行。

Дx.04242 悲华经卷第四诸菩萨本授记品第四之二

存5行，行2至5字。起："之中"，讫："愿我当悉"。北凉昙无谶译。经文见《大正藏》第3册，第189页A栏第25行至第29行。

Дx.04243 大乘大集地藏十轮经卷第十福田相品第七之二

存4行，行3至10字。起："解脱一切"，讫："念住四"。唐玄奘译。经文见《大正藏》第13册，第775页A栏第9行至第13行。

Дx.04244 残佛经

存1行，总7字。录文："耨多罗三藐三菩。"未检出。

Дx.04245 残佛经

存3行。极残，不可定名。

Дx.04246 阿毗达磨顺正理论卷第五十一辩随眠品第五之七

存4行，行4字。起："成辩世别"，讫："非无是无"。尊者众贤造、唐玄奘译。经文见《大正藏》第29册，第630页A栏第26行至第29行。

Дx.04247 妙法莲华经卷第五从地踊出品第十五

存13行，行2至12字。起："来慧除先修"，讫："愿两足尊说"。后秦鸠摩罗什译。经文见《大正藏》第9册，第40页B栏第9行至第24行。

Дx.04248 佛说维摩诘经卷上诸法言品第五

存33行，行2至3字。起："去者"，讫："不说"。吴支谦译。经文见《大正藏》第14册，第525页C栏。

Дx.04249 大般涅槃经卷第七如来性品第四之上

存10行，行4至6字。起："复言我今"，讫："为大乘经"。北凉昙无谶译。经文见《大正藏》第12册，第405页C栏第12行至第21行。

Дx.04250 杂写

Дx.04251 残片

存5行，行1至3字。未检出。

Дx.04252 维摩诘所说经卷上佛国品第一

见Дx.02029。

Дx.04253 推得病日法

存3行。录文："知之丑者/以知不死/祟在北君。"

Дx.04253V 推得病日法

存4行。录文："外得之若/以谢之吉/死在申□/午。"

Дx.04254 普贤菩萨行愿王经

存1行，总5字。录文："极乐佛道场。"经文见《大正藏》第85册，第1454页A栏第5行。又名《普贤愿经》。P.3568题作："大蕃国沙门无分别奉诏译。"《大正藏》据S.2361、S.2384收入第85册。

Дx.04255　佛说广博严净不退转轮经卷第三

存4行,行4至10字。起:"无诤不可坏",讫:"无垢无终"。北凉昙无谶译。经文见《大正藏》第9册,第269页B栏第17行至第23行。

Дx.04256　大般涅槃经卷第二十九师子吼菩萨品第十一之三

存7字,行3至7字。起:"变在呢",讫:"非自生不从余来"。北凉昙无谶译。经文见《大正藏》第12册,第535页C栏第12行至第15行。

Дx.04257　大般涅槃经卷第二十五光明遍照高贵德王菩萨品第十之五

存3行,行5字。录文:"施多闻智慧/以是义名善/法所作之事。"北凉昙无谶译。经文见《大正藏》第12册,第511页A栏第3行至第5行。

Дx.04258　佛说阿弥陀经

存8行,行4字。起:"是功德庄",讫:"知之但"。后秦鸠摩罗什译。经文见《大正藏》第12册,第347页A栏第24行至B栏第6行。

Дx.04259　残佛经

存9行,行15字。未检出。

Дx.04260　金光明最胜王经卷第七无染著陀罗尼品第十三

存18行,行3至10字。起:"是菩萨",讫:"无异若有"。唐义净译。经文见《大正藏》第16册,第432页C栏第19行至第433页A栏第9行。

Дx.04261　金光明最胜王经卷第六四天王护国品第十二

见Дx.03067。

Дx.04262　大般若波罗蜜多经卷第一百八十五初分难信解品第三十四之四

存6行,行6字。起:"生清净与眼",讫:"分无别无"。唐玄奘译。经文见《大正藏》第5册,第995页A栏第15行至第20行。

Дx.04263　佛说天地八阳神咒经

存8行,行8至10字。起:"阿佉尼尼佉尼",讫:"八者分别"。唐义净译。经文见《大正藏》第85册,第1424页B栏第10行至第17行。

Дx.04264　妙法莲华经卷第一序品第一

存4行,行8至13字。起:"王舍城者",讫:"迦叶优楼频"。后秦鸠摩罗什译。经文见《大正藏》第9册,第1页C栏第19行至第22行。

Дx.04265A　大般涅槃经卷第二十六师子吼菩萨品之二

存2行,行11至13字。录文:"大般涅槃经师子吼菩萨品之三/善男子一切众生不可国议。"北凉昙无谶译。经文见《大正藏》第12册,第780页B栏第6行、第20行。

Дx.04265B　妙法莲华经卷第五如来寿量品第十六

存6行,行8至15字。起:"那由他阿僧",讫:"现言当入涅槃"。后秦鸠摩罗什译。经文见《大正藏》第9册,第42页B栏第27行至C栏第3行。

Дx.04266　妙法莲华经卷第二譬喻品第三

存18行,行4至13字。起:"乌鹊鸠鸽",讫:"头发蓬乱残害"。后秦鸠摩罗什译。经文见《大正藏》第9册,第13页C栏第24行至第14页A栏第15行。

Дx.04267　佛顶尊胜陀罗尼经

存13行,行17字。起:"回向善道",讫:"随意游入"。唐佛陀波利译。经文见《大正藏》第19册,第350页B栏第6行至第20行。

Дx.04268　佛画残片

Дx.04269　版画大圣文殊师利菩萨

Дx.04270　向寺主请面状

存一残条。录文:"平借麦两秤全者勘住受要夹用请速对寺主者。"

Дx.04270V　杂写

杂写"杂若"2字。

Дx.04271　大乘无量寿经

存16行,行2至19字。起:"萨婆桑悉加",讫:"成正"。经文见《大正藏》第19册,第84页B栏第

26行至C栏第17行。

Дx.04272 敬礼三宝文

见Дx.00955。

Дx.04273 金光明最胜王经卷第十舍身品第二十六

存7行,行1至5字。起:"饰白",讫:"勤六"。唐义净译。经文见《大正藏》第16册,第451页A栏第11行至第18行。

Дx.04274 大般若波罗蜜多经题签

录文:"大般若波罗蜜多经。"

Дx.04275 佛说佛名经卷第十

见Дx.00056。

Дx.04276 大乘无量寿经

存13行,行4至9字。起:"不施力人师",讫:"天人阿修罗"。经文见《大正藏》第19册,第84页C栏第15行至第27行。

Дx.04277 Дx.06042 己卯年四月至九月入破历

存12行。记己卯年四月至九月入破历,每笔记账中捺印鸟形押。

Дx.04278 乙亥年四月各乡放粮账

存12行。完整。

Дx.04278V 杂写

杂写"教人坠顿"4字。

Дx.04279 金光明最胜王经卷第七无染著陀罗尼品第十三

存8行,行2至12字。起:"利子",讫:"删陀刺尔喝多"。唐义净译。经文见《大正藏》第16册,第433页A栏第6行至第14行。

Дx.04280 大般若波罗蜜多经卷第一百八十五初分难信解品第三十四之四

存8行,行14字。起:"是儒童清净",讫:"别无断故"。唐玄奘译。经文见《大正藏》第5册,第995页A栏第21行至第28行。

Дx.04281 金光明最胜王经卷第四最净地陀罗尼品第六

存10行,行10至12字。起:"摩哩尔迦哩",讫:"阿蜜哩底"。唐义净译。经文见《大正藏》第16册,第420页C栏第22行至第421页A栏第11行。

Дx.04282 金光明最胜王经卷第八正法正论品第二十

存5行,行1至7字。起:"喜/如法治",讫:"如象入花园"。唐义净译。经文见《大正藏》第16册,第443页B栏第27行至C栏第6行。

Дx.04283 大般若波罗蜜多经卷第一百三十一初分校量功德品第三十之二十九

存24行,行2至17字。起:"般若",讫:"中广说一切"。唐玄奘译。经文见《大正藏》第5册,第715页B栏第17行至C栏第11行。

Дx.04284 大乘无量寿经

存27行,行2至22字。起:"南谟薄",讫:"皆大欢喜"。经文见《大正藏》第19册,第84页A栏第27行至C栏第27行。

Дx.04285 妙法莲华经卷第七观世音菩萨普门品第二十五

见Дx.00020。

Дx.04285V 三界寺僧名

见Дx.00020V。

Дx.04286 佛说天地八阳神咒经

存17行,行3至7字。起:"在山泽",讫:"得甚深理"。唐义净译。经文见《大正藏》第85册,第1423页A栏第12行至B栏第5行。

Дx.04287 大乘无量寿经

存8行,行8至18字。起:"於是无量寿",讫:"尔时有九十九姟"。经文见《大正藏》第19册,第82页A栏第29行至B栏第10行。

Дx.04288 妙法莲华经卷第一序品第一

存8行,行2至15字。起:"叶优",讫:"俱罗睺罗母耶"。后秦鸠摩罗什译。经文见《大正藏》第9册,第1页C栏第22行至第2页A栏第1行。

Дx.04289 佛说要行舍身经

存13行,行3至18字。起:"部洲广",尾题:"佛说要行舍身经"。经文见《大正藏》第85册,第1415页C栏第6行至第19行。

Дx.04290 **妙法莲华经卷第五如来寿量品第十六**

存22行,行3至17字。起:"心大忧恼",讫:"常在灵鹫山及"。后秦鸠摩罗什译。经文见《大正藏》第9册,第43页A栏第29行至C栏第5行。

Дx.04291 **大方广佛华严经卷第五十八入法界品第三十四之五**

存17行,行18字。起:"菩萨云何",讫:"弥勒菩萨摩诃萨"。东晋佛驮跋陀罗译。经文见《大正藏》第9册,第773页B栏第22行至C栏第12行。经校勘,中有添加字。

Дx.04292 **妙法莲华经卷第三药草喻品第五**

存17行,行6至10字。起:"世间犹如大",讫:"求世尊处我当"。后秦鸠摩罗什译。经文见《大正藏》第9册,第20页A栏第5行至第26行。

Дx.04293 **合部金光明经序**

存13行,行5至17字。起:"谓瞿昙身子",讫:"篇品缺漏每寻"。经文见《大正藏》第16册,第359页B栏第13行至第26行。

Дx.04294 **妙法莲华经卷第六法师功德品第十九**

存10行,行2至20字。起:"闻之",讫:"三千大千世界"。后秦鸠摩罗什译。经文见《大正藏》第9册,第48页A栏第29行至B栏第18行。

Дx.04295 **金光明最胜王经卷第五莲华喻赞品第七**

存5行,行3至10字。起:"妙幢汝当知",品题:"金光明最胜王经金胜",讫:"尔时世"。唐义净译。经文见《大正藏》第16册,第423页B栏第17行至第24行。

Дx.04296 **金光明最胜王经卷第三灭业障品第五**

存6行,行2至6字。起:"十恶",讫:"大众蒙光"。唐义净译。经文见《大正藏》第16册,第413页C栏第17行至第22行。

Дx.04297 **大般若波罗蜜多经卷第三百五十三初分多问不二品第六十一之三**

存5行,行3至10字。起:"欲界色",讫:"学甚深"。唐玄奘译。经文见《大正藏》第6册,第814页B栏第11行至第15行。

Дx.04298 **金刚般若波罗蜜经**

见Дx.02265。

Дx.04299 **大方广佛华严经卷第四十二离世间品第三十三之七**

存9行,行2至17字。起:"天有十种",讫:"净"。东晋佛驮跋陀罗译。经文见《大正藏》第9册,第665页A栏第3行至第11行。

Дx.04300 **大般若波罗蜜多经卷第二百一初分难信解品第三十四之二十**

存11行,行2至6字。起:"处清净",讫:"切智"。唐玄奘译。经文见《大正藏》第6册,第1页A栏第14行至第25行。

Дx.04301 **维摩诘所说经卷下菩萨行品第十一**

存30行,行5至10字。起:"教化众生终不",讫:"观於空无而"。后秦鸠摩罗什译。经文见《大正藏》第14册,第554页B栏第8行至C栏第12行。

Дx.04302 **金刚般若波罗蜜经**

存29行,行1至12字。起:"严/清净",讫:"世界须菩提"。后秦鸠摩罗什译。经文见《大正藏》第8册,第749页C栏第20行至第750页A栏第20行。

Дx.04303 **大藏一览卷第八**

存14行,行17字。首行存2字,其余行完整。起:"仪/来回顾必",讫:"二十二如来"。宋陈实谨编、明姚舜渔校辑。参见《嘉兴藏》第21册,第560页A栏第6行至第16行。多异文。

Дx.04303V **藏经印**

存"莲花台寺藏经印"半边"莲藏经"3字。

Дx.04304 **般若波罗蜜多心经疏**

存4行,行7至12字。起:"思议谓起悲",讫:"是故俱名不"。慧净法师作。经文见《卍新续藏》第26册,第591页。

Дx.04305　妙法莲华经题签

录文："观世音经并注。"

Дx.04306　金刚般若波罗蜜经

存7行，行4至9字。起："佛告须菩"，讫："应无所住而"。后秦鸠摩罗什译。经文见《大正藏》第8册，第749页C栏第16行至第22行。

Дx.04307　金光明最胜王经卷第一如来寿量品第二

存22行，行4至8字。起："是诸如来以"，讫："宣说此经"。唐义净译。经文见《大正藏》第16册，第405页C栏第3行至第26行。

Дx.04307V　金光明最胜王经题签

录文："金光明最胜王经。"

Дx.04308　妙法莲华经卷第七观世音菩萨普门品第二十五

见Дx.00020。

Дx.04308V　三界寺僧名

见Дx.00020V。

Дx.04309　大通方广忏悔灭罪庄严成佛经卷下

存28行，行6至11字。起："师若人奸"，讫："三昧从师"。经文见《大正藏》第85册，第1353页C栏第24行至第1354页A栏第22行。

Дx.04310　十二时赞

存25行。行均完整。首题："十二时赞一本"，讫："力是从心悔"。

Дx.04311　妙法莲华经卷第五分别功德品第十七至卷六随喜功德品第十八

存31行，行3至20字。起："子善女/一切天"，品题："妙法莲华经随喜功德品第十八"，讫："法会出至於余"。后秦鸠摩罗什译。经文见《大正藏》第9册，第45页C栏第29行至第46页C栏第1行。

Дx.04312A　梵网经菩萨戒序及梵网经卢舍那佛说菩萨心地戒品第十卷下

存16行，行5至17字。起："怠懈惰睡眠"，讫："受持上说心地"。后秦鸠摩罗什译。经文见《大正藏》第24册，第1003页A栏第29行至B栏第23行。

Дx.04312B　佛说天地八阳神咒经

见Дx.03102B。

Дx.04313　金刚般若波罗蜜经

存19行，行10至17字。起："提言甚多"，讫："是第一离"。后秦鸠摩罗什译。经文见《大正藏》第8册，第749页B栏第20行至C栏第10行。

Дx.04314　大般若波罗蜜多经卷第一百一十六初分校量功德品第三十之十四

存21行，行1至17字。起："世尊云何"，讫："及眼触/生"。唐玄奘译。经文见《大正藏》第5册，第636页B栏第5行至第25行。

Дx.04315A　大般若波罗蜜多经卷第二百二十四初分难信解品第三十四之四十三

见Дx.00944。

Дx.04315B　大般若波罗蜜多经卷三百四初分魔事品第四十之二

见Дx.00727。

Дx.04316　梁朝傅大士颂金刚经如法受持分第十三

存4行，行13至17字。起："无所说弥勒"，讫："云何三千大千"。经文见《大正藏》第85册，第4页B栏第9行至第12行。

Дx.04317　大乘无量寿经

存11行，行3至14字。起："萨婆桑悉迦罗"，讫："终无挂死陀"。经文见《大正藏》第19册，第83页B栏第22行至C栏第7行。

Дx.04318　佛顶尊胜陀罗尼经序

存7行，行2至4字。起："诸菩"，讫："犯戒"。经文见《大正藏》第19册，第349页B栏第4行至第10行。

Дx.04319　大般若波罗蜜多经卷第四百五十五第二分同学品第六十一之二

存8行，行1至3字。录文："骂/饶益/离善/提心/间断然/是菩/经/诃萨。"唐玄奘译。经文见《大正藏》第7册，第297页A栏第15行至第22行。

Дх.04320 大般涅槃经卷第十九梵行品第八之五

存12行，行2至8字。起："即答"，讫："等亦复如是"。北凉昙无谶译。经文见《大正藏》第12册，第474页C栏第1行至第12行。

Дх.04321 菩萨璎珞经卷第十三净居天品第三十八

存9行，行12字。起："天子曰若有菩萨"，讫："若有善男子善"。后秦竺佛念译。经文见《大正藏》第16册，第115页C栏第17行至第26行。

Дх.04322 妙法莲华经卷第四劝持品第十三

存7行，行7至17字。起："世尊导师安"，讫："当如佛教广宣"。后秦鸠摩罗什译。经文见《大正藏》第9册，第36页B栏第6行至第12行。

Дх.04323 佛说佛名经卷第二

存4行，行6至8字。起："得胜业自在称佛"，讫："部经一切贤圣"。北魏菩提流支译。经文见《大正藏》第14册，第121页C栏第19行至第22行。最后一句"部经一切贤圣"，在《佛说佛名经卷第三十》中。

Дх.04324 佛说天地八阳神咒经

存3行，行10至16字。起："从军仕官"，讫："忽被县官"。唐义净译。经文见《大正藏》第85册，第1423页A栏第7行至第10行。

Дх.04325 大般若波罗蜜多经卷第三百九十四初分净土方便品第七十三之一

存2行，行8至13字。录文："波罗蜜多有能自在/佛土证得无上正等菩提善现是。"唐玄奘译。经文见《大正藏》第6册，第1040页B栏第21行至第22行。

Дх.04326 妙法莲华经卷第五从地踊出品第十五

存5行，行2至4字。起："来释"，讫："摩诃萨从"。后秦鸠摩罗什译。经文见《大正藏》第9册，第40页A栏第13行至第17行。

Дх.04327 大般若波罗蜜多经题签

录文："大般若波罗蜜多经卷第四百一十七。"

Дх.04328 妙法莲华经卷第一序品第一

存5行，行2至4字。起："施佛及僧"，讫："上道"。后秦鸠摩罗什译。经文见《大正藏》第9册，第3页B栏第10行至第15行。

Дх.04329 大般若波罗蜜多经题签

录文："大般若波罗蜜多经卷第三百七十六经卅八图。"

Дх.04330 妙法莲华经卷第一序品第一至方便品第二

存9行，行3至17字。起："为求名"，讫："勇猛精进"。后秦鸠摩罗什译。经文见《大正藏》第9册，第5页B栏第8行至第29行。

Дх.04331 大般涅槃经卷第二十八师子吼菩萨品第十一之二

存5行，行6至13字。起："一者自了二"，讫："则非了因何"。北凉昙无谶译。经文见《大正藏》第12册，第531页B栏第29行至C栏第5行。

Дх.04332 金光明最胜王经卷第一序品第一

见Дх.00216。

Дх.04333 药师琉璃光如来本愿功德经

存5行，行5至11字。起："名已一切皆"，讫："於正见渐令"。唐玄奘译。经文见《大正藏》第14册，第405页B栏第7行至第11行。

Дх.04334 大乘百法明门论开宗义决

存8行，行4至22字。起："不相离即"，讫："故染依净二通达转"。唐昙旷撰。经文见《大正藏》第85册，第1068页B栏第8行至第18行。

Дх.04335 妙法莲华经卷第七药王菩萨本事品第二十三

见Дх.02733。

Дх.04336 残佛经

存7行，行6至17字。未检出。

Дх.04337 大方广佛华严经卷第六十九入法界品第三十九之十

存7行，行7至17字。起："观见一切诸佛"，讫：

"善财童子而说颂曰"。唐实叉难陀译。经文见《大正藏》第10册，第372页C栏第15行至第22行。

Дx.04338 金刚般若波罗蜜经

存20行，行5至11字。起："也世尊须菩"，讫："尚应舍何"。后秦鸠摩罗什译。经文见《大正藏》第8册，第749页A栏第18行至B栏第11行。

Дx.04339 金光明最胜王经卷第一序品第一

见Дx.00216。

Дx.04340 陀罗尼

存7行。未检出。

Дx.04341 Дx.04345 金光明最胜王经卷第六四天王护国品第十二

存20行，行6至9字。起："宝心神咒"，讫："汝可速去"。唐义净译。经文见《大正藏》第16册，第431页A栏第5行至第23行。

Дx.04342 妙法莲华经卷第一序品第一

见Дx.00906。

Дx.04343 妙法莲华经卷第五从地踊出品第十五

存24行，行2至6字。起："勒菩"，讫："常行头陀事"。后秦鸠摩罗什译。经文见《大正藏》第9册，第41页A栏第14行至B栏第16行。

Дx.04344 金刚般若波罗蜜经

存28行，行5至10字。起："不□受记汝"，讫："诸洹河"。北魏留支三藏译。经文见《大正藏》第8册，第760页A栏至B栏。有异文。

Дx.04345 金光明最胜王经卷第六四天王护国品第十二

见Дx.04341。

Дx.04346 妙法莲华经卷第五如来寿量品第十六

三残片。其一，存6行，行4至7字。起："那由他阿"，讫："无量无边"。后秦鸠摩罗什译。经文见《大正藏》第9册，第42页B栏第13行至第19行。其二，存5行，行2至8字。起："非算数"，讫："众诸"。经文见《大正藏》第9册，第42页B栏第19行至第23行。其三，存4行，行3至6字。起："男子今当分"，讫："我常"。经文见《大正藏》第9册，第42页B栏第23行至第26行。三片可缀合。

Дx.04347 大般若波罗蜜多经卷第二百二十五初分难信解品第三十四之四十四

存6行，行2至6字。起："法界"，讫："故若四无"。唐玄奘译。经文见《大正藏》第6册，第130页B栏第19行至第24行。

Дx.04348 合部金光明经卷第一三身分别品第三

存15行，行2至8字。起："是身得/是名应身善男"，讫："种种声"。真谛译、隋释宝贵合。经文见《大正藏》第16册，第363页A栏第2行至第18行。

Дx.04349 唐人诗词选

其中有苏味道《正月十月夜》中"暗陈（尘）随马去，明月逐人来"句。诗文见《全唐诗》卷六十五。

Дx.04350 妙法莲华经卷第四五百弟子受记品第八

存14行，行6至17字。起："三菩提记"，讫："十亿诸佛所护"。后秦鸠摩罗什译。经文见《大正藏》第9册，第27页B栏第19行至C栏第4行。

Дx.04351 妙法莲华经卷第三药草喻品第五

存5行，行5至7字。起："覆三千大千世"，讫："生长华果敷"。后秦鸠摩罗什译。经文见《大正藏》第9册，第19页B栏第1行至第5行。

Дx.04352 道德经序诀

存3行。录文："老子/汝应为此宛利天下弃贤世传弘大/神仙者□□日中授太上道德经。"

Дx.04353 残佛经

存18行。行9至17字。

Дx.04354 大般若波罗蜜多经卷第二百九十八初分难闻功德品第三十九之二

存21行，行12至13字。起："法定法住"，讫："次第定十遍"。唐玄奘译。经文见《大正藏》第6册，第514页B栏第18行至C栏第7行。

Дx.04355 法师答问

存11行。

Дх.04355V 书状

Дх.04356 维摩诘所说经卷下香积佛品第十

存11行，行7至8字。起："闻是香气"，讫："若有须弥乃至"。后秦鸠摩罗什译。经文见《大正藏》第14册，第552页C栏第4行至第15行。

Дх.04357 妙法莲华经卷第三药草喻品第五

存7行，行3至17字。起："各得生"，讫："法得何法"。后秦鸠摩罗什译。经文见《大正藏》第9册，第19页B栏第23行至第29行。

Дх04358 残片

存2行，行3至4字。录文："回太因□/维因谨。"意思不明。

Дх04358V 读经题记

存2行。录文："文张启读/生十二部经。"

Дх.04359 发愿文

存6行，行3至10字。

Дх.04360 大般若波罗蜜多经卷第一百七十一初分随喜回向品第三十一之四

存4行，行2至13字。起："能圆满佛十力"，讫："道相"。唐玄奘译。经文见《大正藏》第5册，第920页B栏第1行至第4行。

Дх.04360V 残佛经

存2行。极残，无法辨识。

Дх.04361 大宝积经卷第一百无垢施菩萨应辩会第三十三序品第一

存15行，行5至17字。起："殊师利法王子"，讫："念共论斯事"。西晋居士聂道真译。经文见《大正藏》第11册，第556页A栏第15行至第29行。

Дх.04361V 杂写

杂写5字。无法辨识。

Дх.04362 妙法莲华经卷第七妙音菩萨品第二十四

存8行，行4至17字。起："现灭度华"，讫："得现一切身"。后秦鸠摩罗什译。经文见《大正藏》第9册，第56页B栏第9行至第18行。

Дх.04363 金光明经忏悔灭罪传

存10行，行4至29字。起："示余一计较"，讫："四卷依料"。经文见《大正藏》第16册，第358页C栏第1行至第17行。

Дх.04364 佛说佛名经卷第五

存12行，行2至11字。起："南无/南无善胜佛"，讫："南无"。北魏菩提流支译。经文见《大正藏》第14册，第140页A栏第9行至第17行。

Дх.04365 经目

存13行，行3至5字。录文："第二帙/第三帙/第四帙/第五帙/第六帙/第七帙/第八帙/第九帙/第十帙/第十一帙/第十二帙/第/华严第一帙。"

Дх.04366 根本说一切有部毗奈耶杂事卷第四十

存4行。前2行似为经目。后2行为是经。经文见《大正藏》第24册，第412页A栏第27行至第29行。

Дх.04367 摩诃般若波罗蜜经卷第十二无作品第四十三

存7行，行6至10字。起："他化自在天"，讫："那含果阿"。后秦鸠摩罗什译。经文见《大正藏》第8册，第310页C栏第28行至第311页A栏第6行。

Дх.04368 妙法莲华经卷第三化城喻品第七

存5行，行1至8字。起："度/天鼓其余"，讫："其佛未出"。后秦鸠摩罗什译。经文见《大正藏》第9册，第22页B栏第28行至C栏第3行。

Дх.04369 佛性海藏智慧解脱破心相经

存14行，行17字。起："种树剥驴"，讫："名为四耶"。经文见《大正藏》第85册，第1399页A栏第6行至第19行。

Дх.04370A 大乘百法明门论开宗义决

存26行，行4至20字。起："名曰婆修"，讫："中有果论"。唐昙旷撰。经文见《大正藏》第85册，第1068页C栏第28行至1069页B栏第11行。

Дх.04370B 妙法莲华经卷第二譬喻品第三

存6行，行12至15字。起："具躯命非为"，讫："大车佛告舍"。后秦鸠摩罗什译。经文见《大正藏》第9册，第13页A栏第3行至第8行。

Дх.04371 发愿文

存6行，行5至9字。录文："于是列释座/善莫限良缘先用/识托四方神于净刹白/银叶金乘践香台于/推愿降年之命与/之不尽敢沾法界。"

Дх.04371V 发愿文、算经

发愿文4行。录文："愿空钟/悦阿□把泪往愿慈/生之潜良洪修法门/发善恨荣□方。"算经1行。录文："九八十一八九七十二。"

Дх.04372 梁朝傅大士颂金刚经序

二残片。其一，存3行，行6至10字。起："广博无穷"，讫："禅刀入手破"。经文见《大正藏》第85册，第1页A栏第19行至第20行。其二，存2行，行5字。未检出。

Дх.04373 大乘无量寿经

存10行，行5至13字。首题："大乘无量寿经"，讫："自书若使人"。经文见《大正藏》第19册，第82页A栏第3行至第21行。

Дх.04374 大般若波罗蜜多经卷第三百八十一初分诸功德相品第六十八之三

存12行，行3至16字。起："世尊双"，讫："首髮光滑"。唐玄奘译。经文见《大正藏》第6册，第968页B栏第23行至C栏第3行。

Дх.04375 妙法莲华经卷第七妙音菩萨品第二十四

存14行，行5至17字。起："至此尔时华"，讫："或现帝释身"。后秦鸠摩罗什译。经文见《大正藏》第9册，第56页A栏第1行至第14行。

Дх.04376 妙法莲华经卷第一方便品第二

存7行，行9至17字。起："法是法皆为一佛"，讫："所饶益安乐"。后秦鸠摩罗什译。经文见《大正藏》第9册，第7页B栏第5行至第11行。

Дх.04377 妙法莲华经卷第四五百弟子受记品第八

存12行，行1至6字。起："后亲"，讫："善根以/尊"。后秦鸠摩罗什译。经文见《大正藏》第9册，第29页A栏第10行至第22行。

Дх.04378 Дх.10508 妙法莲华经卷第七观世音菩萨普门品第二十五

三残片。其一，存4行，行9至11字。起："萨能以无畏"，讫："常念恭敬观"。后秦鸠摩罗什译。经文见《大正藏》第9册，第56页C栏第26行至第29行。其二，存4行，行17字左右。起："现居士身"，讫："说法应以长"。经文见《大正藏》第9册，第57页B栏第8行至第13行。其三，存4行，行23字。起："婆罗门妇女"，讫："金刚神"。经文见《大正藏》第9册，第57页B栏第12行至第19行。后两片可以缀合。

Дх.04379 大般若波罗蜜多经卷第六十四初分无所得品第十八之四

存7行，行5至10字。起："触为缘所生"，讫："所生诸受性"。唐玄奘译。经文见《大正藏》第5册，第359页C栏第3行至第9行。

Дх.04380 十诵比丘波罗提木叉戒本

存16行，行6至13字。起："如是一一生活具"，讫："毗尼诵何"。后秦鸠摩罗什译。经文见《大正藏》第23册，第475页C栏第21行至第476页A栏第14行。

Дх.04381 大般若波罗蜜多经卷第五百五十二第四分善友品第二十二之二

存23行，行15字左右。起："然后乃补"，讫："有情生死"。唐玄奘译。经文见《大正藏》第7册，第845页B栏第21行至C栏第15行。

Дх.04382 妙法莲华经卷第六常不轻菩萨品第二十

存22行，行1至8字。起："微尘像法住"，讫："当作佛/婆"。后秦鸠摩罗什译。经文见《大正藏》第14册，第50页C栏第9行至第51页A栏第2行。

Дх.04383 维摩诘所说经卷上佛国品第一

存16行，行5至7字。起："久积净业称无量"，讫："心行平等如"。后秦鸠摩罗什译。经文见《大正藏》第14册,第537页C栏第9行至第24行。

Дx.04384 金光明最胜王经卷第六四天王护国品第十二

存7行,行3至7字。起:"於过去无量",讫:"加守护令/千"。唐义净译。经文见《大正藏》第16册,第427页B栏第22行至第28行。

Дx.04385 宗镜录卷第二十

存8行,行4至9字。起:"尔时世尊",讫:"相不他相非"。经文见《大正藏》第48册,第526页C栏第26行至第527页A栏第4行。

Дx.04386 大乘入楞伽经卷第四无常品第三之一

存8行,行4至10字。起:"养育何者",讫:"是为内五"。唐实叉难陀译。经文见《大正藏》第16册,第607页C栏第22行至第29行。

Дx.04387 金刚般若波罗蜜经

存1行,总4字。录文:"提尔的国。"后秦鸠摩罗什译。经文见《大正藏》第8册,第751页B栏第24行。

Дx.04388 摩诃般若波罗蜜经卷第一序品第一

存3行,行2至6字。录文:"异色/如是/净不增不减。"后秦鸠摩罗什译。经文见《大正藏》第8册,第223页A栏第13行至第16行。

Дx.04389 戒律

存16行。未检出。

Дx.04390 妙法莲华经卷第一序品第一

二残片。其一,存17行,行4至8字。起:"大目犍连",讫:"婆罗菩萨弥"。后秦鸠摩罗什译。经文见《大正藏》第9册,第1页C栏第24行至第2页A栏第13行。其二,存2行,行2字。录文:"女人/如是。"未检出。

Дx.04391 妙法莲华经卷第五安乐行品第十四

存9行,行3至10字。起:"猎渔捕",讫:"独入他家若"。后秦鸠摩罗什译。经文见《大正藏》第9册,第37页A栏第26行至第B栏第6行。

Дx.04392 金刚般若波罗蜜经

存13行,行7至11字。起:"如是我闻",讫:"世尊愿乐欲"。后秦鸠摩罗什译。经文见《大正藏》第8册,第748页C栏第20行至第749页A栏第4行。

Дx.04393 金刚般若波罗蜜经

存13行,行4至11字。起:"时著衣钵",讫:"众生之类若"。后秦鸠摩罗什译。经文见《大正藏》第8册,第748页C栏第22行至第749页A栏第6行。

Дx.04394 妙法莲华经卷第七观世音菩萨普门品第二十五

见Дx.01128。

Дx.04395 金光明最胜王经卷第八大辩才天女品第十五之二

存18行,行3至7字。起:"见妙辩",讫:"聪明足辩才"。唐义净译。经文见《大正藏》第16册,第438页A栏第9行至B栏第4行。

Дx.04396 金光明最胜王经卷第二分别三身品第三

存5行,行2至4字。起:"诸佛具",讫:"最胜"。唐义净译。经文见《大正藏》第16册,第409页A栏第16行至第20行。

Дx.04397 妙法莲华经卷第三药草喻品第五

存3行,行5至8字。起:"义而说偈言",讫:"我大弟子须菩"。后秦鸠摩罗什译。经文见《大正藏》第9册,第21页A栏第29行至B栏第2行。

Дx.04398 大宝积经卷第四十六菩萨藏会第十二之十二毗利耶波罗蜜多品第九之二

存10行,行3至12字。起:"复次舍",讫:"置一无关"。唐玄奘译。经文见《大正藏》第11册,第272页B栏第27行至C栏第7行。

Дx.04399 妙法莲华经卷第五从地踊出品第十五

存7行,行3至12字。起:"示导令向阿",讫:"弥勒"。后秦鸠摩罗什译。经文见《大正藏》第9册,第41页C栏第21行至第28行。

Дx.04400 佛说无常经

存12行,行2至9字。起:"久停",尾题:"佛说无常三启经一卷"。唐义静译。经文见《大正藏》第17册，第746页A栏第23行至B栏第8行。

Дx.04401 救诸众生一切苦难经

首尾完整。首题："求诸众生苦难经"，讫："佛道一时行"。经文见《大正藏》第85册，第1461页C栏第8行至第23行。此为假托佛说所撰经典，作者不详。《大正藏》据S.0136收入。

Дx.04402 大般若波罗蜜多经卷第四百一十七第二分出住品第十九之二

存11行，行4至17字。起："如来后有"，讫："说自性□□□不住"。唐玄奘译。经文见《大正藏》第7册，第92页A栏第17行至第28行。

Дx.04403 和菩萨戒文下

存24行，行3至10字。起："若能忏"，讫："贪心不"。作者不详。大多为晚唐年间抄写。唐道宣述。经文见《大正藏》第85册，第1300页B栏第18行至C栏第2行。

Дx.04404 四分律比丘含注戒本下

正反两面，各存5行，行15至24字。起："不犯者或有病"，讫："所与若礼若礼忏"。唐道宣述。经文见《大正藏》第40册，第456页C栏第24行至457页A栏第22行。

Дx.04405 金光明最胜王经卷第四最净地陀罗尼品第六

存19行，行5至14字。起："言世尊以几"，讫："菩萨名不可得"。唐义净译。经文见《大正藏》第16册，第417页C栏第26行至第418页A栏第16行。

Дx.04406 启请文

存8行。录文："弟子甲某等合道场人同发胜心归依启请/十方诸佛三世如来湛若虚空真如法体莲花/藏界百亿如来大贤动中一千化佛誓居/三界功德山王同吕白衣维摩罗诘菩提树下降/魔如兜率宫中化天大觉无量劫前大通至胜十六王子恒沙劫后释伽牟尼五百徒众/方世界无量寿佛北方世界最胜音佛/四维上下亦复如是一一法身恒沙世界一一世/一一世界百千如来一一如来微尘大众。"

Дx.04407 Дx.05508 金刚般若波罗蜜经

存26行，行17字。起："来得阿耨多罗"，讫："如来说是"。后秦鸠摩罗什译。经文见《大正藏》第8册，第751页A栏第22行至B栏第21行。

Дx.04407V Дx.05508V 杂写

存1行。录文："云何安立谓唯此等名等。"

Дx.04408 佛顶尊胜陀罗尼咒

存20行，行10至23字。首题："佛顶尊胜陀罗尼咒"，尾题："佛顶尊胜陀罗尼咒"。题记："比丘愿成咒本。"首4行下部残，其余行完整。未检出。

Дx.04409 金刚般若波罗蜜经论卷下

存12行，行3至10字。起："义偈言"，讫："非异处住"。天亲菩萨造、北魏菩提流支译。经文见《大正藏》第25册，第796页A栏第15行至第29行。

Дx.04410 开蒙要训

存12行，行8至12字。起："布绢细"，讫："肺矸心"。定名参考张新朋《敦煌写本〈开蒙要训〉叙录续补》，《敦煌研究》2008年第1期，第98页至第101页。

Дx.04410V 杂写、习字、人名等

存杂写3行、习字2行、人名"曹元松"。

Дx.04411 大智度论卷第八初品中放光释论第十四之余

存9行，行2至17字。起："千/难处即时解脱"，讫："得解脱其福"。龙树菩萨造、后秦鸠摩罗什译。经文见《大正藏》第25册，第117页B栏第27行至C栏第7行。

Дx.04412 妙法莲华经卷第六如来神力品第二十一

存5行，行8至13字。起："迦楼罗紧"，讫："释迦牟尼"。后秦鸠摩罗什译。经文见《大正藏》第9册，第51页C栏第17行至第21行。

Дx.04413 启请文

存23行。首题："启请文"，讫："星宿五"。

Дx.04414 大般若波罗蜜多经卷第四十三初分譬喻品第十一之二

存26行。首题:"大般若波罗蜜多经卷第四十三",迄:"不恐不怖"。唐玄奘译。经文见《大正藏》第5册,第239页B栏第25行至C栏第22行。

Дx.04415 大般若波罗蜜多经卷第一百八初分校量功德品第三十之六

存29行,行13至15字。起:"脱门无相解脱",迄:"生诸受无"。唐玄奘译。经文见《大正藏》第5册,第595页C栏第13行至第596页A栏第12行。

Дx.04416 金光明最胜王经卷第十舍身品第二十六

存5行,行3至10字。首题:"金光明最胜王经舍身品",迄:"之身如"。唐义净译。经文见《大正藏》第16册,第450页C栏第21行至第25行。

Дx.04417 心经咒语

存2行,行8至11字。录文:"□□彼□究竟菩提/波罗揭啼波罗僧揭啼菩提。"第1行未检出。第2行经文见《大正藏》第8册,第848页C栏第22行至第23行。

Дx.04418 大般若波罗蜜多经卷第五百九第三分陀罗尼品第十三之二

存6行,行17字。起:"难世尊彼愚",迄:"自於般若波"。唐玄奘译。经文见《大正藏》第7册,第601页B栏第6行至第12行。

Дx.04419 残佛经

存1行。录文:"舍利子菩萨摩诃萨依如是修学甚深般若。"未检出。

Дx.04420 梵网经卢舍那佛说菩萨心地戒品第十卷下

存10行,行9字。起:"众略开百千",迄:"迦从莲华"。后秦鸠摩罗什译。经文见《大正藏》第24册,第1003页B栏第10行至第20行。

Дx.04421 添品妙法莲华经卷第四五百弟子受记品第八

存16行,行2至11字。首题:"妙法莲华经五百弟子受记",迄:"勿谓"。隋阇那崛多共笈多译。经文见《大正藏》第9册,第162页A栏第8行至第23行。

Дx.04422 大般若波罗蜜多经卷第一百一十六初分校量功德品第三十之十四

存5行,行8至15字。起:"性空何□□□界性空",迄:"一切相智庆"。唐玄奘译。经文见《大正藏》第5册,第637页A栏第23行至第27行。

Дx.04423 金光明最胜王经卷第一序品第一

二残片。其一,存10行,行5至7字。起:"经文见忍行精勤经",迄:"境界以大善"。唐义净译。经文见《大正藏》第16册,第403页A栏第23行至B栏第4行。其二,存8行,行2至9字。起:"碍大慈自然",迄:"无边"。经文见《大正藏》第16册,第408页A栏第11行至第17行。

Дx.04424 妙法莲华经卷第一序品第一

存7行,行6字。起:"六千人俱",迄:"世界能度无"。后秦鸠摩罗什译。经文见《大正藏》第9册,第2页A栏第1行至第7行。

Дx.04425 维摩诘所说经卷上佛国品第一

存10行,行6至9字。起:"光相菩萨",迄:"严菩萨观世"。后秦鸠摩罗什译。经文见《大正藏》第14册,第537页B栏第4行至第13行。

Дx.04426 大般若波罗蜜多经题签

录文:"大般若波罗蜜多经卷第一百四。"

Дx.04427 妙法莲华经卷第七妙音菩萨品第二十四

存4行,行9至14字。起:"神通变化智慧",迄:"现佛形而"。后秦鸠摩罗什译。经文见《大正藏》第9册,第5页A栏第29行至B栏第7行。

Дx.04428 残佛经

存12行。未检出。

Дx.04429 佛说佛名经

存6行,行2至5字。起:"槛孭",迄:"煞使其哀声"。失译。经文见《大正藏》第14册,第208页C栏第25行至第29行。

Дх.04430 大宝积经卷第一百一十八、天请问经

存5行,行10至12字。首2行,录文:"伦世人闻佛所说莫不欢喜/大宝积经卷第一百一十八。"西晋竺法护译。经文见《大正藏》第11册,第672页C栏第9行至第10行。后3行,首题:"佛说天请问经",讫:"来诣佛所却"。为唐玄奘译《天请问经》。经文见《大正藏》第15册,第124页B栏第13行至第17行。

Дх.04430V 大宝积经卷第一百一十七宝髻菩萨会第四十七之一

存5行,行14至16字。起:"假使今时造德本",讫:"世界贤者"。西晋竺法护译。经文见《大正藏》第11册,第657页C栏第15行至第22行。

Дх.04431 佛说维摩诘经卷下嘱累弥勒品第十四

存4行,行15字。起:"者当令手得",讫:"说是言於一"。吴支谦译。经文见《大正藏》第14册,第536页C栏第7行至第11行。

Дх.04432 大般涅槃经卷第三长寿品第四

存10行,行4至15字。起:"呵责纠治当",讫:"驱遣呵责"。宋沙门慧严等依泥洹经加之。经文见《大正藏》第12册,第620页C栏第12行至第22行。

Дх.04433 临圹文

存9行。录文:"为合家大小保/破暗保嘱除昏诸/临圹文(照百炎归□/次庄严诸所施)/盖闻无余涅槃金棺木/消八万尘劳弗慈光而永发功德/世界无常光阴迁/奔流明暗相摧晨/曜风惊烛摧明似/叶落然今亡者。"

Дх.04434 金光明最胜王经卷第一序品第一

存12行,行3至9字。起:"依及法/休息化因缘",讫:"一切烦恼以"。唐义净译。经文见《大正藏》第16册,第407页A栏第8行至第21行。

Дх.04435 金刚般若波罗蜜经

存15行,行3至17字。起:"经中受",讫:"须菩提"。后秦鸠摩罗什译。经文见《大正藏》第8册,第749页B栏第22行至C栏第8行。

Дх.04436 佛说佛名经卷第九

存6行,行4字。起:"南/南无法幢",讫:"南无法虚"。北魏菩提流支译。经文见《大正藏》第14册,第165页C栏第1行至第5行。

Дх.04437 医方

存3行。录文:"各一分/牛角刮/□酒服日三治妇人赤日。"

Дх.04438 大般涅槃经卷第二十二光明遍照高贵德王菩萨品第十之二

存3行,行2至10字。起:"若犯四重",讫:"定至"。北凉昙无谶译。经文见《大正藏》第12册,第493页C栏第4行至第7行。

Дх.04439 阿毗昙八犍度论卷第三十阿毗昙见犍度中偈跋渠第六

存2行,行6至7字。录文:"解脱谁堪能诽/昙偈品第卌四竟。"迦旃延子造、僧伽提婆共竺佛念译。经文见《大正藏》第26册,第917页B栏第7行至第9行。

Дх.04439V 杂写

存2行。录文:"身毛孔后通辽示裤/□示一使以禅定。"

Дх.04440 添品妙法莲华经卷第六法师功德品第十八

存6行,行3至9字。起:"诸山深险处",讫:"以闻香"。隋阇那崛多共笈多译。经文见《大正藏》第9册,第183页A栏第11行至第23行。

Дх.04441 金刚般若波罗蜜经

存2行,行4至5字。录文:"应住云何隆/人发阿耨。"后秦鸠摩罗什译。经文见《大正藏》第8册,第9行至第11行。

Дх.04442 维摩诘所说经卷上菩萨品第四

存4行,行5至8字。起:"奉彼难胜如来",讫:

"作是言若施"。后秦鸠摩罗什译。经文见《大正藏》第14册,第544页A栏第8行至第12行。

Дх.04443 合部金光明经卷第五四天王品第十

存3行,行3至6字。录文:"洗浴以/严坐小卑座不/自卑除。"北凉昙无谶译、隋释宝贵合。经文见《大正藏》第16册,第383页B栏第7行至第9行。

Дх.04444 金刚般若波罗蜜经

存2行,行3字。录文:"无有法/如是须。"后秦鸠摩罗什译。经文见《大正藏》第8册,第751页A栏第19行至第20行。

Дх.04445 大智度论卷第十五释初品中羼提波罗蜜法忍义第二十五

存3行,行3至4字。录文:"人时何/故若不/去恒河沙。"龙树菩萨造、后秦鸠摩罗什译。经文见《大正藏》第25册,第171页C栏第9行至第11行。

Дх.04446 妙法莲华经卷第六药王菩萨本事品第二十三

存5行,行2至3字。录文:"婆摩/华若/无量无/品能/后后。"后秦鸠摩罗什译。经文见《大正藏》第9册,第54页B栏第25行至第29行。

Дх.04447 大智度论卷第八十八释六喻品第七十七

存3行,行5至9字。起:"阿罗汉果",讫:"白佛言"。龙树菩萨造、后秦鸠摩罗什译。经文见《大正藏》第25册,第678页B栏第6行至第9行。

Дх.04448 佛说佛名经卷第六

存4行,行3至7字。起:"施得名",讫:"思惟得名自在"。北魏菩提流支译。经文见《大正藏》第14册,第144页B栏第14行至第17行

Дх.04449 佛本行集经卷第十二游戏观瞩品第十二

存3行,行3至5字。录文:"仙人辈/界之主亦非/非是日。"隋阇那崛多译。经文见《大正藏》第3册,第706页B栏第10行至第12行。

Дх.04450 阿毗昙八犍度卷第十九四大犍度中缘跋渠第二

存5行,行3至6字。起:"造色现",讫:"色界"。迦旃延子造、僧伽提婆共竺佛念译。经文见《大正藏》第26册,第860页C栏第17行至第21行。

Дх.04450V 阿毗昙八犍度卷第十九四大犍度中缘跋渠第二

存4行,行3至5字。起:"设成就现在",讫:"设成就"。迦旃延子造、僧伽提婆共竺佛念译。经文见《大正藏》第26册,第858页C栏第4行至第6行。

Дх.04451A 妙法莲华经卷第一方便品第二

存3行,行1至4字。录文:"法/天人所希/则为已。"后秦鸠摩罗什译。经文见《大正藏》第9册,第10页A栏第27行至B栏第2行。

Дх.04451B 中阿含经卷第十五

存2行,行4字。经文见《大正藏》第1册,第446页B栏第4行。另"九怪结"见尊者舍利子说、唐玄奘译《阿毗达磨集异门足论卷第十九八法品第九之二》。经文见《大正藏》第26册,第446页A栏第27行至第28行。

Дх.04452 妙法莲华经卷第四五百弟子受记品第八

存5行,行3至6字。起:"贪著我等",讫:"我法能於"。后秦鸠摩罗什译。经文见《大正藏》第9册,第27页B栏第24行至第29行。

Дх.04453 大般涅槃经卷第四十憍陈如品第十三之二

存4行,行2至5字。录文:"床机亦如/为鼙在颈下/钏在指上/昙一。"北凉昙无谶译。经文见《大正藏》第12册,第598页C栏第4行至第7行。

Дх.04454 佛经论释

存4行。录文:"生罪所以不入舍/但心不坐便听怀/独属施主不失净□□/受持衣□施净衣五。"未检出。

Дх.04455 瑜伽师地论卷第七本地分中有寻有伺等三地之四

存3行,行4至6字。录文:"为信乐此/应问彼汝何所/触星等作。"弥勒菩萨说、唐玄奘译。经文

见《大正藏》第30册，第313页A栏第1行至第3行。

Дx.04456　金光明经卷第二四天王品第六

存3行，行2字。录文："所劫/如是/胜极。"北凉昙无谶译。经文见《大正藏》第16册，第342页B栏第5行至第7行。

Дx.04457　佛说解节经过一异品第三

存3行，行5至7字。录文："净慧菩萨白佛言/世尊说是真/过一异相世尊。"真谛译。经文见《大正藏》第16册，第712页C栏第29行至第713页A栏第2行。

Дx.04458A　妙法莲华经玄赞

存1行，总7字。录文："放眉间白豪相光。"唐基撰。经文见《大正藏》第34册，第680页B栏第11行。

Дx.04458B　放光般若经卷第一摩诃般若波罗蜜放光品第一

存2行，行4至6字。录文："舍利弗是/复次舍利弗菩。"西晋无罗叉译。经文见《大正藏》第8册，第2页C栏第24行至第25行。

Дx.04458C　大般涅槃经卷第十六梵行品第八之二

存4行，行2至5字。录文："摩诃萨观於/波罗蜜是名/门则得住/众之。"北凉昙无谶译。经文见《大正藏》第12册，第461页C栏第21行至第24行。

Дx.04459　妙法莲华经卷第四授学无学人记品第九

存5行，行1至6字。录文："世/王如来应供正/上士调御丈夫/诸佛护持/提提教二。"后秦鸠摩罗什译。经文见《大正藏》第9册，第4页C栏第4行至第8行。

Дx.04460　大方广佛华严经卷第三十九离世间品第三十三之四

存3行，行4至6字。录文："於无量劫/是为菩萨摩诃/有十种身。"东晋佛驮跋陀罗译。经文见《大正藏》第9册，第648页A栏第8行至第10行。

Дx.04461　大般涅槃经卷第十六梵行品第八之二

存4行，行2至5字。录文："摩诃萨观於/波罗蜜是名/门则得住/众之。"北凉昙无谶译。经文见《大正藏》第12册，第461页C栏第21行至第24行。

Дx.04462　金刚般若波罗蜜经

存3行，行3至4字。录文："佛眼不如/何如恒/尊如来。"后秦鸠摩罗什译。经文见《大正藏》第8册，第751页B栏第19行至第21行。

Дx.04463　大般涅槃经卷第八如来性品第四之五

存4行，行6至7字。起："男子譬如臣"，讫："於已身见"。北凉昙无谶译。经文见《大正藏》第12册，第412页A栏第17行至第21行。

Дx.04464　僧伽吒经卷第四

存10行，行3至7字。起："萨埵摩诃萨"，讫："是三种"。月婆首那译。经文见《大正藏》第13册，第972页B栏第22行至C栏第5行。

Дx.04465　大般涅槃经卷第二十二光明遍照高贵德王菩萨品第十之二

存2行，行8至9字。录文："欲增长发菩提心诸/汝已亲近过去无量诸。"北凉昙无谶译。经文见《大正藏》第12册，第493页C栏第15行至第16行。

Дx.04466　金光明最胜王经卷第九善生王品第二十一

存3行，行3至6字。录文："善生王/昔时舍大地/时宝积大法师。"唐义净译。经文见《大正藏》第16册，第444页C栏第11行至第13行。

Дx.04467A　妙法莲华经卷第七普贤菩萨劝发品第二十八

存6行，行5至8字。起："尔时普贤"，讫："威德神通"。后秦鸠摩罗什译。经文见《大正藏》第9册，第61页A栏第6行至第11行。

Дx.04467B　大方等无想经卷第六大云初分增长犍度第三十七之余

三残片。其一，存5行，行3至9字。其二，存1行，总6字。其三，存4行，行3至9字。起："若能破",讫:"净若脱皮"。北凉昙无谶译。经文见《大正藏》第12册,第1104页C栏第22行至第26行。

Дx.04468 **法华义疏卷第一序品第一**

存7行,行5至10字。起:"西方天王名",讫:"须弥山半腰"。隋法吉藏撰。经文见《大正藏》第34册,第464页B栏第21行至第23行。后2行为不知名经疏。

Дx.04469 **因缘心论释**

存11行,行6至8字。起:"子诵者亦不从",讫:"无有业则无"。龙树菩萨造。经文见《大正藏》第32册,第491页A栏第6行至第23行。

Дx.04469V **五台山赞文**

存9行。似硬笔书写,墨极淡。

Дx.04470 **大般涅槃经卷第二十九师子吼菩萨品第十一之三**

存10行,行1至11字。起:"一毒龙",讫:"受彼王请诣王"。北凉昙无谶译。经文见《大正藏》第12册,第540页B栏第7行至第16行。

Дx.04471 **四分律卷第四十三药犍度之二**

存10行,行3至17字。起:"法食白佛",讫:"净不净"。后秦佛陀耶舍共竺佛念等译。经文见《大正藏》第22册,第876页B栏第16行至第27行。

Дx.04472 **维摩诘所说经卷中不思议品第六**

存2行,行6字。录文:"须弥相其佛号/八万四千由旬。"后秦鸠摩罗什译。经文见《大正藏》第14册,第546页B栏第2行至第4行。

Дx.04473 **大方广佛华严经卷第十八金刚幢菩萨十回向品第二十一之五**

存5行,行6至9字。起:"功德智慧令",讫:"在身离我我所"。东晋佛驮跋陀罗译。经文见《大正藏》第9册,第515页A栏第20行至第24行。

Дx.04474 **残佛经**

存4行,行4至9字。未检出。

Дx.04475 **大方广佛华严经卷第五十六入法界品第三十四之十三**

存4行,行1至8字。录文:"白/三菩提心心来其已/世过世界微尘等劫/怖彼。"东晋佛驮跋陀罗译。经文见《大正藏》第9册,第756页C栏第5行至第8行。

Дx.04476 **摩诃般若波罗蜜经卷第三劝学品第八**

存9行,行4至6字。起:"受念著舍",讫:"应近是"。后秦鸠摩罗什译。经文见《大正藏》第8册,第233页B栏第7行至第15行。

Дx.04477 **大方等大集经题签**

录文:"大方等大集经卷第☐☐☐☐。"

Дx.04478 **妙法莲华经卷第二譬喻品第三**

存3行,行3至12字。录文:"演畅清/智中我定当作佛为天人所敬/沙门婆罗门。"后秦鸠摩罗什译。经文见《大正藏》第9册,第11页B栏第5行至第9行。

Дx.04479 **大般涅槃经卷第三十五憍陈如品第二十五之一**

存5行,行3至4字。起:"闻或时",讫:"愁愦耶"。宋沙门慧严等依泥洹经加之。经文见《大正藏》第12册,第839页A栏第9行至第13行。

Дx.04480 **妙法莲华经卷第四见宝塔品第十一**

存4行,行4至5字。起:"诸佛当来",讫:"璃为地宝"。后秦鸠摩罗什译。经文见《大正藏》第9册,第33页B栏第2行至第6行。

Дx.04481 **大乘瑜伽金刚性海曼殊室千臂千钵大教王经卷第四**

存4行。录文:"云过去心不可/来心不可得若/可得办不可得知/意云何若。"唐不空译。经文见《大正藏》第20册,第741页A栏第20行至第22行。有异文。

Дx.04482A **胜天王般若波罗蜜经卷第七付嘱品第十六**

存2行,行3至6字。录文:"天於此秽土护/一劫若。"月婆首那译。经文见《大正藏》第8册,第725页B栏第23行至第24行。

Дх.04482В 金光明经卷第三鬼神品第十三

存5行,行9至12字。起:"阎浮提内",讫:"即得增益"。北凉昙无谶译。经文见《大正藏》第16册,第350页C栏第23行至第28行。

Дх.04483 金刚般若波罗蜜经

存6行,行1至3字。录文:"食/中次/已敷/坐起/言希/诸菩萨。"后秦鸠摩罗什译。经文见《大正藏》第8册,第748页C栏第21行至第27行。

Дх.04484 大般涅槃经卷第十一现病品第六

存4行,行5字。起:"欲於恶欲食",讫:"钝发言多虚"。北凉昙无谶译。经文见《大正藏》第12册,第428页C栏第19行至第22行。

Дх.04485 佛说观药王药上二菩萨经

存3行,行2至4字。录文:"倍佛/萨名者得/业郭。"宋畺良耶舍译。经文见《大正藏》第20册,第661页A栏第15行至第17行。

Дх.04486 妙法莲华经卷第四五百弟子受记品第八

存3行,行1至6字。录文:"钝常说清净法/而自净佛土/土。"后秦鸠摩罗什译。经文见《大正藏》第9册,第28页B栏第1行至第5行。

Дх.04487 佛说灌顶冢墓因缘四方神咒经卷第六

存4行,行1至6字。录文:"等至心恩欲起/舍利为灭使得/愿故舍/善。"东晋帛尸梨蜜多罗译。经文见《大正藏》第21册,第513页A栏第6行至第9行。

Дх.04488 大宝积经卷第七十九答杂品第七

存5行,行8至9字。起:"不乐和合",讫:"众生相应"。后秦鸠摩罗什译。经文见《大正藏》第11册,第454页C栏第23行至第27行。

Дх.04489 大乘无生方便门

存7行,行9至17字。起:"此众生亦无",讫:"是没是往"。经文见《大正藏》第85册,第1277页C栏第4行至第16行。

Дх.04490А 光赞经卷第四摩诃般若波罗蜜行品第九

存4行,行4至5字。起:"得无所得",讫:"诸入本末究"。西晋竺法护译。经文见《大正藏》第8册,第173页B栏第17行至第20行。

Дх.04490В 大般涅槃经卷第二十四光明遍照高贵德王菩萨品第十之十四

存4行,行4至9字。起:"见男女",讫:"无一切"。北凉昙无谶译。经文见《大正藏》第12册,第510页A栏第18行至第21行。

Дх.04491А 残佛经

存3行。录文:"阿耨多罗三藐/舍利弗/佛。"未检出。

Дх.04491В 残佛经

存5行,行3至10字。未检出。

Дх.04492 大智度论卷第五十七释宝塔校量品第三十二

存6行,行6至10字。起:"无作四谛",讫:"八不共法"。龙树菩萨造、后秦鸠摩罗什译。经文见《大正藏》第25册,第467页A栏第13行至第19行。

Дх.04493 佛经论释

存7行。未检出。

Дх.04494 在家律要广集卷第二优婆塞戒经受戒品

存3行,行5至11字。起:"外身心病耶",讫:"罪耶若言"。北凉昙无谶译,智旭、仪润标目。经文见《卍新续藏》第60册,第478页B栏第8行至第10行。

Дх.04495 大方广佛华严经卷第十八金刚幢菩萨十回向品第二十一之五

存3行,行3至5字。录文:"功德之身於/诃萨自身覆/生成三。"东晋佛驮跋陀罗译。经文见《大正藏》第9册,第515页A栏第29行至B栏第2行。

Дх.04496 大般涅槃经卷第十二圣行品第七之二

存11行,行2至14字。起:"则得住於堪",讫:"为他说"。北凉昙无谶译。经文见《大正藏》第12

册,第434页B栏第19行至第29行。

Дx.04497 摩诃般若波罗蜜经卷第七问住品第二十七

存7行,行3至17字。起:"触因毕",讫:"罗蜜不说内"。后秦鸠摩罗什译。经文见《大正藏》第8册,第275页C栏第19行至第26行。或为龙树菩萨造、后秦鸠摩罗什译《大智度论卷第五十四释天主品第二十七》。经文见《大正藏》第25册,第447页C栏第29行至第448页A栏第7行。

Дx.04498 大方等大集经卷第十六虚空藏菩萨品第八之三

二残片。其一,存14行,行5至13字。起:"名曰庄严王能",讫:"能得成就一"。北凉昙无谶译。经文见《大正藏》第13册,第113页B栏第15行至第29行。其二,存10行,行4字。起:"於诸",讫:"诸见有三"。经文见《大正藏》第13册,第113页B栏第18行至第27行。二片可缀合。

Дx.04499 大方广佛华严经卷第三卢舍那佛品第二之二

存10行,行3至14字。起:"种种宝华为",讫:"诸佛世"。东晋佛驮跋陀罗译。经文见《大正藏》第9册,第413页C栏第26行至第414页A栏第6行。

Дx.04500A 诸法无行经卷上

存10行,行3至7字。起:"菩提则/如幻速成",讫:"种性文颂不知法"。后秦鸠摩罗什译。经文见《大正藏》第15册,第751页B栏第12行至第28行。

Дx.04500B 大方广佛华严经卷第二十九心王菩萨问阿僧祇品第二十五

存9行,行5至7字。起:"妙色而庄严",讫:"摄诸佛法不可说"。东晋佛驮跋陀罗译。经文见《大正藏》第9册,第587页B栏第22行至C栏第1行。

Дx.04501 天请问经

存2行,行12字。首题:"天请问经一卷三藏法师玄奘",讫:"是我闻一时(薄?)伽梵在(罗?)"。唐玄奘译。经文见《大正藏》第15册,第124页B栏第15行至第16行。

Дx.04502 金刚般若波罗蜜经

存10行,行4至9字。起:"须陁洹果不",讫:"含须菩"。后秦鸠摩罗什译。经文见《大正藏》第8册,第749页B栏第27行至C栏第6行。

Дx.04503A 金刚般若波罗蜜经

存4行,行5至7字。起:"云过去心",讫:"意云何若"。后秦鸠摩罗什译。经文见《大正藏》第8册,第751页B栏第24行至第29行。

Дx.04503B 金刚般若波罗蜜经

存5行,行1至10字。起:"思量须",讫:"福德亦复"。后秦鸠摩罗什译。经文见《大正藏》第8册,第749页A栏第15行至第18行。

Дx.04504 佛说善恶因果经

存14行,行2至13字。起:"大众生故",讫:"立宅有种"。经文见《大正藏》第85册,第1380页B栏第20行至C栏第4行。

Дx.04505 妙法莲华经卷第六法师功德品第十九

存9行,行3至10字。起:"女声法",讫:"世尊欲"。后秦鸠摩罗什译。经文见《大正藏》第9册,第47页C栏第28行至第48页A栏第8行。

Дx.04506 四分律比丘戒本

存6行,行6至12字。起:"莫谓我",讫:"说诸功德施一"。后秦佛陀耶舍译。经文见《大正藏》第22册,第1022页C栏第28行至第1023页A栏第10行。

Дx.04507 集诸经礼忏仪卷上

存13行,行4至10字。起:"方僧物若自取若教",讫:"众罪皆忏"。唐智昇撰。经文见《大正藏》第47册,第457页A栏第10行至第24行。

Дx.04508 金光明最胜王经卷第六四天王护国品第十二

存二片,且顺序颠倒。其一,存12行,行3至7字。起:"彼有情",讫:"王在宅内"。唐义净译。经文见《大正藏》第16册,第432页A栏第26行至B栏第8行。其二，存10行，行1至10字。起："空不可测"，讫："安乐故"。经文见《大正藏》第16册，第432页A栏第19行至第26行。

Дх.04509 **瑜伽师地论卷第七十八摄决择分中菩萨地之七**

存9行，行3至10字。起："由我宣"，讫："菩萨曰善男子"。弥勒菩萨说、唐玄奘译。经文见《大正藏》第30册，第735页C栏第23行至第736页A栏第1行。

Дх.04510 Дх.04515 **大般若波罗蜜多经卷第四百八十八第三分善现品第三之七**

存18行，行1至14字。起："无作"，讫："触造非不造"。唐玄奘译。经文见《大正藏》第7册，第478页A栏第1行至第19行。

Дх.04510V Дх.04515V **杂写**

存5行，行1至7字。录文："无无无无/经卷南无虚/常无无无无无无/专言情/为。"

Дх.04511 **妙法莲华经卷第七妙音菩萨品第二十四**

存7行，行3至4字。起："度者即"，讫："自在天"。后秦鸠摩罗什译。经文见《大正藏》第9册，第57页A栏第25行至B栏第1行。

Дх.04512 **春秋左氏传杜注昭公七年**

存14行，行9至11字。文单行大字，注双行小字。起："是子"，讫："施将惧不能任其"。经文见《十三经注疏》，第2049页。

Дх.04513 **大般若波罗蜜多经题签**

录文："大般若波罗蜜多经卷第二百五十四廿六□。"

Дх.04514 **大般若波罗蜜多经**

二残片。其一为卷第二百一十八，存6行，行2至7字。起："智智清净何以"，讫："等性离"。唐玄奘译。经文见《大正藏》第6册，第91页A栏第12行至第15行。其二为卷第七十八，存5行，行4至7字。起："地界如"，讫："惟水火风"。经文见《大正藏》第5册，第436页C栏第19行至第23行。

Дх.04515 **大般若波罗蜜多经卷第四百八十八第三分善现品第三之七**

见Дх.04510。

Дх.04515V **杂写**

见Дх.04510V。

Дх.04516 **大般涅槃经卷第三十六迦叶菩萨品第十二之四**

存10行，行5至9字。起："语众生云何"，讫："遥见物余谓"。北凉昙无谶译。经文见《大正藏》第12册，第574页B栏第10行至第20行。

Дх.04517 **大般若波罗蜜多经卷第七十一初分观行品第十九之二**

三残片。存15行，行1至5字。其一和其二，存13行。起："生法"，讫："生则非法界"。唐玄奘译。经文见《大正藏》第5册，第400页A栏第22行至B栏第5行。其三，存2行。录文："种/则非。"

Дх.04518 **大乘无量寿经存21行，行6至14字。起：**

存21行，行6至14字。起："摩诃娜耶波"，讫："薄伽勃底阿波唎蜜"。经文见《大正藏》第19册，第82页C栏第8行至第83页A栏第26行。

Дх.04519 **梵网经卢舍那佛说菩萨心地戒品第十卷下**

存29行，行3至12字。起："华百一国一"，讫："告诸菩萨言我月半"。后秦鸠摩罗什译。经文见《大正藏》第24册，第1004页A栏第2行至第29行。

Дх.04520 **妙法莲华经卷第七观世音菩萨普门品第二十五**

存16行，行15字左右。起："塔无尽意观世音"，讫："终念彼观音"。后秦鸠摩罗什译。经文见《大正藏》第9册，第57页C栏第6行至第27行。

Дх.04521 **残佛经**

存7行，行3至9字。起："功德无量无边光用"，讫："曰往"。未检出。

Дх.04521V **残片**

甚残，无法辨识。

Дx.04522 大般若波罗蜜多经卷第三百二十七初分不退转品第四十九之三

存19行，行4至12字。起："不能得"，讫："菩萨摩诃萨为"。唐玄奘译。经文见《大正藏》第6册，第672页B栏第9行至第27行。

Дx.04523 佛说佛名经卷第十四

存8行，行3字左右。起："南无贤"，讫："南无/南"。失译。经文见《大正藏》第14册，第238页A栏第8行至第12行。

Дx.04524 佛说十二佛名神咒校量功德除障灭罪经

二残片。其一，存5行。起："琉光宝体香最"，讫："眼圆满十方放光"。隋阇那崛多译。经文见《大正藏》第21册，第860页C栏第29行至第861页A栏第12行。其二，存1行。录文："世一切诸佛归命忏悔。"未检出。

Дx.04524V 社邑文书

模糊，大多无法辨识。唯"社司"二字可辨。

Дx.04525 金刚般若波罗蜜经

存9行，行4至15字。起："一切法皆是"，讫："我当庄严佛"。后秦鸠摩罗什译。经文见《大正藏》第8册，第751页B栏第2行至第10行。

Дx.04526 大般若波罗蜜多经卷第五百七十二第六分显德品第十一

存8行，行2至6字。首题："大般若波罗蜜多经卷"，品题："第六分显德品第十一"，讫："菩萨"。唐玄奘译。经文见《大正藏》第7册，第953页A栏第4行至第14行。

Дx.04527 残片

存9行，行1至5字。字迹潦草。起："智学"，讫："龙鬼伏愿"。不可定名。

Дx.04528 药师琉璃光如来本愿功德经

二残片。存8行，行1至6字。起："有情出"，讫："诸有情"。唐玄奘译。经文见《大正藏》第14册，第405页B栏第9行至第19行。两片内容颠倒。

Дx.04529 纳粟账

存2行，行25字左右。从内容看，应为粟的收支账册。

Дx.04530 杂写

存9行，行1至10字。起："此即无物"，讫："答爱起即觉"。

Дx.04531 金光明经卷第二四天王品第六

存9行，行3至8字。起："藐三菩"，讫："其土自"。北凉昙无谶译。经文见《大正藏》第16册，第341页C栏第6行至第17行。与Дx.04538可缀合，此为上半部分。

Дx.04532 字书

中为方格，边角有字，外界以放射状书写字，释字为双行小字。与Дx.05432为同卷残片。

Дx.04533 愿文

存9行，行3至11字。字迹潦草，纸张甚为残破。录文："相掌内/俗圣僧/□虚之大伏象阿罗汉之义/都变造像罪小/即消海咒六根清（净）/缘切恒沙福周/问万善之日/五日然灯谨以献春物/光蟾兔。"从内容看，可能是与佛教造像、追福、燃灯有关的杂写。

Дx.04534 鼻奈耶卷第一

存7行，行6至19字。起："丘当学安般"，讫："丘念息"。后秦竺佛念译。经文见《大正藏》第24册，第856页A栏第3行至第15行。

Дx.04535 金刚般若波罗蜜经

存5行，行4至7字。起："然世尊愿"，讫："皆令入无"。后秦鸠摩罗什译。经文见《大正藏》第8册，第749页A栏第4行至第8行。

Дx.04535V 杂写

存3字。能辨识者仅两"死"字。

Дx.04536 大乘无量寿经

存4行，行2至5字。第1行至第2行为《大乘无量寿经》，起："毗□佛俱留"，讫："其福无限"。经文见《大正藏》第19册，第84页B栏第10行至第12

行。第3行至第4行，录文："多何喻□见/达□。"

Дx.04537 金刚般若波罗蜜经

存9行，行4至8字。起："无数无边"，讫："虚空可"。后秦鸠摩罗什译。经文见《大正藏》第8册，第749页A栏第9行至第18行。

Дx.04537V 新菩萨经

存8行，行3至5字。首题："卷"，起："众生"，讫："六患腹"。经文见《大正藏》第85册，第1462页A栏第24行至第29行。

Дx.04538 金光明经卷第二四天王品第六

存8行，行2至11字。起："宅城邑村落国土"，讫："睦犹如水"。北凉昙无谶译。经文见《大正藏》第16册，第341页C栏第8行至第18行。与Дx.04531可缀合。

Дx.04539 卷帙号

存"第廿四帙"4字。

Дx.04540 金刚般若波罗蜜经

存11行，行3至12字。起："是降伏"，讫："菩萨应如是"。后秦鸠摩罗什译。经文见《大正藏》第8册，第749页A栏第5行至第14行。

Дx.04541 净名经集解关中疏卷上

存9行，行7至26字。起："什曰维摩诘"，讫："光尘俗因"。唐道液集。经文见《大正藏》第85册，第440页C栏第11行至第23行。

Дx.04541V 某经疏分门图

Дx.04542 佛说天地八阳神咒经

存15行，行4至13字。首题："阳神咒经"，起"道转法轮"，讫："鬼神阿须轮王为佛"。唐义净译。第1行至第4行为《佛说天地八阳神咒经》。经文见《大正藏》第85册，第1425页A栏第27行至B栏第1行。第5行至第15行与《佛说八阳神咒经》相关。竺法护译。经文见《大正藏》第14册，第73页C栏第25行至第74页A栏第17行。

Дx.04543 大般涅槃经卷第十七梵行品第八之三

存7行，行4至17字。起："碍义无"，讫："伏善男子"。北凉昙无谶译。经文见《大正藏》第12册，第462页C栏第24行至第463页A栏第1行。

Дx.04543V 杂写

存"十七"2字。

Дx.04544 佛说无常经

存4行，行23字左右。起："利利他悉"，讫："金刚智杵破邪山永"。唐义净译。经文见《大正藏》第17册，第745页B栏第13行至第19行。

Дx.04545 杂写

存2行。录文："告/有世。"

Дx.04546 梵网经卢舍那佛说菩萨心地戒品第十卷下

存3行，行17字。起："百官之身"，讫："菩萨反生□心□"。后秦鸠摩罗什译。经文见《大正藏》第24册，第1005页A栏第29行至B栏第3行。与Дx.04550可缀合。

Дx.04547 杂写

存1行，总16字。

Дx.04548 大般若波罗蜜多经题签

录文："大般若波罗蜜多经卷第五百册三。"

Дx.04549 大般若波罗蜜多经卷第二百七十初分难信解品第三十四之九十一

存9行，行4至9字。起："善现一切"，讫："无明清"。唐玄奘译。经文见《大正藏》第6册，第379页A栏第6行至第14行。

Дx.04550 梵网经卢舍那佛说菩萨心地戒品第十卷下

存5行，行4至18字。起："威仪品中"，讫："神救护王身"。后秦鸠摩罗什译。经文见《大正藏》第24册，第1005页A栏第24行至第29行。与Дx04546可缀合，本卷在前。

Дx.04551 摩诃般若波罗蜜经卷第五广乘品第十九

存12行，行4至11字。起："饮食苦乐"，讫："法所谓我"。后秦鸠摩罗什译。经文见《大正藏》第8

册，第255页B栏第9行至第21行。

Дх.04552　大般若波罗蜜多经卷第三百九十四初分严净佛土品第七十二之二

存3行，行10至13字。起："亦住余法"，讫："云何般若波"。唐玄奘译。经文见《大正藏》第6册，第1040页A栏第27行至B栏第1行。

Дх.04553　残片

存1行。录文："索得屈爵。"不可定名。

Дх.04554　大般若波罗蜜多经卷第二百一十八

存2行。录文："□多经卷第二百一十八/四之卌四三藏法。"

Дх.04555　大般若波罗蜜多经卷第二百五十四初分难信解品第三十四之七十三

存4行，行3至10字。起："清净"，讫："净故恒住舍"。唐玄奘译。经文见《大正藏》第6册，第285页C栏第10行至第13行。

Дх.04556　金刚般若波罗蜜经注

存9行。行1至3字。第1行至第6行出自《金刚经注疏》。起："须菩"，讫："乃至筭"。经文见《大正藏》第24册，第464页B栏第3行至第6行。第7行至第9行，录文："须菩/当渡/众生。"未检出。

Дх.04557　妙法莲华经卷第三化城喻品第七

存7行，行2至13字。首题："经化"，讫："有人磨以为"。后秦鸠摩罗什译。经文见《大正藏》第9册，第22页A栏第18行至第24行。

Дх.04558　药师琉璃光如来本愿功德经

存12行，行4至9字。起："大悲劝"，讫："菩提时自身光明"。唐玄奘译。经文见《大正藏》第14册，第404页C栏第26行至第405页A栏第8行。

Дх.04559　大方广佛华严经卷第六十九入法界品第三十九之十

存17行，行3至19字。起："方便成就"，讫："一切无边法"。唐实叉难陀译。经文见《大正藏》第10册，第372页B栏第24行至C栏第13行。

Дх.04560　佛说预修十王生七经

四残片。存36行，行15至18字。各片顺序混乱。起："国名华严菩萨"，讫："金刚藏文殊师"。第1行"国名华严菩萨充满"至第12行"预修生七斋者每月二时"，见藏川述《卍新续藏》第1册，第408页A栏第22行至B栏第24行。第15行"供养三宝祈设十王"至第21行"故劝汝作此斋事"与《佛说预修十王生七经》相关，见《卍新续藏》第1册，第408页B栏第24行至C栏第4行。第34行"尔时地藏菩萨龙树菩萨"至第36行"金刚藏菩萨"，见《卍新续藏》第1册，第408页C栏第8行至第9行。党燕妮《〈俄藏敦煌文献〉中〈阎罗王授记经〉缀合研究》定名为《阎罗王授记经》，《敦煌研究》2007年第2期，第104页至第109页。

Дх.04561　梵网经卢舍那佛说菩萨心地戒品第十卷下

存6行，行14至21字。起："亦失国王"，讫："学敬心奉"。后秦鸠摩罗什译。经文见《大正藏》第24册，第1005页A栏第18行至第24行。

Дх.04562　佛说阿弥陀经

存2行，行13字左右。首题："佛说阿弥陁经"，讫："舍卫国祇树"。北魏菩提流支译。经文见《大正藏》第12册，第346页B栏第25行至第29行。

Дх.04563　妙法莲华经卷第四五百弟子受记品第八

存12行，行3至7字。起："佛土故"，讫："三千大"。后秦鸠摩罗什译。经文见《大正藏》第9册，第27页C栏第11行至第22行。

Дх.04563V　杂写

存1行。录文："五十二。"

Дх.04564　摩诃般若波罗蜜经卷第五广乘品第十九

存4行，行1至5字。起："力也"，讫："我在彼众"。后秦鸠摩罗什译。经文见《大正藏》第8册，第255页B栏第6行至第8行。或为《大智度论释四念处品第十九》。经文见《大正藏》第25册，第407页

A栏第9行至第12行。

Дx.04565 妙法莲华经卷第四提婆达多品第十二

存3行，行7至13字。起："惜身命时"，讫："四方求法"。后秦鸠摩罗什译。经文见《大正藏》第9册，第34页B栏第29行至C栏第2行。

Дx.04565V 杂写

杂写"孙陀罗""陀罗离"等。

Дx.04566 思益梵天所问经卷第三谈论品第七

存3行，行6至8字。首题："思益梵天所问经卷"，讫："法王子在此大"。后秦鸠摩罗什译。经文见《大正藏》第15册，第47页A栏第22行至第28行。

Дx.04567 法苑珠林卷第二十一士女篇第十二俗男部第一诫俗部第二

存2行。录文："尼优婆塞优/作礼欢喜奉。"第1行未见。第2行，见于唐道世撰《法苑珠林》。经文见《大正藏》第4册，第442页C栏第4行至第5行。或西晋法炬、法立译《法句譬喻经》。经文见《大正藏》第4册，第586页A栏第23行至第24行。

Дx.04568 秦妇吟、佚名诗

存6行，行1至14字。起："独向扬阴下歇凤侧鸾欹鬟"，讫："子曰受"。

Дx.04569 妙法莲华经卷第四提婆达多品第十二

存9行，行2至17字。起："击鼓宣令四方"，讫："偈言"。后秦鸠摩罗什译。经文见《大正藏》第9册，第34页C栏第1行至第9行。

Дx.04570 卷帙号

存"般若第一帙"5字。

Дx.04571 妙法莲华经卷第七观世音菩萨普门品第二十五

存8行，行1至7字。起："德智慧□男设欲"，讫："女人受持六"。后秦鸠摩罗什译。经文见《大正藏》第9册，第57页A栏第8行至第13行。

Дx.04572 新菩萨经

存4行，行2至8字。起："免一门"，讫："同妇僧尼"。经文见《大正藏》第85册，第1462页B栏第2行至第5行。

Дx.04573 大般若波罗蜜多经卷第二百一十八初分难信解品第三十四之三十七

存6行，行3至9字。起："若法界清净"，讫："乃至不思议界"。唐玄奘译。经文见《大正藏》第6册，第91页A栏第12行至第16行。

Дx.04574 胜天王般若波罗蜜经卷第一显相品第二

存6行，行2至16字。起："来意净复次"，讫："摩诃"。月婆首那译。经文见《大正藏》第8册，第692页B栏第17行至第22行。

Дx.04575 百丈丛林清规证义记卷第九法器章第九

存16行，行3至8字。首题："无相礼"，起："南无清净法身毗卢"，讫："取亦不舍远离六"。第1行至第5行为怀海集编《百丈丛林清规证义记卷第九法器章第九》。经文见《大正藏》第63册，第515页B栏第22行至第23行。第6行至第16行为《文殊师利菩萨无相十礼》。经文见《大正藏》第85册，第1296页B栏第9行至第12行。

Дx.04576 佛说天地八阳神咒经

存4行，行2至5字。录文："然死求长不/已欲作有/法轮/未曾有。"唐义净译。经文见《大正藏》第85册，第1425页A栏第23行至第28行。

Дx.04577 残佛经

存2行。录文："脱门奉/土。"未检出。

Дx.04578 残佛经

存4行，行7字左右。起："比丘尼"，讫："受想行识"。未检出。

Дx.04579 杂阿毗昙心论卷第二行品第二

二残片。其一，存7行，行1至5字。起："定/说/无惭及无愧"，讫："中已说不"。宋僧伽跋摩等译。经文见《大正藏》第28册，第881页B栏第27行至C栏第3行。其二，存3行，行3字。录文："住处名/含阿那/□净之。"未检出。

Дx.04580　大般涅槃经佛母品

共6行，行3至8字。起："见头上花落"，讫："得姓悟"。全篇除"见头上花落"句外，见于《大般涅槃经佛母品》。经文见《藏外佛教文献》第1册，第383页A栏第3行至第9行。

Дx.04581　残佛经

存3行。未检出。

Дx.04581V　大方广佛华严经卷第二世主妙严品第一之二

存3行，行1至5字。录文："乐光明天/无量光天极/行。"唐实叉难陀译。经文见《大正藏》第10册，第7页A栏第13行至第15行。

Дx.04582　金刚般若波罗蜜经

存5行，行2至3字。录文："菩提/世尊/德不取/有人/不解。"北魏菩提流支译。经文见《大正藏》第8册，第756页C栏第5行至第9行。

Дx.04583　佛说宝积三昧文殊师利菩萨问法身经、大般涅槃经卷第二十二光明遍照高贵德王菩萨品第十之二

存6行，行3至6字。起："譬如四"，讫："八空义"。第1行至第4行与东汉安世高译《佛说宝积三昧文殊师利菩萨问法身经》相关。经文见《大正藏》第12册，第237页B栏第25行至第28行。第5行至第6行与北凉昙无谶译《大般涅槃经》相关。经文见《大正藏》第12册，第494页C栏第18行至第19行。

Дx.04584　药师琉璃光如来本愿功德经

存9行，行3至13字。起："彼诸恶事"，讫："□号临"。唐玄奘译。经文见《大正藏》第14册，第406页B栏第2行至第11行。

Дx.04585　大方广佛华严经卷第五十二如来出现品第三十七之三

存4行，行1至10字。起："有菩萨于"，讫："法门或时闻已"。唐实叉难陀译。经文见《大正藏》第10册，第277页C栏第15行至第18行。

Дx.04586　残片

存4行。录文："下吐蕃云/但有亲姻/遂抄名目入/比□□中。"待定名。

Дx.04587　大方等大集经卷第二十二虚空目分第十之一初声闻品第一

存5行，行2至8字。起："我非无常相"，讫："常相解"。北凉昙无谶译。经文见《大正藏》第13册，第160页A栏第21行至第25行。

Дx.04588　佛经论释

存5行，行3至14字。起："是如来藏复"，讫："言而□佛言故称为□"。

Дx.04589　十地经论初欢喜地卷第一之一

存6行，行3至20字。起："二乘世间名远"，讫："功德十九/□"。第1行至第2行为天亲菩萨造、北魏菩提流支译《十地经论初欢喜地卷第一之一》。经文见《大正藏》第26册，第127页A栏第25行至第27行。其余未检出。

Дx.04590　大庄严法门经卷下

存3行，行2至3字。录文："不觉知/不照耀/不□。"隋那连提耶舍译。经文见《大正藏》第17册，第831页A栏第12行至第14行。

Дx.04591　大般涅槃经卷第五如来性品第四之二

存6行，行3至6字。起："者名曰"，讫："即真解脱"。北凉昙无谶译。经文见《大正藏》第12册，第392页B栏第18行至第23行。

Дx.04592　残片

存4行，行1至8字。起："明十六行观即是"，讫："受四者善知般"。待定名。

Дx.04593　佛说仁王般若波罗蜜经卷上护国经二谛品第四

存11行，行1至6字。起："一非二乃有无"，讫："波罗蜜无二无"。后秦鸠摩罗什译。经文见《大正藏》第8册，第829页B栏第24行至C栏第4行。

Дx.04594　妙法莲华经卷六嘱累品第二十二至药王菩萨本事品第二十三

存7行，行1至7字。起："大众舍利弗等"，讫：

"是药王"。后秦鸠摩罗什译。经文见《大正藏》第9册,第53页A栏第1行至第6行。

Дх.04595 佛说佛名经卷第二

存8行,行2至6字。起:"南无功",讫:"无净声佛南"。北魏菩提流支译。经文见《大正藏》第14册,第120页B栏第14行至第19行。

Дх.04596 添品妙法莲华经卷第一方便品第二

存7行,行1至10字。起:"过去所集业",讫:"不"。隋阇那崛多共笈多译。经文见《大正藏》第9册,第142页B栏第9行至第21行。

Дх.04597 妙法莲华经卷第五安乐行品第十四

存8行,行3至4字。起:"亲近诸",讫:"处若"。后秦鸠摩罗什译。经文见《大正藏》第9册,第37页A栏第22行至B栏第1行。

Дх.04598 般若波罗蜜多心经

存8行,行1至10字。起:"蜜多咒即说咒曰",讫:"信受奉行"。卷末有题记:"子年三月十三日释门都教授和尚智□□写多心经四十九卷一心供养。"唐法成译。经文见《大正藏》第8册,第850页C栏第19行至第29行。

Дх.04599 残佛经

存20行。起:"拔(跋)陁别行法咒遍一切",讫:"用印心便有/罗。"

Дх.04600 佛说天地八阳神咒经

存13行,行1至13字。起:"获福",讫:"偈言"。唐义净译。经文见《大正藏》第85册,第1425页A栏第8行至第20行。

Дх.04601 维摩诘所说经卷上佛国品第一

存11行,行3至16字。起:"言宝",讫:"心是菩萨"。后秦鸠摩罗什译。经文见《大正藏》第14册,第538页A栏第21行至B栏第2行。

Дх.04602 大般涅槃经后分卷下机感荼毗品第三

存9行,行2至8字。起:"香楼□□大悲",讫:"宝香楼已将欲"。唐若那跋陀罗译。经文见《大正藏》第12册,第908页A栏第21行至第28行。与Дх.04603可拼合,此为上半部分。

Дх.04603 大般涅槃经后分卷下机感荼毗品第三

存8行,行6至12字。起:"大叫声震大千",讫:"是时大众复"。唐若那跋陀罗译。经文见《大正藏》第12册,第908页A栏第21行至第29行。与Дх.04602可拼合。

Дх.04604 解深密经卷第五如来成所作事品第八

存13行,行2至7字。起:"净非先后",讫:"室利菩萨曰善"。唐玄奘译。经文见《大正藏》第16册,第710页B栏第24行至C栏第7行。

Дх.04605 妙法莲华经卷第三化城喻品第七

存7行,行5至17字。起:"相将导众",讫:"可于中止随"。后秦鸠摩罗什译。经文见《大正藏》第9册,第25页C栏第29行至第26页A栏第6行。

Дх.04606 佛说天地八阳神咒经

存12行,行1至5字。起:"先读",讫:"吉昌不求自"。唐义净译。经文见《大正藏》第85册,第1422页C栏第28行至第1423页A栏第6行。

Дх.04607 佛说阿弥陀经

存11行,行4至8字。起:"舍卫国祇树",讫:"其土有佛号阿弥陀"。后秦鸠摩罗什译。经文见《大正藏》第12册,第346页B栏第28行至C栏第12行。

Дх.04608A 大般涅槃经卷第二十五光明遍照高贵德王菩萨品第十之五

存5行,行8至16字。起:"因缘则得",讫:"善法皆是听"。北凉昙无谶译。经文见《大正藏》第12册,第511页C栏第28行至第512页A栏第4行。

Дх.04608B 佛说天地八阳神咒经

存11行,行2至8字。首题:"佛说八阳神咒经",讫:"赋役烦/获/见"。唐义净译。经文见《大正藏》第85册,第1422页B栏第14行至第29行。

Дх.04609 大般若波罗蜜多经卷第五百五十二第四分无杂无异品第二十四

存15行,行3至6字。起:"谤方",讫:"尔所时"。唐玄奘译。经文见《大正藏》第7册，第845页B栏第5行至第19行。

Дх.04610　摩诃僧祇律卷第二明四波罗夷法之二

存2行。录文："今（虽？）告诫亦复不信/佛告诸比丘依止舍卫城比丘皆悉令集乃至已闻者当重闻若比丘聚落空地不与盗。"东晋佛驮跋陀罗共法显译。经文见《大正藏》第22册，第242页B栏第14行至第16行。

Дх.04611　大般若波罗蜜多经卷第二百五十一初分难信解品第三十四之七十

存18行，行2至11字。起："空清净何以"，讫："净故"。唐玄奘译。经文见《大正藏》第6册，第267页A栏第29行至B栏第16行。

Дх.04612　大般涅槃经卷第十二圣行品第七之二

存6行，行2至11字。起："能吹水不能"，讫："不能及之善"。北凉昙无谶译。经文见《大正藏》第12册，第437页A栏第29行至B栏第5行。

Дх.04613　大般涅槃经卷第二寿命品第一之二

存6行，行1至6字。起："如来神通"，讫："见□"。北凉昙无谶译。经文见《大正藏》第12册，第375页C栏第28行至第376页A栏第6行。

Дх.04614　大方广佛华严经卷第十四兜率天宫菩萨云集赞佛品第二十

存5行，行2至5字。起："少智不"，讫："众生"。东晋佛驮跋陀罗译。经文见《大正藏》第9册，第485页C栏第8行至第16行。

Дх.04615　妙法莲华经卷第六常不轻菩萨品第二十

存3行，行1至4字。录文："者/自言我/我等不用。"后秦鸠摩罗什译。经文见《大正藏》第9册，第50页C栏第24行至第26行。

Дх.04616A　佛说灌顶随愿往生十方净土经卷第十一

存4行，行4至6字。起："弟父母亲属知"，讫："受罪轻者"。东晋帛尸梨蜜多罗译。经文见《大正藏》第21册，第531页B栏第19行至第21行。

Дх.04616B　十地经论法云地卷第十之十二

存5行，行2至8字。起："分已说次说"，讫："四转尽坚固"。天亲菩萨造、北魏菩提流支译。经文见《大正藏》第26册，第200页C栏第20行至第23行。

Дх.04617　南本大般涅槃经会疏卷第三十二迦叶菩萨品之二

存5行，行3至11字。起："不具足"，讫："五事有二种"。北凉昙无谶译，晋慧严、慧观、谢灵运重治。经文见《卍新续藏》第36册，第787页A栏第15行至第20行。

Дх.04618　大般涅槃经卷第三十五迦叶菩萨品第十二之三

存2行，行6至8字。录文："断善根复作是/见无对非是色法若。"北凉昙无谶译。经文见《大正藏》第12册，第569页C栏第22行至第23行。与Дх.04622可拼合。

Дх.04619　大智度论卷第十五释初品中羼提波罗蜜法忍义第二十五

存3行，行2至3字。录文："如过/恒河沙/等诸。"龙树菩萨造、后秦鸠摩罗什译。经文见《大正藏》第25册，第171页C栏第11行至第13行。

Дх.04620　大方广佛华严经卷第五十二如来出现品第三十七之三

存4行，行4字。起："如不于一"，讫："而说颂言"。唐实叉难陀译。经文见《大正藏》第10册，第278页A栏第4行至第7行。

Дх.04621　四分律比丘戒本

存3行，行4至5字。起："若僧伽蓝"，讫："可呵法所不"。后秦佛陀耶舍译。经文见《大正藏》第22册，第1020页C栏第16行至第19行。

Дх.04622　大般涅槃经卷第三十五迦叶菩萨品第十二之三

存4行，行5至6字。起："故无□无因"，讫："无受者应无果"。北凉昙无谶译。经文见《大正藏》第12册，第569页C栏第24行至第27行。与Дх.04618可拼合。

Дх.04623　**大般涅槃经卷第十五梵行品第八之一**

存9行，行2至9字。起："缘父母妻"，讫："四世尊"。北凉昙无谶译。经文见《大正藏》第12册，第452页C栏第10行至第17行。

Дх.04624　**金刚般若波罗蜜经**

存4行，行3至7字。起："三菩提以无我"，讫："者如"。后秦鸠摩罗什译。经文见《大正藏》第8册，第751页C栏第25行至第27行。

Дх.04625　**佛说温室洗浴众僧经**

存6行，行3至6字。起："□威灵"，讫："佛说偈已重告"。后汉安世高译。经文见《大正藏》第16册，第803页B栏第18行至C栏第4行。与Дх.04625V可缀合，Дх.04625V为前半部分。

Дх.04625V　**佛说温室洗浴众僧经**

存6行，行3至9字。起："就遂致佛斯之"，讫："见者"。后汉安世高译。经文见《大正藏》第16册，第803页A栏第19行至B栏第3行。与Дх.04625可缀合。

Дх.04626　**残佛经**

存2行。录文："法王/能善。"

Дх.04627　**大智度论卷第二十五释初品中四无畏义第四十**

存6行，行1至7字。起："国中生"，讫："有人仪则有"。龙树菩萨造、后秦鸠摩罗什译。经文见《大正藏》第25册，第243页A栏第10行至第15行。

Дх.04628　**大般涅槃经卷第二十二光明遍照高贵德王菩萨品第十之二**

存5行，行1至10字。起："今于此大涅槃经乃得闻"，讫："闻善男子一"。北凉昙无谶译。经文见《大正藏》第12册，第493页B栏第15行至第18行。

Дх.04629　**大般涅槃经卷第三寿命品第一之三**

存5行，行3至5字。起："□偈问曰"，讫："云何分别知"。北凉昙无谶译。经文见《大正藏》第12册，第379页C栏第13行至第21行。

Дх.04630　**大般涅槃经卷第九如来性品第四之六**

存2行，行2至10字。录文："等当知如来无□/□法将/第九。"北凉昙无谶译。经文见《大正藏》第12册，第422页B栏第27行至第28行。

Дх.04631　**道行般若经卷第三摩诃般若波罗蜜清净品第六**

存1行，总8字。录文："识亦清净今不断前。"后汉支娄迦谶译。经文见《大正藏》第8册，第442页A栏第18行至第19行。

Дх.04632　**大般涅槃经卷第一寿命品第一**

存3行，行3至5字。录文："人俱前后/佛神力出大/类音普。"北凉昙无谶译。经文见《大正藏》第12册，第365页C栏第8行至第10行。

Дх.04633A　**妙法莲华经卷第一方便品第二**

存4行，行3至9字。起："声闻辟支"，讫："趣难知一切声"。后秦鸠摩罗什译。经文见《大正藏》第9册，第6页A栏第29行至B栏第4行。

Дх.04633B　**金光明经卷第一赞叹品第四**

存4行，行1至4字。起："蜂"，讫："光明照耀"。北凉昙无谶译。经文见《大正藏》第16册，第339页A栏第14行至第18行。

Дх.04634　**妙法莲华经卷第四劝持品第十三**

存5行，行5字左右。起："自当知浊世"，讫："当善说法愿"。后秦鸠摩罗什译。经文见《大正藏》第9册，第36页B栏第20行至第28行。

Дх.04635　**杂写**

存4行。录文："脊/难/龙/尾。"

Дх.04636　**残佛经**

存2行。录文："菩萨/罗呵。"不可定名。

Дх.04637　**佛说华手经卷第三中说品第十三**

存7行，行2至10字。起："万三亿□□有世界"，讫："有佛号释迦"。后秦鸠摩罗什译。经文见《大正藏》第16册，第145页B栏第24行至C栏第2行。

Дx.04638 **维摩诘所说经卷中不思议品第六**

存11行，行2至10字。起："法五百天子于"，讫："千诸尘劳门"。后秦鸠摩罗什译。经文见《大正藏》第14册，第546页A栏第25行至B栏第4行。第4行"沙是烦恼有思则有卅六"和后3行未检出。

Дx.04639 **大般涅槃经卷第四十憍陈如品第十三之二**

存13行，行2字左右。起："业相"，讫："昧五"。北凉昙无谶译。经文见《大正藏》第12册，第603页C栏第2行至第15行。

Дx.04640 **妙法莲华经卷第三化城喻品第七**

存5行，行5至13字。起："作众伎乐"，讫："甚难值久远"。后秦鸠摩罗什译。经文见《大正藏》第9册，第26页B栏第1行至第9行。

Дx.04641 **妙法莲华经卷第七普贤菩萨劝发品第二十八**

存6行，行3至8字。起："山中头面礼"，讫："善男子"。后秦鸠摩罗什译。经文见《大正藏》第9册，第61页A栏第12行至第18行。

Дx.04642 **金光明经卷第三散脂鬼神品第十**

存3行。录文："名字持读/其恶令得安隐及国/是世尊。"北凉昙无谶译。经文见《大正藏》第16册，第346页B栏第24行至第27行。

Дx.04643 **残佛经**

存2行。录文："忍辱精/菩。"不可定名。

Дx.04644 **光赞经卷第二摩诃般若波罗蜜叹等品第四**

存4行，行4至5字。首题："品第"，讫："诃萨大度"。西晋竺法护译。经文见《大正藏》第8册，第161页A栏第13行至第16行。

Дx.04645 **残佛经**

存2行。录文："宝铃/银香。"不可定名。

Дx.04646 **孝经圣治孝第九**

存3行，行2至4字。录文："人之行/于配天则/以配。"经文见《卍新续藏》第21册，第527页B栏第13行至第17行。此依许建平《残卷定名正补》，《2000年敦煌学国际学术讨论会文集·历史文化卷》（上）甘肃民族出版社，2003年，第300页。或为《盂兰盆经疏孝衡钞》。

Дx.04647 **大方广佛华严经卷第三十九离世间品第三十三之四**

存4行，行1至8字。起："法轮无量"，讫："无"。东晋佛驮跋陀罗译。经文见《大正藏》第9册，第648页A栏第3行至第6行。

Дx.04648 **大般涅槃经卷第三十五迦叶菩萨品第十二之三**

存4行，行3至5字。起："集灭道"，讫："法名为道"。北凉昙无谶译。经文见《大正藏》第12册，第571页A栏第13行至第17行。

Дx.04649 **大般涅槃经卷第二十九师子吼菩萨品第十一之三**

二残片。存5行，行1至6字。第1行至第2行，录文："谓大雨涅槃有/所谓呵责。"北凉昙无谶译。经文见《大正藏》第12册，第536页B栏第28行至第29行。第3行至第5行，录文："□毗/长寿/人。"未检出。

Дx.04650 **残片**

存"此所由"3字。不可定名。

Дx.04651 **残片**

存5行，行1至2字。录文："□□/母/般涅/□胸/面令。"不可定名。

Дx.04652 **大般涅槃经卷第十六梵行品第八之二**

存4行，行4至6字。起："海底如来"，讫："如来终不为诸"。北凉昙无谶译。经文见《大正藏》第12册，第459页B栏第13行至第16行。

Дx.04653 **佛说法句经普光庄严菩萨等证信品第八**

存2行，行3至6字。录文："男子汝来时汝/□无劳。"法救撰集、三国吴维祇难等译。经文见《大正藏》第85册，第1434页B栏第8行至第9行。

Дx.04654 阿毗昙八犍度论卷第二十九见犍度第八意止跋渠第一

存3行，行7至10字。起："如实□□一等智如生"，讫："如是鼻缘香生"。迦旃延子著、僧伽提婆共竺佛念译。经文见《大正藏》第26册，第907页A栏第28行至B栏第1行。

Дx.04655 大宝积经卷第三十五菩萨藏会第十二之一开化长者品第一

存2行，行5字。录文："诸长者一切/众缘羸劣无。"唐玄奘译。经文见《大正藏》第11册，第199页B栏第29行至C栏第1行。

Дx.04656 四分僧戒本

存8行，行3至6字。起："先不受自恣"，讫："为好故若"。后秦佛陀耶舍译。经文见《大正藏》第22册，第1025页A栏第26行至B栏第4行。

Дx.04657 春秋左氏传襄公十八年

存2行，行4字。录文："于鱼齿之/徒几尽晋。"定名依据许建平《残卷定名正补》，《2000年敦煌学国际学术讨论会文集·历史文化卷》（上）甘肃民族出版社，2003年，第300页。

Дx.04658 妙法莲华经卷第一方便品第二

存3行。录文："木橑并余材/乃至童子/若人为。"后秦鸠摩罗什译。经文见《大正藏》第9册，第8页C栏第22行至第28行。

Дx.04659 一切经音义卷第十六

存4行，行1至7字。录文："歹/谁呼也说文谣谣/□也广雅/敕六反秫。"第1行至3行与唐慧琳撰《一切经音义卷第十六》相关。经文见《大正藏》第54册，第405页A栏第18行至第19行。第4行，未检出。

Дx.04660 大般涅槃经卷第三十三迦叶菩萨品第十二之一

存4行，行1至7字。起："善"，讫："后及第三其第"。北凉昙无谶译。经文见《大正藏》第12册，第560页C栏第28行至第561页A栏第1行。

Дx.04661 佛经论释

存5行，行6至11字。录文："最上故一切部/□□□千二百五十人俱故/比丘者略有三义□/至千二百五十人俱/比丘者□□□三义。"第4行至第5行是第2行至第3行的重复，其上有墨线涂画痕迹，似是欲将其删除。

Дx.04662 十方千五百佛名经

存6行，行3至8字。起："讽诵"，讫："佛是故阿"。经文见《大正藏》第14册，第314页B栏第20行至第26行。

Дx.04663 大智度论卷第十初品中十方菩萨来释论第十五之余

存3行，行3至4字。录文："汝罗王/罗睺尔时/尊以偈。"龙树菩萨造、后秦鸠摩罗什译。经文见《大正藏》第25册，第135页B栏第19行至第22行。

Дx.04664 金刚般若波罗蜜经

存4行，行1至2字。录文："而/无众/我相/布施。"后秦鸠摩罗什译。经文见《大正藏》第8册，第749页A栏第8行至第13行。

Дx.04665 佛说首楞严三昧经卷上

存6行，行2至6字。起："定"，讫："有过患现"。后秦鸠摩罗什译。经文见《大正藏》第15册，第632页C栏第1行至第6行。

Дx.04666 残佛经

存3行。录文："有节车/而要益/逆于。"未检出。

Дx.04666V 残片

存2行。有"此月中"字样。不可定名。

Дx.04667 摩诃般若波罗蜜经卷第二十六毕定品第八十三

存5行，行2至6字。第1行至第4行，录文："提是/罗三藐三菩提/中得阿耨多罗/子横。"第5行无法辨识。第1行至第3行出自后秦鸠摩罗什译《摩诃般若波罗蜜经》。经文见《大正藏》第8册，第410页A栏第17行至第19行。

Дx.04668 大般涅槃经卷第十二圣行品第七之二

存4行,行2至6字。起:"佛言世尊",讫:"说"。北凉昙无谶译。经文见《大正藏》第12册,第439页C栏第23行至第24行。

Дх.04669 残片

存3行。录文:"非回/人非/复作。"不可定名。

Дх.04670 菩萨本缘经卷中月光王品第五

存3行,行4至6字。录文:"之空言□/大臣闻是语已/□此人口宣无。"第2行至第3行见吴支谦译《菩萨本缘经卷中月光王品第五》。经文见《大正藏》第3册,第63页C栏第15行至第16行。

Дх.04671 残片

存2行。录文:"德舍是/者作是。"不可定名。

Дх.04671V 残片

存2行。录文:"和议古知/不满不名。"不可定名。

Дх.04672 大般涅槃经卷第十如来性品第四之七

存2行,行3至5字。录文:"何同尽/缘觉而有差。"北凉昙无谶译。经文见《大正藏》第12册,第422页C栏第29行至第423页A栏第2行。

Дх.04673 大智度论卷第五十三释无生品第二十六

存4行,行3至6字。起:"非乐非",讫:"内空乃"。后秦鸠摩罗什译。经文见《大正藏》第25册,第436页A栏第14行至第17行。或为后秦鸠摩罗什译《摩诃般若波罗蜜经》。经文见《大正藏》第8册,第270页C栏第8行至第11行。

Дх.04674 佛说佛名经

存2行。录文:"佛南无/南无。"未检出。

Дх.04675 大般若波罗蜜多经

存2行。录文:"空空大空胜义空/□祭空散空无变。"不可确指具体卷品。

Дх.04676A 摩诃般若波罗蜜经卷第八十三叹品第三十

存5行,行5至7字。起:"能得无作",讫:"无事可得便"。后秦鸠摩罗什译。经文见《大正藏》第8册,第280页A栏第14行至第19行。或为龙树菩萨造、后秦鸠摩罗什译《大智度论释顾视品第三十》。经文见《大正藏》第25册,第457页C栏第21行至第25行。

Дх.04676B 大般涅槃经卷第七如来性品第四之四

存3行,行4字左右。起:"丘寂静比",讫:"得无量"。北凉昙无谶译。经文见《大正藏》第12册,第405页C栏第7行至第8行。

Дх.04677 残片

存6行,总10字。极残。不可定名。

Дх.04678 十方千五百佛名经

存3行,行3至5字。录文:"安住佛/王佛□明轮/沙佛弗。"经文见《大正藏》第14册,第317页B栏第21行至第24行。

Дх.04679 药方

存9行。第1行至第4行为杂写,极难辨认。第5行至第9行,录文:"先食以酒服寸匕曰/□□阿胶大如/下西方羊皮二斤水斗二升/两(咬)咀内皮汁中复景(得)/□下西下止短气。"

Дх.04679V 建隆二年三月奴相德等残籍

存4行。录文:"隆二年三月/奴相德/奴元/先□。"

Дх.04680 大般涅槃经卷第三寿命品第一之三

存7行,行1至5字。起:"善男子汝",讫:"持正法"。北凉昙无谶译。经文见《大正藏》第12册,第380页C栏第26行至第381页A栏第2行。

Дх.04681A 大宝积经卷第三十六菩萨藏会第十二之二金毗罗天受记品第二

存9行,行2至5字。起:"诸佛已修自",讫:"故说彼"。唐玄奘译。经文见《大正藏》第11册,第204页A栏第11行至第26行。

Дх.04681B 金光明经卷第四流水长者子品第十六

存4行,行5至7字。起:"池中水遂弥",讫:"必为饥火"。北凉昙无谶译。经文见《大正藏》第16册,第353页A栏第3行至第7行。

Дх.04682 大般涅槃经后分卷上遗教品第一

存14行，行3至17字。起："果离三界苦阿"，讫："究竟无我深入"。唐若那跋陀罗译。经文见《大正藏》第12册，第901页B栏第12行至第25行。

Дх.04683 经目

存5行。经目单行大字，注双行小字。录文："□天所问经四卷/□元机变化四卷/□经四卷（以上十二卷同帙）/□经二卷（以上八卷同帙）/□经三卷。"

Дх.04684 金光明经卷第一空品第五

存3行，行2至4字。录文："行识/众苦行/本无有。"北凉昙无谶译。经文见《大正藏》第16册，第340页第18行至第21行。

Дх.04685 残片

存2行，行4字。录文："故非□□/是故非□。"不可定名。

Дх.04686 大般若波罗蜜多经

存3行，行1至3字。录文："萨摩/照为解/为。"甚残，不可确指具体卷品。

Дх.04687 四分律卷第十八九十单提法之八

存8行，行2至9字。起："复问王言"，讫："波"。后秦佛陀耶舍共竺佛念等译。经文见《大正藏》第22册，第689页C栏第10行至第20行。

Дх.04688 大般涅槃经卷第六如来性品第四之三

存4行，行2字。录文："利及/论说/着世/□处。"北凉昙无谶译。经文见《大正藏》第12册，第397页A栏第12行至第16行。

Дх.04689 残片

存3行，总22字。未检出。

Дх.04690 佛顶尊胜陀罗尼经

存1行，总3字。录文："所念乐。"唐佛陀波利译。经文见《大正藏》第19册，第350页B栏第23行。或唐般若共牟尼室利译《守护国界主陀罗尼经卷第七菩萨璎珞庄严品第六之一》。经文见《大正藏》第19册，第556页C栏第12行。

Дх.04691 妙法莲华经卷第二譬喻品第三

存2行，行5字。录文："贫穷诸衰以/如是等病以。"后秦鸠摩罗什译。经文见《大正藏》第9册，第16页A栏第3行至第4行。

Дх.04692 大般涅槃经卷第十二光明遍照高贵德王菩萨品第十之二

存4行，行2至4字。录文："来非法何/尔唯有/□何以/之法。"北凉昙无谶译。经文见《大正藏》第12册，第495页第3行至第5行。

Дх.04693 优婆塞戒经卷第六尸波罗蜜品第二十三

存8行，行4至11字。起："住少故得如是微少供"，讫："二部经不说诸"。北凉昙无谶译。经文见《大正藏》第24册，第1066页B栏第5行至第12行。

Дх.04694 大方广佛华严经卷第二十九心王菩萨问阿僧祇品第二十五

存4行，行2至7字。起："可说"，讫："便法"。东晋佛驮跋陀罗译。经文见《大正藏》第9册，第586页C栏第15行。

Дх.04695 残佛经

存3行，行8字。录文："难故在□明也此中/更免过者如似檀提/之患于是兹甚故圣。"

Дх.04696 大般涅槃经卷第一寿命品第一

存11行，行1至9字。起："却"，讫："诸山神"。北凉昙无谶译。经文见《大正藏》第12册，第368页C栏第20行至第369页B栏第12行。

Дх.04697 一切佛菩萨名集卷第三

存2行，行6至9字。录文："无分别严佛无/无量憧佛大光□无□。"经文见《房山石经》第28册，第287页A栏第15行至第16行。不完全相同。

Дх.04698 大般涅槃经卷第二十七师子吼菩萨品第十一之一

存3行，行6至10字。录文："一事何等十一/诈作师子故二为欲试自/令住处净故四为。"北凉昙无谶译。经文见《大正藏》第12册，第522页B栏第27行至C栏第1行。

Дх.04699 大般涅槃经卷第二十一光明遍照高贵德王菩萨品第十之一

存7行，行1至18字。首题："大般涅槃经光明遍照高贵德王"，讫："所不闻者而"。北凉昙无谶译。经文见《大正藏》第12册，第487页A栏第3行至第12行。

Дх.04700 妙法莲华经卷第七普贤菩萨劝发品第二十八

存5行，行2至7字。起："界说"，讫："当得是"。后秦鸠摩罗什译。经文见《大正藏》第9册，第61页A栏第14行至第19行。

Дх.04701 金光明最胜王经卷第九善生王品第二十一

存8行，行5至14字。起："于时国主善"，讫："宝髻佛所"。唐义净译。经文见《大正藏》第16册，第444页C栏第3行至第10行。

Дх.04702 妙法莲华经卷第四五百弟子受记品第八

存6行，行1至7字。起："游/艰难若"，讫："不知勤苦"。后秦鸠摩罗什译。经文见《大正藏》第9册，第29页A栏第8行至第14行。

Дх.04703 大般涅槃经卷第一寿命品第一

二残片。其一，存4行，行1至8字。起："量□□阿僧祇"，讫："菩萨欲来至此"。北凉昙无谶译。经文见《大正藏》第12册，第370页C栏第14行至第17行。其二，存"七宝"2字。

Дх.04704 大方广佛华严经卷第三卢舍那佛品第二之二

存4行，行3至7字。起："无量珍"，讫："清净香水杂宝"。东晋佛驮跋陀罗译。经文见《大正藏》第9册，第413页C栏第22行至第25行。

Дх.04705 大方广佛华严经卷第二世主妙严品第一之二

存6行，行4至8字。起："化众生界不思议"，讫："天所入门"。唐实叉难陀译。经文见《大正藏》第10册，第6页C栏第22行至第27行。

Дх.04705V 残佛经

存5行。未检出。

Дх.04706 残佛经

存10行。未检出。

Дх.04706V 菩萨戒本

存9行，行14至16字。起："由此因缘"，讫："心行非"。弥勒菩萨说、唐玄奘译。经文见《大正藏》第24册，第1112页A栏第23行至B栏第5行。或为弥勒菩萨说、唐玄奘译《瑜伽师地论卷第四十一本地分中菩萨地第十五初持瑜伽处戒品第十之二》。经文见《大正藏》第30册，第517页B栏第26行至C栏第9行。

Дх.04707 妙法莲华经卷第二譬喻品第三

存7行，行1至4字。起："头发"，讫："摧折"。后秦鸠摩罗什译。经文见《大正藏》第9册，第14页A栏第15行至第23行。

Дх.04708 妙法莲华经卷第二譬喻品第三

存2行。录文："经譬喻品第三/利弗踊跃。"后秦鸠摩罗什译。经文见《大正藏》第9册，第10页B栏第24行至第29行。

Дх.04709 妙法莲华经卷第一序品第一

存5行，行1至5字。起："诸天龙神人"，讫："佛放"。后秦鸠摩罗什译。经文见《大正藏》第9册，第3页B栏第25行至第29行。

Дх.04710 大般若波罗蜜多经卷第四百四十一第二分不和合品第四十五之二

存5行，行4至8字。起："菩萨乘诸"，讫："智道相"。唐玄奘译。经文见《大正藏》第7册，第224页B栏第11行至第15行，或第224页B栏第18行至第22行，或第224页B栏第24行至第28行。

Дх.04711 大宝积经卷第四十七菩萨藏会第十二之十三毗梨耶波罗蜜多品第九之三

存7行，行2至6字。起："驼驴猪狗"，讫："菩提"。唐玄奘译。经文见《大正藏》第11册，第275页A栏第3行至第9行。

Дх.04712 佛说救疾经

存5行，行2至7字。起："士下"，讫："恶病或人咒誓"。经文见《大正藏》第85册，第1362页A栏第18行至第22行。

Дх.04713 一切佛菩萨名集卷第三

存4行，行4至7字。录文："王佛虚弥/善德佛梵音声/檀香佛如须弥佛/佛无边自在力佛。"经文见《房山石经》第28册，第286页B栏第18行至第25行。

Дх.04714 大般涅槃经卷第三十七迦叶菩萨品第十二之五

存17行，行2字。起："名果"，讫："哉善"。北凉昙无谶译。经文见《大正藏》第12册，第583页B栏第23行至C栏第10行。为经卷之下端。

Дх.04715 妙法莲华经卷第三药草喻品第五

存7行，行3至7字。起："说偈言"，讫："见者欢"。后秦鸠摩罗什译。经文见《大正藏》第9册，20页C栏第10行至第18行。

Дх.04715V 愿文

存4行，行4至6字。录文："三宝六师/王六师八菩萨/八师八菩萨/供放顶礼。"

Дх.04716 金刚般若波罗蜜经

存5行，行3至9字。起："解说须菩提以"，讫："如来悉知是人"。后秦鸠摩罗什译。经文见《大正藏》第8册，第750页C栏第12行至第15行。

Дх.04717 妙法莲华经卷第四见宝塔品第十一

存6行，行11至15字。起："闻说法华经"，讫："诸佛前时□□□以我身"。后秦鸠摩罗什译。经文见《大正藏》第9册，第332页C栏第19行至第24行。

Дх.04718 金刚般若波罗蜜经

存12行，行3至10字。起："人於"，讫："灭度一切众生"。后秦鸠摩罗什译。经文见《大正藏》第8册，第751页A栏第1行至第12行。

Дх.04719 妙法莲华经卷第六药王菩萨本事品第二十三

存6行，行9至11字。起："万二千劫"，讫："一箭道此诸"。后秦鸠摩罗什译。经文见《大正藏》第9册，第53页A栏第15行至第20行。

Дх.04720 妙法莲华经卷第七普贤菩萨劝发品第二十八

存5行，行1至10字。第1、3、5行残泐难以辨认。第2、4行，总17字，录文："宝威德上王佛国/来听受唯愿世尊当为说。"后秦鸠摩罗什译。经文见《大正藏》第9册，第61页A栏第13行至第16行。

Дх.04721 大般涅槃经卷第三十师子吼菩萨品第十一之四

存6行，行2至5字。起："性无有始"，讫："就处"。北凉昙无谶译。经文见《大正藏》第12册，第546页A栏第22行至第27行。

Дх.04722 大般涅槃经卷第三寿命品第一之三

存5行，行2至6字。起："尊何以□□爱"，讫："如一子如"。北凉昙无谶译。经文见《大正藏》第12册，第381页A栏第26行至第28行。与Дх.04730可拼合，此为下半段。

Дх.04723 大般涅槃经卷第十五梵行品第八之一

存2行，行5至6字。录文："因缘修悲心者/因缘复次瞋。"北凉昙无谶译。经文见《大正藏》第12册，第453页B栏第11行至第12行。

Дх.04724 金刚般若波罗蜜经

见Дх.03331。

Дх.04725 大方广佛华严经卷第三十九离世间品第三十三之四

存9行，行6至11字。起："自在一切诸法"，讫："自在何等为十所"。东晋佛驮跋陀罗译。经文见《大正藏》第9册，第648页A栏第2行至第11行。

Дх.04726 大方广佛华严经卷第三十六十地品第二十六之三第四地

存8行，行2至17字。起："如是□方便"，讫："修但"。唐实叉难陀译。经文见《大正藏》第10册，第192页C栏第3行至第10行。

Дx.04727 大方等大集经卷第十八虚空藏菩萨品第八之五

存6行，行3至6字。起："者信解"，讫："嘱累此"。北凉昙无谶译。经文见《大正藏》第13册，第127页C栏第15行至第20行。

Дx.04728 残佛经

存7行，行3至8字。起："劫事无不悉"，讫："变化心通三达出维"。未检出。

Дx.04728V 残佛经

存7行，行3至10字。起："是见去亦见相"，讫："无者上□□知"。未检出。

Дx.04729 四分律卷第四十三僧残法之三

存3行。录文："莫生贪着/世日日从/饮食正可增。"后秦佛陀耶舍共竺佛念等译。经文见《大正藏》第22册，第592页A栏第24行至第26行。

Дx.04730 大般涅槃经卷第三寿命品第一之三

存4行，行2至6字。起："呵责"，讫："言世尊"。北凉昙无谶译。经文见《大正藏》第12册，第381页A栏第12行至第15行。与Дx.0422可拼合。

Дx.04731 大般涅槃经卷第五如来性品第四之二

存2行。录文："解脱如是/是解脱。"北凉昙无谶译。经文见《大正藏》第12册，第396页A栏第18行至第19行。

Дx.04732 妙法莲华经卷第六法师功德品第十九

存4行，行6至10字。起："耳闻□□世界声"，讫："童男童女声"。后秦鸠摩罗什译。经文见《大正藏》第9册，第48页A栏第10行至第16行。

Дx.04733 愿文

存7行，行4至13字。起："教其"，讫："累累罪根处□□"。

Дx.04734 转帖

见Дx.00894B。

Дx.04735 金光明最胜王经卷第三灭业障品第五

存7行，行5至8字。首题："金光明最胜王经业"，讫："是诸有情"。唐义净译。经文见《大正藏》第16册，第413页C栏第9行至第19行。与Дx.04755可拼合，此为上半段。

Дx.04736 新菩萨经

存4行，行2至3字。录文："九水/兔一灭/家使一/西凉。"经文见《大正藏》第85册，第1462页B栏第1行至第5行。

Дx.04737 梵网经心地品菩萨戒义疏发隐卷第一半月诵戒仪式戒序

存12行，行1至9字。起："提木叉者即"，讫："劳后"。经文见《卍新续藏》第38册，第153页B栏第12行至第20行。

Дx.04738 妙法莲华经卷第七观世音菩萨普门品第二十五

存11行，行3至12字。起："罗刹欲来恼人"，讫："得解"。后秦鸠摩罗什译。经文见《大正藏》第9册，第56页C栏第18行至第28行。

Дx.04739 妙法莲华经卷第六随喜功德品第十八

存12行，行1至7字。起："知识随力"，讫："阁等"。后秦鸠摩罗什译。经文见《大正藏》第9册，第46页C栏第2行至第12行。

Дx.04740 金刚般若波罗蜜经

存10行，行3至10字。起："菩提耶如"，讫："持乃至"。后秦鸠摩罗什译。经文见《大正藏》第8册，第749页B栏第13行至第22行。

Дx.04741 佛说佛名经卷第七

存4行，行5至9字。起："一微尘东方尽"，讫："至十方下至"。北魏菩提流支译。经文见《大正藏》第14册，第153页A栏第6行至第9行。所存经名见多处。

Дx.04742 药师琉璃光如来本愿功德经

存7行，行6至9字。起："琉璃光如来名号"，讫："法不为魔伴渐"。唐玄奘译。经文见《大正藏》第14册，第406页A栏第4行至第11行。

Дx.04743 妙法莲华经卷第七观世音菩萨普门品

第二十五

存5行，行6至9字。起："者即现婆罗"，讫："居士宰官婆罗"。后秦鸠摩罗什译。经文见《大正藏》第9册，第57页B栏第10行至第13行。

Дx.04744　付法藏因缘传卷第三

存4行，行5至6字。起："无量众生皆"，讫："付吾师阿难"。北魏吉迦夜共昙曜译。经文见《大正藏》第50册，第304页C栏第25行至第28行。

Дx.04745A　妙法莲华经卷第五如来寿量品第十六

存4行，行2至4字。起："于是事中"，讫："无边尔时"。后秦鸠摩罗什译。经文见《大正藏》第9册，第42页B栏第21行至第22行。

Дx.04745B　金光明最胜王经卷第六四天王护国品第十二

三残片，可缀合。存8行，行2至4字。起："四王及余"，讫："敬是故"。唐义净译。经文见《大正藏》第16册，第427页B栏第28行至C栏第16行。

Дx.04746　金刚般若波罗蜜经

存9行，行2至14字。起："付嘱诸菩萨"，讫："有想若"。后秦鸠摩罗什译。经文见《大正藏》第8册，第749页A栏第1行至第7行。

Дx.04747　大智度论卷第三十一释初品中十八空义第四十八

存7行，行3至8字。起："微细不"，讫："五□空得"。龙树菩萨造、后秦鸠摩罗什译。经文见《大正藏》第25册，第287页C栏第20行至第28行。

Дx.04748　妙法莲华经卷第七观世音菩萨普门品第二十五

存5行，行5至10字。起："众生汝等若称名者于此"，讫："欲若多瞋恚"。后秦鸠摩罗什译。经文见《大正藏》第9册，第56页C栏第27行至第57页A栏第3行。

Дx.04749　建隆四年三月点检历

存4行，行2至7字。录文："支□/点检分付不得□/者建隆三年四月/使出。"

Дx.04750　大般若波罗蜜多经卷第二百六十四初分难信解品第三十四之八十三

存7行，行4至11字。起："一切智□"，讫："切智清净"。唐玄奘译。经文见《大正藏》第6册，第335页B栏第11行至第18行。

Дx.04751　妙法莲华经卷第五分别功德品第十七

存8行，行4至7字。起："及缘觉弟"，讫："闲□□若"。后秦鸠摩罗什译。经文见《大正藏》第9册，第45页A栏第4行至第18行。

Дx.04752A　四分律卷第三十六说戒犍度下

存10行，行1至8字。第1、8、9、10行漫漶难辨。第2行至第3行，录文："僧祇律云弟/律。"第4行至第5行，录文："往白佛言自今/若非人若（恶？）虫余。"后秦佛陀耶舍共竺佛念等译。经文见《大正藏》第22册，第823页A栏第1行至第4行。第6行至第7行，录文："阇崛山中时有一比丘/诸比丘以此事。"经文见《大正藏》第22册，第823页B栏第16行至第18行。

Дx.04752AV　四分律卷第八三十舍堕法之三、卷第九三十舍堕法之四

存10行，行1行至7字。第1行至第3行漫漶难辨。第4行至第8行见于《四分律卷第八》。起："知日月有"，讫："不能有所照"。后秦佛陀耶舍共竺佛念等译。经文见《大正藏》第22册，第619页B栏第5行至第9行。第9行至第10行见于《四分律卷第九》。录文："若恐夫衣/梵行。"经文见《大正藏》第22册，第626页C栏第6行至第8行。

Дx.04752B　四分律卷第一

存11行，行1行至9字。第1行至第3行，起："小兽声"，讫："择去不良者"。后秦佛陀耶舍共竺佛念等译。经文见《大正藏》第22册，第568页A栏第13行至第16行。第4行至第11行未检出。

Дx.04753　佛说佛名经卷第十

存6行，行1至8字。起："德佛"，讫："南无"。北魏菩提流支译。经文见《大正藏》第14册，第171页

C栏第9行至第13行。或《佛说佛名经卷第二十三》，见《大正藏》第14册，第277页C栏第15行至第19行。

Дx.04754　残佛经

存9行。未检出。

Дx.04755　金光明最胜王经卷第三灭业障品第五

存14行，行4至12字。起："得见诸佛"，讫："雨大法"。唐义净译。经文见《大正藏》第16册，第413页C栏第21行至第414页A栏第7行。与Дx.04735可拼合。

Дx.04756　大般涅槃经卷第十二圣行品第七之二

存11行，行6至12字。起："尔有□□打"，讫："世尊菩萨未"。北凉昙无谶译。经文见《大正藏》第12册，第434页B栏第14行至第24行。

Дx.04757　大般若波罗蜜多经题签

录文："大般若波罗蜜多经卷第二。"

Дx.04758　秦妇吟残片

存7行，行2至14字。起："实□□虽多非所爱"，讫："曰官军"。

Дx.04758V　习字

抄写"集""行""檀""驰"等字各1行。

Дx.04759　大般若波罗蜜多经题签

录文："大般若波罗蜜多经卷第二百九十八。"

Дx.04760　残佛经

存6行，行3至5字。未检出。

Дx.04761　思益梵天所问经卷第一序品第一

存9行，行1至10字。起："俱菩萨"，讫："切法法王子德藏法"。后秦鸠摩罗什译。经文见《大正藏》第15册，第33页A栏第28行至B栏第7行。

Дx.04762　Дx.05098　维摩诘所说经卷上菩萨品第四

存23行，行2至21字。起："彼问疾佛告"，讫："维摩诘所言皆"，尾题："经卷上"。后秦鸠摩罗什译。经文见《大正藏》第14册，第543页B栏第28行至第544页A栏第19行。

Дx.04763　妙法莲华经卷第三药草喻品第五

存6行，行2至12字。起："安隐众生故现"，讫："亦无限碍"。后秦鸠摩罗什译。经文见《大正藏》第9册，第20页A栏第9行至第14行。

Дx.04764　妙法莲华经卷第五如来寿量品第十六

存9行，行4至12字。起："无量无边非算"，讫："自从是来我"。后秦鸠摩罗什译。经文见《大正藏》第9册，第42页B栏第18行至第26行。

Дx.04765　佛说月灯三昧经

存10行，行3至18字。起："谛除嫉妒意"，讫："常乐而好喜"。南朝宋先公译。经文见《大正藏》第15册，第620页A栏第13行至第23行。

Дx.04766　维摩诘所说经卷中文殊师利问疾品第五

存8行，行2至10字。起："殊师利白佛"，讫："摩诘"。后秦鸠摩罗什译。经文见《大正藏》第14册，第544页A栏第27行至B栏第4行。

Дx.04767　解深密经卷第一胜义谛相品第二

存2行，行10至11字。录文："慧菩萨曰善男子如是如/诸善男子愚痴顽钝不明不。"唐玄奘译。经文见《大正藏》第16册，第690页B栏第14行至第16行。或弥勒菩萨说、唐玄奘译《瑜伽师地论卷第七十五摄决择分中菩萨地之四》。经文见《大正藏》第30册，第715页B栏第22行至第23行。与Дx.04771可拼合，此为上半部分。

Дx.04768　妙法莲华经卷第七观世音菩萨普门品第二十五

存11行，行1至12字。起："尽意言"，讫："现大自在天身"。后秦鸠摩罗什译。经文见《大正藏》第9册，第57页A栏第15行至B栏第2行。

Дx.04769　妙法莲华经卷第五安乐行品第十四

存3行，行3至8字。起："说之文"，讫："强力之王久"。后秦鸠摩罗什译。经文见《大正藏》第9册，第39页A栏第14行至第17行。

Дx.04770　佛说天地八阳神咒经

存4行，行2至14字。起："绮语两舌恶口若能",讫:"罪临终之日"。唐义净译。经文见《大正藏》第85册,第1423页A栏第15行至第18行。

Дх.04771 解深密经卷第一胜义谛相品第二

存3行,行5至6字。起:"时世尊告善",讫:"善不如理行"。唐玄奘译。经文见《大正藏》第16册,第690页B栏第14行至第16行。与Дх.04767可拼合。

Дх.04772 大般涅槃经卷第二十一光明遍照高贵德王菩萨品第十之一

存7行,行6至10字。起:"见书写读诵",讫:"所畏开示"。北凉昙无谶译。经文见《大正藏》第12册,第487页B栏第19行至第26行。

Дх.04773 光赞经卷第九摩诃般若波罗蜜等三世品第二十三

存5行,行4至8字。起:"是不可得",讫:"痒思□□识"。西晋竺法护译。经文见《大正藏》第8册,第205页C栏第2行至第6行。

Дх.04774 大宝积经卷第一百一十弥勒菩萨所问会第四十二

存5行,行2至11字。起:"者亦礼菩提心",讫:"魔军"。北魏菩提流志译。经文见《大正藏》第11册,第630页A栏第18行至B栏第1行。

Дх.04775 法苑珠林卷第八十九受戒篇第八十七十善部第六戒相部第四

存7行,行5至8字。起:"便妄语妄语",讫:"慧而反更生"。唐道世撰。经文见《大正藏》第53册,第937页B栏第15行至第22行。

Дх.04776 敦煌仓曹手力牒

四残片。录文:"期君曹故判官手力惠庞润张广庭金光明寺/王。"字迹不甚工整。年代不明。

Дх.04776V 习字

四残片。抄写"真""真""未""复""宫""黄""故""故"等字。

Дх.04777 金光明最胜王经卷第一序品第一

二残片。存8行,行1至7字。两片排列顺序颠倒。起:"有菩萨",讫:"诸外道令起净"。唐义净译。经文见《大正藏》第16册,第403页A栏第21行至第27行。

Дх.04778 维摩诘所说经卷下阿閦佛品第十二

二残片。其一,存2行,行3至7字。经文无法辨识。其二,存2行,录文:"知不可以□/名无相无强无弱非净非。"后秦鸠摩罗什译。经文见《大正藏》第14册,第555页A栏第10行至第11行。

Дх.04779 残佛经

存13行,行1至3字。极残,不可定名。

Дх.04780 施舍发愿文

存16行,行6至12字。起:"厥今广",讫:"王令公即体伏"。

Дх.04781 梵网经卢舍那佛说菩萨心地戒品第十卷下

存6行,行3字。起:"国王位",讫:"持八万"。后秦鸠摩罗什译。经文见《大正藏》第24册,第1005页A栏第19行至第24行。

Дх.04782 妙法莲华经卷第七观世音菩萨普门品第二十五

存7行,行7至9字。起:"天□而为",讫:"现宰官身"。后秦鸠摩罗什译。经文见《大正藏》第9册,第57页B栏第2行至第9行。

Дх.04783 佛说要行舍身经

存3行,行3至7字。录文:"诸佛要行舍身/阿素洛等闻佛所/舍身经。"经文见《大正藏》第85册,第1415页C栏第16行至第19行。

Дх.04784 金光明最胜王经卷第一如来寿量品第二

存7行,行5至9字。起:"善女人得佛舍利如",讫:"说其事婆"。唐义净译。经文见《大正藏》第16册,第406页A栏第14行至第21行。

Дх.04785 妙法莲华经卷第七观世音菩萨普门品第二十五

存5行,行4至6字。起:"楼罗紧那",讫:"菩萨成就如"。后秦鸠摩罗什译。经文见《大正藏》第9册，第57页B栏第16行至第20行。

Дx.04786 鼻奈耶卷第三僧残法之一

存6行，行4至15字。起："尊者迦留"，讫："白世尊世尊"。后秦竺佛念译。经文见《大正藏》第24册，第862页B栏第10行至第19行。

Дx.04787 维摩诘所说经卷上佛国品第一

存8行，行4至17字。起："螺髻梵王语"，讫："见此佛"。后秦鸠摩罗什译。经文见《大正藏》第14册，第538页C栏第12行至第19行。

Дx.04788 佛说佛名经卷第四

存12行，行2至12字。起："见佛/南无离疑佛南无大行佛"，讫："信佛"。北魏菩提流支译。经文见《大正藏》第12册，第136页B栏第24行至C栏第3行。

Дx.04789 梁朝傅大士颂金刚经应化非真分第三十二

存4行，行3至20字。起："颂遍计"，讫："颂依他"。作者不详。未见于中国历代经录，亦未为历代大藏经所收。《大正藏》据S.0110、P.2286等收入。经文见《大正藏》第85册，第8页B栏第27行至C栏第3行。可与Дx.04789V衔接，此为上半部分。

Дx.04789V 梁朝傅大士颂金刚经应化非真分第三十二

存4行，行3至20字。起："依他非自立"，讫："语嘿永无方"。经文见《大正藏》第85册，第8页C栏第4行至第10行。可与Дx.04789衔接。

Дx.04790 和菩萨戒文

存6行，行5至10字。起："狱卒持鍪斩"，讫："罪伤心乃被牛头"。作者不详。大多为晚唐年间抄写。经文见《大正藏》第85册，第1300页B栏第20行至第25行。可与Дx.04802拼合，此为前段。

Дx.04791 妙法莲华经卷第一序品第一

存5行，行2至5字。起："众围绕供养"，讫："是时天雨"。后秦鸠摩罗什译。经文见《大正藏》第9册，第2页B栏第7行至第10行。

Дx.04792 黄仕强传

存7行，行5至9字。首题："黄仕强传"，起："蒋王府参军沉伯贵前"，讫："入一土城内/银"。

Дx.04793 金刚般若波罗蜜经

存11行，行1至8字。起："来□□不能见如来"，讫："忍此菩"。后秦鸠摩罗什译。经文见《大正藏》第8册，第752页A栏第16行至第28行。

Дx.04794 佛说佛名经卷第九

存10行，行1至14字。起："胜藏佛"，讫："戒光佛"。北魏菩提流支译。经文见《大正藏》第14册，第167页A栏第26行至B栏第4行。或为失译《佛说佛名经卷第二十一》。经文见《大正藏》第14册，第271页A栏第6行至第13行。

Дx.04795 入破历

存1行，总13字。录文："麦拾柒硕三升伍斗□□拾贰□。"

Дx.04796 金刚般若波罗蜜经

存4行，行3至8字。起："宝以用布施是人所"，讫："为（他？）"。后秦鸠摩罗什译。经文见《大正藏》第8册，第749页B栏第19行至第22行。

Дx.04797 金刚般若波罗蜜经

存6行，行8至9字。首题："金刚般若波罗蜜经"，讫："起偏袒右肩右膝着"。后秦鸠摩罗什译。经文见《大正藏》第8册，第748页C栏第17行至第25行。

Дx.04798 金刚般若波罗蜜经

二残片。其一，存5行，行16字左右。起："虚空可思量"，讫："如来所说身相"。后秦鸠摩罗什译。经文见《大正藏》第8册，第749页A栏第17行至第23行。其二，存12行，行4至16字。起："须菩提言不也世尊何以故实无有法名"，讫："所于法实无所得"。经文见《大正藏》第8册，第749页C栏第7行至第18行。

Дx04799 开蒙要训

存2行，行6至7字。录文："惠弘廓万国捉投/憨恶臣乍辅粥。"定名参考张新朋《敦煌写本〈开蒙要训〉叙录续补》，《敦煌研究》2008年第1期，第98页至第101页。

Дх.04800　戒律

存5行。

Дх.04801　变文

存9行，行5至14字。起："跏趺坐笑诸囗囗大（都）下不信有"，讫："有一天"。

Дх.04802　和菩萨戒文

存15行，行4至8字。大字14行，第3行与第4行之间增补了一行小字。起："三宝堕恶道"，讫："今闻此戒并得"。经文见《大正藏》第85册，第1300页C栏第7行至第23行。可与Дх.04790拼合，此为后段。

Дх.04803　燕子赋

存7行，行5至10字。起："者三公厄于狱卒吾乃今"，讫："开天去死"。

Дх.04803V　杂写

存1行，总6字。录文："左青龙右白虎。"

Дх.04804　金刚般若波罗蜜经

存12行，行1至12字。起："衣持钵入"，讫："住分第三/世"。后秦鸠摩罗什译。经文见《大正藏》第8册，第752页C栏第15行至第23行。

Дх.04805　妙法莲华经卷第一序品第一

存8行，行4至10字。起："罗迦楼罗"，讫："百弟子是"。后秦鸠摩罗什译。经文见《大正藏》第9册，第4页A栏第15行至第23行。

Дх.04806　佛说无常经

存8行，行4至13字。起："始从鹿苑"，讫："归尽未曾"。唐义静译。经文见《大正藏》第17册，第745页B栏第20行至第29行。

Дх.04807　金光明最胜王经卷第一序品第一

存11行，行2至13字。起："常乐奉持忍"，讫："巧化世间"。唐义净译。经文见《大正藏》第16册，第403页A栏第23行至B栏第4行。

Дх.04807V　杂写

杂写三个"面"字。

Дх.04808　大般若波罗蜜多经题签

录文："般若波罗蜜多经卷第一百六十七/罗蜜多经卷第。"

Дх.04809　非佛经

存9行。待考。

Дх.04809V　四分律藏题签

录文："四分律藏。"

Дх.04810　大唐龙兴三藏圣教序

存10行，行4至15字。起："三道宝阶　居"，讫："译义缀文咸"。唐中宗制。

Дх.04811　十住毗婆沙论卷第五易行品第九

存7行，行6至14字。起："犹尚不能尽"，讫："释迦牟尼"。龙树菩萨造、后秦鸠摩罗什译。经文见《大正藏》第26册，第43页C栏第11行至第21行。

Дх.04812　金光明最胜王经卷第三灭业障品第五

存14行，行27至29字。起："至心怀"，讫："菩提行所有业"。唐义净译。经文见《大正藏》第16册，第414页A栏第11行至B栏第12行。

Дх.04813　妙法莲华经卷第六随喜功德品第十八

存12行，行1至13字。起："我今应"，讫："须臾闻欢喜"。后秦鸠摩罗什译。经文见《大正藏》第9册，第47页B栏第3行至第24行。

Дх.04814　妙法莲华经卷第三药草喻品第五

存11行，行6至15字。起："一味令诸世间"，讫："皆非灭度汝"。后秦鸠摩罗什译。经文见《大正藏》第9册，第20页B栏第9行至第23行。

Дх.04815　大乘无量寿经

存7行，行1至12字。起："持迦底萨婆"，讫："宗要经"。经文见《大正藏》第19册，第82页B栏第15行至第25行。可与Дх.04816拼合，此为前半部分。

Дх.04816 **大乘无量寿经**

存6行，行1至12字。起："波唎婆唎莎"，讫："曰南谟薄伽勃"。经文见《大正藏》第19册，第82页B栏第16行至第26行。可与Дх.04815拼合。

Дх.04817 **妙法莲华经卷第四提婆达多品第十二**

存6行，行5至14字。起："惓于多"，讫："方求法谁"。后秦鸠摩罗什译。经文见《大正藏》第9册，第34页B栏第25行至C栏2行。

Дх.04818 **大般若波罗蜜多经卷第三百一十三初分众喻品第四十四之三**

存5行，行6至7字。起："中无如是分别可"，讫："如是分别可起"。唐玄奘译。经文见《大正藏》第6册，第595页C栏第14行至第18行。

Дх.04819 **妙法莲华经卷第二譬喻品第三**

存4行，行2至3字。起："诸疑悔"，讫："已除"。后秦鸠摩罗什译。经文见《大正藏》第9册，第10页C栏第12行至第17行。

Дх.04820 **大般若波罗蜜多经卷第四百六十七第二分无相品第七十四之二**

存5行。第1行至第4行，行6至8字。起："苦空无我若"，讫："预流是一来是不还"。唐玄奘译。经文见《大正藏》第7册，第362页A栏第8行至第12行。第5行为潦草的杂写。

Дх.04821 Дх.04911 Дх.06149 Дх.10938 Дх.10951 **金刚般若波罗蜜经**

存65行，行4至18字。起："百分不及"，讫："说法即为谤"。后秦鸠摩罗什译。经文见《大正藏》第8册，第751页A栏第2行至C栏第13行。

Дх.04822 **大方广十轮经卷第四刹利旃陀罗现智相品第六**

存12行，行3至16字。起："恭敬而"，讫："尔时黄头罗刹复"。译于北凉，作者佚名。经文见《大正藏》第13册，第698页C栏第9行至第22行。

Дх.04823A **金刚般若波罗蜜经挟注**

存20行，行3至9字。起："性空得无"，讫："无相"。作者不详，仅存于敦煌文献中。《大正藏》据S.2068收。经文见《大正藏》第85册，第133页C栏第9行至第13行。

Дх.04823B **大方广佛华严经卷第三十八离世间品第三十三之三**

存3行，行4至7字。起："亲近善知识不"，讫："德不舍深"。东晋佛驮跋陀罗译。经文见《大正藏》第9册，第641页A栏第2行至第5行。

Дх.04824 **妙法莲华经卷第七观世音菩萨普门品第二十五**

存7行，行8字。起："恼人闻其"，讫："一心称观"。后秦鸠摩罗什译。经文见《大正藏》第9册，第56页C栏第18行至第26行。

Дх.04825 **大般涅槃经卷第二十梵行品第八之六**

存8行，行2至9字。首全尾残。首题："大般涅槃经卷第廿"，讫："涅槃"。北凉昙无谶译。经文见《大正藏》第12册，第480页B栏第25行至C栏第6行。

Дх.04826 Дх.04840 **金刚般若波罗蜜经**

存18行，行3至17字。起："提亦无有定"，讫："实无往来是名"。后秦鸠摩罗什译。经文见《大正藏》第8册，第749页B栏第15行至C栏第4行。

Дх.04827 **妙法莲华经卷第五安乐行品第十四**

存12行，行4至12字。起："通力智慧力"，讫："欲以威"。后秦鸠摩罗什译。经文见《大正藏》第9册，第38页C栏第10行至第22行。

Дх.04828 **金光明最胜王经卷第四最净地陀罗尼品第六**

存4行，行5至17字。起："诸佛者不能听闻是微妙"，讫："罗尼门所"。唐义净译。经文见《大正藏》第16册，第422页A栏第10行至第14行。

Дх.04829 **妙法莲华经卷第三化城喻品第七**

存4行，行10至17字。起："余国作佛"，讫："到众又清净"。后秦鸠摩罗什译。经文见《大正藏》第9册，第25页C栏第16行至第21行。

Дx.04830 妙法莲华经卷第四授学无学人记品第九

存5行,行1至13字。起:"世间解无上士",讫:"幡其土清净琉璃"。后秦鸠摩罗什译。经文见《大正藏》第9册,第29页C栏第6行至第10行。

Дx.04831 正法念处经卷第五十四观天品之三十三

存7行,行2至8字。起:"主牟修楼",品题:"之三夜摩天之十九",讫:"有希"。品题后杂写"廿三夜摩天之十八"。北魏瞿昙般若流支译。经文见《大正藏》第17册,第316页B栏第14行至第22行。

Дx.04832 维摩诘所说经卷上佛国品第一

存9行,行2至14字。起:"诸佛",讫:"其轮本来常"。后秦鸠摩罗什译。经文见《大正藏》第14册,第537页C栏第11行至第19行。

Дx.04833 金光明最胜王经卷第三灭业障品第五

存12行,行2至7字。起:"尊/三藐三菩提",讫:"为欲利"。唐义净译。经文见《大正藏》第16册,第413页C栏第25行至第414页A栏第8行。

Дx.04834 金刚般若波罗蜜经

见Дx.00339。

Дx.04835 妙法莲华经卷第五安乐行品第十四

存15行,行1至8字。起:"不亲近旃陀罗及",讫:"初亲近处/不"。后秦鸠摩罗什译。经文见《大正藏》第9册,第37页A栏第25行至B栏第12行。

Дx.04836 佛说佛名经卷第十

存10行,行1至4字。起:"南无",讫:"南无摩楼"。北魏菩提流支译。经文见《大正藏》第14册,第168页B栏第14行至第18行。或《佛说佛名经卷第二十一》。经文见《大正藏》第14册,第272页A栏第14行至第18行。

Дx.04837 佛说阿弥陀经

存11行,行4至17字。起:"陀又舍",讫:"一处舍利弗"。后秦鸠摩罗什译。经文见《大正藏》第12册,第347页A栏第27行至B栏第9行。

Дx.04838 妙法莲华经卷第五分别功德品第十七

存7行,行6至20字。起:"菩萨以妙音声",讫:"各皆能转"。后秦鸠摩罗什译。经文见《大正藏》第9册,第44页B栏第7行至第17行。

Дx.04839 妙法莲华经卷第七观世音菩萨普门品第二十五

存9行,行6至9字。起:"者即现婆罗门",讫:"即现金刚"。后秦鸠摩罗什译。经文见《大正藏》第9册,第57页B栏第10行至第19行。

Дx.04840 金刚般若波罗蜜经

见Дx.04826。

Дx.04841 杂写

存3行。录文:"罗/复/疾。"

Дx.04842A 金刚般若波罗蜜经

存16行,行2至11字。起:"见是",讫:"多不须菩"。后秦鸠摩罗什译。经文见《大正藏》第8册,第749页B栏第4行至第20行。

Дx.04842B 摩诃般若波罗蜜经卷第二十七常啼品第八十八

存6行,行1至5字。起:"竭菩萨",讫:"罗门我爱敬"。后秦鸠摩罗什译。经文见《大正藏》第8册,第418页C栏第22行至第26行。或龙树菩萨造、后秦鸠摩罗什译《大智度论释萨陀波仑品第八十八之余》。经文见《大正藏》第25册,第738页B栏第28行至C栏第3行。

Дx.04843 金刚般若波罗蜜经

存16行,行5至9字。起:"于意云何可以卅二",讫:"众生相寿者相所"。后秦鸠摩罗什译。经文见《大正藏》第8册,第750页A栏第20行至B栏第7行。

Дx.04844A 彩绘佛像

残存半身佛像。

Дx.04844AV 杂写

无法辨识。

Дx.04844B 大方广佛华严经卷第七十六入法界品第三十九之十七

存2行，行2至5字。录文："清净/者非色所有。"唐实叉难陀译。经文见《大正藏》第10册，第415页B栏第2行至第3行。

Дx.04844BV 杂写

存1行，总4字。无法辨识。

Дx.04845 解深密经卷第五如来成所作事品第八

存3行，行4至10字。起："无为依止无有"，讫："用数取趣"。唐玄奘译。经文见《大正藏》第16册，第710页B栏第20行至第23行。或弥勒菩萨说、唐玄奘译《瑜伽师地论卷第七十八摄决择分中菩萨地之七》。经文见《大正藏》第30册，第735页C栏第19行至第22行。

Дx.04846 金刚般若波罗蜜经

存6行，行3至5字。起："尊何以"，讫："阿罗汉道"。后秦鸠摩罗什译。经文见《大正藏》第8册，第749页C栏第2行至第7行。

Дx.04847A 杂写

存3行，行5至9字。未检出。

Дx.04847B 金光明最胜王经卷第六四天王护国品第十二

存7行，行3至17字。起："等若能护持"，讫："国土城"。唐义净译。经文见《大正藏》第16册，第427页C栏第2行至第8行。与Дx.04873为同片残经，拍摄或编号重复。

Дx.04848 杂写

存4行。

Дx.04849 杂写

存2行。录文："般若/般。"

Дx.04850 残佛经

存3行，行1至4字。录文："舍/诃菩萨/一切大写。"无法定名。

Дx.04851 妙法莲华经序题签

录文："妙法莲华经序。"

Дx.04852 妙法莲华经卷第七观世音菩萨普门品第二十五

存7行，行2至9字。起："观世音菩萨"，讫："欲求男礼拜供"。后秦鸠摩罗什译。经文见《大正藏》第9册，第56页C栏第29行至第57页A栏第7行。

Дx.04853 残片

存3行，行13至21字。起："究君王问菩"，讫："是以相如超"。未检出。

Дx.04854 残片

存15行。待定名。

Дx.04855 妙法莲华经卷第三药草喻品第五

存8行，行4至9字。起："是如来应供正遍"，讫："根利钝精"。后秦鸠摩罗什译。经文见《大正藏》第9册，第19页B栏第10行至第17行。

Дx.04856 思益梵天所问经卷第三谈论品第七

存6行，行5至11字。首全尾残。首题："益梵天所问经卷第三"，讫："不可论世尊"。后秦鸠摩罗什译。经文见《大正藏》第15册，第47页A栏第22行至B栏第3行。

Дx.04857 佛说天地八阳神咒经

存4行，行1至17字。起："量善男子"，讫："即为圣道"。唐义净译。经文见《大正藏》第85册，第1425页A栏第8行至第12行。有异文。

Дx.04858 大通方广忏悔灭罪庄严成佛经卷上

存5行，行3至9字。首题："成佛经卷上"，讫："广犹如"。经文见《大正藏》第85册，第1388页C栏第22行至第1389页A栏第1行。

Дx.04859 金刚般若波罗蜜经

存3行，行8字。起："何以故"，讫："等比丘知我"。后秦鸠摩罗什译。经文见《大正藏》第8册，第749页B栏第8行至第10行。

Дx.04860 大般若波罗蜜多经题签

录文："大般若波罗蜜多经卷第二百一十五。"

Дx.04861 妙法莲华经卷第七观世音菩萨普门品第二十五

存8行，行7至10字。起："妙音观世音梵"，尾题："佛说观世音经一卷"。后秦鸠摩罗什译。经文见《大正藏》第9册，第58页A栏第26行至B栏第7行。

Дx.04862 佛说佛名经卷第三

存6行，行1至9字。起："光明胜佛"，讫："南无智光明王"。北魏菩提流支译。经文见《大正藏》第14册，第129页B栏第8行至第11行。或《佛说佛名经卷第六》，经文见《大正藏》第14册，第210页B栏第10行至第14行。

Дx.04863 金光明最胜王经卷第六四天王护国品第十二

存7行，行4至5字。起："勇猛常自在"，讫："言世尊我等"。唐义净译。经文见《大正藏》第16册，第432页B栏第22行至第29行。

Дx.04864 道场文

存9行，行8至15字。起："康宁千祀为小娘子固受"，讫："莫为雠难□罪消灭"。似是为某罹病小娘子祈愿的文书。

Дx.04865 十诵律卷第三明十三僧残法之初

存9行，行3至14字。起："福好快亦如是"，讫："僧伽婆尸沙"。后秦弗若多罗译。经文见《大正藏》第23册，第17页C栏第25行至第18页A栏第2行。

Дx.04866 般若波罗蜜多心经

存6行，行2至10字。首题："罗蜜多心经"，讫："故空中无色"。唐玄奘译。经文见《大正藏》第8册，第848页C栏第7行至第11行。

Дx.04867 金刚般若波罗蜜经

见Дx.00339。

Дx.04868 净名经集解关中疏卷上方便品第二至弟子品第三

存9行，行2至19字。起："得佛身断一切众"，讫："诸长者子皆"。唐道液集。经文见《大正藏》第85册，第454页C栏第16行至第29行。

Дx.04869 维摩诘所说经卷中文殊师利问疾品第五

存13行，行17字左右。起："非真非有作"，讫："慧缚何谓"。后秦鸠摩罗什译。经文见《大正藏》第14册，第545页A栏第26行至B栏第10行。

Дx.04870 礼忏文

存8行，行2至10字。起："于三恶道中"，讫："具足一乘者无量人天福众"。经文见《大正藏》第85册，第1304页A栏第25行至B栏第3行。

Дx.04871 药师琉璃光如来本愿功德经

存5行，行5至10字。起："复次曼殊室利"，讫："人奴婢受"。唐玄奘译。经文见《大正藏》第14册，第406页A栏第13行至第17行。

Дx.04872 大般若波罗蜜多经卷第四百九十第三分善现品第三之九

存13行，行2至8字。首题："波罗蜜多经卷第/三分善现品第三之九"，讫："无退一切身业"。唐玄奘译。经文见《大正藏》第7册，第489页A栏第23行至B栏第10行。

Дx.04873 金光明最胜王经卷第六四天王护国品第十二

存7行，行3至17字。起："等若能护持"，讫："国土城"。唐义净译。经文见《大正藏》第16册，第427页C栏第2行至第8行。

Дx.04874 中论卷第四中论观十二因缘品第二十六至邪见品第二十七

正反两面。存14行，行2至8字。起："事灭故"，品题："中论观邪见品第廿七（三十一偈）"，讫："见依未来世如是"。龙树菩萨造、梵志青目释、后秦鸠摩罗什译。经文见《大正藏》第30册，第36页C栏第7行至第37页A栏第5行。

Дx.04875 金刚般若波罗蜜经

存9行，行3至7字。起："提于意云何"，讫："是虚妄若见"。后秦鸠摩罗什译。经文见《大正藏》第8册，第749页A栏第16行至第24行。

Дx.04876 大般若波罗蜜多经题签

录文："若波罗蜜多经卷第三百七。"

Дx.04877 大般涅槃经卷第二十七师子吼菩萨品第十一之一

存5行，行3至11字。起："诸佛"，讫："一切众"。北凉昙无谶译。经文见《大正藏》第12册，第524页A栏第17行至第21行。

Дx.04878 Дx.04879A 金刚般若波罗蜜经

存12行，行7至17字。起："相众生相寿者相"，讫："是故须菩提"。后秦鸠摩罗什译。经文见《大正藏》第8册，第750页B栏第8行至第20行。

Дx.04879B 金光明最胜王经卷第六四天王护国品第十二

存3行，行2至3字。录文："法常说/常思利/令汝。"唐义净译。经文见《大正藏》第16册，第427页B栏第23行至第25行。

Дx.04880 残佛经

存2行，行4至6字。录文："无量寿经/金刚波罗蜜多。"未检出。

Дx.04881 大智度论卷第七十五释灯喻品第五十七之余

存5行，行3至13字。起："果报是"，讫：下卷的卷首品题"大智度学空不证品第六十"。龙树菩萨造、后秦鸠摩罗什译。经文见《大正藏》第25册，第592页A栏第7行至第10行。

Дx.04882 佛说十二佛名神咒校量功德除障灭罪经

存16行。第1行至第11行，行1至6字。起："此廿五佛名佛/名经第八卷"，讫："一切佛刹"。隋阇那崛多译。经文见《大正藏》第21册，第860页C栏第28行至第861页A栏第12行。第12行至16行，录文："况校量/命忏悔/诸世/若我/若。"未检出。

Дx.04883 维摩诘所说经卷上佛国品第一

存9行，行2至7字。起："喜根菩萨喜"，讫："萨得"。后秦鸠摩罗什译。经文见《大正藏》第14册，第537页B栏第6行至第13行。

Дx.04884 佛说阿弥陀经

存10行，行4至9字。起："舍利弗彼"，讫："宝行"。后秦鸠摩罗什译。经文见《大正藏》第12册，第347页A栏第12行至第21行。

Дx.04885 残佛经

存1行，总3字。录文："南无作。"无法定名。

Дx.04885V 习字

存2行，总10字。录文："大大大/堕地狱恶鬼畜生。"

Дx.04886 维摩诘所说经卷中不思议品第六

存8行，行8至9字。起："若菩萨住是解脱者"，讫："又舍利弗住不可"。后秦鸠摩罗什译。经文见《大正藏》第14册，第546页B栏第25行至C栏第4行。

Дx.04887 太上洞玄灵宝五篇真文赤书

存6行，行17字左右。起："十二者冬"，讫："十八者老"。本写卷为祈愿内容的第十二到十八项。

Дx.04888 大般涅槃经佛母品

存19行，行3至7字。起："叠千端已"，讫："空何期今"。经文见《藏外佛教文献》第1册，第383页A栏第11行至第385页A栏第3行。此为假托佛说所撰经典，作者不详，仅存于敦煌文献中。《大正藏》第85册所收为另一版本。

Дx.04889 菩萨戒经义疏卷下

存10行，行2至10字。起："若佛子一"，讫："看病福田"。隋天台智者大师说、门人灌顶记。经文见《卍新续藏》第38册，第17页A栏第12行至B栏第13行。

Дx.04890 大佛顶如来密因修证了义诸菩萨万行首楞严经卷第六

存7行，行10至15字。首题："大佛顶如来密因修证了义诸菩萨"，讫："亦空空觉"。唐般剌蜜帝译。经文见《大正藏》第19册，第128页B栏第10行至第20行。

Дx.04891 妙法莲华经卷第七观世音菩萨普门品第二十五

存8行，行2至17字。起："若有众生"，讫："女宿"。后秦鸠摩罗什译。经文见《大正藏》第9册，第57页A栏第1行至第9行。

Дx.04892 佛说善恶因果经

存11行，行7至11字。起："论经说义"，讫："一心从善"。经文见《大正藏》第85册，第1380页C栏第3行至第14行。

Дx.04893 维摩诘所说经卷上佛国品第一

存13行，行2至10字。起："法宝如"，讫："菩萨"。后秦鸠摩罗什译。经文见《大正藏》第14册，第537页A栏第23行至B栏第6行。

Дx.04894 妙法莲华经卷第三药草喻品第五

存5行，行2至9字。起："量无"，讫："演说之其所说"。后秦鸠摩罗什译。经文见《大正藏》第9册，第19页A栏第21行至第24行。

Дx.04895 妙法莲华经卷第六法师功德品第十九

存7行，行1至9字。起："千大千世"，讫："功德殊胜眼"。后秦鸠摩罗什译。经文见《大正藏》第9册，第47页C栏第9行至第15行。

Дx.04896 交割历

存4行，行8字左右。起："陆硕褐贰口丁"，讫："一一具如清分"。

Дx.04897 妙法莲华经卷第一序品第一

存6行，行4至7字。起："此瑞放斯光已"，讫："无上士"。后秦鸠摩罗什译。经文见《大正藏》第9册，第3页C栏第14行至第20行。

Дx.04898 佛说佛名经卷第八

存4行。录文："婆罗华佛／去佛／得佛／尸佛。"与现刊本差别较大。

Дx.04899 什物历

存2行，行9字。录文："四月九日都师信达幡／什物等一一勘会者具。"似为什物历。

Дx.04900 妙法莲华经卷第七观世音菩萨普门品第二十五

存12行，行8至17字。起："以童男童女"，讫："百千两金"。后秦鸠摩罗什译。经文见《大正藏》第9册，第57页A栏第22行至B栏第24行。

Дx.04901 金刚般若波罗蜜经

存10行，行6至11字。起："如是"，讫："故如来说得福德"。后秦鸠摩罗什译。经文见《大正藏》第8册，第751页B栏第21行至C栏第3行。

Дx.04902 大般若波罗蜜多经卷第四百九十四第三分善现品第三之十三

存8行，行4至17字。起："大乘亦无"，讫："法如是一切皆"。唐玄奘译。经文见《大正藏》第7册，第511页A栏第15行至第21行。

Дx.04903 金光明最胜王经卷第九善生王品第二十一

存10行，行3至9字。首题："金光明最胜王经善生王品第廿"，讫："为转轮"。唐义净译。经文见《大正藏》第16册，第444页A栏第12行至第25行。

Дx.04904 妙法莲华经卷第七观世音菩萨普门品第二十五

存17行，行10字左右。起："世尊妙相具"，讫："无量苦逼身"。后秦鸠摩罗什译。经文见《大正藏》第9册，第57页C栏第9行至第58页A栏第2行。

Дx.04905 梁朝傅大士颂金刚经、金刚般若波罗蜜经

存15片。第1片：《梁朝傅大士颂金刚经离色离相分第二十至非说所说分第二十一》。存5行，行4至11字。起："具足色身"，品题："非说所说分"，讫："须菩提汝勿谓如来作"。经文见《大正藏》第85册，第7页A栏第18行至第29行。

第2片：《梁朝傅大士颂金刚经一体同观分第十八至法界通化分第十九》。存5行，行6至11字。起："所以者何须菩提过"，品题："法界通化分第十"，讫："世尊此人以是"。经文见《大正藏》第85册，第7页A栏第2行至第12行。

第3片：《梁朝傅大士颂金刚经无法可得分第二十二至净心行善分第二十三》。存6行，行1至11

字。起:"三菩提为无",品题:"净心行善分第二",讫:"耨多罗三藐三菩提"。经文见《大正藏》第85册,第7页B栏第9行至第15行。

第4片:《金刚般若波罗蜜经》。存6行,行2至10字。起:"法莫作是念何以故若",讫:"未来(世?)"。后秦鸠摩罗什译。经文见《大正藏》第8册,第751页C栏第12行至第17行。

第5片:《金刚般若波罗蜜经》。存5行,行5至10字。起:"须菩提于意",讫:"有我者则非有我而"。后秦鸠摩罗什译。经文见《大正藏》第8册,第752页A栏第5行至第9行。

第6片:《梁朝傅大士颂金刚经净心行善分第二十三至福智无比分第二十四》。存5行,行6至9字。起:"无寿者修一切善法",品题"福智无比分第二",讫:"王如是等七(宝?)"。经文见《大正藏》第85册,第7页B栏第15行至第26行。

第7片:《金刚般若波罗蜜经》。存5行,行4至10字。起:"以故须菩提",讫:"严是名庄严须菩提"。经文见《大正藏》第8册,第751页B栏第7行至第11行。

第8片:《金刚般若波罗蜜经》。存7行,行4至10字。起:"牟尼何以故如",讫:"于是中无实"。经文见《大正藏》第8册,第751页A栏第26行至C栏第1行。

第9片:《金刚般若波罗蜜经》。存6行,行6至10字。起:"云何恒河中所",讫:"提尔所国土中所有众生"。经文见《大正藏》第8册,第751页B栏第20行至第25行。

第10片:《金刚般若波罗蜜经》。存7行,行1至11字。第2行、第4行至第6行内容为一部分。起:"我法者如来说名真",讫:"不如是世尊"。经文见《大正藏》第8册,第751页B栏第12行至第18行。第1行"如来诸心皆"和第3行"一体同观分第"内容未检出。

第11片:《金刚般若波罗蜜经》。存6行,行2至10字。起:"是人行邪",讫:"是念如来不以具足相"。经文见《大正藏》第8册,第752页A栏第18行至第21行。第3行"无精无诚"未检出。

第12片:与第11片完全相同。

第13片:《梁朝傅大士颂金刚经》。存6行,行2至13字。起:"须菩提凡夫者如来",品题:"法身非相分第",讫:"须菩提若以三十"。经文见《大正藏》第85册,第7页C栏第11行至第16行。

第14片:《梁朝傅大士颂金刚经》。存6行,行5至11字。起:"三菩提为无",品题:"净心行善分第二口",讫:"三藐三菩提"。经文见《大正藏》第85册,第7页B栏第9行至第15行。

第15片与第4片完全相同。

Дx.04906　籍账

录文:"戊寅年二月廿三日前般士褐十六。"

Дx04907　开蒙要训

存14行,行1至5字。起:"腿口跟踝",讫:"沟渠溉灌桐"。可与P.3408缀合。定名参考张新朋《敦煌写本〈开蒙要训〉叙录续补》,《敦煌研究》2008年第1期,第98页至第101页。

Дx.04908　妙法莲华经卷第二譬喻品第三

存7行,行1至8字。起:"弗我先不言",讫:"门多"。后秦鸠摩罗什译。经文见《大正藏》第9册,第12页B栏第9行至第15行。

Дx.04909　金刚般若波罗蜜经

见Дx.00637。

Дx.04910　大乘无量寿经

存4行,行18至34字。起:"伽迦娜",讫:"持迦底萨"。经文见《大正藏》第19册,第82页C栏第7行至第14行。

Дx.04911　金刚般若波罗蜜经

见Дx.04821。

Дx.04912　佛说甚深大回向经

存11行,行1至6字。起:"殖众德本供养",讫:"萨摩诃萨"。经文见《大正藏》第17册,第867页

B栏第4行至第14行。

Дx.04913　大般若波罗蜜多经卷第五百二十第三分巧便品第二十三之四

存10行，行9至18字。起："大苦令得"，讫："喜诸菩萨"。唐玄奘译。经文见《大正藏》第7册，第661页C栏第7行至第16行。

Дx.04914　大唐龙兴三藏圣教序

存6行，行4至17字。起："崇圣教之网启舍生之耳目大愿上资"，讫："弥天之德课虚和窃题序云"。唐中宗制。

Дx.04915　大般若波罗蜜多经题签

录文："界/大般若波罗蜜多经卷第二百廿四卅四。"

Дx.04916　金光明最胜王经卷第八王法正论品第二十

存7行，行10至13字。起："以非法教人"，讫："及以诸辅相"。唐义净译。经文见《大正藏》第16册，第443页A栏第1行至第13行。

Дx.04917　金光明最胜王经卷第二梦见金鼓忏悔品第四

二残片。其一，存9行，行2至5字。起："种种"，讫："有能知德"。唐义净译。经文见《大正藏》第16册，第412页C栏第11行至第19行。其二，存7行，行1至2字。录文："□□/后此/恐/等/第/而人/□□"未检出。

Дx.04918　妙法莲华经卷第七观世音菩萨普门品第二十五

存15行，行2至14字。起："众生是故"，讫："及于天龙人"。后秦鸠摩罗什译。经文见《大正藏》第9册，第57页B栏第20行至C栏第4行。

Дx.04919　金光明最胜王经卷第九善生王品第二十一

存17行，行7字左右。起："许为说此金光明"，讫："高座跏趺坐"。唐义净译。经文见《大正藏》第16册，第444页A栏第12行至第26行。

Дx.04920　妙法莲华经卷第一序品第一

存7行，行2至9字。起："是妙光法师"，讫："懈怠者汝"。后秦鸠摩罗什译。经文见《大正藏》第9册，第5页B栏第4行至第14行。

Дx.04921　妙法莲华经卷第四五百弟子受记品第八

存6行，行7至8字。首题："记品第八"，讫："住一面瞻仰"。后秦鸠摩罗什译。经文见《大正藏》第9册，第27页B栏第16行至第22行。

Дx.04922　毗尼心一卷学戒法第一

存6行，行9至13字。大字单行，小字双行排列。第1行至第4行前半，起："先知教至归"，讫："藏之中即毗尼藏所摄"。第4行后半至第6行，起："律有四名"，讫："罗提木叉（此是梵语唐言彼彼解脱或）"。译著者不详，历代大藏经未收，仅存于敦煌文献中。经文见《大正藏》第85册，第659页C栏第7行至第11行。

Дx.04923　金刚般若波罗蜜经挟注

存6行，行4至14字。经单行大字，注双行小字。起："人满三千"，讫："是故如来说福德多（所以施广而福/由非）"。经文见《大正藏》第85册，第133页A栏第18行至第23行。

Дx.04924　金光明最胜王经卷第八大吉祥天女品第十六

存13行，行4至8字。起："人天种种"，讫："如来应正"。唐义净译。经文见《大正藏》第16册，第439页A栏第7行至第20行。

Дx.04925　妙法莲华经卷第四见宝塔品第十一

存4行，行8至14字。起："于我灭后"，讫："假使"。后秦鸠摩罗什译。经文见《大正藏》第9册，第34页A栏第24行至第28行。

Дx.04926　画观音菩萨仪轨

二残片。存10行，行7至8字。其一，存5行。起："解三遍然后净心"，讫："身作观音菩萨"。其二，存5行。起："头上五佛一身四臂"，讫："明相我身即是观"。

Дx.04927 **大般若波罗蜜多经卷第三百六十六初分巧便行品第六十三之二**

存5行，行2至6字。起："受集灭道圣谛"，讫："二故摄"。唐玄奘译。经文见《大正藏》第6册，第885页B栏第26行至C栏第3行。

Дx.04928 **杂写**

存2行。录文："妙法莲华经妙音/八始达通华经妙音菩萨品第二。"

Дx.04929 **酒账**

存8行。

Дx.04930 **写经题记**

存11行。录文："十张/手解集/实际寺僧怀恽/实际寺僧怀恽/实际寺僧怀恽/阅太原寺大德神符/阅太原寺大德嘉尚/寺寺主慧立/寺上座道成/寺上林署令李德/太府寺丞阎玄道监。"

Дx.04931 **妙法莲华经卷第一方便品第二**

存7行，行7至20字。起："位世间相常住"，讫："智慧力"。后秦鸠摩罗什译。经文见《大正藏》第9册，第9页B栏第10行至第23行。

Дx.04932 **残片**

存5行。未检出。

Дx.04933 **金光明最胜王经卷第三灭业障品第五**

存6行，行8至10字。起："清净心怀"，讫："欲生豪贵婆"。唐义净译。经文见《大正藏》第16册，第414页B栏第17行至第22行。

Дx.04934 **大般涅槃经题签**

录文："大般涅槃经卷卅八。"

Дx.04935 **残片**

存5行。未检出。

Дx.04936 **残片**

二残片。存12行。未检出。

Дx.04937 **妙法莲华经卷第四提婆达多品第十二**

存3行。录文："觉心恒河沙众生发无/不退转时天王佛般涅/塔。"后秦鸠摩罗什译。经文见《大正藏》第9册，第35页A栏第6行至第9行。

Дx.04938 **妙法莲华经卷第五安乐行品第十四**

存15行，行7至10字。起："如来坐"，讫："起而转法轮"。后秦鸠摩罗什译。经文见《大正藏》第9册，第39页B栏第21行至C栏第12行。

Дx.04939 **杂宝藏经卷第六帝释问事缘**

存7行，行2至6字。起："人天龙"，讫："疾因何而"。北魏吉迦夜共昙曜译。经文见《大正藏》第4册，第477页A栏第20行至第26行。

Дx.04940 **妙法莲华经卷第一方便品第二**

存6行，行4至8字。起："闻辟支佛所"，讫："广演言教"。后秦鸠摩罗什译。经文见《大正藏》第9册，第5页B栏第27行至C栏第2行。

Дx.04941 **药师琉璃光如来本愿功德经**

存8行，行8至17字。起："地金绳界"，讫："世尊复告曼"。唐玄奘译。经文见《大正藏》第14册，第405页C栏第4行至第11行。

Дx.04942 **新菩萨经**

存8行，行3至7字。起："州劝诸众"，讫："上傍之得"。经文见《大正藏》第85册，第1462页B栏第2行至第4行。

Дx.04943 **佛说阿弥陀经**

存2行。录文："名闻佛名光佛/等恒河沙数诸。"后秦鸠摩罗什译。经文见《大正藏》第12册，第347页C栏第11行至第13行。

Дx.04944 **佛说天地八阳神咒经**

存9行，行5至10字。起："人是知人能"，讫："其横病恶"。唐义净译。经文见《大正藏》第85册，第1422页C栏第9行至第21行。

Дx.04945 **妙法莲华经卷第四五百弟子受记品第八**

存9行，行3至20字。起："诸比丘谛听"，讫："宣护诸佛法"。后秦鸠摩罗什译。经文见《大正藏》第9册，第28页A栏第9行至第24行。

Дx.04946 **妙法莲华经卷第七观世音菩萨普门品第二十五**

二残片。存12行，行2至6字。两片顺序颠倒。

起："观世"，讫："不能以恶"。后秦鸠摩罗什译。经文见《大正藏》第9册，第56页C栏第15行至第20行。上片上端有杂写5行，字迹潦草，无法辨识。

Дх.04947 **梁朝傅大士颂金刚经**

存16行，行9至20字。首全尾残。起："须菩提若人言"，品题"知见不生分第三十一""无法可得分第二十二""静心行善分第二十三"，讫："应当识本源"。错页，顺序杂乱。第1行至第4行，经文见《大正藏》第85册，第8页B栏第2行至第7行。第5行至第12行，经文见《大正藏》第85册，第7页B栏第7行至第16行。第13行至第16行，经文见《大正藏》第85册，第8页A栏第22行至第29行。

Дх.04948 **正法念处经卷第三十七观天品之十六**

存8行，行13至15字。起："善业彼放逸"，讫："如是乐见近"。北魏瞿昙般若流支译。经文见《大正藏》第17册，第216页A栏第5行至第13行。

Дх.04949 **大般若波罗蜜多经卷第二百六十五初分难信解品第三十四之八十四**

存10行，行4至9字。起："道圣谛清净"，讫："清净无二无二"。唐玄奘译。经文见《大正藏》第6册，第340页B栏第15行至第23行。

Дх.04950 **佛说灌顶随愿往生十方净土经卷第十一**

存7行，行3至8字。起："福德之力"，讫："生是善心得"。西晋帛尸梨蜜多罗译。经文见《大正藏》第21册，第530页A栏第4行至第10行。

Дх.04951 **妙法莲华经卷第七观世音菩萨普门品第二十五**

存7行，行4至10字。起："天大将军身"，讫："婆罗门身"。后秦鸠摩罗什译。经文见《大正藏》第9册，第57页B栏第2行至第9行。

Дх.04952 **佛说天地八阳神咒经**

存6行，行2至6字。起："说其"，讫："以成经教"。第2行至第5行，与唐义净译《佛说天地八阳神咒经》相关。经文见《大正藏》第85册，第1424页B栏第16行至第22行。

Дх.04953 **诸经日诵集要上卷之佛说解百生冤结陀罗尼经**

存20行，行6至8字。首题："佛说解百生冤家陀罗尼经"，尾题："佛说解百生冤家经"。卷末题记："丙戌南世三日僧董/法律白手书记者也。"经文见《嘉兴藏》第19册，第142页A栏第14行至B栏第4行。

Дх.04954 **金光明经卷第三散脂鬼神品第十**

存10行，行2至9字。起："如法安住"，讫："如是等"。北凉昙无谶译。经文见《大正藏》第16册，第346页B栏第29行至C栏第9行。

Дх.04955 **金光明最胜王经卷第一如来寿量品第二**

存13行，行2至11字。起："彼诸众生发"，讫："我致问少病"。唐义净译。经文见《大正藏》第16册，第405页B栏第28行至C栏第12行。

Дх.04956 **金刚般若波罗蜜经**

存13行，行2至8字。起："阿耨多罗"，讫："由他诸"。后秦鸠摩罗什译。经文见《大正藏》第8册，第750页C栏第17行至第29行。

Дх.04957 **金光明最胜王经卷第一如来寿量品第二**

二残片。存13行，行3至10字。上片为前，下片为后。起："之想所"，讫："牟尼如来正"。唐义净译。经文见《大正藏》第16册，第405页B栏第20行至C栏第8行。

Дх.04958 **大般若波罗蜜多经卷第三百一十八初分真如品第四十七之一**

存9行，行6至16字。起："水火风空"，讫："即是内空"。唐玄奘译。经文见《大正藏》第6册，第624页B栏和第11行至第19行。

Дх.04959 **藏经点检历**

录文："第十帙九十二第卅七帙第卅五帙六卷。"

Дх.04960 **六十甲子历**

存5行，行10至13字。正文单行大字，注双行小字。起："娶移徒皆去"，讫："二姓造举百"。此依王爱和定名。

Дх.04961　佛说阿弥陀经

二残片。存10行，行13至17字。两片顺序颠倒，第5至10行应为前半。起："诸善男子"，尾题："佛说阿弥陀经一卷"。后秦鸠摩罗什译。经文见《大正藏》第12册，第348页A栏第16行至第29行。

Дх.04962　金刚般若波罗蜜经

存9行，行4至13字。起："尘众是名"，讫："来所说义"。后秦鸠摩罗什译。经文见《大正藏》第8册，第752页B栏第10行至第17行。

Дх.04963　般若波罗蜜多心经

存9行，行4至13字。起："竟涅槃三世"，尾题："般若波罗蜜多心经"。唐玄奘译。经文见《大正藏》第8册，第848页C栏第17行至第24行。

Дх.04964　燃灯文

存5行，行5至12字。首题："然灯文。"

Дх.04964V　某人邈真赞

存6行，行3至11字。起："行于邻里温恭无失"，讫："秀独拔超群似丹桂之凌云"。

Дх.04965　大般若波罗蜜多经题签

录文："大般若波罗蜜多经卷第五百二五十一。"

Дх.04966　妙法莲华经卷第三化城喻品第七

存7行，行2至6字。起："六王子"，讫："沙弥皆悉信"。后秦鸠摩罗什译。经文见《大正藏》第9册，第25页A栏第26行至B栏第2行。

Дх.04967　妙法莲华经卷第七妙音菩萨品第二十四

存5行，行4至8字。起："菩萨庄严王菩萨药"，讫："佛身卑小诸菩"。后秦鸠摩罗什译。经文见《大正藏》第9册，第55页B栏第8行至第11行。

Дх.04968　大般涅槃经卷第四十憍陈如品第十三之二

存7行，行2至5字。起："除一问善"，讫："世尊我往"。北凉昙无谶译。经文见《大正藏》第12册，第601页C栏第4行至第10行。

Дх.04969　Дх.04970　因明入正理论

存9行，行2至6字。起："性不遣彼立"，讫："诸质碍者"。唐玄奘译。经文见《大正藏》第32册，第12页B栏第19行至第25行。

Дх.04971　大般若波罗蜜多经卷第一百八十一初分赞般若品第三十二之十

存6行，行3至8字。起："向不"，讫："若波罗蜜多"。唐玄奘译。经文见《大正藏》第5册，第973页B栏第17行至第21行。

Дх.04972　妙法莲华经卷第一方便品第二

存5行，行2至9字。起："我即作佛念"，讫："菩萨"。后秦鸠摩罗什译。经文见《大正藏》第9册，第10页A栏第14行至第20行。

Дх.04973　道行般若经卷第四摩诃般若波罗蜜觉品第九

存6行，行2至9字。起："声闻辟"，讫："言为不"。后汉支娄迦谶译。经文见《大正藏》第8册，第447页A栏第14行至第19行。

Дх.04974　残片

存5行。未检出。

Дх.04975　佛说罗摩伽经卷上

存6行，行1至10字。起："出柔软□□及诸宝幢"，讫："海普演诸佛"。西秦圣坚译。经文见《大正藏》第10册，第853页A栏第20行至第24行。

Дх.04976　摩诃僧祇律卷第二十七明杂诵跋渠法之五

存7行，行3至4字。起："僧房"，讫："士以此"。东晋佛驮跋陀罗共法显译。经文见《大正藏》第22册，第444页C栏第14行至第21行。

Дх.04977　妙法莲华经卷第五从地踊出品第十五

存9行，行1至9字。起："大众宣告汝"，讫："念阿逸"。后秦鸠摩罗什译。经文见《大正藏》第9册，第41页A栏第29行至B栏第6行。

Дх.04978　光赞经卷第一摩诃般若波罗蜜行空品

第三之一

存5行，行7至11字。起："如此辈类皆不可"，讫："所教行"。西晋竺法护译。经文见《大正藏》第8册，第152页B栏第9行至第14行。

Дx.04979 **大般涅槃经卷第十七梵行品第八之三**

存7行，行2至10字。起："任便"，讫："诃萨"。北凉昙无谶译。经文见《大正藏》第12册，第466页A栏第8行至第15行。

Дx.04980 **佛说佛名经卷第十二及白描佛像**

存7行，行1至10字。起："敷王佛"，讫："南无圣"。北魏菩提流支译。经文见《大正藏》第14册，第179页C栏第28行至第180页A栏第3行。或《佛说佛名经卷第二十七》，经文见《大正藏》第14册，第290页A栏第12行至第16行。在上一排佛名和下一排佛名间隙还用白描手法绘制了5尊小佛像。

Дx.04981 **妙法莲华经卷第二譬喻品第三**

存5行，行3至4字。起："菩萨"，讫："尊欲重宣"。后秦鸠摩罗什译。经文见《大正藏》第9册，第11页C栏第8行至第12行。

Дx.04982 **金光明经卷第四流水长者子品第十六**

存3行。录文："王□/有大光/于流水长。"唐义净译。经文见《大正藏》第16册，第353页B栏第29行至C栏第2行。

Дx.04983 **佛说观无量寿佛经**

存6行，行2至4字。起："闭心"，讫："彼国者当"。宋畺良耶舍译。经文见《大正藏》第12册，第341页C栏第3行至第9行。

Дx.04984 **大方等无想经卷第六大云初分增长健度第三十七之余**

存4行，行3至9字。起："若生若死若去若"，讫："修习正"。北凉昙无谶译。经文见《大正藏》第12册，第1106页A栏第25行至第29行。

Дx.04985 **大智度论卷第三十释初品中善根供养义第四十六**

存5行，行2至3字。起："住羼提"，讫："守护令"。龙树菩萨造、后秦鸠摩罗什译。经文见《大正藏》第25册，第280页C栏第28行至第281页A栏第2行。

Дx.04986 **妙法莲华经卷第二譬喻品第三**

存3行。录文："譬喻/若有比丘为/但乐受持。"后秦鸠摩罗什译。经文见《大正藏》第9册，第16页A栏第25行至第28行。

Дx.04987 **佛本行集经卷第四十三优波斯那品下**

存3行，行2至9字。起："故入彼大海而今"，讫："偈言"。隋阇那崛多译。经文见《大正藏》第3册，第852页A栏第18行至第20行。

Дx.04988 **大般涅槃经卷第二十九师子吼菩萨品第十一之三**

存4行，行1至5字。起："其性暴"，讫："不过三毒我"。北凉昙无谶译。经文见《大正藏》第12册，第540页B栏第7行至第9行。

Дx.04989 **小品般若波罗蜜经卷第二摩诃般若波罗蜜明咒品第四**

存7行，行2至5字。起："过去诸佛"，讫："道出现"。后秦鸠摩罗什译。经文见《大正藏》第8册，第543页C栏第1行至第4行。

Дx.04990 **大般涅槃经卷第三十四迦叶菩萨品第十二之二**

存6行，行2至5字。起："之处一切音声"，讫："决定说有非"。北凉昙无谶译。经文见《大正藏》第12册，第567页C栏第21行至第26行。

Дx.04991 **佛说妇人遇辜经**

存7行，行6至10字。起："舍卫国婆妇本国自"，讫："无救护者"。西秦圣坚译。经文见《大正藏》第14册，第944页A栏第8行至第15行。或为唐道世撰《法苑珠林卷第六十六怨苦篇第七十七杂难部第五》。经文见《大正藏》第53册第792页B栏第27行至C栏第4行。

Дx.04992 **小品般若波罗蜜经卷第七摩诃般若波罗蜜恒伽提婆品第十八**

存7行，行4至7字。起："多罗三貌"，讫："是人则为"。后秦鸠摩罗什译。经文见《大正藏》第8册，第568页C栏第5行至第11行。

Дx.04993　大般涅槃经卷第十五梵行品第八之一

存3行，行4至7字。起："天寿命极长"，讫："经无问自说是"。北凉昙无谶译。经文见《大正藏》第12册，第451页C栏第17行至第19行。

Дx.04994　馆藏缺

Дx.04995　四分律比丘戒本

存5行，行1至5字。起："衣径十"，讫："羯磨尼萨耆"。后秦佛陀耶舍译。经文见《大正藏》第22册，第1017页A栏第22行至第25行。或《四分僧戒本》，见《大正藏》第22册，第1025页A栏第6行至第10行。或《解脱戒经》，经文见《大正藏》第24册，第661页B栏第2行至第5行。

Дx.04996　药方

存6行。

Дx.04996V　残片

存3行。录文："身/者所许之物/不送此柮。"未检出。

Дx.04997　大智度论初品中诸佛称赞其名释论第四十七

存5行，行4至11字。起："佛称赞"，讫："生相世间"。龙树菩萨造、后秦鸠摩罗什译。经文见《大正藏》第25册，第282页C栏第20行至第24行。

Дx.04998　佛说佛名经卷第八

存4行，行2至3字。起："舍利"，讫："佛名深"。北魏菩提流支译。经文见《大正藏》第14册，第160页B栏第10行至第13行。

Дx.04999　妙法莲华经卷第六如来神力品第二十一

存4行，行3字左右。起："佛现神"，讫："地皆"。后秦鸠摩罗什译。经文见《大正藏》第9册，第51页C栏第22行至第25行。

Дx.05000　金光明经卷第三正论品第十一

存4行，行4至7字。起："说诸王正"，讫："大师梵尊"。北凉昙无谶译。经文见《大正藏》第16册，第347页A栏第4行至第8行。

俄藏敦煌文献第十二册叙录

Дх.05001 金光明经卷第三鬼神品第十三

存2行。录文："势分甚深/至金刚际。"北凉昙无谶译。经文见《大正藏》第16册，第350页B栏第26行至第27行。

Дх.05002 摩诃般若波罗蜜经卷第四金刚品第十三

存8行，行5至7字。起："白佛言世尊"，讫："若心行六波"。后秦鸠摩罗什译。经文见《大正藏》第8册，第243页B栏第20行至第28行。

Дх.05003 大宝积经卷第八十七大神变会第二十二之二

存6行，行5至8字。起："着与我及以我"，讫："心则无住"。唐菩提流志译。经文见《大正藏》第11册，第497页B栏第15行至第21行。

Дх.05004 妙法莲华经卷第一序品第一

存4行。录文："种种因缘/真珠摩尼/宝饰撵舆/第一。"后秦鸠摩罗什译。经文见《大正藏》第9册，第3页A栏第7行至第11行。

Дх.05005 大般若波罗蜜多经

存2行。录文："缘/至舌。"不可确指具体卷品。

Дх.05006 摩诃般若波罗蜜经卷第九遣异品第三十五

存7行，行2至8字。起："释提桓因心念"，讫："诵念"。后秦鸠摩罗什译。经文见《大正藏》第8册，第287页B栏第28行至第29行。

Дх.05007 大般涅槃经卷第三十八迦叶菩萨品第十二之六

存5行，行6至12字。起："此大地无复势"，讫："足成就破"。北凉昙无谶译。经文见《大正藏》第12册，第587页C栏第10行至第15行。

Дх.05008 十方千五百佛名经

存4行，行6至7字。起："所得功德"，讫："宿华智佛"。经文见《大正藏》第14册，第314页B栏第27行至C栏第3行。

Дх.05009 大般涅槃经卷第二十五师子吼菩萨品第二十三之一

存5行，行3至6字。起："无有无"，讫："一种二种"。宋慧严等依泥洹经加之。经文见《大正藏》第12册，第767页B栏第29行至C栏第3行。

Дх.05010 大宝积经卷第三十五菩萨藏会第十二之一

存4行，行1至5字。录文："众/假法/生者老者死/净寂灭可以。"唐玄奘译。经文见《大正藏》第11册，第199页B栏第24行至第28行。

Дх.05011 大方广佛华严经卷第二世主妙严品第一之二

存2行，行5至6字。录文："无尽神通智慧/切佛功德海。"唐实叉难陀译。经文见《大正藏》第10

册,第7页A栏第9行至第10行。

Дх.05012 佛说灌顶拔除过罪生死得度经卷第十二

存3行。录文："第八愿/愚冥无量/慧门普使。"东晋帛尸梨蜜多罗译。经文见《大正藏》第21册,第532页C栏第24行至第26行。

Дх.05013 金刚般若波罗蜜经

存3行,行2至6字。起:"提于",讫:"恒河中所有沙"。后秦鸠摩罗什译。经文见《大正藏》第8册,第751页B栏第20行至第22行。

Дх.05014 大智度论卷第九十四释四谛品第八十四

存6行。录文："生故/生故/乃/如金/饶益众/死须。"龙树菩萨造、后秦鸠摩罗什译。经文见《大正藏》第25册,第719页C栏第19行至第25行。

Дх.05015 成实论卷第六余心数品第九十三至卷第七不相应行品第九十四

存5行。录文："诸受中/心中名舍/喜得平等/是随种种法相/无想定灭。"诃梨跋摩造、后秦鸠摩罗什译。经文见《大正藏》第32册,第289页A栏第7行至第21行。

Дх.05016 妙法莲华经卷第六药王菩萨本事品第二十三

存3行,行4至5字。起:"皆使得住现",讫:"菩萨是我"。后秦鸠摩罗什译。经文见《大正藏》第9册,第53页C栏第29行至第54页A栏第3行。

Дх.05017 菩萨善戒经卷第八如法住生菩提地品第四

存9行。录文："世界/提道/故净心/三昧不与声/义无差别/住处行时得/不出未来/一义相不/无有。"宋求那跋摩译。经文见《大正藏》第30册,第1006页A栏第20行至第29行。

Дх.05018 大般涅槃经卷第二十二光明普照高贵德王菩萨品第十之二

存3行,行6至9字。起:"世尊若使",讫:"断佛性若"。北凉昙无谶译。经文见《大正藏》第12册,第493页B栏第24行至第27行。

Дх.05019 大般涅槃经卷第十一切大众所问品第十七

存3行。录文："大法今以/来复当付嘱/为欲调伏。"北凉昙无谶译。经文见《大正藏》第12册,第669页C栏第8行至第11行。

Дх.05020 杂阿毗昙心论卷第六

存4行,行4到10字。起:"者于上四时",讫:"道法智增"。宋僧伽跋摩等译。经文见《大正藏》第28册,第918页C栏第22行至第25行。

Дх.05021 发愿文

存2行,行7至9字。录文："而何追至非理惠/何能遂于佛岸澡八解。"疑为发愿文。

Дх.05022 妙法莲华经卷第六药王菩萨本事品第二十三

存5行,行2至12字。起:"而作",讫:"已自然还复"。后秦鸠摩罗什译。经文见《大正藏》第9册,第54页A栏第2行至第7行。

Дх.05023 妙法莲华经卷第六药王菩萨本事品第二十三

存4行,行3至7字。起:"千万亿菩萨",讫:"大乘经"。后秦鸠摩罗什译。经文见《大正藏》第9册,第51页C栏第29行至第52页A栏第5行。

Дх.05024 大般涅槃经卷第三十六迦叶菩萨品第十二之四

存9行,行2至12字。起:"流般",讫:"上上者处无"。北凉昙无谶译。经文见《大正藏》第12册,第578页C栏第8行至第16行。

Дх.05025 大般若波罗蜜多经

存2行,行2至3字。录文："大般/初分无。"唐玄奘译。不可确指具体卷品。

Дх.05026 佛说睒子经

存3行,行3至6字。起:"狼毒虫慈",讫:"和娱乐"。西秦圣坚译。经文见《大正藏》第3册,第438页C栏第18行至第20行。

Дх.05027 大般涅槃经卷第十一圣行品第七之一

存5行，行10至11字。起："也息世讥"，讫："豹猫狸猪"。北凉昙无谶译。经文见《大正藏》第12册，第432页C栏第17行至第22行。

Дx.05028 大般若波罗蜜多经卷第三百五十九初分多问不二品第六十一之九

存4行，行1至4字。录文："佛言/若菩萨/言世尊何/受。"唐玄奘译。经文见《大正藏》第6册，第847页C栏第12行至第16行。

Дx.05029 南本大般涅槃经会疏卷第二十四

存6行，行3至6字。起："如我上说若遇"，讫："发于菩"。北凉昙无谶译，晋慧严、慧观、谢灵运重治。经文见《卍新续藏》第36册，第668页B栏第18行至第23行。

Дx.05030 新删定四分僧戒本序

存8行，行1至12字。起："丘夺衣失衣烧"，讫："妇"。唐道宣撰。经文见《卍新续藏》第39册，第265页A栏第16行至B栏第4行。

Дx.05031 太上洞玄灵宝无量度人上品妙经

存7行，行3至10字。起："之神天中大魔"，讫："帝中主"。

Дx.05032 金刚般若波罗蜜经

存5行，行3至6字。起："彼微尘甚多世"，讫："来说卅"。北魏菩提流支译。经文见《大正藏》第8册，第754页B栏第3行至第7行。

Дx.05033 妙法莲华经卷第四五百弟子受记品第八

存4行，行4至11字。起："以小智为"，讫："衣食故勤"。后秦鸠摩罗什译。经文见《大正藏》第9册，第29页A栏第5行至第9行。

Дx.05034 阿毗达磨大毗婆沙论卷第四十二杂蕴第一中思纳息第八之一

存5行，行2至8字。起："在意"，讫："上地没"。唐玄奘译。经文见《大正藏》第27册，第218页B栏第26行至C栏第2行。

Дx.05035 大般若波罗蜜多经卷第一百七十一初分随喜回向品第三十一之四

存5行，行3至7字。起："可以彼无"，讫："非过去"。唐玄奘译。经文见《大正藏》第5册，第918页A栏第21行至第26行。

Дx.05036 大般涅槃经卷第三十一师子吼菩萨品第十一之五

存11行，行1至8字。起："能"，讫："心恶"。北凉昙无谶译。经文见《大正藏》第12册，第553页A栏第28行至B栏第9行。

Дx.05037 金刚般若波罗蜜经

存6行，行1至8字。起："菩萨/非于"，讫："悉"。北魏菩提流支译。经文见《大正藏》第8册，第753页B栏第1行至第7行。

Дx.05038 大般涅槃经卷第七如来性品第四之四

存4行，行2至7字。起："是魔所说"，讫："耶如"。北凉昙无谶译。经文见《大正藏》第12册，第403页C栏和第644页B栏第4行至第8行。

Дx.05039 佛说维摩诘经卷上佛国品第一

存6行，行3至5字。起："邻那竭"，讫："中此三"。吴支谦译。经文见《大正藏》第14册，第519页B栏第29行至C栏第6行。

Дx.05040 妙法莲华经卷第四见宝塔品第十一

存3行，行5至8字。起："下诸师子座"，讫："喜不自胜"。后秦鸠摩罗什译。经文见《大正藏》第9册，第33页C栏第28行至A栏第2行。

Дx.05041 金光明经卷第二四天王品第六

存4行，行3至7字。起："人王于"，讫："照我等宫"。北凉昙无谶译。经文见《大正藏》第16册，第342页C栏第8行至第11行。

Дx.05042 文殊师利问经卷上有余气品第七

存11行，行5至11字。起："殊师利白佛"，讫："色有苦乐不"。梁僧伽婆罗译。经文见《大正藏》第14册，第495页C栏第24行至第496页A栏第6行。

Дx.05043 妙法莲华经卷第七观世音菩萨普门品第二十五

存4行，行6至9字。起："有人若有"，讫："宝经过险"。后秦鸠摩罗什译。经文见《大正藏》第9册，第56页C栏第20行至第24行。

Дх.05044A 妙法莲华经卷第四授学无学人记品第九至法师品第十

存5行，行3至12字。起："尔时学无"，品题："妙法莲华经法师品第十"，讫："尔时世尊因药"。后秦鸠摩罗什译。经文见《大正藏》第9册，第30页B栏第24行至第29行。

Дх.05044B 维摩诘所说经卷中观众生品第七

存5行，行3至5字。起："生为若"，讫："观众生"。后秦鸠摩罗什译，经文见《大正藏》第14册，第574页B栏第2行至第6行。

Дх.05045 金刚般若波罗蜜经

存9行，行4至6字。起："摩诃萨应"，讫："声香味触"。后秦鸠摩罗什译。经文见《大正藏》第8册，第749页A栏第5行至第13行。

Дх.05046 大乘大集地藏十轮经卷第五

存4行，行4至7字。起："挐纥栗折"，讫："大梵说是"。唐玄奘译。经文见《大正藏》第13册，第747页B栏第29行至C栏第3行。

Дх.05047 杂阿毗昙心论卷第六智品第六

存9行，行2至10字。起："若依禅未"，讫："所以"。宋僧伽跋摩等译。经文见《大正藏》第28册，第919页A栏第12行至第20行。

Дх.05048 佛说佛名经卷第一

存9行，行2至10字。起："三昧喻"，讫："罗住佛"。北魏菩提流支译。经文见《大正藏》第14册，第116页B栏第2行至第8行。

Дх.05049 合部金光明经卷第二业障灭品第五

存13行，行4至12字。起："切众生无有"，讫："万亿分算"。真谛译、隋释宝贵合。经文见《大正藏》第16册，第371页A栏第23行至B栏第6行。

Дх.05050 金光明经卷第二四天王品第六

存8行，行2至7字。起："量百千万亿"，讫："伏诸"。北凉昙无谶译。经文见《大正藏》第16册，第342页B栏第21行至C栏第1行。

Дх.05051 妙法莲华经卷第七观世音菩萨普门品第二十五

存8行，行3至6字。起："世音"，讫："是二"。后秦鸠摩罗什译。经文见《大正藏》第9册，第57页A栏第7行至第17行。

Дх.05052 妙法莲华经卷第一方便品第二

存3行，行4至9字。起："二乘何况"，讫："浊如是舍利"。后秦鸠摩罗什译。经文见《大正藏》第9册，第7页B栏第22行至第24行。

Дх.05053 金刚般若波罗蜜经

存5行，行2至7字。首题："金刚般若波罗蜜"，讫："其城"。后秦鸠摩罗什译。经文见《大正藏》第8册，第748页C栏第17行至第22行。

Дх.05054 佛说阿弥陀经

存5行，行2至4字。起："阿□楼驮"，讫："尔时"。后秦鸠摩罗什译。经文见《大正藏》第12册，第346页B栏第5行至第10行。

Дх.05055 大般若波罗蜜多经卷第四百四十一第二分不和合品第四十五之二

存6行，行1至8字。起："量无数无"，讫："布"。唐玄奘译。经文见《大正藏》第7册，第224页B栏第16行至第21行。

Дх.05056 妙法莲华经卷第四授学无学人记品第九

存10行，行3至25字。起："尔时学"，讫："量千万"。后秦鸠摩罗什译。经文见《大正藏》第9册，第29页B栏第1行至C栏第15行。

Дх.05057 摩诃般若波罗蜜经卷第十八梦誓品第六十一

存6行，行7至10字。起："脱智慧神"，讫："闹行而依"。后秦鸠摩罗什译。经文见《大正藏》第8册，第353页B栏第8行至第14行。

Дх.05058 妙法莲华经卷第三化城喻品第七

存6行，行10至11字。起："时五百万"，讫："而作是言唯见"。后秦鸠摩罗什译。经文见《大正藏》第9册，第23页A栏第4行至第12行。

Дx.05058V　妙法莲华经卷第三化城喻品第七

存6行，行9至12字。起："时大通智"，讫："昔所未闻见"。后秦鸠摩罗什译。经文见《大正藏》第9册，第24页B栏第9行至第16行。

Дx.05059　妙法莲华经要解卷第十一

存2行，行4字。录文："彼之宝塔/善哉不独。"戒环解。经文见《永乐北藏》第184册，第825页B栏第5行至第6行。

Дx.05060　四分律比丘戒本

存7行，行5字。起："我今欲善说"，讫："众新月为最"。后秦佛陀耶舍译。经文见《大正藏》第22册，第1015页B栏第1行至第13行。

Дx.05060V　残佛经

存7行。未检出。

Дx.05061　大般涅槃经卷第十三圣行品第七之三

存7行，行4至9字。起："男子知诸"，讫："为性亦名"。北凉昙无谶译。经文见《大正藏》第12册，第442页B栏第27行至C栏第2行。

Дx.05062　大般涅槃经卷第三十四迦叶菩萨品第十二之二

存6行，行5至9字。起："我诸弟子"，讫："灭善男子"。北凉昙无谶译。经文见《大正藏》第12册，第567页C栏第21行至第27行。

Дx.05063　妙法莲华经卷第六法师功德品第十九

存6行，行4至5字。起："其形寿随"，讫："深净妙声"。后秦鸠摩罗什译。经文见《大正藏》第9册，第49页B栏第29行至C栏第7行。

Дx.05064　金刚般若波罗蜜经论卷下

存4行，行9至11字。起："心者说诸"，讫："相须菩提"。天亲菩萨造、北魏菩提流支译。经文见《大正藏》第25册，第779页B栏第9行至第13行。

Дx.05065　妙法莲华经卷第七妙音菩萨品第二十四

存4行，行6至8字。起："能为供养"，讫："佛告华德"。后秦鸠摩罗什译。经文见《大正藏》第9册，第55页C栏第28行至第56页A栏第3行。

Дx.05066　妙法莲华经卷第二譬喻品第三

存8行，行3至8字。起："千二百心"，讫："诸所说皆"。后秦鸠摩罗什译。经文见《大正藏》第9册，第12页B栏第4行至第11行。

Дx.05067　春秋左氏传襄公十八年

存3行，行5至6字。起："信于城下而还"，讫："不害吾骤"。

Дx.05068　金光明经卷第二大辩天神品第七

存7行，行2至8字。起："辩才令其"，讫："是等"。北凉昙无谶译。经文见《大正藏》第16册，第344页C栏第22行至第28行。

Дx.05069　贤愚经卷第三大光明王始发道心缘品第十六

存2行。录文："丸烧令极赤/耳今有小过不。"北魏慧觉等译。经文见《大正藏》第4册，第372页C栏第1行至第3行。

Дx.05070　妙法莲华经卷第七观世音菩萨普门品第二十五

存6行，行6至8字。起："段坏而得解脱"，讫："千大千国土满"。后秦鸠摩罗什译。经文见《大正藏》第9册，第56页C栏第17行至第23行。

Дx.05071　摩诃般若波罗蜜经卷第二十六平等品第八十六

存10行，行2至12字。起："法宝"，讫："狱是饿鬼"。后秦鸠摩罗什译。经文见《大正藏》第8册，第414页C栏第24行至第415页A栏第4行。

Дx.05072　安乐行道转经愿生净土法事赞卷下

存7行，行4至16字。起："莲华大如"，讫："食经行舍"。唐善导集记。经文见《大正藏》第47册，第431页C栏第17行至第432页A栏第4行。

Дx.05073　金光明最胜王经题签

录文："金光明最胜王经卷第▢▢。"

Дx.05074 金光明经卷第三正论品第十一

存3行。录文："太/持是正论亦/国土未曾一念。"北凉昙无谶译。经文见《大正藏》第16册，第346页C栏第28行至第347页A栏第1行。

Дx.05075 请观世音菩萨消伏毒害陀罗尼咒经

存11行，行2至9字。起："坚性水火"，讫："干达"。东晋竺难提晋言法喜译。经文见《大正藏》第20册，第37页A栏第9行至第20行。

Дx.05076 佛顶尊胜陀罗尼经

存3行，行5至9字。起："佛告天帝"，讫："供养于瞻部"。唐佛陀波利译。经文见《大正藏》第19册，第351页A栏第12行至第14行。

Дx.05077 金光明最胜王经卷第八大辩才天女品第十五之二

存13行，行6至11字。起："妙言词博"，讫："诸佛妙辩"。唐义净译。经文见《大正藏》第16册，第437页C栏第23行至第438页A栏第7行。

Дx.05078 佛说天地八阳神咒经

存8行，行5至11字。起："诸人□□□/爱乐即"，讫："飨三菩提"。唐义净译。经文见《大正藏》第85册，第1423页C栏第25行至第1424页A栏第5行。

Дx.05079 集诸经礼忏仪

存19行，行4至14字。起："欲求寂灭"，讫："恭敬敬礼"。唐智昇撰。是残卷文字潦草，字句摘抄无序，主要内容见《大正藏》第47册。

Дx.05080 佛说法王经

存8行，行3至15字。起："鼠啮断"，讫："菩萨言于我"。经文见《大正藏》第85册，第1387页A栏第11行至第18行。

Дx.05081 Дx.05084 祈愿文

存8行。似为赞普祈福文。

Дx.05081V Дx.05084V 杂写

存2行。录文："庭合树/唯□□草。"

Дx.05082 金光明经卷第三散脂鬼神品第十

存7行，行1至6字。起："部诸鬼神"，讫："若"。北凉昙无谶译。经文见《大正藏》第16册，第346页B栏第16行至第18行。

Дx.05083 金光明最胜王经卷第九长者子流水品第二十五

存4行，行10至17字。起："寻觅不已"，讫："亦未能断"。唐义净译。经文见《大正藏》第16册，第449页A栏第23行至第27行。

Дx.05084 祈愿文

见Дx.05081。

Дx.05084V 杂写

见Дx.05081V。

Дx.05085 残片

存3行。录文："若有/方不/速以。"未检出。

Дx.05086 大般涅槃经卷第十五梵行品第八之一

存7行，行5至12字。起："大般涅槃经卷第十五"，讫："唯应有三"。北凉昙无谶译。经文见《大正藏》第12册，第451页B栏第4行至第452页C栏第4行。

Дx.05087 金光明最胜王经卷第十舍生品第二十六

存6行，行8至9字。起："恶疾百千"，讫："身既证得"。唐义净译。经文见《大正藏》第16册，第451页C栏第15行至第21行。

Дx.05088 药师琉璃光如来本愿功德经

存5行，行5至9字。起："尊告阿难"，讫："世尊此日"。唐玄奘译。经文见《大正藏》第14册，第407页A栏第17行至第22行。

Дx.05089 妙法莲华经卷第七观世音菩萨普门品第二十五

存3行，行5至12字。起："有如是自"，讫："妙相俱我"。后秦鸠摩罗什译。经文见《大正藏》第9册，第57页C栏第6行至第9行。

Дx.05090 金光明最胜王经卷第九除病品第二十四

存11行，行10至16字。起："所投面礼足"，讫："将二十大"。唐义净译。经文见《大正藏》第16册，第449页A栏第28行至B栏第9行。

Дx.05091 大般若波罗蜜多经卷第四百三十七第二分无摽帜品第四十一之二

六残片。每片存3行，行3至7字。起："由此因缘"，讫："现由此因缘如是"。唐玄奘译。经文见《大正藏》第7册，第198页B栏第22行至第201页A栏第7行。

Дx.05092　Дx.11088　残片

其一，存7行，后2行倒书。其二，存3行。待定名。

Дx.05092V　Дx.11088V　绢褐布历

二残片。存9行。

Дx.05093　金光明最胜王经卷第三灭业障品第五

存7行，行2至10字。起："悔灭除业"，讫："心护三业"。唐义净译。经文见《大正藏》第16册，第414页C栏第16行至第22行。

Дx.05094　大佛顶如来密因修证了义诸菩萨万行首楞严经卷第一

存4行，行7至17字。起："用我心目"，讫："则不能得"。唐般剌蜜帝译。经文见《大正藏》第19册，第107页A栏第6行至第9行。

Дx.05095　大乘无量寿经

存17行，行4至17字。起："波唎输底"，讫："须毗俪悉"。经文见《大正藏》第19册，第83页C栏19行至第84页A栏第4行。

Дx.05096　道真题记

存1行。录文："三界寺比丘道真修。"道真为三界寺僧正时，曾主持过几次清理佛经活动，"寻访古坏经文，收入寺中，修补头尾，流传于世"。此件即为某次整理佛经的题记。

Дx.05097　大乘无量寿经

存7行，行6至27字。起："砚娜三须"，讫："诃十五"。经文见《大正藏》第19册，第83页C栏19行至第84页A栏第4行。

Дx.05098　维摩诘所说经卷上菩萨品第四

见Дx.04762。

Дx.05099　妙法莲华经卷第一序品第一

存4行，行7至11字。起："提是诸王"，讫："利多所忘"。后秦鸠摩罗什译。经文见《大正藏》第9册，第4页B栏第9行至第12行。

Дx.05100　大般若波罗蜜多经卷第三百一十二初分众喻品第四十四之二

存7行，行7至12字。起："成就是戒"，讫："修布施时"。唐玄奘译。经文见《大正藏》第6册，第594页A栏第5行至第11行。

Дx.05101　大智度论卷第三十四释初品中见一切佛世界义第五十一之余

存7行，行6至17字。起："利弗菩萨/诸佛"，讫："外道神仙"。龙树菩萨造、后秦鸠摩罗什译。经文见《大正藏》第25册，第308页C栏第8行至第14行。

Дx.05101V　杂写

存"大般"2字。

Дx.05102　妙法莲华经卷第一序品第一

存4行，行3至7字。起："闻诸佛"，讫："萨道复见"。后秦鸠摩罗什译。经文见《大正藏》第9册，第2页B栏第20行至第23行。

Дx.05103　佛顶尊胜陀罗尼经

存7行，行2至11字。起："咒初"，尾题："佛顶尊胜陀罗尼经"。唐佛陀波利译。经文见《大正藏》第19册，第349页C栏第12行至第23行。

Дx.05104　佛说观弥勒菩萨上生兜率天经

存7行，行3至10字。起："给独孤园"，讫："名曰楼"。宋沮渠京声译。经文见《大正藏》第14册，第418页B栏第6行至第12行。

Дx.05105　药师琉璃光如来本愿功德经

存19行，行4至14字。起："引摄置于正"，讫："道时所发"。唐玄奘译。经文见《大正藏》第14册，第405页B栏第11行至C栏第1行。

Дx.05106　温室经疏

存6行，行3至9字。起："洗僧所"，迄："之法通曰"。惠净撰。经文见《大正藏》第85册，第538页B栏第10行至第18行。

Дx.05107　**杂写**

存"六十"2字。

Дx.05108　**版画水月观音**

存4幅，皆残。与P.4076同版。单尊宽4.8厘米，高7.9厘米。观音游戏坐于莲台上，侧身向右。右腿结跏，左腿下垂，足踩莲花。右手抚膝，左手曲臂上扬。项饰璎珞，戴臂钏。帛巾自左至右腋斜披。发髻束顶，肩披青发。目视前方，表情沉静。画面左上角一枝莲花含苞欲放。

Дx.05109　**金刚般若波罗蜜经**

存5行，行4至7字。起："作佛号释"，迄："三菩提须"。后秦鸠摩罗什译。经文见《大正藏》第8册，第751页A栏第23行至第28行。

Дx.05110　**大般若波罗蜜多经卷第八十九初分求般若品第二十七之一**

存4行，行4至7字。起："受想行识"，迄："可得非离"。唐玄奘译。经文见《大正藏》第5册，第498页A栏第3行至第4行。

Дx.05111　**大佛顶如来顶髻白盖陀罗尼神咒经**

存6行，行14至23字。起："执金刚咒"，迄："乞叉那葛"。未检出。

Дx.05111V　**大佛顶如来顶髻白盖陀罗尼神咒经**

存6行，行19至25字。接抄正面。起："啰呼吽咄"，迄："吽咄噜吽"。未检出。

Дx.05112　**金刚般若波罗蜜经**

存7行，行5至9字。起："言世尊如来"，迄："相即是非相是"。后秦鸠摩罗什译。经文见《大正藏》第8册，第750页A栏第16行至第23行。

Дx.05113　**妙法莲华经卷第四五百弟子受记品第八**

存8行，行9至20字。起："缘甚大欢"，迄："不愿好者"。后秦鸠摩罗什译。经文见《大正藏》第9册，第29页A栏第23行至B栏第7行。

Дx.05114　**佛说天地八阳神咒经**

存10行，行7至16字。起："起而白佛"，迄："为诸邪见"。唐义净译。经文见《大正藏》第85册，第1422页B栏第19行至C栏第3行。

Дx.05115　**药师琉璃光如来本愿功德经**

存3行，行2至7字。起："德巍巍身善"，迄："量无"。唐玄奘译。经文见《大正藏》第14册，第405页A栏第12行至第15行。

Дx.05116　Дx.05124　**妙法莲华经卷第三药草喻品第五**

存7行，行1至15字。首题："妙法莲华经药草喻品第五"，迄："于"。后秦鸠摩罗什译。经文见《大正藏》第9册，第19页A栏第19行至第24行。

Дx.05117　**妙法莲华经卷第二譬喻品第三**

存8行，行1至11字。起："于一切世"，迄："涅槃而今"。后秦鸠摩罗什译。经文见《大正藏》第9册，第12页A栏第27行至B栏第7行。

Дx.05118　**大般涅槃经卷第二十四光明遍照高贵德王菩萨品第十之四**

存5行，行8至9字。起："酰首罗当"，迄："萨虽复得"。北凉昙无谶译。经文见《大正藏》第12册，第509页C栏第4行至第8行。

Дx.05119　**大般若波罗蜜多经卷第四百五十五第二分同学品第六十一之二**

存5行，行3至8字。起："等菩提亦坏"，迄："萨与菩萨"。唐玄奘译。经文见《大正藏》第7册，第297页C栏第7行至第10行。

Дx.05120　**金光明最胜王经卷第五莲华喻赞品第七**

存7行，行6至7字。起："眉间常有"，迄："有妙光明"。唐义净译。经文见《大正藏》第16册，第422页C栏第16行至第19行。

Дx.05121　**大般若波罗蜜多经卷第五百三十四第三分施等品第二十九之三**

存11行，行4至9字。起："大无上正"，迄："诃萨于诸"。唐玄奘译。经文见《大正藏》第7册，

740页C栏第1行至第11行。

Дх.05122 妙法莲华经卷第四法师品第十

存6行，行2至20字。起："得见我身/空闲"，讫："由旬"。后秦鸠摩罗什译。经文见《大正藏》第9册，第32页B栏第9行至第17行。

Дх.05123 妙法莲华经卷第三药草喻品第五

存4行，行2至6字。起："一切智地"，讫："千大"。后秦鸠摩罗什译。经文见《大正藏》第9册，第19页A栏第24行至第28行。

Дх.05124 妙法莲华经卷第三药草喻品第五

见Дx.05116。

Дх.05125 大般若波罗蜜多经卷第四百四十八第二分真如品第五十二之三

存4行，行5至7字。起："大般若波罗"，讫："为萨摩诃萨"。唐玄奘译。经文见《大正藏》第7册，第258页C栏第2行至第8行。

Дх.05126 梁朝傅大士颂金刚经

存4行，行5至14字。起："多曳怛侄"，讫："婆诃"。题记："天佑三年丙寅六月十二日八十三/老人奉为金刚蜜迹菩萨写此/经乞早过世信心人受持。"经文见《大正藏》第85册，第8页C栏第17行至第18行。

Дх.05127 佛说如来成道经

存22行，行6至15字。起："蟊旋生出"，讫："不摧拾得物"。经文见《大正藏》第85册，第1405页A栏第27行至B栏第16行。

Дх.05128 梵网经卢舍那佛说菩萨心地戒品第十卷下

存5行，行9至10字。起："乘外道俗"，讫："用如己自"。后秦鸠摩罗什译。经文见《大正藏》第24册，第1006页C栏第21行至第1007页A栏第1行。

Дх.05129 大般若波罗蜜多经卷第二百四十九至第二百五十

存12行，行5至9字。起："清净香界乃"，讫："无二分无别"。唐玄奘译。经文见《大正藏》第6册，第261页A栏第28行至B栏第3行。

Дх.05130 维摩诘所说经卷上佛国品第一

存7行，行4至12字。起："音菩萨虚空"，讫："萨观世音"。后秦鸠摩罗什译。经文见《大正藏》第14册，第537页B栏第7行至第13行。

Дх.05131 集诸经礼忏仪卷上

存7行，行1至6字。起："南无/此三十五佛名"，讫："无"。唐智昇撰。经文见《大正藏》第47册，第464页B栏第6行至第9行。

Дх.05132 佛说灌顶拔除过罪生死得度经卷第十二

存6行，行1至16字。起："佛若夜恶梦"，讫："璃光"。东晋帛尸梨蜜多罗译。经文见《大正藏》第21册，第534页A栏第15行至第20行。

Дх.05133 金光明最胜王经卷第九善生王品第二十一至诸天药叉护持品第二十二

存5行，行5至13字。起："由斯福故证"，讫："大吉祥天"。唐义净译。经文见《大正藏》第16册，第444页C栏第24行至第29行。

Дх.05134 维摩诘所说经卷上佛国品第一

存14行，行2至6字。起："严身"，讫："定自在"。后秦鸠摩罗什译。经文见《大正藏》第14册，第537页A栏第17行至B栏第3行。

Дх.05135 维摩诘所说经卷下见阿閦佛品第十二

存25行，行3至7字。起："亦登其"，讫："说修行即"。后秦鸠摩罗什译。经文见《大正藏》第14册，第555页B栏第25行至C栏第24行。

Дх.05136 道德真经集注序

存14行，行4至15字。首题："细无不入"，讫："文道之□宗也诵"。出自宋太守张氏集注《正统道藏》洞神部玉诀类。

Дх.05137 大般若波罗蜜多经卷第五百七十二第六分显德品第十一

存17行，行3至9字。起："不能具足"，讫："萨摩诃萨道何"。唐玄奘译。经文见《大正藏》第7册，第953页B栏第16行至第17行。书写顺序颠倒。

Дх.05138　**杂宝藏经卷第九**

存25行，行7至21字。卷尾3行与前22行字迹颠倒，内容不同。起："大富缘昔"，讫："第七小女"。经卷尾部倒书"大般若经册第帙第八卷内多有写"。元魏吉迦夜共昙曜译。经文见《大正藏》第4册，第491页C栏第20行至第492页A栏第29行。

Дх.05139　**和菩萨戒文**

存26行，行2至15字。起："专注法音惟愿"，讫："佛子"。经文见《大正藏》第85册，第1300页B栏第7行至第26行。

Дх.05139V　**题记**

存2行。录文："庚辰年八月六日大云寺比丘僧/法晟写和戒文一本题已之耳。"

Дх.05140　**天地开辟以来帝王记**

存42行，行14至24字。起："在其□上如"，讫："下在此名"。

Дх.05141　Дх.05142　**大般涅槃经卷第三十七迦叶菩萨品第十二之五**

存57行，行9至16字。首题："大般涅槃经卷三十七"，讫："犹如瓦瓶"。北凉昙无谶译。经文见《大正藏》第12册，第580页C栏第19行至第581页B栏第26行。

Дх.05143　**小品般若波罗蜜经卷第四摩诃般若波罗蜜叹净品第九**

存24行，行19至20字。起："般若波罗蜜"，讫："无法可见"。后秦鸠摩罗什译。经文见《大正藏》第8册，第552页C栏第23行至第553页A栏第21行。

Дх.05144　**迦丁比丘说当来变经**

存26行，行10至18字。起："法山已崩"，讫："稽首奉行"。失译。经文见《大正藏》第49册，第9页B栏第16行至C栏第13行。

Дх.05145　**大般涅槃经卷第三十七迦叶菩萨品第十二之五**

存25行，行6至19字。起："空若尔应是"，讫："有四方若"。北凉昙无谶译。经文见《大正藏》第12册，第581页B栏第26行至C栏第24行。

Дх.05146　**小品般若波罗蜜经卷第四摩诃般若波罗蜜不可思议品第十**

存18行，行3至20字。首题："摩诃般若波罗蜜不可思议品第十"，讫："尊云何"。后秦鸠摩罗什译。经文见《大正藏》第8册，第553页C栏第16行至第554页A栏第8行。

Дх.05147　**修行本起经卷下出家品第五**

存56行，行2至23字。卷首3行字迹漫漶不清。第4行至第56行，起："咒虎象龙牛马"，讫："有愚痴无愚痴者"。后汉竺大力共康孟详译。经文见《大正藏》第3册，第471页A栏第9行至C栏第6行。

Дх.05148　**金刚般若波罗蜜经**

存8行，行5至8字。起："须菩提于"，讫："以此为实"。后秦鸠摩罗什译。经文见《大正藏》第8册，第749页A栏第21行至第29行。

Дх.05149A　**妙法莲华经卷第六药王菩萨本事品第二十三**

存3行。录文："流江河诸/复如是于诸/土山黑山小。"后秦鸠0摩罗什译。经文见《大正藏》第9册，第54页A栏第19行至第22行。

Дх.05149B　**梵网经卢舍那佛说菩萨心地戒品第十卷下**

存2行。录文："若佛子欲受国/位时应先受。"后秦鸠摩罗什译。经文见《大正藏》第24册，第1005页A栏第27行至第28行。

Дх.05150　**大方广佛华严经卷第三十八离世间品**

四残片。存7行，行7至17字。起："是一相一义佛子"，讫："畏不舍大愿"。东晋佛驮跋陀罗译。经文见《大正藏》第9册，第641页A栏第27行至B栏第11行。

Дх.05151　**大方便佛报恩经卷第二对治品**

存4行，行4至5字。起："当坐道场"，讫："摩诃萨久于"。失译。经文见《大正藏》第3册，第130页

C栏第25行至第29行。

Дх.05151V 杂写

仅存一"敕"字。

Дх.05152 金刚般若波罗蜜经

见Дх.02176。

Дх.05153 残佛经

存4行,行10至12字。未检出。

Дх.05154 摩诃般若波罗蜜经卷第二十五实际品第十八

存11行,行1至17字。起:"诸佛",讫:"性"。后秦鸠摩罗什译。经文见《大正藏》第8册,第403页A栏第28行至第403页B栏第8行。

Дх.05155 新菩萨经

抄写二遍。存11行,行3至14字。起:"病死筹",讫:"报诸众生令戴饶患"。经文见《大正藏》第85册,第1462页A栏第28行至B栏第7行。

Дх.05156 大般涅槃经卷第三十师子吼菩萨品第十一之四

存34行,行5至17字。起:"即是如来善",讫:"故则无系缚"。北凉昙无谶译。经文见《大正藏》第12册,第546页B栏第11行至C栏第17行。经校勘,有多处添补字。

Дх.05157 大智度论卷第三十九释往生品第四之中

存30行,行6至16字。起:"不净不令",讫:"菩萨生声闻"。龙树菩萨造、后秦鸠摩罗什译。经文见《大正藏》第25册,第345页A栏第27行至B栏第25行。

Дх.05158 阿毗昙毗婆沙论卷第五十三智揵度他心智品第二之五

存24行,行12至23字。起:"不说者有",讫:"坏信□□"。迦旃延子造、五百罗汉释、北凉浮陀跋摩共道泰等译。经文见《大正藏》第28册,第385页B栏第3行至C栏第5行。

Дх.05159 辩意长者子经

存25行,行7至19字。起:"佛告阿难",讫:"入国车骑"。后魏法场译。经文见《大正藏》第14册,第839页C栏第2行至第840页A栏第5行。

Дх.05160 佛说长阿含经卷第九第二分十上经第六

存33行,行1至17字。中添加1行。起:"复/无学戒聚定",讫:"三者知他"。后秦佛陀耶舍共竺佛念译。经文见《大正藏》第1册,第54页A栏第4行至B栏第10行。

Дх.05161 寂调音所问经

存8行,行15至16字。起:"谛为一切",讫:"成就法利"。宋法海译。经文见《大正藏》第24册,第1082页A栏第15行至第23行。

Дх.05162 摩诃般若波罗蜜经卷第十六大如品第五十四

存13行,行5至16字。起:"当可得乃至一切",讫:"成阿罗汉舍"。后秦鸠摩罗什译。经文见《大正藏》第8册,第336页A栏第19行至B栏第3行。

Дх.05163 小品般若波罗蜜经卷第十萨陀波仑品第二十七

存25行,行7至18字。起:"佛告须菩提",讫:"不离诸佛不"。后秦鸠摩罗什译。经文见《大正藏》第8册,第580页A栏第24行至B栏第20行。

Дх.05164 妙法莲华经卷第一方便品第二

存15行,行9至20字。起:"根乐小法",讫:"事为不可"。后秦鸠摩罗什译。经文见《大正藏》第9册,第7页C栏第28行至第8页A栏第27行。

Дх.05165 佛说孛经抄

存18行,行2至18字。起:"行十善孝",讫:"自知贪"。吴支谦译。经文见《大正藏》第17册,第730页A栏第10行至B栏第2行。

Дх.05166 小品般若波罗蜜经卷第四摩诃般若波罗蜜叹净品第九

存9行,行13至20字。起:"说不增不",讫:"发大庄严"。后秦鸠摩罗什译。经文见《大正藏》第8册,第552页B栏第12行至第24行。

Дx.05167 金光明经卷第一忏悔品第三

存20行，行8至16字。起："三十二相"，讫："不思议劫"。北凉昙无谶译。经文见《大正藏》第16册，第337页C栏第22行至第338页A栏第17行。

Дx.05168 妙法莲华经卷第六法师功德品第十

存15行，行9至20字。起："皆闻其音"，讫："诃曼陀罗"。后秦鸠摩罗什译。经文见《大正藏》第9册，第48页B栏第12行至第29行。

Дx.05169 Дx.05171 习字

六残片。存36行。习写"耽""读""习""市""寓""目""囊""箱""易""辐""攸""独""运""凌""渠""河""霄""医""落"等字。

Дx05169V Дx.05171V 杂写

五残片。能识者仅一片。录文："凌□/水否能流之君。"

Дx.05170 佛说天地八阳神咒经

八残片。其一，存6行，行3至7字。起："邪师卜问"，讫："者如大"。唐义净译。经文见《大正藏》第85册，第1424页A栏第16行至第20行。其二，存5行，行2至9字。起："佛道"，讫："菩萨漏尽和"。经文见《大正藏》第85册，第1424页A栏第26行至B栏第3行。其三，存2行，行5至7字。录文："得大利益月月善/读经即殡葬。"经文见《大正藏》第85册，第1423页C栏第29行至第1424页A栏第2行。其四，存3行，行3至6字。起："万物熟"，讫："世谛之法善男子"。经文见《大正藏》第85册，第1424页A栏第14行至第16行。其五，存6行，行3至8字。起："因桓达菩萨"，讫："师即于"。经文见《大正藏》第85册，第1424页B栏第3行至第8行。其六，存3行，行4至6字。录文："速达心本/汝等谛听/之经八者分别。"经文见《大正藏》第85册，第1424页B栏第16行至第19行。其七，存6行，行2至6字。起："理了能分别八识"，讫："识是"。经文见《大正藏》第85册，第1424页B栏第20行至第26行。其八，存6行，行3至7字。起："成就卢"，讫："经大般涅槃经阿赖"。经文见《大正藏》第85册，第1424页C栏第3行至第7行。

Дx.05171 习字

见Дx.05169。

Дx.05171V 杂写

见Дx.05169V。

Дx.05172 梵网经卢舍那佛说菩萨心地戒品第十卷下

存12行，行4至9字。起："敬心奉持"，讫："世世不堕三"。后秦鸠摩罗什译。经文见《大正藏》第24册，第1009页B栏第24行至C栏第3行。经文"不堕三"，现刊本为"不堕恶"。

Дx.05173 妙法莲华经卷第七观世音菩萨普门品第二十五

存9行，行4至9字。起："众及于天龙人"，讫："坑念彼"。后秦鸠摩罗什译。经文见《大正藏》第9册，第57页C栏第4行至第18行。

Дx.05174 非佛经

存2行。录文："婆子对王曰梧桐/大怕虵蜘三寸。"未检出。

Дx.05175 法句经卷上恶行品

存8行，行6至10字。起："二十有二章"，讫："得击行怨得"。法救撰、吴维祇难等译。经文见《大正藏》第4册，第564页C栏第18行至第29行。

Дx.05176 和菩萨戒文

二残片。有"生必当堕""悉为割截于"句。经文参见《大正藏》第85册，第1300页B栏。

Дx.05177 诸星母陀罗尼经

存7行，行1至4字。起："养行施"，讫："养"。唐法成译。经文见《大正藏》第21册，第420页B栏第2行至第8行。

Дx.05178 杂写

存2行。录文："学闻官/子高山坐若。"

Дx.05179 藏文文献

Дx.05180A 金刚般若波罗蜜经

存2行。录文："相寿者相无法相亦无非/众生若心取相则为着。"后秦鸠摩罗什译。经文见《大正藏》第8册，第749页B栏第5行至第7行。

Дx.05180B 金光明最胜王经卷第七无染著陀罗尼品第十三

存4行，行4至7字。起："名无染著"，讫："愿得无所"。唐义净译。经文见《大正藏》第16册，第433页A栏第1行至第5行。

Дx.05181 占卜书

存3行，行13字。

Дx.05181V 书状

存2行，行10字。

Дx.05182 妙法莲华经卷第七陀罗尼品第二十六

存10行，行4至22字。起："尔二摩祢"，讫："帝三十三"。后秦鸠摩罗什译。经文见《大正藏》第9册，第58页B栏第19行至第28行。

Дx.05183 注维摩诘经卷第一佛国品

存3行，行7至12字。起："言大心众"，讫："同迹物或"。后秦释僧肇选。经文见《大正藏》第38册，第328页B栏第21行至第26行。

Дx.05184 大乘无量寿经

存3行，行5至7字。起："身陀罗尼曰"，讫："迦娜莎诃某"。经文见《大正藏》第19册，第84页A栏第19行至第23行。

Дx.05185 习字

存3行。录文："彼彼/彼彼/追追。"

Дx.05185V 习字

存2行。录文："克克/念念念。"

Дx.05186 金刚般若波罗蜜经

存3行。录文："后五百岁/心以此为/佛而。"后秦鸠摩罗什译。经文见《大正藏》第8册，第749页A栏第28行至B栏第1行。

Дx.05187 杂写

存"乿具使"3字。

Дx.05188 妙法莲华经卷第六常不轻菩萨品第二十

存4行，行3至6字。起："万亿那由"，讫："乐说辩"。后秦鸠摩罗什译。经文见《大正藏》第9册，第51页A栏第7行至第10行。

Дx.05189 维摩诘所说经卷下香积佛品第十

存2行，行4字。录文："仁者受行/且待须臾。"后秦鸠摩罗什译。经文见《大正藏》第14册，第552页A栏第8行至第9行。

Дx.05190 大般若波罗蜜多经题签

录文："☐☐☐罗蜜多经卷第☐☐☐。"

Дx.05191 星象占卜书

存1行。录文："不可嫁娶内妇市死求婚凶市。"

Дx.05191V 星象占卜书

存"酉合"2字。

Дx.05192 大般若波罗蜜多经卷第五百七十七第九能断金刚分

存2行，行2至3字。录文："所去/若善男。"唐玄奘译。经文见《大正藏》第7册，第985页B栏第15行至第17行。

Дx.05193A 大乘无量寿经

存3行。录文："啰（八）波唎输底（九）/底（十三）摩诃娜耶（十四）波唎/书写是无量寿。"经文见《大正藏》第19册，第84页A栏第6行至第9行。

Дx.05193B 劝善经

存3行。录文："免一门/写者/者。"经文见《大正藏》第85册，第1462页A栏第10行。或为《新菩萨经》。经文见《大正藏》第85册，第1462页B栏第2行。

Дx.05193C 大般若波罗蜜多经

存2行。录文："若不远离/识若远。"唐玄奘译。甚残，不可确指具体卷品。

Дx.05193D 妙法莲华经卷第五安乐行品第十四

存3行。录文："戏论法/和能忍/故行道。"后秦鸠摩罗什译。经文见《大正藏》第9册，第38页B栏第23行至第27行。

Дx.05193E 残佛经

存2行。录文："且男重女轻/何以知之午者。"未检出。《七曜攘灾决》有"男重女轻"句,但另一句无。

Дx.05193F 大乘无量寿经

存4行,行4至13字。起："罗八波唎输底九",讫："得闻是经"。经文见《大正藏》第19册,第84页A栏第6行至第11行。

Дx.05193G 金光明最胜王经卷第六四天王护国品第十二

存2行。录文："尊如大梵/帝释复。"唐义净译。经文见《大正藏》第16册,第430页A栏第24行至第25行。

Дx.05193H 维摩诘所说经卷下香积佛品第十

存3行。录文："於是/何食时/仁者受。"后秦鸠摩罗什译。经文见《大正藏》第14册,第552页A栏第6行至第8行。

Дx.05193I 大般涅槃经卷第三寿命品第一之三

存3行。录文："势力□□子来/说其相貌我涅/威仪具足护持。"北凉昙无谶译。经文见《大正藏》第12册,第380页C栏第28行至第381页A栏第2行。

Дx.05193J 残佛经

存1行。录文："王宫是勾陈商。"未检出。

Дx.05193K 金光明最胜王经卷第一序品第一

存2行。录文："子宝/上首。"唐义净译。经文见《大正藏》第16册,第403页C栏第3行至第4行。

Дx.05193V 残片

存11残片。无法辨识。

Дx.05194 妙法莲华经卷第二譬喻品第三

存11行,行1至10字。起："惟是事欲",讫："佛"。后秦鸠摩罗什译。经文见《大正藏》第9册,第11页A栏第11行至第24行。

Дx.05195 金光明最胜王经卷第三灭业障品第五

存3行,行9至10字。起："得丰乐无",讫："王及诸大"。唐义净译。经文见《大正藏》第16册,第417页C栏第4行至第7行。

Дx.05196 普曜经卷第三四出观品

存26行,行9至16字。起："一切日月明珠",讫："十方尔时法"。西晋竺法护译。经文见《大正藏》第3册,第504页B栏第2行至第29行。

Дx.05197 大般涅槃经卷第四十憍陈如品第十三之二

存30行,行5至19字。起："断业我法",讫："仁者一切众"。北凉昙无谶译。经文见《大正藏》第12册,第602页C栏第19行至第603页A栏第22行。

Дx.05198 妙法莲华经卷第一序品第一

存24行,行5至17字。起："佛灭度后",讫："师佛世尊"。后秦鸠摩罗什译。经文见《大正藏》第9册,第3页B栏第20行至C栏第20行。

Дx.05199 Дx.05225 残佛经

存62行。未检出。

Дx.05200 阿毗昙八犍度论卷第三十阿毗昙见犍度想跋渠第五

存11行,行18字。起："苦乐苦若",讫："愚若智往来"。迦旃延子造、僧伽提婆共竺佛念译。经文见《大正藏》第26册,第913页C栏第2行至第13行。

Дx.05201 迦丁比丘说当来变经

存15行,行16至18行。行完整。起："杀须陀流",讫："法海已竭"。失译。经文见《大正藏》第49册,第9页A栏第29行至B栏第16行。

Дx.05202 普曜经卷第四

存27行,行13至16字。起："普学诸术",讫："宝铬悬垂"。西晋竺法护译。经文见《大正藏》第3册,第504页A栏第5行至B栏第2行。

Дx.05203 法华经卓解卷第六

存13行,行11至18字。起："喜见菩萨",讫："菩萨复自"。武原无依道人徐昌治觐周氏逗注。经文见《卍新续藏》第32册,第288页C栏第13行至第289页A栏第1行。

Дх.05204 **大般涅槃经卷第二十六光明遍照高贵德王菩萨品第十之六**

存29行，行2至17字。起："相菩"，讫："时而"。北凉昙无谶译。经文见《大正藏》第12册，第521页A栏第26行至B栏第27行。

Дх.05205 **佛说孛经抄**

存13行，行7至16字。起："道德知死"，讫："有犬名宾"。吴支谦译。经文见《大正藏》第17册，第730页A栏第11行至第25行。

Дх.05206 **妙法莲华经卷第一序品第一**

存25行，行17至18字。起："名月天子"，讫："掌一心观"。后秦鸠摩罗什译。经文见《大正藏》第9册，第2页A栏第16行至B栏第16行。

Дх.05207 **大般涅槃经卷第三十六迦叶菩萨品第十二之四**

存21行，行4至17字。起："故善人远"，讫："河中大鱼"。北凉昙无谶译。经文见《大正藏》第12册，第575页A栏第9行至B栏第1行。

Дх.05208 **妙法莲华经卷第六常不轻菩萨品第二十**

存25行，行17至18字。起："调御丈夫"，讫："佛出亦号威"。后秦鸠摩罗什译。经文见《大正藏》第9册，第50页C栏第1行至第10行。

Дх.05209 **佛说首楞严三昧经卷上**

存13行，行12至19字。起："尔时诸大"，讫："楞严三昧不"。后秦鸠摩罗什译。经文见《大正藏》第15册，第635页C栏第29行至第636页A栏第14行。

Дх.05210 **佛说孛经抄**

存25行，行6至16字。起："清净无量"，讫："惑者令信"。吴支谦译。经文见《大正藏》第17册，第729页B栏第27行至第730页A栏第11行。

Дх.05211 Дх.05227 **阿毗昙毗婆沙论卷第三十六使犍度人品下**

存31行，行1至19字。起："此人有二种"，讫："为天乃至/故"。迦旃延子造、五百罗汉释、北凉浮陀跋摩共道泰等译。经文见《大正藏》第28册，第262页C栏第21行至第263页A栏第26行。

Дх.05211V Дх.05227V **佛经论释**

存38行。待考。

Дх.05212 **妙法莲华经卷第二譬喻品第三**

存15行，行12至16字。起："夜叉竞来"，讫："亦住其"。后秦鸠摩罗什译。经文见《大正藏》第9册，第14页A栏第6行至第25行。

Дх.05213 **佛说长阿含经卷第十三第三分阿摩昼经第一**

存12行，行5至17字。起："存立因此名"，讫："设不答者"。后秦佛陀耶舍共竺佛念译。经文见《大正藏》第1册，第83页A栏第5行至第17行。

Дх.05214 **摩诃僧祇律卷第十九明单提九十二事法之八**

存19行，行3至21字。起："病如是种足"，讫："者不得语"。东晋佛驮跋陀罗共法显译。经文见《大正藏》第22册，第378页C栏第1行至第18行。

Дх.05215 **阿毗昙毗婆沙论卷第二十三杂犍度思品第八上**

存35行，行2至17字。起："故□□广"，讫："故"。迦旃延子造、五百罗汉释、北凉浮陀跋摩共道泰等译。经文见《大正藏》第28册，第173页C栏第21行至第174页A栏第20行。

Дх.05216 **佛说四愿经**

存20行，行5至8字。起："第二愿者谓"，讫："地狱为饥"。吴支谦译。经文见《大正藏》第17册，第536页C栏第10行至第537页A栏第2行。

Дх.05217 **佛说无量清净平等觉经卷第四**

存19行，行3至17字。起："百得听哑者"，讫："十亿阿惟"。后汉支娄迦谶译。经文见《大正藏》第12册，第298页C栏第19行至第299页A栏第10行。

Дх.05218 **阿毗昙八犍度论卷第二十九意止跋渠第一**

存14行，行8至20字。起："何非身非"，讫："非心是谓"。迦旃延子造、僧伽提婆共竺佛念译。经文见《大正藏》第26册，第906页A栏第11行至第28行。

Дх.05219 大智度论卷第三十一释初品中十八空义第四十八

存32行，行20字。起："复次有为"，讫："则为之生"。龙树菩萨造、后秦鸠摩罗什译。经文见《大正藏》第25册，第290页B栏第1行至C栏第12行。

Дх.05220 十住经卷第四

存37行，行4至16字。起："如实知八"，讫："萨常随四"。后秦鸠摩罗什译。经文见《大正藏》第10册，第525页A栏第8行至B栏第18行。

Дх.05221 佛说太子瑞应本起经卷上

存25行，行9至19字。首题："入山以修"，讫："恬惔以一"。吴支谦译。经文见《大正藏》第3册，第476页B栏第11行至C栏第11行。

Дх.05222 残佛经

存35行。未检出。

Дх.05223 小品般若波罗蜜经卷第四摩诃般若波罗蜜叹净品第九

存24行，行19字。起："法不可得"，讫："蜜是般若"。后秦鸠摩罗什译。经文见《大正藏》第8册，第553页A栏第21行至B栏第20行。

Дх.05224 大般涅槃经卷第三十五迦叶菩萨品第十二之三

存20行，行6至15字。起："罗三藐三"，讫："男子五阴"。北凉昙无谶译。经文见《大正藏》第12册，第571页B栏第6行至第26行。

Дх.05225 残佛经

见Дх.05199。

Дх.05226A 一切经音义卷第九

存12行，行3至16字。起："第二十五卷"，讫："级其羁"。

Дх.05226B 金刚般若波罗蜜经

存5行，行17字。起："云何是人"，讫："是知如是"。后秦鸠摩罗什译。经文见《大正藏》第8册，第756页C栏第23行至第28行。卷前部有3行回纥文。

Дх.05227 阿毗昙毗婆沙论卷第三十六使犍度人品下

见Дх.05211。

Дх.05227V 佛经论释

见Дх.05211V。

Дх.05228 大般涅槃经卷第二十三光明遍照高贵德王菩萨品第十之三

存10行，行14至17字。译起："我今若起"，讫："应若不相"。北凉昙无谶译。经文见《大正藏》第12册，第498页C栏第4行至第15行。

Дх.05229 佛说佛名经卷第三

存8行，行3至6字。起："南无妙弥"，讫："南无"。北魏菩提流支译。经文见《大正藏》第14册，第127页C栏第4行至第10行。

Дх.05230 妙法莲华经卷第三授记品第六

存3行，行6至10字。起："号曰阎浮"，讫："大目犍连"。后秦鸠摩罗什译。经文见《大正藏》第9册，第21页C栏第12行至第16行。

Дх.05231 佛说佛名经卷第六

存6行，行5至8字。首题："佛说佛名经卷第八"，讫："南无无垢奋迅菩"。北魏菩提流支译。经文见《大正藏》第14册，第142页B栏第21行至第144页A栏第6行。与现刊本分卷不同。

Дх.05232 妙法莲华经卷第七观世音菩萨普门品第二十五

存8行，行3至7字。起："第二十五"，讫："故若为大"。后秦鸠摩罗什译。经文见《大正藏》第9册，第56页C栏第2行至第10行。

Дх.05233 金刚般若波罗蜜经

见Дх.01300。

Дх.05234 金光明最胜王经卷第六四天王护国品第十二

存7行，行3至5字。起："座上赞"，讫："汝当坐于金"。唐义净译。经文见《大正藏》第16册，第429页B栏第20行至第26行。

Дх.05235 **书仪**

存5行。

Дх.05236 **大般涅槃经卷第二十五光明遍照高贵德王菩萨品第十之五**

存13行，行2至12字。起："萨深"，讫："云何"。北凉昙无谶译。经文见《大正藏》第12册，第515页A栏第16行至第29行。

Дх.05237 **妙法莲华经卷第七观世音菩萨普门品第二十五**

存5行，行1至5字。起："塞优婆夷身"，讫："法"。经文见《大正藏》第9册，第57页B栏第11行至第15行。

Дх.05238 **大般若波罗蜜多经卷第二百九十五初分说般若相品三十七之四**

存6行，行6至17字。起："世尊云何鼻/清"，讫："罗蜜多清净"。唐玄奘译。经文见《大正藏》第6册，第499页C栏第4行至第10行。

Дх.05239 **梵网经卢舍那佛说菩萨心地戒品第十卷下**

存10行，行2至11字。起："僧房中城"，讫："棺材板"。后秦鸠摩罗什译。经文见《大正藏》第24册，第1005页C栏第11行至第24行。

Дх.05240 **妙法莲华经卷第五安乐行品第十四**

存10行，行3至17字。起："安住四"，讫："罗等种种"。后秦鸠摩罗什译。经文见《大正藏》第9册，第37页A栏第15行至第25行。

Дх.05241 **思益梵天所问经卷第二论寂品第八至仂行品第九**

存20行，行5至22字。起："达耳于是二"，讫："灭尽是世"。后秦鸠摩罗什译。经文见《大正藏》第15册，第51页C栏第10行至第52页A栏第19行。

Дх.05242 **四分律卷第四十七**

二残片。其一，存4行，行9至12字。起："诸比丘共"，讫："深重经历"。后秦佛陀耶舍共竺佛念等译。经文见《大正藏》第22册，第915页C栏第11行至第16行。其二，存3行，行11至13字。起："比丘身往"，讫："应作如是说"。经文见《大正藏》第22册，第915页B栏第14行至C栏第10行。

Дх.05243 **善恶因果经**

存6行，行17至18字。起："长衣者死"，讫："虫前身着"。经文见《大正藏》第85册，第1381页A栏第25行至B栏第2行。

Дх.05243V **善恶因果经**

存6行，行14至17字。起："者从屏处"，讫："胜虫喜着"。经文见《大正藏》第85册，第1380页A栏第20行至第25行。

Дх.05244 **梵网经卢舍那佛说菩萨心地戒品第十卷下**

存5行，行7至8字。起："义理佛性"，讫："行而斗构两"。后秦鸠摩罗什译。经文见《大正藏》第24册，第1006页B栏第2行至第7行。

Дх.05245 **金刚顶莲华部心念诵仪轨**

断为二段，中缺约2行经文。存8行，行7至9字。起："以身口意"，讫："满足波罗蜜"。唐不空译。经文见《大正藏》第18册，第300页A栏第23行至B栏第6行。

Дх.05246 **金光明最胜王经卷第一如来寿量品第二**

存13行，行9至13字。起："如来各于"，讫："功德无量"。唐义净译。经文见《大正藏》第16册，第404页C栏第17行至第405页A栏第1行。

Дх.05247 **书状**

存8行。录文："以府官未由拜春下情勤系但增倾渴谨因/使往谨奉状不宣谨状月日准上/昨别不言远专侯颜色冬寒惟动静清胜/某如常浊酒一樽思接高议故勒咨屈降/趾为幸谨状月日准上/一自拜辞向经累月不奉间入无乃为怀冬寒惟/复清畅某粗遣免昨从三原使来得白面一/□而作冷涛相待幸即降驾不宣谨状。"

Дx.5247V 书状

存6行。录文:"某启寒温伏惟尊体动止万福故留后大郎/动业素高伏惟天恩追赠户部尚书幽宠/式崇伏惟受命悲感某卑受有限不获队/庭拜慰驰贺下情伏增悲恋谨因长史某/官谨奉状超居不宣谨启/感思惟同寒温惟动止安胜某粗遣免限。"

Дx.05248 金刚般若波罗蜜经

见Дx.01959。

Дx.05249 妙法莲华经卷第五安乐行品第十四

存5行,行5至9字。起:"璃车璩马",讫:"王于三界而"。后秦鸠摩罗什译。经文见《大正藏》第9册,第38页C栏第26行至第39页A栏第2行。

Дx.05250 金光明最胜王经卷第四最净地陀罗尼品第六

存8行,行6字。起:"行印陀罗尼",讫:"言词中不动不"。唐义净译。经文见《大正藏》第16册,第422页A栏第21行至第29行。

Дx.05251 金光明最胜王经卷第四最净地陀罗尼品第六

存10行,行10至15字。起:"尔时大众",讫:"我等常为守"。唐义净译。经文见《大正藏》第16册,第422页B栏第9行至第18行。

Дx.05252 金光明最胜王经卷第七如意宝珠品第十四

存7行,行5至14字。起:"帝涅目帝",讫:"哀愍世间拥"。唐义净译。经文见《大正藏》第16册,第434页A栏第29行至B栏第5行。另有"大般若波罗蜜多经卷第十八"题签1行。

Дx.05253 大般若波罗蜜多经卷第五百四十四第四分随喜回向品第六之二

存8行,行3至14字。起:"喜回向",讫:"现□一"。唐玄奘译。经文见《大正藏》第7册,第796页B栏第12行至第18行。

Дx.05254 佛说要行舍身经

存2行。录文:"闻佛所说信受奉行/舍生经一卷。"经文见《大正藏》第85册,第1415页C栏第17行至第19行。

Дx.05255 卷帙号

录文:"大般若经第五十帙。"

Дx.05256 妙法莲华经卷第四五百弟子受记品第八

存7行,行11至14字。起:"亦于七佛",讫:"劫当于此"。后秦鸠摩罗什译。经文见《大正藏》第9册,第27页C栏第12行至第19行。

Дx.05257 佛说天地八阳神咒经

存6行,行4至10字。起:"那罗达菩",讫:"法师即于佛"。唐义净译。经文见《大正藏》第85册,第1424页B栏第2行至第8行。

Дx.05258 四分律卷第二十一百众学法第三

存3行,行3至19字。录文:"比丘持死人衣及床从塔下过彼所住处神瞋诸/七十四/七十六。"后秦佛陀耶舍共竺佛念等译。经文见《大正藏》第22册,第711页C栏第2行至第3行。

Дx.05258V 杂写、残佛经

存4行。录文:"如上有三争不犯/如上 八十/八十二/边涕唾诸比丘以过白佛因呵而制。"摘抄经文与《四分律比丘注戒本》同。

Дx.05259 梵网经卢舍那佛说菩萨心地戒品第十卷下

存11行,行4至17字。起:"头谤欺贤",讫:"解其苦难"。后秦鸠摩罗什译。经文见《大正藏》第24册,第1006页B栏第7行至第15行。后部残片"自欺诳亦/他人作师受"内容在前。

Дx.05260 开蒙要训

存9行,行4至8字。起:"施缲丝口口",讫:"烟支黛口"。定名参考张新朋《敦煌写本〈开蒙要训〉叙录续补》,《敦煌研究》2008年第1期,第98页至第101页。

Дx.05260V 字书

389

存9行。

Дx.05261 律学发轫卷上

存6行,行3至11字。起:"学六法谓",讫:"大比丘"。元贤述。经文见《卍新续藏》第60册,第588页B栏第19行至第589页C栏第10行。

Дx.05262 羯磨仪式

存10行,行3至49字。注双行小字。起:"请依上师法",讫:"与地合"。经文见《卍新续藏》第60册,第761页A栏。与现刊本文字差别甚大。

Дx.05263 佛经论释

存8行。草书。未检出。

Дx.05263V 佛经论释

存8行。未检出。

Дx.05264 思益梵天所问经卷第二解诸法品第四之余

存8行,行6至13字。起:"诸法皆入",讫:"有人如来"。后秦鸠摩罗什译。经文见《大正藏》第15册,第41页C栏第3行至第12行。

Дx.05265 大般涅槃经卷第十一圣行品第七

存12行,行6至17字。起:"菩萨摩诃",讫:"名圣行"。北凉昙无谶译。经文见《大正藏》第12册,第433页C栏第6行至第18行。

Дx.05265V 白描画

白描男性人像。

Дx.05266 妙法莲华经卷第二譬喻品第三

存11行,行5至20字。起:"意泰然快",讫:"广饶益众生"。后秦鸠摩罗什译。经文见《大正藏》第9册,第10页C栏第12行至第11页A栏第2行。

Дx.05267 摩诃僧祇比丘尼戒本

存9行,行1至16字。起:"时者",讫:"比丘尼于"。东晋法显共觉贤译。经文见《大正藏》第22册,第577页B栏第7行至第17行。

Дx.05268 梁朝傅大士颂金刚经

存7行,行7至15字。首题:"金刚般若波罗蜜经后秦罗什译",品题:"法会因由分第一、善现起请分第二",讫:"女人发阿"。经文见《大正藏》第85册,第1页B栏第21行至C栏7行。

Дx.05269 Дx.05277 佛说预修十王生七经

存30行,行1至15字。起:"利菩萨弥勒",讫:"黑"。藏川述。经文见《卍新续藏》第1册,第408页C栏第8行至第409页B栏第1行。内容与《大正藏》中《佛说预修十王生七经》内容相似但很多字句出入较大。党燕妮《〈俄藏敦煌文献〉中〈罗王授记经〉缀合研究》定名为《阎罗王授记经》,《敦煌研究》2007年第2期,第104页至第109页。

Дx.05270 佛经论释

存12行,行3字。未检出。

Дx.05270V 残佛经

存2行。录文:"大比丘千西/弥勒菩萨。"未检出。

Дx.05271 残佛经

存10行,行3至5字。未检出。

Дx.05271V 经序

存7行,行3至4字。

Дx.05272 某经题签

存1行。录文:"意六十四□。"

Дx.05273 大般若波罗蜜多经题签

录文:"大般若波罗蜜多经卷第一百册一。"

Дx.05274 金光明最胜王经卷第一如来寿量品第二

存3行。录文:"为涅槃善男子是/男子岂惟/稀有之法。"唐义净译。经文见《大正藏》第16册,第407页C栏第3行至第6行。

Дx.05275 妙法莲华经卷第五安乐行品第十四

存6行,行2至7字。起:"世尊",讫:"为众生演说是"。后秦鸠摩罗什译。经文见《大正藏》第9册,第37页A栏第11行至第16行。

Дx.05276 大方广华严十恶品经题签

录文:"大方广华严十恶经。"

Дx.05277 佛说预修十王生七经

见Дx.05269。

Дx.05278　大方便佛报恩经卷第一孝养品第二

存10行,行4至9字。起:"有国号波",讫:"谷丰热人"。失译。经文见《大正藏》第3册,第128页B栏第3行至第13行。

Дx.05279　持世陀罗尼经

存6行,行6至17字。起:"亦名持世",尾题:"持世陀罗尼经卷第一"。唐玄奘译。经文见《大正藏》第20册,第667页C栏第5行至第11行。

Дx.05280　四分律卷第四十三僧残法摘抄

存16行,行8至33字。起:"沙门释子",讫:"恶行白如"。后秦佛陀耶舍共竺佛念等译。经文见《大正藏》第22册,第593页C栏第17行至第598页A栏第4行。多处为经文摘抄。

Дx.05280V　四分律卷第三十七至三十八摘抄

存18行,行6至30字。起:"犷慈心不",讫:"谓遮自恣"。后秦佛陀耶舍共竺佛念等译。经文见《大正藏》第22册,第836页B栏第1行至第839页B栏第23行。

Дx.05281　维摩诘所说经卷上菩萨品第四

存14行,行2至30字。起:"寂灭是菩提",讫:"世尊"。后秦鸠摩罗什译。经文见《大正藏》第14册,第542页B栏第23行至C栏第8行。

Дx.05282　大般若波罗蜜多经卷第一百一十六初分校量功德品第三十之十四

存3行,行8至9字。起:"为方便无",讫:"鼻界性空"。唐玄奘译。经文见《大正藏》第5册,第636页C栏第21行至第23行。

Дx.05283　大般若波罗蜜多经卷第二百一十四初分难信解品第三十四之三十三

存10行,行6至8字。起:"灭道圣谛",讫:"一切智智"。唐玄奘译。经文见《大正藏》第6册,第70页C栏第29行至第71页A栏第10行。

Дx.05284　大般涅槃经卷第三十师子吼菩萨品之六

存10行,行8至17字。起:"故应得阿",讫:"不习浮故"。北凉昙无谶译。经文见《大正藏》第12册,第800页A栏第11行至第21行。

Дx.05285　大般若波罗蜜多经卷第一百三十初分校量功德品第三十之二十八

存8行,行2至7字。起:"性离生渐",讫:"为空"。唐玄奘译。经文见《大正藏》第5册,第710页A栏第5行至第13行。

Дx.05286　金光明最胜王经卷第一如来寿量品第二

存4行,行6至8字。起:"为二一者",讫:"至己身血"。唐义净译。经文见《大正藏》第16册,第404页C栏第4行至第8行。残卷上另有"诸菩""以何""年复"字样。

Дx.05287　妙法莲华经卷第七陀罗尼品第二十六

存13行,行3至17字。起:"偏/合掌向",讫:"帝□帝□目"。后秦鸠摩罗什译。经文见《大正藏》第9册,第58页B栏第9行至第21行。

Дx.05288　四分戒本疏题签

录文:"四分戒疏卷第一。"

Дx.05289　大般若波罗蜜多经卷第一百八十三初分难信解品第三十四之二

存6行,行2至5字。起:"别无断故",讫:"忍精"。唐玄奘译。经文见《大正藏》第5册,第988页A栏第14行至第15行。

Дx.05290　金光明最胜王经卷第一如来寿量品第二

存6行,行10至13字。首题:"金光明最胜王经卷如来寿量品第",讫:"念如来所说"。唐义净译。经文见《大正藏》第16册,第404页B栏第27行至C栏第3行。

Дx.05291　大般涅槃经后分卷上应尽还源品第二

存5行,行8至13字。起:"如是逆顺",讫:"不可系缚不"。唐若那跋陀罗译。经文见《大正藏》第12册,第904页B栏第19行至第23行。

Дx.05292　大般若波罗蜜多经卷第八十二初分诸天子品第二十三之二

存8行,行2至6字。起:"自□□故而",讫:"八圣"。唐玄奘译。经文见《大正藏》第5册,第458页A栏第20行至第21行。

Дх.05293 十地经论法云地卷第十之十二

存3行,行8至15字。起:"量阿鼻地",讫:"除苦恼脐"。天亲菩萨造、北魏菩提流支译。经文见《大正藏》第26册,第194页C栏第20行至第22行。

Дх.05294 金刚般若波罗蜜经

存6行,行1至8字。起:"闻是章句乃至一念",讫:"寿"。后秦鸠摩罗什译。经文见《大正藏》第8册,第749页B栏第2行至第8行。

Дх.05295 和菩萨戒文

存14行,行7至13字。起:"相报终日驱牵",讫:"仍被驱掠入"。经文见《大正藏》第85册,第1300页B栏第12行至第22行。有异文。

Дх.05296 大般若波罗蜜多经卷第二百九十二初分着不着相品第三十六之六

存7行,行1至12字。起:"摩",讫:"是幻乃至"。唐玄奘译。经文见《大正藏》第6册,第483页C栏第5行至第12行。

Дх.05297 大般涅槃经卷第三十六迦叶菩萨品第十二之四

存7行,行11至13字。起:"道须陀洹",讫:"者恶二者"。北凉昙无谶译。经文见《大正藏》第12册,第574页C栏第28行至第578页A栏第6行。

Дх.05298 金刚般若波罗蜜经

存5行,行10至11字。起:"乐小法者",讫:"香而散其"。后秦鸠摩罗什译。经文见《大正藏》第8册,第750页C栏第18行至第23行。

Дх.05299 房契、天祐六年洪池乡人典男契

房契存3行。录文:"北至厶甲院落南/南北喜丈门道/南北贰尺于。"典男契存6行。录文:"陆年己巳岁二/契洪池乡/端男福□父子/内债负深/还无转□/今将。"依乜小红《俄藏敦煌契约文书研究》定名。上海古籍出版社,2009年。

Дх.05300 维摩诘所说经卷上佛国品第一

存12行,行3至17字。起:"生菩萨",讫:"来大众"。后秦鸠摩罗什译。经文见《大正藏》第14册,第537页B栏第13行至第24行。

Дх.05301 三阶教文献综述

存18行,行5至11字。起:"无有惠眼云",讫:"并□应身从"。经文见《藏外佛教文献》第9册,第372页A栏第15行至第373页A栏第9行。

Дх.05302 Дх.06327 金刚般若波罗蜜经

存16行,行1至6字。起:"护念诸菩",讫:"也世尊须"。后秦鸠摩罗什译。经文见《大正藏》第8册,第748页C栏第26行至第749页A栏第18行。

Дх.05303 大方便佛报恩经卷第一孝养品第二

存11行,行1至5字。起:"孝(养)",讫:"波罗奈"。失译。经文见《大正藏》第3册,第128页A栏第28行至B栏第11行。

Дх.05304 梵网经卢舍那佛说菩萨心地戒品第十卷下

存8行,行5至10字。起:"自誓受戒",讫:"心故便得"。后秦鸠摩罗什译。经文见《大正藏》第24册,第1006页C栏第6行至第13行。

Дх.05305 陀罗尼

存10行,行2至17字。

Дх.05306 妙法莲华经卷第六随喜功德品第十八

存12行,行6至7字。起:"生若有形",讫:"在具八解"。后秦鸠摩罗什译。经文见《大正藏》第9册,第46页C栏第17行至第19行。

Дх.05307 论语卫灵公

存9行。起:"佞人殆",讫:"逊以出之信"。正文单行大字,注双行小字。

Дх.05307V 杂写

存3行。录文:"兵马使曹三奴/右□充身充□/都□。"

Дх.05308 金刚般若波罗蜜经

存8行,行4至17字。起:"名/云何阿",讫:"以须菩提"。后秦鸠摩罗什译。经文见《大正藏》第8

册,第753页C栏第15行至第22行。

Дx.05309　妙法莲华经卷第一序品第一

存7行,行1至12字。起:"根因缘故",讫:"而说偈言"。后秦鸠摩罗什译。经文见《大正藏》第9册,第4页B栏第13行至第20行。

Дx.05310　妙法莲华经卷第五安乐行品第十四

存7行,行6至10字。起:"梦中但见",讫:"千万亿劫"。后秦鸠摩罗什译。经文见《大正藏》第9册,第39页B栏第20行至C栏第13行。

Дx.05311　妙法莲华经卷第七观世音菩萨普门品第二十五

存4行,行10至11字。起:"音菩萨云",讫:"现辟支佛"。后秦鸠摩罗什译。经文见《大正藏》第9册,第57页A栏第20行至第25行。

Дx.05312　佛说法句经题签

录文:"佛说法句经一卷。"

Дx.05313　金刚般若波罗蜜经

存7行,行2至9字。起:"种种色须",讫:"布施如是"。后秦鸠摩罗什译。经文见《大正藏》第8册,第750页C栏第3行至第9行。

Дx.05314　残佛经

存2行。录文:"智慧第一善哉/神通第一。"未检出。

Дx.05314V　杂写

存3行。录文:"敕不/谨敬养/五百阿。"

Дx.05315　大乘无量寿经

存5行,行7至17字。全部为陀罗尼。经文见《大正藏》第19册,第82页。

Дx.05316　梵网经卢舍那佛说菩萨心地戒品第十卷下

存4行,行5至10字。起:"尔时释迦牟尼佛",讫:"吾为释迦牟"。后秦鸠摩罗什罗译。经文见《大正藏》第24册,第1003页C栏第8行至第12行。

Дx.05317　残佛经

存1行。录文:"阿那律天。"未检出。

Дx.05317V　杂写

存"□称王"3字。

Дx.05318　佛说无常经

存4行,行6字。起:"上至非想",讫:"诸世尊独"。唐义静译。经文见《大正藏》第17册,第745页C栏第1行至第7行。

Дx.05319　金光明最胜王经卷第四最净地陀罗尼品第六

存9行,行7至18字。起:"法师义净奉制译",讫:"知世尊云"。唐义净译。经文见《大正藏》第16册,第417页C栏第21行至第418页A栏第2行。

Дx.05320　僧伽吒经卷第四

存6行,行7至11字。起:"埵言善男子",讫:"敬万八千"。月婆首那译。经文见《大正藏》第13册,第974页C栏第11行至第16行。

Дx.05321　佛说无常经

存5行,行3至5字。起:"地上或居",讫:"住处常安乐"。唐义静译。经文见《大正藏》第17册,第746页B栏第2行至第7行。另唐不空译《佛说大孔雀明王经》卷中亦有此内容。经文见《大正藏》第19册,第433页B栏第4行至第9行。

Дx.05322　论语乡党

存7行,行4至14字。起:"必齐如也",讫:"曰伤人乎不"。

Дx.05323　妙法莲华经卷第三授记品第六

存5行,行8至9字。起:"我等故而",讫:"我等作佛"。后秦鸠摩罗什译。经文见《大正藏》第9册,第21页A栏第3行至第11行。

Дx.05324　杂写

存6行,行1至4字。残卷有"转""所缜众""前游真""显示""止善""所缜众"字样。

Дx.05324V　增壹阿含经卷第二十六等见品第三十四

存9行,行3至7字。起:"世人称之为大沙",

讫：" 时诸释"。东晋瞿昙僧伽提婆译。经文见《大正藏》第2册，第690页A栏第14行至第28行。

Дx.05325 金光明最胜王经卷第二分别三身品第三

存7行，行5至7字。起："死云何菩萨"，讫："诸如来为"。唐义净译。经文见《大正藏》第16册，第408页B栏第15行至第22行。

Дx.05326 佛说天地八阳神咒经

存7行，行2至9字。起："梵天"，讫："尽味味即"。唐义净译。经文见《大正藏》第85册，第1423页B栏第1行至第10行。

Дx.05327A 梁朝傅大士颂金刚经

存9行，行2至6字。起："应云"，讫："非有想若非无"。经文见《大正藏》第85册，第1页C栏第7行至第17行。

Дx.05327B 佛说灌顶拔除过罪生死得度经卷第十二

存13行，行3至8字。起："星中之月"，讫："使明了"。东晋帛尸梨蜜多罗译。经文见《大正藏》第21册，第532页C栏第13行至第26行。

Дx.05328 维摩诘所说经卷上佛国品第一

存11行，行3至7字。起："以神变"，讫："得道此为证"。后秦鸠摩罗什译。经文见《大正藏》第14册，第537页C栏第10行至第20行。

Дx.05329 佛说仁王般若波罗蜜经卷下护国经受持品第七

存6行，行1至10字。起："行"，讫："言如是无"。后秦鸠摩罗什译。经文见《大正藏》第8册，第831页A栏第16行至第21行。

Дx.05330 金光明最胜王经卷第七大辩才天女品第十五之一

存6行，行5至7字。起："于大地中为第一"，讫："欲界诸天宫"。唐义净译。经文见《大正藏》第16册，第437页B栏第8行至第13行。

Дx.05331 金光明最胜王经卷第二分别三身品第三

存5行，行2至6字。起："法身如是"，讫："在自"。唐义净译。经文见《大正藏》第16册，第408页B栏第13行至第18行。

Дx.05332 佛说佛名经卷第四

存4行，行3至9字。起："南无快光明佛南无种"，讫："南无月面"。北魏菩提流支译。经文见《大正藏》第14册，第136页C栏第8行至第11行。

Дx.05333 妙法莲华经卷第七观世音菩萨普门品第二十五

存2行。录文："普门品第二十五尔时无尽□国菩萨□□/言世尊观世音菩萨以何因缘名。"后秦鸠摩罗什译。经文见《大正藏》第9册，第56页C栏第2行至第5行。

Дx.05333V 杂写

存2行。字迹不清。

Дx.05334 佛说解百生怨家经题签

录文："佛说解百生怨家经。"

Дx.05335 妙法莲华经卷第五安乐行品第十四

存4行，行4至8字。起："甚深末后"，讫："始于今日"。后秦鸠摩罗什译。经文见《大正藏》第9册，第39页A栏第16行至第19行。

Дx.05336 大般若波罗蜜多经卷第六十一初分赞大乘品第十六之六

存8行，行3至14字。起："现是名"，讫："于此中学"。唐玄奘译。经文见《大正藏》第5册，第343页A栏第25行至B栏第4行。

Дx.05337 金光明最胜王经卷第二分别三身品第三

存6行，行3至9字。起："微妙金宝"，讫："二者应身"。唐义净译。经文见《大正藏》第16册，第408页B栏第8行至第13行。

Дx.05338 金光明最胜王经卷第二分别三身品第三

存7行，行5至7字。起："大调适常为"，尾题："金光明最胜王经"。唐义净译。经文见《大正藏》第16册，第411页A栏第10行至第17行。

Дx.05339 金刚般若波罗蜜经

存7行,行4至5字。起:"然灯佛所",讫:"有人身如"。北魏菩提流支译。经文见《大正藏》第8册,第753页C栏第26行至第754页A栏第4行。

Дх.05340 **妙法莲华经卷第四法师品第十**

存5行,行1至8字。起:"持经者其",讫:"典"。后秦鸠摩罗什译。经文见《大正藏》第9册,第31页B栏第9行至第16行。

Дх.05341 **春秋后语**

见Дх.02663。

Дх.05342 **四分比丘尼戒本**

存10行,行3至6字。起:"若比丘",讫:"□若众僧边□"。后秦佛陀耶舍译。经文见《大正藏》第22册,第1031页C栏第3行至第9行。

Дх.05343 **佛说华手经卷第五众相品第十七**

存9行,行4至19字。起:"作明佛一藏",讫:"一切众□□佛"。后秦鸠摩罗什译。经文见《大正藏》第16册,第163页C栏第18行至第25行。

Дх.05344 **大宝积经卷第四十六菩萨藏会毗利耶波罗蜜多品**

存4行,行4至11字。起:"为诸大众",讫:"胜观如来"。唐玄奘译。经文见《大正藏》第11册,第270页C栏第22行至第25行。

Дх.05344V **佛经目录**

存2行。录文:"经菩萨藏方会□一百□/菩萨藏会第十二之十四卷卌。"

Дх.05345 **佛垂般涅槃略说教诫经**

存8行,行3至9字。起:"圣谛义",讫:"而不灭也"。后秦鸠摩罗什译。经文见《大正藏》第12册,第1112页B栏第5行至第12行。

Дх.05346 **金光明经卷第四舍身品第七**

存6行,行2至9字。起:"成就微妙",讫:"埵还"。北凉昙无谶译。经文见《大正藏》第16册,第354页C栏第2行至第7行。

Дх.05347 **金光明最胜王经卷第三灭业障品第五**

存3行,行8至12字。起:"一句一颂",讫:"时诸大众"。唐义净译。经文见《大正藏》第16册,第417页C栏第11行至第14行。

Дх.05348 **便麦黄麻历**

断为上下两段。残留"支黄""四百""四石二升""窟户""永寿""灵图"等字样。

Дх.05349A **妙法莲华经卷第四见宝塔品第十一**

存7行,行10字。起:"我念过去劫",讫:"及以五欲乐"。后秦鸠摩罗什译。经文见《大正藏》第9册,第34页C栏第10行至第22行。

Дх.05349B **大般若波罗蜜多经卷第八十九初分学般若品第二十六之五**

存3行,行12至15字。起:"触意触为",讫:"若净不见"。唐玄奘译。经文见《大正藏》第5册,第494页C栏第1行至第3行。

Дх.05350 **金光明最胜王经卷第九善生王品和诸天药叉护持品**

存4行,行3至6字。起:"身真妙",讫:"净信善男"。唐义净译。经文见《大正藏》第16册,第444页C栏第24行至第29行。

Дх.05351 **佛性海藏智慧解脱破心相经**

存4行,行7至9字。起:"众身乃能",讫:"皆由悟宗"。经文见《大正藏》第85册,第1391页A栏第27行至B栏第1行。

Дх.05352 **字书**

存3行。

Дх.05353A **大乘无量寿经**

存5行,行28至29字。起:"精进力能成正觉",讫:"所说皆大欢喜"。经义见《大正藏》第19册,第84页C栏第21行至第28行。

Дх.05353B **诸星母陀罗尼经**

存3行。起:"金刚手此是",讫:"至满九年"。唐法成译。经文见《大正藏》第21册,第421页A栏第5行至第9行。

Дх.05353V **残片**

存7素行,无字。

Дх.05354 **般若波罗蜜多心经**

存13行，行6至8字。起："子色不异"，讫："提僧莎诃"。唐玄奘译。经文见《大正藏》第8册，第848页C栏第8行至第23行。

Дх.05355 **佛经目录**

存3行。录文："大宝积经普明菩萨会第卅二 一百一十二宝藏□宝聚会卅三卷一百十三/宝聚第卅四 卷一百一十四 无尽慧菩萨会第卅五/文殊师利说般若会第卅六之二卷一百一十六。"题记："至尾写。"

Дх.05356 **四分律比丘戒本**

存20行，行1至19字。起："语者波逸提"，讫："故波逸提"。后秦佛陀耶舍译。经文见《大正藏》第22册，第1020页A栏第5行至第18行。

Дх.05357 **金刚般若波罗蜜经**

存28行，行7至17字。起："是故说不"，讫："修罗闻佛所"。后秦鸠摩罗什译。经文见《大正藏》第8册，第752页B栏第1行至C栏第2行。

Дх.05357V **持斋念佛忏悔礼文**

存13行，行14至21字。起："南无释迦"，讫："除罪四千劫"。经文见《大正藏》第85册，第1266页B栏至C栏。据方广锠考证，这篇礼佛文与玄奘从天竺取经回来后节略抄写的十二部尊经要略有关。

Дх.05358 **四分律卷第二十三十七僧残法之余**

存3行，行6至7字。起："舍者善不舍者"，讫："沙门释子"。后秦佛陀耶舍共竺佛念等译。经文见《大正藏》第22册，第726页B栏第1行至第4行。

Дх.05359 **陀罗尼**

存2行。录文："迦□啰哆/耶薄迦□。"

Дх.05360 **藏经点检历**

见Дх.01746。

Дх.05361 **残佛经**

存2行。录文："变获/种种。"未检出

Дх.05362 **残佛经**

存2行。录文："诸/汝。"未检出

Дх.05363 **金光明最胜王经卷第六四天王护国品第十二**

存2行。录文："所有王等/护自。"唐义净译。经文见《大正藏》第16册，第430页A栏第29行至B栏第1行。

Дх.05364 **太上洞玄灵宝空洞灵章经**

存3行。录文："道经空洞/景丹云敷三罗/龙马负长河。"

Дх.05365 **如来在金棺嘱累清净庄严敬福经**

存3行。录文："兴遗/物人否/不用闻。"经文见《藏外佛教文献》第4册，第382页A栏第11行至第13行。

Дх.05366 **佛说观药王药上二菩萨经**

存7行。首2行为大字书。录文："南无阿/佛无南山海。"第3行至第6行为宋畺良耶译《佛说观药王药上二菩萨经》。录文："去久远旧住娑婆世/女人及余一切众/得值遇十方诸/故於念念中即得。"经文见《大正藏》第20册，第664页A栏第4行至第11行。第7行有大字"提"。

Дх.05367 **残佛经**

存3行。录文："相/奉庐/义之。"未检出。

Дх.05368 **译经序**

存4行。录文："大/朕闻真/义之/终资祇夜。"

Дх.05369 **杂写**

存"长史函受职"5字。

Дх.05369V **残佛经**

存"僧守空房"4字。未检出。

Дх.05370 **法门名义集**

存15行，行5至12字。残卷文字大多模糊不清。首题："除有我"，讫："入市是□不"。唐李师政撰。经文见《大正藏》第54册，第195页B栏第16行。

Дх.05371 **发愿文**

存11行。录文："心请弘延/炉和百香分芳下临于/于五□施馔□宥散/梵释四王龙天八部伏愿/主九夏疰无伤苗海/□□□连府恒昌万□/大王贵位福愿福如海□/夫人吉庆比日月而渐圆/班僚佑纳忠孝以匡君□节临/不闻争斗之声四冠官降□□/海嵎勒疫消灾送饥荒□神。"

Дх.05372 **金刚般若波罗蜜经**

存10行，行3至7字。起："含须菩提于意云"，讫："佛告须"。后秦鸠摩罗什译。经文见《大正藏》第8册，第749页C栏第6行至第16行。

Дх.05373 **金光明最胜王经卷第三灭业障品第五**

存12行，行6至10字。起："诽谤三者"，讫："随喜时得福"。唐义净译。经文见《大正藏》第16册，第414页C栏第26行至第415页A栏第9行。

Дх.05374 **唐护法沙门法琳别传卷中**

存10行，行13字左右。行书。起："斯并先风"，讫："遍学通人"。彦琮撰。经文见《大正藏》第50册，第205页A栏第15行至B栏第3行。

Дх.05375 Дх.05381 **金刚般若波罗蜜经**

存15行，行2至11字。起："人初日分"，讫："其处"。后秦鸠摩罗什译。经文见《大正藏》第8册，第750页C栏第7行至第23行。

Дх.05376 **金刚般若波罗蜜经**

存11行，行3至10字。起："如是降"，讫："菩提菩萨应"。后秦鸠摩罗什译。经文见《大正藏》第8册，第749页A栏第3行至第14行。

Дх.05377 **妙法莲华经卷第二譬喻品第三**

存9行，行2至12字。起："无漏"，讫："安住"。后秦鸠摩罗什译。经文见《大正藏》第9册，第11页A栏第9行至第20行。

Дх.05378 **维摩诘所说经卷上佛国品第一**

存10行，行4至10字。起："生往来所"，讫："宝手菩萨"。后秦鸠摩罗什译。经文见《大正藏》第14册，第537页A栏第24行至B栏第5行。

Дх.05379 **大般若波罗蜜多经题签**

录文："大般若经卷第一。"

Дх.05380 **金刚般若波罗蜜经**

存4行，行8字。起："于意云何"，讫："思量须菩"。后秦鸠摩罗什译。经文见《大正藏》第8册，第749页A栏第16行至第19行。

Дх.05381 **金刚般若波罗蜜经**

见Дх.05375。

Дх.05382 **梁朝傅大士颂金刚经**

见Дх.02488。

Дх.05383 **妙法莲华经卷第一序品第一**

存10行，行5至18字。起："寻即于是"，讫："光所开化"。后秦鸠摩罗什译。经文见《大正藏》第9册，第5页A栏第9行至第27行。

Дх.05384 **持诵金刚经灵验功德记**

存8行，行4至12字。起："奉请第一"，讫："持经之人"。经文见《大正藏》第85册，第159页C栏第12行至第13行。

Дх.05385 Дх.05392 **太上洞玄灵宝升玄内教经**

存58行，行3至16字。待考。

Дх.05385VA Дх.05392VA **四分律比丘戒本**

三残片。存51行，行8至11字。内容杂乱。前2行为《佛说佛名经》。录文："佛南无□光/胜佛南无弥勒光光。"不可确指具体卷名。第6行至第13行为《四分律比丘戒本》。存8行，行15字。起："佛及法比丘僧"，讫："死时怀恐惧"。后秦佛陀耶舍译。经文见《大正藏》第22册，第1015页A栏第21行至B栏第7行。其余内容未检出。

Дх.05385VB Дх.05392VB **念佛镜末修西方十二时**

存7行。起："平旦寅发"，讫："不久住终"。内容与现刊本出入较大。

Дх.05386 Дх.05390 **瑜伽师地论分门记**

存27行。起："得有熟位时以胜利"，讫："十种有情□□合"。经文见《大正藏》第85册，第896页C栏至第897页B栏。现刊本所收为P.2190，与之相校，有异文。

Дх.05387 佛说法王经

存15行，行4至10字。起："亿众皆在"，讫："汝等皆当"。经文见《大正藏》第85册，第1384页C栏第5行至第17行。

Дх.05388 大乘无量寿经

存23行，行4至14字。起："孙佛俱那"，尾题："佛说无量寿宗要经"。经文见《大正藏》第19册，第84页B栏第10行至C栏第29行。

Дх.05389 大乘稻芉经随听疏

存12行，行13至25字。注双行小字。为僧人持诵本。起："业三者是"，讫："悲故不住"。唐法成集。经文见《大正藏》第85册，第546页A栏第28行至B栏第17行。

Дх.05390 瑜伽师地论分门记

见Дх.05386。

Дх.05391 妙法莲华经卷第七观世音菩萨普门品第二十五

存13行，行7至14字。起："威神力多"，讫："观世音菩"。后秦鸠摩罗什译。经文见《大正藏》第9册，第57页A栏第6行至第19行。

Дх.05392 太上洞玄灵宝升玄内教经

见Дх.05385。

Дх.05392VA 四分律比丘戒本

见Дх.05385VA。

Дх.05392VB 念佛镜末修西方十二时

见Дх.05385VB。

Дх.05393 胜鬘经义记卷上

存23行，行18至22字。起："内因声医"，讫："法牒标前行"。慧远撰。经文见《卍新续藏》第19册，第877页C栏第5行至第878页A栏第9行。

Дх.05393V 法苑珠林

存22行，行18至21字。起："若人毁他"，讫："众生见他"。唐道世撰。经文见《大正藏》第53册，第574页C栏第28行至第575页A栏第25行。

Дх.05394 大乘无量寿经

存15行，行25至35字。起："阿波唎蜜哆"，讫："阶渐最能入"。经文见《大正藏》第19册，第84页C栏第2行至第26行。

Дх.05394V 诸经要抄

存15行，行6至25字。部分经句见于《诸经要抄》。

Дх.05395 思益梵天所问经卷第一四法品第二

存26行，行5至17字。起："可乐者□者决"，讫："四一者于法"。后秦鸠摩罗什译。经文见《大正藏》第15册，第35页B栏第23行至C栏第19行。

Дх.05396 愿文

存14行。录文："从□契□/□同欢终日生/□生女柔容/欢美远近似/邕怡四时如/□谦恭之道/家晓不不尽/之喜何乃/悦数年六亲/里见而含恨/异流猫鼠同/意格大小/家业破散/免致见宿活不□。"

Дх.05397 大般若波罗蜜多经题签

录文："大般若波罗蜜多经卷第二百六十二界廿七。"

Дх.05398 胜鬘经义记卷上

存8行，行5至19字。起："地时为得"，讫："三所得体"。慧远撰。经文见《大正藏》第19册，第878页A栏第19行至B栏第4行。

Дх.05398V 法苑珠林卷第九十四便利部第四

存7行，行9至16字。起："即将阿难"，讫："缝补故衣"。唐道世撰。经文见《大正藏》第53册，第982页B栏第7行至第15行。

Дх.05399 大乘无量寿经

存13行，行7至19字。起："啰佐耶怛"，讫："数量陀罗"。经文见《大正藏》第19册，第84页B栏第26行至C栏第1行。

Дх.05400 大乘稻芉经随听疏

存15行，行11至24字。起："障支即正"，讫："非无学耶"。唐法成集。经文见《大正藏》第85册，第548页C栏第12行至第549页A栏第12行。

Дх.05400V　金光明经疏

存13行，行2至26字。起："是行法无有"，讫："化身"。待考。

Дх.05401　释净土群疑论卷第五

存14行，行8至24字。起："释曰有一"，讫："办得往生"。西都千福寺大德怀感撰。经文见《大正藏》第47册，第57页C栏第16行至第58页A栏第7行。

Дх.05402　大般若波罗蜜多经卷第一百三初分校量功德品第三十之一

存14行，行8至24字。起："皆以般若"，讫："憍尸迦若善"。唐玄奘译。经文见《大正藏》第5册，第571页A栏第19行至B栏第1行。

Дх.05403　字书

存5行。录文："巅罪（上有山）崔转之/毳毛赔育龙耳/达松恍样期景/障怯笼败谏练/卖。"

Дх.05403V　习字

存5行。习写"谘"字。

Дх.05404　残佛经

存2行。录文："不别/有欲。"未检出。

Дх.05404V　民族文字残片

存2行，总3字。

Дх.05405　金光明经卷第三鬼神品第十三

存3行。录文："佛世尊/朱□利/事已。"经文见《大正藏》第16册，第349页B栏第29行至C栏3行。

Дх.05406　大乘无量寿经

存13行，行10至28字。起："达磨底"，尾题："佛说无量寿宗要经"。经文见《大正藏》第19册，第84页C栏第12行至第29行。

Дх.05407　妙法莲华经卷五分别功德品第十七

存14行，行5至20字。起："大会一一佛"，讫："发无上心"。后秦鸠摩罗什译。经文见《大正藏》第9册，第44页B栏第5行至第29行。

Дх.05408　维摩诘所说经卷下香积佛品第十

存22行，行2至17字。起："萨以满钵"，讫："昧者"。后秦鸠摩罗什译。经文见《大正藏》第14册，第552页C栏第2行至第25行。

Дх.05409　书信

存15行。录文："(结垠)且兰山四月由结冷而霜飞/开柳媚跃鲤莲晖蜂歌绕翠/愁人对此倍更相思远念用友何/执卷望夜月而题篇含璋/颜子追用就酌岂忆愁人择/离家梓弃远逾边州别于/收泪思用草室孤嗟行啼忆/至宾愿垂委屈　答书/风动纳丽景光辉加以翠柳/俊游缘地从宾加宾酌柱酯/枝叙聚会无因谨遣数行/(喧中句云甚喧/极喧沾洗)自别相思情怀夜/愁飞气而渗云泪垂珠而/韵之笙竽情缱/别闻□而。"圆括号内为双行小字。

Дх.05410　大般涅槃经题签

录文："大般涅槃经/大般涅槃经卷第二十五。"

Дх.05411　妙法莲华经卷第六常不清菩萨品第二十

存11行，行10至17字。起："常眼清净"，讫："我故二百"。后秦鸠摩罗什译。经文见《大正藏》第9册，第51页A栏第16行至第27行。

Дх.05412　维摩诘所说经卷中观众生品第七

存21行，行3至17字。起："慈也行寂灭"，讫："利又问"。后秦鸠摩罗什译。经文见《大正藏》第14册，第547页B栏第15行至C栏第4行。

Дх.05413　金刚般若波罗蜜经

存28行，行2至17字。起："佛言世尊"，讫："须陀"。后秦鸠摩罗什译。经文见《大正藏》第8册，第749页A栏第26行至B栏第25行。

Дх.05414　妙法莲华经卷第五安乐行品第十四

存12行，行3至14字。起："耶陀者"，讫："为女人说"。后秦鸠摩罗什译。经文见《大正藏》第9册，第37页A栏第24行至B栏第7行。

Дх.05415　燕子赋

存24行，行8至19字。起："甚好处乃"，讫："事有急疾"。

Дx.05416　大方等大集经菩萨念佛三昧分卷第一

存12行，行3至21字。起："难可测"，品题："大方等大集经菩萨念佛三昧分不空见本事品第二"，讫："一切天人大"。隋达磨笈多译。经文见《大正藏》第13册，第832页B栏第22行至C栏第5行。

Дx.05417　金刚般若波罗蜜经

存21行，行3至17字。起："瞋恨须"，讫："诵为人"。后秦鸠摩罗什译。经文见《大正藏》第8册，第750页B栏第18行至C栏第12行。

Дx.05418　目连变文

存18行，行4至12字。残卷字迹漫灭不清，隐约可见"二月八日""七月十五日者目连""界内方都慈亲""大土令设其方"等字样。疑为佛教盂兰盆节时所做的发愿文。

Дx.05419　妙法莲华经卷第七观世音菩萨普门品第二十五

存6行，行7至18字。起："尔时"，尾题："妙法莲华经一卷"。后秦鸠摩罗什译。经文见《大正藏》第9册，第58页B栏第3行至第7行。

Дx.05420　金光明最胜王经卷第三灭业障品第五

存10行，行13至18字。起："未来不受"，讫："更不敢造"。唐义净译。经文见《大正藏》第16册，第414页B栏第4行至第14行。

Дx.05421　佛顶尊胜陀罗尼经

存27行，行17字。首题："佛顶尊胜陀罗尼经序"，讫："含灵同益帝"。唐佛陀波利译。经文见《大正藏》第19册，第349页B栏第2行至C栏第1行。

Дx.05422　大般若波罗蜜多经卷第五百一十第三分现世间品第十五之一

存28行，行17字。起："多俱不说"，讫："甚深般若"。唐玄奘译。经文见《大正藏》第7册，第602页B栏第7行至C栏第8行。

Дx.05422V　杂写

存1行。录文："五百一十。"

Дx.05423　佛说佛名经卷第十

存28行，行4至13字。首题："佛说佛名经卷第十四"，讫："南无天光佛"。北魏菩提流支译。经文见《大正藏》第14册，第171页B栏第24行至C栏第8行。与现刊本分卷不同，现刊本在第10册。

Дx.05424　大般涅槃经卷第二十六光明遍照高贵德王菩萨品第十之六

存40行，行7至17字。起："云何可断"，讫："菩提善男"。北凉昙无谶译。经文见《大正藏》第12册，第519页A栏第20行至C栏第3行。

Дx.05425　道经

存26行，行11至17字。起："太玄真一三善行法发愿经"，讫："则无所染无所染故则无烦恼即无烦恼"。

Дx.05426　妙法莲华经卷第四提婆达多品第十二

存29行，行4至17字。起："曰善男子"，讫："菩提道□□□□观三"。后秦鸠摩罗什译。经文见《大正藏》第9册，第35页A栏第20行至B栏第23行。

Дx.05427A　Дx.05451A　妙法莲华经卷第三化城喻品第七

存6行，行5至9字。起："如优昙钵"，讫："同声以偈颂"。后秦鸠摩罗什译。经文见《大正藏》第9册，第24页A栏第27行至B栏第4行。

Дx.05427B　Дx.05451B　书仪

存17行。录文："春花开/冬责雾/暗晓暄/水寒冻/泰恒名江河淮济/浪沉溺涡泓船艘舰艇/王有道恩惠弘廊万国/跃谄佞潜藏奸邪憩/翙勤恪赏赉功勋/嘉宾奏设伎乐/呈讽诵吟咏吼唤/动音声琵琶鼓角琴/篌竽簚茪声笛筝/弟兄翁婆尊祖婶/姑姨舅甥婚姻聘/蜡烛炬照晖盈贫/功剿壮健运辇提。"

Дx.05427BV　Дx.05451BV　籍账

字迹颠倒且模糊不可辨认。中有"庆通书手写"等字句。

Дx.05428 **大般若波罗蜜多经卷第一百一十五初分校量功德品第三十**

存28行，行12至15字。起："受无二为"，讫："智修习空"。唐玄奘译。经文见《大正藏》第5册，第632页A栏第1行第14行。

Дx.05429 **大般若波罗蜜多经卷第一百九初分校量功德品第三十之七**

存14行，行5至16字。起："当知以无明"，讫："波罗蜜多以外空"。唐玄奘译。经文见《大正藏》第5册，第600页C栏第14行至第21行。

Дx.05429V **杂写**

存"百九"2字。

Дx.05430 **佛说阿弥陀经**

存6行，行6至11字。起："相遍覆三千"，讫："当信是称"。后秦鸠摩罗什译。经文见《大正藏》第12册，第347页B栏第21行至第28行。

Дx.05431 **妙法莲华经卷第五安乐行品第十四**

存19行，行3至8字。起："无所畏"，讫："随义观"。后秦鸠摩罗什译。经文见《大正藏》第9册，第37页B栏第28行至C栏第23行。

Дx.05432 **字书**

中为方格，边角有字，外界以放射状书写字，释字为双行小字。与Дx.04532为同卷残片。

Дx.05433 **维摩诘所说经卷上佛国品第一**

存19行，行3至8字。起："智慧及"，讫："法无畏"。后秦鸠摩罗什译。经文见《大正藏》第14册，第537页A栏第14行至第21行。

Дx.05434 **金刚般若波罗蜜经**

存7行，行6至9字。起："暗则无"，讫："身布施中"。后秦鸠摩罗什译。经文见《大正藏》第8册，第750页C栏第1行至第8行。

Дx.05435 **大般若波罗蜜多经卷第一百一十七初分校量功德品第三十之十五**

存15行，行3至9字。起："老死愁叹"，讫："难苦忧"。唐玄奘译。经文见《大正藏》第5册，第644页C栏第17行至第645页A栏第3行。

Дx.05436 **妙法莲华经卷第三授记品第六**

存8行，行3至12字。起："净第一"，讫："像法亦住二"。后秦鸠摩罗什译。经文见《大正藏》第9册，第21页B栏第6行至第16行。

Дx.05437 **妙法莲华经卷第三化城喻品第七**

存4行，行6至10字。起："哀愍饶益"，讫："法雨充满"。后秦鸠摩罗什译。经文见《大正藏》第9册，第24页A栏第20行至第25行。

Дx.05438 **兔园策府**

存12行，行5至12字。疑出自《兔园策府》的"议封禅"和"征东夷"。

Дx.05439 **妙法莲华经卷第三化城喻品第七**

存13行，行2至20字。起："所欲"，讫："梵音海潮音"。后秦鸠摩罗什译。经文见《大正藏》第9册，第58页A栏第2行至第26行。

Дx.05440 **般若波罗蜜多心经**

存18行，行7至16字。起："菩萨行深"，尾题："般若波罗蜜多经一卷"。唐玄奘译。经文见《大正藏》第8册，第848页C栏第7行至第24行。

Дx.05441 Дx.05454 **妙法莲华经卷第四授学无学人记品第九**

存14行，行5至11字。起："然后成正觉"，讫："无量千万亿"。后秦鸠摩罗什译。经文见《大正藏》第9册，第29页C栏第19行至第30页A栏第9行。

Дx.05442 Дx.05445 **妙法莲华经卷第六法师功德品第十九**

存26行，行3至15字。起："游戏时"，讫："闻香悉能知"。后秦鸠摩罗什译。经文见《大正藏》第9册，第48页C栏第6行至第26行。

Дx.05443 **佛说佛名经卷第五**

存6行，行1至5字。起："切三宝"，讫："飞"。北魏菩提流支译。经文见《大正藏》第14册，第208页C栏第18行至第25行。

Дx.05444 Дx.06547 牒状

存10行。录文："甲寅/二十日/伏以今月勒下烽子康通远/牒状雏程子张怀满王憨儿□/□子皮匠泥物壹硕柒升张永住/处分/□□贰十六/伏以今月勒下烽子氾庆润官放□/处分甲寅年十一月日/□□□十二日。"

Дx.05445 妙法莲华经卷第六法师功德品第十九

见Дx.05442。

Дx.05446 残佛经

存7行，行6至12字。起："眸如□年等义知名调"，讫："智惠恒"。未检出。

Дx.05447 妙法莲华经卷第七观世音菩萨普门品第二十五

存11行，行6至10字。起："身得度者即"，讫："世音菩萨摩"。后秦鸠摩罗什译。经文见《大正藏》第9册，第57页B栏第11行至第22行。

Дx.05448 宅经

存8行。录文："宅南北廿九步东西□/尽天除一地除二人除三四时除□/□无人居之凶余三者天人具居之/廿五除之凡开宅门法皆以南方/置井同在巳上吉安灶同在乙酉/若同在火前/依壹法宜长七尺/□作□五日同。"

Дx.05448V 籍账

存7行。待考。

Дx.05449 大般涅槃经后分卷上遗教品第一

存11行，行4至13字。起："罗树□告"，讫："汝等大众应当"。唐若那跋陀罗译。经文见《大正藏》第12册，第904页A栏第19行至第26行。

Дx.05450 大般涅槃经卷第二十一光明遍照高贵德王菩萨品第十之一

存12行，行4至11字。起："闻辟支佛"，讫："侍立地神化"。北凉昙无谶译。经文见《大正藏》第12册，第488页A栏第2行至第13行。

Дx.05451A 妙法莲华经卷第三化城喻品第七

见Дx.05427A。

Дx.05451B 书仪

见Дx.05427B。

Дx.05451BV 籍账

见Дx.05427BV。

Дx.05452 太上洞玄灵宝升玄内教经

存6行。起："言善恶咒"，讫："终身奉行是吾太"。

Дx.05452V 发愿文

存6行。录文："二更复悲/一切皆如世相修还答皈□□/有已还无痛哉无常破能□/今此樊香意者奉为三□/永安寺诗　和尚王阇梨□阇梨□/□子王□□。"

Дx.05453 佛说灌顶拔除过罪生死得度经卷第十二

存16行，行2至13字。起："大王"，讫："亦当礼"。东晋帛尸梨蜜多罗译。经文见《大正藏》第21册，第533页C栏第24行至第534页A栏第11行。

Дx.05454 妙法莲华经卷第四授学无学人记品第九

见Дx.05441。

Дx.05455 某戒本疏题签

录文："□戒本疏卷第四。"

Дx.05456 妙法莲华经卷第一方便品第二

存4行，行6至8字。起："解之法唯佛"，讫："时世尊欲重"。后秦鸠摩罗什译。经文见《大正藏》第9册，第5页C栏第10行至第14行。

Дx.05457 佛说普门品经

存1行，总8字。录文："喉咽不知醎味亦无。"经文见《大正藏》第11册，第771页B栏第21行。

Дx.05458 妙法莲华经卷第五安乐行品第十四

存11行，行2至18字。起："笔赞咏外"，讫："胸臆"。后秦鸠摩罗什译。经文见《大正藏》第9册，第37页A栏第24行至B栏第8行。

Дx.05459 维摩诘所说经卷上方便品第二

存4行，行5至7字。起："优波离我等"，讫："勿扰其心"。后秦鸠摩罗什译。经文见《大正藏》第14

册,第541页B栏第13行至第17行。

Дх.05460 大般涅槃经卷第三十五迦叶菩萨品第十二之三

存10行,行7至10字。起:"果以是义故无",讫:"无记当知"。北凉昙无谶译。经文见《大正藏》第12册,第569页C栏第11行至第20行。

Дх.05461 妙法莲华经卷第七观世音菩萨普门品第二十五

存9行,行3至12字。起:"菩萨名者",讫:"当得解脱"。后秦鸠摩罗什译。经文见《大正藏》第9册,第56页C栏第19行至第28行。

Дх.05462 妙法莲华经卷第四授学无学人记品第九至法师品第十

存31行,行6至20字。起:"世尊慧灯",讫:"心于一劫"。后秦鸠摩罗什译。经文见《大正藏》第9册,第30页B栏第26行至第31页A栏第1行。

Дх.05463 劝善经

存17行,行5至18字。首题:"劝善经一卷",尾题:"劝善经一卷"。经文见《大正藏》第85册,第1462页A栏第3行至第20行。现刊本所收为S.0417,有异文。

Дх.05464 Дх.05466 楞伽师资记

存27行,行20至22字。起:"西京便于",讫:"染无着无"。净觉集。经文见《大正藏》第85册,第1283页A栏第7行至第1285页B栏第8行。写本最后两行跳行抄写。

Дх.05465 佛说无量大慈教经

存25行,行11至14字。起:"尔时如来",讫:"见佛礼拜"。经文见《大正藏》第85册,第1445页B栏第18行至C栏第13行。

Дх.05466 楞伽师资记

见 Дх.05464。

Дх.05467 金刚般若波罗蜜经

存16行,行6至17字。起:"是宁为多",讫:"作是念我"。后秦鸠摩罗什译。经文见《大正藏》第8册,第751页B栏第24行至C栏第12行。

Дх.05468 佛说观无量寿佛经

存20行,行2至17字。起:"千光",讫:"天冠有五"。宋畺良耶舍译。经文见《大正藏》第12册,第344页A栏第4行至第26行。

Дх.05469 大般若波罗蜜多经题签

录文:"大般若波罗蜜多经卷第一百廿三十三。"

Дх.05470 大乘百法明门论开宗义决

存26行,行3至17字。起:"名曰婆",讫:"中有果"。唐昙旷撰。经文见《大正藏》第85册,第1068页C栏第28行至第1069页B栏第11行。

Дх.05470V 大乘百法明门论开宗义决

存4行,行3至15字。起:"□依者一损力",讫:"修习"。唐昙旷撰。经文见《大正藏》第85册,第1068页B栏第13行至第20行。

Дх.05471 大般涅槃经卷第七如来性品第四之四

存14行,行6至17字。起:"尔乃证知",讫:"亦复如是"。北凉昙无谶译。经文见《大正藏》第12册,第408页C栏第2行至第18行。

Дх.05472 十住断结经卷第九道智品第二十四

存17行,行3至13字。起:"法灭则",讫:"均九□□□十道无"。后秦竺佛念译。经文见《大正藏》第10册,第1033页A栏第24行至B栏第12行。

Дх.05473 大乘起信论

存13行,行4至12字。起:"非无有",讫:"本觉义者"。马鸣菩萨造、真谛译。经文见《大正藏》第32册,第576页B栏第1行至第14行。

Дх.05474 梵网经卢舍那佛说菩萨心地戒品第十卷下

存9行,行4至15字。起:"听我□□□□露门则",讫:"至心听我"。后秦鸠摩罗什译。经文见《大正藏》第24册,第1004页A栏第7行至第22行。

Дх.05474V 张议潮处置凉州奏表并批答

存3行,行7字。录文:"岂可摒狐兔□梁/国家以边陲路远/之度外波或卫其。"此依郑炳林、徐晓丽《读〈俄藏敦煌文献〉第12册几件非佛经文献札记》,《敦煌研究》2003年第4期,第81页至第89页。

Дх.05475 Дх.08313 转帖

存16行。

Дх.05476 大方广佛华严经卷第十四金刚幢菩萨十回向品第二十一

存25行,行5至17字。起:"苦菩萨摩诃",讫:"我当修学"。东晋佛驮跋陀罗译。经文见《大正藏》第9册,第490页A栏第3行至第28行。

Дх.05477 Дх.05478 Дх.05480 Дх.05486 法句经卷下爱欲品至利养品

存28行,行19至23字。起:"愚以贪自缚",讫:"是不得除"。法救撰、吴维祇难等译。经文见《大正藏》第4册,第571页B栏第10行至C栏第26行。

Дх.05479 大般涅槃经卷第三十二师子吼菩萨品第十一之六

存5行,行10至13字。起:"一切众生",讫:"切众生悉"。北凉昙无谶译。经文见《大正藏》第12册,第556页C栏第28行至第557页A栏第4行。

Дх.05480 法句经卷下爱欲品至利养品

见Дх.05477。

Дх.05481 贤愚经卷第六快目王眼施缘品第二十七

存23行,行8至15字。起:"如是我闻",讫:"佛不时行路人"。北魏慧觉译。经文见《大正藏》第4册,第390页B栏第16行至C栏第9行。

Дх.05482 修行道地经

存27行,行9至21字。起:"其小儿在",讫:"种在额一"。西晋竺法护译。经文见《大正藏》第15册,第187页C栏第22行至第188页B栏第3行。

Дх.05483 贤愚经卷第六明光王头施品第三十

存20行,行14至16字。起:"或有悲结",讫:"敬戴奉行"。北魏慧觉译。经文见《大正藏》第4册,第390页A栏第20行至B栏第12行。

Дх.05484 摩诃僧祇律卷第七明僧残戒之余

存34行,行8至20字。起:"心谏汝饶",讫:"同事一切僧"。东晋佛驮跋陀罗共法显译。经文见《大正藏》第22册,第283页A栏第17行至B栏第19行。

Дх.05485 大般涅槃经第八如来性品第四之五

存44行,行3至13字。起:"者是名无",讫:"经□□烦恼"。北凉昙无谶译。经文见《大正藏》第12册,第414页B栏第10行至C栏第22行。

Дх.05486 法句经卷下爱欲品至利养品

见Дх.05477。

Дх.05487 Дх.05495 中本起经卷下瞿昙弥来作比丘尼品第九

存21行,行3至19字。起:"大爱道比丘",讫:"却皆得为"。后汉昙果共康孟详译。经文见《大正藏》第4册,第159页A栏第17行至B栏第19行。

Дх.05488 药师经直解

存3行。录文:"文殊师利/宝檀华菩萨/是菩萨等求。"天台苾蒭灵耀撰。经文见《大正藏》第21册,第613页C栏第7行至第9行。经文"是菩萨等求",现刊本为"是八大菩萨乘空"。

Дх.05489 中本起经卷下自爱品第十一

存7行,行3至10字。起:"苦恼皆",讫:"世尊又告"。后汉昙果共康孟详译。经文见《大正藏》第4册,第160页B栏第26行至C栏第3行。

Дх.05490 大般涅槃经卷第三十四迦叶菩萨品第十二之三

存4行,行3至4字。录文:"二者受/者施主受/不信是四/不解我。"北凉昙无谶译。经文见《大正藏》第12册,第567页B栏第26行至第29行。

Дх.05491 瑜伽论记卷第一

存6行,行10至20字。起:"劫如前所",讫:"沙门梵志"。遁伦集撰。经文见《大正藏》第42册,第330页B栏第2行至第10行。

Дх.05492 妙法莲华经卷第四五百弟子受记品第八

存5行，行1至4字。录文："贤/而皆护/宜无量无/立阿耨多/进教化。"后秦鸠摩罗什译。经文见《大正藏》第9册，第27页C栏第13行至第18行。

Дx.05493 金刚般若波罗蜜经

存5行，行5至6字。起："所得慧眼未"，讫："则是非相是"。后秦鸠摩罗什译。经文见《大正藏》第8册，第754页B栏第14行至第19行。

Дx.05494 阿毗昙八犍度论卷第十一智犍度修智跋渠第四之一

存25行，行3至22字。起："知他人心"，讫："人心智"。迦旃延子造、僧伽提婆共竺佛念译。经文见《大正藏》第26册，第822页C栏第23行至第824页A栏第20行。

Дx.05495 中本起经卷下瞿昙弥来作比丘尼品第九

见Дx.05487。

Дx.05496 妙法莲华经卷第七观世音菩萨普门品第二十五

存25行，行6至15字。起："具足妙相"，讫："持地菩萨"。后秦鸠摩罗什译。经文见《大正藏》第9册，第57页C栏第11行至第58页B栏第3行。

Дx.05497 五分戒本

存11行，行2至17字。起："诸佛教"，讫："布萨"。宋佛陀什等译。经文见《大正藏》第22册，第206页B栏第3行至第18行。有异文。

Дx.05497V 和菩萨戒文

存12行，行5至17字。起："诸菩萨莫"，讫："忍惟当来"。经文见《大正藏》第85册，第1300页B栏第8行至第19行。

Дx.05498 维摩诘经题签

录文："维摩诘经第三。"

Дx.05499 大般若波罗蜜多经卷第四百二第二分欢喜品第二

存23行，行10至17字。起："婆罗门若"，讫："若波罗蜜"。唐玄奘译。经文见《大正藏》第7册，第7页A栏第23行至B栏第15行。

Дx.05500 太上洞玄神咒经

存25行，行5至17字。起："亦不救之矣"，讫："天王安十方"。

Дx.05500V 回鹘文残片

存4行。

Дx.05501 梵网经卢舍那佛说菩萨心地戒品第十卷下

存14行，行3至16字。起："佛子常起"，讫："作制法制"。后秦鸠摩罗什译。经文见《大正藏》第24册，第1009页A栏第25行至B栏第11行。

Дx.05502 杂写

存8行。中有题记："戊子年九月卅日写此多心经。"侧书："戊子年三月十九日书记。"

Дx.05502V 杂写

录文："戊子年三月七日者造造。"

Дx.05503 金刚般若波罗蜜经

见Дx.03912。

Дx.05504 维摩诘所说经卷上佛国品第一

存6行，行7至12字。起："佛言世尊"，讫："除灭勿扰"。后秦鸠摩罗什译。经文见《大正藏》第14册，第541页B栏第11行至第17行。

Дx.05505 药师琉璃光如来本愿功德经

存21行，行3至10字。起："天龙药叉"，讫："大丈夫相"。唐玄奘译。经文见《大正藏》第14册，第404页C栏第18行至第405页A栏第9行。

Дx.05506 书仪

存5行。录文："伏惟/尊体起居万福即日阿姨师蒙恩/何似伏惟顺时倍加保重/闻早拜/阿姨师表舅亲姻并□。"

Дx.05507 大般涅般经摘要

存11行，行2至9字。残卷内容非出自一处。首题"来□□□性也"因字数较少难以查出处。中段录文："智慧者/故名如来如来愍念无量/所中是故名为如来有忧/若使如来有忧/言迦叶皆有因缘随有/示现受生虽现受生而/法。"出自《大般涅槃经卷八如来性品第四之五》。北凉昙无谶译。经文见《大正藏》第12册，第416页A栏第3行至第10行。后段录文："不如一十住菩萨一即/相到人中力士/那罗延身。"出自《大般涅槃经卷十一现病品第六》。经文见《大正藏》第12册，第429页B栏第16行至第18行。

Дх.05508 金刚般若波罗蜜经

见Дх.04407。

Дх.05508V 杂写

见Дх.04407V。

Дх.05509 金光明最胜王经卷第二分别三身品第三

存10行，行6至12字。起："如如如智摄"，讫："不可思议"。唐义净译。经文见《大正藏》第16册，第408页C栏第4行至第14行。

Дх.05510 妙法莲华经卷第一序品第一

存5行，行6至11字。起："善男子我"，讫："尔时有佛"。后秦鸠摩罗什译。经文见《大正藏》第9册，第3页C栏第14行至第18行。

Дх.05511 大般若波罗蜜多经卷第六十一初分赞大乘品第十六之六

存16行，行2至10字。起："善现"，讫："乘相若菩"。唐玄奘译。经文见《大正藏》第5册，第343页A栏第10行至第26行。

Дх.05512 小品般若波罗蜜经卷第三摩诃般若波罗蜜泥犁品第八

存18行，行4至15字。起："受其言者"，讫："是重罪须"。后秦鸠摩罗什译。经文见《大正藏》第8册，第551页A栏第7行至第22行。

Дх.05513 佛说法王经

存23行，行3至7字。起："一切众生"，讫："名清净"。经文见《大正藏》第85册，第1389页C栏第10行至第23行。

Дх.05514 优婆塞戒经卷第六五戒品第二十二

存22行，行7至15字。首题："优婆塞戒经卷第六五戒品第二十二"，讫："二不受戒"。北凉昙无谶译。经文见《大正藏》第24册，第1063页C栏第2行至第26行。

Дх.05515 佛说佛名经卷第六

存14行，行3至16字。起："五逆罪"，讫："来所赞叹"。北魏菩提流支译。经文见《大正藏》第14册，第144页A栏第13行至第26行。

Дх.05516 大般若波罗蜜多经卷第二十三初分教诫教授品第七之十三

存22行，行5至15字。起："阿罗汉果生"，讫："世尊即一来"。唐玄奘译。经文见《大正藏》第5册，第127页A栏第7行至第27行。

Дх.05517 妙法莲华经卷第七观世音菩萨普门品第二十五

存21行，行3至13字。起："其音声"，讫："萨摩"。后秦鸠摩罗什译。经文见《大正藏》第9册，第56页C栏第8行至第57页A栏第1行。

Дх.05518 画稿

残存华盖及菩萨头部背光。

Дх.05519 习字

正背共存6行。正面习写"般"字4行，背面习写"恒"字2行。

Дх.05520 妙法莲华经卷第一序品第一

存7行，行5至9字。起："罗迦楼罗"，讫："知此光所"。后秦鸠摩罗什译。经文见《大正藏》第9册，第4页A栏第15行至第22行。

Дх.05521 般若波罗蜜多心经

存7行，行4至8字。首题："般若波罗蜜多心经"，讫："舌身意无"。唐玄奘译。经文见《大正藏》第8册，第848页C栏第4行至第12行。

Дх.05522 维摩诘所说经卷中文殊师利问疾品第五

存6行，行2至6字。起："何众魔"，讫："火大"。后秦鸠摩罗什译。经文见《大正藏》第14册，第544页C栏第8行至第14行。

Дх.05523 大般若波罗蜜多经卷第一百二十七初分校量功德品第三十之二十五

存7行，行10至13字。起："若波罗蜜"，讫："分故憍尸"。唐玄奘译。经文见《大正藏》第5册，第697页B栏第24行至C栏第2行。

Дx.05524 **妙法莲华经卷第一方便品第二**

存4行，行4至20字。起："本从无数"，讫："是□言辞相"。后秦鸠摩罗什译。经文见《大正藏》第9册，第5页C栏第19行至第25行。

Дx.05525 **大般若波罗蜜多经卷第四百八十九第三分善现品第三之八**

存6行，行4至10字。首题："大般若波罗蜜多经卷"，讫："住此三魔"。唐玄奘译。经文见《大正藏》第7册，第483页C栏第10行至第18行。

Дx.05526 **妙法莲华经卷第七观世音菩萨普门品第二十五**

存6行，行4至8字。起："优婆夷身"，讫："紧那罗摩"。后秦鸠摩罗什译。经文见《大正藏》第9册，第57页B栏第11行至第16行。

Дx.05527 **金光明最胜王经卷第四最净地陀罗尼品第六**

存11行，行5至6字。起："量众生发"，讫："处即是制"。唐义净译。经文见《大正藏》第16册，第422页B栏第5行至第17行。

Дx.05528 **大乘百法明门论开宗义记**

存11行，行8至16字。起："从物故"，讫："心法有八"。唐昙旷撰。经文见《大正藏》第85册，第1048页C栏第13行至第1049页A栏第1行。

Дx.05529 **图案**

残片。图案不清楚。

Дx.05530 **金刚般若波罗蜜经**

存11行，行2至9字。起："解时若有"，讫："者须"。后秦鸠摩罗什译。经文见《大正藏》第8册，第750页B栏第17行至第28行。

Дx.05531 **妙法莲华经卷第七陀罗尼品第二十六**

存10行，行5至11字。起："赊履（二十）陀罗"，讫："世尊是陀罗尼神"。后秦鸠摩罗什译。经文见《大正藏》第9册，第58页B栏第22行至C栏第4行。

Дx.05532 **妙法莲华经卷第一序品第一**

存8行，行4至7字。起："欢喜布"，讫："乐诵经典"。后秦鸠摩罗什译。经文见《大正藏》第9册，第3页A栏第10行至第19行。

Дx.05533 **大唐龙兴三藏教序**

存7行，行5至13字。起："整四众虹幡"，讫："部律其大"。唐中宗制。

Дx.05534 **礼佛文**

存5行。

Дx.05534V **籍账**

存1行。录文："教心仪麦五称来硕是惠光秤记。"

Дx.05535 Дx.05712 **四分律比丘含注戒本下**

四残片。其一与其二，存10行，行11至27字。可缀合。起："罗以故作"，讫："着肩上也"。经文见《大正藏》第40册，第456页B栏第26行至C栏第23行。其三，存5行，行3至9字。起："六群便言"，讫："在瞻波国"。唐道宣述。经文见《大正藏》第40册，第461页C栏。其四，存5行，行5至12字。起："云何人现前"，讫："诬谤亲于众中"。经文见《大正藏》第40册，第461页C栏第13行至第23行。

Дx.05536 **大般若波罗蜜多经卷第一百六初分校量功德品第三十之四**

存13行，行2至17字。起："方无"，讫："妙光明除"。唐玄奘译。经文见《大正藏》第5册，第584页B栏第25行至C栏第9行。

Дx.05537 **大般若波罗蜜多经卷第二百四十四初分难信解品第三十四之六十三**

存12行，行5至17字。起："故一切智"，讫："真如清净"。唐玄奘译。经文见《大正藏》第6册，第233页B栏第16行至第27行。

Дx.05538 **般若波罗蜜多心经**

存13行，行7至16字。起："行识无眼"，尾题："般若波罗蜜多心经"。唐玄奘译。经文见《大正藏》第8册，第848页C栏第11行至第22行。

Дх.05539 制戒缘起三则盗戒和杀戒

存19行，行7至15字。起："其有摩竭"，讫："世尊游毗舍离"。

Дх.05540 妙法莲华经卷第五安乐行品第十四

存6行，行3至7字。起："柔和善"，讫："为说法无"。后秦鸠摩罗什译。经文见《大正藏》第9册，第37页A栏第18行至第27行。

Дх.05541 金光明最胜王经卷第七无染著陀罗尼品第十三

存5行，行3至4字。录文："句若有菩/是人若于/正愿无有/之所损/是过去。"唐义净译。经文见《大正藏》第16册，第433页A栏第21行至第26行。

Дх.05542 佛说天地八阳神咒经

存3行，行7至8字。起："知非诸声闻"，讫："是佛法根本"。唐义净译。经文见《大正藏》第85册，第1423页B栏第20行至第23行。

Дх.05543 维摩诘所说经卷上佛国品第一

存6行，行4至9字。起："无碍解脱"，讫："名称高远"。后秦鸠摩罗什译。经文见《大正藏》第14册，第537页A栏第13行至第18行。

Дх.05544 佛说父母恩重经

存8行，行4至7字。首题："佛说父母恩重经"，讫："子俱显生"。经文见《大正藏》第85册，第1403页B栏第21行至第29行。

Дх.05545 金光明最胜王经卷第八王法正论品第二十

存11行，行3至18字。起："假使失"，讫："月无乖度"。唐义净译。经文见《大正藏》第16册，第433页C栏第1行至第22行。

Дх.05546 金刚般若波罗蜜经

存15行，行2至7字。起："是名说法"，讫："念何以故"。后秦鸠摩罗什译。经文见《大正藏》第8册，第751页C栏第15行至第752页A栏第6行。

Дх.05547 千手千眼观世音菩萨广大圆满无碍大悲心陀罗尼经

存4行，行6至8字。起："千手千眼"，讫："摩尼宝而"。唐伽梵达摩译。经文见《大正藏》第20册，第106页A栏第4行至第10行。

Дх.05548 习字

正背各存1行。正面习写"祆"字12个，背面习写"男"字3个，"子"字5个。

Дх.05549 佛说无常经

录文佛说无常经："观世音经一卷佛说无常经（亦名/启经）。"圆括号内为双行小字注。

Дх.05550 妙法莲华经卷第一序品第一

存4行，行5至13字。起："四迦楼罗"，讫："眷属俱各"。后秦鸠摩罗什译。经文见《大正藏》第9册，第2页B栏第2行至第6行。

Дх.05551 大般若波罗蜜多经卷第一百一十三初分校量功德品第三十之十一

存8行，行6至8字。起："五力七等"，讫："无相无愿"。唐玄奘译。经文见《大正藏》第5册，第621页B栏第27行至C栏第5行。

Дх.05552 思益梵天所问经卷第三行道品第十一

存8行，行2至9字。起："行一切法"，讫："净心"。后秦鸠摩罗什译。经文见《大正藏》第15册，第54页B栏第26行至C栏第5行。

Дх.05553 大乘百法明门论开宗义决

存20行，行5至16字。起："至觉谈经菩"，讫："空既此真"。唐昙旷撰。经文见《大正藏》第85册，第1068页A栏第7行至B栏第7行。

Дх.05554 残片

字迹不清。

Дх.05555 大般若波罗蜜多经题签

录文："卷第一百卌十四永。"

Дх.05556 大宝积经卷第一百无垢施菩萨应辩会第三十三序品第一

存8行，行1至8字。起："皆是阿罗汉"，讫："菩萨称意"。西晋聂道真译。经文见《大正藏》第11

册,第556页A栏第7行至第15行。

Дх.05557 梵网经卢舍那佛说菩萨心地戒品第十卷下

存14行,行2至12字。起:"恶纲",讫:"恶心故"。后秦鸠摩罗什译。经文见《大正藏》第24册,第1005页C栏第15行至第1006页A栏第6行。

Дх.05558 佛说灌顶拔除过罪生死得度经卷第十二

存8行,行2至9字。起:"佛说",尾题:"药师经"。东晋帛尸梨蜜多罗译。经文见《大正藏》第21册,第536页A栏第28行至B栏第5行。有异文。

Дх.05559 金光明最胜王经卷第五莲华喻赞品第七

存12行,行3至7字。起:"声中",讫:"有妙光明"。唐义净译。经文见《大正藏》第16册,第422页C栏第8行至第19行。

Дх.05560 妙法莲华经卷第七观世音菩萨普门品第二十五

存11行,行6至8字。起:"说法方便",讫:"将军身而"。后秦鸠摩罗什译。经文见《大正藏》第9册,第57页A栏第21行至B栏第3行。

Дх.05561 仁王护国般若波罗蜜多经疏

存28行,行13至15字。起:"因二者能",讫:"终习如是"。

Дх.05562 妙法莲华经卷第三药草喻品第五

存8行,行2至6字。起:"下性如",讫:"法王"。后秦鸠摩罗什译。经文见《大正藏》第9册,第19页C栏第3行至第10行。

Дх.05563 梵网经卢舍那佛说菩萨心地戒品第十卷下

存4行,行4至11字。起:"见病不救者",讫:"不加报况"。后秦鸠摩罗什译。经文见《大正藏》第24册,第1005页C栏第12行至第16行。

Дх.05564 大般若波罗蜜多经卷第五百五十六大般若经第五会序

存6行,行5至7字。起:"往其不涯",讫:"亹亹通韵新"。唐玄则撰。经文见《大正藏》第7册,第865页B栏第17行至第25行。

Дх.05565 晏子赋

存4行。录文:"虽白/□□墨者先常/三尺定四方麒麟虽少圣/而大敌方之此言见大何意"。

Дх.05565V 习字

存2行。习写"昔"字。

Дх.05566 阿毗昙心论经卷第三使品之二

存4行,行17至18字。起:"身见及边",讫:"是故作施"。法胜论、优波扇多释、那连提耶舍译。经文见《大正藏》第28册,第846页A栏第20行至第23行。

Дх.05567 残片

存4行。录文:"环进/贪/王神德/胡子。"不可定名。

Дх.05568 大乘百法明门论开宗义记

存5行,行7至8字。起:"称明门者通也",讫:"义通释诸经如"。唐昙旷撰。经文见《大正藏》第85册,第1049页A栏第5行至第12行。

Дх.05568V 残片

存1行。录文:"大谓具袖智二种礼。"不可定名。

Дх.05569 佛说阿弥陀经

存15行,行4至17字。起:"出广长舌",讫:"佛网明佛"。后秦鸠摩罗什译。经文见《大正藏》第12册,第347页B栏第26行至C栏第7行。

Дх.05570 妙法莲华经卷第一序品第一

存18行,行7至11字。起:"蜜令得阿",讫:"优婆塞优"。后秦鸠摩罗什译。经文见《大正藏》第9册,第3页C栏第25行至第4页A栏第14行。

Дх.05571 大般若波罗蜜多经题签

录文:"大般若经卷第□□。"

Дх.05572 药师琉璃光如来本愿功德经

存7行,行4至10字。起:"萨道时所",讫:"名月光遍"。唐玄奘译。经文见《大正藏》第14册,第405页C栏第1行至第7行。

Дx.05573 大般若波罗蜜多经题签

录文："大般若波罗蜜多经卷第十九。"

Дx.05574 合部金光明经卷第三陀罗尼最净地品第六

存7行，行4至11字。起："是心通一"，讫："不可得于"。真谛译、隋释宝贵合。经文见《大正藏》第16册，第372页C栏第21行至第28行。

Дx.05575 金刚般若波罗蜜经

存8行，行4至9字。起："菩提若菩"，讫："量不不也"。后秦鸠摩罗什译。经文见《大正藏》第8册，第749页A栏第10行至第18行。

Дx.05576 大般若波罗蜜多经卷第三百五十七初分多问不二品第六十一之七

存7行，行5至10字。起："故护念是"，讫："在诸佛不"。唐玄奘译。经文见《大正藏》第6册，第836页B栏第20行至第26行。

Дx.05577 金光明最胜王经卷第四最净地陀罗尼品第六

存6行，行5至8字。起："非现在心"，讫："可得行非"。唐义净译。经文见《大正藏》第16册，第418页A栏第11行至第17行。

Дx.05578 宝云经卷第六

存2行，行40至41字。起："身服袈裟"，讫："名为善知"。梁曼陀罗仙译。经文见《大正藏》第16册，第236页A栏第6行至第11行。

Дx.05579 敦煌歌赋诗词

内容为"十二时""劝凡夫"等。

Дx.05580 金光明最胜王经卷第一如来寿量品第二

存8行，行3至11字。起："佛所"，讫："帝青琉璃"。唐义净译。经文见《大正藏》第16册，第404页B栏第29行至C栏第10行。

Дx.05581 佛说观佛三昧海经卷第九观象品第九

存6行，行2至8字。起："佛修诸功德"，讫："已欢"。东晋佛驮跋陀罗译。经文见《大正藏》第15册，第692页B栏第4行至第10行。卷中有"兑"字。

Дx.05582 妙法莲华经卷第六药王菩萨本事品第二十三

存13行，行5至10字。起："尊犹故在"，讫："已后收取"。后秦鸠摩罗什译。经文见《大正藏》第9册，第53页C栏第7行至第20行。

Дx.05583 宗四分比丘随门要略行仪

存22行，行字数不一。经文大字，注双行小字。起："廿三廿五并四长一短"，讫："乳酪豉汁"。经文见《大正藏》第85册，第656页A栏第23行至C栏第9行。

Дx.05583V 般若波罗蜜多心经疏

存27行，行7至15字。起："诸识无"，讫："诸法生缘"。参见《卍新续藏》第26册，第594页C栏。与现刊本相校，多有异文。

Дx.05584 大般若波罗蜜多经卷第四百八十一第三分舍利子品第二之三

存21行，行7至12字。起："觉可识舍"，讫："由空无相"。唐玄奘译。经文见《大正藏》第7册，第442页B栏第29行至C栏第21行。

Дx.05585 Дx.05607 妙法莲华经卷第三化城喻品第七

存28行，行5至17字。起："养百千万亿诸"，讫："一一菩萨"。后秦鸠摩罗什译。经文见《大正藏》第9册，第25页A栏第20行至B栏第20行。

Дx.05586 妙法莲华经卷第五安乐行品第十四

存8行，行2至7字。起："诃萨"，讫："不亲近国"。后秦鸠摩罗什译。经文见《大正藏》第9册，第37页A栏第14行至第21行。

Дx.05587 佛经论释

存10行，行15至35字。起："不妄语戒"，讫："燸法有无"。

Дx.05588 毛诗注疏

Дx.05588V 佛经论释

存14行。疏双行小字。草书。待考。

Дx.05589 佛说佛名经卷第三

存8行,行2至10字。起:"垢称",讫:"南无出净声佛"。北魏菩提流支译。经文见《大正藏》第14册,第120页B栏第15行至第21行。

Дx.05590 妙法莲华经卷第五从地踊出品第十五

存7行,行2至7字。起:"耶城菩提树",讫:"世尊"。后秦鸠摩罗什译。经文见《大正藏》第9册,第41页B栏第23行至C栏第1行。

Дx.05591 大般涅槃经卷第四十憍陈如品第十三之二

存3行,行11至12字。起:"当知定有",讫:"过去寿业"。北凉昙无谶译。经文见《大正藏》第12册,第603页A栏第13行至第16行。

Дx.05592 妙法莲华经卷第七观世音菩萨普门品第二十五

存11行,行7至8字。起:"刹鬼国其",讫:"作是唱言"。后秦鸠摩罗什译。经文见《大正藏》第9册,第56页C栏第13行至第25行。

Дx.05593 残佛经

存1行。录文:"第一卷释摩诃□。"

Дx.05593V 大宝积经卷第三十六菩萨藏会第十二之二金毗罗天受记品第二

存2行,行9至10字。录文:"三菩提记时尔时光明/现微笑时从其面门出种。"唐玄奘译。经文见《大正藏》第11册,第203页B栏第26行至C栏第8行。

Дx.05594 妙法莲华经卷第一序品第一

存7行,行1至7字。起:"□□己□",讫:"菩提阿难"。后秦鸠摩罗什译。经文见《大正藏》第9册,第1页C栏第21行至第27行。

Дx.05595 残佛经

存7行,行7至9字。起:"提菩提无心意非",讫:"佛心佛意佛智佛照"。未检出。

Дx.05596 字书

存7行。

Дx.05597 妙法莲华经卷第三药草喻品第五

存6行,行8字。起:"药草",讫:"于佛智慧如海一渧"。后秦鸠摩罗什译。经文见《大正藏》第9册,第20页B栏第6行至第12行。

Дx.05598 妙法莲华经卷第三药草喻品第五

存6行,行3至10字。起:"一味雨随",讫:"诸佛"。后秦鸠摩罗什译。经文见《大正藏》第9册,第20页B栏第3行至第9行。

Дx.05599 妙法莲华经卷第六法师功德品第十八

存14行,行3至15字。起:"愁叹声锣",讫:"悉能解了"。后秦鸠摩罗什译。经文见《大正藏》第9册,第47页C栏第27行至第48页A栏第14行。

Дx.05600 妙法莲华经卷第五安乐行品第十四

存7行,行7至15字。起:"难信之珠",讫:"此法华经"。后秦鸠摩罗什译。经文见《大正藏》第9册,第39页A栏第8行至第15行。

Дx.05601 金光明最胜王经卷第一

见Дx.00366。

Дx.05602 集诸经礼忏仪卷上合香之法

存7行,行3至11字。起:"阿閦如来",讫:"南无大光明佛"。唐智昇撰。经文见《大正藏》第47册,第456页C栏第4行至第9行。

Дx.05603 千眼千臂观世音菩萨陀罗尼神咒经卷上

存5行,行2至7字。起:"神之力非",讫:"陀罗"。唐智通译。经文见《大正藏》第20册,第84页A栏第16行至第22行。

Дx.05604 佛说父母恩重经

存4行,行6至9字。起:"是以寄托",讫:"吐甘推干"。经文见《大正藏》第85册,第1403页B栏第28行至C栏第3行。

Дx.05605 思益梵天所问经卷第一序品第一

存3行,行5字。录文:"兰陀竹林与/摩诃萨七万/碍辩才及诸。"后秦鸠摩罗什译。经文见《大正藏》第15册,第33页A栏第27行至B栏第1行。

Дx.05606 妙法莲华经卷第五安乐行品第十四

存9行,行2至17字。起:"如来亦复",讫:"如来"。后秦鸠摩罗什译。经文见《大正藏》第9册，第39页A栏第1行至第9行。

Дх.05607 妙法莲华经卷第三化城喻品第七

见Дх.05585。

Дх.05608 妙法莲华经卷第四五百弟子受记品第八

存5行，行8至17字。起："从座起到"，讫："深心本愿"。后秦鸠摩罗什译。经文见《大正藏》第9册，第27页B栏第21行至第26行。

Дх.05609 梵网经卢舍那佛说菩萨心地戒品第十卷下

存9行，行4至18字。起："见病不救"，讫："来况故作国贼□垢罪"。后秦鸠摩罗什译。经文见《大正藏》第24册，第1005页C栏第12行至第23行。

Дх.05610 佛说阿弥陀三耶三佛萨楼佛檀过度人道经卷上

存6行，行8至13字。起："佛说诸佛"，讫："忧为迦叶"。吴支谦译。经文见《大正藏》第12册，300页A栏第3行至第11行。

Дх.05611 金光明经忏悔灭罪传

存5行，行10至14字。起："不识善恶"，讫："所犯诚难"。经文见《大正藏》第16册，第358页B栏第22行至C栏第1行。

Дх.05612 佛说父母恩重经

存17行，行6至9字。起："老色衰多"，讫："受顶礼佛"。经文见《大正藏》第85册，第1404页A栏第3行至第23行。

Дх.05613 摩诃般若波罗蜜经卷第二十五实际品第八十

存18行，行4至8字。起："法不失萨"，讫："罗蜜不坏"。后秦鸠摩罗什译。经文见《大正藏》第8册，第403页A栏第29行至B栏第9行。

Дх.05614 千字文

存8行。习写"鳞""潜""羽"等字。

Дх.05614V 千字文

存9行。习写"翔""龙""师"等字。

Дх.05615 摩诃般若波罗蜜经卷第二十五实际品第八十

存15行，行5至6字。起："为无生无"，讫："无道果要"。后秦鸠摩罗什译。经文见《大正藏》第8册，第403页A栏第13行至第29行。

Дх.05616 佛说善恶因果经

存16行，行3至17字。起："于中杀生"，讫："果报一者"。经文见《大正藏》第85册，第1382页B栏第29行至C栏第11行。

Дх.05617 妙法莲华经卷第六常不轻菩萨品第二十

存4行，行7字。起："诸根清净"，讫："佛法中说是"。后秦鸠摩罗什译。经文见《大正藏》第9册，第51页A栏第16行至第20行。

Дх.05617V 残佛经

存"金佛"2字。

Дх.05618 大般若波罗蜜多经卷第一百一十三初分校量功德品第三十之十一

存3行，行10至12字。起："法处无二"，讫："法处声香味"。唐玄奘译。经文见《大正藏》第5册，第623页B栏第27行至C栏第1行。

Дх.05619 和菩萨戒文

存12行，行8至10字。起："体皆□□目"，讫："仏子和云"。

Дх.05620 佛说天地八阳神咒经

存12行，行3至11字。起："即知身心"，讫："之理"。唐义净译。经文见《大正藏》第85册，第1423页B栏第5行至第18行。

Дх.05621 大般涅槃经卷第十五梵行品之二

存13行，行2至14字。起："无有"，讫："世尊赞迦"。宋慧严等依泥洹经加之。经文见《大正藏》第12册，第706页B栏第2行至第17行。

Дх.05622 受戒文

存11行，行5至12字。起："先□□请□"，讫：

"化蠢动含林"。

Дx.05623 Дx.05644 书仪

存30行,行3至14字。起:"护□洗软相屈伏承",讫:"赐优绐"。

Дx.05624 残片

存1行,总4字。录文:"横缓缓趋。"不可定名。

Дx.05625 妙法莲华经卷第五地踊出品第十五至如来寿量品第十六

存5行,行1至6字。录文:"令/道愿今为解说/而住不退地/善男子汝/众汝。"后秦鸠摩罗什译。经文见《大正藏》第9册,第42页A栏第24行至B栏第1行。

Дx.05626 净名经关中释抄卷下菩萨品

存6行,行3至7字。起:"菩提之见者",讫:"而立也"。唐道液述。经文见《大正藏》第85册,第522页C栏第27行至第523页A栏第6行。

Дx.05627 陀罗尼

存3行。

Дx.05628 道教文献

存12行。待考。

Дx.05629 杂阿含经卷第四十一

存6行,行7至9字。起:"佛言世尊",讫:"我于法不"。宋求那跋陀罗译。经文见《大正藏》第2册,第299页B栏第22行至第24行。

Дx.05629V 残佛经

存"愚心愚"3字。不可定名。

Дx.05630 维摩诘所说经卷上佛国品第一

存10行,行2至6字。起:"菩萨",讫:"音菩萨香"。后秦鸠摩罗什译。经文见《大正藏》第14册,第537页B栏第2行至第10行。

Дx.05631 大般涅槃经卷第二十一光明遍照高贵德王菩萨品第十之一

存9行,行6至15字。起:"今此光明",讫:"有此光明"。北凉昙无谶译。经文见《大正藏》第12册,第488页C栏第20行至第29行。

Дx.05632 药师琉璃光如来本愿功德经

存6行,行2至8字。起:"悉皆",讫:"魔绢网解脱一"。唐玄奘译。经文见《大正藏》第14册,第405页B栏第3行至第10行。

Дx.05633 大般若波罗蜜多经卷第二百八十八初分着不着相品第三十六之二

存5行,行4至6字。起:"无上正等",讫:"多时不应"。唐玄奘译。经文见《大正藏》第6册,第465页C栏第6行至第11行。

Дx.05634 妙法莲华经卷第四五百弟子受记品第八

存4行,行4至7字。起:"尔时富楼",讫:"有大自在神通之"。后秦鸠摩罗什译。经文见《大正藏》第9册,第27页B栏第17行至第20行。

Дx.05635 金刚般若波罗蜜经

存13行,行5至12字。起:"萨胜前菩",讫:"故若世界"。后秦鸠摩罗什译。经文见《大正藏》第8册,第752页A栏第27行至B栏第12行。

Дx.05636 维摩诘所说经卷上佛国品第一

存9行,行2至7字。起:"趣及心所",讫:"萨宝"。后秦鸠摩罗什译。经文见《大正藏》第14册,第537页A栏第24行至B栏第4行。

Дx.05637 法苑珠林卷第三十八敬塔篇第三十五之二故塔部第六

存8行,行6至12字。起:"极端正今",讫:"言君福转"。唐道世撰。经文见《大正藏》第53册,第584页B栏第22行至C栏第3行。

Дx.05638 妙法莲华经卷第五从地踊出品第十五至如来寿量品第十六

存10行,行2至15字。起:"从无(量劫来)",讫:"诚谛之语"。后秦鸠摩罗什译。经文见《大正藏》第9册,第42页A栏第17行至B栏第2行。

Дx.05639 净名经关中释抄卷下菩萨品

存9行,行7至13字。起:"处而不见",讫:"断终故云三十四"。唐道液述。经文见《大正藏》第85册,第522页A栏第7行至第21行。经文"断终故云",现刊本为"即修敌云"。

Дx.05640 残佛经

存2行,行3至4字。录文:"□刀□□/镬汤沸。"无法定名。

Дx.05641 金刚般若波罗蜜经

存8行,行2至13字。起:"法所以者",讫:"声香"。后秦鸠摩罗什译。经文见《大正藏》第8册,第749页B栏第16行至第28行。

Дx.05642 妙法莲华经卷第三药草喻品第五

存8行,行1至9字。起:"千万亿种",讫:"闻如来"。后秦鸠摩罗什译。经文见《大正藏》第9册,第19页B栏第16行至第25行。

Дx.05643 金光明最胜王经卷第三灭业障品第五

存6行,行5至14字。起:"我今已得",讫:"三藐三菩提"。唐义净译。经文见《大正藏》第16册,第415页C栏第25行至第416页A栏第2行。

Дx.05644 书仪

见Дx.05623。

Дx.05645 佛说佛名经卷第十六

存4行,行10至12字。起:"南无日月",讫:"阿閦毗欢"。失译。经文见《大正藏》第14册,第247页B栏第24行至C栏第1行。

Дx.05646 金刚般若波罗蜜经

存6行,行3至9字。起:"愿乐欲闻",讫:"众生实"。后秦鸠摩罗什译。经文见《大正藏》第8册,第749页A栏第4行至第9行。

Дx.05647 胜天王般若波罗蜜经卷第五无所得品第八

存9行,行2至10字。起:"养众",讫:"本身恶口"。月婆首那译。经文见《大正藏》第8册,第712页C栏第9行至第21行。

Дx.05648 残佛经

存1行。录文:"西方净土极乐世界。"

Дx.05649 妙法莲华经卷第六常不轻菩萨品第二十

存1行。录文:"天人龙神所共供养。"后秦鸠摩罗什译。经文见《大正藏》第9册,第51页B栏第12行。

Дx.05650A 妙法莲华经卷第三授记品第六

存15行,行7至8字。起:"导师为止",讫:"胜佛十劫"。后秦鸠摩罗什译。经文见《大正藏》第9册,第26页A栏第23行至第26行。

Дx.05650B 妙法莲华经卷第三授记品第六

存9行,行2至17字。起:"师多",讫:"诸比丘如来"。后秦鸠摩罗什译。经文见《大正藏》第9册,第26页A栏第2行至第13行。

Дx.05651 愿文

存6行。

Дx.05651V 习字

存3行。

Дx.05652 太上洞玄灵宝本行因缘经

存10行,行2至17字。起:"开/者少矣时仙人",讫:"玉巢诗"。

Дx.05653 大方广佛华严经谈玄决择卷第三

存5行,行24至34字。起:"一信心信",讫:"正求菩提"。鲜演述。经文见《卍新续藏》第8册,第24页B栏第4行至第8行。

Дx.05654 妙法莲华经卷第七观世音菩萨普门品第二十五

存13行,行5至15字。起:"为人所推",讫:"种种诸恶趣"。后秦鸠摩罗什译。经文见《大正藏》第9册,第57页C栏第21行至第58页A栏第16行。

Дx.05655 妙法莲华经卷第一方便品第二

存4行,行2至15字。起:"不成",讫:"是故说一乘"。后秦鸠摩罗什译。经文见《大正藏》第9册,第9页B栏第3行至第9行。

Дx.05656 佛说华手经卷第七得念品第二十三

存4行,行6至13字。起:"菩提作是",讫:"食五藏饮"。后秦鸠摩罗什译。经文见《大正藏》第16册,第178页B栏第22行至第25行。

Дx.05657　菩萨戒本

存9行,行4至17字。起:"仪他来延",讫:"诸善法欲"。弥勒菩萨说、唐玄奘译。经文见《大正藏》第24册,第1111页A栏第14行至第22行。

Дx.05658　妙法莲华经卷第七普贤菩萨劝发品第二十八

存4行,行2至15字。起:"师子法座上",尾题:"妙法莲华经卷第八"。后秦鸠摩罗什译。经文见《大正藏》第9册,第62页A栏第13行至B栏第1行。

Дx.05658V　杂写

存5行,行7至12字。残卷前三行字迹颠倒,无法辨识。最后一行"如来善护念诸菩萨如来善护念",出自《金刚般若波罗蜜经》。

Дx.05659A　妙法莲华经卷第五安乐行品第十四

存11行,行5至10字。起:"禅在于闲处",讫:"官长凶险"。后秦鸠摩罗什译。经文见《大正藏》第9册,第37页B栏第10行至第22行。

Дx.05659B　金刚般若波罗蜜经

存10行,行3至10字。起:"汝今谛",讫:"人相众生"。后秦鸠摩罗什译。经文见《大正藏》第8册,第749页A栏第1行至第11行。

Дx.05660　药师琉璃光如来本愿功德经

存9行,行5至17字。起:"为诸恶",讫:"利益安乐"。唐玄奘译。经文见《大正藏》第14册,第406页C栏第5行至第14行。

Дx.05661　妙法莲华经卷第七观世音菩萨普门品第二十四

存11行,行4至9字。起:"罗伽人非",讫:"不肯受之无"。后秦鸠摩罗什译。经文见《大正藏》第9册,第57页B栏第17行至第27行。

Дx.05662　四分律卷第二十一百众学法之三

存10行,行4至16字。起:"得大持饭",讫:"明日往白"。后秦佛陀耶舍共竺佛念等译。经文见《大正藏》第22册,第708页A栏第4行至第13行。

Дx.05663　大般若波罗蜜多经卷第二百一十七初分难信解品第三十四之三十六

存12行,行1至6字。起:"清净",讫:"(法界清净故受)想"。唐玄奘译。经文见《大正藏》第6册,第89页C栏第10行至第20行。

Дx.05664　佛说父母恩重经

存10行,行1至12字。起:"泪双下啼哭",讫:"尔时佛若告阿难众"。经文见《大正藏》第85册,第1404页A栏第8行至第18行。

Дx.05665　大般若波罗蜜多经卷第十二初分教诫教授品第七之二

存9行,行2至7字。起:"缘增",讫:"缘增上缘"。唐玄奘译。经文见《大正藏》第5册,第62页B栏第7行至第18行。

Дx.05666　金光明最胜王经卷第十付嘱品第三十一

存13行,行7至10字。起:"世尊我庆",讫:"俱胝天说"。唐义净译。经文见《大正藏》第16册,第456页A栏第28行至B栏第21行。

Дx.05667　大般若波罗蜜多经卷第三百二十七初分不退转品第四十九之三

存12行,行4至12字。起:"能证无有",讫:"逸(受诸剧)苦我当"。唐玄奘译。经文见《大正藏》第6册,第672页B栏第2行至第13行。

Дx.05668　因缘心释论开决记

存28行,行5至11字。起:"论之主者",讫:"皆有四义一"。经文见《藏外佛教文献》第3册,第225页A栏第16行至第228页A栏第9行。

Дx.05669　金光明最胜王经卷第一如来寿量品第二

存5行,行2至5字。录文:"舍利令诸/力若供养/遇善知/为生死之所/放逸"。唐义净译。经文见《大正藏》第16册,第408页A栏第15行至第20行。

Дx.05670　大般涅槃经卷第二寿命品第一之二

存8行,行1至6字。起:"得阿耨",讫:"直是众生"。北凉昙无谶译。经文见《大正藏》第12册,第372页A栏第8行至第15行。

Дx.05671　维摩诘所说经卷上佛国品第一

存15行,行6至10字。起:"国四无量",讫:"心随其□□则"。后秦鸠摩罗什译。经文见《大正藏》第14册,第538页B栏第12行至第27行。

Дx.05672 佛说天地八阳神咒经

存12行,行3至8字。起:"延年益寿",讫:"东厢西厢"。唐义净译。经文见《大正藏》第85册,第1422页C栏第15行至第29行。

Дx.05672V 回鹘文残片

存3行。

Дx.05673 金光明最胜王经卷第六四天王护国品第十二

存13行,行3至10字。起:"喇婆袖",讫:"悉得成就宝藏"。唐义净译。经文见《大正藏》第16册,第431页C栏第2行至第14行。

Дx.05674 宝云经卷第四

存7行,行4至12字。起:"菩萨常不",讫:"不惜身命"。梁曼陀罗仙译。经文见《大正藏》第16册,第228页B栏。

Дx.05675 残片

存14行,行3字。待考。

Дx.05676 佛说佛名经题签

录文:"佛说佛名经卷第十六。"

Дx.05677 金刚般若波罗蜜经

存3行,行8至10字。起:"陀洹果不",讫:"洹须菩提于"。后秦鸠摩罗什译。经文见《大正藏》第8册,第749页B栏第27行至第29行。

Дx.05678 发愿文

存7行。录文:"后散洒六产彼此之间为有施□/般若庄严施一切诸/稽十方诸佛诸大菩萨四向/为已躬染患卧疾数朝药/僧仰讬三尊乞其加护惟愿以/□诸佛益长保之□龙天□/□□□感蒙□。"

Дx.05679 大般涅槃经卷第二十六师子吼菩萨品之二

存10行,行4至10字。起:"则可见当知",讫:"芽茎花菓"。北凉昙无谶译。经文见《大正藏》第12册,第777页A栏第29行至B栏第11行。

Дx.05680 妙法莲华经卷第三化城喻品第七

存8行,行1至10字。起:"中道",讫:"尔时世尊/言"。后秦鸠摩罗什译。经文见《大正藏》第9册,第26页A栏第18行至第25行。

Дx.05681 大般若波罗蜜多经卷第九十二初分求般若品第二十七之四

存11行,行5至15字。起:"非不相应",讫:"真如非相"。唐玄奘译。经文见《大正藏》第5册,第510页B栏第16行至第27行。

Дx.05682 妙法莲华经卷第七陀罗尼品第二十六

存2行。录文:"沙门天王护世者白佛言世尊/念众生拥护此法师故说是陀罗尼。"后秦鸠摩罗什译。经文见《大正藏》第9册,第59页A栏第7行至第9行。

Дx.05683 大般若波罗蜜多经卷第一百二十一初分较量功德品第三十之十九

存4行,行5至15字。起:"支八圣道",讫:"智智修习"。唐玄奘译。经文见《大正藏》第5册,第663页C栏第9行至第12行。

Дx.05684 四分律比丘含注戒本下

存5行。起:"何毗尼现前",讫:"爱恚怖痴"。唐道宣述。经文见《大正藏》第40册,第461页C栏第1行至第11行。

Дx.05684V 四分律比丘含注戒本下

存5行。起:"不淫况于觉悟",讫:"足数"。唐道宣述。经文见《大正藏》第40册,第461页C栏第13行至第22行。

Дx.05685 妙法莲华经卷第四劝持品第十三

存15行,行4至9字。起:"昙弥我先",讫:"波阇波提"。后秦鸠摩罗什译。经文见《大正藏》第9册,第36页A栏第16行至B栏第2行。

Дx.05685V 残片

无字。

Дx.05686 玄真大圣大兴孝皇帝远忌文

存9行。

Дx.05686V 杂写

存1行,总2字。无法辨识。

Дx.05687 习字

存8行。习写"游""目""畅""怀"等字。

Дx.05688 敦煌歌辞

存8行。

Дx.05689 Дx.05734 般若波罗蜜多心经

存14行,行2至10字。起:"舍利子是",尾题:"心经"。唐玄奘译。经文见《大正藏》第8册,第848页C栏第10行至第24行。

Дx.05690 大般涅槃经佛母品

存9行,行3至6字。起:"众吾今",讫:"告言佛母"。经文见《大正藏》第85册,第1643页A栏第19行至B栏第1行。

Дx.05691 残片

存"三永"2字。

Дx.05692A 大宝积经卷第一百一十二普明菩萨会第四十三

存7行,行7至10字。起:"复次迦叶",讫:"他人智慧"。失译。经文见《大正藏》第11册,第632页C栏第27行至第633页A栏第2行。

Дx.05692B 金光明经忏悔灭罪传

存3行。录文:"一人/门下马□/示居道看。"见《大正藏》第16册,第358页B栏第8行至第10行。

Дx.05693 佛说灌顶七万二千神王护比丘咒经卷第一

存5行,行8字。起:"世诸比丘等",讫:"灌顶章句诸大"。东晋帛尸梨蜜多罗译。经文见《大正藏》第21册,第495页B栏第7行至第11行。

Дx.05694 金刚般若波罗蜜经

存7行,行7至9字。起:"名为入流",讫:"名为不来"。后秦鸠摩罗什译。经文见《大正藏》第8册,第749页B栏第28行至C栏第5行。

Дx.05695 书仪

存6行。

Дx.05696 金光明最胜王经卷第一如来寿量品第二

存4行,行3至4字。起:"皆发无",尾题:"金光明最胜"。后有2行经音字。唐义净译。经文见《大正藏》第16册,第208页B栏第2行至第5行。

Дx.05697 妙法莲华经卷第五如来寿量品第十六

存10行,行3至17字。起:"谛之语",讫:"千世界假"。后秦鸠摩罗什译。经文见《大正藏》第9册,第42页B栏第4行至第14行。

Дx.05698 集诸经礼忏仪卷上

存6行,行5至8字。起:"一切我等与",讫:"敬和南一切"。唐智昇撰。前5行见《大正藏》第47册,第457页B栏第4行至第7行。第6行见《大正藏》第47册,第468页B栏第18行至第19行。

Дx.05699 人名录

存6行。

Дx.05700 大般若波罗蜜多经题签

录文:"大般若波罗蜜多经卷第二百一廿一。"

Дx.05701 佛说灌顶拔除过罪生死得度经卷第十二

存7行,行1至13字。起:"方无量寿",讫:"药"。东晋帛尸梨蜜多罗译。经文见《大正藏》第21册,第533页A栏第18行至第24行。

Дx.05702 佛说无常经

存6行,行6至7字。起:"稽首归依妙法",讫:"金刚智杵破邪"。唐义静译。经文见《大正藏》第17册,第745页B栏第14行至第19行。

Дx.05703 金刚般若波罗蜜经

存3行,行9至10字。起:"舍卫国祇树",讫:"食于其城中"。后秦鸠摩罗什译。经文见《大正藏》第8册,第748页C栏第20行至第22行。

Дx.05704 药师琉璃光如来本愿功德经

存7行,行2至3字。起:"叉罗",讫:"饶益"。唐玄奘译。经文见《大正藏》第14册,第406页A栏第

27行至B栏第5行。

Дx.05705　大般若波罗蜜多经题签

录文："大般若波罗蜜多经卷第四。"

Дx.05706　大方广佛华严经卷第五菩萨明难品第六

存6行，行4至16字。起："世间所有"，讫："报然诸法"。东晋佛驮跋陀罗译。经文见《大正藏》第9册，第427页B栏第25行至C栏第4行。

Дx.05707　妙法莲华经卷第三化城喻品第七

存7行，行3至10字。起："亲近便作"，讫："来方便之"。后秦鸠摩罗什译。经文见《大正藏》第9册，第26页A栏第16行至第22行。

Дx.05708　佛说天地八阳神咒经

存8行，行4至7字。起："经大涅槃经"，讫："名离苦国"。唐义净译。经文见《大正藏》第85册，第1424页C栏第7行至第16行。

Дx.05709　佛说佛名经卷第一

存6行，行1至3字。起："肠"，讫："法身"。失译。经文见《大正藏》第14册，第188页C栏第6行至第12行。

Дx.05710　妙法莲华经卷第六常不轻菩萨品第二十

存6行，行7字。起："轻于汝等"，讫："众人或以"。后秦鸠摩罗什译。经文见《大正藏》第9册，第50页C栏第23行至第28行。

Дx.05710V　残片

存"□年/曹"3字。

Дx.05711　大般涅槃经卷第二十九师子吼菩萨品第十一之三

存9行，行2至15字。起："名为灭度"，讫："善男"。北凉昙无谶译。经文见《大正藏》第12册，第536页A栏第7行至第14行。

Дx.05712　四分律比丘含注戒本下

见Дx.05535。

Дx.05713　金刚般若波罗蜜经

存10行，行4至10字。起："萨汝今谛"，讫："人相众生"。后秦鸠摩罗什译。经文见《大正藏》第8册，第749页A栏第1行至第11行。

Дx.05714　金光明最胜王经卷第一序品第一

存17行，行4至10字。起："金光明最"，讫："勤经无量"。唐义净译。经文见《大正藏》第16册，第403页A栏第3行至第23行。

Дx.05715　般若波罗蜜多心经

存5行，行1至7字。首题："般若波罗蜜多心经"，讫："尊入"。唐法成译。经文见《大正藏》第8册，第850页B栏第20行至第25行。

Дx.05716　施入历

存6行。录文："侄再□□□□白褐衫壹/侄喜寂善娘今见有娘生一儿/并兰皂毡长袖一□绵绸满条一领□□□/毡一领鞍鞯一副□鞻□被马毡一鞍架一具绯裆□/十五硕大柜一口并锁□八升铛一口注□一面二升铛子一大/床一张瓮六口 五色食单一□（押）。"

Дx.05716V　杂写

存3字。无法辨识。

Дx.05717　大般若波罗蜜多经题签

录文："大般若波罗蜜经。"

Дx.05718　大般涅槃经卷第八如来性品第十二

存12行，行11至17字。起："性不定譬"，讫："若说无我"。宋慧严等依泥洹经加之。经文见《大正藏》第12册，第651页B栏第12行至第24行。

Дx.05719　金刚般若波罗蜜经

存18行，行1至16字。起："是念我得"，讫："严"。后秦鸠摩罗什译。经文见《大正藏》第8册，第749页C栏第1行至第20行。

Дx.05720　大智度论卷第四十三释集散品第九下

存7行，行7至17字。起："不住门说"，讫："色法"。龙树菩萨造、后秦鸠摩罗什译。经文见《大正藏》第25册，第370页A栏第20行至第27行。

Дx.05721　大佛顶如来顶髻白盖陀罗尼神咒经

存6行，行14至22字。首题："大佛顶如来顶髻白盖陀罗尼神咒"，讫："及适摩等"。未检出。

Дx.05722 **金光明最胜王经卷第八大辩才天女品第十五之二**

存16行，行2至5字。起："妙辩才"，讫："足辩才"。唐义净译。经文见《大正藏》第16册，第438页A栏第12行至B栏第4行。

Дx.05723 **佛说阿弥陀经**

存3行，行3至4字。录文："多罗三/为甚难/人阿修罗。"后秦鸠摩罗什译。经文见《大正藏》第12册，第348页A栏第24行至第27行。

Дx.05724 **维摩诘所说经卷中文殊师利问疾品第五**

存10行，行3至13字。起："八圣道"，讫："罗三藐"。后秦鸠摩罗什译。经文见《大正藏》第14册，第545页C栏第20行至第546页A栏第2行。

Дx.05725 **金刚般若波罗蜜经**

存10行，行1至7字。起："□意□□"，讫："若复有人"。后秦鸠摩罗什译。经文见《大正藏》第8册，第750页A栏第15行至第25行。

Дx.05726 **金光明最胜王经卷第五莲华喻赞品第七**

存6行，行1至6字。起："于□□"，讫："彼□□"。唐义净译。经文见《大正藏》第16册，第423页A栏第13行至第18行。

Дx.05727 **大般涅槃经卷第三名字功德品第三**

存9行，行5至12字。起："菩萨白佛言"，讫："如医师有"。北凉昙无谶译。经文见《大正藏》第12册，第385页A栏第2行至第11行。

Дx.05728 **维摩诘所说经卷下香积菩萨品第十**

存14行，行2至12字。起："十方诸佛"，讫："香佛"。后秦鸠摩罗什译。经文见《大正藏》第14册，第552页A栏第12行至第26行。

Дx.05729 **大般若波罗蜜多经卷第三百五十七初分多问不二品第六十一之七**

存15行，行8至14字。起："大般若波"，讫："是菩萨摩"。唐玄奘译。经文见《大正藏》第6册，第836页B栏第2行至第19行。

Дx.05730 **妙法莲华经卷第四五百弟子授记品第八**

存14行，行4至20字。起："菩萨众得"，讫："则怀疑惑"。后秦鸠摩罗什译。经文见《大正藏》第9册，第27页C栏第29行至第28页A栏第22行。

Дx.05731 **大般涅槃经卷第二寿命品第一之二**

存17行，行5至17字。起："施者烦恼已"，讫："食已入金刚三"。北凉昙无谶译。经文见《大正藏》第12册，第372页A栏第13行至B栏第2行。

Дx.05732 **注维摩诘经卷第一并序**

存11行，行7至23字。起："每寻习兹"，讫："为名则以"。前8行为是经。后秦释僧肇选。经文见《大正藏》第38册，第327页B栏第7行至第15行。后3行未检出。

Дx.05732V **佛经论释**

存12行，行5至13字。采取线条列表形式，列出"从法受名九""思议不思议七"的内容。

Дx.05733 **残片**

存4行。录文："语尽得授戒/细草无所不需皆令发泄/众生是佛故云光告二字势/放光放光句绝然后云告千花上佛。"未检出。

Дx.05734 **般若波罗蜜多心经**

见Дx.05689。

Дx.05735 **大般若波罗蜜多经卷第七十九初分天地品第二十二之三**

存15行，行4至11字。起："不应住此"，讫："诸受何以"。唐玄奘译。经文见《大正藏》第5册，第442页A栏第16行至B栏第1行。

Дx.05736 **梁朝傅大士颂金刚经**

存8行，行8至15字。起："处则为有"，讫："白佛言世"。《大正藏》第85册，第4页A栏第25行至B栏第8行。

Дx.05736V **梁朝傅大士颂金刚经**

存8行，行14至15字。起："尊如来无"，讫："是非相是"。经文见《大正藏》第85册，第4页B栏第4行至第25行。

Дx.05737 **妙法莲华经卷第七观世音菩萨普门品**

第二十五

存12行，行1至17字。起："睺罗伽人"，讫："念彼观音力"。后秦鸠摩罗什译。经文见《大正藏》第9册，第57页C栏第3行至第18行。

Дx.05738 妙法莲华经卷第三药草喻品第五

存11行，行3至9字。起："各有差（别）"，讫："如来□□观是"。后秦鸠摩罗什译。经文见《大正藏》第9册，第19页B栏第6行至第17行。

Дx.05739 妙法莲华经卷第二譬喻品第三

存10行，行7至16字。起："舍利弗汝"，讫："劫名大宝"。后秦鸠摩罗什译。经文见《大正藏》第9册，第11页B栏第16行至第26行。

Дx.05740 维摩诘所说经卷中文殊师利问疾品第五

存6行，行8至9字。起："行虽行四"，讫："不毕竟堕"。后秦鸠摩罗什译。经文见《大正藏》第14册，第545页C栏第16行至第22行。

Дx.05741 亥年某寺破用历

见Дx.00981。

Дx.05741VA 满月文

见Дx.00981VA。

Дx.05741VB 愿文

见Дx.00981VB。

Дx.05742A 大般若波罗蜜多经卷第六十七初分无所得品第十八之七

存5行，行6至7字。起："世无所从"，讫："无相无愿"。唐玄奘译。经文见《大正藏》第5册，第376页C栏第11行至第15行。

Дx.05742B 大般若波罗蜜多经卷第四百六十七第二分无相品第七十四之二

存21行，行4至12字。起："语意□无"，讫："是阿罗汉"。唐玄奘译。经文见《大正藏》第7册，第361页C栏第22行至第362页A栏第12行。

Дx.05743 金刚般若波罗蜜经

存7行，行8至10字。起："法须菩提"，讫："法名为菩"。后秦鸠摩罗什译。经文见《大正藏》第8册，第751页B栏第3行至第8行。

Дx.05743V 金刚般若波罗蜜经

存8行，行4至12字。起："萨是故佛"，讫："真是菩萨"。后秦鸠摩罗什译。经文见《大正藏》第8册，第751页B栏第8行至第12行。

Дx.05744 大般若波罗蜜多经卷第三百五十六初分多问不二品第六十一之六

存5行，行8至10字。起："初分多问不二品"，讫："善现是菩萨摩"。唐玄奘译。经文见《大正藏》第6册，第830页C栏第25行至第29行。

Дx.05745 馆藏缺

Дx.05746 大般若波罗蜜多经卷第二十七初分教诫教授品第七之十七

存7行，行10至11字。起："得性非有"，讫："语是菩萨"。唐玄奘译。经文见《大正藏》第5册，第148页B栏第10行至第14行。

Дx.05747 妙法莲华经卷第五安乐行品第十四

存11行，行3至9字。起："将与之共"，讫："令众生"。后秦鸠摩罗什译。经文见《大正藏》第9册，第39页A栏第3行至第14行。

Дx.05748 社会文书

存4行，行4至5字。起："白四表浮"，讫："秋也吾子"。

Дx.05749 水陆道场法轮宝忏卷第九

存16行，行3至10字。起："陁耶三"，讫："地瑟耻帝秫提"。经文见《卍新续藏》第74册，第1022页A栏第3行至第14行。

Дx.05750 金刚般若波罗蜜经

见Дx.02511。

Дx.05751 金刚般若波罗蜜经

存6行，行3至10字。起："功德于于"，讫："报亦不可"。后秦鸠摩罗什译。经文见《大正藏》第8册，第751页A栏第2行至第7行。

Дx.05752 妙法莲华经卷第七观世音菩萨普门品第二十五

存10行，行7至9字。起："称观世音"，讫："商主将诸"。后秦鸠摩罗什译。经文见《大正藏》第9册，第56页C栏第14行至第24行。

Дх.05752V 添品妙法莲华经卷第七观世音菩萨普门品第二十四

二残片。存10行，行6至8字。起："称观世音菩萨"，讫："世音菩萨"。隋阇那崛多共笈多译。经文见《大正藏》第9册，第191页C栏第16行至第26行。后片内容在前。

Дх.05753 残佛经

存8行，行8至11字。起："不起为正"，讫："杜心戒意"。未检出。

Дх.05754 妙法莲华经卷第四五百弟子受记品第八

存5行，行4至10字。起："众有三毒"，讫："令众欢喜"。后秦鸠摩罗什译。经文见《大正藏》第9册，第28页A栏第19行至第27行。

Дх.05755 金光明经忏悔灭罪传

存9行，行6至16字。首题："忏悔灭罪金光明经传"，讫："枚一张文书"。经文见《大正藏》第16册，第358页B栏第1行至第10行。

Дх.05756 大般若波罗蜜多经卷第七十六初分净道品第二十一之二

存19行，行5至15字。起："意亦非有受"，讫："故当（知作）意亦远离"。唐玄奘译。经文见《大正藏》第5册，第427页B栏第1行至第20行。

Дх.05756V 残片

存"第七十六"4字。不可定名。

Дх.05757 金刚般若波罗蜜经

存8行，行3至10字。首题："卷第七"，讫："念诸菩萨"。后秦鸠摩罗什译。经文见《大正藏》第8册，第748页C栏第17行至第26行。

Дх.05758 妙法莲华经卷第七观世音菩萨普门品第二十五

存20行，行3至12字。起："以□问曰"，讫："大观悲观"。后秦鸠摩罗什译。经文见《大正藏》第9册，第57页C栏。

Дх.05759 残片

存"□麻替粟"4字。不可定名。

Дх.05760 金刚般若波罗蜜经

见Дх.01300。

Дх.05761 佛说梵网经直解卷下之一

存4行，行5至11字。起："不得饮若"，讫："不得食一"。后秦鸠摩罗什译、寂光直解。经文见《大正藏》第38册，第847页B栏第6行至第11行。

Дх.05762 残片

存3行。录文："文可见破/是即/无情我。"不可定名。

Дх.05763 Дх.05860 妙法莲华经卷第七观世音菩萨普门品第二十五

存4行，行3至6字。起："即现帝释"，讫："天大将□□得"。后秦鸠摩罗什译。经文见《大正藏》第9册，第57页A栏第28行至B栏第3行。

Дх.05764 维摩诘所说经卷上方便品第二

存7行，行9至15字。起："念不住是"，讫："定为要当"。后秦鸠摩罗什译。经文见《大正藏》第14册，第539页B栏第20行至第27行。

Дх.05765 梵网经卢舍那佛说菩萨心地戒品第十卷下

存5行，行4至7字。起："波罗提木"，讫："意杀生者"。后秦鸠摩罗什译。经文见《大正藏》第24册，第1004页B栏第14行至第20行。

Дх.05766 般若波罗蜜多心经

存9行，行3至9字。起："尽无苦"，讫："般罗僧揭帝"。唐玄奘译。经文见《大正藏》第8册，第848页C栏第14行至第22行。

Дх.05767A 佛说菩萨睒子经

存5行。录文："□生义之/国王入山射/父悲□由/活父母眼开/更生父母。"失译。经文见《大正藏》第3册，第438页A栏第2行至第15行。与现刊本多处不同。

Дx.05767B 佛说父母恩重经

存5行。录文："为父母受持/若波罗蜜/逆重罪悉/带法速得解脱/合掌前白佛。"经文见《大正藏》第85册，第1404页A栏第11行至第15行。

Дx.05768 维摩诘所说经卷上佛国品第一

存15行，行1至5字。起："观（菩萨）"，讫："万二千"。后秦鸠摩罗什译。经文见《大正藏》第14册，第537页B栏第2行至第16行。

Дx.05769 大般若波罗蜜多经题签

录文："大般若经第卅一帙恩。"

Дx.05770 大品般若经题签

录文："大品般若经卷二。"

Дx.05771 残佛经

存1行。录文："三藏法师阇那崛多译。"未检出。

Дx.05772 金光明最胜王经卷第四最净地陀罗尼品第六

存9行，行2至4字。起："施波罗"，讫："满足此"。唐义净译。经文见《大正藏》第16册，第418页A栏第21行至B栏第2行。

Дx.05773 妙法莲华经卷第四劝持品第十三

存6行，行3至8字。起："国中人多弊恶"，讫："阿耨多"。后秦鸠摩罗什译。经文见《大正藏》第9册，第36页A栏第10行至第16行。

Дx.05774 大般若波罗蜜多经

存3行，行3至7字。录文："波罗蜜/波罗蜜□□不/波罗蜜多时不应。"唐玄奘译。无法确指卷品。

Дx.05775 版画大圣文殊师利菩萨

存上图，缺下发愿文。

Дx.05776 愿文

存10行。录文："也伏惟/通阐/伏惟刺史/是之忧百姓有丰饶/唯愿威光盛福力增/愿明齐舜禹姜尧汤/□我尚书伏愿/□转□寿命/晏谧摩诃/□愿之难。"

Дx.05776V 愿文

存7行。多残损。

Дx.05777 金刚般若波罗蜜经

存12行，行3至7字。起："汝若作是"，讫："须□提"。后秦鸠摩罗什译。经文见《大正藏》第8册，第756页B栏第27行至C栏第10行。

Дx.05778 妙法莲华经卷第七妙音菩萨品第二十四

存8行，行3至9字。起："是如来"，讫："阎浮檀"。后秦鸠摩罗什译。经文见《大正藏》第9册，第55页B栏第15行至第23行。

Дx.05779 佛说天地八阳神咒经

存6行，行4至5字。起："穿穴融铜"，讫："正由汝己"。唐义净译。经文见《大正藏》第85册，第1425页A栏第18行至第25行。

Дx.05780 四分律比丘含注戒本上

存2行。录文："害心不死/谷贵乞食难得。"唐道宣述。经文见《大正藏》第40册，第432页A栏第4行至第8行。

Дx.05780V 愿文

存2行。录文："学□食/道提。"

Дx.05781 大般涅槃经卷第十如来性品第四之七

存7行，行1至8字。起："以是义故"，讫："（一切众）生"。北凉昙无谶译。经文见《大正藏》第12册，第423页B栏第22行至C栏第1行。

Дx.05782 妙法莲华经卷第五安乐行品第十四

存4行，行6至8字。起："萨不亲近"，讫："相扑及那"。后秦鸠摩罗什译。经文见《大正藏》第9册，第37页A栏第21行至第25行。

Дx.05783 四分僧戒本

存5行，行5至12字。起："上大小便"，讫："法除病应当"。后秦佛陀耶舍译。经文见《大正藏》第22册，第1029页A栏第22行至第26行。

Дx.05784 春秋后语

见Дx.02663。

Дx.05785 佛说佛名经卷第一

存3行。录文："藐三菩提/光佛南/幢称佛。"北魏菩提流支译。经文见《大正藏》第14册，第114页C栏第20行至第22行。

Дх.05786 大智度论卷第四十三释集散品第九下

存6行，行2至9字。起："藐三菩提"，讫："般若（波罗蜜）"。龙树菩萨造、后秦鸠摩罗什译。经文见《大正藏》第25册，第370页A栏第15行至第19行。

Дх.05787 陀罗尼

存6行，行6至11字。起："莎呵□□摩诃"，讫："罗莎呵阿鼻"。未检出。

Дх.05788A 金刚般若波罗蜜经

存6行，行4至10字。起："阿罗汉世尊"，讫："须菩提"。后秦鸠摩罗什译。经文见《大正藏》第8册，第749页C栏第8行至第14行。

Дх.05788B 金光明最胜王经卷第八大吉祥天女增长财物品第十七

存4行，行5至10字。起："我今皆召请"，讫："我今皆请召"。唐义净译。经文见《大正藏》第16册，第438页B栏第15行至第21行。

Дх.05789 妙法莲华经卷第二譬喻品第三

存5行。录文："云何/非世尊/阿耨多/度脱然我/便信受。"后秦鸠摩罗什译。经文见《大正藏》第9册，第10页C栏第5行至第10行。

Дх.05790 金光明最胜王经卷第十舍身品第二十六

存10行，行1至5字。起："（佛告）具"，讫："可开"。唐义净译。经文见《大正藏》第16册，第450页C栏第29行至第451页A栏第10行。

Дх.05791 妙法莲华经卷第七观世音菩萨普门品第二十五

存6行，行2至12字。起："慈眼视众生"，讫："阿耨"。后秦鸠摩罗什译。经文见《大正藏》第9册，第58页B栏第1行至第7行。

Дх.05792 大般若波罗蜜多经卷第一百七十四初分赞般若品第三十二之三

存3行。录文："大般若波罗/初分赞般若/复次世尊。"唐玄奘译。经文见《大正藏》第5册，第933页C栏第2行至第7行。

Дх.05793 大佛顶尊胜陀罗尼咒

存3行，行9至23字。首题："大佛顶尊胜陀罗尼咒"，讫："摩多阿婆"。未检出。

Дх.05794 佛说父母恩重经

存4行，行5至6字。起："声眷属俱"，讫："父母为视非"。经文见《大正藏》第85册，第1403页B栏第24行至第27行。未检出。

Дх.05795 妙法莲华经卷第四法师品第十

存2行，行4至6字。录文："吾灭后恶世能/上馔众甘。"后秦鸠摩罗什译。经文见《大正藏》第9册，第31页A栏第25行至第27行。

Дх.05796 大方广佛华严经卷第四十八入法界品第三十四之五

存6行，行8至9字。起："算数诸佛"，讫："纳众流善"。东晋佛驮跋陀罗译。经文见《大正藏》第9册，第705页A栏第2行至第9行。

Дх.05797 残佛经

存6行。未检出。

Дх.05798 大般涅槃经卷第八如来性品第四之五

存4行，行3至9字。起："不迦叶言"，讫："服毒死"。北凉昙无谶译。经文见《大正藏》第12册，第409页A栏第22行至第27行。

Дх.05799 佛说佛名经卷第四

存6行，行2至8字。起："来授□智作菩萨"，讫："彼如来授名善眼"。北魏菩提流支译。经文见《大正藏》第14册，第201页B栏第6行至第11行。

Дх.05800 妙法莲华经卷第三药草喻品第五

存7行，行5至9字。起："何诸佛世尊"，讫："遍覆一切"。后秦鸠摩罗什译。经文见《大正藏》第9册，第19页C栏第7行至第16行。

Дх.05801 妙法莲华经卷第二譬喻品第二

存10行，行4至11字。起："安隐丰乐"，讫："佛之所称"。后秦鸠摩罗什译。经文见《大正藏》第9册,第11页B栏第21行至C栏第2行。

Дx.05802 Дx.05853 发愿文

存14行。

Дx.05803 妙法莲华经卷第五安乐行品第十四

存11行,行3至11字。起:"种种变",讫:"佛若为"。后秦鸠摩罗什译。经文见《大正藏》第9册,第37页A栏第25行至B栏第7行。

Дx.05804 梵网经卢舍那佛说菩萨心地戒品第十卷下

存5行,行2至9字。起:"犯轻□罪",讫:"罪应教忏悔"。后秦鸠摩罗什译。经文见《大正藏》第24册,第1005页B栏第13行至第18行。

Дx.05805 摩诃僧祇律卷第三明四波罗夷法之三

存2行,行37字。起:"若盗一分",讫:"所为我作"。东晋佛驮跋陀罗共法显译。经文见《大正藏》第22册,第242页C栏第23行至第27行。

Дx.05806 大佛顶如来密因修证了义诸菩萨万行首楞严经卷第四

存13行,行2至16字。起:"非空",讫:"智即得即檀那"。唐般剌蜜帝译。经文见《大正藏》第19册,第121页A栏第8行至第21行。

Дx.05807 大般涅槃经卷第三十三迦叶菩萨品第十二之一

存12行,行2至17字。起:"切法无有",讫:"能修"。北凉昙无谶译。经文见《大正藏》第12册,第562页C栏第28行至第563页A栏第10行。

Дx.05808 亥年某寺破用历

见Дx.00981。

Дx.05808VA 满月文

见Дx.00981VA。

Дx.05808VB 愿文

见Дx.00981VB。

Дx.05809 佛说地藏菩萨经

存8行,行2至8字。起:"此人定",讫:"修利修利",尾题:"地藏菩萨经一卷"。经文见《大正藏》第85册,第1455页C栏第4行至第12行。

Дx.05809V 发愿文

存8行。

Дx.05810 千手千眼观世音菩萨广大圆满无碍大悲心陀罗尼经

存4行,行9至14字。起:"通智也若",讫:"有身被枷"。唐伽梵达摩译。经文见《大正藏》第20册,第110页C栏第21行至第26行。

Дx.05811 妙法莲华经卷第二譬喻品第三

存7行,行1至9字。起:"(三藐)三(佛陀)",讫:"已劫名大"。后秦鸠摩罗什译。经文见《大正藏》第9册,第11页C栏第9行至第17行。

Дx.05812 金光明经题签

录文:"金光明经卷　　　。"

Дx.05813 Дx.05856 佛说佛名经卷第四

存8行,行2至11字。起:"不(谬思佛)南无起福德(佛)",讫:"佛南"。北魏菩提流支译。经文见《大正藏》第14册,第136页C栏第4行至第10行。另《佛说佛名经卷第十》亦有此内容。经文见《大正藏》第14册,第223页C栏第27行至第224页A栏第4行。

Дx.05814 Дx.05816 妙法莲华经卷第七观世音菩萨普门品第二十五

存8行,行3至9字。起:"萨成就",讫:"千两金而以"。后秦鸠摩罗什译。经文见《大正藏》第9册,第57页B栏第19行至第26行。

Дx.05815 妙法莲华经卷第七观世音菩萨普门品第二十五

存3行。录文:"萨成就/众生是故/菩萨。"后秦鸠摩罗什译。经文见《大正藏》第9册,第57页B栏第19行至第21行。

Дx.05816 妙法莲华经卷第七观世音菩萨普门品第二十五

见Дx.05814。

Дx.05817 **妙法莲华经卷第五安乐行品第十四**

存4行，行6至7字。起："不轻蔑于人"，讫："世尊生无"。后秦鸠摩罗什译。经文见《大正藏》第9册，第38页B栏第23行至第29行。

Дx.05818 **妙法莲华经卷第七观世音菩萨普门品第二十五**

存2行。录文："名观世音/量百千万亿。"后秦鸠摩罗什译。经文见《大正藏》第9册，第56页C栏第5行至第6行。

Дx.05819 **金光明最胜王经卷第二分别三身品第三**

存3行，行6至7字。起："法而作本故"，讫："名应身善男"。唐义净译。经文见《大正藏》第16册，第408页B栏第24行至第26行。

Дx.05820 **大乘起信论题签**

录文："起信论。"

Дx.05821A **大般若波罗蜜多经卷第二百四十二初分难信解品第三十四之六十一**

存7行，行2至8字。起："耳触为缘"，讫："智智清净"。唐玄奘译。经文见《大正藏》第6册，第219页C栏第19行至第26行。

Дx.05821B **梵网经卢舍那佛说菩萨心地戒品第十卷下**

存5行，行3至5字。起："树下僧"，讫："常应供养"。后秦鸠摩罗什译。经文见《大正藏》第24册，第1005页C栏第2行至第9行。

Дx.05822 **大方广佛华严经卷第三十佛不思议法品第二十八之一**

存7行，行17字。起："一切诸佛"，讫："佛常为众"。东晋佛驮跋陀罗译。经文见《大止藏》第9册，第592页B栏第3行至第11行。

Дx.05823 **佛本行集经卷第四十一迦叶三兄弟品中**

存品题1行。录文："佛本佛本行集经迦叶三兄弟品中。"隋阇那崛多译。经文见《大正藏》第3册，第843页A栏第5行。

Дx.05824 **妙法莲华经卷第四法师品第十**

存4行，行4至12字。起："然智常当"，讫："众故生此"。后秦鸠摩罗什译。经文见《大正藏》第9册，第31页A栏第13行至第20行。

Дx.05825 **妙法莲华经卷第五如来寿量品第十六**

存6行，行1至6字。起："无漏智不能"，讫："万亿那由"。后秦鸠摩罗什译。经文见《大正藏》第9册，第42页B栏第20行至第26行。

Дx.05826 **妙法莲华经卷第二譬喻品第三**

存17行，行1至12字。起："本于无量"，讫："佛（灭度之后）"。后秦鸠摩罗什译。经文见《大正藏》第9册，第11页C栏第1行至第29行。

Дx.05827 **大般涅槃经卷第二十五光明遍照高贵德王菩萨品第十之五**

存4行，行3至11字。起："无和合□□（名涅槃）"，讫："智慧于法无"。北凉昙无谶译。经文见《大正藏》第12册，第514页C栏第23行至第26行。

Дx.05828A **偈语**

存2行。录文："道谛员了因证灭因果成难/苦集是因果因果偏无漏。"未检出。

Дx.05828B **佛说七女观经**

存8行，行4至10字。起："女等前身"，讫："零号泣我"。经文见《大正藏》第85册，第1459页A栏第18行至第25行。

Дx.05829 **妙法莲华经卷第四提婆达多品第十二**

存6行，行2至5字。起："转为欲满足"，讫："法故捐舍"。后秦鸠摩罗什译。经文见《大正藏》第9册，第34页B栏第26行至C栏第1行。

Дx.05830 **灵验记**

存8行。侍考。

Дx.05831 **大般若波罗蜜多经卷第五百六十六第六分缘起品第一**

存7行，行2至4字。起："等得无碍"，讫："诣佛"。唐玄奘译。经文见《大正藏》第7册，第921页B栏第7行至第14行。

Дx.05832 **般若波罗蜜多心经**

存3行，行5至6字。录文："般若波罗蜜/观自在菩萨行/罗蜜多时照。"唐玄奘译。经文见《大正藏》第8册，第848页C栏第4行至第7行。

Дх.05833　金刚般若波罗蜜经

存4行，行9至10字。起："佛所说义"，讫："皆以无为法"。后秦鸠摩罗什译。经文见《大正藏》第8册，第749页B栏第14行至第17行。

Дх.05834　金光明最胜王经卷第一如来寿量品第二

存5行，行7至10字。起："害生命行十"，讫："杂彩间饰"。唐义净译。经文见《大正藏》第16册，第404页C栏第6行至第11行。

Дх.05835　Дх.05846　小品般若波罗蜜经卷第十摩诃般若波罗蜜萨陀波仑品第二十七

存10行，行3至9字。起："我今当往"，讫："宝欲自"。后秦鸠摩罗什译。经文见《大正藏》第8册，第582页B栏第3行至第13行。

Дх.05836　佛说父母恩重经

存3行，行6至9字。起："怀身十月"，讫："饥时须食非"。经文见《大正藏》第85册，第1403页B栏第28行至C栏第2行。

Дх.05837　造幡文

存6行。待考。

Дх.05837V　发愿文

存5行。

Дх.05838　梵网经卢舍那佛说菩萨心地戒品第十卷下

存11行，行1至12字。起："受国王位"，讫："（一切众生饮）酒"。后秦鸠摩罗什译。经文见《大正藏》第24册，第1005页A栏第27行至B栏第8行。

Дх.05839　字书

存6行，行5字。

Дх.05840　Дх.05841　佛说盂兰盆经疏孝衡钞卷下

存9行，行1至5字。起："（犹如）客"，讫："汝□如本"。经文见《大正藏》第21册，第545页C栏第3行至第14行。

Дх.05842　施舍发愿文

存3行，行2至11字。

Дх.05843　写经题记

存1行。录文："报恩寺僧海诠自。"

Дх.05844　大般若波罗蜜多经题签

录文："□□若波罗蜜多经题签。"

Дх.05844V　残片

存"五十二"3字。

Дх.05845　佛说七女观经

存8行，行2至15字。起："姊妹七人各"，讫："四大解散时"。经文见《大正藏》第85册，第1459页A栏第26行至B栏第10行。

Дх.05846　小品般若波罗蜜经卷第十摩诃般若波罗蜜萨陀波仑品第二十七

见Дх.05835。

Дх.05847　残片

存2行，总4字。全部为"食"部首。无法辨识。

Дх.05848　残片

存2行。录文："不/不得。"不可定名。

Дх.05849　维摩诘所说经卷下菩萨行品第十一至见阿閦佛品第十二

存3行。录文："释迦牟尼佛乃/不现还到彼国/见阿閦佛品第十二。"后秦鸠摩罗什译。经文见《大正藏》第14册，第554页C栏第25行至第27行。

Дх.05850　状

存7行。录文："□归本道目□/物银器谢/物昌等无/使礼物到达□/□万福差/□□/ム乙。"

Дх.05851　千手千眼观世音菩萨广大圆满无碍大悲心陀罗尼经

存3行，行7至11字。起："用摩枷锁"，讫："田苗及五果子"。唐伽梵达摩译。经文见《大正藏》第20册，第110页C栏第27行至第111页A栏第2行。

Дх.05852　欠经历

存6行。录文："断结义经十卷□□五十/大乘同□经二卷大集须弥藏/无相经五卷佛说解/宝积经第一帙欠第七卷□/八帙七十五欠第八卷/帙内一百一十。"

Дx.05852V 残片

存"金行像社幡"5字

Дx.05853 发愿文

见Дx.05802。

Дx.05854 四分律卷第二十百种学法之二

存4行，行9至14字。录文："食犯应忏突吉罗/若不故作犯突吉罗/乃至沙弥沙弥尼突吉罗是谓为犯/时有如是病或日时欲。"后秦佛陀耶舍共竺佛念等译。经文见《大正藏》第22册，第706页B栏第8行至第12行。

Дx.05855 维摩诘所说经卷下香积佛品第十

存6行，行3至6字。起："不目见"，讫："胜蔽于众会"。后秦鸠摩罗什译。经文见《大正藏》第14册，第552页A栏第19行至第25行。

Дx.05856 佛说佛名经卷第四

见Дx.05813。

Дx.05857 梵网经菩萨戒序

存10行，行2至5字。起："梵网"，讫："人命无"。后秦鸠摩罗什译。经文见《大正藏》第24册，第1003页A栏第15行至第28行。

Дx.05858 千眼千臂观世音菩萨陀罗尼神咒经卷上

存6行，行3至7字。起："此陀罗"，讫："罗尼法"。唐智通译。经文见《大正藏》第20册，第84页A栏第22行至第27行。

Дx.05859 妙法莲华经卷第七观世音菩萨普门品第二十五

存4行，行3至6字。起："萨一□□名"，讫："漂称其"。后秦鸠摩罗什译。经文见《大正藏》第9册，第56页C栏第7行至第10行。

Дx.05860 妙法莲华经卷第七观世音菩萨普门品第二十五

见Дx.05763。

Дx.05861 妙法莲华经卷第三药草喻品第五至授记品第六

存9行，行6至10字。起："是名大树"，品题："妙法莲华经授记品第六"，讫："摩诃迦叶"。后秦鸠摩罗什译。经文见《大正藏》第9册，第20页B栏第17行至第27行。

Дx.05862 佛说父母恩重经

存7行，行2至10字。起："肩长"，讫："顶礼佛足欢喜"。经文见《大正藏》第85册，第1404页A栏第14行至第22行。

Дx.05863 残片

存一"普"字。不可定名。

Дx.05864 佛说观无量寿佛经

存9行，行2至15字。起："佛告"，讫："金色眉间"。宋畺良耶舍译。经文见《大正藏》第12册，第343页C栏第11行至第20行。

Дx.05865 佛说佛名经卷第二至第三

存6行，行1至6字。起："（三藐三菩提）记"，讫："无法界体性经"。前三行出自北魏菩提流支译《佛说佛名经卷第二》，经文见《大正藏》第14册，第122页B栏第8行至第11行。后三行出自《佛说佛名经卷第三》，经文见《大正藏》第14册，第304页B栏第5行至第7行。

Дx.05866 妙法莲华经卷第三授记品第六

存4行，行6至7字。起："无量大法"，讫："十二小劫"。后秦鸠摩罗什译。经文见《大正藏》第9册，第20页B栏第29行至C栏第3行。

Дx.05867 大智度论卷第四十三释集散品第九下

存6行，行5至8字。起："舍利弗菩萨"，讫："波罗蜜体何"。龙树菩萨造、后秦鸠摩罗什译。经文见《大正藏》第25册，第370页A栏第15行至第21行。

Дx.05868 佛说父母恩重经

存4行，行4至5字。起："其子至于行"，讫："至暮不来"。经文见《大正藏》第85册，第1403页C栏第26行至第1404页A栏第1行。

Дx.05869 **大般若波罗蜜多经卷第五百六十六第六分缘起品第一**

存6行，行4至8字。起："德从此佛"，讫："月藏菩萨如来藏"。唐玄奘译。经文见《大正藏》第7册，第921页B栏第13行至第18行。

Дx.05870 **状**

存4行。录文："而言厥今/园衣冠并凑所/节度使臣张议潮/大兴孝皇帝远。"

Дx.05871 **净名经关中释抄卷下菩萨品**

存6行，行4至10字。起："行超然独驾"，讫："理释灭异"。唐道液述。经文见《大正藏》第85册，第523页A栏第6行至第15行。

Дx.05872 **佛说父母恩重经**

存2行。录文："不慈不孝天感应闪子/孝顺百行为本书外书内。"未检出。

Дx.05873 **大乘无量寿经**

存17行，行4至19字。起："啰佐耶怛他羯他耶"，讫："他羯他耶"。经文见《大正藏》第19册，第84页A栏第14行至第28行。

Дx.05874 **佛说如来成道经**

二残片。其一，存5行。首题："佛说如来成道经"，讫："悉达之名"。其二，存6行。起："满胜□空城"，尾题："佛说如来成道经一卷"。《大正藏》所收为S.1032，经文不同。

Дx.05875 **四分律卷第四十八比丘尼犍度第十七**

存16行，行3至23字。起："此某甲今从"，讫："能持不"。后秦佛陀耶舍共竺佛念等译。经文见《大正藏》第22册，第925页B栏第10行至第27行。

Дx.05876 **大般涅槃经卷第三十师子吼菩萨品第十一之四**

存14行，行15至17字。起："子吼言如"，讫："烦恼结贼"。北凉昙无谶译。经文见《大正藏》第12册，第545页A栏第20行至B栏第5行。

Дx.05877 **变文**

存17行。录文："夫妻频咒愿只求富贵免躯贫/口觅富贵百千般不道前恶业牵/盖得肚皮脊背露脚根有袜指头穿/朝求暮乞不成唵□□无夜着甚眠/唯恨前生不修种□□贫苦最艰/难自家早是盆困受饥悯更/不料量须索新妇一处作活更被妻/儿说言语道个甚言语也忆得这身待你来/交人不省傍妆台洗面河头因担水/梳头坡下拾柴回煎水浑来无米煮/保时且过有资财可借却娘娘百疋锦/衡教这里忍饥来他儿婿还说道理/娘子今日何置言贫富多生是恶业/牵不是交娘子独如此下情终日也饥/寒初定之时无衫袴大归娘子没□/房娘子空来我空手奈何用媒人□/秤量娘子既言百疋锦娘娘呼我作□。"

Дx.05877V **残片**

可辨识"处□更"3字。

Дx.05878 **妙法莲华经卷第七观世音菩萨普门品第二十四**

存21行，行4至17字。起："神而为说法"，讫："心念不空"。后秦鸠摩罗什译。经文见《大正藏》第9册，第57页B栏第19行至C栏第16行。

Дx.05879 **金刚般若波罗蜜经**

存40行，行2至17字。起："得闻如是言"，讫："阿罗汉作"。后秦鸠摩罗什译。经文见《大正藏》第8册，第749页A栏第26行至C栏第9行。

Дx.05880 **药师琉璃光如来本愿功德经**

存13行，行2至13字。起："有情（然灯造幡放生修）福"，讫："等巹"。唐玄奘译。经文见《大正藏》第14册，第408页A栏第22行至B栏第10行。

Дx.05881 **佛经论释**

存6行，行4至13字。起："圣人答一切"，讫："异者坚名"。未检出。

Дx.05882 Дx.05894 **金刚般若波罗蜜经**

存15行，行8至17字。起："哉须菩提"，讫："思量须菩提"。后秦鸠摩罗什译。经文见《大正藏》第8册，第748页C栏第29行至第749页A栏第15行。

Дx.05883 **妙法莲华经卷第四五百弟子受记品第八**

存13行,行5至17字。起:"以斯方便饶",讫:"佛以恒河"。后秦鸠摩罗什译。经文见《大正藏》第9册,第27页C栏第9行至第22行。

Дx.05884 妙法莲华经卷第七陀罗尼品第二十六

存3行,行1至16字。起:"(说咒)曰",讫:"伊致猪履反"。后秦鸠摩罗什译。经文见《大正藏》第9册,第58页C栏第13行至第59页A栏第1行。

Дx.05885 佛说无常经

存18行,行3至14字。起:"天人师",讫:"循环三界内"。唐义静译。经文见《大正藏》第17册,第745页B栏第13行至C栏第5行。

Дx.05885V 杂写

存1行。录文:"之是大大大大大大。"

Дx.05886 般若波罗蜜多心经

存8行,行2至18字。起:"舍利子菩萨",尾题:"般若波罗蜜多心经一卷"。唐法成译。经文见《大正藏》第8册,第850页C栏第22行至第851页A栏第1行。经中有颠倒符。

Дx.05887 小品般若波罗蜜经卷第十摩诃般若波罗蜜萨陀波仑品第二十七

存22行,行7至13字。起:"量苦未曾",讫:"耨多罗三"。后秦鸠摩罗什译。经文见《大正藏》第8册,第582页A栏第24行至B栏第29行。

Дx.05888 梵网经卢舍那佛说菩萨心地戒品第十卷下

存12行,行2至12字。起:"佛言佛子",讫:"火烧山林"。后秦鸠摩罗什译。经文见《大正藏》第24册,第1005页C栏第20行至第1006页A栏第6行。

Дx.05889 般若波罗蜜多心经

册页装。存10行,行7至9字。首题:"般若波罗蜜多心经",讫:"空中无色无"。唐玄奘译。经文见《大正藏》第8册,第848页C栏第11行至第24行。

Дx.05890 集诸经礼忏仪卷上

存6行,行9至16字。起:"南无金海",讫:"如来十方"。唐智昇撰。经文见《大正藏》第47册,第463页B栏第7行至第464行A栏第15行。中间可能有跳行抄写。

Дx.05890V 杂写

存3行。录文:"为喜□□/甲子年十月二十日□□/甲子乙丑(画押)丙□。"

Дx.05891 维摩诘所说经卷上佛国品第一

存5行,行6至7字。起:"念若菩萨",讫:"舍利弗众生"。后秦鸠摩罗什译。经文见《大正藏》第14册,第538页C栏第6行至第11行。

Дx.05892 般若波罗蜜多心经

存3行,行8至10字。首题:"般若波罗蜜多心经",讫:"五蕴皆空"。唐玄奘译。经文见《大正藏》第8册,第848页C栏第4行至第8行。

Дx.05893 维摩诘所说经卷上佛国品第一

存10行,行2至6字。起:"菩萨",讫:"恭敬围绕而"。后秦鸠摩罗什译。经文见《大正藏》第14册,第537页B栏第12行至第23行。

Дx.05894 金刚般若波罗蜜经

见Дx.05882。

Дx.05895 金光明最胜王经卷第五依空满愿品第十

存5行,行9至10字。起:"聚在一处",讫:"审察思惟"。唐义净译。经文见《大正藏》第16册,第425页C栏第26行至第426页A栏第1行。

Дx.05896 金刚般若波罗蜜经

存8行,行3至15字。起:"住相布施",讫:"相见如来"。后秦鸠摩罗什译。经文见《大正藏》第8册,第749页A栏第15行至第21行。

Дx.05896V 金刚般若波罗蜜经

存9行,行7至15字。起:"不不也世尊",讫:"于此章句"。后秦鸠摩罗什译。经文见《大正藏》第8册,第749页A栏第21行至第29行。上接Дx.05896。

Дx.05897 残佛经

存4行,行40字左右。未检出。

Дx.05897V 残佛经

存4行,行40字左右。未检出。

Дx.05898 李峤杂咏

存9行。定名依徐俊《敦煌写本诗歌续考》,《敦煌研究》,2002年第5期。

Дx.05898V 诗

中有"张芝学书池"之句。

Дx.05899 大般涅槃经佛母品

存7行,行2至7字。首题:"涅槃/大般涅槃经佛母品",讫:"空诸行无常"。经文见《大正藏》第85册,第1463页A栏至B栏。可与Дx.05899V衔接。

Дx.05899V 大般涅槃经佛母品

存11行,行6至8字。起:"是生灭法",讫:"如来入槃"。经文见《大正藏》第85册,第1463页B栏第16行至第21行。可与Дx.05899衔接。

Дx.05900 净名经集解关中疏卷上

存8行,行4至10字。起:"显于大海",讫:"山香山宝"。唐道液集。经文见《藏外佛教文献》第2册,第197页A栏第6行至第198页A栏第1行。经文有缺失。

Дx.05901 妙法莲华经入疏卷第十二

存12行,行8至11字。起:"身得度者",讫:"婆阿脩罗迦"。后秦鸠摩罗什译、天台智者疏并记、四明沙门道威入注。经文见《卍新续藏》第30册,第242页B栏第16行至C栏第2行。

Дx.05902 妙法莲华经卷第四五百弟子受记品第八

存8行,行9至11字。起:"从座起到",讫:"德精勤护"。后秦鸠摩罗什译。经文见《大正藏》第9册,第27页B栏第21行至第27行。

Дx.05903 妙法莲华经卷第七观世音菩萨普门品第二十五

存9行,行7至8字。起:"身而为说",讫:"法无尽意"。后秦鸠摩罗什译。经文见《大正藏》第9册,第57页B栏第10行至第19行。

Дx.05904 佛说阿弥陀经

存6行,行3至5字。起:"生彼国主舍",讫:"舍利弗"。后秦鸠摩罗什译。经文见《大正藏》第12册,第348页A栏第17行至第23行。

Дx.05905 佛说天地八阳神咒经

存6行,行8至9字。起:"声声即是",讫:"是空空即"。唐义净译。经文见《大正藏》第85册,第1423页B栏第8行至第14行。

Дx.05906 妙法莲华经卷第四劝持品第十三

存7行,行8至20字。起:"顺佛意并",讫:"等当广说"。后秦鸠摩罗什译。经文见《大正藏》第9册,第36页B栏第14行至第22行。

Дx.05907 大方等大集经菩萨念佛三昧分卷第一不空见本事品第二十一

存5行,行13至18字。起:"一箭所别",讫:"摩那伽乃"。隋达磨笈多译。经文见《大正藏》第13册,第833页C栏第28行至第834页A栏第4行。

Дx.05908 妙法莲华经卷第三药草喻品第五

存10行,行2至9字。起:"丛林",讫:"大众中而"。后秦鸠摩罗什译。经文见《大正藏》第9册,第19页A栏第28行至B栏第9行。

Дx.05909 妙法莲华经卷第七陀罗尼品第二十六

存4行,行2至13字。起:"诸佛",讫:"菩萨白佛言"。后秦鸠摩罗什译。经文见《大正藏》第9册,第58页C栏第5行至第9行。

Дx.05910 大般若波罗蜜多经题签

录文:"大般若波罗蜜多经卷第五百卅三。"

Дx.05911 大般若波罗蜜多经题签

录文:"大般若波罗蜜多经卷第三百。"

Дx.05912 字书

存6行,行6至10字。

Дx.05913 太上洞玄灵宝诸天内音自然玉字卷之二至曜明宗飘天音玉诀第三

存13行。讫:"万□皆在",品题:"□□明宗飘天音玉诀第三",讫:"所不能伤"。

Дx.05914 大般若波罗蜜多经卷第五百四十四第四分随喜回向品第六之二

存5行,行7至12字。起:"定蕴慧蕴",讫:"菩提若菩萨"。唐玄奘译。经文见《大正藏》第7册,第796页B栏第19行至第23行。

Дx.05915 维摩诘所说经卷下香积佛品第十

存5行,行2至9字。起:"斯诸菩萨",讫:"无有"。后秦鸠摩罗什译。经文见《大正藏》第14册,第553页A栏第18行至第23行。

Дx.05916 佛顶尊胜陀罗尼经

存7行,行3至7字。起:"娑诃婆",讫:"钵唎秋提"。唐佛陀波利译。经文见《大正藏》第19册,第352页B栏第7行至第14行。

Дx.05917 妙法莲华经卷第七观世音菩萨普门品第二十五

存8行,行4至5字。起:"应以童男",讫:"萨是观世音"。后秦鸠摩罗什译。经文见《大正藏》第9册,第57页B栏第14行至第22行。

Дx.05918 维摩诘所说经卷下香积佛品第十

存7行,行2至17字。起:"众生",讫:"十彼菩萨"。后秦鸠摩罗什译。经文见《大正藏》第14册,第553页A栏第20行至第28行。

Дx.05919 论语郑氏注

存11行。注双行小字。

Дx.05920 大乘无量寿经

存9行,行1至10字。首题:"(大乘无量寿)经",讫:"命将尽忆念"。经文见《大正藏》第19册,第82页A栏第3行至第18行。

Дx.05921 维摩诘所说经卷上佛国品第一

存7行,行8至12字。首题:"维摩诘所说经一名不可思议",讫:"制诸外道悉已"。后秦鸠摩罗什译。经文见《大正藏》第14册,第537页A栏第3行至第12行。

Дx.05922 往生礼赞偈、礼忏文

存5行。前3行,录文:"间忽忽/期忙忙六道无定趣/惊惧各闻强健有。"为沙门善导集记《往生礼赞偈》。经文见《大正藏》第47册,第440页C栏第12行至第15行。后2行,录文:"无低生死海无/当觉悟忽。"为《礼忏文》。经文见《大正藏》第85册,第1304页A栏。

Дx.05923 大方广佛华严经卷第四十离世间品第三十三之五

存7行,行7至16字。起:"持法行何以故",讫:"精进是积集"。东晋佛驮跋陀罗译。经文见《大正藏》第9册,第655页B栏第14行至第20行。

Дx.05924 推得病日法

存16行。

Дx.05924V 十二月壬气

存14行,行3至28字。此依黄正建《关于〈俄藏敦煌文献〉第11至第17册中占卜文书的缀合与定名等问题》定名,《敦煌研究》2002年第2期,第47页至第50页。

Дx.05925 佛说大慈大悲救苦观世音菩萨经

存7行,行5至16字。首题:"佛说大慈大悲救苦观世音菩萨经一卷",讫:"声皆得解脱"。

Дx.05926 金刚般若波罗蜜经

见Дx.00772。

Дx.05927 金光明最胜王经卷第七大辩才天女品第十五之一

存5行,行6至9字。起:"阿婆诃耶弭",讫:"羝钐萨底伐者"。唐义净译。经文见《大正藏》第16册,第436页A栏第29行至B栏第3行。

Дx.05928 馆藏缺

Дx.05929 佛说灌顶拔除过罪生死得度经卷第十二

存11行,行2至17字。起:"念药师琉璃",讫:"横病之厄无不"。东晋帛尸梨蜜多罗译。经文见《大正藏》第21册,第534页A栏第20行至B栏第2行。

Дx.05930 大般涅槃经题签

录文:"大般涅槃经卷第十四。"

Дx.05931 大方广佛华严经卷第四十一离世间品第三十三之六

存16行,行9至17字。起:"不虚妄净",讫:"处净禅远"。东晋佛驮跋陀罗译。经文见《大正藏》第9册，第660页B栏第8行至第25行。

Дx.05932 **妙法莲华经卷第七观世音菩萨普门品第二十五**

存15行，行7至20字。起："迦牟尼佛"，讫："身者念彼观"。后秦鸠摩罗什译。经文见《大正藏》第9册，第57页C栏第5行至第58页A栏第3行。

Дx.05933 **妙法莲华经卷第一方便品第二**

存6行，行10至18字。首题："妙法莲华经方便品第二"，讫："有法随宜"。后秦鸠摩罗什译。经文见《大正藏》第9册，第5页B栏第24行至C栏第1行。

Дx.05934 **金光明最胜王经卷第六长者子流水品第二十五**

存13行，行5至17字。起："而睡时十"，讫："真珠璎珞"。唐义净译。经文见《大正藏》第16册，第450页B栏第3行至第16行。

Дx.05935 **残片**

存11行。字迹漫漶，无法辨识。

Дx.05935V **广德二年索有让牒。**

存7行。

Дx.05936 **发愿文**

存5行。录文："至心忏悔罪垢不住去来今不在两间及内外惠眼明照罪/有无尘劳本来常清净良由妄执起分别种种见倒因兹生/若能安心实相中烦恼如空无所住 忏悔已命礼三宝/至心发愿 愿我等生生值佛世世恒闻解脱音弘誓平等/度众生毕竟速成无上道发愿已命礼三宝。"

Дx.05936V **发愿文**

存3行。录文："一切读诵 处世界如虚空如莲花不着水心清净/起于彼稽首礼无上尊/说偈发愿愿以此功德普及于一切。"

Дx.05937 **宅经**

见Дx.00476。

Дx.05937VA **唐开元五年沙州敦煌县龙勒乡籍**

见Дx.00476VA。

Дx.05937VB **便粟麦历**

见Дx.00476VB。

Дx.05938 **佛说佛名经卷第一**

存14行，行2至17字。起："无边恼乱"，讫："一切"。失译。经文见《大正藏》第14册，第189页B栏第13行至第29行。

Дx.05939 **维摩诘所说经卷上佛国品第一**

存9行，行18至25字。首题："维摩诘□说经一名不可思议解脱佛国品第一"，讫："所有饰好名称高远踰于须弥深信坚固犹若"。后秦鸠摩罗什译。经文见《大正藏》第14册，第537页A栏第3行至第19行。

Дx.05940 **佛说十二佛名神咒校量功德除障灭罪经**

存13行，行14至24字。首题："佛说十二佛名神咒校量功德除障灭罪经三藏法师阇那崛多译"，讫："行逍遥在"。经文见《大正藏》第21册，第860页C栏第18行至第861页A栏第3行。

Дx.05940V **佛说十二佛名神咒校量功德除障灭罪经题签**

录文："佛说十二神咒经。"

Дx.05941 **酒账**

存7行。前后上下均残。

Дx.05942 **押衙刘某使当王牧羊契**

见Дx.01323。

Дx.05943 **题记**

存1行。录文："光化三年庚申。"

Дx.05944 **欠物历**

存5行。

Дx.05945 Дx.05947 **金刚般若波罗蜜经**

存7行，行4至17字。起："与大比丘"，讫："阿耨多罗"。后秦鸠摩罗什译。经文见《大正藏》第8册，第748页C栏第21行至第28行。

Дx.05946 **金光明最胜王经卷第二分别三身品第三**

存12行，行3至12字。起："佛言善男"，讫："谓诸如来为"。唐义净译。经文见《大正藏》第16册，第408页B栏第10行至第21行。

Дx.05947　金刚般若波罗蜜经

见Дx.05945。

Дx.05948　大智度论卷第二初品总说如是我闻释论第三

存25行，行17字。起："有阿难一人"，讫："大迦叶复"。龙树菩萨造、后秦鸠摩罗什译。经文见《大正藏》第25册，第68页A栏第6行至B栏第3行。

Дx.05949　妙法莲华经卷第三药草喻品第五

存26行，行11至17字。首题："妙法莲华经药草喻品第五"，讫："时无数千"。后秦鸠摩罗什译。经文见《大正藏》第9册，第19页A栏第18行至B栏第16行。

Дx.05950　金刚般若波罗蜜经

存27行，行4至17字。起："切贤圣皆"，讫："阿兰那行"。后秦鸠摩罗什译。经文见《大正藏》第8册，第749页B栏第17行至C栏第15行。

Дx.05951　雕版菩萨像

极模糊，图像不可辨识。

Дx.05952　大般若波罗蜜多经卷第四百五十九第二分相摄品第六十七

存26行，行4至12字。首题："大般若波罗蜜多经"，讫："心修行布"。唐玄奘译。经文见《大正藏》第7册，第316页C栏第20行至第317页A栏第20行。

Дx.05953　大般若波罗蜜多经卷第五百二十七第三分慧到彼岸品第二十七

存29行，行4至12字。起："萨自性中而"，讫："性不动能"。唐玄奘译。经文见《大正藏》第7册，第702页A栏第17行至B栏第17行。

Дx.05954　般若波罗蜜多心经

存17行，行1至11字。起："般若波罗"，讫："经/深般若波罗蜜得照见五蕴"。唐玄奘译。经文见《大正藏》第8册，第848页C栏第4行至第23行。

首尾完整，缺首题，尾题仅存"经"字，最后1行乃重抄，上部缺。基本完整。

Дx.05954V　杂写

存1行。录文："一卷□□□经都。"

Дx.05955　最上乘论

存23行，行5至27字。起："受人身行"，讫："虎狼所食"。五祖弘忍禅师述。经文见《大正藏》第48册，第379页A栏第2行至B栏第9行。

Дx.05955V　杂写

存1行。录文："城西北灵树寺四面共□□完中光是。"

Дx.05956　妙法莲华经卷第七观世音菩萨普门品第二十五

存30行，行5至27字。起："菩萨名者"，讫："得如是无"。后秦鸠摩罗什译。经文见《大正藏》第9册，第56页C栏第16行至第57页A栏第19行。

Дx.05957　大乘无量寿经

存31行，行27至39字。起："莎诃十五尔时"，讫："诃某持迦底"。经文见《大正藏》第19册，第82页C栏第16行至第21行。

Дx.05958　金光明最胜王经卷第一序品第一

存23行，行5至20字。首题："金光明最胜王经序品第一三藏法师义净奉制译"，讫："际广于佛"。唐义净译。经文见《大正藏》第16册，第403页A栏第3行至B栏第2行。

Дx.05959　妙法莲华经卷第五如来寿量品第十六

存24行，行10至16字。起："声闻辟支"，讫："谬以诸众"。后秦鸠摩罗什译。经文见《大正藏》第9册，第42页B栏第19行至C栏第16行。

Дx.05960　大般若波罗蜜多经卷第二百三初分难信解品第三十四之二十二

存26行，行6至17字，下部残缺。首题："大般若波罗蜜多经"，讫："故贪清净"。唐玄奘译。经文见《大正藏》第6册，第11页A栏第5行至B栏第4行。

Дx.05961 发愿文

存36行，行12字左右。起："雨傍流消六尘"，讫："帝释之亲惟"。

Дx.05961V 习字

存31行。习写"膳""独""耀""班""衣""情""法""乐""扣""寂""让""言""十""之""方""远""驯""性""惜""襦""今""栲""念""平""阳""实""领""滞"等字。

Дx.05962 妙法莲华经卷第六药王菩萨本事品第二十三

存27行，行5至17字。起："佛遥共赞言"，讫："思议功德"。后秦鸠摩罗什译。经文见《大正藏》第9册，第54页C栏第8行至第55页A栏第7行。

Дx.05963 大般若波罗蜜多经卷第三百五十四初分多问不二品第六十一之四

存26行，行1至17字。起："布(施波罗蜜多)"，讫："四无碍解"。唐玄奘译。经文见《大正藏》第6册，第821页B栏第6行至C栏第3行。

Дx.05964 妙法莲华经卷第一序品第一

存21行，行9至17字。首题："妙法莲华经序品第一"，讫："在天子与"。后秦鸠摩罗什译。经文见《大正藏》第9册，第1页C栏第14行至第2页A栏第18行。

Дx.05965 药师琉璃光如来本愿功德经

存26行，行2至17字。首题："药师琉璃光如来本愿功德经"，讫："如我无异"。唐玄奘译。经文见《大正藏》第14册，第404页C栏第12行至第405页A栏第10行。

Дx.05966 大乘大集经贤护分卷第五现前三昧中十法品第十三

存6行，行9至14字。首题："大乘大集经贤护分现前三昧中十法品第十三"，讫："何名为净"。隋阇那崛多译。经文见《大正藏》第13册，第892页A栏第15行至第23行。

Дx.05967 妙法莲华经卷第一序品第一

存23行，行1至17字。起："念/今佛世"，讫："讲说正法"。后秦鸠摩罗什译。经文见《大正藏》第9册，第2页B栏第25行至C栏第22行。

Дx.05968 佛说天地八阳神咒经

存15行，行5至13字。起："闻如是一时"，讫："思念之吾当"。唐义净译。经文见《大正藏》第85册，第1422页B栏第17行至C栏第4行。

Дx.05969 Дx.05972 妙法莲华经卷第四五百弟子受记品第八

存33行，行5至13字。起："助宣我"，讫："塔遍满其"。后秦鸠摩罗什译。经文见《大正藏》第9册，第27页B栏第28行至第28页A栏第7行。

Дx.05970 佛说佛名经卷第一

存3行，行4至8字。起："南无乐说"，讫："功德髻佛"。北魏菩提流支译。经文见《大正藏》第14册，第119页C栏第25行至第120页A栏第1行。

Дx.05971 Дx.05978 Дx.05987 Дx.05989 Дx.05994

Дx.05995 Дx.05998 佛说灌顶拔除过罪生死得度经卷第十二

存71行，行1至17字。起："立药师琉"，讫："光佛山中"。东晋帛尸梨蜜多罗译。经文见《大正藏》第21册，第533页C栏第29行至第534页A栏第20行。

Дx.05972 妙法莲华经卷第四五百弟子受记品第八

见Дx.05969。

Дx.05973 维摩诘所说经卷上菩萨品第四

存21行，行6至16字。起："所趣故师子"，讫："旬以女与之"。后秦鸠摩罗什译。经文见《大正藏》第14册，第543页A栏第2行至第24行。

Дx.05974 大般若波罗蜜多经卷第二百五十六初分难信解品第三十四之七十五

存28行，行6至17字。起："净故外空"，讫："色定清净"。唐玄奘译。经文见《大正藏》第6册，第295页A栏第1行至第28行。

Дx.05975 Дx.05976 金光明最胜王经卷第五莲华喻赞品第七

存44行,行11至24字。首题:"金光明最胜王经莲华喻赞品第七五三藏法师义净奉制译",讫:"难知况诸佛"。经文见《大正藏》第16册,第422页B栏第24行至第423页A栏第13行。

Дx.05977 戒律

存12行,行4至21字。起:"罪淫",讫:"余人得不令也"。未检出。相关经句见于四分律和摩诃僧祇律中。

Дx.05978 佛说灌顶拔除过罪生死得度经卷第十二

见Дx.05971。

Дx.05979 妙法莲华经卷第六随喜功德品第十八

存18行,行4至20字。起:"百千万世终",讫:"生厌离心"。后秦鸠摩罗什译。经文见《大正藏》第9册,第47页A栏第11行至B栏第6行。

Дx.05980 佛说忠心经

存15行,行2至17字。起:"者自观意观",讫:"黠慧者常念"。东晋竺无兰译。经文见《大正藏》第17册,第551页A栏第17行至B栏第3行。与现刊本相校,有异文。

Дx.05981 图案

彩绘图案。

Дx.05982 契约

存1行。录文:"庚寅年十月九日付董康三地价物抄付□。"

Дx.05983 大般涅槃经题签

录文:"大般涅槃经卷第卅七冬显。"

Дx.05984 大般若波罗蜜多经题签

录文:"大般若波罗蜜多经卷第一百六十一十七。"

Дx.05985 杂写

存2行。

Дx.05985V 杂写

存2行。

Дx.05986 净名经集解关中疏卷上

存13行,行4至25字。起:"者二相殊",讫:"示以道记"。唐道液集。经文见《大正藏》第85册,第466页C栏第1行至第28行。

Дx.05987 佛说灌顶拔除过罪生死得度经卷第十二

见Дx.05971。

Дx.05988 窦昊为肃州刺史刘臣璧答南蕃书

存15行,行1至10字。起:"惟",讫:"岂见哥舒"。此依郑炳林、徐晓丽《读〈俄藏敦煌文献〉第12册几件非佛经文献札记》,《敦煌研究》2003年第4期,第81页至第89页。

Дx.05989 佛说灌顶拔除过罪生死得度经卷第十二

见Дx.05971。

Дx.05990 残片

存4行,行3字。不可定名。

Дx.05990V 开蒙要训

存4行,行6至8字。起:"绫纱缯彩",讫:"袍被裙究缉"。定名参考张新朋《敦煌写本〈开蒙要训〉叙录续补》,《敦煌研究》2008年第1期,第98页至第101页。

Дx.05991 残片

存3行。录文:"敬故/西国/释煞。"不可定名。

Дx.05992 佛说八阳神咒经

存5行,行1至9字。首题:"佛说八阳神咒经",讫:"续命"。未检出。

Дx.05993 十诵律卷第二十七七法中衣法第七之上

存7行,行5至14字。起:"出来衣无",讫:"语阿难"。后秦佛若多罗译。经文见《大正藏》第23册,第194页C栏至第195页B栏。

Дx.05994 Дx.05995 佛说灌顶拔除过罪生死得度经卷第十二

见Дx.05971。

Дx.05996 金光明经卷第四舍身品第十七至赞佛品第十八

存26行，行4至17字。起："其余二子"，品题："金光明"，讫："山王如来"。北凉昙无谶译。经文见《大正藏》第16册，第356页B栏第23行至C栏第24行。

Дx.05997 四分律删补随机羯磨卷下衣药受净篇第四

存25行，行3至17字。起："当来善男子"，讫："衣有四种"。唐道宣集。经文见《大正藏》第40册，第501页C栏第10行至第28行。

Дx.05998 佛说灌顶拔除过罪生死得度经卷第十二

见Дx.05971。

Дx.05999 大方等陀罗尼经卷第二授记分第二

存31行，行6至17字。起："恶之身欲"，尾题："大方等陀罗尼经卷第二"。尾题后3行题记，录文："熙平元年清信女庶/令亲为亡夫敬写/流通读诵供养。"北凉法众译。经文见《大正藏》第21册，第651页B栏第28行至C栏第24行。

Дx.06000 Дx.06003 戌年至亥年罗光俊户卖地麦抄

存7行。依乜小红《俄藏敦煌契约文书研究》定名。上海古籍出版社，2009年。

Дx.06000V Дx.06003V 残片

录文："中宣□□。"

Дx.06001 佛经目录

存14行。

Дx.06001V 杂写

存3行。

Дx.06002 残佛经

存5行。未检出。

Дx.06002V 杂写

字迹漫漶，无法辨识。

Дx.06003 戌年至亥年罗光俊户卖地麦抄

见Дx.06000。

Дx.06003V 残片

见Дx.06000V。

Дx.06004 残佛经

字迹模糊，无法辨识。

Дx.06004V 残片

存1行。录文："德藏明日设斋请诸。"未检出。

Дx.06005 佛说禅门经

存5行，行11至18字。起："幽跋遂使迷"，讫："遵故名经也"。经文"佛说禅门经"句，现刊本无。

Дx.06006 Дx.11096 大乘无量寿经

二残片。其一，存19行，行4至27字。起："（阿波唎）蜜哆二阿"，讫："唎婆囉莎诃十五"。经文见《大正藏》第19册，第82页C栏第4行至第8行。其二，存19行，行4至27字。起："侄他唵七萨"，讫："悉迦啰八"。经文见《大正藏》第19册，第83页C栏第27行至第84页A栏第6行。

Дx.06006V Дx.11096V 杂写

中有"报恩寺沙弥吴善□一心供养"一句。

Дx.06007 作坊使宋文晖副使安再诚煎胶请大釜状

存5行，行3至9字。起："□使宋又恽副□并诚"，讫："卿习从□"。此依郑炳林、徐晓丽《读〈俄藏敦煌文献〉第12册几件非佛经文献札记》，《敦煌研究》2003年第4期，第81至第89页。

Дx.06008 金刚般若波罗蜜经

见Дx.03720。

Дx.06009 残片

存6行。待考。

Дx.06010 残片

存5行。待考。

Дx.06010V 残片

存4行。待考。

Дx.06011 大乘无量寿经

存10行，行12至27字。起："复有二十五"，讫："纥砚娜三"。经文见《大正藏》第19册，第83页

A栏第2行至第11行。

Дx.06011V 愿文

存7行。

Дx.06012 领物历

存3行。录文:"僧□远平章立/故类物王和妆遂依/程子晟。"

Дx.06012V 杂写

存1行。录文:"月一一悉董萨部落百姓。"

Дx.06013 残片

存2行。录文:"何处/来也要。"未检出。

Дx.06014 残片

存3行。录文:"誓□/颂记其词曰/群生□六。"未检出。

Дx.06014V 残片

存2行。录文:"常乐/于龙乃后。"未检出

Дx.06015 杂写

存4个"南"字。

Дx.06016 兄弟社转帖

存5行。

Дx.06017 便粟历

存3行。

Дx.06018 佛说佛名经

未检出。

Дx.06018V 人名录

存3行。录文:"押衙安愿清星□□/石□子李保盈□保□/索不籍奴以□氾善住。"

Дx.06019 新集文词九经抄

存10行,行9至12字。起:"役则人寿",讫:"明德进堤香"。此依郑炳林、徐晓丽《读〈俄藏敦煌文献〉第12册几件非佛经文献札记》,《敦煌研究》2003年第4期,第81页至第89页。

Дx.06020 僧功德赞

存6行。首题:"僧功德赞。"

Дx.06021 楞伽经心印

存10行,行23至25字。部分内容为宋求那跋陀罗译《楞伽经心印》。经文见《大正藏》第18册,第159页A栏第19行至第21行。

Дx.06022 临旷文

存15行。

Дx.06023 发愿文

存7行。

Дx.06024 寺院文书

存1行。录文:"法愿请道会为和上道真为阿周梨守志为孙授师。"

Дx.06025 残片

存2行。

Дx.06026 残片

存1行。录文:"龙王管境土地。"

Дx.06027 佛经论释

存7行。待考。

Дx.06028 百行章

存9行,行8至21字。首题:"百行章一卷杜正伦",讫:"非深奥之词"。

Дx.06028V 千字文

存11行,行27至28字。起:"千字文敕员外散骑侍郎周兴嗣",讫:"渊澄取映"。

Дx.06029 大乘入道次第

存17行,行2至21字。起:"空何不",讫:"智各别内"。唐智周撰。经文见《大正藏》第45册,第461页B栏第27行至C栏第27行。

Дx.06030 大乘百法明门论开宗义记

存9行。注双行小字。

Дx.06031 愿文

存17行。

Дx.06031V 沙州上都进奏院上本使状

存10行。此依郑炳林、徐晓丽《读〈俄藏敦煌文献〉第12册几件非佛经文献札记》,《敦煌研究》2003年第4期,第81页至第89页。

Дx.06032 发愿文

存5行。

Дx.06033　契约
　　存3行。录文："阿姊师/十二日立此凭记/恒信。"

Дx.06034　礼忏文
　　存9行。

Дx.06034V　老人赞
　　存6行。首题："老人赞一首。"

Дx.06035　太公家教
　　存22行，行3至17字。起："太公家有三"，讫："合随风落"。

Дx.06036　碑铭赞
　　存9行。待考。

Дx.06036V　吐蕃瓜州节度使上悉殁夕亡五七建福文
　　存9行。此依郑炳林、徐晓丽《读〈俄藏敦煌文献〉第12册几件非佛经文献札记》，《敦煌研究》2003年第4期，第81页至第89页。

Дx.06037　入破历
　　存10行。

Дx.06038　字书
　　存5行。

Дx.06038V　籍账
　　存5行。

Дx.06039　发愿文
　　存2行。录文："□获少颐供佛延僧/□生宝殿游□。"

Дx.06040　佛经论释
　　存11行。待考。

Дx.06040V　佛经论释
　　存5行。待考。

Дx.06041　武则天为父母写经发愿文
　　存6行。此依郑炳林、徐晓丽《读〈俄藏敦煌文献〉第12册几件非佛经文献札记》，《敦煌研究》2003年第4期，第81页至第89页。

Дx.06042　己卯年四月至九月入破历
　　见Дx.04277。

Дx.06043　放妻书
　　存7行。

Дx.06044　佛经论释

Дx.06045　酒账

Дx.06045V　籍账

Дx.06046　太上一乘海空智藏经
　　存10行，行7至11字。起："一切众生饮水食"，讫："陪奉无有□□诸子中"。

Дx.06046V　佛经论释

Дx.06047　佛经目录
　　存8行。起："□□九帙"，讫："第五十一帙内欠第五"。

Дx.06047V　目录
　　存7行。

Дx.06048　非佛经

Дx.06048V　愿文

Дx.06049　佛经论释
　　存10行。

Дx.06050　礼忏文
　　存8行，行7至9字。起："欲忏悔者端坐"，讫："发无上意"。

Дx.06050V　杂写
　　字迹模糊不清。

Дx.06051　买舍契
　　有索姓人名若干。人名后有画押。

Дx.06052　大般若波罗蜜多经卷第五百九十九第十六般若波罗蜜多分之七
　　存7行，行15至18字。起："第五百九十九卷"，讫："诳惑童竖"。唐玄奘译。经文见《大正藏》第7册，第1104页B栏第17行至C栏第3行。有异文。

Дx.06053　诗
　　存20行。

Дx.06053V　社司转帖
　　存8行。

Дx.06054　净名经关中释抄卷上

存16行，行9至23字。起："闻说四句"，讫："释次下"。前8行部分内容见唐道液述《净名经关中释抄卷上》。后8行未检出。

Дx.06054V 目录

存1行。录文："观察诸法经四卷内佛藏□□。"

Дx.06055 愿文

存5行。

Дx.06056 愿文

存9行。

Дx.06057A 太清金液神气经

存8行。起："太阳再"，讫："如粱米者合水灌其"。

Дx.06057B 抱朴子神仙金汋经

存7行。起："取黄金屑一斤合以"，讫："皆化为丹刀"。经文见《正统道藏》洞神部众术类。

Дx.06057V 愿文

存12行。字迹模糊。

Дx.06058 宅经

见Дx.00476。

Дx.06058VA 唐开元五年沙州敦煌县龙勒乡籍

见Дx.00476VA。

Дx.06058VB 便粟麦历

见Дx.00476VB。

Дx.06059 新集文词九经抄

存21行。此依郑炳林、徐晓丽《读〈俄藏敦煌文献〉第12册几件非佛经文献札记》，《敦煌研究》2003年第4期，第81页至第89页。

Дx.06059V 杂写

字迹模糊。

Дx.06060 佛说随求即得大自在陀罗尼神咒经

存43行，行7至28字。起："梵当知如"，讫："礼拜于是"。唐宝思惟译。经文见《大正藏》第20册，第640页C栏第26行至第641页C栏第3行。

Дx.06061 妙法莲华经卷第七观世音菩萨普门品第二十五

存30行，行4至10字。起："缘名为观"，讫："三藐三菩提心"。后秦鸠摩罗什译。经文见《大正藏》第9册，第57页C栏第10行至第58页B栏第7行。

Дx.06062 藏经点检历

存16行。

Дx.06063 礼忏文

存25行，行12至13字。起："常转敬礼"，讫："等今日寅"。经文见《大正藏》第85册，第1304页A栏第21行至B栏第11行。

Дx.06063V 社司转帖

存14行。

Дx.06064 礼忏文

存20行，行2至8字。起："边法"，讫："愿以此功"。经文见《大正藏》第85册，第1303页C栏第16行至第24行。

Дx.06064VA 人名录

存14行。

Дx.06064VB 集诸经礼忏仪

存3行，行8至12字。起："至心□□一切诸佛"，讫："法光清净开方"。第2行，录文："南无宝集如来廿五佛等一切。"经文见《大正藏》第47册，第464页B栏第12行。其余两行未检出。

Дx.06065 乘恩帖

存11行，行11至22字。起："乃二十一日诸寺尊宿教授法律就灵图寺"，讫："上限须到窟头并锯一乘恩"。

Дx.06065V 乘恩帖

Дx.06066 习字

存6行，大小字相间。

Дx.06067 四分律删补随机羯磨卷上诸戒受法篇第三

存26行，行17至43字。起："大德一心"，讫："难事白如是"。唐道宣集。经文见《大正藏》第40册，第497页A栏第14行至B栏第14行。

Дx.06067V 四分律删补随机羯磨卷上诸戒受法篇第三

存5行,行16至23字。起:"教授师示",讫:"故拔济我"。唐道宣集。经文见《大正藏》第40册,第497页C栏第1行至第4行。

Дx.06068 佛经论释

存18行。待考。

Дx.06068V 佛经论释

存16行。待考。

Дx.06069A 某年九月新妇小娘子阴氏上某公主状

见Дx.01400A。

Дx.06069B 天寿二年九月弱婢员孃祐定牒

见Дx.01400B。

Дx.06069C 天寿二年九月右马步都押衙张保勋牒

见Дx.01400C。

Дx.06069V 礼忏文

见Дx.01400V。

Дx.06070 燃灯文

存25行。有武周新字。

Дx.06071 和菩萨戒文

存12行,行2至5字。起:"惟愿戒戒师",讫:"布施欢喜"。经文见《大正藏》第85册,第1300页C栏第17行至第23行。

Дx.06072 维摩诘所说经卷中文殊师利问疾品第五

存7行,行10字。起:"说身无我",讫:"调伏其心"。后秦鸠摩罗什译。经文见《大正藏》第14册,第544页C栏第20行至第27行。

Дx.06073 集诸经礼忏仪卷上合香之法、一切普诵、说偈咒愿

存16行,行4至22字。起:"众罪皆忏悔",讫:"无上意"。唐智昇撰。经文见《大正藏》第47册,第457页A栏第24行至B栏第8行。

Дx.06074 妙法莲华经卷第五安乐行品第十四

存20行,行12至17字。起:"者安住菩萨",讫:"为女人说法"。后秦鸠摩罗什译。经文见《大正藏》第9册,第37页A栏第15行至B栏第7行。

Дx.06075 妙法莲华经卷第一序品第一

存13行,行5至20字。起:"灭度如薪尽",讫:"欲说法华经"。后秦鸠摩罗什译。经文见《大正藏》第9册,第5页A栏第21行至B栏第17行。

Дx.06076 金刚般若波罗蜜经

存23行,行7至17字。首题:"金刚般若波罗蜜",讫:"布施不住"。后秦鸠摩罗什译。经文见《大正藏》第9册,第748页C栏第17行至第749页A栏第13行。

Дx.06077 梵网经卢舍那佛说菩萨心地戒品第十卷下

存22行,行3至12字。起:"开解义味",讫:"父一切女"。后秦鸠摩罗什译。经文见《大正藏》第24册,第1006页A栏第16行至B栏第10行。

Дx.06077V 杂写

存1行。录文:"大□□王名□。"

Дx.06078 增壹阿含经卷第三十二力品第三十八之二

存10行,行6至17字。起:"在门外立",讫:"疮无一"。僧伽提婆译。经文见《大正藏》第2册,第724页A栏第16行至第27行。

Дx.06079 四分律比丘尼钞卷上六念篇第十一

存4行,行27至30字。起:"第一念知",讫:"者病于乱"。唐道宣述。经文见《卍新续藏》第40册,第722页A栏第3行至B栏第4行。有异文。

Дx.06080 佛说法王经

存9行,行2至16字。起:"语虚",讫:"人皆悉一"。经文见《大正藏》第85册,第1387页A栏第17行至第26行。

Дx.06081 佛说维摩诘经卷下嘱累弥勒品第十四

存7行,行5至9字。起:"虽解深法犹",讫:"习若贤者"。吴支谦译。经文见《大正藏》第14册,第536页B栏第27行至C栏第6行。

Дx.06082 梵网经卢舍那佛说菩萨心地戒品第十

卷下

存4行，行5至13字。起："者犯轻垢罪"，讫："心而反更"。后秦鸠摩罗什译。经文见《大正藏》第24册，第1004页C栏第22行至第1005页A栏第6行。

Дx.06083　大般若波罗蜜多经

存1行。录文："净与声界乃至耳触为缘。"见《大般若波罗蜜多经》多处。

Дx.06084　佛说佛名经卷第三十

存8行，行3至9字。起："南无见人飞腾辟支佛"，讫："礼三宝"。北魏菩提流支译。经文见《大正藏》第14册，第304页C栏第2行至第9行。

Дx.06085　大乘入伽楞经卷第一罗婆那王劝请品第一

存5行，行2至17字。起："哀愍故便"，讫："见其"。唐实叉难陀译。经文见《大正藏》第16册，第589页A栏第21行至第24行。

Дx.06086　佛说阿弥陀经

存14行，行4至9字。起："殊师利法王子"，讫："轮青色青"。后秦鸠摩罗什译。经文见《大正藏》第12册，第346页C栏第6行至第347页A栏第4行。

Дx.06087　菩萨戒羯磨文

存10行，行3至7字。起："菩萨戒羯磨文"，讫："常与佛"。

Дx.06088　Дx.06089　胜天王般若波罗蜜经卷第四平等品第六

存18行，行13至16字。起："大王菩萨"，讫："忍辱愿得"。月婆首那译。经文见《大正藏》第8册，第706页C栏第17行至第707页A栏第5行。

Дx.06090　集诸经礼忏仪卷上

存21行，行6至14字。起："敬礼常住三宝是诸"，讫："南无东方"。唐智昇撰。经文见《大正藏》第47册，第456页B栏第17行至C栏第4行。

Дx.06090V　杂写

存5行。

Дx.06091　大般若波罗蜜多经卷第五百八十四第十二净戒波罗蜜多分之一

存16行，行6至16字。起："菩萨众起"，讫："乃至般若"。唐玄奘译。经文见《大正藏》第7册，第1023页A栏第14行至第29行。

Дx.06092　金刚般若波罗蜜经

见Дx.02437。

Дx.06093　受菩萨戒仪

存22行，行3至9字。起："慈愍故"，讫："求其便现身之四"。未检出。

Дx.06094　梁朝傅大士颂金刚经

二残片。其一，存8行，行11至13字。起："有佛眼不"，讫："知何以故"。其二，存7行，行8至14字。起："如来说诸"，讫："是因缘得"。经文见《大正藏》第85册，第751页B栏第19行至C栏第2行。

Дx.06095　维摩诘所说经卷上佛国品第一

存8行，行3至14字。起："来诣佛"，讫："离城/子名"。后秦鸠摩罗什译。经文见《大正藏》第14册，第537页B栏第17行至第25行。

Дx.06096　金刚般若波罗蜜经

存19行，行3至16字。起："子善女人"，讫："相众生相"。后秦鸠摩罗什译。经文见《大正藏》第8册，第750页C栏第24行至第751页A栏第14行。

Дx.06097　妙法莲华经卷第七观世音菩萨普门品第二十五

存12行，行4至13字。起："能伏灾风"，讫："佛说观世音经"。后秦鸠摩罗什译。经文见《大正藏》第9册，第58页A栏第21行至B栏第7行。

Дx.06098　佛说无量大慈教经

存17行，行3至14字。起："于财物经"，讫："佛说无"。经文见《大正藏》第85册，第1445页C栏第14行至第1446页A栏第1行。

Дx.06098V　残片

无字。

Дx.06099　佛说预修十王生七经

四残片。内容可衔接。存71行,行6至13字。起:"令四大夜叉王",讫:"在一王留"。藏川述。经文见《大正藏》第1册,第408页C栏第3行至第409页C栏第23行。党燕妮《〈俄藏敦煌文献〉中〈阎罗王授记经〉缀合研究》定名为《阎罗王授记经》。《敦煌研究》2007年第2期,第104页至第109页。与Дx.00143可缀合。

Дx.06100 大般涅槃经卷第三寿命品第一之三

存13行,行9至17字。起:"佛复告诸",讫:"二十年还"。北凉昙无谶译。经文见《大正藏》第12册,第379页A栏第13行至第25行。

俄藏敦煌文献第十三册叙录

Дx.06101　Дx.06105　大般若波罗蜜多经卷第五百六十六第六分缘起品第一

二残片。其一，存8行，行2至17字。起："眼菩萨"，讫："首复"。唐玄奘译。经文见《大正藏》第7册，第921页B栏第11行至第29行。其二，存13行，行1至17字。起："三十三"，讫："百千"。同经同品。经文见《大正藏》第7册，第921页B栏第29行至C栏第13行。

Дx.06102　妙法莲华经卷第七观世音菩萨普门品第二十五

存8行，行1至17字。起："云何佛"，讫："自在天身"。后秦鸠摩罗什译。经文见《大正藏》第9册，第57页A栏第22行至第29行。

Дx.06103　大般涅槃经题签

录文："大般涅盘经卷第十七。"

Дx.06104　四分律删补随机羯磨卷上诸戒受法篇第三

存9行，行2至24字。起："五唤"，讫："此某"。唐道宣集。经文见《大正藏》第40册，第499页C栏第21行至第500页A栏第3行。后2半行"正受本法羯摩文/此某"，非本羯磨内容。

Дx.06105　大般若波罗蜜多经卷第五百六十六第六分缘起品第一

见Дx.06101。

Дx.06106　金光明最胜王经卷第六四天王护国品第十二

存27行，行6至10字。起："尔时世尊"，讫："南谟薛室啰末拏（引）"。唐义净译。经文见《大正藏》第16册，第430页B栏第24行至第C栏第22行。

Дx.06107　金刚般若波罗蜜经

存18行，行8至18字。起："佛三四五佛"，讫："宁为多不"。后秦鸠摩罗什译。经文见《大正藏》第8册，第749页A栏第28行至B栏第19行。

Дx.06108　摩诃般若波罗蜜经卷第二十四善达品第七十九

存20行，行7至17字。起："诸无色法"，讫："相法与声闻"。后秦鸠摩罗什译。经文见《大正藏》第8册，第398页C栏第5行至第26行。

Дx.06109　大智度论卷第二十三初品中十想释论第三十七

存11行，行4至17字。起："不为无常"，讫："如佛所说定"。龙树菩萨造、后秦鸠摩罗什译。经文见《大正藏》第25册，第229页B栏第25行至C栏第7行。

Дx.06110A　大般若波罗蜜多经卷第一百九十二初分难信解品第三十四之十一

存9行，行3至9字。起："清净，何以"，讫："无二分无别"。唐玄奘译。经文见《大正藏》第5册，

443

第1028页C栏第18行至第26行。

Дх.06110B 金光明最胜王经卷第八坚牢地神品第十八

存6行，行2至14字。起："佉婆"，讫："世尊告地神"。唐义净译。经文见《大正藏》第16册，第441页A栏第15行至第22行。

Дх.06111 妙法莲华经卷第五安乐行品第十四

存18行，行1至17字。起："而"，讫："犹不亲厚"。后秦鸠摩罗什译。经文见《大正藏》第9册，第37页A栏第18行至B栏第8行。

Дх.06112 佛说无常经

存33行，行2至16字。起："犹如汲井轮"，讫："无能相救济"。唐义静译。经文见《大正藏》第17册，第745页C栏第5行至第746页A栏第10行。亦名《三启经》。

Дх.06113 妙法莲华经卷第二譬喻品第三

存18行，行1至17字。起："念坚固如"，讫："寿十二"。后秦鸠摩罗什译。经文见《大正藏》第9册，第11页C栏第11行至第27行。

Дх.06114 Дх.06118 维摩诘所说经卷上菩萨品第四

存47行，行3至17字。起："乃可得"，讫："以一切智起/而"。后秦鸠摩罗什译。经文见《大正藏》第14册，第543页A栏第24行至C栏第15行。

Дх.06115 佛教文献

存18行，行5至23字。起："颂上四文"，讫："闻上法喻二周"。待定名。

Дх.06116 类林

见Дх.00970。

Дх.06117 般若波罗蜜多心经

存17行，行8至18字。首题："般若波罗蜜多心经"，讫："菩提娑婆诃"。唐玄奘译。经文见《大正藏》第8册，第848页C栏第4行至第24行。

Дх.06118 维摩诘所说经卷上菩萨品第四

见Дх.06114。

Дх.06119 千手千眼观世音菩萨广大圆满无碍大悲心陀罗尼经

存8行，行8至18字。起："伽天子而为上首"，讫："十方刹土"。唐伽梵达摩译。经文见《大正藏》第20册，第106页A栏第21行至第29行。

Дх.06120 Дх.06226 金刚般若波罗蜜经

册页装。存43行，行7至10字。Дх.06120，起："佛告须菩提诸菩萨"，品题："妙行无住分第四"，讫："施其福德"。后秦鸠摩罗什译。经文见《大正藏》第8册，第749页A栏第5行至第15行。Дх.06226，起："以故我于往昔"，讫："利益一切众"。经文见《大正藏》第8册，第750页B栏第17行至第25行。

Дх.06121 和菩萨戒文

存25行，行8至9字。起："镕铜来灌口"，讫："一针一草"。经文见《大正藏》第85册，第1300页B栏第20行至C栏第2行。

Дх.06122 戒律

存23行，行7至35字。起："就教/身心无为故云"，讫："三者小界"。

Дх.06123 维摩诘所说经卷上佛国品第一

存10行，行1至17字。起："弥/时毗耶"，讫："宝盖中尔时"。后秦鸠摩罗什译。经文见《大正藏》第14册，第537页B栏第25行至C栏第5行。

Дх.06124 戒律

存9行，行5至14字。起："归依法归依僧"，讫："发露忏悔"。名称待定。

Дх.06125 佛教文献

存21行，行3至5字。起："在世持经"，讫："起修道即"。待定名。

Дх.06126 大般若波罗蜜多经卷第一百八十八初分难信解品第三十四之七

存15行，行4至14字。起："受者清净"，讫："清净与四无所"。唐玄奘译。经文见《大正藏》第5册，第1012页A栏第21行至B栏第9行。

Дх.06127 般若波罗蜜多心经

存11行，行4至10字。起："若波罗多时"，讫："般若波罗"。唐玄奘译。经文见《大正藏》第8册，第848页C栏第7行至第17行。

Дx.06128 大方便佛报恩经卷第二对治品第三

存4行，行5至6字。起："不思议佛法"，讫："想常念佛恩"。失译。经文见《大正藏》第3册，第130页C栏第20行至第24行。

Дx.06129 金光明最胜王经卷第三灭业障品第五

存9行，行5至18字。起："假使有人"，讫："不出欲界三"。唐义净译。经文见《大正藏》第16册，第415页B栏第22行至C栏第2行。

Дx.06130 Дx.06134 Дx.06135 大通方广经卷中

二残片。其一，存9行，行3至6字。起："土起身"，讫："萨行此"。未检出。其二，存48行，行1至17字。起："中以大悲为本"，讫："何等为"。为《大正藏》此经卷中缺录之前半部分。

Дx.06131 佛教文献

存7行，行3至13字。录文："象何瑞/尔王审言然王/即我身是长子水空者罗睺/者今十千天子是树神者/大林薮其地则山阜相属/吐云其木则捷便南挪/于山峰拶挒搜古八古搅手松聿。"未检出。

Дx.06131V 佛教文献

存9行，行1至13字。录文："邪魔闻之心胆裂是以广/今赞普之谓欤伏惟战圣/仪包浩浩以化天则万人安乐者/路由迷学乖系发之动才阙/愧当人自恶自惭滥升法座/命激提深怀战悚仰惟法师/钦能高崇后德但其光情昏/僧闻清向/祇。"撰译者不详。《大正藏》未收录。名称待定。

Дx.06132 妙法莲华经卷第二譬喻品第三

存19行，行5至14字。起："梵行恒为诸"，讫："寿十二小劫"。后秦鸠摩罗什译。经文见《大正藏》第9册，第11页C栏第2行至第27行。

Дx.06133 占卜书

祭鸟法。

Дx.06134 Дx.06135 大通方广经卷中

见Дx.06130。

Дx.06136 字书

Дx.06137 佛说佛名经卷第五

存22行，行2至13字。起："南无/南无/南无天德佛"，讫："南无大尽佛"。北魏菩提流支译。经文见《大正藏》第14册，第137页C栏第3行至第19行。

Дx.06138 和菩萨戒文

存28行，行4至11字。起："知厌足当来空手入黄"，讫："庆今闻愿垂"。经文见《大正藏》第85册，第1300页C栏第3行至第19行。

Лx.06139 妙法莲华经卷第二譬喻品第三

存11行，行1至18字。起："隐/法化生得佛"，讫："德而我/广饶"。后秦鸠摩罗什译。经文见《大正藏》第9册，第10页C栏第10行至第11页A栏第2行。

Дx.06140 佛说法王经

存9行，行2至9字。起："觉作/觉则病不生"，讫："定有觉本"。经文见《大正藏》第85册，第1386页C栏第19行至第27行。

Дx.06141 佛教文献

存2行，行9至12字。起："佛不是法"，讫："埕龛素像似"。未检出。

Дx.06141V 世俗文书

存2行，行7字。录文："不睹夫之父无不/敬事夫主推爱尊。"待定名。

Дx.06142 过去庄严劫千佛名经

存9行，行3至6字。起："怀惨毒"，讫："畜养鸡猪牛羊"。失译。经文见《大正藏》第14册，第367页A栏第21行至第28行。亦名《集诸佛大功德山》。

Дx.06143 妙法莲华经卷第三药草喻品第五

存8行，行8至10字。起："知尔时世"，讫："如可□揽"。后秦鸠摩罗什译。经文见《大正藏》第9册，第19页C栏第8行至第19行。

Дx.06144 大方广佛华严经卷第三十八离世间品

第三十三之三

存4行,行3至10字。起:"菩萨摩诃",讫:"悉从缘"。东晋佛驮跋陀罗译。经文见《大正藏》第9册,第641页A栏第19行至第22行。

Дx.06145 金刚般若波罗蜜经

存8行,行2至8字。起:"意云何",讫:"心以此为"。后秦鸠摩罗什译。经文见《大正藏》第8册,第749页A栏第21行至第29行。

Дx.06146 妙法莲华经卷第七观世音菩萨普门品第二十五

存14行,行2至9字。起:"菩萨",讫:"等无异于"。后秦鸠摩罗什译。经文见《大正藏》第9册,第57页A栏第3行至第17行。

Дx.06147 佛教文献

存2行,行9至10字。起:"之法顺流",讫:"一者烦恼二"。未检出。

Дx.06148 佛教文献

存16行,行2至28字。起:"受熏即如",讫:"行煞"。未检出。或为《般若波罗蜜多心经疏》。

Дx.06149 金刚般若波罗蜜经

见Дx.04821。

Дx.06150 中医诊脉文献

Дx.06151 大乘无量寿经

存6行,行2至18字。起:"婆囉",讫:"八波唎输"。经文见《大正藏》第19册,第83页A栏第11行至第18行。

Дx.06152 非佛经

存7行。待定名。

Дx.06153 大般涅槃经卷第三十四迦叶菩萨品第十二之二

存4行,行3至4字。起:"真四善五",讫:"非未来"。北凉昙无谶译。经文见《大正藏》第12册,第568页C栏第16行至第19行。

Дx.06154 大般若波罗蜜多经题签

录文:"大般若波罗蜜多经卷第十。"

Дx.06155 佛教文献

存6行,行3至6字。起:"场人同",讫:"东方世界"。未检出。

Дx.06156 金光明最胜王经卷第一序品第一

存5行,行2至4字。起:"说有究竟",讫:"盘三者以"。唐义净译。经文见《大正藏》第16册,第407页A栏第19行至第24行。

Дx.06157 般若波罗蜜多心经

存18行,行4至11字。起首题:"蜜多心经",尾题:"般若波罗蜜多心经"。唐玄奘译。经文见《大正藏》第8册,第848页C栏第4行至第24行。

Дx.06158 大方广佛华严经卷第二十一金刚幢菩萨十回向品第二十一之八

存40行,行7至18字。起:"三世一切诸佛所",讫:"一切智至一切道"。东晋佛驮跋陀罗译。经文见《大正藏》第9册,第534页C栏第5行至第535页A栏第19行。

Дx.06159 妙法莲华经卷第一序品第一

存9行,行3至19字。起:"礼拜或复",讫:"诸法门"。后秦鸠摩罗什译。经文见《大正藏》第9册,第9页A栏第19行至B栏第7行。

Дx.06160 Дx.06161 维摩诘所说经卷上弟子品第三

存29行,行2至17字。起:"延无以生",讫:"所以者何"。后秦鸠摩罗什译。经文见《大正藏》第14册,第541页A栏第17行至B栏第17行。

Дx.06162 妙法莲华经卷第一序品第一

存9行,行4至13字。起:"一心除乱",讫:"心无所著"。后秦鸠摩罗什译。经文见《大正藏》第9册,第3页B栏第7行至第18行。

Дx.06163 妙法莲华经卷第七观世音菩萨普门品第二十五

存13行,行1至9字。起:"为说法应",讫:"那罗摩睺罗"。后秦鸠摩罗什译。经文见《大正藏》第9册,第57页B栏第4行至第17行。

Дx.06164 梁朝傅大士颂金刚经

册页装。存17行，行5至17字。起："须菩□/□菩萨摩诃"，品题："妙行无住品第四"，讫："如是不可思"。经文见《大正藏》第85册，第1页C栏第14行至B栏第10行。无弥勒颂。

Дх.06164V　梁朝傅大士颂金刚经

册页装。存15行，行5至15字。起："量须菩提菩萨"，品题："如理实见分第五、正信希有分第六"，讫："当为"。经文见《大正藏》第85册，第2页B栏第10行至第28行，与正面相接。之后接入"时长老须菩提，在大众中，即从座起"至最后，属"善见起请分第二"。经文见《大正藏》第85册，第1页C栏第4行至第10行。无弥勒颂。

Дх.06165　维摩诘所说经卷下见阿閦佛品第十二

存16行，行3至8字。起："相菩萨虽没"，讫："及日月"。后秦鸠摩罗什译。经文见《大正藏》第14册，第555页B栏第4行至第20行。

Дх.06166　金刚般若波罗蜜经论卷下

存17行，行5至10字。起："非聚集故此以何"，讫："此复何义偈"。天亲菩萨造、北魏菩提流支译。经文见《大正藏》第25册，第796页B栏第1行至第19行。

Дх.06167　释门杂文

存3行。录文："未年三月八日敕洪晉□□/大郎幕下谨空/其功德文记幸垂周迎五月已来专伫。"

Дх.06168　金刚般若波罗蜜经

存19行，行2至9字。起："于一佛"，讫："世界七/须菩"。后秦鸠摩罗什译。经文见《大正藏》第8册，第749页A栏第1行至B栏第20行。

Дх.06169　大般若波罗蜜多经卷第四百一十七第二分出住品第十九之二

存18行，行3至17字。起："无住无"，讫："如是/见者亦"。唐玄奘译。经文见《大正藏》第7册，第92页A栏第28行至B栏第17行。

Дх.06170　阿弥陀赞文

存10行，行6至14字。首题："阿弥陀赞文一本"，讫："中生宝台"。除最后一句外，其余经文见《净土五会念佛诵经观行仪卷下》，《大正藏》第85册，第1260页B栏第26行至C栏第3行。

Дх.06171　金刚般若波罗蜜经

存20行，行7至14字。起："是念我得"，讫："净心不应"。后秦鸠摩罗什译。经文见《大正藏》第8册，第749页C栏第1行至第21行。

Дх.06172　大智度论卷第八初品中放光释论第十四之余

存10行，行2至34字。起："王等身有"，讫："有比丘尼/化生"。龙树菩萨造、后秦鸠摩罗什译。经文见《大正藏》第25册，第118页A栏第16行至第28行。文字略有出入。

Дх.06173　妙法莲华经卷第七妙音菩萨品第二十四

存20行，行9至17字。起："众恭敬围绕"，讫："七宝钵以"。后秦鸠摩罗什译。经文见《大正藏》第9册，第55页C栏第15行至第56页A栏第8行。

Дх.06174　维摩诘所说经卷中文殊师利问疾品第五

存9行，行2至17字。起："大亦/不离地"，讫："以己之疾愍"。后秦鸠摩罗什译。经文见《大正藏》第14册，第544页C栏第14行至第22行。

Дх.06175　大乘无量寿经

存17行，行1至32字。起："南/唵七萨婆"，讫："其卫护陀"。经文见《大正藏》第19册，第83页B栏第20行至第84页A栏第12行。

Дх.06176　鹰赋、秦妇吟、敦煌赋等

Дх.06177　妙法莲华经卷第七观世音菩萨普门品第二十五

存9行，行3至8字。起："澍大雨念"，讫："澍甘露"。后秦鸠摩罗什译。经文见《大正藏》第9册，第58页A栏第10行至第23行。

Дх.06178　五更转

存10行，行8至12字。录文："一更初安想真如不兴居□/更无余见本性等空虚有/二更催大圆宝镜镇安/本自净涊广挨无缘/想见如来三更修如来/觉不智音外山谷住禅/不重金四更虽住身/放四体莫攒玩住本性自/五更分菩提无住复无根过去/乐大张张门去译谟咨。"

Дx.06179 大般涅槃经卷第八如来性品第四之五

存8行，行4至20字。起："或有服甘"，讫："无上甘露味"。北凉昙无谶译。经文见《大正藏》第12册，第409页A栏第25行至B栏第10行。

Дx.06180 金刚般若波罗蜜经

见Дx.01086。

Дx.06181 金刚般若波罗蜜经

存4行，行1至8字。首题："金刚般若波罗蜜经"，讫："与大比"。后秦鸠摩罗什译。经文见《大正藏》第8册，第748页C栏第17行至第22行。

Дx.06182 佛教文献

存6行，行2至9字。起："界意界"，讫："语界"。录文："界意界/界法界意识界/名之三窠荫界/中根人语界是甚人语/言下悟得利根人/语界。"未检出。

Дx.06183 究竟大悲经卷第二

存8行，行7至17字。起："摩诃萨白佛言"，讫："顺便除去垢秽随人转"。经文见《大正藏》第85册，第1368页C栏第23行至第1369页A栏第1行。

Дx.06184 大方广佛华严经卷第三十二如来相海品第二十九

存8行，行2至17字。起："庄严法"，讫："普照一切诸"。东晋佛驮跋陀罗译。经文见《大正藏》第9册，第603页C栏第3行至第9行。

Дx.06185 妙法莲华经卷第四五百弟子受记品第八

存12行，行3至17字。起："两得/恶道，亦无"，讫："义而□□言"。后秦鸠摩罗什译。经文见《大正藏》第9册，第27页C栏第25行至第28页A栏第8行。

Дx.06186 大般涅槃经卷第八如来性品第十二

存12行，行5至17字。起："一切论者"，讫："有缘服毒死"。宋慧严等依泥洹经加之。经文见《大正藏》第12册，第649页C栏第20行至第650页A栏第5行。

Дx.06187 戒律

存8行，行2至10字。起："藏得"，讫："第二受菩萨"。录文："藏得/尔时烦恼未有断者/善男子戒相大理有/仪戒若是出家人应/戒三摄众生戒亦云护众/菩萨戒者从今日乃至/至菩提归依法从今日乃/三宝戒第二受菩萨。"

Дx.06188 妙法莲华经卷第五从地踊出品第十五

存11行，行2至10字。起："众生世"，讫："皆作是念我等"。后秦鸠摩罗什译。经文见《大正藏》第9册，第40页B栏第6行至第18行。

Дx.06189 四分律

存4行，行3至15字。录文："自造瓦/舍卧具因见此凡屋在西问于诸比丘/破此屋檀尼迦见被此屋作是言我/过亦不憎汝我受敕破汝屋耳檀。"《大正藏》未收录。与《大正藏》所收《四分律卷第一》有部分相似文字。参见《大正藏》第22册，第572页C栏第1行至第3行。为异译本。

Дx.06190 大般若波罗蜜多经卷第四百六十七第二分无相品第七十四之二

存7行，行9至11字。起："已受持常不忘失"，讫："以漏尽智"。唐玄奘译。经文见《大正藏》第7册，第361页B栏第10行至第16行。

Дx.06191 妙法莲华经卷第五从地踊出品第十五

存4行，行4至7字。起："问诸佛甚"，讫："恒河沙诸"。后秦鸠摩罗什译。经文见《大正藏》第9册，第40页B栏第13行至第17行。

Дx.06192 小道地经

存10行，行17字。起："念或时若"，讫："在罪念以"。后汉支曜译。经文见《大正藏》第15册，第237页B栏第8行至第17行。

Дx.06193 大通方广忏悔灭罪庄严成佛经卷下

存7行，行4至9字。起："归一空更"，讫："复白佛言世"。经文见《大正藏》第85册,第1349页C栏第7行至第14行。

Дx.06194 佛说阿弥陀经

存6行,行9至12字。起:"世劫浊见",讫:"间天人阿"。后秦鸠摩罗什译。经文见《大正藏》第12册,第348页A栏第21行至第27行。或为善导集《安乐行道转经愿生净土法事赞下卷》。经文见《大正藏》第47册,第335页A栏。或为唐法照撰《净土五会念佛诵经观行仪卷中》。经文见《大正藏》第85册,第1243页C栏。或为北魏菩提流支译《佛说阿弥陀佛根本秘密神咒经》。经文见《卍新续藏》第2册,第889页B栏。

Дx.06195 妙法莲华经卷第七观世音菩萨普门品第二十五

存13行,行9至13字。起:"真观清净□□□智慧观",尾题:"佛说观音经一卷"。后秦鸠摩罗什译。经文见《大正藏》第9册,第58页B栏第18行至C栏第7行。

Дx.06196 大般若波罗蜜多经卷第五十七初分赞大乘品第十六之二

存18行,行3至17字。起:"自性者",讫:"悉能令彼"。唐玄奘译。经文见《大正藏》第5册,第322页B栏第15行至C栏第3行。

Дx.06197 Дx.06198 金刚般若波罗蜜经

存27行,行5至15字。起:"无众生相",讫:"若有人"。后秦鸠摩罗什译。经文见《大正藏》第8册,第750页B栏第16行至C栏第14行。

Дx.06199 金光明最胜王经卷第三灭业障品第五

存25行,行5至9字。首题:"金光明最胜王经灭",讫:"果证常乐故"。唐义净译。经文见《大正藏》第16册,第413页C栏。

Дx.06200 大宝积经卷第四十六菩萨藏会第十二之十二毗利耶波罗蜜多品第九之二

存20行,行2至17字。起:"菩萨/等菩提我",讫:"众生一切成就/流果"。唐玄奘译。经文见《大正藏》第11册,第272页C栏第20行至第273页A栏第10行。

Дx.06201 佛说阿弥陀经

存19行,行1至19字。起:"若三日/六日若七日一心不乱其人临命",讫:"汝等众"。后秦鸠摩罗什译。经文见《大正藏》第12册,第347页B栏第11行至C栏第4行。或为唐法照撰《净土五会念佛诵经观行仪卷中》。经文见《大正藏》第85册,第1243页B栏。

Дx.06202 佛教问答

存21行,行4至13字。起:"经中立三宝",讫:"踈固非因果"。未检出。

Дx.06203A 佛说佛名经卷第五

存5行,行4至8字。起:"割炮烧煮炙",讫:"曰复兴师"。失译。经文见《大正藏》第14册,第209页A栏第1行至第5行。或为《佛说佛名经卷第二十》。经文见《大正藏》第14册,第268页B栏。或为宋畺良耶舍译《三劫三千佛缘起》(出《观药王药上经》)。经文见《大正藏》第14册,第367页A栏至B栏。或为《慈悲水忏法》卷中。经文见《大正藏》第45册,第972页B栏。

Дx.06203B 妙法莲华经卷第七观世音菩萨普门品第二十五

存11行,行4至7字。起:"十二亿恒",讫:"萨云何游此娑婆"。后秦鸠摩罗什译。经文见《大正藏》第9册,第57页A栏第13行至第21行。

Дx.06204 妙法莲华经卷第一序品第一

存6行,行6至10字。起:"为人演说日月",讫:"利多所忘"。后秦鸠摩罗什译。经文见《大正藏》第9册,第4页B栏第7行至第12行。

Дx.06205 佛教问答

存2行,行9至10字。起:"句牒前三",讫:"事成就故"。

Дx.06206 佛说佛名经卷第十九

存13行,行1至7字。起:"严/今现在",讫:"严妙无垢"。经文见《大正藏》第14册，第260页C栏第20行至第261页A栏第3行。

Дх.06207 金光明最胜王经卷第三灭业障品第五

存8行，行7至10字。起："已尽三明"，讫："授记□福"。唐义净译。经文见《大正藏》第16册，第417页A栏第8行至第14行。

Дх.06208 金刚经如是解

存2页，共31行，行7至13字。其中第2页第9行为起首。起："信者须菩提"，讫："而无所"。无是道人批注。经文见《卍新续藏》第25册，第190页A栏至第191页B栏。或为《梁朝傅大夫颂金刚经》，经文见《大正藏》第85册，第2页C栏第10行至第3页B栏第16行。无弥勒颂。

Дх.06209 大般若波罗蜜多经卷第四百九十一第三分善现品第三之十

存8行，行4至17字。起："具足世尊"，讫："摩诃萨"。唐玄奘译。经文见《大正藏》第7册，第496页C栏第24行至第497页A栏第2行。

Дх.06210 Дх.10929 金刚般若波罗蜜经

存21行，行8至15字。起："人说如来"，讫："可思议"。后秦鸠摩罗什译。经文见《大正藏》第8册，第750页C栏至第751页A栏。

Дх.06211 金刚般若波罗蜜经

见Дх.01638。

Дх.06212 大乘无量寿经

存12行，行4至37字。起："若有七宝"，讫："持迦底(十二)萨诃(十五)"。经文见《大正藏》第19册，第84页B栏第21行至C栏第14行。

Дх.06213 贤愚经卷第三贫女难陀品第二十

存17行，行4至17字。起："灯炷之具"，讫："自然身体殊"。北魏慧觉等译。经文见《大正藏》第4册，第371页C栏第3行至第21行。

Дх.06214 大方等大集经菩萨念佛三昧分卷第一不空见本事品第二之一

存25行，行1至17字。起："无/人乐闻"，讫："园内面各"。隋达磨笈多译。经文见《大正藏》第13册，第833页A栏第4行至第28行。

Дх.06215 妙法莲华经卷第五安乐行品第十四

存8行，行7至17字。起："知不觉不问"，讫："听法故亦常"。后秦鸠摩罗什译。经文见《大正藏》第9册，第38页C栏第8行至第16行。

Дх.06216 妙法莲华经卷第七观世音菩萨普门品第二十五

存8行，行2至9字。起："四众天龙夜叉"，讫："菩萨以偈/世尊"。后秦鸠摩罗什译。经文见《大正藏》第9册，第57页C栏第2行至第9行。

Дх.06217 大般若波罗蜜多经卷第五百九第三分陀罗尼品第十三之二

存13行，行3至14字。起："彼岂必"，讫："深般若"。唐玄奘译。经文见《大正藏》第7册，第600页A栏第24行至B栏第7行。

Дх.06217V 愿文、杂写

Дх.06218 维摩诘所说经卷下菩萨行品第十一

存16行，行1至9字。起："诘是□气住"，讫："佛衣服卧/此园/随"。后秦鸠摩罗什译。经文见《大正藏》第14册，第553页C栏第6行至第22行。

Дх.06219 Дх.06220 金刚般若波罗蜜经

存22行，行6至9字。起："须菩提于意云"，讫："何以故庄严"。后秦鸠摩罗什译。经文见《大正藏》第8册，第749页B栏第26行至C栏第19行。

Дх.06221 般若波罗蜜多心经

存13行，行3至14字。起："无眼/无明尽乃"，尾题："罗蜜多心经一卷"。末尾有"宋德一"题记。唐玄奘译。经文见《大正藏》第8册，第849页B栏第26行至C栏第19行。

Дх.06222 羯磨一卷(出昙无德律)受戒法第二

存6行，行9至23字。起："某求受大戒今从僧乞受"，讫："谁诸大姊忍僧今为"。曹魏昙谛译。经文见《大正藏》第22册，第1061页B栏第28行至C栏第11行。有异文。

Дx.06223 大般若波罗蜜多经卷第二十初分教诫教授品第七之十

存28行,行17字。起:"即外空乃至无性",讫:"菩萨摩诃萨不不也世"。唐玄奘译。经文见《大正藏》第5册,第109页A栏第18行至B栏第16行。

Дx.06224 金光明最胜王经卷第二分别三身品第三

存35行,行3至12字。起:"善男子/亦无分别",讫:"方便相续不"。唐义净译。经文见《大正藏》第16册,第408页C栏第22行至第409页B栏第5行。

Дx.06225 维摩诘所说经卷上佛国品第一

存4行,行3至5字。起:"菩萨殊",讫:"从余四天"。后秦鸠摩罗什译。经文见《大正藏》第14册,第537页B栏第15行至第17行。

Дx.06226 金刚般若波罗蜜经

见Дx.06120。

Дx.06227 金刚般若波罗蜜经

存10行,行2至14字。起:"人众生寿/寿者",讫:"何/不可"。后秦鸠摩罗什译。经文见《大正藏》第8册,第749页B栏第7行至第16行。

Дx.06228 戒律

存7行,行5至15字。起:"盖戒法初受三归此出大戒本品内",讫:"罪三世烦恼"。

Дx.06229 六法文

存18行,行13至38字。起:"十八一一大比",讫:"汝莫放逸"。

Дx.06230 佛教问答

存16行,行2至24字。起:"是又□□□□/法不一切法不当",讫:"方便即空"。

Дx.06231 佛说佛名经卷第九

存21行,行4至17字。起:"南无东北方",讫:"僧伽智鸡兜佛"。北魏菩提流支译。经文见《大正藏》第14册,第164页B栏第10行至第28行。

Дx.06232 Дx.06232V 字书

Дx.06233 妙法莲华经卷第六法师功德品第十九

存20行,行3至20字。起:"悉能知诸树",讫:"悉知其所在"。后秦鸠摩罗什译。经文见《大正藏》第9册,第48页C栏第26行至第49页A栏第3行。

Дx.06234 金光明最胜王经卷第五莲华喻赞品第七至金胜陀罗尼品第八

存24行,行2至17字。起:"漏苦海愿盈",讫:"南谟普光佛/南谟"。唐义净译。经文见《大正藏》第16册,第423页B栏第13行至C栏第11行。

Дx.06235 持诵金刚经灵验功德记

存10行,行3至13字。起:"第一奉请能",讫:"能除一切"。经文见《大正藏》第85册,第159页C栏第13行至第19行。可与Дx.06235V衔接。

Дx.06235V 持诵金刚经灵验功德记

存9行,行4至12字。起:"众生热恼",讫:"金刚能令"。经文见《大正藏》第85册,第159页C栏第19行至第25行。可与Дx.06235衔接。

Дx06236 开蒙要训

存4行,行2至4字。起:"续绛缓",讫:"幅经引纺"。定名参考张新朋《敦煌写本〈开蒙要训〉叙录续补》,《敦煌研究》2008年第1期,第98页至第101页。

Дx.06237 残佛经

存8行,行5至11字。起:"法王子言正",讫:"异同于虚空无"。待定名。

Дx.06238 佛经论释

存9行,行6至17字。起:"即是色受相行",讫:"妙色真身故"。

Дx.06239 金光明最胜王经卷第一如来寿量品第二

存8行,行5至13字。起:"及诸大众",讫:"为涅槃四"。唐义净译。经文见《大正藏》第16册,第407页A栏第1行至第9行。

Дx.06240 六法文

存23行,行7至23字。起:"式叉摩那",讫:"人不合也"。根据Дx.06229定名。

Дx.06241 佛说佛名经卷第十九

存19行，行2至16字。起："切世/舍利弗"，讫："若干世界"。失译。经文见《大正藏》第14册，第259页C栏第9行至第25行。

Дx.06242 妙法莲华经卷第七妙音菩萨品第二十四

存20行，行3至17字。起："彼国若佛"，讫："迦牟尼"。后秦鸠摩罗什译。经文见《大正藏》第9册，第55页B栏第14行至C栏第5行。

Дx.06243 四分比丘尼戒本

存23行，行1至15字。起："竟应往大"，讫："者波逸提"。后秦佛陀耶舍译。经文见《大正藏》第22册，第1038页A栏第7行至B栏第6行。

Дx.06244 维摩诘所说经卷下菩萨行品第十一

存15行，行2至12字。起："我说汝于"，讫："不舍大悲/不忽"。后秦鸠摩罗什译。经文见《大正藏》第14册，第554页A栏第21行至B栏第8行。

Дx.06245 维摩诘所说经卷上佛国品第一

存16行，行6至17字。起："四天下来"，讫："法亦现于"。后秦鸠摩罗什译。经文见《大正藏》第14册，第537页B栏第17行至C栏第5行。

Дx.06246 大般涅槃经卷第三寿命品第一之三

存11行，行10至17字。起："同于子想"，讫："教诲得福无"。北凉昙无谶译。经文见《大正藏》第12册，第381页A栏第16行至第27行。

Дx.06247 金刚般若波罗蜜经

见Дx.01638。

Дx.06248 妙法莲华经卷第三药草喻品第五

存12行，行2至12字。起："林及诸药草种"，讫："行足善逝此/尊未"。后秦鸠摩罗什译。经文见《大正藏》第9册，第19页A栏第29行至B栏第11行。

Дx.06249 佛顶尊胜陀罗尼经

存10行，行16至17字。起："天子云何当"，讫："至一佛刹从"。唐佛陀波利译。经文见《大正藏》第19册，第350页A栏第28行至B栏第10行。

Дx.06250 维摩诘所说经卷中观众生品第七

存11行，行4至9字。起："得之法此"，讫："诸佛是"。后秦鸠摩罗什译。经文见《大正藏》第14册，第548页B栏第6行至第16行。

Дx.06251 和菩萨戒文

存8行，行1至5字。起："劫难闻今遇"，讫："除惟愿戒"。经文见《大正藏》第85册，第1300页C栏。文字略有出入。

Дx.06252 金光明最胜王经卷第三灭业障品第五

存10行，行9至21字。起："所有功德"，讫："随喜功德千分"。唐义净译。经文见《大正藏》第16册，第415页A栏第14行至B栏第2行。

Дx.06253 大宝积经卷第一百一十七宝髻菩萨会第四十七之一

存2行，行15至23字。首题："宝积经宝髻菩萨会第卌七之二卷一百一十八西晋三藏"，讫："净行不受诸"。西晋竺法护译。经文见《大正藏》第11册，第665页A栏第7行至第12行。

Дx.06254 妙法莲华经卷第五安乐行品第十四

见Дx.00088。

Дx.06254V 梁朝傅大士颂金刚经

见Дx.00088V。

Дx.06255 佛教问答

存16行，行7至13字。起："答流出无量功德"，讫："问何名别相答于相殊故"。

Дx.06255V 太子须大拏经

存13行，行1至10字。起："若不相与秋则还"，讫："尼枸陀树得种"。《大正藏》未收录。可以参见西秦圣坚译《太子须大拏经》。经文见《大正藏》第3册，第419页B栏至C栏。似为异译本。

Дx.06256 大般若波罗蜜多经卷第三百五十四初分多问不二品第六十一之四

存37行，行6至17字。起："遍安住苦圣"，讫："知觉不可施"。唐玄奘译。经文见《大正藏》第6册，第820页C栏第13行至第821页A栏第20行。

Дх.06257 **大般若波罗蜜多经卷第一百五十二初分校量功德品第三十之五十**

存21行,行7至15字。首题:"大般若波罗蜜多初分校量功德品第卅之",讫:"是一切三摩"。唐玄奘译。经文见《大正藏》第5册,第820页A栏第12行至B栏第7行。

Дх.06258 **十恩赞**

正背两面存23行,行4至7字。起:"□我如我半路中",尾题:"十恩赞一本"。题记:"壬午年八月。"

Дх.06259 **般若波罗蜜多心经**

存13行,行5至10字。首题:"般若波罗蜜多心经一卷",讫:"阿耨多罗三"。唐玄奘译。经文见《大正藏》第8册,第848页C栏第4行至第18行。

Дх.06260 **大般若波罗蜜多经卷第二百四初分难信解品第三十四之二十三**

存6行,行5至16字。首题:"卷第二百四品第卅四之廿三三藏法师玄奘奉诏译",讫:"清净与想清净"。唐玄奘译。经文见《大正藏》第6册,第16页B栏第11行至第15行。

Дх.06261 **金光明最胜王经卷第九善生王品第二十一**

存11行,行7至10字。首题:"金光明最胜王经善生品",讫:"为转轮王化四洲"。唐义净译。经文见《大正藏》第16册,第444页A栏第12行至第25行。

Дх.06262 **妙法莲华经卷第七观世音菩萨普门品第二十五**

存15行,行2至17字。首题:"妙法莲华经观世音菩萨普门品第二十五",讫:"若复有/菩萨"。后秦鸠摩罗什译。经文见《大正藏》第9册,第56页C栏第2行至第16行。

Дх.06263 **释门传记**

存8行,行2至6字。录文:"一卷/年九百岁正月/唱言苦哉苦哉/礼眼中泣泪启/言惠通我见阇/众生中国黄/之子不觉不/无际八月九。"

Дх.06264 **大般涅槃经卷第十四圣行品第七之四**

存9行,行9至17字。起:"名为圣行",讫:"恚愚痴生"。北凉昙无谶译。经文见《大正藏》第12册,第448页A栏第26行至B栏第6行。

Дх.06265 **大唐龙兴三藏圣教序**

存14行,行2至11字。起:"慈训",讫:"式赞弥天之德课灵扣寂圣"。唐中宗制。

Дх.06266 **金刚般若波罗蜜经**

存11行,行3至7字。起:"汉作是念",讫:"者则非庄严"。后秦鸠摩罗什译。经文见《大正藏》第8册,第749页C栏第9行至第20行。

Дх.06267 **大般涅槃经卷第二十三光明遍照高贵德王菩萨品第十之四**

存8行,行11至15字。首题:"大般涅槃经光明遍照高贵德王菩萨",讫:"外者与外"。北凉昙无谶译。经文见《大正藏》第12册,第504页A栏第2行至第13行。

Дх.06267V **杂写**

杂写"廿四"2字。

Дх.06268 **大般若波罗蜜多经卷第六十四初分无所得品第十八之四**

存13行,行1至6字。起:"有/为缘所生诸受",讫:"受非声界"。唐玄奘译。经文见《大正藏》第5册,第359页B栏第24行至C栏第7行。

Дх.06269 **妙法莲华经卷第二譬喻品第三**

存3行,行7至10字。起:"佛种故受",讫:"获罪如是"。后秦鸠摩罗什译。经文见《大正藏》第9册,第15页C栏第5行至第8行。

Дх.06270 **十方千五百佛名经**

存6行,行2至4字。起:"尊佛梵",讫:"香盖佛"。经文见《大正藏》第14册,第316页C栏第15行至第21行。

Дх.06271 **妙法莲华经卷第四五百弟子受记品第八**

存6行,行2至5字。起:"来亦供",讫:"声闻"。

后秦鸠摩罗什译。经文见《大正藏》第9册，第28页B栏第4行至第12行。

Дx.06272　Дx.06290　大般涅槃经卷第三十九憍陈如品第十三之一

存37行，行2至17字。起："人或/或时亲修苦行六年"，讫："当还多得供"。北凉昙无谶译。经文见《大正藏》第12册，第591页A栏第23行至C栏第2行。

Дx.06273　大般涅槃经卷第十二圣行品之二

存22行，行16至17字。起："随其种类"，讫："所得三正念"。北凉昙无谶译。经文见《大正藏》第12册，第441页C栏第28行至第442页A栏第21行。

Дx.06273V　回鹘文残片

Дx.06274　雕版佛像

印本。皮纸。存48尊捺印佛像。宽33.5厘米，高28.8厘米。单尊长方形。佛结跏趺坐莲台，头光背光相叠，顶有华盖。

Дx.06275　Дx.06276　Дx.06277　馆藏缺

Дx.06278　妙法莲华经卷第七妙音菩萨品第二十四

存3行，行2至4字。录文："香涂香烧/诸香/迦华。"后秦鸠摩罗什译。经文见《大正藏》第9册，第59页B栏第22行至第24行。

Дx.06279　回鹘文残片

Дx.06280　馆藏缺

Дx.06281　馆藏缺

Дx.06282　雕版佛像

倚坐佛像两尊。

Дx.06283　馆藏缺

Дx.06284　馆藏缺

Дx.06285　雕版佛像、佛说佛名经

三尊填彩禅定千佛。存经文2行。录文："南/南无世。"未检出。

Дx.06286　十方千五百佛名经

存8行，行2至3字。起："然灯佛"，讫："德佛"。经文见《大正藏》第14册，第316页B栏第8行至第16行。

Дx.06287　佛教文献

存6行，行8至11字。起："之为上索"，讫："佛入涅槃已"。

Дx.06287V　白描画

Дx.06288　医书

存5行，行4至7字。起："下稽宜各自"，讫："童胜憨加"。

Дx.06289　贤劫经品第六

存14行，其中完整者5行，行3至17字。首题："贤劫经品第六"，讫："者以佛"。未检出。应为西晋竺法护所译《贤劫经》之异本。

Дx.06290　大般涅槃经卷第三十九憍陈如品第十三之一

见Дx.06272。

Дx.06290A　大智度论卷第八十三释大方便品第六十九之余

存5行，行2至5字。起："分别"，讫："念世"。龙树菩萨造、后秦鸠摩罗什译。经文见《大正藏》第25册，第641页A栏第3行至第7行。

Дx.06291　思益梵天所问经卷第一序品第一至四法品第二

存14行，行2至16字。起："今诸法王"，品题："品第二"，讫："心而无/萨善"。后秦鸠摩罗什译。经文见《大正藏》第15册，第35页A栏第20行至B栏第9行。

Дx.06292　法苑珠林卷第六十四畜生部第四

存8行，行4至16字。起："为他故舍身命"，尾题："地本学经卷第四"。唐道世撰。经文见《大正藏》第53册，第778页A栏第29行至B栏第5行。文字有出入。

Дx.06293　大般涅槃经卷第二十三光明遍照高贵德王菩萨品第十之三

存17行，行2至14字。起："急无"，讫："何是当"。北凉昙无谶译。经文见《大正藏》第12册，第499页B栏第12行至第29行。

Дx.06294A 大智度论卷第四十五释摩诃萨品第十三

存7行，其中完整者4行，行5至16字。起："檀皆摄之"，讫："蜜中生诸"。龙树菩萨造、后秦鸠摩罗什译。经文见《大正藏》第25册，第387页C栏第25行至第388页A栏第3行。

Дx.06294B 大智度论卷第八十八释六喻品第七十七

存5行，行1至4字。起："菩/须菩提"，讫："瓦石"。龙树菩萨造、后秦鸠摩罗什译。经文见《大正藏》第25册，第675页C栏第29行至第676页A栏第4行。

Дx.06295 妙法莲华经卷第二譬喻品第三

存7行，行2至8字。起："舍利/然后但与大车"，讫："故于一佛乘"。后秦鸠摩罗什译。经文见《大正藏》第9册，第13页C栏第10行至第17行。

Дx.06296A 道行般若经卷第九摩诃般若波罗蜜随品第二十七

存9行，行9至12字。首题："摩诃般若波罗蜜随品第廿七"，讫："教当如是"。后汉支娄迦谶译。经文见《大正藏》第8册，第470页A栏第15行至第22行。

Дx.06296B 佛说温室洗浴众僧经

存6行，行7至12字。起："阿难白佛言"，讫："礼佛而去"。尾有题记："一千一百七十字。"后汉安世高译。经文见《大正藏》第16册，第803页C栏第7行至第14行。

Дx.06297 贤愚经卷第六月光王头施品第三十

存16行，其中完整者9行，行2至16字。起："求无/婆罗门"，讫："夫人太子"。北魏慧觉译。经文见《大正藏》第4册，第389页B栏至C栏。文字略有出入。

Дx.06298 中阿含经卷第四十四中阿含根本分别品分别大业经第十（第四分别诵）

印本。存8行，行1至4字。起："离煞"，讫："已/有"。僧伽提婆译。经文见《大正藏》第1册，第707页A栏第26行至B栏第5行。

Дx.06299 残佛经

存1行，总5字。录文："是顾我今能。"未检出。

Дx.06300 妙法莲华经卷第一序品第一

存12行，其中完整者4行，行1至17字。起："正遍知明"，讫："善其最后/三"。后秦鸠摩罗什译。经文见《大正藏》第9册，第3页C栏第19行至第4页A栏第3行。

Дx.06301 大方等大集经卷第三十无尽意菩萨品第十二之四

存6行，行8至17字。起："处复有十"，讫："之心不忘"。宋智严共宝云译。经文见《大正藏》第13册，第207页C栏第8行至第13行。可与Дx.06304拼合。

Дx.06302 菩萨善戒经优波离问菩萨受戒法

存5行，行5至20字。起："土供给所须"，讫："调伏若先"。宋求那跋摩译。经文见《大正藏》第30册，第1015页C栏第8行至第15行。

Дx.06303 小品般若波罗蜜经卷第三摩诃般若波罗蜜泥犁品第八

存9行，行9至20字。起："波罗蜜无性"，讫："欢喜如从"。后秦鸠摩罗什译。经文见《大正藏》第8册，第55页B栏第22行至C栏第3行。

Дx.06304 大方等大集经卷第三十无尽意菩萨品第十二之四

存13行，行3至16字。起："不乱如是"，讫："萨慭精进"。宋智严共宝云译。经文见《大正藏》第13册，第207页C栏第14行至第24行。可与Дx.06301拼合。

Дx.06305 大智度论卷第四十五释大庄严品第十五

存18行，行3至15字。起："罗蜜/智故"，讫："乃至畜"。龙树菩萨造、后秦鸠摩罗什译。经文见《大正藏》第25册，第387页C栏第8行至第25行。

Дx06306　Дx06307　Дx06308　Дx06309　Дx06310

Дх06311　Дх06313　Дх06314　Дх06318　Дх06319

佛说观弥勒菩萨上生兜率天经、慈氏真言

存15片。有4片极残,无法定名,另11片分别叙述如下:

11-1、11-2　佛说观弥勒菩萨上生兜率天经

刻本。存29行,行1至17字。起:"百亿天子",讫:"珠回旋空中/栏"。宋沮渠京声译。经文见《大正藏》第14册,第418页C栏第14行至第419页A栏第14行。

11-3　佛说观弥勒菩萨上生兜率天经

刻本。存10行,行9至17字。起:"摩尼表里",讫:"宝珠而用/中"。宋沮渠京声译。经文见《大正藏》第14册,第419页A栏第12行至第21行。

11-4　佛说观弥勒菩萨上生兜率天经

刻本。存17行,行5至17字。起:"说一生补处",讫:"宝妙塔供养"。宋沮渠京声译。经文见《大正藏》第14册,第419页C栏第3行至第20行。

11-5A　佛说观弥勒菩萨上生兜率天经

刻本。存10行,行2至5字。起:"兜率/忽然化",讫:"一相中有"。宋沮渠京声译。经文见《大正藏》第14册,第419页C栏第21行至第420页A栏第1行。

11-5B　佛说观弥勒菩萨上生兜率天经

刻本。存4行,行3至4字。起:"知是人于",讫:"后四部"。宋沮渠京声译。经文见《大正藏》第14册,第420页B栏第18行至第21行。

11-5C　佛说观弥勒菩萨上生兜率天经

刻本。存2行,行2至3字。起:"冠长",讫:"及以天"。宋沮渠京声译。经文见《大正藏》第14册,第418页C栏第16行至第17行。

11-5D　贤劫经

存1行,总5字。录文:"闲居安然庠。"经文见《大正藏》第14册,第1页A栏第10行至第11行。

11-6A　佛说观弥勒菩萨上生兜率天经

刻本。存7行,行2至10字。起:"其乐",讫:"鸣有无量"。宋沮渠京声译。经文见《大正藏》第14册,第419页B栏第12行至第19行。

11-6B　佛说观弥勒菩萨上生兜率天经

刻本。存10行,行6至9字。起:"亦有五百亿宝色",讫:"仪不缺扫塔"。宋沮渠京声译。经文见《大正藏》第14册,第420页A栏第1行至第11行。

11-6C　佛说观弥勒菩萨上生兜率天经

刻本。存17行,行3至8字。起:"门家本处",讫:"六时常说"。宋沮渠京声译。经文见《大正藏》第14册,第419页C栏第17行至第420页A栏第3行。

11-7　佛说观弥勒菩萨上生兜率天经

刻本。存18行,行3至14字。起:"座昼夜/一时中成就五百亿",讫:"兜率陀天今"。宋沮渠京声译。经文见《大正藏》第14册,第420页A栏第3行至第21行。

11-8　佛说观弥勒菩萨上生兜率天经

刻本。存15行,其中完整者1行,行3至17字。起:"拜此人命终如弹指顷即",讫:"作大归依处/依弥勒"。宋沮渠京声译。经文见《大正藏》第14册,第420页B栏第3行至第18行。

11-9A　佛说观弥勒菩萨上生兜率天经

刻本。存6行,行1至8字。起:"名字五体投诚",讫:"即得往生值遇"。宋沮渠京声译。经文见《大正藏》第14册,第420页B栏第8行至第13行。

11-9B　佛说观弥勒菩萨上生兜率天经

刻本。存7行,行2至6字。起:"菩萨",讫:"善道以此"。宋沮渠京声译。经文见《大正藏》第14册,第420页B栏第18行至第24行。

11-10A　佛说观弥勒菩萨上生兜率天经

刻本。存9行,行4至7字。起:"宝妙塔供养舍/尼殿上师子床",讫:"三十二相一"。宋沮渠京声译。经文见《大正藏》第14册,第419页C栏第20行至第420页A栏第1行。

11-10B　佛说观弥勒菩萨上生兜率天经

刻本。存10行，行1至7字。起："归/无上道得不退"，讫："若一念"。宋沮渠京声译。经文见《大正藏》第14册，第419页B栏第17行至第27行。

11-10C 佛说观弥勒菩萨上生兜率天经

刻本。存7行，行6至7字。起："天宫有五大神"，讫："宝色遶宫七匝"。宋沮渠京声译。经文见《大正藏》第14册，第419页B栏第16行至第23行。

11-11 佛说观弥勒菩萨上生兜率天经

刻本。存22行，其中完整者15行，行6至17字。起："陀天世尊记曰"，尾题："观弥勒菩萨上生兜率天经"。后附"慈氏真言"。宋沮渠京声译。经文见《大正藏》第14册，第420页C栏第7行至第23行。

Дх.06312 妙法莲华经卷第三授记品第六

存9行，行5至6字。起："为绳以界道"，讫："树行列道侧"。后秦鸠摩罗什译。经文见《大正藏》第9册，第20页C栏第7行至第18行。

Дх.06313 Дх.06314 佛说观弥勒菩萨上生兜率天经、慈氏真言

见Дх.06306。

Дх.06315 合部金光明经卷第一三身分别品第三

存4行，行15字。起："死妄想既灭"，讫："清净故能现化"。真谛译、隋释宝贵合。经文见《大正藏》第16册，第364页C栏第4行至第8行。

Дх.06316 合部金光明经卷第一三身分别品第三

二残片。存5行，行9至14字。起："身烦恼本起悉皆清净"，讫："有人于卧寐中梦见大水流泛其"。真谛译、隋释宝贵合。经文见《大正藏》第16册，第364页B栏第26行至C栏第1行。其中第二片为前。

Дх.06316V 回鹘文残片

Дх.06317 翻译名义集七沙门服相篇第六十一

存1行，总5字。录文："结之以为条"。法云篇。经文见《大正藏》第54册，第1172页B栏第14行至第15行。

Дх.06318 Дх.06319 佛说观弥勒菩萨上生兜率天经、慈氏真言

见Дх.06306。

Дх.06320 佛经论释

存9行，行5至16字。录文："沾润名为惠/教解慈正之道义同千惠/闻惠照理于理不存惟同造生空而取不/凡之终闻惠三相解悟环中为内/尊虑观达名为思思惠惠所/观五怀苦无常兼知/惠之体闻思缘空二俱不现云/觉思惠照实以法空为缘解有/羌坟异闻忍有。"未检出。

Дх.06321 金光明经卷第二四天王品第六

存7行，行3至7字。起："者称赞善哉善哉"，讫："耨多罗"。北凉昙无谶译。经文见《大正藏》第16册，第343页A栏第7行至第13行。

Дх.06322 大般若波罗蜜多经卷第四百九十四第三分善现品第三之十三

存19行，其中完整者11行，行5至17字。起："所有虚空无所所有"，讫："所有故/转亦无"。唐玄奘译。经文见《大正藏》第7册，第511页C栏第29行至第512页A栏第18行。

Дх.06323 残片

存16行，行1字。不可定名。

Дх.06324 瑜伽师地论卷第二十七本地分中声闻地第十三第二瑜伽处之二

存3行，其中完整者3行，行15至17字。起："能学念于"，讫："能学觉了"。弥勒菩萨说、唐玄奘译。经文见《大正藏》第30册，第432页B栏第1行至第6行。有异文。

Дх.06325 佛说灌顶拔除过罪生死得度经卷第十二

存5行，行3至5字。起："佛告文殊师"，讫："困笃恶"。东晋帛尸梨蜜多罗译。经文见《大正藏》第21册，第534页A栏第26行至第29行。

Дх.06326 瑜伽师地论卷第二十七本地分中声闻地第十三第二瑜伽处之二

存2行，行15至27字。起："学念于出"，讫："息念短出息"。弥勒菩萨说、唐玄奘译。经文见《大正藏》第30册，第432页C栏第3行至第7行。有异文。

Дх.06327 金刚般若波罗蜜经

见Дх.05302。

Дх.06328 大方广佛华严经卷第二十六十地品第二十二之四

存4行，行3至12字。起："若二若"，讫："身不动摇乃至不"。东晋佛驮跋陀罗译。经文见《大正藏》第9册，第565页B栏第2行至第6行。

Дх.06329 胜天王般若波罗蜜经卷第三法性品第五

存4行，行2至4字。起："树木"，讫："中皆"。月婆首那译。经文见《大正藏》第8册，第706页A栏第3行至第6行。

Дх.06330 妙法莲华经卷第一方便品第二

存5行，行3至7字。起："菩萨当知是"，讫："以万亿"。后秦鸠摩罗什译。经文见《大正藏》第9册，第10页B栏第7行至第16行。

Дх.06331 四分律比丘含注戒本中

存8行，行2至9字。起："我今始知此法戒"，讫："逸提"。唐道宣述。经文见《大正藏》第40册，第453页B栏第11行至第18行。

Дх.06332 四分律删繁补阙行事钞卷上僧网大纲篇第七

存11行，行2至14字。起："齐□□舍如是"，讫："应自"。唐道宣撰述。经文见《大正藏》第40册，第44页C栏第20行至第45页A栏第7行。

Дх.06333 十方千五百佛名经

存11行，行4至10字。起："众疑佛德"，讫："香光佛声"。经文见《大正藏》第14册，第312页B栏第16行至第27行。

Дх.06334A 四分律比丘戒本

存5行，行3至5字。起："竟不与"，讫："比丘者波"。后秦佛陀耶舍译。经文见《大正藏》第22册，第1020页A栏第21行至第27行。

Дх.06334B 四分律比丘戒本

存2行，行2字。起："德何"，讫："愧怀"。后秦佛陀耶舍译。经文见《大正藏》第22册，第1020页A栏第10行至第11行。

Дх.06335 合部金光明经卷第三陀罗尼最净地品第六

存8行，行4至8字。起："死险恶道。故能"，讫："法自在至"。真谛译、隋释宝贵合。经文见《大正藏》第16册，第373页A栏第12行至第19行。

Дх.06336 佛说佛名经卷第八

存5行，行2至7字。起："见菩"，讫："多罗三藐三菩"。北魏菩提流支译。经文见《大正藏》第14册，第159页C栏第1行至第6行。

Дх.06337 妙法莲华经卷第二信解品第四

存4行，行3至6字。起："复告言咄"，讫："父勿复"。后秦鸠摩罗什译。经文见《大正藏》第9册，第17页A栏第19行至第22行。

Дх.06338 金刚般若波罗蜜经

存3行，行4至10字。起："须菩提于意"，讫："即非具足色身"。北魏菩提流支译。经文见《大正藏》第8册，第756页A栏第4行至第6行。

Дх.06339 大威德陀罗尼经卷第十八

存11行，行1至7字。起："摩/故其帝释天"，讫："说作是语"。隋阇那崛多译。经文见《大正藏》第21册，第829页A栏第10行至第20行。

Дх.06340 妙法莲华经卷第三药草喻品第五

存6行，行1至7字。起："喜/而得增长"，讫："渐修学悉当成佛"。后秦鸠摩罗什译。经文见《大正藏》第9册，第20页B栏第16行至第24行。

Дх.06341 大般涅槃经卷第十八梵行品第八之四

存13行，行2至8字。起："施众/时常不变易"，讫："我欲"。北凉昙无谶译。经文见《大正藏》第12册，第470页C栏第6行至第20行。

Дх.06342 合部金光明经卷第三陀罗尼最净地品第六

存7行，行5至8字。起："那罗延力"，讫："切心愿满足"。真谛译、隋释宝贵合。经文见《大正藏》第16册，第373页A栏第5行至第11行。

Дx.06343　妙法莲华经卷第七观世音菩萨普门品第二十五

存5行，行3至10字。起："世尊我/宝珠"，讫："故受此璎珞尔时佛"。后秦鸠摩罗什译。经文见《大正藏》第9册，第57页B栏第24行至C栏第1行。

Дx.06344　大般若波罗蜜多经卷第二百三十三初分难信解品第三十四之五十二

存9行，行1至9字。起："受想行识清"，讫："净若一切智智/清"。唐玄奘译。经文见《大正藏》第6册，第174页B栏第5行至第13行。

Дx.06345　大般涅槃经卷第四十憍陈如品第十三之二

存4行，行1至9字。起："光如常我"，讫："迦毗罗城曾闻/事"。北凉昙无谶译。经文见《大正藏》第12册，第601页C栏第8行至第11行。

Дx.06346　佛说救疾经

存6行，行3至4字。前4行，录文："欲/等游巡/诸魔扰/世帝无奈。"未检出。后3行为《救疾经》。录文："人身体/言语不/似疾人。"经文见《大正藏》第85册，第1361页B栏第27行至第29行。

Дx.06347　愿文

存9行，行3至7字。起："阐化城之理不实"，讫："实后长"。

Дx.06348　妙法莲华经卷第四授学无学人记品第九

存10行，行4至12字。起："汝见是学无学二"，讫："当成正觉"。后秦鸠摩罗什译。经文见《大正藏》第9册，第30页B栏第5行至第17行。

Дx.06349　妙法莲华经卷第二信解品第四

存8行，行2至8字。首题："妙法莲华经信解"，讫："堪任"。后秦鸠摩罗什译。经文见《大正藏》第9册，第16页B栏第7行至第14行。

Дx.06350　佛说仁王般若波罗蜜经卷上护国经观空品第二

存9行，行2至9字。起："上中下三"，讫："空故法境界空空无相/三宝"。后秦鸠摩罗什译。经文见《大正藏》第8册，第828页A栏第20行至第29行。

Дx.06351　大般涅槃经卷第三寿命品第一之三

存9行，行3至5字。起："如来是"，讫："迦叶菩萨白"。北凉昙无谶译。经文见《大正藏》第12册，第382页B栏第6行至第15行。

Дx.06352　妙法莲华经卷第六药王菩萨本事品第二十三

存5行，行3至5字。起："供正遍知"，讫："狱饿鬼畜生"。后秦鸠摩罗什译。经文见《大正藏》第9册，第53页A栏第12行至第16行。

Дx.06353　大般涅槃经卷第二十八师子吼菩萨品第十一之二

存7行，行1至8字。起："诸"，讫："则合六义"。北凉昙无谶译。经文见《大正藏》第12册，第529页C栏第18行至第26行。

Дx.06354　大般涅槃经卷第十七梵行品第八之三

存8行，行2至9字。起："之良/亦如然灯不期灭暗"，讫："是善男子譬如牧牛有"。北凉昙无谶译。经文见《大正藏》第12册，第467页A栏第18行至第25行。

Дx.06354V　回鹘文残片

Дx.06355　佛说佛名经卷第二

存3行，行5至8字。起："南无日光明佛"，讫："南无功德称"。北魏菩提流支译。经文见《大正藏》第14册，第120页B栏第12行至第14行。

Дx.06356　大般涅槃经卷第二十五光明遍照高贵德王菩萨品第十之五

存5行，行2至7字。起："彼往采服甘露"，讫："南无功德称"。北凉昙无谶译。经文见《大正藏》第12册，第510页C栏第14行至第19行。

Дx.06357　妙法莲华经卷第四授学无学人记品第九至法师品第十

存7行，行3至12字。起："皆名为宝相"，品题：

"妙法莲华经法师品第十",讫:"药王菩萨告"。后秦鸠摩罗什译。经文见《大正藏》第9册,第30页B栏第20行至第29行。

Дх.06358 妙法莲华经卷第四五百弟子受记品第八

存4行,行4至8字。起:"智善能教",讫:"宝明国名善净其佛"。后秦鸠摩罗什译。经文见《大正藏》第9册,第28页A栏第2行至第5行。

Дх.06359 金光明经卷第一赞叹品第四

存4行,行4至6字。起:"身放大光普",讫:"无量恶趣"。北凉昙无谶译。经文见《大正藏》第16册,第339页A栏第26行至B栏第1行。

Дх.06360 小品般若波罗蜜经卷第二塔品第三

存6行,行2至9字。起:"世尊/罗蜜",讫:"供正遍知明行足善逝"。后秦鸠摩罗什译。经文见《大正藏》第8册,第541页C栏第10行至第14行。

Дх.06361 佛说观弥勒菩萨上生兜率天经

存11行,行1至5字。起:"宝以为",讫:"第一大"。宋沮渠京声译。经文见《大正藏》第14册,419页B栏第6行至第17行。

Дх.06362 十诵比丘波罗提木叉戒本

存3行,行4至9字。起:"白衣舍坐",讫:"不累脚白衣舍坐应当"。后秦鸠摩罗什译。经文见《大正藏》第23册,第477页B栏第26行至第28行。

Дх.06363 Дх.06426 Дх.06508 金刚般若波罗蜜经

二残片。其一,存11行,行7至10字。起:"善女人发",讫:"色布施不"。后秦鸠摩罗什译。经文见《大正藏》第8册,第749页A栏第2行至第13行。其二,存6行,行4至15字。起:"故须菩提",讫:"福德不可思量"。经文见《大正藏》第8册,第749页A栏第10行至第16行。

Дх.06364 大智度论卷第十六释初品中毗梨耶波罗蜜义第二十七

存6行,行2至5字。起:"节食或绝",讫:"见然灯佛以"。龙树菩萨造、后秦鸠摩罗什译。经文见《大正藏》第25册,第180页A栏第25行至B栏第2行。

Дх.06365 金刚般若波罗蜜经

存6行,行1至9字。起:"者相无相",讫:"是故须/多"。北魏菩提流支译。经文见《大正藏》第8册,第754页C栏第4行至第9行。

Дх.06366 大般若波罗蜜多经卷第二百六十六初分难信解品第三十四之八十五

存12行,行1至7字。起:"眼/以故/无色定清",讫:"一切智智/处"。唐玄奘译。经文见《大正藏》第6册,第345页C栏第15行至第27行。

Дх.06367 妙法莲华经卷第七观世音菩萨普门品第二十五

存7行,行2至5字。起:"念彼观音力",讫:"是人"。后秦鸠摩罗什译。经文见《大正藏》第9册,第58页B栏第25行至C栏第5行。

Дх.06368 残佛经

存2行。录文:"有/分别三。"不可定名。

Дх.06369A 大方等大集经卷第二十三虚空目分第十之二中世间目品第二

存3行,行3至7字。起:"天□耶时",讫:"孤稚少失覆荫"。北凉昙无谶译。经文见《大正藏》第13册,第163页C栏第6行至第8行。

Дх.06369B Дх.06386 大方等大集经卷第二十三虚空目分第十之二中世间目品第二

存3行,行6至7字。起:"士施我智慧令",讫:"毗舍首陀男女"。北凉昙无谶译。经文见《大正藏》第13册,第163页C栏第8行至第11行。

Дх.06370 残佛经

存2行。录文:"涅/鱼。"不可定名。

Дх.06371 金刚般若波罗蜜经

存9行,行2至9字。起:"语者不诳语",讫:"须菩提/沙等"。后秦鸠摩罗什译。经文见《大正藏》第8册,第750页B栏第28行至C栏第8行。

Дх.06372 小品般若波罗蜜经卷第三摩诃般若波罗蜜回向品第七

存3行，行4至5字。起："者菩提亦如"，讫："三藐三菩"。后秦鸠摩罗什译。经文见《大正藏》第8册，第548页A栏第5行至第7行。

Дx.06373 大般涅槃经卷第三十一师子吼菩萨品第十一之五

存5行，行1至4字。起："能具足"，讫："变易/于"。北凉昙无谶译。经文见《大正藏》第12册，第552页B栏第15行至第19行。

Дx.06374 妙法莲华经卷第四提婆达多品第十二

存5行，行3至12字。起："民悉以杂华"，讫："子善女"。后秦鸠摩罗什译。经文见《大正藏》第9册，第35页A栏第10行至第15行。

Дx.06375 妙法莲华经卷第五安乐行品第十四

存4行，行5至8字。起："萨行处若菩萨摩"，讫："云何名菩萨"。后秦鸠摩罗什译。经文见《大正藏》第9册，第37页A栏第17行至第21行。

Дx.06376 金刚般若波罗蜜经

存2行，行8至9字。起："佛告须菩提"，讫："不畏当知"。后秦鸠摩罗什译。经文见《大正藏》第8册，第750页B栏第9行至第11行。

Дx.06377 Дx.06383 Дx.06436 四分律比丘含注戒本下

存5行，行38至42字。起："净有四经"，讫："法灭净者是云"。唐道宣述。经文见《大正藏》第40册，第461页B栏。文字略有出入。

Дx.06377V Дx.06383V Дx.06436V 杂写

Дx.06378 大般涅槃经卷第二十九师子吼菩萨品第十一之三

存8行，行1至5字。起："静/坏疑"，讫："吼言世"。北凉昙无谶译。经文见《大正藏》第12册，第538页C栏第5行至第13行。

Дx.06379 大般涅槃经卷第四十憍陈如品第十三之二

存8行，行6至8字。起："当知诸法"，讫："有自性者"。北凉昙无谶译。经文见《大正藏》第12册，第599页B栏第3行至第10行。

Дx.06380 摩诃僧祇律卷第二十七明杂诵跋渠法之五

存5行，行1至7字。起："身/已嫌言云"，讫："当为诸比"。东晋佛驮跋陀罗共法显译。经文见《大正藏》第22册，第446页A栏第6行至第11行。

Дx.06381 佛说维摩诘经卷下不二入品第九

存7行，行2至5字。起："何可得"，讫："性空/空不"。吴支谦译。经文见《大正藏》第14册，第531页B栏第3行至第9行。

Дx.06382 大般涅槃经卷第十六梵行品第八之二

存4行，行5至8字。起："刀割其髀肉"，讫："尔时在舍卫"。北凉昙无谶译。经文见《大正藏》第12册，第458页B栏第3行至第6行。

Дx.06383 四分律比丘含注戒本下

见Дx.06377。

Дx.06383V 杂写

见Дx.06377V。

Дx.06384 妙法莲华经卷第三授记品第六

存3行，行3至4字。起："小劫像"，讫："欲重宣此"。后秦鸠摩罗什译。经文见《大正藏》第9册，第21页A栏第27行至第29行。

Дx.06385 佛说维摩诘经卷下不二入品第九

存6行，行2至4字。起："二识"，讫："意菩萨曰"。吴支谦译。经文见《大正藏》第14册，第531页B栏第9行至第13行。

Дx.06386 大方等大集经卷第二十三虚空目分第十之二中世间目品第二

见Дx.06369B。

Дx.06387 大宝积经卷第六十七菩萨见实会第十六之七兜率陀天授记品第十六

存4行，行3至7字。起："亦非有"，讫："一切贤圣众"。北齐那连提耶舍译。经文见《大正藏》第11册，第380页B栏第28行至C栏第2行。

Дx.06388 佛说维摩诘经卷下不二入品第九

存3行，行4至6字。起："声鼻香舌味"，讫："分布为二"。吴支谦译。经文见《大正藏》第14册，第531页B栏第14行至第17行。

Дx.06389　残佛经

存5行，行2至4字。未检出。

Дx.06390　妙法莲华经卷第五从地踊出品第十五

存4行，行1至3字。起："多所说"，讫："求智慧/坐"。后秦鸠摩罗什译。经文见《大正藏》第9册，第41页B栏第17行至第23行。

Дx.06391　大般若波罗蜜多经卷第九十四初分求般若品第二十七之六

存4行，行4至11字。起："波罗蜜多不"，讫："苦忧恼求所"。唐玄奘译。经文见《大正藏》第5册，第523页B栏第8行至第11行。

Дx.06392　佛经论释

存4行。

Дx.06393　大般涅槃经卷第二十四光明遍照高贵德王菩萨品第十之四

存5行，行1至8字。起："因/众生远离贪"，讫："故离妄"。北凉昙无谶译。经文见《大正藏》第12册，第507页A栏第29行至B栏第4行。

Дx.06394　金刚般若波罗蜜经

存2行，行7字。起："于意云何是微尘"，讫："以故若是微尘众"。后秦鸠摩罗什译。经文见《大正藏》第8册，第752页B栏第7行至第8行。

Дx.06395　佛说天地八阳神咒经

存4行，行1至8字。起："须弥深菩萨"，讫："俱白佛言/受"。唐义净译。经文见《大正藏》第85册，第1424页B栏第3行至第6行。

Дx.06396　妙法莲华经卷第三化城喻品第七

存3行，行6至7字。起："河沙等众生"，讫："起往诣法"。后秦鸠摩罗什译。经文见《大正藏》第9册，第25页B栏第8行至第11行。

Дx.06396V　藏文残片

Дx.06397　添品妙法莲华经卷第六药王菩萨本事品第二十二

存5行，行3至13字。起："偈赞佛"，讫："见菩萨善男"。隋阇那崛多共笈多译。经文见《大正藏》第9册，第188页B栏第9行至第15行。

Дx.06398　维摩诘所说经卷下香积佛品第十

存3行。录文："见报/瞋恚/乱意。"后秦鸠摩罗什译。经文见《大正藏》第14册，第553页A栏第6行至第8行。

Дx.06399　合部金光明经卷第三陀罗尼最净地品第六

存9行，行1至8字。起："蜜何"，讫："满足故善男依"。真谛译、隋释宝贵合。经文见《大正藏》第16册，第373页A栏第23行至B栏第1行。

Дx.06400　妙法莲华经卷第三化城喻品第七

存3行，行4至5字。起："是言唯愿世尊"，讫："天王一心"。后秦鸠摩罗什译。经文见《大正藏》第9册，第24页B栏第1行至第4行。

Дx.06401　胜思惟梵天所问经卷第一

存4行，行3至6字。起："槃乐中求决"，讫："寂灭法不作"。北魏菩提流支译。经文见《大正藏》第15册，第66页C栏第18行至第21行。

Дx.06402　小品般若波罗蜜经卷第四摩诃般若波罗蜜不可思议品第十

存6行，行3至10字。起："罗三藐三菩提"，讫："菩萨不"。后秦鸠摩罗什译。经文见《大正藏》第8册，第554页C栏第3行至第8行。

Дx.06403　妙法莲华经卷第二譬喻品第三

存7行，行1至5字。起："深着世乐"，讫："唯我/于"。后秦鸠摩罗什译。经文见《大正藏》第9册，第14页C栏第21行至第29行。

Дx.06404　金刚般若波罗蜜经

存7行，行2至5字。起："三千/菩提言甚"，讫："女人以恒"。后秦鸠摩罗什译。经文见《大正藏》第8册，第750页A栏第17行至第24行。

Дx.06405　残片

存1行。录文："天子名。"不可定名。

Дx.06406　道行般若经卷第二摩诃般若波罗蜜功德品第三

存2行，行5至11字。起："若当于中死"，讫："所语无有异是"。后汉支娄迦谶译。经文见《大正藏》第8册，第431页C栏第14行至第16行。

Дx.06407　大般若波罗蜜多经

存3行。录文："故一切智/触界乃至/净。"唐玄奘译。

Дx.06408　金刚般若波罗蜜经

存3行。录文："阿那含名为不/须菩提于意/罗汉道。"后秦鸠摩罗什译。经文见《大正藏》第8册，第749页C栏第5行至第7行。

Дx.06409　妙法莲华经卷第四见宝塔品第十一

存4行，行4至6字。起："世间天人阿修罗"，讫："如来全身"。后秦鸠摩罗什译。经文见《大正藏》第9册，第32页C栏第5行至第8行。

Дx.06410　律二十二明了论

存1行。录文："律廿二明了论一卷。"弗陀多罗多造、真谛译。经文见《大正藏》第24册，第673页A栏第28行。

Дx.06411　佛说七千佛神符经

存11行，行1至3字。起："第/第/姬死鬼"，讫："七千/符生/明"。经文见《大正藏》第85册，第1446页B栏第2行至第11行。

Дx.06412　金刚般若波罗蜜经

存4行。录文："我得/故阿那/含须菩提/阿罗汉道不须菩"。后秦鸠摩罗什译。经文见《大正藏》第8册，第749页C栏第4行至第8行。

Дx.06413　妙法莲华经卷第一序品第一

存5行，行3至9字。起："与眷属/邪输陀罗比丘尼"，讫："百千□□于诸佛"。后秦鸠摩罗什译。经文见《大正藏》第9册，第1页C栏第29行至第2页A栏第5行。

Дx.06414　大般涅槃经卷第四十憍陈如品第十三之二

存5行，行3至4字。起："受我陈故"，讫："一径于耳"。北凉昙无谶译。经文见《大正藏》第12册，第601页B栏第28行至C栏第4行。

Дx.06415　光赞经卷第三摩诃般若波罗蜜假号品第八

存3行，行3至6字。录文："住察色/意色声香味/呼声向影见野。"西晋竺法护译。经文见《大正藏》第8册，第167页C栏第19行至第21行。个别文字略有出入。

Дx.06416　大般涅槃经卷第二十八师子吼菩萨品第十一之二

存5行，行1至12字。起："生恭敬怨"，讫："自得寂静/莫失"。北凉昙无谶译。经文见《大正藏》第12册，第534页B栏第18行至第22行。

Дx.06417　大般涅槃经卷第八如来性品第四之五

存3行，行6至9字。起："小儿即作是念彼为是"，讫："来性亦复如是"。北凉昙无谶译。经文见《大正藏》第12册，第412页B栏第26行至第29行。

Дx.06418　妙法莲华经卷第一方便品第二

存5行，行3至5字。起："不求大势佛"，讫："尔时诸梵王及"。后秦鸠摩罗什译。经文见《大正藏》第9册，第9页A栏第1行至第9行。

Дx.06419　佛本行集经卷第三十七那罗陀出家品第四十一上

存4行，行1至6字。起："不知释迦如来"，讫："阿罗迦槃陀/偈"。隋阇那崛多译。经文见《大正藏》第3册，第826页A栏第11行至第14行。

Дx.06420　大般若波罗蜜多经卷第一百三十初分校量功德品

存5行，行2至5字。起："阿罗/波罗蜜多秘"，讫："秘密藏中诃萨"。唐玄奘译。经文见《大正藏》第5册，第710页C栏，或第715页B栏，或第720页A栏，或第725页C栏，或第730页A栏，或第734页B栏。

Дx.06421 大般涅槃经卷第七如来性品第四之四

存3行。录文："塔朽故为欲修补供/珍宝即寄比丘比丘/斗。"北凉昙无谶译。经文见《大正藏》第12册,第405页C栏第26行至第28行。

Дx.06422 妙法莲华经马明菩萨品第三十

存3行,行3字。录文："劫念食/生其中/劫念食。"经文见《大正藏》第85册,第128页A栏第25行至第27行,或B栏第1行至第3行。两处均存相同经文。

Дx.06423 妙法莲华经卷第二譬喻品第三

存4行,行3至4字。录文："寻复忘失/或复致死/而复增剧/罗其殃。"后秦鸠摩罗什译。经文见《大正藏》第9册,第15页C栏第20行至第24行。

Дx.06424 无明罗刹集卷上

存4行,行3至6字。起："净王作",讫："是力能摧伏苍"。失译。经文见《大正藏》第16册,第850页C栏第10行至第13行。

Дx.06425 大方等大集经卷第二十六宝髻菩萨品第十一之二

存11行,行2至6字。起："众生/无量无",讫："可调伏复有众"。北凉昙无谶译。经文见《大止藏》第13册,第182页A栏第23行至B栏第2行。

Дx.06426 金刚般若波罗蜜经

见Дx.06363。

Дx.06427 添品妙法莲华经卷第六法师功德品第十八

存4行。录文："又/山川险谷/地狱众/诸。"隋阇那崛多共笈多译。经文见《大正藏》第9册,第182页A栏第27行至B栏第4行。

Дx.06428 妙法莲华经卷第四法师品第十

存4行,行2至5字。起："是善男子善",讫："众生中大/来座"。后秦鸠摩罗什译。经文见《大正藏》第9册,第31页C栏第23行至第26行。

Дx.06429 大般涅槃经卷第十一切大众所问品第五

存3行,行9至15字。起："神力",讫："示现声闻大"。北凉昙无谶译。经文见《大正藏》第12册,第425页A栏第5行至第7行。

Дx.06430 大般涅槃经卷第二十一光明遍照高贵德王菩萨品第十之一

存9行,行1至4字。起："热/如是相",讫："罗蜜若修"。北凉昙无谶译。经文见《大正藏》第12册,第492页C栏第23行至第493页A栏第2行。

Дx.06431 大般涅槃经卷第三十四迦叶菩萨品第十二之二

存4行,行3至7字。起："力士见是",讫："不知耶"。北凉昙无谶译。经文见《大正藏》第12册,第565页A栏第5行至第8行。与Дx.06434为同经残片,此片在后。

Дx.06432 妙法莲华经卷第二譬喻品第三

存4行,行1至9字。起："除/今乃自觉",讫："说我当作佛"。后秦鸠摩罗什译。经文见《大正藏》第9册,第11页A栏第12行至第18行。

Дx.06433 阿毗达磨大毗婆沙论卷第九十结蕴第二中十门纳息第四之二十

存6行,行2至6字。起："界及/间无寻唯伺",讫："寻有伺若在"。五百大阿罗汉等造、唐玄奘译。经文见《大正藏》第27册,第462页C栏第22行至第28行。

Дx.06434 大般涅槃经卷第三十四迦叶菩萨品第十二之二

存4行,行4至9字。起："耶我时语言",讫："善男子我"。北凉昙无谶译。经文见《大正藏》第12册,第565页A栏第1行至第4行。与Дx.06431为同经残片,此在前。

Дx.06435 Дx.06446 金刚般若波罗蜜经

存14行,行2至10字。起："摩诃/供养非于一佛二佛",讫："以是义故如来常"。北魏菩提流支译。经文见《大正藏》第8册,第753页B栏第2行至第15行。

Дx.06436 四分律比丘含注戒本下

见Дх.06377。

Дх.06436V 杂写

见Дх.06377V。

Дх.06437 佛说灌顶拔除过罪生死得度经卷第十二

存4行,行2至5字。录文:"我说是药/属退散驰走/佛告文殊/知布。"东晋帛尸梨蜜多罗译。经文见《大正藏》第21册,第533页A栏第24行至第27行。

Дх.06438 小品般若波罗蜜经卷第三摩诃般若波罗蜜泥犁品第八

存4行,行2至3字。录文:"以故色/以故现/无缚/无缚。"后秦鸠摩罗什译。经文见《大正藏》第8册,第551页B栏第14行至第17行。

Дх.06439 Дх.08555A 金刚般若波罗蜜经

存9行,行2至5字。起:"萨摩/不应住",讫:"何况其沙须/人以"。后秦鸠摩罗什译。经文见《大正藏》第8册,第749页C栏第21行至第29行。

Дх.06440 妙法莲华经卷第三化城喻品第七

存4行,行1至8字。起:"开/而说偈言",讫:"嘿然许之又"。后秦鸠摩罗什译。经文见《大正藏》第9册,第23页B栏第18行至第22行。

Дх.06441 大般若波罗蜜多经卷第一百八十一初分赞般若品第三十二之十

存3行,行2至5字。录文:"一来向乃/罗蜜多亦空/罗蜜。"唐玄奘译。经文见《大正藏》第5册,第973页B栏第28行至C栏第1行。

Дх.06442 妙法莲华经卷第一方便品第二

存6行,行2至9字。起:"说法当生大信力",讫:"支佛心/是念"。后秦鸠摩罗什译。经文见《大正藏》第9册,第6页A栏第22行至B栏第1行。

Дх.06443 大般若波罗蜜多经初分难信解品

存4行。录文:"二分无别□断故/色六/净行/法清净。"唐玄奘译。经文见《大正藏》第6册,第197页B栏,或第200页A栏,或第410页A栏。

Дх.06444 佛说海龙王经卷第四法供养品第十八

存2行。录文:"广普/名曰光耀则以此偈。"西晋竺法护译。经文见《大正藏》第15册,第152页B栏第13行至第14行。

Дх.06445 大般若波罗蜜多经卷第一百八十一初分赞般若品第三十二之十

存10行,行2至5字。起:"无所有",讫:"无愿预流向"。唐玄奘译。经文见《大正藏》第5册,第973页B栏第25行至C栏第3行。

Дх.06446 金刚般若波罗蜜经

见Дх.06435。

Дх.06447 道教文献

存8行。

Дх.06448 妙法莲华经卷第六随喜功德品第十八

存4行,行3至5字。起:"喜者得",讫:"阿逸多/婆夷及"。后秦鸠摩罗什译。经文见《大正藏》第9册,第46页B栏第23行至第27行。

Дх.06449 妙法莲华经卷第四五百弟子受记品第八

存3行。录文:"所说无所畏/度大神通/演畅如是义。"后秦鸠摩罗什译。经文见《大正藏》第9册,第28页A栏第27行至B栏第2行。

Дх.06450 妙法莲华经卷第二信解品第四

存3行,行4至7字。起:"知将死不",讫:"是当体此"。后秦鸠摩罗什译。经文见《大正藏》第9册,第17页A栏第29行至B栏第3行。

Дх.06451 摩诃般若波罗蜜经卷第十一随喜品第三十九

存3行,行2至9字。起:"作菩萨",讫:"一切众生故起"。后秦鸠摩罗什译。经文见《大正藏》第8册,第297页C栏第3行至第5行。

Дх.06452 佛说华手经卷第七得念品第二十三

存3行,行5至8字。起:"益安隐求者",讫:"魔生念今此王子"。后秦鸠摩罗什译。经文见《大正藏》第16册,第178页B栏第19行至第21行。

Дх.06453 大般涅槃经卷第一寿命品第一

存4行,行3至6字。起:"有七宝船诸",讫:"轮其堃"。北凉昙无谶译。经文见《大正藏》第12册，第371页A栏第4行至第7行。

Дх.06454 合部金光明经卷第三陀罗尼最净地品第六

存9行，行7至10字。起："鄣昔所未得胜利"，讫："现不现无明为因"。真谛译、隋释宝贵合。经文见《大正藏》第16册，第374页C栏第9行至第20行。

Дх.06455 妙法莲华经卷第二信解品第四

存4行，行4至6字。起："可诣彼徐"，讫："已得之具陈上"。后秦鸠摩罗什译。经文见《大正藏》第9册，第17页A栏第8行至第12行。

Дх.06456 妙法莲华经卷第二譬喻品第三

存4行。录文："垢秽不净/不择禽兽/谤斯经者/我故语汝。"后秦鸠摩罗什译。经文见《大正藏》第9册，第16页A栏第5行至第9行。

Дх.06457 妙法莲华经卷第五如来寿量品第十六

存5行，行4至6字。起："牟尼佛出"，讫："假使有人末"。后秦鸠摩罗什译。经文见《大正藏》第9册，第42页B栏第10行至第14行。

Дх.06458　Дх.07037　Дх.07563　Дх.09417 金刚般若波罗蜜经

四残片。有两片已缀合，现存三片。其一，存8行，行4至8字。起："须菩/人言"，讫："菩提所言法相"。后秦鸠摩罗什译。经文见《大正藏》第8册，第752页B栏第15行至第22行。其二，存4行。录文："以故如来者无所/菩提若善男子/为微尘于/世尊。"经文见《大正藏》第8册，第752页B栏第4行至第8行。其三，存7行，行2至7字。起："念何/法不说断灭"，讫："言世尊云何菩萨/福德"。经文见《大正藏》第8册，第752页A栏第25行至第29行。

Дх.06459 大般涅槃经卷第二十七师子吼菩萨品第十一之一

存4行，行9至12字。起："者堕落诸"，讫："四如意足"。北凉昙无谶译。经文见《大正藏》第12册，第522页C栏第6行至第10行。

Дх.06460 金光明经卷第二四天王品第六

存3行，行6至11字。起："此法愿诸人"，讫："我等故烧种种"。北凉昙无谶译。经文见《大正藏》第16册，第342页C栏第6行至第9行。

Дх.06461 大爱道比丘尼经卷下

存6行，行2至14字。起："为四一者"，讫："犯斯者非贤/尼也"。失译。经文见《大正藏》第24册，第951页C栏第11行至第16行。

Дх.06462 大般若波罗蜜多经卷第一百一十一初分校量功德品第三十之九

存4行，行1至10字。起："力无二为方便"，讫："以四无/悲"。唐玄奘译。经文见《大正藏》第5册，第610页B栏第7行至第10行。

Дх.06463 金光明最胜王经卷第四最净地陀罗尼品第六

存4行。录文："大众俱/尊若所在处/我等大众皆/安乐。"唐义净译。经文见《大正藏》第16册，第422页B栏第9行至第12行。

Дх.06464 妙法莲华经卷第六如来神力品第二十一

存4行。录文："欢喜得/言过此/世界有国名娑/诸菩萨摩诃。"后秦鸠摩罗什译。经文见《大正藏》第9册，第52页A栏第2行至第6行。

Дх.06465 妙法莲华经卷第六法师功德品第十九

存6行，行2至10字。起："香及/转乃至"，讫："所在/根不坏"。后秦鸠摩罗什译。经文见《大正藏》第9册，第48页C栏第6行至第10行。

Дх.06466 大般涅槃经卷第五如来性品第四之二

存8行，行5至8字。起："尔不生不灭"，讫："身者是处无故"。北凉昙无谶译。经文见《大正藏》第12册，第392页A栏第28行至B栏第6行。

Дх.06467 僧伽吒经卷第四

存3行。录文："宣说药/上我今为汝/世间贪。"月婆首那译。经文见《大正藏》第13册，第975

页B栏第19行至第21行。

Дх.06468 十方千五百佛名经

存3行。录文："佛/同字山王佛/音佛。"经文见《大正藏》第14册，第316页C栏第14行至第15行。

Дх.06469 大般涅槃经卷第四十憍陈如品第十三之二

存3行。录文："男子流[琉]/时心/我与。"北凉昙无谶译。经文见《大正藏》第12册，第601页B栏第5行至第7行。

Дх.06470 维摩诘所说经卷上弟子品第三

存3行。录文："劳/异於一切众/众。"后秦鸠摩罗什译。经文见《大正藏》第14册，第540页C栏第9行至第11行。

Дх.06471 残佛经

存2行。录文："众生悉/分。"不可定名。

Дх.06472 Дх.06481 Дх.06482 妙法莲华经卷第七观世音菩萨普门品第二十五

存12行，行6至12字。起："萨能以无畏"，讫："端正有相/德本众"。后秦鸠摩罗什译。经文见《大正藏》第9册，第56页C栏第26行至第57页A栏第9行。

Дх.06473 妙法莲华经卷第三药草喻品第五

存3行。录文："迦叶/慧云/日光。"后秦鸠摩罗什译。经文见《大正藏》第9册，第19页C栏第15行至第18行。

Дх.06474 妙法莲华经卷第一序品第一

存7行，行4至8字。起："与其眷属二"，讫："乐音干闼婆王美干"。后秦鸠摩罗什译。经文见《大正藏》第9册，第2页A栏第17行至第26行。

Дх.06475 添品妙法莲华经卷第三药草喻品第五

存6行，行3至4字。起："彼因/思念即"，讫："增长及"。隋阇那崛多共笈多译。经文见《大正藏》第9册，第154页A栏第3行至第8行。

Дх.06476 残佛经

存3行。录文："辟支佛/支佛/支佛。"未检出。

Дх.06477 尊婆须蜜菩萨所集论卷第九见犍度第十一

存2行。录文："是不爱命于中得知/命余身答曰余命身不。"尊婆须蜜造、苻秦僧伽跋澄等译。经文见《大正藏》第28册，第793页A栏第8行至第9行。

Дх.06478 残佛经

存7行，行1至6字。起："利/死升福堂"，讫："灌阳无"。未检出。

Дх.06479 大智度论卷第六十二释照明品第四十

存4行。录文："若波/蜜佛及问须菩/波罗蜜须菩提/凡夫心于诸。"龙树菩萨造、后秦鸠摩罗什译。经文见《大正藏》第25册，第499页B栏第15行至第18行。

Дх.06480 妙法莲华经卷第四法师品第十

存4行。录文："佛前闻妙/喜者我皆与受/三菩提佛告药王又/华经□□一。"后秦鸠摩罗什译。经文见《大正藏》第9册，第30页C栏第5行至第10行。

Дх.06481 Дх.06482 妙法莲华经卷第七观世音菩萨普门品第二十五

见Дх.06472。

Дх.06483 金光明最胜王经卷第四最净地陀罗尼品第六

存3行。录文："尔时世尊/胜法能逆/有情盲冥。"唐义净译。经文见《大正藏》第16册，第422页B栏第5行至第8行。

Дх.06484 妙法莲华经卷第六常不轻菩萨品第二十

存9行，行4至7字。起："诵此经为他人说"，讫："岂异人乎"。后秦鸠摩罗什译。经文见《大正藏》第9册，第51页A栏第23行至B栏第3行。

Дх.06485 南本大般涅槃经会疏卷第三十师子吼菩萨品之六

存6行，行1至6字。起："是经/弟子有能"，讫："者谓四念/分"。北凉昙无谶译，晋慧严、慧观、谢灵运重治。经文见《卍新续藏》第36册，第751页B栏第21行至C栏第1行。

Дх.06486　Дх.06495　四分律比丘戒本

存9行，行1至6字。起："昇/瞋恚"，讫："若比丘欲坏和"。后秦佛陀耶舍译。经文见《大正藏》第22册，第1016页A栏第29行至B栏第8行。

Дх.06487　大方等大集经卷第六宝女品第三之二

存6行，行3至13字。起："摧诸魔/等亦能受持"，讫："时若能护我诸"。北凉昙无谶译。经文见《大正藏》第13册，第40页B栏第2行至第7行。

Дх.06488　佛说弥勒下生经

存8行，行2至5字。起："白佛/愿欲广闻"，讫："三十里城"。西晋竺法护译。经文见《大正藏》第14册，第423页C栏第9行至第17行。

Дх.06489　回鹘文残片

Дх.06489V　妙法莲华经卷第一方便品第二

存汉字5行，行4至6字。起："最后身究竟涅"，讫："者何佛灭度后"。后秦鸠摩罗什译。经文见《大正藏》第9册，第7页C栏第2行至第6行。间写回鹘文。

Дх.06490　Дх.08527　金刚般若波罗蜜经

存7行，行1至11字。起："须/是/是念我得斯陀"，讫："来而实无来是"。后秦鸠摩罗什译。经文见《大正藏》第8册，第749页B栏第28行至C栏第6行。

Дх.06491　Дх.06497　维摩诘所说经卷上弟子品第三

存12行，行2至11字。起："果报/人虽成就一切"，讫："侣汝与众魔/等无"。后秦鸠摩罗什译。经文见《大正藏》第14册，第540页B栏第27行至C栏第9行。

Дх.06492　大宝积经卷第四十二菩萨藏会第十二之八尸波罗蜜品第七之一

存3行。录文："老病死诸苦同煎害/大夫业速成无上身/身当贸彼坚实。"唐玄奘译。经文见《大正藏》第11册，第243页C栏至第3行至第28行。

Дх.06493　金刚般若波罗蜜经

存6行。录文："无/触法/相想/不可/思量/南。"北魏菩提流支译。经文见《大正藏》第8册，第753页A栏第9行至第15行。

Дх.06494　残片

存4行。录文："婆/劳/何如愿尊府/疹弊言而。"不可定名。

Дх.06495　四分律比丘戒本

见Дх.06486。

Дх.06496　僧伽吒经卷第四

存10行，行1至15字。起："我/命如是"，讫："我等愿知/名字愿"。月婆首那译。经文见《大正藏》第13册，第975页A栏第9行至第19行。

Дх.06497　维摩诘所说经卷上弟子品第三

见Дх.06491。

Дх.06498　药师琉璃光如来本愿功德经

存8行，行5至8字。起："者横为毒药"，讫："度苦厄不"。唐玄奘译。经文见《大正藏》第14册，第408页A栏第14行至第23行。

Дх.06499　成唯识论卷第四

存4行。录文："者/第/一俱有依谓第八识唯第/能立故无俱有依有义此。"护法等菩萨造、唐玄奘译。经文见《大正藏》第31册，第20页B栏第16行至第19行。

Дх.06500　大般涅槃经卷第十四圣行品第七之四

存4行，行3至4字。起："断四禅"，讫："断不用"。北凉昙无谶译。经文见《大正藏》第12册，第448页B栏第26行至第29行。

Дх.06501　妙法莲华经卷第四五百弟子受记品第八

存6行，行4至7字。起："佛灭度后"，讫："皆悉得成就"。后秦鸠摩罗什译。经文见《大正藏》第9册，第28页A栏第6行至第15行。

Дх.06502　佛说般若波罗蜜多心经赞

存5行，行4至5字。起："其事不虚我"，讫："夜读诵不"。沙门测撰。经文见《大正藏》第33册，第

543页B栏第28行至C栏第2行。文字略有出入,最后1行"七夜读诵",或为题记。

Дх.06503　金刚般若波罗蜜经

存3行,行7至16字。起:"得阿耨多罗",讫:"一切法一"。北魏菩提流支译。经文见《大正藏》第8册,第755页B栏第20行至第25行。

Дх.06504　阿弥陀佛偈

存2行,行4字。起:"普为四恩",讫:"陀佛国归"。待定名。

Дх.06505　妙法莲华经卷第二譬喻品第三

存3行,行4字。起:"身常臭处",讫:"告舍利弗"。后秦鸠摩罗什译。经文见《大正藏》第9册,第16页A栏第5行至第8行。

Дх.06506　Дх.06509　妙法莲华经卷第二譬喻品第三

存5行,行4至8字。起:"守宫百足",讫:"净扯掣喔喙"。后秦鸠摩罗什译。经文见《大正藏》第9册,第13页C栏第25行至第14页A栏第2行。

Дх.06507　妙法莲华经忧波提舍卷上

存2行,行4至8字。录文:"尔时世尊四众围绕/诸菩萨说。"婆薮盘豆释、北魏菩提留支共昙林等译。经文见《大正藏》第26册,第2页C栏第10行至第12行。

Дх.06508　金刚般若波罗蜜经

见Дх.06363。

Дх.06509　妙法莲华经卷第二譬喻品第三

见Дх.06506。

Дх.06510　金光明最胜王经卷第二分别三身品第三

存4行。录文:"应身/身智慧/此三清/如如。"唐义净译。经文见《大正藏》第16册,第410页B栏第9行至第13行。

Дх.06511　金刚般若波罗蜜经论

存6行,行1至9字。起:"能告须菩提",讫:"萨发菩提心当生如是"。未检出。

Дх.06512　金光明最胜王经卷第八坚牢地神品第十八

存3行。录文:"时取五色线/在左臂肘后即便/此咒者所求。"唐义净译。经文见《大正藏》第16册,第441页A栏第17行至第19行。

Дх.06513　妙法莲华经卷第二信解品第四

存4行。录文:"报者/能报/尽心恭敬/汤药。"后秦鸠摩罗什译。经文见《大正藏》第9册,第18页C栏第25行至第29行。

Дх.06514　集诸经礼忏仪卷下

存3行,行4至5字。录文:"阿弥陀佛/至心归命礼/至心归命。"唐智昇撰。经文见《大正藏》第47册,第469页C栏。此三句见经中多处。

Дх.06515　大般若波罗蜜多经卷第二百七十八初分难信解品第三十四之九十七

存5行,行1至10字。起:"无忘失法",讫:"若无/无"。唐玄奘译。经文见《大正藏》第6册,第412页B栏第28行至C栏第2行。

Дх.06516　大般涅槃经卷第十四圣行品第七之四

存4行。录文:"有善男/子诸菩/吹坏/所有众。"北凉昙无谶译。经文见《大正藏》第12册,第448页C栏第2行至第5行。

Дх.06517　残佛经

存3行,行4至5字。录文:"何者是观/名之为观/月言照用无"。未检出。

Дх.06518　金刚般若波罗蜜经

存6行,行6至8字。起:"须菩提于意云何",讫:"故须菩提一切"。后秦鸠摩罗什译。经文见《大正藏》第8册,第749页B栏第18行至第23行。

Дх.06519　佛说佛名经卷第六

存5行,行2至5字。起:"无婆",讫:"梨沙婆辟"。北魏菩提流支译。经文见《大正藏》第14册,第145页B栏第25行至第29行。或为《佛说佛名经卷第一》。经文见《大正藏》第14册,第188页A栏。或为《佛说佛名经卷第三十》。经文见《大正藏》第14册,第305页C栏。

Дх.06520　僧伽吒经卷第二

存9行,行2至6字。起:"幡盖/亦不授",讫:"尼应正遍知"。 月婆首那译。经文见《大正藏》第13册,第965页A栏第14行至第22行。

Дх.06521 **官文书**

Дх.06522 **道行般若经卷第一摩诃般若波罗蜜道行品第一**

存4行,行4至8字。起:"以得阿惟",讫:"菩提言亦不得"。后汉支娄迦谶译。经文见《大正藏》第8册,第426页C栏第26行至第29行。

Дх.06523 **大智度论卷第七十释问相品第四十九**

存7行,行2至9字。起:"示有法空世间",讫:"思惟"。龙树菩萨造、后秦鸠摩罗什译。经文见《大正藏》第25册,第549页C栏第21行至第25行。

Дх.06523V **回鹘文残片**

Дх.06524 **妙法莲华经卷第五分别功德品第十七**

存6行,行3至6字。起:"能受持",讫:"以此现前"。后秦鸠摩罗什译。经文见《大正藏》第9册,第45页C栏第5行至第11行。

Дх.06525 **佛教文献**

存17行,行5至9字。起:"得生天上若生人",讫:"稽首和南十方诸佛"。未检出。

Дх.06526 **佛说天地八阳神咒经**

存15行,行8至13字。起:"佛告无碍菩萨",讫:"空空即是"。唐义净译。经文见《大正藏》第85册,第1423页A栏第22行至B栏第8行。与《大正藏》收录本有较大出入。

Дх.06526V **杂写**

Дх.06527 **妙法莲华经卷第七观世音菩萨普门品第二十五**

存7行,行2至6字。起:"问曰",讫:"空空即是"。 后秦鸠摩罗什译。经文见《大正藏》第9册,第57页C栏第8行至第20行。

Дх.06528 **便麦粟历**

Дх.06528V **便麦粟历**

Дх.06529 **妙法莲华经卷第五安乐行品第十四**

存15行,行4至17字。起:"弟子沙弥小儿",讫:"而为说法"。后秦鸠摩罗什译。经文见《大正藏》第9册,第37页B栏第9行至第29行。

Дх.06530 **大般若波罗蜜多经卷第二百一十九初分难信解品第三十四之三十八**

存13行,行10至17字。起:"善现不虚妄性",讫:"诃萨行清"。唐玄奘译。经文见《大正藏》第6册,第97页A栏第8行至第21行。

Дх.06531 **大方便佛报恩经卷第二对治品第三**

存12行,行4至17字。起:"祇劫数中已",讫:"切众生起"。 失译。经文见《大正藏》第3册,第130页C栏第29行至第131页A栏第11行。经卷上有"兑"字。

Дх.06531V **官文书**

存3行。录文:"□归义军节度使牒/右/前子弟正兵马使青光禄。"另杂写佛经2行。

Дх.06532 **妙法莲华经卷第六随喜功德品第十八**

存10行,行1至17字。起:"无量无边何",讫:"臾间闻"。后秦鸠摩罗什译。经文见《大正藏》第9册,第46页C栏第29行至第47页A栏第10行。

Дх.06533 Дх.06541 **金光明最胜王经卷第八坚牢地神品第十八**

存17行,行4至17字。起:"制诸□论当□净室",讫:"怛侄他儞"。唐义净译。经文见《大正藏》第16册,第440页C栏第26行至第441页A栏第14行。

Дх.06534 **妙法莲华经卷第七观世音菩萨普门品第二十五**

存20行,行5至16字。起:"火不能烧",讫:"世音菩萨便"。后秦鸠摩罗什译。经文见《大正藏》第9册,第56页C栏第9行至第57页A栏第2行。

Дх.06535 **佛说普门品经**

存7行,行18字。起:"告溥首何",讫:"众味至于"。西晋竺法护译。经文见《大正藏》第11册,第778页A栏第11行至第18行。

Дx.06536 般若波罗蜜多心经

存16行,行5至13字。起:"菩萨行深般",讫:"菩提僧莎诃"。唐玄奘译。经文见《大正藏》第8册,第848页C栏第7行至第23行。

Дx.06537 沙弥十戒本

存11行,行19字左右。录文:"十指端扨空出宝/□赆结莲花生生/不受女人胞胎报报□四不妄语得广长舌相发言/信敬重诚仰导之奉行五不□酒者得聪明智慧/多闻经记宿命报六不花鬘脂粉堕身者得世□/□相端严报七不歌舞唱妆得完具现□□/通报八不非时食者得五百世余粮脱饥馑口世/解自斋平报九不上高广内床得梵王刹利/高门族姓位贵众人金刚座报十不捉金银/宝物者得现世远离三毒之遇当来获七圣/之财报。"与现刊本文字出入很大,应为另译本或别本。另有题记1行:"辛酉年正月十六日沙弥十戒本行不准失。"

Дx.06538 大乘无量寿经

存29行,行1至19字。起:"罗尼曰",讫:"(尔)时(复有二十五姟佛)"。经文见《大正藏》第19册,第82页B栏第3行至C栏第6行。

Дx.06539 大般涅槃经卷第十四圣行品第七之四

存22行,行9至17字。起:"知善男子",讫:"无常苦空"。北凉昙无谶译。经文见《大正藏》第12册,第447页C栏第9行至第448页A栏第3行。

Дx.06540 维摩诘所说经卷上佛国品第一

存16行,行12至23字。起:"者子宝积说此",讫:"菩萨成佛时"。后秦鸠摩罗什译。经文见《大正藏》第14册,第538页A栏第15行至B栏第6行。

Дx.06541 金光明最胜王经卷第八坚牢地神品第十八

见Дx.06533。

Дx.06542 妙法莲华经卷第三药草喻品第五

存7行,行3至13字。起:"得/之地唯有",讫:"所以者何诸"。后秦鸠摩罗什译。经文见《大正藏》第9册,第19页C栏第1行至第8行。

Дx.06543 愿文

存9行,行1至11字。

Дx.06544 六门陀罗尼经

存12行,行5至10字。起:"善男子若欲",讫:"谛誓"。唐玄奘译。经文见《大正藏》第21册,第878页A栏第8行至第19行。

Дx.06545 妙法莲华经卷第三药草喻品第五

存13行,行3至5字。起:"脱相离",讫:"日光掩蔽"。后秦鸠摩罗什译。经文见《大正藏》第9册,第19页C栏第4行至第18行。

Дx.06546 佛说法王经

存10行,行2至10字。起:"以故",讫:"不师於心离"。经文见《大正藏》第85册,第1386页C栏第16行至第25行。

Дx.06547 牒状

见Дx.05444。

Дx.06548A 占察善恶业报经卷下

存8行,行3至10字。首题:"占察经卷下",讫:"境界"。天竺菩提灯译。经文见《大正藏》第17册,第906页C栏第24行至第907页A栏第5行。

Дx.06548B 四分律删繁补阙行事钞卷上受戒缘集篇第八

存4行,行10至13字。起:"上至和上前",讫:"语发自喜心"。唐道宣撰述。经文见《大正藏》第40册,第25页B栏第4行至第10行。

Дx.06549 佛说佛名经卷第六

存6行,行1至3字。录义:"佛/佛/迅佛/敌对佛/威德佛/佛。"北魏菩提流支译。经文见《大正藏》第14册,第145页A栏第1行至第4行。

Дx.06550 佛说阿弥陀经

存3行。录文:"日生佛网明佛/其国出广长舌相/言汝等众生。"后秦鸠摩罗什译。经文见《大正藏》第12册,第347页C栏第7行至第9行。

Дx.06550V 残片

仅2行,行2至3字。不可定名。

Дx.06551 大方广佛华严经卷第三十八离世间品第三十三之三

存4行,行6至8字。起:"无垢远离",讫:"成就一切诸"。东晋佛驮跋陀罗译。经文见《大正藏》第9册,第641页B栏第2行至第6行。

Дx.06552 金光明最胜王经卷第六四天王护国品第十二

存1行。录文:"檀泥说啰引也阿揭。"唐义净译。经文见《大正藏》第16册,第430页C栏第23行。

Дx.06553 妙法莲华经卷第七观世音菩萨普门品第二十五

存14行,行3至6字。起:"子若有",讫:"居士身"。后秦鸠摩罗什译。经文见《大正藏》第9册,第57页A栏第23行至B栏第8行。

Дx.06554 大般若波罗蜜多经卷第一百七十初分随喜回向品第三十一之三

存5行,行6至7字。起:"过去现在",讫:"所有故若菩"。唐玄奘译。经文见《大正藏》第5册,第917页A栏第25行至第29行。

Дx.06554V 民族文字

Дx.06555 般若波罗蜜多心经疏

存5行。起:"萨埵依般若",讫:"死之所师故"。慧净法师作。经文见《卍新续藏》第26册,第597页A栏第2行至第8行。经中"涅槃""萨埵"为合字体。

Дx.06556 大般若波罗蜜多经题签

录文:大般若波罗蜜多经卷第三百九十八。"

Дx.06557A 佛说灌顶拔除过罪生死得度经卷第十二

存2行。录文:"第二愿者使我来/彻清无暇秽妙色。"东晋帛尸梨蜜多罗译。经文见《大正藏》第21册,第532页C栏第6行至第7行。

Дx.06557B 大般涅槃经卷第三十四迦叶菩萨品十二之二

存13行,行4至12字。起:"言佛性具有",讫:"解我意唱"。北凉昙无谶译。经文见《大正藏》第12册,第568页C栏第15行至第28行。

Дx.06558 Дx.06578 Дx.06580 梵网经心地品菩萨戒义疏发隐卷第一半月诵戒仪式戒序

二残片。其一,存14行,行2至18字。起:"持戒净身口",讫:"勿有"。经文见《卍新续藏》第38册,第153页C栏第18行至第154页A栏第4行。有异文。其二,存11行,首8行,起:"心不放逸",讫:"然故是"。经文见《卍新续藏》第38册,第154页A栏第10行至第16行。后2行,录文:"是持菩萨摩诃萨应一心修行六波/罗蜜财法二施。"未检出。

Дx.06559 妙好宝车经

存4行,行9字。起:"世间愚痴人",讫:"飞来著两"。经文见《大正藏》第85册,第1334页C栏第4行至第9行。

Дx.06560 妙法莲华经卷第七观世音菩萨普门品第二十五

存4行,行3至6字。起:"悉断坏",讫:"观世音菩萨名"。后秦鸠摩罗什译。经文见《大正藏》第9册,第56页C栏第22行至第26行。

Дx.06561 大般若波罗蜜多经卷第四百八十八第三分善现品第三之七

存9行,行5至17字。起:"来十力相空",讫:"白佛言何因缘"。唐玄奘译。经文见《大正藏》第7册,第478页A栏第8行至第16行。

Дx.06562 Дx.06563 Дx.06606 金刚般若波罗蜜经

存24行,行7至17字。起:"可得须菩提",讫:"福德有实如来"。后秦鸠摩罗什译。经文见《大正藏》第8册,第751页B栏第28行至第752页A栏第2行。

Дx.06564 四分律删繁补阙行事钞卷上受戒缘集篇第八

存11行,行5至24字。起:"答言可尔",讫:"法非独秉"。唐道宣撰述。经文见《大正藏》第40册,第25页B栏第10行至第28行。可与Дх.06565缀合，此片在下部。

Дх.06565 四分律删繁补阙行事钞卷上受戒缘集篇第八

存5行，行6至13字。起："答云顶戴持"，讫："戒师阿阇梨"。唐道宣撰述。经文见《大正藏》第40册，第25页B栏第11行至第18行。可与Дх.06564缀合，此片在上部。

Дх.06566 佛经论释

存24行。待考。

Дх.06566V 佛经论释

存19行。《大般涅槃经》《妙法莲华经玄赞》中均有部分经文相同。

Дх.06567 大方广佛华严经卷第三十八离世间品第三十三之三

存4行，行3至9字。起："一切法皆悉"，讫："分别一切"。东晋佛驮跋陀罗译。经文见《大正藏》第9册，第641页A栏第23行至第26行。

Дх.06568 大方广佛华严经卷第二十九十回向品第二十五之七

存12行，行7至17字。首题："大方广佛花严经十回向品第廿五之七卷廿九"，讫："善根常精进"。东晋佛驮跋陀罗译。经文见《大正藏》第9册，第156页C栏第26行至第157页A栏第9行。

Дх.06569 大般若波罗蜜多经卷第一百七十一初分随喜回向品第三十一之四

存5行，行3至12字。起："共法故"，讫："证得阿耨"。唐玄奘译。经文见《大正藏》第5册，第920页B栏第10行至第15行。与Дх.06570同经同品，此片在上部，可缀合。残缺的"能""摩"笔画均在下片可以找到。

Дх.06570 大般若波罗蜜多经卷第一百七十一初分随喜回向品第三十一之四

存5行，行2至8字。起："故不"，讫："故复次"。唐玄奘译。经文见《大正藏》第5册，第920页B栏第11行至第16行。与Дх.06569同经同品，此片在下部，可缀合。残缺的"能""摩"笔画均在上片可以找到。

Дх.06571 妙法莲华经卷第七陀罗尼品第二十六

存17行，行13至17字。后3行上部残2至3字，其余行完整。起："宁上我头"，讫："华油灯婆"。后秦鸠摩罗什译。经文见《大正藏》第9册，第59页B栏第5行至第24行。

Дх.06572 大方广佛华严经卷第三十八离世间品第三十三之三

存3行，行8至10字。起："无垢佛子"，讫："菩萨摩诃萨有"。东晋佛驮跋陀罗译。经文见《大正藏》第9册，第641页B栏第6行至第9行。

Дх.06573 妙法莲华经卷第四五百弟子受记品第八

存4行，行5至8字。首题："华经五百弟子受记"，讫："复闻宿世"。后秦鸠摩罗什译。经文见《大正藏》第9册，第27页B栏第16行至第19行。

Дх.06574 大乘无量寿经

存6行，行1至17字。起："能"，讫："迦底"。经文见《大正藏》第19册，第84页A栏第25行至B栏第8行。

Дх.06575 妙法莲华经卷第六药王菩萨本事品第二十三

存7行，行3至13字。起："舍利作"，讫："八万四千塔"。后秦鸠摩罗什译。经文见《大正藏》第9册，第54页A栏第20行至第27行。

Дх.06576A 妙法莲华经卷第七观世音菩萨普门品第二十五

存10行，行2至11字。起："说法"，讫："而为说法"。后秦鸠摩罗什译。经文见《大正藏》第9册，第57页B栏第9行至第19行。

Дх.06576B 金刚般若波罗蜜经

存4行，行4至13字。起："故须菩提"，讫："云何须"。后秦鸠摩罗什译。经文见《大正藏》第8册，第749页B栏第23行至第26行。

Дх.06577　佛说天地八阳神咒经

存7行，行14至16字。起："□才多念佛者少"，讫："於如来念正见"。唐义净译。经文见《大正藏》第85册，第1422页B栏第21行至C栏第3行。前2行有异文，差别较大，如经文"求神者"，现刊本作"不念佛者"等，翻译用语几乎全不同。后5行文字相同。

Дх.06578　梵网经心地品菩萨戒义疏发隐卷第一半月诵戒仪式戒序

见Дх.06558。

Дх.06579　大般若波罗蜜多经卷第一百七十一初分随喜回向品第三十一之四

存4行，行4至6字。起："所畏四无"，讫："一切陀罗尼"。唐玄奘译。经文见《大正藏》第5册，第920页B栏第4行至第7行。

Дх.06580　梵网经心地品菩萨戒义疏发隐卷第一半月诵戒仪式戒序

见Дх.06558。

Дх.06581　四分比丘尼戒本

存21行，行4至16字。起："丘尼语彼"，讫："作呵谏时"。后秦佛陀耶舍译。经文见《大正藏》第22册，第1032页C栏第12行至第1033页A栏第16行。

Дх.06582　字书

存14行，行2至11字。与Дх.06586书体相同。日常用字。

Дх.06583　大般若波罗蜜多经卷第一百二十七初分校量功德品第三十之二十五

存15行，行3至17字。起："波罗蜜多既"，讫："住实"。唐玄奘译。经文见《大正藏》第5册，第695页C栏第20行至第696页A栏第5行。

Дх.06584　妙法莲华经卷第五分别功德品第十七

存18行，行1至12字。起："男子善女人"，讫："坊供养/持"。后秦鸠摩罗什译。经文见《大正藏》第9册，第45页B栏第25行至C栏第15行。

Дх.06585　大般涅槃经卷第十七梵行品第八之三

存19行，行3至17字。起："诃萨无四倒"，讫："死轮回"。北凉昙无谶译。经文见《大正藏》第12册，第464页A栏第27行至B栏第17行。

Дх.06586　字书

存10行，行7字左右。日常用字。

Дх.06586V　杂写

存"论卷"2字。

Дх.06587　金光明经忏悔灭罪传

存15行，行5至11字。起："著前怀中"，讫："怨家情"。经文见《大正藏》第16册，第358页B栏第9行至第25行。有异文。

Дх.06588　摩诃般若波罗蜜经卷第三相行品第十

存11行，行2至17字。起："离尽"，讫："三昧无住处"。后秦鸠摩罗什译。经文见《大正藏》第8册，第238页A栏第5行至第15行。

Дх.06589　妙法莲华经卷第四五百弟子受记品第八

存6行，行4至9字。起："记品第八"，讫："却住一面"。后秦鸠摩罗什译。经文见《大正藏》第9册，第27页B栏第16行至第21行。

Дх.06590　梵网经卢舍那佛说菩萨心地戒品第十卷下

存3行，行4至13字。起："若佛子故不得"，讫："者犯轻垢罪"。后秦鸠摩罗什译。经文见《大正藏》第24册，第1005页C栏第24行至第1006页A栏第1行。

Дх.06591　妙法莲华经卷第二譬喻品第三

存12行，行3至17字。起："互相推"，讫："以下劣小"。后秦鸠摩罗什译。经文见《大正藏》第9册，第12页C栏第13行至第26行。

Дх.06592　金刚般若波罗蜜经

存12行，行8至10字。起："所谓不住"，讫："佛言世尊"。后秦鸠摩罗什译。经文见《大正藏》第8册，第749页A栏第13行至第26行。

Дх.06593　佛经论释

正面存21行，背面存19行，行约23字。未检出。

Дx.06594 大般若波罗蜜多经卷第五百七十三第六分劝诫品第十四之二

存15行，行4至17字。起："善男子善"，讫："芦苇甘蔗"。唐玄奘译。经文见《大正藏》第7册，第958页B栏第16行至C栏第1行。

Дx.06595 四分律比丘含注戒本问答

存16行，问单行大字，答双行小字。起："问比丘有几种"，讫："二非情事"。未检出。

Дx.06595V 杂写

存2行，录文："江南人多/江南曲。"

Дx.06596 佛说佛名经卷第五

存12行，起："南无毗楼博叉佛"，讫："南无金刚光佛"。北魏菩提流支译。经文见《大正藏》第14册，第140页A栏第13行至第20行。最后2行比现刊本多"从此以上五千五百佛十二部"句。

Дx.06597 劝诫文

存29行，行21字左右。待考。

Дx.06597V 杂写

存1行。录文："之要极上极导此是大乘之戒。"

Дx.06598 大般若波罗蜜多经卷第一百九十二初分难信解品第三十四之十一

存22行，行6至17字。起："处清□□无二无二"，讫："是大夫清"。唐玄奘译。经文见《大正藏》第5册，第1029页A栏第20行至B栏第12行。

Дx.06599 大唐龙兴三藏圣教序

存13行，行1至8字。录文："德等莫不四/於心台朗戒珠/而连芳慧炬扬辉/玉谅属其人诚梵宇/象已翻诸戒律二百/内其余戒律诸论方/八法之因备晓鹅珠/於不亏油钵终/纪启含生之耳目伏/□/佐九天之命迁怀生/岁稔时和还安迩/题序云。"唐中宗制。

Дx.06600 妙法莲华经卷第三药草喻品第五

存15行，行5至17字。起："观是众生"，讫："知上中下性"。后秦鸠摩罗什译。经文见《大正藏》第9册，第19页B栏第17行至C栏第3行。

Дx.06601 新菩萨经

存14行，行11至15字。起："佛一千口断"，讫："报诸众生"。抄二遍，基本完整。第一遍首残1行，第二遍尾残1行。经文见《大正藏》第85册，第1462页A栏第26行至B栏第7行。

Дx.06602 梵网经卢舍那佛说菩萨心地戒品第十卷下

存26行，行3至17字。起："性虚光"，讫："皆入佛性戒"。后秦鸠摩罗什译。经文见《大正藏》第24册，第1003页B栏第26行至C栏第24行。

Дx.06603 妙法莲华经卷第六药王菩萨本事品第二十三

存28行，行5至17字。起："宝铃尔时"，讫："最为深大又如"。后秦鸠摩罗什译。经文见《大正藏》第9册，第53页C栏第22行至第54页A栏第21行。

Дx.06604 妙法莲华经卷第五安乐行品第十四

存18行，行7至8字。全部为偈语。起："皆勿亲近"，讫："为诸国王"。后秦鸠摩罗什译。经文见《大正藏》第9册，第37页C栏第1行至第24行。

Дx.06605 发愿文

存12行，行18至23字。待考。

Дx.06606 金刚般若波罗蜜经

见Дx.06562。

Дx.06607 金刚般若波罗蜜经

存13行，行6至17字。起："宝以用布施"，讫："名一往来而实"。后秦鸠摩罗什译。经文见《大正藏》第8册，第749页B栏第19行至C栏第3行。

Дx.06608 妙法莲华经卷第五安乐行品第十四

存8行，行5至15字。起："若菩萨摩诃萨"，讫："子大臣官"。后秦鸠摩罗什译。经文见《大正藏》第9册，第37页A栏第14行至第22行。

Дx.06609 妙法莲华经卷第六法师功德品第十九

存14行，行4至18字。起："声紧那罗"，讫："出于大"。后秦鸠摩罗什译。经文见《大正藏》第9册，第48页A栏第2行至第22行。

Дх.06610　大般涅槃经卷第二十四光明遍照高贵德王菩萨品第十之四

存9行，行3至16字。起："摩诃萨灭"，讫："地狱从地狱"。北凉昙无谶译。经文见《大正藏》第12册，第507页C栏第20行至第28行。

Дх.06611　阎罗王授记经

此依党燕妮《〈俄藏敦煌文献〉中〈阎罗王授记经〉缀合研究》定名，见《敦煌研究》2007年第2期，第104页至第109页。

Дх.06612　佛说预修十王生七经

存5行，行10字。起："扬智慧风"，讫："天王恒守护"。藏川述。经文见《卍新续藏》第1册，第408页C栏第2行至第11行。经文顺序前后不一致。与背面同经。

Дх.06612V　佛说预修十王生七经

存5行，行10字。起："扬智慧风"，讫："天王恒守护"。藏川述。经文见《卍新续藏》第1册，第408页C栏第8行至第10行。经文顺序前后不一致。与正面同经。

Дх.06613　大般涅槃经卷第九如来性品第四之六

存6行，行3至9字。起："复次善"，讫："罪悉能令"。北凉昙无谶译。经文见《大正藏》第12册，第419页B栏第26行至C栏第2行。

Дх.06614　四分律卷第二十三三十舍堕法

存4行，行2至6字。起："坚致齐整好"，讫："人夺"。后秦佛陀耶舍共竺佛念等译。经文见《大正藏》第22册，第728页B栏第6行至第9行。

Дх.06615　金光明最胜王经卷第二分别三身品第三

存6行，行4至7字。起："如如智得最清净"，讫："佛悉能普"。唐义净译。经文见《大正藏》第16册，第410页B栏第21行至第26行。

Дх.06616　净名经集解关中疏卷下文殊师利品第五

存2行，行12字左右。起："妄之相颠倒"，讫："会释无我"。唐道液述。经文见《大正藏》第85册，第476页A栏第18行至第23行。

Дх.06616V　金刚映卷上

存4行，行5至10字。起："等者□则受"，讫："功德施者□主名"。宝达集。经文见《大正藏》第85册，第53页C栏第11行至第13行。与现刊本相校，文字不同。

Дх.06617　大般涅槃经卷第五如来性品第四之二

存6行，行3至7字。起："故我告摩诃"，讫："供养法"。北凉昙无谶译。经文见《大正藏》第12册，第395页C栏第27行至第396页A栏第3行。

Дх.06618A　阿毗昙八犍度论卷第三十

三残片。其一，存5行，行3至12字。起："善恶行果报"，讫："谛断也"。迦旃延子造、僧伽提婆共竺佛念译。经文见《大正藏》第26册，第913页A栏第17行至第21行。其二，存7行，行2至19字。起："断法"，讫："七持十一人五阴除"。经文见《大正藏》第26册，第912页C栏第4行至第11行。其三，存8行，行4至11字，起："一人一阴摄"，讫："说是见品"。经文见《大正藏》第26册，第913页A栏第3行至第15行。

Дх.06618B　佛说维摩诘经卷上善权品第二

存9行，行3至7字。起："法是身"，讫："神通生"。吴支谦译。经文见《大正藏》第14册，第521页B栏第12行至第21行。另有一残片，存7行，字迹不清。

Дх.06618C　太子须大拏经

存6行，行5至10字。起："州陀言今此"，讫："何时当得道耶"。西秦圣坚译。经文见《大正藏》第3册，第421页A栏第21行至第26行。有异文，行文并不完全一致。

Дх.06619　肇论

存9行，行3至16字。存动寂第十五、穷源第十六、通古第十七。起："禅典唱无缘"，讫："圣非圣"。后秦僧肇作。经文见《大正藏》第45册，第160页C栏第25行至第161页A栏第9行。

Дх.06620　成实论卷第十三四禅品第一百六十八

存11行,行17字。起:"又此禅中",讫:"受不应为"。诃梨跋摩造、后秦鸠摩罗什译。经文见《大正藏》第32册,第342页C栏第17行至第28行。

Дх.06621　校经记录

存11行。首题:"第四度交勘欠字人。"所记为各寺法律,有"台""净""界""龙""金""乾""戒"等。形式上题头为寺名简称,后为人名,人名下小字出校勘字。

Дх.06622　金刚般若波罗蜜经

存8行,行4至12字。起:"何以故如",讫:"聚即非"。北魏菩提流支译。经文见《大正藏》第8册,第753页B栏第21行至第28行。

Дх.06623　佛说佛名经

存2行。录文:"南无无垢意/无。"未检出。

Дх.06624　大方等大集经卷第十九宝幢分中往古品第二

存8行,行1至8字。起:"佛智犹如",讫:"众生寿/有"。北凉昙无谶译。经文见《大正藏》第13册,第131页C栏第9行至第16行。

Дх.06625　妙法莲华经卷第五从地踊出品第十五

存4行,行5至7字。起:"说此经",讫:"相无量光明"。后秦鸠摩罗什译。经文见《大正藏》第9册,第39页C栏第27行至第40页A栏第2行。

Дх.06626A　佛说咒魅经

存5行,行2至8字。起:"千殃",讫:"王来食魅人"。经文见《大正藏》第85册,第1383页C栏第3行至第8行。

Дх.06626B　佛说佛名经卷第十七

存4行。录文:"南无世/南无功/南无城如意/南无旃檀。"失译。经文见《大正藏》第14册,第254页C栏第19行至第22行。

Дх.06627　妙法莲华经卷第三化城喻品第七

存3行,行7字。起:"佛告诸比丘",讫:"三藐三菩"。后秦鸠摩罗什译。经文见《大正藏》第9册,第22页B栏第19行至第21行。

Дх.06628　金刚般若波罗蜜经

存6行。录文:"菩提/也世尊/如是不/须菩提/尊不/身。"后秦鸠摩罗什译。经文见《大正藏》第8册,第749页A栏第17行至第23行。

Дх.06629　佛说维摩诘经卷上佛国品第一

存2行,行3至4字。录文:"品第一/树园与大。"吴支谦译。经文见《大正藏》第14册,第519页A栏第8行至第9行。

Дх.06630　残佛经

存2行。录文:"佛□□去至东/□驰罗。"未检出。

Дх.06631　残片

存2行。录文:"密/散在江。"不可定名。

Дх.06632　太子须大拏经

存6行,行4至5字。起:"山中大",讫:"罗门故徒"。西秦圣坚译。经文见《大正藏》第3册,第422页A栏第22行至第27行。有异文、异体字。

Дх.06633　太子须大拏经

存5行,行3至10字。起:"言今太子",讫:"逢一猎人"。西秦圣坚译。经文见《大正藏》第3册,第421页C栏第21行至第26行。有异文。

Дх.06634　医书

Дх.06635　维摩诘所说经卷上佛国品第一

存7行,行2至8字。起:"常举手菩萨",讫:"菩萨"。后秦鸠摩罗什译。经文见《大正藏》第14册,第537页B栏第5行至第13行。

Дх.06636　食用算会历

存5行。某次活动后的食用算会历。录文:"胡饼贰佰伍枚东窟上欠面/枚油半升胜连欠沙并/欠胡饼拾肆枚欠面壹/欠沙并两枚蒸并/□。"第5行文字不清。

Дх.06636V　人名录

存3行。录文:"杜保成张僧奴□/王再德令狐再兴/□□。"

Дх.06637　金刚般若波罗蜜经

存5行,行2至9字。起:"如来",讫:"阿耨多罗三"。后秦鸠摩罗什译。经文见《大正藏》第8册,第750页C栏第13行至第17行。

Дх.06638 救诸众生一切苦难经

存4行,行7字。起:"天地黑暗",讫:"灭门至心"。经文见《大正藏》第85册,第1461页C栏第15行至第18行。

Дх.06639 Дх.06650 大乘无量寿经

二残片。其一,存7行,行1至15字。起:"梨",讫:"阿喻纥砚娜须"。经文见《大正藏》第19册,第83页B栏第20行至第28行。其二,存6行,行12至18字。全部为陀罗尼。经文见《大正藏》第19册,第83页A栏。

Дх.06640 版画大圣文殊师利菩萨

仅存下部发愿文4行,首可见"殊师利"几字,其余不清。

Дх.06641 胜天王般若波罗蜜经卷第五无所得品第八

存5行,行1至8字。起:"佛/诸佛菩萨",讫:"问何攀缘为"。月婆首那译。经文见《大正藏》第8册,第711页C栏第23行至第712页A栏第2行。

Дх.06642 妙法莲华经卷第七观世音菩萨普门品第二十五

存4行,行1至8字。起:"恭敬礼拜",讫:"六十二亿/药"。后秦鸠摩罗什译。经文见《大正藏》第9册,第57页A栏第10行至第14行。

Дх.06643 救诸众生一切苦难经

存2行,行2至3字。录文:"读诵/天地暗。"经文见《大正藏》第85册,第1461页C栏第18行至第21行。

Дх.06644 般若波罗蜜多心经

存4行,行3至5字。起:"即是空空",讫:"意无色"。唐玄奘译。经文见《大正藏》第8册,第848页C栏第9行至第12行。

Дх.06645 集诸经礼忏仪

存19行,行2至6字。前12行,起:"一切恭敬",讫:"敬礼常"。唐智昇撰。经文见《大正藏》第47册,第456页B栏第6行至第17行。后7行,起:"面犹",讫:"界度众生"。未检出。

Дх.06646 报恩寺经帙

存1行。录文:"四百六十八册七帙八恩。"

Дх.06647 大通方广忏悔灭罪庄严成佛经卷下

存11行,行3至11字。起:"昧从一切",讫:"鄣明知如来"。经文见《大正藏》第85册,第1354页B栏第10行至第18行。

Дх.06648 佛说阿弥陀佛根本秘密神咒经

存7行,行5至8字。起:"树给孤独园",讫:"菩萨摩诃"。北魏菩提流支译。经文见《卍新续藏》第2册,第887页C栏第9行至第14行。

Дх.06649 法华经疏

存4行,未检出。部分经句见于《法华经疏》。

Дх.06650 大乘无量寿经

见Дх.06639。

Дх.06651 佛说天地八阳神咒经

存3行,行4至10字。起:"鄣家富人",讫:"甚得大利益"。唐义净译。经文见《大正藏》第85册,第1423页C栏第26行至第29行。

Дх.06652 金光明最胜王经卷第六四天王护国品第十二

存2行,行9至16字。起:"是经王於",讫:"悦相视和"。唐义净译。经文见《大正藏》第16册,第428页B栏第17行至第19行。

Дх.06653 妙法莲华经卷第二信解品第四

存3行,行3至17字。起:"而昔於菩萨",讫:"皆已得"。后秦鸠摩罗什译。经文见《大正藏》第9册,第17页C栏第6行至第9行。

Дх.06654 Дх.06722 瑶池集

存18行。诗4首。

Дх.06654V Дх.06722V 诗集

存13行。诗3首。

Дх.06655　金光明最胜王经卷第八王法正论品第二十

存9行，行17至20字。起："和风常应节"，尾题："金光明最胜王经卷第八"。后1行经字音。唐义净译。经文见《大正藏》第16册，第443页C栏第23行至第444页A栏第9行。

Дх.06656　妙法莲华经卷第五如来寿量品第十六

存8行，行13至17字。首题："妙法莲华经如来寿量品第十六"，讫："不止而告"。后秦鸠摩罗什译。经文见《大正藏》第9册，第42页A栏第29行至B栏第8行。

Дх.06657　四分律比丘戒本

存7行，行4至9字。起："作是语者僧"，讫："欲坏和合"。后秦佛陀耶舍译。经文见《大正藏》第22册，第1016页B栏第2行至第8行。

Дх.06658　妙法莲华经卷第七观世音菩萨普门品第二十五

存14行，行2至9字。起："之力巍巍"，讫："意言"。后秦鸠摩罗什译。经文见《大正藏》第9册，第57页A栏第1行至第15行。

Дх.06659　金刚般若波罗蜜经

存11行，行9至17字。起："於意云何"，讫："是经典所在"。后秦鸠摩罗什译。经文见《大正藏》第8册，第749页C栏第27行至第750页A栏第10行。

Дх.06660　大方广佛华严经卷第十四兜率天宫菩萨云集赞佛品第二十

存15行，行8至17字。起："摩诃萨以诸根"，讫："菩萨摩"。东晋佛驮跋陀罗译。经文见《大正藏》第9册，第489页B栏第5行至第20行。

Дх.06661　妙法莲华经卷第三授记品第六

存16行，行4至20字。起："琉璃为地"，讫："每惟小乘过"。后秦鸠摩罗什译。经文见《大正藏》第9册，第20页C栏第17行至第21页A栏第9行。

Дх.06662　大智度论卷第七初品中放光释论第十四

存16行，行4至22字。起："千大梵天"，讫："复次是恒河"。龙树菩萨造、后秦鸠摩罗什译。经文见《大正藏》第25册，第113页C栏第21行至第114页A栏第14行。

Дх.06663　金光明最胜王经卷第八大吉祥天女品第十六

存17行，行9至11字。起："典於赡部洲"，讫："於我亦常"。唐义净译。经文见《大正藏》第16册，第439页A栏第4行至第21行。

Дх.06664　佛说华手经卷第六求法品第二十

存18行，行5至21字。起："谓眼诸名字"，讫："义一切众生"。后秦鸠摩罗什译。经文见《大正藏》第16册，第167页B栏第1行至第24行。

Дх.06665　摩诃僧祇律卷第十六明单提九十二事法之五

存15行，行1至23字。起："答言阿阇梨"，讫："菌民念言甚"。东晋佛驮跋陀罗译。经文见《大正藏》第22册，第352页A栏第26行至B栏第14行。

Дх.06666　大般涅槃经卷第二十七师子吼菩萨品第十一之一

存14行，行8至11字。起："菩萨"，讫："言能答一种二"。北凉昙无谶译。经文见《大正藏》第12册，第523页A栏第13行至第28行。

Дх.06667　僧伽吒经卷第四

存6行，行10至17字。起："汝但礼敬"，讫："不求香华为"。月婆首那译。经文见《大正藏》第13册，第976页A栏第9行至第15行。

Дх.06668　大乘无量寿经

陀罗尼。存2行。录文："怛他羯他耶六/底莎婆婆毗底。"经文见《大正藏》第19册，第82页B栏第5行至第8行。

Дх.06669　金光明最胜王经卷第一序品第一

存6行，行3至5字。起："脯时从定而"，讫："虚空吼"。唐义净译。经文见《大正藏》第16册，第403页B栏第26行至C栏第3行。

Дх.06670　金光明最胜王经卷第二分别三身品第三

存4行，行6至7字。起："善男子如是"，讫："所说皆能"。唐义净译。经文见《大正藏》第16册，第410页C栏第8行至第11行。

Дx.06671 佛说天地八阳神咒经

存6行，行2至11字。起："经阳"，讫："声闻天声闻"。唐义净译。经文见《大正藏》第85册，第1424页B栏第22行至第29行。有异文。

Дx.06672 佛说佛名经卷第六

存2行，行2至4字。录文："支佛/净辟支佛。"北魏菩提流支译。经文见《大正藏》第14册，第145页C栏第8行至第9行。残存经文还见于佛名经其他卷中。

Дx.06673 金光明最胜王经卷第一序品第一

存4行，行6至9字。起："云持法菩萨"，讫："大云星藏菩萨"。唐义净译。失译经文见《大正藏》第16册，第403页B栏第17行至第21行。

Дx.06674 佛说佛名经卷第二十一

存21行，行5至19字。前8行上部残，其余行完整。起："乐威德灯佛"，讫："一切皆得"。失译。经文见《大正藏》第14册，第271页B栏第8行至C栏第4行。

Дx.06675 妙法莲华经卷第六功德品第十九至常不轻菩萨品第二十

存33行。前10行下部残缺2至3字，整行30字左右。起："以演此法故"，品题："妙法莲华经常不轻菩萨品第二十"，讫："得阿耨多"。后秦鸠摩罗什译。经文见《大正藏》第9册，第50页B栏第16行至第51页A栏第25行。

Дx.06676 Дx.06700 Дx.06701 Дx.06702 胜天王般若波罗蜜经卷第五无所得品第八至证劝品第九

存六片。其一，卷五品八。存28行，行3至25字。起："问若有"，讫："方便力"。月婆首那译。经文见《大正藏》第8册，第711页C栏第25行至B栏第14行。其二，卷五品八至九。存11行，行3至27字。起："诸佛境"，讫："诃萨修如是等"。经文见《大正藏》第8册，第710页B栏第23行至C栏第13行。下部有7行倒书，行3至14字。起："门总知"，讫："百菩"。经文见《大正藏》第8册，第714页A栏第19行至B栏第1行。其三，卷五品八。存13行，行3至26字。起："忧悲苦恼"，讫："行般若"。经文见《大正藏》第8册，第712页B栏第26行至C栏第17行。其四，卷五品八至九。存29行，行30字。前3行残存上部2至5字，其余行完整。起："告胜天王言"，讫："圣王时王"。经文见《大正藏》第8册，第714页A栏第23行至C栏第17行。其五，卷五品九。存12行，行22至31字。起："功德宝王如来"，讫："头顶礼足"。经文见《大正藏》第8册，第714页C栏第5行至第26行。其六，卷五品九。存15行，行2至28字。起："绕世尊及诸"，讫："故大王菩萨/而不"。经文见《大正藏》第8册，第714页C栏第26行至第715页A栏第21行。

Дx.06677 大乘无量寿经

存15行，行3至13字。起："僧千二百五"，讫："十二沙婆"。经文见《大正藏》第19册，第82页A栏第6行至B栏第7行。

Дx.06678 大般涅槃经卷第八如来性品第四之五

存13行，行17字。起："槃微妙经典"，讫："无量生死常为"。北凉昙无谶译。经文见《大正藏》第12册，第411页C栏第13行至第28行。

Дx.06679 大智度论卷第八初品中放光释论第十四之余

存24行，行16至20字。起："中以无身故"，讫："有人生报得"。龙树菩萨造、后秦鸠摩罗什译。经文见《大正藏》第25册，第117页C栏第13行至第118页A栏第16行。

Дx.06680 妙法莲华经卷第一方便品第二

存15行，行2至14字。起："虽复说三乘"，讫："无量"。写经题记："赵奢。"后秦鸠摩罗什译。经文见《大正藏》第9册，第9页C栏第27行至第10页

A 栏第26行。

Дх.06681 **妙法莲华经卷第七普贤菩萨劝发品第二十八**

存16行,行17字。行完整。起:"进以见我故",讫:"阿婆多尼九"。后秦鸠摩罗什译。经文见《大正藏》第9册,第61页B栏第6行至第21行。

Дх.06682 **大般涅槃经卷第二十五光明遍照高贵德王菩萨品第十之五**

存8行,行4至12字。起:"教人正见",讫:"善男子知空中"。北凉昙无谶译。经文见《大正藏》第12册,第510页C栏第29行至第511页A栏第8行。

Дх.06683 **残佛经**

存20行,行3字。起:"在会名",讫:"向前三"。待定名。

Дх.06684 Дх.06729 **梁朝傅大士颂金刚经**

正背两面存34行,行7至14字。首题:"金刚般若波罗蜜经后秦罗什译",品题:"法会因由分第一、善现起请分第二、大乘正宗分第三、妙行无住",讫:"以故若菩萨"。经文见《大正藏》第85册,第1页C栏第18行至第29行。无弥勒颂。

Дх.06685 **鼻奈耶卷第三僧残法之一**

存7行,行9至20字。起:"肩右膝著地",讫:"不应行云何"。后秦竺佛念译。经文见《大正藏》第24册,第862页B栏第21行至C栏第5行。

Дх.06686 **馆藏缺**

Дх.06687 **金光明最胜王经卷第一序品第一**

存7行,行2至13字。起:"云除/萨如是等无量",讫:"子法/童子"。唐义净译。经文见《大正藏》第16册,第403页B栏第25行至C栏第1行。

Дх.06688 **妙法莲华经卷第三化城喻品第七**

存8行,行1至6字。起:"梵/尊转於法轮",讫:"下方亦复"。后秦鸠摩罗什译。经文见《大正藏》第9册,第24页B栏第2行至第10行。

Дх.06689 **金刚般若波罗蜜经**

存6行,行3至7字。起:"千万亿",讫:"善男子善女人"。后秦鸠摩罗什译。经文见《大正藏》第8册,第751页A栏第3行至第8行。

Дх.06690 **观世音菩萨秘密藏如意轮陀罗尼神咒经**

存7行,行6至10字。起:"萨秘密藏/陀罗尼品第一",讫:"大慈大悲许"。唐实叉难陀译。经文见《大正藏》第20册,第197页B栏第22行至C栏第2行。

Дх.06691 **陀罗尼**

存4行。未检出。

Дх.06692 **金光明最胜王经卷第六四天王护国品第十二**

二残片。其一,存8行,行8至9字。起:"增益一切人天",讫:"说法师以智光"。唐义净译。经文见《大正藏》第16册,第432页B栏第23行至C栏第1行。其二,存3行,录文:"於此世界诸天众/悉共听受此经王/若人听受此经王。"经文见《大正藏》第16册,第432页B栏第20行至第22行。第二片在前。

Дх.06693 **唯识胜义**

存7行。未检出。

Дх.06694 **大般涅槃经经题**

录文:"大般涅槃经题卷三。"

Дх.06695 **便粟历**

存8行。录文:"□□王曹七领粟壹硕秋壹/九日张恒子便粟两硕秋叁/日吴留住便粟两硕秋叁/张员住便粟/护便粟/五日曹富达便粟叁/十九日张憨奴便粟两硕秋叁/二日曹□□便。"

Дх.06696 **大般若波罗蜜多经题签**

录文:"大般若波罗蜜多经卷第四百九十九。"

Дх.06697 Дх.06714 **佛说无量寿宗要经**

存6行,行3至14字。起:"输底摩",讫:"声普闻"。经文见《大正藏》第19册,第84页C栏第14行至第19行。

Дх.06697V Дх.06714V **社司转帖**

存1行，总5字。录文："社司转帖□。"

Дх.06698 符箓

存符3个，下有释文7行。录文："官/寅日见□/以天文□/卯日见□朝害子/不出九十日必有/辰日见□朝/不出六十日必害。"

Дх.06699 悲华经卷第五

存13行，行3至18字。起："善目佛"，讫："去吾我常"。佛名部分参见北凉昙无谶译《悲华经卷第五诸菩萨本授记品第四之三》。经文见《大正藏》第3册，第197页B栏第23行至C栏第9行。佛名前无序号，佛名后经文未检出。

Дх.06700　Дх.06701　Дх.06702　胜天王般若波罗蜜经卷第五无所得品第八至证劝品第九

见Дх.06676。

Дх.06703　Дх.06755　Дх.06766　般若波罗蜜多心经

存18行，行8至18字。首题："般若波罗蜜多心经"，尾题："多心经一卷"。唐玄奘译。经文见《大正藏》第8册，第848页C栏第3行至第24行。

Дх.06704 金光明最胜王经卷第六四天王护国品第十二

存3行，行15至16字。起："不可思议"，讫："无怨敌及"。唐义净译。经文见《大正藏》第16册，第428页B栏第6行至第9行。

Дх.06705 大般涅槃经卷第八如来性品第四之五

存8行，行5至17字。起："无我之所"，讫："亦复如是"。北凉昙无谶译。经文见《大正藏》第12册，第411页C栏第28行至第412页A栏第6行。

Дх.06706 妙法莲华经卷第六药王菩萨本事品第二十三

存16行，行2至18字。起："灭魔/阎浮提"，尾题："妙法莲华经卷第六"。后秦鸠摩罗什译。经文见《大正藏》第9册，第54页C栏第21行至第55页A栏第9行。

Дх.06707 大般若波罗蜜多经题签

录文："大般若波罗蜜多经卷第五百七十七五十八莲。"

Дх.06708 己卯年五月九日马军某男海宜贷绢契

见Дх.01303。

Дх.06709　Дх.06712　Дх.06738 净名经集解关中疏卷上

存12行，行8至28字。首题："上/资圣寺沙门道液集"，讫："维摩诘经"。经文见《大正藏》第85册，第440页A栏第10行至B栏第1行。

Дх.06710 大般若波罗蜜多经卷第六十四初分无所得品第十八之四

存8行，行2至4字。录文："界及/触为缘所/为缘所/缘所生诸/无所有/触为缘所/诸受性/诸受。"唐玄奘译。经文见《大正藏》第5册，第359页C栏第21行至第27行。

Дх.06711 法苑珠林卷第三十六引证部第二

存5行，行3至15字。起："希有/喜无量回为"，讫："名槃头末"。唐道世撰。经文见《大正藏》第53册，第568页C栏第11行至第18行。

Дх.06712 净名经集解关中疏卷上

见Дх.06709。

Дх.06713 佛说佛名经卷第三十

存4行，行4至6字。录文："龙树菩萨/净眼菩萨/无量童真菩萨/无度难菩萨。"失译。经文见《大正藏》第14册，第304页B栏第26行至第29行。

Дх.06714 佛说无量寿宗要经

见Дх.06697。

Дх.06714V 社司转帖

见Дх.06697V。

Дх.06715 佛说佛名经

存6行，行7至12字。起："长者子本意经"，讫："南无毗"。未检出。

Дх.06716 某人邈真赞

存11行，行7至14字。录文："□□□□驮骍而乘/之后凋惜蓊菲之上□/不识贤与不贤莫/形举动喜见颜色□/固若是矣若岩者出自□/后不轩生无益于时死□□于数/人碌碌同于诸子即欲叨承青眼之/伏惟公才吞既往道贯将来志忽/侯如草芥亦何肯倒屣迎于曲艺解/流盼矜覆簣之旁引滥觞之文则/□□□词书后□□□。"

Дx.06717 大般若波罗蜜多经卷第五百五十二第四分善友品第二十二之二

存8行，行4至7字。起："因缘是菩",讫："及诸菩萨"。唐玄奘译。经文见《大正藏》第7册，第843页C栏第6行至第13行。

Дx.06718 大般若波罗蜜多经卷第五百五十二第四分善友品第二十二之二

存8行，行4至7字。起："偻癫疴痈疽",讫："离虚诳语离"。唐玄奘译。经文见《大正藏》第7册，第846页C栏第26行至第847页A栏第3行。

Дx.06719 妙法莲华经卷第七观世音菩萨普门品第二十五

存10行，行3至4字。起："名者设",讫："难以是"。后秦鸠摩罗什译。经文见《大正藏》第9册，第56页C栏第9行至第15行。

Дx.06720 金刚般若波罗蜜经

存5行，行3至6字。起："僧祇劫",讫："乃至算数"。后秦鸠摩罗什译。经文见《大正藏》第8册，第750页C栏第28行至第751页A栏第3行。

Дx.06721 金刚般若波罗蜜经

存2行。录文："所说皆大欢喜信奉受行/金刚般若波罗蜜经。"后秦鸠摩罗什译。经文见《大正藏》第8册，第752页C栏第2行至第3行。经文中有5行藏文。

Дx.06721V 藏文残片

Дx.06722 瑶池集

见Дx.06654。

Дx.06722V 诗集

见Дx.06654V。

Дx.06723 大般若波罗蜜多经卷第二十三初分教诫教授品第七之十三

存6行，行1至3字。录文："不/增语及/即非有/语是菩/远离增/我言即。"唐玄奘译。经文见《大正藏》第5册，第130页B栏第6行至第11行。

Дx.06724 胜天王般若波罗蜜经卷第五无所得品第八

存7行，行5至11字。起："文字亦离言语",讫："虚妄分别"。月婆首那译。经文见《大正藏》第8册，第711页C栏第19行至第712页A栏第1行。

Дx.06725 金光明最胜王经卷第三灭业障品第五

存6行，行6至8字。起："百光明佛",讫："三菩提转无上"。唐义净译。经文见《大正藏》第16册，第416页B栏第1行至第6行。

Дx.06726 妙法莲华经卷第六药王菩萨本事品第二十三

存4行，行2至6字。录文："喜赞善者是人/毛孔中常出牛/故宿王华/於汝。"后秦鸠摩罗什译。经文见《大正藏》第9册，第54页C栏第18行至第21行。

Дx.06727 馆藏缺

Дx.06728 药方

见Дx.03828。

Дx.06728V 便粮历

见Дx.03828V。

Дx.06729 梁朝傅大士颂金刚经

见Дx.06684。

Дx.06730 金光明最胜王经卷第七无染著陀罗尼品第十三

存4行。录文："佛言世尊/者非方/善哉/大乘重尊。"唐义净译。经文见《大正藏》第16册，第432页C栏第20行至第23行。

Дx.06731 金光明最胜王经卷第七无染著陀罗尼品第十三

存4行，行4至7字。起："於诸女中",讫："天女犹称尊"。唐义净译。经文见《大正藏》第16册，第437页B栏第11行至第12行。

Дx.06732 妙法莲华经卷第七观世音菩萨普门品第二十五

存3行。录文："巍如是若有/菩萨便得离/菩萨便得离。"后秦鸠摩罗什译。经文见《大正藏》第9册，第56页A栏第1行至第3行。

Дx.06733 残佛经

存3行。录文："其寿/汪牵□/有东西不仁。"

Дx.06734 文殊师利佛土严净经

存5行，行8至10字。起："至戒慧护节"，讫："不可得边"。西晋竺法护译。经文见《大正藏》第11册，第891页A栏第22行至B栏第2行。有异文。经文"护节"，现刊本为"护戒"。

Дx.06735 金光明最胜王经卷第六四天王护国品第十二

存4行。录文："世尊梵王/多无量/众说金/那庚多。"唐义净译。经文见《大正藏》第16册，第430页A栏第25行至第28行。

Дx.06736 大般涅槃经题签

录文："大般涅槃经卷第卅四。"

Дx.06737 文殊师利佛土严净经

存3行，行3至7字。起："今彼释师子"，讫："以是故"。西晋竺法护译。经文见《大正藏》第11册，第891页A栏第19行至第21行。

Дx.06738 净名经集解关中疏卷上

见Дx.06709。

Дx.06739 妙法莲华经卷第七观世音菩萨普门品第二十五

存3行，行4至7字。起："即现帝释身"，讫："身得度者"。后秦鸠摩罗什译。经文见《大正藏》第9册，第57页A栏第28行至B栏第2行。

Дx.06740 集诸经礼忏仪

存3行。录文："人身不念佛/至心皈命礼阿/古因。"未检出。

Дx.06741 胜天王般若波罗蜜经卷第四现相品第七

存5行，行1至11字。起："师智大悲庄严"，讫："重叠掌/行"。月婆首那译。经文见《大正藏》第8册，第710页A栏第4行至第11行。

Дx.06742 妙法莲华经卷第二信解品第四

存5行，行4至9字。起："果於无漏法"，讫："天人魔梵"。后秦鸠摩罗什译。经文见《大正藏》第9册，第18页C栏第16行至第22行。

Дx.06743 版画大圣文殊师利菩萨

上部全残，仅存下部发愿文5残行。起："师利大圣真仪"，讫："礼敬称扬扬"。

Дx.06744 金光明最胜王经卷第八大辩才天女品第十五之二

存9行，行6字。起："独觉圣者妙辩"，讫："室唎末多妙辩"。唐义净译。经文见《大正藏》第16册，第438页A栏第8行至第16行。

Дx.06745 佛说像法决疑经

存9行，行7至16字。起："无量菩萨各"，尾题："法决疑经一卷"。经文见《大正藏》第85册，第1338页C栏第10行至第18行。

Дx.06746 水陆道场发愿文

存14行。录文："不善不吉逐咒力而消/除辜命负射领斯福/解仇怨结幽冥显睹/灯光加备威神水陆湿/生遇食兹悉令满足遂/使他方菩萨降会莲/宫异境灵祇咸臻此府/伏愿药王菩萨悲愍有情本船夜迩不行/毒气/日就斯坛证盟而上福/因垂济鸿悲罪自消除/以斯结坛散食功德燃/灯舍施福因总用庄严/先用奉资梵释四王龙天。"卷中"菩萨"二字用合体字。似为册页装。与背部同一内容，背后接抄正面。

Дx.06746V 水陆道场发愿文

存13行。录文："八部伏愿威光盛神力/昌镇婆娑护法界使年/消九横国有万喜月弥/三灾境纳千祥之庆又持/加以翘情善境假百/秉以为心十信冥怀/大竖三之福是以金经/罢启王转轴还终散食/结坛鹰资军国是/时也寒光敛色阳气思/舒结胜坛以弥千殃舍/珍射祈恩方劫所有/伏闻大雄方便□天

□救苦拔厄□□十二月。"接抄正面。

Дх.06747A 妙法莲华经卷第七观世音菩萨普门品第二十五

存12行,行3至7字。起:"多瞋恚悉",讫:"善男子"。后秦鸠摩罗什译。经文见《大正藏》第9册,第57页A栏第3行至第15行。

Дх.06747B 妙法莲华经卷第五安乐行品第十四

存5行。录文:"说法无/优婆/经行处若/宜说法无/不应於女。"后秦鸠摩罗什译。经文见《大正藏》第9册,第37页A栏第27行至B栏第3行。

Дх.06748 大般涅槃经卷第一至卷第二

存9行。首2行,录文:"乃至十方亦复如/光者罪垢烦恼一切。"为北凉昙无谶译《大般涅槃经卷第一寿命品第一》。经文见《大正藏》第12册,第365页C栏第16行至第17行。后7行,起:"众生普得具足",讫:"般若波罗蜜"。为《大般涅槃经卷第二寿命品第一之二》。经文见《大正藏》第12册,第372页A栏第14行至第20行。

Дх.06749 愿文

存13行。录文:"界自在□□/国四王散首镇□/察命司录天□/斋护戒护/欲诸仙旷野丘陵/牛头狱卒鸠槃荼/湿化蠢动舍灵□/者他心通者悉愿/悔忏已后永断相续/一切诸佛大慈大/弟子某甲等□□场/身流浪生死妄□烦恼□/非无量无边或造五逆无间。"

Дх.06750 大般若波罗蜜多经卷第三百四十八初分无尽品第五十九之二

存4行,行17字。起:"多四正断四",讫:"应引般若波"。唐玄奘译。经文见《大正藏》第6册,第787页A栏第2行至第6行。

Дх.06751 金光明最胜王经卷第八坚牢地神品第十八

存4行,行7至11字。起:"安乐一切若有",讫:"众病降伏怨敌"。唐义净译。经文见《大正藏》第16册,第440页C栏第22行至第26行。

Дх.06752 金刚般若波罗蜜经

存11行,行4至8字。起:"佛法者即",讫:"能作是念"。后秦鸠摩罗什译。经文见《大正藏》第8册,第749页B栏第25行至C栏第4行。

Дх.06753 礼记

存9行,行2至10字。录文:"将驾/奋衣由右/立君出就车则仆/驱而驺至于大门君抚仆/间沟渠必步凡仆人之/受不然则否若仆/之客车不入大门妇人不/或黄发下卿位入国不驰/有不往。"参见《礼记集记卷九》。

Дх.06753V 梁太守庄丘诗

存7行。录文:"我有数行泪/为若尽饼洒/梁太守庄丘/句一首五言高/独有当/郎王藉入/林逾静。"

Дх.06754 Дх.06767 佛说观无量寿佛经

存14行,行4至17字。起:"宫复有国土",讫:"者孝养父"。宋畺良耶舍译。经文见《大正藏》第12册,第341页B栏第25行至C栏第9行。

Дх.06755 般若波罗蜜多心经

见Дх.06703。

Дх.06756 瑜伽师地开释分门记五识身相应地等前十二地同卷

存3行。录文:"二色界四无色界/第分三一福业二非福/分。"经文见《大正藏》第85册,第819页C栏第29行至第820页A栏第1行。

Дх.06757 大般若波罗蜜多经题签

录文:"大般若波罗蜜多经卷第五百卅五。"

Дх.06758 大佛顶如来密因修证了义诸菩萨万行首楞严经题签

录文:"大佛顶经卷第一。"

Дх.06759 佛顶尊胜陀罗尼经

存4行,行3至8字。起:"如是乘斯善",讫:"皆消灭"。唐佛陀波利译。经文见《大正藏》第19册,第351页B栏第4行至第8行。

Дх.06760 大般若波罗蜜多经卷第六十四初分无

所得品第十八之四

存5行，行4至6字。起："可得故菩"，讫："所生诸受色"。唐玄奘译。经文见《大正藏》第5册，第359页B栏第7行至第11行。

Дx.06761 占卜书

存7行。录文："大善汤死苏卯日女重男轻/申日病者於死何从知之申矣/送天上密□人命故之不死/者头痛手足心腹祟在丈人□/解之吉尔母不障寅日大善□/死有乡女轻男重/苏□□□伺从知之操者悔。"

Дx.06761V 占卜书

存7行。录文："魅天上□□收人命故知小困/病者头痛四支寒热祟在丈人/外鬼解谢之吉丑日小降卯日大善/生死在巳日男轻女重/戌日病者大困何以知之戌者天/天上北君注收人命文案故知/困病者头痛面腰背上气祟。"

Дx.06762 金刚般若波罗蜜经

存8行，行7字。起："与大比丘众"，讫："应云何住"。后秦鸠摩罗什译。经文见《大正藏》第8册，第748页C栏第21行至第28行。

Дx.06763 药师琉璃光如来本愿功德经

存16行，行4至16字。起："师琉璃光"，尾题"本愿功德经"。唐玄奘译。经文见《大正藏》第14册，第408页B栏第8行至第25行。

Дx.06764 佛说无量寿宗要经

存7行，行15至28字。起："力能成正觉"，尾题"佛说无量寿宗要经"。经文见《大正藏》第19册，第84页C栏第19行至第29行。尾题前有一行杂写。录文："雷電□电。"

Дx.06765 救诸众生一切苦难经

存3行，行25字左右。首题："救诸众生苦难经"，讫："其中愚疑惧"。经文见《大正藏》第85册，第1461页C栏第6行至第13行。此经虽只存3行，却可补现刊本前部缺失。

Дx.06765V 社司转帖

杂写"社司转帖"3次。

Дx.06766 般若波罗蜜多心经

见Дx.06703。

Дx.06767 佛说观无量寿佛经

见Дx.06754。

Дx.06768 大般若波罗蜜多经卷第八十一初分天帝品第二十二之五

存11行。首行残存1字，其他行17字。起："故舍利子菩萨"，讫："非住非不"。唐玄奘译。经文见《大正藏》第5册，第453页A栏第20行至B栏第3行。

Дx.06769 文殊师利佛土严净经

存11行，行3至7字。起："欲断"，讫："於时王"。西晋竺法护译。经文见《大正藏》第11册，第891页B栏第13行至C栏第4行。

Дx.06770 愿文

存4行。录文："乞闻法盖遐临慈雪庆集三明发辉于金镜七/净浣藻帙旒浮圣海而通祥运航舟而接扬/是以弘宗广阐至教阔涯洽沙界之含灵谕婆/婆之群品我佛威力赞不思议圣德。"

Дx.06771 妙法莲华经卷第三化城喻品第七

存27行，行6至20字。起："宴寂后宣扬"，尾题："妙法莲华经卷第三"。经文见《大正藏》第9册，第26页C栏第16行至第27页B栏第9行。

Дx.06772 大般涅槃经卷第十八梵行品第八之四

存20行，行1至10字。起："不/为众生故"，讫："可思议善"。北凉昙无谶译。经文见《大正藏》第12册，第471页A栏第26行至B栏第15行。

Дx.06773 瑜伽师地开释分门记五识身相应地等前十二地同卷

存24行，行4至25字。行书。起："生湿生明流转"，讫："问二答"。经文见《大正藏》第85册，第819页C栏第28行至第820页B栏第12行。

Дx.06774 佛说无量寿宗要经

存21行，行34字左右。起："书写是无量寿经",讫:"婆利落莎诃"。经文见《大正藏》第19册,第84页A栏第9行至C栏第14行。

Дx.06775 金光明最胜王经卷第五莲华喻赞品第七

存22行,行7字。起:"身光照耀如金色",讫:"有缘所在觉群迷"。唐义净译。经文见《大正藏》第16册,第422页C栏第7行至第28行。有异文。

Дx.06776 佛说观佛三昧海经本行品第八

存6行。录文:"舒自/得为/称南无阿弥陀佛佛如严/色光犹如日轮/佛如来两膝骨/佛如严足跟圆。"经文见《藏外佛教文献》第3册,第412页A栏第1行至第9行。此经又名《佛说相好经》,为假托佛说所撰经典。作者不详。

Дx.06777 大般涅槃经卷第二十一光明遍照高贵德王菩萨品第十

存6行。录文:"何/者是/於因/之道/法不/因。"北凉昙无谶译。经文见《大正藏》第12册,第489页A栏第8行至第13行。

Дx.06778 残佛经

存3行。录文:"号以一/誓灭猛火/波罗蜜。"不可定名。

Дx.06779 增壹阿含经卷第四十一马王品第四十五

存3行。录文:"梵志/再三白/界此女无比佛。"僧伽提婆译。经文见《大正藏》第2册,第769页C栏第2行至第4行。

Дx.06780 大方广十轮经卷第三灌顶喻品第四

存4行。录文:"那罗摩睺罗/者相谓言如是灌/应为转轮圣王统/国政。"失译。经文见《大正藏》第13册,第692页A栏第15行至第18行。

Дx.06781 妙法莲华经卷第一序品第一

存7行,行1至5字。起:"若斯及千",讫:"菩萨/萨"。后秦鸠摩罗什译。经文见《大正藏》第9册,第3页A栏第5行至第13行。

Дx.06782 佛说灌顶随愿往生十方净土经卷第十一

存4行。录文:"告普广菩萨/终之日愿生/菩萨无鞅数/随愿往。"东晋帛尸梨蜜多罗译。经文见《大正藏》第21册,第529页A栏第15行至第18行。

Дx.06783 大般涅槃经卷第三十六迦叶菩萨品第十二之四

存3行,行3至4字。录文:"菩萨言世/男子世/者断一。"北凉昙无谶译。经文见《大正藏》第12册,第580页A栏第2行至第4行。

Дx.06784 大智度论卷第五十七释宝塔校量品第三十二

存5行,行4至8字。起:"甚多复置",讫:"忆念不"。龙树菩萨造、后秦鸠摩罗什译。经文见《大正藏》第25册,第466页C栏第24行至第28行。

Дx.06785 妙法莲华经卷第二信解品第四

存2行。录文:"华经/菩提摩。"后秦鸠摩罗什译。经文见《大正藏》第9册,第16页B栏第7行至第8行。

Дx.06786 大般涅槃经卷第三十二师子吼菩萨品第十一之六

存3行,行7至9字。起:"众生佛性",讫:"六者大身"。北凉昙无谶译。经文见《大正藏》第12册,第559页B栏第1行至第3行。

Дx.06787 妙法莲华经卷第七妙庄严王本事品第二十七

存4行,行3至6字。录文:"妙之色时/等见是妙庄严/法中作比/婆罗树。"后秦鸠摩罗什译。经文见《大正藏》第9册,第60页B栏第20行至第23行。

Дx.06788 妙法莲华经卷第七妙庄严王本事品第二十七

存2行。录文:"如是种种变化现身在此/是经典於神通变。"后秦鸠摩罗什译。经文见《大正藏》第9册,第56页A栏第28行至第29行。

Дx.06789 残佛经

存3行,行1字。录文:"尔/量/国。"

Дx.06790 妙法莲华经卷第五安乐行品第十四

存4行。录文："悲於/应生恭敬/破於憍慢/心字。"后秦鸠摩罗什译。经文见《大正藏》第9册，第38页B栏第26行至C栏第1行。

Дх.06791 残佛经

存4行。录文："者/者少愚痴/地居者多/不敬。"待定名。

Дх.06792 大般涅槃经卷第二十八师子吼菩萨品第十一之二

存3行。录文："者常乐/说十二部经是名/何等为。"北凉昙无谶译。经文见《大正藏》第12册，第533页C栏第11行至第13行。

Дх.06793 金刚般若波罗蜜经

存2行。录文："界七宝/得成於忍此。"北魏菩提流支译。经文见《大正藏》第8册，第753页B栏第26行至第27行。

Дх.06794 妙法莲华经卷第一方便品第二

存1行，总5字。录文："如是大果报。"后秦鸠摩罗什译。经文见《大正藏》第9册，第5页C栏第23行。此句别经亦有。

Дх.06795 大唐后三藏圣教序

存5行。录文："三藏圣教序御制/空无像非像教无以译/于三千鹫岭玄门/金人感梦/逗根机而演教。"武则天制。

Дх.06796 药师琉璃光如来本愿功德经

存3行，行6至9字。起："天人师佛"，讫："皆得"。唐玄奘译。经文见《大正藏》第14册，第405页A栏第4行至第6行。

Дх.06797 燃灯文

存4行。录文："影飞口/黑暗狱中蒙/皆同一字然/因先用庄严。"参见黄征、吴伟《敦煌愿文集》，岳麓书社，1995年，第37页。

Дх.06798 大般若波罗蜜多经题签

录文："蜜多经卷。"

Дх.06799 残佛经

存4行。未检出。

Дх.06800 妙法莲华经卷第二譬喻品第三

存2行。录文："口气常臭/使多病消瘦。"后秦鸠摩罗什译。经文见《大正藏》第9册，第15页C栏第17行至第19行。

Дх.06801 大般若波罗蜜多经

存3行。录文："一切智/净若/现一。"极残，不可确指卷品。

Дх.06802 四分律比丘戒本

存4行。录文："酥/波逸提/求雨浴衣半月/半月前用。"后秦佛陀耶舍译。经文见《大正藏》第22册，第1018页A栏第19行至第22行。

Дх.06803 妙法莲华经卷第七观世音菩萨普门品第二十五

存3行。录文："观世音/众生汝等若称/脱众商人闻俱发声。"后秦鸠摩罗什译。经文见《大正藏》第9册，第56页C栏第25行至第28行。

Дх.06804 佛藏经卷中净戒品之余

存3行。录文："若人邪淫时多/口绮语贪嫉/多舍利弗。"后秦鸠摩罗什译。经文见《大正藏》第15册，第791页C栏第16行至第19行。

Дх.06805 妙法莲华经卷第七观世音菩萨普门品第二十五

存4行。录文："当得解脱/音菩萨称其/菩萨摩诃/念恭敬观世音。"后秦鸠摩罗什译。经文见《大正藏》第9册，第56页C栏第27行至第57页A栏第2行。

Дх.06806 道德经顺硃

Дх.06807 佛说观药王药上二菩萨经

存4行，行7至10字。起："丘前宜发"，讫："成实不虚"。宋疆良耶舍译。经文见《大正藏》第20册，第665页B栏第26行至第29行。

Дх.06808 大般若波罗蜜多经卷第二百四十初分难信解品第三十四之五十九

存4行，行3至13字。起："味触法"，讫："眼界清净故"。唐玄奘译。经文见《大正藏》第6册，第

211页C栏第20行至第24行。

Дх.06809 中本起经卷下须达品第七

存3行。录文:"发布地求/愿行此发/门者。"后汉昙果共康孟详译。经文见《大正藏》第4册,第159页B栏第1行至第3行。

Дх.06810 残佛经

存4行。录文:"者节解尽/境界满/受五十中有/五十骨□。"待定名。

Дх.06811 民族文字残片

Дх.06812 道行般若经卷第三摩诃般若波罗蜜泥犁品第五

存3行。录文:"见离般若/如行般若波/般若波罗。"后汉支娄迦谶译。经文见《大正藏》第8册,第440页C栏第9行至第11行。

Дх.06812V 肇论开宗第一

存2行。录文:"力负无以/其容二听。"后秦僧肇作。经文见《大正藏》第45册,第157页C栏第8行至第10行。

Дх.06813 大般涅槃经卷第二十二光明遍照高贵德王菩萨品第十之二

存3行,行6至10字。起:"除无明是",讫:"非漏复次一"。北凉昙无谶译。经文见《大正藏》第12册,第495页B栏第27行至29行。

Дх.06814 摩诃般若波罗蜜经卷第十三闻持品第四十五

存5行。录文:"念处/十力乃至云/语舍利弗/女人不久/蜜毗。"后秦鸠摩罗什译。经文见《大正藏》第8册,第313页C栏第3行至第7行。

Дх.06815 佛说救疾经

存2行。录文:"先愿世尊/众魔恶鬼。"经文见《大正藏》第85册,第1361页C栏第26行至第27行。

Дх.06816 妙法莲华经卷第七观世音菩萨普门品第二十五

存3行。录文:"妙法莲华/尔时无尽/向佛。"后秦鸠摩罗什译。经文见《大正藏》第9册,第56页C栏第1行至第4行。

Дх.06817 佛经论释

存5行。行书。待定名。

Дх.06818 达摩多罗禅经卷第二修行观入第十六

二残片,同经同品。其一,存6行,行7至18字。行书。起:"乐修行如是以三昧",讫:"观十二因缘第十"。东晋佛驮跋陀罗译。经文见《大正藏》第15册,第322页C栏第20行至第26行。其二,存6行,行8至20字。起:"更现清净妙",讫:"逐五色"。经文见《大正藏》第15册,第322页C栏第9行至第16行。后片内容在前。中缺2行左右。

Дх.06819 金光明经卷第三鬼神品第十三

存8行,行6至9字。起:"诸鬼神等",讫:"阿修罗"。北凉昙无谶译。经文见《大正藏》第16册,第350页A栏第11行至第20行。

Дх.06820 佛经论释

存10行。行书。待定名。

Дх.06821 大方等大集经卷第二十九无尽意菩萨品第十二之三

存6行,行2至7字。起:"是眼",讫:"舍故是眼"。宋智严共宝云译。经文见《大正藏》第13册,第201页C栏第4行至第8行。

Дх.06822 大般涅槃经卷第十一切大众所问品第五

存10行,行2至5字。起:"睐罗",讫:"是旃陀"。北凉昙无谶译。经文见《大正藏》第12册,第424页C栏第5行至第20行。

Дх.06823 佛说华手经卷第六三昧品第十九

存7行,行2至10字。起:"无/根三昧从",讫:"入佛不现声"。后秦鸠摩罗什译。经文见《大正藏》第16册,第116页C栏第6行至第12行。

Дх.06824 金光明经卷第三授记品第十四

存8行,行3至7字。起:"夫天人",讫:"如净琉"。北凉昙无谶译。经文见《大正藏》第16册,第351页A栏第15行至第21行。

Дx.06825 Дx.06858 Дx.06862 **佛说称扬诸佛功德经卷上**

二残片。其一，存6行，行4至7字。起："御天人师"，讫："光明如来至真"。北魏吉迦夜译。经文见《大正藏》第14册，第87页B栏第26行至C栏第2行。其二，存3行，行1至6字。录文："界/正觉明行成善/号曰众祐度。"经文见《大正藏》第14册，第87页C栏第8行至第10行。

Дx.06826 **四分律比丘戒本**

存5行，行4至5字。起："名不定法"，讫："一一治若"。后秦佛陀耶舍译。经文见《大正藏》第22册，第1017页A栏第9行至第14行。有异文。相同经文还见于《弥沙塞部和醯五分律》等。

Дx.06827 **妙法莲华经卷第六法师功德品第十九**

存6行，行3至8字。起："清净好"，讫："安住於"。后秦鸠摩罗什译。经文见《大正藏》第9册，第48页A栏第13行至第23行。

Дx.06828 **大般若波罗蜜多经卷第四百六十二第二分巧便品第六十八之三**

存6行，行2至6字。起："行深般若"，讫："时非"。唐玄奘译。经文见《大正藏》第7册，第334页B栏第23行至第28行。

Дx.06829 **大般涅槃经卷第二十二光明遍照高贵德王菩萨品第十之二**

存10行，行4至8字。起："性之法乃"，讫："是故为"。北凉昙无谶译。经文见《大正藏》第12册，第495页A栏第24行至B栏第5行。

Дx.06830 **成实论卷第七三业品第一百**

存9行，行2至15字。起："人至死/人好心施食"，讫："非福因因何/若人"。诃梨跋摩造、后秦鸠摩罗什译。经文见《大正藏》第32册，第292页A栏第13行至第21行。

Дx.06831 **大方广佛华严经卷第三十四宝王如来性起品第三十二之二**

存8行，行3至6字。起："提器中"，讫："所应化示"。东晋佛驮跋陀罗译。经文见《大正藏》第9册，第617页A栏第23行至B栏第1行。

Дx.06832 **信力入印法门经卷第三**

存6行，行2至10字。起："者所谓"，讫："是名"。北魏昙摩流支译。经文见《大正藏》第10册，第945页C栏第18行至第22行。

Дx.06833 **维摩诘所说经卷中文殊师利问疾品第五**

存5行，行5至12字。起："受身是菩萨"，讫："行禅定解脱"。后秦鸠摩罗什译。经文见《大正藏》第14册，第545页C栏第9行至第14行。

Дx.06834 **妙法莲华经卷第三化城喻品第七**

存6行，行3至15字。起："闻弟子"，讫："法诸比"。后秦鸠摩罗什译。经文见《大正藏》第9册，第25页C栏第14行至第20行。

Дx.06835 **大般涅槃经卷第十三圣行品第七之三**

存5行，行3至5字。起："诸受有无"，讫："我于"。北凉昙无谶译。经文见《大正藏》第12册，第442页C栏第9行至第13行

Дx.06836 **大般涅槃经卷第六如来性品第四之三**

存9行，行6至9字。起："闻其所说悉"，讫："受戒者即与大众"。北凉昙无谶译。经文见《大正藏》第12册，第399页B栏第8行至第17行。

Дx.06837 **大方广佛华严经卷第六十入法界品第三十四之十七**

存5行，行3至8字。起："一切刹"，讫："道场见一切"。东晋佛驮跋陀罗译。经文见《大正藏》第9册，第784页A栏第10行至第15行。

Дx.06838 **大般涅槃经卷第二十八师子吼菩萨品第十一之二**

存6行，行3至9字。起："无退者善男子如"，讫："得成阿褥"。北凉昙无谶译。经文见《大正藏》第12册，第534页C栏第8行至第13行。

Дx.06839 **大般涅槃经卷第十七梵行品第八之三之四**

存9行，行3至7字。起："净其身以身"，讫："菩

萨所"。北凉昙无谶译。经文见《大正藏》第12册，第467页C栏第28行至第468页A栏第13行。分卷与现刊本不同，后2行在品第八之四中。

Дх.06840　大般涅槃经卷第六如来性品第四之三

存2行。录文："男子/经书持读。"北凉昙无谶译。经文见《大正藏》第12册，第399页B栏第18行至第19行。

Дх.06841　大般涅槃经卷第八如来性品第四之五

存10行，行2至4字。起："随意所"，讫："臣等"。北凉昙无谶译。经文见《大正藏》第12册，第412页B栏第28行至C栏第8行。

Дх.06842　大般涅槃经卷第八如来性品第四之五

存4行。录文："相住在心中/如诸臣不知/种分别妄/次第相续。"北凉昙无谶译。经文见《大正藏》第12册，第412页C栏第20行至第23行。

Дх.06842V　杂写

字迹不清。

Дх.06843　佛藏经卷中净戒品之余

存2行。录文："是人为是常煞生不/夺命煞生时少。"后秦鸠摩罗什译。经文见《大正藏》第15册，第791页C栏第12行至第13行。

Дх.06844　妙法莲华经卷第七陀罗尼品第二十六

存3行，行3至5字。录文："若夜叉若/若毗陀罗若/夜叉吉。"后秦鸠摩罗什译。经文见《大正藏》第9册，第59页B栏第5行至第7行。

Дх.06845　残佛经

存8行，行5至17字。待定名。

Дх.06846　大般涅槃经卷第十五梵行品第八之一

存3行。录文："是义故缘如来/一切众生如缘父/缘法缘者。"北凉昙无谶译。经文见《大正藏》第12册，第452页C栏第9行至第12行。

Дх.06847　妙法莲华经卷第七观世音菩萨普门品第二十五

存4行，行4至6字。起："万亿劫不可"，讫："世界云何而"。后秦鸠摩罗什译。经文见《大正藏》第9册，第57页A栏第18行至第21行。

Дх.06848　放光般若经卷第九摩诃般若波罗蜜泥犁品第四十二

存2行。录文："品十种力十/须菩提道及。"西晋无罗叉译。经文见《大正藏》第8册，第62页C栏第16行至第17行。

Дх.06849　大般涅槃经卷第二十七师子吼菩萨品第十一之一

存3行，行5字。录文："妙最胜不同/来耶是名闻/生为为。"北凉昙无谶译。经文见《大正藏》第12册，第528页A栏第18行至第20行。

Дх.06850　妙法莲华经卷第一方便品第二

存7行，行3至5字。起："等舍利"，讫："其不习学/事"。后秦鸠摩罗什译。经文见《大正藏》第9册，第10页B栏第7行至第19行。

Дх.06851　金刚般若波罗蜜经

存4行，行2至4字。录文："貌三菩/菩提於/皆是佛/法是。"后秦鸠摩罗什译。经文见《大正藏》第8册，第751页A栏第29行至B栏第3行。

Дх.06851V　民族文字残片

Дх.06852　大般若波罗蜜多经卷第五百七十七第九能断金刚分

存4行。录文："即为非见/善现诸有/应如是见应如/以故善现法想。"唐玄奘译。经文见《大正藏》第7册，第985页C栏第6行至第9行。

Дх.06853　金光明最胜王经卷第九诸天药叉护持品第二十二

存7行，行2至6字。全部为偈语。起："氏尊身处於"，讫："戈两阵"。唐义净译。经文见《大正藏》第16册，第445页B栏第12行至第24行。

Дх.06854　金刚般若波罗蜜经

存4行。录文："布施/量/经典信/为人。"后秦鸠摩罗什译。经文见《大正藏》第8册，第750页C栏第8行至第12行。

Дх.06855　大般涅槃经卷第十三圣行品第七之三

存8行,行3至7字。起:"如是随",讫:"所不而强"。北凉昙无谶译。经文见《大正藏》第12册,第440页B栏第13行至第20行。

Дx.06856 维摩诘所说经卷中佛道品第八

存1行。录文:"言菩萨云何通达。"后秦鸠摩罗什译。经文见《大正藏》第14册,第548页C栏第29行。

Дx.06857 佛说决罪福经卷上

存3行。录文:"鬼所/清净也佛言/耳亦须至心。"经文见《大正藏》第85册,第1329页C栏第6行至第9行。有异文。经文"清净也",现刊本为"清净耶"。

Дx.06858 佛说称扬诸佛功德经卷上

见Дx.06825。

Дx.06859 佛顶尊胜陀罗尼经

存3行。录文:"得清净一切/天帝若人能/或安楼。"唐佛陀波利译。经文见《大正藏》第19册,第351页B栏第7行至第10行。

Дx.06860 妙法莲华经卷第五安乐行品第十四

存3行。录文:"诳之心/丘比丘/者求。"后秦鸠摩罗什译。经文见《大正藏》第9册,第38页B栏第3行至第5行。

Дx.06861 大般涅槃经卷第二十梵行品第八之六

存8行,行4至17字。起:"宝智者了达",讫:"不醉虽复"。北凉昙无谶译。经文见《大正藏》第12册,第484页A栏第21行至第28行。

Дx.06862 佛说称扬诸佛功德经卷上

见Дx.06825。

Дx.06863 大般涅槃经卷第十二圣行品第七之二

存11行,行3至17字。起:"于怨憎中",讫:"能敷诸龙唯不"。北凉昙无谶译。经文见《大正藏》第12册,第437页B栏第20行至C栏第1行。

Дx.06864 佛经论释

正背各存6行。待定名。

Дx.06865 残佛经

存2行。录文:"常飡法惠/以忏。"不可定名。

Дx.06866 请观世音菩萨消伏毒害陀罗尼咒经

存3行,行2字。录文:"向腭/一至/外向。"东晋竺难提晋言法喜译。经文见《大正藏》第20册,第36页C栏第8行至第11行。

Дx.06867 残佛经

存3行,行2字。不可定名。

Дx.06868 残佛经

存2行,行2字。不可定名。

Дx.06869 妙法莲华经卷第一序品第一

存3行。录文:"及诸大/说大法/法义。"后秦鸠摩罗什译。经文见《大正藏》第9册,第3页C栏第11行至第13行。

Дx.06870 残佛经

存4行。不可定名。

Дx.06871 摩诃般若波罗蜜经卷第四金刚品第十三

存2行。录文:"诸/首以是因。"后秦鸠摩罗什译。经文见《大正藏》第8册,第244页A栏第17行。

Дx.06872 妙法莲华经卷第七陀罗尼品第二十六

存6行。录文:"乾/世/即说咒/阿伽祢/常求利浮/世。"后秦鸠摩罗什译。经文见《大正藏》第9册,第59页A栏第14行至第20行。

Дx.06873 妙法莲华经卷第二譬喻品第三

存4行,行9至11字。起:"我见及有无",讫:"世尊以种种因"。后秦鸠摩罗什译。经文见《大正藏》第9册,第12页B栏第6行至第10行。

Дx.06874 四分律卷第四十九比丘尼犍度之下

存3行,行8字。起:"悔何及老时",讫:"比丘尼不"。后秦佛陀耶舍译。经文见《大正藏》第22册,第928页B栏第19行至第22行。

Дx.06875 妙法莲华经卷第五安乐行品第十四

存7行,行8至10字。起:"在讲堂中",讫:"不现胸臆乃"。后秦鸠摩罗什译。经文见《大正藏》第9册,第37页B栏第1行至第8行。

Дx.06876 残佛经

存4行，行1至2字。录文："萨/种诸/能/信。"不可定名。

Дx.06877 胜天王般若波罗蜜经卷第二法界品第三

存4行。录文："逸故二/劣众生不堪/摩诃萨/菩萨。"月婆首那译。经文见《大正藏》第8册，第695页C栏第11行至第14行。

Дx.06878 大通方广忏悔灭罪庄严成佛经卷下

存5行，行7至11字。起："心心念佛"，讫："香水浴身烧"。经文见《大正藏》第85册，第1353页A栏第8行至第12行。

Дx.06879 放光般若经卷第二十摩诃般若波罗蜜诸法妙化品第八十七

存9行，行3至8字。起："习绪灭亦复"，讫："於空过"。西晋无罗叉译。经文见《大正藏》第8册，第141页B栏第7行至第15行。

Дx.06880 十方千五百佛名经

存5行，行2至4字。录文："严佛/自在积佛/楼佛/月间王佛/德佛。"经文见《大正藏》第14册，第314页A栏第1行至第6行。

Дx.06881 残佛经

存3行。录文："乱二/者道/自。"不可定名。

Дx.06882 大法鼓经卷上

存4行。录文："叶白/者善法/（今休/疑）佛告迦/不苦不。"宋求那跋陀罗译。经文见《大正藏》第9册，第293页B栏第13行至第15行。注双行小字。

Дx.06883 残佛经

存3行，行3至6字。未检出。

Дx.06884 辩正论卷第一

存6行，行1至4字。录文："道立德可/则均六/包九合/术慈悲/足各称/也。"唐法琳撰。经文见《大正藏》第52册，第492页A栏第16行至第22行。

Дx.06885 妙法莲华经卷第六法师功德品第十九

存2行，行3字。录文："净身如/千世界。"后秦鸠摩罗什译。经文见《大正藏》第9册，第49页C栏第24行至第25行。

Дx.06886 小品般若波罗蜜经卷第四摩诃般若波罗蜜叹净品第九至摩诃般若波罗蜜不可思议品第十

存5行，行5至7字。起："蜜是般若"，讫："诵如所说学"。后秦鸠摩罗什译。经文见《大正藏》第8册，第553页C栏第14行至第19行。

Дx.06887 妙法莲华经卷第七观世音菩萨普门品第二十五

存5行，行1至6字。起："现比丘比"，讫："得度者即/应"。后秦鸠摩罗什译。经文见《大正藏》第9册，第57页B栏第11行至第15行。

Дx.06888 无上秘要卷第四十七

存8行，行2至12字。录文："为其/甚大可至明□□□食勿/能台此者将可得免见世穷厄/去暮还家其妇一日待婿还/喻妇妇其不解遂致嗔怒□/其斋与妇共食其后/精恒□□中食/□□。"

Дx.06889 妙法莲华经卷第二譬喻品第三

存1行，总17字。录文："罗三藐三菩提记心大欢喜踊跃无量各各。"后秦鸠摩罗什译。经文见《大正藏》第9册，第12页A栏第9行至第10行。

Дx.06890 大般涅槃经卷第三十一师子吼菩萨品第十一之五

存2行。录文："演说读/布。"北凉昙无谶译。经文见《大正藏》第12册，第549页B栏第16行至第17行。

Дx.06891 金光明经卷第三鬼神品第十三

存10行，行6至12字。起："一切众生解脱"，讫："阿练□□"。北凉昙无谶译。经文见《大正藏》第16册，第349页B栏第11行至第23行。

Дx.06892 妙法莲华经卷第一方便品第二

存6行，行3至8字。起："诸人等"，讫："击□□□贝"。后秦鸠摩罗什译。经文见《大正藏》第9册，第9页A栏第2行至第12行。

Дx.06893 妙法莲华经卷第六常不轻菩萨品第二十

存7行，行3至6字。起："又罪报"，讫："中为天人阿修"。后秦鸠摩罗什译。经文见《大正藏》第9册，第50页B栏第26行至C栏第3行。

Дx.06894 佛说无量寿经卷下

起："常怀骄"，讫："故有自然"。曹魏康僧铠译。经文见《大正藏》第12册，第276页C栏第15行至第23行。

Дx.06895 金光明最胜王经卷第九授记品第二十三

存5行，行4至7字。起："闻法便得"，讫："经即闻法"。唐义净译。经文见《大正藏》第16册，第447页B栏第11行至第15行。

Дx.06896 大般涅槃经卷第十四圣行品第七之四

存3行，行4至5字。录文："分别演说/声闻缘觉/行故名圣行。"北凉昙无谶译。经文见《大正藏》第12册，第448页B栏第1行至第3行。

Дx.06897 大般涅槃经卷第二十九师子吼菩萨品第十一之三

存5行，行3至5字。录文："复有人言/名为众生/是恶见是则/为身寂/坏疑心。"北凉昙无谶译。经文见《大正藏》第12册，第538页C栏第2行至第6行。

Дx.06898 维摩诘所说经卷上弟子品第三

存7行，行3至10字。起："聚落所"，讫："非起定意"。后秦鸠摩罗什译。经文见《大正藏》第14册，第540页B栏第3行至第9行。

Дx.06899 金光明经卷第四舍身品第十七

存6行，行1至10字。起："佛/尔时佛告"，讫："为大众□□□□说"。北凉昙无谶译。经文见《大正藏》第16册，第354页A栏第14行至第18行。

Дx.06900 十方千五百佛名经

存13行，行2至4字。起："迦叶"，讫："出山海"。经文见《大正藏》第14册，第317页C栏第6行至第20行。

Дx.06901 残佛经

存2行，有"音""菩"2字。不可定名。

Дx.06902 维摩诘所说经卷上佛国品第一

存6行，行1至8字。起："善疗诸"，讫："在王菩萨"。后秦鸠摩罗什译。经文见《大正藏》第14册，第537页A栏第26行至B栏第3行。

Дx.06903 妙法莲华经卷第一方便品第二

存8行，行2至5字。起："使出"，讫："等众生"。后秦鸠摩罗什译。经文见《大正藏》第9册，第10页A栏第25行至B栏第10行。

Дx.06904 肇论物不迁论第一

存3行，行1至3字。录文："寒暑迭/者放/释。"后秦长安释僧肇作。经文见《大正藏》第45册，第151页A栏第9行至第11行。

Дx.06904V 优婆塞戒卷第七业品第二十四之余

存3行。或为是经。北凉昙无谶译。经文见《大正藏》第24册，第1071页A栏第9行。仅"作小得大作大"句清楚。

Дx.06905 僧伽吒经卷第四

存4行，行1至6字。录文："盖施佛之时/子比丘比丘尼/苦/业。"月婆首那译。经文见《大正藏》第13册，第973页A栏第2行至第5行。

Дx.06906 佛本行集经卷第二十七向菩萨品下

存4行，行4至6字。录文："集经身菩/时魔王即/眼汝今见/界是时显眼夜。"隋阇那崛多译。经文见《大正藏》第3册，第777页A栏第25行至B栏第2行。

Дx.06907 妙法莲华经卷第七观世音菩萨普门品第二十五

存3行，行2至4字。录文："而为说法/将军/即现毗。"后秦鸠摩罗什译。经文见《大正藏》第9册，第57页B栏第2行至第4行。

Дx.06908 大通方广忏悔灭罪庄严成佛经卷上

存4行，行3至5字。录文："如法住/是故今敬礼/得无生法忍/可罗汉道。"经文见《大正藏》第85册，第1324页B栏第27行至C栏第1行。

Дx.06909 现在十方千五百佛名并杂佛同号

存3行。录文:"意无恐/断疑/名称远。"经文见《大正藏》第85册,第1448页B栏第26行至第27行。

Дx.06910 胜天王般若波罗蜜经卷第四现相品第七

存4行,行2至6字。录文:"住非数缘灭/行般若波罗蜜/以无碍/教化。"月婆首那译。经文见《大正藏》第8册,第711页A栏第24行至第27行。

Дx.06910V 民族文字残片

Дx.06911 妙法莲华经卷第七观世音菩萨普门品第二十五

存2行,行2至3字。录文:"声闻身/王身。"后秦鸠摩罗什译。经文见《大正藏》第9册,第57页A栏第26行至第27行。

Дx.06912 虚空孕菩萨经卷下

存2行。录文:"度者即现/度者即。"隋阇那崛多译。经文见《大正藏》第13册,第674页B栏第25行至第26行。此残句甚多,或为别经。

Дx.06913 妙法莲华经卷第七观世音菩萨普门品第二十五

存2行。录文:"卧具医/多不。"后秦鸠摩罗什译。经文见《大正藏》第9册,第57页A栏第14行至第15行。

Дx.06914 摩诃般若波罗蜜经卷第二十六差别品第八十四

存2行。录文:"槃不以/亦不以苦智不以。"后秦鸠摩罗什译。经文见《大正藏》第8册,第412页A栏第15行至第16行。

Дx.06915 集诸经礼忏仪卷上叹佛咒愿

存9行,行2至6字。起:"佛南无宝胜",讫:"垢佛/世尊"。唐智昇撰。经文见《大正藏》第47册,第456页C栏第5行至第19行。

Дx.06916A 大方等无想经

存11行,行2至20字。前4行,部分经文为《大方等无想经卷二》。如:"虚妄之言保以故非是善解诸""所知何以故是人真实决定"。后7行,部分偈语为《中论》内容。如:"不生亦不灭不常亦不断""是故去去者所去处皆无"。

Дx.06916B 残佛经

存3行,行2字。极残,不可定名。

Дx.06917 大般若波罗蜜多经卷第四百五十一第二分梦行品第五十六

存3行,行4至7字。起:"成就第一圆满",讫:"智□□善"。唐玄奘译。经文见《大正藏》第7册,第276页C栏第8行至第10行。

Дx.06918 大般涅槃经卷第十五梵行品第八之一

存4行,行4至5字。录文:"量岁中为/劝化令其/众生性戾自/中教诃敦。"北凉昙无谶译。经文见《大正藏》第12册,第453页A栏第20行至第23行。

Дx.06919 大般涅槃经卷第三十一师子吼菩萨品第十一之五

存2行,行5至6字。录文:"心名不修慧/身无常无住危。"北凉昙无谶译。经文见《大正藏》第12册,第552页B栏第13行至第14行。

Дx.06920 妙法莲华经卷第二譬喻品第三

存2行。录文:"尔时诸/愿故心各勇锐。"后秦鸠摩罗什译。经文见《大正藏》第9册,第12页C栏第11行至第13行。

Дx.06921 妙法莲华经卷第二譬喻品第三

存4行,行5至7字。起:"三界者悉",讫:"然后但与大"。后秦鸠摩罗什译。经文见《大正藏》第9册,第13页C栏第8行至第11行。

Дx.06922 妙法莲华经卷第七观世音菩萨普门品第二十五

存3行。录文:"无/世音菩/音声皆。"后秦鸠摩罗什译。经文见《大正藏》第9册,第56页C栏第6行至第8行。

Дx.06923 妙法莲华经卷第六药王菩萨本事品第二十三

存3行,行3至7字。起:"菩萨声闻",讫:"为一切"。后秦鸠摩罗什译。经文见《大正藏》第9册，第53页A栏第20行至第22行。

Дx.06924 妙法莲华经卷第五分别功德品第十七

存6行，行3至8字。起："余各八生在"，讫："虚空无"。后秦鸠摩罗什译。经文见《大正藏》第9册，第44页B栏第21行至C栏第2行。

Дx.06925 合部金光明经卷第六大辩天品第十二

存6行，行2至9字。起："种种"，讫："一切恶星灾怪除"。北凉昙无谶译、隋释宝贵合。经文见《大正藏》第16册，第386页C栏第3行至第8行。

Дx.06926 妙法莲华经卷第二信解品第四

存4行，行5至6字。起："令我等思惟"，讫："汝所得弘多"。后秦鸠摩罗什译。经文见《大正藏》第9册，第17页B栏第21行至第24行。

Дx.06927 佛说仁王般若波罗蜜经卷下护国经受持品第七

存4行，行3至8字。起："步是经常放千"，讫："事帝释"。后秦鸠摩罗什译。经文见《大正藏》第8册，第832页C栏第29行至第833页A栏第4行。

Дx.06928 广弘明集卷第七辩惑篇第二之三叙列代王臣滞惑解下

存2行。录文："愿飘渺/祖生天。"唐道宣撰。经文见《大正藏》第52册，第134页C栏第1行至第2行。

Дx.06929 大般涅槃经卷第十五梵行品第八之一

存5行，行3至8字。起："妙五欲充足"，讫："菩提若"。北凉昙无谶译。经文见《大正藏》第12册，第453页A栏第17行至第21行。

Дx.06930 妙法莲华经卷第五从地踊出品第十五

存10行，行4至11字。起："世中说是"，品题："莲华经从地踊出品第十五"，讫："沙眷属"。后秦鸠摩罗什译。经文见《大正藏》第9册，第39页C栏第16行至第25行。

Дx.06931 金光明最胜王经卷第十舍身品第二十六

存3行，行2至5字。录文："尔时/转于地如/我子谁屠割。"唐义净译。经文见《大正藏》第16册，第452页C栏第19行至第22行。

Дx.06932 菩萨地持经卷第十菩萨地持毕竟方便处地品第三

存6行，行4至12字。起："无相住名"，讫："趣众生久处恶"。北凉昙无谶译。经文见《大正藏》第30册，第954页A栏第14行至第20行。

Дx.06933 妙法莲华经卷第二譬喻品第三

存3行，行3字。录文："住其中/血噉肉/来食噉。"后秦鸠摩罗什译。经文见《大正藏》第9册，第14页A栏第25行至第28行。

Дx.06934 佛说灌顶拔除过罪生死得度经卷第十二

存2行，行5字。录文："得种种甘美/以赐与令身。"东晋帛尸梨蜜多罗译。经文见《大正藏》第21册，第533页A栏第6行至第7行。

Дx.06934V 民族文字残片

Дx.06935 大智论度卷第五十八释梵志品第三十五

存4行，行3至5字。起："魔若魔"，讫："是佛若"。龙树菩萨造、后秦鸠摩罗什译。经文见《大正藏》第25册，第470页C栏第7行至第10行。

Дx.06936 妙法莲华经卷第一方便品第二

存9行，行4至5字。起："浊烦恼浊"，讫："是增上慢"。后秦鸠摩罗什译。经文见《大正藏》第9册，第7页B栏第24行至C栏第3行。

Дx.06937 大方广佛华严经随疏演义钞卷第十六

存11行，行2至9字。起："令他/□来贼去"，讫："因时虽有"。唐澄观述。经文见《大正藏》第36册，第120页B栏第22行至C栏第7行。有异文。

Дx.06938 金刚般若波罗蜜经

存3行，行3至5字。录文："须菩提言/尔所世界中/知何以。"北魏菩提流支译。经文见《大正藏》第8册，第755页C栏第22行至第24行。

Дx.06939 摩诃般若波罗蜜经卷第十三闻持品第四十五

存3行，行1至7字。录文："已如六波罗/至净佛国土成就/提。"后秦鸠摩罗什译。经文见《大正藏》第8册,第318页B栏第10行至第12行。

Дx.06940 妙法莲华经卷第七观世音菩萨普门品第二十五

存8行,行7至16字。起:"应以声闻",讫:"即现毗沙门身而"。后秦鸠摩罗什译。经文见《大正藏》第9册,第57页A栏第26行至B栏第4行。

Дx.06941 妙法莲华经卷第七观世音菩萨普门品第二十五

存8行,行2至7字。起:"复力/复有人若有罪",讫:"等若般名"。后秦鸠摩罗什译。经文见《大正藏》第9册,第56页A栏第20行至第27行。

Дx.06942 思益梵天所问经卷第二问谈品第六

存5行,行3至8字。起:"重众生大迦叶",讫:"饶益尚尔何"。后秦鸠摩罗什译。经文见《大正藏》第15册,第44页C栏第25行至第45页A栏第3行。

Дx.06943 佛经论释

正背各存9行。未检出。

Дx.06944 大智度论卷第八十四释三慧品第七十之余

存7行,行2至5字。起:"波罗",讫:"人种"。龙树菩萨造、后秦鸠摩罗什译。经文见《大正藏》第25册,第649页C栏第19行至第26行。

Дx.06945 妙法莲华经卷第一序品第一

存3行,行3至7字。起:"种种教诏无数",讫:"妙慧求"。后秦鸠摩罗什译。经文见《大正藏》第9册,第3页B栏第16行至第19行。

Дx.06946 请观世音菩萨消伏毒害陀罗尼咒经

存7行,行1至6字。录文:"无佛所/千万劫生/佛世尊名一/为我演说如上/音解/昧若/诵。"东晋竺难提晋言法喜译。经文见《大正藏》第20册,第38页A栏第2行至第8行。

Дx.06947 妙法莲华经卷第一序品第一

存5行,行2至4字。录文:"种□动/未曾有/皆如金色/众生/悉见。"后秦鸠摩罗什译。经文见《大正藏》第9册,第2页C栏第12行至第18行。

Дx.06948 摩诃般若波罗蜜经卷第十一随喜品第三十九

存3行,行4至6字。录文:"等是缘何等是/菩提何等是善/三藐三菩。"后秦鸠摩罗什译。经文见《大正藏》第8册,第298页A栏第7行至第10行。

Дx.06949 放光般若经卷第十二摩诃般若波罗蜜阿惟越致品第五十六

存3行,行4至5字。录文:"是像貌具/提阿惟越致/众经常作愿。"西晋无罗叉译。经文见《大正藏》第8册,第86页B栏第11行至第14行。

Дx.06950 大般涅槃经卷第十八梵行品第八之四

存3行,行11字。起:"而能自发",讫:"常自思惟我"。北凉昙无谶译。经文见《大正藏》第12册,第471页A栏第11行至第14行。

Дx.06951 妙法莲华经卷第四提婆达多品第十二

存5行。录文:"杂/乐歌颂礼拜供/阿罗汉果无量/众生发菩/若。"后秦鸠摩罗什译。经文见《大正藏》第9册,第35页A栏第10行至第14行。

Дx.06951V 民族文字残片

Дx.06952 妙法莲华经卷第二譬喻品第三

存4行,行4字。录文:"饮血噉肉/竟来食噉/毒蛇之类/随取而食。"后秦鸠摩罗什译。经文见《大正藏》第9册,第14页A栏第27行至B栏第2行。

Дx.06953 方广大庄严经卷第五感梦品第十四

存9行,行3至7字。起:"学道於/可畏之事忽然觉",讫:"见自身手"。唐地婆诃罗译。经文见《大正藏》第3册,第571页C栏第15行至第24行。

Дx.06954 光赞经卷第五摩诃般若波罗蜜摩诃萨品第十一

存4行,行4至7字。起:"及十二□□□诸种",讫:"意八由行及三"。西晋竺法护译。经文见《大正藏》第8册,第179页C栏第20行至第24行。

Дx.06955 大般涅槃经卷第三十一师子吼菩萨品

第十一之五

存4行，行3至9字。起："不戚诸天"，讫："名为大涅槃"。北凉昙无谶译。经文见《大正藏》第12册，第548页B栏第29行至C栏第1行。

Дх.06956 大般涅槃经卷第二十七师子吼菩萨品第十一之一

存5行，行4至5字。起："则能师子吼"，讫："所故五为群"。北凉昙无谶译。经文见《大正藏》第12册，第522页B栏第26行至C栏第1行。

Дх.06957 妙法莲华经卷第二譬喻品第三

存3行，行2至5字。录文："长大/虫之所嗳/经故获罪如。"后秦鸠摩罗什译。经文见《大正藏》第9册，第15页C栏第12行至第15行。

Дх.06957V 民族文字残片

Дх.06958 摩诃般若波罗蜜经卷第十八不证品第六十

存4行，行1至3字。录文："无生无/无作/菩提/三。"后秦鸠摩罗什译。经文见《大正藏》第8册，第351页B栏第17行至第20行。

Дх.06959 金刚般若波罗蜜经

存3行，行1至4字。录文："者/於意云/如来有所。"后秦鸠摩罗什译。经文见《大正藏》第8册，第749页B栏第11行至第13行。

Дх.06960 合部金光明经卷第八付嘱品第二十四

存6行，行4字。起："我闻教师"，讫："世间於佛"。隋阇那崛多译、隋释宝贵合。经文见《大正藏》第16册，第401页C栏第17行至第24行。

Дх.06961 增壹阿含经卷第二十一苦乐品第二十九

存4行，行11至16字。起："化天之福计四天"，讫："欲求梵天福者"。僧伽提婆译。经文见《大正藏》第2册，第656页C栏第2行至第6行。

Дх.06961V 妙法莲华经玄赞卷第四

存4行，行8至17字。行书。起："生信解者谓如"，讫："四圣谛故谓此是"。唐基撰。经文见《大正藏》第34册，第732页B栏第20行至第26行。

Дх.06962 大智度论卷第六十二释信谤品第四十一

存9行，行3至6字。起："有八种八种"，讫："小灭展转生勤"。龙树菩萨造、后秦鸠摩罗什译。经文见《大正藏》第25册，第502页A栏第25行至B栏第6行。

Дх.06963 大般涅槃经卷第十五梵行品第八之一

存6行，行5至10字。起："说无明色说"，讫："若有众生贪"。北凉昙无谶译。经文见《大正藏》第12册，第453页A栏第11行至第17行。

Дх.06964 妙法莲华经卷第一方便品第二

存2行，行2至6字。录文："安隐/宣此义而说偈。"后秦鸠摩罗什译。经文见《大正藏》第9册，第6页C栏第24行至第25行。

Дх.06965 大般涅槃经卷第三十二师子吼菩萨品第十一之六

存4行，行7至11字。起："善哉善男子"，讫："复没何以"。北凉昙无谶译。经文见《大正藏》第12册，第554页A栏第27行至B栏第2行。

Дх.06966 圣善住意天子所问经卷中

存4行，行2至10字。起："著彼痴凡夫"，讫："善哉"。北魏毗目智仙共般若流支译。经文见《大正藏》第12册，第127页C栏第14行至第18行。

Дх.06967 金刚般若波罗蜜经

存3行，行3至7字。起："名诸佛"，讫："希有何以故"。后秦鸠摩罗什译。经文见《大正藏》第8册，第750页B栏第9行至第11行。

Дх.06968 Дх.06969 妙法莲华经卷第一序品第一

存10行，行4至7字。起："此世界六种震动"，讫："尽诸苦际"。后秦鸠摩罗什译。经文见《大正藏》第9册，第2页C栏第12行至第3页A栏第1行。

Дх.06970 增壹阿含经卷第四十六放牛品第四十九第四分别诵

存3行，行5字。录文："竟为在何所/舐耳覆面不/永无疑结纲。"僧伽提婆译。经文见《大正藏》第2册，第799页C栏第12行至第16行。

Дх.06971 佛说佛名经卷第七

存3行，行1至4字。录文："同名/罗自在王/进。"北魏菩提流支译。经文见《大正藏》第14册，第153页B栏第29行至C栏第2行。

Дх.06972 佛本行集经卷第三十四转妙法轮品下

存1行，总3字。录文："言识既。"隋阇那崛多译。经文见《大正藏》第3册，第813页B栏第14行。

Дх.06973 大般涅槃经卷第三十师子吼菩萨品第十一之四

存4行，行5至6字。起："男子如善御"，讫："子十住菩萨"。北凉昙无谶译。经文见《大正藏》第12册，第547页A栏第9行至第12行。

Дх.06974 佛说维摩诘经卷下不二入品第九

存6行，行2至4字。起："不怒"，讫："如是持戒"。吴支谦译。经文见《大正藏》第14册，第528页A栏第14行至第19行。

Дх.06975 放光般若经卷第四摩诃般若波罗蜜陀隣尼品第二十

存4行，行4至8字。起："二缘起事"，讫："十九者能消诸漏"。西晋无罗叉译。经文见《大正藏》第8册，第27页A栏第6行至第10行。

Дх.06976 光赞经卷第四摩诃般若波罗蜜幻品第十

存4行，行3至4字。录文："於梦者/不可得/阴又复譬/乎学般若。"西晋竺法护译。经文见《大正藏》第8册，第175页A栏第14行至第17行。

Дх.06977 妙法莲华经卷第三化城喻品第七

存4行，行4至7字。起："是一小劫乃至十"，讫："座当得阿"。后秦鸠摩罗什译。经文见《大正藏》第9册，第33页B栏第22行至第25行。

Дх.06978 妙法莲华经卷第三化城喻品第七

存4行，行2至3字。录文："无量劫/万亿/垂得阿/在前如。"后秦鸠摩罗什译。经文见《大正藏》第9册，第22页B栏第18行至第22行。

Дх.06979 佛说阿难问事佛吉凶经

存4行。录文："当念报因班宣/适无忧阿难复/者其罪云何为/於自杀。"后汉安世高译。经文见《大正藏》第14册，第753页B栏第2行至第5行。

Дх.06980 大般涅槃经卷第五如来性品第四之二

存2行。录文："可破坏不/如来又解。"北凉昙无谶译。经文见《大正藏》第12册，第395页B栏第2行至第3行。

Дх.06981 金光明经卷第三正论品第十一

存3行，行2至6字。录文："宿随/灾祸令国丰实/众以是因缘。"北凉昙无谶译。经文见《大正藏》第9册，第348页A栏第12行至第15行。

Дх.06982 妙法莲华经卷第三化城喻品第七

存4行，行1至3字。录文："诸/去萎华/於佛乃/佛常击。"后秦鸠摩罗什译。经文见《大正藏》第9册，第22页A栏第26行至第29行。

Дх.06983 金刚般若波罗蜜经

存6行，行1至7字。起："须菩提於"，讫："世尊是福/说"。北魏菩提流支译。经文见《大正藏》第8册，第753页B栏第23行至第28行。

Дх.06984 残佛经

存1行，总7字。录文："千手千眼观世音。"不可定名。

Дх.06985 妙法莲华经卷第七妙音菩萨品第二十四

存3行，行4至5字。录文："住阿三昧/告华德菩萨/妙音菩萨住。"后秦鸠摩罗什译。经文见《大正藏》第9册，第56页B栏第13行至第15行。

Дх.06986 摩诃僧祇律卷第二十七明杂诵跋渠法之五

存7行，行1至5字。起："应/少者应"，讫："地若冬时"。东晋佛驮跋陀罗共法显译。经文见《大正藏》第22册，第445页C栏第3行至第11行。漏抄经文夹抄在行间。

Дх.06987 摩诃般若波罗蜜经卷第九尊导品第三十六

存2行，行5字。录文："所谓诸天子/来到是处何。"后秦鸠摩罗什译。经文见《大正藏》第8册，第

289页C栏第5行至第6行。

Дx.06988 妙法莲华经卷第二譬喻品第三

存4行，行1至4字。录文："为灭谛故/是人云何/其实未/斯。"后秦鸠摩罗什译。经文见《大正藏》第9册，第15页A栏第20行至B栏第4行。

Дx.06989 妙法莲华经卷第七

存6行，行5至6字。起："法华三昧久"，讫："臣眷属俱"。后秦鸠摩罗什译。经文见《大正藏》第9册，第60页B栏第5行至第10行。

Дx.06990 妙法莲华经卷第四五百弟子受记品第八

存7行，行3至8字。起："迦留"，讫："普明其国"。后秦鸠摩罗什译。经文见《大正藏》第9册，第28页C栏第3行至第13行。

Дx.06991 妙法莲华经卷第三化城喻品第七

存2行，行3字。录文："为大德/尔时五。"后秦鸠摩罗什译。经文见《大正藏》第9册，第23页A栏第25行至第27行。

Дx.06992 弥沙塞部和醯五分律卷第二十三第四分初灭诤法

存5行，行2至7字。起："佛教"，讫："是律是"。宋佛陀什共竺道生等译。经文见《大正藏》第22册，第156页B栏第11行至第15行。

Дx.06993 大方等大集经菩萨念佛三昧分卷第十说修习三昧品之余

存3行，行7至10字。起："见彼天主比丘及"，讫："初不休息彼树"。隋达磨笈多译。经文见《大正藏》第13册，第868页B栏第26行至第29行。

Дx.06994 小品般若波罗蜜经卷第九摩诃般若波罗蜜随知品第二十六

存5行，行6至8字。起："色如日光受"，讫："火色如水受想行"。后秦鸠摩罗什译。经文见《大正藏》第8册，第580页A栏第1行至第5行。

Дx.06995 光赞经卷第四摩诃般若波罗蜜幻品第十

存3行，行4至13字。起："若波罗蜜新学"，讫："学大乘菩萨"。西晋竺法护译。经文见《大正藏》第8册，第175页A栏第26行至第28行。

Дx.06996 大智度论卷第三十五释报应品第二

存5行，行2至5字。起："色离色"，讫："何以故佛自/有名"。龙树菩萨造、后秦鸠摩罗什译。经文见《大正藏》第25册，第319页A栏第1行至第5行。

Дx.06997 大方便佛报恩经卷第六优婆离品第八

存3行，行12字。起："以是因缘"，讫："可妄语众"。失译。经文见《大正藏》第3册，第158页A栏第12行至第14行。

Дx.06997V 民族文字残片

Дx.06998 佛说灌顶拔除过罪生死得度经卷第十二

存2行。录文："真等正觉/丈夫天人师佛世。"东晋帛尸梨蜜多罗译。经文见《大正藏》第21册，第532页B栏第27行至第29行。或为《大乘同性经》，或为《四分律》。

Дx.06999 大般若波罗蜜多经卷第三百九十八初分常啼菩萨品第七十七之一

存3行，行5至8字。起："等无闻缘所"，讫："死愁叹苦忧"。唐玄奘译。经文见《大正藏》第6册，第1059页B栏第12行至第14行。

Дx.07000 妙法莲华经卷第四五百弟子受记品第八

存4行，行3至5字。录文："心本愿尔时/弥多罗尼子/一亦常叹/於四众。"后秦鸠摩罗什译。经文见《大正藏》第9册，第27页B栏第26行至第29行。

Дx.07001 佛说天地八阳神咒经

存5行，行3至4字。录文："问以正/道号曰/但是人/阳经行/诸梵天王。"唐义净译。经文见《大正藏》第85册，第1423页A栏第24行至第29行。

Дx.07002 大乘本生心地观经序品第一

存4行。录文："萨/菩萨/宝髻菩萨/萨。"唐般若译。经文见《大正藏》第3册，第291页B栏第26行至第29行。极残。残存经文见现刊本多处，或为《大般若经》，或为《大方广华严经》等。

Дx.07003 大方等大集经卷第五十五月藏分第十

二分布阎浮提品第十七

存2行，行3字。录文："乃至佛/地国付。"齐那连提舍译。经文见《大正藏》第13册，第366页B栏第10行至第11行。

Дх.07004 大般若波罗蜜多经卷第五十二初分辩大乘品第十五之二

存3行，行2至4字。录文："三摩/灯三摩/现谓若住。"唐玄奘译。经文见《大正藏》第5册，第293页C栏第21行至第23行。

Дх.07005 大方广佛华严经卷第四十八入法界品第三十四之五

存4行，行3至4字。录文："等欲诣/如是念此/即入现/色琉璃。"东晋佛驮跋陀罗译。经文见《大正藏》第9册，第702页B栏第18行至第21行。

Дх.07006 大般涅槃经卷第二十八师子吼菩萨品第十一之二

存7行，行3至4字。起："谓人功水"，讫："当知众生"。北凉昙无谶译。经文见《大正藏》第12册，第532页C栏第29行至第533页A栏第7行。

Дх.07007 妙法莲华经卷第六如来神力品第二十一

存4行，行1至15字。起："要/力如来"，讫："书写如说修"。后秦鸠摩罗什译。经文见《大正藏》第9册，第52页A栏第17行至第21行。

Дх.07008 大般涅槃经卷第二十二光明遍照高贵德王菩萨品第十之二

存5行，行1至3字。录文："常常/是故为/故是/此一/过。"北凉昙无谶译。经文见《大正藏》第12册，第495页B栏第14行至第19行。

Дх.07009 大槃涅般经卷第三十师子吼菩萨品第十一之四

存2行，行1至3字。录文："昧/处三昧。"北凉昙无谶译。经文见《大正藏》第12册，第547页B栏第21行至第22行。残存经文见现刊本多处，或为《妙法莲华经》，或为《须摩提女经》等。

Дх.07010 大槃涅般经卷第三十师子吼菩萨品第十一之四

存5行，行3至6字。起："一切众生宝"，讫："观如来"。北凉昙无谶译。经文见《大正藏》第12册，第528页A栏第12行至第15行。

Дх.07011 大般涅槃经卷第一寿命品第一

存4行，行4至7字。起："而住尔时"，讫："僧我等亦当"。北凉昙无谶译。经文见《大正藏》第12册，第368页B栏第6行至第10行。

Дх.07012 梵网经卢舍那佛说菩萨心地戒品第十卷下

存3行，行3至5字。录文："酤酒业/而菩萨应生/众生颠倒。"后秦鸠摩罗什译。经文见《大正藏》第24册，第1004页C栏第9行至第11行。

Дх.07013 妙法莲华经卷第五分别功德品第十七

存2行，行1至2字。录文："三/有八。"后秦鸠摩罗什译。经文见《大正藏》第9册，第44页A栏第24行至第25行。所存经文还见于《大般涅般经》等。

Дх.07014 佛说长阿含经卷第五第一分典尊经第三

存2行，行3字。录文："足三者/能分别。"后秦佛陀耶舍共竺佛念译。经文见《大正藏》第1册，第36页A栏第10行至第12行。

Дх.07015 大般涅槃经卷第三十九憍陈如品第十三之一

存5行，行4至5字。起："意犹如飞蛾"，讫："不应轻蔑"。北凉昙无谶译。经文见《大正藏》第12册，第592页B栏第8行至第13行。

Дх.07016 大方等大集经卷第二十二虚空目分第十之一初声闻品第一

存8行，行2至5字。起："梵音深远"，讫："其四"。北凉昙无谶译。经文见《大正藏》第13册，第162页A栏第10行至第18行。

Дх.07017 大般涅槃经卷第十四圣行品第七之四

存6行，行3至8字。起："子一切众生"，讫："我者机"。北凉昙无谶译。经文见《大正藏》第12册，第446页C栏第12行至第17行。

Дx.07018 妙法莲华经卷第二譬喻品第三

存4行，行2至8字。全部为偈语。起："口气常臭"，讫："复致"。后秦鸠摩罗什译。经文见《大正藏》第9册，第15页C栏第17行至第22行。

Дx.07019 摩诃般若波罗蜜经卷第十三闻持品第四十五

存3行，行5至9字。起："受持读诵"，讫："先相故知"。后秦鸠摩罗什译。经文见《大正藏》第8册，第315页B栏第6行至第9行。

Дx.07020 阿毗达磨大毗婆沙论卷第一百八十四定蕴第七中一行纳息第五之二

存7行，行3至9字。起："此说依空"，讫："成就"。五百大阿罗汉等造、唐玄奘译。经文见《大正藏》第27册，第921页A栏第5行至第11行。

Дx.07021 大般若波罗蜜多经卷第五百九十九第十六般若波罗蜜多分之七

存5行，行3至5字。起："净不行受想"，讫："香味触"。唐玄奘译。经文见《大正藏》第7册，第1105页B栏第9行至第14行。

Дx.07022 摩诃般若钞经卷第四蜜恒架调优婆夷品第九

存4行，行7字。起："忽皆为空耳"，讫："为有施与"。苻秦昙摩蜱共竺佛念译。经文见《大正藏》第8册，第530页B栏第25行至第28行。

Дx.07023 大般涅槃经卷第三十五迦叶菩萨品第十二之二

存3行，行2至4字。录文："见人/耶树耶/於路遥见。"北凉昙无谶译。经文见《大正藏》第12册，第569页B栏第6行至第8行。

Дx.07024 大般涅槃经卷第三十师子吼菩萨品第十一之四

存1行，总8字。录文："昧复有无数种所谓。"北凉昙无谶译。经文见《大正藏》第12册，第547页B栏第27行。

Дx.07025 大般涅槃经卷第十四圣行品第七之四

存2行，行2至3字。录文："不应/关木人。"北凉昙无谶译。经文见《大正藏》第12册，第446页C栏第16行至第17行。

Дx.07026 妙法莲华经卷第七观世音菩萨普门品第二十五

存3行，行3至5字。录文："得解脱/若有持是观/能烧由是菩。"后秦鸠摩罗什译。经文见《大正藏》第9册，第56页C栏第8行至第9行。

Дx.07027 妙法莲华经卷第二譬喻品第三

存3行，行2至4字。录文："火宅若有/求自然/佛乘。"后秦鸠摩罗什译。经文见《大正藏》第9册，第13页B栏第21行至第23行。

Дx.07028 大宝积经卷第六十七菩萨见会第十六之七兜率天授记品第十六

存2行。录文："唯佛世尊能了知/佛具众相。"北齐那连提耶舍译。经文见《大正藏》第11册，第380页C栏第3行至第4行。

Дx.07029 妙法莲华经卷第六常不轻菩萨品第二十

存9行，行2至9字。起："萨教"，讫："重宣此"。后秦鸠摩罗什译。经文见《大正藏》第9册，第51页B栏第29行至C栏第9行。

Дx.07030 金刚般若波罗蜜经

存4行，行2至5字。录文："菩提/入流而无/名须陀洹须/得斯。"后秦鸠摩罗什译。经文见《大正藏》第8册，第749页B栏第27行至C栏第1行。

Дx.07031 佛说佛名经卷第二

存2行，行4字。录文："南无南忧/南无华德。"北魏菩提流支译。经文见《大正藏》第14册，第120页B栏第16行至第17行。

Дx.07032 十方千五百佛名经

存2行，行1至5字。录文："佛/进佛香积佛。"经文见《大正藏》第14册，第316页C栏第13行至第14行。

Дx.07033 残佛经

存4行,行1字。录文:"之/甘/净/生。"不可定名。

Дx.07034 佛说天地八阳神咒经

存1行,总6字。录文:"是妙音声如来。"唐义净译。经文见《大正藏》第85册,第1423页B栏第8行至第9行。

Дx.07035 大般涅槃经卷第三寿命品第一之三

存5行,行4至6字。起:"视诸众生",讫:"及一阐提"。北凉昙无谶译。经文见《大正藏》第12册,第380页C栏第14行至第18行。

Дx.07036 妙法莲华经卷第七陀罗尼品第二十六

存9行,行5至7字。起:"告诸罗刹女",讫:"六万八千人得/廿七"。后秦鸠摩罗什译。经文见《大正藏》第9册,第59页B栏第19行至第28行。

Дx.07037 金刚般若波罗蜜经

见Дx.06458。

Дx.07038 大方等大集经卷第十海慧菩萨品第五之三

存3行,行3至5字。录文:"法门婆/门句能净/一切诸法解。"北凉昙无谶译。经文见《大正藏》第13册,第66页A栏第28行至B栏第1行。

Дx.07038V 民族文字残片

Дx.07039 四分律卷第三十五受戒犍度之五

存4行,行2至6字。录文:"汝是中尽形寿/割坏衣得受/受具足戒/答言。"后秦佛陀耶舍共竺佛念等译。经文见《大正藏》第22册,第815页C栏第21行至第24行。

Дx.07040 大般涅槃经卷第三十八迦叶菩萨品第十二之六

存4行,行6至10字。起:"今出家设",讫:"四日三日二日"。北凉昙无谶译。经文见《大正藏》第12册,第589页C栏第29行至第590页A栏第3行。

Дx.07041 金刚般若波罗蜜经

存5行,行1至5字。录文:"胜/诸菩萨/云何菩萨/德不应贪著/言如来。"后秦鸠摩罗什译。经文见《大正藏》第8册,第752页A栏第27行至B栏第3行。

Дx.07042 妙法莲华经卷第四五百弟子受记品第八

存3行,行3至5字。录文:"若我具足/今此富楼那/为求无。"后秦鸠摩罗什译。经文见《大正藏》第9册,第28页A栏第21行至第25行。

Дx.07043 妙法莲华经卷第五从地踊出品第十五

存4行,行2至3字。录文:"等当共/显发宣/佛师/世尊。"后秦鸠摩罗什译。经文见《大正藏》第9册,第41页A栏第15行至第18行。

Дx.07044 金刚般若波罗蜜经

存4行,行4字。录文:"何是善男/菩提言甚/善女人得/即非福德。"北魏菩提流支译。经文见《大正藏》第8册,第753页B栏第24行至第28行。

Дx.07045 金光明经卷第四舍身品第十七

存5行,行2至8字。起:"脱身/众生故证",讫:"虎前"。北凉昙无谶译。经文见《大正藏》第16册,第354页C栏第8行至第13行。

Дx.07046 金刚般若波罗蜜经

存6行,行4至11字。起:"住於相何以故若",讫:"须菩提"。后秦鸠摩罗什译。经文见《大正藏》第8册,第749页A栏第14行至第21行。

Дx.07047 大般涅槃经卷第三十一师子吼菩萨品第十一之五

存2行。录文:"空三昧慧相者名/三昧善男子若。"北凉昙无谶译。经文见《大正藏》第12册,第548页C栏第3行至第4行。

Дx.07048 金光明经卷第四舍身品第十七

存2行,行2至6字。录文:"故欲/好自放身卧铁。"北凉昙无谶译。经文见《大正藏》第16册,第354页C栏第11行至第12行。

Дx.07049 宗四分比丘随门要略行仪

存5行,行3至9字。起:"德一心念我比丘",讫:"有"。经文见《大正藏》第85册,第654页C栏至第656页C栏。与现刊本顺序不一致。

Дx.07050 大般涅槃经卷第二十七师子吼菩萨品

第十一之一

存4行，行2至9字。起："若婆罗门"，讫："是名"。北凉昙无谶译。经文见《大正藏》第12册，第526行C栏第4行至第7行。

Дх.07051 **妙法莲华经卷第六嘱累品第二十二**

存6行，行2至4字。录文："起现/而作/劫修习是/以付嘱/增益如/我於。"后秦鸠摩罗什译。经文见《大正藏》第9册，第52页C栏第4行至第9行。

Дх.07052 **妙法莲华经卷第六嘱累品第二十二**

存5行，行2至3字。录文："得阿修/汝等/普得闻/各亦无/自然智。"后秦鸠摩罗什译。经文见《大正藏》第9册，第52页C栏第10行至第14行。

Дх.07053 Дх.07142 **金刚般若波罗蜜经**

存10行，行2至4字。起："降伏其"，讫："自菩提"。后秦鸠摩罗什译。经文见《大正藏》第8册，第749页A栏第5行至第14行。

Дх.07054 **贤愚经卷第四摩诃斯那优婆夷品第二十一**

存4行，行4至6字。起："清净奉持"，讫："处□册避"。北魏慧觉等译。经文见《大正藏》第4册，第373页B栏第18行至第22行。有异文。

Дх.07055 **残佛经**

存2行，行2字。录文："见闻/所说。"不可定名。

Дх.07056 **金光明最胜王经卷第十舍身品第二十六**

存4行，行3至5字。起："精明如"，讫："有咸共赞言"。唐义净译。经文见《大正藏》第16册，第452页A栏第8行至第11行。与Дх.07057同经同品，可缀合。

Дх.07057 **金光明最胜王经卷第十舍身品第二十六**

存4行，行3至4字。录文："光辉天/中尔时虚/叹未曾/大士救护。"唐义净译。经文见《大正藏》第16册，第452页A栏第9行至第13行。与Дх.07056同经同品，可缀合，此片在前，"虚"字残缺的部首"业"也在Дх.07056可见。

Дх.07058 **佛说灌顶随愿往生十方净土经卷第十一**

存4行。录文："彼国/获果/菩萨复/终者我。"东晋帛尸梨蜜多罗译。经文见《大正藏》第21册，第529页C栏第13行至第16行。

Дх.07059 **出曜经卷第十二信品第十一**

存5行，行2至8字。起："百阿"，讫："至竟究畅"。后秦竺佛念译。经文见《大正藏》第4册，第673页B栏第1行至第5行。

Дх.07060 **妙法莲华经卷第五从地踊出品第十五**

存6行，行3至7字。起："迦牟尼佛"，讫："说偈言"。后秦鸠摩罗什译。经文见《大正藏》第9册，第41页A栏第14行至第19行。

Дх.07061 **大般涅槃经卷第十五梵行品第八之一**

存3行。录文："善男子以行/舍是故有/无量者则有。"北凉昙无谶译。经文见《大正藏》第12册，第453页B栏第21行至第23行。

Дх.07062 **佛本行集经卷第二十观诸异道品第二十四**

存2行。录文："尔时菩萨割髻之处/身著袈裟之处。"隋阇那崛多译。经文见《大正藏》第3册，第745页A栏第3行至第4行。

Дх.07063 **佛说灌顶拔除过罪生死得度经卷第十二**

存7行，行5至11字。起："使其受持是经"，讫："所在安隐恶"。东晋帛尸梨蜜多罗译。经文见《大正藏》第21册，第533页C栏第19行至第26行。

Дх.07064 **妙法莲华经卷第五安乐行品第十**

存3行，行2至8字。起："士民"，讫："以是方便"。后秦鸠摩罗什译。经文见《大正藏》第9册，第38页A栏第14行至第16行。

Дх.07065 **合部金光明经卷第八付嘱品第二十四**

存4行，行3至6字。起："此伽他"，讫："罗正义"。北凉昙无谶译、隋释宝贵合。经文见《大正藏》第16册，第401页B栏第15行至第22行。

Дх.07066 **大般若波罗蜜多经卷第一百八十一初分赞般若品第三十二之十**

存6行，行1至8字。起："亦/若波罗蜜"，讫：

"蜜多亦/有"。唐玄奘译。经文见《大正藏》第5册，第973页B栏第21行至第27行。

Дх.07067 大方等陀罗尼经卷第一初分卷第一

存5行，行5至7字。起："此为何声"，讫："如日光能"。北凉法众译。经文见《大正藏》第21册，第643页A栏第21行至第25行。

Дх.07068 佛说佛名经卷第十二

存8行，有7佛名。起："佛/南无弗若功德光佛"，讫："空步佛"。北魏菩提流支译。经文见《大正藏》第14册，第179页B栏第15行至第21行。

Дх.07069 阿毗昙八犍度论卷第七阿毗昙结使犍度人跋渠第三

存1行，总7字。录文："界凡夫色界凡夫。"迦旃延子造、僧伽提婆共竺佛念译。经文见《大正藏》第26册，第801页A栏第10行。

Дх.07070 残佛经

存3行，行4字。待定名。

Дх.07071 大般涅槃经卷第三十一师子吼菩萨品第十一之五

存3行，行4至5字。录文："男子譬如/是善男子亦/如是善男。"北凉昙无谶译。经文见《大正藏》第12册，第547页C栏第17行至第19行。

Дх.07072 太上洞玄灵宝本际经

存12行。录文："作功德诸天/虚元君讬作庸人下/尚至法回驾于丹霄之/南方真文一篇于是那/生作于此女子处于幽房/戒思念颠倒得转身为男/丹心遐彻遂/于琅碧之溪/真侍座下/华妓乐/十方是日那/紫光曲照斋。"所存文字可见于《广博物志卷第十二》。

Дх.07073 大般涅槃经卷第十八梵行品第八之四

存7行。录文："无上/号佛为/上士者/上士又/可坏知/佛为无/名。"北凉昙无谶译。经文见《大正藏》第12册，第468页A栏第13行至第19行。

Дх.07074 出曜经卷第十一诽谤品第九之余

存11行，行2至6字。起："欢悦"，讫："恶不即时"。后秦竺佛念译。经文见《大正藏》第4册，第671页B栏第18行至第29行。

Дх.07075 大般涅槃经卷第三十八迦叶菩萨品第十二之六

存3行，行3至5字。录文："修道护/者善修死想/何等名七一。"北凉昙无谶译。经文见《大正藏》第12册，第590页A栏第4行至第6行。与Дх.07076同经同品，可缀合，此片在下。

Дх.07076 大般涅槃经卷第三十八迦叶菩萨品第十二之六

存4行，行1至6字。录文："三/我当於中精勤/生是名智/七想。"北凉昙无谶译。经文见《大正藏》第12册，第590页A栏第3行至第6行。与Дх.7075同经同品，可缀合，此片在上。

Дх.07077 妙法莲华经卷第七观世音菩萨普门品第二十五

存3行，行7字。起："为说法应以"，讫："女身得度者"。后秦鸠摩罗什译。经文见《大正藏》第9册，第57页B栏第12行至第15行。

Дх.07078 Дх.07097 佛说灌顶拔除过罪生死得度经卷第十二

存8行，行2至12字。起："百戒"，讫："诳妄语淫"。东晋帛尸梨蜜多罗译。经文见《大正藏》第21册，第534页B栏第6行至第14行。

Дх.07079 大智度论卷第一百释昙无竭品第八十九

存4行，行2至9字。起："语是"，讫："如所闻"。龙树菩萨造、后秦鸠摩罗什译。经文见《大正藏》第25册，第755页C栏第23行至第27行。

Дх.07080 大智度论卷第五十六释顾视品第三十

存8行，行3至6字。起："毕竟空而"，讫："必当为"。龙树菩萨造、后秦鸠摩罗什译。经文见《大正藏》第25册，第457页B栏第27行至C栏第6行。

Дх.07081 十方千五百佛名经

存5行。录文："须弥坚佛/离忧佛华/放火佛名/三界自在佛/佛。"经文见《大正藏》第14册，第

312页B栏第25行至第29行。

Дх.07082 大般若波罗蜜多经卷第一百三十初分校量功德品第三十之二十八

存4行,行4至8字。起:"门及阿素洛",讫:"摩诃萨憍"。唐玄奘译。经文见《大正藏》第5册,第710页B栏第17行至第21行。

Дх.07083 妙法莲华经卷第七观世音菩萨普门品第二十五

存6行,行2至9字。起:"菩/珞分作二分",讫:"世尊妙相"。后秦鸠摩罗什译。经文见《大正藏》第9册,第58页C栏第4行至第9行。

Дх.07084 大般涅槃经卷第十二圣行品第七之二

存5行,行1至6字。起:"现在诸佛所制",讫:"坏"。北凉昙无谶译。经文见《大正藏》第12册,第435页B栏第2行至第6行。

Дх.07085 妙法莲华经卷第六法师功德品第十九

存3行,行6至8字。起:"常乐见之是人",讫:"世尊欲重"。后秦鸠摩罗什译。经文见《大正藏》第9册,第49页C栏第1行至第4行。

Дх.07086 大智度论卷第一百释嘱累品第九十

存3行,行6至9字。起:"牢固不动",讫:"福德纯"。龙树菩萨造、后秦鸠摩罗什译。经文见《大正藏》第25册,第756页A栏第1行至第3行。

Дх.07087 大般涅槃经卷第七如来性品第四之四

存5行,行5至8字。起:"犯偷兰遮",讫:"如是之人"。北凉昙无谶译。经文见《大正藏》第12册,第405页C栏第21行至第25行。

Дх.07088 妙法莲华经卷第三药草喻品第五

存5行,行4至7字。起:"随宜说法",讫:"则能信解"。后秦鸠摩罗什译。经文见《大正藏》第9册,第19页C栏第8行至第13行。

Дх.07089 维摩诘所说经卷上方便品第二

存4行,行3至10字。起:"往问疾其",讫:"是身如"。后秦鸠摩罗什译。经文见《大正藏》第14册,第539页B栏第12行至第17行。

Дх.07089V 维摩诘所说经卷上方便品第二

存5行,行2至10字。起:"从戒",讫:"如来身诸仁"。后秦鸠摩罗什译。经文见《大正藏》第14册,第539页C栏第2行至第9行。

Дх.07090 大方等大集经菩萨念佛三昧分卷第四神变品之余

存3行,行1至3字。录文"婆罗门/其前如/尔。"隋达磨笈多译。经文见《大正藏》第13册,第843页C栏第17行至第19行。

Дх.07091 大般若波罗蜜多经卷第九十四初分求般若品第二十七之六

存3行,行3至7字。起:"愁叹苦忧恼若",讫:"一切皆"。唐玄奘译。经文见《大正藏》第5册,第523页B栏第13行至第15行。

Дх.07092 摄大乘论释卷第十二释依慧学差别胜相第八

存4行,行12字左右。起:"二种一在地前",讫:"二圆聚中转"。世亲菩萨释、真谛译。经文见《大正藏》第31册,第241页A栏第14行至第23行。有异文,差别较大。或为异译本。

Дх.07093 大般涅槃经卷第三十二师子吼菩萨品第十一之六

存4行,行4至7字。起:"四地力因",讫:"即是如来佛"。北凉昙无谶译。经文见《大正藏》第12册,第557页A栏第2行至第5行。

Дх.07094 大唐龙兴三藏圣教序

存11行,行2至4字。录文:"经后至/授记寺/律其大/法镜于心/树而连芳/玉谅属其/已翻杂经/其余戒律/因备/于不亏/启含生。"唐中宗制。

Дх.07095 大唐龙兴三藏圣教序

存8行,行3至5字。录文:"冥怀悬/秀将觉/浑金璞/之龙象/寻并进内其/教具明八法/浮囊必取于/圣教之纲。"唐中宗制。与正面为同卷之残片。

Дх.07096 残佛经

存4行。每行均为"菩萨"2字。不可定名。

Дx.07097 **佛说灌顶拔除过罪生死得度经卷第十二**

见Дx.07078。

Дx.07098 **大般涅槃经卷第三十二师子吼菩萨品第十一之六**

存4行。行4至12字。起："行菩萨摩"，讫："复名不可"。北凉昙无谶译。经文见《大正藏》第12册，第558页B栏第5行至第9行。

Дx.07099 **妙法莲华经卷第六法师功德品第十九**

存6行，行2至9字。起："七实千子内外"，讫："音尔时世尊/是人"。后秦鸠摩罗什译。经文见《大正藏》第9册，第49页B栏第27行至C栏第5行。

Дx.07100 **佛本行集经卷第四十二迦叶三兄弟品下**

存1行，总5字。录文："徒修於苦行。"隋阇那崛多译。经文见《大正藏》第3册，第851页A栏第20行。

Дx.07100V **民族文字残片**

Дx.07101 **阿毗昙八犍度论卷第七阿毗昙结使犍度人跋渠第三**

存1行，总8字。录文："色界耶答曰有若欲。"迦旃延子造、僧伽提婆共竺佛念译。经文见《大正藏》第26册，第801页A栏第7行。

Дx.07102 **小品般若波罗蜜经卷第三摩诃般若波罗蜜回向品第七**

存4行，行2至4字。录文："般若波/故色真性/真性是/故色。"后秦鸠摩罗什译。经文见《大正藏》第8册，第551页B栏第10行至第13行。

Дx.07103 **残佛经**

存2行。录文："罗/沙等。"不可定名。

Дx.07104 **妙法莲华经卷第五从地踊出品第十五**

存4行，行2至6字。起："汝等"，讫："我灭后护持"。后秦鸠摩罗什译。经文见《大正藏》第9册，第39页C栏第24行至第27行。

Дx.07105 **佛说法王经**

存5行，行1至7字。起："者/读此经广"，讫："生之法少闻"。失译。经文见《大正藏》第85册，第389页B栏第17行至第21行。

Дx.07106 **妙法莲华经卷第六法师功德品第十九**

存3行，行1至5字。录文："如/常念而守护/复次。"后秦鸠摩罗什译。经文见《大正藏》第9册，第49页C栏第19行至第22行。

Дx.07107 **杂阿含经**

存10行，行1至5字。起："绝/信为种行"，讫："法不必/供养"。失译。经文见《大正藏》第2册，第493页A栏第18行至第27行。

Дx.07108 **佛说灌顶摩尼罗亶大神咒经卷第八**

存6行，行2至4字。均为"大神""大神将军"。东晋帛尸梨蜜多罗译。经文见《大正藏》第21册，第518页B栏。

Дx.07109 **大般涅槃经卷第二十梵行品第八之六**

存2行。录文："知是佛说/第一义。"北凉昙无谶译。经文见《大正藏》第12册，第485页A栏第6行至第8行。

Дx.07110 **大般若波罗蜜多经卷第四百四十三第二分示相品第四十七之二**

存3行，行4字。录文："自然觉法/无数量无/量无数量。"唐玄奘译。经文见《大正藏》第7册，第237页A栏第15行至第18行，

Дx.07111 **四分律卷第二十三三十舍堕法**

存3行，行3字。录文："者尼萨/若诸病/食残宿。"后秦佛陀耶舍共竺佛念等译。经文见《大正藏》第22册，第728页B栏第10行至第12行。

Дx.07112 **佛说佛名经卷第一**

存1行，总3字。录文："无宝火。"失译。经文见《大正藏》第14册，第120页A栏。

Дx.07113 **妙法莲华经卷第五从地踊出品第十五**

存5行，行4至10字。起："唱导之首"，讫："复亿万眷"。后秦鸠摩罗什译。经文见《大正藏》第9册，第40页A栏第5行至第9行。

Дx.07114 **佛说佛名经卷第十六**

存2行，行3字。录文："南无七/南无七。"经文

见《大正藏》第14册，第247页A栏第25行。

Дx.07115 妙法莲华经卷第四授学无学人记品第九

存7行，行2至8字。起："欢喜"，品题："学无学人记品第九"，讫："知识阿难"。首行"欢喜"2字，是"五百弟子受记品第八"之内容。后秦鸠摩罗什译。经文见《大正藏》第9册，第29页B栏第21行至第27行。

Дx.07116 Дx.07120 妙法莲华经卷第四提婆达多品第十二

存7行，行2至7字。起："至不退转"，讫："告诸"。后秦鸠摩罗什译。经文见《大正藏》第9册，第35页A栏第7行至第14行。

Дx.07116V Дx.07120V 民族文字残片

Дx.07117 摩诃般若波罗蜜经卷第二十七常啼品第八十八

存2行，行3至4字。录文："曼陀罗华/伎乐於。"后秦鸠摩罗什译。经文见《大正藏》第8册，第420页C栏第8行至第9行。

Дx.07118 法苑珠林卷第七十三果报部第三

存10行，行4至6字。起："受畜生见"，讫："所谓粪虫驼"。唐道世撰。经文见《大正藏》第53册，第839页A栏第3行至第13行。

Дx.07119 大般涅槃经卷第二十四光明遍照高贵德王菩萨品第十之四

存3行，行5至6字。录文："三千大千世界/异耳根异於/得清净耳通。"北凉昙无谶译。经文见《大正藏》第12册，第504页C栏第14行至第17行。

Дx.07120 妙法莲华经卷第四提婆达多品第十二

见Дx.07116。

Дx.07120V 民族文字残片

见Дx.07116V。

Дx.07121 合部金光明经卷第四流水长者子品第十六

存6行，行5至9字。起："怖惧亦无愁"，讫："七日七子围绕"。北凉昙无谶译、隋释宝贵合。经文见《大正藏》第16册，第354页A栏第28行至B栏第5行。

Дx.07122 大般涅槃经卷第十七梵行品第八之三

存5行，行1至4字。录文："子/如来/闻乘者/者先当清/呵嘖故令"。北凉昙无谶译。经文见《大正藏》第12册，第467页C栏第24行至第28行。

Дx.07123 大般涅槃经卷第三十三迦叶菩萨品第十二之一

存6行，行2至4字。录文："善男/於无最世/持戒供/乃至/既/三藐。"北凉昙无谶译。经文见《大正藏》第12册，第563页A栏第6行至第11行。

Дx.07124 佛说宝雨经卷第七

存2行，行2至3字。录文："光明/等而菩。"唐达摩流支译。经文见《大正藏》第16册，第314页A栏第6行至第7行。

Дx.07125A 佛说宝雨经卷第七

存6行，行3至6字。起："功德威"，讫："诸苦不"。唐达摩流支译。经文见《大正藏》第16册，第314页A栏第8行至第14行。

Дx.07125B 法门名义集世界品法门名义第七

存4行。录文："有处寿命/一识名为外凡天/圣者以理集/有细相具足四阴是。"唐李师政撰。经文见《大正藏》第54册，第204页A栏。或为是经，也只有部分经文相同。待查。

Дx.07125BV 地志

存2行，行4字。录文："南卤北渠/南卤北渠。"

Дx.07126 大方等大集经菩萨念佛三昧分弥勒神通品第四

存6行，行3至6字。起："将求食"，讫："婆罗门"。隋达磨笈多译。经文见《大正藏》第13册，第844页B栏第28行至C栏第4行。

Дx.07127 大般涅槃经卷第十七梵行品第八之三

存4行，行4至9字。起："故则无呵责"，讫："是心当知"。北凉昙无谶译。经文见《大正藏》第12册，第467页C栏第28行至第468页A栏第2行。

Дx.07128 **四分律卷第四十九比丘尼犍度之下**

存4行，行2至5字。录文："比丘/伎教他作/伎彼比丘尼/住处沽酒彼。"后秦佛陀耶舍共竺佛念等译。经文见《大正藏》第22册，第928页A栏第21行至第24行。

Дx.07129 **妙法莲华经卷第四见宝塔品第十一**

存4行，行2至5字。录文："作证明/天人大众中/身者应/在在。"后秦鸠摩罗什译。经文见《大正藏》第9册，第32页C栏第13行至第16行。

Дx.07130 **维摩诘所说经卷第二入不二法门品第九**

存2行，行5至6字。录文："为二三行实/行无不动行於。"后秦鸠摩罗什译。经文见《大正藏》第14册，第551页B栏第22行至第24行。

Дx.07131 **摩诃般若波罗蜜经卷第二十七常啼品第八十八**

存6行，行6至10字。起："罗蜜置小床上"，讫："桓因憍尸迦何"。后秦鸠摩罗什译。经文见《大正藏》第8册，第420页C栏第5行至第10行。

Дx.07132 **大庄严论经卷第七**

存6行，行2至5字。起："通达/欲有所问"，讫："疑鄙贱/地即"。马鸣菩萨造、后秦鸠摩罗什译。经文见《大正藏》第4册，第296页C栏第5行至第11行。

Дx.07133 **妙法莲华经卷第一方便品第二**

存2行，行4至5字。录文："分别说诸果/闻圣师子。"后秦鸠摩罗什译。经文见《大正藏》第9册，第9页C栏第26行至第27行。

Дx.07134 **僧伽吒经卷第四**

存5行，行5至9字。起："演说法时"，讫："呵骂於父母"。月婆首那译。经文见《大正藏》第13册，第973页A栏第8行至第17行。

Дx.07135 **大方广佛华严经卷第五十三入法界品第三十四之十**

存5行，行3至6字。起："一佛所"，讫："量诸禅"。东晋佛驮跋陀罗译。经文见《大正藏》第9册，第737页A栏第11行至第15行。

Дx.07136 **大般涅槃经卷第十如来性品第四之七**

存4行，行3至4字。录文："为肉眼/作父母/四足多/异类各目。"北凉昙无谶译。经文见《大正藏》第12册，第423页C栏第9行至第12行。

Дx.07137 **佛说灌顶拔除过罪生死得度经卷第十二**

存4行，行1至6字。录文："第/星中/界行者见道热/第五愿者。"东晋帛尸梨蜜多罗译。经文见《大正藏》第21册，第532页C栏第12行至第15行。

Дx.07138 **十方千五百佛名经**

存3行，行3至5字。录文："佛言若有善/持烧香敬礼/时自然。"经文见《大正藏》第14册，第317页B栏第6行至第8行。

Дx.07139 **佛经论释**

存4行。行书。未检出。

Дx.07140 **金光明最胜王经卷第四最净地陀罗尼品第六**

存5行，行8字。起："善男子□□□是过七恒"，讫："於第八地得"。唐义净译。经文见《大正藏》第16册，第421页A栏第16行至第21行。

Дx.07141 **维摩诘所说经卷下菩萨行品第十一**

存5行，行2至4字。录文："为大慈悲/法药故不/生病故/诸正士/是名。"后秦鸠摩罗什译。经文见《大正藏》第14册，第554页C栏第16行至第19行。

Дx.07142 **金刚般若波罗蜜经**

见Дx.07053。

Дx.07143 **愿文**

存5行，行2至3字。录文："以骏/生彪/家有/父党/字然贵。"待考。

Дx.07144 **金光明经卷第二四天王品第六**

存3行，行2至5字。录文："具能/人王能供养/正应如是护。"北凉昙无谶译。经文见《大正藏》第16册，第341页B栏第3行至第5行。

Дx.07145 **佛说灌顶拔除过罪生死得度经卷第十二**

存2行。录文："师琉璃光佛本所/令一。"东晋帛尸梨蜜多罗译。经文见《大正藏》第21册，第532页B栏第29行至C栏第2行。

Дx.07146 佛说维摩诘经卷上菩萨品第四

存8行。经大字，注双行小字。起："汝俱"，讫："言我等"。吴支谦译。经文见《大正藏》第14册，第524页C栏第21行至第26行。但现刊本无双行注疏，不知依何本所抄，双行小字亦不甚清楚。

Дx.07147 妙法莲华经卷第五安乐行品第十四

存4行。录文："师利如来灭后於末法/行若口宣说若读/轻慢/闻人亦。"后秦鸠摩罗什译。经文见《大正藏》第9册，第37页A栏第29行至第38页A栏第3行。

Дx.07147V 民族文字残片

Дx.07148 未来星宿劫千佛名经

存5行，行3佛名。起："诸恐/为诸众生"，讫："须尔山王"。失译。经文见《大正藏》第14册，第390页B栏第14行至第20行。

Дx.07149 金刚般若波罗蜜经

存11行，行2至7字。起："若卵生若"，讫："可思"。后秦鸠摩罗什译。经文见《大正藏》第8册，第749页A栏第6行至第16行。

Дx.07150 维摩诘所说经卷上菩萨品第四

存3行，行2至5字。录文："摩诘/当学无尽灯/明终不尽。"后秦鸠摩罗什译。经文见《大正藏》第14册，第543页B栏第18行至第20行。

Дx.07151 四分律比丘戒本

存3行，行9字。起："欲除四弃法"，讫："为我说是"。后秦佛陀耶舍译。经文见《大正藏》第22册，第1015页A栏第25行至第29行。

Дx.07152 妙法莲华经卷第二信解品第四

存6行，行4至9字。起："施大宝帐"，讫："欲往佣作"。后秦鸠摩罗什译。经文见《大正藏》第9册，第18页A栏第3行至第10行。

Дx.07153 大般若波罗蜜多经卷第八初分转生品第四之二

存7行，行1至6字。起："受"，讫："散空无"。唐玄奘译。经文见《大正藏》第5册，第41页C栏第19行至第26行。

Дx.07154 四分律僧戒本

存3行，行1至7字。录文："五/听和合说戒白/诸大德我今欲说。"后秦佛陀耶舍译。经文见《大正藏》第22册，第1023页B栏第15行至第17行。

Дx.07155 妙法莲华经卷第四五百弟子受记品第八

存1行。录文："希有随顺世间若。"后秦鸠摩罗什译。经文见《大正藏》第9册，第27页B栏第23行。

Дx.07156 大般涅槃经卷第七如来性品第四之四

存3行，行3至4字。录文："言不也/净想远离/悔比丘乞。"北凉昙无谶译。经文见《大正藏》第12册，第406页A栏第11行至第13行。

Дx.07157 妙法莲华经卷第七观世音菩萨普门品第二十五

存2行。录文："牙齿疏缺/身体臭秽。"后秦鸠摩罗什译。经文见《大正藏》第9册，第62页A栏第21行至第22行。

Дx.07158 金刚般若波罗蜜经

存2行。录文："劫於然灯/他诸佛悉皆供。"后秦鸠摩罗什译。经文见《大正藏》第8册，第750页C栏第28行至第29行。

Дx.07159 妙法莲华经卷第四五百弟子受记品第八

存5行，行3至9字。首题："妙法莲华经五百弟子"，讫："通之力"。后秦鸠摩罗什译。经文见《大正藏》第9册，第27页B栏第16行至第20行。

Дx.07160 摩诃般若波罗蜜经卷第十八梦誓品第六十一

存10行，行2至10字。起："远离法"，讫："所行者是真"。后秦鸠摩罗什译。经文见《大正藏》第8册，第353页B栏第15行至第25行。

Дx.07161 光赞经卷第七摩诃般若波罗蜜观品第

十七

存3行，行6至10字。起："天上世间"，讫："谓不然者诸漏"。西晋竺法护译。经文见《大正藏》第8册，第195页B栏第16行至第18行。与Дx.07163同经同品，不可缀合。

Дx.07162　大般涅槃经卷第二十九师子吼菩萨品第十一之三

存3行，行2至3字。录文："阴云何/洹者虽/似是。"北凉昙无谶译。经文见《大正藏》第12册，第537页C栏第1行至第3行。

Дx.07163　光赞经卷第七摩诃般若波罗蜜观品第十七

存3行，行8至10字。起："求短者故"，讫："天上世间欲"。西晋竺法护译。经文见《大正藏》第8册，第195页B栏第19行至第22行。与Дx.07161同经同品，经文不可缀合。

Дx.07164　佛说佛名经卷第六

存1行，总4字。录文："南无月净。"北魏菩提流支译。经文见《大正藏》第14册，第145页C栏第8行。极残，不能确指具体卷数。

Дx.07165　佛说仁王般若波罗蜜经卷上护国经二谛品第四

存4行，行4至6字。起："诃萨於第一"，讫："空何以故般若"。后秦鸠摩罗什译。经文见《大正藏》第8册，第829页A栏第27行至B栏第1行。

Дx.07166　妙法莲华经卷第三化城喻品第七

存3行，行2至3字。录文："见大通/座诸/人等。"后秦鸠摩罗什译。经文见《大正藏》第9册，第23页A栏第29行至B栏第2行。

Дx.07167　净土五会念佛略法事仪赞观经十六观赞

存4行，行6字。起："管能清道者"，讫："冷八德不思"。南岳沙门法照述。经文见《大正藏》第47册，第485页A栏第11行至行14行。

Дx.07168　妙法莲华经卷第四五百弟子受记品第八

存4行，行5至9字。起："金色三十二相"，讫："智善能教化"。后秦鸠摩罗什译。经文见《大正藏》第9册，第27页C栏第28行至第28页A栏第2行。

Дx.07169　妙法莲华经卷第四法师品第十

存4行，行5至6字。起："和忍辱心是"，讫："亦遣化比丘"。后秦鸠摩罗什译。经文见《大正藏》第9册，第31页C栏第26行至第32页A栏第1行。

Дx.07170　妙法莲华经卷第五分别功德品第十七

存9行，行5至12字。起："微尘数菩萨"，讫："大菩萨众执七"。后秦鸠摩罗什译。经文见《大正藏》第9册，第44页B栏第24行至C栏第11行。

Дx.07171　大般涅槃经卷第二十五光明遍照高贵德王菩萨品第十之五

存5行，行3至8字。起："涅槃而"，讫："近善友二者"。北凉昙无谶译。经文见《大正藏》第12册，第510页B栏第17行至第21行。

Дx.07172　舍利弗阿毗昙论卷第二十非问分烦恼品第十一之三

存6行，行6至9字。起："因而有此世间"，讫："见种种无数随"。后秦昙摩耶舍共昙摩崛多等译。经文见《大正藏》第28册，第658页C栏第23行至第29行。

Дx.07173　大般若波罗蜜多经卷第四百八第二分善现品第六之三

存4行。录文："乃至意触/非不住何以故/触为缘所/者非造非。"唐玄奘译。经文见《大正藏》第7册，第45页C栏第12行至第15行。经文"者非造作"句，现刊本无。

Дx.07174　佛顶尊胜陀罗尼真言

存7行。中有"尊胜陀罗尼"，其余为陀罗尼真言。经文见《大正藏》第19册，第389页A栏。真言与现刊本不尽相同，或为其他陀罗尼真言。

Дx.07175　残佛经

存3行，行1至2字。不可定名。

Дx.07176　妙法莲华经卷第五安乐行品第十四

存7行,行8至11字。起:"书及路伽",讫:"止或时来"。后秦鸠摩罗什译。经文见《大正藏》第9册,第37页A栏第23行至B栏第1行。

Дх.07177 Дх.07180 维摩诘所说经卷上佛国品第一

存13行,行7至17字。完整者8行。起:"净土菩萨",讫:"能回向随其"。后秦鸠摩罗什译。经文见《大正藏》第14册,第538页B栏第16行至第29行。

Дх.07178 大智度论卷第九十释实际品第八十

存9行,行1至6字。起:"涅槃菩萨",讫:"住空/俱"。龙树菩萨造、后秦鸠摩罗什译。前3行见《大正藏》第25册,第697页C栏第3行至第10行。后4行见《大正藏》第25册,第694页B栏第6行至第9行。有异文,与现刊本顺序不完全相同。

Дх.07179 斋文

存11行。录文:"调/济五趣而证圆明截四流而超/被符不生不灭无去无坤/难思言不测者矣□□/施主设斋□申意者奉/保愿功德之嘉会/故乃并是高门/家玉某琼枝兰/心三宝摄念无/林悟真如之境/良缘同增胜福。"

Дх.07179V 愿文

存10行。录文:"尘花台崇敬三故能年三十□/坏那聿祇法/佛灵相寻经法/□炉焚百味以兹设/□福因先用奉资/合邑人等仰体惟愿灾/风散障逐云消永□/昔之声长见欢忻之乐/倚福次用庄严持炉施于即/钵惟愿福同□不种。"

Дх.07180 维摩诘所说经卷上佛国品第一

见Дх.07177。

Дх.07181 金刚般若波罗蜜经

存6行,行3至9字。起:"见如来",讫:"四句偈等布施"。后秦鸠摩罗什译。经文见《大正藏》第8册,第750页A栏第21行至第25行。

Дх.07182 四分律比丘戒本

存7行,行4至8字。起:"时者病□作衣时",讫:"请不作余食/受请不作"。后秦佛陀耶舍译。经文见《大正藏》第22册,第1019页A栏第3行至第14行。

Дх.07183 大方广佛华严经卷第十五金刚幢菩萨十回向品第二十一之二

存10行,行3至18字。起:"犹如响",讫:"正道如法"。东晋佛驮跋陀罗译。经文见《大正藏》第9册,第499页B栏第23行至C栏第10行。分卷与现刊本不同,至偈颂"善能随顺诸世间"卷十五完,后3行在卷十六。

Дх.07184 妙法莲华经卷第四法师品第十

存4行,行4至10字。起:"应持天宝",讫:"此义而说偈"。后秦鸠摩罗什译。经文见《大正藏》第9册,第31页A栏第8行至第11行。

Дх.07185 四分律删繁补阙行事钞卷下二衣总别篇第十七

存4行,行5字。起:"依门而解何",讫:"五众衣轻"。唐道宣撰述。经文见《大正藏》第40册,第104页C栏第23行至第28行。

Дх.07186 阿毗昙八犍度论卷第十八四大犍度五

存4行,行2至4字。录文:"隐没/四大及隐没/隐没无记/不隐。"迦旃延子造、后秦僧伽提婆共竺佛念译。经文见《大正藏》第26册,第856页A栏第15行至第19行。

Дх.07187 合部金光明经卷第二业障灭品第五

存3行,行1至6字。录文:"过/余是诸行法未/复起何以故善。"北凉昙无谶译、释宝贵合。经文见《大正藏》第16册,第369页A栏第20行至第22行。

Дх.07188 愿文

存5行。录文:"并云公简昝翻文/□□宜其享延多庆永/穷孝寿攀□□瞥/之不静居诸易往某日俄/香以阵清谨又为云者造。"

Дх.07189 大般涅槃经卷第三十八迦叶菩萨品第十二之六

存5行,行1至5字。录文:"能/世间逐亲/佛无是相如/世间说/凡。"北凉昙无谶译。经文见《大正藏》第12册,第590页B栏第1行至第5行。

Дх.07190 妙法莲华经卷第三化城喻品第七

存5行,行2至7字。起:"养佛",讫:"度苦恼众生"。后秦鸠摩罗什译。经文见《大正藏》第9册,第23页B栏第14行至第21行。

Дх.07191 大般涅槃经卷第六如来性品第四之三

存10行,行6至10字。起:"常如是之",讫:"皆空一切无"。北凉昙无谶译。经文见《大正藏》第12册,第402页B栏第5行至第16行。

Дх.07192 药方

存2行。录文:"当归二两咬咀生姜五/七合日三痛愈□。"

Дх.07192V 杂写

存1行。录文:"附空言临纸。"

Дх.07193 维摩诘所说经卷上菩萨品第四

存3行。录文:"者何忆/方人城我/我言吾。"后秦鸠摩罗什译。经文见《大正藏》第14册,第542页C栏第12行至第14行。

Дх.07194 维摩诘经义疏卷第三

存4行。经单行大字,疏双行小字。经存:"诸比丘略/义苦义空。"经文见《大正藏》第38册,第943页A栏第20行至第21行。现刊本仅存经,无释。此件定名待考。

Дх.07195 小品般若波罗蜜经卷第十摩诃般若波罗蜜萨陀波仑品第二十七

存5行,行3至8字。起:"真珠罗",讫:"诸宝幡"。后秦鸠摩罗什译。经文见《大正藏》第8册,第583页B栏第18行至第22行。

Дх.07196 药师琉璃光如来本愿功德经

存4行,行3至10字。起:"诸众生不识",讫:"时如"。唐玄奘译。经文见《大正藏》第14册,第405页C栏第12行至第15行。

Дх.07197 佛说佛名经卷第四

存7行,均为下半段,行存1佛名。起:"无实积佛",讫:"安乐佛"。北魏菩提流支译。经文见《大正藏》第14册,第132页B栏第19行至第24行。

Дх.07198 斋文

存6行。录文:"觉道摩诃般若有/诵/邑文常闻真原要寂/禀物应生洪氏托质李/思议之表然今斋主烧/是□□□□。"

Дх.07198V 愿文

存3行。录文:"诸高纵遂能福智於/年启迩诸日初春匕月诸/塔知侧期每良□。"

Дх.07199 摩诃般若波罗蜜经卷第二十三六喻品第七十七

存7行,行5至11字。起:"是法一相所",讫:"陀罗尼门能具"。后秦鸠摩罗什译。经文见《大正藏》第8册,第390页A栏第13行至第20行。

Дх.07200 般若波罗蜜多心经

存7行,行11至14字。起:"是舍利子是诸",讫:"恐怖远离颠"。唐玄奘译。经文见《大正藏》第8册,第848页C栏第10行至第16行。

Дх.07201 大般若波罗蜜多经题签

录文:"大般若波罗蜜多经卷第一百七十二。"

Дх.07202 思益梵天所问经卷第三谈论品第七

存3行。首题:"梵天所问经卷第三",讫:"即告文殊利"。后秦鸠摩罗什译。经文见《大正藏》第15册,第47页A栏第22行至第29行。

Дх.07203 妙法莲华经卷第一序品第一

存7行,行9字。起:"尼优婆塞优",讫:"弥勒菩萨"。后秦鸠摩罗什译。经文见《大正藏》第9册,第2页C栏第1行至第8行。

Дх.07204 大宝积经卷第五十二菩萨藏会第十二之十八般若波罗蜜多品第十一之三

存9行,行2至7字。起:"功德菩萨",讫:"说法"。唐玄奘译。经文见《大正藏》第11册,第305页A栏第22行至B栏第1行。

Дх.07205 妙法莲华经卷第一序品第一

存9行，行2至5字。起："因缘而有"，讫："从阿"。后秦鸠摩罗什译。经文见《大正藏》第9册，第2页C栏第5行至第15行。

Дx.07206 **大般涅槃经卷第十二如来性品第四之五**

存6行，行2至6字。起："虽於"，讫："善男子"。北凉昙无谶译。经文见《大正藏》第12册，第412页A栏第16行至第22行。

Дx.07207 **妙法莲华经卷第五安乐行品第十四**

存6行，行3至10字。起："优婆塞"，讫："过去未来"。后秦鸠摩罗什译。经文见《大正藏》第9册，第13页C栏第14行至第19行。

Дx.07208 **金刚般若波罗蜜经**

存5行，行4至6字。起："女人以恒"，讫："有修伽陀"。北魏菩提流支译。经文见《大正藏》第8册，第754页B栏第9行至第14行。

Дx.07209 **胜天王般若波罗蜜经卷第二法界品第三**

存3行。录文："谓见闻念/佛菩萨所/大王。"月婆首那译。经文见《大正藏》第8册，第696页B栏第25行至第27行。

Дx.07210 **妙法莲华经卷第一方便品第二**

存5行，行3至7字。起："罗三藐"，讫："若遇余佛"。后秦鸠摩罗什译。经文见《大正藏》第9册，第7页C栏第3行至第7行。

Дx.07211 **胜天王般若波罗蜜经卷第二法界品第三**

存3行，行2至5字。录文："勤精/过去生一十/萨行般若。"月婆首那译。经文见《大正藏》第8册，第696页B栏第21行至第23行。

Дx.07212 **佛说维摩诘经卷下不二入品第九**

存2行。录文："则朴朴则正诸/尽为二。"吴支谦译。经文见《大正藏》第14册，第531页B栏第26行至第28行。

Дx.07213 **大般涅槃经卷第九如来性品第四之六**

存7行，行3至7字。起："曰无上"，讫："涅槃猛利"。北凉昙无谶译。经文见《大正藏》第12册，第420页C栏第22行至第29行。

Дx.07214 **妙法莲华经卷第一序品第一**

存7行，行2至4字。起："众生"，讫："宝铃和鸣"。后秦鸠摩罗什译。经文见《大正藏》第9册，第3页B栏第16行至第24行。

Дx.07215 **妙法莲华经卷第七观世音菩萨普门品第二十五**

存6行，行6至9字。起："是观世音菩萨"，讫："观世音菩萨不肯"。后秦鸠摩罗什译。经文见《大正藏》第9册，第57页B栏第22行至第28行。

Дx.07216 **般若波罗蜜多心经**

存5行，行4至8字。起："至无意识界"，讫："竟涅槃三"。唐玄奘译。经文见《大正藏》第8册，第848页C栏第12行至第17行。

Дx.07217 **金刚般若波罗蜜经**

存4行，行7至8字。起："不住色布施"，讫："东方虚空"。后秦鸠摩罗什译。经文见《大正藏》第8册，第749页A栏第13行至第16行。

Дx.07218 **残片**

存"第四"2字。不可定名。

Дx.07219 **金光明经卷第四舍身品第十七**

存12行，行1至5字。起："证成如"，讫："作如是/食"。北凉昙无谶译。经文见《大正藏》第16册，第354页C栏第3行至第15行。

Дx.07220 **药师琉璃光如来本愿功德经**

存4行，行4至7字。起："之是故我"，讫："迷企罗大将安底"。唐玄奘译。经文见《大正藏》第14册，第408页A栏第21行至第26行。

Дx.07221 **残佛经**

存4行，行2至5字。未检出。

Дx.07222 **民族文字残片**

Дx.07223 **残佛经**

存4行，行6字。未检出。

Дx.07224 **寺院籍账**

Дx.07225 **佛说仁王般若波罗蜜经题签**

录文："护□般若经卷下。"

Дx.07226 大般若波罗蜜多经题签

录文:"大般若波罗蜜多经卷第四百□。"

Дx.07227 大般涅槃经

存2行。录文:"偏袒/言世尊唯。"北凉昙无谶译。经文见《大正藏》第12册,第197页A栏第25行。残存经句甚多,还见于其他多部佛经。

Дx.07228 大乘无量寿经

存4行,行2至5字。首题:"大乘无量寿",讫:"功德"。经文见《大正藏》第19册,第82页A栏第1行至第8行,

Дx.07229 大般涅槃经卷第三十师子吼菩萨品第十一之四

存9行,行2至8字。起:"狱畜生饿鬼",讫:"瞿昙"。北凉昙无谶译。经文见《大正藏》第12册,第544页B栏第5行至第14行。

Дx.07230 民族文字残片

Дx.07231 馆藏缺

Дx.07232 妙法莲华经卷第六如来神力品第二十一

存4行,行2至5字。录文:"那罗/力出广长/无数色光皆/座上诸。"后秦鸠摩罗什译。经文见《大正藏》第9册,第51页C栏第17行至第20行。

Дx.07232V 民族文字及人物画

Дx.07233 妙法莲华经卷第三药草喻品第五

存5行,行1至11字。起:"得/一切见者知道",讫:"根利钝精"。后秦鸠摩罗什译,经文见《大正藏》第9册,第19页B栏第13行至第17行。

Дx.07234 劝善经

存3行,行3字。录文:"此经其/雳空中/在路中。"经文见《大正藏》第85册,第1462页A栏第12行至第13行。

Дx.07235 金刚般若波罗蜜经

存2行,行4字。录文:"提言不也/含是名阿。"北魏菩提流支译。经文见《大正藏》第8册,第753页C栏第13行至第14行。

Дx.07236 大般若波罗蜜多经题签

录文:"大般若波罗蜜多经卷第□□□。"

Дx.07237 馆藏缺

Дx.07238 残佛经

存3行。录文:"不/两手/寻。"不可定名。

Дx.07239 大乘显识经卷上

存2行,行4字。录文:"善哉贤护/汝说贤护。"唐地婆诃罗译。经文见《大正藏》第12册,第180页A栏第6行至第8行。

Дx.07240 净名经集解关中疏弟子品第三

存2行。录文:"有动无边何所动无/故肇曰。"唐道液集。经文见《大正藏》第85册,第456页B栏第20行至第22行。

Дx.07241 残佛经

存2行。每行均为一"女"字。不可定名。

Дx.07242 佛说佛名经卷第二十二

八残片。完整或基本完整行的碎片有3块。其一,存5行,行5至8字。起:"姓阿提遮",讫:"无陀罗尼"。为失译《佛说佛名经卷第二十二》。经文见《大正藏》第14册,第273页B栏第23行至第26行。其二,存4行。能辨认的只有"坚固佛"三字,佛名经中此佛名较多,不能确定卷数。其三,存5行。录文:"戒王佛/王声佛/无孤单精进/此以上九千七百/无灭。"部分佛名见《佛说佛名经卷第二十一》。经文见《大正藏》第14册,第272页A栏。

Дx.07243 杂写

存2行。录文:"其中衣物无有遗/□□证真。"

Дx.07244 金刚般若波罗蜜经

存10行,行1至8字。起:"是/故佛说非",讫:"须菩提言/於/此"。后秦鸠摩罗什译。经文见《大正藏》第8册,第749页C栏第24行至第750页A栏第4行。

Дx.07245 残佛经

存3行,行3至4字。未检出。

Дx.07246 馆藏缺

Дx.07247 妙法莲华经卷第三药草喻品第五

存7行,行2至7字。起:"天人",迄:"怠随其"。后秦鸠摩罗什译。经文见《大正藏》第9册,第19页B栏第11行至第17行。

Дх.07248 妙法莲华经卷第七陀罗尼品第二十六

存2行,行6字。录文:"尊此二子者是/根饶益我故来。"后秦鸠摩罗什译。经文见《大正藏》第9册,第60页C栏第3行至第4行。

Дх.07249 妙法莲华经卷第一序品第一

存2行。录文:"业报处/照。"后秦鸠摩罗什译。经文见《大正藏》第9册,第4页C栏第7行至第9行。

Дх.07250 杂写

存2行。录文:"文正月五□/文令。"

Дх.07250V 杂写

存2行。录文:"壹角出/□。"字迹不清。

Дх.07251 妙法莲华经卷第三药草喻品第五

存2行。录文:"故迦叶随力为说/迦叶当知譬如大云。"后秦鸠摩罗什译。经文见《大正藏》第9册,第19页C栏第14行至第15行。

Дх.07252 残佛经

存1行,总3字。录文:"读诵此。"不可定名。

Дх.07252V 民族文字残片

Дх.07253 大般涅槃经卷第十四圣行品第七之四

存2行。录文:"念亦/生内於。"北凉昙无谶译。经文见《大正藏》第12册,第448页C栏第6行至第7行。

Дх.07254 妙法莲华经卷第五安乐行品第十四

存2行。录文:"及姤/贪著。"后秦鸠摩罗什译。经文见《大正藏》第9册,第37页B栏第22行至第23行。

Дх.07254V 民族文字残片

Дх.07255 般若经

存3行,行9至11字。起:"何事故行",迄:"亦无所为无"。未检出。

Дх.07256 大乘无量寿经

存4行,行5至10字。起:"阿弥陀净土",迄:"礼若是畜"。经文见《大正藏》第19册,第84页A栏第2行至第10行。

Дх.07257 转经行道愿往生净土法事赞卷下

存3行,行4字。录文:"念经舍利/所说名及/为一切诸。"沙门善导集记。经文见《大正藏》第47册,第434页C栏第22行至第24行。

Дх.07258 维摩诘所说经卷下香积佛品第十

存9行,行4至10字。起:"於何食时",迄:"大菩萨众"。后秦鸠摩罗什译。经文见《大正藏》第14册,第552页A栏第6行至第14行。

Дх.07259 摩诃般若波罗蜜经卷第十二无作品第四十三

存4行,行3至4字。起:"游诸佛刹",迄:"罗蜜亦"。后秦鸠摩罗什译。经文见《大正藏》第8册,第311页A栏第20行至第23行。

Дх.07260 金刚般若波罗蜜经

存4行,行1至4字。录文:"取/我说/三藐三/言如我解。"后秦鸠摩罗什译。经文见《大正藏》第8册,第749页B栏第9行至第13行。

Дх.07261 佛经论释

存5行。未检出。

Дх.07262 残佛经

存3行,行1字。录文:"千/及/优。"不可定名。

Дх.07262V 民族文字残片

Дх.07263 佛说普门品经

存2行。录文:"溥首何谓菩萨/行无处不。"西晋竺法护译。经文见《大正藏》第11册,第775页C栏第29行至第776页A栏第1行。

Дх.07264 摩诃般若波罗蜜经卷第二十一三慧品第七十

存4行,行8至11字。起:"无所作如是",迄:"辟支佛佛乘佛告"。后秦鸠摩罗什译。经文见《大正藏》第8册,第374页B栏第7行至第10行。

Дх.07265 馆藏缺

Дх.07266 **残佛经**

存1行，总3字。录文："谓八解。"不可定名。

Дх.07267 **佛说要行舍身经**

存4行。录文："佛告庆喜/尔时一切天/行/佛说要行。"经文见《大正藏》第85册，第1415页C栏第16行至第19行。

Дх.07268 **大智度论卷第九十释实际品第八十**

存4行，行6字。起："者言布施等"，讫："甘露果甘"。龙树菩萨造、后秦鸠摩罗什译。经文见《大正藏》第25册，第697页B栏第27行至C栏第2行。

Дх.07269 **摩诃般若波罗蜜经卷第五广乘品第十九**

存3行，行3至5字。录文："梵若复余/诚言我一切/魔若梵。"后秦鸠摩罗什译。经文见《大正藏》第8册，第255页B栏第29行至C栏第2行。

Дх.07270 **睒子变文**

存6行，行12字。起："迦夷国王入山"，讫："外书内经明暗"。内容为睒子孝养父母事。有别字，如"误伤"为"悟伤"，"睒子"为"闪子"等。

Дх.07271 **小品般若波罗蜜经卷第三摩诃般若波罗蜜佐助品第六**

存3行，行4至7字。录文："四天下小千世界/世界众生若教/令行十善。"后秦鸠摩罗什译。经文见《大正藏》第8册，第546页A栏第29行至B栏第4行。经文"四天下小千世界"，现刊本为"四天下若周梨迦小千世界"。

Дх.07272 **残佛经**

存2行。录文："上坐/维。"不可定名。

Дх.07273 **版画残片**

仅存右边榜题半边字，不清。

Дх.07274A **大智度论卷第八十四释三慧品第七十之余**

存4行，行11字。起："所作无有"，讫："是色得是"。龙树菩萨造、后秦鸠摩罗什译。经文见《大正藏》第25册，第645页B栏第13行至第17行。

Дх.07274B **摩诃般若波罗蜜经卷第二十一三慧品第七十**

存11行。起："为故行般"，讫："罗三藐"。后秦鸠摩罗什译。经文见《大正藏》第8册，第374页B栏第3行至第11行。

Дх.07275 **佛说甚深大回向经**

存11行，行3至9字。起："受后身明天"，讫："果报多作功德根"。失译。经文见《大正藏》第17册，第867页C栏第21行至第868页A栏第3行。

Дх.07276 **大般若波罗蜜多经卷第一百九十五初分难信解品第三十四之十四**

存7行，行2至3字。起："脱门"，讫："分无别"。唐玄奘译。经文见《大正藏》第5册，第1047页B栏。

Дх.07276V **杂写**

杂写"大般若""初分教""大般若波"等。

Дх.07277 **大般涅槃经卷第一寿命品第一**

存4行。录文："世尊我等/来哀愍受/诸夫人不/大哭犹。"北凉昙无谶译。经文见《大正藏》第12册，第368页B栏第2行至第5行。

Дх.07278 **大般若波罗蜜多经卷第三百四十一初分巧便学品第五十五之五**

存3行，行2至5行。录文："善现若菩萨/地狱傍生鬼/絮蔑。"唐玄奘译。经文见《大正藏》第6册，第749页B栏第27行至第29行。

Дх.07279 **馆藏缺**

Дх.07280 **馆藏缺**

Дх.07281 **菩萨地持经卷第十菩萨地持毕竟方便处地品第三**

存3行，行5至7行。起："菩萨於解行"，讫："苦众生修悲"。北凉昙无谶译。经文见《大正藏》第30册，第954页A栏第17行至第19行。

Дх.07282 **大般涅槃经卷第二十四光明遍照高贵德王菩萨品第十之四**

存3行。录文："我净/等作/必定得故。"北凉昙无谶译。经文见《大正藏》第12册，第505页A栏第21行至第23行。

Дх.07283 楞伽阿跋多罗宝经卷第三一切佛语心品之三

存5行。经下双行小字注。录文："妄/所知/观察世妄想/痴而实无有人从爱生/尔时大惠菩。"宋求那跋陀罗译。经文见《大正藏》第16册，第499页C栏第10行至第18行。现刊本中无注。

Дх.07284 佛说佛名经卷第四

存5行，行2至7字。起："善作恶"，讫："熟故"。失译。经文见《大正藏》第14册，第204页C栏第19行至第24行。

Дх.07285 妙法莲华经卷第四五百弟子受记品第八

存5行，行3至7字。起："所说空"，讫："百千众生"。后秦鸠摩罗什译。经文见《大正藏》第9册，第27页C栏第5行至第9行。

Дх.07286 妙法莲华经卷第七妙庄严王本事品第二十七

存2行。录文："难值时亦难/四千人悉皆堪。"后秦鸠摩罗什译。经文见《大正藏》第9册，第60页B栏第3行至第4行。

Дх.07287 大般涅槃经卷第三十师子吼菩萨品第十一之四

存2行。录文："往其家语长者言快/临月可服此药服此。"北凉昙无谶译。经文见《大正藏》第12册，第543页B栏第11行至第13行。

Дх.07288 佛说佛名经卷第九

存3行。录文："舍华佛/华聚佛/常观佛。"失译。经文见《大正藏》第14册，第219页C栏第29行至第220页A栏第1行。"舍华佛"现刊本中未检出。

Дх.07289 大般涅槃经卷第二十七师子吼菩萨品第十一之一

存2行。录文："分别解说/人若魔若梵若沙。"北凉昙无谶译。经文见《大正藏》第12册，第522页B栏第12行至第14行。

Дх.07290 太子须大拏经

存3行。录文："道耶虽久/我人者乃可得/事也。"西秦圣坚译。经文见《大正藏》第3册，第421页A栏第26行至第28行。

Дх.07291 残佛经

存3行。录文："藏悉/无量/见寂灭。"不可定名。

Дх.07292 妙法莲华经卷第二譬喻品第三

存2行。录文："安隐得出皆於/泰然欢喜。"后秦鸠摩罗什译。经文见《大正藏》第9册，第12页C栏第14行至第15行。

Дх.07293 残佛经

存3行。录文："人一生修/便密教/德之。"不可定名。

Дх.07294 弥沙塞部和醯五分律卷第二十三第四分初灭诤法

存2行。录文："佛言随/丘所作非。"宋佛陀什共竺道生等译。经文见《大正藏》第22册，第156页B栏第9行至第10行。

Дх.07295 楞伽阿跋多罗宝经卷第二一切佛语心品之二

存4行。录文："复当/起过故/从他明/起过大慧。"宋求那跋陀罗译。经文见《大正藏》第16册，第493页C栏第13行至第17行。

Дх.07296 残佛经

存2行。录文："若夫/澹泊归。"不可定名。

Дх.07297 妙法莲华经卷第七观世音菩萨普门品第二十五

存3行。录文："福德智/宿殖/是力。"后秦鸠摩罗什译。经文见《大正藏》第9册，第57页A栏第8行至第10行。

Дх.07298 妙法莲华经卷第一序品第一

存5行，行2至7字。起："二千"，讫："法轮供"。后秦鸠摩罗什译。经文见《大正藏》第9册，第1页C栏第29行至B栏第4行。

Дх.07299 佛说观佛三昧海经卷第十观佛密行品

第十二

存7行，行3至7字。起："收取复以"，讫："隐无/恩佛告"。东晋佛驮跋陀罗译。经文见《大正藏》第15册，第696页A栏第26行至B栏第3行。

Дx.07300 **大般涅槃经卷第三十二师子吼菩萨品第十一之六**

存4行，行1至5字。录文："大/师子吼/不退心佛言/试其心。"北凉昙无谶译。经文见《大正藏》第12册，第557页B栏第13行至第15行。

Дx.07301 **某经题签**

录文："□经卷第八。"

Дx.07302 **民族文字残片**

Дx.07303 **梵网经卢舍那佛说菩萨心地戒品第十卷下**

存3行。录文："萨/正诵佛/成佛我。"后秦鸠摩罗什译。经文见《大正藏》第24册，第1004页A栏第13行至第17行。

Дx.07304 **妙法莲华经卷第三化城喻品第七**

存2行。录文："世界所有/方千。"后秦鸠摩罗什译。经文见《大正藏》第9册，第22页A栏第24行至第25行。

Дx.07305 **残佛经**

存2行。录文："相观空即/一心故云即见。"未检出。

Дx.07305V **文选七命**

存2行。录文："耕父推畔鱼竖让/危冠之饰舆台笑短。"晋张协著。

Дx.07306 **金刚般若波罗蜜经**

存3行。录文："云/善男子善女人发/是心。"后秦鸠摩罗什译。经文见《大正藏》第8册，第751页A栏第9行至第11行。

Дx.07307 **妙法莲华经卷第三化城喻品第七**

存2行。录文："叹到已头面/世尊以偈颂。"后秦鸠摩罗什译。经文见《大正藏》第9册，第22页C栏第10行至第11行。

Дx.07308 **妙法莲华经卷第五安乐行品第十四**

存3行。录文："於后/摩诃萨於/师利若。"后秦鸠摩罗什译。经文见《大正藏》第9册，第37页A栏第12行至第14行。

Дx.07309 **妙法莲华经卷第二信解品第四**

存2行。录文："草庵自念贫画我/大欲与财物即。"后秦鸠摩罗什译。经文见《大正藏》第9册，第18页A栏第29行至B栏第2行。

Дx.07310 **大智度论卷第十六释初品中毗梨耶波罗蜜义第二十七**

存2行。录文："即时六波/量诸。"龙树菩萨造、后秦鸠摩罗什译。经文见《大正藏》第25册，第180页B栏第3行至第4行。

Дx.07311 **妙法莲华经卷第一序品第一**

存2行。录文："如是众所/人摩诃。"后秦鸠摩罗什译。经文见《大正藏》第9册，第1页C栏第28行至第29行。

Дx.07312 **残佛经**

存1行，总2字。录文："劫欲。"不可定名。

Дx.07313 **佛说称扬诸佛功德经卷上**

存2行。录文："者持讽诵/却二十劫生死。"北魏吉迦夜译。经文见《大正藏》第14册，第87页C栏第4行至第6行。

Дx.07314 **妙法莲华经卷第七观世音菩萨普门品第二十五**

存3行。录文："在之业/少佛/发无。"后秦鸠摩罗什译。经文见《大正藏》第9册，第58页B栏第4行至第11行。

Дx.07315 **佛说仁王般若波罗蜜经卷上护国经菩萨教化品第三**

存3行。录文："修百万亿/菩萨住百/百万微。"后秦鸠摩罗什译。经文见《大正藏》第8册，第827页A栏第21行至第23行。

Дx.07316 **出曜经卷第十二信品第十一**

存7行，行3至7字。起："揽人物得"，讫："经所说"。后秦竺佛念译。经文见《大正藏》第4册,第676页B栏第24行至C栏第2行。

Дх.07317 Дх.07393 佛经论释

存8行。录文:"之难留三□/栋势固何远/霄勤夕/欲粗微言於/骨豪流铭皮□/祚而长明出离/同众离垢□/夜之痛六。"

Дх.07318 大般若波罗蜜多经卷第九十三初分求般若品第二十七之五

存4行,行4至9字。起:"觉乘无上乘",讫:"法性非相应非"。唐玄奘译。经文见《大正藏》第5册,第520页B栏第21行至第24行。

Дх.07319 民族文字残片

Дх.07320 妙法莲华经马明菩萨品第三十

存3行。起:"念空净得",讫:"难若能"。经文见《大正藏》第85册,第1430页B栏第2行至第5行。

Дх.07321 妙法莲华经卷第二譬喻品第三

存3行。录文:"合掌瞻仰尊颜/怀踊跃得/法见诸。"后秦鸠摩罗什译。经文见《大正藏》第9册,第10页B栏第29行至C栏第3行。

Дх.07322 金刚般若波罗蜜经

存4行,行1至7字。起:"提若有",讫:"无"。后秦鸠摩罗什译。经文见《大正藏》第8册,第750页C栏第7行至第10行。

Дх.07323 妙法莲华经卷第一方便品第二

存2行。录文:"此汝等既/诸疑惑心生大欢。"后秦鸠摩罗什译。经文见《大正藏》第9册,第10页B栏第17行至第20行。

Дх.07324 佛说宝雨经卷第七

存3行,行5字。录文:"界何以故/已莹者是/是差别善男。"唐达摩流支译。经文见《大正藏》第16册,第314页A栏第3行至第6行。

Дх.07325 残片

不可定名。

Дх.07326 妙法莲华经卷第二譬喻品第三

二残片。其一,存1行。录文:"阿毗达磨品。"其二,存2行,行6至7字。录文:"舍利弗我说是/是等人则能信解。"后秦鸠摩罗什译。经文见《大正藏》第9册,第16页B栏第4行至第6行。

Дх.07327 残片

存2行。录文:"明是/成。"不可定名。

Дх.07328 摩诃僧祇律卷第二十七明杂诵跋渠法之五

存4行,行6至11字。起:"合者应语长老",讫:"言法师"。东晋佛驮跋陀罗共法显译。经文见《大正藏》第22册,第444页B栏第17行至第21行。

Дх.07329 大般涅槃经卷第二寿命品第一之二

存7行,行4至9字。起:"导我等不",讫:"诸比丘言"。北凉昙无谶译。经文见《大正藏》第12册,第377页B栏第8行至第15行。

Дх.07330 大般涅槃经卷第十九梵行品第八之五

存3行,行3至9字。起:"木人者",讫:"见者众罪消"。北凉昙无谶译。经文见《大正藏》第12册,第476页C栏第1行至第3行。

Дх.07331 佛说灌顶随愿往生十方净土经卷第十一

存5行,行4字。起:"非啼懊恼",讫:"拔我父母"。东晋帛尸梨蜜多罗译。经文见《大正藏》第21册,第530页C栏第27行至第531页A栏第2行。

Дх.07332 残佛经

存3行。录文:"谁闲不闲无/得诸佛/于。"早期经卷,未检出。

Дх.07332V 残佛经

存2行。录文:"不可拔济如/隅向诸佛。"

Дх.07333 妙法莲华经卷第三化城喻品第七

存4行,行3至5字。起:"远久受",讫:"汝所住"。后秦鸠摩罗什译。经文见《大正藏》第9册,第26页A栏第17行至第20行。

Дх.07334 妙法莲华经卷第四五百弟子受记品第八

存4行,行2至7字。起:"能尽其言",讫:"诸佛"。后秦鸠摩罗什译。经文见《大正藏》第9册,第

27页C栏第2行至第5行。

Дx.07335 金光明最胜王经卷第一如来寿量品第二

存4行。录文："涅槃/典亦不受/以常见/多有财。"唐义净译。经文见《大正藏》第16册，第405页B栏第13行至第16行。

Дx.07336 杂阿含经卷第三十四

存1行，总4字。录文："目连答言。"宋求那跋陀罗译。经文见《大正藏》第2册，第244页B栏第15行。此句甚多，或为别经。

Дx.07337 妙法莲华经卷第六常不轻菩萨品第二十

存4行，行4至6字。起："恚常作是"，讫："是语故增上"。后秦鸠摩罗什译。经文见《大正藏》第9册，第50页C栏第27行至第51页A栏第2行。

Дx.07338 妙法莲华经卷第二信解品第四

存5行，行2至5字。起："手足供给"，讫："斯等"。后秦鸠摩罗什译。经文见《大正藏》第9册，第18页C栏第25行至第19页A栏第1行。

Дx.07339 大般若波罗蜜多经卷第五百九十八第十六般若波罗蜜多分之六

存5行，行4至5字。起："不可思议故"，讫："甚深般"。唐玄奘译。经文见《大正藏》第7册，第1093页C栏第2行至第1096页A栏第6行。

Дx.07340 妙法莲华经卷第六随喜功德品第十八

存3行，行3至7字。起："十人闻"，讫："知阿逸多"。后秦鸠摩罗什译。经文见《大正藏》第9册，第46页C栏第26行至第28行。

Дx.07341 大般涅槃经卷第八如来性品第四之五

存2行。录文："相如无/已即知一切。"北凉昙无谶译。经文见《大正藏》第12册，第411页C栏第7行至第8行。

Дx.07342 妙法莲华经卷第五安乐行品第十四

存4行，行3至4字。起："摩诃萨"，讫："眷属是诸"。后秦鸠摩罗什译。经文见《大正藏》第9册，第39页C栏第24行至第27行。

Дx.07343 残佛经

存2行，行2字。录文："波偷/可。"不可定名。

Дx.07344 大般涅槃经卷第十如来性品第四之七

存2行。录文："切众生尔/回缘终不。"北凉昙无谶译。经文见《大正藏》第12册，第426页C栏第9行至第10行。

Дx.07345 大智度论卷第八十二释大方便品第六十九

存2行。录文："行难事/一定观诸"。龙树菩萨造、后秦鸠摩罗什译。经文见《大正藏》第25册，第636页B栏第7行至第8行。

Дx.07346 妙法莲华经卷第六药王菩萨本事品第二十三

存3行。录文："经亦/切众生/及发。"后秦鸠摩罗什译。经文见《大正藏》第9册，第55页B栏第1行至第3行。

Дx.07347 残佛经

存2行。录文："王□悲/初禅。"不可定名。

Дx.07347V 民族文字残片

Дx.07348 大般涅槃经卷第三十一师子吼菩萨品第十一之五

存2行。录文："为自调戒/上正法为。"北凉昙无谶译。经文见《大正藏》第12册，第552页B栏第8行至第9行。

Дx.07349 残佛经

存2行。录文："惩教/合。"不可定名。

Дx.07350 残佛经

存4行。不可定名。

Дx.07351 妙法莲华经疏

存3行。疏双行小字。存经："信长夜安隐。"经文见《大正藏》第9册，第6页C栏。现刊本中未见疏。

Дx.07352 大般涅槃经卷第三十一师子吼菩萨品第十一之五

存6行，行3至6字。起："身相不"，讫："生天上"。北凉昙无谶译。经文见《大正藏》第12册，第

552页B栏第4行至第9行。

Дх.07353 残佛经

存3行。录文："常能/濡/心。"不可定名。

Дх.07354 残佛经

存3行。录文："不老/紧亦/者。"不可定名。

Дх.07355 妙法莲华经卷第五从地踊出品第十五

存3行。录文："十恒河沙/况复千万/况复千万。"后秦鸠摩罗什译。经文见《大正藏》第9册，第40页A栏第7行至第9行。

Дх.07356 民族文字残片

Дх.07357 大般涅槃经卷第三十二师子吼菩萨品第十一之六

存5行，行2至5字。起："一切众生"，讫："菩提"。北凉昙无谶译。经文见《大正藏》第12册，第555页B栏第4行至第9行。

Дх.07358 大般若波罗蜜多经卷第四百二十四第二分远离品第二十四之二

存2行。录文："应阿罗汉/觉菩提不。"唐玄奘译。经文见《大正藏》第7册，第128页C栏第27行至第29行。

Дх.07359 放光般若经卷第二摩诃般若波罗蜜学五眼品第四

存1行，总5字。录文："支佛上菩萨。"西晋无罗叉译。经文见《大正藏》第8册，第8页C栏第5行。或西晋安法钦译《佛说道神足无极变化经》。经文见《大正藏》第17册，第807页B栏第9行。

Дх.07360 太子须大拏经

存3行。录文："也阿州他言是/阿州/将妻。"西秦圣坚译。经文见《大正藏》第3册，第421页A栏第19行至第23行。有异文。

Дх.07361 大般涅槃经卷第十四圣行品第七之四

存4行，行1至4字。录文："弥/有众生/世界所有/能亦。"北凉昙无谶译。经文见《大正藏》第12册，第448页C栏第4行至第7行。

Дх.07361V 民族文字残片

Дх.07362 大般若波罗蜜多经卷第一百初分校量功德品第三十之二

存9行，行1至3字。录文："等/念/诸天/迦诸/后应依/门/一切/等/女。"唐玄奘译。经文见《大正藏》第5册，第575页C栏。

Дх.07363 佛说维摩诘经卷下不二入品第九

存4行，行1至3字。录文："二/人者/宝印/不乐泥。"吴支谦译。经文见《大正藏》第14册，第531页C栏第15行至第18行。

Дх.07364 大般涅槃经卷第十二圣行品第七之二

存3行，行1至6字。录文："外过串一切俱/子菩萨摩诃萨/槃。"北凉昙无谶译。经文见《大正藏》第12册，第437页B栏第4行至第6行。

Дх.07365 摩诃般若波罗蜜经卷第七会宗品第二十四

存5行，行4至7字。起："不生不灭"，讫："故忧悲愁"。后秦鸠摩罗什译。经文见《大正藏》第8册，第273页C栏第12行至第17行。

Дх.07366 大般涅槃经卷第十九梵行品第八之五

存3行，行2字。录文："无听/生灭/唯愿。"北凉昙无谶译。经文见《大正藏》第12册，第474页C栏第29行至第475页A栏第2行。

Дх.07367 妙法莲华经卷第七妙庄严王本事品第二十七

存4行。录文："者心/子念其/变於/下。"后秦鸠摩罗什译。经文见《大正藏》第9册，第60页A栏第4行至第7行。

Дх.07368 残片

存一"耶"字。不可定名。

Дх.07369 残片

存一"以"字。不可定名。

Дх.07370 残片

存一"难"字。不可定名。

Дх.07371 大般涅槃经卷第三十二师子吼菩萨品第十一之六

存3行，行3至6字。录文："萨修是三昧未/一切众生/佛性善。"北凉昙无谶译。经文见《大正藏》第12册，第557页A栏第14行至第16行。

Дx.07372　Дx.07394　**大般涅槃经卷第五如来性品第四之二**

二残片。其一，存13行，行1至5字。起："人若得"，讫："亦尔"。北凉昙无谶译。经文见《大正藏》第12册，第393页A栏第4行至第17行。其二，存4行，行3至7字。起："患得除真解脱"，讫："好便携"。经文见《大正藏》第12册，第393页A栏第4行至第8行。同经同品首4行下部，中有缺字，不可直接缀合。

Дx.07372V　Дx.07394V　**贤愚经卷第四苏曼女十子品第五十八**

存12行。字迹模糊。其中一段录文为："比丘有何福庆/一劫有毗婆尸佛出现/有一老母而修治。"其余不清。北魏慧觉等译。经文见《大正藏》第4册，第441页B栏第8行至第13行。

Дx.07373　**妙法莲华经卷第一序品第一**

存5行，行2至6字。起："千佛"，讫："时日月灯"。后秦鸠摩罗什译。经文见《大正藏》第9册，第4页A栏第18行至第23行。经文"当智"，现刊本为"法知"。

Дx.07374　**金刚般若波罗蜜经**

存4行，行3字。起："尊善男"，讫："付嘱诸"。后秦鸠摩罗什译。经文见《大正藏》第8册，第748页C栏第27行至第749页A栏第1行。

Дx.07375　**妙法莲华经卷第五如来寿量品第十六**

存4行，行2至4字。录文："言其入於/子若有/诸根/纪大。"后秦鸠摩罗什译。经文见《大正藏》第9册，第42页B栏第29行至C栏第3行。

Дx.07376　**残佛经**

存2行。未检出。

Дx.07377　**妙法莲华经卷第二譬喻品第三**

存1行，总7字。录文："未曾念外道典籍。"后秦鸠摩罗什译。经文见《大正藏》第9册，第16页B栏第3行。

Дx.07378　**妙法莲华经卷第三化城喻品第七**

存2行。录文："不在前/树下敷师子。"后秦鸠摩罗什译。经文见《大正藏》第9册，第22页B栏第23行至第24行。

Дx.07379　**妙法莲华经卷第五从地踊出品第十五**

存3行。录文："而白佛/娑婆世界/是经典者。"后秦鸠摩罗什译。经文见《大正藏》第9册，第39页C栏第21行至第23行。

Дx.07380　**摩诃般若波罗蜜经卷第十四四摄品第七十八**

存2行。录文："无入见有/因缘和合生。"后秦鸠摩罗什译。经文见《大正藏》第8册，第392页C栏第4行至第5行。

Дx.07381　**光赞经卷第三摩诃般若波罗蜜假号品第八**

存2行。录文："佛之法亦无/乐若。"西晋竺法护译。经文见《大正藏》第8册，第168页B栏第5行至第7行。

Дx.07382　**妙法莲华经卷第六法师功德品第十九**

存1行。录文："众生香女人。"后秦鸠摩罗什译。经文见《大正藏》第9册，第48页C栏第17行。

Дx.07383　**金光明经卷第三正论品第十一**

存1行，总3字。录文："坏甘露。"北凉昙无谶译。经文见《大正藏》第16册，第347页B栏第29行。

Дx.07384　**残佛经**

存1行，总2字。录文："佛之。"不可定名。

Дx.07385　**大般涅槃经卷第十一现病品第六**

存4行，行3至8字。起："多语诸"，讫："阐提是"。北凉昙无谶译。经文见《大正藏》第12册，第428页C栏第22行至第25行。

Дx.07386　**妙法莲华经卷五从地踊出品第十五**

存2行。录文："宣此义/阿逸汝。"后秦鸠摩罗什译。经文见《大正藏》第9册，第41页B栏第10行至第12行。

Дх.07387 善恶因果经

存4行，行7字。起："念即至今"，讫："众人敬叹莫"。经文见《大正藏》第85册，第1383页A栏第19行至第23行。

Дх.07388 妙法莲华经卷第六随喜功德品第十八

存7行，行4至12字。起："复有"，讫："舌常无病"。后秦鸠摩罗什译。经文见《大正藏》第9册，第47页A栏第5行至第12行。

Дх.07389 金光明经卷第三善集品第十二

存7行，行2至5字。起："养奉散宝"，讫："集王"。北凉昙无谶译。经文见《大正藏》第16册，第348页C栏第15行至第24行。

Дх.07390 佛本行集经卷第四十教化兵将品下

存5行，行3至5字。起："罗门并及"，讫："应谛听"。隋阇那崛多译。经文见《大正藏》第3册，第840页B栏第4行至第8行。

Дх.07391 佛顶尊胜陀罗尼经

存3行。录文："末香幢／衢道造窣／道归依。"唐佛陀波利译。经文见《大正藏》第19册，第351页B栏第19行至第21行。

Дх.07392 摩诃般若波罗蜜经卷第九尊导品第三十六

存2行。录文："若有受持／书持经卷香华。"后秦鸠摩罗什译。经文见《大正藏》第8册，第289页B栏第4行至第5行。经文"若有受持"，现刊本为"善女人受持"。或为其他经卷。

Дх.07393 佛经论释

见Дх.07317。

Дх.07394 大般涅槃经卷第五如来性品第四之二

见Дх.07372。

Дх.07394V 贤愚经卷第四苏曼女十子品第五十八

见Дх.07372V。

Дх.07395 大般涅槃经卷第十八梵行品第八之四

存3行，行7字。起："可思议一切"，讫："平等无二无"。北凉昙无谶译。经文见《大正藏》第12册，第470页B栏第13行至第15行。

Дх.07396 妙法莲华经卷第四法师品第十

存2行。录文："为其集听法／塞优婆夷听。"后秦鸠摩罗什译。经文见《大正藏》第9册，第31页C栏第29行至第32页A栏第1行。

Дх.07397 金光明最胜王经卷第八僧慎尔耶药叉大将品第十九

存3行。录文："南谟／南谟因／喝罗。"唐义净译。经文见《大正藏》第16册，第441页C栏第4行至第6行。

Дх.07398 摩诃般若波罗蜜经卷第十八梦誓品第六十一

存2行。录文："闹以愦闹为／不恭。"后秦鸠摩罗什译。经文见《大正藏》第8册，第353页B栏第22行至第23行。

Дх.07399 出曜经卷第十二信品第十一

存4行，行1至6字。起："时彼阿罗婆"，讫："下归命法师／愿"。后秦竺佛念译。经文见《大正藏》第4册，第673页A栏第15行至第18行。

Дх.07400 残佛经

存2行。每行均为一"广"字。不可定名。

Дх.07401 妙法莲华经卷第三化城喻品第七

存3行，行1至5字。录文："希有一／其心常愰怕／见。"后秦鸠摩罗什译。经文见《大正藏》第9册，第22页C栏第15行至第19行。

Дх.07402 菩萨地持经卷第四方便处戒品第十之一

存2行。录文："当犯当／即如法。"北凉昙无谶译。经文见《大正藏》第30册，第911页A栏第16行至第17行。

Дх.07403 大般涅槃经卷第二十八师子吼菩萨品第十一之二

存5行，行2至7字。起："得道"，讫："宝山中退转菩"。北凉昙无谶译。经文见《大正藏》第12册，第534页C栏第8行至第12行。

Дx.07404 **妙法莲华经马明菩萨品第三十**

存2行。录文："中/亿四千。"经文见《大正藏》第85册，第1430页B栏第1行至第2行。

Дx.07405 **中阿含经卷第七舍梨子相应品大拘缔罗经卷第九**

存3行。录文："梨子/觉灭/苦觉。"僧伽提婆译。经文见《大正藏》第1册，第463页B栏第6行至第8行。

Дx.07406 **残佛经**

存2行。录文："尼/中所。"不可定名。

Дx.07407 **大方等大集经菩萨念佛三昧分卷第十说修习三昧品之余**

存2行，行3字。录文："三昧读/懈又彼。"隋达磨笈多译。经文见《大正藏》第13册，第868页B栏第24行至第25行。

Дx.07408 **大般若波罗蜜多经**

存2行。录文："眼触/不可得。"所存很多，不可确指具体卷品。

Дx.07409 **残佛经**

存3行。录文："缘称/圣王/净。"不可定名。

Дx.07410 **写经题记**

存1行，总3字。录文："一校竟。"

Дx.07411 **千眼千臂观世音菩萨陀罗尼神咒经**

存3行。录文："碍慧辩/第一闻者欢/佛法僧。"唐智通译。经文见《大正藏》第20册，第84页A栏第13行至第15行。

Дx.07412 **妙法莲华经卷第四提婆达多品第十二**

存4行，行1至5字。录文："来/华经提婆/不堕地狱饿/闻此经若。"后秦鸠摩罗什译。经文见《大正藏》第9册，第35页A栏第14行至第17行。

Дx.07413 **大宝积经卷第四十二菩萨藏会第十二之八尸婆罗蜜品第七之一**

存4行，行1至4字。录文："鄙/敬住慈心/悟大菩萨/多时。"唐玄奘译。经文见《大正藏》第11册，第243页A栏第18行至第23行。

Дx.07414 **佛经论释**

存3行。

Дx.07415 **法句经卷上教学品**

存2行。录文："敏学摄身/非务勿学。"法救撰、吴维祇难等译。经文见《大正藏》第4册，第559页B栏第25行至第27行。

Дx.07415V **杂写**

存"上卷□"3字。

Дx.07416 **残佛经**

存2行，行1字。录文："说/於。"不可定名。

Дx.07417 **金刚般若波罗蜜经**

存2行。录文："施须菩提菩萨为/施如来说一切诸相。"后秦鸠摩罗什译。经文见《大正藏》第8册，第750页B栏第25行至第26行。

Дx.07418 **佛说佛名经**

存2行。录文："藏佛/佛。"未检出。

Дx.07419 **大智度论卷第三十释初品中善根供养义第四十六**

存4行，行3字。录文："摄阿修/答曰是/生故畜/故不入。"龙树菩萨造、后秦鸠摩罗什译。经文见《大正藏》第25册，第280页B栏第12行至第15行。

Дx.07420 **无所有菩萨经卷第三**

存2行。录文："是已后/无量。"隋阇那崛多等译。经文见《大正藏》第14册，第686页B栏第8行至第9行。残存经文还见于《妙法莲华经》《大般涅槃经》等。

Дx.07421 **大般涅槃经卷第三十三迦叶菩萨品第十二之一**

存3行，行2字。录文："子臂/有人/定无。"北凉昙无谶译。经文见《大正藏》第12册，第563页A栏第20行至第22行。

Дx.07422 **妙法莲华经卷第五如来寿量品第十六**

存2行。录文："为微/祇国乃下。"后秦鸠摩罗什译。经文见《大正藏》第9册，第42页B栏第14行至第15行。

Дх.07423 残佛经

存1行，总4字。不可定名。

Дх.07424 大般涅槃经卷第二寿命品第一之二

存2行。录文："便欲放舍入/持遇良。"北凉昙无谶译。经文见《大正藏》第12册，第377页A栏第6行至第7行。

Дх.07425 四分比丘尼戒本

存3行，行4至6字。起："衣漂衣"，讫："耆波逸提"。后秦佛陀耶舍译。经文见《大正藏》第22册，第1033页C栏第14行至第16行。

Дх.07426 残佛经

存4行，行1至2字。录文："诵/若/之行/足义。"不可定名。

Дх.07427 光赞经卷第一摩诃般若波罗蜜光赞品第一

存2行。录文："名曰致胜其佛/耶。"西晋竺法护译。经文见《大正藏》第8册，第148页C栏第17行至第18行。

Дх.07428 妙法莲华经卷第五如来寿量品第十六

存2行。录文："子於意云/不弥勒。"后秦鸠摩罗什译。经文见《大正藏》第9册，第42页B栏第16行至第18行。

Дх.07429 残佛经

存2行。字迹模糊，不可定名。

Дх.07430 大方便佛报恩经卷第三论议品第五

存2行。录文："量百千万/罗三藐。"失译。经文见《大正藏》第3册，第137页C栏第21行至第22行。

Дх.07431 大方便佛报恩经卷第七亲近品第九

存3行。录文："国城/便为更生作/辞众苦及。"失译。经文见《大正藏》第3册，第161页C栏第15行至第17行。

Дх.07432 说无垢称经卷第六嘱累品第十四

存2行，行2字。录文："等付/听闻。"唐玄奘译。经文见《大正藏》第14册，第587页B栏第19行至第20行。

Дх.07433 残佛经

存1行，总2字。录文："谤获。"不可定名。

Дх.07434 残佛经

存2行。录文："有菩萨佛天/而。"不可定名。

Дх.07435 佛说佛名经

存1行，总3字。录文："南无净。"未检出。

Дх.07436 大般若波罗蜜多经卷第三百八十初分诸功德品第六十八之二

存2行。录文："欲深/光阳。"唐玄奘译。经文见《大正藏》第6册，第963页B栏第16行至第17行。

Дх.07437 残片

极残。存半边字，不可定名。

Дх.07438 大般涅槃经卷第四如来性品第四之一

存2行。录文："佛足有/知而。"北凉昙无谶译。经文见《大正藏》第12册，第385页B栏第26行至第27行。

Дх.07439 Дх.07459 残佛经

二残片。各存6行，行1至4字。未检出。

Дх.07440 佛说阿弥陀经

存4行。录文："名光佛/河沙数诸/千大千世/不可思。"后秦鸠摩罗什译。经文见《大正藏》第12册，第347页C栏第11行至第15行。

Дх.07441 十诵比丘波罗蜜提木叉戒本

存5行，行4至9字。起："谏是同意比"，讫："一学如水"。后秦鸠摩罗什译。经文见《大正藏》第23册，第471页C栏第24行至第472页A栏第1行。

Дх.07442 残佛经

存5行。未检出。

Дх.07443 妙法莲华经卷第七观世音菩萨普门品第二十五

存3行，行5字。录文："得解脱若三/诸商人斋持/唱言诸善男。"后秦鸠摩罗什译。经文见《大正藏》第9册，第56页C栏第22行至第25行。

Дx.07444　残佛经

存3行，行1字。不可定名。

Дx.07445　大般涅槃经卷第二十五光明遍照高贵德王菩萨品第十之五

存5行，行3至6字。起："微妙经"，讫："处是何等为"。北凉昙无谶译。经文见《大正藏》第12册，第510页B栏第16行至第20行。

Дx.07446　妙法莲华经卷第二譬喻品第三

存5行，行2至8字。起："壁/火起焚烧"，讫："是念我虽/而诸"。后秦鸠摩罗什译。经文见《大正藏》第9册，第12页B栏第16行至第21行。

Дx.07447　众事分阿毗昙论卷第八千问论品第七之一

存1行。录文："次第非次第缘。"尊者世发造、宋求那跋陀罗共菩提耶舍译。经文见《大正藏》第26册，第663页C栏第8行。此句在此论中甚多，或为别卷。

Дx.07448　十住经卷第一离垢地第二

存2行。录文："众生为诸烦恼/流所漂常随生。"后秦鸠摩罗什译。经文见《大正藏》第10册，第505页B栏第28行至C栏第1行。

Дx.07449　佛说仁王般若波罗蜜经卷下护国经嘱累品第八

存3行，行2至3字。录文："大王怪/弟子/浊罪。"后秦鸠摩罗什译。经文见《大正藏》第8册，第833页B栏第26行至第28行。经文"大王怪"，现刊本为"大王坏"。

Дx.07450　金刚般若波罗蜜经

存2行。录文："非庄严/达无我法者如"。后秦鸠摩罗什译。经文见《大正藏》第8册，第751页B栏第11行至第12行。

Дx.07450V　民族文字残片

Дx.07451　大方广佛华严经卷第二十八十忍品第二十四

存6行，行3至7字。起："色非离"，讫："净譬如"。东晋佛驮跋陀罗译。经文见《大正藏》第9册，第582页C栏第8行至第14行。

Дx.07452　残佛经

存5行。未检出。

Дx.07453　大般涅槃经卷第二十九师子吼菩萨品第十一之三

存4行，行4至5字。录文："答言长者/善知识也/心生欢喜舍/知守护此。"北凉昙无谶译。经文见《大正藏》第12册，第541页A栏第1行至第4行。

Дx.07454　佛说华手经卷第七正见品第二十四

存3行，行4至6字。录文："会过亿那由/人皆得阿罗汉/我舍利弗。"后秦鸠摩罗什译。经文见《大正藏》第16册，第186页A栏第21行至第26行。

Дx.07455　残佛经

存1行，总3字。录文："世尊先。"不可定名。

Дx.07456　佛经论释

存3行，行18字左右。未定名。

Дx.07457　维摩诘所说经卷上弟子品第三

存4行，行2至5字。录文："诸邪/於烦恼离/亦得是定其/三恶道。"后秦鸠摩罗什译。经文见《大正藏》第14册，第540页C栏第5行至第8行。

Дx.07458　善见律毗婆沙卷第十三

存3行，行6至8字。录文："麁恶语麁恶者/赞叹二道得僧伽婆/赞叹者汝有好相或。"萧齐僧伽跋陀罗译。经文见《大正藏》第24册，第763页A栏第6行至第9行。

Дx.07459　残佛经

见Дx.07439。

Дx.07460　妙法莲华经卷第三化城喻品第七

存3行，行5至7字。起："雨此华四"，讫："诸比丘大"。后秦鸠摩罗什译。经文见《大正藏》第9册，第22页B栏第28行至C栏第2行。

Дx.07461　大般泥洹经卷第四四依品第九

存2行。录文："能於/诽谤得正。"东晋法显译。经文见《大正藏》第12册，第877页B栏第12行至第13行。或为《占察善恶业报经卷第二》。

Дх.07462 妙法莲华经卷第七观世音菩萨普门品第二十五

存2行。录文："能灭诸自苦/火坑变成池。"后秦鸠摩罗什译。经文见《大正藏》第9册，第57页C栏第16行至第18行。

Дх.07463 大方等大集经卷第三十二日密分中四方菩萨集品第二之二

存4行。录文："增寿益算除/善法无有/宝乐修法/善男子。"北凉昙无谶译。经文见《大正藏》第13册，第220页B栏第16行至第19行。

Дх.07464 金刚般若波罗蜜经

存2行。录文："菩提/修罗所。"后秦鸠摩罗什译。经文见《大正藏》第8册，第750页C栏第20行至第21行。或为《小品般若波罗蜜经卷第七深功德品第十七》。

Дх.07465 残佛经

存一"满"字。不可定名。

Дх.07466 大般涅槃经卷第二十二光明遍照高贵德王菩萨品第十之二

存7行，行2至6字。起："无果"，讫："水行空"。北凉昙无谶译。经文见《大正藏》第12册，第495页B栏第13行至第19行。

Дх.07467 大方便佛报恩经卷第四恶友品第六

存2行。录文："十两目蒙盲尔时波/言导师吾唯一子未。"失译。经文见《大正藏》第3册，第144页A栏第9行至第11行。

Дх.07468 妙法莲华经卷第四法师品第十

存5行。录文："华经/闻人闻/药王若有菩/众说是法/人人如。"后秦鸠摩罗什译。经文见《大正藏》第9册，第31页C栏第19行至第24行。

Дх.07469 大般若波罗蜜多经卷第一百三十初分校量功德品第三十之二十八

存3行。录文："上妙/妙珍奇伎乐/赞叹菩萨。"唐玄奘译。经文见《大正藏》第5册，第710页B栏第18行至第20行。

Дх.07470 妙法莲华经卷第七妙庄严王本事品第二十七

存3行。录文："现/地如水履/心净。"后秦鸠摩罗什译。经文见《大正藏》第9册，第60页A栏第8行至第10行。

Дх.07471 大般涅槃经卷第十四圣行品第七之四

存4行。录文："进二上/今於此/次善男/天人得。"北凉昙无谶译。经文见《大正藏》第12册，第447页C栏第24行至第27行。

Дх.07472 大般涅槃经卷第十七梵行品第八之三

存4行。录文："贪心生/缚以系/苦一切烦/一切凡。"北凉昙无谶译。经文见《大正藏》第12册，第463页A栏第22行至第25行。

Дх.07473 金刚般若波罗蜜经

存4行，行2至6字。起："敬作"，讫："世人轻贱"。后秦鸠摩罗什译。经文见《大正藏》第8册，第750页C栏第22行至第25行。

Дх.07474 光赞经卷第一摩诃般若波罗蜜光赞品第一

存7行，行3字。起："悉发无"，讫："究竟至"。西晋竺法护译。经文见《大正藏》第8册，第147页B栏第28行至C栏第5行。

Дх.07475 大般涅槃经卷第十九梵行品第八之五

存4行，行5至6字。起："水已如来"，讫："婆提国群贼"。北凉昙无谶译。经文见《大正藏》第12册，第479页A栏第6行至第9行。

Дх.07475V 佛经论释

存1行。正文仅存一"子"字。疏双行小字。录文："供大地□/具德也。"未检出。

Дх.07476 摩诃般若波罗蜜经卷第十三闻持品第四十五

存4行，行6至9字。起："结使及习亦教"，讫：

"行般若波罗"。后秦鸠摩罗什译。经文见《大正藏》第8册,第316页A栏第6行至第10行。

Дx.07477　妙法莲华经卷第三药草喻品第五

存2行。录文:"神通转不退轮/菩萨名为大树。"后秦鸠摩罗什译。经文见《大正藏》第9册,第20页A栏第29行至B栏第2行。

Дx.07478　菩萨戒本

存3行。录文:"佛塔庙若/萨摩得/萨众若。"慈氏菩萨说、北凉昙无谶译。经文见《大正藏》第24册,第1107页B栏第6行至第8行。

Дx.07479　佛说佛名经卷第十四

存5行,行2至7字。起:"光明",讫:"南无赞叹"。失译。经文见《大正藏》第14册,第237页C栏第13行至第17行。

Дx.07480　大般涅槃经卷第三十五迦叶菩萨品第十二之三

存4行,行2至4字。录文:"所以者何/复如是若/以故众/不净。"北凉昙无谶译。经文见《大正藏》第12册,第572页B栏第27行至C栏第1行。

Дx.07481　大般涅槃经后分卷上

存2行。录文:"至今日虽/来如是四。"唐若那跋陀罗译。失译。经文见《大正藏》第12册,第901页B栏第16行至第17行。

Дx.07482　大般涅槃经卷第十一

存4行。录文:"一谤/如是三病中极/善男子譬如/医药若。"北凉昙无谶译。经文见《大正藏》第12册,第431页D栏第24行至第27行。

Дx.07483　光赞经卷第一摩诃般若波罗蜜顺空品第二

存4行,行1至5字。录文:"家逮/如巧黠幻/以此五乐而/幻。"西晋竺法护译。经文见《大正藏》第8册,第152页A栏第4行至第8行。

Дx.07484　放光般若经卷第十三摩诃般若波罗蜜坚固品第五十七

存2行。录文:"相复次/护持诸法。"西晋无罗叉译。经文见《大正藏》第8册,第89页B栏第9行至第10行。

Дx.07485　残片

存2行,行1字。录文:"汝/喜。"不可定名。

Дx.07486　妙法莲华经卷第三化城喻品第七

存4行,行4至8字。起:"下敷师子座",讫:"是不绝满"。后秦鸠摩罗什译。经文见《大正藏》第9册,第22页B栏第24行至第28行。

Дx.07487　大般涅槃经卷第三十五迦叶菩萨品第十二之三

存6行,行4至6字。起:"所知若人",讫:"如是执着"。北凉昙无谶译。经文见《大正藏》第12册,第569页A栏第24行至第29行。

Дx.07488　佛说阿弥陀经

存2行。录文:"香光佛/佛宝华德佛。"后秦鸠摩罗什译。经文见《大正藏》第12册,第348页A栏第1行至第2行。

Дx.07489　大方等大集经卷第二十三虚空目分第十之二中世间目品第二

存3行。录文:"月星/刺棘为不复现/见是光。"北凉昙无谶译。经文见《大正藏》第13册,第162页C栏第7行至第9行。

Дx.07490　残佛经

存1行,总5字。录文:"戴火山生世。"不可定名。

Дx.07491　放光般若经卷第七摩诃般若波罗蜜持品第三十五

存3行。录文:"所语/喜者何以/人悲以四等意。"西晋无罗叉译。经文见《大正藏》第8册,第48页C栏第17行至第19行。

Дx.07492　佛说华手经卷第四上清净品第十五

存4行,行1至8字。起:"庄/边明",讫:"中间有世界"。后秦鸠摩罗什译。经文见《大正藏》第16册,第149页A栏第7行至第10行。

Дx.07493　妙法莲华经卷第六法师功德品第十九

存4行,行3至9字。起:"悉见三",讫:"男子善女"。后秦鸠摩罗什译。经文见《大正藏》第9册,第47页C栏第17行至第23行。

Дx.07494 称赞大乘功德经

存5行,行2至6字。起:"能显",讫:"能信"。唐玄奘译。经文见《大正藏》第17册,第911页C栏27行至第912页A栏第2行。

Дx.07495 妙法莲华经卷第五从地踊出品第十五

存4行,行2至5字。起:"佛供养尊",讫:"尔时"。后秦鸠摩罗什译。经文见《大正藏》第9册,第40页B栏第7行至第11行。

Дx.07496 残佛经

存2行。录文:"今/丘言。"不可定名。

Дx.07497 佛经论释

Дx.07498 佛说观药王药上二菩萨经

存4行。录文:"闻无/发甚深/愿不虚必成佛/盖住和上上。"宋畺良耶舍译。经文见《大正藏》第20册,第665页B栏第10行至第13行。

Дx.07499 妙法莲华经卷第五安乐行品第十四

存3行。录文:"皆无所有/不动不/於我灭。"后秦鸠摩罗什译。经文见《大正藏》第9册,第37页C栏第18行至第21行。

Дx.07500 佛说佛名经卷第八

存3行。录文:"佛名/利弗若有/是善男子。"北魏菩提流支译。经文见《大正藏》第14册,第159页C栏第13行至第16行。

Дx.07501 妙法莲华经卷第一方便品第二

存3行。起:"若於旷野中",讫:"形像刻雕"。后秦鸠摩罗什译,经文见《大正藏》第9册,第8页C栏第23行至第27行。

Дx.07502 妙法莲华经卷第一序品第一

存4行。录文:"为广/名无量/供养/现诸希。"后秦鸠摩罗什译,经文见《大正藏》第9册,第4页B栏第28行至C栏第5行。

Дx.07503 文殊师利所说摩诃般若波罗蜜经

存3行。录文:"已至此/世尊问文殊/如来耶文。"梁曼陀罗仙译。经文见《大正藏》第8册,第726页B栏第13行至第15行。

Дx.07504 大般涅槃经

存尾题1行,题记4行。尾题录文:"大般涅槃经卷第。"题记录文:"□光二年辛巳岁九月/住三宝/经使合/是。"

Дx.07505 合部金光明经卷第一寿量品第二

存5行,行3至6字。起:"无是处",讫:"此义已"。北凉昙无谶译、隋释宝贵合。经文见《大正藏》第16册,第362页A栏第27行至B栏第5行。

Дx.07506 残佛经

正背各残存1行。未检出。

Дx.07507 残佛经

存2行。录文:"百/午火。"未检出。

Дx.07508 大般涅槃经卷第九如来性品第四之六

存3行。录文:"者因是则得发/经中王如彼药树/槃及不修者若。"北凉昙无谶译。经文见《大正藏》第12册,第418页A栏第27行至第29行。

Дx.07509 金光明最胜王经卷第四舍身品第十七

存5行,行4至7字。起:"子作是念",讫:"马车乘随时将养"。北凉昙无谶译。经文见《大正藏》第16册,第354页B栏第17行至第20行。

Дx.07510 残佛经

存4行。录文:"能/若/中论/问。"不可定名。

Дx.07511 佛经论释

存3行。释双行小字。

Дx.07512 俱舍论颂疏论本卷第二

存6行。录文:"果/起身/无记言/何二非自/发身语/论云已。"唐圆晖述。经文见《大正藏》第41册,第827页B栏第22行至C栏第4行。

Дx.07513 大般涅槃经卷第二十一光明遍照高贵德王菩萨品第十之一

存2行。录文:"恭敬右绕三匝修敬/尊问彼菩萨善男子。"北凉昙无谶译。经文见《大正藏》第12

册，第489页C栏第13行至第15行。

Дx.07514 妙法莲华经卷第七观世音菩萨普门品第二十五

存3行，行4至6字。起："俱发声言"，讫："力巍巍如"。后秦鸠摩罗什译，经文见《大正藏》第9册，第57页C栏第27行至第58页A栏第1行。

Дx.07515 大般涅槃经卷第三十七迦叶菩萨品第十二之五

存3行，行3至11字。起："言世尊菩萨"，讫："具足十"。北凉昙无谶译。经文见《大正藏》第12册，第582页A栏第8行至第11行。

Дx.07516 大般涅槃经卷第二十七师子吼菩萨品第十一之一

存5行，行2至9字。起："群辈"，讫："吼水性之属潜"。北凉昙无谶译。经文见《大正藏》第12册，第522页C栏第1行至第5行。

Дx.07517 大般涅槃经卷第四如来性品第四之一

存3行。录文："虫身食/名为/名曰那含。"北凉昙无谶译。经文见《大正藏》第12册，第390页B栏第4行至第6行。

Дx.07518 妙法莲华经卷第二譬喻品第三

存2行。录文："火来逼身苦痛/利弗是长者作。"后秦鸠摩罗什译。经文见《大正藏》第9册，第12页B栏第22行至第23行。

Дx.07519 残佛经

存5行。录文："阿难/是语/坚如被□/大海无上/之□一切天。"早期经卷，未检出。

Дx.07520 中本起经卷上现变品第二

存5行，行3至9字。起："得作佛"，讫："法过中不饭"。后汉昙果共康孟详译。经文见《大正藏》第4册，第150页A栏第21行至第27行。

Дx.07521 大般涅槃经卷第三十师子吼菩萨品第十一之四

存4行。录文："香庄/瞿昙/未得法/妇已死。"北凉昙无谶译。经文见《大正藏》第12册，第534页B栏第23行至第26行。

Дx.07522 妙法莲华经卷第六随喜功德品第十八

存3行，行3至5字。录文："及乘天/释梵转轮座/福不可限。"后秦鸠摩罗什译。经文见《大正藏》第9册，第47页B栏第26行至C栏第1行。

Дx.07523 大般涅槃经卷第二寿命品第一之二

存4行，行4至7字。起："陀施食有"，讫："纯陀即白佛"。北凉昙无谶译。经文见《大正藏》第12册，第372页A栏第7行至第10行。

Дx.07524 大般涅槃经卷第十九梵行品第八之五

存3行。录文："者害/法者名/为无子亦。"北凉昙无谶译。经文见《大正藏》第12册，第475页A栏第18行至第20行。

Дx.07525 大般涅槃经卷第十九梵行品第八之五

存3行。录文："王所/迦罗鸠驮迦旃延/顷能。"北凉昙无谶译。经文见《大正藏》第12册，第476页B栏第17行至第19行。

Дx.07526 大般涅槃经卷第十八梵行品第八之四

存4行。起："今得三十"，讫："菩萨若持"。北凉昙无谶译。经文见《大正藏》第12册，第470页A栏第1行至第4行。

Дx.07527 妙法莲华经卷第一方便品第二

存5行，行5字。起："以华香幡盖"，讫："或有人礼拜"。后秦鸠摩罗什译。经文见《大正藏》第9册，第9页A栏第11行至第19行。

Дx.07528 大般涅槃经卷第六如来性品第四之三

存3行。录文："是言/碍复次/畏学。"北凉昙无谶译。经文见《大正藏》第12册，第398页A栏第2行至第5行。

Дx.07529 大般涅槃经卷第十二迦叶菩萨品第十二之三

存3行。录文："得圣/事如是等事如/圣。"北凉昙无谶译。经文见《大正藏》第12册，第475页A栏第18行至第20行。

Дx.07530 佛经论释

Дх.07531 大方广佛华严经卷第七十五入法界品第三十九之十六

存2行。录文："识何等/具心。"唐实叉难陀译。经文见《大正藏》第10册，第407页A栏第2行至第3行。

Дх.07532 残佛经

存2行，行1字。录文："而/众。"不可定名。

Дх.07533 大般涅槃经卷第十二师子吼菩萨品第十一之三

存2行。录文："持戒/枸陀树。"北凉昙无谶译。经文见《大正藏》第12册，第536页C栏第17行至第18行。

Дх.07534 金光明最胜王经卷第五四天王观察人天品第十一

存2行。录文："因缘我/有国王被劫。"唐义净译。经文见《大正藏》第16册，第427页A栏第20行至第21行。

Дх.07535 维摩诘所说经卷中不思议品第六

存3行。录文："苦空无我/於其中普/可思议。"后秦鸠摩罗什译。经文见《大正藏》第14册，第546页C栏第29行至第547页A栏第2行。

Дх.07536 大般涅槃经卷第三十一师子吼菩萨品第十一之五

存3行。录文："具足者所/名念具足七/意问讯。"北凉昙无谶译。经文见《大正藏》第12册，第549页B栏第12行至第14行。

Дх.07537 残佛经

存2行。录文："亲友豪/里。"不可定名。

Дх.07538 妙法莲华经卷第二信解品第四

存5行，行4至9字。起："生都无欣"，讫："修习空法"。后秦鸠摩罗什译。经文见《大正藏》第9册，第18页B栏第26行至C栏第3行。

Дх07539 残片

存一"男"字。不可定名。

Дх.07540 大般若波罗蜜多经卷第三初分学观品第二之一

存2行。录文："为空无为空/本性空自相空。"唐玄奘译。经文见《大正藏》第5册，第13页B栏第23行至第25行。

Дх.07541 悲华经卷第五诸菩萨本授记品第四之三

存3行。录文："多罗三藐三/多恼众生说/作。"北凉昙无谶译。经文见《大正藏》第3册，第199页B栏第10行至第12行。

Дх.07542 金光明最胜王经卷第九长者子流水品第二十五

存3行。录文："经说十二缘/众生临命终时得/当为是。"唐义净译。经文见《大正藏》第16册，第449页B栏第27行至C栏第1行。

Дх.07543 妙法莲华经卷第四提婆达多品第十二

存2行。录文："虽作世国王/若为我。"后秦鸠摩罗什译。经文见《大正藏》第9册，第34页C栏第11行至第13行。

Дх.07544 习字

习写"文"字1行。

Дх.07545 大般涅槃经卷第三金刚身品第二

存1行。录文："人所有徒。"北凉昙无谶译。经文见《大正藏》第12册，第484页B栏第18行。

Дх.07546 妙法莲华经卷第二譬喻品第三

存4行。录文："出三界/汝保任/如来以/知此三。"后秦鸠摩罗什译。经文见《大正藏》第9册，第13页B栏第12行至第15行。

Дх.07547 妙法莲华经卷第七观世音菩萨普门品第二十五

存4行。录文："菩萨是/中能施/无畏者/养观。"后秦鸠摩罗什译。经文见《大正藏》第57页B栏第21行至第25行。

Дх.07548 佛经论释

存2行。录文："深即受化生故知生/以报忍供养住。"未检出。

Дх.07549 残佛经

存1行，总3字。录文："因缘故。"不可定名。

Дx.07550 **大智度论卷第九十三释净佛国土品第八十二之余**

存3行。录文："有百味/人饮食故/德生果报。"龙树菩萨造、后秦鸠摩罗什译。经文见《大正藏》第25册，第710页C栏第22行至第24行。

Дx.07551 **妙法莲华经卷第四授学无学人记品第九**

存3行。录文："善逝世间/尊当供养/佛而。"后秦鸠摩罗什译。经文见《大正藏》第9册，第30页A栏第17行至第20行。

Дx.07552 **佛说无量寿经卷下**

存6行，行3至6字。起："来今事莫不"，讫："皆令得道"。曹魏康僧铠译。经文见《大正藏》第12册，第275页B栏第15行至第20行，

Дx.07553 **摩诃般若波罗蜜经卷第二十四善达品第七十九**

存3行，行3至8字。起："一切亦如是"，讫："菩萨摩"。后秦鸠摩罗什译。经文见《大正藏》第8册，第400页A栏第21行至第23行。

Дx.07554 **妙法莲华经卷第六法师功德品第十九**

存3行。录文："父母所生/并诸余山/其中。"后秦鸠摩罗什译。经文见《大正藏》第9册，第47页C栏第17行至第21行。

Дx.07555 **妙法莲华经卷第七观世音菩萨普门品第二十五**

存2行。录文："世音菩萨言/佛告观世音。"后秦鸠摩罗什译。经文见《大正藏》第9册，第57页B栏第28行至C栏第1行。

Дx.07556 **妙法莲华经卷第六常不轻菩萨品第二十**

存5行，行3至6字。起："有一菩萨"，讫："此经六"。后秦鸠摩罗什译。经文见《大正藏》第9册，第51页B栏第13行至第19行。

Дx.07557 **妙法莲华经卷第二譬喻品第三**

存4行，行1至5字。起："此三界皆"，讫："虽复教诏而/以"。后秦鸠摩罗什译。经文见《大正藏》第9册，第14页A栏第26行至第29行。

Дx.07558 **慧上菩萨问大善权经卷下**

存2行。录文："如求尚有/如来善权方便。"西晋竺法护译。经文见《大正藏》第12册，第165页B栏第14行至第15行。

Дx.07559 **梁朝傅大士颂金刚经**

存3行。录文："足已敷/从坐起/佛言希。"经文见《大正藏》第85册，第1页C栏第1行至第4行。

Дx.07560 **佛说灌顶随愿往生十方净土经卷第十一**

存2行。录文："不堕八/宣说诸法无。"东晋帛尸梨蜜多罗译。经文见《大正藏》第21册，第531页C栏第8行至第9行。

Дx.07561 **大般涅槃经卷第四十憍陈如品第十三之二**

存2行。录文："戒旃陀/汝言五大有。"北凉昙无谶译。经文见《大正藏》第12册，第599页B栏第2行至第3行。

Дx.07562 **妙法莲华经卷第五如来寿量品第十六**

存3行。录文："善男/校计知其/是诸。"后秦鸠摩罗什译。经文见《大正藏》第9册，第42页B栏第16行至第18行。

Дx.07563 **金刚般若波罗蜜经**

见Дx.06458。

Дx.07564 **残佛经**

存8行，行1至3字。某经下部残片。仅"具众宝"可识，其余7行均存1字。不可定名。

Дx.07565 **光赞经卷第三摩诃般若波罗蜜假号品第八**

存3行，行4字。起："度知见事"，讫："谓菩萨及"。西晋竺法护译。经文见《大正藏》第8册，第168页B栏第2行至第5行。经文"度知"，现刊本为"脱知"。

Дx.07566 **妙法莲华经卷第五分别功德品第十七**

存3行。录文："药一切/千百千万亿/丘僧是故。"后秦鸠摩罗什译。经文见《大正藏》第9册，

45页C栏第9行至第11行。

Дх.07567 妙法莲华经卷第六嘱累品第二十二

存4行。录文："於未来/者当演/佛慧故/法中示。"后秦鸠摩罗什译。经文见《大正藏》第9册，第52页C栏第16行至第20行。

Дх.07568 残佛经

存3行，行1字。录文："真/道/报。"不可定名。

Дх.07569 妙法莲华经卷第三药草喻品第五

存3行。录文："慧深远/则能信解/随力为说。"后秦鸠摩罗什译。经文见《大正藏》第9册，第19页C栏第11行至第14行。

Дх.07570 佛说灌顶随愿往生十方净土经卷第十一

存3行。录文："解脱忧/眼乞屯/无上正真。"东晋帛尸梨蜜多罗译。经文见《大正藏》第21册，第533页B栏第2行至第5行。另残存半幅白描莲花座。

Дх.07571 大般若波罗蜜多经卷第三百三十二初分善学品第五十三之二

存5行，行2至7字。起："转其"，讫："堕恶趣经"。唐玄奘译。经文见《大正藏》第6册，第703页C栏第4行至第8行。

Дх.07572 十方千五百佛名经

存3行。录文："纲明相/胜敌佛/自在王。"经文见《大正藏》第14册，第316页C栏第26行至第28行。

Дх.07573 杂阿毗昙心论卷第一论界品第一

存3行。录文："一法入/谓空解脱/觉。"宋僧伽跋摩等译。经文见《大正藏》第28册，第873页B栏第10行至第13行。

Дх.07574 大般涅槃经卷第十九梵行品第八之五

存4行，行2至7字。起："归依"，讫："浮楼"。北凉昙无谶译。经文见《大正藏》第12册，第478页B栏第2行至第5行。

Дх.07575 妙法莲华经卷第六常不轻菩萨品第二十

存3行。录文："言是/而与我等授/记如此。"后秦鸠摩罗什译。经文见《大正藏》第9册，第50页C栏第24行至第26行。

Дх.07576 维摩诘所说经卷中文殊师利问疾品第五

存4行，行4至11字。起："菩萨断除"，讫："解缚如佛所说"。后秦鸠摩罗什译。经文见《大正藏》第14册，第545页A栏第28行至B栏第3行。

Дх.07577 辩正论卷第一三教治道篇第一

存4行。录文："之/励/行其/生通。"唐法琳撰。经文见《大正藏》第52册，第492页B栏第3行至第6行。

Дх.07578 残佛经

存3行，行1字。录文："广/罗/喜。"不可定名。

Дх.07579 妙法莲华经卷第六嘱累品第二十二

存6行，行3至7字。起："勿生悭"，讫："大欢喜"。后秦鸠摩罗什译。经文见《大正藏》第9册，第52页C栏第16行至第22行。

Дх.07580 妙法莲华经卷第七观世音菩萨普门品第二十五

存4行，行2至5字。起："龙夜叉乾"，讫："分奉"。后秦鸠摩罗什译。经文见《大正藏》第9册，第57页C栏第2行至第5行。

Дх.07581 大方广佛华严经卷第四十八如来十身相品第三十四

存5行。录文："宝/十方一切/出生一切/为七/法界。"唐实叉难陀译。经文见《大正藏》第10册，第254页C栏第17行至第21行。

Дх.07582 合部金光明经卷第二业障灭品第五

存2行。录文："子善女人/修声闻缘觉。"北凉昙无谶译、隋释宝贵合。经文见《大正藏》第16册，第370页A栏第4行至第5行。

Дх.07583 大般涅槃经卷第十二一切大众所问品第五

存3行。录文："快重白/减一/当速奉。"北凉昙无谶译。经文见《大正藏》第12册，第424页A栏第9行至第11行。

Дх.07584　习字

存"秋"字1行。

Дх.07585　馆藏缺

Дх.07586　大般涅槃经卷第九如来性品第四之六

存4行，行2至7字。起："义安"，讫："言如来"。北凉昙无谶译。经文见《大正藏》第12册，第421页C栏第29行至第422页A栏第4行。

Дх.07587　佛本行集经卷第五十说法仪式品下

存4行，行2至6字。起："次第"，讫："壁郭"。隋阇那崛多译。经文见《大正藏》第3册，第883页C栏第17行至第20行。

Дх.07588　佛说佛名经卷第四

存3行。录文："无/观解/无孔雀。"北魏菩提流支译。经文见《大正藏》第14册，第136页B栏第6行至第8行。

Дх.07589　残佛经

存3行。

Дх.07590　大方广佛华严经随疏演义钞卷第十二

存3行。录文："以/但以众香/香树。"唐澄观述。经文见《大正藏》第36册，第93页C栏第12行至第14行。

Дх.07591　妙法莲华经卷第四见宝塔品第十一

存2行。录文："宝网罗上/见无量。"后秦鸠摩罗什译。经文见《大正藏》第9册，第33页A栏第4行至第5行。

Дх.07592　残佛经

存2行。录文："三近/家。"

Дх.07593　大般涅槃经卷第十四圣行品第七之四

存3行。录文："中欢喜/置法坐/长跪。"北凉昙无谶译。经文见《大正藏》第12册，第450页C栏第25行至第27行。

Дх.07594　Дх.07818　残佛经

不可定名。

Дх.07595　残佛经

存2行。录文："尼门/说无疑。"不可定名。

Дх.07596　维摩诘所说经卷上菩萨品第四

存4行，行3至4字。起："维摩诘"，讫："诸姊夫"。后秦鸠摩罗什译。经文见《大正藏》第14册，第543页B栏第17行至第18行。

Дх.07597　佛经论释

Дх.07598　俱舍论颂疏论本卷第二

存3行。录文："起由色/不善所/界分别。"唐圆晖述。经文见《大正藏》第41册，第827页B栏第29行至C栏第4行。

Дх.07599　残佛经

存3行，行1至4字。

Дх.07600　合部金光明经卷第四依空满愿品第九

存2行。录文："於四/种种幻术。"真谛译、隋释宝贵合。经文见《大正藏》第16册，第381页A栏第3行至第4行。

Дх.07601　妙法莲华经卷第七观世音菩萨普门品第二十五

存2行。录文："淫欲常念/瞋恚常念恭。"后秦鸠摩罗什译。经文见《大正藏》第9册，第57页A栏第2行至第3行。

Дх.07602　妙法莲华经卷第七观世音菩萨普门品第二十五

存3行。录文："罗摩/音菩萨/珞分作。"后秦鸠摩罗什译。经文见《大正藏》第9册，第57页C栏第3行至第5行。

Дх.07603　大方便佛报恩经卷第七亲近品第九

存5行，行2至5字。起："二口册"，讫："廿者"。失译。经文见《大正藏》第3册，第164页C栏第23行至第28行。

Дх.07604　残佛经

存3行。录文："众□遇乱不详/偈半正明之王修行立德现/以□□有七偈明其。"未检出。

Дх.07605　大般涅槃经卷第二十七师子吼菩萨品第十一之一

存3行，行5至8字。起："则能解知"，讫："若言一二"。北凉昙无谶译。经文见《大正藏》第12册，第523页B栏第2行至第5行。

Дx.07606 佛说无常经

存3行。录文："汲井轮/觉声闻众/并眷属目。"唐义净译。经文见《大正藏》第17册，第745页C栏第5行至第19行。

Дx.07607 般若波罗蜜多心经

存3行，行4字。录文："空相不生/色无受想/触法无眼。"唐玄奘译。经文见《大正藏》第8册，第848页C栏第10行至第12行。

Дx.07608 佛说药师如来本愿经

存4行。录文："刹/形/大/来名。"隋达磨笈多译。经文见《大正藏》第14册，第402页C栏第29行至第403页A栏第3行。

Дx.07609 残片

存5行。录文："即敕四□/事为作瑞应/法推及云凶恶/惟在世甚难开化难/悟。"待考。

Дx.07610 别译杂阿含经卷第十六

存3行，行6字。起："无量无边"，讫："趣是故应"。失译。经文见《大正藏》第2册，第487页C栏第16行至第18行。

Дx.07611 残佛经

存5行。录文："人我去/坚固不能/非他为□□/弘济普慈悲/□□洞嬉。"

Дx.07612 妙法莲华经卷第七观世音菩萨普门品第二十五

存4行，行3至6字。起："音王佛并"，讫："伎乐供"。后秦鸠摩罗什译。经文见《大正藏》第9册，第56页A栏第7行至第10行。

Дx.07613 贤愚经卷第十三梵志施佛纳衣得受记品第五十五

存5行。录文："其臣曰佛/大王何我身/意放/尔时/尔时。"北魏慧觉等译。经文见《大正藏》第4册，第439页A栏第21行至第29行。

Дx.07613V 大乘瑜伽金刚性海曼殊室千臂千钵大教王经卷第五

存5行，行2至5字。起："得/佛始/佛所礼/而白佛言世界/久远。"唐不空译。经文见《大正藏》第20册，第746页B栏第22行至第24行。

Дx.07614 残佛经

存1行，总5字。录文："敬供养波世。"不可定名。

Дx.07615 残佛经

存4行。录文："为欲谁/如是大般/法藏有二/人诸能。"未检出。

Дx.07616 佛说仁王般若波罗蜜经卷上护国经观空品第二

存5行，行2至5字。起："一切法亦如"，讫："有名"。后秦鸠摩罗什译。经文见《大正藏》第8册，第826页A栏第11行至第16行。

Дx.07617 大般涅槃经卷第二十四光明遍照高贵德王菩萨品第十之四

存5行，行2至10字。起："众生故远离"，讫："慈大"。北凉昙无谶译。经文见《大正藏》第12册，第507页C栏第7行至第11行。

Дx.07618 佛说救疾经

存6行，行2至6字。起："天堂"，讫："各各白"。经文见《大正藏》第85册，第1362页B栏第10行至第15行。

Дx.07619 大方等无想经卷第三大云初分陀罗尼犍度第三

存7行，行2至8字。起："门唯"，讫："大云不退大"。北凉昙无谶译。经文见《大正藏》第12册，第1088页B栏第20行至第26行。

Дx.07620 金刚般若波罗蜜经

存3行。录文："不可量/人等则/以故。"后秦鸠摩罗什译。经文见《大正藏》第8册，第750页C栏第16行至第18行。

Дx.07621 妙法莲华经卷第一方便品第二

存4行，行4至8字。起："入佛之知见"，讫："如此皆为"。后秦鸠摩罗什译。经文见《大正藏》第9

册,第7页B栏第18行至第21行。

Дх.07622 愿文

存6行。录文:"幽明□生一□/极怀拔莫然回向/柔叶性顾影摧神息/会式荐良□岂说/忌增永暮之感硌粪/而云惑失人□花柔。"

Дх.07623 金刚般若波罗蜜经

存4行。录文:"如来昔/来在然/云何菩萨/严佛土者。"后秦鸠摩罗什译。经文见《大正藏》第8册,第749页C栏第16行至第19行。

Дх.07624 妙法莲华经卷第五分别功德品第十七

存2行,行19至20字。起:"应以天华散",讫:"广利诸人"。后秦鸠摩罗什译。经文见《大正藏》第9册,第46页B栏第5行至第8行。

Дх.07625 妙法莲华经卷第四五百弟子受记品第八

存3行。录文:"子者/迦叶是/受阿耨。"后秦鸠摩罗什译。经文见《大正藏》第9册,第28页B栏第25行至第27行。

Дх.07626 佛说仁王般若波罗蜜经卷上护国经菩萨教化品第三

存2行。录文:"色法圣人六/宝色法众生。"后秦鸠摩罗什译。经文见《大正藏》第8册,第828页C栏第12行至第13行。

Дх.07627 金光明经卷第二四天王品第六

存4行,行2至13字。起:"千亿",讫:"思议自在"。北凉昙无谶译。经文见《大正藏》第16册,第342页B栏第3行至第6行。

Дх.07628 妙法莲华经卷第三化城喻品第七

存4行,行2至5字。起:"说佛无上慧",讫:"俱生"。后秦鸠摩罗什译。经文见《大正藏》第9册,第26页C栏第14行至第20行。

Дх.07629 佛经论释

存5行。草书。未检出。

Дх.07630 五千五百佛名神咒除障灭罪经卷第一

存3行。录文:"尘等目端/明华波头/体香最上。"隋阇那崛多译。经文见《大正藏》第14册,第318页A栏第23行至第25行。

Дх.07631 摩诃僧祇律卷第六明僧残戒之二

存7行,行3至10字。起:"诸群臣",讫:"舍城住者"。东晋佛驮跋陀罗共法显译。经文见《大正藏》第22册,第279页C栏第17行至第280页A栏第2行。

Дх.07632 佛说广博严净不退转轮经卷第五

存7行,行2至10字。起:"果得具足",讫:"摩诃"。宋智严译。经文见《大正藏》第9册,第279页C栏第14行至第25行。

Дх.07633 妙法莲华经卷第三药草喻品第五

存3行,行4至8字。起:"法思以何",讫:"彼卉木丛"。后秦鸠摩罗什译。经文见《大正藏》第9册,第19页B栏第29行至C栏第2行。

Дх.07634 妙法莲华经卷第四五百弟子受记品第八

存3行。录文:"法喜禅/富楼那比/如是无量。"后秦鸠摩罗什译。经文见《大正藏》第9册,第28页B栏第18行至第22行。

Дх.07635 大般涅槃经卷第十四圣行品第七之四

存7行,行4至8字。起:"其义以是",讫:"子恶有二"。北凉昙无谶译。经文见《大正藏》第12册,第448页B栏第1行至第7行。

Дх.07636 佛经论释

Дх.07637 摩诃般若波罗蜜经卷第十二无作品第四十三

存3行。录文:"说是/三菩提心/礼般若波。"后秦鸠摩罗什译。经文见《大正藏》第8册,第309页B栏第15行至第18行。

Дх.07638 残佛经

存2行,行1字。录文:"蜜/众。"不可定名。

Дх.07639 佛本行集经卷第四十二优婆斯那品第四十五上

二残片。其一,存3行。录文:"脱彼/反问彼三/报言此实。"隋阇那崛多译。经文见《大正藏》第851页B栏第2行至第5行。其二,存2行。录文:

"善女人/诸佛如。"

Дx.07640 金光明经卷第三正论品第十一

存6行，行3至4字。起："属纵之"，讫："不应纵舍"。北凉昙无谶译。经文见《大正藏》第16册，第347页C栏第15行至第22行。

Дx.07641 某经题签

录文："八第卅第二会卷第九。"

Дx.07642 大般涅槃经卷第三十五迦叶菩萨品第十二之三

存4行。录文："名/佛性即/能得阿/是内。"北凉昙无谶译。经文见《大正藏》第12册，第572页A栏第21行至第24行。

Дx.07643 妙法莲华经卷第五安乐行品第十四

存2行。录文："衒买女色/种种嬉戏。"后秦鸠摩罗什译。经文见《大正藏》第9册，第37页C栏第3行至第5行。

Дx.07644 妙法莲华经卷第一方便品第二

存4行，行3至4字。起："诸佛光"，讫："闻法欢"。后秦鸠摩罗什译。经文见《大正藏》第9册，第10页A栏第24行至B栏第1行。

Дx.07645 佛本行集经卷第四十二优波斯那品第四十五上

存2行。录文："兵将螺髻梵/作如是言。"隋阇那崛多译。经文见《大正藏》第3册，第851页B栏第5行至第6行。

Дx.07645V 民族文字残片

Дx.07646 妙法莲华经卷第二信解品第四

存2行。录文："漏成就小乘声/修习此。"后秦鸠摩罗什译。经文见《大正藏》第9册，第18页B栏第12行至第14行。

Дx.07647 金刚般若波罗蜜经

存2行。录文："得阿那含果/故阿那含名为不。"后秦鸠摩罗什译。经文见《大正藏》第8册，第749页C栏第4行至第5行。

Дx.07648 胜天王般若波罗蜜经卷第一通达品第一

存2行。录文："萨修学/王善哉。"月婆首那译。经文见《大正藏》第8册，第686页A栏第5行至第6行。

Дx.07649 大般涅槃经卷第十一现病品第六

存5行，行2至11字。起："劫中舍离"，讫："闻非"。北凉昙无谶译。经文见《大正藏》第12册，第431页A栏第15行至第20行。

Дx.07650 大般涅槃经卷第二十五光明遍照高贵德王菩萨品第十之五

存4行。录文："义故思惟/男子一切/相二者/能令。"北凉昙无谶译。经文见《大正藏》第12册，第512页B栏第22行至第25行。

Дx.07651 大般涅槃经卷第十三圣行品第七之三

存3行，行7至9字。起："义谛世尊"，讫："二者世法"。北凉昙无谶译。经文见《大正藏》第12册，第443页A栏第11行至第14行。

Дx.07652 大般涅槃经卷第二十二光明遍照高贵德王菩萨品第十之二

存4行。录文："故/如来/故是故非地/众生。"北凉昙无谶译。经文见《大正藏》第12册，第494页C栏第25行至第29行。

Дx.07653 金光明经卷第一忏悔品第三

存5行。录文："能/若/若闻金/亦令众/令心正。"北凉昙无谶译。经文见《大正藏》第16册，第336页C栏第12行至第16行。

Дx.07654 大般涅槃经后分卷上遗教品第一

存3行。录文："是真语/行/所问佛。"唐若那跋陀罗译。经文见《大正藏》第12册，第901页B栏第26行至第27行。

Дx.07655 梵网经卢舍那佛说菩萨心地戒品第十卷下

存6行。行1至8字。起："佛/心者"，讫："量光明是时"。后秦鸠摩罗什译。经文见《大正藏》第24册，第1004页A栏第17行至第26行。与Дx.07657同卷，可缀合。

Дx.07656 **残佛经**

存3行。录文:"成中者众/从来无所三前导失/□□□复有。"未检出。

Дx.07657 **梵网经卢舍那佛说菩萨心地戒品第十卷下**

存2行。录文:"是已/应摄佛。"后秦鸠摩罗什译。经文见《大正藏》第24册,第1004页A栏第17行至第19行。与Дx.07655同卷,可缀合。

Дx.07658 **金光明经卷第一赞叹品第四**

存5行,行3至6字。起:"击大法",讫:"清凉美"。北凉昙无谶译。经文见《大正藏》第16册,第340页B栏第27行至C栏第4行。

Дx.07659 **妙法莲华经卷第七妙庄严王本事品第二十七**

存2行。录文:"国平正功德如/夫人二子并诸眷。"后秦鸠摩罗什译。经文见《大正藏》第9册,第60页B栏第25行至第26行。

Дx.07660 **佛经论释**

存4行。草书。待考。

Дx.07661 **大般涅槃经卷第十七梵行品第八之三**

存3行,行4至6字。起:"系著者名",讫:"摩诃萨亦"。北凉昙无谶译。经文见《大正藏》第12册,第463页B栏第5行至第7行。

Дx.07662 **辩正论卷第一三教治道篇第一**

存2行。录文:"苦则以慈悲/立德可以。"唐法琳撰。经文见《大正藏》第52册,第492页A栏第15行至第16行。

Дx.07663 **妙法莲华经卷第一方便品第二**

存5行,行3至7字。起:"是诸/舍利弗",讫:"竟皆得"。后秦鸠摩罗什译。经文见《大正藏》第9册,第7页B栏第6行至第10行。

Дx.07664 **十方千五百佛名经**

存2行。录文:"无垢相/德胜王佛无胜步。"经文见《大正藏》第14册,第316页C栏第29行至第317页A栏第1行。

Дx.07665 **摩诃般若波罗蜜经卷第二十五具足品第八十一**

存3行。录文:"诃/得过罪何以/蜜。"后秦鸠摩罗什译。经文见《大正藏》第8册,第405页A栏第12行至第14行。

Дx.07666 **大般涅槃经卷第六如经来性品第四之三**

存4行,行3至6字。起:"还去",讫:"依止处"。北凉昙无谶译。经文见《大正藏》第12册,第397页B栏第17行至第21行。

Дx.07667 **四分律比丘戒本**

存6行,行2至4字。起:"痴故",讫:"善世尊不"。后秦佛陀耶舍译。经文见《大正藏》第22册,第1019页C栏第9行至第16行。

Дx.07668 **摩诃僧祇律卷第二十二明众学法之余**

存6行,行5至12字。起:"人不得为说"。讫:"不得为说法"。宋佛陀什等译。经文见《大正藏》第22册,第411页A栏第25行至第28行。

Дx.07669 **妙法莲华经卷第一方便品第二**

存6行,行3至7字。起:"言佛所",讫:"方便甚深"。后秦鸠摩罗什译。经文见《大正藏》第9册,第6页B栏第2行至第9行。

Дx.07670 **妙法莲华经卷第二譬喻品第三**

存2行。录文:"得灭度我今/闻说。"后秦鸠摩罗什译。经文见《大正藏》第9册,第11页B栏第14行至第15行。

Дx.07671 **妙法莲华经卷第五从地踊出品第十五**

存3行。录文:"乐远难/所不能知/宝妙。"后秦鸠摩罗什译。经文见《大正藏》第9册,第40页A栏第11行至第13行。

Дx.07672 **大般涅槃经卷第二十六光明遍照高贵德王菩萨品第十之六**

存3行。录文:"施於人/无量阿僧祇/施於人。"北凉昙无谶译。经文见《大正藏》第12册,第520页B栏第22行至第24行。

Дx.07673 **妙法莲华经卷第五安乐行品第十四**

存3行。录文："切种/菩萨常/以。"后秦鸠摩罗什译。经文见《大正藏》第9册，第38页A栏第7行至第10行。

Дх.07674 **般若经**

存3行。录文："般若波/施波罗/不。"不可定名。

Дх.07675 **残佛经**

存2行。录文："於是/人亦□知。"不可定名。

Дх.07676 **残佛经**

存2行。录文："布/及罗蜜。"不可定名。

Дх.07677 **大般涅槃经卷第二十五光明遍照高贵德王菩萨品第十之五**

存9行，行2至16字。起："佛性"，讫："守护一事亲"。北凉昙无谶译。经文见《大正藏》第12册，第514页C栏第27行至515页A栏第6行。

Дх.07678 **妙法莲华经卷第三化城喻品第七**

存2行。录文："度众生故於无/哉吉无上世。"后秦鸠摩罗什译。经文见《大正藏》第9册，第22页C栏第12行至第14行。

Дх.07679 **雕版佛像**

存3排10身。上下均残。木版捺印。佛结跏趺坐，结禅定印。

Дх.07680 **残佛经**

存2行。录文："诵修/须菩。"不可定名。

Дх.07681 **妙法莲华经卷第二譬喻品第三**

存3行。录文："法佛所护念/不可思议/具足菩萨。"后秦鸠摩罗什译。经文见《大正藏》第9册，第11页B栏第16行至第18行。

Дх.07682 **妙法莲华经卷第一序品第一**

存4行，行10至14字。起："供养文殊师利"，讫："世尊何故放斯"。后秦鸠摩罗什译。经文见《大正藏》第9册，第3页B栏第26行至C栏第5行。

Дх.07682V **妙法莲华经卷第一序品第一**

存4行，行10至14字。起："无数众生"，讫："珠交露幔"。后秦鸠摩罗什译。经文见《大正藏》第9册，第3页B栏第17行至第24行。

Дх.07683 **妙法莲华经卷第三化城喻品第七**

存3行，行2至6字。起："天生"，讫："天华共诣"。后秦鸠摩罗什译。经文见《大正藏》第9册，第23页A栏第25行至第28行。

Дх.07684 **妙法莲华经卷第二信解品第四**

存2行，行5至7字。起："修习是时"，讫："一切诸佛"。后秦鸠摩罗什译。经文见《大正藏》第9册，第18页B栏第18行至第19行。

Дх.07685 **金光明经卷第二四天王品第六**

存2行。录文："甚深最胜/汝等四王。"北凉昙无谶译。经文见《大正藏》第16册，第344页B栏第8行至第10行。

Дх.07686 **妙法莲华经卷第四授学无学人记品第九**

存5行，行2至3字。录文："见是/修罗迦/比丘比/支佛者/法华。"后秦鸠摩罗什译。经文见《大正藏》第9册，第30页C栏第1行至第5行。

Дх.07687 **楞伽阿跋多罗宝经注解卷第三一切佛语心品第三**

存3行，行5至7字。注双行小字。起："唯愿为说不实妄想"，讫："善哉能问如是"。宋求那跋多罗译、大明天界善世禅寺住持僧宗泐演福讲寺住持僧如玘同注。经文见《大正藏》第39册，第390页B栏第16行至第18行。

Дх.07688 **大方广佛华严经随疏演义钞卷第四十七兜率宫中偈赞品第二十四**

存8行，行5至16字。起："当为之诸婆"，讫："如来世界"。唐澄观述。经文见《大正藏》第36册，第368页B栏第18行至第26行。

Дх.07689 **摩诃般若波罗蜜经卷第六发趣品第二十**

存5行，行7字。起："何菩萨一切"，讫："无忍生为"。后秦鸠摩罗什译。经文见《大正藏》第8册，第259页A栏第15行至第19行。

Дх.07690 Дх.07697 **雕版佛像**

印本。存3身。佛结跏趺坐，内着僧祇支，外着通肩袈裟，结禅定印。

Дx.07691 **大方等陀罗尼经卷第二初分余卷第二**

存5行。录文："面即/各礼/尔时大/有妙戒/是。"北凉法众译。经文见《大正藏》第21册,第646页C栏第18行至第22行。

Дx.07692 **残佛经**

存2行,行1至2字。录文："事/宫愿。"不可定名。

Дx.07693 **妙法莲经卷第四五百弟子授记品第八**

存4行,行2至7字。起："耨多罗三",讫："来诸"。后秦鸠摩罗什译。经文见《大正藏》第9册,第27页C栏第10行至第14行。

Дx.07694 **籍账**

存3行。录文："梁/粟叁硕/□壹硕。"

Дx.07695 **摩诃般若波罗蜜经卷第十三闻持品第四十五**

存7行,行5至12字。起："功德因缘故",讫："弗是深般若波"。后秦鸠摩罗什译。经文见《大正藏》第8册,第317页A栏第29行至B栏第7行。

Дx.07696 **妙法莲经卷第四授学无学人记品第九**

存3行,行2至4字。录文："如是供养/药王今/尔时佛。"后秦鸠摩罗什译。经文见《大正藏》第9册,第31页B栏第12行至第16行。

Дx.07697 **雕版佛像**

见Дx.07690。

Дx.07698 **佛说佛名经**

存2行,行2字。录文："南无/归命。"不可定名。

Дx.07699 **大般涅槃经卷第四如来性品第四之一**

存3行,行4至8字。起："因缘而有",讫："所说十二"。北凉昙无谶译。经文见《大正藏》第12册,第385页B栏第16行至第18行。

Дx.07700 **维摩诘所说经卷上方便品第二**

存3行,行8至11字。起："疾广为说",讫："身如炎从"。后秦鸠摩罗什译。经文见《大正藏》第14册,第539页B栏第13行至第17行。

Дx.07700V **维摩诘所说经卷上方便品第二**

存4行,行3至10字。起："味多闻",讫："众生病者"。后秦鸠摩罗什译。经文见《大正藏》第14册,第539页C栏第4行至第10行。

Дx.07701 **大般涅槃经卷第三十五迦叶菩萨品第十二之三**

存2行,行10字。起："是经中说",讫："是名虚妄"。北凉昙无谶译。经文见《大正藏》第12册,第572页C栏第22行至第24行。

Дx.07702 **残佛经**

存5行,行1至2字。录文："来/如来/德佛/佛/佛。"不可定名。

Дx.07703 **大般涅槃经卷第三名字功德品第三**

存4行,行3至8字。起："男子汝今",讫："所得"。北凉昙无谶译。经文见《大正藏》第12册,第384页C栏第27行至第385页A栏第2行。

Дx.07704 **金刚般若波罗蜜经**

存4行。录文："三千大千/福宁为多/福德即非福/有人於。"后秦鸠摩罗什译。经文见《大正藏》第8册,第749页B栏第18行至第21行。

Дx.07705 **妙法莲华经卷第三药草喻品第五**

存3行。录文："俱下流/幽邃所生卉/蒲桃雨。"后秦鸠摩罗什译。经文见《大正藏》第9册,第19页C栏第19行至第22行。

Дx.07706 **合部金光明经卷第一寿量品第二**

存3行。录文："养/从佛欲求/言。"北凉昙无谶译、隋释宝贵合。经文见《大正藏》第16册,第361页C栏第25行至第27行。

Дx.07707 **大般涅槃经卷第二金刚身品第二**

存3行,行6字。起："作非不作",讫："大师子非"。北凉昙无谶译。经文见《大正藏》第12册,第383页B栏第2行至第4行。

Дx.07708 **残佛经**

存一"菩"字。不可定名。

Дx.07709 **妙法莲华经卷第六随喜功德品第十八**

存5行。录文："金/及象/主如/众生/老。"后秦鸠摩罗什译。经文见《大正藏》第9册,第46页C栏第11行至第15行。

Дх.07710 大宝积经卷第五十一菩萨藏会第十二之十七般若波罗蜜多品第十一之二

存4行,行5至6字。起:"又舍利子",讫:"作者无受者"。唐玄奘译。经文见《大正藏》第11册,第300页A栏第3行至第6行。

Дх.07711 佛说佛名经卷第二

存3行。录文:"德王世界名/发心转法轮者/记。"北魏菩提流支译。经文见《大正藏》第14册,第122页B栏第3行至第5行。

Дх.07712 妙法莲华经卷第七观世音菩萨普门品第二十五

存4行,行2至6字。起:"皆现之而为说",讫:"是故"。后秦鸠摩罗什译。经文见《大正藏》第9册,第57页B栏第17行至第21行。

Дх.07713 大般涅槃经卷第四十憍陈如品第十三之二

存4行,行4字。起:"如写瓶水",讫:"俱生此城"。北凉昙无谶译。经文见《大正藏》第12册,第601页C栏第4行至第7行。

Дх.07714 大般涅槃经卷第二十婴儿行品第九

存5行,行3至5字。起:"正语非",讫:"无为是名"。北凉昙无谶译。经文见《大正藏》第12册,第485页B栏第25行至第29行。

Дх.07715 残佛经

存2行。录文:"世度/衣。"不可定名。

Дх.07716 残佛经

存2行。录文:"生令人/佛答言菩。"不可定名。

Дх.07717 妙法莲华经卷第四五百弟子受记品第八

存4行,行1至5字。起:"萨众得大神",讫:"德"。后秦鸠摩罗什译。经文见《大正藏》第9册,第28页A栏第1行至第4行。

Дх.07718 大般涅槃经卷第二十五师子吼菩萨品第二十三

存6行,行2至8字。起:"摩诃",讫:"利若见檀越"。宋慧严等依泥洹经加之。经文见《大正藏》第12册,第772页A栏第26行至B栏第2行。

Дх.07719 大般涅槃经卷第十一切大众所问品第五

存1行,总8字。录文:"者我当咨问受持读。"北凉昙无谶译。经文见《大正藏》第12册,第425页B栏第19行至第20行。

Дх.07720 大般涅槃经卷第八如来性品第四之五

存3行,行4至6字。起:"生说大乘法",讫:"住大乘安"。北凉昙无谶译。经文见《大正藏》第12册,第414页A栏第4行至第7行。

Дх.07721 妙法莲华经卷第一方便品第二

存4行,行3至6字。起:"众生开",讫:"舍利弗是"。后秦鸠摩罗什译。经文见《大正藏》第9册,第7页A栏第24行至第27行。

Дх.07722 大方等大集经卷第二十二虚空目分第十之一初声闻品第一

存7行,行3字。起:"宅无少",讫:"作梵王"。北凉昙无谶译。经文见《大正藏》第13册,第162页A栏第3行至第10行。

Дх.07723 金光明最胜王经卷第八坚牢地神品第十八

存3行,行4至6字。起:"百八遍情",讫:"应如前安"。唐义净译。经文见《大正藏》第16册,第441页A栏第5行至第8行。

Дх.07724 弥勒经游意第八辨弥勒与释迦同时涅槃不同灭度

存2行。录文:"劫波/跏趺坐。"经文见《大正藏》第38册,第268页B栏第8行至第9行。

Дх.07725 大般涅槃经卷第十八梵行品第八之四

存4行,行2至5字。起:"教者",讫:"无量"。北凉昙无谶译。经文见《大正藏》第12册,第471页A栏第11行至第14行。

Дх.07726 残佛经

存4行。未检出。

Дх.07727 大般涅槃经卷第二十四光明遍照高贵德王菩萨品第十之四

存6行，行6至9字。起："愿因比力故"，讫："众生悉得摩诃"。北凉昙无谶译。经文见《大正藏》第12册，第507页C栏第10行至第16行。

Дх.07728 请观世音菩萨消伏毒害陀罗尼咒经

存4行。录文："得闻此句受/死之罪又/切世间胜/章。"东晋竺难提晋言法喜译。经文见《大正藏》第20册，第38页A栏第3行至第6行。

Дх.07729 成唯识论卷第四

存5行，行5至7字。起："识性如何"，讫："持身依色"。护法菩萨造、唐玄奘译。经文见《大正藏》第31册，第20页B栏第19行至第24行。

Дх.07730 维摩疏释前小序抄

存5行，行6至8字。起："穆王怪异问"，讫："叙中光之始起於后"。经文见《大正藏》第85册，第435页A栏第9行至第16行。

Дх.07731 小品般若波罗蜜多经卷第四摩诃般若波罗蜜叹净品第九

存3行。录文："得阿/时亦无/是法不可。"后秦鸠摩罗什译。经文见《大正藏》第8册，第553页A栏第19行至第22行。

Дх.07732 摩诃般若波罗蜜经卷第十三闻持品第四十五

存3行。录文："藐三/令住六波罗/女人后身转。"后秦鸠摩罗什译。经文见《大正藏》第8册，第318页B栏第7行至第9行。

Дх.07733 大般涅槃经卷第十六梵行品第八之二

存2行。录文："名不见/处知於受。"北凉昙无谶译。经文见《大正藏》第12册，第462页C栏第10行至第11行。

Дх.07734 妙法莲华经卷第六嘱累品第二十二

存5行，行4至5字。起："主汝等亦"，讫："中示教利"。后秦鸠摩罗什译。经文见《大正藏》第9册，第52页C栏第15行至第20行。

Дх.07735 大威德陀罗尼经卷第十九

存3行，行3至5字。起："妇女五蛆虫"，讫："悉如针"。隋阇那崛多译。经文见《大正藏》第21册，第833页C栏第29行至第834页A栏第2行。

Дх.07735V 民族文字残片

Дх.07736 大般若波罗蜜多经卷第二百一十三初分难信解品第三十四之三十二

存6行，行3至4字。起："清净故"，讫："无二无"。唐玄奘译。经文见《大正藏》第6册，第68页C栏第20行至第26行。

Дх.07737 妙法莲华经卷第三药草喻品第五

存1行，总10字。录文："未安者令安未涅槃者令。"后秦鸠摩罗什译。经文见《大正藏》第9册，第19页B栏第12行至第13行。

Дх.07738 佛说佛名经卷第一

存1行，总4字。录文："同名日佛。"北魏菩提流支译。经文见《大正藏》第14册，第115页A栏第11行。

Дх.07739 十方千五百佛名经

存4行。录文："百千十/善女人/所生之处得/见亿百千佨。"经文见《大正藏》第14册，第317页B栏第5行至第8行。

Дх.07740 大般涅槃经卷第二十九师子吼菩萨品第十一之三

存2行。录文："以道/子王。"北凉昙无谶译。经文见《大正藏》第12册，第537页C栏第4行至第5行。

Дх.07741 大般涅槃经卷第十五梵行品第八之一

存2行。录文："中善男子/四是故迦叶。"北凉昙无谶译。经文见《大正藏》第12册，第453页B栏第17行至第18行。

Дх.07742 维摩诘所说经卷上弟子品第三

存3行。录文："须菩提/若以是/一切诸。"后秦鸠摩罗什译。经文见《大正藏》第14册，第540页C栏第14行至第16行。

Дх.07743 妙法莲华经卷第四见宝塔品第十一

存3行。录文："万亿那/生及阿/国亦以。"后秦鸠摩罗什译。经文见《大正藏》第9册，第33页A栏第22行至第24行。

Дх.07744 佛说普门品经

存3行。录文："亦尔了无崖底/响了云一等愚/是为菩萨等游。"西晋竺法护译。经文见《大正藏》第11册，第775页C栏第25行至第28行。

Дх.07745 大般涅槃经卷第八如来性品第四之五

存3行，行3至6字。起："次第为说"，讫："为作一"。北凉昙无谶译。经文见《大正藏》第12册，第410页A栏第10行至第12行。

Дх.07746 妙法莲华经卷第四见宝塔品第十一

存5行，行4至5字。起："临灭度时"，讫："塔中赞言"。后秦鸠摩罗什译。经文见《大正藏》第9册，第32页C栏第14行至第17行。

Дх.07747 妙法莲华经卷第一方便品第一

存5行，行4至5字。起："目惭愧清净"，尾题："妙法莲华经"。后秦鸠摩罗什译。经文见《大正藏》第9册，第10页B栏第13行至第21行。

Дх.07748 残佛经

存2行。录文："比丘比丘/如。"不可定名。

Дх.07749 妙法莲华经卷第七陀罗尼品第二十六

存2行。录文："蓝婆三/发七名。"后秦鸠摩罗什译。经文见《大正藏》第9册，第59页A栏第22行至第24行。

Дх.07750 残佛经

存2行。录文："前比尼草/不复说。"不可定名。

Дх.07751 大般涅槃经卷第三十八迦叶菩萨品第十二之六

存2行，行3字。录文："及悔心/壹人苦。"北凉昙无谶译。经文见《大正藏》第12册，第590页B栏第15行至第16行。

Дх.07752 佛说无量清净平等觉经

存5行，行3字。起："佛经语"，讫："蠕动之"。后汉支娄迦谶译。经文见《大正藏》第12册，第294页C栏第15行至第19行。

Дх.07752V 残佛经

存5行，行2至4字。未检出。

Дх.07753 妙法莲华经卷第一方便品第二

存3行，行2至8字。起："譬喻言辞"，讫："舍利"。后秦鸠摩罗什译。经文见《大正藏》第9册，第7页B栏第9行至第11行。

Дх.07754 大般涅槃经卷第三十五迦叶菩萨品第十二之三

存4行，行6至11字。起："有未来业"，讫："未来佛性力因"。北凉昙无谶译。经文见《大正藏》第12册，第571页C栏第17行至第20行。

Дх.07755 道行般若经卷第七摩诃般若波罗蜜善知识品第十九

存6行，行2至4字。起："得是"，讫："但用是故"。后汉支娄迦谶译。经文见《大正藏》第8册，第462页B栏第1行至第7行。

Дх.07756 大般涅槃经卷第五如来性品第四之三

存3行。录文："子想而/有财宝/欲示。"北凉昙无谶译。经文见《大正藏》第12册，第390页C栏第6行至第9行。经文"用示"，现刊本为"欲示"。

Дх.07757A 妙法莲华经卷第四五百弟子受记品第八

四残片。其一，存3行，行3至9字。起："禅悦食有"，讫："闻众得算数"。后秦鸠摩罗什译。经文见《大正藏》第9册，第27页C栏第29行至第28页A栏第3行。其二，存3行，行3至6字。起："得大神"，讫："国众生常以"。经文见《大正藏》第9册，第27页C栏第26行至第28行。其三，存2行。录文："天宫殿近处/道亦无。"经文见《大正藏》第9册，第27页C栏第24行至第25行。其四，存4行。录文："充满其中诸/得相见/化生无有/自庄严。"经文见《大正藏》第9册，第27页C栏第24行至第27行。同经同品，顺序为四、三、二、一。第三、四片可直接缀合，缺的笔画在前面均可找到。

Дx.07757B 残佛经

存2行。录文:"如忆苦/无上。"不可定名。

Дx.07758 金刚般若波罗蜜经

存2行。录文:"名大身须菩/等恒河於意云。"后秦鸠摩罗什译。经文见《大正藏》第8册,第749页C栏第25行至第27行。

Дx07759 文书

存3行。录文:"使自秃喜卧热沙上堕龙中人喜居深室人不自弘负恶口刺人/从本无中来二者/相□籴后为懊恨。"

Дx.07759V 民族文字残片

Дx.07760 大乘百法明门论本事分中略录名数

存3行。录文:"□地五慧善/无瞋七无痴/六者一贪二嗔。"天亲菩萨造、唐玄奘译。经文见《大正藏》第31册,第855页B栏第28行至C栏第1行。经文"地五慧善",现刊本为"四定五慧三善"。

Дx.07761 金光明经卷第一忏悔品第三

存4行。录文:"诸/如是金鼓/若有众生堕/无有救。"北凉昙无谶译。经文见《大正藏》第16册,第336页C栏第22行至第25行,

Дx.07762 般若波罗蜜多心经

存7行,行2至4字。起:"般若",讫:"亦无"。唐玄奘译。经文见《大正藏》第8册,第848页C栏第7行至第13行。

Дx.07763 大般涅槃经卷第二十五光明遍照高贵德王菩萨品第十之五

存4行,行5至7字。起:"虽以五欲",讫:"弥猴担负"。北凉昙无谶译。经文见《大正藏》第12册,第517页第19行至第23行。

Дx.07764 维摩诘所说经卷下菩萨行品第十一

存4行。录文:"色若/佛入此经法/言释迦/不。"后秦鸠摩罗什译。经文见《大正藏》第14册,第554页C栏第23行至第26行。

Дx.07765 大方等无想经卷第六大云初分增长犍度第三十七之余

存3行。录文:"亦复/亦常以是/定言世法。"北凉昙无谶译。经文见《大正藏》第12册,第1105页A栏第14行至第17行。

Дx.07766 金光明经卷第一忏悔品第三

存2行。录文:"离远一切/天世人。"北凉昙无谶译。经文见《大正藏》第16册,第336页C栏第20行至第21行。

Дx.07767 妙法莲华经卷第四劝持品第十三

存3行。录文:"忍/世护/知佛方便。"后秦鸠摩罗什译。经文见《大正藏》第9册,第36页C栏第17行至第21行。

Дx.07768 大方等大集经卷第十六虚空藏菩萨品第八之三

存4行,行7字。起:"法治化国",讫:"菩萨者"。北凉昙无谶译。经文见《大正藏》第13册,第109页B栏第28行至C栏第2行。

Дx.07769 残佛经

存4行。录文:"皆悉闻/尔时世尊/非法/三。"未检出。

Дx.07770 妙法莲华经卷第一方便品第二

存4行,行6至10字。起:"世恶人",讫:"不能晓"。后秦鸠摩罗什译。经文见《大正藏》第9册,第10页B栏第11行至第17行。

Дx.07771 大般涅槃经卷第二十八师子吼菩萨品第十一之二

存6行,行1至8字。起:"众生乃至五",讫:"一切众生/可"。北凉昙无谶译。经文见《大正藏》第12册,第534页C栏第14行至第19行。

Дx.07772 大般涅槃经卷第十七梵行品第八之三

存6行,行1至7字。起:"身/量人於大",讫:"名菩萨"。北凉昙无谶译。经文见《大正藏》第12册,第467页C栏第28行至第468页A栏第4行。

Дx.07773 佛说仁王般若波罗蜜经卷上护国经菩萨教化品第三

存4行,行1至3字。录文:"人/百亿/天尊快/

时。"后秦鸠摩罗什译。经文见《大正藏》第8册，第828页A栏第6行至第9行。

Дx.07774 妙法莲华经卷第二譬喻品第三

存4行，行3至5字。起："毒死被瓦"，讫："来入聚"。后秦鸠摩罗什译。经文见《大正藏》第9册，第15页C栏第5行至第9行。

Дx.07775 妙法莲华经卷第二譬喻品第三

存3行，行2至5字。起："失声"，讫："叫呼求食首"。后秦鸠摩罗什译。经文见《大正藏》第9册，第14页A栏第10行至第13行。

Дx.07776 妙法莲华经卷第四见宝塔品第十一

存3行。录文："中赞言善/塔闻说法华经/大乐说。"后秦鸠摩罗什译。经文见《大正藏》第9册，第32页C栏第18行至第20行。

Дx.07777 大般若波罗蜜多经卷第一百九十五初分难信解品第三十四之十四

存3行。录文："故佛十/清净何以/若一切智。"唐玄奘译。经文见《大正藏》第5册，第1047页C栏第9行至第11行。

Дx.07778 残佛经

未检出。

Дx.07779 残佛经

未检出。

Дx.07780 妙法莲华经卷第六法师功德品第十九

存2行。录文："声童子/悉闻其。"后秦鸠摩罗什译。经文见《大正藏》第9册，第48页A栏第16行至第18行。

Дx.07781 妙法莲华经卷第一方便品第二

存3行。录文："等/虚妄无/此义而说。"后秦鸠摩罗什译。经文见《大正藏》第9册，第7页C栏第8行至第10行。

Дx.07782 菩萨璎珞经卷第四音响品第九

存2行。录文："有亦非无/以谤。"后秦竺佛念译。经文见《大正藏》第16册，第33页C栏第25行至第26行。

Дx.07783 妙法莲华经卷第六嘱累品第二十二

存7行，行2至4字。起："令其"，讫："如是三"。后秦鸠摩罗什译。经文见《大正藏》第9册，第52页C栏第18行至第25行。

Дx.07784 金光明经卷第四赞佛品第十八

存3行。录文："金宝盖/为佛作/赞。"北凉昙无谶译。经文见《大正藏》第16册，第356页C栏第24行至第26行。

Дx.07785 佛说奈女祇域因缘经

存3行，行5至6字。起："语已即便"，讫："嬉戏使肠"。后汉安世高译。经文见《大正藏》第14册，第898页C栏第20行至第22行。

Дx.07786 大般涅槃经卷第三十师子吼菩萨品之六

存3行，行6至9字。起："思议复次"，讫："骄慢者现"。北凉昙无谶译。经文见《大正藏》第12册，第804页B栏第22行至第25行。

Дx.07787 放光般若经卷第十三摩诃般若波罗蜜坚固品第五十七

存3行。录文："使我堕/波旬复作佛/者非佛。"西晋无罗叉译。经文见《大正藏》第8册，第89页B栏第1行至第2行。

Дx.07788 法镜经

存2行。录文："道发行大/命一切。"后汉安玄译。经文见《大正藏》第12册，第15页B栏第25行至第26行。

Дx.07789 妙法莲华经卷第二譬喻品第三

存2行，行8至17字。起："欲以问世尊"，讫："今闻佛"。后秦鸠摩罗什译。经文见《大正藏》第9册，第11页A栏第5行至第8行。

Дx.07790 佛说观佛三昧海经卷第一观相品第三之一

存2行。录文："取其/如此相。"东晋佛驮跋陀罗译。经文见《大正藏》第15册，第650页B栏第20行至第21行。

Дx.07791 残佛经

存2行。录文："妙车/出来。"不可定名。

Дx.07792 摩诃般若波罗蜜经卷第二十六毕定品第八十三

存2行。录文："翔菩萨/须菩提。"后秦鸠摩罗什译。经文见《大正藏》第8册，第410页C栏第23行至第24行。

Дx.07793 妙法莲华经卷第七妙音菩萨品第二十四

存3行。录文："莫轻/高下不/萨众其。"后秦鸠摩罗什译。经文见《大正藏》第9册，第55页B栏第9行至第11行。

Дx.07794 Дx.07795 大般涅槃经卷第三十二师子吼菩萨品第十一之六

二残片。其一，存2行。录文："明不能吸/缘。"北凉昙无谶译。经文见《大正藏》第12册，第555页C栏第24行至第25行。其二，存1行。录文："非有非。"未检出。

Дx.07796 妙法莲华经卷第六药王菩萨本事品第二十三

存3行。录文："罗/佛/容颜甚奇妙。"后秦鸠摩罗什译。经文见《大正藏》第9册，第53页C栏第2行至第4行。

Дx.07797 阿毗达磨大毗婆沙论卷第九十结蕴第二中十门纳息第四之二十

存2行。录文："第二第三第四静虑/具三者皆唯此应知。"五百大阿罗汉等造、唐玄奘译。经文见《大正藏》第27册，第462页C栏第28行至第29行。

Дx.07798 残佛经

存5行。录文："其/行北迫当人/之时摄去火/之复旦行南道/在天中照。"

Дx.07799 菩萨善戒经卷第八如法住定心品第三

存7行，行2至6字。起："有德"，讫："世界满中"。宋求那跋摩译。经文见《大正藏》第30册，第1004页C栏第8行至第14行。

Дx.07800 佛说救疾经

存4行。录文："驴行/像乃至/不净法/使人。"经文见《大正藏》第85册，第1362页B栏第2行至第5行。

Дx.07801 摩诃般若波罗蜜经卷第十法施品第三十八

存5行，行4字。起："道亦如是"，讫："圣谛内空"。后秦鸠摩罗什译。经文见《大正藏》第8册，第293页C栏第25行至第294页A栏第1行。

Дx.07802 阿毗昙八犍度论卷第二十七杂阿毗昙定犍度阿那含跋渠第四

存7行，行2至8字。起："菩萨"，讫："何法又世"。迦旃延子造、僧伽提婆共竺佛念译。经文见《大正藏》第26册，第898页C栏第16行至第23行。异文较多。

Дx.07803 大智度论卷第五十二释十无品第二十

存14行，行2至10字。起："竟不"，讫："萨般若"。龙树菩萨造、后秦鸠摩罗什译。经文见《大正藏》第25册，第430页B栏第13行至第26行。

Дx.07804 维摩诘所说经卷中不思议品第六

存8行，行2至6字。起："苦求"，讫："则著处非"。后秦鸠摩罗什译。经文见《大正藏》第14册，第546页A栏第12行至第20行。

Дx.07805 残佛经

存"罪龙"2字。不可定名。

Дx.07806 佛说灌顶拔除过罪生死得度经卷第十二

存4行。录文："怨贼/念流/光佛/令劝。"东晋帛尸梨蜜多罗译。经文见《大正藏》第21册，第534页A栏第21行至第24行。

Дx.07807 残佛经

存18行，行1字。早期经卷。不可定名。

Дx.07808 妙法莲华经卷第三授记品第六

存3行。录文："界道/千亿/及魔。"后秦鸠摩罗什译。经文见《大正藏》第9册，第20页C栏第7行至第9字。

Дx.07809 残佛经

字迹难辨。

Дx.07810 **民族文字残片**

Дx.07811 **佛说佛名经**

存3行。录文："王佛/成就佛智/半月。"未检出。

Дx.07812 **藏文残片**

Дx.07813 **妙法莲华经卷第六常不轻菩萨品第二十**

存3行。录文："塞优/大罪/耳鼻。"后秦鸠摩罗什译。经文见《大正藏》第9册，第50页B栏第25行至第27行。

Дx.07814 **残片**

存2行。不可定名。

Дx.07815 **残片**

存2行。录文："见/故於。"不可定名。

Дx.07816 **残片**

存1行，总2字。录文："於尔。"不可定名。

Дx.07817 **大般涅槃经卷第二寿命品第一之二**

存2行。录文："生一切无/於般涅槃。"北凉昙无谶译。经文见《大正藏》第12册，第377页A栏第4行至第5行。

Дx.07818 **残佛经**

见Дx.07594。

Дx.07819 **残佛经**

存1行，总3字。录文："轻贼故。"不可定名。

Дx.07820 **善见律毗婆沙卷第十三**

存5行。录文："当说无惭愧/其所作答便者/生欲心便/黄门/欲心言答。"萧齐僧伽跋陀罗译。经文见《大正藏》第24册，第763页A栏第2行至第6行。有异文。

Дx.07821A **残佛经**

极残，不可定名。

Дx.07821B **医方**

存4行。录文："肝肠明/十五日在/刺痛□胃/年死不可□。"

Дx.07821V **残片**

存4行。文字残缺，无法辨识。

Дx.07822 **合部金光明经卷第五四天王品第十**

存2行。录文："典是/怨贼复能。"北凉昙无谶译、隋释宝贵合。经文见《大正藏》第16册，第385页C栏第2行至第4行。

Дx.07823 **大般若波罗蜜多经卷第五百七十七第九能断金刚分**

存3行。录文："三千大千世界/觉是善男子/宁为。"唐玄奘译。经文见《大正藏》第7册，第984页B栏第20行至第22行。

Дx.07824 **妙法莲华经卷第三药草喻品第五**

存2行。录文："是中药草/是上药草。"后秦鸠摩罗什译。经文见《大正藏》第9册，第20页A栏第26行至第27行。

Дx.07825 **大般涅槃经卷第三寿命品第一之三**

存2行。录文："等菩萨摩/隐我未能。"北凉昙无谶译。经文见《大正藏》第12册，第380页C栏第3行至第4行。

Дx.07826 **大方等无想经卷第三大云初分陀罗尼犍度第三**

存3行。录文："诸/复有诸佛菩萨/罗尼复有诸。"北凉昙无谶译。经文见《大正藏》第12册，第1088页B栏第23行至第25行。

Дx.07827 **合部金光明经卷第二业障灭品第五**

存4行。录文："一切天/遍满世界/恩普/诸业。"真谛译、隋释宝贵合。经文见《大正藏》第16册，第371页C栏第9行至第12行。

Дx.07828 **维摩诘所说经卷下法供养品第十三**

存2行。录文："得菩/退转成就六。"后秦鸠摩罗什译。经文见《大正藏》第14册，第556页B栏第22行至第23行。

Дx.07829 **四分律比丘戒本**

存2行。录文："若居士妇乞/比丘夺。"后秦佛陀耶舍译。经文见《大正藏》第22册，第1017页B栏第5行至第6行。

Дx.07830 **大方等无想经卷第三大云初分陀罗尼**

犍度第三

存4行，行2至7字。起："不退"，讫："唐圆晖述退意行也"。北凉昙无谶译。经文见《大正藏》第12册，第1088页C栏第8行至第11行。

Дx.07831 文殊师利所说摩诃般若波罗蜜经卷上

存5行，行3至5字。起："罗蜜佛告"，讫："当得住"。梁曼陀罗仙译。经文见《大正藏》第8册，第727页B栏第29行至C栏第4行。

Дx.07832 妙法莲华经卷第五从地涌出品第十五

存2行。录文："弥勒释/斯事佛今。"后秦鸠摩罗什译。经文见《大正藏》第9册，第41页A栏第11行至第12行。

Дx.07833 俱舍论颂疏论本卷第二

存2行。录文："曰欲界/者段食性。"唐圆晖述。经文见《大正藏》第41册，第827页C栏第8行至第10行。

Дx.07834 残佛经

未检出。

Дx.07835 Дx.07843 Дx.07847 Дx.07849 残佛经

未检出。

Дx.07836 大智度论卷第四十三释集散品第九下

存4行，行4至13字。起："行识离识"，讫："诃萨如是"。龙树菩萨造、后秦鸠摩罗什译。经文见《大正藏》第25册，第369页C栏第28行至第370页A栏第3行。

Дx.07837 大智度论卷第二十七释初品大慈大悲义第四十二

存6行，行3至4字。起："能烧佛"，讫："如"。龙树菩萨造、后秦鸠摩罗什译。经文见《大正藏》第25册，第260页A栏第10行至第14行。

Дx.07838 Дx.07846 大般涅槃经卷第十五梵行品第八之一

二残片。其一，存3行，行4至7字。录文："菩萨应知/男子地如诸宝中/中甘露最上。"北凉昙无谶译。经文见《大正藏》第12册，第452页B栏第22行至第24行。其二，存2行。录文："前善/槃经住。"不可定名。

Дx.07839 佛经论释

存5行，行5至13字。未检出。

Дx.07840 残佛经

存4行。首题："二部经第七。"未检出。

Дx.07841 金刚般若波罗蜜经

存6行，行2至5字。起："度一"，讫："菩提"。后秦鸠摩罗什译。经文见《大正藏》第8册，第751页A栏第12行至第17行。

Дx.07842 大般涅槃经卷第三十三迦叶菩萨品第十二之一

存3行。录文："禅室薄拘/来世尊无/尊如是。"北凉昙无谶译。经文见《大正藏》第12册，第561页A栏第11行至第13行。

Дx.07843 残佛经

见Дx.07835。

Дx.07844 解脱道论卷第八行门品第五

存3行。录文："复次/非种/界释第。"阿罗汉优婆底沙梁言大光造、梁僧伽婆罗译。经文见《大正藏》第32册，第439页A栏第6行至第8行。

Дx.07844V 阿毗达磨集异门足论卷第十三五法品第六之三

存2行。录文："重病/嗔。"尊者舍利子说、唐玄奘译。经文见《大正藏》第26册，第421页C栏第10行至第12行。或唐宋密述《禅源诸诠集都序卷下之二》。经文见《大正藏》第48册，第411页B栏第19行至第20行。

Дx.07845 大般涅槃经卷三十七迦叶菩萨品第十二之五

存3行。录文："言世尊一切众生皆从/所谓恶也从/烦。"北凉昙无谶译。经文见《大正藏》第12册，第583页B栏第29行至C栏第2行。

Дx.07846 大般涅槃经卷第十五梵行品第八之一

见Дx.07838。

Дх.07847　残佛经

见Дх.07835。

Дх.07848　金光明经卷第二四天王品第六

存2行。录文："快乐若有人/令丰盛应当。"北凉昙无谶译。经文见《大正藏》第16册，第344页B栏第17行至第19行。

Дх.07849　残佛经

见Дх.07835。

Дх.07850　般若灯论释卷第三观去来品第二

存5行。起："时生无所"，讫："语者而执"。偈本龙树菩萨、释论分别明菩萨、唐波罗颇蜜多罗译。见《大正藏》第30册，第65页A栏第9行至第13行。

Дх.07851　大宝积经卷第四十二菩萨藏会第十二之八尸波罗蜜品第七之一

存2行。录文："养/尸罗波罗蜜多。"唐玄奘译。经文见《大正藏》第11册，第245页A栏第19行至第21行。

Дх.07852　合部金光明经卷第四叹佛品第七

存2行。录文："法通达无碍告/於未来世。"北凉昙无谶译、隋释宝贵合。经文见《大正藏》第16册，第381页B栏第19行至第20行。

Дх.07853　大般涅槃经卷第七如来性品第四之四

存7行，行2至3字。起："常/昔曾闻"，讫："集谛者"。北凉昙无谶译，经文见《大正藏》第12册，第406页B栏第22行至第27行。

Дх.07854　妙法莲华经卷第一序品第一

存3行。录文："若人遭苦/若人有福曾/苦有。"后秦鸠摩罗什译。经文见《大正藏》第9册，第2页C栏第23行至第3页A栏第2行。

Дх.07855　维摩诘所说经卷中不思议品第六

存2行。录文："举着上方过/枣叶而无。"后秦鸠摩罗什译。经文见《大正藏》第14册，第546页C栏第22行至第24行。

Дх.07856　大般涅槃经卷第三十八迦叶菩萨品第十二之六

存3行。录文："现在诸佛/切法如我先/行即是。"北凉昙无谶译。经文见《大正藏》第12册，第586页C栏第21行至第23行。

Дх.07857　大方广佛华严经卷第五十一入法界品第三十四之八

存6行，行2至12行。起："神力门菩萨"，讫："心信"。东晋佛驮跋陀罗译。经文见《大正藏》第9册，第720页B栏第14行至第20行。

Дх.07858　残佛经

存4行，行1字。录文："诸/雨/生/头。"不可定名。

Дх.07859　妙法莲华经卷第二譬喻品第三

存4行，行3至6字。起："竟来搏撮"，讫："恶禽兽孚"。后秦鸠摩罗什译。经文见《大正藏》第9册，第14页A栏第1行至第5行。

Дх.07860　佛说佛名经卷第十九

存3行。录文："闻尔时佛告舍利/利弗从此世界东方/然灯世界有。"失译。经文见《大正藏》第14册，第261页A栏第19行至第22行。

Дх.07861　Дх.07864　Дх.07870　Дх.07902　千字文

二残片。其一，存2行，行5字。录文："敦素史鱼秉/谨敕聆音察。"乃"孟轲敦素史鱼秉直庶几中庸劳谦谨敕聆音察理"之残存。其二，存2行，行2字。录文："稼穑/熟贡。"乃"务资稼穑载南亩我艺黍稷税熟贡新"之残存。

Дх.07861V　Дх.07864V　Дх.07870V　Дх.07902V　民族文字残片

Дх.07862　Дх.07863　妙法莲华经卷第三化城喻品第七

存3行。录文："常堕於恶/故现於世间/欢未。"后秦鸠摩罗什译。经文见《大正藏》第9册，第24页C栏第14行至第18行。

Дх.07864　千字文

见Дх.07861。

Дх.07864V　民族文字残片

见Дx.07861V。

Дx.07865　小品般若波罗蜜经卷第六摩诃般若波罗蜜阿惟越致相品第十六

存3行。录文："嫉闻深法/可闻法皆应/世间。"后秦鸠摩罗什译。经文见《大正藏》第8册,第564页B栏第11行至第13行。

Дx.07866　妙法莲华经卷第五安乐行品第十四

存4行,行2至8字。起："何此",讫:"利譬如强"。后秦鸠摩罗什译。经文见《大正藏》第9册,第38页C栏第18行至第22行。

Дx.07867　杂阿含经卷第四十三

存3行。录文："小明/手足勤加方/方见大石山。"宋求那跋陀罗译。经文见《大正藏》第2册,第317页A栏第1行至第3行。

Дx.07868　郁迦罗越问菩萨行经止足品第七

存2行。录文："所著故三者/四者具。"西晋竺法护译。经文见《大正藏》第12册,第27页C栏第25行至第27行。

Дx.07868V　民族文字残片

Дx.07869　残佛经

存8行,行1至2字。不可定名。

Дx.07870　千字文

见Дx.07861。

Дx.07870V　民族文字残片

见Дx.07861V。

Дx.07871　妙法莲华经卷第一方便品第二

存6行,行1至5字。起："是/种因缘譬",讫:"众生演说"。后秦鸠摩罗什译。经文见《大正藏》第9册,第7页B栏第4行至第9行。

Дx.07872　五分戒本

存5行,行4至8字。起："宿食波逸提",讫:"才波逸提"。宋佛陀什等译。经文见《大正藏》第22册,第203页B栏第19行至第25行。

Дx.07873　民族文字残片

Дx.07874　民族文字残片

Дx.07875　Дx.07879　Дx.07883　Дx.07890　残佛经

四残片。其一,存2行。录文："□□为诸佛/字成龙天智勤生天。"其二,存2行。录文："除□诸烦恼/受形端正威德。"其三,存2行。录文："除断忧恼使得清净勤/诸□故箭死□受心□者。"其四,存2行。录文："起力成就分别力成就/□□力成就壹切三昧。"早期经卷。未检出。

Дx.07876　Дx.07884　残佛经

二残片。各存3行。早期经卷。未检出。

Дx.07877　大般涅槃经卷第二十八师子吼菩萨品第十一之二

存2行。录文："因谓近/心。"北凉昙无谶译。经文见《大正藏》第12册,第529页C栏第5行至第6行。

Дx.07878　Дx.07881　大方广佛华严经卷第二十一金刚幢菩萨十回向品第二十一之八

二残片。其一,存2行。录文："法藏令/来道智令一。"东晋佛驮跋陀罗译。经文见《大正藏》第9册,第535页B栏第23行至第24行。其二,存3行。录文："回向见/曾失时故回向/向见。"经文见《大正藏》第9册,第535页A栏第25行至第28行。

Дx.07879　残佛经

见Дx.07875。

Дx.07880　大方等大集经卷第十一海慧菩萨品第五之四

存3行,行7至8字。起："时师子王报鹫王言",讫:"若我护身而妄语"。北凉昙无谶译。经文见《大正藏》第13册,第70页B栏第9行至第11行。经文"王报鹫王言",现刊本为"师子王言"。

Дx.07881　大方广佛华严经卷第二十一金刚幢菩萨十回向品第二十一之八

见Дx.07878。

Дx.07882　Дx.07891　妙法莲华经卷第七陀罗尼品第二十六

存15行,行1至3字。起："心/有人能",讫:"首迦"。后秦鸠摩罗什译。经文见《大正藏》第9册，第58页B栏第7行至第26行。

Дх.07883 残佛经

见Дх.07875。

Дх.07884 残佛经

见Дх.07876。

Дх.07885 大宝积经卷第一百五大乘方便会第三十八之一

存1行，总7字。录文："言世尊菩萨行於。"东晋竺难提译。经文见《大正藏》第11册，第596页B栏第18行。

Дх.07886 摩诃般若波罗蜜经卷第二十三六喻品第七十七

存3行，行6至13字。起："初发意乃至"，讫："具足羼提波"。后秦鸠摩罗什译。经文见《大正藏》第8册，第390页C栏第14行至第17行。

Дх.07887 大方广佛华严经卷第二十二金刚幢菩萨十回向品第二十一之九

存3行，行4至6字。起："行而不退"，讫："行度脱众生"。东晋佛驮跋陀罗译。经文见《大正藏》第9册，第536页A栏第2行至第5行。

Дх.07888 大智度论卷第四十五释摩诃萨品第十三

存3行。录文："恼道/问曰佛何/檀大小。"龙树菩萨造、后秦鸠摩罗什译。经文见《大正藏》第25册，第387页C栏第22行至第25行。

Дх.07889 妙法莲华经卷第七观世音菩萨普门品第二十五

存7行，行3至10字。起："身得度"，讫："度脱众生是"。后秦鸠摩罗什译。经文见《大正藏》第57页B栏第14行至第21行。

Дх.07890 残佛经

见Дх.07875。

Дх.07891 妙法莲华经卷第七陀罗尼品第二十六

见Дх.07882。

Дх.07892 礼记月令

存3行。正文大字，注双行小字。录文："龙之属其音角触/其数八木数三加五行故八也其/其臭膻膻者阳□□□万物也其祀。"

Дх.07893 增壹阿含经卷第四十三善恶品第四十七

残刻本。存5行，行3至9字。起："佛言何者名"，讫："量其正"。僧伽提婆译。经文见《大正藏》第2册，第781页B栏第10行至第15行。

Дх.07894 说法图

印本。仅存一角。可见佛坐莲台，结说法印。

Дх.07895 温室经疏

存2行。起"佛说是已"，讫："具众坐大小"。释惠净撰。经文见《大正藏》第85册，第539页C栏第22行至第26行。仅存经文，无通曰部分。另有题记1行，录文："校竟□。"

Дх.07896 大方广佛华严经卷第三十十回向品第二十五之八

残刻本。存3行，行8至11字。起："见一切可爱"，讫："可乐法中得"。唐实叉难陀译。经文见《大正藏》第10册，第161页C栏第10行至第13行。

Дх.07897 金刚般若波罗蜜经论

存6行。论双行小字。待考。

Дх.07898 残佛经

存2行。录文："愿我/载。"

Дх.07899 大般若波罗蜜多经卷第四百八十二第三分舍利子品第二之四

残刻本。存5行，行3至7字。起："某方有"，讫："从彼舌相复出"。唐玄奘译。经文见《大正藏》第7册，第446页B栏第9行至第14行。

Дх.07900 妙法莲华经卷第三化城喻品第七

存3行。录文："名色缘六入/取取有有/则行灭行。"后秦鸠摩罗什译。经文见《大正藏》第9册，第25页A栏第6行至第8行。

俄藏敦煌文献第十四册叙录

Дх.07901　妙法莲华经卷第二信解品第四

存6行，行2至11字。起："珠璎珞"，讫："王等"。中有残缺。后秦鸠摩罗什译。经文见《大正藏》第9册，第16页C栏第13行至第19行。

Дх.07902　千字文

见Дх.07861。

Дх.07902V　民族文字残片

见Дх.07861V。

Дх.07903　佛说药师如来本愿经

存8行，行1至8字。起："支佛"，讫："背偻"。中有残缺。隋达磨笈多译。经文见《大正藏》第14册，第401页C栏第12行至第18行。

Дх.07904　大般涅槃经卷第二十五光明遍照高贵德王菩萨品第十之五

存10行，行2至11字。起："以有贪故"，讫："以何"。中有残缺。北凉昙无谶译。文见《大正藏》第12册，第515页C栏第16行至第25行。

Дх.07905　妙法莲华经卷第七妙庄严王本事品第二十七

存8行，行4至7字。起："言世尊未曾有"，讫："王菩萨"。中有残缺。后秦鸠摩罗什译。经文见《大正藏》第9册，第60页C栏第20行至第27行。

Дх.07906　佛经论释

存8行，行1至10字。起："中旬"，讫："退是"。

Дх.07907　Дх.07908　大般涅槃经卷第十三圣行品第七之三

存2行，行5至6字。起："不善报"，讫："复于彼"。北凉昙无谶译。经文见《大正藏》第12册，第444页B栏第3行至第5行。

Дх.07909　Дх.07919　Дх.07960　Дх.08062　阎罗王授记经

缀合后存10行，行2至11字。起："阎罗天子六道冥"，讫："稽首世尊地狱"。缀合顺序为Дх.07919+Дх.08062+Дх.07960+Дх.07909。

Дх.07910　妙法莲华经卷第三化城喻品第七

存5行，行1至8字。起："沙弥诸根通"，讫："闻"。后秦鸠摩罗什译。经文见《大正藏》第9册，第25页A栏第20行至第23行。

Дх.07911　大方广佛华严经卷第三十九十地品第二十六之六

存4行，录文："世间/弥庐山/有穷/无畏。"唐实叉难陀译。经文见《大正藏》第10册，第209页A栏第19行至第22行。

Дх.07912　大般涅槃经卷第三十一师子吼菩萨品第十一之五

存2行，行5至8字。起："言世尊"，讫："因于受"。北凉昙无谶译。经文见《大正藏》第12册，第548页C栏第6行至第8行。

Дх.07913 大般涅槃经卷第八如来性品第四之五

存3行，行5字。起："轮回生死狱"，讫："秘密之宝藏"。北凉昙无谶译。经文见《大正藏》第12册，第409页C栏第5行至第9行。

Дх.07914 大方等大集经卷第二十二虚空目分第十之一初声闻品第一

存4行，行2至5字。起："能断如是非"，讫："有识"。北凉昙无谶译。经文见《大正藏》第13册，第161页B栏第13行至第16行。

Дх.07915 大乘百法明门论本事分中略录名数

存3行，行5至6字。起："恼二十者"，讫："放逸十六惛"。唐玄奘译。经文见《大正藏》第31册，第855页C栏第2行至第6行。

Дх.07916 药师琉璃光七佛本愿功德经卷下

存8行，行3至4字。起："时七佛如来"，讫："斯经令法"。唐义净译。经文见《大正藏》第14册，第418页A栏第6行至第14行。

Дх.07917A 大般涅槃经卷第二十四光明遍照高贵德王菩萨品第十之四

存2行，行3至4字。起："五十心"，讫："足百福成"。北凉昙无谶译。经文见《大正藏》第12册，第508页A栏第25行至第27行。

Дх.07917B 贤愚经卷第十一檀腻羁品第四十六

存3行，行2至4字。起："汝家贫穷"，讫："贸易"。北魏慧觉等译。经文见《大正藏》第4册，第429页B栏第24行至第26行。

Дх.07918 法句经卷下利养品至沙门品

一纸，从上至下分四栏。存12行，行8至23字。起："宁噉烧石"，讫："中虚则轻"。内有品题："沙门品法句经第卅四三有二章。"法救撰、吴维祇难等译。经文见《大正藏》第4册，第571页C栏第26行至第572页A栏第14行。

Дх.07919 阎罗王授记经

见Дх.07909。

Дх.07920 馆藏缺

Дх.07921 金刚般若波罗蜜经

存9行，行2至9字。起："知我说法"，讫："法皆"。后秦鸠摩罗什译。经文见《大正藏》第8册，第749页B栏第10行至第16行。

Дх.07922 佛经论释

存6行，行4至8字。

Дх.07923 摩诃般若波罗蜜经卷第十一随喜品第三十九

存4行，行4至7字。起："三藐三菩提"，讫："阿耨"。后秦鸠摩罗什译。经文见《大正藏》第8册，第297页C栏第29行至第298页A栏第4行。

Дх.07924 妙法莲华经卷第二譬喻品第三

存5行，行3至4字。起："魍魉"，讫："往返"。后秦鸠摩罗什译。经文见《大正藏》第9册，第13页A栏第3行至第9行。

Дх.07925 Дх.07947 残佛经

存2行。无法辨识。似为《法句经》。

Дх.07926 法句经卷下利养品至沙门品

存2行，行2至3字。录文："不以无/沙门。"法救撰、吴维祇难等译。经文见《大正藏》第4册，第571页C栏第27行至第29行。

Дх.07927 增壹阿含经卷第四十三善恶品第四十七

印本。存11行，行3至6字。起："报故语有"，讫："勿施余人设有"。僧伽提婆译。经文见《大正藏》第2册，第781页A栏第17行至B栏第8行。

Дх.07928 妙法莲华经卷第三化城喻品第七

存3行，行4至6字。起："饶益我等献"，讫："救世之圣"。后秦鸠摩罗什译。经文见《大正藏》第9册，第24页B栏第28行至C栏第2行。

Дх.07929 增壹阿含经卷第四十三善恶品第四十七

印本残卷。存8行，行2至11字。起："我"，讫："术能回转"。僧伽提婆译。可以与Дх07927缀合，两片缀合后经文见《大正藏》第2册，第781页A栏第17行至B栏第8行。

Дx.07930 妙法莲华经卷第七妙庄严王本事品第二十七

存3行,行2至3字。起:"普贤菩",讫:"尼佛"。后秦鸠摩罗什译。经文见《大正藏》第9册,第61页C栏第21行至第23行。

Дx.07931 残佛经

存2行。录文:"众生/如来。"不可定名。

Дx.07932 大般涅槃经卷第三十八迦叶菩萨品第十二之六

存4行,行3至6字。起:"修",讫:"不可乐"。北凉昙无谶译。经文见《大正藏》第12册,第589页B栏第5行至第9行。

Дx.07933 大般涅槃经卷第六如来性品第四之三

存5行,行1至5字。起:"言",讫:"当知是人"。北凉昙无谶译。经文见《大正藏》第12册,第402页B栏第10行至第13行。

Дx.07934 大般涅槃经后分卷下机感荼毗品第三

存4行,行3至6字。起:"即知如来",讫:"世尊我"。唐若那跋陀罗译。经文见《大正藏》第12册,第909页A栏第20行至第23行。

Дx.07935 大般涅槃经卷第十一圣行品第七之一

存7行,行1至3字。起:"净",讫:"男子"。北凉昙无谶译。经文见《大正藏》第12册,第432页A栏第27行至B栏第3行。

Дx.07936 大般涅槃经卷第三十师子吼菩萨品第十一之四

存4行,行2至6字。起:"王波斯匿王",讫:"若不"。北凉昙无谶译。经文见《大正藏》第12册,第542页A栏第13行至第16行。

Дx.07937 大方广佛华严经卷第四十九入法界品第三十四之六

存4行,行2至7字。起:"往诣",讫:"答言善哉"。东晋佛驮跋陀罗译。经文见《大正藏》第9册,第707页C栏第5行至第9行。

Дx.07938 小品般若波罗蜜经卷第九摩诃般若波罗蜜随知品第二十六

存6行,行1至6字。起:"蜜",讫:"如"。后秦鸠摩罗什译。经文见《大正藏》第8册,第579页B栏第14行至第28行。

Дx.07939 妙法莲华经卷第一方便品第二

存5行,行3至5字。起:"若人为佛",讫:"乃至童"。后秦鸠摩罗什译。经文见《大正藏》第9册,第8页C栏第26行至第9页A栏第5行。

Дx.07940 金刚般若波罗蜜经

存3行,行5至6字。起:"门受读诵",讫:"须菩"。北魏菩提流支译。经文见《大正藏》第8册,第754页C栏第21行至第24行。

Дx.07941 净名经集解关中疏卷上

存3行,行5至8字。起:"所调伏众生",讫:"淳说大乘娑婆"。唐道液撰。经文见《大正藏》第85册,第448页B栏第21行至第25行。

Дx.07942 大方广佛华严经卷第六十四入法界品第三十九之五

存6行,行1至9字。起:"梵寿佛所",讫:"法"。唐实叉难陀译。经文见《大正藏》第10册,第344页A栏第16行至第21行。

Дx.07943 小品般若波罗蜜经卷第二摩诃般若波罗蜜塔品第三

存3行,行4至5字。起:"行菩萨道者",讫:"一若二住"。后秦鸠摩罗什译。经文见《大正藏》第8册,第542页C栏第17行至第19行。

Дx.07944 金光明经卷第二四天王品第六

存2行,行4至5字。起:"种璎",讫:"是王如是随"。北凉昙无谶译。经文见《大正藏》第16册,第342页A栏第29行至B栏第2行。

Дx.07945 大般涅槃经卷第九如来性品第四之六

存1行,总5字。录文:"者不应取身。"北凉昙无谶译。经文见《大正藏》第12册,第418页A栏第23行。

Дx.07946 佛说仁王般若波罗蜜经卷上护国经二

谛品第四

存2行，行2至3字。起："字记句"，讫："母一"。后秦鸠摩罗什译。经文见《大正藏》第8册，第829页B栏第13行至第15行。中有一白描坐佛。

Дx.07947　残佛经

见Дx.07925。

Дx.07948　佛经论释

存3行，行6至15字。草书。待考。

Дx.07949　佛经咒语

存6行，行1至6字。起："劫啰逸"，讫："泥□"。

Дx.07950　金刚般若波罗蜜经

存5行，行2至6字。起："菩提闻"，讫："知是人成就"。后秦鸠摩罗什译。经文见《大正藏》第8册，第750页A栏第26行至B栏第2行。

Дx.07951　妙法莲华经卷第七妙音菩萨品第二十四

存3行，行4至5字。起："故受此璎珞"，讫："迦楼罗"。后秦鸠摩罗什译。经文见《大正藏》第9册，第57页B栏第28行至C栏第2行。

Дx.07952　大般涅槃经卷第十九梵行品第八之五

存2行，行4至6字。起："为无法譬如"，讫："无子虽言"。北凉昙无谶译。经文见《大正藏》第12册，第475页A栏第20行至第21行。

Дx.07953　妙法莲华经卷第五安乐行品第十四

存3行，行4至5字。起："王欲以威"，讫："功者即"。后秦鸠摩罗什译。经文见《大正藏》第9册，第38页C栏第22行至第25行。

Дx.07953V　民族文字残片

Дx.07954　佛经论释

存3行，行3至7字。待考。

Дx.07955　历日

存4行。录文："甲戌/酉亥丑/戊子寅/亥丑。"

Дx.07955V　杂写

字不清，无法辨识。

Дx.07956　俱舍论颂疏论本卷第三分别根品二之一

两残片，可缀合。缀合后存6行，行1至10字。起："成就"，讫："圣"。唐圆晖述。经文见《大正藏》第41册，第839页A栏第11行至第21行。

Дx.07957　妙法莲华经卷第六随喜功德品第十八

存7行，行3至6字。起："佛亦复如是"，讫："世界无"。后秦鸠摩罗什译。经文见《大正藏》第9册，第51页C栏第20行至第26行。

Дx.07958　护身命经

存2行，行4字。起："能奉持此"，讫："所护亦为"。经文见《大正藏》第85册，第1326页B栏第25行至第26行。

Дx.07959　大宝积经卷第五十四菩萨藏会第十二之二十大自在天授记品第十二

存2行，行10至13字。起："生猛利清净"，讫："分别开示何"。唐玄奘译。经文见《大正藏》第11册，第321页C栏第14行至第15行。

Дx.07960　阎罗王授记经

见Дx.07909。

Дx.07961　残片

存2行，行2字。不可辨识。

Дx.07961V　籍账

存1行。录文："小麦豹两。"

Дx.07962　金刚般若波罗蜜经

存4行，行3至4字。起："蜜经乃至"，讫："提于意"。后秦鸠摩罗什译。经文见《大正藏》第8册，第752页A栏第2行至第5行。

Дx.07963　佛说无量寿经卷下

存6行，行4至6字。起："疑意不解"，讫："忧苦佛语"。曹魏康僧铠译。经文见《大正藏》第12册，第275页B栏第8行至第14行。

Дx.07964　杂写

存2行。录文："二月八日/河柳畔。"

Дx.07965　杂写

正背均存1行，正面存3字。录文："福逮卿。"背面文字无法辨识。

Дx.07966　金光明经卷第三正论品第十一

存2行，行3至4字。起："本所游戏"，讫："生所食"。北凉昙无谶译。经文见《大正藏》第16册，第347页C栏第5行至第6行。

Дx.07967　放光般若经卷第二摩诃般若波罗蜜学五眼品第四

存5行，行3至8字。起："恶口"，讫："菩萨"。西晋无罗叉译。经文见《大正藏》第8册，第8页B栏第28行至C栏第4行。

Дx.07968　太上洞玄灵宝无量度人上品妙经

存4行，行4字。录文："威龙文保/开张元纲/旋升历箕/景冥合炁。"

Дx.07969　小品般若波罗蜜经卷第四摩诃般若波罗蜜叹净品第九

存5行，行4至5字。起："断波罗蜜"，讫："分别声闻"。后秦鸠摩罗什译。经文见《大正藏》第8册，第553页B栏第24行至第28行。

Дx.07970　佛说佛名经卷第八

存2行，行3至5字。起："南无胜业清"，讫："南无善"。北魏菩提流支译。经文见《大正藏》第14册，第155页C栏第15行至第16行。

Дx.07971　妙法莲华经卷第五安乐行品第十四

存5行，行2至6字。起："欢喜而不"，讫："见贤"。后秦鸠摩罗什译。经文见《大正藏》第9册，第39页A栏第6行至第11行。有异文。

Дx.07972　佛顶尊胜陀罗尼经序

存5行，行3至7字。起："门僧"，讫："涉"。经文见《大正藏》第19册，第349页B栏第4行至第9行。

Дx.07973　大方等大集经卷第十一海慧菩萨品第五之四

存2行，行2至3字。起："常行处"，讫："枯黄"。北凉昙无谶译。经文见《大正藏》第13册，第72页A栏第9行至第10行。

Дx.07974　金刚般若波罗蜜经

存3行，行3字。起："是舍恒"，讫："谤其福"。北魏菩提流支译。经文见《大正藏》第8册，第754页C栏第26行至第29行。

Дx.07975　四分比丘尼戒本

存11行，行1至8字。起："衣"，讫："尼萨耆"。后秦佛陀耶舍译。经文见《大正藏》第22册，第1034页B栏第5行至第20行。经文有删节。

Дx.07976　护身命经

存3行，行3至6字。起："见佛心"，讫："此经世世不"。经文见《大正藏》第85册，第1326页C栏第17行至第19行。

Дx.07977　妙法莲华经卷第三化城喻品第七

存4行，行2至6字。起："丘彼佛"，讫："土复"。后秦鸠摩罗什译。经文见《大正藏》第9册，第22页A栏第23行至第26行。

Дx.07978　大般涅槃经卷第十六梵行品第八之二

存4行，行3至5字。起："救护复"，讫："疮以药傅之"。北凉昙无谶译。经文见《大正藏》第12册，第458页C栏第9行至第12行。

Дx.07979　妙法莲华经卷第六随喜功德品第十八

存3行，行4至6字。起："现无量神"，讫："地皆六种动"。后秦鸠摩罗什译。经文见《大正藏》第9册，第52页B栏第1行至第5行。

Дx.07980　金光明经卷第一忏悔品第三

存3行，行1至4字。起："处"，讫："众生得知"。北凉昙无谶译。经文见《大正藏》第16册，第336页C栏第13行至第16行。

Дx.07981　大方广佛华严经卷第六十四入法界品第三十九之五

存3行，行2至4字。起："道受持正"，讫："佛所"。唐实叉难陀译。经文见《大正藏》第10册，第344页A栏第13行至第14行。

Дx.07982　仁王般若经疏

存2行，行3至4字。起："生故说正"，讫："法四大法"。吉藏撰。经文见《大正藏》第33册，第338页C栏第7行至第8行。

Дx.07983 大般涅槃经卷第十九梵行品第八之五

存2行,行5至6字。起:"生故说正",讫:"法四大法"。北凉昙无谶译。经文见《大正藏》第12册,第475页A栏第25行至第26行。

Дx.07984 佛说仁王般若波罗蜜经卷上护国经菩萨教化品第三

存3行(2行不清,只存字迹一半),行3至5字。起:"字如空",讫:"相待假"。后秦鸠摩罗什译。经文见《大正藏》第8册,第828页C栏第21行至第23行。

Дx.07985 放光般若经卷第十一摩诃般若波罗蜜问相品第五十

存2行,行4至5字。起:"菩提言世尊",讫:"限佛言五"。西晋无罗叉译。经文见《大正藏》第8册,第78页C栏第27行至第28行。或为《放光般若经卷第十三摩诃般若波罗蜜甚深品第五十八》。经文见《大正藏》第8册,第90页C栏第20行至第21行。

Дx.07986 残片

存"□僧"2字。

Дx.07987 愿文

存6行。录文:"休灵纾兹景/偏钟露如胜/孝子复云不自/举权永绝□/风摇夕树往而/是建。"

Дx.07988 金刚般若波罗蜜经

存4行,行2至3字。起:"是第一",讫:"实无"。后秦鸠摩罗什译。经文见《大正藏》第8册,第749页C栏第11行至第14行。另与唐代澄观述《大方广佛华严经随疏演义钞卷第三十九梵行品第十六》也相符。经文见《大正藏》第36册,第301页A栏第10行至第13行。

Дx.07989 四分律卷第三十七(二分之十六)自恣犍度

存4行,行4至8字。起:"羯磨",讫:"如是比丘"。后秦佛陀耶舍共竺佛念等译。经文见《大正藏》第22册,第837页C栏第4行至第8行。经文有增删。

Дx.07990 残佛经

存3行。录文:"处/汝等众会莫/佛受持五戒。"未检出。

Дx.07991 妙法莲华经卷第一序品第一

存6行,行2至5行。起:"轮圣王",讫:"智(知)此"。后秦鸠摩罗什译。经文见《大正藏》第9册,第4页A栏第16行至第22行。

Дx.07992 金光明经卷第二四天王品第六

存3行,行2至9字。起:"心各",讫:"安隐丰乐"。北凉昙无谶译。经文见《大正藏》第16册,第341页C栏第17行至第19行。

Дx.07993 残佛经

存2行。录文:"智清净/清净。"

Дx.07994 佛说佛名经

存6行,行1至4字。起:"□欲冥佛",讫:"月音王佛"。未检出。

Дx.07995 妙法莲华经卷第七妙庄严王本事品第二十七

存3行,行1至6字。起:"净",讫:"绕佛三匝"。后秦鸠摩罗什译。经文见《大正藏》第9册,第60页B栏第10行至第13行。与Дx.07996可缀合。

Дx.07996 妙法莲华经卷第七妙庄严王本事品第二十七

存4行,行2至7字。左右两行字存一半。起:"通达",讫:"好乐佛法"。后秦鸠摩罗什译。经文见《大正藏》第9册,第60页B栏第6行至第9行。与Дx.07995可缀合。

Дx.07997 文殊师利所说摩诃般若波罗蜜经卷下

存5行,行1至6字。起:"说",讫:"分别如"。梁曼陀罗仙译。经文见《大正藏》第8册,第732页A栏第11行至第14行。

Дx.07998 大通方广忏悔灭罪庄严成佛经卷下

存5行,行5至8字。起:"师法说非法",讫:"以来生死"。经文见《大正藏》第85册,第1350页C栏第1行至第5行。经文有删节。

Дх.07999 大般若波罗蜜多经卷第二百七十初分难信解品第三十四之八十九

存5行，行1至5字。起："虑清"，讫："若"。唐玄奘译。经文见《大正藏》第6册，第367页A栏第14行至第18行。与Дх.08003可缀合。

Дх.08000 大般涅槃经卷第三十二师子吼菩萨品第十一之六

存5行，行1至5字。起："各一七日食"，讫："于无利"。北凉昙无谶译。经文见《大正藏》第12册，第557页B栏第16行至第19行。

Дх.08001 大般涅槃经卷第三十四圣行品第七之四

存3行，行3字。起："所念亦"，讫："生无迫"。北凉昙无谶译。经文见《大正藏》第12册，第448页C栏第5行至第8行。

Дх.08002 残佛经

存2行。录文："怨亲/无二。"不可定名。

Дх.08003 大般若波罗蜜多经卷第二百七十初分难信解品第三十四之八十九

存1行，总3字。录文："净若五。"唐玄奘译。经文见《大正藏》第6册，第367页A栏第14行。与Дх.07999字体、内容相同，与其首行缀合，"净"字上下可拼合。

Дх.08004 道行般若经卷第九摩诃般若波罗蜜累教品第二十五

存3行，行6字。起："声大哭"，讫："萨陀"。后汉支娄迦谶译。经文见《大正藏》第8册，第472页A栏第28行至B栏第2行。

Дх.08005 小品般若波罗蜜经卷第五摩诃般若波罗蜜船喻品第十四

存5行，行2至5字。起："故当"，讫："诸功"。后秦鸠摩罗什译。经文见《大正藏》第8册，第560页C栏第8行至第13行。

Дх.08006 妙法莲华经卷第一序品第一

存4行，行3至4字。起："又见菩萨"，讫："又见具戒"。后秦鸠摩罗什译。经文见《大正藏》第9册，第3页A栏第28行至B栏第3行。

Дх.08007 大般涅槃经卷第二十梵行品第八之六

存3行，行2至5字。起："持幡盖华香"，讫："数足"。北凉昙无谶译。经文见《大正藏》第12册，第482页B栏第28行至C栏第2行。

Дх.08008 妙法莲华经卷第二譬喻品第三

存6行，行1至6字。起："言"，讫："我"。后秦鸠摩罗什译。经文见《大正藏》第9册，第10页C栏第17行至第22行。

Дх.08009 残片

存1行，总5字。录文："自在不违善。"不可定名。

Дх.08010 中阿含经卷第五十二（一九六）大品周那经第五（第五后诵）

存3行，行1至2字。起："四"，讫："扫"。僧伽提婆译。经文见《大正藏》第1册，第754页A栏第23行至第25行。

Дх.08011 七命注

存3行，注双行小字。录文："(□□/《汉书》注曰：解象似)/澜漫狼藉倾榛倒壑/(《西京赋》注曰眥死禽兽/右也又曰僵仆也郭璞《尔雅》)。"晋张协著。圆括号为双行小字注解。

Дх.08011V 变文

Дх.08012 变文

存3行。录文："赐君衣/何如禽兽/拜。"

Дх.08013 残佛经

存3行。录文："如化若/乐/教。"不可定名。

Дх.08014 残佛经

存3行。录文："耨池/忍辱为/时无倦又。"不可定名。

Дх.08015 妙法莲华经卷第七妙音菩萨品第二十四

存3行，行3至4字。起："是经诸"，讫："是妙音菩"。后秦鸠摩罗什译。经文见《大正藏》第9册，第

56页A栏第24行至第27行。

Дx.08016 妙法莲华经卷第二信解品第四

存2行,行3至5字。起:"从邑至邑",讫:"饿羸瘦"。后秦鸠摩罗什译。经文见《大正藏》第9册,第17页C栏第28行至第29行。

Дx.08017 妙法莲华经卷第六嘱累品第二十二

存4行,行2至3字。起:"掌向",讫:"不有虑"。后秦鸠摩罗什译。经文见《大正藏》第9册,第52页C栏第23行至第26行。

Дx.08018 佛说普门品经

存2行,行2字。起:"造受",讫:"是为"。西晋竺法护译。经文见《大正藏》第11册,第778页C栏第15行至第17行。

Дx.08019 大般涅槃经卷第二十婴儿行品第九

存5行,行2至7字。起:"者即是诸佛",讫:"便随"。北凉昙无谶译。经文见《大正藏》第12册,第485页B栏第22行至第27行。

Дx.08020 金刚般若波罗蜜经

存7行,行6至9字。起:"菩提",讫:"多罗三藐三菩提"。后秦鸠摩罗什译。经文见《大正藏》第8册,第750页C栏第20行至第27行。

Дx.08021 大般涅槃经卷第十五梵行品第八之一

存5行,行4至7字。起:"觉愿诸",讫:"所有善"。北凉昙无谶译。经文见《大正藏》第12册,第456页A栏第26行至B栏第3行。

Дx.08022 金光明最胜王经卷第一序品第一

存3行,行2至4字。起:"迦摄",讫:"晡时从定"。唐义净译。经文见《大正藏》第16册,第403页A栏第16行至第18行。

Дx.08023 大宝积经卷第一百一十二普明菩萨会第四十三

存4行,行2至5字。起:"还为好",讫:"生阿"。失译。经文见《大正藏》第11册,第636页A栏第2行至第5行。

Дx.08024 妙法莲华经卷第六随喜功德品第十八

存7行,行1至11字。起:"婆夷",讫:"转至"。后秦鸠摩罗什译。经文见《大正藏》第9册,第46页B栏第28行至C栏第4行。

Дx.08025 妙法莲华经卷第四授学无学人记品第九

存3行,行3至7字。起:"我与",讫:"提心阿"。后秦鸠摩罗什译。经文见《大正藏》第9册,第30页A栏第1行至第4行。

Дx.08026 大般涅槃经卷第二十四光明遍照高贵德王菩萨品第十之四

存2行,行7至8字。起:"缘力故",讫:"波罗蜜"。北凉昙无谶译。经文见《大正藏》第12册,第507页C栏第17行至第18行。

Дx.08027 大智度论卷第一百论释嘱累品第九十

存1行,行6字。录文:"槃等以分别故。"龙树菩萨造、后秦鸠摩罗什译。经文见《大正藏》第25册,第755页C栏第1行至第2行。

Дx.08028 妙法莲华经卷第二譬喻品第三

存3行,行4至6字。起:"恶兽毒虫",讫:"野干之属"。后秦鸠摩罗什译。经文见《大正藏》第9册,第14页A栏第24行至第27行。

Дx.08029 佛说佛名经卷第六

存3行,行3至9字。起:"若复有",讫:"南无降伏瞋胜人佛"。北魏菩提流支译。经文见《大正藏》第14册,第144页B栏第7行至第8行。经文"胜人佛",现刊本为"人胜佛"。

Дx.08030 妙法莲华经卷第六如来神力品第二十一

存3行,行1至5字。起:"累",讫:"来一切秘要之"。后秦鸠摩罗什译。经文见《大正藏》第9册,第52页A栏第16行至第18页。

Дx.08031 残佛经

存1行,总3字。录文:"二于是。"不可定名。

Дx.08032 大般涅槃经卷第十一现病品第六

存2行,行5至6字。起:"是人未来过四",讫:"菩提迦叶第"。北凉昙无谶译。经文见《大正藏》

第12册,第431页C栏第29行至第432页A栏第2行。

Дx.08033 妙法莲华经卷第六如来神力品第二十一

存4行,行3至4字。起:"神力如是",讫:"所有之"。后秦鸠摩罗什译。经文见《大正藏》第9册,第52页A栏第14行至第17行。

Дx.08034 残佛经

存2行,行2至3字。录文:"者不/想如知。"不可定名。

Дx.08035 摩诃般若波罗蜜经卷第三集散品第九

存3行,行4至9字。起:"诸法自相",讫:"观得故见"。后秦鸠摩罗什译。经文见《大正藏》第8册,第236页A栏第16行至第19行。

Дx.08036 菩萨地持经卷第十菩萨地持毕竟方便处地品第三

存4行,行5至6字。起:"道如己舍宅",讫:"正愿以世俗净"。北凉昙无谶译。经文见《大正藏》第30册,第954页A栏第19行至第22行。

Дx.08037 光赞经卷第四摩诃般若波罗蜜幻品第十

存2行,行7字。起:"作佛像",讫:"佛世尊"。西晋竺法护译。经文见《大正藏》第8册,第177页C栏第1行至第3行。

Дx.08038 大方等陀罗尼经卷第一初分卷第一

存1行,行8字。录文:"见闻他事都不得言。"北凉法众译。经文见《大正藏》第21册,第646页A栏第12行。

Дx.08039 大通方广忏悔灭罪庄严成佛经卷上

存3行,行3至4字。起:"王菩萨",讫:"千光菩萨"。经文见《大正藏》第85册,第1344页C栏第18行至第19行。

Дx.08040 妙法莲华经卷第二譬喻品第三

存6行,行1至7字。起:"道",讫:"称赞诸菩萨"。后秦鸠摩罗什译。经文见《大正藏》第9册,第10页C栏第25行至第11页A栏第6行。

Дx.08041 妙法莲华经卷第四授学无学人记品第九

存6行,行2至5字。起:"具足",讫:"瞋罗汝于来"。后秦鸠摩罗什译。经文见《大正藏》第9册,第30页A栏第8行至第16行。

Дx.08042 妙法莲华经卷第七观世音菩萨普门品第二十五

存4行,行3至5字。起:"及蝮蝎",讫:"广修智"。后秦鸠摩罗什译。经文见《大正藏》第9册,第58页A栏第8行至第14行。

Дx.08043 合部金光明经卷第七鬼神品第十八

存2行。录文:"犹见座处/萨色像。"北凉昙无谶译、隋释宝贵合。经文见《大正藏》第16册,第392页C栏第11行至第13行。

Дx.08044 金光明经卷第二四天王品第六

存2行。录文:"陵汝等四王/听受是妙经。"北凉昙无谶译。经文见《大正藏》第16册,第342页B栏第24行至第25行。与Дx.08056可缀合。

Дx.08045 阿毗达磨顺正理论卷第五十四辩随眠品第五之十

存4行,行3字。起:"邪天所",讫:"别机憎"。尊者众贤造、唐玄奘译。经文见《大正藏》第29册,第645页A栏第7行至第10行。

Дx.08046 妙法莲华经卷第二譬喻品第三

存6行,行3至6字。起:"诸佛世尊",讫:"灭食欲"。后秦鸠摩罗什译。经文见《大正藏》第9册,第15页A栏第21行至第28行。

Дx.08047 金光明经卷第四流水长者子品第十六

存3行,行5至8字。起:"悲号涕泣",讫:"今我身"。北凉昙无谶译。经文见《大正藏》第16册,第356页C栏第3行至第6行。

Дx.08048 妙法莲华经卷第六法师功德品第十九

存3行,行4至7字。起:"弟子闻其",讫:"八百身功德得"。后秦鸠摩罗什译。经文见《大正藏》第9册,第49页C栏第20行至第23行。

Дx.08049 妙法莲华经卷第三化城喻品第七

存4行,行3至5字。起:"通达无量劫",讫:"在前如"。后秦鸠摩罗什译。经文见《大正藏》第9册,第22页B栏第18行至第22行。

Дх.08050　大方等大集经卷第六宝女品第三之二

存2行。录文："事我当遮/子汝于。"北凉昙无谶译。经文见《大正藏》第13册，第40页B栏第6行至第7行。

Дх.08051　维摩诘所说经卷下菩萨行品第十一

存4行，行6至9字。起："毒然后乃消"，讫："服卧具而作佛"。后秦鸠摩罗什译。经文见《大正藏》第14册，第553页C栏第15行至第20行。

Дх.08052　妙法莲华经卷第六法师功德品第十九

存2行。录文："书写成就/于三千大千世界。"后秦鸠摩罗什译。经文见《大正藏》第9册，第48页B栏第17行至第19行。

Дх.08053　大方等大集经菩萨念佛三昧分卷第十说修习三昧品之余

存3行，行2至6字。起："息彼"，讫："眷属皆亦"。隋达磨笈多译。经文见《大正藏》第13册，第868页B栏第28行至C栏第2行。

Дх.08054　大般涅槃经卷第九如来性品第四之六

存2行。录文："经亦/菩提微。"北凉昙无谶译。经文见《大正藏》第12册，第419页B栏第14行至第15行。

Дх.08055　显扬圣教论卷第九摄净义品第二之五

存3行，行4至6字。起："散为先"，讫："极微常住"。无著菩萨造、唐玄奘译。经文见《大正藏》第31册，第525页C栏第13行至第15行。

Дх.08056　金光明经卷第二四天王品第六

存2行。录文："持是经/之分。"北凉昙无谶译。经文见《大正藏》第16册，第342页B栏第26行至第27行。与Дх.08044可缀合。

Дх.08057　大般涅槃经卷第六如来性品第四之三

存2行。录文："有四种人/多利益。"北凉昙无谶译。经文见《大正藏》第12册，第396页C栏第18行至第19行。

Дх.08058　金光明经卷第二四天王品第六

存3行，行2至3字。起："亦为"，讫："亦有百"。北凉昙无谶译。经文见《大正藏》第16册，第344页C栏第3行至第6行。

Дх.08059　佛说大般泥洹经卷第一长者纯陀品第三

存3行，行2至3字。起："又复"，讫："罗蜜"。东晋法显译。经文见《大正藏》第12册，第858页C栏第23行至第25行。

Дх.08060　残佛经

存2行，行1至2字。录文："□诵/世。"不可定名。

Дх.08061　大般涅槃经卷第二

存3行，行2至3字。分别是"烦恼""世尊""如是"。北凉昙无谶译。经文见《大正藏》第12册，第377页A栏第11行至第13行。残片所存甚多，或为唐玄奘译《大般若波罗蜜多经》等。

Дх.08062　阎罗王授记经

见Дх.07909。

Дх.08063　残佛经

存2行。录文："故□□□来□汝/婆。"不可定名。

Дх.08064　残佛经

存2行，行2字。录文："若有/阎浮。"不可定名。

Дх.08065　大乘入道次第

存2行。录文："见及见所/见取五。"唐智周撰。经文见《大正藏》第45册，第462页B栏第22行至第23行。

Дх.08066　残佛经

存1行，总3字。录文："言善现。"不可定名。

Дх.08067　残佛经

存3行，行1字。录文："我/为/疗。"不可定名。

Дх.08068　残佛经

存1行，总3字。录文："佛与我。"不可定名。

Дх.08069　大般涅槃经卷第三寿命品第一之三

存5行，行1至3字。起："能断是"，讫："谤"。北凉昙无谶译。经文见《大正藏》第12册，第380页C

栏第13行至第18行。

Дх.08070 **残佛经**

存3行。录文："中/受记前希为世/受记言。"未检出。

Дх.08071 **佛说仁王般若波罗蜜经卷上护国经观空品第二**

存3行，行1至5字。起："能断是"，讫："即载名"。后秦鸠摩罗什译。经文见《大正藏》第8册，第826页A栏第22行至第24行。

Дх.08072 **残佛经**

存3行。录文："众/智/子。"不可定名。

Дх.08073 **辩正论卷第一三教治道篇第一**

存2行。录文："利生救/家国行。"唐法琳撰。经文见《大正藏》第52册，第492页A栏第15行至第16行。

Дх.08074 **残佛经**

存1行，总3字。录文："恒□沙。"不可定名。

Дх.08075 **妙法莲华经卷第三化城喻品第七**

存3行。录文："慈悲/许之又诸/各。"后秦鸠摩罗什译。经文见《大正藏》第9册，第23页B栏第21行至第23行。

Дх.08076 **残佛经**

存1行，总3字。不可定名。

Дх.08077 **残佛经**

存2行。录文："欲求索何复不/复次而问。"不可定名。

Дх.08078 **大般若波罗蜜多经卷第五百九十一第十五静虑波罗蜜多分之一**

存2行。录文："现入灭/罗。"唐玄奘译。经文见《大正藏》第7册，第1056页B栏第6行至第7行。

Дх.08079 **大般涅槃经卷第二十三光明遍照高贵德王菩萨品第十之三**

存2行。录文："辨如来之身/是自在名。"北凉昙无谶译。经文见《大正藏》第12册，第503页A栏第1行至第3行。

Дх.08080 **维摩诘所说经卷中文殊师利问疾品第五**

存6行，行5至9字。起："作医王疗治众"，讫："四大无主"。后秦鸠摩罗什译。经文见《大正藏》第14册，第544页C栏第24行至第545页A栏第1行。

Дх.08081 **残佛经**

存3行，行1字。录文："之/中/上。"不可定名。

Дх.08082 **妙法莲华经卷第二譬喻品第三**

存2行。录文："常教化汝/汝故生我。"后秦鸠摩罗什译。经文见《大正藏》第9册，第11页B栏第11行至第12行。

Дх.08083 **佛说广博严净不退转轮经卷第三**

存4行，行1至6字。起："不思议实际"，讫："者"。宋智严译。经文见《大正藏》第9册，第269页C栏第10行至第14行。

Дх.08084 **小品般若波罗蜜经卷第十摩诃般若波罗蜜萨陀波仑品第二十七**

存4行，行2至4字。起："罗蜜"，讫："见妙台"。后秦鸠摩罗什译。经文见《大正藏》第8册，第583页B栏第20行至第23行。

Дх.08085 **金刚般若波罗蜜经**

存4行，行2至4字。起："阿耨多罗"，讫："法得"。后秦鸠摩罗什译。经文见《大正藏》第8册，第751页A栏第17行至第23行。

Дх.08086 **成实论卷第八五逆品第一百八**

存4行，行3字。起："是亦为"，尾题："品百"。诃梨跋摩造、后秦鸠摩罗什译。经文见《大正藏》第32册，第300页A栏第27行至B栏第8行。

Дх.08086V **成实论卷第八五戒品第一百九、六业品第一百一十**

存4行，行2至4字。起："如是"，讫："生地狱及"。诃梨跋摩造、后秦鸠摩罗什译。经文见《大正藏》第32册，第300页B栏第22行至C栏第4行。

Дх.08087 **残佛经**

存6行，行1至4字。起："有"，讫："方佛有极"。

未检出。

Дх.08088 大方广佛华严经卷第二十六十回向品第二十五之四

存3行，行3至5字。起："切众生于诸"，讫："智王愿"。唐实叉难陀译。经文见《大正藏》第10册，第139页B栏第7行至第9行。与Дх.08088V可缀合。

Дх.08088V 大方广佛华严经卷第二十六十回向品第二十五之四

存3行，行3至4字。起："时给"，讫："垂下散以"。唐实叉难陀译。经文见《大正藏》第10册，第139页A栏第26行至第28页。与Дх.08088可缀合。

Дх.08089 民族文字残片

Дх.08090 金刚般若波罗蜜经

存2行。录文："故佛（佛为衍字）说不/来若去若坐。"后秦鸠摩罗什译。经文见《大正藏》第8册，第752页A栏第1行至第3行。

Дх.08091 胜天王般若波罗蜜经卷第一通达品第一

存2行。录文："离故是名菩萨摩/罗蜜菩萨摩。"月婆首那译。经文见《大正藏》第8册，第688页A栏第18行至第19行。

Дх.08092 成实论卷第八六业品第一百一十

存4行，行2至3字。起："善业则"，讫："缘等"。后秦鸠摩罗什译。经文见《大正藏》第32册，第300页C栏第15行至第24行。

Дх.08092V 成实论卷第八六业品第一百一十

存4行，行2至3字。起："为地"，讫："为罪"。后秦鸠摩罗什译。经文见《大正藏》第32册，第301页A栏第10行至第20行。

Дх.08093 妙法莲华经卷第二譬喻品第三

存1行，总8字。录文："又复为人之所恶贱。"后秦鸠摩罗什译。经文见《大正藏》第9册，第15页C栏第3行至第4行。

Дх.08094 便麦麸油麻历

存3行。录文："玖斗小麦/油麻壹/麸肆。"

Дх.08095 大智度论卷第三十释初品中善根供养义第四十六

存3行，行3至4字。起："时近道"，讫："亦能变化"。龙树菩萨造、后秦鸠摩罗什译。经文见《大正藏》第25册，第280页B栏第8行至第10行。

Дх.08096 十地经论离垢地卷第二之四

存5行，行1至5字。起："经"，讫："不退转如"。天亲菩萨造、北魏菩提流支译。经文见《大正藏》第26册，第150页A栏第4行至第9行。

Дх.08097 阿毗达磨顺正理论卷第五十四辩随眠品第五之十

存2行。录文："已成/次所起染乐。"尊者众贤造、唐玄奘译。经文见《大正藏》第29册，第645页C栏第21行至第22行。

Дх.08098 残佛经

存3行。均为"菩萨"。不可定名。

Дх.08099 妙法莲华经卷第一序品第一

存3行。录文："掌一/诸求三乘/从光。"后秦鸠摩罗什译。经文见《大正藏》第9册，第5页B栏第20行至第25行。

Дх.08100 残佛经

存3行，行1至5字。起："胎佛"，讫："万二千六"。未检出。

Дх.08101 罽夷罗夫妇自卖设会现获报缘

存5行，行2至4字。起："夷罗"，讫："今无福"。龙树菩萨造、北魏吉迦夜共昙曜译。经文见《大正藏》第4册，第468页B栏第13行至第17行。

Дх.08102 大智度论卷第三十释初品中善根供养义第四十六

存1行，总6字。录文："应是数法瓶体。"龙树菩萨造、后秦鸠摩罗什译。经文见《大正藏》第25册，第65页A栏第16行至第17行。

Дх.08103 残佛经

存1行，总4字。录文："佛告""等一"。相对倒立书写。不可定名。

Дх.08104 **大方广佛华严经卷第二十六十回向品第二十五之四**

存3行，行3至5字。起："世间智"，讫："一切众生得"。唐实叉难陀译。经文见《大正藏》第10册，第140页A栏第18行至第20行。

Дх.08105 **大般涅槃经卷第三十五迦叶菩萨品第十二之三**

存4行，行2至4字。起："皆有醎性"，讫："是义"。北凉昙无谶译。经文见《大正藏》第12册，第573页A栏第11行至第14行。

Дх.08106 **大般涅槃经卷第四十憍陈如品第十三之二**

存2行。录文："大慈/子出。"北凉昙无谶译。经文见《大正藏》第12册，第598页A栏第15行至第16行。

Дх.08107 **残片**

存1行，总2字。无法辨识。

Дх.08108 **阿毗达磨顺正理论卷第五十四辩随眠品第五之十**

存2行。录文："滥说/苦舍容滥。"尊者众贤造、唐玄奘译。经文见《大正藏》第29册，第645页C栏第21行至第22行。

Дх.08109 **残佛经**

存"诸菩"2字。不可定名。

Дх.08110 **残佛经**

存"为菩萨"3字。不可定名。

Дх.08111 **残佛经**

存2行。录文："行甚/能。"不可定名。

Дх.08111V 馆藏缺

Дх.08112A 版画残片

Дх.08112B **十方千五百佛名经**

存2行。录文："佛/二宝光。"经文见《大正藏》第14册，第317页A栏第20行至第21行。

Дх.08112C **妙法莲华经卷第六随喜功德品第十八**

存4行，行4字。起："若故诣僧"，讫："何况一心"。后秦鸠摩罗什译。经文见《大正藏》第9册，第47页B栏第24行至第29行。

Дх.08113 **妙法莲华经卷第二譬喻品第三**

存2行。录文："净严/八交道。"后秦鸠摩罗什译。经文见《大正藏》第9册，第11页B栏第21行至第22行。

Дх.08114 **妙法莲华经卷第四见宝塔品第十一**

存2行。录文："由/及目。"后秦鸠摩罗什译。经文见《大正藏》第9册，第33页B栏第7行至第8行。

Дх.08115 **残佛经**

存4行。录文："萨/有法/度/非。"不可定名。

Дх.08116 **残佛经**

存2行。录文："佛说者□□/二谛者相。"未检出。

Дх.08117 **佛说盂兰盆经**

存5行，行1至2字。起："皆"，讫："连"。西晋竺法护译。经文见《大正藏》第16册，第779页B栏第24行至第28行。

Дх.08118 **妙法莲华经卷第三化城喻品第七**

存4行，行1至4字。起："语"，讫："充满"。后秦鸠摩罗什译。经文见《大正藏》第9册，第23页C栏第15行至第19行。

Дх.08119 **大般若波罗蜜多经卷第四百五第二分舌根相品第五**

印本。存5行，行1至2字。起："时彼彼佛"，讫："满善逝世"。唐玄奘译。经文见《大正藏》第7册，第28页A栏第24行至第26行。

Дх.08120B **残佛经**

存1行，总3字。录文："觉观相。"不可定名。

Дх.08121A **大般涅槃经卷第三十一师子吼菩萨品第十一之五**

存2行。录文："足者所/是名念具。"北凉昙无谶译。经文见《大正藏》第12册，第549页B栏第12行至第14行。

Дx.08121B **大般涅槃经卷第二十梵行品第八之六**

存2行。录文："可见缚/捉持不可称量。"北凉昙无谶译。经文见《大正藏》第12册，第483页B栏第22行至第24行。

Дx.08122 **大般若波罗蜜多经**

存3行。录文："切智智/触法/净。"唐玄奘译。经文见《大正藏》第7册。

Дx.08123 **妙法莲华经卷第一方便品第二**

存2行。录文："诸佛灭度已供/与玛瑙。"后秦鸠摩罗什译。经文见《大正藏》第9册，第8页C栏第17行至第19行。

Дx.08124 **妙法莲华经卷第一序品第一**

存2行。录文："大乘/十小劫。"后秦鸠摩罗什译。经文见《大正藏》第9册，第4页A栏第24行至第25行。

Дx.08125 **妙法莲华经卷第三化城喻品第七**

存3行，行1至6字。起："法雨度无量众"，讫："是"。后秦鸠摩罗什译。经文见《大正藏》第9册，第24页B栏第7行至第9行。

Дx.08126 **成实论卷第八三障品第一百六**

存4行，行1至2字。起："修"，讫："处不"。诃梨跋摩造、后秦鸠摩罗什译。经文见《大正藏》第32册，第298页C栏第13行至第19行。缺字太多，无法准确查询。与Дx.08086属同经残片。

Дx.08126V **成实论卷第八三障品第一百六**

存4行，行1至2字。起："□故"，讫："罪福"。诃梨跋摩造、后秦鸠摩罗什译。经文见《大正藏》第32册。此残片与以上诸残片字体相同，属同一写经，具体无从查询。

Дx.08127 **残佛经**

存5行。未检出。

Дx.08128 **金刚般若波罗蜜经论卷中**

存4行，行1至4字。起："实言告"，讫："甚"。天亲菩萨造、北魏菩提流支译。经文见《大正藏》第25册，第786页B栏第27行至C栏第1行。

Дx.08129 **大智度论卷第十九释初品中三十七品义第三十一**

存3行，行3至5字。起："汝以略说"，讫："亦应说四"。龙树菩萨造、后秦鸠摩罗什译。经文见《大正藏》第25册，第198页A栏第10行至第13行。

Дx.08130 **大方广佛华严经卷第三十九十地品第二十六之六**

存2行。录文："尽如斫羯/住其中无。"唐实叉难陀译。经文见《大正藏》第10册，第209页A栏第13行至第14行。

Дx.08131 **馆藏缺**

Дx.08132 **佛本行集经卷第二十一问阿罗逻品第二十六上**

存2行。录文："偈讼叹菩/行步。"隋阇那崛多译。经文见《大正藏》第3册，第751页C栏第25行至第26行。

Дx.08133 **胜思惟梵天所问经卷第一**

存2行。录文："现命现/集十方诸。"北魏菩提流支译。经文见《大正藏》第12册，第63页C栏第2行至第3行。

Дx.08134 **残佛经**

存2行。行书。录文："公门过行叶生/成第三是以□。"不可定名。

Дx.08135 **残佛经**

存1行，总5字。录文："是名菩萨具。"不可定名。

Дx.08136 **大方广佛华严经卷第二十六十回向品第二十五之四**

存2行。录文："圣功德愿/诸众中自。"唐实叉难陀译。经文见《大正藏》第10册，第140页A栏第13行至第15行。

Дx.08137 **妙法莲华经卷第六如来神力品第二十一**

存3行，行1至4字。起："摄"，讫："天龙夜"。后秦鸠摩罗什译。经文见《大正藏》第9册，第51页C栏第22行至第24行。与Дx.08138可缀合。

Дx.08138 **妙法莲华经卷第六如来神力品第二十一**

存4行，行3至5字。起："牟尼佛"，讫："其中众"。后秦鸠摩罗什译。经文见《大正藏》第9册，第51页C栏第21行至第24行。与Дx.08137可缀合，其中"生"字各分一半。

Дx.08139 **残佛经**

存3行，行1字。不可定名。

Дx.08140 **残佛经**

存1行，总2字。录文："相是。"不可定名。

Дx.08141 **残佛经**

存3行，行1至2字。起："于意"，讫："菩"。不可定名。

Дx.08142 **妙法莲华经卷第七妙音菩萨品第二十四**

存3行，行2至4字。起："亿□□眷"，讫："忆念"。后秦鸠摩罗什译。经文见《大正藏》第9册，第61页C栏第12行至第14行。

Дx.08143 **佛说孛经抄**

存4行，行1至2字。起："武"，讫："盛自"。吴支谦译。经文见《大正藏》第17册，第729页C栏第10行至第730页A栏第1行。

Дx.08144 **大般涅槃经卷第十六梵行品第八之二**

存3行，行2至5字。起："狱中"，讫："一阐提者则"。北凉昙无谶译。经文见《大正藏》第12册，第460页B栏第15行至第16行。

Дx.08145 **大般涅槃经卷第十一切大众所问品第五**

存2行。录文："以是义故一切/声闻。"北凉昙无谶译。经文见《大正藏》第12册，第426页A栏第1行至第2行。

Дx.08146 **妙法莲华经卷第三化城喻品第七**

存1行，总3字。录文："自睹所。"后秦鸠摩罗什译。经文见《大正藏》第9册，第24页B栏第11行。

Дx.08147 **大智度论卷第二十八初品中欲住六神通释论第四十三**

存2行。录文："众生心/通于诸。"龙树菩萨造、后秦鸠摩罗什译。经文见《大正藏》第25册，第265页A栏第29行至B栏第2行。

Дx.08148 **维摩诘所说经卷中文殊师利问疾品第五**

存3行，行3至4字。起："既知病本"，讫："法灭又此"。后秦鸠摩罗什译。经文见《大正藏》第14册，第545页A栏第2行至第4行。

Дx.08149 **残佛经**

存1行，总3字。录文："善男子。"不可定名。

Дx.08150 **大般若波罗蜜多经卷第五百三十第三分妙相品第二十八之三**

七残片。其一，存2行，行2字。起："得妙"，讫："□处"。其二，存一"南"字。其三，存2行，行2至4字。起："现我以佛"，讫："菩萨"。其四，存1行，总3字。录文："沙等诸。"其五，存2行，行2字。录文："众中/众宝。"其六，存1行，总4字。录文："得生天上。"其七，存1行，总3字。录文："正等觉。"唐玄奘译。经文见《大正藏》第7册，第723页A栏第7行至第17行。以上部分残片可缀合，顺序为六、三、四、五。一、二、七甚残，不可拼。

Дx.08151 **残佛经**

存5行。录文："八万里/逮纵广/万里大□/百二十/海。"未检出。

Дx.08152 **大般涅槃经卷第三十一师子吼菩萨品第十一之五**

存5行，行1至5字。起："初无悔"，讫："升"。北凉昙无谶译。经文见《大正藏》第12册，第553页B栏第19行至第22行。

Дx.08153 **大般涅槃经卷第三十一师子吼菩萨品第十一之五**

存3行，行3至4字。起："了面像"，讫："定慧亦复"。北凉昙无谶译。经文见《大正藏》第12册，第548页B栏第15行至第17行。

Дх.08154　残佛经

存3行。未检出。

Дх.08154V　妙法莲华经忧波提舍卷下譬喻品第三

存4行，行1至7字。起："品中"，讫："者"。婆薮盘豆释、北魏菩提留支共昙林等译。经文见《大正藏》第26册，第9页C栏第25行至第29行。

Дх.08155　大般涅槃经义记卷第一（之上）

存5行，行3至8字。草书。起："名为正"，讫："况利他号中"。隋慧远述。经文见《大正藏》第37册，第619页A栏第3行至第10行。

Дх.08156　佛说佛名经

存5行。未检出。

Дх.08157　大方广佛华严经卷第三十九十地品第二十六之六

存2行。录文："是一切/佛子由乾。"唐实叉难陀译。经文见《大正藏》第10册，第209页A栏第3行至第5行。

Дх.08158　大般涅槃经卷第三十五迦叶菩萨品第十二之三

存3行，行4字。起："经中说一"，讫："行邪见为"。北凉昙无谶译。经文见《大正藏》第12册，第573页C栏第24行至第27行。

Дх.08159　大般涅槃经卷第三十师子吼菩萨品第十一之四

存2行。录文："若有比丘观/观察外身。"北凉昙无谶译。经文见《大正藏》第12册，第542页B栏第10行至第12行。

Дх.08160　成实论卷第十一灭谛聚初立假名品第一百四十一

存2行。录文："若以此法/如是佛法。"诃梨跋摩造、后秦鸠摩罗什译。经文见《大正藏》第32册，第327页B栏第5行至第7行。

Дх.08161　残佛经

存2行。录文："菩萨/王。"不可定名。

Дх.08162　阿毗达磨顺正理论卷第五十二辩随眠品第五之八

存2行。录文："是有故又/那故汝。"尊者众贤造、唐玄奘译。经文见《大正藏》第29册，第636页B栏第15行至第16行。

Дх.08163　Дх.08171　Дх.08176　大宝积经卷第十四密迹金刚力士会第三之七

三残片，可缀合。缀合后存4行，行1至11字。起："诸法"，讫："一"。西晋竺法护译。经文见《大正藏》第11册，第76页C栏第29行至第77页A栏第3行。Дх.08163、Дх.08171、Дх.08176按上中下排列，可拼合。

Дх.08164　Дх.08173　妙法莲华经卷第三药草喻品第五

存4行，行1至4字。起："闻"，讫："云含"。后秦鸠摩罗什译。经文见《大正藏》第9册，第19页C栏第12行至第16行。

Дх.08165　Дх.08219　Дх.08235　Дх.08269　诸经杂抄

存8行。录文："为/座秽恶甚不净四/盛诸麦豆五自相不净九孔常/虫兽食啄卒□□秽次有/□□皆是□□□□三观/流灯火火相续含□□无常/三变易无常（次□/睹法）第四/法不见有人若□□心不。"未检出。

Дх.08166　妙法莲华经卷第三药草喻品第五

存3行，行3至7字。起："所散之华"，讫："哀愍"。后秦鸠摩罗什译。经文见《大正藏》第9册，第23页C栏第10行至第12行。

Дх.08167　残佛经

存2行。未检出。

Дх.08168　残佛经

存1行，总2字。录文："善灭。"不可定名。

Дх.08169　妙法莲华经卷第三药草喻品第五

存5行，行1至2字。录文："无/林随/各/皆/而。"后秦鸠摩罗什译。经文见《大正藏》第9册，第19页C栏第23行至第29行。

Дx.08170 **妙法莲华经卷第三药草喻品第五**

存2行。录文:"昔所未闻/万亿诸。"后秦鸠摩罗什译。经文见《大正藏》第9册,第24页B栏第18行至第20行。

Дx.08171 **大宝积经卷第十四密迹金刚力士会第三之七**

见Дx.08163。

Дx.08172 **残佛经**

存2行。录文:"哉善/我法。"不可定名。

Дx.08173 **妙法莲华经卷第三药草喻品第五**

见Дx.08164。

Дx.08174 **大方广佛华严经卷第三十九十地品第二十六之六**

存5行,行1至4字。起:"萨行亦复",讫:"名"。唐实叉难陀译。经文见《大正藏》第10册,第208页B栏第1行至第4行。

Дx.08175 **残佛经**

存1行,总3字。录文:"身而为。"不可定名。

Дx.08176 **大宝积经卷第十四密迹金刚力士会第三之七**

见Дx.08163。

Дx.08177 **大般涅槃经卷第三十九憍陈如品第十三之一**

存2行。录文:"志婆/之法名之。"北凉昙无谶译。经文见《大正藏》第12册,第593页B栏第15行至第16行。

Дx.08178A **景德传灯录卷第三十菩提达磨略辨大乘入道四行**

存2行。录文:"道故□素/明德超世。"宋道原纂。经文见《大正藏》第51册,第458页B栏第10行至第11行。另《楞伽师资记》也相符。

Дx.08178B **残佛经**

存1行,总5字。录文:"云除佛劫石。"不可定名。

Дx.08178C **残佛经**

存2行。录文:"上/是等无。"不可定名。

Дx.08178D **残佛经**

存3行。录文:"植及/不/说如。"不可定名。

Дx.08179 **残佛经**

存2行。录文:"众生相/众生相寿。"不可定名。

Дx.08180 **妙法莲华经卷第一方便品第二**

存3行,行2至7字。起:"如诸",讫:"是名转法轮"。后秦鸠摩多什译。经文见《大正藏》第9册,第10页A栏第2行至第6行。

Дx.08181 **佛说佛名经**

存"孙佛"2字。未检出。

Дx.08182 **大方便佛报恩经卷第三论议品第五**

存4行,行4至7字。起:"悬其上百千",讫:"弗等尽思"。失译。经文见《大正藏》第3册,第137页C栏第1行至第5行。

Дx.08183 **大般涅槃经卷第三十五迦叶菩萨品第十二之三**

存3行,行3至5字。起:"失意我",讫:"能解故故"。北凉昙无谶译。经文见《大正藏》第12册,第571页C栏第26行至第28行。

Дx.08184 **残片**

存3行。不可定名。

Дx.08185 **大般涅槃经卷第三十五迦叶菩萨品第十二之三**

存4行,行2至4字。起:"或言佛性",讫:"是故"。北凉昙无谶译。经文见《大正藏》第12册,第572页A栏第2行至第5行。

Дx.08186 **金刚般若波罗蜜经**

存7行,行2至4字。起:"作是念",讫:"是念我"。后秦鸠摩罗什译。经文见《大正藏》第8册,第749页B栏第26行至C栏第4行。另北魏菩提流支译文也相符。

Дx.08187 **金刚般若波罗蜜经**

存6行,行1至6字。起:"庄严",讫:"须"。后秦鸠摩罗什译。经文见《大正藏》第8册,第749页C栏第19行至第24行。另北魏菩提流支译文也相符。

Дх.08188 **残佛经**

存4行，行2至6字。不可定名。

Дх.08189 **入破历**

存2行。录文："十一日八壹硕陆斗/壹硕陆斗肆升。"

Дх.08189V **大乘密严经题签**

录文："□密严等经等经□。"

Дх.08190 **金刚般若波罗蜜经义记**

存8行，行4至9字。起："我闻一时婆伽婆在舍"，讫："诸比丘来诣"。北魏菩提流志译。经文见《大正藏》第8册，第752页C栏第13行至第19行。待考。

Дх.08191 **大方广佛华严经卷第六十入法界品第三十九之一**

存6行，行3至7字。起："之力深净信"，讫："诸所说法显示"。唐实叉难陀译。经文见《大正藏》第10册，第319页C栏第24行至第29行。另唐般若译本也相符。

Дх.08192 **妙法莲华经卷第三化城喻品第七**

存2行。录文："不蒙/哀愍诸。"后秦鸠摩罗什译。经文见《大正藏》第9册，第24页C栏第14行至第16行。

Дх.08193 **涅槃义记卷第六**

存6行，行4至9字。起："寂故曰大"，讫："问曰内中无处财物"。隋慧远述。经文见《大正藏》第37册，第758页A栏第14行至第23行。另唐般若译文也相符。

Дх.08194 **杂写**

存"还罪"2字。不可定名。

Дх.08195 **残佛经**

存1行，总7字。录文："□生不断辨木佛。"

Дх.08196 **大方广佛华严经卷第二十九**

存5行，行1至5字。起："便"，讫："时觉"。东晋佛驮跋陀罗译。经文见《大正藏》第9册，第589页B栏第21行至第23行。

Дх.08197 **妙法莲华经卷第四五百弟子受记品第八**

存4行，行3至5字。起："寿命劫多少"，讫："即从座"。后秦鸠摩罗什译。经文见《大正藏》第9册，第28页C栏第26行至第29页A栏第2行。

Дх.08198 **妙法莲华经卷第七妙庄严王本事品第二十七**

存7行，行3至6字。起："便力"，讫："璎珞价"。后秦鸠摩罗什译。经文见《大正藏》第9册，第60页B栏第9行至第15行。

Дх.08199 **佛经论释**

存3行。录文："度三物指/用就广中二此/第二四念处品。"

Дх.08200A **妙法莲华经卷第三药草喻品第五**

存5行，行3至7字。起："润无不丰足"，讫："体相必"。后秦鸠摩罗什译。经文见《大正藏》第9册，第19页C栏第22行至第28行。

Дх.08200B **大宝积经卷第九十优波离会第二十四**

存6行，行2至5字。起："言若我此"，讫："现在□来"。唐菩提流志译。经文见《大正藏》第11册，第516页A栏第23行至第28行。后两字与现刊本不同。

Дх.08201 **道经**

存3行。录文："太上日唯愿神/动施为令此无/太上弹指叩。"

Дх.08202 **大方广佛华严经卷第五菩萨明难品第六**

存2行。录文："六/或生善。"东晋佛驮跋陀罗译。经文见《大正藏》第9册，第427页A栏第2行至第5行。

Дх.08203 **四分律卷第三十八自恣犍度之二**

存10行，行2至6字。起："佛言不"，讫："羯磨若遮自"。后秦佛陀耶舍共竺佛念等译。经文见《大正藏》第22册，第842页C栏第28行至第843页A栏第15行。个别字与现刊本不同。

Дx.08204　佛说华手经卷第五众相品第十七

存3行，行3字。起："眼佛无惊"，讫："无上光佛"。后秦鸠摩罗什译。经文见《大正藏》第16册，第163页A栏第14行至第16行。

Дx.08205　摩诃般若波罗蜜经卷第十二叹净品第四十二

存4行，行1至4字。起："净"，讫："净"。后秦鸠摩罗什译。经文见《大正藏》第8册，第306页C栏第12行至第15行。

Дx.08206　残佛经

存3行，录文："具足成/罗蜜/波罗。"

Дx.08207　大般涅槃经义记卷第一（之上）

存5行，行2至10字。起："审定悲恼相微"，讫："说众"。隋慧远述。经文见《大正藏》第37册，第619页A栏第16行至第23行。

Дx.08208　大般涅槃经卷第三十五迦叶菩萨品第十二之三

存5行，行2至4字。起："非外"，讫："即是"。北凉昙无谶译。经文见《大正藏》第12册，第572页A栏第7行至第11行。

Дx.08209　残片

存3行，行1字。录文："以/那/是。"未检出。

Дx.08210　残佛经

存2行。极残，不可定名。

Дx.08211　大智度论卷第六十七释叹信行品第四十五之余

存2行。录文："心息怜愍众/布施。"龙树菩萨造、后秦鸠摩罗什译。经文见《大正藏》第25册，第532页B栏第23行至第24行。

Дx.08212　妙法莲华经卷第五从地踊出品第十五

存7行，行2至5字。起："之事"，讫："善能次"。后秦鸠摩罗什译。经文见《大正藏》第9册，第41页C栏第12行至第18行。

Дx.08213　大般若波罗蜜多经卷第九十三初分求般若品第二十七之五

存4行，行5至7字。起："相应非不相"，讫："定法性亦非"。唐玄奘译。经文见《大正藏》第5册，第515页C栏第9行至第14行。

Дx.08214　妙法莲华经卷第七观世音菩萨普门品第二十五

存3行，行2至6字。起："绕各执刀回害"，讫："锁手"。后秦鸠摩罗什译。经文见《大正藏》第9册，第57页C栏第25行至第29行。

Дx.08215　大通方广忏悔灭罪庄严成佛经卷上

存2行。录文："乃至十方/正遍知。"经文见《大正藏》第85册，第1339页B栏第5行至第6行。

Дx.08216　妙法莲华经卷第七观世音菩萨普门品第二十五

存5行，行1至2字。起："漂称"，讫："者是"。后秦鸠摩罗什译。经文见《大正藏》第9册，第56页C栏第9行至第14行。

Дx.08217　大方广佛华严经卷第六十入法界品第三十九之一

存6行，行4至7字。起："静犹如虚"，讫："诸菩萨大德"。唐实叉难陀译。经文见《大正藏》第10册，第319页C栏第9行至第16行。与Дx.08247可缀合。

Дx.08218　残片

Дx.08219　诸经杂抄

见Дx.08165。

Дx.08220　妙法莲华经卷第三化城喻品第七

存4行，行3至9字。起："大千土"，讫："复过是"。后秦鸠摩罗什译。经文见《大正藏》第9册，第22页B栏第6行至第12行。经文中"国"字现刊本为"劫"。

Дx.08221　妙法莲华经卷第二譬喻品第三

存2行。录文："直千亿/驾宝车。"后秦鸠摩罗什译。经文见《大正藏》第9册，第14页C栏第13行至第15行。

Дx.08222　残佛经

存6行。不可定名。

Дx.08223　解深密经卷第一胜义谛相品第二

存5行，行2至7字。起："于此痴"，讫："殃伽"。唐玄奘译。经文见《大正藏》第16册，第689页C栏第6行至第9行。

Дx.08224　大般涅槃经卷第十三圣行品第七之三

存5行，行3至5字。起："波阇波提比丘"，讫："多罗三藐三"。北凉昙无谶译。经文见《大正藏》第12册，第441页C栏。

Дx.08225　维摩诘所说经卷中不思议品第六

存5行，行3至5字。起："维"，讫："天龙"。后秦鸠摩罗什译。经文见《大正藏》第14册，第546页B栏第16行至第22行。

Дx.08226　大般涅槃经卷第三十五如来性品第四之七

存4行，行1至5字。起："服犹未舍"，讫："读"。北凉昙无谶译。经文见《大正藏》第12册，第425页B栏第16行至第19行。

Дx.08227　金刚般若波罗蜜经

存4行，行2至6字。起："无有法佛提阿"，讫："实无"。后秦鸠摩罗什译。经文见《大正藏》第8册，第751页B栏第27行至第30行。

Дx.08228　金光明经卷第二四天王品第六

存2行。录文："为无有上/应当勤护。"北凉昙无谶译。经文见《大正藏》第16册，第344页B栏第9行至第10行。

Дx.08229　大般涅槃经卷第十五梵行品第八之一

存3行，行4至7字。起："菩萨当知"，讫："菩萨当知听"。北凉昙无谶译。经文见《大正藏》第12册，第452页B栏。

Дx.08230　大智度论卷第八十六释遍学品第七十四

存4行，行2至7字。起："故义"，讫："行般若波罗"（波罗二字为衍字）。龙树菩萨造、后秦鸠摩罗什译。经文见《大正藏》第25册，第665页B栏。

Дx.08231　净名经集解关中疏卷下文殊师利品第五

存4行。录文："诸烦恼/三双三空有寂/推病虚实二知由/果假合此初也肇。"唐道液述。经文见《大正藏》第85册，第476页A栏第11行至第17行。

Дx.08232　略诸经论念佛法门往生净土集卷上

存5行，行2至6字。起："菩萨地立白衣"，讫："七佛"。唐慧日集。经文见《大正藏》第85册，第1240页B栏。或后秦鸠摩罗什译《梵网经卢舍那佛说菩萨心地戒品第十卷下》。经文见《大正藏》第24册，第1009页B栏。

Дx.08233　摩诃僧祇律卷第二十七明杂诵跋渠法之五

存1行，总5字。录文："望比丘应语。"东晋佛驮跋陀罗共法显译。经文见《大正藏》第22册，第444页B栏第22行。

Дx.08234　妙法莲华经卷第一序品第一

存4行，行1至4字。起："美"，讫："各与若"。后秦鸠摩罗什译。经文见《大正藏》第9册，第2页B栏。

Дx.08235　诸经杂抄

见Дx.08165。

Дx.08236　十方千五百佛名经

存3行，行3至5字。起："光明佛"，讫："罗延无胜"。经文见《大正藏》第14册，第317页A栏。

Дx.08237　成唯识论卷第四

存6行，行2至7字。起："八识恒无"，讫："故又异熟"。护法等菩萨造、唐玄奘译。经文见《大正藏》第31册，第20页B栏第18行至第24行。

Дx.08238　残佛经

存2行。录文："离成/若有。"不可定名。

Дx.08239　道行般若经卷第五摩诃般若波罗蜜譬喻品第十二

存5行，行2至5字。起："菩萨有"，讫："罗故"。

Дx.08240　馆藏缺

Дx.08241A　菩萨戒本疏卷下第八不立恶制戒

存2行。录文："行非法如兵奴/破三宝之罪。"

新罗义寂述。经文见《大正藏》第40册，第688页A栏第22行至第25行。或唐慧日撰《略诸经论念佛法门往生净土集卷上》。经文见《大正藏》第85册，第1240页B栏第4行至第7行。

Дx.08241B **起信论疏卷上**

存10行，行6至17字。草体。起："来未径生灭"，讫："我爱我慢如是"。新罗元晓撰。经文见《大正藏》第44册，第209页B栏第6行至第23行。

Дx.08242 **大乘大集地藏十轮经卷第六有依行品第四之二**

存3行，行1至2字。起："令不"，讫："正"。唐玄奘译。经文见《大正藏》第13册，第751页C栏第7行至第10行。

Дx.08243 **放光般若经卷第十四摩诃般若波罗蜜问相行愿品第六十一**

存2行。录文："为沤恕拘舍/转增诸。"西晋无罗叉译。经文见《大正藏》第8册，第95页A栏第20行至第21行。

Дx.08244 **集诸经礼忏仪卷上叹佛咒愿**

存4行，行3至8字。起："无边宝佛"，讫："端政功德"（"政"应为"正"）。另"莲华佛"下写小字两行，录文："已上廿五佛□□□/□□□。"唐智昇撰。经文见《大正藏》第47册，第456页C栏第24行至第27行。

Дx.08245 **妙法莲华经卷第一方便品第二**

存5行，行2至6字。起："此众"，讫："罗"。后秦鸠摩罗什译。经文见《大正藏》第9册，第7页C栏第18行至第25行。

Дx.08246 **妙法莲华经卷第二譬喻品第三**

存5行，行1至3字。起："入险宅"，讫："来"。后秦鸠摩罗什译。经文见《大正藏》第9册，第14页B栏第28行至C栏第5行。

Дx.08247 **大方广佛华严经卷第六十入法界品第三十九之一**

存6行，行4至7字。起："如来无畏如"，讫："本愿力及"。唐实叉难陀译。经文见《大正藏》第10册，第319页C栏第18行至第23行。与Дx.08217可缀合。

Дx.08248 **残片**

存3行。待考。

Дx.08249 **大智度论卷第二十七释初品大慈大悲义第四十二**

存3行，行2至6字。起："种种"，讫："好恶贵贱因"。龙树菩萨造、后秦鸠摩罗什译。经文见《大正藏》第25册，第259页A栏第14行至第17行。

Дx.08250 **胜思惟梵天所问经卷第一**

存3行。录文："应正/说清净/住不退。"北魏菩提流支译。经文见《大正藏》第15册，第63页B栏第24行至第26行。

Дx.08251 **残片**

存4行。录文："永除应为道/定雅复宠相□兆永除/道无向日见道理定/不永咸对。"待考。

Дx.08252 **大般涅槃经卷第二十梵行品第八之六**

存4行，行1至2字。起："复如"，讫："臣"。北凉昙无谶译。经文见《大正藏》第12册，第482页B栏第22行至第25行。

Дx.08253 **残片**

Дx.08254 **妙法莲华经卷第五分别功德品第十七**

存4行，行1至4字。起："园林浴池"，讫："我"。后秦鸠摩罗什译。经文见《大正藏》第9册，第45页C栏第8行至第11行。

Дx.08255 **僧灵晉地历**

存4行。录文："僧灵晉/林壹/□二亩/豆半亩。"

Дx.08256 **大般涅槃经卷第二十五光明遍照高贵德王菩萨品第十之五**

存4行，行1至2字。起："阎"，讫："身以"。北凉昙无谶译。经文见《大正藏》第12册，第514页B栏第7行至第10行。

Дx.08257 **弥沙塞部和醯五分律卷第二十四第四**

分之二羯磨法下

存7行，行1至3字。起："僧听"，讫："作"。宋佛陀什共竺道生等译。经文见《大正藏》第22册，第161页A栏第1行至第8行。

Дx.08258 金刚般若波罗蜜经

存3行，行7至8字。起："相众生相"，讫："生相无"。后秦鸠摩罗什译。经文见《大正藏》第8册，第750页B栏第17行至第20行。

Дx.08259 大般涅槃经卷第十三圣行品第七之三

存4行，行2至4字。起："难若"，讫："不动处"。北凉昙无谶译。经文见《大正藏》第12册，第441页B栏第26行至C栏第1行。

Дx.08260 佛说仁王般若波罗蜜经卷上护国经观空品第二

存4行，行2至3字。起："我人常"，讫："别如"。后秦鸠摩罗什译。经文见《大正藏》第8册，第825页C栏第20行至第24行。

Дx.08261 金刚般若波罗蜜经会解卷下

存3行。录文："此经/尔时须菩提白/时远离喜。"宋善月述。经文见《卍新续藏》第24册，第585页A栏第9行至第11行。

Дx.08262 残佛经

存2行。录文："界神咒诸众/四天大王。"不可定名。

Дx.08263 大般涅槃经卷第三十九憍陈如品第十三之一

存2行。录文："慢因缘故称如来/是故诚心。"北凉昙无谶译。经文见《大正藏》第12册，第596页A栏第29行至B栏第2行。

Дx.08264 大方广佛华严经卷第六十入法界品第三十九之一

存3行。录文："随/众生故/百声闻众。"唐实叉难陀译。经文见《大正藏》第10册，第319页C栏第5行至第8行。

Дx.08265 摩诃般若波罗蜜经卷第二十二遍学品第七十四

存3行。录文："悲苦/者无有/无有果乃。"后秦鸠摩罗什译。经文见《大正藏》第8册，第383页B栏第27行至C栏第1行。

Дx.08266 残佛经

存1行。录文："槃之性。"不可定名。

Дx.08267 残佛经

存1行。录文："生为阿。"不可定名。

Дx.08268 残佛经

存2行。录文："虚空/俱。"不可定名。

Дx.08269 诸经杂抄

见Дx.08165。

Дx.08270 版画残片

中有"教中大毗庐遮那□（佛）"，左右侧菩萨众围绕"文殊菩萨""金刚藏菩萨""金刚幢菩萨"。

Дx.08271 十方千五百佛名经

存5行，行2至8字。起："光佛"，讫："安立佛"。经文见《大正藏》第14册，第312页B栏第27行至C栏第2行。

Дx.08272 四分律比丘戒本

存5行，行1至8字。起："广"，讫："波逸提"。后秦佛陀耶舍译。经文见《大正藏》第22册，第1017页C栏第21行至第25行。

Дx.08273 残佛经

存4行，行2至8字。不可定名。

Дx.08274 小品般若波罗蜜经卷第八摩诃般若波罗蜜深心求菩提品第二十

存5行，行2至3字。起："何说"，讫："得增长"。后秦鸠摩罗什译。经文见《大正藏》第8册，第572页B栏第12行至第15行。

Дx.08275 妙法莲华经卷第六药王菩萨本事品第二十三

存6行，行2至4字。起："供养"，讫："神通"。后秦鸠摩罗什译。经文见《大正藏》第9册，第53页B栏第4行至第9行。

Дx.08276 **妙法莲华经卷第一方便品第二**

存5行，行3至5字。起："银及颇"，讫："建立诸"。后秦鸠摩罗什译。经文见《大正藏》第9册，第8页C栏第18行至第26行。

Дx.08277 **大般涅槃经卷第三十一师子吼菩萨品第十一之五**

存5行，行1至3字。起："诸法甚"，讫："软语"。北凉昙无谶译。经文见《大正藏》第12册，第549页B栏第10行至第14行。

Дx.08278 Дx.08283 Дx.08293 **残佛经**

三残片。其一，存3行。录文："鬼神／无有势力／尊我等。"其二，存3行。录文："可／鬼神并守／是等。"其三，存4行，行2至14字。起："王国"，讫："众生怖畏"。未检出。

Дx.08279 **请观世音菩萨消伏毒害陀罗尼咒经**

存2行。录文："称观世音菩萨／佛佛告阿难。"东晋竺难提晋言法喜译。经文见《大正藏》第20册，第35页B栏第12行至第13行。与Дx.08284可缀合。

Дx.08280 **大智度论卷第九十五释平等品第八十六**

存4行，行4至9字。起："法非无为法"，讫："相所谓无"。龙树菩萨造、后秦鸠摩罗什译。经文见《大正藏》第20册，第725页C栏第7行至第11行。

Дx.08281 Дx.08282 **大般涅槃经卷第三十一师子吼菩萨品第十一之五**

存6行，行2至12字。起："作三"，讫："中下"。北凉昙无谶译。经文见《大正藏》第12册，第453页C栏第11行至第16行。

Дx.08283 **残佛经**

见Дx.08278。

Дx.08284 **请观世音菩萨消伏毒害陀罗尼咒经**

存2行。录文："救一切怖畏众／模呼腻阇婆腻。"东晋竺难提晋言法喜译。经文见《大正藏》第20册，第35页A栏第26行至第28行。与Дx.08279可缀合。

Дx.08285 **大般涅槃经卷第三十师子吼菩萨品第十一之四**

存5行，行3至9字。起："般若二者"，讫："真谛善"。北凉昙无谶译。经文见《大正藏》第12册，第547页B栏第29行至C栏第4行。

Дx.08286 **残佛经**

存2行，总3字。录文："舍／云何。"不可定名。

Дx.08287 **大方广佛华严经卷第三十一佛不思议法品第二十八之二**

存3行，行2至3字，起："修罗"，讫："光"。东晋佛驮跋陀罗译。经文见《大正藏》第9册，第596页B栏第13行至第16行。

Дx.08288 **维摩诘所说经卷中佛道品第八**

存4行，行2至9字。起："月天"，讫："辄往到于彼"。后秦鸠摩罗什译。经文见《大正藏》第14册，第550页A栏第17行至第28行。

Дx.08289 **大般涅槃经卷第三十七迦叶菩萨品第十二之五**

存4行，行1至7字。起："爱"，讫："若生是杂"。北凉昙无谶译。经文见《大正藏》第12册，第584页B栏第2行至第5行。

Дx.08290 **杂写**

存2行。录文："中肆人父子□□／诚四日中肆人客尼内诚。"

Дx.08291 **大般涅槃经卷第二十四光明遍照高贵德王菩萨品第十之四**

存3行，行2至11字。起："有一"，讫："阿耨多罗"。北凉昙无谶译。经文见《大正藏》第12册，第507页C栏第11行至第14行。

Дx.08292 Дx.08311 Дx.08317 **大般涅槃经卷第三十一师子吼菩萨品第十一之五**

三残片。字体相同。Дx.08317，存5行，行2至4字。起："随逐男"，讫："生天"。北凉昙无谶译。经文见《大正藏》第12册，第549页A栏第26行至

B栏第1行。Дх.08311+Дх.08292，存6行，行2至4字。起："转从他乞"，讫："生异法"。经文见《大正藏》第12册，第549页B栏第21行至第26行。

Дх.08293　残佛经

见Дх.08278。

Дх.08294　添品妙法莲华经卷第三化城喻品第七

存6行，行3至9字。起："头面礼足"，讫："安隐成佛道"。隋阇那崛多共笈多译。经文见《大正藏》第9册，第157页B栏第8行至第17行。

Дх.08295　残佛经

存4行。录文："一/□/舍卫/通。"不可定名。

Дх.08296　合部金光明经卷第三陀罗尼最净地品第六

存2行。录文："烦恼行不能/法。"真谛译、隋宝贵合。经文见《大正藏》第16册，第374页B栏29行至C栏第2行。另唐义净译《金光明最胜王经卷第四最净地陀罗尼品第六》也相符。

Дх.08297　俱舍论颂疏论本卷第三分别根品二之一

存8行，行2至8字。起："三受"，讫："无漏根唯"。唐圆晖述。经文见《大正藏》第41册，第837页A栏第9行至第21行。

Дх.08298　大般若波罗蜜多经卷第四百五十一第二分愿行品第五十七

存3行，行3至6字。起："多见诸"，讫："诸有情类"。唐玄奘译。经文见《大正藏》第7册，第276页C栏第11行至第13行。另与《大般若波罗蜜多经卷第五百一十七第三分空相品第二十一之三》也相符。

Дх.08299　佛经论释

存5行，行4至8字。起："惠心也随顺及者"，讫："菩提者牒"。

Дх.08300　楞伽师资记

存2行。录文："弟子昙林序/子也神慧"（"也"为衍字，"惠"作"慧"）。唐净觉集。经文见《大正藏》第85册，第1284页C栏第26行至第27行。

Дх.08300V　杂写

存2行。录文："孔子/政南行道。"

Дх.08301　尊婆须蜜菩萨所集论卷第七结使犍度第八

存8行，行3至5字。起："欲使彼"，讫："一切诸"。尊婆须蜜造、苻秦僧伽跋澄等译。经文见《大正藏》第28册，第771页C栏第6行至第12行。

Дх.08302　金光明最胜王经卷第九长者子流水品第二十五

存3行。录文："可持来/往家中至/可食之物置。"唐义净译。经文见《大正藏》第16册，第449页B栏第19行至第22行。

Дх.08303　Дх.08305　残佛经

存6行，行5至9字。起："学去於耶念"，讫："得入於妙门"。不可定名。

Дх.08304　大般涅槃经卷第十一切大众所问品第五

存4行，行2至3字。起："萨及"，讫："四部"。北凉昙无谶译。经文见《大正藏》第12册，第428页B栏第4行至第8行。

Дх.08305　残佛经

见Дх.08303。

Дх.08306　大方广佛华严经卷第二十五十地品第二十二之二

存4行，行3至6字，起："不可说寂灭相"，讫："生信解"。东晋佛驮跋陀罗译。经文见《大正藏》第9册，第561页A栏第27行至B栏第3行。

Дх.08307　残佛经

存"守死"2字。

Дх.08308　馆藏缺

Дх.08309　妙法莲华经卷第七陀罗尼品第二十六

存4行，行3至8字。起："短无能得便即"，讫："九韦致"。后秦鸠摩罗什译。经文见《大正藏》第9册，第58页C栏第12行至第59页A栏第2行。

Дx.08310 佛说佛名经

存4行。每行均为"南无"。

Дx.08311 大般涅槃经卷第三十一师子吼菩萨品第十一之五

见Дx.08292。

Дx.08312 金刚般若波罗蜜经

存3行。录文："诸菩萨/生心不应/其。"后秦鸠摩罗什译。经文见《大正藏》第8册，第749页C栏第20行至第23行。

Дx.08313 转帖

见Дx.05475。

Дx.08314 妙法莲华经卷第七陀罗尼品第二十六

存3行。录文："若/若女/复莫。"后秦鸠摩罗什译。经文见《大正藏》第9册，第59页B栏第8行至第10行。

Дx.08315 成实论卷第十一灭谛聚初立假名品第一百四十一

存4行，行2至5字。起："此世谛何"，讫："间净"。诃梨跋摩造、后秦鸠摩罗什译。经文见《大正藏》第32册，第327页A栏第23行至第27行。

Дx.08316 小品般若波罗蜜经卷第九摩诃般若波罗蜜随知品第二十六

存6行，行2至7字。起："知般若"，讫："是何"。后秦鸠摩罗什译。经文见《大正藏》第8册，第579页B栏第29行至C栏第5行。

Дx.08317 大般涅槃经卷第三十一师子吼菩萨品第十一之五

见Дx.08292。

Дx.08318 金光明经卷第二四天王品第六

存3行。录文："梵天释提/他无量胜/来说是。"北凉昙无谶译。经文见《大正藏》第16册，第343页C栏第19行至第21行。

Дx.08319 佛说佛名经卷第二十八

存2行。录文："摩藏佛/净佛。"失译。经文见《大正藏》第14册，第291页C栏第21行至第22行。

Дx.08320 摩诃般若波罗蜜经卷第二往生品第四

存6行，行4至6字。起："为僧不以"，讫："云何"。后秦鸠摩罗什译。经文见《大正藏》第8册，第228页A栏第11行至第17行。

Дx.08321 大般若波罗蜜多经卷第三百八十八初分不可动品第七十之三

存4行，行1至8字。起："空"，讫："不异本"。唐玄奘译。经文见《大正藏》第6册，第1006页C栏第25行至第28行。另与《大般若波罗蜜多经卷第三百八十九初分不可动品第七十之四》也有相符。

Дx.08322 残佛经

存5行。不可定名。

Дx.08322V 杂写

Дx.08323 成实论卷第十一灭谛聚初立假名品第一百四十一

存2行。录文："有忆念但有/经中遮实。"诃梨跋摩造、后秦鸠摩罗什译。经文见《大正藏》第32册，第327页A栏第18行至第20行。

Дx.08324 残佛经

存2行。录文："弗有菩萨/得。"不可定名。

Дx.08325 残佛经

存2行。录文："我□/具白。"不可定名。

Дx.08326 妙法莲华经卷第七陀罗尼品第二十六

存2行。录文："破作七分/称欺诳。"后秦鸠摩罗什译。经文见《大正藏》第9册，第59页B栏第13行至第14行。

Дx.08327 妙法莲华经卷第六随喜功德品第十八

存6行，行1至5字。起："利喜一"，讫："无量"。后秦鸠摩罗什译。经文见《大正藏》第9册，第46页C栏第17行至第22行。与Дx.08329、Дx.08333可缀合。

Дx.08328 大王观世音经

存4行，行4至7字，首题："□经一卷"，讫："缘佛□□□诃波若"。经文见《房山石经》第1册，第118页A栏第16行至第18行。与Дx.08335可缀合。

Дx.08329 妙法莲华经卷第六随喜功德品第十八

存4行，行1至3字。起："皆"，讫："道"。后秦鸠摩罗什译。经文见《大正藏》第9册，第46页C栏第15行至第18行。与Дx.08327、Дx.08333可缀合。

Дx.08330 成实论略抄

存4行，行5至12字。草体字。起："何失瑜伽论"，讫："胜解"。中有节略并有非经文字。护法等菩萨造、唐玄奘译。经文见《大正藏》第31册，第22页B栏第14行至第24行。

Дx.08331 残佛经

存5行。不可定名。

Дx.08332 大般涅槃经卷第三十七迦叶菩萨品第十二之五

存5行，行1至5字。起："智者"，讫："食"。北凉昙无谶译。经文见《大正藏》第12册，第583页B栏第16行至第20行。

Дx.08333 妙法莲华经卷第六随喜功德品第十八

存2行。录文："宣/道斯陀含。"后秦鸠摩罗什译。经文见《大正藏》第9册，第46页C栏第17行至第18行。与Дx.08329、Дx.08327可缀合。

Дx.08334 Дx.08341 维摩诘所说经卷下菩萨行品第十一

二残片。可缀合。缀合后存6行，行2至4字。起："菩萨毛"，讫："声闻"。后秦鸠摩罗什译。经文见《大正藏》第14册，第553页C栏第2行至第8行。

Дx.08335 大王观世音经

存5行，行2至4字。起："佛说"，讫："般若是"。经文见《房山石经》第1册，第118页A栏第17行至第18行。与Дx.08328可缀合。

Дx.08336 道行般若经卷第二摩诃般若波罗蜜功德品第三

存2行。录文："若波罗蜜/家在其中欲。"后汉支娄迦谶译。经文见《大正藏》第8册，第431页C栏第14行至第15行。

Дx.08337 佛说灌顶拔除过罪生死得度经卷第十二

存3行。录文："着竹/以发道/无量众。"东晋帛尸梨蜜多罗译。经文见《大正藏》第21册，第535页A栏第10行至第12行。经文"以"，现刊本为"己"。

Дx.08338 维摩诘所说经卷下菩萨行品第十一

存3行。录文："掌在/亦绕/等亦。"后秦鸠摩罗什译。经文见《大正藏》第14册，第553页B栏第21行至第23行。

Дx.08339 光赞经卷第二摩诃般若波罗蜜分别空品第六

存3行。录文："假号而有/处两间耳/不起不。"西晋竺法护译。经文见《大正藏》第8册，第163页C栏第5行至第8行。

Дx.08340 维摩诘所说经卷下菩萨行品第十一

存2行。录文："之所为/为不可思。"后秦鸠摩罗什译。经文见《大正藏》第14册，第553页B栏第27行至第28行。

Дx.08341 维摩诘所说经卷下菩萨行品第十一

见Дx.08334。

Дx.08342 妙法莲华经卷第六随喜功德品第十八

存7行，行7至17字。起："陀罗尼得如是等"，讫："复与其陀罗尼咒"。后秦鸠摩罗什译。经文见《大正藏》第9册，第61页B栏第8行至第15行。

Дx.08343 妙法莲华经卷第四五百弟子受记品第八

存5行，行2至3字。起："记于此"，讫："螺迦"。后秦鸠摩罗什译。经文见《大正藏》第9册，第28页B栏第27行至C栏第3行。

Дx.08344 残佛经

存3行。录文："南无/南无/经□藏法。"未检出。

Дx.08345 佛说观药王药上二菩萨经

存6行，行2至7字。起："害者"，讫："难那牟"。宋畺良耶舍译。经文见《大正藏》第20册，第661页

B栏第26行至C栏第3行。

Дx.08346 大般若波罗蜜多经卷第四百三十三第二分随喜回向品第三十七之二

存4行。录文："士诸菩/作是念/通达功/随喜。"唐玄奘译。经文见《大正藏》第7册，第179页B栏第18行至第21行。有异文。

Дx.08347 大般若波罗蜜多经题签

录文："大般若波罗蜜多经卷第二百一十九廿二□。"

Дx.08348 残佛经

存1行。录文："菩萨以为。"不可定名。

Дx.08349 大般涅槃经卷第二十二光明遍照高贵德王菩萨品第十之二

存2行。录文："师在大众/严身之具。"北凉昙无谶译。经文见《大正藏》第12册，第494页A栏第12行至第13行。

Дx.08350 大般涅槃经卷第三十二师子吼菩萨品第十一之六

存5行，行2至5字。起："常或"，讫："昧十二因"。北凉昙无谶译。经文见《大正藏》第12册，第559页A栏第14行至第18行。

Дx.08351 大宝积经卷第四第二无边庄严会无上陀罗尼品第一之一

存6行，行1至5字。起："速"，讫："因"。唐菩提流志译。经文见《大正藏》第11册，第24页B栏第21行至第26行。

Дx.08351V 杂写

存3行。录文："减半声/□响/云树千重山河。"

Дx.08352 佛说仁王般若波罗蜜经卷上护国经菩萨教化品第三

存2行。录文："有无量大/散宝华。"后秦鸠摩罗什译。经文见《大正藏》第8册，第828页B栏第24行至第26行。

Дx.08353 放光般若经卷第二摩诃般若波罗蜜学五眼品第四

存3行。录文："诸佛德好之法/想亦无声/无诸佛。"西晋无罗叉译。经文见《大正藏》第8册，第8页C栏第25行至第27行。

Дx.08354 习字

正背各存1行。习写"几""归""牢"等字。

Дx.08355 尊婆须蜜菩萨所集论卷第七结使犍度第八

存2行。录文："自相观便染/回转或作是。"尊婆须蜜造、苻秦僧伽跋澄等译。经文见《大正藏》第28册，第771页B栏第13行至第15行。

Дx.08356 佛说转女身经

存2行。录文："他人如/永离诸。"刘宋昙摩蜜多译。经文见《大正藏》第14册，第916页B栏第25行至第26行。

Дx.08357 放光般若经卷第二摩诃般若波罗蜜学五眼品第四

存3行。录文："得慧菩/闻辟支佛想/慧行菩。"西晋无罗叉译。经文见《大正藏》第8册，第8页C栏第25行至第28行。

Дx.08358 中阿含经卷第五十二（一九六）大品周那经第五

存4行，行2至8字。起："净律"，讫："阿难云何应"。东晋瞿昙僧伽提婆译。经文见《大正藏》第1册，第754页A栏第22行至第25行。

Дx.08359 大般涅槃经卷第三十九憍陈如品第十三之一

存6行，行3至6字。起："有冷病"，讫："贪药慈心观者"。北凉昙无谶译。经文见《大正藏》第12册，第593页C栏第7行至第14行。

Дx.08360 Дx.08361 金刚般若波罗蜜经

存6行，行3至8字。起："善女人"，讫："恒河沙"。北魏菩提流支译。经文见《大正藏》第8册，第754页C栏第21行至第26行。

Дx.08362 妙法莲华经卷第七妙音菩萨品第二十四

存3行。录文："此娑婆/价直百千璎/面礼足奉上。"后秦鸠摩罗什译。经文见《大正藏》第9册，第55页C栏第16行至第18行。

Дх.08363 太子须大拏经

存2行。录文："并言我大负汝/婆罗门耶儿言。"西秦圣坚译。经文见《大正藏》第3册，第423页B栏第19行至第21行。或唐道世撰《法苑珠林卷第八十怪伪部第二》。经文见《大正藏》第53册，第882页A栏第8行至第9行。

Дх.08364 金光明经卷第二四天王品第六

存5行，行2至6字。起："迎说"，讫："亦得如是"。北凉昙无谶译。经文见《大正藏》第16册，第342页B栏第1行至第6行。

Дх.08365 妙法莲华经卷第六药王菩萨本事品第二十三

存3行。录文："作是誓已/厚所致当尔之/动天雨宝华。"后秦鸠摩罗什译。经文见《大正藏》第9册，第54页A栏第6行至第9行。

Дх.08366 示所犯者瑜伽法镜经常施菩萨所问品第三

存3行。录文："生一搏/无数无边/果故以彼。"经文见《大正藏》第85册，第1417页B栏第20行至第22行。

Дх.08367 金刚般若波罗蜜经

存6行，行2至4字。起："供养诸"，讫："思议"。后秦鸠摩罗什译。经文见《大正藏》第8册，第751页A栏第2行至第7行。

Дх.08368 大般若波罗蜜多经卷第四百七十八第二分无事品第八十三

存5行，行4至6字。起："法为能得无性"，讫："无常中起"。唐玄奘译。经文见《大正藏》第7册，第420页C栏第7行至第11行。

Дх.08369 Дх.08374 Дх.08378 大般涅槃经后分卷上遗教品第一

存9行，行2至6字。起："时世尊"，讫："金色"。唐若那跋陀罗译。经文见《大正藏》第12册，第903页C栏第7行至第15行。

Дх.08370 妙法莲华经卷第四劝持品第十三

存5行，行3至7字。起："座而起"，讫："学无学"。后秦鸠摩罗什译。经文见《大正藏》第9册，第36页A栏第8行至第13行。

Дх.08371 妙法莲华经卷第七观世音菩萨普门品第二十五

存4行。录文："设/生福德智慧/之女宿殖德/萨有如是。"后秦鸠摩罗什译。经文见《大正藏》第9册，第57页A栏第7行至第10行。

Дх.08372 妙法莲华经卷第三化城喻品第七

存3行，行10至13字。起："五百万亿国"，讫："唯愿"。后秦鸠摩罗什译。经文见《大正藏》第9册，第23页B栏第13行至第17行。

Дх.08373 护身命经

存4行，行4至5字。起："十二者常"，讫："国王王子"。经文见《大正藏》第85册，第1326页B栏第9行至第12行。

Дх.08374 大般涅槃经后分卷上遗教品第一

见Дх.08369。

Дх.08375 Дх.08403 般若波罗蜜多心经

存8行，行3至8字。起："耳鼻舌"，讫："大神咒"。唐玄奘译。经文见《大正藏》第8册，第848页C栏第12行至第19行。有异文。另唐法月重译《普遍智藏般若波罗蜜多心经》、般若共利言等译《般若波罗蜜多心经》、唐智慧轮译《般若波罗蜜多心经》等也相符。

Дх.08376 妙法莲华经卷第六常不轻菩萨品第二十

存4行。录文："华经/根清/□□/说是法。"后秦鸠摩罗什译。经文见《大正藏》第9册，第50页A栏第4行至第7行。

Дх.08377 妙法莲华经卷第四见宝塔品第十一

存3行，行1至5字。起："师"，讫："山铁"。后秦鸠摩罗什译。经文见《大正藏》第9册，第33页A栏第26行至第28行，或第33页B栏第7行至第9行。

Дx.08378 **大般涅槃经后分卷上遗教品第一**

见Дx.08369。

Дx.08379 **妙法莲华经卷第一方便品第二**

存5行，行2至7字。起："发一言"，讫："乐着"。后秦鸠摩罗什译。经文见《大正藏》第9册，第10页B栏第1行至第9行。

Дx.08380 **大般涅槃经卷第十九梵行品第八之五**

存2行。录文："所言世无良医而/陀若提子一切知见。"北凉昙无谶译。经文见《大正藏》第12册，第476页C栏第24行至第25行。

Дx.08381 **大般若波罗蜜多经卷第五百三十九第四分妙行品第一之二**

存3行，行5至7字。起："波罗蜜多经"，讫："诸"。其中"复次善现□诸"，与前2行内容不连接。唐玄奘译。经文见《大正藏》第7册，第768页C栏第2行至第6行。

Дx.08382 **妙法莲华经卷第六嘱累品第二十二**

存5行，行3至7字。起："香油涂"，讫："精进是名真"。后秦鸠摩罗什译。经文见《大正藏》第9册，第53页B栏第7行至第12行。

Дx.08383 Дx.08391 **十地经论明地卷第三之五**

存7行，行3至8字。起："恒常贫"，讫："是中"。天亲菩萨造、北魏菩提流支译。经文见《大正藏》第26册，第154页B栏第6行至第12行。

Дx.08384 **愿文**

存5行，行4至5字。录文："不饮酒□/真身洁净/离放逸□/几□不□/珍宝离贪□。"

Дx.08385 **大般若波罗蜜多经卷第五百九十八第十六般若波罗蜜多分之六**

存5行，行3至8字。起："等持等至"，讫："罗蜜多"。唐玄奘译。经文见《大正藏》第7册，第1096页A栏第29行至B栏第4行。

Дx.08386 **大般涅槃经卷第三十九憍陈如品第十三之一**

存4行，行3至4字。起："憍陈如"，讫："色受想"。北凉昙无谶译。经文见《大正藏》第12册，第590页C栏第18行至第20行。

Дx.08387 **妙法莲华经卷第六随喜功德品第十八**

存2行。录文："皆得须陀洹/尽诸有漏。"后秦鸠摩罗什译。经文见《大正藏》第9册，第46页C栏第17行至第18行。

Дx.08388 **俱舍论颂疏论本卷第一**

存7行，行1至6字。草体。起："因"，讫："孰最善"。唐圆晖述。经文见《大正藏》第41册，第813页C栏第13行至第20行。

Дx.08389 **大般涅槃经卷第三十一师子吼菩萨品第十一之五**

存5行，行2至5字。起："业定有果者"，讫："重业"。北凉昙无谶译。经文见《大正藏》第12册，第550页A栏第4行至第8行。

Дx.08390 Дx.08400 Дx.08424 **大般涅槃经卷第十九梵行品第八之五**

存3行，行3至5字。起："眠则滋"，讫："风吹动华"。北凉昙无谶译。经文见《大正藏》第12册，第474页B栏第16行至第475页A栏第8行。

Дx.08391 **十地经论明地卷第三之五**

见Дx.08383。

Дx.08392 **大般涅槃经卷第四如来性品第四之一**

存3行，行3至5字。起："一毛孔"，讫："诸佛世界置"。北凉昙无谶译。经文见《大正藏》第12册，第388页A栏第28行至B栏第1行。

Дx.08393 **金刚般若波罗蜜经**

存3行。录文："庄严佛国/所说庄/是故须。"北魏菩提流支译。经文见《大正藏》第8册，第753页C栏第28行至第754页A栏第1行。

Дx.08394 **大般涅槃经卷第三十五迦叶菩萨品第十二之三**

存3行。录文："从他/放舍是名执/善耶是不。"北凉昙无谶译。经文见《大正藏》第12册，

569页A栏第27行至第29行。

Дx.08395 舍利弗阿毗昙论卷第八非问分人品第三

存3行，行3至5字。起："罗汉果于此"，讫："悔疑盖"。后秦昙摩耶舍共昙摩崛多等译。经文见《大正藏》第28册，第588页B栏第20行至第24行。经文"于此"，现刊本为"彼此"。

Дx.08396 残佛经

存1行。录文："母妻子眷属。"不可定名。

Дx.08397 Дx.08398 Дx.08399 金光明经卷第四流水长者子品第十六

存5行，行3至5字。起："世尊我"，讫："于大讲"。北凉昙无谶译。经文见《大正藏》第16册，第353页C栏第22行至第27行。

Дx.08400 大般涅槃经卷第十九梵行品第八之五

见Дx.08390。

Дx.08401 放光般若经卷第十三摩诃般若波罗蜜梦中行品第五十九

存5行，行1至3字。起："闻见"，讫："言"。西晋无罗叉译。经文见《大正藏》第8册，第92页A栏第9行至第13行。

Дx.08402 大般涅槃经卷第十九梵行品第八之五

存3行。录文："害其父故到人/和人天□/长以杀。"北凉昙无谶译。经文见《大正藏》第12册，第476页A栏第26行至第28行。

Дx.08403 般若波罗蜜多心经

见Дx.08375。

Дx.08404 妙法莲华经卷第一序品第一

存4行，行2至4字。起："勒菩"，讫："王与"。后秦鸠摩罗什译。经文见《大正藏》第9册，第2页A栏第13行至第17行。

Дx.08405 光赞经卷第一摩诃般若波罗蜜顺空品第二

存4行，行5至6字。起："轮舍利佛菩"，讫："慈父母兄弟妻"。西晋竺法护译。经文见《大正藏》第8册，第151页C栏第17行至第20行。

Дx.08406 大般若波罗蜜多经卷第五百一第四初分校量功德品第三十之二

存4行，行3至4字。起："觉菩"，讫："学应依四"。唐玄奘译。经文见《大正藏》第7册，第575页B栏第1行至第4行。

Дx.08407 合部金光明经卷第四依空满愿品第九

存4行，行6至8字。起："非有"，讫："男子"。真谛译、隋释宝贵合。经文见《大正藏》第16册，第380页B栏第21行至第25行。经文与现刊本相较有删节。

Дx.08408 妙法莲华经卷第三化城喻品第七

存7行，行1至9字。起："沙等"，讫："其"。后秦鸠摩罗什译。经文见《大正藏》第9册，第25页B栏第9行至第15行。

Дx.08409 大般若波罗蜜多经卷第五百七十七第九能断金刚分

存3行。录文："答/其次/女人以。"唐玄奘译。经文见《大正藏》第7册，第981页C栏第14行至第17行。

Дx.08410 佛说七千佛神符经

存6行，行2至6字。起："算七"，讫："威仪无缺"。经文见《大正藏》第85册，第1446页A栏第13行至第18行。

Дx.08411 道行般若经卷第九摩诃般若波罗蜜萨陀波伦菩萨品第二十八

存3行，录文："且自/已便入城街里/魔在城外戏与。"后汉支娄迦谶译。经文见《大正藏》第8册，第472页B栏第5行至第7行。经文"已便"，现刊本为"已即"。

Дx.08412 金光明最胜王经卷第五依空满愿品第十

存2行。录文："相即是执/耨多罗。"唐义净译。经文见《大正藏》第16册，第425页B栏第11行至第12行。

Дx.08413 妙法莲华经卷第五如来寿量品第十六

存3行。录文："首合掌白佛言/佛语如是三白/受佛语尔时。"后秦鸠摩罗什译。经文见《大正藏》第9册，第42页B栏第4行至第7行。

Дx.08414 **律宗经典**

存5行，行3至5字。起："应当学"，讫："学者之宗作"。

Дx.08415 **金光明经卷第四舍身品第十七**

存7行，行3至6字。起："者可与眷属"，讫："力故虎"。北凉昙无谶译。经文见《大正藏》第16册，第354页C栏第6行至第13行。

Дx.08416 **大般涅槃经卷第二十八师子吼菩萨品第十一之二**

存3行。录文："生生生生/生亦因亦因因亦/复如是善。"北凉昙无谶译。经文见《大正藏》第12册，第529页C栏第14行至第16行。

Дx.08417 **大般涅槃经卷第二十六光明遍照高贵德王菩萨品第十之六**

存3行。录文："堕地狱/健连等/一阐提。"北凉昙无谶译。经文见《大正藏》第12册，第519页C栏第27行至第29行。

Дx.08418 **菩萨地持经卷第七菩萨地持方便处菩提品第十七**

存4行，行3至7字。起："体实修慧所知无"，讫："所知无"。北凉昙无谶译。经文见《大正藏》第30册，第929页C栏第6行至第9行。

Дx.08419 **大般涅槃经卷第十五梵行品第八之一**

存3行，行2至7字。起："欲善哉知"，讫："因根"。北凉昙无谶译。经文见《大正藏》第12册，第451页C栏第18行至第20行。

Дx.08420 **摩诃般若波罗蜜经卷第二十四善达品第七十九**

存3行。录文："尼何以学/菩提学已/法法。"后秦鸠摩罗什译。经文见《大正藏》第8册，第400页A栏第15行至第17行。

Дx.08421 **残片**

存2行，总3字。录文："萨/罗蜜。"不可定名。

Дx.08422 **大方广佛华严经卷第二十七十回向品第二十五之五**

存4行，行1至5字。起："众"，讫："发愿"。唐实叉难陀译。经文见《大正藏》第10册，第144页B栏第21行至第24行。

Дx.08423 **妙法莲华经卷第七观世音菩萨普门品第二十五**

存3行，行1至6字。起："之难以是因缘"，讫："解"。后秦鸠摩罗什译。经文见《大正藏》第9册，第56页C栏第15行至第17行。

Дx.08424 **大般涅槃经卷第十九梵行品第八之五**

见Дx.08390。

Дx.08425 **杂宝藏经卷第四大爱道施佛金缕织成衣并穿珠师缘**

存2行。录文："生/二人用心。"北魏吉迦夜共昙曜译。经文见《大正藏》第4册，第470页C栏第16行至第17行。

Дx.08426 **残片**

存2行。录文："无/摩诃。"不可定名。

Дx.08427 **大方广十轮经卷第七布施品第十**

存4行，行4至7字。起："萨摩诃萨从初"，讫："辇乃至己"。失译。经文见《大正藏》第13册，第714页A栏第28行至B栏第3行。与相刊本相比，经文"辇"后缺一"舆"字。

Дx.08428 **大般涅槃经卷第二十二光明遍照高贵德王菩萨品第十之二**

存4行，行2至7字。起："如来"，讫："是故非人如来"。北凉昙无谶译。经文见《大正藏》第12册，第494页C栏第19行至第23行。

Дx.08429 **金刚般若波罗蜜经**

存3行。录文："得须菩提/也世尊何以/是名庄严是故须菩。"后秦鸠摩罗什译。经文见《大正藏》第8册，第749页C栏第17行至第20行。

Дx.08430 **妙法莲华经卷第五如来寿量品第十六**

存4行，行5至7字。起："是诸世界无"，讫："中亦所不达世尊"。后秦鸠摩罗什译。经文见《大正藏》第9册，第42页B栏第18行至第22行。

Дх.08431 说无垢称经卷第二声闻品第三

存4行，行5至8字。起："以声闻乘法"，讫："摩地令诸苾刍随"。唐玄奘译。经文见《大正藏》第14册，第562页C栏第25行至第29行。

Дх.08431V 民族文字残片

Дх.08432 大般若波罗蜜多经卷第一百二十四初分校量功德品第三十之二十二

存3行，行5至8字。起："得为方便回向一切"，讫："一来向乃至"。唐玄奘译。经文见《大正藏》第5册，第680页C栏第27行至B栏第1行。

Дх.08433 大般涅槃经卷第二十二光明遍照高贵德王菩萨品第十之二

存3行，行5至7字。起："差别"，讫："是义故大涅槃中"。北凉昙无谶译。经文见《大正藏》第12册，第423页B栏第1行至第4行。

Дх.08434 大方等大集经卷第三十一日密分中四方菩萨集品第二之一

存2行。录文："王菩萨与/绕三匝却"。北凉昙无谶译。经文见《大正藏》第13册，第219页B栏第15行至第16行。

Дх.08435 四分律含注戒本疏行宗记四上之一

存11行，行2至14字。起："者又无律"，讫："成犯"。仅见"疏"内容。唐道宣撰、宋元照述。经文见《卍新续藏》第40册，第135页B栏第20行至第136页B栏第10行。

Дх.08436 大般涅槃经卷第七如来性品第四之四

存5行，行2至7字。起："消我"，讫："世间计我虚妄"。北凉昙无谶译。经文见《大正藏》第12册，第407页C栏第9行至第13行。

Дх.08437 大般若波罗蜜多经卷第二百三十七初分难信解品第三十四之五十六

存6行，行1至5字。起："空"，讫："一切智"。唐玄奘译。经文见《大正藏》第6册，第194页C栏第24行至第29行。

Дх.08438 妙法莲华经卷第五安乐行品第十四

存4行。录文："喜随功/服严身之/马璃珊瑚/明珠不以。"后秦鸠摩罗什译。经文见《大正藏》第9册，第38页C栏第25行至第28行。

Дх.08439 佛说回向轮经

存6行，行1至8字。起："香山摩啰耶山"，讫："众"。于阗尸罗达摩译。经文见《大正藏》第19册，第577页C栏第21行至第28行。经文"摩啰耶山"，现刊本为"摩尼耶山"，"所有"后缺"天上"二字。

Дх.08440 维摩诘所说经卷上弟子品第三

存4行，行2至5字。起："受故"，讫："无自性无"。后秦鸠摩罗什译。经文见《大正藏》第14册，第540页B栏第2行至第5行。另唐玄奘译《说无垢称经卷第二声闻品第三》也相符。

Дх.08441 阿毗达磨大毗婆沙论卷第九十结蕴第二中十门纳息第四之二十

存4行，行2至5字。起："唯在欲界"，讫："彼所增"。五百大阿罗汉等造、唐玄奘译。经文见《大正藏》第27册，第463页A栏第2行至第6行。

Дх.08442 摄大乘论释卷第二熏习章第二

存3行。录文："得坚于/法/余。"世亲菩萨释、真谛译。经文见《大正藏》第31册，第162页C栏第21行至第23行。

Дх.08443 佛说阿弥陀经

存5行，行3至11字。起："间难信"，讫："罗等闻佛"。后秦鸠摩罗什译。经文见《大正藏》第12册，第348页A栏第23行至第28行。另唐善导集记《安乐行道转经愿生净土法事赞下卷》、唐法照撰《净土五会念佛诵经观行仪卷中》也相符。

Дх.08444 Дх.08448 Дх.08454 Дх.08499 妙法莲华经卷第一方便品第二

存16行，行2至8字。起："种智"，讫："汉是最后身"。后秦鸠摩罗什译。经文见《大正藏》第9

册，第7页B栏第11行至C栏第2行。与现刊本相较，"众生入佛知入"中"佛"字后缺一"之"字。

Дx.08445 摩诃般若波罗蜜经卷第十一照明品第四十

存4行，行3至4字。起："世尊若"，讫："佛告须"。后秦鸠摩罗什译。经文见《大正藏》第8册，第303页A栏第20行至第23行。与Дx.08446可缀合。

Дx.08446 摩诃般若波罗蜜经卷第十一照明品第四十

存5行，行2至5字。起："佛言"，讫："萨舍般"。后秦鸠摩罗什译。经文见《大正藏》第8册，第303页A栏第20行至第23行。与Дx.08445可缀合。

Дx.08447 妙法莲华经卷第四劝持品第十三

存3行。录文："前/世尊导/诸比丘。"后秦鸠摩罗什译。经文见《大正藏》第9册，第36页B栏第4行至第7行。

Дx.08448 妙法莲华经卷第一方便品第二

见Дx.08444。

Дx.08449 佛经论释

Дx.08450 佛说佛名经卷第十一

存2行。录文："南无功德/无大。"经文见《大正藏》第14册，第227页B栏第9行至第10行。

Дx.08451 般若经

存3行。录文："说菩萨/行般若波/行般若波。"不可确指具体卷品。

Дx.08452 大般涅槃经卷第二十一光明遍照高贵德王菩萨品之三

存3行。录文："推草枕置之/而去既达彼/除菩萨摩。"宋沙门慧严等依泥洹经加之。经文见《大正藏》第12册，第743页A栏第15行至第17行。

Дx.08453 四分比丘尼戒本

存4行，行4至8字。起："满十二岁"，讫："爱有恚有怖有"。后秦佛陀耶舍译。经文见《大正藏》第22册，第1037页C栏第13行至第17行。与现刊本相比，"尼年满"中"满"之前多一"未"字。

Дx.08454 妙法莲华经卷第一方便品第二

见Дx.08444。

Дx.08455 大般涅槃经卷第二十四光明遍照高贵德王菩萨品第十之四

存5行，行4至7字。起："生习近"，讫："复次"。北凉县无谶译。经文见《大正藏》第12册，第507页C栏第22行至第27行。

Дx.08456 大通方广忏悔灭罪庄严成佛经卷上

存4行，行2至5字。起："南无"，讫："南无"。经文见《大正藏》第85册，第1344页C栏第15行至第16行。

Дx.08457 妙法莲华经卷第六药王菩萨本事品第二十三

存6行，行1至6字。起："经"，讫："智慧禅"。后秦鸠摩罗什译。经文见《大正藏》第9册，第54页C栏第9行至第15行。

Дx.08458 大般若波罗蜜多经卷第四百九十三第三分善现品第三之十二

存3行。录文："量无/萨大乘/摩地等。"唐玄奘译。经文见《大正藏》第7册，第505页C栏第5行至第7行。

Дx.08459 十方千五百佛名经

存2行。录文："法名/法幢。"经文见《大正藏》第14册，第317页C栏第29行至第318页A栏第4行。

Дx.08460 佛经论释

存7行，行1至9字。起："佛"，讫："修护"。

Дx.08461 梵网经卢舍那佛说菩萨心地戒品第十卷下

存6行，行2至5字。起："我故"，讫："天上若"。后秦鸠摩罗什译。经文见《大正藏》第24册，第1006页B栏第12行至第18行。

Дx.08462 残片

存4行。不可定名。

Дx.08463 Дx.08466 大智度论卷第四十九释发趣

品第二十

存7行,行2至9字。起:"写此偈",讫:"故又"。龙树菩萨造、后秦鸠摩罗什译。经文见《大正藏》第25册,第412页A栏第15行至第20行。

Дx.08464 **大方广佛华严经卷第五十一入法界品第三十四之八**

存7行,行3至8字。起:"上虚空中住",讫:"方便形"。东晋佛驮跋陀罗译。经文见《大正藏》第9册,第720页B栏第5行至第12行。

Дx.08465 **大方等大集经卷第五宝女品第三之一**

存6行,行1至5字。起:"宝",讫:"不"。北凉昙无谶译。经文见《大正藏》第13册,第32页C栏第26行至第33页A栏第2行。

Дx.08466 **大智度论卷第四十九释发趣品第二十**

见Дx.08463。

Дx.08467 **律书**

存13行。

Дx.08468 **妙法莲华经卷第一序品第一**

存3行,行1至6字。起:"及",讫:"求无上道"。后秦鸠摩罗什译。经文见《大正藏》第9册,第3页B栏第12行至第15行。

Дx.08469 **大般涅槃经卷第三十二师子吼菩萨品第十一之六**

存5行,行4至7字。起:"箕其触头",讫:"离是之外"。北凉昙无谶译。经文见《大正藏》第12册,第556页A栏第14行至第19行。

Дx.08470 **妙法莲华经卷第四授学无学人记品第九**

存8行,行4至7字。起:"佛告阿难",讫:"世尊欲重宣"。后秦鸠摩罗什译。经文见《大正藏》第9册,第30页B栏第5行至第12行。

Дx.08471 **残佛经**

存3行。录文:"般若波/故般若波罗蜜/蜜。"不可定名。

Дx.08472 **大般涅槃经卷第六如来性品第四之三**

存4行,行1至4字。起:"依终不",讫:"大"。北凉昙无谶译。经文见《大正藏》第12册,第402页C栏第6行至第9行。

Дx.08473 **大般涅槃经卷第十一切大众所问品第五**

存4行,行4字。起:"一切女人",讫:"文殊师利"。北凉昙无谶译。经文见《大正藏》第12册,第426页A栏第14行至第16行。

Дx.08474 **大般若波罗蜜多经**

存3行,行3至5字。起:"忍精进静虑",讫:"行般若"。唐玄奘译。经文见《大正藏》第5、6、7册多处。

Дx.08475 **大方广佛华严经卷第二十九寿命品第二十六**

存4行,行3字。起:"界一劫",讫:"不退转"。东晋佛驮跋陀罗译。经文见《大正藏》第9册,第589页C栏第4行至第7行。

Дx.08476 **合部金光明经卷第一寿量品第二**

存2行。录文:"众生快乐清/于优陀延山。"北凉昙无谶译、隋释宝贵合。经文见《大正藏》第16册,第361页C栏第3行至第4行。

Дx.08477 **摩诃僧祇律卷第二十七明杂诵跋渠法之五**

存4行,行2至6字。起:"当为起塔作",讫:"者迦"。东晋佛驮跋陀罗共法显译。经文见《大正藏》第22册,第444页B栏第23行至第28行。

Дx.08478 **金光明经卷第一赞叹品第四**

存4行,行4至5字。起:"华映火开敷",讫:"耀过于蜂王"。北凉昙无谶译。经文见《大正藏》第16册,第339页A栏第17行至第21行。

Дx.08479 **大方广佛华严经卷第七菩萨云集妙胜殿上说偈品第十**

存2行,行5字。起:"无生亦无死",讫:"深解诸佛道"。东晋佛驮跋陀罗译。经文见《大正藏》第9册,第443页A栏第9行至第11行。

Дx.08480 妙法莲华经卷第五从地踊出品第十五

存2行。录文："亦皆作/种种赞。"后秦鸠摩罗什译。经文见《大正藏》第9册，第40页A栏第15行至第16行。

Дx.08481 金刚般若波罗蜜经

存2行。录文："女人发菩/受持读诵。"后秦鸠摩罗什译。经文见《大正藏》第8册，第752页B栏第25行至第26行。另北魏菩提流志译《金刚般若波罗蜜经》、隋毗尼多流支译《大乘方广总持经》也相符。

Дx.08482 大般若波罗蜜多经卷第七十四初分无生品第二十之一

存3行，行4至5字。起："应无差别"，讫："提阿罗汉果"。唐玄奘译。经文见《大正藏》第5册，第419页A栏第15行至第17行。

Дx.08483 大般涅槃经卷第十一圣行品第七之一

存6行，行2至5字。起："退戒"，讫："菩萨摩"。北凉昙无谶译。经文见《大正藏》第12册，第433页B栏第24行至第29行。

Дx.08484 妙法莲华经卷第三药草喻品第五

存3行，行2至5字。起："及诸药草种"，讫："诸药"。后秦鸠摩罗什译。经文见《大正藏》第9册，第19页A栏第29行至B栏第2行。

Дx.08485 大般涅槃经卷第七如来性品第四之四

存5行，行5至9字。起："能信受"，讫："我弟"。北凉昙无谶译。经文见《大正藏》第12册，第404页A栏第20行至第25行。

Дx.08486 大通方广忏悔灭罪庄严成佛经卷下

存5行，行5至9字。起："时□□念"，讫："生故"。经文见《大正藏》第85册，第1354页C栏第10行至第15行。经文"又信早便出"，现刊为"后信便提出"。

Дx.08487 妙法莲华经卷第七普贤菩萨劝发品第二十

存4行，行4至9字。起："流布使不"，讫："从久远来"。后秦鸠摩罗什译。经文见《大正藏》第9册，第61页C栏第15行至第19行。

Дx.08488 摩诃般若波罗蜜经卷第六发趣品第二

存5行，行5至8字。起："诸法不生不"，讫："云何菩萨转见"。后秦鸠摩罗什译。经文见《大正藏》第8册，第259页A栏第19行至第24行。另与鸠摩罗什译《大智度论》也相符。

Дx.08489 大般涅槃经卷第三十师子吼菩萨品第十一之四

存3行，行2至3字。起："如来"，讫："浮提中"。北凉昙无谶译。经文见《大正藏》第12册，第542页A栏第17行至第20行。

Дx.08490 妙法莲华经卷第一方便品第二

存3行，行2至3字。起："贞实"，讫："善恶业"。后秦鸠摩罗什译。经文见《大正藏》第9册，第7页C栏第18行至第22行。

Дx.08491 Дx.08492 妙法莲华经卷第五从地踊出品第十五

存6行，行2至6字。起："未来"，讫："可信"。后秦鸠摩罗什译。经文见《大正藏》第9册，第41页C栏第27行至第42页A栏第8行。

Дx.08493 佛说天地八阳神咒经

存5行，行2至8字。起："少悭"，讫："善哉无碍"。唐义净译。经文见《大正藏》第85册，第1422页B栏第25行至C栏第2行。经文"赋役"，现刊本为"贼役"。

Дx.08494 妙法莲华经卷第五分别功德品第十

存5行，行5至9字。起："大力"，讫："个个皆能"。后秦鸠摩罗什译。经文见《大正藏》第9册，第44页B栏第11行至第17行。

Дx.08495 大般涅槃经卷第十五梵行品第八之一

存3行，行4至5字。起："三藐三菩提"，讫："量义善男子"。北凉昙无谶译。经文见《大正藏》第12册，第453页A栏第26行至第28行。

Дx.08496 大般涅槃经卷第八如来性品第四之五

存3行，行1至3字。起："如是说"，讫："而"。北凉昙无谶译。经文见《大正藏》第12册，第412页C栏第21至第23行。

Дx.08497 妙法莲华经卷第七妙音菩萨品第二十四

存2行，行9字。起："无量"，讫："那罗延坚固之"。后秦鸠摩罗什译。经文见《大正藏》第9册，第55页C栏第12行至第14行。

Дx.08498 道行般若经卷第九摩诃般若波罗蜜萨陀波伦菩萨品第二十八

存2行，行5字。起："大血"，讫："持髓与"（"大血"应为"血大"）。后汉支娄迦谶译。经文见《大正藏》第8册，第472页B栏第27行至第28行。

Дx.08499 妙法莲华经卷第一方便品第二

见Дx.08444。

Дx.08500 妙法莲华经卷第五安乐行品第十四

存5行，行4至6字。起："而说偈言"，讫："王子群臣"。后秦鸠摩罗什译。经文见《大正藏》第9册，第38页A栏第8行至第14行。

Дx.08501 妙法莲华经卷第四五百弟子受记品第八

存4行，行4至6字。起："三菩提号曰法"，讫："宝为地地"。后秦鸠摩罗什译。经文见《大正藏》第9册，第27页C栏第19行至第23行。

Дx.08502 大乘百法明门论疏卷上

存3行。录文："可有法/有十一烦恼/三受四想。"唐大乘光撰。经文见《大正藏》第44册，第55页B栏第29行至C栏第4行。

Дx.08503 大般涅槃经卷第三十师子吼菩萨品第十一之四

存2行。录文："二者/声闻。"北凉昙无谶译。经文见《大正藏》第12册，第547页A栏第26行至第28行。与Дx.08504可缀合。

Дx.08504 大般涅槃经卷第三十师子吼菩萨品第十一之四

存3行。录文："萨不成就/下中上/者诸佛。"北凉昙无谶译。经文见《大正藏》第12册，第547页A栏第28行至B栏第1行。与Дx.08503可缀合。

Дx.08505 妙法莲华经卷第七陀罗尼品第二十六

存3行，行2至3字。起："说咒/利四梅/柅八颇。"后秦鸠摩罗什译。经文见《大正藏》第9册，第59页A栏第17行至第19行。

Дx.08506 大般若波罗蜜多经题签

录文："第四百八十三藏。"

Дx.08507 籍账

二残片。其一，存2行。录文："应支少府/贰佰捌拾柒人。"其二，存2行。录文："□无闲□□/着安案毒。"

Дx.08508 道行般若经卷第二摩诃般若波罗蜜功德品第三

存7行，行3至12字。起："天缯"，讫："从法中"。后汉支娄迦谶译。经文见《大正藏》第8册，第433页A栏第24行至B栏第2行。

Дx.08509 大般涅槃经卷第二寿命品第一之二

存3行，行5至10字。起："犹如伊兰花"，讫："一切"。北凉昙无谶译。经文见《大正藏》第12册，第372页C栏第29行至第373页A栏第5行。

Дx.08510 Дx.09479 译经题记

二残片。其一，存2行。录文："永业/已爱。"其二，存2行。字迹不清。

Дx.08511 大般涅槃经卷第二十八师子吼菩萨品第十一之二

存3行，行2至13字。起："尊以是"，讫："若是"。北凉昙无谶译。经文见《大正藏》第12册，第530页C栏第23行至第26行。

Дx.08512 妙法莲华经卷第二信解品第四

存2行。录文："子所/充足。"后秦鸠摩罗什译。经文见《大正藏》第9册，第18页A栏第22行至第24行。

Дx.08513 大般若波罗蜜多经卷第二百一十六初分难信解品第三十四之三十五

存4行，行3至8字。起："故□无性"，讫："清净"。唐玄奘译。经文见《大正藏》第6册,第82页C栏第2行至第5行。经文"无性",现刊本为"自性"。

Дх.08514　大般涅槃经卷第十四圣行品第七之四

存4行,行1至3字。起:"菩萨如",讫:"不"。北凉昙无谶译。经文见《大正藏》第12册,第448页B栏第2行至第5行。

Дх.08515　残片

存1行。录文:"沫如水上泡如□□□□如。"不可定名。

Дх.08516　妙法莲华经卷第二信解品第四

存5行,行1至9字。起:"无知乐",讫:"知"。后秦鸠摩罗什译。经文见《大正藏》第9册,第17页B栏第20行至第24行。

Дх.08517　金刚般若波罗蜜经

存2行。录文:"世尊/应住。"后秦鸠摩罗什译。经文见《大正藏》第8册,第751页A栏第8行至第9行。

Дх.08518　大般涅槃经卷第三十八迦叶菩萨品第十二之六

存9行,行1至3字。起:"者",讫:"无上"。北凉昙无谶译。经文见《大正藏》第12册,第590页A栏第16行至第24行。

Дх.08519　中论卷第二中论观作作者品第八

存4行,行4至6字。起:"有作即为",讫:"应住"。龙树菩萨造、梵志青目释、后秦鸠摩罗什译。经文见《大正藏》第30册,第12页B栏第29行至C栏第5行。

Дх.08520　太子须大挐经

存5行,行1至6字。起:"人言在此",讫:"须"。西秦圣坚译。经文见《大正藏》第3册,第421页A栏第24行至第29行。与现刊本略有出入。

Дх.08521　妙法莲华经卷第二譬喻品第三

存3行。录文:"于火宅内/来逼身苦/弗是。"后秦鸠摩罗什译。经文见《大正藏》第9册,第12页B栏第21行至第23行。

Дх.08522　妙法莲华经卷第一序品第一

存5行,行1至4字。起:"恶骂捶打",讫:"直"。后秦鸠摩罗什译。经文见《大正藏》第9册,第3页A栏第5行至第10行。

Дх.08523　大般若波罗蜜多经卷第一百三十初分校量功德品第三十之二十八

存4行,行5至8字。起:"由此",尾题:"罗蜜多经卷第一百"。唐玄奘译。经文见《大正藏》第5册,第714页A栏第13行至第16行。

Дх.08524　大智度论卷第九十释实际品第八十

存8行,行2至4字。起:"佛犹尚",讫:"无余虽眠"。龙树菩萨造、后秦鸠摩罗什译。经文见《大正藏》第25册,第699页A栏第7行至第14行。

Дх.08525　妙法莲华经卷第一序品第一

存3行。录文:"瑚/婢车乘/得是乘。"后秦鸠摩罗什译。经文见《大正藏》第9册,第3页A栏第8行至第11行。

Дх.08526　光赞经卷第七摩诃般若波罗蜜观品第十七

存5行,行2至9字。起:"知内法计",讫:"勇猛"。西晋竺法护译。经文见《大正藏》第8册,第195页B栏第22行至第26行。

Дх.08527　金刚般若波罗蜜经

见Дх.06490。

Дх.08528　大智度论卷第六十七释叹信行品第四十五之余

存4行,行3至12字。起:"人少有",讫:"波罗蜜"。龙树菩萨造、后秦鸠摩罗什译。经文见《大正藏》第25册,第531页A栏第13行至第16行。

Дх.08529　残佛经

存2行。录文:"故是心/如□。"不可定名。

Дх.08530　残佛经

存3行。录文:"菩萨/多罗三/发无。"不可定名。

Дх.08531　妙法莲华经卷第三化城喻品第七

存2行。录文："国土乃/下一点如。"后秦鸠摩罗什译。经文见《大正藏》第9册，第22页A栏第25行至第26行。

Дx.08532 妙法莲华经卷第五从地踊出品第十五

存7行，行1至4字。起："弥"，讫："一诸"。后秦鸠摩罗什译。经文见《大正藏》第9册，第40页B栏第20行至第29行。

Дx.08533 大般涅槃经卷第三十八迦叶菩萨品第十二之六

存2行。录文："言善男子/故疑迦。"北凉昙无谶译。经文见《大正藏》第12册，第569页B栏第27行至第28行。

Дx.08534 大般涅槃经卷第五如来性品第四之二

存2行。录文："无忧畏者即/如女人唯有一子。"北凉昙无谶译。经文见《大正藏》第12册，第632页C栏第19行至第20行。经文"唯"，现刊本为"只"。

Дx.08535 大般涅槃经卷第三十一师子吼菩萨品第十一之五

存3行。录文："定受世尊/狱重报现/一者有智。"北凉昙无谶译。经文见《大正藏》第12册，第552页A栏第22行至第24行。

Дx.08536 金刚般若波罗蜜经

存5行，行2至5字。起："法须菩提"，讫："菩萨"。后秦鸠摩罗什译。经文见《大正藏》第8册，第751页B栏第3行至第7行。

Дx.08537 残佛经

存1行，总2字。录文："眼佛。"不可定名。

Дx.08538 妙法莲华经卷第二譬喻品第三

存3行。录文："狗/走/窗牖。"后秦鸠摩罗什译。经文见《大正藏》第9册，第14页A栏第16行至第17行。

Дx.08539 十方千五百佛名经

存1行，总7字。录文："慧光明佛五十那。"经文见《大正藏》第14册，第317页A栏第21行至第22行。

Дx.08540 出曜经卷第十二信品第十一

存5行，行1至7字。起："陀"，讫："承受师教从"。后秦竺佛念译。经文见《大正藏》第4册，第673页C栏第1行至第5行。

Дx.08541 妙法莲华经卷第四授学无学人记品第九

存5行，行1至8字。起："说"，讫："来应供正遍"。后秦鸠摩罗什译。经文见《大正藏》第9册，第30页A栏第11行至第17行。

Дx.08542 妙法莲华经卷第六常不轻菩萨品第二十

存5行，行3至5字。起："远住犹高"，讫："二十千万"。后秦鸠摩罗什译。经文见《大正藏》第9册，第50页C栏第29行至第51页A栏第5行。

Дx.08543 大通方广忏悔灭罪庄严成佛经卷上

存4行，行2至4字。起："夜受"，讫："礼拜"。经文见《大正藏》第85册，第1343页B栏第28行至C栏第2行。

Дx.08544 妙法莲华经卷第七普贤菩萨劝发品第二十八

存3行，行2至3字。起："若魔女"，讫："罗等"。后秦鸠摩罗什译。经文见《大正藏》第9册，第61页A栏第25行至第28行。

Дx.08545 金光明最胜王经卷第八僧慎尔耶药叉大将品第十九、王法正论品第二十

存4行，行4至9字。起："汝能如是利益"，品题："金光明最胜王经□□□"，讫："名曰坚"。唐义净译。经文见《大正藏》第16册，第442页A栏第12行至第15行。

Дx.08546 维摩诘所说经卷下菩萨行品第十一

存4行，行6至10字。起："有以三十二相八"，讫："无言无"。后秦鸠摩罗什译。经文见《大正藏》第14册，第553页C栏第21行至第26行。

Дx.08547 残片

存1行，总2字。录文："国名。"不可定名。

Дx.08548 残片

存2行，总2字。录文："啼/日。"不可定名。

Дх.08549　残片

存1行，总2字。录文："无量。"不可定名。

Дх.08550　残片

存1行，总2字。录文："说贤。"不可定名。

Дх.08551　残片

存2行，总2字。录文："耨/菩。"不可定名。

Дх.08552　佛说仁王般若波罗蜜经卷上护国经菩萨教化品第三

存4行，行2至3字。起："心法"，讫："一切"。后秦鸠摩罗什译。经文见《大正藏》第8册，第828页C栏第22行至第25行。

Дх.08553　维摩义记卷第二

存4行，行4至9字。起："其正说"，讫："随法别教"。隋慧远撰。经文见《大正藏》第38册，第447页A栏第11行至第16行。

Дх.08553V　御注金刚般若波罗蜜经宣演卷上

存4行，行4至9字。草体。首残，讫："得入解脱十"。唐道氤撰。经文见《大正藏》第85册，第22页B栏第19行至第23行。

Дх.08554　佛说观佛三昧海经卷第二观相品第三之二

存7行，行2至4字。起："心无所"，讫："便不"。东晋佛驮跋陀罗译。经文见《大正藏》第15册，第655页A栏第18行至第24行。

Дх.08555　四分律比丘戒本

存4行，行1至7字。起："若比丘"，讫："上"。后秦佛陀耶舍译。经文见《大正藏》第22册，第1017页C栏第17行至第20行。

Дх.08555A　金刚般若波罗蜜经

见Дх.06439。

Дх.08556　大般涅槃经卷第三十一师子吼菩萨品第十一之

存4行，行4至5字。起："常故何以"，讫："当为汝分别"。北凉昙无谶译。经文见《大正藏》第12册，第523页B栏第7行至第12行。经文"以"，现刊本作"故"。

Дх.08557　馆藏缺

Дх.08558　维摩诘所说经卷下香积佛品第十

存4行，行3至11字。起："取是不"，讫："报是"。后秦鸠摩罗什译。经文见《大正藏》第14册，第553页A栏第2行至第5行。

Дх.08559　摩诃般若波罗蜜经卷第二十一方便品第六十九

存5行，行2至5字。起："如是"，讫："波罗"。后秦鸠摩罗什译。经文见《大正藏》第8册，第369页A栏第14行至第20行。

Дх.08560　佛说弥勒下生成佛经

存8行，行2至6字。起："食肉"，讫："令其欢"。后秦鸠摩罗什译。经文见《大正藏》第14册，第425页A栏第16行至第23行。其中文字有倒置情况，"利"后有一衍字"益"。

Дх.08561　佛经论释

存3行，行2至10字。起："色第"，讫："第七囗答"。

Дх.08562　妙法莲华经卷第二信解品第四

存3行。录文："手执持除粪/勿得懈怠/子。"后秦鸠摩罗什译。经文见《大正藏》第9册，第17页A栏第16行至第19行。

Дх.08563　净名经集解关中疏卷下文殊师利品第五

存4行，行4至8字。起："居士"，讫："复问疾之"。唐道液述。经文见《大正藏》第85册，第474页A栏第11行至第15行。

Дх.08564　佛说灌顶拔除过罪生死得度经卷第十二

存3行。录文："说/天上不/间当帝王。"东晋帛尸梨蜜多罗译。经文见《大正藏》第21册，第533页C栏第10行至第12行。

Дх.08565　妙法莲华经卷第五分别功德品第十七

存4行。录文："而不/何况读诵/逸多是菩/及作僧坊。"后秦鸠摩罗什译。经文见《大正藏》第9

册，第45页B栏第23行至第26行。

Дx.08566 大方等大集经卷第二十二虚空目分第十之一初声闻品第一

存4行，行2至4字。起："非非想如"，讫："得非"。北凉昙无谶译。经文见《大正藏》第13册，第161页B栏第17行至第20行。

Дx.08567 妙法莲华经卷第六

存2行。首题："莲华经卷第六"，讫："常住三宝盖"。

Дx.08568 残片

存3行，行1至2字。不可定名。

Дx.08569 佛说维摩诘经卷下如来种品第八

存3行。录文："幻法不/知无常/诸施以道。"吴支谦译。经文见《大正藏》第14册，第530页B栏第7行至第11行。

Дx.08570 请观世音菩萨消伏毒害陀罗尼咒经

存3行。录文："心不/腭令/至十。"东晋竺难提晋言法喜译。经文见《大正藏》第20册，第36页C栏第7行至第10行。

Дx.08571 放光般若经卷第十二摩诃般若波罗蜜阿惟越致品第五十六

存2行。录文："身以是像/阿惟越。"西晋无罗叉译。经文见《大正藏》第8册，第86页B栏第8行至第10行。

Дx.08572 Дx.08576 金光明经卷第三正论品第十一

存3行。录文："敬弊恶/果实/美盛果。"北凉昙无谶译。经文见《大正藏》第16册，第347页C栏第1行至第4行。

Дx.08573 摩诃般若波罗蜜经卷第十法施品第三十八

存3行。录文："八不共法善/罗三貌三/男子善女。"后秦鸠摩罗什译。经文见《大正藏》第8册，第294页A栏第2行至第4行。另《大智度论》也相符。**Дx.08574 妙法莲华经卷第四劝持品第十三**

存3行。录文："尼说中偈/四土广/诸菩。"后秦鸠摩罗什译。经文见《大正藏》第9册，第36页B栏第7行至第8行。

Дx.08575 观虚空藏菩萨经

存1行，总4字。录文："龙尊王佛。"宋昙摩蜜多译。经文见《大正藏》第13册，第678页A栏第22行。

Дx.08576 金光明经卷第三正论品第十一

见Дx.08572。

Дx.08577 残佛经

存2行。录文："无/害烦。"不可定名。

Дx.08578 残佛经

存1行，总2字。录文："有众。"不可定名。

Дx.08579 残佛经

存2行。不可定名。

Дx.08580 非佛经

Дx.08581 Дx.08594 Дx.08604 摩诃般若波罗蜜经卷第十一照明品第四十

存6行，行1至6字。起："若波罗蜜"，讫："蜜"。后秦鸠摩罗什译。经文见《大正藏》第8册，第302页C栏第24行至第29行。

Дx.08582 大般若波罗蜜多经卷第二百三十一初分难信解品第三十四之五十

存4行，行2至5字。起："一切"，讫："脱门清"。唐玄奘译。经文见《大正藏》第6册，第164页C栏第11行至第15行。

Дx.08583 维摩诘所说经卷中文殊师利问疾品第五

存3行，行1至7字。起："病者所以者何四"，讫："着"。后秦鸠摩罗什译。经文见《大正藏》第14册，第544页C栏第29行至第545页A栏第2行。另《宗镜录》也相符。

Дx.08584 妙法莲华经卷第一序品第一

存4行，行1至3字。起："意"，讫："重"。后秦鸠摩罗什译。经文见《大正藏》第9册，第2页B栏第4行至第7行。

Дx.08585 **残佛经**

存2行。录文："子菩萨摩诃萨/多罗三藐三菩提。"不可定名。

Дx.08586 **大般涅槃经卷第十七梵行品第八之三**

存4行，行3至5字。起："空菩萨"，讫："复次"。北凉昙无谶译。经文见《大正藏》第12册，第464页B栏第23行至第27行。

Дx.08587 **根本萨婆多部律摄卷第十三与减年者受近圆学处第七十二**

存2行，行3字。起："畔睇如"，讫："色讫里"。尊者圣友集、唐义净译。经文见《大正藏》第24册，第600页A栏第1行至第2行。

Дx.08588 **金光明最胜王经卷第九授记品第二十三**

存3行。录文："量百千/遇/如是菩。"唐义净译。经文见《大正藏》第16册，第447页。

Дx.08589 **残佛经**

存1行，总3字。录文："深入诸。"不可定名。

Дx.08590 **残佛经**

存1行，总2字。录文："皆平。"不可定名。

Дx.08591 Дx.08596 **大般若波罗蜜多经卷第十初分现舌相品第六**

印本。存2行。录文："往堪忍世/听般若。"唐玄奘译。经文见《大正藏》第5册，第53页C栏第11行至第12行。

Дx.08592 **残佛经**

存2行。录文："摩/界中。"不可定名。

Дx.08593 **摄大乘论释卷第三生不净章第三**

存1行，总4字。录文："意识论曰。"世亲菩萨释、真谛译。经文见《大正藏》第30册，第170页A栏第4行至第5行。

Дx.08594 **摩诃般若波罗蜜经卷第十一照明品第四十**

见Дx.08581。

Дx.08595 **大般若波罗蜜多经卷第四百八十二第三分舍利子品第二之四**

印本。存3行，行1至6字。起："种色"，讫："诸"。唐玄奘译。经文见《大正藏》第7册，第446页B栏第14行至第17行。

Дx.08596 **大般若波罗蜜多经卷第十初分现舌相品第六**

见Дx.08591。

Дx.08597 **道行般若经卷第四摩诃般若波罗蜜持品第八**

存2行，行3字。起："所度脱"，讫："人今近"。后汉支娄迦谶译。经文见《大正藏》第8册第446页B栏第15行至第16行。

Дx.08598 **大般涅槃经卷第三十五迦叶菩萨品第十二之三**

存1行，总5字。录文："名置答如来。"北凉昙无谶译。经文见《大正藏》第12册，第571页B栏第20行。

Дx.08599 **大萨遮尼乾子所说经卷第七如来无过功德品第八之二**

存2行。录文："无见/我慢。"北魏菩提流支译。经文见《大正藏》第9册，第349页B栏第12行至第14行。

Дx.08600 **佛顶尊胜陀罗尼经**

存2行。录文："底钵/遏地。"唐佛陀波利译。经文见《大正藏》第19册，第352页B栏第19行至第20行。

Дx.08601 **残佛经**

存2行。录文："正等/慧。"不可定名。

Дx.08602 **大方广佛华严经卷第三十九十地品第二十六之六**

存2行。录文："自在/切世。"唐实叉难陀译。经文见《大正藏》第10册，第209页A栏第16行至第19行。

Дx.08603 **残佛经**

存1行，总5字。录文："菩提如是如。"不可定名。

Дх.08604 **摩诃般若波罗蜜经卷第十一照明品第四十**

见Дх.08581。

Дх.08605 **残佛经**

存2行。录文："为我/为我。"不可定名。

Дх.08606 **残佛经**

存2行。录文："法故/何。"不可定名。

Дх.08607 **雕版佛像**

存7身。

Дх.08608 **大方广佛华严经卷第二十六十回向品第二十五之四**

存3行。录文："能/空身於诸/虚。"唐实叉难陀译。经文见《大正藏》第10册，第140页A栏第16行至第18行。

Дх.08609 **残佛经**

存1行，总4字。录文："者使受者。"不可定名。

Дх.08610 **残佛经**

存2行。录文："中/浮提。"不可定名。

Дх.08611 **发愿文题记**

录文："割咸资财敬写法□□□/而消僭（懵）又愿久远士□□□。"

Дх.08612 **大宝积经卷第十七无量寿如来会第五之一**

存3行。录文："前/佛/积佛。"唐菩提流志译。经文见《大正藏》第11册，第92页C栏第10行至第11行。

Дх.08613 **妙法莲华经卷第五安乐行品第十四**

存5行，行1至4字。起："生"，讫："王"。后秦鸠摩罗什译。经文见《大正藏》第9册，第37页C栏19行至第24行。经文"经典"，现刊本为"经时"。与Дх.08618可缀合。

Дх.08614 **大般涅槃经卷第二十七师子吼菩萨品第十一之一**

存9行，行5至10字。起："真狮子王晨朝"，讫："际行之类"。北凉昙无谶译。经文见《大正藏》第12册，第522页B栏第26行至C栏第6行。另唐澄观述《大方广佛华严经随疏演义钞卷第八十四》也相符。

Дх.08615 **大般涅槃经卷第二十七师子吼菩萨品第十一之一**

存6行，行2至10字。起："亦复"，讫："离众生"。北凉昙无谶译。经文见《大正藏》第12册，第536页A栏第12行至第17行。

Дх.08616 **合部金光明经卷第八付嘱品第二十四**

存6行，行2至10字。起："梵天"，讫："至彼"。隋阇那崛多译、隋宝贵合。经文见《大正藏》第16册，第401页B栏第10行至第14行。

Дх.08617 **残佛经**

存6行，行3至4字。起："毗楼博叉"，讫："弟子今"。不可定名。

Дх.08618 **妙法莲华经卷第五安乐行品第十四**

存3行。录文："随义/婆罗/无有。"后秦鸠摩罗什译。经文见《大正藏》第9册，第37页C栏第23行至第26行。与Дх.08613可缀合。

Дх.08619 **大般涅槃经卷第十一现病品第六**

存5行，行1至13字。起："尔/如是大涅槃"，讫："诽谤"。北凉昙无谶译。经文见《大正藏》第12册，第431页A栏第2行至第7行。

Дх.08620 **放光般若经卷第十六摩诃般若波罗蜜沤恕品第七十**

存4行，行1至7字。起："故念"，讫："所"。西晋无罗叉译。经文见《大正藏》第8册，第111页A栏第25行至第28行。

Дх.08621 **妙法莲华经卷第三化城喻品第七**

存5行，行2至7字。起："此事以何因缘"，讫："亿诸"。后秦鸠摩罗什译。经文见《大正藏》第9册，第24页A栏第5行至第10行。

Дх.08622 **妙法莲华经卷第七妙音菩萨品第二十四**

存5行，行2至5字。起："白毫"，讫："戏三昧"。

后秦鸠摩罗什译。经文见《大正藏》第9册，第55页A栏第23行至第28行。

Дx.08623 **残佛经**

存1行，总5字。录文："生语言三昧。"不可定名。

Дx.08624 **大般涅槃经卷第十四圣行品第七之四**

存3行。录文："偈心/发四向顾/尔时。"北凉昙无谶译。经文见《大正藏》第12册，第450页A栏第25行至第27行。

Дx.08625 **大般涅槃经卷第十二圣行品第七之二**

存3行，行2至4字。起："亦复如/商主病王/病因。"北凉昙无谶译。经文见《大正藏》第12册，第437页A栏第8行至第11行。

Дx.08626 **妙法莲华经卷第七观世音菩萨普门品第二十五**

存5行，行5至8字。起："女身得度者"，讫："而为说法应"。后秦鸠摩罗什译。经文见《大正藏》第9册，第57页B栏第13行至第18行。

Дx.08627 **金刚般若波罗蜜经**

存3行。录文："来是名/能作是念/尊何以。"后秦鸠摩罗什译。经文见《大正藏》第8册，第749页C栏第3行至第5行。

Дx.08628 **金刚般若波罗蜜经**

存3行。录文："罗三藐/住声香味触法生/住是故佛。"后秦鸠摩罗什译。经文见《大正藏》第8册，第750页B栏第21行至第24行。

Дx.08629 **大般涅槃经卷第二十四光明遍照高贵德王菩萨品第十之四**

存3行。录文："畜生/歔毒师子虎/身具足十六。"北凉昙无谶译。经文见《大正藏》第12册，第507页C栏第28行至第508页A栏第2行。

Дx.08630 **文殊师利所说摩诃般若波罗蜜经卷上**

存5行，行1至3字。录文："性/相不/生天上/切业缘/故法界。"梁曼陀罗仙译。经文见《大正藏》第8册，第728页B栏第17行至第21行。

Дx.08631 **妙法莲华经卷第二譬喻品第三**

存3行，行2至5字。录文："非是/软音深远/尽安住实智。"后秦鸠摩罗什译。经文见《大正藏》第9册，第11页A栏第2行至第6行。

Дx.08632 **小品般若波罗蜜经卷第三摩诃般若波罗蜜回向品第七**

存2行，行4至5字。录文："萨用是心/不生心相则。"后秦鸠摩罗什译。经文见《大正藏》第8册，第548页B栏第25行至第26行。

Дx.08633 **妙法莲华经卷第五如来寿量品第十六**

存5行，行2至4字。录文："者以/可得见/想心怀恋/不实灭/皆如是。"后秦鸠摩罗什译。经文见《大正藏》第9册，第43页A栏第2行至第7行。

Дx.08634 **佛说未曾有因缘经**

存2行。录文："是业报应/化也天人。"萧齐释昙景译。经文见《大正藏》第17册，第577页C栏第26行至第27行。另梁宝唱等集《经律异相》也相符。

Дx.08635 **妙法莲华经卷第二信解品第四**

存2行。录文："父即以方便/者汝可语之。"后秦鸠摩罗什译。经文见《大正藏》第9册，第17页C栏第15行至第17行。

Дx.08636 **妙法莲华经卷第一序品第一**

存5行，行2至4字。起："经满八十"，讫："中有"。后秦鸠摩罗什译。经文见《大正藏》第9册，第4页B栏第7行至第11行。

Дx.08637 **残佛经**

存2行。录文："波/因是。"不可定名。

Дx.08638 **大般涅槃经卷第十六梵行品第八之二**

存4行，行1至4字。起："外空/性空无所/摩诃/内。"北凉昙无谶译。经文见《大正藏》第12册，第461页B栏第6行至第9行。

Дx.08639 **残佛经**

存1行，总4字。录文："故名阿那。"不可定名。

Дx.08640 **残佛经**

存3行。不可定名。

Дх.08641 **大乘入道次第开决**

二残片。其一，极残，文字多不可识。其二，存7行，行1至4字。起："于生"，讫："故言如空"。唐昙旷撰。经文见《大正藏》第85册，第1207页B栏第17行至第24行。

Дх.08642 **摩诃般若波罗蜜经卷第二十五具足品第八十一**

存8行，行7至17字。起："菩提"，讫："布施"。后秦鸠摩罗什译。经文见《大正藏》第8册，第405页B栏第29行至C栏第7行。

Дх.08643 **佛说摩诃刹头经**

存14行，行3至17字。起："天地大动"，讫："卅六反"。西秦圣坚译。经文见《大正藏》第16册，第797页C栏第16行至第26行。亦名《灌佛形像经》。与现刊本相较，"天地"后缺"皆为"二字，"香"后有一衍字"和"，"杂华"写成"集华"，"示道法以现天下人民"现刊本为"视道法以示天下人"。

Дх.08644 **医方**

存10行，行3至13字。

Дх.08645 **金刚般若波罗蜜经**

存18行，行4至9字。起："不"，讫："则非庄严"。后秦鸠摩罗什译。经文见《大正藏》第8册，第749页B栏第29行至C栏第19行。

Дх.08646 **佛说五无返复经**

存16行，行3至18字。起："梵志从"，讫："憎不悲"。其为刘宋沮渠京声译《佛说五无返复经》之异本。

Дх.08647 **金刚般若波罗蜜经**

存6行，行1至4字。起："所说"，讫："即非福"。后秦鸠摩罗什译。经文见《大正藏》第8册，第749页B栏第16行至第20行。

Дх.08648 **残佛经**

极残，不可定名。

Дх.08649 **妙法莲华经卷第一方便品第二**

存9行，行2至6字。起："方便力"，讫："是人"。后秦鸠摩罗什译。经文见《大正藏》第9册，第7页C栏第24行至第8页A栏第9行。

Дх.08650 **妙法莲华经卷第七妙庄严王本事品第二十七**

存2行。录文："庄严/王夫人。"后秦鸠摩罗什译。经文见《大正藏》第9册，第59页C栏第3行至第4行。

Дх.08650V **民族文字残片**

Дх.08651 **佛经、民族文字残片**

存4行。前3行为民族文字。后1行录文："无学众能恭调伏中大象王得。"未检出。

Дх.08651V **民族文字残片**

Дх.08652 **佛说佛名经卷第二十五**

存6行，行3至11字。起："南无成就"，讫："南无胜敌对佛南"。失译。经文见《大正藏》第14册，第283页B栏。

Дх.08652V **佛说佛名经题签**

录文："佛说佛名经卷十二。"

Дх.08653 **大般若波罗蜜多经卷第三百二十六初分不退转品第四十九之二**

存7行，行5至14字。首题："大般若波罗蜜多经卷第三百二十六"，品题："初分不退转品第四十九之二"，讫："成就慈悲喜"。唐玄奘译。经文见《大正藏》第6册，第666页A栏第3行至第12行。

Дх.08654 **维摩诘所经卷上佛国品第一**

存9行，行3至8字。起："严菩萨"，讫："常精"。后秦鸠摩罗什译。经文见《大正藏》第14册，第537页B栏。

Дх.08654V **大般涅槃经卷第二十七师子吼菩萨品第十一之一**

存9行，行3至17字。起："得沙门道果"，讫："若有比"。北凉昙无谶译。经文见《大正藏》第12册，第527页B栏。

Дх.08655 **大般若波罗蜜多经卷第一百七十一初**

分随喜回向品第三十一之四

存16行,行4至7字。起:"蜜多",讫:"等菩提何"。重复抄写。唐玄奘译。经文见《大正藏》第5册,第918页B栏第21行至第29行。

Дх.08656 **大般涅槃经卷第三十师子吼菩萨品第十一之四**

存3行,行3至5字。起:"得沙门道果",讫:"若有比"。北凉昙无谶译。经文见《大正藏》第12册,第545页B栏第5行至第8行。

Дх.08657 **小品般若波罗蜜经卷第三摩诃般若波罗蜜佐助品第六**

存6行,行1至12字。起:"耨多罗三",讫:"药"。后秦鸠摩罗什译。经文见《大正藏》第8册,第549页A栏第10行至第15行。

Дх.08658 **大般涅槃经卷第三十一师子吼菩萨品第十一之五**

存3行,行2至3字。起:"似地",讫:"覆藏"。北凉昙无谶译。经文见《大正藏》第12册,第553页B栏第17行至第19行。

Дх.08659 **妙法莲华经卷第二信解品第四**

存3行,行2至3字。起:"好乐之",讫:"于今"。后秦鸠摩罗什译。经文见《大正藏》第9册,第16页B栏第20行至第22行。

Дх.08660 **维摩诘所说经卷下法供养品第十三**

存2行。录文:"是千子受/一切施安其。"后秦鸠摩罗什译。经文见《大正藏》第14册,第556页B栏第11行至第12行。

Дх.08661 **佛顶尊胜陀罗尼经**

存2行。录文:"赞美此陀/道此佛。"唐佛陀波利译。经文见《大正藏》第19册,第351页A栏第27行至第29行。

Дх.08662 **妙法莲华经卷第三药草喻品第五**

存3行,行3至4字。起:"随宜说",讫:"义而说偈"。后秦鸠摩罗什译。经文见《大正藏》第9册,第19页C栏第7行至第9行。

Дх.08663 **残佛经**

存2行。录文:"利/利行。"不可定名。

Дх.08664 **妙法莲华经卷第七观世音菩萨普门品第二十五**

存3行,行1至3字。起:"人功德",讫:"心"。后秦鸠摩罗什译。经文见《大正藏》第9册,第58页B栏第3行至第7行。

Дх.08665 **残佛经**

存1行,总4字。录文:"生心心数。"不可定名。

Дх.08666 **残佛经**

存1行,总3字。录文:"为有情。"不可定名。

Дх.08667 **残佛经**

存1行,总4字。录文:"闻此诸佛。"不可定名。

Дх.08668 **大方等大集经卷第十八虚空藏菩萨品第八之五**

存5行,行1至8字。起:"善男子善女人",讫:"人功德复"。北凉昙无谶译。经文见《大正藏》第13册,第126页A栏第21行至第25行。

Дх.08669 **光赞经卷第一摩诃般若波罗蜜顺空品第二**

存3行。录文:"起不/菩萨/所猗。"西晋竺法护译。经文见《大正藏》第8册,第152页A栏第25行至第27行。

Дх.08670 **大般涅槃经卷第七如来性品第四之四**

存3行。录文:"律者/舍听诸比丘/猪猫。"北凉昙无谶译。经文见《大正藏》第12册,第403页B栏第7行至第10行。

Дх.08671 **残片**

存3行,行1字。录文:"忧/摩/及。"不可定名。

Дх.08672 **残片**

存3行。正文大字,注双行小字。不可定名。

Дх.08673 **残片**

存2行,行1字。录文:"白/受。"不可定名。

Дх.08674 **金刚般若波罗蜜经**

存3行,行1至4字。录文:"三千/是因缘得/

甚。"后秦鸠摩罗什译。经文见《大正藏》第8册，第751页B栏第29行至C栏第2行。

Дх.08675　佛说佛名经卷第六

存2行。录文："善法辟/(彡/甘)求。"北魏菩提流支译。经文见《大正藏》第14册，第145页C栏第10行至第11行。

Дх.08676　道行般若经卷第二摩诃般若波罗蜜功德品第三

存3行。录文："至/供养如故/阿难十方无殃。"后汉支娄迦谶译。经文见《大正藏》第8册，第436页A栏第22行至第25行。

Дх.08677　大般若波罗蜜多经卷第六十一初分随顺品第十七

存2行。录文："受爱/若色无色。"唐玄奘译。经文见《大正藏》第5册，第343页C栏第17行至第18行。同经同译相符者另有两处。

Дх.08678　残佛经

存2行。录文："者不/复。"不可定名。

Дх.08679　妙法莲华经卷第五如来寿量品第十六

存2行。录文："量无/分明宣。"后秦鸠摩罗什译。经文见《大正藏》第9册，第42页B栏第22行至第23行。

Дх.08680　残佛经

存1行，总2字。录文："衣者。"不可定名。

Дх.08681　大智度论卷第六十三释信谤品第四十一之余

存1行。录文："若难毕□□以毕竟□□。"龙树菩萨造、后秦鸠摩罗什译。经文见《大正藏》第25册，第508页C栏第13行。

Дх.08682　残佛经

存2行。录文："如佛/提。"不可定名。

Дх.08683　佛说观无量寿佛经

存3行。录文："系念/切众/想。"宋畺良耶舍译。经文见《大正藏》第12册，第341页C栏第28行至第342页A栏第1行。

Дх.08684　金刚般若波罗蜜经

存6行，行2至5字。起："佛言须"，讫："严佛"。北魏菩提流支译。经文见《大正藏》第8册，第755页B栏第29行至C栏第5行。

Дх.08685　十地经论义记卷第三本

佛经论疏。存6行，行1至18字。起："前"，讫："经对显业牒"。隋慧远撰。经文见《卍新续藏》第45册，第97页C栏第16行至第24行。

Дх.08686　大般涅槃经卷第三十六迦叶菩萨品第十二之四

存5行，行1至8字。起："诸佛亦复如是善覆"，讫："名"。北凉昙无谶译。经文见《大正藏》第12册，第579页B栏第11行至第15行。

Дх.08687　经字音

Дх.08688　妙法莲华经卷第二信解品第四

存2行。录文："利无/譬喻。"后秦鸠摩罗什译。经文见《大正藏》第9册，第16页B栏第23行至第25行。

Дх.08689　中本起经卷下度奈女品第十三

存2行，行4至7字。起："城中有长"，讫："即皆俱行诣"。后汉昙果共康孟详译。经文见《大正藏》第4册，第161页C栏第9行至第10行。与Дх.08695可缀合。另有二残片存"有死""煞"三字。

Дх.08690　妙法莲华经卷第二信解品第四

存7行，行2至5字。起："粪我等"，讫："作勿"。后秦鸠摩罗什译。经文见《大正藏》第9册，第17页A栏第11行至第18行。

Дх.08691　大般涅槃经卷第三十八迦叶菩萨品第十二之六

存3行，行1至2字。起："发"，讫："发已"。北凉昙无谶译。经文见《大正藏》第12册，第590页A栏第21行至第23行。

Дх.08692　馆藏缺

Дх.08693　佛经论释

存6行，行5至9字。

Дх.08694　馆藏缺

Дх.08695　中本起经卷下度奈女品第十三

存3行，行4至7字。起："命保在莫亡"，讫："能辨便相"。后汉昙果共康孟详译。经文见《大正藏》第4册，第161页C栏第25行至第28行。字体与Дх.08689相同，可与之缀合。

Дх.08696　馆藏缺

Дх.08697　中本起经卷下度奈女品第十三

存2行。录文："欲止/于是阿梵和利退坐。"后汉昙果共康孟详译。经文见《大正藏》第4册，第161页C栏第5行至第6行。经文中"梵"字，现刊本为"凡"。字体与Дх.08689、Дх.08695、Дх.08706、Дх.08702相同，可与之缀合。

Дх.08698至Дх.08701　馆藏缺

Дх.08702　中本起经卷下度奈女品第十三

存2行，行2至8字。录文："佛言/白佛此是国民岂得。"后汉昙果共康孟详译。经文见《大正藏》第4册，第161页C栏第17行至第18行。

Дх.08703至Дх.08705　馆藏缺

Дх.08706　中本起经卷下度奈女品第十三

存3行。录文："尊豪快/见佛功德增上诸/请佛。"后汉昙果共康孟详译。经文见《大正藏》第4册，第161页C栏第13行至第15行。与Дх.08689、Дх.08695相同，可与之缀合。与Дх.08702可直接缀合。缀合后存5行，行1至8字。起："尊豪快"，讫："岂得"。经文见《大正藏》第4册，第161页C栏第13行至第18行。

Дх.08707至Дх.08712　馆藏缺

Дх.08713　残佛经

存2行。录文："智以/陀。"不可定名。

Дх.08714　残片

存1行，总2字。录文："如是。"不可定名。

Дх.08715　佛说称扬诸佛功德经卷上

存7行，行1至2字。起："其"，讫："国有"。北魏吉迦夜译。经文见《大正藏》第14册，第87页A栏第23行至C栏第1行。

Дх.08716　妙法莲华经卷第三化城喻品第七

存4行，行2至4字。起："得佛"，讫："比丘大"。后秦鸠摩罗什译。经文见《大正藏》第9册，第23页A栏第6行至第11行。

Дх.08717　佛说观弥勒菩萨上生兜率天经

存4行，行3至4字。起："二由旬"，讫："常无我"。刘宋沮渠京声译。经文见《大正藏》第14册，第419页A栏第4行至第7行。

Дх.08718　维摩诘所说经卷中观众生品第七

存5行，行1至5字。起："知"，讫："男非女"。后秦鸠摩罗什译。经文见《大正藏》第14册，第548页C栏第1行至第5行。

Дх.08719　大般涅槃经卷第二十七师子吼菩萨品第十一之一

存3行，行1至5字。起："者"，讫："者谓声闻缘"。北凉昙无谶译。经文见《大正藏》第12册，第523页A栏第17行至第20行。

Дх.08720　菩萨善戒经卷第八如法住生菩提地品第四

存5行，行2至3字。起："魔梵"，讫："况于"。宋求那跋摩译。经文见《大正藏》第30册，第1004页C栏第11行至第15行。

Дх.08721　大乘起信论略述卷下

三残片，可缀合。存6行，行6至19字。中间文字有较大空缺。起："善而"，讫："后显"。唐昙旷撰。经文见《大正藏》第85册，第1114页A栏第20行至C栏第7行。

Дх.08722　十方千五百佛名经

存2行。录文："音尊王佛/十离音。"经文见《大正藏》第14册，第317页A栏第8行至第10行。

Дх.08723　大般涅槃经卷第三金刚身品第二

存2行。录文："不作/不众。"北凉昙无谶译。经文见《大正藏》第12册，第383页B栏第2行至第3行。

Дx.08724　金光明经卷第三散脂鬼神品第十

存4行，行3字。起："得生天"，讫："坏国土"。北凉昙无谶译。经文见《大正藏》第16册，第347页C栏第17行至第21行。经文"皆恚焦"，现刊本为"皆生焦"；经文"及父教"，现刊本为"及父教"。

Дx.08725　大般涅槃经卷第三十七迦叶菩萨品第十二之五

存3行，行3至5字。起："当更观"，讫："复观是"。北凉昙无谶译。经文见《大正藏》第12册，第584页A栏第2行至第4行。

Дx.08726　Дx.08848　集诸经礼忏仪卷上

存3行，行2至6字。起："及谤"，讫："来十方佛等一"。唐智昇撰。经文见《大正藏》第47册，第463页B栏第15行至第464页A栏第15行。

Дx.08727　摩诃般若波罗蜜经卷第十八梦誓品第六十一

存2行。录文："行受想/不行内空。"后秦鸠摩罗什译。经文见《大正藏》第8册，第354页B栏第8行至第9行。另《大智度论》也相符。

Дx.08728　残佛经

存2行。录文："师利若/瑀光佛。"不可定名。

Дx.08729　妙法莲华经卷第五安乐行品第十四

存3行，行2至4字。起："虎珀"，讫："眷属"。后秦鸠摩罗什译。经文见《大正藏》第9册，第38页C栏第27行至第29行。

Дx.08730　妙法莲华经卷第三药草喻品第五

存2行。录文："闻法/既闻。"后秦鸠摩罗什译。经文见《大正藏》第9册，第19页B栏第19行至第20行。

Дx.08731　般若波罗蜜多心经

存6行，行3字。起："波罗蜜"，讫："触法无"。唐玄奘译。经文见《大正藏》第8册，第848页C栏第7行至第12行。

Дx.08732　胜天王般若波罗蜜经卷第二法界品第三

存3行，行1至2字。起："闻"，讫："四无"。月婆首那译。经文见《大正藏》第8册，第696页B栏第27行至第29行。

Дx.08733　残佛经

存2行。录文："离烦恼者非有/于烦恼非入定意。"不可定名。

Дx.08734　妙法莲华经卷第七妙音菩萨品第二十四

存2行。录文："度者即现/说法。"后秦鸠摩罗什译。经文见《大正藏》第9册，第56页B栏第6行至第7行。

Дx.08735　金光明经卷第三正论品第十一

存2行。录文："爱着眷/所护生。"北凉昙无谶译。经文见《大正藏》第16册，第347页C栏第15行至第16行。

Дx.08736　光赞经卷第五摩诃般若波罗蜜摩诃萨品第十一

存2行。录文："诃萨所/尊有。"西晋竺法护译。经文见《大正藏》第8册，第180页C栏第28行至第29行。另后秦竺佛念译《最胜问菩萨十住断结经》也相符。

Дx.08737　妙法莲华经卷第三化城喻品第七

存2行。录文："民重说/等伦百。"后秦鸠摩罗什译。经文见《大正藏》第9册，第23页A栏第1行至第2行。

Дx.08738　妙法莲华经卷第二譬喻品第三

存4行，行1至4字。起："穷诸"，讫："谤斯"。后秦鸠摩罗什译。经文见《大正藏》第9册，第16页A栏第3行至第8行。

Дx.08739　妙法莲华经卷第五分别功德品第十七

存2行。录文："大千界微/千界微。"后秦鸠摩罗什译。经文见《大正藏》第9册，第44页B栏第16行至第18行。

Дx.08740　妙法莲华经卷第三化城喻品第七

存2行。录文："大明其/云何忽生。"后秦鸠摩罗什译。经文见《大正藏》第9册，第23页A栏第14

行至第15行。

Дх.08741 大方广佛华严经卷第五十五入法界品第三十四之十二

存2行。录文："议法/时耶久如当。"东晋佛驮跋陀罗译。经文见《大正藏》第9册,第747页B栏第3行至第4行。

Дх.08742 佛说佛名经卷第二

存2行。录文："世界名宝轮/罗三。"北魏菩提流支译。经文见《大正藏》第14册,第123页B栏第28行至第29行。另失译《佛说佛名经卷》也相符。

Дх.08743 十地经论善慧地卷第九之十一

存2行。录文："法者具/所应闻而。"天亲菩萨造、北魏菩提流支译。经文见《大正藏》第26册,第190页A栏第7行至第8行。另失译《佛说佛名经》也相符。

Дх.08744 残佛经

存3行。录文："如/世间/复如。"不可定名。

Дх.08745 残佛经

存2行。录文："菩萨摩诃萨/正等觉及诸。"不可定名。

Дх.08746 大般涅槃经卷第二十四光明遍照高贵德王菩萨品第十之四

存1行,总5字。录文："婆舍利伽鸟。"另存"生清净"3字。北凉昙无谶译。经文见《大正藏》第12册,第507页C栏第24行。

Дх.08747 残佛经

存2行。录文："乃至于/乃至于。"不可定名。

Дх.08748 妙法莲华经卷第一方便品第二

存2行。录文："呗颂佛德/以一华。"后秦鸠摩罗什译。经文见《大正藏》第9册,第9页A栏第15行至第17行。

Дх.08749A 残佛经

存1行,总2字。录文："上士。"不可定名。

Дх.08749B 残佛经

存一"受"字。不可定名。

Дх.08749C 大方广总持宝光明经卷第三

存1行,总4字。录文："如见一子。"宋法天译。经文见《大正藏》第10册,第894页B栏第11行。

Дх.08749D 残佛经

存1行,总3字。录文："浊恶。"不可定名。

Дх.08749E 佛残经

存1行,总3字。录文："力如是。"不可定名。

Дх.08749F 残佛经

存2行。录文："一切以下弟/不思议。"不可定名。

Дх.08749G 残佛经

存2行。录文："身之/诸。"不可定名。

Дх.08749H 残佛经

存1行,总2字。录文："三世。"不可定名。

Дх.08749I 光赞经卷第三摩诃般若波罗蜜了空品第七

存2行。录文："斯如是/致欲学。"西晋竺法护译。经文见《大正藏》第8册,第166页C栏第22行至第23行。

Дх.08749J 残佛经

存1行,总3字。录文："故时舍。"不可定名。

Дх.08750A 文学作品

存5行/录文："□复忧患盲者视见哑/□□生长阴阳和顺百姓/特□汝等前生万劫/尊慈颜□嘱必当/秘要晓示。"

Дх.08750B 大乘无量寿经

存2行。录文："十二萨婆婆/说是无量。"唐法成译。经文见《大正藏》第19册,第82页B栏第29行至C栏第2行。

Дх.08751 妙法莲华经卷第五安乐行品第十四

存5行,行3至6字。起："利云何名菩",讫："萨亲近"。后秦鸠摩罗什译。经文见《大正藏》第9册,第37页A栏第17行至第21行。

Дх.08752 Дх.08770 Дх.08775 佛说父母恩重经

存15行,行1至9字。起："儿欢儿见",讫："非吾"。经文见《大正藏》第85册,第1403页C栏第19行至第1404页A栏第9行。缀合顺序为Дх.08775+Дх.08752+Дх.08770。

Дх.08753 **妙法莲华经卷第三授记品第六**

存5行,行3至8字。起:"声闻弟子",讫:"及声闻"。后秦鸠摩罗什译。经文见《大正藏》第9册,第21页A栏第24行至第28行。

Дх.08754 **发愿文**

存2行。录文:"圣德给於九区神威/□□修垂拱而万□。"

Дх.08755 **大乘无量寿经**

二残片,可缀合。存6行,行6至12字。起:"尔时复有恒河",讫:"底十二"。与Дх.08750B字体相同,可缀合。唐法成译。经文见《大正藏》第19册,第83页A栏第9行至第21行。

Дх.08756 **佛经论释**

存4行。起:"了达",讫:"弟三了蕴"。

Дх.08757 Дх.08776 **净名经关中释抄卷下菩萨品**

二残片,可缀合。存7行,行5至15字。起:"中道一心一智",讫:"真谛也"。唐道液撰。经文见《大正藏》第85册,第523页A栏第16行至第28行。

Дх.08758 **习字**

存3行。习写"因""目""满"等字。

Дх.08759 Дх.08760 **佛说佛名经卷第一**

存3行,行2至5字。起:"无量",讫:"消灭诸"。北魏菩提流支译。经文见《大正藏》第14册,第114页C栏第17行至第19行。缀合顺序Дх.08760+Дх.08759。

Дх.08761 **残佛经**

存1行,总2字。录文:"摩成。"不可定名。

Дх.08762 **金光明最胜王经卷第十舍身品第二十六**

存6行,行2至3字。起:"敷已白",讫:"开裂七"。唐义净译。经文见《大正藏》第16册,第451页A栏第2行至第7行。

Дх.08763 **大般若波罗蜜多经卷第九十八初分叹众德品第二十八之一**

存6行,行4至9字。起:"摩诃萨所",讫:"萨所行般若"。唐玄奘译。经文见《大正藏》第5册,第542页C栏第23行至第29行。

Дх.08764 **金刚般若波罗蜜经**

存3行,行4至7字。起:"菩萨发阿",讫:"藐三菩提"。北魏菩提流支译。经文见《大正藏》第8册,第756页B栏第27行至第29行。

Дх.08765 **大般若波罗蜜多经卷第二百八十八初分着不着相品第三十六之二**

存7行,行1至7字。起:"波罗蜜多时",讫:"应"。唐玄奘译。经文见《大正藏》第6册,第465页C栏第11行至第19行。

Дх.08766 Дх.08779 **妙法莲华经忧波提舍卷上序品第一**

存8行,行6至7字。起:"十六句初句是总",讫:"不着诸禅故九"。婆薮盘豆释、北魏菩提留支共昙林等译。经文见《大正藏》第26册,第1页C栏第21行至第2页A栏第1行。

Дх.08767 **大般涅槃经卷第三寿命品第一之三**

存8行,行2至12字。起:"云何如来",讫:"也于"。北凉昙无谶译。经文见《大正藏》第12册,第380页C栏第14行至第21行。

Дх.08768 **杂写**

存1行,总2字。录文:"绝观。"

Дх.08769 **梵网经卢舍那佛说菩萨心地戒品第十卷下**

存4行,行2至5字。起:"鬼神",讫:"悲心者是"。后秦鸠摩罗什译。经文见《大正藏》第24册,第1004页B栏第28行至C栏第2行。

Дх.08770 **佛说父母恩重经**

见Дх.08752。

Дх.08771 **残佛经**

存2行,行4字。未检出。

Дх.08772 **妙法莲华经卷第七观世音菩萨普门品**

第二十五

存2行。录文："能施无/畏者无。"后秦鸠摩罗什译。经文见《大正藏》第9册，第57页B栏第22行至第24行。

Дx.08773 残片

存一"坐"字。

Дx.08774 妙法莲华经卷第七观世音菩萨普门品第二十五

存4行，行5至8字。起："生为求金银琉"，讫："是诸人等皆"。后秦鸠摩罗什译。经文见《大正藏》第9册，第56页C栏第11行至第15行。

Дx.08775 佛说父母恩重经

见Дx.08752。

Дx.08776 净名经关中释抄卷下菩萨品

见Дx.08757。

Дx.08777 妙法莲华经卷第一序品第一

存3行，行5字。起："方"，讫："好丑"。后秦鸠摩罗什译。经文见《大正藏》第9册，第2页C栏第14行至第17行。

Дx.08778 四分律疏卷第三妄称得过人法戒第四

存3行，行4至10字。起："若比丘者"，讫："为慢此人久在山林"。唐法砺撰。经文见《卍续藏》第41册，第585页A栏第13行至第15行。有异文。

Дx.08778V 习字

存1行"之"字。

Дx.08779 妙法莲华经忧波提舍卷上序品第一

见Дx.08766。

Дx.08780 妙法莲华经卷第二譬喻品第三

存7行，行1至9字。起："华"，讫："供养佛"。后秦鸠摩罗什译。经文见《大正藏》第9册，第12页A栏第4行至第11行。

Дx.08781 大般若波罗蜜多经卷第五百六十六第六分缘起品第一

存2行。录文："藏菩萨/戒菩萨普行菩"。唐玄奘译。经文见《大正藏》第7册，第921页B栏第19行至第20行。

Дx.08782 维摩诘所说经卷下香积佛品第十

存2行。录文："彼佛足/敬无量。"后秦鸠摩罗什译。经文见《大正藏》第14册，第552页B栏第4行至第5行。

Дx.08783 Дx.08903 残片

Дx.08784 残片

二残片。其一，录文："赖头未。"其二，录文："烦恼。"

Дx.08785A Дx.08793A Дx.08795A Дx.08801A Дx.08832A Дx.08842A 佛说佛名经卷第二十一

起："佛"，讫："乐法"。失译。经文见《大正藏》第14册，第271页B栏第18行至第23行。缀合顺序为Дx.08793+Дx.08795+Дx.08785+Дx.08801+Дx.08832+Дx.08842。

Дx.08785B Дx.08793B Дx.08795B Дx.08801B Дx.08832B Дx.08842B 佛说佛名经卷第十

存30行，行1至10字。起："作佛"，讫："南无"。北魏菩提流支译。经文见《大正藏》第14册，第168页A栏第11行至第171页B栏第10行。缀合顺序为Дx.08793+Дx.08795+Дx.08785+Дx.08801+Дx.08832+Дx.08842。

Дx.08786 押衙朗神达牒

见Дx.02264。

Дx.08787 大般若波罗蜜多经卷第一百二十六初分校量功德品第三十之二十四

存4行，行1至7字。起："庆喜当知"，讫："谛"。唐玄奘译。经文见《大正藏》第5册，第689页B栏第1行至第5行。

Дx.08788 小品般若波罗蜜经卷第三摩诃般若波罗蜜回向品第七

存4行，行2至7字。起："提因弥勒"，讫："世界。"后秦鸠摩罗什译。经文见《大正藏》第8册，第548页A栏第17行至第20行。其中"已灭"倒置。

Дx.08789 残片

存5行。未检出。

Дх.08790 佛本行集经卷第四十二优波斯那品第四十五

存2行。录文："于若干年/作弟子我。"隋阇那崛多译。经文见《大正藏》第3册，第851页A栏第20行至第21行。

Дх.08790V 民族文字残片

Дх.08791 妙法莲华经卷第五安乐行品第十四

存3行，行3至4字。起："安住初"，讫："应住安乐"。后秦鸠摩罗什译。经文见《大正藏》第9册，第37页C栏第27行至第38页A栏第1行。

Дх.08792 金光明最胜王经卷第十舍身品第二十六

存4行，行2至6字。起："大地六种震动"，讫："众见"。唐义净译。经文见《大正藏》第16册，第452页A栏第7行至第10行。

Дх.08793A 佛说佛名经卷第二十一

见Дх.08785A。

Дх.08793B 佛说佛名经卷第十

见Дх.08785B。

Дх.08794 金刚般若波罗蜜经

存11行，行7至16字。起："何一切贤圣"，讫："须菩提"。后秦鸠摩罗什译。经文见《大正藏》第8册，第749页B栏第17行至第27行。

Дх.08795A 佛说佛名经卷第二十一

见Дх.08785A。

Дх.08795B 佛说佛名经卷第十

见Дх.08785B。

Дх.08796 大般涅槃经卷第十八梵行品第八之四

存3行，行3字。起："善男子"，讫："云何无"。北凉昙无谶译。经文见《大正藏》第12册，第469页A栏第10行至第12行。

Дх.08797 十方千五百佛名经

存4行，行5至7字。起："清净智勤佛"，讫："二持戒光明佛"。失译。经文见《大正藏》第14册，第317页A栏第15行至第19行。

Дх.08798 版画大圣文殊师利菩萨

Дх.08799 杂写

存1行，总3字。录文："仁祐春。"不可定名。

Дх.08800 残佛经

存3行。录文："佛/德佛/光佛。"不可定名。

Дх.08801A 佛说佛名经卷第二十一

见Дх.08785A。

Дх.08801B 佛说佛名经卷第十

见Дх.08785B。

Дх.08802 残佛经

存2行。录文："下所/多名举二名。"不可定名。

Дх.08803 妙法莲华经卷第五如来寿量品第十六

存6行，行1至3字。起："难"，讫："息若十"。后秦鸠摩罗什译。经文见《大正藏》第9册，第43页A栏第3行至第9行。

Дх.08804 羯磨

存12行，行5至31字。起："戒和上"，讫："与人非乐若"。曹魏昙谛译。经文见《大正藏》第22册，第1053页C栏第19行至第1054页A栏第6行。与现刊本相较有异文。

Дх.08805 金光明最胜王经卷第六四天王护国品第十二

存5行，行2至4字。起："令得"，讫："阿苏"。唐义净译。经文见《大正藏》第16册，第427页B栏第27行至C栏第1行。

Дх.08806 残佛经

存5行，行2字。录文："何者/□□/家七/得入/戒礼。"

Дх.08807 妙法莲华经卷第二譬喻品第三

存4行，行4至6字。起："诸子闻说"，讫："生育"。后秦鸠摩罗什译。经文见《大正藏》第9册，第14页B栏第23行至第28行。

Дх.08808 大般涅槃经卷第三十五迦叶菩萨品第十二之三

存2行。录文："见杌根便/见比丘。"北凉昙无谶译。经文见《大正藏》第12册，第569页B栏第7行至第8行。

Дx.08809 妙法莲华经卷第二信解品第四

存2行。录文："藏自无志/足唯了此。"后秦鸠摩罗什译。经文见《大正藏》第9册，第18页B栏第23行至第25行。

Дx.08810 金光明最胜王经卷第一如来寿量品第二

存5行，行2至8字。起："不现"，讫："竭僭"。尾题："胜王经卷第。"后2行经音字。唐义净译。经文见《大正藏》第16册，第408页A栏第26行至第28行。

Дx.08811 道行般若经卷第二摩诃般若波罗蜜功德品第三

存4行，行5至6字。起："中天佛言"，讫："恒边沙佛国中"。后汉支娄迦谶译。经文见《大正藏》第8册，第437页C栏第16行至第20行。

Дx.08811V 佛经论释

存3行，行4至5字。起："义灭以家"，讫："苦爱别离苦"。

Дx.08812 佛说维摩诘经卷下不二入品第九

存3行，行1至5字。起："想立者而不"，讫："受为二当如"。吴支谦译。经文见《大正藏》第14册，第531页A栏第15行至第17行。

Дx.08813 妙法莲华经卷第五安乐行品第十四

存4行，行1至4字。起："慧"，讫："其力已"。后秦鸠摩罗什译。经文见《大正藏》第9册，第39页B栏第4行至第8行。

Дx.08814 残片

存1行，总2字。录文："光照。"不可定名。

Дx.08815 添品妙法莲华经卷第四见宝塔品第十一

存3行，行4至5字。起："令四方求法"，讫："妙法莲华"。隋阇那崛多共笈多译。经文见《大正藏》第9册，第169页A栏第9行至第11行。

Дx.08816 佛顶尊胜陀罗尼经

存3行，行3至5字。起："此陀罗尼"，讫："复增寿命受"。唐佛陀波利译。经文见《大正藏》第19册，第351页C栏第22行至第24行。

Дx.08817 佛说天地八阳神咒经

存5行，行3字。起："贵百子"，讫："他书写"。唐义净译。经文见《大正藏》第85册，第1423页A栏第7行至第12行。

Дx.08818 妙法莲华经卷第四见宝塔品第十一

存2行。录文："若使人书/升于梵天。"后秦鸠摩罗什译。经文见《大正藏》第9册，第34页A栏第25行至第26行。

Дx.08819 梵网经卢舍那佛说菩萨心地戒品第十卷下

存2行，行3至7字。起："尼经律"，讫："应持经"。后秦鸠摩罗什译。经文见《大正藏》第24册，第1005页B栏第29行至C栏第1行。

Дx.08820 妙法莲华经卷第三药草喻品第五

存2行。录文："日光掩/其雨。"后秦鸠摩罗什译。经文见《大正藏》第9册，第19页C栏第18行至第19行。

Дx.08821 光赞经卷第五摩诃般若波罗蜜等无等品第十二

存2行。录文："大十二/畏四分别。"西晋竺法护译。经文见《大正藏》第8册，第183页A栏第20行至第21行。

Дx.08822 佛经论释

二残片。存4行，行3至4字。无法辨识。

Дx.08823 佛说咒魅经

存4行，行2至9字。起："魅蛊令人生死无救道"，讫："久停"。经文见《大正藏》第85册，第1383页C栏第2行至第5行。与现刊本相较有异文。

Дx.08824 梵网经卢舍那佛说菩萨心地戒品第十卷下

存4行，行4至6字。起："身安居"，讫："及三七"。后秦鸠摩罗什译。经文见《大正藏》第24册，第1008页B栏第9行至第12行。

Дx.08825 妙法莲华经卷第六常不轻菩萨品第二十

存5行，行2至5字。起："说是"，讫："比丘临欲终"。后秦鸠摩罗什译。经文见《大正藏》第9册，第50页C栏第28行至第51页A栏第3行。

Дx.08826 十方千五百佛名经

存2行。录文："一那术同字/忧佛喜生德佛。"经文见《大正藏》第14册，第316页A栏第27行至第28行。

Дx.08827 妙法莲华经卷第二譬喻品第三

存7行，行2至5字。起："我等咎非"，讫："佛子"。后秦鸠摩罗什译。经文见《大正藏》第9册，第10页C栏第7行至第13行。

Дx.08828 维摩诘所说经卷中不思议品第六

存7行，行4至11字。起："舍利"，讫："大欣庆"。后秦鸠摩罗什译。经文见《大正藏》第14册，第547页A栏第4行至第11行。

Дx.08829 阿毗昙心论卷第三智品第六

存1行，总7字。录文："是九智缘除法智。"尊者法胜造、僧伽提婆共惠远译。经文见《大正藏》第28册，第822页B栏第10行。

Дx.08830 妙法莲华经卷第四授学无学人记品第九

存4行，行3至7字。起："是二千"，讫："国土"。后秦鸠摩罗什译。经文见《大正藏》第9册，第30页B栏第14行至第20行。

Дx.08831 大般若波罗蜜多经卷第三百一十二初分众喻品第四十四之二

存4行，行1至2字。起："戒是"，讫："我"。唐玄奘译。经文见《大正藏》第6册，第594页A栏第4行至第7行。另外同经还有相符者。

Дx.08832A 佛说佛名经卷第二十一

见Дx.08785A。

Дx.08832B 佛说佛名经卷第十

见Дx.08785B。

Дx.08833 摩诃般若波罗蜜经卷第十一随喜品第三十九

存4行，行2至7字。起："语弥勒菩萨若"，讫："无学善根"。后秦鸠摩罗什译。经文见《大正藏》第8册，第297页C栏第26行至第29行。

Дx.08834 金刚般若波罗蜜经

存2行。录文："而有差别/世界。"后秦鸠摩罗什译。经文见《大正藏》第8册，第749页B栏第17行至第19行。另《大智度论》也相符。

Дx.08835 佛本行集经卷第二十四优波斯那品第四十五

存2行。录文："善事也彼/舅边到已遥。"隋阇那崛多译。经文见《大正藏》第3册，第851页B栏第22行至第23行。

Дx.08836 摩诃般若波罗蜜经卷第十三闻持品第四十五

存4行，行1至9字。起："蜜"，讫："为阿耨多罗"。后秦鸠摩罗什译。经文见《大正藏》第8册，第317页C栏第23行至第26行。

Дx.08837 金刚般若波罗蜜经论卷中

存5行，行3至4字。起："有法得"，讫："实无有法"。无著菩萨造、隋达磨笈多译。经文见《大正藏》第25册，第776页A栏第16行至第22行。另北魏菩提流支译《金刚般若波罗蜜经论卷中》也相符。

Дx.08838 四分律删补随机羯磨卷上集法缘成篇第一

存3行，行4至6字。起："月初日食"，讫："若得第利若"。唐道宣集。经文见《大正藏》第40册，第498页B栏第25行至第28行。

Дx.08839 残佛经

存1行，总3字。录文："辟支佛。"不可定名。

Дx.08840 大般若波罗蜜多经题签

录文："经卷第三百册七。"

Дх.08841　放光般若经卷第七摩诃般若波罗蜜无二品第三十七

存3行，行2至3字。起："当受学"，讫："实无有法"。西晋无罗叉译。经文见《大正藏》第8册，第51页A栏第26行至第29行。

Дх.08842A　佛说佛名经卷第二十一

见Дх.08785A。

Дх.08842B　佛说佛名经卷第十

见Дх.08785B。

Дх.08843　维摩诘所说经卷中文殊师利问疾品第五

存16行，行1至9字。起："诘问疾文"，讫："不"。后秦鸠摩罗什译。经文见《大正藏》第14册，第544页A栏第26行至B栏第15行。

Дх.08844　药师琉璃光如来本愿功德经

存12行，行4至7字。起："璃光如"，讫："善男子善"。唐玄奘译。经文见《大正藏》第14册，第405页B栏第27行至C栏第9行。

Дх.08845　妙法莲华经卷第一序品第一

存7行，行4至13字。起："佛说是法华"，讫："净身亦度"。后秦鸠摩罗什译。经文见《大正藏》第9册，第5页A栏第8行至第20行。

Дх.08846　大般若波罗蜜多经卷第三百六十五初分实说品第六十二之三

存9行，行2至10字。起："性不"，讫："净佛土"。唐玄奘译。经文见《大正藏》第6册，第880页B栏第17行至第24行。

Дх.08847　天王文题记

存1行，总10字。录文："天王文一本禅师保德念。"

Дх.08848　集诸经礼忏仪卷上

见Дх.08726。

Дх.08849　大般若波罗蜜多经卷第三百六十三第二分巧便品第六十八之四

存17行，行2至12字。起："过极微"，讫："罗蜜"。唐玄奘译。经文见《大正藏》第7册，第338页B栏第20行至C栏第10行。同经另有相符者。

Дх.08850　持诵金刚经灵验功德记

存14行，行3至13字。起："赤声金刚"，讫："启请八金刚然"。经文见《大正藏》第85册，第159页C栏第21行至第28行。

Дх.08851　菩萨戒本疏卷下第十不畜杀具戒

存2行。录文："萨乃至杀父母尚/故畜刀杖者犯。"新罗沙门义寂述。经文见《大正藏》第40册，第673页C栏第26行至第28行。

Дх.08852　大乘百法明门论开宗义决

存7行，行2至4字。起："道理"，讫："应问彼"。唐昙旷撰。经文见《大正藏》第85册，第1071页A栏第11行至第22行。

Дх.08853　佛说佛名经卷第一

存4行，行2至4字。起："隐远"，讫："南无无垢"。北魏菩提流支译。经文见《大正藏》第14册，第114页C栏第18行至第22行。

Дх.08854　律宗经典

存4行，行3至10字。起："使德为半迦"，讫："□尼说"。

Дх.08855　宝云经卷第四

存4行，行8至12字。起："师想"，讫："善知识想善"。梁曼陀罗仙译。经文见《大正藏》第16册，第228页B栏第17行至第21行。与Дх.08859可缀合。

Дх.08856　佛说佛名经卷第一

存7行，行1至2字。起："第二"，讫："暂"。失译。经文见《大正藏》第14册，第188页B栏第27行至C栏第4行。同经另有相符者。

Дх.08857　佛说父母恩重经

存7行，行4至5字。起："崛山中与"，讫："母养育卧"。经文见《大正藏》第85册，第1403页B栏第23行至第29行。

Дх.08858　金光明最胜王经卷第十舍身品第二

十六

存9行,行2至7字。起:"其上大",讫:"刍汝等应"。唐义净译。经文见《大正藏》第16册,第451页A栏第8行至第17行。

Дх.08859 宝云经卷第三至卷第四

存4行,行1至9字。起:"法",讫:"心无谄伪亦无"。梁曼陀罗仙译。经文见《大正藏》第16册,第228页B栏第6行至第15行。与Дх.08855可缀合。

Дх.08860 药师琉璃光如来本愿功德经

存5行,行2至5字。起:"今劝诸",讫:"波夷罗大将"。唐玄奘译。经文见《大正藏》第14册,第408页A栏第22行至第28行。

Дх.08861 残片

存2字。无法辨识。

Дх.08862 金光明最胜王经卷第一序品第一

存3行,行1至8字。首题:"最胜王经序品第一",讫:"界"。唐义净译。经文见《大正藏》第16册,第403页A栏第1行至第8行。

Дх.08863 金光明最胜王经卷第一如来寿量品第二

存4行,行3至4字。起:"尔时妙幢",讫:"有说如来"。唐义净译。经文见《大正藏》第16册,第408页A栏。

Дх.08864 大般若波罗蜜多经题签

录文:"大般若波罗蜜多经卷第五百七十一。"

Дх.08865 妙法莲华经卷第六常不轻菩萨品第二十

存4行,行3至8字。起:"是故诸菩萨",讫:"号威音王"。后秦鸠摩罗什译。经文见《大正藏》第9册,第51页B栏第7行至第11行。

Дх.08865V 杂写

杂写"我"字。

Дх.08866 佛说摩利支天陀罗尼咒经

存9行,行1至6字。起:"孤独园尔",讫:"不"。失译。经文见《大正藏》第21册,第261页B栏第29行至C栏第12行。

Дх.08867 佛经论释

存5行,行3至14字。起:"半偈而",讫:"此而成"。未检出。

Дх.08868 愿文

存3行。录文:"荣高丘岳之尊/遐迩大安然/自损伤勿来。"

Дх.08869 妙法莲华经卷第六常不轻菩萨品第二十

存2行。录文:"自在灯王/典故得。"后秦鸠摩罗什译。经文见《大正藏》第9册,第51页A栏第14行至第16行。

Дх.08870 四分律卷第六(初分之六)三十舍堕法之一

存5行,行2至3字。起:"南六群",讫:"义乃"。后秦佛陀耶舍共竺佛念等译。经文见《大正藏》第22册,第601页C栏第18行至第23行。另有同经相等者。

Дх.08871 大波若般若蜜多经题签

录文:"大波若般若蜜多经卷第廿□。"

Дх.08872 金刚般若波罗蜜经

存3行,行4至5字。起:"众中即从",讫:"诸菩萨"。后秦鸠摩罗什译。经文见《大正藏》第8册,第748页C栏第24行至第27行。

Дх.08873 妙法莲华经卷第七观世音菩萨普门品第二十五

存4行,行3至6字。起:"尽意复",讫:"紧"。后秦鸠摩罗什译。经文见《大正藏》第9册,第57页B栏第28行至C栏第2行。

Дх.08874 残片

存2行。录文:"议/般若波罗蜜。"不可定名。

Дх.08875 妙法莲华经卷第六药王菩萨本事品第二十三

存1行,总5字。录文:"面礼足合十。"后秦鸠摩罗什译。经文见《大正藏》第9册,第53页C栏第

2行至第3行。

Дx.08876 大般若波罗蜜多经题签

录文："大般若波罗蜜多经卷第五百一十七。"

Дx.08877 金光明最胜王经卷第一序品第一

存6行，行4至6字。起："利迦大迦"，讫："所知识施戒清"。唐义净译。经文见《大正藏》第16册，第403页A栏第15行至第22行。

Дx.08878 金刚般若波罗蜜经题签

录文："金刚般若波罗蜜经一卷。"

Дx.08879 妙法莲华经卷第五如来寿量品第十六

存6行，行2至5字。起："尔时"，讫："佛语如是"。后秦鸠摩罗什译。经文见《大正藏》第9册，第42页B栏第1行至第6行。

Дx.08880 大般若波罗蜜多经卷第三百五十四初分多问不二品第六十一之四

存3行，行5至7字。起："圣谛亦遍摄"，讫："四念住四"。唐玄奘译。经文见《大正藏》第6册，第820页A栏第22行至第25行。与Дx.08890可缀合。

Дx.08881 维摩诘所说经卷上佛国品第一

存8行，行2至4字。起："弥勒菩萨"，讫："百千人"。后秦鸠摩罗什译。经文见《大正藏》第14册，第537页B栏第15行至第22行。

Дx.08882 残佛经

存2行，行2至6字。录文："采了经数年如/合直。"不可定名。

Дx.08882V 佛经论释

存3行。录文："佛子/密流泉佛陀波/熏中禅一入。"

Дx.08883 佛经论释

存3行，行2至6字。录文："龙王欢喜风雨/苦地狱/□国。"

Дx.08884 金光明最胜王经卷第五莲华喻赞品第七

存8行，行1至4字。起："照"，讫："我以至诚"。唐义净译。经文见《大正藏》第16册，第423页A栏第1行至第8行。

Дx.08885 题记

存2行。录文："随分供养冥心一境/有情同归常乐。"

Дx.08886 大般若波罗蜜多经题签

录文："大般若波罗蜜多经卷第▢▢▢。"

Дx.08887 金刚般若波罗蜜经

存2行。录文："是/说章句生实信。"后秦鸠摩罗什译。经文见《大正藏》第8册，第749页A栏第24行至第27行。

Дx.08888 金刚般若波罗蜜经

存5行，行2至5字。起："提若"，讫："深经典"。后秦鸠摩罗什译。经文见《大正藏》第8册，第750页A栏第23行至第29行。

Дx.08889 妙法莲华经卷第六药王菩萨本事品第二十三

存2行。录文："适曾供养今/说是偈已。"后秦鸠摩罗什译。经文见《大正藏》第9册，第53页C栏第5行至第6行。

Дx.08890 大般若波罗蜜多经卷第三百五十四初分多问不二品第六十一之四

存3行，行3至6字。起："等觉支八圣"，讫："受佛十"。唐玄奘译。经文见《大正藏》第6册，第820页A栏第25行至第27行。与Дx.08880可缀合。

Дx.08891 四分僧戒本

存5行，行2至8字。起："一卷"，讫："毗舍拘留孙"。后秦佛陀耶舍译。经文见《大正藏》第22册，第1023页A栏第18行至第24行。

Дx.08892 四分律卷第二十三

存4行，行1至6字。起："尔时佛在舍卫"，讫："故"。后秦佛陀耶舍共竺佛念等译。经文见《大正藏》第22册，第724页B栏第16行至第19行。

Дx.08893 妙法莲华经卷第三授记品第六

存3行，行1至4字。起："亦住"，讫："义"。后秦鸠摩罗什译。经文见《大正藏》第9册，第21页A栏第27行至第29行。

Дх.08894　残佛经

存3行。录文："谓孤/誉无婆/反者道。"未检出。

Дх.08895　十方千五百佛名经

存3行，行3至8字。起："最正觉"，讫："现世安隐"。经文见《大正藏》第14册，第316页A栏第4行至第6行。

Дх.08896　大智度论卷第三十一释初品中十八空义第四十八

存5行，行2至5字。起："如经中说"，讫："等过"。龙树菩萨造、后秦鸠摩罗什译。经文见《大正藏》第25册，第291页A栏第3行至第8行。与现刊本相比其中缺一"生"字。

Дх.08897　金刚般若波罗蜜经

存4行，行4至8字。起："以相成就"，讫："识不能知"。北魏菩提流支译。经文见《大正藏》第8册，第756页B栏第17行至第23行。

Дх.08898　阿毗达磨俱舍论卷第五分别根品第二之三

印本。存3行，行1至5字。起："想"，讫："不生爱触"。世亲菩萨造、唐玄奘译。经文见《大正藏》第29册，第26页A栏第2行至第5行。

Дх.08898V　宝女所问经卷第四不退转品第十一

存5行，行3至7字。起："亦如是"，讫："以是"。西晋竺法护译。经文见《大正藏》第13册，第471页B栏第15行至第24行。经文"如之"，现刊本为"如是"；经文"所拔"，现刊本为"所状"。

Дх.08899　佛经论释

存6行，行5字左右。草书。未检出。

Дх.08900　佛说宝雨经卷第四

存2行。录文："乃至能/所有种。"唐达摩流支译。经文见《大正藏》第16册，第297页B栏第17行至第18行。

Дх.08901　大方广佛华严经卷第五十六入法界品第三十四之十三

存6行，行1至5字。起："养"，讫："恶道"。东晋佛驮跋陀罗译。经文见《大正藏》第9册，第754页C栏第17行至第22行。

Дх.08902　佛经咒语

存2行。录文："波耶摩诃/□荼。"未检出。

Дх.08903　残片

见Дх.08783。不可定名。

Дх.08904　残佛经

存3行。录文："颠倒/净见即□/电。"不可定名。

Дх.08905　残片

Дх.08906　残佛经

存2行。录文："弟子/舍利浮。"不可定名。

Дх.08907　金光明经卷第三散脂鬼神品第十

存4行，行1至9字。起："首"，讫："听是法者"。北凉昙无谶译。经文见《大正藏》第16册，第350页A栏第12行至第16行。

Дх.08908　大般涅槃经卷第三十四迦叶菩萨品第十二之二

存4行，行3至6字。起："须跋陀"，讫："闻已"。北凉昙无谶译。经文见《大正藏》第12册，第565页A栏第28行至B栏第2行。

Дх.08909　金刚般若波罗蜜经

存5行，行2至5字。起："世尊但诸"，讫："须菩"。北魏菩提流支译。经文见《大正藏》第8册，第754页A栏第10行至第15行。

Дх.08910　大般涅槃经卷第三十二师子吼菩萨品第十一之六

存7行，行4字。起："佛性者名"，讫："悉有佛性"。北凉昙无谶译。经文见《大正藏》第12册，第557页A栏第11行至第18行。

Дх.08911　大般若波罗蜜多经卷第五百二第三分现窣堵波品第五之三

存4行，行2至8字。起："五衰相"，讫："诸天"。唐玄奘译。经文见《大正藏》第7册，第556页A栏第13行至第16行。

Дх.08912 妙法莲华经卷第二譬喻品第三

存6行，行1至6字。起："从"，讫："舍出之复更"。后秦鸠摩罗什译。经文见《大正藏》第9册，第12页B栏第19行至第25行。

Дх.08913 菩萨地持经卷第十菩萨地持毕竟方便处建立品第五

存9行，行4至9字。起："悲心佛眼"，讫："不爱果是名"。北凉昙无谶译。经文见《大正藏》第30册，第958页A栏第15行至第24行。

Дх.08914 Дх.08928 字书

Дх.08915 妙法莲华经卷第四五百弟子受记品第八

存4行，行1至3字。起："跃"，讫："智慧"。后秦鸠摩罗什译。经文见《大正藏》第9册，第29页A栏第2行至第5行。

Дх.08916 残佛经

存2行。录文："尊说/起受相。"

Дх.08917A 残佛经

存2行。录文："天人/以。"

Дх.08917B 残佛经

存2行。录文："佛/无量音。"

Дх.08918 妙法莲华经卷第三化城喻品第七

存3行，行2至4字。起："殿愿"，讫："生者"。后秦鸠摩罗什译。经文见《大正藏》第9册，第23页C栏第13行至第16行。

Дх.08919 Дх.08920 Дх.08933 道行般若经卷第三摩诃般若波罗蜜泥犁品第五

存5行，行1至5字。起："岁当更若干"，讫："人诽谤"。后汉支娄迦谶译。经文见《大正藏》第8册，第441页B栏第9行至第20行。缀合顺序为Дх.08920+Дх.08919+Дх.08933。

Дх.08921 妙法莲华经卷第五如来寿量品第十六

存5行，行1至10字。起："来我常在此"，讫："子"。后秦鸠摩罗什译。经文见《大正藏》第9册，第42页B栏第26行至C栏第1行。

Дх.08922 胜天王般若波罗蜜经卷第五无所得品第八

存4行，行1至10字。起："富挐簸"，讫："柂"。月婆首那译。经文见《大正藏》第8册，第713页C栏第9行至第12行。

Дх.08923 大智度论卷第二十六初品中十八不共法释论第四十一

存5行，行3至10字。起："声闻辟"，讫："灭时觉诸"。龙树菩萨造、后秦鸠摩罗什译。经文见《大正藏》第25册，第248页C栏第25行至第29行。

Дх.08924 梵网经卢舍那佛说菩萨心地戒品第十卷下

存4行，行2至3字。起："百亿"，讫："菩萨众"。后秦鸠摩罗什译。经文见《大正藏》第24册，第1004页A栏第4行至第11行。

Дх.08925 戒本

存5行，行1至5字。起："赖尼"，讫："过除浣染香"。

Дх.08926 萨婆多毗尼毗婆沙卷第五使非亲里尼浣故衣第五至从非亲里居士乞衣第六

存3行，行3至6字。起："应量不"，讫："为诸比"。失译。经文见《大正藏》第23册，第532页A栏第12行至第16行。

Дх.08927 四分律卷第四十九法犍度第十八

存3行，行1至6字。起："得"，讫："待彼出时当"。后秦佛陀耶舍共竺佛念等译。经文见《大正藏》第22册，第933页B栏第5行至第7行。

Дх.08928 字书

见Дх.08914。

Дх.08929 残佛经

存2行。录文："时若□如/决定。"不可定名。

Дх.08929V 残佛经

存2行。录文："污所/种顷。"不可定名。

Дх.08930 合部金光明经卷第一寿量品第二

存1行，总5字。录文："乐必得无穷。"北凉昙无谶译、隋释宝贵合。经文见《大正藏》第16册，第361页C栏。

Дх.08931 佛说灌顶拔除过罪生死得度经卷第十二

存2行。录文："其受持/经受持读。"东晋帛尸梨蜜多罗译。经文见《大正藏》第21册，第533页C栏第19行至第20行。

Дх.08932 大般涅槃经卷第三十四迦叶菩萨品第十二之二

存1行，总4字。录文："陀令知善。"北凉昙无谶译。经文见《大正藏》第12册，第565页。

Дх.08933 道行般若经卷第三摩诃般若波罗蜜泥犁品第五

见Дх.08919。

Дх.08934 佛本行集经卷第十七剃发染衣品第二十二

存1行，总4字。品题："集经剃发。"隋阇那崛多译。经文见《大正藏》第3册，第733页B栏第23行。

Дх.08935 残佛经

存4行。不可定名。

Дх.08936 残佛经

存4行。录文："广/不/当/部。"不可定名。

Дх.08937 大般涅槃经卷第三十四迦叶菩萨品第十二之二

存3行。录文："婆达多/修道我若/位其力自。"北凉昙无谶译。经文见《大正藏》第12册，第562页A栏第2行至第4行。

Дх.08938 金光明经卷第四舍身品第十七

存7行，行4至10字。起："一切难舍"，讫："言我今"。北凉昙无谶译。经文见《大正藏》第16册，第354页B栏第11行至第17行。

Дх.08939 达摩多罗禅经卷下修行观十二因缘第十七

存6行，行6至19字。起："痴观察缘起"，讫："生者从死"。东晋佛驮跋陀罗译。经文见《大正藏》第15册，第323页A栏第1行至第7行。

Дх.08940 残佛经

存3行。录文："其/能知/佛。"不可定名。

Дх.08941 大般涅槃经卷第三名字功德品第三

存2行。录文："悕望既收菓/复如是。"北凉昙无谶译。经文见《大正藏》第12册，第385页A栏第14行至第15行。

Дх.08942 金刚般若波罗蜜经

存1行。录文："须菩提白佛言世尊。"未检出。

Дх.08943 佛说佛名经卷第十三

存3行，行3至11字。起："南无北"，讫："善可见世"。失译。经文见《大正藏》第14册，第235页。

Дх.08944 金光明经卷第四舍身品第十七

存2行。录文："离/舍身时已到。"北凉昙无谶译。经文见《大正藏》第16册，第354页B栏第17行至第18行。

Дх.08945 佛顶尊胜陀罗尼经序

存3行，行1字。起："文"，讫："冥"。经文见《大正藏》第19册，第349页B栏第17行至第19行。与Дх.08949可缀合。

Дх.08946 佛本行集经卷第十七剃发染衣品第二十二

存9行，行4至10字。起："尔时太子"，讫："人居处到"。隋阇那崛多译。经文见《大正藏》第3册，第733页B栏第24行至C栏第3行。

Дх.08947 药师琉璃光如来本愿功德经

存2行。录文："情出/种种恶见。"唐玄奘译。经文见《大正藏》第14册，第405页B栏第9行至第11行。

Дх.08948 乐璎珞庄严方便品经

存6行，行1至5字。起："灭乃至证生"，讫："生"。后秦昙摩耶舍译。经文见《大正藏》第14册，第931页A栏第16行至第22行。经文"妄想"，现刊本为"受想"。亦名《转女身菩萨问答经》。

Дх.08949 佛顶尊胜陀罗尼经序

存5行,行3至7字。起:"不将",讫:"师利菩"。经文见《大正藏》第19册,第349页B栏第16行至第20行。与Дх.08945可缀合。

Дх.08950 大智度论卷第二十二释初品中八念义第三十六之余

存4行,行3至10字。起:"说",讫:"大热铁"。龙树菩萨造、后秦鸠摩罗什译。经文见《大正藏》第25册,第225页B栏第1行至第5行。

Дх.08951 大般涅槃经卷第二十二光明遍照高贵德王菩萨品第十之二

存3行,行2至3字。起:"以故",讫:"不能"。北凉昙无谶译。经文见《大正藏》第12册,第494页C栏第14行至第16行。

Дх.08952 金刚般若波罗蜜经

存2行。录文:"无边众生实/提若□萨有。"后秦鸠摩罗什译。经文见《大正藏》第8册,第749页A栏第9行至第11行。

Дх.08953 残佛经

存2行。录文:"天上/众。"不可定名。

Дх.08954 大方等陀罗尼经卷第二初分余卷第二

存4行,行3至4字。起:"人乎善",讫:"时恒伽"。北凉法众译。经文见《大正藏》第21册,第647页A栏第5行至第7行。

Дх.08955 妙法莲华经卷第二信解品第四

存3行,行2至5字。起:"珍宝",讫:"他国或十"。后秦鸠摩罗什译。经文见《大正藏》第9册,第16页B栏第23行至第26行。

Дх.08956 佛华严入如来德智不思议境界经卷下

存3行,行3至4字。起:"即作青色",讫:"别如是"。隋阇那崛多译。经文见《大正藏》第10册,第920页C栏第22行至第24行。

Дх.08957 大方等无想经卷第六大云初分增长犍度第三十七之余

存2行。录文:"制周罗/是相或。"北凉昙无谶译。经文见《大正藏》第12册,第1106页B栏第9行至第10行。

Дх.08958 Дх.08959 大般若波罗蜜多经卷第五十三初分辩大乘品第十五之三

存4行,行2至5字。首题:"第五十",讫:"密多"。唐玄奘译。经文见《大正藏》第5册,第298页A栏第2行至第9行。

Дх.08960 胜天王般若波罗蜜经卷第三法性品第五

存5行,行2至12字。起:"烦恼一切",讫:"阿鞞"。月婆首那译。经文见《大正藏》第8册,第701页A栏第4行至第8行。

Дх.08961 妙法莲华经卷第六如来神力品第二十一

存6行,行5至7字。起:"诸佛坐道场",讫:"是故有智者"。后秦鸠摩罗什译。经文见《大正藏》第9册,第52页B栏第19行至第29行。

Дх.08962 Дх.08963 大方等大集经卷第十一海慧菩萨品第五之四

存7行,行5至17字。起:"何菩萨修行",讫:"修行大乘不□他语何"。北凉昙无谶译。经文见《大正藏》第13册,第69页A栏第15行至第22行。

Дх.08964 Дх.08966 Дх.08974 修禅要诀

存17行,行3至18字。起:"时如前",讫:"诃衍"。唐佛陀波利(唐云觉爱)随问略说、西京禅林寺沙门明恂问并随口录、同寺梵僧慧智法师传译。经文见《卍新续藏》第63册,第15页C栏第4行至第16页A栏第2行。文字与现刊本有出入。

Дх.08965 佛说佛名经

存2行。录文:"佛南/佛南无。"未检出。

Дх.08966 修禅要诀

见Дх.08963。

Дх.08967 妙法莲华经卷第四法师品第十

存6行,行5至13字。起:"乃至一句受持",讫:"妙法华经何"。后秦鸠摩罗什译。经文见《大正藏》第9册，第30页C栏第18行至第23行。

Дx.08968 大般涅槃经卷第四如来性品第四之一

存5行，行1至3字。起："能"，讫："千大千"。北凉昙无谶译。经文见《大正藏》第12册，第388页A栏第20行至第24行。

Дx.08969 妙法莲华经卷第二譬喻品第三

存5行，行7至14字。首题："华经譬喻品第三"，讫："甚自感伤"。后秦鸠摩罗什译。经文见《大正藏》第9册，第10页B栏第28行至C栏第4行。

Дx.08970 妙法莲华经卷第五安乐行品第十四

存5行，行2至6字。起："宣此义而说偈"，讫："以诸"。后秦鸠摩罗什译。经文见《大正藏》第9册，第39页A栏第20行至第26行。

Дx.08971 某经题签

录文："□经卷第五。"

Дx.08972 般若波罗蜜多心经

存2行。首题："般若波罗"，讫："观自在"。唐玄奘译。经文见《大正藏》第8册，第848页C栏第4行至第7行。

Дx.08973 十地经论难胜地卷第五之七

存5行，行2至5字。起："勤修行"，讫："所谓"。天亲菩萨造、北魏菩提流支译。经文见《大正藏》第26册，第166页B栏第23行至第27行。

Дx.08974 修禅要诀

见Дx.08963。

Дx.08975 十诵律卷第五（初诵之五）明三十尼萨耆法之一

存2行。录文："共住处/共住处作。"后秦弗若多罗译。经文见《大正藏》第23册，第31页C栏。

Дx.08976 大般若波罗蜜多经卷第五百二十八第三分妙相品第二十八之一

存7行，行4至9字。起："佛言何因"，讫："不得般若"。唐玄奘译。经文见《大正藏》第7册，第712页B栏第28行至C栏第5行。

Дx.08977 佛说七千佛神符经

存8行，行2至5字。起："千佛"，讫："三辟"。经文见《大正藏》第85册，第1446页A栏第22行至第28行。

Дx.08978 思益梵天所问经卷第一四法品第二

存3行，行4至17字。起："于法中生"，讫："法中生灭苦"。后秦鸠摩罗什译。经文见《大正藏》第15册，第35页C栏第19行至第22行。

Дx.08979 大智度论卷第八十一释六度品第六十八之余

存7行，行4至9字。起："忍戒名不夺"，讫："辱则行此"。龙树菩萨造、后秦鸠摩罗什译。经文见《大正藏》第25册，第628页C栏第16行至第23行。

Дx.08979V 佛说仁王般若波罗蜜经卷上护国经观空品第二

存3行，行2至6字。起："生□□众"，讫："受想行"。后秦鸠摩罗什译。经文见《大正藏》第8册，第825页C栏第26行至第29行。

Дx.08980 光赞经卷第二摩诃般若波罗蜜叹等品第四

存5行，行6至8字。起："光赞"，讫："罗蜜无"。第一行题："光赞十□□成合廿七品。"西晋竺法护译。经文见《大正藏》第8册，第161页A栏第13行至第17行。

Дx.08981 佛说灌顶拔除过罪生死得度经卷第十二

存3行，行2至6字。起："人病除"，讫："佛本"。东晋帛尸梨蜜多罗译。经文见《大正藏》第21册，第534页C栏第20行至第22行。

Дx.08982 思益梵天所问经卷第二问谈品第六

存5行，行1至4字。起："网明菩萨"，讫："在"。后秦鸠摩罗什译。经文见《大正藏》第15册，第44页C栏第20行至第24行。与Дx.08985可缀合。

Дx.08983 佛本行集经卷第十五净饭王梦品第十七

存6行，行1至7字。起："衣服"，讫："唤"。隋阇那崛多译。经文见《大正藏》第3册，第721页B栏第19行至第24行。

Дx.08984 佛本行集经卷第十五净饭王梦品第十七

存4行,行3至6行。起:"非世界",讫:"相是名卅二大"。隋阇那崛多译。经文见《大正藏》第8册,第754页B栏第4行至第8行。

Дx.08985 思益梵天所问经卷第二问谈品第六

存6行,行2至10字。起:"佛言",讫:"网明菩萨"。后秦鸠摩罗什译。经文见《大正藏》第15册,第44页C栏第23行至第45页A栏第2行。与Дx.08982可缀合。

Дx.08986 大般涅槃经卷第四十憍陈如品第十三之二

存4行,行3至7字。起:"男子白䑛铅锡",讫:"流若水"。北凉昙无谶译。经文见《大正藏》第12册,第599页C栏第6行至第10行。

Дx.08987 大智度论卷第八十三释大方便品第六十九之余

存3行,行2至7字。起:"佛意",讫:"门般若波"。龙树菩萨造、后秦鸠摩罗什译。经文见《大正藏》第25册,第640页C栏第9行至第11行。

Дx.08988 妙法莲华经卷第二譬喻品第三

存5行,行2至6字。起:"非一",讫:"灾火曼延"。后秦鸠摩罗什译。经文见《大正藏》第9册,第14页B栏第4行至第10行。

Дx.08989 大般涅槃经卷第二十四光明遍照高贵德王菩萨品第十之四

存5行,行2至6字。起:"毒啮",讫:"狱出受畜"。北凉昙无谶译。经文见《大正藏》第12册,第507页C栏第29行至第508页A栏第5行。

Дx.08990 残佛经

存2行。录文:"还来/悴作此。"不可定名。

Дx.08991 大智度论卷第二十四初品十力释论第三十九

存4行,行3字。起:"着过去",讫:"正因缘"。龙树菩萨造、后秦鸠摩罗什译。经文见《大正藏》第25册,第239页C栏第12行至第16行。

Дx.08992 佛说咒魅经

存3行,行3字。起:"今当请",讫:"作七分"。经文见《大正藏》第85册,第1383页C栏第23行至第25行。

Дx.08993 大般若波罗蜜多经卷第四百五十二第二分增上慢品第六十之一

存5行,行2至5字。起:"菩萨",讫:"火即时顿"。唐玄奘译。经文见《大正藏》第7册,第283页B栏第26行至C栏第2行。

Дx.08994 残佛经

存4行,行5至7字。起:"以来明现量行",讫:"为说当地法"。未检出。

Дx.08995 合部金光明经卷第七鬼神品第十八

存6行,行2至4字。起:"形色",讫:"皆悉寂灭"。北凉昙无谶译、隋释宝贵合。经文见《大正藏》第16册,第392页C栏第14行至第21行。

Дx.08996 大般涅槃经卷第二十二光明遍照高贵德王菩萨品第十之二

存3行,行2至6字。起:"久已通",讫:"深微"。北凉昙无谶译。经文见《大正藏》第12册,第493页C栏第19行至第21行。

Дx.08997 佛经论释

存5行,行8至11字。起:"用五阴所成假名岁",讫:"我正用五阴所成假名"。待考。

Дx.08998 大方便佛报恩经卷第三论议品第五

存1行,总6字。录文:"同我者而我不。"失译。经文见《大正藏》第3册,第137页C栏第8行。

Дx.08999 大般涅槃经卷第十八梵行品第八之四

存4行,行2至5字。起:"华解名",讫:"菩萨"。北凉昙无谶译。经文见《大正藏》第12册,第469页A栏第6行至第9行。

Дx.09000 杂写

Дx.09001 佛经论释

存8行。未检出。

Дx.09002 妙法莲华经卷第三化城喻品第七

存3行，行1至5字。起："能"，讫："为供养佛故"。后秦鸠摩罗什译。经文见《大正藏》第9册，第23页B栏第10行至第14行。

Дx.09003 十方千五百佛名经

存2行。录文："陈如佛势/音眼佛上。"经文见《大正藏》第14册，第316页A栏第29行至B栏第1行。

Дx.09004 十方千五百佛名经

存2行。录文："族姓子族姓女/者所生之处逮得。"经文见《大正藏》第14册，第315页A栏第22行至第23行。有异文。

Дx.09005 大般若波罗蜜多经卷第一百一十一初分校量功德品第三十之九

存5行，行7至8字。起："初分校量功德品第"，讫："所畏四无碍解大"。唐玄奘译。经文见《大正藏》第5册，第610页B栏第6行至第10行。

Дx.09006 大般涅槃经卷第十四圣行品第七之四

存8行，行2至14字。起："昧能"，讫："随意"。北凉昙无谶译。经文见《大正藏》第12册，第448页B栏第29行至C栏第7行。

Дx.09007 放光般若经卷第七摩诃般若波罗蜜无二品第三十七

存8行，行2至8字。起："罗蜜者"，讫："供养者"。西晋无罗叉译。经文见《大正藏》第8册，第49页C栏第27行至A栏第5行。

Дx.09008 大般若波罗蜜多经题签

录文："大般若□□。"

Дx.09009 金光明经卷第一忏悔品第三

存2行。录文："在在处处常/种种功德悉。"经文倒置。北凉昙无谶译。经文见《大正藏》第16册，第339页A栏第1行至第2行。

Дx.09010 妙法莲华经卷第二譬喻品第三

存6行，行1至7字。起："莫"，讫："憎嫉"。后秦鸠摩罗什译。经文见《大正藏》第9册，第15页B栏第21行至第27行。

Дx.09011 残佛经

存8行。未检出。

Дx.09012 佛说道神足无极变化经卷第四

存3行，行2至4字。起："受世界佛"，讫："着等"。西晋安法钦译。经文见《大正藏》第17册，第813页C栏第5行至第6行。

Дx.09013 放光般若经卷第十三摩诃般若波罗蜜甚深品第五十八

存4行，行5至10字。起："须菩提白"，讫："以者何以得"。西晋无罗叉译。经文见《大正藏》第8册，第89页C栏第4行至第7行。

Дx.09014 梵网经卢舍那佛说菩萨心地戒品第十卷下

存4行，行3至6字。起："闻利养于国王"，讫："虫如是"。后秦鸠摩罗什译。经文见《大正藏》第24册，第1009页B栏第14行至第17行。

Дx.09015 摩诃般若波罗蜜经卷第二十六毕定品第八十三

存5行，行2至3字。起："况多为"，讫："闻道辟"。后秦鸠摩罗什译。经文见《大正藏》第8册，第410页C栏第11行至第16行。

Дx.09016 金刚般若波罗蜜经

存4行，行7至14字。起："实无有法"，讫："即非一切法是故"。后秦鸠摩罗什译。经文见《大正藏》第8册，第751页A栏第28行至B栏第3行。

Дx.09017 成唯识论卷第四

存4行，行1至4字。起："义而无所"，讫："引"。护法等菩萨造、唐玄奘译。经文见《大正藏》第31册，第21页A栏第1行至第4行。

Дx.09018 妙法莲华经卷第一方便品第二

存9行，行2至10字。起："因缘"，讫："悟众"。后秦鸠摩罗什译。经文见《大正藏》第9册，第7页A栏第22行至B栏第1行。

Дx.09019 佛本行集经卷第三十成无上道品第三十三

存4行，行5至8字。起："伏心清净"，讫："故自己灭除"。隋阇那崛多译。经文见《大正藏》第3册，第792页C栏第13行至第16行。

Дx.09020　涅槃义记卷第六

存7行，行2至11字。起："得是"，讫："说为大空但就"。隋慧远述。经文见《大正藏》第37册，第757页C栏第29行至第758页A栏第10行。

Дx.09021　金刚般若波罗蜜经

存3行，行9字。起："次须菩提"，讫："尽能受持"。后秦鸠摩罗什译。经文见《大正藏》第8册，第750页A栏第6行至第8行。

Дx.09022　佛说灌顶拔除过罪生死得度经卷第十二

存7行，行1至8字。起："净"，讫："十一愿者"。东晋帛尸梨蜜多罗译。经文见《大正藏》第21册，第532页C栏第28行至第533页A栏第4行。

Дx.09023　金光明最胜王经卷第五重显空性品第九

存17行，行1至3字。起："失正慧"，讫："趣"。唐义净译。经文见《大正藏》第16册，第424页B栏第29行至C栏第16行。

Дx.09024　妙法莲华经卷第六随喜功德品第十八

存7行，行3至10字。起："宝辇舆"，讫："气不臭"。后秦鸠摩罗什译。经文见《大正藏》第9册，第47页A栏第5行至第12行。

Дx.09025　妙法莲华经卷第二譬喻品第三

存4行，行2至6字。起："我独"，讫："以是于日夜等"。后秦鸠摩罗什译。经文见《大正藏》第9册，第11页A栏第1行至第7行。

Дx.09026　小品般若波罗蜜经卷第十摩诃般若波罗蜜昙无竭品第二十八

存9行，行4至7字。起："给奉上大"，讫："大师"。后秦鸠摩罗什译。经文见《大正藏》第8册，第585页A栏第22行至B栏第2行。

Дx.09027　太上洞玄灵宝开演秘密藏经

Дx.09028　残佛经

存5行。未检出。

Дx.09029　妙法莲华经卷第二譬喻品第三

存6行，行3至11字。起："希有难得"，讫："子等安"。后秦鸠摩罗什译。经文见《大正藏》第9册，第12页C栏第8行至第14行。

Дx.09030　金刚般若波罗蜜经

存5行，行1至5字。起："大"，讫："不不"。后秦鸠摩罗什译。经文见《大正藏》第8册，第751页B栏第29行至C栏第6行。

Дx.09031　合部金光明经卷第三陀罗尼最净地品第六

存3行，行7至8字。起："所须如意"，尾题："金光明经卷第三"。真谛译、隋释宝贵合。经文见《大正藏》第16册，第377页B栏第3行至第6行。

Дx.09032　大般涅槃经卷第二寿命品第一之二

存4行，行5至12字。起："命疑义生忉利"，讫："有惭愧者"。北凉昙无谶译。经文见《大正藏》第12册，第374页B栏第6行至第8行。

Дx.09033　妙法莲华经卷第四见宝塔品第十一

存3行，行2至3字。起："见大"，讫："一面"。后秦鸠摩罗什译。经文见《大正藏》第9册，第32页C栏第2行至第4行。

Дx.09034　残佛经

存4行，行4至9字。起："供养十六"，讫："亿百千万人王"。未检出。

Дx.09035　佛说佛名经卷第十九

存8行，行8至14字。起："佛所种种"，讫："此福"。失译。经文见《大正藏》第14册，第262页A栏第22行至B栏第5行。有异文。

Дx.09036　佛说佛名经卷第十二

存6行，行2至6字。起："胜佛"，讫："然灯佛"。北魏菩提流支译。经文见《大正藏》第14册，第179页B栏第24行至第28行。

Дx.09037　大方便佛报恩经卷第一序品第一

存7行，行3至15字。起："有佛号曰释迦牟尼",讫:"竟一乘"。失译。经文见《大正藏》第3册,第125页A栏第13行至第20行。

Дх.09038 妙法莲华经卷第二譬喻品第三

存7行,行1至2字。起:"如",讫:"薄福"。后秦鸠摩罗什译。经文见《大正藏》第9册,第14页A栏第18行至第26行。

Дх.09039 佛说观无量寿佛经

存4行,行3至7字。起:"说是语时",讫:"希见无"。宋畺良耶舍译。经文见《大正藏》第12册,第342页C栏第16行至第19行。

Дх.09040 残佛经

存1行,总3字。录文:"萨摩诃。"不可定名。

Дх.09041 放光般若经卷第十二摩诃般若波罗蜜叹深品第五十五

存3行,行2至6字。起:"萨位教人令进",讫:"自受"。西晋无罗叉译。经文见《大正藏》第8册,第85页C栏第29行至第86页A栏第2行。

Дх.09042 妙法莲华经卷第六法师功德品第十九

存3行,行1至6字。起:"声而不坏耳根",讫:"言"。后秦鸠摩罗什译。经文见《大正藏》第9册,第48页A栏第24行至第28行。

Дх.09043 佛说普门品经

存8行,行2至11字。起:"可得犹是众",讫:"有起"。西晋竺法护译。经文见《大正藏》第11册,第779页B栏第21行至第27行。

Дх.09044 Дх.09051 六度集经卷第七禅度无极章第五(七五)

二残片。其一,存4行,行1至6字。起:"获利还",讫:"无"。吴康僧会译。经文见《大正藏》第3册,第39页C栏第8行至第12行。其二,存5行,行3至5字。起:"亲其喜",讫:"自斯三事得"。经文见《大正藏》第3册,第39页C栏第11行至第16行。

Дх.09045 大智度论卷第四初品中菩萨释论第八

存6行,行2至9字。起:"香薰",讫:"以是故"。龙树菩萨造、后秦鸠摩罗什译。经文见《大正藏》第25册,第91页B栏第10行至第16行。

Дх.09046 维摩诘所说经卷中佛道品第八

存5行,行4至11字。起:"或示老病死",讫:"世间众道"。后秦鸠摩罗什译。经文见《大正藏》第14册,第550页A栏第7行至第15行。

Дх.09047 妙法莲华经卷第二譬喻品第三

存3行,行1至2字。起:"何",讫:"斯人"。后秦鸠摩罗什译。经文见《大正藏》第9册,第15页B栏第2行至第4行。

Дх.09048 毗尼母经题签

录文:"毗尼母经卷第七。"

Дх.09059 佛说仁王般若波罗蜜经卷上护国经菩萨教化品第三

存4行,行5至6字。起:"二谛平等心化",讫:"四禅定化一切"。后秦鸠摩罗什译。经文见《大正藏》第8册,第827页A栏第11行至第14行。

Дх.09050 大般涅槃经卷第一寿命品第一

存6行,行1至4字。起:"净",讫:"中复有诸"。北凉昙无谶译。经文见《大正藏》第12册,第371页A栏第3行至第8行。

Дх.09051 六度集经卷第七禅度无极章第五(七五)

见Дх.09044。

Дх.09052 妙法莲华经卷第一序品第一

存7行,行3至15字。起:"正直舍方便但说",讫:"供养一"。后秦鸠摩罗什译。经文见《人正藏》第9册,第10页A栏第19行至B栏第2行。

Дх.09053 妙法莲华经卷第二譬喻品第三

存4行,行2至10字。起:"然而至",讫:"作佛"。后秦鸠摩罗什译。经文见《大正藏》第9册,第17页C栏第9行至第12行。

Дх.09054 摩诃般若波罗蜜经卷第二十七常啼品第八十八

存4行,行2至3字。起:"畏三昧",讫:"怠三"。后秦鸠摩罗什译。经文见《大正藏》第8册,第418

页A栏第6行至第9行。另《大智度论》也相符。

Дx.09055　大方广佛华严经卷第五十二如来出现品第三十七

存8行,行2至8字。起:"如来应缘",讫:"一切"。唐实叉难陀译。经文见《大正藏》第10册,第278页B栏第18行至第25行。

Дx.09056　大般涅槃经卷第三十八迦叶菩萨品第十二之六

存5行,行1至4字。起:"物不生",讫:"处非寂静"。北凉昙无谶译。经文见《大正藏》第12册,第589页B栏第24行至第28行。

Дx.09057　大智度论卷第六十七释叹信行品第四十五之余

存2行。录文:"道心舍利/发希有。"龙树菩萨造、后秦鸠摩罗什译。经文《大正藏》第25册,第532页C栏第2行至第3行。

Дx.09058　大般涅槃经卷第三十二师子吼菩萨品第十一之六

存3行,行4至8字。起:"解说十二",讫:"退转如恒河边第"。北凉昙无谶译。经文见《大正藏》第12册,第554页C栏第20行至第22行。

Дx.09059　现在十方千五百佛名并杂佛同号

存7行,行5至11字。起:"西北方三佛",讫:"离垢佛"。《大正藏》无此版本,应为敦煌本《现在十方千五百佛名并杂佛同号》之异本。经文参见《大正藏》第85册。

Дx.09060　大乘大集地藏十轮经卷第七忏悔品

存7行,行2至5字。起:"生死",讫:"净戒远离"。唐玄奘译。经文见《大正藏》第13册,第760页A栏第25行至B栏第3行。

Дx.09061　大智度论卷第六十七释叹信行品第四十五之余

存4行,行3至5字。起:"内外□有",讫:"德因缘"。龙树菩萨造、后秦鸠摩罗什译。经文见《大正藏》第25册,第532页B栏第24行至第27行。

Дx.09062　残佛经

存2行,行1字。录文:"得/菩。"不可定名。

Дx.09063　大般涅槃经卷第二十婴儿行品第九

存6行,行5至10字。起:"以作如是男",讫:"无我无净为"。北凉昙无谶译。经文见《大正藏》第12册,第485页C栏第14行至第20行。

Дx.09063V　民族文字残片

Дx.09064　佛说宝雨经卷第四

存4行,行3至5字。起:"萨不空",讫:"能生众"。唐达摩流支译。经文见《大正藏》第16册,第299页B栏第20行至第23行。

Дx.09065　大般涅槃经卷第四十憍陈如品第十三之二

存5行,行3至7字。起:"法中名之为地是",讫:"言定名"。北凉昙无谶译。经文见《大正藏》第12册,第599页C栏第5行至第9行。

Дx.09066　金刚般若波罗蜜经

存6行,行4至7字。起:"生寿者若",讫:"多罗三藐"。后秦鸠摩罗什译。经文见《大正藏》第8册,第749页B栏第7行至第12行。

Дx.09067　大智度论卷第二十七释初品大慈大悲义第四十二

存5行,行3至10字。起:"道等",讫:"来今亦"。龙树菩萨造、后秦鸠摩罗什译。经文见《大正藏》第25册,第258页A栏第25行至第29行。

Дx.09068　金光明经卷第二四天王品第六

存5行,行4至9字。起:"妙经典",讫:"来今亦"。北凉昙无谶译。经文见《大正藏》第16册,第341页B栏第14行至第19行。

Дx.09069　维摩诘所说经卷上佛国品第一

存7行,行2至7字。起:"力大精进",讫:"法相"。后秦鸠摩罗什译。经文见《大正藏》第14册,第538页A栏第9行至第14行。

Дx.09070　摩诃般若波罗蜜经卷第十四两过品第四十七

存8行，行6至10字。起："两不和合不得"，讫："念当知是为魔事复"。后秦鸠摩罗什译。经文见《大正藏》第8册，第321页A栏第16行至第24行。另《大智度论》也相符。

Дx.09071　Дx.09088　佛经论释

存8行，行8至17字。起："观空理空中"，讫："世尊"。待考。

Дx.09072　光赞经卷第四摩诃般若波罗蜜行品第九

存3行。录文："拘舍/是者逮得/处行般若波。"西晋竺法护译。经文见《大正藏》第8册，第172页A栏第8行至第10行。

Дx.09073　大般涅槃经卷第十八梵行品第八之四

存5行，行5至6字。起："行天行病行"，讫："多犯禁戒造"。北凉昙无谶译。经文见《大正藏》第12册，第472页A栏第8行至第12行。

Дx.09074　菩萨地持经卷第三菩萨地持方便处无上菩提品第七

存7行，行2至11字。起："事因"，讫："无明"。北凉昙无谶译。经文见《大正藏》第30册，第903页C栏第13行至第20行。

Дx.09075　大般涅槃经卷第二十四光明遍照高贵德王菩萨品第十之四

存4行，行3至12字。起："以是愿誓"，讫："除有余"。北凉昙无谶译。经文见《大正藏》第12册，第507页C栏第16行至第20行。

Дx.09076　尊婆须蜜菩萨所集论卷第七光结使揵度第八

存3行，行3至10字。录文："首卷第七前秦三藏僧伽/佛念译/言不随颠倒或作。"尊婆须蜜造、苻秦僧伽跋澄等译。经文见《大正藏》第28册，第771页B栏第1行至第7行。

Дx.09077　佛说观无量寿佛经

存5行，行1至5字。录文："故/宝华——/佛土国/头摩於肉/佛事余诸身。"宋畺良耶舍译。经文见《大正藏》第12册，第344页A栏第25行至第29行。有异文。

Дx.09078　大般涅槃经卷第三十八迦叶菩萨品第十二之六

存12行，行2至6字。起："净之法"，讫："何智"。北凉昙无谶译。经文见《大正藏》第12册，第589页B栏第29行至C栏第11行。

Дx.09079　妙法莲华经卷第四劝持品第十三

存7行，行1至12字。起："慢"，讫："闻皆已授"。后秦鸠摩罗什译。经文见《大正藏》第9册，第36页A栏第11行至第17行。

Дx.09080　妙法莲华经卷第五如来寿量品第十

存3行，行2至11字。录文："渴仰于佛便种善根是故/言灭度又善男子诸佛如来/众生。"后秦鸠摩罗什译。经文见《大正藏》第9册，第43页A栏第5行至第7行。

Дx.09081　摩诃般若钞经卷第三地狱品第五

存6行，行8至9字。起："法悉皆自然"，讫："舍利弗谓释提桓因"。苻秦昙摩蜱共竺佛念译。经文见《大正藏》第8册，第522页A栏第25行至B栏第1行。

Дx.09082　佛说广博严净不退转轮经卷第三

存7行，行1至6字。起："含"，讫："法界欲令此"。宋智严译。经文见《大正藏》第9册，第264页A栏第19行至第25行。

Дx.09083　妙法莲华经卷第六随喜功德品第十八

存5行，行2至5字。起："为得所几福"，讫："聚落"。后秦鸠摩罗什译。经文见《大正藏》第9册，第46页B栏第26行至C栏第1行。

Дx.09084　大般涅槃经卷第十七梵行品第八之三

存8行，行1至9字。起："者乃是菩萨"，讫："碍"。北凉昙无谶译。经文见《大正藏》第12册，第463页B栏第26行至C栏第4行。

Дx.09085　尊婆须蜜菩萨所集论卷第七结使揵度第八

存4行，行3至7字。起："颠倒四颠倒当言"，讫："自相知"。尊婆须蜜造、符秦僧伽跋澄等译。经文见《大正藏》第28册，第771页B栏第8行至第11行。

Дх.09086 摩诃般若波罗蜜经卷第十一随喜品第三十九

存5行，行6至9字。起："众解脱知见众"，讫："一切和合随喜功"。后秦鸠摩罗什译。经文见《大正藏》第8册，第297页C栏第13行至第17行。另《大智度论》也相符。

Дх.09087 佛说灌顶拔除过罪生死得度经卷第十二

存3行，行1至4字。起："法不解"，讫："从"。东晋帛尸梨蜜多罗译。经文见《大正藏》第21册，第533页B栏第6行至第8行。

Дх.09088 佛经论释

见Дх.09071。

Дх.09089 残佛经

存2行。录文："又似披莲/□惠智□。"不可定名。

Дх.09090 妙法莲华经卷第三化城喻品第七

存5行，行2字。录文："教化/是法/解尔/比丘/我灭。"后秦鸠摩罗什译。经文见《大正藏》第9册，第25页C栏第10行至第14行。

Дх.09091 大方等大集经卷第十一海慧菩萨品第五之四

存4行，行2至9字。起："言大"，讫："化众生大王"。北凉昙无谶译。经文见《大正藏》第13册，第69页A栏第21行至第24行。

Дх.09092 佛说观无量寿佛经

存4行，行5至8字。起："蜜得闻法故颜色"，讫："持用上王沙"。宋畺良耶舍译。经文见《大正藏》第12册，第341页A栏第13行至第17行。

Дх.09093 大般涅槃经卷第十四梵行品第二十之一

存9行，行4至8字。起："知一切诸天寿"，讫："譬喻名阿"。宋沙门慧严等依泥洹经加之。经文见《大正藏》第12册，第693页C栏第18行至第28行。或北凉昙无谶译《大般涅槃经卷第十五梵行品第八之一》。经文见《大正藏》第12册，第451页C栏第17行至第27行。

Дх.09094 残佛经

存7行，行3至10字。起："南无修□□毗毗提"，讫："诸佛所"。未检出。

Дх.09095 金刚般若波罗蜜经

存11行，行2至6字。起："次须菩提"，讫："当度众生须"。后秦鸠摩罗什译。经文见《大正藏》第8册，第752页C栏第24行至第753页A栏第6行。

Дх.09096 阿毗昙毗婆沙论卷第三十四使犍度人品第三

存7行，行4至10字。起："度说云何通耶"，讫："不能知耶"。迦旃延子造、五百罗汉释、北凉浮陀跋摩共道泰等译。经文见《大正藏》第28册，第248页A栏第28行至B栏第6行。

Дх.09097 愿文

存6行。录文："五时花舞回寿/为严饰也寿/杂乱光泽/更两新即/更两宝衣覆/者。"

Дх.09098 佛说佛名经卷第四

存3行，行2至5字。起："胜佛"，讫："南无□弥力佛"。北魏菩提流支译。经文见《大正藏》第14册，第134页A栏第22行至第23行。

Дх.09099 请观世音菩萨消伏毒害陀罗尼咒经

存6行，行3至5字。起："本土令得"，讫："即得解脱"。东晋竺难提晋言法喜译。经文见《大正藏》第20册，第36页A栏第22行至第27行。

Дх.09100 光赞经卷第四摩诃般若波罗蜜幻品第十

存5行，行2至8字。起："力四"，讫："建立萨云"。西晋竺法护译。经文见《大正藏》第8册，第175页C栏第7行至第11行。

Дх.09101 舍利弗阿毗昙论卷第二十非问分烦恼品第十一之三

存6行，行5至8字。起："意三昧"，讫："是常於四"。后秦昙摩耶舍共昙摩崛多等译。经文见《大正藏》第28册,第656页C栏第17行至第23行。

Дx.09102 大般涅槃经卷第三十八迦叶菩萨品第十二之六

存三片。缀合后存7行,行2至5字。起:"语名",讫:"智慧"。北凉昙无谶译。经文见《大正藏》第12册,第589页C栏第12行至第18行。

Дx.09103 残佛经

存7行,行2至4字。起:"无菩萨",讫:"教以"。未检出。

Дx.09104 佛说佛名经卷第四

存6行,行1至6字。起:"记",讫:"阿耨多罗三"。北魏菩提流支译。经文见《大正藏》第14册,第122页B栏第7行至第13行。

Дx.09105 妙法莲华经卷第六药王菩萨本事品第二十三

存8行,行2至3字。起:"经卷",讫:"五百"。后秦鸠摩罗什译。经文见《大正藏》第9册,第54页B栏第22行至第29行。

Дx.09106 金光明经卷第四舍身品第十七

存4行,行1至4字。起:"悴",讫:"衣裳皆悉"。北凉昙无谶译。经文见《大正藏》第16册,第355页A栏第4行至第8行。

Дx.09107 发愿文

存7行。录文:"学道真是/保一者少壮后当/三者六亲欢乐会当/当分散芙蓉闻说五/成就免脱苦厄如蒙/是即授芙蓉太/勤诵芙蓉得此经。"

Дx.09108 版画残片

存4身菩萨。其中2身分别题名:"法慧菩萨""座内海惠菩萨"。

Дx.09109 大般涅槃经卷第九如来性品第四之六

存5行,行1至6字。起:"男",讫:"大乘经"。北凉昙无谶译。经文见《大正藏》第12册,第419页B栏第26行至C栏第1行。

Дx.09110 妙法莲华经卷第三化城喻品第七

存7行,行3至5字。起:"佛道所",讫:"涅槃而于"。后秦鸠摩罗什译。经文见《大正藏》第9册,第25页C栏第11行至第18行。

Дx.09111 根本说一切有部苾刍尼毗奈耶卷第十四

存5行,行3至5字。起:"此大哥罗",讫:"哥罗食"。唐义净译。经文见《大正藏》第23册,第981页B栏第17行至第21行。

Дx.09112 大般若波罗蜜多经卷第三百八十一初分诸功德相品第六十八之三

存5行,行5至7字。起:"五十世尊",讫:"胜无与等者是"。唐玄奘译。经文见《大正藏》第6册,第968页C栏第2行至第7行。

Дx.09113 妙法莲华经卷第七观世音菩萨普门品第二十五

存5行,行3至7字。起:"若称名者于此怨",讫:"众生多于"。后秦鸠摩罗什译。经文见《大正藏》第9册,第56页C栏第27行至第57页A栏第2行。

Дx.09114 妙法莲华经卷第三化城喻品第七

存4行,行2至5字。起:"佛过",讫:"玩好之具"。后秦鸠摩罗什译。经文见《大正藏》第9册,第22页C栏第2行至第5行。

Дx.09115 大般涅槃经卷第二十八师子吼菩萨品第十一之二

存4行,行5至6字。起:"支佛等法眼明",讫:"提心或复为"。北凉昙无谶译。经文见《大正藏》第12册,第533页C栏第2行至第5行。

Дx.09116 妙法莲华经卷第二信解品第四

存3行,行3至8字。起:"洒面令得醒悟莫复",讫:"方□□语他"。后秦鸠摩罗什译。经文见《大正藏》第9册,第17页A栏第2行至第4行。

Дx.09117 大般涅槃经卷第二寿命品第一之二

存6行,行3至8字。起:"皆无常",讫:"深奥之义世"。北凉昙无谶译。经文见《大正藏》第12册,第373页B栏第15行至C栏第1行。

Дх.09118 大般涅槃经卷第八如来性品第四之五

存9行,行2至8字。起:"大海难",讫:"切烦"。北凉昙无谶译。经文见《大正藏》第12册,第411页B栏第24行至C栏第4行。

Дх.09119 摩诃般若波罗蜜经卷第一初品第一

存3行,行5至6字。起:"时观不惊不",讫:"色离色性受想"。后秦鸠摩罗什译。经文见《大正藏》第8册,第538页A栏第1行至第3行。

Дх.09120 妙法莲华经卷第六药王菩萨本事品第二十三

存3行,行3至9字。起:"然还复",讫:"天人得未曾有佛"。后秦鸠摩罗什译。经文见《大正藏》第9册,第54页A栏第7行至第9行。

Дх.09121 光赞经卷第九摩诃般若波罗蜜等三世品第二十三

存7行,行2至7字。起:"亦无",讫:"菩萨摩诃萨□受"。西晋竺法护译。经文见《大正藏》第8册,第207页B栏第15行至第20行。

Дх.09122 大般涅槃经卷第十一切大众所问品第五

存5行,行2至8字。起:"其心慎莫",讫:"大乘经"。北凉昙无谶译。经文见《大正藏》第12册,第428页B栏第6行至第11行。

Дх.09123 残片

存3行,行3至6字。不可定名。

Дх.09124 大般若波罗蜜多经卷第二百三十二初分难信解品第三十四之五十一

存5行,行2至6字。起:"无相",讫:"十地清净"。唐玄奘译。经文见《大正藏》第6册,第170页C栏第21行至第26行。

Дх.09125 俱舍论颂疏论本卷第二

存7行,行3至7字。起:"故碍缘",讫:"境界有对亦障碍"。唐圆晖述。经文见《大正藏》第41册,第827页A栏第14行至第24行。

Дх.09126 金光明经卷第三正论品第十一

存3行,行6字。起:"家所有",讫:"踏莲花"。北凉昙无谶译。经文见《大正藏》第16册,第347页B栏第3行至第6行。

Дх.09127 维摩诘所说经卷中观众生品第七

存5行,行2至5字。起:"佛得",讫:"菩萨"。后秦鸠摩罗什译。经文见《大正藏》第14册,第548页C栏第18行至第22行。

Дх.09128 佛经论释

存9行,行7字。待考。

Дх.09129 大般涅槃经卷第三十七迦叶菩萨品第十二之五

存6行,行2至3字。起:"香味",讫:"以恶"。北凉昙无谶译。经文见《大正藏》第12册,第585页A栏第7行至第13行。

Дх.09130 阿毗昙毗婆沙论卷第三十四使犍度人品第三

存8行,行3至14字。起:"已而住彼",讫:"说颇思"。迦旃延子造、五百罗汉释、北凉浮陀跋摩共道泰等译。经文见《大正藏》第28册,第248页A栏第21行至第28行。

Дх.09131 大般涅槃经卷第三金刚身品第二

存4行,行1至6字。起:"静是",讫:"常"。北凉昙无谶译。经文见《大正藏》第12册,第383页A栏第16行至第18行。

Дх.09132 妙法莲华经卷第六如来神力品第二十一

存2行。录文:"心受持读/土若有受读。"后秦鸠摩罗什译。经文见《大正藏》第9册,第52页A栏第20行至第21行。

Дх.09133 金刚般若波罗蜜经

存2行。录文:"一切/所得功德。"后秦鸠摩罗什译。经文见《大正藏》第8册,第752页A栏第25行至第28行。

Дх.09134 佛说佛名经

存3行。录文:"药佛称/胜佛善/慧佛金。"未检出。

Дx.09135 残佛经

存2行。录文："四/诸。"不可定名。

Дx.09136 摩诃般若波罗蜜经卷第一奉钵品第二

存6行,行4至7字。起:"四钵奉上",讫:"法轮舍利弗"。后秦鸠摩罗什译。经文见《大正藏》第8册,第221页A栏第24行至第29行。

Дx.09137 光赞经卷第一摩诃般若波罗蜜行空品第三之一

存4行,行3至9字。起:"量无限不可",讫:"数众生"。西晋竺法护译。经文见《大正藏》第8册,第152页C栏第25行至第29行。

Дx.09138 佛说天地八阳神咒经

存6行,行2至9字。起:"即从座",讫:"者少"。唐义净译。经文见《大正藏》第85册,第1422页B栏第19行至第24行。

Дx.09139 大般涅槃经卷第三十三迦叶菩萨品第十二之一

存4行,行1至3字。起:"法",讫:"时善星"。北凉昙无谶译。经文见《大正藏》第12册,第561页A栏第7行至第10行。

Дx.09140 悲华经卷第三诸菩萨本授记品第四之一

存6行,行1至4字。起:"所愿甚",讫:"界无有"。北凉昙无谶译。经文见《大正藏》第3册,第184页C栏第18行至第23行。

Дx.09141 大通方广忏悔灭罪庄严成佛经卷下

存6行,行1至4字。起:"今",讫:"或从无"。经文见《大正藏》第85册,第1350页A栏第2行至第8行。

Дx.09142 金光明最胜王经卷第十舍身品第二十六

存3行,行2至4字。起:"身处骤",讫:"犹如猛"。唐义净译。经文见《大正藏》第16册,第452页C栏第11行至第14行。

Дx.09143 妙法莲华经卷第五安乐行品第十四

存6行,行2至6字。起:"分别",讫:"切法"。后秦鸠摩罗什译。经文见《大正藏》第9册,第37页C栏第11行至第18行。

Дx.09144 道行般若经卷第一摩诃般若波罗蜜道行品第一

存5行,行2至3字。起:"无见",讫:"昧者疾"。后汉支娄迦谶译。经文见《大正藏》第8册,第426页C栏第16行至第20行。

Дx.09145 大般涅槃经卷第二十梵行品第八之六

存4行,行2至5字。起:"及夫人后宫",讫:"常身"。北凉昙无谶译。经文见《大正藏》第12册,第484页C栏第22行至第25行。

Дx.09146 大般涅槃经卷第三金刚身品第二

存6行,行2至17字。起:"寻赞王言",讫:"命终"("命"为衍字)。北凉昙无谶译。经文见《大正藏》第12册,第384页A栏第6行至第12行。

Дx.09147 Дx.09154 Дx.09160 佛说佛名经卷第一

三残片。存22行,行1至17字。起:"诸佛",讫:"南无普照佛"。北魏菩提流支译。经文见《大正藏》第14册,第115页C栏第28行至第116页A栏第22行。Дx.09147与Дx.09154可上下直接拼合,Дx.09160可缀于后,经文稍缺,不相连。

Дx.09148 金光明最胜王经卷第二分别三身品第三

存4行,行4至8字。起:"应化身如",讫:"弟子等□法身"。唐义净译。经文见《大正藏》第16册,第408页C栏第25行至第29行。

Дx.09149 金光明最胜王经卷第二分别三身品第三

存5行,行3至7字。起:"善男子",讫:"受阿耨多罗三"。唐义净译。经文见《大正藏》第16册,第408页B栏第12行至第14行。

Дx.09150 佛说弘道广显三昧经卷第一清净道品第二

存5行,行1至7字。起:"王",讫:"之道为彼一"。西晋竺法护译。经文见《大正藏》第15册,第

491页B栏第22行至第26行。亦名《入金刚问定意经》。

Дx.09151 **贤愚经卷第七梨耆弥七子品第三十二**

存6行，行4至11字。起："区别即语"，讫："时梨耆弥"。北魏慧觉等译。经文见《大正藏》第4册，第400页B栏第21行至第27行。

Дx.09152 **大般涅槃经卷第三十六迦叶菩萨品第十二之四**

存4行，行3至7字。起："佛性定无"，讫："二者暂"。北凉昙无谶译。经文见《大正藏》第12册，第574页C栏第8行至第12行。

Дx.09153 **残佛经**

存2行。录文："闭塞/座。"不可定名。

Дx.09154 **佛说佛名经卷第一**

见Дx.09147。

Дx.09155 **残佛经**

存2行。录文："子善/德。"不可定名。

Дx.09156 **大般涅槃经卷第四如来性品第四之一**

存3行，行1至3字。起："铁"，讫："处不"。北凉昙无谶译。经文见《大正藏》第12册，第387页C栏第2行至第5行。

Дx.09157 **摩诃般若波罗蜜经卷第一习应品第三**

存3行，行2至4字。起："含阿"，讫："也何以故"。后秦鸠摩罗什译。经文见《大正藏》第8册，第222页C栏第3行至第5行。

Дx.09158 **药师琉璃光如来本愿功德经**

存2行。起："大众"，尾题："本愿功德经"。唐玄奘译。经文见《大正藏》第14册，第408页B栏第24行至第25行。

Дx.09159 **佛说佛名经卷第三**

存7行，行1至5字。起："南"，讫："南无"。北魏菩提流支译。经文见《大正藏》第14册，第131页C栏第10行至第15行。

Дx.09160 **佛说佛名经卷第一**

见Дx.09147。

Дx.09161 **妙法莲华经卷第五安乐行品第十四**

存4行，行2至4字。起："说法不闻"，讫："是法"。后秦鸠摩罗什译。经文见《大正藏》第9册，第38页C栏第7行至第11行。

Дx.09162 **大般涅槃经卷第二十九师子吼菩萨品第十一之三**

存5行，行2至7字。起："令饥"，讫："得一□前不至"。北凉昙无谶译。经文见《大正藏》第12册，第537页B栏第7行至第11行。

Дx.09163 **残佛经**

存2行。录文："语此/若苦。"不可定名。

Дx.09164　Дx.09175　Дx.09187A　Дx.09232A **正法念处经卷第四十六观天品之二十五（夜摩天之十一）**

四残片。缀合后存22行，行2至14字。起："谓从初近善知识"，尾题："念处经"。北魏瞿昙般若流支译。经文见《大正藏》第17册，第276页B栏第5行至第26行。

Дx.09165　Дx.09172　Дx.09180　Дx.09188　Дx.09192　Дx.09202A　Дx.09233 **正法念处经卷第六十三观天品之四十二（夜摩天之二十八）**

七残片。存25行，行2至7字。起："名第六"，讫："耶"。北魏瞿昙般若流支译。经文见《大正藏》第17册，第373页C栏第28行至第377页B栏第22行。字体相同，经文前后可缀合，文字不相连。缀合顺序为Дx.09180+Дx.09233+Дx.09192+Дx.09172+Дx.09188+Дx.09165+Дx.09202A。

Дx.09166　Дx.09174 **大般涅槃经卷第二十二光明遍照高贵德王菩萨品第十之二**

存22行，行2至17字。起："等经"，讫："成就菩提功"。北凉昙无谶译。经文见《大正藏》第12册，第493页B栏第23行至C栏第17行。

Дx.09167　Дx.09168　Дx.09195 **中阿含经卷第十中阿含习相应品不思经第二（初一日诵）**

存24行，行3至17字。起："者便得"，讫："如是世尊阿难"。僧伽提婆译。经文见《大正藏》第1册，第485页B栏第23行至C栏第19行。

Дx.09169　Дx.09187B　Дx.09232B　正法念处经卷第四十六观天品之二十五（夜摩天之十一）

存18行，行1至8字。起："受持如是"，讫："是"。东晋瞿昙般若流支译。经文见《大正藏》第17册，第272页A栏第23行至B栏第13行。

Дx.09170　Дx.09178　医典

存6行，行12字左右。

Дx.09171　Дx.09200　Дx.09201　Дx.09202B　Дx.09213　Дx.09242A　正法念处经卷第六十三观天品之四十二（夜摩天之二十八）

三残片。其一，存17行，行1至17字。起："故则能"，讫："生兜率"。北魏瞿昙般若流支译。经文见《大正藏》第17册，第376页B栏第9行至第24行。其二、其三，缀合后存21行，行3至9字。起："十四闻法功德"，讫："调五根故则"。经文见《大正藏》第17册，第374页B栏第17行至C栏第23行。

Дx.09172　正法念处经卷第六十三观天品之四十二（夜摩天之二十八）

见Дx.09165。

Дx.09173　Дx.09189　Дx.09199　Дx.09212　Дx.09217　正法念处经卷第四十六观天品之二十五（夜摩天之十一）

五残片。经文前后可缀合。缀合后存27行，行3至17字。起："儒枣豌"，讫："法非谄曲"。北魏瞿昙般若流支译。经文见《大正藏》第17册，第276页A栏第5行至B栏第6行。

Дx.09174　大般涅槃经卷第二十二光明遍照高贵德王菩萨品第十之二

见Дx.09166。

Дx.09175　正法念处经卷第四十六观天品之二十五（夜摩天之十一）

见Дx.09164。

Дx.09176　法句经卷上笃信品

存5行，行1至3字。起："象调"，讫："者"。法救撰、吴维祇难等译。经文见《大正藏》第4册，第560页C栏第14行至第20行。

Дx.09177　Дx.09240　佛说佛名经

Дx.09178　医典

见Дx.09170。

Дx.09179　妙法莲华经卷第五安乐行品第十四

存10行，行2至9字。起："若在"，讫："城邑或与"。后秦鸠摩罗什译。经文见《大正藏》第9册，第38页C栏第16行至第26行。

Дx.09180　正法念处经卷第六十三观天品之四十二（夜摩天之二十八）

见Дx.09165。

Дx.09181　合部金光明经卷第一三身分别品第三

存3行，行1至3字。起："金宝"，讫："言"。真谛译、隋释宝贵合。经文见《大正藏》第16册，第362页C栏。另唐义净译《金光明最胜王经》也相符。

Дx.09182　正法念处经卷第四十六观天品之二十五（夜摩天之十一）

存10行，行1至6字。起："复念"，讫："第"。北魏瞿昙般若流支译。经文见《大正藏》第17册，第275页B栏第9行至第17行。

Дx.09183　Дx.09205　中阿含经卷第十中阿含习相应品不思经第二（初一日诵）

存4行，行2至7字。起："奉行"，讫："尔时世尊告曰"。僧伽提婆译。经文见《大正藏》第1册，第485页B栏第17行至第22行。

Дx.09184　佛说佛名经卷第十

存6行，行1至7字。起："南"，讫："明佛"。北魏菩提流支译。经文见《大正藏》第14册，第172页A栏第5行至第9行。

Дx.09185　十方千五百佛名经

存2行。录文："就卅五/华敷日王佛不思议月光明佛。"经文见《大正藏》第14册,第316页C栏第8行至第10行。

Дx.09186 劝善诗

Дx.09187A 正法念处经卷第四十六观天品之二十五(夜摩天之十一)

见Дx.09164。

Дx.09187B 正法念处经卷第四十六观天品之二十五(夜摩天之十一)

见Дx.09169。

Дx.09188 正法念处经卷第六十三观天品之四十二(夜摩天之二十八)

见Дx.09165。

Дx.09189 正法念处经卷第四十六观天品之二十五(夜摩天之十一)

见Дx.09173。

Дx.09190 正法念处经卷第四十六观天品之二十五(夜摩天之十一)

存2行。录文:"道时不/小便畏伤。"北魏瞿昙般若流支译。经文见《大正藏》第17册,第276页A栏第8行至第9行。

Дx.09191 正法念处经卷第四十六观天品之二十五(夜摩天之十一)

存3行,行2至4字。起:"不悕望欲",讫:"彼鹅"。北魏瞿昙般若流支译。经文见《大正藏》第17册,第271页C栏第27行至第29行。

Дx.09192 正法念处经卷第六十三观天品之四十二(夜摩天之二十八)

见Дx.09165。

Дx.09193 大般涅槃经卷第六如来性品第四之三

存5行,行2至5字。起:"名为具烦",讫:"菩萨"。北凉昙无谶译。经文见《大正藏》第12册,第396页C栏第25行至第29行。

Дx.09194 Дx.09197 正法念处经卷第四十六观天品之二十五(夜摩天之十一)

存9行,行4至9字。起:"亦不近何行",讫:"过怨斗心"。北魏瞿昙般若流支译。经文见《大正藏》第17册,第275页C栏第18行至第28行。

Дx.09195 中阿含经卷第十中阿含习相应品不思经第二(初一日诵)

见Дx.09167。

Дx.09196 正法念处经卷第四十六观天品之二十五(夜摩天之十一)

存6行,行4至9字。起:"游行畏闻",讫:"鸟鹅鸭命"。北魏瞿昙般若流支译。经文见《大正藏》第17册,第275页C栏第15行至第20行。与Дx.09194+Дx.09197可缀合。

Дx.09197 正法念处经卷第四十六观天品之二十五(夜摩天之十一)

见Дx.09194。

Дx.09198 Дx.09214 正法念处经卷第六十三观天品之四十二(夜摩天之二十八)

二残片。其一,存5行,行1至3字。起:"种",讫:"园林中"。北魏瞿昙般若流支译。经文见《大正藏》第17册,第378页B栏第4行至第8行。其二,存7行,行2至6字。起:"切皆劣",讫:"种种"。经文见《大正藏》第17册,第272页A栏第7行至第13行。

Дx.09199 正法念处经卷第四十六观天品之二十五(夜摩天之十一)

见Дx.09173。

Дx.09200 Дx.09201 正法念处经卷第六十三观天品之四十二(夜摩天之二十八)

见Дx.09171。

Дx.09202A 正法念处经卷第六十三观天品之四十二(夜摩天之二十八)

见Дx.09165。

Дx.09202B 正法念处经卷第六十三观天品之四十二(夜摩天之二十八)

见Дx.09171。

Дx.09203 十方千五百佛名经

存4行,行3至7字。起:"佛精进最高力王佛",讫:"檀德佛"。经文见《大正藏》第14册,第316页C栏第19行至第22行。

Дx.09204 **妙法莲华经卷第五安乐行品第十四**

存5行,行1至7字。起:"生懈怠心",讫:"欲"。后秦鸠摩罗什译。经文见《大正藏》第9册,第38页B栏第26行至C栏第4行。

Дx.09205 **中阿含经卷第十中阿含习相应品不思经第二(初一日诵)**

见Дx.09183。

Дx.09206 **妙法莲华经卷第四五百弟子受记品第八**

存3行,行4至5字。起:"佛子所行",讫:"诸众生类"。后秦鸠摩罗什译。经文见《大正藏》第9册,第28页A栏第9行至第13行。

Дx.09207 **大方广佛华严经卷第五十六入法界品第三十四之十三**

存4行,行2至4字。起:"德光",讫:"月次名"。东晋佛驮跋陀罗译。经文见《大正藏》第9册,第760页A栏第23行至第26行。

Дx.09208 Дx.09210 **摩诃般若波罗蜜经卷第二十七常啼品第八十八**

存3行,行3至4字。起:"香饰一",讫:"名阿惟越"。后秦鸠摩罗什译。经文见《大正藏》第8册,第417页B栏第8行至第10行。

Дx.09209 **大般涅槃经卷第十八梵行品第八之四**

存1行,总4字。录文:"知足故名。"北凉昙无谶译。经文见《大正藏》第12册,第468页A栏第25行。

Дx.09210 **摩诃般若波罗蜜经卷第二十七常啼品第八十八**

见Дx.09208。

Дx.09211 **佛升忉利天为母说法经卷下**

存2行。录文:"玛瑙/栏楯。"西晋竺法护译。经文见《大正藏》第17册,第796页A栏第11行至第12行。

Дx.09212 **正法念处经卷第四十六观天品之二十五(夜摩天之十一)**

见Дx.09173。

Дx.09213 **正法念处经卷第六十三观天品之四十二(夜摩天之二十八)**

见Дx.09171。

Дx.09214 **正法念处经卷第六十三观天品之四十二(夜摩天之二十八)**

见Дx.09198。

Дx.09215 Дx.09216 **佛说佛名经卷第一**

存8行,行4至6字。起:"金光明师子奋",讫:"海潮功德王佛"。北魏菩提流支译。经文见《大正藏》第14册,第117页A栏第28行至B栏第4行。

Дx.09217 **正法念处经卷第四十六观天品之二十五(夜摩天之十一)**

见Дx.09173。

Дx.09218 **残佛经**

刻本。存3行。录文:"共入佛性海四恩三友证菩/果/癸丑年九月十五日八撒主大。"未检出。

Дx.09219 **大般若波罗蜜多经卷第一百六十五初分校量功德品第三十之六十三**

存6行,行4至10字。起:"量门巧妙",讫:"一切预"。唐玄奘译。经文见《大正藏》第5册,第888页C栏第7行至第13行。同经相符较多。

Дx.09220 **根本说一切有部目得迦卷第七**

存5行,行4至5字。起:"坐诸佛常",讫:"食油能有"。唐义净译。经文见《大正藏》第24册,第443页A栏第15行至第19行。

Дx.09221 **大般若波罗蜜多经卷第七十三初分观行品第十九之四**

存5行,行2至4字。起:"性空此性",讫:"净故"。唐玄奘译。经文见《大正藏》第5册,第411页C栏第5行至第7行。同经相符较多。

Дx.09222 Дx.09230 **金光明最胜王经卷第一序品第一**

刻本。存5行，行1至3字。起："能善"，讫："无"。唐义净译。经文见《大正藏》第16册，第403页A栏第9行至第12行。

Дx.09222V　Дx.09230V　残片

存2字。录文："二坐。"不可定名。

Дx.09223　大般涅槃经卷第十三圣行品第七之三、卷第二十五光明遍照高贵德王菩萨品第十之五

存7行，行2至4字。起："游巡"，讫："物以有因"。北凉昙无谶译。经文见《大正藏》第12册，440页B栏第12行至第14行；第516页A栏第19行至第23行。

Дx.09224　大般若波罗蜜多经卷第二十三初分教诫教授品第七之十三

存5行，行2至4字。起："诃萨"，讫："若色"。唐玄奘译。经文见《大正藏》第5册，第130页B栏第1行至第5行。同经相符者另有4处。

Дx.09225　Дx.09241　大般涅槃经卷第三十五迦叶菩萨品第十二之三

两残片。缀合后存11行，行1至15字。起："紧缚"，讫："若有聪"。北凉昙无谶译。经文见《大正藏》第12册，第569页B栏第21行至C栏第2行。缀合顺序为Дx.09241+Дx.09225。

Дx.09226　放光般若经卷第十一摩诃般若波罗蜜大事兴品第五十一

存4行，行2至4字。起："须菩"，讫："尊般若波"。西晋无罗叉译。经文见《大正藏》第8册，第79页B栏第12行至第15行。

Дx.09227　Дx.092231　四分律删繁补阙行事钞卷上师资相摄篇第九

存4行，行7至9字。起："磨法事会座如是"，讫："语言此"。唐道宣撰述。经文见《大正藏》第40册，第31页C栏第23行至第28行。

Дx.09228　大般若波罗蜜多经卷第三百一十一初分办事品第四十三之二

存4行，行4至7字。起："着由不见故"，讫："能取能着亦不"。唐玄奘译。经文见《大正藏》第6册，第584页B栏第2行至第6行。

Дx.09229　摩诃般若波罗蜜经卷第二十累教品第六十六

存2行。录文："若人中/蜜阿难我。"后秦鸠摩罗什译。经文见《大正藏》第8册，第362页C栏第3行至第4行。

Дx.09230　金光明最胜王经卷第一序品第一

见Дx.09222。

Дx.09230V　残片

见Дx.09222V。

Дx.09231　四分律删繁补阙行事钞卷上师资相摄篇第九

见Дx.09227。

Дx.09232A　正法念处经卷第四十六观天品之二十五（夜摩天之十一）

见Дx.09164。

Дx.09232B　正法念处经卷第四十六观天品之二十五（夜摩天之十一）

见Дx.09169。

Дx.09233　正法念处经卷第六十三观天品之四十二（夜摩天之二十八）

见Дx.09165。

Дx.09234　残片

存1行，总2字。录文："无罗。"不可定名。

Дx.09235　大般涅槃经卷第三十五迦叶菩萨品第十二之三

存2行，行2至6字。起："解脱恩爱别离"，讫："有毕"。北凉昙无谶译。经文见《大正藏》第12册，第569页B栏第21行至第22行。

Дx.09236　光赞经卷第六摩诃般若波罗蜜无缚品第十五

存3行，行3至4字。起："诸佛之法"，讫："萨云若"。西晋竺法护译。经文见《大正藏》第8册，

185页B栏第27行至第29行。

Дх.09237 大般若波罗蜜多经卷第五百一十二第三分善友品第十八

存4行,行2至5字。起:"相续",讫:"相无愿广说"。唐玄奘译。经文见《大正藏》第7册,第618页B栏第26行至第29行。

Дх.09238 佛顶尊胜陀罗尼经

存2行。录文:"七返恶道之/计何所归依。"唐佛陀波利译。经文见《大正藏》第19册,第350页A栏第21行至第22行。

Дх.09239 残佛经

存2行。录文:"南无惠龙菩/无智积菩。"不可定名。

Дх.09240 佛说佛名经

见Дх.09177。

Дх.09241 大般涅槃经卷第三十五迦叶菩萨品第十二之三

见Дх.09225。

Дх.09242 正法念处经卷第六十三观天品之四十二(夜摩天之二十八)

见Дх.09171。

Дх.09243 大法炬陀罗尼经卷第五忍校量品第十

存3行,行4至8字。起:"间无有语言及",讫:"祗夜或授"。隋阇那崛多等译。经文见《大正藏》第21册,第682页C栏第8行至第10行。

Дх.09244 妙法莲华经卷第六法师功德品第十九

存4行,行2至7字。起:"美者若以舌根于",讫:"听及"。后秦鸠摩罗什译。经文见《大正藏》第9册,第49页B栏第18行至第22行。

Дх.09245 佛说佛经名

存7行,行1至3字。起:"南",讫:"南"。未检出。

Дх.09246 胜鬘师子吼一乘大方便方广经真子章第十四

存7行,行2至7字。起:"究竟者入大",讫:"法智"。刘宋求那跋陀罗译。经文见《大正藏》第12册,第222页C栏第16行至第22行。

Дх.09247 大般涅槃经卷第五如来性品第四之二

存8行,行2至7字。起:"复如",讫:"子如来或时"。北凉昙无谶译。经文见《大正藏》第12册,第395页C栏第26行至第396页A栏第4行。

Дх.09248 大般涅槃经卷第一寿命品第一

存6行,行1至8字。起:"为",讫:"部及非人等所有"。北凉昙无谶译。经文见《大正藏》第12册,第370页B栏第5行至第10行。

Дх.09249 放光般若经卷第十摩诃般若波罗蜜真知识品第四十六

存5行,行6至8字。起:"若波罗蜜不恐不",讫:"诵行其中事当"。西晋无罗叉译。经文见《大正藏》第8册,第69页B栏第2行至第6行。

Дх.09250 Дх.09313 佛说佛名经卷第一

存5行,行6至8字。起:"永无",讫:"无时"。失译。经文见《大正藏》第14册,第188页B栏第25行至C栏第3行。

Дх.09251 大般涅槃经卷第三十三迦叶菩萨品第十二之一

存3行,行3至5字。起:"罗来我",讫:"等亦复得入"。北凉昙无谶译。经文见《大正藏》第12册,第561页A栏第11行至第13行。

Дх.09252 妙法莲华经卷第五从地踊出品第十五

存5行,行1至10字。起:"何",讫:"惟越"。后秦鸠摩罗什译。经文见《大正藏》第9册,第42页B栏第17行至第21行。

Дх.09253 妙法莲华经卷第六随喜功德品第十八

存5行,行3至6字。起:"偈随喜",讫:"具实法"。后秦鸠摩罗什译。经文见《大正藏》第9册,第47页A栏第25行至B栏第4行。

Дх.09254 大方广佛华严经卷第五如来光明觉品第五

存4行,行2至3字。起:"不可极",讫:"能现"。东晋佛驮跋陀罗译。经文见《大正藏》第9册,第

424页B栏第27行至第29行。有异文。

Дх.09255　Дх.09267　**地志**

Дх.09256　**佛说灌顶拔除过罪生死得度经卷第十二**

存5行，行3至6字。起："一层七灯灯如"，讫："难言若"。东晋帛尸梨蜜多罗译。经文见《大正藏》第21册，第535页B栏第14行至第18行。

Дх.09257　**金刚般若波罗蜜经**

存6行，行1至4字。起："付"，讫："若胎生若"。北魏菩提流支译。经文见《大正藏》第8册，第752页C栏第27行至第753页A栏第2行。

Дх.09258　**佛说仁王般若波罗蜜经卷下护国经嘱累品第八**

存17行，行1至2字。起："子"，讫："尔时"。后秦鸠摩罗什译。经文见《大正藏》第8册，第833页C栏第14行至第834页A栏第1行。

Дх.09259　**佛说七千佛神符经**

存5行，行3至5字。起："灭千佛符"，讫："存星主"。经文见《大正藏》第85册，第1446页A栏第22行至第26行。

Дх.09260　**合部金光明经卷第六功德天品第十三**

存5行，行3至5字。起："帝卢簸僧"，讫："朝暮"。北凉昙无谶译、隋释宝贵合。经文见《大正藏》第16册，第388页B栏第24行至第29行。

Дх.09261　**妙法莲华经卷第六如来神力品第二十**

存6行，行2至5字。起："佛共"，讫："中有佛名释"。后秦鸠摩罗什译。经文见《大正藏》第9册，第51页C栏第28行至第52页A栏第4行。

Дх.09262　**馆藏缺**

Дх.09263　**残佛经**

存3行。录文："非/道/涅。"不可定名。

Дх.09264　**大般涅槃经卷第三十八师子吼菩萨品第十一之二**

存7行，行2至4字。起："断诸色"，讫："虽非"。北凉昙无谶译。经文见《大正藏》第12册，第530页B栏第9行至第15行。

Дх.09265　**光赞经卷第一摩诃般若波罗蜜光赞品第一**

存8行，行3至12字。起："尊从其"，讫："斯定意"。西晋竺法护译。经文见《大正藏》第8册，第147页C栏第5行至第13行。

Дх.09266　**大般涅槃经卷第十六梵行品第八之二**

存4行，行2至4字。起："令彼"，讫："足推"。北凉昙无谶译。经文见《大正藏》第12册，第458页C栏第4行至第7行。

Дх.09267　**地志**

见Дх.09255。

Дх.09268　**妙法莲华经卷第三化城喻品第七**

存3行，行5至7字。起："及□□宿命所行"，讫："提时十方各五百"。后秦鸠摩罗什译。经文见《大正藏》第9册，第23页A栏第9行至第12行。

Дх.09269　**大般涅槃经卷第三十六迦叶菩萨品第十二之四**

存2行。录文："者求如是/为信不具足信。"北凉昙无谶译。经文见《大正藏》第12册，第575页B栏第27行至第28行。

Дх.09270　**妙法莲华经题签**

录文："法莲华经卷。"

Дх.09271　**佛本行集经卷第三十七那罗陀出家品第四十一**

存4行，行1至4字。起："师既"，讫："鹿"。隋阇那崛多译。经文见《大正藏》第3册，第827页B栏第1行至第6行。

Дх.09272　**净名经集解关中疏卷下文殊师利品第五**

存4行，行4至10字。起："当身疾救"，讫："鹿"。唐道液撰。经文见《大正藏》第85册，第475页C栏第16行至第22行。

Дх.09272V　**佛经论释**

存3行，行4至7字。起："如所有□"，讫："初发心观"。

Дх.09273　**大般涅槃经卷第三十六迦叶菩萨品第**

十二之四

存4行，行4至7字。起："得须陀恒果"，讫："唯愿为我"。北凉昙无谶译。经文见《大正藏》第12册，第579页A栏第4行至第7行。

Дх.09274 **药师经疏**

存3行，行8字。起："随是岁中"，讫："及以汤药"。经文见《大正藏》第85册，第326页A栏第12行至第14行。

Дх.09275 **放光般若经卷第九摩诃般若波罗蜜明净品第四十三**

存3行，行5字。起："言法常住故"，讫："无所取耶佛"。西晋无罗叉译。经文见《大正藏》第8册，第64页C栏第7行至第9行。

Дх.09276 **佛顶尊胜陀罗尼经**

存4行，行4至8字。起："族姓女于"，讫："身恶道"。唐佛陀波利译。经文见《大正藏》第19册，351页B栏第11行至第15行。

Дх.09277 **佛说灌顶拔除过罪生死得度经卷第十二**

存8行，行2至5字。起："愈无复忧苦"，讫："愿者使"。东晋帛尸梨蜜多罗译。经文见《大正藏》第21册，第532页C栏第23行至第533页A栏第1行。

Дх.09278 **十诵律卷第六十一（善诵毗尼序卷中）毗尼中杂品第三**

存2行，行5字。起："病五者饥饿"，讫："人听心生念"。东晋卑摩罗叉续译。经文见《大正藏》第23册，457页A栏第12行至第13行。

Дх.09279 **金光明经卷第三鬼神品第十三至授记品第十四**

存5行，行1至3字。起："其"，讫："相银"。北凉昙无谶译。经文见《大正藏》第16册，第350页C栏第28行至第351页A栏第3行。

Дх.09280 **摩诃般若波罗蜜经卷第二十三三次品第七十五**

存4行，行1至6字。起："不"，讫："习世尊若有"。后秦鸠摩罗什译。经文见《大正藏》第8册，383页C栏第1行至第21行。

Дх.09281 **大庄严法门经卷下**

存6行，行2至8字。起："智慧行佛"，讫："者亦"。隋那连提耶舍译。经文见《大正藏》第17册，第832页C栏第7行至第13行。亦名《文殊师利神通力经》《胜金色光明德女经》。

Дх.09282 **妙法莲华经卷第三化城喻品第七**

存8行，行3至14字。起："至梵宫六种震动"，讫："光明昔未"。后秦鸠摩罗什译。经文见《大正藏》第9册，第23页A栏第16行至第23行。

Дх.09283 **馆藏缺**

Дх.09284 **金光明经卷第二四天王品第六**

存7行，行2至6字。起："其衰"，讫："大法"。北凉昙无谶译。经文见《大正藏》第16册，第343页B栏第18行至第24行。

Дх.09285 **妙法莲华经卷第七妙音菩萨品第二十四**

存3行，行4至12字。起："能如是"，讫："妙音菩萨住是"。后秦鸠摩罗什译。经文见《大正藏》第9册，第56页B栏第13行至第15行。

Дх.09286 **妙法莲华经卷第二譬喻品第三**

存3行，行7至12字。起："来终日竟夜每自"，讫："乃知真是"。后秦鸠摩罗什译。经文见《大正藏》第9册，第10页C栏第11行至第13行。

Дх.09287 **光赞经卷第六摩诃般若波罗蜜幻品第十**

存4行，行3至4字。起："须菩提意"，讫："者何其"。西晋竺法护译。经文见《大正藏》第8册，第175页A栏第15行至第18行。

Дх.09288 **四分律比丘戒本**

存5行，行5至6字。起："尼迦叶释迦文"，讫："死时怀恐惧"。后秦佛陀耶舍译。经文见《大正藏》第22册，第1015页A栏第28行至B栏第7行。

Дх.09289 Дх.09290 **大智度论卷第二十四初品十力释论第三十九**

存6行，行1至13字。起："善知入定出定"，讫：

"至"。龙树菩萨造、后秦鸠摩罗什译。经文见《大正藏》第25册，第240页A栏第1行至第6行。

Дх.09291 金光明经卷第四舍身品第十

存5行，行1至4字。起："一切技节"，讫："我"。北凉昙无谶译。经文见《大正藏》第16册，第355页C栏第1行至第7行。

Дх.09292 胜思惟梵天所问经卷第一

存3行，行3至4字。起："何而为"，讫："河沙诸"。北魏菩提流支译。经文见《大正藏》第15册，第66页C栏第23行至第26行。

Дх.09293 胜鬘师子吼一乘大方便方广经自性清净章第十三至真子章第十四

存3行，行2至4字。起："二法汝"，讫："者依"。刘宋求那跋陀罗译。经文见《大正藏》第12册，第222页C栏第6行至第9行。

Дх.09294 十方千五百佛名经

存3行，行3至5字。起："大海佛十"，讫："音王佛"。经文见《大正藏》第14册，第316页B栏第21行至第24行。

Дх.09295 残佛经

存2行。录文："教诲/功德。"不可定名。

Дх.09296 菩萨地持经卷第三菩萨地持方便处力种性品第八

存4行，行5至8字。起："常修□便顿修"，讫："止观如是如是乐住"。北凉昙无谶译。经文见《大正藏》第30册，第905页B栏第7行至第10行。

Дх.09297 金刚般若波罗蜜经

存6行，行3至6字。起："岁其有"，讫："如是"。后秦鸠摩罗什译。经文见《大正藏》第8册，第750页B栏第5行至第10行。

Дх.09298 佛说维摩诘经卷下不二入品第九

存4行，行2至4字。起："兴是谓无"，讫："知不"。吴支谦译。经文见《大正藏》第14册，第531页A栏第15行至第18行。

Дх.09299A 十方千五百佛名经

存2行。录文："方皆然诸/通感动无量。"经文见《大正藏》第14册，第317页B栏第8行至第10行。

Дх.09299B Дх.09309 妙法莲华经卷第五从地踊出品第十五

存5行，行3至6字。起："善男之人我"，讫："皆信受"。后秦鸠摩罗什译。经文见《大正藏》第9册，第40页B栏第5行至第9行。

Дх.09300 大般涅槃经卷第三十五迦叶菩萨品第十二之三

存7行，行4至9字。起："生果是故"，讫："亦亦生不生"。北凉昙无谶译。经文见《大正藏》第12册，第572页B栏第25行至C栏第2行。

Дх.09301 妙法莲华经卷第六法师功德品第十九

存3行，行2至4字。起："时死时上"，讫："其中"。后秦鸠摩罗什译。经文见《大正藏》第9册，第49页C栏第25行至第27行。

Дх.09302 胜鬘师子吼一乘大方便方广经一乘章第五

存9行，行6至10字。起："是故阿罗汉辟支"，讫："立凡夫人天所不"。刘宋求那跋陀罗译。经文见《大正藏》第12册，第219页C栏第17行至第26行。

Дх.09303 放光般若经卷第十三摩诃般若波罗蜜梦中行品第五十

存7行，行2至11字。起："波罗蜜时若"，讫："惟逮"。西晋无罗叉译。经文见《大正藏》第8册，第92页B栏第18行至第24行。

Дх.09304 大般涅槃经卷第三十五迦叶菩萨品第十二之三

存5行，行1至5字。起："器"，讫："次善"。北凉昙无谶译。经文见《大正藏》第12册，第572页A栏第2行至第6行。

Дх.09305 金光明经卷第二坚牢地神品第九

存4行，行1至7字。起："力已能供养是金"，讫："何"。北凉昙无谶译。经文见《大正藏》第16册，第345页C栏第24行至第27行。

Дx.09306 大般涅槃经卷第二十三光明遍照高贵德王菩萨品第十之三

存4行，行3至10字。起："爱亦如"，讫："过虽有智慧以"。北凉昙无谶译。经文见《大正藏》第12册，第500页B栏第12行至第15行。

Дx.09307 金光明经卷第二四天王品第六

存4行，行7至11字。起："四部之众亦"，讫："成就具足"。北凉昙无谶译。经文见《大正藏》第16册，第342页B栏第26行至C栏第1行。

Дx.09308 大般涅槃经卷第十一现病品第六

存5行，行1至5字。起："法"，讫："尊如十小牛"。北凉昙无谶译。经文见《大正藏》第12册，第429页A栏第27行至B栏第3行。

Дx.09309 妙法莲华经卷第五从地踊出品第十五

见Дx.09299B。

Дx.09310 佛说转法轮经

存6行，行1至10字。首题："法轮"，讫："也"。后汉安世高译。经文见《大正藏》第2册，第503页B栏第1行至第10行。有异文。

Дx.09311 大般涅槃经卷第十八梵行品第八之四

存5行，行5至9字。起："故若我得是"，讫："萨摩诃萨念"。北凉昙无谶译。经文见《大正藏》第12册，第470页B栏第25行至第29行。

Дx.09312 大般涅槃经卷第二十八师子吼菩萨品第十一之二

存3行，行4至7字。起："槃亦尔有"，讫："喻涅槃乃取有"。北凉昙无谶译。经文见《大正藏》第12册，第530页A栏第7行至第10行。

Дx.09313 佛说佛名经卷第一

见Дx.09250。

Дx.09314 大通方广经卷中

存6行，行2至6字。起："之云"，讫："名我"。失译。经文见《大正藏》第85册，第1345页C栏第6行至第11行。

Дx.09315 佛说仁王般若波罗蜜经卷下护国经嘱累品第八

存13行，行2至8字。起："斯若王我"，讫："外道法都非"。后秦鸠摩罗什译。经文见《大正藏》第8册，第833页B栏第13行至第25行。

Дx.09316 大般涅槃经卷第三十一师子吼菩萨品第十一之五

存8行，行3至8字。起："其受苦"，讫："称说其善"。北凉昙无谶译。经文见《大正藏》第12册，第553页C栏第14行至第21行。

Дx.09317 妙法莲华经卷第四见宝塔品第十一

存6行，行3至9字。起："铁围山大"，讫："此如是"。后秦鸠摩罗什译。经文见《大正藏》第9册，第33页B栏第9行至第14行。

Дx.09318 妙法莲华经卷第七观世音菩萨普门品第二十五

存5行，行1至5字。起："无边福德"，讫："而"。后秦鸠摩罗什译。经文见《大正藏》第9册，第57页A栏第18行至第23行。

Дx.09319 医书

存6行。录文："故三次而成/故为九载若/□□岐伯曰形/□大胸中气多者死/获形色相得者□/不病也其。"待考。

Дx.09320 残佛经

存2行。录文："令身/何以故。"不可定名。

Дx.09321 金刚般若波罗蜜经

存5行，行2至14字。起："众生"，讫："而"。后秦鸠摩罗什译。经文见《大正藏》第8册，第751页B栏第6行至第11行。

Дx.09322 妙法莲华经卷第六如来神力品第二十一

存5行，行1至7字。起："间"，讫："故"。后秦鸠摩罗什译。经文见《大正藏》第9册，第52页A栏第12行至第16行。

Дx.09323 摩诃般若波罗蜜经卷第二十七常啼品

第八十八

存3行，行4至5字。起："顺卅二相"，讫："具足一切功"。后秦鸠摩罗什译。经文见《大正藏》第8册，第418页A栏第23行至第26行。

Дx.09324 金光明经卷第三授记品第十四

存4行，行2至4字。起："有十千"，讫："可□□那"。北凉昙无谶译。经文见《大正藏》第16册，第351页A栏第4行至第7行。

Дx.09325 小品般若波罗蜜经卷第八摩诃般若波罗蜜恭敬菩萨品第二十一

存5行，行1至3字。起："罗"，讫："萨"。后秦鸠摩罗什译。经文见《大正藏》第8册，第573页B栏第13行至第17行。

Дx.09326 菩萨戒本疏卷下

存6行，行3至5字。起："若佛子"，讫："护佛戒"。新罗沙门义寂述。经文见《大正藏》第40册，第688页B栏第7行至第11行。

Дx.09327 善见律毗婆沙卷第十五

存6行，行2至12字。起："不坐若换坐"，讫："语素"。萧齐僧伽跋陀罗译。经文见《大正藏》第24册，第775页C栏第5行至第9行。

Дx.09328 毛诗正义卷第十六

存4行。录文："此在宫在庙为下事/老何者祭祀养老/教诸侯之孝养三/王之庙。"

Дx.09329 大方便佛报恩经卷第七亲近品第九

存4行，行2至6字。起："三恶"，讫："胜人纯善之"。失译。经文见《大正藏》第3册，第161页C栏第17行至第20行。

Дx.09330 放光般若经卷第十四摩诃般若波罗蜜阿惟越致相品第六十二

存4行，行4至5字。起："人者若欲与"，讫："其便当作方"。西晋无罗叉译。经文见《大正藏》第8册，第98页B栏第3行至第6行。有异文。

Дx.09331 社会文书

Дx.09332 大般涅槃经卷第四如来性品第四之一

存2行。录文："莫知所在/诸有淤泥。"北凉昙无谶译。经文见《大正藏》第12册，第387页C栏第3行至第4行。

Дx.09333 大般若波罗蜜多经卷第三百一十九初分真如品第四十七之二

存2行。录文："苦圣/为摄取集灭道圣。"唐玄奘译。经文见《大正藏》第6册，第629页C栏第19行至第20行。同经相符者另有两处。

Дx.09334 户籍

Дx.09335 妙法莲华经卷第六常不轻菩萨品第二十

存7行，行4至6字。起："佛灭□□□尽时"，讫："皆蒙菩萨"。后秦鸠摩罗什译。经文见《大正藏》第9册，第51页B栏第13行至第21行。

Дx.09336 妙法莲华经卷第七观世音菩萨普门品第二十五

存6行，行1至8字。起："现佛身而为说法应"，讫："而"。后秦鸠摩罗什译。经文见《大正藏》第9册，第57页A栏第25行至B栏第1行。

Дx.09337 大般涅槃经卷第二十梵行品第八之六

存3行，行8字。首题："大般涅槃经卷第二十"，讫："告大众我今当为是"。北凉昙无谶译。经文见《大正藏》第12册，第480页B栏第23行至C栏第1行。

Дx.09338 金刚般若波罗蜜经

存7行，行2至4字。起："是念"，讫："作是念"。后秦鸠摩罗什译。经文见《大正藏》第8册，第749页B栏第26行至C栏第4行。另北魏菩提流支译《金刚般若波罗蜜经》也相符。

Дx.09339 大般涅槃经卷第十四圣行品第七之四

存5行，行1至5字。起："注雨三昧能"，讫："非"。北凉昙无谶译。经文见《大正藏》第12册，第448页B栏第26行至C栏第1行。

Дx.09340 未来星宿劫千佛名经

存5行，行5至10字。起："德至于作佛而无"，讫："若能过五体"。失译。经文见《大正藏》第14

册，第393页第B栏第17行至第21行。与现刊本相较，多"母兄弟家识五亲终不"等字。亦名《集诸佛大功德山》。

Дх.09341 维摩诘所说经卷中佛道品第八

存6行，行2至10字。起："复而声闻"，讫："谁奴"。后秦鸠摩罗什译。经文见《大正藏》第14册，第549页B栏第23行至第29行。

Дх.09342 佛说灌顶冢墓因缘四方神咒经卷第六

存5行，行2至8字。起："棺者"，讫："以为幡效"。东晋帛尸梨蜜多罗译。经文见《大正藏》第21册，第512页A栏第20行至第25行。

Дх.09343 妙法莲华经卷第五如来寿量品第十六

存5行，行5至11字。起："远坐于道场"，讫："那由他阿僧"。后秦鸠摩罗什译。经文见《大正藏》第9册，第42页B栏第11行至第15行。

Дх.09344 大方广佛华严经卷第二十七十回向品第二十五之五

存5行，行2至6字。起："萨施连肤髻"，讫："余无"。唐实叉难陀译。经文见《大正藏》第10册，第144页C栏第2行至第6行。

Дх.09345 佛本行集经卷第二十观诸异道品第二十四

存5行，行2至10字。起："作于"，讫："自心本所"。隋阇那崛多译。经文见《大正藏》第3册，第747页C栏第16行至第20行。

Дх.09346 大般涅槃经卷第十六梵行品第八之二

存5行，行4至7字。起："复次善男"，讫："还以手"。北凉昙无谶译。经文见《大正藏》第12册，第457页B栏第19行至第23行。

Дх.09347 大般涅槃经卷第九如来性品第四之六

存4行，行3至4字。起："听是大"，讫："不能自"。北凉昙无谶译。经文见《大正藏》第12册，第422页A栏第28行至B栏第2行。

Дх.09348 四分律含注戒本疏行宗记四上之一

存6行，行3至20字。起："障道"，讫："故须标"。宋元照述。经文见《卍新续藏》第40册，第136页C栏第11行至137页A栏第9行。

Дх.09349 金光明经卷第四舍身品第十七

存4行，行3至9字。起："第三王子言此"，讫："余命无"。北凉昙无谶译。经文见《大正藏》第16册，第354页B栏第6行至第9行。

Дх.09350 大般涅槃经卷第三十八迦叶菩萨品第十二之六

存3行，行6字。起："有念念微细无"，讫："常复观四大及"。北凉昙无谶译。经文见《大正藏》第12册，第588页B栏第22行至第25行。

Дх.09351 大般涅槃经卷第四十憍陈如品第十三之二

存3行，行5至8字。起："雨于优婆塞优"，讫："月试不必一"。北凉昙无谶译。经文见《大正藏》第12册，第598页A栏第12行至第14行。

Дх.09352 维摩诘所说经卷下法供养品第十三

存8行，行4至9字。起："有受持读诵"，讫："女人受持"。后秦鸠摩罗什译。经文见《大正藏》第14册，第556页A栏第10行至第17行。

Дх.09353 大般涅槃经卷第三十七迦叶菩萨品第十二之五

存4行，行1至6字。起："中无罣碍处"，讫："白"。北凉昙无谶译。经文见《大正藏》第12册，第581页A栏第11行至第15行。

Дх.09354 佛说无量寿经卷上

存3行，行8至15字。起："声闻所行之道"，讫："如是清净色"。曹魏康僧铠译。经文见《大正藏》第12册，第271页B栏第23行至第26行。

Дх.09355 金刚般若波罗蜜经

存6行，行3至6字。起："何名此法门"，讫："云何三"。北魏菩提流支译。经文见《大正藏》第8册，第754页A栏第25行至B栏第2行。

Дх.09356 妙法莲华经卷第五从地踊出品第十五

存8行，行2至8字。起："住于忍"，讫："调伏"。

后秦鸠摩罗什译。经文见《大正藏》第9册,第41页A栏第22行至B栏第3行。

Дx.09357 维摩诘所说经卷下香积佛品第十

存5行,行4至5字。起:"菩萨成就",讫:"施之等心"。后秦鸠摩罗什译。经文见《大正藏》第14册,第553页A栏第28行至B栏第3行。

Дx.09358 大般涅槃经卷第十九梵行品第八之五

存3行,行4字,起:"心自颠倒",讫:"即言我今"。北凉昙无谶译。经文见《大正藏》第12册,第479页A栏第2行至第4行。

Дx.09359 大般涅槃经卷第二十八师子吼菩萨品第十一之二

存7行,行4至6字。起:"不退菩",讫:"即言我今"。北凉昙无谶译。经文见《大正藏》第12册,第534页C栏第6行至第12行。

Дx.09360 大般涅槃经卷第四如来性品第四之一

存4行,行4至8字。起:"敢于如来",讫:"言如来法僧"。北凉昙无谶译。经文见《大正藏》第12册,第385页B栏第18行至第21行。

Дx.09361 胜天王般若波罗蜜经卷第七赞叹品第十五

存4行,行4至5字。起:"甘露妙药施",讫:"随所乐闻而"。月婆首那译。经文见《大正藏》第8册,第724页A栏第6行至第9行。

Дx.09362 妙法莲华经卷第一序品第一

存8行,行2至8字。起:"佛此夜灭",讫:"养诸"。后秦鸠摩罗什译。经文见《大正藏》第9册,第5页A栏第21行至第29行。

Дx.09363 残佛经

存1行,总2字。录文:"已□。"不可定名。

Дx.09364 佛经论释

存11行,行1至17字。起:"有",讫:"初一问答明"。

Дx.09365 千字文

存2行。录文:"谈彼短靡恃/欲难量墨悲。"

Дx.09366 金光明最胜王经卷第五金胜陀罗尼品第八

存5行,行1至3字。起:"人欲",讫:"本今得"。唐义净译。经文见《大正藏》第16册,第423页B栏第26行至C栏第1行。

Дx.09367 大般涅槃经卷第十一切大众所问品第五

存4行,行5至9字。起:"语言",讫:"求清净何缘"。北凉昙无谶译。经文见《大正藏》第12册,第426页C栏第17行至第20行。

Дx.09368 愿文

存5行。录文:"复蒙登延□远即/动圆光苦摇灼烁千/克宁安吉民无疾/之路又愿三千世界百亿□/□□慈悲拔诸苦。"

Дx.09369 残佛经

存2行。录文:"尔时/所。"不可定名。

Дx.09370 大般若波罗蜜多经卷第二百七十二初分难信解品第三十四之九十一

存4行,行2至5字。起:"智智",讫:"净故无"。唐玄奘译。经文见《大正藏》第6册,第378页A栏第24行至第27行。同经相符者较多。

Дx.09371 十方千五百佛名经

存5行,行1至6字。起:"除恶根本佛",讫:"燃"。经文见《大正藏》第14册,第313页C栏第19行至第24行。另后秦鸠摩罗什译《十住毗婆沙论卷第五》也相符。

Дx.09372 妙法莲华经卷第二譬喻品第三

存5行,行2至7字。起:"于火宅内",讫:"诸子"。后秦鸠摩罗什译。经文见《大正藏》第9册,第12页B栏第21行至第26行。

Дx.09373 放光般若经卷第四摩诃般若波罗蜜问摩诃衍品第十九

存4行,行5字。起:"云若内外所",讫:"须菩提言菩"。西晋无罗叉译。经文见《大正藏》第8册,第22页C栏第13行至第16行。

Дx.09374 合部金光明经卷第三陀罗尼最净地品第六

存2行。录文："刹常琰切/谟诃。"真谛译、隋释宝贵合。经文见《大正藏》第16册，第375页C栏第11行至第12行。

Дx.09375 十方千五百佛名经

存2行。录文："见一切缘佛/利一切众佛。"经文见《大正藏》第14册，第313页C栏第28行至第314页A栏第1行。

Дx.09376 妙法莲华经卷第四五百弟子受记品第八

存5行，行2至3字。起："尊颜"，讫："佛告诸"。后秦鸠摩罗什译。经文见《大正藏》第9册，第27页B栏第22行至第26行。

Дx.09377 金刚般若波罗蜜经论卷中

存4行，行4至6字。起："故如经以要言"，讫："可思议等"。天亲菩萨造、北魏菩提流支译。经文见《大正藏》第25册，第790页B栏第3行至第6行。

Дx.09378 放光般若经卷第十三摩诃般若波罗蜜甚深品第五十八

存2行。录文："人功德不可计所以/者于诸功德。"西晋无罗叉奉译。经文见《大正藏》第8册，第90页B栏第22行至第23行。

Дx.09379 大般涅槃经卷第二十六光明遍照高贵德王菩萨品第十之六

存5行，行4至5字。起："昧令得见"，讫："切法菩萨摩"。北凉昙无谶译。经文见《大正藏》第12册，第521页B栏第7行至第11行。

Дx.09380 大般涅槃经卷第三十二师子吼菩萨品第十一之六

存3行，行1至4字。起："耨"，讫："髓脑手"。北凉昙无谶译。经文见《大正藏》第12册，第557页C栏第7行至第9行。

Дx.09381 大般涅槃经卷第二寿命品第一之二

存4行，行2至4字。起："般若"，讫："辩后受施"。北凉昙无谶译。经文见《大正藏》第12册，第372页A栏第21行至第24行。

Дx.09382 金刚般若波罗蜜经

存7行，行2至10字。起："微尘"，讫："须菩提一合"。后秦鸠摩罗什译。经文见《大正藏》第8册，第752页B栏第7行至第13行。另菩提流志译本也相符。

Дx.09383 馆藏缺

Дx.09384 南本大般涅槃经会疏卷第十八梵行品之五

存2行。录文："殿受于/有如是。"北凉昙无谶译，晋慧严、慧观、谢灵运重治。经文见《卍新续藏》第36册，第604页C栏第9行至第10行。

Дx.09385 妙法莲华经卷第三药草喻品第五

存2行。录文："大云/隐乐。"后秦鸠摩罗什译。经文见《大正藏》第9册，第20页A栏第5行至第6行。

Дx.09386 光赞经卷第三摩诃般若波罗蜜假号品第八

存4行，行3至7字。起："名曰戒定慧解"，讫："曰诸佛"。西晋竺法护译。经文见《大正藏》第8册，第168页A栏第2行至第5行。另菩提流志译本也相符。

Дx.09387 大般涅槃经卷第十一圣行品第七之一

存5行，行3至8字。起："穈粟稻麻"，讫："重赞叹"。北凉昙无谶译。经文见《大正藏》第12册，第432页C栏第25行至第433页A栏第1行。

Дx.09388 金光明经卷第三正论品第十一

存8行，行1至6字。起："降"，讫："妹"。北凉昙无谶译。经文见《大正藏》第16册，第347页B栏第7行至第16行。

Дx.09389 大般涅槃经卷第十一现病品第六

存6行，行2至6字。起："婆阿"，讫："华波头摩"。北凉昙无谶译。经文见《大正藏》第12册，第430页B栏第19行至第24行。

Дx.09390 大方广十轮经卷第三相轮品第五

存3行，行2至4字。起："大梵"，讫："根况"。失译。经文见《大正藏》第13册，第693页B栏第5行至第7行。

Дx.09391 **大方等无想经卷第三大云初分陀罗尼犍度第三**

存6行，行2至6字。首题："罗尼健度"，讫："诸"。北凉昙无谶译。经文《大正藏》第12册，第1088页B栏第16行至第20行。

Дx.09392 **大般涅槃经卷第三十七迦叶菩萨品第十二**

存4行，行7至13字。起："复有人言虚空"，讫："次第即是"。北凉昙无谶译。经文见《大正藏》第12册，第581页B栏第12行至第16行。

Дx.09393 **馆藏缺**

Дx.09394 **大般涅槃经卷第十六梵行品第八之二**

存8行，行3至16字。起："堕此三"，讫："若是次第即是"。北凉昙无谶译。经文见《大正藏》第12册，第460页B栏第16行至第24行。

Дx.09395 **摩诃般若波罗蜜经卷第二十六毕定品第八十三**

存9行，行3至4字。起："布施贫"，讫："者如是"。后秦鸠摩罗什译。经文见《大正藏》第8册，第410页B栏第28行至C栏第8行。

Дx.09396 **妙法莲华经卷第七观世音菩萨普门品第二十五**

存4行，行3至8字。起："前白佛"，讫："千众生皆发无"。后秦鸠摩罗什译。经文见《大正藏》第9册，第58页B栏第3行至第7行。

Дx.09397 **题记**

录文："□□岁三月廿二日文成王小□。"

Дx.09398 **残佛经**

存2行。录文："一处/萨摩。"不可定名。

Дx.09399 **大般涅槃经卷第十六梵行品第八之二**

存5行，行2至7字。起："置粪秽坚闭"，讫："辱诸"。北凉昙无谶译。经文见《大正藏》第12册，第457页C栏第20行至第24行。

Дx.09400 **十住经卷第四妙善地第九**

存9行，行1至7字。起："菩"，讫："地善分别诸"。后秦鸠摩罗什译。经文见《大正藏》第10册，第534页B栏第29行至C栏第16行。

Дx.09401 **妙法莲华经卷第七妙音菩萨品第二十四**

存5行，行2至7字。起："菩萨种何善根修"，讫："供养"。后秦鸠摩罗什译。经文见《大正藏》第9册，第56页A栏第2行至第7行。

Дx.09402 **摩诃般若波罗蜜经卷第二十六毕定品第八十三**

存3行，行3至7字。起："萨摩诃"，讫："佛告须菩提"。后秦鸠摩罗什译。经文见《大正藏》第8册，第409页C栏第3行至第5行。

Дx.09403 **大般若波罗蜜多经卷第二百五初分难信解品第三十四之二十四**

存4行，行3至9字。起："缘所生"，讫："若一切智智"。唐玄奘译。经文见《大正藏》第6册，第22页A栏第5行至第8行。

Дx.09404 **如意轮陀罗尼经求生印第二十四至大心印第二十六**

存8行，行2至8字。起："钵头"，讫："呈示"。唐菩提流志译。经文见《大正藏》第20册，第192页C栏第16行至第193页A栏第4行。

Дx.09404V **佛经论释**

存7行，行4至12字。起："须明流通"，讫："常常既事□勘"。

Дx.09405 **佛经论释**

存7行，行3至8字。起："工无真实道理"，讫："如来不"。待考。

Дx.09406 **大方等陀罗尼经卷第三梦行分卷第三**

存6行，行1至2字。起："行"，讫："日"。北凉法众译。经文见《大正藏》第21册，第653页A栏第9行至第15行。

Дx.09407 **胜天王般若波罗蜜经卷第二法界品第三**

存4行，行2至6字。起："之心况"，讫："得有"。月婆首那译。经文见《大正藏》第8册，第696页B栏第4行至第7行。

Дx.09408　佛本行集经卷第三十成无上道品第三十三

存4行，行2至3字。起："之法心"，讫："昧生欢喜乐已"。隋阇那崛多译。经文见《大正藏》第3册，第793页A栏第1行至第4行。

Дx.09409　金光明经卷第二四天王品第六

存3行，行5字。起："能去一切忧"，讫："妙经典若在"。北凉昙无谶译。经文见《大正藏》第16册，第340页C栏第27行至第29行。

Дx.09410　梵网经卢舍那佛说菩萨心地戒品第十卷下

存6行，行2至4字。起："我父母亦"，讫："生人"。后秦鸠摩罗什译。经文见《大正藏》第24册，第1006页B栏第12行至第18行。

Дx.09411　大般涅槃经卷第二十七师子吼菩萨品第十一之一

存4行，行1至9字。起："故"，讫："故得了了见十"。北凉昙无谶译。经文见《大正藏》第12册，第525页B栏第13行至第16行。

Дx.09412　大般涅槃经卷第十五梵行品第八之一

存6行，行2至4字。起："晡时"，讫："静如"。北凉昙无谶译。经文见《大正藏》第12册，第451页C栏第13行至第19行。

Дx.09413　妙法莲华经卷第六药王菩萨本事品第二十

存2行，行9字。起："王华菩萨"，讫："药王菩萨"。后秦鸠摩罗什译。经文见《大正藏》第9册，第54页A栏第9行至第11行。

Дx.09414　妙法莲华经卷第六法师功德品第十九

存4行，行1至8字。起："弥"，讫："受持此经"。后秦鸠摩罗什译。经文见《大正藏》第9册，第47页C栏第18行至第23行。

Дx.09415　大般若波罗蜜多经卷第五十四初分辩大乘品第十五之四

存9行，行3至10字。起："不厌感"，讫："诃萨作如"。唐玄奘译。经文见《大正藏》第5册，第306页C栏第4行至第12行。

Дx.09416　妙法莲华经卷第七陀罗尼品第二十六

存9行，行1至11字。起："墀婆底（十三）"，讫："世"。后秦鸠摩罗什译。经文见《大正藏》第9册，第59页A栏第3行至第12行。

Дx.09417　金刚般若波罗蜜经

见Дx.06458。

Дx.09418　金刚般若波罗蜜经

存4行，行3至5字。起："可说非法非"，讫："以用布"。北魏菩提流支译。经文见《大正藏》第8册，第753页B栏第22行至第24行。

Дx.09419　大通方广忏悔灭罪庄严成佛经卷上

存3行，行4至5字。起："德之所建立"，讫："深广犹如"。失译。经文见《大正藏》第85册，第1338页C栏第28行至第1339页A栏第1行。

Дx.09420　佛经论释

存3行，行5至7字。起："非思良量分"，讫："明其归一上略门"。未检出。

Дx.09421　妙法莲华经卷第七陀罗尼品第二十六

存4行，行1至7字。起："富单那□□蔗"，讫："病"。后秦鸠摩罗什译。经文见《大正藏》第9册，第59页B栏第6行至第9行。

Дx.09422　阿毗达磨俱舍论本颂（说一切有部）分别界品第一（四十四颂）

存6行，行2字。起："为蕴"，讫："对治"。世亲菩萨造、唐玄奘译。经文见《大正藏》第29册，第311页B栏第10行至第20行。

Дx.09423　妙法莲华经卷第五从地踊出品第十

存2行，行8至10字。起："所乐见"，讫："如恒河沙等"。后秦鸠摩罗什译。经文见《大正藏》第9册，第40页B栏第28行至C栏第1行。

Дx.09424 **大智度论卷第九十一释照明品第八十一**

存4行，行3至8字。起："莫着是"，讫："纸十八张"。龙树菩萨造、后秦鸠摩罗什译。经文见《大正藏》第25册，第705页B栏第11行至第13行。

Дx.09425 **大宝积经卷第五十四菩萨藏会第十二之二十大自在天授记品第十二**

存5行，行4至8字。起："修行为利"，讫："赞叹佛"。唐玄奘译。经文见《大正藏》第11册，第320页B栏第16行至第20行。

Дx.09426 **金刚般若波罗蜜经**

存4行，行4至7字。起："护念诸菩"，讫："须菩提如"。北魏菩提流支译。经文见《大正藏》第8册，第752页C栏第23行至第26行。

Дx.09427 **佛说观佛三昧海经卷第一六譬品第一**

存3行，行3至8字。起："诸天婇女"，讫："踰白玉"。东晋佛驮跋陀罗译。经文见《大正藏》第15册，第646页C栏第28行至第647页A栏第1行。

Дx.09428 **大般涅槃经卷第二十七师子吼菩萨品之三**

存3行，行2至5字。起："因应"，讫："自灭不至彼"。宋慧严等依泥洹经加之。经文见《大正藏》第12册，第780页B栏第22行至第25行。

Дx.09429 **大唐三藏圣教序**

存4行，行1至6字。起："三藏法师玄奘"，讫："庸愚皆识"。唐太宗制。

Дx.09430 **丝织品**

Дx.09431 **优婆塞戒经题签**

录文："优婆塞戒第六。"

Дx.09432 **佛经论释**

存6行，行4至11字。待考。

Дx.09433 **法门名义集贤圣品法门名义第五**

存5行，行2至6字。起："觉地"，讫："品相应增上"。唐李师政撰。经文见《大正藏》第54册，第202页C栏第5行至第15行。

Дx.09434 **大智度论卷第九十一释照明品第八十一**

存4行，行1至4字。起："等"，讫："生令住"。龙树菩萨造、后秦鸠摩罗什译。经文见《大正藏》第25册，第527页A栏第9行至第12行。

Дx.09434V **民族文字残片**

Дx.09435 **大般若波罗蜜多经卷第十二初分教诫教授品第七之二**

存5行，行5至6字。起："应观陀罗尼"，讫："观三摩地门"。唐玄奘译。经文见《大正藏》第5册，第67页A栏第4行至第8行。

Дx.09436 **佛经论释**

存3行。录文："六独头/为苦果体/体也。"

Дx.09436V **净土论卷上第一定土体性（一明体性二明三界摄不摄）**

存3行，行3至6字。起："也若在"，讫："则无人天"。唐迦才撰。经文见《大正藏》第47册，第86页A栏第20行至第22行。

Дx.09437 **佛经论释**

存3行，行2至4字。

Дx.09438 **佛说法王经**

存2行。录文："此一心法一名/无行解。"经文见《大正藏》第85册，第1389页C栏第7行至第9行。

Дx.09439 **佛画残片**

Дx.09440 **维摩诘所说经卷中不思议品第六**

存4行，行3至6字。起："中作魔王者"，讫："脑血肉"。后秦鸠摩罗什译。经文见《大正藏》第14册，第547页A栏第16行至第19行。

Дx.09441 **佛画残片**

Дx.09442 **残片**

存1行。录文："有人囗内入。"不可定名。

Дx.09443 **大方广佛华严经卷第八十入法界品第三十九之二十一**

存3行，行2至4字。起："执杖"，讫："坐若立来"。唐实叉难陀译。经文见《大正藏》第10册，第444页B栏第2行至第4行。

Дx.09444 大般若波罗蜜多经卷第九十三初分求般若品第二十七之五

存3行，行3至6字。起："如来性"，讫："相应憍尸迦如"。唐玄奘译。经文见《大正藏》第5册，第515页C栏第20行至第22行。

Дx.09445 Дx.09446 Дx.09450 十方千五百佛名经

存6行，行1至8字。起："佛雷像佛"，讫："梵神佛"。经文见《大正藏》第14册，第315页A栏第1行至第10行。缀合顺序为Дx.09450+Дx.09445+Дx.09446。

Дx.09447 残佛经

存1行，总2字。录文："缓行。"不可定名。

Дx.09448 维摩诘所说经卷上菩萨品第四

存3行，行2至5字。起："说法起于智"，讫："切善"。后秦鸠摩罗什译。经文见《大正藏》第14册，第543页C栏第26行至第28行。

Дx.09449 增壹阿含经卷第九惭愧品第十八

存5行，行1至4字。起："礼拜"，讫："多"。僧伽提婆译。经文见《大正藏》第2册，第588页B栏第3行至第7行。

Дx.09450 十方千五百佛名经

见Дx.09445。

Дx.09451 残佛经

存3行。录文："无/求诸佛/生同。"不可定名。

Дx.09452 妙法莲华经卷第二譬喻品第三

存3行，行3至4字。起："具皆是"，讫："然后但"。后秦鸠摩罗什译。经文见《大正藏》第9册，第13页C栏第9行至第11行。

Дx.09453 大般涅槃经义记卷第一

存2行，行6至9字。起："数小至千复合为一名中千"，讫："同时成坏故合"。隋慧远述。经文见《大正藏》第37册，第619页A栏第28行至B栏第2行。

Дx.09454 妙法莲华经卷第一方便品第二

存2行。录文："诸人等皆已/成众相皆。"后秦鸠摩罗什译。经文见《大正藏》第9册，第8页C栏第25行至第27行。

Дx.09455 残佛经

存2行。录文："众/等一切。"不可定名。

Дx.09456 大方广佛华严经卷第三十九十地品第二十六之六

存2行。录文："中无/自在如。"唐实叉难陀译。经文见《大正藏》第10册，第209页A栏第6行至第7行。

Дx.09457 残佛经

存1行，总3字。录文："业是梵。"不可定名。

Дx.09458 残佛经

存1行，总3字。录文："业是梵。"不可定名。

Дx.09459 残佛经

存2行，总3字。录文："众道/穷。"不可定名。

Дx.09460 残佛经

存2行，总3字。录文："三者/五。"不可定名。

Дx.09461 妙法莲华经卷第一序品第一

存5行，行2至6字。起："勒菩萨"，讫："曾有"。后秦鸠摩罗什译。经文见《大正藏》第9册，第2页C栏第7行至第14行。

Дx.09462 大般涅槃经卷第十二圣行品第七之二

存4行，行2至5字。起："一切"，讫："骨以"。北凉昙无谶译。经文见《大正藏》第12册，第434页A栏第7行至第10行。

Дx.09463 残佛经

存3行，总3字。录文："诸/无/白。"不可定名。

Дx.09464 大宝积经卷第四十二菩萨藏会第十二之八尸波罗蜜品第七之一

存4行，行7至8字。起："复次舍利子"，讫："骨以"。唐玄奘译。经文见《大正藏》第11册，第243页A栏第26行至第29行。

Дx.09465 大般涅槃经义记卷第一

存6行，行5至14字。起："阿难"，讫："云何"。隋慧远述。经文见《大正藏》第37册，第615页A栏第11行至第19行。

Дх.09466 **大般若波罗蜜多经卷第二百九十二初分说般若相品第三十七之一**

存2行，行6至8字。起："非现在宣说如"，讫："精进静"。唐玄奘译。经文见《大正藏》第6册，第485页C栏第11行至第12行。

Дх.09467 **中阿含经卷第十六中阿含王相应品蜱肆经第七（第二小土城诵）**

存5行，行3至9字。起："游拘萨"，讫："草木一切"。僧伽提婆译。经文见《大正藏》第1册，第525页A栏第12行至第16行。

Дх.09468 **放光般若经卷第四摩诃般若波罗蜜问摩诃衍品第十九**

存10行，行2至5字。起："亦不"，讫："是不着"。西晋无罗叉译。经文见《大正藏》第8册，第23页A栏第8行至第17行。

Дх.09469 **妙法莲华经卷第七普贤菩萨劝发品第二十八**

存3行，行1至7字。起："言"，讫："从久远来"。后秦鸠摩罗什译。经文见《大正藏》第9册，第61页C栏第17行至第19行。

Дх.09470 **佛经论释**

存7行，行5至18字。起："道之戒是难"，讫："强缘之"。未检出。

Дх.09471 **大般涅槃经卷第三十二师子吼菩萨品第十一之六**

存7行，行2至5字。起："一切众生"，讫："即唤"。北凉昙无谶译。经文见《大正藏》第12册，第556页A栏第6行至第12行。

Дх.09472 **阿毗达磨大毗婆沙论卷第四十四杂蕴第一中思纳息第八之三**

存3行，行3至4字。起："见修所断"，讫："诸无间"。五百大阿罗汉等造、唐玄奘译。经文见《大正藏》第27册，第231页B栏第2行至第4行。

Дх.09473 **佛经论释**

存2行，行2至5字。行间夹回鹘文。

Дх.09474 **维摩诘所说经卷上弟子品第三**

存4行，行3字。起："作礼而"，讫："天皆发"。后秦鸠摩罗什译。经文见《大正藏》第14册，第541页B栏第4行至第7行。

Дх.09475 **金光明最胜王经卷第五莲华喻赞品第七**

存1行，总5字。录文："去有王名金。"唐义净译。经文见《大正藏》第16册，第422页C栏第2行。

Дх.09476 **大般涅槃经卷第六如来性品第四之三**

存2行。录文："他人宣说/萨令。"北凉昙无谶译。经文见《大正藏》第12册，第398页B栏第11行至第12行。

Дх.09477 **金刚般若波罗蜜经**

存5行，行3至7字。起："何以故"，讫："众生"。后秦鸠摩罗什译。经文见《大正藏》第8册，第751页C栏第12行至第18行。另北魏菩提流支译《金刚般若波罗蜜经》也相符。

Дх.09478 **维摩诘所说经卷上弟子品第三**

存3行，行3至5字。起："是乃可取"，讫："言唯须"。后秦鸠摩罗什译。经文见《大正藏》第14册，第540页C栏第11行至第14行。

Дх.09479 **译经题记**

见Дх.08510。

Дх.09480 **大宝积经卷第三十七菩萨藏会第十二之三如来不思议性品第四之一**

存3行，行2至5字。录文："坏裂诸痴暗/终不悟解剖/必能。"后秦鸠摩罗什译。经文见《大正藏》第11册，第210页B栏第4行至第8行。

Дх.09481 **大般涅槃经卷第十九梵行品第八之五**

存5行，行2至3字。起："盐亦"，讫："我如"。北凉昙无谶译。经文见《大正藏》第12册，第475页A栏第22行至第26行。

Дх.09482 金刚般若波罗蜜经

存3行。录文："也/来/菩提汝。"后秦鸠摩罗什译。经文见《大正藏》第8册，第751页C栏第9行至第11行。

Дх.09483 妙法莲华经卷第四授学无学人记品第九

存4行，行2至9字。起："将来诸佛法藏"，讫："过去"。后秦鸠摩罗什译。经文见《大正藏》第9册，第30页A栏第6行至第9行。

Дх.09484 大方等大集经卷第十二无言菩萨品第六

存6行，行1至6字。起："事"，讫："无"。北凉昙无谶译。经文见《大正藏》第13册，第81页C栏第9行至第14行。

Дх.09485 残片

存4行。未检出。

Дх.09486 妙法莲华经卷第五分别功德品第十七

存4行，行2至6字。起："萨八生得"，讫："生当"。后秦鸠摩罗什译。经文见《大正藏》第9册，44页A栏第17行至第20行。

Дх.09487 大般涅槃经卷第三十七迦叶菩萨品第十二之五

存5行，行5至11字。起："作是说言"，讫："有智"。北凉昙无谶译。经文见《大正藏》第12册，第583页B栏第21行至第26行。

Дх.09488 妙法莲华经卷第六药王菩萨本事品第二十三

存4行，行3至6字。起："明德佛"，讫："我以佛"。后秦鸠摩罗什译。经文见《大正藏》第9册，第53页C栏第7行至第11行。

Дх.09489 妙法莲华经卷第七陀罗尼品第二十六

存6行，行3至5字。起："䄂斗秤"，讫："护受持法"。后秦鸠摩罗什译。经文见《大正藏》第9册，第59页B栏第14行至第20行。

Дх.09490 残片

存1行，总6字。录文："菩萨所以者何。"不可定名。

Дх.09491 大般涅槃经卷第三十二师子吼菩萨品第十一之六

存5行，行3至6字。起："名深三"，讫："持读诵"。北凉昙无谶译。经文见《大正藏》第12册，第559页A栏第21行至第25行。

Дх.09492 悲华经卷第五

存3行，行5至6字。起："持目佛梵增益"，讫："尸弃佛南无尼"。北凉昙无谶译。经文见《大正藏》第3册，第197页B栏第13行至第17行。

Дх.09493 妙法莲华经卷第二譬喻品第三

存4行，行4至5字。起："衣住虚空中"，讫："法轮尔时"。后秦鸠摩罗什译。经文见《大正藏》第9册，第12页A栏第13行至第17行。

Дх.09494 金刚般若波罗蜜经

存4行，行1至4字。起："有人满三"，讫："德"。后秦鸠摩罗什译。经文见《大正藏》第8册，第751页B栏第29行至C栏第4行。

Дх.09495 妙法莲华经卷第二譬喻品第三

存4行，行1至4字。起："其人近"，讫："雕"。后秦鸠摩罗什译。经文见《大正藏》第9册，第14页A栏第19行至第23行。

Дх.09496 佛说灌顶拔除过罪生死得度经卷第十二

存8行，行1至9字。起："难汝口为言善"，讫："当"。东晋帛尸梨蜜多罗译。经义见《大正藏》第21册，第534页C栏第23行至第535页A栏第1行。

Дх.09497 十地经论义记题签

录文："十地论义记卷第三。"

Дх.09498 妙法莲华经卷第三化城喻品第七

存5行，行2至11字。起："阿耨"，讫："诸天宫殿乃"。后秦鸠摩罗什译。经文见《大正藏》第9册，第23页A栏第11行至第16行。

Дх.09499 残片

存6行。起："学菩萨乘闻此"，讫："咸"。未检

Дх.09500　残片

存5行。起："时行此法"，讫："烦"。未检出。

Дх.09501　盂兰盆经疏新记卷下节抄

存4行，行4至9字。起："答洪恩于"，讫："八慈母获恩此"。唐宗密疏、宋元照记。经文见《卍新续藏》第21册，第475页C栏第3行至第7行。

Дх.09502　妙法莲华经卷第五如来寿量品第十六

存4行，行2至7字。起："说此"，讫："亦无有能如说法"。后秦鸠摩罗什译。经文见《大正藏》第9册，第43页B栏第6行至第10行。

Дх.09503　大般涅槃经卷第三十八迦叶菩萨品第十二之六

存3行。录文："佛无能/谓慈心/亦能。"北凉昙无谶译。经文见《大正藏》第12册，第590页B栏第22行至第24行。

Дх.09504　大般涅槃经卷第三十八迦叶菩萨品第十二之六

存5行，行3至6字。起："财宝如"，讫："菩萨而作"。北凉昙无谶译。经文见《大正藏》第12册，第586页C栏第8行至第12行。

Дх.09505　大般若波罗蜜多经卷第一百九十五初分难信解品第三十四之十四

存3行，行2至5字。起："慈大悲大"，讫："智清"。唐玄奘译。经文见《大正藏》第5册，第1047页C栏第13行至第15行。另同经相符者较多。

Дх.09506　人名录

存2行。录文："州牧太原公/洮司马姚禹潜。"

Дх.09507　残片

存5行，行1至2字。起："净经"，讫："请"。未检出。

Дх.09507V　梵网经卢舍那佛说菩萨心地戒品第十卷下

存1行，总5字。录文："佛即口放无。"后秦鸠摩罗什译。经文见《大正藏》第24册，第1004页A栏第25行至第26行。

Дх.09508　大智度论卷第八十六释遍学品第七十四至释次第学品第七十五

存5行，行2至3字。起："三乘或"，讫："菩提"。龙树菩萨造、后秦鸠摩罗什译。经文见《大正藏》第25册，第665页B栏第2行至第6行。

Дх.09509　大般涅槃经卷第十九梵行品第八之五

存8行，行2至8字。起："唯愿"，讫："医救"。北凉昙无谶译。经文见《大正藏》第12册，第476页C栏第2行至第9行。

Дх.09510　佛经论释

存3行，行3至7字。起："性海相应成故"，讫："体性三"。未检出。

Дх.09511　别译杂阿含经卷第十六

存4行，行4至6字。起："告诸比丘"，讫："比丘白佛"。失译。经文见《大正藏》第2册，第487页C栏第22行至第25行。

Дх.09512至Дх.09519　馆藏缺

Дх.09520　民族文字残片

Дх.09521　妙法莲华经卷第四授学无学人记品第九

存5行，行1至3字。起："心之"，讫："护"。后秦鸠摩罗什译。经文见《大正藏》第9册，第30页A栏第2行至第5行。

Дх.09521V　民族文字残片

Дх.09522　摩诃般若波罗蜜经卷第二十一方便品第六十九

存9行，行3至10字。起："菩萨摩"，讫："摩诃萨"。后秦鸠摩罗什译。经文见《大正藏》第8册，第371页C栏第15行至第24行。另《大智度论》也相符。

Дх.09523　大般若波罗蜜多经卷第九十二初分求般若品第二十七之四

存9行，行3至10字。起："不相应于离行乃"，讫："死愁叹苦忧"。唐玄奘译。经文见《大正藏》第

5册，第514页B栏第7行至第15行。

Дx.09523V 民族文字残片

Дx.09524 妙法莲华经卷第七普贤菩萨劝发品第二十八

存12行，行5至10字。起："法雨当坐"，讫："品时恒河"。后秦鸠摩罗什译。经文见《大正藏》第9册，第62页A栏第12行至第25行。

Дx.09525 Дx.09526 馆藏缺

Дx.09527 Дx.09530 佛说佛名经卷第十

存8行，行5至10字。起："□佛十二部经一切贤圣"，讫："南无功德聚佛"。北魏菩提流支译。经文见《大正藏》第14册，第172页C栏第9行至第14行。缀合顺序为Дx.09530+Дx.09527。另失译《佛说佛名经卷第十》也相符，文字有出入。

Дx.09527V Дx.09530V 民族文字残片

Дx.09528 维摩诘所说经卷上佛国品第一

存6行，行2至7字。起："菩萨"，讫："文殊师利法王子"。后秦鸠摩罗什译。经文见《大正藏》第14册，第537页B栏第11行至第16行。

Дx.09529 妙法莲华经卷第四见宝塔品第十一

存4行，行1至2字。起："如恒"，讫："移"。后秦鸠摩罗什译。经文见《大正藏》第9册，第33页C栏第22行至第26行。

Дx.09530 佛说佛名经卷第十

见Дx.09527。

Дx.09530V 民族文字残片

见Дx.09527V。

Дx.09531 Дx.09532 馆藏缺

Дx.09533 藏经点检录

存1行。录文："大般若经第廿六帙欠第十卷册四帙。"另存藏文2行。

Дx.09534 大般涅槃经卷第三十九憍陈如品第十三之一

存6行，行11至14字。起："除贪故作非贪观"，讫："佛言"。北凉昙无谶译。经文见《大正藏》第12册，第593页C栏第13行至第19行。

Дx.09535 Дx.09536 放光般若经卷第十二摩诃般若波罗蜜真知识品第五十三

存9行，行4字。起："罗三耶三"，讫："作护为世"。西晋无罗叉译。经文见《大正藏》第8册，第81页C栏第8行至第17行。有异文。

Дx.09537 维摩诘所说经卷下香积佛品第十至菩萨行品第十一

七残片，字体相同可缀合。缀合后存32行，行4至17字。起："为十以布施"，讫："然后乃消此饭"。后秦鸠摩罗什译。经文见《大正藏》第14册，第553页A栏第23行至C栏第14行。

Дx.09538A 大般涅槃经卷第三十师子吼菩萨品第十一之四

存4行。录文："脱三昧/三者净/五者识/昧七者非。"北凉昙无谶译。经文见《大正藏》第12册，第547页B栏第16行至第19行。

Дx.09538B 妙法莲华经卷第四授学无学人记品第九

存3行。录文："咸作是念/有何因经/菩萨。"后秦鸠摩罗什译。经文见《大正藏》第9册，第29页C栏第28行至第30页A栏第1行。

Дx.09539 Дx.09562 经目

Дx.09540 妙法莲华经卷第一方便品第二

存4行，行9字。起："为佛长子"，讫："则生大欢喜"。后秦鸠摩罗什译。经文见《大正藏》第9册，第6页C栏第27行至第7页A栏第4行。

Дx.09541 悲华经卷第一陀罗尼品第二

存3行，行3至4字。起："尔时世尊"，讫："遍覆面"。北凉昙无谶译。经文见《大正藏》第3册，第174页A栏第22行至第24行。

Дx.09542 妙法莲华经卷第四法师品第十

存5行，行3至10字。起："若说法之人"，讫："无望碍"。后秦鸠摩罗什译。经文见《大正藏》第9册，第32页B栏第4行至第12行。

Дх.09543 **金光明最胜王经卷第九长者子流水品第二十五**

存8行,行6至8字。起:"你",讫:"末底崎啰末底"。唐义净译。经文见《大正藏》第16册,第449页C栏第23行至第450页A栏第15行。

Дх.09544 **大般若波罗蜜多经卷第一百七初分校量功德品第三十之五**

存3行,行3至9字。起:"虑般若",讫:"安住内"。唐玄奘译。经文见《大正藏》第5册,第589页C栏第27行至第29行。另同经相符者较多。

Дх.09545 **放光般若经卷第十五摩诃般若波罗蜜嘱累品第六十七**

存8行,行6至17字。起:"佛诸弟子众",讫:"汉行六波罗蜜"。西晋无罗叉译。经文见《大正藏》第8册,第105页B栏第4行至第11行。

Дх.09545V **民族文字残片**

Дх.09546 Дх.09547 **馆藏缺**

Дх.09548 **弘明集题签**

录文:"弘明集卷第八。"

Дх.09548V **民族文字残片**

Дх.09549 **僧名**

存1行。录文:"惠澄如明。"

Дх.09550 **大方广佛华严经卷第六十入法界品第三十四之十七**

存4行,行4至8字。起:"无色非相",讫:"大仙现虚空"。东晋佛驮跋陀罗译。经文见《大正藏》第9册,第788页A栏第19行至第25行。

Дх.09551 **馆藏缺**

Дх.09552 Дх.09564 **妙法莲华经卷第五安乐行品第十四**

存10行,行3至10字。起:"畅说期",讫:"重宣此义而说"。后秦鸠摩罗什译。经文见《大正藏》第9册,第37页C栏第25行至第38页A栏第8行。

Дх.09553 **金刚般若波罗蜜经**

存6行,行4至11字。起:"须菩提若善男子",讫:"微尘众则"。北魏菩提流支译。经文见《大正藏》第8册,第756页C栏第10行至第15行。

Дх.09554 **妙法莲华经卷第六药王菩萨本事品第二十三**

存8行,行1至8字。起:"住现",讫:"世"。后秦鸠摩罗什译。经文见《大正藏》第9册,第53页C栏第29行至第54页A栏第8行。

Дх.09555 **妙法莲华经卷第一序品第一**

存7行,行4至8字。起:"无厌求无",讫:"由旬"。后秦鸠摩罗什译。经文见《大正藏》第9册,第3页B栏第15行至第23行。

Дх.09556 **妙法莲华经卷第五安乐行品第十四**

存11行,行5至9字。起:"譬如强力",讫:"为汝等说"。后秦鸠摩罗什译。经文见《大正藏》第9册,第39页A栏第27行至B栏第12行。

Дх.09557 **馆藏缺**

Дх.09558 **妙法莲华经卷第三化城喻品第七**

存16行,行2至15字。起:"佛于",讫:"西南方二佛"。后秦鸠摩罗什译。经文见《大正藏》第9册,第25页B栏第13行至第29行。

Дх.09559 **馆藏缺**

Дх.09560 **大般涅槃经卷第二十五光明遍照高贵德王菩萨品第十之五**

存6行,行3至16字。起:"涅槃善男子",讫:"波提须婆"。北凉昙无谶译。经文见《大正藏》第12册,第514页B栏第26行至C栏第2行。

Дх.09561 **合部金光明经卷第六大辩天品第十二**

存8行,行2至9字。起:"发弘誓愿愿",讫:"哆耶"。北凉昙无谶译、隋释宝贵合。经文见《大正藏》第16册,第387页A栏第12行至第20行。

Дх.09562 **经目**

见Дх.09539。

Дх.09563 **妙法莲华经卷第二信解品第四**

存11行,行3至6字。起:"过会得知此",讫:"勤精进"。后秦鸠摩罗什译。经文见《大正藏》第

9册，第17页B栏第13行至第24行。

Дх.09564　妙法莲华经卷第五安乐行品第十四

见Дх.09552。

Дх.09565至Дх.09567　民族文字残片

Дх.09568　佛说天地八阳神咒经

存7行，行2至10字。起："诸佛当说"，讫："善神"。唐义净译。经文见《大正藏》第85册，第1422页C栏第5行至第14行。

Дх.09569　大智度论卷第三初品中四众义释论第七

存12行，行1至7字。起："各"，讫："曰如五"。龙树菩萨造、后秦鸠摩罗什译。经文见《大正藏》第25册，第84页B栏第1行至第12行。

Дх.09570　妙法莲华经卷第四法师品第十

存8行，行5至9字。起："愍念诸众生"，讫："获无量重重罪"。后秦鸠摩罗什译。经文见《大正藏》第9册，第31页A栏第18行至B栏第3行。

Дх.09571　妙法莲华经卷第七妙庄严王本事品第二十七

存11行，行5至10字。起："净眼菩萨于"，讫："百千以散佛上"。后秦鸠摩罗什译。经文见《大正藏》第9册，第60页B栏第4行至第16行。

Дх.09572　馆藏缺

Дх.09573　妙法莲华经卷第四劝持品第十三

存7行，行2至14字。起："加刀"，讫："为求名闻故"。后秦鸠摩罗什译。经文见《大正藏》第9册，第36页B栏第24行至C栏第6行。

Дх.09574　大智度论卷第六十一释随喜回向品第三十九

存6行，行2至6字。起："心回"，讫："不生"。龙树菩萨造、后秦鸠摩罗什译。经文见《大正藏》第25册，第489页B栏第25行至C栏第1行。

Дх.09575　馆藏缺

Дх.09576　摩诃般若波罗蜜经卷第二十摄五品第六十八

存9行，行4至9字。起："迅三昧云何"，讫："入灭受"。后秦鸠摩罗什译。经文见《大正藏》第8册，第368页A栏第29行至B栏第8行。

Дх.09577　馆藏缺

Дх.09578　金刚般若波罗蜜经

存3行，行11至12字。起："多罗三藐"，讫："供养承事无空"。后秦鸠摩罗什译。经文见《大正藏》第8册，第750页C栏第26行至第29行。

Дх.09579至Дх.09588　馆藏缺

Дх.09589　妙法莲华经卷第七观世音菩萨普门品第二十五

存5行，行1至5字。起："坏"，讫："人若有罪若"。后秦鸠摩罗什译。经文见《大正藏》第9册，第56页C栏第17行至第21行。

Дх.09590　十诵律卷第五十八比尼诵盗戒之余

存4行，行3至6字。起："说法已"，讫："陀罗二名"。后秦弗若多罗译。经文见《大正藏》第23册，第434页B栏第2行至第7行。

Дх.09591　道行般若经卷第二摩诃般若波罗蜜功德品第三

存3行，行2至4字。起："拘翼善"，讫："诵者"。后汉支娄迦谶译。经文见《大正藏》第8册，第431页A栏第20行至第22行。

Дх.09592　摩诃般若波罗蜜经卷第二十七常啼品第八十八

存2行。录文："菩提/唯怀懊恼。"后秦鸠摩罗什译。经文见《大正藏》第8册，第416页C栏第23行至第25行。

Дх.09593　金光明经卷第三鬼神品第十三

存2行。录文："罗婆/摩竭波罗。"北凉昙无谶译。经文见《大正藏》第16册，第350页A栏第24行至第26行。

Дх.09594　残佛经

存3行。录文："菩提/今清/根非是。"不可定名。

Дх.09595　残佛经

存一"故"字。不可定名。

Дx.09596 **佛经论释**

存5行。录文："问俱/烦恼生者/明四/分别说有/出。"未检出。

Дx.09596V **残佛经**

存3行。录文："不净出/意玄/不相。"不可定名。

Дx.09597 **大般涅槃经卷第十一现病品第六**

存2行。录文："赤象力/不如一山。"北凉昙无谶译。经文见《大正藏》第12册，第429页B栏第9行至第10行。

Дx.09598 **佛说佛名经**

存3行。录文："音王佛/花佛/佛。"未检出。

Дx.09599 **摩诃般若波罗蜜经卷第二十七常啼品第八十八**

存2行。录文："三四五/渴寒热不。"后秦鸠摩罗什译。经文见《大正藏》第8册，第416页C栏第21行至第22行。另《大智度论》也相符。

Дx.09600 **残佛经**

存一"南"字。不可定名。

Дx.09601 **残佛经**

存1行，总3字。录文："如来世。"不可定名。

Дx.09602 **残佛经**

存一"诸"字。不可定名。

Дx.09603 **残佛经**

存2行。录文："仍先/行道。"不可定名。

Дx.09604 **妙法莲华经卷第二譬喻品第三**

存2行。录文："天华而作/乃复转无。"后秦鸠摩罗什译。经文见《大正藏》第9册，第12页A栏第15行至第16行。

Дx.09605 **残佛经**

存3行。录文："法/其前现/苦。"不可定名。

Дx.09606 **大般涅槃经卷第十五梵行品第八之一**

存2行。录文："说契经竟/对佛所即。"北凉昙无谶译。经文见《大正藏》第12册，第451页B栏第26行至第28行。

Дx.09607 **大般涅槃经卷第四如来性品第四之一**

存3行。录文："相星/马/瓜学。"北凉昙无谶译。经文见《大正藏》第12册，第386页B栏第29行至C栏第2行。

Дx.09608 **残片**

存1行，总3字。录文："而说偈。"不可定名。

Дx.09609 **妙法莲华经卷第四见宝塔品第十一**

存5行，行3至7字。起："量众令国"，讫："如大风"。后秦鸠摩罗什译。经文见《大正藏》第9册，第33页C栏第26行至第34页A栏第2行。

Дx.09610 **十方千五百佛名经**

存2行。录文："乐莲花首佛/善德佛。"经文见《大正藏》第14册，第316页C栏第11行至第12行。

Дx.09611 **残佛经**

存3行："如是/相见/菩萨。"不可定名。

Дx.09612 **大般涅槃经卷第十四圣行品第七之四**

存6行，行2至4字。起："可畏"，讫："视观"。北凉昙无谶译。经文见《大正藏》第12册，第450页A栏第12行至第18行。

Дx.09613 **大般涅槃经卷第六如来性品第四之三**

存2行。录文："诵书写/复劝。"北凉昙无谶译。经文见《大正藏》第12册，第399页A栏第1行至第2行。

Дx.09614 **残佛经**

存3行，行3字。不可定名。

Дx.09615 **大般涅槃经卷第十一现病品第六**

存2行。录文："十/象力不如一。"北凉昙无谶译。经文见《大正藏》第12册，第429页B栏第6行至第9行。

Дx.09616 **残片**

存3行。录文："南无/南无/南。"不可定名。

Дx.09617 **大般涅槃经卷第十一现病品第六**

存2行。录文："十赤象力/象力十。"北凉昙无谶译。经文见《大正藏》第12册，第429页B栏第9行至第11行。

Дx.09618 法句经序

存3行，行3至4字。起："氏称美言"，讫："达是以"。法救撰、吴维祇难等译。经文见《大正藏》第4册，第566页C栏第12行至第14行。另梁僧祐撰《出三藏记集序卷第七法句经序第十三》也相符。

Дx.09619 妙法莲华经卷第二信解品第四

存5行，行1至4字。起："除诸法"，讫："为"。后秦鸠摩罗什译。经文见《大正藏》第9册，第17页B栏第21行至第25行。

Дx.09620 大般涅槃经卷第三十一师子吼菩萨品第十一之五

存3行，行2至3字。起："时提"，讫："语我言"。北凉昙无谶译。经文见《大正藏》第12册，第551页A栏第5行至第7行。

Дx.09621 佛说仁王般若波罗蜜经卷上护国经观空品第二

存2行，行2至4字。起："十二见亦"，讫："诸佛"。后秦鸠摩罗什译。经文见《大正藏》第8册，第826页A栏第2行至第4行。

Дx.09622 残佛经

存3行。录文："畏/□□佛/受具。"不可定名。

Дx.09623 妙法莲华经卷第三药草喻品第五

存2行。录文："异/演说一法。"后秦鸠摩罗什译。经文见《大正藏》第9册，第20页B栏第4行至第5行。

Дx.09624 十诵律

存2行。录文："衣胡跪□/比丘大德。"未检出。

Дx.09625 残佛经

存3行。录文："断/名□说/然目八。"不可定名。

Дx.09626 残佛经

存3行。录文："见转轮/诸刹利/有□。"不可定名。

Дx.09627 小品般若波罗蜜经卷第二摩诃般若波罗蜜明咒品第四

存4行，行1至4字。起："发阿耨多"，讫："来"。后秦鸠摩罗什译。经文见《大正藏》第8册，第544页C栏第14行至第17行。

Дx.09628 妙法莲华经卷第四劝持品第十三

存4行，行1至6字。起："汝"，讫："大法师及"。后秦鸠摩罗什译。经文见《大正藏》第9册，第36页A栏第16行至第19行。

Дx.09629 佛说佛名经

存"佛"字2个。

Дx.09630 妙法莲华经卷第六法师功德品第十九

存4行，行2至5字。起："童子"，讫："声水"。后秦鸠摩罗什译。经文见《大正藏》第9册，第47页C栏第28行至第48页A栏第3行。

Дx.09631 残佛经

存3行，行1至3字。起："日"，讫："喜信乐"。未检出。

Дx.09632 弥沙塞五分戒本

存4行，行1至4字。起："欲"，讫："人马调顺"。宋佛陀耶什等译。经文见《大正藏》第22册，第194页C栏第13行至第21行。另相符者还有《五分戒本》《五分比丘尼戒本》《摩诃僧祇律大比丘戒本》《摩诃僧祇比丘尼戒本》《十诵比丘波罗提木叉戒本》《十诵比丘尼波罗提木叉戒本》等。

Дx.09633 添品妙法莲华经卷第一序品第一

三残片。其一，存3行，行2至8字。起："睺□□人等"，讫："时如"。隋阇那崛多共笈多译。经文见《大正藏》第9册，第137页A栏第14行至第16行。其二，存1行，录文："满世间。"其三，存"诸因"2字。

Дx.09634 金刚般若波罗蜜经

存4行，行1至3字。起："实"，讫："佛"。后秦鸠摩罗什译。经文见《大正藏》第8册，第749页A栏第27行至B栏第1行。

Дx.09635 妙法莲华经卷第一序品第一

存2行。录文："曰灯八百/诵。"后秦鸠摩罗什译。经文见《大正藏》第9册，第4页B栏第10行至第12行。

Дx.09636 残佛经

存1行。录文："备丛。"不可定名。

Дx.09637至Дx.09674 馆藏缺

Дx.09675 大般若波罗蜜多经卷第五百六第三分叹净品第十一之一

存3行,行1至6字。起:"若波罗蜜多即",讫:"多"。唐玄奘译。经文见《大正藏》第7册,第583页B栏第12行至第15行。

Дx.09676 馆藏缺

Дx.09677 金光明经卷第四舍身品第十七

存3行,行3至4字。起:"能得我",讫:"前是时"。北凉昙无谶译。经文见《大正藏》第16册,第354页C栏第14行至第17行。另《合部金光明经》也相符。

Дx.09678 残佛经

存5行。未检出。

Дx.09678V 民族文字残片

Дx.09679 残片

存4行。未检出。

Дx.09680 Дx.09681 馆藏缺

Дx.09682 残佛经

存"复作"2字。不可定名。

Дx.09683至Дx.09685 馆藏缺

Дx.09686 妙法莲华经卷第一序品第一

存4行,行3字。起:"常处空",讫:"定慧具"。后秦鸠摩罗什译。经文见《大正藏》第9册,第3页A栏第21行至第25行。

Дx.09687 妙法莲华经卷第四法师品第十

存4行,行4至5字。起:"相是法华经",讫:"声闻人闻"。后秦鸠摩罗什译。经文见《大正藏》第9册,第31页C栏第17行至第20行。

Дx.09688 妙法莲华经卷第一方便品第二

存2行。录文:"所以者何是/见诸佛诸。"后秦鸠摩罗什译。经文见《大正藏》第9册,第6页C栏第9行至第11行。

Дx.09689 说无垢称经卷第四观有情品第七

存5行,行3至6字。起:"故修大悲慈显",讫:"修静虑"。唐玄奘译。经文见《大正藏》第14册,第573页A栏第11行至第16行。

Дx.09690 摩诃般若波罗蜜经卷第十六不退品第五十五

存3行,行1至4字。起:"恚",讫:"摩诃萨相"。后秦鸠摩罗什译。经文见《大正藏》第8册,第341页A栏第27行至第29行。另《大智度论》也相符。

Дx.09691 大般若波罗蜜多经卷第五百九十八第十六般若波罗蜜多分之六

存2行。录文:"越色故学/香味触法。"唐玄奘译。经文见《大正藏》第7册,第1099页B栏第9行至第10行。

Дx.09692 大般涅槃经卷第三十六迦叶菩萨品第十二之四

存3行,行3至5字。起:"果烟者",讫:"得色界五"。北凉昙无谶译。经文见《大正藏》第12册,第577页A栏第25行至第27行。

Дx.09693 残佛经

存2行。录文:"若菩/多则。"不可定名。

Дx.09694 大般若波罗蜜多经卷第三百一十一初分办事品第四十三之二

存3行,行2至4字。起:"现我",讫:"是法有取"。唐玄奘译。经文见《大正藏》第6册,第584页A栏第8行至第10行。另同经相符者较多。

Дx.09695 根本说一切有部目得迦卷第七

存3行,行4至5字。起:"苏乃足光辉",讫:"上事而白"。唐义净译。经文见《大正藏》第24册,第443页A栏第19行至第22行。

Дx.09696 佛说首楞严三昧经卷上

存4行,行1至3字。起:"前",讫:"生处"。后秦鸠摩罗什译。经文见《大正藏》第15册,第631页B栏第27行至C栏第1行。

Дx.09697　妙法莲华经卷第四法师品第十

存3行，行1至2字。起："者"，讫："女人"。后秦鸠摩罗什译。经文见《大正藏》第9册，第31页C栏第21行至第23行。

Дx.09698　民族文字残片

Дx.09699　金光明经卷第三鬼神品第十三

存3行，行1至3字。起："其"，讫："在在处"。北凉昙无谶译。经文见《大正藏》第16册，第350页C栏第8行至第11行。另《合部金光明经》也相符。

Дx.09700　摩诃般若波罗蜜经卷第二十七法尚品第八十九

存2行。录文："桓因以天/诃萨作是言。"后秦鸠摩罗什译。经文见《大正藏》第8册，第422页B栏第2行至第3行。另《大智度论》也相符。

Дx.09701　馆藏缺

Дx.09702　摩诃般若波罗蜜经卷第二十七常啼品第八十八

存3行，行1至5字。起："波仑菩萨问"，讫："磨"。后秦鸠摩罗什译。经文见《大正藏》第8册，第420页C栏第10行至第12行。另《大智度论》也相符。

Дx.09703A　残佛经

存1行，总4字。录文："满一切有。"不可定名。

Дx.09703B　残佛经

存2行。录文："力/怙。"不可定名。

Дx.09703C　残佛经

存1行。录文："如来。"不可定名。

Дx.09704　妙法莲华经卷第二信解品第四

存9行，行3至10字。起："宝机承"，讫："强使我"。后秦鸠摩罗什译。经文见《大正藏》第9册，第16页C栏第12行至第21行。

Дx.09705　馆藏缺

Дx.09706　大般若波罗蜜多经卷第五百四十二第四分福门品第五之二

存8行，行4至10字。起："复□□善男子善"，讫："于深义趣"。唐玄奘译。经文见《大正藏》第7册，第785页B栏第11行至第18行。

Дx.09707　俱舍论颂疏论本卷第一

存3行，行2至10字。起："毒等分四人以配一一有"，讫："余蕴"。唐圆晖述。经文见《大正藏》第41册，第825页C栏第17行至第21行。

Дx.09708　摩诃般若波罗蜜经卷第十六不退品第五十五

存4行，行4至7字。起："是自相空"，讫："阿惟越致菩萨摩"。后秦鸠摩罗什译。经文见《大正藏》第8册，第341页B栏第1行至第6行。

Дx.09709　妙法莲华经卷第一方便品第二

存2行，行5至10字。起："我善哉释迦"，讫："而用方便力"。后秦鸠摩罗什译。经文见《大正藏》第9册，第9页C栏第20行至第22行。

Дx.09710　四分律卷第四十三拘睒弥犍度第九

存2行。录文："刀刃王/卢酰侈即集四。"后秦佛陀耶舍共竺佛念等译。经文见《大正藏》第22册，第880页C栏第21行至第22行。

Дx.09711　大般若波罗蜜多经卷第四十八初分摩诃萨品第十三之二

存3行，行4至6字。起："不知无学"，讫："所断智不知非"。唐玄奘译。经文见《大正藏》第5册，第273页C栏第9行至第11行。

Дx.09712　维摩诘所说经卷下菩萨行品第十一

存3行，行2至3字。起："化所不"，讫："责舍"。后秦鸠摩罗什译。经文见《大正藏》第14册，第554页A栏第26行至第29行。

Дx.09713　维摩诘所说经卷下菩萨行品第十一

存2行。录文："难汝等置/通之力一。"后秦鸠摩罗什译。经文见《大正藏》第14册，第554页A栏第24行至第26行。

Дx.09714　残佛经

存2行，行2字。录文："四无/罗蜜。"不可定名。

Дx.09715　大般涅槃经卷第七如来性品第四之四

存2行。录文:"是故我今/为佛有大。"北凉昙无谶译。经文见《大正藏》第12册,第404页C栏第18行至第19行。

Дx.09716　合部金光明经卷第二业障灭品第五

存4行,行9至13字。起:"他广说",讫:"上士调"。北凉昙无谶译、隋释宝贵合。经文见《大正藏》第16册,第371页C栏第25行至第29行。

Дx.09717　大般涅槃经卷第十一圣行品第七之一

存6行,行2至9字。起:"不故",讫:"作卜筮"。北凉昙无谶译。经文见《大正藏》第12册,第433页A栏第10行至第15行。

Дx.09718　阿毗达磨俱舍论卷第六分别根品第二之四

存2行。录文:"间由次刹那/异类果必待。"世亲菩萨造、唐玄奘译。经文见《大正藏》第29册,第33页B栏第24行至第25行。另《阿毗达磨顺正理论卷第十六》《阿毗达磨藏显宗论卷第九》也相符。

Дx.09719　大般若波罗蜜多经卷第四百六十第二分巧便品第六十八之一

存5行,行2至5字。起:"施波",讫:"一切"。唐玄奘译。经文见《大正藏》第7册,第326页A栏第26行至B栏第1行。

Дx.09720　大般涅槃经卷第三十一师子吼菩萨品第十一之五

存3行,行2至3字。起:"恶业",讫:"真金一"。北凉昙无谶译。经文见《大正藏》第12册,第553页C栏第9行至第12行。

Дx.09721　大般若波罗蜜多经卷第五百一十四第三分不退相品第二十之一

存3行,行1至5字。起:"施",讫:"空想有"。唐玄奘译。经文见《大正藏》第7册,第630页A栏第8行至第10行。与Дx.09726可缀合。

Дx.09722　大般若波罗蜜多经卷第五百四十三第四分随喜回向品第六之一

存4行,行1至6字。起:"所",讫:"应作是念"。唐玄奘译。经文见《大正藏》第7册,第791页C栏第1行至第4行。另同经还有一处相符者。

Дx.09723　Дx.09724　菩萨善戒经卷第三菩萨地菩提力性品第九

存8行,行1至6字。起:"自",讫:"是"。宋求那跋摩译。经文见《大正藏》第30册,第978页A栏第29行至B栏第7行。另失译《大方便佛报恩经卷第七》文字也相符,但字体隶意较浓。

Дx.09725　馆藏缺

Дx.09726　大般若波罗蜜多经卷第五百一十四第三分不退相品第二十之一

存3行,行4至6字。起:"痴想诸见趣想",讫:"不退转于"。唐玄奘译。经文见《大正藏》第7册,第630页A栏第7行至第9行。与Дx.09721可缀合。

Дx.09727　俱舍论颂疏论本卷第一

存7行,行3至8字。起:"处也余",讫:"所说中谓"。唐圆晖述。经文见《大正藏》第41册,第825页C栏第22行至第826页A栏第2行。

Дx.09728　合部金光明经卷第一寿量品第二

存2行。录文:"摄如来其/依法身不为烦。"北凉昙无谶译、隋释宝贵合。经文见《大正藏》第16册,第362页A栏第29行至B栏第2行。

Дx.09729　放光般若经卷第十摩诃般若波罗蜜真知识品第四十六

存4行,行1至3字。起:"于",讫:"无所"。西晋无罗叉译。经文见《大正藏》第8册,第69页C栏第7行至第11行。

Дx.09730　佛说佛经名

存2行。录文:"智慧佛/光明。"未检出。

Дx.09731　佛说佛名经卷第三

存4行,行2至6字。起:"称胜",讫:"无摩尼轮"。北魏菩提流支译。经文见《大正藏》第14册,第131页A栏第28行至B栏第2行。另失译《佛说佛名经卷第七》也相符。

Дx.09732 大般若波罗蜜多经卷第三百二十六初分不退转品第四十九之二

存3行，行3至4字。起："行状相"，讫："盖共居所"。唐玄奘译。经文见《大正藏》第6册，第666页A栏第13行至第15行。

Дx.09733 佛说佛经名

存3行，行1至2字。起："南"，讫："佛南"。未检出。

Дx.09734 大般若波罗蜜多经卷第三百五十二初分多问不二品第六十一之二

存5行，行5至7字。起："相亦不思惟"，讫："鼻舌身意处不思"。唐玄奘译。经文见《大正藏》第6册，第808页B栏第14行至第19行。

Дx.09735 大般若波罗蜜多经卷第二十一初分教诫教授品第七之十一

存7行，行1至9字。起："是菩萨摩诃萨"，讫："摩"。唐玄奘译。经文见《大正藏》第5册，第115页B栏第15行至第22行。

Дx.09736 馆藏缺

Дx.09737 大般若波罗蜜多经卷第四百三十七第二分无摽帜品第四十一之二

存3行，行2至3字。起："花拘某"，讫："部洲"。唐玄奘译。经文见《大正藏》第7册，第201页B栏第24行至第26行。另同经还有一处相符者。

Дx.09738 胜天王般若波罗蜜经卷第五无所得品第八

存2行。录文："记答曰/无二诸。"月婆首那译。经文见《大正藏》第8册，第711页B栏第26行至第27行。另《宗镜录卷第六十一》也相符。

Дx.09739 大般若波罗蜜多经卷第三百三十七初分巧便学品第五十五之一

存3行，行3字。起："子善女"，讫："空空大"。唐玄奘译。经文见《大正藏》第6册，第727页B栏第25行至第27行。另同经还有一处相符者。

Дx.09740 残佛经

存2行，行4至5字。未检出。

Дx.09741 佛说佛经名

存2行。录文："南无/南无善。"未检出。

Дx.09742 残佛经

存1行。录文："子善女人。"不可定名。

Дx.09743A 根本说一切有部目得迦卷第七

存1行，总3字。录文："吐出世。"唐义净译。经文见《大正藏》第24册，第443页B栏第4行。另同经还有一处相符者。

Дx.09743B 大般若波罗蜜多经卷第四百四十一第二分不和合品第四十五之二

存7行，行2至6字。起："因缘不"，讫："听受两不"。唐玄奘译。经文见《大正藏》第7册，第221页C栏第23行至第29行。另同经还有3处相符者。

Дx.09744 妙法莲华经卷第四提婆达多品第十二

存4行，行1至6字。起："蜜"，讫："国位委政太子"。后秦鸠摩罗什译。经文见《大正藏》第9册，第34页B栏第27行至C栏第1行。

Дx.09745 说无垢称经卷第四观有情品第七

存5行，行2至5字。起："爱憎"，讫："离乐故"。唐玄奘译。经文见《大正藏》第14册，第573页A栏第12行至第16行。

Дx.09746 佛说长阿含经卷第二第一分游行经第二

印本。存5行，行3至7字。起："犹不肯"，讫："车等各振"。后秦佛陀耶舍共竺佛念译。经文见《大正藏》第1册，第13页C栏第17行至第22行。

Дx.09747 Дx.09748 丝织品

Дx.09749 放光般若经卷第三摩诃般若波罗蜜空行品第十二

存5行，行6至8字。起："七品佛十八法"，讫："如是菩萨未有沤恕"。西晋无罗叉译。经文见《大正藏》第8册，第15页C栏第24行至第28行。

Дx.09750 佛说佛名经卷第一

存5行，行3至7字。起："去未来"，讫："虚空佛"。北魏菩提流支译。经文见《大正藏》第14册，第115页C栏第28行至第116页A栏第2行。

Дх.09751至Дх.09755　馆藏缺

Дх.09756　大般涅槃经卷第十四圣行品第七之四

存4行，行2至4字。起："刹心"，讫："是半"。北凉昙无谶译。经文见《大正藏》第12册，第450页A栏第14行至第17行。

Дх.09757　民族文字残片

Дх.09758至Дх.09764　馆藏缺

Дх.09765　民族文字残片

Дх.09766　安乐行道转经愿生净土法事赞卷下

存2行。录文："诃迦旃延/难陀阿难。"唐善导集记。经文见《大正藏》第47册，第430页C栏第13行至第14行。另唐法照撰《净土五会念佛诵经观行仪卷中》《净土资粮全集卷之五佛说阿弥陀经》也相符。

Дх.09767　Дх.09768　民族文字残片

Дх.09769　Дх.09874　Дх.09922　Дх.10037　Дх.10086

Дх.10088　Дх.10099　大般涅槃经卷第二十一光明遍照高贵德王菩萨品第十之一至卷第二十二光明遍照高贵德王菩萨品第十之二

存12行，行2至17字。起："涅槃"，讫："昔来不闻"。北凉昙无谶译。经文见《大正藏》第12册，第493页A栏第24行至B栏第14行。

Дх.09770至Дх.09792　馆藏缺

Дх.09793　大般若波罗蜜多经卷第四百四十一第二分不和合品第四十五之二

存7行，行3至6字。起："因缘不"，讫："听受两不"。唐玄奘译。经文见《大正藏》第7册，第221页C栏第23行至第29行。

Дх.09794　妙法莲华经卷第四提婆达多品第十二

存2行，行3至7字。起："蜜勤"，讫："委政太子"。后秦鸠摩罗什译。经文见《大正藏》第9册，第34页B栏第27行至C栏第1行。

Дх.09795　说无垢称经卷第四观有情品第七

存5行，行3至5字。起："爱增断"，讫："乐事"。唐玄奘译。经文见《大正藏》第14册，第573页A栏第11行至第15行。

Дх.09796　佛说长阿含经卷第二第一分游行经第二

刻本。存5行，行3至7字。起："犹不肯"，讫："车等各振"。后秦佛陀耶舍共竺佛念译。经文见《大正藏》第1册，第13页C栏第17行至第22行。

Дх.09797至Дх.09818　馆藏缺

Дх.09819　大般涅槃经卷第二十一光明遍照高贵德王菩萨品第十之一

存11行，行14至17字。起："有差别"，讫："一切咒术"。北凉昙无谶译。经文见《大正藏》第12册，第487页A栏第17行至第27行。

Дх.09820　Дх.09821　馆藏缺

Дх.09822　大般涅槃经卷第二十一光明遍照高贵德王菩萨品第十之一

存2行。录文："艺日月博蚀/曾闻秘。"北凉昙无谶译。经文见《大正藏》第12册，第487页A栏第28行至第29行。与Дх.09819可缀合。

Дх.09823　残佛经

存2行。录文："恭敬/责。"不可定名。

Дх.09824　残佛经

存2行。录文："法/昧能照。"不可定名。

Дх.09825　民族文字残片

Дх.09826　残佛经

存3行。不可定名。

Дх.09827　佛说弥勒下生成佛经

存2行。录文："观世/甚可怜。"后秦鸠摩罗什译。经文见《大正藏》第14册，第424页B栏第19行至第20行。另《佛说弥勒大成佛经》也相符。

Дх.09828　馆藏缺

Дх.09829　残佛经

存1行。录文："复有。"不可定名。

Дх.09830　残佛经

存1行。录文："精进。"不可定名。

Дx.09831至Дx.09841 馆藏缺

Дx.09842 梁朝傅大士颂金刚经

存16行，行5至20字。起："六颂不□"，讫："无相乃真形"。经文见《大正藏》第85册，第2页A栏第27行至B栏第26行。有异文。

Дx.09843至Дx.09873 馆藏缺

Дx.09874 大般涅槃经卷第二十一光明遍照高贵德王菩萨品第十之一至卷第二十二光明遍照高贵德王菩萨品第十之二

见Дx.09769。

Дx.09875至Дx.09881 馆藏缺

Дx.09882 Дx.09888 Дx.09935 Дx.09936 Дx.10092

五脏论、本草经集注

Дx.09883 Дx.09887 正法念处经卷第四十六观天品之二十五（夜摩天之十一）

存11行，行3至9字。起："护五境"，讫："怖畏如是怖畏因"。北魏瞿昙般若流支译。经文见《大正藏》第17册，第275页A栏第8行至第17行。

Дx.09884至Дx.09886 馆藏缺

Дx.09887 正法念处经卷第四十六观天品之二十五（夜摩天之十一）

见Дx.09883。

Дx.09888 五脏论、本草经集注

见Дx.09882。

Дx.09889 馆藏缺

Дx.09890 佛说佛名经

存1行，总5字。录文："南无香光佛。"未检出。

Дx.09890V 民族文字残片

Дx.09891 馆藏缺

Дx.09892 Дx.09917 大乘无量寿经

存9行，行1至41字。起："磨底（十）伽迦娜"，讫："罗"。唐法成译。经文见《大正藏》第19册，第82页B栏第6行至C栏第13行。

Дx.09893 Дx.09895 Дx.09896 佛说天地八阳神咒经

存27行，行4至9字。起："识天演出"，讫："火彻"。唐义净译。经文见《大正藏》第85册，第1424页C栏第7行至第1425页A栏第24行。

Дx.09894 残佛经

存1行，总7字。录文："佛所受得陀罗尼。"不可定名。

Дx.09895 Дx.09896 佛说天地八阳神咒经

见Дx.09893。

Дx.09897A 佛说天地八阳神咒经

存16行，行3至9字。起："薄官法荼毒贼"，讫："解脱诸罪之难"。唐义净译。经文见《大正藏》第85册，第1422页B栏第26行至C栏第14行。

Дx.09897B 妙法莲华经卷第七妙音菩萨品第二十四

存7行，行3至8字。起："三昧法华三昧净德"，讫："王智佛"。后秦鸠摩罗什译。经文见《大正藏》第9册，第55页A栏第27行至B栏第4行。

Дx.09898 馆藏缺

Дx.09899 梁朝傅大士颂金刚经

存13行，行4至15字。起："皆是虚妄"，讫："无量福德何以故是"。无颂文。经文见《大正藏》第85册，第2页B栏第20行至C栏第17行。

Дx.09900 金刚般若波罗蜜经注

存24行，行2至14字。起："实无众"，讫："檀"。慧净注。经文见《卍新续藏》第24册，第450页C栏第20行至第451页A栏第22行。

Дx.09901 金光明最胜王经卷第六四天王护国品第十二

存4行，行15至17字。起："亦受种种五欲"，讫："宫殿皆得第"。唐义净译。经文见《大正藏》第16册，第428页B栏第1行至第6行。

Дx.09902 佛说天地八阳神咒经

存12行，行2至10字。起："须作即作一无所问"，讫："声声"。唐义净译。经文见《大正藏》第85册，第1423页A栏第24行至B栏第8行。

Дx.09903　Дx.11000　**金刚般若波罗蜜经**

存12行,行12至17字。起:"佛告须菩提",讫:"不不也世尊"。后秦鸠摩罗什译。经文见《大正藏》第8册,第749页A栏第5行至第17行。

Дx.09904　**妙法莲华经卷第七观世音菩萨普门品第二十五**

存4行,行6至13字。起:"当一心称",讫:"如是若"。后秦鸠摩罗什译。经文见《大正藏》第9册,第56页C栏第25行至第57页A栏第1行。

Дx.09905　**习字**

存2行。习写"几"字。

Дx.09906　**佛顶尊胜陀罗尼经序**

存11行,行3至17字。起:"诸大德共顺翻译",讫:"定不错"。经文见《大正藏》第19册,第349页C栏第4行至第14行。

Дx.09907　**佛说佛名经卷第二**

存5行,行6至13字。起:"如来授光明轮",讫:"成就如来彼如来"。北魏菩提流支译。经文见《大正藏》第14册,第122页B栏第16行至第22行。另失译《佛说佛名经卷第四》也相符。

Дx.09908　**大般若波罗蜜多经题签**

录文:"大般若波罗蜜多经卷第五百卅二。"

Дx.09909　**维摩诘所说经卷中不思议品第六**

存10行,行1至7字。起:"证",讫:"知"。后秦鸠摩罗什译。经文见《大正藏》第14册,第546页A栏第14行至第24行。

Дx.09910　**金光明最胜王经卷第二分别三身品第三**

存10行,行7至10字。首题:"金光明最胜王经",品题:"分别三□□",讫:"受阿耨多罗三藐"。唐义净译。经文见《大正藏》第16册,第408页B栏第1行至第14行。

Дx.09911　**大乘入楞伽经卷第二集一切法品第二之二**

存5行,行3至18字。起:"若□□□处汝",讫:"一切如来应"。唐实叉难陀译。经文见《大正藏》第16册,第595页B栏第26行至C栏第1行。

Дx.09912　**救诸众生一切苦难经**

存8行,行2至5字。起:"者众普",讫:"生若能"。经文见《大正藏》第85册,第1461页C栏第12行至第23行。与现刊本相较有出入,可校补。

Дx.09913　**佛说佛名经卷第十一**

存12行,行2至15字。起:"七重",讫:"复有无量自"。失译。经文见《大正藏》第14册,第228页C栏第29行至第229页A栏第11行。另《佛说佛名经卷第二十六》《佛说佛名经卷第二》《慈悲水忏法卷下》也相符。

Дx.09914　**大般若波罗蜜多经卷第一百一十三初分校量功德品第三十之十一**

存9行,行1至16字。起:"何以香味触法",讫:"习"。唐玄奘译。经文见《大正藏》第5册,第621页B栏第21行至C栏第1行。

Дx.09915　**摩诃般若波罗蜜经卷第十五成办品第五十**

存7行,行2至11字。起:"女人得疾",讫:"罗三"。后秦鸠摩罗什译。经文见《大正藏》第8册,第328页B栏第29行至C栏第5行。另《大智度论》也相符。

Дx.09916　**残佛经**

存5行。录文:"金颐通/三/称有/□闻/之。"不可定名。

Дx.09917　**大乘无量寿经**

见Дx.09892。

Дx.09918　**和菩萨戒文**

存17行,行5至11字。全者13行。起:"罪报罪相□乃被",讫:"受斯痛苦难"。经文见《大正藏》第85册,第1300页B栏第25行至C栏第6行。与现刊本相较有出入,可校补。

Дx.09919　**大般若波罗蜜多经卷第三百二十七初分不退转品第四十九之三**

存11行，行5至17字。起："果虽起第二胜"，讫："亦不证预流"。唐玄奘译。经文见《大正藏》第6册，第673页A栏第5行至第16行。

Дx.09920　Дx.09921　馆藏缺

Дx.09922　大般涅槃经卷第二十一光明遍照高贵德王菩萨品第十之一至卷第二十二光明遍照高贵德王菩萨品第十之二

见Дx.09769。

Дx.09923　Дx.09924　馆藏缺

Дx.09925　大乘阿毗达磨杂集论卷第九决择分中谛品第一之四

存3行，行5至6字。首题："磨杂集论卷"，品题："分中谛品第一"，讫："见道若总说谓"。唐玄奘译。经文见《大正藏》第31册，第734页C栏第21行至第28行。

Дx.09926　妙法莲华经卷第三化城喻品第七

存5行，行2至6字。起："生已度想"，讫："死烦"。后秦鸠摩罗什译。经文见《大正藏》第9册，第26页A栏第10行至第14行。

Дx.09927　妙法莲华经卷第六随喜功德品第十八

存4行，行2至5字。起："弥勒菩萨"，讫："空闲"。后秦鸠摩罗什译。经文见《大正藏》第9册，第46页B栏第27行至C栏第1行。

Дx.09928　大般若波罗蜜多经卷第一百三十七初分校量功德品第三十之三十五

存5行，行5至10字。起："复次□□迦若善"，讫："一来果不还"。唐玄奘译。经文见《大正藏》第5册，第745页C栏第17行至第21行。另同经有4处相符者。

Дx.09929　妙法莲华经卷第六药王菩萨本事品第二十三

存2行，行3至4字。起："一切众生"，讫："于佛即"。后秦鸠摩罗什译。经文见《大正藏》第9册，第53页C栏第17行至第18行。

Дx.09930　妙法莲华经卷第四法师品第十

存2行。录文："读诵持是法/佛道而。"后秦鸠摩罗什译。经文见《大正藏》第9册，第31页B栏第4行至第6行。

Дx.09931　金光明经卷第四流水长者子品第十六

存6行，行1至6字。起："尔"，讫："至"。北凉昙无谶译。经文见《大正藏》第16册，第353页A栏第8行至第13行。

Дx.09932　大般涅槃经卷第二十八师子吼菩萨品第十一之二

存7行，行1至3字。起："缘"，讫："性亦不"。北凉昙无谶译。经文见《大正藏》第12册，第535页B栏第5行至第13行。

Дx.09933　大般涅槃经卷第六如来性品第四之三

存3行，行3至6字。起："萨善哉善哉善男"，讫："是□世受"。北凉昙无谶译。经文见《大正藏》第12册，第398页C栏第6行至第8行。

Дx.09934　妙法莲华经卷第三化城喻品第七

存4行，行3至11字。起："诵通利"，讫："入静室"。后秦鸠摩罗什译。经文见《大正藏》第9册，第25页B栏第1行至第5行。

Дx.09935　Дx.09936　五脏论、本草经集注

见Дx.09882。

Дx.09937　正法念处经卷第四十六观天品之二十五（夜摩天之十一）

存11行，行2至10字。起："缘故得生"，讫："已闻"。北魏瞿昙般若流支译。经文见《大正藏》第17册，第276页B栏第7行至第18行。

Дx.09938　佛本行集经卷第三十五耶输陀因缘品下

存5行，行1至8字。起："不"，讫："于彼菩"。隋阇那崛多译。经文见《大正藏》第3册，第815页C栏第3行至第7行。

Дx.09939　正法念处经卷第六十三观天品之四十二（夜摩天之二十八）

存6行，行2至6字。起："胜功"，讫："他厌"。北魏瞿昙般若流支译。经文见《大正藏》第17册，第

375页A栏第8行至第13行。

Дх.09940　民族文字残片

Дх.09941　Дх.09981　占卜书

存7行。录文："即被人捉□失财处/凶卜葬埋□害卜行人不利/易曰六爻六曼乾是/天遇道成就辞讼通达/不免祟在上帝大神/黄色女妇共白色丈夫/葬埋吉□行人平安忌。"

Дх.09942　悲华经卷第五诸菩萨本授记品第四之三

存6行,行2至8字。起："如来",讫："取种种庄"。北凉昙无谶译。经文见《大正藏》第3册,第196页C栏第13行至第19行。

Дх.09943　民族文字残片

Дх.09944　妙法莲华经卷第五如来寿量品第十六

存7行,行2至6字。起："于东",讫："是事中"。后秦鸠摩罗什译。经文见《大正藏》第9册,第42页B栏第14行至第21行。

Дх.09945　优婆塞戒经卷第七业品第二十四之余

存3行,行5字。起："日为一月十",讫："一切命亦不定"。北凉昙无谶译。经文见《大正藏》第24册,第1072页A栏第24行至第26行。

Дх.09946　大般涅槃经卷第六如来性品第四之三

存4行,行2至5字。起："及石",讫："辟如"。北凉昙无谶译。经文见《大正藏》第12册,第398页A栏第26行至B栏第1行。

Дх.09947　佛说善恶因果经

存4行,行2至3字。起："骆驼中",讫："来为"。经文见《大正藏》第85册,第1382页A栏第9行至第12行。

Дх.09948　Дх.09950　摩诃般若波罗蜜经卷第二十二遍学品第七十四

存4行,行2至6字。起："分别",讫："佛告须菩提诸"。后秦鸠摩罗什译。经文见《大正藏》第8册,第398页A栏第28行至B栏第2行。另《大智度论》也相符。

Дх.09949　金刚般若波罗蜜经

存2行,行4字。起："庄严佛土",讫："菩提若菩"。北魏菩提流支译。经文见《大正藏》第8册,第755页C栏第6行至第7行。另《大智度论》也相符。

Дх.09950　摩诃般若波罗蜜经卷第二十二遍学品第七十四

见Дх.09948。

Дх.09951　放光般若经卷第三摩诃般若波罗蜜空行品第十二

存3行,行2至4字。起："十二",讫："五阴为"。西晋无罗叉译。经文见《大正藏》第8册,第15页C栏第18行至第20行。

Дх.09952　妙法莲华经卷第五从地踊出品第十五

存7行,行2至6字。起："疑如实分别",讫："志个无怯弱"。后秦鸠摩罗什译。经文见《大正藏》第9册,第42页A栏第10行至第16行。

Дх.09953　民族文字残片

Дх.09954　小品般若波罗蜜经卷第二摩诃般若波罗蜜塔品第三

存3行,行3至5字。起："颜色变",讫："善男子善"。后秦鸠摩罗什译。经文见《大正藏》第8册,第542页A栏第26行至第28行。与Дх.09956、Дх.10018可缀合。

Дх.09955　妙法莲华经卷第三化城喻品第七

存3行,行1至3字。起："俱各",讫："王"。后秦鸠摩罗什译。经文见《大正藏》第9册,第23页A栏第27行至B栏第1行。

Дх.09956　Дх.10018　小品般若波罗蜜经卷第二摩诃般若波罗蜜塔品第三

存3行,行3至5字。起："善男子善",讫："何以故般"。后秦鸠摩罗什译。经文见《大正藏》第8册,第542页B栏第2行至第5行。与Дх.09954字体相同,为一卷,可缀合。

Дх.09957　残佛经

存1行。录文："灯佛。"不可定名。

Дх.09958　残佛经

存2行。录文:"更爱鼻更/舌更爱者。"不可定名。

Дx.09958V 残佛经

存2行。录文:"若起访/舍利弗重白佛言。"不可定名。

Дx.09959 撰集百缘经卷第十长瓜梵志缘

存4行,行1至3字。起:"值我逮",讫:"迦兰"。吴支谦译。经文见《大正藏》第4册,第255页A栏第13行至第17行。

Дx.09959V 佛说佛名经卷第九

存3行,行2至3字。起:"清净光",讫:"胜山"。北魏菩提流支译。经文见《大正藏》第14册,第163页B栏第1行至第3行。

Дx.09960 大般涅槃经卷第三十一师子吼菩萨品第十一之五

存2行。录文:"昔与提/人为。"北凉昙无谶译。经文见《大正藏》第12册,第551页A栏第1行至第2行。

Дx.09961 大般涅槃经卷第十六梵行品第八之二

存3行,行3字。起:"着黑暗",讫:"陀南无"。北凉昙无谶译。经文见《大正藏》第12册,第458页B栏第23行至第25行。

Дx.09962 贤愚经卷第六(三四)富那奇缘品第二十九

存3行,行2至5字。起:"未断命汝当",讫:"害次"。北魏慧觉等译。经文见《大正藏》第4册,第394页C栏第20行至第22行。

Дx.09962V 杂阿毗昙心论卷第三业品第三

存4行,行2至5字。起:"是不相应行",讫:"轮坏"。宋僧伽跋摩等译。仅有答部分。经文见《大正藏》第28册,第898页C栏第21行至第899页A栏第18行。

Дx.09963 深密解脱经卷第五圣者文殊师利法王子菩萨问品第十一

印本。存5行,行1至4字。起:"佛",讫:"易得破戒"。北魏菩提流支译。经文见《大正藏》第16册,第688页A栏第9行至第12行。

Дx.09964 残佛经

存3行。录文:"已更不者/始也若也/险。"不可定名。

Дx.09964V 残佛经

存2行,行2至3字。录文:"分别/种种欲。"内容相符者有《大方广佛华严经》《摩诃般若波罗蜜经》《大智度论》等。

Дx.09965 大方等大集经卷第二十一宝幢分中四天王护法品第十一

存1行,总3字。录文:"小将成。"北凉昙无谶译。经文见《大正藏》第13册,第151页A栏第22行。

Дx.09966 残佛经

正反各存1字。录文:"辱""二"。不可定名。

Дx.09967 大般涅槃经卷第二十四光明遍照高贵德王菩萨品第十之四

存7行,行2至4字。起:"善女",讫:"女人等"。北凉昙无谶译。经文见《大正藏》第12册,第505页A栏第27行至B栏第4行。

Дx.09968 十诵律卷第三十二(第五诵之四)悔法第五(八法中苦切羯磨第四之余)

存4行,行2至8字。起:"日覆藏",讫:"哀众"。后秦弗若多罗译。经文见《大正藏》第23册,第233页B栏第14行至第20行。有异文。

Дx.09969 民族文字残片

Дx.09970 金光明经卷第一忏悔品第三

存2行。录文:"时亦/匝。"北凉昙无谶译。经文见《大正藏》第16册,第336页B栏第18行至第20行。另《合部金光明经》也相符。

Дx.09971 妙法莲华经卷第五从地涌出品第十五

存2行。录文:"乐少病少/爱化易。"后秦鸠摩罗什译。经文见《大正藏》第9册,第40页B栏第1行至第2行。

Дx.09972　合部金光明经卷第二业障灭品第五

存2行。录文："璃颇梨/由旬于。"真谛译、隋释宝贵合。经文见《大正藏》第16册，第371页A栏第28行至B栏第1行。

Дx.09973　佛说决罪福经卷下

存3行，行2至5字。起："卖福"，讫："图钱入身故"。经文见《大正藏》第85册，第1332页A栏第5行至第7行。

Дx.09974　妙法莲华经卷第六随喜功德品第十八

存3行，行2至3字。起："优婆"，讫："邑巷"。后秦鸠摩罗什译。经文见《大正藏》第9册，第46页B栏第28行至C栏第1行。

Дx.09975　大般涅槃经卷第四如来性品第四之一

存3行，行1至3字。起："何"，讫："退是"。北凉昙无谶译。经文见《大正藏》第12册，第387页C栏第9行至第11行。

Дx.09976　残佛经

不可定名。

Дx.09977　残佛经

存2行。录文："住菩萨/切法。"不可定名。

Дx.09978　入楞伽经卷第二集一切佛法品第三之一

存8行，行3至6字。起："不如是"，讫："空故大慧"。北魏菩提流支译。经文见《大正藏》第16册，第524页C栏第13行至第21行。

Дx.09979　大般涅槃经卷第二十六光明遍照高贵德王菩萨品第十之六

存3行，行2至3字。起："提辈"，讫："一阐提"。北凉昙无谶译。经文见《大正藏》第12册，第519页A栏第5行至第8行。

Дx.09980　摩诃般若波罗蜜经卷第十七梦行品第五十八

存2行。录文："菩提菩/调悔。"后秦鸠摩罗什译。经文见《大正藏》第8册，第347页C栏第25行至第26行。

Дx.09980V　残佛经

汉藏文混合。汉文录文："破有/谏/驼。"不可定名。

Дx.09981　占卜书

见Дx.09941。

Дx.09982　律抄

存2行。录文："戒人年满廿/就四者界。"经文见《大正藏》第85册，第686页B栏第11行至第12行。另《四部律并论要用抄卷上四部律及论明受戒法第二》也相符。

Дx.09982V　残佛经

存1行，总5字。录文："尔时诸比丘。"不可定名。

Дx.09983　残片

存3行。录文："宙之中以为上/花欲□□/岳牧主将。"不可定名。

Дx.09984A　一切经音义卷第六十四舍利弗问经

存2行。录文："诚曰恳恳/力反。"唐慧琳撰。经文见《大正藏》第54册，第733页A栏第23行。另《一切经音义卷第七十四贤愚经》也相符。

Дx.09984B　残片

存1行，总2字。录文："而经。"不可定名。

Дx.09985至Дx.09987　残佛经

Дx.09988　杂阿毗昙心论卷第八修多罗品第八

存4行，行1至6字。起："有自摄故施有"，讫："若离未欲是"。宋僧伽跋摩等译。经文见《大正藏》第28册，第931页C栏第24行至第28行。

Дx.09988V　阿毗昙八犍度论卷第二十五阿毗昙过去得跋渠第一之一

存2行。录文："无为未来竟若/或□来或。"迦旃延子造、僧伽提婆共竺佛念译。经文见《大正藏》第26册，第887页C栏第18行至第19行。

Дx.09989　大般涅槃经卷第三十八迦叶菩萨品第十二之六

存3行，行1至5字。起："是"，讫："心或□爱"。北凉昙无谶译。经文见《大正藏》第12册，第588页

B栏第27行至第29行。

Дx.09990 妙法莲华经卷第七陀罗尼品第二十六

存3行,行1至2字。起:"诣",讫:"便即"。后秦鸠摩罗什译。经文见《大正藏》第9册,第59页A栏第26行至第29行。

Дx.09991 妙法莲华经卷第三化城喻品第七

存2行。录文:"诸根通利/于诸佛所常。"后秦鸠摩罗什译。经文见《大正藏》第9册,第25页B栏第12行至第14行。

Дx.09992 佛说华手经卷第五诸方品第十八

存2行。录文:"宝娑罗佛/无上光佛。"后秦鸠摩罗什译。经文见《大正藏》第16册,第163页B栏第15行至第16行。

Дx.09993 佛说观弥勒菩萨上生兜率天经

存4行,行2至3字。起:"祇陀园",讫:"言今"。刘宋沮渠京声译。经文见《大正藏》第14册,第418页B栏第8行至第11行。

Дx.09994 残佛经

存1行,总2字。录文:"生恶。"不可定名。

Дx.09995 大般涅槃经卷第四如来性品第四之一

存3行,行3至5字。起:"经嗜贪饮",讫:"悉皆长"。北凉昙无谶译。经文见《大正藏》第12册,第386页B栏第16行至第18行。另宋慧严等依泥洹经加之《大般涅槃经卷第四四相品第七之一》、唐道宣《广弘明集慈济篇序卷第二十六》也相符。

Дx.09996 大般若波罗蜜多经卷名习字

存12行。习抄:"大般若经卷第三百九十九。"

Дx.09997 残佛经

存2行。录文:"十四劫其中天人见食即饱亦有男/受持五戒十善得生其中。"未检出。

Дx.09998 佛说佛名经卷第一

存5行,行5至8字。起:"南无无垢光佛",讫:"南无远离怖畏毛竖"。北魏菩提流支译。经文见《大正藏》第14册,第116页A栏第13行至第17行。另失译《佛说佛名经卷第一》也相符。

Дx.09998V 金刚顶经金刚界大道场毗卢遮那如来自受用身内证智眷属法身异名佛最上乘秘密三摩地礼忏文

存5行,行4至10字。起:"幢及普贤",讫:"三十七尊礼"。唐不空译。经文见《大正藏》第18册,第337页A栏第12行至第21行。

Дx.09999 妙法莲华经卷第二信解品第四

存12行,行5至7字。起:"中受诸热恼",讫:"知真是佛"。后秦鸠摩罗什译。经文见《大正藏》第9册,第17页B栏第20行至C栏第3行。

Дx.10000 大般涅槃经卷第十四圣行品第七之四

存4行,行2至7字。起:"谓烧打",讫:"勇健"。北凉昙无谶译。经文见《大正藏》第12册,第450页A栏第10行至第14行。另宋慧严等依泥洹经加之《大般涅槃经卷第十三圣行品之下》、梁宝唱等集《经律异相卷第八(自行菩萨部第一)为闻半偈舍身十二》也相符。

Дx.10001 残佛经

存1行,总3字。录文:"所欲害。"不可定名。

Дx.10002 妙法莲华经卷第四见宝塔品第十一

存5行,行3至6字。起:"国土□□彼",讫:"法南西北"。后秦鸠摩罗什译。经文见《大正藏》第9册,第33页A栏第1行至第6行。

Дx.10003 Дx.10031 佛经论释

存7行,行4至9字。起:"佛种起空缘而",讫:"示三示来"。未检出。

Дx.10004 佛说佛名经卷第六

存4行,行2至5字。起:"明佛",讫:"大华佛"。北魏菩提流支译。经文见《大正藏》第14册,第143页A栏第23行至第25行。

Дx.10005 妙法莲华经卷第四见宝塔品第十一

存5行,行3至5字。起:"亦以天(大)",讫:"万亿那由"。后秦鸠摩罗什译。经文见《大正藏》第9册,第33页A栏第17行至第22行。

Дx.10006 摩诃般若波罗蜜经卷第七问住品第二

十七

存2行。录文："语释/承佛神力。"后秦鸠摩罗什译。经文见《大正藏》第8册，第273页B栏第25行至第26行。另《摩诃般若波罗蜜经卷第一释提桓因品第二》《大智度论》也相符。

Дх.10007 **妙法莲华经卷第一方便品第二**

存5行，行1至3字。起："众生"，讫："之知"。后秦鸠摩罗什译。经文见《大正藏》第9册，第7页B栏第12行至第17行。

Дх.10008 **大般涅槃经卷第十九梵行品第八之五**

存2行。录文："无水/常如。"北凉昙无谶译。经文见《大正藏》第12册，第475页A栏第23行至第24行。

Дх.10009 **妙法莲华经卷第五从地踊出品第十五**

存3行，行2至4字。起："有所"，讫："常乐于"。后秦鸠摩罗什译。经文见《大正藏》第9册，第41页B栏第7行至第9行。

Дх.10010 **贤愚经卷第五贫人夫妇叠施得现报品第二十五**

存5行，行3至5字。起："至心欢"，讫："堕恶道天上"。北魏慧觉等译。经文见《大正藏》第4册，第383页C栏第9行至第19行。有异文。

Дх.10011 **残佛经**

存1行，总2字。录文："佛言。"不可定名。

Дх.10012 **妙法莲华经卷第五安乐行品第十四**

存11行，行1至9字。起："下"，讫："随义观法"。后秦鸠摩罗什译。经文见《大正藏》第9册，第37页C栏第10行全第23行。

Дх.10013 **妙法莲华经卷第一序品第一**

存5行，行3至6字。起："耨多罗"，讫："名□□闻无"。后秦鸠摩罗什译。经文见《大正藏》第9册，第2页A栏第2行至第7行。

Дх.10014 **残佛经**

存4行，行3至7字。起："饿鬼身或"，讫："皆得□乐"。不可定名。

Дх.10015 **妙法莲华经卷第三化城喻品第七**

存4行，行3字。起："此相是"，讫："我等诸"。后秦鸠摩罗什译。经文见《大正藏》第9册，第23页A栏第20行至第23行。

Дх.10016 **大般若波罗蜜多经卷第六十初分赞大乘品第十六之五**

存3行，行3字。起："平等中"，讫："皆不可"。后秦鸠摩罗什译。经文见《大正藏》第5册，第340页B栏第8行至第10行。另同经相符者较多。

Дх.10017 **阿毗达磨俱舍论卷第三分别根品第二之一**

存3行。录文："脱此/根/根断者。"经文见《大正藏》第29册，第17页B栏至C栏。

Дх.10018 **小品般若波罗蜜经卷第二摩诃般若波罗蜜塔品第三**

见Дх.09956。

Дх.10019 **大般涅槃经卷第九菩萨品第十六**

存10行，行3至9字。起："而言如"，讫："大涅槃经于声闻"。宋慧严等依泥洹经加之。经文见《大正藏》第12册，第663页A栏第23行至B栏第4行。

Дх.10020 **大般涅槃经卷第三十一师子吼菩萨品第十一之五**

存3行，行2字。起："念舍"，讫："护法"。北凉昙无谶译。经文见《大正藏》第12册，第549页B栏第13行至第16行。

Дх.10021 **妙法莲华经卷第二譬喻品第三**

存2行。录文："以众宝/面悬。"后秦鸠摩罗什译。经文见《大正藏》第9册，第14页C栏第8行至第10行。

Дх.10022 **大般涅槃经卷第九如来性品第四之六**

存5行，行1至2字。起："着前"，讫："重赞"。北凉昙无谶译。经文见《大正藏》第12册，第422页A栏第2行至第6行。

Дх.10023 **民族文字残片**

Дх.10024 **妙法莲华经卷第二譬喻品第三**

存5行,行1至2字。起:"直",讫:"掌顶"。后秦鸠摩罗什译。经文见《大正藏》第9册,第16页A栏第22行至第27行。

Дх.10025 **大般若波罗蜜多经卷第十一初分教诫教授品第七之一**

存2行。录文:"菩萨摩/若常。"唐玄奘译。经文见《大正藏》第5册,第58页B栏第10行至第11行。另同经相符者较多。

Дх.10026 **残佛经**

存一"南"字。不可定名。

Дх.10027 **民族文字残片**

Дх.10028 **残佛经**

存2行。录文:"娱乐受天/闻佛前。"不可定名。

Дх.10029 **萨婆多毗尼毗婆沙卷第六九十事第十七**

存2行。录文:"竟/敷若。"失译。经文见《大正藏》第23册,第544页C栏第26行至第28行。另同经相符者较多。

Дх.10030 **妙法莲华经卷第七妙音菩萨品第二十四**

存2行。录文:"伏魔法/来听法不。"后秦鸠摩罗什译。经文见《大正藏》第9册,第55页C栏第23行至第24行。

Дх.10031 **佛经论释**

见Дх.10003。

Дх.10032 **妙法莲华经卷第四提婆达多品第十二**

存3行,行2至4字。起:"王发愿求",讫:"妻子"。后秦鸠摩罗什译。经文见《大正藏》第9册,第34页B栏第26行至第28行。

Дх.10033 **妙法莲华经卷第二信解品第四**

存3行,行2至4字。起:"尊我等今",讫:"岁年"。后秦鸠摩罗什译。经文见《大正藏》第9册,第16页B栏第25行至第27行。

Дх.10034 **大般涅槃经卷第三金刚身品第二**

存3行,行3至4字。起:"等应执",讫:"护正法乃"。北凉昙无谶译。经文见《大正藏》第12册,第384页A栏第23行至第25行。

Дх.10035 **妙法莲华经卷第七观世音菩萨普门品第二十五**

存3行,行2至3字。起:"恶罗",讫:"彼观"。后秦鸠摩罗什译。经文见《大正藏》第9册,第58页A栏第4行至第7行。

Дх.10036 **十诵比丘波罗提木叉戒本**

存5行,行2至9字。起:"地若",讫:"乐者自当出去"。后秦鸠摩罗什译。经文见《大正藏》第23册,第474页B栏第11行至第21行。

Дх.10037 **大般涅槃经卷第二十一光明遍照高贵德王菩萨品第十之一至卷第二十二光明遍照高贵德王菩萨品第十之二**

见Дх.09769。

Дх.10038 **民族文字残片**

Дх.10039 **妙法莲华经卷第二信解品第四**

存4行,行4至6字。起:"今我等年已",讫:"得未曾有"。后秦鸠摩罗什译。经文见《大正藏》第9册,第16页B栏第19行至第22行。

Дх.10040 **民族文字残片**

Дх.10041 **放光般若经卷第一摩诃般若波罗蜜放光品第一**

存2行。录文:"尽想无/意是谓。"西晋无罗叉译。经文见《大正藏》第8册,第2页C栏第16行至第17行。

Дх.10042 Дх.10043 **民族文字残片**

Дх.10044 **残佛经**

存一"罗"字。不可定名。

Дх.10044V **民族文字残片**

Дх.10045 **大方等大集经卷第一陀罗尼自在王菩萨品第二之一**

存5行,行1至7字。起:"名",讫:"庄严"。北凉昙无谶译。经文见《大正藏》第13册,第7页B栏第22行至第28行。

Дх.10046 **残佛经**

存1行,总3字。录文:"会众生。"不可定名。

Дx.10047 残佛经

存1行，总3字。录文："是如来善。"不可定名。

Дx.10048 残佛经

存2行。录文："发大/持读。"不可定名。

Дx.10049 妙法莲华经卷第四法师品第十

存10行，行6至9字。起："养为他人说者"，讫："三菩提"。后秦鸠摩罗什译。经文见《大正藏》第9册，第31页B栏第22行至C栏第3行。

Дx.10050 大般若波罗蜜多经卷第五百九十五第十六般若波罗蜜多分之三

存4行，行1至2字。起："见是"，讫："波"。唐玄奘译。经文见《大正藏》第7册，第1077页A栏第20行至第23行。

Дx.10051 妙法莲华经卷第一序品第一

存4行，行3至4字。起："千百千"，讫："阿阇世王"。后秦鸠摩罗什译。经文见《大正藏》第9册，第2页B栏第2行至第5行。

Дx.10052 大般若波罗蜜多经卷第五百九十八第十六般若波罗蜜多分之六

存2行。录文："声香/不为调。"唐玄奘译。经文见《大正藏》第7册，第1099页B栏第11行至第12行。

Дx.10053 舍头谏太子二十八宿经

存2行。录文："具足度/时未。"西晋竺法护译。经文见《大正藏》第21册，第413页C栏第23行至第24行。又名《虎耳经》。

Дx.10054 大般若波罗蜜多经卷第五百四十三第四分随喜回向品第六之一

存2行。录文："向心自/缘事皆不可得。"唐玄奘译。经文见《大正藏》第7册，第791页C栏第9行至第11行。同经另有相符者。

Дx.10055 残佛经

存1行，总2字。录文："人师。"不可定名。

Дx.10056 残佛经

存2行。录文："修习/蜜多。"不可定名。

Дx.10057 妙法莲华经卷第五分别功德品第十七

存2行。录文："持此经斯/供养。"后秦鸠摩罗什译。经文见《大正藏》第9册，第46页A栏第4行至第6行。

Дx.10058 残佛经

存1行，总2字。录文："七宝。"不可定名。

Дx.10059 佛说须赖经

存2行。录文："子且待/于是。"前凉月氏国优婆塞支施仑译。经文见《大正藏》第12册，第61页B栏第1行至第2行。

Дx.10059V 民族文字残片

Дx.10060 大般涅槃经卷第十三圣行品之下

存5行，行1至6字。起："喻终不能"，讫："无"。北凉昙无谶译。经文见《大正藏》第12册，第447页A栏第6行至第11行。

Дx.10061 残佛经

存2行。录文："佛复/修。"不可定名。

Дx.10062 妙法莲华经卷第六药王菩萨本事品第二十三

存3行，行2至5字。起："就如是功德"，讫："香身"。后秦鸠摩罗什译。经文见《大正藏》第9册，第54页C栏第16行至第19行。

Дx.10063 妙法莲华经卷第一方便品第二

存4行，行4至5字。起："汝等勿有疑"，讫："是等众生"。后秦鸠摩罗什译。经文见《大正藏》第9册，第10页B栏第4行至第10行。

Дx.10064 残佛经

存3行。录文："灭度/无/无。"不可定名。

Дx.10065 合部金光明经卷第六正论品第十六

存2行。录文："诸奸斗/不。"北凉昙无谶译、隋释宝贵合。经文见《大正藏》第16册，第390页B栏第5行至第7行。

Дx.10066 根本说一切有部目得迦卷第七

存2行。录文："为上坐/唱三钵。"唐义净译。经文见《大正藏》第24册，第443页A栏第26行至第27行。

Дx.10067 **大般若波罗蜜多经卷第三十八初分般若行相品第十之一**

存1行，总5字。录文："愿有愿相非。"唐玄奘译。经文见《大正藏》第5册，第213页A栏第20行。另同经相符者较多。

Дx.10068 **残佛经**

存1行，总3字。录文："空中下。"不可定名。

Дx.10069 **残佛经**

存1行，总2字。录文："念□。"不可定名。

Дx.10070 **民族文字残片**

Дx.10071 **大般若波罗蜜多经卷第五百七十一第六分无所得品第九**

存3行，行2至3字。起："义者"，讫："世尊以"。唐玄奘译。经文见《大正藏》第7册，第947页C栏第7行至第9行。另《胜天王般若波罗蜜经卷第五》《宗镜录卷第六十一》也相符。

Дx.10072 **残佛经**

存2行。录文："与过/自高掷。"不可定名。

Дx.10073 **残佛经**

存2行。录文："法能/见故。"不可定名。

Дx.10074 **残佛经**

存一"菩"字。不可定名。

Дx.10075 **残佛经**

存1行，总3字。录文："触法故。"不可定名。

Дx.10076 **大般若波罗蜜多经卷第五百九十八第十六般若波罗蜜多分之六**

存2行。录文："明及解/波罗。"唐玄奘译。经文见《大正藏》第7册，第1094页C栏第9行至第10行。另同经相符者较多。

Дx.10077 **佛说长阿含经卷第十一（一五）第二分阿㝹夷经第十一**

印本。存2行，行2至3字。起："人观此"，讫："作是"。后秦佛陀耶舍共竺佛念译。经文见《大正藏》第1册，第67页A栏第27行至第28行。另同经相符者较多。

Дx.10078 **残佛经**

存1行。录文："蜜诸法。"不可定名。

Дx.10078V **残佛经**

存1行。录文："量劫身心。"不可定名。

Дx.10079 **残佛经**

存2行。录文"无如/慧。"不可定名。

Дx.10080 **民族文字残片**

Дx.10081 **妙法莲华经卷第五安乐行品第十四**

存3行，行6至7字。起："求佛道者"，讫："色鲜白不生贫"。后秦鸠摩罗什译。经文见《大正藏》第9册，第39页B栏第12行至第15行。

Дx.10082 **杂宝藏经卷第四（四一）贫女以两钱布施即获报缘**

存5行，行2至5字。起："颜色润泽"，讫："是数"。北魏吉迦夜共昙曜译。经文见《大正藏》第4册，第467页C栏第20行至第25行。

Дx.10083 **妙法莲华经卷第三化城喻品第七**

存2行。录文："天人大众之中/他人以不受。"后秦鸠摩罗什译。经文见《大正藏》第9册，第25页A栏第12行至第13行。

Дx.10084 **中阿含经卷第十（四五）中阿含习相应品惭愧经第四（初一日诵）**

存3行，行3字。起："欢悦喜"，讫："爱恭敬"。僧伽提婆译。经文见《大正藏》第1册，第486页A栏第12行至第14行。另同经还有一处相符者。

Дx.10085 **民族文字残片**

Дx.10086 **大般涅槃经卷第二十一光明遍照高贵德王菩萨品第十之一至卷第二十二光明遍照高贵德王菩萨品第十之二**

见Дx.09769。

Дx.10087 **佛本行集经卷第三十五耶输陀因缘品下**

存3行，行2至6字。起："提成"，讫："宝多诸势"。隋阇那崛多译。经文见《大正藏》第3册，第815页C栏第6行至第8行。

Дх.10088 **大般涅槃经卷第二十一光明遍照高贵德王菩萨品第十之一至卷第二十二光明遍照高贵德王菩萨品第十之二**

见Дх.09769。

Дх.10089 **妙法莲华经卷第四五百弟子受记品第八**

存2行。录文:"受记已欢喜/悔过自。"后秦鸠摩罗什译。经文见《大正藏》第9册,第29页A栏第1行至第3行。

Дх.10089V **民族文字残片**

Дх.10090 Дх.10149 **一切经音义卷第六妙法莲华经卷第一**

存10行,行3至5字。起:"字",讫:"泥犍连"。唐玄应撰。经文见《中华藏》第56册,第908页B栏第9行至第914页C栏第21行。

Дх.10091 **残佛经**

存2行。录文:"是菩/有。"不可定名。

Дх.10092 **五脏论、本草经集注**

见Дх.09882。

Дх.10093 **民族文字残片**

Дх.10094 **馆藏缺**

Дх.10095 **残佛经**

存2行。录文:"为恶/生。"不可定名。

Дх.10096 Дх.10097 **佛经、民族文字残片**

Дх.10098 **馆藏缺**

Дх.10099 **大般涅槃经卷第二十一光明遍照高贵德王菩萨品第十之一至卷第二十二光明遍照高贵德王菩萨品第十之二**

见Дх.09769。

Дх.10100至Дх.10117 **馆藏缺**

Дх.10118 **律抄**

存2行。录文:"难郭三者结/者羯磨称。"经文见《大正藏》第85册,第686页B栏第12行至第13行。

Дх.10119 **妙法莲华经卷第五安乐行品第十四**

存4行,行1至2字。起:"生不",讫:"尔时"。后秦鸠摩罗什译。经文见《大正藏》第9册,第37页B栏第14行至第17行。

Дх.10120 **佛经论释**

存3行。未检出。

Дх.10121 **大般涅槃经卷第十五梵行品第八之一**

存4行,行1至5字。起:"奉行",讫:"海"。北凉昙无谶译。经文见《大正藏》第12册,第451页B栏第22行至第25行。

Дх.10122 **残佛经**

存2行。录文:"所形狠/行。"不可定名。

Дх.10123 **大般涅槃经卷第五如来性品第四之二**

存4行,行2至3字。起:"胜如",讫:"值遇良"。北凉昙无谶译。经文见《大正藏》第12册,第391页C栏第2行至第5行。

Дх.10124 **残佛经**

不可定名。

Дх.10125 **佛说仁王般若波罗蜜经卷上护国经观空品第二**

存3行,行3至4字。起:"行识亦",讫:"故乃至诸"。后秦鸠摩罗什译。经文见《大正藏》第8册,第825页C栏第29行至第826页A栏第2行。

Дх.10126 **妙法莲华经卷第三药草喻品第五**

存3行,行2至3字。起:"慧坚",讫:"大欢喜"。后秦鸠摩罗什译。经文见《大正藏》第9册,第20页B栏第13行至第16行。

Дх.10127 **残佛经**

存2行。录文:"未曾有/尤。"不可定名。

Дх.10128 **妙法莲华经卷第六法师功德品第十九**

存4行,行1至3字。起:"世",讫:"佛菩萨"。后秦鸠摩罗什译。经文见《大正藏》第9册,第49页C栏第25行至第29行。

Дх.10129 **残佛经**

存3行,行1至3字。录文:"羌/有羌/字言说。"不可定名。

Дx.10130 四分律卷第三十六二分之十五说戒犍度下

存3行，行3至8字。起："磨说戒白如是"，讫："那那由比"。后秦佛陀耶舍共竺佛念等译。经文见《大正藏》第22册，第823页B栏第2行至第27行。

Дx.10131 妙法莲华经卷第一方便品第二

存4行，行2至4字。起："事为"，讫："天龙神等"。后秦鸠摩罗什译。经文见《大正藏》第9册，第6页B栏第26行至C栏第3行。

Дx.10132 妙法莲华经卷第三药草喻品第五

存2行。录文："长/一味雨。"后秦鸠摩罗什译。经文见《大正藏》第9册，第20页B栏第17行至第19行。

Дx.10133 残佛经

存5行。录文："如是/是经/与养/令诸/校典。"不可定名。

Дx.10134 妙法莲华经卷第三药草喻品第五

存2行。录文："如一味雨/禀各。"后秦鸠摩罗什译。经文见《大正藏》第9册，第20页B栏第3行至第4行。

Дx.10135至Дx.10148 馆藏缺

Дx.10149 一切经音义卷第六纳妙法莲华经卷第一

见Дx.10090。

Дx.10150 馆藏缺

Дx.10151 药师琉璃光如来本愿功德经

存30行，行2至10字。起："饥渴"，讫："来名"。唐玄奘译。经文见《大正藏》第14册，第405页B栏第19行至C栏第20行。

Дx.10152 药师琉璃光如来本愿功德经

存12行，行4至18字。起："第九大愿"，讫："毕竟安乐而"。唐玄奘译。经文见《大正藏》第14册，第405页B栏第9行至第21行。

Дx.10153 药师琉璃光如来本愿功德经

存6行，行3至17字。首题："□□□如来本愿功德经"，讫："为说法"。唐玄奘译。经文见《大正藏》第14册，第404页C栏第9行至第19行。

Дx.10154 药师琉璃光如来本愿功德经

存17行，行4至9字。起："大愿殊胜"，讫："异"。唐玄奘译。经文见《大正藏》第14册，第404页C栏第23行至第405页A栏第10行。

Дx.10155 药师琉璃光如来本愿功德经

存14行，行1至17字。起："炽"，讫："第五大愿愿我"。唐玄奘译。经文见《大正藏》第14册，第405页A栏第8行至第21行。

Дx.10156A 药师琉璃光如来本愿功德经

存12行，行7至19字。起："赞毁他当堕三恶"，讫："名山"。唐玄奘译。经文见《大正藏》第14册，第406页A栏第13行至第26行。

Дx.10156B 药师琉璃光如来本愿功德经

存16行，行12至18字。起："神杀诸众生"，讫："不复更生诸"。唐玄奘译。经文见《大正藏》第14册，第406页A栏第27行至B栏第15行。

Дx.10156C 药师琉璃光如来本愿功德经

存13行，行11至18字。起："余恶趣"，讫："伎乐而为"。唐玄奘译。经文见《大正藏》第14册，第406页B栏第15行至第28行。

Дx.10156D Дx.10156E 药师琉璃光如来本愿功德经

存16行，行2至17字。起："供养"，讫："定不"。唐玄奘译。经文见《大正藏》第14册，第406页B栏第28行至第407页A栏第12行。

Дx.10157 杂阿含经卷第三十一

存8行，行6至9字。起："断云何为四一者断断"，讫："是名修断"。宋求那跋陀罗译。经文见《大正藏》第2册，第221页B栏第17行至第29行。

Дx.10158 集诸经礼忏仪卷上

存6行，行5至11字。起："敬礼常住三宝"，讫："如来□色身"。唐智昇撰。经文见《大正藏》第47

册,第456页B栏第6行至第13行。

Дх.10159　发愿文

Дх.10160　集诸经礼忏仪卷上

存13行,行6至10字。起:"敬礼常住三宝",讫:"甚希有无上最胜良"。唐智昇撰。经文见《大正藏》第47册,第456页B栏第6行至第17行。有异文。

Дх.10161　Дх.10162　馆藏缺

Дх.10163　大宝积经卷第一百一十一净信童女会第四十

存3行,行6至34字。起:"佛佛",讫:"王子之所通利若"。唐菩提流志译。经文见《大正藏》第11册,第630页A栏第16行至第17行。另马鸣菩萨造、后秦鸠摩罗什译《大庄严论经卷第十一》也相符。经文见《大正藏》第4册,第317页B栏第17行至第19行。

Дх.10163V　大方便佛报恩经孝养品第二

抄写"大方便佛报恩经孝养品第二"2行。经卷下部大字写"勒"字4个。

Дх.10164至Дх.10169　馆藏缺

Дх.10170　礼忏文

存10行,行2至12字。起:"王师僧",讫:"发愿"。经文见《大正藏》第85册,第1303页C栏第16行至第22行。

Дх.10171　集诸经礼忏仪卷上

存6行,行10至14字。起:"文次第与此界因缘重故疏出修以"(小字题写),讫:"无边无"。唐智昇撰。经文见《大正藏》第47册,第456页B栏第6行至第10行。

Дх.10172至Дх.10178　馆藏缺

Дх.10179　集诸经礼忏仪卷上

存5行,行2至7字。起:"一切恭敬",讫:"并菩"。唐智昇撰。经文见《大正藏》第47册,第456页B栏第6行至第8行。

Дх.10179V　生礼题签

录文:"□生礼一卷。"

Дх.10180　残佛经

存2行。录文:"南无大慈大悲救苦/南无大悲(倒书)。"不可定名。

Дх.10181　馆藏缺

Дх.10182　太上一乘海空智藏经

存9行。未检出。

Дх.10183至Дх.10194　馆藏缺

Дх.10195　道典论卷第三

存9行。未检出。

Дх.10196　馆藏缺

Дх.10197　大方广佛华严经卷第四十七入法界品第三十四之四

存21行,行2至10字。起:"习慈",讫:"大法句能"。东晋佛驮跋陀罗译。经文见《大正藏》第9册,第696页A栏第26行至B栏第18行。

Дх.10198至Дx.10200　馆藏缺

Дх.10201　大般涅槃经卷第三十师子吼菩萨品第十一之四

存8行,行12至17字。起:"出家住止",讫:"是故"。北凉昙无谶译。经文见《大正藏》第12册,第541页B栏第27行至C栏第6行。与Дх.10202可缀合。

Дх.10202　大般涅槃经卷第三十师子吼菩萨品第十一之四

存5行,行10至17字。起:"当是时也",讫:"众生得阿陀"。北凉昙无谶译。经文见《大正藏》第12册,第542页A栏第2行至第7行。与Дх.10201字体相同,可缀合。

Дх.10203至Дх.10209　馆藏缺

Дх.10210　大方等大集经卷第四陀罗尼自在王菩萨品第二之四

存9行,行2至17字。起:"彼平等",讫:"有伽"。北凉昙无谶译。经文见《大正藏》第13册,第24页A栏第10行至第19行。

Дх.10211至Дх.10217　**馆藏缺**

Дх.10218　**大般涅槃经卷第十三圣行品第三**

存5行，行6至10字。起："男子"，讫："何以故善"。北凉昙无谶译。经文见《大正藏》第12册，第442页B栏第18行至第22行。

Дх.10219　**金光明最胜王经卷第一如来寿量品第二**

存10行，行1至8字。起："安"，讫："大慈悲"。唐义净译。经文见《大正藏》第16册，第405页C栏第21行至第406页A栏第4行。

Дх.10220至Дх.10229　**馆藏缺**

Дх.10230　**佛说天地八阳神咒经**

存5行，行14至18字。起："女贞兄恭"，讫："屏迹不敢博"。唐义净译。经文见《大正藏》第85册，第1423页A栏第8行至第13行。

Дх.10231　**佛说天地八阳神咒经**

存20行，行1至11字。起："男"，讫："忍而登菩提"。唐义净译。经文见《大正藏》第85册，第1422页C栏第28行至第1423页A栏第21行。

Дх.10232　**佛说天地八阳神咒经**

存26行，行2至11字。起："障碍"，讫："而成"。唐义净译。经文见《大正藏》第85册，第1422页C栏第14行至第1423页A栏第16行。

Дх.10233至Дх.10237　**馆藏缺**

Дх.10238　**佛说大方广菩萨十地经**

存9行，行3至9字。起："一切佛法"，讫："何以故"。元魏吉迦夜译。经文见《大正藏》第10册，第965页A栏第25行至B栏第5行。

Дх.10239　**诸杂不入部帙经**

录文："诸杂不入部帙经。"

Дх.10240　**某经题签**

录文："第二第三第五第八第/廿一六七九廿十三十一二三四五六"

Дх.10241　**勘经录**

见Дх.01898。

Дх.10241V　**藏文残片**

见Дх.01898V。

Дх.10242　**校经记录**

存2行。为大般涅槃经校经记录。录文："七卷欠尔时迦叶白佛言世尊□□□四种人等尾五阴者名为煞生善男子必定当知佛法如是不可思议十九卷□□□□□尔时王/舍大城阿阇世王尾疮烝毒热但增无损又尾 大般涅槃经亦不可思议。"背面书写1行后又用墨涂掉，无法辨识。

Дх.10243　Дх.10244　**馆藏缺**

Дх.10245　**藏经点检历**

录文："解深密经五卷大树紧那罗四卷。"

Дх.10246　**大智度论卷第二十三初品中十想释论第三十七**

存5行，行5至13字。起："重所以者何"，讫："无常想即"。龙树菩萨造、后秦藏鸠摩罗什译。经文见《大正藏》第25册，第229页C栏第8行至第12行。

Дх.10247至Дх.10250　**馆藏缺**

Дх.10251　**佛经论释**

存7行，行4至26字。起："所为因者今建此论"，讫："诸法蕴等是"。未检出。

Дх.10252　**过去现在因果经略抄**

存8行。起："其莲"，讫："补大"。宋求那跋陀罗译。经文见《大正藏》第3册，第621页C栏至第622页C栏。

Дх.10253　**毗尼心**

存5行，行9至13字。前4行为"行道忏悔灭恶法第四"，起："应更与戒"，讫："口业无过三"。经文见《大正藏》第85册，第667页B栏第2行至第6行。最后一行为"毗尼心一卷师徒法第二"。录文："不得骂谤比丘（口业无过）三。"经文见《大正藏》第85册，第664页B栏第13行至第14行。

Дх.10254　**杂写**

存1行。录文："五十九廿六。"

Дх.10255　**燃灯文**

存4行。录文："圣命今弟子某甲度/悲悔交生露胆披肝/勤心忏射谨于某处结坛/然灯。"

Дx.10256 斋文

存13行。录文:"会凡圣道莲坐花台床敬三尊/希求胜福故能年三不阙月六/无亏建是坛那聿修法会是/日夜闻佛灵相寻经法言厨馔/七珍炉焚百味以兹设斋功德/回向福因先奉资合色人等即身/惟愿灾随风散障逐云消永无/忧苦之声长见欢忻之乐又持/胜福次用庄严持炉施主即身/惟愿福同春草不种生罪若秋/相霜凋而落然后三界六趣有/形无形俱沐芳因齐登妙果摩/诃般若云云。"

Дx.10257 燕子赋

存9行。首题:"鹰赋一首李邕。"

Дx.10257V 社司转帖

存9行。正侧书写。首题:"社司转帖。"

Дx.10258 开蒙要训

存17行,行15至17字。起:"停君王有道",讫:"囗襻"。定名参考张新朋《敦煌写本〈开蒙要训〉叙录续补》,《敦煌研究》2008年第1期,第98页至第101页。

Дx.10259 字书

正面存6行。字下注凑音反切。背面存6行。

Дx.10260 便油历

存16行。

Дx.10260V 集诸经礼忏仪卷上

三残片。其一,存8行,行5至12字。起:"佛等一切诸佛",讫:"一切诸佛"。唐智昇撰。经文见《大正藏》第47册,第456页B栏第26行至C栏第4行。其二,存11行,行4至12字。起:"清净微尘等目端正",讫:"命礼三宝"。经文见《大正藏》第47册,第464页C栏第4行至第465页A栏第5行。其三,存6行,行8字。未检出。或为《祈愿文》。

Дx.10261 礼忏文

存11行,行5至14字。起:"过去未来现在诸佛",讫:"是大明"。

Дx.10262 馆藏缺

Дx.10263 某戒本疏

存9行,行4至22字。起:"成就如法得处",讫:"五缘成犯"。

Дx.10263V 杂写

存4行。

Дx.10264 舞谱

存16行。待考。

Дx.10265 某经题签

录文:"囗五十八图。"有一"瓜沙州大王印"图章。

Дx.10266 社司转帖

存3行。

Дx.10267 馆藏缺

Дx.10268 写经题记

存1行。录文:"月拾伍日写记。"

Дx.10269 李阇梨等便粟麦历

存5行。

Дx.10270 便粟历

正面存11行,背面存7行。

Дx.10271 社司转帖

存2行。录文:"交不全罚着一延/意印在虞侯。"

Дx.10272A 便粟麦历

存6行。

Дx.10272B 经济文书

存2行。

Дx.10273 寺院人名录

存5行。

Дx.10274 藏经点检历

存1行。录文:"第十一帙欠第八卷。"

Дx.10275 纳赠历

存6行。

Дx.10276 梵网经卢舍那佛说菩萨心地戒品第十卷下

存10行,其中佛经6行,后记4行,行9至15字。

起:"佛佛授手",讫:"至尾诵已毕自记"。题记:"弟子亲戒僧徒拜衣袈裟一彼(披)禁一疋/衣二天九衣父母生我身/己丑年四月九日永安寺比丘律师从亥年至丑年/四月土运日诵菩萨戒□□至尾诵已毕自记。"后秦鸠摩罗什译。经文见《大正藏》第24册,第1009页C栏第3行至第8行。

Дx.10277 **开蒙要训**

存6行,行10至18字。起:"贼剥脱怕怖惧忙",讫:"易解难忘"。尾题:"开蒙要训一卷。"

Дx.10277V **韩朋赋**

存3行。前2行杂抄。后1行题:"韩朋赋一卷。"

Дx.10278 Дx.10279 **馆藏缺**

Дx.10280 **光定十三年十月初四日杀了人口状**

见Дx.02957。

Дx.10281 Дx.11060 **破历**

存9行。

Дx.10282 **便黄麻麦历**

存7行。

Дx.10283 **妙法莲华经卷第六常不轻菩萨品第二十**

存7行,行1至8字。起:"轻",讫:"萨能令至"。后秦鸠摩罗什译。经文见《大正藏》第9册,第51页A栏第29行至B栏第7行。

Дx.10283V **僧名杂写**

杂写2行。录文:"张法律曹法/我我请。"

Дx.10284 **籍账**

存13行。

Дx.10285 **籍账**

存2行。录文:"二升/□升。"

Дx.10286 **社司转帖**

存2行。

Дx.10287 **杂写**

存1行。录文:"二年四月日城。"

Дx.10288 **社司转帖**

存3行。

Дx.10289 **丁卯年九月十五日部落都头揭帖**

存10行。尾题:"丁卯年九月十五日部落都头揭帖。"

Дx.10290 **寺院文书**

存11行。

Дx.10291 Дx.10293 **书信**

存8行。

Дx.10291V Дx.10293V **杂写**

存3行。录文:"李法律/甘州么/沙州。"天头侧书"太子大王"4字。

Дx.10292 **便油粟历**

存4行:"□石/法惠油二升/五月又/月六□/□粟。"

Дx.10293 **书信**

见Дx.10291。

Дx.10294 **入历**

存2行。

Дx.10295 Дx.11057 Дx.11058 **经济文书**

三残片。

Дx.10296A **金刚般若波罗蜜经**

存1行,总7字。录文:"人以满无量阿僧。"后秦鸠摩罗什译。经文见《大正藏》第8册,第752页B栏第23行至第24行。

Дx.10296B **佛经论释**

正背各存6行。未检出。

Дx.10297 **净土五会念佛诵经观行仪卷下净土法身赞**

存11行,行6至12字。起:"朗然明乐子由",讫:"无念是真如"。唐法照撰。经文见《大正藏》第85册,第1264页C栏第23行至第1265页A栏第2行。有异文。

Дx.10298 **李峤杂咏**

存8行。定名依徐俊《敦煌写本诗歌续考》,《敦煌研究》2002年第5期。

Дx.10299 **僧志贞法舟五言诗二首**

见Дx.00105。

Дx.10300至Дx.10302 **馆藏缺**

Дх.10303 小道地经

存15行，行3至17字。起："本三者"，讫："或时喘多"。后汉支曜译。经文见《大正藏》第15册，第236页C栏第19行至第237页A栏第4行。

Дх.10304 佛说斋法清净经

存8行，行3至6字。起："精舍与二"，讫："先世时为造"。经文见《大正藏》第85册，第1431页C栏第5行至第13行。

Дх.10305 太上洞渊神咒经

存7行，行4至17字。起："道言"，讫："之万段身"。

Дх.10306 太上洞渊神咒经

存6行，行2至14字。起："三灾"，讫："刘子佐治天下"。

Дх.10307 馆藏缺

Дх.10308 佛说阿弥陀经

存10行，行5至9字。起："树皆是四宝"，讫："雨曼陀罗"。后秦鸠摩罗什译。经文见《大正藏》第12册，第346页C栏第15行至第347页A栏第8行。

Дх.10309 佛说阿弥陀经

存11行，行3至17字。起："德一切诸佛所护念经"，讫："众生当"。后秦鸠摩罗什译。经文见《大正藏》第12册，第347页C栏第10行至第348页A栏第5行。

Дх.10310 佛说阿弥陀经

存19行，行2至12字。起："土成就如是功德庄严"，讫："无量"。后秦鸠摩罗什译。经文见《大正藏》第12册，第347页A栏第11行至B栏第1行。

Дх.10311 Дх.10312 馆藏缺

Дх.10313 和菩萨戒文

存6行，行7至8字。起："虚言铁犁耕舌并解"，讫："沽酒"。经文见《大正藏》第85册，第1300页B栏第17行至第20行。

Дх.10314 和菩萨戒文

存12行，行6至10字。起："萨莫邪婬邪婬"，讫："沽酒洋铜"。经文见《大正藏》第85册，第1300页B栏第13行至第20行。

Дх.10315至Дх.10318 馆藏缺

Дх.10319 亡文

存11行。行3至10字。

Дх.10320 馆藏缺

Дх.10321 佛顶尊胜陀罗尼经

存11行，行1至17字。起："禽兽类罽宾国沙门唐之身"，讫："作坛随其大小方"。唐佛陀波利译。经文见《大正藏》第19册，第351页C栏第18行至第29行。

Дх.10322 佛说迦叶禁戒经

存12行，行1至12字。起："不"，尾题："门经一卷"。刘宋沮渠京声译。经文见《大正藏》第24册，第912页C栏第9行至第18行。

Дх.10323至Дх.10326 馆藏缺

Дх.10327 诸星母陀罗尼经

存3行，行9至28字。起："无其死畏"，讫："诸星母陀"。唐法成译。经文见《大正藏》第21册，第421页A栏第9行至第14行。后有"张一卿"题字。

Дх.10328 佛说天地八阳神咒经

存6行，行3至6字。起："佛者少求神"，讫："于如来"。唐义净译。经文见《大正藏》第85册，第1422页B栏第21行至C栏第3行。

Дх.10329 新菩萨经

存17行，行1至15字。起："□断恶行善"，讫："诸"。共写两遍。经文见《大正藏》第85册，第1462页A栏第27行至B栏第6行。

Дх.10330 残佛经

存10行，行4至20字。不可定名。

Дх.10331至Дх.10336 馆藏缺

Дх.10337 佛说报恩奉盆经

存10行，行10至14字。起："佛说盂难戴经"，讫："所奈何汝难"。失译。经文见《大正藏》第16

册,第780页A栏第1行至第13行。亦名《报像功德经》。

Дх.10337V 杂写

存1行。录文:"一切恭敬礼常住三。"

Дх.10338 妙法莲华经卷第六随喜功德品第十八

存11行,行4至17字。起:"在僧房若空闲地",讫:"珊瑚虎□□马"。后秦鸠摩罗什译。经文见《大正藏》第9册,第46页C栏第1行至第11行。

Дх.10339 新菩萨经

存12行,行4至16字。起:"石下大如斗遂两片即",尾题:"新菩萨经一卷"。共写两遍。经文见《大正藏》第85册,第1462页A栏第21行至B栏第8行。

Дх.10340 馆藏缺

Дх.10341 佛说金刚坛陀罗尼经

梵夹装。存1页,正反两面共10行。起:"妙金刚坛陀罗尼",讫:"声闻地此金刚坛"。待考。

Дх.10342 佛说善恶因果经

存9行,行5至17字。起:"树给孤独园",讫:"而长寿有"。经文见《大正藏》第85册,第1380页B栏第19行至第27行。

Дх.10343 馆藏缺

Дх.10344 佛说天地八阳神咒经

存11行,行3至14字。起:"新入宅",讫:"筋骨烂坏"。唐义净译。经文见《大正藏》第85册,第1425页A栏第7行至第18行。

Дх.10345 佛说父母恩重经

存12行,行6至17字。起:"佛告阿难",讫:"佛说父母恩重"。经文见《大正藏》第85册,第1404页A栏第10行至第23行。

Дх.10346 残佛经

存8行。未检出。

Дх.10347 馆藏缺

Дх.10348 救诸众生一切苦难经

存10行,行2至8字。首题:"救诸众生苦难经",讫:"写一"。经文见《大正藏》第85册,第1461页C栏第3行至第16行。

Дх.10349 药师琉璃光如来本愿功德经

存19行,行3至6字。起:"七日或二",讫:"所谓人众疾"。唐玄奘译。经文见《大正藏》第14册,第407页B栏第23行至C栏第14行。

Дх.10350 妙法莲华经卷第五安乐行品第十四

存19行,行2至11字。起:"萨行",讫:"不独入他家若"。后秦鸠摩罗什译。经文见《大正藏》第9册,第37页A栏第15行至B栏第6行。

Дх.10351至Дх.10353 馆藏缺

Дх.10354 梵网经卢舍那佛说菩萨心地戒品第十卷下

存9行,行12至20字。起:"经律乃至一切",讫:"杀和上"。后秦鸠摩罗什译。经文见《大正藏》第24册,第8页B栏第16行至C栏第2行。

Дх.10355至Дх.10358 馆藏缺

Дх.10359 大哀经卷第六十八不共法品第二十一之余

存8行,行1至12字。起:"衣",讫:"佛于是颂曰"。西晋竺法护译。经文见《大正藏》第13册,第438页B栏第23行至C栏第3行。

Дх.10360 馆藏缺

Дх.10361 残佛经

存3行,行1至2字。不可定名。

Дх.10362 馆藏缺

Дх.10363 大般涅槃经卷第二十五光明遍照高贵德王菩萨品第十之五

存9行,行3至14字。起:"脱手故",讫:"俱能行者"。北凉昙无谶译。经文见《大正藏》第12册,第517页A栏第12行至第20行。

Дх.10364至Дх.10366 馆藏缺

Дх.10367 入楞伽经卷第三集一切佛法品第三之二

存15行,行1至10字。起:"大",讫:"名内"。北魏菩提流支译。经文见《大正藏》第16册,第530页

A栏第27行至B栏第12行。

Дх.10368 Дх.10369 **馆藏缺**

Дх.10370 **金刚般若波罗蜜经**

存3行,行2至6字。起:"世尊如来",讫:"言须"。北魏菩提流支译。经文见《大正藏》第8册,第755页C栏第11行至第14行。另同经还有相符者。

Дх.10371 **金光明经卷第二四天王品第六**

存4行。录文:"国规讨罚/百千鬼/自然退散起/到况。"北凉昙无谶译。经文见《大正藏》第16册,第341页B栏第28行至C栏第2行。

Дх.10372A **菩萨地持经卷第四菩萨地持方便处施品第九**

存18行,行4至9字。起:"者随其所欲",讫:"乐众具为信"。北凉昙无谶译。经文见《大正藏》第30册,第906页B栏第23行至C栏第16行。与Дх.10372B可缀合。

Дх.10372B **菩萨地持经卷第四菩萨地持方便处施品第九**

存14行,行2至12字。起:"亦乐是",讫:"众生"。北凉昙无谶译。经文见《大正藏》第30册,第906页B栏第9行至第25行。与Дх.10372A可缀合。

Дх.10373 **佛说观佛三昧海经卷第九本行品第八**

存18行,行1至16字。起:"莲",讫:"佛真"。东晋佛驮跋陀罗译。经文见《大正藏》第15册,第689页A栏第12行至第28行。

Дх.10374 **馆藏缺**

Дх.10375 **大般涅槃经卷第三十八迦叶菩萨品第十二之六**

存12行,行2至17字。起:"是经",讫:"五月者遇烦"。北凉昙无谶译。经文见《大正藏》第12册,第586页B栏第12行至第25行。

Дх.10376至Дх.10378 **馆藏缺**

Дх.10379 **大方广佛华严经卷第八菩萨十住品第十一**

存10行,行3至14字。起:"过去未来现在世",讫:"菩萨"。东晋佛驮跋陀罗译。经文见《大正藏》第9册,第446页C栏第20行至第29行。

Дх.10380 Дх.10381 **馆藏缺**

Дх.10382 **摩诃般若波罗蜜经卷第一序品第一**

存2行,行3字。起:"导师菩",讫:"星得菩"。后秦鸠摩罗什译。经文见《大正藏》第8册,第217页B栏第1行。另《大智度论》也相符。

Дх.10383 **民族文字残片**

Дх.10384至Дх.10386 **馆藏缺**

Дх.10387 Дх.10388 **民族文字残片**

Дх.10389 **大般涅槃经卷第三十七迦叶菩萨品第十二之五**

存1行,总5字。录文:"瓦石无情之。"北凉昙无谶译。经文见《大正藏》第12册,第581页A栏第22行至第23行。

Дх.10390 **残佛经**

存2行。录文:"苦/亦不。"不可定名。

Дх.10391 **残佛经**

存2行。录文:"得/住。"不可定名。

Дх.10392至10397 **民族文字残片**

Дх.10398 Дх.10399 **馆藏缺**

Дх.10400A **度世品经卷第二**

存7行,行11至17字。起:"地为败",讫:"宣法若干品"。西晋竺法护译。经文见《大正藏》第10册,第626页A栏第6行至第14行。

Дх.10400AV **西夏文残片**

Дх.10400B **西夏文残片**

Дх.10401 **馆藏缺**

Дх.10402 **大乘无量寿经**

存16行,行3至39字。起:"南谟薄",讫:"莎诃十五"。经文见《大正藏》第19册,第84页A栏第20行至B栏第20行。

Дх.10403 **馆藏缺**

Дх.10404 **大乘无量寿经**

存15行,行9至17字。起:"量智决定王",讫:

675

"怛他羯他"。经文见《大正藏》第19册,第82页A栏第9行至B栏第13行。

Дx.10405 馆藏缺

Дx.10406 大乘无量寿经

存12行,行16至20字。起:"南谟薄",讫:"怛侄他羯"。经文见《大正藏》第19册,第84页B栏第5行至C栏第4行。

Дx.10407至Дx.10413 馆藏缺

Дx.10414 大集譬喻王经卷下

存11行,行2至23字。首题:"大集譬喻王经卷下",讫:"提心"。隋阇那崛多译。经文见《大正藏》第13册,第956页B栏第17行至C栏第2行。

Дx.10415 大佛顶如来密因修证了义诸菩萨万行首楞严经题签

录文:"大佛顶经卷第六。"

Дx.10416 大佛顶如来密因修证了义诸菩萨万行首楞严经卷第八

存4行,行4至9字。起:"大集譬喻王经卷下",讫:"具足如斯"。唐般刺蜜帝译。经文见《大正藏》第19册,第141页B栏第14行至第25行。

Дx.10417 正法念处经卷第五十四观天品之三十三

存7行,行3至6字。首题:"正法念处经天",讫:"逸不放逸行"。北魏瞿昙般若流支译。经文见《大正藏》第17册,第316页B栏第12行至第22行。

Дx.10418 佛说斋法清净经

存8行,行7至11字。首题:"佛说斋法清净经",讫:"保罪所致唯"。经文见《大正藏》第85册,第1431页C栏第1行至第11行。

Дx.10419至Дx.10421 馆藏缺

Дx.10422 千字文

存8行。起:"千字文",讫:"让国有虞陶"。

Дx.10423 大般涅槃经卷第二十梵行品第八之六

存9行,行15至17字。起:"则有罪报",讫:"大王如人"。北凉昙无谶译。经文见《大正藏》第12册,第483页C栏第24行至第484页A栏第5行。

Дx.10424 馆藏缺

Дx.10425 明诸大乘修多罗内世间出世间两阶人发菩提心法同异法注释书

存10行,行8至25字。唐明佺等撰《大周刊定众经目录》,将其列于伪经目《世间出世间两阶人发菩提心法一卷》,见《大周刊定众经目录卷第十五》。参见土肥义和编《敦煌吐鲁番出土汉文文书の新研究》,东洋文库,2009年,第391页至第403页。

Дx.10426 梵网经卢舍那佛说菩萨心地戒品第十卷下

存15行,行1至22字。起:"逆",讫:"一切不得说"。后秦鸠摩罗什译。经文见《大正藏》第24册,第1008页C栏第1行至第1009页A栏第8行。

Дx.10427 梵网经卢舍那佛说菩萨心地戒品第十卷下

存8行,行22至39字。起:"若佛子",讫:"颠倒之心者是菩萨"。后秦鸠摩罗什译。经文见《大正藏》第24册,第1004页B栏第26行至C栏第11行。

Дx.10428 馆藏缺

Дx.10429 梵网经卢舍那佛说菩萨心地戒品第十卷下

存3行,行8至14字。起:"若佛子",讫:"因缘"。后秦鸠摩罗什译。经文见《大正藏》第24册,第1006页B栏第1行至第3行。

Дx.10429V 杂写

杂写1行。录文:"年正月二十八日跋立□。"后倒写1行。录文:"若佛子学诵戒者昌六。"

Дx.10430 馆藏缺

Дx.10431 元始洞真决疑经

存15行,行4至17字。起:"立世典渐",讫:"生老病死"。

Дx.10432 馆藏缺

Дx.10433 金光明最胜王经卷第二分别三身品第三

存8行,行17字。起:"说于无常",讫:"法如如无胜境"。唐义净译。经文见《大正藏》第16册,第409页B栏第4行至第13行。

Дх.10434至Дх.10436　馆藏缺

Дх.10437　愿文

存6行。

Дх.10438　馆藏缺

Дх.10439A　残佛经

存1行。录文:"那罗摩睺罗。"不可定名。

Дх.10439B　题记

存4行。录文:"德庆□□□/伏愿□光炽□应念消灾□/亡过父母往生极乐之/入三堕之若又持胜福此用。"

Дх.10440　残佛经

存2行。录文:"地上/空。"不可定名。

Дх.10441　馆藏缺

Дх.10442　佛经论释

存20行,行2至15字。起:"论中五十二分教义一经一论",讫:"如清□"。未检出。

Дх.10443至Дх.10449　馆藏缺

Дх.10450　残佛经

Дх.10450V　真言、陀罗尼

存13行,行2至11字。起:"泥□陁",讫:"满惧"。

Дх.10451　馆藏缺

Дх.10452　和菩萨戒文

存12行,行7至20字。起:"足卜火出焰连天",讫:"微尘"。经文见《大正藏》第85册,第1300页B栏第20行至C栏第10行。

Дх.10453　佛教文学作品

存3行。

Дх.10453V　佛教文学作品

存1行。录文:"我令舍却人间宝。"

Дх.10454　圣教十二时赞

存14行。尾题:"圣教十二时赞一本。"

Дх.10455至Дх.10459　馆藏缺

Дх.10460　六门陀罗尼经

存5行,行2至15字。起:"□跋解磨",讫:"菩提"。唐玄奘译。经文见《大正藏》第21册,第878页A栏第22行至第25行。

Дх.10461　残佛经

存半字,不可辨识。

Дх.10462　大般若波罗蜜多经卷第三百一十四初分真善友品第四十五之二

存11行,行5至14字。起:"五眼六神通",讫:"诸佛无上正等菩提"。尾有题记:"天福六载岁在赤□。"唐玄奘译。经文见《大正藏》第6册,第604页A栏第3行至第17行。

Дх.10463　版画残片

Дх.10464　励忠节钞

存23行。起:"子贡遂",讫:"孔子曰"。

Дх.10465　书仪

存25行,行1至18字。

Дх.10465V　书仪

存1行,总4字。录文:"书仪一卷。"

Дх.10466至Дх.10468　馆藏缺

Дх.10469A　佛说佛名经卷第一

存5行,行1至6字。起:"大",讫:"佛南无得大势"。北魏菩提流支译。经文见《大正藏》第14册,第114页C栏第10行至第14行。

Дх.10469B　佛说佛名经卷第六

存1行,总4字。录文:"南无智佛。"北魏菩提流支译。经文见《大正藏》第14册,第147页C栏第14行。

Дх.10470　佛说佛名经

存"南无"2字。未检出。

Дх.10471　集诸经礼忏仪卷上

存13行,行2至27字。起:"明佛",讫:"王佛南"。唐智昇撰。经文见《大正藏》第47册,第463页A栏第21行至第464页A栏第19行。

Дx.10472 佛说佛名经卷第三十

存4行,行4至10字。起:"南无金光佛",讫:"佛名名改"。经文见《大正藏》第14册,第299页C栏第9行至第10行。

Дx.10472V 杂写

录文:"处分第八分。"不可定名。

Дx.10473 佛说佛名经卷第十三

存22行,行6至14字。起:"庄严王佛南无",讫:"南无胜一切佛"。失译。经文见《大正藏》第14册,第234页A栏第10行至第26行。

Дx.10474 佛说佛名经卷第十三

二残片。缀合后存8行,行5至14字。其一,起:"南无弥勒佛",讫:"南无名相佛"。失译。经文见《大正藏》第14册,第295页A栏第24行至第28行。其二,起:"从此以上五千",讫:"一切贤圣"。经文见《大正藏》第14册第307页A栏第7行至第8行。佛名上有禅定千佛。

Дx.10475 佛说佛名经卷第四

存10行,行4至15字。起:"南无大步",讫:"南无信功德佛"。北魏菩提流支译。经文见《大正藏》第14册,第36页A栏第16行至第22行。另失译《佛说佛名经卷第十》也相符。经尾"从此以上四千五百佛十二部经一切贤圣"未检出。

Дx.10476 金光明最胜王经卷第五金胜陀罗尼品第八

存8行,行5至17字。起:"过现未来诸佛",讫:"南谟释迦牟尼"。唐义净译。经文见《大正藏》第16册,第423页B栏第28行至C栏第7行。

Дx.10477 佛说佛名经卷第五

存8行,行1至9字。起:"为此业",讫:"佛"。失译。经文见《大正藏》第14册,第208页C栏第4行至第11行。另失译《佛说佛名经卷第二十》、唐宗密述《圆觉道场修证广礼赞文卷第十三至心忏悔》也相符。

Дx.10478 佛说佛名经卷第二

存5行,行4至10字。起:"彼如来授",讫:"三菩提"。北魏菩提流支译。经文见《大正藏》第14册,第122页C栏第23行至第123页A栏第2行。另失译《佛说佛名经卷第四》也相符。

Дx.10479 佛说佛名经卷第九

存7行,行6至17字。起:"南无师子坐善王佛",讫:"天龙夜叉"。北魏菩提流支译。经文见《大正藏》第14册,第167页C栏第4行至第11行。

Дx.10480 佛说佛名经卷第四

存16行,行2至9字。起:"南无",讫:"世界普"。失译。经文见《大正藏》第14册,第203页B栏第24行至C栏第8行。

Дx.10481 现在贤劫千佛名经

存11行,行1至12字。起:"南",讫:"南无"。失译。经文见《大正藏》第14册,第387页C栏第5行至第12行。亦名《集诸佛大功德山》。

Дx.10482 礼忏文

存14行,行1至13字。起:"如来",讫:"端坐观"。经文见《大正藏》第85册,第1303页C栏第6行至第19行。

Дx.10483 佛说佛名经卷第四

存24行,行4至10字。起:"无火光佛",讫:"南无"。北魏菩提流支译。经文见《大正藏》第14册,第134页B栏第18行至C栏第7行。另失译《佛说佛名经卷第九》也相符。

Дx.10484 佛说佛名经卷第四

存9行,行1至8字。起:"普智佛",讫:"心"。北魏菩提流支译。经文见《大正藏》第14册,第135页C栏第18行至第24行。另失译《佛说佛名经卷第十》也相符。

Дx.10485 佛说佛名经卷第四

存9行,行2至12字。起:"南无苦行佛",讫:"南无"。北魏菩提流支译。经文见《大正藏》第14册,第136页A栏第16行至第22行。另失译《佛说佛名经卷第十》也相符。

Дх.10486 妙法莲华经卷第七观世音菩萨普门品第二十五

存6行，行4至9字。起："令胡永贺"，讫："而作是"。文前有题名："令胡永贺。"经题："妙法莲华经一卷普品。"后秦鸠摩罗什译。经文见《大正藏》第9册，第56页C栏第2行至第4行。

Дх.10487 现在十方千五百佛名并杂佛同号

存7行，行5至15字。起："净佛"，讫："空宝华"。经文见《大正藏》第85册，第1447页A栏第4行至第11行。

Дх.10488 集诸经礼忏仪卷上合香之法与礼忏文一本拼抄

存18行，行3至10字。起："南无莲华光"，讫："三世一切诸"。唐智昇撰。经文见《大正藏》第47册，第464页A栏第26行至B栏第10行。《礼忏文》见《大正藏》第85册，第1304页A栏第4行至第11行。

Дх.10489A 佛说佛名经卷第四

存8行，行2至5字。起："无大"，讫："南无"。北魏菩提流支译。经文见《大正藏》第14册，第134页A栏第7行至第12行。另失译《佛说佛名经卷第九》也相符。

Дх.10489B 残佛经

存6行。未检出。

Дх.10489C 佛说维摩诘经卷上菩萨品第四

存2行。录文："礼而/场来。"吴支谦译。经文见《大正藏》第14册，第524页A栏第24行至第25行。

Дх.10490 残佛经

存下部5行。全部为"佛"字。不可定名。

Дх.10491 佛说佛名经卷第八

存6行，行6至17字。起："愿弟子等"，尾题："佛名经卷第四"。失译。经文见《大正藏》第14册，第219页A栏第29行至B栏第4行。另失译《佛说佛名经卷第二十八》也相符。

Дх.10492 集诸经礼忏仪卷上

存17行，行2至27字。起："胜佛"，讫："诸佛及菩萨"。唐智昇撰。经文见《大正藏》第47册，第464页B栏第29行至C栏第17行。

Дх.10493 佛说佛名经卷第四

存10行，行2至12字。起："南无"，讫："光佛南无"。北魏菩提流支译。经文见《大正藏》第14册，第137页C栏第26行至第138页A栏第4行。

Дх.10494 佛说佛名经卷第十

存15行，行1至13字。起："南无相王佛"，讫："南"。北魏菩提流支译。经文见《大正藏》第14册，第172页A栏第26行至B栏第9行。

Дх.10495 佛说佛名经卷第七

存29行，行4至20字。起："南无龙天"，讫："第四会"。北魏菩提流支译。经文见《大正藏》第14册，第151页C栏第14行至152页A栏第14行。

Дх.10496A 佛说佛名经

存17行，行3至15字。起："南无转"，讫："等无量"。未检出。

Дх.10496B 佛说佛名经卷第一

存20行，行2至14字。起："慧佛"，讫："头摩佛"。北魏菩提流支译。经文见《大正藏》第14册，第119页C栏第23行至第120页A栏第8行。

Дх.10497 Дх.10498 馆藏缺

Дх.10499 佛说佛名经卷第十二

存16行，行2至16字。起："王佛"，讫："南无梵声佛"。北魏菩提流支译。经文见《大正藏》第14册，第178页C栏第11行至第24行。另失译《佛说佛名经卷第二十七》也相符。

Дх.10500 金光明最胜王经卷第十舍身品第二十六

存8行，行4至10字。起："共收菩萨"，讫："生死烦恼轮"。唐义净译。经文见《大正藏》第16册，第453页A栏第2行至第9行。

Дх.10501 妙法莲华经卷第七观世音菩萨普门品第二十五

存23行,行1至20字。起:"观",讫:"应时得消散"。后秦鸠摩罗什译。经文见《大正藏》第9册,第57页C栏第1行至第58页A栏第11行。

Дх.10502 Дх.10528 **妙法莲华经卷第七观世音菩萨普门品第二十五**

存14行,行7至17字。起:"罗紧那罗摩",讫:"罗紧那罗摩"。后秦鸠摩罗什译。经文见《大正藏》第9册,第57页B栏第16行至C栏第3行。

Дх.10503 **妙法莲华经卷第七观世音菩萨普门品第二十五**

存4行,行1至12字。起:"供养是二人",讫:"菩萨云何游"。后秦鸠摩罗什译。经文见《大正藏》第9册,第57页A栏第17行至第21行。

Дх.10504 **般若波罗蜜多心经**

存10行,行5至7字。首题:"法莲华第廿",讫:"人是是人不□"。唐玄奘译。经文见《大正藏》第8册,第848页C栏第4行至第10行。

Дх.10504V **佛经杂写**

存5行。抄写"东方不动""告无尽意菩"等经文。

Дх.10505 **妙法莲华经卷第七观世音菩萨普门品第二十五**

存19行,行4至12字。起:"向佛而作是",讫:"名观世间"。后秦鸠摩罗什译。经文见《大正藏》第9册,第56页C栏第4行至第16行。

Дх.10506 **妙法莲华经卷第七观世音菩萨普门品第二十五**

见Дх.01128。

Дх.10507A **妙法莲华经卷第七观世音菩萨普门品第二十五**

存36行,行5至12字。起:"王身而为说法",讫:"世尊妙相具"。后秦鸠摩罗什译。经文见《大正藏》第9册,第57页A栏第27行至C栏第9行。

Дх.10507B **净名经集解关中疏卷下文殊师利品第五**

存2行,行4至5字。起:"从文二初念",讫:"师利与诸"。唐道液述。经文见《大正藏》第85册,第473页B栏第25行至第27行。

Дх.10507C **残佛经**

存"若生人"3字。不可定名。

Дх.10508 **妙法莲华经卷第七观世音菩萨普门品第二十五**

见Дх.04378。

Дх.10509 **馆藏缺**

Дх.10510 **大般若波罗蜜多经卷第一百一十七初分校量功德品第三十之十五**

存14行,行4至12字。起:"智智修习",讫:"为方便无生为"。唐玄奘译。经文见《大正藏》第5册,第641页C栏第7行至第20行。

Дх.10511 **妙法莲华经卷第七观世音菩萨普门品第二十五**

存9行,行2至12字。起:"现佛□□为说法",讫:"说□□□□身"。后秦鸠摩罗什译。经文见《大正藏》第9册,第57页A栏第24行至B栏第6行。

Дх.10512 **妙法莲华经卷第七观世音菩萨普门品第二十五**

存5行,行2至17字。起:"地菩",讫:"观音"。后秦鸠摩罗什译。经文见《大正藏》第9册,第58页B栏第3行至第7行。

Дх.10413 **妙法莲华经卷第七观世音菩萨普门品第二十五**

见Дх.00020。

Дх.10413V **三界寺僧名**

见Дх.00020V。

Дх.10514 **妙法莲华经卷第七观世音菩萨普门品第二十五**

见Дх.02650。

Дх.10515 **妙法莲华经卷第七观世音菩萨普门品第二十五**

存9行,行5至10字。起:"衣服卧具医",讫:"生应以佛身得"。后秦鸠摩罗什译。经文见《大正藏》第9册,第57页A栏第14行至第23行。

Дx.10516 妙法莲华经卷第七观世音菩萨普门品第二十五

存9行，行8至13字。起："白佛言世尊观世音"，讫："应以"。后秦鸠摩罗什译。经文见《大正藏》第9册，第57页A栏第20行至第29行。

Дx.10517 妙法莲华经卷第七观世音菩萨普门品第二十五

见Дx.04009。

Дx.10518 妙法莲华经卷第七观世音菩萨普门品第二十五

存12行，行8至20字，起："无垢清净光"，尾题："妙法莲华观世音经"。后秦鸠摩罗什译。经文见《大正藏》第9册，第58页A栏第20行至B栏第7行。

Дx.10519 妙法莲华经卷第七观世音菩萨普门品第二十五

存17行，行6至13字。首题："妙法莲华经观世音菩萨普门品"，讫："者彼所执刀杖"。后秦鸠摩罗什译。经文见《大正藏》第9册，第56页C栏第2行至第17行。

Дx.10520 妙法莲华经卷第七观世音菩萨普门品第二十五

见Дx.00020。

Дx.10520V 三界寺僧名

见Дx.00020V。

Дx.10521 Дx.10522 妙法莲华经卷第七观世音菩萨普门品第二十五

见Дx.02702。

Дx.10523 妙法莲华经卷第一序品第一

存18行，行10至17字。起："是时文殊师利语弥勒"，讫："当知初佛后佛皆"。后秦鸠摩罗什译。经文见《大正藏》第9册，第3页C栏第11行至第29行。

Дx.10524 妙法莲华经卷第七观世音菩萨普门品第二十五

存13行，行9至17字。起："名号乃至一时礼拜"，讫："应以大自在天"。后秦鸠摩罗什译。经文见《大正藏》第9册，第57页A栏第16行至B栏第1行。

Дx.10525 妙法莲华经卷第七观世音菩萨普门品第二十五

存12行，行10至17字。起："天大将军身"，讫："童男童女身而"。后秦鸠摩罗什译。经文见《大正藏》第9册，第57页B栏第2行至第15行。

Дx.10526 妙法莲华经卷第七观世音菩萨普门品第二十五

存20行，行3至20字。起："名为观"，讫："当愿常瞻仰"。后秦鸠摩罗什译。经文见《大正藏》第9册，第57页C栏第10行至第58页A栏第19行。

Дx.10527 妙法莲华经卷第七观世音菩萨普门品第二十五

存37行，行5至20字。起："睺罗伽人非人"，尾题："观音经一卷"。后秦鸠摩罗什译。经文见《大正藏》第9册，第57页C栏第3行至第58页B栏第7行。

Дx.10528 妙法莲华经卷第七观世音菩萨普门品第二十五

见Дx.10502。

Дx.10529 妙法莲华经卷第七观世音菩萨普门品第二十五

见Дx.02373。

Дx.10530A Дx.10597 Дx.11137 妙法莲华经卷第五安乐行品第十四至从地踊出品第十五

存34行，行8至20字。起："说无漏妙法"，讫："劫佛"。后秦鸠摩罗什译。经文见《大正藏》第9册，第39页C栏第14行至第40页A栏第21行。

Дx.10530B 妙法莲华经卷第五安乐行品第十四

存6行，行10字。起："忍辱大力"，讫："不妄开示"。后秦鸠摩罗什译。经文见《大正藏》第9册，第39页B栏第4行至第11行。

Дх.10531 妙法莲华经卷第一方便品第二

存8行，行4至5字。起："闻必不敬"，讫："及余求佛"。后秦鸠摩罗什译。经文见《大正藏》第9册，第6页C栏第20行至第7页A栏第2行。

Дх.10532 妙法莲华经卷第二譬喻品第三

存9行，行3至20字。起："佛子从"，讫："而不得此事"。后秦鸠摩罗什译。经文见《大正藏》第9册，第10页C栏第13行至第27行。

Дх.10533 妙法莲华经卷第四见宝塔品第十一

存5行，行5至17字。起："言善哉"，讫："乐说今"。后秦鸠摩罗什译。经文见《大正藏》第9册，第32页C栏第13行至第19行。

Дх.10534 妙法莲华经卷第三授记品第六

存5行，行5至17字。起："用供养"，讫："多诸天人菩萨"。后秦鸠摩罗什译。经文见《大正藏》第9册，第21页C栏第20行至第26行。

Дх.10535 妙法莲华经卷第六随喜功德品第十八

存16行，行4至17字。首题："妙法莲华经随喜功德品第十八"，讫："无足二足四足"。后秦鸠摩罗什译。经文见《大正藏》第9册，第46页B栏至C栏。

Дх.10536 妙法莲华经卷第五安乐行品第十四

见Дх.01751。

Дх.10537 妙法莲华经卷第五安乐行品第十四

存2行。录文："解说令得一/而说偈言。"后秦鸠摩罗什译。经文见《大正藏》第9册，第38页A栏。

Дх.10538 摩诃般若波罗蜜经卷第十九度空品第六十五

存4行，行3字。起："得无生"，讫："菩萨灭"。后秦鸠摩罗什译。经文见《大正藏》第8册，第361页A栏。

Дх.10539 Дх.10540 妙法莲华经卷第三药草喻品第五

见Дх.02521。

Дх.10541 妙法莲华经卷第二譬喻品第三

存9行，行6至11字。首题："妙法莲华经譬喻"，讫："若我"。后秦鸠摩罗什译。经文见《大正藏》第9册，第10页B栏至C栏。

Дх.10542 妙法莲华经卷第三授记品第六

存14行，行2至8字。起："士调御丈夫"，讫："声闻"。后秦鸠摩罗什译。经文见《大正藏》第9册，第21页C栏第23行至第22页A栏第10行。

Дх.10543 妙法莲华经卷第三药草喻品第五至授记品第六

见Дх.02708。

Дх.10544 妙法莲华经卷第四提婆达多品第十二

见Дх.00009。

Дх.10545 妙法莲华经卷第二譬喻品第三

存8行，行4至8字。起："藐三菩提"，讫："我闻是法"。后秦鸠摩罗什译。经文见《大正藏》第9册，第10页C栏。

Дх.10546 妙法莲华经卷第六随喜功德品第十八

存9行，行3至17字。起："聚落田"，讫："有人求福"。后秦鸠摩罗什译。经文见《大正藏》第9册，第46页B栏至C栏。

Дх.10547 Дх.10548 妙法莲华经卷第六随喜功德第十八至法师功德品第十九

存38行，行2至20字。起："功德转身所生"，讫："于此悉闻之"。后秦鸠摩罗什译。经文见《大正藏》第9册，第47页A栏至第48页A栏。

Дх.10549 妙法莲华经卷第一方便品第二

存14行，行5至30字。起："虽说涅槃"，讫："乃至童子戏"。后秦鸠摩罗什译。经文见《大正藏》第9册，第9页A栏至B栏。

Дх.10550 妙法莲华经卷第七妙庄严王本事品第二十七

存13行，行5至17字。起："所谓化"，讫："安稳快善我"。后秦鸠摩罗什译。经文见《大正藏》第9册，第60页C栏。

Дх.10551A Дх.10552A Дх.10582A 妙法莲华经

卷第四五百弟子受记品第八

存29行，行5至10字。起："千万亿那由"，讫："我今但略"。后秦鸠摩罗什译。经文见《大正藏》第9册，第28页A栏至B栏。

Дх.10551B Дх.10552B Дх.10582B 妙法莲华经卷第四五百弟子受记品第八

存37行，行3至17字。起："能知阿逸多"，讫："随喜为他说"。后秦鸠摩罗什译。经文见《大正藏》第9册，第46页C栏第28行至第47页B栏第20行。

Дх.10553 妙法莲华经卷第七妙音菩萨品第二十四至观世音菩萨普门品第二十五

存35行，行4至33字。起："诸众生说"，品题："妙法莲华经观世音菩萨普门品第二十五"，讫："恭敬礼拜观"。后秦鸠摩罗什译。经文见《大正藏》第9册，第56页A栏第29行至第57页A栏第11行。

Дх.10554 妙法莲华经卷第二譬喻品第三

存24行，行10至25字。起："深远甚微妙"，讫："彼即是汝身"。后秦鸠摩罗什译。经文见《大正藏》第9册，第11页B栏第4行至第12页A栏第6行。

Дх.10555 妙法莲华经卷第六随喜功德品第十八至法师功德品第十九

存15行，行4至20字。起："受教往听"，品题："妙法莲华经法师功德品第十九"，讫："清净肉眼见于三"。后秦鸠摩罗什译。经文见《大正藏》第9册，第47页B栏第15行至C栏第9行。

Дх.10556 Дх.10578 妙法莲华经卷第五安乐行品第十四

存36行，行3至20字。起："大功勋灭"，讫："演说诸法"。后秦鸠摩罗什译。经文见《大正藏》第9册，第39页A栏第12行至B栏第26行。

Дх.10557A 妙法莲华经卷第一序品第一

存27行，行5至17字。首题："妙法莲华经序"，讫："三万天子俱娑婆世"。后秦鸠摩罗什译。经文见《大正藏》第9册，第1页C栏第14行至第2页A栏第18行。

Дх.10557B 妙法莲华经卷第六随喜功德品第十八

存16行，行3至15字。起："七宝所成宫殿"，讫："如是☐☐☐人"。后秦鸠摩罗什译。经文见《大正藏》第9册，第46页C栏第12行至第26行。

Дх.10558 妙法莲华经卷第一方便品第二

见Дх.01034。

Дх.10559 Дх.10601 妙法莲华经卷第五安乐行品第十四

存41行，行4至20字。起："诸优婆夷"，讫："咸令欢喜"。后秦鸠摩罗什译。经文见《大正藏》第9册，第37页B栏第26行至第38页A栏第20行。

Дх.10560 妙法莲华经卷第二譬喻品第三

存14行，行4至20字。起："身意泰然"，讫："为失为不失"。后秦鸠摩罗什译。经文见《大正藏》第9册，第10页C栏第12行至第11页A栏第5行。

Дх.10561 Дх.10562 妙法莲华经卷第四五百弟子受记品第八

见Дх.00873。

Дх.10563 妙法莲华经卷第七陀罗尼品第二十六

存13行，行3至13字。起："履娑履"，讫："侵毁是诸"。后秦鸠摩罗什译。经文见《大正藏》第9册，第58页B栏第21行至C栏第6行。

Дх.10564 Дх.10591 妙法莲华经卷第四五百弟子受记品第八

存24行，行8至20字。起："道过无量"，讫："方便度众生"。后秦鸠摩罗什译。经文见《大正藏》第9册，第27页C栏第18行至第28页A栏第20行。

Дх.10565 妙法莲华经卷第五安乐行品第十四

存6行，行4至17字。起："此法华经"，讫："及非菩萨"。后秦鸠摩罗什译。经文见《大正藏》第9册，第39页A栏第17行至第24行。

Дх.10566 妙法莲华经卷第一序品第一

存18行，行3至17字。起："利菩萨"，讫："美音干"。后秦鸠摩罗什译。经文见《大正藏》第9册，第

2页A栏第8行至第27行。

Дх.10567 妙法莲华经卷第二譬喻品第三

存18行,行7至14字。起:"法轮亦以方便说",讫:"琉璃为地有"。后秦鸠摩罗什译。经文见《大正藏》第9册,第11页A栏第29行至B栏第22行。

Дх.10568 妙法莲华经卷第二譬喻品第三

存24行,行3至20字。起:"在所游",讫:"有作野"。后秦鸠摩罗什译。经文见《大正藏》第9册,第15页B栏第8行至C栏第9行。

Дх.10569 妙法莲华经卷第一方便品第二

存13行,行5至20字。起:"说是法复难",讫:"心生大欢"。后秦鸠摩罗什译。经文见《大正藏》第9册,第10页A栏第25行至B栏第20行。

Дх.10570 妙法莲华经卷第五安乐行品第十四

存3行,行8至17字。起:"说无漏妙法",尾题:"妙法莲华经第六"。后秦鸠摩罗什译。经文见《大正藏》第9册,第39页C栏第14行至第17行。

Дх.10571 Дх.10612 妙法莲华经卷第四五百弟子受记品第八

存33行,行7至20字。起:"如是无量事",讫:"其人醉卧都不"。后秦鸠摩罗什译。经文见《大正藏》第9册,第28页B栏第22行至第29页A栏第8行。

Дх.10572 金光明最胜王经卷第一如来寿量品第二

存15行,行7至10字。起:"牟尼如来",讫:"见人见众生寿者"。唐义净译。经文见《大正藏》第16册,第405页A栏第11行至B栏第5行。

Дх.10573 Дх.10604 妙法莲华经卷第五安乐行品第十四

存19行,行5至17字。起:"无有常住",讫:"尔时世尊欲"。后秦鸠摩罗什译。经文见《大正藏》第9册,第37页C栏至第38页A栏。

Дх.10574 妙法莲华经卷第二譬喻品第三

存6行,行3至7字。起:"诸饿□头上",讫:"诸子说"。后秦鸠摩罗什译。经文见《大正藏》第9册,第14页B栏第2行至第9行。

Дх.10575 妙法莲华经卷第四五百弟子受记品第八

存3行,行5至10字。起:"众生闻是者",讫:"多闻有智慧"。后秦鸠摩罗什译。经文见《大正藏》第9册,第28页A栏第22行至第26行。

Дх.10576 妙法莲华经卷第二譬喻品第三

存13行,行4至20字。起:"于一切世间",讫:"是诸所说"。后秦鸠摩罗什译。经文见《大正藏》第9册,第12页A栏第27行至B栏第11行。

Дх.10577 Дх.10581 妙法莲华经卷第一序品第一

存14行,行8至17字。起:"罗王各与若",讫:"观佛尔时佛"。后秦鸠摩罗什译。经文见《大正藏》第9册,第2页B栏第1行至第16行。

Дх.10578 妙法莲华经卷第五安乐行品第十四

见Дх.10556。

Дх.10579 妙法莲华经卷第三化城喻品第七

存9行,行3至17字。起:"师子座",讫:"能救护"。后秦鸠摩罗什译。经文见《大正藏》第9册,第23页A栏第29行至B栏第10行。

Дх.10580 妙法莲华经卷第七普贤菩萨劝发品第二十八

见Дх.01204。

Дх.10581 妙法莲华经卷第一序品第一

见Дх.10577。

Дх.10582A 妙法莲华经卷第四五百弟子受记品第八

见Дх.10551A。

Дх.10582B 妙法莲华经卷第四五百弟子受记品第八

见Дх.10551B。

Дх.10583 妙法莲华经卷第一序品第一

存11行,行10至20字。起:"坚固无上道",讫:"助发实相义"。后秦鸠摩罗什译。经文见《大正藏》第9册,第5页A栏第28行至B栏第19行。

Дх.10584 妙法莲华经卷第三药草喻品第五

见Дх.01481。

Дх.10585　大般涅槃经卷第二寿命品第一之二

存10行,行1至11字。起:"告",讫:"未能令"。北凉昙无谶译。经文见《大正藏》第12册,第372页A栏第3行至第13行。

Дх.10586　Дх.10631　妙法莲华经卷第三药草喻品第五

存20行,行3至17字。起:"何法念",讫:"雨之所润"。后秦鸠摩罗什译。经文见《大正藏》第9册,第19页B栏第28行至C栏第22行。

Дх.10587　妙法莲华经卷第一序品第一

存11行,行3至16字。起:"见离欲",讫:"以求佛道"。后秦鸠摩罗什译。经文见《大正藏》第9册,第3页A栏第21行至B栏第6行。

Дх.10588　妙法莲华经卷第二譬喻品第三

存13行,行2至14字。起:"及见佛功德",讫:"弗若"。后秦鸠鸠摩罗什译。经文见《大正藏》第9册,第12页B栏第1行至第13行。

Дх.10589　妙法莲华经卷第四劝持品第十三

存16行,行3至9字。起:"为大法",讫:"佛言世"。后秦鸠摩罗什译。经文见《大正藏》第9册,第36页A栏至B栏。

Дх.10590　妙法莲华经卷第五安乐行品第十四

见Дх.02856。

Дх.10591　妙法莲华经卷第四五百弟子受记品第八

见Дх.10564。

Дх.10592　妙法莲华经卷第七妙音菩萨品第二十四

存6行,行11至16字。起:"貌三佛",讫:"奉上宝器者岂异"。后秦鸠摩罗什译。经文见《大正藏》第9册,第56页A栏第5行至第11行。

Дх.10593　妙法莲华经卷第四提婆达多品第十二

存18行,行1至13字。起:"多品净心",讫:"人"。后秦鸠摩罗什译。经文见《大正藏》第9册,第35页A栏第15行至B栏第4行。

Дх.10594　大般涅槃经卷第五如来性品第四之二

存15行,行3至17字。起:"生老病死廿五",讫:"恼毒箭"。北凉昙无谶译。经文见《大正藏》第12册,第391页B栏第26行至C栏第10行。

Дх.10595　金光明最胜王经卷第一序品第一

存8行,行3至9字。起:"龙王而",讫:"各于晡时往诣"。唐义净译。经文见《大正藏》第16册,第403页C栏第15行至第24行。

Дх.10596　金光明经卷第四赞佛品第十八

存20行,行2至11字。起:"此会",讫:"尔时道场"。北凉昙无谶译。经文见《大正藏》第16册,第357页A栏第27行至B栏第21行。

Дх.10597　妙法莲华经卷第五安乐行品第十四至从地踊出品第十五

见Дх.10530A。

Дх.10598　妙法莲华经卷第六药王菩萨本事品第二十三

存12行,行3至17字。起:"灭尽时至汝可安施",讫:"严垂诸"。后秦鸠摩罗什译。经文见《大正藏》第9册,第53页C栏第9行至第21行。

Дх.10599　妙法莲华经卷第一方便品第二

存11行,行5至17字。起:"或复但合掌",讫:"知法常无性"。后秦鸠摩罗什译。经文见《大正藏》第9册,第9页A栏第19行至B栏第8行。

Дх.10600　金光明最胜王经卷第三灭业障品第五

存6行,行4至14字。起:"业五无间",讫:"希有皆至佛所"。唐义净译。经文见《大正藏》第16册,第413页C栏第17行至第23行。

Дх.10601　妙法莲华经卷第五安乐行品第十四

见Дх.10559。

Дх.10602　Дх.10616　妙法莲华经卷第一方便品第二

存45行,行10至17字。起:"闻佛告舍利弗",讫:"阿罗汉若不"。后秦鸠摩罗什译。经文见《大正藏》第9册,第7页A栏至C栏。

Дх.10603　妙法莲华经卷第四提婆达多品第十二

存25行。起:"勤求获此法",讫:"名曰智积白多"。后秦鸠摩罗什译。经文见《大正藏》第9册，第34页C栏第23行至第35页A栏第19行。

Дх.10604　妙法莲华经卷第五安乐行品第十四

见Дх.10573。

Дх.10605　妙法莲华经卷第六法师功德品第十

存28行，行5至20字。起："善男子善女人"，讫："闻悉能解了"。后秦鸠摩罗什译。经文见《大正藏》第9册，第47页C栏至第48页A栏。

Дх.10606　妙法莲华经卷第三药草喻品第五

见Дх.01481。

Дх.10607　妙法莲华经卷第三药草喻品第五

存20行，行3至15字。起："如彼大云雨于"，讫："有智若"。后秦鸠摩罗什译。经文见《大正藏》第9册，第19页B栏至C栏。

Дх.10608　妙法莲华经卷第五分别功德品第十七

存22行，行1至17字。起："行禅窟衣服"，讫："而"。后秦鸠摩罗什译。经文见《大正藏》第9册，第45页C栏至第46页A栏。

Дх.10609　妙法莲华经卷第七观世音菩萨普门品第二十五

存16行，完整者15行，行11至17字。起："即现"，讫："童男童女身而"。后秦鸠摩罗什译。经文见《大正藏》第9册，第57页A栏至B栏。

Дх.10610　Дх.11154　妙法莲华经卷第一方便品第二

存39行，完整者37行，行6至20字。起："是法住法位世"，讫："时时乃一出"。后秦鸠摩罗什译。经文见《大正藏》第9册，第9页B栏第10行至第10页A栏第29行。

Дх.10611　妙法莲华经卷第五安乐行品第十四

存17行，行7至16字。起："颠倒分别"，讫："小乘法答但以大"。后秦鸠摩罗什译。经文见《大正藏》第9册，第37页C栏第15行至第38页A栏第6行。

Дх.10612　妙法莲华经卷第四五百弟子受记品第八

见Дх.10571。

Дх.10613　妙法莲华经卷第三药草喻品第五

存13行，行3至11字。品题："品第五"，讫："林及诸药"。后秦鸠摩罗什译。经文见《大正藏》第9册，第19页A栏第18行至B栏第2行。

Дх.10614　妙法莲华经卷第六随喜功德品第十八

存15行，行4至17字。起："僧坊若空"，讫："以佛法而"。后秦鸠摩罗什译。经文见《大正藏》第9册，第46页C栏第1行至第16行。

Дх.10615　妙法莲华经卷第四五百弟子受记品第八

存12行，行9至17字。首题："妙法莲华经五百弟子受记品第八"，讫："为第一亦"。后秦鸠摩罗什译。经文见《大正藏》第9册，第27页B栏第16行至第28行。

Дх.10616　妙法莲华经卷第一方便品第二

见Дх.10602。

Дх.10617　妙法莲华经卷第五从地踊出品第十五

存9行，行10至20字。起："我常游诸国"，讫："阿僧祇菩萨"。后秦鸠摩罗什译。经文见《大正藏》第9册，第40页C栏第26行至第41页A栏第9行。

Дх.10618　妙法莲华经卷第三化城喻品第七

存17行，行3至20字。起："默然许"，讫："受尔时"。后秦鸠摩罗什译。经文见《大正藏》第9册，第24页B栏第8行至第29行。

Дх.10619　妙法莲华经卷第四五百弟子受记品第八

存14行，行5至20字。起："今此富楼那"，讫："贤圣众甚多"。后秦鸠摩罗什译。经文见《大正藏》第9册，第28页A栏第23行至B栏第21行。

Дх.10620　妙法莲华经卷第七观世音菩萨普门品第二十五

存24行，行2至10字。起："将诸商人"，讫："百千万亿劫不"。后秦鸠摩罗什译。经文见《大正藏》第9册，第56页C栏第23行至第57页A栏第18行。

Дх.10621　妙法莲华经卷第一方便品第二

见Дх.01497。

Дх.10622　妙法莲华经卷第一方便品第二

存15行，行1至20字。起："诸天龙神等"，讫："世世已"。后秦鸠摩罗什译。经文见《大正藏》第9册，第6页C栏第3行至第23行。

Дх.10623　妙法莲华经卷第二譬喻品第三

存28行，行6至17字。起："饰安隐丰乐天人"，讫："其国人民众"。后秦鸠摩罗什译。经文见《大正藏》第9册，第11页B栏第21行至C栏第28行。

Дх.10624　妙法莲华经卷第三药草喻品第五

存8行，行17字。起："小根小茎"，讫："行足善逝世间"。后秦鸠摩罗什译。经文见《大正藏》第9册，第19页B栏第2行至第10行。

Дх.10625　妙法莲华经卷第一

见Дх.00163。

Дх.10626　妙法莲华经卷第三化城喻品第七

存17行，行6至20字。起："諴盛诸天华"，讫："以偈颂曰"。后秦鸠摩罗什译。经文见《大正藏》第9册，第23页A栏第28行至B栏第19行。

Дх.10627　妙法莲华经卷第五安乐行品第十四

存30行，行3至16字。起："若有菩"，讫："文殊师"。后秦鸠摩罗什译。经文见《大正藏》第9册，第37页B栏第20行至C栏第29行。

Дх.10628　文殊师利所说摩诃般若波罗蜜经卷下

存30行，行10至17字。起："以一相速得"，讫："何如来当"。梁曼陀罗仙译。经文见《大正藏》第8册，第731页C栏第5行至第732页A栏第6行。

Дх.10629　妙法莲华经卷第四提婆达多品第十二

存17行，行2至17字。起："王佛"，讫："文殊师利可"。后秦鸠摩罗什译。经文见《大正藏》第9册，第35页A栏第5行至第21行。

Дх.10630　妙法莲华经卷第四五百弟子受记品第八

存11行，行6至17字。起："三菩提为净佛"，讫："在志念坚固精"。后秦鸠摩罗什译。经文见《大正藏》第9册，第27页C栏第17行至第27行。

Дх.10631　妙法莲华经卷第三药草喻品第五

见Дх.10586。

Дх.10632　妙法莲华经卷第三授记品第六

存26行，行5至17字。起："能知诸菩萨"，讫："士调御丈夫"。后秦鸠摩罗什译。经文见《大正藏》第9册，第21页A栏第25行至B栏第26行。

Дх.10633　Дх.11138　妙法莲华经卷第四五百弟子受记品第八

存29行，完整者13行，行10至17字。起："明尔时世尊"，讫："智愿犹在不"。后秦鸠摩罗什译。经文见《大正藏》第9册，第28页C栏第6行至第29页A栏第19行。

Дх.10634　佛说灌顶拔除过罪生死得度经卷第十二

存10行，行15至17字。起："利法王子菩萨"，讫："人民天龙鬼神"。东晋帛尸梨蜜多罗译。经文见《大正藏》第21册，第532页B栏第14行至第23行。

Дх.10635　妙法莲华经卷第四五百弟子受记品第八

存9行，行6至11字。起："行道宣护"，讫："为宝明菩萨众"。后秦鸠摩罗什译。经文见《大正藏》第9册，第28页A栏第24行至B栏第11行。

Дх.10635V　杂写

存1行，录文："法第四毛金至以。"

Дх.10636　妙法莲华经卷第一序品第一

见Дх.02326。

Дх.10637　菩提资粮论卷第三

存8行，行8至14字。起："罗汉果"，讫："故欲求大福应以大乘"。龙树菩萨造、比丘自在释、隋达磨笈多译。经文见《大正藏》第32册，第526页B栏第24行至C栏第3行。

Дх.10638　妙法莲华经卷第二譬喻品第三

存8行，行1至13字。起："疑"，讫："广饶益众"。后秦鸠摩罗什译。经文见《大正藏》第9册，第10页C栏第17行至第11页A栏第2行。

Дх.10639　妙法莲华经卷第七妙音菩萨品第二十四

存8行，行3至17字。首题："妙法莲华经妙音菩萨品",讫:"敬围绕"。后秦鸠摩罗什译。经文见《大正藏》第9册,第55页A栏第16行至第23行。

Дх.10640 金光明最胜王经卷第四最净地陀罗尼品第六

册页装。存4页,总42行。起:"入悉底萨婆萨",讫:"奴喇剎莎诃"。题记:"真言壹道。"唐义净译。经文见《大正藏》第16册,第420页A栏第2行至B栏第22行。

Дх.10641 金光明最胜王经卷第四最净地陀罗尼品第六

存5行。起:"怛侄他",讫:"噜莎诃"。唐义净译。经文见《大正藏》第16册,第420页B栏第1行至第14行。

Дх.10642 佛顶尊胜陀罗尼经

存7行。起:"祢一廿怛",讫:"三卅莎婆"。其中"一廿"应为"二廿"。唐佛陀波利译。经文见《大正藏》第19册,第352页B栏第13行至第23行。

Дх.10643 七佛八菩萨所说大陀罗尼神咒经卷第一

存13行,行6至19字。起:"阿若婆",讫:"不迦兜啼那"。失译。经文见《大正藏》第21页,第538页A栏第9行至第539页A栏第3行。

Дх.10644 真言

存3行。起:"诃达摩",讫:"唵□□罗"。

Дх.10645 大般若波罗蜜多经卷第五百七十八第十般若理趣分

存4行,行7至8字。起:"诃达□",讫:"室晒曳"。唐玄奘译。经文见《大正藏》第7册,第990页C栏第29行至第991页A栏第9行。

Дх.10646 阿弥陀佛说咒

存3行,行3至20字。起:"阿罗诃",讫:"羝伽弥你"。经文见《大正藏》第12册,第352页A栏第27行至B栏第1行。

Дх.10647 陀罗尼

存6行,行12至14字。起:"□死涅槃陀罗尼",讫:"跋罗哆婆"。未检出。

Дх.10648 真言

存12行,行17至24字。起:"启佛心咒",讫:"三婆罗吽"。未检出。

Дх.10649 佛顶尊胜陀罗尼经

存15行,行7至23字。首题:"顶尊胜陀罗尼咒",讫:"你瑟耶多摩"。唐佛陀波利译。经文见《大正藏》第19册,第350页B栏第25行至C栏第9行。

Дх.10650 真言

存12行,行17至21字。起:"怛地他",讫:"跋地吽金"。

Дх.10650V 真言

存2全行,行5至18字。起:"唵怛",讫:"达摩达耶"。

Дх.10651 诸星母陀罗尼咒

存20行,行2至13字。首题:"星母陀罗尼咒",讫:"莎诃"。唐法成译。经文见《大正藏》第21册,第420页B栏第16行至第421页A栏第4行。

Дх.10652 大悲心陀罗尼、法身菩萨王陀罗尼

存15行,行5至17字。经文见《大正藏》第85册,第1295页B栏第29行至C栏第28行。与《大悲启请》与《千手千眼观世音菩萨广大圆满无障碍大悲心陀罗尼神妙章句》也相符。

Дх.10653 真言

存14行,行3至19字。品题:"军吒利金刚大心咒""结界咒"。

Дх.10654 佛顶尊胜陀罗尼经

存33行,行3至13字。起:"尊胜陀罗尼",讫:"唎莎诃"。唐佛陀波利译。经文见《大正藏》第19册,第352页A栏第28行至C栏第22行。

Дх.10655 真言

存11行。起:"你伽罗诃",讫:"波陁婆嚩诃"。

Дх.10656 诸星母陀罗尼咒

存18行,行5至21字。首题:母陀罗尼咒,讫:"叭叭莎诃"。唐法成译。经文见《大正藏》第21

册，第420页B栏第16行至第421页A栏第4行。

Дх.10657 真言

存29行，行7至17字。起："耶杜耶"，讫："三摩施"。

Дх.10658 妙法莲华经卷第二譬喻品第三

存13行，行2至20字。起："说偈"，讫："筹量如此事"。后秦鸠摩罗什译。经文见《大正藏》第9册，第10页C栏第15行至第11页A栏第7行。

Дх.10659 金光明经卷第一忏悔品第三

存25行，行1至16字。起："诸结惚热造作"，讫："心常怯劣"。北凉昙无谶译。经文见《大正藏》第16册，第337页A栏第17行至B栏第19行。

Дх.10660 金光明最胜王经卷第三灭业障品第五

存14行，行1至16字。起："皆得满足"，尾题："金光明经卷第三"。后有经音字。唐义净译。经文见《大正藏》第16册，第417页C栏第3行至第16行。

Дх.10661 佛说无常经

存11行，行2至10字。起："稽首"，讫："谛听真实法"。唐义静译。经文见《大正藏》第17册，第745页B栏第22行至C栏第11行。亦名《三启经》。

Дх.10662 金光明最胜王经卷第九长者子流水品第二十

存6行，行3至13字。起："众生令"，讫："长者子复作"。唐义净译。经文见《大正藏》第16册，第449页B栏第9行至第14行。

Дх.10663 大方广佛华严经卷第九初发心菩萨功德品第十三

存9行，行5至15字。起："菩萨发心宝"，讫："犹可知边际"。东晋佛驮跋陀罗译。经文见《大正藏》第9册，第457页A栏第19行至B栏第6行。

Дх.10664 金光明最胜王经卷第二分别三身品第三

存16行，行8至18字。起："界是法如如是"，讫："灭道本故于此"。唐义净译。经文见《大正藏》第16册，第409页B栏第13行至C栏第1行。

Дх.10665 金光明最胜王经卷第四最净地陀罗尼品第六

存7行，行4至9字。起："金光明最"，讫："不可得离"。唐义净译。经文见《大正藏》第16册，第417页C栏第17行至第28行。

Дх.10666 金光明最胜王经卷第五莲华喻赞品第七

存9行，行4至7字。起："若□众生无"，讫："金光忏悔力"。唐义净译。经文见《大正藏》第16册，第423页B栏第1行至第9行。

Дх.10667 金光明最胜王经卷第六四天王护国品第十二

存8行，行5至17字。起："子媒女眷属"，讫："为吉祥"。唐义净译。经文见《大正藏》第16册，第428页B栏。

Дх.10668 金光明最胜王经卷第三灭业障品第五

存4行，行9至11字。起："流通之处"，讫："三者轻财重"。唐义净译。经文见《大正藏》第16册，第417页B栏第22行至第26行。

Дх.10669 金光明最胜王经卷第八大辩才天女品第十五

存25行，行1至11字。起："皆"，讫："天女闻是请已"。唐义净译。经文见《大正藏》第16册，第437页C栏第28行至第438页C栏第12行。

Дх.10670 金光明最胜王经卷第七无染著陀罗尼品第十三

存7行，行2至6字。起："说若有"，讫："怛侄"。唐义净译。经文见《大正藏》第16册，第433页A栏第7行至第14行。

Дх.10671 金光明最胜王经卷第八大辩才天女品第十五之二

存17行，行5至10字。起："侍数天神妙"，讫："世尊众第一"。唐义净译。经文见《大正藏》第16册，第438页A栏第15行至B栏第13行。

Дх.10672 金光明最胜王经卷第二分别三身品第三

存11行，行7至8字。起："种种身是名"，讫："一切诸佛"。唐义净译。经文见《大正藏》第16册，第408页B栏第20行至C栏第2行。

Дх.10673 **金光明最胜王经卷第十舍身品第二十六**

存28行。起："又梦三鸽鸰"，讫："我生大苦恼"。唐义净译。经文见《大正藏》第16册，第452页C栏第28行至第453页B栏第17行。

Дх.10674A **金光明最胜王经卷第七大辩才天女品第十五之一**

存24行，行3至15字。起："弭莫诃提鼻"，讫："舌相随"。唐义净译。经文见《大正藏》第16册，第436页B栏第4行至第26行。

Дх.10674B **大般涅槃经后分卷上应尽还源品第二**

存19行，行3至15字。起："我及众处无明"，讫："愿"。唐若那跋陀罗译。经文见《大正藏》第12册，第906页B栏第5行至第23行。

Дх.10675 **金光明最胜王经卷第五莲华喻赞品第七**

存21行，行10至14字。起："佛德无边际"，讫："皆如过去成佛"。唐义净译。经文见《大正藏》第16册，第423页A栏第13行至B栏第4行。

Дх.10676 **大方等大集经菩萨念佛三昧分卷第一不空见本事品第二之一**

存29行，行2至17字。起："闻人咸得信"，讫："或经"。隋达磨笈多译。经文见《大正藏》第13册，第832页C栏第5行至第833页A栏第4行。

Дх.10677 **金光明最胜王经卷第五依空满愿品第十至四天王观察人天品第十一**

存26行，行4至17字。起："经王若现在"，讫："常生欢喜"。唐义净译。经文见《大正藏》第16册，第426页C栏第4行至第427页A栏第2行。

Дх.10678 **金光明最胜王经卷第二分别三身品第三**

存21行，行2至17字。起："秘密"，讫："一切诸佛智"。唐义净译。经文见《大正藏》第16册，第408页B栏第10行至C栏第3行。

Дх.10679 **维摩诘所说经卷中观众生品第七**

存15行，行17字。起："闻法化众生"，讫："此室常说六"。后秦鸠摩罗什译。经文见《大正藏》第14册，第548页A栏第23行至B栏第9行。

Дх.10680 **药师琉璃光如来本愿功德经**

存17行，行2至17字。起："情故"，讫："身如琉璃内"。唐玄奘译。经文见《大正藏》第14册，第404页C栏第24行至第405页A栏第12行。

Дх.10681 **大般若波罗蜜多经卷第五百七十二第六分显德品第十一**

存21行，行10至17字。起："辨一切佛法"，讫："世尊谁能"。唐玄奘译。经文见《大正藏》第7册，第954页B栏第2行至第24行。

Дх.10682 **金光明最胜王经卷第六四天王护国品第十二**

存15行，行3至17字。起："余天众"，讫："尊敬是故"。唐义净译。经文见《大正藏》第16册，第427页C栏第1行至第16行。

Дх.10683 **十一面神咒心经**

存20行，行4至17字。起："世尊此是咒"，讫："庄严王如来敬"。唐玄奘译。经文见《大正藏》第20册，第153页A栏第24行至B栏第14行。

Дх.10684 **金光明最胜王经卷第六四天王护国品第十二**

存12行，行5至17字。起："卫若于此经"，尾题："金光明最胜王经卷第六"。后有经音字3行。唐义净译。经文见《大正藏》第16册，第432页C栏第2行至第10行。

Дх.10685 **金光明最胜王经卷第六四天王护国品第十二**

存45行，行5至9字。起："皆舍去既舍离"，讫："曰最胜王经"。唐义净译。经文见《大正藏》第16册，第430页A栏至B栏。

Дх.10686 **金光明最胜王经卷第八大辩才天女品第十五之二**

存58行，行1至12字。起："陈如婆罗"，讫：

"愿"。唐义净译。经文见《大正藏》第16册,第437页C栏第20行至第438页C栏第16行。

Дx.10687　金刚般若波罗蜜经

存13行,行5至17字。起:"当有所说法",讫:"布施若人以"。后秦鸠摩罗什译。经文见《大正藏》第8册,第751页C栏第12行至第752页A栏第1行。

Дx.10688　金光明最胜王经卷第五大莲华喻赞品第七

存20行,行7至10字。起:"十方三世诸",讫:"常普照譬"。唐义净译。经文见《大正藏》第16册,第422页C栏第3行至第23行。

Дx.10689　残佛经

存4行,行13至23字。起:"作中擎是",讫:"观孝闻乐等"。未检出。

Дx.10690　大乘百法明门论本事分中略录名数

存6行,行11至13字。起:"十一生",讫:"一补"。天亲菩萨造、唐玄奘译。经文见《大正藏》第31册,第855页C栏第12行至第20行。

Дx.10691　大乘义章节抄

存22行,行5至29字。草体。起:"依毗昙说为",讫:"名不相应"。前8行出处不清。后15行为隋慧远撰《大乘义章略抄》。经文见《大正藏》第44册,第492页A栏第16行至B栏第3行。

Дx.10692　佛说无常经

存12行,行5至20字。起:"灭智寂无生",讫:"当行不死门"。唐义静译。经文见《大正藏》第17册,第745页B栏第21行至C栏第12行。另《佛说无常三启经》也相符。亦名《三启经》。

Дx.10693　残佛经

存4行,行3至12字。待考。

Дx.10694　持诵金刚经灵验功德记开元皇帝赞金刚经功德

存5行,行9至17字。起:"莫被无明六贼引",讫:"身为奴仆"。经文见《大正藏》第85册,第159页B栏第4行至第12行。

Дx.10695　发愿文

存8行。起:"四辨云飞泻悬河",讫:"过有法师"。待考。

Дx.10696　发愿文

存3行,行12字。起:"若非时食者",讫:"若上高广"。待考。

Дx.10697　发愿文

存4行,行5至8字。起:"遣之像射",讫:"沉重之物□得"。待考。

Дx.10697V　杂写

存2行。录文:"离吾当/奠尔堡。"

Дx.10698　尚书费哲

存10行。起:"敦□善",讫:"佚马牛逃"。注双行小字。

Дx.10698V　励忠节抄

此依屈直敏《〈敦煌类书·励忠节抄〉校注商补(续)》定名。《敦煌学辑刊》2004年第1期,第26页至第38页。

Дx.10699　大方广佛华严经卷第六十八入法界品第三十九之九至卷第六十九入法界品第三十九之十

存15行,行3至15字。起:"随护之自",讫:"四天王"。唐实叉难陀译。经文见《大正藏》第10册。

Дx.10700　佛经要集

存14行,行3至11字。起:"浩博披读难周今",讫:"贪之人"。

俄藏敦煌文献第十五册叙录

Дx.10701 四分律删繁补阙行事钞卷上受戒缘集篇第八

全卷下部均残。存31行，行13至22字。首题："□□律删繁补缺行事钞上"，品题："受戒缘集第八舍戒六念法时师资相/要第十三受功德衣法附受戒缘集法"，讫："十三难中初难"。唐道宣撰述。经文见《大正藏》第40册，第24页B栏第16行至第25页A栏第17行。

Дx.10702 四分戒本疏卷第一

存21行，行26字左右。首题："四分戒本疏卷第一沙门慧述"，讫："二明作持"。沙门慧述。经文见《大正藏》第85册，第567页A栏第3行至B栏第5行。

Дx.10702V 净名经集解关中疏卷上

存8行，行26字。首题："□□经修配解关中疏卷上中京资圣寺沙门道液集"，讫："先贤之阙欤道液"。此为道液集记的前部分，亦未抄录完。经文见《大正藏》第85册，第440页A栏第12行至第24行。

Дx.10703A 净名经集解关中疏卷下文殊师利品第五

存19行，行2至18字。首题："寺沙门道液集"，讫："佛化物之"。唐道液述。经文见《大正藏》第85册，第473页A栏第4行至B栏第10行。

Дx.10703B 净名经集解关中疏卷下文殊师利品第五

存33行，行2至21字。起："除然后为空乎"，讫："火风大"。唐道液述。经文见《大正藏》第85册，第474页B栏第28行至第475页A栏第29行。

Дx.10703C 净名经集解关中疏卷下文殊师利品第五

存21行，行8至21字。起："散谁为缘合则起"，讫："无空故"。唐道液述。经文见《藏外佛教文献》第3册，第86页A栏第8行至第88页A栏第11行。

Дx.10704 大乘百法明门论开宗义记

二残片。其一，存10行。起："小乘"，讫："虚为世俗"。其二，存10行，行6至22字。起："胜义二理事二谛"，讫："然藏不同总"。残片乃从折缝处断裂，中缺6字。唐昙旷撰。经文见《大正藏》第85册，第1047页C栏第3行至第1048页A栏第3行。

Дx.10704V 杂写

存3行。中有"诸法不自生亦不从他生不共不无"之句，其余2行字迹不清。

Дx.10705 佛经论释

存18行，行14至23字。未检出。

Дx.10706A 净名经集解关中疏卷上弟子品第三

存15行，行8至30字。起："断惑择灭无为虽异"，讫："优婆离持身口之"。唐道液述。经文见

《大正藏》第85册，第462页A栏第4行至B栏第9行。

Дх.10706B　净名经集解关中疏卷上弟子品第三

存7行，行6至8字。起："以动寂二相也"，讫："二不解持律有二"。唐道液述。经文见《大正藏》第85册，第462页A栏第20行至B栏第7行。此片乃Дх.10706A后7行的上半部，所缺之字的笔画均可接。

Дх.10706C　净名经集解关中疏卷上弟子品第三

存3行，行3至4字。录文："敢问佛/文二初来/为其如。"唐道液述。经文见《大正藏》第85册，462页B栏第1行至第7行。

Дх.10706D　净名经集解关中疏卷上弟子品第三

存14行，行4至32字。起："如意报故生刹"，讫："道则则无有"。唐道液述。经文见《大正藏》第85册，第461页A栏第2行至第462页A栏第4行。

Дх.10707　摄大乘论释卷第五

十四残片。其六，存3行。录文："初地乃正觉/灭心定是名伏灭/外尘失。"经文见《大正藏》第31册，第184页C栏第24行至第25行。其余残片未检出。

Дх.10708　四分律含注戒本疏行宗记

存18行。录文："难具白世尊/守园人相善便往王/房后□见其园中好木/呵责已造诸比丘从今已后与/五钱犯波罗□具六缘成犯一有主/物五与方便六离本居便犯此戒/尔时世尊在毗舍离园与诸比丘说/求刀自煞时有勿刀迦提难比丘手/遂将衣钵与难提比丘令断命其/边洗刀有一大魔来於水上而立/其比丘心生决定遂持刀却还诸比/居士见生嫌疑前白世尊世尊无数方便/诸比丘舍戒集十句义欲说戒者当加/想三兴煞心四起方便五断命根便犯/其戒第三半月无月廿四犯/求难得遂救诸弟子各随便宜/赞已德求饮食遂德充足其在/劣时诸居士生谦白世尊乃无数。"未检出。部分经句见《四分律含注戒本疏行宗记》。待考。

Дх.10709　净名经集解关中疏卷下文殊师利品第五

存17行，行2至23字。起："萨修行之法或果入"，讫："去虽知诸佛国/空"。唐道液述。经文见《大正藏》第85册，第473页B栏第9行至C栏第13行。

Дх.10710　净名经集解关中疏卷上弟子品第三

存9行，行18至26字。起："之辅相之族"，讫："初理本无说二示"。唐道液述。经文见《大正藏》第85册，第455页C栏第12行至第29行。

Дх.10711　四分律删繁补阙行事钞卷中

存19行，行4至17字。起："食异业虽同一处"，讫："随身者失"。释双行小字。倒数第2行，缺失文字直接补抄于2行之间。唐道宣撰述。经文见《大正藏》第40册，第66页B栏第6行至C栏第12行。

Дх.10712A　大乘二十二问本

存11行，前8行为《大乘二十二问本》，行7至22字。起："应身随应十地菩萨所现"，讫："身亦非一非异"。经文见《大正藏》第85册，第1186页A栏。

Дх.10712B　金光明最胜王经卷第二分别三身品第三

存4行，行6至19字。起："化身者恒转法轮"，讫："说无常法身者非"。唐义净译。经文见《大正藏》第16册，第409页B栏第5行至第11行。

Дх.10712V　大乘稻芉经随听疏

存11行，行5至22字。起："经此是世尊所说因缘之法"，讫："声闻菩萨烦恼所"。中有添加行。"菩萨"二字为合体字。唐法成集。经文见《大正藏》第85册，第548页B栏第23行至C栏第13行。

Дх.10713　大乘起信论略述卷上

二残片。其一，存24行，行5至19字。起："胜不须造论"，讫："即第三结"。唐昙旷撰。经文见《大正藏》第85册，第1091页C栏第7行至第1092页A栏第9行。其二，存9行，行6至18字。起："此三名即分为三"，讫："为善不善因若"。经文见《大正藏》第85册，第1093页A栏第20行至B栏第2行。

Дх.10714 **大乘入道次第**

存13行，行2至25字。起："贵住五方便"，讫："如果中始从资/通达"。唐智周撰。经文见《大正藏》第45册，第449页B栏第23行至C栏第11行。

Дх.10715 **佛经论释**

存12行，行5至14字。经文模糊不清，可辨识经句有"不惑於名见相不没""诸佛悉作此观非唯"等。未检出。

Дх.10716 **法苑珠林卷第七十二会名部第二**

存6行，行27字。起："尽但诸凡夫愚"，讫："处处有疑此诸"。经校勘，经中漏抄的27字以极小的字体补抄在漏经行间位置。唐道世撰。经文见《大正藏》第53册，第835页C栏第19行至第836页A栏第2行。

Дх.10716V **残佛经**

存一"兑"字。不可定名。

Дх.10717 **阿毗达磨大毗婆沙论卷第三十三杂蕴第一中爱敬纳息第四之五**

存5行，行17字。起："有过显自无"，讫："对前说释此"。五百大罗汉造、唐玄奘译。经文见《大正藏》第27册，第169页A栏第21行至第26行。

Дх.10717V **正法念处经卷第三十一观天品第十**

存2行，行20至23字。起："尔时释迦天王"，讫："有众生杀生"。北魏瞿昙般若流支译。经文见《大正藏》第17册，第181页A栏第2行至第4行。

Дх.10718 **佛经论释**

存18行，行3至9字。起："性是佛"，讫："梦想不生"。未检出。

Дх.10719 **佛经论释**

存16行，行5至26字。起："脱又涅槃"，讫："及无明缘行"。部分经文与《瑜伽师经卷五十》和《金光明最胜王经疏卷二》相同。未检出。

Дх.10720 **五兆要决略**

存15行。此依黄正建《关于〈俄藏敦煌文献〉第11至第17册中占卜文书的缀合与定名等问题》定名，《敦煌研究》2002年第2期，第47页至第50页。

Дх.10720V **发愿文**

存5行。录文："维岁次戊甲/弥□饵□殖/人少年有/亲族永作/辈行知不。"硬笔书写。未检出。

Дх.10721 **增壹阿含经卷第三十二力品第三十八之二**

存13行，行9至16字。起："六种之虫系著"，讫："慢无明"。僧伽提婆译。经文见《大正藏》第2册，第723页C栏第25行至第724页B栏第10行。

Дх.10722 **大般涅槃经卷第三十师子吼菩萨品第十一之四**

存24行，行7至17字。起："当知沙门瞿昙"，讫："有神通变化"。北凉昙无谶译。经文见《大正藏》第12册，第541页C栏第6行至第542页A栏第2行。

Дх.10723 **拔济苦难陀罗尼经**

存24行，行27字。首题："（前残）陀罗尼经三藏法师玄奘奉诏译"，尾题："拔济苦难陀罗尼经"。唐玄奘译。经文见《大正藏》第21册，第912页B栏第13行至C栏第28行。

Дх.10724 **般若波罗蜜多心经**

存12行。起："萨埵依般"，讫："乾闼婆等"。另有题记1行。录文："羊一口神生极乐世界初会/佛。"唐般若共利言等译。经文见《大正藏》第8册，第849页C栏第13行至第850页A栏第1行。有异文。

Дх.10725 **般若波罗蜜多心经**

存32行，首2行上缺7字左右，尾全。起："城鹫/诸菩萨摩诃"，讫："欢喜信受奉行"。缺尾题。唐法成译。经文见《大正藏》第8册，第850页B栏第24行至C栏第29行。

Дх.10726 **般若波罗蜜多心经**

存22行。起："如是我闻"，讫："菩提沙婆诃"。

唐法成译。经文见《大正藏》第8册,第850页B栏第23行至C栏第21行。有异文。

Дx.10727　般若波罗蜜多心经

存7行,行5至17字。起:"罣碍无罣碍",尾题:"般若多心经一卷"。唐玄奘译。经文见《大正藏》第8册,第848页C栏第16行至第24行。

Дx.10728　般若波罗蜜多心经

存9行,行10字。起:"故得阿耨多",尾题:"佛说多心经一卷"。唐玄奘译。经文见《大正藏》第8册,第848页C栏第17行至第24行。另有2行杂写,似为人名。

Дx.10729　佛说佛名经

存4行。录文:"南/佛/南/尔时佛。"未检出。

Дx.10729V　般若波罗蜜多心经

存9行,行2至4字。似为学童习字所书。前1行存所习写"之"字32个。后接抄《般若波罗蜜多心经》。起:"多心经",讫:"是诸"。唐玄奘译。经文见《大正藏》第8册,第848页C栏第4行至第10行。

Дx.10730　般若波罗蜜多心经题签

录文:"般若波罗蜜多心经。"

Дx.10731　般若波罗蜜多心经

存6行,行2至6字。起:"复如此舍利",讫:"若波"。唐玄奘译。经文见《大正藏》第8册,第848页C栏第9行至第15行。

Дx.10732　般若波罗蜜多心经

存13行,行2至9字。起:"萨行深般若波罗",讫:"亦无老死尽/得故"。唐法成译。经文见《大正藏》第8册,第850页B栏第26行至C栏第12行。

Дx.10733　佉卢文残片

存4行。

Дx.10734　盂兰盆经译经题记

存10行,行9至14字。录文:"但能甘旨术尊长即是/今朝只为拟宣传目连孝/普劝信心诸弟子大须孝顺阿/经题合在都讲边未举都来不/大众虔恭合掌着盂兰盆教唱将来/经去佛说盂兰盆经且初译经题/且此经凡有三译第一晋武帝/刘法师翻为盂兰盆经第二/法炬法师译云灌胎经第三译/三译不同今日讲者即第一译盂兰。"

Дx.10735　结坛散食回向发愿文

存4行。录文"定是□善西童了大阿/牛头狱卒诸如是等杂类/神力并愿空飞雨聚电击/证明弟□□功德并愿。"

Дx.10736　愿文

存8行。录文:"无/学道/耶娘行不正□□/能尊□□约束共语莫江降/矩□有事须相问平章莫自/妇见言耶娘年七十不得远不/基础知识□耶娘约年迈不得离□/□□□四大乘和去诸方。"

Дx.10737　愿文

存9行。录文:"瞿昙□□□□/佛答无常世界价堪嗟遮莫富贵□□□/亲情任是诸天子争似将身学出家/脓囊败坏□□□/法衣诸□亲/第二女□袂向前□世尊金轮/王孙□却王位□□独往□中寂/如来更无别心□□/□□瞿昙不□之时。"

Дx.10738　愿文

存5行。待考。

Дx.10739　愿文

存8行。录文:"□年度月恒无懈/□□大王治黔梨 常行十/七珍百宝无秘之 年年五稼有/加以倾心敬三宝 不贪高贵世/大白眷属相随从 往来途路步而行/□是大王后乃渐渐老大体重力/□□居宝殿□念思惟非□忧/□□□乃顶谒参承力者不。"

Дx.10739V　愿文

存8行。录文:"□□生□□□□□命终求此善/无天子□□帝释说此偈已即自/佛之恩得当尔之时道何言语/令我生天受快乐今须还报佛之恩 作/严其或得诸天众各持香花下供/一面佛即为其说四谛法心闻意解/□□踊悦心即于佛前欢喜赞叹/□□及师长功德无及。"

Дx.10740A 开蒙要训

二残片。其一，存5行，行6至8字。起："阘须弥"，讫："辑续"。其二，存"杵白蠢"3字。定名参考张新朋《敦煌写本〈开蒙要训〉叙录续补》，《敦煌研究》2008年第1期，第98页至第101页。

Дx.10740B 秦妇吟

同卷四残片，前后顺序为四、三、二、一。其一，存10行，行7至23字。录文"能戢兵千里晏然无犬声□携宝货/金钗唯独行明朝又过新安东路上乞浆逢一翁/苔藓色隐隐身藏蓬荻中问翁本是何何乡曲底事/霜露宿老翁暂起欲陈词却坐支颐仰天哭乡园/几县岁岁耕桑临近畔甸岁种良田二百亩年输户税三/姑惯织绻袍中妇能炊红黍饭千间仓兮万丝箱黄/犹残半洛下屯师旅日夜巡兵入村坞匿中秋水拔青/风吹白虎入门下马若旋风馨室倾囊如卷土家财既/垂年一身苦一身一身苦兮何足嗟山中更有千/霜中卧荻花妾闻。"其二，存10行，行3至17字。录文："骊山金/路百万人家/路傍试问金天神金天/殿上金炉生暗尘一路狂冠陷中国/神水咒不成壁上阴兵驱不得闲日徒歆奠/我今愧恶拙为神且向□□□匿寰/牺牲无处觅旋教魔鬼傍乡村诛剥/愁更愁天遣时灾非自由□□/侯前年又出扬震关举头云际见/□□□帅忠且贞不动干。"其三，存6行，行4至14字。录文："为锦绣灰/出城东陌城外风烟如塞色路傍/无迎客霸陵东望人烟绝树锁□/子林行人宿墙匡月明朝晓至三峰/有蒿摧残竹树皆无主路/□□卉殿。"其四，存6行，行6至11字。录文："孚长安寂寂今何有/花修寨株残御沟柳/无一半含元殿上狐兔行花/皆埋没举目清净无□□/踏尽公卿骨来时晓/游弈军坡下寂。"

Дx.10740C 诗

二残片。待考。

Дx.10740V 习字

十一残片。

Дx.10741 燕子赋

存18行，行2至17字。起："请王对推凤凰"，讫："燕子唱快便/死兔悲恶/论竟任/雀儿"。参见王重民等编《敦煌变文集》，人民文学出版社，1984年第250页至第251页。

Дx.10742 四分律比丘戒本

存17行，行4至22字。起："逸提余时"，讫："道法彼比丘"。后奉佛陀耶舍译。经文见《大正藏》第22册，第1019页B栏第21行至C栏第18行。

Дx.10743 四分律比丘戒本

五残片。存44行。前4片，起："坐钵中食应当学"，讫："佛塔四边大小便使臭气来入"。后奉佛陀耶舍译。经文见《大正藏》第22册，第1021页B栏第1行至C栏第17行。第5片，存3行，均只存"应当学"，无法查对具体行数。

Дx.10744 僧羯磨卷上授戒篇第三

存23行，行23至25字。正文大字，注双行小字。起："受具足戒"，讫："汝非煞父邪"。经文见《大正藏》第40册，第514页。写本与现刊本相较，出入较大。

Дx.10745 四分律比丘戒本

存20行，行10至19字。起："毁戒亦如是"，讫："戒经中来"。后秦佛陀耶舍译。经文见《大正藏》第22册，第1015页B栏第3行至C栏第5行。

Дx.10746 四分律比丘戒本

存23行，行8至22字。注双行小字。起："具答无有"，讫："波罗夷不得"。后秦佛陀耶舍译。经文见《大正藏》第22册，第1015页B栏第18行至第1016页A栏第1行。

Дx.10747 四分律比丘戒本

存26行，行2至20字。注双行小字。起："说戒"，讫："波罗夷不共住"。后秦佛陀耶舍译。经文见《大正藏》第22册，第1015页B栏第9行至C栏第16行。

Дx.10748 十诵律卷第十七九十波逸提之九

存29行，行5至27字。起："当在□中间遮"，讫："僧到僧忍听"。后秦弗若多罗译。经文见《大正藏》第23册，第119页C栏第11行至第120页A栏第21行。

Дx.10749 四分比丘尼戒本

存20行，行1至23字。起："共住/若比丘尼"，讫："命终或众/是"。后秦佛陀耶舍译。经文见《大正藏》第22册，第1031页B栏第17行至C栏第12行。

Дx.10750 四分比丘尼戒本

存13行，行9至18字。起："尼说欲及清净"，讫："乃至共畜"。后秦佛陀耶舍译。经文见《大正藏》第22册，第1031页B栏第1行至第17行。

Дx.10751 四分比丘尼戒本

存27行，行6至22字。起："最如来立禁戒"，讫："是身相触也"。后秦佛陀耶舍译。经文见《大正藏》第22册，第1031页A栏第28行至C栏第5行。

Дx.10752A 四分律卷第三十四至第三十六

存56行，行14至35字。后秦佛陀耶舍共竺佛念等译。与现刊本相校，内容见于《大正藏》第22册多处，或为节抄。前10行为《卷三十四受戒犍度之四》，内容亦不相连。首3行，起："时有年不满"，讫："即名出家受具"。后秦佛陀耶舍共竺佛念等译。经文见《大正藏》第22册，第811页A栏第15行至第19行。其下7行，起："波罗奈国时国土饥俭"，讫："若出家者当得道证"。经文见《大正藏》第22册，第811页B栏第12行至第29行。第14行后为《卷三十五受戒犍度之五》。第34行以后为《四分律卷第三十六说戒犍度下》。第34行至第45行，起："不净如来於中说戒"，讫："弟子见已於中而自娱乐"。经文见《大正藏》第22册，第824页A栏第28行至C栏第3行。第45行下半"犯者不得受"起，至第52行"得听说戒"。经文见《大正藏》第22册，第826页A栏至B栏。前后次序与现刊本不同。

第52行下半段"律第十七"与下文无关系。自"六群比丘用"，至第53行"身故改常"，为《四分律卷第三十七安居犍度》。经文见《大正藏》第22册，第832页C栏第1行至第5行。第54行至第56行，起："安居最彼僧破"，讫："彼僧比丘即应"。为《四分律卷第三十七安居犍度》。经文见《大正藏》第22册，第834页C栏第27行至第835页A栏第2行。

Дx.10752B 四分律卷第二四波罗夷法之二

存16行，行24至32字。起："律第二煞戒第三尔时世尊游毗舍离弥猴"，讫："法共相杀害"。后秦佛陀耶舍共竺佛念等译。经文见《大正藏》第22册，第575页C栏第11行至第576页A栏第18行。

Дx.10752VA 四分律卷第一四波罗夷法之一

存12行，行19至25字。起："不见欲秒便捉"，讫："欲说戒当如是说"。后秦佛陀耶舍共竺佛念等译。经文见《大正藏》第22册，第570页A栏第23行至C栏第7行。

Дx.10752VB 四分律删繁补阙行事钞卷上自恣宗要篇第十二

存4行，行18字左右。起："然九"，讫："若论夏初创"。唐道宣撰述。经文见《大正藏》第40册，第42页B栏第7行至第13行。

Дx.10752VC 贤愚经卷第一梵天请法六事品第一

存14行，行25字左右。起："卷尔时波罗奈国"，讫（第10行）："是为菩萨行"。北魏慧觉等译。经文见《大正藏》第4册，第351页B栏第12行至C栏第1行。后5行，起："天帝白言"，讫："知为至诚不"。同经同品。经文见《大正藏》第4册，第351页C栏第18行至第25行。两段之间缺16行。

Дx.10752VD 贤愚经卷第一二梵志受斋品第三

存28行，行4至25字。《二梵志受斋品》基本完整，起："志受斋"，讫："同共一处"。北魏慧觉等译。经文见《大正藏》第4册，第353页B栏第17行至第354页A栏第18行。

Дx.10752VE 贤愚经卷第一沙弥守戒自杀品第

二十三

存7行，行9至21字。起："品七沙弥守戒自杀品"，讫："故人所宗敬"。北魏慧觉等译。经文见《大正藏》第4册，第380页A栏第18行至C栏第3行。

Дх.10753 毗尼珍敬录卷第二

存13行，行8至27字。起："不得洗钵水弃"，讫："不在塔下烧"。经文见《卍新续藏》第39册，第314页A栏第20行至B栏第23行。

Дх.10754 四部律并论要用抄卷上自恣法第七

存28行，行17至27字。起："去时有比丘"，讫："中品人听受僧次及送"。经校勘，中有添补字。经文见《大正藏》第85册，第699页A栏第27页至C栏第2行。

Дх.10755 五分戒本

存13行，行17字。起："离诸恶"，讫："其志意是名"。宋佛陀什等译。经文见《大正藏》第22册，第206页A栏第13行至B栏第3行。与现刊本相校，多异文。如经文"第三随摄佛"，现刊本为"第三毗钵施佛"；经文"不恼不说过"，《五分尼戒本》此句同，现刊本为"不毁亦不犯"；经文"闲处"，现刊本为"空处"；经文"鸠留秦佛"，现刊本为"拘楼孙佛"；经文"菩萨"，现刊本为"比丘"等。

Дх.10755V 和菩萨戒文

存14行，行18字左右。起："来必利波吒苦"，讫："苦难堪"。经文见《大正藏》第85册，第1300页B栏第19行至C栏第6行。现刊本所收亦为敦煌本。

Дх.10756A 毗尼心师徒法第二

存8行，行3至9字。上下皆残，仅存中间经文，注双行小字。前8行为此经，起："者二岁学戒"，讫："说而行"。经文见《大正藏》第85册，第664页B栏第15行至第24行。

Дх.10756B 四分律删繁补阙行事钞卷下尼众别行篇第二十九

存13行，行1至9字。上下皆残，仅存中间经文。后13行为此经。起："僧祇云"，讫："式叉若二戒/合"。唐道宣撰述。经文见《大正藏》第40册，第155页A栏第23行至B栏第10行。

Дх.10757 四分律删补随机羯磨卷上诸戒受法篇第三

存13行，行9至11字。前6行为是律。起："寿不得犯"，讫："根本所学六法"。注双行小字。唐道宣集。经文见《大正藏》第40册，第499页B栏第4行至第11行。第6行至第13行为《摩诃僧祇律卷第三十》。存8行，行3至11字。起："僧祇律"，讫："我某甲清"。经文见《大正藏》第22册，第471页C栏。异文较多，或为异译本。

Дх.10758 四分比丘尼戒本

存9行，行3至15字。起："持盖行"，讫："负债难者"。后秦佛陀耶舍译。经文见《大正藏》第22册，第1038页B栏第14行。后另有2行，录文："若能□护/获圣之财宝。"未检出。

Дх.10759 四分比丘尼戒本

存2行，行4至9字。录文："诸大姊是/若比丘尼作淫欲事犯。"后秦佛陀耶舍译。经文见《大正藏》第22册，第1031页B栏第14行至第16行。写本比现刊本多一"事"字。

Дх.10760 四分律卷第四十八比丘尼犍度第十七

存8行。前6行为是律。起："从和尚尼"，讫："僧忍默然"。后秦佛陀耶舍共竺佛念等译。经文见《大正藏》第22册，第925页B栏第10行至第17行。后2行为习抄，录文："尼某甲某甲者上某甲称和上/自说尼羯磨中言不说。"

Дх.10760V 杂写

存1行，总3字。录文："刘了寂。"

Дх.10761 四分律删繁补阙行事钞卷中随戒释相篇第十四

存7行，行32字左右。前5行半，起："波夷罗篇"，讫："若比丘尼者"。唐道宣撰述。经文见《大正藏》第40册,第54页C栏至第55页A栏。与现刊本相较,异文较多。后1行半。起:"一名字比丘",讫:"得处所比丘"。为《四分戒分如释》。经文见《卍新续藏》第40册,第204页A栏第10行至第19行。

Дx.10762　佛说回向轮经

经折装。6折,首4折,抄5行;后2折,抄6行。共存33行,行18至29字。起:"菩萨律仪",讫:"有情所求众"。唐尸罗达摩译。经文见《大正藏》第19册,第577页A栏第26行至C栏第17行。

Дx.10763　残佛经

存10行,行5至28字。起:"现世六通报",讫:"离三毒当来"。未检出。

Дx.10764　昙无德律部杂羯磨受戒法第二

存14行,行5至8字。前11行为"受菩萨戒法"。首题:"受菩萨戒法",讫:"为同学侣"。曹魏康僧铠译。经文见《大正藏》第22册,第1042页A栏。后3行起:"法界从生",讫:"网捕虫鱼"。内容与唐道世撰《法苑珠林十恶忏文》同。经文见《大正藏》第53册,第918页B栏第11行至第12行。

Дx.10765　梵网经卢舍那佛说菩萨心地戒品第十卷下

存15行,行3至17字。起:"提木叉",讫:"法供养"。后秦鸠摩罗什译。经文见《大正藏》第24册,第1005页A栏第16行至B栏第4行。

Дx.10766　羯磨本题签

录文:"羯磨本第二。"

Дx.10767　四分律卷第四十七灭诤犍度第十六之一

折页装。存2页,每页4行,共8行。拍摄时前后位置颠倒,后页应在前。起:"时迦留陀夷",讫:"王舍城时沓"。后秦佛陀耶舍共竺佛念等译。经文见《大正藏》第22册,第913页C栏第20行至第914页A栏第5行。

Дx.10768　四分僧戒本

存4行,行20字。起:"说戒白如是",讫:"於众中乃"。后秦佛陀耶舍译。经文见《大正藏》第22册,第1023页B栏第16行至第20行。

Дx.10769　摩诃僧祇律第三十六明八波罗夷法初

存4行,行17字。起:"女人不觉",讫:"处有病者"。东晋佛驮跋陀罗共法显译。经文见《大正藏》第22册,第515页C栏第20行至第24行。中有"兑"字。为废经。

Дx.10770　大宝积经卷第一百一十三宝梁聚会第四十四沙门品第一

存5行,行14至26字。起:"者寂故调",讫:"一切善法"。北梁释道龚译。经文见《大正藏》第11册,第638页C栏第16行至第23行。

Дx.10771　鼻奈耶卷第一

存7行,行30字左右。起:"短息入短",讫:"阿罗汉道"。后秦竺佛念译。经文见《大正藏》第24册,第856页A栏第17行至B栏第1行。

Дx.10771V　鼻奈耶卷第一

存4行,行4至13字。成句的只有2行。录文:"杀人者波罗夷不受/咒若作药持用杀人波罗夷不受。"后秦竺佛念译。经文见《大正藏》第24册,第856页B栏。经文"夷",现刊本作"移"。

Дx.10772　佛说善恶因果经

存13行,行4至8字。起:"语阿难诫语来",讫:"死堕源尖石地"。经文见《大正藏》第85册,第1381页C栏第1行至第12行。

Дx.10773　残佛经

存13行。未检出。

Дx.10774　残佛经

存4行。未检出。

Дx.10775　深密解脱经卷第三圣者弥勒菩萨问品第九

存7行,行6至17字。起:"随顺如是观心",讫:"现前弥勒是"。北魏菩提流支译。经文见《大正藏》第16册,第674页B栏第29行至C栏第6行。

Дx.10776　大方等陀罗尼经卷第二授记分第二

存17行，行1至17字。起："欲求/逆得大丑弊恶"，讫："布受上至/中"。北凉法众译。经文见《大正藏》第21册，第651页B栏第27行至C栏第13行。与现刊本相校有异文，写本"逆"，刊本为"反"；写本"丑"，刊本为"臭"。

Дx.10777 佛说灌顶拔除过罪生死得度经卷第十二

存10行，行2至8字。起："能/欲来侵"，讫："药师"。东晋帛尸梨蜜多罗译。经文见《大正藏》第21册，第534页A栏第20行至B栏第1行。

Дx.10778 本原药师经古迹下

存8行，行3至12字。起："曼殊室"，讫："右绕佛像"。《大正藏》第38册，第260页B栏第25行至C栏第3行。

Дx.10779 佛说灌顶拔除过罪生死得度经卷第十二

存10行，行2至14字。首题："佛说灌顶拔除过罪生死得度经"，讫："佛告文殊师利/罪"。东晋帛尸梨蜜多罗译。经文见《大正藏》第21册，第532页B栏第7行至第19行。

Дx.10780 佛说灌顶拔除过罪生死得度经卷第十二

存22行，行3至9字。起："为十二"，讫："布施一时"。东晋帛尸梨蜜多罗译。经文见《大正藏》第21册，第533页A栏第13行至B栏第5行。

Дx.10781A 佛说灌顶拔除过罪生死得度经卷第十二

存16行，行4至11字。起："者使我来"，讫："第九愿者使我来世伏"。东晋帛尸梨蜜多罗译。经文见《大正藏》第21册，第532页C栏第12行至第27行。

Дx.10781B 佛说灌顶拔除过罪生死得度经卷第十二

存9行，行1至9字。起："意/佛言若复"，讫："沙门"。东晋帛尸梨蜜多罗译。经文见《大正藏》第21册，第533页B栏第5行至第13行。

Дx.10782 残佛经

存11行，行2至15字。起："重苦"，讫："一处生无□贵"。未检出。

Дx.10783 佛说灌顶拔除过罪生死得度经卷第十二

存6行，行7至18字。起："三十三天者"，讫："天上见弥勒"。东晋帛尸梨蜜多罗译。经文见《大正藏》第21册，第534页A栏第9行至第13行。

Дx.10784 佛说灌顶拔除过罪生死得度经卷第十二

存26行，行17字。首题："佛说灌顶拔除过罪生死得度经"，品题："序品第一、誓愿品第二"，讫："自庄严令一切"。东晋帛尸梨蜜多罗译。经文见《大正藏》第21册，第532页B栏第7行至C栏第4行。

Дx.10785 拔济苦难陀罗尼经

存2行。录文："拔济苦难陀/罗筏住誓名。"唐玄奘译。经文见《大正藏》第21册，第912页B栏第3行至第6行。

Дx.10786 六十甲子历

此依黄正建《关于〈俄藏敦煌文献〉第11至第17册中占卜文书的缀合与定名等问题》，《敦煌研究》2002年第2期，第47页至第50页。

Дx.10787 推五行嫁娶法

经折装。存2折，每折7行，共14行。起："梦见黄衣有喜事"，讫："梦见被人辱得横财梦见"。此依黄正建《关于〈俄藏敦煌文献〉第11至第17册中占卜文书的缀合与定名等问题》，《敦煌研究》2002年第2期，第47页至第50页。

Дx.10787V 解梦书

经折装。存2折，每折7行，共14行。起："出行忧病"，讫："梦见鞋履和合"。

Дx.10788 维摩诘所说经卷上弟子品第三

存8行，行3至17字。起："优波离"，讫："是二比丘"。后秦鸠摩罗什译。经文见《大正藏》第14册，第541页B栏第21行至第29行。

Дx.10789 维摩诘所说经卷上佛国品第一

存12行，行5至11字。起："佛国严净非如"，讫："坐宝莲华"。后秦鸠摩罗什译。经文见《大正藏》第14册，第538页C栏第11行至第23行。

Дx.10790 维摩诘所说经卷下香积佛品第十

存10行，行4至13字。起："诸天子皆"，讫："到彼如我"。后秦鸠摩罗什译。经文见《大正藏》第14册，第552页A栏第17行至第27行。

Дx.10791 Дx.11110 维摩诘所说经卷上佛国品第一

二残片。其一，存5行，行3至9字。起："一切功德"，讫："菩萨宝"。后秦鸠摩罗什译。经文见《大正藏》第14册，第537页A栏第29行至B栏第4行。其二，存8行，行5至10字。起："逾於须弥深信坚"，讫："为大医王善"。经文见《大正藏》第14册，第537页A栏第18行至第26行。

Дx.10792 金光明最胜王经卷第九善生王品第二十一

存9行。起："我昔曾有转轮王"，讫："梦闻说佛"。唐义净译。经文见《大正藏》第16册，第444页A栏第19行至第27行。

Дx.10793 金光明最胜王经卷第二梦见金鼓忏悔品第四

存14行。起："悉愿女人变为男"，讫："回向发愿福无边"。唐义净译。经文见《大正藏》第16册，第413页B栏第8行至第21行。

Дx.10794 维摩诘所说经卷下香积佛品第十

存10行，行8至16字。起："恒河沙佛"，讫："佛事使此乐小"。后秦鸠摩罗什译。经文见《大正藏》第14册，第552页A栏第26行至B栏第1行。

Дx.10795 金刚般若波罗蜜经

存3行，行5至10字。录文："一时佛在舍/与大比丘众千二百五十/时著衣持钵入舍卫。"后秦鸠摩罗什译。经文见《大正藏》第8册，第748页C栏第20行至第22行。

Дx.10796 维摩诘所说经卷上佛国品第一

存11行，行6至10字。起："比丘众八千人"，讫："舍诸世间"。后秦鸠摩罗什译。经文见《大正藏》第14册，第537页A栏第8行至第18行。

Дx.10797 金光明最胜王经卷第七大辩才天女品第十五之一

存11行，行4至14字。全部为偈语。起："财者得多"，讫："更求清净"。唐义净译。经文见《大正藏》第16册，第436页C栏第6行至第16行。

Дx.10798 维摩诘所说经卷上佛国品第一

存11行，行10至17字。起："众生来生其"，讫："语眷属不"。后秦鸠摩罗什译。经文见《大正藏》第14册，第538页B栏第15行至第25行。

Дx.10799 维摩诘所说经卷上弟子品第三至菩萨品第四

见Дx.00851。

Дx.10800 维摩诘所说经卷下法供养品第十三

存24行，行17字。均完整。起："如来复满"，讫："而於因缘"。后秦鸠摩罗什译。经文见《大正藏》第14册，第556页B栏第12行至C栏第8行。另有一残片，存"阳气"2字。

Дx.10801 维摩诘所说经卷上方便品第二

存29行，行9至17字。起："他政宫女"，讫："不共法生"。后秦鸠摩罗什译。经文见《大正藏》第14册，第539页B栏第5行至C栏第7行。

Дx.10802 维摩诘所说经卷上佛国品第一

存16行，行2至17字。起："如是我闻"，讫："师子吼其所讲说/海导"。后秦鸠摩罗什译。经文见《大正藏》第14册，第537页A栏第6行至第23行。

Дx.10803 维摩诘所说经卷上佛国品第一

存25行，前6行，存2至11字，后19行，完整。起："菴罗/萨三万二"，讫："菩萨宝积菩萨"。后秦鸠摩罗什译。经文见《大正藏》第14册，第537页A栏第7行至B栏第4行。

Дx.10804 维摩诘所说经卷中文殊师利问疾品第五

存14行，行3至16字，完整者12行。起："菩萨维摩语"，讫："生想当"。后秦鸠摩罗什译。经文见《大正藏》第14册，第544页C栏第18行至第545页A栏第3行。

Дx.10805 维摩诘所说经卷上方便品第二至弟子品第三

存19行，行5至17字，完整者16行。起："慧诸波罗"，品题："维摩诘经弟子品第三"，讫："宴坐於诸"。后秦鸠摩罗什译。经文见《大正藏》第14册，第539页C栏第4行至第24行。

Дx.10806 **维摩诘所说经卷上佛国品第一**

存16行，行2至17字。起："弗勿作是"，讫："时宝积所将"。后秦鸠摩罗什译，经文见《大正藏》第14册，第538页C栏第13行至第539页A栏第1行。

Дx.10807 **维摩诘所说经卷下香积佛品第十**

存15行，行17字。首题："维摩诘经香积佛经第十卷三"，讫："仁者谁能致"。后秦鸠摩罗什译。经文见《大正藏》第14册，第552页A栏第3行至第20行。

Дx.10808 **维摩诘所说经卷上**

见Дx.02350B。

Дx.10809 **维摩诘所说经卷下菩萨行品第十一**

存24行，行11至17字。起："所未闻到经闻之"，品题："菩萨行品第十一"，讫："世尊今所闻"。后秦鸠摩罗什译。经文见《大正藏》第14册，第553页B栏第4行至第29行。

Дx.10810 **文选卷第五十七马汧督诔**

存18行。录文："覆军丧气戎释我徒显诛/生易死畴克不二圣朝西顾关右震/庚化为冠粮实赖夫子思薈弥/勇致命知方我虽未学闻之前/表墓旌善思人爱树甘棠不翦/□浅两造未具储口眇主孰/是勖庸而不获免祸哉部司其心反侧□善/害能丑正恶直牧人逶迤自公退食闻秽鹰/杨曾不戢忘尔大劳猜尔小利苟莫开怀仁/于何不至慨慨马生硠硠高致发愤囵圄没/哀哉安平出奇破齐克完张/获安汧人赖子犹彼谈单/摇之笔端倾仓可赏矧云私粟/曰家仆刾子双龟贯以三木/狱凡尔同围心焉摧剥扶/呜呼哀哉明明天下□/门司勋班爵亦兆/呜呼哀哉。"

Дx.10811 **大唐龙兴三藏圣教序**

存3行。录文："俟后诠五篇之教具名八法之因备晓鹅珠尚/护虫命无伤浮囊必取于不亏油钵终期/于靡覆崇圣教之纲纪启含生之耳目。"唐中宗制。

Дx.10812 **大宝积经题签**

存3行。录文："大宝积经卷第九十三/大宝积经卷第九十三/大宝积经卷第九十三。"似为卷背习写。

Дx.10813 **放光般若经卷第十三摩诃般若波罗蜜梦中行品第五十九**

存16行，行3至14字。起："众生有上中下"，讫："当勤力"。西晋无罗叉译。经文见《大正藏》第8册，第93页A栏第11行至第26行。

Дx.10814 **大智度论卷第七十九释称扬品第六十五之余**

存18行，行4至17字。起："时欢喜自赞叹"，讫："得阿耨多"。龙树菩萨造、后秦鸠摩罗什译。经文见《大正藏》第25册，第614页A栏第7行至第24行。

Дx.10815 **大智度论卷第七十五释梦中人入三昧品第五十八**

存5行，行9至14字。起："生无缘不生"，讫："阿耨多罗"。龙树菩萨造、后秦鸠摩罗什译。经文见《大正藏》第25册，第587页C栏第13行至第18行。

Дx.10816 **金刚般若波罗蜜经**

存11行，行4至12字。起："土是不名"，讫："世尊如来"。北魏菩提流支译。经文见《大正藏》第8册，第755页C栏第5行至第15行。

Дx.10817 **华严经旨归明经益第九**

存9行，行2至7字。起："罗三藐三菩"，讫："彼处地"。唐法藏述。经文见《大正藏》第45册，第595页C栏第27行至第596页A栏第9行。

Дx.10818 **放光般若经卷第七摩诃般若波罗蜜守行品第三十三**

存4行，行1至17字。首3行完整。首题："摩诃般若波罗蜜放光经守行品第卅三"，讫："刀"。西晋无罗叉译。经文见《大正藏》第8册，第45页C栏第18行至第22行。

Дх.10819 摩诃般若波罗蜜经卷第四乘乘品第十六

存11行,行5至17字。首题:"摩诃般若波罗蜜乘大乘品第十六卷之七",讫:"蜜如是舍利"。后秦鸠摩罗什译。经文见《大正藏》第8册,第247页A栏19行至B栏第1行。

Дх.10820 摩诃般若波罗蜜经卷第十五譬喻品第五十一

存24行,行5至17字。后16行完整。起:"云何应学般",讫:"耨多罗三藐"。后秦鸠摩罗什译。经文见《大正藏》第8册,第331页B栏第10行至C栏第5行。

Дх.10821 摩诃般若波罗蜜经卷第二十摄五品第六十八

存26行,行2至17字。首5行、尾3行残。起:"持功德",讫:"切法"。后秦鸠摩罗什译。经文见《大正藏》第8册,第366页C栏第1行至第29行。

Дх.10822 摩诃般若波罗蜜经卷第十七梦行品第五十八

存21行,行10至13字。首题:"摩诃般若波罗蜜净土品第五十",讫:"有缘故业生"。后秦鸠摩罗什译。经文见《大正藏》第8册,第346页C栏28行至第347页A栏第22行。与现刊本分卷不同。

Дх.10823A 大方等大集经卷第八海慧菩萨品第五之一

存17行,行3至15字。起:"顺生死",讫:"施之菩萨摩"。北凉昙无谶译。经文见《大正藏》第13册,第48页C栏第28行至第49页A栏第16行。可与同号B片缀合,下接B片。

Дх.10823B 大方等大集经卷第八海慧菩萨品第五之一

存23行,行4至15字。起:"惹能如是思惟",讫:"持正法将"。北凉昙无谶译。经文见《大正藏》第13册,第49页A栏第16行至B栏第6行。上接同号A片。

Дх.10824 大般涅槃经卷第二十五光明遍照高贵德王菩萨品第十之五

存16行,行17字。起:"二部经甚",讫:"作者於廿"。北凉昙无谶译。经文见《大正藏》第12册,第511页A栏第13行至B栏第1行。

Дх.10825 摩诃般若波罗蜜经卷第五问乘品第十八

存29行,行17字。首行残存下段7字。起:"顶是名观顶三",讫:"名能照三昧"。后秦鸠摩罗什译。经文见《大正藏》第8册,第251页B栏第23行至C栏第2行。

Дх.10826 摩诃般若波罗蜜经卷第二三假品第七

存26行,行9至17字。首题:"摩诃般若波罗蜜经三假品之下",讫:"况色是菩萨"。后秦鸠摩罗什译。经文见《大正藏》第8册,第232页A栏第5行至B栏第1行。

Дх.10827 大智度论卷第九十五释平等品第八十六

存20行,行17字。首行残存10字。起:"垢不净佛告",讫:"波罗蜜世尊"。龙树菩萨造、后秦鸠摩罗什译。经文见《大正藏》第25册,第724页A栏第14行至B栏第5行。分卷与现刊本不同。

Дх.10828 摩诃般若波罗蜜经卷第二十摄五品第六十八

存21行,行2至10字。首题:"摩诃般若波罗蜜经卷第廿",讫:"波罗蜜/生声"。后秦鸠摩罗什译。经文见《大正藏》第8册,第367页B栏第23行至C栏第13行。

Дх.10829 增壹阿含经卷第三十二力品第三十八之二

存12行,行15至17字。起:"盛臭处诸",讫:"后皆由念"。僧伽提婆译。经文见《大正藏》第2册,第724页B栏第2行至第15行。

Дх.10830 入楞伽经卷第七无常品第八

存9行,行15至17字。起:"彼诸外道说",品题:"入楞伽经入道品第九",讫:"辟支佛三昧三"。北魏菩提流支译。经文见《大正藏》第16册,第554页B栏第28行至C栏第10行。

Дх.10831 **一切经音义卷第五十八**

存4行，行4至8字。起："奴定反苦谛也"，品题："第廿七卷"，讫："反说文蒿"。唐慧琳撰。经文见《大正藏》第54册，第695页A栏第21行至B栏第3行。

Дх.10832 **法门名义集身心品法门名义第一**

存5行，行5至7字。起："何尘著於细滑意"，讫："修灭心定者乃"。唐李师政撰。经文见《大正藏》第54册，第195页B栏第5行至第15行。

Дх.10833 **佛顶尊胜陀罗尼经序**

存12行，行2至9字。起："来礼"，讫："某在内不"。经文见《大正藏》第19册，第349页B栏第16行至第27行。

Дх.10834 **大唐龙兴三藏圣教序**

存23行。录文："（上残）大小之乘并鹫澄安俊德接武/微言著范历千古而畅[扬]英声至赜流规周十方而/（上残）扇魔军[风]遂使天下招提咸从毁废寰中法侣并混/（上残）之处荒凉慧苑无伤复经行之踪爰泊开皇重/（上残）哭神吟山鸣海沸既遭涂炭宁有伽蓝正法消/（上残）回于苦集之区俗蔽真宗羁绊于盖缠之内我大/（上残）视义轩□□□光万帮一统威加有载[截]泽被无垠□□络以还淳亘乾维而献欤再悬□□□补梵天龙宫将八柱斋/安鹫岭共五峰争峻大弘释教凉属□□□焉大福先寺翻经/三藏法师义净者范阳人也俗姓张氏五□□□□□□晋之前朱紫分辉/貂蝉合彩高祖为东斋郡守仁风扇甘□□□□□□□□部爰祖及父俱厌俗/荣放旷一丘逍遥三径含和体素养性恬神摘芝秀于东山挹清流于南涧可谓/幽寻丹嶠棲偃白云皋鹤于是吞声场驹以之蔡影法师幼挺明晤凤彰[章]聪/敏才踰辩李之岁心乐出家逾过游洛之年志寻西国业该经史学调古今/总三藏之玄枢明一乘之奥义既而闲居习静息虑安禅托彼山林远兹尘累三/十有七方遂雅怀以咸亨二年行至广府发踪结契数乃十人鼓棹

升航唯存一已巡南/滇以遐逝指西域以长驱历岩岫之千重凑涛之万里消失渐届天竺次至王城/佛说法花[华]严峰尚在 如来成道圣迹仍留吠舍城中献盖之踪不泯给孤/园内布金之地犹存三道宝阶居然目睹八大灵塔邈矣亲观所经三十余国凡历二十载/菩提树下屡攀折以淹留阿耨池边几濯缨而澡鉴法师慈悲作室忍辱为/衣长斋则一食自资长坐则六时无倦又古来翻译之者莫不先出梵文后资/汉译摛词方凭于学者诠义则禀于僧徒今兹法师不如是矣既闲五天竺语/又详二谛幽宗译义缀文咸由于已出指词定理匪假于傍求超汉代之摩腾跨。"唐中宗制。

Дх.10835 **佛顶尊胜陀罗尼经序**

存16行，行3至17字。起："将（中残）汉僧"，讫："以传未悟"。经文见《大正藏》第19册，第349页C栏第2行至第19行。

Дх.10836 **残片**

存1行。录文："不用远爱。"不可定名。

Дх.10837 **残片**

存2行。录文："□牵/见速成。"不可定名。

Дх.10838 **尚书正义卷第二十费誓第三十一**

存2行。正文单行大字，疏双行小字。录文："女[汝]则大[有]常刑（越逐为失垒伍/不还为粮盗汝则）/逾越人垣。"（圆括号中为双行小字注）

Дх.10838V **励忠节抄**

无图版。此据屈直敏《〈敦煌类书·励忠节抄〉校注商补（续）》定名，《敦煌学辑刊》2004年第1期，第26页至第38页。

Дх.10839 **郑虔残札**

存12行。录文："昨日於一处见公镌碑处殊为/精妙又知造代国公主碑若/事了得同东行要何可言虔/於江外制三碑兼自书二在/常州一在湖州便同舟往□/镌亦是小济耳必当定决也郑虔白 陈博士/於一处得五纸搨书并□佳作/上不多畜搨者所以不留足不/比求真延大多然未尝得佳/□□□使往所有异纵望分/□□□必不敢□□□□。"

Дх.10840 **大般若波罗蜜多经题签**

录文:"大般若波罗蜜多经卷第一百卅三十四"

Дх.10841 **大般若波罗蜜多经题签**

录文:"廿九/大般若波罗蜜多经卷第二百八十三。"

Дх.10842 **大般若波罗蜜多经题签**

录文:"卷第四百一。"

Дх.10843 **大般涅槃经题签**

录文:"大般涅槃经卷第廿二。"

Дх.10844 **大般若波罗蜜多经题签**

录文:"大般若波罗蜜多经卷第二百七十九恩廿八。"

Дх.10845 **大般若波罗蜜多经题签**

录文:"大般若波罗蜜多经卷第一百卅八十四界。"

Дх.10846 **大般若波罗蜜多经题签**

录文:"二百七十九/大般若波罗蜜多经卷第二百七十九廿八。"

Дх.10847 **大般若波罗蜜多经题签**

录文:"卅五/大般若波罗蜜多经卷第三百卅一。"

Дх.10848 **大般若波罗蜜多经题签**

录文:"五十/大般若波罗蜜多经卷第四百廿四卅三永。"

Дх.10849 **大般若波罗蜜多经题签**

录文:"大般若波罗蜜多经卷第二百五十五廿六永。"

Дх.10850 **大般若波罗蜜多经题签**

录文:"大般若波罗蜜多经卷第二百廿二廿三。"

Дх.10851 **大般若波罗蜜多经题签**

录文:"大般若波罗蜜多经卷第一百卅二十五。"

Дх.10852 **大般若波罗蜜多经卷第一百七十七初分难信解品第三十四之九十六**

存11行,行6至8字。起:"若一切智智清净",讫:"菩萨十地清净"。唐玄奘译。经文见《大正藏》第6册,第403页B栏第3行至第14行。

Дх.10853 **大般若波罗蜜多经卷第二十一初分教诫教授品第七之十一**

存4行,行6至8字。起:"定十遍处不空增",讫:"是菩萨摩诃"。唐玄奘译。经文见《大正藏》第5册,第114页B栏第13行至第16行。

Дх.10854 **大般若波罗蜜多经卷第一百九十二初分难信解品第三十四之十一**

存18行,行5至9字。起:"至十八佛不共",讫:"养育清净"。唐玄奘译。经文见《大正藏》第5册,第1028页C栏第3行至第18行。

Дх.10855 **大般若波罗蜜多经卷第五百第三分天帝品第四之三**

存11行,行8至10字。首题:"蜜多经卷第五百",讫:"虚空中合成花台庄"。唐玄奘译。经文见《大正藏》第7册,第543页A栏第2行至第14行。

Дх.10856 **大般若波罗蜜多经卷第四百一十四第二分三摩地品第十六之二**

存12行,行6至13字。起:"顺三摩地谓",讫:"月净光三摩地"。唐玄奘译。经文见《大正藏》第7册,第77页A栏第21行至B栏第2行。

Дх.10857 **大般若波罗蜜多经卷第二百九十八初分难闻功德品第三十九之二**

裂为前后两段。前段,存9行,行3至11字。起:"不住非",讫:"非住非不住非习"。唐玄奘译。经文见《大正藏》第6册,第514页C栏第19行至第28行。后段,存10行,行3至11字。起:"后中际不可得",讫:"空解脱"。经文见《大正藏》第6册,第514页C栏第9行至第17行。与前段同经同品,同一抄卷,后段在前,两段可以缀合。

Дх.10858 **大般若波罗蜜多经卷第八十六初分学般若品第二十六之二**

存7行，行10至17字。起："相空一切法"，讫："外空乃至无性"。唐玄奘译。经文见《大正藏》第5册，第478页C栏第19行至第24行。

Дx.10859 大般若波罗蜜多经卷第二百七十三初分难信解品第三十四之九十二

存9行，行2至8字。起："明清净"，讫："断故"。唐玄奘译。经文见《大正藏》第6册，第381页C栏第16行至第23行。

Дx.10860 大般若波罗蜜多经卷第三百五十六初分多问不二品第六十一之六

存10行，行2至9字。首题："（上缺）第三百五十六"，讫："萨摩"。唐玄奘译。经文见《大正藏》第6册，第830页C栏第21行至第831页A栏第4行。

Дx.10861 大般若波罗蜜多经卷第四百一十一第二分譬喻品第十一

存11行，行7至8字。起："定法住实际"，讫："句义亦复如"。唐玄奘译。经文见《大正藏》第7册，第57页B栏第21行至C栏第2行。

Дx.10862 大般若波罗蜜多经卷第一百二十初分校量功德品第三十之十八

存15行，行5至12字。起："第卅之十八"，讫："般若波罗蜜多性空"。经未抄写完，尾行"经卷第一百廿三"为杂写。唐玄奘译。经文见《大正藏》第5册，第656页A栏第7行至第26行。背有写经题记："氾文德。"

Дx.10863 大般若波罗蜜多经卷第五百七十五第七曼殊室利分之二

存6行，行10至17字。起："释时与无量"，讫："愿我等辈"。唐玄奘译。经文见《大正藏》第7册，第974页A栏第2行至第7行。

Дx.10864 大般若波罗蜜多经卷第五百四十五第四分清净品第八

存12行，行1至9字。起："百卅五"，讫："为自性／前"。唐玄奘译。经文见《大正藏》第7册，第801页C栏第9行至第23行。

Дx.10865 大般若波罗蜜多经卷第三百一十八趣智品第四十六之三

存10行，行4至11字。首题："大般若波罗蜜多经卷第三"，讫："一切智智"。唐玄奘译。经文见《大正藏》第6册，第620页C栏第21行至第621页A栏第3行。

Дx.10866 大般若波罗蜜多经卷第八十二初分诸天子品第二十三之二

存14行，行5至8字。起："支八圣道"，讫："三摩地门如幻"。唐玄奘译。经文见《大正藏》第5册，第458页A栏第21行至B栏第6行。经文中"天""地"为武周新字。

Дx.10867 大般若波罗蜜多经卷第四百一十一第二分譬喻品第十一

存10行，行3至9字。首题："大般若波罗蜜"，讫："如是实"。唐玄奘译。经文见《大正藏》第7册，第57页B栏第7行至第18行。

Дx.10868 大般若波罗蜜多经卷第五百一十五第三分不退相品第二十之二

存9行，行1至17字。完整者5行。起："性／为性自相本空"，讫："虚空"。唐玄奘译。经文见《大正藏》第7册，第630页B栏第21行至第29行。

Дx.10869 残佛经

存2行。录文："相观以为定境又／常无常相是名定。"未检出。

Дx.10870 大般若波罗蜜多经卷第一百九十五初分难信解品第三十四之十四

存5行，行2至10字。起："无"，讫："菩萨十地清"。唐玄奘译。经文见《大正藏》第5册，第1047页B栏第26行至第29行。

Дx.10871 金光明最胜王经卷第十舍身品第二十六

存11行，行1至9字。起："众"，讫："不诸苾刍"。唐义净译。经文见《大正藏》第16册，第450页C栏第23行至第451页A栏第5行。

Дx.10872 太上洞渊神咒经卷第四

存6行，行18字。尾题："洞渊神咒经卷第四。"后杂写"大般若波罗蜜多经第五百八十九""佛说楞伽经""大般"等。

Дx.10873 大般若波罗蜜多经卷第一百六十二初分校量功德品第三十之六十

存13行，行8至18字。起："无我亦不可得"，讫："此等说是"。唐玄奘译。经文见《大正藏》第5册，第871页B栏第9行至第21行。

Дx.10874A 大般若波罗蜜多经卷第一百九十二初分难信解品第三十四之十一

存17行，行2至14字。起："无二"，讫："清净色清"。唐玄奘译。经文见《大正藏》第5册，第1028页C栏第26行至第1029页A栏第13行。

Дx.10874B 大般若波罗蜜多经卷第一百三十初分校量功德品第三十之三十四

存7行，行4至17字。起："耳鼻舌口"，讫："若无我应"。唐玄奘译。经文见《大正藏》第5册，第738页C栏第20行至第26行。

Дx.10874C 大般若波罗蜜多经卷第一百九十二初分难信解品第三十四之十一

存14行，行3至8字。起："无所畏"，讫："相智清净"。唐玄奘译。经文见《大正藏》第5册，第1028页C栏第1行至第14行。

Дx.10875 大般若波罗蜜多经卷第一百八十一初分谤般若品第三十三

存8行，行4至17字。起："乘之心是"，讫："庾多佛於诸"。唐玄奘译。经文见《大正藏》第5册，第976页B栏第10行至第18行。经文中"国""正"为武周新字。

Дx.10876 大般若波罗蜜多经卷第四百二十二第二分无边际品第二十三之三

存11行，行5至17字。起："支无所"，讫："可得十八佛"。唐玄奘译。经文见《大正藏》第7册，第118页C栏第5行至第15行。

Дx.10877 大般若波罗蜜多经卷第三百七十八初分无相无得品第六十六之六

存13行，行9至13字。起："亦能圆满"，讫："菩萨摩诃萨圆"。唐玄奘译。经文见《大正藏》第6册，第951页A栏第5行至第17行。

Дx.10878 大般若波罗蜜多经卷第二十四初分教诫教授品第七之十四

存13行，行8至17字。起："远离若不远离"，讫："法处若有漏"。唐玄奘译。经文见《大正藏》第5册，第134页B栏第22行至C栏第7行。

Дx.10879 大般若波罗蜜多经卷第三百四十九初分相引摄品第六十之一

存11行，行10至17字。起："见事不见性"，讫："不见事不见"。唐玄奘译。经文见《大正藏》第6册，第795页C栏第19行至第29行。

Дx.10880 大般若波罗蜜多经卷第一百九十五初分难信解品第三十四之十四

存3行，行6至7字。录文："法界乃至不思议/无二无分无别/清净故苦谛清净。"唐玄奘译。经文见《大正藏》第5册，第1047页A栏第20行至第22行。

Дx.10881 大般若波罗蜜多经卷第四百八十三第三分善现品第三之二

存4行，行5至7字。起："得故诸菩"，讫："时应如是学"。唐玄奘译。经文见《大正藏》第7册，第450页A栏第14行至第27行。经文"时应如是学"，现刊本为"当劝修学"。

Дx.10882 大般若波罗蜜多经卷第三百二十六初分不退转品第四十九之二

存4行，行5至10字。起："摩诃萨恒常"，讫："萨摩诃萨"。唐玄奘译。经文见《大正藏》第6册，第666页A栏第12行至第15行。

Дx.10883 大般若波罗蜜多经卷第二百五十五初分难信解品第三十四之七十四

存4行，行4至5字。起："戒乃至般若"，讫："断故善现"。唐玄奘译。经文见《大正藏》第6册，

289页C栏第15行至第18行。

Дх.10884A **大般若波罗蜜多经卷第七十八初分天帝品第二十二之二**

存9行，行11至16字。起："复次憍尸迦"，讫："乃至无性自"。唐玄奘译。经文见《大正藏》第5册，第437页B栏第24行至C栏第3行。与Дх.10884B同经同品，此残片在后。

Дх.10884B **大般若波罗蜜多经卷第七十八初分天帝品第二十二之二**

存4行，行2至13字。起："愁叹苦忧"，讫："蜜多"。唐玄奘译。经文见《大正藏》第5册，第437页B栏第20行至C栏第23行。下接Дх.10884A，同经同品，经文可缀合。

Дх.10885 **大般若波罗蜜多经卷第四百四十八第二分真如品第五十二之三**

存17行，行4至10字。起："如来威神之力"，讫："大慈心不"。唐玄奘译。经文见《大正藏》第7册，第258页C栏第9行至第25行。

Дх.10886 **大般若波罗蜜多经卷第一百九十四初分难信解品第三十四之十三**

存9行，行5至9字。起："四无量四无色"，讫："八胜处九次"。唐玄奘译。经文见《大正藏》第5册，第1038页C栏第21行至第28行。

Дх.10887 **大般若波罗蜜多经卷第二百八初分难信解品第三十四之二**

存11行，行5至9字。起："若一切智智"，讫："无二分无别"。唐玄奘译。经文见《大正藏》第6册，第37页C栏第1行至第11行。

Дх.10888 **大般若波罗蜜多经卷第四百八十八第三分善现品第三之七**

存14行，行6至13字。起："作非不作何以"，讫："非作非不"。唐玄奘译。经文见《大正藏》第7册，第478页B栏第2行至第15行。

Дх.10888V **残片**

存"九卷"2字。不可定名。

Дх.10889 **大般若波罗蜜多经卷第一百六十八初分校量功德品第三十之六十六**

存12行，行4至11字。首题："一百六十八"，品题："六十六三藏法师玄奘奉诏译"，讫："获功德甚"。唐玄奘译。经文见《大正藏》第5册，第902页A栏第14行至B栏第1行。

Дх.10890 **大般若波罗蜜多经卷第二百五十七初分难信解品第三十四之七十六**

存16行，行3至11字。起："无住无"，讫："见四念住"。唐玄奘译。经文见《大正藏》第7册，第124页A栏第14行至第28行。

Дх.10891 **大般若波罗蜜多经卷第四百二十三第二分无边际品第二十三之四**

存14行，行8至11字。起："界清净若法"，讫："无二无"。唐玄奘译。经文见《大正藏》第6册，第304页A栏第2行至第16行。

Дх.10892 **大般若波罗蜜多经卷第二百九十八初分难闻功德品第三十九之二**

存9行，行8至14字。起："五眼若於"，讫："是菩萨摩"。唐玄奘译。经文见《大正藏》第6册，第514页C栏第29行至第515页A栏第8行。

Дх.10893A **大般若波罗蜜多经卷第五百五十二第四分迅速品第二十五之一**

存13行，行8至13字。起："尔时具寿"，讫："具寿善现"。唐玄奘译。经文见《大正藏》第7册，第846页A栏第24行至B栏7行。

Дх.10893B **大般若波罗蜜多经卷第五百五十二第四分无杂无异品第二十四**

存9行，行8至16字。起："告庆喜诸"，讫："同彼学若彼"。唐玄奘译。经文见《大正藏》第7册，第846页A栏第9行至第18行。

Дх.10893C **大般若波罗蜜多经卷第五百五十二第四分无杂无异品第二十四**

存8行，行6至15字。起："诃萨远离般若"，讫："是念今此菩萨"。唐玄奘译。经文见《大正藏》第

7册，第844页B栏第12行至第19行。

Дx.10893D 大般若波罗蜜多经卷第五百五十二第四分无杂无异品第二十四

存14行，行10至17字。起："恃名姓及"，讫："恶魔之所扰"。唐玄奘译。经文见《大正藏》第7册，第845页A栏第3行至第16行。

Дx.10894 大般若波罗蜜多经卷第二百一十九初分难信解品第三十四之三十八

存17行，行7至14字。起："菩萨摩诃萨"，讫："清□净眼处清净"。唐玄奘译。经文见《大正藏》第6册，第97页A栏第20行至B栏第7行。

Дx.10895 大般若波罗蜜多经卷第四百八十五第三分善现品第三之四

存26行，行10至17字。首题："大般若波罗蜜多经卷第"，讫："舍利子问"。唐玄奘译。经文见《大正藏》第7册，第460页C栏第1行至第461页A栏第1行。与现刊本分卷不同，经文品题为"第三分善现品第二之四"，现刊本为"第三之四"。

Дx.10896 大般若波罗蜜多经卷第一百三十四初分校量功德品第三十之三十二

存18行，行12至17字。首题："大般若波罗蜜多经卷第一百卅四"，品题："初分校量功德品第卅之卅二"，讫："是般若波罗蜜"。唐玄奘译。经文见《大正藏》第5册，第728页C栏第10行至第729页A栏第1行。

Дx.10897 大般若波罗蜜多经卷第二十四初分教诫教授品第七之十四

存18行，行1至17字。起："即声香味触"，讫："增语是菩/有"。唐玄奘译。经文见《大正藏》第5册，第134页B栏第8行至第24行。天头有"兑"字。

Дx.10898 大般若波罗蜜多经卷第二百五十八初分难信解品第三十四之七十七

存28行，行9至14字。起："善现一切智"，讫："净戒安忍精进静虑"。唐玄奘译。经文见《大正藏》第6册，第304页B栏第20行至C栏第19行。

Дx.10899 大般若波罗蜜多经卷第四百一十八第二分超胜品第二十之二

存25行，行13至17字。起："无边若一切"，讫："所有故当知"。唐玄奘译。经文见《大正藏》第7册，第101页A栏第26行至B栏第23行。

Дx.10900 大般若波罗蜜多经卷第八十二初分诸天子品第二十三之二

存28行，行13至16字。起："以一切陀罗"，讫："异生地如幻"。唐玄奘译。经文见《大正藏》第5册，第458页B栏第6行至C栏第5行。经文中"天""地"为武周新字。经文上下裂为三段，文字可连接。

Дx.10901 大般若波罗蜜多经卷第一百八十六初分难信解品第三十四之五

存56行，行7至15字。起："所生诸受清"，讫："意触为缘所生"。唐玄奘译。经文见《大正藏》第5册，第999页B栏第7行至第1000页A栏第5行。

Дx.10902 大般若波罗蜜多经卷第五百第三分天帝品第四之三

存18行，行2至11字。起："无二"，讫："施波罗蜜多乃至如"。唐玄奘译。经文见《大正藏》第7册，第543页C栏第17行至第544页A栏第5行。

Дx.10903 大般若波罗蜜多经卷第三百二十六初分不退转品第四十九之二

存16行，行3至17字。除首行、尾行残缺外，其余完整。起："瞋恚惛沉"，讫："摩诃萨"。唐玄奘译。经文见《大正藏》第6册，第666页A栏第16行至B栏第2行。

Дx.10904 大般若波罗蜜多经卷第二百五十一初分难信解品第三十四之七十

存18行，行2至17字。首3行上残，尾4行下残，完整者11行。起："(前残)卷第二百五十一"，品题："卅四之十一三藏法师玄奉诏译"，讫："断故"。唐玄奘译。经文见《大正藏》第6册，第267页A栏第1行至第22行。

Дx.10905 **大般若波罗蜜多经卷第五百四十三第四分随喜回向品第六之一**

存27行,行14至16字。上部残。起:"坏名大回向",讫:"胜为尊为高"。唐玄奘译。经文见《大正藏》第7册,第795页A栏第28行至B栏第26行。

Дx.10906 **大般若波罗蜜多经卷第三百六初分佛母品第四十一之二**

存14行,行13至17字。首行上部缺6字,其余完整。起:"法界经文见",讫:"真如真如乃"。唐玄奘译。经文见《大正藏》第6册,第557页C栏第10行至第23行。

Дx.10906V **杂写**

存1行,总4字。录文:"卅一第六。"

Дx.10907 **大般若波罗蜜多经卷第五百一十第三分现世间品第十五之一**

存28行,行5至17字。起:"知彼诸有诸类略",讫:"都不可得况"。唐玄奘译。经文见《大正藏》第7册,第502页C栏第5行至第503页A栏第3行。

Дx.10908 **大般若波罗蜜多经卷第二百八十初分难信解品第三十四之九十九**

存26行,行15至17字。首3行、尾7行下部残2字。首题:"大般若波罗蜜多经卷第二百八十",品题:"初分难信解品第卅四之九十九三藏法师唐玄奘译",讫:"正等菩提清净"。唐玄奘译。经文见《大正藏》第6册,第419页A栏第2行至B栏第3行。

Дx.10909 **大般若波罗蜜多经卷第三百五十二初分多问不二品第六十一之二**

存19行,行6至17字。起:"所缘如是不思",讫:"切相亦不思"。唐玄奘译。经文见《大正藏》第6册,第808页B栏第18行至第29行。

Дx.10910 **大般若波罗蜜多经卷第一百一十三初分校量功德品第三十之十一**

存17行,行11至17字。起:"庆喜耳鼻舌身",讫:"智智修习四静"。唐玄奘译。经文见《大正藏》第5册,第620页C栏第14行至第621页A栏第2行。

Дx.10911 **大般若波罗蜜多经卷第四百一十一第二分譬喻品第十一**

存24行,行11至17字。首11行下部残缺。起:"尔时具寿",讫:"当通达一切"。唐玄奘译。经文见《大正藏》第7册,第60页A栏第9行至B栏第2行。

Дx.10912 **大般若波罗蜜多经卷第四百四十三第二分示相品第四十七之二**

存26行,行8至17字。起:"如来如实觉",讫:"是一切智相如"。唐玄奘译。经文见《大正藏》第7册,第232页A栏第2行至第26行。

Дx.10913 **大般若波罗蜜多经卷第五百五十九第五分地狱品第八**

存22行,行3至17字。起:"为引发",讫:"多不为显"。唐玄奘译。经文见《大正藏》第7册,第883页C栏第12行至第884页A栏第4行。

Дx.10914 **大般若波罗蜜多经卷第三百四初分魔事品第四十之二**

存21行,行5至17字。起:"善审思勿后",讫:"修习思惟为他"。唐玄奘译。经文见《大正藏》第6册,第548页C栏第27行至第549页A栏第20行。

Дx.10915 **大般若波罗蜜多经卷第一百五十九初分校量功德品第三十之五十七**

存13行,行13至15字。起:"常不应观色",讫:"不应观色"。唐玄奘译。经文见《大正藏》第5册,第857页A栏第16行至第28行。

Дx.10916 **大般若波罗蜜多经卷第四百一十三第二分无缚解品第十五**

存21行,行2至17字。起:"至乃",讫:"来见加害我"。唐玄奘译。经文见《大正藏》第7册,第68页C栏第26行至第69页A栏第18行。

Дx.10917 **大般若波罗蜜多经卷第一百六十二初分校量功德品第三十之六十**

存25行,行9至17字。首题:"大般若波罗蜜多经卷第一百六十二",品题:"初分校量功德品第卅之六十",讫:"菩萨摩诃萨"。唐玄奘译。经文见《大正藏》第5册,第871页A栏第8行至B栏第6行。

Дx.10918 **大般若波罗蜜多经卷第一百一十六初分校量功德品第三十之十四**

存19行,行4至17字。起:"尊云何以",讫:"触鼻为缘"。唐玄奘译。经文见《大正藏》第5册,第636页C栏第10行至第28行。

Дx.10919 **大般若波罗蜜多经卷第二百二十六初分难信解品第三十四之四十五**

存28行,行10至17字。首13行下部残。起:"清净若一切",讫:"若一切三摩"。唐玄奘译。经文见《大正藏》第6册,第135页A栏第3行至B栏第3行。

Дx.10920 **大般若波罗蜜多经卷第二百九十一初分著不著相品第三十六之五**

存27行,行17字。为一整页。起:"世尊如虚空",讫:"多亦复如是"。唐玄奘译。经文见《大正藏》第6册,第479页A栏第29行至B栏第24行。

Дx.10921 **大般若波罗蜜多经卷第二百三十九初分难信解品第三十四之五十八**

存24行,行17字。起:"净故一切智",讫:"清净故舌界"。唐玄奘译。经文见《大正藏》第6册,第209页A栏第29行至B栏第24行。天头有"兑"字。

Дx.10922 **大般若波罗蜜多经卷第二百四十六初分信解品第三十四之六十五**

存16行,首行9字,其余均为17字。起:"故布施波",讫:"可得空无性"。唐玄奘译。经文见《大正藏》第6册,第241页B栏第16行至C栏第2行。

Дx.10923 **大般若波罗蜜多经卷第四百八十二第三分舍利子品第二之四**

存11行,行17字。起:"蜜多是成就",讫:"波罗蜜多"。唐玄奘译。经文见《大正藏》第7册,第445页C栏第24行至第446页A栏第5行。

Дx.10924 **大般若波罗蜜多经卷第三百四十九初分相引摄品第六十之一**

存15行,行1至17字。首2行上残,尾行下残。起:"鼻舌身意",讫:"名不见事不"。唐玄奘译。经文见《大正藏》第6册,第795页C栏第28行至第796页A栏第14行。天头有"兑"字。

Дx.10925 **大般若波罗蜜多经卷第四百六十八第二分无杂品第七十五之二**

存28行,行17字。起:"圆满放大光明",讫:"势力而生色无"。唐玄奘译。经文见《大正藏》第7册,第366页B栏第2行至C栏第1行。上接Дx.10926。

Дx.10926 **大般若波罗蜜多经卷第四百六十八第二分无杂品第七十五之二**

存26行,行17字。首题:"大般若波罗蜜多经卷第四百六十八",品题:"第二分无杂品第七十五之二三藏法师唐玄奘译",讫:"诸相随好皆得"。唐玄奘译。经文见《大正藏》第7册,第366页A栏第1行至B栏第1行。下接Дx.10925。

Дx.10927 **妙法莲华经卷第七观世音菩萨普门品第二十五**

见Дx.02702。

Дx.10928 **金刚般若波罗蜜经**

存11行,行9至10字。起:"须菩提於意",讫:"悉知悉见是"。后秦鸠摩罗什译。经文见《大正藏》第8册,第749页A栏第21行至B栏第4行。

Дx.10929 **金刚般若波罗蜜经**

见Дx.06210。

Дx.10930 **佛说佛名经卷第十九**

存8行,行11至12字。上部残。起:"今日发露",讫:"八自在我"。失译。经文见《大正藏》第14册,第265页A栏第13行至第21行。

Дx.10931 **金刚般若波罗蜜经**

存11行,行1至9字。起:"福德不应贪",讫:"名"。后秦鸠摩罗什译。经文见《大正藏》第8册,第752页B栏第1行至第13行。

Дх.10932　金刚般若波罗蜜经

存6行,行12至17字。起:"多不甚多",讫:"一合相者"。后秦鸠摩罗什译。经文见《大正藏》第8册,第752页B栏第7行至第14行。

Дх.10933　金刚般若波罗蜜经

存11行,行5至15字。起:"色声香味",讫:"者世尊佛"。后秦鸠摩罗什译。经文见《大正藏》第8册,第749页B栏第28行至C栏第10行。

Дх.10934　金刚般若波罗蜜经

存8行,行9至17字。起:"菩萨应离",讫:"此法无实无虚"。后秦鸠摩罗什译。经文见《大正藏》第8册,第750页B栏第20行至第29行。

Дх.10935　金刚般若波罗蜜经

存13行,行3至17字。起:"如来有所",讫:"非佛法"。后秦鸠摩罗什译。经文见《大正藏》第8册,第749页B栏第14行至第25行。

Дх.10936　金刚般若波罗蜜经

存8行,行6至8字。起:"为着我人众",讫:"阿褥多罗三"。后秦鸠摩罗什译。经文见《大正藏》第8册,第749页B栏第7行至第15行。

Дх.10937　金刚般若波罗蜜经

存13行,行6至17字。起:"此般若波",讫:"如我解佛所说义"。后秦鸠摩罗什译。经文见《大正藏》第8册,第752页A栏第2行至第15行。

Дх.10938　金刚般若波罗蜜经

见Дх.04821。

Дх.10939　金刚般若波罗蜜经

存14行,行5至12字。起:"世尊何以故",讫:"而实无来"。后秦鸠摩罗什译。经文见《大正藏》第8册,第749页B栏第20行至C栏第6行。

Дх.10940　金刚般若波罗蜜经

存14行,行10字。起:"如是降伏",讫:"四维上下"。后秦鸠摩罗什译。经文见《大正藏》第8册,第749页A栏第3行至第17行。

Дх.10941　金刚般若波罗蜜经

见Дх.01086。

Дх.10941A　妙法莲华经卷第七妙音菩萨品第二十四

存2行,行1至4字。录文:"音菩萨已/河。"后秦鸠摩罗什译。经文见《大正藏》第9册,第56页A栏第12行至第13行。

Дх.10942　金刚般若波罗蜜经

存10行,行1至11字。起:"生灭度一切",讫:"授记"。后秦鸠摩罗什译。经文见《大正藏》第8册,第751页A栏第12行至第23行。

Дх.10943　金刚般若波罗蜜经

存17行,行3至13字。起:"须菩提於",讫:"具足是"。后秦鸠摩罗什译。经文见《大正藏》第8册,第751页B栏第22行至C栏第11行。

Дх.10944　金刚般若波罗蜜经

存10行,行8至15字。起:"东方虚空",讫:"莫作是说"。后秦鸠摩罗什译。经文见《大正藏》第8册,第749页A栏第16行至第28行。

Дх.10945　金刚般若波罗蜜经

存5行,行8至17字。起:"有世尊如来",讫:"善男子善"。后秦鸠摩罗什译。经文见《大正藏》第8册,第748页C栏第26行至第749页A栏第2行。

Дх.10946　金刚般若波罗蜜经

存4行,行17字。起:"须菩提若",讫:"非微尘众"。后秦鸠摩罗什译。经文见《大正藏》第8册,第752页B栏第6行至第10行。

Дх.10947　金刚般若波罗蜜经

存18行,行6至8字。起:"能生信心",讫:"须菩提於意云何"。后秦鸠摩罗什译。经文见《大正藏》第8册,第749页A栏第29行至B栏第18行。

Дх.10948　金刚般若波罗蜜经

存10行,行8至9字。起:"须菩萨",讫:"是章句"。后秦鸠摩罗什译。经文见《大正藏》第8册,第749页A栏第26行至B栏第2行。

Дх.10949　Дх.10969　Дх.10987　金刚般若波罗蜜经

存26行,行17字。中有数处破洞,首下部残。

首题："金刚般若波罗蜜经"，讫："世尊须菩提"。后秦鸠摩罗什译。经文见《大正藏》第8册，第748页C栏第15行至第749页A栏第17行。

Дx.10950　金刚般若波罗蜜经

存17行，行3至13字。起："多不须菩"，讫："界是名"。后秦鸠摩罗什译。经文见《大正藏》第8册，第750页A栏第2行至第20行。

Дx.10951　金刚般若波罗蜜经

见Дx.04821。

Дx.10952　梁朝傅大士颂金刚经

存12行，行11至12字。偈语10字。起："清净则生"，讫："是名大身"。有界栏。自首行"清净则生宝相"至第6行"心灭境无侵"，经文见《大正藏》第85册，第4页C栏第20行至第25行。现刊本《大正藏》为"心灭无境心"。第7行"庄严绝能处"至卷尾"是名大身"，经文见《大正藏》第85册，第4页A栏第1行至第5行。

Дx.10952V　梁朝傅大士颂金刚经

经折装。存12行，行10至15字。起："弥勒颂曰"，讫："是经信心"。有界栏。自首行至第6行"云何是诸"，经文见《大正藏》第85册，第4页A栏第6行至第13行。自第7行"弥勒颂曰"至尾"是经信心"，经文见《大正藏》第85册，第4页C栏第15行至第20行。上接Дx.10951。

Дx.10953　梁朝傅大士颂金刚经

册页装。存2页，共32行，行13字左右。均完整。起："者见是名"，讫："故名如来"。册页散开后，内容顺序已乱。经文应从第8行"故须菩提白佛言"始，为"不受不贪分第二十八"内容。中有品题："威仪寂静分第二十九、合相理分第三十、知见不生分第三十一。"经文见《大正藏》第85册，第8页A栏第7行至B栏第13行。

Дx.10954　梁朝傅大士颂金刚经

册页装。存4页，共59行，行12字左右。均完整。册页散开后，经文顺序已乱。首2页，经文应从第2页后折"此经不能听受"始，为"持经功德分第十五"内容，后接"能净业障分第十六"，有品题，至首页上折尾行"持读此经所得"止。经文见《大正藏》第85册，第5页C栏第10行至第6页A栏第14行。无弥勒颂文。后2页，每折7至8行，行13字左右。起："我所说义何以故"及之后7行，为"知见不生分第三十一"内容，后接"应化非真分第三十二"。尾题："金刚般若波罗蜜经。"尾题后有"西川过家真印本""大身真言""随心真言"。无弥勒颂。经文见《大正藏》第85册，第8页B栏第4行至C栏第17行。

Дx.10955　金刚般若波罗蜜经

见Дx.01755。

Дx.10956　金刚般若波罗蜜经

存15行，行3至14字。起："子善女人"，讫："佛所说"。后秦鸠摩罗什译。经文见《大正藏》第8册，第710页A栏第4行至第18行。

Дx.10957　金刚般若波罗蜜经

存12行，行8至15字。起："罗所应供养"，讫："有受持读"。后秦鸠摩罗什译。经文见《大正藏》第8册，第750页C栏第21行至第751页A栏第5行。

Дx.10958　金刚般若波罗蜜经

存13行，行3至16字。起："恒河尚"，讫："名为金刚般若"。后秦鸠摩罗什译。经文见《大正藏》第8册，第749页C栏第28行至第750页A栏第13行。

Дx.10959　金刚般若波罗蜜经

见Дx.01755。

Дx.10960　金刚般若波罗蜜经

存9行，行4至11字。起："持乃至四"，讫："斯陀含果不须"。后秦鸠摩罗什译。经文见《大正藏》第8册，第749页B栏第22行至C栏第1行。

Дx.10961　金刚般若波罗蜜经

存8行，行3至9字。起："右膝著"，讫："是降伏其心"。后秦鸠摩罗什译。经文见《大正藏》第8册，第748页C栏第25行至第749页A栏第3行。

Дx.10962 **金刚般若波罗蜜经**

存6行，行3至11字。起："三菩提"，讫："三藐三菩提"。后秦鸠摩罗什译。经文见《大正藏》第8册，第751页A栏第17行至第21行。

Дx.10963 **金刚般若波罗蜜经**

存6行，行4至12字。起："信须菩提"，讫："三藐三菩提者"。后秦鸠摩罗什译。经文见《大正藏》第8册，第751页A栏第6行至第11行。

Дx.10964 **金刚般若波罗蜜经**

存9行，行4至17字。起："相无人相"，讫："得法此法"。后秦鸠摩罗什译。经文见《大正藏》第8册，第750页B栏第20行至第29行。

Дx.10965 Дx.10975 **金刚般若波罗蜜经**

存15行，行4至17字。起："偏袒右"，讫："我相人相众生"。后秦鸠摩罗什译。经文见《大正藏》第8册，第748页C栏第25行至第749页A栏第11行。

Дx.10966 **金刚般若波罗蜜经**

存6行，行5至6字。起："不惊不怖"，讫："尔时无我"。后秦鸠摩罗什译。经文见《大正藏》第8册，750页B栏第10行至第15行。

Дx.10967 **金刚般若波罗蜜经**

存7行，行6至14字。起："世尊如来"，讫："三藐三菩"。后秦鸠摩罗什译。经文见《大正藏》第8册，第402页B栏第16行至第22行。

Дx.10968 **摩诃般若波罗蜜经卷第二十五实际品第八十**

存7行，行1至10字。起："阿褥"，讫："中"。后秦鸠摩罗什译。经文见《大正藏》第8册，第402页B栏第15行至第22行。

Дx.10969 **金刚般若波罗蜜经**

见Дx.10949。

Дx.10970 **金刚般若波罗蜜经**

存7行，行4至8字。起："是故如来"，讫："菩提"。后秦鸠摩罗什译。经文见《大正藏》第8册，749页B栏第21行至第27行。

Дx.10971 **金刚般若波罗蜜经**

存20行，行2至17字。起："一切众生"，讫："提言"。后秦鸠摩罗什译。经文见《大正藏》第8册，第751页A栏第12行至B栏第4行。

Дx.10972 **金刚般若波罗蜜经**

存2行，行1至4字。录文："须/尊何以故。"

Дx.10973 Дx.10974 **金刚般若波罗蜜经**

存9行，行1至3字。起："善女人"，讫："法得"。后秦鸠摩罗什译。经文见《大正藏》第8册，第751页A栏第10行至B栏第4行。

Дx.10975 **金刚般若波罗蜜经**

见Дx.10965。

Дx.10976 **金刚般若波罗蜜经**

存2行，行3字。录文："世尊不/身相即。"后秦鸠摩罗什译。经文见《大正藏》第8册，第749页A栏第22行至第23行。

Дx.10977 **金刚般若波罗蜜经**

存9行，行3至17字。起："蜜则非"，讫："三十二相"。后秦鸠摩罗什译。经文见《大正藏》第8册，第750页A栏第14行至第23行。

Дx.10978 **摩诃般若波罗蜜经卷第二十一方便品第六十九**

存14行，行3至11字。起："可得云何当"，讫："般若波"。后秦鸠摩罗什译。经文见《大正藏》第8册，第373页B栏第7行至第21行。

Дx.10979 **金刚般若波罗蜜经**

存7行，行17字。起："提言甚多"，讫："念我得须"。后秦鸠摩罗什译。经文见《大正藏》第8册，第749页B栏第20行至第27行。

Дx.10980 **金刚般若波罗蜜经**

存13行，行12至15字。起："佛不能解"，讫："及一百千万"。后秦鸠摩罗什译。经文见《大正藏》第8册，第751页C栏第13行至第752页A栏第4行。有异文。

Дx.10981 **金刚般若波罗蜜经**

存10行，行5至9字。起："座而坐时长老"，讫："须菩提诸菩"。后秦鸠摩罗什译。经文见《大正藏》第8册，第748页C栏第24行至第749页A栏第5行。

Дx.10982　金刚般若波罗蜜经

三残片。其一，下部残。存22行，行1至8字。起："世尊不可以"，讫："法"。后秦鸠摩罗什译。经文见《大正藏》第8册，第749页A栏第22行至B栏第16行。其二，上部残。存6行，行7至9字。起："何以故佛"，讫："三千大千世界"。经文见《大正藏》第8册，第749页C栏第25行至第750页A栏第1行。其三，上部残。存9行，行2至4字。起："是名"，讫："尊我今得"。经文见《大正藏》第8册，第750页A栏第23行至B栏第6行。三片虽同经同品，经文不可缀合。

Дx.10983　金刚般若波罗蜜经

存11行，行9至10字。起："作佛号释迦"，讫："是故佛说"。后秦鸠摩罗什译。经文见《大正藏》第8册，第751页A栏第26行至B栏第8行。

Дx.10984　金刚般若波罗蜜经

存9行，行4至17字。起："生实信不佛"，讫："则为著我"。后秦鸠摩罗什译。经文见《大正藏》第8册，第749页A栏第27行至B栏第7行。

Дx.10985　金刚般若波罗蜜经

存13行，行3至17字。首题："金刚般若波罗蜜经"，讫："女人发"。后秦鸠摩罗什译。经文见《大正藏》第8册，第748页C栏第17行至第749页A栏第2行。

Дx.10986　金刚般若波罗蜜经

存8行，行9至13字。起："实无所行"，讫："非庄严是"。北魏菩提流支译。经文见《大正藏》第8册，第735页C栏第22行至第754页A栏第1行。

Дx.10987　金刚般若波罗蜜经

见Дx.10949。

Дx.10988　金刚般若波罗蜜经

存12行，行2至9字。起："切众"，讫："菩提"。后秦鸠摩罗什译。经文见《大正藏》第8册，第749页A栏第6行至第17行。

Дx.10989　金刚般若波罗蜜经

存12行，行9至10字。起："实灭度者"，讫："受记作是"。后秦鸠摩罗什译。经文见《大正藏》第8册，第751页A栏第13行至第25行。

Дx.10990　金刚般若波罗蜜经

存7行，行17字。首题："金刚般若波罗蜜经"，讫："而白佛言希"。后秦鸠摩罗什译。经文见《大正藏》第8册，第748页C栏第17行至第26行。

Дx.10991　金刚般若波罗蜜经

存13行，行6至9字。起："诸相则名诸佛"，讫："一切相发"。后秦鸠摩罗什译。经文见《大正藏》第8册，第750页B栏第9行至第21行。

Дx.10992　金刚般若波罗蜜经

存10行，行4至6字。起："二相即是非相"，讫："名实相世"。后秦鸠摩罗什译。经文见《大正藏》第8册，第750页A栏第22行至B栏第4行。

Дx.10993　金刚般若波罗蜜经

存23行，行2至17字。前4行下部残缺数字，后2行上部残缺数字，其余行完整。起："着地"，讫："菩提於意"。后秦鸠摩罗什译。经文见《大正藏》第8册，第748页C栏第25行至第749页A栏第21行。

Дx.10994　金刚般若波罗蜜经

存14行，行3至17字。前5行残缺数字，后9行完整。起："然世尊"，讫："思量不不"。后秦鸠摩罗什译。经文见《大正藏》第8册，第749页A栏第4行至第18行。

Дx.10995　金刚般若波罗蜜经

存16行，行1至17字。完整者9行。起："不"，讫："阿兰那行"。后秦鸠摩罗什译。经文见《大正藏》第8册，第749页B栏第28行至C栏第15行。

Дх.10996　金刚般若波罗蜜经

存20行，行3至17字。起："意云何"，讫："我相人相"。后秦鸠摩罗什译。经文见《大正藏》第8册，第750页A栏第15行至B栏第7行。

Дх.10997　金刚般若波罗蜜经

存18行，行6至13字。起："住相布施福德"，讫："应取法不应取"。后秦鸠摩罗什译。经文见《大正藏》第8册，第749页A栏第18行至B栏第9行。

Дх.10998　金刚般若波罗蜜经

存19行，行2至14字。起："善女"，讫："思量不不"。后秦鸠摩罗什译。经文见《大正藏》第8册，第748页C栏第27行至第749页A栏第18行。

Дх.10999　金刚般若波罗蜜经

存24行，行9至17字。起："须菩提如来"，讫："华香而散"。后秦鸠摩罗什译。经文见《大正藏》第8册，第750页B栏第27行至C栏第23行。

Дх.11000　金刚般若波罗蜜经

见Дх.09903。

Дх.11001　Дх.11006　金刚般若波罗蜜经

存33行，行4至17字。前9行上下有缺字，尾行下残缺，完整者23行。起："者须菩提若"，讫："法可说是"。后秦鸠摩罗什译。经文见《大正藏》第8册，第751页B栏第9行至C栏第15行。

Дх.11002　金刚般若波罗蜜经

存16行，行2至17字。起："已还"，讫："无众生得"。后秦鸠摩罗什译。经文见《大正藏》第8册，第748页C栏第23行至第749页A栏第9行。

Дх.11003　金刚般若波罗蜜经

存12行，行17字。尾行残存6字，其余完整。起："益一切众生"，讫："分以恒"。后秦鸠摩罗什译。经文见《大正藏》第8册，第750页B栏第25行至C栏第7行。

Дх.11004　摩诃般若波罗蜜经卷第十七梦行品第五十八

存25行，行3至11字。起："种智复次须菩提"，讫："尔时"。后秦鸠摩罗什译。经文见《大正藏》第8册，第349页A栏第5行至B栏第1行。

Дх.11004V　卷帙号

存"第八帙"3字。

Дх.11005　金刚般若波罗蜜经

存19行，行2至11字。起："护念"，讫："可思量不"。后秦鸠摩罗什译。经文见《大正藏》第8册，第748页C栏第26行至第749页A栏第16行。

Дх.11006　金刚般若波罗蜜经

见Дх.11001。

Дх.11007　金刚般若波罗蜜经

存23行，行2至17字。首2行、尾5行残，其余完整。后秦鸠摩罗什译。经文见《大正藏》第8册，第750页B栏第19行至C栏第13行。

Дх.11008　金刚般若波罗蜜经

存31行，行8至17字。首3行上部残1至3字，尾3行下部残7至11字，其余完整。起："严是故须"，讫："男子善女人"。后秦鸠摩罗什译。经文见《大正藏》第8册，第749页C栏第20行至第750页A栏第23行。

Дх.11009　金刚般若波罗蜜经

存17行，行12至17字。首行下部缺5字，其余行完整。起："偏袒右肩"，讫："触法布施须"。后秦鸠摩罗什译。经文见《大正藏》第8册，第748页C栏第25行至第749页A栏第15行。

Дх.11010　金刚般若波罗蜜经

存18行，行3至17字。首行上下残，仅存3字，第2行至第3行上部残缺3字，其余行完整。起："生实信不佛"，讫："所以者何"。后秦鸠摩罗什译。经文见《大正藏》第8册，第749页A栏第27行至B栏第17行。

Дх.11011　金刚般若波罗蜜经

存27行，行6至17字。起："尊如来昔"，讫："须菩提白佛言"。后秦鸠摩罗什译。经文见《大正藏》

第8册,第749页C栏第17行至第750页A栏第16行。

Дx.11012 金刚般若波罗蜜经

存28行,行17字。起:"也世尊须菩提",讫:"多不须菩"。后秦鸠摩罗什译。经文见《大正藏》第8册,第749页A栏第18行至B栏第20行。

Дx.11013A 金刚般若波罗蜜经

存30行,行3至17字。前5行上部残数字,后1行上下残,其余行完整。起:"菩萨有我",讫:"三藐三菩"。后秦鸠摩罗什译。经文见《大正藏》第8册,第749页A栏第10行至B栏第15行。

Дx.11013B 金刚般若波罗蜜经

存20行,行3至12字。起:"须菩提",讫:"尘众宁"。后秦鸠摩罗什译。经文见《大正藏》第8册,第752页A栏第14行至B栏第7行。

Дx.11013C 金刚般若波罗蜜经

存50行,行4至17字。前1行上残,后12行下残。起:"故此人无我相",讫:"菩提须"。后秦鸠摩罗什译。经文见《大正藏》第8册,第750页B栏第7行至C栏第27行。

Дx.11013D 金刚般若波罗蜜经

经文存16行,行4至17字。起:"能我所说",尾题:"金刚般若经"。后秦鸠摩罗什译。经文见《大正藏》第8册,第752页B栏第18行至C栏第2行。题记存12行。录文:"咸亨四年正月十一日门下省群书手韩方兴写/用纸十二张/装潢手解集/初校书手韩方/再校书手吕思明/三校书手张礼/详阅太原寺大德嘉尚/详阅太原寺大德神符/详太原寺主慧立/详阅太原寺上座道成/判官少府监掌冶署令向义感/使太中大夫守工部侍郎永兴县开国公虞昶监。"另存杂写2行。录文:"保住保定/白佛。"

Дx.11014 金刚般若波罗蜜经

存28行,行17字。完整一页。起:"须菩提於",讫:"佛所於法"。后秦鸠摩罗什译。经文见《大正藏》第8册,第749页B栏第18行至C栏第18行。

Дx.11015 金刚般若波罗蜜经

存17行,行6至12字。起:"须菩提若有",讫:"须菩提若菩"。后秦鸠摩罗什译。经文见《大正藏》第8册,第751页A栏第21行至B栏第11行。

Дx.11016 残佛经

存3行。录文:"种隆/所有/阿罗。"不可定名。

Дx.11016V 佛画残片

Дx.11017 杂写

字迹不清,无法辨识。

Дx.11018 孟姜女变文

存9行。可同BD11731、P.5019缀合。缀合顺序为Дx.11018、BD11731、P.5019。此依张涌泉、黄征《敦煌变文校注》定名,中华书局,1991年。

Дx.11018V 孟姜女变相

Дx.11019 习字

存1行。习写"侥""实""旗""庐""峨"等字。

Дx.11019V 习字

存2行。习写"机""模""翳""旗""暄""躯""源""栖""鸶/缇""毂""樑""松""恕""蓟""蓟"等字。

Дx.11020 习字

存3行。习写"大""佛""南""无""天""光""佛"等字。

Дx.11021 杂写

存7行。录文:"补补盖显密建/护吼降碍总/□示达开閇坚除/吉/吉祥吉渐纲/浴孔枝/谷叹刚绕备。"

Дx.11022 字书

存3行。

Дx.11023 习字

习写"兰"字1行。

Дx.11023V 杂写

存2行。字迹不清。

Дx.11024 习字

四残片。共23行。习抄《兰亭集序》字句。存

"咏、亦、亦、足、足"；"日、也、幽、情、情、是、是、云、日"；"云、盛"；"以、畅、畅、叙、叙"等字。

Дx.11024V 习字

四残片。存26行。习抄《兰亭集序》字句。存"于、长、咸、集、此、地、有、崇、山、峻、岭"；"会、稽、山、阴、之、兰、亭、修、禊、事"；"事、也、群、贤、毕、至"等字。有一片字迹模糊不清。

Дx.11025 佛本行集经

存经文5行。首题："佛本行集经优陀夷品第十五卷之五十二三藏法法阇那崛多译。"另有5行习字。

Дx.11026至Дx.11028 馆藏缺

Дx.11029 春秋左氏传僖公二十二年

存7行，行1至8字。录文："无备虽众不可恃/临深渊如临薄冰/天惟显思（显明也□犹之）/（甚难）先王之明德犹无不/我小国君其无谓/而况国乎弗听八月/登。"

Дx.11029V 灵验记

存9行。录文："道理六斋可临水/□□衰嵩高山一贤士册尺善知/诗一首急流传百姓福愿力好世/明兴迁白衣登州郡老母哭黄天/奉有意遵□/□癫癫为自得□/犯不死啗人伤须臾间自灭亡/谁政当昨日称魏朝称梁速/梁横尸头灭无人藏欲妙勤修/无忏勤诵经□光捉得薄开。"部分文句见于《正史佛教资料类编》第五卷中。待考。

Дx.11030 妙法莲华经卷第七观世音菩萨普门品第二十五

见Дx.00929。

Дx.11031 妙法莲华经卷第七观世音菩萨普门品第二十五

存36行。乌丝栏。首题："妙法莲花经卷"，讫："其身弥观"。后秦鸠摩罗什译。经文见《大正藏》第9册，第56页C栏第2行至第22行。后1页为杂写。录文："妙寅年/仲春严寒伏惟/米延保麺贰。"

Дx.11032 大般若波罗蜜多经般若理趣分述赞卷第三

存5行，行7至9字。为咒语。起："婆履多"，讫："遏奴遏洛"。唐基撰。经文见《大正藏》第33册，第62页A栏第4行至第12行。

Дx.11033 妙法莲华经卷第七观世音菩萨普门品第二十五

存89行，行13至15字。首题："妙法莲华经观世音菩萨普门品第□□"，讫："童男童女身"。后秦鸠摩罗什译。经文见《大正藏》第9册，第56页C栏第2行至第57页B栏第15行。

Дx.11034A 阎罗授记经

经折装。每折2页，每页9行。存13页，共109行。起："夫凡去何贤圣"，尾题："阎罗受记经一卷"。部分经文与《卍新续藏》第一页《佛说预修十王生七经》文字相同。

Дx.11034B 妙法莲华经卷第七观世音菩萨普门品第二十五

经折装。存24面，总93行。首题："妙法莲华经观世音菩萨普门品第廿五"，讫："娑婆"。首题上方有一尊白描禅定佛像。后秦鸠摩罗什译。经文见《大正藏》第9册，第56页C栏第1行至第57页A栏第21行。

Дx.11035 妙法莲华经卷第七观世音菩萨普门品第二十五

见Дx.02650。

Дx.11036 般若波罗蜜多心经、净口业真言、大身真言、随心真言

存34行。前20行，首残。起："集灭道无智"，尾题："般若多心经一卷"。题记："弟子宋审了一奉为先亡慈/亲不落三涂二乃自身染疾/时多信心写此多心经愿/日暮持念痛疾消除。"唐玄奘译《般若波罗蜜多经》。经文见《大正藏》第8册，第848页C栏第13行至第23行。后14行为真言。

Дx.11037 般若波罗蜜多心经

十残片，其中有经文的8片。每片存3至6行，

行约7字。内容均为心经。第1片,存3行。首2行不清,仅可见第3行中"若波罗蜜多心"几字。第2片,存6行,行5至8字。起:"厄舍利子",讫:"声香味触法无明"。第3片,存6行,行2至7字。起:"心无罣碍",讫:"菩提"。第4片,存7行,行5至8字。起:"若波罗蜜多心",讫:"受想行识"。第5片,存6行,行6至8字。起:"界乃无意",讫:"依般若波罗"。第6片,存6行,行2至7字。起:"罗蜜",讫:"多咒曰揭谛"。第7片,存3行,行2至6字。起:"波罗僧揭谛",讫:"一卷"。第8片,存6行,行2至6字。经文不清,仅能看清中间3行部分经文。起:"观自在菩萨",讫:"照见五蕴皆空"。唐玄奘译。经文见《大正藏》第8册,第848页C栏第7行至第23行。

Дх.11038　社条、遗书、放妻书、放僮书

录文:

"谨立索望社案一道　盖闻人/须知宗约宗亲以为本四/海一流之水出於昆仑之峰/万木初是一根分修垂枝/引叶今有仑之索望骨/肉燉煌拯傅英豪索□静/胤为一派渐渐异息为房见/此逐物意移绝无尊卑之/礼长幼各不忍见恐辱先/代名宗所有不律之辞已信/后犯　一自立条后或若社/户家长身亡每家祭盘壹/个已下小口两家祭盘一/个著孝准前更有贫穷/无是亲男兄弟便须当自吃/食一齐擎攀不得踏高作/其形迹如有不律之辞罚浓/醆一筵　一自立条后或有/荣凶遂告件若耳闻贴行便/须本身应接不得停滞如有/停帖者重罚一席"

"谨立遗书一道　窃以人生一世/代限百年草茂三春色变/九夏况老年逾耳顺坏幻交缠出息须存入自息难报忽/若命遂风灯只愁贫资分散/幼男某甲未辩东西长子每则频/取父语檀遍於家不享先载/遂便分却所有讼话家资产/业均平分交割各注脚下具/烈如后　右已前资财今因/星甦之间遂请诸亲立此遗书/后有人傍说是但开此凭为/定故勒斯契用为后凭。"

"谨立放妻书一道　窃闻夫妇/义重如手足似难分恩受情/心同唇齿如不别况且夫妇念/同牢之乐恰似鸳鸯双飞/并胜花颜共坐两得之美二/体一心生同床枕於寝间死同/棺椁於坟下三载结缘然则/夫妇相对今则两自不和似/将难活反目生嫌作为后代/增嫉缘业不遂见此分离/遂会六亲以俱一别相隔之/后愿妻娘子諫选高官之/至弄影寝前美呈琴瑟合/韵解怨舍结再莫相谈千万/永辞布施欢喜其两家并/总意欲分别总不耳三年衣/粮自后更不许再来互相/搅乱自今已后更不许相为/忽若论烈夫妇者之义者便/任将凭　官断则之皂帛/"

"谨立家僮放书一道　窃以天高/地厚人在其中南阁众生受/业况厶乙贵者前因修广/今世以得尊高贱者曩劫债/负今配生居下品况厶乙身继续/於果流须则来效工力念汝孝/道之心放他出良一为先慈亡/过不历三途次及见存无诸/灾障从之后如鱼得水任/意沉浮如鸟出笼高飞云/外宽行南北大步东西今对四/王设誓八部灯盟地随天倾不/遗故勒此契。"

"投社人某专用/右厶甲燉煌拯西清塞託鸿(鸣)沙/盛族平张结号父子之乡布/义贞松守节某乙卯台之岁早/忧恩爱之情驱焉之年实/攀意深恋劫某乙今闻贵社/众会忽临华翰之芳异累/不群土奇诞质义重二陆立/珍宗而约於时断决三章竞/竹清而其语连襟绝代不违/向化之心家顺第恭实抱陈/重之泰忠父慈亲不妄高/柴之幸六亲痛热骤骑/捡爱而奔星澄难状顿寻/声救危扶岭草人中微少禀/宗饲笋之因既揽高仁恳/修傅劫社长晚习周吻未/披夷晓□半千善业医方/置神街立向自善若投贵社甚劣难陈告状伏望/三官众社等特赐收名入案。"

"谨立贵(遗)书一道　窃以人生一/世大限百年草茂三春色变/九夏况某乙年逾耳顺侄/幻缠出息虽存入息难报忽若/命逐风灯只愁贫资分散幼/

男某乙未辩东西长子每则/频取父语檀遍於家不字先/载遂便分却□有讼活家资/产业分以友割已了忆念今因/惺悟之农晨遂请诸亲眷属/立此遗书后有谤说是非者但/开此凭分□为定故勒文凭/妄生拗拨开条俭案人各痛/决七捧末名趁出其社的无/容免兼有放顽不乐追社如/言出社去者责罚共粗豪/之人一般更无别格一更有社人枉遭横事社/哀敏而行佑助者一任众社/临事裁断行之不可定准更/有碎磨格夷偏条所录也/众巽厶甲上社官厶专用为录/事厶甲□虞候前件官并乃。"

Дх.11039 金刚般若波罗蜜经

存10行。断为前后两片。其一，存5行。起："尔时须菩萨"，讫："何须菩提"。后秦鸠摩罗什译。经文见《大正藏》第8册，第750页A栏第10行至第14行。其二，存5行。起："菩提诸菩萨"，讫："譬如人生如"。经文见《大正藏》第8册，第749页C栏第20行至第23行。后片经文应在前。

Дх.11039V 金刚般若波罗蜜经

存9行，行7至11字。起："须菩提我"，讫："福德胜前福德"。后秦鸠摩罗什译。经文见《大正藏》第8册，第749页C栏第28行至第750页A栏第5行。

Дх.11040 妙法莲华经卷第五安乐行品第十四

见Дх.00088。

Дх.11040V 梁朝傅大士颂金刚经

见Дх.00088V。

Дх.11041 梁朝傅大士颂金刚经

存31行，完整行15至17字。经文为《妙行无住分第四至无得无说分第七》。起第四品："量不也世尊"，品题："如理实见分第五、正信希有分第六、无得无说分第七"，讫第七品："菩提亦无有定"。经文见《大正藏》第85册，第2页B栏第7行至第3页A栏第15行。无弥勒颂。

Дх.11042 梁朝傅大士颂金刚经

存31行，完整行15至17字。经文为《法界通化分第十九至净心行善分第二十三》内容。起第十九品："福甚多须菩"，品题："净心行善分第二十三"，讫："第二十三品"。经文见《大正藏》第85册，第7页A栏第12行至B栏第13行。

Дх.11043 梁朝傅大士颂金刚经

存72行，行13至14字。第1页半共21行，经文相连。经文为"法身非相分第二十六"至"大身真言"内容。起："须菩提於意"，品题："无断无灭分第二十七、不受不贪分第二十八"。经文见《大正藏》第85册，第7页C栏第14行至第8页A栏第6行。无弥勒颂。

后3面，存经文31行，题记6行，共37行。内容为"品三十一至大身真言"部分。起第三十一品："众生见寿"，品题："应化非真分第□□（三十二）、金刚般若波罗蜜经、大身真言、随心真言、心中心真言"，尾题："金刚般若波罗蜜经"。经文见《大正藏》第85册，第8页B栏第5行至第26行。大身真言始于同页C栏第13行至第20行。尾6行题记："天祐三年丙寅五月廿六日/□□司善使者/在於幽冥分付领受/所有损害生命及五逆十□□/不善缘冤家债主/所有刺血□写金刚经功德并乞分明领受者/为□□八十三岁流传此经至心受持。"

Дх.11044 梁朝傅大士颂金刚经

存30行，行约13字。为"离相寂灭分十四至持经功德分十五"的经文。起："此人无我相"，品题："持经功德分第十五"，讫："善妇人初日分"。经文见《大正藏》第85册，第5页A栏第1行至C栏第9行。无弥勒颂。

Дх.11045 梁朝傅大士颂金刚经

存74行，行约13字。为"一切无相分第九"至"离相寂灭品第十四"经文。起："斯陀含须"，品题："庄严净土分第十、无为福胜分第十一、尊重正教分第十二、如法受持分第十三、离相寂灭分第十四"，讫："成就第一"。品十三添加经文一行13字。经文见《大正藏》第85册，第3页B栏第20行至第4页C栏第21行。无弥勒颂。

Дx.11046　金刚般若波罗蜜经

二残片。其一,存4行,行6至10字。起:"常有何以故须",讫:"如我昔为歌"。后秦鸠摩罗什译,经文见《大正藏》第8册,第750页B栏第11行至第15行。其二,存4行,行3至10字。起:"尔时无我",讫:"忍辱仙人"。经文见《大正藏》第8册,第750页B栏第15行至第19行。

Дx.11046V　金刚般若波罗蜜经

存3行,行5至10字。起:"於尔时无我",讫:"寿者相应生"。后秦鸠摩罗什译。经文见《大正藏》第8册,第750页B栏第15行至第18行。

Дx.11047　佛经论释

二残片。其一,存12行。注双行小字。起:"三十二相",讫:"白马驮经我中国也月"。其二,存9行。注双行小字。起:"佛容仪如满月",讫:"象圣涉"。待考。

Дx.11048　字书

二残片。其一,存6行,行9字。其二,存5行,行5至8字。抄写同部首字。

Дx.11049　下女夫词

存12行。起:"牵乘入此房",讫:"实"。正背为同一写本。后4行内容在前,接写背面,又接写正面前8行。内容起正面第9行"已下并得平安",接写背面,讫正面第8行:"何洒我酒儿答"。参见《敦煌变文·下女夫词》上册,世界书局,2010年,第274页至第275页。

Дx.11049V　下女夫词

存15行。与正面同一写本,接写正面。起:"交",讫:"束带结凝妆"。

Дx.11050　瑶池新咏

正背二面存25行。待考。

Дx.11051A　星象占卜书

存6行,行7至10字。

Дx.11051B　星象占卜书

存7行,行4至10字。

Дx.11051BV　题记

存3行。录文:"西/老人时年八十一加之/辍笔。"

Дx.11052至Дx.11054　馆藏缺

Дx.11055A　佛说天地八阳神咒经

存22行,行1至7字。起:"邪倒见即",讫:"火"。唐义净译。经文见《大正藏》第85册,第1422页C栏第19行至第1423页A栏第12行。有异文。

Дx.11055B　大乘百法明门论开宗义记

存3行,行5字。录文:"一无别体故/究竟得中道/若说法性圆。"唐昙旷撰。经文见《大正藏》第85册,第1047页C栏第21行至第24行。

Дx.11056　雕版佛像

横9身,竖8身。下部残。佛结跏趺坐覆莲瓣上,有桃形背光。

Дx.11057A　牒

存4行。录文:"补充寺主其僧行解/事寺舍广大修/付百业口政伏/僧统和尚口明照处伏。"

Дx.11057B　杂写

存1行。录文:"第十一十三十四十五十七十八十九。"

Дx.11058　发愿文

存9行。录文:"□今日屈请众僧就此某处/德殊胜善根先用庄严亡者/生□持胜福此用庄严□□/同去恒沙罪郭即日消除/愿皆从当来世中果实无/□不识等会菩提品枝斋□/摩诃般若波罗蜜一切□/□渥累而得清拨重昏而独/□名名遍□于百忆语其□。"

Дx.11059A　金光明最胜王经卷第三灭业障品第五

存4行,行1至4字。录文:"憨/罪者应/着地合/现在十方。"唐义净译。经文见《大正藏》第16册,第414页A栏第2行至第5行。

Дx.11059B　寺院文书

极残。正背双面书写,文字不可辨识。

Дх.11060　破历

　　见Дх.10281。

Дх.11061　辛未年十一月十日不赴城经僧名录

　　存5行。计僧名24个。

Дх.11062　便粟历

　　存7行。

Дх.11063　契约

　　存3行，行1至5字。

Дх.11064　契约

　　存2行。

Дх.11065　书信

　　存10行，行4至16字。起："光华晖晖"，讫："积满霜曰"。

Дх.11065V　人名

　　存2行。正面字透背，书写潦草，不可辨识，似有"灵典""康二员""昙佛""苏神□"等。

Дх.11066　开蒙要训

　　存7行，行6至12字。起："柱栿檩口梁"，讫："瓜桃李柰枣"。定名参考张新朋《敦煌写本〈开蒙要训〉叙录续补》，《敦煌研究》2008年第1期，第98页至第101页。

Дх.11066V　杂写

　　存1行。

Дх.11067A　某经题签

　　存"甘袄"2字。

Дх.11067B　发愿文

　　存4行，行9至20字。

Дх.11067BV　牒状

　　存5行。字迹残破脱落，文字不可辨。有"尚书"等字。

Дх.11068　佛说随求既得大自在陀罗尼神咒经

　　见Дх.03820。

Дх.11068V　户籍残片

　　见Дх.03820V。

Дх.11069　燃灯文

　　存9行，行10至11字。首题："然灯文"，讫："然灯启愿"。前8行文字与P.2058相同。参考黄征、吴伟《敦煌愿文集·燃灯文》，岳麓书社，1995年，第518页。

Дх.11069V　杂写

　　存"马婆子""立"等文字。

Дх.11070　斋文

　　存14行，行约13字。前3行为一社斋文或邑文的尾部，录文："然后廓周法界包括尘/沙俱沐芳因盛登佛果摩/诃般若云。"后11行为另一社斋文，首题："社斋文"，讫："同增胜福"。前面文字与S.5957相同，后具体场景则有别。参考黄征、吴伟《敦煌愿文集·燃灯文》，岳麓书社，1995年，第827页。

Дх.11071　籍账

　　存12行。

Дх.11071V　愿文

　　存14行。行书。

Дх.11072　人名

　　存人名6行。

Дх.11073　社司转帖

　　存10行。首题："社司转帖。"

Дх.11074　黄帝内经素问

　　见Дх.02683。

Дх.11074V　地亩清册

　　见Дх.02683V。

Дх.11075　金光明最胜王经卷第三灭业障品第五

　　存4行，行1至4字。录文："憨/罪者应/着地合/现在十方。"唐义净译。经文见《大正藏》第16册，第414页A栏第2行至第5行。

Дх.11076　发愿文

　　存9行，行8至13字。

Дх.11077　社司转帖

　　极残。不可辨识。

Дх.11078　社司转帖

存9行。首题："转帖。"

Дx.11079　社司转帖

存5行。

Дx.11080　便斛斗历

存5行。录文："陆硕/硕 居在龙马坊/至秋玖硕 李镇使并合/肆硕伍斗还索判官/秋肆硕伍斗押。"

Дx.11081　论语集解

存13行。正文大字，疏双行小字。

Дx.11081V　社司转帖

Дx.11082　论语集解

Дx.11082V　社司转帖

存8行，行2至6字。

Дx.11083　判凭

存3行，行6至7字。

Дx.11084　社司转帖

存8行，行约15字。首行有"全不到罚麦伍"之句，后为人名。

Дx.11085　社司转帖

存15行。首13行为转帖内容。后2行似为地界记录。

Дx.11086　氾怀义便粟历

存3行，行2至7字。

Дx.11087　杂写

存"张家莫"3字。

Дx.11088　残片

见Дx.05092。

Дx.11088V　绢褐布历

见Дx.05092V。

Дx.11089　便麦历

存2行，行约10字。

Дx.11090　僧名

存5行，行6至9字。有僧名21个。

Дx.11091　便麦历

存2行，行5至9字。

Дx.11091V　杂写

存"孟光子"3字。

Дx.11092A　千字文

存18行。行3至7字。起："鞠/慕贞洁男效才良"，讫："会盟何"。

Дx.11092B　纳赠历

存3行。

Дx.11092V　习字、杂写、纳赠历

存"千字文"3字，抄写字书，补边字条一块。另有侧写2行。录文："右阿张故夫索通子去庚戌年/绫壹㐲当处见还两㐲布。"

Дx.11093　社司转帖

存2行，行3至5字。

Дx.11094　佛说佛名经卷第十一

存6行。起："南无光转境界胜王佛"，讫："南无香像佛"。北魏菩提流支译。经文见《大正藏》第14册，第175页B栏第28行至C栏第3行。

Дx.11094V　纳赠历

存5行。纳赠历似为裱纸。

Дx.11095　籍账

存9行。中有"胡早子""麦价"等文字。

Дx.11095V　杂写

Дx.11096　大乘无量寿经

见Дx.06006。

Дx.11096V　杂写

见Дx.06006V。

Дx.11097　馆藏缺

Дx.11098　佛说灌顶拔除过罪生死得度经卷第十二

存4行，行5至7字。起："救脱从坐而起"，讫："救脱菩萨"。东晋帛尸梨蜜多罗译。经文见《大正藏》第21册，第535页B栏第4行至第7行。

Дx.11099　妙法莲华经卷第二信解品第四

存11行，行3至39字。起："念已疾"，讫："上服严"。后秦鸠摩罗什译。经文见《大正藏》第9册，第16页C栏第21行至第17页A栏第15行。

Дх.11100　残纸

Дх.11101　大般若波罗蜜多经卷第三十五初分教诫教授品第七之二十五

存6行，行2至6字。起："寂静不寂"，讫："不远"。唐玄奘译。经文见《大正藏》第5册，第196页B栏第16行至第23行。

Дх.11102　佛说阿弥陀经

存3行，行2至4字。录文："生间/勿谓此/土无三恶。"后秦鸠摩罗什译。经文见《大正藏》第12册，第347页A栏第16行至第19行。

Дх.11103　残佛经

存2行，行1字。录文："请/满。"不可定名。

Дх.11104　残佛经

二残片。其一，存1行，总2字。录文："三界。"其二，存2行，行1至2字。录文："今/告诸。"不可定名。

Дх.11105至Дх.11109　馆藏缺

Дх.11110　维摩诘所说经卷上佛国品第一

见Дх.10791。

Дх.11111　四分律比丘戒本

存3行，行6至8字。起："大德为我说是事"，讫："若生人间者"。全部为偈语。后秦佛陀耶舍译。经文见《大正藏》第22册，第1015页A栏第29行至B栏第4行。

Дх.11112　占察善恶业报经卷下

存14行，尾行17字，其余13行上部均残1字，皆16字。起："行忆念缘虑"，讫："乃至生於无"。北魏菩提流支译。经文见《大正藏》第17册，第907页A栏第12行至第26行。

Дх.11113　妙法莲华经卷第五安乐行品第十四

存6行，行3至9字。起："婆夷国王"，讫："见在时"。后秦鸠摩罗什译。经文见《大正藏》第9册，第38页C栏第14行至第19行。

Дх.11114　金光明最胜王经卷第三灭业障品第五

存10行，行8至10字。起："处是诸有情"，讫："善男子汝今"。唐义净译。经文见《大正藏》第16册，第413页C栏第19行至第29行。

Дх.11115　馆藏缺

Дх.11116　馆藏缺

Дх.11117　妙法莲华经卷第四提婆达多品第十二

存3行，行11至17字。起："提婆多"，讫："四无所畏"。后秦鸠摩罗什译。经文见《大正藏》第9册，第34页C栏第26行至第28行。

Дх.11118　馆藏缺

Дх.11119　馆藏缺

Дх.11120　大般涅槃经后分卷上应尽还源品第二

存5行，行2至3字。起："苦哉"，讫："得成无"。唐若那跋陀罗译。经文见《大正藏》第12册，第906页B栏第28行至B栏第4行。

Дх.11121　大般若波罗蜜多经卷第二百六十五初分难信解品第三十四之八十四

存7行，行5至9字。起："智智清净"，讫："果清净若有"。唐玄奘译。经文见《大正藏》第6册，第340页B栏第28行至C栏第5行。

Дх.11122　妙法莲华经卷第二信解品第四

存8行，行8至17字。起："怀恐怖悔"，讫："傍人急追"。后秦鸠摩罗什译。经文见《大正藏》第9册，第16页C栏第18行至第26行。

Дх.11123　思益梵天所问经卷第二难问品第五

存14行，行4至26字。起："华言汝人灭尽"，讫："智慧人"。后秦鸠摩罗什译。经文见《大正藏》第15册，第43页A栏第9行至B栏第5行。

Дх.11124　祈愿文

存1行。录文："障不假功德圆满摩诃般若利乐无边时众虔诚。"似为祈愿文句。

Дх.11125　馆藏缺

Дх.11126　金光明最胜王经卷第二分别三身品第三

存3行，行5至7字。起："无量无边"，讫："寂静离诸怖"。唐义净译。经文见《大正藏》第16册，第410页C栏第5行至第7行。

Дx.11127　馆藏缺

Дx.11128　馆藏缺

Дx.11129　占察善恶业报经

存6行，行4至6字。起："疾得入菩萨"，讫："增无灭以一切"。北魏菩提流支译。经文见《大正藏》第17册，第907页A栏第4行至第8行。与Дx.11111为同一抄卷，经文不可缀合。

Дx.11130　馆藏缺

Дx.11131　金刚般若波罗蜜经

存28行，行2至16字。下部残。起："佛告"，讫："等身布施如"。后秦鸠摩罗什译。经文见《大正藏》第8册，第750页B栏第9行至C栏第9行。

Дx.11132　馆藏缺

Дx.11133　妙法莲华经卷第三化城喻品第七

存20行，行17字。起："所将人众"，讫："真实也但是"。后秦鸠摩罗什译。经文见《大正藏》第9册，第25页C栏第29行至第26页A栏第22行。

Дx.11134至Дx.11136　馆藏缺

Дx.11137　妙法莲华经卷第五安乐行品第十四至从地踊出品第十五

见10530A。

Дx.11138　妙法莲华经卷第四五百弟子受记品第八

见10633。

Дx.11139　变文

存2行。录文："来奴家身挂绮罗裳/瞿昙若也相招纳。"

Дx.11140　愿文

存5行，行16字。

Дx.11141　药师琉璃光七佛本愿功德经卷下

存13行，行7至16字。起："中所受戒有"，讫："所言无有异"。唐义净译。经文见《大正藏》第14册，第415页A栏第29行至B栏第13行。与现刊本相校，有异文。

Дx.11142　佛说阿弥陀经

存6行，行7字。起："舍利弗如我"，讫："一切世间难"。后秦鸠摩罗什译。经文见《大正藏》第12册，第348页A栏第18行至第23行。

Дx.11143　普贤菩萨说证明经

存5行，行3至5字。起："诸天童子"，讫："之时慎"。经文见《大正藏》第85册，第1365页B栏第25行至第29行。

Дx.11144　佛说天地八阳神咒经

存8行，行4至5字。起："等即成圣道"，讫："罪如是佛"。唐义净译。经文见《大正藏》第85册，第1425页A栏第11行至第20行。

Дx.11145　大般涅槃经卷第十五梵行品第八之一

存10行，行3至10字。起："诸佛如"，讫："妄也若有"。北凉昙无谶译。经文见《大正藏》第12册，第456页B栏第2行至第12行。

Дx.11146　金光明最胜王经卷第三灭业障品第五

存6行，行6至10字。起："众生现在修"，讫："生忍至不"。唐义净译。经文见《大正藏》第16册，第415页A栏第9行至第15行。

Дx.11147　馆藏缺

Дx.11148　金光明最胜王经卷第三灭业障品第五

存14行，行7至9字。起："復於现在"，讫："有量不摄"。唐义净译。经文见《大正藏》第16册，第415页A栏第18行至B栏第3行。与Дx.11146同经，经文中缺，不可缀合。

Дx.11149　太子须大拏经

存10行，行3至15字。起："施太剧"，讫："王闻人求"。西秦圣坚译。经文见《大正藏》第3册，第421页C栏第6行至第16行。

Дx.11150　馆藏缺

Дx.11151　馆藏缺

Дx.11152　大般若波罗蜜多经卷第三百八十一初分诸功德相品第六十八之三

存6行，行5至15字。起："尊诸齿整鲜白"，讫："是三十九世尊"。唐玄奘译。经文见《大正藏》第6册，第968页B栏第15行至第21行。

Дх.11153 馆藏缺

Дх.11154 妙法莲华经卷第一方便品第二

见Дх.10610。

Дх.11155 梵网经卢舍那佛说菩萨心地戒品第十卷下

存5行，行4至10字。起："大众皆恭敬"，讫："量光明是"。后秦鸠摩罗什译。经文见《大正藏》第24册，第1004页A栏第22行至第26行。

Дх.11156 维摩诘所说经卷中文殊菩萨问疾品第五

存7行，行7至8字。起："有疲厌在在"，讫："有慧方便"。后秦鸠摩罗什译。经文见《大正藏》第14册，第545页B栏第1行至第7行。

Дх.11157 佛说善恶因果经

存16行，行5至10字。起："宿者今作青"，讫："刀山剑树靡"。经文见《大正藏》第85册，第1381页B栏第13行至第29行。

Дх.11158 馆藏缺

Дх.11159 大般涅槃经卷第八如来性品第四之五

存7行，行4至15字。起："言乐者复"，讫："者即是财物"。北凉昙无谶译。经文见《大正藏》第12册，第410页B栏第21行至第28行。

Дх.11160 大乘大集经贤护分卷第五现前三昧中十法品第十三

存7行，行4至9字。起："彼能速宣"，讫："是得三昧"。隋阇那崛多译。经文见《大正藏》第13册，第892页B栏第20行至第26行。

Дх.11161 金光明最胜王经卷第三灭业障品第五

存8行，行4至12字。起："臣辅相有"，讫："安心思惟读"。唐义净译。经文见《大正藏》第16册，第417页B栏第22行至C栏第2行。

Дх.11162 维摩诘所说经卷下法供养品第十三

存13行，行12至16字。起："典信解受持"，讫："命供养药"。后秦鸠摩罗什译。经文见《大正藏》第14册，第556页A栏第28行至B栏第12行。

Дх.11163 馆藏缺

Дх.11164 佛说父母恩重经

存6行，行7字。起："比丘尼优婆"，讫："渴时须饮"。经文见《大正藏》第85册，第1403页B栏第24行至C栏第2行。

Дх.11165 佛说父母恩重经

存5行。录文："女能人/乘摩诃/所有五逆/得见佛闻/右肩长。"经文见《大正藏》第85册，第1404页A栏第10行至第14行。

Дх.11166 摩诃般若波罗蜜经卷第十七梦行品第五十八

存3行，行3至5字。录文："愿我随/众生我作佛/佛国土须菩。"后秦鸠摩罗什译。经文见《大正藏》第8册，第349页B栏第2行至第4行。

Дх.11167 馆藏缺

Дх.11168 大宝积经卷第一百一十二普明菩萨会第四十三

存1行，总11字。录文："譬如日之初出一时放光普。"失译。经文见《大正藏》第11册，第633页A栏第28行至第29行。

Дх.11168V 佛为首迦长者说业报差别经

存1行，总13字。录文："苔悔以是因缘生在人间初时贫。"隋法智译。经文见《大正藏》第1册，第893页C栏第26行至第27行。

Дх.11169 残佛经

存2行。录文："功德会/智无上法王。"不可定名。

Дх.11170A 残佛经

五残片。存14行。未检出。

Дх.11170B 金光明最胜王经卷第十舍身品第二十六

存4行，行2至5字。录文："正无诸棘/寿阿难陀汝/敷讫/尔时世尊即。"唐义净译。经文见《大正藏》第16册，第450页C栏第28行至第451页A栏第3行。

Дх.11170C 蒙求

存2行,行3字。首有"蒙求"。另有二碎片,不可定名。

Дх.11171至Дх.11175　馆藏缺

Дх.11176　六门陀罗尼经

存18行。首题:"六门陀罗尼经三藏法师唐玄奘译",尾题:"六门陀罗尼经一卷"。唐玄奘译。经文见《大正藏》第21册,第878页A栏第1行至第28行。

Дх.11177　Дх.11178　馆藏缺

Дх.11179　金光明最胜王经卷第二梦见金鼓忏悔品第四

存12行,行3至5字。起:"勇健聪明",讫:"速证无上大"。唐义净译。经文见《大正藏》第16册,第413页B栏第8行至第19行。其中"正"为武周新字。

Дх.11180　残佛经

存4行,行4至12字。起:"问以何为佛",讫:"苦修无为"。未检出。

Дх.11181　妙法莲华经卷第七妙音菩萨品第二十四

见Дх.02466。

Дх.11182　佛经论释

正背两面,各存2行。未检出。

Дх.11183　妙法莲华经卷第三药草喻品第五

存7行,行4至12字。起:"未安者令",讫:"无量皆令"。后秦鸠摩罗什译。经文见《大正藏》第9册,第19页B栏第12行至第18行。

Дх.11184　胜鬘师子吼一乘大方便方广经一乘章第五

存5行,行12至16字。起:"有所作不度",讫:"辟支佛成"。宋求那跋陀罗译。经文见《大正藏》第12册,第219页C栏第3行至第9行。

Дх.11185　大般涅槃经卷第三十二师子吼菩萨品第十一之六

存13行,行1至7字。起:"麻/益事尚能",讫:"次菩萨"。北凉昙无谶译。经文见《大正藏》第12册,第557页B栏第17行至第29行。

Дх.11186至Дх.11188　馆藏缺

Дх.11189　残佛经

未检出。

Дх.11190　残佛经

未检出。

Дх.11191　残佛经

存2行。录文:"苦/佛言世尊。"不可定名。

Дх.11192　辛酉年吊仪用布历

见Дх.01425。

Дх.11193　石僧正牒

存3行。录文:"报天贤于诸处崔逐红褐五段送路瓜州石/僧正将往东愿买色去者其木匠塑匠/不□上来者。"

Дх.11194　便麦粟历

存9行。

Дх.11195　便麦历

存10行。

Дх.11196　杂集时用要字

存正背两面。

Дх.11197　王梵志诗

正背两面书写,各存7行,行30字左右。正背同卷,背面接写正面。起:"宜富者相过重",讫:"种得果报"。

Дх.11198　分家书

存13行。此依乜小红《俄藏敦煌契约文书研究》定名,上海古籍出版社,2009年。

Дх.11198V　愿文

存2行。

Дх.11199　纳赠历

存16行。为丁卯年十一月十九日历。寺院很多,均是简写,有"龙""乾""开""永""显""界""莲""灵""乘""普"等。有"祭盘"字样。

Дх.11200　社司转帖

存6行。

Дх.11201 便麻历

存6行。

Дх.11201V 便粟历

存5行。

Дх.11202 馆藏缺

Дх.11203 佛经论释

存9行，行3至12字。未检出。

Дх.11204 佛经论释

存4行。草书。

Дх.11205 法华玄论

存3行。录文："摩尼□人/里新收得又云诸法/自寂灭相。"其中只有2句相符。

Дх.11206至Дх.11208 馆藏缺

Дх.11209 四分比丘尼钞六念篇第十一

存5行，行14至26字。起："第一念知日月"，讫："随众行道"。经文见《卍新续藏》第40册，第722页A栏第3行至B栏第4行。经文字比现刊本文字精练，但关键内容相同。

Дх.11210 药方

存15行。

Дх.11210V 李峤杂咏、药方

前5行为李峤咏月诗，后4行为药方。

Дх.11211至Дх.11213 馆藏缺

Дх.11214 贤愚经卷第十二二鹦鹉闻四谛品第五十一

存3行，行5至21字。录文："人旬五十岁四天王天为一百夜人旬一百岁忉利天/为一日一夜阎浮提二百岁焰摩天为一百一夜兜/率天四百岁。"只是部分经句与贤愚经同。

Дх.11215 发愿文

存4行，行14字左右。

Дх.11216 转经录

存7行。记某年九月廿六日报恩寺转经录。

Дх.11216V 转经录

为修多寺、灵图寺、大乘寺、普光寺转经记录。僧人有"真原""像海""戒清"等。转的似为大般若经。

Дх.11217 馆藏缺

Дх.11218 残纸

5素行。

Дх.11219 杂写

存1行，总3字。无法辨识。

Дх.11220 残佛经

存2行，行3至4字。录文："亦是人/见乃至人。"不可定名。

Дх.11221 残纸

无字。

Дх.11222 愿文

存15行。行完整。

Дх.11223 辛酉年吊仪用布历

见Дх.01425。

Дх.11224 施经记录

存2行。录文："写经施主梁都头杂阿含第一帙张僧正书第二帙/第三帙罗镇使。"

Дх.11225A 妙法莲华经玄赞

存8行，行1至21字。唐基撰。经文见《大正藏》第34册，第662页B栏。经文与现刊本差别较大，仅个别相同。

Дх.11225B 法华经义记

存4行，行9至10字。经文见《大正藏》第33册，第594页B栏。经文与现刊本差别较大。存疑待定。

Дх.11225C 大乘庄严经论卷第七教授品第十五

存3行，行7至11字。录文："者谓转住心见定功德转/伏故自己乱者谓息住心见/灭住心贪忧等起。"无著菩萨造、唐波罗颇蜜多罗译。经文见《大正藏》第31册，第624页B栏第25行至第29行。

Дх.11225D 妙法莲华经玄赞

存6行，行8至12字。起："而作如是而说谓"，讫："集藏传亦作是"。唐基撰。经文见《大正藏》第

34册，第662页C栏第17行至第24行。

Дx.11226 大般若波罗蜜多经题签

存1行。录文："大般若经卷第五百廿四。"背为正面字透过，无内容。

Дx.11227 某经题签

存"卅五"2字。

Дx.11228 残片

存一"无"字。

Дx.11229 残佛经

存3行，行4字。无法辨识。

Дx.11230 残佛经

存二"於"字。不可定名。

Дx.11230V 民族文字残片

Дx.11231 残佛经

存1行。录文："佛亦莫。"不可定名。

Дx.11231V 民族文字残片

Дx.11232 妙法莲华经卷第六法师功德品第十九

存3行，行1至3字。录文："若独/以清净/复。"后秦鸠摩罗什译。经文见《大正藏》第9册，第50页A栏第15行至第18行。

Дx.11232V 民族文字残片

Дx.11233 佛说佛名经卷第二十二

存10行。起："妙信佛"，讫："敌胜"。失译。经文见《大正藏》第14册，第273页B栏第9行至第14行。字拙。

Дx.11233V 诸星母陀罗尼经

存4行，行7字。起："随其所愿"，尾题："诸星母陀罗尼经"。唐法成译。经文见《大正藏》第21册，第421页A栏第11行至第14行。抄写字迹稚拙。

Дx.11234 增壹阿含经卷第六利养品第十三

存5行。录文："於法中舍三/阿练若行/露从乐闲/塚间勤/常受蒲。"僧伽提婆译。经文见《大正藏》第2册，第571页B栏第1行至第6行。

Дx.11235 残佛经

存一"是"字。

Дx.11236 量处轻重仪末

存4行，行3至5字。起："和合已"，讫："弥优婆塞经"。经文见《大正藏》第45册，第851页A栏第7行至第11行。

Дx.11237 妙法莲华经卷第六法师功德品第十九

存2行，行4至7字。残存下半段。录文："世尊欲重宣此/听其功德。"后秦鸠摩罗什译。经文见《大正藏》第9册，第47页C栏第11行至第14行。

Дx.11238 佛说要行舍身经

存6行，行2至4字。起："初首皆令"，讫："正等"。经文见《大正藏》第85册，第1415页C栏第10行至第15行。

Дx.11239 维摩诘所说经卷上佛国品第一

存6行，行2至6字。起："菩萨"，讫："菩萨梵网菩"。后秦鸠摩罗什译。经文见《大正藏》第14册，第537页B栏第9行至第14行。

Дx.11240 残佛经

存5行，行1至5字。不可定名。

Дx.11240V 习字

存6行。习写"寂""让"等字。

Дx.11241A 妙法莲华经卷第七观世音菩萨普门品第二十五

存5行，行4至11字。起："假欲兴害"，讫："各执刀加害"。后秦鸠摩罗什译。经文见《大正藏》第9册，第57页C栏第17行至第25行。

Дx.11241B 妙法莲华经卷第七观世音菩萨普门品第二十五

存3行，行5至7字。起："劫不思议"，讫："推落大火坑念"。后秦鸠摩罗什译。经文见《大正藏》第9册，第57页C栏第13行至第17行。

Дx.11241C 妙法莲华经卷第七观世音菩萨普门品第二十五

存3行，行3至5字。起："临刑欲寿终"，讫："害身者"。后秦鸠摩罗什译。经文见《大正藏》第9册，第57页C栏第27行至第58页A栏第2行。

Дx.11242A 金光明经卷第四舍身品第十七

存4行，行3至4字。录文："此虎或/即上高山/是时大地/虎狼师子。"北凉昙无谶译。经文见《大正藏》第16册，第355页B栏第13行至第17行。

Дx.11242B 金光明经卷第四舍身品第十七

存5行，行3至4字。录文："所将侍从/互以冷水/是时王子/眷属五百/切支节。"北凉昙无谶译。经文见《大正藏》第16册，第355页B栏第25行至C栏第1行。

Дx.11242C 金光明经卷第四舍身品第十七

存4行，行3字。录文："是时二/渐渐推/又见骸/是二王。"北凉昙无谶译。经文见《大正藏》第16册，第355页B栏第18行至第22行。

Дx.11243 金刚般若波罗蜜经

存4行，行4至6字。起："流而无所"，讫："含名一往"。后秦鸠摩罗什译。经文见《大正藏》第8册，第749页B栏第28行至C栏第2行。

Дx.11244 金刚般若波罗蜜经

存6行，行3至4字。起："思量不不"，讫："有相皆"。后秦鸠摩罗什译。经文见《大正藏》第8册，第749页A栏第18行至第24行。

Дx.11245A 金刚般若波罗蜜经

存5行，行6至8字。起："无我相"，讫："为非住是故佛"。后秦鸠摩罗什译。经文见《大正藏》第8册，第750页B栏第19行至第24行。

Дx.11245B 妙法莲华经序

存1行。录文："耆阇崛山中与。"后秦鸠摩罗什译。经文见《大正藏》第9册，第1页A栏第5行。

Дx.11246 残佛经

存2行。录文："佛本/往无。"不可定名。

Дx.11246V 杂写

存1行。录文："上柱国王。"

Дx.11247 维摩诘经题签

录文："维摩诘经卷上。"

Дx.11248 妙法莲华经卷第六药王菩萨本事品第二十三

存5行，行4至6字。起："物供养"，讫："生喜见菩"。后秦鸠摩罗什译。经文见《大正藏》第9册，第53页B栏第14行至第18行。

Дx.11249 佛说灌顶拔除过罪生死得度经卷第十二

存2行，行3至4字。录文："盲者使视/跛者能。"东晋帛尸梨蜜多罗译。经文见《大正藏》第21册，第532页C栏第18行至第20行。

Дx.11250 妙法莲华经卷第四提婆达多品第十二

二残片。其一，存2行。录文："能/随仙。"破损严重，不可定名。其二，存4行，行3至13字。起："槌钟告四方"，讫："吾当为汝说"。后秦鸠摩罗什译。经文见《大正藏》第9册，第34页C栏第12行至第16行。

Дx.11251 胜天王般若波罗蜜经卷第一通达品第一

存5行，行2至5字。起："欢喜"，讫："诃菩"。月婆首那译。经文见《大正藏》第8册，第687页B栏第22行至第25行。残甚。经文并不能完全兑出，第1行"欢喜"2字找不到对应行。

Дx.11252 金光明最胜王经卷第二分别三身品第三

存2行，行2至5字。录文："道根/依根本心灭。"唐义净译。经文见《大正藏》第16册，第409页A栏第20行至第21行。

Дx.11253 大般若波罗蜜多经卷第五初分相应品第三之二

存1行，总4字。录文："常不著眼。"唐玄奘译。经文见《大正藏》第5册，第27页A栏第16行。

Дx.11254 馆藏缺

Дx.11255 善见律毗婆沙卷第十二

存3行。录文："佉□者/此勒/来出家。"萧齐僧伽跋陀罗译。经文见《大正藏》第24册，第758页A栏第21行至第23行。

Дx.11256 佛说七女经

存6行，行3至6字。起："视死人众多"，讫："死人魂"。吴支谦译。经文见《大正藏》第14册,第908页B栏第20行至第25行。

Дх.11257 佛经论释

存3行,行3至4字。录文:"衡岳山/议之理趣/上沙门。"

Дх.11258 妙法莲华经卷第二譬喻品第三

存4行,行3至5字。起:"若得为",讫:"虽亲附人人"。后秦鸠摩罗什译。经文见《大正藏》第9册,第15页C栏第15行至第20行。

Дх.11259 妙法莲华经卷第六随喜功德品第十八

存3行。录文:"识随力演/余人闻已/逸多其。"后秦鸠摩罗什译。经文见《大正藏》第9册,第46页C栏第2行至第5行。

Дх.11260 大方广佛华严经卷第三十一佛不思议品第二十八之二

存6行,行2至8字。起:"不可",讫:"不可说不可"。东晋佛驮跋陀罗译。经文见《大正藏》第9册,第598页B栏第21行至第26行。

Дх.11260V 杂写

有几字,似为补纸反字。字不清。

Дх.11261 摩诃般若波罗蜜经卷第二十累教品第六十六

存3行。录文:"提/萨行般/蜜是。"后秦鸠摩罗什译。经文见《大正藏》第8册,第364页C栏第12行至第15行。

Дх.11262 大般若波罗蜜经卷第三百六十一初分多问不二品第六十一之十一

存7行,行2至4字。起:"起作",讫:"起作诸行"。唐玄奘译。经文见《大正藏》第6册,第859页C栏第17行至第23行。

Дх.11263 残佛经

存2行。录文:"兰/劫。"不可定名。

Дх.11264 佛藏经卷下了戒品第九

存2行。录文:"利弗设/白豪相百。"后秦鸠摩罗什译。经文见《大正藏》第15册,第802页A栏第7行至第8行。

Дх.11265 残佛经

存2行。录文:"义/法度。"不可定名。

Дх.11266 法苑珠林卷第三十四

存4行。录文:"守不/度白佛/知死后当/识宿。"唐道世撰。经文见《大正藏》第53册,第449页C栏。仅"知知后当"句相附,前后文残甚,意义不甚明了。存疑。

Дх.11267 大般涅槃经卷第二十五光明遍照高贵德王菩萨品第十之五

存3行。录文:"之中有/名般涅槃也善男/至他方未得还倾。"北凉昙无谶译。经文见《大正藏》第12册,第514页A栏第14行至第16行。

Дх.11268 大般涅槃经卷第九如来性品第四之六

存2行。录文:"真佛所说复次善男子如虚空中兴/注於大地枯木石山高原堆阜水所。"北凉昙无谶译。经文见《大正藏》第12册,第417页C栏第28行至第418页A栏第1行。

Дх.11269 妙法莲华经卷第二譬喻品第三

存4行。录文:"除邪见於/今乃自觉非/人夜叉众/於大众中。"后秦鸠摩罗什译。经文见《大正藏》第9册,第11页A栏第12行至第18行。

Дх.11270 妙法莲华经卷第六嘱累品第二十二

存5行,行2至5字。起:"人信如来智",讫:"闻佛"。后秦鸠摩罗什译。经文见《大正藏》第9册,第52页C栏第18行至第21行。

Дх.11271 妙法莲华经卷第六随喜功德品第十八

存2行,行7字。录文:"阁等是大施主如/是念我已施众生。"后秦鸠摩罗什译。经文见《大正藏》第9册,第46页C栏第12行至第14行。

Дх.11272 佛说观佛三昧海经本行品第八

存4行,行1至5字。录文:"光/合百千日月/直如铸金/三念佛髭须。"经文见《藏外佛教文献》第3册,第407页A栏第13行至第408页A栏第2行。

Дх.11273A 大般若波罗蜜多经卷第一百九十六初

分难信解品第三十四之十五

存4行,行8字。起:"无二无二",讫:"无别无断"。唐玄奘译。经文见《大正藏》第5册,第1049页A栏第2行至第5行。

Дx.11273B **大般若波罗蜜多经卷第一百九十五初分难信解品第三十四之十四**

存8行,行1至4字。起:"及",讫:"身触身触"。唐玄奘译。经文见《大正藏》第5册,第1044页B栏第9行至第16行。

Дx.11274 **大般若波罗蜜多经卷第一百八十三初分难信解品第三十四之二**

存8行,行1至4字。录文:"及/鼻触/以故是/生诸受/清净即/以用语是/别无断/身触身触。"唐玄奘译。经文见《大正藏》第5册,第985页B栏第26行至C栏第4行。

Дx.11275 **大般若波罗蜜多经卷第二百二十一初分难信解品第三十四之四十**

存5行,行4至7字。起:"智智清净",讫:"清净故无"。唐玄奘译。经文见《大正藏》第6册,第108页C栏第28行至第109页A栏第4行。

Дx.11276 **大般若波罗蜜多经题签**

录文:"大般若波罗蜜多经卷第六。"

Дx.11277 **大般若波罗蜜多经题签**

录文:"大般若波罗蜜多经卷第五百卅二。"

Дx.11278至Дx.11289 **馆藏缺**

Дx.11290 **四分律删繁补阙行事钞卷上师资相摄篇第九**

存7行,行8至18字。唐道宣撰述。经文见《大正藏》第40册,第33页B栏。仅某些经文与四分律相同。存疑。

Дx.11291 **律抄**

存9行,行2至12字。不可定名。

Дx.11292 **律抄**

存8行,行2至11字。部分文字与《弥沙塞羯磨本》同。不可定名。

Дx.11293 **律抄**

与Дx.11290至Дx.11292同卷。内容为戒律,现刊本无相同内容。不可定名。

Дx.11294 **律抄**

二残片。其一,存6行,行6至10字。中有"三羯磨受戒法"等字样,未检出。其二,存3行,行2至7字。未检出。

Дx.11295 **四分律行事钞资持记**

存11行,行1至2字。极残。或为《四分律行事钞资持记》。经文见《大正藏》第40册,第270页C栏。残存文字均能在此经中出现,但相应位置并不符。存疑。

Дx.11296 **律抄**

存3行,行4至7字。字迹同Дx.11290至Дx.11294。

Дx.11297 **律抄**

存4行,行3至14字。

Дx.11298 **律抄**

存4行,行3至14字。

Дx.11299 **残佛经**

存2行,行2字。极残,不可定名。

Дx.11300至Дx.11308 **残片**

极残,不可定名。

Дx.11308V **民族文字残片**

Дx.11309 **残佛经**

存2行,总3字。极残,不可定名。

Дx.11310 **毗尼心**

存3行。录文:"下至僧中/受戒要须/之正路。"参见《大正藏》第85册。部分残存经文在此卷,顺序位置不符。存疑。

Дx.11311 **陀罗尼**

存2行,行3字。录文:"锦绣而/菩提之。"极残。《陀罗尼集》中出现此残字段,但位置顺序不符。存疑。

Дx.11311V **残佛经**

存3行。录文："空应物现/寂静生死/菩。"未检出。

Дх.11312 大般涅槃经卷第五如来性品第四之二

存4行，行2至8字。起："然后还家"，讫："蛇毒"。北凉昙无谶译。经义见《大正藏》第12册，第395页A栏第28行至B栏第2行。

Дх.11313 残佛经

存5行。极残，不可定名。

Дх.11314 律抄

存5行，行2至3字。

Дх.11315 佛说佛名经

存2行，行3字。录文："佛百佛/千佛出。"未检出。

Дх.11316 妙法莲华经卷第七普贤菩萨劝发品第二十八

存2行，行3字。录文："诣其所/养法华。"经文见《大正藏》第9册，第61页B栏第1行至第2行。

Дх.11317 残佛经

存2行。录文："比/广。"不可定名。

Дх.11318 大智度论卷第十一释初品中檀相义第十九

存2行，行3至11字。注小字。龙树菩萨造、后秦鸠摩罗什译。经文见《大正藏》第25册，第141页C栏第14行至第15行。

Дх.11319 残佛经

存1行，总6字。录文："与一切众生共。"此6字经中甚多，不可定名。

Дх.11320 大般涅槃经卷第三十九憍陈如品第十三之一

存3行，行1至3字。录文："真是/平/破汝。"北凉昙无谶译。经文见《大正藏》第12册，第595页A栏第5行至第7行。

Дх.11321 妙法莲华经卷第七观世音菩萨普门品第二十五

存2行，行2字。录文："无尽/名字。"后秦鸠摩罗什译。经文见《大正藏》第9册，第57页A栏第12行至第13行。

Дх.11322 佛说灌顶拔除过罪生死得度经卷第十二

存4行，行2至3字。录文："语至/施不为/乘之业/功德。"东晋帛尸梨蜜多罗译。经文见《大正藏》第21册，第535页A栏第18行至第21行。

Дх.11323 残佛经

存2行，行1字。录文："进/犹。"不可定名。

Дх.11324 妙法莲华经卷第三药草喻品第五

存2行。录文："漏法能/林常。"后秦鸠摩罗什译。经文见《大正藏》第9册，第20页C栏第24行至第25行。

Дх.11325 金光明经卷第一赞叹品第四

存2行。录文："止威仪/如风动。"北凉昙无谶译。经文见《大正藏》第16册，第339页B栏第3行至第5行。

Дх.11326 合部金光明经卷第一序品第一

存2行，行2至3字。录文："愁恼/净洁衣。"北凉昙无谶译、隋释宝贵合。经文见《大正藏》第16册，第360页A栏第3行至第4行。

Дх.11327 大般涅槃经卷第三寿命品第一之三

存2行，行2字。录文："之力/前说。"北凉昙无谶译。经文见《大正藏》第12册，第379页C栏第12行至第13行。

Дх.11328 残片

存1行，总3字。录文："不用谢。"

Дх.11329 正法华经卷第五授阿难罗云决品第九

存1行，总5字。录文："当来世当得。"西晋竺法护译。经文见《大正藏》第9册，第98页B栏第29行至C栏第1行。

Дх.11329V 民族文字残片

Дх.11330 贤愚经卷第一二梵志受斋品第三

存2行。录文："从何/而问。"北魏慧觉等译。经文见《大正藏》第4册，第353页C栏第12行至第14行。

Дх.11331 **残佛经**

存2行。录文:"多菩/说。"不可定名。

Дх.11331V **民族文字残片**

Дх.11332 **大方等大集经卷第三十四日藏分护持正法品第一**

存2行。录文:"许罪报佛告大王/就如是。"隋那连提耶舍译。经文见《大正藏》第13册,第236页B栏第22行至第25行。

Дх.11333 **佛说佛名经卷第二**

存1行。录文:"南无无障光。"北魏菩提流支译。经文见《大正藏》第14册,第120页B栏第9行。

Дх.11334 **妙法莲华经卷第四见宝塔品第十一**

存2行。录文:"疑而白佛/出又。"后秦鸠摩罗什译。经文见《大正藏》第9册,第32页C栏第6行至第7行。

Дх.11335 **残佛经**

存2行。录文:"於□中心/阳。"极残,不可定名。

Дх.11336 **大般若波罗蜜多经卷第三百五十八初分多问不二品第六十一之八**

存2行。录文:"知略广/相无愿。"唐玄奘译。经文见《大正藏》第6册,第842页C栏第16行至第17行。

Дх.11336V **民族文字残片**

Дх.11337 **大般涅槃经卷第二十九师子吼菩萨品之五**

存4行,行1至4字。录文:"是/者所谓身/静五者精/火燃。"宋慧严等依泥洹经加之。经文见《大正藏》第12册,第795页A栏第6行至第9行。

Дх.11338 **残佛经**

存1行,总3字。录文:"戒人说。"不可定名。

Дх.11339 **中本起经卷下度波斯匿王品第十**

存2行,行3至6字。录文:"言此为/遥礼祇洹归命。"后汉昙果共康孟详译。经文见《大正藏》第4册,第160页B栏第15行至第17行。

Дх.11340 **字书**

存4行。大字仅存"庀"。其余为注,双行小字。

Дх.11341 **大般涅槃经卷第三寿命品第一之三**

存3行,行2至5字。录文:"偈问/云何得长寿/云何於此经。"北凉昙无谶译。经文见《大正藏》第12册,第379页C栏第13行至第16行。

Дх.11342 **大般涅槃经卷第二十四光明遍照高贵德王菩萨品第十之四**

存3行。录文:"之/地狱/水。"北凉昙无谶译。经文见《大正藏》第12册,第508页A栏第4行至第6行。

Дх.11343 **金光明经卷第三正论品第十一**

存2行。录文:"是/以造恶。"北凉昙无谶译。经文见《大正藏》第16册,第347页B栏第11行至第12行。

Дх.11344 **妙法莲华经卷第七普贤菩萨劝发品第二十八**

存1行,总3字。录文:"之愿守。"后秦鸠摩罗什译。经文见《大正藏》第9册,第61页C栏第20行。

Дх.11345 **妙法莲华经卷第五从地踊出品第十五**

存2行,行3字。录文:"尊於少/大菩萨。"后秦鸠摩罗什译。经文见《大正藏》第9册,第41页C栏第1行至第2行。

Дх.11346 **残佛经**

正背二面。正面录文:"阜/处世。"背面录文:"号咷。"极残,不可定名。

Дх.11347 Дх.11347V Дх.11348 Дх.11349 **残佛经**

每片存2至3字。极残,不可定名。

Дх.11350 **大般涅槃经卷第三十七迦叶菩萨品第十二之五**

存2行,行5至6字。录文:"与世诤不为世/者信心二者。"北凉昙无谶译。经文见《大正藏》第12册,第582页A栏第11行至第12行。

Дх.11351 Дх.11352 **残佛经**

极残,不可定名。

Дх.11353 大般若波罗蜜多经卷第一百九十六初分难信解品第三十四之十五

存2行。录文："言世尊何因何缘现此/因缘尔时世尊。"唐玄奘译。经文见《大正藏》第7册,第278页C栏第18行至第19行。

Дх.11354 大方广佛华严经卷第三世主妙严品第一之三

存2行。录文："云幢大/喜解。"唐实叉难陀译。经文见《大正藏》第10册,第14页C栏第12行至第13行。

Дх.11355 残佛经

存"得起"2字。不可定名。

Дх.11356 残佛经

存"亿恒"2字。不可定名。

Дх.11357 中论卷第二

存5行。录文："缘亦/所生生於彼本生本生/若法众缘生是即寂灭性/□□□□□□/有累以人□有法。"龙树菩萨造、梵志青目释、后秦鸠摩罗什译。经文见《大正藏》第30册,第9页。经所存仅为偈句,无经文。顺序亦不同。

Дх.11358 残佛经

存1行,总4字。录文："生在同□。"不可定名。

Дх.11359 大般涅槃经卷第二十四光明遍照高贵德王菩萨品第十之四

存2行。录文："为阿/嫉以此善根愿。"北凉昙无谶译。经文见《大正藏》第12册,第507页B栏第1行至第2行。

Дх.11360 大方等大集经卷第三十四日藏分护持正法品第一

存3行,行10至11字。起："若一人具足",讫："人得几许"。隋那连提耶舍译。经文见《大正藏》第13册,第236页B栏第24行至C栏第1行。

Дх.11361 残佛经

存1行,总4字。录文："宅中十六。"不可定名。

Дх.11362 妙法莲华经卷第六嘱累品第二十二

存2行。录文："说法华经故/大乐说菩萨。"后秦鸠摩罗什译。经文见《大正藏》第9册,第32页C栏第19行至第20行。

Дх.11363 妙法莲华经卷第二信解品第四

存2行。录文："白无志/足唯了此事。"后秦鸠摩罗什译。经文见《大正藏》第9册,第18页B栏第24行至第25行。

Дх.11364 佛说七俱胝佛母心大准提陀罗尼经

存2行。录文："今说此/塔前。"唐地婆诃罗译。经文见《大正藏》第20册,第173页B栏第10行至第11行;或第185页B栏第6行至第7行。

Дх.11365 残佛经

存"行□"2字。不可定名。

Дх.11366 妙法莲华经卷第七观世音菩萨普门品第二十五

存2行。录文："若/复尽形。"后秦鸠摩罗什译。经文见《大正藏》第9册,第57页A栏第12行至第13行。

Дх.11367 大般涅槃经卷第十一切大众所问品第五

存3行。录文："报异施辟/是故说/故如来。"北凉昙无谶译。经文见《大正藏》第12册,第426页A栏第3行至第5行。

Дх.11368至Дх.11381 残佛经

极残,无法定名。

Дх.11382 藏文残片

存2行。

Дх.11383 菩萨地持经卷第二方便处力品第五

存12块,皆甚残,能识别者7片。其一,存2行。录文："事当知是皆圣威仪/萨不共声闻辟支佛力。"北凉昙无谶译。经文见《大正藏》第30册,第899页C栏第5行至第6行。其二,存2行,行4至5字。录文："卧如师子/王先举右足。"经文见《大正藏》第30册,第899页C栏第1行。其三,存2断行。第1行,总5字。录文："诸佛菩萨将。"经文见《大正藏》第30册,第899页C栏第9行。第2行,总6字。

录文："云何共力不共。"经文见《大正藏》第30册，第899页C栏第7行至第8行。其四，存3行。录文："根/□□无遗如是无/所摄俱生神。"经文见《大正藏》第30册，第899页C栏第3行至第5行。其五，存3行，行4至6字。录文："次左足随行处/静若入门时下/量未曾有。"经文见《大正藏》第30册，第899页C栏第2行至第5行。其六，存3行。录文："衣如师子步/平正无沙砾/门为高食无。"经文见《大正藏》第30册，第899页C栏第5行至第6行。其七，存2行。录文："名示现俱生神力/草蓐不乱。"经文见《大正藏》第30册，第899页B栏第29行至C栏第1行。

Дх.11384 郁迦罗越问菩萨行经上士品第一

存10行，行5至19字。首8行完整。起："一心听法"，讫："不为下士"。北朝写经。西晋竺法护译。经文见《大正藏》第12册，第23页C栏第19行至第24页A栏第5行。

Дх.11385 馆藏缺

Дх.11386 汉书食货志下

存5行。录文："三间靡然/绝和亲□□□兵连/其劳而干日滋行者/骚扰而相奉百/赂衰耗而不澹入物者。"

Дх.11386V 阿毗昙毗婆沙论

存8行，行7至17字。仅数句经文相同，如"无明缘行取""在未来次"等。待考。

Дх.11387 馆藏缺

Дх.11388 妙法莲华经卷第三化城喻品第七

存9行，行3至18字。起："於诸漏"，讫："当为我等"。北朝写经。后秦鸠摩罗什译。经文见《大正藏》第9册，第25页A栏第13行至第23行。

Дх.11389 悲华经卷第二大施品第三之一

存14行，行2至16字。起："界佛"，讫："诸佛世界"。北凉昙无谶译。经文见《大正藏》第3册，第179页A栏第4行至第18行。

Дх.11390 馆藏缺

Дх.11391 妙法莲华经卷第五安乐行品第十四

存3行。录文："若/暴心亦不/不分。"北朝写经。后秦鸠摩罗什译。经文见《大正藏》第9册，第37页A栏第17行至第20行。

Дх.11392 正法华经卷第三药草品第五

存9行，行1至8字。起："其道谊佛为"，讫："育"。北朝写经。有些字似为双勾填墨，现墨脱，留下很清晰的轮廓。西晋竺法护译。经文见《大正藏》第9册，第83页B栏第25行至C栏第3行。

Дх.11393 佛说无量清净平等觉经卷第三

存4行，行9至15字。起："所道见无量寿"，讫："亦有七宝舍"。后汉支娄迦谶译。经文见《大正藏》第12册，第292页A栏第27行至B栏第2行。经文"无量寿佛国"，现刊本为"无量清净佛国"。

Дх.11394 残佛经

存4行，行1至2字。不可定名。

Дх.11395 大般涅槃经卷第十七梵行品第八之三

存3行。录文："者必须臾/后受化声闻/觉不。"北凉昙无谶译。经文见《大正藏》第12册，第463页C栏第26行至第28行。

Дх.11396 残佛经

存3行，行9至16字。待定名。

Дх.11397 Дх.11403 残佛经

二残片。其一，存2行，行2字。其二，存5行，行2至4字。不可定名。

Дх.11398 金光明经卷第四流水长者子品第十六

存2行。录文："能得便四顾望见有大树/与作阴凉已复。"北凉昙无谶译。经文见《大正藏》第16册，第352页C栏第12行至第14行。

Дх.11399 佛说维摩诘经卷上弟子品第三

存2行。录文："言我/燕(宴)坐他树。"吴支谦译。经文见《大正藏》第14册，第521页C栏第2行至第3行。

Дх.11400 妙法莲华经卷第二信解品第四

存8行，行5至7字。起："解品第四"，讫："堪任不复进"。后秦鸠摩罗什译。经文见《大正藏》第9册，第16页B栏第7行至第14行。

Дх.11401　维摩诘所说经卷上弟子品第三

存2行。录文："诣维摩诘问疾目健连/所以者何忆念我昔为。"后秦鸠摩罗什译。经文见《大正藏》第14册，第539页C栏第28行至第540页A栏第1行。

Дх.11402　金光明经卷第四流水长者子品第十六

存7行，行3至7字。起："我今当"，讫："十三天尔"。北凉昙无谶译。经文见《大正藏》第16册，第353页A栏第25行至B栏第3行。

Дх.11403　残佛经

见Дх.11397。

Дх.11404　大智度论卷第一摩诃般若波罗蜜初品如是我闻一时释论第二

存2行。录文："与物一若一与物/若一瓶是一义。"龙树菩萨造、后秦鸠摩罗什译。经文见《大正藏》第25册，第65页A栏第10行至第11行。有重复符。

Дх.11405　金光明经卷第一忏悔品第三

存4行。录文："回向/上道/作众恶/烦恼难。"北凉昙无谶译。经文见《大正藏》第16册，第337页C栏第5行至第10行。

Дх.11406　妙法莲华经卷第四劝持品第十三

存3行。录文："意欲并自/言世尊我/能令众生。"后秦鸠摩罗什译。经文见《大正藏》第9册，第36页B栏第14行至第17行。

Дх..11407　妙法莲华经卷第一方便品第二

存6行，行3至5字。起："因缘种"，讫："无边未"。后秦鸠摩罗什译。经文见《大正藏》第9册，第5页C栏第2行至第8行。

Дх.11408A　法句譬喻经卷第四泥洹品第三十六

存9行，行4至27字。起："不顺王命"，讫："不可伐之"。晋法炬共法立译。经文见《大正藏》第4册，第605页B栏第9行至第22行。经文"不可伐之"，现刊本为"不可胜之"；经文"丞相"，现刊本为"承相"。

Дх.11408B　法句譬喻经卷第四泥洹品第三十六

存4行，行4至14字。起："在王舍城"，讫："然王告雨舍佛"。晋法炬共法立译。经文见《人正藏》第4册，第605页B栏第6行至第12行。此为A上半部，二残片之间有缺文。

Дх.11409A　别译杂阿含经

存1行，总3字。录文："摩得梨。"失译。经文见《大正藏》第2册，第390页A栏。

Дх.11409B　放光般若经卷第十二摩诃般若波罗蜜随真知识品第五十三

存1行，总4字。录文："亦莫相著。"西晋无罗叉译。经文见《大正藏》第8册，第81页C栏第5行。

Дх.11410　Дх.11411　馆藏缺

Дх.11412　大般涅槃经题签

录文：大般涅槃经卷第卅。

Дх.11413　籍账

存4行。

Дх.11413V　宇文天纳妻书

存3行。

Дх.11414　残诗集

存6行。

Дх.11414V　前秦建元十三年七月二十五日赵伯龙买婢券

存6行。此依乜小红《俄藏敦煌契约文书研究》定名，上海古籍出版社，2009年。

Дх.11415　佛说首楞严三昧经卷下

二残片。其一，存6行，行5至6字。起："尽阿罗汉"，讫："人用心不固"。后秦鸠摩罗什译。经文见《大正藏》第15册，第642页A栏第6行至第12行。其二，存5行，行3至11字。起："住何三"，讫："为八邪"。经文见《大正藏》第15册，第642页C栏第20行至第24行。

Дх.11416　十方千五百佛名经

存3行，行11字。起："下万流布佛"，讫："大雄佛"。经文见《大正藏》第14册，第316页B栏第16行至第20行。与现刊本相校，佛名顺序颠倒。

Дx.11417 正法华经卷第一光瑞品第一

存3行，行6字。录文："所侵枉而见世/寻皆离俗不顾/之道尽为法师。"西晋竺法护译。经文见《大正藏》第9册，第66页A栏第13行至第15行。

Дx.11418 阿毗昙心论卷第二贤圣品第五

存2行。录文："苦谛此苦谛性/我四行。"尊者法胜造、僧伽提婆共惠远译。经文见《大正藏》第28册，第818页B栏第8行至第10行。

Дx.11419 小品般若波罗蜜经卷第五摩诃般若波罗蜜船喻品第十四

存2行。录文："舍有精进/退没堕声闻。"后秦鸠摩罗什译。经文见《大正藏》第8册，第560页B栏第7行至第8行。

Дx.11420 大方广佛华严经卷第十华藏世界品第五之三

存2行。录文："百（金）色佛/等有。"唐实叉难陀译。经文见《大正藏》第10册，第49页C栏第19行至第21行。

Дx.11421 残佛经

存3行，行1至2字。字不清，不可定名。

Дx.11422 妙法莲华经卷第三药草喻品第五

存2行，行16字。起："渐次修行"，讫："各得增长"。后秦鸠摩罗什译。经文见《大正藏》第9册，第20页B栏第10行至第13行。经文"皆得道果"，现刊本为"皆得佛果"。

Дx.11423 杂写

存4行，行1至4字。录文："波罗蜜/迦牟尼佛/空/先。"似有习画，不清。

Дx.11424 佛说首楞严三昧经卷上

存10行，行6至14字。起："就如是忍辱"，讫："精进亦不见法"。后秦鸠摩罗什译。经文见《大正藏》第15册，第632页B栏第2行至第11行。

Дx.11425A 大般涅槃经卷第三十三迦叶菩萨品第十二之一

存8行，行3至4字。起："已至寒林"，讫："信如来"。北凉昙无谶译。经文见《大正藏》第12册，第561页B栏第21行至第29行。

Дx.11425B 大般涅槃经卷第二十五光明遍照高贵德王菩萨品第十之五

存2行。录文："是故不言我入/来涅槃而言实。"北凉昙无谶译。经文见《大正藏》第12册，第514页A栏第8行至第9行。

Дx.11425C 妙法莲华经卷第七陀罗尼品第二十六

存3行，行3至9字。起："哆逻叉"，讫："那多夜"。后秦鸠摩罗什译。经文见《大正藏》第9册，第58页B栏第29行至C栏第3行。

Дx.11425D 大般涅槃经卷第二十五光明遍照高贵德王菩萨品第十之五

存6行，行1至7字。起："净"，讫："是等物实"。北凉昙无谶译。经文见《大正藏》第12册，第513页C栏第27行至第514页A栏第3行。

Дx.11426 馆藏缺

Дx.11427 大般涅槃经卷第二十三光明遍照高贵德王菩萨品之五

存7行，行5至9字。起："四真五"，讫："不实何以故"。宋慧严等依泥洹经加之。经文见《大正藏》第12册，第756页C栏第20行至第26行。

Дx.11428 大方广佛华严经卷第三十九离世间品第三十三之四

存11行，行2至16字。起："提菩萨摩"，讫："无一"。东晋佛驮跋陀罗译。经文见《大正藏》第9册，第644页C栏第3行至第14行。

Дx.11429 妙法莲华经卷第二譬喻品第三

存9行，行3至14字。起："可为说"，讫："恭敬诸佛"。后秦鸠摩罗什译。经文见《大正藏》第9册，第16页B栏第12行至第23行。

Дx.11430 残佛经

存2行,行1字。不可定名。

Дх.11431 正法华经卷第一光瑞品第一

存4行,行2至7字。起:"世尊",讫:"从三昧起为"。西晋竺法护译。经文见《大正藏》第9册,第66页A栏第27行至B栏第2行。背面隐约可见"宿王华智"等字,另一行不可辨。

Дх.11431V 妙法莲华经卷第七妙庄严王本事品第二十七

存1行。录文:"宿王华智佛。"后秦鸠摩罗什译。经文见《大正藏》第9册,第59页C栏第15行。此句还见于《佛说佛名经》。另有民族文字1行。

Дх.11432 金光明经卷第二四天王品第六

存9行。首题:"金光明经四天王品第六",讫:"经能与众"。北凉昙无谶译。经文见《大正藏》第16册,第340页C栏第13行至第23行。

Дх.11433 佛说佛名经卷第三

存11行。起:"无住持功德佛",讫:"无住智佛"。北魏菩提流支译。经文见《大正藏》第14册,第130页B栏第8行至第15行。

Дх.11434 金光明经卷第四舍身品第十七

存3行。录文:"王妃/王今当/我今二。"北凉昙无谶译。经文见《大正藏》第16册,第355页C栏第3行至第5行。

Дх.11435 大智度论卷第七十四释转不转品第五十六之余

存3行,行5至7字。起:"是因缘",讫:"处於涅槃"。龙树菩萨造、后秦鸠摩罗什译。经文见《大正藏》第25册,第581页C栏第15行至第17行。

Дх.11436 妙法莲华经卷第二譬喻品第三

存4行,行2至8字。起:"信受",讫:"菩萨"。后秦鸠摩罗什译。经文见《大正藏》第9册,第13页B栏第25行至第28行。

Дх.11437 大般涅槃经卷第十九梵行品第八之五

存6行,行3至10字。起:"所谓辛头",讫:"曰耆婆"。北凉昙无谶译。经文见《大正藏》第12册,第477页A栏第2行至第7行。

Дх.11438 大般涅槃经卷第二十五光明遍照高贵德王菩萨品第十之五

存3行。录文:"萨所得/魔波旬/喻诸凡。"北凉昙无谶译。经义见《大正藏》第12册,第517页A栏第15行至第17行。

Дх.11439 佛说佛名经卷第一

存2行。录文:"华香积佛/严王佛。"北魏菩提流支译。经文见《大正藏》第14册,第115页B栏第15行至第16行。

Дх.11440 某经题签

录文:"小品卷第八。"

Дх.11441 大般涅槃经卷第六如来性品第四之三

存2行。录文:"大智/乘名。"北凉昙无谶译。经文见《大正藏》第12册,第402页A栏第12行至第13行。

Дх.11442 残佛经

存2行。录文:"系/善男。"不可定名。

Дх.11443 大般涅槃经卷第一序品第一

存6行,行2至5字。起:"安住",讫:"中修"。宋慧严等依泥洹经加之。经文见《大正藏》第12册,第605页C栏第5行至第10行。

Дх.11444 放光般若经卷第二摩诃般若波罗蜜本无品第十一

存5行,行2至5字。起:"诃萨",讫:"貌离"。西晋无罗叉译。经文见《大正藏》第8册,第15页B栏第11行至第17行。

Дх.11445 妙法莲华经卷第四五百弟子受记品第八

存4行,行6至12字。起:"行彼佛世",讫:"众生诸比"。后秦鸠摩罗什译。经文见《大正藏》第9册,第27页C栏第8行至第11行。

Дх.11446 大般涅槃经卷第五如来性品第四之二

存3行。录文:"拯济贫穷如是积/无边劫积聚无/惠施。"北凉昙无谶译。经文见《大正藏》第12册,第390页B栏第26行至第28行。

Дx.11447 大般涅槃经卷第二十五光明遍照高贵德王菩萨品第十之五

存5行。录文："得解/与猕猴俱/能行或得/人与猕猴/案上用。"北凉昙无谶译。经文见《大正藏》第12册，第517页A栏第7行至第11行。

Дx.11448 阿弥陀经义述

存5行，行5至6字。行书。起："乞士者且"，讫："皆是大师"。唐慧净述。经文见《大正藏》第37册，第308页B栏第6行至第13行。经文"大师"，现刊本为"大阿罗汉者"。

Дx.11449 妙法莲华经卷第五安乐行品第十四

存5行，行5至10字。全部为偈语。起："舍宫殿眷属"，讫："说是第一法"。后秦鸠摩罗什译。经文见《大正藏》第9册，第39页C栏第8行至第16行。

Дx.11450 大乘无量寿经

存15行，行2至14字。起："陀罗尼曰"，讫："阿喻"。经文见《大正藏》第19册，第84页A栏第26行至C栏第2行。

Дx.11451 金光明经卷第三鬼神品第十三

存8行，行5至16字。起："呵梨帝南"，讫："瘥则"。北凉昙无谶译。经文见《大正藏》第16册，第350页B栏第12行至第25行。

Дx.11452 妙法莲华经卷第六常不轻菩萨品第二十

存9行，行4至17字。起："值二千亿"，讫："於意云何"。后秦鸠摩罗什译。经文见《大正藏》第9册，第51页A栏第12行至第21行。

Дx.11453 放光般若经卷第十四摩诃般若波罗蜜阿惟越致相品第六十二

存11行，行10至17字。起："须菩提白"，讫："是善男子善"。西晋无罗叉译。经文见《大正藏》第8册，第97页C栏第26行至第98页A栏第7行。

Дx.11454 大般涅槃经卷第四十憍陈如品第十三之二

存3行，行11至17字。起："时憍陈如"，讫："大德若佛"。北凉昙无谶译。经文见《大正藏》第12册，第601页B栏第22行至第25行。

Дx.11455 佛说观弥勒菩萨上生兜率天经

存6行，行5字。起："生死之罪设"，讫："菩萨前为弥"。残片中间断裂，约有2行经文残缺。宋沮渠京声译。经文见《大正藏》第14册，第420页B栏第29行至C栏第9行。

Дx.11456 妙法莲华经卷第三药草喻品第五

存6行，行3至7字。首题："妙法莲华经药"，讫："若有所"。后秦鸠摩罗什译。经文见《大正藏》第9册，第19页A栏第18行至第23行。

Дx.11457 摩诃般若波罗蜜经卷第二十一三慧品第七十

存6行，行3至17字。起："三藐三"，讫："佛言世尊"。后秦鸠摩罗什译。经文见《大正藏》第8册，第374页B栏第16行至第21行。

Дx.11458 大般若波罗蜜多经卷第四百九十六

存7行，行3至17字。起："得教诫"，尾题："大般若波罗蜜多经卷第四百九十六"。题记："比丘玄智写。"唐玄奘译。经文见《大正藏》第7册，第526页B栏第16行至第23行。

Дx.11459 妙法莲华经卷第五如来寿量品第十六

存7行，行4至12字。起："见我喜求"，讫："自惟孤露。"后秦鸠摩罗什译。经文见《大正藏》第9册，第43页A栏第23行至B栏第2行。

Дx.11460 妙法莲华经卷第七普贤菩萨劝发品第二十八

存4行。录文："书手/屠儿若/人心意质/毒所恼。"后秦鸠摩罗什译。经文见《大正藏》第9册，第61页A栏第4行至第7行。

Дx.11461 馆藏缺

Дx.11462 大般涅槃经卷第三十师子吼菩萨品第十一之四

存3行。录文："何而言不/一切法名善/名捨相复。"北凉昙无谶译。经文见《大正藏》第12册，第547页A栏第4行至第6行。

Дх.11463 **大般涅槃经卷第三十四迦叶菩萨品第十二之二**

存4行。录文："士见已/自考责云何我/憍慢我知其/力士见。"北凉昙无谶译。经文见《大正藏》第12册，第565页A栏第18行至第21行。

Дх.11464 **大般涅槃经卷第十现病品第十八**

存3行。录文："乾达婆/非人等/皆欢喜。"宋慧严等依泥洹经加之。经文见《大正藏》第12册，第671页C栏第23行至第27行。甚残，或为别经。

Дх.11465 **大般涅槃经卷第十九梵行品第八**

存7行，行1至10字。全部为偈语。起："言/不贪染三界"，讫："果报"。北凉昙无谶译。经文见《大正藏》第12册，第476页A栏第8行至第20行。

Дх.11466 **残佛经**

存1字。不可定名。

Дх.11467 **法句经卷下爱欲品**

四残片。其一，存5行，行5至12字。起："贪意为常流"，讫："慧人不谓牢"。尊者法救撰、吴维祇难等译。经文见《大正藏》第4册，第571页A栏第7行至第15行。其二，存2行，行3字。录文："如树根/猴猿如。"经文见《大正藏》第4册，第571页A栏第3行至第5行。其三，存2行，行2至5字。录文："深固虽截犹/离树。"经文见《大正藏》第4册，第571页A栏第3行至第5行。第2片与第3片为同行残为2块，第3片在第2片上方，经文正好可接。同现刊本相校有异文。经文"猴猿如离树"，现刊本为"猨猴得离树"。其四，存1行，总5字。录文："虽狱有钩鍱。"经文见《大正藏》第4册，第571页A栏第15行。

Дх.11468 **大般涅槃经卷第十九梵行品第八**

二残片。其一，存2行。录文："业口离於四过/住寂静。"北凉昙无谶译。经文见《大正藏》第12册，第477页A栏第13行至第15行。其二，存1行，总4字。录文："不盗他财。"经文见《大正藏》第12册，第477页A栏第22行。

Дх.11469 Дх.11470 **残佛经**

极残，不可定名。

Дх.11471 **版画四菩萨八金刚**

四残片。其一，存较完整一角，有罗汉、菩萨、世俗男子、飞天、菩萨等形象。榜题："四菩萨八金刚。"其二，残存金刚头像。其三，残存边缘图案。其四，残版画一角。榜题："有项种。"

Дх.11472A Дх.11472B Дх.11472BV **版画残片**

Дх.11473 **大智度论卷第七十四释转不转品第五十六之余**

存11行，行4至7字。下部残。起："从见然灯/受阿鞞"，讫："不得不著"。龙树菩萨造、后秦鸠摩罗什译。经文见《大正藏》第25册，第579页C栏第24行至第580页A栏第6行。

Дх.11474 **妙法莲华经卷第六随喜功德品第十八**

刻本。存7行，行7至9字。起："若立须臾听"，讫："间闻是人功"。后秦鸠摩罗什译。经文见《大正藏》第9册，第47页A栏第3行至第10行。

Дх.11474V **杂写**

存7行，行7至8字。

Дх.11475 **大般若波罗蜜多经卷第二百五初分难信解品第三十四之二十四**

存6行，行17字。起："智清净无二"，讫："无断故善"。唐玄奘译。经文见《大正藏》第6册，第25页C栏第5行至第11行。

Дх.11476 **妙法莲华经卷第七普贤菩萨劝发品第二十八**

存11行，行9至10字。起："天女作乐"，讫："释迦牟尼"。后秦鸠摩罗什译。经文见《大正藏》第9册，第61页C栏第6行至第16行。

Дх.11477 **佛说佛名经卷第二**

存10行，行4至13字。起："南无名妙胜自在胜佛"，讫："佛眼分陀"。北魏菩提流支译。经文见《大正藏》第14册，第120页C栏第25行至第121页A栏第6行。

Дx.11478 妙法莲华经卷第七妙庄严王本事品第二十七

存9行，行2至12字。起："音宿王华"，讫："神变"。后秦鸠摩罗什译。经文见《大正藏》第9册，第59页C栏第15行至第60页A栏第6行。

Дx.11479 妙法莲华经卷第五安乐行品第十四

存4行，行6至10字。起："萨於后恶"，讫："增上慢人贪"。后秦鸠摩罗什译。经文见《大正藏》第9册，第37页B栏第19行至第23行。

Дx.11480 妙法莲华经卷第三化城喻品第七

存7行，行2至17字。起："唯愿哀纳受/尔时诸梵天"，讫："南方"。后秦鸠摩罗什译。经文见《大正藏》第9册，第23页B栏第16行至第23行。

Дx.11481 馆藏缺

Дx.11482 大般若波罗蜜多经卷第四百四十一第二分不和合品第四十五之二

存11行，行3至8字。起："恒住舍性"，讫："如是"。唐玄奘译。经文见《大正藏》第7册，第224页B栏第1行至第11行。

Дx.11483 妙法莲华经卷第六药王菩萨本事品第二十三

存6行，行4至9字。起："男子是名"，讫："忽然化生即"。后秦鸠摩罗什译。经文见《大正藏》第9册，第53页B栏第15行至第20行。

Дx.11484 优波离问佛经

存5行，行5至8字。起："树给孤独"，讫："剑暮不知"。宋求那跋摩译。经文见《大正藏》第24册，第903页A栏第17行至第21行。

Дx.11485 四分比丘尼戒本

存8行，行1至9字。起："夷法半"，讫："自手断人命/不"。后秦佛陀耶舍译。经文见《大正藏》第22册，第1031页B栏第14行至第23行。

Дx.11486 佛说佛名经卷第十

存7行，行2至9字。起："我见/种名种"，讫："南无智胜"。北魏菩提流支译。经文见《大正藏》第14册，第168页C栏第19行至第23行。

Дx.11487 仁王般若实相论卷第二嘱累品

存9行，行8至13字。起："死入地狱"，讫："先列也此经"。经文见《大正藏》第85册，第165页C栏第5行至第18行。

Дx.11488 妙法莲华经卷第六随喜功德品第十八

存5行，行4至8字。起："十人展转"，讫："缘是功"。后秦鸠摩罗什译。经文见《大正藏》第9册，第46页C栏第28行至第47页A栏第4行。

Дx.11489 佛说佛名经卷第四

存5行，行2至4字。起："摄受择佛"，讫："月眼佛"。北魏菩提流支译。经文见《大正藏》第14册，第137页A栏第5行至第8行。经文"离病智佛"，现刊本为"离热病智佛"。

Дx.11490 合部金光明经卷第一三身分别品第三

存7行，行6至10字。起："空出电依电出"，讫："当知是善男"。真谛译、隋释宝贵合。经文见《大正藏》第16册，第364页C栏第8行至第15行。

Дx.11490V 杂写

杂写"佛□""甘"。硬笔书写。

Дx.11491 金光明经卷第二四天王品第六

存3行。录文："天王心/宫殿/畜生。"北凉昙无谶译。经文见《大正藏》第16册，第340页C栏第22行至第24行。

Дx.11492 摩诃般若波罗蜜经卷第一习应品第三

存6行，行5至8字。起："复次舍利弗"，讫："诃萨行般若"。后秦鸠摩罗什译。经文见《大正藏》第8册，第222页A栏第8行至第14行。

Дx.11493 佛说首楞严三昧经卷下

存15行，行1至11字。起："昧/界亦皆"，讫："璎珞散魔/魔境"。后秦鸠摩罗什译。经文见《大正藏》第15册，第637页C栏第16行至第638页A栏第4行。

Дx.11494 正法华经卷第一光瑞品第一

存6行，行3至5字。起："是八太子"，讫："菩萨"。西晋竺法护译。经文见《大正藏》第9册，第66页A栏第11行至第17行。

Дх.11494V　杂写

存"田龙"2字。另有2行民族文字。

Дх.11495　民族文字残片

正背各存1行。

Дх.11496　社会文书

存2行。录文："季门殷氏/腊月十七。"

Дх.11497　律戒疏

存5行。录文："要财故制□□/满五钱故四盗心□/想取已有/煞戒第三/生为此。"经文见《大正藏》第85册，第647页B栏。有异文。

Дх.11497V　愿文

存3行。录文："无时临/文/□□听。"

Дх.11498　版画大圣文殊师利菩萨

上半部分已全失，仅存下部发愿文9行。起："文殊师利大圣"，讫："五字心真言/跛"。

Дх.11499　佛说无量清净平等觉经卷第三

存9行，行3至17字。起："闻经亦"，讫："宅随意高"。后汉支娄迦谶译。经文见《大正藏》第12册，第292页B栏第9行至第19行。经文"无量寿佛"，现刊本为"无量清净佛"。与Дх.11532同经，可以缀合。顺序为：Дх.11532第二残片+Дх.11499+Дх.11532第一残片。

Дх.11500　版画残片

存树木一角。

Дх.11501　版画残片

存建筑一角。

Дх.11501V　民族文字残片

Дх.11502　馆藏缺

Дх.11503　版画残片

画中多存人物及楼台亭阁，人物布局可分为四层。内容待考。

Дх.11504　佛说大乘圣无量寿决定光明王如来陀罗尼经

刻本。六残片。皆为同经之残片。其一，录文："施之者是/金银瑠璃车。"法天译。经文见《大正藏》第19册，第86页A栏第21行至第23行。其二，录文："获/佛复告/中人寿命/禾妙吉祥。"经文见《大正藏》第19册，第85页A栏第26行至B栏第1行。其三，录文："人临命终时/来迎是人。"经文见《大正藏》第19册，第86页A栏第12行至第13行。其四，录文："闻是/志心称/寿命或。"经文见《大正藏》第19册，第85页B栏第9行至第11行。其五，录文："寿决定光明。"此句甚多。其六，录文："方/护若复。"经文见《大正藏》第19册，第86页A栏第19行至第20行。

Дх.11505　版画残片

仅存手中持剑半侧身天女（或菩萨），有圆形头光，天衣飞扬。

Дх.11506　雕版佛像

存2幅。佛结跏趺坐莲台之上，结说法印，头顶有华盖。

Дх.11507A　大般若波罗蜜多经卷第一百一十一初分校量功德品第三十九

存5行，行17字。起："空胜义空"，讫："方便无所"。唐玄奘译。经文见《大正藏》第5册，第610页B栏第16行至第20行。

Дх.11507B　大般若波罗蜜多经卷第一百九十五初分难信解品第三十四之十四

存5行，行4至6字。起："念住清净"，讫："八圣道支清"。唐玄奘译。经文见《大正藏》第5册，第1047页B栏第16行至第18行。

Дх.11508　妙法莲华经卷第三授记品第六

存8行，行1至8字。起："於意乐国"，讫："因缘"。后秦鸠摩罗什译。经文见《大正藏》第9册，第22页A栏第7行至第16行。

Дх.11508V　大宝积经卷第九十优婆离会第二十四

存8行，行2至8字。起："畜生诸余恶"，讫："若我"。唐菩提流志译。经文见《大正藏》第11册，第

516页A栏第20行至第23行。

Дx.11509　佛说天地八阳神咒经

存8行，行6至10字。起："二部大经卷"，讫："多罗三藐三菩"。唐义净译。经文见《大正藏》第85册，第1423页B栏第19行至第27行。

Дx.11510　藏汉双语字典

藏文与汉文对应。为姓氏。中有"覆姓""诸葛""万侯"等文字。

Дx.11511　妙法莲华经卷第六法师功德品第十九

存6行，行8至12字。起："畏心说是法华经"，讫："善女人受持此经若"。后秦鸠摩罗什译。经文见《大正藏》第9册，第47页C栏第13行至第23行。

Дx.11512　妙法莲华经卷第七普贤菩萨劝发品第二十八

存7行，行4至9字。起："子善女人"，讫："陀罗等诸"。后秦鸠摩罗什译。经文见《大正藏》第9册，第61页A栏第21行至第28行。

Дx.11513　添品妙法莲华经卷第二譬喻品第三

存6行，行7至14字。起："复作是言"，讫："自求涅槃"。隋阇那崛多共笈多译。经文见《大正藏》第9册，第146页A栏第27行至B栏第3行。

Дx.11514　Дx.11515　馆藏缺

Дx.11516　摩诃般若波罗蜜经卷第四金刚品第十三

存23行，行3至5字。北朝写经。典型经生体，字极好。起："至一人"，讫："众作上首"。后秦鸠摩罗什译。经文见《大正藏》第8册，第243页B栏第26行至C栏第19行。

Дx.11517至Дx11519　馆藏缺

Дx.11520　大般涅槃经卷第三十二师子吼菩萨品第十一之六

存19行，行4至9字。起："惟如乐树"，讫："不退菩提"。北凉昙无谶译。经文见《大正藏》第12册，第558页A栏第9行至第27行。

Дx.11521至Дx.11524　馆藏缺

Дx.11525　成实论卷第十三四禅品第一百六十八

存10行，行4至17字。起："除断乐苦"，讫："谓此是乐"。诃梨跋摩造、后秦鸠摩罗什译。经文见《大正藏》第32册，第342页C栏第6行至第16行。

Дx.11526至Дx.11528　馆藏缺

Дx.11529　佛经论释

存5行，行2至22字。有"沙弥十慧经说四食"等句，未检出。早期经卷。

Дx.11529V　佛说佛名经

存7行。佛名不一，行字数亦不一，无界栏。起："悲华经诸佛名过去。"尾有题记："中论私记令写此卷。"佛名排序与现刊本均不完全相同。

Дx.11530　馆藏缺

Дx.11531　大般涅槃经卷第二十一光明遍照高贵德王菩萨品第十之一

存13行，行4至17字。起："佛言善男"，讫："相惠施谛"。北凉昙无谶译。经文见《大正藏》第12册，第490页A栏第1行至第14行。北朝写经，典型的经生体，书法秀丽。

Дx.11532　佛说无量清净平等觉经卷第三

二残片。其一，存17行，行10至14字。起："寿佛甚大远"，讫："今当生无量寿"。后汉支娄迦谶译。经文见《大正藏》第12册，第292页B栏第20行至C栏第12行。其二，存4行，行9至14字。起："皆作五音之声"，讫："但见其光明"。经文见《大正藏》第12册，第292页B栏第4行至第8行。经文"寿佛"，现刊本为"清净佛"。与Дx.11499同经，可以缀合。顺序为：Дx.11532第二残片+Дx.11499+Дx.11532第一残片。

Дx.11533　馆藏缺

Дx.11534　佛经论释

存12行。未检出。

Дx.11535　金光明经卷第四舍身品第十七

四残片。其一，仅存经题"经卷第五"4字。其二，存4行，行2至9字。起："弥覆"，讫："雄出现"。北凉昙无谶译。经文见《大正藏》第16册，第353页

C栏第28行至第354页A栏第2行。其三,存3行,行5至10字。录文:"尊过去修行/舍身命肉血骨髓惟原世/因缘为利众生受诸快乐。"经文见《大正藏》第16册,第353页C栏第23行至第25行。其四,存5行,行2至14字。录文:"金光明经舍身第十七/尔时道场培提树神复白佛言世尊/受□量百/尊少/尔时。"经文见《大正藏》第16册,第353页C栏第21行至第25行。第四片在前,第三片在上部,接第二片。中有缺字,不可直接缀合。

Дх.11536 Дх.11537 **馆藏缺**

Дх.11538 **医书**

二残片。存27行,行4至11字。

Дх.11538V **残片**

存17行,行3至13字。

Дх.11539 **大智度论卷第十二释初品中檀波罗蜜法施之余**

存23行,行3至20字。起:"三者法",讫:"言无所舍"。龙树菩萨造、后秦鸠摩罗什译。经文见《大正藏》第25册,第146页C栏第29行至第147页A栏第29行。有异文。另有两块碎片。其一,存2行,行2至4字,录文:"功德/昧以身施。"其三,存"念佛"2字。甚残,不可定名。

Дх.11540 Дх.11541 **馆藏缺**

Дх.11542 **大方等大集经卷第一陀罗尼自在王菩萨品第二之一**

存17行,行7至17字。北朝写经。典型的经生体。中有残破缺字。起:"众生故七",讫:"非乐修集舍"。北凉昙无谶译。经文见《大正藏》第13册,第6页A栏第22行至B栏第10行。

Дх.11543 **大智度论卷第七初品中佛土愿释论第十三至初品中放光释论第十四**

存24行,行4至10字。存上部,下部全残。早期写经。起:"如是菩萨",品题:"摩诃般若波罗蜜忧婆提舍中放光",讫:"木石作师子"。中有添加字。龙树菩萨造、后秦鸠摩罗什译。经文见《大正藏》第25册,第111页A栏第1行至第29行。

Дх.11544 **大智度论卷第六十三释信谤品第四十一之余**

存14行,行9至23字。完整者8行。早期经卷。起:"念处净故乃至 切",讫:" 切种智不"。龙树菩萨造、后秦鸠摩罗什译。经文见《大正藏》第25册,第505页B栏第26行至C栏第17行。

Дх.11545 **金光明经卷第一忏悔品第三**

存18行,行1至20字。完整者12行。起:"身/远离十恶",讫:"如月清净"。北凉昙无谶译。经文见《大正藏》第16册,第337页B栏第29行至C栏22行。

Дх.11546至Дх.11550 **馆藏缺**

Дх.11551 **妙法莲华经卷第一方便品第二**

存45行,行13至20字。起:"宜所说意趣",讫:"无问而自说"。后秦鸠摩罗什译。经文见《大正藏》第9册,第5页C栏第1行至B栏第19行。后另有五块碎片。其一,存4行,行2至4字。录文:"无数/十方刹/不能知佛/复不能知。"经文见《大正藏》第9册,第6页A栏第11行至第17行。其二,存2行,行2至4字。录文:"陈如等千/塞优。"经文见《大正藏》第9册,第6页A栏第29行至B栏第1行。其三,存2行,行2字。录文:"类无/法无。"从残存字判断,经文见《大正藏》第9册,第5页C栏第16行至第18行。其四、其五,相当残,从字体看,亦是同品碎片。早期经卷。

Дх.11552 **馆藏缺**

Дх.11553 **妙法莲华经卷第六如来神力品第二十一至药王菩萨本事品第二十二**

存24行,行18字。首行上缺2字,其余基本完整。早期经卷。起:"畏能与众生",品题:"妙法莲华经药王菩萨本事品第廿二",讫:"遍知明行是"。后秦鸠摩罗什译。经文见《大正藏》第9册,第52页C栏第14行至第53页A栏第8行。中有添补校改字。

Дх.11554 摩诃僧祇律卷第十九明单提九十二事法之八

存30行，行2至22字。起："欲煞"，讫："闻是语已"。东晋佛驮跋陀罗共法显译。经文见《大正藏》第22册，第377页C栏第20行至第378页B栏第1行。与后面Дх.11555同经，可缀合。

Дх.11555 摩诃僧祇律卷第十九

存23行，行3至22字。起："大啼佛"，讫："世尊制戒无病"。东晋佛驮跋陀罗共法显译。经文见《大正藏》第22册，第378页B栏第1行至C栏第1行。与Дх.11554同经，可缀合。上经最后一行尾所缺3字正好是此经首3字。

Дх.11556 佛说大般泥洹经卷第五如来性品第十三

存14行，行10至17字。完整者8行。起："水是故"，讫："有众生学"。东晋法显译。经文见《大正藏》第12册，第886页C栏第11行至第887页A栏第2行。与现刊本相校，有异文。

Дх.11557 馆藏缺

Дх.11558 金光明经卷第一忏悔品第三

存15行，行2至15字。全部为偈语。起："香花/众生受"，讫："生死罗网弥"。北凉昙无谶译。经文见《大正藏》第16册，第338页B栏第27行至C栏第17行。

Дх.11559 馆藏缺

Дх.11560 馆藏缺

Дх.11561 大般涅槃经卷第三十八迦叶菩萨品第十二之六

存30行，行14至17字。有几行上部缺2至3字，完整者20行。起："於一切内外"，讫："有我苦非是我"。北凉昙无谶译。经文见《大正藏》第12册，第588页B栏第13行至C栏第14行。

Дх.11562 大般涅槃经卷第十一切大众所问品第五

存20行，行6至20字。起："等坐而食所而"，讫："永入於涅槃"。北凉昙无谶译。经文见《大正藏》第12册，第424页A栏第26行至C栏第1行。

Дх.11563 一切经音义卷第五十六佛本行集经卷第九

存12行，行1至13字。释"犍陟""不蹉""众耗""踯躅""不觌""黑奸"等。起："犍陟"，讫："谓不"。唐慧琳撰。经文见《大正藏》第54册，第679页A栏第8行至第14行。

Дх.11564 俱舍论颂疏论本卷第一

存28行，行11至24字。疏双行小字。起："同修勇进乐"，讫："非极微无变"（双行小字疏）。唐圆晖述。经文见《大正藏》第41册，第820页B栏第9行至第821页B栏第8行。此卷甚残破，中间破为几段。另有二残片。其一，存9行，行3至6字。自第3行"损者名好恶香"至第9行"无表色"，经文见《大正藏》第41册，第820页A栏第27行至B栏第11行。前2行"（相似名随/相续名)/种所恶香"，经文见《大正藏》第41册，第820页B栏第28行。与现刊本顺序有别。此片经文在最前面的下部。其二，存9行，行2至12字。起："二依三立四"，讫："造色为所依"。经文见《大正藏》第41册，第820页C栏第5行至第21行。此片下接中间缺口，依然有缺损，经文不可直接缀合，但均为同一经卷的残片。

Дх.11565 馆藏缺

Дх.11566 残佛经

存31行，行5至16字。早期写经。起："文殊师刊"，讫："一切苦恼。"未检出。

Дх.11567 馆藏缺

Дх.11568A 胜天王般若波罗蜜经卷第七劝诫品第十三

存3行。录文："意云何/利菩萨白佛言/有出阿鼻。"月婆首那译。经文见《大正藏》第8册，第722页A栏第6行至第8行。

Дх.11568B 大般涅槃经卷第十七梵行品第八之三

六残片。其一，存3行。录文："故缘/碍声闻/为三一者必须。"北凉昙无谶译。经文见《大正藏》第12册，第463页C栏第23行至第26行。其二，存4

行，行2至7字。全部为偈语。录文："著远/若不造恶业心/敬养於父母不害/调伏於诸根。"经文见《大正藏》第12册，第477页A栏第17行至第23行。其三，存4行，行5至8字。全部为偈语。录文："乃得安隐眠/物乃得安隐眠/魔众乃得安隐眠/众生故乃得安隐眠。"经文见《大正藏》第12册，第477页A栏第20行至第27行。其四，存6行，行2至9字。录文："眠不王即以偈答/若有能永断一切诸烦/大涅槃演说甚/身无诸恶/身心/心无。"经文见《大正藏》第12册，第477页A栏第8行至第17行。其五，存8行，行3至10字。起："众生无"，讫："医妙药"。经文见《大正藏》第12册，第477页A栏第3行至第16行。其六，存2行，行7字。录文："不吉及以苦乐等/是者乃得安隐眠。"经文见《大正藏》第12册，第477页A栏第25行至第27行。

Дx.11569 大般涅槃经卷第十七梵行品第八之三

存14行，行4至17字。起："本无今有"，讫："是处"。北凉昙无谶译。经文见《大正藏》第12册，第464页C栏第10行至第25行。后另有一同经碎片。存2行，行3字。录文："有沙门/来去来。"经文见《大正藏》第12册，第465页A栏。同相经句见多处。

Дx.11570 佛说观佛三昧海经本行品第八

存二块同经碎片。其一，存11行，行1至5字。起："佛郭众相"，讫："如来"。经文见《藏外佛教文献》第3册，第407页A栏第12行至第408页A栏第5行。其二，存5行，行2至6字。起："牛王目目双齐"，讫："三念"。经文见《藏外佛教文献》第3册，第407页A栏第8行至第408页A栏第12行。后片内容在前。

Дx.11571 梁朝傅大士颂金刚经

刻本。存11行，行4至9字。起："夫持金刚经者先念"，讫："奉请金刚爱菩萨"。前1行，框外有小字"国王比丘比丘尼等"，非经文。经文见《藏外佛教文献》第9册，第133页A栏第3行至第134页A栏第8行。

Дx.11572 版画残片

仅存一尊天王。有榜题"护法神王"。

Дx.11573 大方广佛华严经卷第十二如来名号品第七至四圣谛品第八

刻本。册页装。存6页，每页2面，每面6行。上部残缺，存"四圣谛"。起："南方次有世界"，品题："品第八"，讫："最胜世界中"。唐实叉难陀译。经文见《大正藏》第10册，第59页A栏第14行至第60页B栏第26行。第四页左边框外有经题："经卷第十二第五叶。"第五页右边框外有经题："经卷第十二第五叶章。"第六页左边框外有经题："花严经卷十二第六叶章。"每页下角有"章"字。不明是架号还是版号。

Дx.11574 佛说佛名经卷第一

残页。上部有三排禅定佛，下抄写佛名。存佛名13行，佛像15组，每组竖排3身，前2行下部残2身佛及佛名。第3行，3身佛全，下部佛名残。第15行，佛名全，上部佛像半边残。第16行，佛像无，佛名仅存"在王佛"3字。佛名起："南无入千然灯佛"，讫："自在王佛"。北魏菩提流支译。经文见《大正藏》第14册，第115页B栏第12行至第19行。佛结跏趺坐底覆莲座，结禅定印，桃形头光，圆形背光，通肩袈裟，捺印加彩。

Дx.11575 习字

存12行。分上下两段颠倒习写，内容亦比较乱，无意义。

Дx.11576A 大般若波罗蜜多经卷第一百四十八初分校量功德品第三十之四十六

刻本。存8行，行4至9字。起："即是般若"，尾题："大般若波罗蜜"。第1行至第2行中有小字"十五"。唐玄奘译。经文见《大正藏》第5册，第803页C栏第20行至第28行。

Дx.11576B 般若灯论释卷第十四观颠倒品第二十三

刻本。其一，存10行，行8至17字。完整者5行。

起:"畏以是故如论偈说",讫:"如楞伽经说"。龙树菩萨造、分别明菩萨释、唐波罗颇蜜多罗译。经文见《大正藏》第30册,第126页A栏第25行至B栏第6行。与C片为同经残片。其二,存10行,行4至10字。起:"尽义不成",讫:"云何当有佛"。经文见《大正藏》第30册,第127页A栏第4行至第17行。其三,存3行,行4至7字。录文:"自体亦不解苦因/有自体者/义成不断。"经文见《大正藏》第30册,第127页A栏第1行至第4行。

Дx.11576C 佛说长阿含经卷第七第二分弊宿经第三

存9行,行3至7字。起:"泥涂其",讫:"捐弃须得"。后秦佛陀耶舍共竺佛念译。经文见《大正藏》第1册,第45页C栏第28行至第46页A栏第8行。

Дx.11576D 中阿含经卷第四十五心品心经第一

存2行,行6至7字。录文:"智慧世尊云何/设多闻比丘明达。"僧伽提婆译。经文见《大正藏》第1册,第709页B栏第15行至第16行;或第18行至第19行。经文完全一致。另有几残片仅存数字。其一,存"闻比丘明达"5字;其二,存"丘明达"3字;其三,存"智慧说名"4字。

Дx.11576E 版画残片

存天王2身。榜题:"护法神王。"

Дx.11577 大般若波罗蜜多经卷第二百三十二初分难信解品第三十四之五十一

刻本。存5行,行7至10字。起:"故一切智",讫:"故菩萨十地"。唐玄奘译。经文见《大正藏》第6册,第170页C栏第22行至第25行。

Дx.11578 佛说观弥勒菩萨上生兜率天经

刻本。存60行。行18字。首题:"观弥勒菩萨上生兜率天经宋居士沮渠京声译",讫:"一切众生无不具"。宋沮渠京声译。经文见《大正藏》第14册,第418页B栏第1行至第419页A栏第12行。

Дx.11579 说法千佛

刻本。正方形。佛结跏趺坐莲台,结说法印。身后两旁有莲花,背光、头光点缀卷草纹。身后两侧各有出水莲花。此号所存有5面之多。每面纵3幅,横6幅。与龙谷大学所藏者为同版。

Дx.11580 版画

存二版。第一版,榜题:"释迦摩你(牟尼)佛于给孤独园内与弥勒菩萨所授记处。"另有榜题多处。第二版,前部接第一面为说法图,后部6幅画为6种修行方法:"花木供养""请□□典""深入正受""威仪□□""修诸功德""扫塔涂地"。有制版人"张知一"题名。

Дx.11581 版画

金刚经卷首画,画面完整。佛着田相袈裟,结跏趺坐宝座;右手结降魔印,左手上举结说法印;左右两旁分别站立迦叶和阿难两大弟子。宝座两侧各有四菩萨结跏趺坐莲台,结供养印,榜题:"四菩萨"。右侧菩萨身后为一身三头四臂护法金刚,两手举剑交叉于头顶,另两手在胸前,怒发冲天。佛四周为听法的众比丘,榜题:"比丘众"。佛前方有长方形香案,案上有香炉等供物。香案前方正中胡跪者舍卫国王,榜题:"舍卫国王"。国王左侧为须菩提,跪于毯上,榜题:"须菩提"。国王左侧有一长者跪于毯上,榜题:"长者"。其后分别为"天人众""婆罗门众""善男人""善女人"等。

Дx.11582 四分律比丘戒本

存二片。其一,存16行,行3至8字。起:"意语",讫:"比丘作"。后秦佛陀耶舍译。经文见《大正藏》第22册,第1016页A栏第16行至B栏第2行。其二,存13行,行2至10字。起:"如水乳合",讫:"有增"。经文见《大正藏》第22册,第1016页B栏第12行至第25行。

Дx.11583 维摩诘所说经卷上文殊师利问疾品第五

存12行,行2至11字。起:"医王",讫:"大患我"。后秦鸠摩罗什译。经文见《大正藏》第14册,第544页C栏第24行至第545页A栏第7行。中有异文。"作是念今我",经误为"作是念念我"。

Дx.11584 佛说要行舍身经

存10行，行11至17字。首行上残6字，其余完整。起："即是大忏悔"，讫："住僧物普通法"。经文见《大正藏》第85册，第1415页B栏第20行至第29行。经文"十方三世"，现刊本作"十方"。

Дх.11585 中阿含经卷第十二王相应品鞞婆陵耆经第六

存4行，行2至10字。起："受寡"，讫："肆断受田"。僧伽提婆译。经文见《大正藏》第1册，第499页C栏第6行至第12行。同样文字亦见于《中阿含经》卷第十九、卷第三十六、卷第四十九。

Дх.11585V 中阿含经卷第三十六梵志品瞿默目犍连经第四

存5行，行2至9字。起："语彼欲破坏此不"，讫："有"。僧伽提婆译。经文见《大正藏》第1册，第657页A栏第25行至B栏第1行。另有同经二碎片，其一，存2行，行2至3字。录文："心中不/如是。"其二，存2行，行3字。录文："断受生/断囗无。"甚残，不可确指具体卷品。

Дх.11586 佛说佛名经卷第四

存16行。佛名字数不一，行字数亦不一。一行书写2个佛名。起："上胜佛"，讫："南无胜"。北魏菩提流支译。经文见《大正藏》第14册，第134页B栏第8行至第19行。

Дх.11587 大乘无生方便门

存22行，行13至22字。行书。起："过去现在一切诸佛"，讫："贪嗔邪见"。下部残缺甚多。现刊本无对应经文，某些经文与S.2503《大乘无生方便门》相似。

Дх.11587V 大乘无生方便门

存4行。不确定。

Дх.11588 大乘修行菩萨行门诸经要集卷第三第四十一出胜鬘师子吼一乘大方便方广经

存23行，行2至18字。完整者16行。起："日乃"，讫："众如其所愿"。唐智严译。经文见《大正藏》第17册，第960页C栏第21行至第961页A栏第16行。

Дх.11589 金刚般若波罗蜜经

存10行，行5至17字。起："佛言须菩提"，讫："等为他人说"。北魏菩提流支译。经文见《大正藏》第8册，第754页A栏第8行至第18行。

Дх.11590 佛经论释

存19行，行5至14字。行书。部分经句与《楞伽师资记》同。不可定名。

Дх.11591 维摩诘所说经卷中佛道品第八

存17行，行7至20字。起："国及与囗囗囗而常修净"，讫："火中生莲华"。后秦鸠摩罗什译。经文见《大正藏》第14册，第550页A栏第1行至B栏第4行。

Дх.11592 妙法莲华经卷第七观世音菩萨普门品第二十五

存28行，行2至16字。整卷上部残。起："即现"，讫："菩萨以偈问"。后秦鸠摩罗什译。经文见《大正藏》第9册，第57页B栏第8行至C栏第8行。

Дх.11593A 大方广佛华严经卷第四四谛品第四之一

存33行，行2至17字。完整者27行。起："缚根或名"，讫："苦灭"。东晋佛驮跋陀罗译。经文见《大正藏》第9册，第420页B栏第23行至C栏第29行。

Дх.11593B 金光明经题签

存1行，总4字。录文："金光明经。"

Дх.11593C 残片

存3行，行3至5字。未检出。

Дх.11593D 大般涅槃经卷第六如来性品第四之三

存4行，行5至10字。起："不知是藏出"，讫："了又声闻"。北凉昙无谶译。经文见《大正藏》第12册，第402页A栏第8行至第12行。

Дх.11594 大般涅槃经卷第九如来性品第四之六

共十八块同经同品碎片。行2至5字。北凉昙无谶译。第1片，存3行，录文："涅/有应度/来名。"经文见《大正藏》第12册，第420页C栏第20行至第22行。第2片，存2行。录文："知此是/修学空想。"经文见《大正藏》第12册，第421页B栏第15行至第16行。第3片，存2行。录文："即是/男子臂。"此句同经很多。第4片，存3行。录文："不也/三种身/来身实能。"经文见《大正藏》第12册，第421页B栏第25行至第27行。第5片，存3行。录文："鬼/复作是/忽遇利。"经文见《大正藏》第12册，第421页A栏第2行至第4行。第6片，存4行。录文："曾有也/如是/是大涅槃/畜生。"经文见《大正藏》第12册，第421页A栏第5行至第8行。第7片，存3行。录文："教如/深/婆者一。"经文见《大正藏》第12册，第421页A栏第28行至B栏第1行。第8片，存3行。录文："处/生死/利之风。"经文见《大正藏》第12册，第420页C栏第27行至第29行。第9片，存3行。录文："灭耶/弃舍毒身/来於此阎浮。"经文见《大正藏》第12册，第421页A栏第13行至第16行。第10片，存1行。录文："佛出世。"查不出具体行数。第11片，存2行："教/渐教。"查不出具体行数。第12片，存3行。录文："则有/复如/船欲度。"经文见《大正藏》第12册，第420页C栏第23行至第25行。第13片，存3行。录文："种诸/菴/敷荣有时。"经文见《大正藏》第12册，第421页A栏第20行至第23行。第14片，存4行。录文："故皮/金师/尔於廿/拨生死故是。"经文见《大正藏》第12册，第421页A栏第16行至第20行。第15片，存4行。录文："涅槃/提方/未曾见闻/槃经。"经文见《大正藏》第12册，第421页A栏第9行至第12行。第16片，存1行。录文："涅槃经。"未检出。第17片，存3行。录文："想/或复说。"未检出。第18片，存2行。录文："是如/我是"。未检出。

Дx.11595A 大般涅槃经卷第二十九师子吼菩萨品第十一之三

存2行。首题："大般涅槃经师子吼菩萨品卷之四。"除首题外仅存1行经文。录文："须达多言善哉大士所言佛者功德无上今。"经文见《大正藏》第12册，第540页C栏第14行至第15行。分卷与现刊本不同。

Дx.11595AV 校经记录

存1行。录文："三乘新词经错定已。"此句下倒写"弟子十七宋"5字。

Дx.11595B 妙法莲华经卷第一方便品第二

存31行，行10至20字。全部为偈语。起："是大乘经"，讫："种种修福慧"。后秦鸠摩罗什译。经文见《大正藏》第9册，第8页A栏第10行至C栏第13行。

Дx.11596 斋文、礼佛真言

斋文存15行，完整。礼佛真言存16行。品题："每月十斋日""礼佛真言"。

Дx.11596V 礼佛真言

接写正面。

Дx.11597 Дx.11598 馆藏缺

Дx.11599 金光明最胜王经卷第一序品第一至寿量品第二

存70行，行10至17字。下部残缺。起："於晡时往诣"，品题："金光明最胜王经如来寿量品第二"，讫："莲华上有四如"。唐义净译。经文见《大正藏》第16册，第403页C栏第5行至第404页C栏第15行。

Дx.11600 馆藏缺

Дx.11601 大般若波罗蜜多经卷第五百六十二第五分如来品第十五之二

存14行，行3至15字。起："无上正"，讫："虚空不作"。唐玄奘译。经文见《大正藏》第7册，第900页A栏第9行至第22行。

Дx.11602 Дx.11641 净名经集解关中疏卷上

二残页。其一，存5行，行28字左右。起："知大智本行皆"，讫："二明别叹"。唐道液集。经文见《大正藏》第85册，第442页A栏第3行至第13行。首句"知"前应为"识"，原句为"知识"，现存"知"，旁有颠倒符。其二，起："初约护法叹"，讫："以降众魔智"。经文见《大正藏》第85册,第422页A栏第13行至B栏第7行。二片可缀合。上部残,缺2个字。

Дх.11603　妙法莲华经卷第四授学无学人记品第九

存15行,行5至12字。起:"音遍满其佛",讫:"等於空王"。后秦鸠摩罗什译。经文见《大正藏》第9册,第29页C栏第11行至第30页A栏第3行。

Дх.11604　维摩诘所说经卷中文殊师利问疾品第五至不思议品第六

存15行,行17字。尾行存3字,其余行完整。起:"行虽随诸法",品题:"不思议品第六",讫:"求法者"。后秦鸠摩罗什译。经文见《大正藏》第14册,第545页C栏第25行至第546页A栏第11行。

Дх.11605　大智度论卷第八初品中放光释论第十四之余

存12行,行8至18字。后2行下部残,其余行完整。北朝写经,典型经生体。龙树菩萨造、后秦鸠摩罗什译。起:"俱照华中",讫:"三昧力不可思议"。经文见《大正藏》第25册,第116页A栏第9行至第22行。

Дх.11606　占卜书

存13行,行10至14字。起:"明镜君",讫:"起靖舘堂弟十一"。

Дх.11607　法门名义集并序

存6行,行8至19字。有首题,上部残。首题:"义集一卷并序",讫:"义理之津道"。李师政撰。经文见《大正藏》第54册,第195页A栏第4行至第12行。

Дх.11608　大般若波罗蜜多经卷第三百四十一初分巧便学品第五十五之五

存16行,行17字。起:"即心修行离",讫:"若处离幻"。唐玄奘译。经文见《大正藏》第6册,第753页B栏第28行至C栏第11行。

Дх.11609　大智度论卷第八初品中放光释论第十四之余

存18行,行2至20字。起:"会皆",讫:"光大明如万日"。龙树菩萨造、后秦鸠摩罗什译。经文见《大正藏》第25册,第115页C栏第17行至第116页A栏第8行。北朝经卷。书法为典型的经生体。

Дх.11610　妙法莲华经题签

录文:"妙法莲华经卷第六。"

Дх.11610V　妙法莲华经卷第六随喜功德品第十八

存8行,行17字。首题:"妙法莲华经随喜功德品第十七六",讫:"出至於余"。后秦鸠摩罗什译。经文见《大正藏》第9册,第46页B栏第22行至C栏第1行。

Дх.11611　金刚般若波罗蜜经

存22行,行2至17字。完整者16行。起:"得须",讫:"者则非庄严"。后秦鸠摩罗什译。经文见《大正藏》第8册,第749页B栏第26行至C栏第20行。

Дх.11612　佛说善恶因果经

存22行,行3至8字。上部全残。起:"佛礼拜",讫:"饮酒醉乱者"。经文见《大正藏》第85册,第1381页B栏第21行至C栏第13行。

Дх.11613　大般若波罗蜜多经卷第二百七十七初分难信解品第三十四之九十六

存11行,行8至10字。起:"清净无二无二",讫:"故若一切智智清"。唐玄奘译。经文见《大正藏》第6册,第403页C栏第12行至第22行。

Дх.11614　和菩萨戒文

存12行,行3至12字。起:"息无有",讫:"诸菩萨莫沽洒沽洒"。经文见《大正藏》第85册,第1300页B栏第12行至第20行。

Дх.11615　维摩诘经疏卷第一

仅存经题1行。录文:"维摩诘经揩疏卷第一无头。""揩"字不解其意。

Дх.11616　金光明最胜王经卷第七大辩才天女品第十五之一

存21行,行3至14字。完整者13行。起:"牛粪作其",讫:"永断众"。唐义净译。经文见《大正藏》第16册,第435页A栏第20行至B栏第15行。

Дx.11617 诸经要集

存8行。皆完整,行字数不一。起:"说戒而存萨仪",讫:"打捶一下"。经文见《大正藏》第54册,第194页A栏。与现刊本相校,只有偈语相同。

Дx.11618 金光明最胜王经卷第六四天王护国品第十二

存9行,行13至17字。完整者5行。起:"各於国土",讫:"释修诸苦行"。唐义净译。经文见《大正藏》第16册,第430页B栏第4行至第14行。

Дx.11619 杂譬喻经

存2行,行6至7字。录文:"能持大水水上有/人脐中出千叶。"比丘道略集。经文见《大正藏》第4册,第529页B栏第10行至第11行。

Дx.11620 摩诃僧祇律卷第三明四波罗夷法之三

存2行半,行11至36字。完整者2行。东晋佛驮跋陀罗共法显译。经文见《大正藏》第22册,第249页C栏第22行至第27行。

Дx.11621 大宝积经卷第一百一十二普明菩萨会第四十三

存2行。录文:"一切众生照明菩萨亦/生迦叶譬如师子兽王随。"失译。经文见《大正藏》第11册,第633页A栏第29行至B栏第2行。

Дx.11621V 佛为首迦长者说业报差别经

存2行。录文:"施心不坚后还追悔以是/苦是名先乐后苦复有。"隋法智译。经文见《大正藏》第1册,第893页C栏第23行至第24行。

Дx.11622 大般若波罗蜜多经卷第八十一初分天帝品第二十二之五

存6行,行5至17字。完整者4行。起:"子言如是菩萨",讫:"蕴等无二相"。唐玄奘译。经文见《大正藏》第5册,第453页A栏第17行至第20行。

Дx.11623 非佛经

册页装。存1页,正背各6行,行22字左右。起:"心中有事",讫:"有人经天下"。

Дx.11624 四分律比丘戒本

存6行,行12至16字。起:"比丘有病",讫:"若比丘夏三月竟"。中有涂改添加字。后秦佛陀耶舍译。经文见《大正藏》第22册,第1018页A栏第21行至第27行。最后1行"至八月十五日满已",非本段内容,旁有删字符。

Дx.11625 妙法莲华经卷第二譬喻品第三

存4行,行2至5字。起:"道故",讫:"欲令汝忆"。后秦鸠摩罗什译。经文见《大正藏》第9册,第11页B栏第11行至第14行。

Дx.11626 金光明最胜王经卷第九善生王品第二十一

存8行,行2至7字。全部为偈语。起:"咸来",讫:"高座加趺坐"。唐义净译。经文见《大正藏》第16册,第444页B栏第19行至第26行。

Дx.11627 大般若波罗蜜多经题签

录文:"大般若波罗蜜多经卷第十七。"

Дx.11628 梁朝傅大士颂金刚经

存11行,行14字。起:"威仪寂静分第廿九",品题:"威仪寂静分第廿九、一合相理分第三十",讫:"所说三千大千"。经文见《大正藏》第85册,第9页A栏第11行至第20行。

Дx.11629 大般若波罗蜜多经卷第六十四初分无所得品第十八之四

存9行,行3至11字。起:"所有不可得",讫:"得故菩"。唐玄奘译。经文见《大正藏》第5册,第359页B栏第19行至第27行。

Дx.11630 大智度论卷第三十一释初品中十八空义第四十八

存10行,行7至9字。起:"则无穷若生",讫:"外法复"。龙树菩萨造、后秦鸠摩罗什译。经文见《大正藏》第25册,第287页C栏第15行至第26行。

Дx.11631 残片

存8行。未检出。

Дх.11632 **大般若波罗蜜多经题签**

录文："大般若波罗蜜多经第四百。"

Дх.11633 **大乘无量寿经**

存4行，行6至7字。起："寿宗经受"，讫："怛侄他唵"。经文见《大正藏》第19册，第83页A栏第23行至第28行。

Дх.11634 **馆藏缺**

Дх.11635 **大乘入楞伽经卷第七偈颂品第十之二**

存11行，行5至8字。起："为诸二乘说"，讫："如象溺深泥不"。唐实叉难陀译。经文见《大正藏》第16册，第632页A栏第25行至B栏第16行。

Дх.11636 **维摩诘所说经卷上佛国品第一**

存8行，行12至17字。起："佛土净随佛土"，讫："不见对曰不"。后秦鸠摩罗什译。经文见《大正藏》第14册，第538页C栏第1行至第10行。

Дх.11637 **大乘无量寿经**

存7行，行13至22字。起："若有自书"，讫："囉莎呵"。经文见《大正藏》第19册，第83页B栏第2行至第9行。

Дх.11638 **春秋后语**

存23行。此依陆庆夫、陆离《俄藏敦煌写本〈春秋后语〉残卷再探——对俄Дх.11638号与Дх.02663、Дх.02724、Дх.05341、Дх.05784号文书的缀合研究》定名，《敦煌学辑刊》2004年第1期，第1页至第12页。

Дх.11639 **集诸经礼忏仪卷上**

存17行，行2至11字。起："香花云以为光"，讫："南无"。唐智昇撰。经文见《大正藏》第47册，第456页B栏第9行至C栏第2行。

Дх.11640 **妙法莲华经卷第七观世音菩萨普门品第二十五**

存17行，行3至13字。起："观世音"，讫："气毒烟火然"。后秦鸠摩罗什译。经文见《大正藏》第9册，第57页C栏第6行至第58页A栏第8行。

Дх.11641 **净名经集解关中疏卷上**

见Дх.11602。

Дх.11642 **菩萨璎珞经卷第六随行品第十九之余**

存11行，行6至18字。首残，有尾题。起："人故号人中尊"，讫："璎珞经卷第六"。后秦竺佛念译。经义见《大正藏》第16册，第69页B栏第24行至C栏第9行。分卷与现刊本不同，现刊本为卷七。似为废经，经中夹抄经文，乃是抄写临行经文。经中空白颠倒横竖杂写多字。

Дх.11642V **杂写**

杂写"佛所行赞经传""见佛"等。

Дх.11643 **金光明最胜王经卷第十舍身品第二十六**

存9行，行7至11字。起："此林中将无"，讫："七日七日"。唐义净译。经文见《大正藏》第16册，第451页B栏第10行至第18行。

Дх.11644 **金光明最胜王经卷第九长者子流水品第二十五**

存7行，行6至17字。首5行完整。起："及天曼陀罗"，讫："可遣使并我二"。唐义净译。经文见《大正藏》第16册，第450页B栏第16行至第24行。

Дх.11645 **大般若波罗蜜多经卷第四百八十一第三分舍利子品第二之三**

存28行，行6至17字。后19行完整。起："门此由无相"，讫："为诸佛之"。唐玄奘译。经文见《大正藏》第7册，第442页C栏第22行至443页A栏第20行。

Дх.11646 **普贤菩萨说证明经**

存13行，行13至17字。起："持五戒不肯"，讫："儿者若有众"。经文见《大正藏》第85册，第1364页B栏第28行至C栏第13行。

Дх.11647 **大般若波罗蜜多经卷第五百八十二第十一布施波罗蜜多分之四**

存24行，行5至17字。首2行残，其余完整。起："事欢喜踊"，尾题："大般若波罗蜜多经卷第五百八十二"。唐玄奘译。经文见《大正藏》第7册，第1013页C栏第15行至第1014页A栏第9行。

Дх.11648 大般涅槃经佛母品

存22行，行17字。起："来在金棺"，尾题："佛母经"。经文见《藏外佛教文献》第1册，第383页A栏第10行至第385页A栏第6行。经文"白彩"，现刊本为"白毡"；经文"守持"，现刊本为"手持"；经文"何其"，现刊本为"何期"；经文少"云何"2字，少"痛哉痛哉"等等。

Дх.11649 增壹阿含经卷第七火灭品第十六

存13行，行8至17字。首尾各2行残，其余完整。起："自庄严修"，讫："故作此语耶"。僧伽提婆译。经文见《大正藏》第2册，第578页A栏第27行至B栏第10行。

Дх.11650 金刚般若波罗蜜经

存72行，行2至17字。起："有受"，讫："一切法皆是佛"。后秦鸠摩罗什译。经文见《大正藏》第8册，第751页A栏第4行至第752页A栏第2行。

Дх.11651 梁朝傅大士颂金刚经

存46行，行约15字。第1行至第31行，起："法如来可说"，品题："依法出生分第八、一相无相分第九"，讫："我得阿罗汉"。无弥勒颂。经文见《大正藏》第85册，第3页A栏第15行至C栏第3行。第32行至第46行，起："则非众生"，品题："持经功德分第十五"，讫："中日分复"。经文见《大正藏》第85册，第5页B栏第18行至C栏第11行。

Дх.11652 大般若波罗蜜多经卷第三十一初分教诫教授品第七之二十一

存6行，行8字。起："摩诃萨即"，讫："处寂静不"。唐玄奘译。经文见《大正藏》第5册，第170页C栏第9行至第12行。

Дх.11653 妙法莲华经卷第七观世音菩萨普门品第二十五

存25行，行2至17字。断为上下两片，经文可接。起："女身得度者"，讫："略说"。后秦鸠摩罗什译。经文见《大正藏》第9册，第57页B栏第13行至C栏第15行。

Дх.11654 佛经词语解释补正

经折装。存9页，共18面，每面书3行。词语大字，释双行小字。起："□法篇第卅八"，讫："人居三界如系樊笼"。或为解释，如"八正三乘""八解六度""奈苑沙界""药师经云耆山是堀山"等。

Дх.11655 思益梵天所问经卷第三行道品第十一

存7行，行5至17字。起："尔时思益梵"，讫："提又问云何"。后秦鸠摩罗什译。经文见《大正藏》第15册，第54页B栏第25行至C栏第3行。

Дх.11656 五常

存61行，行8至12字。

Дх.11657 妙法莲华经卷第三药草喻品第五

存18行，行1至17字。起："究/慧迦叶辟（譬）如三"，讫："尔时无数千"。后秦鸠摩罗什译。经文见《大正藏》第9册，第19页A栏第27行至B栏第16行。

Дх.11658 道德经

存13行，行4至17字。首行存4字，其余完整。

Дх.11659 妙法莲华经卷第三药草喻品第五

存24行，行7至17字。起："时令解者（未）安者"，讫："何诸佛世"。后秦鸠摩罗什译。经文见《大正藏》第9册，第19页B栏第12行至C栏第8行。

Дх.11660 六门陀罗尼经

存13行，行25字左右。首题："六门陀罗尼经三藏法师义净奉制译"，讫："信受奉行"。唐玄奘译。经文见《大正藏》第21册，第878页A栏第1行至第28行。有个别字抄错。如"清信善男子"，应为"净信善男子"。译者经中误抄为"三藏法师义净奉制译"。

Дх.11661 大般若波罗蜜多经卷第三十一初分教诫教授品第七之二十一

存16行，行17字。首行上残，存4字。起："净若不净"，讫："性非有故况"。唐玄奘译。经文见《大正藏》第5册，第170页B栏第6行至第22行。

Дх.11662 思益梵天所问经卷第一序品第一

存12行，行5至17字。起："此光能破众生"，讫："皆得惭愧又"。后秦鸠摩罗什译。经文见《大正藏》第15册，第33页A栏第1行至第12行。

Дх.11663 妙法莲华经卷第二譬喻品第三

存26行，行2至17字。起："而/是时乃可谓"，讫："有八交道"。后秦鸠摩罗什译。经文见《大正藏》第9册，第11页A栏第12行至B栏第22行。

Дх.11664 梵网经卢舍那佛说菩萨心地戒品第十卷下

存19行，行17字。后4行中残缺。起："心慢心不起"，讫："来者即起"。首行经缺"慢心痴心"之"痴"字。后秦鸠摩罗什译。经文见《大正藏》第24册，第1005页B栏第3行至第23行。

Дх.11665 大般若波罗蜜多经卷第二百七十七初分难信解品第三十四之九十六

存12行，行2至15字。起："清净"，讫："悲清净无二无二"。唐玄奘译。经文见《大正藏》第6册，403页C栏第21行至第404页A栏第2行。

Дх.11666 四分僧戒本

存13行，行2至14字。起："若比丘不受"，讫："若比"。后秦佛陀耶舍译。经文见《大正藏》第22册，第1027页A栏第29行至B栏第12行。有异文。"除时因缘波"此经少"因缘"2字，是句在《四分比丘戒本》中亦有。

Дх.11667 大般若波罗蜜多经题签

录文："大般若波罗蜜多经卷第五百□十五十六。"

Дх.11668 佛经论释

Дх.11669 妙法莲华经卷第一序品第一

存14行，行9至17字。起："紧那罗摩睺罗"，讫："法王之子已"。后秦鸠摩罗什译。经文见《大正藏》第9册，第2页B栏第14行至第28行。

Дх.11670 馆藏缺

Дх.11671 金刚般若波罗蜜经

存19行，行17字。首4行下残，存1至14字；后2行上残，存4至10字。起："佛言"，讫："波罗蜜如"。北魏菩提流支译。经文见《大正藏》第8册，第754页B栏第9行至第27行。与现刊本相较，经文"尔时慧命须菩提"多"慧命"2字。

Дх.11672 佛说佛名经卷第二十二

存11行，行书2佛名，起："南无菩提光佛"，讫："婆那罗佛"。失译。经文见《大正藏》第14册，第277页C栏第8行至第16行。经文"南无清净佛"后有"从此上一万五百佛十二部经一切贤圣"一句，现刊本无。

Дх.11673 维摩诘所说经卷上方便品第二

存29行，行17字。整卷上部有缺残。起："菩提了众生"，讫："界是场无所趣"。后秦鸠摩罗什译。经文见《大正藏》第14册，第542页C栏第1行至第543页A栏第2行。

Дх.11674 妙法莲华经卷第七妙音菩萨品第二十四

存19行，行5至11字。下部全残。起："号施於众生"，讫："礼拜供养"。后秦鸠摩罗什译。经文见《大正藏》第9册，第56页C栏第26行至第57页A栏第17行。

Дх.11675 佛说佛名经卷第十

存13行，行书2佛名。起："南无百功德"，讫："南无威德光佛"。北魏菩提流支译。经文见《大正藏》第14册，第168页B栏第6行至第17行。

Дх.11676 大般涅槃经卷第三十八迦叶菩萨品第十二之六

存20行，行17字。首4行下残，行1至11字；尾行上残，存3字。起："如/咒师能"，讫："闻人即"。北凉昙无谶译。经文见《大正藏》第12册，第586页B栏第27行至C栏第18行。

Дх.11677 大般若波罗蜜多经卷第三十五初分教诫教授品第七之二十五

存25行，行17字。起："初分教诫教授品第七之廿五三藏法师玄奘奉诏译"，讫："阿罗汉果有"。唐玄奘译。经文见《大正藏》第5册，第192页

C栏第6行至第193页A栏第6行。

Дх.11678 大乘无量寿经

存24行，行7至32字。起："树给孤独园与大"，讫："莎诃某"。经文见《大正藏》第19册，第82页A栏第1行至B栏第7行。

Дх.11679 佛说护身命经

存24行，行5至16字。起："流布此法读"，尾题："身命经一卷"。题记："咸亨元年四月三日清信女佛弟子初千金为身/久在床枕无处依托今敬造救护身经愿得/除愈离郭解脱受持读诵。"比丘道真译。经文见《大正藏》第85册，第1325页C栏第25行至第1326页A栏第26行。

Дх.11680 金刚般若波罗蜜经

存5行，行6至8字。起："尊须菩提菩萨"，讫："即非身相佛"。后秦鸠摩罗什译。经文见《大正藏》第8册，第749页A栏第19行至第23行。

Дх.11681 金光明最胜王经卷第二分别三身品第三

存27行，行17字。下部数行残缺2字，其余基本完整。起："惟是善男子"，讫："佛无其实体"。唐义净译。经文见《大正藏》第16册，第410页A栏第7行至B栏第6行。

Дх.11682 妙法莲华经卷第七妙音菩萨品第二十四

存18行，行17字。起："是观世音菩萨"，讫："名为观世音"。后秦鸠摩罗什译。经文见《大正藏》第9册，第57页B栏第19行至C栏第10行。

Дх.11683 佛说八阳神咒经

存19行，行17字。起："如是一时佛在"，讫："所着等正觉"。西晋竺法护译。经文见《大正藏》第14册，第73页B栏第1行至第24行。

Дх.11684 大般若波罗蜜多经卷第二百二十初分难信解品第三十四之三十九

存38行，行17字。首3行下残3字，尾2行下残2至12字，其余行完整。起："乃至般若波罗蜜"，讫："若一切智智"。唐玄奘译。经文见《大正藏》第6册，第103页B栏第13行至C栏第20行。

Дх.11685 大般若波罗蜜多经卷第三十一初分教诫教授品第七之二十一

存22行，行7至17字。尾6行上部残，存下部8字，其余行完整。起："有八解脱"，讫："此增语既非"。唐玄奘译。经文见《大正藏》第5册，第170页B栏第22行至C栏第15行。

Дх.11686 和菩萨戒文

存9行，行2至13字。起："深心渴仰专注"，讫："夫食"。

Дх.11687 Дх.11688 馆藏缺

Дх.11689 般若波罗蜜多心经

存18行，行14至20字。下部残缺。首题："般若波罗蜜多心经"，尾题："般若多心经"。题记："学郎阎洪润书记。"唐玄奘译。经文见《大正藏》第8册，第848页C栏第4行至第24行。

Дх.11690 妙法莲华经卷第一序品第一

存26行，行17字。首10行下残，存2至12字，其余行完整。起："雨大"，讫："不动是时"。后秦鸠摩罗什译。经文见《大正藏》第9册，第3页C栏第13行至第4页A栏第11行。

Дх.11691 梵网经卢舍那佛说菩萨心地戒品第十卷下

存20行，行9至12字。下部残。起："处悉至听受"，讫："轻垢罪"。后秦鸠摩罗什译。经文见《大正藏》第24册，第1005页C栏第3行至第1006页A栏第1行。

Дх.11692 佛说摩利支天陀罗尼咒经、般若波罗蜜多心经

存71行，行约7字。第1行至第7行为《佛说摩利支天陀罗尼咒经》。起："人欺诳我"，讫："利陀那摩莎诃"。失译。经文见《大正藏》第21册，第261页C栏第3行至第17行。有异文。有大段脱经。第8行至第9行杂写，录文："□□/□□三千大千世界般若。"第10行至第21行，同经。起："告诸比丘"，讫："能见我无人能捉我"。经文见《大正藏》

第21册，第261页C栏第2行至第11行。第22行至第31行，同经。起："国王大臣及"，讫："佛说摩利支天经一卷"。经文见《大正藏》第21册，第261页C栏第21行至第262页A栏第15行。有异文。有脱文。第32行至第42行为《般若波罗蜜多心经》。起："观自在菩萨行"，讫："无意识界无无"。唐玄奘译。经文见《大正藏》第8册，第848页C栏第7行至第13行。第48行至49行为《佛说摩利支天陀罗尼咒经》。起："於行路中护我"，讫："善男妇善女人"。经文见《大正藏》第21册，第261页C栏第18行至第24行。有异文。第50行至51行，录文："佛说摩利支天经/尔时我闻一时婆在。"后有题记2行，录文："僧愿宗/□□午九月十日开元寺。"第54行至第71行为《般若波罗蜜多心经》。起："无明尽乃至"，讫："即说咒曰/揭"。经文见《大正藏》第8册，第848页C栏第13行至第24行。因为册页装，打开装裱后经文次序错乱。书法稚拙，应为学童习写。题记与经文非一人手书。

Дх.11693 **大宝积经卷第九十优婆离会第二十四**

刻本。存5行，行11至12字。起："僧若四方"，讫："覆藏或不"。唐菩提流志译。经文见《大正藏》第11册，第516页A栏第16行至第19行。

Дх.11694 **千手千眼观世音菩萨广大圆满无碍大悲心陀罗尼经**

存2行。录文："怖畏故/佛告阿难此观世音菩。"唐伽梵达摩译。经文见《大正藏》第20册，第110页A栏第17行。"怖畏故"句见《大正藏》第20册，第111页C栏第2行。经文与现刊本顺序不同，或为别经。

Дх.11695 **妙法莲华经卷第一方便品第二**

存经文2行。录文："自知当作佛/妙法莲华经卷第一。"另有题记12行。录文："咸亨二年九月/用纸/装潢手解善/初校经生魏慧/再校醴泉寺/三校醴泉寺/详阅太原寺大/详阅/详阅太/判官少府监/使太中大夫行少府。"后秦鸠摩罗什译。经文见《大正藏》第9册，第10页第20行至第21行。

Дх.11696 **大乘无量寿经**

存经2行，题记1行。起："欢喜信受奉"，尾题：要经。题记："第一勘灵秀第二施远惠□。"

Дх.11697 **般若波罗蜜多心经**

首题："般若波罗蜜多心经"，尾题："般若波罗蜜多心经一卷"。题记："第（弟）子社人康国清奉为先亡神生净土见存家眷无病/长寿书写受持生生不绝。"唐玄奘译。经文见《大正藏》第8册，第848页C栏第4行至第24行。

Дх.11698 **妙法莲华经卷第五如来寿量品第十六**

存17行，行4至17字。起："亿那由他"，讫："观其信等诸"。后秦鸠摩罗什译。经文见《大正藏》第9册，第42页B栏第15行至C栏第2行。

Дх.11699 **馆藏缺**

Дх.11700 **妙法莲华经卷第七妙音菩萨品第二十四**

存4行，行6至14字。起："中来听法不"，讫："牟尼佛语多宝"。后秦鸠摩罗什译。经文见《大正藏》第9册，第55页C栏第24行至第27行。

Дх.11701 **佛说父母恩重经**

存经8行，题记1行，行11至12字。下部残缺。起："白佛言此经"，尾题："佛说父母恩重经一卷"。题记："乾宁二年九月廿八日清。"经文见《大正藏》第85册，第1404页A栏第15行至第23行。有异文。

Дх.11702 **阿毗昙八犍度论卷第二十二阿毗昙根犍度发心跋渠第五**

存17行，行3至24字。起："复次以无碍"，讫："谓弃无"。迦旃延子造、僧伽提婆共竺佛念译。经文见《大正藏》第26册，第876页B栏第27行至C栏第22行。

Дх.11703 **佛经论释**

存24行。草书。未检出。

Дх.11704 **大乘起信论广释卷第三**

存14行，其中题记1行，行2至13字。起："妙理贯通凡圣",尾题："卷第三"。题记："年六月十九日乾元寺僧昙□写了。"唐昙旷撰。经文见《大正藏》第85册,第1138页A栏第26行至B栏第14行。

Дx.11705　馆藏缺

Дx.11706　大般若波罗蜜多经卷第一百三十一初分校量功德品第三十之二十九

存14行,行1至11字。起:"魔/等应以无",讫:"设可得"。唐玄奘译。经文见《大正藏》第5册,第714页C栏第19行至第715页A栏第3行。

Дx.11707　金光明最胜王经卷第一如来寿量品第二

存5行,行13字。起:"妙香气过诸天",讫:"无量寿北方"。唐义净译。经文见《大正藏》第16册,第404页C栏第11行至第16行。

Дx.11708　妙法莲华经卷第七观世音菩萨普门品第二十五

存11行,行4至12字。起:"成就如是",讫:"天龙夜叉乾闼"。后秦鸠摩罗什译。经文见《大正藏》第9册,第57页B栏第19行至C栏第2行。

Дx.11709　馆藏缺

Дx.11710　布萨文

存10行,行4至6字。

Дx.11711　杂写

存2行。录文:"毕竟/碧映。"

Дx.11712　佛说佛名经卷第二十九

存16行,每行书2佛名,每佛名上有一捺印禅定佛像。起:"佛",讫:"南无喜王佛"。失译。经文见《大正藏》第14册,第285页B栏第6行至第17行。

Дx.11713　大通方广忏悔灭罪庄严成佛经卷下

存7行,行1至10字。全部为偈语。起:"持戒大沙门",讫:"是"。经文见《大正藏》第85册,第1351页B栏第26行至C栏第5行。

Дx.11714　金刚般若波罗蜜经

二残片。其一,存10行,行2至6字。起:"若湿",讫:"东方虚空"。后秦鸠摩罗什译。经文见《大正藏》第8册,第749页A栏第7行至第16行。其二,存2行。录文:"其心所有一切众/生若化生若有。"经文见《大正藏》第8册,第749页A栏第6行至第7行。此为最前面碎片,第二行经文接下片第一行,可缀合。

Дx.11715　药师琉璃光如来本愿功德经

存7行,行1至5字。起:"已/菩提",讫:"第十大愿愿"。唐玄奘译。经文见《大正藏》第14册,第405页B栏第7行至第13行。

Дx.11716　大般若波罗蜜多经卷第五百五十二第四分无杂无异品第二十四

存19行,行5至18字。起:"萨亲近般若",讫:"读诵令善通"。唐玄奘译。经文见《大正藏》第7册,第844页B栏第26行至C栏第16行。

Дx.11717　版画大圣文殊师利菩萨

上图下文。图上部残,文殊头部缺。坐狮足踩莲花,转头直视右前方。驭者着软角幞头,身及膝衣,足蹬皮靴。供养童子与驭者相向而立,半裸上身,双手合十仰视文殊。图右榜题"大圣文殊师利菩萨"仅存"师利菩萨"4字。图左榜题全缺。图下发愿文存9行,录文:"此五台山中文殊师利大圣（下缺)/现多般威灵叵测（下缺)/舍大悲隐法界身示(下缺)/菩萨住清凉山摄(下缺)//广思惟忆念增长（下缺)/能满诸愿普劝四众(下缺)/来同证菩提妙果/文殊师利童真菩萨五字心真言/阿上啰跛左曩(下缺)。"

Дx.11718　大般若波罗蜜多经卷第一百三十初分校量功德品第三十之二十八

存4行。录文:"摩诃萨故便/依供养以是故/梵若沙门行若婆/量上妙花。"唐玄奘译。经文见《大正藏》第5册,第710页B栏第14行至第18行。

Дx.11719　戒律疏

存5行,行2至9字。起:"不犯",讫:"亲浮"。中有"外财起贪犹系""故制斯戒"等语,现刊本未检出。

Дx.11720 **妙法莲华经卷第四五百弟子受记品第八**

存6行，行5至8字。起："希有随顺世间若"，讫："其种种功德"。后秦鸠摩罗什译。经文见《大正藏》第9册，第27页B栏第23行至第28行。

Дx.11721 **金光明最胜王经卷第三灭业障品第五**

存13行，行1至6字。起："尽"，讫："转无上法轮说"。唐义净译。经文见《大正藏》第16册，第417页A栏第8行至第21行。

Дx.11722 **维摩诘所说经卷中文殊师利问疾品第五**

存6行，行4至10字。起："殊师利与"，讫："一床时"。后秦鸠摩罗什译。经文见《大正藏》第14册，第544页B栏第7行至第12行。

Дx.11723 **佛说佛名经题签**

录文："佛名经第廿三。"

Дx.11724 **妙法莲华经卷第一方便品第二**

存6行，行3至13字。起："复不能知啊"，讫："如恒沙"。全部为偈语。后秦鸠摩罗什译。经文见《大正藏》第9册，第6页A栏第6行至第16行。

Дx.11725 **民族文字残片**

Дx.11726 **饼粟历**

存15行。

Дx.11727 **馆藏缺**

Дx.11728 **民族文字残片**

Дx.11729 **民族文字残片**

Дx.11730 **馆藏缺**

Дx.11731 **白描画**

白描马残存后身及马尾。

Дx.11732 **馆藏缺**

Дx.11733 **梵网经卢舍那佛说菩萨心地戒品第十卷下**

存3行。录文："僧国王贵人/中应生孝顺/如意处者犯。"后秦鸠摩罗什译。经文见《大正藏》第24册，第1006页A栏第3行至第5行。

Дx.11734 **馆藏缺**

Дx.11735 **华严经内章门等杂孔目章三宝义章**

存6行。录文："三住持/龛塑僧/纸素/九十/□□/文。"唐智俨集。经文见《大正藏》第45册，第553页B栏。

Дx.11736 **妙法莲华经卷第五安乐行品第十四**

存7行，行2至8字。起："不转"，讫："及国王子"。后秦鸠摩罗什译。经文见《大正藏》第9册，第37页B栏第13行至第21行。

Дx.11737 **大乘百法明门论**

存6行，行6至9字。起："转十六定异"，讫："二法无我"。天亲菩萨造、唐玄奘译。经文见《大正藏》第31册，第855页C栏第13行至第22行。最后1行"行法廿四□为六种"似为杂抄。

Дx.11738 **大乘起信论**

存16行，行12至21字。起："答曰虽实有此"，讫："故说为应身"。马鸣菩萨造、真谛译。经文见《大正藏》第32册，第579页A栏第23行至C栏第3行。

Дx.11739 **天地开辟以来帝王记**

存5行，行5至13字。起："尔时遭旱"，讫："开误未审伏"。

Дx.11740 **增壹阿含经卷第三十二力品第三十八之二**

存10行，行3至9字。起："复以五百宝"，讫："笑笑必"。僧伽提婆译。经文见《大正藏》第2册，第726页C栏第4行至第14行。

Дx.11741 **金刚般若波罗蜜经**

存9行，行11至12字。起："触法生心"，讫："沙数三千"。后秦鸠摩罗什译。经文见《大正藏》第8册，第749页C栏第22行至第750页A栏第1行。

Дx.11742 **金刚顶莲华部心念诵仪轨**

二残片。其一，存5行，行13至14字。全部为偈语。起："一切世灯虚道场"，讫："宿命住至相严"。唐不空译。经文见《大正藏》第18册，第300页A栏第28行至B栏第5行。其二，存5行，行14字。全部为偈语。起："菩萨六愿"，讫："缘觉声闻及有情"。

经文见《大正藏》第18册,第300页A栏第22行至第27行。后片在前。

Дх.11743 **字书**

存2个空心字。似为硬笔所书。

Дх.11744 **民族文字残片**

杂写"囗卅一帙"4字。

Дх.11745 **杂写**

杂写"析贰斗"3字。

Дх.11746 **民族文字残片**

Дх.11747 **藏经目录**

残。中部已被后人剪去。存10行。录文:"超日明三昧经□□□寿经太子/须达拏经□□/□□切成佛经/无垢施□□方广菩萨/十地经□□□经一卷/多摩多罗□□本起经二卷/八师经一□□佛入/涅槃□□卷/见正□□经一卷/灯□□无上。"

Дх.11747V **杂写**

杂写"大般若□□□经",抄多个"敕"字,重复抄写。

Дх.11748至Дх.11751 **馆藏缺**

Дх.11752 **版画残片**

仅存版画一角。内容不详。

Дх.11753 **民族文字残片**

Дх.11754 **藏经目录**

存4行,行4至7字。录文:"论目录记本/六十帙大方广佛/大集经五十/炬陀罗尼。"

Дх.11754V **民族文字残片**

Дх.11755 **民族文字残片**

Дх.11755V **民族文字残片**

Дх.11756 **民族文字残片**

Дх.11756V **民族文字残片**

Дх.11757 **民族文字残片**

Дх.11757V **民族文字残片**

Дх.11758 **金刚般若波罗蜜经**

存2行。录文:"所言善法/法须。"后秦鸠摩罗什译。经文见《大正藏》第8册,第751页C栏第27行至第29行。

Дх.11758V **民族文字残片**

Дх.11759 **大般若波罗蜜多经卷第三百五十二初分多问不二品第六十一之二**

存7行,行3至8字。起:"鼻舌身",讫:"蜜多於眼界不思惟"。唐玄奘译。经文见《大正藏》第6册,第808页B栏第20行至第25行。

Дх.11760 **金刚般若波罗蜜经**

存5行,行4至6字。起:"沙宁为多",讫:"甚多世尊佛"。后秦鸠摩罗什译。经文见《大正藏》第8册,第749页C栏第27行至第750页A栏第2行。

Дх.11761 **佛说天地八阳神咒经**

存6行,行2至7字。起:"自兜",讫:"经者永无"。唐义净译。经文见《大正藏》第85册,第1424页B栏第2行至第7行。

Дх.11762 **愿文**

存11行,行5至14字。待考。

Дх.11762V **五兆要决略**

此依黄正建《关于〈俄藏敦煌文献〉第11至第17册中占卜文书的缀合与定名等问题》,见《敦煌研究》2002年第2期,第47页至第50页。

Дх.11763 **愿文范本**

存8行。此依赵鑫晔《俄藏敦煌文献缀合四则》定名,见《文献》2008年第3期,第85页至第92页。

Дх.11764 **丈夫百岁篇**

存3行。录文:"身何足料/改白发那堪镜里生□□/未肯休几时应得渐忧。"

Дх.11764V **缁门百岁篇**

存3行。录文:"置法船广开慈谕示因缘三车已□/门前路念念无常劝福田柒拾/坐结跏观。"

Дх.11765 **缁门百岁篇**

Дх.11766 **妙法莲华经卷第四五百弟子受记品第八**

存6行,行2至9字。起:"教利喜",讫:"无碍"。

后秦鸠摩罗什译。经文见《大正藏》第9册,第27页B栏第29行至C栏第6行。

Дx.11767 陀罗尼

存4行。行11字左右。

Дx.11768 残佛经

存5行,行2至8字。起:"智圆",讫:"通以二行为"。

Дx.11769 阿毗达磨俱舍释论卷第十八分别圣道界人品之三

存4行,行1至9字。只首行"专念境界心不散乱"为是经。婆薮盘豆造、真谛译。经文见《大正藏》第29册,第184页A栏第14行。后3行,未检出。此经存疑,待考。

Дx.11770 大般若波罗蜜多经卷第三百六十六初分巧便行品第六十三之二

存4行,行3至5字。起:"不以二故摄",讫:"三摩地门"。唐玄奘译。经文见《大正藏》第6册,第886页A栏第5行至第8行。

Дx.11771 佛说大乘不思议神通境界经

存4行。录文:"光明/无量声如来/南无宝光/南无。"施护译。经文见《大正藏》第17册,第928页A栏第25行至第27行。残甚。仅前3佛名能对应。或为《佛说佛名经》,但顺序与现刊本均不完全一致。

Дx.11772 大般若波罗蜜多经

存9行,行2至3字。唐玄奘译。甚残。无法确指具体卷品。

Дx.11773 周易禅解

存6行。录文:"臣煞其君子/者渐矣由辨/言顺也岂其/方外敬义立而/疑其所行也阴/也地。"参见《嘉兴藏》第20册,第402页。仅部分文字相同,前后顺序均不同。

Дx.11774 大般若波罗蜜多经卷第五百七十三第六分劝诫品第十四之二

存5行,行3至11字。起:"云何彼",讫:"毁谤此经黄者"。唐玄奘译。经文见《大正藏》第7册,第958页C栏第3行至第7行。

Дx.11775 妙法莲华经卷第四提婆达多品第十二

存3行,行4至6字。录文:"法故虽作世国/去者若为我解/大工我有。"后秦鸠摩罗什译。经文见《大正藏》第9册,第34页C栏第10行至第15行。

Дx.11776 金刚般若波罗蜜经

存5行,行2至4字。起:"须菩提言",讫:"实无"。后秦鸠摩罗什译。经文见《大正藏》第8册,第749页C栏第1行至第6行。

Дx.11777 佛说天地八阳神咒经

存3行。录文:"声识鼻/意是分别识/了分别八识相。"唐义净译。经文见《大正藏》第85册,第1424页B栏第24行至第26行。经文"八识相",现刊本为"八识根"。

Дx.11778 妙法莲华经卷第三药草喻品第五

存4行,行3至6字。起:"音声普遍世",讫:"丈夫天"。后秦鸠摩罗什译。经文见《大正藏》第9册,第19页B栏第8行至第11行。

Дx.11779 佛说佛名经卷第十二

存2行。录文:"南无法光/南无虚空。"北魏菩提流支译。经文见《大正藏》第14册,第179页C栏第14行至第15行。

Дx.11780 梵网经卢舍那佛说菩萨心地戒品第十卷下

存4行,行2至8字。起:"戒品已",讫:"尔时释迦牟尼佛初"。后秦鸠摩罗什译。经文见《大正藏》第24册,第1004页A栏第18行至第23行。

Дx.11781 陀罗尼

存4行,行2至10字。未检出。

Дx.11782 大般若波罗蜜多经卷第二百初分难信解品第三十四之十九

存4行,行2至6字。起:"清净",讫:"无二分无"。唐玄奘译。经文见《大正藏》第5册,第1073页C栏第7行至第10行。

Дx.11783 佛说佛名经卷第七

存4行,行2至6字。起:"普贤",讫:"汝应当一心归"。北魏菩提流支译。经文见《大正藏》第14册,第153页C栏第13行至第16行。

Дx.11784 思益梵天所问经卷第一

存9行,行2至9字。起:"生断除瞋恚",讫:"思议"。后秦鸠摩罗什译。经文见《大正藏》第15册,第34页A栏第14行至第23行。

Дx.11785 残佛经

存11行。未检出。

Дx.11786 金刚般若波罗蜜经

存5行。录文:"法者着/能听受/若有此/当知此处/明华香而。"后秦鸠摩罗什译。经文见《大正藏》第8册,第750页C栏第18行至第23行。

Дx.11787 深密解脱经卷第三圣者弥勒菩萨问品第九

存5行,行9至14字。起:"忧婆提舍",讫:"不断心彼菩萨"。北魏菩提流支译。经文见《大正藏》第16册,第674页B栏第25行至第29行。

Дx.11787V 深密解脱经题签

录文:"深密解脱经第三。"

Дx.11788 残佛经

存3行,行9字。未检出。

Дx.11789 礼忏文

存6行,行3至8字。起:"十三佛",讫:"廿五佛等一切"。经文见《大正藏》第85册,第1303页第3行至第8行。

Дx.11790 愿文范本

存9行。此依赵鑫晔《俄藏敦煌文献缀合四则》定名,见《文献》2008年第3期,第85页至第92页。

Дx.11791 愿文范本

存9行,行2至10字。此依赵鑫华《俄藏敦煌文献缀合四则》定名,见《文献》2008年第3期,第85页至第92页。

Дx.11792 妙法莲华经卷第七妙音菩萨品第二十四

存4行,行10字。全部为偈语。后秦鸠摩罗什译。经文见《大正藏》第9册,第57页C栏第27行至第58页A栏第4行。

Дx.11793 维摩诘所说经卷上佛国品第一

存5行,行6至7字。起:"印手菩萨常举",讫:"菩萨天王菩萨"。后秦鸠摩罗什译。经文见《大正藏》第14册,第537页B栏第5行至第9行。

Дx.11794 妙法莲华经卷第四提婆达多品第十二

存4行,行6字。起:"来应供正遍知",讫:"河沙众生得阿"。后秦鸠摩罗什译。经文见《大正藏》第9册,第35页A栏第3行至第6行。

Дx.11795 妙法莲华经卷第四提婆达多品第十二

存3行。录文:"十中劫广为众生/阿罗汉果无量/发无上道心。"后秦鸠摩罗什译。经文见《大正藏》第9册,第35页A栏第5行至第7行。

Дx.11796 金光明最胜王经卷第六四天王护国品第十二

存2行。录文:"胜经王所在之/隐没尔时世尊。"唐义净译。经文见《大正藏》第16册,第432页C栏第4行至第6行。

Дx.11797 残佛经

存3行,行2字。不可定名。

Дx.11798 佛说决定毗尼经

存5行,行2至8字。起:"无功德华佛",讫:"功德"。经文见《大正藏》第12册,第38页C栏第29行至第39页A栏第5行。

Дx.11799 占卜书

正背书写。正面存7行,背面存5行。

Дx.11800 礼忏文

存5行,行3至5字。起:"南无豪相日月",讫:"普为上界"。经文见《大正藏》第85册,第1303页C栏第13行至第15行。

Дx.11801 佛说观普贤菩萨行法经

存8行,行4至6字。起:"一义空行",讫:"身此三种"。宋昙无蜜多译。经文见《大正藏》第9册,

393页A栏第4行至第11行。

Дx.11802 大般若波罗蜜多经卷第二百五十九初分难信解品第三十四之七十八

存6行,行4至9字。起:"故不虚妄",讫:"空共相空一切法"。唐玄奘译。经文见《大正藏》第6册,第309页C栏第11行至第16行。

Дx.11803 梵网经卢舍那佛说菩萨心地戒品第十卷下

存1行,总5字。录文:"广开解义味。"后秦鸠摩罗什译。经文见《大正藏》第24册,第1006页A栏第16行至第17行。

Дx.11804 大般若波罗蜜多经卷第二十三初分教诫教授品第七之十三

存3行。录文:"汝复观/语非菩萨/世间若出世。"唐玄奘译。经文见《大正藏》第5册,第130页C栏第29行至第131页A栏第2行。

Дx.11805 道德经

存7行,行4至10字。起:"愈出多",讫:"上善若水"。

Дx.11806 增壹阿含经卷第二十六等见品第三十四

存8行,行2至7字。起:"罗王",讫:"界人民靡不供"。僧伽提婆译。经文见《大正藏》第2册,第694页C栏第11行至第22行。

Дx.11807 金光明最胜王经卷第三灭业障品第五

存3行,行3至9字。起:"一切功德之蕴",讫:"界一切"。唐义净译。经文见《大正藏》第16册,第415页A栏第16行至第18行。

Дx.11808 集诸经礼忏仪卷上叹佛咒愿

存5行。录文:"功德/宝体/庄严/愿力庄/无障。"唐智昇撰。经文见《大正藏》第47页,第456页C栏第27行至第457页A栏第1行。

Дx.11809 道德经

存11行,行4至8字。

Дx.11810 大方等大集经贤护分卷第五现前三昧中十法品第十三

存8行,行1至8字。起:"伏/精进不懈离诸欲",讫:"若人修行此三昧"。隋阇那崛多译。经文见《大正藏》第13册,第892行B栏第24行至C栏第2行。

Дx.11811 妙法莲华经卷第七妙音菩萨品第二十四

存6行,行2至11字。起:"奉上璎珞",讫:"降伏"。后秦鸠摩罗什译。经文见《大正藏》第9册,第55页C栏第18行至第23行。

Дx.11812 金刚般若波罗蜜经

存6行,行1至7字。起:"有/入无余",讫:"应无所住所於"。后秦鸠摩罗什译。经文见《大正藏》第8册,第749页A栏第7行至第12行。

Дx.11813 佛说天地八阳神咒经

存8行,行3至6字。起:"三遍即得",讫:"苦其子"。唐义净译。经文见《大正藏》第85册,第1423页A栏第10行至第19行。

Дx.11814 大般涅槃经卷第四如来性品第四之一

存6行,行6字。起:"经贪嗜饮食长",讫:"婆罗门等实非"。北凉昙无谶译。经文见《大正藏》第12册,第386页B栏第16行至第21行。

Дx.11815 佛说天地八阳神咒经

存10行,行3至11字。起:"於佛前",讫:"分别八识"。唐义净译。经文见《大正藏》第85册第1424页B栏第8行至第20行。

Дx.11816 道德经卷上检欲章第十二至厌耻章第十三

存6行,行2至6字。正文大字,释双行小字。起:"聋五味令人口",讫:"我"。经文见《嘉兴藏》第36册,第514页C栏第16行至第30行。

Дx.11817 佛说天地八阳神咒经

存3行。录文:"法明如来善男/语法轮常转得/堕恶趣善男。"唐义净译。经文见《大正藏》第85册,第1423页B栏第14行至第17行。经文"法轮常转得",现刊本为"法轮常转即得",多一"即"字;经文"堕恶趣",现刊本为"堕地狱"。

Дх.11818 佛经论释

存7行，行3至10字。未检出。

Дх.11819 妙法莲华经卷第七妙音菩萨品第二十四

存8行，行3至10字。起："法不又"，讫："佛言"。后秦鸠摩罗什译。经文见《大正藏》第9册，第55页C栏第24行至第56页A栏第2行。

Дх.11820 金刚般若波罗蜜经

存7行，行3至13字。起："有人以满"，讫："如梦幻"。倒数第2行有品题"不住道分第十二"。后秦鸠摩罗什译。经文见《大正藏》第8册，第752页B栏第23行至第28行。

Дх.11821 大方等大集经贤护分卷第五现前三昧中十法品第十三

存5行，行3至6字。起："诸别请况求财"，讫："具功德"。隋阇那崛多译。经文见《大正藏》第13册，第892页B栏第27行至C栏第2行。

Дх.11822 金光明最胜王经卷第六四天王护国品第十二

存3行，行6至7字。起："经及说法师"，讫："陀罗尼殊胜"。唐义净译。经文见《大正藏》第16册，第432页C栏第1行至第3行。

Дх.11823 四分律比丘戒本

存3行，行10至11字。起："女共期同一道"，讫："波逸提余时"。后秦佛陀耶舍译。经文见《大正藏》第22册，第1018页C栏第28行至第1019页A栏第3行。

Дх.11824 大般若波罗蜜多经卷第二十九初分教诫教授品第七之十九

存6行，行3至11字。起："若杂染"，讫："若属涅槃僧"。唐玄奘译。经文见《大正藏》第5册，第162页C栏第13行至第18行。

Дх.11825 大乘无量寿经

存6行，行3至22字。起："无间等一切重陀罗尼曰"，讫："摩诃娜耶十四"。经文见《大正藏》第19册，第83页B栏第19行至第24行。经文"一切重"，现刊本为"一切重罪"。

Дх.11826 佛经论释

存7行。未检出。

Дх.11827 金光明最胜王经卷第六灭业障品第五

存6行，行7至13字。起："诸音乐不鼓"，讫："有货品名宝"。唐义净译。经文见《大正藏》第16册，第416页C栏第25行至第417页A栏第2行。

Дх.11828 佛经论释

存6行，行3至10字。

Дх.11829 比丘听施经

存5行。录文："离/悲哀痛/是佛言/佛言如/无有。"东晋竺无兰译。经文见《大正藏》第14册，第772页B栏第12行至第16行。

Дх.11830 大般涅槃经卷第二十三光明遍照高贵德王菩萨品第十之三

存6行，行2至10字。起："群贼"，讫："所住处是故"。北凉昙无谶译。经文见《大正藏》第12册，第500页C栏第21行至第26行。

Дх.11831 愿文范本

存8行，行4至14字。此依赵鑫晔《俄藏敦煌文献缀合四则》定名，见《文献》2008年第3期，第85页至第92页。

Дх.11832 和菩萨戒文

存8行，行3至13字。前4行为《和菩萨戒文》。起："遇宣扬"，讫："惟愿戒师布施欢喜"。经文见《大正藏》第85册，第1300页C栏第20行至第23行。有异文。后4行内容不详。

Дх.11833 妙法莲华经卷第七妙音菩萨品第二十四

存5行，行5至10字。起："彼观音地力"，讫："瞻仰"。后秦鸠摩罗什译。经文见《大正藏》第9册，第58页A栏第11行至第19行。经文"能灭世间苦"，现刊本为"能求世音苦"；经文"当愿常瞻仰"，现刊本为"常愿常瞻仰"。

Дх.11834 妙法莲华经卷第三授记品第六

存3行，行8字。起："佛於其中"，讫："不可称数"。后秦鸠摩罗什译。经文见《大正藏》第9册,第21页B栏第7行至第10行。

Дx.11835 释摩诃衍论记

存3行,行2至9字。经中只有一句"境界即属缘相分"与此经相似,其他查不出相同经文。经文见《卍新续藏》第46册,第74页C栏第14行。

Дx.11836 大般若波罗蜜多经卷第二十九初分教诫教授品第七之十九

存6行,行2至9字。起:"右真如世间",讫:"诃萨"。唐玄奘译。经文见《大正藏》第5册,第162页B栏第28行至C栏第4行。

Дx.11837 愿文

存5行,行2至7字。内容待考。

Дx.11838 妙法莲华经卷第二譬喻品第三

存2行,录文:"道当得佛/正遍知明。"后秦鸠摩罗什译。经文见《大正藏》第9册,第11页B栏第18行至第19行。

Дx.11839 大般涅槃经卷第二十六师子吼菩萨品之二

存2行。录文:"萨言世尊/尼拘陀子无。"宋慧严等依泥洹经加之。经文见《大正藏》第12册,第777页B栏第29行至C栏第1行。

Дx.11840 梵网经卢舍那佛说菩萨心地戒品第十卷下

存3行。录文:"波罗提木叉/常作如是信/众生受佛戒。"后秦鸠摩罗什译。经文见《大正藏》第24册,第1004页A栏第16行至第20行。

Дx.11841 残佛经

存1行,总3字。录文:"有供养。"

Дx.11842 妙法莲华经卷第四提婆达多品第十二

存2行,行7至8字。录文:"广度众生皆因提/婆提达多却后过无。"后秦鸠摩罗什译。经文见《大正藏》第9册,第34页C栏第29行至第35页A栏第2行。

Дx.11843 佛说天地八阳神咒经

存7行,行4至10字。起:"如大地土善男子",讫:"相承甚大"。唐义净译。经文见《大正藏》第85册,第1424页A栏第18行至第25行。

Дx.11844 妙法莲华经卷第七妙音菩萨品第二十四

存5行,行3至6字。起:"恼起居",讫:"魔怨不久"。后秦鸠摩罗什译。经文见《大正藏》第9册,第55页C栏第19行至第23行。

Дx.11845 金刚般若波罗蜜经

存2行。录文:"则非一合相/则是。"后秦鸠摩罗什译。经文见《大正藏》第8册,第752页B栏第13行至第14行。

Дx.11846 药师瑠璃光如来本愿功德经

存4行。录文:"座而起/合掌白/号及本/除为欲利。"唐玄奘译。经文见《大正藏》第14册,第404页C栏第20行至第24行。

Дx.11847 大佛顶如来密因修证了义诸菩萨万行首楞严经卷第八

存5行。录文:"密因修正了义诸菩/一名中印/场经/一一类中/花发生颠。"唐般剌蜜帝译。经文见《大正藏》第19册,第141页B栏第17行至第23行。

Дx.11848 缁门百岁篇

二残片。其一,存3行。录文:"辨尽五乘/入帝宫紫衣新赐意初浓谈经□□/倾雷雨震气潜波卧窟龙陆拾。"其二,存5行。录文:"□拾辞亲愿出家手携□□/驱鸟未解从师教往往抛经摘花/贰石空门艺□□/应法以堪师羯磨/□□通法论全。"

Дx.11848V 丈夫百岁篇

二残片。其一,存5行。录文:"□□梦里/拾残年实可/□□三魂六魄/不知百岁归原去不来暮风/□□石松哀人生不作。"其二,存4行。录文:"稍丝堪分付不用□忧/且自愁柒拾三更眼不/闲事未能/相牵似。"

Дx.11849 大般若波罗蜜多经卷第五百七十三第六分劝诫品第十四之二

存4行，行4至12字。起："至邬波尼"，讫："煞害尔所"。唐玄奘译。经文见《大正藏》第7册，第958页C栏第8行至第12行。

Дx.11850 佛说天地八阳神咒经

存5行，行3至4字。起："龙白虎"，讫："得若远行"。唐义净译。经文见《大正藏》第85册，第1423页A栏第2行至第6行。

Дx.11851 金光明最胜王经卷第三灭业障品第五

存3行，行11字。起："林得安乐"，讫："疫商估往"。唐义净译。经文见《大正藏》第16册，第417页C栏第2行至第5行。

Дx.11852 佛说天地八阳神咒经

存6行，行5至6字。起："盛聪明利智"，讫："萨漏尽和"。唐义净译。经文见《大正藏》第85册，第1424页A栏第24行至B栏第3行。

Дx.11853 金刚般若波罗蜜经

存8行，行2至9字。起："乃至"，讫："比丘知我"。后秦鸠摩罗什译。经文见《大正藏》第8册，第749页B栏第3行至第10行。

Дx.11854 大般若波罗蜜多经卷第五百七十二第六分显德品第十一

存5行，行2至7字。起："有情成就"，讫："生死"。唐玄奘译。经文见《大正藏》第7册，第953页B栏第8行至第11行。"正"用武周新字。

Дx.11855 妙法莲华经卷第三授记品第六

存3行，行7至8字。全部为偈语。起："住八解脱"，讫："听受佛语"。后秦鸠摩罗什译。经文见《大正藏》第9册，第21页B栏第11行至第14行。与Дx.11866同卷同品，此片在前，中缺一句偈语。

Дx.11856 妙法莲华经卷第五如来寿量品第十六

存4行，行7至9字。起："信解如来"，讫："是三白已"。后秦鸠摩罗什译。经文见《大正藏》第9册，第42页B栏第3行至第6行。

Дx.11857 佛说佛名经卷第十七

存4行，行1至10字。起："是等诸佛"，讫："弗"。失译。经文见《大正藏》第14册，第253页A栏第3行至第6行。

Дx.11858 大乘无量寿经

存6行，行16至19字。起："无量寿宗要经"，讫："达磨底十伽迦"。经文见《大正藏》第19册，第82页C栏第2行至第7行。

Дx.11859 五兆要决略

此依黄正建《关于〈俄藏敦煌文献〉第11至第17册中占卜文书的缀合与定名等问题》，见《敦煌研究》2002年第2期，第47页至第50页。

Дx.11860 周易王弼注

存10行。

Дx.11861 集诸经礼忏仪卷上叹佛咒愿

存8行，行2至7字。首2行残存2字，不清。第3行，起："佛名"，讫："南无大光明佛"。唐智昇撰。经文见《大正藏》第47页，第456页C栏第3行至第9行。

Дx.11862 目连变文

存4行，行2至7字。文字与《敦煌变文集》所收目连变文不同，中有"目连孝养为慈亲"句。待考。

Дx.11863 妙法莲华经卷第四提婆达多品第十二

存5行，行2至4字。录文："目髓/民寿命无/击鼓宣令/终身供给/乘名妙法。"后秦鸠摩罗什译。经文见《大正藏》第9册，第34页B栏第28行至C栏第4行。

Дx.11864 妙法莲华经卷第七观世音菩萨普门品第二十五

存5行，行3至9字。起："自在"，讫："以长者身"。后秦鸠摩罗什译。经文见《大正藏》第9册，第57页A栏第1行至第6行。

Дx.11865 金刚般若波罗蜜经

存15行，行2至9字。起："能生"，讫："有定法如"。后秦鸠摩罗什译。经文见《大正藏》第8册，第749页A栏第29行至B栏第15行。

Дx.11866 妙法莲华经卷第三授记品第六

存13行，行9至14字。起："十小劫"，讫："地狱饿鬼"。后秦鸠摩罗什译。经文见《大正藏》第9册，第21页B栏第15行至第29行。与Дх.11856同卷同品，此片在后，中缺一句偈语。

Дх.11867 妙法莲华经卷第七观世音菩萨普门品第二十五

存8行，行5至20字。全部为偈语。起："妙相尊"，讫："或值怨贼绕"。后秦鸠摩罗什译。经文见《大正藏》第9册，第57页C栏第11行至第25行。

Дх.11868 金刚般若波罗蜜经

存6行，行15至16字。起："菩提於意云"，讫："无往来是名"。后秦鸠摩罗什译。经文见《大正藏》第8册，第749页B栏第26行至C栏第3行。

Дх.11869 药师瑠璃光如来本愿功德经

存7行，行10字。起："叹施者一切"，讫："增上慢由"。唐玄奘译。经文见《大正藏》第14册，第405页C栏第22行至第29行。

Дх.11870 佛说天地八阳神咒经

存8行，行17字。起："施平等供养"，讫："知慧眼常见"。唐义净译。经文见《大正藏》第85册，第1423页A栏第25行至B栏第6行。经文"一切人民皆行菩萨"，现刊本为"但是人民行菩萨"；经文"复次善男子善女人"，现刊本为"复次无碍菩萨"等。

Дх.11871 大般若波罗蜜多经卷第三百八十一初分诸功德相品第六十八之三

存8行，行7至17字。起："处空当知一切陀罗尼"，讫："相智一切相智"。唐玄奘译。经文见《大正藏》第6册，第971页C栏第13行至第19行。

Дх.11872 妙法莲华经卷第四提婆达多品第十二

存13行，行8至17字。起："称计非口所宣"，讫："得佛不文殊师利"。后秦鸠摩罗什译。经文见《大正藏》第9册，第35页A栏第29行至B栏第15行。

Дх.11873 道德经顺硃

存8行，行3至16字。起："首随不见其后"，讫："并作吾以观"。"赞玄十四章"存2行，"显德十五章"完整，"归根十六章"存5字。经文见《嘉兴藏》第36册，第515页A栏第16行至B栏第18行。仅有文，无释。

Дх.11874 大智度论卷第八十九释善达品第七十九、卷第一百释昙无竭品第八十九

存13行，行6至21字。中有经题："昙无竭品第八十八。"前5行为《大智度论卷第八十九释善达品第七十九》。起："知界眼眼界空"，讫："名知十二因缘"。龙树菩萨造、后秦鸠摩罗什译。经文见《大正藏》第25册，第689页B栏第8行至第14行。或《摩诃般若波罗蜜经卷第二十四善达品第七十九》，经文相同。后8行为《大智度论卷第一百释昙无竭品第八十九》。起："昙无竭品第八十八"，讫："无佛诸佛如诸"。经文见《大正藏》第25册，第744页C栏第11行至第24行。

Дх.11875 金刚般若波罗蜜经

存6行，行17字。起："也世尊须菩提"，讫："则见如来"。后秦鸠摩罗什译。经文见《大正藏》第8册，第749页A栏第18行至第25行。

Дх.11876 大般若波罗蜜多经题签

录文："般若经卷第三百廿四廿三。"

Дх.11877 大乘百法明门论开宗义记

存22行，行3至17字。起："末十八"，讫："世俗胜义一虚实"。唐昙旷撰。经文见《大正藏》第85册，第1047页B栏第10行至C栏第16行。中有添加字。

Дх.11878 般若波罗蜜多心经

存6行，行3至7字。起："人欲修"，讫："舍利子"。唐玄奘译。经文见《大正藏》第8册，第850页B栏第29行至C栏第6行。

Дх.11879 妙法莲华经卷第六常不轻菩萨品第二十

存4行，行6字。起："大势以何因缘"，讫："汝等皆行菩"。后秦鸠摩罗什译。经文见《大正藏》第9册，第50页C栏第16行至第20行。

Дх.11880 周易王弼注

存8行。

Дх.11881 大般若波罗蜜多经卷第二百五十九初分难信解品第三十四之七十八

存6行，行4至9字。起："自性空无"，讫："虚妄性清净"。唐玄奘译。经文见《大正藏》第6册，第309页C栏第17行至第22行。

Дx.11882 妙法莲华经卷第四五百弟子受记品第八

存12行，行1至6字。起："千世界无"，讫："成"。后秦鸠摩罗什译。经文见《大正藏》第9册，第27页C栏第22行至第28页A栏第5行。

Дx.11883 妙法莲华经卷第七妙音菩萨品第二十四

存4行，行1至12字。起："白"，讫："佛陀"。后秦鸠摩罗什译。经文见《大正藏》第9册，第56页A栏第2行至第5行。

Дx.11884 妙法莲华经卷第三授记品第六

存5行，行3至8字。起："空为众"，讫："随佛所行"。后秦鸠摩罗什译。经文见《大正藏》第9册，第21页A栏第28行至B栏第4行。

Дx.11885 大方广佛华严经卷第五十八入法界品第三十四之十五

存7行，行6至16字。起："乐无厌奉"，讫："不染五欲不恋"。东晋佛驮跋陀罗译。经文见《大正藏》第9册，第772页C栏第7行至第14行。

Дx.11886 妙法莲华经卷第三药草喻品第五

存5行，行3至10字。全部为偈语。起："不疲厌"，讫："轮圣王"。后秦鸠摩罗什译。经文见《大正藏》第9册，第20页A栏第17行至第22行。

Дx.11887 金刚般若波罗蜜经

存6行，行2至8字。起："如是"，讫："右肩右膝着地"。后秦鸠摩罗什译。经文见《大正藏》第8册，第748页C栏第20行至第25行。

Дx.11888 妙法莲华经卷第四提婆达多品第十二

存3行，行5至7字。全部为偈语。起："国王不贪五"，讫："世间所希有"。后秦鸠摩罗什译。经文见《大正藏》第9册，第34页C栏第11行至第15行。有异文。经文"不贪五欲荣"，现刊本为"不贪五欲乐"。

Дx.11889 妙法莲华经卷第二譬喻品第三

存5行，行2至6字。全部为偈语。起："为深"，讫："信佛语故/者"。后秦鸠摩罗什译。经文见《大正藏》第9册，第15页B栏第15行至第19行。

Дx.11890 道德经顺殊

存5行，行4至5字。"能为十章"存3行。录文："能婴儿涤除/四达而无/不有为。"经文见《嘉兴藏》第36册，第514页B栏第17行至第19行。"无用十一章"存2行。录文："殖以为器/当其无有。"经文见《嘉兴藏》第36册，第514页C栏第3行至第4行。

Дx.11891 妙法莲华经玄赞卷第一

存6行，行9至10行。起："故作意所生数"，讫："两手相接出淤泥故"。唐基撰。经文见《大正藏》第34册，第662页B栏第15行至第23行。

Дx.11892 大智度论卷第十九释初品中三十七品义第三十一

存4行，行6至17字。起："因缘故诸受生"，讫："种病是为"。龙树菩萨造、后秦鸠摩罗什译。经文见《大正藏》第25册，第202页A栏第29行至B栏第4行。

Дx.11892B 大般涅槃经卷第四如来性品第四之一

存9行，行1至4字。起："众人见之"，讫："食犹/量"。北凉昙无谶译。经文见《大正藏》第12册，第386页B栏第6行至第14行。

Дx.11893 某经题签

残存1行。字不清。

Дx.11894 妙法莲华经卷第七妙音菩萨品第二十四

存14行，行4至17字。完整者9行。起："三昧庄严"，讫："诣娑婆世界"。后秦鸠摩罗什译。经文见《大正藏》第9册，第55页B栏第1行至第15行。

Дx.11895 大般若波罗蜜多经卷第三百八十一初分诸功德相品第六十八之三

存11行，行3至14字。起："所生诸"，讫："八胜处九次第"。唐玄奘译。经文见《大正藏》第6册，第971页C栏第1行至第11行。

Дx.11896 佛说天地八阳神咒经

存5行，行3至6字。起："复得人身正"，讫："善善相"。唐义净译。经文见《大正藏》第85册，第

1424页A栏第19行至第24行。

Дх.11897　大般若波罗蜜多经卷第二百六十九初分难信解品第三十四之八十八

存5行,行6字。起:"智智清净",讫:"无二无二无"。唐玄奘译。经义见《大正藏》第6册,第361页C栏第18行至第22行。

Дх.11898　佛说天地八阳神咒经

存10行,行5至9字。起:"威神得大",讫:"而说咒曰"。唐义净译。经文见《大正藏》第85册,第1424页A栏第27行至B栏第9行。经文"正度四主处"句,现刊本无。

Дх.11899　佛经论释

存8行。未检出。

Дх.11900　比丘听施经

存6行,行4至9字。起:"离时不生他",讫:"佛言曾有"。东晋竺昙无兰译。经文见《大正藏》第14册,第772页B栏第17行至第23行。

俄藏敦煌文献第十六册叙录

Дx.11901 楞伽师资记

存3行。录文："定者如文殊般若经/身正向系心一佛专/过去未来现在。"唐净觉集。经文见《大正藏》第85册，第1286页C栏。本卷缺失颇多，上下文多不相连，或为别译本。待考。

Дx.11902 妙法莲华经卷第六随喜功德品第十八

存4行。录文："若有善男/几所福而/为得几所福/多如来灭。"后秦鸠摩罗什译。经文见《大正藏》第9册，第46页B栏第22行至第27行。

Дx.11903 大方等陀罗尼经卷第二授记分第二

存7行，行2至7字。起："起头面礼足而白"，讫："擎山"。北凉法众译。经文见《大正藏》第21册，第650页B栏第1行至第7行。

Дx.11904 妙法莲华经卷第四提婆达多品第十二

存4行。录文："言欢喜/水拾薪设/于时奉事/令无所乏尔。"后秦鸠摩罗什译。经文见《大正藏》第9册，第34页C栏第5行至第8行。

Дx.11905 大般若波罗蜜多经卷第二十九初分教诫教授品第七之十九

存8行，行1至12字。起："间增语是菩萨摩"，讫："言即真如/非"。唐玄奘译。经文见《大正藏》第5册，第162页C栏第4行至第10行。

Дx.11906 大乘无量寿经

存3行。录文："孤独园与大苾刍僧千二百五十/室利童子上方有世界/多罗三藐三菩提现。"经文见《大正藏》第19册，第82页A栏第5行至第7行。

Дx.11907 大般涅槃经卷第二十一光明遍照高贵德王菩萨品第十之一

存9行，行2至10字。起："为施"，讫："见受者施者"。北凉昙无谶译。经文见《大正藏》第12册，第493页A栏第11行至第19行。

Дx.11908 大乘百法明门论开宗义记

存6行，行5至8字。起："名或名根本"，讫："蕴摄而论"。唐昙旷撰。经文见《大正藏》第85册，第1051页B栏第18行至第28行。

Дx.11908V 大乘百法明门论开宗义记

存9行，行7至9字。起："业果趣生等"，讫："生起故若兼"。唐昙旷撰。经文见《大正藏》第85册，第1051页A栏第28行至B栏第16行。

Дx.11909 大般若波罗蜜多经卷第二十九初分教诫教授品第七之十九

存7行，行4至10字。起："烦恼若无烦恼"，讫："法界乃至"。唐玄奘译。经文见《大正藏》第5册，第162页B栏第23行至第29行。

Дx.11910 佛说天地八阳神咒经

存6行，行2至6字。起："诸佛所受"，讫："世尊"。唐义净译。经文见《大正藏》第85册，第1424

页B栏第5行至第12行。

Дх.11911 周易王弼注

存6行。注双行小字。

Дх.11912 大般若波罗蜜多经卷第三百五十二初分多问不二品第六十一之二

存11行,行4至10字。首题:"第三百五十二",讫:"相亦不思"。唐玄奘译。经文见《大正藏》第6册,第808页B栏第10行至第21行。

Дх.11913 佛说摩利支天菩萨陀罗尼经

存7行,行5至7字。起:"是摩利支天",讫:"所说皆大欢喜"。唐不空译。经文见《大正藏》第21册,第260页A栏第16行至第21行。与现刊本相校,有异文。

Дх.11914 佛说观佛三昧海经卷第二观相品第三之二

存3行,行5至9字。录文:"分为少分小/见好若不得见如是等/死之罪一部经。"东晋佛驮跋陀罗译。经文见《大正藏》第15册,第655页B栏第3行至第5行。或为唐迦才撰《净土论卷下》。经文见《大正藏》第47册,第103页C栏第12行至第15行。

Дх.11915 妙法莲华经卷第四提婆达多品第十二

存10行,行4至16字。首起:"故为汝说",讫:"尊世界名"。后秦鸠摩罗什译。经文见《大正藏》第9册,第34页C栏第23行至第35页A栏第4行。

Дх.11916 佛说天地八阳神咒经

存7行,行6至10字。起:"是空空即",讫:"分别种种"。唐义净译。经文见《大正藏》第85册,第1423页B栏第6行至第13行。

Дх.11917 胜天王般若波罗蜜经卷第五证劝品第九

存3行,行6至13字。起:"见众生二",讫:"般若波罗蜜"。月婆首那译。经文见《大正藏》第8册,第715页A栏第20行至第24行。

Дх.11918 金刚般若波罗蜜经

存6行,行2至7字。起:"作是说如",讫:"无量"。后秦鸠摩罗什译。经文见《大正藏》第8册,749页A栏第28行至B栏第3行。

Дх.11919 妙法莲华经卷第四提婆达多品第十二

存3行。录文:"诸四众提/成佛号曰天王如/世间解无上。"后秦鸠摩罗什译。经文见《大正藏》第9册,第35页A栏第1行至第3行。

Дх.11920 大通方广忏悔灭罪庄严成佛经卷上

存8行,行8至21字。起:"尊当为说",讫:"心缘觉之"。经文见《大正藏》第85册,第1340页B栏第16行至第25行。

Дх.11921 思益梵天所问经卷第一序品第一

存6行,行8至9字。起:"光名曰清净",讫:"名曰欢喜"。后秦鸠摩罗什译。经文见《大正藏》第15册,第34页A栏第8行至第14行。

Дх.11922 大般涅槃经卷第四如来性品第四之一

存9行,行3至7字。起:"善男子",讫:"灭后像法"。北凉昙无谶译。经文见《大正藏》第12册,第386页B栏第7行至第15行。

Дх.11923 妙法莲华经卷第五安乐行品第十四

存5行,行3至8字。起:"界中为",讫:"怨难信先"。后秦鸠摩罗什译。经文见《大正藏》第9册,第39页A栏第10行至第14行。

Дх.11924 大般若波罗蜜多经题签

录文"大般若波罗蜜经卷第五百七十二。"

Дх.11925 五兆要决略

此依黄正建《关于〈俄藏敦煌文献〉第11至第17册中占卜文书的缀合与定名等问题》,见《敦煌研究》2002年第2期,第47页至第50页。

Дх.11926 金刚般若波罗蜜经

存9行,行13至14字。起:"陀含须菩提",讫:"离欲阿罗汉世"。后秦鸠摩罗什译。经文见《大正藏》第8册,第749页C栏第3行至第12行。

Дх.11927 大般若波罗蜜多经卷第二百六十九初分难信解品第三十四之八十八

存8行,行11至17字。完整者5行。起:"恼清净行乃",讫:"四正断清净无二无二分"。唐玄奘译。

经文见《大正藏》第6册,第361页C栏第9行至第17行。

Дx.11928 **妙法莲华经卷第五如来寿量品第十六**

存11行,行1至13字。起:"当/复告诸",讫:"无量/亿"。后秦鸠摩罗什译。经文见《大正藏》第9册,第42页B栏第3行至第12行。

Дx.11929 **妙法莲华经卷第四五百弟子受记品第八**

存8行,行7至10字。全部为偈语。起:"常以诸方便",讫:"富楼那比丘功德悉"。后秦鸠摩罗什译。经文见《大正藏》第9册,第28页B栏至第6行至第20行。

Дx.11930 **大般若波罗蜜多经卷第二百六十九初分难信解品第三十四之八十八**

存8行,行3至7字。起:"清净若",讫:"故四正断"。唐玄奘译。经文见《大正藏》第6册,第361页C栏第16行至第23行。

Дx.11931 **佛说无量寿宗要经**

存8行,行7至14字。起:"舍宅所住",讫:"来一百八名号"。经文见《大正藏》第19册,第82页A栏第14行至第20行。

Дx.11932 **佛经论释**

存7行。未检出。

Дx.11933A **大乘庄严经论卷第七教授品第十五**

存4行。录文:"又庄严论说九种住心偈/或起灭亦然所作心自/释曰/若觉。"无著菩萨造、唐波罗颇蜜多罗译。经文见《大正藏》第31册,第624页B栏第15行至第20行。有异文。差别较大。

Дx.11933B **毛诗国风**

存3行。

Дx.11934 **佛说天地八阳神咒经**

存4行,行8至11字。起:"无所有即",讫:"法味天中即"。唐义净译。经文见《大正藏》第85册,第1424页B栏第27行至C栏第2行。

Дx.11935 **大般涅槃经卷第八如来性品第四之五**

存5行,行5至13字。起:"法常者是则名",讫:"轻便有无"。北凉昙无谶译。经文见《大正藏》第12册,第410页B栏第26行至C栏第2行。

Дx.11936 **陀罗尼集经卷第十佛说摩利支天经**

存3行。录文:"只利/佛说是经已告/塞优婆夷国王。"唐阿地瞿罗译。经文见《大正藏》第18册,第874页B栏第16行至第18行。或唐不空译《佛说摩利支天菩萨陀罗尼经》。经文见《大正藏》第21册,第260页A栏第16行至第17行。

Дx.11937 **毛诗国风**

存3行。

Дx.11938 **佛说佛名经**

存13行,行4至7字。起:"佛南无日",讫:"至菩萨"。部分佛名见《大正藏》第14册,第185页B至C栏。文字并不完全相同。前4行文字与《集诸经礼忏仪》相同。经文见《大正藏》第47页,第464页B栏第29行至C栏第3行。

Дx.11939 **大般涅槃经卷第二十三光明遍照高贵德王菩萨品第十之三**

存9行,行3至9字。起:"人亦复",讫:"亦复"。北凉昙无谶译。经文见《大正藏》第12册,第500页C栏第15行至第23行。

Дx.11940 **大方广佛华严经卷第五十八入法界品第三十四之十五**

存6行,行4至10字。起:"不违其教集",讫:"众生深入"。东晋佛驮跋陀罗译。经文见《大正藏》第9册,第772页C栏第12行至第17行。

Дx.11941 **妙法莲华经卷第五安乐行品第十四**

存4行,行2至7字。起:"及优婆夷",讫:"入于佛道"。后秦鸠摩罗什译。经文见《大正藏》第9册,第38页A栏第13行至第17行。

Дx.11942 **大乘百法明门论开宗义记**

存6行,行3至8字。起:"三名及一",讫:"诸境相"。唐昙旷撰。经文见《大正藏》第85册,第1051页B栏第17行至第28行。上接同号背面。

Дx.11942V **大乘百法明门论开宗义记**

存10行，行1至7字。起："后/乃是"，讫："生起识数"。唐昙旷撰。经文见《大正藏》第85册，第1051页A栏第27行至B栏第16行。下接同号正面，为同经。

Дx.11943 大乘百法明门论开宗义记

存3行，行3至4字。录文："修道中法/别有三/相不可定。"唐昙旷撰。经文见《大正藏》第85册，第1051页A栏第12行至第16行。

Дx.11943V 残佛经

存3行。录文："摩地/不害/昏。"不可定名。

Дx.11944 佛说佛名经卷第十六

存8行，行4至6字。起："南无释迦避难所尼佛"，讫："罗延佛南"。失译。经文见《大正藏》第14册，第247页C栏第4行至第11行。

Дx.11945 非佛经

存3行，行3至4字。未检出。

Дx.11946 大般若波罗蜜多经卷第四百四十一第二分不和合品第四十五之二

存6行。录文："般若/彼多/虽教/书持/是为菩/至。"唐玄奘译。经文见《大正藏》第7册，第221页C栏第27行至第222页A栏第3行。

Дx.11947 五千五百佛名神咒除障灭罪经卷第一

存7行，行4字。起："地藏菩萨"，讫："尘成于一"。隋阇那崛多译。经文见《大正藏》第14册，第318页A栏第23行至B栏第2行。有异文。首行"地藏菩萨"无。或为隋阇那崛多译《佛说十二佛名神咒校量功德除障灭罪经》。经文见《大正藏》第21册，第860页C栏第28行至第861页A栏第7行。

Дx.11948 僧羯磨卷第二德衣篇第十一

存8行，行2至11字。起："是持"，讫："时衣比丘应起"。唐怀素集。经文见《大正藏》第40册，第521页A栏第17行至第28行。

Дx.11949 四分律比丘戒本

存3行。录文："估客行若疑/比丘尼共期同乘一船上水/比丘尼赞叹教化因缘得。"后秦佛陀耶舍译。经文见《大正藏》第22册，第1018页C栏第23行至第26行。

Дx.11950 妙法莲华经卷第七观世音菩萨普门品第二十五

存4行，行5至10字。全部为偈语。起："利牙爪可怖"，讫："无量苦逼身"。后秦鸠摩罗什译。经文见《大正藏》第9册，第58页A栏第6行至第12行。

Дx.11951 金光明最胜王经卷第十舍身品第二十六

存4行，行3至6字。录文："尊已为大众/提树神/非但施水及食/之身如是因缘。"唐义净译。经文见《大正藏》第16册，第450页C栏第22行至第25行。

Дx.11952 佛说无量寿宗要经

存7行，行4至11字。起："岁如是曼"，讫："或自书若"。经文见《大正藏》第19册，第82页A栏第16行至B栏第1行。

Дx.11953 佛说天地八阳神咒经

存2行。录文："大吉利获/宅牢。"唐义净译。经文见《大正藏》第85册，第1423页第5行至第6行。有异文。经文"大吉利获"，现刊本采用S.0127为"大吉利得"。

Дx.11954 维摩诘所说经卷上佛国品第一

存5行，行5行。首题："维摩诘所说经"，讫："护法城受持正"。后秦鸠摩罗什译。经文见《大正藏》14册，第537页A栏第5行至第10行。

Дx.11955 梵网经卢舍那佛说菩萨心地戒品第十卷下

存3行。录文："欲天子十/佛大乘戒告诸/佛法戒汝等一。"后秦鸠摩罗什译。经文见《大正藏》第24册，第1004页A栏第27行至第29行。

Дx.11956 妙法莲华经卷第四提婆达多品第十二

存10行，行2至5字。起："微妙诸经中"，讫："未曾止息"。后秦鸠摩罗什译。经文见《大正藏》第9册，第35页B栏第13行至第23行。

Дx.11957 佛经论释

存14行。未检出。

Дх.11958 大般若波罗蜜多经卷第二百六十九初分难信解品第三十四之八十八

存10行,行4至17字。完整者9行,最后1行存4字。起:"无二无二",讫:"清净故四"。唐玄奘译。经文见《大正藏》第6册,第361页B栏第29行至C栏第10行。

Дх.11959 道德经卷上易性章第八至运夷章第九

存6行,行2至10字。

Дх.11960 妙法莲华经卷第一序品第一

存6行,行3至7字。起:"萨越三",讫:"天子大自"。后秦鸠摩罗什译。经文见《大正藏》第9册,第2页A栏第12行至第17行。

Дх.11961 五兆要决略

此依黄正建《关于〈俄藏敦煌文献〉第11至第17册中占卜文书的缀合与定名等问题》,见《敦煌研究》2002年第2期,第47页至第50页。

Дх.11962 佛说佛名经卷第七

存14行,行4至11字。起:"复有劫中",讫:"不可穷尽比丘"。北魏菩提流支译。经文见《大正藏》第14册,第153页C栏第3行至第15行。

Дх.11963 大般若波罗蜜多经题签

录文:"大般若波罗蜜多经卷第四百。"

Дх.11964 道德经卷上厌耻章第十三至赞玄章第十四

存8行,行17字。

Дх.11965 大般若波罗蜜多经卷第三百八十一初分诸功德相品第六十八之三

存8行,行4至17字。起:"当知预流",讫:"有情都无"。唐玄奘译。经文见《大正藏》第6册,第971页C栏第19行至第27行。

Дх.11966 合部金光明经卷第二业障灭品第五

存8行,行13字。起:"梵等白佛",讫:"功德何者为"。真谛译、隋释宝贵合。经文见《大正藏》第16册,第372页B栏第2行至第11行。

Дх.11967 妙法莲华经卷第七观世音菩萨普门品第二十五

存10行,行5至7字。起:"而为说法",讫:"罗伽人非"。后秦鸠摩罗什译。经文见《大正藏》第9册,第57页B栏第7行至第17行。

Дх.11968 金光明最胜王经卷第三灭业障品第五

存4行,行12至17字。完整者3行。起:"正遍知出",讫:"阿罗汉果诸漏"。唐义净译。经文见《大正藏》第16册,第417页A栏第2行至第6行。

Дх.11969 药师琉璃光如来本愿功德经

存4行,行3至6字。起:"经思惟其义",讫:"恶相或怪"。唐玄奘译。经文见《大正藏》第14册,第405页C栏第16行至第19行。

Дх.11970 金刚般若波罗蜜经

存5行,行4字。起:"戒修福者",讫:"诸众生得"。后秦鸠摩罗什译。经文见《大正藏》第8册,第749页A栏第28行至B栏第4行。

Дх.11971 妙法莲华经卷第七观世音菩萨普门品第二十五

存4行,行8至10字。全部为偈语。起:"具足神通力",讫:"清净光慧日"。后秦鸠摩罗什译。经文见《大正藏》第9册,第58页A栏第14行至第20行。

Дх.11972 新译大乘入楞伽经序

存9行,行4至10字。起:"伽经者斯",讫:"妙理境风即"。经文见《大正藏》第16册,第587页A栏第10行至第19行。

Дх.11973 大般若波罗蜜多经题签

录文:"大般若波罗蜜多经卷第一百。"

Дх.11974 药师琉璃光如来本愿功德经

存8行,行3至8字。起:"立唯然",讫:"来世得阿耨"。唐玄奘译。经文见《大正藏》第14册,第404页C栏第29行至405页A栏第7行。

Дх.11975 妙法莲华经卷第一序品第一

存9行,行5至11字。起:"陀富楼那弥",讫:"入佛慧通达大智"。后秦鸠摩罗什译。经文见《大正藏》第9册，第1页C栏第26行至第2页A栏第6行。

Дх.11976 **大般若波罗蜜多经卷第五百七十三第六分劝诫品第十四之二**

存8行，行4至5字。起："告曼殊室"，讫："一圣者尚堕无"。唐玄奘译。经文见《大正藏》第7册，第958页C栏第16行至第23行。

Дх.11977 **大般若波罗蜜多经卷第二百五十八初分难信解品第三十四之七十七**

存15行，行2至8字。起："清净"，讫："一切智智"。唐玄奘译。经文见《大正藏》第6册，第304页C栏第4行至第18行。

Дх.11978 **金刚般若波罗蜜经**

存5行，行9字。起："不足为难"，讫："以故离一切"。后秦鸠摩罗什译。经文见《大正藏》第8册，第750页B栏第5行至第9行。

Дх.11979 **佛经论释**

存9行，行4至9字。

Дх.11980 **药师琉璃光如来本愿功德经**

存6行，行2至6字。起："有世界名净"，讫："愿我"。唐玄奘译。经文见《大正藏》第14册，第405页A栏第2行至第7行。

Дх.11981 **佛说灌顶拔除过罪生死得度经卷第十二**

存12行，行3至5字。起："殿楼阁"，讫："食之不肯持"。东晋帛尸梨蜜多罗译。经文见《大正藏》第21册，第533页A栏第17行至第28行。

Дх.11982 **大般若波罗蜜多经题签**

录文："大般若波罗蜜多经卷第□□。"

Дх.11983 **妙法莲华经卷第四提婆达多品第十二**

存3行。录文："问却坐/宫所化/无量不可。"后秦鸠摩罗什译。经文见《大正藏》第9册，第35页A栏第27行至第29行。

Дх.11984 **药师琉璃光如来本愿功德经**

存4行。录文："便舍恶行/诸恶行修/威力令其现/趣得。"唐玄奘译。经文见《大正藏》第14册，第406页A栏第5行至第8行。

Дх.11985 **礼忏文**

存9行。前5行为菩萨名。录文："大势/师利菩萨/日光菩萨/南无弥勒菩萨/菩萨。"未找到相关经文。后4行，录文："尘等目端/体得最/日月光明/等王如来。"经文见《大正藏》第85册，第1303页C栏第9行至第13行。

Дх.11986 **习字**

存"犹"字1行。

Дх.11986V **习字**

存"坏"字1行。

Дх.11987 **佛说无量寿宗要经**

存1行。录文："摩诃娜耶十四波唎婆唎莎诃。"经文见《大正藏》第19册，第82页A栏第27行。

Дх.11988 **大般涅槃经卷第五如来性品第四之二**

存3行。录文："得住去来进/闻缘觉所如解脱/想非想说为。"北凉昙无谶译。经文见《大正藏》第12册，第392页A栏第7行至第10行。

Дх.11989 **梵网经卢舍那佛说菩萨心地戒品第十卷下**

存5行，行3至8字。起："子听十"，讫："卷流通"。后秦鸠摩罗什译。经文见《大正藏》第24册，第1009页B栏第27行至C栏第1行。

Дх.11990 **妙法莲华经卷第三授记品第六**

存2行。录文："庄严/净见。"后秦鸠摩罗什译。经文见《大正藏》第9册，第21页B栏第27行至第28行。

Дх.11991 **残佛经**

存4行。不可定名。

Дх.11992 **残佛经**

存2行。不可定名。

Дх.11993 **残佛经**

存"自自不"3字。不可定名。

Дх.11994 **妙法莲华经卷第五从地踊出品第十五至如来寿量品第十六**

存7行，行4至18字。首题："妙法莲华经如来寿量品第十五"，讫："之语复告"。后秦鸠摩罗什译。经文见《大正藏》第9册，第42页A栏第21行至B栏第2行。与Дx.11996可缀合。

Дx.11995 妙法莲华经卷第七妙音菩萨品第二十四

存4行，行5至8字。起："国名现一切"，讫："今生净华"。后秦鸠摩罗什译。经文见《大正藏》第9册，第56页A栏第5行至第8行。

Дx.11996 妙法莲华经卷第五从地踊出品第十五

存4行，行8至10字。全部为偈语。起："世尊亦如是"，讫："常好在禅"。后秦鸠摩罗什译。经文见《大正藏》第9册，第42页A栏第15行至第21行。与Дx.11994同经同品，Дx.11996在前，所缺"禅"字正好在Дx.11994，可缀合。

Дx.11997 某经题签

残存半边字。无法辨识。

Дx.11998 金光明最胜王经卷第一如来寿量品第二

存5行，行8至10字。起："我今始知如来大师"，讫："已从座而"。唐义净译。经文见《大正藏》第16册，第408页A栏第22行至第27行。另有经音字2行。

Дx.11999 礼忏文

存5行，行3至9字。完整者3行。录文："受此香/花云以为[谓]光明台/广意[光以]无边界无边/无量作佛事[是]供养/屯供敬一切普[并]诵摩诃。"经文见《大正藏》第85册，第1303页B栏第21行至第23行。与现刊本相较，异文较多。

Дx.12000 大般若波罗蜜多经题签

录文："大般若波罗蜜多经卷第二百六十五十七。"

Дx.12001 大般若波罗蜜多经卷第二百五十四初分难信解品第三十四之七十三

存6行，行5至15字。起："净故内空清"，讫："空不可得空"。唐玄奘译。经文见《大正藏》第6册，第287页A栏第28行至B栏第5行。

Дx.12002 妙法莲华经忧波提舍卷上

存9行，行7至9字。起："功德为得益"，讫："功德所应作"。婆薮盘豆释、菩提流支共沙门昙林等译。经文见《大正藏》第26册，第2页A栏第6行至第15行。

Дx.12003 金刚般若波罗蜜经

存6行，行12至17字。完整者5行。起："泡影如露"，尾题："金刚般若波罗蜜经"。北魏菩提流支译。经文见《大正藏》第8册，第752页B栏第28行至C栏第3行。有异文。偈语后有"□□分第十二"。

Дx.12004 周易王弼注

存13行。

Дx.12005 大方广十轮经卷第一序品第一

存6行，行2至17字。完整者4行。起："河沙"，讫："今彼饥馑"。失译。经文见《大正藏》第13册，第683页C栏第22行至第29行。

Дx.12006 大智度论卷第十九释初品中三十七品义第三十一

存4行，行12至16字。起："苦心苦忧"，讫："为外苦乐"。龙树菩萨造、后秦鸠摩罗什译。经文见《大正藏》第25册，第202页B栏第4行至第8行。

Дx.12007 大般涅槃经卷第二十一光明遍照高贵德王菩萨品第十之一

存10行，行6至9字。起："有人堕大海水"，讫："如婆罗门值谷勇贵"。北凉昙无谶译。经文见《大正藏》第12册，第493页A栏第20行至B栏第1行。

Дx.12008 金有陀罗尼经

存7行，行3至9字。起："形而起"，讫："世尊即说"。经文见《大正藏》第85册，第1456页A栏第2行至第8行。

Дx.12009 佛经论释

存7行，行6至9字。

Дx.12010 发愿文

存5行，行3至7字。

Дx.12011 **馆藏缺**

Дx.12012 **收养书、投社书、分家书、雇佣契等**

Дx.12013 **金光明最胜王经卷第三灭业障品第五**

存7行，行6至10字。起："具足胜福是名"，讫："思惟正修"。唐义净译。经文见《大正藏》第16册，第417页C栏第5行至第12行。

Дx.12014 **大般若波罗蜜多经第五百七十三第六分劝诫品第十四之二**

存6行，行5至8字。起："杀害尔所圣"，讫："有暴恶人起"。唐玄奘译。经文见《大正藏》第7册，第958页C栏第6行至第11行。

Дx.12015 **佛说天地八阳神咒经**

存2行，行5至6字。录文："读经法师即/阿佉尼尼佉尼。"唐义净译。经文见《大正藏》第85册，第1424页B栏第9行至第10行。

Дx.12016 **金刚般若波罗蜜经**

存7行。录文："所/如来/众生得闻/菩提莫作/戒修福/是人不/无量。"后秦鸠摩罗什译。经文见《大正藏》第8册，第749页A栏第25行至B栏第2行。

Дx.12017 **妙法莲华经卷第四五百弟子受记品第八**

存7行，行7至10字。全部为偈语。起："若我具足说"，讫："未来亦供养无量"。后秦鸠摩罗什译。经文见《大正藏》第9册，第28页A栏第21行至B栏第4行。

Дx.12018 **大般若波罗蜜多经**

存7行，行3字。起："地界清"，讫："现一切"。唐玄奘译。残存经文无明显特点，不能确指具体卷品。

Дx.12019 **残佛经**

存2行。录文："无故/尘尘。"不可定名。

Дx.12020 **非佛经**

存5行，行2至10字。未检出。

Дx.12021 **残佛经**

存2行。不可定名。

Дx.12022 **妙法莲华经卷第一方便品第二**

存3行。录文："便随宜而说法/知诸佛世之师/喜自知当作佛。"后秦鸠摩罗什译。经文见《大正藏》第9册，第10页B栏第16行至第20行。

Дx.12023 **周易**

存5行。

Дx.12024 **佛说无量寿宗要经**

存10行，行4至13字。起："一百八名号"，讫："有九十九"。经文见《大正藏》第19册，第82页A栏第29行至B栏第10行。

Дx.12025 **妙法莲华经卷第一序品第一**

存6行，行2至13字。起："智到于彼"，讫："萨弥"。后秦鸠摩罗什译。经文见《大正藏》第9册，第2页A栏第6行至第12行。

Дx.12026 **持斋念佛忏悔礼文**

存7行，行9至11字。起："礼三宝"，讫："发无常意"。经文见《大正藏》第85册，第1267页。经文与现刊本差异较大。

Дx.12027 **大智度论卷第一摩诃般若波罗蜜初品如是我闻一时释论第二**

存5行，行3至10字。起："诸物皆"，讫："一口不"。龙树菩萨造、后秦鸠摩罗什译。经文见《大正藏》第25册，第65页A栏第14行至第20行。

Дx.12028 **大智度论卷第一摩诃般若波罗蜜初品如是我闻一时释论第二**

与Дx.12027为同一件残片，经文完全相同。

Дx.12029 **四分律比丘戒本**

存6行，行5字。起："所无难处无"，讫："故作是语若"。后秦佛陀耶舍译。经文见《大正藏》第22册，第1016页A栏第25行至B栏第1行。

Дx.12030A **大智度论卷第六十八释两不和合品第四十七**

存4行。录文："事多衣/令弟子随/常以头陀为/如转法轮时。"龙树菩萨造、后秦鸠摩罗什译。经文见《大正藏》第25册，第538页B栏第7行至第

11行。

Дx.12030B 妙法莲华经卷第一方便品第二

存4行。录文："或以/或以胶漆布/彩画如佛像/乃至童子戏。"后秦鸠摩罗什译。经文见《大正藏》第9册,第8页C栏第28行至第9页A栏第5行。有异文。

Дx.12030V 民族文字残片

Дx.12031 大智度论卷第七十三释转不转品第五十六

存4行。录文："已来闻是/菩萨摩诃萨/心行六/菩提白佛言。"龙树菩萨造、后秦鸠摩罗什译。经文见《大正藏》第25册,第574页C栏第24行至第28行。

Дx.12032 佛说维摩诘经卷下观人物品第七

存5行,行4至8字。起："是贤者在",讫："悲不可思"。吴支谦译。经文见《大正藏》第14册,第528页C栏第20行至第25行。

Дx.12033 悲华经卷第一陀罗尼品第二

存5行,行3至4字。起："摩苏帝",讫："住婆伽"。北凉昙无谶译。经文见《大正藏》第3册,第173页C栏第2行至第9行。

Дx.12033V 民族文字残片

Дx.12034 大般涅槃经卷第二十七师子吼菩萨品第十一之一

存4行,行2至11字。起："善男/是十二因",讫："三种爱"。北凉昙无谶译。经文见《大正藏》第12册,第525页C栏第16行至第19行。

Дx.12034V 民族文字残片

Дx.12035 妙法莲华经卷第三化城喻品第七

存6行,行2至4字。起："六王",讫："沙弥皆"。后秦鸠摩罗什译。经文见《大正藏》第9册,第25页A栏第25行至B栏第2行。

Дx.12035V 民族文字残片

Дx.12036 妙法莲华经卷第二信解品第四

存6行,行4至5字。起："见之",讫："常此作"。后秦鸠摩罗什译。经文见《大正藏》第9册,第17页A栏第14行至第19行。有异文。

Дx.12037 大智度论卷第十三释初品中尸罗婆罗蜜义第二十一

存5行,行4至7字。起："语心生故",讫："受名五种"。龙树菩萨造、后秦鸠摩罗什译。经文见《大正藏》第25册,第158页C栏第17行至第22行。

Дx.12037V 民族文字残片

Дx.12038 大般若波罗蜜多经卷第一百一十二初分校量功德品第三十之十

存5行,行3至6字。起："性空何",讫："向一切智智"。唐玄奘译。经文见《大正藏》第5册,第618页A栏第4行至第8行。

Дx.12038V 民族文字残片

Дx.12039 大般若波罗蜜多经卷第一百八十九初分难信解品第三十四之八

存6行,行4至5字。起："何以故",讫："即一切智"。唐玄奘译。经文见《大正藏》第5册,第1014页B栏第12行至第16行。

Дx.12039V 民族文字残片

Дx.12040 大般涅槃经卷第二十五光明遍明高贵德王菩萨品第十之五

存7行,行3至6字。起："人则不取",讫："说是义不然"。北凉昙无谶译。经文见《大正藏》第12册,第516页A栏第21行至第27行。

Дx.12040V 民族文字残片

Дx.12041 大般若波罗蜜多经卷第一百二十一初分校量功德品第三十之十九

存6行,行3至5字。起："分故世尊",讫："七等觉支"。唐玄奘译。经文见《大正藏》第5册,第664页C栏第24行至第29行。

Дx.12041V 民族文字残片

Дx.12042 大方广佛华严经卷第三十三宝王如来性起品第三十二之一

存4行,行3至8字。起："如来无",讫："根不虚复"。东晋佛驮跋陀罗译。经文见《大正藏》第9册，第613页C栏第18行至第22行。

Дx.12042V 民族文字残片

Дx.12043 太子须大拏经

存5行，行4字。首行4字不清。第2行至第5行，起："山中诸禽"，讫："普是福"。西秦圣坚译。经文见《大正藏》第3册，第421页A栏第17行至第22行。

Дx.12044 大般涅槃经卷第三十九憍陈如品第十三之一

存5行。录文："婆私吒/瞿昙/忏悔/量佛/住故。"北凉昙无谶译。经文见《大正藏》第12册，第594页A栏第4行至第8行。

Дx.12044V 民族文字残片

Дx.12045 大般涅槃经卷第八如来性品第四之五

存2行。录文："已受如来殷勤诲/正法者应如是学。"北凉昙无谶译。经文见《大正藏》第12册，第414页B栏第17行至第18行。

Дx.12046 妙法莲华经卷第一序品第一

存4行，行2至5字。起："如是"，讫："又见佛子"。后秦鸠摩罗什译。经文见《大正藏》第9册，第3页B栏第14行至第18行。

Дx.12047 妙法莲华经卷第五从地踊出品第十五

存4行，行4至6字。起："是诸人等"，讫："诸菩萨"。后秦鸠摩罗什译。经文见《大正藏》第9册，第39页C栏第27行至第40页A栏第1行。

Дx.12047V 残片

字迹模糊。无法辨识。

Дx.12048 摩诃般若波罗蜜多经卷第十一随喜品第三十九

存6行，行4至7字。起："及僧诸善"，讫："佛善根及"。后秦鸠摩罗什译。经文见《大正藏》第8册，第298页C栏第24行至第299页A栏第1行。

Дx.12048V 民族文字残片

Дx.12049 大般涅槃经卷第十二圣行品第七之二

存5行，行2至6字。起："有"，讫："十二年施安已"。北凉昙无谶译。经文见《大正藏》第12册，第434页C栏第10行至第14行。

Дx.12050 中本起经卷下瞿昙弥来作比丘尼品第九

存5行，行3至10字。起："律服法衣者"，讫："到佛所"。后汉昙果共康孟详译。经文见《大正藏》第4册，第158页A栏第27行至B栏第3行。

Дx.12051 妙法莲华经卷第一方便品第二

存1行，总12字。录文："依止此诸见见足六十二深着。"后秦鸠摩罗什译。经文见《大正藏》第9册，第8页B栏第17行至第18行。

Дx.12051V 民族文字残片

Дx.12052 妙法莲华经卷第一方便品第二

存3行，行9至13字。全部为偈语。起："但化诸菩萨"，讫："箫笛琴"。后秦鸠摩罗什译。经文见《大正藏》第9册，第9页A栏第9行至第13行。

Дx.12052V 民族文字残片

Дx.12053 十住经卷第三现前地第六

存3行，行11字。起："能解如实说"，讫："除诸心垢恶第"。后秦鸠摩罗什译。经文见《大正藏》第10册，第519页C栏第14行至第19行。

Дx.12054 十诵律卷第九明九十波夜提法之一

存9行。录文："忧更/言我/宿处/之侍/之余比/诸城内/一人语/舍卫/钵"。后秦弗若多罗译。经文见《大正藏》第23册，第63页C栏第5行至第13行。

Дx.12055 小品般若波罗蜜经卷第十摩诃般若波罗蜜萨陀波仑品第二十七

存1行，总11字。录文："若至一日二日乃至七日不。"经文"至"旁有删字符。后秦鸠摩罗什译。经文见《大正藏》第8册，第580页C栏第11行至第12行。

Дx.12056 佛本行集经卷第三十三梵天劝请品下

存2行。录文："尊听世尊/法闻说谛受。"隋阇那崛多译。经文见《大正藏》第3册，第810页B栏第4行至第5行。

Дх.12056V　民族文字残片

Дх.12057　大方广佛华严经卷第二十四十回向品第二十五之二

存4行，行2至7字。起："执着离诸"，讫："诸法性"。唐实叉难陀译。经文见《大正藏》第10册，第127页B栏第2行至第6行。

Дх.12057V　民族文字残片

Дх.12058　摩诃僧祇律卷第三十九明一百四十一波夜提法之三

存2行。录文："他妇减十二/二雨者如减廿。"东晋佛驮跋陀罗共法显译。经文见《大正藏》第22册，第535页C栏第25行至第27行。

Дх.12058V　民族文字残片

Дх.12059　残片

存2行。未检出。

Дх.12060　阿毗昙心论卷第二使品第四

存2行。录文："护根一切/谛断结唯意相应。"尊者法胜造、僧伽提婆共惠远译。经文见《大正藏》第28册，第817页B栏第8行至第9行。

Дх.12061　残佛经

正面残经，存"须弥"2字。背面为民族文字。

Дх.12062　佛说华手经题签

录文："华手经第五。"

Дх.12063　妙法莲华经卷第四见宝塔品第十一

存4行，行4至6字。起："哉彼佛"，讫："若有说法"。后秦鸠摩罗什译。经文见《大正藏》第9册，第32页C栏第13行至第17行。

Дх.12064　民族文字残片

Дх.12065　悲华经卷第一陀罗尼品第二

存2行。录文："僧复有不/时娑罗王。"北凉昙无谶译。经文见《大正藏》第3册，第173页A栏第9行至第10行。

Дх.12065V　民族文字残片

Дх.12066　残佛经

存2行，行1字。录文："佛/是。"

Дх.12066V　民族文字残片

Дх.12067　民族文字残片

Дх.12068　残佛经

存2行。录文："萨濡吉/德。"

Дх.12269　残佛经

存3行。录文："琶/有/弥。"

Дх.12070　残佛经

背面为民族文字。

Дх.12071　佛说观药王药上二菩萨经

存4行。录文："当敬礼/敬礼/十方/犹如。"宋畺良耶舍译。经文见《大正藏》第20册，第664页B栏第2行至第6行。

Дх.12071V　民族文字残片

Дх.12072　妙法莲华经卷第五从地踊出品第十五

存3行，行7字。起："合掌问佛"，讫："所来以何"。后秦鸠摩罗什译。经文见《大正藏》第9册，第40页B栏第21行至第25行。

Дх.12073　妙法莲华经卷第四见宝塔品第十一

存4行，行4字。起："今于佛前"，讫："当发大愿"。后秦鸠摩罗什译。经文见《大正藏》第9册，第34页A栏第5行至第9行。

Дх.12073V　民族文字残片

Дх.12074　大般涅槃经卷第十二圣行品第七之一

存4行，行5至6字。起："共之以是因缘"，讫："诸众生"。北凉昙无谶译。经文见《大正藏》第12册，第455页B栏第21行至第24行。与Дх.12075同经同品，但不可缀合。

Дх.12075　大般涅槃经卷第十五梵行品第八之一

存4行，行5至6字。起："衣法界覆身"，讫："无色之身"。北凉昙无谶译。经文见《大正藏》第12册，第455页B栏第13行至第16行。与Дх.12074同经同品，但不可缀合。

Дх.12076　妙法莲华经卷第二信解品第四

存6行，行2至3字。起："麁弊垢"，讫："安隐[意]"。后秦鸠摩罗什译。经文见《大正藏》第9册，第17页A栏第16行至第21行。"意"错为"隐",在旁边改为"意"。

Дx.12077 大般涅槃经卷第二十七师子吼菩萨品第十一之一

存3行,行2至7字。录文:"足十二无色众生/名为具足十二/有十。"北凉昙无谶译。经文见《大正藏》第12册,第525页C栏第20行至第22行。

Дx.12077V 民族文字残片

Дx.12078 佛说佛名经卷第九

存2行。录文:"光明作/方善护。"北魏菩提流支译。经文见《大正藏》第14册,第164页B栏第6行至第7行。

Дx.12078V 民族文字残片

Дx.12079 大般若波罗蜜多经卷第三百六十三初分多问不二品第六十一之十三

存3行。录文:"无为界/界亦/现是所。"唐玄奘译。经文见《大正藏》第6册,第869页B栏第23行至第25行。或为《大般若波罗蜜多经卷第四百六十二第二分巧便品第六十八之三》。残存经文完全一样。

Дx.12079V 民族文字残片

Дx.12080 妙法莲华经卷第五从地踊出品第十五

存3行。录文:"之宝/佛道/三藐。"后秦鸠摩罗什译。经文见《大正藏》第9册,第41页C栏第19行至第22行。

Дx.12081 金光明最胜王经卷第一序品第一

存3行,行3至9字。起:"并诸大",讫:"诵受持者"。唐义净译。经文见《大正藏》第16册,第403页C栏第28行至第404页A栏第1行。

Дx.12082 妙法莲华经卷第七妙音菩萨品第二十四

存5行,行3至5字。起:"此婆婆",讫:"者现声"。后秦鸠摩罗什译。经文见《大正藏》第9册,第56页A栏第28行至B栏第4行。

Дx.12082V 民族文字残片

Дx.12083 残佛经

存3行。不可定名。

Дx.12084 大般涅槃经卷第二十七师子吼菩萨品第十一之一

存3行。录文:"现在/名未来世老/众生虽。"北凉昙无谶译。经文见《大正藏》第12册,第525页C栏第15行至第17行。

Дx.12084V 民族文字残片

Дx.12085 妙法莲华经卷第一方便品第二

存2行。录文:"虚妄法坚受不可舍/万亿劫不闻佛名字。"后秦鸠摩罗什译。经文见《大正藏》第9册,第8页B栏第18行至第20行。

Дx.12085V 民族文字残片

Дx.12086 残佛经

存4行。未检出。

Дx.12087 大般若波罗蜜多经卷第八十一初分天帝品第二十二之五

存3行。录文:"相故/波罗蜜/法界意。"唐玄奘译。经文见《大正藏》第5册,第453页B栏第14行至第16行。或为《大般若波罗蜜多经卷第二百八十八初分著不著相品第三十六之二》。残存经文完全一样。

Дx.12087V 民族文字残片

Дx.12088 民族文字残片

正面中间夹2行汉字。录文:"来生/是人时。"

Дx.12089 残佛经

背面为民族文字。

Дx.12090 大智度论卷第二十三初品中十一智释论第三十八

存4行,行2至5字。起:"观能生三昧",讫:"相名"。龙树菩萨造、后秦鸠摩罗什译。经文见《大正藏》第25册,第234页A栏第28行至B栏第4行。

Дx.12091 金刚般若波罗蜜经

存5行。录文:"分以/等身/如是无/闻此经/读。"后秦鸠摩罗什译。经文见《大正藏》第8册,第750页C栏第7行至第11行。

Дх.12091V　民族文字残片

Дх.12092　妙法莲华经卷第四法师品第十

存3行。录文："难解药王/分布妄授与人/来未曾显说。"后秦鸠摩罗什译。经文见《大正藏》第9册，第31页B栏第18行至第20行。

Дх.12092V　民族文字残片

Дх.12093　大智度论卷第六十八释两不和合品第四十七

存2行。录文："受常坐法/味不轻。"龙树菩萨造、后秦鸠摩罗什译。经文见《大正藏》第25册，第538页B栏第1行至第2行。与Дх.12105同卷同品，此卷在前，但不可缀合。

Дх.12093V　民族文字残片

Дх.12094　十诵律卷第九明九十波夜提法之一

存3行。录文："言可/明日作/王舍城。"后秦弗若多罗译。经文见《大正藏》第23册，第63页C栏第5行至第7行。

Дх.12095　大般若波罗蜜多经卷第三百六十二初分多问不二品第六十一之十二

存3行。录文："槃无有/得求声/决定当得无。"唐玄奘译。经文见《大正藏》第6册，第867页C栏第19行至第21行或C栏第26行至第28行。

Дх.12095V　民族文字残片

Дх.12096　小品般若波罗蜜经卷第十摩诃般若波罗蜜昙无竭品第二十八

存3行。录文："人并诸宝/无竭菩萨白/师五百。"后秦鸠摩罗什译。经文见《大正藏》第8册，第585页A栏第29行至B栏第2行。

Дх.12096V　民族文字残片

Дх.12097　大般若波罗蜜多经卷第三百六十七初分遍学道品第六十四之二

存3行。录文："无我是/若不净是为戏/若不净。"唐玄奘译。经文见《大正藏》第6册，第890页B栏第23行至第25行。

Дх.12097V　民族文字残片

Дх.12098　民族文字残片

Дх.12099　残佛经

背面为民族文字。

Дх.12100　残佛经

背面为民族文字。

Дх.12101　残片

正面存1行。录文："多罗三貌三菩。"背面民族文字。

Дх.12102　残佛经

极残，无法辨识。

Дх.12103　妙法莲华经卷第一方便品第二

存2行。录文："若人为佛故建立/或以七宝成。"后秦鸠摩罗什译。经文见《大正藏》第9册，第8页C栏第26行至第28行。

Дх.12104　残佛经

背面为民族文字。

Дх.12105　大智度论卷第六十八释两不和合品第四十七

存6行，行3至6字。起："富故受次第"，讫："随道行"。龙树菩萨造、后秦鸠摩罗什译。经文见《大正藏》第25册，第538页B栏第3行至第9行。与Дх.12093同卷同品。此卷在后，但经文不可直接缀合。

Дх.12105V　民族文字残片

Дх.12106　大般涅槃经卷第三十一迦叶菩萨品第二十四之一

存4行，行8至9字。起："时乃产驳"，讫："我久知是"。北凉昙无谶译。经文见《大正藏》第12册，第562页A栏第25行至第29行。

Дх.12106V　民族文字残片

Дх.12107　残佛经

存5行，行3至11字。起："梵轮"，讫："知莂治"。未检出。

Дх.12107V　民族文字残片

Дх.12108　合部金光明经卷第一寿量品第二

存5行,行7字。起:"已却住一面",讫:"除灭饥俭"。北凉昙无谶译、隋释宝贵合。经文见《大正藏》第16册,第361页B栏第12行至第17行。

Дx.12109 佛说道神足无极变化经卷第四

存4行,行8字。起:"人彩女诸",讫:"饮食常于"。西晋安法钦译。经文见《大正藏》第17册,第813页C栏第18行至第22行。

Дx.12109V 民族文字残片

Дx.12110 合部金光明经卷第一寿量品第二

存6行,行2至8字。起:"以者",讫:"等众生得"。北凉昙无谶译、隋释宝贵合。经文见《大正藏》第16册,第361页A栏第19行至第24行。

Дx.12111 阿毗昙毗婆沙论卷第三十一使犍度一行品第二

存5行,行2至7字。起:"断无明结",讫:"聚故"。北凉浮陀跋摩共道泰译。经文见《大正藏》第28册,第226页B栏第6行至第10行。

Дx.12111V 民族文字残片

Дx.12112 优婆塞戒经卷第七般若波罗蜜品第二十八

存5行,行4至11字。起:"道能善分别如是等事",讫:"修慈悲喜"。北凉昙无谶译。经文见《大正藏》第24册,第1075页B栏第1行至第5行。

Дx.12113 大般涅槃经卷第二十七师子吼菩萨品第十一之一

存5行,行3至9字。起:"平等无二心",讫:"故往说"。北凉昙无谶译。经文见《大正藏》第12册,第528页A栏第6行至第10行。

Дx.12113V 民族文字残片

Дx.12114 妙法莲华经卷第七妙音菩萨品第二十四

存6行,行4至6字。起:"得本又值",讫:"或现转轮"。后秦鸠摩罗什译。经文见《大正藏》第9册,第56页A栏第13行至第18行。

Дx.12114V 残佛经

行书。未检出。

Дx.12115 大般涅槃经卷第十四圣行品第七之四

存2行。录文:"世雄所说空义善男子我/大婆罗门汝今不应问我。"北凉昙无谶译。经文见《大正藏》第12册,第450页B栏第19行至第20行。

Дx.12116 央掘魔罗经卷第三

存4行,行4至10字。起:"魔罗诸佛",讫:"往听受并复"。宋求那跋陀罗译。经文见《大正藏》第2册,第532页B栏第26行至第29行。

Дx.12116V 民族文字残片

Дx.12117A 大般若波罗蜜多经卷第一百二十一初分校量功德品第三十之十九

存3行,行9字。起:"回向一切",讫:"足五根五"。唐玄奘译。经文见《大正藏》第5册,第664页A栏第29行至B栏第2行。

Дx.12117B 大方广佛华严经卷第十四兜率天宫菩萨云集赞佛品第二十

存2行。录文:"住佛所住观/回向。"东晋佛驮跋陀罗译。经文见《大正藏》第9册,第482页A栏第28行至第29行。

Дx.12117BV 民族文字残片

Дx.12118 十诵律卷第九明九十波夜提法之一

存9行,行3至6字。起:"不如愁",讫:"足行头陀/不喜"。后秦弗若多罗译。经文见《大正藏》第23册,第63页C栏第5行至第14行。

Дx.12119 大般涅槃经卷第三十六迦叶菩萨品第十二之四

存8行,行3字。起:"二亦可",讫:"洹凡有"。北凉昙无谶译。经文见《大正藏》第12册,第577页C栏第24行至第578页A栏第2行。

Дx.12119V 民族文字残片

Дx.12120 摩诃僧祇律卷第三十九明一百四十一波夜提法之三

存3行,行3至11字。起:"至已闻者当",讫:"雨中广说适"。东晋佛驮跋陀罗共法显译。经文见《大正藏》第22册,第535页C栏第25行至第27

Дx.12120V　民族文字残片

Дx.12121　十诵律卷第四十一明杂法之六

存4行,行4至22字。完整者3行。起:"久婿死多",讫:"作是念诸"。后秦弗若多罗共罗什译。经文见《大正藏》第23册,第295页B栏第15行至第19行。

Дx.12121V　残片

Дx.12122　妙法莲华经卷第五分别功德品第十七

存2行,行11至17字。起:"有二四天下",讫:"菩提复有"。后秦鸠摩罗什译。经文见《大正藏》第9册,第44页A栏第21行至第23行。

Дx.12123　佛说长阿含经卷第十八阎浮提州品第一

存2行,录文:"其银罗网下悬金铃琉璃罗网悬水精铃水/罗网悬琉璃铃赤珠罗网悬马瑙铃。"后秦佛陀耶舍共竺佛念译。经文见《大正藏》第1册,第114页C栏第26行至第28行。

Дx.12124　大方广佛华严经卷第三十一佛不思议法品第二十八之二

存2行,行6至12字。录文:"入城门时一切/照盲者得视聋者得听狂者得。"东晋佛驮跋陀罗译。经文见《大正藏》第9册,第596页B栏第16行至第17行。

Дx.12125　大智度论卷第四十释往生品第四之下

存6行,行1至6字。起:"萨/以法眼知",讫:"斋戒取是"。龙树菩萨造、后秦鸠摩罗什译。经文见《大正藏》第25册,第348页C栏第14行至第20行。

Дx.12126　阿毗昙心论卷第二使品第四

存2行,录文:"诸烦恼已分别相应根上烦/无惭亦无愧睡悔及与悭嫉。"尊者法胜造、僧伽提婆共惠远译。经文见《大正藏》第28册,第817页B栏第10行至第12行。

Дx.12127　维摩诘经疏佛国品第一

存7行。经大字,疏双行小字。录文:"金刚/复余/师/无/众法/达诸/所趣。"经文见《大正藏》第14册,第537页A栏第19行至第24行。

Дx.12128　大般若波罗蜜多经卷第八十一初分天帝品第二十二之五

刻本。存7行,行8至14字。起:"萨摩诃萨",讫:"触为缘所"。唐玄奘译。经文见《大正藏》第5册,第453页B栏第4行至第10行。

Дx.12128V　民族文字残片

Дx.12129　佛说佛名经卷第五

存10行,行2至9字。起:"南无",讫:"南无无等上弥留佛"。北魏菩提流支译。经文见《大正藏》第14册,第140页B栏第9行至第16行。

Дx.12130　阿毗昙八犍度论卷第二十一阿毗昙根犍度更乐跋渠第三

存13行,行8至14字。起:"十一眼根得断智",讫:"作证时到遍净"。僧伽提婆共竺佛念译。经文见《大正藏》第26册,第874页A栏第12行至第21行。与Дx.12135同经同品,为同一经卷断成上下两段,可缀合。此段在上。

Дx.12131　佛说华手经卷第五众相品第十七

存9行,行3至16字。起:"宝盖菩",讫:"无上道记余如"。后秦鸠摩罗什译。经文见《大正藏》第16册,第157页C栏第15行至第22行。

Дx.12132　增壹阿含经卷第十八

存9行,行3至17字。起:"得四辩才",讫:"复诸贤"。僧伽提婆译。经文见《大正藏》第2册,第639页A栏第24行至B栏第3行。

Дx.12133　摩诃僧祇律卷第三十九明一百四十一波夜提法之三

存7行,行3至14字。首题:"祇律卷第卅九",讫:"事往白"。东晋佛陀跋陀罗共法显译。经文见《大正藏》第22册,第535页C栏第18行至第24行。

Дx.12133V　民族文字残片

Дx.12134　佛说骂意经卷第一

存10行,行2至6字。起:"虫物/故罪但当行多",讫:"灭不得久意/者不"。后汉安世高译。经文见《大正藏》第17册,第530页B栏第10行至第21行。

Дх.12134V　民族文字残片

Дх.12135　阿毗昙八犍度论卷第二十一阿毗昙根犍度更乐跋渠第三

存11行,行1至9字。起:"尽/根得断智时",讫:"欲爱尽四根尽"。僧伽提婆共竺佛念译。经文见《大正藏》第26册,第874页A栏第12行至第23行。与Дх.12130同经同品,乃同一经卷断为上下两段,可缀合。此段在下。

Дх.12136　妙法莲华经卷第六如来神力品第二十一

存9行,行2至9字。起:"优婆夷",讫:"六种"。后秦鸠摩罗什译。经文见《大正藏》第9册,第51页C栏第16行至第24行。

Дх.12136V　民族文字残片

Дх.12137　大方等大集经卷第五十二月藏分第十二毗楼勒叉天王品第十二

存7行,行4至8字。起:"次名恶",讫:"令正行于世"。齐那连提耶译。经文见《大正藏》第13册,第348页C栏第25行至第349页A栏第2行。

Дх.12137V　民族文字残片

Дх.12138　维摩诘所说经卷上佛国品第一

存8行,行5至7字。起:"不恚不正见众",讫:"积若菩萨欲"。后秦鸠摩罗什译。经文见《大正藏》第14册,第538页B栏第25行至C栏第4行。

Дх.12138V　民族文字残片

Дх.12139　道行般若经卷第五摩诃般若波罗蜜照明品第十

存9行,行4至10字。起:"阿竭用不可",讫:"怛萨阿竭"。后汉支娄迦谶译。经文见《大正藏》第8册,第449页B栏第17行至第24行。

Дх.12139V　民族文字残片

Дх.12140　妙法莲华经卷第五安乐行品第十四

存6行,行5至10字。起:"不妄宣说",讫:"以诸方便为说"。后秦鸠摩罗什译。经文见《大正藏》第9册,第39页A栏第19行至第26行。

Дх.12140V　民族文字残片

Дх.12141　合部金光明经卷第一寿量品第二

存7行,行5至9字。起:"围绕而恭敬",讫:"满月作大光"。北凉昙无谶译。经文见《大正藏》第16册,第361页B栏第27行至C栏第4行。

Дх.12141V　民族文字残片

空心字。

Дх.12142　贤愚经卷第八盖事因缘品第三十四

存5行,行4至7字。起:"盖/宣备国土",讫:"见盖事身"。北魏慧觉等译。经文见《大正藏》第4册,第403页C栏第17行至第21行。

Дх.12143　光赞经卷第四摩诃般若波罗蜜行品第九

存6行,行6字。起:"精进立",讫:"三昧名曰庄严"。西晋竺法护译。经文见《大正藏》第8册,第172页B栏第17行至第23行。

Дх.12144　大般涅槃经卷第三十师子吼菩萨品第十一之四

存6行,行2至12字。起:"称耽",讫:"长者子若言"。北凉昙无谶译。经文见《大正藏》第12册,第542页C栏第29行至第543页A栏第5行。

Дх.12145　佛说神道足无极变化经卷第四

存6行,行9至16字。起:"来则我是",讫:"天下有八万"。西晋安法钦译。经文见《大正藏》第17册,第813页B栏第19行至第25行。

Дх.12145V　民族文字残片

Дх.12146　优婆塞戒经卷第五净三归品第二十

存7行,行3至16字。起:"味故名",讫:"佛在世"。北凉昙无谶译。经文见《大正藏》第24册,第1061页A栏第1行至第6行。

Дх.12147　妙法莲华经卷第一方便品第二

存9行,行24字。全部为偈语。起:"云何而可度",讫:"是名转法轮"。后秦鸠摩罗什译。经文见《大正藏》第9册,第9页C栏第8行至第10页A栏第

6行。此号正背面是同一经，背面在前，正面在后，经文相接。

Дх.12147V 妙法莲华经卷第一方便品第二

存9行，行24字。全部为偈语。起："是法住法位"，讫："如斯之等类"。后秦鸠摩罗什译。经文见《大正藏》第9册，第9页B栏第10行至C栏第8行。此号正背为同一卷，背面在前，正面在后，经文相接。

Дх.12148 大智度论卷第二十三初品中十想释论第三十七

存7行，行2至15字。起："觉观"，讫："船风"。龙树菩萨造、后秦鸠摩罗什译。经文见《大正藏》第25册，第234页B栏第1行至第8行。

Дх.12149 佛说长阿含经卷第十八第四分世记经阎浮提州品第一

存5行，行2至17字。起："银铃"，讫："树琉璃"。后秦佛陀耶舍共竺佛念译。经文见《大正藏》第1册，第114页C栏第26行至第115页A栏第3行。与Дх.12151、Дх.12156同卷同品，经文虽有少字缺损，乃可相接。缀合顺序：Дх.12151+Дх.12149+Дх.12156。

Дх.12150 摩诃般若波罗蜜经卷第二十二道树品第七十一

存5行，行12至16行。起："色无戏论"，讫："乃至一切种"。后秦鸠摩罗什译。经文见《大正藏》第8册，第381页A栏。

Дх.12151 佛说长阿含经卷第十八第四分世记经阎浮提州品第一

存6行，行3至16字。起："重行树"，讫："桄其栏楯"。后秦佛陀耶舍共竺佛念译。经文见《大正藏》第1册，第114页C栏第20行至第26行。与Дх.12151、Дх.12156同卷同品，经文虽有少字缺损，乃可相接。缀合顺序：Дх.12151+Дх.12149+Дх.12156。

Дх.12152 大方广佛华严经卷第三十一佛不思议品第二十八之二

存12行，行3至9字。起："无著法轮"，讫："大地六"。东晋佛驮跋陀罗译。经文见《大正藏》第9册，第596页B栏第5行至第16行。与Дх.12155同经同品，经文可接。此片为下半段。

Дх.12153 大智度论卷第七十三释转不转品第五十六

存9行，行2至15字。起："转故"，讫："是行类相貌"。龙树菩萨造、后秦鸠摩罗什译。经文见《大正藏》第25册，第574页C栏第26行至第575页A栏第5行。

Дх.12154 佛说佛名经卷第六释转不转品第五十六

存11行，行2至8字。起："无尼弥"，讫："香佛"。北魏菩提流支译。经文见《大正藏》第14册，第144页。

Дх.12155 大方广佛华严经卷第三十一佛不思议品第二十八之二

存11行，行7至9字。起："示现显明净"，讫："是等一切"。东晋佛驮跋陀罗译。经文见《大正藏》第9册，第596页B栏第3行至第14行。与Дх.12152同经同品，经文可接。此片为上半段。

Дх.12156 佛说长阿含经卷第十八第四分世记经阎浮提州品第一

存6行，行2至15字。起："根枝"，讫："人心"。后秦佛陀耶舍共竺佛念译。经文见《大正藏》第1册，第115页A栏第3行至第9行。与Дх.12151、Дх.12156同卷同品，经文虽有少字缺损，乃可相接。缀合顺序：Дх.12151+Дх.12149+Дх.12156。

Дх.12157 小品般若波罗蜜经卷第三摩诃般若波罗蜜经佐助品第六

存10行，行2至16字。起："五神通于"，讫："释提"。后秦鸠摩罗什译。经文见《大正藏》第8册，第546页B栏第14行至第24行。

Дх.12158 阿毗昙毗婆沙论卷第二十九使犍度不善品之五

存14行，行3至13字。起："圣人一一处"，讫："禅者住无"。迦旃延子造、五百罗汉释、北凉浮陀跋摩共道泰等译。经文见《大正藏》第28册，第212页C栏第16行至第29行。

Дх.12159 小品般若波罗蜜经卷第三摩诃般若波罗蜜经佐助品第六

存10行，行17字。起："因言其多"，讫："心四无色"。后秦鸠摩罗什译。经文见《大正藏》第8册，第546页B栏第5行至第15行。

Дх.12160 金光明最胜王经卷第三灭业障品第五

存8行，行20字。起："五者法轮"，讫："清净无比种"。唐义净译。经文见《大正藏》第16册，第415页C栏第4行至第14行。

Дх.12161 贤愚经卷第九

存8行，行9至16字。起："益甚大如是少"，讫："雇人除之"。北魏慧觉译。前4行为《净居天请佛品第三十六》。经文见《大正藏》第4册，第410页A栏第4行至第8行。后4行为《尼提度缘品第三十》。经文见《大正藏》第4册，第397页A栏第25行至第28行。经文中有颠倒符。

Дх.12162 妙法莲华经卷第四从地踊出品第十一

存9行，行7至14字。首题："经见□□□□十一"，讫："天龙乾"。后秦鸠摩罗什译。经文见《大正藏》第9册，第32页B栏第16行至第24行。

Дх.12163 维摩诘所说经卷第一佛国品第一

存13行，行3至12字。起："犯禁之名十"，讫："舍利弗承佛"。后秦鸠摩罗什译。经文见《大正藏》第14册，第538页B栏第23行至C栏第6行。

Дх.12163V 民族文字残片

Дх.12164 成唯识论述记卷第五

存11行，行5至16字。草书。起："施等分别相"，讫："缚体执有相"。唐基撰。经文见《大正藏》第43册，第414页A栏第8行至第24行。

Дх.12164V 民族文字残片

Дх.12165 妙法莲华经卷第四见宝塔品第十一

存9行，行4至12字。全部为偈语。起："众生蒙熏"，讫："诸来化佛"。后秦鸠摩罗什译。经文见《大正藏》第9册，第34页A栏第2行至第13行。

Дх.12165V 民族文字残片

Дх.12166 残佛经

存10行。录文："功德已午住诸深法/□诸愿悉成降伏众魔□/疠慈无所不覆所施与度/一切所说其语微妙各得/悉入善权方便以立三/罣碍其魔所恐悉无得/活轮其能断其意其/□为动以入微妙诸相以/□行常惭欲成行故/□□菩萨名曰。"未检出。

Дх.12167 大般涅槃经卷第十六梵行品第八之二

存10行，行2至10字。起："寿命/罗蜜时已"，讫："无量寿命/菩萨"。北凉昙无谶译。经文见《大正藏》第12册，第459页C栏第12行至第21行。

Дх.12167V 民族文字残片

Дх.12168 佛说长阿含经卷第十八第四分七世经阎浮州品第一

存12行，行4至17字。中有3破洞，占3行，每行残缺约4字。起："天是为小"，讫："妙天之所居"。后秦佛陀耶舍共竺佛念译。经文见《大正藏》第1册，第114页C栏第4行至第16行。

Дх.12169 佛说佛名经卷第四

存13行，行2至8字。起："幢胜如来"，讫："如来"。失译。经文见《大正藏》第14册，第200页B栏第24行至C栏第6行。

Дх.12170 阿毗昙毗婆沙论卷二十九犍度不善品之五

存13行，行2至16字。起："界现"，讫："圣人凡夫"。迦旃延子造、五百罗汉译、北凉浮陀跋摩共道泰等译。经文见《大正藏》第28册，第212页C栏第4行至第16行。

Дх.12171 大方广佛华严经卷第三十三宝王如来性起品第三十二之一

存3行，行1至2字。录文："无尽/明名/不。"东晋佛驮跋陀罗译。经文见《大正藏》第9册，第613页C栏第23行至第25行。

Дх.12171V 民族文字残片

Дх.12172 摩诃般若波罗蜜经卷第十四问相品第四十九

存7行，行4至17字。其中4行完整。起："受想行识"，迄："一切种智"。后秦鸠摩罗什译。经文见《大正藏》第8册，第327页B栏第6行至第14行。

Дх.12173 残佛经

未检出。

Дх.12174 佛说佛名经卷第九

存17行，行1至7字。起："佛/炎意佛"，迄："南无宝雨头佛"。北魏菩提流支译。经文见《大正藏》第14册，第167页A栏第22行至B栏第7行。

Дх.12175 佛说菩萨本行经卷下

存32行，行24至27字。完整者30行。无界栏。起："大千世界"，迄："稽首礼大安"。失译。经文见《大正藏》第3册，第120页B栏第24行至第121页A栏第17行。

Дх.12176 菩萨善戒经

存9行，行19字。前5行为《菩萨善戒经卷第一》。起："提心我为"，迄："是名菩萨憍慢"。宋求那跋摩译。经文见《大正藏》第30册，第962页B栏第11行至第16行。后4行，起："尔时优婆离白佛言"，迄："而去"，为《菩萨善戒经卷第九毕竟地摄取品第二》尾部。经文见《大正藏》第30册，第1013页C栏第9行至第13行。中有添加字。

Дх.12177 残佛经

存13行。未检出。

Дх.12178 大智度论卷第十五释初品中毗梨耶波罗蜜义第二十六

存7行，行12至20字。起："皆得复次"，迄："说此偈言"。龙树菩萨造、后秦鸠摩罗什译。经文见《大正藏》第25册，第173页C栏第21行至第29行。

Дх.12179至Дх.12183 馆藏缺

Дх.12184 残纸

无字。

Дх.12185 残纸

无字。

Дх.12186 杂写

大字书"□无难胜"。

Дх.12187 妙法莲华经卷第一方便品第二

存7行，行3至15字。起："说之如优昙"，迄："故出现"。经中小字添抄漏写经文1行。录文："唯以一大事因缘故出现于世诸佛世尊。"后秦鸠摩罗什译。经文见《大正藏》第9册，第7页A栏第16行至第23行。与Дх.12190、Дх.12200同卷同品，此卷在前。但与后两卷之间所缺经文甚多。

Дх.12188 菩萨善戒经卷第一优波离问菩萨受戒法

存7行，行6至9字。起："然受者得罪"，迄："所乐涅"。宋求那跋摩译。经文见《大正藏》第30册，第1016页A栏第29行至B栏第6行。

Дх.12189 佛说弟子慢法为耆域述经

存8行，行11字。起："阿难闻佛所说"，第2行为经题："佛说弟子慢法为耆域述经"，迄："愚痴何谓者"。现刊本仅存经名。

Дх.12190 妙法莲华经卷第一方便品第二

存25行，行7至9字。全部为偈语。起："如是四众等"，迄："无量众所尊"。后秦鸠摩罗什译。经文见《大正藏》第9册，第7页C栏第13行至第8页B栏第3行。与Дх.12187、Дх.12200同卷同品，此卷在后。

Дх.12191至Дх.12199 馆藏缺

Дх.12200 妙法莲华经卷第一方便品第二

存4行，行20字。全部为偈语。起："深净微妙言"，迄："法僧差别名"。后秦鸠摩罗什译。经文见《大正藏》第9册，第9页C栏第29行至第10页A栏第7行。与Дх.12187、Дх.12190同卷同品，此卷在后。

Дх.12201 优婆塞五戒威仪经卷第一

存8行，行4至17字。起："为作是语"，讫："是名不犯"。宋求那跋摩译。经文见《大正藏》第24册，第1118页B栏第22行至C栏第2行。中有添加字。

Дx.12202 佛说长阿含经卷第十八第四分世记经阎浮提州品第一

存4行，行12至17字。起："其山直上"，讫："七重栏"。后秦佛陀耶舍共竺佛念译。经文见《大正藏》第1册，第114页C栏第16行至第20行。

Дx.12203 阿毗昙心论卷第二使品第四

存9行，行20至26字。起："下苦于一切者下"，讫："彼中无恚意"。尊者法胜造、僧伽提婆共惠远译。经文见《大正藏》第28册，第815页C栏第25行至第816页A栏第9行。中有添加字。

Дx.12204 大般涅槃经卷第二十五光明遍照高贵德王菩萨品第十之五

存11行，行6至9字。起："取缕不取泥"，讫："解脱虽作此"。北凉昙无谶译。经文见《大正藏》第12册，第516页A栏第17行至第27行。

Дx.12204V 民族文字残片

Дx.12205 佛说佛名经卷第五

存9行，行6至9字。起："德奋迅佛"，讫："南无净华佛"。北魏菩提流支译。经文见《大正藏》第14册，第140页B栏第8行至第14行。

Дx.12206 十住毗婆沙论卷第五易行品第九

存16行，行3至20字。起："易行品第九"，讫："救头然"。龙树菩萨造、后秦鸠摩罗什译。经文见《大正藏》第26册，第40页C栏第28行至第41页A栏第20行。

Дx.12207 金刚般若波罗蜜经

存8行，行16至17字。起："生□□者相应生"，讫："布施如来"。后秦鸠摩罗什译。经文见《大正藏》第8册，第750页B栏第17行至第26行。

Дx.12208 小品般若波罗蜜经卷第三摩诃般若波罗蜜佐助品第六

存7行，行6至16字。起："男子善子人"，讫："福多不释提"。后秦鸠摩罗什译。经文见《大正藏》第8册，第546页A栏第27行至B栏第5行。

Дx.12209 残佛经

存13行，行13至23字。未检出。

Дx.12209V 残佛经

存10行，行11至24字。未检出。

Дx.12210 沙弥十戒法并威仪卷第一

存14行，行10至17字。完整者8行。起："无食闻声"，讫："心焚烧身体"。经文见《大正藏》第24册，第926页B栏第29行至C栏第13行。与现刊本相较，异文较多。

Дx.12211 官文书

正面存7行。背面存"天历二年"4字。笔迹不同。内容待考。

Дx.12212 十住毗婆沙论卷第九四法品第十九

存13行，行4至20字。完整者7行。起："法得慧一恭"，讫："而已离诸"。后秦鸠摩罗什译。经文见《大正藏》第26册，第66页A栏第3行至第17行。

Дx.12213 文学作品

Дx.12214 佛说华手经卷第五众相品第十七

存19行，行2至18字。完整者16行。起："众相品第十七"，讫："中间有世间名"。后秦鸠摩罗什译。经文见《大正藏》第16册，第157页B栏第21行至C栏第14行。

Дx.12215 十诵律卷第九明九十波夜提法之一

存16行，行3至17字。完整者8行。起："欲照暗"，讫："小不安隐"。后秦弗若多罗译。经文见《大正藏》第23册，第63页B栏第19行至C栏第5行。

Дx.12216 辩意长者子经

存21行，行5至20字。完整者18行。起："车辄断僧头"，尾题："佛说阿难四事经"。北魏法场译。经文见《大正藏》第14册，第840页A栏第1行至第28行。

Дx.12217 妙法莲华经卷第四劝持品第十三

存14行，行6至17字。起："天人我等闻记"，讫："俱同发声而"。后秦鸠摩罗什译。经文见《大正藏》第9册，第36页B栏第5行至第19行。

Дх.12218 贤愚经卷第六尼提度缘品第三十

存16行，行6至16字。完整者13行。起："贫至贱无所"，讫："河水洗浴"。北魏慧觉等译。经文见《大正藏》第4册，第397页A栏第29行至B栏第16行。

Дх.12219 阿毗昙心论卷第二使品第四

存10行，行4至19字。完整者9行。起："邪见及无明"，讫："准应意者"。尊者法胜造、僧伽提婆共惠远译。经文见《大正藏》第28册，第817页A栏第26行至B栏第9行。

Дх.12220 妙法莲华经卷第四见宝塔品第十一

存18行，行6至16字。完整者7行。起："迦楼罗紧那"，讫："前为作证明赞"。后秦鸠摩罗什译。经文见《大正藏》第9册，第32页B栏第25行至C栏第13行。

Дх.12221 大智度论卷第四十九释发趣品第二十

存17行，行9至16字。完整者14行。起："演说菩萨"，讫："时应作是"。龙树菩萨造、后秦鸠摩罗什译。经文见《大正藏》第25册，第412页B栏第14行至C栏第2行。

Дх.12222 妙法莲华经卷第一方便品第二

存16行，行15至20字。完整者14行。全部为偈语。起："如是众妙音"，讫："出现于世间"。后秦鸠摩罗什译。经文见《大正藏》第9册，第9页A栏第14行至B栏第13行。

Дх.12223 大智度论卷第五十二释会宗品第二十四

存13行，行11至16字。完整者9行。首题："大智度第廿三品释论"，讫："蜜禅波罗蜜"。龙树菩萨造、后秦鸠摩罗什译。经文见《大正藏》第25册，第429页B栏第22行至C栏第8行。

Дх.12223V 写经题记

录文："第六部第二卷校竟廿三品。"

Дх.12224 阿毗昙八犍度论卷第二十五定犍度第七阿毗昙过去得跋渠第一之一

存17行，行2至23字。完整者9行。起："云何法非学"，讫："断根长益/谛断"。僧伽提婆共竺佛念译。经文见《大正藏》第26册，第890页B栏第7行至第29行。

Дх.12225 阿毗昙八犍度论卷第九智犍度第三阿毗昙八道跋渠第一

存10行，行2至24字。完整者2行。起："有□□□□□现在前"，讫："彼过去七/现在前"。僧伽提婆共竺佛念译。经文见《大正藏》第26册，第812页C栏第11行至第24行。

Дх.12226 残佛经

存8行，行12至16字。未检出。

Дх.12227 维摩诘经

存27行，行14字左右。未检出。

Дх.12228 佛说长阿含经卷第十五第三分究罗檀头经第四

存10行，行4至17字。完整者4行。起："诸婆罗门"，讫："已办五百"。后秦佛陀耶舍共竺佛念译。经文见《大正藏》第1册，第98页B栏第10行至第20行。

Дх.12229 摩诃般若波罗蜜经卷第八灭诤品第三十一

存13行，行1至12字。起："药气力故蛇"，讫："想如是等/波"。后秦鸠摩罗什译。经文见《大正藏》第8册，第281页B栏第11行至第23行。

Дх.12230 阿毗昙八犍度论卷第九阿毗昙八道跋渠第一

存12行，行3至21字。完整者11行。起："是世俗等"，讫："八种未来"。僧伽提婆共竺佛念译。经文见《大正藏》第26册，第812页B栏第24行至C栏第11行。第2行与第3行之间添加1行经文，有多处添加字。

Дх.12231 某经题签

录文:"卷第十七第二部五十二。"

Дx.12232 摩诃般若波罗蜜经卷第七问住品第二十七

存11行,行1至16字。完整者9行。起:"语释提桓因",讫:"色无常念"。后秦鸠摩罗什译。经文见《大正藏》第8册,第273页B栏第25行至C栏第6行。

Дx.12233 正法华经卷第二应时品第三

存34行,行17字。皆完整。起:"诸子则寻",讫:"勤精三乘则"。西晋竺法护译。经文见《大正藏》第9册,第75页C栏第3行至第76页A栏第11行。

Дx.12233V 佛说孝子经

存35行,行16字。首题:"佛说报恩经",讫:"灭神入地狱"。失译。经文见《大正藏》第16册,第780页B栏第3行至C栏第13行。有异文。

Дx.12234 妙法莲华经卷第七妙庄严王本事品第二十七至普贤菩萨劝发品第二十八

存26行,行2至15字。起:"生令/王即从虚空中下",品题:"妙法莲华经普贤菩萨劝",讫:"罗迦楼罗紧那罗"。后秦鸠摩罗什译。经文见《大正藏》第9册,第60页C栏第14行至第61页A栏第10行。

Дx.12234V 民族文字残片

Дx.12235 佛经论释

存23行,行13字左右。未检出。

Дx.12236 菩萨善戒经卷第一优婆离问菩萨受戒法

存27行,行2至16字。起:"若知/得若知",讫:"教者不犯"。宋求那跋摩译。经文见《大正藏》第30册,第1015页C栏第23行至第1016页A栏第20行。

Дx.12237 小品般若波罗蜜经卷第四摩诃般若波罗蜜叹净品第九

存10行,行4至15字。起:"得故世尊",讫:"无量波罗蜜"。后秦鸠摩罗什译。经文见《大正藏》第8册,第553页B栏第21行至C栏第1行。

Дx.12238 社司转帖

存6行,行2至12字。

Дx.12239 优婆塞戒经卷第五净三归品第二十

存22行,行4至18字。完整者17行。起:"供养果报",讫:"法住虽为"。北凉昙无谶译。经文见《大正藏》第24册,第1061页C栏第6行至第29行。

Дx.12240 现在十方千五百佛名并杂佛同号

存16行。行字数不一,佛名大字,释双行小字。起:"普集如来",讫:"精进军如来"。经文见《大正藏》第85册,第1448页A栏第22行至B栏第1行。现刊本仅为佛名,无注释。

Дx.12241 十住经卷第三远行地第七

存20行,行2至20字。完整者4行。全部为偈语。起:"罗蜜/名力波罗蜜",讫:"而亦不取证"。后秦鸠摩罗什译。经文见《大正藏》第10册,第519页C栏第13行至第520页A栏第20行。

Дx.12242 贤愚经卷第六尼提度缘品第三十

存29行,行4至16字。完整者26行。起:"其身已净",讫:"为贵人凶"。北魏慧觉译。经文见《大正藏》第4册,第397页B栏第16行至C栏第16行。

Дx.12243 妙法莲华经卷第六常不轻菩萨品第二十

存18行,行17字。皆为整行。起:"后灭度正法像",讫:"打掷之避走"。后秦鸠摩罗什译。经文见《大正藏》第9册,第50页C栏第10行至第29行。

Дx.12243V 民族文字残片

Дx.12244 佛说长阿含经卷第十二第二分自欢喜经第十四

存21行,行3至17字。完整者19行。起:"诸沙门",讫:"离此已如"。后秦佛陀耶舍共竺佛念译。经文见《大正藏》第1册,第78页B栏第18行至C栏第9行。

Дx.12245 佛说长阿含经卷第十五第三分究罗檀头经第四

存20行,行5至17字。完整者16行。起:"种祀具我等",讫:"王不逼"。后秦佛陀耶舍共竺佛念译。经文见《大正藏》第1册,第98页B栏第19行至C栏第10行。

Дх.12246 大般涅槃经卷第二十八师子吼菩萨品第十一之二至卷第二十九师子吼菩萨品第十一之三

存20行,行3至17字。起:"男子一/果佛性亦",讫:"阴阴灭时彼阴"。北凉昙无谶译。经文见《大正藏》第12册,第535页B栏第12行至C栏第8行。

Дх.12247 大般若波罗蜜多经卷第一百八十九初分难信解品第三十四之八

存3行。录文:"切相智/净与道/无别无断故。"唐玄奘译。经文见《大正藏》第5册,第1014页B栏。所存甚多,或为此经别的卷品。

Дх.12247V 民族文字残片

Дх.12248 小品般若波罗蜜经卷第十摩诃般若波罗蜜萨陀波仑品第二十七

存3行,行4至8字。录文:"得闻般若/是言我住于此/念疲极不念睡眠不。"后秦鸠摩罗什译。经文见《大正藏》第8册,第580页C栏第10行至第12行。有异文。或为施护译《佛说佛母出生三法藏般若波罗蜜多经卷第二十三常啼菩萨品第三十之一》。经文见《大正藏》第8册,第668页C栏。

Дх.12249 妙法莲华经卷第二信解品第四

存5行,行2至4字。录文:"老大而汝/都不见/主子即时/犹故自谓/过是。"后秦鸠摩罗什译。经文见《大正藏》第9册,第17页A栏第22行至第27行。

Дх.12250 大方等大集经卷第五十二月藏分第十二毗楼博叉天王品第十三

存5行,行8至9字。全部为偈语。起:"诸比丘少欲无集聚",讫:"膏泽众味聚"。齐那连提耶舍译。经文见《大正藏》第13册,第350页A栏第6行至第14行。

Дх.12250V 民族文字残片

经文中有几个汉字。录文:"乐於/头上火。"

Дх.12251 摩诃般若波罗蜜经卷第十七深奥品第五十七

存5行。录文:"沙劫/貌须菩提/摩诃萨/至具/提。"后秦鸠摩罗什译。经文见《大正藏》第8册,第343页C栏第26行至第344页A栏第2行。

Дх.12252 文殊师利问菩提经

存4行。录文:"告文殊师利/文殊师利谓天子/子当和诸菩萨/子言菩萨大悲以。"后秦鸠摩罗什译。经文见《大正藏》第14册,第482页A栏第19行至第22行。

Дх.12252V 民族文字残片

Дх.12253 妙法莲华经卷第四法师品第十

存3行。录文:"药王若有菩萨闻是法华经/是为新发意菩萨若声/畏当知是为增上慢者。"后秦鸠摩罗什译。经文见《大正藏》第9册,第31页C栏第19行至第21行。

Дх.12253V 民族文字残片

Дх.12254 佛经论释

存4行。草书。未检出。

Дх.12254V 民族文字残片

Дх.12255 西夏文残片

刻本。存1行。

Дх.12256 大智度论卷第一摩诃般若波罗蜜初品如是我闻一时释论第二

存6行。录文:"略说问/时□阴入持所/有一时无有咎若/一时亦如是虽/佛/尊也。"龙树菩萨造、后秦鸠摩罗什译。经文见《大正藏》第25册,第64页C栏第11行至第18行。

Дх.12257 妙法莲华经卷第一方便品第二

四残片。第三片为《妙法莲华经》,共5行。录文:"鍮石/严饰作佛/百福庄严/若草木/渐渐。"后秦鸠摩罗什译。经文见《大正藏》第9册,第9页C栏第28行至第10页A栏第7行。其余三片甚残。

Дx.12258 **佛说佛名经卷第一**

存2行。录文:"一切同名日王佛/下云雷声王佛。"北魏菩提流支译。经文见《大正藏》第14册,第115页A栏第25行至第27行。

Дx.12259 **摩诃般若波罗蜜经卷第二十一三慧品第七十**

存8行,行4至17字。完整者3行。起:"罗三藐三",讫:"诸法法相须菩"。后秦鸠摩罗什译。经文见《大正藏》第8册,第375页A栏第20行至第27行。

Дx.12260 **残佛经**

存4行,行1至3字。不可定名。

Дx.12260V **民族文字残片**

Дx.12261 **大智度论卷第六十一释随喜回向品第三十九**

存2行。录文:"故者/萨摩诃萨。"龙树菩萨造、后秦鸠摩罗什译。经文见《大正藏》第25册,第488页A栏第13行至第14行。

Дx.12261V **民族文字残片**

Дx.12262 **四分律卷第十三十舍堕法之五**

存2行。录文:"特谁诸长老/然。"后秦佛陀耶舍共竺佛念等译。经文见《大正藏》第22册,第633页C栏第16行至第17行。

Дx.12262V **民族文字残片**

Дx.12263 **佛说伅真陀罗所问如来三昧经卷中**

存2行。录文:"便无/净戒。"后汉支娄迦谶译。经文见《大正藏》第15册,第359页C栏第3行至第4行。

Дx.12263V **民族文字残片**

Дx.12264 **金刚顶瑜伽千手千眼观自在菩萨修行仪轨经卷下**

存2行。录文:"如阳焰如/罗。"唐不空译。经文见《大正藏》第20册,第78页B栏第26行至第27行。

Дx.12265 **佛说骂意经**

存3行。录文:"有六事没法一/不事试[戒]比丘曾四者/精进行道六者。"后汉安世高译。经文见《大正藏》第17册,第530页B栏第21行至第23行。

Дx.12265V **民族文字残片**

Дx.12266 **残佛经**

存9行,行6至8字。起:"便转法轮",讫:"萨喜王菩萨"。未检出。

Дx.12267 **残佛经**

存2行。录文:"阿耨/过。"不可定名。

Дx.12267V **民族文字残片**

Дx.12268 **佛经论释**

草书。文字无法辨识。

Дx.12268V **民族文字残片**

Дx.12269 **残佛经**

存2行。录文:"坏/娑罗王。"不可定名。

Дx.12269V **民族文字残片**

Дx.12270 **佛说观普贤菩萨行法经**

存2行。录文:"南方诸/念。"宋昙无蜜多译。经文见《大正藏》第9册,第392页B栏第26行至第27行。

Дx.12270V **民族文字残片**

Дx.12271 **杂写**

Дx.12272 **阿毗昙心论卷第二使品第四**

存5行。录文:"诸烦恼此根是相应者/当说/上故说上烦恼/恼于中此上从中/答。"尊者法胜造、僧伽提婆共惠远译。经文见《大正藏》第28册,第817页B栏第10行至第15行。

Дx.12273 **瑜伽师地论卷第十九本地分中思所成地第十一之四**

存9行,行2至4字。起:"钏女",讫:"受大"。弥勒菩萨说、唐玄奘译。经文见《大正藏》第30册,第387页B栏第10行至第22行。

Дx.12273V **民族文字残片**

Дx.12274 **大般若波罗蜜多经卷第一百一十八初**

分校量功德品第三十之十六

存2行。录文："故说以真如等无二/便无所得为方便回向一。"唐玄奘译。经文见《大正藏》第5册，第649页A栏第17行至第18行。

Дх.12275 **阿毗昙心论卷二使品第四**

存4行，行5至11字。起："一切九十八"，讫："乐根相应及护根"。尊者法胜造、僧伽提婆共惠远译。经文见《大正藏》第28册，第817页A栏第21行至第25行。

Дх.12276 **妙法莲华经卷第三授记品第六**

存4行，行3至16字。起："心听如我所说"，讫："国土清"。后秦鸠摩罗什译。经文见《大正藏》第9册，第21页C栏第5行至第10行。

Дх.12277 **佛说孛经抄**

存28行，行12至22字。完整者20行，整行18至22字。起："傍树为焦"，讫："良民之子略"。吴支谦译。经文见《大正藏》第17册，第734页A栏第7行至B栏第14行。经文"略"，现刊本为"掠"等。

Дх.12278 **贤愚经**

佚本。

Дх.12279A **贤愚经卷第六月光王头施品第三十**

存25行，行16字。除尾行残存10字外，其余24行完整。起："言曰彼月光王"，讫："诸门敕勿"。北魏慧觉等译。经文见《大正藏》第4册，第388页C栏第25行至第389页A栏第23行。

Дх.12279B **残佛经**

存21行，行5至16字。未检出。

Дх.12280A **大方广佛华严经卷第五十五入法界品第三十四之十二**

存24行，行3至20字。完整者19行。起："入如是等善"，讫："无尽色"。东晋佛驮跋陀罗译。经文见《大正藏》第9册，第747页A栏第9行至B栏第12行。

Дх.12280B **十住经卷第二难胜地第五**

起："修福慧无"，尾题："十住卷第二"。题记："比丘道奇所供养。"后秦鸠摩罗什译。经文见《大正藏》第10册，第513页B栏第26行至C栏第25行。

Дх.12281A **大智度论卷第五十六释灭诤乱品第三十**

存23行，行8至16字。完整者20行。起："灭复次憍尸"，讫："语亦如是不自贪"。龙树菩萨造、后秦鸠摩罗什译。经文见《大正藏》第25册，第461页B栏第23行至C栏第16行。

Дх.12281B **贤愚经卷第六月光王头施品第三十**

存27行，行6至16字。完整者25行，下部有一字残缺。起："珍奇异妙不可"，讫："当见示语王即"。北魏慧觉等译。经文见《大正藏》第4册，第388页B栏第27行至C栏第25行。

Дх.12282 **摩诃般若波罗蜜经卷第八灭诤品第三十一**

存26行，行8至17字。完整者6行。起："萨长夜行檀"，讫："有蛇饥行至少食见虫"。后秦鸠摩罗什译。经文见《大正藏》第8册，第281页A栏第14行至B栏第16行。

Дх.12283 Дх.12284 **大智度论卷第四十八释四念处品第十九**

存52行，行16字。起："二种未生善法"，讫："须菩提是"。龙树菩萨造、后秦鸠摩罗什译。经文见《大正藏》第25册，第405页C栏第11行至第406页B栏第4行。

Дх.12285 **大般涅槃经卷第五四相品之余**

存3行，行4至10字。起："涅槃如来"，尾题："经四依品第八"。宋慧严等依泥洹经加之。经文见《大正藏》第12册，第636页C栏第4行至第5行。经文最后1行"经四依品第八"，见《大正藏》第12册，第637页A栏第19行。与现刊本不同品。

Дх.12286 **妙法莲华经卷第四授学无学人记品第九**

存3行。录文："遍知明行/御丈夫天人/严声闻。"后秦鸠摩罗什译。经文见《大正藏》第9册，第30页B栏第9行至第11行。

Дх.12287 **经音字**

存3行。录文："浦眠反/没反矩馀/三磨三。"

Дх.12287V **民族文字残片**

Дх.12288 **残片**

似无字。

Дх.12289 **妙法莲华经卷第六法师功德品第十九**

存5行。录文："与实不/世语言资生业/六趣众生心之/悉知之虽/此是人。"后秦鸠摩罗什译。经文见《大正藏》第9册，第50页A栏第23行至第27行。

Дх.12289V **民族文字残片**

Дх.12290 **大般涅槃经卷第五如来性品第四之二**

存4行。录文："一阐提/一阐提/攀缘一/中都无是。"北凉昙无谶译。经文见《大正藏》第12册，第393页C栏第13行至第16行。

Дх.12291 **十方千五百佛名经**

存3行。录文："卅二相亦得/无疾病一切功/之罪皆得消灭。"经文见《大正藏》第14册，第316页C栏第6行至第8行。

Дх.12292 **正法念处经卷第六十三观天品之四十二**

存4行，行8至9字。起："观以善法"，讫："修行修习"。北魏瞿昙般若流支译。经文见《大正藏》第17册，第374页C栏第24行至第27行。

Дх.12293 **妙法莲华经卷第四五百弟子受记品第八**

存4行，行1至5字。起："不可得思议"，讫："渐当令作佛"。全部为偈语。后秦鸠摩罗什译。经文见《大正藏》第9册，第28页A栏第10行至第16行。

Дх.12294 **大般涅槃经卷第十九梵行品第八之五**

存4行。录文："王今/降雨/答言我今/恻特见矜念。"北凉昙无谶译。经文见《大正藏》第12册，第475页A栏第9行至第12行。

Дх.12295 **正法念处经卷第四十六观天品之二十五**

存8行，行2至13字。起："今者/间已作利"，讫："毗叶婆佛所说经典第四"。北魏瞿昙般若流支译。经文见《大正藏》第17册，第276页B栏第17行至第25行。

Дх.12296 **正法念处经卷第六十三观天品之四十二**

存9行，行2至5字。起："法/德第"，讫："故智者知/福田"。北魏瞿昙般若流支译。经文见《大正藏》第17册，第375页A栏第17行至第25行。

Дх.12297 **大般若波罗蜜多经卷第一百八十二初分难信解品第三十四之一**

存7行，行4至11字。起："性为触界"，讫："故地界中际"。唐玄奘译。经文见《大正藏》第5册，第983页C栏第25行至第984页A栏第2行。

Дх.12297V **民族文字残片**

Дх.12298 **说无垢称经卷第四观有性品第七**

存2行。录文："修佛之慈觉/等觉诸。"唐玄奘译。经文见《大正藏》第14册，第573页A栏第9行至第10行。

Дх.12299 **大方广佛华严经卷第二十八十回向品第二十五之六**

存2行。录文："会愿/劫行菩萨。"唐实叉难陀译。经文见《大正藏》第10册，第154页A栏第11行至第12行。

Дх.12299V **民族文字残片**

Дх.12300 **菩萨善戒经卷第一菩萨地发菩提心品第三**

存2行。录文："行施定慧/信心。"宋求那跋摩译。经文见《大正藏》第30册，第967页C栏第9行至第10行。

Дх.12301 **妙法莲华经卷第三化城喻品第七**

存4行，行4至6字。起："间眼久违"，讫："普及于一切"。后秦鸠摩罗什译。经文见《大正藏》第9册，第24页C栏第15行至第23行。

Дх.12301V **民族文字残片**

Дх.12302 **残佛经**

存"律诸"2字。不可定名。

Дх.12303 **十方千五百佛名经**

存4行，行6至9字。起："德佛净明佛"，讫："普明佛胜敌佛"。经文见《大正藏》第14册，第316页

C栏第23行至第27行。

Дx.12304 正法念处经卷第六十三观天品之四十二

存7行，行2至5字。起："游戏"，讫："之生"。北魏瞿昙般若流支译。经文见《大正藏》第17册，第378页A栏第27行至B栏第5行。

Дx.12305 光赞经卷第六摩诃般若波罗蜜无缚品第十五

存3行。录文："僧那僧涅外/空僧那僧涅/那僧涅已。"西晋竺法护译。经文见《大正藏》第8册，第185页B栏第28行至C栏第1行。

Дx.12306 说无垢称经卷第四观有情品第七

存2行。录文："修独觉/情无休息。"唐玄奘译。经文见《大正藏》第14册，第573页A栏第7行至第9行。

Дx.12307 妙法莲华经演义卷第二之一

存2行。录文："华等/日夜。"经文见《卍新续藏》第33册，第125页A栏第4行至第6行。

Дx.12308 残片

刻本。二残片。其一，存"因备晓"3字。其二，存"论方俟后诠"5字。

Дx.12309 残佛经

存3行，行1至4字。未检出。

Дx.12310 佛藏经卷上净戒品第五之一

存4行。录文："以者何如/顺意如是/罪增益地/箭必堕地。"后秦鸠摩罗什译。经文见《大正藏》第15册，第788页C栏第28行至第789页A栏第2行。

Дx.12310V 民族文字残片

Дx.12311 大般若波罗蜜多经卷第四百九十一第三分善现品第三之十

存4行，行2至5字。录文："如来地/相之法有出/来地空亦/法云。"唐玄奘译。经文见《大正藏》第7册，第499页A栏第12行至第15行。

Дx.12311V 民族文字残片

Дx.12312 佛说佛名经卷第十

存3行。录文："南无得/南无智慧/南无增。"北魏菩提流支译。经文见《大正藏》第14册，第172页A栏第10行至第12行。

Дx.12312V 民族文字残片

Дx.12313 杂阿含经卷第四十五

刻本。存2行。录文："兰陀竹林[园]夏/五百人俱皆。"宋求那跋陀罗译。经文见《大正藏》第2册，第330页A栏第4行至第5行。

Дx.12314 大般涅槃经卷第二十五光明遍照高贵德王菩萨品第十之五

存5行。录文："性是/达欲造墙壁则/集彩色不取草/不邓缕线/以（能）生果故当。"北凉昙无谶译。经文见《大正藏》第12册，第516页A栏第14行至第18行。

Дx.12315 阿毗达磨俱舍论卷第六分别根品第二之四

存2行。录文："俱/故谓同。"世亲菩萨造、唐玄奘译。经文见《大正藏》第29册，第31页C栏第23行至第25行。

Дx.12316 残佛经

存1行，总3字。录文："明所依。"未检出。

Дx.12317 妙法莲华经卷第一

存1行，总3字。录文："子闻父。"后秦鸠摩罗什译。经文见《大正藏》第9册，第4页A栏第5行。

Дx.12317V 民族文字残片

Дx.12318 阿毗达磨俱舍论卷第四分别根品第二之二

刻本。存2行。录文："子应/说名为断。"世亲菩萨造、唐玄奘译。经文见《大正藏》第29册，第22页C栏第6行至第7行。

Дx.12319 妙法莲华经卷第二譬喻品第三

存"便力"2字。后秦鸠摩罗什译。经文见《大正藏》第9册，第13页C栏第17行。与Дx.12320为同一佛经。

Дx.12320 妙法莲华经卷第二譬喻品第三

存"诸佛方"3字。后秦鸠摩罗什译。经文见《大正藏》第9册，第13页C栏第17行。与Дx.12319为同一佛经。

Дx.12321 佛说佛名经卷第四

存3行。录文："南无甘露香佛/南无吼声佛/南无得无畏佛。"北魏菩提流支译。经文见《大正藏》第14册，第137页A栏第7行至第9行。

Дx.12321V 民族文字残片

Дx.12322 十方千五百佛名经

存2行。录文："往生诸佛国/德皆得成。"经文见《大正藏》第14册，第316页C栏第7行至第8行。

Дx.12323 维摩诘所说经卷下嘱累品第十四

存2行。录文："罗三藐三菩提/世之中汝。"后秦鸠摩罗什译。经文见《大正藏》第14册，第557页A栏第8行至第9行。

Дx.12324 某经题签

录文："卷第卌六。"

Дx.12325 增壹阿含经卷第三十二力品第三十八之二

存6行。录文："弥猴/放之尔/村中野狐/弥猴意中/中欲飞在/复有。"僧伽提婆译。经文见《大正藏》第2册，第723页C栏第19行至第25行。

Дx.12326 题记

仅存某经文写经题记半行。录文："用纸廿二。"

Дx.12327 妙法莲华经卷第五分别功德品第十七

存2行。录文："山共大/婆世界。"后秦鸠摩罗什译。经文见《大正藏》第9册，第45页B栏第18行至第19行。

Дx.12328 残佛经

存2行。录文："其/润。"不可定名。

Дx.12329 正法念处经卷第六十三观天品之四十二

存2行。录文："心是放逸根芽/说偈尔时天。"北魏瞿昙般若流支译。经文见《大正藏》第17册，第378页A栏第25行至第26行。

Дx.12330 一切经音义

存3行，行3至4字。未检出。

Дx.12330V 民族文字残片

Дx.12331 妙法莲华经马明菩萨品第三十

存2行。录文："其中亦有/善得生其。"经文见《大正藏》第85册，第1428页A栏第18行至第19行。此二句A栏至B栏存多处。

Дx.12332 残佛经

存4行，行1至2字。不可定名。

Дx.12333 残佛经

存2行，行1字。不可定名。

Дx.12334 法句经卷上笃信品

存3行。录文："盗野沙/水掘泉扬泥/思令不。"尊者法救撰、吴维祇难等译。经文见《大正藏》第4册，第560页C栏第9行至第12行。

Дx.12335 大般若波罗蜜多经

存3行。录文："萨/佛言/若善。"唐玄奘译。所存甚多，无法确指具体卷数。

Дx.12335V 民族文字残片

Дx.12336 佛说大般泥洹经卷第三四法品第八

存2行。录文："亦然故/萨白佛。"东晋法显译。经文见《大正藏》第12册，第872页A栏第23行至第24行。

Дx.12337 杂宝藏经卷第四贫女以两钱布施即获报缘

存3行。录文："即以香汤/相称千乘/心生敬。"北魏吉迦夜共昙曜译。经文见《大正藏》第4册，第467页C栏第22行至第24行。

Дx.12338 大智度论卷第八十二释大方便品第六十九

存5行。录文："略广/菩萨/法法性/须菩/广相。"龙树菩萨造、后秦鸠摩罗什译。经文见《大正藏》第25册，第635页B栏第17行至第21行。

Дx.12338V 民族文字残片

Дx.12339 法句经卷上笃信品

存5行。录文："非好/自调最/慧为七/教不/者识。"尊者法救撰、吴维祇难译。经文见《大正藏》第4册，第560页C栏第13行至第18行。

Дх.12339V 民族文字残片

Дх.12340 一切经音义

残片。存2行。不可确指具体卷册。

Дх.12340V 民族文字残片

Дх.12341 残佛经

存"云何"2字。不可定名。

Дх.12341V 民族文字残片

Дх.12342 残佛经

存"光明"2字。不可定名。

Дх.12343 中阿含经卷第三十三大品释问经第十八

存9行，行6至10字。起："彼山左右"，讫："我音声住彼处已调"。僧伽提婆译。经文见《大正藏》第1册，第633页A栏第11行至第21行。

Дх.12344 Дх.12345 正法念处经卷第六十三观天品之四十三

存9行，行3至13字。起："时新生天子"，讫："当还退"。北魏瞿昙般若流支译。经文见《大正藏》第17册，第377页C栏第27行至第378页A栏第5行。

Дх.12346 残佛经

存3行，行3至4字。录文："如/亦□分别/如如。"不可定名。

Дх.12347 十住毗婆沙论分别声闻辟支佛品之余

存3行。录文："破戒/遍行/五种。"龙树菩萨造、后秦鸠摩罗什译。经文见《大正藏》第26册，第105页B栏第26行至C栏第1行。

Дх.12348 法句经卷下喻爱欲品

存1行，总3字。录文："食贪欲。"晋法炬共法立译。经文见《大正藏》第4册，第602页A栏第17行。另《杂阿含经》《法句譬喻经》均有此句。

Дх.12349 维摩诘所说经卷上弟子品第三

存1行，总3字。录文："大道莫。"后秦鸠摩罗什译。经文见《大正藏》第14册，第541页A栏第1行。或为《说无垢称经》《修行道地经》。

Дх.12349V 民族文字残片

Дх.12350 残佛经

存2行，行1字。录文："王/法。"不可定名。

Дх.12350V 民族文字残片

Дх.12351 中本起经卷下自爱品第十一

存4行。录文："孤独园众僧俱/导到［过］佛所下车却盖/王位佛问王言从何/对曰国大夫。"后汉昙果共康孟祥译。经文见《大正藏》第4册，第160页B栏第19行至第23行。

Дх.12352 修行道地经卷第一分别阴品第四

存4行。录文："时生/舐三种在头名曰坚/在脑表一名晰蛛二名/名卑下二名朽腐。"西晋竺法护译。经文见《大正藏》第15册，第188页A栏第28行至B栏第3行。

Дх.12353 残佛经

存2行。录文："佛说/微。"不可定名。

Дх.12353V 民族文字残片

Дх.12354 道行般若经卷第二摩诃般若波罗蜜功德品第三

存3行。录文："出生甫/罗蜜中/数佛。"后汉支娄迦谶译。经文见《大正藏》第8册，第436页A栏第29行至B栏第3行。

Дх.12355 题记

存1行。录文："准开元廿年。"

Дх.12356 金刚般若波罗蜜经

存5行。录文："得福/云何佛/应以/具足/如来。"后秦鸠摩罗什译。经文见《大正藏》第8册，第751页C栏第4行至第8行。

Дх.12357 妙法莲华经卷第四五百弟子受记品第八

存4行。录文："今故/自活甚为痴也/无所乏/一切。"后秦鸠摩罗什译。经文见《大正藏》第9册，第29页A栏第13行至第17行。

Дх.12358 残佛经

存3行。录文:"遍十/含灵天/万机五教。"

Дx.12358V 残片

存3行。录文:"礼唱礼作/为清净法/他圆满。"

Дx.12359 妙法莲华经卷第六随喜功德品第十八

存2行。录文:"不菇曲/悉皆严好。"后秦鸠摩罗什译。经文见《大正藏》第9册,第47页A栏第17行至第18行。与Дx.12361同卷同品,此号在前,两号中缺数行。

Дx.12360 妙法莲华经卷第六法师品第十九

存2行。录文:"一句/岁诸所说法随其。"后秦鸠摩罗什译。经文见《大正藏》第9册,第50页A栏第22行至第23行。

Дx.12361 妙法莲华经卷第六随喜功德品第十八

存4行。录文:"竭念其死不久/涅槃真实法/疾生厌离心/三明八解脱。"后秦鸠摩罗什译。经文见《大正藏》第9册,第47页B栏第2行至第8行。与Дx.12359同卷同号,此号在后,中缺数行。

Дx.12362 残佛经

存1行,总3字。录文:"须菩提。"不可定名。

Дx.12362V 民族文字残片

Дx.12363 金刚般若波罗蜜经

存2行。录文:"是世尊如来有/所有沙佛说。"北魏菩提流支译。经文见《大正藏》第8册,第755页C栏第16行至第17行。

Дx.12363V 民族文字残片

Дx.12364 佛说长阿含经卷第二第一分游行经第二

存2行。录文:"含经卷第二游行经/跋祇。"后秦佛陀耶舍共竺佛念译。经文见《大正藏》第1册,第11页A栏第7行至第9行。

Дx.12365 大般若波罗蜜多经卷第三百五十七初分多问不二品第六十一之七

存3行。录文:"是名声香露水触/萨如实了知当/之相。"唐玄奘译。经文见《大正藏》第6册,第838页A栏第12行至第15行。

Дx.12365V 民族文字残片

Дx.12366 大方等大集经卷第五十月藏经卷第五诸恶鬼神得敬信品第八上

存2行。录文:"疑/求财。"齐那连提耶舍译。经文见《大正藏》第13册,第334页A栏第2行至第3行。

Дx.12366V 民族文字残片

Дx.12367 佛说佛名经卷第一

存佛名13行,行5至11字。起:"南无无畏王佛",讫:"南无自在佛"。北魏菩提流支译。经文见《大正藏》第14册,第116页A栏第12行至第22行。

Дx.12367V 金刚顶莲华部心念诵仪轨

存11行,行4至11字。起:"觉眼开敷",讫:"皆从因业生"。题记:"一卷了也。"唐不空译。经文见《大正藏》第18册,第337页A栏第1行至第17行。

Дx.12368 妙法莲华经卷第四五百弟子受记品第八

存4行,行3字。录文:"犹在不/比丘汝/善根以/度世尊。"后秦鸠摩罗什译。经文见《大正藏》第9册,第29页A栏第19行至第22行。

Дx.12369 中本起经卷下自受品第十一

存5行。录文:"寿[命]首戴尊/爱品第十/舍卫祇树给/匿以明佚时/地却。"后汉昙果共康孟详译。经文见《大正藏》第4册,第160页B栏第17行至第20行。

Дx.12370 维摩诘所说经卷下见阿閦佛品第十二

存4行。录文:"与冥合乎/摩诘言夫日何/为之除冥维/土为华众。"后秦鸠摩罗什译。经文见《大正藏》第14册,第555页B栏第9行至第13行。

Дx.12370V 民族文字残片

Дx.12371 妙法莲华经卷第六随喜功德品第十八

存1行,总4字。录文:"鼻修高直。"后秦鸠摩罗什译。经文见《大正藏》第9册,第47页A栏第18行。

Дx.12372 残佛经

存1行,总3字。录文:"德菩萨。"不可定名。

Дх.12373 残佛经

极残,无法辨识。

Дх.12374 残佛经

存2行,行1字。录文:"解/譬。"不可定名。

Дх.12375 十方千五百佛名经

存2行。录文:"量音佛/量明佛。"经文见《大正藏》第14册,第312页C栏第10行至第11行。

Дх.12375V 民族文字残片

Дх.12376 佛说佛名经卷第一

存2行。录文:"入正道/观罪性空者。"经文见《大正藏》第14册,第188页C栏第27行至第28行。

Дх.12377 大般若波罗蜜多经卷第一百八十二初分难信解品第三十四之一

存3行。录文:"以故意界中际/故法界意识界/中际非转。"唐玄奘译。经文见《大正藏》第5册,第983页C栏第26行至第28行。

Дх.12377V 民族文字残片

Дх.12378 妙法莲华经卷第五如来寿量品第十六

存1行,总3字。录文:"来归咸。"后秦鸠摩罗什译。经文见《大正藏》第9册,第43页B栏第4行。

Дх.12378V 民族文字残片

Дх.12379 大般涅槃经卷第二十梵行品第八之六

存3行。录文:"世尊就一切法悉/是故当知杀无/迦[加]逆害者。"北凉昙无谶译。经文见《大正藏》第12册,第483页B栏第13行至第15行。

Дх.12380 一切经音义卷第六妙法莲华经卷第二

存7行,行4至13字。注小字。起:"公子林",讫"也经文"。唐玄应撰。经文见《中华藏》第56册,第909页B栏第15行至C栏第21行。与Дх.12381为同经残片。

Дх.12380V 民族文字残片

Дх.12381 一切经音义卷第六妙法莲华经卷第五

存3行,行4至6字。录文:"讨伐古文剗/大作钜被精/此应訛也。"唐玄应撰。经文见《中华藏》第56册,第915页B栏第8行至第21行。与Дх.12380为同经残片。

Дх.12381V 民族文字残片

Дх.12382 大般涅槃经卷第五如来性品第四之二

存4行。录文:"性即真解脱真解脱/尽灭者则不得称/提耶一阐提者断灭/乃至。"北凉昙无谶译。经文见《大正藏》第12册,第393页B栏第12行至第14行。

Дх.12383 残佛经

三残片。不可定名。

Дх.12384 正法念处经卷第四十六观天品之二十五

存3行。录文:"善业行者见已则/恶业行者/是念知。"北魏瞿昙般若流支译。经文见《大正藏》第17册,第275页B栏第13行至第15行。

Дх.12385 金光明最胜王经卷第五依空满愿品第十

存2行。录文:"重发/等功。"唐义净译。经文见《大正藏》第16册,第426页B栏第14行至第15行。

Дх.12386 残片

存3行,行2字。无法辨识。

Дх.12386V 金刚般若波罗蜜经疏

存3行。录文:"是无分别/闻等行说/如来妙体。"经文见《藏外佛教文献》第3册,第331页A栏第23行至第332页A栏第3行。

Дх.12387 妙法莲华经卷第六随喜功德品第十八

存9行,行2至8字。起:"即受教往听",讫:"妙法"。后秦鸠摩罗什译。经文见《大正藏》第9册,第47页B栏第15行至第27行。

Дх.12388 大般涅槃经卷第二十四光明遍照高贵德王菩萨品第十之四

存3行。录文:"欲贪瞋恚痴/自缚力故于/离贪淫。"北凉昙无谶译。经文见《大正藏》第12册,第507页A栏第28行至B栏第1行。

Дх.12389 正法念处经卷第六十三观天品之四十二

存3行。录文:"二十/集增长长命/杀生偷。"北魏瞿昙般若流支译。经文见《大正藏》第17册,第375页B栏第10行至第12行。

Дx.12390　妙法莲华经卷第一序品第一

存6行。录文："薄拘/楼那弥/众所知/摩诃波/罗睺罗母/摩诃。"后秦鸠摩罗什译。经文见《大正藏》第9册，第1页C栏第25行至第2页A栏第2行。

Дx.12391　显无边佛土功德经

存1行。录文："神从坐而。"唐玄奘译。经文见《大正藏》第10册，第591页C栏第18行。另《大方广十轮经》《佛说宝雨经》《寂调音所问经》中亦有此句。

Дx.12392　大方广佛华严经卷第三十六离世间品第三十三之一

存2行。录文："住此法则/佛说菩萨。"东晋佛驮跋陀罗译。经文见《大正藏》第9册，第633页B栏第18行至第19行。

Дx.12393　大般涅槃经卷第三十八迦叶菩萨品第十二之六

存4行。起："世明镜见"，讫："子是经"。北凉昙无谶译。经文见《大正藏》第12册，第586页C栏第5行至第8行。

Дx.12393V　千字文

存6行，行2至4字。起："墨悲丝染"，讫："祸因"。

Дx.12394　正法念处经卷第四十六观天品之二十五

存4行。录文："更增/德形服庄严/三失坏/正法时心。"北魏瞿昙般若流支译。经文见《大正藏》第17册，第272页A栏第19行至第22行。

Дx.12395　大般涅槃经卷第九如来性品第四之六

存3行。录文："缘除一阐提/譬如良医/切契。"北凉昙无谶译。经文见《大正藏》第12册，第419页B栏第15行至第17行。

Дx.12396　妙法莲华经卷第四法师品第十

存3行。录文："末香/伎乐人/人。"后秦鸠摩罗什译。经文见《大正藏》第9册，第31页A栏第6行至第8行。

Дx.12397　妙法莲华经卷第三药草喻品第五

存2行。录文："诸天人众/为世尊。"后秦鸠摩罗什译。经文见《大正藏》第9册，第20页A栏第7行至第9行。

Дx.12398　正法念处经卷第六十三观天品之四十二

存10行，行1至9字。起："观/为不生勤"，讫："安隐藏是"。北魏瞿昙般若流支译。经文见《大正藏》第17册，第374页C栏第6行至第16行。

Дx.12399　妙法莲华经卷第五安乐行品第十四

存6行，行4至14字。起："世尊生"，讫："便随宜"。后秦鸠摩罗什译。经文见《大正藏》第9册，第38页C栏第1行至第7行。与Дx.12400同卷，经文可缀合，残缺笔画在下片可找到。

Дx.12400　妙法莲华经卷第五安乐行品第十四

存2行。录文："愍众故行道应/无上父想。"后秦鸠摩罗什译。经文见《大正藏》第9册，第38页B栏第27行至第29行。与Дx.12399同卷，经文可缀合。

Дx.12401　妙法莲华经卷第五安乐行品第十四

存2行。录文："魔烦/出三界破魔。"后秦鸠摩罗什译。经文见《大正藏》第9册，第39页A栏第11行至第12行。

Дx.12401V　民族文字残片

Дx.12402　佛说仁王般若波罗蜜经卷上护国经观空品第二

存7行，行3至7字。起："众生果报"，讫："或前"。后秦鸠摩罗什译。经文见《大正藏》第8册，第826页B栏第4行至第12行。

Дx.12403　增壹阿含经卷第四十九众生居品第四十四

存4行，行3至6字。起："急无出是者"，讫："尊告"。僧伽提婆译。经文见《大正藏》第2册，第765页C栏第29行至第766页A栏第5行。

Дx.12403V　佛经论释

存4行，行1至5字。

Дх.12404 **妙法莲华经卷第三化城喻品第七**

存4行，行1至5字。起："具/各在"，讫："今说法华经"。后秦鸠摩罗什译。经文见《大正藏》第9册，第26页C栏第21行至第27行。

Дх.12405 **金刚般若波罗蜜经**

存3行。录文："生於未/相不/来世。"北魏菩提流支译。经文见《大正藏》第8册，第753页A栏第24行至第26行。

Дх.12406 **摩诃般若波罗蜜经卷第二十六净土品第八十二**

存2行。录文："若菩萨远/勤四如意。"后秦鸠摩罗什译。经文见《大正藏》第8册，第408页B栏第29行至C栏第1行。

Дх.12407 **妙法莲华经卷第五分别功德品第十七**

存3行。录文："远又雨/璎珞如/价香。"后秦鸠摩罗什译。经文见《大正藏》第9册，第44页B栏第3行至第5行。

Дх.12408 **妙法莲华经卷第三授记品第六**

存2行。录文："三百万亿那/梵行具菩。"后秦鸠摩罗什译。经文见《大正藏》第9册，第21页A栏第17行至第19行。

Дх.12409 **一切经音义**

四残片。为同卷残片。经文见《中华藏》第56册，第917页A栏。不可确指卷数。

Дх.12409V **民族文字残片**

Дх.12410 **妙法莲华经卷第五安乐行品第十四**

存2行。录文："菩萨摩/有敬顺。"后秦鸠摩罗什译。经文见《大正藏》第9册，第37页A栏第10行至第11行。

Дх.12410V **民族文字残片**

Дх.12411 **妙法莲华经卷第四见宝塔品第十一**

存1行，总3字。录文："有在尔。"后秦鸠摩罗什译。经文见《大正藏》第9册，第33页C栏第15行。

Дх.12412 **大般若波罗蜜多经卷第三百二十六初分不退转品第四十九之二**

存5行。录文："身语/当知是为/不退转位/谓贪欲/现若成就。"唐玄奘译。经文见《大正藏》第6册，第666页A栏第12行至第16行。

Дх.12413 **妙法莲华经卷第二譬喻品第三**

存6行。录文："念水草余/作野干来入/诸童子之所/此死已更/骏无足宛/夜受苦无。"后秦鸠摩罗什译。经文见《大正藏》第9册，第15页C栏第7行至第14行。

Дх.12413V **民族文字残片**

Дх.12414 **大般涅槃经卷第七如来性品第四之四**

存6行。录文："处尔时/匿王说言/珠车磲玛瑙/童女牛羊象/大小铜盘/宅耕。"北凉昙无谶译。经文见《大正藏》第12册，第403页B栏第16行至第21行。

Дх.12414V **民族文字残片**

Дх.12415 **佛说摩利支天陀罗尼咒经**

存5行。录文："比丘若有善/女人知彼摩/天名者应作/弟子某专甲/利支天名故。"失译。经文见《大正藏》第21册，第261页C栏第8行至第10行。

Дх.12415V **佛说天地八阳神咒经**

存4行。录文："令得正道除/颠倒/言善哉善/善男子汝实。"唐义净译。经文见《大正藏》第85册，第1423页C栏第4行至第5行。

Дх.12416 **合部金光明经卷第八付嘱品第二十四**

存3行。录文："尔时/不请之朋友/我至兜率如。"隋阇那崛多译、隋释宝贵合。经文见《大正藏》第16册，第401页A栏第6行至第8行。

Дх.12417 **残佛经**

存3行。录文："源/尊/无。"不可定名。

Дх.12418 **大般若波罗蜜多经卷第三百八十三初分诸功德相品第六十八之五**

存2行。录文："与法界/界真如。"唐玄奘译。经文见《大正藏》第6册，第977页C栏第8行至第9行。

Дх.12419　大威德陀罗尼经卷第十一

存3行。录文："多闻/瞋恚亦/德不。"隋阇那崛多译。经文见《大正藏》第21册，第802页B栏第23行至第26行。

Дх.12420　大般若波罗蜜多经卷第九十八初分求般若品第二十七之十

存4行。录文："界/波罗蜜多/罗蜜多/受无。"唐玄奘译。经文见《大正藏》第5册，第545页A栏。所存甚多，无法确指具体行数。

Дх.12421　大通方广忏悔灭罪庄严成佛经卷下

存3行。录文："初谤堕地/本自实无/一阐。"经文见《大正藏》第85册，第1354页C栏第13行至第18行。

Дх.12422　妙法莲华经卷第一

存2行。录文："是法亦难/缘爱乐。"后秦鸠摩罗什译。经文见《大正藏》第9册，第10页A栏第26行至第28行。

Дх.12423　思益梵天所问经卷第二问谈品第六

存3行。录文："粗略说具功/六十万阿僧/应供正。"后秦鸠摩罗什译。经文见《大正藏》第15册，第45页A栏第3行至第6行。

Дх.12424　残佛经

存2行。录文："是/闻智。"不可定名。

Дх.12425　妙法莲华经卷第六随喜功德品第十八

存3行。录文："训导之即/时皆得须陀/尽。"后秦鸠摩罗什译。经文见《大正藏》第9册，第46页C栏第16行至第17行。

Дх.12426　佛说华手经卷第七得念品第二十三

存3行。录文："便语魔言咄哉仁/开菩提者能示现/转增坚固。"后秦鸠摩罗什译。经文见《大正藏》第16册，第178页B栏第18行至第20行。

Дх.12427　妙法莲华经卷第六常不轻菩萨品第二十

存3行。录文："生瞋恚/比丘从何所/记当得作佛。"后秦鸠摩罗什译。经文见《大正藏》第9册，第50页C栏第24行至第26行。

Дх.12428　残佛经

存2行。录文："一切鹇故圣/一切佛界。"未检出。

Дх.12429　金刚般若波罗蜜经

存4行。录文："生寿/世尊/我是离/罗汉。"北魏菩提流支译。经文见《大正藏》第8册，第753页C栏第18行至第21行。

Дх.12430　大法炬陀罗尼经卷第五忍校量品第十

存3行。录文："梵天光明亦皆失/何谓也梵言/胜故。"隋阇那崛多等译。经文见《大正藏》第21册，第682页B栏第23行至第25行。

Дх.12431　残佛经

存3行。未检出。

Дх.12432　金刚般若波罗蜜经

存2行。录文："须菩提/世尊。"后秦鸠摩罗什译。经文见《大正藏》第8册，第749页A栏第17行至第18行。

Дх.12433　摩诃般若波罗蜜经卷第十一随喜品第三十九

存5行。录文："回向阿/是事故当/有般若波罗/蜜不得回向/诸佛不可得。"后秦鸠摩罗什译。经文见《大正藏》第8册，第299页B栏第19行至第24行。

Дх.12434　摩诃般若波罗蜜经卷第十六大如品第五十四

存3行。录文："辟/转菩萨/诃萨以。"后秦鸠摩罗什译。经文见《大正藏》第8册，第341页A栏第28行至B栏第1行。

Дх.12435　残片

存一"萨"字。

Дх.12436　佛说佛名经卷第三

存2行。录文："南无海/南无义。"北魏菩提流支译。经文见《大正藏》第14册，第131页B栏第13行至第14行。

Дх.12437　大般若波罗蜜多经卷第四百三十六第

二分清净品第四十

存3行。录文："世尊/是为般/道相。"唐玄奘译。经文见《大正藏》第7册，第195页A栏第24行至第25行。

Дx.12437V　民族文字残片

Дx.12438　残佛经

存一"槃"字。不可定名。

Дx.12439　大般涅槃经卷第八如来性品第四之五

存3行。录文："者谓正/转地谓有/诸行其。"北凉昙无谶译。经文见《大正藏》第12册，第416页A栏第1行至第3行。

Дx.12440　四分律行事钞简正记卷第三

存1行，总3字。录文："者作口"。景霄纂。经文见《卍新续藏》第43册，第40页C栏第13行。

Дx.12441　金光明最胜王经卷第六四天王护国品第十二

存1行，总5字。录文："处潜身拥护。"唐义净译。经文见《大正藏》第16册，第427页C栏第17行。

Дx.12441V　民族文字残片

Дx.12442　金光明最胜王经卷第六四天王护国品第十二

存1行，总4字。录文："人诸国王。"唐义净译。经文见《大正藏》第16册，第427页C栏第18行。

Дx.12442V　民族文字残片

Дx.12443　十方千五百佛名经

存5行，行3至9字。起："须弥坚"，讫："界自在力"。经文见《大正藏》第14册，第312页B栏第25行至第29行。

Дx.12443V　民族文字残片

Дx.12444　籍账

存2行。录文："柴五束/三文。"

Дx.12445　残片

字迹模糊，无法辨识。

Дx.12445V　民族文字残片

Дx.12446　大方广佛华严经疏卷第一

存4行，行1至3字。录文："万/七/宏廓/十刹而。"唐澄观撰。经文见《大正藏》第35册，第503页A栏第12行至第15行。

Дx.12447　增壹阿含经卷第四十三善恶品第四十七

存14行，行5至8字。起："诸外物衰耗"，讫："大王如向来"。僧伽提婆译。经文见《大正藏》第2册，第781页A栏第9行至B栏第9行。

Дx.12448　妙法莲华经卷第三化城喻品第七

存4行。录文："以大微妙音/通智胜如来/请即时三转/天魔梵及余。"后秦鸠摩罗什译。经文见《大正藏》第9册，第24页C栏第29行至第25页A栏第3行。

Дx.12449　法华经精解评林卷上

存3行。录文："长者作/几案从/复狭小。"经文见《卍新续藏》第31册，第612页C栏第15行至第17行。或为戒环解《妙法莲华经要解卷第四》。经文见《永乐北藏》第184册。

Дx.12450　大般涅槃经卷第三十八迦叶菩萨品第十二之六

存3行。录文："是一切人/饿鬼解/切十方众。"北凉昙无谶译。经文见《大正藏》第12册，第586页C栏第18行至第21行。

Дx.12451　大般涅槃经卷第三十一迦叶菩萨品第二十四之一

存3行。录文："善男子我于一时复/事施何等为五一者/四者施命五者施。"宋慧严等依泥洹经加之。经文见《大正藏》第12册，第814页A栏第29行至B栏第2行。

Дx.12452　摩诃僧祇律卷第二十二明杂诵跋渠法之五

存3行。录文："首陀罗出家者/长慢故作是语/来应供正遍知当。"东晋佛驮跋陀罗共法显译。经文见《大正藏》第22册，第446页A栏第18行至第21行。

Дx.12453　妙法莲华经卷第一方便品第二

存2行。录文："故佛于十/我以相严。"后秦鸠摩罗什译。经文见《大正藏》第9册，第8页B栏第1行至第2行。

Дx.12453V　民族文字残片

Дx.12454　妙法莲华经卷第二譬喻品第三

存2行。录文："出/时便作。"后秦鸠摩罗什译。经文见《大正藏》第9册，第13页C栏第4行至第5行。

Дx.12454V　民族文字残片

Дx.12455　妙法莲华经卷第六药王菩萨本事品第二十三

存3行。录文："智慧/就如是/萨本事。"后秦鸠摩罗什译。经文见《大正藏》第9册，第54页C栏第15行至第18行。

Дx.12455V　民族文字残片

Дx.12456　妙法莲华经卷第三化城喻品第七

存3行。录文："今为汝说实/汝证一切智/诸佛之导师。"后秦鸠摩罗什译。经文见《大正藏》第9册，第27页B栏第3行至第7行。

Дx.12456V　民族文字残片

Дx.12457　妙法莲华经卷第六药王菩萨本事品第二十三

存2行。录文："禅定无/功德智。"后秦鸠摩罗什译。经文见《大正藏》第9册，第54页C栏第15行至第17行。

Дx.12457V　民族文字残片

Дx.12458　妙法莲华经卷第六药王菩萨本事品第二十三

存2行。录文："最多宿王/第。"后秦鸠摩罗什译。经文见《大正藏》第9册，第54页A栏第19行至第20行。

Дx.12458V　民族文字残片

Дx.12459　光赞经卷第七摩诃般若波罗蜜十住品第十八

存5行，行3至10字。起："萨博闻"，讫："皆以劝助严净佛土"。西晋竺法护译。经文见《大正藏》第8册，第197页B栏第22行至第25行。

Дx.12460　佛说奈女祇域因缘经

存6行，行2至8字。起："答言是汝"，讫："不消"。后汉安世高译。经文见《大正藏》第14册，第898页C栏第18行至第23行。经与现刊本相校，有异文。

Дx.12461　大般涅槃经卷第十六梵行品第八之二

存5行。录文："是众生/是人正住知是众/人逆流者从须/等到彼岸者所/云何为见。"北凉昙无谶译。经文见《大正藏》第12册，第462页B栏第6行至第10行。

Дx.12462　金刚般若波罗蜜经

存4行。录文："身如须弥/菩提言甚大世尊/大身/须菩提。"后秦鸠摩罗什译。经文见《大正藏》第8册，第749页C栏第23行至第25行。

Дx.12463　大般涅槃经卷第十如来性品第四之七

存5行。录文："智不识/复次善/当知是/是之人/复次善。"北凉昙无谶译。经文见《大正藏》第12册，第423页C栏第1行至第5行。

Дx.12464　大般涅槃经卷第十四圣行品第七之四

存2行。录文："以是义/是不。"北凉昙无谶译。经文见《大正藏》第12册，第446页B栏第13行至第14行。

Дx.12464V　民族文字残片

Дx.12465　妙法莲华经卷第一方便品第二

存2行。录文："比丘尼/两足尊。"后秦鸠摩罗什译。经文见《大正藏》第9册，第6页B栏第23行至第25行。

Дx.12465V　民族文字残片

Дx.12466　佛般泥洹经卷上

存2行。录文："有明经持/以经比丘所。"西晋白法祖译。经文见《大正藏》第1册，第167页B栏第24行至第25行。

Дх.12466V　民族文字残片

Дх.12467　残佛经

存2行。录文："若波/萨。"

Дх.12467V　民族文字残片

Дх.12468　大般若波罗蜜多经卷第一初分缘起品第一之一

存5行。录文："自毁伤/愿熏心以/奉敕各与/供发引/空过。"唐玄奘译。经文见《大正藏》第5册，第3页C栏第21行至第26行。

Дх.12468V　民族文字残片

Дх.12469　大智度论卷第八十二释大方便品第六十九

存6行。录文："能知一切法略/佛言色性是/菩提菩萨摩/须菩提白佛/略广相佛言/不合不散须。"龙树菩萨造、后秦鸠摩罗什译。经文见《大正藏》第25册，第635页B栏第18行至第23行。

Дх.12469V　民族文字残片

Дх.12470　大智度论卷第八十三释大方便品第六十九之余

二残片。行3至9字。起后片："知有为相"，讫前片："因缘善知"。龙树菩萨造、后秦鸠摩罗什译。经文见《大正藏》第25册，第640页B栏第2行至第7行。两块残片同经同品。后残片2行经文在前，经文可缀合。

Дх.12471　大智度论卷第八十二释大方便品第六十九

存4行。录文："乃至一切种智不/法故诸佛念是/色故/智故。"龙树菩萨造、后秦鸠摩罗什译。经文见《大正藏》第25册，第635页A栏第23行至第26行。

Дх.12471V　民族文字残片

Дх.12472　残佛经

存2行，行1字。录文："沐/万。"不可定名。

Дх.12472V　民族文字残片

Дх.12473　金光明最胜王经卷第二分别三身品第三

存3行。录文："起作众/成善男子譬/有分别光明。"唐义净译。经文见《大正藏》第16册，第408页C栏第20行至第22行。

Дх.12474　残佛经

存1行，总3字。录文："於六尘。"不可定名。

Дх.12474V　民族文字残片

Дх.12475　非佛经

存4行。录文："慎致/深山□唯忧/初别从慈坐/道"。未检出。

Дх.12476　妙法莲华经卷第二譬喻品第三

存5行，行4至7字。起："虽能于此"，讫："若以机案从"。后秦鸠摩罗什译。经文见《大正藏》第9册，第12页B栏第20行至第25行。

Дх.12476V　民族文字残片

Дх.12477　造窟文

Дх.12477V　民族文字残片

Дх.12478　残佛经

存1行，总2字。录文："诸有。"不可定名。

Дх.12478V　民族文字残片

Дх.12479　妙法莲华经卷第六药王菩萨本事品第二十三

存3行。录文："若如来/经典如说修/弥陀佛。"后秦鸠摩罗什译。经文见《大正藏》第9册，第54页B栏第29行至C栏第2行。

Дх.12479V　民族文字残片

Дх.12480　历日

刻本。存3行。录文："初刻三分/丙戌申正初刻九分/自庚午丑正刻少。"

Дх.12481　大般若波罗蜜多经卷第二十八初分教诫教授品第七之十八

刻本。存4行。录文："间若/得性非/行乃/非有如。"唐玄奘译。经文见《大正藏》第5册，第155页A栏第29行至B栏第3行。

Дх.12482　雕版佛像

存4身。均残，仅一身较完整。画面长方形。佛结跏趺坐覆瓣莲台，结禅定印，火焰纹背光，桃形头光，上为莲花宝盖。佛面形丰圆。

Дx.12483 大般若波罗蜜多经卷第五十五

存2行。录文："所以者何/从三界。"唐玄奘译。经文见《大正藏》第5册，第310页A栏。此二句所存甚多。或为《大智度论卷第五十》。

Дx.12483V 民族文字残片

Дx.12484 妙法莲华经卷第五如来寿量品第十六

存3行，行6至10字。起："使见之诸"，讫："来无量无"。后秦鸠摩罗什译。经文见《大正藏》第9册，第43页B栏第5行至第8行。

Дx.12484V 民族文字残片

Дx.12485 大智度论卷第四十九释发趣品第二十

存6行，行3至6字。起："愿令一"，讫："亲白衣"。龙树菩萨造、后秦鸠摩罗什译。经文见《大正藏》第25册，第415页B栏第24行至第29行。

Дx.12486 文殊师利所说摩诃般若波罗蜜经卷上

存6行，行4至7字。起："非知非不"，讫："非果何以"。梁曼陀罗仙译。经文见《大正藏》第8册，第728页B栏第16行至第21行。

Дx.12486V 民族文字残片

Дx.12487 妙法莲华经卷第七观世音菩萨普门品第二十五

存5行，行4至8字。全部为偈语。起："我今重问"，讫："推落大火坑"。后秦鸠摩罗什译。经文见《大正藏》第9册，第57页C栏第9行至第17行。

Дx.12488 大智度论卷第八十三释大方便品第六十九之余

存7行，行3至15字。起："界善知"，讫："行识识空相"。龙树菩萨造、后秦鸠摩罗什译。经文见《大正藏》第25册，第640页B栏第6行至第12行。

Дx.12489 大般若波罗蜜多经卷第三百六十初分多问不二品第六十一之十

存2行。录文："处学不增不/不增不减善。"唐玄奘译。经文见《大正藏》第6册，第853页C栏第19行至第21行。

Дx.12489V 民族文字残片

Дx.12490 妙法莲华经卷第六常不轻菩萨品第二十

存2行。录文："亦於诸佛法/佛。"后秦鸠摩罗什译。经文见《大正藏》第9册，第51页A栏第20行至第21行。

Дx.12490V 民族文字残片

Дx.12491 大清光绪十年历日

刻本。存8行。

Дx.12492 大般涅槃经卷第九如来性品第四之六

存3行。录文："月一蚀/何以故彼/尔天人咸。"北凉昙无谶译。经文见《大正藏》第12册，第417页A栏第2行至第4行。

Дx.12493 妙法莲华经卷第六随喜功德品第十八至法师功德品第十九

存5行，行3至6字。起："心听解说其"，品题："莲华经法师功德"，讫："是人当"。后秦鸠摩罗什译。经文见《大正藏》第9册，第47页B栏第29行至C栏第5行。

Дx.12494 十方千五百佛名经

存5行，行3至13字。起："功德佛"，讫："华德佛"。经文见《大正藏》第14册，第316页B栏第5行至第10行。

Дx.12494V 民族文字残片

Дx.12495 医书

Дx.12496 金光明最胜王经卷第二分别三身品第三

存6行，行2至6字。起："时虚空藏菩萨"，讫："当为"。唐义净译。经文见《大正藏》第16册，第408页B栏第6行至第11行。

Дx.12497 净名经关中释抄卷下

存4行，行1至5字。录文："无常佛/浊现病/权开也然身/经。"唐道液述。经文见《大正藏》第85册，第521页C栏第15行至第20行。与Дx.12505同经同卷，可以缀合。

Дx.12497V 民族文字残片

金光明最胜王经卷第二分别三身品第三

存3行。录文:"故如/现具三/身善男子。"唐义净译。经文见《大正藏》第16册,第408页B栏第24行至第26行。

Дх.12499 **金光明最胜王经卷第二分别三身品第三**

存2行。录文:"事业如是二/自在。"唐义净译。经文见《大正藏》第16册,第408页C栏第21行至第22行。

Дх.12500 **光赞经卷第十摩诃般若波罗蜜问品第二十五**

存3行。录文:"怒痴所见/多罗三耶/其身口心。"西晋竺法护译。经文见《大正藏》第8册,第212页A栏第22行至第24行。

Дх.12500V **民族文字残片**

Дх.12501 **残佛经**

存1行,总3字。录文:"乳囡婆。"

Дх.12502 **残佛经**

存1行,总2字。录文:"襄患。"

Дх.12502V **民族文字残片**

Дх.12503 **阿毗达磨大毗婆沙论卷第一百智蕴第三中他心智纳息第三之二**

存3行。录文:"起/心智/智不。"唐玄奘译。经文见《大正藏》第27册,第515页B栏第16行至第19行。

Дх.12503V **民族文字残片**

Дх.12504 **光赞经卷第八摩诃般若波罗蜜无去来品第二十**

存3行。录文:"切法皆悉无常/摩诃衍天上天下最/有是为摩。"西晋竺法护译。经文见《大正藏》第8册,第201页A栏第20行至第22行。

Дх.12504V **民族文字残片**

Дх.12505 **净名经关中释抄卷下**

存2行。录文:"身无为即是常也/物此开权也。"唐道液述。经文见《大正藏》第85册,第521页C栏第15行至第17行。与Дх.12497同经同卷,可以缀合。

Дх.12505V **民族文字残片**

Дх.12506 **残片**

极残,无法辨识。

Дх.12507 **大佛顶如来密因修证了义诸菩萨万行首楞严经卷第七**

存4行。录文:"宣示/有人三摩提身/魔鬼神及/来相恼害汝。"唐般剌蜜帝译。经文见《大正藏》第19册,第137页C栏第19行至第22行。

Дх.12507V **民族文字残片**

Дх.12508 **维摩诘所说经卷上佛国品第一**

存2行。录文:"净土菩萨成/戒行不讥彼。"后秦鸠摩罗什译。经文见《大正藏》14册,第538页B栏第20行至第22行。

Дх.12508V **民族文字残片**

Дх.12509 **大方等大集经卷第十五虚空藏菩萨品第八之二**

存3行。录文:"善/诸怨敌/四魔。"北凉昙无谶译。经文见《大正藏》第13册,第105页C栏第11行。或为《佛本行集经》。

Дх.12509V **民族文字残片**

Дх.12510 **佛说高王观音经**

刻本。存3行。录文:"南无妙吉祥/南无地藏菩萨/南无大力。"经文见《大正藏》第85册,第1426页A栏第1行至第2行。"南无大力"句未检出。

Дх.12510V **民族文字残片**

Дх.12511 **版画残片**

仅存头部,戴幞帽,着交领衣,双手合十。

Дх.12511V **大般涅槃经卷第四如来性品第四之一**

存2行。录文:"奕之处/众生而我。"北凉昙无谶译。经文见《大正藏》第12册,第389页C栏第11行至第12行。

Дх.12512 **版画残片**

内容不详。

Дx.12513 版画残片

内容不详。

Дx.12514 寅朝礼文

残页。存15行。

Дx.12515 施舍发愿文

存9行。此依余欣《新刊俄藏敦煌文献研读札记》定名，见《敦煌学辑刊》2004年第1期，第13页至第25页。

Дx.12516 四分律卷第二十二八婆罗夷法

存22行，行2至11字。前5行为《四分律卷第二十二》。录文："命难/尊者阐陀比/住时有比丘/不忏悔僧未与/今日不供养更待。"后秦佛陀耶舍共竺佛念等译。经文见《大正藏》第22册，第717页A栏第19行至第29行。后17行为唐怀素集《四分比丘尼戒本》。经文见《大正藏》第22册，第1032页A栏。此卷似为几部戒本的汇编。

Дx.12516V 诗

存10行。

Дx.12517 四分律删补随机羯磨卷下杂法住持篇第十

存5行，行27至30字。前4行完整，第5行仅抄2字，原卷不残缺。起："第一会知日月"，讫："治大病于众行道"。唐道宣集。经文见《大正藏》40册，第508页C栏第2行至第509页A栏第4行。与原卷文意相似，但行文差别很大，此段经文与《弥沙塞羯磨本》文意相同，但经文亦有异。经文见《大正藏》第22册，第225页B栏第20行至C栏第7行。

Дx.12518 燃灯文

存2行。录文："像悬以惠/然灯之补记。"

Дx.12519 亡阇梨文

存13行。此依赵鑫晔《俄藏敦煌文献缀合四则》定名，见《文献》2008年第3期，第85页至第92页。

Дx.12520 毗尼心

存4行，行3至10字。起："难缘差使"，讫："罗见未"。经文见《大正藏》第85册，第660页B栏。经文与现刊本差异较大。

Дx.12521 亡阇梨文

存24行。此依赵鑫晔《俄藏敦煌文献缀合四则》定名，见《文献》2008年第3期，第85页至第92页。

Дx.12522 菩萨戒经义疏

存1行，总3字。录文："初戒已。"经文见《大正藏》第40册，第576页A栏。

Дx.12523 百行章

此依余欣《新刊俄藏敦煌文献研读札记》定名，见《敦煌学辑刊》2004年第1期，第13页至第25页。

Дx.12524 愿文

正面存32行，背面存13行。

Дx.12525 比丘听施经

存4行。录文："者言我欲/晓道径者/道舍左道/谷上。"东晋昙无兰译。经文见《大正藏》第14册，第772页B栏第25行至第28行。

Дx.12526 药师琉璃光如来本愿功德经

存3行。录文："以众妙/璃光如来者/不能。"唐玄奘译。经文见《大正藏》第14册，第406页C栏第20行至第407页A栏第2行。

Дx.12527 大般若波罗蜜多经卷第五百七十一第六分无所得品第九

存5行。录文："不□因/非败/生者/施/乃。"唐玄奘译。经文见《大正藏》第7册，第949页B栏第11行至第18行。

Дx.12528 残片

未检出。

Дx.12529 残片

未检出。

Дx.12530 集诸经礼忏仪卷上

存6行，行4至7字。起："光明/法界出生"，讫："龙梵八□"。唐智昇撰。经文见《大正藏》第47册，栏第29行至第457页A栏第4行。

Дx.12531 妙法莲华经卷第四提婆达多品第十二

存5行，行2至7字。起："莲华"，讫："欲重宣此"。后秦鸠摩罗什译。经文见《大正藏》第9册，第34页C栏第4行至第8行。

Дx.12532 大般若波罗蜜多经卷第二百六十七初分难信解品第三十四之八十六

存3行。录文："清净无二/智清净故行识/生老死愁叹苦。"唐玄奘译。经文见《大正藏》第6册，第400页A栏第13行至第15行。残存句在大般若经中甚多，或为别的卷品。

Дx.12533 金有陀罗尼经

存10行，行6至8字。起："六度"，讫："满怛啰阿"。经文见《大正藏》第85册，1456页A栏第4行至第11行。

Дx.12534 佛说无量寿宗要经

存6行，行16字左右。全部为咒语。经文见《大正藏》第19册，第83页A栏第22行至B栏第3行。

Дx.12535 大般若波罗蜜多经卷第二百五十九初分难信解品第三十四之七十八

存9行，行4至7字。起："净故不虚"，讫："波罗蜜多清"。唐玄奘译。经文见《大正藏》第6册，第309页B栏第27行至C栏第7行。

Дx.12536 妙法莲华经卷第四五百弟子受记品第八

存7行，行5至8字。起："修梵行彼世人咸"，讫："当来诸佛说"。后秦鸠摩罗什译。经文见《大正藏》第9册，第27页C栏第7行至第14行。

Дx.12537 药师琉璃光如来本愿功德经

存3行，行7至10字。起："闻药师琉璃"，讫："恶趣苦不"。唐玄奘译。经文见《大正藏》第14册，第405页C栏第19行至第22行。

Дx.12538 残佛经

存4行。录文："三昧/净名三昧火□三昧/如观佛三昧经云妄心/名□□□。"未检出。

Дx.12539 梵网经卢舍那佛说菩萨心地戒品第十卷下

存5行，行5至14字。起："佛初坐菩提树下"，讫："六大国王合"。后秦鸠摩罗什译。经见《大正藏》第24册，第1004页A栏第23行至第27行。

Дx.12540 佛说阿弥陀经

存4行。录文："佛土有/今现在/国众生/利佛。"后秦鸠摩罗什译。经文见《大正藏》第12册，第346页C栏第11行至第14行。

Дx.12541 佛说无量寿宗要经

存7行，行3至13字。全部为咒语。经文见《大正藏》第19册，第82页A栏第29行至B栏第12行。

Дx.12542 妙法莲华经卷第七观世音菩萨普门品第二十五

存6行，行3至9字。起："故若为大水"，讫："因缘名观"。后秦鸠摩罗什译。经见《大正藏》第9册，第56页C栏第10行至第15行。

Дx.12543 摩诃般若波罗蜜经卷第十九度空品第六十五

存5行，行13至14字。起："拔[越]致菩萨"，讫："诸菩萨摩诃"。后秦鸠摩罗什译。经文见《大正藏》第8册，第361页B栏第9行至第15行。

Дx.12544 金光明最胜王经卷第九善生王品第二十一

存6行，行5至7字。起："圣众已"，讫："当引导王"。唐义净译。经见《大正藏》第16册，第444页B栏第1行至第6行。

Дx.12545 龙树五明论

存3行，行2至4字。经文见《大正藏》第21册，第961页C栏第22行。所存极残，或为别的咒语。

Дx.12546 维摩诘所说经卷上佛国品第一

存5行。录文："所趣/畏十八/以现/令得服/净其。"后秦鸠摩罗什译。经文见《大正藏》第14册，第537页A栏第24行至第28行。

Дx.12547 维摩诘所说经卷上佛国品第一

存3行。录文："善疗/功德皆成就/不蒙益诸有。"后秦鸠摩罗什译。经文见《大正藏》第14册，第537页A栏第26行至第29行。与Дx.12548同经同品，此号为下段，经文可完全缀合。

Дx.12548　维摩诘所说经卷上佛国品第一

存4行。录文："无畏/以现其身/得复行无量/其见闻者无。"后秦鸠摩罗什译。经文见《大正藏》第14册，第537页A栏第25行至第28行。与Дx.12547同经同品，此号为上段，经文可完全缀合。

Дx.12549　残佛经

存1行，总4字。录文："言菩萨云。"不可定名。

Дx.12550　僧羯磨卷上摄物篇第十至德衣篇第十一

存11行。双行小注。起："有五众出家"，品题："德衣篇第十一"，讫："功德衣默"。唐怀素集。经文见《大正藏》第40册，第520页C栏第24行至第521页A栏第13行。

Дx.12551　佛说回向轮经

存8行，行5至10字。起："随喜一切"，讫："摩诃若缚叶"。唐尸罗达摩译。经文见《大正藏》第19册，第578页A栏第13行至第20行。与Дx.12567同经同品，两经文可接，此号在前。

Дx.12552　大乘百法明门论开宗义记

存8行，行6至10字。起："来相续菩萨"，讫："名过失最"。唐昙旷撰。经文见《大正藏》第85册，第1051页A栏第11行至第26行。

Дx.12552V　大乘百法明门论开宗义记

存5行，行8至10字。似为此经论的摘抄，所存经文并不相续。唐昙旷撰。经文见《大正藏》第85册，第1061页。

Дx.12553　金光明最胜王经卷第一序品第一

存10行，行3至10字。起："有四万"，讫："常乐受持发"。唐义净译。经文见《大正藏》第16册，第403页C栏第7行至第16行。与Дx.12566同经同品，可缀合。此片在上，所缺字笔画在另一残片中可见。

Дx.12554　佛说天地八阳神咒经

存6行，行8字。起："生甚得宜"，讫："水火不被焚漂"。唐义净译。经文见《大正藏》第85册，第1423页A栏第7行至第12行。

Дx.12555　光赞经卷第六摩诃般若波罗蜜乘大乘品第十四

存4行。录文："微/纷璃/王庄/无。"西晋竺法护译。经文见《大正藏》第8册，第185页C栏第5行至第9行。甚残。不能确定为此经。

Дx.12556　维摩诘所说经卷中观众生品第七

存3行。录文："菩萨/不可思议/第七。"后秦鸠摩罗什译。经文见《大正藏》第14册，第547页A栏第25行至第28行。

Дx.12557　佛说八阳神咒经

存3行。录文："八阳/一切/正道。"西晋竺法护译。经文见《大正藏》第14册，第73页C栏第24行至第27行。

Дx.12558　大乘宝要义论卷第二

存3行。录文："者以/身/成其。"唐法护译。经文见《大正藏》第32册，第53页B栏第17行至第19行。

Дx.12559　残佛经

存一"佛"字。

Дx.12560　思益梵天所问经卷第一序品第一

存5行，行5至8字。起："安利佛以"，讫："佛以此光能"。后秦鸠摩罗什译。经文见《大正藏》第15册，第34页A栏第3行至第7行。

Дx.12561　佛说佛名经卷第四

存4行，行4至6字。起："弥留山佛"，讫："无须弥山佛南"。北魏菩提流支译。经文见《大正藏》第14册，第134页B栏第15行至第18行。

Дx.12562　妙法莲华经卷第四提婆达多品第十二

存3行，行4至12字。起："汝说时闻"，讫："无懈倦普"。后秦鸠摩罗什译。经文见《大正藏》第9册，第34页C栏第17行至第21行。

Дx.12563 金刚般若波罗蜜经

存3行。录文："佛所/罗三/有法。"后秦鸠摩罗什译。经文见《大正藏》第8册，第751页A栏第18行至第20行。残存经文还见于别的经卷。

Дx.12564 妙法莲华经卷第六常不轻菩萨品第二十

存4行。录文："不轻得/有所见/礼拜/所以者。"后秦鸠摩罗什译。经文见《大正藏》第9册，第50页C栏第16行至第20行。

Дx.12565 合部金光明经卷第二业障灭品第五

存5行。录文："有障碍/四者安/释梵四/事不此/声答世。"真谛译、隋释宝贵合。经文见《大正藏》第16册，第372页A栏第17行至第22行。

Дx.12566 金光明最胜王经卷第一序品第一

存4行，行3至10字。起："正法能"，讫："水龙王"。唐义净译。经文见《大正藏》第16册，第403页C栏第11行至第14行。与Дx.12553同经同品，可完全缀合。此片在下，所缺字笔画在另一残片中可见。

Дx.12567 佛说回向轮经

存4行，行1至10字。起："即/切佛所而"，讫："消灭一"。唐尸罗达摩译。经文见《大正藏》第19册，第578页A栏第21行至第24行。与Дx.12551同经同品，两经文可接，此号在后。

Дx.12568 金光明最胜王经卷第一序品第一

存3行，行13字。起："二千天子"，讫："是等天子"。唐义净译。经文见《大正藏》第16册，第403页C栏第7行至第9行。

Дx.12569 金光明最胜王经卷第一如来寿量品第二

存6行，行2至5字。起："来慈善根"，讫："不般"。唐义净译。经文见《大正藏》第16册，第408页A栏第17行至第23行。

Дx.12570 维摩诘所说经卷上佛国品第一

存4行，行9至12字。起："萨弥勒菩萨"，讫："威力诸天"。后秦鸠摩罗什译。经文见《大正藏》第14册，第537页B栏第16行至第19行。

Дx.12571 四分律比丘戒本

存4行。录文："谓异时/水除直渡者波逸提/食食除檀越先有义者/间。"后秦佛陀耶舍译。经文见《大正藏》第22册，第1018页C栏第24行至第28行。

Дx.12572 妙法莲华经卷第四提婆达多品第十二

存3行。录文："勤求获/身是时仙人者/知识故令我。"后秦鸠摩罗什译。经文见《大正藏》第9册，第34页C栏第24行至第26行。

Дx.12573 佛说天地八阳神咒经

存8行，行3至6字。起："解脱若"，讫："为读斯经"。唐义净译。经文见《大正藏》第85册，第1423页A栏第10行至第19行。

Дx.12574 梵网经卢舍那佛说菩萨心地戒品第十卷下

存6行，行6至10字。起："饮教人饮者"，讫："一切食中"。后秦鸠摩罗什译。经文见《大正藏》第24册，第1005页B栏第8行至第11行。

Дx.12575 大般若波罗蜜多经卷第五百四十四第四分随喜回向品第六之二

存4行，行6至8字。起："劫以有所得"，讫："功德甚多"。经文见《大正藏》第7册，第796页B栏第6行至第9行。

Дx.12576 残佛经

存5行，行2至14字。录文："实相/中云何名本觉答/大河之水不住彼岸不住此/能运渡州船从於此岸到□彼岸/大五阴河亦不在此岸不在彼不。"未检出。

Дx.12577 佛说天地八阳神咒经

存6行，行7至9字。起："苦乐汝自当"，尾题："佛说八阳神咒经"。唐义净译。经文见《大正藏》第85册，第1425页A栏第25行至B栏第3行。

Дx.12578 金刚般若波罗蜜经

存3行，行9至15字。起："不住声香"，讫："不可思量须菩"。后秦鸠摩罗什译。经文见《大正藏》

第8册，第749页A栏第13行至第16行。

Дx.12578V 习字

存1行。习写"金"字。

Дx.12579 药师琉璃光如来本愿功德经

存8行，行3至12字。起："狼熊罴"，讫："中或有毁"。唐玄奘译。经文见《大正藏》第14册，第407页A栏第3行至第11行。

Дx.12580 佛说阿弥陀经

存5行，行1至8字。起："楼/萨文殊师"，讫："佛告长老舍"。后秦鸠摩罗什译。经文见《大正藏》第12册，第346页C栏第5行至第10行。

Дx.12581 妙法莲华经卷第三药草喻品第五

存5行，行3至11字。起："既出于世"，讫："隐乐世"。后秦鸠摩罗什译。经文见《大正藏》第9册，第20页A栏第1行至第6行。

Дx.12582 悲华经卷第一陀罗尼品第二

存3行。录文："布施/诸佛/行布施。"北凉昙无谶译。经文见《大正藏》第3册，第174页A栏第13行至第16行。甚残，或为别经。

Дx.12583 大通方广忏悔灭罪庄严成佛经卷上

存7行，行5至11字。起："说于大乘"，讫："今者以"。经文见《大正藏》第85册，第1340页B栏第26行至C栏第6行。

Дx.12584 集诸经礼忏仪卷上

存10行，行6至8字。起："莲华坚如金刚"，讫："灭除佛有如"。唐智昇撰。经文见《大正藏》第47册，第457页A栏第2行起。经文与现刊本出入较大，或为别经。

Дx.12585 大般若波罗蜜多经卷第一百六十二初分校量功德品第三十之六十

存6行，行1至6字。起："若/诃"，讫："可得彼我"。唐玄奘译。经文见《大正藏》第5册，第871页B栏第4行至第9行。

Дx.12586 佛说天地八阳神咒经

存6行。录文："贵百/夫妻/被县官/得解脱若有/他书写八阳/泽一。"唐义净译。经文见《大正藏》第85册，第1423页A栏第7行至第13行。

Дx.12587 佛说无量寿宗要经

存4行，行6至21字。起："莎诃某持"，讫："十一莎诃"。经文见《大正藏》第19册，第83页A栏第21行至第29行。

Дx.12588 大方等陀罗尼经卷第二授记分第二

存6行，行9至11字。起："尔时五百大弟子"，讫："或时梦中"。北凉法众译。经文见《大正藏》第21册，第650页B栏第1行至第6行。

Дx.12589 药师琉璃光如来本愿功德经

存12行，行3至5字。起："星宿变"，讫："诸生命"。唐玄奘译。经文见《大正藏》第14册，第407页C栏第14行至第26行。

Дx.12590 佛经论释

存3行，行2至10字。未检出。

Дx.12591 合部金光明经卷第二业障灭品第五

存7行，行2至6字。起："常来/四王及夜叉"，讫："法我力能"。真谛译、隋释宝贵合。经文见《大正藏》第16册，第372页A栏第20行至第26行。

Дx.12592 某经题签

存2行，行1字。录文："七/恩。"或为报恩寺佛经。

Дx.12593 佛说天地八阳神咒经

存3行，行10至13字。起："远屏四方"，讫："求自得若"。唐义净译。经文见《大正藏》第85册，第1423页A栏第4行至第6行。

Дx.12594 佛经论释

三残片。存14行。未检出。

Дx.12595 愿文范本

存9行。此依赵鑫晔《俄藏敦煌文献缀合四则》定名，见《文献》2008年第3期，第85页至第92页。

Дx.12596 金刚般若波罗蜜经

存3行，行9至10字。起："生若干种"，讫："心不可得"。后秦鸠摩罗什译。经文见《大正藏》第8册，第751页B栏第25行至第28行。

Дx.12597 妙法莲华经卷第七观世音菩萨普门品第二十五

存4行，行4至7字。起："菩萨善男"，讫："大火火不"。后秦鸠摩罗什译。经文见《大正藏》第9册，第56页C栏第5行至第9行。

Дx.12598 妙法莲华经卷第三药草喻品第五

存5行，行5至10字。起："解无上士调御"，讫："人阿修罗众皆应"。后秦鸠摩罗什译。经文见《大正藏》第9册，第19页B栏第10行至第15行。

Дx.12599 妙法莲华经卷第四见宝塔品第十一

存4行。录文："旬纵广二百/种宝物而/幡以为/面皆。"后秦鸠摩罗什译。经文见《大正藏》第9册，第32页B栏第17行至第21行。

Дx.12600 Дx.12601 开蒙要训

存7行，行2至9字。起："随宜"，讫："□□姿□饽。"定名参考张新朋《敦煌写本〈开蒙要训〉叙录续补》，见《敦煌研究》2008年第1期，第98页至第101页。

Дx.12600V Дx.12601V 杂写

存"王□□"3字。

Дx.12602 诗经

存11行。

Дx.12603 妙法莲华经卷第七观世音菩萨普门品第二十五

存7行。每行均为"念彼观音力"5字。后秦鸠摩罗什译。经文见《大正藏》第9册，第57页C栏。

Дx.12604 妙法莲华经卷第四提婆达多品第十二

存10行，行6至17字。起："委政太子"，讫："谁有大法"。后秦鸠摩罗什译。经文见《大正藏》第9册，第34页B栏第1行C栏第12行。

Дx.12605 愿文范本

存8行。此依赵鑫晔《俄藏敦煌文献缀合四则》定名，见《文献》2008年第3期，第85页至第92页。

Дx.12606 大般若波罗蜜多经卷第三百八十一初分诸功德相品第六十八之三

存9行，行5至9字。起："当知色空"，讫："当知因缘"。唐玄奘译。经文见《大正藏》第6册，第971页B栏第21行至第29行。

Дx.12607 大般涅槃经卷第四如来性品第四之一

存5行。录文："肉/及自死/食一切/若卧一/人近师。"北凉昙无谶译。经文见《大正藏》第12册，第386页B栏第1行至第5行。

Дx.12608 妙法莲华经卷第七妙音菩萨品第二十四

存3行。录文："刚为须甄叔/佛告文殊师利/华宿王智佛国。"后秦鸠摩罗什译。经文见《大正藏》第9册，第55页B栏第24行至第26行。

Дx.12609 大般涅槃经卷第三寿命品第一之三

存4行。录文："解世/等心/者作/同子。"北凉昙无谶译。经文见《大正藏》第12册，第380页C栏第4行至第7行。

Дx.12610 妙法莲华经卷第七妙音菩萨品第二十四

存7行。录文："间劫名意/伎乐供养/宝钵以/佛国有是神/佛所妙/人乎今/已。"后秦鸠摩罗什译。经文见《大正藏》第9册，第56页A栏第5行至第12行。与Дx.12617同经同卷，此号为下段，所缺笔画在Дx.12617上可见。

Дx.12611 胜天王般若波罗蜜经卷第五证劝品第九

存4行，行6至15字。起："着五欲大王"，讫："波罗蜜同皆"。月婆首那译。经文见《大正藏》第8册，第715页B栏第2行至第7行。

Дx.12612 佛说天地八阳神咒经

存4行。录文："阳明为纬/者眼是色识耳/舌是味识身是触识/阿赖耶识是名八识明。"唐义净译。经文见《大正藏》第85册，第1424页B栏第21行至第26行。

Дx.12613 金刚般若波罗蜜经

存7行，行2至8字。录文："善男子善女人后末/功德我若/不信须菩/不可思尔时/阿耨/伏其心/多罗。"后秦鸠摩罗什译。经文见《大正藏》第8册，第751页A栏第4行至第11行。

Дx.12614 盂兰盆经疏孝衡钞

存3行。钞大字，疏双行小字。经文残缺，不甚清楚。录文："曰难谓必烦父母颜色乃为难也有/是以为孝/言。"或为是疏。

Дx.12614V 杂写

Дx.12615 杂写

残存1行。内容不清。

Дx.12616 大般若波罗蜜多经卷第二百四十初分难信解品第三十四之五十九

存5行，行6至9字。起："若一切相智"，讫："相智清净何"。唐玄奘译。经文见《大正藏》第6册，第210页B栏第8行至第12行。

Дx.12617 妙法莲华经卷第七妙音菩萨品第二十四

存4行，行2至10字。起："王智"，讫："诃萨"。后秦鸠摩罗什译。经文见《大正藏》第9册，第56页A栏第8行至第11行。与Дx.12610同经同卷，此片为上段。所缺笔画在Дx.12610上可见。

Дx.12618 礼忏文

存10行，行3至9字。起："豪相日月光明"，讫："顶礼忏"。经文见《大正藏》85册，第1303页C栏第13行至第23行。同现刊本相校，有异文。

Дx.12619 维摩诘所说经卷上佛国品第一

存10行，行4至6字。起："功德皆悉"，讫："严菩萨师"。后秦鸠摩罗什译。经文见《大正藏》第14册，第537页A栏第2行至第10行。

Дx.12620 大般若波罗蜜多经卷第八十二初分诸天子品第二十三之二

存7行。录文："何以故/五眼如/如梦所/知佛/无碍/如幻/空。"唐玄奘译。经文见《大正藏》第5册，第458页A栏第25行至B栏第2行。

Дx.12621 金光明最胜王经卷第五莲华喻赞品第七

存3行。录文："常得安/悉得随心安乐处/皆如过去成佛者。"唐义净译。经文见《大正藏》第16册，第423页B栏第2行至第4行。

Дx.12622 某经题签

录文："卅四。"

Дx.12623 金刚般若波罗蜜经

存3行。录文："所住而生其/山王于意云何/大世尊何以故。"后秦鸠摩罗什译。经文见《大正藏》第8册，第749页C栏第22行至第24行。

Дx.12624 妙法莲华经卷第一

存3行。录文："罗紧那/圣王等是诸大众得/观佛尔时佛故。"后秦鸠摩罗什译。经文见《大正藏》第9册，第4页A栏第2行至第4行。

Дx.12625 般若波罗蜜多心经

存2行。录文："蜜多是大/除一切。"唐玄奘译。经文见《大正藏》第848页C栏第18行至第20行。

Дx.12626 大般若波罗蜜多经卷第一百九十五初分难信解品第三十四之十四

存6行，行3至7字。起："切智智"，讫："智智清净"。唐玄奘译。经文见《大正藏》第5册，第1047页B栏第24行至C栏第1行。

Дx.12626V 某经题签

录文："经卷第廿七。"

Дx.12627 大方广佛华严经卷第二十四十地品第二十二之二

存5行，行6至11字。起："苦不乐行"，讫："识相知无所有即"。东晋佛驮跋陀罗译。经文见《大正藏》第9册，第552页A栏第2行至第6行。

Дx.12628 大般涅槃经卷第五如来性品第四之二

存2行，行4至6字。录文："声闻缘觉/时迦叶菩萨复。"北凉昙无谶译。经文见《大正藏》第12册，第392页A栏第10行至第12行。

Дx.12629 佛说普门品经

存3行。录文："游诸/所可周/入普。"西晋竺法护译。经文见《大正藏》第11册，第778页A栏第

29行至B栏第2行。

Дх.12630　妙法莲华经卷第七妙音菩萨品第二四

存5行，行1至5字。录文："严其国/遍知明行足/人师佛世尊/围绕而为说/国。"后秦鸠摩罗什译。经文见《大正藏》第9册，第55页A栏第20行至第24行。

Дх.12631　残片

无字。

Дх.12632　大乘无量寿经

存3行。录文："诃十五/宗要经/诃十五。"经文见《大正藏》第19册，第82页。甚残。

Дх.12633　大般涅槃经卷第二十八师子吼菩萨品第十一之二

存3行。录文："胡麻/拘陀子/譬如。"北凉昙无谶译。经文见《大正藏》第12册，第532页C栏第6行至第8行。

Дх.12634　佛说佛名经卷第五

存17行。存下部一行佛名，字数不一。起："南无/南无坚固佛"，讫："南无月声"。北魏菩提流支译。经文见《大正藏》第14册，第137页C栏第16行至第28行。

Дх.12635　金刚般若波罗蜜经

存5行。录文："不也世尊何/若阿罗汉/我人众生寿/最为第一/是离欲。"后秦鸠摩罗什译。经文见《大正藏》第8册，第749页C栏第8行至第12行。

Дх.12636　金刚般若波罗蜜经

存3行。录文："是若复有人得闻/是人甚为希有何以/波罗蜜非第一波罗蜜。"后秦鸠摩罗什译。经文见《大正藏》第8册，第750页B栏第10行至第12行。

Дх.12637　佛说天地八阳神咒经

存6行。录文："法喜如来/卢舍/意是无分/光明佛心/含藏识天/天演出大。"唐义净译。经文见《大正藏》第85册，第1424页C栏第2行至第8行。

Дх.12638　周易禅解

存3行。录文："王事弗敢成/而代有终天地变化草木/曰括囊无咎无誉盖言谨也。"北天目道人藕益智旭著。文见《嘉兴藏》第20册，第402页C栏第18行至第26行。

Дх.12639　佛经论释

存4行。未检出。

Дх.12640　妙法莲华经卷第七妙音菩萨品第二十四

存3行，行9至15字。起："菩萨摩诃"，讫："但见妙音"。后秦鸠摩罗什译。经文见《大正藏》第9册，第56页A栏第11行至第14行。与Дх.12641同经同卷，此片在后。二残片之间尚缺数行，不可直接缀合。

Дх.12641　妙法莲华经卷第七妙音菩萨品第二十四

存8行，行3至6字。起："灭度多"，讫："世尊是妙音菩"。后秦鸠摩罗什译。经文见《大正藏》第9册，第55页C栏第23行至第56页A栏第2行。与Дх.12640同经同卷，此片在前。二残片之间尚缺数行。

Дх.12642　残佛经

存4行，行5至6字。未检出。

Дх.12543　金刚般若波罗蜜经

存3行，行1至4字。录文："提若菩萨/布施/须。"后秦鸠摩罗什译。经文见《大正藏》第8册，第750页B栏第29行至C栏第3行。

Дх.12644　梵网经卢舍那佛说菩萨心地戒品第十卷下

存2行。录文："过酒器与人饮酒者五百世/得教一切人饮及一切众生。"后秦鸠摩罗什译。经文见《大正藏》第24册，第1005页B栏第7行至第8行。

Дх.12645　残佛经

存1行，总2字。录文："廿五。"

Дх.12646　佛说父母恩重经

存4行。录文："所有五逆重罪/得见佛闻法速得/偏袒右肩长跪合掌/之云何奉持。"经文见《大正藏》第85册，第1404页A栏第12行至第16行。

Дх.12647 **大方等陀罗尼经卷第二授记分第二**

存4行，行6至16字。起："告阿难三衣者"，讫："弟子趣道场"。北凉法众译。经文见《大正藏》第21册，第651页A栏第18行至第22行。

Дх.12648 **维摩诘所说经卷中不思议品第六**

存1行，总6字。录文："解脱菩萨智慧。"后秦鸠摩罗什译。经文见《大正藏》第14册，第547页A栏第27行。

Дх.12649 **佛说父母恩重经**

存4行，行2至9字。起："得饼肉不敢"，讫："摩发"。经文见《大正藏》第85册，第1403页C栏第21行至第25行。

Дх.12650 **大般若波罗蜜多经**

存1行，总6字。录文："增语非菩萨摩。"唐玄奘译。所存甚少，无法确定卷品。

Дх.12651 **维摩诘所说经卷中不思议品第六至观众生品第七**

存5行，行1至5字。起："门/观众生品第"，品题："观众生品第"，讫："众生为"。后秦鸠摩罗什译。经文见《大正藏》第14册，第547页A栏第28行至B栏第2行。

Дх.12652 **大般若波罗蜜多经卷第二百六十九初分难信解品第三十四之八十八**

存6行。录文："清净故/若净/清净/智清/清净何/四正断。"唐玄奘译。经文见《大正藏》第6册，第361页C栏第19行至第24行。

Дх.12653 **周易王弼注**

存10行，行5至11字。正文大字，注双行小字。起："象曰部"，讫："无不利则不"。北天目道人藕益智旭著《周易禅解卷第一》。文见《嘉兴藏》第20册，第402页B栏。有异文。

Дх.12654 **四分律比丘戒本**

存5行，行3至4字。起："应当学"，讫："唾应当学"。后秦佛陀耶舍译。经文见《大正藏》第22册，第1021页C栏第20行至第23行。

Дх.12655 **妙法莲华经卷第七观世音菩萨普门品第二十五**

存4行，行3至13字。起："云何佛告"，讫："身而为"。后秦鸠摩罗什译。经文见《大正藏》第9册，第57页A栏第22行至第24行。

Дх.12656 **残纸**

无字。

Дх.12657 **妙法莲华经卷第五安乐行品第十四**

存7行，行5至8字。起："说中最为甚"，讫："持此经"。后秦鸠摩罗什译。经文见《大正藏》第9册，第39页A栏第16行至第23行。

Дх.12658 **维摩诘所说经卷上佛国品第一**

存4行。录文："功德相严菩/音菩萨香/休息菩萨/萨得大势至。"后秦鸠摩罗什译。经文见《大正藏》第14册，第537页B栏第10行至第13行。

Дх.12659 **大宝积经卷第一百一十三宝梁聚会第四十四沙门品第一**

存2行。录文："迦叶所谓沙门/故解如实义。"北梁释道龚译。经文见《大正藏》第11册，第638页C栏第16行至第18行。

Дх.12660 **杂写**

存3行。录文："空留/癸酉年/□法兴□□。"

Дх.12661 **杂写**

正背各存1至2字。

Дх.12662 **妙法莲华经卷第七观世音菩萨普门品第二十五**

存3行。录文："彼观/遇恶罗/彼观。"后秦鸠摩罗什译。经文见《大正藏》第9册，第58页A栏第3行至第5行。

Дх.12662V **妙法莲华经卷第七观世音菩萨普门品第二十五**

存3行。录文："蝮/彼观/电。"后秦鸠摩罗什译。经文见《大正藏》第9册，第58页A栏第8行至第10行。

Дx.12663 妙法莲华经卷第七观世音菩萨普门品第二十五

存4行。录文："方诸/老病死苦/悲观及慈观/能伏灾风火普明。"后秦鸠摩罗什译。经文见《大正藏》第9册，第58页A栏第15行至第21行。

Дx.12664 妙法莲华经卷第五安乐行品第十四

存4行，行8字。起："师利此法"，讫："藏于诸经"。后秦鸠摩罗什译。经文见《大正藏》第9册，第39页A栏第15行至第18行。

Дx.12665 金光明最胜王经卷第一序品第一

存4行。录文："悲自然救摄/如来应正等觉/是谓涅槃真/方便乃。"唐义净译。经文见《大正藏》第16册，第408页A栏第12行至第15行。

Дx.12666 残佛经

存3行。录文："或/恭/益。"不可定名。

Дx.12667 妙法莲华经卷第五安乐行品第十四

存2行。录文："菩萨常乐安隐说/以油涂身。"后秦鸠摩罗什译。经文见《大正藏》第9册，第38页A栏第8行至第9行。

Дx.12668 大般涅槃经卷第三十师子吼菩萨品之六

存7行，行5至8字。起："心而作是"，讫："菩萨尔时具"。宋慧严等依泥洹经加之。经文见《大正藏》第12册，第803页C栏第12行至第18行。

Дx.12669 佛说父母恩重经

存4行，行7至8字。起："头既索妻"，讫："止他舍常"。经文见《大正藏》第85册，第1403页C栏28行至第1404页A栏第2行。

Дx.12670 大般若波罗蜜多经卷第二百五十九初分难信解品第三十四之七十八

存3行，行8字。起："故若一切"，讫："善现一切"。唐玄奘译。经文见《大正藏》第6册，第309页C栏第19行至第21行。

Дx.12671 毗尼心学戒法第一

存5行，行10字左右。正文大字，注双行小字。起："者外能生恶又前"，讫："若诈称"。经文见《大正藏》第85册，第662页C栏第6行始。与现刊本相校，经文前后顺序不同。

Дx.12672 金刚般若波罗蜜经

存6行，行4至5字。起："提若乐小"，讫："复次须菩"。后秦鸠摩罗什译。经文见《大正藏》第8册，第750页C栏第18行至第24行。

Дx.12673 开蒙要训

存9行，行1至8字。起"契/示语靡从"，讫："尖埚戾/魁钵"。定名参考张新朋《敦煌写本〈开蒙要训〉叙录续补》，见《敦煌研究》2008年第1期，第98页至第101页。

Дx.12674 大般涅槃经卷第二十八师子吼菩萨品第十一之二

存4行，行5至6字。起："佛性者如佛"，讫："人以业因缘"。北凉昙无谶译。经文见《大正藏》第12册，第532页C栏第13行至第16行。

Дx.12675 妙法莲华经卷第五安乐行品第十四

存6行，行4至12字。起："与之文殊"，讫："于家出家"。后秦鸠摩罗什译。经文见《大正藏》第9册，第39页A栏第17行至第24行。

Дx.12676 斋文

存5行。

Дx.12677 大般若波罗蜜多经卷第五百九十第十四精进波罗蜜多分

存7行，行2至12字。起："闻说精进波罗蜜"，讫："若菩萨摩诃/蜜"。唐玄奘译。经文见《大正藏》第7册，第1054页A栏第6行至第10行。

Дx.12678 金光明最胜王经卷第三灭业障品第五

存7行，行6至7字。起："吹大法螺"，讫："流转共诸生造"。唐义净译。经文见《大正藏》第16册，第414页A栏第7行至第14行。

Дx.12679 药师琉璃光如来本愿功德经

存5行。录文："契经/增上慢覆/件党如是愚/情堕大险/流转。"唐玄奘译。经文见《大正藏》第

14册，第405页C栏第28行至第406页A栏第4行。

Дх.12680　残佛经

存10行。未检出。

Дх.12681　金刚般若波罗蜜经

存6行，行7至9字。起："有众生得闻如是"，讫："一念生净信者须"。后秦鸠摩罗什译。经文见《大正藏》第8册，第759页A栏第26行至B栏第3行。

Дх.12682　金光明最胜王经卷第十舍身品第二十六

存4行，行7字。起："觉天上天下最"，讫："名花软草遍布其"。唐义净译。经文见《大正藏》第16册，第450页C栏第26行至第29行。

Дх.12683　金刚般若波罗蜜经

存1行，总5字。录文："诵此经所得。"后秦鸠摩罗什译。经文见《大正藏》第8册，第751页A栏第1行或第5行。

Дх.12684　大般若波罗蜜多经卷第二百五十八初分难信解品第三十四之七十七

存7行，行2至9字。起："断故"，讫："界清净何以故"。唐玄奘译。经文见《大正藏》第6册，第304页C栏第18行至第24行。

Дх.12685　字书

存1行"之"字。

Дх.12686　残佛经

存1行，总5字。录文："多罗三藐三。"不可定名。

Дх.12687　杂写

存一"重"字。

Дх.12688　深密解脱经卷第三圣者弥勒菩萨问品第九

存5行，行1至7字。起："如是等修罗"，讫："心内常/得"。北魏菩提流支译。经文见《大正藏》第16册，第674页B栏第25行至C栏第1行。

Дх.12689　佛经论释

存4行。未检出。

Дх.12690　佛说摩利支天陀罗尼咒经

存4行。录文："安多/非路中护我/火难护我水难/家中护。"失译。经文见《大正藏》第21册，第261页C栏第16行至第20行。顺序与现刊本不尽相同。

Дх.12391　佛说佛名经卷第四

存7行，行3至6字。起："来/无所发如来"，讫："如来"。失译。经文见《大正藏》第14册，第203页C栏第3行至第9行。

Дх.12692　妙法莲华经卷第四提婆达多品第十二

存7行，行4至7字。起："退转为欲满"，讫："若不违我"。后秦鸠摩罗什译。经文见《大正藏》第9册，第34页B栏第26行至C栏第4行。

Дх.12693　合部金光明经卷第二业障灭品第五

存9行，行3至13字。起："此经是"，讫："光华眷属"。真谛译、隋释宝贵合。经文见《大正藏》第16册，第372页A栏第22行至B栏第2行。

Дх.12694　金光明最胜王经卷第五莲华喻赞品第七

存6行。录文："永竭苦/令我速/清净离垢深/速成无上大/当获福德/常。"唐义净译。经文见《大正藏》第16册，第423页B栏第5行至第10行。

Дх.12695　金刚般若波罗蜜经

存7行。录文："阿那/得/实无/是念我/者世尊佛/第一离/汉世。"后秦鸠摩罗什译。经文见《大正藏》第8册，第749页C栏第5行至第13行。

Дх.12696　太公家教

存10行，行2至7字。起："女行则蹊缓"，讫："无亲"。

Дх.12697　毛诗邶风

存14行，行4至10字。起："泾以渭"，讫："彼泉水亦流"。

Дх.12698　金刚般若波罗蜜经

存4行，行6至9字。起："生相无寿者相"，讫："有住则为"。后秦鸠摩罗什译。经文见《大正藏》第8册，第750页B栏第20行至第23行。从残存经文看,似为册页装,与背面为一页之二面。

Дx.12698V 金刚般若波罗蜜经

存4行,行4至10字。起:"我相人相众",讫:"闻是经不"。后秦鸠摩罗什译。经文见《大正藏》第8册,第750页B栏第7行至第10行。此面在前。

Дx.12699 四分律并论要用抄

存5行。注为双行小字。起:"依法亦名四",讫:"四法得资身活命"。经文见《大正藏》第85册,第699页C栏第9行至第15行。

Дx.12700 金刚般若波罗蜜经

存3行,行10至13字。起:"意云何若",讫:"提若福德"。后秦鸠摩罗什译。经文见《大正藏》第8册,第751页B栏第29行至C栏第2行。

Дx.12701 大方等大集经贤护分卷第五现前三昧中十法品第十三

存5行,行3至7字。全部为偈语。起:"于深忍中无取着",讫:"所生降"。隋阇那崛多译。经文见《大正藏》第13册,第892页B栏第20行至第24行。

Дx.12702 大般若波罗蜜多经题签

录文:"大般若波罗蜜多经卷第五百六十。"

Дx.12703 妙法莲华经玄赞卷第一

存4行,行8至17字。起:"道之良资",讫:"结二国之信"。唐基撰。经文见《大正藏》第34册,第662页B栏第28行至C栏第4行。

Дx.12704 妙法莲华经卷第七观世音菩萨普门品第二十五

存11行,行2至5字。起:"成池/不能没",讫:"寻声自回去"。后秦鸠摩罗什译。经文见《大正藏》第9册,第57页C栏第22行至第58页A栏第9行。

Дx.12705 梵网经卢舍那佛说菩萨心地戒品第十卷下

存4行,行9至11字。起:"如是十戒",讫:"作国贼若故"。后秦鸠摩罗什译。经文见《大正藏》第24册,第1005页C栏第17行至第22行。

Дx.12706 佛经论释

存7行。未检出。

Дx.12707 妙法莲华经卷第四提婆达多品第十二

存9行,行2至13字。起:"为床/于法故",讫:"大法"。后秦鸠摩罗什译。经文见《大正藏》第9册,第34页C栏第6行至第21行。

Дx.12708 金光明最胜王经卷第一如来寿量品第二

存7行,行3至10字。起:"无边正行",讫:"佛亲说"。唐义净译。经文见《大正藏》第16册,第408页A栏第13行至第21行。

Дx.12709 佛经论释

存10行。未检出。

Дx.12710 金刚般若波罗蜜经

存2行。录文:"如来须菩提若善男子善女/世界碎为微尘于意云。"后秦鸠摩罗什译。经文见《大正藏》第8册,第752页B栏第5行至第7行。

Дx.12711 一切佛菩萨名集卷第十一

存4行。录文:"南无大口佛/然灯火/无无边离垢/南无日月光明。"经文见《房山石经》第28册,第379页B栏第18行至第22行。

Дx.12712 金刚般若波罗蜜经

存3行。录文:"福德胜前福/四句偈等当/养如。"后秦鸠摩罗什译。经文见《大正藏》第8册,第750页A栏第4行至第7行。

Дx.12713 毗尼心

存3行。经文大字,注双行小字。录文:"惑乱道/上高床上坐/命养道宜须应法。"经文见《大正藏》第85册,第662页C栏第1行至第3行。

Дx.12714 大般若波罗蜜多经

存6行。录文:"不虚妄/智清/性法/法界乃/故/清。"唐玄奘译。相同经文甚多,查不出具体卷品。

Дx.12715 开蒙要训

存4行,行4至5字。起:"刈撩乱削",讫:"从擒"。定名参考张新朋《敦煌写本〈开蒙要训〉叙录续补》，见《敦煌研究》2008年第1期，第98页至第101页。

Дx.12715V 残片

存一"谏"字。不可定名。

Дx.12716 维摩诘所说经卷上佛国品第一

存7行。录文："捐如是一切/观/法自在/大严菩/手菩/喜/执。"后秦鸠摩罗什译。经文见《大正藏》第14册，第537页A栏第29行至B栏第7行。

Дx.12717 大佛顶如来密因修证了义诸菩萨万行首楞严经卷第七

存3行。录文："那兰/部录出别/摩地修学妙。"唐般剌蜜帝译。经文见《大正藏》第19册，第133页A栏第3行至第7行。

Дx.12718 周易王弼注

存8行。注双行小字。

Дx.12719 妙法莲华经卷第七观世音菩萨普门品第二十五

存4行。录文："宰官身/门身而者/者即现比丘/者居士宰官。"后秦鸠摩罗什译。经文见《大正藏》第9册，第57页B栏第9行至第13行。

Дx.12720 丈夫百岁篇

存3行，行4至7字。起："泥叁拾堂堂"，讫："醉引笙歌"。

Дx.12720V 缁门百岁篇

存4行。起："拾知身"，讫："春逢平生意"。

Дx.12721 大般涅槃经卷第三十二师子吼菩萨品第十一之六

存3行。录文："当得阿/为法因缘剜/之烧以为炷菩萨。"北凉昙无谶译。经文见《大正藏》第12册，第557页B栏第28行至C栏第1行。

Дx.12722 妙法莲华经卷第三药草喻品第五

存5行。录文："去来/贵贱/正见邪见/一切众生闻/或处人天转。"后秦鸠摩罗什译。经文见《大正藏》第9册，第20页A栏第17行至第22行。

Дx.12723 四分律卷第四十三药犍度之二

存6行。录文："众僧/差堪/僧忍/听僧差/僧持功/德衣。"后秦佛陀耶舍共竺佛念等译。经文见《大正藏》第22册，第878页B栏第8行至第14行。

Дx.12724 维摩诘所说经卷上佛国品第一

存3行。录文："请友而安之绍/制诸外道悉已清/解脱念定总持。"后秦鸠摩罗什译。经文见《大正藏》第14册，第537页A栏第11行至第13行。

Дx.12725 大般若波罗蜜多经卷第一百九十七初分难信解品第三十四之十六

存6行。录文："觉/养育者/菩萨摩/故是养育/无二无二/诸佛无。"唐玄奘译。经文见《大正藏》第5册，第1057页C栏第18行至第25行。

Дx.12726 佛说父母恩重经

存4行。录文："名父母/造经烧香请佛礼/是人能报/生闻经。"经文见《大正藏》第85册，第1404页A栏第17行至第19行。

Дx.12727 金刚般若波罗蜜经

存6行。录文："无住/提菩萨/以身相/见可来何/须菩提/见。"后秦鸠摩罗什译。经文见《大正藏》第8册，第749页A栏第18行至第23行。

Дx.12728 集诸经礼忏仪卷上合香之法

存7行。录文："庄严/药王药上经文/决定毗尼经/普一切诸/诸佛/成就卢舍那/舍那。"唐智昇撰。经文见《大正藏》第47册，第464页B栏第3行至第15行。

Дx.12729 藏经印

莲台寺藏经印。存"莲藏经"3字左半边。

Дx.12730 金光明最胜王经卷第三灭业障品第五

存3行，行4至6字。首题："金光明最胜王经"，讫："身毛孔放"。唐义净译。经文见《大正藏》第16册，第413页C栏第9行至第14行。

Дx.12731 经目

存4行。录文："三昧经十/经一百廿/住断结经/百法经。"

Дx.12732 大般若波罗蜜多经题签

录文:"大般若波罗蜜多经卷第一百六十七十七。"

Дx.12733 大般若波罗蜜多经题签

录文:"大般若波罗蜜多经卷第二百九重廿三。"

Дx.12734 大般若波罗蜜多经题签

录文:"大般若波罗蜜多经卷第二百五十九廿六界。"

Дx.12735 残片

存一"界"字。不可定名。

Дx.12736 大般若波罗蜜多经题签

录文:"大般若波罗蜜多经卷第五百册五十四莲。"

Дx.12737 大般若波罗蜜多经题签

录文:"大般若波罗蜜多经卷第五百五十二五十六莲。"

Дx.12738 大般若波罗蜜多经题签

录文:"大般若波罗蜜多经卷第四百七十三册八。"

Дx.12739 经帙带

麻布。大般若波罗蜜多经帙带,正面书"大般若经第廿四帙",背面书"恩"字。

Дx.12740 佛说天地八阳神咒经

存4行。录文:"明天中即现/即现无量/现香积/来身。"唐义净译。经文见《大正藏》第85册,第1424页B栏第27行至C栏第2行。

Дx.12741 大般涅槃经卷第十五梵行品第八之一

存6行。录文:"因缘无我等/修道正勤/神四无量/净三昧知/觉智菩/善男子。"北凉昙无谶译。经文见《大正藏》第12册,第456页B栏第5行至第11行。

Дx.12742 金光明最胜王经卷第七大辩才天女品第十五之一

存5行。录文:"赞法/供养/哀愍心/念心无乱/机令习定。"唐义净译。经文见《大正藏》第16册,第436页B栏第17行至第21行。

Дx.12743 金光明最胜王经卷第四最净地陀罗尼品第六

存3行。录文:"菩提/在心不可/离於菩。"唐义净译。经文见《大正藏》第16册,第417页C栏第25行至第28行。

Дx.12744A 大般若波罗蜜多经题签

录文:"□□□罗蜜多经卷第□□□。"

Дx.12744B 大般若波罗蜜多经卷第八十二

存7行。录文:"如梦/化如/故天子/断四/如幻如/性空故/所见无。"唐玄奘译。经文见《大正藏》第5册,第458页A栏第16行至第23行。

Дx.12745 大般若波罗蜜多经卷第二百四十一初分难信解品第三十四之六十

存4行。录文:"果/智智清净/圣谛清净/清。"唐玄奘译。经文见《大正藏》第6册,第218页A栏第24行至第27行。

Дx.12746 金光明最胜王经卷第四最净地陀罗尼品第六

存2行。录文:"几因缘得/菩提。"唐义净译。经文见《大正藏》第16册,第417页C栏第26行至第27行。

Дx.12747 大乘无量寿经

存5行,行5至9字。起:"卫国祇树给",讫:"若自书"。经文见《大正藏》第19册,第82页A栏第5行至第13行。

Дx.12748 佛画残片

Дx.12749 佛经论释

存4行,行3至13字。未检出。

Дx.12750 非佛经

存2行。录文:"木三去/孙农多蚕。"不可定名。

Дx.12751 残佛经

存1行,总2字。录文:"便随。"不可定名。

Дx.12752 西夏文残片

Дx.12753 佛说天地八阳神咒经

存2行。录文:"名八阳/是香识。"唐义净译。经文见《大正藏》第85册,第1424页B栏第22行至第24行。

Дx.12754 佛经论释

存4行,行2至8字。起:"答离",讫:"乱心故"。

Дx.12755 维摩诘所说经卷上佛国品第一

存5行。录文:"心所行近/不共关闭/其身为大医/行无量功德/见闻者无不蒙。"后秦鸠摩罗什译。经文见《大正藏》第14册,第537页A栏第24行至第28行。

Дx.12756 金光明最胜王经卷第十舍身品第二十六

存4行。录文:"于此树下为我/世尊其座敷/座上跏趺而坐端/欲见自往昔苦。"唐义净译。经文见《大正藏》第16册,第451页A栏第1行至第5行。

Дx.12757 佛说摩利支天陀罗尼咒经

存4行。录文:"我不/为怨/曰/遏迦。"失译。经文见《大正藏》第21册,第261页C栏第12行至第15行。

Дx.12758 佛说摩利支天陀罗尼咒经

存2行。录文:"支摩罗摩四摩诃/那摩。"失译。经文见《大正藏》第21册,第261页C栏第16行至第17行。与现刊本相校,有异文。

Дx.12759 毛诗国风

存3行,行10字。

Дx.12760 论语集解

存2行。

Дx.12761 妙法莲华经卷第四提婆达多品第十二

存3行,行7至13字。全部为偈赞。起:"须采薪及果瓜",讫:"勤求获此法"。后秦鸠摩罗什译。经文见《大正藏》第9册,第34页C栏第18行至第23行。

Дx.12762 佛经论释

存5行,行2至10字。起:"即如所愿",讫:"逐影乃走影"。未检出。

Дx.12763 妙法莲华经玄赞

存5行,行2至18字。起:"文者佛地",讫:"如有说言/传"。唐基撰。经文见《大正藏》第34册,第662页C栏第7行至第13行。

Дx.12764 维摩诘所说经卷上佛国品第一

存10行,行5至10字。起:"菩萨宝手菩",讫:"杖菩萨无胜菩萨"。后秦鸠摩罗什译。经文见《大正藏》第14册,第537页B栏第5行至第14行。

Дx.12765 佛经论释

存3行,行8至9字。未检出。

Дx.12766 药师琉璃光如来本愿功德经

存5行,行2至6字。起:"诸国至广严城",讫:"威神"。唐玄奘译。经文见《大正藏》第14册,第404页C栏第15行至第20行。

Дx.12767 大般若波罗蜜多经卷第一百六十二初分校量功德品第三十之六十

存3行。录文:"性若非自性即是净戒波罗/罗蜜多一切菩萨摩诃/者何。"唐玄奘译。经文见《大正藏》第5册,第871页B栏第16行至第18行。

Дx.12768 愿文范本

存14行。此依赵鑫晔《俄藏敦煌文献缀合四则》定名,见《文献》2008年第3期,第85页至第92页。

Дx.12769 妙法莲华经卷第七观世音菩萨普门品第二十五

存3行。录文:"闻是观世音/神通力者当知/品时众中八万。"后秦鸠摩罗什译。经文见《大正藏》第9册,第58页B栏第4行至第6行。与Дx.12770同经同卷,可与其第7行至第9行上下缀合。

Дx.12770 妙法莲华经卷第七观世音菩萨普门品第二十五

存10行,行3至4字。起:"澍甘露法",讫:"菩提心"。后秦鸠摩罗什译。经文见《大正藏》第9册,第58页A栏第23行至B栏第7行。与Дx.12769同经同品,此为下半段,第7行至第9行可与上段缀合。

Дx.12771 胜天王般若波罗蜜经卷第五证劝品第九

存5行,行3至17字。起:"蜜于大",讫:"欲求法者"。月婆首那译。经文见《大正藏》第8册,第715页A栏第24行至B栏第2行。

Дx.12772 金刚般若波罗蜜经

存6行。录文:"能作/也世尊/是名/能作是念/也世尊何以/是法名。"后秦鸠摩罗什译。经文见《大正藏》第8册,第749页B栏第26行至C栏第3行。

Дx.12773 金光明最胜王经卷第九善生王品第二十一

存5行,行2至7字。起:"说佛福智",讫:"恭敬"。唐义净译。经文见《大正藏》第16册,第444页A栏第27行至B栏第2行。

Дx.12774 大通方广忏悔灭罪庄严成佛经卷上

存6行。录文:"等/乘愿听我等受/方山林树下神仙/寺僧坊讲/不绝何/地狱不。"经文见《大正藏》第85册,第1340页B栏第6行至第12行。

Дx.12775 陀罗尼

正面存3行,背面存4行。经文见《大正藏》第21册,第602页A栏。经文差别较大。

Дx.12776至Дx.12785 馆藏缺

Дx.12786 新译大乘入楞伽经序

存5行,行1至6字。起:"制",讫:"祈妙法因鹫峰"。经文见《大正藏》第16册,第587页A栏第5行至第9行。

Дx.12787 愿文

存10行,行3至9字。

Дx.12788 佛说无常经

存5行。录文:"常求诸欲境/命根气欲尽/两目俱翻上/长喘连胸急/诸识皆昏昧。"唐义静译。经文见《大正藏》第17册,第746页A栏第5行至第13行。

Дx.12789 金刚般若波罗蜜经

存9行,行17字。完整者6行。起:"菩提言甚",讫:"味触法"。后秦鸠摩罗什译。经文见《大正藏》第8册,第749页B栏第20行至第29行。

Дx.12790 佛说天地八阳神咒经

存11行,行1至17字。完整者8行。起:"在/善神卫护",讫:"以正信故兼"。唐义净译。经文见《大正藏》第85册,第1423页A栏第12行至第25行。

Дx.12791 合部金光明经卷第二业障灭品第五

存12行,行13字。起:"饮食卧具",尾仅存:"卷第二"。真谛译、隋释宝贵合。经文见《大正藏》第16册,第372页B栏第11行至第25行。

Дx.12792 大般若波罗蜜多经题签

录文:"□□□蜜多经卷第二百五十八廿六。"

Дx.12793 佛说父母恩重经

存11行,行5至8字。起:"蜜经一句一偈",尾题:"佛说父母恩重经"。经文见《大正藏》第85册,第1404页A栏第12行至第23行。

Дx.12794 残片

存5行。录文:"於/有/生/披/谓。"不可定名。

Дx.12795 残片

存2行,行1字。不可定名。

Дx.12796 残片

存1行,行3字。录文:"无生忍。"不可定名。

Дx.12797 残片

存3行,行1字。录文:"而/使/一。"不可定名。

Дx.12798 残片

存2行,行1字。录文:"王/□。"不可定名。

Дx.12799 残片

存1行,总4字。录文:"诵密言已。"不可定名。

Дx.12800 残片

存2行,行1字。录文:"以/提。"不可定名。

Дx.12801 残片

存3行,行1至3字。录文:"房/殊门/故尚书。"不可定名。

Дx.12802 佛说阿弥陀经

存4行，行2至7字。起："极乐"，讫："极乐国土"。后秦鸠摩罗什译。经文见《大正藏》第12册，第346页C栏第11行至第14行。

Дx.12803 残片

存2行，行1字。录文："取/真。"不可定名。

Дx.12804 残片

存4行，行2至3字。不可定名。

Дx.12805 妙法莲华经卷第四提婆达多品第十二

存5行，行2至7字。起："五欲乐故为大国"，讫："罗蜜慈悲喜"。后秦鸠摩罗什译。经文见《大正藏》第9册，第34页C栏第22行至第27行。

Дx.12806 四分律比丘戒本

存2行。录文："过者受波逸提/病时施衣时是。"后秦佛陀耶舍译。经文见《大正藏》第22册，第1019页A栏第1行至第4行。

Дx.12807 金刚般若波罗蜜经

存4行。录文："如是/卅二相观如/白佛言世/相观如。"后秦鸠摩罗什译。经文见《大正藏》第8册，第752页A栏第12行至第16行。

Дx.12808 残佛经

存2行，行2至6字。未检出。

Дx.12809 残片

存半边字。不可辨识。

Дx.12810 妙法莲华经题签

录文："妙法莲华经卷□□□。"

Дx.12811 金刚般若波罗蜜经

存3行。录文："是诸/寿者若取/取非法。"后秦鸠摩罗什译。经文见《大正藏》第8册，第749页B栏第6行至第8行。

Дx.12812 残片

存1字。不可定名。

Дx.12813 佛经论释

存2行。草书。待考。

Дx.12814 佛说摩利支天菩萨陀罗尼经

存3行。录文："男子/是言/人能。"唐不空译。经文见《大正藏》第21册，第259页C栏第7行至第9行。

Дx.12815 习字

正面抄写"犹"字1行，背面抄写"坏""字"1行。"坏"为俗字。

Дx.12816 大般若波罗蜜多经般若理趣分述赞

存3行。录文："论此中如是/众如是当听/耶故此。"唐基撰。经文见《大正藏》第33册，第27页C栏第7行至第10行。

Дx.12817 商标

刻本。存2行。录文："临洮义盛老号/广药高香。"

Дx.12818 习字

存1行。

Дx.12819 大般若波罗蜜多经题签

录文："大般若波罗蜜多经卷第五百卅七五十四。"

Дx.12820 道德经卷上归根章第十六至淳风章第十七

存5行，行4至16字。起："致虚极"，讫："其次畏之侮"。

Дx.12821 道德经卷上能为章第十、无用章第十一、检欲章第十二

存11行，行1至8字。起："载营魄抱一"，讫："妨是以/宠"。

Дx.12822 大般若波罗蜜多经题签

录文："大般若波罗蜜多经卷第二百卅□。"

Дx.12823 金刚般若波罗蜜经

存16行，行3至11字。起："陀洹"，讫："须菩提"。后秦鸠摩罗什译。经文见《大正藏》第8册，第749页B栏第26行至C栏第14行。

Дx.12824 妙法莲华经卷第三授记品第六

存10行，行3至13字。全部为偈语。起："万亿诸佛"，讫："亦住二"。后秦鸠摩罗什译。经文见

《大正藏》第9册，第21页B栏第3行至第16行。

Дх.12825　梵网经卢舍那佛说菩萨心地戒品第十卷下

存10行，行3至17字。前4行为《梵网经》，后秦鸠摩罗什译。经文见《大正藏》第24册，第1009页C栏第5行至第18行。后七佛偈内容见于《五分戒本》《摩诃僧祇律》等戒本中。偈语相关内容在《五分戒本》中可见。见《大正藏》第22册，第203页A栏第8行至第12行。

Дх.12825V　和菩萨戒文

存10行，行19字左右。文字模糊不清。可辨识经文同于《和菩萨戒文》。经文见《大正藏》第85册，第1300页C栏。

Дх.12826　妙法莲华经题签

录文："妙法莲华经卷第五。"

Дх.12827　太公家教

存8行，行3至9字。起："敬上爱"，讫："风声大丑渐耻"。

Дх.12827V　字书

存2行，行7行。

Дх.12828　状

存3行。录文："南弃/洗惠善崇/弥口顾通。"

Дх.12829　Дх.12830　类书序

参考余欣《新刊俄藏敦煌文献研读札记》，见《敦煌学辑刊》2004年第1期，第13页至第25页。

Дх.12829V　Дх.12830V　占出行择日吉凶法

参考余欣《新刊俄藏敦煌文献研读札记》，见《敦煌学辑刊》2004年第1期，第13页至第25页。

Дх.12831　发愿文

存4行。

Дх.12831V　杂写

存"□复霜"3字。

Дх.12832　残佛经

存1行，总5字。录文："十戒中前往。"未检出。

Дх.12833　习字

存3行。习写"和"字。

Дх.12834　下女夫词

此依宋雪春《〈俄藏敦煌文献〉中四件〈下女夫词〉残片的缀合》定名，见《敦煌研究》2012年第6期，第85页至第87页。

Дх.12835　残佛经

存1行，总4字。录文："明照世间。"未检出。

Дх.12836　残佛经

存2行。录文："身/即无学。"未检出。

Дх.12837　残佛经

字迹模糊，无法辨识。

Дх.12838　药师琉璃光如来本愿功德经

存11行，行3至9字。起："是非他嫌谤"，讫："得圆满"。唐玄奘译。经文见《大正藏》第14册，第405页C栏第1行至第406页A栏第12行。

Дх.12839　大般若波罗蜜多经题签

录文："大般若波罗蜜多经卷第七十七八。"

Дх.12840　十诵律卷第三十九明杂法之四

存6行，行17字。起："有物尽持来现"，讫："现前应分"。后秦弗若多罗译。经文见《大正藏》第23册，第284页B栏第19行至第24行。

Дх.12841　佛说佛名经

存11行。存佛名4行，未检出。另存忏悔文7行，见《大正藏》第21册，第860页C栏第28行至第861页A栏第8行。

Дх.12842　佛说佛名经

存12行。均为佛名。未检出。

Дх.12843　宗镜录卷第八十九

存8行，行3至8字。起："益经云若人"，讫："见思益"。经文见《大正藏》第48册，第904页A栏。与现刊本相校，文字出入很大。

Дх.12843V　残佛经

存5行，行3字。未检出。

Дх.12844　残佛经

存1行，总3字。录文："圣人设。"不可定名。

Дx.12844V　民族文字残片

Дx.12845　榜题

正面存"各下金刚杵印"1行；背面为藏文。

Дx.12846　大般涅槃经卷第五如来性品第四之二

存2行，行6字。录文："无杀心者即真/平等者譬如父。"北凉昙无谶译。经文见《大正藏》第12册，第394页A栏第23行至第24行。

Дx.12846V　民族文字残片

Дx.12847　佛经论释

存6行，行4至11字。草书。待考。

Дx.12848　残佛经

存2行，行9字。草书。待考。

Дx.12848V　民族文字残片

Дx.12849　残佛经

存1行，总4字。未检出。

Дx.12849V　民族文字残片

Дx.12850　摩诃般若波罗蜜经卷第二往生品第四

存6行，行2至10字。起："离般若波罗"，讫："士大家为成"。后秦鸠摩罗什译。经文见《大正藏》第8册，第225页B栏第27行至C栏第3行。

Дx.12851　大方广佛华严经卷第七十六入法界品第三十九之十七

存6行，行5至11字。起："间苦受究竟"，讫："天女身乃"。唐实叉难陀译。经文见《大正藏》第10册，第415页B栏第3行至第9行。

Дx.12851V　民族文字残片

Дx.12852　大方等大集经不眴菩萨品第四

存3行。录文："诸/如说而安住/诸法自在。"北凉昙无谶译。经文见《大正藏》第13册，第42页B栏第20行至第22行。

Дx.12853　西夏文残片

Дx.12854　金刚般若波罗蜜经

存3行。录文："婆伽婆/从昔来/须菩。"北魏菩提流支译。经文见《大正藏》第8册，第754页B栏第13行至第15行。

Дx.12855　大般涅槃经卷第十三圣行品第七之三

存1行，总4字。录文："生草木等。"北凉昙无谶译。经文见《大正藏》第12册，第442页B栏第14行。

Дx.12856　残佛经

存2行。录文："佛/世佛。"不可定名。

Дx.12857　残佛经

存3行。字不甚清楚。不可定名。

Дx.12858　妙法莲华经卷第五安乐行品第十四

存5行，行4至11字。起："不令世尊"，讫："过去诸佛"。后秦鸠摩罗什译。经文见《大正藏》第9册，第40页B栏第3行至第7行。

Дx.12859　大般涅槃经卷第十三圣行品第七之三

存5行。录文："如望远人/非婆罗门见/罗门非沙/五种世/五种世法心。"北凉昙无谶译。经文见《大正藏》第12册，第443页B栏第2行至第6行。

Дx.12860　道行般若经卷第二摩诃般若波罗蜜功德品第三

存7行，行4至9字。起："踊跃意喜时"，讫："避去大尊"。后汉支娄迦谶译。经文见《大正藏》第8册，第435页A栏第28行至B栏第6行。

Дx.12861　根本说一切有部毗奈耶卷第二十四服过七日药学处第三十

存11行，行2至8字。起："与人"，讫："多药"。唐义净译。经文见《大正藏》第23册，第759页C栏第28行至第760页A栏第9行。

Дx.12862　妙法莲华经卷第五如来寿量品第十六

存6行，行4至7字。起："等仵阿惟越"，讫："劫自从是"。后秦鸠摩罗什译。经文见《大正藏》第9册，第42页B栏第21行至第26行。

Дx.12863　大般涅槃经卷第三十五迦叶菩萨品第十二之三

存4行。录文："闻/从/若是/是观。"北凉昙无谶译。经文见《大正藏》第12册，第570页C栏第12行至第15行。

Дx.12864　仁王般若经疏卷下护国品第五

存2行，行3字。录文："为灰扬/有何常。"吉藏撰。经文见《大正藏》第33册，第345页C栏第8行至第9行。

Дx.12865　大般涅槃经卷第十九梵行品第八之五

存3行。录文："说不但独为末/不但独受波斯匿王/之食大王。"北凉昙无谶译。经文见《大正藏》第12册，第479页C栏第25行至第28行。

Дx.12866　大般涅槃经卷第三十四迦叶菩萨品第十二之二

存5行。录文："於经中作/眼识言恶欲者/受受因/名色缘/慧如。"北凉昙无谶译。经文见《大正藏》第12册，第568页B栏第28行至C栏第3行。

Дx.12867　大般涅槃经卷第十八梵行品第八之四

存3行。录文："所知见觉/念僧念戒念/遍知。"北凉昙无谶译。经文见《大正藏》第12册，第468页A栏第12行至第15行。

Дx.12868　大智度论卷第五初品中摩诃萨埵释论第九

存4行。录文："切人/有堕饿鬼中火/虽复多闻见/次广多闻为人。"龙树菩萨造、后秦鸠摩罗什译。经文见《大正藏》第25册，第98页B栏第13行至第18行。

Дx.12869　中本起经卷下度奈女品第十三

存3行。录文："吾国饭/当在复慎勿供办/豪强威力。"后汉昙果共康孟祥译。经文见《大正藏》第4册，第161页C栏第21行至第23行。

Дx.12870　大般涅槃经卷第二十六光明遍照高贵德王菩萨品第十之六

存4行。录文："即一/悉无/波一切。"北凉昙无谶译。经文见《大正藏》第12册，第521页B栏第11行至第14行。

Дx.12871　金刚般若波罗蜜经

存1行，总5字。录文："寿者相何以。"后秦鸠摩罗什译。经文见《大正藏》第8册，第750页B栏第16行。

Дx.12872　摩诃般若波罗蜜经卷第二十四四摄品第七十八

存2行。录文："复次/果中智。"后秦鸠摩罗什译。经文见《大正藏》第8册，第394页B栏第14行至第15行。

Дx.12873　妙法莲华经卷第二譬喻品第三

存2行。录文："缘令/弗我先。"后秦鸠摩罗什译。经文见《大正藏》第9册，第12页B栏第8行至第9行。

Дx.12874　合部金光明经卷第一三身分别品第三

存5行，行4至14字。起："已无复尘"，讫："清净不为无"。真谛译、隋释宝贵合。经文见《大正藏》第16册，第364页B栏第24行至第27行。

Дx.12874V　民族文字残片

Дx.12875　摩诃般若波罗蜜经卷第二十七常啼品第八十八

存3行。录文："萨求般若波/萨是菩萨/言世。"后秦鸠摩罗什译。经文见《大正藏》第8册，第416页A栏第24行至第26行。

Дx.12876　佛说弥勒下生成佛经

存5行。录文："议是/散佛/叹/作如/夜眠。"后秦鸠摩罗什译。经文见《大正藏》第14册，第425页B栏第17行至第22行。

Дx.12876V　民族文字残片

Дx.12877　维摩诘所说经卷上弟子品第三

存3行。录文："忽/佛告/佛言世。"后秦鸠摩罗什译。经文见《大正藏》第14册，第541页B栏第8行至第11行。

Дx.12878　妙法莲华经题签

录文："□□莲华经卷第一。"

Дx.12879　大般若波罗蜜多经卷第三十八初分般若行相品第十之一

存2行。录文："空有为空/异空本性。"唐玄奘译。经文见《大正藏》第5册，第210页C栏第1行至第2行。

Дх.12880 光赞经卷第七摩诃般若波罗蜜十住品第十八

存2行。录文:"不可知处/谓菩萨。"西晋竺法护译。经文见《大正藏》第8册,第196页B栏第12行至第13行。

Дх.12881 大般涅槃经卷第五如来性品第四之二

存3行。录文:"教其半字而不教/稚力未堪故/即时能得。"北凉昙无谶译。经文见《大正藏》第12册,第390页C栏第18行至第20行。

Дх.12882 佛说灌顶拔除过罪生死得度经卷第十二

存4行。录文:"无浊秽慎/具足坚持不犯至无/第六愿者使我来世若/者使。"东晋帛尸梨蜜多罗译。经文见《大正藏》第21册,第532页C栏第16行至第19行。

Дх.12883 妙法莲华经马明菩萨品第三十

存3行。录文:"男女/王宫舍治/里须弥。"经文见《大正藏》第85册,第1428页A栏第11行至第14行。

Дх.12884 维摩诘所说经卷中佛道品第八

存6行,行2至12字。起:"解脱",讫:"亿众生俱"。后秦鸠摩罗什译。经文见《大正藏》第14册,第549页C栏第22行至第550页A栏第11行。

Дх.12885 佛说长阿含经卷第十七第三分露遮经第十

存9行,行3至5字。起:"生天",讫:"设用"。后秦佛陀耶舍共竺佛念等译。经文见《大正藏》第1册,第114页A栏第10行至第20行。

Дх.12886 残佛经

存3行。未检出。

Дх.12887 四分律卷第四十三药犍度之二

存3行。录文:"老忍僧差某/嘿然谁不/为僧。"后秦佛陀耶舍共竺佛念等译。经文见《大正藏》第22册,第878页B栏第14行至第16行。

Дх.12888 十方千五百佛名经

存4行。录文:"佛婆/佛无边/佛佝/愿严佛高。"经文见《大正藏》第14册,第316页B栏第12行至第15行。

Дх.12888V 民族文字残片

Дх.12889 大般涅槃经卷第十九梵行品第八之五

存3行。录文:"而为眷属如/贪所有/无烦。"北凉昙无谶译。经文见《大正藏》第12册,第480页A栏第15行至第17行。

Дх.12890 残佛经

存1行,总2字。录文:"能得。"不可定名。

Дх.12891 大方广佛华严经卷第十七初发心功德品第十七

正面存1行,总4字。录文:"是而游於。"唐实叉难陀译。经文见《大正藏》第10册,第92页C栏第19行。背面存一"魅"字。

Дх.12892 妙法莲华经卷第六法师功德品第十九

正面存2行。录文:"其/其目甚。"后秦鸠摩罗什译。经文见《大正藏》第9册,第47页C栏第14行至第16行。背面存4行民族文字。

Дх.12893 残佛经

存1行,总2字。录文:"是佛。"不可定名。

Дх.12894 注维摩诘经

存2行。录文:"什曰/悲念。"后秦释僧肇译选。经文见《大正藏》第38册,第330页C栏第12行至第13行。残存经文还见于《净名经集解关中疏》。

Дх.12895 宗四分比丘随门要略行仪

存4行,行6字。只有部分经文与此经相同。或为别的戒律。

Дх.12896 毗婆尸佛经卷下

存3行。录文:"净如/心不/宣。"法天译。经文见《大正藏》第1册,第157页A栏第6行至第8行。

Дх.12896V 民族文字残片

Дх.12897 放光般若经卷第八摩诃般若波罗蜜功德品第三十九

存3行。录文:"拘/知善男/来。"西晋无罗叉译。经文见《大正藏》第8册,第54页C栏第3行至第6行。

Дх.12898 妙法莲华经卷第五从地踊出品第十五

存3行。录文:"少病/受化易/菩。"后秦鸠摩罗什译。经文见《大正藏》第9册,第40页B栏第1行至第4行。

Дх.12899 大般涅槃经卷第三十四迦叶菩萨品第十二之二

存3行。录文:"六/是等法/闻是。"北凉昙无谶译。经文见《大正藏》第12册,第568页B栏第2行至第4行。

Дх.12900 残佛经

正面存1行,总2字。录文:"正语"。不可定名。背面为民族文字。

Дх.12901 大智度论卷第二十六初品中十八不共法释论第四十一

存2行。录文:"不久习戒/净戒成。"龙树菩萨造、后秦鸠摩罗什译。经文见《大正藏》第25册,第247页C栏第4行至第5行。

Дх.12902 残佛经

存1行,总2字。录文:"者知。"不可定名。

Дх.12903 残佛经

存1行,总3字。录文:"以一食。"不可定名。

Дх.12904 妙法莲华经卷第五从地踊出品第十五

存4行,行2至11字。起:"教易不不令世",讫:"生疲"。后秦鸠摩罗什译。经文见《大正藏》第9册,第40页A栏第28行至B栏第3行。

Дх.12905 残片

存4行,行1字。录文:"我/生/为/色。"不可定名。

Дх.12906 十诵羯磨比丘要用

存4行,行4至16字。起:"唯改人名",讫:"肘广二肘半"。宋僧璩撰。经文见《大正藏》第23册,第498页B栏第8行至第11行。有异文。

Дх.12907 大智度论卷第二十六初品中十八不共法释论第四十一

存5行。录文:"故有/就故常/智慧故善修大/诸罪根□□故/者。"龙树菩萨造、后秦鸠摩罗什译。经文见《大正藏》第25册,第247页C栏第4行至第8行。

Дх.12908 残佛经

存2行。录文:"无/无害。"不可定名。

Дх.12909 残佛经

存1行,总2字。录文:"波罗。"不可定名。

Дх.12910至Дх.14156 另编为C.E.马洛夫于阗收集品

Дх.14157 残佛经

存2行,行1字。录文:"地/此。"不可定名。

Дх.14158 残佛经

存3行,行1字。录文:"切/终/难。"不可定名。

Дх.14159 大般涅槃经卷第二十三光明遍照高贵德王菩萨品第十之三

存3行。录文:"众/是或见为/齿为恶。"北凉昙无谶译。经文见《大正藏》第12册,第499页第22行。

Дх.14160 金光明最胜王经卷第九诸天药叉护持品第二十二

存3行。录文:"能除灭/皆相舍离/生欢喜。"唐义净译。经文见《大正藏》第16册,第445页B栏第20行至第24行。

Дх.14161 大方等大集经卷第十二无言菩萨品第六

存2行。录文:"来若/无作。"北凉昙无谶译。经文见《大正藏》第13册,第82页A栏第21行至第22行。《不退转法轮经》亦有相同经文。

Дх.14162 残佛经

存1行,总2字。录文:"王心。"不可定名。

Дх.14163 放光般若经卷第二十摩诃般若波罗蜜诸法妙化品第八十七

存3行。录文:"化耶是/是行所化耶/化。"西晋无罗叉译。经文见《大正藏》第8册，第141页B栏第4行至第5行。

Дх.14164 佛说无量清净平等觉经卷第四

存1行，总5字。录文："今世作恶福。"后汉支娄迦谶译。经文见《大正藏》第12册，第296页C栏第10行。

Дх.14165 残佛经

存1行，总3字。录文："是凡夫。"不可定名。

Дх.14166至Дх.14168 残佛经

极残，不可定名。

Дх.14169 妙法莲华经卷第一方便品第一

存2行。录文："品第一/闻一时佛。"后秦鸠摩罗什译。经文见《大正藏》第9册，第1页C栏第18行至第19行。此2行经文还见于其他佛经中。

Дх.14170 大方广佛华严经卷第五十三入法界品第三十四之十

存3行。录文："者一切悉/魔得成最/妙色除灭。"东晋佛驮跋陀罗译。经文见《大正藏》第9册，第731页C栏第28行至第732页A栏第3行。

Дх.14171 金刚般若波罗蜜经

存2行。录文："不住色/菩萨应。"后秦鸠摩罗什译。经文见《大正藏》第8册，第749页A栏第13行至第14行。

Дх.14172 残佛经

存1行，总3字。录文："名善法。"不可定名。

Дх.14173 金光明经卷第三除病品第十五

存3行。录文："师/饮食及/者。"北凉昙无谶译。经文见《大正藏》第16册，第352页A栏第7行至第10行。

Дх.14174 大般若波罗蜜多经卷第三百六初分佛母品第四十一之二

存2行。录文："皆无作/叹摄受。"唐玄奘译。经文见《大正藏》第6册，第560页C栏第29行至第561页A栏第1行。残存经卷还见于卷四百四十三、五百一十、五百四十七、五百六十一等。

Дх.14175至Дх.14177 残佛经

极残，不可定名。

Дх.14178 馆藏缺

Дх.14179 残片

存2行。录文："寄语谈/中法正。未检出。

Дх.14180 金刚般若波罗蜜经

存4行。录文："三/不作是/念我得阿/行者。"后秦鸠摩罗什译。经文见《大正藏》第8册，第749页C栏第11行至第14行。

Дх.14181 残佛经

存1行，总2字。录文："众生。"不可定名。

Дх.14182 金光明最胜王经疏卷第二如来寿量品第二

存1行，总3字。录文："愿言善。"慧沼撰。经文见《大正藏》第39册，第201页C栏第15行。此句经疏还见于宝臣述《注大乘入楞伽经罗婆那王劝请品第一》。经文见《大正藏》第39册，第437页B栏第3行。

Дх.14183 佛说佛名经卷第五

存1行，总4字。录文："等勿思佛。"北魏菩提流支译。经文见《大正藏》第14册，第138页B栏第3行。

Дх.14184 残佛经

存1行，总2字。录文："诃萨。"不可定名。

Дх.14185 佛说佛名经卷第五

存1行，总5字。录文："南无善威德。"北魏菩提流支译。经文见《大正藏》第14册，第138页B栏第23行。

Дх.14186至Дх.14188 残佛经

极残，不可定名。

Дх.14189 佛说佛名经

存2行。录文：无/南无宝。"无法确指具体卷数。

Дх.14190 佛说仁王般若波罗蜜经卷下护国品第五

存2行。录文："果乐亦/亦。"后秦鸠摩罗什译。经文见《大正藏》第8册，第830页A栏第16行至第17行。

Дх.14191　金光明经卷第三善集品第十二

存2行。录文："议有/槃后时有圣。"北凉昙无谶译。经文见《大正藏》第16册，第348页B栏第5行至第8行。

Дх.14192　佛说称扬诸佛功德经卷上

存2行。录文："持余千佛名/名其有"。北魏吉迦夜译。经文见《大正藏》第14册，第87页C栏第13行至第14行。

Дх.14193　佛说佛名经卷第六

存3行。录文："佛/音自在佛/作方佛。"失译。经文见《大正藏》第14册，第212页B栏第4行至第5行。

Дх.14194　大般涅槃经卷第十七梵行品第八之三

存2行。录文："闻无四/何等为三。"北凉昙无谶译。经文见《大正藏》第12册，第463页C栏第24行至第25行。

Дх.14195　妙法莲华经卷第四授学无学人记品第九

存2行。录文："亿诸佛护/菩提。"后秦鸠摩罗什译。经文见《大正藏》第9册，第29页C栏第7行至第8行。

Дх.14196　Дх.14197　残片

极残，不可定名。

Дх.14198　妙法莲华经卷第七妙庄严王本事品第二十七

存2行。录文："难/故父母当难。"后秦鸠摩罗什译。经文见《大正藏》第9册，第60页A栏第29行至B栏第2行。

Дх.14199　大智度论卷第十二释初品中檀波罗蜜法施之余

存2行。录文："德或/等心念佛。"龙树菩萨造、后秦鸠摩罗什译。经文见《大正藏》第25册，第147页A栏第13行至第15行。

Дх.14200　妙法莲华经卷第七观世音菩萨普门品第二十五

存2行。录文："遂堕落金刚/绕各执刀。"后秦鸠摩罗什译。经文见《大正藏》第9册，第57页C栏第23行至第25行。

Дх.14201　佛说灌顶拔除过罪生死得度经卷第十二

存2行。录文："语阿难/不少。"东晋帛尸梨蜜多罗译。经文见《大正藏》第21册，第536页A栏第7行至第8行。上部另有一片，存2行。录文："无边/乘。"不可定名。

Дх.14202　金光明最胜王经卷第七无染著陀罗尼品第十三

存2行。录文："陀罗尼/处非非方处。"唐义净译。经文见《大正藏》第16册，第432页C栏第20行至第21行。另有一残片，存"事相圣"3字。不可定名。

Дх.14203　残佛经

存3行。未检出。

Дх.14204　金刚般若波罗蜜经

存3行。录文："如筏/提於意/耶如。"后秦鸠摩罗什译。经文见《大正藏》第8册，第749页B栏第11行至第13行。

Дх.14205　佛说佛名经卷第五

存2行。录文："精进信佛/佛。"北魏菩提流支译。经文见《大正藏》第14册，第138页B栏第4行至第5行。

Дх.14206至Дх.14208　残佛经

极残，不可定名。

Дх.14209　大宝积经卷第四十菩萨藏会第十二之六如来不思议性品第四之四

存2行。录文："之因及/生诸心。"唐玄奘译。经文见《大正藏》第11册，第233页A栏第6行至第7行。

Дх.14210　佛说仁王般若波罗蜜经卷下护国品第五

存3行。录文："讲/众难若疾病苦/作五逆。"后秦鸠摩罗什译。经文见《大正藏》第8册，第830

页A栏第17行至第19行。

Дх.14211 残片

存2行。极残,不可定名。

Дх.14212 残佛经

存1行,总4字。录文:"佛所说义。"不可定名。

Дх.14213 残佛经

存2行,行2字。录文:"不/波罗。"不可定名。

Дх.14214 妙法莲华经卷第七妙庄严王本事品第二十七

存4行。录文:"佛所我/何此佛/受母/汝。"后秦鸠摩罗什译。经文见《大正藏》第9册,第590页C栏第15行至第17行。

Дх.14215 妙法莲华经卷第六随喜功德品第十八

存2行,行6字。全部为偈语。录文:"是人福胜彼不/何况于法会初。"后秦鸠摩罗什译。经文见《大正藏》第9册,第47页B栏第10行至第12行。

Дх.14216 大般涅槃经卷第十九梵行品第八之五

存2行。录文:"悔热身诸璎珞妓乐/臭秽不可。"北凉昙无谶译。经文见《大正藏》第12册,第474页B栏第2行至第3行。

Дх.14217 摩诃般若波罗蜜经卷第十一随喜品第三十九

存3行。录文:"脱等随喜/与解脱等/与解脱。"后秦鸠摩罗什译。经文见《大正藏》第8册,第301页C栏第16行至第18行。

Дх.14218 维摩诘所说经卷中入不二法门品第九

存3行。录文:"是/法门/言无说无。"后秦鸠摩罗什译。经义见《大正藏》第14册,第551页C栏第16行至第19行。

Дх.14219 四分律删繁补阙行事钞卷上标宗显德篇第一

存5行,行5字。起:"又分四一就小",讫:"能生成住持"。唐道宣撰述。经文见《大正藏》第40册,第4页C栏第21行至第29行。

Дх.14220 悲华经卷第二大施品第三之一

存6行,行3字。前2行、后1行不清。中间3行,录文:"天王/王释/王名。"北凉昙无谶译。经文见《大正藏》第3册,第180页C栏第16行至第19行。

Дх.14221 佛说称扬诸佛功德经卷上

存2行。录文:"间解无上/有得闻阿。"北魏吉迦夜译。经文见《大正藏》第14册,第87页C栏第9行至第11行。

Дх.14222 残片

存一"六"字。不可定名。

Дх.14223 金光明经卷第四流水长者子品第十六

存2行。录文:"利天下阁/楼屋。"北凉昙无谶译。经文见《大正藏》第16册,第353页B栏第17行至第19行。

Дх.14224 残佛经

存2行,行2字。录文:"所谓/菩提。"不可定名。

Дх.14225 金刚般若波罗蜜经

存2行。录文:"念诸/说善男。"后秦鸠摩罗什译。经文见《大正藏》第8册,第749页A栏第1行至第2行。

Дх.14226 妙法莲华经卷第四劝持品第十三

存2行。录文:"为说是经故/我等于来。"后秦鸠摩罗什译。经文见《大正藏》第9册,第36页C栏第17行至第19行。

Дх.14227 妙法莲华经卷第一序品第一

存2行。录文:"生死所趣/又睹诸佛圣。"后秦鸠摩罗什译。经文见《大正藏》第9册,第2页C栏第17行至第18行。

Дх.14228 民族文字残片

Дх.14229至Дх14232 残佛经

极残,不可定名。

Дх.14233 金光明最胜王经卷第二分别三身品第三

存2行。录文:"而起偏/足以上。"唐义净译。经文见《大正藏》第16册,第408页B栏第6行至第8行。

Дх.14234 残佛经

存2行，行1字。不可定名。

Дх.14235 大宝积经卷第四十二菩萨藏会第十二之八尸波罗蜜品第四之一

存3行。录文："恭/敬已速悟/罗蜜。"唐玄奘译。经文见《大正藏》第11册，第243页A栏第20行至第23行。

Дх.14236 大般若波罗蜜多经题签

录文："第五百三"。

Дх.14237 大般若波罗蜜经卷第五百七十一第六分无所得品第九

存3行。录文："得寂静/故得信乐力/菩提。"唐玄奘译。经文见《大正藏》第7册，第950页B栏第21行至第24行。

Дх.14238 妙法莲华经卷第七观世音菩萨普门品第二十五

存2行。录文："刀足断段坏/手足被扭械。"后秦鸠摩罗什译。经文见《大正藏》第9册，第57页C栏第28行至第29行。

Дх.14239 残佛经

存2行，行5字。录文："业虽成皆有/□□□□。"其中1行为半边字，无法辨识。不可定名。

Дх.14240 妙法莲华经卷第六随喜功德品第十八

存3行。录文："法化/含道/禅定。"后秦鸠摩罗什译。经文见《大正藏》第9册，第46页C栏第17行至第19行。

Дх.14241 残佛经

存3行。录文："是如/六/大。"不可定名。

Дх.14242 妙法莲华经卷第三药草喻品第五

存2行。录文："于世/大圣世尊。"后秦鸠摩罗什译。经文见《大正藏》第9册，第19页C栏第29行至第20页A栏第3行。

Дх.14243 金刚般若波罗蜜经

存2行。录文："阿那/我得。"后秦鸠摩罗什译。经文见《大正藏》第8册，第749页C栏第6行至第7行。

Дх.14244 般若波罗蜜多心经

存2行。录文："诃萨答/甚深般若。"唐法成译。经文见《大正藏》第8册，第850页C栏第1行至第3行。

Дх.14245 残佛经

存3行，行1字。录文："奉/自/萨。"不可定名。

Дх.14246 残佛经

存1行，总3字。录文："舍利子。"不可定名。

Дх.14247 弥沙塞羯磨本

存4行。录文："那/摩那尼某/某甲此钵多/某甲此钵多。"唐爱同录。经文见《大正藏》第22册，第221页A栏第13行至第14行。

Дх.14248 残片

存1行。录文："户在子人神在。"不可定名。

Дх.14249 民族文字残片

Дх.14250 残片

存"草木"2字。不可定名。

Дх.14251 大乘无量寿经

存3行，行1至3字。录文："是/尼曰/怛他羯。"经文见《大正藏》第19册，第82页A栏第21行至第24行。

Дх.14252至Дх.14258 残片

极残，不可定名。

Дх.14259 妙法莲华经卷第四法师品第十

存3行。录文："法者/入如来室著/众广说。"后秦鸠摩罗什译。经文见《大正藏》第9册，第31页C栏第23行至第25行。

Дх.14260 胜天王般若波罗蜜经卷第五无所得品第八

存2行。录文："离故得/教化众生故得无生。"月婆首那译。经文见《大正藏》第8册，第714页A栏第27行至第28行。

Дх.14261 佛说维摩诘经卷上诸法言品第五

存1行，总5字。录文："摩诘知其意。"吴支谦译。经文见《大正藏》第14册，第526页C栏第22

Дх.14262 **大般若波罗蜜多经**

存1行，总4字。录文："变异性平。"不可确指具体卷品。

Дх.14263至Дх.14266 **残佛经**

极残，不可定名。

Дх.14267 **维摩诘所说经卷上方便品第二**

存3行。录文："是身/人为如水/我我所是。"后秦鸠摩罗什译。经文见《大正藏》第14册，第539页。

Дх.14268 **残佛经**

存2行。录文："加请法无鄥/力方便身。"未检出。

Дх.14269 **小品般若波罗蜜经卷第十摩诃般若波罗蜜萨陀波仑品第二十七**

存3行。录文："罗蜜住阿惟[毗]/阿耨多罗三藐/所谓于。"后秦鸠摩罗什译。经文见《大正藏》第8册，第581页C栏第18行至第20行。

Дх.14270 **佛藏经卷中净戒品之余**

存4行。录文："利弗如/深经悉/提内多/当。"后秦鸠摩罗什译。经文见《大正藏》第15册，第790页B栏第6行至第9行。

Дх.14271 **千眼千臂观世音菩萨陀罗尼神咒经辩才无碍印第十三**

存2行。录文："罗写菩/菩提萨。"唐智通译。经文见《大正藏》第20册，第88页A栏第3行至第4行。

Дх.14272 **残片**

存3行。录文："名不轻/名为/祇数名。"不可定名。

Дх.14273 **残佛经**

存3行。录文："修/如来/路。"不可定名。

Дх.14274 **大智度论卷第五十释发趣品第二十之余**

存2行。录文："种十方无/如是分。"龙树菩萨造、后秦鸠摩罗什译。经文见《大正藏》第25册，418页C栏第15行至第16行。

Дх.14275 **妙法莲华经卷第一序品第一**

存3行。录文："雨/诃曼殊/种震。"后秦鸠摩罗什译。经文见《大正藏》第9册，第2页B栏第10行至第12行。

Дх.14276至Дх.14302 **残佛经**

极残，不可定名。

Дх.14303 **大般涅槃经卷第三十九憍陈如品第十三之一**

存3行。录文："获得解/陈如色是/脱非生老。"北凉昙无谶译。经文见《大正藏》第12册，第590页C栏第14行至第16行。

Дх.14304 **大般涅槃经卷第二十八师子吼菩萨品第十一之二**

存2行。录文："盘亦尔有/所说如。"北凉昙无谶译。经文见《大正藏》第12册，第530页A栏第6行至第9行。

Дх.14305 **大通方广忏悔灭罪庄严成佛经卷下**

存3行。录文："力为/法力应/上所说。"经文见《大正藏》第85册，第1349页B栏第25行至第27行。

Дх.14306 **大般涅槃经卷第三十四迦叶菩萨品第十二之二**

存2行。录文："善男子我於/一缘如是。"北凉昙无谶译。经文见《大正藏》第12册，第568页C栏第2行至第3行。

Дх.14307 **大般涅槃经卷第五如来性品第四之二**

存2行。录文："譬如有/肯惠施。"北凉昙无谶译。经文见《大正藏》第12册，第390页B栏第25行至第26行。

Дх.14308 **大般涅槃经卷第七梵行品第八之五**

存1行。录文："亦为淫。"北凉昙无谶译。经文见《大正藏》第12册，第479页C栏第26行。此句经文亦见于马鸣菩萨造、后秦鸠摩罗什译《大庄严论经卷第七》。经文见《大正藏》第4册，第296页

A栏第29行。

Дx.14309 残片

存3行。录文："卅/愿诸佛/祖先。"未检出。

Дx.14310 菩萨璎珞本业经贤圣学观品第三

存1行,总4字。录文："众生现同。"后秦竺佛念译。经文见《大正藏》第24册,第1013页A栏第7行。

Дx.14311至Дx.14321 残佛经

极残,不可定名。

Дx.14322 民族文字残片

Дx.14323 残片

存3行。录文："萨云何调/外人安慰晓/自调。"未检出。

Дx.14324 大方广佛华严经卷第四卢舍那佛品第二之三

存2行。录文："解/号莲华。"东晋佛驮跋陀罗译。经文见《大正藏》第9册,第414页C栏第1行至第16行。此残句还见于《悲华经》《正法华经》中。

Дx.14325 杂阿毗昙心论卷行品第二

存4行。录文：分说/於一/实行/分齐。"宋僧伽跋摩等译。经文见《大正藏》第28册,第886页C栏第13行至第17行。

Дx.14326 十方千五百佛名经

存2行。录文："普明佛光/量。"经文见《大正藏》第14册,第317页C栏第11行至第12行。

Дx.14327 残佛经

存2行,行2字。录文："云何/善知。"不可定名。

Дx.14328 添品妙法莲华经卷第五如来寿量品第十五至分别功德品第十六

存4行。录文："生得/十六/劫数长远如是/时世。"隋阇那崛多共笈多译。经文见《大正藏》第9册,第178页A栏第22行至第24行。

Дx.14329 妙法莲华经卷第五从地踊出品第十五

存2行。录文："退悉当/来教化是。"后秦鸠摩罗什译。经文见《大正藏》第9册,第41页B栏第26行至第28行。

Дx.14330至Дx.14338 残佛经

极残,不可定名。

Дx.14339 大方等大集经卷第五十一月藏分第十四诸恶鬼神得敬信品第八之二

存2行。录文："一切法不离/一法体性。"齐那连耶舍译。经文见《大正藏》第13册,第339页B栏第6行至第7行。

Дx.14340 妙法莲华经卷第三化城喻品第七

存1行,总5字。录文："於四众之中。"后秦鸠摩罗什译。经文见《大正藏》第9册,第25页A栏第27行至第28行。

Дx.14341 金光明最胜王经卷第九诸天药叉护持品第二十二

存2行。录文："王并/母神五。"唐义净译。经文见《大正藏》第16册,第446页A栏第21行至第23行。

Дx.14342 摩诃般若波罗蜜经卷第十六大如品第五十四

存3行,行1至4字。录文："尊/苦何以/故舍利弗。"后秦鸠摩罗什译。经文见《大正藏》第8册,第336页B栏第29行至C栏第2行。残存佛经还见于后秦鸠摩罗什译《小品般若波罗蜜经卷第六大如品第十五》。经文见《大正藏》第8册,第563页A栏第11行至第13行。另见于龙树菩萨造、后秦鸠摩罗什译《大智度论卷第七十二释大如品第五十四》。经文见《大正藏》第25册,第565页B栏第15行至第17行。

Дx.14343至Дx.14347 残佛经

极残,不可定名。

Дx.14348 妙法莲华经卷第五从地踊出品第十五

存2行。录文："多宝如来/佛。"后秦鸠摩罗什译。经文见《大正藏》第9册,第40页A栏第13行至第14行。

Дx.14349至Дx.14357 残佛经

极残,不可定名。

Дх.14358 佛说佛名经卷第二大乘莲华宝达问答报应沙门经

存2行。录文:"狱方圆/高一。"失译。经文见《大正藏》第14册,第195页A栏第24行至第25行。

Дх.14359至Дх.14449 残佛经

极残,不可定名。

Дх.14450 大般涅槃经卷第二十一光明遍照高贵德王菩萨品第十之一

存2行。录文:"劫到/名不到。"北凉昙无谶译。经文见《大正藏》第12册,第491页C栏第2行至第3行。

Дх.14451 残佛经

存3行。录文:"不共/余/故。"不可定名。

Дх.14452 大般涅槃经卷第二十四光明遍照高贵德王菩萨品第十之四

存2行。录文:"清净云/戒多闻。"北凉昙无谶译。经文见《大正藏》第12册,第506页C栏第28行至第507页A栏第1行。

Дх.14453至Дх.14478 残佛经

极残,不可定名。

Дх.14479 大般涅槃经卷第三十六迦叶菩萨品第十二之四

二残片。其一,存2行,行3至4字。录文:"沙门都/道如是道。"北凉昙无谶译。经文见《大正藏》第12册,第580页A栏第3行至第4行。其二,存2行。录文:"金多/尔无有。"为《大般涅槃经卷第五如来性品第四之二》。经义见《大正藏》第12册,第395页A栏第23行至第24行。

Дх.14480 大般涅槃经卷第二寿命品第一之二

存1行。录文:"国无君主。"北凉昙无谶译。经文见《大正藏》第12册,第375页C栏第14行。

Дх.14481至Дх.14485 残佛经

极残,不可定名。

Дх14486 大智度论卷第五十七释宝塔校量品第三十二

存3行。录文:"何如/是一/般若波。"龙树菩萨造、后秦鸠摩罗什译。经文见《大正藏》第25册,第464页B栏第25行至第27行。

Дх.14487至Дх.14504 残佛经

极残,不可定名。

Дх.14505 佛说佛名经

存2行。录文:"华德佛/普花佛。"未检出。

Дх.14506 大方广佛华严经卷第五十二如来出现品第三十七之三

存3行。录文:"有如是/子如大海/智海亦。"唐实叉难陀译。经文见《大正藏》第10册,第273页C栏第22行至第24行。

Дх.14507 大方等无想经卷第六大云初分增长犍度第三十七之余

存2行。录文:"则应无常/来有众生相。"北凉昙无谶译。经文见《大正藏》第12册,第1105页B栏第16行至第18行。

Дх.14508 残片

存4行。录文:"能说/是人始解佛/四谤中云/若铜陵诸法是。"未检出。

Дх.14509 金刚般若波罗蜜经

存2行。录文:"应云何住/哉须菩提。"后秦鸠摩罗什译。经文见《大藏经》第8册,第749页B栏或第752页B栏。

Дх14510 摩诃般若波罗蜜经卷第四辩才品第十五

存3行。录文:"行檀/是舍利/得诸。"后秦鸠摩罗什译。经文见《大正藏》第8册,第245页B栏第5行至第7行。此段残经还见于龙树菩萨造、后秦鸠摩罗什译《大智度论卷第四十五释摩诃萨品第十三》。

Дх.14511至Дх.14515 残佛经

极残,不可定名。

Дх.14516 大般涅槃经卷第十六梵行品第八之二

存3行。录文:"声闻/是名空/菩萨。"北凉昙无谶译。经文见《大正藏》第12册，第461页C栏第5行至第17行。

Дх.14517 Дх.14518 残佛经

极残，不可定名。

Дх.14519 金刚三昧经本觉利品第四

存5行。录文："可思议/听入/时佛告/何所无/今至。"失译。经文见《大正藏》第9册，第368页B栏第3行至第7行。

Дх.14520 残佛经

存1行，总2字。录文："到声。"

Дх.14521 大方广佛华严经卷第十八明法品第十八

存3行。录文："境界随/所得悉善/著如是如。"唐实叉难陀译。经文见《大正藏》第10册，第96页B栏第18行至第20行。

Дх.14522 残片

存2行，行5字。未检出。

Дх.14523 大般涅槃经卷第三十五迦叶菩萨品第十二之三

存3行。录文："失意/知获得/尔时我。"北凉昙无谶译。经文见《大正藏》第12册，第573页C栏第3行至第5行。

Дх.14524 大般涅槃经卷第八如来性品第四之五

存2行。录文："净佛性常/者即。"北凉昙无谶译。经文见《大正藏》第12册，第410页C栏第6行至第7行。

Дх.14525 妙法莲华经卷第六随喜功德品第十八

存3行。录文："多/无量无/德无量。"后秦鸠摩罗什译。经文见《大正藏》第9册，第46页C栏第20行至第22行。

Дх.14526 妙法莲华经卷第五分别功德品第十七

存2行。录文："宝幢悬胜幡/昔年未曾有闻。"后秦鸠摩罗什译。经文见《大正藏》第9册，第44页C栏第13行至第15行。

Дх.14527 残佛经

存2行。录文："会/来从。"不可定名。

Дх.14528 残佛经

存1行，总3字。录文："以禅□。"不可定名。

Дх.14529 金光明经卷第四舍身品第十七

存3行。录文："教勅即往/有七宝函/佛言。"北凉昙无谶译。经文见《大正藏》第16册，第354页A栏第9行至第11行。

Дх.14530 佛说弘道广显三昧经卷第三信值法品第六

存4行。录文："信/离念应信知诸法/无识无念/离。"西晋竺法护译。经文见《大正藏》第15册，第499页A栏第22行至第25行。

Дх.14531 十方千五百佛名经

存4行。录文："华光佛/放光佛妙/生佛/佛。"经文见《大正藏》第14册，第314页C栏第10行至第12行。

Дх.14532 大般涅槃经卷第二十六光明遍照高贵德王菩萨品第十之六

存3行。录文："何等为/食三者/不随时。"北凉昙无谶译。经文见《大正藏》第12册，第518页C栏第13行至第15行。

Дх.14533 首罗比丘经

存2行，行2至4字。录文："菩萨说法/离恶。"经文见《大正藏》第85册，第1358页B栏第1行至第3行。

Дх.14534 大方等大集经卷第十三不可说菩萨品第七

存4行。录文："门是亦/贪欲瞋/於如来/邪异於八。"北凉昙无谶译。经文见《大正藏》第13册，第85页C栏第14行至第17行。

Дх.14535 残佛经

存2行。录文："母眷属/属。"不可定名。

Дх.14536 大般涅槃经卷第十六梵行品第八之二

存3行。录文："如/令彼安住/我于尔时。"北凉昙无谶译。经文见《大正藏》第12册，第460页C栏第28行至第461页A栏第1行。

Дx.14537 **妙法莲华经卷第七妙音菩萨品第二十四**

存3行。录文："作是念/耨多/雨法。"后秦鸠摩罗什译。经文见《大正藏》第9册,第62页A栏第10行至第12行。

Дx.14538 **妙法莲华经卷第七观世音菩萨普门品第二十五**

存3行。录文："宝经过/得恐/号是菩。"后秦鸠摩罗什译。经文见《大正藏》第9册,第56页C栏第24行至第26行。

Дx.14539 **残佛经**

存一"藐"字。不可定名。

Дx.14540 **大般涅槃经卷第二十九师子吼菩萨品第十一之三**

存3行。录文："生殷/言瞿/毒龙。"北凉昙无谶译。经文见《大正藏》第12册,第54页B栏第5行至第7行。

Дx.14541 **卷帙号**

存2行。录文："经第四帙/文。"

Дx.14542 Дx.14543 **残佛经**

Дx.14544 **大般涅槃经卷第二十四光明遍照高贵德王菩萨品第十之十四**

存2行。录文："因亦作/有定。"北凉昙无谶译。经文见《大正藏》第12册,第505页A栏第15行至第16行。

Дx.14545 **大般涅槃经卷第十二圣行品第七之二**

存2行。录文："常乐以/罗。"北凉昙无谶译。经文见《大正藏》第12册,第439页B栏第18行至第20行。

Дx.14546 **妙法莲华经卷第四见宝塔品第十一**

存1行,总3字。录文："尊虽久。"后秦鸠摩罗什译。经文见《大正藏》第9册,第33页C栏第17行。

Дx.14547至Дx.14562 **残佛经**

极残,不可定名。

Дx.14563 **佛说观药王药上二菩萨经**

存3行。录文："佛名曰/同音赞叹药王/世。"宋畺良耶舍译。经文见《大正藏》第20册,第662页A栏第7行至第9行。

Дx.14564 **大方等大集经卷第二十宝幢分第九三昧神足品第四**

存4行。录文："生放弃/调伏一切暗/之人示以/久住。"北凉昙无谶译。经文见《大正藏》第13册,第137页C栏第28行至第138页A栏第3行。

Дx.14565 **阿毗达磨集异门足论卷第八四法品第五之三**

存2行。录文："及世间无/非常。"唐玄奘译。经文见《大正藏》第26册,第400页A栏第9行至第11行。或后秦鸠摩罗什译《小品般若波罗蜜经卷第五魔事品第十一》。经文见《大正藏》第8册,第558页B栏第1行至第2行。

Дx.14566 **残佛经**

存2行。录文："是中/诃萨。"

Дx.14567 **妙法莲华经卷第四见宝塔品第十一**

存2行。录文："宝如来/子等。"后秦鸠摩罗什译。经文见《大正藏》第9册,第34页A栏第7行至第8行。

Дx.14568至Дx.14620 **残佛经**

极残,不可定名。

Дx.14621 **大方广佛华严经卷第十四兜率天宫菩萨云集赞佛品第二十**

存1行,总5字。录文："及诸法了达。"东晋佛驮跋陀罗译。经文见《大正藏》第9册,第485页C栏第16行。

Дx.14622至Дx.14647 **残佛经**

极残,不可定名。

Дx.14648 **佛说灌顶拔除过罪生死得度经卷第十二**

存3行,行2至6字。录文："佛复告阿难/身意人常用是/之言。"东晋帛尸梨蜜多罗译。经文见《大正藏》第21册,第534页C栏第14行至第17行。

Дx.14649至Дx.14651 **残佛经**

极残,不可定名。

Дx.14652 十地经论义记

存3行。录文:"文画中三者/下虚空/相。"随慧远撰。经文见《卍新续藏》第45册,第62页A栏第18行至第20行。

Дx.14653至Дx.14655 残佛经

极残,不可定名。

Дx.14656 大般涅槃经卷第三十六迦叶菩萨品第十二之四

存1行,总3字。录文:"名八正。"北凉昙无谶译。经文见《大正藏》第12册,第580页A栏第5行。

Дx.14657 残佛经

存1行,总2字。录文:"似疾。"

Дx.14658 大般若波罗蜜多经

存1行,总4字。录文:"多时不应。"甚残,不可确指卷品。

Дx.14659 妙法莲华经卷第六药王菩萨本事品第二十三

存2行。录文:"身火燃/众。"后秦鸠摩罗什译。经文见《大正藏》第9册,第53页B栏第17行至第18行。

Дx.14660至Дx.14672 残佛经

极残,不可定名。

Дx.14673 金刚般若波罗蜜经

存3行。录文:"生寿者/相人相众生/法相非不。"北魏菩提流支译。经文见《大正藏》第8册,第753页B栏第12行至第14行。

Дx.14674 残佛经

存2行。录文:"退散/念。"不可定名。

Дx.14675 残片

存3行。录文:"右尧反侥/心也经/如白。"未检出。

Дx.14676 大般涅槃经卷第三十师子吼菩萨品第十一之四

存3行。录文:"大黑暗/得乳必/还。"北凉昙无谶译。经文见《大正藏》第12册,第542页A栏第22行至第25行。

Дx.14677 金光明经卷第二四天王品第六

存4行。录文:"躬/其举足/亿那由/死亡。"北凉昙无谶译。经文见《大正藏》第16册,第342页B栏第1行至第4行。

Дx.14678 残佛经

存"善男子善"4字。不可定名。

Дx.14679 大智度论卷第一初序品中缘起义释论第一

存2行。录文:"净何以/皆有。"龙树菩萨造、后秦鸠摩罗什译。经文见《大正藏》第25册,第61页B栏第5行至第6行。

Дx.14680 佛说未曾有因缘经

存2行。录文:"恼障重/故不得。"萧齐释昙景译。经文见《大正藏》第17册,第584页A栏第17行至第18行。

Дx.14681 大般涅槃经卷第十八梵行品第八之四

存2行。录文:"见非/见是世。"北凉昙无谶译。经文见《大正藏》第12册,第472页C栏第13行至第14行。

Дx.14682 妙法莲华经卷第一序品第一

存3行,行1至4字。录文:"得/善男子如/时有。"后秦鸠摩罗什译。经文见《大正藏》第9册,第3页C栏第16行至第18行。

Дx.14683 Дx.14684 残佛经

未检出。

Дx.14685 大般涅槃经卷第三十八迦叶菩萨品第十二之六

存2行。录文:"长黑/因。"北凉昙无谶译。经文见《大正藏》第12册,第589页C栏第3行至第4行。

Дx.14686至Дx.14688 残佛经

Дx.14689 修行道地经卷第二除恐怖品第七

存2行。录文:"声普/为檀钵。"西晋竺法护译。经文见《大正藏》第15册，第190页B栏第26行至第28行。

Дx.14690　五千五百佛名神咒除障灭罪经卷第三

存2行。录文："日日/得解。"隋阇那崛多译。经文见《大正藏》第14册，第329页B栏第22行至第24行。或为景霄纂《四分律钞简正记卷第十一三十舍堕》。经文见《卍新续藏》第43册，第309页A栏第13行至第14行。

Дx.14691　Дx.14692　残佛经

Дx.14693　妙法莲华经卷第四劝持品第十三

存2行。录文："遥见/唯愿不。"后秦鸠摩罗什译。经文见《大正藏》第9册，第36页B栏第19行至第21行。

Дx.14694　残佛经

存1行，总4字。录文："菩提不住。"

Дx.14695　妙法莲华经题签

录文："妙法莲华经☐☐☐。"

Дx.14696　残佛经

存1行，总3字。录文："故出生。"

Дx.14697　妙法莲华经卷第六随喜功德品第十八

存3行。录文："乐/勒我/百万。"后秦鸠摩罗什译。经文见《大正藏》第9册，第46页C栏第22行至第24行。

Дx.14698至Дx.14743　残佛经

未检出。

Дx.14744　妙法莲华经卷第六化城喻品第七

存2行。录文："华经化/诸比丘。"后秦鸠摩罗什译。经文见《大正藏》第9册，第22页A栏第18行至第19行。

Дx.14745　药师琉璃光如来本愿功德经

存1行，总5字。录文："可得过度危。"唐玄奘译。经文见《大正藏》第14册，第407页C栏第11行。或东晋帛尸梨蜜多罗译《佛说灌顶拔除过罪生死得度经卷第十二》。经文见《大正藏》第21册，第535页B栏第16行至第17行。

Дx.14746　妙法莲华经卷第一序品第一

存2行。录文："严饰国/千由。"后秦鸠摩罗什译。经文见《大正藏》第9册，第3页B栏第22行至第23行。

Дx.14747　十诵律

存2行。录文："夏末/衣钵。"后秦弗若多罗译。经文见《大正藏》第23册。甚残，无法确指具体卷次。

Дx.14748　大方等陀罗尼经卷第四护戒分卷第四

存2行。录文："尘/戒十方。"北凉法众译。经文见《大正藏》第21册，第656页C栏第15行至第16行。

Дx.14749至Дx.14775　残佛经

极残，不可定名。

Дx.1.4776　佛说灌顶拔除过罪生死得度经卷第十二

存3行。录文："疑者亦/之莫作疑惑/言为信。"东晋帛尸梨蜜多罗译。经文见《大正藏》第21册，第535页A栏第17行至第19行。

Дx.14777　七千佛神符经

存2行。录文："佛/卧不恶梦。"经文见《大正藏》第85册，第1446页B栏第29行至第30行。

Дx.14778　阿毗达磨集异门足论卷第二二法品第三之二

存2行。录文："思惟/空非我。"尊者舍利子说、唐玄奘译。经文见《大正藏》第26册，第371页B栏至C栏。残存经句所存甚多，见于B栏至C栏多处。

Дx.14779　法苑珠林卷第八十六洗忏部第六

存2行。录文："秽伽/见无。"唐道世撰。经文见《大正藏》第53册，第918页B栏第29行至C栏第1行。

Дx.14780　妙法莲华经卷第二譬喻品第三

存3行。录文："说人/贱为/人人。"后秦鸠摩罗什译。经文见《大正藏》第9册，第15页C栏第17行至第20行。

Дx.14781 妙法莲华经卷第六药王菩萨本事品第二十三

存3行。录文："中海/来所说/大铁围。"后秦鸠摩罗什译。经文见《大正藏》第9册,第54页A栏第20行至第22行。

Дx.14782 残佛经

存2行。录文："子/聪明。"不可定名。

Дx.14783 大宝积经卷第一百一十三旄陀罗品第三

存1行。录文："门果迦叶。"北梁释道龚译。经文见《大正藏》第11册,第641页C栏第23行。

Дx.14784至Дx.14788 残佛经

未检出。

Дx.14789 光赞经卷第三摩诃般若波罗蜜了空品第七

存2行。录文："十种力/亦复为。"西晋竺法护译。经文见《大正藏》第8册,第168页C栏第16行至第17行。

Дx.14790至Дx.14803 残佛经

Дx.14804 大方广佛华严经卷第三十七离世间品第三十三之二

存3行。录文："巧方便微/微密语/无处不。"东晋佛驮跋陀罗译。经文见《大正藏》第9册,第638页C栏第12行至第14行。

Дx.14805 残片

存3行。最后1行录文："五月一日夜水□。"不可定名。

Дx.14806 大般涅槃经卷第十七梵行品第八之三

存2行。录文："常者则不/世。"北凉昙无谶译。经文见《大正藏》第12册,第465页C栏第4行至第5行。

Дx.14807 大般涅槃经卷第五如来性品第四之二

存3行。录文："众生多/量报/解。"北凉昙无谶译。经文见《大正藏》第12册,第393页B栏第21行至第23行。

Дx.14808 大般涅槃经卷第五如来性品第四之二

存2行。录文："得煖/又解脱。"北凉昙无谶译。经文见《大正藏》第12册,第392页A栏第21行至第22行。

Дx.14809 残佛经

存2行。录文："入□受/可思议。"未检出。

Дx.14810 妙法莲华经卷第五安乐行品第十四

存2行。录文："入禅定/法为人。"后秦鸠摩罗什译。经文见《大正藏》第9册,第39页C栏第5行至第7行。

Дx.14811 摩诃般若波罗蜜经卷第十六大如品第五十四

存3行。录文："至一/菩提若一/当得阿。"后秦鸠摩罗什译。经文见《大正藏》第8册,第337页B栏第4行至第6行。或龙树菩萨造、后秦鸠摩罗什译《大智度论卷第七十二释大如品第五十四》。经文见《大正藏》第25册,第566页C栏第22行至第24行。

Дx.14812 大般涅槃经卷第十五梵行品第八之一

存3行。录文："一慈/妄想谛/安诸佛。"北凉昙无谶译。经文见《大正藏》第12册,第454页B栏第17行至第19行。

Дx.14813 妙法莲华经卷第四五百弟子受记品第八

存2行。录文："处处/尊能。"后秦鸠摩罗什译。经文见《大正藏》第9册,第27页B栏第24行至第25行。或失译《佛说佛名经卷第十四》。经文见《大正藏》第14册,第240页A栏第8行至第9行。或北凉昙无谶译《金光明经卷第一忏悔品第三》。经文见《大正藏》第16册,第337页B栏第20行至第21行。

Дx.14814 金光明最胜王经卷第二分别三身品第三

存2行。录文："空烟云/谓无。"唐义净译。经文见《大正藏》第16册,第410页A栏第27行至第28行。

Дx.14815至Дx.14822 残佛经

未检出。

Дх.14823　妙法莲华经卷第五分别功德品第十七

存1行，总6字。录文："缺漏求于无上。"后秦鸠摩罗什译。经文见《大正藏》第9册，第44页C栏。

Дх.14824至Дх.14826　残佛经

未检出。

Дх.14827　大般若波罗蜜多经题签

录文："□般若波罗蜜□□□。"

Дх.14828至Дх.14848　残佛经

Дх.14849　金刚般若波罗蜜经

存2行。录文："尊我今得闻/世后五百。"后秦鸠摩罗什译。经文见《大正藏》第8册，第750页B栏第4行至第5行。

Дх.14850至Дх.14875　残佛经

未检出。

Дх.14876　大般涅槃经卷第三十五迦叶菩萨品第十二之三

存4行。录文："欲乐有/无是/住菩/见。"北凉昙无谶译。经文见《大正藏》第12册，第573页C栏第12行至第15行。

Дх.14877　别译杂阿含经卷第十六

存3行。录文："涅槃极/复说偈言/流转受。"失译。经文见《大正藏》第2册，第487页B栏第23行至第25行。

Дх.14878　优婆塞戒经卷第六业品第二十四之一

存2行。录文："妄说之/搆言。"北凉昙无谶译。经文见《大正藏》第24册，第1067页B栏第12行至第13行。

Дх.14879　佛说佛名经卷第三

存2行。录文："南无善/香胜王。"北魏菩提流支译。经文见《大正藏》第14册，第127页A栏第12行。

Дх.14880　大般涅槃经卷第二十一光明遍照高贵德王菩萨品第十之一

存2行。录文："心断烦/本无今。"北凉昙无谶译。经文见《大正藏》第12册，第492页A栏第19行至第20行。

Дх.14881至Дх.14900　残佛经

Дх.14901　优婆塞五戒威仪经

存2行。录文："众罪行菩萨/垢罪何以。"宋求那跋摩译。经文见《大正藏》第24册，第1117页C栏第5行至第7行。

Дх.14902　奋迅王问经

存2行。录文："赞叹/於五阴。"北魏瞿昙般若流支译。经文见《大正藏》第13册，第936页B栏第21行至第22行。

Дх.14903　妙法莲华经卷第四法师品第十

存2行。录文："其有读诵持/有人求佛。"后秦鸠摩罗什译。经文见《大正藏》第9册，第31页B栏第4行至第6行。

Дх.14904至Дх.14918　残佛经

Дх.14919　大般涅槃经卷第一寿命品第一

存3行。录文："树如忉利/四千人王/娱乐欢喜。"北凉昙无谶译。经文见《大正藏》第12册，第371页A栏第16行至第18行。

Дх.14920　大般涅槃经卷第十五梵行品第八之一

存3行。录文："如是/如家犬/悲难去如。"北凉昙无谶译。经文见《大正藏》第12册，第453页C栏第25行至第27行。

Дх.14921　残佛经

存1行，总4字。录文："其贵也发。"

Дх.14922　佛说仁王般若波罗蜜经卷下护国经嘱累品第八

存2行。录文："度后未/王子。"后秦鸠摩罗什译。经文见《大正藏》第8册，第833页C栏第3行至第4行。或胡吉藏撰《仁王般若经疏卷下仁王护国般若波罗蜜经护国品第五》。经文见《大正藏》第33册，第358页B栏第16行至第17行。或唐道世撰《法苑珠林卷第九十八法灭篇第九十八》。经文见《大正藏》第53册，第1012页A栏第22行至第23

行。

Дх.14923 残佛经

存"是故"2字。不可定名。

Дх.14924 佛说仁王般若波罗蜜经卷上护国经二谛品第四

存2行。录文:"门为一为/一非二乃。"后秦鸠摩罗什译。经文见《大正藏》第8册,第829页B栏第24行至第25行。

Дх.14925 残佛经

存3行。录文:"有边佛言/亦不可计诸法/了无。"未检出。

Дх.14926 金光明经文句文句记会本卷第六

存2行。录文:"大慈心/与诸善。"经文见《卍新续藏》第20册,第246页A栏第5行至第6行。

Дх.14927 大般涅槃经卷第四如来性品第四之一

存2行。录文:"言我/藏诸。"北凉昙无谶译。经文见《大正藏》第12册,第387页A栏第2行至第3行。

Дх.14928 妙法莲华经卷第一序品第一

存2行。录文:"六十/时众。"后秦鸠摩罗什译。经文见《大正藏》第9册,第4页A栏第26行至第27行。

Дх.14929 阿毗达磨顺正理论卷第五十一辩随眠品第五之七

存2行。录文:"作如/无常理。"尊者众贤造、唐玄奘译。经文见《大正藏》第29册,第630页A栏第27行至第28行。

Дх.14930 金刚般若波罗蜜经

存2行。录文:"歌利/相无。"后秦鸠摩罗什译。经文见《大正藏》第8册,第750页B栏第15行至第16行。

Дх.14931 Дх.14932 残佛经

未检出。

Дх.14933 辩正论卷第五佛道先后篇第三

存1行,总3字。录文:"首唱道。"唐法琳撰、陈子良注。经文见《大正藏》第52册,第523页B栏第23行。

Дх.14934 残佛经

Дх.14935 金光明经卷第二四天王品第六

存2行。录文:"其步步亦/之力常得。"北凉昙无谶译。经文见《大正藏》第16册,第342页B栏第5行至第6行。

Дх.14936 Дх.14937 残佛经

未检出。

Дх.14938 大般涅槃经卷第二十四光明遍照高贵德王菩萨品第十之四

存3行。录文:"修第/具足/萨修。"北凉昙无谶译。经文见《大正藏》第12册,第506页A栏第20行至第22行。

Дх.14939 残佛经

存1行,总3字。录文:"菩提耶。"未检出。

Дх.14940 大般涅槃经题签

录文:"大般涅槃经□□□。"

Дх.14941 优婆塞戒经卷第三摄取品第十三

存2行。录文:"三者作/舍离六。"北凉昙无谶译。经文见《大正藏》第24册,第1047页B栏第28行至第29行。

Дх.14942 残佛经

存1行,总3字。录文:"共身白。"不可定名。

Дх.14943 维摩诘所说经卷中不思议品第六

存2行。录文:"无造/则戏论。"后秦鸠摩罗什译。经文见《大正藏》第14册,第546页A栏第13行至第15行。

Дх.14944至Дх.14957 残佛经

Дх.14958 大智度论卷第三初品中住王舍城释论第五

存6行,行4至11字。起:"於中心住",讫:"第二明发起正"。第2行至第4行为是经论。龙树菩萨造、后秦鸠摩罗什译。经文见《大正藏》第25册,第76页C栏第13行至第17行。前1行与后2行似为其他经论。

Дх.14959 四分律卷第四十九比丘尼犍度之下

存3行。录文:"不在于余人/答言可尔彼比/着络。"后秦佛陀耶舍共竺佛念等译。经文见《大正藏》第22册,第928页B栏第29行至C栏第2行。

Дх.14960 佛说佛名经卷第十

存4行。录文:"师子臂/无罗延天佛/南无善住/南无大。"北魏菩提流支译。经文见《大正藏》第14册,第171页B栏第3行至第5行。

Дх.14961 十方千五百佛名经

存3行。录文:"持念/真谛/得无。"经文见《大正藏》第14册,第312页C栏第21行至第22行。

Дх.14962 大般涅槃经卷第十四圣行品第七之四

存2行。录文:"生於三法中/故无我复。"北凉昙无谶译。经文见《大正藏》第12册,第446页C栏第12行至第13行。

Дх.14963至Дх.14966 残佛经

未检出。

Дх.14967 大般涅槃经卷第三十七迦叶菩萨品第十二之五

存3行。录文:"观/至三界/缘故。"北凉昙无谶译。经文见《大正藏》第12册,第584页A栏第10行至第12行。

Дх.14968 残佛经

存1行,总6字。录文:"萨行般若波罗。"未检出。

Дх.14969 Дх.14970 残佛经

未检出。

Дх.14971 大般若波罗蜜多经

存2行。录文:"智即/是一切智。"不可确指具体卷品。

Дх.14972至Дх.14975 残佛经

未检出。

Дх.14976 大般涅槃经卷第三十七迦叶菩萨品第十二之五

存2行。录文:"所说世/无何等名。"北凉昙无谶译。经文见《大正藏》第12册,第582页A栏第17行至第18行。

Дх.14977至Дх.14987 残佛经

未检出。

Дх.14988 妙法莲华经

存3行。录文:"妙法莲华/尔时/而白。"后秦鸠摩罗什译。经文见《大正藏》第9册。仅存的首题及经文甚残,不可确指具体卷品。

Дх.14989 妙法莲华经卷第七陀罗尼品第二十六

存3行。录文:"帝/婆舍输地三十五/邮楼哆三十八。"后秦鸠摩罗什译。经文见《大正藏》第9册,第58页B栏第28行至C栏第1行。

Дх.14990 Дх.14993 佛说天地八阳神咒经

各存2行,可上下可缀合,缀合后行8至9字。录文:"意解清净欢喜踊跃/悟无知无见不得一法。"唐义净译。经文见《大正藏》第85册,第1425页A栏第28行至第30行。经文与现刊本稍有不同。

Дх.14991 合部金光明经卷第三陀罗尼最净地品第六

存2行,行3至4字。录文:"故证寂静/上清净。"真谛译、隋释宝贵合。经文见《大正藏》第16册,第376页C栏第3行至第5行。

Дх.14992 残佛经

存3行。录文:"言善/大法/世。"未检出。

Дх.14993 佛说天地八阳神咒经

见Дх.14990。

Дх.14994 妙法莲华经卷第三授记品第六

存2行。录文:"调柔逮/闻众。"后秦鸠摩罗什译。经文见《大正藏》第9册,第20页C栏第21行至第23行。

Дх.14995至Дх.14997 残佛经

未检出。

Дх.14998 金刚般若波罗蜜经

存2行。录文："持是/寿者。"后秦鸠摩罗什译。经文见《大正藏》第8册，第750页B栏第6行至第7行。

Дx.14999至Дx.15007 残佛经

未检出。

Дx.15008 大方广佛华严经卷第五十二如来出现品第三十七之三

存2行。录文："起佛子/言说。"唐实叉难陀译。经文见《大正藏》第10册，第273页C栏第25行至第26行。

Дx.15009 阿毗达磨顺正理论卷第五十一辩随眠品第五之七

存2行。录文："切时体/中当如。"尊者众贤造、唐玄奘译。经文见《大正藏》第29册，第630页A栏第25行至第26行。

Дx.15010 大般涅槃经疏卷第八

存2行。录文："次佛答/如来怨。"经文见《大正藏》第38册，第81页A栏第14行至第15行。

Дx.15011 残佛经

存2行。录文："者/八者。"未检出。

Дx.15012 大般涅槃经卷第二十五光明遍照高贵德王菩萨品第十之五

存2行。录文："虽於无/能得阿。"北凉昙无谶译。经文见《大正藏》第12册，第512页B栏第29行至C栏第1行。

Дx.15013 大智度论卷第二初品总说如是我闻释论第三

存2行。录文："法师/转至姓迦。"龙树菩萨造、后秦鸠摩罗什译。经文见《大正藏》第25册，第70页A栏第9行至第10行。

Дx.15014 残佛经

存2行。录文："遂心/故友。"未检出。

Дx.15015 毗尼关要事义卷第二

存2行，总4字。录文："勤念正知。"经文见《卍新续藏》第40册，第650页C栏第16行。

Дx.15016至Дx.15032 残佛经

未检出。

Дx.15033 南本大般涅般经会疏卷第十四

存2行。录文："林中闻/至迦毗。"北凉昙无谶译，晋慧严、慧观、谢灵运重治。经文见《卍新续藏》第36册，第555页C栏第23行至第24行。

Дx.15034 法苑珠林卷第三十三僷施部第六

存4行。录文："几/无限/说偈/贤者。"唐道世撰。经文见《大正藏》第53册，第542页A栏第24行至第26行。或为唐道世集《诸经要集卷第八僷施缘第四》。经文见《大正藏》第54册，第76页C栏第5行至第8行。

Дx.15035 大般涅槃经卷第十八梵行品第八之四

存4行。录文："有此/有一法/此慧不/不能。"北凉昙无谶译。经文见《大正藏》第12册，第471页C栏第24行至第27行。

Дx.15036 大通方广忏悔灭罪庄严成佛经卷下

存2行。录文："佛日未/房舍及。"经文见《大正藏》第85册，第1354页C栏第3行至第4行。

Дx.15037至Дx.15040 残佛经

未检出。

Дx.15041 摩诃般若波罗蜜经卷第二十二道树品第七十一

存2行。录文："罗蜜须/无法。"后秦鸠摩罗什译。经文见《大正藏》第8册，第378页B栏第24行至第25行。

Дx.15042至Дx.15057 残佛经

未检出。

Дx.15058 大般涅槃经卷第二十二光明遍照高贵德王菩萨品第十之二

存2行。录文："故无有父母/名曰无常。"北凉昙无谶译。经文见《大正藏》第12册，第495页A栏第26行至第27行。

Дx.15059 大般涅槃经卷第十八梵行品第八之四

存2行。录文："能远离/烂风不能。"北凉昙无谶译。经文见《大正藏》第12册,第471页C栏第26行至第28行。

Дx.15060 佛说灌顶拔除过罪生死得度经卷第十二

存2行。录文:"苦患/因复问救。"东晋帛尸梨蜜多罗译。经文见《大正藏》第21册,第535页C栏第1行至第2行。

Дx.15061 大般涅槃经卷第六如来性品第四之三

存2行。录文:"第一须/含人是名第。"北凉昙无谶译。经文见《大正藏》第12册,第396页C栏第21行至第22行。

Дx.15062 宝女所问经卷第一问慧品第一

存2行。录文:"璎珞/如言。"西晋竺法护译。经文见《大正藏》第13册,第453页A栏第21行至第22行。或龙树菩萨造、后秦鸠摩罗什译《大智度论卷第三十释初品中善根供养义第四十六》。经文见《大正藏》第25册,第276页C栏第14行至第15行。

Дx.15063 大般涅槃经卷第十五梵行品第八之一

存2行。录文:"定具足/诃萨知。"北凉昙无谶译。经文见《大正藏》第12册,第452页A栏第24行至第25行。

Дx.15064 大般涅槃经卷第七如来性品第四之四

存2行。录文:"食五种/说四。"北凉昙无谶译。经文见《大正藏》第12册,第406页B栏第2行至第3行。

Дx.15065至Дx.15080 残佛经

未检出。

Дx.15081 摩诃般若波罗蜜经卷第八灭诤品第三十一

存2行。录文:"波罗蜜中以众生长/外法安立众生于戒以众。"后秦鸠摩罗什译。经文见《大正藏》第8册,第281页A栏第17行至第18行。

Дx.15082 大般涅槃经卷第三十六迦叶菩萨品第十二之四

存3行。录文:"严/如来佛性则有/八十。"北凉昙无谶译。经文见《大正藏》第12册,第574页B栏第14行至第16行。

Дx.15083 妙法莲华经卷第七观世音菩萨普门品第二十五

存2行。录文:"种种形游/心供养翔。"后秦鸠摩罗什译。经文见《大正藏》第9册,第57页B栏第20行至第21行。

Дx.15084 胜思惟梵天所问经卷第四

存3行。录文:"众生/藐三菩提/得大势至。"北魏菩提流支译。经文见《大正藏》第15册,第81页A栏第1行至第3行。

Дx.15085 残佛经

未检出。

Дx.15086 佛说观佛三昧海经卷第九本行品第八

存2行。录文:"后恒/佛所。"东晋佛驮跋陀罗译。经文见《大正藏》第15册,第688页A栏第12行至第13行。

Дx.15087 大般涅槃经卷第三十五迦叶菩萨品第十二之三

存2行。录文:"毛/可生。"北凉昙无谶译。经文见《大正藏》第12册,第572页B栏第16行至第17行。

Дx.15088 佛顶尊胜陀罗尼经序

存2行。录文:"众圣/经来。"经文见《大正藏》第19册,第349页B栏第19行至第20行。

Дx.15089至Дx.15099 残佛经

未检出。

Дx.15100 维摩义记卷第三

存2行。录文:"有修善说为方便/缚之与解下广。"隋慧远撰。经文见《大正藏》第38册,第475页B栏第14行至第16行。

Дx.15101 残佛经

未检出。

Дx.15102 妙法莲华经卷第六如来神力品第二十一

存2行。录文:"量劫中犹故/不。"后秦鸠摩罗什译。经文见《大正藏》第9册,第52页B栏第9行至第11行。

Дх.15103至15121　残佛经
未检出。

Дх.15122　妙法莲华经卷第五分别功德品第十七
存5行。录文:"复有/阿耨/善男/起塔/尊。"后秦鸠摩罗什译。经文见《大正藏》第9册,第45页C栏第27行至第46页A栏第2行。

Дх.15123　南本大般涅槃经会疏卷第一
存3行。录文:"大普贤华/喜华大/香醉。"北凉昙无谶译,晋慧严、慧观、谢灵运重治。经文见《卍新续藏》第36册,第335页A栏第10行至第11行。

Дх.15124　占察善恶业报经
存3行。录文:"故决/聚故所以/起发方便。"天竺菩提灯译。经文见《大正藏》第17册,第909页A栏第11行至第14行。

Дх.15125　金光明最胜王经卷第一序品第一
存3行。录文:"欢喜念能/于人趣远/闻是经及。"唐义净译。经文见《大正藏》第16册,第404页B栏第22行至第26行。

Дх.15126　沙弥十戒法并威仪
存3行。录文:"处十一/洒扫/上右执其下。"失译。经文见《大正藏》第24册,第930页B栏第23行至第26行。

Дх.15127　残佛经
未检出。

Дх.15128　妙法莲华经卷第一方便品第二
存2行。录文:"本生未/钝根乐。"后秦鸠摩罗什译。经文见《大正藏》第9册,第7页C栏第26行至第28行。

Дх.15129至Дх.15131　残佛经
未检出。

Дх.15132　佛说七俱胝佛母心大准提陀罗尼经
存1行。录文:"持之者其。"唐地婆诃罗译。经文见《大正藏》第20册,第185页A栏第25行。

Дх.15133至Дх.15143　残佛经
未检出。

Дх.15144　金刚般若波罗蜜经
存3行。录文:"不住色布施/是布施如来/众生。"后秦鸠摩罗什译。经文见《大正藏》第8册,第750页B栏第24行至第27行。

Дх.15145至Дх.15164　残佛经
未检出。

Дх.15165　大宝积经卷第九十优婆离会第二十四
存4行。录文:"佛/王佛/庄严功德佛/婆罗树王。"唐菩提流志译。经文见《大正藏》第11册,第516页A栏第9行至第12行。

Дх.15166　残佛经
存2行。录文:"是/是故。"未检出。

Дх.15167　光赞经卷第七摩诃般若波罗蜜十住品第十八
存2行。录文:"愍哀除去众/者。"西晋竺法护译。经文见《大正藏》第8册,第196页B栏第15行至第16行。

Дх.15168至Дх.15186　残佛经
未检出。

Дх.15187　残佛经
存4行。录文:"九/复次/道/菩萨。"未检出。

Дх.15188　正法念处经卷第五十六观天品之三十五
存2行。录文:"上味/味触皆。"北魏瞿昙般若流支译。经文见《大正藏》第17册,第329页A栏第27行至第28行。

Дх.15189　摩诃般若波罗蜜经卷第一序品第一
存4行。录文:"立于/当学般若/中至得阿/般若。"后秦鸠摩罗什译。经文见《大正藏》第8册,第219页B栏第26行至第29行。

Дх.15190　大般涅槃经卷第三十二师子吼菩萨品第十一之六
存2行。录文:"是佛性金/因缘第一。"北凉昙无谶译。经文见《大正藏》第12册，第559页A栏第17行至第18行。

Дх.15191 大乘遍照光明藏无字法门经

存1行。录文："清净其人。"唐地婆诃罗译。经文见《大正藏》第17册，第875页C栏第22行。或《大通方广忏悔灭罪庄严成佛经卷下》。经文见《大正藏》第85册，第1353页A栏第20行。

Дх.15192至Дх.15205 残佛经

未检出。

Дх.15206 大般涅槃经卷第三十一师子吼菩萨品第十一之五

存4行。录文："戒下/戒修/修戒若/心一。"北凉昙无谶译。经文见《大正藏》第12册，第553页B栏第4行至第7行。

Дх.15207 大般涅槃经卷第十一现病品第六

存4行。录文："复有/皆因缘生/乐二法或/不净复有。"北凉昙无谶译。经文见《大正藏》第12册，第430页B栏第3行至第7行。

Дх.15208 残佛经

存2行。录文："比丘/亿那由。"未检出。

Дх.15209 究竟一乘宝性论卷第四无量烦恼所缠品第六

存3行。录文："性作/及证/诸佛。"后魏勒那摩提译。经文见《大正藏》第31册，第839页A栏第18行至第20行。

Дх.15210 成实论卷第六余心数品第九十三

存4行。录文："不了心/七觉中/心名舍/违故。"诃梨跋摩造、后秦鸠摩罗什译。经文见《大正藏》第32册，第288页C栏第8行至第11行。

Дх.15211 放光般若经卷第二十摩诃般若波罗蜜萨陀波伦品第八十八

存2行。录文："念已惆/波罗蜜。"西晋无罗叉译。经文见《大正藏》第8册，第143页A栏第22行至第23行。

Дх.15212 大方广佛华严经卷第三十一佛不思议法品第二十八之二

存3行。录文："正觉/藏悉/具足。"东晋佛驮跋陀罗译。经文见《大正藏》第9册，第596页A栏第15行至第17行。

Дх.15213 残佛经

存1行。录文："西方阿弥陀佛。"未检出。

Дх.15214 残佛经

存一"称"字。不可定名。

Дх.15215 妙法莲华经卷第七妙音菩萨品第二十四

存2行。录文："法五子/是八万。"后秦鸠摩罗什译。经文见《大正藏》第9册，第56页B栏第26行至第27行。

Дх.15216至Дх.15218 残佛经

Дх.15219 金光明最胜王经卷第五依空满愿品第十

存4行。录文："阿耨/而作是说/菩提异解脱/平等无异于此。"唐义净译。经文见《大正藏》第16册，第425页C栏第19行至第22行。

Дх.15220 佛说阿弥陀经

存3行。录文："致/所能知/弗众生。"后秦鸠摩罗什译。经文见《大正藏》第12册，第347页B栏第5行至第7行。或沙门善导集《转经行道愿往生净土法事赞》。经文见《大正藏》第47册，第433页A栏第20行至第22行。或法照撰《净土五会念佛诵经观行仪卷中》。经文见《大正藏》第85册，第1243页B栏第2行至第4行。

Дх.15221 大方广佛华严经卷第五十二如来出现品第三十七之三

存3行。录文："可说百千/佛皆说此法/如是说佛。"唐实叉难陀译。经文见《大正藏》第10册，第278页B栏第4行至第6行。

Дх.15222 放光般若经卷第十九摩诃般若波罗蜜无形品第八十一

存2行。录文："言不也世尊/佛道为有。"西晋无罗叉译。经文见《大正藏》第8册，第133页B栏第25行至第26行。

Дх.15223 大般涅槃经卷第二十二光明遍照高贵德王菩萨品第十之二

存2行。录文:"一者俫身/以为八分。"北凉昙无谶译。经文见《大正藏》第12册,第494页B栏第15行至第17行。

Дх.15224 大般涅槃经卷第三寿命品第一至三

存3行。录文:"树是故现舍/不变易/心修。"北凉昙无谶译。经文见《大正藏》第12册,第381页C栏第20行至第22行。

Дх.15225 阿弥陀经通赞疏卷下

存3行。录文:"名一切/善女人闻/子。"唐基撰。经文见《大正藏》第37册,第345页C栏第13行至第16行。或《净土五会念佛诵经观行仪卷下》。经文见《大正藏》第85册,第1243页C栏第18行至第20行。或北魏吉迦夜译《佛说大方广菩萨十地经》。经文见《大正藏》第10册,第965页B栏第2行至第5行。

Дх.15226 般舟三昧经卷第二授决品第七

存2行。录文:"佛威神/那竭菩萨。"后汉支娄迦谶译。经文见《大正藏》第13册,第911页A栏第10行至第11行。

Дх.15227 大方等大集经卷第七不眴菩萨品第四

存3行。录文:"戒/随意说/自在定。"北凉昙无谶译。经文见《大正藏》第13册,第42页B栏第18行至第20行。

Дх.15228 大般涅槃经卷第三十三迦叶菩萨品第十二之一

存2行。录文:"星比/畜养共行。"北凉昙无谶译。经文见《大正藏》第12册,第562页A栏第29行至B栏第1行。

Дх.15229至Дх.15234 残佛经

未检出。

Дх.15235 金刚般若波罗蜜经

存4行,行5至6字。起:"佛则不说是微",讫:"如来说一合"。后秦鸠摩罗什译。经文见《大正藏》第8册,第752页B栏第8行至第12行。

Дх.15236 摩诃般若波罗蜜经卷第八幻听品第二十八

存3行。录文:"罗汉果辟支/诃萨行般/得阿耨。"后秦鸠摩罗什译。经文见《大正藏》第8册,第281页A栏第28行至B栏第1行。

Дх.15237 摩诃般若波罗蜜经卷第二十七学啼品第八十八

存2行。录文:"上是/四边。"后秦鸠摩罗什译。经文见《大正藏》第8册,第417页A栏第21行至第22行。

Дх.15238 妙法莲华经卷第一序品第一

存2行。录文:"度生老/因缘。"后秦鸠摩罗什译。经文见《大正藏》第9册,第3页C栏第23行至第24行。

Дх.15239 妙法莲华经卷第六药王菩萨本事品第二十三

存3行。录文:"所爱之身/白父言/佛。"后秦鸠摩罗什译。经文见《大正藏》第9册,第53页B栏第24行至第27行。

Дх.15240 请观世音菩萨消伏毒害陀罗尼咒经

存2行。录文:"摄住/地无坚性。"东晋竺难提晋言法喜译。经文见《大正藏》第20册,第37页A栏第8行至第9行。

Дх.15241 佛说仁王般若波罗蜜经卷下护国品第五

存2行。录文:"信乃/具尽。"后秦鸠摩罗什译。经文见《大正藏》第8册,第830页C栏第10行至第11行。

Дх.15242至Дх.15255 残佛经

未检出。

Дх.15256 放光般若经卷第十八超越法相品第七十九

存4行。录文:"无水/分解中无有/来往知行如是知/师化作四种兵。"西晋无罗叉译。经文见《大正藏》第8册,第129页。

Дx.15257 残佛经

存2行。录文："母/萨摩。"未检出。

Дx.15258 大般若波罗蜜多经卷第三百一十九初分真如品第四十七之二

存4行。录文："提/切智道/智即是/菩提即。"唐玄奘译。经文见《大正藏》第6册，第627页A栏第11行至第14行。

Дx.15259 维摩义记卷第四

存3行，行3至5字。前1行字残，无法辨识。后2行录文："以诸净国者/门大施。"隋慧远撰。经文见《大正藏》第38册，第506页C栏第16行至第18行。

Дx.15260 大般涅槃经卷第三十师子吼菩萨品第十一之四

存4行。录文："世/亦能庄/者阿尼/驮天眼。"北凉昙无谶译。经文见《大正藏》第12册，第545页B栏第24行至第27行。

Дx.15261 妙法莲华经卷第六药王菩萨本事品第二十三

存3行。录文："胜/河池诸珍宝/千大。"后秦鸠摩罗什译。经文见《大正藏》第9册，第54页A栏第14行至第16行。

Дx.15262 法苑珠林卷第八十通施部第四

存3行。录文："阿耨/被毒/良医。"唐道世撰。经文见《大正藏》第53册，第879页B栏第10行至第11行。

Дx.15263 残佛经

存一"佛"字。不可定名。

Дx.15264 大般涅槃经卷第二十九师子吼菩萨品第十一之三

存2行。录文："不从道/子吼言。"北凉昙无谶译。经文见《大正藏》第12册，第539页A栏第1行至第2行。

Дx.15265至Дx.15269 残佛经

未检出。

Дx.15270 妙法莲华经卷第五从地踊出品第十五

存5行。录文："佛灭后/书写供/时佛告诸/等护持此/恒河沙。"后秦鸠摩罗什译。经文见《大正藏》第9册，第39页C栏第21行至第25行。

Дx.15271 弥沙塞五分戒本

存3行。录文："不痴/应与多人语/应与如草布。"宋佛陀什等译。经文见《大正藏》第22册，第199页C栏第8行至第10行。

Дx.15272 佛说仁王般若波罗蜜经卷下护国品第五

存2行。录文："有异/当灭度。"后秦鸠摩罗什译。经文见《大正藏》第8册，第832页B栏第20行至第21行。

Дx.15273 大般涅槃经卷第三十七迦叶菩萨品第十二之五

存2行。录文："苦因苦/者求。"北凉昙无谶译。经文见《大正藏》第12册，第586页A栏第4行至第5行。

Дx.15274至Дx.15286 残佛经

未检出。

Дx.15287 菩萨地持经卷第六方便处忍品第十一

存2行。录文："如爱/慈心。"北凉昙无谶译。经文见《大正藏》第30册，第921页B栏第2行至第3行。

Дx.15288 妙法莲华经卷第五如来寿量品第十六

存3行。录文："僧祇/所烧/种宝。"后秦鸠摩罗什译。经文见《大正藏》第9册，第43页C栏第4行至第8行。

Дx.15289 残佛经

存1行。录文："石经八。"不可定名。

Дx.15290 大方等大集经贤护分卷第一思惟品第一

存2行。录文："相/云何当得。"隋阇那崛多译。经文见《大正藏》第13册，第873页A栏第26行至第27行。或宋功德直译《菩萨念佛三昧经卷第四赞三昧相品第九》。经文见《大正藏》第13册，第817页C栏第16行至第18行。

Дx.15291至Дx.15294　残佛经

未检出。

Дx.15295　大般涅槃经卷第三十五迦叶菩萨品第十二之三

存3行。录文："所说/莫令彼/缘。"北凉昙无谶译。经文见《大正藏》第12册，第573页B栏第28行至C栏第1行。

Дx.15296至Дx.15306　残佛经

未检出。

Дx.15307　大般涅槃经卷第三寿命品第一之三

存4行。录文："复生苏尔/故奶酪醍/皆是如来/盘后盗窃。"北凉昙无谶译。经文见《大正藏》第12册，第382页A栏第9行至第12行。

Дx.15308　大般涅槃经卷第十七梵行品第八之三

存3行。录文："叶菩萨复白/知法者是则/来说言知法。"北凉昙无谶译。经文见《大正藏》第12册，第463页A栏第15行至第17行。

Дx.15309　大智度论卷第八十八释四摄品第七十八

存3行。录文："报/中的/七觉。"龙树菩萨造、后秦鸠摩罗什译。经文见《大正藏》第25册，第678页A栏第28行至B栏第1行。

Дx.15310　妙法莲华经卷第三化城喻品第七

存2行。录文："不能度/言汝等。"后秦鸠摩罗什译。经文见《大正藏》第9册，第27页A栏第25行至第27行。

Дx.15311至Дx.15322　残佛经

未检出。

Дx.15323　佛说佛名经

存"南无宝光"4字。未检出。

Дx.15324　妙法莲华经卷第七普贤菩萨劝发品第二十八

存2行。录文："阿僧祇/伽三摩地。"后秦鸠摩罗什译。经文见《大正藏》第9册，第61页B栏第23行至第25行。

Дx.15325　大般涅槃经卷第二十八师子吼菩萨品第十一之二

存3行。录文："退菩/度众生生/罗。"北凉昙无谶译。经文见《大正藏》第12册，第533页C栏第15行至第17行。

Дx.15326　大般涅槃经卷第二十八师子吼菩萨品第十一之二

存2行。录文："退菩/度众生生。"北凉昙无谶译。经文见《大正藏》第12册，第533页C栏第15行至第16行。

Дx.15327　大方等大集经卷第七不眴菩萨品第四

存2行。录文："在定/他说。"北凉昙无谶译。经文见《大正藏》第12册，第42页B栏第16行至第17行。

Дx.15328至Дx.15335　残佛经

未检出。

Дx.15336　佛说佛名经卷第九

存1行，总5字。录文："法界虚空智。"北魏菩提流支译。经文见《大正藏》第14册，第164页B栏第20行。或失译《佛说佛名经卷第二十》。经文见《大正藏》第14册，第266页C栏第9行至第10行。

Дx.15337至Дx.15346　残佛经

未检出。

Дx.15347　残片

不可定名。

Дx.15348　大般涅槃经卷第十一现病品第六

存4行。录文："有世尊/说四圣谛/诸业烦恼/复有说苦。"北凉昙无谶译。经文见《大正藏》第12册，第430页B栏第2行至第5行。

Дx.15349　妙法莲华经卷第一方便品第二

存3行。录文："解脱三昧深/弗如来能/可众。"后秦鸠摩罗什译。经文见《大正藏》第9册，第5页C栏第5行至第8行。

Дx.15350　佛说华手经卷第三总相品第十四

存5行。录文："有莲/菩萨摩/至此/莲生/余如上。"后秦鸠摩罗什译。经文见《大正藏》第16册，第146页C栏第12行至第16行。

Дх.15351　月磵禅师语录

存3行。录文："经是佛/即云谤佛/菩提。"前2行经文与《月磵禅师语录》同。经文见《卍新续藏》第70册，第519页B栏第13行至第14行。

Дх.15352　妙法莲华经卷第二譬喻品第三

存4行。录文："著戏处/之事此/害作/父难。"后秦鸠摩罗什译。经文见《大正藏》第9册，第12页B栏第26行至C栏第1行。

Дх.15353至Дх.15360　残佛经

未检出。

Дх.15361　大般涅槃经卷第十一现病品第六

存4行。录文："六天复/复有/复有说/无我或复。"北凉昙无谶译。经文见《大正藏》第12册，第430页B栏第2行至第5行。

Дх.15362　大方等大集经卷第七不眴菩萨品第四

存3行。录文："心受持/观时节/失时节。"北凉昙无谶译。经文见《大正藏》第13册，第42页B栏第17行至第19行。

Дх.15363至Дх.15366　残佛经

未检出。

Дх.15367　大般涅槃经卷第十七梵行品第八之三

存3行。录文："须弥/如是/自知。"北凉昙无谶译。经文见《大正藏》第12册，第466页C栏第21行至第23行。

Дх.15368　残佛经

存一"阿"字。不可定名。

Дх.15369　正法念处经卷第五十二观天品之三十一

存1行，总6字。录文："寿命四者具足。"北魏瞿昙般若流支译。经文见《大正藏》第17册，第307页A栏第18行。

Дх.15370至Дх.15376　残佛经

未检出。

Дх.15377　维摩诘所说经卷中佛道品第八

存5行。录文："群生世/时作进水或复/身作饮食先救/有水战阵立之/济其苦恼一。"后秦鸠摩罗什译。经文见《大正藏》第14册，第550页A栏第14行至第28行。

Дх.15378　非佛经

存2行。录文："仙人迎之叩头拜/帝三。"

Дх.15379　残佛经

存4行，行1至4字。字迹不清，无法辨识。

Дх.15380　佛说观佛三昧海经本行品第八

存3行。录文："光有/化佛一一/佛心。"经文见《藏外佛教文献》第3册，第425页A栏第8行至第10行。

Дх.15381　维摩诘所说经卷中文殊师利问疾品第五

存2行。录文："疾而卧/诸所有独。"后秦鸠摩罗什译。经文见《大正藏》第14册，第544页B栏第11行至第12行。

Дх.15382至Дх.15399　残佛经

未检出。

Дх.15400　金光明经卷第四流水长者子品第十六

存3行。录文："丘读诵/临命终时/当为。"北凉昙无谶译。经文见《大正藏》第16册，第353页A栏第19行至第22行。

Дх.15401　大般涅槃经卷第二十八师子吼菩萨品第十一之二

存2行。录文："有油胡麻熟/是。"北凉昙无谶译。经文见《大正藏》第12册，第532页A栏第7行至第8行。

Дх.15402　非佛经

存2行。录文："下二岁田畺/中口一易一方烧。"待考。

Дх.15403至Дх.15407　残佛经

未检出。

Дх.15408　妙法莲华经卷第六法师功德品第十九

存2行。录文："香悉能/香悉。"后秦鸠摩罗什译。经文见《大正藏》第9册，第49页A栏第19行至第21行。

Дх.15409至Дх.15416 残佛经

未检出。

Дх.15417 佛说七俱胝佛母心大准提陀罗尼经

存4行。录文："满十万/自见口中吐/亦见诸佛/得如。"唐地婆诃罗译。经文见《大正藏》第20册，第185页A栏第27行至B栏第2行。

Дх.15418 大般涅槃经卷第三寿命品第一之三

存3行。录文："爱/福无量/如来。"北凉昙无谶译。经文见《大正藏》第12册，第381页A栏第26行至第28行。

Дх.15419 大般涅槃经卷第二十二光明遍照高贵德王菩萨品第十之二

存3行。录文："是虽/大涅/萨观。"北凉昙无谶译。经文见《大正藏》第12册，第497页C栏第17行至第19行。

Дх.15420 大宝积经卷第二十不动如来会第六之二菩萨众品第四

存2行。录文："罗分数分喻分/弗此。"唐菩提流志译。经文见《大正藏》第11册，第107页C栏第5行至第6行。

Дх.15421 合部金光明经卷第六正论品第十六

存2行。录文："说我/以非法行。"北凉昙无谶译、隋释宝贵合。经文见《大正藏》第16册，第390页A栏第5行至第6行。

Дх.15422 妙法莲华经卷第七妙庄严王本事品第二十七

存4行。录文："宣其意/佛甚/脱诸难/者何。"后秦鸠摩罗什译。经文见《大正藏》第9册，第60页A栏第20行至第26行。

Дх.15423 渐备一切智德经卷第一初发意悦豫住品第一

存3行。录文："中诸/是照明如来/慧净。"西晋竺法护译。经文见《大正藏》第10册，第458页B栏第1行至第3行。

Дх.15424 金刚般若波罗蜜经

存2行。录文："生若胎生/有想若。"后秦鸠摩罗什译。经文见《大正藏》第8册，第749页A栏第6行至第7行。

Дх.15425至Дх.15427 残佛经

未检出。

Дх.15428 妙法莲华经卷第四五百弟子受记品第八

存2行。录文："佛前/念自。"后秦鸠摩罗什译。经文见《大正藏》第9册，第28页A栏第2行至第3行。

Дх.15429至Дх.15432 残佛经

未检出。

Дх.15433 四分律比丘含注戒本中

存3行。录文："过量三衣戒/六群使与佛等量或/作衣比丘举过白佛。"注双行小字。唐道宣述。经文见《大正藏》第40册，第455页B栏第24行至第26行。经文与现刊本稍有不同。

Дх.15434 大般涅槃经卷第十二圣行品第七之二

存3行。录文："苦能生/八法之/大哭。"北凉昙无谶译。经文见《大正藏》第12册，第435页A栏第5行至第7行。

Дх.15435 妙法莲华经卷第二譬喻品第三

存2行。录文："诸恶禽/争取食。"后秦鸠摩罗什译。经文见《大正藏》第9册，第14页A栏第5行至第6行。

Дх.15436 大般涅槃经卷第十五梵行品第八之一

存2行。录文："诸经/那经如。"北凉昙无谶译。经文见《大正藏》第12册，第451页C栏第19行至第20行。

Дх.15437至Дх.15442 残佛经

未检出。

Дх.15443 籍账

存1行，总3字。录文："青麦壹。"

Дх.15444至Дх.15461 残佛经

未检出。

Дх.15462 佛说阿弥陀经

存2行。录文："土成就如是/又舍利。"后秦鸠摩罗什译。经文见《大正藏》第12册,第347页A栏第6行至第7行。

Дx.15463 佛说天地八阳神咒经

存3行。录文："家富人兴甚大吉利/尔时世尊欲重宣此义而说/日休殡好好时。"唐义净译。经文见《大正藏》第85册,第1423页C栏第26行至第28行。

Дx.15464 妙法莲华经卷第二譬喻品第三

存3行。录文："杖捶/如是/一目。"后秦鸠摩罗什译。经文见《大正藏》第9册,第15页C栏第7行至第10行。

Дx.15465 残佛经

存1行,总4字。录文："布施如是。"未检出。

Дx.15466 药师经

存3行。录文："牛马驮驴/无量名畜生害饿/时举身燋然。"或为异译本《药师经》。

Дx.15467 Дx.15468 残佛经

未检出。

Дx.15469 金刚般若波罗蜜经

存4行。录文："提莫/修福者于/是人不于/于无量千。"后秦鸠摩罗什译。经文见《大正藏》第8册,第749页A栏第27行至B栏第2行。

Дx.15470至Дx.15476 残佛经

未检出。

Дx.15477 妙法莲华经卷第六药王菩萨本事品第二十三

存4行。录文："供养所/不及善男/中最尊最上以法/而各默然。"后秦鸠摩罗什译。经文见《大正藏》第9册,第53页B栏第14行至第17行。

Дx.15478 放光般若经卷第三摩诃般若波罗蜜空行品第十

存2行。录文："学为/法不。"西晋无罗叉译。经文见《大正藏》第8册,第16页C栏第11行至第12行。或后秦鸠摩罗什译《摩诃般若波罗蜜经卷第三劝学品第八》。经文见《大正藏》第8册,第238页B栏第18行至第20行。

Дx.15479 大方等大集经卷第十八虚空藏菩萨品第八之五

存3行。录文："来护持法者诸世界/天即从坐/乃。"北凉昙无谶译。经文见《大正藏》第13册,第126页C栏第19行至第22行。

Дx.15480 小品般若波罗蜜经卷第五摩诃般若波罗蜜相无相品第十三

存3行。录文："善哉善/见故不/不可著。"后秦鸠摩罗什译。经文见《大正藏》第8册,第559页C栏第16行至第18行。

Дx.15481 残佛经

存2行,行1字。录文："耨/提。"不可定名。

Дx.15482 梵网经心地品菩萨戒义疏发隐卷第一半月诵戒仪式戒序

存2行。录文："众当/然故。"经文见《卍新续藏》第38册,第154页A栏第12行至第13行。

Дx.15483至Дx.15494 残佛经

未检出。

Дx.15495 大佛顶如来密因修证了义诸菩萨万行首楞严经直指卷第八

存3行。录文："金刚/四十/刚亦。"经文见《卍新续藏》第14册,第569页B栏第20行至第22行。

Дx.15496 佛说无量寿经卷下

存3行。录文："明照/明普照三/号云何。"曹魏康僧铠译。经文见《大正藏》第12册,第273页B栏第22行至第24行。

Дx.15497 Дx.15498 残佛经

未检出。

Дx.15499 金光明经卷第三鬼神品第十三

存2行。录文："及自在/昼夜不。"北凉昙无谶译。经文见《大正藏》第16册,第350页A栏第8行至第10行。

Дx.15500 残佛经

855

未检出。

Дх.15501 金刚般若波罗蜜经

存1行，总8字。录文："菩提若有人言如来。"后秦鸠摩罗什译。经文见《大正藏》第8册，第752页B栏第3行。别的译本亦有此句。

Дх.15502至Дх.15504 残佛经

未检出。

Дх.15505 阿毗达磨顺正理论卷第五十一辩随眠品第五之七

存2行。录文："说有无/有又布。"尊者众贤造、唐玄奘译。经文见《大正藏》第29册，第630页B栏第12行至第13行。

Дх.15506至Дх.15511 残佛经

未检出。

Дх.15512 大智度论卷第二十五释初品中四无畏义第四十

存3行。录文："鸡猪捕猎屠杀/中则多怖/所谓顶。"龙树菩萨造、后秦鸠摩罗什译。经文见《大正藏》第25册，第243页A栏第4行至第7行。

Дх.15513 大般涅槃经卷第三寿命品第一之三

存2行。录文："诸贼动掠群/慧无有方便。"北凉昙无谶译。经文见《大正藏》第12册，第382页A栏第13行至第14行。

Дх.15514 残佛经

存3行。录文："念/如是/说尔时。"见于多部经文。

Дх.15515 阿毗昙毗婆沙论卷第十八杂犍度爱敬品下

存4行。录文："四无所畏/道在大众/怖故受/广说。"迦旃延子造、五百罗汉释、北凉浮陀跋摩共道泰等译。经文见《大正藏》第28册，第132页A栏第21行至第24行。

Дх.15516 佛说灌顶随愿往生十方净土经卷第十一

存3行。录文："萨摩诃/愿生北方道/数国土。"东晋帛尸梨蜜多罗译。经文见《大正藏》第21册，第529页B栏第6行至第8行。

Дх.15517 大方等大集经卷第五十一月藏分第十二诸天王护持品第九

存3行。录文："二万岁时迦/天下付吃/化乐。"齐那连提耶舍译。经文见《大正藏》第13册，第343页A栏第1行至第4行。

Дх.15518 小品般若波罗蜜经卷第六摩诃般若波罗蜜大如品第十五

存3行。录文："证阿/证法中/已不随。"后秦鸠摩罗什译。经文见《大正藏》第8册，第565页B栏第17行至第19行。

Дх15519 摩诃般若波罗蜜经卷第四幻学品第十一

存3行。录文："次/不受声/萨摩诃。"后秦鸠摩罗什译。经文见《大正藏》第8册，第245页B栏第17行至第19行；或B栏第28行至C栏第1行。

Дх.15520至Дх.15526 残佛经

未检出。

Дх.15527 金光明最胜王经卷第二分别三身品第三

存4行。录文："水澄渟/非谓无/复余习/虚。"唐义净译。经文见《大正藏》第16册，第410页A栏第23行至第27行。

Дх.15528 大般涅槃经卷第十九梵行品第八之五

存2行。录文："佛释甲胄佛/狱极。"北凉昙无谶译。经文见《大正藏》第12册，第480页A栏第26行至第28行。

Дх.15529 大方广十轮经卷第二发问本业断结品第三

存2行。录文："我知体性随/难可调伏心。"失译。经文见《大正藏》第13册，第689页C栏第6行至第7行。

Дх.15530 Дх.15531 残佛经

未检出。

Дх.15532 佛说灌顶拔除过罪生死得度经卷第十二

存2行。录文："讲宣妙/诸疑惑。"东晋帛尸梨蜜多罗译。经文见《大正藏》第21册，第532页C栏第25行至第26行。

Дx.15533 残佛经

未检出。

Дx.15534 维摩诘所说经卷中文殊师利问疾品第五

存2行。录文："者唯置一/其室。"后秦鸠摩罗什译。经文见《大正藏》第14册。第544页B栏第11行至第12行。

Дx.15535至Дx.15541 残佛经

未检出。

Дx.15542 摩诃般若波罗蜜经卷第二十七常啼品第八十八

存2行。录文："共萨陀波仑/围绕渐渐。"后秦鸠摩罗什译。经文见《大正藏》第8册，第420页B栏第15行至第16行。

Дx.15543 大般涅槃经卷第十二圣行品第七之二

存2行，行2至4字。录文："骨菩萨摩/得是。"北凉昙无谶译。经文见《大正藏》第12册，第434页A栏第16行至第17行。

Дx.15544至Дx.15557 残佛经

未检出。

Дx.15558 佛说灌顶宫宅神王守镇左右咒经卷第五

存2行。录文："神名沙/神名。"东晋帛尸梨蜜多罗译。经文见《大正藏》第21册，第510页A栏第20行至第21行。卷一、卷二、卷四均有相同的经文。

Дx.15559至Дx.15562 残佛经

未检出。

Дx.15563 妙法莲华经卷第六如来神力品第二十一

存5行。录文："及见/中坐师子/摩诃萨及/是已皆/中高声。"后秦鸠摩罗什译。经文见《大正藏》第9册，第51页C栏第28行至第52页A栏第3行。

Дx.15564 妙法莲华经卷第五从地踊出品第十五

存3行。录文："火恼/受化易不/于菩萨大。"后秦鸠摩罗什译。经文见《大正藏》第9册，第40页B栏第1行至第4行。

Дx.15565 大般涅槃经卷第十五梵行品第八之一

存3行。录文："布施持/是名知时云/摩诃。"北凉昙无谶译。经文见《大正藏》第12册，第452页A栏第23行至第25行。

Дx.15566 残佛经

存3行。录文："起当/如其/知是。"未检出。

Дx.15567 大般涅槃经卷第十如来性品第四之七

存2行。录文："养散种种/尔时佛。"北凉昙无谶译。经文见《大正藏》第12册，第424页C栏第25行至第26行。

Дx.15568 残佛经

存1行。录文："人见众生。"未检出。

Дx.15569 金光明经卷第四赞佛品第十八

存2行。录文："时无/金宝盖山王。"北凉昙无谶译。经文见《大正藏》第16册，第356页C栏第23行至第24行。

Дx.15570 佛说灌顶梵天神策经卷第十

存2行。录文："家正真/逆虽。"东晋帛尸梨蜜多罗译。经文见《大正藏》第21册，第527页B栏第27行至第30行。

Дx.15571至Дx.15574 残佛经

未检出。

Дx.15575 民族文字残片

Дx.15576 残佛经

八残片。各存1字。不可定名。

Дx.15577 维摩诘所说经卷中佛道品第八

存3行。录文："为通达/答曰若菩萨/罪垢至。"后秦鸠摩罗什译。经文见《大正藏》第14册，第549页A栏第1行至第4行。

Дx.15578 大般涅槃经卷第三十四迦叶菩萨品第十二之二

存2行。录文："散我复告/恐怖心各欲散。"北凉昙无谶译。经文见《大正藏》第12册，第565页A栏第13行至第14行。

Дx.15579 残片

存3行。录文："见有/始起后汉孝/敬进。"未检出。

Дx.15580 大智度论卷第八十八释六喻品第七十七

存2行。录文："青眼/生所好而。"龙树菩萨造、后秦鸠摩罗什译。经文见《大正藏》第25册，第684页A栏第15行至第16行。

Дx.15581至Дx.15614 残佛经

未检出。

Дx.15615 大般涅槃经卷第三十五迦叶菩萨品第十二之三

存4行。录文："无惭/威德自/有妒瞋/子众。"北凉昙无谶译。经文见《大正藏》第12册，第574页A栏第12行至第15行。

Дx.15616 光赞经卷第七摩诃般若波罗蜜十住品第十八

存3行。录文："力常行/长教其出家者/慕求善权。"西晋竺法护译。经文见《大正藏》第8册，第196页B栏第24行至第26行。

Дx.15617 妙法莲华经卷第二譬喻品第三

存2行。录文："能解佛之/有力。"后秦鸠摩罗什译。经文见《大正藏》第9册，第13页B栏第4行至第5行。

Дx.15618 佛所行赞守财醉象调伏品第二十一

存1行，总6字。录文："柰化彼迦旃延。"马鸣菩萨造、北凉昙无谶译。经文见《大正藏》第4册，第40页B栏第17行。

Дx.15619至Дx.15630 残佛经

未检出。

Дx.15631 大般涅槃经卷第三十师子吼菩萨品第十一之四

存3行。录文："哉瞿昙善为幻/六师若言幻者/汝往水中抱。"北凉昙无谶译。经文见《大正藏》第12册，第543页C栏第5行至第7行。

Дx.15632 佛说佛名经卷第四

存2行。录文："摩佛/众佛。"北魏菩提流支译。经文见《大正藏》第14册，第134页B栏第9行。或为《慈悲道场忏法》《现在贤劫千佛名经》等。

Дx.15633 维摩诘所说经卷中佛道品第八

存3行。录文："立之以等力/有地狱处/生相食。"后秦鸠摩罗什译。经文见《大正藏》第14册，第550页A栏第25行至第29行。

Дx.15634 大般涅槃经卷第二十三光明遍照高贵德王菩萨品第十之三

存3行。录文："密遣一人诈/人不信投一聚/都不见。"北凉昙无谶译。经文见《大正藏》第12册，第499页B栏第4行至第7行。

Дx.15635 持心梵天所问经

存2行。录文："菩提/来悉知。"经文见《大正藏》第15册，第20页B栏第1行至第2行。此经文还见于《金刚般若波罗蜜经》《放光般若经卷第十一》等。

Дx.15636 Дx.15637 残佛经

未检出。

Дx.15638 大宝积经卷第二十不动如来会第六之二菩萨众品第四

存3行。录文："数百千/舍利弗/菩萨以。"唐菩提流志译。经文见《大正藏》第11册，第107页B栏第27行至第29行。

Дx.15639至Дx.15641 残佛经

未检出。

Дx.15642 民族文字残经

Дx.15643至Дx.15646 残佛经

未检出。

Дx.15647 妙法莲华经卷第七陀罗品第二十六

存3行。录文："香烧得幡盖/苏摩那华油/优钵罗华油。"后秦鸠摩罗什译。经文见《大正藏》第9册，第59页B栏第22行至第25行。

Дx.15648 妙法莲华经卷第六随喜功德品第十八

存2行。录文："若善男/解说若书。"后秦鸠摩罗什译。经文见《大正藏》第9册,第47页C栏第3行至第4行。

Дx.15649　佛说灌顶拔除过罪生死得度经卷第十二

存2行。录文:"师□璃光/言者佛。"东晋帛尸梨蜜多罗译。经文见《大正藏》第21册,第535页A栏第3行至第4行。

Дx.15650　某经题签

存一"卷"字。

Дx.15651　大般涅槃经卷第四十憍陈如品第十三之二

存3行。录文:"八不思/善男子阿难/二部经。"北凉昙无谶译。经文见《大正藏》第12册,第601页C栏第17行至第19行。

Дx.15652　放光般若经卷第五摩诃般若波罗蜜衍品第二十三

存3行,行2至3字。录文:"有边/耳舍利/际。"西晋无罗叉译。经文见《大正藏》第8册,第34页B栏第17行至第20行。

Дx.15653至Дx.15665　残佛经

未检出。

Дx.15666　妙法莲华经卷第三授记品第六

存2行,行5字。录文:"众唱如是言/世当得奉觐。"后秦鸠摩罗什译。经文见《大正藏》第9册,第20页B栏第26行至第27行。

Дx.15667　妙法莲华经卷第二信解品第四

存4行。录文:"大志/族国王/诸君当/吾。"后秦鸠摩罗什译。经文见《大正藏》第9册,第17页B栏第8行至第11行。

Дx.15668　维摩诘所说经卷第下香积佛品第十

存3行。录文:"如世尊释迦/以贫所乐法/谦以无量。"后秦鸠摩罗什译。经文见《大正藏》第14册,第553页A栏第16行至第19行。

Дx.15669　放光般若经卷第十七摩诃般若波罗蜜教化众生品第七十四

存3行。录文:"事或/宝示现或/为因缘使行。"西晋无罗叉译。经文见《大正藏》第8册,第123页A栏第18行至第20行。

Дx.15670至Дx.15680　残佛经

未检出。

Дx.15681　妙法莲华经卷第五安乐行品第十四

存3行。录文:"诃萨/有四四/阿耨多。"后秦鸠摩罗什译。经文见《大正藏》第9册,第44页A栏第17行至第19行。

Дx.15682　残佛经

存2行。录文:"供养/云何。"不可定名。

Дx.15683　未来星宿劫千佛名经

存2行。录文:"佛言若有姓/读而不诽谤。"失译。经文见《大正藏》第14册,第398页C栏第19行至第21行。

Дx.15684至Дx.15697　残佛经

未检出。

Дx.15698　妙法莲华经卷第六药王菩萨本事品第二十三

存4行。录文:"坐七宝之台/头面礼足/光明照十方/切众。"后秦鸠摩罗什译。经文见《大正藏》第9册,第53页B栏第29行至C栏第6行。

Дx.15699　妙法莲华经卷第六随喜功德品第十八

存4行。录文:"经深/斯人之福报/唇不厚褰缺/广而平。"后秦鸠摩罗什译。经文见《大正藏》第9册,第47页B栏第14行至第20行。

Дx.15700　长阿含经卷第十八第四分世记经郁单曰品第二

存2行。录文:"珠名曰焰/劳人功其。"后秦佛陀耶舍共竺佛念译。经文见《大正藏》第1册,第118页A栏第13行至第14行。

Дx.15701　残佛经

存2行,行1至2字。录文:"不/之上。"不可定名。

Дx.15702　父子合集经卷第三净饭王致礼如来品第三

存3行。录文："之/普薰/千大。"日称译。经文见《大正藏》第11册，第926页B栏第5行至第7行。

Дх.15703至Дх.15715 残佛经

未检出。

Дх.15716 大般涅槃经卷第三寿命品第一之三

存2行。录文："法汝等于/集即修集已。"北凉昙无谶译。经文见《大正藏》第12册，第381页C栏第21行至第22行。

Дх.15717 妙法莲华经卷第四授学无学人记品第九

存3行。录文："罗三/时学/右肩。"后秦鸠摩罗什译。经文见《大正藏》第9册，第29页B栏第29行至C栏第2行。

Дх.15718 大般涅槃经卷第三十七迦叶菩萨品第十二之五

存4行。录文："地/中说当观一切/智之人若但观/恼也。"北凉昙无谶译。经文见《大正藏》第12册，第582页B栏第25行至第29行。

Дх.15719 佛说华手经卷第一网明品第三

存4行。录文："坏者譬/失慧命/法亦尔/能信解。"后秦鸠摩罗什译。经文见《大正藏》第16册，第133页C栏第15行至第19行。

Дх.15720 大般涅槃经卷第五如来性品第四之二

存2行。录文："是处无死即是/解脱者即。"北凉昙无谶译。经文见《大正藏》第12册，第392页A栏第9行至第10行。

Дх.15721 摩诃般若波罗蜜经卷第一序品第一

存2行。录文："故具足羼/具足毗梨。"后秦鸠摩罗什译。经文见《大正藏》第8册，第219页A栏第1行至第2行。相同经文还见于同经卷第八、卷第十及《佛说大方广菩萨十地经》《大宝积经》《大方等大集经》等。

Дх.15722至Дх.15727 残佛经

未检出。

Дх.15728 大方广佛华严经卷第五十三离世间品第三十八之一

存2行。录文："何等为心得安隐/戒何等为自知受。"唐实叉难陀译。经文见《大正藏》第10册，第279页B栏第21行至第23行。

Дх.15729 般若经

存2行。录文："般若波/蜜不可。"般若经中所存甚多，不可确指具体经名与卷品。

Дх.15730 残佛经

存2行。录文："心怡/下土。"未检出。

Дх.15731 佛说救疾经

存2行。录文："实老六斋/四天王下或。"经文见《大正藏》第85册，第1362页A栏第15行至第16行。

Дх.15732 七佛八菩萨所说大陀罗尼神咒经卷第一

存2行。录文："萨婆比蛇那木叉迦罗/摩。"经文见《大正藏》第21册，第542页B栏第12行至第14行。

Дх.15733 妙法莲华经卷第六如来神力品第二十一

存1行，总4字。录文："嘱累是经。"后秦鸠摩罗什译。经文见《大正藏》第9册，第52页B栏第8行。或为北凉昙无谶译《金光明经卷第四嘱累品第十九》。经文见《大正藏》第16册，第358页A栏第22行。或为阇那崛多译、隋释宝贵合《合部金光明经卷第八嘱累品第二十四》。经文见《大正藏》第16册，第402页A栏第15行。

Дх.15734 金刚般若波罗蜜经

存2行。录文："众生相寿者/佛。"后秦鸠摩罗什译。经文见《大正藏》第8册，第750页B栏第8行至第9行。

Дх.15735 残佛经

存1行，总4字。录文："十方现在。"见于多部经中。

Дх.15736至Дх.15741 残佛经

未检出。

Дх.15742 大通方广忏悔灭罪庄严成佛经卷上

存3行。录文："恒河/阿僧/今敬。"经文见《大正藏》第85册，第1342页B栏第18行至第20行。

Дx.15743 请观世音菩萨消伏毒害陀罗尼咒经

存3行。录文："名并持/世不吉祥/具足。"东晋竺难提晋言法喜译。经文见《大正藏》第20册，第36页B栏第6行至第8行。

Дx.15744至Дx.15759 残佛经

未检出。

Дx.15760 民族文字残片

Дx.15761 残佛经

未检出。

Дx.15761A 摩诃般若波罗蜜经卷第十六大如品第五十四

存4行。录文："道/布施持戒忍辱/方便力故堕声/菩萨摩诃萨虽。"后秦鸠摩罗什译。经文见《大正藏》第8册，第336页C栏第7行至第10行。

Дx.15762 妙法莲华经卷第五从地踊出品第十五

存4行。录文："此偈已/汝等何逸多/无量无数阿僧祇从/者我于是。"后秦鸠摩罗什译。经文见《大正藏》第9册，第41页A栏第28行至B栏第2行。

Дx.15763 大通方广忏悔灭罪庄严成佛经卷下

存4行。录文："尼佛诸/为汝说本因缘我于/佛所闻是十方/在在处处。"经文见《大正藏》第85册，第1355页A栏第8行至第11行。

Дx.15764 摩诃僧祇律卷第二十九明杂诵跋渠法之七

存7行。录文："受用/今日/至法/瓦/金色复/是斋日/婆寒。"东晋佛驮跋陀罗共法显译。经文见《大正藏》第22册，第461页C栏第4行至第11行。

Дx.15765 光赞经卷第四摩诃般若波罗蜜行品第九

存4行。录文："足五/立于十/诸佛之/行。"西晋竺法护译。经文见《大正藏》第8册，第171页C栏第4行至第7行。

Дx.15766 佛说灌顶拔除过罪生死得度经卷第十二

存1行，总5字。录文："佛刹十恒河。"东晋帛尸梨蜜多罗译。经文见《大正藏》第21册，第532页B栏第26行。

Дx.15767 大般涅槃经卷第二十婴儿行品第九

存4行。录文："起/能起/来不/动。"北凉昙无谶译。经文见《大正藏》第12册，第485页B栏第14行至第17行。

Дx.15768 残佛经

存2行，行1字。录文："菩/然。"不可定名。

Дx.15769 妙法莲华经卷第七妙庄严王本事品第二十七

存2行。录文："光三/大威。"后秦鸠摩罗什译。经文见《大正藏》第9册，第59页C栏第10行至第11行。

Дx.15770 摩诃般若波罗蜜经卷第二十五具足品第八十一

存2行。录文："受想行识/出众生处。"后秦鸠摩罗什译。经文见《大正藏》第8册，第405页B栏第7行至第9行。

Дx.15771 小品般若波罗蜜经卷第四摩诃般若波罗蜜叹净品第九

存3行。录文："若/写尔/善女人能。"后秦鸠摩罗什译。经文见《大正藏》第8册，第555页A栏第22行至第24行。

Дx.15772 金光明经卷第二四天王品第六

存2行。录文："心生慈愍/则令其土。"北凉昙无谶译。经文见《大正藏》第16册，第344页B栏第15行至第16行。

Дx.15773 四分律比丘戒本

存3行。录文："说此杂碎戒/戒故波逸提/法戒。"后秦佛陀耶舍译。经文见《大正藏》第22册，第1020页A栏第10行至第13行。

Дx.15774 金刚般若波罗蜜经

存2行。录文："相寿者相即/是菩萨于。"后秦鸠摩罗什译。经文见《大正藏》第8册，第749页A栏第11行至第12行。

Дx.15775 摩诃般若波罗蜜经卷第二往生品第四

存2行。录文："菩提菩萨/可得受。"后秦鸠摩罗什译。经文见《大正藏》第8册，第232页B栏第12行至第13行。另《摩诃般若波罗蜜经卷第四幻学品第十一》《大智度论卷第四十一释三假品第七》等也有此经文。

Дx.15776 佛说天地八阳神咒经

存3行。录文："须弥/和轮/是八。"唐义净译。经文见《大正藏》第85册，第1424页B栏第3行至第5行。

Дx.15777 大智度论卷第四十二释集散品第九

存3行。录文："一切内/得道/慧。"龙树菩萨造、后秦鸠摩罗什译。经文见《大正藏》第25册，第369页B栏第1行至第3行。

Дx.15778至Дx.15783 残佛经

未检出。

Дx.15783A 摩诃般若波罗蜜经卷第十一照明品第四十

存4行。录文："蜜不灭/乃至佛不灭故/故般若波罗蜜/可。"后秦鸠摩罗什译。经文见《大正藏》第8册，第304页A栏第7行至第10行。

Дx.15784 佛说鬼问目连经

存2行。录文："得近以是之故/粪屎弥梨地狱。"后汉安世高译。经文见《大正藏》第17册，第536页A栏第17行至第18行。

Дx.15785 大般涅槃经卷第二十八师子吼菩萨品第十一之二

存4行。录文："他方有七实[宝]/到者永断贫穷服/悬远险阻多难时彼/具一则空。"北凉昙无谶译。经文见《大正藏》第12册，第534页B栏第12行至第15行。

Дx.15786 妙法莲华经卷第四授学无学人记品第九

存4行。录文："世间解无/当供养/阿耨多罗/沙诸菩。"后秦鸠摩罗什译。经文见《大正藏》第9册，第29页C栏第6行至第9行。

Дx.15787 大般涅槃经卷第三十八迦叶菩萨品第十二之六

存4行。录文："故得/乐寂静能善思/法住得三十七品/善男子。"北凉昙无谶译。经文见《大正藏》第12册，第587页B栏第16行至第19行。

Дx.15788 大般涅槃经卷第三十一师子吼菩萨品第十一之五

存3行。录文："故常生是念/智者说地狱苦常/木自打木。"北凉昙无谶译。经文见《大正藏》第12册，第553页B栏第14行至第16行。

Дx.15789 佛说灌顶七万二千神王护比丘咒经卷第一

存1行，总6字。录文："常录夺比丘衣。"东晋帛尸梨蜜多罗译。经文见《大正藏》第21册，第496页C栏第1行。

Дx.15790 佛说灌顶拔除过罪生死得度经卷第十二

存2行。录文："此微/人必当得。"东晋帛尸梨蜜多罗译。经文见《大正藏》第21册，第535页A栏第11行至第12行。

Дx.15791 Дx.15792 残佛经

未检出。

Дx.15793 维摩诘说所经卷下香积佛品第十

存5行。录文："名众/方诸/声闻譬/法其/皆。"后秦鸠摩罗什译。经文见《大正藏》第14册，第552页A栏第11行至第15行。

Дx.15794 妙法莲华经卷第七观世音菩萨普门品第二十五

存4行。录文："敬观/恭敬观世音/敬观世音菩/有如是等。"后秦鸠摩罗什译。经文见《大正藏》第9册，第57页A栏第2行至第5行。

Дx.15795 大般涅槃经卷第八如来性品第四之五

存3行。录文："益若/住即是常/诸行常者。"北凉昙无谶译。经文见《大正藏》第12册，第410页B栏第18行至第20行。

Дx.15796 大般涅槃经题签

录文："大般涅槃。"

Дх.15797 佛说八师经

存2行。录文："求道而欲/日吾念世。"吴支谦译。经文见《大正藏》第14册,第965页C栏第18行至第20行。

Дх.15798 金光明经卷第二四天王品第六

存2行。录文："成就具/护一切。"北凉昙无谶译。经文见《大正藏》第16册,第343页C栏第10行至第11行。

Дх.15799 残佛经

存3行,行1至3字。未检出。

Дх.15800 妙法莲华经卷第七观世音菩萨普门品第二十五

存1行,总5字。录文："多於淫欲常。"后秦鸠摩罗什译。经文见《大正藏》第9册,第57页A栏第1行至第2行。

Дх.15801至Дх.15804 残佛经

未检出。

Дх.15805 金刚般若波罗蜜经

存2行。录文："住而生/王於意。"后秦鸠摩罗什译。经文见《大正藏》第8册,第749页C栏第23行至第24行。

Дх.15806 Дх.15807 残片

不可定名。

Дх.15808 金刚般若波罗蜜经

存3行。录文："须菩/为微尘/世尊何以。"后秦鸠摩罗什译。经文见《大正藏》第8册,第752页B栏第7行至第9行。

Дх.15809 妙法莲华经卷第三药草喻品第五

存3行。录文："界山/种类若/千世界。"后秦鸠摩罗什译。经文见《大正藏》第9册,第19页A栏第28行至B栏第1行。

Дх.15810 阿毗昙心论经卷第四智品第六

存4行。录文："生二智/故中平等/慧事见/此及余说。"法胜论、优波扇多释、那连提耶舍译。经文见《大正藏》第28册,第854页B栏第18行至第23行。

Дх.15811A 佛说观佛三昧海经卷第一六譬品第一

存2行。录文："高三百/告大王。"东晋佛驮跋陀罗译。经文见《大正藏》第15册,第646页C栏第11行至第23行。

Дх.15811B 佛说观佛三昧海经卷第一六譬品第一

存2行。录文："复次大/罗天女。"东晋佛驮跋陀罗译。经文见《大正藏》第15册,第646页C栏第5行至第6行。

Дх.15812 Дх.15813 残佛经

未检出。

Дх.15814 大般涅槃经卷第三十一师子吼菩萨品第十一之五

存2行。录文："冷非常非灭/黄非赤非。"北凉昙无谶译。经文见《大正藏》第12册,第481页A栏第8行至第9行。

Дх.15815 佛说佛名经

存2行。录文："佛/德佛。"未检出。

Дх.15816 佛说药师如来本愿经

存2行。录文："世尊药/子善子人所。"隋达磨笈多译。经文见《大正藏》第14册,第403页A栏第6行至第7行。

Дх.15817 妙法莲华经卷第七普贤菩萨劝发品第二十八

存3行。录文："人授持/授手令/勒。"后秦鸠摩罗什译。经文见《大正藏》第9册,第61页C栏第8行至第10行。

Дх.15818 残佛经

存2字。录文："知/来。"不可定名。

Дх.15819 大般涅槃经卷第二十七师子吼菩萨品第十一之一

存4行。录文："界金/陀以神通/何私陀仙/为世乐之。"北凉昙无谶译。经文见《大正藏》第12册,第528页B栏第2行至第5行。

Дx.15820 金刚般若波罗蜜经

存4行。录文："其福胜/阿耨多罗三藐/提所谓佛法者/何须陀洹能作。"后秦鸠摩罗什译。经文见《大正藏》第8册，第749页B栏第22行至第26行。

Дx.15821 妙法莲华经卷第七普贤菩萨劝发品第二十八

存4行。录文："读诵解/手令不恐怖不堕/菩萨所弥勒菩/有百千万。"后秦鸠摩罗什译。经文见《大正藏》第9册，第61页C栏第8行至第12行。

Дx.15822 大般涅槃经卷第八如来性品第四之五

存2行。录文："黄赤白黑/是诸众生以明。"北凉昙无谶译。经文见《大正藏》第12册，第411页A栏第21行至第22行。

Дx.15823 妙法莲华经卷第五从地踊出品第十五

存2行。录文："宣示诸佛/子奋迅。"后秦鸠摩罗什译。经文见《大正藏》第9册，第41页A栏第17行至第18行。此经句还存在其他多部佛经中。

Дx.15824 残佛经

存3行。录文："成/就故/就故。"不可定名。

Дx.15825 大般涅槃经卷第十七梵行品第八之三

存3行。录文："镜不/期生牙/灭。"北凉昙无谶译。经文见《大正藏》第12册，第467页A栏第17行至第19行。

Дx.15826 残佛经

存1行。总5字。录文："十方世界中。"不可定名。

Дx.15827至Дx.15831 残佛经

未检出。

Дx.15832 妙法莲华经卷第一序品第一

存3行。录文："凌伽婆/难陀富楼/如是。"后秦鸠摩罗什译。经文见《大正藏》第9册，第1页C栏第25行至第27行。

Дx.15833 妙法莲华经卷第七观世音菩萨普门品第二十五

存4行。录文："世音菩萨有/音菩萨福不/音菩萨名号/恒河沙菩萨。"后秦鸠摩罗什译。经文见《大正藏》第9册，第57页A栏第10行至第13行。

Дx.15834 大智度论卷第四十七释摩诃衍品第十八之余

存2行。录文："罗蜜中得方便力/能住是法山顶诸无。"龙树菩萨造、后秦鸠摩罗什译。经文见《大正藏》第25册，400页C栏第24行至第26行。

Дx.15835 佛说观佛三昧海经卷第二观相品第三之二

存3行。录文："岁三百岁时/起火烧/说九相是。"东晋佛驮跋陀罗译。经文见《大正藏》第15册，第652页C栏第16行至第19行。

Дx.15836 佛经论释

存4行。未检出。

Дx.15837 大方广佛华严经卷第十五金刚幢菩萨十回向品第二十一之二

存4行。录文："切佛/切众生悉/根中成就/量行。"东晋佛驮跋陀罗译。经文见《大正藏》第9册，第496页A栏第4行至第7行。

Дx.15838 佛说灌顶随愿往生十方净土经卷第十一

存5行。录文："应为修/此功德/八难幡/在异文/复留难。"东晋帛尸梨蜜多罗译。经文见《大正藏》第21册，第529页C栏第22行至第26行。

Дx.15839至Дx.15841 残佛经

未检出。

Дx.15842 妙法莲华经卷第六随喜功德品第十八

存3行。录文："转轮圣王/言有经名法/闻是人功德。"后秦鸠摩罗什译。经文见《大正藏》第9册，第47页A栏第8行至第10行。

Дx.15843 残佛经

存3行，行1字。录文："戒/作/胜。"不可定名。

Дx.15844 大般涅槃经卷第九如来性品第四之六

存2行。录文："遍知亦复如/父母。"北凉昙无谶译。经文见《大正藏》第12册，第416页A栏第22

行至第23行。

Дx.15845 大般涅槃经卷第五如来性品第四之二

存2行。录文："一者有/积。"北凉昙无谶译。经文见《大正藏》第12册，第391页B栏第12行至第13行。

Дx.15846 妙法莲华经卷第一方便品第二

存2行。录文："爱故生/受诸苦。"后秦鸠摩罗什译。经文见《大正藏》第9册，第8页B栏第11行至第13行。

Дx.15847至Дx.15858 残佛经

未检出。

Дx.15859 妙法莲华经卷第一序品第一

存4行。录文："养/塔庙/开敷/残妙。"后秦鸠摩罗什译。经文见《大正藏》第9册，第3页B栏第26行至C栏第1行。

Дx.15860 妙法莲华经卷第二信解品第四

存5行。录文："遇/宝机/绕以真/仆手执/香水。"后秦鸠摩罗什译。经文见《大正藏》第9册，16页C栏第11行至第15行。

Дx.15861 大般涅槃经卷第七如来性品第四之四

存2行。录文："欲贪/敬如是比丘名为。"北凉昙无谶译。经文见《大正藏》第12册，第405页C栏第29行至第406页A栏第1行。

Дx.15862 残佛经

存3行。录文："若/闻/功。"不可定名。

Дx.15863 十方千五百佛名经

存3行。录文："名闻佛光明/持法佛一宝/进佛。"经文见《大正藏》第14册，第317页B栏第11行至第13行。

Дx.15864 残佛经

未检出。

Дx.15865 摩诃般若波罗蜜经卷第九大明品第三十二

存3行。录文："辟支佛/迦菩萨/四禅四。"后秦鸠摩罗什译。经文见《大正藏》第8册，第286页C栏第11行至第13行。

Дx.15866 Дx.15867 残佛经

未检出。

Дx.15868 妙法莲华经卷第二信解品第四

存3行。录文："游行/其/梨。"后秦鸠摩罗什译。经文见《大正藏》第9册，第16页B栏第28行至C栏第1行。

Дx.15869至Дx.15873 残佛经

未检出。

Дx.15874 妙法莲华经卷第五从地踊出品第十五

存3行。录文："会无量百/众本/千万。"后秦鸠摩罗什译。经文见《大正藏》第9册，第40页C栏第29行至第41页A栏第4行。

Дx.15875至Дx.15902 残佛经

未检出。

Дx.15903 维摩诘所说经卷中不思议品第六

存2行。录文："利弗法名寂灭若/法也法名。"后秦鸠摩罗什译。经文见《大正藏》第14册，第546页A栏第15行至第16行。

Дx.15904 残佛经

存2行。录文："见菩萨/萨菩。"不可定名。

Дx.15905 残佛经

存3行。录文："明千亿/宝盖於虚空/广正等满。"未检出。

Дx.15906至Дx.15919 残佛经

未检出。

Дx.15920 维摩诘所说经卷上佛国品第一

存3行。录文："以者/调伏众/而取。"后秦鸠摩罗什译。经文见《大正藏》第14册，第538页A栏第22行至第24行。

Дx.15921 金刚般若波罗蜜经

存5行。录文："有人/写受持读/经有不可/如来为发大乘者/能受持读诵广。"后秦鸠摩罗什译。经文见《大正藏》第8册，第750页C栏第10行至第15行。

Дx.15922 大般若波罗蜜多经卷第五十四初分辩大乘品第十五之四

存2行。录文:"静虑波罗/复应远离。"唐玄奘译。经文见《大正藏》第8册,第303页C栏第27行至第28行。或为般若译《大乘理趣六波罗蜜多经卷第八静虑波罗蜜多品第九之一》。经文见《大正藏》第5册,第899页C栏第14行至第15行。

Дx.15923 大般涅槃经卷第八如来性品第四之五

存3行。录文:"无明转则变/如是无有二相/有酪。"北凉昙无谶译。经文见《大正藏》第12册,第411页A栏第23行至第25行。

Дx.15924 大般涅槃经后分卷上应尽还源品第二

存2行。录文:"时昏迷/中或有随佛。"唐般若那跋陀罗译。经文见《大正藏》第12册,第905页C栏第2行至第4行。

Дx.15925 摩诃般若波罗蜜经卷第十一照明品第四十

存2行。录文:"为法/故生以是。"后秦鸠摩罗什译。经文见《大正藏》第8册,第303页A栏第6行至第8行。

Дx.15926 佛说救疾经

存1行,总5字。录文:"或大仙人下。"经文见《大正藏》第85册,第1362页A栏第17行。

Дx.15927 Дx.15928 残佛经

未检出。

Дx.15929 大方等大集经卷第八海慧菩萨品第五之一

存2行。录文:"一切/一性净。"北凉昙无谶译。经文见《大正藏》第13册,第51页C栏第15行至第16行。

Дx.15930至Дx.15932 残佛经

未检出。

Дx.15933 大方广佛华严经随疏演义钞卷第四十七兜率宫中偈赞品第二十四

存4行。录文:"众生/化生若有/想若非无想/如是灭度无量。"唐澄观述。经文见《大正藏》第36册,第363页C栏第14行至第18行。

Дx.15934 大般涅槃经卷第一寿命品第一

存3行。录文:"作/数劫/宝种。"北凉昙无谶译。经文见《大正藏》第12册,第366页B栏第6行至第8行。

Дx.15935 僧伽吒经卷第二

存3行。录文:"兴於/於尔时出家/盖。"月婆首那译。经文见《大正藏》第13册,第966页A栏第12行至第14行。

Дx.15936至Дx.15950 残佛经

未检出。

Дx.15951 金光明经卷第四舍身品第十七

存3行。录文:"因缘为利众生受/神足神足力故令此/众会之中有七宝。"北凉昙无谶译。经文见《大正藏》第16册,第353页C栏第25行至第27行。

Дx.15952 金光明最胜王经卷第三灭业障品第五

存4行。录文:"有行者有/众生功德/善男子若有善/右肩右膝着地合。"唐义净译。经文见《大正藏》第16册,第415页A栏第5行至第8行。

Дx.15953 佛本行集经卷第十六耶输陀罗梦品下

存3行。录文:"面形或/子之前示现逶迤巧妙/鲜花以奉。"隋阇那崛多译。经文见《大正藏》第3册,第726页C栏第23行至第26行。

Дx.15954 佛说护身命经

存3行。录文:"有遗/天人/常当。"比丘道真译。经文见《大正藏》第85册,第1325页B栏第13行至第16行。

Дx.15955 残佛经

未检出。

Дx.15956 金刚般若波罗蜜经

存2行。录文:"若取非法相即/取法不应取非。"后秦鸠摩罗什译。经文见《大正藏》第8册,第749页B栏第8行至第9行。

Дх.15957 **残佛经**

存2行,行1字。录文:"安/乘。"不可定名。

Дх.15958 **妙法莲华经卷第三授记品第六**

存3行。录文:"众生/其佛/彼国。"后秦鸠摩罗什译。经文见《大正藏》第9册,第21页B栏第7行至第9行。

Дх.15959 **残佛经**

存1行,总2字。录文:"八种。"不可定名。

Дх.15960 **大智度论卷第四十四释幻人无作品第十一**

存3行。录文:"世间法有漏/不共法须菩提/是一切法无碍。"龙树菩萨造、后秦鸠摩罗什译。经文见《大正藏》第25册,第381页A栏第12行至第14行。

Дх.15961 **妙法莲华经卷第六随喜功德品第十八**

存5行。录文:"须臾听受/马车乘珍宝/法处坐更有人/人功德转身得/王所坐之。"后秦鸠摩罗什译。经文见《大正藏》第9册,第47页A栏第3行至第8行。

Дх.15962 **大智度论卷第七十三释阿毗跋致品第五十五**

存5行。录文:"三菩提/萨/不作/实见/不著。"龙树菩萨造、后秦鸠摩罗什译。经文见《大正藏》第25册,第570页B栏第11行至第15行。

Дх.15963 **大通方广忏悔灭罪庄严成佛经卷下**

存5行。录文:"忏/界及今/不可具/所作/见。"经文见《大正藏》第85册,第1350页B栏第22行至第24行。

Дх.15964 **妙法莲华经卷第三化城喻品第七**

存3行。录文:"是经不/德生灭度想/异名是人。"后秦鸠摩罗什译。经文见《大正藏》第9册,第25页C栏第15行至第17行。

Дх.15965 **残片**

存1行。录文:"所以门傅。"不可定名。

Дх.15966 **残佛经**

存1行。录文:"三昧一切佛。"不可定名。

Дх.15967 **妙法莲华经卷第一序品第一**

存2行。录文:"比丘尼/因缘种种信。"后秦鸠摩罗什译。经文见《大正藏》第9册,第2页B栏第20行至第22行。

Дх.15968至Дх.15978 **残佛经**

未检出。

Дх.15979 **大般涅槃经卷第十二圣行品第七之二**

存3行。录文:"者/三种所/计有。"北凉昙无谶译。经文见《大正藏》第12册,第435页B栏第9行至第11行。

Дх.15980至Дх.15994 **残佛经**

未检出。

Дх.15995 **妙法莲华经卷第一序品第一**

存7行,行4至9字。起:"藏日月灯",讫:"菩提是诸王"。后秦鸠摩罗什译。经文见《大正藏》第9册,第4页C栏第3行至第9行。

Дх.15996 **金刚般若波罗蜜经**

存7行,行3至7字。起:"无众生",讫:"量须菩提"。后秦鸠摩罗什译。经文见《大正藏》第8册,第749页A栏第10行至第16行。

Дх.15997 **小品般若波罗蜜经卷第四摩诃般若波罗蜜叹净品第九**

存6行,行8至12字。起:"无障碍故",讫:"蜜诸法无"。后秦鸠摩罗什译。经文见《大正藏》第8册,第553页C栏第2行至第8行。

Дх.15998 **金刚般若波罗蜜经**

存8行,行7至9字。起:"菩提若善",讫:"大千世界何"。北魏菩提流支译。经文见《大正藏》第8册,第756页C栏第10行至第18行。

Дх.15999 **合部金光明经卷第一三身分别品第三**

存5行,行5至10字。起:"子云何法",讫:"如是二法"。真谛译、隋释宝贵合。经文见《大正藏》第16册,第363页A栏第22行至第27行。

Дх.16000 **佛说佛名经卷第二十五**

存4行,行2至8字。所存有"梵增益佛宝山佛等"一句。失译。经文见《大正藏》第14册,第284页C栏。顺序与现刊本有异。

Дх.16001 **四分比丘尼戒本**

存5行,行7至10字。起:"若比丘尼知女人",讫:"比丘尼度如是女"。后秦佛陀耶舍译。经文见《大正藏》第22册,第1037页C栏。与现刊本文字多处不同。

Дх.16002 **残片**

存5行。录文:"名第一/是魔眷属法若/然常者无得无生犹如/二了了见相见者如/虽不见火亦非虚。"未检出。

Дх.16003 **大般涅槃经卷第二十三光明遍照高贵德王菩萨品第十之三**

存7行。录文:"方便/蜜四无/五阴所/身心/种诸不善法/畏四毒蛇五/善者名。"北凉昙无谶译。经文见《大正藏》第12册,第500页A栏第29行至B栏第6行。

Дх.16004 **大般涅槃经卷第十九梵行品第八之五**

存6行,行3至9字。起:"今已近",讫:"作言地狱"。北凉昙无谶译。经文见《大正藏》第12册,第476页A栏第18行至第23行。

Дх.16005 **妙法莲华经卷第七妙音菩萨品第二十四**

存5行,行4至10字。起:"师利法王",讫:"菩萨得法华"。后秦鸠摩罗什译。经文见《大正藏》第9册,第56页B栏第26行至C栏第1行。

Дх.16006 **虚空藏菩萨神咒经**

存5行。录文:"像如所/偈/是四圣谛慧者/若是众生意知/于。"经文见《大正藏》第13册,第666页C栏第5行至第10行。与现刊本相较,有异文。

Дх.16007 **残佛经**

未检出。

Дх.16008 **妙法莲华经卷第七普贤菩萨劝发品第二十八**

存5行。录文:"此娑婆/千万亿诸菩/说之若善/是法华经/成就四法。"后秦鸠摩罗什译。经文见《大正藏》第9册,第61页A栏第14行至第18行。

Дх.16009 **合部金光明经卷第一寿量品第二**

存7行,行3至7字。起:"以者何",讫:"真实之"。北凉昙无谶译、隋释宝贵合。经文见《大正藏》第16册,第362页B栏第14行至第23行。

Дх.16010 **大般涅槃经卷第六如来性品第四之三**

存4行,行2至6字。起:"是四种中",讫:"易其"。北凉昙无谶译。经文见《大正藏》第12册,第398页B栏第8行至第11行。

Дх.16011 **大宝积经卷第七十七富楼那会第十七之一多闻品第二**

存7行,行5至11字。起:"于邪见堕",讫:"不得善知"。后秦鸠摩罗什译。经文见《大正藏》第11册,第441页B栏第12行至第19行。

Дх.16012 **金光明经卷第二四天王品第六**

存3行,行6至7字。起:"妙七宝人天",讫:"所恭敬天"。北凉昙无谶译。经文见《大正藏》第16册,第342页B栏第7行至第9行。

Дх.16013 **妙法莲华经卷第六嘱累品第二十二**

存5行,行3至6字。起:"法中示",讫:"世尊愿不有"。后秦鸠摩罗什译。经文见《大正藏》第9册,第52页C栏第19行至第24行。

Дх.16014 **妙法莲华经卷第一序品第一**

存3行,行6至9字。起:"种种因缘",讫:"辇舆欢喜"。后秦鸠摩罗什译。经文见《大正藏》第9册,第3页A栏第7行至第10行。

Дх.16015 **大乘大集地藏十轮经卷第十福田相品第七之二**

存7行,行3至13字。起:"一切声闻",讫:"如来所"。唐玄奘译。经文见《大正藏》第13册,第772页B栏第2行至第8行。

Дх.16016 **大般涅槃经卷第十八梵行品第八之四**

存8行,行7至9字。起:"可思议善",讫:"出时亦尔/住时"。北凉昙无谶译。经文见《大正藏》第12册，第471页B栏第29行至C栏第8行。

Дх.16017 佛说救疾经

存6行。录文："疮鬓/缘与此三/佛左右为护/心沉没我/犯正法/僧。"经文见《大正藏》第85册，第1361页C栏第18行至第22行。

Дх.16018 妙法莲华经卷第七陀罗尼品第二十六

存5行。全部为咒语。起："摩祢"，讫："迦婆娑"。后秦鸠摩罗什译。经文见《大正藏》第9册，第58页B栏第19行至第23行。

Дх.16019 小品般若波罗蜜经卷第四摩诃般若波罗蜜叹净品第九

存4行，行1至8字。起："罗蜜诸法无着"，讫："分别/般"。后秦鸠摩罗什译。经文见《大正藏》第8册，第553页B栏第25行至第27行。

Дх.16020 佛说法集经卷第二

存7行，行3至7字。起："善男子"，讫："于众生不求恩"。北魏菩提流支译。经文见《大正藏》第17册，第616页C栏第12行至第21行。

Дх.16021 妙法莲华经卷第四授学无学人记品第九

存5行，行2至8字。起："当得作佛号"，讫："十千"。后秦鸠摩罗什译。经文见《大正藏》第9册，第29页C栏第4行至第8行。

Дх.16022 小品般若波罗蜜经卷第四摩诃般若波罗蜜叹净品第九

存5行，行1至6字。起："罗蜜"，讫："虚空波罗/生"。后秦鸠摩罗什译。经文见《大正藏》第8册，第553页B栏第27行至C栏第1行。

Дх.16023 大般涅槃经卷第三十八迦叶菩萨品第十二之六

存8行，行4至9字。起："贪爱乐智"，讫："不可乐想"。北凉昙无谶译。经文见《大正藏》第12册，第589页B栏第26行至C栏第4行。

Дх.16024 胜天王般若波罗蜜经卷第五无所得品第八

存6行，行5至7字。起："曰不见义相又"，讫："法又问何者"。月婆首那译。经文见《大正藏》第8册，第711页C栏第13行至第19行。

Дх.16025 放光般若经卷第二摩诃般若波罗蜜行品第九

存7行，行4至9字。起："行识名色"，讫："世尊佛告须"。西晋无罗叉译。经文见《大正藏》第8册，第12页A栏第22行至第29行。

Дх.16026 阿毗昙八犍度论卷第八阿毗昙结使犍度十门跋渠第四

存5行，行11至16字。起："至三昧"，讫："四无色"。迦旃延子造、僧伽提婆共竺佛念译。经文见《大正藏》第26册，第802页B栏。内容与现刊本前后颠倒。

Дх.16027 妙法莲华经卷第一序品第一

存7行，行1至8字。起："天/今当问谁"，讫："义以偈"。后秦鸠摩罗什译。经文见《大正藏》第9册，第2页C栏第1行至第8行。

Дх.16028 金刚般若波罗蜜经

存5行，行3至6字。起："得言不"，讫："故名阿那"。后秦鸠摩罗什译。经文见《大正藏》第8册，第749页C栏第1行至第6行。

Дх.16029 四分比丘尼戒本

存8行，行2至12字。起："诸大姊是众"，讫："叉腰"。后秦佛陀耶舍译。经文见《大正藏》第22册，第1039页A栏第4行至第17行。

Дх.16030 大般涅槃经卷第一寿命品第一

存5行。录文："默然而住尔/其名口广目/诸姊谛观谛/具欲供如来/供具。"北凉昙无谶译。经文见《大正藏》第12册，第368页B栏第6行至第11行。

Дх.16031 杂写

录文："廿囗。"

Дх.16032 十方千五百佛名经

存4行，行5至10字。起："如金刚具诸"，讫：

"死千万劫罪"。经文见《大正藏》第14册，第314页B栏第24行至第28行。

Дх.16033A 妙法莲华经卷第七妙庄严王本事品第二十七

存5行。录文："如此诸大功/殖众德大/是二/礼拜佛/人远尘。"后秦鸠摩罗什译。经文见《大正藏》第9册，第60页C栏第28行至第61页A栏第3行。

Дх.16033B 妙法莲华经卷第七普贤菩萨劝发品第二十八

存4行，行2至6字。起："威德名闻与"，讫："闼婆"。后秦鸠摩罗什译。经文见《大正藏》第9册，第61页A栏第6行至第10行。

Дх.16034 大般涅槃经卷第三十九憍陈如品第十三

存6行。录文："私咤/乃至识/是身告憍陈/可施其三衣钵器/衣钵时婆/如我。"北凉昙无谶译。经文见《大正藏》第12册，第593页C栏第24行至第29行。

Дх.16035 摩诃般若波罗蜜经卷第六发趣品第二十

存3行。录文："众生忍苦是名/谘受若菩萨于诸/谘受云何菩萨。"后秦鸠摩罗什译。经文见《大正藏》第8册，第258页A栏第16行至第18行。

Дх.16036 妙法莲华经卷第六药王菩萨本事品第二十三

存4行。录文："万/大欢喜/闻法华经力我/经即时入是三昧于。"后秦鸠摩罗什译。经文见《大正藏》第9册，第53页B栏第25行至第29行。

Дх.16037 金光明经卷第二四天王品第六

存4行。录文："众生怖畏/典及恭敬/王及无/露无。"北凉昙无谶译。经文见《大正藏》第16册，第343页C栏第12行至第15行。

Дх.16038 大般涅槃经卷第十五梵行品第八之一

存5行，行4至14字。起："有二种一"，讫："悲舍心以是"。北凉昙无谶译。经文见《大正藏》第12册，第453页B栏第16行至第20行。

Дх.16039 维摩诘所说经卷中文殊师利问疾品第五

存6行，行3至6字。起："魔入诸外"，讫："答曰非身"。后秦鸠摩罗什译。经文见《大正藏》第14册，第544页C栏第8行至第12行。

Дх.16040 残片

存3行，行3至10字。录文："奏以辞圣成兼处置安存/内见禁囚徒并/公若□。"未检出。

Дх.16041 杂阿毗昙心论卷第一界品第一

存7行，行3至10字。起："不可称"，讫："身识等"。宋僧伽跋摩等译。经文见《大正藏》第28册，第872页C栏第14行至第21行。

Дх.16042 大般涅槃经卷第五如来性品第四之二

存6行，行5至8字。起："亦尔如彼门"，讫："说即是如来"。北凉昙无谶译。经文见《大正藏》第12册，第395页A栏第12行至第17行。

Дх.16043 小品般若波罗蜜经卷第九摩诃般若波罗蜜随知品第二十六

存8行，行3至5字。起："罗蜜亦"，讫："法是药慈"。后秦鸠摩罗什译。经文见《大正藏》第8册，第579页C栏第4行至第11行。

Дх.16044 佛说十力经

存5行，行7字。起："诸行诸说诸想"，讫："有情起身恶行"。勿提提犀鱼译。经文见《大正藏》第17册，第718页B栏第8行至第16行。

Дх.16045 妙法莲华经卷第七妙庄严王本事品第二十七

存4行，行4至8字。起："子言我今"，讫："已作佛事愿"。后秦鸠摩罗什译。经文见《大正藏》第9册，第60页A栏第15行至第19行。

Дх.16046 大般涅槃经卷第三十二师子吼菩萨品第十一之六

存6行，行2至9字。起："善男子三十三"，讫："男子"。北凉昙无谶译。经文见《大正藏》第12册，第555页B栏第15行至第20行。

Дх.16047 大智度论卷第十九释初品中三十七品

义第三十一

存4行。录文："苦外苦内苦有二种/四百四种病/疑是如等/种。"龙树菩萨造、后秦鸠摩罗什译。经文见《大正藏》第25册，第202页B栏第2行至第6行。

Дx.16048 **佛说广博严净不退转轮经卷第二**

存7行，行3至8字。起："坚信乃至名"，讫："法者是"。宋智严译。经文见《大正藏》第9册，第259页B栏第8行至第14行。

Дx.16049 **佛经论释**

存5行，行11至20字。未检出。

Дx.16050 **残佛经**

存1行，总2字。录文："随从。"不可定名。

Дx.16051 **大方广佛华严经卷第五十六入法界品第三十四之十三**

存6行，行7至11字。起："师子勇猛"，讫："名广德夜"。东晋佛驮跋陀罗译。经文见《大正藏》第9册，第760页A栏第25行至B栏第2行。

Дx.16052 **佛说观佛三昧海经卷第三观相品第三**

存4行，行3至11字。起："光下脐"，讫："上有七化"。东晋佛驮跋陀罗译。经文见《大正藏》第15册，第659页C栏第29行至第660页A栏第3行。

Дx.16053 **阿毗达磨大毗婆沙论卷第九十九智蕴第三中五种纳息第二之三**

存8行，行1至8字。起："诸/染污阿罗汉"，讫："师之命入"。唐玄奘译。经文见《大正藏》第27册，第511页B栏第4行至第16行。

Дx.16053V **民族文字残片**

Дx.16054 **妙法莲华经卷第五安乐行品第十四**

存3行。录文："颜色鲜白/生乐见如慕贤圣/杖不加毒不能害。"后秦鸠摩罗什译。经文见《大正藏》第9册，第39页B栏第15行至第18行。

Дx.16055 **修行道地经卷第三地狱品第十九**

存2行。录文："不可言虽有/不可相。"西晋竺法护译。经文见《大正藏》第15册，第204页C栏第7行至第8行。

Дx.16056 **道行般若经卷第七摩诃般若波罗蜜守空品第十七**

存4行。录文："佛言闻/是阿惟越/道少有能解/功德中极乐。"后汉支娄迦谶译。经文见《大正藏》第8册，第459页A栏第26行至B栏第1行。

Дx.16057 **大般涅槃经卷第三十二师子吼菩萨品第十一之六**

存3行。录文："性非/是常可/佛当。"北凉昙无谶译。经文见《大正藏》第12册，第559页A栏第9行至第11行。

Дx.16058 **大般涅槃经卷第二十三光明遍照高贵德王菩萨品第十之三**

存3行。录文："空无所有而作/人而作人/次善男。"北凉昙无谶译。经文见《大正藏》第12册，第501页A栏第2行至第4行。

Дx.16059 **摩诃般若波罗蜜经卷第一序品第一**

存1行，总7字。录文："习应是名与般若。"后秦鸠摩罗什译。经文见《大正藏》第8册，第223页A栏第24行至第25行。B栏也有相同经文。或为龙树菩萨造、后秦鸠摩罗什译《大智度论卷第三十六》。经文见《大正藏》第8册，第328页A栏第8行。

Дx.16060 **残佛经**

未检出。

Дx.16061 **大般涅槃经卷第三十六迦叶菩萨品第十二之四**

存2行。录文："若有人言/恼因缘。"北凉昙无谶译。经文见《大正藏》第12册，第580页C栏第2行至第3行。

Дx.16062至Дx.16064 **残佛经**

未检出。

Дx.16065 **金光明经卷第四舍身品第十七**

存4行。录文："王子于诸园/驾止息第一王/甚怖惧于是林中/言我于今日不。"北凉昙无谶译。经文见《大正藏》第16册，第354页A栏第23行至第27行。

Дх.16066 佛经论释

存4行，行4至6字。录文："故有上下/生阴色也/见细色圣化所/二显胜过。"未检出。

Дх.16067 十地经论不动地卷第八之十

存3行。录文："生中应知/无生三数差别/中事无生者。"天亲菩萨造、北魏菩提流支译。经文见《大正藏》第26册，第179页B栏第16行至第18行。

Дх.16068 佛说观无量寿佛经

存3行。录文："告言/至心令/念中除。"宋畺良耶舍译。经文见《大正藏》第12册，第346页A栏第17行至第20行。

Дх.16069 大般涅槃经卷第二十五光明遍照高贵德王菩萨品第十之五

存3行。录文："无常苦/净无我见我我/真实解脱。"北凉昙无谶译。经文见《大正藏》第12册，第517页A栏第29行至B栏第2行。

Дх.16070 妙法莲华经题签

录文："□□莲华经卷第□。"

Дх.16071 小品般若波罗蜜经卷第一摩诃般若波罗蜜序品第一

存4行。录文："不知/因贪着故/信不住是/佛。"后秦鸠摩罗什译。经文见《大正藏》第8册，第538页B栏第17行至第20行。

Дх.16072 大方等大集经卷第八海慧菩萨品第五之一

存2行。录文："法净二十九/具足如。"北凉昙无谶译。经文见《大正藏》第13册，第51页C栏第23行至第25行。

Дх.16073 大方广佛华严经卷第十四兜率天宫菩萨云集赞佛品第二十

存2行。录文："他光明离/摄取。"东晋佛驮跋陀罗译。经文见《大正藏》第9册，第485页A栏第22行至第23行。

Дх.16074 金光明经卷第四流水长者子品第十六

存4行。录文："天/善哉大/舍难舍/所赞。"北凉昙无谶译。经文见《大正藏》第16册，第354页C栏第19行至第22行。

Дх.16075 摩诃般若波罗蜜经卷第四句义品第十二

存4行。录文："非有想/灭受/有法空佛/共法一切。"后秦鸠摩罗什译。经文见《大正藏》第8册，第243页A栏第21行至第23行。

Дх.16076 大般涅槃经卷第三十九憍陈如品第十三

存3行。录文："何以故从子出/与非法亦复如是/作果不与天得作果。"北凉昙无谶译。经文见《大正藏》第12册，第594页C栏第5行至第7行。

Дх.16077 佛说灌顶百结神王护身咒经卷第四

存2行。录文："除宿命不请耳/体无。"东晋帛尸梨蜜多罗译。经文见《大正藏》第21册，第507页C栏第4行至第5行。

Дх.16078 佛说佛名经

存2行。录文："身佛/轮佛。"未检出。

Дх.16079 残佛经

存3行。录文："不/尔时佛告/子。"未检出。

Дх.16080 妙法莲华经卷第五安乐行品第十四

存2行。录文："涅槃如烟尽灯/大利如上诸功德。"后秦鸠摩罗什译。经文见《大正藏》第9册，第39页C栏第15行至第17行。

Дх.16081至Дх.16084 残佛经

未检出。

Дх.16085 金光明经卷第一序品第一

存4行，行8字。全部为偈语。起："慈心供养"，讫："诸佛所赞"。北凉昙无谶译。经文见《大正藏》第16册，第335页C栏第11行至第15行。

Дх.16086 集诸经礼忏仪卷上

存6行，行7至9字。起："南无豪相日月"，讫："当慈念我当"。唐智昇撰。前3行为"叹佛祝愿"。经文见《大正藏》第47册，第457页A栏第2行至第4行。后3行为"合香之法"。经文见《大正藏》第47册，第464页C栏第17行至第20行。

Дx.16087 **金光明经卷第三授记品第十四**

存5行,行3至10字。起:"道场菩提",讫:"目髓脑"。北凉昙无谶译。经文见《大正藏》第16册,第351页A栏第1行至B栏第3行。

Дx.16088 **金刚般若波罗蜜经**

存3行,行5至8字。起:"若以色见我",讫:"阿耨多罗三"。后秦鸠摩罗什译。经文见《大正藏》第8册,第752页A栏第18行至第20行。

Дx.16089 **阿毗昙毗婆沙论卷第十八杂犍度爱敬品下**

存4行,行3至9字。起:"边彷徉",讫:"者世尊说"。迦旃延子造、五百罗汉释、北凉浮陀跋摩共道泰等译。经文见《大正藏》第28册,第132页A栏第22行至第25行。

Дx.16090 **大般涅槃经卷第十六梵行品第八之二**

存8行,行1至8字。起:"虚空/一切/若因若缘",讫:"一脚五热/粪"。北凉昙无谶译。经文见《大正藏》第12册,第462页A栏第4行至第12行。

Дx.16091 **大般涅槃经卷第三十八迦叶菩萨品第十二之六**

存3行。录文:"是名正/名善解如来秘/知见知断七语"。北凉昙无谶译。经文见《大正藏》第12册,第590页A栏第11行至第13行。

Дx.16092 **大般涅槃经卷第三十九憍陈如品第十三之一**

存7行。录文:"是无/尊/如常/无常/汝今/证阿/知"。北凉昙无谶译。经文见《大正藏》第12册,第593页C栏第21行至第28行。

Дx.16093 **历代三宝记卷第五、卷第十四**

存2行。录文:"越国贫人经/入法严经"。隋费长房集。经文见《大正藏》第49册,第118页B栏第16行及第60页C栏第24行。二经名并不在一处。或为《众经目录》。经文见《大正藏》第55册,第132页。

Дx.16094 **大般涅槃经卷第二十梵行品第八之六**

存5行,行2至8字。起:"往尔时",讫:"姝庄"。北凉昙无谶译。经文见《大正藏》第12册,第482页B栏第23行至第27行。

Дx.16095 **维摩诘所说经卷中佛道品第八**

存6行。录文:"言居士/是维/维/智度菩萨/法喜以为/弟。"后秦鸠摩罗什译。经文见《大正藏》第14册,第549页B栏第28行至C栏第6行。

Дx.16096 **妙法莲华经卷第六药王菩萨本事品第二十三**

存3行。录文:"供养/虚空高七多/以偈赞。"后秦鸠摩罗什译。经文见《大正藏》第9册,第53页C栏第1行至第3行。

Дx.16097至Дx.16099 **残佛经**

未检出。

Дx.16100 **大般涅槃经卷第三十三迦叶菩萨品第十二之一**

存5行。录文:"故如/名为/置之爪上告迦叶/乎迦叶菩萨/土也男。"北凉昙无谶译。经文见《大正藏》第12册,第563页A栏第23行至第27行。

Дx.16101 **大般涅槃经卷第三名字功德品第三**

存4行。录文:"为大/常有/众生/闻是。"北凉昙无谶译。经文见《大正藏》第12册,第385页A栏第13行至第16行。

Дx.16102 **大般涅槃经卷第三十一师子吼菩萨品第十一之五**

存3行。录文:"啼哭/如有人贫/作是言愿汝。"北凉昙无谶译。经文见《大正藏》第12册,第551页A栏第7行至第9行。

Дx.16103 **小品般若波罗蜜经卷第八深心还应菩提品第二十**

存3行。录文:"须菩提/不不也世尊须菩提/菩萨行处不不也。"后秦鸠摩罗什译。经文见《大正藏》第8册,第572页B栏第29行至C栏第3行。上接Дx.16123,可缀合。所缺"须菩提"3字的半边正好在Дx.16123上。

Дх.16104　金光明经卷第一忏悔品第三

存4行。录文："我之所有/以大悲水洗除令/现所作罪诚心/作之业不敢。"北凉昙无谶译。经文见《大正藏》第16册,第337页B栏第23行至第27行。

Дх.16105至Дх.16107　残佛经

未检出。

Дх.16108　翻梵语卷第七神名第三十二

存1行,总4字。录文："佉罗骞大。"经文见《大正藏》第54册,第1028页C栏第18行。

Дх.16109　妙法莲华经卷第三化城喻品第七

存1行,行5字。录文："如来无碍智。"后秦鸠摩罗什译。经文见《大正藏》第9册,第22页B栏第15行。此经文还见于《央掘魔罗经》《大方广佛华严经》等经中。

Дх.16110　妙法莲华经卷第六如来神力品第二十一

存2行。录文："作如是/珞幡盖。"后秦鸠摩罗什译。经文见《大正藏》第9册,第52页A栏第8行至第10行。

Дх.16111　Дх.16112　残佛经

未检出。

Дх.16113　妙法莲华经卷第二譬喻品第三

存3行。录文："数天亦/罗华等供养/回转诸天伎乐。"后秦鸠摩罗什译。经文见《大正藏》第9册,第12页A栏第12行至第14行。

Дх.16114　大般涅槃经卷第五如来性品第四之二

存2行。录文："衣覆蔽/根故无。"北凉昙无谶译。经文见《大正藏》第12册,第390页C栏第10行至第12行。

Дх.16115　摩诃般若波罗蜜经卷第二十五实际品第八十

存2行。录文："萨见众/行忍辱作。"后秦鸠摩罗什译。经文见《大正藏》第8册,第401页B栏第11行至第12行。或龙树菩萨造、后秦鸠摩罗什译《大智度论卷第九十释实际品第八十》。经文见《大正藏》第25册,第693页B栏第1行至第2行。

Дх.16116　妙法莲华经卷第一方便品第二

存3行。录文："佛出于/见浊命浊知/重悭贪嫉妒。"后秦鸠摩罗什译。经文见《大正藏》第9册,第7页B栏第24行至第25行。

Дх.16117　残佛经

存2行,行3字。不可定名。

Дх.16118　大智度论卷第七十四释转不转品第五十六之余

存4行。录文："于是/三菩提记/鞞跋致行类/三菩提。"龙树菩萨造、后秦鸠摩罗什译。经文见《大正藏》第25册,第578页A栏第7行至第10行。

Дх.16119　妙法莲华经卷第二信解品第四

存3行。录文："跰[傅]辛/某甲昔在本城/实我子我实。"后秦鸠摩罗什译。经文见《大正藏》第9册,第17页B栏第12行至第13行。

Дх.16120　大般涅槃经卷第十四圣行品第七之四

存4行。录文："酪因/出酥酪不/念言我能/得出。"北凉昙无谶译。经文见《大正藏》第12册,第447页B栏第22行至第24行。

Дх.16121　妙法莲华经卷第四五百弟子受记品第八

存2行。录文："人中最/护持助宣。"后秦鸠摩罗什译。经文见《大正藏》第9册,第27页B栏第27行至第29行。

Дх.16122　大般涅槃经卷第十六梵行品第八之二

存3行。录文："从/男子我於尔/手示之。"北凉昙无谶译。经文见《大正藏》第12册,第457页B栏第12行至第15行。

Дх.16123　小品般若波罗蜜经卷第八摩诃般若波罗蜜深心求菩提品第二十

存4行,行4至8字。起："有法可行",讫："于意云何"。后秦鸠摩罗什译。经文见《大正藏》第8册,第572页B栏第26行至C栏第1行。与Дх.16103同卷,可缀合。此片为上段,所缺半边字正好在下段可对。

Дх.16124 光赞经卷第六摩诃般若波罗蜜三昧品第十六

存4行。录文:"惹慧于/众生不堕颠倒/能逮波罗蜜须/菩萨摩诃萨禅波罗。"西晋竺法护译。经文见《大正藏》第8册,第189页A栏第16行至第19行。

Дх.16125 残佛经

存"养者□帝"4字。不可定名。

Дх.16126 小品般若波罗蜜经卷第十摩诃般若波罗蜜昙无竭品第二十八

存5行,行1至7字。起:"师过去诸佛",讫:"三藐三/波"。后秦鸠摩罗什译。经文见《大正藏》第8册,第585页B栏第7行至第10行。

Дх.16127 妙法莲华经卷第六法师功德品第九

存4行。录文:"瑚/殿/而作/然。"后秦鸠摩罗什译。经文见《大正藏》第9册,第46页C栏第11行至第15行。

Дх.16128 金光明经卷第三鬼神品第十三

存3行。录文:"黄头/亦常/及乾闼。"北凉昙无谶译。经文见《大正藏》第16册,第350页A栏第18行至第21行。

Дх.16129 十诵比丘尼波罗提木叉戒本卷第六净众章

存2行。录文:"夜提/出外。"宋法显集。经文见《大正藏》第23册,第483页A栏第22行至第23行。或为《摩诃僧祇律》《摩诃僧祇律大比丘戒本》等。

Дх.16130 残佛经

未检出。

Дх.16131 妙法莲华经卷第七陀罗尼品第二十六

存4行。录文:"世尊/是经/尔时/乾。"后秦鸠摩罗什译。经文见《大正藏》第9册,第59页A栏第12行至第14行。

Дх.16132 Дх.16133 残佛经

未检出。

Дх.16134 妙法莲华经卷第七观世音菩萨普门品第二十五

存4行。录文:"路其中/怖汝等应/菩萨能以/此。"后秦鸠摩罗什译。经文见《大正藏》第9册,第56页C栏第24行至第27行。

Дх.16135 金光明最胜王经卷第二梦见金鼓忏悔品第四

存4行。录文:"量百千/其鼓声内/遍至三千/及。"唐义净译。经文见《大正藏》第16册,第411页B栏第9行至第13行。

Дх.16136 大般涅槃经卷第二十二光明遍照高贵德王菩萨品第十之二

存4行。录文:"身则/苦若/忍苦则得/苦则于苦。"北凉昙无谶译。经文见《大正藏》第12册,第498页A栏第21行至第23行。

Дх.16137 大方广佛华严经卷第五十三世间品第三十八之一

存2行。录文:"业障入于无碍/摩诃萨入广。"唐实叉难陀译。经文见《大正藏》第10册,第279页B栏第15行至第16行。

Дх.16138 妙法莲华经卷第三化城喻品第七

存2行。录文:"已头面礼足/以偈颂曰。"后秦鸠摩罗什译。经文见《大正藏》第9册,第22页C栏第10行至第11行。

Дх.16139 佛为心王菩萨说头陀经

存2行。录文:"众生若/就度脱。"经文见《藏外佛教文献》第1册,第283页A栏第5行至第6行。

Дх.16140 大般涅槃经卷第二寿命品第一之二

存2行。录文:"足檀/乃至德。"北凉昙无谶译。经文见《大正藏》第12册,第372页A栏第21行至第22行。

Дх.16141 现在十方千五百佛名并杂佛同号

存2行。录文:"普明/同号。"经文见《大正藏》第85册,第1448页C栏第15行至第16行。

Дх.16142至Дх.16146 残佛经

未检出。

Дх.16147 佛垂般涅槃略说教诫经

存4行。录文："直尔少欲/少欲之人/根所牵行/有余常。"后秦鸠摩罗什译。经文见《大正藏》第12册，第1111页C栏。

Дх.16148 大般若波罗蜜多经卷第三百六十五初分实说品第六十二之三

存3行。录文："摩诃萨应/十三品/佛言。"唐玄奘译。经文见《大正藏》第6册，第882页C栏第24行至第27行。

Дх.16149 大般涅槃经卷第三十七迦叶菩萨品第十二之五

存2行。录文："量无谓无色/想受灭故名。"北凉昙无谶译。经文见《大正藏》第12册，第584页B栏第28行至C栏第1行。

Дх.16150 大般若波罗蜜多经卷第一百三十七初分校量功德品第三十之四十三

存2行。录文："憍尸迦若/提心者说八解。"唐玄奘译。经文见《大正藏》第5册，第743页B栏第24行至第25行。所存甚多，相同的经文还见于卷第一百三十八、第一百四十、第一百四十二、第一百四十三、第一百四十五。

Дх.16151 胜鬘师子吼一乘大方便方广经一乘章第五

存5行。录文："以不知/断故名/余清净非/切功德/故知有。"宋求那跋陀罗译。经文见《大正藏》第12册，第220页A栏第27行至B栏第4行。或《挟注胜鬘经》。经文见《大正藏》第85册，第280页A栏第2行至第6行。

Дх.16152 残佛经

存4行，行2至3字。录文："摩灭/忍苦/修集无/受生。"不可定名。

Дх.16153 佛说佛名经卷第十四

存4行。录文："财宝/恶业/暗覆/恚。"失译。经文见《大正藏》第14册，第239页C栏第16行至第19行。

Дх.16154 四分比丘尼戒本

存3行。录文："随/戒波逸提/丘尼年未满二二。"后秦佛陀耶舍译。经文见《大正藏》第22册，第1037页C栏第11行至13行。

Дх.16155 大般涅槃经卷第五如来性品第四之二

存3行。录文："於食知足/尊於/於。"北凉昙无谶译。经文见《大正藏》第12册，第391页B栏第7行至第10行。

Дх.16156 大般涅槃经题签

录文："□□□槃经卷第卅。"

Дх.16157 残佛经

存2行。录文："等/一切。"不可定名。

Дх.16158 佛说灌顶拔除过罪生死得度经卷第十二

存3行。录文："死憼/不作无所/佛本。"东晋帛尸梨蜜多罗译。经文见《大正藏》第21册，第535页A栏第14行至第16行。

Дх.16158 妙法莲华经卷第七陀罗尼品第二十六

存4行。录文："尔时/为憼/说咒/阿。"后秦鸠摩罗什译。经文见《大正藏》第9册，第59页A栏第7行至第10行。

Дх.16160 十地经论初欢喜地卷第一之一

存4行，行5至9字。起："者因净深心趣"，讫："善净智圆满故"。天亲菩萨造、北魏菩提流支译。经文见《大正藏》第26册，第126页A栏第19行至第22行。

Дх.16161 大智度论卷第三十初品中诸佛称赞其命释论第四十七

存4行，行4至6字。起："菩萨以是故"，讫："者当学般"。龙树菩萨造、后秦鸠摩罗什译。经文见《大正藏》第25册，第284页A栏第9行至第13行。

Дх.16162 佛藏经卷中净法品第六

存3行。录文："决定但/为他说是/故舍。"后秦鸠摩罗什译。经文见《大正藏》第15册，第794页A栏第11行至第14行。

Дx.16163 残佛经

未检出。

Дx.16164 阿毗昙心论经卷第四智品第六

存2行。录文："未离六/那当知。"法胜论、优波扇多释、那连提耶舍译。经文见《大正藏》第28册，第853页C栏第4行至第5行。

Дx.16165 金光明经卷第三除病品第十五

存2行。录文："像法中有/世人民。"北凉昙无谶译。经文见《大正藏》第16册，第351页B栏第29行至C栏第2行。

Дx.16166至Дx.16168 残佛经

未检出。

Дx.16169 摩诃般若波罗蜜经卷第六发趣品第二十

存5行，行4至5字。起："心不行二"，讫："等定慧地所"。后秦鸠摩罗什译。经文见《大正藏》第8册，第259页A栏第21行至第26行。

Дx.16170 大智度论卷第五十八释劝受持品第三十四

存3行。录文："心是善男子/菩提得今世/佛是法王赞。"龙树菩萨造、后秦鸠摩罗什译。经文见《大正藏》第25册，第469页A栏第15行至第17行。

Дx.16171 大般涅槃经卷第十四圣行品第七之四

存3行。录文："未/隐善男/烦恼。"北凉昙无谶译。经文见《大正藏》第12册，第448页A栏第11行至第13行。

Дx.16172 妙法莲华经卷第三药草喻品第五

存4行。录文："常演说/足世间如/具足及/法雨而。"后秦鸠摩罗什译。经文见《大正藏》第9册，第20页A栏第16行至第20行。

Дx.16173 佛说阿弥陀经

存3行，行4至7字。起："是等恒河"，讫："赞不可思"。后秦鸠摩罗什译。经文见《大正藏》第12册，第347页C栏第2行至第4行。

Дx.16174 道行般若经卷第三摩诃般若波罗蜜怛怐拘舍罗劝助品第四

存2行。录文："佛功德所/劝助因其。"后汉支娄迦谶译。经文见《大正藏》第8册，第439页A栏第22行至第23行。

Дx.16175 大般涅槃经卷第二十一光明遍照高贵德王菩萨品第十之一

存4行。录文："其/住法非/中井种/人善。"北凉昙无谶译。经文见《大正藏》第12册，第492页A栏第19行至第22行。

Дx.16176 佛说观无量寿佛经

存2行。录文："二百五十/有缘众生。"宋畺良耶舍译。经文见《大正藏》第12册，第344页A栏第20行至第21行。

Дx.16177至Дx.16185 残佛经

未检出。

Дx.16186 大般涅槃经卷第十三圣行品第七之三

存4行，行2至8字。起："男子"，讫："非是声闻缘觉"。北凉昙无谶译。经文见《大正藏》第12册，第442页B栏第22行至第26行。

Дx.16187 大般涅槃经卷第十三圣行品第七之三

存3行。录文："剥遇/快乐无极/众生。"北凉昙无谶译。经文见《大正藏》第12册，第442页B栏第22行至第26行。

Дx.16188 妙法莲华经卷第五安乐行品第十四

存3行。录文："多罗/慧力/摩诃。"后秦鸠摩罗什译。经文见《大正藏》第9册，第38页C栏第9行至第12行。

Дx.16189 胜鬘师子吼一乘大方便方广经摄受章第四

存4行，行4至6字。起："如是摄"，讫："等为四一"。宋求那跋陀罗译。经文见《大正藏》第12册，第218页B栏第15行至第19行。

Дx.16190 Дx.16191 残佛经

未检出。

Дx.16192 大智度论卷第十五释初品中毗梨耶波

罗蜜义第二十六

存3行。录文："皆由懈怠/由懈怠心/皆由懈怠心。"龙树菩萨造、后秦鸠摩罗什译。经文见《大正藏》第25册，第173页B栏第6行至第10行。

Дх.16193 妙法莲华经度量天地品第二十九

存3行。录文："璃车/亿万里/深入。"经文见《大正藏》第85册，第1355页C栏第24行至第26行。

Дх.16194至Дх.16204 残佛经

未检出。

Дх.16205 残佛经

存5行,行2至4字。未检出。

Дх.16206 佛华严入如来德智不思议境界经

存"佛华严入如来德智不思议境界经"经题半行。隋阇那崛多译。经文见《大正藏》第10册，第917页B栏第22行至第23行。

Дх.16207 残佛经

存2行。录文："得无漏/盖。"不可定名。

Дх.16208 妙法莲华经卷第六法师功德品第十九

存2行。录文："如天/中有所演。"后秦鸠摩罗什译。经文见《大正藏》第9册，第49页B栏第18行至第19行。

Дх.16209 佛说救疾经

存2行。录文："者恶病/还主。"经文见《大正藏》第85册，第1362页A栏第11行至第12行。

Дх.16210 大通方广忏悔灭罪庄严成佛经

存2行。录文："师子音/无妙色形。"经文见《大正藏》第85册，第1344页B栏第14行至第15行。

Дх.16211 大通方广忏悔灭罪庄严成佛经

存3行。录文："千亿万/是未来无/狱苦是。"经文见《大正藏》第85册，第1343页B栏第11行至第14行。

Дх.16212至Дх.16224 残佛经

未检出。

Дх.16225 佛说佛名经卷第五

存2行。录文："杀使其哀/身首分离。"失译。经文见《大正藏》第14册，第208页C栏第29行至第209页A栏第1行。

Дх.16226 僧伽吒经卷第四

存4行,行2至6字。起："解说",讫："诸法得具"。月婆首那译。经文见《大正藏》第13册，第976页A栏第27行至B栏第2行。

Дх.16227 维摩义记

存4行。录文："以佛果/相好者大/相好之/众。"经文见《大正藏》第85册，第411页A栏。经文见于卷第三、卷第四中,与现刊本不完全一致。

Дх.16228 妙法莲华经卷第六药王菩萨本事品第二十三

存4行,行4至5字。起："幡盖及海",讫："最上以法供"。后秦鸠摩罗什译。经文见《大正藏》第9册，第53页B栏第13行至第16行。

Дх.16229 金刚般若波罗蜜经

存3行。录文："世尊/菩萨心云何/男子善女。"后秦鸠摩罗什译。经文见《大正藏》第8册，第751页A栏第8行至第10行。

Дх.16230 大般涅槃经卷第三十一师子吼菩萨品第十一之五

存5行。录文："大/摄五根/恶兽所啮/利/邪。"北凉昙无谶译。经文见《大正藏》第12册，第548页B栏第18行至第22行。

Дх.16231 佛说观药王药上二菩萨经

存2行。录文："现在释迦/佛。"宋畺良耶舍译。经文见《大正藏》第20册，第661页B栏第19行至第20行。

Дх.16232至Дх.16238 残佛经

未检出。

Дх.16239 十诵律卷第四十三僧残法之余

存4行。录文："摄钵贤/缘说/所受/渐。"后秦弗若多罗译。经文见《大正藏》第23册，第26页C

栏第9行至第12行。

Дх.16240 维摩诘所说经卷下法供养品第十三

存2行。录文:"之于天帝意/提桓因言多颖。"后秦鸠摩罗什译。经文见《大正藏》第14册,第556页A栏第24行至第25行。

Дх.16241 阿毗达磨顺正理论卷第五十一辩随眠品第五之七

存3行。录文:"且/成是故/故知去来。"尊者众贤造、唐玄奘译。经文见《大正藏》第29册,第630页B栏第12行至第14行。

Дх.16242 残佛经

存3行。录文:"火烧/王天经/耶。"未检出。

Дх.16243 维摩诘所说经卷中入不二法门品第九

存4行。录文:"为/为二若/灭如是/意性於。"后秦鸠摩罗什译。经文见《大正藏》第14册,第551页A栏第25行至第28行。

Дх.16244 妙法莲华经卷第五如来寿量品第十六

存2行。录文:"而不/言汝等。"后秦鸠摩罗什译。经文见《大正藏》第9册,第43页A栏第24行至第26行。

Дх.16245 大般若波罗蜜多经卷第三百六十四初分实说品第六十二之二

存2行。录文:"合自性/为性世尊。"唐玄奘译。经文见《大正藏》第6册,第879页。或北凉昙无谶译《大般涅槃经卷第三十六迦叶菩萨品第十二之四》。经文见《大正藏》第12册,第579页A栏第3行至第5行。此二句残存其多,或为其他经卷。

Дх.16246 妙法莲华经卷第一序品第一

存3行。录文:"婆夷/罗摩/诸大。"后秦鸠摩罗什译。经文见《大正藏》第9册,第2页B栏第13行至第15行。

Дх.16247 残佛经

未检出。

Дх.16248 佛说灌顶拔除过罪生死得度经卷第十二

存3行。录文:"死神明更生/三恶道中[应堕恶道]/过罪自。"东晋帛尸梨蜜多罗译。经文见《大正藏》第21册,第534页B栏第24行至第26行。与现刊本有相较,有异文。

Дх.16249 妙法莲华经卷第六属累品第二十二

存2行。录文:"有虑诸菩/声言如世尊。"后秦鸠摩罗什译。经文见《大正藏》第9册,第52页C栏第24行至第25行。

Дх.16250 佛说观无量寿佛经

存2行。录文:"一处想/生自非。"宋畺良耶舍译。经文见《大正藏》第12册,第341页C栏第28行至第342页A栏第1行。

Дх.16251至Дх.16255 残佛经

未检出。

Дх.16256 维摩诘所说经卷中佛道品第八

存2行。录文:"处为种十/一切烦恼。"后秦鸠摩罗什译。经文见《大正藏》第14册,第549页B栏第2行至第4行。

Дх.16257 残佛经

存4行。录文:"喜/时/辟/故住是。"未检出。

Дх.16258 维摩诘所说经卷中佛道品第八

存2行。录文:"虽知诸佛/诸有众。"后秦鸠摩罗什译。经文见《大正藏》第14册,第550页A栏第1行至第2行。

Дх.16259 Дх.16260 残佛经

未检出。

Дх.16261 佛顶尊胜陀罗尼经

存2行。录文:"令喜见/亦复。"唐佛陀波利译。经文见《大正藏》第19册,第351页B栏第3行至第4行。

Дх.16262 大般若波罗蜜多经卷第五十三初分辩大乘品第十五之三

存3行。录文:"现是为/无所/进具。"唐玄奘译。经文见《大正藏》第5册,第298页A栏第15行至第17行;或第23行至第25行。

Дх.16263至Дх.16265 残佛经

未检出。

Дх.16266 大般涅槃经卷第五如来性品第四之二

存2行。录文："明珠无/垢秽无。"北凉昙无谶译。经文见《大正藏》第12册，第392页C栏第10行至第12行。

Дх.16267 残佛经

存"慼业因缘"4字。未检出。

Дх.16268 放光般若经卷第十八摩诃般若波罗蜜信本际品第八十

存3行。录文："中成阿/空性/俗。"西晋无罗叉译。经文见《大正藏》第8册，第132页A栏第29行至B栏第2行。

Дх.16269至Дх.16279 残佛经

未检出。

Дх.16280 得无垢女经

存6行，行7至13字。起："如木如壁"，讫："物修为"。北魏瞿昙般若流支译。经文见《大正藏》第12册，第100页C栏第13行至第23行。

Дх.16281 金刚般若波罗蜜经

存4行，行4至5字。起："告须菩"，讫："现在心不"。后秦鸠摩罗什译。经文见《大正藏》第8册，第751页B栏第24行至第27行。

Дх.16282 维摩诘所说经卷中文殊师利问疾品第五

存4行。录文："即/随从/及诸天/长者维摩诘。"后秦鸠摩罗什译。经文见《大正藏》第14册，第544页B栏第5行至第9行。

Дх.16283 阿毗达磨大毗婆沙论卷第一百三十一大种蕴第五中大造纳息第一之五

存5行。录文："汉等造/奉诏译/於一/语我/不还。"唐玄奘译。经文见《大正藏》第27册，第679页A栏第11行至第17行。

Дх.16284 佛说观佛三昧海经卷第三观相品第三

存3行。录文："支随身/有二/色水。"东晋佛陀跋陀罗译。经文见《大正藏》第15册，第659页C栏第29行至第660页A栏第2行。

Дх.16285至Дх.16298 残佛经

未检出。

Дх.16299 佛说灌顶拔除过罪生死得度经卷第十二

存4行。录文："堂堂如/明照世/秽/持戒地令。"东晋帛尸梨蜜多罗译。经文见《大正藏》第21册，第532页C栏第12行至第15行。

Дх.16300 大般涅槃经卷第二十二光明遍照高贵德王菩萨品第十之二

存3行。录文："天者十/住菩萨名为/义见一切。"北凉昙无谶译。经文见《大正藏》第12册，第494页B栏第24行至第26行。

Дх.16301 往生礼赞偈

存4行。录文："能满足/方阿弥陀佛/像超众生/方阿弥。"沙门善导集记。经文见《大正藏》第47册，第443页C栏第14行至第20行。

Дх.16302 大般涅槃经卷第六如来性品第四之三

存3行，行2至3字。录文："世能/天云何/威仪具。"北凉昙无谶译。经文见《大正藏》第12册，第396页C栏第23行至第26行。

Дх.16303 十方千五百佛名经

存3行。录文："无限眼王佛/佛无垢大圣佛/宿王佛。"经文见《大正藏》第14册，第316页C栏第13行至第16行。

Дх.16304 楞伽阿跋多罗宝经卷第一一切佛语心品第一之一

存4行。录文："离群/论言/次大慧菩/学何。"宋求那跋陀罗译。经文见《大正藏》第16册，第485页A栏第11行至第15行。

Дх.16305 大智度论卷第三十八释往生品第四之上

存1行，总4字。录文："远离故除。"龙树菩萨造、唐玄奘译。经文见《大正藏》第25册，第339页B栏。

Дх.16306 净名经关中释抄卷上

存4行。录文："知过去十/心怨亲/谓三业/又宝积大。"唐道液集。经文见《大正藏》第85册，第

880

516页A栏第16行至第22行。

Дх.16307 **大般涅槃经卷第三十一迦叶菩萨品第二十四之一**

存2行。录文："脱是故/来毕竟涅。"北凉昙无谶译。经文见《大正藏》第12册,第811页A栏第15行至第16行。

Дх.16308 **金刚般若波罗蜜经**

存2行。录文："提佛言/然灯佛。"北魏菩提流支译。经文见《大正藏》第8册,第755页B栏第12行至第13行。

Дх.16309 **摩诃般若波罗蜜经卷第七问住品第二十七**

存2行。录文："生受乃至意/地种乃至识。"后秦鸠摩罗什译。经文见《大正藏》第8册,第274页B栏第19行至第21行。

Дх.16310 **佛说仁王般若波罗蜜经卷下护国品第五**

存2行。录文："亡丧臣君太子/天地圣异廿八。"后秦鸠摩罗什译。经文见《大正藏》第8册,第830页A栏第10行至第12行。

Дх.16311 **大方广佛华严经**

存4行。录文："能不犯余/初思/其愿也义/观中。"待考。

Дх.16312 **佛说七俱胝佛母心大准提陀罗尼经**

存2行。录文："女等诵/所作无。"唐地婆诃罗译。经文见《大正藏》第20册,第185页A栏第25行至第26行。

Дх.16313 Дх.16314 **残佛经**

未检出。

Дх.16315 **妙法莲华经卷第七妙音菩萨品第二十四**

存2行。录文："必清净或/父故踊在。"后秦鸠摩罗什译。经文见《大正藏》第9册,第60页A栏第4行至第5行。

Дх.16316 Дх.16317 **残佛经**

未检出。

Дх.16318 **金光明经卷第三除病品第十五**

存2行。录文："是长/得除。"北凉昙无谶译。经文见《大正藏》第16册,第352页B栏第7行至第8行。

Дх.16319 **残佛经**

存2行。录文："一切/重赞。"不可定名。

Дх.16320 **大般涅槃经卷第三十六迦叶菩萨品第十二之四**

存2行。录文："於佛性/若方。"北凉昙无谶译。经文见《大正藏》第12册,第579页B栏第17行至第18行。

Дх.16321至Дх.16328 **残佛经**

未检出。

Дх.16329 **大般涅槃经卷第三十五迦叶菩萨品第十二之三**

存2行。录文："非天中及/世尊。"北凉昙无谶译。经文见《大正藏》第12册,第570页C栏第17行至第18行。

Дх.16330 **佛经论释**

存3行,行3至5字。未检出。

Дх.16331 **大般涅槃经卷第四四相品第七之一**

存3行。录文："如是/诸比丘/漫是故。"宋慧严等依泥洹经加之。经文见《大正藏》第12册,第627页A栏第2行至第5行。

Дх.16332 **大方等陀罗尼经卷第一初分卷第一**

存3行。录文："法轮/曰须/长子。"北凉法众译。经文见《大正藏》第21册,第641页A栏第28行至B栏第2行。

Дх.16333 **残佛经**

存2行。录文："得悓/惠。"不可定名。

Дх.16334 **大般涅槃经卷第十如来性品第四之七**

存1行,总4字。录文："我说斯等。"北凉昙无谶译。经文见《大正藏》第12册,第423页C栏第7行至第8行。

Дх.16335 **十方千五百佛名经**

存3行。录文："佛/称王光明/称王佛。"经文见《大正藏》第14册，第317页A栏第8行至第11行。

Дx.16336 妙法莲华经卷第三化城喻品第七

存1行，总4字。录文："今者见世。"后秦鸠摩罗什译。经文见《大正藏》第9册，第22页C栏第19行。

Дx.16337至Дx.16347 残佛经

未检出。

Дx.16348 金刚般若波罗蜜经

存2行。录文："提诸菩萨生/摄若卵生若胎。"北魏菩提流支译。经文见《大正藏》第8册，第753页A栏第1行至第2行。

Дx.16349 大方等大集经卷第三十无尽意菩萨品第十二之四

存3行。录文："于诸所欲心常知/所闻义能善思/爱浊除诸。"宋智严共宝云译。经文见《大正藏》第13册，第206页B栏第14行至第16行。

Дx.16350 大般涅槃经卷第三十九憍陈如品第十三之一

存3行。录文："常苦空无我/无常苦空/至此婆罗。"北凉昙无谶译。经文见《大正藏》第12册，第591页B栏第3行至第5行。

Дx.16351 妙法莲华经卷第七观世音菩萨普门品第二十五

存4行。录文："观/者当/中仿万/藐三菩。"后秦鸠摩罗什译。经文见《大正藏》第9册，第58页B栏第4行至第7行。

Дx.16352 佛说护身命经

存4行。录文："者求人短/布此经令/死众邪蛊/若有。"比丘道真译。经文见《大正藏》第85册，第1325页A栏第12行至第16行。现刊本所收乃敦煌遗书P.2340。

Дx.16353 阿毗昙八犍度论卷第二十九意止跋渠第一

存2行。录文："等智不修/定四智法。"迦旃延子造、僧伽提婆共竺佛念译。经文见《大正藏》第26册，第907页A栏第21行至第22行。

Дx.16354 妙法莲华经卷第三药草喻品第五

存3行。录文："又/光普照/万亿者。"经文见《大正藏》第9册，第23页A栏第15行至第17行。

Дx.16355至Дx.16362 残佛经

未检出。

Дx.16363 阿毗达磨顺正理论卷第五十一辩随眠品第五之七

存3行。录文："是常/来今首性异故/经说去来色是。"尊者众贤造、唐玄奘译。经文见《大正藏》第29册，第630页B栏第3行至第6行。

Дx.16364 大般涅槃经卷第二十三光明遍照高贵德王菩萨品第十之三

存3行。录文："槃尔时佛赞/言善哉/如。"北凉昙无谶译。经文见《大正藏》第12册，第502页A栏第15行至第18行。

Дx.16365 思益梵天所问经卷第三谈论品第七

存3行。录文："称其名/萨言若菩/魔宫殿。"后秦鸠摩罗什译。经文见《大正藏》第15册，第48页C栏第2行至第4行。

Дx.16366至Дx.16378 残佛经

未检出。

Дx.16379 现在十方千五百佛名并杂佛同号

存6行。录文："□离光最/最清净/无量/净宝兴/法空灯/□幡幢。"经文见《大正藏》第85册，第1448页B栏第19行至第23行。

Дx.16380 大方广佛华严经卷第九初发心菩萨功德品第十三

存2行。录文："知不能尽知一切/方亦复如是尔所世。"东晋佛驮跋陀罗译。经文见《大正藏》第9册，第451页C栏第23行至第24行。

Дx.16381 维摩诘所说经卷上弟子品第三

存2行。录文："三菩提不复/说法是故。"后秦鸠摩罗什译。经文见《大正藏》第14册，第541页A

栏第10行至第11行。

Дx.16382 残佛经

存1行,总4字。录文："供养经卷。"不可定名。

Дx.16383 大般若波罗蜜多经卷第三十初分教诫教授品第七之二十

存3行。录文："尊若苦圣/在内在。"唐玄奘译。经文见《大正藏》第5册,第167页B栏第12行至第13行。

Дx.16384 大般涅槃经卷第三十九憍陈如品第十三之一

存4行。录文："砺/功德真/良田也/明镜。"北凉昙无谶译。经文见《大正藏》第12册,第591页C栏第27行至第592页A栏第1行。

Дx.16385 摩诃般若波罗蜜经卷第二十三三次品第七十五

存4行。录文："萨修念佛菩萨/不以受想行识念何/性无/故是。"后秦鸠摩罗什译。经文见《大正藏》第8册,第385页B栏第19行至第22行。

Дx.16386至Дx.16392 残佛经

未检出。

Дx.16393 大般涅槃经卷第二寿命品第一之二

存15行,行2至9字。起："无有居",讫："当言"。北凉昙无谶译。经文见《大正藏》第12册,第374页A栏第12行至第26行。

Дx.16394 佛说观无量寿佛经

存8行,行2至7字。起："右莲华座",讫："界是"。宋畺良耶舍译。经文见《大正藏》第12册,第343页B栏第4行至第22行。

Дx.16395 摩诃般若波罗蜜经卷第二十三三次品第七十五

存8行,行4至11字。起："菩提是名",讫："色自性□□想"。后秦鸠摩罗什译。经文见《大正藏》第8册,第385页B栏第13行至第21行。

Дx.16396 佛顶尊胜陀罗尼经

存12行,行6至8字。起："安隐一切如来",讫于咒语第2行。唐佛陀波利译。经文见《大正藏》第19册,第350页B栏第14行至第24行。后2行陀罗尼咒与现刊本不同。

Дx.16397 妙法莲华经卷第五如来寿量品第十六至分别功德品第十七

存7行,行2至7字。品十六残存为偈语,品十七仅存品题。起："当断",讫："妙法莲华经分别功"。后秦鸠摩罗什译。经文见《大正藏》第9册,第43页C栏第23行至第44页A栏第5行。

Дx.16398 摩诃般若波罗蜜经卷第十一信毁品第四十一

存8行,行2至8字。起："处乃",讫："破坏深般若波"。后秦鸠摩罗什译。经文见《大正藏》第8册,第305页B栏第11行至第21行。

Дx.16399 版画残片

仅存画之一角,可见天王肩部及云彩。

Дx.16400 雕版佛像

存1身。结跏趺坐,结禅定印。

Дx.16401 雕版菩萨像

存5身。结跏趺坐,结禅定印,有桃形头光,无身光。

Дx.16402 版画残片

残存女供养人1身,面部不清。

Дx.16403 雕版佛像

存佛像1身。

Дx.16404 版画残片

极残。

Дx.16405 雕版佛像

存佛像5身。佛善跏坐莲座,右手结降魔印,左手结说法印。

Дx.16406 雕版佛像

印本。残存佛像1身,面部残。

Дx.16407 版画残片

存30块。可辨认者只有捺印千佛1尊、菩萨的发髻及头光1块。

Дх.16408 大般涅槃经卷第三金刚身品第二

存6行。录文："言世尊/树下当说是人/行当知是辈是秃/秃居士若有比丘/惟坐禅有来问/德少欲知足虽。"北凉昙无谶译。经文见《大正藏》第12册，第383页B栏第24行至C栏第1行。

Дх.16409 金光明经卷第一寿量品第二

存11行，行1至8字。起："四宝/衣而"，讫："诸根/有利/尔"。北凉昙无谶译。经文见《大正藏》第16册，第336页A栏第1行至第10行。

Дх.16410 大方广佛华严经卷第四十九入法界品第三十四之六

存7行，行3至10字。起："生死高山"，讫："善知识"。东晋佛驮跋陀罗译。经文见《大正藏》第9册，第708页A栏第21行至第28行。

Дх.16411 合部金光明经卷第五四天王品第十

存4行，行4至8字。起："他诸菩萨"，讫："汝于来世毕定"。北凉昙无谶译、隋释宝贵合。经文见《大正藏》第16册，第384页B栏第26行至第29行。或北凉昙无谶译《金光明经卷第二四天王品第六》。经文见《大正藏》第16册，第343页A栏第12行至第16行。

Дх.16412 佛经论释

Дх.16413 妙法莲华经卷第三化城喻品第七

存5行，行2至6字。起："灭触"，讫："而于诸漏心得"。后秦鸠摩罗什译。经文见《大正藏》第9册，第25页A栏第9行至第14行。

Дх.16414 残佛经

存一"转"字。

Дх.16415 馆藏缺

Дх.16416 受十善戒经十恶业品第一

存6行，行3至10字。起："言十戒"，讫："八者不"。经文见《大正藏》第24册，第1024页A栏。与现刊本文字出入较大。

Дх.16417 摩诃般若波罗蜜经卷第十八不证品第六十

存3行。录文："喜少有因缘当至他处/恐怖之处安慰父母晓喻/险难道。"后秦鸠摩罗什译。经文见《大正藏》第8册，第350页B栏第15行至第18行。

Дх.16418 大般涅槃经卷第十四圣行品第七之四

存3行。录文："未遇良医瞻病/海卒遇船舫/逐突然。"北凉昙无谶译。经文见《大正藏》第12册，第450页A栏第21行至第23行。

Дх.16419 请观世音菩萨消伏毒害陀罗尼咒经

存8行，行2至9字。起："净不食兴"，讫："善境"。东晋竺难提晋言法喜译。经文见《大正藏》第20册，第35页C栏第4行至第12行。

Дх.16420 大般若波罗蜜多经

存4行。录文："般若波罗蜜佛/是般若波罗蜜/般若波罗蜜佛/般若波。"未检出。

Дх.16421 维摩诘所说经卷上佛国品第一

存5行。录文："国深心/众生来生其/佛时大乘众/萨成佛时/菩萨。"后秦鸠摩罗什译。经文见《大正藏》第14册，第538页B栏第2行至第7行。

Дх.16422 经目

存5行，行1至3字。录文："涅槃卷/后秦/宋/论诸卷/又卷。"

Дх.16423 合部金光明经卷第一寿量品第二

存3行。录文："义/何诸佛/随。"北凉昙无谶译、隋释宝贵合。经文见《大正藏》第16册，第362页B栏第13行至第16行。

Дх.16424 十方千五百佛名经

存8行，行7至22字。起："梁清净华佛"，讫："香弥楼佛无量眼佛"。经文见《大正藏》第14册，第317页B栏第12行至第21行。次序与现刊本不同。

Дх.16425 大般涅槃经卷第十三圣行品第七之三

存5行，行2至14字。起："如是/说佛言善男子"，讫："中智分别"。北凉昙无谶译。经文见《大正藏》第12册，第442页B栏第21行至第25行。

Дx.16426 普曜经卷第五六年勤苦行品第十五

存8行,行4至6字。起:"养钵于时奉",讫:"便行普愍"。西晋竺法护译。经文见《大正藏》第3册,第512页A栏第25行至B栏第6行。

Дx.16427 十诵律卷第六十一毗尼中杂品第三

存6行,行2至7字。起:"独转成女是界名",讫:"受是"。东晋卑摩罗叉续译。经文见《大正藏》第23册,第456页C栏第2行至第8行。中有删字符。

Дx.16428 大般若波罗蜜多经卷第四百一十九第二分无所有品第二十一之二

存6行,行2至8字。起:"无所从来",讫:"故复次善/无所"。唐玄奘译。经文见《大正藏》第7册,第103页A栏第15行至第22行。

Дx.16429 佛垂般涅槃略说教诫经

存4行。录文:"念无常之火/睡眠诸烦恼/安可睡眠不/汝心譬如黑。"后秦鸠摩罗什译。经文见《大正藏》第12册,第1111页A栏第29行至B栏第3行。

Дx.16430 摩诃般若波罗蜜经卷第十四佛母品第四十八

存3行。录文:"安隐无诸/蛇侵犯母/养其母。"后秦鸠摩罗什译。经文见《大正藏》第8册,第323页A栏第26行至第28行。

Дx.16431 维摩诘所说经卷中不思议品第六

存6行,行3至9字。起:"夫求法",讫:"造尽证修"。后秦鸠摩罗什译。经文见《大正藏》第14册,第546页A栏第9行至第13行。中有1行与现刊本不同。

Дx.16432 妙法莲华经卷第一序品第一

存8行,行1至5字。起:"求/此见闻",讫:"复见菩"。后秦鸠摩罗什译。经文见《大正藏》第9册,第3页A栏第4行至第13行。

Дx.16433 金光明经卷第二四天王品第六

存5行。录文:"流布处/听是经典/令安隐/经时邻/王世尊。"北凉昙无谶译。经文见《大正藏》第16册,第341页C栏第21行至第25行。

Дx.16434 大般涅槃经卷第十六梵行品第八之二

存5行,行2至6字。起:"男子如",讫:"化身"。北凉昙无谶译。经文见《大正藏》第12册,第460页C栏第1行至第6行。

Дx.16435 妙法莲华经卷第一方便品第二

存4行。录文:"谛听/时会/人等/辈罪根深重。"后秦鸠摩罗什译。经文见《大正藏》第9册,第7页A栏第6行至第9行。

Дx.16436 佛说佛名经

存4行。录文:"南/南无/明佛/光。"未检出。

Дx.16437 大般涅槃经卷第二十三光明遍照高贵德王菩萨品第十之三

存5行,行7至18字。起:"聚落或时",讫:"大贼怖着正"。北凉昙无谶译。经文见《大正藏》第12册,第501页A栏第4行至第10行。

Дx.16438 大般若波罗蜜多经卷第四十五初分菩萨品第十二之一

存9行,行2至17字。起:"得亦/无所有不可得",讫:"有不可得亦如"。唐玄奘译。经文见《大正藏》第5册,第256页B栏第25行至C栏第5行。

Дx.16439 四分比丘尼戒本

存5行,行2至9字。起:"波逸/若比丘尼僧听",讫:"愁忧恚瞋"。后秦佛陀耶舍译。经文见《大正藏》第22册,第1037页C栏第16行至第23行。与现刊本相校,有异文。

Дx.16440 妙法莲华经卷第五从地踊出品第十五

存5行,行13至15字。起:"发大道心",讫:"菩提树下坐"。后秦鸠摩罗什译。经文见《大正藏》第9册,第41页B栏第14行至第23行。

Дx.16441 大宝积经卷第一百三菩萨身行品第五

存6行,行15至16字。起:"膊右膝着地",讫:"何名菩萨摩诃"。隋达磨笈多译。经文见《大正藏》第11册,第580页C栏第20行至第26行。

Дx.16442 妙法莲华经卷第一序品第一

存8行,行2至12字。起:"千万亿",讫:"诸塔庙无数"。后秦鸠摩罗什译。经文见《大正藏》第9册,第3页B栏第11行至第21行。

Дx.16443 妙法莲华经卷第六药王菩萨本事品第二十三

存4行,行3至8字。起:"自然身光明",讫:"香天缯"。后秦鸠摩罗什译。经文见《大正藏》第9册,第53页B栏第9行至第13行。

Дx.16444 金刚般若波罗蜜经

存6行,行4至8字。起:"千万佛所",讫:"寿者若取"。后秦鸠摩罗什译。经文见《大正藏》第8册,第749页B栏第2行至第7行。

Дx.16445 妙法莲华经卷第六法师功德品第十九

存4行,行4至6字。起:"于深妙法",讫:"缘喻引导"。后秦鸠摩罗什译。经文见《大正藏》第9册,第49页C栏第3行至第8行。

Дx.16446 佛说佛名经卷第十二

存6行,行1至4字。录文:"南/南无/南无/南无龙/南无自在/南无。"北魏菩提流支译。经文见《大正藏》第14册,第180页C栏第8行至第15行。

Дx.16447 大般涅槃经后分应尽还源品第二

存5行,行2至6字。起:"或互相执手",讫:"众生"。经文见《大正藏》第12册,第905页C栏第5行至第9行。

Дx.16448 藏经点检历

存13行。似为某寺院的藏经点检历。

Дx.16449 大般涅槃经卷第三十五迦叶菩萨品第十二之三

存4行,行3至6字。起:"三十二",讫:"以故离善"。北凉昙无谶译。经文见《大正藏》第12册,第572页A栏第19行至第23行。

Дx.16450 摩诃般若波罗蜜经卷第六发趣品第二十

存3行。录文:"何/为一一众生故如恒河沙/乃至是人得□□入涅。"后秦鸠摩罗什译。经文见《大正藏》第8册,第258页A栏第13行至第15行。

Дx.16451 大般涅槃经卷第十四圣行品第七之四

存3行。录文:"前得成阿耨多罗/复当如我广为大众/诸佛所。"北凉昙无谶译。经文见《大正藏》第12册,第449页B栏第6行至第8行。

Дx.16452 妙法莲华经卷第二譬喻品第三

存3行。录文:"记心大欢喜踊跃/着上衣以供养佛释提桓因梵/子亦。"后秦鸠摩罗什译。经文见《大正藏》第9册,第12页A栏第10行至第12行。

Дx.16453 妙法莲华经卷第七妙庄严王本事品第二十七

存10行,行2至17字。起:"宫彩",讫:"精勤修习助"。后秦鸠摩罗什译。经文见《大正藏》第9册,第60页B栏第11行至第22行。

Дx.16454至Дx.16470 残佛经

未检出。

Дx.16471 大般涅槃经卷第五如来性品第四之二

存4行。录文:"小诸豆/是之物舌则/积聚亦得/知足不。"北凉昙无谶译。经文见《大正藏》第12册,第391页B栏第17行至第20行。

Дx.16472 十方千五百佛名经

存4行。录文:"千离法智龙王/善寂月音王/善德佛/殊胜月。"经文见《大正藏》第14册,第317页B栏第1行至第4行。

Дx.16473 金刚般若波罗蜜经

存3行。录文:"说非善/世界中所有诸须/持用布施。"后秦鸠摩罗什译。经文见《大正藏》第8册,第751页C栏第27行至第752页A栏第1行。

Дx.16474 大般涅槃经卷第三十五迦叶菩萨品第十二之三

存3行。录文:"力四无/等一切三昧/相八。"北凉昙无谶译。经文见《大正藏》第12册,第572页A栏第17行至第19行。

Дx.16475 妙法莲华经卷第二信解品第四

存5行。录文:"佐/他国/落经历/与子离/但自思。"后秦鸠摩罗什译。经文见《大正藏》第9册,第16页C栏第2行至第7行。

Дх.16476 大般涅槃经卷第二十三光明遍照高贵德王菩萨品第十之三

存3行。录文:"恶或齿/男子菩萨/罗。"北凉昙无谶译。经文见《大正藏》第12册,第499页B栏第22行至第24行。

Дх.16477 摩诃般若波罗蜜经卷第四句义品第十二

存2行。录文:"非无想处过/相定复有出。"后秦鸠摩罗什译。经文见《大正藏》第8册,第243页A栏第20行至第22行。

Дх.16478 阿毗昙毗婆沙论卷第五十七智犍度相应品第四之一

存3行。录文:"有他心智四/智五[六]乃至道/如坚信坚。"北凉浮陀跋摩共道泰等译。经文见《大正藏》第28册,第399页B栏第26行至第28行。

Дх.16479 摩诃般若波罗蜜经卷第四幻学品第十一

存3行。录文:"须/苦相是亦不可/我相。"后秦鸠摩罗什译。经文见《大正藏》第8册,第240页A栏第23行至第25行。

Дх.16480至Дх.16482 残佛经

未检出。

Дх.16483 大般涅槃经卷第七如来性品第四之四

存4行。录文:"我如彼女人/今亦尔说如/儿闻母唤/来。"北凉昙无谶译。经文见《大正藏》第12册,第407页C栏第15行至第18行。

Дх.16484 请观世音菩萨消伏毒害陀罗尼咒经

存2行。录文:"童子跋陀波[婆]罗/勒菩萨如是等。"东晋竺难提晋言法喜译。经文见《大正藏》第20册,第34页B栏第21行至第22行。

Дх.16485 大般涅槃经卷第五如来性品第四之二

存5行。录文:"者名/处金则可午/则得入于中/名曰为善臂/善解。"北凉昙无谶译。经文见《大正藏》第12册,第395页A栏第10行至第14行。

Дх.16486 残佛经

存3行,行1字。录文:"南/从/无。"不可定名。

Дх.16487 大般涅槃经卷第二十六光明遍照高贵德王菩萨品第十之十六

存2行。录文:"藐三菩提/是名菩萨难。"北凉昙无谶译。经文见《大正藏》第12册,第520页B栏第17行至第18行。

Дх.16488 Дх.16489 残佛经

未检出。

Дх.16490 妙法莲华经卷第七妙音菩萨品第二十四

存2行。录文:"摩祢四旨论/多玮八。"后秦鸠摩罗什译。经文见《大正藏》第9册,第58页B栏第19行至第20行。

Дх.16491至Дх.16494 残佛经

未检出。

Дх.16495 馆藏缺

Дх.16496 馆藏缺

Дх.16497 大方广佛华严经卷第四十入不思议解脱境界普贤行愿品

刻本。存6行,行16至17字,起:"贤广大愿王",迄:"诸大菩萨无垢普"。唐般若译。经文见《大正藏》第10册,第848页B栏第10行至第17行。

Дх.16498 妙法莲华经卷第四见宝塔品第十一

存15行,行2至16字。全部为偈语。起:"若自书持",迄:"谁能受持/今于"。后秦鸠摩罗什译。经文见《大正藏》第9册,第34页A栏第25行至B栏第14行。

Дх.16499 大智度论卷第十四释初品中羼提波罗蜜义第二十四

存3行。录文:"云何行此重/能令众生得乐/本从悲而出瞋。"龙树菩萨造、后秦鸠摩罗什译。经文见《大正藏》第25册,第167页A栏第24行至第27行。

Дх.16500 金光明最胜王经卷第五依空满愿品第十

存9行,行4至17字。起:"菩提异解脱",迄:

"审察思惟"。唐义净译。经文见《大正藏》第16册，第425页C栏第21行至第426页A栏第1行。

Дх.16501 小品般若波罗蜜经卷第七摩诃般若波罗蜜恒伽提婆品第十八

存1行，总16字。录文："花得阿耨多罗三藐三菩提时无如是等。"经文见《大正藏》第8册，第568页B栏第27行至第28行。

Дх.16502 大般涅槃经卷第四十憍陈如品第十三之二

存1行，总17字。录文："是三事随其意愿时目犍连还阿难所语阿。"宋慧严等依泥洹经加之。经文见《大正藏》第12册，第604页B栏第22行至第23行。

Дх.16503 妙法莲华经卷第四五百弟子受记品第八

存30行，行6至11字。起："七佛说法人中"，讫："三毒有现邪见"。后秦鸠摩罗什译。经文见《大正藏》第9册，第27页C栏第11行至第28页A栏第19行。

Дх.16504 般若经

存2行。录文："若波罗/般若波罗蜜亦。"未检出。

Дх.16505 大方广佛华严经卷第二十三十回向品第二十五之一

存1行，总10字。录文："於上胜法心生志欲法光。"唐实叉难陀译。经文见《大正藏》第10册，第125页A栏第17行。

Дх.16506 道行般若经卷第九摩诃般若波罗蜜不可尽品第二十六

存3行。录文："甚深是/蜜不可尽/罗蜜佛语。"后汉支娄迦谶译。经文见《大正藏》第8册，第469页B栏第22行至第24行。

Дх.16507 摩诃般若波罗蜜经卷第七问住品第二十七

存31行。起："萨摩/眼眼空"，讫："复次憍尸迦等"。后秦鸠摩罗什译。经文见《大正藏》第8册，第274页A栏第25行至C栏第2行。

Дх.16508 残佛经

存2行。录文："或/种称号。"不可定名。

Дх.16509 大般若波罗蜜多经卷第五百三十九第四分供养窣堵波品第三之一

存33行，行8至17字。完整者23行。起："罗蜜多复"，讫："般若波罗蜜多威神"。唐玄奘译。经文见《大正藏》第7册，第773页A栏第18行至B栏第21行。

Дх.16510 Дх.16511 残佛经

未检出。

Дх.16512 妙法莲华经卷第一序品第一

存6行。录文："间/周遍下/世界尽见/佛及闻诸/尼优婆/摩诃。"后秦鸠摩罗什译。经文见《大正藏》第9册，第2页B栏第16行至第22行。

Дх.16513 妙法莲华经卷第七陀罗尼品第二十六

存3行。录文："不甚多/乃至受持/甚。"后秦鸠摩罗什译。经文见《大正藏》第9册，第58页B栏第14行至第16行。

Дх.16514 妙法莲华经卷第四五百弟子受记品第八至授学无学人记品第九

存81行，行7至10字。起："常以诸方便"，品题："妙法莲华经授学无学"，讫："得作佛□[号]山海慧"。后秦鸠摩罗什译。经文见《大正藏》第9册，第28页B栏第6行至第29页C栏第5行。上接Дх.16515，为同经同品之经文，不可直接缀合，中缺1句4字。

Дх.16515 妙法莲华经卷第四五百弟子受记品第八

存9行，行5至6字。全部为偈语。起："如是方便度众"，讫："成就一切智"。后秦鸠摩罗什译。经文见《大正藏》第9册，第28页B栏第20行至B栏第7行。下接Дх.16514，同经同品，不可直接缀合。

Дх.16516 妙法莲华经卷第四法师品第十

存4行。录文："生于恶/善女人我灭度后能/句当知是人则/事何况于大众中。"后秦鸠摩罗什译。经文见《大正藏》第9册，第30页C栏第25行至第29行。

Дх.16517 **妙法莲华经卷第七观世音菩萨普门品第二十五**

存2行。录文："我为汝略说闻/兴害意推落。"后秦鸠摩罗什译。经文见《大正藏》第9册，第57页C栏第15行至第17行。

Дх.16518 **佛经论释**

存10行，行8至16字。未检出。

Дх.16519 **戒本**

存6行，行2至12字。未检出。

Дх.16520 **妙法莲华经卷第三化城喻品第七**

存11行。录文："欲为是/譬如五/处若有/听惠明/过此难/疲极而/导师/舍大珍/险道中/等勿怖/作若。"后秦鸠摩罗什译。经文见《大正藏》第9册，第25页C栏第25行至第26页A栏第7行。

Дх.16521 **大般涅槃经卷第二寿命品第一之二**

存2行。录文："遍知明/师。"北凉昙无谶译。经文见《大正藏》第12册，第378页C栏第19行至第20行。残存经文见于多部佛经中，或为别的佛经。

Дх.16522 **妙法莲华经卷第三授记品第六**

存2行。录文："为绳以界/无四恶。"后秦鸠摩罗什译。经文见《大正藏》第9册，第21页B栏第27行至第28行。

Дх.16523 **妙法莲华经卷第六法师功德品第十九**

存1行，总6字。录文："皆悉遥闻如是。"后秦鸠摩罗什译。经文见《大正藏》第9册，第48页C栏第6行至第7行。

Дх.16524 **残佛经**

存2行。录文："竹林/世。"不可定名。

Дх.16525 **摩诃般若波罗蜜经卷第二十无尽品第六十七**

存6行，行2至17字。起："法常"，讫："常若无常"。后秦鸠摩罗什译。经文见《大正藏》第8册，第364页C栏第9行至第15行。

Дх.16526 **佛说众请□经**

存5行，行17字。首题："佛说众请□经智慧三藏撰"，讫："有大能力"。未检出。

Дх.16527 **残佛经**

存3行。录文："须弥山/宝□□/天。"不可定名。

Дх.16527V **残佛经**

存1行，总3字。录文："来作是。"不可定名。

Дх.16528 **佛说佛经名**

存5行。录文："佛说佛名经卷/南无宝集/佛名经卷/南无无量/南无无量。"未检出。

Дх.16529 **菩萨地持经卷第五方便处戒品之余**

存6行，行3至7字。第1行至第2行"罪不佛/是名前四法"不知何经。第3行至第6行为《菩萨地持经卷第五》。录文："如是菩萨住律仪/等为四菩萨为贪/人是名第一波罗蜜夷/萨自有财物性。"北凉昙无谶译。经文见《大正藏》第30册，第913页B栏第1行至第4行。

Дх.16530 **妙法莲华经卷第六随喜功德品第十八**

存8行，行7至9字。起："劝令坐听"，讫："垂亦不褰"。后秦鸠摩罗什译。经文见《大正藏》第9册，第47页A栏第6行至第14行。

Дх.16531 **大方等大集经卷第六宝女品第三之二**

存3行。录文："昧故得圆满/佛像故得那罗/如是无量。"北凉昙无谶译。经文见《大正藏》第13册，第37页C栏第9行至第11行。

Дх.16532 **残佛经**

存5行，行4字。不可定名。

Дх.16533 **社会文书**

Дх.16534 **梵网经卢舍那佛说菩萨心地戒品第十卷下**

存3行。录文："闻外道恶/鉾刺心千/自入地狱。"后秦鸠摩罗什译。经文见《大正藏》第24册，第1009页B栏第19行至第21行。

Дх.16535 大般若波罗蜜多经卷第十九初分校诫教授品第七之九

存1行，总12字。录文："世尊即缘所生法苦增语是菩。"唐玄奘译。经文见《大正藏》第5册，第104页C栏第9行。

Дх.16536 残佛经

存4行，行3字。未检出。

Дх.16537 弥沙塞部和醯五分律卷第六初分之五堕初

存3行。录文："具/比丘见/具去时。"宋佛陀什共竺道生等译。经文见《大正藏》第22册，第42页C栏第11行至第13行。

Дх.16538 妙法莲华经卷第二譬喻品第三

存10行，行16字。前5行，起："闻所示闻"，讫："心怀大欢喜"。后秦鸠摩罗什译。经文见《大正藏》第9册，第10页C栏第12行至第17行。后5行，起："不受我教"，讫："驰走而出"。经文见《大正藏》第9册，第14页B栏第18行至第24行。

Дх.16539 大般若波罗蜜多经卷第十九初分教诫教授品第七之九

存2行。录文："诃萨不不也世尊即行乃至老死有罪增语/是菩萨摩诃萨不不也世尊即无明无罪增。"唐玄奘译。经文见《大正藏》第5册，第106页A栏第1行至第3行。

Дх.16540 残佛经

存2行。录文："火/为帝释。"不可定名。

Дх.16541 弥沙塞部和醯五分律卷第六初分之五堕初

存4行。录文："此答/十七群/十七群/是种诃。"宋佛陀什共竺道生等译。经文见《大正藏》第22册，第43页B栏第10行至第13行。

Дх.16542 佛说灌顶梵天神策经卷第十

存3行，行4至9字。起："欲求而冀"，讫："间愚劣人"。东晋帛尸梨蜜多罗译。经文见《大正藏》第21册，第524页C栏第8行至第13行。

Дх.16543 妙法莲华经卷第二譬喻品第三

存5行，行9至10字。起："是人已曾"，讫："为所不及汝舍"。后秦鸠摩罗什译。经文见《大正藏》第9册，第15页B栏第11行至第17行。

Дх.16544 放光般若经卷第七摩诃般若波罗蜜舍利品第三十八

存6行，行10字。起："蜜者于诸功"，讫："书般若波罗蜜"。西晋无罗叉译。经文见《大正藏》第8册，第53页C栏第13行至第18行。

Дх.16545 摩诃般若波罗蜜经卷第十五趣智品第五十三

存7行，行4至9字。起："持读诵说"，讫："一切种智心是"。后秦鸠摩罗什译。经文见《大正藏》第8册，第334页B栏第6行至第13行。

Дх.16546 残佛经

存3行，行1字。录文："法/罗/集。"不可定名。

Дх.16547 妙法莲华经卷第七妙庄严王本事品第二十七

存10行，行11至17字。起："法中作比丘"，讫："此二子者是我"。后秦鸠摩罗什译。经文见《大正藏》第9册，第60页B栏第22行至C栏第3行。

Дх.16548 金光明最胜王经卷第八大吉祥天女增长财物品第十七

存6行，行4至12字。起："观察是人"，讫："汝能如是（下缺）可思议"。唐义净译。经文见《大正藏》第16册，第440页A栏第2行至第15行。

Дх.16549 佛说灌顶百结神王护身咒经卷第四

存17行，行2至6字。起："咒经/此法"，讫："龙鬼神四部"。东晋帛尸梨蜜多罗译。经文见《大正藏》第21册，第508页B栏第4行至第21行。

Дх.16550 大般若波罗蜜多经卷第一百七十六初分赞般若品第三十二之五

存2行。录文："道相智一/有力作无。"唐玄奘译。经文见《大正藏》第5册，第945页A栏第14行至第15行。

Дx.16551 四分律删繁补阙行事钞卷中随戒释相篇第十四

存18行,行8至14字。起:"头露弄者吉",讫:"一旋风一滴雨"。条目如"击攊戒五十三""不受谏戒五十四""怖比丘戒五十五""半月浴"等为大字书写,其余小字。唐道宣撰述。经文见《大正藏》第40册,第85页B栏第28行至C栏第25行。

Дx.16552 舍利弗阿毗昙论卷第六问分优婆塞品第十

存2行。录文:"尊重得利益智/恶利根持净戒常。"后秦昙摩耶舍共昙摩崛多等译。经文见《大正藏》第28册,第574页A栏第16行至第18行。

Дx.16553 占卜书

存4行。录文:"午未地取/大吉/在午亥地病/五月。"

Дx.16554 Дx.16555 残佛经

未检出。

Дx.16556 菩萨戒本

异译本。

Дx.16557 题记

存6行。录文:"其旨/□太/广平/散骑/弥纶/重光远。"

Дx.16558 大方广佛华严经卷第五十三入法界品第三十四之十

存3行。录文:"莲华/海有一世界海/有世界性名。"东晋佛驮跋陀罗译。经文见《大正藏》第9册,第736页A栏第26行至第28行。

Дx.16559 别译杂阿含经卷第二(三十九)

存3行。录文:"无及/力用禁制与彼/说偈言。"失译。经文见《大正藏》第2册,第386页B栏第2行至第4行。

Дx.16560 妙法莲华经卷第六嘱累品第二十二

存3行。录文:"如来是一切/之法勿生悭恪/智慧者当。"后秦鸠摩罗什译。经文见《大正藏》第9册,第52页C栏第15行至第17行。

Дx.16561 杂阿毗昙心论经题

存品题1行。录文:"杂阿毗昙心使品第。"

Дx.16562 戒本

存23行,行5至13字。未检出。

Дx.16563 十方千五百佛名经

存6行,行6至13字。起:"无碍眼佛",讫:"法造佛"。经文见《大正藏》第14册,第314页C栏第23行至第29行。与现刊本佛名经排序略有不同。

Дx.16564 道行般若经卷第三摩诃般若波罗蜜沤恕拘舍罗劝助品第四

存5行。录文:"其作思想/用信悔还但/若谓有乐/悔还信/有所。"后汉支娄迦谶译。经文见《大正藏》第8册,第438页B栏第4行至第8行。

Дx.16565 贤愚经卷第二波斯匿王女金刚品第八

存4行。录文:"应时寻得须/彼五人开户入/怪此人不将□/门户持其。"北魏慧觉等译。经文见《大正藏》第4册,第358页A栏第1行至第5行。

Дx.16566 妙法莲华经卷第一序品第一

存6行,行10字。全部为偈语。起:"最后天中天",讫:"号名曰弥勒"。后秦鸠摩罗什译。经文见《大正藏》第9册,第5页B栏第2行至第12行。

Дx.16567 无量寿经义记卷下

存2行,行17字。起:"欲终时阿",讫:"此人五百化"。经文见《大正藏》第85册,第241页A栏第24行至第25行。同经文还见于宋畺良耶舍译、释元照述《观无量寿佛经义疏》。经文见《大正藏》第37册,第301页A栏第19行至第21行。经文"与诸眷属持",现刊本为"与诸菩萨"。

Дx.16568 成实论卷第三有我无我品第二十五

存19行,行2至11字。起:"说者/语故名为圣人",讫:"见者经中佛"。诃梨跋摩造、后秦鸠摩罗什译。经文见《大正藏》第32册,第260页A栏第2行至第19行。

Дx.16569 小品般若波罗蜜经卷第七摩诃般若波罗蜜恒伽提婆品第十八

存2行。录文："不住空须菩/无相学无相。"后秦鸠摩罗什译。经文见《大正藏》第8册，第569页A栏第13行至第14行。

Дх.16570 残片

存4行。录文："广说/或身菩/须弥手掷/生众等回。"未检出。

Дх.16571 妙法莲华经卷第六如来神力品第二十一

存4行。录文："共/六种震/罗迦楼罗紧那罗/神力故皆见些娑婆。"后秦鸠摩罗什译。经文见《大正藏》第9册，第51页C栏第24行至第26行。

Дх.16572 摩诃般若波罗蜜经卷第七问住品第二十七

存5行。录文："乃至/种空乃至识种空/菩萨摩诃萨般若/空乃至老死/老死。"后秦鸠摩罗什译。经文见《大正藏》第8册，第274页A栏第28行至B栏第2行。

Дх.16573 小品般若波罗蜜经卷第十摩诃般若波罗蜜萨陀波仑品第二十七

存13行，行2至13字。起："慰赞/行菩萨"，讫："罗三藐三菩"。后秦鸠摩罗什译。经文见《大正藏》第8册，第581页C栏第16行至第28行。

Дх.16574 残佛经

存4行，行2至12字。行书。未检出。

Дх.16575 佛经论释

正背皆存5行，行17字。待考。

Дх.16576 大般涅槃经卷第三十师子吼菩萨品第十一之四

存10行，行5至9字。起："斯匿王作如"，讫："是故当知沙门"。北凉昙无谶译。经文见《大正藏》第12册，第541页B栏第26行至C栏第6行。

Дх.16577 金光明经卷第四流水长者子品第十六

存5行，行4至6字。起："千置左胁边雨"，讫："处处皆雨天妙莲"。脱"天妙"2字，后校小字添至旁边。北凉昙无谶译。经文见《大正藏》第16册，第353页B栏第21行至第26行。

Дх.16578 集诸经礼忏仪卷上

存5行。录文："宝集/无宝集佛/成就卢舍那佛/舍那光明佛/佛。"唐智昇撰。经文见《大正藏》第47册，第456页C栏第5行至第9行。

Дх.16579 大通方广忏悔灭罪庄严成佛经卷上

存8行，行6至10字。起："南无度一切世间苦恼佛"，讫："灭除五逆等"。经文见《大正藏》第85册，第1343页A栏第6行至第16行。

Дх.16580 贤愚经

存6行，行1至9字。前2行，录文："支佛/难及诸众会。"为北魏慧觉等译《贤愚经卷第六五百盲儿返逐佛缘品第二十八》。经文见《大正藏》第4册，第393页B栏第28行至第29行。后4行，品题："汪水虫品。"录文："如是我闻一时佛在罗/时城边有一汪水污/中。"为《贤愚经卷第十三汪水中虫品第六十一》。经文见《大正藏》第4册，第443页C栏第25行至第28行。

Дх.16581 僧伽吒经卷第四

存5行，行5至7字。起："知耶药上白佛"，讫："至此佛告药"。月婆首那译。经文见《大正藏》第13册，第976页B栏第21行至第25行。

Дх.16582 大般若波罗蜜多经卷第四十四初分譬喻品第十一之三

存3行。录文："一切智/意界/方便。"唐玄奘译。经文见《大正藏》第5册，第248页C栏第24行至第26行。

Дх.16583 金光明经卷第四流水长者子品第十六

存经2行。录文："罗三藐/者今汝身是。"题记1行。录文："众生敬造供养经。"北凉昙无谶译。经文见《大正藏》第16册，第353页C栏第19行至第20行。

Дх.16584 大般涅槃经卷第二十一光明遍照高贵德王菩萨品第十之一

存6行，行5至11字。全部为偈语。起："见他得利养"，讫："若为恐怖故"。北凉昙无谶译。经文见《大正藏》第12册，第491页A栏第14行至第24行。

Дх.16585 弥沙塞部和醯五分律卷第六初分之五堕初

存6行,行2至7字。起:"尔不答言",讫:"语言"。宋佛陀什共竺道生等译。经文见《大正藏》第22册,第42页C栏第7行至第12行。

Дх.16586 摩诃般若波罗蜜经卷第十五趣智品第五十三

存4行。录文:"何惟越/蜜时不以他/越致菩萨/惟越致。"后秦鸠摩罗什译。经文见《大正藏》第8册,第334页A栏第27行至B栏第1行。

Дх.16587 金光明经卷第四流水长者子品第十六

存3行。录文:"闻/树神善女/子。"北凉昙无谶译。经文见《大正藏》第16册,第353页C栏第15行至第17行。

Дх.16588 残佛经

存26行,行2至18字。未检出。

Дх.16589 Дх.16590 残佛经

未检出。

Дх.16591 金光明经卷第二四天王品第六

存3行。录文:"典心/尊重赞/之者亦复不。"北凉昙无谶译。经文见《大正藏》第16册,第343页B栏第20行至第22行。

Дх.16592 Дх.16593 残佛经

未检出。

Дх.16594 僧伽吒经卷第四

存5行,行5至7字。起:"相貌种力不药上",讫:"闻佛所说皆大"。月婆首那译。经文见《大正藏》第13册,第976页B栏第28行至C栏第5行。

Дх.16595 残佛经

存2行。录文:"有/为。"不可定名。

Дх.16596 妙法莲华经卷第四提婆达多品第十二

存7行,行8至10字。首题:"妙法莲华经提婆达多品",讫:"尔时节人民寿"。经文见《大正藏》第9册,第34页B栏第23行至第29行。

Дх.16597至Дх.16600 残佛经

未检出。

Дх.16601 大般若波罗蜜多经卷第五百五十八第五分经典品第六

存4行,行4至8字。起:"正等菩提",讫:"菩萨摩诃萨人"。唐玄奘译。经文见《大正藏》第7册,第880页B栏第7行至第10行。

Дх.16602 残佛经

存1行,总2字。不可定名。

Дх.16603 小品般若波罗蜜经卷第六摩诃般若波罗蜜大如品第十五

存4行。录文:"菩萨能成就菩提/菩萨成就何等/耨多罗三藐/菩萨欲成。"后秦鸠摩罗什译。经文见《大正藏》第8册,第563页C栏第18行至第21行。

Дх.16604 残佛经

存3行。录文:"善/轮转/诸。"不可定名。

Дх.16605 馆藏缺

Дх.16606 残佛经

存2行,行2字。极残,不可定名。

Дх.16607 佛说佛名经

存3行。录文:"大无/宝声/声。"未检出。

Дх.16608 残佛经

存19行。未检出。

Дх.16608V 杂写

存13行。

Дх.16609 Дх.16610 残佛经

未检出。

Дх.16611 大般若波罗蜜多经卷第五百三十九第四分供养窣堵波品第三之一

存12行,行7至17字。起:"说广令流布我",讫:"虑般若波罗蜜"。唐玄奘译。经文见《大正藏》第7册,第773页A栏第4行至第15行。

Дх.16612 残佛经

存一"道"字。不可定名。

Дх.16613 大方等大集经菩萨念佛三昧分卷第九

说修习三昧品第十四之一

存2行。录文："善说是也/获功德望布施福。"隋达磨笈多译。经文见《大正藏》第13册，第867页A栏第2行至第3行。

Дх.16614　**金刚般若波罗蜜经**

存5行。录文："应生/忍辱仙/相无寿/诸相发/生心。"后秦鸠摩罗什译。经文见《大正藏》第8册，第750页B栏第18行至第22行。

Дх.16615　**残片**

存1行。录文："汝何故。"不可定名。

Дх.16616　**非佛经**

Дх.16617　**佛说观无量寿佛经**

存3行，行14字。起："如释迦牟尼"，讫："楞伽摩尼妙宝以为"。宋畺良耶舍译。经文见《大正藏》第12册，第343页C栏第15行至第18行。

Дх.16618　**妙法莲华经卷第一序品第一**

存6行，行3至8字。起："毗摩质多罗"，讫："佛上及"。后秦鸠摩罗什译。经文见《大正藏》第9册，第2页B栏第1行至第12行。

Дх.16619　**残佛经**

存4行。全部为陀罗尼。

Дх.16620　Дх.16621　**残佛经**

未检出。

Дх.16622　**妙法莲华经卷第六法师功德品第十九**

存14行，行4至18字。起："或受五欲时"，讫："味如天"。后秦鸠摩罗什译。经文见《大正藏》第9册，第49页A栏第24行至B栏第18行。

Дх.16623　**妙法莲华经卷第七妙庄严王本事品第二十七**

存3行，行3至6字。录文："璎珞价/四柱宝台/衣其上有佛结。"后秦鸠摩罗什译。经文见《大正藏》第9册，第60页B栏第15行至第18行。

Дх.16624　**维摩诘所说经卷中文殊师利问疾品第五**

存3行。录文："而起/遍知众/尽漏。"后秦鸠摩罗什译。经文见《大正藏》第14册，第545页C栏第10行至第12行。

Дх.16625　**残佛经**

存1行，总5字。录文："或有善□方。"未检出。

Дх.16626　**残佛经**

字迹模糊，无法辨识。

Дх.16627　**妙法莲华经卷第五从地踊出品第十五**

存9行，行4至15字。起："宝妙塔多"，讫："大众谓如半日"。后秦鸠摩罗什译。经文见《大正藏》第9册，第40页A栏第13行至第21行。

Дх.16628　**佛说观无量寿佛经**

存1行，总14字。录文："欢喜踊跃自见其身乘金刚台随从。"宋畺良耶舍译。经文见《大正藏》第12册，第344页C栏第23行至第24行。

Дх.16629　**佛说阿弥陀经**

存19行，行3至17字。完整者10行。起："弗上方"，讫："作是"。后秦鸠摩罗什译。经文见《大正藏》第12册，第347页C栏第16行至第348页A栏第20行。

Дх.16630　**残佛经**

存3行，行1字。录文："慧/为/可。"不可定名。

Дх.16631　**大方广佛华严经卷第五十九入法界品第三十四之十六**

存5行。录文："养/草名/菩萨/药长身/念力药。"东晋佛驮跋陀罗译。经文见《大正藏》第9册，第777页A栏第25行至第29行。

Дх.16632　**阿毗昙毗婆沙论卷第三十四使犍度人品第三上**

存2行。录文："别烦恼在/今欲分别。"迦旃延子造、五百罗汉释、北凉浮陀跋摩共道泰等译。经文见《大正藏》第28册，第249页C栏第12行至第13行。

Дх.16632V　**民族文字残片**

Дх.16633　**佛本行集经卷第一发心供养品第一**

存2行。录文："萨记次/授一菩萨。"隋阇那崛多译。经文见《大正藏》第3册，第657页A栏至B

栏。此二句所存甚多。

Дx.16634 大般涅槃经卷第四十憍陈如品第十三之二

存1行,总11字。录文:"无相无生相无生者相无因。"北凉昙无谶译。经文见《大正藏》第12册,第603页B栏第27行至第28行。

Дx.16635 妙法莲华经卷第一方便品第二

存2行。录文:"佛所说我亦随/诸法寂灭。"后秦鸠摩罗什译。经文见《大正藏》第9册,第10页A栏第2行至第4行。

Дx.16636 残佛经

存1行,总3字。录文:"种差别。"未检出。

Дx.16637 残佛经

存9行。甚残,不可定名。

Дx.16638 大般涅槃经卷第二十九师子吼菩萨品第十一之三至卷第三十师子吼菩萨品第十一之四

存6行,行6至9字。起:"香炉身王舍城",讫:"时诸六师"。北凉昙无谶译。经文见《大正藏》第12册,第541页B栏第12行至第25行。

Дx.16639 残佛经

存2行。录文:"尽智/菩。"不可定名。

Дx.16640 妙法莲华经卷第三化城喻品第七

存12行,行9至12字。起:"十六菩萨常乐",讫:"世间苦恼"。后秦鸠摩罗什译。经文见《大正藏》第9册,第25页B栏第19行至C栏第2行。

Дx.16641 残片

存2行。录文:"纲者/纲纲。"不可定名。

Дx.16642 集诸经礼忏仪卷上叹佛咒愿

存5行,行4至7字。存5个佛名。起:"阿弥陀刧沙佛",讫:"南无无边称世尊"。唐智昇撰。经文见《大正藏》第47册,第456页C栏第13行至第18行。

Дx.16643 妙法莲华经卷第二信解品第四

存3行。录文:"佣赁展转/施大宝/或有。"后秦鸠摩罗什译。经文见《大正藏》第9册,第18页A栏第2行至第4行。

Дx.16644至Дx.16646 残片

不可定名。

Дx.16647 妙法莲华经卷第五分别功德品第十七

存16行,行3至11字。起:"精进勇",讫:"园林诸浴池"。后秦鸠摩罗什译。经文见《大正藏》第9册,第45页C栏第24行至第46页A栏第19行。

Дx.16648 放光般若经卷第七摩诃般若波罗蜜舍利品第三十八

存5行。录文:"圣/得见般若/是般若波罗蜜/故过去当来/皆从般若波罗。"西晋无罗叉译。经文见《大正藏》第8册,第54页A栏第4行至第8行。

Дx.16649 阿毗达磨俱舍释论卷第七释论中分别世间品之二

存6行。录文:"能/今生更退/名生释曰此/分于未来/曰除生从/谓名色。"婆薮盘豆造、真谛译。经文见《大正藏》第29册,第205页B栏第25行至C栏第1行。

Дx.16650至Дx.16652 残片

不可定名。

Дx.16653 大方便佛报恩经卷第六优波离品第八

存6行,行3至9字。起:"故二乘不得",讫:"慈悲力"。失译。经文见《大正藏》第3册,第155页B栏第4行至第9行。

Дx.16654 非佛经

Дx.16655 弥沙塞部和酰五分律卷第六初分之五堕初

存9行,行3至5字。起:"群比丘后来",讫:"离以"。宋佛陀什共竺道生等译。经文见《大正藏》第22册,第42页C栏第20行至第28行。

Дx.16656 妙法莲华经卷第二譬喻品第三

存3行。录文:"独处山泽/若见有人/乃可为说。"后秦鸠摩罗什译。经文见《大正藏》第9册,第16页A栏第17行至第19行。

Дx.16657 民族文字残片

Дх.16658 小品般若波罗蜜经卷第十摩诃般若波罗蜜萨陀波仑品第二十七

存3行。录文："七宝/诸池水/色具足遍。"后秦鸠摩罗什译。经文见《大正藏》第8册，第581页A栏第1行至第3行。

Дх.16659 妙法莲华经马明菩萨品第三十

存2行。录文："宝庄严其/宫殿於其中。"经文见《大正藏》第85册，第1428页A栏第3行至第4行。

Дх.16660 放光般若经卷第六摩诃般若波罗蜜无住品第二十八

存3行。录文："波罗/空六情空菩/菩萨空六。"西晋无罗叉译。经文见《大正藏》第8册，第38页C栏第17行至第19行。

Дх.16661 妙法莲华经卷第二譬喻品第三

存5行，行11至13字。全部为偈语。起："野干其形□瘦"，讫："谤斯经故获"。后秦鸠摩罗什译。经文见《大正藏》第9册，第15页C栏第2行至第15行。

Дх.16662 大般涅槃经卷第三十二师子吼菩萨品第十一之六

存2行，行3至4字。录文："得也世/则随著众。"北凉昙无谶译。经文见《大正藏》第12册，554页A栏第25行至第26行。

Дх.16663 大般涅槃经卷第六如来性品第四之三

存3行，行10至17字。完整者2行。起："今大王犹"，讫："我实不知师若"。北凉昙无谶译。经文见《大正藏》第12册，第400页A栏第28行至B栏第2行。前另有一片存"阿耨多"3字，不是此经内容。

Дх.16664 大般涅槃经卷第四十憍陈如品第十三之二

存2行，行14至17字。起："空阴空入"，讫："一义空空"。北凉昙无谶译。经文见《大正藏》第12册，第600页C栏第12行至第14行。

Дх.16665 大方广佛华严经卷第五十九离世间品第三十八之七

存2行。录文："分别说一切诸/过去一切切劫安置。"唐实叉难陀译。经文见《大正藏》第10册，第318页A栏第27行至第29行。

Дх.16666A 大般若波罗蜜多经卷第十九初分教诫教授品第七之九

存1行，总17字。录文："世尊即布施波罗蜜多不远离增语是菩萨。"唐玄奘译。经文见《大正藏》第5册，第107页A栏第4行至第5行。

Дх.16666B 小品般若波罗蜜经卷第七摩诃般若波罗蜜恒伽提婆品第十八

存2行，行17字。录文："而不堕空无相无作譬如工射之人善于射/法仰谢虚空箭箭相拄随意久近能令不堕。"后秦鸠摩罗什译。经文见《大正藏》第8册，第569页A栏第15行至第17行。

Дх.16667 佛说观无量寿佛经

存3行，行17字。起："相光明阿难"，讫："宛转如五须"。宋畺良耶舍译。经文见《大正藏》第12册，第343页B栏第16行至第18行。

Дх.16668 大般若波罗蜜多经

存2行。录文："也世尊/复次善现所言菩萨摩诃萨者于意云何即。"唐玄奘译。经文见《大正藏》第5册。所存文字多见于大般若经，不能确定卷品。

Дх.16669 光赞经卷第一摩诃般若波罗蜜光赞品第一

存11行，行6至16字。起："曰往善男子"，讫："受莲华以遥散东"。西晋竺法护译。经文见《大正藏》第8册，第148页B栏第19行至C栏第1行。

Дх.16670 残佛经

未检出。

Дх.16671 大般涅槃经卷第三十二师子吼菩萨品第十一之六

存2行。录文："虽没还出出已/出不习浮故。"北凉昙无谶译。经文见《大正藏》第12册，第554页B栏第1行至第2行。

Дх.16672 妙法莲华经卷第四见宝塔品第十一

存7行，行8至16字。完整者6行。全部为偈语。起："多宝如来"，讫："是则为难"。后秦鸠摩罗什译。经文见《大正藏》第9册，第34页A栏第14行至第23行。

Дх.16673 大般若波罗蜜多经卷第三百六十四初分实说品第六十二之二

存2行。录文："法无性为性内法外法自性无是故若法自/无是法无性为性四静虑四无。"唐玄奘译。经文见《大正藏》第6册，第878页C栏第18行至第19行。

Дх.16674 佛说观无量寿佛经

存1行，总17字。录文："随顺三世诸佛教我来迎汝行者自见坐莲。"宋畺良耶舍译。经文见《大正藏》第12册，第345页B栏第25行至第26行。

Дх.16675 道行般若经卷第一摩诃般若波罗蜜难问品第二

存2行。录文："汉道不能及佛道便中道般/佛道不当于中住佛道不当于。"后汉支娄迦谶译。经文见《大正藏》第8册，第429页C栏第7行至第9行。

Дх.16676 贤愚经卷第九善事太子入海品第三十七

存3行。录文："尊为/叹未曾有悲喜/须陀洹斯陀。"北魏慧觉等译。经文见《大正藏》第4册，第415页B栏第2行至第4行。

Дх.16677 金光明经卷第四舍身品第十七

存2行。录文："有覆蔽我/见瑞相必有。"北凉昙无谶译。经文见《大正藏》第16册，第355页A栏第22行至第24行。

Дх.16678 妙法莲华经卷第二信解品第四

存3行。录文："遍他国/围绕恭敬常/皆共宗重。"后秦鸠摩罗什译。经文见《大正藏》第9册，第17页C栏第20行至第23行。

Дх.16679 残佛经

三残片。不可定名。

Дх.16680 大方便佛报恩经卷第六优波离品第八

存2行。录文："总相一/但众生不。"失译。经文见《大正藏》第3册，第155页A栏第16行至第17行。

Дх.16681 金刚三昧经入实际品第五

存1行，总5字："是利即得菩。"失译。经文见《大正藏》第9册，第369页B栏第9行。

Дх.16682 道行般若经卷第九摩诃般若波罗蜜不可尽品第二十六

存9行，行2至6字。起："波罗/蜜痛痒思"，讫："波罗蜜及"。后汉支娄迦谶译。经文见《大正藏》第8册，第469页B栏第24行至C栏第5行。中有添加字。

Дх.16683 大般若波罗蜜多经卷第三百八十七初分不可动品第七十之二

存4行。录文："有情说一切/性空然本性空/者何本性空理/去如是空理亦名。"唐玄奘译。经文见《大正藏》第6册，第1001页C栏第20行至第23行。

Дх.16684 残佛经

存"舍身品"3字。另有题记一行。录文："怀所供养经。"

Дх.16685 阿毗昙毗婆沙论卷第三十四使犍度人品第三上

存3行。录文："断为/沙门果/所离欲人得正。"迦旃延子造、五百罗汉释、北凉浮陀跋摩共道泰等译。经文见《大正藏》第28册，第250页A栏第23行至第25行。

Дх.16685V 民族文字残片

Дх.16686 残佛经

存1行，总4字。录文："□疾病阿。"未检出。

Дх.16687 大方广佛华严经卷第五十九入法界品第三十四之十六

存3行。录文："子譬如有人得频伽陀/菩萨摩诃萨亦复如是得菩提心频伽陀/诸邪见刺善男子譬如有人得善见。"东晋佛驮跋陀罗译。经文见《大正藏》第9册，第777页A栏第14行至第15行。

Дх.16687V 民族文字残片

Дх.16688 佛经论释

存4行，行2字。未检出。

Дх.16689 佛说佛名经卷第六

存2行。录文："无次/无莎罗。"北魏菩提流支译。经文见《大正藏》第14册，第144页C栏第27行至第28行。

Дх.16690 放光般若经卷第六摩诃般若波罗蜜无住品第二十八

存5行。录文："波罗/翼听/蜜住亦不/萨空五阴空菩萨空/作如是住般若。"西晋无罗叉译。经文见《大正藏》第8册，第38页C栏第13行至第17行。

Дх.16691 残佛经

存3行。录文："灭/为缘起而受/问。"未检出。

Дх.16692 大方广佛华严经卷第五十三入法界品第三十四之十

存2行。录文："供养于父母/诸根不具者。"东晋佛驮跋陀罗译。经文见《大正藏》第9册，第737页B栏第18行至第20行。

Дх.16693 残佛经

存3行。录文："□种业/□□/般。"不可定名。

Дх.16694 妙法莲华经卷第三化城喻品第七

存2行。录文："谓命无上尊/转於。"后秦鸠摩罗什译。经文见《大正藏》第9册，第22页C栏第27行至第28行。

Дх.16695 妙法莲华经卷第七普贤菩萨劝发品第二十八

存5行。录文："齿疎/身体臭/经典者当/河沙等无/尼三千大千。"后秦鸠摩罗什译。经文见《大正藏》第9册，第62页A栏第21行至第26行。

Дх.16696 妙法莲华经卷第二譬喻品第三

存10行，行8至10字。全部为偈语。起："除众生恼"，讫："赞诸菩萨/以是"。后秦鸠摩罗什译。经文见《大正藏》第9册，第10页C栏第19行至第11页A栏第7行。

Дх.16697 大方广佛华严经卷第五十三入法界品第三十四之十

存2行。录文："海/愿於一。"东晋佛驮跋陀罗译。经文见《大正藏》第9册，第736页A栏第17行至第18行。

Дх.16698 残佛经

存2行。录文："复欲/而况欲。"未检出。

Дх.16699 大方广佛华严经卷第六如来现相品第二

存1行，总5字。录文："道场中愿宣。"唐实叉难陀译。经文见《大正藏》第10册，第26页B栏第28行。

Дх.16700 妙法莲华经卷第七观世音菩萨普门品第二十五

存3行，行3至10字。全部为偈语。起："世尊妙相具"，讫："弘誓深"。后秦鸠摩罗什译。经文见《大正藏》第9册，第57页C栏第9行至第13行。

俄藏敦煌文献第十七册叙录

Дх.16701 **小品般若波罗蜜经卷第六摩诃般若波罗蜜大如品第十五**

存5行。录文:"随/须菩/菩提如/随如来/即如来。"后秦鸠摩罗什译。经文见《大正藏》第8册,第562页B栏第21行至第25行。

Дх.16702 **佛说观无量寿佛经**

存2行,行17字。起:"名第十二观",讫:"行人之所"。宋畺良耶舍译。经文见《大正藏》第12册,第344页B栏第21行至第25行。第3行仅存半边字,对应佛经原文应为"佛告阿难及韦提希若欲至心生西方者先"。经文第2行与第3行中间比现刊本少"作是观者名为正观若他观者名为邪观"16字。

Дх.16703 **佛说观无量寿佛经**

存3行,行2字。录文:"化佛/量诸/色相。"宋畺良耶舍译。经文见《大正藏》第12册,第344页A栏第15行至第17行。

Дх.16704 **佛说观无量寿佛经**

存2行,行14字。起:"遍照十方",讫:"土皆于中"。宋畺良耶舍译。经文见《大正藏》第12册,第341页B栏第22行至第23行。

Дх.16705 **金光明经卷第四舍身品第十七**

存6行,行1至3字。录文:"今日何/日/如我/於是/子消息/是言。"北凉昙无谶译。经文见《大正藏》第16册,第355页A栏第21行至第27行。

Дх.16706 **般若经**

存1行,总4字。录文:"界无无明。"未检出。

Дх.16707 **残佛经**

存一"如"字。不可定名。

Дх.16708 **大般涅槃经卷第二寿量品第一之二**

存3行,行2至3字。录文:"人远行/忽然大/定死。"北凉昙无谶译。经文见《大正藏》第12册,第374页B栏第3行至第5行。

Дх.16709 **大方便佛报恩经卷第六优波离品第八**

存5行,行3至7字。起:"子曰此枝",讫:"能尽受"。失译。经文见《大正藏》第3册,第155页A栏第13行至第17行。

Дх.16710 **新华严经论**

存3行,行2至3字。录文:"为息用/受三界/为润。"李通玄撰。经文见《大正藏》第36册,第743页B栏。与现刊本顺序不完全相同,或为别的经论。

Дх.16711 **小品般若波罗蜜经卷第六摩诃般若波罗蜜大如品第十五**

存4行,行3至7字。起:"褥多罗三",讫:"退转不"。后秦鸠摩罗什译。经文见《大正藏》第8册,第563页B栏第12行至第15行。

Дх.16712 **佛说佛名经卷第三十**

存4行,行1至7字。起:"南无离垢光佛",讫:

Дх.16713 **大般涅槃经卷第三十师子吼菩萨品第十一之四**

存2行,行4至17字。起:"烦恼垢故",讫:"言若言如"。北凉昙无谶译。经文见《大正藏》第12册,第544页C栏第18行至第19行。

Дх.16714 **籍账**

提牵司造锁历。中有"□年六月初四日□了"字样。

Дх.16715 **放光般若经卷第七摩诃般若波罗蜜守行品第三十三**

存2行,行2至4字。录文:"以者/尊已世尊。"西晋无罗叉译。经文见《大正藏》第8册,第54页A栏第5行至第6行。

Дх.16716 **大方广佛华严经卷第四十五入法界品第三十四之二**

存2行,行1至5字。录文:"说唯是如来/萨。"东晋佛驮跋陀罗译。经文见《大正藏》第9册,第683页C栏第1行至第2行。

Дх.16717 **妙法莲华经卷第二信解品第四**

存2行,行3至5字。录文:"如是思/慧无贪无着。"后秦鸠摩罗什译。经文见《大正藏》第9册,第18页B栏第29行至C栏第1行。

Дх.16718 **妙法莲华经卷第二譬喻品第三**

存3行,行2字。录文:"若狗/又复/生受。"后秦鸠摩罗什译。经文见《大正藏》第9册,第13页C栏第2行至第5行。

Дх.16719 **大智度论卷第五十九释校量舍利品第三之十七**

存3行,行2至4字。起:"法无相无",讫:"是故"。龙树菩萨造、唐玄奘译。经文见《大正藏》第25册,第476页A栏第2行至第3行。

Дх.16720 **阿毗昙毗婆沙论卷第三十二使犍度一行品中**

存2行。录文:"所断结/亦如是。"迦旃延子造、五百罗汉释、北凉浮陀跋摩共道泰等译。经文见《大正藏》第28册,第235页A栏第27行至第28行。残存经句在卷中甚多。

Дх.16721 **礼记坊记**

存3行。起:"不渔食时不力",讫:"菁也"。

Дх.16722 **摩诃般若波罗蜜经卷第七会宗品第二十四**

二残片。存43行,行6至8字。其一,首3行,起:"过声闻辟",讫:"菩提当转"。后秦鸠摩罗什译。经文见《大正藏》第8册,第275页A栏第11行至第15行。其二,存18行,起:"斯陀含果",讫:"支佛"。经文见《大正藏》第8册,第274页C栏第5行至第275页A栏第12行。前片内容在后,两片可缀合。

Дх.16723 **放光般若经卷第十八摩诃般若波罗蜜住二空品第七十八**

存2行,行5字。录文:"问世尊假令/无异者云何。"西晋无罗叉译。经文见《大正藏》第8册,第128页A栏第17行至第18行。

Дх.16724 **妙法莲华经卷第一序品第一**

存8行,行2至17字。起:"忖今佛世",讫:"御丈"。后秦鸠摩罗什译。经文见《大正藏》第9册,第3页C栏第12行至第20行。

Дх.16725 **大般若波罗蜜多经卷第五百七十七第九能断金刚分**

存6行,行4至7字。起:"计之所不",讫:"有诸有情"。唐玄奘译。经文见《大正藏》第7册,第983页B栏第21行至第26行。

Дх.16726 **大般涅槃经卷第十四圣行品第七之四**

存7行,行2至7字。起:"男子转法",讫:"佛世尊"。北凉昙无谶译。经文见《大正藏》第12册,第447页C栏第6行至第13行。

Дх.16727 **残佛经**

存1行,总3字。录文:"守园人。"不可定名。

"自在王佛"。失译。经文见《大正藏》第14册,第308页C栏第19行至第22行。

Дх.16728　妙法莲华经卷第二信解品第四

存4行，行7字。起："诸粪秽"，讫："往到子所"。全部为偈语。后秦鸠摩罗什译。经文见《大正藏》第9册，第18页A栏第18行至第22行。

Дх.16729　残佛经

存3行。录文："定/大/大海。"不可定名。

Дх.16730　萨婆多毗尼毗婆沙卷第六九十事第十四

存2行，行1至3字。录文："提/故僧卧。"失译。经文见《大正藏》第23册，第544页B栏第28行至C栏第1行。

Дх.16731　大佛顶如来密因修证了义诸菩萨万行首楞严经卷第二

存3行，行2至9字。起："年十"，讫："今年六十"。唐般剌蜜帝译。经文见《大正藏》第19册，第110页B栏第25行至第26行。

Дх.16732　法华三昧忏仪第四明行者请三宝方法

存2行，行2字。录文："奉请/到道。"隋智𫖮撰。经文见《大正藏》第46册，第950页C栏第14行至第15行。

Дх.16733A　菩萨璎珞本业经释义品第四

存3行，行3至5字。录文："一法第一/相故名法界/无量无。"后秦竺佛念译。经文见《大正藏》第24册，第1017页C栏第16行至第18行。

Дх.16733B　仁王护国般若波罗蜜多经疏卷下

存2行，行6至7字。录文："所知障疑无明极/无明障于佛地。"良贲述。经文见《大正藏》第33册，第511页B栏第28行至第29行。经文"无明极"，现刊本为"无明即"。

Дх.16734　妙法莲华经卷第五分别功德品第十七

存4行，行3字。录文："世界微/千世界/百千万/说三千。"后秦鸠摩罗什译。经文见《大正藏》第9册，第44页A栏第11行至第14行。

Дх.16735　金光明经卷第四流水长者子品第十六

存7行，行3至6字。起："其因缘"，讫："大士今自可"。北凉昙无谶译。经文见《大正藏》第16册，第352页C栏第21行至第28行。

Дх.16736　佛说佛名经

存"名经"2字。未检出。

Дх.16737　佛说佛名经卷第二十

存6行，行2至3字。录文："无金/无月/槃头华/多摩罗/月藏/树提光。"失译。经文见《大正藏》第14册，第265页B栏第19行至第23行。

Дх.16738　佛顶尊胜陀罗尼经

存3行，行7至8字。起："陀罗尼安"，讫："夷族姓男"。唐佛陀波利译。经文见《大正藏》第19册，第351页B栏第9行至第11行。

Дх.16739　残佛经

存2行。录文："即/也世。"不可定名。

Дх.16740　残佛经

存2行，行2字。不可定名。

Дх.16741　大方等大集经菩萨念佛三昧分卷第九分说修习三昧品第十四之一

存2行。录文："广大无量无/开示少。"隋达磨笈多译。经文见《大正藏》第13册，第866页C栏第2行至第3行。

Дх.16742　佛说天地八阳神咒经

存2行。录文："永沉/尔时五。"唐义净译。经文见《大正藏》第85册，第1423页B栏第24行至第25行。

Дх.16743　佛说灌顶拔除过罪生死得度经卷第十二

存3行。录文："护若城/此经/为。"东晋帛尸梨蜜多罗译。经文见《大正藏》第21册，第536页A栏第10行至第12行。

Дх.16744　千手千眼观世音菩萨广大圆满无碍大悲心陀罗尼经

存3行。录文："常/净居炎/王。"唐伽梵达摩译。经文见《大正藏》第20册，第108页B栏第12行至第13行。

Дх.16745　四分律删繁补阙行事钞卷上受戒缘集篇第八

存3行。录文:"求道当教一/戒犹非上胜/众生疑。"唐道宣撰述。经文见《大正藏》第40册,第26页A栏第24行至第27行。

Дх.16746 残佛经

存3行。录文:"生处/难而/且得。"未检出。

Дх.16747 梵网经卢舍那佛说菩萨心地戒品第十卷下

存3行,行4至5字。起:"多少观行",讫:"求贪利弟"。后秦鸠摩罗什译。经文见《大正藏》第24册,第1008页C栏第23行至第1009页A栏第3行。

Дх.16748 残佛经

存3行。未检出。

Дх.16749 祖庭事苑卷第五池阳问

存2行,行3至6字。录文:"回昏乱虽大轻/于郏鄏。"睦庵(善卿)编正。经文见《卍新续藏》第64册,第385页C栏第1行至第3行。

Дх.16750 千手千眼观世音菩萨广大圆满无碍大悲心陀罗尼经

存2行。录文:"王金刚/侧如护眼。"唐伽梵达摩译。经文见《大正藏》第20册,第108页B栏第3行至第4行。

Дх.16751 金光明经卷第一赞叹品第四

存2行,行3字。录文:"能隐蔽/令众生。"北凉昙无谶译。经文见《大正藏》第16册,第339页B栏第9行至第10行。

Дх.16752 瑜伽师地论卷第六本地分中有寻有伺等三地之三

存2行。录文:"微常为/察而。"弥勒菩萨说、唐玄奘译。经文见《大正藏》第30册,第308页A栏第24行至第26行。

Дх.16753 大智度论卷第七十三释阿毗跋致品第五十五

存2行。录文:"世间/安隐众生。"龙树菩萨造、后秦鸠摩罗什译。经文见《大正藏》第25册,第572页C栏第18行至第19行。

Дх.16754 摩诃般若波罗蜜经卷第二十四四摄品第七十八

存2行。录文:"为十/识是。"后秦鸠摩罗什译。经文见《大正藏》第8册,第392页B栏第25行至第26行。

Дх.16755 残佛经

存"卵生"2字。不可定名。

Дх.16756 残佛经

存"菩萨乃至"4字。不可定名。

Дх.16757 残佛经

存"德何"2字。不可定名。

Дх.16758 起信论疏卷下

存2行,行4至5字。录文:"能顺正观/义渐渐修习者。"经文见《大正藏》第44册,第222页A栏第12行至第13行。

Дх.16759 佛说灌顶拔除过罪生死得度经卷第十二

存2行,行2至4字。录文:"受人身长/之日。"东晋帛尸梨蜜多罗译。经文见《大正藏》第21册,第532页B栏第21行至第22行。

Дх.16760 残佛经

存2行。录文:"丈夫/微得。"不可定名。

Дх.16761 大般涅槃经卷第四如来性品第四之一

存1行,总4字。录文:"恼诸结大。"北凉昙无谶译。经文见《大正藏》第12册,第388页A栏第13行至第14行。或为《大方等无想经》。

Дх.16762 残佛经

存2行。录文:"能知/即。"不可定名。

Дх.16763 残佛经

存6行,行2字。不可定名。

Дх.16764 大般涅槃经卷第三十七迦叶菩萨品第十二之五

存2行,行4至5字。录文:"譬如病者/服之不悔有。"北凉昙无谶译。经文见《大正藏》第12册,第582页C栏第9行至第10行。

Дх.16765 大般涅槃经卷第十四圣行品第七之四

存2行。录文："譬如病者/服之不悔有。"北凉昙无谶译。经文见《大正藏》第12册，第446页A栏第2行至第3行。

Дx.16766 残佛经

存2行。录文："缘谤/佛。"不可定名。

Дx.16767 放光般若经卷第七摩诃般若波罗蜜舍利品第三十八

存5行，行1至6字。起："成阿惟三"，讫："当"。西晋无罗叉译。经文见《大正藏》第8册，第54页A栏第15行至第19行。

Дx.16768 佛说佛名经

存2行。录文："佛/海佛。"未检出。

Дx.16769 佛说佛名经卷第七

存2行，行2至5字。录文："摩广信无畏/法山。"北魏菩提流支译。经文见《大正藏》第14册，第150页B栏第4行至第5行。

Дx.16770 大宝积经卷第四十七菩萨藏会第十二之十三毗梨耶波罗蜜多品第九之三

存1行，总4字。录文："恶谟氒於。"唐玄奘译。经文见《大正藏》第11册，第280页B栏第8行。《大乘大集地藏十轮经卷第五》《示所犯者瑜伽法镜经》中亦有此句经文。

Дx.16771 残佛经

存3行。录文："难/解且/无。"不可定名。

Дx.16772 妙法莲华经卷第六法师功德品第十九

存15行，行1至8字。起："障"，讫："闻者"。后秦鸠摩罗什译。经文见《大正藏》第9册，第49页B栏第23行至C栏第9行。

Дx.16773 残佛经

存4行，行2至3字。不可定名。

Дx.16774 残佛经

存2行，行1字。不可定名。

Дx.16775 残佛经

存8行，行2至5字。未检出。

Дx.16776 金刚般若波罗蜜经

存3行。录文："提心应/哉须菩/诸。"后秦鸠摩罗什译。经文见《大正藏》第8册，第748页C栏第28行至第749页A栏第1行。

Дx.16777 残佛经

存2行。录文："得变/为圣本无可生。"未检出。

Дx.16778 大方等大集经卷第二十二虚空目分第十之一初声闻品第一

存3行，行5至6字。起："厌无愿三"，讫："非缘甘露"。北凉昙无谶译。经文见《大正藏》第13册，第158页B栏第11行至第14行

Дx.16779 妙法莲华经卷第四五百弟子受记品第八

存5行，行4至9字。全部为偈语。起："声闻亦无数"，讫："但略说"。后秦鸠摩罗什译。经文见《大正藏》第9册，第28页B栏第14行至第22行。

Дx.16780 残片

存2行，行2字。录文："疏见/寂寥。"不可定名。

Дx.16781 残佛经

存2行，行2字。不可定名。

Дx.16782 残佛经

存3行。录文："是/在合/多。"不可定名。

Дx.16783 妙法莲华经卷第一序品第一

存2行，行4字。录文："不可思议/作此念是。"后秦鸠摩罗什译。经文见《大正藏》第9册，第2页B栏第26行至第27行。

Дx.16784 大方等大集经菩萨念佛三昧分卷第九说修习三昧品第十四之一

存2行。录文："能称量/不不空见言。"隋达磨笈多译。经文见《大正藏》第13册，第886页C栏第14行至第15行。

Дx.16785 妙法莲华经卷第六法师功德品第十九

存6行，行1至8字。起："阿修罗等"，讫："诸佛及弟子"。后秦鸠摩罗什译。全部为偈语。经文见《大正藏》第9册，第49页C栏第10行至第20行。

Дx.16786 残佛经

存2行,行1至4字。未检出。

Дx.16787 佛说灌顶百结神王护身咒经卷第四

存3行,行1至4字。起:"等令不",讫:"神名伊利"。东晋帛尸梨蜜多罗译。经文见《大正藏》第21册,第505页A栏第16行至第19行。

Дx.16788 妙法莲华经卷第三化城喻品第七

存3行。录文:"若/亲近便/成佛。"后秦鸠摩罗什译。经文见《大正藏》第9册,第26页A栏第15行至第17行。

Дx.16789 金刚般若波罗蜜经

存2行。录文:"女人/业应堕。"后秦鸠摩罗什译。经文见《大正藏》第8册,第750页C栏第24行至第25行。

Дx.16790 残佛经

存2行,行4至9字。未检出。

Дx.16791 四分律卷第二十二十七僧残法之初

存2行。录文:"取片非波罗夷比丘/问若不问知是。"后秦佛陀耶舍共竺佛念等译。经文见《大正藏》第22册,第718页B栏第20行至第22行。

Дx.16792 妙法莲华经卷第四法师品第十

存7行,行4至6字。起:"化佛",讫:"演说无量"。后秦鸠摩罗什译。经文见《大正藏》第9册,第34页A栏第13行至第21行。

Дx.16793 妙法莲华经卷第五安乐行品第十四

存3行,行2至3字。起:"长凶险",讫:"丘名"。后秦鸠摩罗什译。经文见《大正藏》第9册,第37页B栏第21行至第24行。

Дx.16794 Дx.16795 大般涅般经卷第十七梵行品第八之三

存6行,行1至6字。起:"觉",讫:"如佛世尊"。北凉昙无谶译。经文见《大正藏》第12册,第446页A栏第21行至第27行。

Дx.16796 尚书

存10行。注双行小字。待考。

Дx.16797 残佛经

存2行,行2至4字。不可定名。

Дx.16798 金刚般若波罗蜜经破取着不坏假名论卷上

刻本。存6行,行7至8字。起:"非波罗蜜",讫:"恨若谓无"。功德施菩萨造、唐地婆诃罗等译。经文见《大正藏》第25册,第891页C栏第7行至第11行。

Дx.16798V 发愿文

存7行,行25字左右。待考。

Дx.16799 妙法莲华经玄赞卷第一

存3行,行3至6字。起:"王言我有",讫:"踊即随"。唐基撰。经文见《大正藏》第34册,第651页C栏第7行至第9行。

Дx.16799V 残佛经

存5行,行3至5字。未检出。

Дx.16800 百喻经卷第四出家凡夫贪得养喻

存6行,行3至7字。起:"凡夫",讫:"不复"。尊者僧伽斯那撰、萧齐求那毗地译。经文见《大正藏》第4册,第554页C栏第7行至第12行。

Дx.16801 摩诃般若波罗蜜经卷第十五趣智品第五十三

存4行,行4至8字。起:"蜜为坏修",讫:"摩诃萨"。后秦鸠摩罗什译。经文见《大正藏》第8册,第334页A栏第20行至第23行。

Дx.16802 道行般若经卷第一摩诃般若波罗蜜难问品第二

存1行,总17字。录文:"上须菩提心即[则]了知言是华不出忉利天上。"后汉支娄迦谶译。经文见《大正藏》第8册,第430页A栏第24行至第25行。有异文。

Дx.16803 大般若波罗蜜多经卷第十九初分教诫教授品第七之九

存1行,总17字。录文:"萨摩诃萨不不也世尊即因缘属涅槃增语。"唐玄奘译。经文见《大正藏》

第5册,第104页B栏第3行至第4行。

Дx.16804 四分律比丘戒本

存5行,行5字。全部为偈语。起:"全毁生忧喜",讫:"净秽生安畏"。后秦佛陀耶舍译。经文见《大正藏》第22册,第1015页B栏第9行至第11行。此5句偈文还见于《四分僧本》《四分比丘尼戒本》《四分律比丘注戒本》等经中。

Дx.16805 妙法莲华经卷第四五百弟子受记品第八

存7行,行4至10字。起:"若我具是说",讫:"无量无数佛"。全部为偈语。后秦鸠摩罗什译。经文见《大正藏》第9册,第28页A栏第21行至B栏第4行。

Дx.16806 大般若波罗蜜多经卷第十九初分教诫教授品第七之九

存2行,行6至7字。录文:"尊即净戒安忍精／离增语是菩萨。"唐玄奘译。经文见《大正藏》第5册第107页A栏第2行至第3行。

Дx.16807 佛说灌顶梵天神策经卷第十

存5行,行14至20字。起:"一子行五逆",讫:"故与如斯事"。东晋帛尸梨蜜多罗译。经文见《大正藏》第21册,第524页B栏第27行至C栏第7行。

Дx.16808 阿毗昙毗婆沙论卷第二十六使犍度不善品第一之二

存8行,行3至7字。起:"故云何欲",讫:"取果"。迦旃延子造、五百罗汉释、北凉浮陀跋摩共道泰等译。经文见《大正藏》第28册,第191页B栏第14行至第21行。

Дx.16809 道行般若经卷第六摩诃般若波岁蜜阿惟越致品第十五

存4行,行3至5字。起:"与深般若",讫:"恶知识"。后汉支娄迦谶译。经文见《大正藏》第8册,第455页C栏第11行至第15行。

Дx.16810 妙法莲华经卷第一序品第一

存3行,行6至10字。起:"乘迷惑不",讫:"是以万亿"。全部为偈语。后秦鸠摩罗什译。经文见《大正藏》第9册,第10页B栏第11行至第16行。

Дx.16811 妙法莲华经卷第七陀罗尼品第二十六

存5行,行2至8字。起:"福宁为",讫:"守护"。后秦鸠摩罗什译。经文见《大正藏》第9册,第58页B栏第14行至第18行。

Дx.16812 大方广佛华严经卷第五十九入法界品第三十四之十六

存1行,总13字。录文:"如有人得龙王药若有毒虫闻其。"东晋佛驮跋陀罗译。经文见《大正藏》第9册,第777页A栏第7行至第8行。与Дx.16908同卷,经文不可直接缀合,中缺10字左右。

Дx.16813 大般涅槃经卷第九如来性品第四之六

存3行,行6至8字。起:"如来如是",讫:"是大乘典"。北凉昙无谶译。经文见《大正藏》第12册,第420页C栏第13行至第15行。

Дx.16814 妙法莲华经卷第七妙庄严王本事品第二十七

存4行,行1至6字。起:"礼足",讫:"解颈真珠"。后秦鸠摩罗什译。经文见《大正藏》第9册,第60页B栏第12行至第15行。

Дx.16815 妙法莲华经卷第一序品第一

存4行,行5至8字。全部为偈语。起:"文殊师利",讫:"四部众咸"。后秦鸠摩罗什译。经文见《大正藏》第9册,第2页C栏第9行至第13行。

Дx.16816 佛说盂兰盆经尾题

存3行,行5字。录文:"是法时目连／奉行礼佛而／佛说盂兰盆。"未检出。

Дx.16817 残佛经

存"有五品"3字。不可定名。

Дx.16818 道行般若经卷第三摩诃般若波罗蜜清净品第六

存5行,行2至7字。起:"善女人",讫:"去当来今"。后汉支娄迦谶译。经文见《大正藏》第8册,第442页C栏第10行至第14行。

Дx.16819 大般涅槃经卷第七如来性品第四之四

存5行，行2至3字。录文："谛者/奴婢能/住以是/多受苦/正法。"北凉昙无谶译。经文见《大正藏》第12册，第406页B栏第27行至C栏第2行。

Дх.16820　大方便佛报恩经卷第六优波离品第八

存7行，行7至15字。起："一切知直"，讫："中乘所得"。失译。经文见《大正藏》第3册，第155页A栏第18行至第25行。

Дх.16821　大般涅槃经卷第二十五光明遍照高贵德王菩萨品第十之五

存3行，行2至3字。录文："二部/方等/即是听。"北凉昙无谶译。经文见《大正藏》第12册，第511页A栏第14行至第16行。

Дх.16822　佛说观无量寿佛经

存2行，行4字。录文："佛告阿难/五由旬其。"宋畺良耶舍译。经文见《大正藏》第12册，第342页B栏第1行至第15行。

Дх.16823　金刚般若波罗蜜经

存4行，行2至5字。录文："于往昔节节/寿者相应/百世作/众生。"后秦鸠摩罗什译。经文见《大正藏》第8册，第750页B栏第17行至第20行。

Дх.16824　摄大乘论卷第十一释依戒学胜相第六

存4行，行2至3字。录文："释曰先/行故三/甚深戒/下地。"世亲菩萨造、真谛译。经文见《大正藏》第31册，第234页A栏第21行至第24行。

Дх.16825　妙法莲华经卷第五从地踊出品第十五

存7行，行1至4字。起："数于"，讫："六"。后秦鸠摩罗什译。经文见《大正藏》第9册，第39页C栏第20行至第26行。

Дх.16826　大般若波罗蜜多经卷第四百一第三分地狱品第十之二

存3行。录文："诸佛/粪若/般若。"唐玄奘译。经文见《大正藏》第7册，第580页B栏第25行至第29行。

Дх.16827　弥沙塞部和醯五分律卷第一第一分初波罗夷法

存2行。录文："集比丘僧/世尊佛种。"宋佛陀什共竺道生等译。经文见《大正藏》第22册，第4页A栏第7行至第8行。残存经文见于多部经中，不可确切定名。

Дх.16828　小品般若波罗蜜经卷第五摩诃般若波罗蜜魔事品第十一

存12行，行7至16字。起："不和合亦"，讫："果斯陀含"。后秦鸠摩罗什译。经文见《大正藏》第8册，第557页A栏第1行至第13行。

Дх.16829　佛说弥勒下生成佛经

存5行。录文："苦恼/割/勒佛如是/说法福德/闻法皆。"后秦鸠摩罗什译。经文见《大正藏》第14册，第425页A栏第20行至第25行。

Дх.16829V　金刚般若波罗蜜经

存4行。录文："须陀洹名为/陀洹须菩/含/往来。"后秦鸠摩罗什译。经文见《大正藏》第8册，第749页B栏第28行至C栏第2行。

Дх.16830　佛说佛名经卷第十一

存2行。录文："南无称身佛/南无转胎佛。"北魏菩提流支译。经文见《大正藏》第14册，第177页A栏第20行至第21行。

Дх.16831　佛经论释

存4行，行2至11字。未检出。

Дх.16832　残佛经

存"当视"2字。不可定名。

Дх.16833　金刚般若波罗蜜经破取着不坏假名论卷上

存2行，行4至7字。起："有自他他"，讫："想是愚痴"。功德菩萨造、唐地婆诃罗等译。经文见《大正藏》第25册，第891页C栏第11行至第12行。

Дх.16833V　残片

不可定名。

Дх.16834A　摄大乘论释卷第十一释依戒学胜相第六

存3行。录文："由此□□□应/释曰从他/受后乃。"世亲菩萨造、真谛译。经文见《大正藏》第31册，第234页A栏第26行至第28行。

Дх.16834B 摄大乘论释卷第十一释依戒学胜相第六

存4行。录文："如此/为先后於三/令於菩/善根。"世亲菩萨造、真谛译。经文见《大正藏》第31册，第234页A栏第19行至第22行。

Дх.16835 Дх.16836 金光明经卷第四流水长子者品第十六

存18行，行2至8字。起："生令得快"，讫："之处"。北凉昙无谶译。经文见《大正藏》第16册，第352页C栏第29行至第353页A栏第19行。

Дх.16837 残佛经

存"时迦叶"3字。不可定名。

Дх.16838 妙法莲华经卷第六如来神力品第二十一

存2行。录文："佛神力/思议。"后秦鸠摩罗什译。经文见《大正藏》第9册，第52页A栏第14行至第15行。

Дх.16839 礼记坊记

存8行。起："云彩封"，讫："男女之会所"。

Дх.16840 佛说灌顶拔除过罪生死得度经卷第十二

存7行，行2至5字。起："佛说是经"，讫："奉行"。东晋帛尸梨蜜多罗译。经文见《大正藏》第21册，第536页A栏第28行至B栏第5行。

Дх.16841 状

存5行。待考。

Дх.16842 残佛经

存一"未"字。不可定名。

Дх.16843 佛说如来兴显经

存2行。录文："演缘觉慧/然后示於。"西晋竺法护译。经文见《大正藏》第10册，第596页B栏第16行至第17行。

Дх.16844 金刚般若波罗蜜经

存9行，行4至9字。起："须菩提若"，讫："度一切众"。后秦鸠摩罗什译。经文见《大正藏》第8册，第755页A栏第24行至B栏第4行。

Дх.16845 大般涅槃经卷第十三圣行品之下

存9行，行2至6字。起："果今"，讫："梵天如来"。宋慧严等依泥洹经加之。经文见《大正藏》第12册，第689页C栏第16行至第25行。

Дх.16846 大般涅槃经卷第十三圣行品之下

存4行，行3至9字。起："于波罗奈"，讫："须陀洹果"。宋慧严等依泥洹经加之。经文见《大正藏》第12册，第689页C栏第13行至第16行。

Дх.16846V 佛画残片

残画一角。内容不详。

Дх.16847 妙法莲华经卷第一序品第一

存5行，行2至7字。起："恶人"，讫："无复"。后秦鸠摩罗什译。经文见《大正藏》第9册，第10页B栏第11行至第20行。

Дх.16848 妙法莲华经卷第四法师品第十

存6行，行8字。起："世界释迦"，讫："网幔罗覆"。后秦鸠摩罗什译。经文见《大正藏》第9册，第33页A栏第8行至第13行。

Дх.16849 弥沙塞部和酰五分律卷第六初分之五堕初

存3行，行4至6字。起："应如是说"，讫："不能起居"。宋佛陀什共竺道生等译。经文见《大正藏》第22册，第43页C栏第12行至第14行。

Дх.16850 贤愚经卷第九善事太子入海品第三十七

存4行，行4至7字。起："宝积满天"，讫："之恩摄身"。北魏慧觉等译。经文见《大正藏》第4册，第415页A栏第14行至第17行。与Дх.16861同经，此为上段，二经之间约缺1行经文。

Дх.16851 示所犯者瑜伽法镜经

存5行，行2至5字。起："者"，讫："生都不"。经文见《大正藏》第85册，第1418页C栏第23行至第27行。

Дх.16852 道行般若经卷第三摩诃般若波罗蜜清净品第六

存5行，行1至5字。起："佛菩萨"，讫："行为"。后汉支娄迦谶译。经文见《大正藏》第8册，第442页C栏第27行至第29行。

Дх.16853 佛经论释

存4行，行2至11字。待考。

Дх.16854 金刚般若波罗蜜经

存3行。录文："菩提/阿耨多/寿者。"后秦鸠摩罗什译。经文见《大正藏》第8册，第751页C栏第24行至第26行。

Дх.16855 残佛经

存4行，行1至6字。不可定名。

Дх.16856 大般若波罗蜜多经

存2行。录文："是菩萨摩诃萨不不/语是菩萨摩诃萨不。"唐玄奘译。不可确指具体卷数。

Дх.16857 摄大乘论释卷第十一释依戒学胜相第六

存6行，行2至7字。起："是化作后"，讫："释曰"。世亲菩萨造、真谛译。经文见《大正藏》第31册，第234页A栏第18行至第23行。

Дх.16858 佛经论释

存3行。行3至12字。

Дх.16859 妙法莲华经卷第一序品第一

存6行，行1至5字。起："旃檀"，讫："受"。全部为偈语。后秦鸠摩罗什译。经文见《大正藏》第9册，第2页C栏第11行至第17行。

Дх.16860 残佛经

存3行。录文："之经说何能/地者菩萨内/苦恼因是身心贪欲。"未检出。

Дх.16860V 妙法莲华经卷第四法师品第十

存5行，行1至4字。起："千"，讫："于大王我"。后秦鸠摩罗什译。经文见《大正藏》第9册，第34页C栏第7行至第15行。

Дх.16861 贤愚经卷第九善事太子入海品第三十七

存5行，行1至6字。起："其心奉行"，讫："是尔时母"。北魏慧觉等译。经文见《大正藏》第4册，第415页A栏第19行至第23行。与Дх.16850同卷，此为下段，二经之间约缺1行经文。

Дх.16862 大乘理趣六波罗蜜多经卷第二陀罗尼护持国界品第二

存3行，录文："念佛/识/生佛。"唐般若译。经文见《大正藏》第8册，第871页C栏第25行至第27行。

Дх.16862V 民族文字残片

Дх.16863 残佛经

存"今莫生"3字。不可定名。

Дх.16864 杂阿含经卷第四十六

刻本。存1行，总5字。录文："地狱受苦痛。"宋求那跋陀罗译。经文见《大正藏》第2册，第337页C栏第24行。

Дх.16865 大般若波罗蜜多经卷第十九初分教诫教授品第七之九

存2行，行17字。起："不不也世"，讫："语是菩萨"。唐玄奘译。经文见《大正藏》第5册，第105页B栏第2行至第4行。

Дх.16866 千手千眼观世音菩萨广大圆满无碍大悲心陀罗尼经

存3行，行1至3字。录文："病悉/使令一/道。"唐伽梵达摩译。经文见《大正藏》第20册，第108页A栏第26行至第28行。

Дх.16867 金光明经卷第四流水长者子品第十六

存20行，行6至7字。起："足善逝世"，讫："千真珠天"。北凉昙无谶译。经文见《大正藏》第16册，第353页A栏第28行至B栏第19行。与Дх.16928、Дх.16965、Дх.16981同经同卷。缀合顺序为Дх.16965+Дх.16981+Дх.16867，前3残片与Дх.16928之间缺17行左右。

Дх.16868 大般涅槃经卷第三十七迦叶菩萨品第十二之五

存2行，行2至6字。录文："增长耶触因缘/明触。"北凉昙无谶译。经文见《大正藏》第12册，第584页A栏第23行至第24行。

Дх1.6869 **大方广佛华严经卷第五十三入法界品第三十四之十**

存2行。录文："者犹/者如随。"东晋佛驮跋陀罗译。经文见《大正藏》第9册，第736页A栏第5行至第6行。

Дх.16870 **经音字**

存3行。未查出是何经音字。

Дх.16871 **大般若波罗蜜多经卷第二百二第三分称扬功德品第六之一**

存7行，行1至6字。起："恭敬尊"，讫："身心安"。唐玄奘译。经文见《大正藏》第7册，第556页A栏第4行至第13行。

Дх.16872 **妙法莲华经卷第一序品第一**

存8行，行5至10字。起："阿修罗王"，讫："观佛尔时"。唐玄奘译。经文见《大正藏》第9册，第2页B栏第1行至第16行。

Дх.16873 **佛说观无量寿佛经**

存1行，总5字。录文："项有圆光面。"宋畺良耶舍译。经文见《大正藏》第12册，第343页C栏第14行。

Дх.16874 **妙好宝车经卷第一**

存6行。录文："东西/东西/响声捉/应当教/斋转身/含道阿。"经文见《大正藏》第85册，第1334页A栏第19行至第23行。

Дх.16875 **书仪**

存10行。

Дх.16876 **佛说四天王经**

存4行，行6至8字。起："行吉凶"，讫："慈育众生□□分别"。宋智严共宝云译。经文见《大正藏》第15册，第118页B栏第10行至第14行。

Дх.16877 **大般涅槃经卷第二十四光明遍照高贵德王菩萨品第十之四**

存5行，行6至10字。起："一心[念]中"，讫："摩诃萨修"。北凉昙无谶译。经文见《大正藏》第12册，第506页A栏第4行至第8行。与Дх.16887同卷，此为下段。

Дх.16878 **残佛经**

存一"重"字。不可定名。

Дх.16879 **妙法莲华经卷第六嘱累品第二十二**

存2行，行5至6字。首题："妙法莲华经嘱累品第二十"，讫："牟尼佛从"。后秦鸠摩罗什译。经文见《大正藏》第9册，第52页C栏第4行至第5行。

Дх.16880 **四分律删繁补阙行事钞卷中**

存16行，行4至14字。起："故得酒醉"，讫："四又失正"。唐道宣撰述。经文见《大正藏》第40册，第85页B栏第2行至第24行。与现刊本相校，有异文。

Дх.16881 **残佛经**

存"男子善"3字。不可定名。

Дх.16882 **药方**

存8行。

Дх.16883 **摩诃般若波罗蜜经卷第一序品第一**

存4行，行4至11字。起："我得阿耨"，讫："说法时"。后秦鸠摩罗什译。经文见《大正藏》第8册，第221页A栏第6行至第10行。与Дх.16890同卷。

Дх.16884 **诗经**

存5行。待考。

Дх.16885 **残佛经**

存一"轻"字。不可定名。

Дх.16886 **大般若波罗蜜多经**

存2行。录文："也世尊即/萨摩诃萨。"唐玄奘译。所存甚多，不可确指具体卷品。

Дх.16887 **大般涅槃经卷第二十四光明遍照高贵德王菩萨品第十之四**

存5行，行6至11字。起："而今得知"，讫："之心是名"。北凉昙无谶译。经文见《大正藏》第12册，第505页C栏第27行至第506页A栏第2行。与Дх.16877同卷，此为上段。

Дх.16888 **佛说十一面观世音神咒经**

存5行。录文："使/病者在/使作/得除/作廿一结咒。"周耶舍崛多译。经文见《大正藏》第20册，第151页C栏第4行至第9行。

Дx.16889 金刚般若波罗蜜经

存5行，行9字。起："尔时须菩"，讫："第一稀有"。后秦鸠摩罗什译。经文见《大正藏》第8册，第750页A栏第27行至B栏第2行。

Дx.16890 摩诃般若波罗蜜经卷第一习应品第三

存8行，行2至8字。起："受相"，讫："无智亦无"。后秦鸠摩罗什译。经文见《大正藏》第8册，第223页A栏第11行至第21行。与Дx.16883同卷。

Дx.16891 小品般若波罗蜜经卷第七摩诃般若波罗蜜恒伽提婆品第十八

存2行。录文："生长夜行/得是相。"后秦鸠摩罗什译。经文见《大正藏》第8册，第569页B栏第8行至第9行。

Дx.16892 大般涅槃经卷第三十四迦叶菩萨品第十二之二

存10行，行3至11字。起："佛所修诸"，讫："尔时诸仙"。北凉昙无谶译。经文见《大正藏》第12册，第564页C栏第6行至第16行。

Дx.16893 道行般若经卷第三摩诃般若波罗蜜清净品第六

存7行，行1至9字。起："妙"，讫："可见闻如"。后汉支娄迦谶译。经文见《大正藏》第8册，第442页C栏第9行至第15行。

Дx.16894 弥沙塞部和酼五分律卷第六初分之五堕初

存9行，行2至7字。起："波逸提六"，讫："有病"。宋佛陀什共竺道生等译。经文见《大正藏》第22册，第43页C栏第7行至第14行。此卷与Дx.16910、Дx.16914同卷，三卷斜茬可相接。Дx.16910下接Дx.16894。下部三角处正可接Дx.16914，三卷斜茬相接的数行所缺文字及半边字均可对接。

Дx.16895 增壹阿含经卷第九惭愧品第十八

存2行。录文："施众/沙门。"僧伽提婆译。经文见《大正藏》第3册，第4页A栏第28行至第29行。此碎片甚残，经文还见于《古来世时经》《六度集经》。

Дx.16896 残佛经

字迹模糊，无法辨识。

Дx.16897 佛说佛名经卷第四

存1行。录文："无天光明。"北魏菩提流支译。经文见《大正藏》第14册，第132页C栏第6行。残存佛名还见于《过去庄严劫千佛名经》。

Дx.16898 金刚般若波罗蜜经

存8行，行4至9字。起："提我今实"，讫："有人尽能"。后秦鸠摩罗什译。经文见《大正藏》第8册，第749页C栏第29行至第750页A栏第8行。

Дx.16899 民族文字残片

Дx.16900 佛说天地八阳神咒经

存5行，行5至9字。起："影[形]销影灭"，讫："弟顺夫妻"。唐义净译。经文见《大正藏》第85册，第1423页A栏第4行至第8行。

Дx.16901 妙法莲华经卷第一譬喻品第三

存6行，行5至12字。起："复障碍"，讫："绞络垂"。后秦鸠摩罗什译。经文见《大正藏》第9册，第12页C栏第15行至第21行。

Дx.16902 妙法莲华经卷第四五百弟子受记品第八

存6行，行1至14字。全部为偈语。起："通具四无"，讫："七宝所合成"。后秦鸠摩罗什译。经文见《大正藏》第9册，第28页A栏第29行至B栏第10行。

Дx.16903A 摩诃般若波罗蜜经卷第二十二道树品第七十一

存5行，行4至5字。起："义谛"，讫："所有为是"。后秦鸠摩罗什译。经文见《大正藏》第8册，第378页C栏第12行至第16行。

Дx.16903B 妙法莲华经卷第一序品第一

存3行，行8字。起："放大光明"，讫："导师何故"。后秦鸠摩罗什译。经文见《大正藏》第9册，

2页C栏第6行至第9行。

Дx.16904 摩诃般若波罗蜜经卷第十五趣智品第五十三

存4行,行8字。起:"乐闻受持",讫:"佛言"。后秦鸠摩罗什译。经文见《大正藏》第8册,第334页B栏第9行至第12行。

Дx.16905 妙法莲华经卷第三药草喻品第五

存3行,行7字。起:"面礼佛绕",讫:"各以宫殿"。后秦鸠摩罗什译。经文见《大正藏》第9册,第23页C栏第9行至第11行。

Дx.16906 大般若波罗蜜多经

存2行,录文:"得何以/受即是。"唐玄奘译。所存甚多,不可确指具体卷品。

Дx.16907 大般若波罗蜜多经卷第五百三十九第四分供养窣堵波品第三之一

存4行,行9至13字。起:"忍精进静",讫:"善男子善"。唐玄奘译。经文见《大正藏》第7册,第773页A栏第15行至第18行。

Дx.16908 大方广佛华严经卷第五十九入法界品第十四之十六

存4行,行4至8字。起:"恶毒所不",讫:"药生死过"。东晋佛驮跋陀罗译。经文见《大正藏》第9册,第777页A栏第3行至第7行。此与Дx.16812同经同卷,下接Дx.16812,经文不可直接缀合,两经间缺10字左右。

Дx.16909 残佛经

存"有/示"2字。

Дx.16910 弥沙塞部和酰五分律卷第六初分之五堕初

存8行,行2至14字。起:"大唤诸比",讫:"得自牵"。宋佛陀什共竺道生等译。经文见《大正藏》第22册,第43页C栏第1行至第7行。此卷与Дx.16894、Дx.16914同卷,三卷斜茬可相接。Дx.16910下接Дx.16894。下部三角处正可接Дx.16914,三卷斜茬相接的数行所缺文字及半边字均可对接。

Дx.16911 菩萨戒本

存5行,行4至8字。起:"菩萨瞋恚",讫:"若心自解或从他"。慈氏菩萨说、北凉昙无谶译。经文见《大正藏》第24册,第1107页A栏第22行至第26行。

Дx.16912 佛说灌顶拔除过罪生死得度经卷第十二

存5行,行2至10字。起:"难问",讫:"名宋林罗"。东晋帛尸梨蜜多罗译。经文见《大正藏》第21册,第536页A栏第11行至第15行。

Дx.16913 大般涅槃经卷第十四圣行品第七之四

存6行,行3至6字。起:"计无为",讫:"无常应常"。北凉昙无谶译。经文见《大正藏》第12册,第445页C栏第25行至第446页A栏第2行。

Дx.16914 弥沙塞部和酰五分律卷第六初分之五堕初

存3行,行2至6字。起:"丘结",讫:"便使守"。宋佛陀什共竺道生等译。经文见《大正藏》第22册,第43页C栏第5行至第7行。此卷与Дx.16894、Дx.16910同卷,三卷斜茬可相接。Дx.16910下接Дx.16894。下部三角处正可接Дx.16914,三卷斜茬相接的数行所缺文字及半边字均可对接。

Дx.16915 妙法莲华经卷第三化城喻品第七

存2行,行4字。起:"梵天王头",讫:"其所散"。后秦鸠摩罗什译。经文见《大正藏》第9册,第23页C栏第9行至第10行。

Дx.16916 妙法莲华经卷第七观世音菩萨普门品第二十五

存2行。录文:"现神通力/时众。"后秦鸠摩罗什译。经文见《大正藏》第9册,第58页B栏第5行至第6行。

Дx.16917 佛说观药王药上二菩萨经

存7行,行4至6字。起:"诸大众",讫:"若我所"。宋畺良耶舍译。经文见《大正藏》第20册,第665页C栏第12行至第18行。

Дx.16918 妙法莲华经卷第七普贤菩萨劝发品第

二十八

存6行，行2至8字。起："神通"，讫："是时"。后秦鸠摩罗什译。经文见《大正藏》第9册，第61页B栏第29行至C栏第5行。

Дx.16919 成实论卷第三有我无我品第三十五

存7行，行2至12字。起："三分戒定"，讫："言异"。诃梨跋摩造、后秦鸠摩罗什译。经文见《大正藏》第32册，第260页B栏第13行至第20行。

Дx.16920 妙法莲华经卷第七观世音菩萨普门品第二十五

存6行，行4至5字。起："法应以梵"，讫："而为说法"。后秦鸠摩罗什译。经文见《大正藏》第9册，第57页A栏第26行至B栏第4行。

Дx.16921 妙法莲华经卷第四法师品第十

存3行，行4字。起："气力安乐"，讫："宝塔诸佛"。后秦鸠摩罗什译。经文见《大正藏》第9册，第33页B栏第20行至第22行。

Дx.16922 放光般若经卷第七摩诃般若波罗蜜舍利品第三十八

存8行，行3至7字。起："不有所施"，讫："譬如阎"。西晋无罗叉译。经文见《大正藏》第8册，第53页B栏第29行至C栏第8行。

Дx.16923 大般若波罗蜜多经卷第十九初分教诫教授品第七之九

存1行，总8字。录文："行乃至老死在内增。"唐玄奘译。经文见《大正藏》第5册，第106页A栏第25行至第26行。

Дx.16924 摩诃般若波罗蜜经卷第一序品第一至奉钵品第二

存15行，行3至22字。起："愚痴"，中题："摩诃般若波罗蜜□密品第二"，讫："波罗蜜时"。后秦鸠摩罗什译。经文见《大正藏》第8册，第221页A栏第13行至C栏第1行。现刊本为"奉钵品第二"。

Дx.16925 慈悲道场忏法卷第九为六道发愿第八

存2行。录文："菩提/受诸楚毒。"经文见《大正藏》第45册，第960页C栏第17行至第18行。

Дx.16926 优婆塞戒经卷第五杂品之余

存5行，行4至8字。起："财俱下施"，讫："著心重□是"。北凉昙无谶译。经文见《大正藏》第24册，第1060页A栏第20行至第24行。

Дx.16927 大般涅槃经卷第十三圣行品之下

存6行，行5至9字。起："觉说于世"，讫："为上根"。宋慧严依泥洹经加之。经文见《大正藏》第12册，第689页C栏第3行至第8行。

Дx.16928 金光明经卷第四流水长者子品第十六

存20行，行3至7字。起："泽池所复"，讫："鱼者今十"。北凉昙无谶译。经文见《大正藏》第16册，第353页B栏第27行至C栏第21行。与Дx.16867、Дx.16965、Дx.16981同经同卷。缀合顺序为Дx.16965+Дx.16981+Дx.16867，前3残片与Дx.16928之间缺17行左右。

Дx.16929 放光般若经卷第十八摩诃般若波罗蜜住二空品第七十八

存5行，行4至9字。起："阴及如乃"，讫："所分别亦"。西晋无罗叉译。经文见《大正藏》第8册，第128页A栏第17行至第21行。

Дx.16930 妙法莲华经卷第一序品第一

存7行，行2至6字。起："及见诸天"，讫："菩萨"。全部为偈语。后秦鸠摩罗什译。经文见《大正藏》第9册，第4页C栏第10行至第22行。

Дx.16931 妙法莲华经卷第三药草喻品第五

存8行，行2至11字。全部为偈语。起："暖䨱垂布"，讫："如其体相"。后秦鸠摩罗什译。经文见《大正藏》第9册，第19页C栏第18行至第28行。

Дx.16932 妙法莲华经卷第七普贤菩萨劝发品第二十八

存14行，行2至4字。下半段残。起："无所"，尾题："妙法莲华"。后秦鸠摩罗什译。经文见《大正藏》第9册，第62页A栏第17行至B栏第1行。

Дx.16933 大般涅槃经卷第三十四迦叶菩萨品第

十二之二

存3行，行4至5字。起："如是法在"，讫："法观四真"。北凉昙无谶译。经文见《大正藏》第12册，第567页B栏第20行至第22行。

Дх.16934 大智度论卷第三十四释初品中信持无三毒义第五十二

存4行。起："无灭尽"，讫："当学般"。龙树菩萨造、后秦鸠摩罗什译。经文见《大正藏》第25册，第312页C栏第29行至第313页A栏第24行。仅有经，无论，其中2行就是"阿耨多罗三藐一菩提"语，能区别此卷的只有"无灭尽""当学"5字。从前后残损经文位置判断，《摩诃般若波罗蜜经卷第一序品第一》也有此5字。

Дх.16935 弥沙塞部和酰五分律卷第六初分之五堕初

存4行，行2至7字。起："在于界内"，讫："界外"。宋佛陀什共竺道生等译。经文见《大正藏》第22册，第42页C栏第28行至第43页A栏第2行。与Дх.16942同卷，经文可缀合。

Дх.16936 妙法莲华经卷第二譬喻品第三

存5行，行2至3字。起："触娆"，讫："罪如是"。后秦鸠摩罗什译。经文见《大正藏》第9册，第15页C栏第3行至第8行。

Дх.16937 生经卷第五佛说清信士阿夷扇持父子经第五十三

存5行，行4至10字。起："终不能制"，讫："分别说佛"。西晋竺法护译。经文见《大正藏》第3册，第106页B栏第1行至第9行。

Дх.16938 残佛经

存6行。待考。

Дх.16939 佛说阿弥陀经

存3行。录文："舍利/香光/树王。"后秦鸠摩罗什译。经文见《大正藏》第12册，第347页C栏第16行至第348页A栏第2行。

Дх.16940 妙法莲华经卷第五如来寿量品第十六

存6行，行7至12字。起："诸菩萨"，讫："愿说之"。后秦鸠摩罗什译。经文见《大正藏》第9册，第42页B栏第1行至第5行。

Дх.16941 佛说观药王药上二菩萨经

存10行，行5至10字。起："散佛上愿"，讫："念不绝佛"。宋畺良耶舍译。经文见《大正藏》第20册，第661页A栏第20行至B栏第1行。

Дх.16942 弥沙塞部和酰五分律卷第六初分之五堕初

存6行，行2至7字。起："有诸比"，讫："丘晒僧卧"。宋佛陀什共竺道生等译。经文见《大正藏》第22册，第42页C栏第26行至第43页A栏第2行。与Дх.16935同卷，经文可缀合。

Дх.16943 摄大乘论释卷第十一释依戒学胜相第六

存2行，行5字。录文："本生如毗荀/此儿是化作。"世亲菩萨造、真谛译。经文见《大正藏》第31册，第234页A栏第15行至第16行。

Дх.16944 妙法莲华经卷第二譬喻品第三

存5行，行7至8字。起："殖诸善本"，讫："亲近善"。后秦鸠摩罗什译。经文见《大正藏》第9册，第16页A栏第13行至第19行。

Дх.16945 摩诃般若钞经卷第三清净品第六

存2行。录文："为无有/佛言无有作者故无有所著须菩提。"苻秦昙摩蜱共竺佛念译。经文见《大正藏》第8册，第524页B栏第16行至第18行。

Дх.16946 妙法莲华经卷第一序品第一

存7行，行6至9字。起："佛未出家时"，讫："以众"。后秦鸠摩罗什译。经文见《大正藏》第9册，第4页B栏第25行至C栏第8行。

Дх.16947 本事经卷第一一法品第一之一

存6行，行2至8字。起："我当云何"，讫："彼此"。唐玄奘译。经文见《大正藏》第17册，第662页B栏第19行至第25行。

Дх.16948 残佛经

存7行。未检出。

Дx.16949 弥沙塞部和酰五分律卷第六初分之五堕初

存6行,行4至7字。起:"丘不知",讫:"丘见僧卧"。宋佛陀什共竺道生等译。经文见《大正藏》第22册,第42页C栏第21行至第27行。

Дx.16950 妙法莲华经卷第四见宝塔品第十一

存4行,录文:"复如是/集各/宝塔/掌一。"后秦鸠摩罗什译。经文见《大正藏》第9册,第33页B栏第22行至第26行。

Дx.16951A 妙法莲华经卷第六如来神力品第二十一

存7行,录文:"是/解说/诵解/於园/衣舍/养/得。"后秦鸠摩罗什译。经文见《大正藏》第9册,第52页A栏第20行至第26行。

Дx.16951B 摩诃般若波罗蜜经卷第十三摩事品第四十六

存8行,行4至13行。起:"般若波罗",讫:"萨摩事须"。后秦鸠摩罗什译。经文见《大正藏》第8册,第319页C栏第17行至第25行。

Дx.16952 戒律

存22行,行3至12字。起:"余四律中",中题:"菩萨戒八愿",讫:"耳鼻或掷"。未检出。

Дx.16953 残佛经

存10行,行2字。不可定名。

Дx.16954 放光般若经卷第七摩诃般若波罗蜜舍利品第三十八

存5行,行5字。起:"阿惟三佛",讫:"佛言我奉"。西晋无罗叉译。经文见《大正藏》第8册,第54页A栏第8行至第14行。与现刊本相较,首行"阿惟三佛"后漏抄一行。

Дx.16955 妙法莲华经卷第一序品第一

存5行,行1至5字。全部为偈语。起:"皆悉能忍",讫:"名衣上服"。后秦鸠摩罗什译。经文见《大正藏》第9册,第3页B栏第5行至第10行。

Дx.16956 增壹阿含经卷第三十八马血天子问八政品第四十三(三)

存4行,行5字。起:"水所漂即",讫:"着彼岸又"。僧伽提婆译。经文见《大正藏》第2册,第758页C栏第14行至第17行。

Дx.16957 贤愚经卷第九善事太子入海马品第三十七

存4行,行5至7字。起:"伽婆梨者",讫:"苦极理犹以"。经文见《大正藏》第4册,第415页A栏第25行至第28行。

Дx.16958 妙法莲华经卷第二譬喻品第三

存2行,行16字。全部为偈语。起:"是人于何",讫:"未实灭度"。后秦鸠摩罗什译。经文见《大正藏》第9册,第15页B栏第2行至第4行。

Дx.16959 大智度论卷第三十四释初品中见一切佛世界义第五十一之余

存6行,行1至7字。起:"得",讫:"般若波罗"。龙树菩萨造、后秦鸠摩罗什译。经文见《大正藏》第25册,第311页B栏第20行至C栏第18行。本卷仅抄佛经部分,无论。

Дx.16960 大般涅槃经卷第九如来性品第四之六

存4行,行3至9字。起:"下药既",讫:"卿先所白"。北凉昙无谶译。经文见《大正藏》第12册,第420页B栏第18行至第22行。

Дx.16961 妙法莲华经卷第三药草喻品第五

二残片。存10行,行1至5字。起:"功",讫:"重宣"。经文残缺严重,二残片之间缺经文2行左右。后秦鸠摩罗什译。经文见《大正藏》第9册,第19页B栏第26行至C栏第9行。

Дx.16962 金光明经卷第四舍身品第十七

存1行,总4字。录文:"王妃闻已。"北凉昙无谶译。经文见《大正藏》第16册,第355页A栏第28行。此句还见于《佛本行集经》。

Дx.16963 摩诃般若波罗蜜经卷第一奉钵品第二

存5行,行2至9字。起:"何以故名",讫:"但有"。后秦鸠摩罗什译。经文见《大正藏》第8册,第221页C栏第7行至第13行。与现刊本分卷不同,后2行为《摩诃般若波罗蜜经习应品第三》内容。

Дx.16964 道行般若经卷第三摩诃般若波罗清净品第六

存4行，行3至7字。起："亦不可作"，讫："佛言法无"。后汉支娄迦谶译。经文见《大正藏》第8册，第442页C栏第15行至第18行。

Дx.16965 金光明经卷第四流水长者子品第十六

存4行，行2至8字。起："空闲"，讫："称说"。北凉昙无谶译。经文见《大正藏》第16册，第353页A栏第19行至第23行。经文经过校勘。与Дx.16867、Дx.16928、Дx.16981同经同卷。缀合顺序为Дx.16965+Дx.16981+Дx.16867，前3残片与Дx.16928之间缺17行左右。

Дx.16966 弥沙塞部和酰五分律卷第六初分之五堕初

存5行，行4至7字。起："复有诸比"，讫："比丘"。宋佛陀什共竺道生等译。经文见《大正藏》第22册，第43页A栏第2行至第6行。与Дx.16984、Дx.16910、Дx.16914为同经残片。

Дx.16967 新集藏经音义随函录

录文："逼惚。"

Дx.16968 方等三昧行法七日要心上首忏悔法

存4行。录文："是见/若有大/浴其身/穷伽。"隋智者大师说、门人灌顶记。经文见《大正藏》第46册，第944页C栏第7行至第13行。

Дx.16969 维摩经所说经卷上弟子品第三

存7行，行6字。经文大字，注双行小字。后秦鸠摩罗什译。经文见《大正藏》第14册，第541页B栏第20行至第24行。

Дx.16970 佛说长阿含经卷第八第二分散陀那经第四

存2行。录文："有/为垢秽。"后秦佛陀耶舍共竺佛念译。经文见《大正藏》第1册，第48页A栏。此经文见于多部佛经。

Дx.16971 信力入印法门经卷第三

存3行，行4至10字。起："二谓菩萨"，讫："有言颜色"。北魏昙摩流支译。经文见《大正藏》第10册，第941页B栏第5行至第7行。

Дx.16972 妙法莲华经卷第三药草喻品第五

存8行，行1至5字。起："提"，讫："饶益者"。后秦鸠摩罗什译。经文见《大正藏》第9册，第23页C栏第11行至第22行。

Дx.16973 大般涅槃经卷第六如来性品第四之三

存2行。录文："者以咒/象师。"中题："菩萨戒八愿。"北凉昙无谶译。经文见《大正藏》第12册，第397页C栏第22行至第23行。

Дx.16974至Дx.16977 残佛经

未检出。

Дx.16978 妙法莲华经卷第七观世音菩萨普门品第二十五至陀罗尼第二十六

存8行，行4至12字。起："普门品"，中题："妙法莲华经陀罗尼品第二十六"，讫："百万亿那"。后秦鸠摩罗什译。经文见《大正藏》第9册，第58页B栏第4行至第13行。

Дx.16979 大般涅槃经卷下

存2行。录文："已告诸比/无。"东晋法显译。经文见《大正藏》第1册，第204页C栏第25行至第26行。此经文见于多部佛经。

Дx.16980 小品般若波罗蜜经卷第七摩诃般若波罗蜜恒伽提婆品第十八

存2行，行10字。录文："次须菩提菩萨作是念众/阿耨多罗三藐三菩提当。"后秦鸠摩罗什译。经文见《大正藏》第8册，第569页B栏第8行至第9行。

Дx.16981 金光明经卷第四流水长者子品第十六

存4行，行2至8字。起："因缘"，讫："南无过去"。北凉昙无谶译。经文见《大正藏》第16册，第353页A栏第22行至第27行。与Дx.16867、Дx.16928、Дx.16965同经同卷。缀合顺序为Дx.16965+Дx.16981+Дx.16867，前3残片与

Дх.16928之间缺17行左右。

Дх.16982 妙法莲华经卷第四见宝塔品第十一

存6行,行2至12字。首题:"妙法莲华经文见宝塔品第十一",讫:"出多"。后秦鸠摩罗什译。经文见《大正藏》第9册,第32页B栏第16行至第21行。

Дх.16983 Дх.16984 解脱戒经

存9行,行5至7字。起:"价已至比",讫:"发遣使送"。北魏瞿昙般若流支译。经文见《大正藏》第24册,第661页C栏第6行至第15行。

Дх.16985 佛说未曾有因缘经

存5行,行1至7字。起:"宝物布施",讫:"一切"。萧齐释昙景译。经文见《大正藏》第17册,第582页A栏第1行至第4行。

Дх.16986 别译杂阿含经卷第二初诵第二

存2行,行1至6字。录文:"不加报是名为/名。"失译。经文见《大正藏》第2册,第386页B栏第18行至第20行。

Дх.16987 残佛经

存2行,行2至4字。不可定名。

Дх.16988 弥沙塞部和醯五分律卷第六初分之五堕初

存2行,行3字。录文:"欲出庭/出房诸。"宋佛陀什共竺道生等译。经文见《大正藏》第22册,第43页C栏第14行至第15行。

Дх.16989 大般若波罗蜜多经卷第十九初分教诫教授品第十九

存2行,行17字。起:"摩诃萨不",讫:"所生法生"。唐玄奘译。经文见《大正藏》第5册,第105页A栏第1行至第2行。

Дх.16990 大般涅槃经卷第一寿命品第一

存6行,行4至10字。起:"人不果所",讫:"恒沙河等"。北凉昙无谶译。经文见《大正藏》第12册,第369页B栏第1行至第7行。

Дх.16991 妙法莲华经卷第二信解品第四

存4行,行8至9字。全部为偈语。起:"汝可语之",讫:"着弊垢衣"。后秦鸠摩罗什译。经文见《大正藏》第9册,第18页A栏第17行至第21行。

Дх.16992 大沙门百一羯磨法一卷摩那埵羯磨

存12行,行3至13字。起:"沙罪一罪",讫:"本治"。经文见《大正藏》第23册,第491页A栏第1行至第13行。

Дх.16993 民族文字残片

Дх.16994 大般涅槃经卷第九如来性品第四之六

存3行,行2至4字。起:"敬供养喻",讫:"不能"。北凉昙无谶译。经文见《大正藏》第12册,第420页B栏第26行至第28行。

Дх.16995 大般涅槃经卷第四十憍陈如品第十三之二

存2行,行9字。起:"方便断业",讫:"不尔烦恼"。北凉昙无谶译。经文见《大正藏》第12册,第602页C栏第19行至第21行。

Дх.16996 大般涅槃经卷第十六梵行品第八之二

存5行,行3至9字。起:"知皆是慈",讫:"唱言子"。北凉昙无谶译。经文见《大正藏》第12册,第458页A栏第9行至第14行。

Дх.16997 佛为心王菩萨说头陀经

存12行,行6至17字。起:"尘垢众生",讫:"净无有相"。五阴山空寺惠辩禅师注。经文见《藏外佛教文献》第1册,第302页A栏第8行至第303页A栏第6行。

Дх.17998 佛说佛名经卷第七

存7行,行2至11字。起:"南无毗婆",讫:"南无"。北魏菩提流支译。经文见《大正藏》第14册,第154页C栏第27行至第155页A栏第4行。

Дх.16999 妙法莲华经卷第三化城喻品第七

存8行,行2至7字。起:"我等",讫:"绕百千匝"。后秦鸠摩罗什译。经文见《大正藏》第9册,第24页A栏第8行至第17行。

Дх.17000 残佛经

存"枸/若"2字。不可定名。

Дx.17001 妙法莲华经卷第七观世音菩萨普门品第二十五

存3行，行4至15字。起："分作二分"，讫："菩萨以偈"。后秦鸠摩罗什译。经文见《大正藏》第9册，第57页C栏第5行至第8行。

Дx.17002 大般涅槃经卷第三十师子吼菩萨品第十一之四

存2行。录文："如/昙沙门我。"北凉昙无谶译。经文见《大正藏》第12册，第543页A栏第2行至第3行。

Дx.17003 妙法莲华经卷第五从地踊出品第十五

存3行。录文："已来/菩萨道常修梵/信譬如有。"后秦鸠摩罗什译。经文见《大正藏》第9册，第41页C栏第10行至第13行。

Дx.17004 妙法莲华经卷第三药草喻品第五

存5行。录文："何/之明/而不自知/所谓解/相终归。"后秦鸠摩罗什译。经文见《大正藏》第9册，第19页B栏第29行至C栏第5行。

Дx.17005 道行般若经卷第一摩诃般若波罗蜜难问品第二

存3行，行5至6字。起："泥洹是故"，讫："不可计阿"。后汉支娄迦谶译。经文见《大正藏》第8册，第429页C栏第8行至第10行。

Дx.17006 妙法莲华经卷第一序品第一

存4行，行6至7字。起："中便得决"，讫："优婆"。后秦鸠摩罗什译。经文见《大正藏》第9册，第7页C栏第7行至第12行。

Дx.17007 大般涅槃经卷第二十四光明遍照高贵德王菩萨品第十之四

存7行，行2至10字。起："萨摩诃"，讫："畜养"。北凉昙无谶译。经文见《大正藏》第12册，第506页A栏第10行至第17行。

Дx.17008 大智度论卷第五十四释天主品第二十七

存5行，行3至7字。起："菩今当"，讫："诃萨般"。龙树菩萨造、后秦鸠摩罗什译。经文见《大正藏》第25册，第445页A栏第29行至B栏第5行。

Дx.17009 妙法莲华经卷第二譬喻品第三

存5行，行12至13字。起："鸠盘荼鬼"，讫："而诸子等"。后秦鸠摩罗什译。经文见《大正藏》第9册，第14页B栏第11行至第17行。

Дx.17010 根本说一切有部毗奈颂卷上第三部舍堕法

存7行，行5至9字。起："若造此"，讫："极烂坏"。尊者毗舍佉造、唐义净译。经文见《大正藏》第24册，第629页B栏第1行至第16行。

Дx.17010V 经音字

存6行。待考。

Дx.17011 书仪

存11行。

Дx.17012 大般涅槃经卷第四如来性品第四之一

存2行。录文："今当至/萨摩诃。"北凉昙无谶译。经文见《大正藏》第12册，第388页A栏第18行至第19行。

Дx.17013 金光明最胜王经卷第八大吉祥天女增长财物品第十七

存6行，行4至21字。起："莫诃迦里"，讫："瞿摩为坛"。唐义净译。经文见《大正藏》第16册，第439页C栏第6行至第21行。与卷背面同经，正背经文间约缺一行。装帧形式不详。

Дx.17013V 金光明最胜王经卷第八大吉祥天女增长财物品第十七

存6行，行5至20字。起："列坛内"，讫："得解脱"。唐义净译。经文见《大正藏》第16册，第440页A栏第1行至第14行。与卷正面同经，正背经文间约缺一行。装帧形式不详。

Дx.17014 残佛经

未检出。

Дx.17015 大般若波罗蜜多经卷第五百五十三第四分坚固品第二十七之一至卷第五百

五十四第四分坚固品第二十七之二

存28行,行1至11字。起:"等为二一",中题:"大般若经第五百□□□",讫:"众"。唐玄奘译。经文见《大正藏》第7册,第852页C栏第13行至第853页A栏第11行。与现刊本相较,有异文。经文旁有校勘字。如"洲"字旁注"咒";"诸"字旁注"住";"盲"字旁注"猛";"杨"字旁注"羊";"姓"字旁注"净"等。

Дх.17016 别译杂阿含经卷第二

刻本。存3行,行2至5字。起:"并所",讫:"汝叉手东"。失译。经文见《大正藏》第2册,第386页C栏第14行至第17行。与Дх.17154同经同卷,此为后段。

Дх.17017 Дх.17018 残佛经

极残,不可定名。

Дх.17019 大般若波罗蜜多经卷第五百六十九第六分法性品第六

刻本。存3行。录文:"德福田/诸菩萨/一切世间见。"唐玄奘译。经文见《大正藏》第7册,第939页B栏第25行至第27行。

Дх.17020 大方广佛华严经卷第七普贤三昧品第三

刻本。存4行,行2至4字。录文:"摩尼王/盛普照/方种/功德摩。"唐实叉难陀译。经文见《大正藏》第10册,第33页C栏第19行至第20行。与Дх.17025、Дх.17037、Дх.17063、Дх.17085、Дх.17093、Дх.17112、Дх.17113、Дх.17115、Дх.17118、Дх.17119、Дх.17123、Дх.17127、Дх.17140、Дх.17176、Дх.17183为同经残片。此卷下接Дх.17025,经文约缺2行。

Дх.17021 大方广佛华严经卷第七普贤三昧品第三

刻本。存2行。录文:"中/是知如。"唐实叉难陀译。经文见《大正藏》第10册,第33页B栏第7行。

Дх.17022 别译杂阿含经

刻本。存2行。录文:"举脚度/魔。"失译。经文见《大正藏》第2册,第384页A栏第24行至第25行。

Дх.17023 残佛经

刻本。存2行。录文:"慢遍/华。"不可定名。

Дх.17024 大方广佛华严经卷第七世界成就品第四

刻本。存2行。录文:"贤菩萨摩世界海一/海一切。"唐实叉难陀译。经文见《大正藏》第10册,第34页B栏第10行至第12行。

Дх.17025 大方广佛华严经卷第七普贤三昧品第三

刻本。存3行。录文:"周闻/种大摩尼王/放光明于。"唐实叉难陀译。经文见《大正藏》第10册,第33页C栏第22行至第23行。

Дх.17026 残佛经

存2行,行1字。不可定名。

Дх.17027 大乘大集地藏十轮经卷第六有依行品第四之二

刻本。存5行。录文:"如是/而有/事供养/事供养/无邪见。"唐玄奘译。经文见《大正藏》第13册,第751页A栏第28行至B栏第3行。

Дх.17028 阿毗达磨俱舍论卷第三十破执我品第九之三

刻本。存8行,行8至17字。起:"种有四造",讫:"一异如不"。世亲菩萨造、唐玄奘译。经文见《大正藏》第29册,第155页C栏第8行至第16行。

Дх.17029 残佛经

存"严经"2字。不可定名。

Дх.17030 大方广佛华严经卷第七普贤三昧品第三

刻本。存3行。录文:"有刹悉能/见汝诸/一切。"唐实叉难陀译。经文见《大正藏》第10册,第34页A栏第23行至第25行。

Дх.17031 大方广佛华严经卷第七普贤三昧品第三

刻本。存9行,行2至6字。起:"一切如来",讫:"界海"。唐实叉难陀译。经文见《大正藏》第10册,第33页C栏第5行至第12行。

Дх.17032 佛说如来不思议秘密大乘经卷第十一转法轮品第十四之一

刻本。存6行，行2至4字。起："一名"，讫："阿耨"。法护等译。经文见《大正藏》第11册，第730页C栏第23行至第28行。与Дx.17081可缀合。

Дx.17033　妙法莲华经卷第四见宝塔品第十一

刻本。存7行，行5至7字。起："于师子"，讫："禅定又闻"。后秦鸠摩罗什译。经文见《大正藏》第9册，第33页B栏第24行至C栏第1行。

Дx.17034　六度集经卷第二须大拏经

刻本。存7行，行2至11字。起："状类如[若]鬼"，讫："虚耗"。吴康僧会译。经文见《大正藏》第3册，第9页B栏第4行至第7行。

Дx.17035　阿毗达磨俱舍论卷第二十分别随眠品第五之二

存2行。录文："能缘乐/为缘无色。"世亲菩萨造、唐玄奘译。经文见《大正藏》第29册，第107页A栏第1行至第2行。

Дx.17036　残佛经

存"尔时世尊"4字。不可定名。

Дx.17037　大方广佛华严经卷第七普贤三昧品第三

刻本。存3行。录文："普雨/谓妙金/尼王云宝。"唐实叉难陀译。经文见《大正藏》第10册，第33页C栏第15行至第17行。

Дx.17038　Дx.17040　金光明最胜王经卷第三灭业障品第五

刻本。存5行，行4字。起："昼夜六时"，讫："趣施无碍"。唐义净译。经文见《大正藏》第16册，第415页B栏第12行至第17行。

Дx.17039　阿毗达磨俱舍论卷第六分别根品第二之四

存3行。录文："义是则/令苦不/如灯焰涅槃。"世亲菩萨造、唐玄奘译。经文见《大正藏》第29册，第34页C栏第27行至第29行。

Дx.17040　金光明最胜王经卷第三灭业障品第五

见Дx.17038。

Дx.17041　残佛经

存2行。录文："净若不/一切。"不可定名。

Дx.17042　金光明最胜王经卷第五金胜陀罗尼品第八

刻本。存2行。录文："南谟慈氏/陀罗尼。"唐义净译。经文见《大正藏》第16册，第423页C栏第21行至第23行。

Дx.17043　大般若波罗蜜多经

刻本。存4行。起："大般若波罗蜜多经"，讫："白佛"。唐玄奘译。不可确指具体卷品。

Дx.17044　别译杂阿含经卷第二

刻本。存20行，行3至17字。起："同所障"，讫："比丘即"。失译。经文见《大正藏》第2册，第385页A栏第25行至B栏第16行。经中文有小字"十二渊"。

Дx.17045　Дx.17046　残佛经

极残，不可定名。

Дx.17047　大方广佛华严经卷第七普贤三昧品第三

刻本。存2行。录文："观者悉/大法皆成。"唐实叉难陀译。经文见《大正藏》第10册，第34页A栏第11行至第12行。

Дx.17048　别译杂阿含经卷第二

刻本。存5行，行1至6字。起："礼尔时帝"，讫："佛"。失译。经文见《大正藏》第2册，第387页A栏第24行至第28行。中有小字"渊"。

Дx.17049　阿毗达磨俱舍论卷第二十分别随眠品第五之二

刻本。存5行，行7至8字。起："皆如前说"，讫："灭道断随"。世亲菩萨造、唐玄奘译。经文见《大正藏》第29册，第106页C栏第8行至第12行。

Дx.17050　大般若波罗蜜多经卷第二百八十三初分难信解品第三十四之一百二

刻本。存4行。录文："分无别无/筹定十遍/故不还/处。"唐玄奘译。经文见《大正藏》第6册，第436页B栏第6行至第10行。

Дx.17051　阿毗达磨俱舍论卷第六分别根品第二

之四

刻本。存3行。录文："有物常□用/中应说何果/俱相应士用。"世亲菩萨造、唐玄奘译。经文见《大正藏》第29册，第35页A栏第11行至第16行。

Дх.17052　Дх.17055　妙法莲华经卷第四法师品第十

存3行，行3至6字。起："谁能为"，讫："供给所须"。后秦鸠摩罗什译。经文见《大正藏》第9册，第34页C栏第2行至第5行。

Дх.17053　Дх.17054　残佛经

未检出。

Дх.17055　妙法莲华经卷第四法师品第十

见Дх.17052。

Дх.17056　残佛经

未检出。

Дх.17057　妙法莲华经卷第五从地踊出品第十五

存12行，行22至31字。起："□等于佛"，讫："头面礼"。后秦鸠摩罗什译。经文见《大正藏》第9册，第39页C栏第21行至第40页A栏第14行。经文下接此卷背面。

Дх17057V　妙法莲华经卷第五从地踊出品第十五

存12行，行22至31字。起："树下师子"，讫："入于佛智"。后秦鸠摩罗什译。经文见《大正藏》第9册，第40页A栏第15行至B栏第11行。内容紧接此卷正面。

Дх.17058　金光明最胜王经卷第五重显空性品第九

刻本。存2行。录文："故说/藉众缘。"唐义净译。经文见《大正藏》第15册，第424页B栏第27行至第28行。

Дх.17059　阿毗达磨俱舍论卷第二十分别随眠品第五之二

刻本。存2行。录文："有问言所/乐根。"世亲菩萨造、唐玄奘译。经文见《大正藏》第29册，第106页C栏第22行至第23行。

Дх.17060　大方广佛华严经卷第七普贤三昧品第三

刻本。存2行。录文："为度/演一。"唐实叉难陀译。经文见《大正藏》第10册，第34页B栏第3行至第4行。

Дх17061　大般若波罗蜜多经卷第五十一初分大乘铠品第十四之三

刻本。存7行，行6至7字。首题："大般若波罗蜜多经卷第五十一宙三藏法师玄奘奉诏译"，讫："安忍业进"。唐玄奘译。经文见《大正藏》第5册，第287页A栏第1行至第7行。前端引首有木刻佛画，已残，仅存一天女。

Дх17062　大般涅槃经卷第一寿命品第一

存2行。录文："乐幡盖供养/诸众生常於。"北凉昙无谶译，经文见《大正藏》第12册，第370页B栏第19行至第20行。

Дх17063　大方广佛华严经卷第七普贤三昧品第三

刻本。存4行，行2至5字。起："一切佛身"，讫："贤安"。唐实叉难陀译。经文见《大正藏》第10册，第34页A栏第7行至第10行。

Дх17064　大般若波罗蜜多经卷第二百八十三初分难信解品第三十四之一百二

刻本。存5行，行2至7字。首题："大般若波罗蜜多经卷第二百八十三三藏法师玄奘奉诏译/初分难信解品三十四之一百二"，讫："一切"。唐玄奘译。经文见《大正藏》第6册，第436页A栏第18行至第23行。

Дх17065　别译杂阿含经卷第二

刻本。存4行，行5至6字。起："恒赞忍功德"，讫："布畏患害故"。失译。经文见《大正藏》第2册，第386页B栏第24行至C栏第1行。

Дх17066　付法藏因缘传卷第一

刻本。存3行。录文："离集/摩诃迦叶/所说。"北魏吉迦夜共昙曜译。经文见《大正藏》第50册，第300页B栏第5行至第8行。

Дх17067　别译杂阿含经卷第二

刻本。存2行。录文："灭除诸/不烦刀杖。"失译。经文见《大正藏》第2册，第386页B栏第25行至第27行。

Дх.17068 别译杂阿含经卷第二

刻本。存3行。录文："将诣天/以五缚/天众胜即。"失译。经文见《大正藏》第2册，第386页A栏第20行至第22行。

Дх.17069 大般若波罗蜜多经卷第一百八十八初分难信解品第三十四之七

刻本。存3行。录文："净与无/分无别无/清净空。"唐玄奘译。经文见《大正藏》第5册，第1010页A至B栏。残存经文甚多，不能确指行数。

Дх.17070 妙法莲华经卷第四见宝塔品第十一

刻本。存7行，行2至6字。起："牟尼佛"，讫："佛而"。后秦鸠摩罗什译。经文见《大正藏》第9册，第33页C栏第1行至第6行。

Дх.17071 Дх.17163 Дх.17177 Дх.17178 Дх.17179 Дх.17189 Дх.17195 大般若波罗蜜多经卷第二百七十五初分难信解品第三十四之九十四

刻本。存52行，行14字。经文不可接。经题："大般若经卷第二百七十五第二张岁字号/大般若经卷第二百七十五第三张岁字号。"起："现一切智"，讫："二无分别"。唐玄奘译。经文见《大正藏》第6册，第392页A至B栏。

Дх.17072 残佛经

存"敬汝"2字。不可定名。

Дх.17073 妙法莲华经卷第二譬喻品第三

刻本。存5行，行16字。起："追求故现"，讫："东西驰走"。后秦鸠摩罗什译。经文见《大正藏》第9册，第13页A栏第20行至第25行。

Дх.17074 妙法莲华经卷第四见宝塔品第十一

刻本。存5行，行2至10字。全部为偈语。起："吹小树"，讫："则为供养"。后秦鸠摩罗什译。经文见《大正藏》第9册，第34页A栏第3行至第5行。

Дх.17075 残佛经

存"入宝/佛"3字。不可定名。

Дх.17076 佛顶心陀罗尼经

刻本。存6行，行3至15字。起："严音自在王佛"，讫："说者又"。经文见《藏外佛教文献》第7册，第387页A栏第20行至第388页A栏第9行。

Дх.17077 金光明最胜王经卷第三灭业障品第五

存2行。录文："说何以/於微妙真理生。"唐义净译。经文见《大正藏》第16册，第414页C栏第13行至第14行。

Дх.17078 增壹阿含经卷第二十三增上品第三十一

存2行。录文："死/恼更不。"僧伽提婆译。经文见《大正藏》第2册，第673页A栏第23行至第25行。

Дх.17079 佛说佛名经

刻本。存2行，行1至2字。录文："南无/南。"佛名上有捺印千佛像。未检出。

Дх.17080 大般若波罗蜜多经

录文："功德/方便/不""愿解/方便"。无法查出具体卷品。

Дх.17081 佛说如来不思议秘密大乘经卷第十一转法轮品第十四之一

刻本。存5行，行2至5字。起："二商王"，讫："顾彼此"。法护等译。经文见《大正藏》第11册，第730页C栏第23行至第27行。与Дх.17032可缀合。

Дх.17082 别译杂阿含经卷第二初诵第二

刻本。存2行。录文："而立帝/恭敬。"失译。经文见《大正藏》第2册，第386页C栏第20行至第21行。

Дх.17083 阿毗达磨俱舍论卷第三十破执我品第九之二

刻本。存2行。录文："即蕴/恐谓。"世亲菩萨造、唐玄奘译。经文见《大正藏》第29册，第155页B栏第3行至第4行。

Дх.17084 金光明最胜王经卷第三灭业障品第五

刻本。存6行，行7至9字。起："随喜功德"，讫："菩萨当转"。唐义净译。经文见《大正藏》第16册，第415页B栏第3行至第9行。

Дx.17085 **大方广佛华严经卷第七普贤三昧品第三**

刻本。存9行，行2至9字。起："别善"，讫："贤菩萨从"。唐实叉难陀译。经文见《大正藏》第10册，第33页B栏第20行至第28行。

Дx.17086 **大乘大集地藏十轮经卷第六有依行品第四之二**

刻本。存2行。录文："所余乘不/颂不应。"唐玄奘译。经文见《大正藏》第13册，第751页B栏第6行至第7行。

Дx.17087 Дx.17094 **妙法莲华经卷第三药草喻品第五**

刻本。经折装。存11行，行19至32字。全部为偈语。起："久默斯要"，讫："演畅斯义"。后秦鸠摩罗什译。经文见《大正藏》第9册，第19页C栏第12行至第20页A栏第12行。经文下接背面。

Дx.17087V Дx.17094V **妙法莲华经卷第三药草喻品第五**

刻本。经折装。存11行，行19至32字。全部为偈语。起："普皆平等"，讫："闻法得果"。后秦鸠摩罗什译。经文见《大正藏》第9册，第20页A栏第13行至B栏第12行。与此卷正面经文相接，首二行残，缺三句偈语。

Дx.17088 **阿毗达磨俱舍论本颂（说一切有部）分别界品第一（四十四颂）**

刻本。存3行，行6至8字。起："然风即界"，讫："法处法界"。世亲菩萨造、唐玄奘译。经文见《大正藏》第29册，第311页A栏第23行至第29行。

Дx.17089 **大乘大集经地藏十轮经卷第六有依行品第四之二**

刻本。存4行。录文："有亲/堕无间/乘求/求所。"唐玄奘译。经文见《大正藏》第13册，第751页B栏第8行至第12行。

Дx.17089V **民族文字残片**

Дx.17090 **残佛经**

极残，不可定名。

Дx.17091 **妙法莲华经卷第四见宝塔品第十一**

刻本。存3行。录文："及目真/围山/正。"后秦鸠摩罗什译。经文见《大正藏》第9册，第33页A栏第27行至第29行。

Дx.17092 **妙法莲华经卷第四提婆达多品第十二**

刻本。存2行。录文："汝说/喜悦即。"后秦鸠摩罗什译。经文见《大正藏》第9册，第34页C栏第16行至第18行。

Дx.17093 **大方广佛华严经卷第七普贤三昧品第三**

刻本。存4行，行2至4字。起："如此世"，讫："所摩"。唐实叉难陀译。经文见《大正藏》第10册，第33页B栏第14行至第16行。

Дx.17094 **妙法莲华经卷第三药草喻品第五**

见Дx.17087。

Дx.17094V **妙法莲华经卷第三药草喻品第五**

见Дx.17087V。

Дx.17095 **大般若波罗蜜多经卷第五百七十一第六分无所得品第九**

刻本。存3行，行5至7字。起："求正法不"，讫："随念舍俗"。唐玄奘译。经文见《大正藏》第7册，第948页C栏第28行至第949页A栏第1行。

Дx.17096 **大般若波罗蜜多经卷第五百六十九第六分法性品第六**

刻本。存4行，行4字。起："法性在诸"，讫："常而非真"。唐玄奘译。经文见《大正藏》第7册，第937页B栏第11行至第15行。

Дx.17097 **别译杂阿含经卷第二初诵第二**

刻本。存2行。录文："修忍及赞/佛所说。"失译。经文见《大正藏》第2册，第386页C栏第6行至第7行。

Дx.17098 **妙法莲华经卷第四见宝塔品第十一**

刻本。存2行。录文："严树高/皆有宝。"后秦鸠摩罗什译。经文见《大正藏》第9册，第33页。甚残，无法兑出具体行数。

Дx.17099 **妙法莲华经卷第四见宝塔品第十一**

刻本。存5行，行2至7字。起："严树"，讫："诸幡"。后秦鸠摩罗什译。经文见《大正藏》第9册，第33页B栏第7行至第11行。与Дх.17100同经同卷同品，此为下半段，可缀合。

Дх.17100 **妙法莲华经卷第四见宝塔品第十一**

刻本。存5行，行2至4字。起："江河"，讫："尔时"。后秦鸠摩罗什译。经文见《大正藏》第9册，第33页B栏第9行至第12行。与Дх.17099同经同卷同品，此为上半段，可缀合。

Дх.17101 **佛说大乘菩萨藏正法经卷第三十九胜慧波罗蜜多品第十一之七**

刻本。存5行。录文："藐三/女於未/遍知明行/佛世尊/妙。"法护译。经文见《大正藏》第11册，第882页B栏第2行至第6行。

Дх.17102 **残佛经**

刻本。存"一切"2字。不可定名。

Дх.17103 **妙法莲华经卷第四提婆达多品第十二**

刻本。存4行，行5至8字。全部为偈语。起："时有阿私仙"，讫："随时恭敬与"。后秦鸠摩罗什译。经文见《大正藏》第9册，第34页C栏第14行至第19行。

Дх.17104 **阿毗达磨俱舍论卷第二十分别随眠品第五之二**

刻本。存4行，行2至4字。起："界三"，讫："见灭断"。世亲菩萨造、唐玄奘译。经文见《大正藏》第29册，第106页C栏第7行至第11行。

Дх.17105 **阿毗达磨俱舍论卷第二十分别随眠品第五之二**

刻本。存4行，行4至5字。起："如是了知"，讫："几随眠随"。世亲菩萨造、唐玄奘译。经文见《大正藏》第29册，第106页C栏第20行至第23行。

Дх.17106 **阿毗达磨俱舍论卷第二十分别随眠品第五之二**

刻本。存4行，行2至4字。起："识总有"，讫："余应"。世亲菩萨造、唐玄奘译。经文见《大正藏》第29册，第107页A栏第4行至第7行。

Дх.17107 **金光明最胜王经卷第三灭业障品第五**

刻本。存4行，行2至7字。起："烦无热善"，讫："觉自"。唐义净译。经文见《大正藏》第16册，第414页B栏第29行至C栏第4行。

Дх.17108 **残佛经**

刻本。存4行。未检出。

Дх.17109 **别译杂阿含经卷第二**

刻本。存3行，行2至8字。起："者毗摩质"，讫："偈言"。失译。经文见《大正藏》第2册，第385页C栏第19行至第21行。

Дх.17110 **金光明最胜王经卷第三灭业障品第五**

刻本。存3行，行5至8字。起："本非"，讫："彼为无明"。失译。经文见《大正藏》第16册，第424页B栏第26行至第29行。

Дх.17111 **大方广佛华严经卷第五十五离世间品第三十八之三**

刻本。存2行，行2至5字。录文："以无量身成/作是。"唐实叉难陀译。经文见《大正藏》第10册，第289页A栏第6行至第7行。

Дх.17112 **大方广佛华严经**

刻本。存4行，行1至2字。首题："大方（下残）"，讫："三昧"。唐实叉难陀译。经文见《大正藏》第10册。甚残，无法确指具体卷品。

Дх.17113 **大方广佛华严经卷第七世界成就品第四**

刻本。存5行，行2至5字。起："思议相及"，讫："三种自在"。唐实叉难陀译。经文见《大正藏》第10册，第34页B栏第24行至第27行。

Дх.17114 **大般若波罗蜜多经卷第一百三十七初分校量功德品第三十至三十五**

刻本。存5行，行2至10字。起："是行"，讫："不净依此"。唐玄奘译。经文见《大正藏》第5册，第746页B栏第17行至第20行。

Дх.17115 **大方广佛华严经卷第七普贤三昧品第三**

刻本。存8行，行3至4字。起："中有世界"，讫：

"藏身菩"。唐实叉难陀译。经文见《大正藏》第10册，第33页A栏第11行至第18行。

Дх.17116 大方广佛华严经卷第七普贤三昧品第三

刻本。存4行。录文："三/能/大海咸济/界一切。"唐实叉难陀译。经文见《大正藏》第10册，第34页A栏第25行至第27行。

Дх.17117 别译杂阿含经卷第二初诵第二

存1行，总4字。录文："欲乐犹能。"失译。经文见《大正藏》第2册，第385页A栏第29行。

Дх.17118 大方广佛华严经卷第六如来现象品第二

刻本。存1行。录文："数世界海彼世界。"唐实叉难陀译。经文见《大正藏》第10册，第26页C栏第9行至第10行。

Дх.17119 大方广佛华严经卷第七普贤三昧品第三

刻本。存2行。录文："那如来本愿/力故所。"唐实叉难陀译。经文见《大正藏》第10册，第33页A栏第19行至第20行。

Дх.17120 大方广佛华严经卷第七普贤三昧品第三

刻本。存2行。录文："王云光照/一切菩萨。"唐实叉难陀译。经文见《大正藏》第10册，第33页C栏第19行至第20行。

Дх.17121 大般若波罗蜜多经卷第五百六十九第六分法性品第六

刻本。存5行，行3至4字。起："不可思议"，讫："切佛智所"。唐玄奘译。经文见《大正藏》第7册，第940页B栏第11行至第15行。

Дх.17122 大般若波罗蜜多经卷第五百六十九第六分法性品第六

刻本。存2行。录文："右膝/佛微。"唐玄奘译。经文见《大正藏》第7册，第936页C栏第7行至第8行。此经还见于别的卷品。

Дх.17123 大方广佛华严经卷第七普贤三昧品第三

刻本。存4行，行3至6字。起："可思议"，讫："切佛智所"。唐实叉难陀译。经文见《大正藏》第10册，第34页B栏第28行至C栏第2行。

Дх.17124 大般若波罗蜜多经卷第五百六十九第六分法性品第六

刻本。存2行。录文："合掌恭/德及。"唐玄奘译。经文见《大正藏》第7册，第936页C栏第7行至第8行。

Дх.17125 金光明最胜王经卷第三灭业障品第五

刻本。存3行，行3至5字。起："现在十方"，讫："法螺建法"。中有校改字，"螺"旁注"众"，"建"旁注"见"。唐义净译。经文见《大正藏》第16册，第415页A栏第18行至第20行。

Дх.17126 金光明最胜王经卷第三灭业障品第五

刻本。存3行，行6至7字。起："会大众忽"，讫："有世"。唐义净译。经文见《大正藏》第16册，第417页A栏第20行至第22行。

Дх.17127 大方广佛华严经卷第七普贤三昧品第三

刻本。存2行，行2字。录文"昧实/以普。"唐实叉难陀译。经文见《大正藏》第10册，第34页A栏第25行至第26行。

Дх.17128 华严经内章门等杂孔目章卷第三地厌分中四静虑八禅章

刻本。存3行，行5字。起："最后方便"，讫："作意又由"。唐智俨集。经文见《大正藏》第45册，第566页B栏第8行至第10行。

Дх.17129 大方广佛华严经卷第七普贤三昧品第三

刻本。存3行。录文："一一/如一切/所见。"唐实叉难陀译。经文见《大正藏》第10册，第34页A栏第1行至第3行。

Дх.17130 别译杂阿含经卷第二

刻本。存3行，行1至4字。起："牛胜"，讫："去"。失译。经文见《大正藏》第2册，第386页B栏第6行至第10行。

Дх.17131 金光明最胜王经卷第三灭业障品第五

刻本。存7行，行3至5字。起："最胜王"，讫："此等皆"。唐义净译。经文见《大正藏》第16册，第416页C栏第19行至第27行。

Дx.17132 **别译杂阿含经卷第十五**

存1行，总4字。录文："疑纲皆已。"失译。经文见《大正藏》第2册，第485页A栏第14行。此经句还见于《妙法莲华经》。

Дx.17133 **十方千五百佛名经**

刻本。存3行。录文："精进/作明/白盖。"经文见《大正藏》第14册，第316页C栏第19行至第21行。所存经名还见于《佛说华手经》。

Дx.17133V **妙法莲华经卷第四提婆达多品第十二**

刻本。存2行。录文："座身心/精勤给。"后秦鸠摩罗什译。经文见《大正藏》第9册，第34页C栏第6行至第8行。

Дx.17134 **金光明最胜王经卷第三灭业障品第五**

刻本。存8行，行2至6字。起："是过去诸"，讫："若人"。唐义净译。经文见《大正藏》第16册，第414页C栏第8行至第17行。

Дx.17135 **别译杂阿含经卷第二**

刻本。存3行，行3至6字。起："毗摩质多"，讫："我不怖"。失译。经文见《大正藏》第2册，第386页A栏第27行至第29行。

Дx.17136 **十住经卷第二**

刻本。存1行，总6字。录文："等六除见凝悔。"后秦鸠摩罗什译。经文见《大正藏》第10册，第511页C栏第14行。或唐实叉难陀译《大方广佛华严经卷第二十五》。经文见《大正藏》第9册，第555页C栏。

Дx.17137 **大方广佛华严经卷第七世界成就品第四**

刻本。存2行。录文："刹如来/昧神通。"唐实叉难陀译。经文见《大正藏》第10册，第34页A栏第2行至第3行。

Дx.17138 **大方广佛华严经卷第七世界成就品第四**

刻本。存2行。录文："住佛地不/议威为护。"唐实叉难陀译。经文见《大正藏》第10册，第34页B栏第29行至C栏第1行。

Дx.17139 **大般若波罗蜜多经卷第一百六十九第六分法性品第六**

刻本。存4行，行7至8字。起："其义无二"，讫："善男善"。唐玄奘译。经文见《大正藏》第7册，第942页A栏第2行至第5行。

Дx.17140 **大方广佛华严经卷第七普贤三昧品第三**

刻本。仅存1行首题。录文："贤三昧品第三。"唐实叉难陀译。经文见《大正藏》第10册，第32页C栏第25行。

Дx.17141 **别译杂阿含经卷第二**

刻本。存3行，行3至5字。起："禁制者"，讫："家毁形而"。失译。经文见《大正藏》第2册，第385页C栏第5行至第8行。

Дx.17142 **妙法莲华经卷第四见宝塔品第十一**

刻本。存5行。录文："今於/我则欢喜/是则勇猛/则为疾得/能於来。"后秦鸠摩罗什译。经文见《大正藏》第9册，第34页B栏第14行至第19行。

Дx.17143 **阿毗达磨俱舍论卷第六分别根品第三之四**

刻本。存3行，行2至5字。起："事者"，讫："其事三"。世亲菩萨造、唐玄奘译。经文见《大正藏》第29册，第35页A栏第6行至第8行。

Дx.17144 **别译杂阿含经卷第二**

刻本。存3行。录文："多将/摩质/若有。"失译。经文见《大正藏》第2册，第385页C栏第15行至第17行。

Дx.17144V **大宝积经卷第一百六大乘方便会第三十八之一**

存1行，总4字。录文："汝所疑尔。"东晋竺难提译。经文见《大正藏》第11册，第594页C栏第14行。为正面的补纸。

Дx.17145 **残佛经**

存"若尔彼"3字。不可定名。

Дx.17146 Дx.17147 **残佛经**

未检出。

Дx.17148 **金光明最胜王经卷第五重显空性品第九**

刻本。存2行。录文："非实/失正慧故我。"唐义净译。经文见《大正藏》第16册，第424页B栏第27行至第29行。

Дх.17149 阿毗达磨俱舍论卷第二十分别随眠品第五之二

刻本。存2行。录文："所缘/别疏条恐。"世亲菩萨造、唐玄奘译。经文见《大正藏》第29册，第106页C栏第20行至第21行。

Дх.17150 大方广佛华严经卷第七普贤三昧品第三

刻本。存2行。录文："普告一切/佛世尊。"唐实叉难陀译。经文见《大正藏》第10册，第34页B栏第14行至第15行。

Дх.17151 佛说长阿含经卷第十（十四）佛说长阿含经分释提桓因问经第十

刻本。存12行，行2至8字。起："譬如力士"，讫："露我"。后秦佛陀耶舍共竺佛念译。经文见《大正藏》第1册，第62页C栏第11行至第26行。

Дх.17152 大般若波罗蜜多经卷第五百六十九第六分法性品第六

刻本。存10行，行1至8字。起："荆棘处处"，讫："所居之处皆"。唐玄奘译。经文见《大正藏》第7册，第941页C栏第20行至第942页A栏第1行。

Дх.17153 大般若波罗蜜多经卷第二百八十三初分难信解品第三十四之一百二

刻本。存5行，行4至8字。起："故若"，讫："无色定清"。唐玄奘译。经文见《大正藏》第6册，第436页A栏第23行至B栏第2行。

Дх.17154 别译杂阿含经卷第二

刻本。存5行，行1至7字。起："我等"，讫："戏园敕御"。失译。经文见《大正藏》第2册，第386页C栏第7行至第11行。与Дх.17016同经同卷，此为前段。与现刊本有异。

Дх.17155 大方广佛华严经卷第七普贤三昧品第三

刻本。残存1行，总4字。录文："言海转法。"唐实叉难陀译。经文见《大正藏》第10册，第33页B栏第4行。

Дх.17156 阿毗达磨俱舍论卷第六分别根品第二之四

刻本。存7行，行2至7字。起："得增"，讫："应得士用"。世亲菩萨造、唐玄奘译。经文见《大正藏》第29册，第35页A栏第22行至第27行。

Дх.17157 残佛经

存"欢喜"2字。不可定名。

Дх.17158 大方广佛华严经卷第六如来现相品第二

刻本。存2行。录文："所念即/数光明所。"唐实叉难陀译。经文见《大正藏》第10册，第26页B栏第29行至C栏第1行。

Дх.17159 大般若波罗蜜多经卷第五百六十九第六分法性品第六

刻本。存8行，行3至5字。起："者即是"，讫："受生"。唐玄奘译。经文见《大正藏》第7册，第940页C栏第24行至第941页A栏第3行。

Дх.17160 大方广佛华严经卷第七普贤三昧品第三

刻本。存2行。录文："可思/持不可。"唐实叉难陀译。经文见《大正藏》第10册，第34页C栏第1行至第2行。

Дх.17161 大方广佛华严经卷第七普贤三昧品第三

刻本。存3行。录文："萨蒙诸/及彼世界/如是何以。"唐实叉难陀译。经文见《大正藏》第10册，第33页B栏第6行至第8行。

Дх.17162 别译杂阿含经卷第二初诵第二

刻本。存5行。录文："诤畏/佛告诸比丘帝/王法尚能修忍/法/是。"失译。经文见《大正藏》第2册，第386页C栏第2行至第7行。

Дх.17163 大般若波罗蜜多经卷第二百七十五

见Дх.17071。

Дх.17164 阿毗达磨俱舍论卷第六分别根品第二之四

刻本。存10行，行2至13字。起："果非越士"，讫："用除"。中有小字"俱舍论六"。世亲菩萨造、唐玄奘译。经文见《大正藏》第29册，第35页A栏第27行至B栏第10行。文中另有校改字多处。

Дx.17165 Дx.17166 **残佛经**

未检出。

Дx.17167 **大般若波罗蜜多经卷第二百八十三初分难信解品第三十四之一百一**

刻本。存3行，行3至5字。起："净故不还"，讫："无断故"。唐玄奘译。经文见《大正藏》第6册，第436页A栏第23行至第25行。

Дx.17168 **金光明最胜王经卷第三灭业障品第五**

刻本。存8行，行2至10字。起："号释"，讫："其宝王大"。唐义净译。经文见《大正藏》第16册，第417页A栏第15行至第23行。

Дx.17169至Дx.17171 **残佛经**

未检出。

Дx.17172 **佛说长阿含经卷第十第二分三聚经第八**

刻本。存2行。录文："然时般/众中鼓。"中有小字"长阿含十"。后秦佛陀耶舍共竺佛念译。经文见《大正藏》第1册，第62页C栏第8行至第9行。

Дx.17173 **佛说长阿含经卷第十（十四）佛说长阿含经分释提桓因问经第十**

刻本。存2行。录文："于帝释前/桓因忉利诸。"后秦佛陀耶舍共竺佛念译。经文见《大正藏》第1册，第62页C栏第9行至第10行。

Дx.17174 **残佛经**

存一"合"字。不可定名。

Дx.17175 **别译杂阿含经卷第二初诵第二**

刻本。存1行，总7字。录文："尔时世尊复说偈。"失译。经文见《大正藏》第2册，第382页C栏第29行。

Дx.17176 **大方广佛华严经卷第七普贤三昧品第三**

刻本。存3行。录文："道场海中/为十所/瞿摩。"唐实叉难陀译。经文见《大正藏》第10册，第33页C栏第15行至第17行。

Дx.17177 Дx.17178 Дx.17179 **大般若波罗蜜多经卷第二百七十五初分难信解品第三十四之九十四**

见Дx.17071。

Дx.17180 **大方广佛华严经卷第七普贤三昧品第三**

刻本。存2行。录文："切尘中所/子我曹常。"唐实叉难陀译。经文见《大正藏》第10册，第34页A栏第23行至第24行。

Дx.17181 **残佛经**

存"此/见"2字。不可定名。

Дx.17182 **别译杂阿含经卷第二初诵第二**

刻本。存2行。录文："王忧愁/如是我闻。"失译。经文见《大正藏》第2册，第384页A栏第26行至第27行。

Дx.17183 **大方广佛华严经卷第七普贤三昧品第三**

刻本。存2行。录文："众海无/国土皆。"唐实叉难陀译。经文见《大正藏》第10册，第34页A栏第8行至第9行。

Дx.17184 **大般若波罗蜜多经卷第三百三十二初分善学品第五十三之二**

刻本。存13行，行14字。起："仰射虚空"，讫："诸法实相"。唐玄奘译。经文见《大正藏》第6册，第700页C栏第3行至第13行。此前尚有3行经文，行1至2字，内容不详。

Дx.17185 **大般若波罗蜜多经卷第五百六十九第六分法性品第六**

刻本。存15行，行3至12字。起："所缚不"，讫："现圣者谓"。唐玄奘译。经文见《大正藏》第7册，第937页B栏第10行至第26行。

Дx.17186 **大般若波罗蜜多经卷第五百六十九第六分法性品第六**

刻本。存10行，行2至6字。起："着戏论"，讫："行处"。唐玄奘译。经文见《大正藏》第7册，第940页B栏第1行至第11行。

Дx.17187 **阿毗达磨俱舍论卷第二十分别随眠品第五之二**

刻本。存2行。录文："随增若复/随眠随增。"世亲菩萨造、唐玄奘译。经文见《大正藏》第29册，第107页A栏第3行至第4行。

Дх.17188 **大方广佛华严经卷第七普贤三昧品第三**

刻本。存2行。录文："未来一/净法轮。"唐实叉难陀译。经文见《大正藏》第10册，第33页B栏第12行至第13行。

Дх.17189 **大般若波罗蜜多经卷第二百七十五初分难信解品第三十四之九十四**

见Дх.17071。

Дх.17190 **大般若波罗蜜多经卷第五百六十九第六分法性品第六**

刻本。存2行。录文："世尊说/食信心。"唐玄奘译。经文见《大正藏》第7册，第939页B栏第20行至第21行。

Дх.17191 **大方广佛华严经卷第七普贤三昧品第三**

刻本。存2行。录文："菩萨像/光明炽。"唐实叉难陀译。经文见《大正藏》第10册，第33页C栏第17行至第18行。

Дх.17192 Дх.17193 **残佛经**

Дх.17194 **大般若波罗蜜多经卷第五百六十九第六分法性品第六**

刻本。存13行，行10至19字。起："乐具诸摄"，讫："静威仪不"。中有小字"般若五百六十九十二果"。唐玄奘译。经文见《大正藏》第7册，第940页C栏第19行至第941页A栏第4行。

Дх.17195 **大般若波罗蜜多经卷第二百七十五初分难信解品第三十四之九十四**

见Дх.17071。

Дх.17196 **别译杂阿含经卷第二**

刻本。存5行，行3至17字。起："不放逸"，讫："我愿随"。失译。经文见《大正藏》第2册，第387页A栏第16行至第24行。

Дх.17197 **大般若波罗蜜多经卷第一百三十七初分校量功德品第三十之三十五**

刻本。存2行。录文："人等为无上菩/行若无常说。"唐玄奘译。经文见《大正藏》第5册，第746页B栏第6行至第7行。

Дх.17198 **大般若波罗蜜多经题签**

录文："大般若波罗蜜多经卷第五百六十五果。"

Дх.17199 **大般若波罗蜜多经卷第五百六十九第六分法性品第六**

刻本。存3行。录文："说诸/此微妙/告最胜天王当。"唐玄奘译。经文见《大正藏》第7册，第936页C栏第8行至第11行。

Дх.17200 **大般若波罗蜜多经卷第五百六十九第六分法性品第六**

刻本。存3行。录文："诸菩萨作/犯如世尊/种饮。"唐玄奘译。经文见《大正藏》第7册，第939页B栏第19行至第20行。

Дх.17201 **金光明最胜王经卷第三灭业障品第五**

刻本。存2行。录文："德不可/提不可。"唐义净译。经文见《大正藏》第16册，第416页C栏第2行至第4行。此句还见于《大方广佛华严经卷第二十九》。

Дх.17202 **残佛经**

存"本来"2字。不可定名。

Дх.17203 **大般若波罗蜜多经卷第五百六十九第六分法性品第六**

刻本。存2行。录文："相一切异生为执/萨行深般若波。"唐玄奘译。经文见《大正藏》第7册，第937页B栏第9行至第10行。此卷2行经文为Дх.17185首2行上部经文，残字可拼接。

Дх.17204 **阿毗达磨顺正理论卷第十七辩差别品第二之九**

刻本。存3行。录文："性事如有/如有/处言若。"尊者众贤造、唐玄奘译。经文见《大正藏》第29册，第435页B栏第20行至第22行。

Дх.17205 **大般若波罗蜜多经卷第二百四十一初**

分难信解品第三十四之六十

刻本。存2行。录文："清净/净若不。"唐玄奘译。经文见《大正藏》第6册，第219页A栏第21行至第22行。

Дх.17206　残佛经

存"众生"2字。

Дх.17207　佛说十地经卷第二菩萨极喜地之余

刻本。存10行，行16字。首题："佛说十地经卷第二书"，讫："佛地解释"。唐尸罗达摩译。经文见《大正藏》第10册，第539页C栏第1行至第11行。

Дх.17208　杂阿含经卷第十七杂因诵第三品之五

刻本。存7行，行4至7字。起："众生安住"，讫："欢喜从座"。宋求那跋陀罗译。经文见《大正藏》第2册，第117页C栏第15行至第24行。

Дх.17209　金光明最胜王经卷第三灭业障品第五

刻本。存9行，行1至11字。起："明六通自"，讫："乐"。经文中有小字"金光明九"。唐义净译。经文见《大正藏》第16册，第417页A栏第7行至第18行。

Дх.17210　妙法莲华经卷第四提婆达多品第十二

刻本。存10行，行3至13字。起："于恐畏世"，中题："妙法莲华经提婆达多品第十二"，讫："供给走使"。品题前仅存1行为"见宝塔品第十一"最后四句偈语。后秦鸠摩罗什译。经文见《大正藏》第9册，第34页B栏第22行至C栏第3行。

Дх.17211　别译杂阿含经卷第二

刻本。存41行，行6至17字。起："佛说是"，中题："别译杂阿含二十渊""别译杂阿含经二十一渊"，讫："给孤独园"。失译。经文见《大正藏》第2册，第384页B栏第23行至第385页A栏第7行。现刊本为《别译杂阿含经卷第二》(三三)、(三四)、(三五)，其中(三四)、(三五)经文全。

Дх.17211V　大般若波罗蜜多经卷第四百三十

三残片。其一，存2行。中题："妙法莲华经提婆达多品第十二。"录文："言无说世尊由此般若波罗蜜/说非有相状言说是故如来应。"唐玄奘译。经文见《大正藏》第7册，第162页B栏第17行至第19行。其二，存1行，总4字。录文："右膝着地。"其三，存2行，录文："独园/声闻。"均为补纸。

Дх.17212　大般若波罗蜜多经卷第五百六十九第六分分法性品第六

刻本。存2行。录文："王子相/救护一。"唐玄奘译。经文见《大正藏》第7册，第940页B栏第23行至第24行。

Дх.17213　杂阿含经卷第三

刻本。存2行。录文："正观皆/说欢喜。"宋求那跋陀罗译。经文见《大正藏》第2册，第16页B栏第10行至第11行。

Дх.17214　大般若波罗蜜多经卷第五百六十九第六分法性品第六

刻本。存13行，行5至14字。起："自摄身不"，讫："法若未来"。唐玄奘译。经文见《大正藏》第7册，第940页A栏第20行至B栏第5行。

Дх.17215　佛说如来不思议秘密大乘经卷第十一转法轮品第十四之一

刻本。存3行。录文："生欢喜/多罗三藐三菩/初登最上。"法护等译。经文见《大正藏》第11册，第730页C栏第27行至第29行。

Дх.17216　阿毗达磨俱舍论卷第五分别根品第二之三

刻本。存2行。录文："非不越无漏/未得诸漏。"世亲菩萨造、唐玄奘译。经文见《大正藏》第29册，第25页B栏第11行至第12行。

Дх.17217　别译杂阿含经卷第二

刻本。存3行，行1至5字。起："南"，讫："足戒法尔"。经文见《大正藏》第2册，第387页A栏第12行至第14行。

Дх.17218　残佛经

存"现/共"2字。不可定名。

Дх.17219　妙法莲华经卷第四见宝塔品第十一

刻本。存4行,行1至5字。起:"自",讫:"久灭度"。后秦鸠摩罗什译。经文见《大正藏》第9册,第34页A栏第2行至第6行。经文"读诵",现刊本为"读说"。与Дх.17238、Дх.17224同经同卷,可缀合。顺序为Дх.17219+Дх.17238+Дх.17224。

Дх.17220 大般若波罗蜜多经卷第五百二十一第三分见不动品第二十五之二

刻本。存10行,行9至13字。起:"之二",讫:"故善"。唐玄奘译。经文见《大正藏》第7册,第672页A栏第8行至第16行。

Дх.17221 Дх.17222 残佛经

Дх.17223 大方广佛华严经卷第七普贤三昧品第三

刻本。存4行,行1至3字。起:"佛",讫:"念无差"。唐实叉难陀译。经文见《大正藏》第10册,第33页B栏第18行至第20行。

Дх.17224 妙法莲华经卷第四见宝塔品第十一

刻本。存3行,行4字。录文:"养我及多/方为是经/饰诸世界。"后秦鸠摩罗什译。经文见《大正藏》第9册,第34页A栏第10行至第13行。与Дх.17238、Дх.17219同经同卷,可缀合。顺序为Дх.17219+Дх.17238+Дх.17224。

Дх.17225 阿毗达磨俱舍论本颂(说一切有部)分别界品第一(四十四颂)

刻本。存3行,行3至4字。起:"触十一",讫:"湿暖动性"。世亲菩萨造、唐玄奘译。经文见《大正藏》第29册,第311页A栏第17行至第21行。

Дх.17226 大般若波罗蜜多经

存3行。录文:"若/现汝/杂。"未检出。

Дх.17227 金光明最胜王经卷第三灭业障品第五

刻本。存2行,行4字。录文:"自鸣放金/佛言世尊。"唐义净译。经文见《大正藏》第16册,第416页C栏第25行至第26行。

Дх.17228 阿毗达磨俱舍论卷第六分别根品第二之四

刻本。存3行,行6至7字。起:"受由此善",讫:"世尊心得"。世亲菩萨造、唐玄奘译。经文见《大正藏》第29册,第34页C栏第29行至第35页A栏第2行。

Дх.17229 残佛经

存2行。录文:"我/日难。"不可定名。

Дх.17230 佛说长阿含经卷第十八(三〇)第四分世纪经阎浮提州品第一

刻本。存5行,行3至4字。起:"天宫过",讫:"行树七"。后秦佛陀耶舍共竺佛念译。经文见《大正藏》第1册,第115页A栏第24行至B栏第1行。

Дх.17231 大乘宝要义论卷第二

刻本。存30行,行1至14字。起:"我/欲功",中题:"大乘宝要义论卷二弟二咸字号大乘宝要(下残)"。讫:"亦"。法护等译。经文见《大正藏》第32册,第52页B栏第27行至C栏第20行。

Дх.17232 金光明最胜王经卷第三灭业障品第五

刻本。存13行,行4至9字。起:"持读诵通",讫:"当出现"。唐义净译。经文见《大正藏》第16册,第416页C栏第20行至第417页A栏第5行。

Дх.17233 杂阿含经卷第三

刻本。存4行,行6至7字。起:"求那跋陀罗译",讫:"是生死法"。宋求那跋陀罗译。经文见《大正藏》第2册,第15页B栏第6行至第10行。

Дх.17234 残佛经

刻本。存4行,行3至6字。未检出。

Дх.17235 别译杂阿含经卷第二

刻本。存2行。录文:"寻驾车/知是时尔。"失译。经文见《大正藏》第2册,第387页A栏第5行至第6行。

Дх.17236 大般若波罗蜜多经卷第五百六十九第六分法性品第六

刻本。存16行,行4至15字。起:"人种谷",讫:"安住佛法"。唐玄奘译。经文见《大正藏》第29册,第35页A栏第11行至第17行。

Дх.17237 **阿毗达磨俱舍论卷第五分别根品第二之三**

刻本。存2行，行2至4字。录文："知异/为有为之。"世亲菩萨造、唐玄奘译。经文见《大正藏》第29册，第27页A栏第20行至第21行。

Дх.17238 **妙法莲华经卷第四见宝塔品第十一**

刻本。存2行。录文："诸佛子等谁能护法/其有能护此经法者。"后秦鸠摩罗什译。经文见《大正藏》第9册，第34页A栏第8行至第10行。与Дх.17224、Дх.17219同经同卷，可缀合。顺序为Дх.17219+Дх.17238+Дх.17224。

Дх.17239 **残佛经**

存2行。录文："於我灭/我。"不可定名。

Дх.17240 **大般若波罗蜜多经卷第五百六十九第六分法性品第六**

刻本。存4行。录文："则能/诸/饶/行深。"唐玄奘译。经文见《大正藏》第7册，第937页B栏第11行至第15行。

Дх.17241 **大方广佛华严经卷第七普贤三昧品第三**

刻本。存3行。录文："佛名舒/相好庄/佛种种。"唐实叉难陀译。经文见《大正藏》第10册，第33页B栏第9行至第11行。

Дх.17242 **大般若波罗蜜多经卷第五百六十九第六分法性品第六**

刻本。存2行。录文："怜愍世间/我大师善得胜。"唐玄奘译。经文见《大正藏》第7册，第939页B栏第17行至第18行。

Дх.17243 **仪轨**

刻本。仅存首题。录文："出吉祥胜初教王瑜伽经勒特进试鸿胪卿大兴善寺三藏沙门大广智不空奉。"后缺。

Дх.17244 **妙法莲华经卷第四见宝塔品第十一**

刻本。存10行，行2至10字。起："虽能"，讫："持者"。全部为偈语。后秦鸠摩罗什译。经文见《大正藏》第9册，第34页B栏第4行至第15行。

Дх.17245 **大方广佛华严经卷第七普贤三昧品第三**

刻本。存5行，行3至4字。起："称赞一切"，讫："中而说"。唐实叉难陀译。经文见《大正藏》第10册，第33页C栏第20行至第24行。

Дх.17246 **杂阿含经卷第三**

刻本。存7行，行2至7字。起："作已"，讫："乐增"。宋求那跋陀罗译。经文见《大正藏》第2册，第16页C栏第25行至第17页A栏第3行。

Дх.17247 **别译杂阿含经卷第二**

刻本。存6行，行2至7字。起："桓因诣"，讫："云何忍"。失译。经文见《大正藏》第2册，第386页A栏第21行至第27行。

Дх.17248 **杂阿含经卷第三**

刻本。存2行，行2至7字。起："识/何受想行"，讫："识灭比丘如是/识集"。宋求那跋陀罗译。经文见《大正藏》第2册，第15页B栏第14行至第19行。

Дх.17249 **阿毗达磨俱舍论卷第六分别根品第二之四**

刻本。存5行，行6至12字。起："妻子等事"，讫："增果同"。世亲菩萨造、唐玄奘译。经文见《大正藏》第29册，第35页A栏第11行至第17行。

Дх.17250 **金光明最胜王经卷第三灭业障品第五**

刻本。存6行，行3至7字。起："大功德"，讫："雨哀愍勤"。唐义净译。经文见《大正藏》第16册，第415页A栏第15行至第21行。卷中正文间有小字"卷"。

Дх.17251 **别译杂阿含经卷第二**

刻本。存10行，行2至9字。起："而坐佛告"，讫："譬如"。失译。经文见《大正藏》第2册，第385页B栏第14行至第23行。

Дх.17252 **妙法莲华经卷第四提婆达多品第十二**

刻本。存5行，行6至9字。起："世间所稀有"，讫："今故为汝说"。全部为偈语。后秦鸠摩罗什译。经文见《大正藏》第9册，第34页C栏第15行至第24行。

Дх.17252V 残佛经

存4行，行4字。未检出。

Дх.17253 妙法莲华经卷第四见宝塔品第十一

刻本。存9行，行1至9字。起："高"，讫："饿鬼畜生"。后秦鸠摩罗什译。经文见《大正藏》第9册，第33页A栏第25行至B栏第4行。

Дх.17254 别译杂阿含经卷第二

刻本。存4行，行6至8字。起："诸有瞋恚"，讫："又常赞"。失译。经文见《大正藏》第2册，第385页A栏第25行至第29行。

Дх.17255 金光明最胜王经卷第三灭业障品第五

刻本。存5行，行4至8字。起："如是过"，讫："一切菩萨"。唐义净译。经文见《大正藏》第16册，第415页A栏第12行至第16行。与Дх.17260为同一段经文，此为下半段，有4行文字可缀合。

Дх.17256 残佛经

存2行，行1字。不可定名。

Дх.17257 妙法莲华经卷第四见宝塔品第十一

刻本。存4行。录文："数劫/灭度后/无量诸佛/宝如来。"后秦鸠摩罗什译。经文见《大正藏》第9册，第33页C栏第19行至第23行。

Дх.17258 金光明最胜王经卷第三灭业障品第五

刻本。存3行，行4至6字。起："是义故说"，讫："正念成就"。唐义净译。经文见《大正藏》第16册，第414页C栏第15行至第18行。

Дх.17259 残佛经

存一"释"字。不可定名。

Дх.17260 金光明最胜王经卷第三灭业障品第五

刻本。存7行，行2至11字。起："界一切众"，讫："心"。唐义净译。经文见《大正藏》第16册，第415页A栏第9行至第16行。与Дх.17255为同一段经文，此为上半段。

Дх.17261 别译杂阿含经卷第二

刻本。存3行，行4至6字。起："阿罗汉"，讫："得梨言汝"。失译。经文见《大正藏》第2册，第387页A栏第20行至第24行。

Дх.17262 别译杂阿含经卷第二

刻本。存5行，行7至8字。起："已讫诣帝"，讫："见汝合掌"。失译。经文见《大正藏》第2册，第387页B栏第4行至第8行。

Дх.17263 妙法莲华经卷第四见宝塔品第十一

刻本。存9行，行1至7字。起："若"，讫："阿罗汉具"。全部为偈语。后秦鸠摩罗什译。经文见《大正藏》第9册，第34页A栏第26行至B栏第7行。

Дх.17264 妙法莲华经卷第四见宝塔品第十一

刻本。存7行，行1至4字。起："今"，讫："告诸大"。全部为偈语。后秦鸠摩罗什译。经文见《大正藏》第9册，第33页C栏第25行至第34页A栏第4行。与Дх.17267同卷同品，此为前段，两卷之间缺2行8句偈语。

Дх.17265 大方广佛华严经卷第六如来现相品第二

刻本。存2行，行6至7字。录文："佛刹微生数光明/众妙宝色普照。"唐实叉难陀译。经文见《大正藏》第10册，第26页C栏第8行至第9行。

Дх.17266 别译杂阿含经

刻本。存1行，总5字。录文："毗摩质多罗。"失译。经文见《大正藏》第2册。甚残，无法确指具体卷品。

Дх.17267 妙法莲华经卷第四见宝塔品第十一

刻本。存13行，行3至9字。起："其塔中"，讫："常为听法"。后秦鸠摩罗什译。经文见《大正藏》第9册，第33页C栏第7行至第21行。与Дх.17264同卷同品，此为后段，两卷之间缺2行8句偈语。

Дх.17268 大方广佛华严经卷第七普贤三昧品第三

刻本。存2行，行3字。录文："尘中所/三昧法。"唐实叉难陀译。经文见《大正藏》第10册。甚残，无法确知具体卷数。

Дх.17269 大方广佛华严经卷第七普贤三昧品第三

刻本。存2行，行2字。录文："界海/悉亦。"唐实叉难陀译。经文见《大正藏》第10册，第33页B栏第8行至第9行。

Дх.17270　别译杂阿含经卷第二

刻本。存5行，行2至13字。起："如时其"，讫："堂"。失译。经文见《大正藏》第2册，第385页B栏第17行至第22行。

Дх.17271　杂阿含经卷第三

刻本。存6行，行1至6字。起："是名随法"，讫："法"。宋求那跋陀罗译。经文见《大正藏》第2册，第16页A栏第9行至第14行。

Дх.17272　杂阿含经卷第三

刻本。存2行。录文："若麁/我欲界断坏。"宋求那跋陀罗译。经文见《大正藏》第2册，第45页C栏第8行至第9行。

Дх.17273　大方广佛华严经卷第七普贤三昧品第三

刻本。存4行，行3至5字。起："十种大"，讫："王云称扬"。唐实叉难陀译。经文见《大正藏》第10册，第33页C栏第15行至第18行。

Дх.17274　杂阿含经卷第三

刻本。存6行，行1至4字。起："于"，讫："不取于识"。宋求那跋陀罗译。经文见《大正藏》第2册，第15页B栏第25行至C栏第1行。

Дх.17275　残佛经

存6行，行1字。不可定名。

Дх.17276　阿毗达磨俱舍论卷第二十分别随眠品第五之二

刻本。存3行，行2至5字。起："即无色界"，讫："准此"。世亲菩萨造、唐玄奘译。经文见《大正藏》第29册，第107页A栏第5行至第7行。

Дх.17277　阿毗达磨俱舍论卷第二十分别随眠品第五之二

刻本。存3行，行1至6字。起："断"，讫："部色界有"。世亲菩萨造、唐玄奘译。经文见《大正藏》第29册，第106页C栏第29行至第107页A栏第2行。

Дх.17278　大方广佛华严经卷第七普贤三昧品第三

刻本。存4行。录文："云悦/雨如是/诸/颂言。"唐实叉难陀译。经文见《大正藏》第10册，第33页C栏第21行至第24行。

Дх.17279　大方广佛华严经卷第七世界成就品第四

刻本。存6行。录文："坏清净智/智/可思议/入一切/智一切/如来无。"唐实叉难陀译。经文见《大正藏》第10册，第34页B栏第16行至第20行。

Дх.17280　大般若波罗蜜多经卷第五百六十九第六分法性品第六

刻本。存6行，行2至5字。起："皆断离之"，讫："实觉"。唐玄奘译。经文见《大正藏》第7册，第940页A栏第24行至B栏第1行。

Дх.17281　大般若波罗蜜多经卷第五十初分大乘铠品第十四之三

刻本。存6行。首题："大般若波罗蜜多经卷第五十/初分大乘铠品第十四之三"，讫："故无缚无"。唐玄奘译。经文见《大正藏》第5册，第287页A栏第1行至第6行。

Дх.17282　大般若波罗蜜多经卷第五百六十九第六分法性品第六

刻本。存10行，行9至19字。起："回施诸余"，讫："常说法"。有小字中题："般若五百六十九十。"唐玄奘译。经文见《大正藏》第7册，第940页A栏第11行至第22行。

Дх.17283　妙法莲华经卷第四见宝塔品第十一

存3行。录文："护持/宝佛虽/如来及与。"后秦鸠摩罗什译。经文见《大正藏》第9册，第34页A栏第4行至第7行。

Дх.17284　杂阿含经卷第三

刻本。存9行，行2至11字。起："生贪欲"，讫："想行"。有小字中题："杂阿含三四盛。"宋求那跋陀罗译。见《大正藏》第2册，第16页B栏第6行至第15行。

Дx.17285 **残佛经**

存"尚为"2字。不可定名。

Дx..17286 **金光明最胜王经卷第三灭业障品第五**

刻本。存12行，行2至13字。起："为四一者"，讫："三菩"。唐义净译。经文见《大正藏》第16册，第414页C栏第18行至第415页A栏第3行。

Дx.17287 **别译杂阿含经卷第二**

刻本。存9行，行3至6字。起："比丘"，讫："阿修罗王"。经文中有小字标题："别译杂。"经文见《大正藏》第2册，第385页C栏第8行至第14行。

Дx.17288 **妙法莲华经卷第四见宝塔品第十一**

刻本。存6行，行3至5字。起："诸山王通"，讫："于他"。经文见《大正藏》第9册，第33页A栏第29行至B栏第5行。

Дx.17289 **阿毗达磨俱舍论卷第七分别根品第二之五**

刻本。存4行，行1至7字。起："相"，讫："说为生因"。世亲菩萨造、唐玄奘译。经文见《大正藏》第29册，第38页B栏第6行至第10行。

Дx.17290 **大般若波罗蜜多经卷第五百二十一第三分见不动品第二十五之五**

刻本。存3行，行3至5字。首题："大般若波罗/第三分见"，讫："次善"。唐玄奘译。经文见《大正藏》第7册，第672页A栏第5行至第9行。

Дx.17291 **杂阿含经卷第三**

刻本。存14行，行2至13字。起："灭生"，讫："凡夫不"。有小字中题："杂阿含三七盛。"宋求那跋陀罗译。经文见《大正藏》第2册，第17页B栏第8行至第22行。

Дx.17292 **金光明最胜王经卷第三灭业障品第五**

刻本。存16行，行3至15字。起："得无碍速"，讫："为他"。有小字中题："金光三。"唐义净译。经文见《大正藏》第16册，第416页C栏第2行至第20行。第13行至第14行中间有小字"现"，不明其义。

Дx.17293 **大般若波罗蜜多经卷第五百六十九第六分法性品第六**

刻本。存2行，录文："由此二缘/诸烦。"唐玄奘译。经文见《大正藏》第7册，第937页A栏第24行至第25行。

Дx.17294 **大般若波罗蜜多经卷第五百二十二第三分见不动品第二十五之二**

刻本。存4行，录文："若菩萨/不能/蜜多何/二者不。"唐玄奘译。经文见《大正藏》第7册，第672页A栏第19行至第21行。

Дx.17295 **金光明最胜王经卷第三灭业障品第五**

刻本。存8行，行2至4字。起："余是"，讫："善男"。唐义净译。经文见《大正藏》第16册，第414页C栏第8行至第17行。

Дx.17296 **大般若波罗蜜多经卷第一百二十六初分校量功德品第三十之二十四**

存2行，录文："处观礼读/罗蜜多供。"唐玄奘译。经文见《大正藏》第5册，第693页A栏第27行至第28行。

Дx.17297 **妙法莲华经卷第四见宝塔品第十一**

刻本。存3行，行5至6字。起："恒沙等来"，讫："久住故来"。后秦鸠摩罗什译。经文见《大正藏》第9册，第33页C栏第22行至第25行。第2行与第3行之间有小字"五"和"十"。与Дx.17264、Дx.17267、Дx.17288为同经同品残片，此段上接Дx.17267。

Дx.17298 **别译杂阿含经卷第二**

刻本。存3行，行3字。起："言帝释"，讫："释脂之"。失译。经文见《大正藏》第2册，第386页A栏第24行至第26行。

Дx.17299 **杂阿含经卷第四十九**

刻本。存1行，总9字。录文：菩提尔时天帝释白佛。"宋求那跋陀罗译。经文见《大正藏》第2册，第362页B栏。

Дx.17300 **大般若波罗蜜多经卷第五百一十六第三分空相品第二十一之二**

刻本。存1行,总6字。录文:"乃至断命恶心。"唐玄奘译。失译。经文见《大正藏》第7册,第641页A栏第25行。

Дх.17301A 大般若波罗蜜多经卷第五百六十九第六分法性品第六

刻本。存26行,行7至11字。起:"般波罗蜜",讫:"深般若波"。唐玄奘译。经文见《大正藏》第7册,第937页A栏第15行至B栏第8行。

Дх.17301B 金光明最胜王经卷第三灭业障品第五

刻本。存5行,行6至10字。起:"种种得益",讫:"如来为欲"。唐义净译。经文见《大正藏》第16册,第416页C栏第28行至第417页A栏第4行。

Дх.17302 阿毗达磨俱舍论卷第六分别根品第二之四

刻本。存6行,行5至9字。起:"论曰言后",讫:"于五识身"。世亲菩萨造、唐玄奘译。经文见《大正藏》第29册,第35页A栏第18行至第23行。

Дх.17303　Дх.17304 残片

极残,不可定名。

Дх.17305 大方广佛华严经卷第七普贤三昧品第三

刻本。存5行,行1至7字。起:"语",讫:"有普贤"。唐实叉难陀译。经文见《大正藏》第10册,第33页B栏第5行至第8行。

Дх.17306至Дх.17310 残片

极残,不可定名。

Дх.17311 别译杂阿含经卷第二

刻本。存1行,总8字。录文:"时阿修罗亦敕已众。"失译。经文见《大正藏》第2册,第386页A栏第20行至第21行。

Дх.17312 金光明最胜王经卷第三灭业障品第五

刻本。存4行,行2至7字。起:"如",讫:"无"。唐义净译。经文见《大正藏》第16册,第415页A栏第17行至第20行。

Дх.17313 别译杂阿含经卷第二

刻本。存1行,总6字。录文:"我观业制愚默。"失译。经文见《大正藏》第2册,第386页A栏第3行。

Дх.17314 别译杂阿含经卷第二

刻本。存3行,行2至4字。起:"心怀惧故",讫:"复有"。失译。经文见《大正藏》第2册,第387页B栏第9行至第11行。

Дх.17315 金光明最胜王经卷第三灭业障品第五

刻本。存5行,行4至9字。起:"果不还果",讫:"缘生如来"。唐义净译。经文见《大正藏》第16册,第414页C栏第2行至第7行。

Дх.17316 别译杂阿含经卷第二

刻本。存5行,行1至5字。起:"见帝释时",讫:"面前"。失译。经文见《大正藏》第2册,第386页A栏第23行至第27行。

Дх.17317 金光明最胜王经卷第三灭业障品第五

刻本。存2行。录文:"汉果诸漏已尽/度九十千亿亿万众皆。"唐义净译。经文见《大正藏》第16册,第417页A栏第6行至第8行。

Дх.17318 大方广佛华严经卷第七世界成就品第四

刻本。存2行。录文"如是观/萨言。"唐实叉难陀译。经文见《大正藏》第10册,第34页B栏第14行至第15行。

Дх.17319 金光明最胜王经卷第三灭业障品第五

刻本。存6行,行1至8字。起:"说",讫:"为四一者"。唐义净译。经文见《大正藏》第16册,第414页C栏第23行至第28行。

Дх.17320 别译杂阿含经卷第二

刻本。存5行,行2至7字。起:"摩得",讫:"犹尚恭"。失译。经文见《大正藏》第2册,第386页C栏第23行至第28行。

Дх.17321 别译杂阿含经卷第二

刻本。存2行。录文:"将欲战斗治/诸天。"失译。经文见《大正藏》第2册,第386页A栏第18行至第19行。

Дх.17322 金光明最胜王经卷第三灭业障品第五

刻本。存2行。录文："为此三世刹土/三世。"唐义净译。经文见《大正藏》第16册,第416页C栏第3行至第4行。

Дх.17323 大般若波罗蜜多经卷第一百三十七初分校量功德品第三十之三十五

刻本。存2行。录文："男子善女人等如是求证/若无常求诸佛。"唐玄奘译。经文见《大正藏》第5册,第746页C栏第6行至第7行。

Дх.17324 Дх.17325 残佛经

极残,不可定名。

Дх.17326 大般若波罗蜜多经卷第一百三十七初分校量功德品第三十之三十五

刻本。存4行,行8字。起:"无上正等",讫:"皆是说有"。唐玄奘译。经文见《大正藏》第5册,第746页C栏第8行至第11行。

Дх.17327 大般若波罗蜜多经卷第一百四十初分校量功德品第三十三之三十八

刻本。存8行,行1至8字。起:"似",讫:"诸佛无上"。唐玄奘译。经文见《大正藏》第5册,第762页C栏第18行至第26行。

Дх.17328至Дх.17330 残佛经

极残,不可定名。

Дх.17331 别译杂阿含经卷第二

刻本。存5行,行2至9字。起:"奉行",讫:"以五缚束"。失译。经文见《大正藏》第2册,第386页A栏第15行至第20行。

Дх.17332 妙法莲华经卷第四见宝塔品第十一

刻本。存上半段,共12行,行1至5字。起:"由他恒沙",讫:"各坐"。有小字中题:"五""九"。后秦鸠摩罗什译。经文见《大正藏》第9册,第33页B栏第13行至第24行。与Дх.17264、Дх.17267、Дх.17288为同卷同品残片。

Дх.17333 Дх.17334 残佛经

极残,不可定名。

Дх.17335 金光明最胜王经卷第三灭业障品第五

刻本。存2行。录文："戒出离/于十方世。"唐义净译。经文见《大正藏》第16册,第414页C栏第27行至第28行。

Дх.17336A 佛说佛名经

存2行。录文："南无/南无。"未检出。

Дх.17336B 妙法莲华经卷第四见宝塔品第十一

刻本。总2行。录文："诸佛/其宝树下。"后秦鸠摩罗什译。经文见《大正藏》第9册,第33页A栏第14行至第15行。

Дх.17337 金光明最胜王经卷第三灭业障品第五

刻本。存2行。录文："障永得清净/二者于甚深。"唐义净译。经文见《大正藏》第16册,第414页C栏第17行至第19行。

Дх.17338 别译杂阿含经卷第二

刻本。存7行,行2至10字。起:"驾千马车",讫:"属于"。失译。经文见《大正藏》第2册,第387页A栏第4行至第10行。

Дх.17339 残佛经

存"波罗"2字。不可定名。

Дх.17340 佛说佛名经卷第八

刻本。存3行。录文："门种名火德/名庄严/知。"北魏菩提流支译。经文见《大正藏》第14册,第162页B栏第5行至第7行。

Дх.17341 别译杂阿含经卷第二

刻本。存4行,行4至10字。起:"在舍卫国",讫:"已讫宜知"。失译。经文见《大正藏》第2册,第386页C栏第9行至第12行。

Дх.17342 别译杂阿含经卷第二

刻本。存4行,行3至7字。起:"佛在舍卫",讫:"等今者"。失译。经文见《大正藏》第2册,第385页C栏第11行至第14行。

Дх.17343 别译杂阿含经卷第二初诵第二

刻本。存4行。录文："十三天最为/於忍况诸比/忍若能/丘闻佛。"失译。经文见《大正藏》第2册,第386页C栏第4行至第7行。

Дx.17344 **金光明最胜王经卷第三灭业障品第五**

刻本。存5行,行1至6字。起:"心",讫:"多罗三藐"。唐义净译。经文见《大正藏》第16册,第414页C栏第29行至第415页A栏第3行。

Дx.17345 **别译杂阿含经卷第二**

刻本。存9行,行2至11字。起:"是语已合",讫:"得梨汝严"。有小字中题:"别译杂阿含二十七。"失译。经文见《大正藏》第2册,第387页A栏第25行至B栏第3行。

Дx.17346 **大方广佛华严经卷第七普贤三昧品第三**

刻本。存4行,行4至6字。起:"是时十方",讫:"神通之事"。唐实叉难陀译。经文见《大正藏》第10册,第33页B栏第9行至第12行。

Дx.17347 **别译杂阿含经卷第三**

刻本。存1行,总6字。录文:"诸比丘闻佛所。"失译。经文见《大正藏》第2册,第388页A栏第27行。

Дx.17348 **残佛经**

存3行,行1字。不可定名。

Дx.17349 **别译杂阿含经卷第二**

刻本。存3行,行6字。起:"今我见忍",讫:"已利最为"。失译。经文见《大正藏》第2册,第385页C栏第22行至第25行。

Дx.17350 **残佛经**

存2行。录文:"界清/切智。"不可定名。

Дx.17351 **金光明最胜王经卷第三灭业障品第五**

刻本。存5行,行7至10字。起:"在安乐过",讫:"一句一颂"。唐义净译。经文见《大正藏》第16册,第415页C栏第22行至第27行。

Дx.17352 **金光明最胜王经卷第三灭业障品第五**

刻本。存3行。录文:"转一生补/欢过去未来/复于。"唐义净译。经文见《大正藏》第16册,第415页A栏第15行至第18行。

Дx.17353 **金光明最胜王经卷第三灭业障品第五**

刻本。存9行,行3至6字。起:"因缘",讫:"云何"。唐义净译。经文见《大正藏》第16册,第414页C栏第8行至第18行。

Дx.17354 **金光明最胜王经卷第三灭业障品第五**

刻本。存4行,行4至8字。起:"请功德过",讫:"大千世界"。唐义净译。经文见《大正藏》第16册,第415页B栏第19行至第23行。

Дx.17355 **残佛经**

存2行。录文:"胜/修。"不可定名。

Дx.17356 **金光明最胜王经卷第三灭业障品第五**

刻本。存2行。录文:"行有能行/随善。"唐义净译。正文中有小字"金光三四"。经文见《大正藏》第16册,第415页A栏第4行至第5行。

Дx.17357 **别译杂阿含经卷第二**

刻本。存2行。录文:"人众共相伤害/多罗语释提恒因。"失译。经文见《大正藏》第2册,第385页C栏第15行至第16行。

Дx.17358 **金光明最胜王经卷第三灭业障品第五**

刻本。存2行。录文:"果一来/若欲。"唐义净译。经文见《大正藏》第16册,第414页C栏第2行至第3行。

Дx.17359 **别译杂阿含经卷第二**

刻本。存2行。录文:"出家以修/于。"失译。经文见《大正藏》第2册,第387页A栏第16行至第18行。

Дx.17360 **别译杂阿含经**

刻本。存2行,行1至2字。录文:"告诸/摩。"失译。经文见《大正藏》第2册,第386页。甚残,无法兑出确切卷数。

Дx.17361 **别译杂阿含经卷第二**

刻本。存1行,总3字。录文:"摩质多。"失译。经文见《大正藏》第2册,第386页。甚残,无法确指具体卷品。

Дx.17362 **别译杂阿含经卷第二**

刻本。存4行,行3至7字。起:"若我以",讫:"以力禁制"。失译。经文见《大正藏》第2册,第386

页B栏第3行至第7行。

Дх.17363 残佛经

存"欢喜"2字。不可定名。

Дх.17364 别译杂阿含经卷第二

刻本。存3行。录文:"家学/诸比丘闻/舍卫。"失译。经文见《大正藏》第2册,第386页C栏第29行至第387页A栏第2行。

Дх.17365 残片

无字。

Дх.17366 金光明最胜王经卷第三灭业障品第五

刻本。存3行。录文:"若有善男子/食卧具医药/功德不。"中有小字"衣"。唐义净译。经文见《大正藏》第16册,第415页A栏第29行至B栏第1行。

Дх.17367 残片

无字。

Дх.17368 金光明最胜王经卷第三灭业障品第五

刻本。存4行,行4至10字。起:"世界所有",讫:"何以故"。唐义净译。经文见《大正藏》第16册,第415页A栏第27行至B栏第2行。

Дх.17369 Дх.17370 残佛经

极残,不可定名。

Дх.17371 版画残片

Дх.17372至Дх.17377 残佛经

极残,不可定名。

Дх.17378 版画残片

Дх.17379至Дх.17383 残佛经

极残,不可定名。

Дх.17384 大方广佛华严经卷第七世界成就品第四

刻本。存5行,行7至9字。起:"海智不可",讫:"议清净佛"。唐实叉难陀译。经文见《大正藏》第10册,第34页B栏第19行至第23行。

Дх.17385 金光明最胜王经卷第三灭业障品第五

刻本。存8行,行1至15字。起:"于斯身等",讫:"虚妄"。唐义净译。经文见《大正藏》第16册,第424页B栏第17行至第26行。

Дх.17386 残片

无字。

Дх.17387 残佛经

刻本。存6行。未检出。

Дх.17388 大般若波罗蜜多经卷第五百六十九第六分法性品第六

刻本。存4行,行4至7字。起:"土云何世",讫:"地平如掌"。唐玄奘译。经文见《大正藏》第7册,第941页C栏第16行至第19行。

Дх.17389 金光明最胜王经卷第三灭业障品第五

刻本。存6行,行1至9字。起:"喜一切众",讫:"重"。唐义净译。经文见《大正藏》第16册,第415页A栏第5行至第11行。

Дх.17390 Дх.17391 残佛经

极残,不可定名。

Дх.17392 别译杂阿含经卷第二

刻本。存2行。录文:"梨伽疾/时帝释。"失译。经文见《大正藏》第2册,第386页C栏第12行至第13行。

Дх.17393至Дх.17395 残佛经

极残,不可定名。

Дх.17396 四分律卷第二十五一百七十八单提法之二

刻本。存4行。录文:"日食/蒜都尽/无有惭/正法如是。"后秦佛陀耶舍共竺佛念等译。经文见《大正藏》第22册,第737页A栏第6行至第9行。

Дх.17397 金光明最胜王经卷第三灭业障品第五

刻本。存4行,行1至4字。起:"虽复",讫:"解脱"。唐义净译。经文见《大正藏》第16册,第415页C栏第18行至第21行。

Дх.17398 别译杂阿含经卷第二

刻本。存3行,行3至6字。起:"如是我闻",讫:"园敕御者"。失译。经文见《大正藏》第2册,第386

页C栏第9行至第11行。

Дx.17399 Дx.17400 残佛经

极残,不可定名。

Дx.17401 金光明最胜王经卷第三灭业障品第五

刻本。存4行,行3至7字。起:"作随喜时",讫:"妙之果"。唐义净译。经文见《大正藏》第16册,第415页A栏第8行至第12行。

Дx.17402 大般若波罗蜜多经卷第五百六十九第六分法性品第六

刻本。存20行,行7至11字。起:"起违逆以",讫:"伺不行菩"。唐玄奘译。经文见《大正藏》第7册,第937页A栏第15行至B栏第8行。

Дx.17403 大方广佛华严经卷第六如来现相品第二

刻本。存4行,行4至8字。起:"一一复有",讫:"众于光明"。唐实叉难陀译。经文见《大正藏》第10册,第26页C栏第7行至第10行。

Дx.17403V 民族文字残片

Дx.17404 金光明最胜王经卷第三灭业障品第五

刻本。存2行。录文:"有业障/未来业。"唐义净译。经文见《大正藏》第16册,第414页C栏第8行至第10行。

Дx.17405 妙法莲华经卷第四见宝塔品第十一

刻本。存3行。录文:"天/地宝树庄/严树。"后秦鸠摩罗什译。经文见《大正藏》第9册,第33页B栏第5行至第7行。

Дx.17406 Дx.17407 残佛经

Дx.17408 大方广佛华严经卷第七普贤三昧品第三

刻本。存1行,总4字。录文:"菩萨三昧。"唐实叉难陀译。经文见《大正藏》第10册。无法确指。

Дx.17409 残片

不可定名。

Дx.17410 杂阿含经卷第十七

刻本。存3行。录文:"闻多事/知是时时/座起。"宋求那跋陀罗译。经文见《大正藏》第2册,第117页C栏第20行至第22行。

Дx.17410V 民族文字残片

Дx.17411 残佛经

存一"演"字。不可定名。

Дx.17412 大般若波罗蜜多经卷第五百六十九第六分法性品第六

刻本。存17行,行2至11字。起:"可思",讫:"亦然虽在"。唐玄奘译。经文见《大正藏》第7册,第936页C栏第10行至第937页A栏第1行。

Дx.17413 大方广佛华严经卷第七普贤三昧品第三

刻本。存5行,行3至5字。起:"何得成",讫:"佛华严"。唐实叉难陀译。经文见《大正藏》第10册,第34页B栏第5行至第9行。

Дx.17414 四分律卷第二十五一百七十八阐提法之二

刻本。存7行,行1至5字。起:"肯与我时",讫:"愧"。后秦佛陀耶舍共竺佛念等译。经文见《大正藏》第22册,第737页A栏第3行至第8行。

Дx.17415 大般若波罗蜜多经卷第五百六十九第六分法性品第六

刻本。存7行,行11至12字。起:"修行不值",讫:"相离故"。唐玄奘译。经文见《大正藏》第7册,第940页B栏第6行至第12行。

Дx.17416 大方广佛华严经卷第七普贤三昧品第三

刻本。存4行,行1至3字。起:"以",讫:"来请"。唐实叉难陀译。经文见《大正藏》第10册,第33页B栏第10行至第13行。

Дx.17417 别译杂阿含经卷第二

刻本。存5行,行2至7字。起:"千马车时",讫:"言摩"。失译。经文见《大正藏》第2册,第387页A栏第4行至第8行。

Дx.17418 大般若波罗蜜多经卷第五百六十九第六分法性品第六

刻本。存2行。录文:"是诸菩/威仪清净威。"唐玄奘译。经文见《大正藏》第7册,第941页A栏第3行至第4行。

Дx.17419　**大方广佛华严经卷第七世界成就品第四**

刻本。存4行，行2至4字。起："一切"，讫："一切"。唐实叉难陀译。经文见《大正藏》第10册，第34页B栏第11行至第13行。

Дx.17420　**大方广佛华严经**

刻本。存1行，总3字。录文："海中皆。"唐实叉难陀译。经文见《大正藏》第10册。甚残，不可确指具体卷品。

Дx.17421　**大方广佛华严经卷第七普贤三昧品第三**

刻本。存6行，行2至3字。起："生语"，讫："故证"。唐实叉难陀译。经文见《大正藏》第10册，第33页B栏第4行至第9行。

Дx.17422　**别译杂阿含经卷第二**

刻本。存1行，总4字。录文："俱害故忍。"失译。经文见《大正藏》第2册，第387页A栏第7行。

Дx.17423　**妙法莲华经卷第四提婆达多品第十二**

刻本。存6行，行1至7字。起："皆"，讫："象马七"。后秦鸠摩罗什译。经文见《大正藏》第9册，第34页B栏第22行至第28行。与Дx.17426同经同卷同品，经文不可直接缀合。

Дx.17424　**别译杂阿含经卷第二**

刻本。存6行，行1至8字。起："摩得梨见"，讫："者"。失译。经文见《大正藏》第2册，第387页A栏第7行至第12行。

Дx.17425　**残佛经**

存"所观"2字。

Дx.17426　**妙法莲华经卷第四提婆达多品第十二**

刻本。存8行，行2至14字。起："敬与情"，讫："力等成正"。后秦鸠摩罗什译。经文见《大正藏》第9册，第34页C栏第19行至第29行。与Дx.17423同经同卷同品，经文不可直接缀合。

Дx.17427　Дx.17428　**残佛经**

极残，不可定名。

Дx.17429　**大方广佛华严经卷第七普贤三昧品第三**

刻本。存3行，行1至5字。起："众生于"，讫："云"。唐实叉难陀译。经文见《大正藏》第10册，第34页B栏第3行至第4行。

Дx.17430　**残佛经**

存"有众生"3字。不可定名。

Дx.17431　**别译杂阿含经卷第二**

刻本。存2行，录文："负谁当/罗亦有聪。"失译。经文见《大正藏》第2册，第385页C栏第17行至第18行。

Дx.17432　**残佛经**

存7行，行1字。不可定名。

Дx.17433A　**大般若波罗蜜多经卷第二百四十二**

刻本。仅存1行尾题。录文："大般若波罗蜜多经卷第二百四十二。"唐玄奘译。经文见《大正藏》第6册，第224页C栏第13行。

Дx.17433B　**大般若波罗蜜多经卷第二百四十二**

刻本。仅存尾题1行及题记6行。题记："清信奉佛弟子/宣差图栾参谋喜藏都通印经三藏□/集善利上资/皇化永转法轮普愿众生齐成佛道者/大朝国庚戌年月日/燕京弘法寺大藏经局印造记。"

Дx.17434　**残佛经**

存"而度无"3字。不可定名。

Дx.17435　**民族文字残片**

Дx.17436　**妙法莲华经卷第五药王菩萨本事品第二十三**

存12行，行12至21字。早期经生体经卷，字极秀美。起："解无上士"，讫："喜即作念"。后秦鸠摩罗什译。经文见《大正藏》第9册，第53页A栏第13行至第27行。

Дx.17437　**光赞经卷第一摩诃般若波罗蜜光赞品第一**

存16行，行3至18字。起："生蒙值光"，讫："反震动"。西晋竺法护译。经文见《大正藏》第8册，第147页B栏第26行至C栏第14行。与Дx.17439同卷，此为后段，经文可接，一字不缺。有异文。早期经卷。

Дх.17438 **妙法莲华经卷第二譬喻品第三**

存10行,行2至18字。起:"曾于",讫:"夫天"。后秦鸠摩罗什译。经文见《大正藏》第9册,第11页B栏第10行至第20行。早期经卷。

Дх.17439 **光赞经卷第一摩诃般若波罗蜜光赞品第一**

存26行,行17字。起:"日飔陀和",讫:"其有众"。西晋竺法护译。经文见《大正藏》第8册,第147页B栏第1行至第26行。与Дх.17437同卷,此为前段,经文可接,一字不缺。有异文。早期经卷。

Дх.17440 **大方等大集经卷第十七虚空藏菩萨品第八之四**

存22行,行4至16字。起:"退转地所",讫:"摄不轻躁"。北凉昙无谶译。经文见《大正藏》第13册,第121页A栏第6行至第25行。中有添加字,早期经卷。

Дх.17441 **郁迦罗越问菩萨行经上土品第一**

存27行,行15至17字。起:"尊说居家",讫:"受教敕"。西晋竺法护译。经文见《大正藏》第12册,第23页B栏第13行至C栏第19行。与现刊本相较,异文较多。早期经卷。

Дх.17442 **诗**

Дх.17443 **妙法莲华经卷第五从地踊出品第十五**

存14行,行16至20字。全部为偈语。起:"其志念坚固",讫:"乃不识一人"。后秦鸠摩罗什译。经文见《大正藏》第9册,第40页B栏第27行至C栏第27行。与Дх.17444、Дх.17445、Дх.17446、Дх.17454、Дх.17457可缀合,顺序为Дх.17445+Дх.17443+Дх.17457+Дх.17446+Дх.17444+Дх.17454。早期经卷。

Дх.17444 **妙法莲华经卷第五从地踊出品第十五**

存12行,行7至17字。起:"释迦牟尼",讫:"于此大众"。后秦鸠摩罗什译。经文见《大正藏》第9册,第41页A栏第11行至第29行。与Дх.17443、Дх.17445、Дх.17446、Дх.7454、Дх17457可缀合,顺序为Дх.17445+Дх.17443+Дх.17457+Дх.17446+Дх.17444+Дх.17454。早期经卷。

Дх.17445 **妙法莲华经卷第五从地踊出品第十五**

存3行,行2至13字。起:"问言",讫:"智慧叵思议"。后秦鸠摩罗什译。经文见《大正藏》第9册,第40页B栏第22行至第26行。与Дх.17443、Дх.17444、Дх.17446、Дх.17454、Дх.17457可缀合,顺序为Дх.17445+Дх.17443+Дх.17457+Дх.17446+Дх.17444+Дх.17454。经文"问言",现刊本为"问曰"。早期经卷。

Дх.17446 **妙法莲华经卷第五从地踊出品第十五**

存10行,行3至19字。起:"不识一人",讫:"呵萨名弥"。后秦鸠摩罗什译。经文见《大正藏》第9册,第40页C栏第27行至第41页A栏第11行。与Дх.17443、Дх.17444、Дх.17445、Дх.17454\Дх.17457可缀合,顺序为Дх.17445+Дх.17443+Дх.17457+Дх.17446+Дх.17444+Дх.17454。早期经卷。

Дх.17447 **太公家教**

存9行,后4行为题记。尾题:"□教一卷。"题记:"(上残)九敬白□身得行不负也/(上残)九月日吕惠达书记学子/(上残)不可列将归虽然无手笔/(上残)生郎期马土天堂□。"

Дх.17447V **五言诗、杂写**

学童习诗。录文:"春同年闻名不见面何时得""虽然无手笔 且作五言/即与盖即/朝有见幸请不/然无手笔且作"等。另有3行杂写。

Дх.17448 **维摩诘经疏**

Дх.17449 **黄石公之略**

存26行。

Дх.17449V **入破历**

Дх.17450至Дх.17452 **残佛经**

极残,不可定名。

Дх.17453 **黄帝内经素问**

Дх.17454 **妙法莲华经卷第五从地踊出品第十五**

存5行,行6至10字。起:"当精进一心",讫:"世尊说此"。后秦鸠摩罗什译。经文见《大正藏》

第9册,第41页A栏第20行至第28行。与Дх.17443、Дх.17444、Дх.17445、Дх.17446、Дх.17457可缀合,顺序为Дх.17445+Дх.17443+Дх.17457+Дх.17446+Дх.17444+Дх.17454。早期经卷。

Дх.17455 大智度论卷第二十三初品中十一智释论第三十八

存9行,行4至13字。起:"尽智无生",讫:"智比智"。龙树菩萨造、后秦鸠摩罗什译。经文见《大正藏》第25册,第233页A栏第9行至第21行。

Дх.17456 摩诃般若波罗蜜经卷第二往生品第四

存2行。录文:"有菩萨摩诃萨行六/亦不下。"后秦鸠摩罗什译。经文见《大正藏》第8册,第226页B栏第27行至第28行。

Дх.17457 妙法莲华经卷第五从地踊出品第十五

存4行,行1至5字。起:"未曾见是众",讫:"唯愿决众疑"。后秦鸠摩罗什译。经文见《大正藏》第9册,第40页C栏第26行至第41页A栏第3行。与Дх.17443、Дх.17444、Дх.17445、Дх.17446、Дх.17454可缀合,顺序为Дх.17445+Дх.17443+Дх.17457+Дх.17446+Дх.17444+Дх.17454。早期经卷。

Дх.17458 贤愚经卷第五迦旃延教老母卖贫品第二十六

存2行。录文:"言无也若/中或时无住止宿。"北魏慧觉等译。经文见《大正藏》第4册,第384页A栏第19行至第21行。

Дх.17459 大般涅槃经卷第三十师子吼菩萨品第十一之四

存2行。录文:"出其舍/我今如。"北凉昙无谶译。经文见《大正藏》第12册,第543页A栏第2行至第3行。

Дх.17460 残佛经

存3行,行2字。不可定名。

Дх.17461 佛经论释

存6行,疏双行小字。未检出。

Дх.17462 成实论卷第一四无畏品第三至十号品第四

存7行,行2至19字。起:"若如来成",讫:"书或"。诃梨跋摩造、后秦鸠摩罗什译。经文见《大正藏》第32册,第242页A栏第21行至B栏第3行。

Дх.17463 礼记月令

Дх.17463V 寂调音所问经

二残片。其一,存6行,行4至11字。起:"已发心者得不",讫:"萨见此光"。宋法海译。经文见《大正藏》第24册,第1081页B栏第6行至第11行。其二,存7行,行4至14字。起:"娑婆世界",讫:"于膝是时"。经文见《大正藏》第24册,第1081页B栏第22行至第29行。

Дх.17464 Дх.17465 残佛经

Дх.17466 妙法莲华经卷第六药王菩萨本事品第二十三

存5行,行6至7字。起:"第一此经",讫:"其愿如请"。后秦鸠摩罗什译。经文见《大正藏》第9册,第54页B栏第9行至第14行。

Дх.17467 譬喻经

存2行。录文:"譬喻经□□/是我闻。"唐义净译。经文见《大正藏》第4册。无法确指具体卷品。

Дх.17468 残佛经

Дх.17469 诗

存13行。

Дх.17470 残片

存17行。待定名。

Дх.17471 大般若波罗蜜多经卷第二百一十初分难信解品第三十四之三十二

存4行,行6至7字。起:"处清净声",讫:"现本性空"。唐玄奘译。经文见《大正藏》第6册,第67页A栏第27行至B栏第1行。

Дх.17472 佛说长阿含经卷第四游行经第二

刻本。存3行,行3至4字。起:"致问诸",讫:"君国内而"。后秦佛陀耶舍共竺佛念译。经文见《大正藏》第1册,第29页B栏第19行至第21行。

Дx.17473 **大乘起信论**

存3行。录文:"说因缘/种云/生心。"马鸣菩萨造、真谛译。经文见《大正藏》第32册,第575页C栏第18行至第21行。

Дx.17474 **放光般若经卷第十五摩诃般若波罗蜜六度相摄品第六十九**

存3行。录文:"谁识/之意/住禅摄。"西晋无罗叉译。经文见《大正藏》第8册,第108页A栏第19行至第22行。

Дx.17475 **残片**

存3行,行2字。不可定名。

Дx.17476 **金光明经卷第四流水长者子品第十六**

存2行。录文:"故号汝/水二。"北凉昙无谶译。经文见《大正藏》第16册,第352页C栏第3行至第5行。

Дx.17477至Дx.17481 **残佛经**

极残,不可定名。

Дx.17482 **大般涅槃经卷第三寿命品第一之三**

存3行,行3至6字。起:"加守护",讫:"时佛告伽"。北凉昙无谶译。经文见《大正藏》第12册,第380页B栏第14行至第16行。

Дx.17483至Дx.17494 **残佛经**

极残,不可定名。

Дx.17495 **妙法莲华经卷第七观世音菩萨普门品第二十五**

存6行,行2至7字。起:"为施",讫:"尔时佛告"。后秦鸠摩罗什译。经文见《大正藏》第9册,第57页B栏第23行至C栏第1行。

Дx.17496 **佛说大般泥洹经卷第五如来性品第十三**

存3行,行5至7字。起:"过覆故异",讫:"泽草牛食"。东晋法显译。经文见《大正藏》第12册,第886页C栏第3行至第5行。

Дx.17497 **金刚般若波罗蜜经**

存4行,行3至6字。起:"护念诸",讫:"菩提白佛"。北魏菩提流支译。经文见《大正藏》第8册,第752页C栏第26行至第29行。

Дx.17498至Дx.17503 **残佛经**

极残,不可定名。

Дx.17504 **大方等陀罗尼经卷第二授记分第二**

存4行,行2至5字。起:"是念",讫:"言作是念时"。北凉法众译。经文见《大正藏》第21册,第649页B栏第26行至第29行。与Дx.17505同经,此片在下部,可缀合。有异文。

Дx.17505 **大方等陀罗尼经卷第二授记分第二**

存2行。录文:"行尔时/众中作。"北凉法众译。经文见《大正藏》第21册,第649页B栏第24行至第26行。与Дx.17504同经,此片在上部,可缀合。

Дx.17506 **妙法莲华经卷第二譬喻品第三**

存2行。录文:"白佛言世/受阿耨多。"后秦鸠摩罗什译。经文见《大正藏》第9册,第12页B栏第2行至第3行。

Дx.17507 **残佛经**

存1行,总3字。录文:"持在心。"不可定名。

Дx.17508 **佛华严入如来德智不思议境界经卷下**

存2行,行1至5字。录文:"色若置青衣/何。"隋阇那崛多译。经文见《大正藏》第10册,第920页C栏第19行至第20行。

Дx.17509至Дx.17518 **残佛经**

极残,不可定名。

Дx.17519 **光赞经卷第七摩诃般若波罗蜜十住品第十八**

存3行,行3至6字。起:"一切所有",讫:"为二识"。西晋竺法护译。经文见《大正藏》第8册,第197页C栏第7行至第9行。

Дx.17520至Дx.17537 **残佛经**

极残,不可定名。

Дx.17538 **大般涅槃经卷第六如来性品第四之三**

存5行,行2至7字。起:"是若有",讫:"摩诃"。北凉昙无谶译。经文见《大正藏》第12册,第400页

C栏第2行至第6行。

Дx.17539至Дx.17551　残佛经

极残,不可定名。

Дx.17552　中阿含经卷第三十四(一三九)大品息止道经第二十三

存2行,行8至9字。起:"观如真",讫:"有涕唾"。僧伽提婆译。经文见《大正藏》第1册,第647页A栏第3行至第5行。

Дx.17553　金刚般若波罗蜜经

存4行,行1至4字。起:"法",讫:"他"。后秦鸠摩罗什译。经文见《大正藏》第8册,第751页C栏第28行至第752页A栏第3行。

Дx.17554　妙法莲华经卷第七观世音菩萨普门品第二十五

存4行,行4至5字。起:"海假使黑",讫:"若复有人"。后秦鸠摩罗什译。经文见《大正藏》第9册,第56页C栏第12行至第16行。

Дx.17555　光赞经卷第二摩诃般若波罗蜜分别空品第六

存3行。录文:"法而无所/尸波罗蜜/罗蜜故若。"西晋竺法护译。经文见《大正藏》第8册,第163页C栏第2行至第4行。

Дx.17556　大般涅槃经卷第二十八师子吼菩萨品第十一之二

存2行。录文:"如来虽闻/也若为正。"北凉昙无谶译。经文见《大正藏》第12册,第529页A栏第12行至第14行。

Дx.17557　妙法莲华经卷第七妙音菩萨品第二十四

存2行,行3至4字。录文:"叉干闼/地狱饿鬼。"后秦鸠摩罗什译。经文见《大正藏》第9册,第56页A栏第23行至第25行。

Дx.17558　大般涅槃经卷第三十三迦叶菩萨品第十二之一

存4行。录文:"心/星共/故不舍/有善。"北凉昙无谶译。经文见《大正藏》第12册,第562页A栏第6行至第9行。

Дx.17559　金刚般若波罗蜜经

存2行。录文:"也须菩/三藐。"未检出。

Дx.17560　Дx.17561　残佛经

极残,不可定名。

Дx.17562　妙法莲华经卷第五从地踊出品第十五

存3行。录文:"我/所得第/尔时世。"后秦鸠摩罗什译。经文见《大正藏》第9册,第41页A栏第24行至第28行。

Дx.17563　金刚般若波罗蜜经

存2行。录文:"能作是念我得/尊何以故实。"后秦鸠摩罗什译。经文见《大正藏》第8册,第749页C栏第1行至第2行。

Дx.17564　摩诃般若波罗蜜经卷第十八梦誓品第六十一

存4行,行2至5字。起:"菩提",讫:"菩萨摩诃"。后秦鸠摩罗什译。经文见《大正藏》第8册,第351页C栏第9行至第12行。

Дx.17565　摩诃般若波罗蜜经卷第二十四善达品第七十九

存2行。录文:"性空色/知眼界眼界空。"后秦鸠摩罗什译。经文见《大正藏》第8册,第399页C栏第3行至第4行。经文"眼界",现刊本为"界眼"。同样经文还出现在《大智度论卷第八十九善达品第七十九》中。

Дx.17566至Дx.17572　残佛经

极残,不可定名。

Дx.17573　妙法莲华经卷第三化城喻品第七

存4行,行5字。起:"譬如险恶道",讫:"众人皆疲倦"。后秦鸠摩罗什译。经文见《大正藏》第9册,第26页C栏第29行至第27页A栏第6行。

Дx.17574　大般涅槃经卷第三十二师子吼菩萨品第十一之六

存3行,行7字。起:"置之日中",讫:"亦欲坐"。北凉昙无谶译。经文见《大正藏》第12册,

557页B栏第21行至第24行。

Дх.17575 四分律比丘含注戒本上

起："德莫作是"，讫："爱语不恚"。唐道宣述。经文见《大正藏》第40册，第435页C栏第19行至第21行。经文"不爱语不恚"，现刊本为"不受不恚"。

Дх.17576 大般涅槃经卷第三寿命品第一之三

存2行。录文："菩萨所知见觉/闻所不知见。"北凉昙无谶译。经文见《大正藏》第12册，第468页C栏第5行至第11行。

Дх.17577 请观世音菩萨消伏毒害陀罗尼咒经

存2行。录文："有火大火性不/一性。"东晋竺难提晋言法喜译。经文见《大正藏》第20册，第37页A栏第20行。

Дх.17578至Дх.17582 残佛经

极残，不可定名。

Дх.17583 佛顶尊胜陀罗尼经

存5行，行1至7字。起："若有人闻"，讫："帝"。唐佛陀波利译。经文见《大正藏》第19册，第350页B栏第7行至第12行。

Дх.17584 大方广三戒经卷上

存5行。录文："净眼/萨善/眼菩萨/照法/方。"北凉昙无谶译。经文见《大正藏》第11册，第688页A栏第1行至第5行。

Дх.17585 妙法莲华经卷第七观世音菩萨普门品第二十五

存6行，行2至5字。起："身而为说"，讫："以小"。后秦鸠摩罗什译。经文见《大正藏》第9册，第57页A栏第28行至B栏第5行。

Дх.17586 摩诃般若波罗蜜经卷第七问住品第二十七

存4行。录文："藐三/知诸/天子是法/说相是。"后秦鸠摩罗什译。经文见《大正藏》第8册，第276页A栏第1行至第4行。

Дх.17587 妙法莲华经卷第七观世音菩萨普门品第二十五

存2行。录文："刹鬼国/名者。"后秦鸠摩罗什译。经文见《大正藏》第9册，第56页C栏第13行第14行。

Дх.17588至Дх.17595 残佛经

极残，不可定名。

Дх.17596 七佛八菩萨所说大陀罗尼神咒经

存3行，行2至5字。起："无上"，讫："者百千万"。失译。经文见《大正藏》第21册，第536页C栏第14行至第17行。

Дх.17597 科注妙法莲华经卷第七

存3行。录文："於千万/以来於/菩萨道常。"宋守伦注、明法济参订。经文见《卍新续藏》第20册，第792页A栏第18行至第20行。

Дх.17598 光赞经卷第五摩诃般若波罗蜜摩诃萨品第十一

存2行。录文："是谓诸漏不尽/断四神五"。西晋竺法护译。经文见《大正藏》第8册，第180页B栏第2行至第3行。

Дх.17599 妙法莲华经卷第七妙庄严王本事品第二十七

存2行，行3字。录文："亦应礼/四千人。"后秦鸠摩罗什译。经文见《大正藏》第9册，第61页A栏第2行至第3行。

Дх.17600 显扬圣教论卷第三

存2行。录文："先善修/证得。"无著菩萨造、唐玄奘译。经文见《大正藏》第31册，第491页B栏第25行至第26行。或为唐澄观述《大方广佛华严经随疏演义钞》。

Дх.17601 大方等陀罗尼经卷第二授记分第二

存2行。录文："微尘等世/人持一四。"北凉法众译。经文见《大正藏》第21册，第649页A栏第24行至第25行。

Дх.17602至Дх.17607 残佛经

极残，不可定名。

Дx.17608 金光明最胜王经卷第八大吉祥天女增长财物品第十七

存2行。录文："金盖宝积佛/灯光佛。"唐义净译。经文见《大正藏》第16册，第439页B栏第24行至第25行。

Дx.17609 妙法莲华经卷第七观世音菩萨普门品第二十五

存4行，行2至6字。起："无边福德"，讫："善男"。后秦鸠摩罗什译。经文见《大正藏》第9册，第57页A栏第19行至第22行。

Дx.17610至Дx.17619 残佛经

极残，不可定名。

Дx.17620 摩诃僧祇律卷第二十九明杂诵踊渠法之七

存9行，行1至7字。起："欢"，讫："比丘今"。东晋佛驮跋陀罗共法显译。经文见《大正藏》第22册，第461页B栏第29行至C栏第9行。

Дx.17621 佛说灌顶拔除过罪生死得度经卷第十二

存2行。录文："脱菩萨/子妃主宫中彩女。"东晋帛尸梨蜜多罗译。经文见《大正藏》第21册，第535页B栏第18行至第19行。

Дx.17622 妙法莲华经卷第二譬喻品第三

存2行。录文："天人普供养/圣尊最胜无伦。"后秦鸠摩罗什译。经文见《大正藏》第9册，第12页A栏第3行至第5行。

Дx.17623至Дx.17627 残佛经

极残，不可定名。

Дx.17628 佛说温室洗浴众僧经

存4行。录文："报/四镇/响/殿。"后汉安世高译。经文见《大正藏》第16册，第803页B栏第4行至第10行。

Дx.17629 佛说灌顶拔除过罪生死得度经卷第十二

存5行。录文："宝/有二/补佛处/土也文/琉璃。"东晋帛尸梨蜜多罗译。经文见《大正藏》第21册，第533页A栏第17行至第21行。

Дx.17630 大般涅槃经卷第五如来性品第四之二

存2行。录文："何等义老/命终如是。"北凉昙无谶译。经文见《大正藏》第12册，第392页B栏第1行至第2行。

Дx.17631 大智度论卷第五十释发趣品第二十之余

存1行，总5字。录文："所度之分疑。"龙树菩萨造、后秦鸠摩罗什译。经文见《大正藏》第25册，第418页C栏第18行。

Дx.17632 大般涅槃经卷第三寿命品第一之三

存2行。录文："是常法/有何差别。"北凉昙无谶译。经文见《大正藏》第12册，第381页C栏第26行至第27行。

Дx.17633至Дx.17635 残佛经

极残，不可定名。

Дx.17636 大般涅槃经卷第三十三迦叶菩萨品第十二之一

存2行。录文："土善/是故称佛。"北凉昙无谶译。经文见《大正藏》第12册，第563页B栏第9行至第10行。

Дx.17637至Дx.17642 残佛经

极残，不可定名。

Дx.17643 大佛顶如来密因修证了义诸菩萨万行首楞严经卷第三

存4行，行2至8字。起："即为身"，讫："都无"。唐般剌蜜帝译。经文见《大正藏》第19册，第117页A栏第20行至第23行。

Дx.17644 残佛经

存4行。未检出。

Дx.17645 金刚般若波罗蜜经

存7行，行1至3字。起："众"，讫："二"。后秦鸠摩罗什译。经文见《大正藏》第8册，第752页A栏第7行至第12行。

Дx.17646 摩诃般若波罗蜜经卷第十六不退品第五十五

存3行。录文："不应堕声闻/罗波罗蜜羼/波罗蜜。"后秦鸠摩罗什译。经文见《大正藏》第8册,第341页A栏第14行至第17行。

Дx.17647 放光般若经卷第三摩诃般若波罗蜜问观品第二十七

存4行,行2至4字。起："色事",讫："香味"。后秦鸠摩罗什译。经文见《大正藏》第8册,第36页A栏第1行至第4行。

Дx.17648 大般若波罗蜜多经卷第三百五十四初分多问不二品第六十一之四

存2行。录文："於八胜/是故。"唐玄奘译。经文见《大正藏》第6册,第822页C栏第24行至第25行。

Дx.17649 大般涅槃经卷第六如来性品第四之三

存3行。录文："之物/识是/同。"北凉昙无谶译。经文见《大正藏》第12册,第399页C栏第26行至第29行。

Дx.17650至Дx.17653 残佛经

极残,不可定名。

Дx.17654 放光般若经卷第十七摩诃般若波罗蜜无倚相品第七十六

存5行,行3至8字。起："分别是须",讫："进便"。西晋无罗叉译。经文见《大正藏》第8册,第123页A栏第8行至第12行。

Дx.17655 大般涅槃经卷第二十五光明遍照高贵德王菩萨品第十之三

存4行。录文："阴如/离怨憎/离一/仗。"北凉昙无谶译。经文见《大正藏》第12册,第499页C栏第17行至第20行。

Дx.17656 佛说仁王般若波罗蜜经卷下护国经散华品第六

存4行。录文："佛共/一坐/轮华盖大/蜜华於虚空。"后秦鸠摩罗什译。经文见《大正藏》第8册,第830页C栏第15行至第18行。

Дx.17657 佛顶尊胜陀罗尼经

存3行。录文："薄伽跋帝/普□反/萨胐啰□。"唐佛陀波利译。经文见《大正藏》第19册,第352页A栏第28行至B栏第2行。经文并不完全一致,或为别经的陀罗尼。

Дx.17658 摩诃般若波罗蜜经卷第二十六净土品第八十二

存2行。录文："恶道如是/众无杂。"后秦鸠摩罗什译。经文见《大正藏》第8册,第409页B栏第8行至第9行。

Дx.17659 大般若波罗蜜多经卷第五百二十三第三分方便善巧品第二十六之一

存2行。录文："苦恼/平等。"唐玄奘译。经文见《大正藏》第6册,第683页A栏第5行至第6行。

Дx.17660至Дx.17664 残佛经

极残,不可定名。

Дx.17665 大般涅槃经卷第三十五迦叶菩萨品第十二之三

存4行。录文："是幻/长者是/我所/智人说。"北凉昙无谶译。经文见《大正藏》第12册,第573页C栏第7行至第10行。

Дx.17666 金刚般若波罗蜜经

存5行,行2至3字。起："复次",讫："法须菩"。后秦鸠摩罗什译。经文见《大正藏》第8册,第751页C栏第24行至第29行。

Дx.17667 妙法莲华经卷第一序品第一

存2行。录文："世尊四众/萨说大乘经。"后秦鸠摩罗什译。经文见《大正藏》第9册,第2页B栏第7行至第8行。

Дx.17668 残佛经

极残,无法定名。

Дx.17669 大般涅槃经卷第十二圣行品第七之二

存2行。录文："尔有身/刚夫正。"北凉昙无谶译。经文见《大正藏》第12册,第434页B栏第14行至第15行。

Дx.17670 大般若波罗蜜多经卷第三百五十四初分多问不二品第六十一之四

存2行。录文："发四无量/非远离非。"唐玄奘译。经文见《大正藏》第6册，第822页C栏第21行至第22行。

Дх.17671至Дх.17681 残佛经

碎片，不可定名。

Дх.17682 佛说佛名经

存4行，行2至5字。起："无师子"，讫："五佛"。失译。经文见《大正藏》第14册，第308页C栏第17行至第22行。

Дх.17683 佛说护身命经

存5行。录文："绝命/令/空中/护其身/眷属即於。"比丘道真译。经文见《大正藏》第85册，第1325页C栏第10行至第15行。

Дх.17684 四分戒本疏卷第三

存3行。录文："一日得多请/处随食不/别众食第。"沙门慧述。经文见《大正藏》第85册，第607页A栏第29行至B栏第4行。

Дх.17685 辩中边论颂辩修对治品第四

存2行。录文："令他信有三/本随惑。"弥勒菩萨说、唐玄奘译。经文见《大正藏》第31册，第479页B栏第11行至第14行。

Дх.17686 佛说佛名经

存2行。未检出。

Дх.17687至Дх.17695 残佛经

极残，不可定名。

Дх.17696 大般涅槃经卷第十七梵行品第八之三

存7行，行9至12字。前后佛经在现刊本中内容不在一品。前5行，起："虚空菩萨"，讫："佛性"。北凉昙无谶译。经文见《大正藏》第12册，第464页B栏，有很大的差异。后3行，起："见有二种"，讫："不见水亦非"。经文见《大正藏》第12册，第466页A栏第3行至第6行。

Дх.17697 佛说仁王般若波罗蜜经卷下护国品第五

存4行，行5至6字。起："亦复以时"，讫："故万民乱"。后秦鸠摩罗什译。经文见《大正藏》第8册，第830页A栏第7行至第10行。

Дх.17698 妙法莲华经卷第三授记品第六

存2行。录文："香末香烧/成佛号。"后秦鸠摩罗什译。经文见《大正藏》第9册，第21页C栏第19行至第21行。

Дх.17699 大般涅槃经卷第七如来性品第四之四

存2行。录文："有方等经典/何处有。"北凉昙无谶译。经文见《大正藏》第12册，第404页A栏第6行至第7行。

Дх.17700 残佛经

存"卷第四"3字。不可定名。

Дх.17701 新维摩疏题签

录文："新维摩疏卷。"

Дх.17702 金刚般若波罗蜜经

存7行，行3至17字。起："发阿耨"，讫："相则非菩"。北魏菩提流支译。经文见《大正藏》第8册，第755页A栏第29行至B栏第6行。

Дх.17703 佛说灌顶拔除过罪生死得度经卷第十二

存3行，行4至5字。起："当得作佛"，讫："流离光佛"。东晋帛尸梨蜜多罗译。经文见《大正藏》第21册，第534页C栏第1行至第3行。

Дх.17704 残佛经

存4行。待考。

Дх.17705 残佛经

存3行。待考。

Дх.17706 放光般若经卷第十四摩诃般若波罗蜜问相愿品第六十一

存7行，行2至18字。起："罗汉"，讫："悉当具"。西晋无罗叉译。经文见《大正藏》第8册，第95页A栏第21行至第28行。经文"苦空无乐无人无我"，现刊本为"不净无乐无我"；经文"想作是念言我"，现刊本为"有乐想有我想"。

Дх.17707 大智度论卷第三十一释初品中十八空义第四十作

存3行。录文："一劫中/泣出泪/毗浮。"龙树菩萨造、后秦鸠摩罗什译。经文见《大正藏》第25册，第291页A栏第27行至第29行。

Дx.17708 妙法莲华经卷第一序品第一

存2行。录文："其华开敷/照无量国。"后秦鸠摩罗什译。经文见《大正藏》第9册，第3页B栏第28行至C栏第2行。

Дx.17709 佛说佛名经

存2行。录文："慢佛/佛。"未检出。

Дx.17710 大般涅槃经卷第十四圣行品第七之四

存7行，行3至8字。起："三菩"，讫："无量众生"。北凉昙无谶译。经文见《大正藏》第12册，第450页C栏第15行至第21行。

Дx.17711 六门陀罗尼经

存5行，行2至4字。首题："□□□一卷"，讫："门陀罗尼"。唐玄奘译。经文见《大正藏》第21册，第878页A栏第1行至第6行。

Дx.17712 杂阿毗昙心论卷第二行品第二

存9行，行3至6字。起："刹那彼"，讫："虽有定"。宋僧伽跋摩等译。经文见《大正藏》第28册，第886页A栏第27行至B栏第8行。

Дx.17713 妙法莲华经卷第二譬喻品第三

存6行，行4至6字。起："方便"，讫："演畅清净"。后秦鸠摩罗什译。经文见《大正藏》第9册，第11页A栏第25行至B栏第5行。

Дx.17714 大宝积经卷第三十一出现光明会第十一之二

存8行，行4至20字。起："或令国界"，讫："一切"。唐菩提流志译。经文见《大正藏》第11册，第169页B栏第17行至C栏第3行。

Дx.17715 大般若波罗蜜多经题签

录文："□□□若经卷第四百。"

Дx.17716 残佛经

存"得作佛"3字。不可定名。

Дx.17717 佛说随求即得大自在陀罗尼神咒经

存5行，行4至8字。唐宝思惟译。经文见《大正藏》第20册，第638页C栏第5行至第8行。

Дx.17717V 民族文字残片

Дx.17718 辩中边论卷中辩真实品第三

存11行，行12至14字。起："摄在根本"，讫："若初学"。唐玄奘译。经文见《大正藏》第31册，第470页A栏。此可能为论释，经文仅有一段与现刊本相同，但亦有异文，其余文意差别较大，多为解释性文字。

Дx.17719 大般若波罗蜜多经题签

录文："大般若波罗蜜多经卷第二百册七。"

Дx.17720 阿毗昙八犍度论卷第二十九见犍度第八

存2行。录文："智等智道/未知智等智。"迦旃延子造、僧伽提婆共竺佛念译。经文见《大正藏》第26册，第907页A栏第17行至第18行。

Дx.17721 妙法莲华经卷第四法师品第十

存2行。录文："成就有然智/疾得一切种智慧。"后秦鸠摩罗什译。经文见《大正藏》第9册，第31页A栏第13行至第15行。

Дx.17722 残佛经

存2行，行2字。不可定名。

Дx.17723 僧羯磨卷上授物篇十摄亡比丘物法、看病人对僧舍物法

存5行，行1至4字。起："瓶"，讫："处命过"。唐怀素集。经文见《大正藏》第40册，第520页B栏第3行至第5行。

Дx.17724 妙法莲华经卷第四授学无学人记品第九

存3行，行2至5字。起："我"，讫："教化诸"。后秦鸠摩罗什译。经文见《大正藏》第9册，第29页C栏第18行至第22行。

Дx.17725 残佛经

存8行，行1字。不可定名。

Дx.17726 大智度论卷第三十释初品中善根供养义第四十六

存3行。录文："金或时以/画妙故说言手/得供养之具名为善。"龙树菩萨造、后秦鸠摩罗什译。

经文见《大正藏》第25册，第276页C栏第16行至第19行。

Дx.17727 残佛经

存3行。录文："白衣/禁戒谤/持戒。"未检出。

Дx.17728 大般涅般经卷第十二圣行品第七之二

存2行。录文："经中所/与此义相。"北凉昙无谶译。经文见《大正藏》第12册，第439页B栏第23行至第24行。

Дx.17729至Дx.17737 残佛经

每片存1至2字。不可定名。

Дx.17738 佛说灌顶拔除过罪生死得度经卷第十二

存2行。录文："意所生/上道阿。"东晋帛尸梨蜜多罗译。经文见《大正藏》第21册，第535页B栏第25行至第27行。

Дx.17739 残佛经

存2行。录文："闻得/摩诃。"不可定名。

Дx.17740 大般涅槃经卷第十六梵行品第八之二

存3行。录文："怜/指举此大/碎末。"北凉昙无谶译。经文见《大正藏》第12册，第457页B栏第21行至第24行。

Дx.17741 大智度论卷第七十一释善知识品第五十二

存2行。录文："萨若无/佛说声闻。"龙树菩萨造、后秦鸠摩罗什译。经文见《大正藏》第25册，第556页C栏第29行至第557页A栏第1行。

Дx.17742 四分律删繁补阙行事钞卷上自恣宗要篇第十二

存2行。录文："见罪当如/三上座。"唐道宣撰述。经文见《大正藏》第40册，第43页B栏第11行至第12行。

Дx.17743至Дx.17765 残佛经

极残，不可定名。

Дx.17766 得无垢女经

存6行，行6至7字。起："净施身心"，讫："若平等则"。北魏瞿昙般若流支译。经文见《大正藏》第12册，第100页C栏第15行至第25行。

Дx.17767至Дx.17786 残佛经

极残，不可定名。中有几片为民族文字写经。

Дx.17787 残佛经

存"礼拜功德百"5字。不可定名。

Дx.17788 妙法莲华经卷第二

存3行。录文："向/大富/等其诸。"后秦鸠摩罗什译。经文见《大正藏》第9册，第16页B栏第29行至C栏第1行。

Дx.17789 残佛经

存4行，行1字。不可定名。

Дx.17790 大般涅槃经卷第九如来性品第四之六

存4行，行3至4字。起："无常迦叶"，讫："名四实"。北凉昙无谶译。经文见《大正藏》第12册，第421页A栏第27行至B栏第1行。

Дx.17791 大般涅槃经卷第三十师子吼菩萨品第十一之四

存2行，行2字。录文："他国/母人。"北凉昙无谶译。经文见《大正藏》第12册，第545页B栏第11行至第12行。

Дx.17792 金刚般若波罗蜜经

存2行。录文："三藐/须菩提。"后秦鸠摩罗什译。经文见《大正藏》第8册，第749页A栏第3行至第5行。

Дx.17793 残佛经

存2行，行4字。不可定名。

Дx.17794 妙法莲华经卷第六如来神力品第二十一

存2行，行3至7字。起："养亦令"，讫："不久亦当"。后秦鸠摩罗什译。经文见《大正藏》第9册，第52页B栏第18行至第20行。

Дx.17795至Дx.17802 残佛经

极残，不可定名。

Дx.17803 大般涅槃经卷第六如来性品第四之三

存2行。录文："俱共受/有众生。"北凉昙无谶译。经文见《大正藏》第12册，第399页B栏第17行至第18行。

Дх.17804 月灯三昧经卷第六

存2行。录文："胜盖幢/胜供养无。"北齐那连提耶舍提。经文见《大正藏》第15册,第588页B栏第19行至第20行。

Дх.17805 合部金光明经卷第一三身分别品第三

存3行。录文："重障破/入於忉/入二。"真谛译、隋释宝贵合。经文见《大正藏》第16册,第364页C栏第8行至第10行。

Дх.17806 残佛经

存2行。不可定名。

Дх.17807至Дх.17823 残佛经

极残,不可定名。

Дх.17824 佛说决罪福经卷下

存2行。录文："识教戒/阿难白。"经文见《大正藏》第85册,第1332页A栏第29行至B栏第1行。

Дх.17825 妙法莲华经卷第三化城喻品第三

存1行,总5字。录文："快得安隐若。"后秦鸠摩罗什译。经文见《大正藏》第9册,第26页A栏第7行。

Дх.17826 残佛经

存2行。录文："华善住/三佛名。"不可定名。

Дх.17827 民族文字残片

Дх.17828 大般涅槃经卷第三十九憍陈如品第十三之一

存2行。录文："中故若/其王。"北凉昙无谶译。经文见《大正藏》第12册,第592页A栏第11行至第12行。

Дх.17829 大般涅槃经卷第十一现病品第六

存2行。录文："金若/根子。"北凉昙无谶译。经文见《大正藏》第12册,第433页A栏第3行至第4行。

Дх.17830至Дх.17846 残佛经

极残,不可定名。

Дх.17847 大智度论

存2行。录文："檀波罗/无法有法空。"未检出。

Дх.17848 残佛经

存2行。录文："诸勤苦/恨无量。"未检出。

Дх.17849 金光明经卷第二四天王品第六

存3行。录文："王毗楼/偏袒右肩右/金光明。"北凉昙无谶译。经文见《大正藏》第16册,第340页C栏第17行至第20行。

Дх.17850 大般若波罗蜜多经

存2行。录文："智真如/亦无穷。"唐玄奘译。所存经卷甚多,无法确指具体卷品。

Дх.17851 大般涅槃经卷第三十七迦叶菩萨品第十二之五

存2行。录文："是名/别内外。"北凉昙无谶译。经文见《大正藏》第12册,第583页A栏第3行至第4行。

Дх.17852 大般涅槃经卷第二十六光明遍照高贵德王菩萨品第十之六

存2行。录文："大树/战能。"北凉昙无谶译。经文见《大正藏》第12册,第518页C栏第1行至第2行。

Дх.17853至Дх.17868 残佛经

极残,不可定名。

Дх.17869 残佛经

存3行。录文："经怨仇欢适/诵念是经/狱中诵念。"未检出。

Дх.17870 妙法莲华经卷第六药王菩萨本事品第二十三

存2行。录义："已命终之后复生/结跏趺坐忽。"后秦鸠摩罗什译。经文见《大正藏》第9册,第53页B栏第19行至第20行。

Дх.17871 妙法莲华经卷第六药王菩萨本事品第二十三

存2行。录文："心犹未足/弟子及。"后秦鸠摩罗什译。经文见《大正藏》第9册,第53页C栏第23行至第24行。

Дх.17872至Дх.17883　残佛经

极残，不可定名。

Дх.17884　大智度论卷第三十八释往生品第四之上

存3行，行3至4字。起："不赐时"，讫："如上譬喻"。龙树菩萨造、后秦鸠摩罗什译。经文见《大正藏》第25册，第339页B栏第24行至第26行。经文"不赐"，现刊本为"不渐"。

Дх.17885　妙法莲华经卷第三化城喻品第七

存3行，行4至6字。起："乐诸入既"，讫："我见汝疲"。后秦鸠摩罗什译。经文见《大正藏》第9册，第27页A栏第15行至第20行。

Дх.17886　大般涅槃经卷第三十五迦叶菩萨品第十二之三

存4行，行1至5字。起："若多是"，讫："有"。北凉昙无谶译。经文见《大正藏》第12册，第570页C栏第3行至第6行。

Дх.17887　金光明经卷第二四天王品第六

存2行，行6字。录文："边百千鬼神若/去来现在诸佛。"北凉昙无谶译。经文见《大正藏》第16册，第341页B栏第6行至第8行。

Дх.17888　佛性论卷第四辩相分第四中无变异品第九

存2行。录文："一烦恼障/二禅定。"经文见《大正藏》第31册，第810页A栏第19行至第20行。

Дх.17889至Дх.17896　残佛经

极残，不可定名。

Дх.17897　金光明经卷第四舍身品第十七

存2行。录文："有七子围绕周/欲绝。"北凉昙无谶译。经文见《大正藏》第16册，第354页B栏第2行至第3行。

Дх.17898至Дх.17911　残佛经

极残，不可定名。

Дх.17912　大般涅槃经卷第十九梵行品第八之五

存1行，总8字。录文："华比丘尼作三逆罪。"北凉昙无谶译。经文见《大正藏》第12册，第479页B栏第25行至第26行。

Дх.17913至Дх.17930　残佛经

极残，不可定名。

Дх.17931　Дх.17932　残佛经

极残，不可定名。

Дх.17933　大般涅槃经卷第三十九憍陈如品第十三之一

存2行。录文："昙仙人大/释身作。"北凉昙无谶译。经文见《大正藏》第12册，第592页B栏第16行至第17行。

Дх.17934　残佛经

极残，不可定名。

Дх.17935　摩诃般若波罗蜜经卷第二往生品第四

存2行。录文："口是/不净舍利。"后秦鸠摩罗什译。经文见《大正藏》第8册，第226页C栏第16行至第18行。

Дх.17936　大般若波罗蜜多经

存2行。录文："善现四/正断四。"残存经卷甚多，无法确定具体卷品。

Дх.17937　残佛经

极残，不可定名。

Дх.17938　别译杂阿含经卷第十六

存2行。录文："疑名须/至七生。"失译。经文见《大正藏》第2册，第487页B栏第22行至第23行。

Дх.17939　大般涅槃经卷第十四圣行品第七之四

存2行。录文："人广/施财。"北凉昙无谶译。经文见《大正藏》第12册，第449页A栏第21行至第22行。

Дх.17940至17953　残佛经

极残，不可定名。

Дх.17954　大通方广忏悔灭罪庄严成佛经卷下

存3行，行3至6字。起："诸天子"，讫："见王除"。经文见《大正藏》第85册，第1351页B栏第28行至C栏第2行。

Дx.17955 俱舍论颂疏论本卷第十四

存2行。录文："律仪不律仪非/仪颂言非二者。"唐圆晖述。经文见《大正藏》第41册,第894页B栏第15行至第17行。

Дx.17956 大般涅槃经卷第三十九憍陈如品第十三之一

存3行。录文："切盗/者唯有/甚畏。"北凉昙无谶译。经文见《大正藏》第12册,第592页B栏第12行至第14行。

Дx.17957 大般若波罗蜜多经

存2行。录文："般若波/远离若。"唐玄奘译。不可确指具体卷品。

Дx.17958 大般涅槃经卷第十一现病品第六

存3行。录文："生饿/说阴界/复。"北凉昙无谶译。经文见《大正藏》第12册,第430页B栏第1行至第3行。

Дx.17959 大般涅槃经卷第一寿命品第一

存2行。录文："行显发/为诸众。"北凉昙无谶译。经文见《大正藏》第12册,第366页A栏第13行至第15行或第24行至第25行。

Дx.17960至Дx.17980 残佛经

极残,不可定名。

Дx.17981 四分律比丘含注戒本中

存2行。录文："衣者波逸提/六杰手是谓如来。"唐道宣述。经文见《大正藏》第40册,第455页B栏第28行至C栏第1行。

Дx.17981V 民族文字残片

Дx.17982至Дx.17987 残佛经

极残,不可定名。

Дx.17988 妙法莲华经卷第五如来寿量品第十六

存2行。录文："微尘/佛□来复。"后秦鸠摩罗什译。经文见《大正藏》第9册,第42页B栏第24行至第25行。

Дx.17989至Дx.17995 残佛经

Дx.17996 大威德陀罗尼经卷第十六

存3行。录文："是如彼/善事/思处若。"隋阇那崛多译。经文见《大正藏》第21册,第821页A栏第12行至第14行。

Дx.17997 残佛经

存4行,行2至7字。未检出。

Дx.17998 摩诃般若波罗蜜经卷第十六不退品第五十五

存6行,行3至10字。起："说遮道",讫："念是"。后秦鸠摩罗什译。经文见《大正藏》第8册,第341页A栏第5行至第12行。

Дx.17998V 佛经论释

Дx.17999 维摩诘所说经卷上弟子品第三

存3行,行3至5字。起："律其知",讫："辨其智"。后秦鸠摩罗什译。经文见《大正藏》第14册,第541页B栏第28行至C栏第3行。与背面同卷同品,两片之间缺10行左右。

Дx.17999V 维摩诘所说经卷上弟子品第三

存3行,行4至5字。起："功德之利",讫："为无为法"。后秦鸠摩罗什译。经文见《大正藏》第14册,第541页C栏第13行至第15行。与正面同卷同品,两片之间缺10行左右。

Дx.18000 大乘密严经卷中妙身生品第二之余

存4行,行3至7字。起："起分别",讫："气"。唐地婆诃罗译。经文见《大正藏》第16册,第731页C栏第12行至第17行。

Дx.18001至Дx.18005 残佛经

极残,不可定名。

Дx.18005V 菩萨善戒经卷第一菩萨地序品第一

存3行。录文："根不具/亲达/诚心求。"宋求那跋摩译。经文见《大正藏》第30册,第961页B栏第3行至第4行。

Дx.18006 菩萨善戒经卷第一菩萨地序品第一

存2行。录文："以是不/饿鬼。"宋求那跋摩译。经文见《大正藏》第30册,第961页B栏第1行至第2行。另《正法念处经》《大宝积经》中也有相同经文。

Дх.18007 大般涅槃经卷第十四圣行品第七之四

存4行。录文："昧有/得心乐/阿修罗/三昧。"北凉昙无谶译。经文见《大正藏》第12册，第448页B栏第14行至第17行。

Дх.18008 大般涅槃经卷第四十憍陈如品第十三之二

存2行。录文："五事已至心/是人即得。"北凉昙无谶译。经文见《大正藏》第12册，第602页A栏第20行至第21行。

Дх.18009 残佛经

存2行。录文："劫/亦复。"

Дх.18010 维摩义记卷第二

存3行，行5至7字。录文："便言师定得/世颇鞭比丘入城/师是谁颇鞭答。"隋慧远撰。经文见《大正藏》第38册，第446页C栏第16行至第20行。

Дх.18010V至Дх.18022 残佛经

极残，不可定名。

Дх.18023 法华经演义卷第七之二

存3行。录文："严/诸大众/祇劫。"经文见《卍新续藏》第33册，第296页A栏第10行至第13行。

Дх.18023V至Дх.18026 残佛经

极残，不可定名。

Дх.18027 大方等无想经卷第二大云初分大众犍度余

存2行。录文："进行法门此经/法和合神足王。"北凉昙无谶译。经文见《大正藏》第12册，第1083页C栏第5行至第7行。

Дх.18028 大般涅槃经卷第十一现病品第六

存2行，行5至6字。录文："孔雀凤凰诸鸟/悉见地狱畜。"北凉昙无谶译。经文见《大正藏》第12册，第430页A栏第29行至B栏第1行。

Дх.18029 妙法莲华经卷第二信解品第四

存4行。录文："散/种严/怀恐怖悔/等非我。"后秦鸠摩罗什译。经文见《大正藏》第9册，第16册C栏第16行至第19行。

Дх.18030 杂阿毗昙心论卷第十一择品下

存2行。录文："度三/尼释迦。"宋僧伽跋摩等译。经文见《大正藏》第28册，第961页C栏第9行至第10行。

Дх.18031至Дх.18044 残佛经

极残，不可定名。

Дх.18045 大方等无想经卷第六大云初分增长犍度第二十七余

存6行，行2至10字。起："中有"，讫："男子声闻"。北凉昙无谶译。经文见《大正藏》第12册，第1105页C栏第7行至第12行。

Дх.18046 小品般若波罗蜜经卷第二摩诃般若波罗蜜明咒品第四

存4行，行4至7字。起："般若波罗"，讫："是咒当得"。后秦鸠摩罗什译。经文见《大正藏》第8册，第543页B栏第28行至C栏第2行。

Дх.18047 净土五会念佛诵经观行仪卷中至卷下

存5行，行3至4字。起："实妙乐"，讫："为界道"。经文见《大正藏》第85册，第1265页C栏第12行至第17行。

Дх.18048 妙法莲华经卷第七陀罗尼品第二十六

存7行，行5至12字。起："经者说陀"，讫："以是神咒"。后秦鸠摩罗什译。经文见《大正藏》第9册，第58页C栏第10行至第59页A栏第12行。

Дх.18049 金刚般若波罗蜜经

存3行。录文："蜜非第/何以故/於尔时。"后秦鸠摩罗什译。经文见《大正藏》第8册，第750页B栏第12行至第15行。

Дх.18050 残佛经

存5行。未检出。

Дх.18051 大般涅槃经卷第三寿命品第一之三

存3行。录文："居士佛告/随所至处/法。"北凉昙无谶译。经文见《大正藏》第12册，第383页B栏第27行至第29行。

Дх.18052 Дх.18053 **残佛经**

极残，不可定名。

Дх.18054 **某经题签**

录文："卷第六。"

Дх.18055至Дх.18062 **残佛经**

极残，不可定名。

Дх.18063 **十地经论离垢地卷第二之四**

存3行，行3至5字。起："乘过此"，讫："无量众生"。天亲菩萨造、北魏菩提流支译。经文见《大正藏》第26册，第152页B栏第9行至第11行。

Дх.18064 **诸佛要集经卷上**

存5行，行3至5字。起："道场一切"，讫："空门何"。西晋竺法护译。经文见《大正藏》第17册，第761页A栏第10行至第14行。

Дх.18065 **妙法莲华经卷第六如来神力品第二十一**

存3行，行3至7字。起："为悦众生"，讫："闻十方国"。后秦鸠摩罗什译。经文见《大正藏》第9册，第52页B栏第1行至第5行。

Дх.18066 **大般若波罗蜜多经卷第五百七十七第九能断金刚分**

存3行。录文："不可以/相具足诸/故如来说。"唐玄奘译。经文见《大正藏》第7册，第984页C栏第2行至第3行。

Дх.18067 **妙法莲华经卷第四五百弟子受记品第八**

存3行。录文："亦/能/而大饶。"后秦鸠摩罗什译。经文见《大正藏》第9册，第27页B栏第28行至C栏第1行。

Дх.18068 **大方等大集经卷第一陀罗尼自在王菩萨品第二之一**

存3行。录文："说语七/尽语复/语三者。"北凉昙无谶译。经文见《大正藏》第13册，第7页A栏第18行至第20行。

Дх.18069至Дх.18076 **残佛经**

极残，不可定名。

Дх.18077 **十地经论法云地卷第十之十二**

存5行，行2至4字。起："量无"，讫："生神"。天亲菩萨造、北魏菩提流支译。经文见《大正藏》第26册，第198页C栏第22行至第27行。

Дх.18078 **十地经论法云地卷第十之十二**

存4行。录文："有三/能作一切/经是菩萨/善择大智。"天亲菩萨造、北魏菩提流支译。经文见《大正藏》第26册，第199页A栏第4行至第6行。

Дх.18079至Дх.18095 **残佛经**

极残，不可定名。

Дх.18096 **妙法莲华经卷第四五百弟子受记品第八**

存3行。录文："佛土/一切智/法明。"后秦鸠摩罗什译。经文见《大正藏》第9册，第28页B栏第5行至第9行。

Дх.18097 Дх.18098 **残佛经**

极残，不可定名。

Дх.18099 **十地经论法云地卷第十之十二**

存2行。录文："度能度/行功德。"天亲菩萨造、北魏菩提流支译。经文见《大正藏》第26册，第200页C栏第22行至第24行。

Дх.18100至Дх.18123 **残佛经**

极残，不可定名。

Дх.18124 **七佛八菩萨所说大陀罗尼神咒经卷第一**

存2行。录文："能令众生心/竟清净圆满。"失译。经文见《大正藏》第21册，第541页C栏第27行至第28行。

Дх.18125 **残佛经**

存3行。不可定名。

Дх.18126 **最胜问菩萨十住除垢断结经卷第六碎身品第十五**

存2行。录文："是谓/能显曜诸度。"后秦竺佛念译。经文见《大正藏》第10册，第1009页A栏第24行至第25行。

Дх.18127至Дх.18142 **残佛经**

极残，不可定名。

Дх.18143 **大般涅槃经卷第四如来性品第四之一**

存3行。录文："不知所/来为常住/者名为耶难。"北凉昙无谶译。经文见《大正藏》第12册，第387页C栏第5行至第7行。

Дx.18144至Дx.18164 残佛经

极残，不可定名。

Дx.18165 非佛经

Дx.18166 能断金刚般若波罗蜜多经论释卷中

存5行，行6至7字。起："实性无改"，讫："之法此"。唐义净译。经文见《大正藏》第25册，第880页C栏第28行至第881页A栏第4行。此卷正背两面同卷，背面内容在前。与现刊本相校，有衍字。经文"无改变者"，现刊本为"无改变"。

Дx.18166V 能断金刚般若波罗蜜多经论释卷中

存5行，行7字。起："此中意言"，讫："即是"。唐义净译。经文见《大正藏》第25册，第880页C栏第22行至第27行。此卷正背两面同卷，此面内容在后。除经文外尚有"卌二"二字。

Дx.18167 小品般若波罗蜜经卷第六摩诃般若波罗蜜大如品第十五

存5行。录文："若波罗/藐三/提所为/阿耨多罗/三藐三菩提。"后秦鸠摩罗什译。经文见《大正藏》第8册，第561页A栏第20行至第24行。

Дx.18168 非佛经

Дx.18169 大通方广忏悔灭罪庄严成佛经卷下

存12行，行3至9字。起："诸大菩"，讫："心心不"。经文见《大正藏》第85册，第1352页C栏第23行至第1353页A栏第5行。与Дx.18170同经同卷，两片之间缺2行左右，此号在前。

Дx.18170 大通方广忏悔灭罪庄严成佛经卷下

存2行。录文："信心心欢喜/心不离心。"经文见《大正藏》第85册，第1353页A栏第6行至第8行。与Дx.18169同经同卷，两片之间缺2行左右，此号在后。

Дx.18171 大方广佛华严经卷第二十九心王菩萨问阿僧祇品第二十五

存3行，行2至7字。起："说自在力"，讫："别知"。东晋佛驮跋陀罗译。经文见《大正藏》第9册，第587页C栏第9行至第11行。

Дx.18172 大智度论卷第七十八释愿乐品第六十四

存12行，行5至17字。起："缘故可得"，讫："而得二离"。龙树菩萨造、后秦鸠摩罗什译。经文见《大正藏》第25册，第611页A栏第17行至第19行。

Дx.18173 医方

四残片。存32行。待考。

Дx.18174至Дx.18192 残佛经

极残，不可定名。

Дx.18193 妙法莲华经卷第七陀罗尼品第二十六

存4行，行1至3字。起："佛"，讫："尔时"。后秦鸠摩罗什译。经文见《大正藏》第9册，第58页C栏第6行至第9行。

Дx.18194 妙法莲华经卷第七观世音菩萨普门品第二十五

存3行，行3至5字。起："愿常瞻仰"，讫："烦恼炎"。后秦鸠摩罗什译。经文见《大正藏》第9册，第58页A栏第19行至第23行。

Дx.18195 大般涅槃经卷第二十六光明遍照高贵德王菩萨品第十之六

存4行。录文："问难/子因/因缘/旬共。"北凉昙无谶译。经文见《大正藏》第12册，第518页B栏第28行至C栏第2行。

Дx.18196 大智度论卷第七十三释转不转品第五十六

存3行，行2至4字。起："阿鞞跋致"，讫："饮"。龙树菩萨造、后秦鸠摩罗什译。经文见《大正藏》第25册，第575页B栏第2行至第5行。

Дx.18197至Дx.18208 残佛经

极残，不可定名。

Дx.18209 佛说救疾经

存4行，行3至5字。起："方圆"，讫："发愿踊"。经文见《大正藏》第85册，第1362页B栏第23行至第26行。

Дx.18210 大般若波罗蜜多经卷第四百一十九第二分无所有品第二十一之二

存1行,总6字。录文:"亦无所住佛陀。"唐玄奘译。经文见《大正藏》第7册,第105页A栏。此经句所存甚多。

Дx.18211至Дx.18241 残佛经

极残,不可定名。

Дx.18242 妙法莲华经卷第七陀罗尼品第二十六

存3行,行2至7字。起:"佛言",讫:"旃陀利"。后秦鸠摩罗什译。经文见《大正藏》第9册,第59页A栏第15行至第18行。

Дx.18243 道行般若经卷第七摩诃般若波罗蜜守空品第十七

存3行,行4至5字。起:"堕菩萨行",讫:"持世功德"。后汉支娄迦谶译。经文见《大正藏》第8册,第458页C栏第18行至第20行。

Дx.18244 大般涅槃经卷第十六梵行品第八之二

存3行。录文:"重遇病/裸身无/处去。"北凉昙无谶译。经文见《大正藏》第12册,第458页A栏第12行至第14行。

Дx.18245至Дx.18257 残佛经

极残,不可定名。

Дx.18258 妙法莲华经卷第五如来寿量品第十六

存3行。录文:"皆颠倒虽/服我今/我。"后秦鸠摩罗什译。经文见《大正藏》第9册,第43页A栏第23行至第26行。

Дx.18259 残佛经

存2行。录文:"谛听/切。"不可定名。

Дx.18260 净名经关中释抄卷第一

存4行,行2至3字。起:"也辩",讫:"无我"。唐道液述。经文见《大正藏》第85册,第514页C栏第7行至第12行。

Дx.18261至Дx.18279 残佛经

极残,不可定名。

Дx.18280 妙法莲华经卷第七妙庄严王本事品第二十七

存10行,行5至7字。起:"严王后宫",讫:"三匝却住"。后秦鸠摩罗什译。经文见《大正藏》第9册,第60页B栏第3行至第13行。

Дx.18281 大般涅槃经卷第二十梵行品第八之六

存4行,行5至6字。起:"痛舌上裂",讫:"言语不了"。北凉昙无谶译。经文见《大正藏》第12册,第482页A栏第11行至第14行。

Дx.18282 大般涅槃经卷第二十三光明遍照高贵德王菩萨品第十之三

存6行,行3至10字。起:"堕地狱",讫:"阴贼不问"。北凉昙无谶译。经文见《大正藏》第12册,第500页A栏第10行至第15行。

Дx.18283 摩诃摩耶经卷下八国分舍利品第二

刻本。存4行,行6至8字。起:"从远来求",讫:"问无量起"。南齐昙景译。经文见《大正藏》第12册,第1014页B栏第10行至第13行。

Дx.18284 金光明经卷第一忏悔品第三

存10行,行4至6字。起:"得无所畏",讫:"千万亿生"。北凉昙无谶译。经文见《大正藏》第16册,第336页C栏第5行至第15行。经文"到入知岸",现刊本作"至大知岸"。

Дx.18285 佛经论释

存12行。行1至7字。待考。

Дx.18286 论语为政篇

存11行。

Дx.18287 维摩诘所说经卷中文殊师利问疾品第五

存4行,行2至7字。起:"行求一切",讫:"是菩萨行"。后秦鸠摩罗什译。经文见《大正藏》第14册,第545页C栏第2行至第5行。

Дx.18288 维摩诘所说经卷上弟子品第三

存5行,行4至8字。起:"生病者当",讫:"者维摩诘"。后秦鸠摩罗什译。经文见《大正藏》第14册,第539页C栏第10行至第15行。

Дх.18289 **妙法莲华经卷第一方便品第二**
存5行,行4至8字。起:"尔时佛告",讫:"如优昙钵"。后秦鸠摩罗什译。经文见《大正藏》第9册,第7页A栏第12行至第16行。

Дх.18290 **社司转帖**
存2行。

Дх.18291 **阿毗达磨俱舍论卷第二十八分别定品第八之一**
存3行。录文:"世亲造/法师玄奘奉诏译/功德今次当辩。"经文见《大正藏》第29册,第145页A栏第14行至第19行。

Дх.18292 **江赋注**
存10行。录文:"繁有丛/葭蒲云蔓/杨。"文下有双行小字注。晋郭璞著。

Дх.18293 **大般涅槃经卷第二十二光明遍照高贵德王菩萨品第十之二**
存3行。录文:"目非实/亦复如/见定相。"北凉昙无谶译。经文见《大正藏》第12册,第494页A栏第21行至第23行。

Дх.18294至Дх.18310 **残佛经**
极残,不可定名。

Дх.18311 **金刚般若波罗蜜经**
存24行,行10至17字。起:"作是念何",讫:"白佛言世"。后秦鸠摩罗什译。经文见《大正藏》第8册,第751页C栏第12行至第752页A栏第15行。

Дх.18312 **妙法莲华经卷第六药王菩萨本事品第二十三**
存3行。录文:"喜见菩萨/犹故在世/见菩萨。"后秦鸠摩罗什译。经文见《大正藏》第9册,第53页C栏第6行至第8行。

Дх.18313 **小品般若波罗蜜经卷第七摩诃般若波罗蜜深功德品第十七**
存2行。录文:"取证/生故发。"后秦鸠摩罗什译。经文见《大正藏》第8册,第569页A栏第23行至第24行。

Дх.18314至Дх.18331 **残佛经**
极残,不可定名。

Дх.18332 **妙法莲华经卷第七陀罗尼品第二十六**
存3行。录文:"舍略来加反/阿婆卢/世尊。"后秦鸠摩罗什译。经文见《大正藏》第9册,第58页C栏第1行至第4行。

Дх.18333 **大般若波罗蜜多经卷第四百六十二第二分巧便品第六十八之三**
存2行。录文:"萨摩/提应修一切智智。"唐玄奘译。经文见《大正藏》第7册,第334页A栏第28行至B栏第1行。

Дх.18334 **大般若波罗蜜多经**
存2行。录文:"无所畏乃至/亦无所。"唐玄奘译。所存经卷甚多,无法确指具体卷品。

Дх.18335 **残佛经**
存2行。录文:"陀/鸠槃荼。"不可定名。

Дх.18336 **妙法莲华经卷第七陀罗尼品第二十六**
存3行。录文:"涅犁墀/尊/皆随。"后秦鸠摩罗什译。经文见《大正藏》第9册,第59页A栏第3行至第5行。

Дх.18337 **残佛经**
存2行。录文:"澍者亦当/黑疾梨。"不可定名。

Дх.18338 **大方等大集经卷第六宝女品第三之二**
存2行。录文:"问如是/闻经。"北凉昙无谶译。经文见《大正藏》第13册,第40页B栏第17行至第18行。

Дх.18339至Дх.18343 **残佛经**
极残,不可定名。

Дх.18344 **残佛经**
未检出。

Дх.18345 **集诸经礼忏仪卷上合香之法**
存5行,行8至10字。起:"者是人功",讫:"障灭罪经"。正文大字,注双行小字。唐智昇撰。经文见《大正藏》第47册,第464页C栏第12行至第

16行。

Дх.18346 持世经卷第二五阴品第二之二

存5行。录文："如实/知非阴/阴是识/相如是知识/入正观道。"后秦鸠摩罗什译。经文见《大正藏》第14册，第649页B栏第15行至第20行。

Дх.18347 大般涅槃经卷第十三圣行品第七之三

存2行。录文："於彼经亦不说/分别诸色有。"北凉昙无谶译。经文见《大正藏》第12册，第442页C栏第5行至第6行。

Дх.18348 妙法莲华经卷第四五百弟子受记品第八

存2行。录文："如是方便度众生/者心则怀。"后秦鸠摩罗什译。经文见《大正藏》第9册，第28页A栏第20行至第22行。

Дх.18349 菩萨戒本疏卷上

存1行，总11字。录文："比丘比丘尼十八梵六欲天。"新罗沙门义寂述。经文见《大正藏》第40册，第662页C栏第18行。

Дх.18350至Дх.18354 残佛经

极残，不可定名。

Дх.18355 妙法莲华经卷第三化城喻品第七

存2行。录文："精进当共至宝所/者中路而懈废。"后秦鸠摩罗什译。经文见《大正藏》第9册，第27页A栏第22行至第24行。

Дх.18356 大般涅槃经卷第十三圣行品第七之三

存3行，行3至7字。起："诸界者名"，讫："是名上"。北凉昙无谶译。经文见《大正藏》第12册，第442页C栏第1行至第3行。

Дх.18357 佛藏经卷下了戒品第九

存3行。录文："练若慢而好瞋/心顽/覆心。"后秦鸠摩罗什译。经文见《大正藏》第15册，第801页B栏第28行至C栏第1行。

Дх.18358 佛说天地八阳神咒经

存3行。录文："即现无/即现香/法喜如。"唐义净译。经文见《大正藏》第85册，第1424页B栏第29行至C栏第2行。

Дх.18359 小品般若波罗蜜经卷第一摩诃般若波罗蜜初品第一

存3行。录文："唯/佛告须菩/波罗。"后秦鸠摩罗什译。经文见《大正藏》第8册，第537页A栏第28行至B栏第1行。

Дх.18360至Дх.18362 残佛经

极残，不可定名。

Дх.18363 大般涅槃经卷第九如来性品第四之六

存2行。录文："命他/智者亦尔於。"北凉昙无谶译。经文见《大正藏》第12册，第419页A栏第6行至第17行。

Дх.18364至Дх.18372 残佛经

极残，不可定名。

Дх.18373 金刚般若波罗蜜经

存2行。录文："相何以/众生寿。"后秦鸠摩罗什译。经文见《大正藏》第8册，第749页B栏第6行至第7行。

Дх.18374 残佛经

存2行。录文："显/诸众。"不可定名。

Дх.18375 大方广十轮经卷第三灌顶喻品第四

存2行。录文："诸功德/应当建立此王法。"失译。经文见《大正藏》第13册，第692页A栏第17行至第18行。

Дх.18376 毗婆尸佛经卷下

存2行。录文："亦复如/如来应。"法天译。经文见《大正藏》第1册，第157页A栏第11行至第13行。

Дх.18377 摩诃僧祇律大比丘戒本

存3行。录文："谤/说彰道法实臆道/舍者善若不舍。"东晋佛驮跋陀罗译。经文见《大正藏》第22册，第553页A栏第8行至第11行。或东晋法显共觉贤译《摩诃僧祇律大比丘尼戒本》。经文见《大正藏》第22册，第560页B栏第29行至C栏第3行。文字同见于以上二经。

Дх.18378至Дх.18389 残佛经

极残,不可定名。

Дх.18390 大智度论卷第三十二释初品中四缘义第四十九

存3行。录文:"相相无/云何言/当学般若波。"龙树菩萨造、后秦鸠摩罗什译。经文见《大正藏》第25册,第296页C栏第2行至第5行。

Дх.18391 佛经论释

存4行。未检出。

Дх.18392 大般若波罗蜜多经卷第三百五十四初分多问不二品第六十一之四

存2行。录文:"摩诃萨能无故/次弟定十遍。"唐玄奘译。经文见《大正藏》第6册,第822页A栏第13行至第14行。

Дх.18393 大般涅槃经卷第五四相品之余

存3行,行11至12字。起:"解脱亦尔",讫:"欲瞋恚愚"。宋慧严等依泥洹经加之。经文见《大正藏》第12册,第634页C栏第11行至第12行。

Дх.18394 大方广菩萨藏文殊师利根本仪轨经卷第三

存2行。录文:"如是六法/摩诃萨。"天息灾译。经文见《大正藏》第20册,第848页B栏第1行至第3行。

Дх.18395 佛说天地八阳神咒经

存3行。录文:"寿命终之后/西南北安隐之处/三遍便以修□□。"唐义净译。经文见《大正藏》第85册,第1423页C栏第23行至第25行。

Дх.18396至Дх.18405 残佛经

极残,不可定名。

Дх.18406 佛说广博严净不退转轮经卷第二

存2行。录文:"摩诃萨名为坚/生欲乐不生欣。"宋智严译。经文见《大正藏》第9册,第259页B栏第17行至第18行。

Дх.18407 残佛经

存1行,总7字。录文:"虽不现在随意。"未检出。

Дх.18408 优婆塞戒经卷第三净戒品第十五

存3行。录文:"求者未/二五者普/自轻言我。"北凉昙无谶译。经文见《大正藏》第24册,第1050页B栏第21行至第23行。

Дх.18409 大般若波罗蜜多经卷第五百七十七第九能断金刚分

存3行。录文:"有情/有少法/提耶具寿善。"唐玄奘译。经文见《大正藏》第7册,第984页C栏第14行至第17行。

Дх.18410 十地经论法云地卷第十之十二

存3行。录文:"珠以/三难/何修。"天亲菩萨造、北魏菩提流支译。经文见《大正藏》第26册,第200页C栏第21行至第23行。

Дх.18411 残佛经

存"如来法"3字。不可定名。

Дх.18412 金刚般若波罗蜜经

存2行。录文:"我见人见/何是人。"北魏菩提流支译。经文见《大正藏》第8册,第756页C栏第22行至第23行。

Дх.18413 妙法莲华经马明菩萨品第三十

存2行。录文:"仰之不/百五十。"经文见《大正藏》第85册,第1428页A栏第8行至第9行。

Дх.18414至Дх.18424 残佛经

极残,不可定名。

Дх.18425 大般若波罗蜜多经卷第七十四初分观行品第十九之五

存4行。录文:"舍利/五眼/不异/是无。"唐玄奘译。经文见《大正藏》第5册,第417页B栏第17行至第21行。

Дх.18426 金光明最胜王经卷第五依空满愿品第十

存3行。录文:"痴/异非解脱/法界真如。"唐义净译。经文见《大正藏》第16册,第425页C栏第20行至第23行。

Дх.18427 阿毗达磨顺正理论卷第五十一

存2行。录文:"一相续/行应然。"经文见《大正藏》第29册,第629页B栏第28行至第29行。

Дx.18428至Дx.18431　残佛经

极残,不可定名。

Дx.18432　大般涅槃经卷第二十一光明遍照高贵德王菩萨品第十之一

存2行。录文:"佛性相/便谓。"北凉昙无谶译。经文见《大正藏》第12册,第492页A栏第17行至第18行。

Дx.18433至Дx.18448　残佛经

极残,不可定名。

Дx.18449　妙法莲华经卷第六常不轻菩萨品第二十

存3行。录文:"势彼时/恚意轻贱/见僧千劫于。"后秦鸠摩罗什译。经文见《大正藏》第9册,第51页A栏第26行至第28行。

Дx.18450至Дx.18469　残佛经

极残,不可定名。

Дx.18470　肇论般若无知论第三

存3行。录文:"圣心知亦无/无说非有非无/非言。"后秦僧肇作。经文见《大正藏》第45册,第153页C栏第21行至第25行。

Дx.18470V　佛经论释

存3行。待考。

Дx.18471　佛经论释

存3行。待考。

Дx.18472　金光明最胜王经卷第九长者子流水品第二十五

存3行。录文:"大象从酒/中水即/时彼鱼。"唐义净译。经文见《大正藏》第16册,第449页B栏第10行至第13行。

Дx.18472V至Дx.18475V　残佛经

极残,不可定名。

Дx.18476　放光般若经卷第十四摩诃般若波罗蜜问相行愿品第六十一

存10行,行1至17字。起:"所畏大慈大悲",讫:"蜜未具/想"。西晋无罗叉译。经文见《大正藏》第8册,第95页A栏第27行至B栏第5行。有异文。

Дx.18477　佛经论释

存12字。待考。

Дx.18478　大智度论卷第七十八释愿乐品第六十四

存14行,行1至9字。起:"提知佛所",讫:"为"。龙树菩萨造、后秦鸠摩罗什译。经文见《大正藏》第25册,第611页B栏第1行至第15行。

Дx.18479　大般涅槃经卷第三十师子吼菩萨品第十一之四

存9行,行4至8字。起:"果者喻乐",讫:"演说常乐"。北凉昙无谶译。经文见《大正藏》第12册,第545页A栏第3行至第11行。

Дx.18480　金光明经题签

录文:"金光明经卷第四。"

Дx.18481　大般涅槃经卷第二十五光明遍照高贵德王菩萨品第十之五

存9行,行4至11字。起:"故乐行布",讫:"部众诸道"。北凉昙无谶译。经文见《大正藏》第12册,第512页A栏第2行至第11行。

Дx.18482　佛经论释

存5行,行2至21字。待考。

Дx.18483　佛说灌顶拔除过罪生死得度经卷第十二

存15行,行4至5字。经10行,题记5行。下半段残。起:"得受人身",讫:"是经竟大"。尾题:"佛说流离光经一卷。"题记:"夫玄宋冲妙非言(下残)/空非二乘所仪一谛(下残)/执笔写流离光(下残)/回向之益又愿持(下残)/勒高会道场(下残)。"东晋帛尸梨蜜多罗译。经文见《大正藏》第21册,第536页A栏第21行至B栏第5行。经文中有校勘时所标注的颠倒符。

Дx.18484　Дx.18485　残佛经

极残,不可定名。

Дx.18486　金刚般若波罗蜜经

存5行。录文:"此般若/人说於前/至算数譬/

须菩提/当度众。"后秦鸠摩罗什译。经文见《大正藏》第8册,第752页A栏第2行至第6行。

Дх.18487　妙法莲华经卷第一序品第一

存4行,录文:"各与/世王与若干百/面/尔时。"后秦鸠摩罗什译。经文见《大正藏》第9册,第2页B栏第4行至第7行。

Дх.18488　四分戒本疏卷第二

存3行,行8字。起:"逆方便吉罗",讫:"成果不答"。沙门慧述。经文见《大正藏》第85册,第578页A栏第29行至B栏第3行。

Дх.18488V　残佛经

Дх.18489　摩诃般若波罗蜜经卷第十四问相品第四十八

存3行。录文:"等须菩提是/相故不可/等故须。"后秦鸠摩罗什译。经文见《大正藏》第8册,第327页B栏第28行至C栏第1行。

Дх.18490　残佛经

存2行。录文:"如由世间金宝器/不可比于破宝器。"未检出。

Дх.18491　摩诃般若波罗蜜经卷第八灭诤品第三十一

存4行。录文:"舍内外/夜懈怠故菩萨悉/进以众生长夜乱/於禅以。"后秦鸠摩罗什译。经文见《大正藏》第8册,第281页A栏第19行至第22行。

Дх.18492　摩诃般若波罗蜜经卷第十四问相品第四十九

存3行。录文:"思议乃至/议过思议/无。"后秦鸠摩罗什译。经文见《大正藏》第8册,第327页B栏第27行至第29行。

Дх.18493　佛说阿弥陀经

存4行。录文:"国/之名何/欲令法/国土微风。"后秦鸠摩罗什译。经文见《大正藏》第12册,第347页A栏第18行至第21行。

Дх.18494　大般涅槃经卷第二十六光明遍照高贵德王菩萨品第十之六

存7行,行3至8字。起:"声清妙心",讫:"皮木悉"。北凉昙无谶译。经文见《大正藏》第12册,第519页B栏第6行至第12行。

Дх.18495　残佛经

存5行,行3至16字。待考。

Дх.18496　妙法莲华经卷第五从地踊出品第十五

存5行,行6至11字。起:"乃至一万",讫:"到已向二"。后秦鸠摩罗什译。经文见《大正藏》第9册,第40页A栏第9行至第14行。

Дх.18497　残佛经

存"得见"2字。不可定名。

Дх.18498　大庄严论经卷第六

存3行,录文:"如斯变/礼佛塔都无有/梵来敬礼佛亦无。"马鸣菩萨造、后秦鸠摩罗什译。经文见《大正藏》第4册,第287页B栏第12行至第16行。

Дх.18499　杂阿毗昙心论卷第二

存9行,行8至10字。起:"色差别者",讫:"是从四缘"。宋僧伽跋摩等译。经文见《大正藏》第28册,第886页B栏第16行至第26行。

Дх.18500　妙法莲华经卷第二譬喻品第三

存6行,行6至9字。起:"世尊说是",讫:"佛前受阿"。后秦鸠摩罗什译。经文见《大正藏》第9册,第12页A栏第24行至B栏第3行。

Дх.18501　残佛经

存8行。未检出。

Дх.18502　大方广佛华严经卷第四十三离世间品第三十三之八

存2行,录文:"声闻/一切法门。"东晋佛驮跋陀罗译。经文见《大正藏》第9册,第669页B栏第28行至第29行。

Дх.18503　金光明最胜王经卷第三灭业障品第五

存2行,录文:"界时会/说微妙。"唐义净译。经文见《大正藏》第16册,第417页A栏第20行至第21行。

Дx.18504 佛说佛名经卷第七

存3行，行2至7字。起："佛南无"，讫："十亿同名"。北魏菩提流支译。经文见《大正藏》第14册，第154页C栏第5行至第7行。

Дx.18505 佛经论释

存4行，行3至18字。未检出。

Дx.18506 大般涅槃经卷第十一圣行品第七之一

存3行。录文："摩诃萨住/动不堕/异见。"北凉昙无谶译。经文见《大正藏》第12册，第433页B栏第29行至C栏第2行。

Дx.18507 妙法莲华经卷第五分别功德品第十七

存2行。录文："世尊有大功/说得法利者。"后秦鸠摩罗什译。经文见《大正藏》第9册，第44页B栏第11行至第13行。

Дx.18508 妙法莲华经卷第六药王菩萨本事品第二十三

存2行。录文："此经亦复/得宝如民。"后秦鸠摩罗什译。经文见《大正藏》第9册，第54页B栏第11行至第17行。

Дx.18509 佛经论释

存6行，行2至17字。某些经句同《阿毗昙毗沙婆沙论》。

Дx.18509V 佛经论释

存6行。待考。

Дx.18510 大方广佛华严经卷第二十五

存5行，行6至11字。起："名为过声"，尾题："大方广佛华严经卷第廿五"。题记："敦煌太守邓季彦妻元法英所供养经普为一切果成佛道。"东晋佛驮跋陀罗译。经文见《大正藏》第9册，第562页A栏第29行至B栏第2行。元法英写经还见于P.3312、敦博004。此卷与现刊本分卷不同。

Дx.18511 大沙门百一羯磨法

存26行，行1至9字。起："是顿转轮"，中题："受卅九夜羯摩（磨）法、亡人轻物羯磨"，讫："死命轻用"。经文见《大正藏》第23册，第493页C栏。现刊本无"受卅九夜羯磨法"；经文"亡人轻物羯磨"，现刊本为"亡道人物羯磨"。

Дx.18512 大般若波罗蜜多经题签

录文："大般若波罗蜜多经卷第四百九十四五十水。"

Дx.18513 佛经论释

存7行，行6至22字。待考。

Дx.18514 维摩诘所说经卷中文殊师利问疾品第五

存3行。录文："谓二见/为有疾菩/菩提。"后秦鸠摩罗什译。经文见《大正藏》第14册，第545页A栏第21行至第23行。

Дx.18515 妙法莲华经卷第二信解品第四

存3行。录文："逝久住/加复穷/本国。"后秦鸠摩罗什译。经文见《大正藏》第9册，第16页B栏第26行至第28行。

Дx.18516 阿毗达磨大毗婆沙论卷第一百二十七

存31行，行13至18字。与现刊本文字出入较大。

Дx.18517 大般若波罗蜜多经题签

录文："大般若波罗蜜多经卷第二百一十九廿二乾。"

Дx.18518 菩萨本行经卷第三

存43行，行1至27字。起："诸有病者"，讫："欲举刀更"。失译。经文见《大正藏》第3册，第119页C栏第18行至B栏第23行。与现刊本相校，有异文多处，卷中有删字符。

Дx.18519 过去现在因果经卷第二

存17行，行4至9字。起："涂还受王"，讫："回此"。宋求那跋陀罗译。经文见《大正藏》第3册，第633页C栏第17行至第634页A栏第6行。

Дx.18520 大般涅槃经卷第二十五光明遍照高贵德王菩萨品第十之五

存10行，行7至9字。起："因是诸见"，讫："人守护一"。北凉昙无谶译。经文见《大正藏》第12

册，第515页A栏第20行至B栏第1行。

Дх.18521 大般涅槃经卷第三十五迦叶菩萨品第十二之三

存11行，行2至8字。起："未来"，讫："如器"。北凉昙无谶译。经文见《大正藏》第12册，第571页C栏第20行至第572页A栏第2行。

Дх.18522 摩诃般若波罗蜜经卷第二十四善达品第七十九

存16行，行5至19字。起："就众生净"，讫："卧具香华"。后秦鸠摩罗什译。经文见《大正藏》第8册，第400页A栏第14行至B栏第4行。经文经过校勘，墨笔添字多处。

Дх.18523 华严经内章门等杂孔目章卷第二第五会依其五教明顺善法数义

存7行，行1至6字。起："主为如地"，讫："无定为要"。唐智俨集。经文见《大正藏》第45册，第555页C栏第12行至第18行。

Дх.18524 佛说佛名经卷第八

存9行，行4至6字。起："南无住持佛"，讫："南无善处"。失译。经文见《大正藏》第14册，第217页B栏第12行至第19行。

Дх.18525 民族文字残片

Дх.18526 大般若波罗蜜多经卷第二十四初分教诫教授品第七之十四

存4行，行7至17字。首题："大般若波罗蜜多经卷第廿四初分教诫教授品第七之十四"，讫："身意处增"。唐玄奘译。经文见《大正藏》第5册，第131页B栏第16行至第20行。

Дх.18527 道经

存经文12行。另有题记1行。录文："女官赵妙虚敬写。"

Дх.18528 大方广佛华严经卷第二十三十地品第二十二之一

存13行，行2至7字。起："尽"，讫："智慧"。东晋佛驮跋陀罗译。经文见《大正藏》第9册，第545页C栏第21行至第546页A栏第2行。

Дх.18529 持世经卷第一初品第一

存7行，行2至6字。起："耨多罗三"，讫："净智"。后秦鸠摩罗什译。经文见《大正藏》第14册，第643页B栏第27行至C栏第4行。

Дх.18530 摩诃僧祇律卷第二十二是学法之余

存17行，行1至5字。起："时居士于"，讫："何"。东晋佛驮跋陀罗共法显译。经文见《大正藏》第22册，第406页B栏第9行至第27行。

Дх.18531 大般若波罗蜜多经卷第三百六十二初分难信解品第三十四之八十一

刻本。存16行，行3至8字。起："清净若般"，讫："若水"。唐玄奘译。经文见《大正藏》第6册，第329页A栏第6行至第22行。

Дх.18532 宿命因缘经题签

录文："宿命因缘经。"

Дх.18533 摩诃般若波罗蜜经卷第二十六毕定品第八十三

存8行，行1至7字。起："名法处若"，讫："提"。后秦鸠摩罗什译。经文见《大正藏》第8册，第409页B栏第28行至C栏第7行。

Дх.18534 金光明最胜王经卷第七大辩才天女品第十五之一

存5行，行7至13行。起："滞诃萨"，讫："尼住处我"。唐义净译。经文见《大正藏》第16册，第435页C栏第1行至第10行。

Дх.18535 根本说一切有部目得迦卷第七

存4行，行4至10字。起："罗说加他"，讫："为僧伽上"。唐义净译。经文见《大正藏》第24册，第443页A栏第18行至第23行。

Дх.18536 大般涅槃经卷第九如来性品第四之六

存4行，行2至8字。起："经典"，尾题："大般涅槃经卷第九"。北凉昙无谶译。经文见《大正藏》第12册，第422页B栏第24行至第28行。

Дх.18537 净土五会念佛诵经观行仪卷中至卷下

存7行,行3至7字。起:"七愿三途",讫:"弥勒极"。经文见《大正藏》第85册,第1260页B栏第26行至C栏第3行。经文最后一句"弥勒极",现刊本无。

Дx.18538　大般涅槃经卷第二寿命品第一之二

存8行,行1至7字。起:"是具足",讫:"者"。北凉昙无谶译。经文见《大正藏》第12册,第374页C栏第2行至第9行。

Дx.18539　光赞经卷第一摩诃般若波罗蜜光赞品第一

存7行,行2至4字。起:"当学般",讫:"大道"。西晋竺法护译。经文见《大正藏》第8册,第149页B栏第18行至第25行。

Дx.18540　金刚般若波罗蜜经论卷下

存8行,行2至10字。起:"非是识境",讫:"得道"。北魏菩提流支译。经文见《大正藏》第25册,第795页A栏第16行至B栏第12行。

Дx.18541　大方广佛华严经卷第四十入不思议解脱境界普贤行愿品

刻本。存5行,行7至13字。起:"涂香烧",讫:"常为供养"。唐般若译。经文见《大正藏》第10册,第845页A栏第1行至第4行。

Дx.18541V　大方广佛华严经卷第四十入不思议解脱境界普贤行愿品

存5行,行7至14字。起:"人善得胜",讫:"慧咸圆满"。唐般若译。经文见《大正藏》第10册,第845页A栏第25行至第29行。

Дx.18542　思益梵天所问经卷第三行道品第十一

存9行,行5至16字。起:"空相菩萨",讫:"是名出"。后秦鸠摩罗什译。经文见《大正藏》第15册,第54页B栏第20行至第27行。分卷与现刊本不同。

Дx.18543　禅秘要法经卷下

存9行,行3至17字。起:"见此事[树]",讫:"其身长"。后秦鸠摩罗什译。经文见《大正藏》第15册,第260页C栏第22行至第261页A栏第6行。与Дx.18545可缀合。分卷与现刊本不同。

Дx.18544　妙法莲华经卷第一方便品第二

存11行,行6字。起:"力令一切",讫:"我所说法"。后秦鸠摩罗什译。经文见《大正藏》第9册,第7页C栏第24行至第8页A栏第15行。

Дx.18545　禅秘要地经卷下

存2行,行10至12字。起:"头如大山",讫:"以身施鬼"。后秦鸠摩罗什译。经文见《大正藏》第15册,第261页A栏第7行至第9行。与Дx.18543可缀合。

Дx.18546　妙法莲华经卷第三化城喻品第七

存6行,行1至16字。起:"父得成阿",讫:"曰"。后秦鸠摩罗什译。经文见《大正藏》第9册,第22页C栏第5行至第11行。

Дx.18547　佛说灌顶拔除过罪生死得度经卷第十二

存6行,行5至9字。起:"佛不信人",讫:"等正觉其"。东晋帛尸梨蜜多罗译。经文见《大正藏》第21册,第534页B栏第24行至第29行。

Дx.18548　妙法莲华经卷第二譬喻品第二

存10行,行2至8字。起:"直至",讫:"不知苦本"。后秦鸠摩罗什译。经文见《大正藏》第9册,第15页A栏第14行至第26行。

Дx.18549　妙法莲华经卷第六常不轻菩萨品第二十

存7行,行3至8字。起:"是法华经",讫:"是佛灭"。后秦鸠摩罗什译。经文见《大正藏》第9册,第51页B栏第6行至第13行。

Дx.18550　妙法莲华经卷第四见宝塔品第十一

存5行,行7至17字。起:"以金银琉",讫:"塔恭敬尊"。后秦鸠摩罗什译。经文见《大正藏》第9册,第32页B栏第22行至第27行。

Дx.18551　妙法莲华经卷第七普贤菩萨劝发品第二十八

存4行,行1至14字。起:"尊",讫:"利益汝"。

后秦鸠摩罗什译。经文见《大正藏》第9册，第61页C栏第14行至第18行。

Дx.18552 妙法莲华经卷第三化城喻品第七

存7行，行7至12字。起："恭敬尊重"，讫："盲瞑"。后秦鸠摩罗什译。经文见《大正藏》第9册，第22页C栏第9行至第21行。此卷与Дx.18575可接，两卷之间约缺1行。

Дx.18553 最胜问菩萨十住除垢断结经卷第五恭敬品第十三

存6行，行1至4字。录文："畏五/二身黄金/音声言训/法功/识/一。"后秦竺佛念译。经文见《大正藏》第10册，第1000页A栏第1行至第5行。

Дx.18554 妙法莲华经卷第一序品第一

存11行，行2至8字。起："皆成"，讫："号明灯明"。后秦鸠摩罗什译。经文见《大正藏》第9册，第4页B栏第10行至第22行。

Дx.18555 残佛经

刻本。存2行。不可定名。

Дx.18556 妙法莲华经卷第六药王菩萨本事品第二十三

存8行，行1至6字。起："王菩萨"，讫："遍"。后秦鸠摩罗什译。经文见《大正藏》第9册，第53页A栏第5行至第12行。

Дx.18557 思益梵天所问经卷第三道行品第十一

存7行，行2至9字。起："提异涅槃"，讫："切所"。后秦鸠摩罗什译。经文见《大正藏》第15册，第54页B栏第24行至C栏第1行。

Дx.18558 妙法莲华经卷第六法师功德品第十九

存9行，行2至8字。起："尔时"，讫："处患见悉"。后秦鸠摩罗什译。经文见《大正藏》第9册，第47页C栏第3行至第11行。

Дx.18559 民族文字残片

Дx.18560 佛经论释

存4行，行11字左右。待考。

Дx.18561 四分律删繁补阙行事钞卷上足数众相篇第三

存8行，行8至12字。起："人乱心人"，讫："尼母云空"。唐道宣撰述。经文见《大正藏》第40册，第8页A栏第11行至第26行。

Дx.18562 大般涅槃经卷第三十二师子吼菩萨品第十一之六

存6行，行3至9字。起："烦恼为"，讫："财物时而"。北凉昙无谶译。经文见《大正藏》第12册，第558页B栏第8行至第13行。经文"呵责众生若软语"，现刊本少"众生"2字。

Дx.18563 妙法莲华经卷第五如来寿量品第十六

存3行，行10字。起："父患其子"，讫："求索治病"。后秦鸠摩罗什译。经文见《大正藏》第9册，第43页A栏第18行至第20行。

Дx.18564 大般若波罗蜜多经卷第三百五十二初分多问不二品第六十一之二

刻本。存5行，行3至9字。起："如是不思"，讫："处深甚般"。唐玄奘译。经文见《大正藏》第6册，第808页B栏第16行至第21行。

Дx.18565 大般涅槃经卷第十四梵行品第二十之一

存6行，行3至9字。起："檀波罗"，讫："慈若不"。宋慧严等依泥洹经加之。经文见《大正藏》第12册，第699页A栏第4行至第9行。

Дx.18566 妙法莲华经卷第一序品第一

存9行，行5至8字。起："施佛及僧"，讫："严饰国界"。后秦鸠摩罗什译。经文见《大正藏》第9册第3页B栏第10行至第22行。

Дx.18566V 版画残片

内容无法辨识。

Дx.18567 光赞经卷第一摩诃般若波罗蜜光赞品第一

存17行，行4至11字。起："萨摩诃萨"，讫："所念当学"。西晋竺法护译。经文见《大正藏》第8册，第149页B栏第9行至第29行。

Дx.18568 小品般若波罗蜜经卷第八摩诃般若波

罗蜜深心求菩提品第二十

存15行，行2至9字。起："行般"，讫："成就"。后秦鸠摩罗什译。经文见《大正藏》第8册，第572页B栏第20行至C栏第5行。

Дх.18569 **妙法莲华经卷第一方便品第二**

存11行，行5至9字。起："为已供养"，讫："知当作佛"。后秦鸠摩罗什译。经文见《大正藏》第9册，第10页B栏第2行至第20行。

Дх.18570 **大般涅槃经卷第三十一迦叶菩萨品第十二之三**

存13行，行2至9字。起："悭贪"，讫："正道为何"。北凉昙无谶译。经文见《大正藏》第12册，第570页A栏第23行至B栏第6行。

Дх.18571 **金光明经卷第二四天王品第六**

存3行。录文："宣/大利/拥护。"北凉昙无谶译。经文见《大正藏》第16册，第344页A栏第17行至第19行。

Дх.18572 **妙法莲华经卷第五分别功德品第十七**

存4行，行5至6字。起："处园林诸"，讫："无量功德"。后秦鸠摩罗什译。经文见《大正藏》第9册，第46页A栏第19行至第25行。

Дх.18573 **缘生初胜分法本经卷上**

存6行，行3至6字。起："彼色界"，讫："摄已先所"。隋达磨笈多译。经文见《大正藏》第16册，第716页B栏第29行至C栏第5行。

Дх.18574 **大庄严经论卷第五**

存5行，行11字。起："主言我欲"，讫："天上道路"。后秦鸠摩罗什译。经文见《大正藏》第4册，第281页A栏第9行至第14行。

Дх.18575 **妙法莲华经卷第三化城喻品第七**

存5行，行4至12字。起："劫诸佛之"，讫："其祖转轮"。后秦鸠摩罗什译。经文见《大正藏》第9册，第22页C栏第2行至第7行。此卷与Дх.18552可接，两卷之间约缺1行。

Дх.18576 **四分律删繁补阙行事钞卷上足数众相篇第三**

存11行，行4至17字。起："上在十人"，讫："重罪人贱"。唐道宣撰述。经文见《大正藏》第40册，第8页C栏第10行至第9页A栏第2行。

Дх.18577 **佛顶尊胜陀罗尼经**

存7行，行7至10字。起："说已甚大"，讫："如来应正"。唐佛陀波利译。经文见《大正藏》第19册，第350页A栏第16行至第23行。

Дх.18578 **十诵律卷第六十一毗尼中杂品第三**

存2行。录文："亿复受王/是夜。"东晋卑摩罗叉续译。经文见《大正藏》第23册，第457页A栏第1行至第2行。

Дх.18579 **说无垢称经卷第四观有情品第七**

存2行。录文："慈离瑕秽/吉祥。"唐玄奘译。经文见《大正藏》第14册，第573页A栏第24行至第25行。

Дх.18580 Дх.18581 **残佛经**

极残，不可定名。

Дх.18582 **四分律比丘戒本**

存4行，行2至6字。起："住处"，讫："脚脱绳"。后秦佛陀耶舍译。经文见《大正藏》第22册，第1018页C栏第2行至第7行。

Дх.18583 **大般涅槃经卷第五如来性品第四之二**

存3行，行4至7字。起："言如来无"，讫："秽如来之"。北凉昙无谶译。经文见《大正藏》第12册，第392页B栏第11行至第13行。

Дх.18584 **合部金光明经卷第二灭业障品第五**

存3行，行3至6字。起："有名禅定"，讫："于十方"。北凉昙无谶译、隋释宝贵合。经文见《大正藏》第16册，第368页A栏第17行至第19行。

Дх.18585 **残佛经**

极残，不可定名。

Дх.18586 **大般涅槃经卷第五如来性品第四之二**

存5行，行3至6字。起："如来又"，讫："来又解脱"。北凉昙无谶译。经文见《大正藏》第12册，第

394页A栏第2行至第7行。

Дх.18587　残佛经

存4字。不可定名。

Дх.18588　大般涅槃经卷第九如来性品第四之六

存3行，行4至6字。起："男善（善男）子"，讫："所谓佛生"。北凉昙无谶译。经文见《大正藏》第12册，第422页A栏第28行至B栏第1行。

Дх.18589　道行般若经卷第二摩诃般若波罗蜜功德品第三

存2行，行4至7字。起："福倍益多"，讫："若波罗蜜"。后汉支娄迦谶译。经文见《大正藏》第8册，第437页B栏第12行至第13行。

Дх.18590　妙法莲华经卷第四提婆达多品第十二

存2行，行4至5字。录文："劫中常作/退转为欲满。"后秦鸠摩罗什译。经文见《大正藏》第9册，第34页B栏第25行至第27行。

Дх.18591　禅秘要法经卷下

存2行。录文："饿/是事已复当。"后秦鸠摩罗什译。经文见《大正藏》第15册，第261页B栏第11行至第12行。

Дх.18592　金刚般若波罗蜜经论卷下

存4行。录文："萨发/断灭相/罗三藐三菩/发阿。"无著菩萨造、隋达磨笈多译。经文见《大正藏》第25册，第779页B栏第8行至第11行。

Дх.18593　佛说长阿含经卷第六第二分初小缘经第一

刻本。存5行，行1至7字。起："不"，讫："婆"。后秦佛陀耶舍共竺佛念译。经文见《大正藏》第1册，第39页A栏第14行至第19行。

Дх.18594　妙法莲华经卷第六药王菩萨本事品第二十三

存3行。录文："其佛/河沙大/等彼。"后秦鸠摩罗什译。经文见《大正藏》第9册，第53页A栏第14行至第16行。

Дх.18595　金光明经卷第四流水长者子品第十六

存4行，行1至5字。起："生"，讫："正遍知"。北凉昙无谶译。经文见《大正藏》第16册，第353页A栏第24行至第27行。

Дх.18596　大般涅槃经卷第十四圣行品第七之四

存2行。录文："萨摩诃萨/满足若。"北凉昙无谶译。经文见《大正藏》第12册，第451页A栏第2行至第3行。

Дх.18597　残佛经

存1行。录文："年之乐唯患。"未检出。

Дх.18598　金光明经卷第四赞佛品第十八

存4行，行1至5字。起："恋"，讫："清冷法水"。北凉昙无谶译。经文见《大正藏》第16册，第357页C栏第11行至第15行。

Дх.18599　妙法莲华经卷第二譬喻品第三

存3行，行4至6字。起："界无安"，讫："三界火宅"。后秦鸠摩罗什译。经文见《大正藏》第9册，第14页C栏第22行至第25行。与Дх.18603为同卷同品残片。

Дх.18600　佛藏经卷上净戒品第五之一

存3行，行3至4字。起："微妙音声"，讫："但论衣"。后秦鸠摩罗什译。经文见《大正藏》第15册，第788页C栏第21行至第23行。

Дх.18601　残佛经

存4行。录文："乐定/舍念中/边处等无所/非非想处。"未检出。

Дх.18602　佛说佛名经

存3行。录文："普观佛/威德佛/智力流怖佛。"未检出。

Дх.18603　妙法莲华经卷第二譬喻品第三

存3行，行4至5字。起："嬉戏不已"，讫："沉湎嬉戏"。后秦鸠摩罗什译。经文见《大正藏》第9册，第14页B栏第15行至第18行。与Дх.18599为同卷同品残片。

Дх.18604　金刚般若波罗蜜经旨赞卷上

存5行，行2至5字。起："初三别配"，讫："更明"。唐昙旷撰。经文见《大正藏》第85册,第72页C栏第28行至第73页A栏第7行。

Дх.18605 大智度论卷第五十二释十无品第二十五

存3行。录文:"得/灭故无数无/及无为。"龙树菩萨造、后秦鸠摩罗什译。经文见《大正藏》第25册,第433页A栏第28行至B栏第1行。

Дх.18606 金刚般若波罗蜜经

存4行,行3至7字。起:"提若福",讫:"不应以"。后秦鸠摩罗什译。经文见《大正藏》第8册,第751页C栏第3行至第6行。

Дх.18607 大宝积经卷第一百六大乘方便会第三十八之一

存4行,行4至7字。起:"之至顶如",讫:"升虚空高"。东晋竺难提译。经文见《大正藏》第11册,第597页C栏第5行至第8行。

Дх.18608 妙法莲华经卷第四见宝塔品第十一

存4行,行3至4字。起:"善男子",讫:"某甲佛"。后秦鸠摩罗什译。经文见《大正藏》第9册,第33页B栏第19行至第22行。

Дх.18609 合部金光明经卷第二灭业障品第五

存3行,行7字。起:"世尊舍女",讫:"作于佛名"。真谛译、隋释宝贵合。经文见《大正藏》第16册,第371页C栏第29行至第372页A栏第2行。

Дх.18610 梵网经菩萨戒序

存5行,行2至5字。起:"无异此",讫:"亦难保今"。后秦鸠摩罗什译。经文见《大正藏》第24册,第1003页A栏第23行至第27行。

Дх.18611 妙法莲华经卷第二信解品第四

存4行,行2至8字。起:"等其诸仓",讫:"历国邑"。后秦鸠摩罗什译。经文见《大正藏》第9册,第16页C栏第2行至第4行。

Дх.18612 大般若波罗蜜多经卷第七十九初分天帝品第二十二之三

存7行,行1至5字。起:"第定十",讫:"相不应说"。唐玄奘译。经文见《大正藏》第5册,第446页B栏第10行至第15行。

Дх.18613 大般若波罗蜜多经卷第五百九十八第十六般若波罗蜜多分之六

存2行。录文:"遣颠倒所起非实/一。"唐玄奘译。经文见《大正藏》第7册,第1098页B栏第4行至第5行。

Дх.18614 大般若波罗蜜多经卷第七十九初分天帝品第二十二之三

存6行,行4字。起:"常若无常",讫:"净不应说"。唐玄奘译。经文见《大正藏》第5册,第446页B栏第21行至第27行。

Дх.18615 维摩诘所说经卷中文殊师利问疾品第五

存2行。录文:"我想及/是念但以众法合成。"后秦鸠摩罗什译。经文见《大正藏》第14册,第545页A栏第3行至第4行。

Дх.18616 妙法莲华经卷第二譬喻品第三

存4行,行3至6字。起:"得出皆",讫:"子等各白"。后秦鸠摩罗什译。经文见《大正藏》第9册,第12页C栏第14行至第16行。

Дх.18617 十住毗婆沙论卷第二地相品第三

存4行,行4至9字。起:"德故",讫:"故若谓"。后秦鸠摩罗什译。经文见《大正藏》第26册,第27页B栏第29行至C栏第5行。

Дх.18618 大智度论卷第十六释初品中毗梨耶婆罗蜜义第二十七

存6行,行3至6字。起:"与其水千",讫:"见"。龙树菩萨造、后秦鸠摩罗什译。经文见《大正藏》第25册,第175页C栏第12行至第18行。

Дх.18619 大方广佛华严经卷第三世宝妙严品第一之三

刻本。存5行,行1至7字。起:"切",讫:"广大各"。唐实叉难陀译。经文见《大正藏》第10册,第14页A栏第9行至第13行。

Дх.18620 妙法莲华经卷第四见宝塔品第十一

存4行,行3至8字。起:"宝树下",讫:"结跏趺坐"。后秦鸠摩罗什译。经文见《大正藏》第9册，第33页A栏第15行至第18行。

Дх.18621 妙法莲华经卷第一方便品第二

存5行，行1至5字。起："法中"，讫："其过"。后秦鸠摩罗什译。经文见《大正藏》第9册，第7页C栏第7行至第14行。

Дх.18622 妙法莲华经卷第五安乐行品第十四

存6行。录文："共战/如来/智一/文殊/於诸说/王久护。"后秦鸠摩罗什译。经文见《大正藏》第9册，第39页A栏第11行至第17行。

Дх.18623 妙法莲华经卷第四见宝塔品第十一

存6行，行2至5字。起："其前"，讫："我宝塔为"。后秦鸠摩罗什译。经文见《大正藏》第9册，第32页C栏第18行至第23行。

Дх.18624 妙法莲华经卷第二信解品第四

存3行，行2至6字。起："不须此人"，讫："如豪贵"。后秦鸠摩罗什译。经文见《大正藏》第9册，第17页A栏第1行至第3行。

Дх.18625 大方广佛华严经卷第十华藏世界品第五之三

存4行。录文："三/有/尘/此上。"唐实叉难陀译。经文见《大正藏》第10册，第49页A栏第11行至第14行。

Дх.18626 残佛经

存4行。录文："使有者云/果故知/不灭故得□有过去亡灭不得/世人未有儿息他问道。"

Дх.18627 妙法莲华经卷第二譬喻品第三

存4行，录文："有一/住其/倾危/子若。"后秦鸠摩罗什译。经文见《大正藏》第9册，第12页B栏第15行至第18行。

Дх.18628 残佛经

存5行。录文："不/七不无义语/菩萨如是慈/苦地狱度/菩萨。"未检出。

Дх.18629 大般涅槃经卷第二十二光明遍照高贵德王菩萨品第十之二

存2行，行6至7字。起："一切法是"，讫："净在何处"。北凉昙无谶译。经文见《大正藏》第12册，第494页A栏第28行至B栏第1行。

Дх.18630 金光明最胜王经卷第八大吉祥天女增长财物品第十七

存4行，行3至5字。起："读诵咒者"，讫："发愿令所"。唐义净译。经文见《大正藏》第16册，第439页C栏第16行至第20行。

Дх.18631 吕氏春秋

正背各存5行，行5字。待考。

Дх.18632 妙法莲华经卷第一序品第一

存3行，行2至5字。起："诃曼殊沙"，讫："天龙"。后秦鸠摩罗什译。经文见《大正藏》第9册，第2页B栏第11行至第13行。

Дх.18632V 民族文字残片

Дх.18633 吕氏春秋

正背各存5行，行3至5字。与Дх.18631、Дх.18634为同卷残片。待考。

Дх.18634 吕氏春秋

正背各存4行。与Дх.18631、Дх.18633为同卷残片。待考。

Дх.18635 小品般若波罗蜜经卷第四摩诃般若波罗蜜叹净品第九

存5行。录文："罗蜜得/留难何以/著无所/提般/以故般若波。"后秦鸠摩罗什译。经文见《大正藏》第8册，第553页A栏第6行至第10行。

Дх.18636 大智度论卷第十六释初品中毗梨耶波罗蜜义第二十七

存9行，行1至5字。起："刺枪伤人"，讫："辙"。龙树菩萨造、后秦鸠摩罗什译。经文见《大正藏》第25册，第177页A栏第20行至第29行。与Дх.18637、Дх.18688为同卷同品残片。

Дх.18637 大智度论卷第十六释初品中毗梨耶波罗蜜义第二十七

存8行，行2至5字。起："禽兽形色"，讫：

"明"。龙树菩萨造、后秦鸠摩罗什译。经文见《大正藏》第25册，第175页A栏第8行至第16行。与Дх.18636、18688为同卷同品残片。

Дх.18638至Дх.18648　残佛经

极残，不可定名。

Дх.18649　妙法莲华经卷第四见宝塔品第十一

存3行，行2至3字。起："佛坐其"，讫："譬如大"。后秦鸠摩罗什译。经文见《大正藏》第9册，第33页C栏第29行至第34页A栏第2行。

Дх.18649V　民族文字残片

Дх.18650　大般涅槃经卷第十八梵行品第八之四

存5行，行1至5字。起："见"，讫："正遍"。北凉昙无谶译。经文见《大正藏》第12册，第468页A栏第5行至第13行。与现刊本分卷不同，现刊本《大正藏》从第2行起为卷第十八。

Дх.18650V　民族文字残片

Дх.18651　大般涅槃经卷第二十梵行品第八之六

存3行，行2至4字。起："贱僮业"，讫："月爱"。北凉昙无谶译。经文见《大正藏》第12册，第481页A栏第23行至第25行。

Дх.18652　妙法莲华经卷第七观世音菩萨普门品第二十五

存4行。均为"观音力"3字。后秦鸠摩罗什译。经文见《大正藏》第9册，第57页C栏至第58页A栏。因仅存"观音力"3字，无法兑出确切行数。

Дх.18653　金刚般若波罗蜜经

存3行。录文："福德/此经/胜彼何。"后秦鸠摩罗什译。经文见《大正藏》第8册，第749页B栏第21行至第23行。

Дх.18654　妙法莲华经卷第六药王菩萨本事品第二十三

存3行。录文："告宿王/佛号日/善逝。"后秦鸠摩罗什译。经文见《大正藏》第9册，第53页A栏第11行至第13行。

Дх.18655　Дх.18656　残佛经

未检出。

Дх.18657　十住毗婆沙论卷第七归命相品第十四

存2行。录文："八大人觉/为佛弟。"龙树菩萨造、后秦鸠摩罗什译。经文见《大正藏》第26册，第55页B栏第5行至第6行。《佛说八大人觉经》中也有相同的经文。

Дх.18658　大般若波罗蜜多经卷第三百一十二初分众喻品第四十四之二

存3行。录文："住实际虚空/若不摄受集/不摄受四。"唐玄奘译。经文见《大正藏》第6册，第591页A栏第14行至第16行。

Дх.18659　大般若波罗蜜多经卷第四十初分般若行相品第十之三

存4行。录文："界即是/眼触为缘/舍利/若波。"唐玄奘译。经文见《大正藏》第5册，第222页C栏第13行至第16行。

Дх.18660　妙法莲华经卷第七妙庄严王本事品第二十七

存2行。录文："以功德智慧/广而绀青色。"后秦鸠摩罗什译。经文见《大正藏》第9册，第60页C栏第15行至第16行。

Дх.18661　佛说长阿含经卷第十七（二七）第三分沙门果经第八

存2行。录文："讯王若/陀而告。"后秦佛陀耶舍共竺佛念译。经文见《大正藏》第1册，第107页B栏。此经句在经中所存甚多。

Дх.18662　大般涅槃经卷第二十六光明遍照高贵德王菩萨品第十之六

存3行，行4至6字。起："四亲若知"，讫："菩萨其足"。北凉昙无谶译。经文见《大正藏》第12册，第520页A栏第28行至第29行。

Дх.18663　大般若波罗蜜多经

存3行。录文："施设/声界/不可。"唐玄奘译。所存甚多，不可确指具体卷品。

Дх.18664　残佛经

存3行。录文："龙花/持节/恒侄他。"未检出。

Дх.18665　妙法莲华经卷第二信解品第四

存2行。录文："士皆恭/其身吏。"后秦鸠摩罗什译。经文见《大正藏》第9册，第16页C栏第13行至第14行。

Дх.18665V　民族文字残片

Дх.18966　大般涅槃经卷第五如来性品第四之二

存2行。录文："离廿五有毒/解脱者。"北凉昙无谶译。经文见《大正藏》第12册，第393页A栏第12行至第13行。

Дх.18667　大般若波罗蜜多经卷第七十九初分天帝品第二十二之三

存3行。录文："胜处/何以故以有/复次憍尸迦。"唐玄奘译。经文见《大正藏》第5册，第446页B栏第17行至第19行。

Дх.18668　残佛经

存"自在"2字。不可定名。

Дх.18669　阿毗达磨俱舍释论卷第九中分别世间品之四

存2行。录文："天寿量/数如身。"婆薮盘豆造、真谛译。经文见《大正藏》第29册，第219页A栏第19行至第20行。

Дх.18670　大般若波罗蜜多经卷第一百初分摄受品第二十九之二

存3行。录文："族婆罗门/王转轮圣/世间便。"唐玄奘译。经文见《大正藏》第5册，第555页B栏第14行至第16行。

Дх.18671　大智度论卷第五十五释十无品第二十五

存2行。录文："萨不可得/如此中说。"龙树菩萨造、后秦鸠摩罗什译。经文见《大正藏》第25册，第433页B栏第18行至第19行。

Дх.18672　大般涅槃经卷第十五梵行品第八之一

存2行。录文："宝珠/萨於人天。"北凉昙无谶译。经文见《大正藏》第12册，第452页B栏第23行至第24行。

Дх.18673　妙法莲华经卷第一序品第一

存2行。录文："阿耨多罗/百千万亿。"后秦鸠摩罗什译。经文见《大正藏》第9册，第4页B栏第8行至第10行。此经句还见于北凉昙无谶译《悲华经卷第三》。经文见《大正藏》第3册，第185页B栏第4行至第5行。

Дх.18674　民族文字残片

Дх.18675　大般涅槃经卷第二寿命品第一之一

存2行。录文："五体投地同声/告纯。"北凉昙无谶译。经文见《大正藏》第12册，第375页A栏第13行至第14行。

Дх.18675V　民族文字残片

Дх.18676　残佛经

未检出。

Дх.18676V　民族文字残片

Дх.18677　妙法莲华经卷第五安乐行品第十四

存3行。录文："摩诃/一者安住菩/是经。"后秦鸠摩罗什译。经文见《大正藏》第9册，第37页A栏第14行至第16行。

Дх.18677V　民族文字残片

Дх.18678至Дх.18680　残佛经

极残，不可定名。

Дх.18681　妙法莲华经卷第四提婆达多品第十二

存3行。录文："行布施/从头目/民寿命无。"后秦鸠摩罗什译。经文见《大正藏》第9册，第34页B栏第27行至第29行。

Дх.18682　残佛经

存4行。录文："约/摄取众/无想右非右/有色。"未检出。

Дх.18683　大智度论卷第八十八释四摄品第七十八

存3行。录文："者应生是/切法自性/无夺何。"龙树菩萨造、后秦鸠摩罗什译。经文见《大正藏》第25册，第679页A栏第2行至第4行。

Дх.18684　Дх.18685　民族文字残片

Дх.18686　Дх.18687　残佛经

极残,不可定名。

Дх.18688 **大智度论卷第十六释初品中毗梨耶波罗蜜义第二十七**

存2行。录文:"吐汤□余□/饿鬼常求产。"龙树菩萨造、后秦鸠摩罗什译。经文见《大正藏》第25册,第175页C栏第10行至第11行。与Дх.18636、Дх.18637为同卷同品残片。

Дх.18689 **胜天王般若波罗蜜经卷第七劝戒品第十三**

存4行。录文:"阿/林若有/人以是/言世。"月婆首那译。经文见《大正藏》第8册,第722页A栏第4行至第7行。

Дх.18690 **残佛经**

存"佛告罗"3字。不可定名。

Дх.18691 **大般若波罗蜜多经**

存2行。录文:"至演/留难。"唐玄奘译。甚残,不可确指具体卷品。

Дх.18692 **大般若波罗蜜多经**

存4行。录文:"言/增语/般若/菩萨。"唐玄奘译。甚残,不可确指具体卷品。

Дх.18693 **妙法莲华经卷第七观世音菩萨普门品第二十五**

存3行,行7字。起:"现神通力",讫:"三藐三菩"。后秦鸠摩罗什译。经文见《大正藏》第9册,第58页B栏第5行至第7行。

Дх.18693V **民族文字残片**

Дх.18694 **残佛经**

存2行,行1字。录文:"不/不。"不可定名。

Дх.18695 **四分律卷第四十九比丘尼犍度之下**

存3行。录文:"食/有余食应/洗盛。"后秦佛陀耶舍共竺佛念等译。经文见《大正藏》第22册,第933页B栏第25行至第27行。

Дх.18695V **民族文字残片**

Дх.18696 **大般若波罗蜜多经**

存2行。录文:"二分/四神足五。"唐玄奘译。甚残,不可确指具体卷品。

Дх.18696V **民族文字残片**

Дх.18697 **大智度论卷第二十三初品中十想释论第三十七**

存3行,行2至4字。起:"无一可乐",讫:"有身所"。龙树菩萨造、后秦鸠摩罗什译。经文见《大正藏》第25册,第232页B栏第8行至第10行。

Дх.18698 **大般涅槃经卷第六如来性品第四之三**

存2行。录文:"忏悔灭除/法是名凡。"北凉昙无谶译。经文见《大正藏》第12册,第396页C栏第29行至第397页A栏第1行。

Дх.18699至Дх.18705 **残佛经**

极残,不可定名。

Дх.18706 **妙法莲华经卷第七观世音菩萨普门品第二十五**

存2行。录文:"生皆/尽意。"后秦鸠摩罗什译。经文见《大正藏》第9册,第57页A栏第11行至第12行。

Дх.18707 **大宝积经卷第一百六大乘方便会第三十八之一**

存3行。录文:"当受诸/尔时士/一掷刀。"东晋竺难提译。经文见《大正藏》第11册,第597页B栏第13行至第15行。

Дх.18708 **大般若波罗蜜多经卷第五十八**

存2行。录文:"界真如/诸受真。"唐玄奘译。极残,不可确指具体品名。

Дх.18709至Дх.18714 **残片**

极残,不可定名。

Дх.18715 **大般若波罗蜜多经卷第五十八第二分出住品第十九之二**

存2行。录文:"世间天人/是真如非。"唐玄奘译。经文见《大正藏》第7册,第94页A栏第25行至第27行。

Дх.18716至Дх.18733 **残佛经**

极残,不可定名。

Дх.18734 妙法莲华经卷第六药王菩萨本事品第二十三

存2行。录文："满其愿/火。"后秦鸠摩罗什译。经文见《大正藏》第9册,第54页B栏第13行至第15行。

Дх.18734V至Дх.18736 残佛经

极残,不可定名。

Дх.18737 妙法莲华经卷第三化城喻品第七

存2行。录文："昔所未/王即各。"后秦鸠摩罗什译。经文见《大正藏》第9册,第23页A栏第19行至第20行。

Дх.18737V至Дх.18739 残佛经

极残,不可定名。

Дх.18740 妙法莲华经卷第五从地踊出品第十五

存2行。录文："答人中之/云得佛。"后秦鸠摩罗什译。经文见《大正藏》第9册,第41页C栏第19行至第21行。

Дх.18740V至Дх.18745 残佛经

极残,不可定名。

Дх.18746 阿毗达磨大毗婆沙论卷第一百二十六业蕴第四中自业纳息第五之三

存3行。录文："有余饰/今布施/可转。"唐玄奘译。经文见《大正藏》第27册,第656页B栏第21行至第23行。

Дх.18747 大宝积经卷第七十七富楼那会第二七之一菩萨品行第一

存2行。录文："一心/是希有。"后秦鸠摩罗什译。经文见《大正藏》第11册,第435页B栏第18行至第20行。

Дх.18747V 残佛经

极残,不可定名。

Дх.18748 妙法莲华经卷第二信解品第四

存3行。录文："我子我/有先所出/即大欢。"后秦鸠摩罗什译。经文见《大正藏》第9册,第17页B栏第13行至第16行。

Дх.18748V Дх.18749 残佛经

极残,不可定名。

Дх.18750 大般涅槃经卷第三十六迦叶菩萨品第十二之四

存2行。录文："所言恶者/故不益。"北凉昙无谶译。经文见《大正藏》第12册,第575页A栏第8行至第9行。

Дх.18750V至Дх.18755 残佛经

极残,不可定名。

Дх.18756 放光般若经卷第十六摩诃般若波罗蜜沤愇品第七十

存4行。录文："手/右手臂如/味五波罗/一法亦。"西晋无罗叉译。经文见《大正藏》第8册,第109页B栏第11行至第14行。

Дх.18756V至Дх.18822 残佛经

极残,不可定名。

Дх.18823 妙法莲华经卷第五如来寿量品第十六

存4行,行3至8字。起："服所",讫："肯服"。后秦鸠摩罗什译。经文见《大正藏》第9册,第43页A栏第21行至第25行。

Дх.18824 大方广佛华严经卷第五十九入法界品第三十四之十六

存3行,行2至5字。起："审伏",讫："用师子"。东晋佛驮跋陀罗译。经文见《大正藏》第9册,第778页C栏第5行至第7行。

Дх.18825 Дх.18826 残佛经

极残,不可定名。

Дх.18827 妙法莲华经卷第五如来寿量品第十六

存2行。录文："今留在/他国遣。"后秦鸠摩罗什译。经文见《大正藏》第9册,第43页A栏第26行至第28行。

Дх.18828 残佛经

存2行,行1字。录文："者/菩。"不可定名。

Дх.18829 金光明经卷第三正论品第十一

存3行。录文："安隐/所行恶/好名善。"北凉昙无谶译。经文见《大正藏》第16册,第348页A栏第22行至第25行。

Дх.18830 残佛经

存一"闻"字。不可定名。

Дх.18831 大般若波罗蜜多经卷第一百六初分校量功德品第三十之四

存3行。录文:"复/意云何/性不变异。"唐玄奘译。经文见《大正藏》第5册,第586页B栏第2行至第4行。

Дх.18832至Дх.18839 残佛经

极残,不可定名。

Дх.18840 佛说灌顶拔除过罪生死得度经卷第十二

存3行,行3至7字。起:"上见弥勒者",讫:"忤魍"。东晋帛尸梨蜜多罗译。经文见《大正藏》第21册,第534页A栏第13行至第15行。与Дх.18846为同卷残片。

Дх.18841 妙法莲华经卷第四授学无学人记品第九

存3行,行3至4字。起:"千万亿",讫:"于寿命像"。后秦鸠摩罗什译。经文见《大正藏》第9册,第29页C栏第11行至第13行。

Дх.18842 佛说灌顶拔除过罪生死得度经卷第十二

存2行。录文:"礼拜悬杂色幡/围绕百匝还生本处。"东晋帛尸梨蜜多罗译。经文见《大正藏》第21册,第534页A栏第1行至第3行。

Дх.18843 Дх.18844 残佛经

极残,不可定名。

Дх.18845 妙法莲华经卷第五安乐行品第十四

存2行,行4至6字。起:"怖畏心",讫:"梵志"。后秦鸠摩罗什译。经文见《大正藏》第9册,第37页B栏第19行至第22行。

Дх.18846 佛说灌顶拔除过罪生死得度经卷第十二

存3行,行4至8字。起:"得安隐求",讫:"觉若欲上"。东晋帛尸梨蜜多罗译。经文见《大正藏》第21册,第534页A栏第6行至第9行。与Дх.18840为同卷残片。

Дх.18847 妙法莲华经卷第一方便品第二

存2行。录文:"悲心皆已成/宝像及。"后秦鸠摩罗什译。经文见《大正藏》第9册,第9页A栏第8行至第11行。

Дх.18848 大智度论卷第五十四释天主品第二十七

存4行。录文:"菩提/须陀/是法离/菩萨发。"龙树菩萨造、后秦鸠摩罗什译。经文见《大正藏》第25册,第448页B栏第25行至第29行。

Дх.18849 Дх.18850 残佛经

极残,不可定名。

Дх.18851 妙法莲华经卷第四授学无学人记品第九

存2行。录文:"在通王/如来。"后秦鸠摩罗什译。经文见《大正藏》第9册,第29页C栏第14行至第15行。

Дх.18852 大般若波罗蜜多经卷第三百一十二初分众喻品第四十四之二

存2行。录文:"河取/不烂坏。"唐玄奘译。经文见《大正藏》第6册,第592页A栏第3行至第4行。

Дх.18853 残佛经

极残,不可定名。

Дх.18854 佛说灌顶拔除过罪生死得度经卷第十二

存2行。录文:"神从座/为未来像。"东晋帛尸梨蜜多罗译。经文见《大正藏》第21册,第532页B栏第14行至第15行。

Дх.18855 大智度论卷第四十四

存4行。录文:"何/菩提/与纪幻/意云。"龙树菩萨造、后秦鸠摩罗什译。经文见《大正藏》第25册,第375页C栏。所存经文还见于《大般若波罗蜜多经》《放光般若经》等。

Дх.18856 妙法莲华经卷第一序品第一

存3行。录文:"其名曰/叶伽耶迦/㤭延。"后秦鸠摩罗什译。经文见《大正藏》第9册,第1页C栏第22行至第24行。

Дх.18857至Дх.18867 残佛经

极残，不可定名。

Дx.18868　大般涅槃经卷第二十五光明遍照高贵德王菩萨品第十之五

存3行。录文："德王/解脱者是/是心本性。"北凉昙无谶译。经文见《大正藏》第12册，第515页B栏第19行至第21行。

Дx.18869　阿毗达磨俱舍论本颂分别根品第二（七十四颂）

存3行，行5字。起："上兼除低"，讫："高无所顾"。唐玄奘译。经文见《大正藏》第29册，第312页C栏第11行至第15行。

Дx.18870至Дx.18874　残佛经

极残，不可定名。

Дx.18875　大通方广忏悔灭罪庄严成佛经卷下

存2行。录文："欲来/护是经令。"经文见《大正藏》第85册，第1349页C栏第20行至第21行。

Дx.18876至Дx.18903　残佛经

极残，不可定名。

Дx.18904　大智度论卷第六十一释随喜回向品第三十九

存5行，行3至6字。起："诃萨无"，讫："起福德回"。龙树菩萨造、后秦鸠摩罗什译。经文见《大正藏》第25册，第491页B栏第24行至第28行。

Дx.18904V　民族文字残片

Дx.18905　法华经疏

存经文2行。录文："得功德/偈其福散。"注双行小字。

Дx.18905V　民族文字残片

Дx.18906　妙法莲华经卷第七妙庄严王本事品第二十七

存2行。录文："宿王华智/国名光明。"后秦鸠摩罗什译。经文见《大正藏》第9册，第59页C栏第1行至第3行。

Дx.18907至Дx.18911　残佛经

极残，不可定名。

Дx.18912　梁朝傅大士颂金刚

存254行，行10至13字。中题："尊重正教分第十二、如法受持分第十三、离相寂灭分第十四、持经功德分第十五、能净业障分第十六、究竟无我分第十七、一体同观分第十八、法界通化分第十九、离色了相分第二十、非说所说分第二十一、法身非相分第二十六、无断无灭分第二十七、不受不贪分第二十八、威仪寂静分第二十九。"中缺品题第二十二至第二十五。后秦鸠摩罗什译。经文见《大正藏》第85册，第4页A栏第16行至第8页A栏第13行。

Дx.18913　馆藏缺

Дx.18914　金刚般若波罗蜜经

存251行，行14字。后秦鸠摩罗什译。经文见《大正藏》第8册，第748页C栏第21行至第752页A栏第1行。

Дx.18915　某年九月十七日帖

存8行。完整。为杰谢镇羊户送纳羊毛事。

Дx.18916　大历十五年四月一日判凭

存7行。首部下残缺，其余基本完整。为送纳牛皮事。后4行民族文字。

Дx.18916V　民族文字残片

Дx.18917　贞元四年五月杰谢百姓债务纠纷牒

存11行。中部残破一洞，缺数字。为欠妇人钱未还者作油麻价秋熟便还。后有2行判文。

Дx.18918　某年五月简王府长史王某某欠税钱状

存5行。前残。为简王府长史王某某欠税钱事。

Дx.18919　大历十七年闰三月二十七日韩云领麦历

存4行。下部残。

Дx.18919V　残牒

存2行。录文："保人兄刘伏奴年廿/保人姊夫梁怀玉。"

Дx.18920　大历十四年十月付杰谢镇百姓脚钱牒

存6行。前后残。

Дx.18921　杰谢百姓夏打驼纠纷牒

存6行。基本完整。

Дх.18922 纳羊皮历

存3行。前残。

Дх.18923 首领萨波思略牒

存5行。半部残。后2行为判词。

Дх.18924 借契

存2行。

Дх.18925 胡书偏奴负钱契

存8行。上部残。

Дх.18926 大历十六年六月杰谢合川百姓勃门罗卖驼契

存4行。后残。

Дх.18927 建中六年行官魏忠顺收驼麻抄

存3行。前缺。录文："守捉使牒杰谢百姓张罗捺供行军入磧/打驼麻卅斤/建中六年十二月廿一日行官魏忠顺抄。"

Дх.18928 大历某年卖驼契

存10行。为百姓勃门罗济在大历年间卖驼契。

Дх.18929 大历某年百姓勿沙牒

存5行。残损。后1行为判词。

Дх.18930 杰谢百姓纳牛皮历

存3行。残损。录文："杰谢/牛皮壹张/抄了。"

Дх.18931 残片

存1行。录文："苏末士偏。"不可定名。

Дх.18932 论语集解

存3行。双行小字注。录文："(民与其侧是/无恻隐之心)/唯我与尔有是夫(孔曰言使/则止唯我)见孔子独美颜□以为已曾至于夫子/为三军将亦当□谁与已同故发问。"圆括号中为双行小字注。

Дх.18932V 杂写

存1行。录文："咸通二十年十。"

Дх.18933 辛善安便粟历

存1行。录文："辛善安便粟壹硕秋壹。"

Дх.18934 梵网经卢舍那佛说菩萨心地戒品第十卷下

存2行。录文："四十八轻戒三世诸/亦如是诵汝等一切。"后秦鸠摩罗什译。经文见《大正藏》第24册，第1009页B栏第27行至第29行。

Дх.18934V 残牒

存1行。录文："牒件事由。"

Дх.18935 杂写

存1行。录文："文德元年。"

Дх.18935 残佛经

存2行。录文："比丘尼/书。"不可定名。

Дх.18936 礼忏文

存16行，行6至9字。起："若般罗蜜如来"，讫："一切诸佛南无拘那"。经文见《大正藏》第85册，第1303页B栏第23行至C栏第5行。

Дх.18936V 乙酉年正月龙兴寺阴法律失物牒

存9行。后缺。

Дх.18937 员通支酒历

存3行。后残。

Дх.08938 习字

存3行。习写"七""八""九""十"等字。

Дх.18939 贞元某年欠糜历

存2行。前后均残。

Дх.18940 质逻六城百姓牒

二残片。各存5行。缺字甚多。

Дх.18941 曹元暕辞

存3行。

Дх.18942 残牒

三残片。录文："陆延若""使兼特进大将军郭""守捉使。"

Дх.18943A 兰亭集序

存4行。录文："永和/开会稽山阴/群贤毕至/山峻岭。"

Дх.18943B 残牒

三残片。其一，录文："□官李/比半返/意。"其二，录文："惟/兼胜。"其三，录文："一百/三百六。"

Дх.18944 论语集解为政

存5行。双行小字注。何晏注。起："终日不遗"，讫："子曰"。

Дx.18944V　便麦粟历

存3行。录文："麦一斗粟一/今日/升。"

Дx.18945　馆藏缺

Дx.18946A　丙辰年十二月四日显德寺僧永智读经题记

录文："丙辰年十二月四日显德寺僧永□/自首托记受持读诵舍念/人永□合加大小无除灾长。"

Дx.18946AV　杂写

存8行。字迹不清。

Дx.18946B　契约

存2行。录文："者比至叁年□□等/人有先悔者罚□。"

Дx.18947　圣箭堂述古

存2行。录文："辩大乘入道四行/罗门国王第三之。"经文见《卍新续藏》第73册，第457页C栏第7行至第8行。

Дx.18947V　杂写

存1行。录文："人学生见人。"

Дx.18948A　状

存4行。为物色目历。

Дx.18948B　某年卖驴残契

存3行。录文："李/驴主/卖驴。"

Дx.18948BV　杂写

存1行。字迹不清。

Дx.18949　残片

存1行，总2字。不可辨识。

Дx.18950　残片

存1行，总2字。录文："国有。"不可定名。

Дx.18951　残片

存1行，总2字。录文："草主。"不可定名。

Дx.18952　残片

存1行，总2字。录文："能是。"不可定名。

Дx.18953　残片

存3行，行4至12字。待考。

Дx.18954　残片

存2行，行2字。录文："陆□/见人。"不可定名。

Дx.18955V　受田历

存2行。录文："叁拾壹/应受田。"

Дx.18955V　习字

存3行。习写"之"字。

Дx.18956　发愿文

存3行。录文："舍施念诵□申意者奉为某/□患者有清贞寂烦妇礼若/□□□功德遂因往却福凑今生。"

Дx.18957　发愿文

存3行。录文："于绵帐相好三身国王质于宝丝庄旋/□僧凡圣祇告十□□延四众于像前焚天/则有信士押衙。"

Дx.18958　残佛经

存3行。录文："佛国难与/佛国难与/离佛。"未检出。

Дx.18959　字书

存4行。每行集同部首字。

Дx.18960　开蒙要训

存4行，行2至4字。起："拗捩"，讫："口朽"。定名参考张新朋《敦煌写本〈开蒙要训〉叙录续补》，《敦煌研究》2008年第1期，第98页至第101页。

Дx.18961　愿文

存2行。录文："患难谨不违也□/□□德孤□母慈。"所存甚少，意思不明。

Дx.18962　残片

存2行。字迹不清。

Дx.18963　残片

存1行，总5字。录文："惭奴索烈□。"未检出。

Дx.18964　残牒

存3行，行2至4字。

Дx.18965　大般涅槃经题签

录文："大般涅槃经卷第十一。"

Дх.18966　出家赞

存7行，行6至13字。

Дх.18967　残佛经

存2行。录文："典十世有能/刭乃"。未检出。

Дх.18968　杂写

五残片。仅一片存"皆成满"3字，其余均存一字。

Дх.18969　慈悲道场忏法卷第十次发鼻根愿至次发舌根愿

存3行。录文："复归依/等（称忏/主名）/今以去。"经文见《大正藏》第45册，第965页A栏第12行至第17行。

Дх.18970　慈悲道场忏法卷第二发菩提心第四

存4行。录文："焰幢王/南无宝华游步佛/婆罗树王佛/游步佛。"经文见《大正藏》第45册，第929页A栏第29行至B栏第1行。

Дх.18971　慈悲道场忏法卷第二发菩提心第四

存4行。录文："至/贤圣/具佛/切五。"经文见《大正藏》第45册，第929页B栏第13行至第16行。

Дх.18972　慈悲道场忏法卷第二发菩提心第四

存4行。录文："世音菩/界一切三宝/十方一切三宝前发菩/乃至道场行菩萨道誓。"经文见《大正藏》第45册，第928页C栏第13行至第16行。

Дх.18973　大宝积经卷第九十优婆离会第二十四

存3行。录文："无财/南无善名称/南无游步功。"唐菩提流志译。经文见《大正藏》第11册，第516页A栏第7行至第9行。

Дх.18974　字书

Дх.18975　白描画

仅存莲座。

Дх.18976　字书

存3行。行1字及反切读音。读音双行小字。

Дх.18977　字书

存1行。录文："□□举切□洗。"

Дх.18978　慈悲道场忏法

存4字。录文："称忏主名。"未检出。

Дх.18979　残佛经

存2行。录文："郜深玄/息心源。"未检出。

Дх.18980　残佛经

存两个"佛"字。不可定名。

Дх.18981　占卜书

二残片。中有"占有""占阴"等词语。

Дх.18982　残片

存"细""诸"2字。不可定名。

Дх.18983　残佛经

三残片。刻本。其一，录文："数分□□/以诸如来□。"其二，录文："诸佛。"其三，录文："故若。"不可定名。

Дх.18984　仪轨

存6行。双行小字注。

Дх.18985　字书

存6行。

Дх.18986　字书

存5行。

Дх.18987　残牒

存2行，行2至6字。

Дх.18988　残牒

存4行。录文："如前/到请详赤白/渐计料到颜色/坐请疾速支拨□。"

Дх.18989　残牒

存2行。录文："五日为支内除鹰田所□/或旧为□孙残□。"

Дх.18990　金光明最胜王经卷第一如来寿量品第二

存4行。录文："如芥子许/终之后得/为我从子。"唐义净译。经文见《大正藏》第16册，第406页A栏第24行至第27行。

Дх.18990V　西夏文残片

Дх.18991　残片

存1行，总4字。录文："难脱列秃。"不可定名。

Дх.18992　亦集乃路总管府禁约残片

存6行,行20字左右。

Дx.18993 光定十二年正月李春狗等物历

存22行。完整。

Дx.18994 尊像种字

Дx.18995 至顺元年残牒

存3行,行1至4字。

Дx.18996 合同婚书

存17行。完整。

Дx.18997 大般若波罗蜜多经卷第五百四十三第四分随喜回向品第六之一

存5行,行2至13字。起:"第四",讫:"微妙为上为无"。唐玄奘译。经文见《大正藏》第7册,第790页C栏第19行至第23行。

Дx.18998 籍账

存1行。录文:"户贾永存母阿罗弟永崇。"

Дx.18999 百字咒忏悔仪

存8行。

Дx.19000 杵偈

存10行。中题:"杵偈。"

Дx.19001 历日

Дx.19002 西夏文残片

Дx.19003 历日

Дx.19004 历日

Дx.19005 历日

Дx.19006 残佛经

二残片。不可定名。

Дx.19007 字书

存3行。

Дx.19008 陀罗尼

存2行。

Дx.19009 妙法莲华经卷第三授记品第六

存1行,总7字。录文:"用供养过是已后。"后秦鸠摩罗什译。经文见《大正藏》第9册,第21页C栏第20行。

Дx.19010至Дx.19014 残佛经

极残,不可定名。

Дx.19015 左传

存12行。草书。

Дx.19016 慈悲道场忏法卷第二发菩提心第四

存5行,行4至6字。起:"诸佛起坚固",讫:"而不努力"。经文见《大正藏》第45册,第928页C栏第25行至第29行。

Дx.19017 慈悲道场忏法卷第二发菩提心第四

存4行。录文:"复有/此众生/佛力法力/佛慧令此众。"经文见《大正藏》第45册,第929页B栏第12行至第15行。

Дx.19018 残佛经

存2行。录文:"上的正可在下/家正可在下的。"

Дx.19019 残片

存1行。录文:"不是好事百姓是。"

Дx.19020 金刚般若波罗蜜经旨赞

存8行,行3至15字。起:"如身长大",讫:"如是降伏其"。经中"菩提""菩萨"用合体字,现刊本无完全相同者。

Дx.19021 残牒

存8行。

Дx.19022 至正二十三年王嗣祖契

存6行。

Дx.19023 残契

存2行。

Дx.19024 残契

拍照时拍反,文字不清。

Дx.19025 便粮食历

存"斗贰升"3字。

Дx.19026 残契

拍照时拍反,文字不清。

Дx.19027 字书

Дx.19028 大方广佛华严经卷第四十入不思议解脱境界普贤行品

存2行。录文:"德比法供养/不及一百千俱。"唐般若译。经文见《大正藏》第10册,第845页A栏第8行至第10行。

Дх.19029 残佛经

存"微妙清净"4字。未检出。

Дх.19030 残片

存2字。不可辨识。

Дх.19031 残片

存1行,总4字。可辨识者唯一"都"字。

Дх.19032 残片

存2字。不可辨识。

Дх.19033 字书

存2字。

Дх.19034 残片

存"古子"2字。不可定名。

Дх.19035 残片

存"第十□"3字。不可定名。

Дх.19036 残佛经

存4行,行1字。不可定名。

Дх.19037 残佛经

存3行,行2至3字。录文:"养□/修善和/菩提。"未检出。

Дх.19038 残佛经

存3行,行2字。录文:"上善/无量/未来。"未检出。

Дх.19039 残佛经

存3行。录文:"□得/喜藏摩/一切世间□□。"未检出。

Дх.19040 慈悲道场忏法卷第二发菩提心第四

存2行。录文:"觉仰愿十方一切诸佛/圣贤现为我证令某甲等。"经文见《大正藏》第45册,第928页C栏第18行至第19行。

Дх.19041 残佛经

五残片。不可定名。

Дх.19042 便麦历

存4行。

Дх.19043 残牒

存3行。极残。

Дх.19044 白描画

存佛头、佛手。

Дх.19045 残佛经及手印

Дх.19046 残佛经

存2行。录文:"火罗/□王佛。"不可定名。

Дх.19047 白描画

Дх.19048 残片

存一"正"字。不可定名。

Дх.19049 残片

存3行。录文:"家翁忽/元思答/忽辛咎行。"不可定名。

Дх.19050 仪轨

存16行,行20字左右。待考。

Дх.19051 便面历

存2行。录文:"斗吴□牒/面□支。"甚残。

Дх.19052 字书

存3行。与Дх.19027、Дх.19033等同卷。

Дх.19053 状

二残片。存5行。待考。

Дх.19054 仪轨

存6行,行4至21字。待考。

Дх.19055 白衣舍

存6行。录文:"□第一白/白衣舍除病障/白舍坐/八白衣舍/八白衣舍座/白衣舍。"待考。

Дх.19056 紫绢历

存4行,存2至6字。

Дх.19057 残片

存"惠地"2字。不可定名。

Дх.19058 便麦历

存9行。行2至7字。

Дх.19059 家书

存5行。

Дx.19060　造刀牒

　　存2行。录文："霍守忠 申/□充打造宾铁刀错。"

Дx.19061　金刚般若波罗蜜经

　　存5行。录文："世尊/世界则非/故若世界/如来说/名一合。"后秦鸠摩罗什译。经文见《大正藏》第8册，第752页B栏第10行至第13行。

Дx.19062　籍账

　　存5行。

Дx.19063　信使曹怀义牒

　　存6行。

Дx.19064　药方

　　存8行。

Дx.19065　纳物历

　　存7行。

Дx.19066　佛说佛名经卷第十六

　　存3行。录文："南无摩尼幢/尼宝积佛/上大精进佛。"失译。经文见《大正藏》第14册，第247页B栏第10行至第12行。

Дx.19067　统和二年残牒

　　存6行。录文："肆升伍合折/右具如前所料 □小□/大破反□如后稍有□同/词伏请 每/件状如前谨牒 八日/统和二。"

Дx.19068　造刀牒

　　存9行。录文："一请王人事到/楚王/衣肆事件/玉西邦银装镔铁刀子壹口/魏王/销金画罗勤帛壹段/□□镔铁刀子壹口/□文义罗押准/及。"

Дx.19069　支出历

　　存13行。

Дx.19070　至元二年呈文

　　存9行。

Дx.19071　官文书

　　存10行。

Дx.19072　至正三年巡检司呈辞

　　存14行。基本完整。

Дx.19072V　杂写

　　杂写"使""庐"等字。

Дx.19073　泰定二年三月呈辞

　　存2行。录文："呈/泰定二年三月。"

Дx.19074　便面历

　　存9行。

Дx.19075　残文书

　　存6行。极残。

Дx.19076　西夏直多昌磨彩代还钱契

　　存11行。此依乜小红《俄藏敦煌契约文书研究》定名，上海古籍出版社，2009年。

Дx.19077　便粮食历

　　存5行。

Дx.19078　Дx.19079　西夏文

Дx.19080　契约

　　存2行。

Дx.19081　礼忏文

　　存15行，行4至19字。起："常住三宝叹佛功德"，讫："一切诸佛"。经文见《大正藏》第85册，第1303页B栏第26行至C栏第7行。

Дx.19081V　残佛经

　　存3行，行1至8字。未检出。

Дx.19082　残片

　　存6行，行3至6字。未检出。

Дx.19082V　残片

　　存2行。录文："门前/八十随能。"未检出。

Дx.19083　开蒙要训

　　存5行，行3至4字。起："驮乘走骤"，讫："□□"。与P.3243可缀合。定名参考张新朋《敦煌写本〈开蒙要训〉叙录续补》，《敦煌研究》2008年第1期，第98页至第101页。

Дx.19083V　民族文字残片

Дx.19084　杂写

　　二残片。其一，录文："日明六日伊。"其二，录文："正月一日子。"

Дх.19085　千字文

　　存16行，行4至8字。起："李柰菜重"，讫："如松之盛。"

Дх.19085V　习字

　　存12行。另倒写一大字"显"。

Дх.19086　民族文字残片

Дх.19087　读经记录

Дх.19088至Дх.19090　雕版佛像

Дх.19091　雕版佛像

Дх.19092　雕版佛像

索引检字表

一画
一 乙

二画
二 十 丁 卜 七 人 八 入 儿 九

三画
三 干 于 下 大 丈 上 千 义 广 亡 小 己 巳 马 习

四画
王 天 无 开 元 云 五 太 不 切 止 中 内 月 仁 什 牛 长 公 欠 父 分 壬 乌 手 比 六 文 方 心 户 冗 双 书 劝 孔 水

五画
正 玉 丙 刊 未 示 节 世 本 龙 戊 布 石 左 占 央 出 史 四 兄 目 归 甲 申 生 付 仪 白 令 鸟 乐 瓜 印 立 玄 兰 汉 礼 记 写 永 圣 对 尼 弘 民 发 丝

六画
西 百 戌 成 式 地 老 吉 寺 夹 在 达 至 师 回 吐 吕 贞 因 曲 光 岁 合 行 多 华 优 众 向 亥 忏 过 交 亦 宅 安 讲 论 字 羊 米 买 观 杂 如 好 妇 收

七画
李 孝 寿 励 戒 报 护 投 声 岑 吴 呈 员 别 驱 状 佉 佃 佚 作 佛 应 社 辛 宋 究 译 沙 判 启 张 妙 纳 灵 阿 陀 医

八画
奉 孟 武 押 转 现 画 杰 杵 抱 拔 顶 奋 郁 昙 非 贤 咒 具 尚 明 罗 图 和 制 使 往 金 念 受 舍 贫 质 兔 版 周 服 变 庚 注 放 净 法 河 宗 宝 官 房 诗 祈 询 卷 郑 建 孟 弥 经 迦

九画
春 南 药 契 持 胡 残 咸 威 荣 故 某 勒 思 毗 星 显 科 皇 衍 律 便 须 食 胜 信 修 饼 亲 临 类 诵 说 施 祖 洗 洛 宣 首 前 度 给 结 统 癸

十画
秦 泰 真 根 恶 索 起 破 莲 桃 校 都 圆 晏 乘 称 般 俱 借 造 唐 离 斋 效 涅 酒 凉 诸 请 被 读 家 通 验 难 能 绢

十一画
菩 萨 勘 梵 黄 乾 曹 救 授 推 菜 常 略 唯 悬 虚 馆 领 偈 得 彩 猫 祭 第 符 惜 悼 商 康 梁 添 淮 深 寂 宿 寅 渐 阎 维 缁 骑 随

十二画
敬 董 揖 韩 散 惠 景 量 最 悲 黑 紫 销 御 释 舜 集 等 善 普 道 遗 敦 温 游 尊 禅 缘

十三画
瑜 蒙 楞 摄 碑 睒 签 解 牒 新 满 慈 裱 嫁 窦

十四画
瑶 愿 摹 榜 僧 舞 鼻 算 察 肇

十五画

增 慧 撰 题 摩 羯

十六画

燕 赞 雕 燃 辩

十七画

藏 邈 麛

十八画

翻 鹰

二十画

籍 譬

其他

□

索 引

一 画

（一）

一切佛菩萨名集

卷第三

Дх.04697　　Дх.04713

卷第十一

Дх.12711

卷第十四

Дх.02120

一切经音义（《中华藏》）

卷第一

Дх.00256

卷第二

Ф.230　　Дх.00965

卷第三

Дх.12340R　　Дх.12381V　　Дх.12330R　　Дх.12409R

Дх.00209　　Дх.00210　　Дх.00211　　Дх.00255

Дх.00411　　Дх.05226A

卷第四

Дх.09984A

卷第六

Дх.10090　　Дх.10149　　Дх.12340　　Дх.12380

Дх.12381　　Дх.12409

卷第十四

Дх.12330

卷第十五

Дх.10831

卷第十六

Дх.09984A

卷第十九

Дх.11563

卷第二十二

Дх.00320　　Дх.00386

一切经音义（《大正藏》）

卷第九

Дх.00585　　Дх.00586A　　Дх.00586C

卷第十六

Дх.04659

卷第四十二

Дх.00583

（乙）

乙巳年九月十五日社司转帖

Дх.01440

乙巳年九月十日等杂账

Дх.02869BV

乙未年六月索胜全换马契

Дх.02143

乙亥年四月各乡放粮账

Дх.04278

乙酉年五月莫高乡张保全贷绢契

Дх.01377　　Дх.01377V

乙酉年正月龙兴寺阴法律失物牒

Дх.18936V

二 画

（二）

二月八日文

Ф.263H　　Ф.326H　　Дх.01228

二月三日酒壹瓮付僧子历

Дх.03136

二月六日衙前第一队转帖

Дх.01317

（十）

十一面神咒心经

Дх.10683

987

十二时普劝四众依教修行
Ф.31　　Ф.342　　Ф.361

十二月壬气
Дх.00506　　Дх.05924V

十二时赞
Дх.04310

十大佛弟子榜题底稿
Дх.01762

十方千五百佛名经
Дх.02701　　Дх.03337　　Дх.03352　　Дх.03486
Дх.03546　　Дх.03548　　Дх.03562　　Дх.03685
Дх.03711　　Дх.03755　　Дх.04113　　Дх.04213
Дх.04662　　Дх.04678　　Дх.05008　　Дх.06270
Дх.06286　　Дх.06333　　Дх.06468　　Дх.06880
Дх.06900　　Дх.07032　　Дх.07081　　Дх.07138
Дх.07572　　Дх.07664　　Дх.07739　　Дх.08112B
Дх.08236　　Дх.08271　　Дх.08459　　Дх.08539
Дх.08722　　Дх.08797　　Дх.08826　　Дх.08895
Дх.09003　　Дх.09004　　Дх.09185　　Дх.09203
Дх.09294　　Дх.09299A　　Дх.09371　　Дх.09375
Дх.09445　　Дх.09446　　Дх.09450　　Дх.09610
Дх.11416　　Дх.12291　　Дх.12303　　Дх.12322
Дх.12375　　Дх.12443　　Дх.12494　　Дх.12888
Дх.14326　　Дх.14531　　Дх.14961　　Дх.15863
Дх.16032　　Дх.16303　　Дх.16335　　Дх.16424
Дх.16472　　Дх.16563　　Дх.17133

十方佛名
Дх.00458

十吉祥
Ф.223

十地经论
Дх.00162　　Дх.02984　　Дх.04589　　Дх.04616B
Дх.05293　　Дх.08096　　Дх.08383　　Дх.08391
Дх.08743　　Дх.08973　　Дх.16067　　Дх.16160
Дх.18063　　Дх.18077　　Дх.18078　　Дх.18099
Дх.18410

十地经论义记
Дх.03370　　Дх.03388　　Дх.04202　　Дх.08685

Дх.09497　　Дх.14652

十字押
Дх.01747V

十住经
卷第一
Дх.07448
卷第二
Дх.12280B　　Дх.17136
卷第三
Дх.12053　　Дх.12241
卷第四
Дх.05220　　Дх.09400

十住断结经
Дх.05472

十住毗婆沙论
Дх.01076A　　Дх.01076B　　Дх.01077A　　Дх.01077B
Дх.01393　　Дх.01465　　Дх.04811　　Дх.12206
Дх.12212　　Дх.12347　　Дх.18617　　Дх.18657

十空赞
Дх.00922　　Дх.01358B　　Дх.01358V　　Дх.02137
Дх.03132

十金刚心真言
Дх.00152

十诵比丘尼波罗提木叉戒本
Дх.16129

十诵律
Ф.318　　Дх.00378　　Дх.02943　　Дх.03305
Дх.03928　　Дх.03930　　Дх.03934　　Дх.03942
Дх.03976　　Дх.03978　　Дх.04036A　　Дх.04039
Дх.04043　　Дх.04051　　Дх.04053　　Дх.04057
Дх.04865　　Дх.05993　　Дх.08975　　Дх.09278
Дх.09590　　Дх.09624　　Дх.09968　　Дх.10748
Дх.12054　　Дх.12094　　Дх.12118　　Дх.12121
Дх.12215　　Дх.12840　　Дх.14747　　Дх.16239
Дх.16427　　Дх.18578

十诵比丘波罗提木叉戒本
Ф.324　　Дх.00281　　Дх.02328　　Дх.03809
Дх.04380　　Дх.06362　　Дх.07441　　Дх.10036

十诵羯磨比丘要用

　　Дх.12906

十恩德

　　Ф.263M　Ф.326M

十恩赞

　　Дх.06258

（丁）

丁巳年粜酒破历

　　Дх.01337

丁巳年十一月十七日亲情□□放书

　　Дх.03002

丁卯年八月十七日钱某文书

　　Дх.00894C

丁卯年九月十五日部落都头揭帖

　　Дх.10289

（卜）

卜葬书

　　Ф.279

（七）

七千佛神符经

　　Дх.14777

七言诗

　　Дх.02153VA

七佛八菩萨所说大陀罗尼神咒经

　　Дх.00520　Дх.00769　Дх.00995　Дх.10643
　　Дх.15732　Дх.17596　Дх.18124

七阶佛名

　　Дх.00668　Дх.01121

七命注

　　Дх.08011

（人）

人名

　　Дх.04410V　Дх.11065V　Дх.11072

人名录

　　Дх.01047V　Дх.01380V　Дх.01398A　Дх.02393
　　Дх.05699　Дх.06018V　Дх.06064VA　Дх.06636V
　　Дх.09506

人数记录

　　Дх.01301

（八）

八种粗重犯堕

　　Ф.221VA　Ф.228VA　Ф.266VA

（入）

入山赞文

　　Дх.00278VD

入历

　　Дх.10294

入如来德智不思议经

　　Дх.00388

入宅文

　　Ф.263D　Ф.326D

入破历

　　Дх.04795　Дх.06037　Дх.08189　Дх.17449V

入楞伽经（北魏菩提流支译）

　卷第二

　　Дх.00741　Дх.00742　Дх.09978

　卷第三

　　Дх.10367

　卷第七

　　Дх.10830

（儿）

儿郎伟

　　Ф.247V　Дх.01049　Дх.02235V

（九）

九九歌

　　Дх.02904

989

九品往生
  Дх.00705

九想观
  Дх.03018

三　画

（三）

三劫三千佛缘起
  Дх.00264 Дх.02503 Дх.04230

三阶教文献综述
  Дх.05301

三界寺僧名
  Дх.00020V Дх.04285V Дх.04308V Дх.10513V
  Дх.10520V

（干）

干支五行
  Дх.02898

（于）

于阗文残片
  Ф.308C Дх.01461V

于阗坎城百姓勿悉门捺牒
  Дх.01262

（下）

下女夫词
  Дх.02654A Дх.03860 Дх.03860V Дх.03885
  Дх.11049 Дх.11049V Дх.12834

下沙庭等州状
  Дх.02160VB

（大）

大一切成就母永修仪
  Ф.362A2

大王观世音经
  Дх.08328 Дх.08335

大历十四年十月付杰谢镇百姓脚钱牒
  Дх.18920

大历十五年四月一日判凭
  Дх.18916

大历十六年六月杰谢合川百姓勃门罗卖驼契
  Дх.18926

大历十七年闰三月二十七韩云领麦历
  Дх.18919

大历某年卖驼契
  Дх.18928

大历某年百姓勿沙牒
  Дх.18929

大方广十轮经
  卷第一
  Ф.136 Дх.12005
  卷第二
  Дх.15529
  卷第三
  Дх.02407 Дх.03339 Дх.03659 Дх.04193
  Дх.06780 Дх.09390 Дх.18375
  卷第四
  Дх.00300 Дх.04822
  卷第七
  Дх.08427

大方广三戒经
  Дх.17584

大方广华严十恶品经
  Дх.00928A Дх.05276

大方广佛华严经（东晋佛驮跋陀罗译）
  Ф.127 Дх.00111 Дх.16311 Дх.17420
  卷第二
  Ф.353 Дх.03451
  卷第三
  Дх.04499 Дх.04704
  卷第四
  Дх.11593A Дх.14324
  卷第五
  Дх.03695 Дх.03757 Дх.05706 Дх.08202

Дх.09254

卷第七

Дх.08479

卷第八

Ф.149　　　Дх.10379

卷第九

Дх.04175　　Дх.10663　　Дх.16380

卷第十

Дх.00910

卷第十四

Дх.03094　　Дх.03250　　Дх.04614　　Дх.05476

Дх.06660　　Дх.12117В　Дх.14621　　Дх.16073

卷第十五

Дх.07183　　Дх.15837

卷第十六

Ф.204С　　Дх.03366

卷第十七

Дх.02306

卷第十八

Дх.03799　　Дх.04473　　Дх.04495

卷第十九

Дх.01213

卷第二十

Дх.00623　　Дх.00624

卷第二十一

Дх.00107　　Дх.03448　　Дх.06158　　Дх.07878

Дх07881

卷第二十二

Дх.03620　　Дх.07887

卷第二十三

Дх.18528

卷第二十四

Дх.01739　　Дх.12627

卷第二十五

Дх.08306　　Дх.18510

卷第二十六

Дх.06328

卷第二十八

Дх.07451

卷第二十九

Дх.01533　　Дх.04500В　Дх.04694　　Дх.06568

Дх.08196　　Дх.08475　　Дх.18171

卷第三十

Дх.05822

卷第三十一

Дх.00461　　Дх.08287　　Дх.11260　　Дх.12124

Дх.12152　　Дх.12155　　Дх.15212

卷第三十二

Дх.00557　　Дх.06184

卷第三十三

Дх.01560А　Дх.12042　　Дх.12171

卷第三十四

Дх.00043　　Дх.01106　　Дх.06831

卷第三十五

Дх.03593

卷第三十六

Дх.12392

卷第三十七

Дх.14804

卷第三十八

Дх.00038　　Дх.04002　　Дх.04823В　Дх.05150

Дх.06144　　Дх.06551　　Дх.06567　　Дх.06572

卷第三十九

Дх.04460　　Дх.04647　　Дх.04725　　Дх.11428

卷第四十

Дх.05923

卷第四十一

Ф.264　　　Дх.01778　　Дх.05931

卷第四十二

Дх.04299

卷第四十三

Дх.00072　　Дх.00214А　Дх.18502

卷第四十四

Дх.01963

卷第四十五

Дх.16716

卷第四十六
Дх.02672
卷第四十七
Дх.03933V　Дх.03935V　Дх.03979V　Дх.10197
卷第四十八
Дх.01726　Дх.03550　Дх.05796　Дх.07005
卷第四十九
Дх.07937　Дх.16410
卷第五十一
Дх.07857　Дх.08464
卷第五十二
Дх.02310
卷第五十三
Дх.07135　Дх.14170　Дх.16558　Дх.16692
Дх.16697　Дх.16869
卷第五十四
Дх.00564
卷第五十五
Дх.08741　Дх.12280A
卷第五十六
Дх.04475　Дх.08901　Дх.09207　Дх.16051
卷第五十八
Дх.04291　Дх.11885　Дх.11940
卷第五十九
Дх.16631　Дх.16687　Дх.16812　Дх.16908
Дх.18824
卷第六十
Дх.04101　Дх.06837　Дх.09550

大方广佛华严经(唐实叉难陀译)

Дх.17112
卷第二
Дх.03373　Дх.04197　Дх.04581V　Дх.04705
Дх.05011
卷第三
Дх.11354　Дх.18619
卷第六
Дх.16699　Дх.17118　Дх.17158　Дх.17265
Дх.17403

卷第七
Дх.17020　Дх.17021　Дх.17024　Дх.17025
Дх.17030　Дх.17031　Дх.17037　Дх.17047
Дх.17060　Дх.17063　Дх.17085　Дх.17093
Дх.17113　Дх.17115　Дх.17116　Дх.17119
Дх.17120　Дх.17123　Дх.17127　Дх.17129
Дх.17137　Дх.17138　Дх.17140　Дх.17150
Дх.17155　Дх.17160　Дх.17161　Дх.17176
Дх.17180　Дх.17183　Дх.17188　Дх.17191
Дх.17223　Дх.17241　Дх.17245　Дх.17268
Дх.17269　Дх.17273　Дх.17278　Дх.17279
Дх.17305　Дх.17318　Дх.17346　Дх.17384
Дх.17408　Дх.17413　Дх.17416　Дх.17419
Дх.17421　Дх.17429
卷第九
Дх.01534B　Дх.01560B
卷第十
Дх.02195　Дх.11420　Дх.18625
卷第十二
Дх.11573
卷第十六
Дх.02545　Дх.03639
卷第十七
Дх.12891
卷第十八
Дх.14521
卷第二十三
Дх.16505
卷第二十四
Дх.12057
卷第二十五
Дх.17136
卷第二十六
Дх.08088　Дх.08088V　Дх.08104　Дх.08136
Дх.08608
卷第二十七
Дх.00433A　Дх.08422　Дх.09344
卷第二十八

Дх.12299

卷第三十

Дх.07896

卷第三十六

Дх.04152　　Дх.04726

卷第三十九

Дх.07911　　Дх.08130　　Дх.08157　　Дх.08174

Дх.08602　　Дх.09456

卷第四十一

Дх.03926

卷第四十八

Дх.07581

卷第五十一

Дх.02210

卷弟五十二

Дх.03260　　Дх.03303A　　Дх.04585　　Дх.04620

Дх.09055　　Дх.14506　　Дх.15008　　Дх.15221

卷第五十三

Дх.03672　　Дх.15728　　Дх.16137

卷第五十五

Дх.17111

卷第五十九

Дх.16665

卷第六十

Дх.08191　　Дх.08217　　Дх.08247　　Дх.08264

卷第六十四

Дх.07942　　Дх.07981

卷第六十八

Дх.10699

卷第六十九

Дх.04337　　Дх.04559

卷第七十五

Дх.07531

卷第七十六

Дх.04844B　　Дх.12851

卷第八十

Дх.09443

大方广佛华严经（唐般若译）

卷第十八

Дх.00758

卷第四十

Дх.16497　　Дх.18541　　Дх.18541V　　Дх.19028

大方广佛华严经谈玄决择

Дх.05653

大方广佛华严经疏

Дх.12446

大方广佛华严经随疏演义钞

Дх.06937　　Дх.07590　　Дх.07688　　Дх.15933

大方广总持宝光明经

Дх.08749C

大方广菩萨藏文殊师利根本仪轨经

Дх.18394

大方便佛报恩经

卷第一

Дх.00619　　Дх.00636　　Дх.01590　　Дх.02760

Дх.03096　　Дх.03101　　Дх.05278　　Дх.05303

Дх.09037　　Дх.10163V

卷第二

Ф.275A　　Дх.02939A　　Дх.05151　　Дх.06128

Дх.06531

卷第三

Ф.275A　　Дх.00707　　Дх.07430　　Дх.08182

Дх.08998

卷第四

Ф.094　　Дх.07467

卷第六

Дх.06997　　Дх.16653　　Дх.16680　　Дх.16709

Дх.16820

卷第七

Дх.07431　　Дх.07603　　Дх.09329

大方等大集经

Ф.0271D　　Дх.04477

卷第一

Дх.10045　　Дх.11542　　Дх.18068

卷第二

Дх.03908

卷第四

Дх.10210

卷第五

Дх.08465

卷第六

Дх.01063　　Дх.06487　　Дх.08050　　Дх.16531

Дх.18338

卷第七

Дх.00744　　Дх.03510　　Дх.12852　　Дх.15227

Дх.15327　　Дх.15362

卷第八

Дх.10823A　Дх.10823B　Дх.15929　　Дх.16072

卷第十

Дх.07038

卷第十一

Дх.07880　　Дх.07973　　Дх.08962　　Дх.08963

Дх.09091

卷第十二

Дх.09484　　Дх.14161

卷第十三

Дх.14534

卷第十五

Дх.12509

卷第十六

Дх.04498　　Дх.07768

卷第十七

Дх.17440

卷第十八

Дх.03398　　Дх.04727　　Дх.08668　　Дх.15479

卷第十九

Дх.06624

卷第二十

Дх.04165　　Дх.14564

卷第二十一

Дх.09965

卷第二十二

Дх.04587　　Дх.07016　　Дх.07722　　Дх.07914

Дх.08566　　Дх.16778

卷第二十三

Дх.06369A　Дх.06369B　Дх.06386　　Дх.07489

卷第二十六

Дх.06425

卷第二十七

Дх.01185

卷第二十九

Дх.06821

卷第三十

Дх.03670　　Дх.06301　　Дх.06304　　Дх.16349

卷第三十一

Дх.08434

卷第三十二

Дх.07463

卷第三十四

Дх.11332　　Дх.11360

卷第五十

Дх.12366

卷第五十一

Дх.03763　　Дх.14339　　Дх.15517

卷第五十二

Дх.12137　　Дх.12250

卷第五十五

Дх.07003

大方等大集经贤护分

Дх.11810　　Дх.11821　　Дх.12701　　Дх.15290

大方等大集经菩萨念佛三昧分

Дх.00001　　Дх.01294　　Дх.01297　　Дх.02229

Дх.02778　　Дх.03743　　Дх.05416　　Дх.05907

Дх.06214　　Дх.06993　　Дх.07090　　Дх.07126

Дх.07407　　Дх.02778　　Дх.08053　　Дх.10676

Дх.16613　　Дх.16741　　Дх.16784

大方等无想经

Ф.320　　　Дх.02406　　Дх.03328　　Дх.04467B

Дх.04984　　Дх.06916A　Дх.07619　　Дх.07765

Дх.07826　　Дх.07830　　Дх.08957　　Дх.09391

Дх.14507　　Дх.18027　　Дх.18045

大方等陀罗尼经

Дх.00189	Дх.00792	Дх.01099	Дх.01761
Дх.02366C	Дх.05999	Дх.07067	Дх.07691
Дх.08038	Дх.08954	Дх.09406	Дх.10776
Дх.11903	Дх.12588	Дх.12647	Дх.14748
Дх.16332	Дх.17504	Дх.17505	Дх.17601

大比丘三千威仪

Дх.00643

大中七年二月僧王伽儿等牒

Дх.01326

大中六年十一月百姓杜福胜授田牒

Дх.02163

大中六年十一月女户宋氏汉授田牒状

Дх.02163V

大庄严论

| Дх.00415 | Дх.03638 | Дх.07132 | Дх.18498 |
| Дх.18574 | | | |

大庄严法门经

| Дх.03235 | Дх.03549 | Дх.04590 | Дх.09281 |

大身真言

Дх.11036

大佛顶如来密因修证了义诸菩萨万行首楞严经

卷第一
| Ф.138 | Дх.01478 | Дх.05094 | Дх.06758 |

卷第二
| Ф.090 | Дх.01808 | Дх.16731 | |

卷第三
| Дх.00340 | Дх.01953 | Дх.17643 | |

卷第四
Дх.05806

卷第五
Дх.01688

卷第六
| Дх.00733 | Дх.02318 | Дх.04890 | Дх.10415 |

卷第七
| Ф.092 | Дх.00847 | Дх.12507 | Дх.12717 |

卷第八
| Ф.093 | Дх.00834 | Дх.10417 | Дх.11847 |
| Дх.15495 | | | |

卷第九
| Ф.089 | Ф.091 |

大佛顶如来放光悉恒多大神力都摄一切咒王陀罗尼经

| Дх.00566 | Дх.00938 |

大佛顶如来顶髻白盖陀罗尼神咒经

| Дх.00927A | Дх.05111 | Дх.05111V | Дх.05721 |

大佛顶经难字表

卷第一
Дх.00512

卷第二
Дх.00512V

大佛顶尊胜陀罗尼咒

Дх.05793

大沙门百一羯磨法

| Дх.04054 | Дх.16992 | Дх.18511 |

大宝积经

卷第四
| Дх.00383 | Дх.08351 |

卷第十四
| Дх.08163 | Дх.08171 | Дх.08176 |

卷第十七
Дх.08612

卷第二十
| Дх.03221 | Дх.03269 | Дх.03503 | Дх.15420 |
| Дх.15638 | | | |

卷第三十一
Дх.17714

卷第三十三
Дх.02539V

卷第三十五
| Дх.04655 | Дх.05010 |

卷第三十六
| Дх.04681A | Дх.05593V |

卷第三十七
Дх.09480

卷第三十八
| Дх.04067 | Дх.04074 |

卷第三十九

Дх.01964

卷第四十

Дх.14209

卷第四十二

Дх.06492　　Дх.07413　　Дх.07851　　Дх.09464

Дх.14235

卷第四十四

Дх.02222

卷第四十六

Дх.00720　　Дх.00902　　Дх.04398　　Дх.05344

Дх.06200

卷第四十七

Дх.01552　　Дх.04711　　Дх.16770

卷第五十一

Дх.07710

卷第五十二

Дх.07204

卷第五十四

Дх.07959　　Дх.09425

卷第六十七

Дх.06387　　Дх.07028

卷第七十七

Ф.066　　　Дх.03899　　Дх.16011　　Дх.18747

卷第七十九

Ф.278　　　Дх.04488

卷第八十七

Дх.03462　　Дх.03578　　Дх.05003

卷第九十

Дх.08200B　Дх.11508V　Дх.11693　　Дх.15165

Дх.18973

卷第九十三

Ф.125　　　Дх.10812

卷第九十八

Дх.02539

卷第一百

Дх.04361　　Дх.05556

卷第一百二

Дх.04077

卷第一百三

Дх.16441

卷第一百五

Ф.124　　　Дх.07885

卷第一百六

Ф.235F　　Дх.17144V　Дх.18607　　Дх.18707

卷第一百一十

Дх.04774

卷第一百一十一

Дх.00948　　Дх.10163

卷第一百一十二

Ф.112C　　Дх.02648A　Дх.03887V　Дх.05692A

Дх.08023　　Дх.11168　　Дх.11621

卷第一百一十三

Дх.00018　　Дх.04204　　Дх.10770　　Дх.12659

Дх.14783

卷第一百一十六

Дх.03589

卷第一百一十七

Дх.04430V　Дх.06253

卷第一百一十八

Дх.04430

大法炬陀罗尼经

Дх.09243　　Дх.12430

大法鼓经

Дх.06882

大顺四年灵图寺僧慈光问法师帖

Дх.00599

大威仪经请问

Дх.03100B

大威德炽盛光消灾吉祥陀罗尼

Дх.01390

大威德陀罗尼经

Дх.04035　　Дх.06339　　Дх.07735　　Дх.12419

Дх.17996

大哀经

Дх.02634　　Дх.03597　　Дх.03706　　Дх.10359

大品般若经

Дх.05770

大乘二十二问本

Дх.00702　Дх.01315V　Дх.01392V　Дх.10712A

大乘入道次第

Дх.01264　Дх.06029　Дх.08065　Дх.10714

大乘入道次第开决

Дх.08641

大乘入楞伽经（唐实叉难陀译）

卷第一

Дх.06085

卷第二

Дх.09911

卷第四

Дх.04386

卷第五

Дх.01027

卷第六

Дх.00849　Дх.02731

卷第七

Ф.110　Ф.114　Дх.00351　Дх.11635

大乘入藏录

Ф.221　Ф.228　Ф.266

大乘大集经贤护分卷

Дх.02796A　Дх.02801　Дх.02807B　Дх.05966
Дх.11160

大乘大集地藏十轮经

Дх.01572V　Дх.03212　Дх.04243　Дх.05046
Дх.08242　Дх.09060　Дх.16015　Дх.17027
Дх.17086　Дх.17089

大乘义章节抄

Дх.10691

大乘无生方便门

Дх.04489　Дх.11587　Дх.11587V

大乘无量寿经（佛说无量寿宗要经）

Ф.086　Ф.087　Ф.088　Ф.140　Ф.143
Ф.144　Ф.145　Ф.146　Ф.147　Ф.227

Дх.00004　Дх.00129　Дх.00312　Дх.00374
Дх.00479　Дх.00488　Дх.00491　Дх.00496
Дх.00505　Дх.00537　Дх.00603　Дх.00614
Дх.00716　Дх.00818　Дх.00826　Дх.00961
Дх.00952　Дх.00983　Дх.01020　Дх.01029
Дх.01065　Дх.01173　Дх.01285　Дх.01577
Дх.01579　Дх.01614　Дх.01648　Дх.01706
Дх.01744　Дх.01752　Дх.01875　Дх.01931
Дх.02000　Дх.02020　Дх.02032　Дх.02104
Дх.02172　Дх.02211　Дх.02274　Дх.02382
Дх.02429　Дх.02423　Дх.02599　Дх.02604
Дх.02719　Дх.02745　Дх.02755　Дх.02781
Дх.02790　Дх.02817　Дх.02862　Дх.02867
Дх.02871　Дх.02903　Дх.02958　Дх.03012
Дх.03050　Дх.03068　Дх.03093　Дх.03880
Дх.03965　Дх.03970　Дх.03972　Дх.04007
Дх.04271　Дх.04276　Дх.04284　Дх.04287
Дх.04317　Дх.04373　Дх.04518　Дх.04536
Дх.04815　Дх.04816　Дх.04910　Дх.05095
Дх.05097　Дх.05184　Дх.05193A　Дх.05193F
Дх.05315　Дх.05353　Дх.05388　Дх.05394
Дх.05399　Дх.05406　Дх.05873　Дх.05920
Дх.05957　Дх.06006　Дх.06011　Дх.06151
Дх.06175　Дх.06212　Дх.06538　Дх.06574
Дх.06639　Дх.06650　Дх.06668　Дх.06677
Дх.06697　Дх.06714　Дх.06764　Дх.06774
Дх.07228　Дх.07256　Дх.08750B　Дх.08755
Дх.09892　Дх.09917　Дх.10402　Дх.10404
Дх.10406　Дх.11096　Дх.11450　Дх.11633
Дх.11637　Дх.11678　Дх.11696　Дх.11825
Дх.11858　Дх.11906　Дх.11931　Дх.11952
Дх.11987　Дх.12024　Дх.12534　Дх.12541
Дх.12587　Дх.12632　Дх.12747　Дх.14251

大乘本生心地观经

Дх.07002

大乘四法经论释

Дх.01279

大乘百法明门论

Дх.11737

大乘百法明门论开宗义记
Ф.252VB　　Ф.309　　　Дх.00384　　Дх.02398
Дх.02502　　Дх.05528　　Дх.05568　　Дх.06030
Дх.10704　　Дх.11055B　Дх.11877　　Дх.11908
Дх.11908V　Дх.11942　　Дх.11942V　Дх.11943
Дх.12552　　Дх.12552V

大乘百法明门论开宗义决
Дх.00110V　Дх.00395　　Дх.00507　　Дх.00698
Дх.00723　　Дх.00836　　Дх.00999　　Дх.01345
Дх.02473　　Дх.02487　　Дх.03115　　Дх.03120
Дх.03124　　Дх.04334　　Дх.04370A　Дх.05470
Дх.05470V　Дх.05553　　Дх.08852

大乘百法明门论本事分略录名数
Дх.07760　　Дх.07915　　Дх.10690

大乘百法明门论疏卷上
Дх.08502

大乘庄严经论
Дх.11225C　Дх.11933A

大乘寺题名
Дх.00990A

大乘净土赞
Дх.02890

大乘宝要义论
Дх.12558　　Дх.17231

大乘阿毗达磨杂集论
Дх.09925

大乘经纂要义
Дх.01995

大乘修行菩萨行门诸经要集
Дх.11588

大乘起信论
Ф.141　　　Дх.05473　　Дх.05820　　Дх.11738
Дх.17473

大乘起信论广释
Дх.00283　　Дх.00598　　Дх.02395　　Дх.02572
Дх.11704

大乘起信论略述
Ф.366　　　Дх.01722　　Дх.01735　　Дх.02203
Дх.03160　　Дх.08721　　Дх.10713

大乘显识经
Дх.07239

大乘密严经
Дх.01750　　Дх.03898　　Дх.08189V　Дх.18000

大乘秘密起发
Ф.221VC　　Ф.228VC　　Ф.266VC

大乘理趣六波罗蜜多经
Дх.16862

大乘唯识论
Дх.03573

大乘遍照光明藏无字法门经
Дх.15191

大乘稻芊经随听手镜记
Дх.00302　　Дх.00494

大乘稻芊经随听疏
Дх.04017　　Дх.05389　　Дх.05400　　Дх.10712V

大乘瑜伽金刚性海曼殊室千臂千钵大教王经
Дх.04481　　Дх.07613V

大般若波罗蜜多经
Дх.00222　　Дх.00379V　Дх.00416　　Дх.01023
Дх.01379　　Дх.03340　　Дх.03804　　Дх.03833
Дх.03969　　Дх.04274　　Дх.04675　　Дх.04686
Дх.05005　　Дх.05025　　Дх.05190　　Дх.05193C
Дх.05571　　Дх.05717　　Дх.05774　　Дх.06083
Дх.06407　　Дх.06443　　Дх.06798　　Дх.06801
Дх.07226　　Дх.07236　　Дх.07255　　Дх.07408
Дх.08121　　Дх.08474　　Дх.08871　　Дх.08886
Дх.09008　　Дх.11667　　Дх.11772　　Дх.11982
Дх.12018　　Дх.12335　　Дх.12650　　Дх.12714
Дх.12744A　Дх.12822　　Дх.14262　　Дх.14658
Дх.14827　　Дх.14971　　Дх.16420　　Дх.16668
Дх.16504　　Дх.16856　　Дх.16886　　Дх.16706
Дх.16906　　Дх.17043　　Дх.17080　　Дх.17226
Дх.17850　　Дх.17936　　Дх.17957　　Дх.18334

Дх.18663	Дх.18691	Дх.18692	Дх.18696

卷第一

Дх.05379	Дх.12468

卷第二

Дх.00717	Дх.00853A	Дх.01033	Дх.04757
Дх.11782			

卷第三

Дх.00112	Дх.07540

卷第四

Дх.01849	Дх.03140	Дх.05705

卷第五

Дх.01760	Дх.11253

卷第六

Дх.11276

卷第八

Дх.01676	Дх.07153

卷第九

Дх.02045	Дх.02454

卷第十

Дх.06154	Дх.08591	Дх.08596

卷第十一

Дх.00864	Дх.10025

卷第十二

Дх.01083	Дх.02620	Дх.03816	Дх.05665
Дх.09435			

卷第十三

Ф.030

卷第十四

Дх.02098

卷第十六

Дх.01774

卷第十七

Ф.283	Дх.01201A	Дх.11627

卷第十九

Дх.05573	Дх.16535	Дх.16539	Дх.16666A
Дх.16803	Дх.16806	Дх.16865	Дх.16923
Дх.16989			

卷第二十

Ф.231	Дх.01389	Дх.06223

卷第二十一

Дх.09735	Дх.10853

卷第二十三

Дх.00343	Дх.01490	Дх.03811	Дх.03845
Дх.03909	Дх.05516	Дх.06723	Дх.09224
Дх.11804			

卷第二十四

Дх.01308	Дх.10878	Дх.10897	Дх.18526

卷第二十六

Дх.03043

卷第二十七

Дх.01114	Дх.01756	Дх.02368	Дх.05746

卷第二十八

Дх.12481

卷第二十九

Ф.237	Дх.11824	Дх.11836	Дх.11905
Дх.11909			

卷第三十

Дх.01038	Дх.01118	Дх.02635	Дх.16383

卷第三十一

Дх.02125	Дх.05769	Дх.11652	Дх.11661
Дх.11685			

卷第三十二

Дх.02436

卷第三十五

Дх.11101	Дх.11677

卷第三十七

Дх.01110

卷第三十八

Дх.10067	Дх.12879

卷第四十

Дх.01787	Дх.05273	Дх.18659

卷第四十一

Дх.01685

卷第四十三

Дх.01025	Дх.04414

卷第四十四

Дх.01477   Дх.16582

卷第四十五

Дх.01201B   Дх.01201C   Дх.01215   Дх.16438

卷第四十六

Дх.03834

卷第四十七

Дх.02414

卷第四十八

Дх.09711

卷第五十

Дх.17281

卷第五十一

Дх.17061

卷第五十二

Дх.07004

卷第五十三

Дх.08958   Дх.08959   Дх.16262

卷第五十四

Дх.03294B   Дх.03553   Дх.09415   Дх.15922

卷第五十五

Дх.01743   Дх.12483

卷第五十七

Дх.06196

卷第五十八

Дх.18708   Дх.18715

卷第六十

Дх.01004   Дх.02115   Дх.03009   Дх.10016

卷第六十一

Дх.05336   Дх.05511   Дх.08677

卷第六十四

Дх.01913   Дх.04379   Дх.06268   Дх.06710

Дх.06760   Дх.11629

卷第六十七

Дх.00691   Дх.00692   Дх.05742A

卷第六十八

Дх.00635   Дх.02096

卷第七十一

Дх.04517

卷第七十二

Дх.01168

卷第七十三

Дх.09221

卷第七十四

Дх.08482   Дх.18425

卷第七十六

Дх.05756

卷第七十七

Дх.12839

卷第七十八

Дх.02847   Дх.04514   Дх.10884   Дх.10884B

卷第七十九

Дх.05735   Дх.18612   Дх.18614   Дх.18667

卷第八十一

Дх.06768   Дх.11622   Дх.12087   Дх.12128

卷第八十二

Дх.05292   Дх.10866   Дх.10900   Дх.12620

Дх.12744B

卷第八十六

Дх.10858

卷第八十七

Дх.00886

卷第八十九

Ф.193   Дх.01492   Дх.02043   Дх.02779

Дх.05110   Дх.05349B

卷第九十

Дх.01000

卷第九十二

Дх.05681   Дх.09523

卷第九十三

Дх.07318   Дх.08213   Дх.09444

卷第九十四

Дх.06391   Дх.07091

卷第九十五

Ф.190

卷第九十八

Дх.03056   Дх.03092   Дх.03772   Дх.03803

Дх.08763   Дх.12420

卷第一百

Дх.07362   Дх.11973   Дх.18670

卷第一百三

Ф.037   Дх.05402

卷第一百四

Дх.04426

卷第一百五

Дх.02639

卷第一百六

Дх.02907В   Дх.02924   Дх.05536   Дх.18831

卷第一百七

Дх.00333   Дх.09544V

卷第一百八

Дх.02835   Дх.02873   Дх.04415

卷第一百九

Дх.00403   Дх.01677   Дх.05429

卷第一百一十一

Ф.003   Ф.038   Ф.332   Дх.06462

Дх.09005   Дх.11507А

卷第一百一十二

Дх.12038

卷第一百一十三

Дх.00774   Дх.01199   Дх.02902   Дх.03010

Дх.03077   Дх.05551   Дх.05618   Дх.09914

Дх.10910

卷第一百一十四

Дх.02023

卷第一百一十五

Дх.05428

卷第一百一十六

Дх.01191   Дх.02351А   Дх.04314   Дх.04422

Дх.05282   Дх.10918

卷第一百一十七

Дх.01897   Дх.05435   Дх.10510

卷第一百一十八

Дх.12274

卷第一百一十九

Дх.00795   Дх.01826

卷第一百二十

Дх.10862

卷第一百二十一

Дх.05683   Дх.12041   Дх.12117

卷第一百二十三

Дх.05469

卷第一百二十四

Дх.08432

卷第一百二十六

Дх.08787   Дх.17296

卷第一百二十七

Дх.05523   Дх.06583

卷第一百三十

Дх.05285   Дх.06420   Дх.07082   Дх.07469

Дх.08523   Дх.10874В   Дх.11718

卷第一百三十一

Дх.04283   Дх.11706

卷第一百三十三

Дх.10840

卷第一百三十四

Дх.10896

卷第一百三十六

Дх.02612

卷第一百三十七

Ф.026   Дх.00964   Дх.09928   Дх.16150

Дх.17114   Дх.17197   Дх.17323   Дх.17326

卷第一百三十八

Дх.10845

卷第一百三十九

Дх.02679   Дх.03190

卷第一百四十

Дх.02346   Дх.03594   Дх.05555   Дх.17327

卷第一百四十一

Дх.00359

卷第一百四十二

Ф.025   Дх.10851

卷第一百四十四

Дх.01969

卷第一百四十五

Дх.04228B

卷第一百四十六

Дх.03044

卷第一百四十八

Дх.00391　　Дх.01071　　Дх.11576A

卷第一百五十二

Дх.06257

卷第一百五十六

Дх.01026

卷第一百五十八

Ф.033　　Дх.01617

卷第一百五十九

Дх.10915

卷第一百六十

Дх.01611

卷第一百六十一

Дх.05984

卷第一百六十二

Дх.10873　　Дх.10917　　Дх.12585　　Дх.12767

卷第一百六十三

Дх.01757

卷第一百六十五

Дх.09219

卷第一百六十六

Дх.01881　　Дх.01917

卷第一百六十七

Дх.04808　　Дх.12732

卷第一百六十八

Дх.00457　　Дх.03735　　Дх.03773　　Дх.10889

卷第一百六十九

Дх.02040　　Дх.17139

卷第一百七十

Дх.06554

卷第一百七十一

Дх.04360　　Дх.05035　　Дх.06569　　Дх.06570

Дх.06579　　Дх.08655

卷第一百七十二

Дх.07201

卷第一百七十四

Дх.05792

卷第一百一十六

Дх.16550

卷第一百七十七

Дх.10852

卷第一百七十九

Дх.01022　　Дх.10846

卷第一百八十一

Дх.04971　　Дх.06441　　Дх.06445　　Дх.07066

Дх.10845

卷第一百八十二

Дх.02567　　Дх.04182　　Дх.12297　　Дх.12377

卷第一百八十三

Дх.05289　　Дх.11274

卷第一百八十四

Ф.034　　Дх.02012

卷第一百八十五

Дх.04262　　Дх.04280

卷第一百八十六

Дх.10901

卷第一百八十八

Ф.021　　Дх.06126　　Дх.17069

卷第一百八十九

Ф.262　　Дх.12039　　Дх.12247

卷第一百九十一

Дх.02732A

卷第一百九十二

Ф.229　　Ф.241　　Дх.02088　　Дх.02587

Дх.02657　　Дх.06110A　　Дх.06598　　Дх.10854

Дх.10874A　　Дх.10874C

卷第一百九十三

Дх.00719

卷第一百九十四

Дх.01909　　Дх.10886

卷第一百九十五

Дх.07276　Дх.07777　Дх.09505　Дх.10870
Дх.10880　Дх.11273В　Дх.11507В　Дх.12626

卷第一百九十六

Дх.11273　Дх.11353

卷第一百九十七

Дх.01887　Дх.01900　Дх.03219　Дх.03543
Дх.12725

卷第一百九十八

Ф.262　Дх.01019　Дх.01936

卷第一百九十九

Дх.02811　Дх.03219　Дх.03745

卷第二百

Ф.117　Дх.00032　Дх.00379　Дх.01965
Дх.03357　Дх.11782

卷第二百一

Дх.04300　Дх.05700

卷第二百二

Дх.16871

卷第二百三

Дх.03279　Дх.05960

卷第二百四

Ф.201　Дх.06260

卷第二百五

Дх.01961　Дх.09403　Дх.11475

卷第二百六

Дх.01806

卷第二百七

Дх.01013

卷第二百八

Дх.02543　Дх.10887

卷第二百九

Дх.12733

卷第二百一十

Дх.17471

卷第二百一十一

Дх.01130

卷第二百一十三

Дх.02580　Дх.02582　Дх.07736

卷第二百一十四

Дх.05283

卷第二百一十五

Дх.04860

卷第二百一十六

Дх.08513

卷第二百一十七

Ф.028　Дх.01088　Дх.01681　Дх.05663

卷第二百一十八

Дх.04514　Дх.04554　Дх.04573

卷第二百一十九

Дх.06530　Дх.08347　Дх.10894　Дх.18517

卷第二百二十

Дх.01181　Дх.11684

卷第二百二十一

Ф.040　Дх.11275

卷第二百二十二

Дх.10850

卷第二百二十三

Ф.236

卷第二百二十四

Дх.00944　Дх.01753　Дх.02764　Дх.04315А
Дх.04915

卷第二百二十五

Дх.04347

卷第二百二十六

Дх.02402　Дх.02531　Дх.04163　Дх.10919

卷第二百二十七

Дх.00176

卷第二百二十八

Дх.00274

卷第二百二十九

Дх.03818

卷第二百三十一

Дх.00301　Дх.08582

卷第二百三十二

Дх.09124　Дх.11577

卷第二百三十三

Дх.06344

卷第二百三十五

Дх.00647

卷第二百三十七

Дх.08437

卷第二百三十八

Дх.02923

卷第二百三十九

Дх.10921

卷第二百四十

Дх.06808　　Дх.12616

卷第二百四十一

Дх.12745　　Дх.17205

卷第二百四十二

Дх.05821A　　Дх.17433A　　Дх.17433B

卷第二百四十四

Дх.05537

卷第二百四十六

Дх.10922

卷第二百四十七

Дх.17719

卷第二百四十九

Дх.01587　　Дх.05129

卷第二百五十

Дх.01684

卷第二百五十一

Дх.04611　　Дх.10904

卷第二百五十四

Дх.04513　　Дх.04555　　Дх.12001

卷第二百五十五

Дх.10849　　Дх.10883

卷第二百五十六

Дх.05974

卷第二百五十七

Дх.10890

卷第二百五十八

Ф.036　　Дх.10898　　Дх.11977　　Дх.12684

Дх.12792

卷第二百五十九

Дх.11802　　Дх.11881　　Дх.12535　　Дх.12670

Дх.12734

卷第二百六十

Дх.00470　　Дх.01503

卷第二百六十一

Ф.011　　Дх.11262

卷第二百六十二

Дх.00398　　Дх.01967　　Дх.05397

卷第二百六十三

Дх.01683

卷第二百六十四

Дх.04750

卷第二百六十五

Дх.04949　　Дх.11121　　Дх.12000

卷第二百六十六

Дх.06366

卷第二百六十七

Дх.12532

卷第二百六十九

Дх.02669　　Дх.11897　　Дх.11927　　Дх.11930

Дх.11958　　Дх.12652

卷第二百七十

Ф.010　　Дх.04549　　Дх.07999　　Дх.08003

卷第二百七十二

Дх.09370

卷第二百七十三

Дх.01564　　Дх.10859

卷第二百七十四

Ф.035　　Дх.02595

卷第二百七十五

Дх.17071　　Дх.17163　　Дх.17171　　Дх.17177

Дх.17178　　Дх.17179　　Дх.17195

卷第二百七十七

Ф.244　　Дх.11613　　Дх.11665

卷第二百七十八

Дх.06515

卷第二百七十九

Ф.159　Дх.10844

卷第二百八十

Дх.02905　Дх.10908

卷第二百八十一

Дх.01901

卷第二百八十二

Дх.02870

卷第二百八十三

Дх.02362　Дх.02370　Дх.10841　Дх.17050

Дх.17064　Дх.17153　Дх.17167

卷第二百八十四

Дх.00280

卷第二百八十五

Дх.01674

卷第二百八十七

Дх.01155　Дх.01156

卷第二百八十八

Дх.05633　Дх.08765

卷第二百八十九

Дх.01793　Дх.01985

卷第二百九十一

Дх.10920

卷第二百九十二

Дх.05296　Дх.09466

卷第二百九十五

Дх.05238

卷第二百九十八

Дх.03146　Дх.04354　Дх.04759　Дх.10857

Дх.10892

卷第三百

Дх.03197　Дх.05911

卷第三百一

Дх.03529

卷第三百二

Дх.01018

卷第三百四

Дх.00727　Дх.02766　Дх.04315B　Дх.10914

卷第三百六

Дх.02313　Дх.10906　Дх.14174

卷第三百七

Дх.00664　Дх.04876

卷第三百九

Дх.00025　Дх.01164　Дх.01165

卷第三百一十

Дх.00131

卷第三百一十一

Дх.09228　Дх.09694

卷第三百一十二

Дх.05100　Дх.08831　Дх.11912　Дх.18658

Дх.18852

卷第三百一十三

Дх.00423　Дх.02928　Дх.04818

卷第三百一十四

Дх.10462

卷第三百一十五

Дх.00146

卷第三百一十七

Ф.022　Дх.00023

卷第三百一十八

Дх.02780　Дх.02788　Дх.02939B　Дх.04958

Дх.10865

卷第三百一十九

Дх.09333　Дх.15258

卷第三百二十一

Дх.01919

卷第三百二十二

Ф.008

卷第三百二十四

Дх.11876

卷第三百二十六

Дх.08653　Дх.09732　Дх.10882　Дх.10903

Дх.12412

卷第三百二十七

Дх.04522　Дх.05667　Дх.09919

卷第三百二十八

Дх.01776

卷第三百三十一

Дх.00355　　Дх.10847

卷第三百三十二

Дх.07571　　Дх.17184

卷第三百三十三

Дх.02908

卷第三百三十六

Дх.01189

卷第三百三十七

Дх.09739

卷第三百三十九

Ф.189B　　Дх.00867

卷第三百四十一

Дх.07278　　Дх.11608

卷第三百四十七

Дх.08840

卷第三百四十九

Дх.01835　　Дх.10879　　Дх.10924

卷第三百五十

Дх.01866

卷第三百五十二

Дх.09734　　Дх.10909　　Дх.11759　　Дх.18564

卷第三百五十三

Дх.04297

卷第三百五十四

Дх.01031　　Дх.01679　　Дх.02727　　Дх.05963

Дх.06256　　Дх.08880　　Дх.08890　　Дх.17648

Дх.17670　　Дх.18392

卷第三百五十六

Дх.05744　　Дх.10860

卷第三百五十七

Дх.05576　　Дх.05729　　Дх.12365

卷第三百五十八

Дх.11336

卷第三百五十九

Дх.05028

卷第三百六十

Ф.198　　Дх.12489

卷第三百六十二

Дх.12095　　Дх.18531

卷第三百六十三

Дх.00844　　Дх.08849　　Дх.12079

卷第三百六十四

Ф.029　　Дх.16245　　Дх.16673

卷第三百六十五

Дх.00005　　Дх.08846　　Дх.16148

卷第三百六十六

Дх.00017　　Дх.02258　　Дх.04927　　Дх.11770

卷第三百六十七

Дх.02219　　Дх.12097

卷第三百六十八

Ф.015　　Дх.02122

卷第三百六十九

Дх.03191

卷第三百七十三

Ф.001

卷第三百七十三

Ф.172V

卷第三百七十四

Ф.172

卷第三百七十六

Дх.04329

卷第三百七十七

Дх.02600

卷第三百七十八

Ф.210　　Дх.00322　　Дх.03181　　Дх.10877

卷第三百七十九

Дх.02935

卷第三百八十

Дх.07436

卷第三百八十一

Дх.01594　　Дх.02273　　Дх.02283　　Дх.02608

Дх.03914　　Дх.04374　　Дх.09112　　Дх.11152

Дх.11871　　Дх.11895　　Дх.11965　　Дх.12606

卷第三百八十三

Ф.364　　Дх.12418

卷第三百八十六

Дх.02122

卷第三百八十七

Дх.16683

卷第三百八十八

Дх.08321

卷第三百九十二

Дх.00085　　Дх.00154

卷第三百九十三

Дх.02901　　Дх.02987

卷第三百九十四

Дх.04325　　Дх.04552

卷第三百九十六

Дх.00661

卷第三百九十八

Дх.06556　　Дх.06999

卷第卷三百九十九

Дх.09996

卷第四百

Дх.11632　　Дх.11963　　Дх.17715

卷第四百一

Дх.00651　　Дх.10842　　Дх.16826

卷第四百二

Дх.01015　　Дх.05499

卷第四百三

Дх.00732

卷第四百四

Дх.00736

卷第四百五

Дх.08119

卷第四百八

Дх.07173　　Дх.08506

卷第四百一十

Дх.02279　　Дх.02559

卷第四百一十一

Дх.02458　　Дх.10861　　Дх.10867　　Дх.10911

卷第四百一十二

Ф.018

卷第四百一十三

Дх.10916

卷第四百一十四

Дх.10856

卷第四百一十七

Дх.04327　　Дх.04402　　Дх.06169

卷第四百一十八

Дх.01620　　Дх.10899

卷第四百一十九

Ф.013　　Дх.02237　　Дх.03805　　Дх.16428

Дх.18210

卷第四百二十

Ф.041

卷第四百二十一

Ф.006

卷第四百二十二

Дх.10876

卷第四百二十三

Дх.10891

卷第四百二十四

Дх.07358　　Дх.10848

卷第四百二十六

Дх.01690

卷第四百二十七

Дх.00373

卷第四百三十

Дх.17211V

卷第四百三十三

Дх.08346

卷第四百三十四

Дх.03038

卷第四百三十六

Дх.12437

卷第四百三十七

Дх.05091　　Дх.09737

卷第四百四十一

Ф.009　　Дх.01941　　Дх.02037　　Дх.04710

Дх.05055　　Дх.09743B　　Дх.09793　　Дх.11482

Дх.11946

卷第四百四十二

Дх.00674

卷第四百四十三

Дх.00616　　Дх.07110　　Дх.10912

卷第四百四十四

Ф.042　　Дх.00212　　Дх.00219

卷第四百四十五

Дх.00845　　Дх.01576

卷第四百四十六

Дх.01764

卷第四百四十七

Ф.032A

卷第四百四十八

Дх.05125　　Дх.10885

卷第四百五十

Дх.00783

卷第四百五十一

Дх.06917　　Дх.08298

卷第四百五十二

Ф.027　　Дх.00677　　Дх.01125　　Дх.08993

卷第四百五十五

Дх.03955　　Дх.04319　　Дх.05119

卷第四百五十七

Дх.02005

卷第四百五十九

Дх.05952

卷第四百六十

Дх.09719

卷第四百六十二

Дх.06828　　Дх.18333

卷第四百六十四

Ф.023　　Дх.01992　　Дх.02036

卷第四百六十七

Дх.00718B　　Дх.04820　　Дх.05742B　　Дх.06190

卷第四百六十八

Дх.06646　　Дх.10925　　Дх.10926

卷第四百六十九

Дх.02227

卷第四百七十

Дх.01771

卷第四百七十二

Дх.02027

卷第四百七十三

Дх.12738

卷第四百七十七

Дх.16725

卷第四百七十八

Дх.08368

卷第四百八十一

Ф.017　　Дх.05584　　Дх.11645

卷第四百八十二

Дх.07899　　Дх.08595　　Дх.10923

卷第四百八十三

Дх.01884　　Дх.10881

卷第四百八十四

Дх.00731　　Дх.03810

卷第四百八十五

Дх.10895

卷第四百八十六

Дх.01766　　Дх.02007

卷第四百八十七

Дх.00775　　Дх.02092　　Дх.02335

卷第四百八十八

Ф.014　　Дх.00331　　Дх.00770　　Дх.03950

Дх.04510　　Дх.04515　　Дх.06561　　Дх.10888

卷第四百八十九

Ф.020　　Дх.05525

卷第四百九十

Дх.01957A　　Дх.04872

卷第四百九十一

Дх.05844　　Дх.06209　　Дх.12311

卷第四百九十三

Дх.00659　　Дх.01625　　Дх.08458

卷第四百九十四

Дх.00662　　Дх.04902　　Дх.06322　　Дх.18512

卷第四百九十六

Дх.11458

卷第四百九十八

Дх.02076

卷第四百九十九

Дх.06696

卷第五百

Дх.04049　Дх.10855　Дх.10902

卷第五百一

Ф.039　Ф.178　Дх.08406

卷第五百二

Дх.01691　Дх.01692　Дх.01693　Дх.02424

Дх.04965　Дх.08911

卷第五百三

Дх.14236

卷第五百五

Дх.00798　Дх.00798V

卷第五百六

Дх.09675

卷第五百九

Дх.01635　Дх.02448　Дх.04418　Дх.06217

卷第五百□

Дх.02004

卷第五百一十

Дх.05422　Дх.10907

卷第五百一十一

Дх.00704

卷第五百一十二

Ф.004　Дх.02553　Дх.09237

卷第五百一十四

Дх.09721　Дх.09726

卷第五百一十五

Дх.02094　Дх.02546　Дх.10868

卷第五百一十六

Дх.17300

卷第五百一十七

Дх.08876

卷第五百一十八

Дх.03324

卷第五百二十

Дх.00145　Дх.02189　Дх.04913

卷第五百二十一

Дх.17220　Дх.17290

卷第五百二十二

Дх.17294

卷第五百二十三

Дх.05910　Дх.17659

卷第五百二十四

Дх.11226

卷第五百二十五

Дх.01767

卷第五百二十六

Дх.00779　Дх.01578

卷第五百二十七

Дх.01493　Дх.05953

卷第五百二十八

Дх.00145　Дх.08976

卷第五百三十

Дх.08150

卷第五百三十二

Дх.09908　Дх.11277

卷第五百三十四

Дх.05121

卷第五百三十五

Дх.06757

卷第五百三十七

Дх.12819

卷第五百三十八

Дх.02344

卷第五百三十九

Дх.00035　Дх.01899　Дх.08381　Дх.16509

Дх.16611　Дх.16907

卷第五百四十

Дх.00670　Дх.01016　Дх.12736

卷第五百四十二

Дх.04548　Дх.09706

卷第五百四十三

Дх.04548　Дх.09722　Дх.10054　Дх.10905

Дх.18997

卷第五百四十四

Дх.00764　Дх.01535　Дх.03598　Дх.05253

Дх.05914　Дх.12575

卷第五百四十五

Дх.10864

卷第五百四十六

Ф.019

卷第五百四十八

Дх.00049　Дх.03313

卷第五百五十二

Дх.00747　Дх.01104　Дх.02743　Дх.04381

Дх.04609　Дх.06717　Дх.06718　Дх.10893A

Дх.10893B　Дх.10893C　Дх.10893D　Дх.11716

Дх.12737

卷第五百五十三

Ф.016　Дх.17015

卷第五百五十五

Дх.00611　Дх.01491

卷第五百五十六

Дх.02351B　Дх.02748　Дх.05564

卷第五百五十七

Дх.00217　Дх.01784　Дх.01830　Дх.01855

卷第五百五十八

Дх.16601

卷第五百五十九

Дх.10913

卷第五百六十

Дх.12702

卷第五百六十二

Дх.02592　Дх.11601

卷第五百六十四

Ф.279　Дх.01904

卷第五百六十五

Дх.17198

卷第五百六十六

Дх.05831　Дх.05869　Дх.06101　Дх.06105

Дх.08781

卷第五百六十八

Ф.002　Ф.031　Дх.04004

卷第五百六十九

Дх.01035　Дх.17019　Дх.17096　Дх.17121

Дх.17122　Дх.17124　Дх.17152　Дх.17159

Дх.17185　Дх.17186　Дх.17190　Дх.17194

Дх.17199　Дх.17200　Дх.17203　Дх.17212

Дх.17214　Дх.17236　Дх.17240　Дх.17242

Дх.17280　Дх.17282　Дх.17293　Дх.17301

Дх.17388　Дх.17402　Дх.17412　Дх.17415

Дх.17418

卷第五百七十一

Дх.08864　Дх.10071　Дх.12527　Дх.14237

Дх.17095

卷第五百七十二

Дх.04526　Дх.05137　Дх.10681　Дх.11854

Дх.11924

卷第五百七十三

Дх.01011　Дх.02722　Дх.06594　Дх.11774

Дх.11849　Дх.11976　Дх.12014

卷第五百七十四

Ф.005

卷第五百七十五

Дх.00855　Дх.10863

卷第五百七十七

Дх.00217　Дх.01784　Дх.01830　Дх.01855

Дх.02906　Дх.05192　Дх.06707　Дх.06852

Дх.07823　Дх.08409　Дх.18066　Дх.18409

卷第五百七十八

Дх.10645

卷第五百八十二

Ф.007　Дх.00081　Дх.00864　Дх.04526

Дх.11647

卷第五百八十三

Дх.00081　Дх.00801

卷第五百八十四

Дх.00695　Дх.06091

卷第五百八十六

Дх.00426　Дх.01543

卷第五百八十七

Дх.02092

卷第五百八十八

Дх.01543

卷第五百九十

Дх.00053　Дх.12677

卷第五百九十一

Дх.01510　Дх.08078

卷第五百九十二

Ф.012

卷第五百九十四

Ф.024　Дх.01997

卷第五百九十五

Дх.10050

卷第五百九十七

Дх.00521

卷第五百九十八

Дх.03586　Дх.07339　Дх.08385　Дх.09691

Дх.10052　Дх.10076　Дх.18613

卷第五百九十九

Дх.01918　Дх.01928B　Дх.06052　Дх.07021

大般若波罗蜜多经勘经记

Дх.02161V

大般若波罗蜜多经卷名习字

Дх.02481　Дх.09996

大般若波罗蜜多经般若理趣分述赞

Дх.11032　Дх.12816

大般若经四处十六会

Ф.213

大般若真言

Дх.01219　Дх.01220

大般泥洹经

第卷二

Дх.03203

卷第四

Дх.07461

大般涅槃经（东晋法显译）

Дх.16979

大般涅槃经（北凉昙无谶译）

Ф.271VB　Дх.02360　Дх.07227　Дх.07504

Дх.14940　Дх.15796　Дх.16156

卷第一

Дх.00369　Дх.00766　Дх.02785　Дх.03380

Дх.03450　Дх.03655　Дх.04632　Дх.04696

Дх.04703　Дх.06453　Дх.06748　Дх.07011

Дх.07277　Дх.09050　Дх.09248　Дх.11446

Дх.14919　Дх.15934　Дх.16030　Дх.16990

Дх.17062　Дх.17959

卷第二

Дх.00117　Дх.00563　Дх.02622　Дх.03242

Дх.03450　Дх.03607　Дх.04140　Дх.04613

Дх.05670　Дх.05731　Дх.06748　Дх.07329

Дх.07424　Дх.07523　Дх.07817　Дх.08061

Дх.08509　Дх.09032　Дх.09117　Дх.09381

Дх.10585　Дх.14480　Дх.16140　Дх.16393

Дх.16521　Дх.16708　Дх.18538　Дх.18675

卷第三

Ф.184　Дх.00270　Дх.00390　Дх.00443

Дх.01604　Дх.01650　Дх.03192C　Дх.03239

Дх.03257　Дх.03271　Дх.03520　Дх.03526

Дх.03603　Дх.03771　Дх.04203　Дх.04629

Дх.04680　Дх.04722　Дх.04730　Дх.05193I

Дх.05727　Дх.06100　Дх.06246　Дх.06351

Дх.06694　Дх.07035　Дх.07547　Дх.07703

Дх.07707　Дх.07825　Дх.08069　Дх.08723

Дх.08767　Дх.08941　Дх.09131　Дх.09146

Дх.10034　Дх.11327　Дх.11341　Дх.12609

Дх.15224　Дх.15307　Дх.15418　Дх.15513

Дх.15716　Дх.16101　Дх.16408　Дх.17482

Дх.17576　Дх.17632　Дх.18051

卷第四

Дх.00161　Дх.01816　Дх.01817　Дх.02268

Дх.02843　Дх.03511　Дх.03518　Дх.07438

Дх.07517	Дх.07699	Дх.08392	Дх.08968	Дх.08496	Дх.09118	Дх.11159	Дх.11935
Дх.09156	Дх.09332	Дх.09360	Дх.09607	Дх.12045	Дх.12439	Дх.14524	Дх.15795
Дх.09975	Дх.09995	Дх.11814	Дх.11892B	Дх.15822	Дх.15923		
Дх.11922	Дх.12511V	Дх.12607	Дх.14927	卷第九			
Дх.16329	Дх.16761	Дх.17012	Дх.18143	Дх.02045	Дх.02403	Дх.02404	Дх.02422
卷第五				Дх.02454	Дх.02754	Дх.03395	Дх.03419
Дх.02528	Дх.02725	Дх.03007	Дх.03434	Дх.03487	Дх.03648	Дх.03740	Дх.03911
Дх.03601	Дх.03605	Дх.04591	Дх.04731	Дх.04129	Дх.04630	Дх.06613	Дх.07213
Дх.06466	Дх.06617	Дх.06980	Дх.07372	Дх.07508	Дх.07586	Дх.07945	Дх.08054
Дх.07394	Дх.07756	Дх.08534	Дх.09247	Дх.09109	Дх.09347	Дх.10022	Дх.11268
Дх.10123	Дх.10594	Дх.11312	Дх.11988	Дх.11594	Дх.12395	Дх.12492	Дх.15844
Дх.12290	Дх.12382	Дх.12628	Дх.12846	Дх.16813	Дх.16960	Дх.16994	Дх.17790
Дх.12881	Дх.14307	Дх.14807	Дх.14808	Дх.18362	Дх.18536	Дх.18588	
Дх.15720	Дх.15845	Дх.16042	Дх.16114	卷第十			
Дх.16155	Дх.16266	Дх.16471	Дх.16485	Ф.076	Ф.085	Ф.270	Дх.01524
Дх.17630	Дх.18583	Дх.18586	Дх.18666	Дх.02412B	Дх.02513A	Дх.02690	Дх.02699
卷第六				Дх.03262	Дх.03742	Дх.04081	Дх.04117
Дх.01515	Дх.03303B	Дх.03369	Дх.03425	Дх.04672	Дх.05019	Дх.05781	Дх.06429
Дх.03554	Дх.04688	Дх.06836	Дх.06840	Дх.06500	Дх.06822	Дх.07136	Дх.07344
Дх.07191	Дх.07528	Дх.07666	Дх.07933	Дх.07719	Дх.08145	Дх.08304	Дх.08473
Дх.08057	Дх.08472	Дх.09193	Дх.09476	Дх.09122	Дх.09367	Дх.11367	Дх.11562
Дх.09613	Дх.09933	Дх.09946	Дх.11441	Дх.12462	Дх.15567	Дх.16334	
Дх.11593D	Дх.15061	Дх.16010	Дх.16302	卷第十一			
Дх.16663	Дх.16973	Дх.17538	Дх.17649	Дх.01759	Дх.02532	Дх.02837	Дх.02848
Дх.17803	Дх.18698			Дх.03262	Дх.03371	Дх.03704	Дх.04123
卷第七				Дх.04484	Дх.05027	Дх.05265	Дх.07385
Ф.317D	Дх.01120	Дх.03715	Дх.04249	Дх.07482	Дх.07649	Дх.07935	Дх.08032
Дх.04676B	Дх.05038	Дх.05471	Дх.06421	Дх.08483	Дх.08619	Дх.09308	Дх.09387
Дх.07087	Дх.07156	Дх.07853	Дх.08436	Дх.09389	Дх.09597	Дх.09615	Дх.09617
Дх.08485	Дх.08670	Дх.09715	Дх.12414	Дх.09717	Дх.15207	Дх.15348	Дх.15361
Дх.14308	Дх.15064	Дх.15861	Дх.16483	Дх.17829	Дх.17958	Дх.18028	Дх.18506
Дх.16819	Дх.17699			Дх.18965			
卷第八				卷第十二			
Ф.074	Ф.082	Ф.204B	Дх.00132	Дх.00116	Дх.01119	Дх.01550	Дх.01935
Дх.03103	Дх.03495	Дх.04108	Дх.04463	Дх.03215	Дх.03255	Дх.04179	Дх.04206
Дх.05485	Дх.05798	Дх.06179	Дх.06417	Дх.04496	Дх.04612	Дх.04668	Дх.04692
Дх.06678	Дх.06705	Дх.06841	Дх.06842	Дх.04756	Дх.06273	Дх.06863	Дх.07084
Дх.07341	Дх.07720	Дх.07745	Дх.07913	Дх.07206	Дх.07364	Дх.07526	Дх.07529

Дх.07533	Дх.07583	Дх.08625	Дх.09462	Дх.04458C	Дх.04461	Дх.04652	Дх.06382
Дх.10843	Дх.12049	Дх.12074	Дх.14545	Дх.07733	Дх.07978	Дх.08144	Дх.08638
Дх.15434	Дх.15543	Дх.15979	Дх.17669	Дх.09266	Дх.09346	Дх.09394	Дх.09399
Дх.17728				Дх.09961	Дх.12167	Дх.12461	Дх.14516

卷第十三

				Дх.14536	Дх.16090	Дх.16122	Дх.16434
Ф.352	Дх.00654	Дх.00673	Дх.01508	Дх.16795	Дх.16995	Дх.17740	Дх.18244

卷第十七

Дх.02293	Дх.03201	Дх.03346	Дх.03453				
Дх.03479	Дх.03652	Дх.05061	Дх.06835	Дх.00678	Дх.01271B	Дх.04543	Дх.04979
Дх.06855	Дх.07651	Дх.07907	Дх.07908	Дх.06103	Дх.06354	Дх.06585	Дх.06839
Дх.08224	Дх.08259	Дх.09223	Дх.10060	Дх.07122	Дх.07127	Дх.07472	Дх.07661
Дх.10218	Дх.12855	Дх.12859	Дх.16186	Дх.07772	Дх.08586	Дх.09084	Дх.11395
Дх.16187	Дх.16425	Дх.18347	Дх.18356	Дх.11568B	Дх.11569	Дх.14194	Дх.14806

卷第十四

				Дх.15308	Дх.15367	Дх.15825	Дх.16794
Дх.00682	Дх.00790	Дх.01630B	Дх.01783	Дх.16795	Дх.17696		

卷第十八

Дх.02305	Дх.03204	Дх.03658	Дх.03953				
Дх.04151	Дх.05930	Дх.06264	Дх.06500	Ф.077	Ф.078	Дх.00452	Дх.00453
Дх.06516	Дх.06539	Дх.06896	Дх.07017	Дх.00454A	Дх.02072	Дх.02332	Дх.03245
Дх.07025	Дх.07253	Дх.07361	Дх.07471	Дх.03387	Дх.06341	Дх.06772	Дх.06822
Дх.07593	Дх.07635	Дх.08514	Дх.08624	Дх.06950	Дх.07073	Дх.07395	Дх.07725
Дх.09006	Дх.09339	Дх.09612	Дх.09756	Дх.08796	Дх.08999	Дх.09073	Дх.09209
Дх.10000	Дх.12115	Дх.12464	Дх.14962	Дх.09311	Дх.12867	Дх.14681	Дх.15035
Дх.16120	Дх.16171	Дх.16418	Дх.16451	Дх.15059	Дх.16016	Дх.18650	
Дх.16726	Дх.16765	Дх.16913	Дх.17710				

卷第十九

Дх.17939	Дх.18007	Дх.18596					
				Дх.01208	Дх.03258	Дх.04320	Дх.07330

卷第十五

				Дх.07366	Дх.07475	Дх.07524	Дх.07525
Ф.080	Дх.00433B	Дх.01527	Дх.02179	Дх.07574	Дх.07952	Дх.07983	Дх.08380
Дх.02411	Дх.02561	Дх.02891	Дх.02985	Дх.08390	Дх.08400	Дх.08402	Дх.08424
Дх.02994	Дх.03228	Дх.03683	Дх.04623	Дх.09358	Дх.09481	Дх.09509	Дх.10008
Дх.04723	Дх.04724	Дх.03331	Дх.04993	Дх.11437	Дх.11465	Дх.11468	Дх.12294
Дх.05086	Дх.05621	Дх.06846	Дх.06918	Дх.12865	Дх.12889	Дх.14216	Дх.15528
Дх.06929	Дх.06963	Дх.07061	Дх.07741	Дх.16004	Дх.17912		

卷第二十

Дх.07838	Дх.07846	Дх.08021	Дх.08229				
Дх.08419	Дх.08495	Дх.09412	Дх.09606	Дх.00082	Дх.00540	Дх.00923	Дх.03280
Дх.10121	Дх.11145	Дх.12075	Дх.12741	Дх.04825	Дх.06861	Дх.07109	Дх.07714
Дх.14812	Дх.14920	Дх.15063	Дх.15436	Дх.08007	Дх.08019	Дх.08121B	Дх.08252
Дх.15565	Дх.16038	Дх.18672		Дх.09063	Дх.09145	Дх.09337	Дх.10423

卷第十六

				Дх.12379	Дх.15767	Дх.16094	Дх.18281
Ф.158	Ф.291	Дх.03478	Дх.03728	Дх.18651			

卷第二十一

Дх.02591	Дх.03309	Дх.04214	Дх.04699
Дх.04772	Дх.05450	Дх.05631	Дх.06430
Дх.06777	Дх.07513	Дх.09769	Дх.09819
Дх.09822	Дх.09874	Дх.09922	Дх.10037
Дх.10086	Дх.10088	Дх.10099	Дх.11531
Дх.11907	Дх.12007	Дх.14450	Дх.14880
Дх.16175	Дх.16584	Дх.18432	

卷第二十二

Дх.03642	Дх.03666	Дх.03667	Дх.03690
Дх.04164	Дх.04212	Дх.04438	Дх.04465
Дх.04583	Дх.04628	Дх.05018	Дх.06813
Дх.06829	Дх.07008	Дх.07466	Дх.07652
Дх.08349	Дх.08428	Дх.08433	Дх.08951
Дх.08996	Дх.09166	Дх.09174	Дх.15058
Дх.15223	Дх.15419	Дх.16136	Дх.16300
Дх.18293	Дх.18629		

卷第二十三

Дх.01990	Дх.03552	Дх.04226	Дх.05228
Дх.06267	Дх.06293	Дх.08078	Дх.08079
Дх.09306	Дх.11830	Дх.11939	Дх.14159
Дх.15634	Дх.16003	Дх.16058	Дх.16364
Дх.16437	Дх.16476	Дх.18282	

卷第二十四

Дх.00438	Дх.00549	Дх.02246	Дх.03317
Дх.03494	Дх.03699	Дх.03712	Дх.04490B
Дх.05118	Дх.06393	Дх.06610	Дх.07119
Дх.07282	Дх.07617	Дх.07727	Дх.07917A
Дх.08026	Дх.08291	Дх.08455	Дх.08629
Дх.08746	Дх.08989	Дх.09075	Дх.09967
Дх.11342	Дх.11359	Дх.12388	Дх.14452
Дх.14544	Дх.14938	Дх.16877	Дх.16887
Дх.17007			

卷第二十五

Дх.00456	Дх.01002	Дх.02084	Дх.03384
Дх.03400	Дх.03557	Дх.03984	Дх.04020
Дх.04215	Дх.04257	Дх.04608A	Дх.05009
Дх.05236	Дх.05410	Дх.05827	Дх.06356
Дх.06682	Дх.07171	Дх.07445	Дх.07650
Дх.07677	Дх.07763	Дх.07904	Дх.08256
Дх.09560	Дх.10363	Дх.10824	Дх.11267
Дх.11425B	Дх.11425D	Дх.11438	Дх.11447
Дх.12040	Дх.12204	Дх.12314	Дх.15012
Дх.16069	Дх.16821	Дх.17655	Дх.18481
Дх.18520	Дх.18521	Дх.18868	

卷第二十六

Ф.348	Дх.01195	Дх.02742	Дх.04265A
Дх.05204	Дх.05424	Дх.05679	Дх.07672
Дх.08417	Дх.09379	Дх.09979	Дх.12870
Дх.14532	Дх.16487	Дх.17852	Дх.18195
Дх.18494	Дх.18662		

卷第二十七

Ф.081	Дх.00338	Дх.01014	Дх.03681
Дх.03710	Дх.03744	Дх.04698	Дх.04877
Дх.06459	Дх.06666	Дх.06849	Дх.06956
Дх.07050	Дх.07289	Дх.07516	Дх.07605
Дх.08614	Дх.08615	Дх.08654V	Дх.08719
Дх.09411	Дх.12034	Дх.12077	Дх.12084
Дх.12113	Дх.15819		

卷第二十八

Дх.00348	Дх.00794	Дх.02013	Дх.02014
Дх.02534	Дх.03401	Дх.03708	Дх.04331
Дх.06353	Дх.06416	Дх.06792	Дх.06838
Дх.07006	Дх.07403	Дх.07771	Дх.07877
Дх.08416	Дх.08511	Дх.09115	Дх.09312
Дх.09359	Дх.09932	Дх.12246	Дх.12633
Дх.12674	Дх.14304	Дх.15325	Дх.15326
Дх.15401	Дх.15785	Дх.17556	

卷二十九

Ф.339	Дх.00571	Дх.01107	Дх.01197
Дх.03292	Дх.03460	Дх.03477	Дх.03857
Дх.04019	Дх.04021	Дх.04109	Дх.04256
Дх.04470	Дх.04649	Дх.04988	Дх.05711
Дх.06378	Дх.06897	Дх.07126	Дх.07453
Дх.07740	Дх.09162	Дх.10363	Дх.11595A
Дх.14540	Дх.15264	Дх.16638	

卷第三十

Дх.00524	Дх.00604	Дх.00680	Дх.01175
Дх.02698	Дх.03199	Дх.03975	Дх.04721
Дх.05156	Дх.05284	Дх.05876	Дх.06973
Дх.07009	Дх.07010	Дх.07024	Дх.07229
Дх.07287	Дх.07521	Дх.07786	Дх.07936
Дх.08159	Дх.08285	Дх.08489	Дх.08503
Дх.08504	Дх.08656	Дх.09538	Дх.10201
Дх.10202	Дх.10722	Дх.11412	Дх.11462
Дх.12144	Дх.14676	Дх.15260	Дх.15631
Дх.16576	Дх.16713	Дх.17002	Дх.17459
Дх.17791	Дх.18479		

卷第三十一

Ф.069A	Ф.083	Ф.084	Дх.00024
Дх.00588	Дх.00589	Дх.01151	Дх.01850
Дх.02186	Дх.02841	Дх.05036	Дх.06373
Дх.06890	Дх.06919	Дх.06955	Дх.07047
Дх.07071	Дх.07348	Дх.07352	Дх.07536
Дх.07912	Дх.08121A	Дх.08152	Дх.08153
Дх.08277	Дх.08281	Дх.08282	Дх.08292
Дх.08311	Дх.08317	Дх.08389	Дх.08535
Дх.08556	Дх.08658	Дх.09316	Дх.09620
Дх.09720	Дх.09960	Дх.10020	Дх.12106
Дх.15206	Дх.15788	Дх.15814	Дх.16102
Дх.16230	Дх.16307	Дх.18570	

卷第三十二

Ф.220	Ф.271C	Дх.00413	Дх.00693
Дх.00754	Дх.00776	Дх.01871	Дх.03194
Дх.03209	Дх.03247	Дх.03281	Дх.03721
Дх.04086	Дх.04187	Дх.05479	Дх.06786
Дх.06965	Дх.07093	Дх.07097	Дх.07300
Дх.07357	Дх.07371	Дх.07794	Дх.07795
Дх.08000	Дх.08350	Дх.08469	Дх.08910
Дх.09058	Дх.09380	Дх.09471	Дх.09491
Дх.11185	Дх.11189	Дх.11520	Дх.12721
Дх.15057	Дх.15190	Дх.16046	Дх.16662
Дх.16671	Дх.17574	Дх.18562	

卷第三十三

Ф.079	Ф.220	Дх.00179	Дх.04660
Дх.05807	Дх.07123	Дх.07421	Дх.07842
Дх.09139	Дх.09251	Дх.15228	Дх.16100
Дх.17558	Дх.17636		

卷第三十四

Дх.00260	Дх.00620	Дх.00869	Дх.01633B
Дх.04990	Дх.05062	Дх.05490	Дх.06153
Дх.06431	Дх.06434	Дх.06557B	Дх.06736
Дх.08001	Дх.08908	Дх.08932	Дх.08937
Дх.11463	Дх.12866	Дх.12899	Дх.14306
Дх.15260	Дх.15578	Дх.16892	Дх.16933

卷第三十五

Ф.343	Дх.00194	Дх.00195	Дх.00196
Дх.00592	Дх.03088	Дх.03321	Дх.03413
Дх.03443	Дх.03583	Дх.03707	Дх.04065
Дх.04080	Дх.04211	Дх.04618	Дх.04622
Дх.04648	Дх.05224	Дх.05460	Дх.07023
Дх.07480	Дх.07487	Дх.07642	Дх.07701
Дх.07754	Дх.08105	Дх.08158	Дх.08183
Дх.08185	Дх.08208	Дх.08394	Дх.08598
Дх.08808	Дх.09225	Дх.09235	Дх.09241
Дх.09300	Дх.09304	Дх.12863	Дх.14523
Дх.14876	Дх.15087	Дх.15295	Дх.15615
Дх.16329	Дх.16449	Дх.16474	Дх.17665
Дх.17886			

卷第三十六

Ф.069B	Ф.286	Дх.03563	Дх.04085
Дх.04516	Дх.05024	Дх.05207	Дх.05297
Дх.06783	Дх.08686	Дх.09152	Дх.09269
Дх.09273	Дх.09692	Дх.12119	Дх.14479
Дх.14656	Дх.15082	Дх.16061	Дх.16320
Дх.18750			

卷第三十七

Ф.294	Дх.00428	Дх.00547	Дх.00565
Дх.01090	Дх.01095	Дх.01512	Дх.02892
Дх.04190	Дх.04714	Дх.05141	Дх.05142
Дх.05145	Дх.05983	Дх.07515	Дх.07845
Дх.08289	Дх.08332	Дх.08725	Дх.09129

Дх.09353	Дх.09392	Дх.09487	Дх.10389	Дх.12285	Дх.18393
Дх.11350	Дх.14967	Дх.14976	Дх.15273	卷第八	
Дх.15718	Дх.16149	Дх.16764	Дх.16868	Дх.05718	Дх.06186
Дх.17851				卷第九	

卷第三十八

Ф.288	Ф.314	Дх.00565	Дх.03360
Дх.03391	Дх.04194	Дх.04934	Дх.05007
Дх.07040	Дх.07075	Дх.07076	Дх.07189
Дх.07751	Дх.07856	Дх.07932	Дх.08518
Дх.08533	Дх.08691	Дх.09056	Дх.09078
Дх.09102	Дх.09264	Дх.09350	Дх.09503
Дх.09504	Дх.09989	Дх.10375	Дх.11561
Дх.11676	Дх.12393	Дх.12450	Дх.14685
Дх.15787	Дх.16023	Дх.16091	

卷第三十九

Ф.148	Ф.354	Дх.00420	Дх.00421
Дх.02221	Дх.03285	Дх.03473	Дх.03582
Дх.03765	Дх.06272	Дх.06290	Дх.07015
Дх.08177	Дх.08263	Дх.08359	Дх.08386
Дх.09534	Дх.11320	Дх.12044	Дх.14303
Дх.16034	Дх.16076	Дх.16092	Дх.16350
Дх.16384	Дх.17828	Дх.17933	Дх.17956

卷第四十

Дх.03657	Дх.04234	Дх.04453	Дх.04639
Дх.04968	Дх.05197	Дх.05591	Дх.06345
Дх.06379	Дх.06414	Дх.06469	Дх.07561
Дх.07713	Дх.08106	Дх.08986	Дх.09065
Дх.09351	Дх.11454	Дх.15651	Дх.16502
Дх.16634	Дх.16664	Дх.16995	Дх.17933
Дх.18008			

大般涅槃经（宋慧严等依泥洹经加之）

卷第一

Дх.11443

卷第三

Дх.01938	Дх.01978	Дх.04432

卷第四

Дх.16331

卷第五

Дх.10019

卷第十

Дх.11464

卷第十三

Дх.16845	Дх.16846	Дх.16927

卷第十四

Дх.09093	Дх.18565

卷第十六

Дх.03196

卷第十七

Дх.03483

卷第二十一

Дх.08452

卷第二十三

Дх.11427

卷第二十五

Дх.05009	Дх.07718

卷第二十六

Дх.11839

卷第二十七

Дх.09428

卷第二十九

Дх.11337

卷第三十

Дх.12668

卷第三十一

Дх.12451

卷第三十二

Дх.02221

卷第三十五

Дх.01549	Дх.04479

大般涅槃经义记

Дх.02392	Дх.08155	Дх.08207	Дх.09453
Дх.09465	Дх.10242V		

大般涅槃经私记

 Дх.00203 Дх.00204 Дх.00205 Дх.00206

 Дх.00207

大般涅槃经后分

 卷上

 Ф.075 Дх.00442 Дх.01763 Дх.02408B

 Дх.02537 Дх.02744A Дх.02849 Дх.03296

 Дх.03784 Дх.04177 Дх.04682 Дх.05291

 Дх.05449 Дх.07481 Дх.07654 Дх.08369

 Дх.08374 Дх.08378 Дх.10674B Дх.11120

 Дх.15924 Дх.16447

 卷下

 Дх.01244 Дх.02061 Дх.03832 Дх.03889

 Дх.04189 Дх.04602 Дх.04603 Дх.07934

大般涅槃经佛母品（佛母经）

 Ф.259 Дх.00010 Дх.00825 Дх.01939

 Дх.02047 Дх.02101 Дх.02267 Дх.02818

 Дх.03774 Дх.04580 Дх.04888 Дх.05690

 Дх.05899 Дх.05899V Дх.11648

大般涅般经疏

 Дх.15010

大般涅槃经摘要

 Дх.05507

大般密严经

 Дх.01713

大爱道比丘尼经

 卷上

 Дх.00587

 卷下

 Дх.06461

大唐三藏圣教序（唐太宗制）

 Дх.02056 Дх.09429

大唐龙兴三藏圣教序（唐中宗制）

 Дх.00293 Дх.00771 Дх.02223 Дх.04810

 Дх.04914 Дх.05533 Дх.06265 Дх.06599

 Дх.07094 Дх.07095 Дх.10811 Дх.10834

大唐后三藏圣教序（武则天制）

 Дх.02116 Дх.06795

大唐内典录

 Дх.01518

大通方广经（大通方广忏悔灭罪庄严成佛经）

 卷上

 Ф.120 Дх.00918 Дх.00921 Дх.01159

 Дх.03590A Дх.04858 Дх.06908 Дх.08039

 Дх.08215 Дх.08456 Дх.08543 Дх.09419

 Дх.11920 Дх.12583 Дх.12774 Дх.15742

 Дх.16210 Дх.16211 Дх.16579

 卷中

 Дх.00180 Дх.01180 Дх.02597 Дх.02980

 Дх.03303C Дх.06130 Дх.06134 Дх.06135

 Дх.09314

 卷下

 Дх.01070 Дх.01738 Дх.03236 Дх.04309

 Дх.06193 Дх.06647 Дх.06878 Дх.07998

 Дх.08486 Дх.09141 Дх.11713 Дх.12421

 Дх.14305 Дх.15036 Дх.15763 Дх.15963

 Дх.17954 Дх.18169 Дх.18170 Дх.18875

大梵天王问佛决疑经

 Дх.04084

大清光绪十年历日

 Дх.12491

大悲心陀罗尼

 Ф.229VB Ф.241VB Дх.10652

大悲启请

 Дх.00529

大悲经

 Дх.03441

大智度论

 Дх.01584 Дх.17847

 卷第一

 Дх.00532 Дх.01623 Дх.11404 Дх.12027

 Дх.12028 Дх.12256 Дх.14679

 卷第二

 Дх.03737 Дх.05948 Дх.15013

卷第三
Дх.00241　Дх.04036В　Дх.09569　Дх.14958
卷第四
Дх.03333　Дх.09045
卷第五
Дх.01803　Дх.01804　Дх.01805　Дх.12868
卷第六
Дх.04222
卷第七
Ф.305　Дх.06662　Дх.11543
卷第八
Ф.137　Ф.307　Дх.00526　Дх.01092
Дх.01807　Дх.03816　Дх.04411　Дх.06172
Дх.06679　Дх.11605　Дх.11609
卷第十
Дх.04663
卷第十一
Дх.02995　Дх.11318
卷第十二
Дх.11539　Дх.14199
卷第十三
Дх.01618　Дх.12037
卷第十四
Дх.16499
卷第十五
Дх.03513　Дх.04445　Дх.04619　Дх.12178
Дх.16192
卷第十六
Дх.06364　Дх.07310　Дх.18618　Дх.18636
Дх.18637　Дх.18688
卷第十九
Дх.02931　Дх.03673　Дх.08129　Дх.11892
Дх.12006　Дх.16047
卷第二十
Дх.04045V
卷第二十一
Дх.03179
卷第二十二

Дх.08950
卷第二十三
Дх.06109　Дх.10246　Дх.12090　Дх.12148
Дх.17455　Дх.18697
卷第二十四
Дх.03299　Дх.08991　Дх.09289　Дх.09290
卷第二十五
Дх.03793　Дх.04097　Дх.04159　Дх.04627
Дх.15512
卷第二十六
Дх.08923　Дх.12901　Дх.12907
卷第二十七
Дх.07837　Дх.08249　Дх.09067
卷第二十八
Дх.08147
卷第二十九
Дх.02412А　Дх.03502
卷第三十
Дх.04985　Дх.04997　Дх.07419　Дх.08095
Дх.08102　Дх.16161　Дх.17726
卷第三十一
Дх.04038　Дх.04747　Дх.05219　Дх.08896
Дх.11630　Дх.17707
卷第三十二
Дх.18390
卷第三十四
Дх.05101　Дх.16934　Дх.16959
卷第三十五
Дх.06996
卷第三十六
Дх.01882　Дх.02134
卷第三十七
Дх.03222В　Дх.04143
卷第三十八
Дх.16305　Дх.17884
卷第三十九
Дх.03358　Дх.03359　Дх.04073　Дх.04078
Дх.05157

卷第四十

Дх.12125

卷第四十二

Дх.15777

卷第四十三

Дх.05720　Дх.05786　Дх.05867　Дх.07836

卷第四十四

Дх.03733　Дх.15960　Дх.18855

卷第四十五

Ф.346　Дх.06294A　Дх.06305　Дх.07888

卷第四十七

Дх.15834

卷第四十八

Дх.01531　Дх.12283　Дх.12284

卷第四十九

Дх.03302　Дх.08463　Дх.08466　Дх.12221

Дх.12485

卷第五十

Дх.03580　Дх.14274　Дх.17631

卷第五十二

Дх.07803　Дх.12223　Дх.18605

卷第五十三

Дх.04673

卷第五十四

Дх.17008　Дх.18848

卷第五十五

Дх.18671

卷第五十六

Дх.07080　Дх.12281A

卷第五十七

Дх.04492　Дх.06784　Дх.14486

卷第五十八

Дх.06935　Дх.16170

卷第五十九

Дх.16719

卷第六十

Дх.06479

卷第六十一

Дх.09574　Дх.12261　Дх.18904

卷第六十二

Дх.06962

卷第六十三

Дх.03320　Дх.08681　Дх.11544

卷第六十四

Ф.113　Дх.01122B

卷第六十五

Дх.03254

卷第六十七

Дх.08211　Дх.08528　Дх.09057　Дх.09061

卷第六十八

Дх.12030A　Дх.12093　Дх.12105

卷第七十

Дх.06523

卷第七十一

Дх.03575　Дх.17741

卷第七十二

Дх.03463　Дх.04232

卷第七十三

Дх.12031　Дх.12153　Дх.15962　Дх.16753

Дх.18196

卷第七十四

Дх.00535　Дх.11435　Дх.11473　Дх.16118

卷第七十五

Дх.00202　Дх.04881　Дх.10815

卷第七十八

Дх.18172　Дх.18478

卷第七十九

Дх.10814

卷第八十一

Дх.08979　Дх.12087

卷第八十二

Дх.07345　Дх.12338　Дх.12469　Дх.12471

卷第八十三

Дх.06290A　Дх.08987　Дх.12470　Дх.12488

卷第八十四

Дх.06944　Дх.07274A

卷第八十五
Дх.01085

卷第八十六
Дх.08230　Дх.09508

卷第八十八
Дх.04447　Дх.06294B　Дх.15309　Дх.15580
Дх.18683

卷第八十九
Дх.00182　Дх.00183　Дх.11874

卷第九十
Дх.07178　Дх.07268　Дх.08524

卷第九十一
Дх.09424　Дх.09434

卷第九十三
Дх.00559　Дх.07550

卷第九十四
Дх.05014

卷第九十五
Дх.08280　Дх.10827

卷第九十六
Дх.03205

卷第九十九
Дх.03653

卷第一百
Дх.00572　Дх.07079　Дх.07086　Дх.08027

大智度释论经
Дх.01584

大集譬喻王经
Дх.10414

大萨遮尼乾子所说经
Дх.08599

大楼炭经
Дх.03754

大蕃沙州行人三部落兼防御兵马及行营留后某功德记
Дх.01462

大藏一览
Дх.04303

（丈）

丈夫百岁篇
Дх.11764　Дх.11848V

（上）

上大王书
Дх.01380

上都僧统牒
Дх.03858V

上清金真玉光八景飞经
Дх.01962　Дх.02052

（千）

千手千眼观世音菩萨广大圆满无碍大悲心陀罗尼经
Дх.00310B　Дх.02625　Дх.05547　Дх.05810
Дх.05851　Дх.06119　Дх.11694　Дх.16744
Дх.16750　Дх.16866

千字文
Дх.00269　Дх.00895V　Дх.01442V　Дх.02655V
Дх.05614　Дх.05614V　Дх.06028V　Дх.07861
Дх.07864　Дх.07870　Дх.07902　Дх.09365
Дх.10422　Дх.11092A　Дх.12393V　Дх.19085

千眼千臂观世音菩萨陀罗尼神咒经
Дх.00607　Дх.03484　Дх.05603　Дх.05858
Дх.07411　Дх.14271

（义）

义理虽玄妙偈
Ф.252VC

（广）

广弘明集
Дх.06928

广顺二年壬子岁正月一日百姓索庆奴受田契
Дх.02954

广顺三年公牒封套

Дх.03015　Дх.03156

广博严净不退转轮经

Дх.02409A

广德二年索有让牒

Дх.05935V

（亡）

亡文

Дх.10319

亡考文

Ф.263J　Ф.326J

亡妣文

Дх.02371　Дх.02377

亡阇梨文

Дх.02681　Дх.12519　Дх.12521

亡僧尼舍施文

Ф.263I　Ф.326I

（小）

小品般若波罗蜜经

卷第一

Дх.16071　Дх.18359

卷第二

Дх.04367　Дх.04989　Дх.06360　Дх.07943

Дх.09627　Дх.09954　Дх.09956　Дх.10018

Дх.18046

卷第三

Дх.00568　Дх.03541　Дх.05512　Дх.06303

Дх.06372　Дх.06438　Дх.07102　Дх.07271

Дх.08632　Дх.08657　Дх.08788　Дх.12157

Дх.12159　Дх.12208

卷第四

Дх.05143　Дх.05146　Дх.05166　Дх.05223

Дх.06402　Дх.06886　Дх.07731　Дх.07969

Дх.12237　Дх.15771　Дх.15997　Дх.16019

Дх.16022　Дх.18635

卷第五

Дх.08005　Дх.11419　Дх.15480　Дх.16828

卷第六

Дх.03999　Дх.04079　Дх.07865　Дх.15518

Дх.16603　Дх.16701　Дх.16711　Дх.18167

卷第七

Дх.01639　Дх.04992　Дх.16501　Дх.16569

Дх.16666B　Дх.16891　Дх.16980　Дх.18313

卷第八

Дх.08274　Дх.09325　Дх.16103　Дх.16123

Дх.18568

卷第九

Дх.06994　Дх.07938　Дх.08316　Дх.16043

卷第十

Дх.05163　Дх.05835　Дх.05846　Дх.05887

Дх.07195　Дх.08084　Дх.09026　Дх.12055

Дх.12096　Дх.12248　Дх.14269　Дх.16126

Дх.16573　Дх.16658

小乘十八部略说

Дх.00087V

小乘三科

Дх.00708

小道地经

Дх.00008　Дх.02048　Дх.02188　Дх.02738

Дх.02794　Дх.06192　Дх.10303

（己）

己卯年五月九日马军某男海宜贷绢契

Дх.01303　Дх.06708

己卯年六月十六日龙兴寺学侍郎鉴惠题记

Дх.00277V

己卯年六月牧羊人康定奴状

Дх.01359　Дх.03114

己卯年四月至九月入破历

Дх.04277　Дх.06042

（巳）

巳年正月三日录事马桢文书

Дх.01261

（马）

马洛夫于阗收集品

Дх.12910至Дх.14156

（习）

习字

Ф.126V　　Дх.00528AV　Дх.00528B　Дх.00925V
Дх.00947　　Дх.01398B　　Дх.01495　　Дх.01510V
Дх.01697　　Дх.01896　　Дх.02120V　Дх.02201
Дх.02204　　Дх.02481　　Дх.02482　　Дх.02487V
Дх.02507　　Дх.03095A　　Дх.03095B　Дх.03168V
Дх.04126V　Дх.04410V　　Дх.04758V　Дх.04776V
Дх.04885V　Дх.05169　　Дх.05171　　Дх.05185
Дх.05185V　Дх.05403V　　Дх.05519　　Дх.05548
Дх.05565V　Дх.05651V　　Дх.05687　　Дх.05961V
Дх.06066　　Дх.07544　　Дх.07584　　Дх.08354
Дх.08758　　Дх.08778V　　Дх.09905　　Дх.09996
Дх.10740V　Дх.11019　　Дх.11019V　Дх.11020
Дх.11023　　Дх.11024　　Дх.11024V　Дх.11025
Дх.11092V　Дх.11240V　　Дх.11575　　Дх.11986
Дх.11986V　Дх.12578V　　Дх.12815　　Дх.12818
Дх.12833　　Дх.18938　　Дх.18955V　Дх.19085V

四画

（王）

王文宪集序

Дх.02606　Дх.02900

王梵志诗

Ф.256　　　Дх.00485　　Дх.00889V　Дх.00890
Дх.00891　　Дх.01349　　Дх.02405C　Дх.02506C
Дх.02540C　Дх.02558　　Дх.11197

（天）

天王文

Дх.08847

天地开辟以来帝王记

Дх.05140　Дх.11739

天寿二年九月弱婢员孃祐定牒

Дх.01400B　Дх.02148B　Дх.06069B

天寿二年九月右马步都押衙张保勋牒

Дх.01400C　Дх.02148C　Дх.06069C

天宝十二载十一月二十四日题款

Ф.235V

天宝年间敦煌县受田簿

Дх.01379V

天穿鬼镜图并推得病日法

Дх.01258　Дх.01259　Дх.01289　Дх.02977
Дх.03162　Дх.03165　Дх.03829

天复陆年押衙刘石庆换房契

Дх.01414

天请问经

Дх.00011A　Дх.00982　Дх.02130　Дх.02497
Дх.04430　　Дх.04501

（无）

无上秘要

Дх.00169　Дх.00170　Дх.02632　Дх.06888

无明罗刹集

Дх.06424

无所有菩萨经

Дх.02185　Дх.07420

无常经

Ф.126

无常偈文

Дх.00710　Дх.00940　Дх.01375B　Дх.03019B

无常经疏

Ф.267

无量寿经义记

Дх.16567

（开）

开元九年文书

Дх.00354D　Дх.01253D

开元寺下硙受除粟麦历

Дх.03168

开元寺粮油入破历

Дх.00295V

开元某年牒状

Дх.02826

开蒙要训

Дх.00895　Дх.01442　Дх.02485BV　Дх.02654B

Дх.02655　Дх.03991　Дх.04410　Дх.04799

Дх.04907　Дх.05260　Дх.05990V　Дх.06236

Дх.10258　Дх.10277　Дх.10740A　Дх.11066

Дх.12600　Дх.12601　Дх.12673　Дх.12715

Дх.18960　Дх.19083

（元）

元始洞真决疑经

Дх.10431

（云）

云笈七签

Дх.02763

（五）

五千五百佛名神咒除障灭罪经

Дх.07630　Дх.11947　Дх.14690

五分戒本

Дх.05497　Дх.07872　Дх.10755

五台山赞文

Дх.00278VD　Дх.01009F　Дх.01358A　Дх.02333A

Дх.04469V

五台山诗

Дх.00788

五尼寺名籍

Дх.00998

五兆要决略

Дх.10720　Дх.11762V　Дх.11859　Дх.11925

Дх.11961

五行王相囚死休

Дх.02375

五更歌

Дх.02147A

五更转

Дх.06178

五戒非俗士诗

Ф.281B

五脏论

Дх.09882　Дх.09888　Дх.09935　Дх.09936

Дх.10092

五常

Дх.11656

五蕴论

Ф.130

（支）

支出历

Дх.03128　Дх.19069

（历）

历日

Дх.07955　Дх.12480　Дх.19001　Дх.19003

Дх.19004　Дх.19005

历代三宝记

Дх.16093

历代法宝记

Ф.261

（太）

太上一乘海空智藏经

Дх.06046　Дх.10182

太上洞玄灵宝

Дх.00158　Дх.00240　Дх.00517　Дх.00556

Дх.00901　Дх.01622　Дх.01870　Дх.01888

Дх.01893　Дх.01946　Дх.01979　Дх.02008

1023

Дх.02063	Дх.02768	Дх.02850	Дх.03637
Дх.03649B	Дх.04169	Дх.04887	Дх.05031
Дх.05364	Дх.05385	Дх.05392	Дх.05452
Дх.05652	Дх.05913	Дх.07072	Дх.07968
Дх.09027			

太上洞玄神咒经

Дх.05500

太上洞渊神咒经

Дх.10305　Дх.10306　Дх.10872

太子成道变文

Дх.01225　Дх.02114

太子赞

Дх.01230V

太子须大拏经

Дх.03273　Дх.03403　Дх.06255V　Дх.06618C

Дх.06632　Дх.06633　Дх.07290　Дх.07360

Дх.08363　Дх.08520　Дх.11149　Дх.12043

太公家教

Дх.00098　Дх.00513　Дх.03858　Дх.06035

Дх.12696　Дх.12827　Дх.17447

太平广记

Дх.01257　Дх.02968

太平兴国三年志忍等施写大宝积经题记

Дх.01362

太玄真一本际妙经

Дх.00110　Дх.00141　Дх.00294　Дх.00541

Дх.00750　Дх.01319　Дх.01906　Дх.02226

Дх.02574　Дх.02767　Дх.02938　Дх.03835

太清金液神气经

Дх.06057A

（不）

不思议光菩萨所说经

Дх.00345

（切）

切韵

Дх.01372　Дх.03703

（止）

止观辅行传弘决

Дх.03091

（中）

中书侍郎韦谭等五言诗三首

Дх.02947

中本起经

卷上

Дх.04052　Дх.04066　Дх.07520

卷下

Ф.344　Дх.05487　Дх.05489　Дх.05495

Дх.06809　Дх.08689　Дх.08695　Дх.08697

Дх.08702　Дх.08706　Дх.11339　Дх.12050

Дх.12351　Дх.12369　Дх.12869

中论

Дх.03402　Дх.04874　Дх.08519　Дх.11357

中阿含经

卷第七

Дх.07405

卷第八

Дх.02628

卷第十

Дх.08010　Дх.09167　Дх.09168　Дх.09183

Дх.09195　Дх.09205　Дх.10084

卷第十二

Дх.11585

卷第十三

Дх.00372

卷第十五

Дх.00095　Дх.04451B

卷第十六

Дх.09467

卷第十八

Дх.00372V

卷第二十六

Ф.317C

卷第三十三

Дх.12343

卷第三十四

Дх.17552

卷第三十六

Дх.01314　　Дх.11585V

卷第四十四

Дх.06298

卷第四十五

Дх.11576D

卷第五十二

Дх.00833　　Дх.08358

中和四年四月灵图寺方等道场司智藏等牒

Дх.01287　　Дх.01324

（内）

内法寺麦粟破历

Дх.01419V

（月）

月灯三昧经

Дх.17804

月旬记事

Ф.362B

月磵禅师语录

Дх.15351

（仁）

仁王护国般若波罗蜜多经疏

Дх.05561　　Дх.16733B

仁王般若实相论

Дх.01777　　Дх.11487

仁王般若经疏

Дх.07982　　Дх.12864

（什）

什物历

Дх.01365V　　Дх.04899

（牛）

牛犊驴出入历

Дх.02887

（长）

长安词

Дх.00278VB

（公）

公文底稿

Дх.02800V　　Дх.03183V

公文残片

Дх.03452V

（欠）

欠物历

Дх.02149　　Дх.05944

欠经历

Дх.05852

（父）

父子合集经

Дх.15702

父母遗书一道范文

Дх.02333B

（分）

分家书

Дх.11198　　Дх.12012

（壬）

壬申年十月二十七日以褐填还驴价契

Дх.01313

壬戌年十月翟法律领粟麦契

Дх.01383

壬戌年麦粟入历

Дх.01419

（乌）

乌丝栏

Дх.01443V

（手）

手印

Дх.02157　Дх.19045

（比）

比丘听施经

Дх.11829　Дх.11900　Дх.12525

比丘尼八波罗夷

Дх.00712　Дх.02477

比丘慈光记戒律

Дх.03145

（六）

六十甲子历

Дх.04960　Дх.10786

六门陀罗尼经

Дх.00735　Дх.01984　Дх.06544　Дх.10460

Дх.11176　Дх.11660　Дх.17711

六念议

Дх.03525

六法文

Дх.06229　Дх.06240

六度集经

Дх.09044　Дх.09051　Дх.17034

（文）

文书

Дх.07759　Дх.01586C

文字音义

Дх.03421

文学作品

Дх.08750　Дх.12213

文范

Дх.00141V　Дх.00399　Дх.02355　Дх.02763V

Дх.02967

文选

Ф.242　Дх.01502　Дх.01551　Дх.07305V

Дх.10810

文殊师利问菩提经

Дх.12252

文殊师利问经

Дх.05042

文殊师利佛土严净经

Дх.01924　Дх.01988　Дх.06734　Дх.06737

Дх.06769

文殊师利所说摩诃般若波罗蜜经

Дх.02340　Дх.02341　Дх.02691　Дх.07503

Дх.07831　Дх.07997　Дх.08630　Дх.10628

Дх.12486

文殊师利菩萨无相十礼

Дх.04575

文德元年十月十日僧善惠覆函

Дх.01369

（方）

方广大庄严经

Дх.06953

方等三昧行法七日要心上首忏悔法

Дх.16968

（心）

心经咒语

Дх.04417

（户）

户籍

Дх.01394V　Дх.03676V　Дх.03762V　Дх.03820V

Дх.03851V　Дх.04020V　Дх.04094V　Дх.09334

Дх.11068V

（冗）

冗经所笔题记

Дх.02928V

（双）

双恩记

Ф.096

（书）

书仪

Ф.280C　Ф.342V　Дх.00153V　Дх.00169V

Дх.00170V　Дх.01055　Дх.01309　Дх.01310

Дх.01316　Дх.01441　Дх.01458　Дх.01467

Дх.01698　Дх.02632V　Дх.02952V　Дх.02969

Дх.03024　Дх.03153　Дх.03159　Дх.03814

Дх.03849　Дх.03870　Дх.03875　Дх.03902

Дх.03905　Дх.03917　Дх.05235　Дх.05427B

Дх.05451B　Дх.05506　Дх.05623　Дх.05644

Дх.05695　Дх.10465　Дх.10465V　Дх.16875

Дх.17011

书仪镜

Дх.01454　Дх.02418

书状

Дх.04355V　Дх.05181V　Дх.05247　Дх.05247V

书信

Ф.362CV　Дх.01271V　Дх.01274V　Дх.01280

Дх.01292　Дх.01329AV　Дх.01387B　Дх.01516

Дх.03029V　Дх.05409　Дх.10291　Дх.10293

Дх.11065

（劝）

劝入佛道文

Дх.00429

劝众偈

Дх.01044

劝诫文

Дх.02680　Дх.03111　Дх.06597

劝善文

Ф.263N　Ф.326N

劝善经

Дх.00327　Дх.00360　Дх.01246　Дх.01452

Дх.01786　Дх.02753　Дх.02978　Дх.03079

Дх.03080　Дх.05193B　Дх.05463　Дх.07234

劝善诗

Дх.09186

（孔）

孔子项讬相问书

Дх.01356　Дх.02352　Дх.02451

孔子传

Дх.02962

孔安信借毯契

Дх.01322

（水）

水陆道场发愿文

Дх.06746　Дх.06746

水陆道场法轮宝忏卷第九

Дх.05749

五画

（正）

正月十二日诚上纳磊文题记及残画像

Дх.02904V

正月三日官酒记

Ф.298VB

正法念处经

卷第三十一

Дх.10717V

卷第三十七

Дх.04948

卷第四十六

Дх.09164	Дх.09169	Дх.09173	Дх.09175
Дх.09182	Дх.09187A	Дх.09187B	Дх.09189
Дх.09190	Дх.09191	Дх.09194	Дх.09196
Дх.09197	Дх.09199	Дх.09212	Дх.09217
Дх.09232A	Дх.09232B	Дх.09883	Дх.09887
Дх.09937	Дх.12295	Дх.12384	Дх.12394

卷第五十二

Дх.15369

卷第五十四

Дх.04831　Дх.10417

卷第五十六

Дх.04228A　Дх.15188

卷第六十三

Дх.09165	Дх.09171	Дх.09172	Дх.09180
Дх.09188	Дх.09192	Дх.09198	Дх.09200
Дх.09201	Дх.09202A	Дх.09202B	Дх.09213
Дх.09214	Дх.09233	Дх.09242	Дх.09939
Дх.12292	Дх.12296	Дх.12304	Дх.12329
Дх.12344	Дх.12345	Дх.12389	Дх.12398

正法华方等经

Ф.246

正法华经

卷第一

Дх.11417　Дх.11431　Дх.11494

卷第二

Дх.12233

卷第三

Дх.11392

卷第五

Дх.11329

卷第十

Дх.03933　Дх.03935　Дх.03979　Дх.03980A

正授戒体请师法

Дх.00813

（玉）

玉篇

Дх.01399V　Дх.02844BV

（丙）

丙子年十二月四日杨某领得地价物抄

Дх.01417

丙戌年九月十九日亲情社转帖

Дх.01439

丙戌年正月马大师书怀

Дх.02953

丙戌年五月九日开元寺僧孟员昌朝清净偈

Дх.03189

丙辰年十二月四日显德寺僧永智读经题记

Дх.18946A

丙寅年八月二十四日开仓见纳地子历

Дх.01453　Дх.01453V

（刊）

刊谬补缺切韵

Дх.01267　Дх.03109

（未）

未来星宿劫千佛名经

Дх.07148　Дх.09340　Дх.15683

（示）

示所犯者瑜伽法镜经

卷第一

Дх.16851

卷第三

Дх.08366

（节）

节度使牒

Дх.00354C　Дх.01253C

（世）

世俗文书

Дх.06141V

（本）

本师释迦牟尼佛真言

Дх.00812

本事经

Дх.16947

本草经集注

Дх.09882　Дх.09888　Дх.09935　Дх.09936

Дх.10092

本原药师经古迹下

Дх.10778

（龙）

龙兴寺僧智惠弁常秘等状

Дх.01443

龙树五明论

Дх.12545

龙树菩萨传

Дх.03719

（戊）

戊子年十一月张盈润某题记

Дх.00302V　Дх.00494V

戊午年十二月二十一日氾福盈祭丈人文

Дх.01411

戊午年四月二十五日寒食座设付酒历

Дх.02149V

戊辰年四月十六日都料董保德麦历

Дх.01448

（布）

布入历

Дх.01428V

布历

Ф.355D

布头索留信等官布籍

Дх.01405　Дх.01406

布破历

Дх.01428

布萨文

Дх.00828A　Дх.11710

（石）

石僧正牒

Дх.11193

（左）

左传及注解等

Ф.356B　Ф.356VB　Дх.00362　Дх.01252

Дх.01263　Дх.01367　Дх.01456　Дх.01463

Дх.01712　Дх.02975　Дх.04512　Дх.04657

Дх.05067　Дх.11029　Дх.19015

（占）

占卜书

Дх.01236　Дх.01274　Дх.02375V　Дх.02637

Дх.03029　Дх.03876　Дх.05181　Дх.06133

Дх.06761　Дх.06761V　Дх.09941　Дх.09981

Дх.11606　Дх.11799　Дх.16553　Дх.18981

占出行择日吉凶法

Дх.12829V　Дх.12830V

占察善恶业报经

Дх.01942　Дх.02054　Дх.02276　Дх.06548A

Дх.11112　Дх.11129　Дх.15124

（央）

央掘魔罗经卷第三

Дх.12116

（出）

出家赞

Ф.176VC　　Дх.00109　　Дх.02430　　Дх.18966

出曜经

　　Ф.235B　　Дх.07059　　Дх.07074　　Дх.07316

　　Дх.07399　　Дх.08540

（史）

史书

　　Дх.00236　　Дх.00444　　Дх.00445　　Дх.03016V

　　Дх.03399

史记

　　Дх.02670

（四）

四门转经文

　　Ф.263C　　Ф.326C

四分律比丘戒本（四分比丘戒本）

　　Ф.150　　Ф.280A　　Дх.00602　　Дх.00612

　　Дх.00780　　Дх.00950　　Дх.01879　　Дх.02182

　　Дх.02419　　Дх.02478　　Дх.02495　　Дх.02501

　　Дх.02571　　Дх.02851　　Дх.02860　　Дх.03169

　　Дх.03896　　Дх.04506　　Дх.04621　　Дх.04995

　　Дх.05060　　Дх.05356　　Дх.05385VA　Дх.05392VA

　　Дх.06334A　Дх.06334B　Дх.06486　　Дх.06495

　　Дх.06657　　Дх.06802　　Дх.06826　　Дх.07151

　　Дх.07182　　Дх.07667　　Дх.07829　　Дх.08272

　　Дх.08555　　Дх.09288　　Дх.10742　　Дх.10743

　　Дх.10745　　Дх.10746　　Дх.10747　　Дх.11111

　　Дх.11582　　Дх.11624　　Дх.11823　　Дх.11949

　　Дх.12029　　Дх.12571　　Дх.12654　　Дх.12806

　　Дх.15773　　Дх.16804　　Дх.18582

四分比丘尼戒本

　　Ф.115　　Ф.156　　Ф.192　　Ф.197　　Ф.216

　　Дх.00041　　Дх.00068　　Дх.00904　　Дх.00996

　　Дх.01479　　Дх.01480　　Дх.01880　　Дх.02089

　　Дх.02241　　Дх.02235　　Дх.02442　　Дх.04023

　　Дх.04115　　Дх.05342　　Дх.06243　　Дх.06581

　　Дх.07425　　Дх.07975　　Дх.08453　　Дх.10749

　　Дх.10750　　Дх.10751　　Дх.10758　　Дх.10759

　　Дх.11485　　Дх.16001　　Дх.16029　　Дх.16154

　　Дх.16439

四分律比丘含注戒本（四分比丘含注戒本）

序

　　Дх.02331

上

　　Дх.00094　　Дх.02391　　Дх.05780　　Дх.17575

中

　　Дх.06331　　Дх.15433　　Дх.17981

下

　　Дх.00040　　Дх.01847　　Дх.02105　　Дх.04404

　　Дх.05535　　Дх.05684　　Дх.05684V　　Дх.05712

　　Дх.06377　　Дх.06383　　Дх.06436

四分律比丘含注戒本问答

　　Дх.06595

四分比丘尼钞六念篇

　　Дх.11209

四分比丘尼羯磨法

　　Дх.02232B　　Дх.03078　　Дх.03527

四分戒本疏

　　Дх.00956　　Дх.00994　　Дх.05288　　Дх.10702

　　Дх.17684　　Дх.18488

四分僧戒本

　　Дх.02232A　　Дх.02389　　Дх.02394　　Дх.04656

　　Дх.05783　　Дх.07154　　Дх.08891　　Дх.10768

　　Дх.11666

四分律（后秦佛陀耶舍共竺佛念等译）

卷第一

　　Дх.04752B　　Дх.10752VA

卷第二

　　Дх.10752B

卷第四

　　Дх.01630A　　Дх.05280

卷第六

　　Дх.08870

卷第八

　　Дх.04752AV

卷第十

Дх.12262

卷第十七

Дх.03523

卷第十八

Дх.04687

卷第二十

Дх.05854

卷第二十一

Дх.05258　　Дх.05662

卷第二十二

Дх.12516　　Дх.16791

卷第二十三

Дх.05358　　Дх.06614　　Дх.07111　　Дх.08892

卷第二十五

Дх.17396　　Дх.17414

卷第二十七

Дх.00013A　　Дх.00583V

卷第三十四

Дх.10752A

卷第三十五

Дх.07039　　Дх.10752A

卷第三十六

Дх.04752A　　Дх.10130　　Дх.10752A

卷第三十七

Дх.05280V　　Дх.07989

卷第三十八

Дх.05280V　　Дх.03476　　Дх.08203

卷第四十

Дх.03446

卷第四十三

Дх.04110　　Дх.04471　　Дх.04729　　Дх.09710

Дх.12723　　Дх.12887

卷第四十七

Дх.03233　　Дх.05242　　Дх.10767

卷第四十八

Дх.02857　　Дх.04201　　Дх.05875　　Дх.10760

卷第四十九

Дх.00029　　Дх.03386　　Дх.03431　　Дх.03613

Дх.03741　　Дх.06874　　Дх.07128　　Дх.08927

Дх.14959　　Дх.18695

卷第六十

Дх.02350A　　Дх.02579V

四分律（异译）

Дх.06189

四分律比丘尼钞

Дх.06079

四分律行事钞资持记

Дх.11295

四分律行事钞简正记

Дх.12440

四分律并论要用抄

Ф.168VB　　Дх.00062　　Дх.12699

四分律含注戒本疏行宗记

Дх.08435　　Дх.09348　　Дх.10708

四分律注

Дх.03694

四分律疏

Дх.00078　　Дх.02830　　Дх.08778

四分律删繁补阙行事钞

卷上

Ф.347　　Дх.00597　　Дх.01030　　Дх.06332

Дх.06548B　　Дх.06564　　Дх.06565　　Дх.09227

Дх.09231　　Дх.10701　　Дх.10752VB　　Дх.10757

Дх.11290　　Дх.14219　　Дх.16745　　Дх.17742

Дх.18561　　Дх.18576

卷中

Ф.168VA　　Дх.00980　　Дх.10711　　Дх.10761

Дх.16551　　Дх.16880

卷下

Ф.290　　Дх.00694　　Дх.07185　　Дх.10756B

四分律删补随机羯磨

序

Дх.01079

卷上

Дх.00013B　　Дх.01273　　Дх.01877　　Дх.02240

| Дх.02309 | Дх.03005 | Дх.06104 | Дх.08838 |

卷下
| Дх.01350 | Дх.01351 | Дх.05997 | Дх.06067 |
| Дх.06067V | Дх.12517 | | |

四分律摘抄
Дх.00835	Дх.00835V	Дх.01370	Дх.01370V
Дх.01371	Дх.01371V	Дх.01373	Дх.01373V
Дх.02152	Дх.02152V	Дх.02557	Дх.02557V
Дх.02579	Дх.03090	Дх.03090V	

四分律藏题签
Дх.02077　Дх.04809V

四月十九日到西州文
Дх.03164

四月初四日千佛洞众经士请某师庆祝圣诞帖
Дх.01283

四部律并论要用抄
Дх.10754

（兄）

兄弟社转帖
Дх.06016

（目）

目连变文
Дх.05418　Дх.11862

目录
Дх.06047V　Дх.06054V

（归）

归义军军资库司纸破历
Дх.01275

归义军节度使牒
Дх.01352

归依文
Дх.01040

（甲）

甲申年二月四日诸家上欠便勿名目
Дх.02956

甲戌年造轮便历
Дх.02347

甲寅、乙卯年大乘寺百姓李恒子等便麦契
Дх.01416　Дх.03025

（申）

申年三月直岁昙空等牒
Дх.01330

（生）

生礼题签
Дх.10179V

生死轮颂
Ф.191

生经
Дх.16937

（付）

付长行坊牒
Дх.00354E　Дх.00354EV　Дх.01253E　Дх.01253EV

付法藏因缘传
卷第一
Дх.17066
卷第三
Дх.04744

付披子疏
Дх.00883C

付饼粟历
Дх.01269V　Дх.02155V　Дх.02156V

（仪）

仪礼
Дх.03452

仪轨

Дх.17243　　Дх.18984　　Дх.19050　　Дх.19054

（白）

白衣舍

Дх.19055

白居易诗

Дх.03865

白描画

Дх.00046　　Дх.00046V　　Дх.01060V　　Дх.02824C

Дх.03676　　Дх.03900V　　Дх.04980　　Дх.05265V

Дх.06287　　Дх.11731　　Дх.18975　　Дх.19044

Дх.19047

（令）

令狐明信等贺状

Дх.03867V

令狐眼全造笔壹管牒

Дх.02954V

（鸟）

鸟形画押

Дх.01432V　　Дх.03110V

（乐）

乐入山

Дх.01629

乐住山

Дх.00278VA　　Дх.01629

乐璎珞庄严方便品经

Дх.08948

（瓜）

瓜州庐流奴填还龙佛德羊只判文

Дх.01364

瓜沙州大王印

Ф.125V

（印）

印契三界尊偈

Дх.01865V　　Дх.02805V

（立）

立像西秦五州占

Дх.01366V

（玄）

玄真大圣大兴孝皇帝远忌文

Дх.05686

（兰）

兰亭集序

Дх.00538　　Дх.18943A

（汉）

汉书

Дх.03131　　Дх.11386

（礼）

礼记

Дх.02173V　　Дх.03016　　Дх.06753　　Дх.07892

Дх.16721　　Дх.16839　　Дх.17463

礼西方阿弥陀佛文

Дх.01914　　Дх.01915　　Дх.01916A　　Дх.03154A

礼忏文

Дх.00003　　Дх.00026　　Дх.00214B　　Дх.00223

Дх.00295　　Дх.00341　　Дх.00364　　Дх.00377

Дх.00392　　Дх.00510　　Дх.00969　　Дх.01048

Дх.01131VB　　Дх.01139BVB　　Дх.01149VB

Дх.01233　　Дх.01256　　Дх.01400V　　Дх.01429

Дх.01889　　Дх.01970　　Дх.02145　　Дх.02148V

Дх.02209　　Дх.02383　　Дх.02721　　Дх.02814

Дх.02839　　Дх.03408V　　Дх.03762　　Дх.03821V

Дх.03837　　Дх.03913　　Дх.04094　　Дх.04870

Дх.05922　　Дх.06034　　Дх.06050　　Дх.06063

Дх.06064　Дх.06069V　Дх.10170　Дх.10261
Дх.10482　Дх.10488　Дх.11789　Дх.11800
Дх.11985　Дх.11999　Дх.12618　Дх.18936
Дх.19081

礼佛文
Дх.01064B　Дх.01699B　Дх.01700B　Дх.01701B
Дх.01702B　Дх.01703B　Дх.01704B　Дх.01445
Дх.05534

礼佛真言
Дх.11596　Дх.11596V

（记）

记事文
Дх.02485B

（写）

写经题记
Дх.02949　Дх.02955V　Дх.04930　Дх.05843
Дх.07410　Дх.10268　Дх.12223V

（永）

永安藏经勘经笺条
Дх.02504

（圣）

圣地游记述
Ф.209　Дх.00234

圣教十二时赞
Дх.10454

圣善住意天子所问经
Дх.06966

圣箭堂述古
Дх.18947

（对）

对根起行法
Дх.01813　Дх.01883

（尼）

尼律藏
Ф.325

尼羯磨
Дх.00396

（弘）

弘明集
Дх.09548

（民）

民族文字残片
Дх.03650V　Дх.03651V　Дх.03652V　Дх.03655V
Дх.03673V　Дх.05404V　Дх.06554V　Дх.06811
Дх.06851V　Дх.06910V　Дх.06934V　Дх.06951V
Дх.06957V　Дх.06997V　Дх.07038V　Дх.07100V
Дх.07116V　Дх.07120V　Дх.07147V　Дх.07222
Дх.07230　Дх.07232V　Дх.07252V　Дх.07254V
Дх.07262V　Дх.07302　Дх.07319　Дх.07347
Дх.07347V　Дх.07356　Дх.07361V　Дх.07450V
Дх.07645V　Дх.07735V　Дх.07759V　Дх.07810
Дх.07861V　Дх.07864V　Дх.07868V　Дх.07870V
Дх.07873　Дх.07874　Дх.07902V　Дх.07953V
Дх.08089　Дх.08431V　Дх.08650V　Дх.08651
Дх.08651V　Дх.08790V　Дх.09063V　Дх.09434V
Дх.09520　Дх.09521V　Дх.09523V　Дх.09527V
Дх.09530V　Дх.09545V　Дх.09548V　Дх.09565
Дх.09566　Дх.09567　Дх.09678V　Дх.09698
Дх.09757　Дх.09765　Дх.09767　Дх.09768
Дх.09825　Дх.09890V　Дх.09940　Дх.09943
Дх.09953　Дх.09969　Дх.10023　Дх.10027
Дх.10038　Дх.10040　Дх.10042　Дх.10043
Дх.10044V　Дх.10059V　Дх.10070　Дх.10080
Дх.10085　Дх.10089V　Дх.10093　Дх.10096
Дх.10097　Дх.10383　Дх.10387　Дх.10388
Дх.10392　Дх.10393　Дх.10394　Дх.10395
Дх.10396　Дх.10397　Дх.11230V　Дх.11231V

Дх.11232V	Дх.11308V	Дх.11329V	Дх.11331V		Дх.12457V	Дх.12458V	Дх.12464V	Дх.12465V
Дх.11336V	Дх.11495	Дх.11501V	Дх.11725		Дх.12466V	Дх.12467V	Дх.12468V	Дх.12469V
Дх.11728	Дх.11729	Дх.11744	Дх.11746		Дх.12471V	Дх.12472V	Дх.12474V	Дх.12476V
Дх.11753	Дх.11754V	Дх.11755	Дх.11755V		Дх.12477V	Дх.12478V	Дх.12479V	Дх.12483V
Дх.11756	Дх.11756V	Дх.11757	Дх.11757V		Дх.12484V	Дх.12486V	Дх.12489V	Дх.12490V
Дх.11758V	Дх.12030V	Дх.12033V	Дх.12034V		Дх.12494V	Дх.12497V	Дх.12500V	Дх.12502V
Дх.12035V	Дх.12037V	Дх.12038V	Дх.12039V		Дх.12503V	Дх.12504V	Дх.12505V	Дх.12507V
Дх.12040V	Дх.12041V	Дх.12042V	Дх.12044V		Дх.12508V	Дх.12509V	Дх.12510V	Дх.12844V
Дх.12048V	Дх.12051V	Дх.12052V	Дх.12056V		Дх.12846V	Дх.12848V	Дх.12849V	Дх.12851V
Дх.12057V	Дх.12058V	Дх.12061	Дх.12064		Дх.12874V	Дх.12876V	Дх.12888V	Дх.12896V
Дх.2065V	Дх.12066V	Дх.12067	Дх.12070		Дх.14228	Дх.14249	Дх.14322	Дх.15575
Дх.12071V	Дх.12073V	Дх.12077V	Дх.12078V		Дх.15642	Дх.15760	Дх.16053V	Дх.16385V
Дх.12079V	Дх.12082V	Дх.12084V	Дх.12085V		Дх.16632V	Дх.16657	Дх.16687V	Дх.16862V
Дх.12087V	Дх.12088	Дх.12089	Дх.12091V		Дх.16899	Дх.16993	Дх.17089V	Дх.17403V
Дх.12092V	Дх.12093V	Дх.12095V	Дх.12096V		Дх.17410V	Дх.17435	Дх.17717V	Дх.17827
Дх.12097V	Дх.12098	Дх.12099	Дх.12100V		Дх.17981V	Дх.18525	Дх.18559	Дх.18632V
Дх.12101	Дх.12104	Дх.12105V	Дх.12106V		Дх.18649V	Дх.18650V	Дх.18665V	Дх.18674
Дх.12107V	Дх.12109V	Дх.12111V	Дх.12113V		Дх.18675V	Дх.18676V	Дх.18677V	Дх.18684
Дх.12116V	Дх.12117BV	Дх.12119V	Дх.12120V		Дх.18685	Дх.18693V	Дх.18695V	Дх.18696V
Дх.12128V	Дх.12133V	Дх.12134V	Дх.12136V		Дх.18904V	Дх.18905V	Дх.18916V	
Дх.12137V	Дх.12138V	Дх.12139V	Дх.12140V					
Дх.12141V	Дх.12145V	Дх.12163V	Дх.12164V					

（发）

发愿文

Ф.166A	Дх.00144	Дх.00883A	Дх.01375A
Дх.02139	Дх.02886	Дх.03019A	Дх.03032
Дх.03033	Дх.03035	Дх.03129	Дх.03988
Дх.04359	Дх.04371	Дх.04371V	Дх.05021
Дх.05371	Дх.05452V	Дх.05678	Дх.05802
Дх.05809V	Дх.05837V	Дх.05853	Дх.05936
Дх.05936V	Дх.05961	Дх.06023	Дх.06032
Дх.06039	Дх.06605	Дх.08611	Дх.08754
Дх.09107	Дх.10159	Дх.10695	Дх.10696
Дх.10697	Дх.10720	Дх.11058	Дх.11067B
Дх.11076	Дх.11215	Дх.12010	Дх.12831
Дх.16798V	Дх.18956	Дх.18957	Дх.19083V
Дх.19086			

（continued left column）

Дх.12165V	Дх.12167V	Дх.12171V	Дх.12204V
Дх.12234V	Дх.12243V	Дх.12247V	Дх.12250V
Дх.12252V	Дх.12253V	Дх.12254V	Дх.12260
Дх.12261V	Дх.12262V	Дх.12263V	Дх.12265V
Дх.12267V	Дх.12268V	Дх.12269V	Дх.12270V
Дх.12273V	Дх.12287V	Дх.12289V	Дх.12297V
Дх.12299V	Дх.12301V	Дх.12310V	Дх.12311V
Дх.12312V	Дх.12317V	Дх.12321V	Дх.12330V
Дх.12335V	Дх.12338V	Дх.12339V	Дх.12340V
Дх.12341V	Дх.12349V	Дх.12350V	Дх.12353V
Дх.12362V	Дх.12363V	Дх.12365V	Дх.12366V
Дх.12370V	Дх.12375V	Дх.12377V	Дх.12378V
Дх.12380V	Дх.12381V	Дх.12401V	Дх.12409V
Дх.12410V	Дх.12413V	Дх.12414V	Дх.12437V
Дх.12441V	Дх.12442V	Дх.12443V	Дх.12445V
Дх.12453V	Дх.12454V	Дх.12455V	Дх.12456V

发露忏悔文

Дх.01381

（丝）

丝织品

Дх.09430　Дх.09747　Дх.09748

六画

（西）

西方十五愿赞

Дх.01563B　Дх.02067B

西方阿弥陀礼文

Дх.01375C　Дх.03019C

西州志

Дх.01523

西行记

Дх.04055

西夏文残片

Дх.10400AV　Дх.10400B　Дх.12255　Дх.12752

Дх.12853　Дх.18990V　Дх.19002　Дх.19078

Дх.19079

西夏文契约

Дх.01357

西夏直多昌磨彩代还钱契

Дх.19076

西夏科举论稿

Дх.03895　Дх.03901

（百）

百丈丛林清规证义记

Дх.04575

百鸟文

Дх.02920　Дх.02920V

百行章

Ф.247　Дх.01368　Дх.02197　Дх.02752

Дх.02842　Дх.02863　Дх.03076　Дх.06028

Дх.12523

百字咒忏悔仪

Дх.18999

百论经

Дх.02454V

百岁篇

Дх.01563V　Дх.02067V　Дх.11764　Дх.11848V

Дх.12720

百法明门释

Дх.00811

百法问答抄

Дх.02548

百喻经

Дх.01420　Дх.01420V　Дх.16800

（戌）

戌年上都督牒状

Дх.03900

戌年至亥年罗光俊户卖地抄

Дх.06000　Дх.06003

（成）

成实论

卷第一

Дх.17462

卷第三

Дх.16568　Дх.16919

卷第六

Дх.03456　Дх.03471　Дх.03475　Дх.03500

Дх.04150　Дх.05015　Дх.15210

卷第七

Дх.05015　Дх.06830

卷第八

Дх.00870　Дх.02214　Дх.08086　Дх.08086V

Дх.08092　Дх.08092V　Дх.08126　Дх.08126V

卷第十一

Дх.08160　Дх.08315　Дх.08323

卷第十三

Дх.00273　Дх.06620　Дх.11525

成实论略抄

Дx.08330

成唯识论

Дx.06499　　Дx.07729　　Дx.08237　　Дx.09017

成唯识论述记

Дx.12164V

（式）

式叉摩那戒法

Дx.00630　　Дx.02129

（地）

地志

Дx.07125BV　Дx.09255　　Дx.09267

地亩历

Дx.01288　　Дx.02683V　　Дx.11074V

地藏菩萨本愿经

Ф.176A　　Дx.00508

地藏菩萨经

Дx.02636

（老）

老人赞

Дx.06034V

（吉）

吉凶书仪

Дx.00915　　Дx.01307

吉凶签

Дx.00946

吉祥偈

Дx.00927B

（寺）

寺院人名录

Дx.10273

寺院文书

Дx.06024　　Дx.10290　　Дx.11059B

寺院账册

Дx.02869B

寺院破历

Дx.01329BV　Дx.02151V

寺院籍账

Дx.07224

寺卿陈荣□牒

Дx.02959

（夹）

夹注本般若波罗蜜多心经

Дx.02986

（在）

在家律要广集

Дx.04494

（达）

达摩多罗禅经

Дx.06818　　Дx.08939

（至）

至正二年量谷历

Дx.01339

至正二年呈文

Дx.19070

至正二十三年王嗣祖契

Дx.19022

至正二十四年支麦及买肉等呈文

Дx.02158

至正三年巡检司呈辞

Дx.19072

至沙州营守府钟驿邮封套

Дx.01338

至顺元年残牒

Дx.18995

阴阳书
　　Дх.01396V　　Дх.01404V　　Дх.01407V

（师）

师资相录仪
　　Ф.362А3

（回）

回向疏
　　Дх.01331

回鹘文残片
　　Дх.00200V　　Дх.00580V　　Дх.00581V　　Дх.01504V
　　Дх.03198V　　Дх.03223V　　Дх.03224V　　Дх.03225V
　　Дх.03226V　　Дх.03249V　　Дх.03654V　　Дх.05500V
　　Дх.05672V　　Дх.06273V　　Дх.06279　　Дх.06316V
　　Дх.06354V　　Дх.06489　　Дх.06523V

回鹘文题记
　　Ф.170V

（吐）

吐蕃瓜州节度使上悉殁夕亡五七建福文
　　Дх.06036V

（吕）

吕氏春秋
　　Дх.18631　　Дх.18633　　Дх.18634

吕惠达抄经题记
　　Дх.02955V

（贞）

贞元四年五月杰谢百姓债务纠纷牒
　　Дх.18917

贞元某年欠糜历
　　Дх.18939

贞明陆年十一月二十四日典物契
　　Дх.01409

（因）

因明入正理论
　　Дх.04969　　Дх.04970

因缘心论释
　　Дх.04469

因缘心释论开决记
　　Дх.05668

（曲）

曲子
　　Дх.01468　　Дх.02153VB

（光）

光定十二年正月李春狗等物历
　　Дх.18993

光定十三年十月初四日杀了人口状
　　Дх.02957　　Дх.10280

光赞经
　　卷第一
　　　Дх.02337　　Дх.04978　　Дх.07427　　Дх.07474
　　　Дх.07483　　Дх.08405　　Дх.08669　　Дх.09137
　　　Дх.09265　　Дх.16669　　Дх.17437　　Дх.17439
　　　Дх.18539　　Дх.18567
　　卷第二
　　　Дх.04644　　Дх.08339　　Дх.08980　　Дх.17555
　　卷第三
　　　Дх.06415　　Дх.07381　　Дх.07565　　Дх.08749I
　　　Дх.09386　　Дх.14789
　　卷第四
　　　Дх.03288　　Дх.04490A　　Дх.06976　　Дх.06995
　　　Дх.08037　　Дх.09072　　Дх.09100　　Дх.12143
　　　Дх.15765
　　卷第五
　　　Дх.03459　　Дх.06954　　Дх.08736　　Дх.08821
　　　Дх.17598
　　卷第六
　　　Дх.09236　　Дх.09287　　Дх.12305　　Дх.12555

Дх.16124

卷第七

Дх.03362　Дх.03581　Дх.04106　Дх.07161

Дх.07163　Дх.08526　Дх.12459　Дх.12880

Дх.15167　Дх.15616　Дх.17519

卷第八

Дх.02062　Дх.12504

卷第九

Дх.04773　Дх.09121　Дх.09275

卷第十

Дх.12500

（岁）

岁甲歌

Дх.02147B

（合）

合同婚书

Дх.18996

合部金光明经

序

Дх.04293

卷第一

Дх.02821　Дх.01184　Дх.04090　Дх.04348

Дх.06315　Дх.06316　Дх.07505　Дх.07706

Дх.08476　Дх.08930　Дх.09181　Дх.09728

Дх.11326　Дх.11490　Дх.12108　Дх.12110

Дх.12141　Дх.12874　Дх.15999　Дх.16009

Дх.16423　Дх.17805

卷第二

Дх.00186　Дх.03390　Дх.03532　Дх.03800

Дх.05049　Дх.07187　Дх.07582　Дх.07827

Дх.09716　Дх.09972　Дх.11966　Дх.12565

Дх.12591　Дх.12693　Дх.12791　Дх.18584

Дх.18609

卷第三

Дх.00412　Дх.03535　Дх.03614　Дх.05574

Дх.06335　Дх.06342　Дх.06399　Дх.06454

Дх.08296　Дх.09031　Дх.09374　Дх.14991

卷第四

Дх.00244　Дх.03791　Дх.07121　Дх.07600

Дх.07852　Дх.08407

卷第五

Ф.317E　Дх.03534　Дх.04443　Дх.07822

Дх.16411

卷第六

Дх.02696　Дх.06925　Дх.09260　Дх.09561

Дх.10065　Дх.15421

卷第七

Дх.00287　Дх.00484　Дх.00967　Дх.03608

Дх.03859　Дх.08043　Дх.08995

卷第八

Дх.00066　Дх.06960　Дх.07065　Дх.08616

Дх.12416

（行）

行都录事麴再诚牒

Дх.03174

行路难

Дх.00665　Дх.02462

（多）

多闻天陀罗尼仪轨

Ф.222　Ф.234

（华）

华严三昧

Ф.269C

华严经内章门等杂孔目

Дх.11735　Дх.17128　Дх.18523

华严经旨归

Дх.10817

华严经论

Дх.03512

华严经问答

Ф.269A

华严经探玄记卷第十四

Дх.00319V

（优）

优波离问佛经

Дх.11484

优婆塞五戒威仪经

Дх.00791　　Дх.12201　　Дх.14901

优婆塞优婆夷八功德

Дх.02475

优婆塞戒经

卷第三

Дх.03802　　Дх.04103　　Дх.14941　　Дх.18408

卷第五

Дх.03848　　Дх.12146　　Дх.12239　　Дх.16926

卷第六

Дх.04693　　Дх.05514　　Дх.09431　　Дх.14878

卷第七

Ф.271VA　　Дх.00590　　Дх.06904V　　Дх.09945

Дх.12112

（众）

众生心法图

Дх.00591

众事分阿毗昙论

Дх.07447

众经目录

Дх.02914

（向）

向寺主请面状

Дх.04270

（亥）

亥年某寺破用历

Дх.00981　　Дх.01311　　Дх.05741　　Дх.05808

（忏）

忏悔文

Ф.238　　Дх.00934　　Дх.00989B　　Дх.01054

Дх.01121

（过）

过去庄严劫千佛名经

Дх.00019　　Дх.06142

过去现在因果经

Дх.00252　　Дх.01721　　Дх.18519

过去现在因果经略抄

Дх.10252

（交）

交割历

Дх.04896

（亦）

亦集乃路总管府禁约残片

Дх.18992

（宅）

宅经

Дх.00476　　Дх.01396　　Дх.01404　　Дх.01407

Дх.05448　　Дх.05937　　Дх.06058

（安）

安乐行道转经愿生净土法事赞

Дх.05072　　Дх.09766

安伞文

Дх.01028　　Дх.02751

（讲）

讲经文

Дх.00050　　Дх.00949　　Дх.00951　　Дх.01064E

Дх.01583　　Дх.01699E　　Дх.01700E　　Дх.01701E

Дх.01702E　Дх.01703E　Дх.01704E

（论）

论刚柔性情
Дх.00487A　Дх.00829A　Дх.02771A

论语及注解
Дх.00953　Дх.01399　Дх.01460　Дх.02144
Дх.02174　Дх.02666　Дх.02844B　Дх.05307
Дх.05322　Дх.05919　Дх.11081　Дх.11082
Дх.12760　Дх.18286　Дх.18932　Дх.18944

（字）

字书
Дх.00941　Дх.00941V　Дх.02391A　Дх.03416
Дх.03877　Дх.03995　Дх.04532　Дх.05260V
Дх.05403　Дх.05432　Дх.05596　Дх.05839
Дх.05912　Дх.06038　Дх.06136　Дх.06232
Дх.06232V　Дх.06582　Дх.06586　Дх.08914
Дх.08928　Дх.10259　Дх.11022　Дх.11048
Дх.11340　Дх.11743　Дх.12685　Дх.12827V
Дх.18959　Дх.18974　Дх.18976　Дх.18977
Дх.18985　Дх.18986　Дх.19007　Дх.19027
Дх.19033　Дх.19052

（羊）

羊抄
Дх.01284

（米）

米豆破历
Дх.01302

（买）

买婢契
Дх.01348　Дх.11414V

买舍契
Дх.06051

（观）

观世音菩萨秘密藏如意轮陀罗尼神咒经
Дх.06690

观弥勒上生兜率天经赞
Дх.00823

观音菩萨供养文
Дх.03186

观虚空藏菩萨经
Дх.08575

（杂）

杂写
Ф.004V　Ф.017VB　Ф.030V　Ф.040
Ф.165V　Ф.202V　Ф.230VA　Ф.237V
Ф.249V　Ф.252VA　Ф.322B　Ф.327V
Дх.00002V　Дх.00155V　Дх.00230V　Дх.00253V
Дх.00276V　Дх.00370V　Дх.00383V　Дх.00392V
Дх.00397V　Дх.00528BV　Дх.00528C　Дх.00548V
Дх.00538　Дх.00538V　Дх.00607V　Дх.00630V
Дх.00638V　Дх.00720V　Дх.00787V　Дх.00796V
Дх.00820　Дх.00853V　Дх.00861V　Дх.00874V
Дх.00883AV　Дх.00884V　Дх.00889V　Дх.00915V
Дх.00927C　Дх.00937VA　Дх.00947　Дх.00950V
Дх.00953V　Дх.00983V　Дх.00987　Дх.01048V
Дх.01059V　Дх.01064A　Дх.01066　Дх.01235V
Дх.01266　Дх.01314V　Дх.01343V　Дх.01347V
Дх.01353V　Дх.01395V　Дх.01402　Дх.01412V
Дх.01430V　Дх.01444V　Дх.01462V　Дх.01629V
Дх.01641V　Дх.01699A　Дх.01700A　Дх.01701A
Дх.01702A　Дх.01703A　Дх.01704A　Дх.01762V
Дх.01765C　Дх.01827V　Дх.01839V　Дх.01852
Дх.01943V　Дх.01958V　Дх.02000V　Дх.02025V
Дх.02129V　Дх.02130V　Дх.02144V　Дх.02168V
Дх.02201V　Дх.02204V　Дх.02209V　Дх.02224V
Дх.02233V　Дх.02249V　Дх.02324V　Дх.02361V
Дх.02351BV　Дх.02449V　Дх.02475V　Дх.02482V
Дх.02507V　Дх.02558V　Дх.02568V　Дх.02613V

Дх.02625V	Дх.02636	Дх.02656V	Дх.02664V		Дх.11474V	Дх.11490V	Дх.11494V	Дх.11642V
Дх.02681V	Дх.02824D	Дх.02851V	Дх.02955		Дх.11711	Дх.11745	Дх.11747V	Дх.12186
Дх.02961V	Дх.02972	Дх.03060V	Дх.03108		Дх.12271	Дх.12600V	Дх.12601V	Дх.12614V
Дх.03121	Дх.03122	Дх.03131	Дх.03161		Дх.12615	Дх.12660	Дх.12661	Дх.12687
Дх.03188V	Дх.03423V	Дх.03654V	Дх.03676		Дх.12831V	Дх.16031	Дх.16608V	Дх.17447V
Дх.03701V	Дх.03714V	Дх.03717	Дх.03718V		Дх.18932V	Дх.18935	Дх.18946AV	Дх.18947V
Дх.03825	Дх.03885B	Дх.03894	Дх.03904V		Дх.18948BV	Дх.18968	Дх.19072V	Дх.19084

杂法事

Ф.269B

杂阿含经（宋求那跋陀译）

卷第二

Дх.17287

卷第三

Дх.17213　Дх.17233　Дх.17246　Дх.17248

Дх.17271　Дх.17272　Дх.17274　Дх.17284

Дх.17291

卷第十七

Дх.17208　Дх.17410

卷第二十五

Дх.00555　Дх.01741

卷第二十六

Дх.00555　Дх.01741

卷第三十一

Дх.10157

卷第三十四

Дх.07336

卷第三十八

Дх.00555　Дх.01741

卷第四十一

Дх.03566　Дх.05629

卷第四十三

Дх.07867

卷第四十五

Дх.12313

卷第四十六

Дх.16864

卷第四十九

Дх.17299

Дх.03927B	Дх.04017V	Дх.04126V	Дх.04250
Дх.04270V	Дх.04278V	Дх.04361V	Дх.04407V
Дх.04410V	Дх.04439V	Дх.04510V	Дх.04515V
Дх.04530	Дх.04535V	Дх.04543V	Дх.04545
Дх.04547	Дх.04563V	Дх.04565V	Дх.04635
Дх.04803V	Дх.04807V	Дх.04841	Дх.04844AV
Дх.04844BV	Дх.04847A	Дх.04848	Дх.04849
Дх.04928	Дх.05081V	Дх.05084V	Дх.05101V
Дх.05107	Дх.05151V	Дх.05169V	Дх.05171V
Дх.05178	Дх.05187	Дх.05258V	Дх.05307V
Дх.05314V	Дх.05317V	Дх.05324	Дх.05333V
Дх.05369	Дх.05422V	Дх.05429V	Дх.05502
Дх.05502V	Дх.05508V	Дх.05658V	Дх.05686V
Дх.05716V	Дх.05885V	Дх.05890V	Дх.05954V
Дх.05955V	Дх.05985	Дх.05985V	Дх.06001V
Дх.06002V	Дх.06006V	Дх.06012V	Дх.06015V
Дх.06050V	Дх.06059V	Дх.06077V	Дх.06090V
Дх.06217V	Дх.06267V	Дх.06377V	Дх.06383V
Дх.06436V	Дх.06526V	Дх.06586V	Дх.06595V
Дх.06597V	Дх.06842V	Дх.07192V	Дх.07243
Дх.07250	Дх.07250V	Дх.07276V	Дх.07415V
Дх.07955V	Дх.07964	Дх.07965	Дх.08194
Дх.08290	Дх.08300V	Дх.08322V	Дх.08351V
Дх.08768	Дх.08799	Дх.08865V	Дх.09000
Дх.10254	Дх.10263V	Дх.10287	Дх.10291V
Дх.10293V	Дх.10337V	Дх.10429V	Дх.10472V
Дх.10635	Дх.10697V	Дх.10704V	Дх.10760V
Дх.10906V	Дх.11017	Дх.11021	Дх.11023V
Дх.11057B	Дх.11066V	Дх.11069V	Дх.11087
Дх.11091V	Дх.11092V	Дх.11095V	Дх.11096V
Дх.11219	Дх.11246V	Дх.11260V	Дх.11423

杂阿含经（失译）

　　Дx.07107

杂阿含经杂写

　　Дx.00937VA

杂阿毗昙心论

　　卷第一

　　Дx.02693　Дx.07573　Дx.16041　Дx.16561

　　卷第二

　　Дx.04579　Дx.14325　Дx.17712　Дx.18499

　　卷第三

　　Дx.09962V

　　卷第六

　　Дx.04198　Дx.04217B　Дx.05020　Дx.05047

　　卷第七

　　Дx.04045

　　卷第八

　　Дx.09988

　　卷第十一

　　Дx.03807V　Дx.18030

杂宝藏经

　　卷第三

　　Дx.03461

　　卷第四

　　Дx.03759　Дx.08425　Дx.10082　Дx.12337

　　卷第五

　　Дx.01540　Дx.01542

　　卷第六

　　Дx.04939

　　卷第九

　　Дx.05138

杂集时用要字

　　Дx.11196

杂譬喻经

　　Дx.11619

（如）

如来成道经

　　Дx.00837　Дx.02510A2　Дx.03100A

如来在金棺嘱累清净庄严敬福经

　　Дx.02385　Дx.05365

如意轮陀罗尼经

　　Дx.09404

（好）

好住娘

　　Дx.00278VC　Дx.02966　Дx.03903V

好住道场赞

　　Дx.00599V

（妇）

妇人名录

　　Дx.02485A

妇科验方

　　Дx.00924

（收）

收养书

　　Дx.12012

七画

（李）

李季兰诗

　　Дx.03865

李峤杂咏

　　Дx.02999V　Дx.03058V　Дx.05898　Дx.10298
　　Дx.11210V

（孝）

孝经

　　Дx.00838　Дx.01318　Дx.02784　Дx.02979
　　Дx.04646

孝经注疏

　　Дx.03867

孝事父母文范

Дх.02606V　Дх.02900V

(寿)

寿昌县户籍

Ф.366V

(戒)

戒本

Ф.258A　Дх.03022　Дх.04013　Дх.08925

Дх.16519　Дх.16562

戒律

Дх.01430　Дх.01486　Дх.01487　Дх.02022

Дх.04200　Дх.04389　Дх.04800　Дх.05977

Дх.06122　Дх.06124　Дх.06187　Дх.06228

Дх.16952

戒律疏

Дх.11497　Дх.11719

(励)

励忠节钞

Дх.10464　Дх.10698V　Дх.10838

(报)

报恩寺经帙

Дх.06646

报恩经

Ф.096

报慈母十恩德

Дх.01277

(护)

护身命经

Дх.00988　Дх.07958　Дх.07976　Дх.08373

护诸童子经

Дх.02091

(投)

投社书

Дх.12012

(声)

声闻文

Дх.00997

(岑)

岑参诗

Дх.03865

(吴)

吴文子等欠粟麦历

Дх.03946V

吴留德等便豆历

Дх.01418

(呈)

呈文

Дх.02449A

(员)

员通支酒历

Дх.18937

(别)

别译杂阿含经

Дх.07610　Дх.09511　Дх.11409A　Дх.14877

Дх.16559　Дх.16986　Дх.17016　Дх.17022

Дх.17044　Дх.17048　Дх.17065　Дх.17067

Дх.17068　Дх.17082　Дх.17097　Дх.17109

Дх.17117　Дх.17130　Дх.17132　Дх.17135

Дх.17141　Дх.17144　Дх.17154　Дх.17162

Дх.17175　Дх.17182　Дх.17196　Дх.17211

Дх.17217　Дх.17235　Дх.17247　Дх.17251

Дх.17254　Дх.17261　Дх.17262　Дх.17266

Дх.17270	Дх.17287	Дх.17298	Дх.17311
Дх.17313	Дх.17314	Дх.17316	Дх.17320
Дх.17321	Дх.17331	Дх.17338	Дх.17341
Дх.17342	Дх.17343	Дх.17345	Дх.17347
Дх.17349	Дх.17357	Дх.17359	Дх.17360
Дх.17361	Дх.17362	Дх.17364	Дх.17392
Дх.17398	Дх.17417	Дх.17422	Дх.17424
Дх.17431	Дх.17938		

（驱）

驱傩文

Ф.247　　Дх.02235V

驱祟方

Дх.00506V

（状）

状

Дх.05850　　Дх.05870　　Дх.12828　　Дх.16841

Дх.18948A　　Дх.19053

（佉）

佉卢文残片

Дх.10733

（佃）

佃种土地人名录

Дх.01393V　　Дх.01465V

（佚）

佚书

Дх.01282　　Дх.03127

（作）

作坊使宋文晖副使安再诚煎胶请大釜状

Дх.06007

（佛）

佛升忉利天为母说法经

Дх.09211

佛为心王菩萨说头陀经

Дх.16139　　Дх.16997

佛为首迦长者说业报差别经

Дх.00928B　　Дх.01633A　　Дх.02183　　Дх.02648B

Дх.03887　　Дх.11168V　　Дх.11621V

佛本行集经

卷第一

Дх.16633

卷第五

Дх.03192A　　Дх.03284　　Дх.03295　　Дх.03569

Дх.03679

卷第十二

Дх.04449

卷第十五

Дх.08983　　Дх.08984

卷第十六

Дх.15953

卷第十七

Дх.03274　　Дх.08934　　Дх.08946

卷第二十

Дх.07062　　Дх.09345

卷第二十一

Дх.03276　　Дх.08132

卷第二十三

Дх.04237

卷第二十七

Дх.06906

卷第三十

Дх.01975　　Дх.09019　　Дх.09408

卷第三十三

Дх.12056

卷第三十四

Дх.06972

卷第三十五

Дх.09938　　Дх.10087

卷第三十七

  Дх.06419 Дх.09271

卷第四十

  Дх.07390

卷第四十一

  Дх.05823

卷第四十二

  Дх.07100 Дх.07639 Дх.07645 Дх.08790

  Дх.08835

卷第四十三

  Дх.04987

卷第四十七

  Дх.00002

卷第五十

  Дх.00663 Дх.07587

卷第五十二

  Дх.11025

佛本行集经难字表

  Дх.02813

佛母赞

  Дх.02175

佛名

  Дх.00538V

佛名恶略忏悔文

  Дх.01230

佛华严入如来德智不思议境界经

  Дх.08956 Дх.16206 Дх.17508

佛顶心陀罗尼经

  Дх.17076

佛顶尊胜陀罗尼经

  Ф.188 Дх.00551 Дх.01046 Дх.01170

  Дх.01174 Дх.01177 Дх.02205 Дх.03192B

  Дх.03349 Дх.03508 Дх.03536 Дх.04173

  Дх.04267 Дх.04690 Дх.05076 Дх.05103

  Дх.05421 Дх.05916 Дх.06249 Дх.06759

  Дх.06859 Дх.07391 Дх.08600 Дх.08661

  Дх.08816 Дх.09238 Дх.09276 Дх.10321

  Дх.10642 Дх.10649 Дх.10654 Дх.16261

  Дх.16396 Дх.16738 Дх.17583 Дх.17657

  Дх.18577

佛顶尊胜陀罗尼经序

  Дх.00079 Дх.00871 Дх.02249 Дх.04318

  Дх.07972 Дх.08945 Дх.08949 Дх.09906

  Дх.10833 Дх.10835 Дх.15088

佛顶尊胜陀罗尼咒

  Дх.02194 Дх.02253 Дх.02324 Дх.04408

佛顶尊胜陀罗尼真言

  Дх.07174

佛顶尊胜洗骨变胜灵验别行法

  Ф.176C

佛画残片

  Дх.04268 Дх.09439 Дх.09441 Дх.11016V

  Дх.12748 Дх.16846V

佛性论

  Дх.17888

佛性海藏智慧解脱破心相经

  Дх.04369 Дх.05351

佛所行赞守财醉象调伏品

  Дх.15618

佛经三分科判

  Дх.00556V

佛经目录

  Дх.02345 Дх.02353A Дх.05344V Дх.05355

  Дх.06001 Дх.06047

佛经词语解释补正

  Дх.11654

佛经论释

  Ф.180 Ф.180V Ф.331VB Ф.334

  Ф.358 Дх.00048 Дх.00073 Дх.00507

  Дх.00985 Дх.00987 Дх.00113V Дх.00114

  Дх.00122 Дх.00384V Дх.00393 Дх.00394

  Дх.00480 Дх.00697 Дх.00868 Дх.00957

  Дх.00958A Дх.00958B Дх.01325 Дх.01341

  Дх.01345V Дх.01397 Дх.01450 Дх.01513

  Дх.01513V Дх.01514 Дх.01514V Дх.01539

Дх.01571	Дх.01654	Дх.01723	Дх.01731	Дх.11818	Дх.11826	Дх.11828	Дх.11899
Дх.01732	Дх.01733	Дх.01802	Дх.01891	Дх.11932	Дх.11957	Дх.11979	Дх.12009
Дх.01991	Дх.01996В	Дх.02006В	Дх.02017	Дх.12235	Дх.12254	Дх.12268	Дх.12403V
Дх.02160	Дх.02198V	Дх.02225	Дх.02308	Дх.12590	Дх.12594	Дх.12639	Дх.12689
Дх.02314	Дх.02367	Дх.02427	Дх.02486	Дх.12706	Дх.12709	Дх.12749	Дх.12754
Дх.02486V	Дх.02487	Дх.02515	Дх.02515V	Дх.12762	Дх.12765	Дх.12813	Дх.12847
Дх.02641V	Дх.02642	Дх.02646V	Дх.02918	Дх.15836	Дх.16049	Дх.16066	Дх.16330
Дх.02961	Дх.03060	Дх.03115V	Дх.03120V	Дх.16412	Дх.16518	Дх.16575	Дх.16688
Дх.03124V	Дх.03126	Дх.03185	Дх.03188	Дх.16831	Дх.16853	Дх.16858	Дх.17461
Дх.03353	Дх.03405	Дх.03417	Дх.03540	Дх.17998V	Дх.18285	Дх.18391	Дх.18470V
Дх.03668	Дх.03732	Дх.03752	Дх.03776	Дх.18471	Дх.18477	Дх.18482	Дх.18505
Дх.03787V	Дх.03789	Дх.03856	Дх.03920	Дх.18509	Дх.18509V	Дх.18513	Дх.18560
Дх.04144	Дх.04171	Дх.04205	Дх.04454				
Дх.04493	Дх.04588	Дх.04661	Дх.05211V				
Дх.05227V	Дх.05263	Дх.05263V	Дх.05270				
Дх.05587	Дх.05588V	Дх.05732V	Дх.05881				
Дх.06040	Дх.06040V	Дх.06027	Дх.06044				
Дх.06046V	Дх.06049	Дх.06068	Дх.06068V				
Дх.06238	Дх.06320	Дх.06392	Дх.06566				
Дх.06566V	Дх.06593	Дх.06817	Дх.06820				
Дх.06864	Дх.06943	Дх.07139	Дх.07261				
Дх.07317	Дх.07393	Дх.07414	Дх.07456				
Дх.07475V	Дх.07497	Дх.07511	Дх.07530				
Дх.07548	Дх.07597	Дх.07629	Дх.07636				
Дх.07660	Дх.07839	Дх.07906	Дх.07922				
Дх.07948	Дх.07954	Дх.08199	Дх.08299				
Дх.08449	Дх.08460	Дх.08561	Дх.08693				
Дх.08756	Дх.08811V	Дх.08822	Дх.08867				
Дх.08882V	Дх.08883	Дх.08899	Дх.08997				
Дх.09001	Дх.09071	Дх.09088	Дх.09128				
Дх.09272V	Дх.09364	Дх.09404V	Дх.09405				
Дх.09420	Дх.09432	Дх.09436	Дх.09437				
Дх.09470	Дх.09473	Дх.09510	Дх.09596				
Дх.10003	Дх.10031	Дх.10120	Дх.10251				
Дх.10296	Дх.10442	Дх.10705	Дх.10715				
Дх.10718	Дх.10719	Дх.11047	Дх.11182				
Дх.11203	Дх.11204	Дх.11257	Дх.11529				
Дх.11534	Дх.11590	Дх.11668	Дх.11703				

佛经杂抄
　　Дх.10504V

佛经咒语
　　Дх.07949　　Дх.08902

佛经要集
　　Дх.10700

佛经偈语
　　Дх.02762

佛说十力经
　　Дх.16044

佛说十一面观世音神咒经
　　Дх.16888

佛说十二佛名神咒校量功德除障灭罪经
　　Дх.04524　　Дх.04882　　Дх.05940　　Дх.05940V

佛说十地经
　　Дх.17207

佛说八阳神咒经（西晋竺法护译）
　　Дх.11683　　Дх.12557

佛说八阳神咒经（异译）
　　Дх.05992

佛说八师经
　　Дх.15797

佛说七千佛神符经
　　Дх.03432　　Дх.06411　　Дх.08410　　Дх.08977
　　Дх.09259

佛说七女经

　　Дх.11256

佛说七女观经

　　Дх.05828B　Дх.05845

佛说七俱胝佛母心大准提陀罗尼经

　　Дх.11364　Дх.15132　Дх.15417　Дх.16312

佛说三十五佛名经

　　Дх.01336　TK140

佛说大方广菩萨十地经

　　Дх.10238

佛说大乘不思议神通境界经

　　Дх.11771

佛说大乘圣无量寿决定光明王如来陀罗尼经

　　Дх.11504

佛说大乘菩萨藏正法经卷第三十九

　　Дх.17101

佛说大乘稻芉经

　　Дх.01123

佛说大般泥洹经

　　Дх.08059　Дх.11556　Дх.12336　Дх.17496

佛说大慈大悲救苦观世音菩萨经

　　Дх.05925

佛说大辩邪正经

　　Дх.00601　Дх.04128

佛说广博严净不退转轮经

　　卷第二

　　Дх.16048　Дх.18406

　　卷第三

　　Дх.03438　Дх.04255　Дх.08083　Дх.09082

　　卷第五

　　Дх.07632

　　卷第六

　　Дх.00251

佛说天地八阳神咒经（唐义净译）

　　Ф.177　Ф.273　Ф.355A　Дх.00052

　　Дх.00054　Дх.00137　Дх.00230　Дх.00324

　　Дх.00482　Дх.00502　Дх.00509　Дх.00593

　　Дх.00594　Дх.00628　Дх.01009D　Дх.01057

　　Дх.01203　Дх.01332　Дх.01484　Дх.01586A

　　Дх.01695　Дх.01747　Дх.01799　Дх.01809A

　　Дх.01869　Дх.01892　Дх.01894　Дх.01937

　　Дх.01955　Дх.01958　Дх.02118　Дх.02133

　　Дх.02266　Дх.02330A　Дх.02348　Дх.02361

　　Дх.02568　Дх.02588　Дх.02626　Дх.02749

　　Дх.02750　Дх.02834　Дх.02852　Дх.02866

　　Дх.02868　Дх.03085　Дх.02897　Дх.03102B

　　Дх.03172　Дх.03568　Дх.03947　Дх.03948

　　Дх.03951　Дх.03952　Дх.03967　Дх.04011

　　Дх.04172　Дх.04263　Дх.04286　Дх.04312B

　　Дх.04324　Дх.04542　Дх.04576　Дх.04600

　　Дх.04606　Дх.04608B　Дх.04770　Дх.04857

　　Дх.04944　Дх.04952　Дх.05078　Дх.05114

　　Дх.05170　Дх.05257　Дх.05326　Дх.05542

　　Дх.05620　Дх.05672　Дх.05708　Дх.05779

　　Дх.05905　Дх.05968　Дх.06395　Дх.06526

　　Дх.06577　Дх.06651　Дх.06671　Дх.07001

　　Дх.07034　Дх.08493　Дх.08817　Дх.09138

　　Дх.09568　Дх.09893　Дх.09895　Дх.09896

　　Дх.09897A　Дх.09902　Дх.10230　Дх.10231

　　Дх.10232　Дх.10328　Дх.10344　Дх.11055A

　　Дх.11144　Дх.11509　Дх.11761　Дх.11777

　　Дх.11813　Дх.11815　Дх.11817　Дх.11843

　　Дх.11850　Дх.11852　Дх.11870　Дх.11896

　　Дх.11898　Дх.11910　Дх.11916　Дх.11934

　　Дх.11953　Дх.12015　Дх.12415V　Дх.12554

　　Дх.12573　Дх.12577　Дх.12586　Дх.12593

　　Дх.12612　Дх.12637　Дх.12740　Дх.12753

　　Дх.12790　Дх.14990　Дх.14993　Дх.15463

　　Дх.15776　Дх.16742　Дх.16900　Дх.18358

　　Дх.18395

佛说无量大慈教经

　　Ф.350　Дх.01588　Дх.02723　Дх.05465

　　Дх.06098

佛说无量寿经

　　Дх.00065　Дх.00070　Дх.03375　Дх.04030

| Дх.06894 | Дх.07552 | Дх.07963 | Дх.09354 |
| Дх.15496 |

佛说无量寿宗要经

见大乘无量寿经。

佛说无量寿宗要陀罗尼经

Ф.316

佛说无量清净平等觉经

| Дх.05217 | Дх.07752 | Дх.11393 | Дх.11499 |
| Дх.11532 | Дх.14164 |

佛说无常经

Дх.00538	Дх.01124	Дх.02349	Дх.02833
Дх.02845	Дх.04400	Дх.04544	Дх.04806
Дх.05318	Дх.05321	Дх.05549	Дх.05702
Дх.05885	Дх.06112	Дх.07606	Дх.10661
Дх.10692	Дх.12788

佛说五无返复经

| Дх.01097 | Дх.08646 |

佛说太子瑞应本起经

Дх.05221

佛说四天王经

Дх.16876

佛说四愿经

Дх.05216

佛说仁王般若波罗蜜经

卷上

Дх.00060	Дх.00200	Дх.02533	Дх.03561
Дх.03764	Дх.03785	Дх.04156	Дх.04593
Дх.06350	Дх.07165	Дх.07315	Дх.07616
Дх.07626	Дх.07773	Дх.07946	Дх.07984
Дх.08071	Дх.08260	Дх.08352	Дх.08552
Дх.08979V	Дх.09049	Дх.09621	Дх.10125
Дх.12402	Дх.14924

卷下

Ф.111	Дх.02494	Дх.02673	Дх.03268
Дх.03300	Дх.03354B	Дх.03496	Дх.03533
Дх.03643	Дх.03778	Дх.03806	Дх.04168
Дх.04209	Дх.05329	Дх.06927	Дх.07225

Дх.07449	Дх.09258	Дх.09315	Дх.14190
Дх.14210	Дх.14922	Дх.15241	Дх.15272
Дх.16310	Дх.17656	Дх.17697

佛说月上女经

Ф.112A

佛说月灯三昧经

Дх.04765

佛说父母恩重经

Дх.00044	Дх.00139	Дх.00140	Дх.00304
Дх.00927E	Дх.00975	Дх.01140	Дх.01595
Дх.01689	Дх.01982	Дх.01989	Дх.02909
Дх.03075	Дх.03084	Дх.03147	Дх.05544
Дх.05604	Дх.05612	Дх.05664	Дх.05767B
Дх.05794	Дх.05836	Дх.05862	Дх.05868
Дх.05872	Дх.08752	Дх.08770	Дх.08775
Дх.08857	Дх.10345	Дх.11164	Дх.11165
Дх.11701	Дх.12646	Дх.12649	Дх.12669
Дх.12726	Дх.12793

佛说父母恩重经讲经文

Дх.03457

佛说分别善恶所说经

Дх.03830V

佛说方等般泥洹经

Дх.03665

佛说浴像功德经

Дх.00265

佛说长阿含经

卷第二

| Дх.09746 | Дх.09796 | Дх.12364 |

卷第四

Дх.17472

卷第五

| Ф.317A | Дх.03826 | Дх.03854 | Дх.07014 |

卷第六

Дх.18593

卷第七

Дх.11576C

卷第八

Дх.16970

卷第九

Дх.05160

卷第十

Дх.17151　Дх.17172　Дх.17173

卷第十一

Дх.10077

卷第十二

Дх.00560　Дх.03973　Дх.03990　Дх.03997A

Дх.12244

卷第十三

Дх.04063　Дх.05213

卷第十四

Дх.03998

卷第十五

Ф.341　Дх.02951　Дх.12228　Дх.12245

卷第十六

Ф.338

卷第十七

Дх.12885　Дх.18661

卷第十八

Дх.03249　Дх.12123　Дх.12149　Дх.12151

Дх.12156　Дх.12168　Дх.12202　Дх.15700

Дх.17230

卷第二十

Дх.04058

佛说长者女菴提遮师子吼了义经

Дх.01602

佛说太子慕魄经

Дх.01072

佛说未曾有因缘经

Дх.08634　Дх.14680　Дх.16985

佛说弘道广显三昧经

卷第一

Дх.09150

卷第三

Дх.14530

佛说回向轮经

Дх.01573　Дх.08439　Дх.10762　Дх.12551

Дх.12567

佛说众请□经

Дх.16526

佛说杂宝藏论

Ф.142

佛说地藏菩萨经

Дх.00277　Дх.00397B　Дх.01235B　Дх.02025B

Дх.03000B　Дх.03128V　Дх.05809

佛说华手经

卷第一

Ф.0271B　Дх.15719

卷第三

Дх.03392　Дх.04637　Дх.15350

卷第四

Дх.07492

卷第五

Дх.05343　Дх08204　Дх.09992　Дх.12062

Дх.12131　Дх.12214

卷第六

Ф.0271F　Дх.06664　Дх.06823

卷第七

Дх.04068　Дх.05656　Дх.06452　Дх.07454

Дх.12426

佛说如来成道经

Дх.05127　Дх.05874

佛说如来不思议秘密大乘经

Дх.17032　Дх.17081　Дх.17215

佛说如来兴显经

Дх.16843

佛说伅真陀罗所问如来三昧经

Дх.12263

佛说决定毗尼经

Дх.11798

佛说决罪福经

Дх.03378　Дх.06858　Дх.09973　Дх.17824

佛说观无量寿佛经

Дх.00793	Дх.01205	Дх.01505	Дх.02551
Дх.02576	Дх.03283	Дх.03325	Дх.03364
Дх.03544	Дх.03584	Дх.03678	Дх.04089
Дх.04147	Дх.04983	Дх.05468	Дх.05864
Дх.06754	Дх.06767	Дх.08683	Дх.09039
Дх.09077	Дх.09092	Дх.16068	Дх.16176
Дх.16250	Дх.16394	Дх.16617	Дх.16628
Дх.16667	Дх.16674	Дх.16702	Дх.16703
Дх.16704	Дх.16822	Дх.16873	

佛说观经

Дх.00015V　Дх.01597V　Дх.02464V

佛说观佛三昧海经

Ф.152	Дх.00806	Дх.01142	Дх.01547
Дх.01548	Дх.02031	Дх.02206	Дх.03210
Дх.03248	Дх.03738	Дх.03746	Дх.05581
Дх.06776	Дх.07299	Дх.07790	Дх.08554
Дх.09427	Дх.10373	Дх.11914	Дх.15086
Дх.15811A	Дх.15811B	Дх.15835	Дх.16052
Дх.16284			

佛说观佛三昧海经本行品第八

Ф.363　Дх.11272　Дх.11570　Дх.15380

佛说观药王药上二菩萨经

Дх.02538	Дх.02695	Дх.03537	Дх.03590B
Дх.03688	Дх.04091	Дх.04119	Дх.04485
Дх.05366	Дх.06807	Дх.07498	Дх.08345
Дх.12071	Дх.14563	Дх.16231	Дх.16917
Дх.16941			

佛说观普贤菩萨行法经

Дх.01243　Дх.12270　Дх.11801

佛说观弥勒菩萨上生兜率天经

Дх.01296	Дх.05104	Дх.06306	Дх.06307
Дх.06308	Дх.06309	Дх.06310	Дх.06311
Дх.06313	Дх.06314	Дх.06318	Дх.06319
Дх.06361	Дх.08717	Дх.09993	Дх.11455
Дх.11578			

佛说妇人遇辜经

Дх.04991

佛说孛经抄

| Дх.00679 | Дх.02033 | Дх.02095 | Дх.05165 |
| Дх.05205 | Дх.05210 | Дх.08143 | Дх.12277 |

佛说弟子慢法为耆域述经

Дх.12189

佛说佛名经（北魏菩提流支译，十二卷本）

卷第一

Ф.226	Дх.00150	Дх.00229	Дх.01231
Дх.01797	Дх.02338	Дх.02354	Дх.03214
Дх.03623	Дх.03812	Дх.05048	Дх.05785
Дх.05970	Дх.07112	Дх.07738	Дх.08759
Дх.08760	Дх.08853	Дх.09147	Дх.09154
Дх.09160	Дх.09215	Дх.09216	Дх.09750
Дх.09998	Дх.10469A	Дх.10496B	Дх.11439
Дх.11574	Дх.12258	Дх.12367	

卷第二

Дх.00439	Дх.01519	Дх.01526	Дх.01559
Дх.04323	Дх.04595	Дх.05865	Дх.06355
Дх.07031	Дх.07711	Дх.08742	Дх.09907
Дх.10478	Дх.11333	Дх.11477	

卷第三

Дх.01837	Дх.02102	Дх.04185	Дх.04862
Дх.05229	Дх.05589	Дх.05865	Дх.09159
Дх.09731	Дх.11433	Дх.12436	Дх.14879

卷第四

Дх.00045	Дх.00156	Дх.00224	Дх.00243
Дх.00486	Дх.00810	Дх.00866	Дх.01134
Дх.01135	Дх.02217	Дх.02457	Дх.02484
Дх.04788	Дх.05332	Дх.05799	Дх.05813
Дх.05856	Дх.07197	Дх.07588	Дх.09098
Дх.09104	Дх.10475	Дх.10483	Дх.10484
Дх.10485	Дх.10489A	Дх.10493	Дх.11586
Дх.12321	Дх.12561	Дх.15632	Дх.16897

卷第五

Дх.00278	Дх.00279	Дх.00579	Дх.00807
Дх.00860	Дх.01598	Дх.04364	Дх.05443
Дх.06137	Дх.06596	Дх.12129	Дх.12205

Дх.12634	Дх.14183	Дх.14205			Дх.09250	Дх.09313	Дх.12376

卷第六

Дх.00580　Дх.00582　Дх.00584　Дх.04448

Дх.05231　Дх.05515　Дх.06519　Дх.06549

Дх.06672　Дх.07164　Дх.08029　Дх.08675

Дх.10004　Дх.10469B　Дх.12154　Дх.16689

卷第七

Дх.00278　Дх.01867　Дх.04741　Дх.06971

Дх.10495　Дх.11783　Дх.11962　Дх.16769

Дх.16998　Дх.18504

卷第八

Ф.272　Дх.01042　Дх.01848　Дх.01905

Дх.03632　Дх.04998　Дх.06336　Дх.07500

Дх.07970　Дх.17340

卷第九

Ф.154　Дх.00809　Дх.00896　Дх.02526

Дх.02613　Дх.02838　Дх.03356　Дх.04436

Дх.04794　Дх.06231　Дх.09959V　Дх.10479

Дх.12078　Дх.12174　Дх.15336

卷第十

Дх.00056　Дх.00335　Дх.01043　Дх.01050

Дх.01222　Дх.01223　Дх.01599　Дх.01632

Дх.03316　Дх.04275　Дх.04753　Дх.04836

Дх.05423　Дх.08785B　Дх.08793B　Дх.08795B

Дх.08801B　Дх.08832B　Дх.08842B　Дх.09184

Дх.09527　Дх.09530　Дх.10494　Дх.11486

Дх.11675　Дх.12312　Дх.14960

卷第十一

Дх.01041　Дх.02746　Дх.11094　Дх.16830

卷第十二

Дх.00342　Дх.01226　Дх.01488　Дх.01489

Дх.03397　Дх.03442　Дх.04980　Дх.07068

Дх.09036　Дх.10499　Дх.11779　Дх.16446

佛说佛名经(失译,三十卷本)

卷第一

Дх.00986　Дх.01671　Дх.02277　Дх.02461

Дх.02564　Дх.02707　Дх.03410　Дх.03107

Дх.03949　Дх.05709　Дх.05938　Дх.08856

卷第二

Дх.14358

卷第四

Дх.00037　Дх.00857　Дх.03004　Дх.07284

Дх.10480　Дх.12169　Дх.12691

卷第五

Дх.03680　Дх.04429　Дх.06203A　Дх.10477

Дх.16225

卷第六

Дх.00804　Дх.02011　Дх.14193

卷第八

Дх.18524

卷第九

Дх.02496　Дх.07288　Дх.10491

卷第十一

Дх.03949　Дх.08450　Дх.09913

卷第十三

Дх.00334　Дх.02643　Дх.08943　Дх.10473

Дх.10474

卷第十四

Дх.04523　Дх.07479　Дх.16153

卷第十五

Дх.01659　Дх.01660　Дх.03013　Дх.03361

卷第十六

Дх.00406　Дх.01724　Дх.02405A　Дх.02506A

Дх.02540A　Дх.03275　Дх.03306　Дх.05645

Дх.05676　Дх.07114　Дх.11944　Дх.19066

卷第十七

Дх.03054　Дх.06626B　Дх.11857

卷第十九

Дх.00752　Дх.00856　Дх.00885　Дх.02042

Дх.02922　Дх.06206　Дх.06241　Дх.07860

Дх.09035　Дх.10930

卷第二十

Ф.139　Дх.02440　Дх.16737

卷第二十一

Дх.00102　Дх.06674　Дх.08785A　Дх.08793A

Дх.08795A　Дх.08801A　Дх.08832A　Дх08842A

卷第二十二

　　Дх.07242　Дх.11233

卷第二十三

　　Дх.00808　Дх.01051　Дх.11672　Дх.11723

卷第二十五

　　Ф.121　　Дх.08652　Дх.16000

卷第二十七

　　Дх.02471

卷第二十八

　　Дх.08319

卷第二十九

　　Дх.03819　Дх.11712

佛说佛名经（敦煌本）

　　Дх.06084　Дх.06713　Дх.10472　Дх.16712

　　Дх.17683

佛说佛名经（残片等）

　　Ф.097A　　Ф.172VB　Ф.334　　Ф.355C

　　Дх.01134　Дх.01135　Дх.01162　Дх.01506

　　Дх.01507　Дх.01530　Дх.01554　Дх.01943

　　Дх.01983　Дх.03067　Дх.03087　Дх.03206

　　Дх.03231　Дх.03427　Дх.03504　Дх.03547

　　Дх.03572　Дх.03647　Дх.03783　Дх.04070

　　Дх.04120　Дх.04674　Дх.04898　Дх.06015

　　Дх.06018　Дх.06285　Дх.06623　Дх.06715

　　Дх.07418　Дх.07435　Дх.07698　Дх.07726

　　Дх.07811　Дх.07994　Дх.08156　Дх.08181

　　Дх.08310　Дх.08652　Дх.08965　Дх.09134

　　Дх.09177　Дх.09240　Дх.09245　Дх.09598

　　Дх.09629　Дх.09730　Дх.09733　Дх.09741

　　Дх.09890　Дх.10470　Дх.10496A　Дх.11315

　　Дх.11529　Дх.11938　Дх.12841　Дх.12842

　　Дх.14185　Дх.14189　Дх.14505　Дх.15815

　　Дх.16078　Дх.16436　Дх.16528　Дх.16607

　　Дх.16736　Дх.16768　Дх.17079　Дх.17336

　　Дх.17682　Дх.17686　Дх.17709　Дх.18602

佛说孝子经

　　Дх.12233V

佛说报恩奉盆经

　　Дх.10337

佛说金刚坛陀罗尼经

　　Дх.10341

佛说现报当受经

　　Дх.00495　Дх.02252

佛说奈女祇域因缘经

　　Дх.07785　Дх.12460

佛说咒魅经

　　Дх.06626A　Дх.08823　Дх.08992

佛说骂意经

　　Дх.12265

佛说竺兰陀心文经

　　Ф.337

佛说净度经卷第三

　　Ф.351　　Дх.03048

佛说净饭王般涅槃经

　　Дх.02993

佛说宝雨经卷第四

　　Дх.07124　Дх.07125A　Дх.07324　Дх.08900

　　Дх.09064

佛说宝积三昧文殊师利菩萨问法身经

　　Дх.04583

佛说盂兰盆经

　　Дх.00389　Дх.08117　Дх.16816

佛说盂兰盆经疏孝衡钞

　　Дх.05840　Дх.05841

佛说转女身经

　　Дх.08356

佛说转法轮经

　　Дх.09310

佛说忠心经

　　Дх.05980

佛说延寿命经

　　Дх.01745B　Дх.02824B

佛说法王经

　　Дх.01109　Дх.03968　Дх.03989　Дх.05080

Дх.05387　Дх.05513　Дх.06080　Дх.06140

Дх.06546　Дх.07105　Дх.09438

佛说法句经

Дх.03220A　Дх.04219　Дх.04653　Дх.05312

佛说法集经

Дх.16020

佛说要行舍身经

Дх.02243　Дх.02299　Дх.02499　Дх.04289

Дх.04783　Дх.05254　Дх.07267　Дх.11238

Дх.11584

佛说骂意经

Дх.12134

佛说迦叶禁戒经

Дх.10322

佛说阿弥陀三耶三佛萨楼佛檀过度人道经

Дх.02927　Дх.05610

佛说阿弥陀佛根本秘密神咒经

Дх.06648

佛说阿弥陀经

Ф.104　Дх.00089　Дх.00289　Дх.00437

Дх.00542　Дх.00656　Дх.00765　Дх.00878

Дх.01188　Дх.02196　Дх.02261　Дх.02359

Дх.02554A　Дх.02716　Дх.02732B　Дх.02734

Дх.02740　Дх.02899　Дх.03170　Дх.03259

Дх.03372　Дх.03626　Дх.03937　Дх.04258

Дх.04562　Дх.04607　Дх.04837　Дх.04884

Дх.04943　Дх.04961　Дх.05054　Дх.05430

Дх.05569　Дх.05723　Дх.05904　Дх.06086

Дх.06194　Дх.06201　Дх.06550　Дх.07440

Дх.07488　Дх.08443　Дх.10308　Дх.10309

Дх.10310　Дх.11102　Дх.11142　Дх.12540

Дх.12580　Дх.12802　Дх.15220　Дх.15462

Дх.16173　Дх.16629　Дх.16939　Дх.18493

佛说阿难问事佛吉凶经

Дх.06979

佛说阿难陀目佉尼呵离陀隣尼经

Дх.04027

佛说阿阇世王经

Дх.04042

佛说陀罗尼集经

Дх.03904

佛说弥勒下生经

Дх.06488

佛说弥勒下生成佛经

Дх.08560　Дх.09827　Дх.12876　Дх.16829

佛说弥勒大成佛经

Ф.235D

佛说罗摩伽经

Дх.04975

佛说须赖经

Дх.10059

佛说鬼问目连经

Дх.15784

佛说预修十王生七经

Дх.00501　Дх.00803　Дх.03906　Дх.04560

Дх.05269　Дх.05277　Дх.06099　Дх.06612

Дх.06612V

佛说救苦观世音经

Дх.01591B

佛说救护身命经

Дх.00660　Дх.04227　Дх.11679　Дх.15954

Дх.16352　Дх.17683

佛说救疾经

Ф.135　Дх.00177　Дх.02711　Дх.02712

Дх.04712　Дх.06346　Дх.06815　Дх.07618

Дх.07800　Дх.15731　Дх.15926　Дх.16017

Дх.16209　Дх.18209

佛说陀罗尼集经

Дх.02490

佛说药师如来本愿经

Дх.07608　Дх.07903　Дх.15816

佛说高王观世音经

Дх.00531　Дх.01592　Дх.12510

佛说甚深大回向经

Дх.00917　Дх.02339A　Дх.04912　Дх.07275

佛说首楞严三昧经

卷上

Дх.04665　Дх.05209　Дх.09696　Дх.11424

卷下

Дх.04167　Дх.11415　Дх.11493

佛说海龙王经

Дх.06444

佛说般若波罗蜜多心经赞

Дх.06502

佛说斋法清净经

Дх.04018　Дх.10304　Дх.10418

佛说诸福田经

Ф.112B

佛说称扬诸佛功德经

Дх.06825　Дх.06858　Дх.06862　Дх.07313

Дх.08715　Дх.14192　Дх.14221

佛说除恐灾患经

Дх.00642

佛说普广菩萨随愿往生经

Дх.02207

佛说普门品经

Дх.01653　Дх.05457　Дх.06535　Дх.07263

Дх.07744　Дх.08018　Дх.09043　Дх.12629

佛说菩萨本行经

Дх.12175

佛说菩萨睒子经

Дх.05767A

佛说梵网经直解

Дх.05761

佛说续命经

Дх.00927G　Дх.01009C　Дх.01591C

佛说敬福经

Дх.01619

佛说楞经禅门悉谈章并序

Дх.00492

佛说像法决疑经

Дх.01832　Дх.01853　Дх.01854　Дх.01878

Дх.01957B　Дх.06745

佛说善恶因果经

Дх.01166　Дх.02441　Дх.04504　Дх.04892

Дх.05616　Дх.09947　Дх.10342　Дх.10772

Дх.11157　Дх.11612

佛说温室洗浴众僧经

Дх.04625　Дх.04625V　Дх.06296B　Дх.17628

佛说随求即得大自在陀罗尼神咒经

Дх.03820　Дх.03851　Дх.06060　Дх.11068

Дх.17717

佛说维摩诘经

Дх.00193B　Дх.02111　Дх.04248　Дх.04431

Дх.05039　Дх.06081　Дх.06381　Дх.06385

Дх.06388　Дх.06618B　Дх.06629　Дх.06974

Дх.07146　Дх.07212　Дх.07363　Дх.08569

Дх.08812　Дх.10489C　Дх.11399　Дх.12032

Дх.14261

佛说禅门经

Дх.06005

佛说睒子经

Дх.03830　Дх.05026

佛说解节经

Дх.04457

佛说解百宛经

Дх.00926

佛说解百生怨家经

Дх.02675V　Дх.03000A　Дх.05334

佛说解百生怨家陀罗尼经

Дх.02675

佛说道神足无极变化经

Дх.03650　Дх.09012　Дх.12109　Дх.12145

佛说摩利支天经

Дх.00213B　Дх.00227B　Дх.00323B　Дх.00336B

Дх.01509B　Дх.02384B　Дх.02490

佛说摩利支天陀罗尼咒经

Дх.00927D　Дх.08866　Дх.11692　Дх.12415

1055

Дх.12690　　Дх.12757　　Дх.12758

佛说摩利支天菩萨陀罗尼经
Дх.11913　　Дх.11936　　Дх.12814

佛说摩诃刹头经
Дх.08643

佛说灌顶七万二千神王护比丘咒经
Дх.05693　　Дх.15789

佛说灌顶百结神王护身咒经
Дх.16077　　Дх.16549　　Дх.16787

佛说灌顶宫宅神王守镇左右咒经
Дх.15558

佛说灌顶冢墓因缘四方神咒经
Дх.03531　　Дх.04487　　Дх.09342

佛说灌顶摩尼罗亶大神咒经
Дх.07108

佛说灌顶梵天神策经
Дх.00436　　Дх.02244　　Дх.15570　　Дх.16542
Дх.16807

佛说灌顶随愿往生十方净土经
Дх.01214　　Дх.02989　　Дх.03291　　Дх.03382
Дх.04184　　Дх.04616A　Дх.04950　　Дх.06782
Дх.07058　　Дх.07331　　Дх.07560　　Дх.07570
Дх.15516　　Дх.15838

佛说灌顶拔除过罪生死得度经
Ф.200　　　Дх.00014　　Дх.00259　　Дх.00913
Дх.01500　　Дх.01675　　Дх.01856　　Дх.02016
Дх.02034　　Дх.02294　　Дх.02524　　Дх.02651
Дх.02791　　Дх.03223　　Дх.03276B　Дх.03278A
Дх.03304　　Дх.03374B　Дх.03440　　Дх.03464
Дх.03469　　Дх.03488　　Дх.03551　　Дх.03559
Дх.03649A　Дх.03723　　Дх.03724　　Дх.03770
Дх.03842　　Дх.04236　　Дх.05012　　Дх.05132
Дх.05327B　Дх.05453　　Дх.05558　　Дх.05701
Дх.05929　　Дх.05971　　Дх.05978　　Дх.05987
Дх.05989　　Дх.05994　　Дх.05995　　Дх.05998
Дх.06325　　Дх.06437　　Дх.06557A　Дх.06934
Дх.06998　　Дх.07063　　Дх.07078　　Дх.07097
Дх.07137　　Дх.07145　　Дх.07806　　Дх.08337

Дх.08564　　Дх.08931　　Дх.08981　　Дх.09022
Дх.09087　　Дх.09256　　Дх.09277　　Дх.09496
Дх.10634　　Дх.10777　　Дх.10779　　Дх.10780
Дх.10781A　Дх.10781B　Дх.10783　　Дх.10784
Дх.11098　　Дх.11249　　Дх.11322　　Дх.11981
Дх.12882　　Дх.14201　　Дх.14648　　Дх.14776
Дх.15060　　Дх.15532　　Дх.15649　　Дх.15766
Дх.15790　　Дх.16158　　Дх.16248　　Дх.16299
Дх.16743　　Дх.16759　　Дх.16840　　Дх.16912
Дх.17621　　Дх.17629　　Дх.17703　　Дх.17738
Дх.18483　　Дх.18547　　Дх.18840　　Дх.18842
Дх.18846　　Дх.18854

佛垂般涅槃略说教诫经
Дх.00543　　Дх.00544　　Дх.04233　　Дх.05345
Дх.16147　　Дх.16429

佛般泥洹经
Дх.12466

佛教文学作品
Дх.10453　　Дх.10453V

佛教文献
Дх.00128　　Дх.00142　　Дх.00768　　Дх.00894AV
Дх.01061　　Дх.01511　　Дх.02085V　Дх.06115
Дх.06125　　Дх.06131　　Дх.06131V　Дх.06141
Дх.06147　　Дх.06148　　Дх.06155　　Дх.06182
Дх.06287　　Дх.06525

佛教仪文
Дх.00059

佛教名义
Дх.00865

佛教问答
Дх.00290　　Дх.00385　　Дх.00942　　Дх.00971
Дх.01183　　Дх.01658　　Дх.01920　　Дх.01921
Дх.02078　　Дх.02823　　Дх.06202　　Дх.06205
Дх.06230　　Дх.06255

佛教名词解释
Дх.02161

佛教传帖
Дх.00362V　Дх.01252V　Дх.01263V　Дх.01463V

Дх.02975V

佛教赞文

Дх.01734

佛菩萨名号

Дх.00147

佛藏经

卷上

Дх.00357　Дх.01361　Дх.02420　Дх.03151

Дх.12310　Дх.18600

卷中

Дх.03509　Дх.06804　Дх.06843　Дх.14270

Дх.16162

卷下

Дх.03193　Дх.03282　Дх.03931　Дх.03940

Дх.03985　Дх.03986　Дх.04001　Дх.11264

Дх.18357

（应）

应管壹拾陆寺僧尼籍

Дх.01382

（社）

社文

Ф.263F　Ф.326F

社会文书

Дх.09331　Дх.16533

社会文书

Дх.05748　Дх.11496

社司转帖

Ф.224V　Дх.00937VB　Дх.01286　Дх.01346

Дх.01359V　Дх.01378　Дх.01401　Дх.01410

Дх.01439　Дх.01440　Дх.02162　Дх.02256

Дх.02449B　Дх.03114V　Дх.03424　Дх.04032

Дх.06053V　Дх.06063V　Дх.06697V　Дх.06714V

Дх.06765V　Дх.10257V　Дх.10266　Дх.10271

Дх.10286　Дх.10288　Дх.11073　Дх.11077

Дх.11078　Дх.11079　Дх.11081V　Дх.11082V

Дх.11084　Дх.11085　Дх.11093　Дх.11200

Дх.12238　Дх.18290

社条

Дх.11038

社邑文书

Дх.04524V

（辛）

辛巳年正月二十二日僧虔祐书写诸杂赞文题记

Дх.02966V

辛未年二月六日社司转帖

Дх.01401

辛未年十一月十日不赴城经僧名录

Дх.11061

辛亥年二月九日张再佳等便黄麻历

Дх.01344

辛亥年五月董押衙等便粟历

Дх.01278

辛酉年吊仪用布历

Дх.01425　Дх.11192　Дх.11223

辛善安便粟历

Дх.18933

（宋）

宋丑子等油面历

Дх.01277V

（究）

究竟一乘宝性论

Дх.15209

究竟大悲经

Дх.06183

（译）

译经序

Дх.05368

译经题记

Дх.08510　Дх.09479

（沙）

沙州上都进奏院上本使状

　　Дх.06031V

沙州长史注般若波罗蜜多心经

　　Дх.00515　Дх.02930

沙州某人上于阗押衙张郎等状

　　Дх.01265　Дх.01457

沙州住莲台寺律僧应保状

　　Дх.01376　Дх.01438　Дх.01438V

沙州诸乡纳草人名录

　　Дх.01282V　Дх.03127V

沙州敦煌县神沙乡籍

　　Дх.00528A

沙州乾宁使牒

　　Дх.02165

沙州遗失经律论卷帙数录

　　Дх.02170

沙弥十戒本

　　Дх.06537

沙弥十戒法并威仪

　　Дх.12210　Дх.15126

（判）

判凭

　　Дх.11083

（启）

启建道场疏

　　Дх.01008

启请文

　　Дх.04406　Дх.04413

（张）

张议潮处置凉州奏表并批答

　　Дх.05474V

张庆题名

　　Дх.01332V

张良变文

　　Дх.02322　Дх.02321

张住盈上张僧统书

　　Дх.01386

张崇进等受田历

　　Дх.03160V

（妙）

妙好宝车经

　　Дх.00666　Дх.06559　Дх.16874

妙法莲华经

　　Дх.01017　Дх.01821　Дх.02662　Дх.04851
　　Дх.08567　Дх.09270　Дх.12810　Дх.14695
　　Дх.14988　Дх.16070

序

　　Дх.11245B

卷第一

　　Ф.044　Ф.049　Ф.050　Ф.060　Ф.064
　　Ф.095　Ф.119　Ф.187　Ф.217　Ф.289
　　Ф.293　Ф.303　Ф.308B　Дх.00108
　　Дх.00135　Дх.00163　Дх.00172　Дх.00242
　　Дх.00257　Дх.00258　Дх.00349　Дх.00455
　　Дх.00459　Дх.00469　Дх.00574　Дх.00650
　　Дх.00625　Дх.00640　Дх.00749　Дх.00778
　　Дх.00848　Дх.00872　Дх.00906　Дх.00908
　　Дх.01034　Дх.01108　Дх.01145　Дх.01148
　　Дх.01161　Дх.01167B　Дх.01497　Дх.01498
　　Дх.01499　Дх.01630E　Дх.01643　Дх.01670
　　Дх.01673　Дх.01678　Дх.01714　Дх.01717
　　Дх.01736　Дх.01737　Дх.01795　Дх.01825
　　Дх.01829　Дх.01834　Дх.01859　Дх.01860
　　Дх.02108　Дх.02184　Дх.02199　Дх.02238
　　Дх.02326　Дх.02327　Дх.02378　Дх.02386
　　Дх.02397　Дх.02417　Дх.02522　Дх.02523
　　Дх.02527　Дх.02562　Дх.02609　Дх.02653
　　Дх.02658　Дх.02965　Дх.03256　Дх.03330

Дx.03363	Дx.03379	Дx.03396	Дx.03588	Дx.10558	Дx.10566	Дx.10569	Дx.10577
Дx.03599	Дx.03693	Дx.03709	Дx.03729	Дx.10581	Дx.10583	Дx.10587	Дx.10599
Дx.03731	Дx.03767	Дx.04098	Дx.04166	Дx.10602	Дx.10610	Дx.10616	Дx.10621
Дx.04186	Дx.04218	Дx.04220	Дx.04264	Дx.10622	Дx.10625	Дx.10636	Дx.11154
Дx.04288	Дx.04328	Дx.04330	Дx.04342	Дx.11407	Дx.11551	Дx.11595B	Дx.11669
Дx.04376	Дx.04390	Дx.04424	Дx.04451A	Дx.11690	Дx.11695	Дx.11724	Дx.11960
Дx.04633A	Дx.04658	Дx.04709	Дx.04791	Дx.11975	Дx.12022	Дx.12025	Дx.12030B
Дx.04805	Дx.04897	Дx.04920	Дx.04931	Дx.12046	Дx.12051	Дx.12052	Дx.12085
Дx.04940	Дx.04972	Дx.05004	Дx.05052	Дx.12103	Дx.12147	Дx.12147V	Дx.12187
Дx.05099	Дx.05102	Дx.05164	Дx.05198	Дx.12190	Дx.12200	Дx.12222	Дx.12257
Дx.05206	Дx.05309	Дx.05383	Дx.05456	Дx.12317	Дx.12390	Дx.12422	Дx.12453
Дx.05510	Дx.05520	Дx.05524	Дx.05532	Дx.12465	Дx.12624	Дx.12878	Дx.14169
Дx.05550	Дx.05570	Дx.05594	Дx.05655	Дx.14227	Дx.14275	Дx.14682	Дx.14746
Дx.05933	Дx.05964	Дx.05967	Дx.06075	Дx.14928	Дx.15128	Дx.15238	Дx.15349
Дx.06159	Дx.06162	Дx.06204	Дx.06300	Дx.15832	Дx.15846	Дx.15859	Дx.15967
Дx.06330	Дx.06413	Дx.06418	Дx.06442	Дx.15995	Дx.16014	Дx.16027	Дx.16116
Дx.06474	Дx.06489V	Дx.06680	Дx.06781	Дx.16246	Дx.16432	Дx.16435	Дx.16442
Дx.06794	Дx.06850	Дx.06869	Дx.06892	Дx.16512	Дx.16566	Дx.16618	Дx.16635
Дx.06903	Дx.06936	Дx.06945	Дx.06947	Дx.16724	Дx.16783	Дx.16810	Дx.16815
Дx.06964	Дx.06968	Дx.06969	Дx.07133	Дx.16847	Дx.16859	Дx.16872	Дx.16901
Дx.07203	Дx.07205	Дx.07210	Дx.07214	Дx.16903B	Дx.16930	Дx.16946	Дx.16955
Дx.07249	Дx.07298	Дx.07311	Дx.07323	Дx.17006	Дx.17667	Дx.17708	Дx.18289
Дx.07373	Дx.07501	Дx.07502	Дx.07527	Дx.18487	Дx.18544	Дx.18554	Дx.18566
Дx.07621	Дx.07644	Дx.07663	Дx.07669	Дx.18569	Дx.18621	Дx.18632	Дx.18673
Дx.07682	Дx.07682V	Дx.07721	Дx.07747	Дx.18847	Дx.18856		
Дx.07753	Дx.07770	Дx.07781	Дx.07854	卷第二			
Дx.07871	Дx.07939	Дx.07991	Дx.08006	Ф.045	Ф.340	Дx.00031	Дx.00083
Дx.08099	Дx.08122	Дx.08123	Дx.08124	Дx.00151	Дx.00175	Дx.00275	Дx.00448
Дx.08180	Дx.08234	Дx.08245	Дx.08276	Дx.00449	Дx.00450	Дx.00451	Дx.00562
Дx.08379	Дx.08404	Дx.08444	Дx.08448	Дx.00669	Дx.00743	Дx.00786	Дx.00846
Дx.08454	Дx.08468	Дx.08490	Дx.08499	Дx.00852	Дx.00863	Дx.00909	Дx.00972
Дx.08522	Дx.08525	Дx.08584	Дx.08636	Дx.00973	Дx.01127	Дx.01169	Дx.01238
Дx.08649	Дx.08748	Дx.08777	Дx.08845	Дx.01532	Дx.01537A	Дx.01772	Дx.01773
Дx.09018	Дx.09052	Дx.09362	Дx.09454	Дx.01790A	Дx.01791	Дx.01792	Дx.01907
Дx.09461	Дx.09540	Дx.09555	Дx.09635	Дx.01908	Дx.01940	Дx.01944	Дx.01971
Дx.09686	Дx.09688	Дx.09709	Дx.10007	Дx.02041	Дx.02068	Дx.02070	Дx.02097
Дx.10013	Дx.10051	Дx.10063	Дx.10131	Дx.02218	Дx.02250	Дx.02525	Дx.02529B
Дx.10523	Дx.10531	Дx.10549	Дx.10557A	Дx.02541	Дx.02563	Дx.02689	Дx.02694

Дх.02697	Дх.02717	Дх.02735	Дх.02855	Дх.10545	Дх.10554	Дх.10560	Дх.10567
Дх.02921	Дх.02926	Дх.03222A	Дх.03278B	Дх.10568	Дх.10574	Дх.10576	Дх.10588
Дх.03287	Дх.03323	Дх.03347	Дх.03439	Дх.10623	Дх.10638	Дх.10658	Дх.11099
Дх.03538	Дх.03565	Дх.03567	Дх.03616	Дх.11122	Дх.11258	Дх.11269	Дх.11363
Дх.03631	Дх.03644	Дх.03660	Дх.03739	Дх.11400	Дх.11429	Дх.11436	Дх.11625
Дх.04114	Дх.04135	Дх.04181	Дх.04183	Дх.11663	Дх.11838	Дх.11889	Дх.12036
Дх.04240B	Дх.04266	Дх.04370B	Дх.04478	Дх.12076	Дх.12249	Дх.12319	Дх.12320
Дх.04691	Дх.04707	Дх.04708	Дх.04819	Дх.12413	Дх.12454	Дх.12476	Дх.12873
Дх.04908	Дх.04981	Дх.04986	Дх.05066	Дх.14780	Дх.15352	Дх.15435	Дх.15464
Дх.05117	Дх.05194	Дх.05212	Дх.05266	Дх.15617	Дх.15667	Дх.15860	Дх.15868
Дх.05377	Дх.05739	Дх.05789	Дх.05801	Дх.16113	Дх.16119	Дх.16452	Дх.16475
Дх.05811	Дх.05826	Дх.06113	Дх.06139	Дх.16538	Дх.16543	Дх.16643	Дх.16656
Дх.06269	Дх.06295	Дх.06337	Дх.06349	Дх.16661	Дх.16678	Дх.16696	Дх.16717
Дх.06403	Дх.06423	Дх.06432	Дх.06450	Дх.16718	Дх.16728	Дх.16936	Дх.16944
Дх.06455	Дх.06456	Дх.06505	Дх.06506	Дх.16958	Дх.16991	Дх.17009	Дх.17073
Дх.06509	Дх.06513	Дх.06591	Дх.06653	Дх.17438	Дх.17506	Дх.17622	Дх.17713
Дх.06742	Дх.06785	Дх.06800	Дх.06873	Дх.17788	Дх.18029	Дх.18500	Дх.18515
Дх.06889	Дх.06920	Дх.06921	Дх.06926	Дх.18548	Дх.18599	Дх.18603	Дх.18611
Дх.06933	Дх.06952	Дх.06957	Дх.06988	Дх.18616	Дх.18624	Дх.18627	Дх.18665
Дх.07018	Дх.07027	Дх.07158	Дх.07292	Дх.18748			

卷第三

Дх.07309	Дх.07321	Дх.07326	Дх.07338
Дх.07377	Дх.07446	Дх.07518	Дх.07538

Ф.043	Ф.058	Ф.062	Ф.284	Ф.295

Дх.07546	Дх.07557	Дх.07646	Дх.07670
Дх.07681	Дх.07684	Дх.07774	Дх.07775
Дх.07789	Дх.07859	Дх.07901	Дх.07924
Дх.08008	Дх.08016	Дх.08028	Дх.08040
Дх.08046	Дх.08082	Дх.08093	Дх.08113
Дх.08221	Дх.08246	Дх.08512	Дх.08516
Дх.08521	Дх.08538	Дх.08562	Дх.08631
Дх.08635	Дх.08659	Дх.08688	Дх.08690
Дх.08738	Дх.08780	Дх.08807	Дх.08809
Дх.08827	Дх.08912	Дх.08955	Дх.08969
Дх.08988	Дх.09010	Дх.09025	Дх.09029
Дх.09038	Дх.09047	Дх.09053	Дх.09116
Дх.09286	Дх.09372	Дх.09452	Дх.09493
Дх.09495	Дх.09563	Дх.09604	Дх.09619
Дх.09704	Дх.09999	Дх.10021	Дх.10024
Дх.10033	Дх.10039	Дх.10532	Дх.10541

Ф.329	Дх.00051	Дх.00101	Дх.00103
Дх.00118	Дх.00247	Дх.00267	Дх.00309
Дх.00481	Дх.00734	Дх.00805	Дх.00830
Дх.01087	Дх.01146	Дх.01290	Дх.01481
Дх.01494	Дх.01566	Дх.01581	Дх.01665
Дх.01669A	Дх.01725	Дх.01781	Дх.01968
Дх.02010	Дх.02026	Дх.02087	Дх.02410B
Дх.02413	Дх.02521	Дх.02536	Дх.02547
Дх.02550	Дх.02581	Дх.02685	Дх.02708
Дх.02782	Дх.03014	Дх.03314	Дх.03786
Дх.03929	Дх.03932	Дх.04025	Дх.04026
Дх.04029A	Дх.04029B	Дх.04031	Дх.04122
Дх.04292	Дх.04351	Дх.04357	Дх.04368
Дх.04397	Дх.04557	Дх.04605	Дх.04640
Дх.04715	Дх.04763	Дх.04814	Дх.04829
Дх.04855	Дх.04894	Дх.04966	Дх.05058

Дх.05116	Дх.05123	Дх.05124	Дх.05230	Дх.11886	Дх.11990	Дх.12035	Дх.12276
Дх.05323	Дх.05427A	Дх.05436	Дх.05437	Дх.12301	Дх.12397	Дх.12404	Дх.12408
Дх.05439	Дх.05451A	Дх.05562	Дх.05585	Дх.12448	Дх.12456	Дх.12581	Дх.12598
Дх.05597	Дх.05598	Дх.05607	Дх.05642	Дх.12722	Дх.12824	Дх.14242	Дх.14340
Дх.05650A	Дх.05650B	Дх.05680	Дх.05707	Дх.14994	Дх.15310	Дх.15666	Дх.15809
Дх.05738	Дх.05800	Дх.05861	Дх.05866	Дх.15958	Дх.15964	Дх.16109	Дх.16138
Дх.05908	Дх.05949	Дх.06143	Дх.06248	Дх.16172	Дх.16336	Дх.16354	Дх.16413
Дх.06312	Дх.06340	Дх.06384	Дх.06396	Дх.16520	Дх.16522	Дх.16640	Дх.16694
Дх.06400	Дх.06440	Дх.06473	Дх.06542	Дх.16788	Дх.16905	Дх.16915	Дх.16931
Дх.06545	Дх.06600	Дх.06627	Дх.06661	Дх.16961	Дх.16972	Дх.16999	Дх.17004
Дх.06688	Дх.06771	Дх.06834	Дх.06977	Дх.17087	Дх.17087V	Дх.17094	Дх.17094V
Дх.06978	Дх.06982	Дх.06991	Дх.07088	Дх.17573	Дх.17698	Дх.17825	Дх.17885
Дх.07166	Дх.07190	Дх.07233	Дх.07247	Дх.18355	Дх.18546	Дх.18552	Дх.18575
Дх.07251	Дх.07304	Дх.07307	Дх.07333	Дх.18737	Дх.19009		

卷第四

Ф.052	Ф.054	Ф.057	Ф.218	Ф.243
Ф.285	Ф.287	Ф.306	Ф.349	Дх.00009

Дх.07378	Дх.07401	Дх.07460	Дх.07477	Дх.00058	Дх.00090	Дх.00096	Дх.00106
Дх.07486	Дх.07569	Дх.07628	Дх.07633	Дх.00133	Дх.00193A	Дх.00201B	Дх.00250
Дх.07678	Дх.07683	Дх.07705	Дх.07737	Дх.00270	Дх.00298	Дх.00307	Дх.00310A
Дх.07808	Дх.07824	Дх.07862	Дх.07863	Дх.00353	Дх.00356	Дх.00363	Дх.00368
Дх.07900	Дх.07910	Дх.07928	Дх.07977	Дх.00370	Дх.00401	Дх.00402	Дх.00460
Дх.08049	Дх.08075	Дх.08118	Дх.08125	Дх.00518	Дх.00545	Дх.00546	Дх.00573
Дх.08146	Дх.08164	Дх.08166	Дх.08169	Дх.00615	Дх.00626	Дх.00655	Дх.00729
Дх.08170	Дх.08173	Дх.08192	Дх.08200A	Дх.00730	Дх.00757	Дх.00762	Дх.00840
Дх.08220	Дх.08372	Дх.08408	Дх.08484	Дх.00898	Дх.01012	Дх.01105	Дх.01176
Дх.08531	Дх.08662	Дх.08716	Дх.08730	Дх.01247	Дх.01562	Дх.01631	Дх.01663
Дх.08737	Дх.08740	Дх.08753	Дх.08820	Дх.01798	Дх.01928A	Дх.02002	Дх.02071
Дх.08893	Дх.08918	Дх.09002	Дх.09090	Дх.02202	Дх.02271	Дх.02280	Дх.02302A
Дх.09110	Дх.09114	Дх.09268	Дх.09282	Дх.02339B	Дх.02463	Дх.02575	Дх.02715
Дх.09385	Дх.09498	Дх.09558	Дх.09623	Дх.02770	Дх.02783	Дх.02786	Дх.02792
Дх.09926	Дх.09934	Дх.09955	Дх.09991	Дх.02804	Дх.02982	Дх.02934	Дх.02990
Дх.10015	Дх.10083	Дх.10126	Дх.10132	Дх.02992A	Дх.03049	Дх.03051	Дх.03173
Дх.10134	Дх.10534	Дх.10539	Дх.10540	Дх.03211	Дх.03227	Дх.03311	Дх.03348
Дх.10542	Дх.10543	Дх.10579	Дх.10584	Дх.03433	Дх.03444A	Дх.03519	Дх.03555
Дх.10586	Дх.10606	Дх.10607	Дх.10613	Дх.03564	Дх.03612	Дх.03689	Дх.03750
Дх.10618	Дх.10624	Дх.10626	Дх.10631	Дх.03753	Дх.03760	Дх.03801	Дх.03993
Дх.10632	Дх.11133	Дх.11183	Дх.11324	Дх.04069	Дх.04112	Дх.04149	Дх.04162
Дх.11388	Дх.11422	Дх.11456	Дх.11480				
Дх.11508	Дх.11657	Дх.11659	Дх.11778				
Дх.11834	Дх.11855	Дх.11866	Дх.11884				

Дх.04322	Дх.04350	Дх.04377	Дх.04452	Дх.11250	Дх.11334	Дх.11406	Дх.11445
Дх.04459	Дх.04480	Дх.04486	Дх.04563	Дх.11603	Дх.11720	Дх.11766	Дх.11775
Дх.04565	Дх.04569	Дх.04634	Дх.04702	Дх.11794	Дх.11795	Дх.11842	Дх.11863
Дх.04717	Дх.04817	Дх.04830	Дх.04921	Дх.11872	Дх.11882	Дх.11888	Дх.11904
Дх.04925	Дх.04937	Дх.04945	Дх.05040	Дх.11915	Дх.11919	Дх.11929	Дх.11956
Дх.05044A	Дх.05056	Дх.05113	Дх.05122	Дх.11983	Дх.12017	Дх.12063	Дх.12073
Дх.05256	Дх.05340	Дх.05349A	Дх.05426	Дх.12092	Дх.12162	Дх.12165	Дх.12217
Дх.05441	Дх.05454	Дх.05462	Дх.05492	Дх.12220	Дх.12253	Дх.12286	Дх.12293
Дх.05608	Дх.05634	Дх.05685	Дх.05730	Дх.12357	Дх.12368	Дх.12396	Дх.12411
Дх.05754	Дх.05773	Дх.05795	Дх.05824	Дх.12531	Дх.12536	Дх.12562	Дх.12572
Дх.05829	Дх.05883	Дх.05902	Дх.05906	Дх.12599	Дх.12604	Дх.12692	Дх.12707
Дх.05969	Дх.05972	Дх.06185	Дх.06271	Дх.12761	Дх.12805	Дх.14195	Дх.14226
Дх.06348	Дх.06357	Дх.06358	Дх.06374	Дх.14259	Дх.14546	Дх.14567	Дх.14693
Дх.06409	Дх.06428	Дх.06449	Дх.06480	Дх.14813	Дх.14903	Дх.15428	Дх.15717
Дх.06501	Дх.06573	Дх.06589	Дх.06951	Дх.15786	Дх.16021	Дх.16121	Дх.16498
Дх.06990	Дх.07000	Дх.07042	Дх.07115	Дх.16503	Дх.16514	Дх.16515	Дх.16516
Дх.07116	Дх.07120	Дх.07129	Дх.07155	Дх.16596	Дх.16672	Дх.16779	Дх.16792
Дх.07159	Дх.07168	Дх.07169	Дх.07184	Дх.16805	Дх.16848	Дх.16860V	Дх.16902
Дх.07285	Дх.07334	Дх.07396	Дх.07412	Дх.16921	Дх.16950	Дх.16982	Дх.17033
Дх.07468	Дх.07543	Дх.07551	Дх.07591	Дх.17052	Дх.17055	Дх.17070	Дх.17074
Дх.07625	Дх.07634	Дх.07686	Дх.07693	Дх.17091	Дх.17092	Дх.17098	Дх.17099
Дх.07696	Дх.07717	Дх.07743	Дх.07746	Дх.17100	Дх.17103	Дх.17133V	Дх.17142
Дх.07757A	Дх.07767	Дх.07776	Дх.08025	Дх.17210	Дх.17219	Дх.17224	Дх.17238
Дх.08041	Дх.08114	Дх.08197	Дх.08343	Дх.17244	Дх.17252	Дх.17253	Дх.17257
Дх.08370	Дх.08377	Дх.08447	Дх.08470	Дх.17263	Дх.17464	Дх.17267	Дх.17283
Дх.08501	Дх.08541	Дх.08574	Дх.08818	Дх.17288	Дх.17297	Дх.17332	Дх.17336
Дх.08830	Дх.08915	Дх.08967	Дх.09033	Дх.17405	Дх.17423	Дх.17426	Дх.17721
Дх.09079	Дх.09206	Дх.09317	Дх.09376	Дх.17724	Дх.18067	Дх.18096	Дх.18348
Дх.09483	Дх.09521	Дх.09529	Дх.09538B	Дх.18550	Дх.18590	Дх.18608	Дх.18620
Дх.09542	Дх.09570	Дх.09573	Дх.09609	Дх.18623	Дх.18649	Дх.18681	Дх.18841
Дх.09628	Дх.09687	Дх.09697	Дх.09744	Дх.18851			
Дх.09794	Дх.09930	Дх.10002	Дх.10005	卷第五			
Дх.10032	Дх.10049	Дх.10089	Дх.10533	Ф.051	Ф.059	Ф.065	Ф.301	Дх.00039
Дх.10544	Дх.10551	Дх.10552	Дх.10561	Дх.00055	Дх.00057	Дх.00088	Дх.00099
Дх.10562	Дх.10564	Дх.10571	Дх.10575	Дх.00168	Дх.00313	Дх.00365	Дх.00427
Дх.10589	Дх.10591	Дх.10603	Дх.10612	Дх.00523	Дх.00632	Дх.00639	Дх.00641
Дх.10615	Дх.10619	Дх.10629	Дх.10630	Дх.00875	Дх.01039	Дх.01067	Дх.01089
Дх.10633	Дх.10635	Дх.11117	Дх.11138	Дх.01093	Дх.01143	Дх.01544	Дх.01555

Дх.01574A	Дх.01742	Дх.01751	Дх.01851	Дх.08921	Дх.08970	Дх.09080	Дх.09143
Дх.01987	Дх.01993	Дх.01994	Дх.02058	Дх.09161	Дх.09179	Дх.09204	Дх.09252
Дх.02090	Дх.02192	Дх.02619	Дх.02621	Дх.09299B	Дх.09309	Дх.09343	Дх.09356
Дх.02629	Дх.02640	Дх.02677	Дх.02737	Дх.09423	Дх.09486	Дх.09502	Дх.09552
Дх.02825	Дх.02836	Дх.02856	Дх.02859	Дх.09556	Дх.09564	Дх.09944	Дх.09952
Дх.02996	Дх.03046	Дх.03230	Дх.03264	Дх.09971	Дх.10009	Дх.10012	Дх.10057
Дх.03267	Дх.03294A	Дх.03517	Дх.03571	Дх.10081	Дх.10119	Дх.10350	Дх.10530A
Дх.03610	Дх.03651	Дх.03697	Дх.04006	Дх.10530B	Дх.10536	Дх.10537	Дх.10556
Дх.04157	Дх.04247	Дх.04265B	Дх.04290	Дх.10559	Дх.10565	Дх.10570	Дх.10573
Дх.04311	Дх.04326	Дх.04343	Дх.04346	Дх.10578	Дх.10590	Дх.10597	Дх.10601
Дх.04391	Дх.04399	Дх.04597	Дх.04745A	Дх.10604	Дх.10608	Дх.10611	Дх.10617
Дх.04751	Дх.04764	Дх.04769	Дх.04827	Дх.10627	Дх.11040	Дх.11113	Дх.11137
Дх.04835	Дх.04838	Дх.04938	Дх.04977	Дх.11345	Дх.11391	Дх.11449	Дх.11459
Дх.05193D	Дх.05240	Дх.05249	Дх.05275	Дх.11479	Дх.11698	Дх.11736	Дх.11856
Дх.05310	Дх.05335	Дх.05407	Дх.05414	Дх.11923	Дх.11928	Дх.11941	Дх.11994
Дх.05431	Дх.05458	Дх.05540	Дх.05586	Дх.11996	Дх.12047	Дх.12072	Дх.12080
Дх.05590	Дх.05600	Дх.05606	Дх.05625	Дх.12122	Дх.12140	Дх.12327	Дх.12378
Дх.05638	Дх.05659A	Дх.05697	Дх.05747	Дх.12399	Дх.12400	Дх.12401	Дх.12407
Дх.05782	Дх.05803	Дх.05817	Дх.05825	Дх.12410	Дх.12484	Дх.12657	Дх.12664
Дх.05959	Дх.06054	Дх.06074	Дх.06111	Дх.12667	Дх.12675	Дх.12826	Дх.12858
Дх.06188	Дх.06191	Дх.06215	Дх.06254	Дх.12862	Дх.12898	Дх.12904	Дх.14329
Дх.06375	Дх.06390	Дх.06524	Дх.06529	Дх.14348	Дх.14526	Дх.14810	Дх.14823
Дх.06584	Дх.06604	Дх.06608	Дх.06625	Дх.15122	Дх.15270	Дх.15288	Дх.15564
Дх.06656	Дх.06747B	Дх.06790	Дх.06860	Дх.15681	Дх.15762	Дх.15823	Дх.15874
Дх.06875	Дх.06924	Дх.06930	Дх.07013	Дх.16054	Дх.16080	Дх.16188	Дх.16244
Дх.07043	Дх.07060	Дх.07064	Дх.07104	Дх.16397	Дх.16440	Дх.16627	Дх.16647
Дх.07113	Дх.07147	Дх.07170	Дх.07176	Дх.16734	Дх.16793	Дх.16825	Дх.16940
Дх.07207	Дх.07308	Дх.07342	Дх.07355	Дх.17003	Дх.17057	Дх.17057V	Дх.17436
Дх.07375	Дх.07379	Дх.07386	Дх.07422	Дх.17443	Дх.17444	Дх.17445	Дх.17446
Дх.07428	Дх.07495	Дх.07499	Дх.07562	Дх.17454	Дх.17457	Дх.17562	Дх.17988
Дх.07566	Дх.07624	Дх.07643	Дх.07671	Дх.18258	Дх.18496	Дх.18507	Дх.18563
Дх.07673	Дх.07832	Дх.07866	Дх.07953	Дх.18572	Дх.18622	Дх.18677	Дх.18740
Дх.07971	Дх.08212	Дх.08254	Дх.08413	Дх.18823	Дх.18827	Дх.18845	

卷第六

Дх.08430	Дх.08438	Дх.08480	Дх.08491	
Дх.08492	Дх.08494	Дх.08500	Дх.08532	Ф.046　Ф.053　Ф.056　Ф.123B　Ф.254
Дх.08565	Дх.08613	Дх.08618	Дх.08633	Ф.317B　Дх.00030　Дх.00061　Дх.00115
Дх.08679	Дх.08729	Дх.08739	Дх.08751	Дх.00134　Дх.00136　Дх.00187　Дх.00192
Дх.08791	Дх.08803	Дх.08813	Дх.08879	Дх.00346　Дх.00375　Дх.00405　Дх.00431

Дх.00576	Дх.00645	Дх.00657	Дх.00715	Дх.07554	Дх.07556	Дх.07567	Дх.07575
Дх.00740	Дх.00745	Дх.00781	Дх.00907	Дх.07579	Дх.07709	Дх.07734	Дх.07780
Дх.00984	Дх.01001	Дх.01062	Дх.01075	Дх.07783	Дх.07796	Дх.07813	Дх.07957
Дх.01091	Дх.01103	Дх.01163	Дх.01187	Дх.07979	Дх.08017	Дх.08024	Дх.08030
Дх.01504	Дх.01534A	Дх.01557	Дх.01589	Дх.08033	Дх.08048	Дх.08052	Дх.08112C
Дх.01664	Дх.01710	Дх.01711	Дх.01727	Дх.08137	Дх.08138	Дх.08275	Дх.08327
Дх.01823	Дх.01824	Дх.01874	Дх.01945	Дх.08329	Дх.08333	Дх.08342	Дх.08365
Дх.01948	Дх.01949	Дх.02024	Дх.02064	Дх.08376	Дх.08382	Дх.08387	Дх.08457
Дх.02069	Дх.02064	Дх.02073	Дх.02124	Дх.08542	Дх.08665	Дх.08825	Дх.08869
Дх.02190	Дх.02300	Дх.02387	Дх.02390	Дх.08875	Дх.08889	Дх.08961	Дх.09024
Дх.02408A	Дх.02455	Дх.02476	Дх.02627	Дх.09042	Дх.09083	Дх.09105	Дх.09120
Дх.02686	Дх.02733	Дх.02771	Дх.03011	Дх.09132	Дх.09244	Дх.09253	Дх.09261
Дх.03098	Дх.03105	Дх.03195	Дх.03202	Дх.09301	Дх.09322	Дх.09335	Дх.09413
Дх.03225	Дх.03261	Дх.03263	Дх.03307	Дх.09414	Дх.09488	Дх.09554	Дх.09630
Дх.03315	Дх.03338	Дх.03351	Дх.03355B	Дх.09927	Дх.09929	Дх.09974	Дх.10062
Дх.03374A	Дх.03407	Дх.03409	Дх.03414	Дх.10128	Дх.10283	Дх.10338	Дх.10535
Дх.03428	Дх.03436	Дх.03455	Дх.03474	Дх.10546	Дх.10547	Дх.10548	Дх.10555
Дх.03481	Дх.03490	Дх.03560	Дх.03574	Дх.10557	Дх.10598	Дх.10605	Дх.10614
Дх.03640	Дх.03775	Дх.03795	Дх.03879	Дх.11232	Дх.11237	Дх.11248	Дх.11259
Дх.03958	Дх.03987	Дх.04013B	Дх.04062	Дх.11270	Дх.11271	Дх.11362	Дх.11452
Дх.04087	Дх.04105	Дх.04127	Дх.04133	Дх.11474	Дх.11483	Дх.11488	Дх.11511
Дх.04170	Дх.04210	Дх.04217A	Дх.04294	Дх.11553	Дх.11610	Дх.11610V	Дх.11879
Дх.04382	Дх.04412	Дх.04446	Дх.04505	Дх.11902	Дх.12136	Дх.12243	Дх.12289
Дх.04594	Дх.04615	Дх.04719	Дх.04732	Дх.12359	Дх.12360	Дх.12361	Дх.12371
Дх.04739	Дх.04813	Дх.04895	Дх.04999	Дх.12387	Дх.12425	Дх.12427	Дх.12455
Дх.05016	Дх.05022	Дх.05023	Дх.05063	Дх.12457	Дх.12458	Дх.12479	Дх.12490
Дх.05149A	Дх.05168	Дх.05188	Дх.05208	Дх.12493	Дх.12564	Дх.12892	Дх.14215
Дх.05306	Дх.05411	Дх.05442	Дх.05445	Дх.14240	Дх.14525	Дх.14659	Дх.14697
Дх.05582	Дх.05599	Дх.05617	Дх.05649	Дх.14744	Дх.14781	Дх.15102	Дх.15239
Дх.05710	Дх.05962	Дх.05979	Дх.06233	Дх.15261	Дх.15408	Дх.15477	Дх.15563
Дх.06352	Дх.06448	Дх.06464	Дх.06465	Дх.15648	Дх.15698	Дх.15699	Дх.15733
Дх.06475	Дх.06484	Дх.06532	Дх.06575	Дх.15842	Дх.15961	Дх.16013	Дх.16036
Дх.06603	Дх.06609	Дх.06675	Дх.06706	Дх.16096	Дх.16110	Дх.16127	Дх.16208
Дх.06726	Дх.06827	Дх.06885	Дх.06893	Дх.16228	Дх.16249	Дх.16443	Дх.16445
Дх.06923	Дх.07007	Дх.07029	Дх.07051	Дх.16523	Дх.16530	Дх.16560	Дх.16571
Дх.07052	Дх.07085	Дх.07099	Дх.07106	Дх.16622	Дх.16772	Дх.16785	Дх.16838
Дх.07232	Дх.07337	Дх.07340	Дх.07346	Дх.16879	Дх.16951A	Дх.17466	Дх.17794
Дх.07382	Дх.07388	Дх.07493	Дх.07522	Дх.17870	Дх.17871	Дх.18065	Дх.18312

Дx.18449	Дx.18508	Дx.18549	Дx.18556	Дx.02513B	Дx.02519	Дx.02542	Дx.02570
Дx.18558	Дx.18594	Дx.18654	Дx.18734	Дx.02614	Дx.02630	Дx.02638	Дx.02650

卷第七

Ф.048　Ф.055　Ф.061　Ф.063　Ф.103

Ф.123C　Ф.174　Ф.175　Ф.202　Ф.205

Ф.239　Ф.302　Ф.336　Ф.345

Дx.00012A	Дx.00020	Дx.00075	Дx.00077	Дx.02652	Дx.02659	Дx.02660	Дx.02661
Дx.00080	Дx.00160	Дx.00191	Дx.00213	Дx.02678	Дx.02688	Дx.02702	Дx.02705
Дx.00220	Дx.00227	Дx.00248	Дx.00266	Дx.02759	Дx.02773	Дx.02777	Дx.02787
Дx.00288	Дx.00291	Дx.00306	Дx.00311	Дx.02819	Дx.02820	Дx.02858	Дx.02911
Дx.00314	Дx.00316	Дx.00323	Дx.00336	Дx.02919	Дx.02929	Дx.02936	Дx.02937
Дx.00337	Дx.00344	Дx.00407	Дx.00408	Дx.02940	Дx.03003	Дx.03039	Дx.03045
Дx.00424	Дx.00441	Дx.00490B	Дx.00493	Дx.03057	Дx.03133	Дx.03158	Дx.03218
Дx.00516	Дx.00536	Дx.00595	Дx.00609	Дx.03220B	Дx.03224	Дx.03238	Дx.03310
Дx.00610	Дx.00618	Дx.00638	Дx.00646	Дx.03336	Дx.03343	Дx.03345	Дx.03365
Дx.00652	Дx.00653	Дx.00671	Дx.00681	Дx.03381	Дx.03418	Дx.03444B	Дx.03454
Дx.00687	Дx.00709	Дx.00725	Дx.00753	Дx.03467	Дx.03470	Дx.03497	Дx.03507
Дx.00759	Дx.00760	Дx.00761B	Дx.00767	Дx.03514	Дx.03542	Дx.03576	Дx.03587
Дx.00861	Дx.00874	Дx.00881	Дx.00929	Дx.03596	Дx.03600	Дx.03619	Дx.03636
Дx.00930	Дx.00960	Дx.00962	Дx.00979	Дx.03656	Дx.03701	Дx.03702	Дx.03722
Дx.00992	Дx.01010	Дx.01056	Дx.01074	Дx.03796	Дx.03886	Дx.04009	Дx.04010
Дx.01102	Дx.01116	Дx.01117	Дx.01128	Дx.04015	Дx.04033	Дx.04092	Дx.04104
Дx.01129	Дx.01182	Дx.01204	Дx.01206	Дx.04125	Дx.04131	Дx.04139	Дx.04224
Дx.01207	Дx.01224	Дx.01342	Дx.01496	Дx.04235	Дx.04238	Дx.04241	Дx.04285
Дx.01509	Дx.01517	Дx.01556	Дx.01580	Дx.04305	Дx.04308	Дx.04335	Дx.04362
Дx.01608	Дx.01615	Дx.01616	Дx.01630C	Дx.04375	Дx.04378	Дx.04394	Дx.04427
Дx.01652	Дx.01666	Дx.01668	Дx.01669B	Дx.04467A	Дx.04511	Дx.04520	Дx.04571
Дx.01686	Дx.01779	Дx.01780	Дx.01788	Дx.04641	Дx.04700	Дx.04720	Дx.04738
Дx.01810	Дx.01831	Дx.01868	Дx.01895	Дx.04743	Дx.04748	Дx.04768	Дx.04782
Лx.01925	Дx.01974	Дx.02093	Дx.02136	Дx.04785	Дx.04824	Дx.04839	Дx.04840
Дx.02181	Дx.02212	Дx.02220	Дx.02230	Дx.04852	Дx.04861	Дx.04891	Дx.04900
Дx.02231	Дx.02234	Дx.02236	Дx.02239	Дx.04904	Дx.04918	Дx.04946	Дx.04951
Дx.02259	Дx.02263	Дx.02286	Дx.02303	Дx.04967	Дx.05043	Дx.05051	Дx.05065
Дx.02315	Дx.02317	Дx.02319	Дx.02322	Дx.05070	Дx.05089	Дx.05173	Дx.05182
Дx.02329	Дx.02343	Дx.02365	Дx.02366A	Дx.05232	Дx.05237	Дx.05287	Дx.05311
Дx.02373	Дx.02376	Дx.02384A	Дx.02400	Дx.05333	Дx.05391	Дx.05419	Дx.05447
Дx.02408C	Дx.02421	Дx.02439	Дx.02450	Дx.05461	Дx.05496	Дx.05517	Дx.05526
Дx.02466	Дx.02509A	Дx.02510A1	Дx.02510B	Дx.05531	Дx.05549	Дx.05560	Дx.05592
				Дx.05654	Дx.05658	Дx.05661	Дx.05682
				Дx.05737	Дx.05752	Дx.05758	Дx.05763
				Дx.05778	Дx.05791	Дx.05814	Дx.05815
				Дx.05816	Дx.05818	Дx.05859	Дx.05860

Дх.05878	Дх.05884	Дх.05903	Дх.05909	Дх.10526	Дх.10527	Дх.10528	Дх.10529
Дх.05917	Дх.05932	Дх.05956	Дх.06061	Дх.10550	Дх.10553	Дх.10563	Дх.10580
Дх.06097	Дх.06102	Дх.06146	Дх.06163	Дх.10592	Дх.10593	Дх.10609	Дх.10620
Дх.06173	Дх.06177	Дх.06195	Дх.06203B	Дх.10639	Дх.10927	Дх.10941A	Дх.11030
Дх.06216	Дх.06242	Дх.06262	Дх.06278	Дх.11031	Дх.11033	Дх.11034B	Дх.11035
Дх.06343	Дх.06367	Дх.06472	Дх.06481	Дх.11181	Дх.11241A	Дх.11241B	Дх.11241C
Дх.06482	Дх.06527	Дх.06534	Дх.06553	Дх.11316	Дх.11321	Дх.11344	Дх.11366
Дх.06560	Дх.06571	Дх.06576A	Дх.06642	Дх.11425C	Дх.11431V	Дх.11460	Дх.11476
Дх.06658	Дх.06681	Дх.06719	Дх.06732	Дх.11478	Дх.11512	Дх.11592	Дх.11640
Дх.06739	Дх.06747A	Дх.06787	Дх.06788	Дх.11653	Дх.11674	Дх.11682	Дх.11700
Дх.06803	Дх.06805	Дх.06816	Дх.06844	Дх.11708	Дх.11792	Дх.11811	Дх.11819
Дх.06847	Дх.06872	Дх.06887	Дх.06907	Дх.11833	Дх.11844	Дх.11864	Дх.11867
Дх.06911	Дх.06913	Дх.06922	Дх.06940	Дх.11883	Дх.11894	Дх.11950	Дх.11967
Дх.06941	Дх.06985	Дх.06989	Дх.07026	Дх.11971	Дх.11995	Дх.12082	Дх.12114
Дх.07036	Дх.07077	Дх.07083	Дх.07157	Дх.12234	Дх.12487	Дх.12542	Дх.12597
Дх.07215	Дх.07248	Дх.07286	Дх.07297	Дх.12603	Дх.12608	Дх.12610	Дх.12617
Дх.07314	Дх.07367	Дх.07443	Дх.07462	Дх.12630	Дх.12640	Дх.12641	Дх.12655
Дх.07470	Дх.07514	Дх.07547	Дх.07555	Дх.12662	Дх.12662V	Дх.12663	Дх.12704
Дх.07580	Дх.07601	Дх.07602	Дх.07612	Дх.12719	Дх.12769	Дх.12770	Дх.14198
Дх.07659	Дх.07712	Дх.07749	Дх.07793	Дх.14200	Дх.14214	Дх.14238	Дх.14537
Дх.07882	Дх.07889	Дх.07891	Дх.07905	Дх.14538	Дх.14989	Дх.15083	Дх.15215
Дх.07930	Дх.07951	Дх.07995	Дх.07996	Дх.15324	Дх.15422	Дх.15647	Дх.15769
Дх.08015	Дх.08042	Дх.08142	Дх.08198	Дх.15794	Дх.15800	Дх.15817	Дх.15821
Дх.08214	Дх.08216	Дх.08309	Дх.08314	Дх.15833	Дх.16005	Дх.16008	Дх.16018
Дх.08326	Дх.08362	Дх.08371	Дх.08423	Дх.16033A	Дх.16033B	Дх.16045	Дх.16131
Дх.08487	Дх.08497	Дх.08505	Дх.08544	Дх.16134	Дх.16159	Дх.16315	Дх.16351
Дх.08622	Дх.08626	Дх.08650	Дх.08664	Дх.16453	Дх.16490	Дх.16513	Дх.16517
Дх.08734	Дх.08772	Дх.08774	Дх.08873	Дх.16547	Дх.16623	Дх.16695	Дх.16700
Дх.09113	Дх.09285	Дх.09318	Дх.09336	Дх.16811	Дх.16814	Дх.16916	Дх.16918
Дх.09396	Дх.09401	Дх.09416	Дх.09421	Дх.16920	Дх.16932	Дх.16978	Дх.17001
Дх.09469	Дх.09489	Дх.09524	Дх.09571	Дх.17495	Дх.17554	Дх.17557	Дх.17585
Дх.09589	Дх.09897B	Дх.09904	Дх.09990	Дх.17587	Дх.17599	Дх.17609	Дх.18048
Дх.10030	Дх.10035	Дх.10486	Дх.10501	Дх.18193	Дх.18194	Дх.18242	Дх.18280
Дх.10502	Дх.10503	Дх.10505	Дх.10506	Дх.18332	Дх.18336	Дх.18551	Дх.18652
Дх.10507A	Дх.10508	Дх.10511	Дх.10512	Дх.18660	Дх.18693	Дх.18706	Дх.18906
Дх.10513	Дх.10514	Дх.10515	Дх.10516				
Дх.10517	Дх.10518	Дх.10519	Дх.10520				
Дх.10521	Дх.10522	Дх.10524	Дх.10525				

妙法莲华经度量天地品第二十九

Ф.047　　Дх.16193

妙法莲华经马明菩萨品第三十

Ф.047　　　Дх.03669　　　Дх.03907　　　Дх.04178

Дх.06422　　　Дх.07320　　　Дх.07404　　　Дх.12331

Дх.12883　　　Дх.16659　　　Дх.18413

妙法莲华经入疏

Дх.05901

妙法莲华经玄赞

Дх.00684B　　Дх.01060　　　Дх.04458A　　Дх.06961V

Дх.11225A　　Дх.11225D　　Дх.11891　　　Дх.12703

Дх.12763　　　Дх.16799

妙法莲华经演义

Дх.12307

妙法莲华经疏

Дх.07351

妙法莲华经忧波提舍

卷上

Дх.06507　　　Дх.08766　　　Дх.08779　　　Дх.12002

卷下

Дх.08154V

妙法莲华经要解

Дх.03957　　　Дх.05059

妙法莲华经讲经文

Ф.365　　　　Ф.365V

（纳）

纳羊皮历

Дх.18922

纳妻书

Дх.11413V

纳物历

Дх.19065

纳粟账

Дх.04529

纳赠历

Дх.10275　　　Дх.11092B　　Дх.11092V　　Дх.11094V

Дх.11199

（灵）

灵验记

Дх.05830　　　Дх.11029V

（阿）

阿育王传阿育王现报因缘

Дх.02584　　　Дх.02585

阿弥陀经义述

Дх.02409C　　Дх.03671　　　Дх.11448

阿弥陀佛所说咒

Дх.02554B　　Дх.10646

阿弥陀佛偈

Дх.06504

阿弥陀念佛赞

Дх.01563A　　Дх.02067A

阿弥陀经通赞疏

卷上

Дх.00684A

卷下

Дх.15225

阿弥陀经疏

Дх.03465　　　Дх.03748

阿弥陀赞文

Дх.06170

阿毗达磨大毗婆沙论

Дх.05034　　　Дх.06433　　　Дх.07020　　　Дх.07797

Дх.08441　　　Дх.09472　　　Дх.10717　　　Дх.12503

Дх.16053　　　Дх.16283　　　Дх.18516　　　Дх.18746

阿毗达磨俱舍论

卷第三

Дх.10017

卷第四

Дх.12318

卷第五

Дх.08898　　　Дх.17216　　　Дх.17237

卷第六

Дх.09718　　　Дх.12315　　　Дх.17039　　　Дх.17051

1067

Дх.17143	Дх.17156	Дх.17164	Дх.17228
Дх.17249	Дх.17302		

卷第七

Дх.17289

卷第十八

Дх.11769

卷第二十

Дх.17035	Дх.17049	Дх.17059	Дх.17104
Дх.17105	Дх.17106	Дх.17149	Дх.17187
Дх.17276	Дх.17277		

卷第二十八

Дх.18291

卷第三十

Дх.17028　　Дх.17083

阿毗达磨俱舍论本颂

Дх.00432	Дх.01276	Дх.09422	Дх.17088
Дх.17225	Дх.18869		

阿毗达磨集异门足论

Дх.07844V　　Дх.14565　　Дх.14778

阿毗达磨俱舍释论

Ф.257	Дх.00419	Дх.02876	Дх.16649
Дх.18669			

阿毗达磨顺正理论

Дх.01844	Дх.03217	Дх.03521	Дх.04130A
Дх.04246	Дх.08045	Дх.08097	Дх.08108
Дх.08162	Дх.14929	Дх.15009	Дх.15505
Дх.16241	Дх.16363	Дх.17204	Дх.18427

阿毗达磨论第一帙

Дх.00354A　　Дх.01253A

阿毗昙心论

Дх.04040	Дх.04044	Дх.04060	Дх.08829
Дх.11418	Дх.12060	Дх.12126	Дх.12203
Дх.12219	Дх.12272	Дх.12275	

阿毗昙心论经

Дх.05566　　Дх.15810　　Дх.16164

阿毗昙八犍度论

卷第七

Дх.07069　　Дх.07101

卷第八

Дх.00425	Дх.03298	Дх.04176	Дх.04176V
Дх.04199	Дх.04199V	Дх.16026	

卷第九

Дх.04061	Дх.04071	Дх.12225	Дх.12230

卷第十一

Дх.05494

卷第十三

Дх.03797　　Дх.03808

卷第十四

Дх.03797V　　Дх.03808V

卷第十八

Дх.07186

卷第十九

Дх.04450　　Дх.04450V

卷第二十一

Дх.12130　　Дх.12135

卷第二十二

Дх.11702

卷第二十五

Дх.09988V　　Дх.12224

卷第二十七

Дх.07802

卷第二十九

Дх.04654	Дх.05218	Дх.16353	Дх.17720

卷第三十

Ф.312B	Дх.04439	Дх.05200	Дх.06618A

阿毗昙毗婆沙论

Дх.11386V

卷第十二

Дх.01315　　Дх.01392

卷第十八

Дх.15515　　Дх.16089

卷第二十三

Дх.05215

卷第二十五

Дх.03997B

卷第二十六

  Дх.16808

卷第二十九

  Дх.12158 Дх.12170

卷第三十一

  Дх.12111

卷第三十二

  Дх.16720

卷第三十四

  Дх.09096 Дх.09130 Дх.16632 Дх.16685

卷第三十六

  Дх.05211 Дх.05227

卷第四十六

  Дх.00232 Дх.00233 Дх.00321 Дх.00387

卷第五十二

  Дх.00558 Дх.00570

卷第五十三

  Ф.248 Дх.03941 Дх.05158

卷第五十七

  Дх.16478

卷第五十八

  Дх.03730 Дх.04111 Дх.04239

阿閦佛心陀罗尼神咒

  Дх.01502V

阿閦佛国经

  Дх.04050 Дх.04059

（陀）

陀罗尼

  Ф.245 Дх.00434 Дх.00821 Дх.00822

  Дх.01218 Дх.01250 Дх.01272 Дх.01330V

  Дх.01334 Дх.01655 Дх.01656 Дх.02242

  Дх.02438 Дх.02498 Дх.02516 Дх.02566

  Дх.03031 Дх.03053 Дх.04340 Дх.05305

  Дх.05359 Дх.05627 Дх.05787 Дх.06691

  Дх.10450V Дх.10647 Дх.11311 Дх.11767

  Дх.11781 Дх.12775 Дх.19008

陀罗尼集经

  Дх.11936

（医）

医卜书

  Дх.02800 Дх.03183

医方

  Дх.02999 Дх.03058 Дх.04158 Дх.04161

  Дх.04437 Дх.04679 Дх.07821B Дх.08644

  Дх.18173

医书

  Дх.00235 Дх.00239 Дх.01295A Дх.01325V

  Дх.02869A Дх.02976A Дх.03070 Дх.03515A

  Дх.06150 Дх.06288 Дх.06634 Дх.07821B

  Дх.09319 Дх.11538 Дх.12495

医典

  Дх.09170 Дх.09178

八画

（奉）

奉判令追勘押衙康文达牒

  Дх.01335

（盂）

盂兰盆经译经题记

  Дх.10734

盂兰盆经疏孝衡抄

  Дх.12614

盂兰盆经疏新记

  Дх.09501

（武）

武则天为父母写经发愿文

  Дх.06041

（押）

押牙李文继书状

  Дх.01384

押座文

　　Ф.109　　Дх.02776

押衙刘某使当王牧羊契

　　Дх.01323　　Дх.05942

押衙郎神达牒

　　Дх.02264　　Дх.08786

（转）

转经文

　　Ф.263B　　Ф.326B

转经行道愿往生净土法事赞

　　Дх.07257

转经录

　　Дх.11216　　Дх.11216V

转帖

　　Дх.00894B　　Дх.03954　　Дх.03960A　　Дх.04734
　　Дх.05475　　Дх.08313

（现）

现在十方千五百佛名并杂佛同号

　　Дх.00033　　Дх.03736　　Дх.03780　　Дх.06909
　　Дх.09059　　Дх.10487　　Дх.12240　　Дх.16141
　　Дх.16379

现在贤劫千佛名经

　　Дх.00345V　　Дх.10481

（画）

画观音菩萨仪轨

　　Дх.04926

画线垫纸墨痕

　　Дх.01308V

画稿

　　Дх.05518

（杰）

杰谢百姓纳牛皮历

　　Дх.18930

杰谢百姓夏打驼纠纷牒

　　Дх.18921

（杵）

杵偈

　　Дх.19000

（抱）

抱朴子神仙金汋经

　　Дх.06057B

（拔）

拔济苦难陀罗尼经

　　Дх.10723　　Дх.10785

（顶）

顶真体偈

　　Дх.01852V

（奋）

奋迅王问经

　　Дх.14902

（郁）

郁迦罗越问菩萨行经

　　Дх.07868　　Дх.11384　　Дх.17441

（昙）

昙无德律部杂羯磨

　　Дх.02059　　Дх.02323　　Дх.03072　　Дх.10764

（非）

非佛经

　　Дх.04809　　Дх.05174　　Дх.05307　　Дх.06048
　　Дх.06152　　Дх.08580　　Дх.11623　　Дх.11945
　　Дх.12020　　Дх.12475　　Дх.12750　　Дх.15378
　　Дх.15402　　Дх.16616　　Дх.16654　　Дх.18165

Дх.18168

（贤）

贤劫经

Дх.06289

贤愚经

Дх.12278

卷第一

Дх.01627　Дх.03939　Дх.03977　Дх.10752VC

Дх.10752VD　Дх.10752VE　Дх.11330

卷第二

Дх.00231　Дх.02374　Дх.04041　Дх.16565

卷第三

Дх.05069　Дх.06213

卷第四

Дх.07054　Дх.07372V　Дх.07394V

卷第五

Дх.10010　Дх.17458

卷第六

Дх.05481　Дх.05483　Дх.06297　Дх.09962

Дх.12218　Дх.12242　Дх.12279A　Дх.12281B

Дх.16580

卷第七

Дх.09151

卷第八

Дх.00561　Дх.12142

卷第九

Ф.276　Дх.00577　Дх.02245　Дх.12161

Дх.16676　Дх.16850　Дх.16861　Дх.16957

卷第十一

Дх.07917B

卷第十二

Дх.11214

卷第十三

Дх.07613　Дх.16580

（咒）

咒食施一切燃饿鬼饮食水法

Дх.00015　Дх.01597　Дх.02464

咒愿

Дх.01455

（具）

具注历

Дх.01295B　Дх.01454V　Дх.02418V　Дх.02880

Дх.02976B　Дх.03515B

（尚）

尚书

Дх.02883　Дх.02884　Дх.10698　Дх.10838

Дх.16796

（明）

明诸大乘修多罗内世间出世间两阶人发菩提心法同异法

Дх.10425

（罗）

罗法圣僧集

Дх.03166

（图）

图案

Дх.05529　Дх.05981

（和）

和菩萨戒文

Дх.00600　Дх.00897　Дх.01217　Дх.01827

Дх.01839　Дх.02193　Дх.02414　Дх.02452

Дх.02812　Дх.02991　Дх.03177　Дх.03187

Дх.04403　Дх.04790　Дх.04802　Дх.05139

Дх.05176　Дх.05295　Дх.05497V　Дх.05619

Дх.06071　Дх.06121　Дх.06138　Дх.06251

Дх.09918　Дх.10313　Дх.10314　Дх.10452

Дх.10755V　Дх.11614　Дх.11686　Дх.11832

Дх.12825V

（制）

制戒缘起

Дх.05539

（使）

使沓蜜施合将军版封套

Дх.02879

（往）

往生礼赞偈

Дх.00959　Дх.05922　Дх.16301

（金）

金刚三昧经

Дх.14519　Дх.16681

金刚五礼

Ф.176VA

金刚亥母修习仪

Ф.249　Ф.327

金刚坛陀罗尼经

Дх.00473　Дх.00477　Дх.02248

金刚顶经金刚界大道场毗卢遮那如来自受用身内证智眷属法身异名佛最上乘秘密三摩地礼忏文

Дх.09998V

金刚顶瑜伽千手千眼观自在菩萨修行仪轨经

Дх.12264

金刚顶莲华部心念诵仪轨

Дх.05245　Дх.11742　Дх.12367V

金刚映

Дх.06616V

金刚般若波罗蜜经（后秦鸠摩罗什译）

Ф.067	Ф.160	Ф.161	Ф.162	Ф.163
Ф.164	Ф.169	Ф.166B	Ф.225	Ф.240
Ф.253	Ф.304	Дх.00006	Дх.00007	
Дх.00028	Дх.00042	Дх.00047	Дх.00074	

Дх.00086	Дх.00093	Дх.00099	Дх.00126
Дх.00127	Дх.00157	Дх.00164	Дх.00165
Дх.00166	Дх.00171	Дх.00329	Дх.00380
Дх.00404	Дх.00414	Дх.00474	Дх.00499
Дх.00500	Дх.00522	Дх.00525	Дх.00539
Дх.00553	Дх.00605	Дх.00608	Дх.00629
Дх.00637	Дх.00644	Дх.00658	Дх.00667
Дх.00672	Дх.00676V	Дх.00686	Дх.00722
Дх.00739	Дх.00755	Дх.00756	Дх.00772
Дх.00773	Дх.00777	Дх.00789	Дх.00839
Дх.00850	Дх.00854	Дх.00858	Дх.00877
Дх.00888	Дх.00892	Дх.00893	Дх.00900
Дх.00920	Дх.00939	Дх.00978	Дх.01003
Дх.01006	Дх.01032	Дх.01036	Дх.01037
Дх.01045	Дх.01052	Дх.01078	Дх.01084
Дх.01086	Дх.01100	Дх.01101	Дх.01126
Дх.01139	Дх.01153	Дх.01154	Дх.01157
Дх.01158	Дх.01178	Дх.01179	Дх.01194
Дх.01240	Дх.01248	Дх.01321	Дх.01470
Дх.01471	Дх.01472	Дх.01473	Дх.01474
Дх.01501	Дх.01569	Дх.01575	Дх.01601
Дх.01607	Дх.01612	Дх.01624	Дх.01638
Дх.01682	Дх.01718	Дх.01719	Дх.01755
Дх.01758	Дх.01769	Дх.01790B	Дх.01794
Дх.01796	Дх.01801	Дх.01833	Дх.01836
Дх.01842	Дх.01864	Дх.01865	Дх.01932
Дх.01933	Дх.01950	Дх.01952	Дх.01956
Дх.01959	Дх.01966	Дх.01973	Дх.01996A
Дх.02006A	Дх.02018	Дх.02028	Дх.02051
Дх.02107	Дх.02109	Дх.02110	Дх.02127
Дх.02140	Дх.02176	Дх.02216	Дх.02247
Дх.02251	Дх.02255	Дх.02260	Дх.02262
Дх.02265	Дх.02296	Дх.02297	Дх.02304
Дх.02307	Дх.02334	Дх.02351C	Дх.02353B
Дх.02364	Дх.02369	Дх.02379	Дх.02388
Дх.02416	Дх.02428	Дх.02434A	Дх.02434B
Дх.02435	Дх.02472	Дх.02474	Дх.02437
Дх.02453	Дх.02459	Дх.02460	Дх.02469

Дх.02492	Дх.02511	Дх.02560	Дх.02596	Дх.04901	Дх.04909	Дх.04911	Дх.04956
Дх.02598	Дх.02605	Дх.02607	Дх.02615	Дх.04962	Дх.05013	Дх.05033	Дх.05045
Дх.02617	Дх.02623	Дх.02633	Дх.02649	Дх.05053	Дх.05109	Дх.05112	Дх.05148
Дх.02656	Дх.02674	Дх.02687	Дх.02692	Дх.05152	Дх.05186	Дх.05180A	Дх.05226B
Дх.02703	Дх.02704	Дх.02710	Дх.02713	Дх.05248	Дх.05294	Дх.05298	Дх.05302
Дх.02714	Дх.02726	Дх.02741	Дх.02747	Дх.05303	Дх.05308	Дх.05313	Дх.05357
Дх.02758	Дх.02765	Дх.02772	Дх.02805	Дх.05372	Дх.05375	Дх.05376	Дх.05380
Дх.02846	Дх.02865	Дх.02894	Дх.02907A	Дх.05381	Дх.05413	Дх.05417	Дх.05434
Дх.02910	Дх.02912	Дх.02913	Дх.02916	Дх.05467	Дх.05493	Дх.05503	Дх.05508
Дх.02932	Дх.02944	Дх.02945	Дх.02946	Дх.05530	Дх.05546	Дх.05575	Дх.05635
Дх.02992B	Дх.03001	Дх.03041	Дх.03047	Дх.05641	Дх.05646	Дх.05659B	Дх.05677
Дх.03052	Дх.03061	Дх.03062	Дх.03063	Дх.05694	Дх.05703	Дх.05713	Дх.05719
Дх.03069	Дх.03071	Дх.03074	Дх.03082	Дх.05725	Дх.05736	Дх.05743	Дх.05743V
Дх.03086	Дх.03097	Дх.03106	Дх.03149	Дх.05746	Дх.05750	Дх.05751	Дх.05757
Дх.03150	Дх.03176	Дх.03180	Дх.03244	Дх.05777	Дх.05788A	Дх.05833	Дх.05879
Дх.03251	Дх.03272	Дх.03286	Дх.03326	Дх.05882	Дх.05894	Дх.05896	Дх.05896V
Дх.03327	Дх.03329	Дх.03331	Дх.03344A	Дх.05926	Дх.05945	Дх.05947	Дх.05950
Дх.03367	Дх.03406	Дх.03411	Дх.03445	Дх.06008	Дх.06054	Дх.06076	Дх.06092
Дх.03447	Дх.03466	Дх.03493	Дх.03515A	Дх.06096	Дх.06107	Дх.06120	Дх.06145
Дх.03591	Дх.03615	Дх.03621A	Дх.03621B	Дх.06149	Дх.06168	Дх.06171	Дх.06180
Дх.03663	Дх.03687	Дх.03696	Дх.03700	Дх.06181	Дх.06197	Дх.06198	Дх.06210
Дх.03720	Дх.03777	Дх.03817	Дх.03836	Дх.06211	Дх.06219	Дх.06226	Дх.06227
Дх.03843	Дх.03866	Дх.03873	Дх.03878	Дх.06247	Дх.06266	Дх.06327	Дх.06363
Дх.03881	Дх.03912	Дх.03943	Дх.03943V	Дх.06426	Дх.06371	Дх.06376	Дх.06394
Дх.03959B	Дх.03960B	Дх.03971	Дх.03992	Дх.06404	Дх.06408	Дх.06412	Дх.06439
Дх.03994A	Дх.04124	Дх.04132	Дх.04137	Дх.06458	Дх.06490	Дх.06508	Дх.06518
Дх.04141	Дх.04142	Дх.04146	Дх.04154	Дх.06562	Дх.06563	Дх.06576B	Дх.06592
Дх.04192	Дх.04240A	Дх.04298	Дх.04302	Дх.06606	Дх.06607	Дх.06628	Дх.06637
Дх.04306	Дх.04313	Дх.04338	Дх.04387	Дх.06659	Дх.06689	Дх.06720	Дх.06721
Дх.04392	Дх.04393	Дх.04407	Дх.04435	Дх.06752	Дх.06762	Дх.06851	Дх.06854
Дх.04441	Дх.04444	Дх.04462	Дх.04483	Дх.06959	Дх.06967	Дх.07030	Дх.07037
Дх.04503A	Дх.04503B	Дх.04525	Дх.04535	Дх.07041	Дх.07046	Дх.07053	Дх.07142
Дх.04537	Дх.04540	Дх.04624	Дх.04664	Дх.07149	Дх.07158	Дх.07181	Дх.07217
Дх.04716	Дх.04718	Дх.04724	Дх.04740	Дх.07244	Дх.07306	Дх.07322	Дх.07374
Дх.04746	Дх.04793	Дх.04796	Дх.04797	Дх.07417	Дх.07450	Дх.07464	Дх.07473
Дх.04798	Дх.04804	Дх.04821	Дх.04826	Дх.07563	Дх.07620	Дх.07623	Дх.07647
Дх.04840	Дх.04842A	Дх.04843	Дх.04846	Дх.07704	Дх.07758	Дх.07841	Дх.07921
Дх.04859	Дх.04875	Дх.04878	Дх.04879A	Дх.07950	Дх.07962	Дх.07988	Дх.08020

Дх.08085	Дх.08090	Дх.08186	Дх.08187	Дх.11868	Дх.11875	Дх.11887	Дх.11918
Дх.08227	Дх.08258	Дх.08312	Дх.08367	Дх.11926	Дх.11970	Дх.11978	Дх.12016
Дх.08429	Дх.08481	Дх.08517	Дх.08536	Дх.12091	Дх.12207	Дх.12356	Дх.12432
Дх.08555	Дх.08627	Дх.08628	Дх.08645	Дх.12462	Дх.12563	Дх.12578	Дх.12596
Дх.08647	Дх.08674	Дх.08794	Дх.08834	Дх.12613	Дх.12623	Дх.12635	Дх.12636
Дх.08872	Дх.08878	Дх.08887	Дх.08888	Дх.12643	Дх.12672	Дх.12681	Дх.12683
Дх.08942	Дх.08952	Дх.09016	Дх.09021	Дх.12695	Дх.12698	Дх.12698V	Дх.12700
Дх.09030	Дх.09066	Дх.09095	Дх.09133	Дх.12710	Дх.12712	Дх.12727	Дх.12772
Дх.09297	Дх.09321	Дх.09338	Дх.09382	Дх.12789	Дх.12807	Дх.12811	Дх.12823
Дх.09417	Дх.09477	Дх.09482	Дх.09494	Дх.12871	Дх.14171	Дх.14180	Дх.14204
Дх.09578	Дх.09634	Дх.09903	Дх.09949	Дх.14225	Дх.14243	Дх.14509	Дх.14849
Дх.10296A	Дх.10687	Дх.10795	Дх.10928	Дх.14930	Дх.14998	Дх.15144	Дх.15235
Дх.10929	Дх.10931	Дх.10932	Дх.10933	Дх.15424	Дх.15469	Дх.15501	Дх.15734
Дх.10934	Дх.10935	Дх.10936	Дх.10937	Дх.15774	Дх.15805	Дх.15808	Дх.15820
Дх.10938	Дх.10939	Дх.10940	Дх.10942	Дх.15921	Дх.15956	Дх.15996	Дх.16028
Дх.10943	Дх.10944	Дх.10945	Дх.10946	Дх.16088	Дх.16229	Дх.16281	Дх.16444
Дх.10947	Дх.10948	Дх.10949	Дх.10950	Дх.16473	Дх.16614	Дх.16776	Дх.16789
Дх.10951	Дх.10955	Дх.10956	Дх.10957	Дх.16823	Дх.16829V	Дх.16854	Дх.16889
Дх.10958	Дх.10959	Дх.10960	Дх.10961	Дх.16898	Дх.17553	Дх.17559	Дх.17563
Дх.10962	Дх.10963	Дх.10964	Дх.10965	Дх.17645	Дх.17666	Дх.17792	Дх.18049
Дх.10966	Дх.10967	Дх.10969	Дх.10970	Дх.18311	Дх.18373	Дх.18486	Дх.18606
Дх.10971	Дх.10972	Дх.10973	Дх.10974	Дх.18653	Дх.18912	Дх.18914	Дх.19061

金刚般若波罗蜜经（北魏菩提流支译）

Дх.10975	Дх.10976	Дх.10977	Дх.10979
Дх.10980	Дх.10981	Дх.10982	Дх.10983
Дх.10984	Дх.10985	Дх.10986	Дх.10987
Дх.10988	Дх.10989	Дх.10990	Дх.10991
Дх.10992	Дх.10993	Дх.10994	Дх.10995
Дх.10996	Дх.10997	Дх.10998	Дх.10999
Дх.11000	Дх.11001	Дх.11002	Дх.11003
Дх.11005	Дх.11006	Дх.11007	Дх.11008
Дх.11009	Дх.11010	Дх.11011	Дх.11012
Дх.11013A	Дх.11013B	Дх.11013C	Дх.11013D
Дх.11014	Дх.11015	Дх.11039	Дх.11039V
Дх.11046	Дх.11046V	Дх.11131	Дх.11243
Дх.11244	Дх.11245	Дх.11611	Дх.11650
Дх.11689	Дх.11714	Дх.11741	Дх.11758
Дх.11760	Дх.11776	Дх.11786	Дх.11812
Дх.11820	Дх.11845	Дх.11853	Дх.11865

Дх.00400	Дх.01558	Дх.03377	Дх.03505
Дх.03627	Дх.03749	Дх.04153	Дх.04188
Дх.04195	Дх.04582	Дх.05037	Дх.05339
Дх.06338	Дх.06365	Дх.06435	Дх.06446
Дх.06493	Дх.06503	Дх.06622	Дх.06793
Дх.06938	Дх.06983	Дх.07044	Дх.07208
Дх.07235	Дх.07940	Дх.07974	Дх.08360
Дх.08361	Дх.08393	Дх.08684	Дх.08764
Дх.08897	Дх.08909	Дх.09257	Дх.09355
Дх.09418	Дх.09553	Дх.10370	Дх.10816
Дх.11589	Дх.11671	Дх.12003	Дх.12363
Дх.12405	Дх.12429	Дх.12854	Дх.14673
Дх.15998	Дх.16308	Дх.16348	Дх.17497
Дх.17702	Дх.18412	Дх.18540	

金刚般若波罗蜜经（北魏留支三藏译）

Дх.03516　Дх.04344

金刚般若波罗蜜经疏

　　Ф.167　　Дх.01661　　Дх.01815　　Дх.02272B

　　Дх.02281　　Дх.02316　　Дх.02444　　Дх.12386V

金刚般若波罗蜜经破取着不坏假名论

　　Дх.16798　　Дх.16833

金刚般若波罗蜜经挟注

　　Дх.04823A　　Дх.04923

金刚般若波罗蜜经义记

　　Дх.08190

金刚般若波罗蜜经开玄钞

　　Дх.00700

金刚般若波罗蜜经论

　　Дх.00633　　Дх.03747　　Дх.04409　　Дх.05064

　　Дх.06166　　Дх.06511　　Дх.07897　　Дх.08128

　　Дх.08837　　Дх.09377　　Дх.18592

金刚般若波罗蜜经注

　　Дх.04556　　Дх.09900

金刚般若波罗蜜经会解

　　Дх.08261

金刚般若波罗蜜经赞述

　　卷第二

　　　Ф.242V

　　卷第四

　　　Ф.168

金刚般若波罗蜜经旨赞

　　Ф.334V　　Дх.00319　　Дх.02177V　　Дх.18604

　　Дх.19020

金刚般若波罗蜜经赞

　　Ф.323

金刚经如是解

　　Дх.06208

金刚经道场前仪

　　Дх.02060

金光明寺僧造食用麦油等历

　　Дх.02164

金光明最胜王经

Дх.01782　　Дх.03163　　Дх.04307V　　Дх.05073

卷第一

Дх.00216　　Дх.00218　　Дх.00318　　Дх.00366

Дх.00367A　　Дх.00787　　Дх.00884　　Дх.01138

Дх.01144　　Дх.01482　　Дх.01694　　Дх.01845

Дх.01999　　Дх.02009　　Дх.02132　　Дх.02480

Дх.02589　　Дх.02706　　Дх.02718　　Дх.02720

Дх.02744B　　Дх.02797A　　Дх.02798B　　Дх.03073

Дх.03099　　Дх.03102A　　Дх.03350　　Дх.03844

Дх.03864　　Дх.03919　　Дх.03925　　Дх.04307

Дх.04332　　Дх.04339　　Дх.04423A　　Дх.04434

Дх.04777　　Дх.04784　　Дх.04807　　Дх.04955

Дх.04957　　Дх.05193K　　Дх.05246　　Дх.05274

Дх.05286　　Дх.05290　　Дх.05580　　Дх.05601

Дх.05669　　Дх.05696　　Дх.05714　　Дх.05834

Дх.05958　　Дх.06156　　Дх.06239　　Дх.06669

Дх.06673　　Дх.06687　　Дх.07335　　Дх.08022

Дх.08810　　Дх.08862　　Дх.08863　　Дх.08877

Дх.09222　　Дх.09230　　Дх.10219　　Дх.10572

Дх.10595　　Дх.11599　　Дх.11707　　Дх.11998

Дх.12081　　Дх.12553　　Дх.12566　　Дх.12568

Дх.12569　　Дх.12665　　Дх.12708　　Дх.15125

Дх.18990

卷第二

Ф.133　　Дх.00225　　Дх.00226　　Дх.00422

Дх.00478　　Дх.00685　　Дх.00714　　Дх.00718A

Дх.00738　　Дх.00746　　Дх.00853B　　Дх.01234

Дх.01469A　　Дх.01846　　Дх.02009　　Дх.02132

Дх.02049　　Дх.02282　　Дх.02292　　Дх.02357

Дх.02366B　　Дх.03065　　Дх.03430　　Дх.04396

Дх.04917　　Дх.05325　　Дх.05331　　Дх.05337

Дх.05338　　Дх.05509　　Дх.05819　　Дх.05946

Дх.06224　　Дх.06510　　Дх.06615　　Дх.06670

Дх.09148　　Дх.09149　　Дх.09910　　Дх.10433

Дх.10664　　Дх.10672　　Дх.10678　　Дх.10712B

Дх.10793　　Дх.11126　　Дх.11179　　Дх.11252

Дх.11681　　Дх.12473　　Дх.12496　　Дх.12498

Дх.12499　　Дх.14233　　Дх.14814　　Дх.15527

Дх.16135

卷第三

Ф.131	Ф.260С	Дх.00173	Дх.00174
Дх.00315	Дх.00471	Дх.00472	Дх.00627
Дх.01843	Дх.01857	Дх.01858	Дх.02099
Дх.02215	Дх.02254	Дх.02447	Дх.02682
Дх.02915	Дх.02917	Дх.04296	Дх.04735
Дх.04755	Дх.04812	Дх.04833	Дх.04834
Дх.04933	Дх.05093	Дх.05195	Дх.05347
Дх.05373	Дх.05420	Дх.05643	Дх.06129
Дх.06199	Дх.06207	Дх.06252	Дх.06725
Дх.10600	Дх.10660	Дх.10668	Дх.11059A
Дх.11075	Дх.11114	Дх.11146	Дх.11148
Дх.11161	Дх.11721	Дх.11807	Дх.11851
Дх.11968	Дх.12013	Дх.12160	Дх.12678
Дх.12730	Дх.15952	Дх.17038	Дх.17040
Дх.17077	Дх.17084	Дх.17107	Дх.17110
Дх.17125	Дх.17126	Дх.17131	Дх.17134
Дх.17168	Дх.17201	Дх.17209	Дх.17227
Дх.17232	Дх.17250	Дх.17255	Дх.17258
Дх.17260	Дх.17286	Дх.17292	Дх.17295
Дх.17301	Дх.17312	Дх.17315	Дх.17317
Дх.17319	Дх.17322	Дх.17335	Дх.17337
Дх.17344	Дх.17351	Дх.17352	Дх.17353
Дх.17354	Дх.17355	Дх.17356	Дх.17358
Дх.17366	Дх.17368	Дх.17385	Дх.17389
Дх.17397	Дх.17401	Дх.17404	Дх.18503

卷第四

Дх.00071	Дх.00254	Дх.00367B	Дх.00489
Дх.00552	Дх.00631	Дх.00748	Дх.00936
Дх.00968	Дх.01561	Дх.01600	Дх.01606
Дх.02119	Дх.02208	Дх.02213	Дх.02233
Дх.02509B	Дх.04281	Дх.04405	Дх.04828
Дх.05250	Дх.05251	Дх.05319	Дх.05527
Дх.05577	Дх.05772	Дх.06463	Дх.06483
Дх.07140	Дх.07509	Дх.10640	Дх.10641
Дх.10665	Дх.12743	Дх.12746	

卷第五

Ф.196	Дх.00317	Дх.00676	Дх.00843
Дх.00876	Дх.01603	Дх.02312	Дх.03394
Дх.04088	Дх.04145	Дх.04295	Дх.05120
Дх.05559	Дх.05726	Дх.05895	Дх.05975
Дх.05976	Дх.06234	Дх.06775	Дх.07534
Дх.08412	Дх.08884	Дх.09023	Дх.09366
Дх.09475	Дх.10476	Дх.10666	Дх.10675
Дх.10677	Дх.10688	Дх.12385	Дх.12621
Дх.12694	Дх.15219	Дх.16500	Дх.17042
Дх.17058	Дх.17148	Дх.18426	

卷第六

Ф.170	Ф.185	Ф.203	Ф.208	Дх.00027
Дх.00076	Дх.00121	Дх.00554	Дх.00581	
Дх.01232	Дх.01646	Дх.01745A	Дх.01814	
Дх.01929	Дх.01972	Дх.02030	Дх.02065	
Дх.02075	Дх.02100	Дх.02103	Дх.02121	
Дх.02200	Дх.02285	Дх.02330B	Дх.02517	
Дх.02647	Дх.02684	Дх.02736	Дх.02795	
Дх.02815	Дх.03067	Дх.04261	Дх.04341	
Дх.04345	Дх.04384	Дх.04508	Дх.04745B	
Дх.04847B	Дх.04863	Дх.04873	Дх.04879B	
Дх.05193G	Дх.05234	Дх.05363	Дх.05673	
Дх.05934	Дх.06106	Дх.06552	Дх.06652	
Дх.06692	Дх.06704	Дх.06735	Дх.08805	
Дх.09901	Дх.10667	Дх.10682	Дх.10684	
Дх.10685	Дх.11618	Дх.11796	Дх.11822	
Дх.11827	Дх.12441	Дх.12442		

卷第七

Ф.128	Дх.00763	Дх.00797	Дх.01570
Дх.02396	Дх.02467	Дх.02514	Дх.02739
Дх.03921	Дх.03974A	Дх.04260	Дх.04279
Дх.05180B	Дх.05252	Дх.05330	Дх.05541
Дх.05927	Дх.06730	Дх.06731	Дх.10670
Дх.10674A	Дх.10797	Дх.11616	Дх.12742
Дх.14202	Дх.18534		

卷第八

Ф.129	Ф.195	Ф.310	Дх.00130	Дх.00726
Дх.01565	Дх.01567	Дх.01910	Дх.01911	

Дх.02278	Дх.02594	Дх.02631	Дх.03344B
Дх.04282	Дх.04395	Дх.04916	Дх.04924
Дх.05077	Дх.05545	Дх.05722	Дх.05788B
Дх.06110B	Дх.06512	Дх.06533	Дх.06541
Дх.06655	Дх.06663	Дх.06744	Дх.06751
Дх.07397	Дх.07723	Дх.08545	Дх.10669
Дх.10671	Дх.10686	Дх.16548	Дх.17013
Дх.17013V	Дх.17608	Дх.18630	

卷第九

Ф.134	Ф.335	Дх.00249	Дх.00713	Дх.01080
Дх.01133	Дх.01190	Дх.01447	Дх.01749	
Дх.01770	Дх.02577	Дх.02667	Дх.02853	
Дх.03104	Дх.03319	Дх.03458	Дх.04466	
Дх.04701	Дх.04903	Дх.04919	Дх.05083	
Дх.05084	Дх.05090	Дх.05133	Дх.05350	
Дх.06261	Дх.06853	Дх.06895	Дх.07542	
Дх.08302	Дх.08588	Дх.09543	Дх.10662	
Дх.10792	Дх.11626	Дх.11644	Дх.12544	
Дх.12773	Дх.14160	Дх.14341	Дх.18472	

卷第十

Ф.132	Дх.00358	Дх.00482	Дх.00976
Дх.00989C	Дх.01081	Дх.01245	Дх.01705
Дх.01902	Дх.02470	Дх.02593	Дх.02610
Дх.04273	Дх.04416	Дх.05087	Дх.05666
Дх.05790	Дх.06931	Дх.07056	Дх.07057
Дх.08762	Дх.08792	Дх.08858	Дх.09142
Дх.10500	Дх.10673	Дх.10871	Дх.11170B
Дх.11643	Дх.11951	Дх.12682	Дх.12756

金光明最胜王经疏

Дх.14182

金光明最胜王经陀罗尼抄

Ф.173　Ф.182

金光明经

Ф.260B　Дх.03368　Дх.05812　Дх.11593B

卷第一

Дх.02569	Дх.03617	Дх.04180	Дх.04633B
Дх.04684	Дх.05167	Дх.06359	Дх.07653
Дх.07658	Дх.07761	Дх.07766	Дх.07980

Дх.08478	Дх.09009	Дх.09970	Дх.10659
Дх.11405	Дх.11558	Дх.16085	Дх.16104
Дх.16409	Дх.16751	Дх.18284	Дх.18571

卷第二

Дх.00325	Дх.00347	Дх.00435	Дх.00569
Дх.01541	Дх.01568	Дх.02074	Дх.02381
Дх.03213A	Дх.03229	Дх.03234	Дх.03240
Дх.03499	Дх.03539	Дх.03579	Дх.03641
Дх.03788	Дх.03792	Дх.03794	Дх.03962
Дх.04096	Дх.04231	Дх.04456	Дх.04531
Дх.04538	Дх.05041	Дх.05050	Дх.05068
Дх.06321	Дх.06460	Дх.07144	Дх.07627
Дх.07685	Дх.07848	Дх.07944	Дх.07992
Дх.08044	Дх.08056	Дх.08058	Дх08228
Дх.08318	Дх.08364	Дх.09068	Дх.09284
Дх.09305	Дх.09307	Дх.09409	Дх.10371
Дх.11325	Дх.11432	Дх.11491	Дх.11545
Дх.12591	Дх.14677	Дх.14935	Дх.15772
Дх.15798	Дх.16012	Дх.16037	Дх.16433
Дх.16591	Дх.17849	Дх.17887	Дх.18571

卷第三

Дх.00586B	Дх.02409B	Дх.03216	Дх.03472
Дх.03751	Дх.04482B	Дх.04642	Дх.04954
Дх.05000	Дх.05001	Дх.05074	Дх.05082
Дх.05405	Дх.06819	Дх.06824	Дх.06891
Дх.06981	Дх.07383	Дх.07389	Дх.07640
Дх.07966	Дх.08572	Дх.08576	Дх.08724
Дх.08735	Дх.08907	Дх.09126	Дх.09279
Дх.09324	Дх.09388	Дх.09593	Дх.09699
Дх.11343	Дх.11451	Дх.14173	Дх.14191
Дх.15499	Дх.16087	Дх.16128	Дх.16165
Дх.16318	Дх.18829		

卷第四

Дх.00100	Дх.01202	Дх.01528	Дх.02272A
Дх.02275	Дх.02729	Дх.03342	Дх.03404
Дх.04681B	Дх.04982	Дх.05346	Дх.05996
Дх.06899	Дх.07045	Дх.07048	Дх.07219
Дх.07509	Дх.07784	Дх.08047	Дх.08397

Дх.08398	Дх.08399	Дх.08415	Дх.08938
Дх.08944	Дх.09106	Дх.09291	Дх.09349
Дх.09677	Дх.09931	Дх.10596	Дх.11242A
Дх.11242B	Дх.11242C	Дх.11398	Дх.11402
Дх.11434	Дх.11535	Дх.14223	Дх.14529
Дх.15400	Дх.15569	Дх.15951	Дх.16065
Дх.16074	Дх.16577	Дх.16583	Дх.16587
Дх.16677	Дх.16705	Дх.16735	Дх.16835
Дх.16836	Дх.16867	Дх.16928	Дх.16962
Дх.16965	Дх.16981	Дх.17476	Дх.17897
Дх.18480	Дх.18595	Дх.18598	

金光明经文句文句记会本

Дх.14926

金光明经忏悔灭罪传

Ф.260A	Дх.02325	Дх.04363	Дх.05611
Дх.05692B	Дх.05755	Дх.06587	

金光明经疏

Дх.05400V

金有陀罗尼经

Ф.207	Ф.274	Дх.00785	Дх.01980
Дх.02556	Дх.02624	Дх.03064	Дх.12008
Дх.12533			

（念）

念佛写经感应记

Дх.04034

念佛镜末修西方十二时

Дх.05385VB　Дх.05392VB

（受）

受十善戒经

Дх.16416

受田历

Дх.18955V

受戒文

Ф.181　Дх.05622

受戒忏文

Дх.00702V

受菩萨戒仪

Дх.06093

（舍）

舍头谏太子二十八宿经

Дх.00519　Дх.10053

舍利弗阿毗昙论

Дх.08395　Дх.16552

舍利弗阿毗昙论

Дх.07172　Дх.09101

（贫）

贫穷缘去

Дх.01073　Дх.02169

（质）

质逻六城百姓牒

Дх.18940

（兔）

兔园策府

Дх.05438

（版）

版画

Дх.01390　Дх.11580　Дх.11581

版画残片

Дх.07273	Дх.08112A	Дх.08270	Дх.09108
Дх.10463	Дх.11472A	Дх.11472B	Дх.11472BV
Дх.11500	Дх.11501	Дх.11503	Дх.11505
Дх.11572	Дх.11576E	Дх.11752	Дх.12511
Дх.12512	Дх.12513	Дх.16399	Дх.16402
Дх.16404	Дх.16407	Дх.17371	Дх.17378
Дх.18566V			

版画大圣文殊师利菩萨

Дх.01415　Дх.02358　Дх.02970　Дх.03023

Дх.03028　Дх.03034　Дх.03112　Дх.03125
Дх.03141　Дх.03142　Дх.03144　Дх.03157
Дх.03178　Дх.04269　Дх.05775　Дх.06640
Дх.06743　Дх.08798　Дх.11498　Дх.11717

版画水月观音
Дх.05108

版画四菩萨八金刚
Дх.11471

版画天曹地府说法图
Дх.02878

版画护法天王
Ф.308A

版画释迦牟尼佛说法图
Ф.360

版画佛本行集经说法图
Дх.03143

（周）

周易及注解
Дх.11773　Дх.11860　Дх.11880　Дх.11911
Дх.12004　Дх.12023　Дх.12638　Дх.12653
Дх.12718

（服）

服药咒
Ф.281A

服药符箓仪轨
Дх.00263

（变）

变文
Дх.00410　Дх.01009E　Дх.01304　Дх.02106
Дх.03135　Дх.03138　Дх.04801　Дх.05877
Дх.08011V　Дх.08012　Дх.11139

（庚）

庚子年至辛丑年孟受康章六等纳蓝历
Дх.02168

庚申年十一月二十三日正道深分付牧羊人王拙罗寔鸡羊抄
Дх.01424

庚戌年四月社司转帖
Дх.01410

（注）

注维摩诘经
Дх.00832　Дх.01626　Дх.01819　Дх.01828
Дх.01840　Дх.01861　Дх.01872　Дх.03592
Дх.04118　Дх.05183　Дх.05732　Дх.12894

（放）

放光般若经
卷第一
Дх.04458B　Дх.10041
卷第二
Дх.03501　Дх.04107　Дх.07359　Дх.07967
Дх.08353　Дх.08357　Дх.11444　Дх.16025
卷第三
Дх.09749　Дх.09951　Дх.15478　Дх.17647
卷第四
Дх.03265　Дх.03654　Дх.06975　Дх.09373
Дх.09468
卷第五
Дх.15652
卷第六
Дх.04083　Дх.16660　Дх.16690
卷第七
Дх.07491　Дх.08841　Дх.09007　Дх.10818
Дх.16544　Дх.16648　Дх.16715　Дх.16767
Дх.16922　Дх.16954
卷第八
Дх.12897
卷第九
Дх.00447　Дх.06848
卷第十

Дх.09249　　Дх.09729
卷第十一
Дх.07985　　Дх.09226
卷第十二
Дх.03226　　Дх.03734　　Дх.06949　　Дх.08571
Дх.09041　　Дх.09535　　Дх.09536　　Дх.11409B
卷第十三
Дх.01522　　Дх.03198　　Дх.07484　　Дх.07787
Дх.08401　　Дх.09013　　Дх.09303　　Дх.09378
Дх.10813
卷第十四
Дх.08243　　Дх.09330　　Дх.11453　　Дх.17706
Дх.18476
卷第十五
Дх.00208　　Дх.09545　　Дх.17474
卷第十六
Дх.08620　　Дх.18756
卷第十七
Дх.15669　　Дх.17654
卷第十八
Дх.15256　　Дх.16268　　Дх.16723　　Дх.16929
卷第十九
Дх.03293　　Дх.15222
卷第二十
Дх.03691　　Дх.06879　　Дх.14163　　Дх.15211

放妻书
Дх.06043　　Дх.11038

放僮书
Дх.11038

（净）

净土五会念佛略法事仪赞观经十六观赞
Дх.07167

净土五会念佛诵经观行仪
Дх.10297　　Дх.18047　　Дх.18537

净土论
Дх.09436V

净土法身赞
Дх.01047

净土问答
Дх.00831

净口业真言
Дх.11036

净名经集解关中疏
卷上
Ф.299　　Дх.00016　　Дх.01229　　Дх.01822
Дх.01862　　Дх.01863　　Дх.01903　　Дх.04223
Дх.04541　　Дх.04868　　Дх.05900　　Дх.05986
Дх.06709　　Дх.06712　　Дх.06738　　Дх.07240
Дх.07941　　Дх.08231　　Дх.10702V　　Дх.10706A
Дх.10706B　　Дх.10706C　　Дх.10706D　　Дх.10710
Дх.11602　　Дх.11641
卷下
Дх.00596　　Дх.02224　　Дх.02809　　Дх.02810
Дх.06616　　Дх.08563　　Дх.09272　　Дх.10507B
Дх.10703A　　Дх.10703B　　Дх.10703C　　Дх.10709

净名经关中疏批
Ф.165

净名经关中释抄
Дх.04216　　Дх.05626　　Дх.05639　　Дх.05871
Дх.06054　　Дх.08757　　Дх.08776　　Дх.12497
Дх.12505　　Дх.16306　　Дх.18260

（法）

法门名义集
Ф.194　　Дх.00087　　Дх.00533　　Дх.00963
Дх.01634　　Дх.05370　　Дх.07125B　　Дх.09433
Дх.10832　　Дх.11607

法句经
序
Дх.09618
卷上
Дх.05175　　Дх.07415　　Дх.09176　　Дх.12334
卷下
Дх.02895　　Дх.05477　　Дх.05478　　Дх.05480
Дх.05486　　Дх.07918　　Дх.07926　　Дх.11467

Дх.12339   Дх.12348

法句譬喻经

Дх.11408A   Дх.11408B

法师问难

Дх.01293

法师答问

Дх.04355

法华三昧忏仪第四明行者请三宝方法

Дх.16732

法华义记

Дх.11225B

法华义疏

Дх.04468

法华玄论

Дх.11205

法华经卓解卷第六

Дх.05203

法华经演义

Дх.18023

法华经精解评林

Дх.12449

法华经疏

Ф.359   Дх.06649   Дх.18905

法身菩萨王陀罗尼

Дх.10652

法舍利真言木印

Дх.01389V

法界观

Ф.362C

法苑珠林

Ф.181   Дх.00527   Дх.02707   Дх.04567
Дх.04775   Дх.05393V   Дх.05398V   Дх.05637
Дх.06292   Дх.06711   Дх.07118   Дх.08363
Дх.10716   Дх.11266   Дх.14779   Дх.15034
Дх.15262

法镜经

Дх.01361   Дх.03151   Дх.07788

（河）

河西节度使呈文

Дх.01381V

河西节度使司徒愿文

Дх.01254   Дх.01254V

（宗）

宗四分比丘随门要略行仪

Дх.05583   Дх.07049   Дх.12895

宗镜录

卷第二十

Дх.04385

卷第三十五

Дх.04100

卷第八十九

Дх.12843

卷第九十六

Дх.01529

（宝）

宝女所问

Дх.08898V   Дх.15062

宝云经

卷第三

Дх.08859

卷第四

Дх.00308   Дх.00841   Дх.00943   Дх.05674
Дх.08855   Дх.08859

卷第五

Дх.04024

卷第六

Дх.05578

（官）

官文书

Дх.06521   Дх.06531V   Дх.12211   Дх.19071

官吏住宿破用历

Дx.02166

（房）

房契

Дx.05299

（诗）

诗经及注解等

Дx.01068	Дx.01366	Дx.01640	Дx.05588
Дx.09328	Дx.11933B	Дx.11937	Дx.12602
Дx.12697	Дx.12759	Дx.16884	

诗集

Дx.06654V　Дx.06722V　Дx.11414

诗词赋

Дx.00123V	Дx.00153	Дx.00954	Дx.01291A
Дx.01291B	Дx.01298A	Дx.01298B	Дx.01319V
Дx.01321	Дx.01321V	Дx.01891V	Дx.02145VB
Дx.02153VA	Дx.02301	Дx.02430V	Дx.02642V
Дx.02918V	Дx.03726	Дx.03863	Дx.03865
Дx.03871	Дx.03916	Дx.03944	Дx.04349
Дx.04568	Дx.05579	Дx.05898V	Дx.06053
Дx.06753V	Дx.10740C	Дx.12516V	Дx.17442
Дx.17447V	Дx.17469	Дx.18292	

（祈）

祈祷文

Дx.01009A

祈神偈

Ф.226V

祈愿文

| Дx.02171 | Дx.02664 | Дx.05081 | Дx.05084 |
| Дx.11124 | | | |

（询）

询起居函

Дx.03030

（卷）

卷帙号

Ф.007V	Ф.013V	Ф.017VA	Ф.030V
Дx.00274V	Дx.00342V	Дx.01035V	Дx.01038V
Дx.01062V	Дx.01067V	Дx.01110V	Дx.01201BV
Дx.01201CV	Дx.01491V	Дx.01495V	Дx.01677V
Дx.01681V	Дx.01793V	Дx.01872V	Дx.02005V
Дx.02074V	Дx.02126	Дx.02835V	Дx.02739V
Дx.02847V	Дx.02873V	Дx.02907BV	Дx.02924V
Дx.03140	Дx.03341	Дx.04539	Дx.04570
Дx.05255	Дx.11004V	Дx.14541	

（郑）

郑虔残札

Дx.10839

（建）

建中二年十一月王嘉玉马契

Дx.01328V

建中三年三月二十七日授百姓部田春苗历

Дx.01328

建中六年行官魏忠顺收驼麻抄

Дx.18927

建隆二年三月奴相德等残籍

Дx.04679V

建隆四年三月点检历

Дx.04749

（孟）

孟姜女变文

Дx.11018

孟姜女变相

Дx.11018V

（弥）

弥沙塞五分戒本

Дх.01211A　　Дх.09632　　Дх.15271

弥沙塞部和醯五分律

　　Дх.06992　　Дх.07294　　Дх.08257　　Дх.16537

　　Дх.16541　　Дх.16585　　Дх.16655　　Дх.16827

　　Дх.16849　　Дх.16894　　Дх.16910　　Дх.16914

　　Дх.16935　　Дх.16942　　Дх.16949　　Дх.16966

　　Дх.16988

弥沙塞羯磨本

　　Дх.14247

弥勒下生成佛经

　　Дх.00282

弥勒经游意第八辨弥勒与释迦同时涅槃不同灭度

　　Дх.07724

（经）

经目

　　Дх.04365　　Дх.04683　　Дх.09539　　Дх.09562

　　Дх.12731　　Дх.16422

经名杂写

　　Дх.00471V　　Дх.00472V　　Дх.01227V　　Дх.01294V

　　Дх.01297V　　Дх.01320V　　Дх.01582　　Дх.01582V

　　Дх.01642

经序

　　Дх.05271V

经帙带

　　Дх.12739

经卷名

　　Дх.02927V

经音字

　　Дх.08687　　Дх.12287　　Дх.16870　　Дх.17010V

经济文书

　　Дх.10272B　　Дх.10295　　Дх.11057　　Дх.11058

经律字音杂抄

　　Дх.00330　　Дх.00935

经律异相

　　Ф.275B

（迦）

迦丁比丘说当来变经

　　Дх.03237V　　Дх.05144　　Дх.05201

九画

（春）

春秋后语

　　Дх.02663　　Дх.02724　　Дх.05341　　Дх.05784

　　Дх.11638

（南）

南本大般涅槃经会疏

　　Дх.03595　　Дх.04617　　Дх.05029　　Дх.06485

　　Дх.09384　　Дх.15033　　Дх.15123

南宗赞

　　Ф.171

南宗定邪赞

　　Дх.02175V

（药）

药方

　　Ф.356A　　Ф.356VA　　Дх.03823　　Дх.03828

　　Дх.04679　　Дх.04996　　Дх.06728　　Дх.07192

　　Дх.11210　　Дх.11210V　　Дх.16882　　Дх.19064

药王菩萨祈祷文

　　Дх.01266V

药师琉璃光如来本愿功德经（唐玄奘译）

　　Ф.189A　　Ф.206　　Ф.255　　Дх.00272

　　Дх.00617　　Дх.00621　　Дх.00784　　Дх.00862

　　Дх.00903　　Дх.01160　　Дх.01237　　Дх.01628

　　Дх.01662　　Дх.01841　　Дх.01873　　Дх.01981

　　Дх.02015　　Дх.02287　　Дх.02290　　Дх.02342

　　Дх.02583　　Дх.02603　　Дх.02730　　Дх.03081

　　Дх.03725　　Дх.03727　　Дх.03838　　Дх.04333

　　Дх.04528　　Дх.04558　　Дх.04584　　Дх.04742

　　Дх.04871　　Дх.04941　　Дх.05088　　Дх.05105

　　Дх.05115　　Дх.05505　　Дх.05572　　Дх.05632

Дх.05660	Дх.05704	Дх.05880	Дх.05965
Дх.06498	Дх.06763	Дх.06796	Дх.07196
Дх.07220	Дх.08844	Дх.08860	Дх.08947
Дх.09158	Дх.10151	Дх.10152	Дх.10153
Дх.10154	Дх.10155	Дх.10156A	Дх.10156B
Дх.10156C	Дх.10156D	Дх.10156E	Дх.10349
Дх.10680	Дх.11715	Дх.11846	Дх.11869
Дх.11969	Дх.11974	Дх.11980	Дх.11984
Дх.12526	Дх.12537	Дх.12579	Дх.12589
Дх.12679	Дх.12766	Дх.12838	Дх.14745

药师琉璃光七佛本愿功德经（唐义净译）

Дх.07916　　Дх.11141

药师经

Дх.15466

药师经直解

Дх.05488

药师经疏

Дх.01811　　Дх.09274

（契）

契约

Ф.355B	Дх.00011C	Дх.03863V	Дх.05299
Дх.05982	Дх.06033	Дх.11063	Дх.11064
Дх.18946B			

契据

Ф.280B　　Дх.00503V　　Дх.00504V

（持）

持心梵天所问经

Дх.15635

持世经

卷第一

Дх.18529

卷第二

Дх.18346

持世陀罗尼经

Дх.05279

持诵金刚经灵验功德记

| Дх.00138 | Дх.00296 | Дх.00514 | Дх.05384 |
| Дх.06235 | Дх.06235V | Дх.08850 | Дх.10694 |

持斋念佛忏悔礼文

Дх.01121　　Дх.05357V　　Дх.12026

（胡）

胡书偏奴负钱契

Дх.18925

（残）

残文书

Дх.03982　　Дх.19075

残片

Ф.123D	Дх.01132	Дх.01132V	Дх.01147
Дх.01536	Дх.01809B	Дх.02581V	Дх.02596V
Дх.03963	Дх.03980B	Дх.04172V	Дх.04251
Дх.04229	Дх.04521V	Дх.04358	Дх.04527
Дх.04553	Дх.04586	Дх.04592	Дх.04650
Дх.04651	Дх.04666V	Дх.04669	Дх.04671
Дх.04671V	Дх.04677	Дх.04685	Дх.04689
Дх.04853	Дх.04854	Дх.04932	Дх.04935
Дх.04936	Дх.04974	Дх.04996V	Дх.05085
Дх.05092	Дх.05193V	Дх.05353B	Дх.05554
Дх.05567	Дх.05568V	Дх.05624	Дх.05675
Дх.05685	Дх.05686V	Дх.05691	Дх.05710V
Дх.05733	Дх.05756V	Дх.05759	Дх.05762
Дх.05844V	Дх.05847	Дх.05848	Дх.5852V
Дх.05863	Дх.05877	Дх.05935	Дх.05990
Дх.05991	Дх.06000V	Дх.06003V	Дх.06004V
Дх.06009	Дх.06010	Дх.06010V	Дх.06013
Дх.06014	Дх.06014V	Дх.06025	Дх.06026
Дх.06098V	Дх.06323	Дх.06405	Дх.06494
Дх.06550V	Дх.06631	Дх.07218	Дх.07325
Дх.07327	Дх.07368	Дх.07369	Дх.07370
Дх.07437	Дх.07485	Дх.07539	Дх.07609
Дх.07814	Дх.07815	Дх.07816	Дх.07821V
Дх.07961	Дх.07986	Дх.08009	Дх.08107

Дх.08184	Дх.08209	Дх.08218	Дх.08248		Дх.18991	Дх.19030	Дх.19031	Дх.19032
Дх.08251	Дх.08253	Дх.08421	Дх.08426		Дх.19034	Дх.19035	Дх.19045	Дх.19048
Дх.08462	Дх.08515	Дх.08547	Дх.08548		Дх.19049	Дх.19057		

残字

Дх.00480V	Дх.01388V	Дх.01529V	Дх.01667V
Дх.01864V	Дх.02442V	Дх.02446V	Дх.02465V
Дх.02468V	Дх.02491V	Дх.02508V	Дх.02784V
Дх.03002V	Дх.03017		

残纸

Дх.11100	Дх.11218	Дх.11221	Дх.12184
Дх.12185	Дх.12656		

残佛经

Ф.212	Ф.328	Ф.333	Дх.00181
Дх.00446	Дх.00492V	Дх.00534	Дх.00945
Дх.00974	Дх.01021	Дх.01394	Дх.01485
Дх.01525	Дх.01525V	Дх.01551V	Дх.01647
Дх.01649	Дх.01657	Дх.02065V	Дх.02135
Дх.02142	Дх.02298	Дх.02330BV	Дх.02493
Дх.02512	Дх.02555	Дх.02668	Дх.02875
Дх.02963	Дх.02964	Дх.02973	Дх.02981
Дх.03008	Дх.03027	Дх.03148	Дх.03237
Дх.03241	Дх.03243	Дх.03246	Дх.03277
Дх.03312	Дх.03318	Дх.03322	Дх.03332
Дх.03335	Дх.03355A	Дх.03373V	Дх.03376
Дх.03423	Дх.03435	Дх.03437	Дх.03482
Дх.03491	Дх.03498	Дх.03524	Дх.03528
Дх.03585	Дх.03602	Дх.03611	Дх.03628
Дх.03629	Дх.03634	Дх.03646	Дх.03668V
Дх.03675	Дх.03684	Дх.03686	Дх.03698
Дх.03781	Дх.03790	Дх.03815	Дх.03918
Дх.03981	Дх.04000	Дх.04008	Дх.04050V
Дх.04059V	Дх.04075	Дх.04075V	Дх.04076
Дх.04082	Дх.04095	Дх.04102	Дх.04148
Дх.04174	Дх.04191	Дх.04207	Дх.04225
Дх.04244	Дх.04245	Дх.04259	Дх.04336
Дх.04353	Дх.04360V	Дх.04419	Дх.04428
Дх.04474	Дх.04491A	Дх.04491B	Дх.04521
Дх.04577	Дх.04578	Дх.04581	Дх.04599

Дх.08549	Дх.08550	Дх.08551	Дх.08568
Дх.08671	Дх.08672	Дх.08673	Дх.08714
Дх.08773	Дх.08783	Дх.08784	Дх.08789
Дх.08814	Дх.08861	Дх.08874	Дх.08903
Дх.08905	Дх.09123	Дх.09222V	Дх.09230V
Дх.09234	Дх.09442	Дх.09485	Дх.09490
Дх.09499	Дх.09500	Дх.09507	Дх.09608
Дх.09679	Дх.09983	Дх.09984B	Дх.10836
Дх.10837	Дх.10888V	Дх.11088	Дх.11228
Дх.11300	Дх.11301	Дх.11302	Дх.11303
Дх.11304	Дх.11305	Дх.11306	Дх.11307
Дх.11308	Дх.11328	Дх.11538V	Дх.11593C
Дх.11631	Дх.12047V	Дх.12059	Дх.12101
Дх.12121V	Дх.12288	Дх.12308	Дх.12358V
Дх.12386	Дх.12435	Дх.12455	Дх.12506
Дх.12528	Дх.12529	Дх.12631	Дх.12715V
Дх.12735	Дх.12794	Дх.12795	Дх.12796
Дх.12797	Дх.12798	Дх.12799	Дх.12800
Дх.12801	Дх.12803	Дх.12804	Дх.12809
Дх.12812	Дх.12905	Дх.14179	Дх.14196
Дх.14197	Дх.14211	Дх.14222	Дх.14248
Дх.14250	Дх.14252	Дх.14253	Дх.14254
Дх.14255	Дх.14256	Дх.14257	Дх.14258
Дх.14272	Дх.14309	Дх.14323	Дх.14508
Дх.14522	Дх.14675	Дх.14805	Дх.15347
Дх.15579	Дх.15806	Дх.15807	Дх.15965
Дх.16007	Дх.16040	Дх.16570	Дх.16615
Дх.16641	Дх.16644	Дх.16645	Дх.16646
Дх.16650	Дх.16651	Дх.16652	Дх.16780
Дх.16833V	Дх.17365	Дх.17367	Дх.17303
Дх.17304	Дх.17386	Дх.17409	Дх.17470
Дх.17475	Дх.18709	Дх.18710	Дх.18711
Дх.18712	Дх.18713	Дх.18714	Дх.18949
Дх.18950	Дх.18951	Дх.18952	Дх.18953
Дх.18954	Дх.18962	Дх.18963	Дх.18982

Дх.04626	Дх.04636	Дх.04643	Дх.04645	Дх.07726	Дх.07748	Дх.07750	Дх.07752V
Дх.04666	Дх.04695	Дх.04705V	Дх.04706	Дх.07757B	Дх.07769	Дх.07778	Дх.07779
Дх.04728	Дх.04728V	Дх.04754	Дх.04760	Дх.07791	Дх.07798	Дх.07805	Дх.07807
Дх.04779	Дх.04850	Дх.04880	Дх.04885	Дх.07809	Дх.07818	Дх.07819	Дх.07821A
Дх.05060V	Дх.05153	Дх.05193E	Дх.05193J	Дх.07834	Дх.07835	Дх.07840	Дх.07843
Дх.05199	Дх.05222	Дх.05225	Дх.05258V	Дх.07847	Дх.07849	Дх.07858	Дх.07869
Дх.05270V	Дх.05271	Дх.05314	Дх.05317	Дх.07875	Дх.07876	Дх.07879	Дх.07883
Дх.05361	Дх.05362	Дх.05367	Дх.05369V	Дх.07884	Дх.07890	Дх.07898	Дх.07925
Дх.05404	Дх.05446	Дх.05593	Дх.05595	Дх.07931	Дх.07947	Дх.07990	Дх.07993
Дх.05617V	Дх.05629V	Дх.05640	Дх.05648	Дх.08002	Дх.08013	Дх.08014	Дх.08031
Дх.05753	Дх.05771	Дх.05797	Дх.05897	Дх.08034	Дх.08060	Дх.08063	Дх.08064
Дх.05897V	Дх.06002	Дх.06004	Дх.06237	Дх.08066	Дх.08067	Дх.08068	Дх.08070
Дх.06299	Дх.06368	Дх.06370	Дх.06389	Дх.08072	Дх.08074	Дх.08076	Дх.08077
Дх.06471	Дх.06476	Дх.06478	Дх.06517	Дх.08081	Дх.08087	Дх.08098	Дх.08100
Дх.06630	Дх.06683	Дх.06733	Дх.06778	Дх.08103	Дх.08109	Дх.08110	Дх.08111
Дх.06789	Дх.06791	Дх.06799	Дх.06810	Дх.08115	Дх.08116	Дх.08120B	Дх.08127
Дх.06845	Дх.06865	Дх.06867	Дх.06868	Дх.08134	Дх.08135	Дх.08139	Дх.08140
Дх.06870	Дх.06876	Дх.06881	Дх.06883	Дх.08141	Дх.08149	Дх.08151	Дх.08154
Дх.06901	Дх.06916B	Дх.06984	Дх.07033	Дх.08161	Дх.08167	Дх.08168	Дх.08172
Дх.07055	Дх.07070	Дх.07096	Дх.07103	Дх.08175	Дх.08178B	Дх.08178C	Дх.08178D
Дх.07175	Дх.07221	Дх.07223	Дх.07238	Дх.08179	Дх.08188	Дх.08195	Дх.08206
Дх.07241	Дх.07245	Дх.07252	Дх.07262	Дх.08210	Дх.08222	Дх.08238	Дх.08262
Дх.07266	Дх.07272	Дх.07291	Дх.07293	Дх.08266	Дх.08267	Дх.08268	Дх.08273
Дх.07296	Дх.07305	Дх.07312	Дх.07332	Дх.08278	Дх.08283	Дх.08286	Дх.08293
Дх.07332V	Дх.07343	Дх.07347	Дх.07349	Дх.08295	Дх.08303	Дх.08305	Дх.08307
Дх.07350	Дх.07353	Дх.07354	Дх.07376	Дх.08322	Дх.08324	Дх.08325	Дх.08331
Дх.07384	Дх.07400	Дх.07406	Дх.07409	Дх.08344	Дх.08348	Дх.08396	Дх.08471
Дх.07416	Дх.07423	Дх.07426	Дх.07429	Дх.08529	Дх.08530	Дх.08537	Дх.08577
Дх.07433	Дх.07434	Дх.07439	Дх.07442	Дх.08578	Дх.08579	Дх.08585	Дх.08589
Дх.07444	Дх.07452	Дх.07455	Дх.07459	Дх.08590	Дх.08592	Дх.08601	Дх.08603
Дх.07465	Дх.07490	Дх.07496	Дх.07506	Дх.08605	Дх.08606	Дх.08609	Дх.08610
Дх.07507	Дх.07510	Дх.07519	Дх.07532	Дх.08617	Дх.08623	Дх.08637	Дх.08639
Дх.07537	Дх.07549	Дх.07564	Дх.07568	Дх.08640	Дх.08648	Дх.08663	Дх.08665
Дх.07578	Дх.07589	Дх.07592	Дх.07594	Дх.08666	Дх.08667	Дх.08678	Дх.08680
Дх.07595	Дх.07599	Дх.07604	Дх.07611	Дх.08682	Дх.08713	Дх.08728	Дх.08733
Дх.07614	Дх.07615	Дх.07638	Дх.07656	Дх.08744	Дх.08745	Дх.08747	Дх.08749A
Дх.07675	Дх.07676	Дх.07680	Дх.07692	Дх.08749B	Дх.08749D	Дх.08749E	Дх.08749F
Дх.07702	Дх.07708	Дх.07715	Дх.07716	Дх.08749G	Дх.08749H	Дх.08749J	Дх.08761

Дх.08771	Дх.08800	Дх.08802	Дх.08806	Дх.11170A	Дх.11180	Дх.11189	Дх.11190
Дх.08839	Дх.08882	Дх.08894	Дх.08904	Дх.11191	Дх.11220	Дх.11229	Дх.11230
Дх.08906	Дх.08916	Дх.08917A	Дх.08917B	Дх.11231	Дх.11235	Дх.11240	Дх.11246
Дх.08929	Дх.08929V	Дх.08935	Дх.08936	Дх.11263	Дх.11265	Дх.11299	Дх.11309
Дх.08940	Дх.08953	Дх.08990	Дх.08994	Дх.11311V	Дх.11313	Дх.11317	Дх.11319
Дх.09011	Дх.09028	Дх.09034	Дх.09040	Дх.11323	Дх.11331	Дх.11335	Дх.11338
Дх.09062	Дх.09089	Дх.09094	Дх.09103	Дх.11346	Дх.11351	Дх.11352	Дх.11355
Дх.09135	Дх.09153	Дх.09155	Дх.09163	Дх.11356	Дх.11358	Дх.11361	Дх.11365
Дх.09218	Дх.09239	Дх.09263	Дх.09295	Дх.11368	Дх.11369	Дх.11370	Дх.11371
Дх.09320	Дх.09363	Дх.09369	Дх.09398	Дх.11372	Дх.11373	Дх.11374	Дх.11375
Дх.09447	Дх.09451	Дх.09455	Дх.09457	Дх.11376	Дх.11377	Дх.11378	Дх.11379
Дх.09458	Дх.09459	Дх.09460	Дх.09463	Дх.11380	Дх.11381	Дх.11394	Дх.11396
Дх.09594	Дх.09595	Дх.09596V	Дх.09600	Дх.11397	Дх.11403	Дх.11421	Дх.11430
Дх.09601	Дх.09602	Дх.09603	Дх.09605	Дх.11442	Дх.11466	Дх.11469	Дх.11470
Дх.09611	Дх.09614	Дх.09616	Дх.09622	Дх.11566	Дх.11768	Дх.11785	Дх.11788
Дх.09625	Дх.09626	Дх.09631	Дх.09636	Дх.11797	Дх.11841	Дх.11943V	Дх.11991
Дх.09678	Дх.09682	Дх.09693	Дх.09703A	Дх.11992	Дх.11993	Дх.12019	Дх.12021
Дх.09703B	Дх.09703C	Дх.09714	Дх.09740	Дх.12061	Дх.12066	Дх.12068	Дх.12069
Дх.09742	Дх.09823	Дх.09824	Дх.09826	Дх.12070	Дх.12083	Дх.12086	Дх.12089
Дх.09829	Дх.09830	Дх.09894	Дх.09916	Дх.12099	Дх.12100	Дх.12102	Дх.12104
Дх.09957	Дх.09958	Дх.09958V	Дх.09964	Дх.12107	Дх.12114V	Дх.12166	Дх.12173
Дх.09964V	Дх.09966	Дх.09976	Дх.09977	Дх.12177	Дх.12209	Дх.12209V	Дх.12226
Дх.09980V	Дх.09982V	Дх.09985	Дх.09986	Дх.12260	Дх.12266	Дх.12267	Дх.12269
Дх.09987	Дх.09994	Дх.09997	Дх.10001	Дх.12279B	Дх.12302	Дх.12309	Дх.12316
Дх.10011	Дх.10014	Дх.10026	Дх.10028	Дх.12328	Дх.12332	Дх.12333	Дх.12341
Дх.10044	Дх.10046	Дх.10047	Дх.10048	Дх.12342	Дх.12346	Дх.12350	Дх.12353
Дх.10055	Дх.10056	Дх.10058	Дх.10061	Дх.12358	Дх.12362	Дх.12372	Дх.12373
Дх.10064	Дх.10068	Дх.10069	Дх.10072	Дх.12374	Дх.12383	Дх.12417	Дх.12424
Дх.10073	Дх.10074	Дх.10075	Дх.10078	Дх.12428	Дх.12431	Дх.12438	Дх.12467
Дх.10078V	Дх.10079	Дх.10091	Дх.10095	Дх.12472	Дх.12474	Дх.12478	Дх.12501
Дх.10096	Дх.10097	Дх.10122	Дх.10124	Дх.12502	Дх.12538	Дх.12549	Дх.12559
Дх.10127	Дх.10129	Дх.10133	Дх.10180	Дх.12576	Дх.12642	Дх.12645	Дх.12666
Дх.10330	Дх.10346	Дх.10361	Дх.10390	Дх.12680	Дх.12686	Дх.12751	Дх.12808
Дх.10391	Дх.10439A	Дх.10440	Дх.10450	Дх.12832	Дх.12835	Дх.12836	Дх.12837
Дх.10461	Дх.10489B	Дх.10490	Дх.10507C	Дх.12843V	Дх.12844	Дх.12848	Дх.12849
Дх.10689	Дх.10693	Дх.10716V	Дх.10763	Дх.12856	Дх.12857	Дх.12886	Дх.12890
Дх.10773	Дх.10774	Дх.10782	Дх.10869	Дх.12893	Дх.12900	Дх.12902	Дх.12903
Дх.11016	Дх.11103	Дх.11104	Дх.11169	Дх.12908	Дх.12909	Дх.14157	Дх.14158

Дх.14162	Дх.14165	Дх.14166	Дх.14167		Дх.14696	Дх.14698至Дх.14743
Дх.14168	Дх.14172	Дх.14175	Дх.14176		Дх.14749至Дх.14775	Дх.14782	Дх.14784
Дх.14177	Дх.14181	Дх.14184	Дх.14186		Дх.14785	Дх.14786	Дх.14787	Дх.14788
Дх.14187	Дх.14188	Дх.14203	Дх.14206		Дх.14790至Дх.14803	Дх.14809	Дх.14815
Дх.14207	Дх.14208	Дх.14212	Дх.14213		Дх.14816	Дх.14817	Дх.14818	Дх.14819
Дх.14224	Дх.14229	Дх.14230	Дх.14231		Дх.14820	Дх.14821	Дх.14822	Дх.14824
Дх.14232	Дх.14234	Дх.14239	Дх.14241		Дх.14825	Дх.14826	Дх.14828至Дх.14848
Дх.14245	Дх.14246	Дх.14263	Дх.14264		Дх.14850至Дх.14875	Дх.14881	Дх.14882
Дх.14265	Дх.14266	Дх.14268	Дх.14273		Дх.14883	Дх.14884	Дх.14885	Дх.14886
Дх.14276	Дх.14277	Дх.14278	Дх.14279		Дх.14887	Дх.14888	Дх.14889	Дх.14890
Дх.14280	Дх.14281	Дх.14282	Дх.14283		Дх.14891	Дх.14892	Дх.14893	Дх.14894
Дх.14284	Дх.14285	Дх.14286	Дх.14287		Дх.14895	Дх.14896	Дх.14897	Дх.14898
Дх.14288	Дх.14289	Дх.14290	Дх.14291		Дх.14899	Дх.14900	Дх.14904至Дх.14918
Дх.14292	Дх.14293	Дх.14294	Дх.14295		Дх.14921	Дх.14923	Дх.14925	Дх.14931
Дх.14296	Дх.14297	Дх.14298	Дх.14299		Дх.14932	Дх.14934	Дх.14936	Дх.14937
Дх.14300	Дх.14301	Дх.14302	Дх.14311		Дх.14939	Дх.14942	Дх.14944至Дх.14957
Дх.14312	Дх.14313	Дх.14314	Дх.14315		Дх.14963	Дх.14964	Дх.14965	Дх.14966
Дх.14316	Дх.14317	Дх.14318	Дх.14319		Дх.14968	Дх.14969	Дх.14970	Дх.14972
Дх.14320	Дх.14321	Дх.14327	Дх.14330		Дх.14973	Дх.14974	Дх.14975	
Дх.14331	Дх.14332	Дх.14333	Дх.14334		Дх.14977至Дх.14987	Дх.14992	Дх.14995
Дх.14335	Дх.14336	Дх.14337	Дх.14338		Дх.14996	Дх.14997	Дх.14999	Дх.15000
Дх.14343	Дх.14344	Дх.14345	Дх.14346		Дх.15001	Дх.15002	Дх.15003	Дх.15004
Дх.14347	Дх.14349	Дх.14350	Дх.14351		Дх.15005	Дх.15006	Дх.15007	Дх.15011
Дх.14352	Дх.14353	Дх.14354	Дх.14355		Дх.15014	Дх.15016至Дх.15032	Дх.15037
Дх.14356	Дх.14357	Дх.14359至Дх.14449			Дх.15038	Дх.15039	Дх.15040
Дх.14451	Дх.14453至Дх.14478	Дх.14481			Дх.15042至Дх.15057	Дх.15065至Дх.15080
Дх.14482	Дх.14483	Дх.14484	Дх.14485		Дх.15085	Дх.15089至Дх.15099	Дх.15101
Дх.14487至Дх.14504	Дх.14511	Дх.14512			Дх.15103至Дх.15121	Дх.15127	Дх.15129
Дх.14513	Дх.14514	Дх.14515	Дх.14517		Дх.15130	Дх.15131	Дх.15133至Дх.15143
Дх.14518	Дх.14520	Дх.14527	Дх.14528		Дх.15145至Дх.15164	Дх.15166	
Дх.14535	Дх.14539	Дх.14542	Дх.14543		Дх.15168至Дх.15186	Дх.15187	
Дх.14547至Дх.14562	Дх.14566				Дх.15192至Дх.15205	Дх.15208	Дх.15213
Дх.14568至Дх.14620	Дх.14622至Дх.14647			Дх.15214	Дх.15216	Дх.15217	Дх.15218
Дх.14649	Дх.14650	Дх.14651	Дх.14653		Дх.15229	Дх.15230	Дх.15231	Дх.15232
Дх.14654	Дх.14655	Дх.14657			Дх.15233	Дх.15234	Дх.15242至Дх.15255
Дх.14660至Дх.14672	Дх.14674	Дх.14678			Дх.15257	Дх.15263	Дх.15265	Дх.15266
Дх.14683	Дх.14684	Дх.14686	Дх.14687		Дх.15267	Дх.15268	Дх.15269	
Дх.14688	Дх.14691	Дх.14692	Дх.14694		Дх.15274至Дх.15286	Дх.15289	Дх.15291

Дх.15292	Дх.15293	Дх.15294			Дх.15682	Дх.15684至Дх.15697	Дх.15701
Дх.15296至Дх.15306		Дх.15311至Дх.15322			Дх.15703至Дх.15715	Дх.15722	Дх.15723
Дх.15328	Дх.15329	Дх.15330	Дх.15331		Дх.15724	Дх.15725	Дх.15726	Дх.15727
Дх.15332	Дх.15333	Дх.15334	Дх.15335		Дх.15730	Дх.15735	Дх.15736	Дх.15737
Дх.15337	Дх.15338	Дх.15339	Дх.15340		Дх.15738	Дх.15739	Дх.15740	Дх.15741
Дх.15341	Дх.15342	Дх.15343	Дх.15344		Дх.15744至Дх.15759		Дх.15761	Дх.15768
Дх.15345	Дх.15346	Дх.15353	Дх.15354		Дх.15778	Дх.15779	Дх.15780	Дх.15781
Дх.15355	Дх.15356	Дх.15357	Дх.15358		Дх.15782	Дх.15783	Дх.15791	Дх.15792
Дх.15359	Дх.15360	Дх.15363	Дх.15364		Дх.15799	Дх.15801	Дх.15802	Дх.15803
Дх.15365	Дх.15366	Дх.15368	Дх.15370		Дх.15804	Дх.15812	Дх.15813	Дх.15818
Дх.15371	Дх.15372	Дх.15373	Дх.15374		Дх.15824	Дх.15826	Дх.15827	Дх.15828
Дх.15375	Дх.15376	Дх.15379			Дх.15829	Дх.15830	Дх.15831	Дх.15839
Дх.15382至Дх.15399		Дх.15403	Дх.15404		Дх.15840	Дх.15841	Дх.15843	
Дх.15405	Дх.15406	Дх.15407	Дх.14409		Дх.15847至Дх.15858		Дх.15862	Дх.15864
Дх.14410	Дх.14411	Дх.14412	Дх.14413		Дх.15866	Дх.15867	Дх.15869	Дх.15870
Дх.14414	Дх.14415	Дх.15416	Дх.15425		Дх.15871	Дх.15872	Дх.15873	
Дх.15426	Дх.15427	Дх.15429	Дх.15430		Дх.15875至Дх.15902		Дх.15904	Дх.15905
Дх.15431	Дх.15432	Дх.15437	Дх.15438		Дх.15906至Дх.15919		Дх.15927	Дх.15928
Дх.15439	Дх.15440	Дх.15441	Дх.15442		Дх.15930	Дх.15931	Дх.15932	
Дх.15444至Дх.15461		Дх.15465	Дх.15467		Дх.15936至Дх.15950		Дх.15955	Дх.15957
Дх.15468	Дх.15470	Дх.15471	Дх.15472		Дх.15959	Дх.15966	Дх.15968至Дх.15978	
Дх.15473	Дх.15474	Дх.15475	Дх.15476		Дх.15980至Дх.15994		Дх.16007	Дх.16050
Дх.15481	Дх.15483至Дх.15494		Дх.15497		Дх.16060	Дх.16062	Дх.16063	Дх.16064
Дх.15498	Дх.15500	Дх.15502	Дх.15503		Дх.16079	Дх.16081	Дх.16082	Дх.16083
Дх.15504	Дх.15506	Дх.15507	Дх.15508		Дх.16084	Дх.16097	Дх.16098	Дх.16099
Дх.15509	Дх.15510	Дх.15511	Дх.15514		Дх.16105	Дх.16106	Дх.16107	Дх.16111
Дх.15520	Дх.15521	Дх.15522	Дх.15523		Дх.16112	Дх.16117	Дх.16125	Дх.16130
Дх.15524	Дх.15525	Дх.15526	Дх.15530		Дх.16132	Дх.16133	Дх.16142	Дх.16143
Дх.15531	Дх.15533	Дх.15535	Дх.15536		Дх.16144	Дх.16145	Дх.16146	Дх.16152
Дх.15537	Дх.15538	Дх.15539	Дх.15540		Дх.16157	Дх.16163	Дх.16166	Дх.16167
Дх.15541	Дх.15544至Дх.15557		Дх.15559		Дх.16168	Дх.16177	Дх.16178	Дх.16179
Дх.15560	Дх.15561	Дх.15562	Дх.15566		Дх.16180	Дх.16181	Дх.16182	Дх.16183
Дх.15568	Дх.15571	Дх.15572	Дх.15573		Дх.16184	Дх.16185	Дх.16190	Дх.16191
Дх.15574	Дх.15576	Дх.15581至Дх.15614			Дх.16194至Дх.16204		Дх.16205	Дх.16207
Дх.15619至Дх.15630		Дх.15636	Дх.15637		Дх.16212至Дх.16224		Дх.16232	Дх.16233
Дх.15639	Дх.15640	Дх.15641	Дх.15643		Дх.16234	Дх.16235	Дх.16236	Дх.16237
Дх.15644	Дх.15645	Дх.15646			Дх.16238	Дх.16242	Дх.16247	Дх.16251
Дх.15653至Дх.15665		Дх.15670至Дх.15680			Дх.16252	Дх.16253	Дх.16254	Дх.16255

Дх.16257	Дх.16259	Дх.16260	Дх.16263	Дх.17014	Дх.17017	Дх.17018	Дх.17023
Дх.16264	Дх.16265	Дх.16267		Дх.17026	Дх.17029	Дх.17036	Дх.17041
Дх.16269至Дх.16279		Дх.16285至Дх.16298		Дх.17045	Дх.17046	Дх.17053	Дх.17054
Дх.16313	Дх.16314	Дх.16316	Дх.16317	Дх.17056	Дх.17072	Дх.17075	Дх.17090
Дх.16319	Дх.16321	Дх.16322	Дх.16323	Дх.17102	Дх.17108	Дх.17145	Дх.17146
Дх.16324	Дх.16325	Дх.16326	Дх.16327	Дх.17147	Дх.17157	Дх.17165	Дх.17166
Дх.16328	Дх.16333	Дх.16337至Дх.16347		Дх.17169	Дх.17170	Дх.17171	Дх.17174
Дх.16355	Дх.16356	Дх.16357	Дх.16358	Дх.17181	Дх.17192	Дх.17193	Дх.17202
Дх.16359	Дх.16360	Дх.16361	Дх.16362	Дх.17206	Дх.17218	Дх.17221	Дх.17222
Дх.16366至Дх.16378		Дх.16382	Дх.16386	Дх.17229	Дх.17234	Дх.17239	Дх.17252V
Дх.16387	Дх.16388	Дх.16389	Дх.16390	Дх.17256	Дх.17259	Дх.17275	Дх.17285
Дх.16391	Дх.16392	Дх.16414		Дх.17324	Дх.17325	Дх.17328	Дх.17329
Дх.16454至Дх.16470		Дх.16480	Дх.16481	Дх.17330	Дх.17333	Дх.17334	Дх.17339
Дх.16482	Дх.16486	Дх.16488	Дх.16489	Дх.17348	Дх.17350	Дх.17355	Дх.17363
Дх.16491	Дх.16492	Дх.16493	Дх.16494	Дх.17369	Дх.17370	Дх.17372	Дх.17373
Дх.16508	Дх.16510	Дх.16511	Дх.16524	Дх.17374	Дх.17375	Дх.17376	Дх.17377
Дх.16527	Дх.16527V	Дх.16532	Дх.16536	Дх.17379	Дх.17380	Дх.17381	Дх.17382
Дх.16540	Дх.16546	Дх.16554	Дх.16555	Дх.17383	Дх.17387	Дх.17390	Дх.17391
Дх.16574	Дх.16588	Дх.16589	Дх.16590	Дх.17393	Дх.17394	Дх.17395	Дх.17399
Дх.16592	Дх.16593	Дх.16595	Дх.16597	Дх.17400	Дх.17406	Дх.17407	Дх.17411
Дх.16598	Дх.16599	Дх.16600	Дх.16602	Дх.17425	Дх.17427	Дх.17428	Дх.17430
Дх.16604	Дх.16606	Дх.16608	Дх.16609	Дх.17432	Дх.17434	Дх.17450	Дх.17451
Дх.16610	Дх.16612	Дх.16619	Дх.16620	Дх.17452	Дх.17460	Дх.17464	Дх.17465
Дх.16621	Дх.16625	Дх.16626	Дх.16630	Дх.17468	Дх.17477	Дх.17478	Дх.17479
Дх.16636	Дх.16637	Дх.16639	Дх.16670	Дх.17480	Дх.17481	Дх.17483至Дх.17494	
Дх.16679	Дх.16684	Дх.16686	Дх.16691	Дх.17498	Дх.17499	Дх.17500	Дх.17501
Дх.16693	Дх.16698	Дх.16707	Дх.16727	Дх.17502	Дх.17503	Дх.17507	Дх.17509
Дх.16729	Дх.16739	Дх.16740	Дх.16746	Дх.17510	Дх.17511	Дх.17512	Дх.17513
Дх.16748	Дх.16755	Дх.16756	Дх.16757	Дх.17514	Дх.17515	Дх.17516	Дх.17517
Дх.16760	Дх.16762	Дх.16763	Дх.16766	Дх.17518	Дх.17520至Дх.17537		
Дх.16771	Дх.16773	Дх.16774	Дх.16775	Дх.17539至Дх.17551		Дх.17560	Дх.17561
Дх.16777	Дх.16781	Дх.16782	Дх.16786	Дх.17566	Дх.17567	Дх.17568	Дх.17569
Дх.16790	Дх.16797	Дх.16799V	Дх.16817	Дх.17570	Дх.17571	Дх.17572	Дх.17578
Дх.16832	Дх.16837	Дх.16842	Дх.16855	Дх.17579	Дх.17580	Дх.17581	Дх.17582
Дх.16860	Дх.16863	Дх.16878	Дх.16881	Дх.17588	Дх.17589	Дх.17590	Дх.17591
Дх.16885	Дх.16896	Дх.16909	Дх.16938	Дх.17592	Дх.17593	Дх.17594	Дх.17595
Дх.16948	Дх.16953	Дх.16974	Дх.16975	Дх.17602	Дх.17603	Дх.17604	Дх.17605
Дх.16976	Дх.16977	Дх.16987	Дх.17000	Дх.17606	Дх.17607	Дх.17610	Дх.17611

Дх.17612	Дх.17613	Дх.17614	Дх.17615		Дх.18075	Дх.18076	Дх.18079至Дх.18095
Дх.17616	Дх.17617	Дх.17618	Дх.17619		Дх.18097	Дх.18098	Дх.18100至Дх.18123
Дх.17623	Дх.17624	Дх.17625	Дх.17626		Дх.18125	Дх.18127至Дх.18142	
Дх.17627	Дх.17633	Дх.17634	Дх.17635		Дх.18144至Дх.18164	Дх.18174至Дх.19192	
Дх.17637	Дх.17638	Дх.17639	Дх.17640		Дх.18197至Дх.18208	Дх.18211至Дх.18241	
Дх.17641	Дх.17642	Дх.17644	Дх.17650		Дх.18245至Дх.18257	Дх.18259	
Дх.17651	Дх.17652	Дх.17653	Дх.17660		Дх.18261至Дх.18279	Дх.18285	
Дх.17661	Дх.17662	Дх.17663	Дх.17664		Дх.18294至Дх.18310	Дх.18314至Дх.18331	
Дх.17668	Дх.17671至Дх.17681		Дх.17687		Дх.18335	Дх.18337	Дх.18339	Дх.18340
Дх.17688	Дх.17689	Дх.17690	Дх.17691		Дх.18341	Дх.18342	Дх.18343	Дх.18344
Дх.17692	Дх.17693	Дх.17694	Дх.17695		Дх.18350	Дх.18351	Дх.18352	Дх.18353
Дх.17700	Дх.17704	Дх.17705	Дх.17716		Дх.18354	Дх.18360	Дх.18361	Дх.18362
Дх.17722	Дх.17725	Дх.17727	Дх.17729		Дх.18364	Дх.18365	Дх.18366	Дх.18367
Дх.17730	Дх.17731	Дх.17732	Дх.17733		Дх.18368	Дх.18369	Дх.18370	Дх.18371
Дх.17734	Дх.17735	Дх.17736	Дх.17737		Дх.18372	Дх.18374	Дх.18378至Дх.18389	
Дх.17739	Дх.17743至Дх.17765				Дх.18396	Дх.18397	Дх.18398	Дх.18399
Дх.17767至Дх.17786		Дх.17787	Дх.17789		Дх.18400	Дх.18401	Дх.18402	Дх.18403
Дх.17793	Дх.17795	Дх.17796	Дх.17797		Дх.18404	Дх.18405	Дх.18407	Дх.18411
Дх.17798	Дх.17799	Дх.17800	Дх.17801		Дх.18414至Дх.18424		Дх.18428	Дх.18429
Дх.17802	Дх.17806	Дх.17807至Дх.17823			Дх.18430	Дх.18431	Дх.18433至Дх.18448	
Дх.17826	Дх.17830至Дх.17846		Дх.17848		Дх.18450至Дх.18469		Дх.18472V	Дх.18473
Дх.17853至Дх.17868		Дх.17869			Дх.18474	Дх.18475	Дх.18475V	Дх.18484
Дх.17872至Дх.17883		Дх.17889	Дх.17890		Дх.18485	Дх.18488V	Дх.18490	Дх.18495
Дх.17891	Дх.17892	Дх.17893	Дх.17894		Дх.18497	Дх.18501	Дх.18555	Дх.18580
Дх.17895	Дх.17896	Дх.17898至Дх.17911			Дх.18581	Дх.18585	Дх.18587	Дх.18597
Дх.17913至Дх.17930		Дх.17931	Дх.17932		Дх.18601	Дх.18626	Дх.18628	
Дх.17934	Дх.17937	Дх.17940至Дх.17953			Дх.18638至Дх.18648		Дх.18655	Дх.18656
Дх.17960至Дх.17980		Дх.17982	Дх.17983		Дх.18664	Дх.18668	Дх.18676	Дх.18678
Дх.17984	Дх.17985	Дх.17986	Дх.17987		Дх.18679	Дх.18680	Дх.18682	Дх.18686
Дх.17989	Дх.17990	Дх.17991	Дх.17992		Дх.18687	Дх.18690	Дх.18694	Дх.18699
Дх.17993	Дх.17994	Дх.17995	Дх.17997		Дх.18700	Дх.18701	Дх.18702	Дх.18703
Дх.17998V	Дх.18001	Дх.18002	Дх.18003		Дх.18704	Дх.18705	Дх.18716至Дх.18733	
Дх.18004	Дх.18005	Дх.18009			Дх.18734V	Дх.18735	Дх.18736	Дх.18737V
Дх.18010V至Дх.18022		Дх.18023V	Дх.18024		Дх.18738	Дх.18739	Дх.18740V	Дх.18741
Дх.18025	Дх.18026	Дх.18031至Дх.18044			Дх.18742	Дх.18743	Дх.18744	Дх.18745
Дх.18050	Дх.18052	Дх.18053			Дх.18747V	Дх.18748V至Дх.18749		
Дх.18055至Дх.18062		Дх.18069	Дх.18070		Дх.18750V	Дх.18751	Дх.18752	Дх.18753
Дх.18071	Дх.18072	Дх.18073	Дх.18074		Дх.18754	Дх.18755	Дх.18756V至Дх.18822	

Дх.18825	Дх.18826	Дх.18828	Дх.18830
Дх.18832	Дх.18833	Дх.18834	Дх.18835
Дх.18836	Дх.18837	Дх.18838	Дх.18839
Дх.18843	Дх.18844	Дх.18849	Дх.18850
Дх.18853	Дх.18857至Дх.18867		Дх.18870
Дх.18871	Дх.18872	Дх.18873	Дх.18874
Дх.18876至Дх.18903		Дх.18907	Дх.18908
Дх.18909	Дх.18910	Дх.18911	Дх.18935
Дх.18958	Дх.18967	Дх.18979	Дх.18980
Дх.18983	Дх.19006	Дх.19010	Дх.19011
Дх.19012	Дх.19013	Дх.19014	Дх.19018
Дх.19029	Дх.19036	Дх.19037	Дх.19038
Дх.19039	Дх.19041	Дх.19046	Дх.19081V

残契

Дх.19023	Дх.19024	Дх.19026

残牒

Дх.00328	Дх.01363	Дх.18919V	Дх.18934V
Дх.18942	Дх.18943B	Дх.18964	Дх.18987
Дх.18988	Дх.18989	Дх.19021	Дх.19043

（咸）

咸亨元年杂写

Дх.00528C

（威）

威远将军墓志

Дх.03624

（荣）

荣照题名

Дх.00732V

（故）

故圆鉴大师二十四孝押座文

Дх.01064C	Дх.01699C	Дх.01700C	Дх.01701C
Дх.01702C	Дх.01703C	Дх.01704C	

（某）

某人种田契

Дх.01354

某人夏季致惠严禅师书状

Дх.04126

某人邈真赞

Дх.04964V　Дх.06716

某月十八日法律出便历

Дх.01449

某甲奉牒补充节度押衙兼龙勒乡务上大王谢恩启

Дх.01291C　Дх.01298C

某寺麦粟布入历

Дх.01433

某年三月二十日骨子等便黄麻青麦历

Дх.01387A

某年九月新妇小娘子阴氏上某公主状

Дх.01400A　Дх.02148A　Дх.06069A

某年七月十九日女人社社条

Дх.01413

某年九月十七日帖

Дх.18915

某年五月简王府长史王某某欠税钱状

Дх.18918

某年卖驴残契

Дх.18948B

某年三月四日安国地阇梨法律分付牧羊人羊抄

Дх.01421

某弟身故纳历

Дх.01269　Дх.02155　Дх.02156

某戒本疏

Дх.05455　Дх.10263

某经题签

Дх.02401	Дх.02774A	Дх.03923	Дх.05272
Дх.07301	Дх.07641	Дх.08971	Дх.10240
Дх.10265	Дх.11067A	Дх.11227	Дх.11440
Дх.11893	Дх.11997	Дх.12231	Дх.12324
Дх.12592	Дх.12622	Дх.12626V	Дх.18054

某经疏分门图

Дх.04541V

（勑）

勑归义军节度使牒

Дх.01312

勑归义军节度使题款

Дх.01290V

勑字押

Дх.01275V

（思）

思益梵天所问经（后秦鸠摩罗什译）

卷第一

Ф.157	Дх.04761	Дх.05395	Дх.05605
Дх.06291	Дх.08978	Дх.11662	Дх.11784
Дх.11921	Дх.12560		

卷第二

Ф.155	Дх.02565	Дх.04116	Дх.05241
Дх.05264	Дх.06942	Дх.08982	Дх.08985
Дх.11123	Дх.12423		

卷第三

Ф.151	Ф.251	Дх.03167	Дх.03756
Дх.04566	Дх.04856	Дх.05552	Дх.07202
Дх.11655	Дх.16365	Дх.18542	Дх.18557

思益梵天所问经（异译）

Ф.277

（毗）

毗尼心

Ф.321	Дх.03782	Дх.04922	Дх.10253
Дх.10756A	Дх.11310	Дх.12520	Дх.12671
Дх.12713			

毗尼关要事义

Дх.15015

毗尼母经

Дх.09048

毗尼珍敬录

Дх.10753

毗沙门天王经序

Дх.02448V

毗婆尸佛经卷下

Дх.12896　　Дх.18376

（星）

星占流年

Ф.362A1

星命占术

Дх.02827

星象占卜书

Дх.05191　　Дх.05191V　　Дх.11051A　　Дх.11051B

（显）

显无边佛土功德经

Дх.12391

显扬圣教论

卷第三

Дх.17600

卷第九

Дх.08055

（科）

科注妙法莲华经

Дх.17597

（皇）

皇庆元年刑房大赦令

Дх.01403

（衍）

衍讷等便麦历

Дх.01432　　Дх.03110

（律）

律二十二明了论

Дх.06410

律书

Дх.08467

律抄

Ф.199	Дх.09982	Дх.10118	Дх.11291
Дх.11292	Дх.11293	Дх.11294	Дх.11296
Дх.11297	Дх.11298	Дх.11314	

律学发轫卷上

Дх.05261

律宗经典

Дх.08414　　Дх.08854

律疏

Ф.186　　Ф.211　　Дх.02269

（便）

便历

Дх.00011B	Дх.00476VB	Дх.01320	Дх.01426
Дх.01431	Дх.01434	Дх.01461	Дх.02431
Дх.03027V	Дх.03828V	Дх.05348	Дх.05937VB
Дх.06017	Дх.06058VB	Дх.06528	Дх.06528V
Дх.06695	Дх.06728V	Дх.08094	Дх.10260
Дх.10269	Дх.10270	Дх.10272A	Дх.10282
Дх.10292	Дх.11062	Дх.11080	Дх.11086
Дх.11089	Дх.11091	Дх.11194	Дх.11195
Дх.11201	Дх.11201V	Дх.18944V	Дх.19025
Дх.19042	Дх.19051	Дх.19058	Дх.19074
Дх.19077			

便麦契

Дх.01906V

便衫契

Дх.02157V

（须）

须大拏太子变文

Дх.00285　　Дх.00285VA　　Дх.02150　　Дх.02150VA

| Дх.02167 | Дх.02167VA | Дх.02960 | Дх.02960VA |
| Дх.03020 | Дх.03020VA | Дх.03123 | Дх.03123VA |

（食）

食用算会历

Дх.06636

（胜）

胜天王般若波罗蜜经

Дх.00483	Дх.00490A	Дх.00497	Дх.00498
Дх.00991	Дх.01715	Дх.01716	Дх.01876
Дх.01954	Дх.02055	Дх.02123	Дх.02128
Дх.02131	Дх.02141	Дх.02178	Дх.03827B
Дх.03840	Дх.03852	Дх.03868	Дх.03869
Дх.03882	Дх.04482A	Дх.04574	Дх.05647
Дх.06088	Дх.06089	Дх.06329	Дх.06641
Дх.06676	Дх.06700	Дх.06701	Дх.06702
Дх.06724	Дх.06741	Дх.06877	Дх.06910
Дх.07209	Дх.07211	Дх.07648	Дх.08091
Дх.08732	Дх.08922	Дх.08960	Дх.09361
Дх.09407	Дх.09738	Дх.11251	Дх.11568A
Дх.11917	Дх.12611	Дх.12771	Дх.14260
Дх.16024	Дх.18689		

胜思惟梵天所问经

| Дх.01196 | Дх.06401 | Дх.08133 | Дх.08250 |
| Дх.09292 | Дх.15084 | | |

胜鬘师子吼一乘大方便方广经

| Дх.02896 | Дх.03850 | Дх.09246 | Дх.09293 |
| Дх.09302 | Дх.11184 | Дх.16151 | Дх.16189 |

胜鬘经义记

| Дх.00527V | Дх.01856V | Дх.05393 | Дх.05398 |

（信）

信力入印法门经

Дх.06832　　Дх.16971

信力律师借炭启

Дх.01385

信使曹怀义牒

Дx.19063

（修）

修习止观坐禅法要

Дx.03961

修行本起经卷下

Дx.05147

修行道地经

Дx.00575　　Дx.05482　　Дx.12352　　Дx.14689

Дx.16055

修道歌

Дx.00788V

修禅要决

Дx.08964　　Дx.08964　　Дx.08974

（饼）

饼粟历

Дx.11726

（亲）

亲诵仪

Ф.214

亲集耳传观音供养赞叹

Ф.311

（临）

临圹文

Ф.263G　　Ф.326G　　Дx.04433　　Дx.06022

（类）

类书

Дx.00487B　　Дx.00829B　　Дx.02771B　　Дx.12829

Дx.12830

类林

Дx.00970　　Дx.06116

（诵）

诵经记录

Дx.19087

诵香真言

Дx.00215

（说）

说无垢称经

Ф.235G　　Дx.02671　　Дx.02793　　Дx.04047

Дx.04064　　Дx.04138　　Дx.07432　　Дx.08431

Дx.09689　　Дx.09745　　Дx.09795　　Дx.12298

Дx.12306　　Дx.18579

说法图

Дx.07894

（施）

施入历

Дx.05716

施舍疏

Дx.01307V　　Дx.01441V

施舍发愿文

Дx.04780　　Дx.05842　　Дx.12515

施物疏

Дx.00883B

施经记录

Дx.11224

施紬绢历

Дx.01305　　Дx.02154　　Дx.03026

（祖）

祖庭事苑

Дx.16749

（洗）

洗头择吉日法

Дx.01064D　　Дx.01699D　　Дx.01700D　　Дx.01701D

Дx.01702D　　Дx.01703D　　Дx.01704D

1095

（洛）

洛晟晟买园舍契

Дх.01355　　Дх.03130

（宣）

宣光二年六月呈文

Дх.01339V

宣光二年铺马驼只案牒

Дх.02158V

（首）

首罗比丘经

Дх.14533

首领萨波思略牒

Дх.18923

（前）

前秦建元十四年七月八日买田契

Дх.02947V

（度）

度世品经

Дх.10400A

（给）

给马驴草料历

Дх.02160VA

给马牒

Дх.00354B　　Дх.01253B

（结）

结坛散食发愿文

Дх.01059

结坛散食回向发愿文

Дх.00721　　Дх.10735

结磨阿阇梨偈

Дх.00701V

（统）

统和二年残牒

Дх.19067

（癸）

癸未年七月十九日净土寺周僧正还王都料锁价绢历

Дх.01365

癸卯年三月七日准经录抄记

Дх.02829

癸亥年四月六日官役付粟历

Дх.01427

癸酉年至己卯年曹亦胡等还便黄麻历

Дх.01451

十画

（秦）

秦妇吟

Дх.04568　　Дх.04758　　Дх.06176　　Дх.10740B

（泰）

泰定二年三月呈辞

Дх.19073

（真）

真言

Дх.10450V　　Дх.10644　　Дх.10648　　Дх.10650

Дх.10650V　　Дх.10653　　Дх.10655　　Дх.10657

（根）

根本说一切有部

Ф.235E　　Дх.00703　　Дх.04072　　Дх.04366

Дх.09111　　Дх.09220　　Дх.09695　　Дх.09743A

Дх.10066　　Дх.12861　　Дх.17010　　Дх.18535

根本萨婆多部律摄

Дх.08587

1096

（恶）

恶观

Дх.00092

（索）

索奴奴便物契

Дх.01270

索净增善神护位题记

Ф.247　　Дх.02197V

索庭兴题记

Дх.00159

（起）

起世经卷第四

Дх.04134

起信论疏

卷上

Дх.08241B

卷下

Дх.00824　　Дх.16758

（破）

破历

Дх.00285VC　Дх.02150VC　Дх.02167VC　Дх.2960VC

Дх.03020VC　Дх.03123VC　Дх.10281　　Дх.11060

（莲）

莲生法性流偈

Дх.00508V

（桃）

桃板等什物历

Дх.01422

（校）

校经记录

Дх.06621　　Дх.10242　　Дх.11595AV

（都）

都头绍清等分书

Дх.01288V

（圆）

圆明论

Дх.00696

（晏）

晏子赋

Дх.00925　　Дх.05565

（乘）

乘法口诀

Дх.02145VA

乘恩帖

Дх.06065　　Дх.06065V

（称）

称赞大乘功德经

Дх.07494

（般）

般舟三昧经

Дх.15226

般若灯论释

Дх.07850　　Дх.11576B

般若波罗蜜多心经（唐玄奘译）

Ф.105　　Ф.106　　Ф.107　　Ф.108　　Ф.224

Дх.00228　Дх.00276　Дх.00292　Дх.00297

Дх.00305　Дх.00397　Дх.00462　Дх.00465

Дх.00467　Дх.00468A　Дх.00468B　Дх.00515

Дх.00689　Дх.00701　Дх.00737　Дх.00882

Дх.00911　Дх.00927F　Дх.01053　Дх.01069

Дх.01141　Дх.01150　Дх.01171　Дх.01172

1097

Дх.01221	Дх.01235A	Дх.01473	Дх.01585
Дх.01593	Дх.01596	Дх.01748	Дх.01765A
Дх.01785	Дх.01800	Дх.01890	Дх.01912
Дх.01930	Дх.01951	Дх.01977	Дх.02025A
Дх.02079	Дх.02257	Дх.02284	Дх.02288
Дх.02295	Дх.02489	Дх.02769	Дх.02824
Дх.02831	Дх.02930	Дх.02933	Дх.02997
Дх.03036	Дх.03089	Дх.04866	Дх.04867
Дх.04963	Дх.05354	Дх.05440	Дх.05521
Дх.05538	Дх.05689	Дх.05734	Дх.05766
Дх.05832	Дх.05889	Дх.05892	Дх.05954
Дх.06117	Дх.06127	Дх.06157	Дх.06221
Дх.06259	Дх.06536	Дх.06644	Дх.06703
Дх.06755	Дх.06766	Дх.07200	Дх.07216
Дх.07607	Дх.07762	Дх.08375	Дх.08403
Дх.08731	Дх.08972	Дх.10504	Дх.10727
Дх.10728	Дх.10729V	Дх.10730	Дх.10731
Дх.11036	Дх.11037	Дх.11689	Дх.11692
Дх.11697	Дх.11878	Дх.12625	

般若波罗蜜多心经（唐法成译）

Дх.00332	Дх.00919	Дх.02456	Дх.04598
Дх.05715	Дх.05886	Дх.10725	Дх.10726
Дх.10732	Дх.14244		

般若波罗蜜多心经（唐般若共利言等译）

Дх.01591A　Дх.10724

般若波罗蜜多心经注

Дх.00149

般若波罗蜜多心经疏

Дх.04304　Дх.05583V　Дх.06555

般若经

Дх.07255	Дх.07674	Дх.08451	Дх.15729
Дх.16504	Дх.16706		

（俱）

俱舍论注疏

Дх.02530

俱舍论颂疏

卷第一

Дх.08388	Дх.09707	Дх.09727	Дх.11564

卷第二

Дх.00261	Дх.00262	Дх.00417	Дх.00418
Дх.01545	Дх.07512	Дх.07598	Дх.07833
Дх.09125			

卷第三

Дх.07956　Дх.08297

卷第十四

Дх.17955

（借）

借契

Дх.18924

（造）

造刀牒

Дх.19060　Дх.19068

造像酒食历

Дх.02443

造窟文

Дх.12477

造幡文

Дх.05837

（唐）

唐开元五年沙州敦煌县龙勒乡籍

Дх.00476VA　Дх.05937VA　Дх.06058VA

唐永徽名例律

Дх.01391

唐名例律卷第一

Дх.01916B　Дх.03116　Дх.03155

唐护法沙门法琳别

Дх.05374

唐沙州□元暕请地辞

Дх.01916BV　Дх.03116V　Дх.03155V

唐韵

Дх.01466

（离）

离别词

Ф.247　Дх.02752V

（斋）

斋文

Дх.01260V　Дх.03609　Дх.07179　Дх.07198

Дх.10256　Дх.11596　Дх.11070　Дх.12676

斋文号头

Дх.01249

（效）

效谷乡百姓康满奴等多浓地沙地历

Дх.01408

效谷乡请付粟子黄麻糜等历

Дх.01408V

（涅）

涅槃义记

Дх.01553　Дх.08193　Дх.09020

涅槃赞

Ф.176VB

（酒）

酒账

Дх.04929　Дх.05941　Дх.06045

（凉）

凉州都督府之印

Дх.01111V　Дх.01113V

（诸）

诸杂不入部帙经

Дх.10239

诸佛要集经

Дх.18064

诸法无行经

Дх.00036　Дх.04500A

诸经日诵集要

Дх.04953

诸经要集

Дх.00977　Дх.02117　Дх.11617

诸经要抄

Дх.05394V

诸经杂抄

Дх.08165　Дх.08219　Дх.08235　Дх.08269

诸星母陀罗尼经

Ф.116　Дх.01005　Дх.02191　Дх.03964

Дх.05177　Дх.05353B　Дх.10327　Дх.11233V

诸星母陀罗尼咒

Дх.00148　Дх.00303　Дх.10651　Дх.10656

（请）

请马便麦历

Дх.02355V

请地状

Дх.00012B　Дх.00012BV

请观世音菩萨消伏毒害陀罗尼咒经

Дх.03200　Дх.03506　Дх.05075　Дх.06866

Дх.06946　Дх.07728　Дх.08279　Дх.08284

Дх.08570　Дх.09099　Дх.15240　Дх.15743

Дх.16419　Дх.16484　Дх.17577

请法师文

Дх.01260

请柬名录

Дх.02146

请得二人交勘经诗偈

Дх.01437

请赠人名录

Дх.01388

（被）

被子历

Дх.02363

（读）

读经题记

Дх.04358V

（家）

家书

Дх.19059

（通）

通颊百姓吴员宗等换地契

Дх.00084

（难）

难目文

Ф.263K　　Ф.326K

（能）

能断金刚般若波罗蜜多经论释

Дх.18166　　Дх.18166V

（绢）

绢褐布历

Дх.05092V　　Дх.11088V

十一画

（菩）

菩萨五法忏悔文

Дх.01633AV

菩萨处胎经

卷第二

Ф.122

卷第七

Ф.235C　　Ф.235H

菩萨本行经

Ф.268　　Дх.18518

菩萨本生鬘论

Дх.00221

菩萨本缘经

Дх.04670

菩萨地持经

卷第一

Ф.271VC

卷第二

Дх.00064　　Дх.11383

卷第三

Дх.09074　　Дх.09296

卷第四

Ф.271A　　Дх.03175　　Дх.07402　　Дх.10372A

Дх.10372B

卷第五

Дх.16529

卷第六

Дх.15287

卷第七

Дх.08418

卷第十

Дх.01082　　Дх.03042　　Дх.06932　　Дх.07281

Дх.08036　　Дх.08913

菩萨戒本

Дх.04706V　　Дх.05657　　Дх.07478　　Дх.16911

菩萨戒本（异译）

Дх.16556

菩萨戒本疏

Дх.08241A　　Дх.08851　　Дх.09326　　Дх.18349

菩萨戒经义疏

Дх.04889　　Дх.12522

菩萨戒羯磨文

Дх.06087

菩萨善戒经

卷第一

Дх.01537B　　Дх.01538B　　Дх.03766　　Дх.06302

Дх.12176　　Дх.12188　　Дх.12236　　Дх.12300

Дх.18005V　　Дх.18006

卷第三

Дх.00578　　Дх.09723　　Дх.09724

卷第五

 Дх.02529A Дх.03787

卷第八

 Дх.03429 Дх.03485 Дх.03761 Дх.05017

 Дх.07799 Дх.08720

卷第九

 Дх.03807 Дх.12176

菩萨璎珞经

 Дх.00634 Дх.01520 Дх.04321 Дх.07782

 Дх.11642

菩萨璎珞本业经

 Дх.01186 Дх.03798 Дх.14310 Дх.16733A

菩提资粮论

 Дх.02709 Дх.10637

（萨）

萨婆多毗尼毗婆沙

卷第五

 Дх.08926

卷第六

 Дх.10029 Дх.16730

卷第九

 Дх.02942

（勘）

勘经记

 Ф.171V Ф.298VA Ф.310V Ф.317CV

 Дх.00155 Дх.01089V Дх.01898 Дх.02161V

 Дх.02327V Дх.02979V Дх.10241

（梵）

梵网经心地品菩萨戒义疏发隐卷第一

 Дх.04737 Дх.06558 Дх.06578 Дх.06580

 Дх.15482

梵网经卢舍那佛说菩萨心地戒品第十卷下

 Дх.00063 Дх.00125 Дх.00454B Дх.00503

 Дх.00504 Дх.00548 Дх.00550 Дх.00782

 Дх.00815 Дх.00819 Дх.01192 Дх.01193

 Дх.01211B Дх.01469B Дх.01605 Дх.01651

 Дх.01789 Дх.01931V Дх.01960 Дх.01986

 Дх.02003 Дх.02038 Дх.02039 Дх.02113

 Дх.02356 Дх.02425 Дх.02432 Дх.02483

 Дх.02601 Дх.02611 Дх.02618 Дх.02644

 Дх.02864 Дх.03945 Дх.03956 Дх.03966

 Дх.04312A Дх.04420 Дх.04519 Дх.04546

 Дх.04550 Дх.04561 Дх.04781 Дх.05128

 Дх.05149B Дх.05172 Дх.05239 Дх.05244

 Дх.05259 Дх.05304 Дх.05316 Дх.05474

 Дх.05501 Дх.05557 Дх.05563 Дх.05609

 Дх.05765 Дх.05804 Дх.05821B Дх.05838

 Дх.05888 Дх.06077 Дх.06082 Дх.06590

 Дх.06602 Дх.07012 Дх.07303 Дх.07655

 Дх.07657 Дх.08461 Дх.08769 Дх.08819

 Дх.08824 Дх.08924 Дх.09014 Дх.09410

 Дх.09507V Дх.10276 Дх.10354 Дх.10426

 Дх.10427 Дх.10429 Дх.10765 Дх.11155

 Дх.11664 Дх.11691 Дх.11733 Дх.11780

 Дх.11803 Дх.11840 Дх.11955 Дх.11989

 Дх.12539 Дх.12574 Дх.12644 Дх.12705

 Дх.12825 Дх.16534 Дх.16747 Дх.18934

梵网经记

 Дх.01227

梵网经菩萨戒序

 Дх.00104 Дх.02552 Дх.05857 Дх.18610

梵网经疏

 Дх.01730

（黄）

黄子霞施小麦疏

 Ф.230VC

黄仕强传

 Дх.01672 Дх.01680 Дх.04792

黄石公之略

 Дх.17449

黄昏礼忏文

 Дх.02085

黄帝内经素问

  Дх.00613 Дх.02683 Дх.11074 Дх.17453

黄麻粟布等历

  Дх.01412

（乾）

乾宁二年十月归义军节度副使李弘愿牒

  Дх.01435

乾祐二年材植交纳账册

  Дх.02828

（曹）

曹元㬚辞

  Дх.18941

（救）

救诸众生一切苦难经

  Дх.00966 Дх.01251A Дх.01464A Дх.01574B

  Дх.01609A Дх.01708A Дх.01838 Дх.02035A

  Дх.02057A Дх.02399A Дх.02586A1 Дх.04401

  Дх.06638 Дх.06643 Дх.06765 Дх.09912

  Дх.10348

（授）

授千佛戒牒

  Дх.02889

授菩萨戒牒

  Дх.02881 Дх.02882 Дх.02888

（推）

推五行嫁娶法

  Дх.10787

推得病日法

  Дх.04253 Дх.04253V Дх.05924

（菜）

菜田历

  Дх.01278V

（常）

常所作仪轨八种不共

  Ф.221VB Ф.228VB Ф.266VB

（略）

略诸经论念佛法门往生净土集

  Дх.08232

（唯）

唯识胜义

  Дх.06693

（悬）

悬泉镇使牒

  Дх.03412 Дх.03415

（虚）

虚空孕菩萨经

  Дх.06912

虚空藏菩萨神咒经

  Дх.03208 Дх.16006

（馆）

馆藏缺

  Ф.183 Ф.357 Дх.00178 Дх.00237

  Дх.00286 Дх.00326 Дх.00376 Дх.00430

  Дх.00530 Дх.00567 Дх.00706 Дх.01720

  Дх.02112 Дх.02854 Дх.02874 Дх.02948

  Дх.03152 Дх.03545 Дх.03645 Дх.03824

  Дх.03839 Дх.04994 Дх.05745 Дх.05928

  Дх.06275 Дх.06276 Дх.06277 Дх.06280

  Дх.06281 Дх.06283 Дх.06284 Дх.06686

  Дх.06727 Дх.07231 Дх.07237 Дх.07246

  Дх.07265 Дх.07279 Дх.07280 Дх.07585

  Дх.07920 Дх.08111V Дх.08131 Дх.08240

Дх.08308	Дх.08557	Дх.08692	Дх.08694	Дх.10228	Дх.10229	Дх.10233	Дх.10234
Дх.08696	Дх.08698	Дх.08699	Дх.08700	Дх.10235	Дх.10236	Дх.10237	Дх.10243
Дх.08701	Дх.08703	Дх.08704	Дх.08705	Дх.10244	Дх.10247	Дх.10248	Дх.10249
Дх.08707	Дх.08708	Дх.08709	Дх.08710	Дх.10250	Дх.10262	Дх.10267	Дх.10278
Дх.08711	Дх.08712	Дх.09262	Дх.09283	Дх.10279	Дх.10300	Дх.10301	Дх.10302
Дх.09383	Дх.09393	Дх.09512	Дх.09513	Дх.10307	Дх.10311	Дх.10312	Дх.10315
Дх.09514	Дх.09515	Дх.09516	Дх.09517	Дх.10316	Дх.10317	Дх.10318	Дх.10320
Дх.09518	Дх.09519	Дх.09525	Дх.09526	Дх.10323	Дх.10324	Дх.10325	Дх.10326
Дх.09531	Дх.09532	Дх.09546	Дх.09547	Дх.10331	Дх.10332	Дх.10333	Дх.10334
Дх.09551	Дх.09557	Дх.09559	Дх.09572	Дх.10335	Дх.10336	Дх.10340	Дх.10343
Дх.09575	Дх.09577	Дх.09579	Дх.09580	Дх.10347	Дх.10351	Дх.10352	Дх.10353
Дх.09581	Дх.09582	Дх.09583	Дх.09584	Дх.10355	Дх.10356	Дх.10357	Дх.10358
Дх.09585	Дх.09586	Дх.09587	Дх.09588	Дх.10360	Дх.10362	Дх.10364	Дх.10365
Дх.09637至Дх.09674		Дх.09676	Дх.09680	Дх.10366	Дх.10368	Дх.10369	Дх.10374
Дх.09681	Дх.09683	Дх.09684	Дх.09685	Дх.10376	Дх.10377	Дх.10378	Дх.10380
Дх.09701	Дх.09705	Дх.09725	Дх.09736	Дх.10381	Дх.10384	Дх.10385	Дх.10386
Дх.09751	Дх.09752	Дх.09753	Дх.09754	Дх.10398	Дх.10399	Дх.10401	Дх.10403
Дх.09755	Дх.09758	Дх.09759	Дх.09760	Дх.10405	Дх.10407	Дх.10408	Дх.10409
Дх.09761	Дх.09762	Дх.09763	Дх.09764	Дх.10410	Дх.10411	Дх.10412	Дх.10413
Дх.09770至Дх.09792		Дх.09797至Дх.09818		Дх.10419	Дх.10420	Дх.10421	Дх.10424
Дх.09820	Дх.09821	Дх.09828		Дх.10428	Дх.10430	Дх.10432	Дх.10434
Дх.09831至Дх.09841		Дх.09843至Дх.09873		Дх.10435	Дх.10436	Дх.10438	Дх.10441
Дх.09875至Дх.09881		Дх.09884	Дх.09885	Дх.10443	Дх.10444	Дх.10445	Дх.10446
Дх.09886	Дх.09889	Дх.09891	Дх.09898	Дх.10447	Дх.10448	Дх.10449	Дх.10451
Дх.09920	Дх.09921	Дх.09923	Дх.09924	Дх.10455	Дх.10456	Дх.10457	Дх.10458
Дх.10094	Дх.10098	Дх.10100至Дх.10117		Дх.10459	Дх.10466	Дх.10467	Дх.10468
Дх.10135至Дх.10148		Дх.10150	Дх.10161	Дх.10497	Дх.10498	Дх.10509	Дх.11026
Дх.10162	Дх.10164	Дх.10165	Дх.10166	Дх.11027	Дх.11028	Дх.11052	Дх.11053
Дх.10167	Дх.10168	Дх.10169	Дх.10172	Дх.11054	Дх.11097	Дх.11105	Дх.11106
Дх.10173	Дх.10174	Дх.10175	Дх.10176	Дх.11107	Дх.11108	Дх.11109	Дх.11115
Дх.10177	Дх.10178	Дх.10181		Дх.11116	Дх.11118	Дх.11119	Дх.11125
Дх.10183至Дх.10194		Дх.10196	Дх.10198	Дх.11127	Дх.11128	Дх.11130	Дх.11132
Дх.10199	Дх.10200	Дх.10203	Дх.10204	Дх.11134	Дх.11135	Дх.11136	Дх.11147
Дх.10205	Дх.10206	Дх.10207	Дх.10208	Дх.11150	Дх.11151	Дх.11153	Дх.11158
Дх.10209	Дх.10211	Дх.10212	Дх.10213	Дх.11163	Дх.11167	Дх.11171	Дх.11172
Дх.10214	Дх.10215	Дх.10216	Дх.10217	Дх.11173	Дх.11174	Дх.11175	Дх.11177
Дх.10220	Дх.10221	Дх.10222	Дх.10223	Дх.11178	Дх.11186	Дх.11187	Дх.11188
Дх.10224	Дх.10225	Дх.10226	Дх.10227	Дх.11202	Дх.11206	Дх.11207	Дх.11208

Дх.11211	Дх.11212	Дх.11213	Дх.11217
Дх.11254	Дх.11278至Дх.11289		Дх.11385
Дх.11387	Дх.11390	Дх.11410	Дх.11411
Дх.11426	Дх.11461	Дх.11481	Дх.11502
Дх.11514	Дх.11515	Дх.11517	Дх.11518
Дх.11519	Дх.11521	Дх.11522	Дх.11523
Дх.11524	Дх.11526	Дх.11527	Дх.11528
Дх.11530	Дх.11533	Дх.11536	Дх.11537
Дх.11540	Дх.11541	Дх.11546	Дх.11547
Дх.11548	Дх.11549	Дх.11550	Дх.11552
Дх.11557	Дх.11559	Дх.11560	Дх.11565
Дх.11567	Дх.11597	Дх.11598	Дх.11600
Дх.11634	Дх.11670	Дх.11687	Дх.11688
Дх.11699	Дх.11705	Дх.11709	Дх.11727
Дх.11730	Дх.11732	Дх.11734	Дх.11748
Дх.11749	Дх.11750	Дх.11751	Дх.12011
Дх.12179	Дх.12180	Дх.12181	Дх.12182
Дх.12183	Дх.12776	Дх.12777	Дх.12778
Дх.12779	Дх.12780	Дх.12781	Дх.12782
Дх.12783	Дх.12784	Дх.12785	Дх.14178
Дх.16415	Дх.16495	Дх.16496	Дх.16605
Дх.18913			

（领）

领物历

Дх.06012

领粟凭

Дх.01423

（偈）

偈语

Дх.01511V Дх.02876V Дх.05828A

（得）

得无垢女经

Дх.16280 Дх.17766

（彩）

彩绘佛像

Дх.04844A

（猫）

猫儿题

Дх.00147V

（祭）

祭慈母文

Дх.00285VB Дх.02150VB Дх.02167VB

Дх.02960VB Дх.03020VB Дх.03123VB

（第）

第一判诸寺尼名录

Дх.01459

第二团僧名录

Дх.01268

（符）

符

Ф.247V

符箓

Дх.06698

（惜）

惜财者像及偈

Ф.221VD Ф.228VD Ф.266VD

（悼）

悼亡文范

Дх.02832 Дх.02840 Дх.03066

悼文

Дх.04014

（商）

商标

Дх.12817

（康）

康愿德等粮食账册

Дх.02971

（梁）

梁吴均五言诗

Дх.02173

梁朝傅大士颂金刚经

Ф.105	Дх.00022	Дх.00088V	Дх.00091
Дх.00097	Дх.00099V	Дх.00120	Дх.00201A
Дх.00253	Дх.00329	Дх.00339	Дх.00932
Дх.00933	Дх.01006	Дх.01007	Дх.01300
Дх.01446	Дх.01569	Дх.01768	Дх.01976
Дх.02060	Дх.02080	Дх.02081	Дх.02082
Дх.02083	Дх.02086	Дх.02488	Дх.02505
Дх.02520	Дх.02544	Дх.02578	Дх.02741
Дх.02756	Дх.03134	Дх.03139	Дх.03873
Дх.04316	Дх.04372	Дх.04789	Дх.04789V
Дх.04905	Дх.04947	Дх.05126	Дх.05233
Дх.05268	Дх.05327A	Дх.05382	Дх.05736
Дх.05736V	Дх.05760	Дх.06094	Дх.06164
Дх.06164V	Дх.06684	Дх.06729	Дх.07559
Дх.09842	Дх.09899	Дх.10952	Дх.10952V
Дх.10953	Дх.10954	Дх.11040V	Дх.11041
Дх.11042	Дх.11043	Дх.11044	Дх.11045
Дх.11571	Дх.11628	Дх.11651	Дх.18912

梁真状

Дх.01439V

（添）

添品妙法莲华经

卷第一

Дх.04596　Дх.09633

卷第二

Дх.11513

卷第三

Дх.06475　Дх.08294

卷第四

Дх.03974B　Дх.04046　Дх.04421　Дх.08815

卷第五

Дх.14328

卷第六

Ф.250　Дх.00190　Дх.00245　Дх.00246

Дх.04440　Дх.06397　Дх.06427

卷第七

Дх.05752V

添品妙法莲华经卷第五注疏

Дх.01528V

（淮）

淮南子

Дх.03936

（深）

深密解脱经

卷第三

Дх.10775　Дх.11787　Дх.11787V　Дх.12688

卷第五

Дх.09963

（寂）

寂调音所问经

Дх.00236V　Дх.03936V　Дх.05161　Дх.17463V

（宿）

宿命因缘经

Дх.18532

（寅）

寅朝礼文

Дх.12514

（渐）

渐备一切智德经

Дх.15423

（阎）

阎罗王经

Дх.00931

阎罗王授记经

Дх.00143	Дх.03862	Дх.06611	Дх.07909
Дх.07919	Дх.07960	Дх.08062	Дх.11034A

阎章六等人请地状

Дх.03946

（维）

维摩义记

Дх.00440	Дх.08553	Дх.15100	Дх.15259
Дх.16227	Дх.18010		

维摩诘所说经

卷上

Ф.098	Ф.282	Ф.292	Дх.00034
Дх.00113	Дх.00371	Дх.00511	Дх.00648
Дх.00683	Дх.00711	Дх.00724	Дх.00751
Дх.00761A	Дх.00799	Дх.00800	Дх.00802
Дх.00816	Дх.00851	Дх.01094	Дх.01139A
Дх.01212	Дх.01546	Дх.01667	Дх.01707
Дх.01709	Дх.01922	Дх.01923	Дх.02029
Дх.02050	Дх.02180	Дх.02187	Дх02198
Дх.02311	Дх.02350B	Дх.02372	Дх.02380
Дх.02426	Дх.02446	Дх.02491	Дх.02508
Дх.02616	Дх.02641	Дх.02646	Дх.02757
Дх.02789	Дх.02789V	Дх.02798A	Дх.02799
Дх.02802	Дх.02893	Дх.02998	Дх.03006
Дх.03171	Дх.03393	Дх.03426	Дх.03661
Дх.03713	Дх.03779	Дх.03822	Дх.03827A
Дх.03831	Дх.03841	Дх.03846	Дх.03847
Дх.03883	Дх.03884	Дх.03890	Дх.03891
Дх.03892	Дх.03893A	Дх.03893B	Дх.03922
Дх.03924	Дх.03994A	Дх.04005	Дх.04012
Дх.04252	Дх.04383	Дх.04425	Дх.04442
Дх.04601	Дх.04762	Дх.04787	Дх.04832
Дх.04883	Дх.04893	Дх.05098	Дх.05130
Дх.05134	Дх.05281	Дх.05300	Дх.05328
Дх.05378	Дх.05433	Дх.05459	Дх.05504
Дх.05543	Дх.05630	Дх.05636	Дх.05671
Дх.05764	Дх.05768	Дх.05891	Дх.05893
Дх.05921	Дх.05939	Дх.05973	Дх.06095
Дх.06114	Дх.06118	Дх.06123	Дх.06160
Дх.06161	Дх.06225	Дх.06245	Дх.06470
Дх.06491	Дх.06497	Дх.06540	Дх.06635
Дх.06898	Дх.06902	Дх.07089	Дх.07089V
Дх.07150	Дх.07177	Дх.07180	Дх.07193
Дх.07457	Дх.07596	Дх.07700	Дх.07700V
Дх.07742	Дх.08440	Дх.08654	Дх.08881
Дх.09069	Дх.09448	Дх.09474	Дх.09478
Дх.09528	Дх.10788	Дх.10789	Дх.10791
Дх.10796	Дх.10798	Дх.10799	Дх.10801
Дх.10802	Дх.10803	Дх.10805	Дх.10806
Дх.10808	Дх.11239	Дх.11247	Дх.11401
Дх.11636	Дх.11673	Дх.11793	Дх.11954
Дх.12138	Дх.12163	Дх.12349	Дх.12508
Дх.12546	Дх.12547	Дх.12548	Дх.12570
Дх.12619	Дх.12658	Дх.12716	Дх.12724
Дх.12755	Дх.12764	Дх.12877	Дх.14267
Дх.15920	Дх.16381	Дх.16421	Дх.16969
Дх.17999	Дх.17999V	Дх.18288	

卷中

Ф.099	Ф.100	Ф.298	Дх.00069
Дх.00124	Дх.00167	Дх.00475	Дх.00622
Дх.00859	Дх.00912	Дх.00916	Дх.01096
Дх.01137	Дх.01167A	Дх.01644	Дх.01645
Дх.01812	Дх.01934	Дх.01947	Дх.02044
Дх.02053	Дх.02187	Дх.02291	Дх.02433
Дх.02518	Дх.02535	Дх.02797B	Дх.02803
Дх.02806	Дх.02807A	Дх.02816	Дх.02861
Дх.02925	Дх.02952	Дх.02983	Дх.02988

Дх.03055	Дх.03059	Дх.03289	Дх.03290
Дх.03389	Дх.03420	Дх.03449	Дх.03489
Дх.03570	Дх.04472	Дх.04638	Дх.04766
Дх.04868	Дх.04886	Дх.05044B	Дх.05412
Дх.05522	Дх.05724	Дх.05740	Дх.06072
Дх.06174	Дх.06250	Дх.06833	Дх.06856
Дх.07130	Дх.07535	Дх.07576	Дх.07804
Дх.07855	Дх.08080	Дх.08148	Дх.08225
Дх.08288	Дх.08583	Дх.08718	Дх.08828
Дх.08843	Дх.09046	Дх.09127	Дх.09341
Дх.09440	Дх.09909	Дх.10679	Дх.10804
Дх.11156	Дх.11583	Дх.11591	Дх.11604
Дх.11722	Дх.12556	Дх.12648	Дх.12651
Дх.12884	Дх.14218	Дх.14943	Дх.15377
Дх.15381	Дх.15534	Дх.15577	Дх.15633
Дх.15903	Дх.16039	Дх.16095	Дх.16256
Дх.16258	Дх.16282	Дх.16431	Дх.16624
Дх.18287	Дх.18514	Дх.18615	

卷下

Ф.118	Ф.300	Дх.00879	Дх.00880
Дх.01112	Дх.01241	Дх.01242	Дх.01271A
Дх.01636	Дх.01637	Дх.01641	Дх.01740
Дх.01926	Дх.01927	Дх.02066	Дх.02289
Дх.02500	Дх.02645	Дх.02775	Дх.02808
Дх.03897	Дх.04301	Дх.04356	Дх.04778
Дх.05135	Дх.05189	Дх.05193H	Дх.05408
Дх.05498	Дх.05728	Дх.05849	Дх.05855
Дх.05915	Дх.05918	Дх.06165	Дх.06218
Дх.06244	Дх.06381	Дх.06398	Дх.07141
Дх.07258	Дх.07764	Дх.07828	Дх.08051
Дх.08334	Дх.08338	Дх.08340	Дх.08341
Дх.08546	Дх.08558	Дх.08660	Дх.08782
Дх.09352	Дх.09357	Дх.09362	Дх.09537
Дх.09712	Дх.09713	Дх.10790	Дх.10794
Дх.10800	Дх.10807	Дх.10809	Дх.11162
Дх.12323	Дх.12370	Дх.15668	Дх.15793
Дх.16240			

维摩诘所说经注疏佛国品第一

Дх.02177

维摩诘经

Дх.12227

维摩诘经义疏

Ф.102　　Дх.07194

维摩诘经疏

Ф.068　　Дх.00021　　Дх.00352　　Дх.00463
Дх.00464　　Дх.00466　　Дх.03266　　Дх.11615
Дх.12127　　Дх.17448

维摩诘所说经讲经文

Ф.252

维摩碎金

Ф.101

维摩疏释前小序抄

Дх.07730

（缁）

缁门百岁篇

Дх.11764V　　Дх.11765　　Дх.11848　　Дх.12720V

（骑）

骑缝印

Дх.00352V　　Дх.00463V　　Дх.00464V　　Дх.00466V
Дх.01248V　　Дх.01470V

（随）

随心真言

Дх.11036

十二画

（敬）

敬礼三宝文

Дх.00955　　Дх.04272

（董）

董惠明等人名录

Дх.01306

（揖）

揖王入高昌城事
Дх.02670V

（韩）

韩朋赋
Дх.10277V

（散）

散经文
Ф.263A　Ф.326A

散花乐赞文
Дх.00828B

（惠）

惠通下康法师等名录
Дх.01586B

散施偈
Дх.01765

（景）

景德传灯录
Ф.229VA　Ф.241VA　Дх.08178A

（量）

量处轻重仪末
Дх.11236

（最）

最上乘论
Дх.03117　Дх.05955

最胜问菩萨十住除垢断结经
Ф.235A　Дх.18126　Дх.18553

最胜佛顶陀罗尼净除业障咒经
Дх.04016

（悲）

悲华经

卷第一
Дх.09541　Дх.12033　Дх.12065　Дх.12582

卷第二
Ф.232　Дх.11389　Дх.14220

卷第三
Дх.09140

卷第四
Дх.04242

卷第五
Дх.00184　Дх.00185　Дх.00188　Дх.03622
Дх.06699　Дх.07541　Дх.09492　Дх.09942

（黑）

黑色天母求修次第仪
Ф.315

（紫）

紫绢历
Дх.19056

（销）

销释金刚科仪要偈三十二分
Дх.00284

（御）

御注金刚般若波罗蜜经宣演
Дх.08553V

（释）

释八苦五乘
Дх.01696

释门文范
Ф.263V　Ф.326V　Дх.01009B　Дх.01200
Дх.01285V　Дх.01329A　Дх.01436　Дх.01444
Дх.02172V

释门杂文

Дх.06167

释门传记

Дх.06263

释五辛

Дх.00827

释净土群疑论

Дх.05401

释迦文佛所说经神通菩萨品

Ф.233

释僧肇作题字

Дх.01229V

释摩诃衍论

卷第五

Дх.00887

卷第八

Дх.03855

释摩诃衍论记

Дх.11835

（舜）

舜子变文

Дх.00440V

（集）

集一切福德三昧经

Ф.271E

集诸经礼忏仪

Ф.153	Дх.00382	Дх.00814	Дх.00937
Дх.00990B	Дх.00993	Дх.01048	Дх.01233
Дх.01775	Дх.02405B	Дх.02465	Дх.02468
Дх.02506B	Дх.02540B	Дх.02602V	Дх.03705
Дх.03813V	Дх.03821	Дх.03910V	Дх.03915V
Дх.04507	Дх.05079	Дх.05131	Дх.05602
Дх.05698	Дх.05890	Дх.06064VB	Дх.06073
Дх.06090	Дх.06514	Дх.06645	Дх.06740
Дх.06915	Дх.08244	Дх.08726	Дх.08848
Дх.10158	Дх.10160	Дх.10171	Дх.10179
Дх.10260V	Дх.10471	Дх.10488	Дх.10492
Дх.11639	Дх.11808	Дх.11861	Дх.12530
Дх.12584	Дх.12728	Дх.16086	Дх.16578
Дх.16642	Дх.18345		

（等）

等爱寺新上差科

Дх.01299

（善）

善见律毗婆沙

卷第十二

Дх.11255

卷第十三

Дх.07458　Дх.07820

卷第十五

Дх.09327

善恶因果经

Дх.05243　Дх.05243V　Дх.07387

（普）

普贤菩萨说证明经

Дх.01754　Дх.11143　Дх.11646

普贤菩萨行愿王经

Дх.00361　Дх.04254

普遍智藏般若波罗蜜多心经

Дх.01024　Дх.01136

普曜经

卷第三

Дх.05196

卷第四

Дх.05202

卷第五

Дх.16426

（道）

道行般若经

卷第一

Дх.06522　Дх.09144　Дх.16675　Дх.16802

Дх.17005

卷第二

Дх.06406　Дх.08336　Дх.08508　Дх.08676

Дх.08811　Дх.09591　Дх.12354　Дх.12860

Дх.18589

卷第三

Дх.04631　Дх.06812　Дх.08919　Дх.08920

Дх.08933　Дх.16174　Дх.16564　Дх.16818

Дх.16852　Дх.16893　Дх.16964

卷第四

Дх.04155　Дх.04973　Дх.08597

卷第五

Дх.08239　Дх.08498　Дх.12139

卷第六

Дх.03716　Дх.16809

卷第七

Дх.07755　Дх.16056　Дх.18243

卷第九

Дх.06296A　Дх.08004　Дх.08411　Дх.16506

Дх.16882

道场司状

Дх.01329B　Дх.02151

道场文

Дх.04864

道场祈福文

Дх.04022

道经

Дх.01630D　Дх.02138　Дх.05425　Дх.08201

Дх.18527

道经疏释

Дх.00268

道典论

Дх.10195

道真题记

Дх.05096

道教文献

Дх.03558　Дх.05628　Дх.06447

道德真经集注序

Дх.05136

道德经

Дх.01111　Дх.01113　Дх.03334　Дх.11658

Дх.11805　Дх.11809　Дх.11816　Дх.11959

Дх.11964　Дх.12820　Дх.12821

道德经序诀

Дх.02761　Дх.04352　Дх.11890

道德经顺硃

Дх.06806　Дх.11873

（遗）

遗书

Дх.11038

（敦）

敦煌王曹某与济北郡夫人氾氏捐经题记

Ф.032B　Ф.032C

敦煌马太守后亭歌等诗

Дх.01360　Дх.02974

敦煌仓曹手力牒

Дх.04776

敦煌寿昌县田契

Дх.02159V　Дх.03113V　Дх.03119V

敦煌歌辞

Дх.05579　Дх.05688

敦煌赋

Дх.06176

（温）

温室启请

Дх.02479

温室经疏

Дх.05106　Дх.07895

（游）

游意奴便麦契

Дх.01374

（尊）

尊凡起圣悞脱宗修心成佛要论

Дх.00649　Дх.00649V

尊胜佛顶修瑜伽本尊真言品

Ф.176B

尊婆须蜜菩萨所集论

卷第七

Дх.08301　Дх.08355　Дх.09076　Дх.09085

卷第九

Дх.06477

尊像种字

Дх.18944

（禅）

禅秘要地经卷下

Дх.18543　Дх.18545　Дх.18591

（雇）

雇佣契

Дх.12012

（缘）

缘生初胜分法本经

Дх.18573

十三画

（瑜）

瑜伽师地开释分门记

Дх.06756　Дх.06773

瑜伽师地论

卷第三

Ф.071

卷第六

Ф.072　Дх.16752

卷第七

Дх.04455

卷第八

Ф.073

卷第十九

Дх.12273

卷第二十七

Дх.06324　Дх.06326

卷第三十一

Ф.296

卷第三十五

Дх.01610

卷第四十

Дх.01152

卷第四十二

Ф.070

卷第五十

Дх.01131　Дх.01139B　Дх.01149

卷第七十八

Дх.04509

瑜伽师地论分门记

Дх.05386　Дх.05390

瑜伽师地论前二十卷随听手记

Ф.330

瑜伽师地论经题杂写

Дх.00997V

瑜伽论记

Дх.05491

（蒙）

蒙书

Дх.00699　Дх.01131VA　Дх.01139BVA

Дх.01149VA　Дх.02822

蒙求

Дх.11170C

（楞）

楞伽师资记
Дх.01728　Дх.05464　Дх.05466　Дх.08300

Дх.11901

楞伽阿跋多罗宝经

卷第一

Дх.16304

卷第二

Дх.07295

卷第三

Дх.07283

楞伽阿跋多罗宝经注解
Дх.07687

楞伽经心印
Дх.06021

（摄）

摄大乘论释
Дх.07092　Дх.08442　Дх.08593　Дх.10707

Дх.16824　Дх.16834A　Дх.16834B　Дх.16857

Дх.16943

（碑）

碑铭赞
Дх.06036

（睒）

睒子变文
Дх.07270

（签）

签押账
Дх.02776V

（解）

解梦书
Дх.01327　02844A　Дх.10787V

解深密经

卷第一

Дх.04767　Дх.04771　Дх.08223

卷第四

Дх.02336

卷第五

Дх.04604　Дх.04845

解脱戒经
Дх.16983　Дх.16984

解脱道论
Дх.07844

（牒）

牒状
Дх.02449C　Дх.05444　Дх.06547　Дх.11057A

Дх.11067BV

（新）

新华严经论
Дх.03207　Дх.16710

新译大乘入楞伽经序
Дх.11972　Дх.12786

新删定四分僧戒本序
Дх.05030

新菩萨经
Ф.215　Дх.00299　Дх.01251B　Дх.01464B

Дх.01609B　Дх.01708B　Дх.02035B　Дх.02057B

Дх.02399B　Дх.02586A2　Дх.02774B　Дх.02796B

Дх.04537V　Дх.04572　Дх.04736　Дх.04942

Дх.05155　Дх.06601　Дх.10329　Дх.10339

新维摩疏
Дх.17701

新集文词九经抄
Дх.02153　Дх.06019　Дх.06059

新集诸家九族尊卑书仪
Дх.01256V

新集藏经音义随函录

Дх.16967

（满）

满月文

Дх.00981VA   Дх.01311VA   Дх.05741VA

Дх.05808VA

满道场文

Дх.02885

（慈）

慈氏真言

Дх.06306   Дх.06307   Дх.06308   Дх.06309

Дх.06310   Дх.06311   Дх.06313   Дх.06314

Дх.06318   Дх.06319

慈悲水忏法

Дх.00690

慈悲道场忏法

Дх.16925   Дх.18970   Дх.18971   Дх.18972

Дх.18969   Дх.18978   Дх.19016   Дх.19017

Дх.19040

（裱）

裱纸

Дх.01327V   Дх.02827V   Дх.02844AV

（嫁）

嫁娶图法

Дх.00098V

（窦）

窦昊为肃州刺史刘臣璧答南蕃书

Дх.05988

十四画

（瑶）

瑶池集

Дх.06654   Дх.06722

瑶池新咏

Дх.03861   Дх.03872   Дх.03874   Дх.03927A

Дх.11050

（愿）

愿文

Ф.322A   Дх.00981VB   Дх.01304V   Дх.01311VB

Дх.05741VB   Дх.05808VB   Дх.00985V   Дх.01255

Дх.01885   Дх.01886   Дх.03718   Дх.04003

Дх.04003V   Дх.04533   Дх.04715V   Дх.04733

Дх.05396   Дх.05651   Дх.05776   Дх.05776V

Дх.05780V   Дх.06011V   Дх.06031   Дх.06048V

Дх.06055   Дх.06056   Дх.06057V   Дх.06217V

Дх.06347   Дх.06543   Дх.06749   Дх.06770

Дх.07143   Дх.07179V   Дх.07188   Дх.07198V

Дх.07622   Дх.07987   Дх.08384   Дх.08868

Дх.09097   Дх.09368   Дх.10437   Дх.10736

Дх.10737   Дх.10738   Дх.10739   Дх.10739V

Дх.11071V   Дх.11140   Дх.11198V   Дх.11222

Дх.11762   Дх.11837   Дх.12524   Дх.12787

Дх.11497V   Дх.18961

愿文范本

Дх.11763   Дх.11790   Дх.11791   Дх.11790

Дх.11791   Дх.11831   Дх.12595   Дх.12605

Дх.12768

（摹）

摹王羲之状

Дх.01333

（榜）

榜题

Дх.12845

（僧）

僧功德赞

Дх.06020

僧名

Дх.00020V　Дх.01200V　Дх.01268　Дх.02567V

Дх.02586B　Дх.04285V　Дх.04308V　Дх.09549

Дх.10283V　Дх.10513V　Дх.10520V　Дх.11061

Дх.11090

僧志贞法舟五言诗

Дх.00105　Дх.10299

僧传残片

Дх.04197V

僧伽吒经

卷第二

Дх.06520　Дх.15935

卷第四

Дх.02410A　Дх.02941　Дх.03556　Дх.04464

Дх.05320　Дх.06467　Дх.06496　Дх.06667

Дх.06905　Дх.07134　Дх.16226　Дх.16581

Дх.16594

僧灵晉地历

Дх.08255

僧愿发等欠麦粟历

Дх.03996

僧羯磨

Дх.02270　Дх.03606　Дх.10744　Дх.11948

Дх.12550　Дх.17723

（舞）

舞谱

Дх.10264

（鼻）

鼻奈耶

卷第一

Дх.01818　Дх.01820　Дх.01998　Дх.02001

Дх.02445　Дх.04534　Дх.10771　Дх.10771V

卷第三

Дх.04786　Дх.06685

（算）

算经

Дх.03903　Дх.04371V

（察）

察合台文附言

Ф.246

（肇）

肇论

Дх.06619　Дх.18470

肇论开宗第一

Дх.06812V

肇论物不迁论第一

Дх.06904

十五画

（增）

增壹阿含经

卷第六

Ф.123A　Дх.11234

卷第七

Дх.11649

卷第九

Дх.09449　Дх.16895

卷第十一

Дх.00238

卷第十八

Дх.12132

卷第二十一

Дх.06961

卷第二十三

Дх.17078

卷第二十六

Дх.05324V　Дх.11806

卷第三十二

Дх.01198　Дх.01209　Дх.01210　Дх.06078

Дх.10721　Дх.10829　Дх.11740　Дх.12325

卷第三十四

Дх.03714

卷第三十八

Дх.16956

卷第四十

Дх.12403

卷第四十一

Дх.06779

卷第四十二

Ф.204A

卷第四十三

Дх.03468　Дх.07893　Дх.07927　Дх.07929
Дх.12447

卷第四十六

Дх.06970

（慧）

慧上菩萨问大善权经卷下

Дх.07558

（撰）

撰集百缘经

Дх.09959

（题）

题记

Ф.032B　Ф.032C　Ф.170V　Дх.04358V
Дх.05139V　Дх.05943　Дх.08885　Дх.09397
Дх.10439B　Дх.11051BV　Дх.12326　Дх.12355
Дх.16557

（摩）

摩诃衍经

Дх.03179V

摩诃般若波罗蜜经

Дх.03232　Дх.03253

卷第一

Дх.03625　Дх.03635　Дх.04388　Дх.09119
Дх.09136　Дх.09157　Дх.10382　Дх.11492
Дх.15189　Дх.15721　Дх.16059　Дх.16883
Дх.16890　Дх.16924　Дх.16963

卷第二

Дх.08320　Дх.10826　Дх.12850　Дх.15775
Дх.17456　Дх.17935

卷第三

Дх.04476　Дх.06588　Дх.08035　Дх.16964

卷第四

Дх.01115　Дх.02019　Дх.02021　Дх.02046
Дх.03213B　Дх.05002　Дх.06871　Дх.10819
Дх.11516　Дх.14510　Дх.15519　Дх.16075
Дх.16477　Дх.16479

卷第五

Ф.265　Дх.01687　Дх.04551　Дх.04564
Дх.07269　Дх.10825

卷第六

Дх.03297　Дх.04119A　Дх.04121　Дх.07689
Дх.08488　Дх.16035　Дх.16169　Дх.16450

卷第七

Дх.04497　Дх.07365　Дх.10006　Дх.12232
Дх.16309　Дх.16507　Дх.16572　Дх.16722
Дх.17586

卷第八

Дх.04676A　Дх.12229　Дх.12282　Дх.15081
Дх.15236　Дх.18491

卷第九

Дх.03252　Дх.03769　Дх.04208　Дх.03383
Дх.03677　Дх.04093　Дх.04136　Дх.05006
Дх.06987　Дх.07392　Дх.07801　Дх.15865

卷第十

Дх.08573

卷第十一

Дх.03682　Дх.06451　Дх.06948　Дх.07923
Дх.08445　Дх.08446　Дх.08581　Дх.08594
Дх.08604　Дх.08833　Дх.09086　Дх.12048
Дх.12433　Дх.14217　Дх.15783　Дх.15925

Дх.16398

卷第十二

Дх.01122A　Дх.03758　Дх.04367　Дх.07259
Дх.07264　Дх.07637　Дх.08205

卷第十三

Дх.04221　Дх.06814　Дх.06939　Дх.07019
Дх.07476　Дх.07695　Дх.07732　Дх.08836
Дх.16951B

卷第十四

Дх.03354A　Дх.07380　Дх.09070　Дх.12172
Дх.16430　Дх.18489　Дх.18492

卷第十五

Дх.09915　Дх.10820　Дх.16545　Дх.16586
Дх.16801　Дх.16904

卷第十六

Дх.04099　Дх.05162　Дх.09690　Дх.09708
Дх.12434　Дх.14342　Дх.14811　Дх.15761A
Дх.17646　Дх.17998

卷第十七

Дх.00817　Дх.03301　Дх.09980　Дх.10822
Дх.11004　Дх.11166　Дх.12251

卷第十八

Дх.01521　Дх.03630　Дх.05057　Дх.06958
Дх.07160　Дх.07398　Дх.08727　Дх.16417
Дх.17564

卷第十九

Дх.03385　Дх.03480　Дх.10538　Дх.12543

卷第二十

Дх.00688　Дх.01630F　Дх.01729　Дх.09229
Дх.09576　Дх.10821　Дх.10828　Дх.11261
Дх.16525

卷第二十一

Дх.02159　Дх.03113　Дх.03119　Дх.07274B
Дх.08559　Дх.09522　Дх.10978　Дх.11457
Дх.12259

卷第二十二

Ф.219　Дх.01281　Дх.03118　Дх.03422
Дх.03633　Дх.08265　Дх.09948　Дх.09950

Дх.12150　Дх.15041　Дх.16903A

卷第二十三

Дх.00606　Дх.03522　Дх.04160　Дх.07199
Дх.07886　Дх.09280　Дх.16385　Дх.16395

卷第二十四

Дх.06108　Дх.07553　Дх.08420　Дх.12872
Дх.16754　Дх.17565　Дх.18522

卷第二十五

Дх.01613　Дх.04028　Дх.04196　Дх.05154
Дх.05613　Дх.05615　Дх.07665　Дх.08642
Дх.10968　Дх.15770　Дх.16115

卷第二十六

Дх.02549　Дх.02872　Дх.03270　Дх.03604
Дх.03768　Дх.04667　Дх.05071　Дх.06914
Дх.07792　Дх.09015　Дх.09395　Дх.09402
Дх.12406　Дх.17658　Дх.18533

卷第二十七

Дх.03492　Дх.03888　Дх.04842B　Дх.07131
Дх.09054　Дх.09208　Дх.09210　Дх.09323
Дх.09592　Дх.09599　Дх.09700　Дх.09702
Дх.12875　Дх.15237　Дх.15542

摩诃般若经胜天王般若经勘经记

Дх.01785V

摩诃般若钞经

Дх.07022　Дх.09081　Дх.16945

摩诃僧祇比丘尼戒本

Дх.05267

摩诃僧祇律

卷第二

Дх.04610

卷第三

Дх.00197　Дх.00198　Дх.00199　Дх.05805
Дх.11620

卷第五

Дх.02602　Дх.03408　Дх.03813　Дх.03910
Дх.03915

卷第六

Дх.07631

卷第七
Дх.03938　Дх.04037　Дх.05484
卷第十六
Дх.02728　Дх.06665
卷第十九
Дх.03983　Дх.05214　Дх.11554　Дх.11555
卷第二十二
Дх.07668　Дх.12452　Дх.18530
卷第二十七
Дх.04976　Дх.06380　Дх.06986　Дх.07328
Дх.08233　Дх.08477
卷第二十九
Дх.15764　Дх.17620
卷第三十六
Дх.10769
卷第三十九
Дх.12058　Дх.12120　Дх.12133

摩诃僧祇律大比丘戒本
Дх.18377

摩诃摩耶经
卷上
Дх.00905
卷下
Дх.00914　Дх.18283

（羯）

羯磨
Дх.01483　Дх.06222　Дх.08804　Дх.10766

羯磨仪式
Дх.05262

羯磨自恣法第六
Дх.02700　Дх.03308　Дх.03692

十六画

（燕）

燕子赋
Дх.00796　Дх.01343　Дх.01347　Дх.01395
Дх.04803　Дх.05415　Дх.10257　Дх.10741

（赞）

赞文
Дх.00409

（雕）

雕版西方三圣
Дх.02877

雕版佛像
Ф.312A　Ф.355C　Дх.01340　Дх.03206
Дх.03717V　Дх.03819　Дх.06274　Дх.06282
Дх.06285　Дх.07679　Дх.07690　Дх.07697
Дх.08607　Дх.11056　Дх.11506　Дх.11579
Дх.12482　Дх.16400　Дх.16403　Дх.16405
Дх.16406　Дх.19088　Дх.19089　Дх.19090
Дх.19091　Дх.19092

雕版菩萨像
Дх.05951　Дх.16401

（燃）

燃灯文
Ф.263B　Ф.326B　Дх.00350　Дх.00728
Дх.00989A　Дх.04964　Дх.06070　Дх.06797
Дх.11069　Дх.10255　Дх.12518

（辩）

辩中边论
Дх.00750V　Дх.01098　Дх.01572　Дх.02573
Дх.17718

辩中边论颂
Дх.17685

辩正论
卷第一
Дх.06884　Дх.07577　Дх.07662　Дх.08073
卷第五
Дх.14933

辩意长者子经

Дх.04056　　Дх.05159　　Дх.12216

十七画

（藏）

藏文文献

Дх.05179

藏文残片

Ф.230VB　　Ф.258B　　Ф.362C　　Дх.00448V
Дх.00449V　　Дх.00450V　　Дх.00451V　　Дх.00538V
Дх.00883CV　　Дх.01898V　　Дх.01996C　　Дх.02302B
Дх.03111V　　Дх.06396V　　Дх.06721　　Дх.07812
Дх.10241V　　Дх.11382

藏文空心字

Дх.00067

藏汉双语字典

Дх.11510

藏经印

Дх.03021　　Дх.04303V　　Дх.12729

藏经点检历

Дх.01058　　Дх.01216　　Дх.01216V　　Дх.01746
Дх.02138V　　Дх.02553V　　Дх.02590　　Дх.02950
Дх.04959　　Дх.05360　　Дх.06062　　Дх.09533
Дх.10245　　Дх.10274　　Дх.16448

藏经目录

Ф.179　　Ф.331　　Ф.331VA　　Дх.11747
Дх.11754

（邈）

邈真赞

Дх.06716

（阚）

阚夷罗夫妇自卖设会现获报缘

Дх.08101

十八画

（翻）

翻译名义集七沙门服相篇

Дх.06317

翻梵语

Дх.16108

（鹰）

鹰赋

Дх.06176

二十画

（籍）

籍账

Дх.04906　　Дх.05427BV　　Дх.05448V　　Дх.05451V
Дх.05534V　　Дх.06038V　　Дх.06045V　　Дх.07694
Дх.07961V　　Дх.08507　　Дх.10284　　Дх.10285
Дх.11071　　Дх.11095　　Дх.11413　　Дх.12444
Дх.15443　　Дх.16714　　Дх.18998　　Дх.19062

（譬）

譬喻经

Дх.04048　　Дх.17467

（□）

□劝文

Дх.00123

□来成道经

Дх.04018V

后　记

藏经洞发现百余年来,随着敦煌学术研究不断深入,学界对敦煌文献的整理、刊布也是与时俱进。从初期的小批量按类别刊布到按收藏地全部以数字化形式呈现,敦煌文献已进入数据库管理时代,且文献资料大都已经公布。但文献所包含的学术信息需要进一步甄别、整理、挖掘,有二次公布的必要。如文献中的题记、收藏历程等重要学术信息,再次集中公布,可为学界提供更清晰、明了的研究资料。

敦煌研究院文献研究所的主要工作之一,就是对国内外收藏的敦煌文献进行编目整理。我最初开始敦煌文献编目工作,是在1989年从敦煌研究院资料中心调入敦煌遗书研究所(敦煌文献研究所前身)后。是时,施萍婷先生正在修订《敦煌遗书总目索引》,前期的助手贺丽文同志因病离职,我接替了她的工作。20世纪90年代,我们还主要依靠阅读器翻阅微缩胶片,施先生高瞻远瞩,预见到计算机在以后目录检索中的广泛运用,因此在编目的同时,请兰州大学图书馆的赵书城先生和他的学生沈子君开始建设敦煌遗书数据库。数据库的元数据包括目录中所涵盖的基本信息。在那个以手工检索为主的年代,这无疑是开时代先河之举。

1998年,为纪念藏经洞发现100周年,甘肃人民出版社组织专家、学者调查甘肃藏敦煌文献,施萍婷先生为学术顾问,我有幸作为施先生的助手参加了这项工作。在一年多的时间里,我们随工作组二入河东、三出河西,对甘肃11家单位收藏的敦煌遗书进行普查、鉴定、甄选、编目、拍照,并于1999年出版《甘肃藏敦煌文献》一书(6卷),共计收录敦煌文献696件。工作组专家包括:敦煌学家施萍婷,图书馆学家邵国秀,博物馆学家、书法家徐祖蕃等先生。他们在对每一件文献进行鉴定时,对纸质、书法、内容、装帧形式的讲解,令人大开眼界。这是我第一次大量接触敦煌写卷实物,对敦煌写卷有了一个直观了解。

2001年始,我继续追随施萍婷先生对国内散藏敦煌文献进行调查,先后在南京博物院、安徽省博物馆、湖北省博物馆等地考察敦煌经卷。对甘肃公私收藏敦煌文献的调查也一直在进行。通过对散藏文献的调查,追溯敦煌写经的流散轨迹,辨别真伪,借以考察晚清官员及学者在敦煌文献流散中的过失与对敦煌文献得以保存的贡献。对散藏敦煌文献的普查、鉴定、整理是很费时的事情,敦煌文献流散范围之广、辗转易手次数之多是难以追根溯源的一个重要原因。另一方面,随着敦煌学术研究持续升温,不少收藏者却对藏品秘而不宣。幸好我们看到,越来越多的敦煌文献收藏机构正借着敦煌学术发展的大好时机,将藏品整理出版,使之回归敦煌研究的整体资料中来,发挥应有的作用。

从1992年起,上海古籍出版社开始编撰出版《俄藏敦煌文献》图录,至2001年出齐17册。前10册图版下有简目,自第十一册起仅有编号。2002年,"俄藏敦煌写经残片叙录"被列为敦煌研究院院级课题,主要内容是对俄藏第六至十册未定名佛经残片及第十一、十六、十七册佛经残片的定名,负责人马德,参加人邰惠莉。2010年完成了《俄藏敦煌文献》第一至十、十一、十六、十七册的残片考证工作。由于之前承担第十二至十五册工作的合作者因故放弃,故2011年,"俄藏敦煌写经残片叙录"被重新确立为院级项目,更改课题负责人为邰惠莉,成员有马德、郭俊叶、赵晓星、黄京、余燕,起止时间为2011—2014年。因为课题是以写经残片立项,最初的工作重点只是对残片定名,当2014年结项后,我们遗憾地发现,这是一个不完善的目录,俄藏敦煌文献中,除了敦煌佛经,还有不少的经济文书、社会文书、文学作品、历史文献;除了汉文写经,还有回鹘文、藏文等民族文献;除了藏经洞文献,还夹杂有吐鲁番文献、黑水城文献等。2012年10月,以马德先生为首席专家的国家社科基金重大项目"敦煌遗书数据库建设"(12&ZD141)获准立项,俄藏敦煌文献作为数据库的重要组成部分列入该课题,我为子课题"敦煌汉文数据库"负责人。为了目录的完整性,也为数据库元数据的细化要求,我们开始对全部目录修改补充。最终成果就是呈现在读者面前的这本《俄藏敦煌文献叙录》。

我工作三十余年,一直在做辅助工作,在前辈的指导下进行文献整理,先天不足,后天亦努力不够,虽工作时间长,但也是望敦煌学术之门而终不得入。此次与文献研究所诸位同仁一起,对俄藏敦煌文献的内容、形式做一次全面梳理,也是在继踵前贤,参考已有成果基础上的工作,青灯黄卷,孜孜矻矻,其中甘苦自知。

此次编目工作得到了施萍婷先生的具体指导,她不顾年事已高,在通览全书的基础上,重点抽查,给出具体编目意见。梁尉英先生从编辑的角度,规范行文、明确体例,并且对其中一册逐号校改,给出编撰范本。高启安先生在对很多经济、社会文书的释读与定名上,鼎力相助。课题组的诸位同仁,在因为体例不统一而不得不返工时,也宽容谅解。这些师长同仁的帮助与支持,是我坚持下来的动力。感谢大家!

感谢王旭东院长,在书稿完成后,我们向院里打了申请出版报告,第一时间回复支持。感谢张先堂先生,在我们课题进行时,科研处给予经费支持和指导。感谢赵声良先生,对书稿提出了专业的出版意见,并与出版社积极沟通、协商。感谢马德先生,是他首先申请此课题,安排人员,并且自己承担了大量的工作。正是在他的领导下,这个课题才能坚持十余年而成果最终得以正式出版。感谢甘肃教育出版社一如既往对敦煌学术成果出版的大力支持与辛勤付出。

由于自身学识、学养所限,本书仍有许多问题和不足,我们拿出这个不完善的目录,希望抛砖引玉,对学界有所益助。

邰惠莉

2018年8月